当代吴语研究

第二版

钱乃荣 著

下册

上海教育出版社

第五章　吴语的连读调

第一节　吴语连读调的类型及其变迁

一、连读调的概念

声调附丽于语音词上。在话语里，音段是组成一块一块讲出来的。每两个停顿之间的语音块就是一个语音词，它可以是单音节、双音节或多音节的。每个语音词都有一个独立的声调，就某一地点来说，语音词的声调类型是有限的，它们一起构成了该方言的一个声调系统。

通常我们把单音节的声调称为声调，或称为单字调，把双音节或多音节的声调称为连读调，或称为连读变调。连读调是语音现象，所以我称它们为单音节声调、双音节连读调和多音节连读调，简称为单音调、双音调和多音调。由于在汉语中一个音节一般与一个汉字相对应，所以有时又可以把它们分别称之为单字调、两字组连读调和多字组连读调。但是两字组中的两个字、三字组中的三个字有时构成一个语音词，有时却构成两个语音词或三个语音词，因此双音调、三音调的概念就比较明确，它们只指双音节语音词、三音节语音词的声调。

语音词与语法词有时相同，如在许多地方，“黑板”既是一个语音词也是一个语法词，但“五只”却是一个语音词，两个语法词。又如“扫帚柄”可以读成一个语音词，也可读成两个语音词（“扫帚——柄”），但它是一个语法词。“朝南走”可以读成一个语音词，也可读成不止一个语音词，而它不可能是一个语法词。

从历时方面来看，汉语最早以单音节词为句子中的自由形式。随着汉语词汇的双音节化发展，才产生超音节紧密的连读调。连读调一旦形成，即与单音调并行，独立地发展。它们有互相影响和作用的一面，更有它们的自身的发展和归并。长时期以来，声调发展的总趋势是合并，合并在各地的发展是不平衡的。从当今共时的平面上看，就不能说哪个是“本调”，哪个是从“本调”而来的“变调”。从吴语中已调查的材料来看，多数地点双音节连读调发展归并较缓，单音调合并较速，三音节调归并比双音节调较速，有的场合可以比单音调还快。比如在长江三角洲南部旧吴淞江以南，分布着松江方言（西部）和上海方言（东部）两个大区，以阳平声调 31 和 22 为区分标志。然而上海方言区的东部一些乡镇，22 调现今已与其他声调合并而消失，这些地方，包括上海城市方言（老派）及其四周地域，包括浦东地区乡镇上的方言，但至今还保留着以阴平加阳平（21 组合）、阴平加阳平（22 组合）的双音节连读调为 23＋44 以及在三、四音节上的延伸调，以此我们依然可以把整个上海方言区划分开来。又如绍兴方言单音调部分古阳上字归入阳去，阴上字声调完全独立，而阳上开头的双音调仍完全独立，阴去和阳去开头的三音节词却都有一些读阴上和阳上开头的三音调，合并呈现交叉的情况。也有的地点或者某地点的某些调类组合连读调归并快于单音调，比如上海市区阴入开头的双、多音节连读调归并入阴去调型，但单音调阴入和阴去调型不同，尚未合并。

本节用代码 1、2、3、4、5、6、7、8 分别代表阴平、阳平、阴上、阳上、阴去、阳去、阴入、阳入 8 个单音调，×代表任意单音调。调类组合用并列代码表示，如 35 就是阴上加上阴去的调类组合。由于单音调和连读调发展不平衡，声调之间往往不存在共时的“本调”和“变调”直接关系，因此，这儿的声调代码表示的都是中古音声调调类及其调类组合。

二、吴语连读调的调型

吴语连读调调值的基本型式在双音调中定型，三音调、四音调往往是双音调的延伸或扩展。

综观吴语的双音调的调型，最常见的形式有以下几种：

1. 前主后附型

前主后附的连读调型主要分布在太湖片，那儿的连读调的常见形式是前字定调，后字附着。同类声调中，前字分阴阳，后字不分阴阳。

最常见的调值有以下几种：

一是高平降　44＋52/55＋31 型。

多见于 1×，55＋31 还见于 5×。55＋31 往往是去声开头的连读调的早期调型，如果出现在 1×中，则往往是前字平调的阴平声调与阴去、阳去之类声调的组合后形成，或者是从 44＋52 调型发展变化而来的(后字附着更严重)。44＋52 调型有时也见于 7×。

二是低平高降　33＋52(22＋52)/33＋44(22＋44)型。

多见于 3×(4×)和 5×(6×)，33＋44 型往往是从 33＋52 型发展而来的(后字附着更严重)。

三是先降后升　21＋23/22＋23 型。

多见于 2×或 6×，无锡见于 1×。许多地方的阳入开头的连读调也用此型。

四是先升后降　35＋31(24＋31)型/34＋53(23＋53)型。

多见于 3×(4×)和 5×(6×)。有些地方与“先降后升”型构成明显的对比。

五是双平长调　44＋44/44＋33 型。

多见于 3×或 5×中的少数调类组合，7×中也有。听感上前字与后字之间联系明显较松，后字读音也较长。

六是高降到底　53＋31/42＋31 型。

前者多见于 7×或 1×。两者也见于 5×和 6×。

有些地点的实际调值虽然与上述的典型形式略有高低出入，但也可以归入上面几种类别中去。总的来看，前主后附型的连读调后字有一种向轻声化(变短变轻)推进的倾向。但“双平长调型”后字虽已不分阴阳，但大致与前字还保持同等的音高音长，变轻也不明显。然而，以前低后高出现的后字平调就有明显的变短变轻倾向，如新派上海话中的 33＋44 和 22＋44 后字调值明显比老派上海话中的 44＋44 中的后字调值短和轻，也比后字是高降的早期调型 33＋52 和 22＋52 短轻。那些呈升调的后字调型，后字轻声化最不明显，如果后字是低降调，后字音节的轻声化最为明显。如果在三音调中则第三字的弱化更加明显。

2. 后主前附型

后主前附型的连读调在笔者调查的地点并不多，因此不能作很好的归纳。总的面貌是：前字的调型显得单调，在许多调类组合中阴、阳已不分高低之差，即使能听出高低，也并无音位价值，如温州的调类组合 11 和 21 能听出前字的高低差别，但 31 和 41 已不分高低。后字的调型显得重要，有区别调型的作用。

三、双音节连读调和三、四音节连读调之间的关系

就多数地方的情况来看,三、四音节词的连读调是双音节词连读调的延伸和扩展。比如无锡 1×的连调型是 21+23,而无锡的 11×、12×,13×—18×的 A 式都是 21+11+23。又如常熟 21、22 的连调型是 24+31,而常熟的 21×、22×的连调型是 24+33+31;常熟 23—26 有连调型 23+33,而常熟的 253—256 的连调中都有 23+33+33 的调型。这种延伸的方式是通过三音调的中间一个音节延长一个相应的平调来实现的。绍兴 3×的连调型是 34+52,而绍兴的 3××的连调型是 33+44+52,这种延伸形式是把双音调的前字声调一分为二形成三音调的第一、二音节的调型。再如杭州 11、12、15、16 的连调型是 32+23,而 13、14 的连调型是 33+51,杭州的 1××连调型为 32+23+51,这种延伸形式是取二者的联合。还有一种形式可称之为扩展,通过添加一个填充格来实现,这个填充格的调值一般为降调(高降或低降)。如上海的 5×连调型是 33+44,而上海的 5××连调型是 33+55+31,31 就是添补的形式,因最后音节为低降,而使中音节从 44 自然提升为 55。又如常州次浊声母开头的 4×为 34+44,而常州的次浊声母开头的 4××是 34+55+42,42 就是添补的形式。一个调子到了高平调的时候,再要延长下去,从声学的角度来看往往会自然降下:高降或低降,高降时往往会压低前边的平调,低降时往往会抬高前边的平调。黎里的 1×中 11、12 有一式为 44+44,到了 11×、12×中,连调型为 44+44+31;不过双林的 1×都为 44+44,而 1××是 44+44+44,末字并没有变为降调。

双音调的调类组合共有 8×8=64 种组合,但实际的调型并不多,它们主要是采取合并的方式形成一个很有限的双音调调类系统,少则 4、5 个调型,多则十几个调型。三音调的调类组合共有 8×8×8=512 种组合,实际的调型也合并得并不多。从第 3 节的三音调表中,我们可以看到,像黄岩、常熟等地的三音调比较古老,各种调型及其在调类组合中的分配比较复杂,尽管也已经有不少类型已在各种调类组合的词中扩散,有的占了优势,这说明合并已在开始或进行之中。有的地方如宁波、杭州等地,三音调已简化,合并得甚为简单。

下面我们具体分析苏州和宁波两地双音调和三音调的对应关系。

苏州方言的连调型式一共有 12 类,它们的名称和所包含的调类组合见下表:

连调型	名　称	哪些调类组合中有此连调型
55+31	1×式(阴平调)	1×　5×　3×　4×
22+44	2×式(阳平调)	2×　4×　6×
53+31	3×式(阴上调)	3×　5×
52+23	5×式(阴去调)	5×　3×
24+31	6×式(阳去调)	6×　2×
5+23	7×A 式(阴入 A 调)	71—76(以 71、72 为主)
5+52	7×B 式(阴入 B 调)	73—76(以 73、74、76 为主)
5+412	7×C 式(阴入 C 调)	73—76(以 75、76 为主)
5+5	7×D 式(阴入 D 调)	77、78
3+52	8×A 式(阳入 A 调)	81—86
2+44	8×B 式(阳入 B 调)	81—88
3+5	8×C 式(阳入 C 调)	87、88

第2竖行里,把某调型的名称定为某式(或某调),是因为该连调型式是主要或原本在该式的调类组合中出现的连调型式,双音节叠音词的连调调值可以帮助鉴定,如尽管在3×的调类组合中有 52＋23、53＋31、55＋31 三种调型,但用“板板(面孔～)pᴇ$_{53}$pᴇ$_{31}$”“扫扫sæ$_{53}$sæ$_{31}$”两个叠音词可测出3×调类组合中的主要或原本的调型是53＋31,还有两个调型是从别的调类组合的读法扩散而来的。另外,苏州方言中以促声调为首字的连调式,一个横行中(即7×、8×中)有几种型式,比较古老。

苏州方言的三音调、四音调、五音调的连调型就是双音调的延伸(其中舒声调的调型与单音调也构成延伸关系),如下表:

调类名称	单音调值	双音调值	三音调值	四音调值	五音调值
阴平调	44	55＋31	55＋55＋31	55＋55＋33＋31	5＋55＋33＋33＋31
阳平调	223	22＋44	22＋55＋31	22＋55＋44＋31	22＋55＋44＋33＋31
阴上调	51	53＋31	53＋33＋31	53＋33＋33＋31	53＋33＋33＋33＋31
阴去调	412	52＋23	52＋23＋31	52＋23＋44＋31	52＋23＋44＋33＋31
阳去调	^{2}31	24＋31	24＋44＋31	24＋44＋33＋31	24＋44＋33＋33＋31
阴入A调	5	5＋23	5＋23＋31	5＋23＋44＋31	5＋23＋44＋33＋31
阴入B调		5＋52	5＋52＋31		
阴入C调		5＋412	5＋41＋23		
阴入D调		5＋5	5＋5＋31	5＋5＋4＋31	5＋5＋44＋33＋31
阳入A调	23	3＋52	3＋52＋31	3＋52＋33＋31	3＋52＋33＋31
阳入B调		2＋44	2＋55＋31	2＋55＋44＋31	2＋55＋44＋33＋31
阳入C调		3＋5	3＋5＋31	3＋5＋44＋31	3＋55＋44＋33＋31

举例:3×调类组合中包括3×式(阴上调)和5×式(阴去调)两种连调型式(另又包括1×式调型,但很少,这里从略)。如:

小气siæ$_{53}$tɕʻi$_{31}$(调类组合为35,用3×式调型)

用3×式:　小气煞siæ$_{53}$tɕʻi$_{33}$sᴀʔ$_{31}$

　　　　　小气得来siæ$_{53}$tɕʻi$_{33}$təʔ$_{3}$lᴇ$_{31}$

　　　　　小气煞快哉siæ$_{53}$tɕʻi$_{33}$sᴀʔ$_{3}$kʻuɒ$_{33}$tsᴇ$_{31}$

用5×式:　小气鬼siæ$_{52}$tɕʻi$_{23}$tɕy$_{31}$

　　　　　小气户头siæ$_{52}$tɕʻi$_{23}$ɦ^{ə}u$_{44}$dəɪ$_{31}$

　　　　　小气鬼式气siæ$_{52}$tɕʻi$_{23}$tɕy$_{44}$səʔ$_{3}$tɕʻi$_{31}$

上面的例子可以进而说明:即使从同一个用3×式调型的双音节词派生出来的三、四、五音节词,也可能会有3×式、5×式两种读音。

再看宁波的连调形式。

从宁波方言的连读调表中可见，宁波方言的双音调（和单音调相似）正处于严重的词汇扩散状态，双音调的每个调类组合里都有两种调型或多种调型。如果滤去那些窜调的扩散现象，再看宁波的声调系统就十分明了。宁波的三音调表已归并得很简化，不过在同一个调类组合中，如果有两个调型，有的词读这个调，有的词读那个调，无规律可循，而且哪个调型在该调类组合的词里是为主的，也已不能分辨。

如：33＋51 调型在以下各种调类组合中都可用，各举一例说明。

11　香泡çiã$_{33}$p‘ɔ$_{51}$　　12　沙头so$_{33}$dœʏ$_{51}$
13　抽斗tç‘ʏ$_{33}$dœʏ$_{51}$　　14　呆脑te$_{33}$nɔ$_{51}$
15　衣架ʔi$_{33}$ko$_{51}$　　16　番薯fᴇ$_{33}$zʯ$_{51}$
32　顶棚tɪŋ$_{33}$bã$_{51}$　　33　讨打t‘ɔ$_{33}$tã$_{51}$
34　款项k‘u$_{33}$ɦɔ̃$_{51}$　　35　板凳pᴇ$_{33}$tɐŋ$_{51}$
51　秤钩tç‘ɪŋ$_{33}$kœʏ$_{51}$　　52　钻头tsø$_{33}$dœʏ$_{51}$
17　鸡血tçi$_{33}$çyɔʔ$_{\underline{51}}$　　18　杉木sᴇ$_{33}$mɔʔ$_{\underline{51}}$
38　火着ɦəʊ$_{33}$dʑiɪʔ$_{\underline{51}}$　　77　阿拉ʔɐʔ$_{3}$lɐʔ$_{\underline{51}}$

由 33＋51 扩展的 33＋55＋31 的调型也可在许多调类组合中使用，下面举些例子。

121　新郎官çɪŋ$_{33}$lɔ̃$_{55}$ku$_{31}$　　156　生意人sã$_{33}$ʔi$_{55}$ȵɪŋ$_{31}$
172　肩胛头tçi$_{33}$kɐʔ$_{5}$dœʏ$_{31}$　　311　小包车çiɘ$_{33}$pɔ$_{55}$ts‘o$_{31}$
535　泻老酒çia$_{33}$lɔ$_{55}$tçʏ$_{31}$　　725　压台戏ʔɐʔ$_{3}$de$_{55}$çi$_{31}$

似乎呈无序态的双音调、三音调里，我们还是能通过延伸原则得出各个调类组合的基本调型，即各调类组合中用的调型主式，找到它们的原调。如根据“版版（钱）”这个双音节叠音词的读音，可以把阴上双音调调值定为 33＋35，虽然在当今新派语音的使用现状中 33＋35 调型已在 3× 中处于衰落状态，取代它的是阴去的 55＋33 调型。

下面是宁波方言的声调表：

调类名称	单音调值	双音调值	三音调值
阴平调	52	33＋51	33＋55＋31
阳平调	并入阳去 113（老派 255）	22＋51	22＋44＋55
阴上调	325	33＋35	33＋44＋55
阳上调	并入阳去 113	24＋33	24＋33＋31
阴去调	并入阴平 52（老派 44）	55＋33	55＋33＋31
阳去调	113	22＋44	22＋55＋31
阴入调	5	5＋33	5＋33＋31
阳入调	$\underline{23}$	2＋35	2＋34＋51

从表中可见，单音调阴去并入阴平，但连读调是阴入和阴去合并。

四、双音节连读调的类型

比起单音调来，吴语各地双音调的差别要大得多。有的毗邻两地，单音调相同，双音调可以很不相同,比如上海郊县奉贤的西乡和东乡单音调都是八个,调值都相同,声韵母也基本相等,大家觉得西乡音和东乡音很有差别,就是因为有三分之二以上的连读调不同。所以用连读调常常可以作为同言线来划分两地的语音。

奉贤南桥(西乡音)双音节连读调表:

<table>
<tr><th>后音节
前音节</th><th>阴平
53</th><th>阳平
31</th><th>阴上
44</th><th>阳上
22</th><th>阴去
35</th><th>阳去
13</th><th>阴入
5</th><th>阳入
23</th></tr>
<tr><td>1. 53</td><td colspan="4">44+53</td><td colspan="2">55+31</td><td colspan="2">53+22</td></tr>
<tr><td>2. 31</td><td colspan="4">23+53</td><td colspan="2">24+31</td><td colspan="2">42+22</td></tr>
<tr><td>3. 44</td><td colspan="2">35+31</td><td colspan="2">A. 33+53　B. 44+44</td><td colspan="2">44+44</td><td colspan="2">35+22</td></tr>
<tr><td>4. 22</td><td colspan="2">24+31</td><td colspan="2">22+53</td><td colspan="2">22+34</td><td colspan="2">24+22</td></tr>
<tr><td>5. 35</td><td colspan="2">53+31</td><td colspan="2">A. 53+31　B. 44+44</td><td colspan="2">44+44</td><td colspan="2">35+22</td></tr>
<tr><td>6. 13</td><td colspan="2">42+31</td><td colspan="2">A. 42+31　B. 22+23</td><td colspan="2">A. 22+34　B. 42+31</td><td colspan="2">24+22</td></tr>
<tr><td>7. 5</td><td colspan="2">33+53</td><td colspan="2">53+31</td><td colspan="2">33+34</td><td colspan="2">53+22</td></tr>
<tr><td>8. 23</td><td colspan="2">22+53</td><td colspan="2">42+31</td><td colspan="2">22+34</td><td colspan="2">42+22</td></tr>
</table>

A 式为主,B 式用例少。有一种 53+31 连调调型,可用于各格,但只有少量双音组,可视为例外。

奉贤奉城(东乡音)双音节连读调表:

<table>
<tr><th>后音节
前音节</th><th>阴平
53</th><th>阳平
31</th><th>阴上
44</th><th>阳上
22</th><th>阴去
35</th><th>阳去
13</th><th>阴入
5</th><th>阳入
23</th></tr>
<tr><td>1. 53</td><td colspan="2">44+53</td><td colspan="4">55+31</td><td colspan="2">44+55</td></tr>
<tr><td>2. 31</td><td colspan="2">22+53</td><td colspan="4">24+31</td><td colspan="2">A. 21+23　B. 22+55</td></tr>
<tr><td>3. 44</td><td colspan="2">33+53</td><td colspan="2">A. 55+31　B. 44+44</td><td colspan="2">44+44</td><td colspan="2">24+55</td></tr>
<tr><td>4. 22</td><td colspan="2">22+53</td><td colspan="2">A. 24+31　B. 21+23</td><td colspan="2">21+23</td><td colspan="2">23+55</td></tr>
<tr><td>5. 35</td><td colspan="6">32+23</td><td colspan="2">34+55</td></tr>
<tr><td>6. 13</td><td colspan="4">21+23</td><td colspan="2">22+34</td><td colspan="2">23+55</td></tr>
<tr><td>7. 5</td><td colspan="2">33+53</td><td colspan="4">44+44</td><td colspan="2">A. 44+44　B. 33+55</td></tr>
<tr><td>8. 23</td><td colspan="4">11+23</td><td colspan="2">22+34</td><td colspan="2">A. 21+23　B. 11+23</td></tr>
</table>

A 式为主,B 式用例少。有一种 55+31 连调调型,可用于各格,但只有少量双音组,可视为例外。27A、28A、87A、88A 连调中,后字是失去ʔ音的舒声。

两个音节连在一起读,可以读得比较松,因而调型曲折比较大;也可以读得紧密一些,曲折部分彼此受到牵制而改直;或者更进一步,出现重心,非重心部分轻读;甚至发生一个音节的声调延伸出去覆盖包裹另一个音节。因此,连读调在各地就呈现出多种类型。

1. A 型：靖江型

这种型式可称初连型。一个语音词中两个音节的连读调等于或几乎等于组成音节的单字声调之和。靖江双音调表见第 2 节。（下文涉及的双音调表均见下一节）

靖江的单音调规则而整齐（只有古次浊阳上字归阴上，全浊阳上字归阳去），但双音调在各调类组合中有许多词汇扩散的现象，如 11 的连读调是 44＋44，这个调型已扩散到 12、13、14 中去了。把表中的这种扩散现象滤去再来观察，我们可以看到靖江的连读调型式有以下三种：

a. 相当于前字的单音调加后字的单音调。如调类组合 11 是 44＋44，12 是 44＋23，13 是 44＋34，15 是 44＋52，17 是 44＋5，22 是 24＋23，23 是 24＋34，25 是 22＋52，27 是 22＋5，32 是 35＋23，33 是 35＋34，53 是 52＋34，66 是 31＋31，等等。

由于靖江双音调重音稍偏于前字音节，因此后字的声调表现出两种现象：i.有时阴、阳相混，如 32 的 35＋23 和 33 的 35＋34，实际音差不大，可以看作一个音位，即看成同型的连调。ii.后字声调的派生，如 53 是 52＋34，54、52、51 也可以变成 52＋34，于是就形成了扩散形式的蔓延，造成每个调类组合里有纷杂的几种调型。最终将可能导致合并，如 77 的 5＋5 扩散到 78，78 的 5＋3 扩散到 77，使 77 调型同于 78。

b. 一种在靖江声调系统中不占主流的连调型，如 31、51、52 中的 35＋31，21、41 中的 24＋31。它们已发展为 B 型调（见后文分析）。

c. 还有一种连调型，如 31 至 35 的 33＋44，21 至 25 的 22＋34，这种调型实际上是前字单音调的延伸形式：334＞33＋44，223＞22＋34，它是 D 型调。

由此可见，一个地方的连读调类型并不仅是单纯的一种模式，我们之所以称 A 型模式是靖江型，只是因为靖江的声调模式主流是初连型。

与靖江相似的地点是衢州。衢州的双音调除了 55＋31 这种连调型之外，×3、×4、×5、×6 的连读调后字与单音调完全相同，前字除有的调类组合出现 45 外，也同于单音调。A 型调是占衢州调型绝对优势的调型。

×1、×2 的连调型式一般都是后字为降调（31/53）的连读调型，属 B 型连调式，至于 55＋31 的型式则是 D 型。

尽管×1、×2 的连读调型式更像前重式，但衢州方言的连读调总的来说可以初见后字决定连调型式的端倪。这是与靖江不同的地方。

2. B 型：松江型

这种型式可称复杂型，因为调型多而杂，根据重心在前字音节抑或后字音节上之别可分成前重式复杂型和后重式复杂型两种。常熟、溧阳等地都属于前重型，黄岩属后重型。

B 型的连读调是连调发展的第二阶段，即一个语音词中至少有一个音节的声调跟它作为单音节语音词时的声调不同，整个语音词的声调也跟所有单音节调不同，它是连调充分异化的形式。

统观松江方言的双音调连调型式，只有 32 到 36 组合是 A 型，但却不是该调类组合的主流型式。阴去单音调是 335，它的连调式 55、56 却都是 44 平调，阴上单音调是 44，它的多数字组连调式反倒是 35 开头。这也许是阴上、阴去两个单音调最终并为一个调型的起因吧，现在松江的中青年语音词中阴上单音调都已有大量字并入阴去了。

另外，我们还应注意到，在连调中，前字同类声调的阴阳调之中的平行现象。11 是 44＋52 或 33＋52，21 是 22＋52；31 是 35＋31，41 是 24＋31，71 是 4＋52，81 是 2＋52。

B 型连读往往保留声调的古老型式。由于松江型声调是前重式的，后字阴阳差别消失。

我们看连调在前字上的调型能启发我们探求古老声调的面貌，如从松江连读调的前字看，阴平 44，阳平 22，阴上 35，阳上 24，阴入 4，阳入 2。松江型连调的前字音节声调与靖江、衢州等声调发展较缓的地方的单音节调大致相同。松江的去声 55＋31 型是 D 型连调，所以古阴去可拟为 51 或 53。

黄岩方言的双音调体现较多的浙南后重式复杂型的特点。如相对而言，后字的地位比较重要，像×7 的 7 为 4，×8 的 8 为 3，后字不像松江型那样不分阴阳，从后音节的调型来看，44、13、51、31 都比较接近于单音调，而前字的调子比较随意和单调。

3. C 型：无锡型

这种型式是简单型，前重式和后重式的区别因此已经很分明。前重式如无锡、黎里、江阴；后重式如温州、永康。

C 型前重式的特点是：a.多数调类组合的调型是：前字定调，后字附着。前字能区别各调类地位，后字不论原来是什么单音调，全部跟在前字后面读一个调，如无锡的 1×都是 21＋23，2×都是 24＋31。b.在一些调类组合中，难以找出连读调与单音调之间的联系，如阴平单音调是 544，而 1×却是低调 21＋23。但无锡有些调类组合可以看到与单音调的关系，如阳平调是 14，而 2×调是阳平调加上一个添补形式 31 低降调。比较稳定的阳去调是 213，而 6×中也有 21＋23 调，就是单音调的延伸形式，这是 D 型调型。c.3×有 5×的调型，4×有 6×、5×的调型，连读调型已呈现横行间合并前的扩散形态。

C 型后重式的特点是：a.前字附着，后字定调。前字的阴阳调高低差别也近乎消失，永康的前字音节调型 43 和 32、42 和 31 大致听感差异甚微，已失去音位区别作用。全部调型只有 7 种类型：43＋44；$\begin{cases}55+51\\21+51\end{cases}$；43＋31；$\begin{cases}44+54\\21+54\end{cases}$；42＋54；$\begin{cases}43+22\\21+22\end{cases}$；42＋24。b.×3、×4、×7、×8 调型相同全部是 43＋31，×1 调型全部是 43＋44，×5、×6 中只有 44＋54、31＋54 和 42＋24 三个调型，×2 只有 55＋51、21＋51、43＋22 三个调型。c.后字音节声调的特点除平声外，上去入声都是阴、阳同调或近于同调，因此后重式的连读调往往比前重式简单。

4. D 型：上海型

这种型式是延伸型。前字的声调覆盖后字音节，后字失去调子共用前调，连读调同于单音调。上海、常州、苏州、吴江盛泽、宝山罗店的双音调都是 D 型调；宁波正处于向 D 型调进化过程中。也有些地方是准 D 型，即有少数调类组合的调类表面上看并不完全单音调化，但只需加一小规则的描写就可解释。这些地方有杭州、宜兴、昆山、嘉兴、余姚、周浦、湖州、双林等地。上海的单音调是 5 个，双音调只有 4 个，前字阴入的连读调并入前字阴去的连调型式，连调合并快于单音调。上海的声调表如下：

<table>
<tr><th>调类名称</th><th>单音调值</th><th>双音调值</th><th>三音调值</th><th>四音调值</th><th>五音调值</th></tr>
<tr><td>阴平调</td><td>52</td><td>55＋31</td><td>55＋33＋31</td><td>55＋33＋33＋31</td><td>55＋33＋33＋33＋31</td></tr>
<tr><td>阴去调</td><td>334</td><td rowspan="2">33＋44</td><td rowspan="2">33＋55＋31</td><td rowspan="2">33＋55＋33＋31</td><td rowspan="2">33＋55＋33＋33＋31</td></tr>
<tr><td>阴入调</td><td>5</td></tr>
<tr><td>阳去调</td><td>113</td><td>22＋44</td><td>22＋55＋31</td><td>22＋55＋33＋31</td><td rowspan="2">22＋55＋33＋33＋31</td></tr>
<tr><td>阳入调</td><td>$\underline{23}$</td><td>$\underline{22}$＋23</td><td>$\underline{22}$＋22＋23</td><td>$\underline{22}$＋55＋33＋31
$\underline{22}$＋22＋22＋23</td></tr>
</table>

再看杭州的双音调,它的特点是:a.在 1×、2×、7×、8×中,后字为 3、4(次浊)、7、8 的连读调受到 3 和 7 影响后字音节带上 51 或 5。b.6×(包括全浊开头的 4×)是在前字音节声调相对缩短的基础上后加一个高降调或中降调。71、72 并入 31、32,75、76 并入 15、16。

五、连读调的发展演变

吴语连读调历时发展的历史概貌可以从它分布的地域平面上反映出来,吴语的连读调大致应经历上一节记述的"A 型>B 型>C 型>D 型"的发展路线,即分"结合—异化—简化—单音调化"四个阶段。从地图上看,A 型分布在吴语区边缘,有的是原先环境较为偏僻而语言发展比较缓慢的地区,这从声母韵母方面也可以印证。如西缘的衢州保留了成套整齐的舌叶音,北缘的靖江古知照三等字都读舌面音,山摄促声韵合口与开口不同韵,如"夺"字读øʔ韵;东缘的南汇县城惠南方言保留"帮、端、见"三母的缩气音,轻唇音读ɸ、β,入声韵最为丰富,客ɑk≠掐æʔ≠刻ʌk≠磕əʔ≠渴œʔ≠哭oʔ≠壳ɒk,(声母均为 kʻ)。B 型分布于吴语区广大农村或小城镇,C 型在中小城市及其周围占优势,D 型见于常州、上海、杭州这样的大城市。

常熟方言的连读调是很典型的 B 型连调。它的双音节连读调绝大多数调形和单音节调调形不相同不相关,且从 1×到 8×的八条横行都是 B 型调型。许多吴语方言中,入声调尤其是阴入连读调是难以异化的调类,在不少方言中相对稳定和古老,如苏州方言是 C 型向 D 型转变中的连调调型,但在 75、76 里还保留着 A 型,如"八卦 5+412"、"鸽蛋 5+412"(5 是阴入单音调,412 是阴去单音调),在老年人口中还有 85、86 的初连型连调,像"白菜 3+412",但在今中青年中已经并入 8×的"3+52"连调了。

当 A 型过渡到 B 型,声调结合紧密了,两个单音调的曲折部分在快速连读时一旦发生朗读上的拗口,有的减弱其曲折部分,变曲为直;有的一个音节声调取胜,前重式的后音节往往弱化,后重式的前音节往往弱化;相近是合并的条件之一,有的相近的调子就开始合并。于是产生像松江、黄岩那样复杂的异化型连调。(实验证明连读双音节比单读两个音节语速快得多,上海话阴去单音调为 0.72 秒,阴去前字的双音调长为 0.80 秒,这是根据末延保雄 1983 年实验结果。)

从许多方言的连读调表中可以看到,一个方言的连调虽然有一个总的调型倾向,但不同声调组合的情形在横行调型演进的快慢上可以是不同的,如有的横行组合已是 D 型调式了,有的组合却还停滞在 B 型或 C 型调式上。

如常州方言,在 1×、8×横行上都有两种或两种以上的连读调形式,1×有 55+31 和 55+5,8×有 2+13、3+52(3+5)和 44+31(4+2),属 B 型变调;但在 2×和 3×横行上都只有一种调型,2×是 $\underline{31}$+34(21+4),3×是 34+44(34+4),都是单音节调的延伸调形,属 D 型变调。

如罗店方言,阴平开头的 1×都是 55+31,阳入开头的 8×都是 2+23(2+4),与它们的单音节调调形一致,属 D 型变调;但阳平开头的 2×有 22+52、24+31、22+23 三种调形,都与单音节调[2]31 不一致,阴去开头的 5×连调有 35+31(35+3)、33+52、55+31 三种调形,都属 B 型变调。它们停留在不同的变化速度形成的位置上。

如周浦方言,阴平开头的 1×有两种调形,属 B 型变调,5×更有 33+52、35+31、44+

44、55＋31 四种调形,其中 44＋44 是从 3×扩散过来的,33＋52、35＋31 都是从单音调 335 延伸来的变体,而 55＋31 却是保留了比单音调还要古老的去声降调调形。

如杭州方言,1×、2×、3×、8×都是 D 型变调,4×(全浊)、5×、6×都是接近 D 型(后字升高后变高降)的 C 型变调,只有 7×是 B 型。

a. 变曲为直　比如绍兴阴上单音调 334,前面有一个平调最后才上升,但 3×的调型是 34＋52,前面的音节没有平调部分而直升了。又比如靖江声调严式为 433,阳平近于 214,但在连读调中变成 44 和 23/24 了。像上述苏州话的"白菜"从"3＋412"发展成"33＋52",我们在老年和青年中都能找到能两读的发音人。

b. 部分弱化　当连读开始有了"重轻"的区别之后,轻读的音节的声调就开始弱化。前重式连调后音节一般变为高降调或低降调。如松江方言平声弱化为高降调 52,上声、去声、入声弱化为低降调 31。南汇、上海(老派)则平、入声调弱化为高降,上、去声弱化为低降。惠南音 5×的 35＋52 和 35＋31 调形,就是前字变曲为直(单音调严式为 335)、后字弱化的型式。

这种弱化型式在三音调、四音调中表现得更为明显,有时就成为"声调的填充格",如新派上海话 5×是 33＋44, 5××就是 33＋55＋31,因为前两音节已经满足了"344"单音调的延伸,末了一个音节就填补一个低降调。苏州话阴平单音调为 44,双音调就采用了 55＋31 的型式,也同属这种情形。

弱化的另一个重要表现就是非重读的音节阴阳调合并为一,多数是阳调归向阴调,如前重式的连调表中,我们可以看到许多调类组合后字不分阴阳,连调型相同。

c. 扩散　某一调型因简易或其他原因,在调类组合中活跃起来,它向周围调类组合的阈中扩释进去,比如松江方言 25、26 的连调型是 24＋31,后来 23、24 的少数词也读起 24＋31 来,于是有的一个调类组合中连调型出现几式的情况。松江 31 到 36 的组合中也出现这种词汇扩散现象。36 中 44＋44 是为主的,而 31 到 34 中 44＋44 型只有少数的词用,慢慢地,比如到青年中,34 中的 44＋44 和原来为主的 35＋31 平分秋色了。这种扩散现象在宁波方言双音调中发展到登峰造极的地步。那种似乎很杂乱的无序状态却是调型合并的前兆,当一种调型占优势得胜后,B 型的连调式就向 C 型转变了。

这种从有序到无序再到有序的语音演变的扩散现象,我们从自然界现象的变化中也能得到印证。1990 年我乘着小船在九江到石钟山的长江里航行,看到长江和鄱阳湖交汇处,长江水黄而浊,鄱湖水绿而清。石钟山上造有一个著名的"清浊亭",亭上有"江湖水分两色,石钟浪击千年"对联,在石钟山亭中远远望去,江湖水呈一线两分,因此明代夏寅的《过湖口》七绝诗有"九江流与鄱湖接,清浊分明见一痕"的名句。但我和我的学生王心欢(他可作证)是乘着小船在长江里航行的,分明看到有两条线,从长江过去的第一线,可以看到许多浊浪翻卷到绿波中去的景象,第一线至第二线之间的水是绿色的,但没有第二线外的鄱阳湖水绿。原来自然现象的突变,中间也有一个过渡带,这与我在奉贤乡村中考察西乡音和东乡音交界的连读调呈词汇扩散的现象相同。中间有两条线,两线之间的狭长地带中的语音有的调类组合读西乡音,有的调类组合读东乡音,有的调类组合中的有些词读西乡音,另一些词读东乡音。语音在词上的过渡是渐变的,但从语音本身的过渡来看是突变的。美国伯克利加州大学语言学家王士元教授 1984 年随美国人类学代表团访问中国,他来到上海大学文学院做了他著名学说"语音变化的词汇扩散论"的报告,讨论时我谈到不但语音在历时变化中而且在空间共时变化中也存在词汇扩散现象。王先生随即请我把它写成论文，在他主编的美国《中国语言学报》1985 年第二期上首篇刊出了。

扩散在三音节连读调中表现得更为严重。比如松江、常熟、黄岩等地的三音调表都是一张非常繁杂的表格，就其调型数目也只有那么七八个，但是有些调型却在许多调类组合中出现，十分活跃。比如松江老派 111、112、113、114、117、118 调类组合的连调型是 44＋44＋52，115、116 是 44＋44＋31，但在 114 和 113 中也会出现少数的 44＋44＋31 调，111 的调型也会跑到理该 55＋33＋31 的 151、152 组合中去。到了松江新派 11×的调型都归并到 3××中去了。得优势的 33＋55＋31、22＋55＋31 调型更是十分横行。原属松江府的上海话到了新派除了阴平、阳入开头的三音调，这两个调型已打平天下局面。因为三音节连读调调类排列组合大大多于双音节组合，所以各地扩散与合并一般都在三音节词中先开始。

经过扩散和合并后，B 型连调就向简化的 C 型转化。C 型连调的特点是调型少，一个调型一统许多调类组合。在前重式中，往往出现表格中一个横行一个调型。如无锡 1×都是 21＋23，2×都是 24＋31。B 型调向 C 型调演化，我们可以看到以下几种形式起着作用。

a. 简化　许多地方调型简化首先在“专用式”中发生。所谓“专用式”，就是一些方言中最常用的、由特殊语法格式构成的双音节词、三音节词所读的连读调型，例如重叠式（算算、筷筷、趟趟）、动代式（看我）、动趋式（坐起）、数量式（五只）等，以数量式为主。相对于“专用式”而言，各地双音调的常见调型称“广用式”。据笔者调查，B 型连调的广大地区大都有“专用式”这种语法上一实一虚、语音上典型的重轻型式。“专用式”所用的调型是各地双音调中最简化的调型。例如上海市区老派方言的连调（广用式）是典型的 B 型连调，其双音调表是这样的：

<table>
<tr><th colspan="2" rowspan="2">前　字</th><th colspan="8">后　　字</th></tr>
<tr><th>1</th><th>2</th><th>3</th><th>4</th><th>5</th><th>6</th><th>7</th><th>8</th></tr>
<tr><td>1</td><td>52</td><td colspan="2">44＋53</td><td colspan="4">55＋31</td><td colspan="2">44＋<u>52</u></td></tr>
<tr><td>2</td><td>113</td><td colspan="6">23＋44</td><td colspan="2">22＋5</td></tr>
<tr><td>3</td><td>44</td><td colspan="3">33＋52</td><td>33＋52
44＋44少</td><td colspan="2">44＋44</td><td colspan="2">33＋<u>52</u></td></tr>
<tr><td>4</td><td>113</td><td colspan="2">22＋52</td><td colspan="2">22＋52
22＋34少</td><td colspan="2">22＋34</td><td colspan="2">22＋<u>52</u></td></tr>
<tr><td>5</td><td>334</td><td colspan="2">33＋52</td><td colspan="2">33＋52
44＋44
55＋31</td><td colspan="2">54＋31
44＋44</td><td colspan="2">33＋<u>52</u></td></tr>
<tr><td>6</td><td>113</td><td colspan="2">22＋52</td><td colspan="2">22＋52
22＋34</td><td colspan="2">22＋34</td><td colspan="2">22＋<u>52</u></td></tr>
<tr><td>7</td><td>5</td><td colspan="2">4＋52</td><td colspan="4">4＋44</td><td colspan="2">33＋5</td></tr>
<tr><td>8</td><td><u>23</u></td><td colspan="6">1＋23</td><td colspan="2">22＋5</td></tr>
</table>

注：表中的“33＋52”型的“33”近于“34”，“22＋52”型的“22”近于“23”，“22＋34”型的“34”近于 44。

其中，3×、4×、5×、6×包括的调形，分别举例说明如下：

31、32、33：手巾sɤ$_{33}$tɕiəŋ$_{52}$　酒瓶tsiɤ$_{33}$biəŋ$_{52}$　火腿ɸu$_{33}$t'e$_{52}$

34：小雨siɔ$_{33}$ɦy$_{52}$　表演piɔ$_{44}$i$_{44}$

35、36：讨厌t'ɔ$_{44}$i$_{44}$　草帽ts'ɔ$_{44}$mɔ$_{44}$

37、38：宝塔pɔ$_{33}$t'aʔ$_{52}$　小麦siɔ$_{33}$mɑk$_{52}$

41、42：奶糕nɑ$_{22}$kɔ$_{52}$　领头liŋ$_{22}$dɤ$_{52}$

43、44：户口βu$_{22}$k'ɤ$_{52}$　雨伞ɦy$_{22}$sE$_{34}$　网眼mɒ̃$_{22}$ŋE$_{52}$　偶像ŋɤ$_{22}$ziã$_{34}$

45、46：眼镜ŋE$_{22}$tɕiəŋ$_{34}$　染料ȵi$_{22}$liɔ$_{34}$

47、48：满足me$_{22}$tsoʔ$_{\underline{52}}$　老实lɔ$_{22}$zəʔ$_{\underline{53}}$

51、52：汽车tɕ'i$_{33}$ts'o$_{52}$　借条tsiɑ$_{33}$diɔ$_{52}$

53：要紧ʔiɔ$_{33}$tɕiəŋ$_{52}$　凑巧ts'ɤ$_{44}$tɕ'iɔ$_{44}$　对比te$_{55}$pi$_{31}$

54：创造ts'ã$_{33}$zɔ$_{52}$　胜负səŋ$_{44}$βu$_{44}$　对象te$_{55}$ziã$_{21}$

55、56：志气tsɿ$_{55}$tɕ'i$_{31}$　兴趣ɕiəŋ$_{44}$ts'y$_{44}$　记念tɕi$_{55}$ȵiE$_{31}$　贩卖fE$_{44}$mɑ$_{44}$

57、58：货色ɸu$_{33}$səʔ$_{\underline{52}}$　酱肉tsiã$_{33}$ȵioʔ$_{\underline{52}}$

61、62：地方di$_{22}$fɒ̃$_{52}$　外婆ŋɑ$_{22}$bu$_{52}$

63、64：校长ɦiɔ$_{22}$tsã$_{53}$　妄想ɦuɒ̃$_{22}$siã$_{34}$　大米du$_{22}$mi$_{52}$　现象ɦi$_{22}$ziã$_{34}$

65、66：运气ɦioŋ$_{22}$tɕ'i$_{34}$　豆腐dɤ$_{22}$βu$_{34}$

67、68：面色mi$_{22}$səʔ$_{\underline{52}}$　闹热nɔ$_{22}$ȵiəʔ$_{\underline{52}}$

上海市区老派方言的专用式中的动趋式连调型式十分简单。下面是动趋式连调型式表：

前　　字	后字			
	2	3	5	7、8
1	55+31			44+$\underline{52}$
3、5	33+52			33+$\underline{52}$
2、4、6	22+34			22+$\underline{52}$
7	4+52	3+34		3+5
8	1+23			2+5

注：后字 1、4、6 缺乏相应的动趋式字组，故表内没有 1、4、6 竖行。

举例：

55+31 型　12：拖来t'u$_{55}$lE$_{31}$　13：翻起fE$_{55}$tɕ'i$_{31}$　15：拖去t'u$_{55}$tɕ'i$_{31}$

33+52 型　32：走来tsɤ$_{33}$lE$_{52}$　33：想起siã$_{33}$tɕ'i$_{52}$　35：转去tsø$_{33}$tɕ'i$_{52}$　52：送来soŋ$_{33}$lE$_{52}$

53：笑起siɔ$_{33}$tɕ'i$_{52}$　55：进去tsiŋ$_{33}$tɕ'i$_{52}$

22+52 型　22:抬来dᴇ$_{22}$lᴇ$_{34}$　23:抬起dᴇ$_{22}$tɕʻi$_{34}$　25:抬去dᴇ$_{22}$tɕʻy$_{34}$　42:上来zɑ̃$_{22}$lᴇ$_{34}$
43:抱起bɔ$_{22}$tɕʻi$_{34}$　45:下去ɦɔ$_{22}$tɕʻi$_{34}$　62:调来diɔ$_{22}$lᴇ$_{34}$　63:话起ɦo$_{22}$tɕʻi$_{34}$
65:调去diɔ$_{22}$tɕʻy$_{34}$

3+34 型　73:捉起tsɔk$_{3}$tɕʻi$_{34}$　75:出去tsʻəʔ$_{3}$tɕʻi$_{34}$

比较广用式连调表和动趋式连调表,我们可以看到:i.在 1×中, 55+31 调型取胜,12 的调型并入 13—16。ii.在 3×、5×中, 33+52 调型取胜, 44+44 调型、55+31 调型并入 33+52 调型。iii.在 2×、4×、6×中,22+34 调型取胜,22+52 调型并入 22+34 调型。iv.73、75 的调型发生变化,由 4+44 变为 3+34,调型与 2×、4×、6×舒声调并行,而不采取3×、5×中消失的 44+44 的调型。v.后字为促声的调型比较稳定顽固,动趋式与广用式相同。到 iv 讨论的都限于后字为舒声调。

通过比较广用式连调和动趋式连调,我们可以看到动趋式这种语法结构的连调是简化了广用式的连调的型式。

笔者在上海的一些老年人中还记录到两个简化了的广用式连调表,可以看作老派连调(B 型)向上海新派连调(D 型)转变的过渡型,如:

前　字	后　字
	×
1	55+31
3、5	33+52
2、4、6	22+52
7	4+52
8	1+23

前　字	后　字		
	1	2 3 4 5 6	78
1	55+31		55+$\underline{31}$
3、5	33+52	33+44	33+$\underline{52}$
2、4、6	22+52	22+44	22+$\underline{52}$
7	3+52	3+44	3+5
8	1+23		2+4

老派动趋式连调与这些过渡型广用式连调十分相近。

上海市区老派方言专用式的动代式调型最简单,比如:

14　帮我pɒ̃$_{55}$ŋu$_{31}$　　34　打我tã$_{44}$ŋu$_{44}$
54　看我kʻø$_{33}$ŋu$_{44}$　　74　杀我saʔ$_{4}$ŋu$_{44}$
24　瞒我mø$_{22}$ŋu$_{34}$　　44　咬我ŋɔ$_{22}$ŋu$_{34}$
64　话我ɦo$_{22}$ŋu$_{34}$　　84　罚我vaʔ$_{\underline{11}}$ŋu$_{23}$

动代式连调型就是老派单音调的延伸,上海市区老派方言声调共有 6 个,它们是阴平 52、阴上 44、阴去 334、阴入 5,阳平=阳上=阳去 113,阳入 $\underline{23}$。

上海市区新派方言没有专用式,全部广用式的连调就是五个单音调的延伸。

“专用式”的语法结构前字是实词或实语素,后字是封闭性的虚词或虚语素。虚词常用而信息量小,在经常使用中,声韵调都有可能读得含混中性化而不影响其表意功能,于是在声调上简化合并的现象就产生了。这种一实一虚的专用式结构最早实现向重轻型进化,因此最早发生音变,由 B 型调向 C 型调(如动趋式)以至向 D 型调(如动代式)跃迁,这种现象,我称之为音变的语法扩散。当它们已变了的时候,广用式连调型还停留在 B 型调的阶段上尚未发生音变(即使有的调类组合中有两种调型,有些词已向简化的型式跃迁,但它们尚处于词汇扩散的阶段),这就是上海市区老派连读调的基本面貌。到了上海新派方言的连调型式,就是原来老派的广用式全部变为专用式,专用式就成为新派广用式连调了。

b. 延伸　　延伸和扩展是在三、四音调中先起的。延伸和扩展时,往往会因音节的增多带来声调的一些变化,这些变化很重要,它是造成调型发展的根据之一。比如上海市区老派的连读调是典型的B型调,51—54中都有33+52的调型,它在三音节、四音节组合中尤其是四音调中的扩展就与新派的调型很接近了。

	单音调	双音调	三音调	四音调
老派5×式	334	33+52	33+44+52	33+44+44+31
新派5×式	334	33+44	33+55+31	33+55+33+31

到了三音调前两个音节,我们就可以看到新派双音调型的模式,到了四音调,新、老派的调型更为接近。

再有,这种从两音节、三音节到四音节不断扩展延伸的模式一旦倒过去引伸到从单音调到双音调这一段一起采用,于是就形成D型连调。

D型连调式的取胜与大城镇交际频繁、五方杂处、语速加快等社会因素有关。苏州是D型的,而吴县却是C型;吴江县城松陵、吴江盛泽镇是D型的,而吴江的黎里小镇却是C型的;上海市区是D型的,而上海近郊奉贤、松江是B型的,宝山霜草墩是C型的。

某地方言的连读调的发展变化还与本方言的单音调发展互相影响。

第二节　各地双音节词连读调表

本节和下一节所列的连读调表都是广用式连读调表,即在各地点方言的大多数语音词音节连读时的声调调型。在语流中,每两个停顿之间连读的语音片段就是一个语音词。语音词可以是单音节的,也可以是双音节或多音节的,它可能等于语法上的一个词,也可能不是。说话人可以按照习惯或意愿在一定限度内自由地划分语音词。

汉语最早是以单音节词为句子中最常用的自由形式,随着词汇双音节化发展,才产生超音节连读的连读调,语音词与语法词关系密切,因为一个语法上组合紧密的词往往连读,不过有时两三个词也能连读。连读调是双音节和双音节以上的语音词的声调型式,连读调一旦形成,即与单音调并行,独立地发展,虽然也与单音调互相影响而有联系。有的地点、有的调类组合双音节连读调发展变化快,有的地点、有的单音节调发展变化快。因此,我调查连读调时采用的字调组合都用单字的中古音声调系统进行组合,不管该地单音节调是否合并,一律用中古四个声调各分清浊(有时再分全清、次清、次浊、全浊)共八类的单字调查单音节声调,由它们排列组合的8×8的表格形式调查双音节词的连读调,三音节调的调查表也以同样的方法处理。表中1、2、3、4、5、6、7、8分别代表阴平、阳平、阴上、阳上、阴去、阳去、阴入、阳入。

宜兴

前字		后字 1	2	3	4	5	6	7	8
1	全清 次清	55+55	55+55	55+31	55+31	55+31	55+31	55+5	55+5
2	次浊 全浊	21+23	21+23	22+53	22+53	22+53	22+53	21+23	21+23
3	全清 次清	33+44	33+44	35+31 53+31少	35+31 53+31	53+31	53+31 35+31少	33+4	33+4
4	次浊 全浊	21+23 24+55少	21+23 44+44(次浊少)	21+23 24+31少 55+31(次浊少)	21+23 24+31少 55+31(次浊少)	24+31 55+31(次浊少)	24+31 32+21 55+31(次浊少)	21+23	21+23
5	全清 次清	33+44	33+44	35+31	35+31	35+31	35+31 53+31少	33+4	33+4
6	次浊 全浊	21+23	21+23	32+21 21+23 24+31少	32+21 21+23	32+21 22+53 21+23 35+31	32+21 24+31 22+53	21+23	21+23
7	全清 次清	5+55	5+55	53+31	53+31	5+324	5+324	5+5	5+5
8	次浊 全浊	2+23	2+23	3+53	3+53	3+53	3+53	2+4	2+4

溧阳

前字		后字 1	后字 2	后字 3	后字 4	后字 5	后字 6	后字 7	后字 8
1	全清 次清	44+52 44+55	44+52 44+55	44+52	44+52 44+55	44+52	44+52	44+5 44+34	44+5 44+34
2	次浊 全浊	32+23 44+31	32+23	32+52	32+52 32+23	32+52	32+52	32+23	32+23
3	全清 次清	54+34	54+34	52+52	52+52 54+34	44+31 52+52	44+31 52+52	54+34	54+34
4	次浊 全浊	32+23 24+52少	32+23 24+52少	24+52 44+52	32+23 24+52	24+52 32+23	24+52 32+23	24+3 32+23	24+3 32+23
5	全清 次清	54+34	54+34	52+52	52+52 54+34	52+52 54+34少	52+52	54+34	54+34
6	次浊 全浊	32+23	32+23	32+52 32+23少	32+52 32+23少	32+52 24+31	32+52 24+31	24+5 32+23	24+5 32+23
7	全清	5+34	5+34	5+52	5+34 5+52少	5+34 5+52	5+52	5+5 5+3	5+3
7 8	次清 次浊 全浊	3+23	3+23	3+52	3+52 3+23	3+23 3+52	3+52	3+5 3+23	3+5 3+23

金坛西岗

前字		后字 1	后字 2	后字 3	后字 4	后字 5	后字 6	后字 7	后字 8
1	全清 次清	44+44 35+31	44+23	44+23	44+23 44+52	44+52	44+52	44+4	44+4
2	次浊 全浊	24+44	24+23	24+23	24+23 24+52	24+52 22+44	24+52 24+44少	24+4	24+4
3	全清 次清	35+31 33+44	32+23	35+23	35+23 33+52	33+52 33+44	33+52	33+4	33+4
4	次浊	22+44	21+23	24+23	24+32 22+52	22+52	22+52	22+4	22+4
4	全浊	44+44	44+23	44+23	44+23 44+52	44+52	44+52	44+4	44+4
5	全清 次清	44+31	52+23	52+23	52+23 44+52	44+52	44+52	44+4	44+4 44+$\underline{31}$
6	次浊	44+44	52+23	52+23	52+23 44+52	44+52	44+52	44+4	44+4
6	全浊	44+31							
7	全清 次清	$\underline{53}$+31	5+23	5+23	5+23 4+44	4+52 4+44	4+44	4+4	4+4 4+2
8	次浊 全浊	$\underline{53}$+31	5+23 4+44少	5+23	5+23 4+44	4+44	4+44	4+4	4+4

丹阳

前字		后字 1	2	3	4	5	6	7	8
1	全清 次清	44+31 23+44 44+23	44+31 44+44 44+23	44+44 22+44	44+44 44+31 44+23	44+44 44+23	44+44 44+31	44+5	44+5
2	次浊 全浊	44+44 35+21 23+44 32+24	44+44 35+21 32+24 23+44	32+24	32+24	32+24 44+23 22+44	32+24 24+21	32+$\underline{24}$ 35+$\underline{21}$	32+$\underline{24}$
3	全清 次清	21+22 35+21	52+23 21+22 35+21 44+44少	52+23 21+22 33+44	52+23 33+44	52+23 21+22	52+23 35+21	21+2 35+$\underline{21}$	52+$\underline{23}$ 33+4
4	次浊 全浊	21+22 35+21	52+23 21+22 41+21	52+23 33+44 41+21	52+23 33+44 41+21	52+23 41+21	52+23 41+21	21+2	52+$\underline{23}$ 41+$\underline{21}$
5	全清 次清	52+23 35+21	52+23 35+21	52+23 33+44	33+44 52+23	52+23	52+23 35+21	52+$\underline{23}$	52+$\underline{23}$
6	次浊 全浊	41+21 24+21	41+21 35+21 52+23 22+23	33+44 41+21 52+23	41+21 52+23	41+21 52+23	52+23 41+21	41+$\underline{21}$ 35+$\underline{21}$	41+$\underline{21}$
7	全清 次清	3+33 $\underline{53}$+31	3+33 5+23	3+33 5+23	5+23 3+33	3+33 5+23 $\underline{53}$+31	3+33 5+23 $\underline{53}$+31	$\underline{53}$+$\underline{31}$ 3+3	$\underline{53}$+$\underline{31}$ 5+23
8	次浊 全浊	3+33 5+33	5+23 5+33	3+44 5+23	5+23 3+33	5+23 $\underline{53}$+31	5+23 $\underline{53}$+31	$\underline{53}$+$\underline{31}$ 5+2	$\underline{53}$+$\underline{31}$ 5+23

33+44 有时是 22+44；41+21 有时是 31+21。

丹阳童家桥

前字		后字 1	2	3	4	5	6	7	8
1	全清 次清	53+31 44+44	53+31 55+31 44+23	53+31 55+31 44+23	53+31 44+23	33+55 53+31	33+55 53+31	33+5	33+5 53+$\underline{31}$
2	次浊 全浊	24+31 23+55	24+31 24+23	24+31 24+23	24+31 24+23	24+31 23+55	23+55 24+31	22+5 24+$\underline{31}$	22+5
3	全清 次清	35+31 34+55 33+55 31+33	35+23 34+55 33+23 31+33	33+55 35+23 33+23	35+23 35+31 33+55	33+55 35+23	33+55 35+23	33+5	33+5
4	次浊 全浊	24+31	21+23	24+23	24+23 22+55	22+55	21+23 24+23	22+5	22+5
5	全清 次清	35+31 34+55	35+31	35+31 35+23	35+23 35+31	33+55 34+55	33+55 35+23	33+5	33+5
6	次浊 全浊	24+31 22+55	24+31 22+55	24+31 21+23	24+31 24+23 21+23	22+55	22+55 24+31 21+23	22+5	22+5
7	全清 次清	$\underline{53}$+31	$\underline{53}$+31 5+23	$\underline{53}$+31 5+23	$\underline{53}$+31 5+23	5+55	$\underline{53}$+31 5+23	5+5 $\underline{53}$+31	5+5 $\underline{53}$+$\underline{31}$
8	次浊 全浊	$\underline{42}$+31	$\underline{42}$+31 3+23	$\underline{42}$+31 3+23	$\underline{42}$+31 3+23	3+55	$\underline{42}$+31 3+23	$\underline{42}$+$\underline{31}$ 3+5	3+5

靖江

前字		后字 1	2	3	4	5	6	7	8
1	全清 次清	44+44 43+33 55+31少 44+34少	44+23 43+33 44+44少	44+34 44+44 43+33	44+34 44+44 44+52 43+33	44+52 44+34 43+33	44+52 44+34 43+33	44+5 43+3 44+3少	44+5 43+3 44+3少
2	次浊 全浊	24+31 22+34	24+23 22+34	24+34 22+34	24+23 22+34 22+52	22+52 22+34	22+52 22+34	22+5	22+5
3	全清 次清	53+44 35+31	35+23 33+44	35+34 33+44	35+34 33+44 33+52	35+34 33+44 33+52	33+52	33+5	33+5
4	次浊	35+31 33+44	35+23 33+44 35+31	35+34 33+44 35+31	24+23 22+52	33+44 22+52	33+52 33+44 24+23	33+5	35+5
	全浊	31+34	31+23	35+31	31+31 31+23	31+31	31+31 24+31	31+31	31+31
5	全清 次清	52+34 53+31 35+31少	52+23 35+31	52+34	52+34 52+41	52+41 35+31少	52+41 35+31	52+4 35+31	52+4 35+31
6	次浊 全浊	31+23 24+31少	31+23	31+24	31+31 31+23	31+31 35+31少	31+31 24+31少	31+4 24+31	31+4 24+31
7	全清 次清	53+31	5+23 53+31	5+34 5+51 53+31	5+34 5+51 53+31	5+51	5+51	5+5 5+3	5+5 5+3
8	次浊 全浊	42+31 2+23	4+23 2+23 42+31	4+23 2+23	4+23 2+23 42+31	2+51 4+23 42+31	2+51 4+23 42+31	2+5 4+3	4+5 4+3

江阴

前字		后字 1	2	3	4	5	6	7	8
1	全清 次清	53+31 55+31	53+31 55+31	53+31 55+31	53+31 55+31	53+31 55+31	53+31 55+31	53+2	53+2
2	次浊 全浊	24+31 24+43少	24+31	21+43	21+43	21+43	21+43	21+4	21+4
3	全清 次清	52+33 33+43	52+33	52+33	52+33	52+33 33+43	52+33	52+3	52+3
4	次浊	52+33	52+33	52+33	52+33	52+33	52+33	52+3	52+3
	全浊	24+31	24+31	24+31	24+31	24+31	24+31	24+2	24+2
5	全清 次清	45+31	45+31	45+31	45+31	45+31	45+31	45+2	45+2
6	次浊 全浊	24+31	24+31	24+31	24+31	24+31	24+31	24+2	24+2
7	全清 次清	5+42	5+42	5+23 $\underline{53}$+31	5+23 $\underline{53}$+31	5+23 $\underline{53}$+31	5+23 $\underline{53}$+31	5+5	5+5
8	次浊 全浊	2+23	2+23	2+23	2+23	2+23	2+23	3+3	3+3

常州

前字		后字 1	2	3	4	5	6	7	8
1	全清	55+31	55+31	55+31	55+31	55+31	55+31	55+5	55+5
	次清								
2	次浊	21+34	21+34	21+34	21+34	21+34	21+34	21+4	21+4
	全浊								
3	全清	34+44	34+44	34+44	34+44	34+44	34+44	34+4	34+4
	次清								
4	次浊	34+44 21+13	34+44 21+13	34+44 21+13	34+44 21+13 24+41	34+44 24+41	34+44 24+41	34+4 21+13	34+4 21+13
	全浊								
5	全清	55+31 34+44偶	55+31	55+31	55+31 34+44	55+31 34+44	34+44 55+31	55+3	55+3
	次清								
6	次浊	21+13	21+13	21+13	21+13 24+41	21+13 24+41	21+13 24+41	21+13 24+4	21+13
	全浊								
7	全清	4+44	4+44	4+44	4+44	5+31 4+52	5+31 4+52	4+5	4+5
	次清	2+13	2+13	2+13	2+13				
8	次浊	2+13	2+13	2+13	2+13 3+52	4+31 3+52	4+31 3+52	3+5	4+2 3+5
	全浊								

无锡

前字		后字 1	后字 2	后字 3	后字 4	后字 5	后字 6	后字 7	后字 8
1	全清 次清	21+23	21+23	21+23	21+23	21+23	21+23	21+23	21+23
2	次浊 全浊	24+31	24+31	24+31	24+31	24+31	24+31	24+$\underline{31}$	24+$\underline{31}$
3	全清 次清	45+55 35+31	45+55 33+44 55+31	45+55 55+31	45+55 55+31	33+52 45+55 55+31 35+31	45+55	45+5	45+5
4	次浊 全浊	22+55	22+55	22+55 21+23	22+55 21+23 55+31	21+23 22+55 55+31	21+23 22+55	22+5 55+3	22+5
5	全清 次清	55+31	55+31	55+31	55+31 33+55	55+31 33+55	55+31	55+$\underline{31}$	55+$\underline{31}$
6	次浊 全浊	22+55 21+23少	22+55 21+23少	22+55 21+23	22+55 21+23	22+52 22+55 21+23	22+55 21+23	22+5 24+3	22+5
7	全清 次清	4+55	4+55	4+34	4+34	4+34	4+34 4+55	4+5	4+5 5+3
8	次浊 全浊	2+55	2+55	2+34 2+55	2+34 2+52 2+55	2+34 2+52 2+55	2+34 2+55	2+5	2+5

苏州

前字		后字 1	2	3	4	5	6	7	8
1	全清 次清	55+31	55+31	55+31	55+31	55+31	55+31	55+2	55+2
2	次浊 全浊	22+44 24+31	22+44 24+31	22+44 24+31	22+44 24+31	22+44 24+31	22+44 24+31	22+4 24+2	22+4 24+2
3	全清 次清	52+23 53+31 55+31	52+23 53+31 55+31	52+23 53+31 55+31	52+23 53+31 55+31	52+23 53+31 55+31	52+23 53+31 55+31	52+3 53+2 55+2	52+3 53+2 55+2
4	次浊 全浊	22+44 24+31 55+31	22+44 24+31	22+44 24+31 55+31	22+44 24+31 55+31	22+44 24+31 55+31	22+44 24+31	22+4 24+2	22+4 24+2
5	全清 次清	55+31 52+23	55+31 52+23	55+31 52+23	55+31 52+23 53+31少	55+31 52+23 53+31少	55+31 52+23 53+31少	55+2 52+3	55+2 52+3
6	次浊 全浊	22+44	22+44	22+44 24+31 22+42	22+44 24+31 22+42	22+44 24+31 22+42	22+44 24+31 22+42	22+4	22+4
7	全清 次清	5+23	5+23	5+23 5+52	5+23 5+52	5+23 5+52 5+412少	5+23 5+52 5+412少	5+5	5+5
8	次浊 全浊	3+52 2+44	3+52 2+44	3+52 2+44	3+52 2+44	3+52 2+44	3+52 2+44	3+5 2+4	3+5 2+4

常熟

前字		后字 1	2	3	4	5	6	7	8
1	全清 次清	55＋51 55＋31	55＋51 55＋31	55＋51	55＋51 55＋22少	55＋22	55＋22	55＋5	55＋5
2	次浊 全浊	24＋31	24＋31	24＋31 23＋33少	24＋31 23＋33	23＋33	23＋33	24＋$\underline{31}$	24＋$\underline{31}$
3	全清 次清	33＋51	33＋51	35＋31 33＋33少	35＋31 33＋33	33＋33 33＋51少	33＋33 33＋51少	33＋5 33＋3少	33＋5
4	次浊 全浊	22＋51	22＋51 22＋44少	22＋44	22＋44 22＋51	24＋34	24＋34 22＋44	22＋4	22＋4
5	全清 次清	55＋31 33＋51	55＋31 33＋51少	55＋31	55＋31 35＋31少	55＋31 35＋31	55＋31 35＋31	55＋3 33＋5	55＋3 33＋5
6	次浊 全浊	24＋31 22＋51	24＋31 22＋51 22＋44	22＋44 24＋31	22＋44 24＋31	22＋44 24＋31少 23＋33	22＋44 23＋33	24＋$\underline{31}$ 22＋4 23＋3	24＋$\underline{31}$ 22＋4 23＋3
7	全清 次清	4＋51	4＋51	3＋33	3＋33	3＋34	3＋34	4＋5	4＋5
8	次浊 全浊	2＋51	2＋51	2＋51	2＋51 2＋34	2＋34 2＋51	2＋34 2＋51	2＋5	2＋5

昆山

前字		后字 1	2	3	4	5	6	7	8
1	全清 次清	44+41	44+41	44+41	44+41	44+41 55+31	44+41 55+31	44+4 55+<u>31</u>	44+4 55+<u>31</u>
2	次浊 全浊	23+41	23+41	23+41	23+41	23+41	23+41 24+31	23+4	23+4
3	全清 次清	52+33	52+33	52+33 53+31少	52+33 53+31少	52+33 53+31少	52+33 53+31少	52+3 33+4	52+3
4	次浊 全浊	22+44	22+44	22+44 24+31	22+44 24+31	22+44 42+31少	22+44 42+31少	22+4 42+3少	22+4 42+3
5	全清 次清	52+33 35+31	52+33 35+31	52+33 34+41 35+31	52+33 34+41 35+31	52+33 34+41 35+31	52+33 34+41 35+31	52+3 35+3少	52+3 35+3少
6	次浊 全浊	23+41 22+44 24+31少	23+41 22+44 24+31	23+41 22+44 24+31	23+41 22+44 24+31	23+41 22+44 24+31	23+41 22+44 24+31	24+4 24+3	22+4 24+3
7	全清 次清	4+44	4+44	5+31 5+52 4+44	5+31 5+52	5+31 5+52	5+31	4+4 5+3少	4+4 5+3少
8	次浊 全浊	3+31 2+23	3+31 2+23	3+31 2+23	3+31 2+23	3+31 2+23	3+31 2+23	2+3 3+3	2+3 3+3

宝山霜草墩

前字		后字 1	2	3	4	5	6	7	8
1	全清 次清	55＋31	55＋31	55＋31	55＋31	55＋31	55＋31	55＋3	55＋3
2	次浊 全浊	22＋52	22＋52	24＋31	24＋31	24＋31	24＋31	22＋4	22＋4
3	全清 次清	33＋52	33＋52	33＋52	33＋52	33＋52	33＋52	33＋4	33＋4
4	次浊 全浊	22＋52	22＋52	24＋31 22＋23 22＋52	24＋31 22＋23 22＋52	22＋23 22＋52	22＋23 22＋52	22＋4	22＋4
5	全清 次清	33＋52	33＋52	55＋31 33＋52	55＋31 33＋52	55＋31 33＋52	55＋31 33＋52	33＋4	33＋4
6	次浊 全浊	22＋52	22＋52	24＋31 22＋52 22＋23	24＋31 22＋52 22＋23	24＋31 22＋52 22＋23	24＋31 22＋52 22＋23	22＋4	22＋4
7	全清 次清	4＋52	4＋52	4＋23	4＋23	4＋23	4＋23	5＋3	5＋3
8	次浊 全浊	2＋23	2＋23	2＋23	2＋23	2＋23	2＋23	2＋4 4＋2	2＋4 4＋2

罗店

前字		后字 1	2	3	4	5	6	7	8
1	全清 次清	55+31	55+31	55+31	55+31	55+31	55+31	55+3	55+3
2	次浊 全浊	22+52	22+52	24+31	24+31	24+31 22+23	24+31 22+23	24+3	24+3
3	全清 次清	35+31	35+31	33+52	33+52	33+52	33+52	35+3 33+4	35+3 33+4
4	次浊 全浊	22+52	22+52	24+31 22+52 22+23	24+31 22+52 22+23	22+23 22+52	22+23 24+31	24+3 22+4	24+3 22+4
5	全清 次清	35+31	35+31	55+31 33+52	55+31 33+52	55+31 33+52	55+31 33+52	35+3	35+3
6	次浊 全浊	22+52	22+52 22+23	24+31 22+23	24+31 22+23	24+31 22+23	24+31 22+23	24+3	24+3
7	全清 次清	4+52	4+52	4+23 5+31	4+23 3+52	4+23	4+23	5+3 3+4	5+3
8	次浊 全浊	2+23	2+23	2+23	2+23	2+23	2+23	2+4	2+4

周浦

前字		后字 1	2	3	4	5	6	7	8
1	全清 次清	44+52	44+52	55+31	55+31	55+31	55+31	44+5	44+5
2	次浊 全浊	23+44	23+44	23+44	23+44	23+44	23+44	23+4	23+4
3	全清 次清	33+52	33+52	35+31 44+44	35+31 44+44	44+44	44+44 33+52	33+5	33+5
4	次浊 全浊	22+52	22+52	24+31	24+31 22+24	22+24	22+24	22+5	22+5
5	全清 次清	33+52	33+52	35+31 55+31	35+31 44+44 55+31	55+31 44+44	55+31 44+44	33+5	33+5
6	次浊 全浊	22+52	22+52	24+31	24+31 22+24	22+24	22+24	22+5	22+5
7	全清 次清	3+52	3+52	4+44	4+44	4+44	4+44	3+5	3+5
8	次浊 全浊	2+23	2+23	2+23	2+23	2+23	2+23	2+3	2+3

上海

前字		后字 1	2	3	4	5	6	7	8
1	全清 次清	55+31	55+31	55+31	55+31	55+31	55+31	55+$\underline{31}$	55+$\underline{31}$
2	次浊 全浊	22+44 22+52	22+44	22+44	22+44	22+44	22+44	22+4	22+4
3	全清 次清	33+44 33+52	33+44	33+44	33+44	33+44	33+44	33+4	33+4
4	次浊 全浊	22+44 22+52	22+44	22+44	22+44	22+44	22+44	22+4	22+4
5	全清 次清	33+44 33+52	33+44	33+44	33+44	33+44	33+44	33+4	33+4
6	次浊 全浊	22+44 22+52	22+44	22+44	22+44	22+44	22+44	22+4	22+4
7	全清 次清	3+44 3+52	3+44	3+44	3+44	3+44	3+44	3+4	3+4
8	次浊 全浊	2+23	2+23	2+23	2+23	2+23	2+23	2+3	2+3

松江

前字		后字 1	2	3	4	5	6	7	8
1	全清 次清	44+52 33+52	44+52 33+52	55+31 44+52少	55+31 44+52少	55+31 44+52少	55+31	55+$\underline{31}$ 53+$\underline{31}$	55+$\underline{31}$ 53+$\underline{31}$
2	次浊 全浊	22+52	22+52	22+52 24+31少	22+52 24+31	24+31	24+31	24+$\underline{31}$	24+$\underline{31}$
3	全清 次清	35+31	35+31 44+44	35+31 44+44少	35+31 44+44	44+44	44+44 35+31少	35+$\underline{31}$	35+$\underline{31}$
4	次浊 全浊	24+31	24+31	24+31 23+44	24+31 23+44 22+23	22+23	22+23	24+$\underline{31}$	24+$\underline{31}$ 23+4
5	全清 次清	55+31	55+31	55+31	55+31 44+44	44+44	44+44	35+$\underline{31}$	35+$\underline{31}$
6	次浊 全浊	23+44 22+52	23+44	23+44	22+23 23+44	22+23 23+44	22+23 23+44	24+$\underline{31}$	24+$\underline{31}$
7	全清 次清	4+52	4+52	4+44	4+44 4+34	4+34	4+34	4+2 4+4	4+2
8	次浊 全浊	2+52	2+52	3+44	3+44 2+34	2+34	2+34	3+2 3+4	3+2 3+4

黎里

前字		后字 1	2	3	4	5	6	7	8
1	全清 次清	44+52 44+44	44+52 44+44	44+52	44+52	44+52	44+52	55+2	55+2
2	次浊 全浊	22+34	22+34	22+34	22+34	22+34	22+34	42+2	24+2
3	全清	55+31	55+31	55+31	55+31	55+31	55+31	52+5	52+5
	次清	33+35	33+35	33+35	33+35 44+44	33+35	33+35	33+4	33+4
4	次浊 全浊	23+33 22+52 55+31	23+33 22+52 55+31	23+33 22+52 55+31	23+33 22+52 55+31	23+33 55+31	23+33 55+31	22+5 24+2 52+5偶	22+5 24+2 52+5偶
5	全清	52+41 55+31	52+41 55+31	52+41 55+31	52+41 55+31	52+41 55+31	52+41 55+31	52+5	52+5
	次清	32+52	32+52	32+52	32+52	32+52 33+35	32+52 33+35	32+5	32+5
6	次浊 全浊	21+52 52+41少	21+52 52+41少	21+52 52+41少	21+52 23+33 22+24偶	21+52 23+33 22+24偶	21+52 23+33 22+24偶	22+5	22+5
7	全清	5+55	5+55	5+31	5+31	5+31	5+31	5+2	5+2
	次清	3+44	3+44	4+44	4+44	4+44	4+44	4+4	4+4
8	次浊 全浊	2+44	2+44	3+33	3+33	3+33	3+33	3+3	3+3

盛泽

<table>
<tr><th colspan="2" rowspan="2">前　字</th><th colspan="8">后　　字</th></tr>
<tr><th>1</th><th>2</th><th>3</th><th>4</th><th>5</th><th>6</th><th>7</th><th>8</th></tr>
<tr><td rowspan="2">1</td><td>全 清</td><td rowspan="2">44+44</td><td rowspan="2">44+44</td><td rowspan="2">44+44</td><td rowspan="2">44+44</td><td rowspan="2">44+44</td><td rowspan="2">44+44</td><td rowspan="2">55+3</td><td rowspan="2">55+3</td></tr>
<tr><td>次 清</td></tr>
<tr><td rowspan="2">2</td><td>次 浊</td><td rowspan="2">22+44</td><td rowspan="2">22+44</td><td rowspan="2">22+44</td><td rowspan="2">22+44</td><td rowspan="2">22+44</td><td rowspan="2">22+44</td><td rowspan="2">24+3</td><td rowspan="2">24+3</td></tr>
<tr><td>全 浊</td></tr>
<tr><td rowspan="2">3</td><td>全 清</td><td>55+31</td><td>55+31</td><td>55+31</td><td>55+31</td><td>55+31</td><td>55+31</td><td>52+3</td><td>52+3</td></tr>
<tr><td>次 清</td><td>34+33</td><td>34+33</td><td>34+33</td><td>34+33</td><td>34+33</td><td>34+33</td><td>34+4</td><td>34+4</td></tr>
<tr><td rowspan="2">4</td><td>次 浊</td><td>55+31</td><td>55+31</td><td>55+31</td><td>55+31</td><td>55+31</td><td>55+31</td><td>52+3
32+5</td><td>52+3
32+5</td></tr>
<tr><td>全 浊</td><td>23+33</td><td>23+33</td><td>23+33</td><td>23+33</td><td>23+33</td><td>23+33</td><td>22+4</td><td>22+4</td></tr>
<tr><td rowspan="2">5</td><td>全 清</td><td>33+52</td><td>33+52</td><td>33+52</td><td>33+52</td><td>33+52</td><td>33+52</td><td>33+5</td><td>33+5</td></tr>
<tr><td>次 清</td><td>32+52</td><td>32+52</td><td>32+52</td><td>32+52</td><td>32+52</td><td>32+52</td><td>32+5</td><td>32+5</td></tr>
<tr><td rowspan="2">6</td><td>次 浊</td><td>33+52</td><td>33+52</td><td>33+52</td><td>33+52</td><td>33+52</td><td>33+52</td><td>33+5</td><td>33+5</td></tr>
<tr><td>全 浊</td><td>22+52</td><td>22+52</td><td>22+52</td><td>22+52</td><td>22+52</td><td>22+52</td><td>22+5</td><td>22+5</td></tr>
<tr><td rowspan="2">7</td><td>全 清</td><td rowspan="2">3+44</td><td rowspan="2">3+44</td><td rowspan="2">5+31</td><td rowspan="2">5+31</td><td rowspan="2">5+31</td><td rowspan="2">5+31</td><td rowspan="2">5+3
3+5</td><td rowspan="2">5+3</td></tr>
<tr><td>次 清</td></tr>
<tr><td rowspan="2">8</td><td>次 浊</td><td rowspan="2">2+34</td><td rowspan="2">2+34</td><td rowspan="2">4+33</td><td rowspan="2">4+33</td><td rowspan="2">4+33</td><td rowspan="2">4+33</td><td rowspan="2">4+3</td><td rowspan="2">4+3
2+4</td></tr>
<tr><td>全 浊</td></tr>
</table>

嘉兴

前字		后字 1	2	3	4	5	6	7	8
1	全清 次清	44+51	44+51	52+22	52+22	52+22	52+22	44+5	44+5
2	次浊 全浊	22+34 22+44	22+34 22+44	24+51	24+51	24+51	24+51	22+5	22+5
3	全清	33+51 44+51	33+51 44+51	44+33	44+33	44+33	44+33	44+5	44+5
	次清	22+51	22+51	22+34	22+34	22+34	22+34	22+5	22+5
4	次浊 全浊	22+51 44+33少	22+51 44+33少	22+34 44+33少	22+34 24+31 44+33少	22+34 44+33少	22+34 24+31	22+5	22+5
5	全清 次清	33+51	33+51 35+31	35+31	35+31	35+31	35+31 22+34少	33+4	33+4
6	次浊 全浊	22+51 44+51少	22+51 44+51少	24+31 35+31少	24+31 35+31少	24+31 35+31少	24+31 35+31少	22+5 33+4	22+5 33+4
7	全清 次清	3+44	3+44	5+31	5+31	5+31	5+31	3+4	3+4
8	次浊 全浊	2+44	2+44	2+23	2+23	2+23	2+23	2+4	2+4

湖州双林

前字		后字 1	2	3	4	5	6	7	8
1	全清 次清	44＋44	44＋44	44＋44	44＋44	44＋44	44＋44	44＋4	44＋4
2	次浊 全浊	22＋44	22－44	22＋44	22＋44	22＋44	22＋44	22＋4	22＋4
3	全清 次清	34＋52	34－52	34＋52	34＋52	34＋52	34＋52	34＋2	34＋2
4	次浊 全浊	24＋52	24＋52	24＋52	24＋52	24＋52	24＋52	24＋2	24＋2
5	全清 次清	32＋34	32＋34 33＋44	33＋52	33＋52	32＋34	32＋34	33＋<u>5</u>	33＋<u>5</u>
6	次浊 全浊	21＋34 22＋44	21＋34 22＋44	22＋52	22＋52 22＋44	21＋34 22＋44	21＋34 22＋44	22＋<u>5</u> 22＋<u>4</u>	22＋<u>5</u> 22＋4
7	全清 次清	5＋52	5＋52	5＋52	5＋52	3＋34	3＋34	5＋5	5＋5 5＋2
8	次浊	5＋52	5＋52	5＋52	5＋52	5＋52	5＋52	5＋5	5＋5
	全浊	2＋52	2＋52	2＋52	2＋52	2＋34	2＋34	2＋<u>34</u>	2＋<u>34</u>

杭州

<table>
<tr><th colspan="2" rowspan="2">前　字</th><th colspan="8">后　　字</th></tr>
<tr><th>1</th><th>2</th><th>3</th><th>4</th><th>5</th><th>6</th><th>7</th><th>8</th></tr>
<tr><td rowspan="2">1</td><td>全清</td><td rowspan="2">32+23</td><td rowspan="2">32+23</td><td rowspan="2">33+51</td><td rowspan="2">33+51
32+23</td><td rowspan="2">32+23</td><td rowspan="2">32+23</td><td rowspan="2">32+5</td><td rowspan="2">32+5</td></tr>
<tr><td>次清</td></tr>
<tr><td rowspan="2">2</td><td>次浊</td><td rowspan="2">21+23</td><td rowspan="2">21+23</td><td rowspan="2">22+51</td><td rowspan="2">22+51
21+23</td><td rowspan="2">21+23</td><td rowspan="2">21+23</td><td rowspan="2">21+5</td><td rowspan="2">21+5</td></tr>
<tr><td>全浊</td></tr>
<tr><td rowspan="2">3</td><td>全清</td><td rowspan="3">55+31</td><td rowspan="3">55+31</td><td rowspan="3">55+31</td><td rowspan="3">55+31</td><td rowspan="3">55+31</td><td rowspan="3">55+31</td><td rowspan="3">55+$\underline{31}$</td><td rowspan="3">55+$\underline{31}$</td></tr>
<tr><td>次清</td></tr>
<tr><td rowspan="2">4</td><td>次浊</td></tr>
<tr><td>全浊</td><td>23+51</td><td>23+51</td><td>23+51</td><td>23+51</td><td>23+51</td><td>23+51</td><td>23+$\underline{51}$</td><td>23+$\underline{51}$</td></tr>
<tr><td rowspan="2">5</td><td>全清</td><td rowspan="2">34+51</td><td rowspan="2">34+51</td><td rowspan="2">34+51</td><td rowspan="2">34+51</td><td rowspan="2">34+51</td><td rowspan="2">34+51</td><td rowspan="2">34+$\underline{51}$</td><td rowspan="2">34+$\underline{51}$</td></tr>
<tr><td>次清</td></tr>
<tr><td rowspan="2">6</td><td>次浊</td><td rowspan="2">23+51</td><td rowspan="2">23+51</td><td rowspan="2">23+51</td><td rowspan="2">23+51</td><td rowspan="2">23+51</td><td rowspan="2">23+51</td><td rowspan="2">23+$\underline{51}$</td><td rowspan="2">23+$\underline{51}$</td></tr>
<tr><td>全浊</td></tr>
<tr><td rowspan="2">7</td><td>全清</td><td rowspan="2">5+31
3+23</td><td rowspan="2">5+31
3+23</td><td rowspan="2">4+51</td><td rowspan="2">4+51
3+23</td><td rowspan="2">4+51
3+23</td><td rowspan="2">3+23</td><td rowspan="2">4+5</td><td rowspan="2">4+5</td></tr>
<tr><td>次清</td></tr>
<tr><td rowspan="2">8</td><td>次浊</td><td rowspan="2">2+23</td><td rowspan="2">2+23</td><td rowspan="2">2+51
2+23</td><td rowspan="2">2+51
2+23</td><td rowspan="2">2+23</td><td rowspan="2">2+23</td><td rowspan="2">2+5</td><td rowspan="2">2+5</td></tr>
<tr><td>全浊</td></tr>
</table>

绍兴

前字		后字 1	2	3	4	5	6	7	8
1	全清 次清	33+52 32+33	33+52 32+33	32+33	32+33	32+33	32+33	33+5	33+5
2	次浊 全浊	22+52	22+52	21+33	21+33	21+33	21+33 24+31	22+5	22+5
3	全清 次清	34+52	34+52	34+52	34+52	34+52 35+31	34+52	35+3	35+3
4	次浊 全浊	23+52	23+52	23+52	23+52	23+52	23+52	23+5 24+3	23+5 24+3
5	全清 次清	43+33 33+52 55+31	43+33 55+31	43+33 55+31	43+33 55+31	55+31	55+31	43+5	43+5
6	次浊 全浊	22+52 21+23	22+52 21+23	21+23 23+33	21+23 23+33	21+23 23+33	21+23 23+33	22+5	22+5
7	全清 次清	4+52	4+52 5+33	5+33	5+33	5+33 4+52	5+33 4+52	4+5	4+5
8	次浊 全浊	2+52	2+52	2+33 2+23	2+33 2+23	2+31	2+31	2+5	2+5

诸暨王家井

前字		后字 1	2	3	4	5	6	7	8
1	全清 次清	52+42	52+42	52+42	52+42 52+44	52+42 52+44	52+42 52+44	52+4	52+4
2	次浊 全浊	31+42	31+42	31+42	31+42	31+42 31+44	31+42 31+44	31+4	31+4
3	全清 次清	33+52	33+52	33+52	33+52 44+33少	44+33 55+31	44+33 55+31	44+3 53+$\underline{31}$	33+5 53+$\underline{31}$
4	次浊 全浊	23+52	23+52 23+33少	23+52 23+33少	23+52 23+33少	23+33	23+33 23+52少	23+4	23+4
5	全清 次清	54+33 52+42	54+33 52+42	33+52	33+52 52+42	54+33 52+42	54+33 52+42	52+4	33+5
6	次浊 全浊	33+33	33+33	22+52	22+52	33+33	33+33	33+4	33+4
7	全清 次清	5+52 4+33少	5+52 4+33少	5+52	5+52	5+52 4+33	5+52 4+33	4+3 3+4少	5+4
8	次浊 全浊	2+52	2+52	2+52	2+52	2+52 3+33	2+52 3+33	2+4	2+4

嵊县崇仁

前字		后字 1	2	3	4	5	6	7	8
1	全清 次清	53+23 33+52 32+23	53+52 33+52	53+23 53+52 33+52	53+52 53+23	33+23	33+23	53+5 33+4	53+5 33+4
2	次浊 全浊	21+23	22+52 21+23	22+52	22+52	22+52	22+52	22+4	22+4
3	全清 次清	34+52	34+52	34+52	34+52	34+52	34+52	34+5 33+4	34+5 33+4
4	次浊 全浊	23+52 21+23	23+52	23+52	23+52	23+52	23+52	23+5 22+4	23+5 22+4
5	全清 次清	33+23 55+33	33+23	33+23	33+23	33+23	33+23	33+4	33+4
6	次浊 全浊	22+23	22+23	22+23	22+23	22+23	22+23	22+4	22+4
7	全清 次清	3+23	3+52	3+52 3+23	3+23	3+23	3+23	3+4	3+4
8	次浊 全浊	2+23	2+52	2+52	2+52	2+23	2+23	2+4	2+4

嵊县太平乡

前字		后字 1	2	3	4	5	6	7	8
1	全清 次清	55+31	52+33	52+33	52+33 55+31少	55+31 52+33少	55+31 52+33少	52+3	52+3
2	次浊 全浊	31+33	21+44	21+44	21+44	21+23	21+23	21+4	21+4
3	全清 次清	33+44	33+44	33+44	33+44	33+44	33+44	33+4	33+4 55+3
4	次浊 全浊	23+52	23+52 24+31	23+52	23+52	23+52	23+52	23+5	23+5
5	全清 次清	55+33	55+33	55+33	55+33 33+44	55+33 33+44	55+33	55+3	55+3
6	次浊 全浊	24+31 23+22	24+31 23+22	24+31 23+22 23+52少	24+31 23+22	24+31 23+22	24+31 23+22	24+2	24+2
7	全清 次清	5+33	3+52	3+52	3+52 5+31	5+31	5+31	5+3	3+5
8	次浊 全浊	3+33	2+52	2+52	2+52	2+23	2+23	2+5	2+5

余姚

前字		后字 1	2	3	4	5	6	7	8
1	全清 次清	33+44	33+44	32+23	32+23	32+23	32+23	33+5	33+5
2	次浊 全浊	22+44	22+44	21+23	21+23	21+23	21+23	22+5	22+5
3	全清 次清	33+52 44+44少	33+52 44+44少	33+52	33+52	33+52	33+52	33+5	33+5
4	次浊 全浊	22+52	22+52 24+31	24+31	24+31	24+31	24+31	24+3 22+5	22+5 24+3
5	全清 次清	55+31 44+44少	55+31 44+44少	55+31	55+31	55+31	55+31	53+3	53+3
6	次浊 全浊	22+52 22+44 24+31	22+52 24+31 21+23	22+52 21+23	22+52 24+31 21+23	22+52 24+31	22+52 24+31 21+23	22+5	22+5
7	全清 次清	5+31 4+44少	5+31 4+44少	5+31	5+31	5+31	5+31 3+23少	5+3	5+3
8	次浊 全浊	2+52 2+44少	2+52	2+52 2+23少	2+52 2+23少	2+52	2+52	2+5	2+5

宁波

前字		后字 1	2	3	4	5	6	7	8
1	全清 次清	33+51 33+35少	33+51 33+44	33+51 33+44 33+35少	33+51 33+44 33+35少	33+44 33+51 33+35少	33+44 33+51 33+35少	33+5	33+5
2	次浊 全浊	22+51 22+44少	22+51 22+44 24+33少	22+51 22+44 24+33少	22+44 22+51	22+51 22+44 24+33少	22+44 22+51 24+33少	22+5	22+5
3	全清 次清	55+33 33+35	55+33 33+35 33+51少	55+33 33+35少 33+51少	55+33 33+51少	55+33 33+51少	55+33 33+35	55+3	55+3 33+5少
4	次浊 全浊	24+33 23+44 33+35 22+51	24+33 23+44 33+35 22+51	24+33 23+44 33+35 22+44少	24+33 23+44 33+35 22+44少	24+33 22+44少	24+33 22+44少	24+3 22+5少	24+3
5	全清 次清	55+33 33+51 33+35少	55+33 33+51少 33+35少	55+33 33+35少	55+33 33+35少	55+33 33+35少	55+33 33+35少	55+3	55+3
6	次浊 全浊	22+44 22+51 22+35少 24+33少	22+44 22+51 22+35少 24+33少	22+44 22+51 22+35少 24+33少	22+44 22+51 24+33少	22+44 22+51 24+33少	22+44 22+51 24+31少 22+35少	22+5 24+3少	22+5 24+3少
7	全清 次清	5+33 3+34	5+33 3+34	5+33 3+34	5+33 3+34	5+33 3+34	5+33 3+34	5+3 3+5少	5+3
8	次浊 全浊	2+51 2+34	2+34	2+34	2+34	2+44 2+34	2+34 2+44少	2+5	2+5

黄岩

前字		后字 1	2	3	4	5	6	7	8
1	全清 次清	35+51	33+51	33+31 33+51少	33+31 33+51	33+44	33+44	33+4	33+3
2	次浊 全浊	25+31	22+51	23+31 22+51	23+31	22+44	22+44	23+4	23+3
3	全清 次清	33+31 31+13	55+31 34+31 31+13	33+31 33+51	33+31 33+51少	31+44	31+13	31+4	31+3
4	次浊 全浊	23+31 21+13	55+31 21+13	23+31 21+51少	23+31 21+51少	21+44	21+13	21+4	21+3
5	全清 次清	33+31	31+13 33+31 55+31少	33+31 33+51 34+31少	33+31 24+31少	33+44	33+44	33+4	33+3
6	次浊 全浊	23+31 21+13	23+31 21+13 22+51少	23+31 21+13 22+51少	23+31 21+13 22+51少	23+44	23+44	23+4	23+3
7	全清 次清	3+31 3+13	4+51 3+13少	3+31	3+31	3+44	3+13	3+4	3+3
8	次浊 全浊	2+31 2+13	2+51	2+31	2+31	2+44	2+13	2+4	2+3

温州

前字		后字 1	2	3	4	5	6	7	8
1	全清 次清	44＋44	22＋24	52＋34	52＋34	22＋52	22＋52	25＋24	25＋24
2	次浊 全浊	22＋44	22＋24	52＋34	52＋34	22＋52	22＋52	25＋24	25＋24
3	全清 次清	52＋44	52＋21	52＋34	52＋34	52＋21	52＋22	25＋24	25＋24
4	次浊 全浊	52＋44	52＋21	52＋34	52＋34	52＋21	52＋22	25＋24	25＋24
5	全清 次清	52＋44	22＋24	52＋34	52＋34	52＋21	52＋22	25＋24	25＋24
6	次浊 全浊	52＋44	52＋21	52＋34	52＋34	52＋21	52＋22	25＋24	25＋24
7	全清 次清	2＋44	3＋24	2＋34	2＋34	3＋52	2＋22	3＋24	3＋24
8	次浊 全浊	2＋44	3＋24	2＋34	2＋34	3＋52	2＋22	3＋24	3＋24

衢州

前字		后字 1	2	3	4	5	6	7	8
1	全清 次清	35＋31 43＋53	35＋31 43＋53	43＋35	43＋53	43＋53 43＋35少	43＋53 43＋31	43＋5	35＋2
2	次浊 全浊	32＋23	24＋31 22＋53	22＋35	22＋53 22＋35少	22＋53	22＋53	22＋5	22＋2
3	全清 次清	35＋31 43＋53 55＋31少	35＋31 43＋53	35＋35 35＋53	35＋53 55＋55	35＋53 55＋55	35＋53 55＋55	35＋5 55＋5少	35＋2 55＋2少
4	次浊 全浊	55＋31 45＋31	55＋31 45＋31	55＋35 45＋35	45＋53 55＋31	45＋53 55＋31	45＋53 55＋31	45＋5	45＋2
5	全清 次清	55＋31	55＋31	55＋35	55＋53 55＋31	55＋53 55＋31	55＋53 55＋31	55＋5	55＋2
6	次浊 全浊	45＋31 24＋31	45＋31 24＋31	45＋35	45＋53	45＋53	45＋53	45＋5	45＋2 24＋2
7	全清 次清	5＋31	5＋31	4＋35	4＋53	4＋53	4＋53	4＋5	5＋2
8	次浊 全浊	3＋31 2＋33	3＋31 2＋33	2＋35	2＋53	2＋53	2＋53	2＋5	2＋2

金华

前字		后字 1	2	3	4	5	6	7	8
1	全清 次清	32+24 33+55	33+55 55+31 43+24	33+51 32+24少	33+51 32+24	33+55 32+24少 55+31	33+55 32+24	33+5 32+4	55+2 33+5少
2	次浊 全浊	21+24 22+55	21+24 22+51	21+51	21+51 32+24少	21+24	21+24	21+5 22+5	21+3 21+24
3	全清 次清	54+24	55+31	54+51 54+44	54+51 54+44 54+24	54+24	54+24 54+51少	54+3 54+24	55+2
4	次浊 全浊	54+24 24+24	55+31 24+31	54+24 54+51 24+51	54+24 24+51 54+51 24+24	24+24 24+51 54+24 54+51少	24+24 54+24	54+3 24+4	54+3 24+3 54+24
5	全清 次清	35+31 53+24 35+24	35+31 53+31 53+24 35+24	33+51 53+31	33+51 45+24	55+31 45+45 33+55	45+24	45+3	45+3
6	次浊 全浊	24+24 22+44	24+31 24+24少	13+51	13+51 24+24	22+44	24+24 22+44少	24+4 13+5少 22+4	24+2
7	全清 次清	4+55 5+31 3+24 4+33	5+31 3+44	4+51 3+44 3+45	4+51 3+44 5+31 5+24	4+55 3+45	53+24 4+55	5+3 3+4 53+24少	5+3 3+4少
8	次浊 全浊	2+24 2+44	4+31 2+24	3+51	3+51 2+24	3+45 2+24少	4+24 2+24	2+4 4+3少	2+4 4+3 4+24

注:连读调后字调形为 24 者,在清音声母字中读 35。

永康

前字		后字 1	2	3	4	5	6	7	8
1	全清 次清	43+44 55+51少	55+51 55+22	43+32	43+31	44+54	44+54	43+32 44+54少	43+31
2	次浊 全浊	32+44	21+51 32+22	32+32 21+51少	32+31	21+54	21+54	32+32 21+54少	32+31
3	全清 次清	43+44	43+22 42+24	43+32	43+31	42+54 42+24	42+24	43+32	43+31
4	次浊 全浊	32+44	21+22	32+32	32+31	31+54	31+24	32+32	32+31 31+24
5	全清 次清	43+44	43+22	43+32	43+31	42+54	42+24	43+32	43+31
6	次浊 全浊	32+44	21+22	32+32	32+31	31+54	31+24	32+32	32+31 32+22 31+24
7	全清 次清	43+44	43+22	43+32	43+31	42+54	42+24	43+32	43+31
8	次浊 全浊	32+44	21—22	32+32	32+31	31+54	31+24	32+32	32+31 31+24

附:吴江(松陵)方言

前音节＼后音节		1	2	3	4	5	6	7	8
1	全　清 次　清	55+31	55+31	55+31	55+31	55+31	55+31	55+3	55+3
2	浊	22+44	22+44	22+44	22+44	22+44	22+44	22+5	22+5
3	全　清	53+33	53+33	53+33	53+33	53+33	53+33	53+4	53+4
	次　清	33+44 33+24	33+24	33+24	33+24	33+24	33+24	33+4	33+4
4	浊	22+44	22+44	22+44	22+44	22+44	22+44	42+34	42+4
5	全　清	53+33	53+33	53+33	53+33	53+33	53+33	53+4	53+4
	次　清	33+44 33+24	33+44 33+24	33+44 33+24	33+44 33+24	33+44 33+24	33+44 33+24	33+4	33+4
6	浊	22+44	22+44 22+24	22+44	22+44	22+44 42+33	22+44 42+33	22+4	22+4
7	全　清	$\underline{53}$+33	$\underline{53}$+33	$\underline{53}$+33	$\underline{53}$+33	$\underline{53}$+33	$\underline{53}$+33	5+3	5+3
	次　清	3+44	3+44	3+44	3+44	3+44	3+44	3+4	3+4
8	浊	1+23	1+23	$\underline{42}$+33	$\underline{42}$+33	$\underline{42}$+33	$\underline{42}$+33	$\underline{42}$+3	$\underline{42}$+3

附：奉贤四团方言

前音节 \ 后音节		1	2	3	4	5	6	7	8
1	全清 次清	44+52	44+52	55+31	55+31	55+31	55+31	55+$\underline{31}$	55+$\underline{31}$
2	次浊 全浊	23+44	23+44	23+44	23+44	23+44 24+31	23+44 22+34	23+4	23+4
3	全清 次清	34+52	34+52	35+31	35+31	44+44	44+44	34+$\underline{53}$	34+$\underline{53}$
4	次浊 全浊	23+52	23+52	24+31	24+31	23+52	23+52 22+53少	23+$\underline{52}$	23+$\underline{52}$
5	全清 次清	33+52	33+52	35+31	35+31	33+52	33+52	33+$\underline{52}$	33+$\underline{52}$
6	次浊 全浊	22+52	22+52	22+52 24+31	24+31	23+52 22+34	22+34	22+$\underline{52}$	22+$\underline{52}$
7	全清 次清	3+52	3+52	4+44	4+44	3+34	4+44	$\underline{53}$+$\underline{31}$	$\underline{53}$+$\underline{31}$
8	次浊 全浊	2+23	2+23	2+23	2+23	2+23	2+23	2+$\underline{23}$	2+$\underline{23}$

附:青浦练塘方言

前音节 \ 后音节			1	2	3	4	5	6	7	8
1	53	全清 次清	44+52	44+52	44+52	44+52	55+31	55+31	55+31	55+31
2	31	次浊 全浊	23+52	23+52	23+52	23+52	24+31 23+52 少	24+31 23+52 少	24+31	24+31
3	51 44	全清 次清	33+52	33+52	33+52 44+44 少	33+52 44+44 少	44+44 55+31 少	44+44 55+31 少	33+52	33+52
4	22	次浊 全浊	22+52	22+52	22+52 44+44 少	22+52 44+44 少	44+44	44+44	22+52	22+52
5	334	全清 次清	55+31	55+31 33+52 少	24+31 33+52 少	55+31 33+52 少	44+44 55+31 少	44+44	33+52	33+52
6	113	次浊 全浊	24+31 33+52 少	24+31 3+52	24+31 33+52	24+31 33+52 44+44	44+44	44+44	22+52	22+52
7	5	全清 次清	3+52	3+52	4+52	4+52 4+44	3+23	3+23	53+31	53+31
8	2	次浊 全浊	2+52	2+52	4+44	4+44	2+23	2+23	42+31	42+31

阳上声调有的字 113。

附:青浦金泽方言

前音节 \ 后音节			1	2	3	4	5	6	7	8
1	53	全清 次清	44+52	44+52	44+52	44+52 55+31	55+31	55+31	55+31	55+31
2	31	次浊 全浊	23+52	23+52	23+52	23+52	24+31 23+52少	24+31 23+52少	24+31	24+31
3	51 334	全清 次清	33+52	33+52	33+52	33+52 44+44	33+52 44+44	33+52 44+44	33+52 33+52	33+52
4	22	次浊 全浊	22+52	22+52	22+52	44+44 22+52	44+44 22+52少	44+44 22+52少	22+52	22+52
5	334	全清 次清	33+52 55+31	33+52 55+31	55+31 33+52少	55+31 44+44少	55+31 44+44	55+31 44+44	33+52	33+52
6	113	次浊 全浊	22+52	24+31 22+52	24+31 22+52	44+44 22+52 24+31	22+23	22+23	22+52	22+52
7	5	全清	3+52	3+52	53+31	53+31	53+31	53+31	53+31	53+31
		次清	3+52	3+52	4+44	4+44	4+44	4+44	4+4	4+4
8	2	次浊 全浊	2+52	2+52	1+23	1+23	1+23	1+23	2+52	2+52

单音节声调阴上全清为51,次清为334,连读调不分阴上全清、次清;单音节声调阴入不分全清、次清,连读调在后音节是上声、去声、入声时区分全清、次清调型。

附:嘉定方言

前音节＼后音节	1	2	3	4	5	6	7	8
1 阴平 53	55+21		35+31		44+34		55+31	
2 阳平 31	22+53		24+31		24+31；22+34		24+31；22+53	
3 阴上 334	35+31		33+53；35+31		33+53		35+31	
4 阳上 223	22+53		24+31		22+34		24+31；22+53	
5 阴去 334	35+31				55+31		35+31	
6 阳去 223	22+53		24+31		24+31；22+34		24+31	
7 阴入 55	33+53		55+31		22+34		55+31	
8 阳入 12	11+23						11+23	

附:嘉定江桥方言

前音节＼后音节	1	2	3	4	5	6	7	8
1 阴平 53	55+31 44+52	55+31	55+31 44+52	55+31	55+31	55+31	55+3	55+3
2 阳平 22	22+52	22+52	23+44	23+44	23+44	23+44	23+4	23+4
3 阴上 44	35+31 34+52	35+31	34+52 44+52 44+44	44+52 34+52	44+44	44+44 35+31	35+3	35+3
4 阳上 113	22+52	24+31	23+52	23+52	21+23	21+23	22+5 23+5	22+5 23+5
5 阴去 334	35+31	35+31 23+52	44+52	44+44 55+31	55+31 44+44	44+44 55+31	35+3	35+3
6 阳去 113	22+52 23+52	23+52 21+23 22+52	23+52 22+52	23+44 21+23少	23+44	23+44 21+23	24+3 23+4 22+5	24+3
7 阴入 5	3+52	3+52	4+52 5+31	4+52 5+31	4+44	4+44 5+31	3+5	3+5
8 阳入 <u>12</u>	1+23	1+23	1+23	1+23	1+23	1+23	2+5	2+5

上海方言区的最西部嘉定江桥、封浜方言保留着阳平 22 声调和前字阳平开头的 23+44 舒长调型的双音节连读调，直到上海北部的桃浦、纪王、大场、江湾、淞南，上海东部的浦东周浦、川沙、惠南、龙华、梅陇、三林、杜行、四团、蔡桥、大团，和上海城区老派都有这个连调，至今还可将整个上海方言区地域划分出来。

第三节　各地三音节词连读调表

宜兴

<table>
<tr><th rowspan="2">首字＼中字＼末字</th><th rowspan="2"></th><th colspan="2">平</th><th colspan="2">上</th><th colspan="2">去</th><th colspan="2">入</th></tr>
<tr><th>1</th><th>2</th><th>3</th><th>4</th><th>5</th><th>6</th><th>7</th><th>8</th></tr>
<tr><td rowspan="4">1</td><td>1、2</td><td colspan="2">55＋55＋55</td><td colspan="4">55＋55＋31</td><td colspan="2">55＋55＋5</td></tr>
<tr><td>3、4</td><td colspan="2">55＋33＋31　55＋33＋55少</td><td colspan="4">55＋33＋31　35＋33＋31少</td><td colspan="2">55＋33＋5</td></tr>
<tr><td>5、6</td><td colspan="2">55＋33＋31　55＋33＋55少</td><td colspan="4">55＋33＋31　55＋55＋31少</td><td colspan="2">55＋3＋5　55＋3＋31</td></tr>
<tr><td>7、8</td><td colspan="2">55＋5＋55</td><td colspan="4">55＋3＋31</td><td colspan="2">55＋5＋5</td></tr>
<tr><td rowspan="5">2</td><td>1、2</td><td colspan="2">21＋11＋23</td><td colspan="4">22＋22＋53</td><td colspan="2">21＋11＋23</td></tr>
<tr><td>3</td><td colspan="4">22＋33＋55　22＋53＋31</td><td colspan="2">22＋33＋53　22＋53＋31</td><td colspan="2">22＋53＋5　22＋53＋31</td></tr>
<tr><td>4</td><td>22＋53＋55</td><td>22＋53＋31
21＋11＋23</td><td colspan="4">22＋53＋31　22＋22＋53</td><td colspan="2">22＋33＋5　21＋11＋23</td></tr>
<tr><td>5、6</td><td>22＋53＋55</td><td colspan="5">22＋53＋31　22＋33＋53</td><td colspan="2">22＋33＋5　21＋11＋23</td></tr>
<tr><td>7、8</td><td colspan="2">21＋1＋23</td><td colspan="4">22＋3＋53</td><td colspan="2">21＋1＋23</td></tr>
<tr><td rowspan="5">3</td><td>1、2</td><td colspan="2">55＋55＋55</td><td colspan="4">33＋55＋31</td><td colspan="2">55＋55＋5</td></tr>
<tr><td>3</td><td colspan="2">35＋33＋55</td><td colspan="4">33＋55＋31　35＋33＋31</td><td>55＋33＋5
35＋33＋5</td><td>55＋33＋5
35＋33＋31</td></tr>
<tr><td>4</td><td>33＋55＋55</td><td>33＋55＋55
33＋55＋31</td><td colspan="2">35＋33＋31　33＋55＋31
33＋35＋31</td><td colspan="2">33＋55＋31　35＋33＋31</td><td>55＋33＋5
33＋55＋31</td><td>33＋55＋5
35＋33＋31</td></tr>
<tr><td>5、6</td><td colspan="4">33＋55＋55　53＋33＋31　35＋33＋31少</td><td colspan="2">33＋55＋31　53＋33＋31</td><td colspan="2">33＋55＋5　53＋33＋31</td></tr>
<tr><td>7、8</td><td colspan="2">33＋5＋55</td><td colspan="4">33＋5＋31</td><td colspan="2">3＋5＋5</td></tr>
</table>

续表

<table>
<tr><th rowspan="2">首字＼中字＼末字</th><th rowspan="2"></th><th colspan="2">平</th><th colspan="2">上</th><th colspan="2">去</th><th colspan="2">入</th></tr>
<tr><th>1</th><th>2</th><th>3</th><th>4</th><th>5</th><th>6</th><th>7</th><th>8</th></tr>
<tr><td rowspan="7">4</td><td>1、2</td><td colspan="2">21＋11＋23</td><td colspan="4">22＋22＋53　21＋11＋23</td><td colspan="2">21＋11＋23</td></tr>
<tr><td>3</td><td colspan="6">22＋22＋53　21＋11＋23　24＋33＋31　55＋33＋31</td><td colspan="2">21＋11＋23</td></tr>
<tr><td>4</td><td>21＋11＋23
24＋33＋55</td><td>21＋11＋23
24＋33＋31</td><td colspan="4">22＋22＋53　21＋11＋23　24＋33＋31</td><td colspan="2">24＋33＋5　22＋55＋31
21＋11＋23　24＋55＋31</td></tr>
<tr><td>5</td><td colspan="2">21＋11＋23　24＋33＋31</td><td colspan="4">24＋33＋31　22＋22＋53</td><td colspan="2">24＋33＋31　21＋11＋23</td></tr>
<tr><td>6</td><td colspan="3">21＋11＋23　24＋33＋21</td><td colspan="3">24＋33＋31　22＋22＋53　22＋55＋31</td><td colspan="2">21＋11＋23　42＋33＋31
24＋33＋31</td></tr>
<tr><td>7</td><td colspan="2">21＋1＋23　24＋3＋31</td><td colspan="3">22＋2＋53　24＋3＋53</td><td>21＋1＋23
33＋5＋31</td><td colspan="2">21＋1＋23　42＋1＋31</td></tr>
<tr><td>8</td><td colspan="2">21＋1＋23　42＋3＋31
22＋2＋53</td><td colspan="4">22＋2＋53　21＋1＋23</td><td colspan="2">42＋3＋21　21＋1＋23</td></tr>
<tr><td rowspan="6">5</td><td>1、2</td><td colspan="2">33＋55＋55</td><td colspan="4">33＋55＋31　35＋33＋31少</td><td colspan="2">33＋55＋5</td></tr>
<tr><td>3</td><td colspan="2">35＋33＋55　35＋33＋31</td><td colspan="4">33＋55＋31　35＋33＋31</td><td colspan="2">35＋33＋5　33＋55＋5
33＋55＋31</td></tr>
<tr><td>4</td><td colspan="2">33＋55＋55　35＋55＋31</td><td colspan="4">35＋33＋31</td><td colspan="2">35＋33＋5　35＋33＋31</td></tr>
<tr><td>5</td><td colspan="2">33＋55＋55　35＋55＋31</td><td colspan="4">35＋33＋31　33＋55＋31　53＋33＋31</td><td>33＋55＋5
53＋31＋5</td><td>33＋55＋5
35＋33＋31</td></tr>
<tr><td>6</td><td colspan="2">35＋33＋31　33＋55＋55</td><td colspan="2">33＋55＋31　35＋33＋31</td><td colspan="2">35＋33＋31</td><td colspan="2">35＋33＋5　35＋33＋31</td></tr>
<tr><td>7、8</td><td colspan="2">33＋5＋55</td><td colspan="4">33＋55＋31</td><td colspan="2">33＋5＋5</td></tr>
</table>

续表

<table>
<tr><th rowspan="2">首字＼中字＼末字</th><th rowspan="2"></th><th colspan="2">平</th><th colspan="2">上</th><th colspan="2">去</th><th colspan="2">入</th></tr>
<tr><th>1</th><th>2</th><th>3</th><th>4</th><th>5</th><th>6</th><th>7</th><th>8</th></tr>
<tr><td rowspan="6">6</td><td>1、2</td><td colspan="2">21+11+23</td><td colspan="4">22+22+53</td><td colspan="2">21+11+23</td></tr>
<tr><td>3</td><td>21+11+23
24+33+31</td><td>21+11+23</td><td colspan="4">22+22+53　42+33+31少</td><td colspan="2">21+11+23　21+11+5少</td></tr>
<tr><td>4</td><td>42+33+31
21+11+23</td><td>22+55+31
42+33+31</td><td colspan="4">42+33+31　22+22+53　21+11+23</td><td colspan="2">21+11+23　42+33+31
22+55+31</td></tr>
<tr><td>5</td><td colspan="2">21+11+23
42+33+31</td><td colspan="4">21+11+23
22+55+31
22+22+53
42+33+31</td><td colspan="2">21+11+23
42+33+31
21+11+5
42+33+5</td></tr>
<tr><td>6</td><td>42+38+31
21+11+23</td><td>24+33+31
22+55+31</td><td colspan="2">42+33+31　22+53+31
21+11+23</td><td colspan="2">24+33+31　22+22+53
22+55+31</td><td colspan="2">42+33+31　24+33+31</td></tr>
<tr><td>7、8</td><td colspan="2">21+1+23</td><td colspan="4">22+22+53</td><td colspan="2">21+11+5　21+11+23</td></tr>
<tr><td rowspan="5">7</td><td>1、2</td><td colspan="2">33+55+55</td><td colspan="4">33+55+31　33+55+55少</td><td colspan="2">33+55+5</td></tr>
<tr><td>3、4</td><td colspan="2">53+22+23</td><td colspan="4">53+22+23　33+55+31　53+33+31</td><td colspan="2">53+2+3　53+3+31</td></tr>
<tr><td>5、6</td><td colspan="6">53+22+23</td><td colspan="2">53+2+23</td></tr>
<tr><td>7</td><td colspan="2">5+5+55</td><td colspan="4">5+3+31</td><td colspan="2">5+5+5</td></tr>
<tr><td>8</td><td colspan="2">3+2+34　3+3+33</td><td colspan="2">3+3+33　5+3+31</td><td colspan="2">5+3+31　3+5+31</td><td colspan="2">5+5+5　3+2+34</td></tr>
<tr><td rowspan="3">8</td><td>1、2</td><td colspan="2">2+22+23</td><td colspan="4">2+33+53</td><td colspan="2">3+33+53</td></tr>
<tr><td>3、4、5、6</td><td colspan="8">3+53+31</td></tr>
<tr><td>7、8</td><td colspan="2">2+1+23　2+3+55</td><td colspan="4">3+53+31</td><td colspan="2">2+3+5</td></tr>
</table>

溧阳

首字	中字	末字							
		平		上		去		入	
		1	2	3	4	5	6	7	8
1	X	44+44+34		44+44+31		44+44+31只有135　136中有44+44+34		44+44+34	44+44+31
2	1	32+22+23 32+22+52	32+24+23	32+22+52	32+22+23 32+22+52	32+22+52		32+22+23 32+22+5	
	2	32+22+23	32+24+23 32+22+52	32+22+52	32+22+23 32+22+52	32+22+52		32+22+23 32+22+5	32+22+23
	3	32+22+23 32+22—52	32+24+23 32+22+52	32+22+52	32+24+23 32+22+52	32+24+23 32+44+31		32+24+23 32+44+31	
	4	32+22—23	32+22+23 32+22+52	32+22+52		32+44+31		32+22+23 32+44+31	
	5	32+22+23 32+33+44	32+22+23 32+33+44 32+22+52	32+33+44 32+22+52 32+44+31	32+22+23 32+44+31 32+33+44	32+33+31 32+42+52	32+44+31 32+33+44	32+33+44	32+22+23
	6	32+33+44	32+44+31	32+44+31 32+22+52	32+44+31 32+33+44	32+44+31 32+22+52	32+44+31	32+33+44 32+44+31	32+22+23 32+44+31
	7	32+22+23	32+33+44	32+22+23	32+22+52	32+22+52		32+22+23	
	8	32+22+23	32+22+23 32+22+52	32+22+23	32+22+52	32+22+52		32+22+23	

续表

首字	中字	末字							
		平		上		去		入	
		1	2	3	4	5	6	7	8
3	1	54+33+34	54+34+52 54+33+34	54+34+52				54+34+5	54+34+52
	2	54+33+34		54+34+52				54+34+34	
	3	54+33+34	54+33+34 54+34+52	54+34+52	54+33+34 54+44+31	54+33+34 54+34+52	54+34+52 54+44+31	54+34+5 54+33+34	54+33+34 54+44+31
	4	54+33+34	54+34+52	54+34+52		54+34+52	54+44+31	54+34+5 54+34+52	54+33+34
	5	54+33+44	54+33+34	54+34+52	54+34+52 54+33+44	54+34+52	54+34+52 54+44+31	54+33+34 54+34+5	54+33+34
	6	54+33+44 54+33+34	54+33+34	54+34+52 54+33+34	54+33+44	54+34+52 54+44+31	54+34+52	54+33+34 54+33+44	54+33+34
	7	54+33+44	54+33+34 54+33+44	54+34+52				54+33+44	54+33+34
	8	54+33+44	54+33+34 54+33+52	54+34+52	54+34+52 54+33+34	54+34+52		54+33+34 54+33+44	54+33+34
4	X	32+22+23　24+33+34　32+22+52　32+33+44　32+44+31　任意						32+22+23	32+44+31 32+22+5
5	1、2	54+33+34		54+34+52				54+34+5 54+33+34	

续表

<table>
<tr><th rowspan="3">首字</th><th rowspan="3">中字</th><th colspan="8">末　　字</th></tr>
<tr><th colspan="2">平</th><th colspan="2">上</th><th colspan="2">去</th><th colspan="2">入</th></tr>
<tr><th>1</th><th>2</th><th>3</th><th>4</th><th>5</th><th>6</th><th>7</th><th>8</th></tr>
<tr><td rowspan="3">5</td><td>3、4</td><td colspan="2">54+33+34
54+34+52</td><td colspan="2">54+34+52</td><td colspan="2">54+34+52　54+44+31</td><td colspan="2">54+34+5　54+33+34</td></tr>
<tr><td>5、6</td><td colspan="2">54+33+34</td><td colspan="2">54+34+52</td><td colspan="2">54+34+52　54+44+31</td><td>54+34+5
54+33+34</td><td>54+33+34</td></tr>
<tr><td>7、8</td><td colspan="2">54+33+34</td><td colspan="2">54+34+52</td><td>54+34+52
54+44+31</td><td>54+34+52</td><td>54+34+5
54+33+34</td><td>54+33+34</td></tr>
<tr><td rowspan="7">6</td><td>1</td><td colspan="2">32+22+23　32+22+52</td><td colspan="4">32+22+52</td><td colspan="2">32+22+5</td></tr>
<tr><td>2</td><td colspan="2">32+22+23</td><td colspan="4">32+22+52</td><td colspan="2">32+22+23</td></tr>
<tr><td>3</td><td colspan="2">32+22+23</td><td>32+22+52</td><td>32+22+23
32+44+31</td><td colspan="2">32+44+31
32+22+52</td><td>32+22+5
32+22+23</td><td>32+44+31</td></tr>
<tr><td>4</td><td>32+22+23</td><td>32+22+23
32+22+52</td><td>32+22+52</td><td>32+22+23
32+22+52</td><td colspan="2">32+44+31
32+22+52</td><td colspan="2">32+22+23
32+22+5</td></tr>
<tr><td>5</td><td colspan="2">32+22+23</td><td>32+22+52</td><td>32+22+52
32+44+31</td><td colspan="2">32+22+52</td><td>32+22+23</td><td>32+22+23
32+44+31</td></tr>
<tr><td>6</td><td colspan="3">32+22+23　32+44+31</td><td>32+22+23
32+22+52</td><td colspan="2">32+22+52　32+44+31</td><td>32+22+23</td><td>32+22+52
32+44+31</td></tr>
<tr><td>7、8</td><td colspan="2">32+22+23</td><td colspan="4">32+22+52</td><td colspan="2">32+22+23</td></tr>
<tr><td rowspan="2">7</td><td>1</td><td>5+33+34
5+34+52</td><td>5+34+52</td><td>5+34+52</td><td>5+34+52
3+55+31</td><td colspan="2">5+34+52</td><td>5+34+5
5+33+34</td><td>5+33+34</td></tr>
<tr><td>2</td><td colspan="2">5+33+34</td><td>5+34+52</td><td>5+33+34
5+34+52</td><td colspan="2">5+34+52</td><td>5+34+5
5+33+34</td><td>5+33+34</td></tr>
</table>

续表

首字	中字	末字							
		平		上		去		入	
		1	2	3	4	5	6	7	8
7	3、4	5+33+34		5+34+52	5+34+52　3+55+31			5+34+5 5+33+34	5+33+34
	5	5+33+34		5+34+52	5+34+52 5+33+34	5+34+52 3+55+31	5+33+34 5+34+52	5+33+34	
	6	5+33+34		5+34+52　3+55+31		3+55+31	5+34+52 3+55+31	5+33+34 3+55+31	5+33+34
	7	5+33+34		5+34+52 5+33+34	5+33+34	5+34+52	5+34+52 3+55+31	5+33+34	5+33+34 3+55+31
	8	5+33+34	5+33+34 3+55+31	5+33+34　5+34+51		5+34+52 3+55+31	5+34+52	5+33+34 5+33+52	5+33+34
8	1	3+22+52						3+22+52	3+22+52 3+22+23
	2	3+22+52　3+22+23		3+22+52				3+22+23	
	3	3+22+23		3+22+52 3+55+31	3+22+23	3+55+31 3+22+52	3+55+31 3+22+23	3+22+23　3+55+31	
	4	3+22+23 3+55+31	3+22+23	3+22+23 3+55+31	3+22+52			3+22+52 3+55+31	3+22+52
	5、6	3+22+52						3+22+5	
	7、8	3+22+23	3+22+23 3+55+31	3+55+31				3+55+2	

金坛西岗

<table>
<tr><th rowspan="2">首字</th><th rowspan="2">中字 \ 末字</th><th colspan="2">平</th><th colspan="2">上</th><th colspan="2">去</th><th colspan="2">入</th></tr>
<tr><th>1</th><th>2</th><th>3</th><th>4</th><th>5</th><th>6</th><th>7</th><th>8</th></tr>
<tr><td rowspan="7">1</td><td>1</td><td>33+24+31</td><td>44+44+52</td><td>55+33+31</td><td>55+33+31
33+24+55</td><td colspan="4">44+44+52</td></tr>
<tr><td>2</td><td>33+24—31</td><td>44+44+52
33+24+55</td><td>33+24+31</td><td colspan="5">33+24+55</td></tr>
<tr><td>3</td><td>33+24+31</td><td>44+44+52
33+44+34</td><td>33+24+55
33+55+31</td><td>44+24+55
33+55+31</td><td colspan="2">44+44+52</td><td colspan="2">33+44+55</td></tr>
<tr><td>4</td><td>33+24+31</td><td>55+33+31</td><td>33+24+31
55+33+31</td><td>33+24+31
33+55+31</td><td colspan="4">33+44+55</td></tr>
<tr><td>5</td><td>33+24+31
33+44+55</td><td>33+44+34</td><td colspan="2">55+33+31</td><td colspan="4">33+44+55</td></tr>
<tr><td>6</td><td>33+24+31</td><td colspan="2">55+33+31</td><td colspan="5">33+44+55</td></tr>
<tr><td>7、8</td><td>33+24+31</td><td>33+44+34</td><td>33+55+31</td><td colspan="5">33+44+55</td></tr>
<tr><td rowspan="6">2</td><td>1</td><td>23+55+31
23+44+55</td><td>23+44+23
23+44+55</td><td colspan="2">23+55+31</td><td>22+44+55
23+44+55</td><td colspan="3">23+44+55</td></tr>
<tr><td>2</td><td>23+44+55
22+55—31</td><td>23+44+23
22+55+31</td><td colspan="2">22+55+31</td><td colspan="2">22+44+55</td><td colspan="2">22+44+55</td></tr>
<tr><td>3</td><td>24+33—31</td><td>24+33+31
23+44+23</td><td>24+33+31</td><td>23+44+55</td><td>24+33+31
23+22+55</td><td colspan="2">23+22+55</td><td>23+22+55
22+44+55</td></tr>
<tr><td>4</td><td>22+24+31</td><td>23+22+55</td><td colspan="2">22+55+31
23+22+55</td><td>23+44+55</td><td>23+22+55</td><td colspan="2">23+44+55</td></tr>
<tr><td>5、7、8</td><td colspan="3">22+55+31</td><td colspan="5">22+44+55</td></tr>
<tr><td>6</td><td colspan="2">22+55+31</td><td colspan="2">22+55+31</td><td>23+22+55</td><td colspan="3">23+22+55</td></tr>
</table>

续表

<table>
<tr><th rowspan="2">首字</th><th rowspan="2">中字 \ 末字</th><th colspan="2">平</th><th colspan="2">上</th><th colspan="2">去</th><th colspan="2">入</th></tr>
<tr><th>1</th><th>2</th><th>3</th><th>4</th><th>5</th><th>6</th><th>7</th><th>8</th></tr>
<tr><td rowspan="6">3</td><td>1</td><td>33+55+31</td><td>33+55+31
34+44+23</td><td>33+55+31
35+33+31</td><td>33+55+31</td><td>33+44+55
33+55+31</td><td>35+33+31</td><td>33+44+5</td><td>35+33+31</td></tr>
<tr><td>2</td><td>33+55+31
33+24+31</td><td>34+44+23
33+24+31</td><td>33+55+31</td><td>33+55+31
33+44+55</td><td colspan="4">33+44+55</td></tr>
<tr><td>3</td><td>33+55+31
33+24+31</td><td>34+44+23
33+55+31</td><td colspan="2">33+44+55</td><td colspan="3">33+24+55</td><td>33+55+31
33+24+55</td></tr>
<tr><td>4、5</td><td>33+55+31
33+24+31</td><td>34+44+23
33+55+31</td><td>33+55+31</td><td>35+24+55</td><td colspan="4">33+24+55</td></tr>
<tr><td>6</td><td>33+55+31
33+24+31</td><td colspan="2">33+55+31</td><td>33+55+31
33+44+55</td><td colspan="4">33+44+55</td></tr>
<tr><td>7、8</td><td>33+55+31</td><td>34+44+23</td><td colspan="2">33+55+31</td><td colspan="4">33+44+55</td></tr>
<tr><td rowspan="8">4</td><td>1</td><td colspan="4">22+55+31</td><td colspan="4">22+44+55 24+33+31 少</td></tr>
<tr><td>2</td><td>23+44+55
22+55+31</td><td colspan="2">22+55+31</td><td>22+55+31
22+44+55</td><td>22+44+55
24+44+55</td><td colspan="3">22+44+55</td></tr>
<tr><td>3</td><td>22+55+31
22+24+31</td><td>22+55+31
24+44+23</td><td>22+55+31
24+33+31</td><td>23+44+55
24+33+31</td><td colspan="4">22+44+55</td></tr>
<tr><td>4</td><td>22+24+31</td><td colspan="2">22+55+31</td><td colspan="2">22+44+55</td><td>24+44+55
24+33+31</td><td colspan="2">24+33+31</td></tr>
<tr><td>5</td><td>22+24+31</td><td>22+24+31
22+44+55</td><td colspan="2">22+55+31</td><td>22+44+55</td><td>22+55+31
43+33+31</td><td colspan="2">22+44+55</td></tr>
<tr><td>6、7</td><td colspan="4">22+55+31</td><td>22+55+31
22+44+55</td><td colspan="3">22+44+45</td></tr>
<tr><td>8</td><td colspan="3">22+55+31</td><td>22+44+55
22+55+31</td><td colspan="4">22+44+55</td></tr>
</table>

续表

<table>
<tr><th rowspan="2">首字 \ 中字 \ 末字</th><th rowspan="2"></th><th colspan="2">平</th><th colspan="2">上</th><th colspan="2">去</th><th colspan="2">入</th></tr>
<tr><th>1</th><th>2</th><th>3</th><th>4</th><th>5</th><th>6</th><th>7</th><th>8</th></tr>
<tr><td rowspan="7">5</td><td>1</td><td>33+55−31</td><td>34+44+23</td><td>55+33+31</td><td>33+55+31</td><td colspan="4">33+44+55</td></tr>
<tr><td>2</td><td>33+55−31
33+24+31</td><td>34+44+23</td><td colspan="2">33+24+31
55+33+31</td><td colspan="4">33+44+55</td></tr>
<tr><td>3</td><td>53+35+31</td><td>53+33+23</td><td colspan="2">55+33+31
33+24+31</td><td colspan="4">53+33+55</td></tr>
<tr><td>4</td><td>53+35+31</td><td>53+33+23
55+33+31</td><td colspan="2">53+33+55　33+55+31</td><td>53+33+55
53+35+31</td><td colspan="3">33+44+55　53+33+55</td></tr>
<tr><td>5</td><td>33+55+31</td><td>53+33+23
33+24+31</td><td>53+33+23</td><td>33+55+31</td><td colspan="4">33+44+55</td></tr>
<tr><td>6</td><td>33+24+31</td><td>53+33+23</td><td>33+24+31
44+44+31</td><td>33+24+31</td><td colspan="4">33+44+55</td></tr>
<tr><td>7、8</td><td>33+55+31</td><td>53+33+23</td><td>33+55+31</td><td colspan="2">33+55+31　33+44+55</td><td colspan="3">33+44+55</td></tr>
<tr><td rowspan="4">6</td><td>1</td><td>22+24+31</td><td>23+44+23</td><td>42+33+31</td><td>42+55+31
22+44+55</td><td colspan="4">22+44+55</td></tr>
<tr><td>2、3</td><td>22+24+31</td><td>23+44+23</td><td>22+24+31
24+33+31</td><td>23+55+31</td><td colspan="4">22+44+55</td></tr>
<tr><td>4</td><td>22+24+31</td><td>23+44+23</td><td>22+55+31</td><td>22+55+31
22+24+31</td><td colspan="4">44+33+55</td></tr>
<tr><td>5、6、7、8</td><td>22+44+31</td><td>23+44+23</td><td colspan="2">22+55+31</td><td colspan="4">22+44+55</td></tr>
</table>

续表

<table>
<tr><th rowspan="2">首字＼中字＼末字</th><th rowspan="2"></th><th colspan="2">平</th><th colspan="2">上</th><th colspan="2">去</th><th colspan="2">入</th></tr>
<tr><th>1</th><th>2</th><th>3</th><th>4</th><th>5</th><th>6</th><th>7</th><th>8</th></tr>
<tr><td rowspan="5">7</td><td>1</td><td>33＋24＋31
33＋55＋31</td><td colspan="3">34＋44＋23</td><td colspan="2">22＋44＋55</td><td colspan="2">42＋33＋31</td></tr>
<tr><td>2</td><td>53＋35＋31</td><td>34＋44＋23</td><td colspan="2">33＋55＋31</td><td colspan="4">33＋44＋55</td></tr>
<tr><td>3</td><td>53＋35＋31</td><td>34＋44＋23</td><td colspan="2">53＋35＋31</td><td colspan="4">53＋33＋55</td></tr>
<tr><td>4</td><td>53＋35＋31
33＋55＋31</td><td>34＋44＋23</td><td>53＋33＋23
33＋55＋31</td><td>44＋44＋52
33＋55＋31</td><td colspan="4">53＋33＋55　44＋44＋52少</td></tr>
<tr><td>5、6、7、8</td><td>33＋55＋31</td><td>53＋33＋23</td><td>33＋55＋31</td><td colspan="5">33＋44＋55</td></tr>
<tr><td rowspan="6">8</td><td>1</td><td>44＋35＋31</td><td>42＋33＋23</td><td colspan="2">44＋35＋31</td><td colspan="4">33＋44＋55</td></tr>
<tr><td>2</td><td>44＋35＋31</td><td>42＋33＋23</td><td>23＋55＋31</td><td>23＋55＋31
42＋33＋31</td><td>42＋33＋31</td><td>42＋33＋31
42＋33＋55</td><td colspan="2">42＋33＋55</td></tr>
<tr><td>3、4</td><td>44＋35＋31</td><td>42＋33＋23
42＋33＋31</td><td colspan="2">42＋33＋31</td><td>42＋33＋31
33＋44＋55</td><td colspan="3">33＋44＋55</td></tr>
<tr><td>5、6</td><td>44＋35＋31</td><td>42＋33＋23</td><td>22＋55＋31
42＋33＋31</td><td>42＋33＋31
33＋44＋55</td><td colspan="4">33＋44＋55</td></tr>
<tr><td>7</td><td>44＋35＋31
42＋33＋31</td><td>42＋33＋23</td><td>42＋33＋31</td><td>42＋33＋31
33＋44＋55</td><td colspan="4">33＋44＋55</td></tr>
<tr><td>8</td><td>44＋35＋31</td><td>42＋33＋23</td><td>22＋55＋31</td><td>33＋44＋55</td><td>33＋44＋55
42＋33＋31</td><td colspan="3">33＋44＋55</td></tr>
</table>

丹阳

<table>
<tr><th rowspan="2">首字＼中字＼末字</th><th rowspan="2"></th><th colspan="2">平</th><th colspan="2">上</th><th colspan="2">去</th><th colspan="2">入</th></tr>
<tr><th>1</th><th>2</th><th>3</th><th>4</th><th>5</th><th>6</th><th>7</th><th>8</th></tr>
<tr><td rowspan="6">1</td><td>1、2</td><td colspan="2">33+44+31　44+44+23</td><td colspan="2">44+44+55　44+44+23</td><td colspan="4">33+44+31　44+44+55</td></tr>
<tr><td>3</td><td>33+44+31</td><td>44+44+23</td><td colspan="3">44+44+55　44+44+23</td><td colspan="3">33+44+31　44+44+55　55+33+31少</td></tr>
<tr><td>4</td><td colspan="3">33+44+31　44+44+55　55+33+31少
22+22+22少</td><td colspan="2">44+44+23　44+44+23少</td><td colspan="3">33+44+31　33+44+55少
55+33+31少</td></tr>
<tr><td>5</td><td colspan="2">33+44+31　33+35+21少
44+44+55　44+44+23少</td><td colspan="6">44+44+55　33+44+31　44+44+23　55+33+31少</td></tr>
<tr><td>6</td><td colspan="6">33+44+31　44+44+55　44+44+23</td><td colspan="2">33+44+31　33+35+31少</td></tr>
<tr><td>7、8</td><td>33+44+31</td><td>44+44+23</td><td colspan="6">33+44+31　44+44+23　44+44+55</td></tr>
<tr><td rowspan="5">2</td><td>1</td><td colspan="2">44+55+31　22+44+24
22+22+23少</td><td colspan="4">22+22+23　22+44+24　22+55+31</td><td colspan="2">22+44+24　22+22+23
24+33+31少</td></tr>
<tr><td>2</td><td colspan="2">22+44+24　22+22+23</td><td colspan="4">22+44+24　22+22+23　22+55+31少
24+33+31少　22+34+31少</td><td colspan="2">22+44+24　22+22+23</td></tr>
<tr><td>3</td><td colspan="2">22+55+31</td><td>22+22+23</td><td colspan="2">22+55+31　22+44+24</td><td colspan="3">22+55+31　22+22+23　22+22+22少</td></tr>
<tr><td>4、5、6</td><td colspan="8">22+55+31　22+22+23　24+33+31少　22+44+24少</td></tr>
<tr><td>7、8</td><td colspan="2">22+55+31</td><td colspan="6">22+55+31　22+44+24　22+22+23　22+34+31少</td></tr>
<tr><td rowspan="5">3</td><td>1</td><td colspan="4">33+55+31　44+44+55</td><td colspan="4">33+55+31　44+44+55　33+44+24少　33+33+33少</td></tr>
<tr><td>2</td><td colspan="2">33+55+31　44+44+55</td><td colspan="4">33+33+55　44+33+33　33+55+31少</td><td colspan="2">33+55+31　44+33+33</td></tr>
<tr><td>3</td><td colspan="2">33+55+31　55+33+31
33+44+24</td><td colspan="6">33+55+31　44+44+55　33+44+24　44+33+33少</td></tr>
<tr><td>4、5、6</td><td colspan="8">33+55+31　44+44+55　33+33+55　33+44+24　33+33+33少　35+33+31少</td></tr>
<tr><td>7、8</td><td colspan="6">33+55+31　33+33+55　55+33+31　33+44+24</td><td colspan="2">33+55+31</td></tr>
</table>

续表

<table>
<tr><th rowspan="2">首字 \ 中字 \ 末字</th><th rowspan="2"></th><th colspan="2">平</th><th colspan="2">上</th><th colspan="2">去</th><th colspan="2">入</th></tr>
<tr><th>1</th><th>2</th><th>3</th><th>4</th><th>5</th><th>6</th><th>7</th><th>8</th></tr>
<tr><td rowspan="8">4</td><td>1</td><td colspan="2">22+55+31　22+22+23少
22+44+24　24+33+31少</td><td colspan="4">22+55+31　22+22+23</td><td colspan="2">22+55+31　55+33+31少
22+22+23</td></tr>
<tr><td>2</td><td colspan="2">22+55+31　22+22+23少
24+33+31少</td><td colspan="6">22+55+31　55+22+44　44+33+33少　22+44+23少</td></tr>
<tr><td>3</td><td colspan="3">55+22+44</td><td colspan="3">22+55+31</td><td colspan="2">22+55+31　55+22+44
24+33+31少</td></tr>
<tr><td>4</td><td colspan="3">22+22+23　22+55+31</td><td colspan="2">44+33+31　33+44+24</td><td>33+55+31
22+44+24</td><td colspan="2">22+55+31　44+33+31</td></tr>
<tr><td>5</td><td colspan="2">22+55+31</td><td colspan="4">22+22+23　22+55+31　44+33+31少</td><td colspan="2">22+55+31</td></tr>
<tr><td>6</td><td>22+55+31</td><td colspan="3">22+55+31　22+22+23　44+33+31</td><td>22+44+24</td><td>22+55+31</td><td colspan="2">24+33+31　44+33+31
22+22+23</td></tr>
<tr><td>7</td><td>22+55+31</td><td colspan="3">22+44+55　44+33+33</td><td>22+44+24</td><td>22+55+31
44+33+33</td><td colspan="2">22+55+31　22+22+23</td></tr>
<tr><td>8</td><td>22+55+31</td><td colspan="5">44+33+31　22+55+31</td><td colspan="2">22+55+31</td></tr>
<tr><td rowspan="5">5</td><td>1</td><td colspan="2">33+55+31</td><td colspan="2">33+44+55　55+33+31</td><td>44+44+23</td><td colspan="3">33+44+55　44+44+23</td></tr>
<tr><td>2</td><td colspan="2">44+44+23</td><td colspan="2">55+33+31　33+44+55
55+22+44　33+55+31</td><td>55+33+31</td><td>33+44+31
44+44+23</td><td colspan="2">33+55+31</td></tr>
<tr><td>3</td><td colspan="2">33+55+31</td><td colspan="3">55+22+44　33+44+55　44+44+23</td><td colspan="3">33+55+31</td></tr>
<tr><td>4、5</td><td>33+55+31</td><td>33+55+31
55+33+31</td><td colspan="4">33+44+55　55+33+31　33+55+31　35+33+31</td><td colspan="2">33+55+31　33+44+55</td></tr>
<tr><td>6</td><td>33+55+31</td><td>33+55+31
55+33+31</td><td colspan="3">33+55+31　55+33+31　33+44+55</td><td colspan="3">33+55+31</td></tr>
</table>

续表

<table>
<tr><th rowspan="2">首字＼中字＼末字</th><th rowspan="2"></th><th colspan="2">平</th><th colspan="2">上</th><th colspan="2">去</th><th colspan="2">入</th></tr>
<tr><th>1</th><th>2</th><th>3</th><th>4</th><th>5</th><th>6</th><th>7</th><th>8</th></tr>
<tr><td rowspan="2">5</td><td>7</td><td colspan="2">33＋55＋31　55＋33＋31</td><td colspan="4">33＋44＋55　33＋44＋24＋55＋33＋31　33＋55＋31</td><td colspan="2">33＋55＋31　33＋44＋55</td></tr>
<tr><td>8</td><td colspan="2">33＋55＋31　55＋33＋31</td><td colspan="6">33＋55＋31　55＋33＋31　33＋44＋55</td></tr>
<tr><td rowspan="5">6</td><td>1</td><td colspan="2">22＋55＋31</td><td>22＋44＋55</td><td>22＋55＋31</td><td colspan="2">22＋55＋31　44＋33＋31</td><td colspan="2">22＋44＋55　44＋33＋31</td></tr>
<tr><td>2、3</td><td colspan="2">22＋55＋31　44＋33＋31</td><td colspan="3">22＋44＋55</td><td colspan="3">22＋55＋31</td></tr>
<tr><td>4</td><td colspan="2">44＋33＋31</td><td>22＋44＋55</td><td colspan="2">22＋55＋31　44＋33＋31</td><td>22＋44＋55</td><td>22＋55＋31</td><td>44＋33＋31</td></tr>
<tr><td>5</td><td colspan="2">22＋55＋31　44＋33＋31</td><td colspan="3">22＋55＋31　44＋33＋31　22＋44＋55</td><td colspan="3">22＋55＋31　22＋22＋23</td></tr>
<tr><td>6、7、8</td><td colspan="2">22＋55＋31　44＋33＋31</td><td colspan="4">22＋55＋31　44＋33＋31　22＋44＋55　24＋33＋31</td><td colspan="2">22＋55＋31　44＋33＋31</td></tr>
<tr><td rowspan="5">7</td><td>1</td><td colspan="2">33＋55＋31</td><td>33＋44＋55
55＋33＋31</td><td colspan="3">33＋55＋31　55＋33＋31少</td><td colspan="2">33＋55＋31　55＋33＋31</td></tr>
<tr><td>2、3、4、6</td><td colspan="2">33＋55＋31</td><td colspan="4">33＋55＋31　33＋44＋55少</td><td colspan="2">33＋55＋31　33＋44＋55</td></tr>
<tr><td>5</td><td>33＋55＋31</td><td colspan="2">33＋55＋31　33＋44＋55</td><td>33＋55＋31</td><td colspan="4">33＋55＋31　33＋44＋55</td></tr>
<tr><td>7</td><td>33＋55＋31</td><td>33＋44＋55</td><td colspan="2">33＋55＋31</td><td>33＋55＋31
33＋44＋55</td><td colspan="3">33＋55＋31</td></tr>
<tr><td>8</td><td>33＋55＋31</td><td>33＋44＋55</td><td colspan="6">33＋55＋31</td></tr>
<tr><td rowspan="5">8</td><td>1</td><td colspan="8">22＋55＋31</td></tr>
<tr><td>2、8</td><td colspan="2">22＋55＋31</td><td>22＋22＋23</td><td colspan="5">22＋55＋31　44＋33＋31</td></tr>
<tr><td>3、4</td><td colspan="8">22＋55＋31　44＋33＋31</td></tr>
<tr><td>5、7</td><td colspan="2">22＋55＋31　44＋33＋31</td><td>22＋44＋55</td><td colspan="5">22＋55＋31　44＋33＋31</td></tr>
<tr><td>6</td><td colspan="2">22＋55＋31　44＋33＋31</td><td>22＋44＋55
44＋33＋31
22＋55＋31</td><td colspan="5">22＋55＋31　44＋33＋31</td></tr>
</table>

丹阳童家桥

首字	中字＼末字	平 1	平 2	上 3	上 4	去 5	去 6	入 7	入 8
1	1	44＋44＋52　55＋33＋31				44＋44＋52			
	2	44＋44＋31				44＋44＋52			
	3	33＋55＋31　55＋33＋31		44＋44＋31		55＋33＋31 44＋44＋52	33＋55＋31 44＋44＋52	44＋44＋52 55＋33＋31少	
	4	55＋35＋31　55＋33＋31				44＋44＋52 55＋33＋31	33＋55＋31 55＋35＋31	44＋44＋52 55＋33＋31少	
	5	55＋35＋31　55＋33＋31 44＋44＋53少				44＋44＋23 55＋33＋31	44＋44＋31	33＋44＋52 55＋33＋31少	
	6	35＋55＋31 55＋35＋31		33＋55＋31		44＋44＋52 55＋33＋31	44＋44＋52 33＋35＋31	44＋44＋52　55＋33＋31	
	7	33＋35＋31　55＋33＋31				33＋44＋52　33＋55＋31			
	8	33＋55＋31　55＋33＋31				33＋44＋52　55＋33＋31		33＋44＋52	
2	1	24＋33＋31 23＋55＋31	23＋55＋31			23＋44＋52	23＋55＋31	23＋44＋52	
	2	23＋55＋21		23＋55＋31　23＋44＋52		23＋44＋52	23＋55＋31 23＋44＋52	23＋44＋52	
	3	23＋55＋31				23＋44＋52	24＋33＋31	23＋44＋52	
	4	23＋55＋31　23＋44＋42				23＋44＋52	24＋33＋31	23＋44＋52	
	6	22＋55＋31				23＋44＋52	22＋55＋31	23＋44＋52	23＋55＋31
	5、7、8	23＋55＋31				23＋44＋52	23＋55＋31	23＋44＋52	
3	1、2	33＋55＋31				34＋44＋52	33＋55＋31	34＋44＋52	
	3	34＋55＋31				34＋44＋52	35＋33＋31	34＋44＋52　34＋55＋31少	

续表

首字	中字＼末字	平		上		去		入	
		1	2	3	4	5	6	7	8
3	4	33+55+31				34+44+52	33+55+31 35+33+31	33+35+52	
	5、6	33+55+31				33+35+31	33+55+31	33+35+52	
	7、8	33+55+31				34+44+52 33+55+31	33+55+31	33+35+52	
4	1、2	22+55+31		22+55+31	22+35+21	23+44+52	22+55+31 23+44+52少	23+44+52	
	3	22+55+31				23+44+52	22+55+31	23+55+31	
	4、5、6、7、8	22+55+31				23+44+52	22+55+31	22+35+31	
5	X	33+55+31				33+44+52	33+55+31	33+35+31	
6	X	22+55+31				23+44+52	22+55+31	23+44+52	
7	1、2	33+55+31				33+44+52	33+55+31	33+44+52	
	3	33+55+31	33+35+31	33+35+31		33+44+52	53+33+31	55+34+52	
	4	33+55+31	33+35+31	33+55+31		33+55+31 33+35+21	33+55+31	55+34+52	33+35+21
	5、6	33+55+31　22+35+31少				55+34+52	33+55+31	55+34+52	
	7	33+55+31				33+44+52	33+55+31	55+34+52	
	8	33+55+31				33+44+52	33+44+52 33+35+21	33+35+21	55+34+52
8	X	42+33+31　22+55+31				22+44+52	22+44+52 42+33+31少	22+44+52	

靖江

首字	中字	末字							
		平		上		去		入	
		1	2	3	4	5	6	7	8
1	1	44+44+31 44+44+52偶	44+44+23 44+44+52偶	44+44+34		44+44+52		44+44+$\underline{55}$	44+44+$\underline{33}$ 44+44+$\underline{55}$
	2	44+44+31	44+44+23	44+44+34	44+44+34 44+44+52	44+44+52		44+44+$\underline{55}$	44+44+$\underline{33}$ 44+44+$\underline{55}$
	3、4	44+44+31	44+44+23 (4)44+44+52偶	44+44+34	44+44+52			44+44+$\underline{55}$	
	5	44+44+31	44+44+23	44+44+34	44+44+52			44+44+$\underline{55}$	
	6	44+44+31	44+44+23 44+44+52偶	44+44+34	44+44+34 44+44+52	44+44+52		44+44+$\underline{55}$	
	7、8	44+44+31	44+44+23	44+44+34	44+44+52 44+44+34	44+44+52		44+44+$\underline{55}$	
2	1、3	22+55+31	22+44+23	22+44+34	22+22+52 22+44+34	22+22+52		22+22+$\underline{55}$	
	2、4	22+22+55	22+44+23	22+44+34	22+22+52 22+44+34	22+22+52		22+22+$\underline{55}$	
	5	22+55+31	22+44+23	22+44+34	22+22+52 22+44+34	22+22+52	22+55+31	22+22+$\underline{55}$	22+55+$\underline{31}$
	6	22+55+31	22+44+23 22+55+31	22+44+34	22+44+52 22+55+31	22+22+52	22+55+31	22+22+$\underline{55}$	22+55+$\underline{31}$
	7	22+55+31	22+44+23 22+22+52	22+22+52 22+44+34	22+22+52			22+22+$\underline{55}$	
	8	22+55+31	22+44+23	22+44+34 22+22+52	22+22+52 22+44+34偶	22+22+52		22+22+$\underline{55}$	

续表

首字	中字	末字							
		平		上		去		入	
		1	2	3	4	5	6	7	8
3	1	33+55+31	33+44+23	33+44+34	33+44+34 33+44+52 24+33+31	33+44+52	24+33+31	33+44+55 24+33+31	44+44+55
	2、3、4	33+55+31	33+44+23	33+44+34 33+44+52	33+44+52			33+44+55	
	5	33+55+31	33+44+23 33+55+31	33+44+34	33+55+31	33+44+52 33+55+31	33+44+52	33+44+55	
	6	33+55+31 33+44+52	33+44+23	33+44+34	33+44+52	33+44+52		33+44+55	
	7、8	33+55+31 33+44+52	33+44+23 33+44+52	33+44+34	33+44+34 33+44+52	33+44+52		33+44+55	
4	1	33+55+31	33+44+23	33+44+34	33+44+34 33+44+52	33+44+52		33+44+55；24+44+31	
	2	33+55+31 24+33+31 全浊	33+44+23	33+44+34 33+55+31	33+44+52	33+44+52 24+44+52 全浊		33+44+55	
	3	33+55+31	33+44+23	33+44+34	33+44+52	33+44+34 33+44+52	24+44+52 全浊	33+44+55	
	4	次浊 33+55+31 全浊 24+33+31	33+44+52， 33+44+23 全浊 24+55+31	33+44+34	33+44+52	33+44+52 全浊 44+44+42	33+44+52 44+44+42	33+44+55	44+44+55
	5	次浊 33+55+31 全浊 24+33+31	33+44+23	33+44+34	33+44+34	33+44+52	33+44+52 全浊 22+44+52	33+44+55	
	6	次浊 33+55+31 全浊 44+42+31	33+44+23	33+44+34	33+44+34	33+44+52		33+44+55	

续表

首字	中字	末字							
		平		上		去		入	
		1	2	3	4	5	6	7	8
4	7	33+55+31	33+44+23 33+44+52	33+44+34		33+44+52		33+44+55	
	8	33+55+31 33+44+52	33+44+23	33+44+34	33+44+34 33+44+52	33+44+52		33+44+55	
5	1、2	35+33+31	55+33+23	55+33+34	55+33+34 44+44+52	44+44+52		44+44+55	
	3、4、5、6	35+33+31	55+33+23 44+44+52偶	55+33+34	55+33+34 44+44+52	44+44+52		44+44+55	
	7、8	35+33+31	55+33+23	55+33+34	44+44+52			44+44+55	
6	1	53+33+31	44+33+23 53+33+31	44+33+34	44+33+34	44+22+52	44+22+52	44+33+55	44+33+33
	2	53+33+31 24+33+31	44+33+23	44+33+34	44+33+34 44+22+52	44+22+52 33+33+52	44+22+52	44+22+55	44+22+55 33+33+55
	3	24+33+31 53+33+52	44+33+23	44+33+34	44+22+52 33+33+52	33+33+52		44+22+55	
	4	24+33+31	44+33+23	44+33+34		33+33+52		44+22+55	
	5、6	24+33+31	44+33+23	44+33+34	44+33+34 33+33+52	33+33+52		33+33+55	
	7、8	53+33+31 44+33+23	44+33+23	44+33+34	44+33+34 33+33+52	33+33+52		33+33+55	
7	1	53+33+31	55+33+23 55+33+31	55+33+34	55+33+34 44+44+52	44+44+52		44+44+55 55+33+31	44+44+55

续表

首字	中字	末字							
		平		上		去		入	
		1	2	3	4	5	6	7	8
7	2	53+33+31		55+33+34	55+33+34 55+22+52	55+22+52		55+22+55	
	3、4、5、6	53+33+31	55+33+23	55+33+34	55+33+34 44+44+52	44+44+52		44+44+55	
	7	53+33+31	55+33+23	55+33+34	44+44+52	44+44+52		44+44+55	
	8	53+33+31	55+33+23	55+33+34	55+33+34 44+44+52	44+44+52		44+44+55	
8	1	11+22+23 22+44+31 42+33+31	44+33+23	44+33+23	22+22+52			22+22+55	
	2	42+33+31 22+44+52	44+33+23	44+33+23	44+33+34 44+33+52	44+33+52		44+33+55	
	3	22+44+31	44+33+23	44+33+34		22+22+52		22+22+55	
	4	42+33+31	44+33+23	22+44+52 44+33+34	44+33+52	44+33+52		44+33+55	
	5	22+44+31	44+33+23	44+33+34	22+22+52			44+33+55	22+22+55
	6	53+33+31	44+33+23	44+33+34	22+22+52			22+22+55	
	7	22+55+31	44+33+23	44+33+34	22+22+52 44+33+34	22+22+52		22+22+55	
	8	53+33+31	44+33+23	44+33+34	44+33+34 44+44+52	44+44+52		44+44+55	

江阴

首字	中字	末字							
		平		上		去		入	
		1	2	3	4	5	6	7	8
1	X	53+33+31						53+33+$\underline{22}$	
2	1、2	24+33+31			偶:21+33+43			24+33+$\underline{22}$	
2	345678	21+33+43			偶:24+33+31			21+33+$\underline{44}$	
3	X	52+33+43						52+33+$\underline{44}$	
4 次浊	X	52+33+43						52+33+$\underline{44}$	
4 全浊	X	24+33+31						24+33+$\underline{22}$	
5	123478	45+33+31						45+33+$\underline{22}$	
5	5、6	A. 45+33+31			B. 44+33+31			A. 45+33+$\underline{22}$ B. 44+33+$\underline{22}$	
6	X	24+33+31						24+33+$\underline{22}$	
7	1、2	$\underline{55}$+42+31						$\underline{55}$+42+$\underline{22}$	
7	3、4、5、6	$\underline{44}$+44+31						$\underline{44}$+44+$\underline{22}$	
7	7、8	$\underline{55}$+$\underline{55}$+43		$\underline{55}$+$\underline{55}$+31				$\underline{55}$+$\underline{55}$+$\underline{55}$	
8	X	$\underline{22}$+44+31						$\underline{22}$+$\underline{55}$+$\underline{55}$ $\underline{22}$+$\underline{44}$+$\underline{22}$	

常州

首字	中字	末字 平 1	末字 平 2	末字 上 3	末字 上 4	末字 去 5	末字 去 6	末字 入 7	末字 入 8
1	1、2、3、4、5、6	55+33+31						55+33+$\underline{31}$	
	7、8	55+55+52						55+55+$\underline{55}$	
2	1、2、3、4、5、6	22+55+31		22+55+31　22+55+42		22+55+42		22+44+$\underline{55}$	
	7、8	22+55+42						22+44+$\underline{55}$	
3	1、2	33+55+$\underline{31}$		33+55+31　34+55+42				33+55+$\underline{55}$	
	3、4、5、6	33+55+31						33+55+$\underline{31}$	
	7、8	33+55+31		33+55+31　34+55+42				33+55+$\underline{55}$	
4	1、2、3、4、5	次浊 34+55+42　全浊 21+11+13						次 34+44+$\underline{55}$ 全 21+11+13	
	6	次浊 34+55+42　全浊 24+33+31　21+11+13						次 34+44+$\underline{55}$ 全 24+33+$\underline{31}$　21+11+13	
	7、8	次浊 34+55+42　全浊 21+11+13						次 34+44+$\underline{55}$ 浊 21+11+13	
5	1、2、3	55+33+31						55+33+$\underline{31}$　34+44+$\underline{55}$少	

续表

首字	中字	末字							
		平		上		去		入	
		1	2	3	4	5	6	7	8
5	4、5	55+33+31			33+55+31少			55+33+$\underline{31}$	34+44+$\underline{55}$
	6	33+55+31			55+33+31少			55+33+$\underline{31}$	34+44+$\underline{55}$
	7、8	55+33+31						55+33+$\underline{31}$	
6	1、2、3	21+11+13						21+11+13	
	4、5、6	24+33+31			21+11+13			21+11+$\underline{55}$	24+33+$\underline{31}$
	7、8	21+11+13						21+11+$\underline{55}$	
7	1、2、3	$\underline{44}$+55+31			$\underline{33}$+11+23少			$\underline{44}$+44+$\underline{55}$	$\underline{33}$+11+23少
	4	$\underline{55}$+53+31			$\underline{44}$+55+31			$\underline{44}$+44+$\underline{55}$	
	5、6	$\underline{55}$+53+31						$\underline{55}$+53+$\underline{31}$	
	7、8	$\underline{55}$+55+31						$\underline{44}$+44+$\underline{55}$	
8	1、2、3	$\underline{22}$+11+23						$\underline{22}$+11+23	
	4	$\underline{22}$+11+23			$\underline{44}$+42+31少			$\underline{22}$+11+23	$\underline{44}$+42+$\underline{31}$
	5、6	44+42+31						$\underline{44}$+42+$\underline{31}$	
	7、8	$\underline{44}$+$\underline{44}$+52		$\underline{22}$+$\underline{55}$+31	$\underline{23}$+$\underline{11}$+23	$\underline{22}$+$\underline{44}$+52		$\underline{22}$+$\underline{44}$+$\underline{55}$	

无锡

<table>
<tr><th rowspan="3">首字</th><th rowspan="3">中字</th><th colspan="8">末 字</th></tr>
<tr><th colspan="2">平</th><th colspan="2">上</th><th colspan="2">去</th><th colspan="2">入</th></tr>
<tr><th>1</th><th>2</th><th>3</th><th>4</th><th>5</th><th>6</th><th>7</th><th>8</th></tr>
<tr><td rowspan="3">1</td><td>1、2</td><td colspan="8">21+11+23</td></tr>
<tr><td>3、4、5、6</td><td colspan="8">A. 21+11+23 B. 21+23+55 偶:55+55+31</td></tr>
<tr><td>7、8</td><td colspan="2">A. 21+11+23
B. 55+55+31</td><td colspan="4">21+11+23</td><td colspan="2">A. 21+11+23
偶 55+55+31</td></tr>
<tr><td rowspan="3">2</td><td>1、2、3、4</td><td colspan="8">24+55+31</td></tr>
<tr><td>5</td><td colspan="8">A. 24+55+31 B. 21+11+23</td></tr>
<tr><td>6、7、8</td><td colspan="8">24+55+31</td></tr>
<tr><td rowspan="3">3</td><td>1、2、3</td><td colspan="8">45+55+55</td></tr>
<tr><td>4</td><td colspan="8">A. 45+55+55 B. 55+55+31</td></tr>
<tr><td>5、6、7、8</td><td colspan="8">45+55+55</td></tr>
<tr><td rowspan="3">4</td><td>1、2</td><td colspan="8">22+55+31</td></tr>
<tr><td>3、4、5、6</td><td colspan="8">A. 22+55+31 B. 21+23+55</td></tr>
<tr><td>7、8</td><td colspan="8">A. 22+55+31 B. 21+11+23</td></tr>
</table>

续表

<table>
<tr><th rowspan="3">首字</th><th rowspan="3">中字</th><th colspan="8">末　　字</th></tr>
<tr><th colspan="2">平</th><th colspan="2">上</th><th colspan="2">去</th><th colspan="2">入</th></tr>
<tr><th>1</th><th>2</th><th>3</th><th>4</th><th>5</th><th>6</th><th>7</th><th>8</th></tr>
<tr><td>5</td><td>X</td><td colspan="8">55+55+31</td></tr>
<tr><td rowspan="3">6</td><td>1、2</td><td colspan="8">22+55+31</td></tr>
<tr><td>3、4、5、6</td><td colspan="8">A. 22+55+31　B. 21+23+55少</td></tr>
<tr><td>7、8</td><td colspan="8">22+55+31</td></tr>
<tr><td rowspan="4">7</td><td>1、2</td><td colspan="8">A. $\underline{21}$+11+23　B. $\underline{33}$+55+31</td></tr>
<tr><td>3、4</td><td colspan="8">A. $\underline{44}$+34+55　B. $\underline{33}$+55+31</td></tr>
<tr><td>5、6</td><td colspan="8">A. $\underline{33}$+55+31　B. $\underline{44}$+34+55少</td></tr>
<tr><td>7、8</td><td colspan="8">$\underline{44}$+$\underline{55}$+55</td></tr>
<tr><td rowspan="4">8</td><td>1、2</td><td colspan="8">$\underline{22}$+55+31</td></tr>
<tr><td>3、4</td><td colspan="8">A. $\underline{22}$+34+55　B. $\underline{22}$+55+31少</td></tr>
<tr><td>5、6</td><td colspan="8">A. $\underline{22}$+34+55　B. $\underline{22}$+55+31</td></tr>
<tr><td>7、8</td><td colspan="8">A. $\underline{22}$+55+31　B. $\underline{21}$+11+23</td></tr>
</table>

苏州

首字	中字	末字							
		平		上		去		入	
		1	2	3	4	5	6	7	8
1	X	55+55+31							
2	X	22+55+31							
3	X			53+33+31	52+23+31		55+55+31		
4、6	X				24+33+31	22+55+31			
5	X				52+23+31	55+55+31			
7	1、2	5+23+31							
	3、4、5、6			5+23+31	5+52+23		5+53+31		
	7、8	5+5+31							
8	1、2、3、4、5、6				2+53+31	2+55+31			
	7、8				3+5+31	2+5+31			

常熟

首字	中字	末字							
		平		上		去		入	
		1	2	3	4	5	6	7	8
1	1、2	A. 55+33+51　B. 55+55+31少				55+55+31		55+55+55	
	3、4、5、6	A. 55+33+31　B. 55+55+51少						A. 55+55+55　B. 55+33+33	
	7、8	A. 55+55+51　B. 55+33+31少						55+55+55	
2	1、2	24+33+31						24+33+31	
	3	23+55+51		23+33+33	A. 23+33+33 B. 24+33+31	24+33+31	A. 24+33+31 B. 23+33+33	A. 24+33+31　B. 23+33+33	
	4	A. 23+55+51 B. 24+33+31少	A. 23+55+51 B. 24+33+31 B. 22+55+31	A. 23+55+51 B. 23+33+33 C. 24+33+31		A. 23+55+51 B. 22+55+31 C. 23+33+33	A. 23+55+51 B. 23+33+33	23+55+55	24+33+31
	5	A. 24+33+31　B. 23+55+51		23+33+33	A. 23+33+33 B. 24+33+31	A. 23+55+51 B. 23+33+33	A. 23+33+33 B. 24+33+31	A. 24+33+31　B. 23+33+33	
	6	A. 24+33+31　B. 23+55+51		A. 23+33+33　B. 24+33+31				23+33+33	
	7、8	24+33+31						24+33+31	
3	1、3	33+55+51		A. 33+55+51　B. 33+55+31		33+55+31		33+55+55	
	2、4、5、6	33+55+31						33+55+33	
	7、8	33+55+31						33+55+55	
	(3、4、5、6)	偶有 55+55+31						55+55+33	

续表

<table>
<tr><th rowspan="3">首字</th><th rowspan="3">中字</th><th colspan="8">末　　字</th></tr>
<tr><th colspan="2">平</th><th colspan="2">上</th><th colspan="2">去</th><th colspan="2">入</th></tr>
<tr><th>1</th><th>2</th><th>3</th><th>4</th><th>5</th><th>6</th><th>7</th><th>8</th></tr>
<tr><td rowspan="6">4</td><td>1</td><td>A. 22+55+51</td><td>B. 23+33+55少</td><td>A. 22+55+51</td><td>B. 22+55+31</td><td colspan="2">22+55+31</td><td colspan="2">22+55+<u>55</u></td></tr>
<tr><td>2</td><td colspan="6">22+55+31</td><td colspan="2">22+55+<u>33</u></td></tr>
<tr><td>3</td><td>A. 22+55+31
B. 22+55+51</td><td>22+55+31</td><td>A. 22+55+31
B. 22+55+51</td><td>22+55+31</td><td>A. 22+55+31</td><td>B. 23+33+33</td><td colspan="2">22+55+<u>33</u></td></tr>
<tr><td>4</td><td colspan="5">22+55+31</td><td>A. 22+55+31
B. 23+33+33</td><td>22+55+<u>55</u></td><td>22+55+<u>33</u></td></tr>
<tr><td>5、6</td><td colspan="6">22+55+31</td><td colspan="2">22+55+<u>33</u></td></tr>
<tr><td>7、8</td><td colspan="6">22+55+31</td><td colspan="2">22+55+<u>55</u></td></tr>
<tr><td rowspan="6">5</td><td>1</td><td colspan="6">55+33+31</td><td colspan="2">55+33+<u>33</u></td></tr>
<tr><td>2</td><td colspan="4">A. 55+33+31　B. 33+55+31</td><td colspan="2">55+33+31</td><td colspan="2">55+33+<u>33</u></td></tr>
<tr><td>3</td><td colspan="4">A. 55+33+31　B. 33+55+31少</td><td colspan="2">55+33+31</td><td colspan="2">55+33+<u>33</u></td></tr>
<tr><td>4</td><td colspan="6">55+33+31</td><td>A. 55+33+<u>33</u></td><td>B. 22+55+<u>55</u>少</td></tr>
<tr><td>5、6</td><td colspan="6">55+33+31　偶:33+55+31</td><td colspan="2">55+33+33</td></tr>
<tr><td>7、8</td><td>A. 55+33+31</td><td>B. 33+55+51</td><td colspan="4">A. 55+33+31　B. 33+55+31</td><td>A. 55+33+<u>33</u></td><td>B. 33+55+<u>55</u></td></tr>
<tr><td rowspan="2">6</td><td>1</td><td>A. 24+33+31</td><td>B. 22+55+51</td><td colspan="4">A. 24+33+31　B. 22+55+31</td><td>A. 24+33+<u>31</u></td><td>B. 22+<u>55</u>+<u>55</u></td></tr>
<tr><td>2</td><td colspan="6">A. 24+33+31　B. 22+55+31</td><td>A. 24+33+<u>31</u></td><td>B. 22+55+<u>33</u></td></tr>
</table>

续表

<table>
<tr><th rowspan="3">首字</th><th rowspan="3">中字</th><th colspan="8">末　　字</th></tr>
<tr><th colspan="2">平</th><th colspan="2">上</th><th colspan="2">去</th><th colspan="2">入</th></tr>
<tr><th>1</th><th>2</th><th>3</th><th>4</th><th>5</th><th>6</th><th>7</th><th>8</th></tr>
<tr><td rowspan="6">6</td><td>3</td><td colspan="2">22+55+31</td><td colspan="2">A. 22+55+31
B. 24+33+31
C. 23+33+33</td><td>23+33+33</td><td>A. 23+33+33
B. 24+33+31</td><td>A. 24+33+$\underline{31}$
B. 23+55+$\underline{55}$</td><td>22+55+$\underline{33}$</td></tr>
<tr><td>4</td><td>A. 22+55+31
B. 23+33+33
C. 24+33+31</td><td>A. 22+55+31
B. 23+33+33</td><td>A. 24+33+33
B. 23+33+33</td><td>A. 22+55+31
B. 24+33+31</td><td>A. 22+55+31
B. 23+33+33
C. 24+33+31</td><td>A. 23+33+33
B. 24+33+31</td><td>24+33+$\underline{31}$</td><td>A. 24+33+33
B. 23+55+$\underline{55}$</td></tr>
<tr><td>5</td><td colspan="6">A. 23+33+33　B. 22+55+31　C. 24+33+31</td><td colspan="2">A. 23+33+$\underline{33}$　B. 22+55+$\underline{33}$</td></tr>
<tr><td>6</td><td colspan="4">A. 24+33+31　B. 22+55+31</td><td>A. 24+33+31
B. 22+55+31
C. 23+33+33</td><td>A. 24+33+31
B. 22+55+31</td><td colspan="2">22+55+$\underline{33}$</td></tr>
<tr><td>7</td><td colspan="6">A. 22+55+31　B. 24+33+31</td><td colspan="2">A. 22+55+$\underline{33}$　B. 24+33+$\underline{31}$</td></tr>
<tr><td>8</td><td colspan="3">A. 22+55+51　B. 24+33+31</td><td>A. 22+55+51
B. 22+55+31
C. 24+33+31</td><td colspan="2">A. 22+55+31　B. 24+33+31</td><td colspan="2">A. 22+55+$\underline{55}$　B. 24+33+$\underline{31}$</td></tr>
<tr><td rowspan="4">7</td><td>1、2</td><td colspan="4">33+55+51</td><td colspan="2">33+55+31</td><td colspan="2">33+55+$\underline{55}$</td></tr>
<tr><td>3</td><td colspan="2">A. 33+55+51　B. 33+55+31少</td><td colspan="2">A. 33+55+31　B. 33+33+33</td><td colspan="2">33+33+33</td><td colspan="2">55+33+$\underline{33}$</td></tr>
<tr><td>4</td><td colspan="2">A. 33+55+31　B. 33+33+31</td><td>A. 33+33+31
B. 33+55+31</td><td colspan="3">A. 33+55+31　B. 33+33+33</td><td colspan="2">33+55+$\underline{33}$</td></tr>
<tr><td>5</td><td>33+55+31</td><td>33+55+51</td><td>33+55+31</td><td>A. 33+55+31
B. 33+33+33</td><td colspan="2">33+55+31</td><td>33+55+$\underline{33}$</td><td>A. 33+33+$\underline{33}$
B. 33+55+$\underline{33}$</td></tr>
</table>

续表

<table>
<tr><th rowspan="3">首字</th><th rowspan="3">中字</th><th colspan="8">末字</th></tr>
<tr><th colspan="2">平</th><th colspan="2">上</th><th colspan="2">去</th><th colspan="2">入</th></tr>
<tr><th>1</th><th>2</th><th>3</th><th>4</th><th>5</th><th>6</th><th>7</th><th>8</th></tr>
<tr><td rowspan="3">7</td><td>6</td><td colspan="6">33+55+31</td><td colspan="2">33+55+$\underline{33}$</td></tr>
<tr><td>7</td><td colspan="4">44+55+51</td><td colspan="2">33+55+31</td><td colspan="2">44+55+$\underline{55}$</td></tr>
<tr><td>8</td><td colspan="3">44+55+51</td><td>A. 33+55+31
B. 44+55+51</td><td colspan="2">33+55+31</td><td colspan="2">44+55+$\underline{55}$</td></tr>
<tr><td rowspan="8">8</td><td>1</td><td colspan="3">22+55+51</td><td colspan="3">22+55+31</td><td colspan="2">22+55+$\underline{55}$</td></tr>
<tr><td>2</td><td colspan="3">22+55+51</td><td>A. 22+55+31
B. 22+55+51</td><td colspan="2">A. 22+55+51 B. 22+33+34</td><td colspan="2">22+55+$\underline{55}$</td></tr>
<tr><td>3</td><td colspan="3">22+55+51</td><td colspan="3">22+55+31</td><td colspan="2">22+55+$\underline{55}$</td></tr>
<tr><td>4</td><td colspan="2">22+55+51</td><td colspan="2">A. 22+55+51
B. 22+55+31</td><td colspan="2">22+33+34</td><td colspan="2">22+33+$\underline{55}$</td></tr>
<tr><td>5</td><td colspan="3">22+55+51</td><td>A. 22+33+34
B. 22+55+51</td><td colspan="2">22+33+34</td><td colspan="2">22+33+$\underline{55}$</td></tr>
<tr><td>6</td><td colspan="2">A. 22+33+51 B. 22+55+31</td><td colspan="2">22+33+33</td><td colspan="2">A. 22+33+34 B. 22+33+33</td><td colspan="2">22+33+$\underline{55}$</td></tr>
<tr><td>7</td><td colspan="4">22+33+51</td><td colspan="2">22+33+34</td><td colspan="2">22+55+$\underline{55}$</td></tr>
<tr><td>8</td><td colspan="3">22+33+51</td><td>A. 22+33+51
B. 22+33+34少</td><td colspan="2">22+33+34</td><td colspan="2">22+55+$\underline{55}$</td></tr>
</table>

昆山

<table>
<tr><th rowspan="2">首字＼中字＼末字</th><th rowspan="2"></th><th colspan="2">平</th><th colspan="2">上</th><th colspan="2">去</th><th colspan="2">入</th></tr>
<tr><th>1</th><th>2</th><th>3</th><th>4</th><th>5</th><th>6</th><th>7</th><th>8</th></tr>
<tr><td>1</td><td>X</td><td colspan="8">33+55+31　44+44+41</td></tr>
<tr><td>2</td><td>X</td><td colspan="8">22+55+31</td></tr>
<tr><td>3</td><td>X</td><td colspan="8">52+44+31　33+55+31　52+34+41</td></tr>
<tr><td>4</td><td>X</td><td colspan="8">22+55+31　55+55+31 次浊(第1字)</td></tr>
<tr><td>5</td><td>X</td><td colspan="6">55+33+31　53+44+31</td><td colspan="2">55+33+3　53+44+3
53+44+5少</td></tr>
<tr><td>6</td><td>X</td><td colspan="6">22+55+31</td><td colspan="2">22+55+3　42+33+5少</td></tr>
<tr><td>7</td><td>X</td><td colspan="8"><u>44</u>+44+31　<u>33</u>+55+31</td></tr>
<tr><td>8</td><td>X</td><td colspan="8"><u>33</u>+33+31　<u>22</u>+55+31　<u>22</u>+22+23</td></tr>
<tr><td colspan="10">以上的31,或41。</td></tr>
</table>

霜草墩

<table>
<tr><th rowspan="2">首字＼中字＼末字</th><th rowspan="2"></th><th colspan="2">平</th><th colspan="2">上</th><th colspan="2">去</th><th colspan="2">入</th></tr>
<tr><th>1</th><th>2</th><th>3</th><th>4</th><th>5</th><th>6</th><th>7</th><th>8</th></tr>
<tr><td>1</td><td>1—8</td><td colspan="8">55+33+31</td></tr>
<tr><td rowspan="5">2</td><td>1</td><td colspan="4">22+34+52　22+55+31</td><td colspan="2">22+55+31</td><td colspan="2">22+34+52</td></tr>
<tr><td>2</td><td colspan="2">22+34+52</td><td colspan="2">22+34+52　22+55+31</td><td colspan="2">22+55+31</td><td colspan="2">22+34+52</td></tr>
<tr><td>3</td><td colspan="8">22+34+52　24+33+31</td></tr>
<tr><td>4</td><td colspan="8">22+34+52　24+55+31　22+55+31少</td></tr>
<tr><td>5</td><td colspan="8">22+55+31　22+34+52　24+33+31少</td></tr>
</table>

续表

<table>
<tr><th rowspan="2">首字</th><th rowspan="2">中字＼末字</th><th colspan="2">平</th><th colspan="2">上</th><th colspan="2">去</th><th colspan="2">入</th></tr>
<tr><th>1</th><th>2</th><th>3</th><th>4</th><th>5</th><th>6</th><th>7</th><th>8</th></tr>
<tr><td rowspan="2">2</td><td>6</td><td colspan="2">22＋34＋52　24＋33＋31</td><td colspan="4">22＋55＋31　24＋33＋31　22＋34＋52少</td><td colspan="2">22＋34＋52　24＋33＋31</td></tr>
<tr><td>7、8</td><td colspan="8">22＋55＋31　22＋34＋52</td></tr>
<tr><td>3</td><td>1—8</td><td colspan="8">53＋33＋52　33＋55＋31　55＋33＋31极少</td></tr>
<tr><td rowspan="4">4</td><td>1</td><td colspan="8">22＋34＋52</td></tr>
<tr><td>2</td><td colspan="8">22＋34＋52　22＋55＋31　22＋55＋31少</td></tr>
<tr><td>3</td><td colspan="8">22＋34＋52　24＋33＋31</td></tr>
<tr><td>4、5、6、7、8</td><td colspan="8">22＋34＋52　22＋55＋31　55＋33＋31 次浊(第一字)</td></tr>
<tr><td rowspan="4">5</td><td>1、2</td><td colspan="8">53＋33＋52　22＋55＋31少</td></tr>
<tr><td>3、4、5、6</td><td colspan="8">55＋33＋31　53＋33＋52少</td></tr>
<tr><td>7</td><td colspan="4">53＋33＋52　55＋33＋31少　22＋55＋31少</td><td colspan="4">33＋55＋31　53＋33＋52　55＋55＋31</td></tr>
<tr><td>8</td><td colspan="2">53＋33＋52　55＋33＋31</td><td colspan="4">55＋55＋31　53＋33＋52</td><td colspan="2">53＋33＋52</td></tr>
<tr><td rowspan="5">6</td><td>1</td><td colspan="8">22＋34＋52　22＋55＋31</td></tr>
<tr><td>2、3、4、5</td><td colspan="3">22＋34＋52　22＋55＋31</td><td colspan="3">22＋34＋52　22＋55＋31　24＋33＋31</td><td colspan="2">22＋34＋52　22＋55＋31</td></tr>
<tr><td>6</td><td colspan="8">22＋34＋52　22＋55＋31　24＋33＋31</td></tr>
<tr><td>7</td><td colspan="8">22＋34＋52　22＋55＋31</td></tr>
<tr><td>8</td><td colspan="8">22＋34＋52　22＋55＋31　22＋22＋34</td></tr>
<tr><td rowspan="3">7</td><td>1、2、3、4</td><td colspan="8">53＋33＋52　33＋55＋31　55＋33＋31极少</td></tr>
<tr><td>5、6</td><td colspan="8">53＋33＋52　33＋55＋31　55＋33＋31</td></tr>
<tr><td>7、8</td><td colspan="8">55＋33＋31　53＋33＋52少</td></tr>
<tr><td>8</td><td>X</td><td colspan="8">22＋22＋23　22＋34＋52少</td></tr>
</table>

罗店

首字	中字＼末字	平 1	平 2	上 3	上 4	去 5	去 6	入 7	入 8
1	1—8	55+33+31						55+33+31	55+33+55
2	1、2	22+55+31							
	3、4	24+33+31　22−55+31							
	5、6	22+33+52　22+55+31							
	7	22+55+31						22+55+31	22+53+52
	8	22+55+31　22+33+52少						22+55+31	22+33+52
3	1、2	33+55+31　35+33+31少							
	3、4	33+55+31							
	5、6、7、8	33+55+31						33+55+31	33+55+55少
4	1、2	22+55+31						22+55+31	22+55+55
	3	22+33+52				24+33+31	22+33+52	24+33+31	22+55+31
	4	22+33+52						22+55+31	
	5	24+33+31							
	6	22+33+52　22+55+21							
	7、8	22+55+31　22+33+52							
5	1、2	33+55+31							
	3、4、5、6	33+55+31　55+33+31							
	7、8	33+55+31							
6	1、2	22+55+31						22+55+31	24+55+31
	3	24+33+31　22+55+31				22+33+53　24+33+31　22+55+31少		24+55+3　22+55+31　22+55+5	

续表

首字	中字＼末字	平		上		去		入	
		1	2	3	4	5	6	7	8
6	4	22+55+31	24+33+31	22+55+31　22+33+52 24+33+31		22+55+31	24+33+31	22+55+31	24+33+31
	5、6								
	7、8	22+55+31		22+33+52 22+55+31	22+55+31			22+33+52	22+55+31
7	1、2	3+55+31						3+55+31	3+55+5
	3	3+55+1 5+33+31	3+33+52	5+33+31			3+33+52	5+3+5	5+3+1
	4	5+33+31 4+23+53	55+33+31　33+55+31				3+33+52	5+3+1 3+5+1 3+5+5	5+3+1 3+5+1
	5								
	6	4+23+52		4+23+52　5+33+31				5+3+1	5+3+1 5+3+5
	7	5+53+31	3+55+31	3+55+31				3+5+1	
	8	3+55+31						3+5+1	
8	1、2	2+22+23							
	3	2+33+5		2+22+23				2+3+5	
	4	2+22+23						2+3+5	
	5	2+33+5		2+33+35		2+33+35	2+22+23	2+23+5	
	6	2+22+23	2+33+52	2+33+52　2+22+23				2+23+5	
	7	2+22+23						2+2+5	
	8	2+22+23	2+33+52	2+22+23				2+23+5	

周浦

<table>
<tr><th rowspan="2">首字 \ 中字 \ 末字</th><th rowspan="2"></th><th colspan="2">平</th><th colspan="2">上</th><th colspan="2">去</th><th colspan="2">入</th></tr>
<tr><th>1</th><th>2</th><th>3</th><th>4</th><th>5</th><th>6</th><th>7</th><th>8</th></tr>
<tr><td rowspan="6">1</td><td>1、2</td><td colspan="2">44+44+53</td><td colspan="4">55+33+31</td><td colspan="2">44+44+52</td></tr>
<tr><td>3、4</td><td colspan="8">55+33+31</td></tr>
<tr><td>5</td><td>44+44+53</td><td colspan="7">55+33+31　55+55+31少　44+44+52少</td></tr>
<tr><td>6</td><td colspan="8">55+33+31　55+55+31少　44+44+52很少</td></tr>
<tr><td>7</td><td colspan="2">44+44+52</td><td colspan="2">44+44+53　55+55+31</td><td colspan="2">55+55+31</td><td colspan="2">44+44+52</td></tr>
<tr><td>8</td><td colspan="2">44+44+52</td><td colspan="4">55+55+31</td><td colspan="2">55+33+31　44+44+52</td></tr>
<tr><td rowspan="5">2</td><td>1、2</td><td colspan="2">23+44+44　22+44+52</td><td colspan="4">23+44+44　22+55+31少</td><td colspan="2">23+44+44　22+44+52</td></tr>
<tr><td>3、4</td><td colspan="2">23+44+44　22+44+53</td><td colspan="4">23+44+44</td><td colspan="2">22+55+31　22+44+52</td></tr>
<tr><td>5</td><td colspan="2">22+44+53</td><td colspan="2">55+55+31　23+44+44</td><td colspan="2">23+44+44　55+33+31</td><td colspan="2">22+44+52</td></tr>
<tr><td>6</td><td colspan="6">22+44+53　22+44+53　22+55+31</td><td colspan="2">22+44+52</td></tr>
<tr><td>7、8</td><td colspan="2">22+44+52　22+55+31</td><td colspan="6">22+44+52</td></tr>
<tr><td rowspan="5">3</td><td>1、2</td><td colspan="2">33+55+31　33+44+52</td><td colspan="4">33+55+31</td><td colspan="2">33+44+52</td></tr>
<tr><td>3、4</td><td colspan="8">33+55+31　33+44+52　35+33+31</td></tr>
<tr><td>5</td><td colspan="6">33+55+31　33+44+52</td><td colspan="2">33+44+52</td></tr>
<tr><td>6</td><td colspan="4">33+55+31　33+44+52</td><td colspan="4">23+55+31　23+44+52　55+55+31</td></tr>
<tr><td>7、8</td><td colspan="6">33+55+31　33+44+52</td><td colspan="2">33+44+52</td></tr>
</table>

续表

<table>
<tr><td rowspan="2">首字 \ 中字 \ 末字</td><td rowspan="2"></td><td colspan="2">平</td><td colspan="2">上</td><td colspan="2">去</td><td colspan="2">入</td></tr>
<tr><td>1</td><td>2</td><td>3</td><td>4</td><td>5</td><td>6</td><td>7</td><td>8</td></tr>
<tr><td rowspan="7">4</td><td>1、2</td><td colspan="8">22＋44＋53　22＋55＋31</td></tr>
<tr><td>3</td><td>24＋33＋31
22＋44＋52</td><td colspan="7">22＋44＋52　22＋55＋31</td></tr>
<tr><td>4</td><td colspan="4">22＋44＋52　22＋24＋52　22＋55＋31少</td><td>22＋55＋31
24＋33＋31</td><td colspan="3">22＋55＋31　22＋44＋52　24＋33＋31少</td></tr>
<tr><td>5</td><td colspan="5">22＋44＋52　22＋55＋31</td><td colspan="3">22＋42＋52　22＋55＋31　22＋24＋52少</td></tr>
<tr><td>6</td><td colspan="2">22＋44＋52</td><td colspan="4">22＋55＋31　22＋24＋52　24＋33＋31少</td><td colspan="2">22＋55＋31　22＋24＋52</td></tr>
<tr><td>7</td><td colspan="2">22＋44＋52</td><td colspan="4">22＋55＋31　22＋44＋52</td><td colspan="2">22＋44＋52</td></tr>
<tr><td>8</td><td>22＋44＋52</td><td>22＋44＋52
22＋22＋24</td><td colspan="4">22＋55＋31　22＋44＋52</td><td colspan="2">22＋22＋24　22＋24＋52
22＋55＋31</td></tr>
<tr><td rowspan="6">5</td><td>1、2</td><td colspan="8">33＋55＋31　33＋44＋52</td></tr>
<tr><td>3</td><td colspan="2">33＋44＋52　33＋55＋31
55＋33＋31</td><td colspan="4">33＋55＋31　33＋44＋52</td><td colspan="2">33＋44＋52　55＋33＋31</td></tr>
<tr><td>4</td><td colspan="5">33＋55＋31　33＋44＋52</td><td colspan="3">33＋44＋52　33＋55＋31　55＋33＋31</td></tr>
<tr><td>5</td><td colspan="2">33＋44＋52　33＋55＋31</td><td colspan="5">33＋55＋31　55＋33＋31　33＋44＋52</td><td>33＋44＋52
44＋44＋52</td></tr>
<tr><td>6</td><td colspan="2">44＋44＋52　33＋44＋52</td><td colspan="4">44＋44＋52　33＋55＋31　33＋44＋52　55＋33＋31</td><td colspan="2">33＋44＋52　55＋33＋31</td></tr>
<tr><td>7、8</td><td colspan="2">33＋44＋52</td><td colspan="4">33＋55＋31</td><td colspan="2">33＋55＋31　33＋44＋31</td></tr>
</table>

续表

首字	中字＼末字	平 1	平 2	上 3	上 4	去 5	去 6	入 7	入 8
6	1、2	22+44+52　22+55+31							
	3	22+44+52　24+33+31少		22+55+31　22+44+52 22+22+24少		22+55+31		22+44+52	
	4	22+44+52 22+55+31	22+55+31		22+55+31　22+44+52			22+44+52	
	5	22+44+52　22+24+52 22+55+31		22+55+31　22+44+52　22+24+52				22+24+52　22+24+31 22+33+31	
	6	22+44+52　22+55+31　22+24+52少						22+24+52　22+44+52	
	7	22+44+52		22+55+31				22+44+52	
	8	22+44+52　22+55+31							
7	1、2	33+55+31							
	3	33+55+31　33+44+52				33+33+35　33+55+31			33+44+52
	4	33+44+52　33+55+31							
	5、6	33+44+52　33+55+31							
	7、8	33+55+31　33+44+52少							
8	1	22+22+23 44+44+53	22+44+52　22+22+23		22+22+23				
	2、7、8	22+22+23							
	3	22+55+31 22+24+52	22+24+52　22+22+23			22+22+23		22+22+23　22+24+52	
	4、5	22+24+52 22+55+31	22+24+52　22+22+23					22+24+52	

上海

首字	中字	末字							
		平		上		去		入	
		1	2	3	4	5	6	7	8
1	X	55+33+31							
2	X	22+55+31							
3	X	33+55+31							
4	X	22+55+31							
5	X	33+55+31							
6	X	22+55+31							
7	X	3+55+31							
8	X	2+22+23							

松江

<table>
<tr><th rowspan="3">首字</th><th rowspan="3">中字</th><th colspan="8">末　字</th></tr>
<tr><th colspan="2">平</th><th colspan="2">上</th><th colspan="2">去</th><th colspan="2">入</th></tr>
<tr><th>1</th><th>2</th><th>3</th><th>4</th><th>5</th><th>6</th><th>7</th><th>8</th></tr>
<tr><td rowspan="5">1</td><td>1、2</td><td colspan="6">33+55+31</td><td colspan="2">33+55+31</td></tr>
<tr><td>3、4</td><td colspan="6">33+55+31　55+33+31少</td><td colspan="2">33+55+31　55+33+31少</td></tr>
<tr><td>5、6</td><td colspan="6">55+33+31　33+55+31少</td><td colspan="2">55+33+31　33+55+31少</td></tr>
<tr><td>7</td><td colspan="2">33+55+31</td><td colspan="2">55+33+31　33+35+31</td><td colspan="2">55+33+31</td><td colspan="2">55+33+31</td></tr>
<tr><td>8</td><td colspan="4">33+55+31　55+33+31</td><td colspan="2">55+33+31</td><td colspan="2">55+33+31</td></tr>
<tr><td rowspan="7">2</td><td>1、2</td><td colspan="6">22+55+31</td><td colspan="2">22+55+31</td></tr>
<tr><td>3、4</td><td colspan="6">22+55+31　23+44+44</td><td colspan="2">22+55+31　23+44+4</td></tr>
<tr><td>5</td><td colspan="6">23+44+44　24+33+31　22+55+31</td><td colspan="2">23+44+4　24+33+4
22+55+4</td></tr>
<tr><td>6</td><td colspan="2">22+55+31　23+44+44</td><td colspan="2">22+55+31　23+44+44
24+33+31</td><td colspan="2">24+33+31　23+44+44少</td><td colspan="2">22+55+31　23+44+4
24+33+31</td></tr>
<tr><td>7</td><td colspan="4">22+55+31　23+44+44</td><td colspan="2">23+44+44</td><td colspan="2">23+44+4</td></tr>
<tr><td>8</td><td>22+55+31</td><td colspan="5">23+44+44</td><td colspan="2">23+44+4</td></tr>
<tr><td>3</td><td>X</td><td colspan="6">33+55+31</td><td colspan="2">33+55+31</td></tr>
<tr><td>4</td><td>X</td><td colspan="6">22+55+31其中偶有33+33+52　425　435　437　475
426　436　438　中偶有24+33+31</td><td colspan="2">22+55+31</td></tr>
<tr><td rowspan="2">5</td><td>1</td><td colspan="6">55+33+31　33+55+31</td><td colspan="2">55+33+31　33+55+31</td></tr>
<tr><td>2</td><td colspan="4">33+55+31　55+33+31</td><td colspan="2">33+55+31</td><td>33+33+52
33+55+31</td><td>55+33+31
33+55+31</td></tr>
</table>

续表

首字	中字	末字							
		平		上		去		入	
		1	2	3	4	5	6	7	8
5	3	55+33+31　33+55+31						55+33+$\underline{31}$ 33+55+$\underline{31}$	33+55+$\underline{52}$ 55+33+$\underline{31}$
	4	33+55+31 55+33+31	33+55+31	33+55+31 55+33+31	33+55+31	33+55+31 55+33+31	55+33+31 33+55+31 33+33+52	33+55+$\underline{31}$　55+33+$\underline{31}$	
	5	33+55+31　55+33+31						33+55+$\underline{31}$　55+33+$\underline{31}$	
	6	33+55+31						33+55+$\underline{31}$	
	7	33+55+31						33+55+$\underline{31}$　55+33+$\underline{31}$	
	8	33+55+31						33+55+$\underline{31}$	
6	1、2、3、4	22+55+31　22+22+52　23+44+44						22+55+31　22+22+$\underline{52}$ 23+44+4	
	5	22+55+31　22+22+52　24+33+31　23+22+23少						22+55+31　22+22+$\underline{52}$ 23+44+4	
	6	22+55+31	22+55+31 22+22+52 23+44+44	22+55+31　偶:24+33+31				22+55+$\underline{31}$　22+22+$\underline{52}$	
	7、8	22+55+31	22+22+52 22+55+31	22+55+31　偶:24+33+31				22+55+$\underline{31}$　24+33+$\underline{31}$ 22+22+$\underline{52}$	
7	1、2	4+44+52　3+55+31						4+44+$\underline{52}$　3+55+$\underline{31}$	

续表

首字	中字	末字 平 1	末字 平 2	末字 上 3	末字 上 4	末字 去 5	末字 去 6	末字 入 7	末字 入 8
7	3	4＋44＋52	4＋44＋52 3＋55＋31	4＋44＋44		4＋44＋44	4＋44＋52	4＋44＋4	4＋44＋$\underline{52}$
	4	4＋44＋52	3＋55＋31	4＋44＋44		3＋55＋31		4＋44＋$\underline{52}$ 3＋55＋2	4＋44＋$\underline{52}$ 4＋44＋4
	5、6	3＋55＋31			偶:4＋44＋52			3＋55＋2	4＋44＋$\underline{52}$
	7	4＋44＋52 4＋44＋44	4＋44＋52	4＋44＋44	4＋44＋44	3＋55＋31	4＋44＋44	4＋44＋$\underline{52}$ 4＋44＋4	4＋44＋4
	8	4＋44＋52	4＋44＋52 4＋44＋44	4＋44＋44				4＋44＋4	
8	1	2＋22＋52	2＋22＋52 2＋55＋31	2＋22＋52 2＋55＋31	2＋55＋31	2＋44＋44	2＋55＋3	2＋55＋$\underline{31}$	
	2	2＋22＋52		2＋55＋31	2＋22＋52 2＋55＋31	2＋55＋31	2＋55＋31 2＋44＋44	2＋55＋$\underline{31}$	
	3	2＋22＋52	2＋44＋44	2＋44＋44		2＋44＋44 2＋55＋31	2＋44＋44	2＋55＋$\underline{31}$	2＋22＋$\underline{52}$
	4	2＋22＋52		2＋22＋52	2＋33＋33	2＋55＋31	2＋44＋44	2＋55＋$\underline{31}$	2＋33＋$\underline{52}$
	5、6	2＋22＋52 2＋55＋31	2＋55＋31	2＋55＋31		2＋44＋44		2＋55＋$\underline{31}$	2＋22＋$\underline{52}$
	7、8	2＋22＋52	2＋22＋52 2＋44＋44	2＋44＋44		偶:2＋22＋52		2＋44＋4	

黎里

<table>
<tr><th rowspan="3">首字</th><th rowspan="3">中字</th><th colspan="8">末　　字</th></tr>
<tr><th colspan="2">平</th><th colspan="2">上</th><th colspan="2">去</th><th colspan="2">入</th></tr>
<tr><th>1</th><th>2</th><th>3</th><th>4</th><th>5</th><th>6</th><th>7</th><th>8</th></tr>
<tr><td rowspan="4">1</td><td>1、2</td><td colspan="6">44＋44＋31</td><td colspan="2">55＋33＋2</td></tr>
<tr><td>3、4</td><td colspan="6">44＋44＋31　55＋33＋31少</td><td colspan="2">55＋33＋2</td></tr>
<tr><td>5、6</td><td colspan="6">55＋33＋31　44＋44＋31少</td><td colspan="2">55＋33＋2</td></tr>
<tr><td>7、8</td><td colspan="2">44＋44＋52</td><td colspan="4">55＋33＋31</td><td colspan="2">55＋33＋2</td></tr>
<tr><td rowspan="3">2</td><td>1、2</td><td colspan="6">22＋44＋52</td><td colspan="2">22＋55＋2</td></tr>
<tr><td>3、4、5、6</td><td colspan="6">22＋44＋52　22＋55＋31少</td><td colspan="2">22＋55＋2</td></tr>
<tr><td>7、8</td><td colspan="2">22＋44＋44</td><td colspan="4">24＋33＋31　22＋55＋31偶</td><td colspan="2">24＋33＋2</td></tr>
<tr><td rowspan="5">3 全清</td><td>1</td><td colspan="6">54＋33＋31</td><td colspan="2">54＋44＋2</td></tr>
<tr><td>2</td><td colspan="6">54＋33＋31　33＋55＋31偶</td><td colspan="2">54＋44＋2</td></tr>
<tr><td>3、4</td><td colspan="6">54＋33＋31　33＋55＋31少</td><td colspan="2">54＋33＋2</td></tr>
<tr><td>5、6</td><td colspan="6">33＋55＋31　54＋33＋31少</td><td colspan="2">54＋33＋2</td></tr>
<tr><td>7、8</td><td>54＋33＋31</td><td>54＋33＋31
33＋55＋31少</td><td colspan="4">33＋55＋31</td><td colspan="2">33＋55＋2</td></tr>
<tr><td>3 次清</td><td>X</td><td colspan="6">33＋44＋44　33＋55＋31</td><td colspan="2">33＋44＋4　33＋55＋2</td></tr>
<tr><td rowspan="4">4</td><td>1、2</td><td colspan="6">23＋33＋44　55＋33＋31偶</td><td colspan="2">22＋44＋5</td></tr>
<tr><td>3、4</td><td colspan="2">22＋22＋24　55＋33＋31偶</td><td colspan="4">22＋22＋24　22＋55＋31　55＋33＋31偶</td><td colspan="2">22＋44＋5　22＋55＋2</td></tr>
<tr><td>5、6</td><td colspan="6">22＋55＋31　22＋22＋24少</td><td colspan="2">22＋22＋5</td></tr>
<tr><td>7、8</td><td colspan="2">22＋22＋24　55＋33＋31偶</td><td colspan="4">22＋55＋31　55＋33＋31偶</td><td colspan="2">22＋55＋2</td></tr>
</table>

续表

<table>
<tr><th rowspan="3">首字</th><th rowspan="3">中字</th><th colspan="8">末字</th></tr>
<tr><th colspan="2">平</th><th colspan="2">上</th><th colspan="2">去</th><th colspan="2">入</th></tr>
<tr><th>1</th><th>2</th><th>3</th><th>4</th><th>5</th><th>6</th><th>7</th><th>8</th></tr>
<tr><td rowspan="2">5 全清</td><td>1、2、3、4、5、6</td><td colspan="6">33+55+31　55+33+31偶</td><td colspan="2">33+55+2</td></tr>
<tr><td>7、8</td><td colspan="2">52+44+44</td><td colspan="4">33+55+31</td><td colspan="2">33+55+2</td></tr>
<tr><td rowspan="2">5 次清</td><td>123456</td><td colspan="6">32+44+31　32+44+52偶</td><td colspan="2">32+44+5</td></tr>
<tr><td>7、8</td><td colspan="2">32+33+44</td><td colspan="4">22+55+31</td><td colspan="2">32+22+5</td></tr>
<tr><td rowspan="2">6</td><td>123456</td><td colspan="6">22+55+31　44+44+44</td><td colspan="2">22+55+2　44+44+5</td></tr>
<tr><td>7、8</td><td colspan="6">22+55+31</td><td colspan="2">22+55+2</td></tr>
<tr><td rowspan="6">7 全清</td><td>1</td><td>44+44+44</td><td>33+55+31</td><td colspan="2">33+44+52</td><td colspan="2">33+55+31</td><td colspan="2">33+35+2</td></tr>
<tr><td>2</td><td colspan="2">44+44+44</td><td colspan="4">33+44+52　33+55+31</td><td colspan="2">33+55+2</td></tr>
<tr><td>3、4</td><td colspan="6">55+33+31</td><td colspan="2">55+33+2</td></tr>
<tr><td>5</td><td colspan="4">33+55+31</td><td colspan="2">33+55+31　55+33+31</td><td colspan="2">55+33+2</td></tr>
<tr><td>6</td><td colspan="6">33+55+31　55+33+31</td><td colspan="2">55+33+2</td></tr>
<tr><td>7、8</td><td colspan="6">55+33+31</td><td colspan="2">55+33+2</td></tr>
<tr><td rowspan="2">7 次清</td><td>1、2</td><td colspan="6">32+33+34</td><td colspan="2">33+55+2</td></tr>
<tr><td>345678</td><td colspan="6">32+33+34</td><td colspan="2">33+44+5</td></tr>
<tr><td rowspan="4">8</td><td>1、2</td><td colspan="6">22+44+52</td><td colspan="2">22+55+2</td></tr>
<tr><td>3、4、5</td><td colspan="6">22+22+34</td><td colspan="2">22+44+5</td></tr>
<tr><td>6</td><td colspan="6">22+55+31　22+22+34</td><td colspan="2">22+44+5</td></tr>
<tr><td>7、8</td><td colspan="6">22+22+34</td><td colspan="2">22+44+5　22+22+4</td></tr>
</table>

盛泽

首字 \ 中字 \ 末字		平		上		去		入	
		1	2	3	4	5	6	7	8
1	1、2、3	44+44+44						55+55+31	
	4、5、6	44+44+44　55+55+31							
	7、8	55+33+31							
2	1、2、3、4	22+44+44						22+55+31	
	5、6	22+44+44　24+33+21						22+55+31	
	7、8	24+33+31							
3全清	1、2、3、4、5、6	55+33+31							
	7、8	52+33+33							
3次清	X	34+33+33　33+55+31							
4次浊	X	55+33+31　33+55+31							
4全浊	1、2、3、4	23+33+33							
	5、6、7、8	22+55+31							
5	X	33+55+31							
6	X	22+55+31							
7	1、2	33+44+44						33+55+31	
	3、4、5、6、7、8	55+33+31							
8	1、2	22+33+44						22+55+31	
	3、4	44+33+31							
	5、6	22+55+21		44+33+31　22+55+31				44+33+31　22+55+31	
	7、8	44+33+31						44+33+55	

嘉兴

<table>
<tr><th rowspan="3">首字</th><th rowspan="3">中字</th><th colspan="8">末　　字</th></tr>
<tr><th colspan="2">平</th><th colspan="2">上</th><th colspan="2">去</th><th colspan="2">入</th></tr>
<tr><th>1</th><th>2</th><th>3</th><th>4</th><th>5</th><th>6</th><th>7</th><th>8</th></tr>
<tr><td rowspan="4">1</td><td>1、2</td><td colspan="6">44+44+31</td><td colspan="2">44+44+31</td></tr>
<tr><td>3、4</td><td colspan="6">55+33+21</td><td colspan="2">55+33+21</td></tr>
<tr><td>5、6</td><td colspan="6">55+33+21　44+44+31 偶</td><td colspan="2">55+33+21</td></tr>
<tr><td>7、8</td><td colspan="6">44+44+31</td><td colspan="2">44+44+31</td></tr>
<tr><td rowspan="3">2</td><td>1、2</td><td colspan="6">22+44+51</td><td colspan="2">22+44+55</td></tr>
<tr><td>3、4、5、6</td><td colspan="6">24+44+31　22+44+51 偶</td><td colspan="2">24+44+31　22+44+55 偶</td></tr>
<tr><td>7、8</td><td colspan="2">22+44+51</td><td colspan="4">22+55+31</td><td colspan="2">22+44+55</td></tr>
<tr><td rowspan="6">3 全清</td><td>1、2</td><td colspan="2">44+33+51</td><td colspan="4">44+44+31</td><td colspan="2">44+33+55</td></tr>
<tr><td>3</td><td colspan="2">44+33+51</td><td colspan="3">44+44+31　44—33+51 少</td><td>44+33+51</td><td colspan="2">44+33+55</td></tr>
<tr><td>4</td><td colspan="2">44+33+51</td><td colspan="3">44+44+31</td><td>44+33+51</td><td colspan="2">44+33+55</td></tr>
<tr><td>5</td><td colspan="2">44+33+51</td><td colspan="2">44+44+31</td><td colspan="2">44+33+51</td><td colspan="2">44+33+55</td></tr>
<tr><td>6</td><td colspan="4">44+33+51　44+44+31 偶</td><td colspan="2">44+44+31　44+33+51</td><td colspan="2">44+33+55</td></tr>
<tr><td>7、8</td><td colspan="2">44+33+51</td><td colspan="4">44+44+31</td><td colspan="2">44+33+55</td></tr>
<tr><td rowspan="4">3 次清</td><td>1、2</td><td colspan="2">22+22+51</td><td colspan="4">22+44+31</td><td colspan="2">22+22+55</td></tr>
<tr><td>3、4</td><td colspan="6">22+22+51</td><td colspan="2">22+22+55</td></tr>
<tr><td>5、6</td><td colspan="6">22+22+51　22+44+31</td><td colspan="2">22+22+55</td></tr>
<tr><td>7、8</td><td colspan="2">22+22+51</td><td colspan="4">22+44+31</td><td colspan="2">22+22+55</td></tr>
</table>

续表

首字	中字	末字							
		平		上		去		入	
		1	2	3	4	5	6	7	8
4全浊，部分次浊	1	22+22+55	22+55+31偶	22+55+31				22+22+55	
	2	22+22+55		22+55+31				22+22+55	
	3	22+22+55						22+22+55	
	4、5、6	22+22+55(51)		22+55+31　22+22+55				22+22+55	
	7、8	22+22+55		22+55+31				22+22+55	
4部分次浊	X	44+44+31						44+44+31	
5	1、2	33+44+51		33+55+31				33+44+55	
	3	35+33+31						35+33+31	
	4	35+33+31		33+55+31　35+33+31　33+44+51				35+33+31　33+44+55	
	5	35+33+31　33+44+51		35+33+31				35+33+31	
	6	35+33+31		35+33+31				33+44+55　35+33+31	
	7	33+44+51		33+55+31				33+55+31　33+44+55	
	8	33+44+51		33+55+31				33+44+55	
6全浊，部分次浊	1	22+44+51　22+55+31		22+55+31				22+44+55	
	2	22+44+51	22+23+44 22+55+31	22+55+31			22+55+31 24+33+31少	22+44+55	

续表

首字	中字	末字							
		平		上		去		入	
		1	2	3	4	5	6	7	8
6全浊，部分次浊	3	24+33+31 22+44+51	24+33+31	24+33+31 22+55+31	24+33+31	22+22+44	24+33+31	24+33+$\underline{31}$ 22+44+$\underline{55}$	
	4	22+55+31			24+33+31			22+44+$\underline{55}$ 24+33+$\underline{31}$	
	5	22+55+31 24+33+31 22+22+44		22+55+31		24+33+31		22+44+$\underline{55}$ 24+33+31	
	6	22+55+31 24+33+31 22+44+51		22+55+31		24+33+31		22+55+31 24+33+31	
	7、8	22+44+51		22+55+31				22+44+$\underline{55}$	
6部分次烛	X	33+44+51		33+55+31		35+33+31		33+44+$\underline{55}$	
7、8次浊	1、2、7、8	33+44+51						33+44+$\underline{55}$	
	3、4、5、6	53+33+31						53+33+$\underline{31}$	
8全浊	1、2、7、8	22+44+51						22+44+$\underline{55}$	
	3、4、5、6	11+22+44						11+22+44	

湖州双林

首字	中字	末字 平 1	末字 平 2	末字 上 3	末字 上 4	末字 去 5	末字 去 6	末字 入 7	末字 入 8
1	X	44+44+44							
2	X	22+44+44　偶有:24+55+31							
3	X	34+55+31							
4	X	24+55+31							
5	1、2	32+22+34		A. 33+33+53 B. 33+55+31		32+22+34		33+33+53	
	3、4	A. 32+22+34 B. 33+55+31		33+55+31				A. 33+55+31 B. 33+33+53	
	5	32+22+34		A. 33+33+53 B. 33+55+21		A. 33+33+53 B. 32+22+34		33+33+53	
	6	32+22+34		A. 33+55+31 B. 32+22+34				33+33+53	
	7	A. 32+22+34 B. 33+55+31						A. 33+55+21 B. 33+33+53	
	8	33+55+31		A. 33+55+31 B. 33+33+53		33+55+31			
6	1、2	21+11+34		A. 22+22+53 B. 21+11+34		21+11+34		A. 21+11+34 B. 22+22+53	
	3	22+55+31		A. 22+22+53 B. 22+55+31		22+55+31			

续表

<table>
<tr><th rowspan="3">首字</th><th rowspan="3">中字</th><th colspan="8">末字</th></tr>
<tr><th colspan="2">平</th><th colspan="2">上</th><th colspan="2">去</th><th colspan="2">入</th></tr>
<tr><th>1</th><th>2</th><th>3</th><th>4</th><th>5</th><th>6</th><th>7</th><th>8</th></tr>
<tr><td rowspan="4">6</td><td>4</td><td colspan="6">22+55+31</td><td colspan="2">A. 22+55+31
B. 22+22+53</td></tr>
<tr><td>5</td><td colspan="2">21+11+34</td><td colspan="2">A. 21+11+34
B. 22+55+31</td><td colspan="2">21+11+34</td><td colspan="2">A. 22+22+53
B. 22+55+31</td></tr>
<tr><td>6</td><td colspan="2">21+11+34</td><td colspan="2">A. 22+55+31
B. 21+11+34</td><td colspan="2">21+11+34</td><td colspan="2">22+22+53</td></tr>
<tr><td>7、8</td><td colspan="8">A. 22+55+31　B. 21+11+34</td></tr>
<tr><td rowspan="3">7</td><td>1、2、3、4</td><td colspan="8">55+55+31　(1+2 式或 2+1 式:32+22+34　如:勿爽快　出毛病　出勤率)</td></tr>
<tr><td>5、6</td><td colspan="8">A. 32+22+34　B. 55+55+31少</td></tr>
<tr><td>7、8</td><td colspan="8">55+55+31　(1+2 式:32+11+34　如:勿适意)</td></tr>
<tr><td>8 次浊</td><td>12345678</td><td colspan="8">55+55+31</td></tr>
<tr><td rowspan="6">8 全浊</td><td>1</td><td colspan="2">22+44+44</td><td colspan="4">22+55+31</td><td colspan="2">A. 22+44+44
B. 22+55+31</td></tr>
<tr><td>2</td><td colspan="2">A. 22+55+21
B. 22+44+44</td><td colspan="2">22+22+53</td><td colspan="4">A. 22+55+21　B. 22+44+44</td></tr>
<tr><td>3、4</td><td colspan="8">22+55+31</td></tr>
<tr><td>5</td><td colspan="4">A. 11+22+34　B. 22+55+31</td><td colspan="2">11+22+34</td><td colspan="2">22+55+31</td></tr>
<tr><td>6</td><td colspan="2">22+55+31</td><td colspan="4">A. 22+55+31　B. 11+22+34</td><td colspan="2">22+55+31</td></tr>
<tr><td>7、8</td><td colspan="8">22+55+31</td></tr>
</table>

杭州

<table>
<tr><th rowspan="3">首字</th><th rowspan="3">中字</th><th colspan="8">末　字</th></tr>
<tr><th colspan="2">平</th><th colspan="2">上</th><th colspan="2">去</th><th colspan="2">入</th></tr>
<tr><th>1</th><th>2</th><th>3</th><th>4</th><th>5</th><th>6</th><th>7</th><th>8</th></tr>
<tr><td>1</td><td>X</td><td colspan="6">32+23+51</td><td colspan="2">32+23+55</td></tr>
<tr><td>2</td><td>X</td><td colspan="6">21+23+51</td><td colspan="2">21+23+55</td></tr>
<tr><td>3</td><td>X</td><td colspan="8">55+33+31</td></tr>
<tr><td>4 次浊</td><td>X</td><td colspan="8">55+33+31　偶有:22+55+31</td></tr>
<tr><td>4 全浊</td><td>X</td><td colspan="8">22+55+31</td></tr>
<tr><td>5</td><td>X</td><td colspan="8">33+55+31</td></tr>
<tr><td>6</td><td>X</td><td colspan="8">22+55+31</td></tr>
<tr><td rowspan="4">7</td><td>1、2</td><td colspan="8">A. 55+33+31　B. 33+23+51</td></tr>
<tr><td>3、4</td><td colspan="8">A. 33+23+51　B. 33+55+31</td></tr>
<tr><td>5、6</td><td colspan="8">33+23+51</td></tr>
<tr><td>7、8</td><td colspan="8">44+44+55</td></tr>
<tr><td rowspan="4">8</td><td>1、2</td><td colspan="8">22+23+51</td></tr>
<tr><td>3、4</td><td colspan="8">A. 22+23+51　B. 22+55+31</td></tr>
<tr><td>5、6</td><td colspan="8">22+23+51</td></tr>
<tr><td>7、8</td><td colspan="8">22+44+55</td></tr>
</table>

绍兴

首字	中字	末字							
		平		上		去		入	
		1	2	3	4	5	6	7	8
1	X	332+4+52							
2	X	21+34+52							
3	X	33+44+52							
4	X	22+44+52							
5	X	33+44+52多 43+33+33少		43+33+33多　33+44+52少				33+44+52多 43+33+33少	
6	X	22+44+52多 32+33+33偶		32+33+33多　22+44+52偶				22+44+52多 32+33+33偶	
7	X	44+44+52							
8	X	22+44+52						22+44+44	

诸暨王家井

首字	中字	末字							
		平		上		去		入	
		1	2	3	4	5	6	7	8
1	X	A. 44+44+52		B. 43+55+31 少		A. 43+55+31 B. 44+44+52 少		43+55+$\underline{31}$	44+44+$\underline{52}$
2	X	A. 33+44+52		B. 22+55+31 少		A. 22+55+31 B. 33+44+52 极少		22+55+$\underline{31}$	33+44+$\underline{52}$
3	1、2	A. 33+55+31		B. 33+44+52		53+33+31		53+33+$\underline{31}$	33+44+$\underline{52}$
	3、4	A. 33+44+52		B. 53+33+31		53+33+31		53+33+$\underline{31}$	33+44+$\underline{52}$
	5	A. 53+33+31		A. 33+55+31 B. 53+33+31		53+33+31		53+33+$\underline{31}$	33+44+$\underline{52}$
	6	33+44+52				A. 53+33+31 B. 33+44+52 少		53+33+$\underline{31}$	33+44+$\underline{52}$
	7、8	A. 33+44+52		B. 53+33+31		53+33+31		53+33+$\underline{31}$	33+44+$\underline{52}$
4	X	A. 23+44+53		B. 23+33+31		23+33+31		23+33+$\underline{31}$	A. 23+44+$\underline{52}$ B. 23+33+$\underline{31}$ 少
5	1、2	A. 33+44+52		B. 33+55+31		53+33+31		A. 54+33+$\underline{52}$ B. 33+44+$\underline{31}$	33+44+$\underline{52}$
	3	A. 33+33+33		B. 53+33+31		A. 53+33+31 B. 33+55+31		53+33+$\underline{31}$	A. 33+44+$\underline{52}$ B. 33+33+$\underline{33}$

续表

<table>
<tr><th rowspan="3">首字</th><th rowspan="3">中字</th><th colspan="8">末字</th></tr>
<tr><th colspan="2">平</th><th colspan="2">上</th><th colspan="2">去</th><th colspan="2">入</th></tr>
<tr><th>1</th><th>2</th><th>3</th><th>4</th><th>5</th><th>6</th><th>7</th><th>8</th></tr>
<tr><td rowspan="5">5</td><td>4</td><td colspan="6">A. 33+44+52　B. 53+33+31</td><td>53+33+$\underline{31}$</td><td>33+44+$\underline{52}$</td></tr>
<tr><td>5</td><td colspan="6">A. 53+33+31　B. 33+44+52</td><td>53+33+$\underline{31}$</td><td>33+44+$\underline{52}$</td></tr>
<tr><td>6</td><td colspan="4">A. 33+44+52　B. 53+33+31　C. 33+33+33</td><td colspan="2">53+33+31</td><td>A. 33+55+$\underline{31}$
B. 53+33+$\underline{31}$</td><td>33+44+$\underline{52}$</td></tr>
<tr><td>7</td><td colspan="4">A. 53+33+31　B. 33+44+52</td><td colspan="2">53+33+31</td><td>53+33+$\underline{31}$</td><td>33+44+$\underline{52}$</td></tr>
<tr><td>8</td><td colspan="2">42+33+52</td><td colspan="2">A. 53+33+31
B. 42+33+52</td><td colspan="2">A. 53+33+31
B. 42+53+31</td><td>53+33+$\underline{31}$</td><td>42+33+$\underline{52}$</td></tr>
<tr><td rowspan="3">6</td><td>1、2、3、4</td><td colspan="4">33+33+52</td><td colspan="2">A. 33+33+31
B. 23+55+31
C. 33+33+52</td><td>A. 23+55+$\underline{31}$
B. 33+33+$\underline{52}$</td><td>33+33+$\underline{52}$</td></tr>
<tr><td>5、6</td><td colspan="6">A. 33+33+31　B. 33+33+52</td><td colspan="2">33+33+$\underline{52}$</td></tr>
<tr><td>7、8</td><td colspan="4">33+33+52</td><td colspan="2">33+33+31</td><td colspan="2">33+33+$\underline{52}$</td></tr>
<tr><td>7</td><td>X</td><td colspan="4">44+44+52</td><td colspan="2">33+44+31</td><td>33+44+$\underline{31}$</td><td>44+44+$\underline{52}$</td></tr>
<tr><td>8</td><td>X</td><td colspan="4">33+44+52</td><td colspan="2">22+44+31</td><td>22+44+$\underline{31}$</td><td>33+44+$\underline{52}$</td></tr>
</table>

嵊县崇仁

<table>
<tr><td rowspan="2">首字 \ 中字 \ 末字</td><td></td><td colspan="2">平</td><td colspan="2">上</td><td colspan="2">去</td><td colspan="2">入</td></tr>
<tr><td></td><td>1</td><td>2</td><td>3</td><td>4</td><td>5</td><td>6</td><td>7</td><td>8</td></tr>
<tr><td rowspan="4">1</td><td>1、2</td><td>55+33+31</td><td colspan="2">44+33+52</td><td colspan="3">55+33+31　44+33+52</td><td colspan="2">44+33+52</td></tr>
<tr><td>3、4</td><td colspan="6">44+33+52</td><td colspan="2">44+33+52　33+24+31</td></tr>
<tr><td>5、6</td><td colspan="8">44+33+52　33+24+31　55+33+31少</td></tr>
<tr><td>7、8</td><td colspan="8">55+33+31　44+33+52　33+24+31少,在187、188内</td></tr>
<tr><td rowspan="6">2</td><td>1、2</td><td>23+33+31</td><td colspan="3">22+44+52</td><td colspan="2">23+33+31</td><td colspan="2">22+44+52</td></tr>
<tr><td>3、4</td><td colspan="6">22+44+52　22+55+31少</td><td colspan="2">22+44+52</td></tr>
<tr><td>5</td><td colspan="6">22+55+31</td><td colspan="2">44+33+52</td></tr>
<tr><td>6</td><td colspan="8">22+34+31</td></tr>
<tr><td>7</td><td>42+33+21</td><td colspan="2">42+33+52</td><td>42+33+52
42+33+21</td><td colspan="2">42+33+21</td><td colspan="2">42+33+52</td></tr>
<tr><td>8</td><td>42+33+21</td><td colspan="2">42+33+52</td><td>42+33+52
42+33+21</td><td colspan="2">42+33+21</td><td colspan="2">22+44+52</td></tr>
<tr><td>3</td><td>X</td><td colspan="8">33+55+31</td></tr>
<tr><td>4</td><td>X</td><td colspan="8">22+55+31</td></tr>
<tr><td>5</td><td>1</td><td>33+33+23</td><td colspan="3">33+44+52</td><td>33+33+23</td><td>33+44+52
33+24+31
32+33+31</td><td>33+44+52
55+33+31</td><td>33+44+52
33+55+31</td></tr>
</table>

续表

<table>
<tr><th rowspan="2">首字＼中字＼末字</th><th rowspan="2"></th><th colspan="2">平</th><th colspan="2">上</th><th colspan="2">去</th><th colspan="2">入</th></tr>
<tr><th>1</th><th>2</th><th>3</th><th>4</th><th>5</th><th>6</th><th>7</th><th>8</th></tr>
<tr><td rowspan="6">5</td><td>2</td><td>33+33+23</td><td>33+44+52</td><td>33+33+23</td><td>33+55+31</td><td colspan="2">33+33+23　33+44+52少</td><td colspan="2">33+44+52</td></tr>
<tr><td>3</td><td>33+33+23</td><td colspan="7">33+44+52</td></tr>
<tr><td>4</td><td>33+24+31</td><td colspan="2">33+44+52</td><td colspan="5">33+44+52　33+55+31</td></tr>
<tr><td>5</td><td>55+33+31</td><td colspan="3">55+33+31　33+44+52</td><td colspan="2">55+33+31</td><td colspan="2">33+55+31　33+44+52</td></tr>
<tr><td>6</td><td>55+33+31</td><td>33+44+52
55+33+31</td><td colspan="4">55+33+31</td><td colspan="2">33+44+52</td></tr>
<tr><td>7、8</td><td>55+33+31</td><td colspan="3">33+44+52</td><td colspan="2">55+33+31</td><td colspan="2">33+44+52</td></tr>
<tr><td rowspan="6">6</td><td>1、2</td><td>23+33+31</td><td colspan="5">22+44+52　23+33+31　22+55+31少</td><td colspan="2">22+44+52　22+55+31</td></tr>
<tr><td>3</td><td colspan="6">22+44+52　22+55+31</td><td colspan="2">22+44+52</td></tr>
<tr><td>4</td><td>23+33+31</td><td colspan="7">22+44+52</td></tr>
<tr><td>5、6</td><td colspan="6">23+33+31</td><td colspan="2">22+44+52</td></tr>
<tr><td>7</td><td colspan="4">22+44+52　22+55+31少</td><td colspan="2">22+55+31　23+33+31少</td><td colspan="2">22+44+52</td></tr>
<tr><td>8</td><td>23+33+31</td><td colspan="3">22+44+52</td><td colspan="2">23+33+31</td><td colspan="2">22+44+52</td></tr>
</table>

续表

<table>
<tr><th rowspan="2">首字</th><th rowspan="2">中字＼末字</th><th colspan="2">平</th><th colspan="2">上</th><th colspan="2">去</th><th colspan="2">入</th></tr>
<tr><th>1</th><th>2</th><th>3</th><th>4</th><th>5</th><th>6</th><th>7</th><th>8</th></tr>
<tr><td rowspan="6">7</td><td>1、2</td><td>55＋33＋31</td><td colspan="5">55＋33＋31　44＋44＋52</td><td colspan="2">44＋44＋52</td></tr>
<tr><td>3</td><td colspan="6">55＋33＋31</td><td colspan="2">44＋44＋52</td></tr>
<tr><td>4</td><td>55＋33＋31</td><td colspan="3">44＋44＋52</td><td colspan="2">55＋33＋31　44＋44＋52</td><td colspan="2">44＋44＋52</td></tr>
<tr><td>5、6</td><td colspan="8">33＋55＋31</td></tr>
<tr><td>7</td><td colspan="4">44＋44＋52</td><td colspan="3">55＋33＋31</td><td>44＋44＋52</td></tr>
<tr><td>8</td><td colspan="2">55＋33＋31</td><td colspan="2">44＋44＋52</td><td colspan="2">55＋33＋31</td><td colspan="2">44＋44＋52</td></tr>
<tr><td rowspan="7">8</td><td>1</td><td>44＋33＋31</td><td colspan="3">33＋44＋52</td><td colspan="2">44＋33＋31</td><td colspan="2">33＋44＋52</td></tr>
<tr><td>2</td><td>44＋33＋31</td><td colspan="3">33＋44＋52　22＋55＋31</td><td>33＋44＋52
44＋33＋31</td><td>33＋44＋52
44＋33＋31</td><td colspan="2">33＋44＋52</td></tr>
<tr><td>3</td><td colspan="8">33＋44＋52</td></tr>
<tr><td>4</td><td>22＋55－31</td><td colspan="7">33＋44＋52</td></tr>
<tr><td>5、6</td><td colspan="8">22＋55＋31</td></tr>
<tr><td>7</td><td>44＋33＋31</td><td colspan="3">2＋22＋23</td><td colspan="2">44＋33＋31</td><td colspan="2">33＋44＋52</td></tr>
<tr><td>8</td><td>44＋33＋31</td><td colspan="4">2＋22＋23</td><td>44＋33＋31</td><td colspan="2">33＋44＋52</td></tr>
</table>

嵊县太平乡

<table>
<tr><th rowspan="2">首字＼中字＼末字</th><th rowspan="2"></th><th colspan="2">平</th><th colspan="2">上</th><th colspan="2">去</th><th colspan="2">入</th></tr>
<tr><th>1</th><th>2</th><th>3</th><th>4</th><th>5</th><th>6</th><th>7</th><th>8</th></tr>
<tr><td rowspan="6">1</td><td>1</td><td colspan="2">55＋33＋31</td><td colspan="2">52＋22＋52</td><td colspan="2">55＋33＋31</td><td colspan="2">52＋22＋52</td></tr>
<tr><td>2</td><td>55＋33＋31</td><td>52＋22＋52</td><td>55＋33＋31
52＋22＋52</td><td colspan="3">55＋33＋31</td><td colspan="2">52＋22＋52</td></tr>
<tr><td>3、4</td><td colspan="2">52＋22＋52</td><td colspan="4">55＋33＋31　52＋22＋52</td><td colspan="2">52＋22＋52</td></tr>
<tr><td>5</td><td colspan="2">55＋33＋31　52＋22＋52</td><td colspan="4">52＋33＋33　52＋22＋52少</td><td colspan="2"></td></tr>
<tr><td>6</td><td colspan="8">52＋33＋33</td></tr>
<tr><td>7、8</td><td>55＋33＋31</td><td colspan="2">52＋22＋52</td><td colspan="3">52＋22＋52　55＋33＋31少</td><td colspan="2">52＋22＋52　55＋33＋31</td></tr>
<tr><td rowspan="6">2</td><td>1、2</td><td>31＋11＋33</td><td colspan="3">21＋23＋52　31＋11＋33</td><td colspan="2">31＋11＋33</td><td colspan="2">21＋23＋52</td></tr>
<tr><td>3</td><td>21＋23＋52
31＋11＋33</td><td colspan="5">22＋55＋31　21＋23＋52</td><td colspan="2">21＋23＋52</td></tr>
<tr><td>4</td><td>21＋23＋52
31＋11＋33</td><td>21＋23＋52
22＋55＋31</td><td colspan="2">21＋23＋52</td><td colspan="2">21＋23＋52　31＋11＋23</td><td colspan="2">21＋23＋52　22＋55＋31</td></tr>
<tr><td>5、6</td><td colspan="8">22＋55＋31</td></tr>
<tr><td>7</td><td>31＋11＋23</td><td>21＋23＋52</td><td colspan="2">21＋23＋52　22＋55＋31</td><td colspan="2">21＋22＋23　22＋55＋31少</td><td colspan="2">21＋23＋52</td></tr>
<tr><td>8</td><td>31＋11＋23</td><td colspan="2">21＋23＋52</td><td colspan="3">31＋11＋23　21＋23＋52</td><td colspan="2">21＋23＋52</td></tr>
<tr><td>3</td><td>X</td><td colspan="8">33＋55＋31</td></tr>
</table>

续表

<table>
<tr><th rowspan="2">首字＼中字＼末字</th><th rowspan="2"></th><th colspan="2">平</th><th colspan="2">上</th><th colspan="2">去</th><th colspan="2">入</th></tr>
<tr><th>1</th><th>2</th><th>3</th><th>4</th><th>5</th><th>6</th><th>7</th><th>8</th></tr>
<tr><td rowspan="6">4</td><td>1</td><td>22+55+31</td><td colspan="5">23+44+52　22+55+31</td><td colspan="2">22+55+31</td></tr>
<tr><td>2</td><td colspan="3">22+55+31</td><td colspan="3">22+55+31　31+11+33少</td><td colspan="2">22+55+31</td></tr>
<tr><td>3</td><td colspan="3">22+55+31　23+44+52</td><td colspan="5">22+55+31</td></tr>
<tr><td>4、5、6</td><td colspan="8">22+55+31</td></tr>
<tr><td>7</td><td colspan="3">24+33+31　22+55+31</td><td colspan="2">22+55+31</td><td colspan="3">22+55+31　23+44+52</td></tr>
<tr><td>8</td><td colspan="2">22+55+31</td><td colspan="2">22+55+31　23+44+52</td><td colspan="4">22+55+31</td></tr>
<tr><td rowspan="7">5</td><td>1</td><td>55+33+31</td><td colspan="7">55+33+31　52+22+52</td></tr>
<tr><td>2</td><td>55+33+31</td><td>52+22+52</td><td colspan="4">55+33+31　52+22+52很少</td><td colspan="2">52+22+52</td></tr>
<tr><td>3</td><td colspan="8">55+33+31　52+22+52</td></tr>
<tr><td>4</td><td colspan="2">55+33+31　33+55+31</td><td colspan="2">52+21+52</td><td colspan="2">55+33+31　52+21+52
33+55+21</td><td colspan="2">33+55+21　52+21+52</td></tr>
<tr><td>5、6</td><td colspan="8">55+33+31</td></tr>
<tr><td>7</td><td>55+33+31</td><td colspan="2">52+22+52</td><td colspan="3">52+22+52　52+33+31</td><td colspan="2">52+22+52</td></tr>
<tr><td>8</td><td>55+33+31</td><td colspan="3">55+33+31　52+22+52</td><td colspan="2">55+33+31</td><td colspan="2">52+22+52</td></tr>
<tr><td>6</td><td>1</td><td>24+33+31</td><td colspan="2">24+33+31　22+55+31
23+44+52</td><td>23+44+52</td><td colspan="2">24+33+31</td><td colspan="2">22+55+31　23+44+52</td></tr>
</table>

续表

<table>
<tr><td rowspan="2">首字 \ 中字 \ 末字</td><td rowspan="2"></td><td colspan="2">平</td><td colspan="2">上</td><td colspan="2">去</td><td colspan="2">入</td></tr>
<tr><td>1</td><td>2</td><td>3</td><td>4</td><td>5</td><td>6</td><td>7</td><td>8</td></tr>
<tr><td rowspan="4">6</td><td>2</td><td>31+11+23</td><td>23+44+52</td><td colspan="6">23+44+52　24+33+31　31+11+23　22+55+31　24+33+31少</td></tr>
<tr><td>3</td><td>23+44+52</td><td colspan="4">23+44+52　22+55+31</td><td>31+11+23
22+55+31</td><td colspan="2">23+44+52</td></tr>
<tr><td>4</td><td colspan="8">23+44+52　31+11+23</td></tr>
<tr><td>5、6</td><td colspan="8">31+11+23</td></tr>
<tr><td rowspan="6">7</td><td>1、2</td><td>55+33+31</td><td colspan="3">52+22+52</td><td colspan="2">55+33+31</td><td colspan="2">52+22+52</td></tr>
<tr><td>3</td><td colspan="8">52+22+52</td></tr>
<tr><td>4</td><td>55+33+31</td><td colspan="5">55+33+31　52+22+52</td><td colspan="2">52+22+52</td></tr>
<tr><td>5、6</td><td colspan="8">33+55+31</td></tr>
<tr><td>7</td><td>55+33+31</td><td colspan="3">52+22+52</td><td colspan="2">55+33+31</td><td colspan="2">52+22+52</td></tr>
<tr><td>8</td><td>55+33+31</td><td>34+44+52</td><td colspan="2">55+33+31　34+44+52</td><td colspan="2">55+33+31</td><td colspan="2">55+22+52</td></tr>
<tr><td rowspan="5">8</td><td>1、2</td><td>22+22+23</td><td colspan="3">23+44+52</td><td colspan="2">44+33+31</td><td colspan="2">23+44+52</td></tr>
<tr><td>3、4</td><td colspan="8">23+44+52</td></tr>
<tr><td>5</td><td colspan="8">22+55+21</td></tr>
<tr><td>6、7</td><td>22+22+23</td><td colspan="5">22+33+52</td><td colspan="2">22+22+23</td></tr>
<tr><td>8</td><td>22+22+23</td><td colspan="3">22+33+52</td><td colspan="4">22+22+23　22+33+52</td></tr>
</table>

余姚

首字	中字	末字							
		平		上		去		入	
		1	2	3	4	5	6	7	8
1	X	32+22+52　偶:33+33+44　55+33+31						33+22+5	
2	X	21+22+52　偶:22+55+31						21+22+5	
3	X	A. 44+44+44　B. 44+44+52　C. 33+55+31　D. 32+22+52						A. 33+33+5 B. 44+44+44	
4	1、2	23+44+52		24+33+31		偶:23+44+52		23+44+5	
	3、4	A. 23+44+52 B. 23+44+44少		24+33+31		偶:23+44+52		A. 23+44+5 B. 23+44+44少	
	5	A. 24+33+31 B. 23+44+52少		24+33+31				A. 23+44+5 B. 24+33+31	
	6	23+44+52		24+33+31		偶:23+44+52		23+44+5	
	7	23+4+52		24+3+31				23+4+5	
	8	A. 23+4+52 B. 24+33+31少		A. 24+3+31		B. 23+4+52少		23+4+5	
5	1	44+44+52		55+33+31				44+44+5	
	2	44+44+52		A. 55+33+31		B. 32+22+23少		44+44+5	
	3、4	44+44+52		55+33+31				44+44+5	

续表

首字	中字	末字							
		平		上		去		入	
		1	2	3	4	5	6	7	8
5	5、6	A. 44+44+52 B. 44+44+44		A. 55+33+31		B. 44+44+52		44+44+5	
	7	44+4+52		55+3+31				44+4+5	
	8	44+4+52		A. 55+3+31		B. 44+4+52		44+4+5	
6	X	23+44+52		A. 22+55+31		B. 22+44+52 偶:24+33+31		23+4+5	
7	1、2	4+44+52		5+33+31				4+44+5	
	3、4、5、6	4+44+52		5+33+31		偶:4+44+52		A. 4+44+5 B. 5+33+31少	
	7、8	4+4+52		5+3+31				4+4+5	
8	1、2	2+44+52		2+55+31				2+44+5	
	3	2+44+44		2+55+31				2+44+5	
	4	2+44+52		A. 2+55+31		B. 2+44+44		2+44+5	
	5	A. 2+44+44 B. 2+44+52		2+55+31				2+44+5	
	6	A. 2+44+44 B. 2+44+52		2+55+31				A. 2+44+5 B. 2+55+31少	
	7、8	A. 2+4+52 B. 2+4+44少		2+5+31				2+4+5	

宁波

首字	中字	末字							
		平		上		去		入	
		1	2	3	4	5	6	7	8
1	X		A. 33+55+31		B. 33+44+55				
2	X		A. 22+55+31		B. 22+44+55				
3	X		A. 55+33+31		B. 33+44+55		偶:33+55+31		
4	X		A. 24+33+31		B. 22+44+55				
5	X		A. 55+33+31		B. 33+44+55		偶:33+55+31		
6	X		A. 22+55+31		B. 22+44+55		C. 24+33+31		
7	X		A. 55+33+31		B. 33+44+55		C. 33+55+31		
8	X		A. 22+44+55		B. 22+34+51		C. 22+55+31		

黄岩

首字	中字	末字							
		平		上		去		入	
		1	2	3	4	5	6	7	8
1	1、2	33+35+31	33+33+51	33+33+31		33+33+44		33+33+4	33+33+3
	3	33+33+31	33+55+31 33+33+51	33+33+31	33+33+51	33+33+44	33+22+23	33+33+4	33+33+3
	4	33+33+31	33+55+31	33+33+51	33+33+31	33+33+44	33+22+23	33+33+4	33+33+3
	5、6	33+33+31	33+22+23	33+33+31	33+33+51 33+33+31	33+33+44		33+33+4	33+33+3
	7	33+33+31	33+55+31	33+33+31 33+33+51	33+33+51	33+33+44	33+22+23	33+33+4	33+33+3
	8	33+22+23 33+33+31	33+33+51	33+33+31	33+33+31 33+33+51	33+33+44	33+22+23	33+33+4	33+33+3
2	1	22+35+31 22+11+23	22+33+51	22+33+51 22+33+31	22+33+31	22+33+44		22+33+4	22+33+3
	2	22+35+31	22+33+51	22+33+31		22+33+44		22+33+4	22+33+3
	3	22+33+31	22+55+31	22+33+31	22+33+51	22+33+44	22+11+23	22+33+4	22+11+$\underline{23}$
	4	22+11+23	22+11+23 22+55+31	22+33+51		22+33+44	22+11+23	22+11+3	22+11+2
	5、6	22+33+31		22+33+51	22+33+31	22+33+44		22+33+4	22+33+3

续表

首字	中字	末字							
		平		上		去		入	
		1	2	3	4	5	6	7	8
2	7	22+11+23	22+55+31	22+33+51	22+33+31	22+33+44	22+11+23	22+33+4	22+33+3
	8	22+33+31	22+22+51	22+33+51	22+33+51 22+33+31	22+33+44		22+33+4	22+33+3
3	1、2	33+35+31 33+21+23	33+33+51	33+33+31	33+33+51	33+33+44		33+33+4	33+33+3
	3	33+33+31 33+22+23	33+55+31 33+22+23	33+33+31	33+33+51	33+33+44		33+33+4	33+33+3
	4	33+33+31	33+33+51 33+55+31	33+33+51		33+33+44	33+22+23	33+33+4	33+33+3
	5	33+33+44	33+33+31	33+33+51	33+33+31	33+33+44		33+33+5/4	33+33+3
	6	33+33+44	33+33+31	33+33+31	33+33+51	33+33+44		33+33+4	33+33+3
	7	33+33+44 33+33+31 33+22+23	33+55+31	33+33+31	33+33+51	33+33+44	33+22+23	33+33+4	33+22+23 33+33+3
	8	33+22+23	33+33+51	33+33+31 33+33+51	33+33+51	33+33+44	33+22+23	33+33+4	33+33+3
4	1、2	22+55+31	22+33+51	22+33+31 22+55+31	22+33+31 22+33+51	22+33+44		22+33+4	22+33+3

续表

首字	中字	末字							
		平		上		去		入	
		1	2	3	4	5	6	7	8
4	3	22+33+44 22+11+23	22+11+23 22+55+31	22+11+23 22+33+31	22+11+23 22+33+51	22+33+44		22+11+23	22+11+12
	4	22+11+23 22+55+31	22+55+31	22+33+31 22+11+23	22+33+44 22+11+23	22+33+44		22+33+4	22+11+2
	5	22+33+31 22+11+23	22+55+31 22+11+23	22+55+31		22+33+44		22+33+4	22+33+3
	6	22+33+31		22+33+31	22+33+44	22+33+44		22+33+4	22+33+3
	7	22+33+31 22+11+23	22+55+31	22+33+51		22+33+44		22+33+4	22+33+3
	8	22+11+23 22+33+31	22+33+51 22+11+23	22+33+51		22+33+44	22+11+23	22+33+4	22+33+3
5	1	33+55+31 33+22+23	33+33+44	33+33+51 33+33+31	33+33+51 33+22+23	33+33+44	33+33+44 33+22+23	22+33+4	33+22+23
	2	33+55+31 33+22+23	33+33+51 33+22+23	33+33+51 33+33+31	33+33+51	33+33+44		33+33+4	33+33+3
	3	33+33+31	33+55+31 33+22+23	33+33+31	33+33+31 33+33+44	33+33+44	33+22+23	33+33+4	33+33+3
	4	33+33+31 33+22+23	33+55+31 33+33+31	33+33+31	33+33+44 33+33+31	33+33+44	33+22+23	33+33+4	33+33+3

续表

首字	中字	末字							
		平		上		去		入	
		1	2	3	4	5	6	7	8
5	5、6	33+22+23	33+33+31	33+33+31	33+33+51	33+33+44		33+33+4	33+33+3
	7	33+22+23	33+55+31	33+33+31	33+33+51	33+33+44		33+33+4	33+33+3
	8	33+33+31	33+33+51	33+33+51	33+33+31	33+33+44	33+22+23	33+33+4	33+33+3
6	1	22+11+23 22+33+31	22+33+51	22+33+31	22+33+51	22+33+44		22+33+4	22+33+3
	2	22+55+31	22+33+51	22+33+31	22+33+51少	22+33+44		22+33+4	22+33+3
	3、4	22+11+23	22+55+31	22+33+51	22+33+31	22+33+44		22+33+4	22+33+3
	5	22+11+23 22+33+31	22+11+23 22+55+31	22+33+31	22+33+51	22+33+44		22+33+4	22+33+3
	6	22+11+23	22+33+31	22+33+31	22+33+51	22+33+44		22+33+4	22+33+3
	7	22+55+31 22+11+23	22+55+31	22+33+31	22+33+51 22+33+31	22+33+44	22+11+23	22+33+4	22+33+3
	8	22+33+31 22+11+23	22+33+31	22+33+31	22+33+51 22+33+31	22+33+44	22+11+23	22+33+4	22+33+3
7	1	3+35+31	3+33+51	3+33+31		3+33+44		3+33+4	3+33+3
	2	3+35+31	3+33+51	3+33+31	3+33+51	3+33+44		3+33+4	3+33+3
	3	3+33+31 3+22+23	3+55+31	3+33+31 3+22+23	3+33+51	3+33+44	3+22+23	3+22+4	3+33+3

续表

首字	中字	末字							
		平		上		去		入	
		1	2	3	4	5	6	7	8
7	4	3+33+31	3+55+31 3+22+23少	3+33+31		3+33+44	3+22+23	3+22+4	3+33+3
	5、6	33+55+31	33+11+23	3+33+31		3+33+44		3+33+4	3+33+3
	7	55+33+24 33+55+31	55+33+24 33+55+31	3+33+31		3+33+44		3+33+4	3+33+3
	8	55+33+24 33+33+31	33+22+24 33+33+51	3+33+51 3+33+31	3+33+31	3+33+44	3+11+23	3+33+4	3+33+3
8	1、2	2+55+31	2+33+44	2+33+31	2+33+44	2+33+44		2+33+4	2+33+3
	3	11+11+23	2+55+31	11+11+23		11+11+23		2+33+4	2+33+3
	4	11+11+23	2+55+31 11+11+23	22+33+31	22+33+51	22+33+44	11+11+23	2+33+4	2+33+3
	5	22+33+31	11+11+23	22+33+31	22+33+51	22+33+44		2+33+4	2+33+3
	6	11+11+23 22+55+31	11+11+23	22+33+31	22+33+51	22+33+44		2+33+4	2+33+3
	7	22+33+31 11+11+23	22+55+31	22+33+31	22+33+51	11+11+23		2+33+4	2+33+3
	8	11+11+23 22+33+31	22+33+51 22+33+31	22+33+51	22+33+51 22+33+31	22+33+44	11+11+23	2+33+4	1+11+23

温州

<table>
<tr><th rowspan="3">首字</th><th rowspan="3">中字</th><th colspan="8">末　　字</th></tr>
<tr><th colspan="2">平</th><th colspan="2">上</th><th colspan="2">去</th><th colspan="2">入</th></tr>
<tr><th>1</th><th>2</th><th>3</th><th>4</th><th>5</th><th>6</th><th>7</th><th>8</th></tr>
<tr><td rowspan="3">1、2、3、4、5、6（2、4、6略低）</td><td>1、2</td><td colspan="2">35＋33＋21</td><td colspan="2">33＋52＋22</td><td colspan="2">52＋34＋44</td><td colspan="2">33＋55＋42</td></tr>
<tr><td>3、4、5、6</td><td>33＋52＋22</td><td>52＋33＋21</td><td colspan="2">33＋52＋22</td><td>52＋33＋21</td><td>33＋52＋22</td><td colspan="2">33＋55＋42
52＋33＋21少</td></tr>
<tr><td>7、8</td><td>33＋52＋22</td><td>52＋33＋21</td><td colspan="2">33＋52＋22</td><td>52＋33＋21</td><td>33＋52＋22</td><td colspan="2">33＋55＋42</td></tr>
<tr><td rowspan="3">7</td><td>1、2</td><td>33＋52＋22
52＋33＋21少</td><td>52＋33＋21</td><td colspan="2">33＋52＋22</td><td colspan="2">52＋34＋44</td><td colspan="2">33＋55＋42</td></tr>
<tr><td>3、4、5、6、8</td><td>33＋52＋22</td><td>52＋33＋21</td><td colspan="2">33＋52＋22</td><td colspan="2">33＋52＋22</td><td colspan="2">33＋55＋42</td></tr>
<tr><td>7</td><td>33＋52＋22
52＋33＋21少</td><td>52＋33＋21</td><td colspan="2">33＋52＋22</td><td colspan="2">33＋52＋22</td><td colspan="2">33＋55＋42</td></tr>
<tr><td rowspan="5">8（比7略低）</td><td>1</td><td>52＋33＋21
33＋52＋22</td><td>52＋33＋21</td><td colspan="2">33＋52＋22</td><td colspan="2">52＋34＋44</td><td colspan="2">33＋55＋42</td></tr>
<tr><td>2</td><td colspan="2">52＋33＋21</td><td colspan="2">33＋52＋22</td><td colspan="2">52＋34＋44</td><td colspan="2">33＋55＋42</td></tr>
<tr><td>3、4、5、6</td><td>33＋52＋22</td><td>52＋33＋21
33＋52＋22</td><td colspan="2">33＋52＋22</td><td colspan="2">33＋52＋22</td><td colspan="2">33＋55＋42</td></tr>
<tr><td>7</td><td>33＋52＋22</td><td>52＋33＋21
33＋52＋22</td><td colspan="2">33＋52＋22</td><td>52＋33＋21</td><td>33＋52＋21</td><td colspan="2">33＋55＋42</td></tr>
<tr><td>8</td><td>33＋52＋22</td><td>52＋33＋21</td><td colspan="2">33＋52＋22</td><td>52＋33＋21</td><td>33＋52＋21
52＋33＋21</td><td colspan="2">33＋55＋42</td></tr>
</table>

衢州

首字 \ 中字 \ 末字		平 1	平 2	上 3	上 4	去 5	去 6	入 7	入 8
1	1	33+55+31	44+44+52	33+44+35	44+44+52		33+55+31 33+44+55	33+44+5	33+35+31
	2	33+22+33	44+44+52	33+44+35	33+44+55				35+33+31
	3	33+35+3	33+55+31	33+44+35	33+35+55				33+35+33
	4、5、6、7、8	33+55+31		33+44+35	33+44+55				33+55+31
2	1、2	22+55+31		22+44+35	22+44+55				33+55+31
	3、4	22+23+52　22+55+31		22+44+35	22+23+52　22+55+31少				22+55+31
	5、6、7、8	22+55+31		22+44+35	22+44+55　22+23+52少				22+55+31
3	1	33+55+31 35+33+33	35+33+33 33+44+35	33+44+35	33+22+55				33+44+55
	2	35+33+33		33+44+35	33+22+55				35+33+33
	3	33+35+33		33+44+35	33+35+33　33+44+55				33+55+31
	4、5、6	33+55+31		33+44+35	33+22+55				33+55+31
	7、8	33+55+31	35+33+33	33+44+35	33+22+55				33+55+31
4	X	55+55+31		33+44+35	33+22+55				55+55+31
5	1	33+35+33		33+44+35	33+22+55				33+35+31 33+22+55
	2	55+33+31	55+55+31 55+33+31	33+44+35	33+22+55				33+55+31 55+33+31
	3	33+35+31		33+44+35	33+22+55				33+35+33

续表

首字	中字＼末字	平 1	平 2	上 3	上 4	去 5	去 6	入 7	入 8
5	4、5、6、7	33+55+31		33+44+35	33+22+55				33+55+31
	8	55+33+31		33+44+35	33+22+55				55+33+31 55+55+31
6	1	22+35+33		33+44+35	22+22+55				22+35+33
	2	44+33+31		22+44+35	33+22+55				55+33+31
	3	22+35+33		22+44+35	22+22+55				22+35+31
	4、5、6、7	22+55+31		22+44+35	22+22+55　22+55+31少				22+55+31
	8	44+33+31		22+44+35	22+22+55				44+33+31
7	1	33+35+33	33+55+31	33+44+35	33+22+55				33+35+33
	2	55+33+31	33+55+31	33+44+35	33+22+55				33+55+31
	3	55+33+31	33+55+31	33+44+35	33+22+55				33+55+31
	4、5、6、7	33+55+31		33+44+35	33+22+55				33+55+31
	8	55+33+31		33+44+35	33+22+55				33+22+55 55+33+31
8	1	22+55+31	22+35+33 22+55+31	22+44+35	22+22+55				22+55+31
	2	44+33+31	22+55+31	22+44+35	22+22+55			22+55+31	44+33+31
	3、4、5、6、7	22+55+31		22+44+35	22+22+55				22+55+31
	8	22+22+23		22+44+35	22+22+55				22+55+31

金华

<table>
<tr><th colspan="2" rowspan="2">末字
首字 中字</th><th colspan="2">平</th><th colspan="2">上</th><th colspan="2">去</th><th colspan="2">入</th></tr>
<tr><th>1</th><th>2</th><th>3</th><th>4</th><th>5</th><th>6</th><th>7</th><th>8</th></tr>
<tr><td rowspan="8">1</td><td>1</td><td>33+55+31</td><td>44+44+35</td><td colspan="2">44+44+51</td><td>33+55+31</td><td>33+44+55</td><td colspan="2">33+55+31 44+44+35
44+44+51</td></tr>
<tr><td>2</td><td colspan="6">44+44+35</td><td>44+44+51</td><td>44+44+35</td></tr>
<tr><td>3</td><td>44+44+35</td><td>33+55+31</td><td colspan="2">44+44+51</td><td colspan="2">44+44+35</td><td colspan="2">33+55+31</td></tr>
<tr><td>4</td><td>33+55+31</td><td>44+44+35少</td><td colspan="2">44+44+51</td><td>44+44+35</td><td>33+55+31</td><td colspan="2">33+55+31</td></tr>
<tr><td>5</td><td>44+44+35</td><td>44+44+51</td><td>44+44+52</td><td>44+44+35</td><td>33+55+31</td><td>44+44+35</td><td>33+55+31</td><td>44+44+51</td></tr>
<tr><td>6</td><td>44+44+35</td><td>33+55+31</td><td>55+33+51</td><td>44+44+35</td><td>44+44+52</td><td>55+33+51</td><td colspan="2">33+55+31</td></tr>
<tr><td>7</td><td colspan="2">33+44+44</td><td colspan="2">44+44+51</td><td colspan="2">44+44+35</td><td colspan="2">33+55+31</td></tr>
<tr><td>8</td><td>33+55+31
55+33+51</td><td>55+33+31</td><td colspan="2">55+33+51</td><td colspan="2">44+44+35</td><td colspan="2">33+55+31</td></tr>
<tr><td rowspan="6">2</td><td>1</td><td>22+33+34</td><td>22+33+34
23+44+33</td><td colspan="2">44+33+51</td><td colspan="2">22+33+34</td><td>44+33+31</td><td>33+55+31</td></tr>
<tr><td>2</td><td>22+33+34</td><td>33+55+31</td><td colspan="2">44+33+51</td><td>22+33+34</td><td>23+44+33</td><td>22+33+34</td><td>33+55+31</td></tr>
<tr><td>3、4、5</td><td colspan="8">33+55+31</td></tr>
<tr><td>6</td><td colspan="2">43+22+31</td><td>33+55+31</td><td colspan="3">33+55+31 43+23+31</td><td colspan="2">43+23+31</td></tr>
<tr><td>7</td><td colspan="4">43+23+31</td><td colspan="2">22+33+34</td><td>43+23+31</td><td>23+44+33</td></tr>
<tr><td>8</td><td>22+33+41</td><td>43+22+31</td><td colspan="4">44+33+51</td><td colspan="2">43+23+31</td></tr>
<tr><td>3</td><td>1、2</td><td colspan="2">53+22+34</td><td colspan="2">53+33+51</td><td colspan="2">53+22+34</td><td colspan="2">53+33+51</td></tr>
</table>

续表

首字 \ 中字 \ 末字		平		上		去		入	
		1	2	3	4	5	6	7	8
3	3	53+33+31	53+33+51		53+22+34 53+33+52	53+22+34		53+33+51	53+33+31
	4	53+33+51	53+23+33	53+33+52		53+22+34		53+33+31	53+33+51
	5、8	53+22+34	53+33+51	53+33+51　53+22+34				53+33+31	53+33+51
	6	53+22+34	53+33+51　53+22+34					53+33+51 53+33+31	53+33+51
	7	53+33+31	53+33+51				53+33+51 53+22+34	53+33+31	53+33+51
4 次浊	1、2、3	53+22+34	53+33+51		53+22+34 53+33+51	53+22+34		53+22+34	53+33+51
	4	53+33+31	53+33+31　53+33+51		53+33+31　53+22+34　53+33+52			53+33+52　53+33+31 22+55+31	
	5	44+44+31 33+22+34	44+44+51 53+33+51	44+44+51　53+33+51		53+23+31　53+33+51		55+33+31 33+55+31	53+23+31 53+33+31
	6	53+23+31	53+33+51		53+33+51 53+22+34	53+22+34		53+23+31	53+23+31 33+55+31
	7	53+22+34	33+55+31 53+22+34 53+33+51	53+33+51		53+22+34		53+22+34 53+33+31	53+33+31
	8	53+22+34　53+33+51						53+23+31	53+22+34

续表

首字	中字＼末字	平		上		去		入	
		1	2	3	4	5	6	7	8
5	1	55＋35＋31 55＋33＋31 33＋55＋31	53＋33＋51 33＋44＋52 55＋22＋34	33＋44＋51 53＋22＋34	33＋44＋51 55＋33＋51	53＋22＋34 55＋33＋51	52＋33＋13	33＋55＋31	53＋33＋13 33＋44＋51
	2	52＋33＋13		53＋33＋51	52＋33＋13	52＋33＋13 33＋23＋51 53＋33＋52少	52＋33＋13 53＋33＋31	53＋33＋13 55＋55＋31 55＋33＋31	
	3	52＋33＋13	53＋33＋51	52＋33＋13	53＋33＋51	53＋22＋34	53＋22＋34 33＋55＋31	33＋55＋31	53＋33＋51
	4	33＋55＋31	53＋23＋33 33＋55＋31	33＋44＋51 53＋23＋33	55＋55＋31 53＋33＋51	53＋22＋34	52＋33＋13	33＋55＋31	53＋23＋31
	5	33＋55＋31	53＋33＋51	33＋44＋51	53＋33＋51	53＋22＋34	44＋44＋24	55＋33＋31 33＋55＋31 53＋22＋34	53＋33＋31 53＋33＋52 33＋55＋31
	6	53＋23＋55 55＋33＋31	53＋23＋55	53＋23＋55 55＋33＋31	53＋23＋55	52＋33＋13	53＋23＋55	53＋23＋55 33＋44＋52 53＋23＋33	
	7	45＋33＋55 35＋33＋33	45＋33＋55		45＋33＋24	45＋33＋55	45＋33＋24		45＋33＋24 53＋33＋51
	8	45＋33＋24	53＋33＋51	45＋33＋55	45＋33＋35 45＋33＋24	45＋33＋24		53＋33＋31	

续表

首字	中字＼末字	平		上		去		入	
		1	2	3	4	5	6	7	8
6（加4全浊）	1	24＋33＋24	22＋55＋31	22＋33＋51		22＋22＋24	24＋33＋24 22＋22＋24	24＋33＋31 22＋33＋51	22＋55＋31
	2	24＋33＋31 22＋55＋31	22＋55＋31 24＋52＋34	22＋33＋52	24＋52＋24 22＋33＋52	24＋52＋24		24＋33＋24 22＋55＋31	24＋33＋24 24＋33＋31
	3	22＋33＋34	22＋33＋51		22＋44＋24	44＋44＋24		22＋44＋33	
	4	22＋22＋34	22＋33＋51	13＋22＋51	13＋22＋52 24＋33＋24	22＋55＋31 24＋33＋52	22＋44＋24	22＋55＋31	
	5	33＋44＋24 22＋44＋24	33＋44＋24 22＋44＋24 22＋44＋51	22＋44＋51	22＋44＋52 13＋22＋52	22＋44＋55 22＋44＋24	22＋44＋24	22＋55＋31 22＋33＋55	22＋44＋24 22＋55＋31
	6	22＋44＋24 24＋33＋24	22＋44＋52 24＋44＋24	22＋44＋52	24＋44＋24	24＋44＋24		24＋33＋31	44＋24＋31
	7	24＋33＋24		24＋33＋51	22＋44＋24	24＋33＋51 22＋44＋24	22＋55＋31 22＋44＋24	22＋33＋31	22＋44＋55
	8	22＋55＋31	24＋33＋24	24＋33＋51	24＋33＋24 24＋33＋51	24＋33＋24		24＋33＋31	
7	1	55＋23＋51	55＋23＋51 55＋33＋31	55＋23＋51		55＋33＋45		55＋33＋31	
	2、3	55＋33＋45	55＋33＋45 55＋23＋51	55＋23＋51		55＋33＋45		55＋33＋45	

续表

首字	中字＼末字	平 1	平 2	上 3	上 4	去 5	去 6	入 7	入 8
7	4	55+33+45	33+55+31	33+44+51	55+33+45	55+33+45 55+33+51	55+33+45	33+55+31	55+33+45
	5	33+55+31	33+55+31 33+44+51	33+44+51	33+44+51　33+44+45			33+55+31	
	6	53+22+34		55+33+51	53+22+34			55+23+55	22+55+31
	7	33+55+31		33+44+51	33+44+51	55+33+51	33+55+24	55+33+31	33+55+31
	8	53+33+45　55+33+31		53+33+51 55+33+31	52+33+45　53+33+51		55+33+24	53+33+51	55+33+31
8	1	22+22+24	22+33+51		22+22+24			22+22+24	22+55+21
	2	44+33+24	44+33+31 22+44+51	44+33+51	22+44+51	44+33+24 22+33+51	44+33+24	44+33+24	44+24+31
	3、5	22+55+31		22+44+51		22+22+24		22+55+31	
	4、6	22+22+24	22+44+52	22+44+51　22+22+24				22+55+31　22+34+52 22+55+31	
	7	22+22+24 22+55+31	22+44+52 22+55+31	22+44+51		22+22+24	22+44+24	22+22+24	22+44+24
	8	22+44+31	22+44+51 22+55+31	22+44+51		22+22+24	22+55+31	22+34+51	22+44+24

永康

首字	中字	末字							
		平		上		去		入	
		1	2	3	4	5	6	7	8
1、3、5、7	1	43+33+44	43+33+51	43+33+32	43+33+31	44+44+54		43+33+32	43+33+31
	2	43+33+44	43+21+51	43+33+32	43+33+31	44+21+54		43+33+32	43+33+31
	3、4、5、6、7、8	43+33+44	43+33+22	43+33+32	43+33+31	42+22+54	42+22+24	43+33+32	43+33+31
2、4、6、8	1	32+33+44	22+33+51	32+33+32	32+33+31	33+44+54		32+33+32	32+33+31
	2	32+33+44	22+21+51	32+33+32	32+33+31	32+21+54		32+33+32	32+33+31
	3、4、5、6、7、8	32+33+44	22+33+22	32+33+32	32+33+31	31+22+54	31+22+24	32+33+32	32+33+31
补5	5、6			B式少:32+44+31					
2、4、6	5、6			B式少:21+44+31					

附:嘉定方言

<table>
<tr><th colspan="2">第3字调 / 第1、2字调</th><th>1阴平</th><th>2阳平</th><th>3阴上</th><th>4阳上</th><th>5阴去</th><th>6阳去</th><th>7阴入</th><th>8阳入</th></tr>
<tr><td rowspan="3">1阴平</td><td>1278</td><td colspan="8">55+33+31</td></tr>
<tr><td>34</td><td colspan="8">55+33+31　33+34+53　35+55+31少</td></tr>
<tr><td>56</td><td colspan="8">55+33+21　33+34+53</td></tr>
<tr><td rowspan="2">2阳平</td><td>125678</td><td colspan="8">22+55+31</td></tr>
<tr><td>34</td><td colspan="8">22+55+21　24+33+31</td></tr>
<tr><td rowspan="2">3阴上</td><td>123478</td><td colspan="4">33+55+31</td><td colspan="2">35+33+31</td><td colspan="2">33+55+31</td></tr>
<tr><td>56</td><td colspan="8">33+55+31</td></tr>
<tr><td rowspan="3">4阳上</td><td>124578</td><td colspan="8">22+55+31</td></tr>
<tr><td>3</td><td colspan="8">22+55+31　24+33+31</td></tr>
<tr><td>6</td><td colspan="4">22+55+31</td><td colspan="4">22+34+53</td></tr>
<tr><td rowspan="5">5阴去</td><td>1</td><td colspan="6">33+55+31　35+33+31少</td><td colspan="2">33+55+31</td></tr>
<tr><td>28</td><td colspan="4">33+55+31</td><td colspan="2">35+33+31</td><td colspan="2">33+55+31</td></tr>
<tr><td>3</td><td colspan="4">33+55+31</td><td colspan="2">35+55+31
33+55+31</td><td colspan="2">33+55+31</td></tr>
<tr><td>47</td><td colspan="4">33+55+21　35+33+31</td><td colspan="2">35+33+31</td><td colspan="2">33+55+31</td></tr>
<tr><td>56</td><td colspan="8">55+33+21　33+55+31少</td></tr>
</table>

续表

第1、2字调 \ 第3字调		1阴平	2阳平	3阴上	4阳上	5阴去	6阳去	7阴入	8阳入
6阳去	12678	22+55+31							
	345	24+33+21　22+55+31　22+33+34							
7阴入	1278	33+55+31							
	34	55+33+31							
	578	33+34+53				55+33+31 33+34+53		33+34+53	
	6	33+34+53							
8阳入	1278	11+22+23							
	3	22+23+53							
	456	11+22+23　22+34+53							

第四节　四地连读调详析

本节选择了四个地点音系连读调展开变调的详细描写,这四个地点的连读调是:1.上海老派方言的连读调;2.松江老派方言的连读调;3.宁波新派方言的连读调;4.杭州新派方言的连读调。

上海老派方言的连读调

一、声韵调

1.1　声母　32 个

ɓ 布帮北	pʻ 怕胖劈	b 步盆拔	ʔm 美妈闷	ɦm 梅买门	ɸ 灰粉勿	β 符胡肥
ɗ 胆懂德	tʻ 透听铁	d 地动夺	ʔn 乃拿侬	ɦn 内能捺		
ts 祖精职	tsʻ 妻仓出		ʔl 捞拉拎	ɦl 劳赖领	s 思心叔	z 全静拾
tɕ 举经脚	tɕʻ 去轻吃	dʑ 旗琴极	ʔȵ 粘扭鸟	ɦȵ 泥牛绕	ɕ 休勋血	
k 干公夹	kʻ 开垦扩	g 隑共轧	ʔŋ 捱我砑	ɦŋ 牙鹅额	h 花很瞎	
			ʔ 鸭衣乌	ɦ 鞋移雨		

1.2　韵母　51 个

y 居羽需	ɑ 太鞋柴	o 花模蛇	ɔ 保瓦高	ɤ 斗丑狗	e 雷扇开	ᴇ 兰山玩
i 基批微	iɑ 野写借		iɔ 条蕉摇	iɤ 流尤修	ie 天偏连	iᴇ 廿念也
u 波歌做	uɑ 怪怪娃				ue 官灌块	uᴇ 关环弯
ø 干看乱		ã 冷长硬	ɑ̃ 党放昌	oŋ 翁虫风	əŋ 奋登恩	ᴀʔ 袜麦石
iø 原圆权	iu 靴	iã 良象阳	iɑ̃ 旺	ioŋ 穷云荣	iəŋ 紧灵引	iᴀʔ 甲脚削
		uã 横光~火、~足	uɑ̃ 广框汪		uəŋ 困滚温	uᴀʔ 刮括挖
oʔ 福足哭	ɔʔ 作木壳	əʔ 磕刻墨		øʔ 夺掇渴		
ioʔ 肉育狱		iəʔ 吃逆极	ieʔ 笔洁吸	iøʔ 缺月血		
	uɔʔ 扩镬郭	uəʔ 骨阔颂		uøʔ 说卒撮		
ɿ 资私字	ʮ 主书树	əl 而儿耳	m̩ 亩姆呒	ŋ̍ 五鱼午	n̩ 口~奶,祖母	

1.3　声调　6 个

代码	调类	调值	例　字	代码	调类	调值	例　字
1	阴平	[˥˧ 53]	刀浆司东康端	3	阴上	[˦ 44]	岛奖水懂慷短
5	阴去	[˧˦ 34]	到酱四冻抗锻	6	阳去	[˨˧ 23]	桃导道墙象匠
7	阴入	[ʔ˥ 55]	雀削踢足各掇	8	阳入	[ʔ˩˨ 12]	嚼石读食颚夺

ɓ ɗ是带有轻微喉塞的浊塞音,又称缩气塞音或内爆音。ɸ β各有两个变体:ɸ f和β v,清音读f为主;浊音读β为主,有时又读ɦ(u)。tɕ组声母在拼韵腹为央、后元音韵母时舌位朝后。u在拼非唇音声母时读ᵊu。iəŋ和ieʔ都有两个变体,在拼tɕ组和ʔ、ɦ声母时读iəŋ和ieʔ,在拼其他声母时读iŋ和ɪʔ。ie实际发音是[iɪ]。有少数字还能分别eʔ和əʔ韵,如:刷seʔ˥≠室səʔ˥,汁tseʔ˥≠责tsəʔ˥,实zeʔ˩˨≠植zəʔ˩˨。

古阳平、阳上声调字单字调并入阳去。在连读变调中，仍用代码 2、4 代表古阳平、阳上调字。

二、两字组连读变调

2.1　总说

笔者的调查证明：老派上海方言虽然单字调只有 6 个，但是原松江府地区所具有的 8 个单字调（现松江、上海县等地仍有 8 个声调，笔者调查所得松江镇老年人全浊阳上未归入阳去，8 个声调字与古声调同，E dkins. J 所记的上海话城内也有 8 个声调）字在两字组连读变调中仍反映出比较整齐的区别来。它们表现为：除了前字为阴平、阴入和阳入的两字组都有自己固有的连调格式外，以古阳平声调为前字的两字组连调格式与以古阳上、阳去声调为前字的连调格式不同；当后字为古阴去、阳去声调时，前字为古阴上声调和前字为古阴去声调的两字组连调格式大部分不同；当前字为古阴上、阳上和阴去、阳去声调时，后字为古阴上、阳上声调的两字组大部分连调格式采用后字为古阴平、阳平的连调格式，只有少数两字组采用后字为古阴去、阳去的连调格式，而后字为古阴去、阳去的两字组连调格式不采用后字为古阴平、阳平的连调格式。

配合总表，我们可以看到：(1)连读变调仍有 8 个调类的差别；(2)变调规则比较整齐。

2.2　两字组（广用式）连读变调表

前字＼后字	阴平 ˥˧53	阳平 ˨˧23	阴上 ˦44	阳上 ˨˧23	阴去 ˧˦34	阳去 ˨˧23	阴入 ʔ˥55	阳入 ʔ˩˨12
阴平 ˥˧53	44　53		55　31				44　ʔ53	
阳平 ˨˧23	23　44						22　ʔ55	
阴上 ˦44	33　53		A. 33　53 B. 44　44		44　44		33　ʔ53	
阳上 ˨˧23	22　53		A. 22　53 B. 22　44		22　44		22　ʔ53	
阴去 ˧˦34	33　53		A. 33　53 B. 44　44		A. 55　21 B. 44　44		33　ʔ53	
阳去 ˨˧23	22　53		A. 22　53 B. 22　44		22　44		22　ʔ53	
阴入 ʔ˥55	ʔ44　53		ʔ44　44				ʔ33　ʔ55	
阳入 ʔ˩˨12	ʔ11　23						ʔ22　ʔ55	

说明：① A 式为主，B 式只有少数两字组用。

② 33 53、22 53、33 ʔ53、22 ʔ53。四个调型近于 34 53、23 53、34 ʔ53、23 ʔ53。

2.3　变调格式

两字组(多字组也如此)连读变调的特点是:前字(即第一字)阴阳不混,后字(即第一字以后的字)阴阳相混;不论前字后字,舒促不混。连调格式从音高和调形上看,舒促可以相通(如ʔ˦$_{\underline{44}}$˦$_{44}$和˦$_{44}$˦$_{44}$可看作同一连调格式),我们将此舒促相通的格式称为基本格式。

两字组连读变调基本格式共有以下 10 个:

1 式　[˦　˥˧]　44　53
2 式　[˥　˨˩]　55　31
3 式　[˨˧　˦]　23　44
4 式　[˨　˥]　22　55
5 式　[˧　˥˧]　33　53
6 式　[˦　˦]　44　44
7 式　[˨　˥˧]　22　53
8 式　[˨　˦]　22　44
9 式　[˧　˥]　33　55
10 式　[˩　˨˧]　11　23

以上 10 个连调格式所配的调类组合分别如下:

1 式:11, 12, 17, 18; 71, 72。

2 式:13, 14, 15, 16; 55A, 56A。

3 式:21, 22, 23, 24, 25, 26。

4 式:27, 28; 87, 88。

5 式:31, 32, 33A, 34A, 37, 38; 51, 52, 53A, 54A, 57, 58。

6 式:33B, 34B, 35, 36; 53B, 54B, 55B, 56B; 73, 74, 75, 76。

7 式:41, 42, 43A, 44A, 47, 48; 61, 62, 63A, 64A, 67, 68。

8 式:43B, 44B, 45, 46; 63B, 64B, 65, 66。

9 式:77, 78。

10 式:81, 82, 83, 84, 85, 86。

这里值得一提的是 6 式˦$_{44}$˦$_{44}$,这个连调格式是原松江府广大地域上包括松江方言区和上海方言区在内共有的一个语音特色,在调类组合上分布面较广,一般与前字为阴上和阴去,后字为阴上阳上阴去阳去的调类组合相配。另一个阳平连调 3 式˨˧$_{23}$˦$_{44}$,是上海方言区(有)而松江方言区(无)的区别标志。

三、多字组连读变调

3.1　总述

多字组的连读变调格式是两字组连读变调格式的扩展和延伸。变调情况请看下面广用式连读变调总表:

式	两字组	三字组	四字组
1	˦$_{44}$　˥˧$_{53}$	A. ˦$_{44}$　˦$_{44}$　˥˧$_{53}$ B. ˦$_{44}$　˦$_{44}$　˨˩$_{21}$	A. ˦$_{44}$　˦$_{44}$　˥$_{55}$　˨˩$_{21}$ B. ˦$_{44}$　˦$_{44}$　˧$_{33}$　˨˩$_{21}$
2	˥$_{55}$　˨˩$_{21}$	˥$_{55}$　˧$_{33}$　˨˩$_{21}$	˥$_{55}$　˧$_{33}$　˧$_{33}$　˨˩$_{21}$
3	˨˧$_{23}$　˦$_{44}$	˨˧$_{23}$　˧$_{33}$　˦$_{44}$	˨˧$_{23}$　˧$_{33}$　˦$_{44}$　˦$_{44}$
4	˨$_{22}$　˥$_{55}$	˨$_{22}$　˦$_{44}$　˥˧$_{53}$	——
5	˧$_{33}$　˥˧$_{53}$	˧$_{33}$　˦$_{44}$　˥˧$_{53}$	˧$_{33}$　˦$_{44}$　˦$_{44}$　˨˩$_{21}$

续表

式	两字组	三字组	四字组
6	44 44	A. 44 44 44 B. 33 55 21	33 55 33 21
7	22 53	22 44 53	22 44 44 21
8	22 44	22 55 21	22 55 33 21
9	33 55	33 44 55	——
10	11 23	11 22 23	11 22 22 23

3.2　三字组连调格式和调类组合的配合情况

1 式 A:111，112，117，118；121，122，127，128；171，172，177，178；181，182，187，188；7X1，7X2。

1 式 B:113—116；123—126；173—176；183—186。

2 式:13X，14X，15X，16X；551—556，561—566。

3 式：2X1—2X6。

4 式:2X7，2X8；8X7，8X8。

5 式:3X1，3X2，3X7，3X8；5X1，5X2，5X7，5X8。

6 式 A:733—736。

6 式 B:3X3—3X6；5X3—5X6；713—716，723—726，743—746，753—756，763—766，773—776，783—786。

7 式:241，242，251，252，261，262。4X1，4X2，4X7，4X8；6X1，6X2，6X7，6X8。

8 式:4X3—4X6；6X3—6X6。

9 式:7X7，7X8。

10 式:8X1—8X6。

请注意:调类组合是 553—556，563—566 的三字组有 2 式和 6 式 B 两种读法；551、552、561、562 的三字组有 2 式和 5 式两种读法；241、242、251、252、261、262 的三字组有 3 式和 7 式两种读法。用两种读法中哪一种来读,对于某一个特定的三字组往往是分配清楚的,即各个人对某个三字组都只习惯用彼此共同的某一格式或兼用两个格式读,不任意用本调类组合内的另一调式读,但这也不是绝对的。

老派上海方言读广用式的五字组很少,广用式连读变调总表上未列五字组连调格式;广用式四字组也不可能遍列各种调类组合,只能在下节里按式举例说明。

四、两字组和多字组连读变调举例

4.1　两字组

前 字 阴 平

11　1 式　花生 ho səŋ　乌龟 ʔu tɕy　香烟 ɕiã ie　生姜 sã tɕiã

12　1 式　天堂 tʻi dã　砂糖 so dã　汤团 tã dø　椒盐 tsiɔ ie

13　2 式　开水 kʻᴇ sɿ　清茶 tsʻiəŋ zo　丝棉 sɿ mie　心境 siəŋ tɕiəŋ

14	2式	ɣΓ ʎk	粳米 kã mi	端午 ɗø ŋ̍	虾米 hø mi	香蕈 ɕiã ziəŋ
15	2式	ɣΓ ʎk	青菜 ts'iəŋ ts'e	牵记 tɕ'i tɕi	霜降 sã kã	声气 sã tɕ'i声音
16	2式	ɣΓ ʎk	豇豆 kã dʏ	空地 k'oŋ di	官话 kue o	腔调 tɕ'iã diɔ
17	1式	ɣ⊦ ʔ7ʌ	猪血 tsɿ ɕiøʔ	泔脚 ke tɕiᴀʔ	巴结 ɓo tɕieʔ	筋骨 tɕiəŋ kuəʔ
18	1式	ɣ⊦ ʔʎʌ	阴历 ʔiəŋ lieʔ	杉木 sᴇ mɔʔ	蜂蜜 ɸoŋ mieʔ	安逸 ʔø ieʔ

前 字 阳 平

21	3式	ʎ⊬ ɣ⊦	田鸡 di tɕi	胡苏 βu su	调羹 diɔ kã	人中 ɦn̥iəŋ tsoŋ
22	3式	ʎ⊬ ʎ⊦	羊毛 ɦiã mɔ	人头 ɦn̥iəŋ dʏ	平台 biəŋ de	莲蓬 ɦlie boŋ
23	3式	ʎ⊬ ⊤⊦	茶碗 zo ue	红枣 ɦoŋ tsɔ	油余 ɦiʏ t'əŋ	元宝 ɦn̥iø ɓɔ
24	3式	ʎ⊬ ʎ⊦	杨柳 ɦiã liʏ	牛奶 ɦn̥iʏ nɑ	长远 zã iø	年限 ɦn̥ iᴇ
25	3式	ʎ⊬ ⊥⊦	棉裤 mie k'u	芹菜 dʑiəŋ ts'e	蒲扇 bu se	长凳 zã ɗəŋ
26	3式	ʎ⊬ ʎ⊦	河岸 βu ŋø	肥皂 bi zɔ	寒豆 ɦø dʏ蚕豆	娘舅 ɦn̥iã dʑiʏ
27	4式	ʎ⊦ ʔ7Γ	人客 ɦn̥iəŋ k'ᴀʔ客人	完结 ɦue tɕieʔ	潮湿 zɔ sᴀʔ	糖粥 dã tsoʔ
28	4式	ʎ⊢ ʔʎΓ	闲月 ɦᴇ n̥iøʔ	咸肉 ɦᴇ n̥ioʔ	盆浴 bəŋ ioʔ	铜勺 doŋ zɔʔ

前 字 阴 上

31	5式	⊤⊦ ɣʌ	酒盅 tsiʏ tsoŋ	火车 ɸu ts'o	好心 hɔ siəŋ	笋干 səŋ kø
32	5式	⊤⊦ ʎʌ	火炉 ɸu lu	口粮 k'ʏ liã	顶棚 ɗiəŋ bã	水壶 sɿ βu
33A	5式	⊤⊦ ⊤ʌ	水果 sɿ ku	酒水 tsiʏ sɿ	底板 ɗi ɓᴇ	小鬼 siɔ tɕy
B	6式	⊤⊦ ⊤⊦	小巧 siɔ tɕ'ic	保险 ɓɔ ɕie	检举 tɕie tɕy	
34A	5式	⊤⊦ ʎʌ	改造 ke zɔ	小雨 siɔ y	可以 k'ɔ i	海马 he mo
B	6式	⊤⊦ ⊤⊦	处理 ts'ɥ li	讲演 kã ie	等待 ɗəŋ de	
35	6式	⊤⊦ ⊥⊦	好货 hɔ ɸu	钞票 ts'ɔ p'iɔ	典当 ɗie ɗã	考究 k'ɔ tɕiʏ讲究
36	6式	⊤⊦ ʎ⊦	子弹 tsɿ dᴇ	妒忌 ɗu tɕi	孔庙 k'oŋ miɔ	本事 ɓəŋ zɿ
37	5式	ɣ⊦ ʔ⊤ʌ	请帖 ts'iəŋ t'ieʔ	小吃 siɔ tɕ'iəʔ	板刷 ɓᴇ səʔ	酒曲 tsiʏ tɕ'iøʔ
38	5式	⊤⊦ ʔʎʌ	枕木 tsəŋ mɔʔ	板栗 ɓᴇ lieʔ	火着 ɸu zᴀʔ失火	眼白 ɦŋᴇ bᴀʔ

前 字 阳 上

41	7式	ʎ⊢ ɣʌ	尾巴 ɦn̥i ɓo	奶糕 ɦnɑ kɔ	雨衣 ɦy i	后生 ɦʏ sã青年;年轻
42	7式	ʎ⊢ ʎʌ	户头 βu dʏ	瓦房 ɦŋɔ uã	肚皮 du ɓi	奶娘 ɦnɑ n̥iã
43	7式	ʎ⊢ ⊤ʌ	藕粉 ɦŋʏ ɸəŋ	老茧 ɦlɔ tɕie	淡水 dɛ sɿ	野草 ɦiɑ ts'ɔ
	8式	ʎ⊢ ⊤⊦	雨伞 ɦy sᴇ	技巧 dʑi tɕ'iɔ	老板 ɦlɔ ɓᴇ	
44	7式	ʎ⊢ ʎʌ	道理 dɔ li	远近 ɦiø dʑiəŋ	马桶 ɦmo doŋ	妇女 βu n̥y
	8式	ʎ⊢ ʎ⊦	罪犯 zø βᴇ	旅社 ɦly zo	偶像 ɦŋʏz iã	
45	8式	ʎ⊢ ⊥⊦	冷气 ɦlã tɕ'i	野菜 ɦiɑ ts'e	断气 dø tɕ'i	雨布 ɦy ɓu
46	8式	ʎ⊢ ʎ⊦	马路 ɦmo lu	弟妹 di me	眼泪 ɦŋᴇ li	道地 dɔ di地道
47	7式	ʎ⊢ ʔ⊤ʌ	冷粥 ɦlã tseʔ	马夹 ɦmo kᴀʔ背心	卤鸭 ɦlu ᴀʔ	眼色 ɦŋᴇ səʔ
48	7式	ʎ⊢ ʔʎʌ	懒学 ɦlɑ ɔʔ	冷热 ɦlã n̥ieʔ	静脉 ziəŋ mᴀʔ	厚实 ɦʏ zəʔ

前 字 阴 去

51	5式	˧˧ ˦˧˦	秤钩	ts'əŋ kv	背心	ɓe siəŋ背	裤裆	k'u? dã	素鸡	su tɕi
52	5式	˧˧ ˨˧	店堂	ɗie dã	绢头	tɕiø dɤ	桂圆	kue iø	戏台	ɕi de
53A	5式	˧˧ ˥˧	要紧	ʔiɔ tɕiəŋ	信纸	siəŋ tsɿ	跳板	t'iɔ ɓE	要好	ʔiɔ hɔ
B	6式	˧˧ ˧˧	禁止	tɕiəŋ tsɿ	到底	ɗɔ ɗi	中暑	tsoŋ sʮ		
54A	5式	˧˧ ˨˧	靠近	k'ɔ dʑiəŋ	细雨	si y	痛痒	t'oŋ iã	创造	ts'ã zɔ
B	6式	˧˨ ˨˨	报社	ɓɔ zo	胜负	səŋ βu	对象	ɗe ziã		
55A	2式	˧˥ ˧˩	唱片	tsã p'ie	快信	k'uɑ siəŋ	借用	tsiɑ ioŋ	叹气	t'E tɕ'i
B	6式	˧˨ ˧˨	兴趣	ɕiəŋ ts'y	放假	ɸã kɑ	奋斗	ɸəŋ ɗɤ		
56A	2式	˧˥ ˧˩	纪念	tɕi ȵiE	告示	kɔ zɿ	性命	siəŋ miəŋ	替代	t'i de
B	6式	˧˨ ˧˨	故事	ku zɿ	态度	te du	志愿	tsɿ ȵiø		
57	5式	˧˧ ʔ˥˧	信壳	siəŋ k'ɔʔ信封	货色	ɸu səʔ	享福	ɕiãø oʔ	做作	tsu tsɔʔ装腔作势
58	5式	˧˧ ʔ˨˧	快活	k'ɑ uəʔ	酱肉	tsiã ȵioʔ	炸药	tso iAʔ	气力	tɕ'i lieʔ力气

前 字 阳 去

61	7式	˨˨ ˦˧˦	上司	zã sɿ上级	用心	ɦioŋ siəŋ	外甥	ɦŋɑ sã	蛋黄	dE huã
62	7式	˨˨ ˨˧	栈房	zE uã旅社	外婆	ɦŋɑ bu	旧年	dʑiɤ ȵie	话梅	ɦo me
63A	7式	˨˨ ˥˧	大饼	dɑ ɓiəŋ	胃口	ɦue k'ɤ	地板	di ɓE	字纸	zɿ tsɿ
B	8式	˨˨ ˧˧	县委	ɦiø ue	字典	zɿ ɗie	上等	zã ɗəŋ		
64A	7式	˨˨ ˨˧	字眼	zɿ ŋɛ	大米	du mi	号码	ɦɔ mo	运动	ɦioŋ doŋ
B	8式	˨˨ ˨˨	内弟	ɦne di	孕妇	ɦioŋ βu	现象	ɦie ziã		
65	8式	˨˨ ˧˨	运气	ɦioŋ tɕ'i	外快	ɦŋɑ k'uɑ意外所得	弹片	dE p'ie	大蒜	dɑ sø
66	8式	˨˨ ˨˨	豆腐	dɤ βu	庙会	ɦmiɔ ue	大树	du zʮ	寿命	zɤ miəŋ
67	7式	˨˨ ʔ˥˧	料作	ɦliɔ tsɔʔ	字帖	zɿ t'ieʔ	大约	dɑ iAʔ	面色	ɦmie səʔ
68	7式	˨˨ ʔ˨˧	闹热	ɦnɔ ȵieʔ	闰月	ɦȵiəŋ ȵiøʔ	内侄	ɦne zəʔ	嫩叶	ɦnəŋ ieʔ

前 字 阴 入

71	1式	ʔ˥˧ ˦˧˦	插销	ts'Aʔ siɔ	八仙	ɓAʔ sie	菊花	tɕioʔ ho	发身	ɸAʔ səŋ发育
72	1式	ʔ˥˧ ˨˧	竹头	tsoʔ dɤ	脚炉	tɕiAʔ lu	色盲	səʔ mã	节头	tsieʔ dɤ指头；有节处
73	6式	ʔ˥˧ ˧˧	级长	tɕiəʔ tsã	黑枣	həʔ tsɔ	出口	ts'əʔ k'ɤ	客满	k'Aʔ me
74	6式	ʔ˥˧ ˧˨	瞎眼	hAʔ ŋE	竹篓	tsoʔ lɤ	给养	tɕieʔ iã	国语	koʔ ȵy
75	6式	ʔ˥˧ ˧˨	客气	k'Aʔ tɕ'i	宿货	soʔ ɸu陈货；懦弱无用的人	结棍	tɕieʔ kuəŋ厉害	索性	soʔ siəŋ干脆
76	6式	ʔ˥˧ ˧˨	一定	ʔieʔ diəŋ	鸽蛋	køʔ dE	说话	suøʔ o	阿大	ʔAʔ du
77	9式	ʔ˥˧ ʔ˥˥	发作	øAʔ tsɔʔ	吃瘪	tɕ'iəʔ ɓieʔ	龌龊	ʔɔʔ ts'ɔʔ	瘪谷	ɓieʔ koʔ
78	9式	ʔ˥˧ ʔ˨˥	笔墨	ɓieʔ məʔ	吃力	tɕ'iəʔ lieʔ	确实	tɕ'iAʔ zəʔ	碧绿	ɓieʔ loʔ

前 字 阳 入

81	10式	ʔ˨˩ ˦˨˩	肉丝	ɦȵioʔ sɿ	药渣	ɦiAʔ tso	铡刀	zAʔ ɗɔ	浴衣	ɦioʔ i

82	10 式	ʔ˩˨	˩˧	木鱼	ɦmɔʔ y	石榴	zᴀʔ liɤ	白鱼	bᴀʔ ŋ̍	蜜糖	ɦmieʔ dã
83	10 式	ʔ˩˨	˧˧	石板	zᴀʔ ɓᴇ	热水	ɦȵieʔ sɿ	月饼	ɦȵiøʔ ɓiəŋ	白果	bᴀʔ ku
84	10 式	ʔ˩˨	˩˧	落雨	ɦlɔʔ y	白象	bᴀʔ ziã	杂技	zᴀʔ dʑi	侄女	zəʔ ȵy
85	10 式	ʔ˩˨	˩˧	辣酱	ɦlᴀʔ tsiã	蜡线	ɦlᴀʔ sie	孛相	bəʔ siã	肉冻	ɦȵioʔ ɗoŋ 冻结的肉汤
86	10 式	ʔ˩˨	˩˧	木料	ɦmɔʔ liɔ	绿豆	ɦloʔ dɤ	薄命	boʔ miəŋ	石磨	zᴀʔ mo
87	4 式	ʔ˩˧	ʔ˥˥	腊八	ɦlᴀʔ ɓᴀʔ	邋遢	ɦlᴀʔ tʻᴀʔ	蹩脚	bieʔ tɕiᴀʔ	粒屑	ɦlieʔ sieʔ碎屑
88	4 式	ʔ˩˧	ʔ˦˥	学习	ɦɔʔ zieʔ	熟食	zoʔ zəʔ	活络	ɦuəʔ lɔʔ	墨绿	ɦməʔ loʔ

例外,以下字组都读 2 式[˥ ˨˩]:

11	刚刚	kã kã	12	终于	tsoŋ y	13	美洲	ʔme tsɤ	32	可怜	kʻu li	32	牯牛	ku ȵiɤ
33	草纸	tsʻɔ tsɿ	34	好像	hɔ ziã	35	考试	kʻɔ sɿ	35	喘气	tsʻø tɕʻi	35	枕套	tsəŋ tʻɔ
38	美术	ʔme zəʔ	41	老师	ʔlɔ sɿ	41	杏花	ʔã ho	42	往年	ʔuã ȵie	53	处长	tsʻɥ tsã
54	对象	ɗe ziã	54	器件	tɕʻi dʑie									

4.2 三字组

三字组举例按各式排列,字组前写明调类组合,不再标明本调和变调。

4.2.1 1 式 A[˧˧˥]

111	收音机	sɤ iəŋ tɕi	112	灯心绒	ɗəŋ siəŋ ȵioŋ	117	中秋节	tsoŋ tsʻiɤ tsieʔ
118	花岗石	ho kã zᴀʔ	121	三轮车	sᴇ ləŋ tsʻo	122	金洋钿	tɕiəŋ iã die金圆
127	青颜色	tsʻiəŋ ŋᴇ səʔ	128	猪头肉	tsɿ dɤ ȵioʔ	171	西北风	si ɓoʔ ɸoŋ
172	生发油	səŋ ɸᴀʔ iɤ	177	清一色	tsʻiəŋ ieʔ səʔ	178	铅笔盒	kʻᴇ ɓieʔ ᴀʔ
181	三伏天	sᴇ βoʔ tʻie	182	康乐球	kã lɔʔ dʑiɤ	187	工业国	koŋ ȵieʔ koʔ
188	商业局	sã ȵieʔ dʑioʔ						

4.2.2 1 式 B[˧˧˨˩]

113	天花板	tʻie ho ɓᴇ	114	花生米	ho səŋ mi	115	金刚钻	tɕiəŋ kã tse
116	香椿树	ɕiã tsʻəŋ zɥ	123	西洋景	si iã tɕiəŋ	124	丝棉被	sɿ mie bi
125	包头布	ɓɔ dɤ ɓu	126	窗盘浪	tsã be lã窗台上	173	猪脚爪	tsɿ tɕiᴀʔ tsɔ
174	三角眼	sᴇ kɔʔ ŋᴇ	175	猪八戒	tsɿ ɓᴀʔ kɑ	176	铅笔画	kʻᴇ ɓieʔ o
183	胶合板	kɔ əʔ ɓᴇ	184	商业网	sã ȵieʔ mã	185	拖鼻涕	tʻɑ bəʔ tʻi
186	音乐会	ʔiəŋ iᴀʔ ue						

4.2.3 2 式[˥˧˨˩]

131	三点钟	sᴇ ɗie tsoŋ	132	喷水池	pʻəŋ sɿzɿ	133	休养所	siɤ iã su
134	分水岭	ɸəŋ sɿ liəŋ	135	天主教	tʻie tsɥtɕiɔ	136	山水画	sᴇ sɿ o
137	瓜子壳	ko tsɿ kʻɔʔ	138	交响乐	tɕiɔ ɕiãiᴀʔ	141	尖眼睛	tsie ŋᴇ tsiəŋ
142	乡下人	ɕiã ɔ ȵiəŋ	143	招待所	tsɔ dᴇsu	144	天象仪	tʻie ziã ȵi
145	车马炮	tɕy mo pʻɔ	146	三马路	sᴇ molu	147	端午节	ɗøŋ tsieʔ
148	歌舞剧	kʻu βu dʑiɑʔ	151	生意经	sã itɕiəŋ	152	通信员	tʻoŋ siəŋ iø
153	香脆饼	ɕiã tsʻø ɓiəŋ	154	双季稻	sã tɕidɔ	155	交际处	tɕiɔ tsi tsʻɥ
156	相对论	siã ɗe ləŋ	157	铺盖索	pʻu kesɔʔ	158	经济学	tɕiəŋ tsi iᴀʔ
161	工具书	koŋ dʑy sɥ	162	天老爷	tʻie lɔiɑ	163	花露水	ho lusɿ

164 司令部 sɿ liəŋ bu　165 高射炮 kɔ zo p‘ɔ　166 心脏病 siəŋ zã biəŋ
167 金字塔 tɕiəŋ zɿ t‘ᴀʔ　168 生命力 səŋ miəŋ lieʔ　551 意见箱 ʔi tɕie siã
552 见证人 tɕie tsəŋ ȵiəŋ　553 靠背椅 k‘ɔ ɓe y　554 世界语 sɿ kɑ ȵy
555 唱片店 tsã p‘ie ɗie　556 四进士 sɿ tsiəŋ zɿ　561 四夜天 sɿ iɑ t‘ie
562 应用文 ʔiəŋ ioŋ uəŋ　563 纪念品 tɕi ŋᴇ p‘iəŋ　564 信用社 siəŋ ioŋ zo
565 挂号信 ko ɔ siəŋ　566 纪念会 tɕi ŋᴇ ue

4.2.4 3 式[˨˧˦]

211 莲心汤 ɦlie siəŋ tã　212 鱼肝油 ɦŋ̍ køi ɤ　213 长生果 zã səŋ ku
214 传声筒 ze səŋ doŋ　215 棉纱线 ɦmie so sie　216 明朝会 ɦməŋ tsɔ ue
221 蚊虫香 ɦməŋ zoŋ ɕiã　222 难为情 ɦnᴇ ue ziəŋ　223 雄黄酒 ɦioŋ uã tsiɤ
224 黄梅雨 ɦuã me y　225 黄芽菜 ɦuãŋ ɑ ts‘e　226 梧桐树 ɦŋu doŋ zɥ
231 盐水针 ɦie sɿ tsəŋ　232 龙井茶 ɦloŋ tsiəŋ zo　233 寒暑表 ɦø sɥ ɓiɔ温度计
234 头颈下 dɤ tɕiəŋ ɔ　235 咸小菜 ɦᴇ siɔ ts‘e　236 泥水匠 ɦȵi sɿ ziã泥瓦匠
241 红领巾 ɦoŋ liəŋ tɕiəŋ　242 行李房 ɦã li uã　243 头两口 dɤ liã k‘ɤ
244 人造雨 ɦȵiəŋ zɔ y　245 劳动裤 ɦlɔ doŋ k‘u　246 杨柳树 ɦiã liɤ zɥ
251 煤气灯 ɦme tɕ‘i ɗəŋ　252 行政权 ɦiəŋ tsəŋ dʑiø　253 文化馆 ɦuən ho kue
254 皇太后 ɦuã t‘ɑ ɤ　255 南货店 ɦne ɸu ɗie　256 无线电 βu sie die
261 财务科 ze βu k‘u　262 黄豆芽 ɦuã dɤ ŋɑ　263 红面孔 ɦoŋ mie k‘oŋ
264 刑事犯 ɦiəŋ zɿ βᴇ　265 鞋面布 ɦɑ mie ɓu　266 茶话会 zo o ue
271 成绩单 zəŋ ts‘ieʔ ʔdᴇ　272 拿出来 ɦno səʔ iᴇ　273 皮夹子 bi kᴀʔ tsɿ
274 红夹里 ɦoŋ kᴀʔ li　275 牙刷柄 ɦŋɑ səʔ ɓiəŋ　276 无锡话 βu sieʔ o
281 留学生 ɦliɤ ɔʔ sã　282 银镯头 ɦȵiəŋ zɔʔ dɤ　283 蓝墨水 ɦlᴇ məʔ sɿ
284 联络网 ɦlie lɔʔ mã　285 灵活性 ɦliəŋ uəʔ siəŋ　286 茶叶蛋 zo ɦieʔ dᴇ

4.2.5 4 式[˩˦˥]

217 红铅笔 ɦoŋ k‘ᴇ ʔbieʔ　218 黄松木 ɦuã soŋ moʔ　227 红颜色 ɦoŋ ŋᴇ səʔ
228 牙床肉 ɦŋɑ zã ȵioʔ　237 头几只 dɤ tɕi tsᴀʔ　238 长颈鹿 zã tɕiəŋ loʔ
247 皮马夹 bi mo kᴀʔ　248 劳动力 ɦlɔ doŋ lieʔ　257 头盖骨 dɤ ke kuəʔ
258 邮政局 ɦiɤ tsəŋ dʑioʔ　267 瞭望塔 ɦliɔ mã t‘ᴀʔ　268 文艺学 ɦuəŋ ȵi iᴀʔ
277 颜色笔 ɦŋᴇ səʔ ɓieʔ　278 摩擦力 ɦmo ts‘ᴀʔ lieʔ　287 洋蜡烛 ɦiã lᴀʔ tsoʔ
288 营业额 ɦiəŋ ȵieʔ ŋᴀʔ　817 值班室 zəʔ ɓᴇ səʔ　818 滑稽剧 ɦuᴀʔ tɕi dʑiᴀʔ
827 白头发 bᴀʔ dɤ ɸɑ　828 绿蝴蝶 ɦloʔ βu dieʔ　837 墨水笔 ɦməʔ sɿ ɓie
838 乐口福 ɦlɔʔ k‘ɤ ɸoʔ　847 阅览室 ɦiøʔ lᴇ səʔ　848 木偶剧 ɦmɔʔ ŋɤ dʑiᴀʔ
857 十进法 zəʔ tsiəŋ ɸᴀʔ　858 白菜叶 bᴀʔ ts‘e ieʔ　867 踏步级 dᴀʔ bu tɕiəʔ
868 特效药 dəʔ iɔ iᴀʔ　877 腊八粥 ɦlᴀʔ ɓᴀ tsoʔ　878 活作孽 ɦuəʔ tsɔʔ ȵieʔ
887 六月雪 ɦloʔ iøʔ sieʔ　888 独幕剧 doʔ mo dʑiᴀʔ

4.2.6 5 式[˧˦˥]

311 想心思 siã siəŋ sɿ　312 水烟筒 sɿ i doŋ　317 总编辑 tsoŋ ɓie ts‘ieʔ
318 粉蒸肉 ɸəŋ tsəŋ ȵioʔ　321 打油诗 ɗã iɤ sɿ　322 海龙王 he loŋ uã

327 点名册 ɗie miəŋ ts‘ᴀʔ 328 炒牛肉 ts‘ɔ ȵiɤ ȵioʔ 331 打火机 ɗã ɸu tɕi
332 水果行 sɿ ku ɑ̃ 337 蟹爪菊 hɑ tsɔ tɕioʔ 338 火腿肉 ɸu t‘e ȵioʔ
341 走马灯 tsɤ mo ɗəŋ 342 橄榄油 kᴇ lᴇ iɤ 347 早稻谷 tsɔ dɔ koʔ
348 橄榄棚 kᴇ lᴇ uəʔ 351 小意思 siɔ i sɿ 352 死对头 si ɗe dɤ
357 板凳脚 ɓᴇ ɗəŋ tɕiᴀʔ 358 止痛药 tsɿ t‘oŋ iᴀʔ 361 打字机 ɗã zɿ tɕi
362 手电筒 sɤ die doŋ 367 讲义夹 kã ȵi kᴀʔ 368 古代剧 ku de dʑiᴀʔ
371 小瘪三 siɔ ɓieʔ sᴇ 372 九曲桥 tɕiɤ tɕ‘ioʔ dʑiɔ 377 手节掐 sɤ tsieʔ k‘ᴀʔ
378 少一日 sɔ ieʔ ȵieʔ 381 补习班 ɓu zieʔ ɓᴇ 382 水蜜桃 sɿ mieʔ dɔ
387 手术室 sɤ zəʔ səʔ 388 小白玉 siɔ bᴀʔ ȵioʔ 511 绣花针 siɤ ho tsəŋ
512 布衣裳 ɓu i zã 517 细胞质 si ɓɔ tsəʔ 518 酱猪肉 tsiã tsɿ ȵioʔ
521 剃头刀 t‘i dɤ ɗɔ 522 酱油瓶 tsiã iɤ biəŋ 527 教研室 tɕiɔ ȵi tsəʔ
528 太阳穴 t‘ɑ iã iøʔ 531 扫帚星 sɔ tsɤ siəŋ 532 汽水瓶 tɕ‘i sɿ biəŋ
537 驾驶室 tɕiɑ sɿ tsəʔ 538 四喜肉 sɿ ɕi ȵioʔ 541 叫两声 tɕiɔ liã sã
542 气象台 tɕ‘i ziã de 547 破马夹 p‘u mo kᴀʔ 548 购买力 kɤ mɑ lieʔ
551 照相机 tsɔ siã tɕi 552 布告牌 ɓu kɔ bɑ 557 圣诞节 səŋ ɗᴇ tsieʔ
561 信号灯 siəŋ ɔ ɗəŋ 562 介绍人 tɕiɑ zɔ ȵiəŋ 567 试验室 sɿ ȵie səʔ
568 障碍物 tsã ŋe uəʔ 571 印刷机 ʔiəŋ səʔ tɕi 572 四脚蛇 sɿ tɕiᴀʔ zo
577 晒一瘩 k‘uaŋ ieʔ huəʔ 578 教育局 tɕiɔ ioʔ dʑioʔ 581 化学家 ho iᴀʔ tɕiᴀ
582 太极拳 t‘ɑ dʑieʔ dʑiø 587 矿物质 k‘uã uəʔ tsəʔ 588 汉白玉 hø bᴀʔ ȵioʔ

4.2.7 6 式 A[˦˦˦]

733 七巧板 tsieʔ tɕ‘iɔʔ bᴇ 734 拍纸簿 p‘ᴀʔ tsɿ bu 735 黑板报 həʔ ɓᴇ ɓɔ
736 八宝饭 ɓᴀʔ bɔ βᴇ

4.2.8 6 式 B[˧˥˨˩]

313 酒精厂 tsiɤ tsiəŋ ts‘ã 314 表兄弟 ɓɔ ɕioŋ di 315 卷心菜 tɕiø siəŋ ts‘e
316 手工艺 sɤ koŋ ȵi 323 短棉袄 ɗø mi eɔ 324 小朋友 siɔ bã iɤ
325 扁桃腺 ɓie dɔ sie 326 手榴弹 sɤ liɤ dᴇ 333 水饺子 sɿ tɕiɔ tsɿ
334 水产部 sɿ ts‘ᴇ bu 335 好小菜 hɔ siɔ ts‘e 336 水彩画 sɿ ts‘e o
343 炒米粉 ts‘ɔ mi ɸəŋ 344 早晚稻 tsɔ mᴇ dɔ 345 表演唱 ɓiɔ ie tsã
346 展览会 tse lᴇ ue 353 小气鬼 siɔ tɕ‘i tɕy 354 古汉语 ku hø ȵy
355 打喷嚏 ɗã p‘əŋ t‘i 356 喊救命 hᴇ tɕiɤ miəŋ 363 打字纸 ɗã zɿ tsɿ
364 小便桶 siɔ bie doŋ 365 海岸线 he ŋø sie 366 炒冷饭 ts‘ɔ lã βᴇ
373 派出所 p‘ɑ ts‘əʔ su 374 组织部 tsu tsəʔ bu 375 打瞌睆 ɗã k‘əʔ ts‘oŋ
376 好说话 hɔ suøʔ o 383 漂白粉 p‘iɔ bᴀʔ ɸəŋ 384 小白脸 siɔ bᴀʔ lie
385 好孛相 hɔ bəʔ siã 386 水墨画 sɿ məʔ o 513 太师椅 t‘ɑ sɿ i
514 副经理 ɸu tɕiəŋ li 515 做生意 tsu sã i 516 半新旧 ɓe siəŋ dʑi
523 算盘珠 sø be tsʮ 524 薏仁米 ʔi ȵiəŋ mi 525 剃头店 t‘i dɤ ɗie
526 太和殿 t‘ɑ βu die 533 副产品 ɸu ts‘ᴇ p‘iəŋ 534 扇子舞 se tsɿ βu
535 扫帚柄 sɔ tsɤʔ biəŋ 536 探险队 t‘e ɕie de 543 半导体 ɓe dɔ t‘i
544 啥道理 sɑ dɔ li 545 镇静剂 tsəŋ ziəŋ tsi 546 气象站 tɕ‘i ziã zᴇ

553	照相馆	tsɔ siã kue	554	意见簿	ʔi tɕi bu	555	报到处	ɓɔ ɗɔ tsʻɥ
556	勘探队	kʻᴇ tʻe de	563	啥事体	sɑ zɿ tʻi	564	信用社	siəŋ ioŋ zo
565	放大镜	øã du tɕiəŋ	566	意大利	ʔi dɑ li	573	印刷品	ʔiəŋ səʔ pʻiəŋ
574	布谷鸟	ɓu koʔ ȵiɔ	575	睏一觉	kʻuəŋ ieʔ kɔ	576	宴歇会	ʔᴇ ɕieʔ ue待会儿见
583	眼药水	ɦŋᴇ iᴀʔ sɿ	584	教育部	tɕiɔ ioʔ bu	585	唱孛相	tsã bəʔ siã
586	对立面	ɓe lieʔ mie	713	百分比	ɓɑʔ ɸəŋʔ bi	714	铁丝网	tʻieʔ sɿ mã
715	百家姓	ɓᴀʔ kɑ siəŋ	716	夹生饭	kᴀʔ sã βᴇ	723	托儿所	tʻɔʔ əl su
724	柏油桶	ɓᴀʔ iʏ doŋ	725	压台戏	ʔᴀʔ de ɕi	726	出毛病	tsʻəʔ mɔ biəŋ
743	益母草	ʔieʔ m̩ tsʻɔ	744	歇后语	ɕieʔ ʏ ȵy	745	一礼拜	ʔieʔ li ɓɑ
746	接待站	tsieʔ de zᴇ	753	勿放手	ɸəʔ ɸã sʏ	754	笔记簿	ɓieʔ tɕi bu
755	百货店	ɓᴀʔ ɸu tie	756	隔夜饭	kᴀʔ io βᴇ	763	发电厂	ɸᴀʔ die tsʻã
764	福利部	ɸoʔ li bu	765	拆烂污	tsʻᴀʔ lᴇ u	766	七万号	tsʻieʔ uᴇ ɔ
773	吃勿起	tɕʻiəʔ ɸəʔ tɕʻi	774	叔伯姆	soʔ bᴀʔ m̩	775	勿适意	ɸəʔ səʔ i
776	压发帽	ʔᴀʔ ɸᴀʔ mɔ	783	毕业考	ɓieʔ ȵieʔ kʻɔ	784	啄木鸟	tsɔʔ mɔʔ ɗiɔ
785	出入证	tsʻəʔ zəʔ tsəŋ	786	勿入调	ɸəʔ zəʔ diɔ			

4.2.9　7式[˧˦˥]

241	人造丝	ɦȵiəŋ zɔ sɿ	242	牛奶瓶	ɦȵiʏ nɑ biəŋ	251	文化宫	ɦuəŋ ho koŋ
252	裁判员	ze pʻe iø	261	长恨歌	zã əŋ ku	262	呒用场	ɦm̩ ioŋ zã
411	冷清清	ɦlã tsʻiəŋ tsʻiəŋ	412	两家头	ɦliã kɑ dʏ	417	两三只	ɦliã sᴇ tsᴀʔ
418	语音学	ɦȵy iəŋ iᴀʔ	421	女人家	ɦȵy ȵiəŋ kᴀ	422	满堂红	ɦme dã oŋ
427	网球拍	ɦmã dʑiʏ pʻᴀʔ	428	语言学	ɦȵy iei ᴀʔ	431	荡口杯	dã kʻʏ ɓe漱口杯
432	老虎钳	ɦlɔ ɸu dʑie	437	女主角	ɦȵy tsɥ kɔʔ	438	有两日	ɦiʏ liã ȵieʔ
441	养老金	ɦiã lɔ tɕiəŋ	442	丈母娘	zã m̩ ȵiã	447	老米粥	ɦlɔ mi tsoʔ
448	有两日	ɦiʏ liã ȵieʔ	451	后半身	ɦʏ ɓe səŋ	452	老太婆	ɦlɔ tʻɑ bu
457	辩证法	bie tsəŋ ɸᴀʔ	458	礼拜日	ɦli ɓᴀ ȵieʔ	461	老寿星	ɦlɔ zʏ siəŋ
462	领导人	ɦliəŋ dɔ ȵiəŋ	467	眼泪出	ɦŋᴇ li tsʻəʔ	468	社会学	zo ue iᴀʔ
471	五角星	ɦŋ̍ kɔ siəŋ	472	软骨头	ɦȵiø kuəʔ dʏ	477	理发室	ɦli ɸᴀʔ səʔ
478	买一日	ɦmɑ ieʔ ȵieʔ	481	美术家	ɦme səʔ tɕiɑ	482	老实人	ɦlɔ zəʔ ȵiəŋ
487	米达尺	ɦmi dᴀʔ tsʻᴀʔ	488	动物学	doŋ ueʔ iᴀʔ	611	凤仙花	boŋ sie ho
612	万金油	ɦuᴇ tɕiəŋ iʏ	617	办公室	bᴇ koŋ səʔ	618	奠基石	die tɕi zᴀʔ
621	害人精	ɦe ȵiən tsiəŋ	622	卖油郎	ɦmɑ iʏ lã	627	弄完结	ɦnoŋ ue tɕieʔ
628	大人物	dɑ zəŋ uəʔ	631	耐火砖	ɦne ɸu tse	632	老板娘	ɦlɔ ɓᴇ ȵiã
637	马口铁	ɦmo kʻʏ tʻieʔ	638	电子学	die tsɿ iᴀʔ	641	电动机	die doŋ tɕi
642	运动员	ɦioŋ doŋ iø	647	糯米粥	ɦnu mi tsoʔ	648	大理石	dɑ li zᴀʔ
651	上半身	zã ɓe səŋ	652	大扫除	dɑ sɔ zɥ	657	上半节	zã ɓe tsieʔ
658	慢性病	ɦmᴇ siəŋ biəŋ	661	豆腐干	dʏ βu kø	662	夏令营	ɦo liəŋ iəŋ
667	弄坏脱	ɦnoŋ uɑ tʻəʔ	668	备忘录	bᴇ uã loʔ	671	第七天	di tsʻieʔ tʻie
672	硬壳虫	ɦŋã kʻɔ zoŋ	677	雨夹雪	ɦy kᴀʔ sieʔ	678	卖国贼	ɦmɑ koʔ zəʔ
681	大学生	dɑ ɔ sã	682	技术员	dʑi zəʔ iø	687	蛋白质	dᴇ bᴀʔ tsəʔ

688 附着力 βu zᴀʔ lieʔ

4.2.10 8式[˨˥˨˩]

413 有心想 ɦiɤ siəŋ siã　414 弟新妇 di siəŋ βu　415 五金店 ɦŋ̍ tɕiəŋ ɗie
416 老松树 ɦlɔ soŋ zʮ　423 老头子 ɦlɔ dɤ tsɿ　424 女朋友 ɦȵy bã iɤ
425 有场化 ɦiɤ zã ho有地方　426 老毛病 ɦlɔ mɔ biəŋ　433 有产者 ɦiɤ tsʻᴇ tse
434 下水道 ɦɔ sʮ dɔ　435 下等货 ɦɔ ʔdəŋ øu　436 老鼠洞 ɦlɔ tsʻʮ doŋ
443 领导者 liəŋ dɔ tse　444 老部下 ɦlɔ bu ɕiɑ　445 两礼拜 ɦliã li ɓɑ
446 养老院 ɦiã lɔ iø　453 五线谱 ɦŋ̍ sie pʻu　454 老账簿 ɦlɔ tsã bu
455 老太太 ɦlɔ tʻɑ tʻɑ　456 下半夜 ɦɔ ɓe iɑ　463 两面倒 liã mie ɗɔ
464 近视眼 dʑiəŋ zɿ ŋᴇ　465 宇宙线 ɦy zɤ sie　466 后备队 ɦɤ be de
473 染色体 ɦȵie səʔ tʻi　474 老夹里 ɦlɔ kᴀʔ li　475 老百姓 ɦlɔ ɓᴀʔ siəŋ
476 软骨病 ɦȵiø kuəʔ biəŋ　483 眼药水 ɦŋᴇ iᴀʔ sɿ　484 练习簿 ɦlie zieʔ bu
485 老药店 ɦlɔ iᴀʔ ɗie　486 冷热病 ɦlã ȵieʔ biəŋ　613 败家子 bɑ kɑ tsɿ
614 万花筒 ɦuᴇ ho doŋ　615 旧书店 dʑiɤ sʮ ɗie　616 外交部 ɦŋɑ tɕiɔ bu
623 自来水 zɿ le sɿ　624 现行犯 ɦie iəŋ βᴇ　625 大场化 du zã ho
626 大年夜 du ȵie iɑ　633 电子管 die tsɿ kue　634 字纸篓 zɿ tsɿ lɤ
635 电影票 die iəŋ pʻiɔ　636 电影院 die iəŋ iø　643 大耳朵 du ȵi ɗu
644 地动仪 di doŋ ȵi　645 望远镜 ɦmã iø tɕiəŋ　646 大马路 du mo lu
653 大菜馆 dɑ tsʻe kue　654 旧账簿 dʑiɤ tsã bu　655 大世界 dɑ sɿ kɑ
656 上半夜 zã ɓe iɑ　663 代用品 de ioŋ pʻiəŋ　664 电话簿 die o bu
665 办事处 bᴇ zɿ tsʻʮ　666 廿二号 ɦȵiᴇ ȵi ɔ　673 第一口 di ieʔ kʻɤ
674 暴发户 bɔ øᴀʔ βu　675 外国货 ŋɑ koʔ øu　676 外国话 ɦŋɑ koʔ o
683 大麦粉 dɑ mᴀʔ ɸəŋ　684 大力士 dɑ lieʔ zɿ　685 艺术界 ɦȵi zəʔ kɑ
686 大肉面 du ȵioʔ mie

4.2.11 9式[˧˦˥]

717 八仙桌 ʔbᴀʔ sie tsɔʔ　718 勿舒服 ɸəʔ sʮ βoʔ　727 黑头发 həʔ dɤ ɸᴀʔ
728 一年级 ʔieʔ ȵie tɕiəʔ　737 鸭嘴笔 ʔᴀʔ tsɿ ɓieʔ　738 出版物 tsəʔ ɓᴇ uəʔ
747 接待室 tsieʔ dᴇ səʔ　748 吸引力 ɕieʔ iəŋ lieʔ　757 国庆节 koʔ tɕʻiəŋ tsieʔ
758 恶势力 ʔəʔ sɿ lieʔ　767 赤豆粥 tsʻᴀʔ dɤ tsoʔ　768 铁路局 tʻieʔ lu dʑioʔ
777 一歇歇 ʔieʔ ɕieʔ ɕieʔ　778 吃得落 tɕʻiəʔ ɗəʔ lɔʔ　787 壁角落 ɓieʔ kɔʔ lɔʔ
788 吃白食 tɕʻiəʔ bᴀʔ zəʔ

4.2.12 10式[˩˨˨˧]

811 录音机 ɦloʔ iəŋ tɕi　812 读书人 doʔ sʮ ȵiəŋ　813 辣椒粉 ɦlᴀʔ tsiɔ øəŋ
814 石膏像 zᴀʔ kɔ ziã　815 学生意 ɦɔʔ sã i　816 肉丝面 ɦȵioʔ sɿ mie
821 别人家 bəʔ ȵiəŋ kɑ　822 肉馒头 ɦȵioʔ me dɤ　823 绝缘体 zieʔ iø tʻi
824 熟朋友 zoʔ bã iɤ　825 别场化 bəʔ zã ho　826 枇杷树 bieʔ bo zʮ
831 灭火机 ɦmieʔ øu tɕi　832 热水瓶 ɦȵieʔ sɿ biəŋ　833 落水鬼 ɦlɔʔ sɿ tɕy
834 落小雨 ɦlɔʔ siɔ y　835 热小菜 ɦȵieʔ siɔ tsʻe　836 白果树 bᴀʔ ku zʮ
841 绿牡丹 ɦloʔ mɤ ɗᴇ　842 十里亭 zəʔ li diəŋ　843 轧米厂 gᴀʔ mi tsã

844　独养女　doʔ iã ȵy　　845　侄女婿　zeʔ ȵy si　　846　白米饭　bᴀʔ mi βᴇ
851　月季花　ɦȵiøʔ tɕi ho　　852　热带鱼　ɦȵieʔ ɗaŋ　　853　白报纸　bᴀʔ ɓɔ tsɿ
854　日记簿　zəʔ tɕi bu　　855　字相相　bəʔ siã siã玩玩　　856　十进位　zəʔ tsiəŋ ue
861　绿豆汤　ɦloʔ dɤ tã　　862　热被头　ɦȵieʔ bi dɤ　　863　十样锦　zəʔ iã tɕiəŋ
864　习字簿　zieʔ zɿ bu　　865　十字布　zəʔ zɿ ɓu　　866　服务站　βoʔ βu zᴇ
871　白菊花　bᴀʔ tɕioʔ ho　　872　凸出来　dəʔ ts'əʔ le　　873　立脚点　ɦlieʔ tɕiᴀʔ ɗie
874　合作社　ɦəʔ tsɔʔ zo　　875　十八变　zəʔ ɓᴀ ʔbie　　876　墨笔字　ɦməʔ ɓieʔ zɿ
881　芍药花　zᴀʔ iᴀʔ ho　　882　独木桥　doʔ mɔʔ dʑiɔ　　883　滑石粉　ɦuᴀʔ zᴀʔ ɸəŋ
884　白木耳　bᴀʔ mɔʔ əl　　885　学杂费　ɦɔʔ zᴀʔ ɸi　　886　读白字　doʔ bᴀʔ zɿ

4.3　四字组

四字组举例按各式排列，字组前写明调类组合，不再标明本调和变调。

4.3.1　1式A[˦˦˥˧˩]

1112　空心汤团　k'oŋ siəŋ tã dø假的许诺　　1277　希奇勿煞　ɕi dʑi øəʔ sᴀʔ自以为了不起
1311　东倒西歪　ɗoŋ ɗɔ si ue

4.3.2　1式B[˦˦˧˧˩]

1253　痴头怪脑　ts'ɿ dɤ kuɑ nɔ疯疯癫癫　　1378　挑嘴隔舌　t'iɔ tsɿ kᴀ zəʔ搬弄是非
1144　家家户户　tɕiɑ tɕiɑ βu βu

4.3.3　2式[˥˧˧˧˩]

1588　生气勃勃　səŋ tɕ'i bəʔ bəʔ　　1667　天字第一　t'ie zɿ di ieʔ

4.3.4　3式[˩˧˧˦˦]

2187　穷凶极恶　dʑioŋ ɕioŋ dʑieʔ ɔʔ　　2273　摩拳擦掌　ɦmo dʑiø ts'ᴀʔ tsã
2351　头顶倒山　dɤ ɗiəŋ ɗɔ sᴇ颠三倒四

4.3.5　5式[˧˦˦˧˩]

3165　小家败气　siɔ kɑ bɑ tɕ'i吝啬；没气派　　3311　好好先生　hɔ hɔ sie sã
5487　暗里摸索　ʔe li mɔʔ sɔʔ很暗；暗中做事　　5321　叫苦连天　tɕiɔ k'u lie t'ie
7165　瞎三话四　hᴀʔ sᴇ o sɿ瞎说　　7276　恶形恶状　ʔɔʔ iəŋ ɔʔ zɑ̃不堪入目的样子

4.3.6　6式[˧˥˧˧˩]

3213　讨侬欢喜　t'ɔ noŋ øe ɕɪ　　3656　死样怪气　si iã kuɑ tɕ'i无精打采、慢条斯理的样子
5138　四分五裂　sɿ ɸəŋ ŋ̍ lieʔ　　5313　要紧关子　ʔiɔ tɕiəŋ kuᴇ tsɿ关键时
7155　一天世界　ʔieʔ t'ie sɿ kɑ到处都是　　7275　血淋淋漓　ɕiøʔ liəŋ ʔdᴀʔ ɗi血淋淋

4.3.7　7式[˨˦˦˧˩]

4183　五虚六肿　ɦŋ̍ hᴇ loʔ tsoŋ肿得厉害　　4421　妇道人家　βu dɔ ȵiəŋ kɑ
6166　谢天谢地　ziɑ t'i ziɑ di　　6881　面熟陌生　ɦmi zoʔ mᴀʔ sã似曾相识

4.3.8　8式[˨˥˧˧˩]

4143　有心有想　ɦiɤ siəŋ iɤ siã有能耐，有耐心　　4347　动手动脚　doŋ sɤ doŋ tɕiᴀʔ
6143　大清老早　du tsiəŋ lɔ tsɔ大清早　　6423　糯米团子　ɦnu mi dø tsɿ

4.3.9　10式[˩˨˩˨˩]

8113　热昏颠倒　ɦȵieʔ ɸəŋ ɗie ɗɔ昏了头　　8253　日长世久　ɦȵieʔ zã sɿ tɕiɤ长年累月
8753　勒杀吊死　ɦləʔ sᴀʔ ɗiɔ si很吝啬

附记：

使用老派上海方言的人多数已在 65 岁以上，主要聚居旧上海县城今南市区里。本文主要发音人有两个：盛伯声，76 岁，住南市区黄家路 56 号，父母都是旧上海县城里人，本人出生、求学和长期生活于该地。黄焕钧，79 岁，住南市区中华路 705 弄 1 支弄 2 号，五代以上居住旧上海县城里，本人出生、求学和长期生活于该地。调查时间为 1984 年。文中涉及的行政区划，以写作时间(1984 年)的行政区划为准。

说明：

南宋在上海置市舶务，元朝至元二十九年(1292 年)划出松江府东北五乡(高昌、长人、北亭、海隅、新江)大片地域建置上海县时，上海浦中段两岸已成滨海大港，有 6.4 万户人口聚居，一种有别于松江方言的上海方言形成，主要特征是阳平声调读 22，有别于松江方言的阳平 31。

现今仍可以 22 声调或它的阳平加阴去和阳平加阳平声连读调(保留滞后)，有的地方一直扩展到阳平加阴上、阴平加阳上连读调，把说老上海话地域与松江方言区区分开来。

在 1984 年的调查中，上海市区老派音还有舒长的 23＋44 连读调，占大部分市区人的中派、新派音都已无此调，而直到 2020 年上海城市的四周郊区，包括黄浦江东边的一部分城镇和大片乡下还多在说以 23＋44 连调为标志的老上海话。

老上海话原保持松江府方言的繁多韵母，与汉语中古音系对照很有规律可对照，可参见《上海语言发展史》(钱乃荣 2003)。

松江老派方言的连读调

松江，唐为华亭，南宋属嘉兴府所辖，元至元十四年(1277 年)升华亭府，十五年改松江府，直至清末。松江方言一直是长江、杭州湾三角洲上一个重要的次方言。今上海市区的大部分地区原属松江府。本文所记的松江方言指的是今上海市松江县治(即原松江府治)所在地松江镇的方言。

近代，随着上海市区的迅速发展，特别是 1958 年松江县划入上海市后，市区方言对松江方言的影响较大，松江新派方言向上海方言靠拢。此处所记的松江老派音系的最适年龄是 65 岁，调查时间为 1980 年。只讨论两字组广用式的连读变调。

一、声韵调

1.1　声母 33 个

pʻ 配胖扑	ɓ 宝兵柏	b 步病别	ʔm 美闷埋
tʻ 土痛秃	ɗ 都东跌	d 地定蝶	ʔn 乃拿囡
tsʻ 采清戚	ts 指总节		ʔl 溜撩拎
cʻ 丘轻吃	ʃ 鸡今脚	ɟ 旧穷极	ʔɲ 粘仰扭
kʻ 开空哭	k 高公夹	g 葵共轧	ʔŋ 我捱齾
			ʔ 衣冤鸭
ɦm 梅门觅	ɸ 夫荒忽	β 户文划	ʔw 威温挖
ɦn 内农捺			

ɦl 劳灵力	s 书松雪	z 树从席
ɦɲ 泥让捏	ç 虚凶吸	
ɦŋ 鹅牙额	h 虾风福	
ɦ 鞋移雨		

1.2　韵母 54 个

ɿ 知此试	i 低线微	u 父破歌	y 具聚除
ɑ 泰惹鞋	iɑ 爷亚斜	uɑ 怪快乖	
o 社瓜墓	io 唷		
ɔ 高饱少	iɔ 蕉表消		
ɯ 斗侯藕	iɯ 由酒修		
e 雷来南		ue 桂块官	
ɛ 兰玩旦	iɛ 念廿炎	uɛ 关环掼	
ø 寒员最			yø 捐劝软
	iu 靴		
ɛ̃ 碰昌横	iɛ̃ 良想姜	uɛ̃ 光~火，~足	
ɑ̃ 帮当荒	iɑ̃ 王旺	uɑ̃ 矿光~明	
əl 而尔儿	m̩ 呒亩母丈~	ŋ̍ 吴鱼五	
ɐŋ 身门温	iɐŋ 紧品英	uɐŋ 昆困棍	yẽ 云群军
ʊŋ 中风翁	iʊŋ 雄穷凶		
ɑʔ 客麦湿	iɑʔ 削确剧	uɑʔ □~炭，~开	
æʔ 掐鸭杀	iæʔ 甲捏洽	uæʔ 刮括	
œʔ 渴夺掇			yœʔ 月血越
əʔ 磕出汁		uəʔ 骨阔窟	
ʌʔ 刻色特	iʌʔ 级壁吃		
	iɪʔ 结铁叶		
ɔʔ 壳作木	iɔʔ 搦	uɔʔ 郭扩廓	
oʔ 哭足北	ioʔ 肉浴菊		

1.3　声调 8 个

代码	调类	调值	例字	代码	调类	调值	例字
1	阴平	[˥˧]53	丁通黏	5	阴去	[˧˥]35	钉痛爱
2	阳平	[˧˩]31	亭同泥	6	阳去	[˩˧]13	定洞害
3	阴上	[˦]44	顶捅乃	7	阴入	[ʔ˥]55	的秃黵
4	阳上	[˨]22	锭动奶	8	阳入	[ʔ˧]33	笛独额

[ɓ　ɗ　ʄ]是内爆音，又称非肺部气流缩气浊音，或带轻微喉塞的浊塞音。

[b　d　ɟ　g　z　β]实为清音浊流的[pɦ　tɦ　cɦ　kɦ　sɦ　ɸɦ]。

[c‘　ʃ　ɟ　ç　ʔɲ　ɦɲ]与韵腹为前高、前半高元音的韵母相拼时读[tɕ‘　tɕ　dʑ　ʑ

ʔȵ ɦȵ]。

[ɸ β ʔw]和[f v ʔʋ]相混,与[i]相拼时尤甚。与[ɸ β ʔw]相拼的开口呼韵都带有轻微的滑音[u],与[f v ʔʋ]相拼时就没有滑音。

韵母[i]舌位高,带摩擦音。[u]除与[ɸ β]相拼外,都读[ᵛu]。[o]实为[ᵘo˨],[ɔ]实为[ɔ˨],[ɯ]实为[ɯ˧]

[iɐŋ]除拼cʻ组声母和日母外,都读[iəŋ];[ɐŋ uɐŋ]实为[ẽᵑ uẽᵑ]。

声调阴去有时读作[˧˧˥]335,阳去有时读作[˩˩˧]113,阳入有时读作[ʔ ˨˧]23。

声母带浊流ɦ的字是阳调类字,不带ɦ的字是阴调类字。

新派声母三十四个。比老派多一个[ʑ](除、聚、席);[p t]变[ɓ ɗ];[tɕʻ tɕ ɕ ʔȵ ɦȵ]变[cʻ ʃ ɟ ç ʔɲ ɦɲ]; [f v ʔʋ]变[ɸ β ʔw]。新派韵母四十七个。[iu]并入[y];[ʌʔ œʔ]并入[əʔ];[oʔ ioʔ]并入[ɔʔ iɔʔ];[iʌʔ]并入[iɪʔ];[uɔʔ]并入[ɔʔ]或[uəʔ];[ɤ、iɤ]变[ɯ、iɯ];[ã iã uã]代[ɛ̃ iɛ̃ uɛ̃];[ən in uən yn]代[ɐŋ iɐŋ uɐŋ yẽ];[yɪʔ]变[yœʔ];[n̩]变[ŋ̍]。新派声调七个。阳上并入阳去;另有少数阴上字并入阴去或游移。

二、两字组变调总说

2.1 变调形式

前字＼连调＼后字	1. 阴平 ˥˧53	2. 阳平 ˧˩31	3. 阴上 ˦44	4. 阳上 ˨22	5. 阴去 ˧˥35	6. 阳去 ˩˧13	7. 阴入 ʔ˥55	8. 阳入 ʔ˧33
1. 阴平 ˥˧53	① 44 53				⑦ 55 21		⑤b 53 ʔ21	
2. 阳平 ˧˩31	② 23 53			A② 23 53 B④a 24 21	④a 24 21		④b 24 ʔ21	
3. 阴上 ˦44	③a 35 21			A. ③a 35 21 B. ⑧a 44 44	⑧a 44 44		③b 35 ʔ21	
4. 阳上 ˨22	④a 24 21			A. ④a 24 21 B. ⑨a 22 34 C. ⑥ 34 44	⑨a 22 34		④b 24 ʔ21	
5. 阴去 ˧˥35	⑤a 53 21			A. ⑤a 53 21 B. ⑧a 44 44	⑧a 44 44		③b 35 ʔ21	
6. 阳去 ˩˧13	⑥ 34 44				⑨a 22 34		④b 24 ʔ21	
7. 阴入 ʔ˥55	⑩ ʔ33 53			⑧b ʔ44 44	⑬ ʔ33 34		⑧c ʔ44 ʔ44	
8. 阳入 ʔ˧33	⑪ ʔ22 53			⑫a ʔ33 44	⑨b ʔ22 34		⑫b ʔ33 ʔ44	

续表

①	[˦˦ ˥˧]	44	53	⑧a	[˦˦ ˦˦]	44	44
②	[˨˧ ˥˧]	23	53	b	[ʔ˦˦ ˦˦]	44	44
③a	[˧˥ ˨˩]	35	21	c	[ʔ˦˦ ʔ˦˦]	44	44
b	[˧˥ ʔ˨˩]	35	21	⑨a	[˨˨ ˧˦]	22	34
④a	[˨˦ ˨˩]	24	21	b	[ʔ˨˨ ˧˦]	22	34
b	[˨˦ ʔ˨˩]	24	21	⑩	[ʔ˧˧ ˥˧]	33	53
⑤a	[˥˧ ˨˩]	53	21	⑪	[ʔ˨˨ ˥˧]	22	53
b	[˥˧ ʔ˨˩]	53	21	⑫a	[ʔ˧˧ ˦˦]	33	44
⑥	[˧˦ ˦˦]	34	44	b	[ʔ˧˧ ʔ˦˦]	33	44
⑦	[˥˥ ˨˩]	55	21	⑬	[ʔ˧˧ ˧˦]	33	34

2.2 变调特点

(1) 不论前字还是后字，变调调型和本调调型大都不相同；或有和本调相同者，难寻规律。

(2) 变调后，前字分阴阳，后字不分阴阳。六十四种两字组连调组合，只有二十种声调调式。当不考虑舒声和促声的差别后，仅从音高和调形来分析，变调后只有十三种声调调式（后字只有 53、34、44、21 四种调形，前字有 55、44、33、22、53、35、34、24、23 九种调形）：

(3) 变调后产生八个新的不独用的声调：[˥˥]$_{55}$，[˧˦]$_{34}$，[˨˦]$_{24}$，[˨˧]$_{23}$，[˨˩]$_{21}$，[ʔ˦˦]$_{44}$，[ʔ˨˨]$_{22}$，[ʔ˨˩]$_{21}$。

由于连读变调，增加了十七个喉塞音韵尾弱化或失落的促声韵母，记作[ɑʔ iɑʔ æʔ uæʔ yœʔ əʔ uəʔ ʌʔ iʌʔ iɪʔ ɔʔ iɔʔ uɔʔ oʔ ioʔ]

(4) 调类组合 24 34 54 分别有 A 式、B 式两种连调调式，44 有 A 式、B 式、C 式三种连调调式，都与阳上声调不稳定、有的时候或有的字归读阳去声调有关。调查不同对象，有三种情况：①在一定数量的两字组内，有的人 A 式比 B 式（或 C 式）读得多，有的人则反之；②有的两字组读 A 式的人较多，有的两字组读 B 式（或 C 式）的人较多；③有的人对同一个两字组有时读 A 式，有时读 B 式（或 C 式）。总的来说，变调以 A 式为主。本调阳上全部归入阳去的中年人、青年人，读这三个调类组合时也有上述三种情况。

2.3 声韵母的变化

(1) 声母[b、d、ɟ、g、z、β]在两字组前字和变作升调的后字位置上读清音带浊流[pɦ tɦ cɦ kɦ sɦ ɸɦ]，在两字组后字变作降调、平调的后字位置上读真浊音[b d ɟ g z β]。例如：

平	[pɦiəŋ˨˧˩]	平台	[pɦiəŋ˨˧ dɛ˥˧]	队	[tɦe˩˧]	队长	[tɦe˨˧ tsɛ̃˦˦]
洞	[tɦoŋ˩˧]	地洞	[tɦi˨˦ tɦoŋ˧˦]	饭	[ɸɦɛ˩˧]	热饭	[ɦȵiɪʔ˦˦ ɸɦɛ˧˦]
酬	[sɦɯ˨˧˩]	报酬	[ɓɔ˥˧ zɯ˨˩]	瓶	[pɦiəŋ˨˧˩]	花瓶	[ho˦˦ biəŋ˥˧]
豆	[tɦɯ˩˧]	扁豆	[ɓi˦˦ dɯ˧˦]	轴	[ʃɦioʔ˨˧]	木轴	[ɦmɔʔ˦˦ ɟioʔ˦˦]

因循习惯，下面举例时，两种变体都标作[b、d、ɟ、g、z、β]。

(2) 后字声母[ɦm、ɦn、ɦɲ、ɦŋ、ɦl、ɦ]在声调变作降调、平调时变为带紧喉作用的[ʔm、ʔn、

ʔȵ、ʔŋ、ʔl、ʔ]。后字声母[ʔm、ʔn、ʔȵ、ʔŋ、ʔl、ʔ]在变作升调时变为带浊流的[ɦm、ɦn、ɦȵ、ɦŋ、ɦl、ɦ],但在两字组连读变调内,后字变为升调的场合限于阴去字,而阴去鼻边音声母字只有"屡[ʔly]、秘[ʔmi]"两字,都不构成"45、65、85"两字组的后字,因此只有[ʔ]声母阴去字在后字位置上变作[ɦ]的情况。例如:

人 [ɦȵiɐŋ˨˧] 好人 [hɔ˧˦ ʔȵiɐŋ˨˩] 帽 [ɦmɔ˨˩˧] 草帽 [ts'ɔ˦˦ ʔmɔ˨˦]
奶 [ɦnɑ˨] 羊奶 [ɦiɛ̃˨˦ ʔnɑ˧˦] 岸 [ɦŋø˨˩˧] 河岸 [βu˨˦ ʔŋø˨˩]
理 [ɦli˨] 代理 [de˨˦ ʔli˧˦] 鱼 [ɦŋ̍˨˧] 黄鱼 [βɑ̃˨˦ ʔŋ̍˨˦]
雨 [ɦy˨] 小雨 [siɔ˦˦ ʔy˧˩] 员 [ɦø˨˧] 动员 [dʊŋ˧˦ ʔø˨˩]
要 [ʔiɔ˧˥] 重要 [zʊŋ˨˧ ɦiɔ˨˦] 幼 [ʔiɯ˧˥] 老幼 [ɦlɔ˧˧ ɦiɯ˧˦]
意 [ʔi˧˥] 恶意 [ʔɔʔ˥˧ ɦi˧˦] 爱 [ʔe˧˥] 热爱 [ɦȵiɪʔ˧˧ ɦe˧˦]

(3) 不论前字或后字,舒声促声在变调中不混,但前字入声减弱或失去喉塞音[ʔ]尾,促声不变。例如:

插 [ts'æʔ˥] 插销 [ts'æʔ˥˧ siɔ˦˨] 宿 [sɔʔ˥] 宿货 [sɔʔ˥˧ ɸu˧˦]
吃 [c'iʌʔ˥] 吃瘪 [c'iʌʔ˥˧ ɓiʌʔ˥˧] 白 [bɑʔ˧] 白菜 [bɑʔ˧˧ ts'e˧˦]
木 [ɦmɔʔ˧] 木头 [ɦmɔʔ˧˧ dɯ˨˦] 腊 [ɦlæʔ˧] 腊八 [ɦlæʔ˧˧ ɓæʔ˥˧]

(4) 由于连读变调及后字带浊流或紧喉声母的变化,后字的阳调和阴调变成同音,也造成一些两字组同音。以下按前字调类次序各举一、二例子:

12 [˦˨ ˨˦]=13 [˦˨ ˧˦]
雄ɦiʊŋ˨˧≠勇ʔiʊŋ˦ 英雄=英勇 [ʔiɐŋ ʔiʊŋ]
15 [˦˨ ˧˩]=16 [˦˨ ˨˩]
奥ʔɔ˧˥≠夏ɦɔ˨˩˧ 深奥=深夏 [sɐŋ ʔɔ]
21 [˨˦ ˦˨]=24 [˨˦ ˧˦]
安ʔø˦˨≠缓ɦø˨ 平安=平缓 [biɐŋ ʔø]
37 [˦˦ ʔ˥˩]=38 [˦˦ ʔ˧˩]
鸭ʔæʔ˥≠盒ɦæʔ˦ 纸鸭=纸盒 [tsɿ ʔæʔ]
41 [˧˦ ˦˩]=42 [˧˦ ˨˩]
妖ʔiɔ˦˨≠姚ɦiɔ˨˧ 老妖=老姚 [ɦlɔ ʔiɔ]
53 [˧˦ ˥˩]=54 [˧˦ ˧˩]
美ʔme˦≠满ɦme˨ 赞美=蘸满 [tsɛ ʔme]
61 [˨˦ ˦˨]=62 [˨˦ ˨˦]
捞ʔlɔ˦˨≠劳ɦlɔ˨˧ 代捞=代劳 [de ʔlɔ]
71 [ʔ˥˧ ˦˨]=72 [ʔ˥˧ ˨˦]
粘ʔȵi˦˨≠严ɦȵi˨˧ 忒粘=忒严 [t'ʌʔ ʔȵi]
75 [ʔ˥˧ ˧˦]=76 [ʔ˥˧ ˨˦]
意ʔi˧˥≠陷ɦi˨˩˧ 失意=失陷 [səʔ ɦi]
81 [ʔ˧˧ ˦˨]=82 [ʔ˧˧ ˨˦]
拎ʔliɐŋ˦˨≠绫ɦliɐŋ˨˧ 白拎=白绫 [baʔ ʔliɐŋ]

三、两字组连读变调举例

两字组连读变调举例以调类为序。某一调类组合下有几种连调调式的,则用 A、B、C 分列。①—⑬指出变调后的声调调式，接着标明调值，然后列举两字组，只标声韵。

前字阴平

11 ①[Y⊦ Y↾] 新鲜 siəŋ si 鸡窠 ʃi k'u
尖钻 tsi tse 经纱 ʃiɐŋ so
家生 ka sɛ̃ 乌龟 ʔwu ʃy
心思 siɐŋ sɿ 猪肝 tsɿ kø

12 ①[Y⊦ √↾] 砂糖 so dɑ̃ 汤瓢 t'ɑ̃ biɔ
相赢 siɛ̃ ʔiɐŋ 釃茶 sɑ zo
椒盐 tsiɔ ʔi 猪猡 tsɿ ʔlu
花瓶 ho biɐŋ 丝棉 sɿ ʔmi

13 ①[Y⊦ ꜒↾] 开水 k'e sɿ 相打 siɛ̃ ɗɛ
猪肚 tsɿ ɗu 光火 kuɛ̃ ɸu
甘草 ke ts'ɔ 风水 hʊŋ sɿ
拉倒 ʔlɑ 'ɗɔ 担保 ɗɛ ɓɔ

14 ①[Y⊦ ⊣↾] 虾米 hø? mi 香蕈 çiɛ̃ ziɐŋ
铅桶 k'ɛ dʊŋ 收稻 sɯ dɔ
沙眼 so? ŋɛ 风雨 hʊŋ ʔy
粳米 kɛ̃? mi 端午 'ɗø ʔŋ̍

15 ⑦[Yᒥ ꜒L] 亏空 k'ue k'ʊŋ 归去 ʃy c'i
包裤 'bɔ k'u 通气 t'ʊŋ c'i
帮衬 'bɑ̃ ts'ɐŋ 生意 sɛ̃ ʔi
关照 kuɛ tsɔ 牵记 c'i ʃi

16 ⑦[Yᒥ ⅄L] 腔调 c'iɛ̃ diɔ 滩渡 t'ɛ du
公路 kʊŋ ʔlu 天亮 t'i ʔliɛ̃
单被 'dɛ bi 官话 kue ʔo
豇豆 kɑ̃ dɯ 销路 siɔ ʔlu

17 ⑤b[Y↾ ʔ꜒L] 收捉 sɯ tsɔ? 干瘪 kø ɓiʌ?
泔脚 ke ʃia? 烧粥 sɔ tso?
巴结 ɓo ʃiɪ? 跷脚 c'iɔ ʃia?
亏得 c'y ɗʌ? 方塔 ɸɑ̃ t'æ?

18 ⑤b[Y↾ ʔ⊣L] 杉木 sɛ? mɔ? 安逸 ʔø ʔiʌ?
乌贼 ʔwu zʌ? 揩浴 k'a ʔio?
腈肉 tsiɐŋ ʔȵio? 商业 sɛ̃ ʔȵiɪ?
茭白 kɔ ba? 蜂蜜 hʊŋ ʔmiɪ?

前字阳平

21 ②[√L Y↾] 良心 ɦliɛ̃ siɐŋ 灵清 ɦliɐŋ ts'iɐŋ
横刀 βɛ̃ ɗɔ 亭心 diɐŋ siɐŋ
田鸡 di ʃi 红花 ɦʊŋ ho

		长衫	zɛ̃ sɛ	辰光	zɐŋ kuɑ̃
22	②[˩˧ ˩˥]	茶壶	zo ʔu	围头	ɦy dɯ
		桁条	ɦɛ̃ diɔ	排头	ba dɯ
		逢尘	bʊŋ zɐŋ	鹅头	ɦŋu dɯ
		轮盘	ɦlɐŋ be	闲人	ɦɛ ʔɲiɐŋ
23	②[˩˧ ˦˥]	黄狗	βɑ̃ kɯ	能好	ɦnɐŋ hɔ
		蹄髈	di pʻɑ̃	还潮	βɛ zɔ
		油氽	ɦiɯ tʻɐŋ	寻死	ziɐŋ si
		雷响	ɦle çiɛ̃	碾紧	zɛ̃ ʃiɐŋ
24A	②[˩˧ ˧˥]	原理	ɦɲyø ʔli	云耳	ɦyɛ̃ʔɲi
		铆眼	ɦmɔ ʔŋɛ	淘米	dɔ ʔmi
		杨柳	ɦiɛ̃ ʔliɯ	朋友	bɛ̃ ʔiɯ
		牛奶	ɦɲiɯ ʔna	长远	zɛ̃ ʔø
B	④a[˩˧ ˧˩]	形象	ɦiɐŋ ziɛ̃	皇后	βɑ̃ ʔɯ
		来往	ɦle βɑ̃	田野	di ʔia
25	④a[˩˧ ˥˩]	文化	βɐŋ ho	难过	ɦnɛ ku
		勤劲	ɟiɐŋ ʃiɐŋ	绒线	ɦɲiʊŋ si
		脾气	bi cʻi	长凳	zɛ̃ ɗɐŋ
		芹菜	ɟiɐŋ tsʻe	蒲扇	bu se
26	④a[˩˧ ˨˩]	场面	zɛ̃ ʔmi	柴爿	za bɛ
		寒豆	ɦø dɯ	年画	ɦɲi ʔo
		肥皂	bi zɔ	长命	zɛ̃ ʔmiɐŋ
		还愿	βɛ ʔɲyø	坟墓	βɐŋ ʔmo
27	④b[˩˧ ʔ˥˩]	皮夹	bi kæʔ	圆桌	ɦø tsɔʔ
		完结	βe ʃiɪʔ	趋缩	gɯ sɔʔ
		人客	ɦɲiɐŋ kʻɑʔ	头虱	dɯ sʌʔ
		糖粥	dɑ̃ tsoʔ	流血	ɦliɯ çyœʔ
28	④b[˩˧ ʔ˧˩]	零食	ɦliɐŋ zʌʔ	回忆	βe ʔiʌʔ
		黄六	βɑ̃ ɦloʔ	铜勺	dʊŋ zɔʔ
		咸肉	ɦɛ ʔɲioʔ	桃棚	dɔ βəʔ
		闲月	ɦɛ ʔɲyœʔ	红木	ɦʊŋ ʔmɔʔ

前 字 阴 上

31	③a[˦˧ ˥˩]	酒盅	tsiɯ tsʊŋ	倒糟	ɗɔ tsɔ
		狗屄吝啬	kɯ ʼbi	好怺	hɔ cʻiɯ
		蟢蛛	çi tsy	草鸡	tsʻɔ ʃi
		水烟	sɿ ʔi	顶真	ɗiɐŋ tsɐŋ
32	③a[˦˧ ˩˩]	粉红	ɸɐŋ ʔʊŋ	倒霉	ɗɔ ʔme
		啥人	ha ʔɲiɐŋ	猛门	ɦmɛ̃ ʔmɐŋ

		榫头	sɐŋ dɯ	顶棚	ɗiɐŋ bẽ
		草鞋	ts'ɔ ʔɑ	口粮	k'ɯ ʔliẽ
33	③ₐ[˦˥ ˥˩]	火腿	ɸu t'e	喜酒	çi ʃiɯ
		底板	ɗi 'bɛ	起九	c'i ʃiɯ
		水果	sʅ ku	小巧	siɔ c'iɔ
		厂长	ts'ɛ̃ tsɛ̃	死板	si ɓɛ
34A	③ₐ[˦˥ ˧˩]	小雨	siɔ ʔy	可以	k'ɔ ʔi
		处理	ts'y ʔli	海马	hɛ ʔmo
B	⑧ₐ[˦˦ ˧˧]	想象	siẽ ziẽ	改造	ke zɔ
		等待	ɗɐŋ dɛ	讲演	kɑ̃ ʔi
35	⑧ₐ[˦˦ ˨˧]	爽快	sɑ̃ k'ua	几化	ʃi hɔ
		景致	ʃiɐŋ tsʅ	炒菜	ts'ɔ ts'e
		考究	k'ɔ ʃiɯ	小气	siɔ c'i
		好看	hɔ k'ø	钞票	ts'ɔ p'iɔ
36	⑧ₐ[˦˦ ˩˧]	巧妙	ʃiɔ ʔmiɔ	本事	ɓɐŋ zʅ
		苦命	k'u ʔmiɐŋ	滚蛋	kuɐŋ dɛ
		手艺	sɯ ʔɲi	扁豆	ɓi dɯ
		酒酿	tsiɯ ʔɲiẽ	孔庙	k'ʊŋ ʔmiɔ
37	③ᵦ[˦˥ ʔ˥˩]	准足	tsɐŋ tsoʔ	板刷	ɓɛ səʔ
		舍得	so ɗʌʔ	请客	ts'iɐŋ k'ɑʔ
		首饰	sɯ sʌʔ	火烛	ɸu tsoʔ
		酒曲	tsiɯ c'yœʔ	本色	ɓɐŋ sʌʔ
38	③ᵦ[˦˥ ʔ˧˩]	小麦	siɔ ʔmɑʔ	水闸	sʅ zɑʔ
		主食	tsy zʌʔ	打猎	ɗɛ̃ ʔlæʔ
		火着	ɸu zɑʔ	板栗	ɓɛ ʔliɪʔ
		坦白	t'ɛ bɑʔ	枕木	tsɐŋ ʔmoʔ

前字阳上

41	④ₐ[˧˨ ˥˦˩]	雨衣	ɦy ʔi	坐车	zu ts'o
		米缸	ɦmi kɑ̃	养鸡	ɦiẽʃi
		奶糕	ɦna kɔ	尾巴	ɦɲi 'bo
		杏花	ɦɛ̃ ho	老鹰	ɦlɔ ʔiɐŋ
42	④ₐ[˧˨ ˩˨˩]	女人	ɦɲy ʔɲiɐŋ	柱头	zy dɯ
		眼潭	ɦŋɛ de	户头	βu dɯ
		领头	ɦliɐŋ dɯ	眼红	ɦŋɛ ʔoŋ
		稻柴	dɔ zɑ	瓦房	ɦŋo βɑ̃
43	④ₐ[˧˨ ˥˩]	户口	βu k'ɯ	老酒	ɦlɔ ʃiɯ
		藕粉	ɦŋɯ ɸɐŋ	待好	dɛ hɔ
		野草	ɦia ts'ɔ	老茧	ɦlɔ ʃi

		耳朵	ɦɲi ɗu	动手	dʊŋ sɯ
44A	④a[˨˧ ˥˨]	道理	dɔ ʔli	马桶	ɦmo dʊŋ
		远近	ɦø ɟiɐŋ	静坐	ziɐŋ zu
B	⑨[˧˧ ˧˨]	罪犯	ze βɛ	偶像	ɦŋɯ ziɛ̃
		网眼	ɦmɑ̃ ɦŋɛ	受罪	zɯ ze
C	⑥[˨˧ ˧˦]	妇女	βu ʔɲy	买米	ɦmɑ ʔmi
		养马	ɦiɛ̃ ʔmo	动武	dʊŋ βu
45	⑨a[˧˧ ˦˨]	冷气	ɦlɛ̃ c'i	雨布	ɦy ɓu
		野菜	ɦia ts'e	断气	dø c'i
		眼镜	ɦŋɛ ʃiɐŋ	女婿	ɦɲy si
		善意	ze ɦi	被絮	bi çi
46	⑨a[˧˧ ˨˨]	马路	ɦmo ɦlu	惹厌	za ɦi
		老命	ɦlɔ ɦmiɐŋ	满座	ɦme zu
		冷汗	ɦlɛ̃ ɦø	被面	bi ɦmi
		染料	ɦɲi ɦliɔ	戆大	gɑ̃ du
47	④b[˨˧ ʔ˥˨]	马袂	ɦmo kæʔ	奶疖	ɦna tsiɪʔ
		罪恶	zø ʔɔʔ	善恶	ze ʔɔʔ
		滷鸭	ɦlu ʔæʔ	米贴	ɦmi t'iɪʔ
		冷粥	ɦlɛ̃ tsoʔ	坐吃	zu c'iʌʔ
48	④b[˨˧ ʔ˧˨]	被褥	bi ʔɲioʔ	聚立伞	zy ʔliɪʔ
		老宅	ɦlɔ zɑʔ	雨落	ɦy ʔlɔʔ
		满月	ɦmø ʔɲyœʔ	米粒	ɦmi ʔliʌʔ
		眼热	ɦŋɛ ʔɲiɪʔ	厚薄	ɦɯ bɔʔ

前 字 阴 去

51	⑤a[˦˥ ˥˧˨]	揿钉	c'iɐŋ ɗiɐŋ	称心	ts'ɐŋ siɐŋ
		罩衫	tsɔ sɛ	渧干	ɗi kø
		素鸡	su ʃi	酱瓜	tsiɛ̃ ko
		秤钩	ts'ɐŋ kɯ	教书	kɔ sɿ
52	⑤a[˦˥ ˨˩˨]	戏台	çi de	店堂	ɗi dɑ̃
		线团	si dø	拜年	ɓa ʔɲi
		绢头	ʃ yø dɯ	寄来	ʃi ʔle
		过房	ku βɑ̃	剃头	t'i dɯ
53	⑤a[˦˥ ˥˨]	信纸	siɐŋ tsɿ	要好	ʔiɔ hɔ
		汽水	c'i sɿ	放手	ɸɑ̃ sɯ
		懊悔	ʔɔ ɸe	跳板	t'iɔ ɓɛ
		凑巧	ts'ɯ c'iɔ	处长	ts'y tsɛ̃
54	A ⑤a[˦˥ ˧˨]	细雨	si ʔy	继母	ʃi ʔm̩
		痛痒	t'ʊŋ ʔiɛ̃	跳远	t'iɔ ʔø

	B ⑧$_a$[ɿ⊦ ɫ⊦]	对象	ɗe ziɛ̃	创造	ts'ɛ̃ zɔ
		报社	ɓɔ zo	胜负	səŋ βu
55	⑧$_a$[ɿ⊦ ɿ⊦]	世界	sɿ kɑ	对过	ɗe ku
		快信	k'uɑ siəŋ	睏觉	k'uəŋ kɔ
		志气	tsɿ c'i	靠背	k'ɔ ɓe
		衬裤	ts'əŋ k'u	算数	sø su
56	⑧$_a$[ɿ⊦ ʎ⊦]	性命	siəŋ ʔmiəŋ	炮仗	p'ɔ zɛ̃
		记认	ʃi ʔɲiəŋ	笑话	siɔ ʔo
		岔路	ts'o ʔlu	贩卖	ɸɛ ʔmɑ
		炸弹	tso dɛ	炖蛋	ɗəŋ dɛ
57	③$_b$[ɿ⊬ ʔ˥ᒪ]	线脚	si ʃiɑʔ	信壳	siəŋ k'ɔʔ
		气煞	c'i sæʔ	印格	ʔiəŋ kɑʔ
		菜粥	ts'e tsoʔ	货色	ɸu sʌʔ
		细洁	si ʃiɪʔ	戏法	çi ɸæʔ
58	③$_b$[ɿ⊬ ʔ˧ᒪ]	酱肉	tsiɛ̃ ʔɲioʔ	臭药	ts'ɯ ʔiɑʔ
		污衲尿布	ʔu ʔɲæʔ	蚬肉	çi ʔɲioʔ
		快活	k'ɑ βəʔ	秘密	ɓi ʔmiɪʔ
		泡沫	p'ɔ ʔməʔ	早熟	tsɔ zoʔ

前 字 阳 去

61	⑥[ʎ⊦ ʎ⊦]	地方	di ɸã	上司	zɛ̃ sɿ
		眼竿	ɦiã kø	卖瓜	ɦma ko
		外甥	ɦŋa sɛ̃	面汤	ɦmi tã
		树根	zy kəŋ	让开	ɦɲiɛ̃ k'ɛ
62	⑥[ʎ⊦ ɤ⊦]	病人	biəŋ ʔɲiəŋ	靶牙	bo ʔŋa
		树苗	zy ʔmiɔ	净头	ziəŋ dɯ
		赖皮	ɦla bi	旧年	ʃiɯ ʔɲi
		地皮	di bi	碰头	bɛ̃ ʔməŋ
63	⑥[ʎ⊦ ɿ⊦]	队长	de tsɛ̃	鹞子	ɦiɔ tsɿ
		饭碗	βɛ ʔwe	共总	gʊŋ tsʊŋ
		地板	di ɓɛ	旺火	ɦiã hu
		大饼	dɑ ɓiəŋ	胃口	βe k'ɯ
64	⑥[ʎ⊦ ɫ⊦]	号码	ɦɔ ʔmo	字眼	zɿ ʔŋɛ
		代理	dɛ ʔli	病重	biəŋ zʊŋ
		大米	du ʔmi	运动	ɦyɛ̃ dʊŋ
		大旱	da ʔø	饭桶	βɛ dʊŋ
65	⑨$_a$[ʎ⊦ ɿ⊬]	外快	ɦŋɑ k'uɑ	现世	ɦi sɿ
		夏至	ɦɔ tsɿ	大蒜	dɑ sø
		运气	ɦyɛ̃c'i	大意	dɑ ɦi

		旧货	ɟiɯ ɸu	备课	be k'u
66	⑨a[˩˧ ˩˦]	豆腐	dɯ βu	雾露	βu ɦlu
		外貌	ɦŋa ɦmɔ	庙会	ɦmiɔ βe
		另外	ɦliɐŋ ɦŋɑ	梦话	ɦmɑ̃ ɦo
		寿命	zɯ ɦmiɐŋ	办事	dɛ zʅ
67	④b[˩˦ ʔ˥˩]	料作	ɦliɔ tsɔʔ	面色	ɦmi sʌʔ
		外屋	ɦŋɑ ʔoʔ	会客	βe k'ɑʔ
		大约	dɑ ʔiɑʔ	蚌壳	bɛ̃ k'ɔʔ
		露宿	ɦlu sɔʔ	鼙脚	bi ʃiɑʔ
68	④b[˩˦ ʔ˧˩]	闹热	ɦnɔ ʔɲiɪʔ	树叶	zy ʔiɪʔ
		内侄	ɦne zəʔ	闰月	ɦɲiɐŋ ʔɲyœʔ
		蛋白	dɛ bɑʔ	树叶	zy ʔiɪʔ
		贸易	ɦmɔ ʔiʌʔ	尽力	ziɐŋ ʔliʌʔ

前字阴入

71	⑩[ʔ˥˧ ˥˧˥]	吃亏	c'iʌ ʔc'y	识相	sʌʔ siɛ̃
		八仙	ɓæʔ si	豁边	ɸæʔ ɓi
		作兴	tsɔʔ çiɐŋ	黑心	hʌʔ siɐŋ
		滗干	ɓiʌʔ kø	说书	sœʔ sy
72	⑩[ʔ˥˧ ˩˥]	桌裙	tsɔʔ ɟyɛ̃	塞头	sʌʔ dɯ
		竹床	tsoʔ zɑ̃	脱皮	t'œʔ bi
		笔毛	ɓiɪʔ ʔmɔ	黑桃	hʌʔ dɔ
		屋檐	ʔoʔ ʔi	括皮	kuæʔ bi
73	⑧b[ʔ˥˧ ˦˦]	铁板	t'iɪʔ ɓɛ	霍闪	hɔʔçi
		脚底	ʃiɑʔ ɗi	豁嘴	ɸæʔ tsʅ
		百果	ɓɑʔ ku	壁蟢	ɓiʌʔ çi
		黑枣	hʌʔ tsɔ	阿姐	ʔæʔ tsi
74	⑧b[ʔ˥˧ ˧˦]	搭钮	ɗæʔ ʔɲiɯ	脚桶	ʃiɑʔ doŋ
		瞎眼	hæʔ ʔŋɛ	客满	k'ɑʔ ʔme
		接近	tsiɪʔ ɟiɐŋ	节俭	tsiɪʔ ɟi
		夹袄	kæʔ ʔɔ	发冷	ɸæʔ ʔlɛ̃
75	⑬[ʔ˥˧ ˦˥]	竹布	tsoʔ ɓu	雪菜	siɪʔ ts'ɛ
		适意	sʌʔ ɦi	掇凳	ɗœʔ ɗɐŋ
		结棍	ʃiɪʔ kuɐŋ	折扣	tsəʔ k'ɯ
		吃醋	c'iʌʔ tsu	贴正	t'iɪʔ tsɐŋ
76	⑬[ʔ˥˧ ˩˦]	塑料	sɔʔ ɦliɔ	出路	tsəʔ ɦlu
		鸽蛋	kœʔ dɛ	吃饭	c'iʌʔ βɛ
		脚步	ʃiɑʔ bu	赤豆	ts'ɑʔ dɯ
		触气	ts'oʔ c'i	拆字	ts'ɑʔ zʅ

77	⑧c[ʔ˥　ʔ˥]	出客	ts'əʔ k'ɑʔ	殟塞	ʔəʔ sʌʔ
		吃瘪	c'iʌʔ ɓiʌʔ	脈脚	p'ɑʔ ʃiɑʔ
		龌龊	ʔoʔ ts'oʔ	脱脱	t'œʔ t'œʔ
		百搭	ɓɑʔ ɗæʔ	促掐	ts'oʔ k'æʔ
78	⑧c[ʔ˥　ʔ˧]	颟肉	p'ɔʔ ʔɲioʔ	锡箔	siʌʔ bɔʔ
		作孽	tsɔʔ ʔɲiɪʔ	斫麦	tsɔʔ ʔmɑʔ
		觉着	kɔʔ zɑʔ	笔直	ɓiɪʔ zʌʔ
		节日	tsiɪʔ zəʔ	吃力	c'iʌʔ ʔliʌʔ

前 字 阳 入

81	⑪[ʔ˧　˦˥˦]	肉丝	ɦɲioʔ sɿ	落乡	ɦlɔʔ çiɛ̃
		肉庄	ɦɲioʔ tsã	捋干	ɦliʌʔ kø
		热天	ɦɲiɪʔ t'i	铡刀	zɑʔ ɗɔ
		礳砖	loʔ tse	默书	ɦmʌʔ sy
82	⑪[ʔ˧　˨˦˧]	日头	ɦɲiɪʔ dɯ	搦盲瞎说	ɦɲiɑʔ ʔmã
		肉麻	ɦɲio ʔmo	蜡黄	ɦlæʔ βã
		辣茄	ɦlæʔ gɑ	茯苓	ɦoʔ ʔliɐŋ
		腊梅	ɦlæʔ ʔme	木鱼	ɦmɔʔ ʔy
83	⑫a[ʔ˨　˧]	石板	zɑʔ ɓɛ	瘧子	ɦŋɔʔ tsɿ
		轧剪	gæʔ tsi	镬子	βoʔ tsɿ
		月饼	ɦɲyœʔ ɓiɐŋ	辣手	ɦlæʔ sɯ
		白果	bɑʔ ku	折本	zəʔ 'bɐŋ
84	⑫a[ʔ˨　˨]	侄女	zəʔ ʔɲy	白眼	bɑʔ ʔŋɛ
		落后	ɦlɔʔ ʔɯ	入伍	zəʔ βu
		木马	ɦmɔ ʔmo	杂技	zəʔ ɟi
		实践	zəʔ zi	落市	ɦlɔʔ zɿ
85	⑨b[ʔ˨　˨˦]	辣货	ɦlæʔ ɸu	实惠	zəʔ βe
		木器	ɦmɔʔ c'i	落葬	ɦlɔʔ tsã
		俗气	zoʔ c'i	罚咒	βæʔ tsɯ
		孛相	beʔ siɛ̃	绿化	ɦloʔ ho
86	⑨b[ʔ˨　˦˨˦]	绿豆	ɦloʔ dɯ	物事	ɦməʔ zɿ
		热度	ɦɲiɪʔ du	搦面	ɦɲioʔ ɦmi
		岳庙	ɦŋɔʔ ɦmiɔ	石硬	zɑʔ ɦŋɛ̃
		络乱	ɦlɔʔ ɦlø	特地	dʌʔ di
87	⑫b[ʔ˨　ʔ˨]	邋遢	ɦlæʔ t'æʔ	乐得	ɦlɔʔ tʌʔ
		末脚	ɦməʔ ʃiɑʔ	合格	ɦəʔ kæʔ
		腊八	ɦlæʔ ɓæʔ	实足	zəʔ tsoʔ
		合扑	ɦəʔ p'ɔʔ	蹩脚	biɪʔ ʃiɑʔ

88	⑫$_b$[ʔ˧ ʔ˧]	日逐	ɦɲiɪʔ zoʔ	趯着	zæʔ zɑʔ
		熟食	zoʔ zʌʔ	着肉	zɑʔ ʔɲioʔ
		活络	βəʔ ʔlɔʔ	腊肉	ɦlæʔ ʔɲioʔ
		毒辣	doʔ ʔlæʔ	入伏	zəʔ ʔoʔ

说明:

松江方言是吴方言中保留中古音中不同的入声韵母最多的方言,ɑʔ(客)≠æʔ(掐)≠ʌʔ(刻)≠eʔ(磕)≠œʔ渴≠oʔ(哭)≠ɔʔ(壳)≠ɪʔ(笔)。声母有三个缩气内爆音ɓ(报)、ɗ(到)、ʃ(叫),是真浊音。声调共8个,后鼻音韵ɐŋ发音很后重,这些特征在松江城里在中、新派中都有些减少减轻,但在松江方言区的奉贤、金山等地乡下保留得很完整。

宁波新派方言连读调

浙江宁波市内音系可归纳为老派和新派两个,以部分老年为主的一些人用老派音系,大部分人用新派音系或向新派音系靠拢的语音。本文讨论新派音系,兼及老派语音,并对宁波语音发展变化作一些理论分析。

一、声韵调

1.0 宁波新派音系有声母29个,韵母41个,声调7个(按音节分:单音节调5个,双音节调7个,三音节调7个)。

1.1 声母29个

p 巴布兵	p' 怕票胖	b 步病拔	m 妈闷木	f 夫虎福	v 胡坟佛
t 多丁懂	t' 透听铁	d 地同定	n 那农捺		l 捞领力
ts 猪中责	ts' 吹取尺	dz 茶残重		s 书三松	z 树上贼
tɕ 居酒张	tɕ' 千厂吃	dʑ 件求直	ȵ 女年肉	ɕ 虚胸相	ʑ 谢绳食
k 公广各	k' 铅块空	g 葵共轧	ŋ 鹅牛岳	h 好灰瞎	ɦ 孩沿王
ø 乌翁约					

声母f、v在与u拼时,老派为[ɸ、β]。

1.2 韵母41个

m̩ 呒姆	n̩ 你	ŋ̍ 五儿	əl 而儿	œʏ 头牛			
ʅ 试纸	ʯ 水书	əʊ 过大		ʏ 九周			
o 瓦家	i 低看	u 姑半	y 雨川	ã 硬朋	iã 香肠	uã 横	
a 街泰	ia 写亚	ua 拐坏		ɔ̃ 方双		uɔ̃ 光王	
e 海菜			ɐŋ 根寸	ɪŋ 金陈	uɐŋ 昏滚		
ᴇɪ 最安		uᴇɪ 块会		oŋ 龙春			yoŋ 穷荣
ɔ 包交	iɔ 桥超			ɔʔ 雪墨			yɔʔ 肉吃
ᴇ 反三	iᴇ 也谐	uᴇ 惯弯		ɐʔ 客刻		uɐʔ 划活	
ø 酸短					iɪʔ 舌脚		yɪʔ 菊决

舒声韵的/ᴇ、ø、ᴇɪ/是[ᴇ 、ø˕、ᴇ-ɪ],y是[$y_ʯ$],əʊ是[ə-ʊ],iɔ是[iɔ-]([ɔ]为央半高不圆唇

元音)，/ã/的鼻化可很轻，/ɐŋ/是[ɐ˔ŋ]；促声韵的/ɔʔ/是[ɔ˔ʔ]。

i韵有两个条件变体：(1)与p、t、k组声母拼时为[i]，(2)与tɕ组声母拼时为[i_z]。iɪʔ韵有两个条件变体：(1)与p、t、k组声母拼时为[ɪʔ]，(2)与tɕ组和零声母拼时为[iɪʔ]。

老派比新派多6个韵母："扇、敢、看"等字的韵是[ɪ]；"半、官、欢"等字韵是[ũ]，有时无鼻化；"瓜、桂、画"等字韵是[uo]；"下、家、亚"等字韵是[yo]，[iɘ]韵为[iɔ]，有的字并入[yo˔]韵；"忍、君、春"等字韵是[ʏŋ]；iɪʔ韵为[ie-ʔ]，yɪʔ韵[ye-ʔ]，有少数字如"吃、镯、轴"读[yʌʔ]。

1.3　单音节声调7个

阴平　51　江天对快　阳去　223　来同买道外地　阴入　ʔ55　各黑脱出

阴上　335　懂纸土口　阳入　ʔ23　欲六直绝

老派比新派多两个调：阳平　255　来同　阴去　44　对快

1.4　双音节连读调

1.4.1　双音节连读调表(见表1)

表1中横行第一行和直行第一行黑体的数字分别代表中古阴平、阳平、阴上、阳上、阴去、阳去、阴入、阳入声调(以下一律用黑体数字代表调类，以区别于表示调值的数字)，表中用"＋"号连接的数字符号表示五度制调值，A式是通用型式，B式在该调类组合的词中较少用，C式则偶用。

在这些调型中，55＋33、24＋33的后音节有些轻声化。

调类组合**41**、**42**、**43**、**44**中，部分次浊声母开头的双音节调并入**31**、**32**、**33**、**34**的双音节调，使用"33＋35"的调形。

表1

前音节＼后音节		1	2	3	4	5	6	7	8
1	51	A. 33＋51 C. 33＋35	A. 33＋51 B. 33＋44	A. 33＋51 A. 33＋44 C. 33＋35	A. 33＋51 A. 33＋44 C. 33＋35	A. 33＋44 A. 33＋51 C. 33＋35	A. 33＋44 A. 33＋51 C. 33＋35	A. 33＋5	B. 33＋5
2	223	A. 22＋51 C. 22＋44	A. 22＋51 B. 22＋44 C. 24＋33	A. 22＋51 A. 22＋44 C. 24＋33	A. 22＋44 A. 22＋51	A. 22＋51 A. 22＋44 C. 24＋33	A. 22＋44 A. 22＋51 C. 24＋33	A. 22＋5	A. 22＋5
3	335	A. 55＋33 B. 33＋35	A. 55＋33 B. 33＋35 C. 33＋51	A. 55＋33 B. 33＋35 C. 33＋51	A. 55＋33 C. 33＋51	A. 55＋33 C. 33＋51	A. 55＋33 B. 33＋35	A. 55＋3	A. 55＋3 C. 33＋5
4	223	A. 24＋33 B. 33＋35 B. 22＋51	A. 24＋33 B. 33＋35 B. 22＋51	A. 24＋33 B. 33＋35 C. 22＋44	A. 24＋33 B. 33＋35 C. 22＋44	A. 24＋33 C. 22＋44	B. 24＋33 C. 22＋44	A. 24＋3 C. 22＋5	A. 24＋3
5	51	A. 55＋33 B. 33＋51 C. 33＋35	A. 55＋33 C. 33＋51 C. 33＋35	A. 55＋33 C. 33＋35	A. 55＋33 C. 33＋35	A. 55＋33 C. 33＋35	A. 55＋33 C. 33＋55	A. 55＋3	A. 55＋3

续表

后音节 前音节		1	2	3	4	5	6	7	8
6	223	A. 22+44 B. 22+51 C. 22+35 C. 24+33	A. 22+44 B. 22+51 C. 22+35 C. 24+33	A. 22+44 B. 22+51 C. 22+35 C. 24+33	A. 22+44 B. 22+51 C. 24+35	A. 22+44 B. 22+51 C. 24+33	A. 22+44 B. 22+51 C. 24+33 C. 22+35	A. 22+5	A. 22+5 C. 24+3
7	5	A. 5+33 B. 3+35	A. 5+33 B. 3+35	A. 5+33 C. 3+35	A. 5+33 C. 3+35	A. 5+33 C. 3+35	A. 5+33 C. 3+35	A. 5+3 C. 3+5	A. 5+3
8	2̲3̲	A. 2+51 B. 2+35	A. 2+35	A. 2+35	A. 2+35	A. 2+44 C. 2+35	A. 2+35	A. 2+5	A. 2+5

后字为促声的连读调只是后字为舒声的连读调的促声变体，但 **67**、**68** 并入 **27**、**28**。前字为促声的连读调情况同此。

1.4.2　举例

以调型为纲举例。先列调型，后列例词和读音，例词前的数字符号为调类组合简称，前头有星号的数字组合表示该调类组合中的大多数词读前列调型。每一调型均包含其促声变体，列于后。另外，“33+44”调型也作为“33+51”的变体。

（1）33+51　* **11** 香泡çiã p'ɔ柚子　* **12** 沙头so dœʏ熟瓜瓤　* **13** 抽斗tç'ʏ dœʏ
* **14** 呆脑te nɔ呆子　* **15** 衣架i ko个儿、身材　* **16** 番薯fᴇ zʮ甘薯
* **32** 顶棚uŋ bã天花板　* **33** 讨打t'ɔ tã挨打　**34** 款项k'u ɦɔ̃
35 板凳 pᴇ təŋ　**51** 秤钩tç'ɪŋ kœʏ　**52** 钻头tsø dœʏ钻子
* **17** 鸡血tçi çyɔʔ　* **18** 杉木sᴇ mɔʔ　**38** 火着həu dʑiɪʔ着火
77 阿拉ɐʔ lɐʔ我们

33+44　**12** 操劳tç'iə lɔ　* **13** 甘草ki ts'ɔ　* **14** 亲近tç'ɪŋ dʑɪŋ
* **15** 翻向fᴇ çiã颠倒过来　* **16** 花样ho ɦiã

（2）22+51　* **21** 时光zʅ kuɔ̃时间　* **22** 梨头li dœʏ梨　* **23** 头颈dœʏ tçɪŋ
* **24** 和拢ɦəʊ loŋ搀和　* **25** 门串 məŋ ts'ø门栓　* **26** 黄豆ɦuɔ̃ dœʏ
41 坐车zəʊ ts'o孩车　**42** 眠床mi zɔ̃床　**61** 大妈dəʊ mo伯母
62 栈房zᴇ vɔ̃旅社　**63** 大饼dəʊ pɪŋ　**64** 疗养liə ɦiã
65 夜到ɦia tɔ晚上　**66** 豆腐dœʏ vu　* **27** 人客ȵɪŋ kɐʔ客人
* **28** 闲食ɦᴇ ʑiɪʔ零食　* **67** 料作liə tsɔʔ面料　* **68** 造孽zɔ ȵiɪʔ吵架
* **81** 白刀bɐʔ tɔ菜刀　* **87** 六谷lɔʔ kɔʔ玉米　* **88** 活络ɦuɐʔ lɔʔ伶俐、灵活

（3）55+33　* **31** 水鸡sʮ tçi上餐青蛙　* **32** 灶头tsɔ doœʏ灶　* **33** 碗盏u tsᴇ碗
* **34** 早米tsɔ mi籼米　* **35** 早晏tsɔ ᴇ早晚　* **36** 本事pəŋ zʅ
* **51** 细糠çi k'ɔ̃糠　* **52** 栋梁toŋ liã房梁　* **53** 线粉çi fəŋ粉条儿

	* **54** 对象tEI ʑiã	* **55** 对过tEI kəʊ对面	* **56** 次冒tsɿ mɔ差
	* **37** 滯脚uŋ tɕiɪʔ沉淀	* **38** 酒席tɕY ʑiɪʔ	* **57** 浸杀tɕɪŋ sɐʔ淹死
	* **58** 睏熟k'uɐŋ zoʔ睡熟	* **71** 作兴tsɔʔɕɪŋ也许	* **72** 发条fɐʔ diə
	* **73** 屋顶ɔʔ tɪŋ	* **74** 曲蟮tɕ'iɔʔ ɦi蚯蚓	* **75** 桌凳tsɔʔ tɐŋ桌子
	* **76** 失败sɔʔ ba	* **77** 脚骨tɕiɪʔ kuɐʔ脚	* **78** 葛末kɐʔ mɐʔ那末
（4）24＋33	* **41** 卵脬lœY p'ɔ女阴	* **42** 冷茶lã dzo凉开水	* **43** 老鼠lɔ ts'ɿ
	* **44** 舅舅dʑY dʑY	* **45** 有趣ɦY ts'ɥ好玩儿	* **46** 马路mo lu
	22 前年ʑi ȵi	**23** 和总ɦəu tsoŋ总共、都	**25** 肥瘦vi sœY
	26 承认dʑɪŋ zoŋ	**61** 淡包dE pɔ馒头、无馅	**62** 被头bi dœY被子
	63 馅子ɦE tsɿ馅儿	**64** 字眼zɿ ŋE字	**65** 路数lu su门路
	66 命令mɪŋ lɪŋ	* **47** 马夹mo kɐʔ马褂儿	* **48** 老实lɔdʑiɪʔ
	68 暴力bɔ liɪʔ		
（5）22＋44	* **61** 面汤mi t'ɔ̃	* **62** 痰盆dE bɐŋ痰盂	* **63** 候口ɦœY k'œY正巧
	* **64** 大雨dəu ɦy	* **65** 外快ŋa k'ua	* **66** 下饭ɦo VE菜肴
	21 农村noŋ ts'ɐŋ	**22** 柴爿za bE木柴	* **23** 鹞子ɦiə tsɿ
	* **24** 河蚌ɦəu bã蚌	* **25** 咸菜ɦE ts'e	* **26** 门面mɐŋ mi
	43 老板lɔ pE	**44** 旅社ly zo	**45** 雨布ɦy pu
	46 染料ȵi liə	* **85** 鼻涕bɐʔ t'i	
（6）33＋35	**31** 顶针tɪŋ tɕɪŋ	**32** 纸头tsɿ dœY纸	**33** 版版pE pE钱
	36 矮凳a tɐŋ凳子	**41** 母鸡mœY tɕi	**42** 眼神ŋE zoŋ
	43 下底ɦo ti底下	**44** 蚂蚁mo ȵi	**11** 双生sɔ̃ sã双胞胎
	13 科长k'əʊ tɕiã	**14** 经理tɕɪŋ li	**15** 天架t'i ko天气
	16 拼命p'ɪŋ mɪŋ	**51** 背单pEI tE背心	**52** 蒂头ti dœY瓜蒂
	54 屁眼p'i ŋE	**55** 睏觉k'uɐŋ kɔ睡觉	**56** 看病k'i bɪŋ
	71 铁丝t'iɪʔ sɿ	**72** 阿婆ɐʔ bəʊ婆婆	**73** 角子kɔʔ tsɿ硬币
	74 瞎眼nɐʔ ŋE瞎子	**75** 搭界taʔ ka有关联	**76** 一定iɪʔ dɪŋ
（7）22＋35	**61** 被窠bi k'əʊ被窝	**62** 骂人mo ȵɪŋ	**63** 院长ɦy tɕiã
	66 袋袋 de de袋、兜儿	* **81** 镬焦ɦoʔ tɕiə锅巴	* **82** 月头ɦyɪʔ dœY月初
	* **83** 镬铲ɦoʔ ts'E锅铲	* **84** 力道liɪʔ dɔ力气	**85** 袜底mɐʔ ti
	* **86** 罚誓vɐʔ zɿ发誓、赌咒		

宁波双音节儿化词的连读调用 33＋35，如：麻雀儿mo$_{33}$tɕiã$_{35}$，绢帕儿tɕY$_{33}$p'e$_{35}$（手帕）。

1.5 三音节连读调

1.5.1 三音节连读调表

宁波三音节连读调的词汇扩散现象十分普遍，绝大多数调类组合都有两种调型的读法，如“171”中的“装甲车”，读“33＋44＋55”，而“西北风”则读“33＋55＋31”，因为调类组合面大，三音节词数量并不多，在一个调类组合里只有四、五个三音节词供读的情况下，就不能判断某个调类组合中用哪个调型为主。

表 2

调类组合	调　　型		
1XX	33＋55＋31	33＋44＋55	(偶用 55＋33＋31)
2XX	22＋55＋31	22＋44＋55	(偶用 24＋33＋31)
3XX	33＋44＋55	55＋33＋31	(偶用 33＋55＋31)
4XX	24＋33＋31	22＋44＋55	
5XX	55＋33＋31	33＋44＋55	(偶用 33＋55＋31)
6XX	22＋55＋31	22＋44＋55	(偶用 24＋33＋31)
7XX	5＋33＋31	3＋33＋55	(偶用 3＋55＋31)
8XX	2＋34＋51	2＋44＋55	(2＋55＋31)

1.5.2　举例

(1) 33＋55＋31	**121** 新郎官ɕɪŋ lɔ̃ku新郎	**156** 生意人sã i ȵɪŋ
	172 肩胛头tɕi kɐʔ dœʏ肩膀	**311** 小包车ɕiə pɔ tsʻo轿车
	535 泻老酒ɕia lɔ tɕʏ斟酒	**725** 压台戏ɐʔ de ɕi压轴戏
(2) 22＋44＋55	**221** 猫头鹰mᴇ dœʏ ɪŋ	**235** 长板凳dʑiã pᴇ tɐŋ条凳
	251 绒线衫ȵyoŋ ɕi sᴇ毛衣	**414** 弟新妇oi ɕɪŋ vu弟媳
	432 老虎钳lɔ fu dʑi钳子	**442** 奶奶脯na na bu乳房
	652 夜快头ɦia kʻua tœʏ傍晚	**664** 洞洞眼doŋ doŋ ŋᴇ窟窿
	672 蛋壳球dᴇ kʻɔʔ dʑʏ乒乓球	**862** 服务员vɔʔ vu ɦy营业员
	842 日里头ȵiɪʔ li dœʏ白天	**872** 贼骨头zɐʔ kuɐʔ dœʏ贼
(3) 33＋44＋55	**311** 手天心ɕy tʻi ɕɪŋ手掌	**321** 小娘屄ɕiə ȵiã pi小姑娘
	373 水竹管sʮ tsɔʔ ku水瓢	**111** 鸡窠间tɕi kʻəu Kᴇ 鸡窝
	113 盯师子tɪŋ sɿ tsɿ蟋蟀	**112** 拖鞋爿tʻu ɦa bᴇ拖鞋
	531 扫帚星sɔ tɕʏ ɕɪŋ	**564** 见面礼 tɕi mi li
	577 背脊骨 pᴇi tɕiɪʔ kuɐʔ脊柱	**753** 客堂间kʻɐʔ dɔ̃ Kᴇ 底层正房
	762 插便宜tsʻɐʔ bi ȵi捞外块	**782** 竹篾爿tsɔʔ miɪʔ bᴇ竹片
(4) 24＋33＋31	**431** 脑子包nɔ tsɿ pɔ脑袋	**442** 李老爷li lɔ ɦia
	472 脑壳头nɔ kɔʔ dœʏ前额	**653** 电熨斗di iŋ tœʏ
	223 前年子ʑi ȵi tsɿ前年	
(5) 55＋33＋31	**525** 剃头店tʻi dœʏ ti	**564** 酱豆腐tɕiã dœʏ vu
	573 借只手tɕia tsɐ ɕʏ左手	**318** 粉蒸肉fɐŋ tɕʻɪŋ ȵyɪʔ
	333 九九表tɕʏ tɕʏ piɔ	**362** 写字台ɕia zɿ de
	716 发痧气fɐʔ so tɕʻi中暑	**756** 脚背面tɕiɪʻʔ pᴇʻɪ mi脚背

	788 吃勿落tɕʻyɔʔ vɐʔ lɔʔ吃不消	
(6) 22＋55＋31	**623** 袖头子ʑʏ dœʏ tsɿ袖子	**655** 兑钞票dᴇɪ tɕiə piə找钱
	658 上半日zɔ̃ pu ȵiɪʔ上午	**215** 棉纱线mi so ɕi
	242 抬老婆de lɔ bəʊ男子结婚	**261** 强盗坯dʑiã dɔ pʻᴇɪ强盗种
	287 洋蜡烛ɦiã lɐʔ tsɔʔ	**817** 值班室dʑiɪʔ pᴇ sɔʔ
	841 侄女婿dʑiɪʔ ȵy ɕi	**876** 墨笔字mɐʔ piɪʔ zɿ
(7) 22＋34＋51	**822** 日菩头ȵiɪʔ bu bœʏ太阳	**823** 鼻头管bɐʔ bœʏ ku鼻子
	823 热水瓶ȵiɪʔ sɥ bɪŋ	

二、声调的发展和变化

2.0　声调的发展和归并

宁波、上海两地在近代最早开放成为商埠，由于经济发展和人口流动，在吴语地区语言发展最为迅速。宁波方言正处在急剧变化之中，许多现象扑朔迷离，以前各位学者的调查报告殊多分歧。

2.1　单音节调：宁波与上海一样已合并为5个。上海先于宁波合并，现已十分稳定，而宁波正处于归并之中，老年人以7个为主，有的阳平字已开始并入阳去；中年人多数是6个，阳平已并入阳去，阴去也有不少字并入阴平；青年则5个，有的人有的字也会发已并的调值。宁波、上海现存的5个调调值已变得相同。

2.2　连读调的变化规律

2.2.1　宁波声调的多音节调调型大致是单音节调的扩展形式，见表3。

2.2.2　宁波单音节调和双音节调中都有大量音变的词汇扩散现象，如有许多单音节调调值不稳定，一会儿读原调，一会儿读并入调，又如表2中的B式和C式都是词汇扩散现象，滤去这些窜调现象，再看宁波的声调系统就十分明了了。这种现象在三音节调调中更为普遍，在同一个调类组合里，有的词读这个调，有的词读那个调，已不能分别A、B式了，但是我们仍可以通过延伸的原则，找到它们的原调，见表3。

表3

调　类	单音节调值	双音节调值	三音节调值
阴　平	51	33＋51	33＋55＋31
阳　平	已合并(老派225)	22＋51	22＋44＋55
阴　上	335	33＋35	33＋44＋55
阳　上	已合并	24＋33	24＋33＋31
阴　去	已合并(老派44)	55＋33	55＋33＋31
阳　去	223	22＋44	22＋55＋31
阴　入	5	5＋33	5＋33＋31
阳　入	23	2＋35	2＋34＋51

2.2.3 总的来说,单音节调合并最速,调型异化也最大,如阳上调早已合并完,阴平、阳平调值也都已不是平的了,不过单音节调中阴上调和阴入调都很稳定。相比起来,双音节调发展最慢,也最为复杂,保存较多古老形式。如保留阳上调 24+33,从 4X 的调型可以推测宁波古阳上单音节调是一个升调,大致为 24(后音节 33 是轻声化的填充格),与今阴上调 335 平行。从双音节的阴平(33+51 或 33+44)、阳平(22+51 或 22+44)调值也可推测古老的阴平、阳平单音节调大致阴平为 33(或 44),阳平为 22。

2.2.4 宁波双音节连读调是典型的前重式连调,前音节定调,后音节弱化而不分阴阳。除平声和调类组合 85 外,后音节已经不分调类,成了表 2 中通用调型横行一致。

2.2.5 宁波双音节阴上、阴去、阳去、阴入和阳入调都是单音节调的延伸型式。其中阴去、阴入单音调是高平调,在延伸时第二音节就自然下降为 33,从而又抬高第一音节的平调为 55,这与苏州方言的阴平调延伸情况相类似。阴去连读调的型式又为阴去单音节调向阴平单音节调合并创造了条件。双音节阴入调已与阴去调型合并为一。

2.2.6 在双音节调类组合中,1X 的调型表现得最复杂一些。1X 曾有两个调型 33+51 和 33+44,正在互相扩散,33+51 在 11、12 中较胜,33+44 可能原是 15、16 的调型。因为这两个调型音近,一词可两读的较多,正在合并之中。我们可把它们看作一个调型的两个变体。2X 也有两个调型 22+51 和 22+44,不过 22+44 正好与阳去调型相同,这也许就是阳平单音调向阳去单音调合并的缘由。但在双音节连读调中,阳平调尚剩 22+51 调型,并未完全并入阳去。

2.2.7 从双音节调表中我们还可以捕捉到一些语音发展的信息。运用双音节叠音的调值可以确定该调类组合的基本调型。我们根据"版版(钱)"的读音可以把阴上双音节调值定为 33+35。尽管阴上调 33+35 在过去可能很重要,它扩散到 7X,古老的儿化词连调也用阴上调,连许多前音节为次浊阳上调的双音节词至今还用 33+35,但是从新派双音节调使用的现状来看,33+35 调型已经趋于衰落,取代它的是阴去的 55+33 调,现在 3X 的大多数词都读 55+33 调型。在阳调类中,阳去调型 22+44 也有蔓延之势,2X、4X 中一些较新的书面词多用 22+44 型,如"农村、零钱、文件、旅社、老板、染料",在三音节词中也同此,如 251 的"绒线衫"读 22+44+55,而"毛线衣"就读 22+55+31。

2.3 宁波连读调的类型

笔者把吴语地区的连读调归纳为 A 型(初连型,如靖江)、B 型(复杂型,如松江)、C 型(简单型,如无锡)、D 型(延伸型,如上海)四种形式,并认为分布在不同地域的四个类型实际上反映了吴语连读调"结合→异化→简化→单音调化"的历时发展过程。A 型为一个语音词中两个音节连读调等于或近于组成音节的单音节调之和;B 型为一个词中至少有一个音节的声调跟它们为单音节调时的声调不同;C 型前重式为前字定调,后字不论原来什么声调,全部跟在前字后面读一个调,在一些调类组合中难以找出连读调和单音节调之间的关系;D 型调为前字声调覆盖后字音节,连读调同于单音调。宁波双音节调里,85 还是 A 型调,1X 还带有 B 型调的特点。总的来看,表面上似乎纷繁复杂的宁波方言连读调,实际上是正处于向 D 型调进化过程中的声调模式。

杭州新派方言的连读调

一、声韵调

1.1　声母 29 个

p　巴布兵壁	pʻ　怕票胖泼	b　步旁病拔	m　买满梦木	f　夫飞方福
v　附坟蚊肥				
t　多丁懂德	tʻ　梯透听铁	d　地同定夺	n　脑奴暖诺	l　礼两领力
ts　张再专责	tsʻ　吹超宠尺	dz　茶成传直	s　书少山色	z　事树上熟
ɹ　乳揉仍入				
tɕ　居酒军急	tɕʻ　取铅腔吃	dʑ　钱匠寻习	ȵ　女你浓热	ɕ　希虚兄血
k　工干广各	kʻ　块看空扩	g　环狂共轧	ŋ　我硬熬额	h　好灰轰瞎
ɦ　孩云河学	ʔ　武友耳鸭			

1.2　韵母 38 个

ər　耳二而尔	ɿ　试兹次子	ʮ　朱如初数	
ou　婆祸多个	i　未低希西	u　无布姑火	y　滤须居靴
ɑ　巴沙马打	iɑ　哑家谢亚	uɑ　瓦瓜花画	
eɪ　悲梅周柔		ueɪ　类岁水蕊	
ᴇ　败海难蚕	ie　也变街念	uᴇ　怪怀惯还	
		uo　半暖川官	ʏo　捐玄软全
ʏ　九就秋刘			
ɔ　超保少毛	iɔ　交萧桥绕		
ən　本恨森争	ɪn　命丁金营	uən　寸困闰春	yɪn　君允巡熨
ᴀŋ　刚方硬长	iᴀŋ　讲两向样	uᴀŋ　双王光旺	
oŋ　动松共风	ioŋ　兄穷用永		
ɔʔ　绿各墨肉	iɔʔ　浴吃乞肉	uɔʔ　沃获廓豁	
ɐʔ　尺达策着		uɐʔ　划阔滑说	
	iɪʔ　别益甲削		yɪʔ　菊屈觉血
m̩　姆	n̩　你□～娘		

1.3　声调 7 个

阴平	323	江天空青	阳平	212	来忙同前
阴上	51	懂土马有	阴去	334	对去到快
阳去	113	事梦厚稻	阴入	5	不脱出百
阳入	12	欲绿石白			

1.4　声韵调的说明

1.4.1　tɕ组声母舌位较后。

“无、问”等字可读[ɦu/v]声母；ʔʋ声母有时读ʔu，如“尾[ʔʋi/ʔui]”，“晚[ʔʋᴇ/ʔuᴇ]。ʔ声母即带有紧ʔ音的零声母，ɦ声母是带浊流音的零声母。

z声母的发音经常是[sz]。

鼻音、边音声母m n l ȵ ŋ的实际读音可分为两套：[ʔm ʔn ʔl ʔȵ ʔŋ]和[mɦ nɦ lɦ ȵɦ ŋɦ]，前者带紧喉塞音，配阴声调，后者带浊流，配阳声调。

1.4.2 /ɔ/是[ɔ˔]；/ᴇ/是[ᴇ˔]；y是[y/yʮ]；ʏ是[ʏ-]；ou是[o+u]。

与ts组声母相拼的介音u读[ʮ]。

古咸摄、山摄今读ᴇ、uᴇ韵母的一些字有时带轻微的鼻化音；/uo/是[ᵘo˔]有的字有轻微的鼻化音；ie韵是[ie˕]，有的字有时带轻微的鼻化音。以上这些可带鼻化音的韵所带情况因人而异，多数人全不带。

ɪn韵可读作[ĩ]；/oŋ/是[o˖ŋ]。

/ɐʔ/有些字分[əʔ]和[a-ʔ]，如“杀[sa-ʔ5]”≠“色[səʔ5]”、“达[da-ʔ12]”≠“特[dəʔ5]”。有的人不分，有的人分，有的人部分分。分[a-ʔ、əʔ]的人同时有[ia-ʔ]韵，如“脚[tɕia-ʔ5]”≠“级[tɕiɪʔ5]”。

/iɪʔ/在与pt组声母拼时是[ɪʔ]，在与tɕ组声母和ʔ、ɦ声母拼时是[iɪʔ]。

入声韵尾ʔ是一个不强的喉塞音。在连读词中，除末音节位置的韵尾ʔ不变外，处其他位置的ʔ都消失，但促声不变。

1.4.3 阳去声调的实际调值是113或223；阳入声调的调值是12或23。

1.5 音韵特点

1.5.1 有一套浊的塞音、擦音和塞擦音，其分布与中古全浊声母基本一致。但这些浊声母在单音节词和双音节多音节词的开头音节、升调后音节中实际音值是清音浊流，如b d的实际音值是[pɦ tɦ]，只有在双音节多音节词的降调和平调后音节中才是真浊音[b d]等。

1.5.2 只有舌尖前音声母，没有舌尖后音声母。如“棕＝中[tsoŋ323]”，“肃＝叔[sɔʔ]”。

1.5.3 不分尖团音。如“小＝晓ɕiɔ51”，“节＝结tɕiɪʔ5”。

1.5.4 古阳声韵都带鼻音，但咸、山摄字鼻化正在失落，青年人大都已不带鼻音。

1.5.5 ʔ韵尾字包括古-p -t -k韵尾的全部字。

1.5.6 阴上声调包括古次浊阳上声调字，阳去声调包括古全浊阳上字。

杭州语音从老年到青年正在经历着的主要音变有4个：(1)/əʔ/、/aʔ/两韵的逐渐合并；(2)/ẽ/、/õ/两韵的鼻化逐渐消失；(3)/ɹ/声母的逐渐形成。(4)uɔʔ韵的逐渐形成。

二、连读调

2.1 双音节连读调表

表中，代号1、2、3、5、6、7、8分别代表杭州化阴平、阳平、阴上、阴去、阳去、阴入、阳入七个调类，代号4空缺，4所代表的中古音阳上声调在杭州话中原次浊声母音节归入阴去，原全浊声母音节归入阳去。表中，横行为第一音节，竖行为第二音节。

前音节＼后音节	1	2	3	5	6	7	8
1323	32+23	32+23	33+51	32+23 33+51	32+23	32+5	32+5
2212	21+23	21+23	22+51	21+23	21+23	21+5	21+5
351	55+31	55+31	55+31	55+31	55+31	55+31	55+31

续表

前音节＼后音节	1	2	3	5	6	7	8
5_{334}	34+51	34+51	34+51	34+51	34+51	34+$\underline{51}$	34+$\underline{51}$
6_{113}	23+51	23+51	23+51	23+51	23+51	23+$\underline{51}$	23+$\underline{51}$
7_{5}	5+31 3+23	5+31 3+23	4+51 3+23	3+23	3+23	4+5	4+5
$8_{\underline{12}}$	2+23	2+23	2+51 2+23	2+23	2+23	2+5	2+5

下面举例说明双音节连读调，以调类为序，先用代号标出调类组合，后面列举双音节词，标明声母、韵母和连读调。

11 今朝 tɕɪn$_{32}$tsɔ$_{23}$　12 厢房 ɕiAŋ$_{32}$vAŋ$_{23}$　13 欢喜 huo$_{33}$ɕi$_{51}$
13 端午 tuo$_{33}$u$_{51}$　15 亏空 k‘ueɪ$_{32}$k‘oŋ$_{23}$　15 生气 sən$_{33}$tɕ‘i$_{51}$
16 新妇 ɕin$_{32}$vu$_{23}$　16 家具 tɕiɑ$_{32}$dʑy$_{23}$　17 钢笔 kAŋ$_{32}$piɪʔ$_{5}$
18 阴历 ʔɪn$_{32}$liɪʔ$_{5}$
21 雷公 leɪ$_{21}$koŋ$_{23}$　22 轮盘 lən$_{21}$buo$_{23}$　23 磨子 mou$_{22}$tsɿ$_{51}$
23 杨柳 ɦiAŋ$_{22}$lʏ$_{51}$　25 湖蟹 vu$_{21}$ɕie$_{23}$　26 咸蛋 ɦie$_{21}$de$_{23}$
26 黄鳝 ɦuAŋ$_{21}$zuo$_{23}$　27 毛竹 mɔ$_{21}$tsɔʔ$_{5}$　28 萝卜 lou$_{21}$bɔʔ$_{5}$
31 总归 tsoŋ$_{55}$kueɪ$_{31}$　31 尾巴 ʔmi$_{55}$pɑ$_{31}$　32 纸头 tsɿ$_{55}$deɪ$_{31}$
32 脸盆 ʔlie$_{55}$bən$_{31}$　33 水果 sɥeɪ$_{55}$kou$_{31}$　33 小雨 ɕiɔ$_{55}$ʔy$_{31}$
33 耳朵 ʔər$_{55}$tou$_{31}$　33 网眼 ʔʋAŋ$_{55}$ie$_{31}$　35 反正 fE$_{55}$tsən$_{31}$
35 里向 ʔli$_{55}$ɕiAŋ$_{31}$　36 等待 tən$_{55}$dE$_{31}$　36 顶撞 tɪn$_{55}$dzɥAŋ$_{31}$
36 马路 ʔmɑ$_{55}$lu$_{31}$　37 晓得 ɕiɔ$_{55}$tɐʔ$_{\underline{31}}$　37 两只 ʔliAŋ$_{55}$tsɐʔ$_{\underline{31}}$
38 枕木 tsən$_{55}$mɔʔ$_{\underline{31}}$　38 冷热 ʔlən$_{\underline{55}}$ȵiɪʔ$_{\underline{31}}$
51 秤钩 ts‘ən$_{34}$keɪ$_{51}$　52 桂圆 kucɪ$_{34}$ɦyo$_{51}$　53 正好 tsən$_{34}$hɔ$_{51}$
53 细雨 ɕi$_{34}$ʔy$_{51}$n$_{51}$　55 记挂 tɕi$_{34}$kuɑ$_{51}$　56 靠近 k‘ɔ$_{34}$dʑɪn$_{51}$
56 要是 ʔiɔ$_{34}$zɿ$_{51}$　57 背脊 peɪ$_{34}$tɕiɪʔ$_{\underline{51}}$　58 酱肉 tɕiAŋ$_{34}$ȵiɔʔ$_{\underline{51}}$
61 后生 ɦaɪ$_{23}$sən$_{51}$　61 外甥 ɦuE$_{23}$sən$_{51}$　62 市场 zɿ$_{23}$dzAŋ$_{51}$
62 坏人 ɦuE$_{23}$ɹən$_{51}$　63 稻草 dɔ$_{23}$ts‘ɔ$_{51}$　63 露水 lu$_{23}$sɥeɪ$_{51}$
63 号码 ɦɔ$_{23}$ʔmɑ$_{51}$　65 断气 duo$_{23}$tɕ‘i$_{51}$　65 大蒜 dɑ$_{23}$sɥo$_{51}$
66 弟妹 di$_{23}$meɪ$_{51}$　66 道理 dɔ$_{23}$ti$_{51}$　66 大豆 dɑ$_{23}$deɪ$_{51}$
67 稻谷 dɔ$_{23}$kɔʔ$_{\underline{51}}$　67 字帖 zɿ$_{23}$t‘iɪʔ$_{\underline{51}}$　48 冷热 ʔlən$_{55}$ȵiɪʔ$_{\underline{31}}$
68 大麦 dɑ$_{23}$mɐʔ$_{51}$
71 插销 ts‘ɐʔ$_{5}$ɕiɔ$_{31}$　72 接收 tɕiɪʔ$_{5}$seɪ$_{23}$　72 脚盆 tɕiɪʔ$_{5}$bən$_{31}$
72 发条 fɐʔ$_{3}$diɔ$_{23}$　73 发抖 fɐʔ$_{4}$teɪ$_{51}$　73 尺码 ts‘ɐʔ$_{4}$ʔmɑ$_{51}$
73 壁虎 piɪʔ$_{3}$hu$_{23}$　73 竹篓 tsɔʔ$_{3}$leɪ$_{23}$　75 咳嗽 k‘ɐʔ$_{3}$seɪ$_{23}$

76	蛐蟮	tɕʻyɪʔ$_{4}$zuo$_{51}$	76	一定	ʔiɪʔ$_{3}$dɪn$_{23}$	77	百脚	pɐʔ$_{4}$tɕiɪʔ$_{5}$

78 一直 ʔiɪʔ$_{4}$zəʔ$_{5}$

81 辣椒 lɐʔ$_{2}$tɕiɔ$_{23}$　　82 鼻头 bɐʔ$_{2}$deɪ$_{23}$　　83 热水 ȵiɪʔ$_{2}$sʮeɪ$_{51}$

83 栗子 liɪʔ$_{2}$tsʅ$_{23}$　　83 落雨 lɔʔ$_{2}$ʔy$_{51}$　　85 特为 dɐʔ$_{2}$ɦueɪ$_{23}$

86 杂技 dzɐʔ$_{2}$dʑi$_{23}$　　86 月亮 ɦyɪʔ$_{2}$liʌŋ$_{23}$　　87 墨笔 mɐʔ$_{2}$piɪʔ$_{5}$

88 学习 ɦyɪʔ$_{2}$dʑiɪʔ$_{5}$

2.2　三音节连读调表

表中,X 表示任何调类。

第一音节	第二音节	第三音节							
		1	2	3	4	5	6	7	8
1	X	32+23+51						32+23+5	
2	X	21+23+51　21+22+23						21+23+5	
3	X	55+33+31							
5	X	33+55+31							
6	X	22+55+31							
7	1·2	55+33+31　33+23+51							
	3·4	33+23+51　33+55+31							
	5·6	33+23+51							
	7·8	44+44+55							
8	1·2	22+23+51							
	3·4	22+23+51　22+55+31							
	5·6	22+23+51							
	7·8	22+44+55							

下面举例说明三音节连读调,以调型为序,先列出调型,然后列举用该调型的三音节词,并在词前标明该词的三个音节的调类。

32+23+51:

113 温吞水 ʔuən$_{32}$tuən$_{23}$sʮeɪ$_{51}$　　175 三角裤 sᴇ$_{32}$tɕiɔʔ$_{\underline{23}}$kʻu$_{51}$

32+23+5:

117 中秋节 tsoŋ$_{32}$tɕʻʏ$_{23}$tɕiɪʔ$_{5}$　　178 铅笔盒 tɕʻie$_{32}$piɪʔ$_{\underline{23}}$ɦɐʔ$_{5}$

21+23+51:

221 男人家 nᴇ$_{21}$ɹən$_{23}$tɕiɑ$_{51}$　　251 毛线衫 mɔ$_{21}$ɕie$_{23}$sᴇ$_{51}$

21+22+23:

222　南湖菱　nᴇ$_{21}$ɦu$_{22}$lɪn$_{23}$　　281　牛肉干　ȵʏ$_{21}$ȵiɔʔ$_{2}$kᴇ$_{23}$

21＋23＋5：

227　红颜色　ɦoŋ$_{21}$ɦie$_{23}$sɐʔ$_{5}$　　288　营业额　ɦɪn$_{21}$ɦiɪʔ$_{\underline{23}}$ŋɐʔ$_{5}$

55＋33＋31：

312　小摊儿　ɕiɔ$_{55}$tʻᴇ$_{33}$er$_{31}$　　333　口里水　kʻeɪ$_{55}$li$_{33}$sɥeɪ$_{31}$

323　女朋友　ʔȵy$_{55}$bᴀŋ$_{33}$ʔʏ$_{31}$　　336　两姐妹　ʔliᴀŋ$_{55}$tɕi$_{33}$meɪ$_{31}$

715　百家姓　pɐʔ$_{5}$tɕiɑ$_{33}$ɕɪn$_{31}$

22＋55＋31：

331　老酒杯　lɔ$_{22}$tɕʏ$_{55}$peɪ$_{31}$　　656　下半夜　ɦiɑ$_{22}$puo$_{55}$ɦie$_{31}$

623　肚皮眼　dou$_{22}$bi$_{55}$ŋᴇ$_{31}$　　663　近视眼　dʑɪn$_{22}$zɿ$_{55}$ɦie$_{31}$

636　电影院　die$_{22}$ʔɪn$_{55}$ɦyo$_{31}$　　675　外国货　ɦuᴇ$_{22}$kɔʔ$_{5}$hou$_{31}$

836　白米饭　bɐʔ$_{2}$mi$_{55}$vᴇ$_{31}$

33＋55＋31：

563　半导体　puo$_{33}$dɔ$_{55}$tʻi$_{31}$　　586　对立面　tueɪ$_{33}$liɪʔ$_{55}$miɪʔ$_{31}$

732　脚指头　tɕiɪʔ$_{3}$tsɿ$_{55}$deɪ$_{31}$　　731　织女星　tsɐʔ$_{3}$ȵy$_{55}$ɕɪn$_{31}$

33＋23＋51：

713　铁丝网　tʻiɪʔ$_{3}$sɿ$_{23}$ʔuᴀŋ$_{51}$　　725　压台戏　ʔiɑʔ$_{3}$dᴇ$_{23}$ɕi$_{51}$

738　出版物　tsʻɔʔ$_{3}$pᴇ$_{23}$vɔʔ$_{51}$　　763　歇后语　ɕiɪʔ$_{3}$ɦeɪ$_{23}$ʔy$_{51}$

755　百货店　pɐʔ$_{3}$hu$_{23}$tie$_{51}$　　767　铁路局　tʻiɪʔ$_{3}$lu$_{23}$dʑyɪʔ$_{\underline{51}}$

44＋44＋55：

787　百日咳　pɐʔ$_{4}$zɐʔ$_{4}$kʻɐʔ$_{5}$　　783　毕业考　piɪʔ$_{4}$ɦiɪʔ$_{4}$kʻɔ$_{5}$

22＋23＋51：

812　录音机　lɔʔ$_{2}$ʔɪn$_{23}$tɕi$_{51}$　　823　鼻头孔　biɪʔ$_{2}$deɪ$_{23}$kʻoŋ$_{51}$

836　白果树　bɐʔ$_{2}$ku$_{23}$zɥ$_{51}$　　833　轧米厂　dzɐʔ$_{2}$mi$_{23}$tsʻᴀŋ$_{51}$

852　热带鱼　ɹɐʔ$_{2}$tᴇ$_{23}$ɦy$_{51}$　　861　绿豆汤　lɔʔ$_{2}$deɪ$_{23}$tʻᴀŋ$_{51}$

22＋44＋55：

872　额角头　ŋɐʔ$_{2}$kɔʔ$_{4}$deɪ$_{55}$　　882　白话文　bɐʔ$_{2}$ɦuɑ$_{23}$vən$_{51}$

2.3　单音节调和多音节调的关系

2.3.1　杭州单音节声调的一个显著特点是：全浊阳上归阳去，次浊阳上归阴上。这与北京话大致相同。在多音节连读调中，除了少数次浊阳上开头的连读调归阳去外，也基本同如单音节调。

2.3.2　杭州声调的另一个特点是：平声一个调型——降升调，去声一个调型——平升调。阳平、阳去比阴平、阴去低一些仅是因为浊声母比清声母发音低一些的缘故。杭州话的上声是降调，去声是平升调，如“买”和“卖”的声调听起来似乎正好与北京相反。

2.3.3　杭州上声、去声开头的双音节连读调是前音节定调后音节附着的调子，不论后音节原来是什么声调，都失去原声调共用一个形式，上声是 31，去声是 51。如 3X 是 55＋31，5X 是 34＋51，6X 是 23＋51，它们是单音节调 51、334、113 的扩展形式。其特点是：前音节是缩短了的单音节调,后音节是低降或高降的填补型式。

2.3.4　平声开头的双音节连读调的基本型式(下称基式,指连读调表中横行里占优势的调型)是单音节调的延伸,如 1 是 323, 11 则是 32＋23; 2 是 212, 21 则是 21＋23。入声开头的双音节调的基式大致与平声采取相同的型式,不过阴入向阳入靠拢,采用阳入的延伸式,如 8 是 $\underline{12}$, 85 是 2＋23, 75 是 3＋23。

2.3.5　上声和入声在双音节词的后音节中比较稳定,虽然它们已无阴阳差别,阳调归阴。在平声、入声开头的双音节词中,后音节多数还保持着原来 51 和 5 的调型,形成这些双音节词的连读调是前、后音节声调相加的调型,如 1 是 323, 2 是 212, 3 是 51, 13 就是 33＋51, 23 就是 22＋51;又如 7 是 5, 17 和 18 就是 32＋5, 27 和 28 就是 21＋5。同理, 73 和 74 是 4＋51, 83 和 84 是 2＋51; 77 和 78 是 4＋5, 87 和 88 是 2＋5。此外, 71, 72 有一个 7 的扩展调型 5＋31。

2.3.6　杭州的三、四、五音节连读调都是双音节调的扩展。扩展的一个方法是用中平调 33 过渡,另一个方法也是当调子延伸上升到顶时就自然下落,填补一个 51 高降调或 31 低降调。从下表可以看出单音节调到四音节调的延伸扩展关系。

单音节调		双音节调	三音节调	四音节调
1	323	1 基:32＋23 1 上:33＋51 1 入:32＋5	32＋23＋51 32＋23＋5	32＋23＋55＋31
2	212	2 基:21＋23 2 上:22＋51 2 入:21＋5	21＋23＋51 21＋22＋23 21＋23＋5	21＋23＋55＋31
3	51	55＋31	55＋33＋31	55＋33＋33＋31
5	334	34＋51	33＋55＋31	33＋55＋33＋31
6	113	23＋51	22＋55＋31	22＋55＋33＋31
7	5	7 基:3＋23 7 平:5＋31 7 上:4＋51 7 入:4＋5	3＋23＋51 5＋33＋31 3＋55＋31 4＋44＋5	3＋23＋55＋31 5＋33＋33＋31 3＋55＋33＋31
8	$\underline{12}$	8 基:2＋23 8 上:2＋51 8 入:2＋5	2＋23＋51 2＋55＋31 2＋44＋5	2＋23＋55＋31 2＋55＋33＋31

第六章　吴语的词汇系统

第一节　吴语的动词、形容词、名词和数词

为了讨论方便，可以把吴语词汇系统中的词语分为两部分。一部分词是吴语中传承北方话的，目前与普通话汉字形式相同的词，如“风、头、面包、枕头、手套、活、开、拔、大、粗、相信、已经、因为”，尤其是那些文化词，如“题目、黑板、报纸、思想、录音机”。这部分词有的是自古以来使用至今，如“手、雨”等，有的是新词，如“沙发、汽艇、飞碟”，尽管这些词在各地读音不同，有的事物名称也许有旧、新两种称呼，如旧称“课堂”，新称“教室”，旧称“先生”，新称“老师”，但这些词语总的来说对讨论吴语特征影响不大，所以在本书的各地词汇对照表中尽量少收。另一部分词是体现吴语与北方话不同的、具有吴语特色的词语。有的词可能早些时候在北方话中也用，现在北方话已不用或少用了，但在吴语中至今仍使用频繁，作常用词用，如作“按”解的“揿”，作“夹(用筷子)”解的“搛”，作“换”解的“调”。另有些词是吴语方言中独特的词，只在吴语区为主流行，如作“挤”解的“轧”，作“藏”解的“园”，作“去年”解的“旧年”，作“方便”解的“便当”，作“不慌不忙、悠然自得”解的“笃定”，作“爽快”解的“爽气”，作“久远”解的“长远”，作“时间”解的“辰光”等。这类词有的在吴方言区内一致性较大，如作“讹人、敲榨”解的“敲竹杠”，作“干活儿”解的“做生活”，作“媳妇”解的“新妇”，还有“衣裳”“开心”等，各地说话差不多相同；也有的词语则在各地用法差别颇大，如“伯父”有“伯伯、大大、老伯伯、大爸、大伯、大爹”等多种称呼，各地不同。其中有的词语反映出不同地区吴语的差异来，如“东西”一词，大致在太湖片苏沪嘉地区都说“物事”，温州、黄岩也说“物事”，但在其他许多地方都说“东西”。反映出南部吴语和北部吴语差别的词汇更有意义，如“抽屉”一词在浙江桐庐、诸暨、嵊县、新昌、宁海以北都称“抽斗”，南边说法与“抽斗”迥异，往往说成“×格”，如“抽格、柜格格、橱格、桌格、摆簏格、格”等。又如“豆腐生”的词采用“正偏式”的构词手段，也大致上在南部吴语说的，北部不这样说。这样一些词能显示出南、北两大片吴语在词汇方面存在较大差异。吴语，尤其是南部吴语中还遗存着一些原来属于壮侗族语言的词语，构成了吴语中的非吴语成分的底层。因为吴越地区历史上曾是百越民族生息之地，汉族南迁后，与少数民族融合居住，吴语中能发现一些孑遗的少数民族语言词语。有一些考证不出本字来的词往往可能会是壮侗族语词在吴语中的遗留。如“芒果”就同壮侗语mk maŋko音相似；又比如苏州、上海等地说的“夹肢窝”“肋夹作”(即“腋下”)上海话注音是[kɐʔ$_{3}$tsɿ$_{55}$u$_{31}$]、[lɐʔ$_{2}$kɐʔ$_{2}$tsoʔ$_{\underline{23}}$]，温州话“夹肢窝”说成[la$_{33}$tsa$_{52}$ɦo$_{21}$]，其中[la tsa]就是壮侗语底层遗存，现莫语、壮语、布依语此词第一音节都说[la]，莫语、毛南语第二音节都读[aːk]，如莫语说[la saːk]、毛南语说[kʻa saːk]都与夹[ka]音相近。[la]原来是壮侗语“下”的意思，汉人南下后接过这个词，再加第三音节“下”[ɦo](即“窝”字)，形成了一个混合词存留在吴语中。又如“柚子”在北片吴语称为“文旦”，在浙江许多地方称“泡”，温州写作“橐”，绍兴写作“脬”，实际都是用别字相称。“柚子”在各地的称呼是：温州[pʻə]，绍兴[pʻɒ]，宁波[ɕiã(香)pʻɒ]，阳江

[puk],侗语东江[paːu],壮语武鸣[puk],壮语龙州[puk],莫语[puk]。可见这也是一个底层词。

在吴语实词系统中,最有特色的吴语词是起句法核心作用的单音动词,许多吴语动词为南北吴语广阔地区所共用,其中一部分能在《广韵》《集韵》《玉篇》等韵书中考出本字。但这些词为现今北方话不见或少见。这些单音动词和一些独特的形容词、名词可以作为吴语实词的一个代表。下面分动词、形容词、名词三部分列举部分。所列举的词后只注上海中派读音,后附注释(必要时加例句)和古韵书音义。

一、动词

扳$pᴇ_{52}$ (1)拉,牵引;(2)使物转向:一只钉子～转来了;(3)挽回:败局～回。集韵平声删韵逋还切:引也。春秋传,～隐而立之。布还切:挽也。

掰$pᴇ_{334}$ 绊住:～一跤。集韵去声谏韵博幻切:绊也。

趵$pɔ_{334}$ 物体突然跃起:油里个水～起来。集韵去声效韵巴校切:跳跃也。

爆$pɔ_{334}$ 胀裂。广韵去声效韵北教切:火裂。

迸$pã_{334}$ 裂开:～坼;～开一条缝。广韵去声诤韵比诤切:散也。

擘$pᴀʔ_{5}$ 分开,叉开:两脚～开。广韵入声麦韵博厄切:分擘。

繴$pᴀʔ_{5}$ 编织:～辫子。集韵入声麦韵博厄切:织丝带也。

滗$piɪʔ_{5}$ 挡住容器里的东西倒出水。广韵入声质韵鄙密切:去滓。

剕$p‘i_{52}$ 砍去一层,削去一层:～脱一层草。广韵平声齐韵匹迷切:～斫。集韵平声齐韵篇迷切:削也。

殔$p‘i_{52}$ 用刀平切剖肉。广韵平声支韵敷羁切:开肉。

頖$p‘i_{334}$ 倾侧:～转仔头。集韵上声纸韵普弭切:倾头也。

滮$p‘ɔ_{334}$ 浸,没:脚～进河水里。集韵去声效韵披教切:渍也。

弸$p‘ã_{52}$ 将线张开:～绒线。集韵平声庚韵披庚切:张弦也。

闬$p‘ã_{334}$ 关,开:～门。集韵去声诤韵叵迸切:开闭门也。

脈$p‘ᴀʔ_{5}$ 破物,分开:～开西瓜。～开手脚。广韵入声陌韵普伯切:破物也。

潎$p‘iɪʔ_{5}$ 用勺子舀去轻贴液面的东西:还要～脱一层油。广韵薛韵芳灭切:漂～。

鎞bi_{113} 把刀在缸沿、皮布上略磨:～自来火。集韵去声霁韵蒲计切:治刀使利。

龅bo_{113} 牙齿不齐;牙齿露在嘴外。集韵去声祃韵步化切:齿出白。字汇:齿不正也。

伏bu_{113} 孵:～小鸡。广韵去声宥韵扶富切:鸟菢子。

擊bu_{113} 洗,除:～面。～脱层灰。广韵戈韵薄波切:除也。

蹇$bᴇ_{113}$ 爬:老猫～上树。集韵衔韵皮咸切:涉也。篇海:～璺,不能行也。

瀊$bø_{113}$ 水洄溢出:落雨水要～。集韵平声桓韵蒲官切:水洄也。

跘$bø_{113}$ 蹒跚行:～足球。集韵平声桓韵蒲官切:蹒跚跛行貌。

盤$bø_{113}$ 屈足:脚～坐。集韵平声桓韵蒲官切:屈足也。

鬆$bø_{113}$ 头发卧结。集韵平声桓韵蒲官切:卧结也。

迌$bø_{113}$ 躲藏。集韵换韵薄半切:去也。集韵语韵口举切:去,藏也,或作弆。

埲$boŋ_{113}$ 灰尘扬起:泥土～了一面孔。广韵上声董韵蒲蠓切:塕～,尘起。

匐$boʔ^{23}$ 趴着:～辣地上。广韵入声屋韵蒲北切:匍～,伏地貌。

誖$bəʔ^{23}$ 相争:～嘴。广韵没韵蒲没切:言乱。

趥boʔ$_{\underline{23}}$　跌顿于地：合～。广韵入声德韵蒲兆切：僵也。类篇：顿也。

趩biɪʔ$_{\underline{23}}$　追，赶：～上去。集韵职韵弼力切：走也。

𥨊ʔmi$_{52}$　小睡。广韵纸韵文彼切：熟寐也。

渳ʔmi$_{52}$　小口少量喝：～两口酒。广韵纸韵绵婢切：说文，饮也。

漫mø$_{113}$　水过满溢出。广韵焕韵莫半切：大水。

䏖ʔmiɲ$_{334}$　合拢空隙：～缝。广韵上声轸韵弥邻切：～合。

搣miɪʔ$_{\underline{23}}$　用手指捻搓：～螺丝。广韵入声薛韵亡列切：手拔，又摩也，批也，捽也。

疲fE$_{334}$　胃不舒，呕吐。广韵去声愿韵芳万切：吐～。集韵去声愿韵方愿切：心恶病。

畚fE$_{334}$　坏变：颜色～红。酒～。广韵去声愿韵芳万切：一宿酒。

渧ti$_{334}$　滴下。广韵去声霁韵都汁切：埤苍云，～，瀌漉也。集韵去声霁韵丁计切：泣貌，一曰滴水。

骟təɲ$_{52}$　畜禽去势。广韵平声魂韵都昆切：去畜势。出字林。

濎tiɲ$_{334}$　沉淀：～脚。集韵上声迥韵都挺切：濎泞水貌。

嗒tAʔ$_5$　舐，尝：～老酒。集韵入声合韵德合切：舐也。

噏tAʔ$_5$　口动：～嘴。集韵入声盍韵德盍切：口动貌。

㿯tAʔ$_5$　皮下垂：～眼皮。集韵入声合韵德合切：皮纵。

丟toʔ$_5$　丢，掷，投：～标枪。辞海：吴方言词，同丢。如：～开，～脱。

襨toʔ$_5$　做衣时因衣料不够，拼上一个角，称"～角"。～裆。广韵入声沃韵冬毒切：衣背缝也。

豛toʔ$_5$　用棒、槌等轻敲：～糖。～开门。集韵入声沃韵都毒切：说文，椎击物也。

涿toʔ$_5$　在雨中淋，称"～雨"。集韵入声屋韵都木切：流下滴。

掇təʔ$_5$　双手端。广韵入声末韵丁括切：拾～也。

敠təʔ$_5$　搬物衡轻重：～分量。集韵入声末韵丁括切：敁～，知轻重也。

扚tiɪʔ$_5$　(1)敲击：～背。(2)掐：～线头。集韵入声锡韵丁历切：击也，引也。字汇：手掐也。

煺t'ø$_{334}$　宰杀畜禽烫水去毛：～鸡。广韵平声灰韵他回切：～焊毛。集韵平声灰韵通回切：以汤除毛。

毻t'u$_{334}$　鸟兽落毛。广韵去声过韵汤卧切：鸟易毛也。

蜕t'u$_{334}$　脱落：～壳。～皮。广韵去声过韵汤卧切：蛇去皮。

舚t'i$_{334}$　舌尖伸出。广韵㮇韵他含切：舌出貌。

撢t'ø$_{334}$　把挂在钩上或装戴好的东西取下：～篮子。～帽子。广韵去声勘韵他绀切：深取。

推t'E$_{52}$　由外往里送进：～进嘴里吃。集韵灰韵通回切：进也。

摊t'E$_{52}$　米面粉调成糊状在锅里摒成薄饼：～饼。集韵寒韵他亡切：手布也。

剔t'iɔ$_{52}$　用针把刺在肉里的东西剔出。集韵平声萧韵他雕切：剔也。

敨t'ɤ$_{334}$　(1)展开：～开报纸。(2)振，抖搂：拿被头～～清爽。集韵上声有韵他口切：展也。

搪t'ɒ̃$_{52}$　用手推止：拳头过来也能～脱。字汇他郎切：以手推止也。

踼t'ɒ̃$_{334}$　(1)滑跌：～一跤。(2)走路不正：一路～过来。集韵平声唐韵他郎切：跌～，行不正貌。

腞tʻəɲ$_{334}$　油炸:～油条。集韵混韵吐衮切:烹肉也。

捅tʻoŋ$_{334}$　平移:～台子。广韵上声董韵他孔切:进前也,引也。

搨tʻAʔ$_{5}$　抹,涂:～墙壁。集韵入声合韵诧合切:冒也,一曰摹也。

汰tʻAʔ$_{5}$　打滑,称“打滑～”。广韵入声曷韵他达切:泥滑。

㞦di$_{113}$　器不平用物衬之:～台脚。广韵去声㮇韵徒念切:支也。

佗du$_{113}$　背负:背背～。集韵平声歌韵唐何切:说文,负何也。

拸du$_{113}$　叠加。集韵上声哿韵待可切:加也。

绐dE$_{113}$　原来绷平之物中间凹下:棕绷～下去。广韵上声海韵徒亥切:欺言诈见,又丝劳也。

抟dø$_{113}$　揉:～脱纸头。广韵平声桓韵度官切:说文,圜也。

掏dɔ$_{113}$　(1)选,挑:～旧书。(2)勺舀汤置饭中:～汤。广韵豪韵徒刀切:～择。

洮dɔ$_{113}$　洗:～米。广韵平声豪韵徒刀切:清汰也。通俗文:淅米谓之洮汏。字汇补:与淘同。

捌diɔ$_{113}$　搅拌:～浆糊。集韵平声萧韵田聊切:一曰搅也。

盪dɒ̃$_{113}$　(1)涤器,摇而去滓:～茶杯。(2)往来摇动:～秋千。广韵上声荡韵徒郎切:涤～摇动貌,说文曰,涤器也。集韵去声宕韵大浪切:动也。

趤dɒ̃$_{113}$　逛,散游:～马路。集韵去声宕韵大浪切:趤～,逸游。

宕dɒ̃$_{113}$　拖延。中华大字典:悬事而不速结,或展期不践约,俗谓之～,如云延～、拖～之类。

挏doŋ$_{113}$　套:棉袄～辣罩衫里。集韵东韵徒东切:推复引也。

踱doʔ$_{\underline{23}}$　慢走,忽进忽退:～方步。～来～去。玉篇足部:踱～。篇海:踱～作前乍卻。

毒doʔ$_{\underline{23}}$　痛恨:心里～来。广韵入声沃韵徒沃切:痛也,苦也,憎也。

衲nAʔ$_{\underline{23}}$　缝补:补补～～。广韵入声合韵奴答切:补～,紩也。

瀮li$_{113}$　使水湿的东西干:拿淘米水～干。广韵去声霁韵郎汁切:埤苍云,渧～,漉也。

攎ʔlu$_{52}$　收拢一起:拿米～拢来。集韵去声莫韵鲁故切:拶～,收敛也。

攞ʔlu$_{52}$　理,捋:头发～齐。广韵平声戈韵落戈切:理也。

攋lA$_{113}$　手触及有刺或硬毛之物的感受:～开皮肤。集韵去声泰韵落盖切:毁裂。

爁lE$_{113}$　火烧到。广韵上声敢韵卢敢切:火～。

累lE$_{113}$　事相缘及:伊～得我坐牢监。集韵去声寘韵力伪切:事相缘及也。

滥lE$_{113}$　沾染:～着点颜色。集韵去声敢韵鲁敢切:一曰染也。

攣lø$_{113}$　围聚:三个人～一只鸡。集韵平声桓韵卢丸切:聚也。

愣lɔ$_{113}$　懊悔,称“懊～”。集韵去声号韵郎到切:懊～,悔也。

撩ʔliɔ$_{52}$/liɔ$_{113}$　(1)向远处或高处取物。(2)用手指刮取东西:～浆糊。广韵平声萧韵落萧切:取也。集韵去声皓韵鲁皓切:取也。

橑liɔ$_{113}$　打,掴:～一记耳光。广韵平声萧韵落萧切:击也。

尥liɔ$_{113}$　伸脚钩人:～倒。集韵去声啸韵力吊切:说文,行胫相交也。

剅ʔlɤ$_{52}$　用手指或他物挖穿:～一个洞。广韵平声侯韵落侯切:头～,小穿也。

誏ʔlɒ̃$_{52}$　闲言冷语:～声。玉篇卷九言部郎宕切:闲言也。

眼lõ$_{113}$　晾：～衣裳，集韵去声宕韵郎宕切：暴也。

趤lõ$_{113}$　逸游：～脱辰光。集韵去声宕韵郎宕切：～踢，逸游。俗作"浪荡"。

拎ʔliɲ$_{52}$　提，拉：～桶水。～～长。集韵平声青韵郎丁切：悬～物也。

缕liɲ$_{113}$　缝合。集韵平声真韵离珍切：绍也，理丝也。

漉loʔ$_{\underline{23}}$　略洗：料作～～水再做衣裳。广韵入声屋韵卢谷切：渗～，又沥也，说文浚也。

捋ləʔ$_{\underline{23}}$　捋：～袖子管。集韵入声没韵勒没切：捋也。

捩liɪʔ$_{\underline{23}}$　让带水物自行滴干。集韵入声术韵劣戌切：去滓汁曰～。

捩liɪʔ$_{\underline{23}}$　折，拧：棒头～断。～手。广韵入声屑韵练结切：拗～，出玉篇。篇海：～，折也。

疰tsɿ$_{52}$　夏季精神倦怠，胃纳不佳，称"～夏"。晕船，称"～船"。广韵去声遇韵之戍切：～病。

剚tsɿ$_{52}$　置刀或锥状硬物于内。集韵去声寘韵侧吏切：插刀也。

缲tsɿ$_{52}$　(1)不滑不爽：出汗身上～。(2)腻住：～牢拉勿出。集韵至韵丑二切，结固也。

揸tso$_{52}$　用手指取物：～牌。集韵平声麻韵庄加切：说文，又取也。释名：叉也，五指俱往叉取也。

剸tsE$_{52}$　切，剁：～一斤肉。～～肉浆。玉篇卷第十七刀部子践切：剃发也，减也，切也。

眐tsã$_{52}$　看望。集韵平声阳韵中良切："～，目大也。"

敐tsəɲ$_{52}$　(1)用小榔等物敲击：拿钉子～进去。(2)敲紧实：凳子榫头～～紧。集韵平声真韵之人切：喜动也，击也。

捘tsəɲ$_{52}$　手挤压：～牙膏。集韵去声恨韵祖寸切：说文，推也。玉篇：挤也。

翪tsoŋ$_{52}$　举翅或举步跃起：跳跳～～。广韵平声东韵子红切：飞而敛足。

著tsAʔ$_{5}$　穿：～衣裳。广韵入声药韵张略切："服衣于身。"

粍tsAʔ$_{5}$　把粉调入粥、菜或水使成糊状：～粥。集韵入声陌韵陟格切："～屑米为饮，一曰粘也。"

唶tsoʔ$_{5}$　小儿吮吸。字汇：～吮，以口吸物也。

箺tsoʔ$_{5}$　把散乱的条状物反复顿动使整齐：棒头～～齐。集韵入声屋韵张六切：以手筑物。

灼tsoʔ$_{5}$　烧热：火～紧仔，汗溚溚滴，广韵入声药韵之若切：烧也，炙也，热也。

仄tsəʔ$_{5}$　向一边倾斜。广韵入声职韵阻力切：说文云，侧倾也。

赾ts'A$_{52}$　撑开：～旗。～篷。广韵平声皆韵楚皆切：起去也。

抄ts'ɔ$_{52}$　用匙取食：～点汤吃。集韵平声爻韵初交切：说文，叉取也。

耖ts'ɔ$_{334}$　田耕后用耙再把大块泥粉碎。广韵去声效韵初教切：重耕田也。

牚ts'ã$_{334}$　支撑。支撑的木棍，称"～头"。集韵去声映韵耻孟切：支柱也。

皴ts'əɲ$_{52}$　因受寒而皮肤细裂：开～。集韵平声谆韵七伦切：说文，细皮起也。

傱ts'oŋ$_{334}$　斜出：头～出。篇海去声宋韵丑用切：斜～也。

踵ts'oŋ$_{334}$　跌撞，走路不稳：跌跌～～。广韵去声用韵丑用切：踜～，行不正也。

㘿ts'Aʔ$_{5}$　冻裂，燥裂，开裂。广韵入声陌韵丑格切：裂也，亦作坼。

㱿ts'Aʔ$_{5}$　皮肤开裂。广韵入声陌韵丑格切：皴～。

撤ts'əʔ$_{5}$　抽去：～骨头。广韵入声薛韵丑列切：抽～。

撮ts‘əʔ$_{5}$ 取配中药,称“～药”。广韵入声末韵仓括切:手取也。

焌ts‘əʔ$_{5}$ 点火,称“～火”。纸～。广韵入声术韵仓聿切:火烧,亦火灭也。

掫sɤ$_{52}$ 用爪子扒:鸡脚搂～。广韵平声侯韵速侯切:搂～,取也。

摏soŋ$_{52}$ 用拳打:～我一拳。广韵平声锺韵书容切:撞也。

䶤sAʔ$_{5}$ 支起不稳之物:～台脚。集韵入声盍韵悉盍切:起也。

搋sAʔ$_{5}$ 塞住,夹住:横刀～裤腰里。集韵入声盍韵悉盍切:破声,一曰持也。

溹sAʔ$_{2}$ 洒少量水:菜上～点水。集韵入声麦韵色责切:说文,小雨零貌。

揀sAʔ$_{5}$ 选择,删除:十个人中～脱三个人。广韵入声麦韵山责切:择取物也。

睞sAʔ$_{5}$ 眼睛闪动。集韵入声洽韵色洽切:目睫动貌。

嗍soʔ$_{5}$ 吮吸:～螺蛳肉。集韵入声觉韵色角切:说文吮也。

甋soʔ$_{5}$ 器物散破:竹椅子～脱。集韵入声合韵合悉切:器破。

揂zɤ$_{113}$ 用手收聚:～藤摸瓜。集韵平声尤韵字秋切:捊聚也。

穛zɤ$_{113}$ 积聚:～水。～钞票。集韵上声有韵士九切:聚也。

砛zã$_{113}$ 用力往里紧塞:再～下去袋子要绷破脱了。广韵去声映韵除更切:塞也。

踖zAʔ$_{\underline{23}}$ 跺:急得～脚。～伊一脚。集韵入声药韵日灼切:蹂也。

煠zAʔ$_{\underline{23}}$ 沸水、沸油中煮食物:菠菜先～一～。广韵入声洽韵士洽切:汤～。

趦zAʔ$_{\underline{23}}$ 乱跑乱窜。集韵入声盍韵疾盍切:疾走貌。

謈zoʔ$_{\underline{24}}$ 骂:～两句。集韵入声铎韵疾各切:詈也。

敺zoʔ$_{\underline{23}}$ 敲打:～一拳。集韵入声烛韵殊玉切:击也。

戳zoʔ$_{\underline{23}}$ 戳。广韵入声觉韵直角切:筑也,舂也。集韵入声觉韵敕角切:刺也,一曰～敊痛至也。

搛tɕi$_{52}$ 用筷子夹。集韵平声沾韵坚嫌切:夹持也。

㩗tɕi$_{334}$ 屋歪使正:～屋。字汇作甸切音荐:屋斜用～。

扢tɕiɪʔ$_{5}$ 夹住外拉:～眉毛。集韵入声薛韵九杰切:拔引也。

掔tɕ‘i$_{334}$ 犟而不从:牛～转头扳勿动。集韵上声铣韵牵典切:说文,牛很不从牵也。

锓tɕ‘i$_{52}$ 刻:～木头图章。集韵平声盐韵千廉切:刻也。

攓tɕ‘i$_{52}$ 插:～杨柳。集韵平声仙韵亲然切:插也。

㯠tɕ‘i$_{52}$ 削,轻度平削:～生梨皮。～脚。广韵平声盐韵七廉切:削皮。

缲tɕ‘iɔ$_{52}$ 卷衣缝:～边。集韵平声宵韵千遥切:以针紩衣。

帩tɕ‘iɔ$_{334}$ (1)在捆东西的绳子中插入短棒旋转绞紧。(2)结缚:～尿布。广韵去声笑韵七肖切:～缚。

訬tɕ‘iɔ$_{334}$ 打闹或胡弄着玩儿:勿要胡～。集韵去声笑韵七肖切:轻也。江东语。

䣡tɕ‘iã$_{334}$ 用酒汁、卤汁、酱油腌:～蟹。玉篇卷第十五卤部音昌:卤渍也。

皵tɕ‘iAʔ$_{5}$ 皮肤、指甲、木头裂开一丝翘起:肉～皮。广韵入声药韵七雀切:皮皴,尔雅云,棤～,谓木皮甲错。

揵dʑi$_{113}$ 举起:手～起来。广韵平声仙韵渠焉切:举也。

㔾dʑi$_{113}$ 肩扛。集韵平声仙韵渠焉切:负物也。俗称“掮”。

拑dʑi$_{113}$ 互相要挟,相持攻击:侬勿要～牢我。广韵平声盐韵巨淹切:胁持也。

躍dʑyø$_{113}$　背脊伸不直。广韵平声仙韵巨员切：曲脊行也。

挢dʑiɔ$_{113}$　撬；翘起：～石头。集韵去声笑韵渠庙切：举也。

赶dʑyɪʔ$_{\underline{23}}$　翘起，曲起：喜鹊～起尾巴跳。广韵入声月韵其月切：举尾走也。

抳ȵi$_{52}$　搓，抵住来回擦：橡皮～字。集韵平声脂韵女夷切：研也。

抐ȵioʔ$_{\underline{23}}$　两手揉搓东西：～面粉。～衣裳。集韵入声屋韵女六切：搐～，不申。篇海昵角切：手～也。

泻ɕiA$_{334}$　滑流：～水。广韵上声马韵悉姐切：～水。

瀉ɕiA$_{334}$　滑倾：～扶梯。集韵去声祃韵四夜切：倾也。

拘ɕyø$_{52}$　打：～几拳。广韵去声霰韵许县切：击也。

趯ɕyø$_{52}$　快走：一脚～到上海。集韵平声仙韵隳缘切：疾走貌。

捎ɕiɔ$_{52}$　(1)用东西伸入搅：～耳朵。～马桶。(2)滚动：床上～来～去。广韵平声宵韵相邀切：摇～，动也。

霫ɕiɲ$_{334}$　肿起：两条筋～起。广韵去声证韵许应切：肿起。

挦ʑi$_{113}$　拔毛。集韵平声盐韵徐廉切：摘也。

搅ʑiɔ$_{113}$　捣乱：勿要瞎～。集韵上声巧韵下巧切：乱也。

详ʑiã$_{113}$　根据一点线索揣摩推梦，称"～梦"。～字。集韵平声阳韵徐羊切：审议也。

解kɑ$_{334}$　锯：～木头。集韵上声蟹韵举蟹切：说文，判也。

赅kE$_{52}$　(1)拥有：～家当。(2)吝啬：～得来一毛勿拔。广韵平声咍韵古哀切：又赡也。

疞kɔ$_{334}$　腹急痛：胃～痛。广韵上声巧韵古巧切：腹中急痛。

呔kAʔ$_{5}$　多话翻舌：～嘴～舌。集韵入声洽韵讫洽切：多言。

掴kuAʔ$_{5}$　打：～屁股。广韵入声麦韵古获切：打也。玉篇卷第六手部古获切：掌耳也。

佮kəʔ$_{5}$　合在一起：～伙。广韵入声合韵古沓切：并，聚。

剾k'ɤ$_{52}$　挖洞。广韵平声侯韵恪侯切：剜里也。

囥k'ɒ̃$_{334}$　藏。集韵去声宕韵口浪切：藏也。

挌k'Aʔ$_{5}$　卡住：～头颈。广韵陌韵苦格切：手把著也。

皵k'oʔ$_{5}$　东西干后中间凸起：墙壁石灰～起来。广韵入声觉韵苦角切：皱～，皮干。

搉k'oʔ$_{5}$　敲：～只蛋。广韵入声觉韵苦角切：击也。

剋k'əʔ$_{5}$　倒置盛具向地上敲碰：淘箩里水～～干净。广韵入声盍韵克盍切：敲也。

趜gɤ$_{113}$　脚屈不能伸直，引申为物屈不能伸开：萝卜一晒就～。集韵平声尤韵渠尤切：～，足不伸也。

隑gE$_{113}$　(1)靠。(2)立。集韵去声代韵巨代切：博雅，陭也。玉篇卷第二十二阜部上声巨慨切：梯也，企立也，不能行也。

搿gəʔ$_{\underline{23}}$　两手合抱，腋下夹住：～包裹。～西瓜。～一本书。辞海：俗言，吴方言，两手合抱之曰～。

砑ʔŋA$_{52}$　将硬物碾平。广韵去声祃韵吾驾切。碾也。

啀ŋA$_{113}$　啃咬：～骨头。广韵平声佳韵五佳切：犬斗。

捱ŋA$_{113}$　拖延，熬：～辰光。集韵平声佳韵宜佳切：拒也。

嗷ŋɔ$_{113}$　想吃得很，称"～食"。广韵平声豪韵五劳切：众口愁也。

齾ŋAʔ$_{\underline{23}}$ (1)缺齿。(2)弄缺:碗口～一块。集韵辖韵牛辖切:说文,缺齿也。广韵入声辖韵五辖切:器缺也。

颬hA$_{52}$ 口吐气:～口气。广韵平声麻韵许加切:吐气。

顑hE$_{52}$ 肿。广韵去声勘韵呼绀切:面虚黄色。

熯hø$_{334}$ 在锅里烤:～饼。广韵去声翰韵呼旰切:火干。

嗅hoŋ$_{334}$ 闻。集韵去声送韵香仲切:鼻审气也。

蕻hoŋ$_{334}$ 草木萌发。集韵去声送韵呼贡切:吴俗谓草木萌曰～。

欱hAʔ$_{5}$ 喝:～水。广韵入声合韵呼合切:大饮。

掝huAʔ$_{5}$ 裂开:裤子绷～。广韵入声麦韵呼麦切:裂也。

嗀hoʔ$_{5}$ 吸吐:～口痰出来。广韵入声觉韵许角切:呕吐。

攉hoʔ$_{5}$ 贴膏药,称"～膏药"。集韵入声铎韵忽郭切:手反覆也。

匽ʔi$_{52}$ 隐灭:火～脱勒。广韵上声阮韵于幰切:隐也。

赝ʔi$_{334}$ 量比:～尺寸做衣裳。广韵上声阮韵於幰切:物相当也。

唩ʔu$_{52}$ 小儿啼闹:～吵。集韵平声歌韵乌禾切:小儿啼。

㶇ʔu$_{52}$ 使暖:～饭。集韵去声过韵乌卧切:暖也。又作"焐"。

掗ʔo$_{52}$ (1)善意强予:我勿要,伊硬劲要～拨我。(2)强加:搿个恶名声是伊～到我头上来个。(3)取:台浪～一把瓜子来。字汇衣驾切:强与人物也。篇海:取也。

搲ʔo$_{52}$ (1)用手抓物:～空。(2)手伸撩到:～勿着。(3)挽:大势～勿回。集韵平声麻韵乌瓜切:手捉物。上声马韵乌瓦切:吴俗谓手爬物曰～。又:去声祃韵乌化切:吴人谓挽曰～。

揞ʔø$_{52}$ 用手遮掩。广韵上声感韵乌感切:手覆。

䫜ʔɔ$_{334}$ 额头凸出而眼鼻部凹进。集韵平声爻韵於交切:大首深目貌。

㑃ʔɔ$_{334}$ 扭转不顺,称"～戾"。脾气～勿过伊。广韵去声效韵於教切:戾也。

闄ʔiɔ$_{334}$ 从中间折下,隔开:纸头一～二。广韵上声小韵於小切:隔也。

夭ʔiɔ$_{334}$ 折叠:衣裳～好。广韵上声小韵於兆切:说文,屈也。

伛ʔɤ$_{52}$ 低头曲背。广韵上声麌韵於武切:不伸也,尪也,荀卿子曰,周公～背。

洇ʔiɲ 液体渗透:缸缝～水。广韵平声真韵于内切:落也,沉也。

盦ʔəʔ$_{5}$ 覆盖。广韵入声盍韵安盍切:说文,覆盖也。

𤈦ʔəʔ$_{5}$ 把火盖住。集韵入声合韵遏合切:藏火。

堨ʔəʔ$_{5}$ 遮盖:～麦。广韵入声曷韵乌葛切:拥～。

䫘ʔuəʔ$_{5}$ 强头入水,沉没:～杀。广韵入声没韵乌没切:纳头水中。

殟ʔuəʔ$_{5}$ 不舒服,不痛快:心里～塞。广韵入声没韵乌没切:心闷。

抑ʔiɪʔ$_{5}$ 按着吸干:拿水～干。广韵入声职韵於力切:按也。

搕ʔiɪʔ$_{5}$ 用手遮盖:伊～牢一张牌勿准人看。集韵入声盍韵乙盍切:以手覆也。

衍ɦi$_{113}$ 溢流:水～下来。集韵去声线韵延面切:水溢也。

勚ɦi$_{113}$ 磨损:发条～脱。集韵去声祭韵以制切:说文,劳也。

护ɦu$_{113}$ 偏袒:～小人勿好。广韵暮韵胡误切:助也。

㩆ɦɔ$_{113}$ 量,比测:饭～好吃。集韵平声豪韵乎刀切:较多少曰～。

绗ɦɒ̃$_{113}$ 缝:衣裳～两针。广韵去声映韵胡庚切:刺缝。

炀ɦiã$_{113}$ 熔化,溶化。广韵平声阳韵与章切:释金也。又作"烊"。广韵平声阳韵与章切:焇～,出陆善经字林。

二、形容词

橐p‘ɔ$_{52}$　胀大。集韵平声豪韵普刀切:囊张大貌。

䪙p‘oʔ$_{5}$　肥而松:～肉。广韵入声铎韵匹各切:面大貌。

暴bɔ$_{113}$　(1)短暂:～腌青菜。(2)突然:～冷。广韵去声号韵薄报切:猝也,急也。

鬔boŋ$_{113}$　头发散乱:～松。广韵平声东韵薄红切:～松,发乱貌。

麼ʔmi$_{52}$　很小,称“一～～”。集韵平声支韵忙皮切:小也。

㒼mø$_{113}$　无缝无洞:～裆裤(裤裆缝合的裤子)。广韵平声桓韵母官切:无穿孔状。

趏ʔmᴀʔ$_{5}$　走路慢,身体摇而蹒跚:走路～发～发。集韵入声陌韵莫白切:越也。玉篇卷第十走部莫百切:走貌。

朵tu$_{334}$　胖而丰满:肉～～。集韵上声哿韵典可切:肉物肥美。

憕təɲ$_{334}$　朦胧神昏:呆～～。集韵去声证韵丁邓切:懵～,神不爽。

䐦təɲ$_{334}$　饱状:饱～～。吃～食。广韵平声登韵他登切:饱也。吴人云,出方言。

溚tᴀʔ$_{5}$　潮湿:湿～～。～～渧。集韵入声合韵德合切:湿。

笃toʔ$_{5}$　从容缓慢:～定。～悠悠。广韵入声沃韵冬毒切:说文曰,马行顿迟迟。

瘫t‘ᴇ$_{52}$　疲乏无力:人做～脱。软～～。集韵平声寒韵他干切:博雅,～～,疲也。

倓t‘ᴇ$_{334}$　心里平静踏实:笃～～。集韵上声敢韵吐敢切:说文,安也。

黮t‘ᴀʔ$_{5}$　黑的样子:黑～～。集韵入声合韵讬合切:黑也。

黮dø$_{113}$　天黑:天空黑～～。广韵上声感韵徒感切:黯～,云黑。

溏dɑ̃$_{113}$　蛋黄未凝固:～黄。集韵平声唐韵徒郎切:淖也。

蹬dəɲ$_{113}$　急匆赶路的样子:小王～～响赶来。集韵上声等韵徒等切:行貌。

烔doŋ$_{113}$　暖和:热～～。广韵平声东韵徒红切:热气～～。

嗼doʔ$_{\underline{23}}$　呆痴。～头,指固执、不灵活的人。广韵入声铎韵徒落切:口～～无度。

謰li$_{113}$　语多乱。集韵上声狝韵力展切:～～,语乱。

醲liɔ$_{113}$　脸色苍白:白～～。集韵上声筱韵朗鸟切:～～,面白也。

㝯liɔ$_{113}$　又瘦又高:长～条。广韵上声小韵力小切:长貌。

戾liɪʔ$_{\underline{23}}$　扭转不直。广韵入声屑韵练结切:曲也。

黐tsɿ$_{52}$　皮肤黑的样子:晒得黑～～。集韵平声之韵庄持切:手足肤黑。

餥tsɿ$_{334}$　气味难闻,称“气～”。广韵去声祭韵征例切:臭败之味。

嬗tsᴇ$_{334}$　美好:字写得真～。玉篇卷第三女部三十五作旦切:好容貌。说文:白好也。通俗文:服饰鲜盛谓之嬗～。

啧tsᴀʔ$_{5}$　坚硬,结实:硬～～。玉篇卷第二十九□部陟革切:～～,硬貌。

惷ts‘oŋ$_{334}$　难为情,显出愚鲁,称“坍～”。广韵去声用韵丑用切:愚也。

蘇su$_{52}$　食物已煮烂。集韵平声模韵孙租切:烂也。

慅sɔ$_{334}$　疾快:豪～。集韵去声号韵先到切:快也。

㾪zᴀ$_{113}$　消瘦或瘦小的样子:瘦～～。广韵平声佳韵士佳切:瘦也。

䐹zɔ$_{113}$　胃酸多不舒:心里～。集韵平声豪韵财劳切:一曰腹鸣。

锃zã$_{113}$　表面平滑光亮:～亮。广韵去声映韵除更切:磨～出剑光。

蘻tɕi$_{334}$　食物苦味:苦～～。广韵去声霁韵古诣切。狗毒草也。尔雅樊光注:俗语苦如～。

腈tɕiɲ$_{52}$　瘦肉,称～肉。集韵平声清韵咨盈切:肉之粹者。

笡tɕʻiA$_{334}$　斜。广韵去声祃韵迁谢切:斜逆也。

䙈tɕʻy$_{334}$　漂亮。广韵上声语韵创举切:埤苍云,鲜也,一曰美好貌。

怺tɕʻiɤ$_{52}$　坏。广韵平声尤韵去秋切:戾也。

妗ɕi$_{52}$　轻浮不持重;炫耀:～夹夹。集韵平声咸韵虚咸切:女轻薄貌。

籾ȵiɲ$_{113}$　黏性大。集韵去声震韵而振切:粘也。俗作"韧"。

趯dʑyø$_{113}$　身体曲:走路一～一～。广韵平声仙韵巨员切:曲走貌。

澿dʑiɲ$_{113}$　寒颤的样子。集韵上声寝韵渠饮切:寒貌。

皝kuã$_{335}$　胀大裂开:瓜～开。集韵上声荡韵古晃切:张大貌。

眹kAʔ$_{5}$　眼睫毛动;眨眼:眼睫毛一～一～。集韵入声洽韵讫洽切:目睫动。

眍kʻɤ$_{52}$　眼睛凹陷:瘦得眼睛～进去。集韵平声侯韵墟侯切:埤苍,目深貌。

竵huA$_{52}$　不正,歪。广韵平声佳韵火娲切:物不正。

㖞huA$_{52}$　嘴歪:～嘴。广韵平声佳韵火娲切:口偏。

焩huE$_{334}$　烂软:烂～～。集韵上声贿韵虎猥切:烂也。

𪏭huAʔ$_{5}$　味辣:辣～～。广韵入声麦韵呼麦切:辛～～。

䆨huAʔ$_{5}$　空又大:场地空～～～。集韵入声末韵呼括切:说文,空大也。

眓huAʔ$_{5}$　眼睛往上斜,称"～眼睛"。广韵入声末韵呼括切:说文曰,视高貌。

瀴ʔiɲ$_{334}$　冷,凉:天气～飕飕。集韵去声映韵於孟切:～瀙,冷也。

膾ʔoŋ$_{334}$　腐臭味:～臭。广韵上声董韵乌孔切:～臭貌。

齆ʔoŋ$_{334}$　鼻塞:～鼻头。广韵去声送韵乌贡切:鼻塞也。

枼ɦiɪʔ$_{\underline{23}}$　薄的样子:薄～～。广韵入声叶韵与涉切:薄也。

燏ɦyəʔ$_{\underline{23}}$　火跳动。集韵入声术韵允律切:火光貌。

三、名词

浜pã$_{52}$　小河。集韵平声庚韵晡横切:沟纳舟者曰～。

搒pã$_{52}$　橹～绳:船上用的上连橹柄、下连船帮的绳子。集韵平声庚韵晡横切:相牵也。

稀pʻu$_{334}$　堆:稻～。集韵平声模韵滂模切:一曰秷也。

鋬pʻE$_{334}$　提手:镬子～。集韵去声谏韵普患切:器系。

脬pʻɔ$_{52}$　膀胱,称"尿～"。阴囊,称"卵～"。广韵平声肴韵匹交切:腹中水府。

髈pʻɒ̃$_{334}$　大腿:脚～。玉篇卷第七骨部七十九浦朗切:股也。广韵上声荡韵匹朗切:髀,吴人云～。集韵上声荡韵普朗切:胁肉也。

篰bu$_{113}$　竹网。集韵平声模韵蓬逋切:～篚,小竹网。

篰bu$_{113}$　大竹筐。集韵上声姥韵伴姥切:竹器。

部bu$_{113}$　总根处:甘蔗～头。集韵上声姥韵伴姥切:分也,总也。

埄boŋ$_{113}$　灰尘,称"～尘"。集韵平声东韵蒲蒙切:尘也。

㝑mɒ̃$_{113}$　～梁:屋子中间最高处的梁木。广韵平声唐韵莫郎切:大梁。

筸mɒ̃$_{113}$　～板:梁。集韵去声宕韵莫浪切:屋簀。

篚fi$_{334}$　芦～：芦席。广韵去声废韵方肺切：芦～。

绗vu$_{113}$　柴～：用稻麦秆结成的束东西的绳。集韵去声遇韵符遇切：缚绳也。

剔tᴀʔ$_{5}$　～钩：固定破裂陶瓷器的镯子。广韵入声盍韵都盍切：一曰～钩也。

褡tᴀʔ$_{5}$　～被：横的盖被。广韵入声合韵都合切：横～小被。

墖tᴀʔ$_{5}$　地方：东墙～。集韵入声盍韵德盍切：地之区处。

箥dᴀ$_{113}$　竹篾编的圆形浅口器具。集韵上声骇韵徒骇切：竹器。

箪dø$_{113}$　圆形竹器。集韵平声桓韵徒官切：说文，圜竹器也。

胴疘doŋ$_{22}$koŋ$_{44}$　肛门。集韵平声东韵胡公切：胴，～门，肠耑。集韵平声东韵沽红切：疘，脱～，下病。

篛dᴀʔ$_{\underline{23}}$　窗扇。广韵入声盍韵徒盍切：窗扇。

泽doʔ$_{\underline{23}}$　屋檐下冰柱。集韵入声铎韵达各切：冰结也。

腡lu$_{113}$　指纹。广韵平声戈韵落戈切：手指文也。

瘤lᴇ$_{113}$　～～头：皮肤上长的小疙瘩。广韵贿韵落猥切：痱～，皮外小起。

馞馞lɔ$_{22}$zɔ$_{44}$　垃圾，无用的杂物。集韵平声豪韵郎刀切：馞，～馞，物未精。

礁loʔ$_{\underline{23}}$　砖：～砖。玉篇卷第二十二石部三百五十一音鹿：石也。

痄tsɿ$_{52}$　～水：疖痈出脓流出的带黄液体。广韵平声脂韵旨夷切：积血肿貌。

锥tsɿ$_{52}$　～钻：锥子。广韵平声脂韵职追切：说文锐也。

琖tsᴇ$_{52}$　碗～：小碗。广韵上声产韵阻限切：玉～，小杯。

瘃tsoʔ$_{5}$　冻～：冻疮。广韵入声烛韵陟玉切：寒疮也。

眵ts'ɿ$_{52}$　眼～：眼睛分泌物。广韵平声支韵叱支切：目汁凝也。

簁sɿ$_{52}$　绷～：筛米粉麦粉的用具。广韵平声支韵所宜切：下物竹器。

糁sø$_{334}$　饭～：饭粒。集韵上声感韵桑感切：说文，一曰粒也。

梢sɔ$_{52}$　长木，称“长～”。集韵平声爻韵师交切：说文，木也。

筲箕sɔ$_{55}$tɕi$_{31}$　淘米的竹器。广韵平声肴韵所交切：筲，斗筲，竹器。广韵平声之韵居之切：～帚也。

鉏zɿ$_{113}$　锄头。广韵平声鱼韵士鱼切：又田器。释名：助也，去秽助苗也。

箸zɿ$_{113}$　筷：筷～笼，即放筷子的筒。广韵去声御韵迟据切：匙～。

粢zɿ$_{113}$　饭～：锅巴。广韵上声纸韵池尔切：粘也。

趩蝍zᴇ$_{22}$tɕiɪʔ$_{4}$　蟋蟀。玉篇走部：“趩，超忽而腾疾也。”广韵入声质韵资悉切：蝍，蜻蛚别名。诗经唐风疏：蟋蟀，一名蜻蛚。

篅zø$_{113}$　竹条或芦条围成的盛谷容器：～条。广韵平声支韵是为切：盛谷圆笹。

饧ʑiɲ$_{113}$　～糖：饴糖。集韵平声清韵徐盈切：说文，饴和馓者也。

穄tɕi$_{334}$　柴～：稻柴垛。广韵去声霁韵子计切：获也。

翨翮tɕi$_{33}$kᴀʔ$_{4}$　翅膀。广韵去声寘韵居企切。翨，鸟翨，说文云，鸟之强羽猛者。广韵入声麦韵古核切：翮，翅也。

锲tɕiɪʔ$_{5}$　镰刀。广韵入声屑韵古屑切：镰之别名也。

醸ȵiã$_{113}$　馅儿。集韵去声漾韵女亮切：说文，菜也，一曰藏菹。

筅ɕi$_{334}$　～帚：刷饭锅用具。广韵上声铣韵先典切：～帚，饭具。

眚ɕiɲ$_{52}$　眼内病:眼里生～。集韵上声梗韵所景切:说文,目病生翳也。

疥kᴀ$_{334}$　～橱:放碗的橱。集韵去声怪韵居拜切:所以庋食器者。

襇kᴇ$_{334}$　衣裙上打的褶。广韵上声产韵古限切:裙襵。

寣huəʔ$_{5}$　睡觉:睏一～。广韵入声没韵呼骨切:睡一觉。

牐ɦu$_{113}$　方形木板:棺材～头。广韵平声戈韵户戈切:棺头。

啩ɦu$_{113}$　～咙:喉咙。集韵平声模韵洪孤切:咽喉也。

桁ɦã$_{113}$　～条:房檩。广韵平声庚韵下孟切:屋～。

蛘ɦiã$_{113}$　～子:米象。广韵平声阳韵与章切:虫名。

榾ɦuəʔ$_{\underline{23}}$　果核。广韵入声没韵户骨切:果子～也。

魇ʔi$_{52}$　疮痂:疮疤上有一层～。集韵上声琰韵於琰切:疡痂也。

吴语形容词的生动形式在各地都很丰富,这里举其主要形式。吴语中表示感觉、颜色等性状的形容词有大量的ABB生动形式,B有的有实义,如上海话:白醾醾(面无血色)、胖鼓鼓(胖而结实)、胖墩墩(矮胖结实)、翘松松(翘起蓬松貌);有的只是虚化的叠音,如上海话:白搭搭(近似白色)、黄亨亨(有些黄)、毛柴柴(物之粗糙,做事毛乎)、滑搭搭(光滑摩擦小)。因B不同,有时含义会有细微的差别,如上海话"湿塔塔"形容成片的湿润或潮湿,"湿搭搭"形容有些儿湿,或因湿而粘在一起,"湿漉漉"与普通话"湿淋淋"同义,"湿扎扎"形容湿有水滴,"湿几几"形容含水的样子(贬义)。A有时可以是名词或动词,如汗丝丝(微汗)、肉露露(衣衫褴褛而体肤外露)、雨迷迷(细雨蒙蒙)、神烊烊(入神而忘乎一切),气潽潽(发怒太息或满腔怒气)、笑眯眯(抿着嘴笑)。另有BBA式。与ABB相比而言,BBA式是形容词的最高级,而ABB一般形容程度不高。如"香喷喷"是有些香味,而"喷喷香"则是香味浓厚扑鼻。"冷冰冰"是像冰一样冷,而"冰冰冷"则是非常冷。滚滚壮(胖得滚圆)、野野大(大得很)、拍拍满(非常满)、绝绝嫩(很细嫩)。A也可有动词,如格格绕(纠缠不清)、别别跳(心骤跳不停)、溚溚渧(物体充满了水正不断往下滴;水洒了一地)。

此外,还有一种最高级的形容形式,采用四字格,由前三字修饰最后一字,如苏州话和上海话的"石刮挺硬""的粒滚圆""壁立势直""碧绿生青""刮辣松脆""夹醾势白"。

四、数词

吴语的序数词各地大致相同,下面附记18个地点的序数词读音以备查考。

	一	二	三	四	五
宜　兴	ʔiɪʔ$_{\underline{45}}$	ȵi$_{j\,22}$	sᴀ$_{55}$	sɿ$_{325}$	ŋ̍$_{24}$
金坛西	ʔiɪʔ$_{\underline{44}}$	ɑr$_{44}$/niɑŋ$_{323}$	sæ̃$_{31}$	sɿ$_{44}$	ᵊu$_{323}$
丹　阳	ʔɪʔ$_{\underline{55}}$	ᴇi$_{22}$	sæ$_{22}$	sɿ$_{44}$	ȵ̩$_{44}$
童家桥	ʔiɪʔ$_{5}$	ɦᴇʳ$_{113}$	sɑ$_{42}$	sɿ$_{45}$	ŋ̍$_{22}$
江　阴	ɪʔ$_{5}$	ȵi$_{j\,223}$/liᴀŋ$_{45}$	sæ$_{51}$	sɿ$_{435}$	ʔŋ̍$_{45}$
常　州	ʔiɪʔ$_{5}$	liᴀɲ$_{24}$/ȵi$_{31}$	sæ$_{44}$	sɿ$_{51}$	ʔŋ̍$_{33}$
无　锡	ʔiəʔ$_{5}$	liã$_{213}$/liã$_{33}$	sɛ$_{544}$	sɿ$_{34}$	ʔŋ̍$_{33}$
苏　州	ʔiəʔ$_{5}$	ȵi$_{31}$	sᴇ$_{44}$	sɿ$_{412}$	ɦŋ̍$_{31}$
霜草墩	ʔɪʔ$_{5}$	lia˜$_{213}$	sᴇ$_{52}$	sɿ$_{434}$	ɦȵ̩$_{213}$

罗 店	ʔɪʔ$_{5}$	lia˜$_{213}$	se$_{52}$	sɿ$_{434}$	ɦn̩$_{213}$
周 浦	ʔɪʔ$_{5}$	liᴀ˜$_{113}$	sɛ$_{52}$	sɿ$_{335}$	ɦŋ̍$_{113}$
上 海	ʔiɪʔ$_{5}$	liᴀ̃ᶮ$_{113}$	sᴇ$_{52}$	sɿ$_{334}$	ɦŋ̍$_{113}$
双 林	ʔieʔ$_{\underline{54}}$	liã$_{44}$	sᴇ$_{44}$	sɿ$_{334}$	ʔŋ̍$_{53}$
诸 暨	ʔiəʔ$_{5}$	liᴀ̃$_{31}$	sᴇ$_{544}$	sɿ$_{544}$	ɦɲ̍$_{31}$
黄 岩	ʔieʔ$_{5}$	lia˜$_{53}$	sɛ$_{53}$	sɿ$_{44}$	ʔŋ̍$_{53}$
衢 州	ʔiəʔ$_{5}$	liã$_{35}$	sæ̃$_{434}$	sɿ$_{53}$	ʔŋ̍$_{53}$
金 华	ʔiəʔ$_{4}$	liᴀŋ$_{544}$	sɑ$_{435}$	ɕi$_{j45}$	ʔn̩$_{544}$
永 康	iə$_{434}$	liᴀŋ$_{323}$	sᴀ$_{44}$	ɕi$_{54}$	ɲ̍$_{323}$
	六	七	八	九	十
宜 兴	loʔ$_{\underline{23}}$	tɕʻiɪʔ$_{\underline{45}}$	pᴀʔ$_{\underline{45}}$	tɕiɤɯ$_{51}$	zəʔ$_{\underline{23}}$
金坛西	lɔʔ$_{4}$	tɕʻieʔ$_{4}$	pɑʔ$_{4}$	tɕiʌɤ$_{323}$	səʔ$_{4}$
丹 阳	loʔ$_{\underline{24}}$	tɕʻɪʔ$_{5}$	pɑʔ$_{5}$	tɕʏ$_{44}$	zɛʔ$_{\underline{24}}$
童家桥	ʔloʔ$_{5}$	tɕʻiɪʔ$_{5}$	pᴀʔ$_{5}$	tɕiʊ$_{324}$	szəʔ$_{5}$
江 阴	loʔ$_{\underline{12}}$	tɕʻɪʔ$_{5}$	pɑʔ$_{5}$	tɕiɜɤ$_{45}$	zɜʔ$_{\underline{12}}$
常 州	lɔʔ$_{\underline{23}}$	tɕʻiɪʔ$_{5}$	pɑʔ$_{5}$	tɕiɯ$_{334}$	zəʔ$_{\underline{23}}$
无 锡	lɔʔ$_{\underline{23}}$	tɕʻiəʔ$_{5}$	pᴀʔ$_{5}$	tɕiʌɤ$_{323}$	zəʔ$_{\underline{12}}$
苏 州	lɔʔ$_{\underline{23}}$	tɕʻiəʔ$_{5}$	pɔʔ$_{5}$	tɕiɵ$_{52}$	zəʔ$_{\underline{23}}$
霜草墩	loʔ$_{\underline{23}}$	tɕʻɪʔ$_{5}$	pəʔ$_{5}$	tɕy$_{434}$	zəʔ$_{\underline{23}}$
罗 店	loʔ$_{\underline{23}}$	tɕʻɪʔ$_{5}$	pᴀʔ$_{5}$	tɕy$_{434}$	zəʔ$_{\underline{23}}$
周 浦	loʔ$_{\underline{23}}$	tɕʻɪʔ$_{5}$	pᴀʔ$_{5}$	tɕiɤ$_{335}$	zəʔ$_{\underline{23}}$
上 海	loʔ$_{\underline{23}}$	tɕʻiɪʔ$_{5}$	pɐʔ$_{5}$	tɕiɤɯ$_{334}$	zɐʔ$_{\underline{23}}$
双 林	ʔloʔ$_{\underline{54}}$	tɕʻieʔ$_{\underline{54}}$	poʔ$_{\underline{54}}$	tɕiᶿʏ$_{53}$	zəʔ$_{\underline{23}}$
诸 暨	loʔ$_{\underline{12}}$	tɕʻiəʔ$_{5}$	pɐʔ$_{5}$	tɕiʏ$_{52}$	zɐʔ$_{\underline{12}}$
黄 岩	lɔʔ$_{\underline{12}}$	tsʻiʌʔ$_{5}$	pɐʔ$_{5}$	tɕiu$_{53}$	ʑiɐʔ$_{\underline{12}}$
衢 州	ləʔ$_{\underline{12}}$	tɕʻiəʔ$_{5}$	pᴀʔ$_{5}$	tɕiɯ$_{35}$	ʃʒʮ̩əʔ$_{\underline{12}}$
金 华	lʊʔ$_{3}$	tɕʻiəʔ$_{4}$	piɐ$_{45}$	tɕiɯu$_{544}$	ɕʑiɐʔ$_{2}$
永 康	lᴀʊ$_{323}$	tsʻə$_{434}$	pʊᴀ$_{434}$	tɕiəʊ$_{434}$	szə$_{323}$

第二节 吴语的量词和代词

我们可以按对古汉语传统的方法把吴语的词分实词和虚词两大类，凡是开放类的词称实词，凡是封闭类的词称为虚词。吴语的虚词与北方话有很大的差异，除了在语法章中叙述的一些助词的特征外，本小节只讨论量词和代词。

一、量词

吴语的名量词在与名词相配时，有一部分与普通话称呼相同，如“一只鸡、一只船、一把刀、一朵花、一双鞋、一套衣裳”，但有许多称呼相异。第一种情况是“只”的用法比普通话广，如普通话的“一头牛、一匹马、一条狗”，吴语多称“只”，连“一根针、一盏灯”都可称“只”。

“只”还能表示种类,如“一种布、一种菜”可说“一只布、一只菜”。量词“个”的运用范围就窄,一般只用于“一个人”,“个”多读入声作“葛[kəʔ$_{5}$]”或“个[gəʔ$_{5}$]”,嵊县太平和崇仁还保留较古“介”的读法(“一介书生”)。不过吴语的量词“个”还有非量词的用法,见语法第七章第一节的分析。

第二种情况是与普通话相异较大的名量词在各地用法也相异,有的地方与普通话用法相同,有的地方是近来受普通话影响较大又叠加上去的普通话用法。比如“一台机器”在宜兴、靖江、黄岩等地用“台”,多数地方如溧阳、丹阳、江阴、苏州、上海、松江、双林、宁波、嵊县、温州都用“部”,不过在有的大城市如上海、苏州也有人用“台”了。又如“一家商店”多数地方古老一点的用法是用“爿”,黄岩、温州、永康等地用“间”,不过不少用“爿”的地方也能用“家”。有的量词用法在一大片地区一致性较大,如在太湖片上“一行字”都说“一坺字”。“一道题目”都说“一门题目”,不过由于受普通话的近期影响,不少地方也能说“行”和“道”。

第三种情况是有些量词的用法表现出南片吴语和北片吴语较大的差异。比如普通话的“一颗糖”在江苏、上海多说“一粒糖”,但在浙江杭州、绍兴、诸暨、嵊县、余姚、金华等地则说“一颗糖”,杭州、永康也能说“一块糖”的。“一瓣橘子”,在太湖北片都说“一囊橘子”,在浙江的称呼颇多差异,如杭州称“花”或“间”,绍兴、宁波称“间”,诸暨、金华称“挂”。又如“一条鱼”在江苏、上海地区都说“一条鱼”,但在嘉兴、杭州、宁波、余姚、绍兴、金华都能说“一光[kuã]鱼”(“光”可能是“骨”的儿化读音,“胳膊”一词在崇仁读[ɕʏ$_{33}$kuᴇʔ$_{4}$手骨],而在余姚读[sɤ$_{33}$kuÃ$_{52}$手骨儿])。太湖片“一所屋子”都说“一间房子”,但温州说“座”、衢州说“栋”,金华说“太”,永康说“幢”。

吴语中还有一些生僻或特殊的量词。比如“一页书”说“一版书”(版:广韵上声潸韵布绾切:说文,判也。),“一层砖”说“一垒砖头”(垒:广韵去声至韵毗至切:地相次也。),“垒”与“层”在意义上略有差异,“垒”更强调依次堆叠,“一块泥”说“一墒烂泥”(墒,集韵入声积韵笔力切:块也。),“一排房子”说“一坺房子”。

吴语地区动量词“去一次”的“次”多用“趟”或“坺[dᴀ]”,余姚、宁波还用“回”,绍兴用“[mɑɒ]”。

二、代词

这小节讨论人称代词、疑问代词和指示词。因为吴语中相当于普通话“指示代词”一类的词,只有指示作用,没有替代作用,所以称它为指示词,但习惯上还是归在代词一类里。[本节(1)人称代词所引语料中凡未标声调者,用自游汝杰(1995)]

1. 人称代词

吴语的人称代词变化多端,相当复杂,有两大类。

第一类是“我、你、他”,代表北方话对吴语地区新的覆盖层,主要分布在太湖以北。如:丹阳、靖江、江阴、常州、溧阳、宜兴、无锡等地。其中第一人称“我”的覆盖面更大一些,南面较大的城镇如上海、苏州、余姚、嵊县、黄岩等都已用“我”。

“我”的演变路线大致是:ŋɑ→ŋɔ→ŋo→ʔŋo; ŋɑ→ŋʌɤ→ŋɤ→ŋɯ→ŋəu→ŋu→ɦu; ŋɑ→ɦɑ→ʔɑ。例如:上虞[ŋɑ$_{113}$];开化[ŋɔ$_{212}$],绍兴[ŋo$_{113}$],余姚[ŋo$_{113}$],黄岩[ʔŋo$_{53}$];丹阳[ŋʌɤ$_{213}$],无锡[ŋʌɤ$_{213}$];崇仁[ŋɤ$_{22}$],常熟[ŋɯ$_{31}$];苏州[ŋɜu$_{31}$],昆山[ŋəu$_{22}$];上海[ŋu$_{113}$];周浦[ɦu$_{113}$]。另外两个读法在南部吴语地区有例:汤溪[ɦɑ$_{113}$],金华[ʔɑ$_{544}$]。

“你”的演变路线大致是:ʔni→ʔȵi→ȵi; ni→nei。例如:上海文读[ʔni$_{52}$],江阴[ʔȵi$_{45}$],宜

兴[ȵi$_{223}$];丹阳后巷[nei$_{113}$]。

“他”的演变路线大致是:tʻɑ→tʻɒ→tʻo; tʻɑ→dɑ→dʌʏ。例如:靖江[tʻɑ$_{433}$],丹阳[tʻɑ$_{22}$];丹阳后巷[tʻɒ$_{42}$],溧阳[tʻo$_{334}$],宜兴[tʻo$_{55}$];常州[dɑ$_{213}$],无锡[dʌʏ$_{213}$]。

第二类是吴语里比较古老的形式。

第一人称单数原是“ŋ̍noŋ”,它的演变路线大致是“ŋ̍noŋ→ŋ̍no→ŋ̍nu→nu;ŋ̍noŋ→ŋ̍”。例如:上海奉贤[ŋ̍$_{22}$no$_{34}$],黎里[ʔŋ̍$_{44}$nɜu$_{44}$],嘉兴[ŋ̍$_{22}$nəu$_{34}$];松江[nu$_{113}$],太仓[nu$_{22}$];罗店[ŋ̍$_{213}$],崇明[ŋ̍$_{231}$]。“[ŋ̍noŋ]”的相近读法见于金华[ʔɑ$_{45}$noŋ$_{55}$]。“ŋ̍noŋ”常写作“侬”,“nu”常写作“奴”,“ŋ̍”常写作“我”或“吾”。

第二人称单数原是“n̩noŋ”,它的演变路线大致是“n̩noŋ→n̩nəu;n̩noŋ→noŋ→nən→nɛ̃^{n}→nᴇ→nə; n̩noŋ→n̩”。例如:奉化[n̩$_{324}$/noŋ](留前舍后或留后舍前),崇明[n̩$_{231}$](舍后,与第一人称同样舍后);同属嵊县的两地,崇仁为[nʊŋ$_{22}$],太平为[n̩$_{22}$],汤溪[ŋnoŋ];开化[n̩$_{21}$nəŋ$_{0}$],宁波[n̩$_{22}$nəʊ$_{35}$]或[n̩$_{113}$],同是加词头“实”的奉贤为[zəʔ$_{2}$noŋ$_{34}$],在不远处的松江为[zəʔ$_{2}$nu$_{34}$];盛泽[n̩$_{23}$nəʔ$_{3}$]或[nə$_{22}$],上海、周浦、余姚为[noŋ$_{113}$];昆山[nən$_{22}$],常熟[nɛ̃^{n}$_{31}$];苏州[nᴇ$_{31}$],嘉兴[ne$_{223}$];诸暨[n̩$_{233}$],黄岩[ʔn̩$_{53}$]。有些单数用“noŋ”、“nən”、“nᴇ”的地方,复数都用“n̩”开头,如“你→你们”,苏州[nᴇ$_{31}$→n̩$_{24}$tɔʔ$_{2}$],昆山[nən$_{22}$→n̩$_{23}$nəʔ$_{4}$/n̩$_{23}$təʔ$_{4}$],罗店[no^{ŋ}→n̩$_{22}$nᴀʔ$_{4}$/n̩$_{22}$tᴀʔ$_{4}$/no^{ŋ}$_{22}$tᴀʔ$_{4}$],由此可见“n̩”、“noŋ”两音节的密切关系和前述的舍留原理。“noŋ”常写作“侬”,“n̩”常写作“尔”。

第三人称单数原是“ginoŋ”,它的演变路线大致是“ginoŋ→ginəu→dʑinəu→ɦinəu→ʔinu;ginoŋ→gi→dʑi→ɦi→ʔi”。例如:兰溪[ginoŋ];开化[ge$_{21}$nəŋ$_{0}$],宁波[dʑi$_{22}$nəu$_{35}$/dʑi$_{113}$];绍兴[ɦi$_{22}$noʔ$_{5}$/ɦi$_{31}$],嘉兴[ʔi$_{52}$nəu$_{22}$/ʔi$_{51}$],盛泽[ʔi$_{j44}$nu$_{44}$/ʔi$_{j44}$];衢州[gi$_{323}$],余姚[ge$_{113}$],常熟[gᴇ$_{223}$];诸暨[dʑi$_{233}$],双林[dʑi$_{113}$];上海[ɦi$_{113}$](上海 170 年前 Edkins 又记“其[dʑi]”),昆山[ɦi$_{21}$];罗店[ʔi$_{52}$];苏州[ʔli$_{44}$]。“gi”常写作“渠”或“佢”,“dʑi”常写作“其”,舌面音是舌根音的腭化;“ɦi”和“ʔi”是“dʑi”失落声母又清化的结果,常写作“伊”或“渠(佢)”。

从现今各地的方言来看,“我侬,尔侬,其侬”是最原始的用法,“侬”即“人”,至今有不少地方“人”读“noŋ”,如在嵊县崇仁镇有一句话中的三个“人”有三种读法:“举人人家还人命[tɕy$_{34}$ȵiŋ$_{52}$nõ$_{21}$ko$_{23}$ væ̃$_{31}$zɪŋ$_{22}$mɪŋ$_{52}$]”,其中“人家”一词中的“人”读法最古老,“人”在嵊县县城读“[nõ$_{31}$]”,在嵊县太平乡读“[nʊŋ$_{312}$]”,永康“人”都读作“noŋ$_{322}$”。

从古代的文献里可以找到一些材料说明吴语中三称代词的原式。如以“侬”为自称的,见于南朝乐府民歌《子夜歌一首》:“郎为傍人取,负侬非一事。”又《华山畿・吴声歌曲之一》:“华山畿,君既为侬死,独生为谁施?欢若见怜时,棺木为侬开。”以“奴”为自称的,如计有功《唐诗纪事・昭宗》:“何处是英雄,迎奴归故宫。”《纪闻・广记卷》:“初见捕去,与奴对事。”冯梦龙《山歌・偷》:“捉着子奸情奴自渠当。”因汉字不便书写鼻音自成音节的双音词,疑古人常用的是舍前留后写法。“尔”见于《山歌・争》:“娘十七岁上贪花养子尔。”“其”、“渠”见于《颜氏家训・教子》:“教其鲜卑语及弹琵琶。”杜甫《遭田父泥饮美严中丞》:“渠是弓弩手,名在飞骑籍。”冯梦龙《山歌・象棋》:“渠用当头石炮,我有士象支持。”“侬”为“人”的,见于南朝民歌:“鸡亭故侬去,九里新侬还。”“吾侬”曾见于宋戴复古《沁园春》词:“夫诗者,皆吾侬平日,愁叹之声。”“我侬”见于冯梦龙《夹竹桃・愁见河桥》:“我侬就是黄连做子舌头能苦切。”“你侬”见于冯梦龙《山歌・风・又》:“你侬九十日春光弗曾着子奴一日箇肉。”《山歌・破棕帽歌》:“你侬弗要出言吐气,我侬唱介一只曲子你听听。”

冯梦龙《古今谭概·杂志部第三十六》:“嘉定近海处,乡人自称曰吾侬、我侬,称他人曰渠侬、你侬,问人曰谁侬。夜间有扣门者,主人问曰‘谁侬?’外客曰:‘我侬。’主人不知何人,开门方认,乃曰:‘却是你侬。’后人因名其处为三侬之地。”(参引吕叔湘,1985,51页)这说明在明末,嘉定(今属上海市)地域还保留着“我侬、你侬、渠侬”三称的原始古老形式,“谁侬”即“啥人”。“侬”即“人”的较老的读音。

各地方志里也有普遍的记载。如:洪武十二年(1379年)《苏州府志》:“又自称我为侬,按湘山野录钱王歌‘你辈见侬的欢喜在我侬心子里’。”乾隆十二年(1747年)《吴江县志·卷39》:“相谓曰侬。隔户问人曰谁侬,应曰我侬,视之乃识曰,却是你侬,指他人而称之曰渠侬。湘山野录钱王歌……”1931年《汤溪县志·民族风俗56》:“人谓之侬,自称曰我侬,称人曰你侬,或曰渠侬。明知县宋约汤溪八景诗葛陇农谈云我侬你侬用知感。”乾隆十五年(1750年)《宝山县志·卷一方言》:“侬:俗呼我为吾侬,呼人曰你侬,对人呼他人曰渠侬,故号三侬之地。隋炀帝宫中喜效吴言多有侬语。”“渠:俗呼他人曰渠,他家曰渠家。宋陈无已曰:汝岂不知我不着渠家衣耶!”1927年《嘉定县续志》:“我:自称也,亦曰我侬,亦曰若我,多数则曰我仪我俚。我,五可切,俗多作深腭音,由鼻而出,若读如入。侬:对称也,亦曰若侬,多数则曰侬搭汝搭。侬字古作自称,与尔汝你若同为舌音,乃转为对人之呼,实则应以戎字为正,戎侬一声之转。汝,忍与切,俗呼如忍音,与戎同为声转搭,犹言侪辈也。伊:俗对人呼他人为伊。伊侬:他称也,指多数曰伊搭。”从《嘉定县续志》看,嘉定方言的人称代词在500年来已发生很大变化,新的第二层次已渗入第一层。

吴语人称代词的复数形式有两种:一种是加复数形式的词尾语素,如:“们”,丹阳后巷[我ŋʌʏ$_{113}$→我们ŋʌʏ$_{31}$məŋ$_{23}$],靖江[我ŋʌʏ$_{223}$→我们ŋʌʏ$_{22}$məŋ$_{44}$];“家”,宜兴[我ŋu$_{24}$→我家ŋu$_{22}$ko$_{33}$],常州[我ʔŋʌɯ$_{34}$→我家ʔŋʌɯ$_{34}$ko$_{44}$];侪,丹阳[ŋʌʏ$_{213}$→我侪ŋʌʏ$_{22}$dʑi$_{44}$];“家人”,仙居[我ŋo→我家人ŋokoȵin]。以上地点第二、第三人称形式亦可类推。

另一种是由韵母形态的屈折变化构成复数,如奉贤:[我喏ŋ$_{22}$no$_{34}$](我)→[我倗ŋ$_{22}$nɑ$_{34}$](我们),[实侬zeʔ$_{2}$noŋ$_{34}$](你)→[实倗zeʔ$_{2}$nɑ$_{34}$](你们),[实伊zeʔ$_{2}$ɦi$_{j34}$](他)→[实伊拉zeʔ$_{2}$i$_{j55}$lɑ$_{52}$]/[实拉zeʔ$_{2}$lɑ$_{34}$](他们);松江:[nu$_{113}$]/[ŋ$_{22}$nu$_{23}$](我)→[ŋ$_{2}$nɑ$_{23}$](我们),[造zɔ$_{113}$]/[实奴zeʔ$_{2}$nu$_{34}$](你)→[实倗zəʔ$_{2}$nɑ$_{34}$]/[实拉zəʔ$_{2}$lɑ$_{34}$](你们),[伊ɦi$_{31}$]/[实伊zeʔ$_{2}$i$_{52}$](他)→[伊拉ɦi$_{24}$lɑ$_{31}$](他们);上海:[ŋu$_{113}$](我)→[我伲ŋu$_{22}$ȵi$_{44}$](我们),[侬noŋ$_{113}$](你)→[倗nᴀ$_{113}$](你们),[伊ɦi$_{113}$]→[伊拉ɦi$_{22}$lᴀ$_{44}$](他们,《土话指南》有处写作“伊倗”,29页);嘉兴:[我ŋ̍$_{223}$]/[我奴ŋ̍$_{22}$nəu$_{34}$](我)→[伢ŋɑ$_{223}$](我们),[耐ne$_{223}$](你)→[倗nɑ$_{223}$](你们),[伊ʔi$_{51}$]/[伊奴ʔi$_{52}$nəu$_{22}$](他)→[伊拉ʔi$_{55}$lɑ$_{31}$](他们);盛泽:[我奴ɦu$_{23}$nɜu$_{33}$](我)→[我里ɦu$_{23}$li$_{j33}$](我们),[尔呐n̩$_{23}$nəʔ$_{3}$](你)→[尔倗n̩$_{23}$nɑ$_{33}$](你们),[伊ʔi$_{j51}$]/[伊奴ʔi$_{j52}$nəu$_{22}$](他)→[伊拉ʔi$_{j55}$lɒ$_{31}$](他们)。

由韵母形态屈折变化构成复数的地点分布在杭州湾周围广阔地带,大致和人称代词单数较老的那一层分布地带相合,这是一种较古老的形式。在南部一些比较偏僻的乡村和小镇,代词的单、复数形态变化更规则,如诸暨的王家井:[我ŋɯ$_{233}$]→[伢ŋɑ$_{233}$],[你ȵi$_{233}$]→[ȵiᴀ$_{233}$],[其dʑi$_{233}$]→[dʑiᴀ$_{233}$];嵊县的崇仁:[我ŋɤ$_{22}$]→[ŋᴀ$_{233}$],[侬nʊŋ$_{22}$]→[nɑ$_{22}$],[伊ɦi$_{312}$]→[ɦiɑ$_{312}$];萧山:[我ŋo]→[ŋɑ],[尔n̩]→[n̩nɑ],[伊ɦi]→[ɦilɑ];新昌:[我ŋɤ]→[ɦɑʔlɑ],

[尔ŋ̍]→[ŋ̍lɑ]，[其dʑi]→[dʑilɑ]。韵母形态屈折也许是紧密结合的词尾变化的结果，印欧语亦同。

由于代词的常用性，在长期使用中语音会发生变化，而且还受到周围地区或北方话的影响，因而变得不规则。有的是直接借用，如：上海原来"我们"用"我伲"，后来从宁波借来"阿拉"；有的形成合音，如：松江称"你"的"造[zɔ$_{113}$]"就是"实喏[zəʔ$_{2}$nɔ$_{34}$]"的合音；奉贤的邬桥称"你"有两种读法"[zu$_{23}$]"和"[zəʔ$_{2}$nu$_{34}$]"，前者就是后者的合音；有的是省略或同化音变，如：称"你"的"[n̩noŋ]"常有省前为"[n̩]"和省后为"[noŋ]"的音变。这些发展变化都使得有的地方人称代词显得不配套。但是，毕竟有那么多和那么集中的大片地方(主要是杭州湾的南北)呈现着如此有规则的屈折变化现象，这是值得注意的语音现象。形态变化就是连读中性化合音语法化的结果。封闭类词中，吴语代词的变异最大，由于常用等原因，声韵调都会发生中性化、失落、轻读、模糊与变异现象。同时，这片地方的有些代词还存在词头现象也值得注意，如上文出现的"实"即"自"("自家"的"自")的促声化，老上海话除了"我→我伲"、"侬→倻"、"伊→伊拉"外，还有一套"自[zɿ]我→自伲"、"自侬→自倻"、"自伊/自其(缺复数)"。(A. Bourgeois，1941)如"什介是，自我是包租者。(这样，我是包租了。)"。(《土话指南》，1908)

人称代词这种古老形式读音的特殊性与一般的汉语单音节语音节不很协调，因此变化较多。笔者考察了上海奉贤县的各个乡，可以证明上述的那种变化过渡或叠加。有的乡临近，相差十几里路就有变化。如第一人称单数南桥镇是"[ŋ̍$_{22}$no$_{34}$]"，邬桥乡是"[ŋ̍$_{22}$no$_{22}$]"，光明乡、青村乡是"[ŋ̍$_{22}$nə$_{34}$]"，而萧塘乡是"[ŋ̍$_{22}$no$_{34}$/no$_{23}$]"，泰日乡是"[nu$_{113}$/ŋ̍$_{22}$nəʔ$_{4}$]"，齐贤乡是"[ŋ̍$_{22}$no$_{22}$/ŋ̍$_{113}$]"，金汇乡是"[ɑ$_{33}$ŋ̍$_{44}$]"；复数南桥镇是"[ŋ̍$_{22}$nɑ$_{34}$]"，而齐贤乡是"[ŋ̍$_{22}$nɑ$_{34}$/ŋi$_{113}$/æʔ$_{3}$ȵi$_{34}$]"，邬桥是"[nɑ$_{23}$/ŋ̍$_{22}$tʻəʔ$_{5}$noŋ$_{21}$]"，泰日是"[æʔ$_{3}$ȵi$_{34}$]"。第二人称单数萧塘是"[zəʔ$_{2}$nu$_{34}$/ɑʔ$_{4}$nu$_{44}$]"，邬桥是"[zu$_{23}$/zəʔ$_{2}$nu$_{34}$]"，齐贤是"[noŋ$_{113}$/zoʔ$_{2}$noŋ$_{113}$/zoŋ$_{113}$]"，南桥是"[zəʔ$_{2}$noŋ$_{34}$/ɦoŋ$_{113}$]"，胡桥是"[zəʔ$_{2}$nu$_{34}$]"，新寺是"[zəʔ$_{2}$noŋ$_{34}$]"，光明是"[noŋ$_{113}$]"；复数萧塘是"[ɑ$_{33}$nɑ$_{34}$/zəʔ$_{2}$nɑ$_{34}$]"，邬桥、庄行是"[zəʔ$_{2}$nɑ$_{34}$/zɑ$_{24}$]"，泰日是"[nɑ$_{113}$]"，胡桥是"[zəʔ$_{2}$nɑ$_{113}$/zɑ$_{113}$]"，青村是"[nɑ$_{22}$]"。第三人称单数齐贤是"[ɦi$_{j113}$/zəʔ$_{2}$ʔi$_{j52}$]"，泰日是"[ʔi$_{53}$]"，萧塘是"[gəʔ$_{2}$ʔi$_{53}$/ʔi$_{53}$]"，胡桥是"[gəʔ$_{2}$ʔi$_{52}$]"，光明是"[ʔi$_{53}$]"，南桥是"[ʔi$_{j52}$/zəʔ$_{2}$ɦi$_{j34}$]"；复数萧塘是"[gəʔ$_{2}$lɑ$_{34}$]"，邬桥是"[zəʔ$_{2}$lɑ$_{53}$/ɡ̩ɪʔ$_{2}$lɑ$_{53}$]"，金汇是"[ɦi$_{22}$lɑ$_{53}$/zəʔ$_{2}$ɦi$_{22}$lɑ$_{22}$/zəʔ$_{2}$lɑ$_{53}$]"，泰日是"[ʔi$_{44}$lɑ$_{53}$]"，南桥是"[zəʔ$_{2}$lɑ$_{34}$/ʔi$_{j44}$lɑ$_{52}$]"，光明是"[ʔi$_{55}$lɑ$_{31}$]"。

在连读变调处于后音节地位上的"nɑ"和"noŋ"，由于北部吴语的连调大都是后字附着的形式，不但声调趋于中性化，声韵母也会发生些变化，一种是音节轻读而促声化，一种是鼻韵尾失落[oŋ→o→u]。还有的是声母的变化，从"[nɑ]"变成"[lɑ]"或"[tɑ/tʻɑ]"。表现在许多地方，第二人称复数因前音节是"[n̩]"而使后音节保持"[nɑ]"，但第三人称则因前音节是"[gi]/[dʑi]/[ɦi]"而变成"拉[lɑ]"，如"伊拉"。松江的"你们"可"[zeʔ$_{2}$nɑ$_{34}$/zeʔ$_{2}$lɑ$_{34}$]"两读。"[tɑ]"的形成在吴语区更容易，因为原有许多地方如松江、仙居"[p、t]"都读缩气音"[ɓ、ɗ]"，缩气音本身带有较重的鼻音，从上古"赖、獭，禮、體"的分化也许也可印证。吴语有些地方"[nɑ]"读"[tɑ]"，如宝山的罗店"[侬noŋ$_{213}$](你)→[n̩$_{23}$nᴀʔ$_{4}$]/[n̩$_{22}$tᴀʔ$_{4}$]/[noŋ$_{22}$tᴀʔ$_{4}$](你们)"；昆山"[nən$_{22}$](你)→[n̩$_{23}$nəʔ$_{4}$]/[n̩$_{23}$təʔ$_{4}$](你们)"(ə由ᴀ变来)；苏州"[耐nᴇ$_{31}$](你)→[尔笃n̩$_{22}$tɔʔ$_{4}$]"(ɔ由ɒ变来)；常熟"[nε̃^{n}$_{31}$](你)→[nε̃^{n}$_{22}$toʔ$_{4}$](你们)"；黄岩"[渠ge$_{31}$](他)→

[渠推ge$_{22}$t‘e$_{51}$](他们)”。后来,“拉[la/laʔ]”和“[taʔ]”(“ʔ”是促音化)、“[t‘e]”就此表示群集,如上海“阿姨拉”即“阿姨她们”,罗店“娘舅搭”即“舅舅他们”,苏州“学生笃”即“学生他们”,黄岩“小王推”即“小王他们”,如“因此伲先伯父拉儿家头,亦困到五更头起来。(因此我们先伯父他们几个人,也睡到五更起身。)”“我立拉俉搭阶檐浪。(我站在你们的台阶上。)”(《土话指南》75 页,12 页)“拉”“搭”再进一步表示群集点,如“阿姨拉”又用作“阿姨家”,上海话“阿拉今朝到阿姨拉去”,即“我们今天到阿姨家去”。表示地点场所的后缀“拉”“搭”“坺”等就自此而来。它们还可以黏附在表示时间的词后面,表示时间上的位置,如:“前日仔搭(前天)”“将来仔搭(将来)”,这可能与汉人的天人合一观有关。另一种看法“搭”的本字是表示“地之区处”的“墶”,见《集韵》。

2. 疑问代词

吴语问人(谁)的疑问代词大致有四类:①啰,如:溧阳[啰家lo$_{24}$ko$_{52}$],丹阳[loʔ$_{\underline{53}}$kɛʔ$_{\underline{31}}$]。②哪,如:杭州[ʔnɑ$_{55}$kɔʔ$_{3}$/ʔlɑ$_{55}$kɔʔ$_{3}$],江阴[ʔlɑ$_{52}$kɑ$_{33}$/lɑ$_{52}$kɜʔ$_{3}$]。③啥,如:周浦[啥人sɑ$_{33}$ȵiɪŋ$_{52}$/哈人hɑ$_{33}$ȵiɪŋ$_{52}$/se$_{33}$ȵiɪŋ$_{52}$],宁波[sɔʔ$_{5}$ȵiŋ$_{33}$]。④底,如:丹阳[底介人ti$_{j54}$kɒ$_{55}$ȵiŋ$_{31}$],常州[tæ$_{34}$ȵiɲ$_{44}$]。问事物(什么)的疑问代词有三类:①底,如:溧阳[底个ti$_{z54}$kE$_{34}$],靖江[ti$_{j35}$kɒ$_{34}$]。②啥/啥个,如:苏州[啥sɒ$_{412}$/啥个sɒ$_{52}$kəʔ$_{3}$/啥物sɒ$_{52}$məʔ$_{3}$],余姚[啥西sɤ$_{33}$ɕi$_{52}$]。③𠲎,如:王家井[ɦA$_{31}$tsɐʔ$_{5}$],太平[ɦɑɒ$_{21}$gɛ$_{23}$]。问哪个和问处所(哪儿)的有四类:①啰,如:宜兴[lo$_{24}$tAʔ$_{5}$],无锡[lʌɤ$_{24}$tɑʔ$_{\underline{31}}$]。②哪,如:崇仁[nɑ$_{22}$kɑ$_{55}$k‘ue$_{31}$],丹阳[no$_{35}$dEe$_{21}$]。③鞋,如:上海[ɦA$_{22}$li$_{55}$gəʔ$_{\underline{31}}$],绍兴[ɦɑ$_{22}$li$_{44}$dɤ$_{52}$]。④啥,如:嘉兴[啥里sɑ$_{33}$li$_{51}$]。问时间(多久)和数量(多少)的有两类:①多少,如:常州[多少辰光tʌɯ$_{55}$sɑɤ$_{33}$ zəɲ$_{21}$kuaɲ$_{34}$],黄岩[多少təu$_{33}$ɕiɒ$_{51}$]。②几化/几,如:周浦[tɕi$_{33}$hɔ$_{53}$ zəɲ$_{23}$kuɒ̃$_{44}$],昆山[几化tɕi$_{52}$ho$_{33}$],常熟[几tɕi$_{44}$]。问程度方式(怎么、怎么样)的有两类:①哪,如:常熟[哪能nɑ$_{22}$nɛ̃^{n}$_{51}$],无锡[哪亨nɑʔ$_{4}$xã$_{31}$],上海[哪能介nA$_{22}$nəɲ$_{55}$kA$_{31}$]。②怎,如:黄岩[tsəŋ$_{33}$n̩$_{44}$]。问原因(为什么)的有两种:①同“怎么”。如:苏州[哪亨nã$_{31}$]。②“为”加上问事物的代词,如:上海[为啥ɦuE$_{22}$sA$_{44}$]。

“啰”见于《山歌》,如:“啰里西舍东邻行方便箇老官悄悄里寻箇情哥郎还子我?”(《寻郎》卷一 4)溧阳表示“谁”是“[啰家lo$_{24}$ko$_{52}$]”,其连读变调是“45 阳上＋阴去”,宜兴是“[lo$_{24}$ko$_{33}$]”,其阴上单字调是 24,后字 33 是阴去单字调的轻声快读。“哪”是阳上字,由此看,这两地的“啰家”就是“哪介(个)”。靖江的[喇个lɑ$_{22}$kʌɤ$_{44}$]也在次浊阳上的连调范围内。无锡的“哪个”读[啰里葛lʌɤ$_{24}$li$_{55}$ləʔ$_{31}$],在不远的苏州[啰㑚lo$_{24}$gəʔ$_{2}$/哪㑚no$_{24}$gəʔ$_{2}$]两读,所以,“啰、喇、拉、落”实都是“哪”的不同读音。“哪”最早出现的形式是“若箇”,如五代:“若箇游人不竞攀? 若箇娼家不来折?”(《幽忧子集》2:22)稍后又出现了“阿那”,如:“阿那甘心入死门?”(敦煌掇琐 41:194,见吕叔湘,1985:247 页)

“𠲎”,又写作“鞋”是“阿”的浊音同音字,分布杭州湾两岸的较大地域,一般与后面的“里”同用。宁波用“阿”,“哪儿”为[阿里ʔa$_{33}$li$_{44}$],从连调看“阿”是阴平,“阿”可能来自“阿那”;“哪个”黎里是[ɦo$_{24}$tA$_{3}$kəʔ$_{2}$],用的是“277 阳平＋阴入＋阴入”的连调型式,诸暨王家井是[ɦɑ$_{31}$ke$_{42}$],用的是“25 阳平＋阴去”,“哪儿”是[ɦɑ$_{31}$do$_{42}$],也是阳平为前字,所以这些首字可能是“何”字。但从常熟[鞋里搭ɦɑ$_{22}$li$_{55}$tAʔ$_{\underline{31}}$]连调推出却是“448 阳上＋阳上＋阴入”和绍兴[鞋里头ɦɑ$_{22}$li$_{44}$dɤ$_{52}$]的连调推出是“442”来看,“鞋”似乎是从“啥”(阴去字)浊化演变来的。

“底”作疑问词作“何,怎么”解见于唐・杜甫《可惜》诗:“花飞有底急?”白居易《早出晚

归》诗："自问东京作底来？"常州"谁"作[爹人tæ$_{34}$ȵiŋ$_{44}$]，是阴上的连调，也是"底人"的变音。

"啥"用于"谁"和"什么"，用在"谁"时都接"人"作后字，因此也是"什么"的意思。奉贤"什么"既说"啥"，又说"啥么[sɑ$_{35}$məʔ$_{2}$]"、"哈么[hɑ$_{35}$məʔ$_{4}$]"或"哈物事[hɑ$_{35}$məʔ$_{3}$zɿ$_{31}$]"。吕叔湘先生考"什么"是从常用"是何物"脱落"何"字而来，如"何物尘垢囊？"（《世说新语》6：14），"是什摩物动？"（《祖堂集》2：14）从吴语里"哈物"比"啥物"更古老来看，可能"啥"源自"何物"。

"几化"用于问"多少"，在吴语中还问程度"多么"。"几化"即"几许"。光绪八年（1882）《宝山县志·风俗》"多许"条："许俗音若黑可切，见隋书。又问人多少曰几许，见古诗。问人何在曰何许，见杜诗。又谓里面为里许，见温卿词。"汉代《古诗十九首》："河汉清且浅，相去复几许？"

"怎"只用于少数地方，"怎"来自"作么"，如："作摩是文殊剑？"（《祖堂集》11：215，吕叔湘，1985：309页），"怎么样"黄岩是[tsəŋ$_{53}$n̩$_{31}$]，宁波是[咋话dza$_{22}$ɦo$_{44}$]，"怎么啦"奉贤说"咋[tsɑ$_{35}$]啦"，"咋"又是"作哈"（做什么）的合音。

3. 指示词

吴语大多数地区，指示方位的指示词只有"近指"和"远指"两类。如丹阳城内"这儿"读[葛头kɪʔ$_{\underline{52}}$tᴇ^{e}$_{31}$]，"那儿"读[个头kʌɤ$_{213}$dᴇ^{e}$_{31}$]；王家井这儿读[葛陀kɐʔ$_{4}$do$_{33}$]，"那儿"读[me$_{23}$do$_{33}$]。有的地方同一指有多种说法，如江阴"那儿"有"果搭、果头、果荡、果边、果许面"几种说法，表指示的成分在前音节，后面都是表方位的虚语素作词尾。少数地方以后字为区分远近标志，如盛泽近指是[葛郎kəʔ$_{3}$lã$_{52}$]而远指为[葛面kəʔ$_{3}$miɪ$_{52}$]，有些地方老年和青年的说法已有差异，如上海老派"这儿"读[迪搭dɪʔ$_{2}$tɑʔ$_{4}$]"那儿"读[伊搭ʔi$_{55}$tɑʔ$_{2}$]，但年青人转为以后字作区分远近的主要标志，用[𠲎搭gɐʔ$_{2}$tɐʔ$_{4}$]（近）和[哀面ʔᴇ$_{55}$mi$_{31}$]（远）对称，另外与"哀面"相对的"那儿"称[𠲎面gɐʔ$_{2}$mi$_{23}$]，甚至凡出现"面"字的都是远称，[𠲎面搭gɐʔ$_{2}$mi$_{55}$tɐʔ$_{2}$]也是远指。有的地方除有近远指外，还有一个定指，如苏州近指是[哀搭ʔᴇ$_{55}$tᴀʔ$_{2}$]或[该搭kᴇ$_{55}$tᴀʔ$_{2}$]，远指是[弯搭ʔuᴇ$_{55}$tᴀʔ$_{2}$]或[关搭kuᴇ$_{55}$tᴀʔ$_{2}$]，另有一个[𠲎搭gəʔ$_{2}$tᴀʔ$_{4}$]，连读变调较特殊，表示前面或上文已提过或双方都知道的对象。常熟话近指是[俚搭li$_{23}$tᴀʔ$_{3}$]或[俚搭界li$_{23}$tᴀʔ$_{5}$kɑ$_{31}$]，远指分为一般的远是[葛搭kᴇʔ$_{4}$tᴀʔ$_{5}$]或[葛搭界kᴇʔ$_{4}$tᴀʔ$_{5}$kɑ$_{31}$]，更远的称[kɯ$_{55}$dᴇ$_{31}$]或[kɯ$_{5}$tᴀʔ$_{2}$]。昆山话原来有近指和远指之分，现在中青年中只有一指（区别指）：[𠲎搭gəʔ$_{2}$tᴀʔ$_{3}$]或[哀搭ʔɛ$_{44}$tʌʔ$_{4}$]，对称时，当远处称"𠲎搭"，近处为"哀搭"，反之近处称"𠲎搭"时，远处即为"哀搭"。黄岩话也是一指（单一指）：[gɐʔ$_{2}$ti]或[gɐʔ$_{2}$dᴀ$_{51}$]，不论远近都是一种称法。有些地方"那儿"说"哀面"或"哀搭"，可能是由"还有一面""还有一搭"简化而来。

"伊个"的"伊"和"哀个"的"哀"，源自"还有一"的缩读，上海话及其周边方言的"还"音读"[ᴇ]/[uᴇ]"，或都带浊音[ɦ]。比较上海周边地区的那个所谓"远指"的用词及其读音可以看出其元音的不断高化。"伊"的读音乃是"哀"的开口度更缩小一点而已（ε>ᴇ>ɪ>i）。

	那个	那些
苏州	还个[uᴇ$_{55}$kəʔ$_{2}$]/还一个[uᴇ$_{55}$ɪ$_{3}$kəʔ$_{2}$]	还点[uᴇ$_{55}$tiɪ$_{31}$]/还一点[uᴇ$_{55}$i$_{3}$tiɪ$_{31}$]
昆山	该个[kɛ$_{44}$gəʔ$_{4}$]	还点[uᴇ$_{44}$tiɪ$_{41}$]
嘉兴	哀个[ᴇɛ$_{52}$kəʔ$_{3}$]	哀点[ᴇɛ$_{52}$tie$_{22}$]
罗店	伊个[i$_{55}$gəʔ$_{3}$]	一点[ɪʔ$_{4}$tɪ$_{23}$]
松江	哀个[ᴇ$_{55}$kɯ$_{31}$]/伊个[i$_{55}$kɯ$_{31}$]	哀一眼[ᴇ$_{55}$iɪʔ$_{3}$ŋɛ$_{31}$]

盛泽　还有个[ᴇ$_{55}$ɦiɵʉ$_{33}$kəʔ$_{31}$]　　还有滴[ɦᴇ$_{22}$ɦiɯ$_{55}$tɪʔ$_{2}$]

黎里　介面个[kɒ$_{33}$mɪ$_{55}$kəʔ$_{2}$]　　还有滴[ɦᴇ$_{22}$ɦiɯ$_{55}$tɪʔ$_{2}$]

"还"有"[ᴇ]/[uᴇ]"两读,所以说除了指示方所之外,其他的"远指"宁可看为"另指"。

再来看看上海方言中使用远指代词"伊个[i$_{55}$gəʔ$_{\underline{31}}$]"和"哀个[ʔᴇ$_{53}$gəʔ$_{\underline{31}}$]"的情况,"伊个"多用于老派,"哀个"多用于新派年轻人。"伊个"、"哀个"一般多用于近远对称时。如:

　　搿个是借来个,哀个是买来个。

　　搿个花勿要,哀个要个。

"哀个"至今还大有"还有个"的意思,用得很少了。上海话中,对称时通常是这样说的:

　　搿两桩事体我办好了,还有一桩等辣明朝办这两件事我办好了,那两件待明天办。

　　搿眼西瓜子吃光伊,还有眼西瓜子摆辣明朝吃这些西瓜子吃完了,那些西瓜子放着明天吃。

上句也可以说"哀两桩……",下句也可以说"哀眼西瓜子……",但实际上一般不这样说。

至于前面说了一大段过去经历的一件事情后,下段开始接着指说提到该事时,普通话用"那个时候"接着说,而上海方言则用定指指示词说"搿个辰光",不用"哀个辰光"或"伊个辰光",所以"哀个"、"伊个"在上海话口语中出现率就很低了。

在调查吴江盛泽、黎里方言时,笔者再三问被调查者远指指示词,回答是"还有个"、"介面个",看来上海方言口语里的表达,与吴江方言很接近。

吴语常见的指示词词尾有"搭"、"荡"、"海"、"浪"、"里"、"头"、"面"、"边"、"块"、"爿"、"点"等几个,"搭"最常见。北至江阴、南到杭州大片地带都用"搭",如"这儿"一词,江阴[讲搭kᴀ^{ŋ}$_{52}$tɑʔ$_{3}$],苏州[该搭kᴇ$_{55}$tᴀʔ$_{\underline{31}}$],双林[个搭kəʔ$_{5}$tᴀʔ$_{5}$],旧上海[荡搭dɒ̃$_{2}$tæʔ$_{4}$],如:"今年夏里到荡搭。(今年夏天到这里。《土话指南》,1908, 49)""搭"的来历见上述。"搭[tɑʔ]"的变体有"[tᴇ]",如松江[gəʔ$_{2}$tᴇ$_{34}$];有"[t'ᴇ]",如"这儿"奉贤可说[荡滩dɒ̃$_{22}$t'ᴇ$_{34}$];有"又写作坎、埭[dᴀ]",如黄岩[gɐʔ$_{2}$dᴀ$_{51}$];有"[do]",如诸暨王家井[kɐʔ$_{4}$do$_{33}$];有"荡[daŋ]",是"坎"的儿化,如"那儿"江阴可说[果荡kɜɤ$_{52}$dᴀ^{ŋ}$_{33}$],"这儿"上海可说[gəʔ$_{1}$dɒ̃$_{23}$]、[荡搭dɒ̃$_{22}$tæʔ$_{4}$],"我想到张老师荡拜客去。(我想到张老师家拜年去。)""荡搭公馆里,……(这儿公馆里)"(《土话指南》:3, 22)。"东[toŋ]"是"[toʔ]"的儿化,如"在那儿"杭州可说[辣东lɐʔ$_{2}$toŋ$_{51}$]。另"那儿"也说"许",上声语韵,在奉贤读[ɕy$_{44}$],奉贤称"这儿"为"荡滩许中[dɒ̃$_{22}$t'ᴇ$_{55}$ɕy$_{33}$tsʊŋ$_{31}$]"或"搿搭许在[geʔ$_{2}$ʔdæʔ$_{3}$ɕy$_{55}$ze$_{31}$]",但是,在上海、周浦等地"鱼、灰"的"e"和"咍、寒"的"ᴇ"不同韵,这些地方"那儿"用"海(阴平)",都应读"咍"韵或"寒"韵,还有"海头、海面(均为阴平连调)"的说法。"这儿"周浦可说[海头hɛ$_{55}$dɤ$_{31}$](阴平开头的连调),"那边"江阴可说[果海面kɜɤ$_{52}$hæ$_{33}$mɪ$_{43}$],常州[间海点kæ$_{55}$xæ$_{33}$tɪ$_{31}$],在"绍兴"即是"亨[haŋ]",如"那儿"绍兴说[亨头haŋ$_{43}$dɤ$_{52}$],无锡为"[hən]"或"[hã]",如"里面"说[li$_{22}$hən$_{55}$/li$_{22}$hã],上海、苏州还腭化为"向[ɕiã]",如"里向"上海说[li$_{22}$ɕiã$_{44}$]。嘉兴、上海读"化[ho]",如"在那儿"嘉兴说[勒化ləʔ$_{2}$ho$_{23}$],旧上海也用[拉化lɑ$_{22}$hɔ$_{55}$],像:"家生咾啥,侪拉化个。(家具之类,都在内的。《土话指南》,1908:25)""海"只是在苏州、宝山等地与"许"韵母同音,那儿"雷=来=兰",宝山地区有个歇后语"踏扳头浪写愿——床许[hᴇ](上海)",笔者小住罗店乡下时,当地人晚上常开玩笑说"马上去上海(床许)哉"。这个现象,近代白话小说等都有例。如:"定规有个道理来浪里向。"(《九尾龟》150 回 996 页)"投子指庵前片石谓雪峰曰:三世诸佛,总在里许。"(《传灯录》)“浪[lɒ̃]”即方位词“上[lɒ̃]”的变音,[z]母变读[l]母,如“这儿”上海又说[迭浪diɪʔ$_{1}$lɒ̃$_{23}$],罗店[迭浪向dɪʔ$_{2}$lɒ̃$_{22}$ɕia˜$_{34}$],无锡又变作“娘[ȵiã]”。“里、头、面、边”都自方位词(也能表示时间方位)而来,使用地方也很多,如“这儿”:丹阳后巷[葛里kəʔ$_{\underline{53}}$li$_{j31}$],丹阳[葛头kɪʔ$_{\underline{53}}$tᴇe$_{31}$],无锡[意面i$_{53}$mɪ$_{31}$],绍兴[葛边kəʔ$_{5}$pĩ$_{33}$],只是“面、边”表示的场面更宽大一点,有“这边、那边”的意思。“块”、“爿”、“点”自处所名词、量词而来,如“这儿”:崇仁[介块kɑ$_{33}$kʻue$_{52}$],上海[搿面爿ɡəʔ$_{1}$mi$_{22}$dᴇ$_{23}$],宝山霜草墩[特板dəʔ$_{2}$pᴇ$_{23}$],宁波[葛点kɪʔ$_{4}$ti$_{44}$]。使用时,有的语素同义重叠,如“面爿、面搭、海点”,像上海的“搿面爿”,常州的“间海点”。

[z]母变[l]母读的还有“在”读“来”,“在”的促声化“著”读“勒/辣”。表示空间所在的介词结构“在……里”在吴语中是说“来……里”或“勒……里”的,于是形成“来/勒……里”、“来/勒……浪”、“来/勒……海/搭/荡/东/拉”等的格式,如:上海话“来我海头”、“辣侬拉”、“垃屋里”、“我立拉侕搭阶檐浪”。缩略中间具体内容,即成“来里”、“来荡”、“勒浪”、“辣海”、“辣东”等。

关于“来”和由“来”组成的“来”字结构的形成及其语法功用,将在本书“第七章　吴语的语法特征”中详述。

表示地点的指示代词的前语素即指示语素,近指的有“个”、“葛”、“搿”、“己”、“该”、“介”、“荡”等,如“这儿”:吴江黎里[葛浪kəʔ$_{3}$lã$_{51}$],上海[ɡəʔ$_{1}$tᴀʔ$_{\underline{23}}$],江阴[己头tɕi$_{j52}$dᴇɪ$_{33}$],靖江[志浪tsɿ$_{53}$lɑŋ$_{31}$],苏州[该搭kᴇ$_{55}$tᴀʔ$_{2}$],崇仁[介块kɑ$_{33}$kʻue$_{52}$],宁波[葛点kɪʔ$_{3}$ti$_{34}$,荡头dɔ̃$_{24}$dœʏ$_{44}$],双林“这会儿”是[介歇儿kɑ$_{32}$ɕɪ$_{34}$];远指的有“哀”、“弯”、“伊”、“过”、“旁”、“亨”等,如“那儿”:昆山[哀搭ʔɛ$_{44}$tᴀʔ$_{4}$],苏州[弯搭ʔuᴇ$_{55}$tᴀʔ$_{2}$],罗店[一浪ʔɪʔ$_{5}$lɒ˜$_{31}$],松江[伊歹ʔi$_{55}$tᴇ$_{31}$],无锡[过搭kʌɤ$_{55}$tɑʔ$_{\underline{31}}$],嵊县太平[旁介块bʊŋ$_{22}$kɑ$_{55}$kʻue$_{31}$/还伊介块væ̃$_{3}$li$_{22}$kɑ$_{55}$kʻue$_{31}$],崇仁[还块væ̃$_{22}$kʻue$_{52}$],绍兴[亨里haŋ$_{43}$li$_{52}$]。“个”是最原始的定指词,由舒声阴去变为促声(上海150年前即为舒声韵,今为促声韵)。“个”读清声母通常被写成“葛[kəʔ]”,有些地方读成浊声母则被写成“搿”或“个”,“个”有的地方读作“[kɪʔ]”,有的地方则腭化为“[tɕi]”,写作“己”,或作“志[tsɿ]”,有的地方读“介[kɑ]”,或由“介”变读作“间、该”,如宜兴[介头kᴀ$_{55}$dɤ$_{55}$]、溧阳[ɡɑ$_{22}$dei$_{52}$]。此外,还有从表示近指的“来里”简化而来的“里”,如常熟[里搭li$_{23}$tᴀʔ$_{3}$];从“底”而来的上海老派[第搭di$_{22}$tɑʔ$_{4}$/迭搭diɪʔ$_{1}$ltɑʔ$_{3}$](“柳映江潭底有情”,李商隐《柳》)。远指“哀、弯、一、伊、还伊”都是“还有一”的合音词,“还”在这些地方能读“[ɦɛ/ʔɛ/ʔuᴇ/væ̃]”等音,“[ʔɪ/ʔi]”由“[ʔᴇ]”变来,在有些较小或偏僻的地方,这种合音词至今还读得很松,如嵊县的太平乡的“还伊介块”,另有吴江的盛泽“那儿”可说“[还有面ɦᴇ$_{22}$iɵʉ$_{55}$miɪ$_{31}$]”,黎里“那些”除了说“[介面滴kɒ$_{33}$miɪ$_{55}$tɪʔ$_{2}$]”,还说“[还有滴ɦᴇ$_{22}$ɦiɯ$_{55}$tɪʔ$_{2}$]”,像前面所述。在吴江相近的地方,结合得紧密一点,就读成了“还点uᴇ$_{55}$tiɪ$_{31}$”或“伊点ɪʔ$_{4}$tɪ$_{23}$”。“过”也来自“个”,在常熟、无锡、常州等太湖北边表远指的,有的地方如常熟是指更远的看不到的地方。在上海话里“过面(阴去+阳去)”也是远指,它和“箇个(原是阴去+阴去)”都用老上海话的阴去开头的“55+31”连调。“旁”的意义较实,“亨”与表示远指的“来亨”是一致的。

表示程度的“这么”和表示“方式”的“这么”大都用“介”或“介”的变音,如绍兴分别用[介ka$_{52}$]和[实介zeʔ$_{2}$ka$_{52}$/实个zeʔ$_{2}$ɡəʔ$_{3}$],嘉兴分别用[介kɑ$_{51}$]和[实介末zəʔ$_{2}$ɡɑ$_{22}$məʔ$_{5}$],“实”是词头;溧阳用[介佬tɕie$_{44}$lɑɤ$_{34}$]。除了“介”,还有“搿能”一类,如松江分别是[实介能zeʔ$_{2}$ɡɑ$_{22}$nəɲ$_{52}$/实介能介zəʔ$_{2}$ɡɑ$_{22}$nəɲ$_{55}$kɑ$_{51}$/介kɑ$_{52}$]和[实介能/搿能介ɡɐʔ$_{2}$nəɲ$_{22}$kɑ$_{52}$],奉贤

"这么"有[搿能 geʔ$_2$nɐŋ$_{44}$]、[茄能 gɑ$_{23}$nɐŋ$_{53}$]和[实茄能 zeʔ$_2$gɑ$_{44}$nɐŋ$_{53}$],上海说[实个能 zɐʔ$_2$goʔ$_2$nəɲ$_{23}$]和[实介能zɐʔ$_2$kɐʔ$_2$nəɲ$_{23}$]都能说可见"个(搿)"和"介"的通用。"能"在这儿是表示"……那样"的一个后缀,如"慢慢能"、"索声能",作指示性状的"这样"用。作"这么、这样"解的"能"早见于南朝,如:"卦不能佳,可须异日。"(《吴志》六,孙韶)"金壶夜水讵能多,莫持奢用比悬河。"(乐府,梁元帝《乌栖曲》。吕叔湘,1985:296)"恁"是"能"的本字。

关于"个"的来历,"个"源自"介","个"就是"介"的促声弱化形式。表示程度、方式"这么/那么"的"介"和表示指示的"个"是同一个语素。在嵊县地区,近指代词和量词都用"介",保存着最老的读音,"这么"读[介kɑ$_{324}$],"这儿"读[介搭呵kɑ$_{33}$tæʔ$_5$hɤ$_{52}$],"一个人"读[独介人dɔʔ$_2$kɑ$_{34}$nɔ̃$_{52}$],"个个相似"说"介介相似"。"俩"在不少地方说"两个人"或"两个头",如宜兴[两葛人liʌŋ$_{24}$kəʔ$_5$ȵiŋ$_{53}$],绍兴可说[两葛头liaŋ$_{22}$gəʔ$_4$dɤ$_{52}$],但在无锡、苏州一带,都说"两家头",实际上"家"即"介",因为这些地方的"两家头",读音符合"45X"三音节连读变调,如常熟[两介头liʌ̃$_{22}$kɑ$_{55}$dᴇ$_{31}$],黎里[两介子liɛ̃$_{22}$kɑ$_{55}$tsɿ$_{31}$]。

"介"的"指别"用法,用上海话举例如下:"搿个[gəʔ$_1$gəʔ$_{23}$]人介[kᴀ$_{52}$]坏!"(这个人这么坏!),"哀个[ʔɪ$_{55}$gəʔ$_{31}$]字哀能介[ʔᴇ$_{55}$nəɲ$_{33}$kᴀ$_{31}$]写。"(那个字那么写。)旧上海话还有"箇脚[kutɕiɑʔ]"的说法:"侬箇脚话头,是在勿循理。(你这个话,是不讲道理。)"(《土话指南》1908:65)"箇脚"即"个介"(这个)。"个(介)"的用法除了上面的作"量词"用和陪伴量词作近指代词用外,还能起联系结构的作用,如"远开点介走","慢慢介走。/慢慢个走。/慢慢个介走。"

"介"在量词前作指别词,在明末吴语《山歌》一书中多见。如"嫁着子介个乌龟亡八,生得又麻又瞎又痴又聋。"(《山歌》卷八第 389 页)"屈来! 我吃你介场擦刮了去介。你做人忒弗长情,我有介只曲子在里到唱来你听听。"(《山歌》卷九第 410—411 页)"介"也能退至作语气助词:"你且去介去介。"(《山歌》卷八第 405 页)

上古《书经·秦誓》:"如有一介臣。"《左传·哀公八年》:"君有楚命,亦不使一介行李告于寡君"。"介"的指量用法先见于"个"。《集韵》认为"介、个"是一字。《集韵》:"箇,说文仿枚也,或作个、介,通作個。"

第三节 吴语词缀"子、头、儿"的特征

苏南西部地区词缀"子"多读入声"则[tsəʔ]",如丹阳话[妹则(妹妹)mæ$_{41}$tsɛʔ$_{21}$],常熟话[鸽则(鸽子)kəʔ$_4$tsəʔ$_5$],宜兴话[桃则(桃儿)dɑɤ$_{21}$tsə$_{23}$],溧阳话[学生则(学生)ɦɔʔ$_3$sən$_{22}$tsəʔ$_{52}$]、常州话[饺则(饺子)tɕiɑɤ$_{34}$tsəʔ$_4$],有的地方"则"、"子"两用,如无锡[饺子tɕiʌ$_{21}$tsɿ$_{23}$],[茄则dʑiɑ$_{24}$tsəʔ$_{31}$],江阴[裤则k'u$_{45}$tsɜʔ$_2$/裤子k'u$_{45}$tsɿ$_{31}$],[桃则(桃子)dɒ$_{21}$tsɜʔ$_4$],[狮子sɿ$_{55}$tsɿ$_{31}$],这些两用的地方,往往是老的层次是用"则",一些新一点的词用"子",如江阴与"活生"并用的"猴子"是后起的,读[ɦɜɤ$_{21}$tsɿ$_{42}$]。苏南东部、上海地区和浙江多数地区都读舒声"子",如苏州话[帽子mæ$_{22}$tsɿ$_{44}$]、松江话[房子vɑ̃$_{22}$tsɿ$_{52}$]、余姚话[老头子(老头儿)lɒ$_{23}$dɤ$_{44}$tsɿ$_{52}$],杭州话[车子ts'eɪ$_{33}$tsɿ$_{51}$]。不过绍兴话多用"则"如[小伙则ɕiɑɒ$_{33}$fu$_{44}$tsəʔ$_{52}$]。浙江南部地区许多名词都不用"子",有的是用单音词表示,黄岩、崇仁、温州、金华、永康都把"帽子"称作"帽",把"裙子"称作"裙",又如永康话称"桃(桃儿)、梅(梅子)、橘(橘子)、车(车子)、簿(本子)",黄岩话称"桃、李、茄(茄子)"。有的是用"儿"或"头"的形式,如温州称"李子"为"李儿","梅子"为

“梅儿”，衢州称“鸽子”为“鸽儿”，“兔子”为“兔儿”，黄岩称“燕子”为“燕儿”，宁波、余姚称“梨”为“梨头”。

吴语中，“头”尾很多，除了许多普通话用“子”的词用“头”如“鼻头”“篮头”“被头”“竹头”“调头”外，还有许多没有“头”尾的词在吴语里也用“头”，如“泥头”“云头”“东风头”“胸口头”“喇叭头”“角落头”“洋葱头”“隔壁头”。以上海话为例，“头”尾与名素结合：名头、龙头、肉头、牌头、东风头、饭箩头、男囡头，也可与动素结合：赚头、推头（借口）、轧头（岔儿）、找头、用头、浇头、姘头，与形容语素结合：暗头、滑头、高头、嫩头、老实头，与方位语素结合：下头、后底头、门口头，与量词结合：班头、斤头、分头、条头，与数量短语结合：一记头、几口头、独家头，与时间词结合：夜头、黄昏头、早晨头，与一些短语结合：冷饭头、床横头、灶前头、早发头、辣末生头（突然），与叠词结合：多多头、滴滴头、脚脚头。它们多数都是构成名词，有的表示人的称呼，如寿头（傻瓜）、滑头、小毛头、大块头、小鬼头、阿三头，有的表示时间处所的范围，如夜快头、下底头、隔壁头、太阳头、水桥头，有的表示微小，如粒粒头、毛毛头、须须头、囡囡头。吴语中大多数地方的“头”的使用情况大致如此。

有些地方，“头”尾能用来表示具有某种性格、特点、类型的人。如奉贤话中有：来三头（能干的人）、豪悛头（行动快的人）、把细头（小心、仔细的人）、巴结头（勤俭的人）、扛嘴头（会吵架的人）、挑角头（专找岔子的人）、饭榔头（胃口大的人）、囡窜头（发育中的小青年）、烂风头（说话爽快像一阵风的人）、老念头（经常吃一种东西成癖的人）、二婚头（第二次结婚的人）、奶末头（最小的一个孩子），有的有小称等色彩，如阿六头（第六个小孩）、姑娘头（小姑娘）、男囡头（男孩）、囡囡头（对婴儿的爱称）、姐姐头（大女孩，有贬义）。

此外，“头”还可以构成语缀。可以用在量词后面，再加名词，表示某物的整体状态，如“条头糕”（成条状的糕）、阵头雨、听头货。与表示动量的数量短语合用，表示分几次，如“药三趟头吃”、“钉子两记头敲下去”。与表示动量的数量短语合用，表示“一下子”的意思，如“书一记头搬完”。与“一”合用，还可以表示动作迅速完成，如“球一脚头踢出去”、“纸头一摆头就走”。如果数量短语后接“头”，还可以表示一个单位以整体来计算，如“一包香烟廿支头”“十元头钞票五十张”。“头”还可以与“有”合用，表示动作持续一段时间，如“有讲头”（要讲许多时间）、“有吃头”（要吃许多时候），与“没有”合用，表示不值得，如“呒没用头”（不值得用），“呒没去头”（不值得去）。“头”与“有啥”、“呒啥”合用表示“值得、不值得”，如“有啥好看头！”（有什么好看的！）“呒啥叫我头”（不值得叫我）；还可表示并不如此，不必如此，如“你有啥哭头！”（你不必哭！），“呒啥开心头”（不必高兴）。

南部吴语“头”尾要比北部吴语少，有许多北部吴语用“头”的词，南部吴语用单音词的形式，如“调头（调儿）”，永康说“调”，温州说“腔”、“被头（被子）”，永康和温州都说“被”。

吴语南部地区词缀“儿”常见。杭州话由于受北方官话的影响深重，存在大量的“儿”尾词，“儿[ər]”自成一个音节。如[帽儿mɔ$_{23}$ər$_{51}$]、[枣儿tsɔ$_{55}$ər$_{31}$]、[冰吊儿pɪn$_{32}$tiɔ$_{24}$ər$_{31}$]、[棚儿ɦuɐʔ$_{2}$ər$_{23}$]、[小摊儿ɕiɔ$_{55}$tʻᴇ$_{33}$ər$_{31}$]，有的词有儿尾和非儿尾两种用法，如[茄子dʑiɑ$_{21}$tsɿ$_{33}$/茄儿dʑi$_{21}$ər$_{33}$]，[梨头ʔli$_{33}$deɪ$_{33}$/梨儿ʔli$_{33}$ər$_{33}$]，也有的词的用法反映了混合的面貌，如“蚕豆”在杭州话中有三种说法[蚕豆儿dzo$_{21}$deɪ$_{23}$ər$_{31}$/大豆dɑ$_{23}$deɪ$_{51}$/大豆儿dou$_{23}$deɪ$_{55}$ər$_{31}$]。

这里着重说说杭州话中“儿”尾词的情形：

杭州的“儿”尾词多数用和其他词一样的连读调，尤其是阴上音节开头的“儿”尾词都用一般的连读调。如：

箩儿lou$_{21}$ər$_{23}$ 桧儿kuE$_{34}$ər$_{51}$ 葱花儿ts'oŋ$_{32}$huɑ$_{23}$ər$_{51}$

雄鸭儿ɦioŋ$_{21}$iɐʔ$_{23}$ər$_{51}$ 烧饼摊儿sɔ$_{32}$pɪn$_{23}$t'E$_{55}$ər$_{31}$

耍子儿sɑ$_{55}$tsɿ$_{33}$ər$_{31}$ 顶针箍儿tɪn$_{55}$tsən$_{33}$k'u$_{33}$ər$_{31}$

有的"儿"尾词的连读调与其他词用的连读调一般形式不同,尤其是阳平音节开头的词;有的词"儿"尾的读音比较自由。如:

线儿ʑie$_{35}$ər$_{31}$(原调是 34+51)

蛐蛐儿tɕ'Y$_{32}$tɕ'Y$_{24}$ər$_{31}$(原调是 32+23+51)

门闩儿mən$_{21}$SE$_{24}$ər$_{31}$(原调是 21+23+51)

零食儿lɪn$_{21}$zɐʔ$_{24}$ər$_{31}$(原调是 21+23+51)

肥肉儿vi$_{21}$ȵiɔʔ$_{2}$er$_{55}$(原调是 21+2+51)

男伢儿nE$_{21}$ɦiɑ$_{23}$ər$_{33}$(原调是 21+23+51)

蝴蝶儿ɦu$_{21}$diɪʔ$_{24}$ər$_{31}$/ɦu$_{21}$diɪʔ$_{24}$ər$_{55}$(原调是 21+23+51)

有不少动宾结构,用了"儿"尾形式后,使该动作专称化,有时可有名词化的作用。如:

滚边儿kuEn$_{44}$pie$_{32}$ər$_{23}$(这件衣服辣哈~。/他的工作是~。)

打裥儿tɑ$_{44}$kE$_{34}$ər$_{51}$ 赶鸭儿kE$_{33}$ʔiɐʔ$_{5}$ər$_{31}$

寻事儿dʑɪn$_{33}$zɿ$_{24}$ər$_{31}$ 跌跤儿tiɪʔ$_{3}$tɕ'iɔ$_{23}$ər$_{51}$

打架儿tɑ$_{32}$tɕiɑ$_{34}$ər$_{31}$

杭州话中有的词有两种称呼,一为"儿"尾词,一为一般词。这种现象可能与这两个词形成在不同的历史层次有关,后面的词可能是后来借用周围方言的。如:

茄儿dʑi$_{21}$ər$_{33}$/茄子dʑiɑ$_{21}$tsɿ$_{33}$

洞儿doŋ$_{23}$ər$_{51}$/洞眼doŋ$_{23}$ŋE$_{51}$

料儿liɔ$_{24}$ər$_{31}$/料作liɔ$_{23}$tsɔʔ$_{5}$

桧儿kuE$_{34}$ər$_{51}$/油条ʔiɤ$_{33}$diɔ$_{33}$

米粒儿ʔmi$_{55}$liɪʔ$_{3}$ər$_{31}$/饭米糁vE$_{22}$mi$_{55}$sueɪ$_{31}$

有的"儿"尾词另有不用"儿"尾的形式,可能是随周围方言影响失落了"儿"。如:

信壳儿ɕɪn$_{33}$k'ɔʔ$_{5}$ər$_{31}$/信壳ɕɪn$_{34}$k'ɔʔ$_{5}$

精肉儿tɕɪn$_{32}$ȵiɔʔ$_{3}$ər$_{55}$/精肉tɕɪn$_{32}$ȵiɔ$_{5}$

有的词在普通话里不用儿化,但在杭州话里用儿尾;有的词在普通话里用儿化,但在杭州话里不用儿尾。如:

帽儿(帽子)、篮儿(篮子)、鸭儿(鸭子)、蚕豆儿(蚕豆)、黄瓜儿(黄瓜),面条(面条儿)、春卷(春卷儿)、馅子(馅儿)、柄(把儿)

杭州话里也有的词在有了"头"尾或"子"尾后,再跟上"儿"尾。如:

石头儿zɐʔ$_{2}$deɪ$_{23}$ər$_{55}$

耍子儿sɑ$_{55}$tsɿ$_{33}$ər$_{31}$

其他地方也有许多词语带儿或儿化,儿缀一般都带小称的语法作用。

吴语的"儿"缀有以下几种:(1)以单音节形式连在词根音节后面,如:ŋ̍尾:温州[兔儿t'ɵ$_{44}$ŋ̍$_{2}$][桃儿dɜ$_{22}$ŋ̍$_{2}$][物儿(坛子)væi$_{22}$ŋ̍$_{2}$],衢州[摊儿t'æ̃$_{43}$ŋ̍$_{35}$][盒儿ʔʌʔ$_{2}$ŋ̍$_{35}$][筷儿k'uɛ$_{55}$ŋ̍$_{31}$],苏州[筷儿k'uɒ$_{55}$ŋ̍$_{31}$],罗店[小囡儿siɔ$_{33}$n^ɤ$_{55}$ŋ̍$_{31}$],丹阳[女儿ȵy$_{z52}$ŋ̍$_{24}$]。n̩尾:金华[侄儿dzəʔ$_{2}$n̩$_{24}$],[虾儿xuɑ$_{43}$n̩$_{5}$(又读xuæ̃$_{435}$)],义乌[狗儿kəːn],霜草墩[女儿n^ɤ$_{22}$n̩$_{52}$]。ȵi尾:衢州

[兔儿t'u$_{55}$ȵi$_{31}$][鸽儿kəʔ$_{4}$ȵi$_{35}$][虾儿xɑ$_{43}$ȵi$_{35}$][妹妹məɪ$_{24}$ȵi$_{31}$][女儿ʔnɑ$_{55}$ȵi$_{31}$]，金华[女孩儿ɕiɑʊ$_{33}$næ̃$_{55}$ȵi$_{j45}$]，苏州[蚌儿bÃ$_{22}$ȵi$_{j44}$]，无锡[孙女儿sən$_{21}$no$_{23}$ȵi$_{55}$]，江阴[猫儿mɒ$_{24}$ȵi$_{j31}$]，上海[姐儿tɕiᴀ$_{33}$ȵi$_{44}$]。ər尾：靖江[虾儿ho$_{44}$ər$_{44}$（又读虾子ho$_{44}$tsɿ$_{44}$）]，江阴[筷儿k'uæ$_{45}$ər$_{31}$（又读筷儿头kuæ$_{45}$ər$_{33}$dᴇɪ$_{31}$）][小伢儿（小孩子）siɒ$_{52}$ŋo$_{33}$ər$_{44}$]。常州[钱儿dɔ$_{21}$ər$_{34}$]。（2）以鼻音尾的形式与词根的韵母合并，有时会引起词根韵母的音变。如：温州[脚蹄儿tɕiɑ$_{3}$diŋ$_{52}$][鸡蛋tsɿ$_{44}$lɑŋ$_{34}$][汗衫儿ɦy$_{25}$sɑŋ$_{22}$][瓶儿bʌŋ$_{22}$][盖儿kʌŋ$_{45}$]，永康[小人儿ɕiᴀʊ$_{43}$nɔːŋ$_{325}$][盖儿kəŋ$_{\underline{54}}$][羊儿ɦiᴀŋ$_{325}$]，宁波[阿叔（叔叔）ʔɐʔ$_{3}$soŋ$_{35}$]，余姚[筷儿k'uɛn$_{44}$][阿哥（哥哥）ʔɐʔ$_{3}$kʊŋ$_{44}$（又读ʔɐʔ$_{3}$ku$_{44}$）][阿弟（弟弟）ʔɑʔ$_{3}$deɲ$_{23}$（又读di$_{22}$di$_{44}$/deɲ$_{23}$deɲ$_{44}$）]，黄岩[粥儿tsoŋ$_{52}$][今日儿tɕiɪŋ$_{33}$ȵiɪŋ$_{51}$][盖儿kəŋ$_{53}$]，[阿叔（叔叔）ʔɐʔ$_{3}$soŋ$_{51}$][娘舅儿（舅舅）ȵiã$_{22}$dʑiɪŋ$_{51}$]，金华[糖骨儿（芦黍）tᴀŋ$_{33}$kuᴀn$_{51}$][小摊儿ɕiɑʊ$_{54}$t'æ̃n$_{44}$]，周浦[蒂头儿（瓜蒂）ti$_{22}$təŋ$_{33}$]，江阴[手绢儿sᴇɪ$_{52}$tɕioŋ$_{33}$]，靖江[引线儿（针）ɦiŋ$_{22}$siŋ$_{55}$]，童家桥[白果儿bᴀʔ$_{42}$koŋ$_{31}$]，丹阳[沫儿moŋ$_{44}$]，黎里[丫头儿（女孩儿）ʔo$_{44}$diəɲ$_{44}$kɒ$_{31}$]，双林[磨子moŋ$_{21}$tsɿ$_{52}$][丫头儿（姑娘）ʔʊ$_{44}$dɪn$_{44}$][嫁女儿kɑ$_{32}$noŋ$_{24}$（又读kɑ$_{32}$nʊ$_{24}$ŋ̍$_{52}$）]，绍兴[糖骨儿（芦黍）dɒŋ$_{21}$kuaŋ$_{33}$][弟弟dɪŋ$_{21}$dɪŋ$_{33}$]，崇仁[油煤桧儿（油条）ɦʏ$_{22}$zɑʔ$_{4}$kuɪŋ$_{52}$][镬盖（锅盖）ɦɔʔ$_{2}$kɪŋ$_{52}$]。（3）进而以词根元音韵的鼻化形式出现。如：金华[小干（小孩）ɕiɑʊ$_{43}$kæ̃$_{45}$]，周浦[猫儿ʔmÃ$_{52}$（又读ʔmɔ$_{52}$）]，上海[麻雀儿mo$_{22}$tɕiÃ$_{44}$]，罗店[麻雀儿m^{ʌ}ɤ$_{22}$tsiã$_{52}$][猫儿ʔmã$_{52}$]，黄岩[镬儿ɦuɒ˜$_{52}$（又读ɦɔʔ$_{\underline{12}}$）][缸儿kɒ˜$_{35}$][凿儿zɒ˜$_{31}$][蚌壳儿ba˜$_{23}$kɒ˜$_{51}$][茅儿坑mã$_{24}$k'ɒ˜$_{51}$]，宁波[老头伯儿（老头儿）lɔ$_{22}$dœʏ$_{44}$pã$_{55}$][手骨儿（胳膊）ɕʏ$_{55}$kuã$_{31}$]，[伯伯（伯父）pa$_{33}$pã$_{44}$]，余姚[手骨儿（胳膊）sʏ$_{33}$kuÃ$_{52}$][伯伯（伯父）pᴀʔ$_{3}$pÃ$_{44}$][甜黍骨儿dĩ$_{22}$sɔʔ$_{4}$kuÃ$_{44}$]，霜草墩[丫头儿（女儿）ʔ^{ʌ}ʏ$_{55}$dɛ̃$_{31}$]，常熟[盖儿kæ̃$_{44}$]。（4）儿化韵失落，同时把词根的韵尾带落，或改变了原词根的韵腹或韵尾。如：双林[勺儿zo$_{31}$][大镬dəu$_{22}$ʉ$_{44}$][生活儿（活儿）sã$_{44}$uəɪ$_{44}$（又读sã$_{44}$ɦuəʔ$_{4}$）]，王家井[扶梯儿vu$_{31}$t'e$_{42}$（又读vu$_{31}$t'i$_{z42}$）][歇儿ɕi$_{z324}$（又读ɕiᴇʔ$_{\underline{45}}$）]，太平[蝙蝠儿piẽ$_{52}$fu$_{34}$]，宁波[猫儿mᴇ$_{113}$][绢帕儿tɕy$_{ɥ33}$pᴇ$_{35}$]，黄岩[鹅儿ȵie$_{113}$][鸭儿ʔɛ$_{53}$][猫儿ʔmɒ$_{35}$][蝴蝶儿ɦu$_{22}$die$_{51}$][盒儿ʔɛ$_{53}$（又读ɦɐʔ$_{\underline{12}}$）][牙刷儿ŋo$_{22}$sɛ$_{51}$][镙儿（镰刀）tɕie$_{53}$]，衢州[蒂儿tie$_{22}$]，[楼梯儿ləɪ$_{22}$t'ɛ$_{53}$（又读ləɪ$_{22}$t'i$_{53}$）]，上海[虾儿hø$_{52}$（又读ho$_{52}$）]，周浦[谷儿kuə$_{35}$][鸭ʔɑ$_{44}$][虾儿hø$_{52}$]，金华[麻雀儿ʔmiɑ$_{32}$tɕi$_{j45}$（又读ʔmɑ$_{32}$tɕ'yəʔ$_{5}$和ʔmɑ$_{32}$tsin$_{45}$）]。

在婺州片上，我们可以看到儿化的历时变化面貌。如"狗儿"一词在兰溪读[kieunə]（兰溪"儿"读[nə]），浦江、东阳和义乌都读[kəːn]，金华读[kin]。（朱加荣 1985）

南部吴语越是向南，儿尾词越多，上述"儿"缀的四种形式在北部吴语区域内也都存在，只是儿尾词很少，已经退化。

南部吴语表示小称义的形式除了用"儿"的形式外，还有一种音节音高变化的形式。小称词的后音节声调向上高扬，有的自成一种变调，有的便寄附在本方言音系里通用的单音调和连读调中，往往寄附在上声或去声调内。有的地方这种小称变调伴有紧喉的喉塞音，可能反映了更古老的形式。像黄岩单音节调和连读调都没有 35 调值，一些表小称义的词都用 35 调，如：[沙so$_{35}$][窠k'u$_{35}$][渣tso$_{35}$][糕kɒ$_{35}$][燕ʔie$_{35}$][猫ʔmɒ$_{35}$][虾ho$_{35}$][兜tiɤ$_{35}$][扇ɕie$_{35}$][钉tiɪŋ$_{35}$][双生（双胞胎）sɒ˜$_{33}$sa˜$_{35}$][卵团（男生殖器）lø$_{23}$dø$_{35}$]，又像永康的单音节调和连读调都没有 325 调值，一些表小称义的词都用 325 调。如：[桃dᴀʊ$_{325}$][梨li$_{325}$][梅məɪ$_{325}$][猫mᴀʊ$_{325}$][羊ɦiᴀŋ$_{325}$][糕kᴀʊ$_{325}$][窠k'oə$_{325}$][臭奶（蚂蚁）tɕ'iəʊ$_{42}$ȵiᴀ$_{325}$][喜鹊ɕi$_{43}$tɕiᴀʊ$_{325}$][小鸡ɕiᴀʊ$_{42}$tɕie$_{325}$][水勺ɕʏ$_{32}$ʑiᴀʊ$_{325}$][坛瓶tɤə$_{32}$b̥iɪŋ$_{325}$][小节头（小指头）ɕiᴀʊ$_{43}$tsə$_{\underline{32}}$dəʊ$_{325}$][黄瓜ɦuᴀŋ$_{32}$kʊᴀ$_{325}$][小雨ɕiᴀʊ$_{42}$ɦʏ$_{325}$][小偷ɕiᴀʊ$_{43}$t'əʊ$_{325}$][老股（男生殖器）lᴀʊ$_{32}$kʊ$_{325}$][橡皮箍（橡皮圈儿）ɕʑiᴀŋ$_{21}$bi$_{22}$kʊ$_{325}$]，

再像金华用阴去 45 的调值,如[麻记(麻雀)ʔmiɑ$_{32}$tɕi$_{j45}$][谷ko$_{45}$]。宁波寄附在上声调中,如[鸭儿ʔᴇ$_{325}$][麻雀儿mo$_{23}$tɕiã$_{35}$][绢帕儿(手帕)tɕy$_{ɥ33}$p‘ᴇ$_{35}$],这三个词是儿化小称与音高变化小称重合的。北部吴语也偶见此类小称变调,如周浦[扁担ɓi$_{33}$ɗɛ$_{35}$](不与儿化小称重合)、谷儿[kuə$_{35}$](与儿化小称重合)。

第四节　吴语常用词对照表

这里选编的是 33 个地点的常用词语,分名词、动词、形容词、代词、量词、副词、介词、连词、语助词依次排列,共 1 306 条。每条词条都以普通话通用说法标目,排在第一行,然后对照排列 33 个地点方言的说法。

各地的词语都用汉字和国际音标、数字五度制声调符号记录。对写不出的方言字,用“□”或方言同音字表示,下加“﹏”的字是方言同音字。为阅读和印刷方便,有的字仍用俗字。标音中凡有连读调读音的词条,一律标以连读调以示实际读音。本表依照实际发音情况记录语音。有的读音可能与本书前面所列的声韵调表和连读调表中归纳的音系有所出入,仍按实际语音情况记录,以便保存语音原貌,留待进一步探讨发现别的或新的规则。

常用词目录

太阳	涝(大水)	时候	下午	旁边
月亮	池塘	今年	傍晚	隔壁
星	河	明年	夜里	左边
流星	小河	去年	半夜三更	右边
云	土地	前年	大年初一	边儿上
雾	尘土	大前年	端午节	别处
露水	泥土	后年	中秋节	底下
霜	田地	日子	除夕	面前
风	土堆	今天	一天	××上
雨	路	明天	天天	稻子
阵雨	潮水	后天	早晚	麦子
细雨	泡沫	大后天	小时	稻谷
雪	巷	昨天	古时候	稻草
虹	弄堂	前天	末了	麦秆
雷	石头	大前天	前面	稻穗
冰	沙	白天	中间	棉花
冰锥儿	末子	夜间	半当中	棉花秆
晴天	风景	清晨	后面	籼米
阴天	城里	早晨	对面	粳米
雨天	乡下	上午	里面	大米
天旱	地方	中午	上面	糯米

面粉
糠
玉米
油菜
花生
甘薯
马铃薯
蔬菜
卷心菜
大白菜
金光菜(苜蓿)
蘑菇
香菇
蚕豆
豌豆
萝卜
茄子
番茄
葱
蒜
生姜
辣椒
木耳
芋艿
甘蔗
芦黍
黄瓜
冬瓜
甜瓜(香瓜)
瓜蒂
核儿
梨
梅子
橘子
柚子
葡萄
枇杷
樱桃
沙果儿

橄榄
荸荠
李子
核桃
香蕉
栗子
枣儿
桂圆
白果
荔枝
核儿
果皮
桑葚儿
柳树
树枝
竹子
毛竹
畜牲
老虎
狮子
豹子
狼
鹿
猴子
兔子
老鼠
黄鼠狼(鼬)
老鹰
猫头鹰
雁
燕子
乌鸦
喜鹊
麻雀
鸽子
公猪
母猪
公狗
母狗

羊
猫
公鸡
母鸡
小鸡儿
鸭子
鹅
鲫鱼
黄花鱼
墨鱼
鳝
虾
蟹
蚌
青蛙
癞蛤蟆
乌龟
鳖
蜗牛
蚯蚓
蝙蝠
蜈蚣
蜘蛛
蜜蜂
蝴蝶
蜻蜓
蝉
萤火虫
蟋蟀
蚂蚁
苍蝇
蚊子
蛇
壁虎
蚕
螺蛳
跳蚤
水蜒
翅膀

爪子
尾巴
窝
早饭
午饭
晚饭
米饭(饭)
粥
汤
菜(菜肴)
荤菜
素菜
馅
馒头
包子
面包
糕
蛋糕
粢饭
汤圆
爆米花儿
馄饨
饺子
面条儿
锅巴
蛋黄
猪肉
猪肝
猪舌头
猪肾
鸡蛋
松花蛋
腐乳
豆腐干
粉条儿
油条
烧饼
咸菜
干菜

作料
猪油
酱油
盐
白糖
饴糖
红糖
醋
味精
发酵粉
茶
开水
凉水
温水
冰棍儿
纸烟
零食
渣儿
味道
酒席
衣服
上衣
衬衫
汗衫
背心
夹袄
毛衣
外套
马褂儿
棉衣
雨衣
裤子
裙子
短裤衩
三角裤
帽子
鞋
拖鞋
草鞋

凉鞋
围巾
手套
袜子
毛巾
手帕
围嘴儿
袖子
扣子
尿布
房子
屋子(单间)
正房
厢房
厨房
厕所
茅厕
柱子
墙
窗子
窗台
门槛
门框
门栓
台阶
楼梯
院子
天井
井
房基
篱笆
地板
角落
窟窿
灶
家具
东西
桌子
椅子
凳子
长凳子
书桌
柜子
抽屉
盒子
床
被子
褥子
毯子
枕头
席子
帐子
被窝
窗帘
锅
锅铲
钢精锅
菜刀
筷子
筷筒
缸
水瓢
坛子
罐子
瓶子
调羹
盘子
碟子
碗
酒杯
脸盆
澡盆
暖壶
砧板
饭篮
淘米箩
茶缸
拖把
抹布
扫帚
簸箕
扇子
木柴
火炉
手电筒
煤油灯
浆糊
针
顶针儿
线
绳子
扣儿
袋(兜儿)
伞
拐杖
肥皂
牙刷
盖儿
尺
剪子
锤子
斧子
锯子
小刀儿
钩子
钉子
梯子
锄头
镰刀
扁担
筛子
轮子
木头
竹片
砖头
煤油
汽油
磨
篓子
把儿
钱
工资
商店
铺子
小摊子
饭馆
车子
轮船
小船
帆船
肉店
外地
硬币
学校
教室
书
本子
纸
砚台
毛笔
钢笔
信
信封儿
信纸
橡皮圈儿
图章
徽章
相片
玩具
哨儿
画儿
秋千
风筝
茶馆
事情
头(又:头的别称)
头发
前额
眉毛
睫毛
眼睛
眼珠
鼻子
鼻孔
耳朵
嘴
嘴唇
酒窝儿
牙齿
舌头
喉咙
口水
胡子
脖子
肩膀
胳膊
背心
脊柱
胸脯
胸口
汗毛
左手
右手
手指头
指甲
手掌
大拇指
小拇指
大腿
小腿
膝盖
脚
脚趾
奶

肚子
肚脐眼儿
肠子
脚背
脚跟
屁股
肛门
男生殖器
女生殖器
精液
月经(又:月经的别称)
裸体(精光儿的)
个儿、身材
长相
年龄
男人
女人
老头儿
老太太
小伙子
姑娘
小孩儿
男孩儿
女孩儿
发育中的孩子
娃娃
婴儿
双胞胎
新郎
新娘
疯子
傻子
小偷
流氓
师傅
徒弟
老师
学生

售票员
家伙
爷爷
奶奶
爸爸
妈妈
后母
伯父
伯母
叔父
婶母
姑父
姑母
外公
外婆
舅父
舅母
姨夫
姨母
岳父
岳母
公公
婆婆
丈夫
妻子
哥哥
弟弟
弟媳
姐姐
姐夫
妹妹
妹夫
大伯子
小叔子
大姑子
小姑子
儿子
媳妇
女儿

女婿
侄儿
侄女
外甥
孙子
孙女
外孙
岔儿
调儿
话
活儿
劲儿
力气
瘾
模样
冷膈儿
饱膈
沫子
用处
门路
记号
刮风
下雨
打闪
打雷
结冰
化雪
涨潮
淋雨
掉下来
看
瞪眼
听
闻
吃
喝
吸
咬
啃

嚼
吞
含
喷
吹
尝
拿
捏
掐
摸
捞
找(～东西)
摘
擦
搓
提
举
托
扛
端
捧
搬
按
推
挡
撑
拖
拉
拔
搂
抱
背
削
削(皮)
抠
甩
扳
绊
放(安放)

换(对换)
摔(～东西)
摔跤
开
关
封
盖
罩
套
卷
包
系
解
剥
折(～叠)
叠(堆～)
铺
打
捅
碰
撕
移
弹
扔
填
埋
走
跑
跳
踩
跨
站
蹲
靠
躺
爬
挤(推拥)
躲
挑

背(动词)
跟
逃
脱
戴
洗
刷
漱口
洗澡
洗手
晒
晾
烫
染
剪
裁
切
割
剁
杀
泼
浇
扫
点
收拾
搅和
拌
选(～择)
藏(收存)
给
说
问
理(理睬)
叫
喊
笑
哭
骂
开玩笑
发脾气
吵架
打架
劝
训
吹牛
拍马
陪
干活儿
种地
耕田
插秧
割稻
采棉花
买油
买药(中药)
活
死(又:死的别称)
男方结婚(娶)
女方结婚(嫁)
坐月子
生孩子
抽烟
喝茶
夹菜
斟酒
煮饭
遇见
嘱咐
理发
穿衣
洗脸
谈天
玩儿
游泳、泅水
照相
打扑克
翻斤斗
赢
输
打赌
休息
睡觉
打呵欠
打瞌睡
打呼噜
睡熟
哆嗦
喷嚏
抓痒
撒尿
拉屎
生病
着凉
咳嗽
头晕
发烧
泻肚
喜欢
生气
讨厌
恨
后悔
怕
留神
知道
想
相信
怀疑
小心
想念
记挂
忘记
要
不要
应该
值得
是
不是
没有(无)
没有(未)
接吻
上坟
遗失
浪费
顶撞
到手
帮忙
羡慕
划火柴
找岔儿
洇溢
渗
滴
拦(～水)
拦(～人)
舀
缝
啜(～奶)
拧(～肉)
拧(～毛巾)
拧(～盖子)
合缝
占便宜
搭界(有关连)
求饶
凑热闹儿
当学徒
挨打
骂街
解闷儿
拉话
拍桌子
搽(～粉)
沉淀
逗孩子
操神
游逛
睡过头
搬家
比长短
并排坐(排排坐对孩子说)
转圈圈儿(团团转)
搀和
娶
欺负
起身
吃不住
逮
颠倒
剁脚
敲诈
干嘛
光膀子
淹死
扎针
回绝
回去
回头见
胡说八道
黏住
着火
拣起(拾)
挣(～钱)
掷
觉得
烤
煨
快点儿
劳驾
拉倒
灭灯
抹
念(～书)

盼望
刨(～根)
赔本儿
嚷
傻了
潲雨
生怕
下车
吓唬
醒
掀开被子
掀开锅子
说话
行(可以)
挑选
理睬(搭理)
搭话
糟了
打耳光
完结
完事了
捂着
挜
胳肢(动词)
不成
不止
在(动词)
在那儿
大
小
高
低
高(人的身材)
矮
长
短
粗
细
宽

窄
厚
薄
深
浅
空
满
方
圆
平
正
反
歪
横
竖
直
斜
陡
弯
亮
暗
黑
轻
重
干
湿(潮)
稠
酽
稀
糊
硬
软
老(不嫩)
嫩
脆
结实(牢、扎致)
生
熟
整齐

乱
破
干净
肮脏
热闹
清楚
浑
快(锋利)
快(迅速)
早
晚
迟(晏)
好
坏(怀)
差
容易
难
贵
便宜
热
冷
烫
暖和
温
凉
香
臭
馊
咸
淡
饿
渴
累
痒
舒服
忙
闲
胖
肥(奘)

瘦
老(不年轻)
年轻
好看、漂亮
难看、丑(怕)
强壮
勤快
精神(神气)
傻
老实
狡猾
直爽
大方
小气
骄傲
谦虚
乖
顽皮
伶俐
精明
懒
能干
内行
外行
高兴
合意
烦恼
可怜
倒霉
奇怪
害怕
害羞
密(猛)
挤
利落、能干,强健(戯,健)
肿
俏(裓)
困难(烦难)

妥帖(舒齐)
丢脸(坍宠)
恨(毒)
硬气(弹硬)
烦闷不舒(殟塞)
宽余舒服(宽舒)
结实、厉害(结棍)
差劲、低劣(蹩脚)
行、能干(来三)
杂乱、闷湿难受(乌苏)
融洽往来(热络)
驯服顺从(服帖)
心中高兴(焐心)
资格老、经验足(老鬼)
蛮不讲理(猛门)
很了不起、行(吃价)
不慌不忙(笃定)
不入眼、讨厌(惹气)
漂亮、大方(出客)
舒服、愉快(写意)
爽快(爽气)
刁钻、会作弄人(促掐)
方便(便当)
愉快(快活、开心)
漆黑(墨出黑)
许多(交关)
好运儿、有趣儿(好孛相)
糊弄局儿(搭浆、拆烂污)

滑稽(发松)
一塌糊涂
讲究(考究)
机灵
老练(老枪)
结巴(格嘴)
凉快(风凉)
乱(络乱)
尴尬
难受(难过)
难闻(气味)
认真(顶真)
许久(长远)
好儿(多)
煞有介事
顺利(得法)
时兴(时路)
腻(厌)
偷偷儿的(偷迷仔)
造孽(作孽)
我
你
他
我们
咱们
你们
他们
我的
你的
他的
大家
自己
人家
别人
一个人
俩
别的
这个
那个

这些
那些
这儿
那儿
这边
那边
这么(程度)
这么(方法)
这会儿
那会儿
谁
什么
哪个
哪儿
哪边
怎么
怎么样
多么
多少
多久
几
个(人)
头(牛)
匹(马)
只(鸡)
条(狗)
条(鱼)
棵(树)
丛(草)
朵(花儿)
串(葡萄)
顿(饭)
支(烟)
瓶(酒)
盏(灯)
口(水)
套(衣服)
双(鞋子)
条(被子)

顶(帐子)
把(刀)
根(针)
条(绳子)
座(桥)
座(房子)
扇(门)
辆(车)
只(船)
件(事情)
笔(生意)
种(布)
架(机器)
副(筷子)
家(商店)
所(屋子)
些(纸)
行(字)
排(砖)
瓣(橘子)
道(题目)
颗(糖)
束(花)
看一遍
走一次
打一顿
吃一下
去一趟
坐一会儿
闹一场
叫一声
一辈子(一生一世)
一点儿(一眼眼)
几个(三五个)
几儿(几时)
十五
从前
刚才

先前、起初
后来
本来
一向
预先
已经
常常
赶快
马上
很
非常
十分
更
最
太
稍微
恰巧
都
统统
总共
一起
又
再
还
仍旧
反正
大约
一定
必定
别
不
才(到这时才走)
才(怎么才来就要走)
才(这样才可以)
正在
亏得
老是
偏

也许
索性
挺
也
一并
总归
正巧
忽然
这下
故意
更加
简直
几乎
横竖
不用
不会
把
被
替
在(介词)
比
从
到
向
和
如果
所以
为了
不过
或
那末
的(领格,前置)
的(后置)
的(过去)
的(事类)
的(副)
的(连)
得(动结果)
得(可能)

得(动结果,量)	着(方法分词)	吗(反诘是非)	啊(提醒)	罢(试定)
好……(赞叹)	呢(假设附逗)	啊(设问)	唉(反对)	罢(假设逗,指行为)
了(起事)	呢(特指词)	啊(称呼)	么(你应知,特指)	啊(命令,微重)
了(设想结果)	呢(起头问)	啊(感叹)	么(你应知,泛指)	呢(感叹,带赞叹)
了(叙事过去)	呢(特指问)	啊(暂顿)	咯(公认)	呢(还没有)
了(完事)	呢(起头问,重)	啊(重假设顿)	么(你应知,泛指)	罢了,就是了(限制)
了(时间附逗)	啊(问事问,重)	啊(警告)	么(暂顿)	得了(任听)
了(假设附逗)	吗(是非问)	啊(提醒)	么(假设,暂顿)	罢了(催劝)
了(设想正句)	吧(是非问)	啊(劝听)	罢(劝令)	
了(命令)	呢(申明有)	啊(试定,问意见)		
着(分词)	呢(延长动)			

太阳

宜:太阳/日头(少)tʻA33ɦiAŋ44/ȵiɪʔ2dɤɯ23　溧:太阳/日头tʻA54ɦie23/ȵiɪʔ3dei23　金:太阳/日头tʻɛᵉ44iaŋ31/ləʔ5tʻʌʏ23　丹:太阳/日头tʻɑ55ie23/ȵɪʔ5tEᵉ33　童:太阳/日头tʻɒ35ɦiaŋ31/ləʔ42dei31　靖:太阳tʻæ35ɦiĩ31　江:太阳/日头tʻæ45ɦiAᵑ31/ȵiəʔ2ɗEɪ23　常:太阳tʻæe55ɦiAɲ31　锡:太阳/日头(少)tʻɑ55ɦiã31/ȵiəʔ2dEi55　苏:太阳tʻɒ55ɦiÃ31　熟:太阳/日头(少)tʻɑ55ɦiA˜31/ȵɪʔ2dE51　昆:日头/太阳(少)ȵiɪʔ3dE31/tʻɑ55ɦiã31　霜:太阳/日头tʻɑ55ɦia˜31/ȵɪʔ2dʌɪ23　罗:太阳/日头(少)/太阳公公tʻɑ55ɦia˜31/ȵɪʔ2dʌɪ23/tʻɑ33ɦia˜55koᵑ55koᵑ31　周:太阳/日头/太阳公公/tʻɑ33ɦiA˜51/ȵɪʔ2dɤ23/tʻɑ33ɦiA˜55koŋ55koŋ31　上:太阳tʻA33ɦiÃⁿ44　松:太阳/日头tʻɑ55iɛ̃31/ȵiɪʔ2dɯ52　黎:太阳/日头tʻɑ22ɦiã51/ȵiəʔ3dieɯ34　盛:太阳/日头tʻɑ32ɦiæ̃52/ȵiɐʔ2diəʉ34　嘉:太阳tʻɑ33ɦiA˜51　双:太阳/日头(少)tʻɑ32ɦiã34/ʔȵieʔ5dᵊʏ52　杭:太阳tʻE34ɦiAŋ51　绍:太阳tʻa43ɦiaŋ33　诸:日头/太阳(少)ȵiəʔ2dei52/tʻA54ɦiÃ33　崇:日头/太阳ȵiEʔ2dʏ41/tʻɑ33ɦiA˜23　太:日头/太阳ȵieʔ2dʏ52/tʻɑ55ɦiAŋ33　余:太阳/日头(少)tʻA55ɦiÃ31/ȵɪʔ2dʏ52　宁:太阳/日头(少)/日蒲头(少)tʻa55ɦiã33/ȵiɪʔ2dœʏ34/ȵiɪ2bu44dœʏ52　黄:太阳tʻA55ɦia˜31　温:太阳/日头佛tʻɑ44ɦi24/ȵi2dʌu55væi52　衢:日头/太阳/日头空ȵiəʔ3dəɪ31/tʻɛ55ʔɦiã31/ȵiəʔ3dəɪ33kʻʌŋ35　华:太阳/日头/日头空tʻɛ53xɦiAŋ24/ȵiəʔ2diɯu24/ȵiəʔ2diɯu44kʻoŋ51　永:日头/日头空/太阳ȵiə21dəʊ22/ȵiə21dən22kʻoŋ44/tʻiA43ʔɦiAŋ22

月亮

宜:月亮/亮月ȵyeʔ3liAŋ53/liAŋ21ȵye23　溧:月亮/亮月ȵyeʔ3lie53/lie54ȵye23　金:月亮/亮月爸爸yeʔ4ȵiaŋ44/ȵiaŋ44yeʔ4pɑ52pɑ21　丹:月亮/亮月yɪʔ5lie23/lie52yɪʔ23　童:月亮/亮月ɦyoʔ42liaŋ31/liaŋ33ɦyoʔ5　靖:月亮/亮月ɦyɔʔ42lĩ31/lĩ24ɦyɔʔ3　江:月亮/亮月ɦioʔ2liAᵑ23/liAᵑ24ɦioʔ2　常:月亮/亮月ɦyeʔ2liAɲ52/liAɲ21ɦiɔ13　锡:月亮/亮月ɦiɔʔ2liã22/liã22ɦiɔʔ5　苏:月亮ŋəʔ3liÃ52　熟:月亮/亮月ŋEʔ2liA˜34/liA˜24ŋEʔ31　昆:月亮ŋəʔ2liã23　霜:月亮ŋəʔ2lia˜23　罗:月亮/月亮婆婆ŋɐʔ2lia˜23/ɦioʔ2lia˜22bu22bu23　周:月亮ȵioʔ2liA˜23　上:月亮ɦyɪʔ2liÃⁿ23　松:月亮ȵiɔʔ2liɛ̃34　黎:月亮ȵioʔ3liã33　盛:月亮ɦyəʔ3liæ̃33　嘉:月亮ʔyɵʔ5liA˜31　双:月亮ʔioʔ5liã52　杭:月亮ɦyɪʔ2liAŋ23　绍:月亮ɦyoʔ2liaŋ52　诸:月亮ȵyoʔ3liÃ33　崇:月亮ɦyoʔ2liA˜23　太:月亮ɦyɔʔ2liA˜52　余:月亮ɦyɔʔ2liÃ52　宁:月亮ɦyɪʔ2liã34　黄:月亮ŋɐʔ2lia˜44　温:月光/月光佛(少)ȵy2kᵘɔ44/ȵy2kᵘɔ55væi52　衢:月亮/月亮婆婆ɦyəʔ2liã53/ɦyəʔ2liã53bu22bu23　华:月亮/月亮婆婆ʔȵie32liAŋ24/ʔȵie32liAŋ24 poə22poə24　永:月亮/月亮婆婆ȵye2liAŋ24/ȵye2liAŋ24boə24boə22

星

宜:星/星星çiŋ$_{55}$/çiŋ$_{55}$çiŋ$_{55}$　溧:星/星星çin$_{445}$/çin$_{44}$çin$_{55}$　金:星/星星çiŋ$_{31}$/çiŋ$_{44}$çiŋ$_{44}$　丹:星/星星çiŋ$_{22}$/çiŋ$_{44}$çiŋ$_{31}$　童:星/星星çiŋ$_{42}$/çiŋ$_{55}$çiŋ$_{31}$　靖:星/星星siŋ$_{433}$/siŋ$_{43}$siŋ$_{33}$　江:星/星星siɲ$_{51}$/siɲ$_{53}$siɲ$_{31}$　常:星/星星çiɲ$_{44}$/çiɲ$_{55}$çiɲ$_{31}$　锡:星/星星sin$_{544}$/sin$_{21}$sin$_{23}$　苏:星星/星siɪn$_{55}$siɪn$_{31}$/siɪn$_{44}$　熟:星/星星sĩ^{ɲ}$_{52}$/sĩ^{ɲ}$_{55}$sĩ^{ɲ}$_{51}$　昆:星星/星sin$_{55}$sin$_{31}$/sin$_{44}$　霜:星/星星sĩ$_{52}$/sĩ$_{55}$sĩ$_{31}$　罗:星/星星sɪ^{n}$_{52}$/sɪ^{n}$_{55}$ṡɪ^{n}$_{31}$　周:星/星星çiɪŋ$_{52}$/çiɪŋ$_{44}$çiɪŋ$_{52}$　上:星/星星çiɲ$_{52}$/çiɲ$_{55}$çiɲ$_{31}$　松:星çiɲ$_{52}$　黎:星siəɲ$_{44}$　盛:星/星星sɪɲ$_{44}$/sɪɲ$_{44}$sɪɲ$_{44}$　嘉:星/星星çin$_{51}$/çin$_{44}$çin$_{51}$　双:星/星星çɪn$_{44}$/çɪn$_{44}$çin$_{44}$　杭:星/星星çɪn$_{323}$/çɪn$_{32}$çɪn$_{23}$　绍:星/星星çɪŋ$_{52}$/çɪŋ$_{33}$çɪŋ$_{52}$　诸:星亮çĩ$_{52}$liÃ$_{44}$　崇:星/星星çiŋ$_{53}$/çiŋ$_{33}$çiɲ$_{52}$　太:星星çiŋ$_{55}$çiŋ$_{31}$　余:星星çiɲ$_{33}$çiɲ$_{44}$　宁:星/星星çɪŋ$_{52}$/çɪŋ$_{33}$çɪŋ$_{51}$　黄:星/星星çiɪŋ$_{53}$/çiɪŋ$_{35}$çiɪŋ$_{51}$　温:星səŋ$_{44}$　衢:星/星星çi^{ɲ}$_{434}$/çi^{ɲ}$_{35}$çi^{ɲ}$_{31}$　华:星/星星çiɪn$_{324}$/çiɪn$_{33}$çiɪn$_{55}$　永:星/星星çiɪɲ$_{44}$/çiɪɲ$_{43}$çiɪɲ$_{44}$

流星

宜:流星liɤɯ$_{21}$çiŋ$_{23}$　溧:流星liʌɯ$_{32}$çin$_{23}$　金:流星n̩iʌʏ$_{24}$çiŋ$_{44}$　丹:流星lʏ$_{32}$çiŋ$_{24}$　童:拉丝星lɒ$_{55}$sɿ$_{33}$çiŋ$_{31}$　靖:流星løʏ$_{24}$siŋ$_{31}$　江:流星liзʏ$_{24}$siɲ$_{31}$　常:流星lei$_{21}$çiɲ$_{34}$　锡:流星lᴇi$_{22}$sin$_{55}$　苏:流星/移星(少)ləɪ$_{22}$siɪn$_{44}$/ɦi$_{j22}$siɪn$_{44}$　熟:流星liɯ$_{24}$sĩ^{ɲ}$_{31}$　昆:流星lɪ$_{23}$sin$_{41}$　霜:流星/扫帚星ly$_{22}$sĩ$_{52}$/sɔ$_{55}$tsʌɪ$_{55}$sĩ$_{52}$　罗:流星/扫帚星ly$_{22}$ṡɪ^{n}$_{52}$/sɔ$_{33}$tsʌɪ$_{55}$sɪn$_{31}$　周:流星liɤ$_{23}$çiɪŋ$_{44}$　上:流星/扫帚星liɤɯ$_{22}$çiɲ$_{44}$/sɔ$_{33}$tsɤɯ$_{55}$çiɲ$_{32}$　松:流星liɯ$_{22}$çiɲ$_{52}$　黎:流星lieɯ$_{22}$siəɲ$_{24}$　盛:流星liɵʉ$_{22}$sɪɲ$_{44}$　嘉:流星liɵʉ$_{21}$çin$_{34}$　双:流星/扫帚星l^{ø}ʏ$_{22}$çɪn$_{44}$/sɔ$_{34}$ts^{ø}ʏ$_{55}$çɪn$_{31}$　杭:扫帚星sɔ$_{33}$tseɪ$_{55}$çɪn$_{31}$　绍:流星liʏ$_{22}$çɪŋ$_{52}$　诸:流星liʏ$_{31}$çĩ$_{42}$　崇:流星lʏ$_{21}$çiŋ$_{23}$　太:流星lʏ$_{31}$çiŋ$_{22}$　余:扫帚星sɒ$_{44}$tsʏ$_{44}$çiɲ$_{52}$　宁:流星lʏ$_{22}$çɪŋ$_{51}$　黄:流星liʏ$_{25}$çiɪŋ$_{51}$　温:流星lʌu$_{31}$səŋ$_{31}$/lʌu$_{22}$səŋ$_{44}$　衢:流星liɯ$_{31}$çi^{ɲ}$_{53}$　华:流星ʔliɯɯ$_{32}$çiɪn$_{35}$　永:流星liəʊ$_{32}$çiɪn$_{44}$

云

宜:云ɦyɪŋ$_{223}$　溧:云yn$_{323}$　金:云yiŋ$_{24}$　丹:云ɦyn$_{213}$　童:云ɦyʮəŋ$_{31}$　靖:云ɦyɪŋ$_{223}$　江:云ɦioŋ$_{223}$　常:云ɦyɲ$_{213}$　锡:云ɦyɪn$_{213}$　苏:云ɦyɪn$_{223}$　熟:云ɦiʊŋ$_{233}$　昆:云ɦyn$_{24}$　霜:云ɦĩ$_{31}$　罗:云ɦɪ^{n}$_{31}$　周:云ɦioŋ$_{113}$　上:云ɦyɲ$_{113}$　松:云ɦyɲ$_{31}$　黎:云ɦyəɲ$_{24}$　盛:云ɦyɪɲ$_{24}$　嘉:云ɦyn$_{31}$　双:云/云障ɦɪn$_{113}$/ɦɪn$_{22}$tsɔ̃$_{44}$　杭:云ɦyɪn$_{212}$　绍:云ɦyẽ$_{31}$　诸:云ɦĩ^{n}$_{233}$　崇:云ɦiʊ^{n}$_{312}$　太:云ɦiʊŋ$_{312}$　余:云ɦyʊŋ$_{113}$　宁:云ɦyoŋ$_{113}$　黄:云ɦyɪŋ$_{31}$　温:云ɦyoŋ$_{31}$　衢:云ɦyɲ$_{31}$　华:云ʔɦyɪn$_{324}$　永:云ʔ^{ɦ}yɪɲ$_{322}$

雾

宜:雾/迷雾ɦu$_{31}$/mi$_{j22}$ɦu$_{53}$　溧:雾vu$_{31}$　金:雾^{ə}u$_{44}$　丹:雾ʋ^{ə}u$_{41}$　童:雾vu$_{113}$　靖:雾/迷雾(少)ʔvu$_{51}$/mi$_{j22}$vu$_{52}$　江:雾/迷露βu$_{223}$/mi$_{j24}$lзʏ$_{31}$　常:迷雾/雾/迷露mi$_{j21}$vu$_{34}$/vu$_{24}$/mi$_{j21}$lu$_{34}$　锡:雾/迷露ɦu$_{213}$/mi$_{22}$lʌʏ$_{55}$　苏:迷露/雾mi$_{j22}$lзu$_{44}$/vu$_{31}$　熟:迷露/雾/迷雾mi$_{23}$lɯ$_{33}$/vu$_{213}$/mi$_{23}$vu$_{33}$　昆:迷露/迷雾/雾mi$_{23}$ləu$_{41}$/mi$_{23}$ɦu$_{41}$/ɦu$_{21}$　霜:雾/迷雾ɦu$_{213}$/mi$_{24}$ɦu$_{31}$　罗:雾/迷雾/迷露ɦu$_{213}$/mi$_{24}$ɦu$_{31}$/mi$_{25}$lu$_{31}$　周:雾/雾露vu$_{213}$/vu$_{22}$lu$_{44}$　上:雾/雾露/迷露vu$_{113}$/vu$_{22}$lu$_{44}$/mi$_{22}$lu$_{44}$　松:雾露/雾vu$_{22}$lu$_{23}$/vu$_{113}$　黎:雾露/雾vu$_{23}$lзu$_{33}$/vu$_{213}$　盛:雾露/雾vu$_{32}$lзu$_{52}$/vu$_{212}$　嘉:雾/雾露βu$_{223}$/βu$_{24}$l^{ə}u$_{31}$　双:雾βu$_{31}$/βu$_{21}$ləu$_{34}$　杭:雾/雾露ɦu$_{113}$/ɦu$_{23}$lu$_{51}$　绍:雾/雾露vu$_{22}$/vu$_{23}$lu$_{33}$　诸:雾露ɦʊ$_{33}$lʊ$_{33}$　崇:雾露vʊ$_{22}$lʊ$_{23}$　太:雾露vu$_{21}$lu$_{23}$　余:雾vu$_{113}$　宁:雾vu$_{113}$　黄:雾vu$_{113}$　温:雾mʊ$_{22}$　衢:雾ʔɦu$_{31}$　华:雾ɦu$_{24}$　永:雾fvʊ$_{214}$

露水

宜:露水lu$_{21}$çyʮ$_{23}$　溧:露水lu$_{32}$çy$_{z52}$　金:露水l^{ə}u$_{52}$suei$_{23}$　丹:露水l^{ə}u$_{41}$çye$_{21}$　童:露水

lu$_{24}$ʃy$_{ʮ}$ei$_{31}$　靖:露水/露ʔlu$_{52}$ɕye$_{34}$/ʔlu$_{51}$　江:露水lɜɤ$_{24}$ɕy$_{31}$　常:露水lu$_{21}$sʮ$_{13}$　锡:露水lʌɤ$_{22}$sʮ$_{55}$　苏:露水lɜu$_{22}$sʮ$_{ɿ44}$　熟:露水lɯ$_{24}$ʂʮ$_{ɿ31}$　昆:露水ləu$_{23}$sʮ$_{41}$　霜:露水lu$_{24}$sɿ$_{31}$　罗:露水lu$_{24}$sɿ$_{31}$　周:露水lu$_{24}$sɿ$_{31}$　上:露水lu$_{22}$sɿ$_{44}$　松:露水lu$_{23}$sɿ$_{44}$　黎:露水lɜu$_{21}$sʮ$_{52}$　盛:露水lɜu$_{22}$sɿ$_{52}$　嘉:露水/露(少)l^{ə}u$_{24}$sɿ$_{31}$/l^{ə}u$_{223}$　双:露水ləu$_{22}$sɿ$_{52}$　杭:露水lu$_{23}$sʮeɪ$_{51}$　绍:露水lu$_{21}$sɿ$_{23}$　诸:露水lʊ$_{22}$sɿ$_{52}$　崇:露水lʊ$_{22}$sɿ$_{23}$　太:露水lu$_{24}$sɿ$_{22}$　余:露水lu$_{22}$sɿ$_{52}$　宁:露水lu$_{22}$sʮ$_{52}$　黄:露水l^{ə}u$_{23}$sʮ$_{31}$　温:露水lɵ$_{52}$sɿ$_{34}$　衢:露水lu$_{45}$ʃʮ$_{35}$　华:露水lu$_{13}$ɕʮ$_{y51}$　永:露水lʊ$_{32}$ɕʏ$_{32}$

霜

宜:霜sAŋ$_{55}$　溧:霜sAŋ$_{445}$　金:霜syaŋ$_{31}$　丹:霜suaŋ$_{22}$　童:霜ʃy$_{ʮ}$aŋ$_{42}$　靖:霜/露霜ɕyaŋ$_{433}$/ʔlu$_{52}$ɕyaŋ$_{34}$　江:霜sA^{ŋ}$_{51}$　常:霜sʮAɲ$_{44}$　锡:霜sɒ̃$_{544}$　苏:霜sÃ$_{44}$　熟:霜ʂÃ$_{52}$　昆:霜sã$_{44}$　霜:霜sɒ̃$_{52}$　罗:霜/老白霜sɒ̃$_{52}$/lɔ$_{22}$bAʔ$_{55}$sɒ̃$_{31}$　周:霜sÃ$_{52}$　上:霜sÃ^{n}$_{52}$　松:霜sɑ̃$_{52}$　黎:霜sɑ̃$_{44}$　盛:霜sɑ̃$_{44}$　嘉:霜sÃ$_{51}$　双:霜sɔ̃$_{44}$　杭:霜/霜冻(老)sʮAŋ$_{323}$/sʮAŋ$_{32}$toŋ$_{33}$　绍:霜sɒŋ$_{52}$　诸:霜sɒ̃$_{544}$　崇:霜sɒ̃$_{533}$　太:霜sɒŋ$_{523}$　余:霜sɒ̃$_{34}$　宁:霜sɔ̃$_{52}$/ɕiã$_{52}$　黄:霜sɒ̃$_{53}$　温:霜ɕy^{u}ɔ$_{44}$　衢:霜ʃʮɒ̃$_{434}$　华:霜ɕʮAŋ$_{324}$　永:霜ɕYAŋ$_{44}$

风

宜:风foŋ$_{55}$　溧:foŋ$_{445}$　金:foŋ$_{31}$　丹:foŋ$_{22}$　童:foŋ$_{42}$　靖:foŋ$_{433}$　江:foŋ$_{51}$　常:foŋ$_{44}$　锡:foŋ$_{544}$　苏:foŋ$_{44}$　熟:fʊŋ$_{52}$　昆:foŋ$_{44}$　霜:fo^{ŋ}$_{52}$　罗:fo^{ŋ}$_{52}$　周:foŋ$_{52}$　上:fʊŋ$_{52}$　松:fʊŋ$_{52}$　黎:foŋ$_{44}$　盛:foŋ$_{44}$　嘉:foŋ$_{51}$　双:foŋ$_{44}$　杭:foŋ$_{323}$　绍:fʊŋ$_{52}$　诸:foŋ$_{544}$　崇:fʊ^{ŋ}$_{533}$　太:fʊŋ$_{523}$　余:fʊŋ$_{34}$　宁:foŋ$_{52}$　黄:fəŋ$_{53}$　温:hoŋ$_{44}$　衢:fʌŋ$_{434}$　华:foŋ$_{324}$　永:foŋ$_{44}$

雨

宜:ɦy$_{ʮ24}$　溧:ʔy$_{z445}$　金:y$_{z323}$　丹:y$_{z44}$　童:ɦy$_{ʮ113}$　靖:ɦy$_{ʮ223}$　江:ɦy$_{223}$　常:ʔy$_{ʮ334}$　锡:ɦy$_{33}$　苏:ɦy$_{ʮ31}$　熟:ɦy$_{31}$　昆:ɦy$_{21}$　霜:ɦy$_{213}$　罗:ɦy$_{213}$　周:ɦy$_{113}$　上:ɦy$_{113}$　松:ɦy$_{113}$　黎:ɦy$_{ʮ32}$　盛:ɦy$_{ʮ22}$　嘉:ʔy$_{44}$　双:ɦi$_{z31}$　杭:ʔy$_{51}$　绍:ɦy$_{ʮ113}$　诸:ɦy$_{ʮ31}$　崇:ɦy$_{ʮ22}$　太:ɦy$_{22}$　余:ɦy$_{113}$　宁:ɦy$_{ʮ113}$　黄:ʔy$_{ʮ53}$　温:vʊ$_{24}$　衢:ʔy$_{53}$　华:ʔʮ$_{y544}$　永:ʔɦY$_{323}$

阵雨

宜:阵雨/阵头雨dzən$_{21}$ɦy$_{ʮ23}$/dzən$_{21}$dɤɯ$_{11}$ɦy$_{ʮ23}$　溧:阵雨/阵头雨dzən$_{32}$xɦy$_{z23}$/dzən$_{32}$dei$_{22}$xɦy$_{z23}$　金:阵雨/阵头雨tsəŋ$_{52}$y$_{z23}$/tsəŋ$_{52}$t'ʌɤ$_{22}$y$_{z23}$　丹:阵头雨/阵雨tsɛn$_{41}$tE^{e}$_{33}$y$_{z21}$/tsɛn$_{41}$y$_{z21}$　童:阵雨/阵头雨dzəŋ$_{24}$ɦy$_{ʮ31}$/dzəŋ$_{23}$dei$_{55}$ɦy$_{ʮ31}$　靖:阵雨/雷阵雨dz̥əŋ$_{31}$ɦy$_{ʮ23}$/le$_{22}$dzəŋ$_{44}$ɦy$_{ʮ23}$　江:阵头雨dzEɲ$_{24}$dEI$_{33}$ɦy$_{31}$　常:阵雨/阵头雨dzəɲ$_{21}$ɦy$_{ʮ13}$/dzəɲ$_{21}$dei$_{11}$ɦy$_{ʮ13}$　锡:阵雨/阵头雨zən$_{22}$ɦy$_{55}$/zən$_{22}$dEI$_{55}$ɦy$_{31}$　苏:阵头雨zən$_{22}$dəɪ$_{55}$ɦy$_{ʮ31}$　熟:阵头雨tʂẽ^{n}$_{24}$dE$_{33}$ɦy$_{31}$　昆:阵头雨zən$_{22}$dE$_{55}$ɦy$_{31}$　霜:阵头雨zɛ̃$_{22}$dʌɪ$_{23}$ɦy$_{52}$　罗:阵雨/阵头雨zɛ̃^{n}$_{24}$ɦy$_{31}$/zɛ̃^{n}$_{22}$dʌɪ$_{24}$ɦy$_{31}$　周:阵雨/阵头雨zəŋ$_{24}$ɦy$_{31}$/zəŋ$_{22}$dɤ$_{55}$ɦy$_{31}$　上:阵头雨/雷阵雨zəɲ$_{22}$dɤɯ$_{55}$ɦy$_{31}$/lE$_{22}$zəɲ$_{55}$ɦy$_{31}$　松:阵头雨zəɲ$_{23}$dɯ$_{44}$ɦy$_{44}$　黎:阵头雨dzəɲ$_{22}$dieɯ$_{55}$ɦy$_{ʮ31}$　盛:阵头雨dzəɲ$_{22}$diəʉ$_{55}$ɦy$_{ʮ31}$　嘉:阵雨/雷阵雨zən$_{24}$ɦy$_{31}$/le$_{22}$zən$_{55}$ɦy$_{31}$　双:阵雨/阵头雨zən$_{22}$ɦi$_{z52}$/zən$_{22}$d^{ø}Y$_{22}$ɦi$_{z52}$　杭:阵头雨dzən$_{22}$deɪ$_{55}$y$_{31}$　绍:阵头雨dzəŋ$_{21}$dɤ$_{33}$ɦy$_{ʮ33}$　诸:阵头雨dzẽĩ$_{22}$dei$_{22}$ɦy$_{ʮ52}$　崇:阵头雨zɪŋ$_{24}$dY$_{55}$ɦy$_{ʮ31}$　太:雷阵雨le$_{21}$dzeŋ$_{34}$ɦy$_{52}$　余:阵头雨dzeɲ$_{22}$dɤ$_{55}$ɦy$_{31}$　宁:阵雨dʑɪŋ$_{22}$ɦy$_{ʮ44}$　黄:阵雨/雷阵雨dʑiɪŋ$_{23}$ɦy$_{ʮ31}$/le$_{22}$dʑiɪŋ$_{33}$ɦy$_{ʮ31}$　温:阵雨dzʌŋ$_{52}$vʊ$_{34}$　衢:阵雨dʒʮən$_{45}$ʔy$_{53}$　华:阵雨dzən$_{13}$ʔʮ$_{y51}$　永:雷阵雨ləɪ$_{32}$dzəɲ$_{32}$ɦY$_{31}$

细雨

宜:小雨/蒙蒙雨ɕiɑɤ$_{35}$ɦy$_{ʮ21}$/moŋ$_{21}$moŋ$_{11}$ɦy$_{ʮ23}$　溧:小雨/小毛雨/蒙松雨ɕiɑ^{ɤ}$_{54}$xɦy$_{z34}$/ɕiɑ^{ɤ}$_{54}$mɑ^{ɤ}$_{33}$xɦy$_{z34}$/ʔmoŋ$_{44}$soŋ$_{44}$xɦy$_{z31}$　金:蒙蒙雨/毛毛雨moŋ$_{22}$moŋ$_{44}$y$_{z31}$/mɑɤ$_{22}$mɑɤ$_{44}$y$_{z31}$　丹:

毛毛雨/细雨mɒ32mɒ22yz4/ɕiz41yz21 童:毛毛雨mɐʏ23mɐʏ55ɦyʮ31 靖:毛毛雨/毛雨mɒ22mɒ44ɦyʮ23/mɒ24ɦyʮ23 江:毛毛雨mɒ24mɒ33ɦy31 常:毛毛雨/蒙蒙雨mɑʏ22mɑʏ55ɦyʮ31/moŋ22moŋ55ɦyʮ31 锡:毛毛雨/蒙蒙雨mʌ24mʌ55ɦy31/moŋ24moŋ55ɦy31 苏:毛毛雨/绵绵雨mæ22mæ55ɦyʮ31/miɪ22miɪ55ɦyʮ31 熟:小雨/毛毛雨/麻花雨siɔ35ɦy31/mɔ24mɔ33ɦy31/mu24xu33ɦy31 昆:毛毛细雨/小雨/麻花雨/蒙蒙雨mɔ22mɔ55si33ɦy31/siɔ52ɦy33/mo22ho55ɦy31/ʔmoŋ55moŋ55ɦy31 霜:蒙蒙雨/毛毛雨mã22mã23ɦy52/mɔ22mɔ23ɦy52 罗:小毛雨/毛毛雨siɔ33mɔ55ɦy31/mɔ22mɔ24ɦy31 周:麻花雨mo23ho44ɦy44 上:毛毛雨/麻花雨mɔ22mɔ55ɦy31/mo22ho55ɦy31 松:mɔ22mɔ55ɦy31/mo22ho55ɦy31 黎:麻花雨/毛毛雨mo22ho44ɦyʮ52/mʌɔ22mʌɔ44ɦyʮ52 盛:麻花雨/小雨mo22ho44ɦyʮ44/siʌɑ55ɦyʮ31 嘉:小雨/毛毛雨/麻花雨ɕiɔ44ɦy33/mɔ22mɔ44ɦy51/ʔmo44ho44ɦy31 双:蒙蒙雨/毛毛雨moŋ22moŋ44ɦiz44/mɔ22mɔ44ɦiz44 杭:毛毛雨/蒙蒙雨ʔmɔ32mɔ23y51/ʔmoŋ32moŋ23y51 绍:mɑɒ22mɑɒ44ɦyʮ52/mʊŋ23mʊŋ33ɦyʮ33 诸:毛毛雨/细毛雨mɔ22mɔ22ɦyʮ52/ɕiz33mɔ55ɦyʮ31 崇:小雨/毛毛雨ɕiɑɒ33ɦyʮ41/mɑɒ21mɑɒ34ɦyʮ52 太:毛花头雨/毛毛雨mɑɒ21fo22dʏ34ɦy52/mɑɒ21mɑɒ34ɦy52 余:毛毛雨/毛毛头雨mɒ21mɒ22ɦy52/mɒ21mɒ22dʏ44ɦy44 宁:小雨/毛毛雨ɕiɔ33ɦyʮ44/mɔ22mɔ44ɦyʮ55 黄:小雨/毛毛雨ɕiɒ33yʮ51/mɒ22mɒ33yʮ51 温:雨毛坌/雨毛溪vʊ24mɜ33bʌŋ21/vʊ24mɜ33tsʻɿ35 衢:小雨/毛塞翁ɕiɑ35ʔy53/mɔ22səʔ5ʌŋ31 华:小雨/毛毛雨ɕiɑʊ54ʔʮy51/ʔmɑʊ44mɑʊ44ʮy51 永:小雨/毛毛雨ɕiʌʊ42ɦʏ325/mʌʊ32mʌʊ32ɦʏ31

雪

宜:雪ɕyeʔ45 溧:ɕyeʔ2 金:ɕyeʔ4 丹:ɕyɪʔ3 童:siɪʔ5 靖:sɪʔ5 江:sɪʔ5 常:ɕiɔʔ5 锡:sɪʔ5 苏:sɪʔ5 熟:sɪʔ5 昆:ɕiɪʔ5 霜:sɪʔ5 罗:sɪʔ5 周:ɕɪʔ5 上:ɕiɪʔ5 松:ɕiɪʔ5 黎:sɪʔ5 盛:sɪʔ5 嘉:ɕyɵʔ54 双:ɕieʔ54 杭:ɕiɪʔ5 绍:ɕɪʔ5 诸:ɕiəʔ5 崇:ɕiᴇʔ45 太:ɕieʔ45 余:ɕɪʔ5 宁:sɔʔ5 黄:sɔʔ5 温:ɕy423 衢:ɕiəʔ5 华:ɕye45 永:ɕye43

虹

宜:虹/彩虹/鲎ɦoŋ223/tsʻɐɪ33ɦoŋ44/xʏɯ324 溧:彩虹/鲎tsʻæᴇ54xɦoŋ34/xei52 金:虹xoŋ24 丹:虹ɦ̥oŋ213 童:虹xɦoŋ31 靖:彩虹/鲎(少)tsʻæ35hɦoŋ23/høʏ51 江:虹ɦoŋ223 常:虹/彩虹/鲎ɦoŋ213/tsʻæe34ɦoŋ44/hei51 锡:彩虹/虹tsʻᴇ33ɦoŋ55/ɦoŋ213 苏:彩虹/虹/鲎tsʻᴇ52ɦoŋ23/ɦoŋ223/həɪ51 熟:彩虹tsʻæ35ɦʊŋ31 昆:彩虹tsʻɛ52ɦoŋ33 霜:虹/彩虹/鲎ɦoᵑ31/tsʻᴇ33ɦoᵑ52/hʌɪ434 罗:虹/彩虹/鲎(少)ɦoᵑ31/tsʻe35ɦoᵑ31/hʌɪ52 周:虹/彩虹ɦoŋ113/tsʻe33ɦoŋ52 上:虹/彩虹ɦʊŋ113/tsʻᴇ33ɦʊŋ44 松:虹ɦʊŋ31 黎:彩虹/虹/鲎tsʻᴇ23ɦoŋ33/ɦoŋ24/hieɯ413 盛:彩虹/虹tsʻᴇ23ɦoŋ33/ɦoŋ24 嘉:虹/彩虹ɦoŋ31/tsʻᴇᵋ33ɦoŋ51 双:鲎hᵊʏ44 杭:彩虹tsʻᴇ55ɦoŋ31 绍:虹/彩虹/鲎ɦuʊŋ31/tsʻe34ɦuʊŋ52/hʏ334 诸:鲎hei544 崇:鲎hʏ324 太:鲎he35 余:鲎hʏ34 宁:虹/鲎ɦoŋ113/hœʏ52 黄:鲎ɕiʏ44 温:鲎ɦʌu52 衢:虹/彩虹/杠ʔʱʌŋ323/tsʻɛ35ʌŋ53/kɔ̃53 华:彩虹/鲎tsʻɛ55ɦoŋ31/xiɯɯ45 永:鲎xʏə54

雷

宜:阵头/雷dzən21dʏɯ23/lɐɪ223 溧:雷læᴇ323 金:雷/响雷lei24/ɕiɑŋ32lei23 丹:雷lᴇᵉ22 童:雷/阵雷lei31/dzəŋ24lei31 靖:雷/打雷le223/tɑ35le23 江:雷动lᴇɪ21doŋ43 常:雷/阵头læe213/dzəɲ21dei13 锡:雷lᴇ213 苏:雷响/雷lᴇ22ɕiÃ44/lᴇ223 熟:打雷/雷响tÃ33lᴇ51/lᴇ24ɕiÃ31 昆:雷/雷响lᴇ132/lᴇ23ɕiã41 霜:雷/雷响lʌɪ31/lʌɪ24ɕiã31 罗:雷lʌɪ31 周:雷/雷响le113/le23ɕiÃ44 上:雷/雷响lᴇ113/lᴇ22ɕiÃⁿ44 松:雷le31 黎:雷响/打阵头lᴇ22ɕiã24/tɛ̃33zəɲ55dieɯ31 盛:雷响/天打lᴇ22ɕiæ̃44/tiɪ44tæ̃44 嘉:雷le31 双:雷/雷公ləɪ113/ləɪ22koŋ44 杭:雷公公/雷公leɪ21koŋ23koŋ51

/leɪ$_{21}$koŋ$_{23}$　绍：雷/大雷le$_{31}$/do$_{23}$le$_{33}$　诸：天雷t'iɪ$_{52}$le$_{42}$　崇：雷/响雷le$_{312}$/ɕiᴀ̃$_{44}$le$_{312}$　太：雷公le$_{21}$kʊŋ$_{23}$　余：动雷dʊŋ$_{21}$le$_{23}$　宁：雷lᴇɪ$_{113}$　黄：雷/雷响巧le$_{31}$/le$_{23}$ɕia$\tilde{}$$_{33}$tɕiɒ$_{31}$　温：雷læi$_{31}$　衢：雷/雷公ləɪ$_{31}$/ləɪ$_{31}$kʌŋ$_{53}$　华：雷leɪ$_{324}$　永：雷公ləɪ$_{32}$koŋ$_{44}$

冰

宜：冰piŋ$_{55}$　溧：冰pin$_{445}$　金：冰piŋ$_{31}$　丹：冰piŋ$_{22}$　童：冰piŋ$_{42}$　靖：冰piŋ$_{433}$　江：冰piɲ$_{51}$　常：冰/结冰piɲ$_{44}$/tɕiɪʔ$_{4}$piɲ$_{44}$　锡：冰pin$_{544}$　苏：冰piɪn$_{44}$　熟：冰/冰冻pĩ^{ɲ}$_{52}$/pĩ^{ɲ}$_{55}$tʊŋ$_{31}$　昆：冰pin$_{44}$　霜：冰pĩ$_{52}$　罗：冰pɪ^{n}$_{52}$　周：冰ʔbiɪŋ$_{52}$　上：冰piɲ$_{52}$　松：冰piɲ$_{52}$　黎：冰piəɲ$_{44}$　盛：冰pɪɲ$_{44}$　嘉：冰pin$_{51}$　双：冰pɪn$_{44}$　杭：冰pɪn$_{323}$　绍：冰pɪŋ$_{52}$　诸：冰冻pĩ$_{52}$toŋ$_{44}$　崇：冰pɪŋ$_{533}$　太：冰piŋ$_{523}$　余：冰peɲ$_{34}$　宁：冰pɪŋ$_{52}$　黄：冰piɪŋ$_{53}$　温：冰pəŋ$_{44}$　衢：冰pi^{ɲ}$_{434}$　华：冰piɪn$_{324}$　永：冰ʔmiɪŋ$_{44}$

冰锥儿

宜：凌铎liŋ$_{21}$dɔ$_{23}$　溧：凌铎lin$_{32}$dɔ$_{23}$　金：凌冻/凌冻丁/凌冻冻niŋ$_{22}$toŋ$_{44}$/niŋ$_{22}$toŋ$_{44}$tiŋ$_{31}$/niŋ$_{22}$toŋ$_{33}$toŋ$_{44}$　丹：凌铎ȵiŋ$_{32}$doʔ$_{24}$　童：凌冻liŋ$_{22}$toŋ$_{55}$　靖：凌铎儿liŋ$_{24}$dʑiɒ$_{23}$　江：凌铎liɲ$_{21}$doʔ$_{4}$　常：凌铎/冰凌liɲ$_{21}$dɔʔ$_{4}$/piɲ$_{55}$liɲ$_{31}$　锡：冰溏pin$_{55}$dɒ$\tilde{}$$_{31}$　苏：凌溏liɪn$_{22}$dÃ$_{44}$　熟：凌溏lĩ^{n}$_{24}$dᴀ$\tilde{}$$_{31}$　昆：冰廊/冰凌pin$_{44}$lã$_{41}$/pin$_{44}$lin$_{41}$　霜：冰溏/凌溏pĩ$_{55}$dɒ$\tilde{}$$_{31}$/lĩ$_{22}$dɒ$\tilde{}$$_{52}$　罗：冰凌pɪ^{n}$_{55}$lɪ^{n}$_{31}$　周：冰廊/冰溏ɓiɪŋ$_{44}$lɒ$\tilde{}$$_{52}$/ɓiɪŋ$_{44}$dɒ$\tilde{}$$_{52}$　上：冰凌/凌溏piɲ$_{55}$liɲ$_{31}$/liɲ$_{22}$dÃ^{ɲ}$_{44}$　松：冰凌piɲ$_{44}$liɲ$_{52}$　黎：冰叉子piəɲ$_{44}$ts'ɒ$_{44}$tsɿ$_{31}$　盛：冰叉子pɪɲ$_{44}$ts'ɑ$_{44}$tsɿ$_{44}$　嘉：冰棍/冰条pin$_{52}$kuən$_{22}$/pin$_{44}$diɔ$_{51}$　双：冰尺/冰条pɪn$_{32}$ts'ɑ$_{34}$/pɪn$_{32}$diɔ$_{34}$　杭：冰吊儿pɪn$_{32}$tiɔ$_{24}$ər$_{31}$　绍：串罐溏ts'ẽ$_{32}$kuẽ$_{34}$dɒŋ$_{52}$　诸：冰廊pĩ$_{52}$lɒ̃$_{42}$　崇：亭亭溏dɪŋ$_{21}$dɪŋ$_{22}$dɒ̃$_{23}$　太：冻冰/亭亭溏tʊŋ$_{55}$piŋ$_{51}$/diŋ$_{21}$diŋ$_{22}$dɒŋ$_{23}$　余：亭溏deɲ$_{22}$dɒ̃$_{44}$　宁：冰溏pɪŋ$_{33}$dɔ̃$_{52}$　黄：霜冰/霜冰叉sɒ̃$_{35}$piɪŋ$_{51}$/sɒ$\tilde{}$$_{33}$piɪŋ$_{33}$ts'o$_{35}$　温：银环儿ȵiʌŋ$_{52}$vɑ$_{33}$ŋ̍$_{21}$　衢：蝴蝶冰ʔu$_{33}$diəʔ$_{3}$pi^{ɲ}$_{53}$　华：冰柱piɪŋ$_{33}$tɕy$_{55}$　永：冰铎儿ʔmiɪŋ$_{43}$dᴀʊ$_{31}$

晴天

宜：晴天/好天ʑiŋ$_{21}$t'ɪ$_{23}$/xɑɤ$_{33}$t'ɪ$_{44}$　溧：ʑin$_{32}$t'i$_{23}$/xɑ^{ʏ}$_{44}$t'i$_{31}$　金：好天/晴天xɑ^{ɔ}$_{35}$t'ɪ$_{31}$/tɕ'iŋ$_{24}$t'ĩ$_{44}$　丹：晴天tɕiŋ$_{35}$t'ɪ$_{21}$　童：好天hɐʏ$_{33}$t'ɪ$_{55}$　靖：好天/晴天hɒ$_{35}$t'ĩ$_{31}$/ziŋ$_{24}$t'ĩ$_{31}$　江：好天/天好hɒ$_{33}$t'ɪ$_{44}$/t'ɪ$_{44}$hɒ$_{44}$　常：好天xɑʏ$_{34}$t'ɪ$_{44}$　锡：晴天/好天zin$_{24}$t'ɪ$_{31}$/xʌ$_{45}$t'ɪ$_{55}$　苏：天好/好天t'iɪ$_{44}$hæ$_{51}$/hæ$_{52}$'tiɪ$_{23}$　熟：好天hɔ$_{33}$t'ie$_{51}$　昆：好天hɔ$_{33}$t'ɪ$_{33}$　霜：晴天/好天zĩ$_{22}$t'ɪ$_{52}$/xɔ$_{33}$t'ɪ$_{52}$　罗：好天/天好hɔ$_{35}$t'i$_{31}$/t'i$_{55}$hɔ$_{31}$　周：天好t'i$_{55}$hɔ$_{31}$　上：晴天/天好ʑiɲ$_{22}$t'i$_{44}$/t'i$_{55}$hɔ$_{31}$　松：好天/天好hɔ$_{35}$t'i$_{31}$/t'i$_{44}$hɔ$_{335}$　黎：好天hᴀ^{ɔ}$_{55}$t'iɪ$_{31}$　盛：好天hᴀɑ$_{55}$t'iɪ$_{31}$　嘉：晴天/天晴/天好dʑin$_{22}$t'ie$_{34}$/t'ie$_{51}$dʑin$_{31}$/t'ie$_{51}$hɔ$_{44}$　双：晴天/天晴/好天dʑɪn$_{22}$t'ɪ$_{44}$/t'ɪ$_{44}$dʑɪn$_{113}$/xɔ$_{34}$t'ɪ$_{52}$　杭：天晴t'ie$_{33}$dʑɪn$_{212}$　绍：晴天/天晴dʑɪŋ$_{22}$t'ĩ$_{52}$/t'ɪ$_{44}$dʑɪŋ$_{31}$　诸：天空晴/晴天空t'iɪ$_{52}$k'oŋ$_{42}$dʑĩ$_{233}$/ʑĩ$_{22}$t'iɪ$_{22}$k'oŋ$_{52}$　崇：晴天/猛热头dʑiŋ$_{22}$t'iẽ$_{23}$/mᴀ$\tilde{}$$_{22}$ȵiᴇʔ$_{55}$dʏ$_{31}$　太：晴天/猛热头dʑiŋ$_{31}$t'iẽ$_{22}$/mᴀŋ$_{22}$ȵieʔ$_{4}$dʏ$_{52}$　余：晴天ɦiɲ$_{22}$t'ĩ$_{44}$　宁：晴天家ʑɪŋ$_{22}$t'i$_{44}$ko$_{55}$　黄：晴天/天气好ʑiɪŋ$_{23}$t'ie$_{31}$/t'ie$_{33}$tɕ'i$_{j55}$hɒ$_{31}$　温：晴天zəŋ$_{31}$t'i$_{31}$/zəŋ$_{22}$t'i$_{44}$　衢：晴天ʑi^{ɲ}$_{22}$t'iẽ$_{53}$　华：晴天d̥ʑiɪn$_{32}$t'iɑ$_{35}$　永：晴天白日tɕ'iɪŋ$_{43}$t'iᴀ$_{44}$bai$_{32}$ȵiə$_{31}$

阴天

宜：阴天ʔiŋ$_{55}$t'ɪ$_{55}$　溧：阴天ʔin$_{44}$t'i$_{44}$　金：阴天iŋ$_{44}$t'ɪ$_{44}$　丹：阴天iŋ$_{23}$t'ɪ$_{44}$　童：阴天/坏天iŋ$_{53}$t'ɪ$_{31}$/ɦuaɪ$_{23}$t'ɪ$_{55}$　靖：阴天ʔiŋ$_{44}$t'ĩ$_{44}$　江：阴天ʔiɲ$_{53}$t'ɪ$_{31}$　常：阴天ʔiɲ$_{55}$t'ɪ$_{31}$　锡：阴天ʔin$_{21}$t'ɪ$_{23}$　苏：阴天/阴仔天ʔiɪn$_{55}$t'iɪ$_{31}$/ʔiɪn$_{55}$tsɿ$_{55}$t'iɪ$_{31}$　熟：阴天ʔĩ^{ɲ}$_{55}$t'ie$_{51}$　昆：阴天/阴势天ʔin$_{55}$t'ɪ$_{31}$/ʔin$_{55}$sɿ$_{33}$t'ɪ$_{31}$　霜：阴天ʔĩ$_{55}$t'ɪ$_{31}$　罗：阴天/天勿好ʔɪ^{n}$_{55}$t'i$_{31}$/t'i$_{55}$vəʔ$_{5}$hɔ$_{51}$　周：阴天/阴势天ʔiɪŋ$_{44}$t'i$_{52}$/ʔiɪŋ$_{44}$sɿ$_{44}$t'i$_{52}$　上：阴天/阴势天ʔiɲ$_{55}$t'i$_{31}$/ʔiɲ$_{55}$sɿ$_{33}$t'i$_{31}$　松：阴天ʔiɲ$_{44}$t'i$_{52}$　黎：阴天ʔiəɲ$_{44}$t'iɪ$_{44}$

盛:阴天ʔɪɲ44tʻiɪ44 嘉:阴天ʔin44tʻie51 双:阴天/阴蒙天ʔɪn22tʻɪ44/ʔɪn22moŋ44tʻɪ44 杭:阴天/阴势天(少)ʔɪn32tʻie23/ʔɪn32sɿ23tʻie51 绍:阴天/阴势天ʔɪŋ33tʻĩ52/ʔɪŋ32sɿ34tʻĩ52 诸:阴阵天空ʔĩ52dzẼĩ44tʻiɪ55kʻoŋ31 崇:阴天ʔiŋ33tʻiẽ23 太:阴天ʔiŋ55tʻiẽ31 余:阴天ʔiɲ33tʻĩ44 宁:阴天/阴天家ʔɪŋ33tʻi51/ʔɪŋ33tʻi44ko55 黄:阴天/天气余/天非好ʔiɪŋ35tʻie51/tʻie33tɕʻij55tʻəŋ31/tʻie33fij55hɒ31 温:阴天/大阴天ʔiʌŋ52tʻi21/dᵊu24iʌŋ33tʻi21 衢:阴天ʔiⁿ43tʻiẽ53 华:阴天ʔiɪn43tʻiɑ35 永:阴天/乌阴天公iɪɲ43tʻiA44/ʊ43iɪɲ44tʻiA43koŋ44

雨天

宜:落雨天lɔʔ33ɦyɥ55tʻɪ31 溧:落雨天lɔʔ3xɦyz22tʻi23 金:落雨天lɑʔ4yz33tʻiz31 丹:落雨天/雨天loʔ5yz33tʻɪ21/ɦyz31tʻɪ21 童:落雨天loʔ42ɦyɥ33tʻɪ31 靖:落雨天lɔʔ42ɦyɥ33tʻĩ31 江:落雨天loʔ2ɦy44tʻɪ31 常:落雨天lɔʔ2ɦyɥ11tʻɪ23 锡:落雨天lɔʔ2ɦy55tʻɪ31 苏:落雨天lɔʔ2ɦyɥ42tʻiɪ31 熟:落雨天lɔʔ2ɦy55tʻie51 昆:落雨天lɔʔ2ɦy55tʻɪ31 霜:落雨天loʔ2ɦi2tʻɪ23 罗:落雨天loʔ2ɦy23tʻi52 周:落雨天lɒʔ2ɦy22tʻi23 上:落雨天loʔ2ɦy22tʻi23 松:落雨天lɔʔ2ɦy44tʻi52 黎:落雨天loʔ3ɦyɥ33tʻiɪ34 盛:落雨天lɔʔ4ɦyɥ33tʻiɪ31 嘉:落雨天ʔloʔ53ɦy33tʻie31 双:落雨天loʔ2ɦiz55tʻɪ31 杭:落雨天lɔʔ2y55tʻie31 绍:落雨天loʔ2ɦyɥ44tʻĩ52 诸:落雨天/落雨天空loʔ2ɦyɥ4tʻiɪ52/loʔ2ɦyɥ44tʻiɪ55kʻoŋ 崇:落雨天空lɔʔ2ɦyɥ23tʻiẽ55kʻʊⁿ31 太:落雨天公lɔʔ2ɦy23tʻiẽ55kʊŋ31 余:落雨天/落雨天家lɔʔ2ɦy44tʻĩ52/lɔ2ɦy44tĩ55ko31 宁:落雨天家lɔʔ2ɦyɥ44tʻiz55ka55 黄:落雨天lɔʔ2yɥ33tʻie51 温:落雨天lɔʔ2vʊ52tʻi44 衢:落雨天ləʔ2y55tʻie31 华:落雨天loʔ2ɥy44tʻiɑ35 永:落雨天lAʊ32ɦY31tʻiA44

天旱

宜:旱天/天干ɦɛ21tʻɪ23/tʻɪ55ke55 溧:天干tʻi44kʊ55 金:天旱/干旱tʻĩ44xæ̃24/kæ̃44xæ̃44 丹:天干tʻɪ44kəŋ31 童:天干tʻɪ44kʊ44 靖:干kõ433 江:天干tʻɪ44kɵ51 常:天干tʻɪ55kɔ31 锡: 苏:天燥/天干tʻiɪ55sæ31/tʻiɪ55kɵ31 熟:干kʏ52 昆:干kɵ44 霜:天旱tʻɪ44ɦʌʏ213 罗:天燥/干燥tʻi44sɔ34/kʌʏ55sɔ31 周:干燥kø55sɔ31 上:天干/天燥tʻi44kø52/tʻi44sɔ334 松:天旱/旱tʻi44ɦø113/ɦø113 黎:燥sAᵓ413 盛:天燥tʻiɪ44sAɑ44 嘉:燥sɔ334 双:天燥/旱天tʻɪ44sɔ334/ɦE22tʻɪ34 杭:天燥tʻie33sɔ323 绍:天燥tʻĩ44sɑɒ33 诸:天旱tʻie52ɦʏ42 崇:晒煞sɑ33sæʔ4 太:晒煞so55sɛ33 余:旱天ɦẽ22tʻĩ52 宁:燥sɔ52 黄:旱天/干燥ʔie33tʻie31/kɛ33sɒ44 温:天旱/大旱tʻi52ɦy34/dɑ52ɦy34 衢: 华:天干tʻiɑ43kɯə35 永:天燥tʻiA44sAʊ54

涝(大水)

宜:发大水fAʔ45du21ɕyɥ23 溧:大水dʌɯ32ɕyz52 金:发大水fɑʔ5tɑ52suei23 丹:发大水fɑʔ5tʌʏ41sue21 童:发大水fAʔ5dɒ34ʃyɥei31 靖:大水dʌʏ31ɕye34 江:发大水fɑʔ4dʒʏ24ɦy31 常:发大水fɑʔ4dʌɯ21sɥ13 锡:发大水fAʔ3dʌʏ55sɥ31 苏:发大水/水汆fAʔ4dʒu22sɿ44/sɿ52tʻən23 熟:发大水fAʔ3dɯ55ʂɥ31 昆:大水dəu23sɥ41 霜:大水dəu24sɿ31 罗:发大水fAʔ3du55sɿ31 周:发大水faʔ4du24sɿ31 上:大水du22sɿ44 松:发大水fAʔ4du23sɿ44 黎:发大水fAʔ4du22sɥ51 盛:大水/水大du32sɿ52/sɿ51 du212 嘉:大水/发大水dəu34sɿ31/fAʔ5dəu24sɿ31 双:大水dəu22sɿ52 杭:发大水fɐʔ4dɑ23sueɪ51 绍:大水/发大水do23sɿ33/fAʔ4do23sɿ33 诸:大水dɑ22sɿ52 崇:大水/发大水dʏ22sɿ23/fæʔ4dʏ22sɿ23 太:打大水tAŋ33do22sɿ23 余:做大水tsou44dou22sɿ52 宁:做大水tsəʊ44dəʊ22sɥ44 黄:大水/做大水dəu23sɥ31/dəu44dəu23sɥ31 温:满大水mɵ22dəu52sɿ54 衢:涨大水tʃɥã55du55ʃɥ35 华:大水toə54ɕy51 永:满大水ʔmɤə43doə32ɕY32

池塘

宜:池塘zɿ21dAŋ23 溧:池塘/塘dzɿ32dAŋ23/dAŋ323 金:塘tʻɑŋ24 丹:池塘d̥zɿ32tɑŋ24 童:

池塘/塘dzɿ$_{24}$dɑŋ$_{31}$/dɑŋ$_{31}$　靖：池塘/水汪塘szɿ$_{24}$dɑŋ$_{31}$/çye$_{33}$ɦuɑŋ$_{44}$dɑŋ$_{23}$　江：池塘dzɿ$_{24}$dᴀ^{ŋ}$_{31}$　常：池塘dzɿ$_{21}$dᴀɲ$_{34}$　锡：池塘zɿ$_{24}$dɒ˜$_{31}$　苏：池塘zɿ$_{22}$dᴀ̃$_{44}$　熟：水塘ʂʮ$_{33}$dᴀ˜$_{51}$　昆：塘/泥塘/浜斗/垒团dã$_{132}$/ȵi$_{23}$dã$_{41}$/pã$_{44}$tᴇ$_{41}$/lᴇ$_{22}$dɵ$_{44}$　霜：水洋塘sɿ$_{33}$ɦia˜$_{23}$dɒ˜$_{32}$　罗：塘dɒ˜$_{31}$　周：池塘zɿ$_{23}$dɒ˜$_{44}$　上：池塘zɿ$_{22}$dᴀ̃^{ɲ}$_{44}$　松：河塘/池塘/塘vu$_{22}$dɑ˜$_{52}$/zɿ$_{22}$dɑ˜$_{52}$/dɑ˜$_{31}$　黎：池团dzɿ$_{22}$dɵ$_{44}$　盛：河塘/水塘vu$_{22}$dɑ˜$_{44}$/sɿ$_{55}$dɑ˜$_{31}$　嘉：小河浜/水塘/清水塘çiɔ$_{44}$βu$_{44}$pᴀ˜$_{31}$/sɿ$_{33}$dᴀ˜$_{51}$/tç'in$_{55}$sɿ$_{33}$dᴀ˜$_{21}$　双：池塘/塘zɿ$_{22}$dɔ̃$_{44}$/dɔ̃$_{113}$　杭：河港/塘ɦou$_{21}$kᴀŋ$_{23}$/dᴀŋ$_{212}$　绍：池塘dzɿ$_{22}$dɒŋ$_{52}$　诸：塘dɒ̃$_{233}$　崇：塘dɒ̃$_{312}$　太：塘dɒ̃$_{312}$　余：池塘/塘dzɿ$_{22}$dɒ̃$_{44}$/dɒ̃$_{113}$　宁：池塘/河塘dʑi$_{z22}$dɒ̃$_{44}$/ɦəʊ$_{22}$dɔ̃$_{44}$　黄：池塘/池/塘zɿ$_{22}$dɒ˜$_{51}$/zɿ$_{31}$/dɒ˜$_{31}$　温：池塘dzᴵi$_{22}$dᵘɔ$_{24}$　衢：塘dɒ˜$_{31}$　华：塘tɒ˜$_{324}$　永：塘dᴀŋ$_{322}$

河

宜：河ɦu$_{223}$　溧：河/河浜(少)xɦʌɯ$_{323}$/xɦʌɯ$_{32}$pᴀŋ$_{23}$　金：河xo$_{24}$　丹：河hᶠʌɤ$_{213}$　童：河/沟xɦʌɤ$_{31}$/kei$_{42}$　靖：河/河边hɦʌɤ$_{223}$/hɦʌɤ$_{24}$pĩ$_{31}$　江：河ɦɜʏ$_{223}$　常：河ɦʌɯ$_{213}$　锡：河ɦʌɤ$_{213}$　苏：河浜/河ɦɜu$_{22}$pᴀ̃$_{44}$/ɦɜu$_{223}$　熟：河浜ɦɯ$_{24}$pᴀ˜$_{31}$　昆：河/河浜ɦəu$_{132}$/ɦəu$_{23}$pã$_{41}$　霜：河浜ɦu$_{22}$pã$_{52}$　罗：河浜ɦu$_{22}$pa˜$_{52}$　周：河浜vu$_{23}$ɓᴀ˜$_{44}$　上：河浜vu$_{22}$pᴀ̃^{ɲ}$_{44}$　松：河浜vu$_{22}$pɛ̃$_{52}$　黎：市河/河zɿ$_{23}$vu$_{33}$/vu$_{24}$　盛：河江ɦu$_{22}$kɑ̃$_{44}$　嘉：河江βu$_{22}$kᴀ˜$_{44}$　双：江/河江kɔ̃$_{52}$/βu$_{22}$kɔ̃　杭：河江ɦou$_{32}$kᴀŋ$_{23}$　绍：河江ɦu$_{21}$kɒŋ$_{33}$　诸：河/江/河江ɦʊ$_{233}$/kɒ̃$_{52}$/ɦʊ$_{31}$kɒ̃$_{44}$　崇：河ɦɤ$_{312}$　太：河ɦɯ$_{312}$　余：江河kɔ̃$_{33}$ɦou$_{44}$　宁：河ɦəʊ$_{113}$　黄：河ɦəu$_{31}$　温：河vʊ$_{31}$　衢：河ʔɦu$_{22}$　华：河/溪/江ʔoə$_{324}$/tç'ie$_{324}$/tçiᴀŋ$_{324}$　永：溪tç'ie$_{44}$

小河

宜：小河çiɑɤ$_{33}$ɦu$_{44}$　溧：小河çiɑˠ$_{54}$xɦʌɯ$_{34}$　金：小河/沉沟çiɑᵓ$_{323}$xo$_{24}$/ts'əŋ$_{24}$kʌɤ$_{44}$　丹：小河çiɒ$_{44}$hᶠʌɤ$_{213}$　童：小河çiɐˠ$_{35}$ɦʌɤ$_{31}$　靖：小河/沟siɒ$_{35}$hɦʌɤ$_{23}$/køʏ$_{433}$　江：小河siɒ$_{52}$ɦɜʏ$_{33}$　常：小河çiɑɤ$_{34}$ɦʌɯ$_{44}$　锡：小河çiʌ$_{45}$ɦʌɤ$_{55}$　苏：小河/小河浜/浜siæ$_{52}$ɦɜu$_{23}$/siæ$_{52}$ɦɜu$_{22}$pᴀ̃$_{31}$/pᴀ̃$_{44}$　熟：小河浜siɔ$_{33}$ɦɯ$_{55}$pᴀ˜$_{31}$　昆：小河浜siɔ$_{52}$ɦəu$_{33}$pã$_{41}$　霜：小河浜siɔ$_{44}$ɦu$_{44}$pa˜$_{52}$　罗：小河浜siɔ$_{33}$ɦu$_{55}$pa˜$_{31}$　周：小河浜/浜çiɔ$_{33}$vu$_{44}$ɓᴀ˜$_{52}$/ɓᴀ˜$_{52}$　上：小河浜çiɔ$_{33}$vu$_{55}$pᴀ̃^{ɲ}$_{31}$　松：小河浜/浜çiɔ$_{33}$ɦu$_{55}$pɛ̃$_{31}$/pɛ̃$_{52}$　黎：浜pɛ̃$_{44}$　盛：河港vu$_{22}$kɑ˜$_{44}$　嘉：河江/小河江βu$_{22}$kᴀ˜$_{44}$/çiɔ$_{44}$βu$_{44}$kᴀ˜$_{31}$　双：小江çiɔ$_{34}$kɔ̃$_{52}$　杭：小河江çiɔ$_{55}$ɦou$_{33}$kᴀŋ$_{31}$　绍：小河江çiɔ$_{43}$ɦu$_{33}$kɒŋ$_{31}$　诸：溪坑tç'i$_{z52}$kᴀ̃$_{42}$　崇：小河çiɑɒ$_{34}$ɦɤ$_{52}$　太：小河çiɑɒ$_{33}$ɦɯ$_{44}$　余：小河çiɒ$_{44}$ɦou$_{44}$　宁：小河çiɘ$_{33}$ɦəʊ$_{44}$　黄：小河çiɒ$_{31}$ɦᵊu$_{13}$　温：小河儿/河口儿sæi$_{52}$vʊŋ$_{212}$/vʊ$_{42}$ɡɑ$_{22}$ŋ̍$_{22}$　衢：小河çiɑ$_{55}$ɦu$_{31}$　华：溪tç'ie$_{324}$　永：小溪çiᴀʊ$_{43}$tç'ie$_{325}$

土地

宜：地di$_{j31}$　溧：地/地下di$_{z31}$/di$_{z32}$xɦo$_{23}$　金：地ti$_{z44}$　丹：地ti$_{z41}$　童：地di$_{j113}$　靖：土地/地t'u$_{33}$di$_{j52}$/d̥i$_{j51}$　江：地di$_{j223}$　常：土地/地t'u$_{34}$di$_{j44}$/di$_{j24}$　锡：土地t'ʌɤ$_{45}$di$_{55}$　苏：地皮di$_{j22}$bi$_{j44}$　熟：田/土地/地皮(少)die$_{233}$/t'ɯ$_{33}$di$_{33}$/di$_{24}$bi$_{31}$　昆：地皮di$_{23}$bi$_{41}$　霜：地浪di$_{22}$lɒ˜$_{52}$　罗：地浪向di$_{24}$lɒ˜$_{33}$çia˜$_{31}$　周：地浪向di$_{22}$lɒ˜$_{23}$çiᴀ˜$_{52}$　上：地浪/地浪向di$_{22}$lᴀ̃^{ɲ}$_{44}$/di$_{22}$lᴀ̃^{ɲ}$_{55}$çiᴀ̃^{ɲ}$_{31}$　松：地皮di$_{23}$bi$_{44}$　黎：地di$_{j213}$　盛：地/地浪di$_{j212}$/di$_{j22}$lɑ̃$_{52}$　嘉：地di$_{223}$　双：土地/地/地劳t'əu$_{22}$di$_{z52}$/di$_{z113}$/di$_{21}$lɔ$_{34}$　杭：地下di$_{23}$ɦiɑ$_{51}$　绍：地下di$_{23}$ɦo$_{33}$　诸：土地t'u$_{44}$di$_{33}$　崇：地下di$_{z22}$ɦɤ$_{23}$　太：地下di$_{24}$ɦo$_{22}$　余：地下/地洋di$_{22}$ɦo$_{52}$/di$_{22}$ɦiᴀ̃$_{52}$　宁：地娘di$_{22}$ȵiã$_{44}$　黄：地/烂泥地di$_{j113}$/lɛ$_{22}$ȵi$_{j33}$di$_{j44}$　温：　衢：地di$_{31}$　华：土地t'u$_{54}$di$_{24}$　永：田畈/田(有水者)/地(无水者)diᴀ$_{33}$pᴀ$_{45}$/

diA322/di214

尘土

宜:灰尘xuɐɪ55dzəŋ55 溧:灰尘xuæE44dzən44 金:灰尘/沿尘xuei44ts'əŋ23/ĩ24ts'əŋ23 丹:灰hue22/huɑ22 童:灰尘/埲尘xuei55szəŋ31/boŋ24szəŋ31 靖:灰尘/埲尘hue44dʑiəŋ23/boŋ24dʑiəŋ23 江:灰尘/埲尘/沿尘huEI53zEɲ31/boŋ24zEɲ31/ɦɪ24zEɲ31 常:灰尘/沿尘xuæe55dzəɲ31/ɦɪ21dzəɲ34 锡:灰尘xuE21zən23 苏:灰尘/埲尘/灰huE55zən31/boŋ22zən44/huE44 熟:灰尘/埲尘huE55dẓẽⁿ51/bʊŋ24dẓẽⁿ31 昆:灰尘/埲尘/沿尘huE44zən41/boŋ23zən41/ɦɪ23zən41 霜:灰尘/埲尘/沿尘huʌɪ55zẽ31/boⁿ22zẽ52/ɦɪ22zẽ52 罗:灰尘/埲尘/沿尘huʌɪ55zẽⁿ31/boⁿ22zẽⁿ52/ɦi22zẽⁿ52 周:灰尘/埲尘/沿尘fe44zəɲ52/boŋ23zəɲ44/ɦi23zəɲ44 上:灰尘/埲尘/沿尘huE55zəɲ31/boŋ22zəɲ44/ɦi22zəɲ44 松:灰尘/埲尘hue(/fe)44zəɲ52/bʊŋ22zəɲ52 黎:灰尘/埲尘/沿尘huE44dzəɲ52/boŋ22zəɲ34/ɦiɪ22zəɲ34 盛:灰尘/埲尘/沿尘huE44zəɲ44/boŋ22zəɲ44/ɦiɪ22zəɲ44 嘉:灰尘/灰hue44zen51/hue51 双:灰尘/埲尘/沿尘xuəɪ32zən34/boŋ22zən44/ɦɪ22zən44 杭:灰尘/埲尘hueɪ32zən23/boŋ23zən51 绍:埲尘bʊŋ23dzəŋ52 诸:灰尘/埲尘fe52dzẼĩ42/boŋ31dzẼĩ42 崇:灰尘/翁埲fe33zɪŋ52/ʔŋ̍33bʊⁿ52 太:埲尘/翁埲bʊⁿ21dzəŋ44/ʔʊⁿ33bʊⁿ44 余:灰尘/埲尘(少)hue33dzeɲ44/bʊŋ22dzeɲ44 宁:灰尘huEI33dʑɪŋ51 黄:灰尘hue33dʑiɪŋ51 温:灰尘/埲尘fæi44dzʌŋ24/boŋ22dzʌŋ24 衢:灰翁xuəɪ43ʌŋ35 华:灰尘/埲尘xuɪ33tsən55/poŋ32dzən24 永:灰尘/翁/黄泥粉xuəɪ55dzən51/ʔoŋ322/ɦuAŋ32ȵie31fəɲ45

泥土

宜:□泥nə21ȵij23 溧:□泥nA32ȵiz23 金:烂泥læ̃52ȵiz23 丹:□泥/泥土nɑ52ȵiz23/ȵi32tʻəu24 童:□泥nɑ24nij31 靖:烂泥ʔlæ̃52ȵij23 江:□泥ȵæ24ȵij31 常:□泥læe21ȵij13 锡:□泥/烂泥/烂□泥nɑ22ȵi55/lɛ22ȵi55/lɛ22nɑ55ȵi31 苏:烂泥/烂河泥lE22ȵij44/lE22ɦɜu55ȵij31 熟:□泥næ24ȵi31 昆:烂泥/难泥/烂污泥lE23ȵi41/nɛ23ȵi41/lɛ22u55ȵi31 霜:烂泥lE22ȵi52 罗:烂泥le22ȵi52 周:烂泥/烂污泥lɛ22ȵi52/lɛ22ʊu25ȵi52 上:烂泥/□泥lE22ȵi44/nA22ȵi44 松:烂污泥lE22ʊu55ȵi31 黎:泥/烂泥ȵij24/lE22ȵij52 盛:烂泥/烂污泥/泥拔头lE22ȵij52/lE22u55ȵij31/ȵij24bAʔ3diəʉ31 嘉:泥/烂泥/泥拔头ȵi31/ʔlEᵋ44ȵi51/ȵi22bAʔ4de51 双:泥/烂污泥/烂泥ȵi31/lE22vu22ȵi52/lE21ȵi34 杭:烂污泥/烂泥lE22u55ȵi31/lE23ȵi51 绍:烂污烂/污泥læ̃22u44ȵi52/ʔu33ȵi52 诸:烂泥lɛ33ȵiz33 崇:□泥næ̃22ȵiz23 太:烂泥næ̃24ȵi22 余:烂泥lẽ22ȵi52 宁:□泥na22ni44 黄:烂污泥lɛ22u33ȵij44 温:烂污泥lɑ52ɦʊ33ȵi21 衢:泥/烂泥/烂污泥ȵie31/ʔlæ̃55ȵie31/læ̃55u55ȵie31 华:污泥ʔu54ȵie24 永:黄泥/糊泥ɦuAŋ21ȵie51/ɦʊ21ȵie51

田地

宜:田dɪ223 溧:田dɪ223 金:田/落地tʻĩ24/lɑʔ4tiɪ44 丹:田tiz 童:田dɪ31 靖:田地/田dĩ22dij52/dĩ223 江:田dɪ223 常:田dɪ213 锡:田dɪ213 苏:田diɛ223 熟:田die233 昆:田dɪ21 霜:田dɪ31 罗:田di31 周:田di113 上:田di113 松:田di31 黎:田diɪ24 盛:田diɪ24 嘉:田/田板die31/die22pEᵋ44 双:田dɪ113 杭:田板/稻田die21pE23/dɔ23die51 绍:田板dĩ21pæ̃33 诸:田地diɪ31diz44 崇:田/地diẽ312/diz14 太:田/地diẽ312/di13 余:田dĩ113 宁:田里di24li33 黄:田diɪ31 温:田di231 衢:田/地diẽ323/di31 华:田地tiɑ32di24 永:田/地diA322/diz214

土堆

宜:土墩tʻu33təŋ44 溧:土墩/土墩墩tʻu54tən34/tʻu54tən33tən34 金:土墩tʻəu35təŋ31 丹:□泥堆lɑ44ȵiz44tEᵉ31 童:土墩墩tʻu35təŋ53təŋ31 靖:烂泥堆ʔlæ̃53ȵij33te31 江:土堆堆/土墩墩tʻu52tEI33tEI43/tʻu52tEɲ33tEɲ43 常:土墩墩tʻu33təɲ55təɲ31 锡: 苏:土墩墩tʻɜu52tən23tən31 熟:□泥堆

næ$_{24}$ȵi$_{33}$tᴇ$_{31}$ 昆：难泥堆/烂泥堆nɛ$_{22}$ȵi$_{55}$tᴇ$_{41}$/lɛ$_{22}$ȵi$_{55}$tᴇ$_{41}$ 霜：烂泥堆lᴇ$_{22}$ȵi$_{23}$tʌɪ$_{52}$ 罗：泥墩/泥墩墩ȵi$_{22}$tẽ$^{n}_{52}$/ȵi$_{22}$tẽ$^{n}_{24}$tẽ$^{n}_{31}$ 周：烂泥堆lɛ$_{22}$ȵi$_{44}$te$_{52}$ 上：土墩/土墩墩tʻu$_{33}$təɲ$_{44}$/tʻu$_{33}$təɲ$_{55}$təɲ$_{31}$ 松：土堆tʻu$_{35}$te$_{31}$ 黎：土墩墩tʻɜu$_{33}$təɲ$_{44}$təɲ$_{44}$ 盛：泥堆/土墩墩ȵi$_{j22}$tᴇ$_{44}$/tʻɜu$_{34}$təɲ$_{33}$təɲ$_{33}$ 嘉：泥堆/烂泥堆ȵi$_{22}$te$_{44}$/ʔlᴇ$^{ɛ}_{44}$ȵi$_{33}$te$_{51}$ 双：墩墩/土墩/泥墩tən$_{44}$tən$_{44}$/tʻəu$_{34}$tən$_{52}$/ȵi$_{22}$tən$_{44}$ 杭：烂泥堆lᴇ$_{22}$ȵi$_{55}$tueɪ$_{31}$ 绍：烂污泥堆le$_{22}$u$_{44}$ȵi$_{55}$te$_{52}$ 诸：烂泥堆lɛ$_{22}$ȵi$_{z22}$te$_{52}$ 崇：□泥堆næ̃$_{22}$ȵi$_{z22}$te$_{23}$ 太：烂泥堆næ̃$_{22}$ɲi$_{11}$te$_{23}$ 余：□泥堆/烂泥堆nɛ̃$_{23}$ȵi$_{44}$te$_{52}$/lɛ̃$_{23}$ȵi$_{44}$te$_{52}$ 宁：□泥堆na$_{22}$ni$_{44}$tᴇɪ$_{55}$ 黄：烂泥堆lɛ$_{22}$ȵi$_{j33}$te$_{44}$ 温：烂污泥堆la$_{52}$ɦʊ$_{33}$ȵi$_{33}$tæi$_{21}$ 衢：土堆tʻʊ$_{53}$təɪ$_{31}$ 华：土堆tʻu$_{54}$teɪ$_{35}$ 永：黄泥堆ɦuᴀŋ$_{32}$ȵie$_{31}$təɪ$_{44}$

路

宜：路/马路/街lu$_{31}$/mo$_{24}$lu$_{31}$/kᴀ$_{55}$ 溧：路/马路/街lu$_{31}$/mo$_{24}$lu$_{52}$/kᴀ$_{44}$ 金：路/马路/街l^{ə}u$_{44}$/mɑ$_{22}$l^{ə}u$_{44}$/kɛ$^{e}_{31}$ 丹：路/马路/街l^{ə}u$_{41}$/mo$_{41}$l^{ə}u$_{21}$/kɑ$_{22}$ 童：路lu$_{113}$ 靖：路/马路lu$_{31}$/mo$_{22}$lu$_{52}$ 江：路/马路lɜɤ$_{223}$/ʔmo$_{52}$lɜɤ$_{33}$ 常：马路/路/街lu$_{24}$/ʔmo$_{34}$lu$_{44}$/kɑ$_{34}$ 锡：路lʌɤ$_{23}$ 苏：路/马路/街郎lɜu$_{31}$/mo$_{22}$lɜu$_{44}$/kɒ$_{55}$lÃ$_{31}$ 熟：路/马路lɯ$_{213}$/mu$_{24}$lɯ$_{44}$ 昆：街路kɑ$_{44}$ləu$_{41}$ 霜：路/马路l^{ə}u$_{213}$/mʌɤ$_{22}$l^{ə}u$_{23}$ 罗：马路/街路mʌɤ$_{22}$l^{ə}u$_{23}$/kɑ$_{55}$l^{ə}u$_{31}$ 周：路/马路lu$_{113}$/mo$_{22}$lu$_{24}$ 上：路/马路lu$_{113}$/mo$_{22}$lu$_{44}$ 松：路lu$_{113}$ 黎：路lɜu$_{213}$ 盛：路lɜu$_{212}$ 嘉：路ləu$_{223}$ 双：路/马路/街路ləu$_{113}$/mo$_{24}$ləu$_{31}$/kɑ$_{44}$ləu$_{44}$ 杭：路/马路lu$_{113}$/ʔmɑ$_{55}$lu$_{31}$ 绍：路/马路/大街/街路lu$_{22}$/mo$_{23}$lu$_{52}$/do$_{21}$ka$_{33}$/ka$_{33}$lu$_{52}$ 诸：路lʊ$_{233}$ 崇：路/街lʊ$_{14}$/kɑ$_{533}$ 太：路/街lɯ$_{13}$/kɑ$_{523}$ 余：路lu$_{113}$ 宁：路/马路/街lu$_{113}$/mo$_{24}$lu$_{33}$/ka$_{52}$ 黄：路/街路/马路l^{ə}u$_{113}$/kᴀ$_{33}$l^{ə}u$_{44}$/mo$_{21}$l^{ə}u$_{13}$ 温：路/街路lu$_{22}$/kɑ$_{44}$lu$_{52}$ 衢：路/马路/街路ʔlu$_{53}$/ʔmɑ$_{55}$lu$_{31}$/kɛ$_{43}$lu$_{53}$ 华：路/马路/公路/街路lu$_{24}$/ʔmɑ$_{54}$lu$_{24}$/koŋ$_{33}$lu$_{55}$/kɑ$_{33}$lu$_{55}$ 永：路/街路/街lʊ$_{24}$/tɕiᴀ$_{44}$lʊ$_{54}$/tɕiᴀ$_{44}$

潮水

宜：潮水dzɑɤ$_{22}$ɕy$_{ɥ53}$ 溧：潮水dzɔ$_{32}$ɕy$_{z52}$ 金： 丹： 童：潮水dzɐɤ$_{24}$ʃy$_{ɥ}$eɪ$_{31}$ 靖：潮水dʑiɒ$_{24}$ɕye$_{23}$ 靖：潮水dʑiɒ$_{24}$ɕye$_{23}$ 江：潮水dzɒ$_{21}$ɕy$_{43}$ 常：潮水dzɑɤ$_{21}$sɥ$_{34}$ 锡：潮水zᴀ$_{24}$sɥ$_{31}$ 苏：潮水/潮zæ$_{22}$sʅ$_{44}$/zæ$_{31}$ 熟：潮水dʐɔ$_{24}$ʂɥ$_{31}$ 昆：潮水zɔ$_{23}$sɥ$_{41}$ 霜：潮水zɔ$_{24}$sʅ$_{31}$ 罗：潮来zɔ$_{22}$le$_{52}$ 周：潮水zɔ$_{23}$sʅ$_{44}$ 上：潮水zɔ$_{22}$sʅ$_{44}$ 松：潮水zɔ$_{22}$sʅ$_{52}$ 黎：涨水tsɛ$_{52}$sɥ$_{41}$ 盛：潮水/潮dzᴀɑ$_{22}$sʅ$_{44}$/dzᴀɑ$_{24}$ 嘉：潮水zɔ$_{24}$sʅ$_{51}$ 双：潮水zɔ$_{22}$sʅ$_{44}$ 杭：潮水dzɔ$_{22}$sueɪ$_{51}$ 绍：潮水dzɔ$_{21}$sʅ$_{33}$ 诸：潮水dzɔ$_{31}$sʅ$_{42}$ 崇：潮水dzɑɒ$_{22}$sʅ$_{52}$ 太： 余：潮水dzɒ$_{21}$sʅ$_{23}$ 宁：潮水dʑiɘ$_{22}$sɥ$_{44}$ 黄：潮水dʑiɒ$_{23}$sɥ$_{31}$ 温：潮水dʑiɛ$_{52}$sʅ$_{34}$ 衢：潮水dzɔ$_{22}$ʃɥ$_{35}$ 华：潮水dʑie$_{21}$ɕɥ$_{y51}$ 永：

泡沫

宜：泡沫/泡泡pʻɑɤ$_{33}$məʔ$_{4}$/pʻɑɤ$_{55}$pʻɑɤ$_{31}$ 溧：泡沫/沫落则pʻɔ$_{54}$mɔ$_{34}$/mɔʔ$_{3}$lɔʔ$_{5}$tsəʔ$_{2}$ 金：泡沫/泡泡pʻɑ$^{ɔ}_{44}$moʔ$_{4}$/pʻɑ$^{ɔ}_{44}$pʻɑɤ$_{31}$ 丹：泡沫/泡沫沫pʻɔ$_{52}$moʔ$_{\underline{23}}$/pʻɔ$_{44}$moʔ$_{2}$moʔ$_{3}$ 童：泡泡/泡鼓pʻɐɤ$_{33}$pʻɐɤ$_{55}$/pʻɐɤ$_{34}$ku$_{55}$ 靖：泡泡/水泡泡pʻɒ$_{33}$pʻɒ$_{34}$/ɕye$_{55}$pʻɒ$_{33}$pʻɒ$_{34}$ 江：泡泡头/pʻɒ$_{45}$pʻɒ$_{33}$dᴇɪ$_{31}$ 常：泡沫/泡泡头pʻɑɤ$_{55}$moʔ$_{3}$/pʻɑɤ$_{55}$pʻɑɤ$_{33}$dei$_{31}$ 锡：泡泡头pʻʌ$_{55}$pʻʌ$_{55}$dᴇi$_{31}$ 苏：泡泡/濂pʻæ$_{55}$pʻæ$_{31}$/mo$_{223}$ 熟：泡泡/泡泡头pʻɔ$_{55}$pʻɔ$_{31}$/pʻɔ$_{55}$pʻɔ$_{33}$dᴇ$_{31}$ 昆：泡泡pʻɔ$_{44}$pʻɔ$_{41}$ 霜：泡泡pʻɔ$_{55}$pʻɔ$_{31}$ 罗：泡泡pʻɔ$_{55}$pʻɔ$_{31}$ 周：泡pʻɔ$_{335}$ 上：泡泡/濂pʻɔ$_{55}$pʻɔ$_{31}$/mo$_{113}$ 松：沫/濂məʔ$_{\underline{23}}$/mo$_{113}$ 黎：泡泡/濂pʻᴀ$^{ɔ}_{32}$pʻᴀ$^{ɔ}_{52}$/mo$_{213}$ 盛：泡泡pʻᴀɑ$_{32}$pʻᴀɑ$_{52}$ 嘉：泡泡pʻɔ$_{33}$pʻɔ$_{51}$ 双：泡沫/泡泡/濂/乏pʻɔ$_{33}$məʔ$_{\underline{53}}$/pʻɔ$_{32}$pʻɔ$_{34}$/mo$_{113}$/vᴀʔ$_{\underline{23}}$ 杭：泡泡儿pʻɔ$_{33}$pʻɔ$_{55}$ər$_{31}$ 绍：泡泡pʻɑɒ$_{33}$pʻɑɒ$_{52}$ 诸：泡沫/泡泡pʻɔ$_{33}$moʔ$_{5}$/pʻɔ$_{33}$pʻɔ$_{52}$ 崇：泡沫pʻɑɒ$_{33}$mᴇʔ$_{4}$ 太：泡沫pʻɑɒ$_{55}$mɛʔ$_{3}$ 余：泡pʻɒ$_{52}$ 宁：泡泡pʻɔ$_{33}$pʻɔ$_{44}$ 黄：乏/泡乏/泡vɐʔ$_{\underline{12}}$/pʻɒ$_{33}$vɐʔ$_{4}$/pʻɒ$_{44}$ 温：泡沫/水泡蛋蛋/水泡p^{ʻu}ɔ$_{44}$mɵ$_{52}$/sʅ$_{33}$p^{ʻu}ɔ$_{55}$laŋ$_{33}$laŋ$_{21}$/sʅ$_{52}$p^{ʻu}ɔ$_{21}$

衢:泡沫/泡泡(少)pʻɔ$_{55}$məʔ$_{2}$/pʻɔ$_{55}$pʻɔ$_{31}$ 华:泡沫/泡泡pʻɑʊ$_{55}$moʔ$_{2}$/pʻɑʊ$_{32}$pʻɑʊ$_{35}$ 永:水泡/乏 ɕʏ$_{42}$pʻᴀʊ$_{54}$/fvᴀ$_{323}$

巷

宜:巷弄/弄堂ɦᴀŋ$_{21}$loŋ$_{23}$/loŋ$_{21}$dᴀŋ$_{23}$ 溧:巷/弄堂xɦᴀŋ$_{31}$/loŋ$_{32}$dᴀŋ$_{23}$ 金:弄堂noŋ$_{52}$tʻɑŋ$_{23}$ 丹:弄堂noŋ$_{41}$dɑŋ$_{21}$ 童: 靖:弄堂loŋ$_{22}$dɑŋ$_{52}$ 江:弄堂loŋ$_{24}$dᴀ^{ŋ}$_{31}$ 常:弄堂loŋ$_{21}$dᴀɲ$_{13}$ 锡:弄堂loŋ$_{22}$dɒ̃$_{55}$ 苏:巷/弄堂hᴀ̃$_{31}$/loŋ$_{22}$dᴀ̃$_{44}$ 熟:弄堂nʊŋ$_{24}$dᴀ̃$_{31}$ 昆:弄堂loŋ$_{23}$dã$_{41}$ 霜:弄堂lo^{ŋ}$_{22}$dɒ̃$_{52}$ 罗:弄堂lo^{ŋ}$_{22}$dɒ̃$_{52}$ 周:弄堂loŋ$_{22}$dɒ̃$_{52}$ 上:弄堂lʊŋ$_{22}$dᴀ̃^{ɲ}$_{44}$ 松:弄堂/小弄堂lʊŋ$_{22}$dɑ̃$_{23}$/ɕiɔ$_{33}$lʊŋ$_{55}$dɑ̃$_{31}$ 黎:弄堂loŋ$_{21}$dɑ̃$_{52}$ 盛:弄堂loŋ$_{32}$dɑ̃$_{52}$ 嘉:弄堂loŋ$_{22}$dᴀ̃$_{51}$ 双:巷ɦɔ̃$_{31}$ 杭:弄堂loŋ$_{23}$dᴀŋ$_{51}$ 绍:弄堂lʊŋ$_{21}$dɒŋ$_{33}$ 诸:街kᴀ$_{544}$ 崇:弄堂lʊ^{ŋ}$_{22}$dɒ̃$_{23}$ 太:弄堂lʊŋ$_{24}$dɒŋ$_{22}$ 余:弄堂lʊŋ$_{22}$dɒ̃$_{52}$ 宁:小弄堂/小路ɕiə$_{33}$loŋ$_{44}$dɔ̃$_{55}$/ɕiə$_{33}$lu$_{44}$ 黄:弄堂ʔloŋ$_{33}$dɒ̃$_{44}$ 温:巷弄ɦ^{ʊ}ɔ$_{52}$loŋ$_{22}$ 衢:巷ʔ^{ɦ}ɒ̃$_{53}$ 华:弄堂ʔloŋ$_{53}$dᴀŋ$_{24}$ 永:巷ʔɦᴀŋ$_{214}$

弄堂

宜:弄堂loŋ$_{21}$dᴀŋ$_{23}$ 溧:弄堂loŋ$_{32}$dᴀŋ$_{23}$ 金:弄堂noŋ$_{52}$tʻɑŋ$_{23}$ 丹:弄堂noŋ$_{41}$dɑŋ$_{21}$ 童:弄堂loŋ$_{21}$dɑŋ$_{23}$ 靖:弄堂loŋ$_{22}$dɑŋ$_{53}$ 江:弄堂loŋ$_{24}$dᴀ^{ŋ}$_{31}$ 常:弄堂loŋ$_{31}$dᴀɲ$_{13}$ 锡:弄堂loŋ$_{22}$dɒ̃$_{55}$ 苏:弄堂loŋ$_{22}$dᴀ̃$_{44}$ 熟:弄堂nʊŋ$_{24}$dᴀ̃$_{31}$ 昆:弄堂loŋ$_{23}$dã$_{41}$ 霜:弄堂lo^{ŋ}$_{22}$dɒ̃$_{52}$ 罗:弄堂lo^{ŋ}$_{22}$dɒ̃$_{52}$ 周:弄堂loŋ$_{22}$dɒ̃$_{52}$ 上:弄堂lʊŋ$_{22}$dᴀ̃^{ɲ}$_{44}$ 松:弄堂lʊŋ$_{22}$dɑ̃$_{23}$ 黎:弄堂loŋ$_{22}$dɑ̃$_{52}$ 盛:弄堂loŋ$_{33}$dɑ̃$_{52}$ 嘉:弄堂loŋ$_{22}$dᴀ̃$_{51}$ 双:弄堂loŋ$_{21}$dɔ̃$_{34}$ 杭:弄堂loŋ$_{23}$dᴀŋ$_{51}$ 绍:弄堂lʊŋ$_{21}$dʊŋ$_{33}$ 诸:弄堂loŋ$_{23}$dɒ̃$_{33}$ 崇:弄堂lʊ^{ŋ}$_{22}$dɒ̃$_{23}$ 太:弄堂lʊŋ$_{24}$dɒŋ$_{22}$ 余:小弄堂ɕiɒ$_{44}$lʊŋ$_{44}$dɒ̃$_{52}$ 宁:弄堂loŋ$_{22}$dɔ̃$_{44}$ 黄:弄堂ʔloŋ$_{33}$dɒ̃$_{44}$ 温:巷弄ʔɦ^{ʊ}ɔ$_{53}$loŋ$_{31}$ 衢:弄堂lʌŋ$_{45}$dɒ̃$_{31}$ 华:弄堂ʔloŋ$_{45}$dɒ̃$_{24}$ 永:巷ʔɦᴀŋ$_{214}$

石头

宜:石头zᴀ^{ʔ}$_{2}$dʏɯ$_{23}$ 溧:石头szɑʔ$_{3}$dei$_{23}$ 金:石头səʔ$_{53}$tʻᴀʏ$_{31}$ 丹:石头sɛʔ$_{53}$tᴇ^{e}$_{31}$ 童:石头szəʔ$_{42}$dei$_{31}$ 靖:黄石头ɦuɑŋ$_{23}$zɑʔ$_{2}$døʏ$_{23}$ 江:石头zɑʔ$_{2}$dᴇɪ$_{23}$ 常:石头zɑʔ$_{2}$dei$_{13}$ 锡:石头zᴀʔ$_{2}$dᴇi$_{55}$ 苏:石头zᴀʔ$_{3}$dəɪ$_{52}$ 熟:石头zᴀʔ$_{2}$dᴇ$_{51}$ 昆:石头zᴀʔ$_{2}$dᴇ$_{23}$ 霜:石头zᴀʔ$_{2}$dᴀɪ$_{23}$ 罗:石头zᴀʔ$_{2}$dᴀɪ$_{23}$ 周:石头zɑʔ$_{2}$dʏ$_{23}$ 上:石头zɐʔ$_{2}$dʏɯ$_{23}$ 松:石头zᴀ^{ʔ}$_{2}$dɯ$_{52}$ 黎:石头zᴀʔ$_{3}$dieɯ$_{44}$ 盛:石头zɑʔ$_{2}$diəʉ$_{34}$ 嘉:石头zᴀʔ$_{2}$de$_{44}$ 双:石头zᴀʔ$_{2}$d^{ø}ʏ$_{52}$ 杭:石头儿szɐʔ$_{2}$deɪ$_{55}$ər$_{31}$ 绍:石头zᴀʔ$_{2}$dʏ$_{52}$ 诸:石头脑zɐʔ$_{2}$dei$_{2}$nɔ$_{52}$ 崇:石头zᴇʔ$_{2}$dʏ$_{52}$ 太:石头zɑʔ$_{2}$dʏ$_{52}$ 余:石头zɐʔ$_{2}$dʏ$_{52}$ 宁:石头zɐʔ$_{2}$dœʏ$_{34}$ 黄:石头ʑiɐʔ$_{2}$diʏ$_{51}$ 温:石头/石岩/石头□z^{ɪ}i$_{3}$dʌu$_{24}$/z^{ɪ}i$_{2}$ŋɑ$_{22}$/z^{ɪ}i$_{2}$dʌu$_{24}$kɵ$_{52}$ 衢:石头ʒɥᴀʔ$_{3}$dəɪ$_{31}$ 华:石头ɕʑiəʔ$_{2}$diɯu$_{24}$ 永:岩头ŋᴀ$_{21}$dəʊ$_{51}$

沙

宜:沙/沙则so$_{55}$/so$_{55}$tsəʔ$_{5}$ 溧:沙/沙子so$_{44}$/so$_{44}$tsɿ$_{55}$ 金:沙子sɑ$_{44}$tsɿ$_{z44}$ 丹:沙/沙子sɑ$_{44}$/so$_{44}$tsɿ$_{31}$ 童:沙/沙泥sɒ$_{42}$/sɒ$_{53}$ni$_{j31}$ 靖:沙子so$_{43}$tsɿ$_{34}$ 江:沙so$_{51}$ 常:沙则so$_{5}$tsəʔ$_{5}$ 锡:沙/黄沙sɑ$_{544}$/ɦuɒ̃$_{24}$sɑ$_{31}$ 苏:沙子so$_{55}$tsɿ$_{31}$ 熟:沙子su$_{55}$tsɿ$_{22}$ 昆:沙子so$_{44}$tsɿ$_{41}$ 霜:沙泥/黄沙sᴀʏ$_{55}$ȵi$_{31}$/ɦuɒ̃$_{22}$s^{ʌ}ʏ$_{52}$ 罗:沙子/沙s^{ʌ}ʏ$_{55}$tsɿ$_{31}$/s^{ʌ}ʏ$_{52}$ 周:黄沙ɦuɒ̃$_{23}$so$_{44}$ 上:沙子/沙so$_{55}$tsɿ$_{31}$/so$_{52}$ 松:黄沙/沙子ɦuɑ̃$_{22}$so$_{52}$/so$_{44}$tsɿ$_{52}$ 黎:河沙/黄沙vu$_{22}$so$_{34}$/ɦuɑ̃$_{22}$so$_{34}$ 盛:河沙/沙子ɦu$_{22}$so$_{44}$/so$_{44}$tsɿ$_{44}$ 嘉:沙/沙泥/沙子so$_{51}$/so$_{44}$ȵi$_{51}$/so$_{52}$tsɿ$_{22}$ 双:沙/沙泥so$_{44}$/so$_{44}$ȵi$_{z44}$ 杭:沙泥sɑ$_{33}$ȵi$_{51}$ 绍:沙泥so$_{33}$ȵi$_{52}$ 诸:沙/沙泥so$_{544}$/so$_{52}$ȵi$_{z42}$ 崇:沙/黄沙sʏ$_{533}$/vɒ̃$_{21}$sʏ$_{23}$ 太:沙/黄沙so$_{523}$/vɒŋ$_{31}$so$_{22}$ 余:沙泥so$_{33}$ȵi$_{44}$ 宁:沙泥/沙子so$_{33}$ni$_{52}$/so$_{33}$tsɿ$_{44}$ 黄:沙儿so$_{35}$

温：沙so$_{44}$ 衢：沙sɑ$_{434}$ 华：沙泥sɑ$_{33}$ȵi$_{55}$ 永：黄沙/黄沙子ɦuAŋ$_{32}$sʊA$_{24}$/ɦuAŋ$_{32}$sʊA$_{31}$tsɿ$_{55}$

末子

宜：屑屑/碎屑屑/屑屑头ɕiAʔ$_{5}$ɕiAʔ$_{5}$/sɐɪ$_{33}$ɕiAʔ$_{4}$ɕiAʔ$_{4}$/ɕiAʔ$_{4}$ɕiAʔ$_{4}$dʏɯ$_{45}$ 溧：屑粒则ɕiɪʔ$_{5}$lɪʔ$_{3}$tsə$_{34}$ 金：屑子ɕieʔ$_{4}$tsɿ$_{z44}$ 丹：屑屑ɕyɪʔ$_{3}$ɕyɪʔ$_{3}$ 童：屑屑ɕiɪʔ$_{\underline{53}}$ɕiɪʔ$_{\underline{31}}$ 靖：屑粒子sɪʔ$_{4}$lɪʔ$_{4}$tsɿ$_{31}$ 江：屑粒头sɪʔ$_{4}$lɪʔ$_{4}$dEɪ$_{31}$ 常：屑粒头ɕiɪʔ$_{5}$liɪʔ$_{5}$dei$_{31}$ 锡：屑粒头sɪʔ$_{4}$lɪʔ$_{5}$dEɪ$_{5}$ 苏：末子məʔ$_{3}$tsɿ$_{52}$ 熟：细末末si$_{24}$moʔ$_{3}$moʔ$_{\underline{31}}$ 昆：屑粒/粒屑sɪʔ$_{5}$lɪʔ$_{5}$/lɪʔ$_{2}$sɪʔ$_{3}$ 霜：粒屑lɪʔ$_{2}$sɪʔ$_{4}$ 罗：粒屑lɪʔ$_{2}$sɪʔ$_{4}$ 周：粒屑lɪʔ$_{2}$ɕɪʔ$_{5}$ 上：粒屑/碎屑屑liɪʔ$_{3}$ɕiɪʔ$_{4}$/sE$_{33}$ɕiɪʔ$_{55}$ɕiɪʔ$_{\underline{31}}$ 松：末末子/粒屑məʔ$_{3}$məʔ$_{4}$tsɿ$_{44}$/lɪʔ$_{3}$ɕiɪʔ$_{2}$ 黎：屑粒sɪʔ$_{5}$lɪʔ$_{2}$ 盛：末子məʔ$_{3}$tsɿ$_{33}$ 嘉：屑屑ɕiəʔ$_{3}$ɕiəʔ$_{4}$ 双：末子ʔməʔ$_{5}$tsɿ$_{52}$ 杭：末末儿mɐʔ$_{2}$mɐʔ$_{4}$ər$_{42}$ 绍：末束məʔ$_{2}$soʔ$_{5}$ 诸：末束moʔ$_{2}$soʔ$_{4}$ 崇：粒屑/翁埲liEʔ$_{2}$soʔ$_{4}$/ʔŋ̍$_{33}$bʊ^{ŋ}$_{52}$ 太：埲尘/粒屑儿beŋ$_{21}$dzeŋ$_{44}$/lɛʔ$_{2}$ɕiɑɒ$_{23}$ 余：粒屑lɪʔ$_{2}$ɕɪʔ$_{5}$ 宁：末子mɐʔ$_{2}$tsɿ$_{34}$ 黄：粒得lɐʔ$_{2}$tɐʔ$_{4}$ 温：末mo$_{323}$ 衢： 华：粒碎ləʔ$_{3}$suɪ$_{45}$ 永：碎səɪ$_{45}$

风景

宜：风景foŋ$_{55}$tɕiŋ$_{31}$ 溧：景色tɕin$_{54}$sə$_{34}$ 金：tɕiŋ$_{33}$səʔ$_{4}$ 丹：tɕiŋ$_{52}$sɛʔ$_{\underline{23}}$ 童： 靖：风景foŋ$_{43}$tɕiŋ$_{33}$ 江：风景foŋ$_{53}$tɕiɲ$_{31}$ 常：风景foŋ$_{55}$tɕiɲ$_{31}$ 锡：风景foŋ$_{21}$tɕin$_{23}$ 苏：景致/风景tɕiɪn$_{53}$tsɿ$_{31}$/foŋ$_{55}$tɕiɪn$_{31}$ 熟：景色tɕĩɲ$_{33}$sEʔ$_{5}$ 昆：景色tɕin$_{52}$səʔ$_{3}$ 霜：风景fo^{ŋ}$_{55}$tɕĩ$_{31}$ 罗：风景fo^{ŋ}$_{55}$tɕɪ^{n}$_{31}$ 周：风景/景色foŋ$_{55}$tɕiɪŋ$_{31}$/tɕiɪŋ$_{33}$səʔ$_{5}$ 上：风景/景致fʊŋ$_{55}$tɕiɲ$_{31}$/tɕiɲ$_{33}$tsɿ$_{44}$ 松：风景/景致fʊŋ$_{55}$tɕiɲ$_{31}$/tɕiɲ$_{44}$tsɿ$_{44}$ 黎：景致tɕiəɲ$_{55}$tsɿ$_{31}$ 盛：风景/景致foŋ$_{44}$tɕɪɲ$_{44}$/tɕɪɲ$_{55}$tsɿ$_{31}$ 嘉：风景/景色foŋ$_{52}$tɕin$_{22}$/tɕin$_{33}$səʔ$_{5}$ 双：风景/景致foŋ$_{44}$tɕɪn$_{44}$/tɕɪn$_{34}$tsɿ$_{52}$ 杭：风景foŋ$_{32}$tɕɪn$_{23}$ 绍：风景fʊŋ$_{32}$tɕɪŋ$_{33}$ 诸：风景foŋ$_{52}$tɕĩ$_{42}$ 崇：风景fʊ^{ŋ}$_{33}$tɕiŋ$_{52}$ 太：风景fʊŋ$_{52}$tɕiŋ$_{33}$ 余：风景fʊŋ$_{32}$tɕiŋ$_{23}$ 宁：风景foŋ$_{33}$tɕɪŋ$_{44}$ 黄：风景/景色fəŋ$_{33}$tɕiɪŋ$_{51}$/tɕiɪŋ$_{31}$sɐʔ$_{4}$ 温：风景hoŋ$_{52}$tɕiʌŋ$_{34}$ 衢：风景fʌŋ$_{43}$tɕiɲ$_{35}$ 华：风景foŋ$_{33}$tɕiɪn$_{55}$ 永：风景foŋ$_{43}$tɕiɪɲ$_{32}$

城里

宜：城里头/街浪dzəŋ$_{22}$li$_{55}$dʏɯ$_{31}$/kA$_{55}$lAŋ$_{31}$ 溧：城里/街拉dzən$_{32}$li$_{z52}$/kA$_{44}$lA$_{55}$ 金：城里/街上ts'əŋ$_{22}$li$_{z52}$/kɛ^{e}$_{44}$sɑŋ$_{23}$ 丹：城里/街里dzɛn$_{32}$li$_{z24}$/kɑ$_{23}$li$_{z44}$ 童：dzəŋ$_{24}$li$_{j31}$/kaɪ$_{53}$li$_{j31}$ 靖：街上kæ$_{44}$hæ̃$_{44}$ 江：城里/街浪向dzEɲ$_{21}$li$_{j43}$/kæ$_{53}$lA^{ŋ}$_{33}$ɕiA^{ŋ}$_{31}$ 常：城勒zəɲ$_{21}$ləʔ$_{4}$ 锡：城里向/街娘zən$_{24}$li$_{55}$ɕiã$_{31}$/kɑ$_{24}$ȵiã$_{23}$ 苏：城里向zən$_{22}$li$_{55}$ɕiÃ$_{31}$ 熟：城里向dʑẽ^{n}$_{22}$li$_{55}$ɕiA$^{\sim}$$_{31}$ 昆：街郎/街浪向kɑ$_{44}$lã$_{41}$/kɑ$_{44}$lã$_{44}$siã$_{41}$ 霜：城里向zẽ$_{24}$li$_{33}$ɕia$^{\sim}$$_{31}$ 罗：镇浪向zẽ^{n}$_{33}$lɒ$^{\sim}$$_{55}$ɕia$^{\sim}$$_{31}$ 周：城里向zəŋ$_{23}$li$_{44}$ɕiʌ$^{\sim}$$_{52}$ 上：城里向zəɲ$_{22}$li$_{55}$ɕiÃ^{ɲ}$_{31}$ 松：城里向zəɲ$_{22}$li$_{55}$ɕiẽ$_{31}$ 黎：街浪kɒ$_{44}$lã$_{44}$ 盛：城里向/街浪dzəɲ$_{22}$li$_{j44}$ɕiæ̃$_{44}$/kɑ$_{44}$lɑ$^{\sim}$$_{44}$ 嘉：城里/街浪zəɲ$_{24}$li$_{51}$/kɑ$_{52}$lA$^{\sim}$$_{22}$ 双：城里向zən$_{22}$li$_{z44}$ɕiã$_{44}$ 杭：城里头zən$_{21}$li$_{23}$deɪ$_{51}$ 绍：城里/城里头zəŋ$_{21}$li$_{33}$/zəŋ$_{21}$li$_{34}$dʏ$_{52}$ 诸：城里头/城里dzẼĩ$_{22}$li$_{22}$dei$_{52}$/dzẼĩ$_{22}$li$_{52}$ 崇：城里头dzɪŋ$_{22}$li$_{z34}$dʏ$_{52}$ 太：城里头dzeŋ$_{21}$li$_{11}$dʏ$_{44}$ 余：城里头/街里dzeɲ$_{21}$li$_{22}$dʏ$_{52}$/kA$_{33}$li$_{52}$ 宁：城里头dʑɪŋ$_{22}$li$_{44}$dœʏ$_{55}$ 黄：城里ʑiɪŋ$_{23}$lij$_{31}$ 温：城底zəŋ$_{52}$t'i$_{34}$ 衢：城里/城里头ʒɥən$_{22}$li$_{53}$/ʒɥən$_{22}$li$_{55}$dəɪ$_{31}$ 华：城里dzən$_{32}$li$_{24}$ 永：城里头/落街ɕʑiɪŋ$_{32}$li$_{31}$dəu$_{325}$/lAʊ$_{32}$tɕiA$_{44}$

乡下

宜：乡下/乡下头ɕiAŋ$_{55}$ɦo$_{31}$/ɕiAŋ$_{55}$ɦo$_{33}$dʏɯ$_{31}$ 溧：乡下ɕie$_{44}$xɦo$_{55}$ 金：乡下ɕiɑŋ$_{44}$ɑ$_{23}$ 丹：乡下ɕie$_{23}$h^{ɦ}o$_{44}$ 童：乡下ɕiɑŋ$_{53}$ɕiɒ$_{31}$ 靖：乡下ɕĩ$_{44}$ɦo$_{34}$ 江：乡下/乡下头ɕiA^{ŋ}$_{55}$ɦo$_{31}$/ɕiA^{ŋ}$_{55}$ɦo$_{33}$dEɪ$_{31}$ 常：乡下ɕiAɲ$_{55}$ɦo$_{31}$ 锡：乡下/乡下头ɕiã$_{21}$ɦu$_{23}$/ɕiã$_{21}$ɦu$_{11}$dEɪ$_{23}$ 苏：乡下头ɕiÃ$_{55}$ɦo$_{55}$dəɪ$_{31}$ 熟：乡下头ɕiA$^{\sim}$$_{55}$ɦu$_{33}dE_{31}$ 昆：乡下头ɕiã$_{44}$ɦo$_{44}$dE$_{41}$ 霜：乡下/乡下头ɕia$^{\sim}$$_{55}$ɦ^{ʌ}ʏ$_{31}$/ɕia$^{\sim}$$_{55}$ɦ^{ʌ}ʏ$_{33}$dʌɪ$_{31}$ 罗：乡下头ɕia$^{\sim}$$_{55}$ɦ^{ʌ}ʏ$_{33}$dʌɪ$_{31}$ 周：乡下/乡下头ɕiA$^{\sim}$$_{55}$ɦɔ$_{31}$/ɕiA$^{\sim}$$_{55}$ɦɔ$_{33}$dʏ$_{31}$ 上：

乡下头çiÃ$^{n}_{55}$ɦo$_{33}$dɤɯ$_{31}$ 松:乡下头çiẽ$_{55}$ɦo$_{33}$dɯ$_{31}$ 黎:乡下头çiɛ̃$_{55}$ɦo$_{33}$dieɯ$_{31}$ 盛:乡下头çiæ̃$_{44}$ɦo$_{44}$diəʉ$_{44}$ 嘉:乡下/乡下头çiA$^{\sim}_{52}$ɦo$_{22}$/çiA$^{\sim}_{55}$ɦo$_{33}$de$_{21}$ 双:乡下头çiã$_{44}$ɦo$_{44}$d^{ə}Y$_{44}$ 杭:乡下头çiAŋ$_{32}$iɑ$_{23}$deɪ$_{51}$ 绍:乡下头çiaŋ$_{32}$ɦo$_{34}$dɤ$_{52}$ 诸:乡下/乡下头çiÃ$_{52}$ɦo$_{42}$/çiÃ$_{44}$ɦo$_{22}$dei$_{52}$ 崇:乡下头çiA$^{\sim}_{33}$ɦɑɒ$_{34}$dY$_{52}$ 太:乡下头çiAŋ$_{52}$ɦɑɒ$_{34}$dY$_{52}$ 余:乡下头çiÃ$_{32}$ɦɒ$_{22}$dɤ$_{52}$ 宁:乡下头çiã$_{33}$ɦo$_{55}$dœY$_{31}$ 黄:乡下çia$^{\sim}_{33}$ɦo$_{51}$ 温:乡下çi$_{52}$ɦo$_{34}$ 衢:乡里/乡里头çiã$_{43}$li$_{53}$/çiã$_{43}$li$_{55}$dəɪ$_{31}$ 华:乡里/乡下(少)çiAŋ$_{33}$li$_{55}$/çiAŋ$_{33}$uɑ$_{51}$ 永:乡下/乡啦çiAŋ$_{44}$ʊA$_{54}$/çiAŋ$_{44}$lA$_{51}$

地方

宜:地方/场化di$_{j21}$fAŋ$_{23}$/dzAŋ$_{22}$xo$_{53}$ 溧:地方di$_{z32}$fAŋ$_{23}$ 金:地方t'i$_{z44}$fɑŋ$_{52}$ 丹:地方ti$_{z41}$fɑŋ$_{21}$ 童:地方di$_{j21}$fɑŋ$_{23}$ 靖:荡子ɑŋ$_{24}$tsɿ$_{31}$ 江:场化/地方dzA$^{ŋ}_{21}$ho$_{43}$/di$_{j24}$fA$^{ŋ}_{31}$ 常:地方/场化di$_{j21}$fAɲ$_{13}$/zAɲ$_{21}$ho$_{34}$ 锡:地方di$_{22}$fɒ$^{\sim}_{55}$ 苏:地方di$_{j22}$fÃ$_{44}$ 熟:地方di$_{24}$fA$^{\sim}_{31}$ 昆:地方/场化di$_{23}$fã$_{41}$/zã$_{23}$ho$_{41}$ 霜:地方/户荡di$_{22}$fɒ$^{\sim}_{52}$/ɦu$_{22}$dɒ$^{\sim}_{52}$ 罗:地方/户荡/场化di$_{22}$fɒ$^{\sim}_{52}$/ɦu$_{22}$dɒ$^{\sim}_{52}$/za$^{\sim}_{24}$h^{ʌ}ɤ$_{31}$ 周:地方di$_{22}$fɒ$^{\sim}_{52}$ 上:地方di$_{22}$fÃ$^{n}_{44}$ 松:地方/户荡di$_{23}$/fɑ$^{\sim}_{44}$/vu$_{23}$dɑ$^{\sim}_{44}$ 黎:场化/地方dzã$_{22}$ho$_{34}$/di$_{22}$fɑ$^{\sim}_{52}$ 盛:地方郎di$_{j32}$fɑ$^{\sim}_{52}$lɑ$^{\sim}_{31}$ 嘉:地方di$_{22}$fA$^{\sim}_{51}$ 双:地方郎/场化/户荡di$_{21}$fɔ̃$_{11}$lɔ̃$_{34}$/zã$_{44}$ho$_{44}$/βu$_{21}$dɔ̃$_{34}$ 杭:埭户dɑ$_{23}$vu$_{51}$ 绍:地方/埭户di$_{24}$fɒŋ$_{31}$/dɑ$_{23}$vu$_{33}$ 诸:地方/户夷di$_{z33}$fɒ̃$_{33}$/vʊ$_{22}$i$_{z33}$ 崇:地方di$_{z22}$fɒ̃$_{23}$ 太:地方di$_{22}$fɒŋ$_{23}$ 余:地方/户荡di$_{22}$fɒ̃$_{52}$/vu$_{22}$dɒ̃$_{52}$ 宁:地方/户荡(少)di$_{22}$fɒ̃$_{52}$/vu$_{22}$dɔ̃$_{34}$ 黄:地方di$_{j23}$fɒ$^{\sim}_{31}$ 温:地方d'i$_{52}$h^{ʊ}ɔ$_{44}$ 衢:地方di$_{45}$fɒ$^{\sim}_{31}$ 华:地方ti$_{54}$fAŋ$_{35}$ 永:地方di$_{32}$fAŋ$_{44}$

时候

宜:辰光/时候(少)zən$_{21}$kuAŋ$_{23}$/zɿ$_{24}$ɦɤɯ$_{31}$ 溧:辰光dzən$_{32}$kuAŋ$_{23}$ 金:辰光/时候ts'əŋ$_{24}$kuɑŋ$_{44}$/sɿ$_{24}$xʌɤ$_{44}$ 丹:辰光/时候dzɛn$_{32}$kuɑŋ$_{24}$/zɿ$_{32}$hE$^{e}_{24}$ 童:辰光dzəŋ$_{24}$kuɑŋ$_{31}$ 靖:辰光/时候(少)dʑiəŋ$_{22}$kuɑŋ$_{34}$/szɿ$_{22}$ɦøY$_{34}$ 江:辰光dzEɲ$_{24}$kuA$^{ŋ}_{31}$ 常:辰光/时候zəɲ$_{21}$kuAɲ$_{34}$/zɿ$_{21}$ɦei$_{34}$ 锡:辰光zən$_{24}$kuɒ$^{\sim}_{31}$ 苏:辰光zən$_{22}$kuÃ$_{44}$ 熟:辰光dʐẽ$^{n}_{24}$kuA$^{\sim}_{31}$ 昆:辰光zən$_{23}$kuã$_{41}$ 霜:辰光zɛ̃$_{22}$kuɒ$^{\sim}_{52}$ 罗:辰光zɛ̃$^{n}_{22}$kuɒ$^{\sim}_{52}$ 周:辰光zəŋ$_{23}$kuɒ$^{\sim}_{44}$ 上:辰光zəɲ$_{22}$kuÃ$^{n}_{44}$ 松:辰光zəɲ$_{22}$kuɑ$^{\sim}_{52}$ 黎:辰光zəɲ$_{22}$kuɑ$^{\sim}_{34}$ 盛:辰光zəɲ$_{22}$kuɑ$^{\sim}_{44}$ 嘉:辰光zən$_{22}$kuA$^{\sim}_{44}$ 双:辰光zən$_{22}$kuɔ̃$_{44}$ 杭:辰光dzən$_{21}$kuAŋ$_{23}$ 绍:时候/辰光/时光zɿ$_{21}$ɦɤ$_{23}$/zəŋ$_{22}$kuaŋ$_{52}$/zɿ$_{22}$kuaŋ$_{52}$ 诸:辰光zẼĨ$_{31}$kuɒ̃$_{52}$ 崇:辰光zɪŋ$_{21}$kuɒ̃$_{23}$ 太:见光/时候dʑiẽ$_{55}$kuɒŋ$_{33}$/zɿ$_{21}$ɦY$_{13}$ 余:辰光zən$_{22}$/kuɒ̃$_{44}$ 宁:时候/辰光zɿ$_{22}$ɦœY$_{44}$/zoŋ$_{22}$kuɔ̃$_{44}$ 黄:时候zɿ$_{23}$ɦiY$_{44}$ 温:时节zɿ$_{25}$tɕi$_{24}$ 衢:时候/时光szɿ$_{22}$ɦɤɯ$_{53}$/szɿ$_{24}$kuɒ$^{\sim}_{31}$ 华:时间szɿ$_{22}$tɕiɑ$_{55}$ 永:时节çi$_{32}$tɕi:A$_{32}$

今年

宜:今年tɕiŋ$_{55}$ȵɪ$_{55}$ 溧:今年tɕin$_{44}$ȵi$_{52}$ 金:今年tɕiŋ$_{44}$ȵĩ$_{23}$ 丹:今年kɛn$_{21}$nɪ$_{22}$ 童:真年tsəŋ$_{55}$nɪ$_{31}$ 靖:今年tɕiŋ$_{44}$nĩ$_{23}$ 江:今年tɕiɲ$_{32}$ȵɪ$_{42}$ 常:今年tɕiɲ$_{55}$ȵɪ$_{31}$ 锡:嗯年/今年/今年头ʔŋ̍$_{45}$ȵɪ$_{55}$/tɕin$_{21}$ȵɪ$_{23}$/tɕin$_{21}$ȵɪ$_{11}$dEi$_{23}$ 苏:今年tɕiɪn$_{55}$ȵiɪ$_{31}$ 熟:里年li$_{23}$ȵie$_{33}$ 昆:今年tɕin$_{44}$nɪ$_{41}$ 霜:今年tɕĩ$_{55}$ȵɪ$_{31}$ 罗:今年tɕɪ$^{n}_{55}$ȵi$_{31}$ 周:今年tɕiɪŋ$_{44}$ȵi$_{52}$ 上:今年tɕiɲ$_{55}$ȵi$_{31}$ 松:今年tɕiɲ$_{44}$ȵi$_{52}$ 黎:今年tɕiəɲ$_{44}$ȵiɪ$_{44}$ 盛:今年tɕɪɲ$_{44}$ȵiɪ$_{44}$ 嘉:今年tɕin$_{44}$ȵie$_{51}$ 双:今年介tɕɪn$_{44}$ȵɪ$_{44}$kɑ$_{44}$ 杭:更年/今年kən$_{32}$ȵie$_{23}$/tɕɪn$_{32}$ȵie$_{23}$ 绍:今年/□年/今年头tɕɪŋ$_{33}$ȵĩ$_{52}$/kĩ$_{33}$ȵĩ$_{52}$/tɕɪŋ$_{33}$ȵɪ$_{44}$dY$_{44}$ 诸:正年tsẼĨ$_{44}$ȵiɪ$_{33}$ 崇:今年tɕiŋ$_{53}$ȵiẽ$_{52}$ 太:今年tɕiŋ$_{52}$ȵiẽ$_{33}$ 余:今年tɕiŋ$_{33}$ȵi$_{52}$ 宁:今年子tɕɪŋ$_{33}$ȵi$_{44}$tsɿ$_{55}$ 黄:今年tɕiɪŋ$_{33}$ȵie$_{51}$ 温:今年k'ɛ$_{22}$ȵi$_{24}$ 衢:今年/间年tɕi$^{n}_{43}$ȵiẽ$_{53}$/tɕiẽ$_{43}$ȵiẽ$_{53}$ 华:今年tɕiɪŋ$_{55}$ȵiɑ$_{31}$ 永:□年kɤə$_{55}$ȵi:A$_{22}$

明年

宜：明年/门年/开年miŋ$_{21}$ȵɪ$_{23}$/məŋ$_{21}$ȵɪ$_{23}$/k‘ɐɪ$_{55}$ȵɪ$_{55}$　溧：门年məŋ$_{32}$ȵi$_{23}$　金：明年/门年/开年miŋ$_{22}$ȵĩ$_{44}$/məŋ$_{22}$ȵĩ$_{44}$/k‘ɛ^{e}$_{44}$ȵĩ$_{23}$　丹：门年/开年mɛn$_{32}$nɪ$_{24}$/k‘æ$_{44}$nɪ$_{31}$　童：门年/开年(少)məŋ$_{24}$nɪ$_{31}$/k‘aɪ$_{53}$nɪ$_{31}$　靖：门年məŋ$_{22}$ȵĩ$_{23}$　江：开年/门年k‘æ$_{44}$ȵɪ$_{31}$/mɛɲ$_{24}$ȵɪ$_{31}$　常：明年/开年miɲ$_{21}$ȵɪ$_{34}$/k‘æe$_{55}$ȵɪ$_{31}$　锡：明年min$_{24}$ȵɪ$_{31}$　苏：明年/开年miɪn$_{22}$ȵiɪ$_{44}$/k‘ᴇ$_{55}$ȵiɪ$_{31}$　熟：开年/开年头k‘æ$_{55}$ȵie$_{51}$/k‘æ$_{55}$ȵie$_{55}$dᴇ$_{31}$　昆：开年/明年k‘ɛ$_{44}$nɪ$_{41}$/min$_{23}$nɪ$_{41}$　霜：明年/开年点mĩ$_{22}$ȵɪ$_{52}$/k‘ᴇ$_{55}$ȵɪ$_{33}$tɪ$_{31}$　罗：明年mɪ^{n}$_{22}$ȵi$_{52}$　周：明年/明年头/明年点miɪŋ$_{23}$ȵi$_{44}$/miɪŋ$_{23}$ȵi$_{44}$dʏ$_{44}$/miɪŋ$_{23}$ȵi$_{44}$dĩ$_{44}$　上：开年/开年子k‘ᴇ$_{55}$ȵi$_{31}$/k‘ᴇ$_{55}$ȵi$_{33}$tsɿ$_{31}$　松：明年miɲ$_{22}$ȵi$_{52}$　黎：开年k‘ᴇ$_{44}$ȵiɪ$_{44}$　盛：开年k‘ᴇ$_{44}$ȵiɪ$_{44}$　嘉：明年min$_{22}$ȵie$_{44}$　双：明年介mɪn$_{22}$ȵɪ$_{44}$kɑ$_{44}$　杭：门年/明年mən$_{21}$ȵie$_{23}$/mɪn$_{21}$ȵie$_{23}$　绍：明年/明年头mɪŋ$_{23}$ȵĩ$_{52}$/mɪŋ$_{22}$ȵĩ$_{44}$dʏ$_{44}$　诸：明年/门年mĩ$_{22}$ȵiɪ$_{52}$/mẽɪ$_{22}$ȵiɪ$_{52}$　崇：下年ɦʏ$_{23}$ȵiẽ$_{52}$　太：下年ɦɯ$_{23}$ȵiẽ$_{52}$　余：明年/来年meɲ$_{22}$ȵĩ$_{44}$/le$_{22}$ȵĩ$_{44}$　宁：明年/门年(少)/明年子mɪŋ$_{22}$ni$_{51}$/mɐŋ$_{22}$ni$_{51}$/mɪŋ$_{22}$ni$_{44}$tsɿ$_{55}$　黄：下年/明年ʔɦo$_{21}$ȵie$_{13}$/miɪŋ$_{22}$ȵie$_{51}$　温：门年mʌŋ$_{22}$ȵi$_{24}$　衢：明年miɲ$_{22}$ȵiẽ$_{53}$　华：明年miɪn$_{32}$ȵiɑ$_{24}$　永：下年ʔɦuᴀ$_{21}$ȵiːᴀ$_{22}$

去年

宜：旧年dʑiʏɯ$_{21}$ȵɪ$_{23}$　溧：旧年dʑiʌɯ$_{32}$ȵi$_{23}$　金：旧年tɕiʌʏ$_{52}$ȵĩ$_{23}$　丹：上年/旧年sæ$_{41}$nɪ$_{21}$/dʑʏ$_{31}$nɪ$_{21}$　童：去年tʃ‘yʮ$_{35}$nɪ$_{31}$　靖：上年hɦæ̃$_{24}$nĩ$_{31}$　江：旧年/旧年头dʑiзʏ$_{24}$ȵɪ$_{31}$/dʑiзʏ$_{24}$ȵɪ$_{33}$dᴇɪ$_{31}$　常：去年/旧年tɕ‘yʮ$_{55}$ȵɪ$_{31}$/dʑiɯ$_{21}$ȵɪ$_{12}$　锡：旧年/旧年头/去年(少)dʑiʌʏ$_{22}$ȵɪ$_{55}$/dʑiʌʏ$_{22}$ȵɪ$_{55}$dᴇi$_{31}$/tɕ‘y$_{55}$ȵɪ$_{31}$　苏：旧年dʑiɵ$_{22}$ȵiɪ$_{44}$　熟：旧年dʑiɯ$_{24}$ȵie$_{31}$　昆：旧年dʑy$_{23}$nɪ$_{41}$　霜：去年/旧年tɕ‘y$_{33}$ȵɪ$_{52}$/dʑy$_{22}$ȵɪ$_{52}$　罗：去年/旧年/旧年子tɕ‘y$_{55}$ȵi$_{31}$/dʑy$_{22}$ȵi$_{52}$/dʑy$_{22}$ȵi$_{24}$tsɿ$_{31}$　周：旧年/旧年头/旧年子dʑiʏ$_{22}$ȵi$_{52}$/dʑiʏ$_{22}$ȵi$_{44}$dʏ$_{52}$/dʑiʏ$_{22}$ȵi$_{55}$tsɿ$_{31}$　上：旧年/去年/旧年子/去年子dʑiʏɯ$_{22}$ȵi$_{44}$/tɕ‘y$_{33}$ȵi$_{44}$/dʑiʏɯ$_{22}$ȵi$_{55}$tsɿ$_{31}$/tɕ‘y$_{33}$ȵi$_{55}$tsɿ$_{31}$　松：旧年/旧年子dʑiɯ$_{23}$ȵi$_{44}$/dʑiɯ$_{22}$ȵi$_{22}$tsɿ$_{52}$　黎：旧年dʑieɯ$_{22}$ȵiɪ$_{52}$　盛：旧年dʑiɵʉ$_{22}$ȵiɪ$_{52}$　嘉：上年zᴀ˜$_{22}$ȵie$_{51}$　双：上年介zɔ̃$_{21}$ȵɪ$_{11}$kɑ$_{34}$　杭：旧年/旧年子/去年子/去年dʑʏ$_{23}$ȵie$_{51}$/dʑʏ$_{22}$ȵie$_{55}$tsɿ$_{31}$/tɕ‘y$_{33}$ȵie$_{55}$tsɿ$_{31}$/tɕ‘y$_{34}$ȵie$_{51}$　绍：旧年/旧年头dʑiʏ$_{21}$ȵĩ$_{23}$/dʒiʏ$_{21}$ȵĩ$_{33}$dʏ$_{33}$　诸：旧年dʑiʏ$_{21}$ȵiɪ$_{23}$　崇：旧年dʑʏ$_{23}$ȵiẽ$_{52}$　太：旧年dʑʏ$_{23}$ȵiẽ$_{52}$　余：旧年dʑiʏ$_{22}$ȵĩ$_{52}$　宁：去年/旧年/旧年子tɕ‘yʮ$_{55}$ni$_{33}$/dʑʏ$_{22}$ni$_{51}$/dʑʏ$_{22}$ni$_{44}$tsɿ$_{55}$　黄：旧年/上年/去年dʑiʏ$_{22}$ȵie$_{35}$/zɒ$_{22}$ȵie$_{35}$/c‘yʮ$_{33}$ȵie$_{35}$　温：旧年dʑiʌu$_{52}$ȵi$_{21}$　衢：旧年dʑiɯ$_{45}$ȵiẽ$_{31}$　华：上年ɕiʌŋ$_{54}$ȵiɑ$_{31}$　永：上年ɕʑiʌŋ$_{21}$ȵiːᴀ$_{22}$

前年

宜：前年则ʑɪ$_{21}$ȵɪ$_{11}$tsə$_{23}$　溧：前年则ʑi$_{32}$ȵi$_{22}$tsəʔ$_{5}$　金：前年子/前年tɕ‘ĩ$_{22}$ȵĩ$_{33}$tsɿ$_{44}$/tɕ‘ĩ$_{22}$ȵĩ$_{44}$　丹：前年dʑɪ$_{32}$nɪ$_{24}$　童：前年头/前年ʑɪ$_{24}$nɪ$_{33}$dei$_{31}$/ʑɪ$_{24}$nɪ$_{31}$　靖：前年/前年子/先年子zĩ$_{22}$nĩ$_{34}$/zĩ$_{22}$nĩ$_{44}$tsɿ$_{34}$/sĩ$_{44}$nĩ$_{44}$tsɿ$_{34}$　江：先年则sɪ$_{55}$ȵɪ$_{33}$tsзʔ$_{2}$　常：前年ʑɪ$_{21}$ȵɪ$_{34}$　锡：前年/前年则zɪ$_{24}$ȵɪ$_{31}$/zɪ$_{24}$ȵɪ$_{55}$tsəʔ$_{31}$　苏：前年ziɪ$_{22}$ȵiɪ$_{44}$　熟：前年/隔一年zie$_{24}$ȵie$_{31}$/kᴀʔ$_{4}$ɪʔ$_{5}$ȵie$_{51}$　昆：前年/隔年zɪ$_{23}$nɪ$_{41}$/kᴀʔ$_{5}$nɪ$_{52}$　霜：前年/葛年子zɪ$_{22}$ȵɪ$_{52}$/kəʔ$_{4}$ȵɪ$_{23}$tsɿ$_{52}$　罗：前年/葛年子zi$_{22}$ȵi$_{52}$/kɐʔ$_{3}$ȵi$_{55}$tsɿ$_{31}$　周：前年/前年子ʑi$_{23}$ȵi$_{44}$/ʑi$_{23}$ȵi$_{44}$tsɿ$_{44}$　上：前年/前年子ʑi$_{22}$ȵi$_{44}$/ʑi$_{22}$ȵi$_{55}$tsɿ$_{31}$　松：前年/前年子ʑi$_{22}$ȵi$_{52}$/ʑi$_{22}$ȵi$_{55}$tsɿ$_{31}$　黎：隔年/前年kᴀʔ$_{5}$ȵiɪ$_{55}$/ziɪ$_{22}$ȵiɪ$_{34}$　盛：前年/隔年子dziɪ$_{22}$ȵiɪ$_{44}$/kəʔ$_{3}$ȵiɪ$_{55}$tsɿ$_{31}$　嘉：前年dʑie$_{22}$ȵie$_{44}$　双：前年子dʑɪ$_{22}$ȵɪ$_{44}$tsɿ$_{44}$　杭：前年/前年子dʑie$_{21}$ȵie$_{23}$/dʑie$_{21}$ȵie$_{23}$tsɿ$_{51}$　绍：前年ʑĩ$_{22}$ȵĩ$_{52}$　诸：前年ʑiɪ$_{24}$ȵiɪ$_{42}$　崇：前年ʑiẽ$_{21}$ȵiẽ$_{23}$　太：前年ʑiẽ$_{21}$ȵiẽ$_{13}$　余：前年ɦĩ$_{22}$ȵĩ$_{52}$　宁：前年/前年子ʑiᶻ$_{24}$ni$_{33}$/ʑiᶻ$_{24}$ni$_{33}$tsɿ$_{33}$　黄：前年ʑie$_{31}$ȵie$_{31}$　温：前年ɦi$_{22}$ȵi$_{24}$　衢：前年ʑiẽ$_{22}$ȵiẽ$_{53}$　华：前年ɕiɑ$_{32}$ȵiɑ$_{24}$　永：前年ɕʑiᴀ$_{43}$ȵiːᴀ$_{22}$

大前年

宜：　　溧：直前年dzəʔ$_{3}$ʑi$_{22}$ȵi$_{23}$　金：大前年/向前年tɑ$_{52}$tɕʻĩ$_{22}$ȵĩ$_{23}$/ɕiaŋ$_{52}$tɕʻĩ$_{22}$ȵĩ$_{23}$　丹：上上一年sæ$_{35}$sæ$_{22}$ɪʔ$_{2}$nɪ$_{21}$　童：大前年头/大前年dʌʏ$_{22}$ʑɪ$_{33}$nɪ$_{33}$dei$_{44}$/dʌʏ$_{22}$ʑɪ$_{33}$nɪ$_{44}$　靖：先前年子sĩ$_{55}$zĩ$_{44}$nĩ$_{44}$tsɿ$_{34}$　江：大先年则dɜʏ$_{24}$sɪ$_{33}$ȵɪ$_{33}$tsɜʔ$_{2}$　常：大前年/着前年dʌɯ$_{21}$ʑɪ$_{11}$ȵɪ$_{13}$/dzɑʔ$_{2}$ʑɪ$_{11}$ȵɪ$_{23}$　锡：大前年dʌʏ$_{22}$zɪ$_{55}$ȵɪ$_{31}$　苏：大前年dɜu$_{22}$ziɪ$_{55}$ȵiɪ$_{31}$　熟：大前年dɯ$_{24}$zie$_{33}$ȵie$_{31}$　昆：大前年dəu$_{22}$zɪ$_{55}$nɪ$_{41}$　霜：着葛年子zᴀʔ$_{2}$kəʔ$_{2}$ȵɪ$_{22}$tsɿ$_{23}$　罗：大前年du$_{22}$zi$_{44}$ȵi$_{52}$　周：大前年/前头一年du$_{22}$ʑi$_{44}$ȵi$_{52}$/ʑi$_{23}$dʏ$_{44}$ɪʔ$_{4}$ȵi$_{44}$　上：大前年du$_{22}$ʑi$_{55}$ȵi$_{31}$　松：大前年/着前年du$_{22}$ʑi$_{55}$ȵi$_{31}$/zᴀʔ$_{2}$ʑi$_{22}$ȵi$_{52}$　黎：着着隔年dzᴀʔ$_{3}$zᴀʔ$_{3}$kᴀʔ$_{4}$ȵiɪ$_{52}$　盛：着着隔年子dzᴀʔ$_{2}$zᴀʔ$_{4}$kəʔ$_{3}$ȵiɪ$_{33}$tsɿ$_{31}$　嘉：大前年dᵊu$_{22}$dʑie$_{44}$ȵie$_{51}$　双：大前年子/大前年介dəu$_{21}$dʑɪ$_{11}$ȵɪ$_{11}$tsɿ$_{34}$/dəu$_{21}$dʑɪ$_{11}$ȵɪ$_{11}$kɑ$_{34}$　杭：大前年dɑ$_{22}$dʑie$_{55}$ȵie$_{31}$　绍：大前年do$_{22}$ʑĩ$_{44}$ȵĩ$_{44}$　诸：大前年dɯ$_{22}$ʑiɪ$_{22}$ȵiɪ$_{52}$　崇：大前年dʏ$_{24}$ʑiẽ$_{55}$ȵiẽ$_{31}$　太：大前年dɯ$_{21}$ʑiẽ$_{11}$ȵiẽ$_{23}$　余：大前年dou$_{23}$ɦĩ$_{44}$ȵĩ$_{52}$　宁：大前年dou$_{22}$ʑi$_{z44}$ȵi$_{z55}$　黄：大前年dᵊu$_{23}$ʑie$_{33}$ȵie$_{31}$　温：大前年dᵊu$_{52}$ɦi$_{22}$ȵi$_{21}$　衢：大前年du$_{31}$ʑiẽ$_{22}$ȵiẽ$_{53}$　华：大前年duo$_{24}$ɕiɑ$_{32}$ȵiɑ$_{24}$　永：大前年doə$_{24}$ɕʑiᴀ$_{32}$ȵiːᴀ$_{22}$

后年

宜：后年则ɦʏɯ$_{21}$ȵɪ$_{11}$tsə$_{23}$　溧：后年xɦei$_{32}$ȵi$_{23}$　金：后年xʌʏ$_{52}$ȵĩ$_{23}$　丹：后年hᴇ^{ɛ}$_{52}$nɪ$_{23}$　童：后年ɦei$_{22}$nɪ$_{55}$　靖：后年hɦøʏ$_{35}$nĩ$_{31}$　江：后年ɦᴇɪ$_{24}$ȵɪ$_{31}$　常：后年ɦei$_{21}$ȵɪ$_{13}$　锡：后年ɦᴇɪ$_{24}$ȵɪ$_{31}$　苏：后年ɦəɪ$_{24}$ȵiɪ$_{31}$　熟：后年/后年子ɦᴇ$_{24}$ȵie$_{34}$/ɦᴇ$_{22}$ȵie$_{55}$tsɿ$_{31}$　昆：后年头ɦᴇ$_{22}$nɪ$_{55}$dᴇ$_{31}$　霜：后年/后年点ɦʌɪ$_{22}$ȵɪ$_{52}$/ɦʌɪ$_{22}$ȵɪ$_{23}$tɪ$_{52}$　罗：后年ɦʌɪ$_{22}$ȵi$_{52}$　周：后年ɦʏ$_{22}$ȵi$_{52}$　上：后年ɦʏɯ$_{22}$ȵi$_{44}$　松：后年ɦɯ$_{23}$ȵi$_{44}$　黎：继开年/再开年tɕi$_{j33}$kʻᴇ$_{55}$ȵiɪ$_{31}$/tsᴇ$_{33}$kʻᴇ$_{55}$ȵiɪ$_{31}$　盛：后年ɦiəʉ$_{23}$ȵiɪ$_{33}$　嘉：后年ɦe$_{22}$ȵie$_{51}$　双：后年介ɦ^{ø}ʏ$_{24}$ȵɪ$_{55}$kɑ$_{21}$　杭：后年ɦeɪ$_{23}$ȵie$_{51}$　绍：后年ɦʏ$_{22}$ȵĩ$_{51}$　诸：后年ɦei$_{23}$ȵiɪ$_{52}$　崇：后年ɦʏ$_{22}$ȵiẽ$_{23}$　太：后年ɦʏ$_{23}$ȵiẽ$_{52}$　余：后年ɦʏ$_{21}$ȵĩ$_{23}$　宁：后年ɦœʏ$_{22}$ni$_{52}$　黄：后年ʔiʏ$_{55}$ȵie$_{31}$　温：后年ɦʌu$_{52}$ȵi$_{21}$　衢：后年ʔʏɯ$_{55}$ȵiẽ$_{31}$　华：后年ʔəu$_{55}$ȵiɑ$_{31}$　永：后年ʔɦəu$_{32}$ȵiːᴀ$_{44}$

日子

宜：日脚ȵiɪʔ$_{2}$tɕiɔʔ$_{4}$　溧：日脚ȵiɪʔ$_{3}$tɕiɑʔ$_{5}$　金：日脚ȵieʔ$_{4}$tɕiɑʔ$_{4}$　丹：日脚nɪʔ$_{5}$tɕiɑʔ$_{2}$　童：日脚ȵiɪʔ$_{3}$tɕiᴀʔ$_{5}$　靖：日子/日脚ȵiɪʔ$_{4}$tsɿ$_{23}$/ȵiɪʔ$_{4}$tɕiɑʔ$_{3}$　江：日脚ȵiəʔ$_{3}$tɕiɑʔ$_{3}$　常：日脚ȵiɪʔ$_{2}$tɕiɑʔ$_{5}$　锡：日脚ȵiəʔ$_{2}$tɕiᴀʔ$_{5}$　苏：日脚ȵiəʔ$_{3}$tɕiᴀʔ$_{5}$　熟：日脚ȵɪʔ$_{2}$tɕiᴀʔ$_{5}$　昆：日脚ȵiɪʔ$_{2}$tɕiᴀʔ$_{3}$　霜：日脚ȵɪʔ$_{2}$tɕiᴀʔ$_{4}$　罗：日脚ȵɪʔ$_{2}$tɕiᴀʔ$_{4}$　周：日脚ȵɪʔ$_{2}$tɕʻiɑʔ$_{\underline{23}}$　上：日脚ȵiɪʔ$_{2}$tɕiɪʔ$_{3}$　松：日脚ȵiɪʔ$_{3}$tɕiᴀʔ$_{2}$　黎：日脚ȵiɪʔ$_{3}$tɕiᴀʔ$_{3}$　盛：日脚ȵiɐʔ$_{4}$tɕiɑʔ$_{3}$　嘉：日脚ʔȵiəʔ$_{3}$tɕiᴀʔ$_{4}$　双：日脚ʔȵieʔ$_{5}$tɕiᴀʔ$_{5}$　杭：日子zɐʔ$_{2}$tsɿ$_{23}$　绍：日则ȵɪʔ$_{2}$tseʔ$_{5}$　诸：日子ȵiəʔ$_{2}$tsɿ$_{51}$　崇：日子ȵiᴇʔ$_{2}$tsɿ$_{52}$　太：日子/日脚(少)nɛʔ$_{2}$tsɿ$_{52}$/nɛʔ$_{2}$tɕiɑʔ$_{5}$　余：日脚ȵɪʔ$_{2}$tɕiɐʔ$_{5}$　宁：日脚ȵiɪʔ$_{2}$tɕiɪʔ$_{5}$　黄：日脚ȵieʔ$_{2}$tɕieʔ$_{4}$　温：日子ȵiʔ$_{3}$tsɿ$_{34}$　衢：日子ȵiəʔ$_{2}$tsɿ$_{35}$　华：日子ȵiəʔ$_{3}$tsɿ$_{51}$　永：日子ȵiə$_{\underline{21}}$tsɿ$_{22}$

今天

宜：今朝tɕiŋ$_{55}$tsɑʏ$_{55}$　溧：今朝tɕiŋ$_{44}$tsɑ^{ʏ}$_{55}$　金：今天/今啊子tɕiŋ$_{44}$tʻĩ$_{31}$/tɕiŋ$_{44}$ɑ$_{33}$tsɿ$_{z31}$　丹：□朝kɛn$_{44}$tsɒ$_{44}$　童：真朝tsəŋ$_{53}$tsɐʏ$_{31}$　靖：今朝tɕiŋ$_{43}$tɕiɒ$_{34}$　江：今朝tɕiɲ$_{53}$tsɒ$_{31}$　常：今朝tɕiɲ$_{55}$tsɑʏ$_{31}$　锡：今牙tɕin$_{21}$ŋɑ$_{23}$　苏：今朝tɕiɪn$_{55}$tsæ$_{31}$　熟：今朝tɕɪ^{ɲ}$_{55}$tʂɔ$_{51}$　昆：今朝tɕin$_{44}$tsɔ$_{41}$　霜：今朝tɕĩ$_{55}$tsɔ$_{31}$　罗：今朝tɕɪ^{n}$_{55}$tsɔ$_{31}$　周：今朝tɕiɪŋ$_{44}$tsɔ$_{52}$　上：今朝tɕiɲ$_{55}$tsɔ$_{31}$　松：今朝tɕiɲ$_{44}$tsɔ$_{52}$　黎：今朝tɕiəɲ$_{44}$tsɔ$_{51}$　盛：今朝tɕɪɲ$_{44}$tsᴀɑ$_{44}$　嘉：今朝tɕin$_{44}$tsɔ$_{51}$　双：今朝/更朝tɕɪn$_{44}$tsɔ$_{44}$/kən$_{44}$tsɔ$_{44}$　杭：更朝/今朝kən$_{32}$tsɔ$_{23}$/tɕɪn$_{32}$tsɔ$_{23}$　绍：今朝/□朝tɕiŋ$_{33}$tsɑɒ$_{52}$/kʻĩ$_{33}$tsɑɒ$_{52}$　诸：今朝tsẼɪ$_{44}$tsɔ$_{33}$　崇：今日tɕiŋ$_{33}$nᴇʔ$_{4}$　太：今日tɕiŋ$_{55}$nɛʔ$_{3}$　余：即没子tɕɪʔ$_{3}$mɐʔ$_{5}$tsɿ$_{31}$　宁：即密tɕiɪʔ$_{3}$miɪʔ$_{5}$

黄：今日儿tɕiɪŋ$_{33}$ȵiɪŋ$_{51}$　温：今日kʻɛ$_{44}$ȵi$_{52}$　衢：今日tɕi^{n}$_{43}$ȵiəʔ$_{5}$　华：今日tɕiɪn$_{33}$ȵi$_{55}$　永：□日kɤə$_{55}$ȵiə$_{22}$

明天

宜：明朝/门朝miŋ$_{21}$tsɑʏ$_{23}$/məŋ$_{21}$tsɑʏ$_{23}$　溧：门朝mən$_{32}$tsɑ^{ʏ}$_{23}$　金：门天/门啊子məŋ$_{24}$tʻĩ$_{44}$/məŋ$_{22}$ɑ$_{33}$tsɿz$_{44}$　丹：门朝mɛn$_{32}$tsɒ$_{24}$　童：门朝məŋ$_{24}$tsɐʏ$_{31}$　靖：门朝məŋ$_{22}$tɕiɒ$_{34}$　江：门朝mɛɲ$_{24}$tsɒ$_{31}$　常：门朝meɲ$_{21}$tsɑʏ$_{34}$　锡：明朝/门朝/门朝头min$_{24}$tsʌ$_{31}$/mən$_{24}$tsʌ$_{31}$/mən$_{24}$tsʌ$_{55}$dᴇi$_{31}$　苏：明朝/门朝miɪn$_{22}$tsæ$_{44}$/mən$_{22}$tsæ$_{44}$　熟：明朝mĩ^{ɲ}$_{24}$tʂɔ$_{31}$　昆：明朝min$_{23}$tsɔ$_{41}$　霜：明朝/门朝mĩ$_{22}$tsɔ$_{52}$/mẽ$_{22}$tsɔ$_{52}$　罗：明朝/门朝mɪ^{n}$_{22}$tsɔ$_{52}$/mẽ^{n}$_{22}$tsɔ$_{52}$　周：明朝/门朝/门朝点miɪŋ$_{23}$tsɔ$_{44}$/məŋ$_{23}$tsɔ$_{44}$/məŋ$_{23}$tsɔ$_{44}$ɗi$_{44}$　上：明朝/门朝（少）miɲ$_{22}$tsɔ$_{44}$/məɲ$_{22}$tsɔ$_{44}$　松：明朝miɲ$_{22}$tsɔ$_{52}$　黎：门朝məɲ$_{22}$tsɔ$_{34}$　盛：门朝/明朝məɲ$_{22}$tsʌɑ$_{44}$/mɪɲ$_{22}$tsʌɑ$_{44}$　嘉：明朝min$_{22}$tsɔ$_{44}$　双：明朝/门朝mɪn$_{22}$tsɔ$_{44}$/mən$_{22}$tsɔ$_{44}$　杭：门朝mən$_{21}$tsɔ$_{23}$　绍：明朝/门朝/明朝日则mɪŋ$_{23}$tsɑɒ$_{52}$/məŋ$_{23}$tsɑ^{ɒ}$_{52}$/mɪŋ$_{22}$tsɑ^{ɒ}$_{44}$ȵɪʔ$_{5}$tseʔ$_{3}$　诸：门朝mẽĩ$_{22}$tsɔ$_{52}$　崇：明朝mɪŋ$_{21}$tsɑɒ$_{23}$　太：明朝miŋ$_{21}$tsɑɒ$_{13}$　余：明朝meɲ$_{22}$tsɒ$_{44}$　宁：明朝mɪŋ$_{22}$tɕiɔ$_{51}$　黄：天娘tʻie$_{33}$ȵiã$_{44}$　温：门朝mʌŋ$_{22}$tɕiɛ$_{44}$　衢：木日məʔ$_{2}$ȵiəʔ$_{2}$　华：明朝miɪn$_{32}$tɕiɑʊ$_{35}$　永：明朝miɪɲ$_{32}$tɕiʌʊ$_{44}$

后天

宜：后朝ɦʏɯ$_{24}$tsɑʏ$_{55}$　溧：后朝xɦei$_{32}$tsɑ^{ʏ}$_{52}$　金：后天/后啊子xʌʏ$_{44}$tʻĩ$_{31}$/xʌʏ$_{44}$ɑ$_{44}$tsɿz$_{31}$　丹：后朝hᴇ^{e}$_{41}$tsɔ$_{21}$　童：后朝ɦei$_{24}$tsɐʏ$_{31}$　靖：后朝hɦøʏ$_{35}$tɕiɒ$_{31}$　江：后朝ɦᴇɪ$_{24}$tsɒ$_{31}$　常：后朝ɦei$_{24}$tsɑʏ$_{41}$　锡：后日ɦᴇi$_{24}$ȵiəʔ$_{31}$　苏：后天/后日ɦəɪ$_{24}$tʻiɪ$_{31}$/ɦəɪ$_{24}$ȵiəʔ$_{2}$　熟：后尼ɦᴇ$_{22}$ȵi$_{23}$　昆：后日ɦᴇ$_{22}$ȵiɪʔ$_{4}$　霜：后日ɦʌɪ$_{22}$ȵɪʔ$_{4}$　罗：后日/后日点/后日天ɦʌɪ$_{22}$ȵɪʔ$_{4}$/ɦʌɪ$_{22}$ȵɪʔ$_{5}$ti$_{31}$/ɦʌɪ$_{22}$ȵɪʔ$_{5}$tʻi$_{31}$　周：后日ɦʏ$_{22}$ȵɪʔ$_{5}$　上：后日ɦʏɯ$_{22}$ȵiɪʔ$_{44}$　松：后日子/后日底ɦɯ$_{22}$ȵiɪʔ$_{2}$tsɿ$_{52}$/ɦɯ$_{22}$ȵiɪʔ$_{2}$ti$_{52}$　黎：后尼ɦieɯ$_{22}$ȵi$_{j34}$　盛：后尼ɦiəʉ$_{23}$ȵi$_{j33}$　嘉：后日ɦe$_{22}$ȵiəʔ$_{5}$　双：后日ɦøʏ$_{24}$ȵie$_{5}$　杭：后天ɦeɪ$_{23}$tʻie$_{51}$　绍：后日ɦʏ$_{22}$ȵɪʔ$_{5}$　诸：后日ɦei$_{23}$ȵiəʔ$_{4}$　崇：后日ɦʏ$_{22}$nᴇʔ$_{4}$　太：后日ɦʏ$_{23}$nɛʔ$_{5}$　余：后日ɦʏ$_{24}$ȵɪʔ$_{3}$　宁：后日ɦœʏ$_{22}$ȵiɪʔ$_{5}$　黄：后日儿ɦiʏ$_{22}$ȵiɪŋ$_{51}$　温：后日ɦʌu$_{24}$ȵi$_{52}$　衢：后日ʔʏɯ$_{55}$ȵiəʔ$_{2}$　华：后日ʔəu$_{55}$ȵiə$_{22}$　永：后日ʔɦəu$_{31}$ȵiə$_{325}$

大后天

宜：　溧：大后朝/直后朝dʌɯ$_{32}$xɦei$_{22}$tsɔ$_{52}$/dzəʔ$_{3}$xɦei$_{22}$tsɔ$_{23}$　金：大后天/大后啊子tɑ$_{44}$xʌʏ$_{44}$tʻĩ$_{31}$/tɑ$_{44}$xʌʏ$_{44}$ɑ$_{33}$tsɿ$_{z31}$　丹：大后朝tʌʏ$_{41}$hᴇ^{e}$_{33}$tsɒ$_{21}$　童：大后朝dʌʏ$_{22}$ɦei$_{24}$tsɐʏ$_{31}$　靖：大后朝dʌʏ$_{33}$hɦøʏ$_{33}$tɕiɒ$_{51}$　江：大后朝dɜʏ$_{24}$ɦᴇɪ$_{33}$tsɒ$_{31}$　常：怀后朝ɦuæe$_{21}$ɦei$_{11}$tsɑʏ$_{13}$　锡：大后日dʌʏ$_{22}$ɦei$_{55}$ȵiəʔ$_{31}$　苏：大后天/大后日dɜu$_{22}$ɦəɪ$_{55}$tʻiɪ$_{31}$/dɜu$_{22}$ɦəɪ$_{55}$ȵiəʔ$_{3}$　熟：大后尼dɯ$_{23}$ɦᴇ$_{33}$ȵi$_{33}$　昆：大后日dəu$_{22}$ɦᴇ$_{55}$ȵiɪʔ$_{31}$　霜：大后日d^{ə}u$_{22}$ɦʌɪ$_{23}$ȵɪʔ$_{4}$　罗：大后天/大后日du$_{22}$ɦʌɪ$_{34}$tʻi$_{31}$/du$_{22}$ɦʌɪ$_{24}$ȵɪʔ$_{31}$　周：大后日du$_{22}$ɦʏ$_{23}$ȵɪʔ$_{5}$　上：大后日du$_{22}$ɦʏɯ$_{55}$ȵiɪʔ$_{31}$　松：大后天du$_{22}$ɦɯ$_{55}$tʻi$_{31}$　黎：着着后尼dzʌʔ$_{3}$zʌʔ$_{3}$ɦieɯ$_{22}$ȵi$_{j34}$　盛：着后尼dzʌʔ$_{2}$ɦiəʉ$_{44}$ȵi$_{j44}$　嘉：大后日d^{ə}u$_{22}$ɦe$_{44}$ȵiəʔ$_{5}$　双：大后日dəu$_{22}$ɦ^{ø}ʏ$_{55}$ȵieʔ$_{31}$　杭：大后天dou$_{22}$ɦeɪ$_{55}$tʻie$_{31}$　绍：大后日do$_{22}$ɦʏ$_{44}$ȵɪʔ$_{52}$　诸：大后日dɯ$_{22}$ɦei$_{22}$ȵiəʔ$_{5}$　崇：大后日dʏ$_{22}$ɦʏ$_{55}$nᴇʔ$_{31}$　太：大后日dɯ$_{22}$ɦʏ$_{55}$nɛʔ$_{31}$　余：大后日dʏ$_{22}$ɦʏ$_{44}$ȵɪʔ$_{5}$　宁：大后日dəʊ$_{22}$ɦœʏ$_{44}$nɪʔ$_{5}$　黄：大后日儿dəu$_{113}$ɦiʏ$_{22}$ȵiɪŋ$_{51}$　温：大后日d^{ə}u$_{52}$ɦʌu$_{24}$ȵi$_{52}$　衢：大后日du$_{45}$ɦʏɯ$_{33}$ȵiəʔ$_{2}$　华：大后日duo$_{13}$ʔəu$_{55}$ȵiə$_{24}$　永：大后日doə$_{33}$ɦəu$_{31}$ȵiə$_{325}$

昨天

宜：昨天zɑʏ$_{24}$tʻɪ$_{55}$　溧：昨日szɔʔ$_{3}$ȵiəʔ$_{4}$　金：长阿子/昨阿子/昨天tsʻɑŋ$_{22}$ɑ$_{33}$tsɿ$_{z44}$/tsɑ$_{22}$ɑ$_{33}$tsɿ$_{z44}$/tsɑ$_{24}$tʻĩ$_{44}$　丹：昨嗯dzɑ$_{22}$n̩$_{44}$　童：□□szoŋ$_{23}$ŋoʔ$_{5}$　靖：□夜/□夜子tsʻɑ$_{35}$ɦiɑ$_{31}$/tsʻɑ$_{33}$ɦiɑ$_{55}$

tsʅ31　江:昨鞋头zoʔ2ɦɑ3dEI43　常:昨天/昨头zo21t'ɪ34/zo21dei34　锡:谢头ziɑ211dEI23　苏:昨日/昨日子搭zɔʔ3ȵiəʔ5/zɔʔ3ȵiəʔ5tsʅ55tAʔ2/zɔ24ȵiəʔ2　熟:昨尼/昨尼头zAʔ2ȵi33/zAʔ2ȵi33dE51　昆:昨日/昨日头zoʔ2ȵiɪʔ3/zoʔ2ȵiɪʔ2dE23　霜:昨日zoʔ2ȵɪʔ4　罗:昨日天/昨日/昨日子zɔ22ȵɪʔ4t'i52/zɔ22ȵɪʔ5/zʌY22ȵɪʔ5/zɔ22ȵɪʔ4tsʅ52　周:造日/造日头zɔ22ȵɪʔ3/zɔ22ȵɪʔ3dY33　上:昨日/造日/造日子zoʔ2ȵiɪʔ3/zɔ22ȵiɪʔ4/zɔ22ȵiɪʔ55tsʅ31　松:昨日zɔʔ3ȵiɪʔ2　黎:昨尼子/昨日子zoʔ3ȵi55tsʅ31/zoʔ3ȵiəʔ5tsʅ31　盛:昨尼dzoʔ2ȵij34　嘉:昨日/昨日子zoʔ2ȵiəʔ4/zoʔ2ȵiəʔ4tsʅ51　双:昨日zoʔ2ȵieʔ51　杭:昨天子zoʔ2t'ie23tsʅ51　绍:上外日则/上外/上日则zɒŋ22ŋa44ȵɪʔ5tseʔ3/zɒŋ23ŋa33/zɒŋ22ȵi44tseʔ5　诸:上日zÃ22ȵiəʔ5　崇:上日zɔ̃22nEʔ4　太:上日zɒŋ21nɛʔ4　余:上日/上没zɒŋ22ȵɪʔ5/zɒŋ22mɪʔ5　宁:昨没/昨密/昨密子zɔʔ2mɐʔ5/zɔʔ2miɪʔ5/zɔʔ2miɪʔ4tsʅ55　黄:昨日儿zɔʔ2ȵiɪŋ51　温:昨夜zo3ɦi52　衢:□日zAʔ3ȵiəʔ2　华:昨日sɑ54ȵi24　永:上日ɕʑiAŋ21ȵiə22

前天

宜:前天/前天则/前夜则/隔夜则ʑɪ21t'ɪ23/ʑɪ21t'ɪ11tsə23/ʑɪ21ɦio11tsə23/kAʔ5ɦio55tsəʔ5　溧:前夜则ʑi32ɦio44tsəʔ31　金:前阿子tɕ'ĩ22ɑ33tsʅz44　丹:前天dʑɪ32t'ɪ24　童:前天/先日子ʑɪ24t'ɪ31/ɕɪ55niɪʔ3tsʅ31　靖:先日子sĩ44nɪʔ4tsʅ34　江:先夜则/先夜子sɪ55iɑ33tsɜʔ2/sɪ55iɑ33tsʅ31　常:前夜则ʑɪ22ɦiɑ44tsəʔ5　锡:前日则zɪ24ȵiəʔ55tsəʔ31　苏:前日/前日子搭ziɪ22ȵiəʔ4/ziɪ22ȵiəʔ5tsʅ44tAʔ2　熟:前尼zie23ȵi33　昆:前日/前日头/前日子zɪ23ȵiɪʔ44/zɪ22ȵiɪʔ5dE41/zɪ22ȵiɪʔ5tsʅ41　霜:前日子zɪ22ȵɪʔ23tsʅ52　罗:前天/前日子zi22t'i52/zi22ȵɪʔ5tsʅ31　周:前日/前头一日/故日里/故日子ʑi23ȵɪʔ4/ʑi23dY44ɪʔ4ȵɪʔ4/ku55ȵi3li31/ku55ȵi3tsʅ31　上:前日/前日子ʑi22ȵiɪʔ4/ʑi22ȵiɪʔ5tsʅ31　松:前日ʑi23ȵiɪʔ4　黎:隔日子/隔尼子kAʔ3ȵiəʔ5tsʅ31/kəʔ3ȵi55tsʅ31　盛:隔日子kəʔ3ȵiɐʔ5tsʅ31　嘉:前天dʑie22t'ie44　双:前葛日子dʑɪ22kəʔ4ȵi44tsʅ44　杭:前天/前天子dʑie21t'ie23/dʑie21t'ie23tsʅ51　绍:前日则/前日ʑĩ21ȵɪʔ34tsɐʔ5/ʑĩ22ȵɪʔ5　诸:前日ʑiɪ23ȵiəʔ4　崇:前日ʑiẽ22nEʔ4　太:前日ʑiẽ21nɛʔ4　余:前日ɦĩ22ȵɪʔ5　宁:前日ʑiz22nɪʔ5　黄:前日ʑie31ȵieʔ31　温:前日ɦi25ȵi52　衢:前日ʑiẽ22ȵiəʔ2　华:前日ɕiɑ43ȵiə24　永:前日ɕʑiA32ȵiə31

大前天

宜:　溧:直前夜则dzəʔ3ʑi22ɦio44tsəʔ31　金:向前阿子ɕiɑŋ44tɕ'ĩ33 ɑ33tsʅz31　丹:大前天tʌY41dʑɪ33t'ɪ21　童:大前日子dʌY22ʑĩ55ȵiɪʔ3tsʅ31　靖:先先日子sĩ44sĩ44nɪʔ4tsʅ34　江:大先夜则/大先夜子dɜY24sɪ3iɑ3tsɜʔ2/dɜY24sɪ33iɑ33tsʅ31　常:着前夜dzɑʔ2ʑɪ11ɦiɑ23　锡:大前日则/大前日dʌY22zɪ55ȵiəʔ5tsəʔ31/dʌY22zɪ55ȵiəʔ31　苏:大前日dɜu22ziɪ55ȵiəʔ2　熟:大前尼dɯ24zie33ȵi31　昆:大前日dəu22zɪ55ȵiɪʔ31　霜:大前日/葛日子dᵊu22zɪ23ȵɪʔ52/kəʔ4ȵɪʔ23tsʅ52　罗:大前天/大前日du22zi55t'i31/du22zi55ȵɪʔ31　周:大前日du22ɦi44ȵɪʔ5　上:大前日du22ʑi55ȵiɪʔ31　松:大前日/隔日子du22ʑi55ȵiɪʔ31/kAʔ4ȵiɪʔ5tsʅ31　黎:着着隔日dzAʔ3zAʔ3kəʔ3ȵi34　盛:着隔日子dzAʔ2kəʔ5ȵiɐʔ3tsʅ31　嘉:大前天dᵊu22dʑie44t'ie51　双:大前日/大前隔银子dəu22ʑɪ22ȵieʔ52/dəu21dʑɪ11kAʔ1ȵɪn11tsʅ34　杭:大前天dou22dʑie55t'ie31　绍:大前日则/大前日do22ʑĩ44ȵɪʔ5tseʔ52/do22ʑĩ44ȵɪʔ52　诸:大前日dɯ22ʑiɪ22ȵiəʔ5　崇:大前日dY33ziẽ33nEʔ4　太:大前日dɯ22ʑiẽ11nɛʔ3　余:大前日dou23ɦĩ44ȵɪʔ5　宁:大前日dəʊ22ʑiz44nɪʔ5　黄:大前日dᵊu23ʑie33ȵieʔ31　温:大前日dᵊu33ɦi55ȵi52　衢:大前日du45ʑiẽ33ȵiəʔ2　华:大前日duo24ɕiɑ44ȵiə24　永:大前日doə24ɕʑiA32ȵiə31

白天

宜:日里/日里头ȵiɪʔ3lij53/ȵiɪʔ3lij53dYɯ31　溧:日里/日里头ȵiɪʔ3liz23/ȵiɪʔ3liz22dei23　金:白天/日里pɔʔ53t'ɪ31/ləʔ4ȵiz44　丹:日里nɪʔ5liz33　童:白天/日里bəʔ42t'ɪ31/niɪʔ42lij31　靖:日里

ȵiɪʔ$_{42}$li$_{j31}$　江：日里向/日里头ȵiəʔ$_{2}$li$_{j44}$ɕiA^{ŋ}$_{31}$/ȵiəʔ$_{2}$li$_{j44}$dEɪ$_{31}$　常：日勒ȵiɪʔ$_{2}$ləʔ$_{5}$　锡：日里头/日里向ȵiəʔ$_{2}$li$_{34}$dEi$_{55}$/ȵiəʔ$_{2}$li$_{34}$ɕiã$_{55}$　苏：日里向/日里ȵiɪʔ$_{3}$li$_{j52}$ɕiÃ$_{31}$/ȵiəʔ$_{3}$li$_{j52}$　熟：日里头/日里乡zEʔ$_{2}$li$_{33}$dE$_{51}$/zEʔ$_{2}$li$_{33}$ɕiA˜$_{51}$　昆：日里/日里向ȵɪʔ$_{2}$li$_{31}$/ȵiɪʔ$_{2}$li$_{22}$ɕiã$_{31}$　霜：日里/日里向ȵɪʔ$_{2}$li$_{23}$/ȵɪʔ$_{2}$li$_{23}$ɕia˜$_{52}$　罗：日里/日里向ȵɪʔ$_{2}$li$_{23}$/ȵɪʔ$_{2}$li$_{22}$ɕia˜$_{23}$　周：日里向/日里ȵɪʔ$_{2}$li$_{22}$ɕiA˜$_{23}$/ȵɪʔ$_{2}$li$_{23}$　上：日里/日里向ȵiɪʔ$_{2}$li$_{23}$/ȵiɪʔ$_{2}$li$_{22}$ɕiÃ^{ŋ}$_{23}$　松：日里向/日里ȵiɪʔ$_{2}$li$_{22}$ɕiɛ̃$_{53}$/ȵiɪʔ$_{3}$li$_{44}$　黎：日里/日里向ȵiəʔ$_{3}$li$_{34}$/ȵiəʔ$_{3}$li$_{44}$ɕiɛ̃$_{52}$　盛：日里向ȵiɐʔ$_{3}$li$_{j33}$ɕiæ̃$_{33}$　嘉：日里/日里向ʔȵiəʔ$_{5}$li$_{31}$/ʔȵiəʔ$_{5}$li$_{33}$ɕiA˜$_{31}$　双：日里向ʔȵieʔ$_{5}$li$_{z55}$ɕiã$_{21}$　杭：日里/日里向ɹəʔ$_{2}$li$_{23}$/ɹəʔ$_{2}$li$_{23}$ɕiAŋ$_{51}$　绍：日里/日里头ȵɪʔ$_{2}$li$_{33}$/ȵɪʔ$_{2}$li$_{44}$dʏ$_{52}$　诸：日勒ȵiəʔ$_{2}$lɐʔ$_{4}$　崇：日场头nEʔ$_{2}$zA˜$_{55}$dʏ$_{31}$　太：日场勒nɛʔ$_{2}$zAŋ$_{55}$lɛʔ$_{31}$　余：日里ȵɪʔ$_{2}$li$_{52}$　宁：日里/日里头ȵiɪʔ$_{4}$li$_{z31}$/ȵɪʔ$_{2}$li$_{z33}$dœʏ$_{34}$　黄：日特ȵieʔ$_{3}$dɐʔ$_{2}$　温：日里ȵi$_{21}$l^{i}i$_{24}$　衢：日里/日里头ȵiəʔ$_{2}$li$_{53}$/ȵiəʔ$_{2}$li$_{55}$dəɪ$_{31}$　华：日里ȵiəʔ$_{2}$li$_{24}$　永：日啦ȵiə$_{32}$lA$_{22}$

夜间

宜：夜头/夜里头ɦio$_{21}$dʏɯ$_{23}$/ɦio$_{21}$li$_{j11}$dʏɯ$_{23}$　溧：夜里头ɦio$_{32}$li$_{z22}$dei$_{23}$　金：夜里iɑ$_{52}$ȵi$_{z31}$　丹：夜头iɑ$_{41}$dE^{e}$_{21}$　童：夜头/夜里ɦiɒ$_{22}$dei$_{55}$/ɦiɒ$_{22}$li$_{j55}$　靖：夜落/夜里（少）ʔiɑ$_{35}$lɔʔ$_{31}$/ʔiɑ$_{35}$li$_{j31}$　江：夜头/夜里向ɦiɑ$_{24}$dEɪ$_{31}$/ɦiɑ$_{24}$li$_{j33}$ɕiA^{ŋ}$_{31}$　常：夜勒ɦiɑ$_{21}$lə$_{13}$　锡：夜里头/夜里向ɦiɑ$_{22}$li$_{55}$dEi$_{31}$/ɦiɑ$_{22}$li$_{55}$ɕiã$_{31}$　苏：夜头/夜里向/夜到ʔiɒ$_{55}$dəɪ$_{31}$/ʔiɒ$_{55}$li$_{j33}$ɕiÃ$_{31}$/ʔiɒ$_{55}$tæ$_{31}$　熟：夜里头/夜里乡ɦiɑ$_{24}$li$_{33}$dE$_{31}$/ɦiɑ$_{24}$li$_{33}$ɕiA˜$_{31}$　昆：夜里/夜里向/夜头ɦiɑ$_{23}$li$_{41}$/ɦiɑ$_{22}$li$_{55}$ɕiã$_{31}$/ɦiɑ$_{23}$dE$_{41}$　霜：夜里/夜里向/夜头ʔiɑ$_{55}$li$_{31}$/ʔiɑ$_{55}$li$_{33}$ɕia˜$_{31}$/ɦiɑ$_{22}$dʌɪ$_{52}$　罗：夜里/夜里向ʔiɑ$_{35}$li$_{31}$/ɦiɑ$_{22}$li$_{24}$ɕia˜$_{31}$　周：夜头/夜里/夜里向ɦiɑ$_{22}$dʏ$_{52}$/ɦiɑ$_{22}$li$_{52}$/ɦiɑ$_{22}$li$_{44}$ɕiA˜$_{52}$　上：夜里/夜里向ɦiA$_{22}$li$_{44}$/ɦiA$_{22}$li$_{55}$ɕiÃ^{ŋ}$_{31}$　松：夜里向/夜里头ʔiɑ$_{44}$li$_{44}$ɕiɛ̃$_{52}$/ʔiɑ$_{44}$li$_{44}$dɯ$_{52}$　黎：夜里头/夜里向ʔiɒ$_{33}$li$_{55}$dieɯ$_{31}$/ʔiɒ$_{33}$li$_{55}$ɕiã$_{31}$　盛：夜里向ʔiɑ$_{43}$li$_{j55}$ɕiæ̃$_{31}$　嘉：夜里ʔiɑ$_{44}$li$_{51}$　双：夜里向/夜格头ɦiɑ$_{32}$li$_{z55}$ɕiã$_{21}$/ɦiɑ$_{21}$kAʔ$_{1}$d^{ə}ʏ$_{34}$　杭：晚上头/夜里向ʔuE$_{55}$zAŋ$_{33}$deɪ$_{31}$/ɦiɑ$_{22}$li$_{55}$ɕiAŋ$_{31}$　绍：夜头/夜里头ɦia$_{21}$li$_{23}$/ɦia$_{22}$li$_{44}$dʏ$_{52}$　诸：夜头ɦiA$_{21}$dei$_{z3}$　崇：夜头时ɦiɑ$_{22}$dʏ$_{34}$zʅ$_{52}$　太：夜头时ɦiɑ$_{22}$dʏ$_{34}$zʅ$_{52}$　余：夜到头/夜到/夜里ɦiA$_{22}$tɒ$_{44}$dʏ$_{44}$/ɦiA$_{22}$tɒ$_{52}$/ɦiA$_{22}$li$_{52}$　宁：夜到/夜到头ɦia$_{22}$tɔ$_{51}$/ɦia$_{22}$tɔ$_{44}$dœʏ$_{55}$　黄：夜特ɦiA$_{23}$dɐʔ$_{4}$　温：夜里ɦi$_{22}$l^{i}i$_{2}$　衢：夜里/夜里头ʔiɑ$_{55}$li$_{31}$/ʔiɑ$_{55}$li$_{33}$dəɪ$_{31}$　华：夜里/夜里头ɦiɑ$_{13}$li$_{51}$/ʔiɑ$_{44}$li$_{44}$dəu$_{24}$　永：夜啦ɦiA$_{24}$lA$_{31}$

清晨

宜：早上头tsɑʏ$_{55}$ɦAŋ$_{55}$dʏɯ$_{55}$　溧：早起头tsɑ^{ʏ}$_{54}$tɕʻi$_{z33}$dei$_{34}$　金：早起tsɑ^{ɔ}$_{33}$tɕʻi$_{z44}$　丹：早起头tsɒ$_{41}$tɕʻi$_{z33}$dE^{e}$_{21}$　童：早晨/早晨头/早起tsɐʏ$_{33}$szəŋ$_{55}$/tsɐʏ$_{53}$szəŋ$_{22}$dei$_{44}$/tsɐʏ$_{35}$tɕʻi$_{j31}$　靖：早起tsɒ$_{33}$tɕʻi$_{j44}$　江：早起头/早行头tsɒ$_{52}$tɕʻi$_{j33}$dEɪ$_{43}$/tsɒ$_{52}$ɦA^{ŋ}$_{33}$dEɪ$_{43}$　常：早起头/早上头tsɑʏ$_{33}$tɕʻi$_{j55}$dei$_{31}$/tsɑʏ$_{33}$zAɲ$_{55}$dei$_{31}$　锡：空朝/空朝头/早上头kʻoŋ$_{21}$tsA$_{23}$/kʻoŋ$_{21}$tsA$_{11}$dEi$_{23}$/tsA$_{45}$zã$_{55}$dEi$_{55}$　苏：大清老早dɜu$_{22}$tɕʻiɪn$_{55}$læ$_{44}$tsæ$_{31}$　熟：早上头tsɔ$_{55}$zA˜$_{55}$dE$_{51}$　昆：早上头tsɔ$_{33}$ɦã$_{55}$dE$_{41}$　霜：早浪/早浪向tsɔ$_{33}$lɒ˜$_{52}$/tsɔ$_{33}$lɒ˜$_{55}$ɕia˜$_{31}$　罗：早晨头/大天亮/老清早tsɔ$_{33}$ɦɒ˜$_{55}$dʌɪ$_{31}$/du$_{22}$tʻi$_{55}$lia˜$_{31}$/lɔ$_{22}$tsʻɪ^{n}$_{55}$tsɔ$_{31}$　周：天亮快/早行头/早浪向tʻi$_{55}$liA˜$_{33}$kʻuɑ$_{31}$/tsɔ$_{33}$ɦɒ˜$_{44}$dʏ$_{52}$/tsɔ$_{33}$lɒ˜$_{55}$ɕiA˜$_{31}$　上：早浪头/早杭头/天亮快tsɔ$_{33}$lÃ^{n}$_{55}$dʏɯ$_{31}$/tsɔ$_{33}$ɦÃ^{n}$_{55}$dʏɯ$_{31}$/tʻi$_{55}$liÃ^{n}$_{33}$kʻuA$_{31}$　松：早上头tsɔ$_{33}$zɑ˜$_{55}$dɯ$_{31}$　黎：早晨头/大清老早tsA^{ɔ}$_{54}$zəɲ$_{33}$dieɯ$_{31}$/dɜu$_{22}$siəɲ$_{55}$lA^{ɔ}$_{33}$tsA^{ɔ}$_{31}$　盛：老清早晨头lAɑ$_{23}$tsʻɪɲ$_{33}$tsAɑ$_{44}$zəɲ$_{44}$diəʉ$_{44}$　嘉：早杭头/老清早tsɔ$_{44}$ɦA˜$_{44}$de$_{31}$/lɔ$_{22}$tɕʻin$_{55}$tsɔ$_{31}$　双：早晨头/早浪头tsɔ$_{44}$zən$_{44}$d^{ə}ʏ$_{44}$/tsɔ$_{44}$lɔ̃$_{44}$d^{ə}ʏ$_{44}$　杭：早上/早上头tsɔ$_{55}$zAŋ$_{31}$/tsɔ$_{55}$zAŋ$_{33}$dei$_{31}$　绍：早间头/早上头tsɑɒ$_{33}$kæ̃$_{44}$dʏ$_{52}$/tsɑɒ$_{33}$lɒŋ$_{44}$dʏ$_{52}$　诸：早晨更tsɔ$_{44}$ɲ̍$_{44}$kÃ$_{52}$　崇：早上头/天亮脚跟tsɑɒ$_{33}$zɒ̃$_{55}$dʏ$_{31}$/tʻiẽ$_{33}$liA˜$_{55}$tɕiɑʔ$_{3}$kɪŋ$_{31}$

太：空醒kʻʊŋ$_{52}$ɕiŋ$_{33}$　余：早杭头/天亮头tsɒ$_{44}$ɦɒ̃$_{44}$dɤ$_{44}$/tĩ$_{4}$Ã$_{44}$dɤ$_{52}$　宁：天亮/天亮头tʻi$_{55}$niã$_{33}$/tʻi$_{33}$niã$_{44}$dœʏ$_{55}$　黄：颗星头kʻəu$_{33}$ɕiɪŋ$_{33}$diɤ$_{51}$　温：天光早tʻi$_{33}$k^{u}ɔ$_{52}$tsɜ$_{34}$　衢：五更早ʔŋ̍$_{55}$tɕiã$_{31}$tsɔ$_{35}$　华：早五更/清早五更tsɑʊ$_{44}$n̩$_{44}$kʌŋ$_{35}$/tɕʻiɪn$_{33}$tsɑʊ$_{44}$n̩$_{54}$kʌŋ$_{35}$　永：五更/早五更ŋ̍$_{32}$kai$_{44}$/tsʌʊ$_{44}$ŋ̍$_{32}$kai$_{44}$

早晨

宜：早上头tsɑɤ$_{55}$zʌŋ$_{55}$dɤɯ$_{55}$　溧：早起头tsɑ^{ɤ}$_{54}$tɕʻi$_{z33}$dei$_{34}$　金：早晨/早上tsɑ^{ɔ}$_{32}$tsʻəŋ$_{23}$/tsɑ^{ɔ}$_{32}$sɑŋ$_{23}$　丹：早起头tsɒ$_{41}$tɕʻi$_{z33}$dᴇ^{e}$_{21}$　童：早晨/早晨头/早起tsɐɤ$_{33}$szəŋ$_{55}$/tsɐɤ$_{53}$szəŋ$_{22}$dei$_{44}$/tsɐɤ$_{35}$tɕʻi$_{j31}$　靖：早起tsɒ$_{33}$tɕʻi$_{j44}$　江：早起头/早行头tsɒ$_{52}$tɕʻi$_{j33}$dᴇɪ$_{43}$/tsɒ$_{52}$ɦA^{ŋ}$_{33}$dᴇɪ$_{43}$　常：早起头/早上头tsɑɤ$_{33}$tɕʻi$_{j55}$dei$_{31}$/tsɑɤ$_{33}$zʌɲ$_{55}$dei$_{31}$　锡：早上头tsʌ$_{45}$zã$_{55}$dᴇi$_{55}$　苏：早浪向/早浪tsæ$_{55}$lÃ$_{55}$ɕiÃ$_{31}$/tsæ$_{55}$lÃ$_{31}$　熟：早上头tsɔ$_{55}$zA$^{\sim}$$_{55}$dᴇ$_{51}$　昆：早上头tsɔ$_{33}$ɦã$_{55}$dᴇ$_{41}$　霜：早晨头/早嗯tsɔ$_{33}$zɛ̃$_{23}$dʌɪ$_{52}$/tsɔ$_{33}$n̩$_{52}$　罗：早晨头/大天亮/老清早tsɔ$_{33}$zɛ̃^{n}$_{55}$dʌɪ$_{31}$/du$_{22}$tʻi$_{55}$lia$^{\sim}$$_{31}$/lɔ$_{22}$tsʻɪ^{n}$_{55}$tsɔ$_{31}$　周：早行头/早浪向tsɔ$_{33}$ɦɒ$^{\sim}$$_{44}$d̥ɤ$_{52}$/tsɔ$_{33}$lɒ$^{\sim}$$_{55}$ɕiA$^{\sim}$$_{31}$　上：早晨头/早杭头/早浪向tsɔ$_{33}$zəɲ$_{55}$dɤɯ$_{31}$/tsɔ$_{33}$ɦÃ^{ɲ}$_{55}$dɤɯ$_{31}$/tsɔ$_{33}$lÃ^{ɲ}$_{55}$ɕiÃ^{ɲ}$_{31}$　松：早上头tsɔ$_{33}$zɑ$^{\sim}$$_{55}$dɯ$_{31}$　黎：早晨头/早上头tsᴀɔ$_{54}$zəɲ$_{33}$dieɯ$_{31}$/tsᴀ^{ɔ}$_{54}$ɦɑ$^{\sim}$$_{33}$dieɯ$_{31}$　盛：早晨头tsᴀɑ$_{44}$zəɲ$_{44}$diəʉ$_{44}$　嘉：早杭头tsɔ$_{44}$ɦA$^{\sim}$$_{44}de_{31}$　双：早晨头/早浪头tsɔ$_{44}$zən$_{44}$d^{ø}ʏ$_{44}$/tsɔ$_{44}$lɔ̃$_{44}$d^{ø}ʏ$_{44}$　杭：早上/早上头tsɔ$_{55}$zAŋ$_{31}$/tsɔ$_{55}$zAŋ$_{33}$dei$_{31}$　绍：早间头/早上头tsɑɒ$_{33}$kæ̃$_{44}$dɤ$_{52}$/tsɑɒ$_{33}$lɒŋ$_{44}$dɤ$_{52}$　诸：五更头ɦŋ̍$_{22}$kÃ$_{22}$dei$_{52}$　崇：早上头tsɑɒ$_{33}$zɒ̃$_{55}$dɤ$_{31}$　太：空醒kʻʊŋ$_{52}$ɕiŋ$_{33}$　余：早杭头/天亮头tsɒ$_{44}$ɦɒ̃$_{44}$dɤ$_{44}$/tĩ$_{44}$Ã$_{44}$dɤ$_{52}$　宁：天亮/天亮头tʻi$_{55}$niã$_{33}$/tʻi$_{33}$niã$_{44}$dœʏ$_{55}$　黄：颗星kʻ^{ə}u$_{33}$ɕiɪŋ$_{44}$　温：天光tʻi$_{44}$k^{u}ɔ$_{44}$　衢：五更ʔŋ̍$_{55}$tɕiã$_{31}$　华：早五更/清早五更tsɑʊ$_{44}$n̩$_{44}$kʌŋ$_{35}$/tɕʻiɪn$_{33}$tsɑʊ$_{44}$n̩$_{54}$kʌŋ$_{35}$　永：五更ŋ̍$_{32}$kai$_{44}$

上午

宜：上昼zAŋ$_{24}$tsɤɯ$_{31}$　溧：上半天/上午szA$_{32}$pʊ$_{22}$tʻi$_{23}$/szA$_{32}$ʊ$_{23}$　金：上半天/早上sɑŋ$_{52}$pʊ̃$_{22}$tʻĩ$_{23}$/tsɑɤ$_{32}$sɑŋ$_{23}$　丹：上昼sæ$_{41}$tsᴇ^{ɛ}$_{21}$　童：上昼szɑŋ$_{21}$tsei$_{23}$　靖：上午/早起hɦæ̃$_{52}$vu$_{34}$/tsɒ$_{33}$tɕʻi$_{j44}$　江：上半日/早起头zA^{ŋ}$_{24}$pɵ$_{33}$ȵiəʔ$_{2}$/tsɒ$_{52}$tɕʻi$_{j33}$dᴇɪ$_{43}$　常：上半天/上昼头(少)zʌɲ$_{21}$pɔ$_{11}$tʻɪ$_{13}$/zʌɲ$_{21}$tsei$_{11}$dei$_{13}$　锡：上昼里zã$_{22}$tɕiʌɤ$_{55}$li$_{31}$　苏：上半日/上昼zÃ$_{22}$pɵ$_{55}$ȵiəʔ$_{2}$/zÃ$_{22}$tsəɪ$_{44}$　熟：早上头tsɔ$_{55}$zA$^{\sim}$$_{55}$dᴇ$_{51}$　昆：上半天/上半日zã$_{22}$pɵ$_{55}$tʻɪ$_{31}$/zã$_{22}$pɵ$_{55}$ȵiɪʔ$_{\underline{31}}$　霜：上昼/上半日zɒ$^{\sim}$$_{24}$tsʌɪ$_{31}$/zɒ$^{\sim}$$_{22}$pɪ$_{23}$ȵɪʔ$_{\underline{52}}$　罗：上半天/上半日/早上zɒ$^{\sim}$$_{22}$p^{ʌ}ɤ$_{24}$tʻi$_{52}$/zɒ$^{\sim}$$_{22}$pʌɤ$_{24}$ȵɪʔ$_{\underline{31}}$/tsɔ$_{34}$zɒ$^{\sim}$$_{52}$　周：上半日zA$^{\sim}$$_{22}$pø$_{44}$ȵɪʔ$_{5}$　上：上半日/上半天zÃ^{ɲ}$_{22}$pø$_{55}$ȵiɪʔ$_{\underline{31}}$/zÃ^{ɲ}$_{22}$pø$_{55}$tʻi$_{31}$　松：上半日zɑ$^{\sim}$$_{22}pe_{55}$ȵiɪʔ$_{\underline{31}}$　黎：上昼头/上半日zɑ$^{\sim}$$_{22}$tsieɯ$_{55}$dieɯ$_{31}$/zã$_{22}$pɵ$_{44}$ȵiəʔ$_{4}$　盛：上昼头zɑ$^{\sim}$$_{22}$tsiəʉ$_{55}$diəʉ$_{31}$　嘉：上昼zA$^{\sim}$$_{24}tse_{31}$　双：上半日zɔ̃$_{22}$pᴇ$_{22}$ȵieʔ$_{\underline{52}}$　杭：上半天/上午szAŋ$_{22}$po$_{55}$tʻie$_{31}$/szAŋ$_{23}$vu$_{51}$　绍：上昼/上昼头zɒŋ$_{21}$tsɤ$_{23}$/zɒŋ$_{22}$tsɤ$_{44}$dɤ$_{52}$　诸：前半日ʑiɪ$_{22}$pɤ$_{22}$ȵiəʔ$_{5}$　崇：早上头tsɑɒ$_{33}$zɒ̃$_{55}$dɤ$_{31}$　太：空醒kʻʊŋ$_{52}$ɕiŋ$_{33}$　余：早杭头tsɒ$_{44}$ɦɒ̃$_{44}$dɤ$_{44}$　宁：上半日zɔ̃$_{22}$pu$_{55}$ȵiɪʔ$_{\underline{31}}$　黄：早间zɒ$_{33}$kA$_{44}$　温：天光tʻi$_{44}$k^{u}ɔ$_{44}$　衢：五更ʔŋ̍$_{55}$tɕiã$_{31}$　华：五更ʔn̩$_{54}$kʌŋ$_{35}$　永：午前ʔŋ̍$_{42}$ɕʑiA$_{22}$

中午

宜：中饭头tsoŋ$_{55}$vA$_{33}$dɤɯ$_{31}$　溧：中饭辰光tsoŋ$_{44}$vA$_{44}$dzən$_{33}$kuAŋ$_{31}$　金：中午/中上tsoŋ$_{44}$^{ɔ}u$_{23}$/tsoŋ$_{44}$sɑŋ$_{52}$　丹：中间头tsoŋ$_{44}$kɑ$_{44}$dᴇ^{e}$_{44}$　童：中间头tsoŋ$_{53}$kɑ$_{33}$dei$_{31}$　靖：中午tsoŋ$_{44}$vu$_{34}$　江：中行头/吃饭辰光tsoŋ$_{55}$ɦA^{ŋ}$_{33}$dᴇɪ$_{31}$/tɕʻiəʔ$_{3}$væ$_{55}$zᴇɲ$_{33}$kuA^{ŋ}$_{31}$　常：中上头tsoŋ$_{55}$zʌɲ$_{33}$dei$_{31}$　锡：中午头tsoŋ$_{21}$ɦu$_{23}$dᴇi$_{55}$　苏：中浪向/中浪tsoŋ$_{55}$lÃ$_{55}$ɕiÃ$_{31}$/tsoŋ$_{55}$lÃ$_{31}$　熟：中浪tsʊŋ$_{55}$lA$^{\sim}$$_{31}$　昆：中上头tsoŋ$_{55}$lã$_{55}$dᴇ$_{41}$　霜：日中/日中向ȵɪʔ$_{2}$tso^{ŋ}$_{23}$/ȵɪʔ$_{2}$tso^{ŋ}$_{22}$ɕia$^{\sim}$$_{23}$　罗：日中向里/中浪向/中浪头ȵɪʔ$_{2}$tsoŋ$_{22}$ɕiɐ$^{\sim}$$_{22}li_{23}$/tsoŋ$_{55}$lɒ$^{\sim}$$_{33}$ɕia$^{\sim}$$_{31}$/tsoŋ$_{55}$lɒ$^{\sim}$$_{33}$dʌɪ$_{31}$　周：中浪向/中浪头/中行头tsoŋ$_{55}$lɒ$^{\sim}$$_{33}$ɕiA$^{\sim}$$_{31}$/

tsoŋ55lɒ̃33dɤ31/tsoŋ55ɦÃ33dɤ31 上:中浪头/中浪向/中浪tsʊŋ55lÃⁿ33dɤɯ31/tsʊŋ55lÃⁿ33ɕiÃⁿ31/tsʊŋ55lÃⁿ31 松:中上头tsʊŋ55zɑ̃33dɯ31 黎:点心/中浪/中浪向tiɪ44siəŋ31/tsoŋ44lã52/tsoŋ44lã44ɕiã31 盛:点心头tiɪ44ɕɪŋ44diəʉ31 嘉:中午tsoŋ52βu22 双:中饭里tsoŋ44ɦuE44liz44 杭:中午头/中午tsoŋ33vu33deɪ51/tsoŋ33vu51 绍:晏昼/晏昼头ʔæ̃43tsɤ33/ʔæ̃43tsɤ33dɤ52 诸:点心干tiɪ33ɕĩ55kɤ31 崇:晏昼头ʔæ̃33tɕY34dY52 太:晏昼ʔæ̃33tɕY44 余:晏毕日/晏子头ʔɛ̃44pɪʔ4ȵɪ5/ʔɛ̃44tsɿ44dY44 宁:昼过tɕY55kəʊ33 黄:尼昼头/尼昼ȵij22tɕiɤ33diɤ35/ȵij21tɕiɤ44 温:日昼ȵˈi2tɕiʌu44 衢:日中ȵiəʔ2tʃɥoŋ33 华:午饭ʔn̩54fvæ̃24 永:午饭n̩ʼ31vA24

下午

宜:下昼ɦo24tsɤɯ31 溧:下半天/下午xɦo32pʊ22tʻi23/xɦo32vu23 金:下午/下半天ɕiɑ52ᵊu23/ɕiɑ44pʊ̃44tʻɪ̃31 丹:下昼ho41tsEᵉ21 章:下昼ɦɒ21tsei23 靖:下午hɦo52vu34 江:下半日/吃得饭ɦo24pɵ33ȵiəʔ2/tɕʻiəʔ4tɜʔ4væ223 常:下半天/下昼头(少)ɦo21pɔ11tʻɪ13/ɦo21tsei11dei13 锡:下昼里ɦu22tɕiʌʏ55li31 苏:下半日/下昼ɦo22pɵ55ȵiəʔ2/ɦo22tsəɪ44 熟:下半日ɦu22pʏ55ȵɪʔ31 昆:下半日/下半天ɦo22pɵ33ȵiɪʔ41/ɦo22pɵ33tʻɪ41 霜:下昼ɦ^ɤ22tsʌɪ23 罗:下昼/下半天/下半日ɦ^ɤ22tsʌɪ23/ɦ^ɤ22p^ɤ24tʻi31/ɦ^ɤ22p^ɤ24ȵɪʔ5 周:下半日ɦɔ22pe44ȵɪʔ5 上:下半日/下半天ɦo22pø55ȵiɪʔ31/ɦo22pø55tʻi31 松:下半日ɦɔ22pe55ȵiɪʔ31 黎:下昼头/下半日ɦo22tsieɯ55dieɯ31/ɦo22pɵ33ȵiəʔ4 盛:下昼头ɦo23tsiəʉ33diəʉ33 嘉:下昼ɦo22tse34 双:下半日ɦo24pE55ȵieʔ21 杭:下半天/下午ɦiɑ22po55tʻie31/ɦiɑ23vu51 绍:下昼/下昼头ɦo23tsɤ33/ɦo23tsɤ44dɤ52 诸:后半日ɦiY22pY55ȵɪʔ31 崇:晚上mæ̃23zɒ̃52 太:午罢ɦŋ̍23bɑ44 余:晏毕日ʔɛ̃44pɪʔ4ȵɪʔ5 宁:下半日ɦo24pu33ȵiɪʔ31 黄:晏间ʔɛ33kA44 温:后半日ɦʌu33pɵ52ȵˈi34 衢:下半日ʔɑ45pə55ȵiəʔ2 华:午罢ʔn̩33pɑ51 永:午爬n̩ʼ21bʊA22

傍晚

宜:夜头ɦio21dɤɯ23 溧:夜里头ɦio32li22dei23 金:黄昏里xuɑŋ24xuəŋ44ȵiz23 丹:靠夜/靠夜头kʻɒ35iɑ21/kʻɒ35iɑ33dEᵉ21 童:黄昏头ɦuɑŋ23xuəŋ55dei31 靖:晚下ʔmæ̃33ɦo44 江:夜快头/晚头点ɦiɑ24kʻuæ33dEɪ31/ʔmæ52dEɪ33tɪ43 常:夜里向/夜快头ɦiɑ21lij11ɕiAɲ13/ɦiɑ21kʻuɑ11dei13 锡:夜里/夜里向ɦiɑ22li55/ɦiɑ22li55ɕiã31 苏:夜快点/夜快头/值夜快ʔiɒ55kʻuɒ55tiɪ31/ʔiɒ55kʻuɒ55dəɪ31/zəʔ2iɒ55kʻuɒ31 熟:夜快头ɦiɑ22kʻuɑ55dE31 昆:黄昏头/夜快点ɦuã22huən33dE41/ɦiɑ22kʻuɑ33tɪ41 霜:夜快/夜快洞ɦiɑ22kʻuɑ52/ɦiɑ22kʻuɑ55doᵑ31 罗:夜快洞/吃夜饭辰光ɦiɑ22kʻuɑ55doᵑ31/tɕʻɪʔ3ɦiɑ55ve33zɛⁿ33kuɒ̃31 周:夜快头/夜快洞ɦiɑ22kʻuɑ55d̥ɤ31/ɦiɑ22kʻuɑ55doŋ31 上:夜快头/夜快点/黄昏头ɦiA22kʻuA55dɤɯ31/ɦiɑ22kʻuɑ55ti31/ɦuÃⁿ22huəɲ55dɤɯ31 松:夜快/夜快头ʔiɑ44kʻuɑ44/ʔiɑ44kʻuɑ44dɯ52 黎:夜快边/夜快头/夜餐头ʔiɒ33kʻuɒ55piɪ31/ʔiɒ33kʻuɒ55dieɯ31/ʔiɒ33tsʻE55dieɯ31 盛:夜快点ʔiɑ43kʻuɑ55tiɪ31 嘉:夜快边/夜快头ʔiɑ33kʻuɑ44pie51/ʔiɑ33kʻuɑ44de51 双:夜快边/黄昏头ɦiɑ21kʻuɑ11pie34/ɦuɔ̃22xuən44dᵊY44 杭:晚快边/夜到头ʔuE55kʻuE33pie31/ɦiɑ22tɔ55deɪ31 绍:夜快束/夜快/夜快头ɦia22kʻua44soʔ52/ɦia21kʻua23/ɦia22kʻua44dɤ52 诸:夜拂干ɦiA22fɐʔ2kɤ52 崇:夜□脚跟ɦia22fEʔ2tɕiaʔ2kɪŋ23 太:夜饭脚跟ɦiɑ21væ̃22 ciaʔ2keŋ23 余:夜快头/花绿促(少)ɦia22kʻuA44dɤ52/ho33lɔʔ2tsʻɔʔ5 宁:夜快头ɦia22kʻua44dœʏ55 黄:晚头/黄晒/黄晒头vɛ21diɤ13/ɦuɒ̃25kʻuəŋ51/ɦuɒ̃22kʻuəŋ33diɤ35 温:闲昏ɦɑ31ɕy34 衢:行昏ʔã43xuən53 华:午罢停ʔn̩33pɑ44tiɪn51 永:乌应ʊ43iɪŋ44

夜里

宜:夜头ɦio21dɤɯ23 溧:夜里头ɦio32liz22dei23 金:夜里iɑ52ȵiz23 丹:夜头iɑ41dEᵉ21 童:

夜里/夜头iɒ$_{35}$li$_{j31}$/iɒ$_{33}$dei$_{55}$ 靖:夜捞/夜里ɦiɑ$_{24}$lɒ$_{31}$/ɦiɑ$_{24}$li$_{j31}$ 江:夜里/夜里向ɦiɑ$_{24}$li$_{j31}$/ɦiɑ$_{24}$li$_{j33}$ɕiAᵑ$_{31}$ 常:夜里向/夜快头ɦiɑ$_{21}$li$_{j11}$ɕiAɲ$_{13}$/ɦiɑ$_{21}$kʻuɑ$_{11}$dei$_{13}$ 锡:夜里/夜里向ɦiɑ$_{22}$li$_{55}$/ɦiɑ$_{22}$li$_{55}$ɕiã$_{31}$ 苏:夜里向/夜里ʔiɒ$_{55}$li$_{j55}$ɕiA˜$_{31}$/ʔiɒ$_{55}$li$_{j31}$ 熟:夜里乡ɦiɑ$_{23}$li$_{33}$ɕiA˜$_{33}$ 昆:夜里向ɦiɑ$_{22}$li$_{33}$ɕiã$_{41}$ 霜:夜里ʔiɑ$_{55}$li$_{31}$ 罗:夜里向ɦiɑ$_{22}$li$_{55}$ɕia˜$_{31}$/ɦiɑ$_{24}$li$_{33}$ɕia˜$_{31}$ 周:夜头/夜里向ɦiɑ$_{22}$dɤ̥$_{52}$/ɦiɑ$_{22}$li$_{55}$ɕiA˜$_{31}$ 上:夜里/夜里向/夜到头ɦiA$_{22}$li$_{44}$/ɦiA$_{22}$li$_{55}$ɕiÃⁿ$_{31}$/ɦiA$_{22}$tɔ$_{55}$dɤɯ$_{31}$ 松:夜里向ɦiɑ$_{44}$li$_{44}$ɕiɛ̃$_{52}$ 黎:夜里/夜里向ʔiɒ$_{44}$li$_{51}$/ʔiɒ$_{33}$li$_{55}$ɕiã$_{31}$ 盛:夜里向ʔiɑ$_{43}$li$_{j55}$ɕiæ̃$_{31}$ 嘉:夜里/夜里向ʔiɑ$_{35}$li$_{31}$/ʔiɑ$_{35}$li$_{33}$ɕiA˜$_{31}$ 双:夜里向ɦiɑ$_{22}$li$_{z55}$ɕiã$_{31}$ 杭:晚上头/夜里向ʔuE$_{55}$ZAŋ$_{33}$deɪ$_{31}$/ɦiɑ$_{22}$li$_{55}$ɕiAŋ$_{31}$ 绍:夜头ɦia$_{21}$dɤ$_{23}$ 诸:夜里/夜头ɦia$_{21}$li$_{23}$/ɦia$_{21}$dei$_{23}$ 崇:夜头时ɦiɑ$_{22}$dɤ$_{34}$zɿ$_{52}$ 太:夜头时ɦiɑ$_{21}$dɤ$_{11}$zɿ$_{23}$ 余:夜里/夜到头ɦiA$_{22}$li$_{52}$/ɦiA$_{22}$tɒ$_{44}$dɤ$_{44}$ 宁:夜到ɦia$_{22}$tɔ$_{51}$ 黄:夜特ɦiA$_{23}$dɐʔ$_{4}$ 温:夜里ɦi$_{22}$lʲi$_{2}$ 衢:夜里/夜里头ʔiɑ$_{55}$li$_{31}$/ʔiɑ$_{55}$li$_{33}$dəɪ$_{31}$ 华:夜里ɦiɑ$_{13}$li$_{51}$ 永:夜啦ɦiA$_{24}$lA$_{31}$

半夜三更

宜:三更半夜sA$_{55}$kəŋ$_{55}$pe$_{33}$ɦio$_{31}$ 溧:半夜三更/半夜里头pʊ$_{54}$ɦio$_{34}$sA$_{55}$kən$_{52}$/pʊ$_{54}$ɦio$_{33}$li$_{z33}$dei$_{34}$ 金:半夜三更/半夜里/更头上pʊ̃$_{22}$iɑ$_{33}$sæ̃$_{44}$kəŋ$_{44}$/pʊ̃$_{44}$iɑ$_{44}$ȵi$_{z23}$/kəŋ$_{22}$tʻʌɤ$_{33}$sɑŋ$_{44}$ 丹:半夜三更/三更半夜/半夜头pəŋ$_{44}$iɑ$_{44}$sæ$_{35}$kɛn$_{21}$/sæ$_{35}$kɛn$_{44}$pəŋ$_{44}$iɑ$_{23}$/pəŋ$_{41}$iɑ$_{22}$dEᵉ$_{23}$ 童:半夜头/半夜里/深更半夜pʊ$_{44}$iɒ$_{44}$dei$_{55}$/pʊ$_{44}$iɒ$_{44}$li$_{j55}$/səŋ$_{44}$kəŋ$_{44}$pʊ$_{55}$iɒ$_{31}$ 靖:半夜里pʊ̃$_{55}$ɦiɑ$_{33}$li$_{j31}$ 江:半夜三更/深更半夜pɵ$_{45}$ɦiɑ$_{33}$sæ$_{33}$kEɲ$_{31}$/sEɲ$_{52}$kEɲ$_{33}$pɵ$_{33}$ɦiɑ$_{31}$ 常:半夜三更/半夜勒pɔ$_{55}$ɦiɑ$_{33}$sæ$_{33}$kəɲ$_{31}$/pɔ$_{55}$ɦiɑ$_{33}$ləʔ$_{\underline{31}}$ 锡:半夜里po$_{55}$ɦiɑ$_{55}$li$_{31}$ 苏:半夜三更/半夜把pɵ$_{55}$iɒ$_{55}$sE$_{33}$kÃ$_{31}$/pɵ$_{55}$iɒ$_{55}$po$_{31}$ 熟:半夜里/半夜把pɤ$_{55}$ɦiɑ$_{33}$li$_{31}$/pɤ$_{55}$ɦiɑ$_{55}$pu$_{55}$ 昆:半夜里/半夜把pɵ$_{44}$ɦiɑ$_{44}$li$_{41}$/pɵ$_{44}$ɦiɑ$_{44}$po$_{41}$ 霜:半夜三更/半夜把pɪ$_{33}$ɦiɑ$_{23}$sE$_{55}$ka˜$_{31}$/pɪ$_{33}$ɦiɑ$_{23}$po$_{52}$ 罗:半夜三更pᴬɤ$_{33}$ɦiɑ$_{55}$se$_{33}$ka˜$_{31}$ 周:半夜三更/半夜把pe$_{33}$ɦiɑ$_{44}$sE$_{55}$kəŋ$_{31}$/pe$_{33}$ɦiɑ$_{55}$po$_{31}$ 上:半夜三更pø$_{33}$ɦiA$_{55}$sE$_{33}$kÃⁿ$_{31}$ 松:半夜把pe$_{33}$iɑ$_{55}$po$_{31}$ 黎:半夜三更/半夜把pɵ$_{44}$iɒ$_{44}$sE$_{33}$kã$_{24}$/pɵ$_{33}$iɒ$_{55}$po$_{31}$ 盛:半夜三更pɵ$_{33}$iɑ$_{55}$sE$_{33}$kæ̃$_{31}$ 嘉:半夜三更/半夜把/半夜里pɤə$_{33}$ʔiɑ$_{55}$sEᵋ$_{33}$kA˜$_{31}$/pɤə$_{33}$ʔiɑ$_{55}$po$_{31}$/pɤə$_{33}$ʔiɑ$_{55}$po$_{31}$ 双:半夜三更/成更半夜pE$_{32}$ɦiɑ$_{22}$sE$_{22}$kã$_{34}$/zən$_{22}$kən$_{44}$pE$_{32}$ɦiɑ$_{34}$ 杭:半夜三更/半夜里/深更半夜po$_{33}$ie$_{55}$sE$_{33}$kən$_{31}$/po$_{33}$ɦiɑ$_{55}$li$_{31}$/sən$_{32}$kən$_{23}$po$_{55}$ɦiɑ$_{31}$ 绍:半夜三更/深更半夜pɵ̃$_{43}$ɦia$_{33}$sæ̃$_{44}$kəŋ$_{52}$/səŋ$_{32}$kəŋ$_{34}$pɵ̃$_{44}$ɦia$_{52}$ 诸:深更半夜sÃ$_{33}$kẼĩ$_{55}$pɤ$_{44}$ɦiA$_{33}$ 崇:半夜三更pœ̃$_{33}$ɦiɑ$_{33}$sæ̃$_{33}$kɪŋ$_{34}$ 太:半夜三更pœ̃$_{33}$ɦiɑ$_{22}$sæ̃$_{22}$kAŋ$_{23}$ 余:半夜里pɵ̃$_{55}$ɦiA$_{33}$li$_{31}$ 宁:半夜三更/成更半夜pu$_{55}$ɦia$_{33}$sE$_{33}$kã$_{31}$/dʑɪŋ$_{24}$kɐŋ$_{33}$pu$_{33}$ɦia$_{31}$ 黄:半夜三更/下半夜pø$_{33}$ɦiA$_{33}$sɛ$_{34}$ka˜$_{51}$/ʔɦo$_{22}$pø$_{33}$ɦiA$_{44}$ 温:半夜三更pɵ$_{33}$ɦʲi$_{52}$sɑ$_{33}$kʲɛ$_{21}$ 衢:半夜三更pə$_{45}$iɑ$_{55}$sæ̃$_{35}$kən$_{31}$ 华:半夜三更pɯə$_{33}$iɑ$_{55}$ sæ̃$_{43}$kən$_{35}$ 永:半夜三更poə$_{43}$ɦiɑ$_{31}$ sɑ$_{43}$kai$_{44}$

大年初一

宜:大年初一/年初一do$_{21}$ȵɪ$_{11}$tsʻu$_{11}$ʔiɪ$_{23}$/ȵɪ$_{21}$tsʻu$_{11}$ʔiɪ$_{23}$ 溧:年初一/大年初一ȵi$_{32}$tsʻʌɯ$_{22}$ʔiɪ$_{23}$/dʌɯ$_{32}$ȵi$_{22}$tsʻʌɯ$_{22}$ʔiɪ$_{23}$ 金:年初一/大年初一ȵĩ$_{24}$tsʻᵊu$_{33}$ieʔ$_{4}$/tɑ$_{52}$ȵĩ$_{23}$tsʻᵊu$_{33}$ieʔ$_{4}$ 丹:大年初一/正月初一tʌɤ$_{44}$nɪ$_{44}$tsʻʌɤ$_{35}$ɪʔ$_{\underline{21}}$/tsɛn$_{52}$ȵyɪʔ$_{\underline{23}}$tsʻʌɤi$_{44}$ɪʔ$_{\underline{31}}$ 童:正年初一/年初一tsəŋ$_{44}$ȵɪ$_{22}$tsʻʌɤ$_{44}$iɪʔ$_{5}$/ȵɪ$_{22}$tsʻʌɤ$_{44}$iɪʔ$_{5}$ 靖:年初一ȵĩ$_{22}$tsʻvɤ$_{22}$iɪʔ$_{5}$ 江:年初一/大年初一ȵɪ$_{24}$tsʻɜɤ$_{33}$ɪʔ$_{2}$/dɜɤ$_{24}$ȵɪ$_{33}$tsʻɜɤ$_{33}$ɪʔ$_{2}$ 常:年初一/大年初一ȵɪ$_{22}$tsʻʌɯ$_{44}$iɪʔ$_{5}$/dʌɯ$_{21}$ȵɪ$_{11}$tsʻʌɯ$_{33}$iɪʔ$_{3}$ 锡:年初一ȵɪ$_{24}$tsʻʌɤ$_{55}$iəʔ$_{\underline{31}}$ 苏:年初一/大年初一ȵiɪ$_{22}$tsʻɜu$_{44}$ʔiəʔ$_{5}$/dɜu$_{22}$ȵiɪ$_{55}$tsʻɜu$_{44}$ʔiəʔ$_{5}$ 熟:年初一/大年初一ȵie$_{24}$tsʻɯ$_{33}$ɪʔ$_{\underline{31}}$/dɯ$_{24}$ȵie$_{33}$tsʻɯ$_{33}$ɪʔ$_{\underline{31}}$ 昆:年初一/大年初一nɪ$_{22}$tsʻəu$_{55}$iɪʔ$_{\underline{41}}$/dəu$_{23}$nɪ$_{22}$tsʻəu$_{55}$iɪʔ$_{\underline{41}}$ 霜:大年初一dᵊu$_{22}$ȵɪ$_{23}$tsʻᵊu$_{55}$iɪʔ$_{31}$/ȵɪ$_{22}$tsʻᵊu$_{23}$iɪʔ$_{\underline{52}}$ 罗:年初一ȵi$_{22}$tsʻᵊu$_{24}$iɪʔ$_{5}$/du$_{22}$ȵi$_{55}$tsʻᵊu$_{33}$iɪʔ$^{\underline{31}}$ 周:年初一ȵi$_{23}$tsʻu$_{44}$ɪʔ$_{5}$ 上:年初一/大年初一ȵi$_{22}$tsʻu$_{55}$iɪʔ$_{\underline{31}}$/du$_{22}$ȵi$_{55}$tsʻu$_{33}$iɪʔ$_{\underline{31}}$ 松:年初一/大年初一ȵiɪ$_{24}$tsʻu$_{33}$iɪʔ$_{\underline{31}}$/du$_{22}$ȵi$_{22}$tsʻu$_{55}$iɪʔ$_{\underline{31}}$ 黎:年初一/大年初一ȵiɪ$_{22}$tsʻu$_{55}$iəʔ$_{2}$/dɜu$_{22}$ȵiɪ$_{55}$tsʻu$_{33}$iəʔ$_{2}$ 盛:年初一/大年初

一(少)ȵiɪ$_{22}$tsʻɜu$_{55}$iɐʔ$_{2}$/dɑ$_{22}$ȵiɪ$_{55}$tsʻɜu$_{33}$iɐʔ$_{2}$ 嘉:年初一ȵie$_{22}$tsʻəu$_{55}$iəʔ$_{\underline{31}}$ 双:年初一ȵɪ$_{22}$tsʻəu$_{44}$ʔieʔ$_{\underline{54}}$ 杭:年初一/正月初一ȵie$_{22}$tsʻɥ$_{55}$iɪʔ$_{3}$/tsən$_{32}$yɪʔ$_{5}$tsʻɥ$_{32}$iɪʔ$_{5}$ 绍:大年初一do$_{22}$ȵĩ$_{22}$tsʻu$_{44}$ɪʔ$_{5}$ 诸:正月初一tsẼĩ$_{33}$ȵioʔ$_{4}$tsʻu$_{55}$ʔiəʔ$_{3}$ 崇:正月初一tsɪŋ$_{33}$ɦioʔ$_{3}$tsʻu$_{33}$iᴇʔ$_{4}$ 太:正月初一tseŋ$_{52}$ȵiɔʔ$_{2}$tsʻu$_{2}$ieʔ$_{4}$ 余:大年初一dou$_{22}$ȵĩ$_{55}$tsʻɥ$_{33}$iɪʔ$_{5}$ 宁:正月初一tɕɪŋ$_{33}$ɦyɔʔ$_{5}$tsʻəʊ$_{33}$iɪʔ$_{5}$ 黄:大年初一/正月初一d^{ə}u$_{22}$ȵyɛ$_{33}$tsʻ^{ə}u$_{33}$ieʔ$_{4}$/tɕiɪŋ$_{33}$ȵyɛʔ$_{3}$tsʻ^{ə}u$_{33}$ieʔ$_{4}$ 温:年初一/初一/正年初一ȵi$_{33}$tsʻəu$_{55}$iæi$_{52}$/tsʻəu$_{44}$iæi$_{52}$/tsəŋ$_{33}$ȵi$_{33}$tsʻəu$_{55}$iæi$_{52}$ 衢:年初一/大年初一ȵie$_{22}$tsʻu$_{33}$ʔiəʔ$_{5}$/du$_{45}$ȵie$_{22}$tsʻu$_{33}$ʔiəʔ$_{5}$ 华:年初一/大年初一/初一ȵiɑ$_{32}$tsʻu$_{44}$iə$_{35}$/tu$_{244}$ȵiɑ$_{32}$tsʻu$_{43}$iə$_{35}$/tsʻu$_{32}$iə$_{35}$ 永:年初一/正月初一/大年初一ȵiːᴀ$_{32}$tsʻu$_{43}$iə$_{32}$/tɕiɪɲ$_{43}$ȵye$_{31}$tsʻu$_{43}$iə$_{32}$/diᴀ$_{21}$ȵiᴀ$_{22}$tsʻu$_{43}$iə$_{32}$

端午节

宜:端午te$_{55}$ŋ̍$_{31}$ 溧:端午节tʊ$_{44}$ŋ̍$_{44}$tɕiɪʔ$_{31}$ 金:端午/端午节tʊ̃$_{52}$^{ə}u$_{23}$/tʊ̃$_{52}$^{ə}u$_{22}$tɕieʔ$_{4}$ 丹:端午节/端午təŋ$_{33}$ŋ̩$_{55}$tɕɪʔ$_{\underline{31}}$/təŋ$_{33}$ŋ̩$_{44}$ 童:端午节tʊ$_{44}$ŋ̍$_{44}$tɕiɪʔ$_{5}$ 靖:端午tũ$_{44}$vu$_{44}$ 江:端阳tɵ$_{53}$ɦiᴀ^{ŋ}$_{31}$ 常:端阳节tɔ$_{55}$ɦiᴀɲ$_{33}$tɕiɪʔ$_{\underline{31}}$ 锡:端阳to$_{21}$ɦiã$_{23}$ 苏:端午节/端午tɵ$_{55}$ŋ̍$_{55}$tsɪʔ$_{2}$/tɒ$_{55}$ŋ̍$_{31}$ 熟:端午节tʏ$_{55}$ŋ̍$_{55}$tsɪʔ$_{5}$ 昆:端午节tɵ$_{44}$ŋ̍$_{44}$tsɪʔ$_{\underline{41}}$ 霜:端午节t^{ʌ}ʏ$_{55}$ŋ̍$_{33}$tsɪʔ$_{\underline{31}}$ 罗:端午节t^{ʌ}ʏ$_{55}$ŋ̍$_{33}$tsɪʔ$_{\underline{31}}$ 周:端午节ɗø$_{55}$ŋ̍$_{33}$tɕɪʔ$_{\underline{31}}$ 上:端午节tø$_{55}$ɲ̍$_{33}$tɕiɪʔ$_{\underline{31}}$ 松:端午节tø$_{33}$ɲ̍$_{55}$tɕiɪʔ$_{\underline{31}}$ 黎:端午tɵ$_{44}$ŋ̍$_{52}$ 盛:端午节tɵ$_{44}$ŋ̍$_{44}$tsɪʔ$_{4}$ 嘉:端午节tʏə$_{55}$ŋ̍$_{33}$tɕiəʔ$_{\underline{21}}$ 双:端午节tᴇ$_{32}$ŋ̍$_{22}$tɕieʔ$_{\underline{34}}$ 杭:端午to$_{32}$ɦu$_{33}$ 绍:端午节tɵ̃$_{33}$ŋ̍$_{44}$tɕɪʔ$_{5}$ 诸:端午节tʏ$_{52}$ɲ̍$_{42}$tɕiəʔ$_{5}$ 崇:端午tœ̃$_{53}$ŋ̍$_{52}$ 太:端午tœ̃$_{52}$ŋ̍$_{33}$ 余:端午节tʊŋ$_{44}$ŋ̍$_{44}$tɕɪʔ$_{5}$ 宁:端午tø$_{55}$ŋ̍$_{33}$ 黄:端午节/端午tø$_{32}$ŋ̍$_{22}$tɕieʔ$_{3}$/tø$_{33}$ŋ̍$_{51}$ 温:重午dz^{ʊ}ɔ$_{52}$vu$_{34}$ 衢:端午节tə$_{43}$ŋ̍$_{55}$tɕiəʔ$_{2}$ 华:端午tə$_{33}$ŋ̩$_{51}$ 永:过端午/端午节(少)kuᴀ$_{43}$tʏə$_{44}$ɲ̍$_{323}$/tʏə$_{43}$ɲ̍$_{31}$tɕiᴀ$_{323}$

中秋节

宜:八月半/中秋pɑʔ$_{5}$ȵyeʔ$_{5}$pe$_{31}$/tsoŋ$_{55}$tɕʻiʏɯ$_{55}$ 溧:中秋节/八月半tsoŋ$_{44}$tɕʻiʌɯ$_{44}$tɕiɪʔ$_{\underline{31}}$/pɑʔ$_{5}$ȵyeʔ$_{3}$pʊ$_{34}$ 金:中秋/中秋节/八月半tsoŋ$_{44}$tɕʻiʌʏ$_{44}$/tsoŋ$_{44}$tɕʻiʌʏ$_{44}$tɕieʔ$_{4}$/pɑʔ$_{4}$yeʔ$_{3}$pʊ̃$_{31}$ 丹:八月半pɑʔ$_{3}$yɪʔ$_{5}$pəŋ$_{23}$ 童:八月半pᴀʔ$_{4}$yoʔ$_{4}$pʊ$_{55}$ 靖:八月半pɑʔ$_{4}$ɦyɔʔ$_{4}$pũ$_{52}$ 江:八月半pɑʔ$_{5}$ɦioʔ$_{5}$pɵ$_{45}$ 常:八月半pɑ^{ʔ}$_{5}$ɦiɔʔ$_{5}$pɔ$_{51}$ 锡:八月半/中秋节pᴀʔ$_{4}$ȵye^{ʔ}$_{5}$po$_{55}$/tsoŋ$_{21}$tɕʻiʌʏ$_{11}$tɕiəʔ$_{23}$ 苏:中秋节tsoŋ$_{55}$tsʻɘɪ$_{55}$tsɪʔ$_{2}$ 熟:中秋节/八月半tsʊŋ$_{55}$tɕʻiɯ$_{55}$tsɪʔ$_{5}$/pᴀʔ$_{3}$ŋᴇʔ$_{5}$pʏ$_{31}$ 昆:中秋节/八月半tsʊŋ$_{44}$tsʻy$_{44}$tsɪʔ$_{\underline{41}}$/pᴀʔ$_{44}$ŋəʔ$_{44}$pɵ$_{31}$ 霜:中秋节/八月半tso^{ŋ}$_{55}$tsʌɪ$_{33}$tsɪʔ$_{\underline{31}}$/pᴀʔ$_{4}$ŋəʔ$_{4}$pɪ$_{434}$ 罗:八月半poʔ$_{3}$ŋɐʔ$_{5}$p^{ʌ}ʏ$_{31}$ 周:中秋节/八月半tsoŋ$_{44}$tɕʻiʏ$_{44}$tɕɪʔ$_{\underline{52}}$/ʔbɑʔ$_{3}$ȵioʔ$_{5}$pe$_{31}$ 上:中秋节/八月半tsʊŋ$_{55}$tɕʻiʏɯ$_{33}$tɕiɪʔ$_{\underline{31}}$/pɐʔ$_{33}$ɦioʔ$_{5}$pø$_{31}$ 松:中秋节/八月半tsʊŋ$_{33}$tɕʻiɯ$_{55}$tɕiɪʔ$_{31}$/pᴀʔ$_{4}$ȵio^{ʔ}$_{44}$pe$_{41}$ 黎:中秋/八月半tsoŋ$_{44}$tsʻieɯ$_{52}$/poʔ$_{5}$ȵioʔ$_{3}$pɵ$_{31}$ 盛:中秋节tsoŋ$_{44}$tsʻiəʉ$_{44}$tsɪʔ$_{4}$ 嘉:八月半/中秋节pᴀʔ$_{3}$ɦioʔ$_{4}$pʏə$_{51}$/tsoŋ$_{44}$tɕʻi^{ə}u$_{44}$tɕiəʔ$_{\underline{31}}$ 双:八月半pəʔ$_{5}$ɦioʔ$_{5}$pᴇ$_{21}$ 杭:八月半/中秋pɐʔ$_{2}$yɪʔ$_{4}$põ$_{55}$/tsoŋ$_{32}$tɕʻʏ$_{23}$ 绍:八月半pᴀʔ$_{4}$yoʔ$_{4}$pɵ̃$_{44}$ 诸:八月半pɐʔ$_{4}$ȵioʔ$_{3}$pʏ$_{33}$ 崇:八月半pæʔ$_{3}$ɦioʔ$_{3}$pœ$_{34}$ 太:八月半pɛʔ$_{3}$ȵiɔʔ$_{3}$pœ̃$_{23}$ 余:八月半pɔʔ$_{5}$ɦyɔʔ$_{3}$pɵ̃$_{31}$ 宁:中秋tsoŋ$_{33}$tɕʻy$_{51}$ 黄:八月十五/中秋pɐʔ$_{3}$ȵyɛʔ$_{3}$zɐʔ$_{\underline{24}}$ŋ̍$_{31}$/tsoŋ$_{35}$tɕʻiʏ$_{51}$ 温:八月十五po$_{33}$ȵy$_{33}$zæi$_{52}$ŋ̍$_{34}$ 衢:中秋节/八月半tsʌŋ$_{43}$tɕʻiɯ$_{33}$tɕiəʔ$_{5}$/pᴀʔ$_{4}$ɦyəʔ$_{3}$pə$_{53}$ 华:八月半piɑ$_{33}$ȵye$_{44}$ pɯə$_{45}$ 永:中秋节/八月半tsoŋ$_{43}$tɕʻiəʊ$_{44}$tɕiᴀ$_{323}$/pᴀʔ$_{\underline{43}}$ȵyeʔ$_{\underline{31}}$pʏə$_{54}$

除夕

宜:大年夜/大年三十du$_{21}$ȵɪ$_{11}$ɦio$_{53}$/du$_{21}$ȵɪ$_{11}$sᴀ$_{11}$zə$_{23}$ 溧:三十夜头/三十夜里sᴀ$_{44}$zəʔ$_{4}$ɦio$_{44}$dei$_{31}$/sᴀ$_{44}$zə^{ʔ}$_{4}$ɦio$_{44}$li$_{z31}$ 金:年三十/三十夜ȵĩ$_{24}$sæ̃$_{33}$səʔ$_{4}$/sæ̃$_{44}$səʔ$_{4}$iɑ$_{44}$ 丹:三十夜sæ$_{33}$sɛʔ$_{5}$iɑ$_{31}$ 童:三十夜/三十夜头sɑ$_{55}$səʔ$_{3}$iɒ$_{31}$/sɒ$_{55}$səʔ$_{3}$iɒ$_{33}$dei$_{55}$ 靖:年三十夜/三十夜ȵĩ$_{23}$sæ̃$_{33}$səʔ$_{4}$ɦiɑ$_{52}$/sæ̃$_{33}$səʔ$_{4}$ɦiɑ$_{52}$ 江:大年夜dɜʏ$_{24}$ȵɪ$_{33}$ɦiɑ$_{31}$ 常:大年夜/年三十(少)dʌɯ$_{21}$ȵɪ$_{11}$ɦiɑ$_{13}$/ȵɪ$_{22}$sæ$_{44}$səʔ$_{5}$

锡:大年夜dʌʏ22ȵɪ55ɦiɑ31　苏:年三十/大年夜ȵiɪ22sᴇ55səʔ2/dɜu22ȵiɪ55ɦiɒ31　熟:大年夜/年三十dɯ24ȵie33ɦiɑ31/ȵie24sæ33ʂəʔ31　昆:大年夜dəu22nɪ55ɦiɑ31　霜:年夜/年三十夜ȵɪ22ɦiɑ23/ȵɪ22sᴇ23səʔ5ɦiɑ31　罗:年三十夜/大年夜ȵi22se24sɐʔ3iɑ31/du22ȵi55iɑ31　周:年三十/大年夜ȵi23sɛ44zəʔ4/du22ȵi55ɦiɑ31　上:年三十/大年夜ȵi22sᴇ55zɐʔ31/du22ȵi55ɦiᴀ31　松:年三十/年夜头ȵi24sᴇ33səʔ31/ȵi23iɑ44dɯ44　黎:年三十/年夜头ȵiɪ22sᴇ55səʔ2/ȵiɪ22iɒ55dieɯ31　盛:年三十/年夜里ȵiɪ22sᴇ55səʔ2/ȵiɪ24iɑ33lij31　嘉:年三十ȵie22sᴇᵋ44səʔ5　双:年三十ȵɪ22sᴇ44səʔ4　杭:大年三十/年三十晚上dɑ22ȵie55sᴇ33zɐʔ31/ȵie21sᴇ23zɐʔ5uᴇ55zᴀŋ31　绍:大年三十/年三十夜do22ȵĩ33sæ̃44zəʔ5/ȵĩ21sæ̃44zəʔ5iɑ31　诸:三十夜/分岁夜sɛ52zɐʔ4iᴀ44/fẽɪ52se55iᴀ44　崇:三十夜晚头sæ̃53zᴇʔ3iɑ55mæ̃33dʏ31　太:三十夜晚头sæ̃52zɛʔ3ɦiɑ34væ̃33dʏ31　余:年三十/年三十夜ȵĩ22sẽ44zɐʔ5/ȵĩ22sẽ44zɐʔ5ɦiᴀ31　宁:三十年夜sᴇ33zɔʔ5ȵi33ɦia33　黄:三十夜sɛ33zɐʔ2ɦia13　温:三十日黄昏sɑ33zæi5ȵi3ɦᵘɔ33ɕy52　衢:三十夜/大年三十sæ̃43ʃɥə55iɑ31/du45ȵiẽ33sæ̃55ʃɥəʔ2　华:三十夜/年三十sæ̃55səʔ2 ɦiɑ213/ʔȵiɑ43sæ̃33səʔ4　永:三十年夜sᴀ43szə31ȵie21ɦiᴀ54

一天

宜:一天ʔiɪʔ5tʻɪ55　溧:一天ʔiɪʔ5tʻi34　金:一天ieʔ53tʻĩ31　丹:一天ɪʔ53tʻɪ31　童:一天iɪʔ53tʻɪ31　靖:一天ʔiɪʔ53tʻĩ31　江:一日天ʔɪʔ4ȵiəʔ4tʻɪ31　常:一天ʔiɪʔ4tʻɪ44　锡:一日ʔiəʔ4ȵiəʔ5　苏:一日天ʔiəʔ5ȵiəʔ4tʻiɪ44　熟:一日/一日天ʔɪʔ4ȵɪʔ5/ʔɪʔ4ȵɪʔ5tʻie51　昆:一日ʔiɪʔ4ȵiɪʔ4　霜:一日ʔiɪʔ5ȵɪʔ3　罗:一日ʔiɪʔ5ȵɪʔ3　周:一日ʔɪʔ3ȵɪʔ5　上:一天/一日ʔiɪʔ3tʻi44/ʔiɪʔ3ȵiɪʔ4　松:一日ʔiɪʔ4ȵiɪʔ2　黎:一日ʔiɪʔ5ȵiəʔ2　盛:一日ʔiɐʔ5ȵiɐʔ3　嘉:一日/一天ʔiəʔ3ʔȵiəʔ4/ʔiəʔ3tʻie44　双:一日ʔieʔ24ȵieʔ53　杭:一天ʔiɪʔ3tʻie23　绍:一日ʔɪʔ4ȵɪʔ5　诸:一日ʔiəʔ3ȵiəʔ4　崇:一日ʔiᴇʔ45nᴇʔ12　太:一日ʔieʔ2nɛ23　余:一日ʔɪʔ3ȵɪʔ5　宁:一日ʔiɪʔ3niɪʔ5　黄:一日ʔieʔ3ȵieʔ3　温:一日i3ȵi24　衢:一日ʔiəʔ5ȵiəʔ2　华:一日ʔie55ȵiəʔ3　永:一日/成日iəʔ43ȵiə24/sʑiɪŋ32ȵiə24

天天

宜:天天tʻɪ55tʻɪ55　溧:天天tʻi44tʻi55　金:天天tʻĩ44tʻĩ31　丹:天天tʻɪ44tʻɪ23　童:天天tʻɪ55tʻɪ31　靖:天天tʻĩ44tʻĩ44　江:日日/日早ȵiəʔ3ȵiəʔ3/ȵiəʔ2tsɒ23　常:天天tʻɪ55tʻɪ31　锡:日日ȵiəʔ2ȵiəʔ5　苏:日日/日逐ȵiəʔ5ȵiəʔ5/ȵiəʔ5zoʔ5　熟:日朝ȵɪʔ3tʂɔ34　昆:日常/日日ȵiɪʔ3zã31/ȵiɪʔ2ȵiɪʔ3　霜:日逐/日日ȵɪʔ2zoʔ4/ȵɪʔ2ȵɪʔ4　罗:日日ȵɪʔ2ȵɪʔ4　周:日日/天天ȵɪʔ2ȵɪʔ23/tʻi44tʻi52　上:日日/日逐(少)ȵiɪʔ2ȵiɪʔ3/ȵiɪʔ2zoʔ3　松:日日/日逐ȵiɪʔ3ȵiɪʔ2/ȵiɪʔ3zɔʔ2　黎:日日ȵiəʔ3ȵiəʔ3　盛:日日ȵiɐʔ3ȵiɐʔ3　嘉:天天/日日/每天tʻie44tʻie51/ʔȵiəʔ3ʔȵiəʔ4/me22tʻie51　双:日日/日尚介ʔȵieʔ5ȵieʔ5/ʔȵieʔ5zɔ̃55kɑ21　杭:天天tʻie32tʻie23　绍:日日ȵɪʔ2ȵɪʔ5　诸:日日ȵiəʔ2ȵiəʔ4　崇:日日nᴇʔ2nᴇʔ4　太:日日相似nɛʔ2nɛʔ2ɕiᴀŋ2zʅ23　余:日日ȵɪʔ2ȵɪʔ5　宁:日日/每日ȵiɪʔ2niɪʔ5/mᴇɪ24niɪʔ3　黄:日日/每日ȵieʔ2ȵieʔ3/me21ȵieʔ23　温:日日/每日ȵi3ȵi24/mæi25ȵi24　衢:日日/每日ȵiəʔ2ȵiəʔ2/ʔməɪ55ȵiəɪ2　华:日日ʔȵiəʔ4ȵiəʔ2　永:日日ȵiə32ȵiə24

早晚

宜:早晏tsɑʏ35ᴀ31　溧:早夜/早晏点tsɑʏ52ɦio52/tsɑʏ44ᴀ44ti31　金:早晏tsɑʏ33æ̃52　丹:早晚/早晏tsɒ44væ23/tsɒ44æ44　童:早晏tsɐʏ33ŋɑ55　靖:早晏tsɒ33æ̃55　江:早点晏点/一日到夜tsɒ33tɪ44æ45tɪ31/ʔɪʔ5ȵiəʔ5tɒ34ɦiɑ223　常:早点晚点tsɑʏ33tɪ55æ55tɪ31　锡:早晏tsʌ45ɛ55　苏:日夜ȵiəʔ5ɦiɒ412　熟:日夜ȵɪʔ3ɦiɑ34　昆:日夜ȵiɪʔ2ɦiɑ31　霜:早夜tsɔ33ɦiɑ52　罗:早夜/早晏tsɔ33iɑ52/tsɔ33ᴬʏ52　周:早夜/早晏tsɔ44ɦiɑ44/tsɔ44ɛ44　上:早夜/早晏/早晏点tsɔ33ɦiɑ44/tsɔ33ᴇ44/tsɔ33ᴇ55ti31　松:早夜tsɔ44iɑ44　黎:早晏tsᴀᵓ55ᴇ31　盛:日夜ȵiɐʔ3iɑ33　嘉:一天到夜ʔiəʔ3tʻie55tɔ33ʔiɑ22　双:

早晏tsɔ334ʔE334　杭:早晚/迟早tsɔ55uE31/szɿ22tsɔ51　绍:迟早zɿ21tsɔ33　诸:早夜/迟早tsɔ52ɦiA233/zɿ23tsɔ52　崇:迟早zɿ22tsɑɒ52　太:迟早dzɿ21tsɑɒ44　余:早夜/迟早tsɒ33ɦiA52/dzɿ21tsɒ23　宁:一日到夜/早晏/其早点ʔiɪʔ3ȵiɪʔ5tɔ3ɦia33/tsɔ55E33/dʑiz22tsɔ44ti55　黄:迟早/早晏dzɿ23tsɒ31/tsɒ33ɛ44　温:早迟/迟早tsɜ52dzɿ21/dzɿ52tsɜ34　衢:早晏/午将行昏tsɔ35æ53/ʔŋ̍45tɕiã33ʔã35xuən53　华:迟早dzɿ22tsɑʊ51　永:早晚tsAʊ42mA24

小时

宜:钟头tsoŋ55dɤɯ55　溧:钟头tsoŋ44dei52　金:钟头/小时(少)tsoŋ44tʻʌɤ23/ɕiɑɤ32sɿ23　丹:钟头tsoŋ44tEᵉ44　童:钟头tsoŋ53dei31　靖:钟头tɕioŋ44dᵒY23　江:钟头tsoŋ53dEI31　常:钟头tsoŋ55dei31　锡:钟头tsoŋ21dEi23　苏:钟头tsoŋ55dəI31　熟:钟头tʂʊŋ55dE51　昆:钟头tsoŋ44dE41　霜:钟头tsoᵑ55dʌI31　罗:钟头tsoᵑ55dʌI31　周:钟头tsoŋ33tɤ52　上:钟头tsʊŋ55dɤɯ31　松:钟头tsʊŋ44dɯ52　黎:钟头tsoŋ44dieɯ52　盛:钟头tsoŋ44diəʉ44　嘉:钟头tsoŋ44de51　双:钟头tsoŋ44dᵒY44　杭:钟头/点钟tsoŋ32deɪ23/tie55tsoŋ31　绍:钟头/点钟tsʊŋ33dɤ51/tiĩ34tsoŋ52　诸:钟头tsoŋ52dei42　崇:钟头tsʊᵑ33dY52　太:钟头tsʊŋ52dY33　余:钟头tsʊŋ33dɤ44　宁:钟头tsoŋ33dœY51　黄:钟头tsoŋ33diɤ51　温:钟头tɕyᵘɔ52dʌu21　衢:钟头tʃɥAŋ43təI53　华:小时/钟头ɕiɑʊ35sɿ31/tɕioŋ33tiɯu55　永:钟头tsoŋ55dəu22

古时候

宜:葛辰光/古辰光kəʔ5zəŋ55kuAŋ55/ku33zəŋ55kuAŋ55　溧:葛辰光/老早前头kəʔ5szən33kuAŋ34/lɑʏ32tsɑʏ22ʑi22dei52　金:古代/过去/老早kᵊu32tɛᵉ23/ko44tɕʻyz52/lɑᵓ24tsɑᵓ23　丹:老早lɒ52tsɒ23　童:老早/老辰光lɐɤ24tsɐɤ31/lɐɤ42dzəŋ33kuɑŋ31　靖:古辰光/老辰光/老早ku33dʑiəŋ44kuɑŋ52/lɒ33dʑiəŋ44kuɑŋ52/lɒ33tsɒ44　江:过瞎辰光/老早kɜʏ52ɕiɑʔ3zEɲ33kuAŋ43/ʔlɒ52tsɒ33　常:老早头/古辰光lɑɤ21tsɑɤ11dei13/ku33zəɲ55kuAŋ31　锡:老早/过兴光lA24tsA31/kʌɤ45ɕin55kuã31　苏:古辰光/从前/老底子/老早kɜu52zən23kuÃ31/zoŋ24ziɪ31/læ22tij55tsɿ31/læ24tsæ31　熟:老法头里/老底/老早辰光/葛歇辰光/老本头lɔ22fAʔ5dE55li51/lɔ22ti44/lɔ22tsɔ55dʐẽⁿ55kuA˜31/kEʔ4sɪʔ5dʐẽⁿ55kuA˜51/lɔ22pẽⁿ55dE31　昆:老法头/古辰光/老底子/老早底lɔ22fAˀ5dE31/kəu52zən33kuã41/lɔ22ti55tsɿ41/lɔ22tsɔ55tɪ41　霜:老底子/老早子lɔ22ti23tsɿ52/lɔ22tsɔ55tsɿ31　罗:老底子/老早lɔ22ti24tsɿ31/lɔ22tsɔ52　周:老早头/老底子(老)lɔ22tsɔ23d̥Y52/lɔ22ti55tsɿ31　上:老底子/老早/老早子lɔ22ti55tsɿ31/lɔ22tsɔ44/lɔ22tsɔ55tsɿ31　松:老早头/老早/老里八早lɔ22tsɔ44dɯ52/lɔ22tsɔ23/lɔ22li55pAʔ3tsɔ31　黎:老底子/个辰光/老早lAˀ23ti33tsɿ44/kəʔ3zəɲ55kuɑ˜31/lAᵓ22tsɔ24　盛:老早老早/老底子/从前lAɑ23tsAɑ33lAɑ22tsAɑ44/lAɑ23tij33tsɿ33/dzoŋ22ziɪ44　嘉:老早辰光/从前/老早lɔ22tsɔ44zən22kuA˜44/zoŋ22dʑie44/lɔ22tsɔ34　双:古时候/老底子ləu33zɿ55ɦiøY31/lɔ24tiz55tsɿ21　杭:老早辰光/落底末/老底子lɔ22tsɔ55dzən33kuAŋ31/lɔˀ2ti55mˀ31/ʔlɔ55ti33tsɿ31　绍:老式葛辰光lɔ22səʔ4kəʔ5zəɲ22kuɒŋ52　诸:先头辰光ɕiɪ54dei44ȵĩ55kuɒ̃31　崇:头滑易dY21væʔ2ɦiz23　太:头活时dY21vɛʔ2zɿ23　余:老早个辰光lɒ23tsɒ44gɐʔ4zeɲ44kuɒ̃44　宁:咸早/过去ɦE22tsɔ44/kəʊ55tɕʻyɥ33　黄:早先tsɒ31ɕie13　温:早日/当月初/昼早/老早tsɜ44ȵi52/tᵘɔ55ȵi33tsʻəu21/zəŋ52tsɜ34/lɜ22tsɜ24　衢:老早葛时候/从前ʔlɔ55tsɔ33kəʔ5szɿ22ɦɤɯ53/dzʌŋ24dʑiẽ53　华:从前/老早tsoŋ43ɕʑia24/lɑʊ22tsɑʊ51　永:早前/早先/更时节tsAʊ43ɕʑiɪA44/tsAʊ43ɕie44/kai43szɿ22tɕiA422

末了

宜:压末ʔAʔ5məʔ5　溧:压末/压末葛ʔɑʔ5məʔ5/ʔɑʔ5məʔ5kəʔ5　金:末了/末梢məʔ5ȵiɑɤ23/məʔ53sɑɤ31　丹:末了/最后mɑʔ5liɒ33/tsEᵉ44hᶠEᵉ23　童:末了məʔ42liɐɤ31　靖:最后tse52hɦøY41

江:压末碌碌ʔɑʔ$_{4}$mɜʔ$_{4}$loʔ$_{4}$loʔ$_{2}$ 常:压末ʔɑʔ$_{4}$məʔ$_{5}$ 锡:阿末ʔAʔ$_{4}$məʔ$_{5}$ 苏:压末/着末ʔAʔ$_{5}$məʔ$_{5}$/zAʔ$_{3}$məʔ$_{5}$ 熟:老末/压末lɔ$_{22}$moʔ$_{4}$/ʔAʔ$_{4}$moʔ$_{5}$ 昆:着末/压末头/后头zAʔ$_{2}$məʔ$_{3}$/ʔAʔ$_{5}$məʔ$_{3}$dE$_{31}$/ɦE$_{31}$dE$_{31}$ 霜:着末结/压末结zAʔ$_{2}$məʔ$_{2}$tɕiɪʔ$_{4}$/ʔɑʔ$_{5}$məʔ$_{3}$tɕɪʔ$_{\underline{31}}$ 罗:阿末结ʔAʔ$_{3}$mɐʔ$_{5}$tɕɪʔ$_{\underline{31}}$ 周:压末来/压末个/辣末ʔɑʔ$_{3}$məʔ$_{5}$le$_{31}$/ʔɑʔ$_{3}$məʔ$_{5}$kʏ$_{31}$/lɑʔ$_{2}$məʔ$_{3}$ 上:压末/辣末/末脚ʔɐʔ$_{3}$mɐʔ$_{4}$/lɐʔ$_{2}$mɐʔ$_{\underline{23}}$/mɐʔ$_{2}$tɕiɐʔ$_{3}$ 松:阿末脚/着末脚/末脚ʔA$_{3}$məʔ$_{4}$tɕiAʔ$_{4}$/zAʔ$_{3}$məʔ$_{4}$tɕiAʔ$_{4}$/məʔ$_{3}$tɕiAʔ$_{4}$ 黎:阿末来ʔAʔ$_{5}$məʔ$_{3}$lE$_{31}$ 盛:着末来/压末来dzɑʔ$_{3}$məʔ$_{3}$lE$_{33}$/ʔɑʔ$_{5}$məʔ$_{3}$lE$_{31}$ 嘉:着末dz̥Aʔ$_{3}$məʔ$_{4}$ 双:压末/后头ʔAʔ$_{5}$məʔ$_{\underline{52}}$/ɦ^{ə}ʏ$_{24}$d^{ə}ʏ$_{52}$ 杭:拉瓜ʔlɑ$_{32}$kuɑ$_{23}$ 绍:末下/末笃məʔ$_{2}$ɦo$_{33}$/məʔ$_{2}$toʔ$_{5}$ 诸:顶后头tĩ$_{52}$ɦeɪ$_{34}$deɪ$_{44}$ 崇:末得/节煞mEʔ$_{2}$tEʔ$_{4}$/tɕʻiEʔ$_{3}$sæʔ$_{4}$ 太:末得mɛʔ$_{2}$tɛʔ$_{5}$ 余:等末得/结煞/结煞个teɲ$_{44}$mɔʔ$_{4}$tɐʔ$_{5}$/tɕɪʔ$_{5}$sɐʔ$_{3}$/tɕɪʔ$_{5}$sɐʔ$_{3}$kou$_{31}$ 宁:末脚/到底里mɐʔ$_{3}$tɕiɪʔ$_{5}$/tɔ$_{55}$ti$_{33}$li$_{31}$ 黄:末将mɐʔ$_{2}$tɕiã$_{51}$ 温:好道/沓拉沓/沓拉/好口hɜ$_{52}$dɜ$_{22}$/tʻɑ$_{3}$lɑ$_{55}$tʻɑ$_{52}$/tʻɑ$_{3}$lɑ$_{44}$/hɜ$_{52}$bɑ$_{22}$ 衢:末榻məʔ$_{2}$tʻAʔ$_{5}$ 华:定巴末tiɪn$_{44}$pɑ$_{44}$mə$_{24}$ 永:落末lAʊ$_{31}$mA$_{24}$

前面

宜:前头ʑɪ$_{21}$dɤɯ$_{23}$ 溧:前头çʑi$_{32}$dei$_{23}$ 金:前头/前边tɕʻĩ$_{22}$tʻAʏ$_{44}$/tɕʻĩ$_{22}$pɪ$_{44}$ 丹:前头dʑɪ$_{32}$dE^{e}$_{24}$ 童:前头dʑɪ$_{24}$dei$_{31}$ 靖:前头zĩ$_{22}$døʏ$_{34}$ 江:前头zi$_{24}$dEɪ$_{31}$ 常:前头ʑɪ$_{21}$dei$_{34}$ 锡:前头zɪ$_{24}$dEi$_{31}$ 苏:前头ziɪ$_{22}$dəɪ$_{44}$ 熟:门前mɛ̃^{ŋ}$_{24}$ʑie$_{31}$ 昆:前头/门前/门前头zɪ$_{23}$dE$_{41}$/mən$_{23}$zɪ$_{41}$/mən$_{23}$zɪ$_{33}$dE$_{41}$ 霜:前头zɪ$_{22}$dʌɪ$_{52}$ 罗:前头zi$_{22}$dʌɪ$_{52}$ 周:前头ʑi$_{22}$dʏ$_{33}$ 上:前头/前面ʑi$_{22}$dɤɯ$_{44}$/ʑi$_{22}$mi$_{44}$ 松:前头ʑi$_{22}$dɯ$_{52}$ 黎:前头zi$_{22}$dieɯ$_{44}$ 盛:前面/前头ziɪ$_{22}$diəʉ$_{44}$/dziɪ$_{22}$miɪ$_{44}$ 嘉:前头dʑie$_{22}$de$_{34}$ 双:前头dʑie$_{22}$d^{ə}ʏ$_{44}$ 杭:前头dʑie$_{21}$deɪ$_{23}$ 绍:前头ʑĩɪ$_{21}$dʏ$_{33}$ 诸:前头ʑiɪ$_{23}$dei$_{33}$ 崇:前头ʑiẽ$_{22}$dʏ$_{52}$ 太:前头ʑiẽ$_{21}$dʏ$_{44}$ 余:前头ɦĩ$_{22}$dʏ$_{52}$ 宁:前头ʑi$_{z22}$dœʏ$_{51}$ 黄:前面/前头ʑie$_{22}$mie$_{44}$/ʑie$_{22}$diʏ$_{51}$ 温:门前mʌŋ$_{52}$ɦi$_{21}$ 衢:前头ʑiẽ$_{24}$dəɪ$_{21}$ 华:前面çiɑ$_{43}$mie$_{24}$ 永:头前dəʊ$_{32}$ʑi:A$_{44}$

中间

宜:中间tsoŋ$_{55}$kA$_{55}$ 溧:中间/当中tsoŋ$_{44}$kA$_{55}$/tAŋ$_{52}$tsoŋ$_{34}$ 金:中间/当中tsoŋ$_{44}$kæ̃$_{23}$/tɑŋ$_{44}$tsoŋ$_{44}$ 丹:中间tsoŋ$_{23}$kɑ$_{44}$ 童:中间tsoŋ$_{53}$kɑ$_{31}$ 靖:当中/中间tɑŋ$_{44}$tsoŋ$_{44}$/tsoŋ$_{44}$kæ̃$_{44}$ 江:当中tA^{ŋ}$_{53}$tsoŋ$_{31}$ 常:中间/当中tsoŋ$_{55}$kæ$_{31}$/tAɲ$_{55}$tsoŋ$_{31}$ 锡:当中tɒ̃$_{21}$tsoŋ$_{23}$ 苏:当中/当中横里/贴当中tÃ$_{55}$tsoŋ$_{31}$/tÃ$_{55}$tsoŋ$_{55}$ɦuÃ$_{44}$li$_{j31}$/tʻɪʔ$_{5}$tÃ$_{23}$tsoŋ$_{31}$ 熟:当中/当中头里/贴当中tÃ$_{55}$tsʊŋ$_{51}$/tÃ$_{55}$tsʊŋ$_{55}$dE$_{55}$li$_{31}$/tʻɪʔ$_{4}$tÃ$_{55}$tsʊŋ$_{51}$ 昆:当中/贴当中/当中横里tã$_{44}$tsoŋ$_{41}$/tʻɪʔ$_{4}$tã$_{44}$tsoŋ$_{41}$/tã$_{44}$tsoŋ$_{44}$ɦuã$_{44}$li$_{31}$ 霜:当中tɒ̃$_{55}$tso^{ŋ}$_{31}$ 罗:当中/当中厢里/当中横里tɒ̃$_{55}$tso^{ŋ}$_{31}$/tɒ̃$_{55}$tso^{ŋ}$_{33}$siã$_{33}$li$_{31}$/tɒ̃$_{55}$tso^{ŋ}$_{33}$uã$_{33}$li$_{31}$ 周:当中ɗɒ̃$_{44}$tsoŋ$_{52}$ 上:当中tÃ^{ɲ}$_{55}$tsʊŋ$_{31}$ 松:当中/半当中/当中横里tɑ̃$_{44}$tsʊŋ$_{52}$/pe$_{55}$tɑ̃$_{33}$tsʊŋ$_{31}$/tɑ̃$_{33}$tsʊŋ$_{55}$ɦuɑ̃$_{33}$li$_{31}$ 黎:当中横里tɑ̃$_{44}$tsoŋ$_{44}$ɦiɛ̃$_{44}$li$_{31}$ 盛:当中横里/贴当贴中/贴当中tɑ̃$_{44}$tsoŋ$_{44}$ɦuæ̃$_{44}$li$_{j44}$/tʻɪʔ$_{3}$tɑ̃$_{55}$tʻɪʔ$_{4}$tsoŋ$_{44}$/tʻɪʔ$_{3}$tɑ̃$_{44}$tsoŋ$_{44}$ 嘉:当中弯里/当中tÃ$_{44}$tsoŋ$_{44}$uE^{ɛ}$_{33}$li$_{31}$/tÃ$_{44}$tsoŋ$_{51}$ 双:当中横里/当中tɔ̃$_{44}$tsoŋ$_{44}$ɦã$_{44}$li$_{z44}$/tɔ̃$_{33}$tsoŋ$_{44}$ 杭:当中/当中眼tAŋ$_{32}$tsoŋ$_{23}$/tAŋ$_{32}$tsoŋ$_{23}$ŋE$_{51}$ 绍:当中/当中央/中央tɒŋ$_{33}$tsʊŋ$_{52}$/tɒŋ$_{32}$tsʊŋ$_{34}$iaŋ$_{52}$/tsʊŋ$_{33}$iaŋ$_{52}$ 诸:中央tsoŋ$_{52}$iÃ$_{42}$ 崇:当中亨tɒ̃$_{53}$tsʊ^{ŋ}$_{22}$hÃ$_{52}$ 太:当中央tʊŋ$_{52}$tsʊŋ$_{33}$iAŋ$_{52}$ 余:中央亨/当中央tʊŋ$_{32}$iÃ$_{22}$hÃ$_{44}$/tɒ̃$_{44}$tsʊŋ$_{44}$iÃ$_{44}$ 宁:当中tɔ̃$_{33}$tsoŋ$_{51}$ 黄:当中/当中央tɒ̃$_{35}$tsoŋ$_{51}$/tɒ̃$_{33}$tsoŋ$_{22}$iã$_{23}$ 温:当中/中间/当里当中/正当中t^{o}ɔ$_{44}$tɕyoŋ$_{44}$/tɕyoŋ$_{44}$kɑ$_{44}$/t^{o}ɔ$_{33}$l^{i}i$_{55}$t^{o}ɔ$_{33}$tɕyoŋ$_{21}$/tsʌŋ$_{24}$t^{o}ɔ$_{33}$tɕyoŋ$_{21}$ 衢:中央tʃɥʌŋ$_{43}$iã$_{53}$ 华:中央tɕɥoŋ$_{33}$iAŋ$_{55}$ 永:当中央ʔnAŋ$_{43}$tsoŋ$_{44}$iAŋ$_{44}$

半当中

宜:半腰当中pe$_{33}$iɑʏ$_{55}$tAŋ$_{55}$tsoŋ$_{55}$ 溧:半腰当中pʊ$_{54}$ʔiɑ^{ʏ}$_{33}$tAŋ$_{33}$tsoŋ$_{34}$ 金:半当中/半中间

pũ33taŋ55tsoŋ31/pũ44tsoŋ44kæ̃23　丹：半当中pəŋ33taŋ55tsoŋ31　童：半腰当中pʊ33iɐʏ55taŋ44tsoŋ31　靖：半上落下pũ55hɦæ̃55lɔʔ3ɦo31　江：半当中腰里/半腰里/半当中pɵ45tAᵑ33tsoŋ33iɒ33lij31/pɵ45iɒ33lij31/pɵ45tAᵑ33tsoŋ31　常：半当中pɔ55tAɲ33tsoŋ31　锡：半当中po55tɒ̃55tsoŋ31　苏：半当中pɵ33tÃ55tsoŋ31　熟：半当中/当中横里pʏ55tA˜33tsʊŋ31/tA˜55tsʊŋ55ɦuA˜55li31　昆：当中横里/半当中tã44tsoŋ44ɦuã44li31/pɵ33tã55tsoŋ31　霜：半当中/当中向pɪ33tɒ˜23tsoᵑ52/tɒ˜55tsoᵑ33ɕia˜31　罗：半当中pᴬʏ43tɒ˜24tsoŋ31　周：半当中/半当中间ɓe33ɗɒ˜23tsoŋ52/ɓe33ɗɒ˜23tsoŋ55kɛ31　上：半当中/当中横里pø33tÃⁿ55tsʊŋ31/tÃⁿ55tsʊŋ33ɦuÃⁿ33li31　松：半当中/当中横里pe55tɑ˜33tsʊŋ31/tɑ˜33tsʊŋ55ɦuɑ˜33li31　黎：半当中pɵ33tɑ˜55tsoŋ31　盛：半当中pɵ33tɑ˜55tsoŋ31　嘉：半当中pʏə33tA˜44tsoŋ51　双：半当中pE32tɔ̃22tsoŋ34　杭：半当中央po34tAŋ55tsoŋ33iAŋ31　绍：半当中央põ33tɒŋ33tsʊŋ44iaŋ52　诸：半中央团pe54tsoŋ44iAŋ55dʏ33　崇：半当中亨pæ̃44tɒ̃52tsʊᵑ22hA˜52　太：半当中pœ̃55tʊŋ33tsʊŋ33　余：中央亨/当中央tsʊŋ32iÃ22hÃ44/tɒ̃44tsʊŋ44iÃ44　宁：当中娘/中娘心tɔ̃33tsoŋ44ȵiã55/tsoŋ33ȵiã44ɕɪŋ55　黄：当中/当中央tɒ˜35tsoŋ51/tɒ˜33tsoŋ22ia˜23　温：当中/中间/半当中tᵘɔ44tɕyoŋ44/tɕyoŋ44kɑ44/pɵ24tᵘɔ33tɕyoŋ21　衢：半中央pə55tʃɥAŋ43iã53　华：半当中/半中央pɯə54tAŋ44tɕɥoŋ35/pɯə54tɕɥoŋ33iAŋ55　永：当中央ʔnAŋ43tsoŋ44iAŋ44

后面

宜：后底ɦʏɯ21tij23　溧：后底ʔɦei32tiz23　金：后头xAʏ52tʻAʏ23　丹：后头hEᵉ41dEᵉ21　童：后头xɦei21dei23　靖：后头hɦøʏ35døʏ31　江：后头ɦEI24dEI31　常：后头ɦei21dei13　锡：后头ɦEi22dEi55　苏：后头/背后头ɦəɪ22dəɪ44/pE55ɦəɪ55dəɪ31　熟：后底/后头ɦE22ti44/ɦE22dE51　昆：后头ɦE22dE44　霜：后头ɦA22dAI52　罗：后头/后底头ɦAI22dAI52/ɦAI22ti24dAI52　周：后头ɦʏ22d̥ʏ52　上：后面/后头ɦʏɯ22mi44/ɦʏɯ22dʏɯ44　松：后头ɦɯ24dɯ31　黎：后头ɦieɯ22dieɯ34　盛：后面/背后头ɦiəʉ23miɪ33/pE33ɦiəʉ55diəʉ31　嘉：后头ɦe22de51　双：后头ɦᵊʏ24dᵊʏ52　杭：后头ɦeɪ23deɪ51　绍：后头ɦʏ23dʏ52　诸：后头ɦei23dei33　崇：后面/后头ɦʏ23miẽ52/ɦʏ23dʏ52　太：后头ɦʏ23dʏ52　余：后头ɦʏ24dʏ31　宁：后头/后背ɦœʏ24dœʏ33/ɦœʏ24pEI33　黄：后面/下底ɦʏ21mie13/ʔɦo22ti51　温：后□/后面ʔAu52mæi22/ɦAu52mi22　衢：后头ʔəɪ55dəɪ31　华：后面ʔiɯu54mie24　永：后头ʔɦəʊ42dəʊ24

对面

宜：对过tɐɪ35ku31　溧：对过tei52kAɯ52　金：对过tuei44ko52　丹：对过/过头tEᵉ52kAʏ23/kAʏ52dEᵉ23　童：对过tɐi33kAʏ55　靖：对过te52kAʏ41　江：对过/对对过/贴对过tEI44kɜʏ31/tEI45tEI33kɜʏ31/tʻɪʔ3tEI55kɜʏ31　常：对过/对面tæe55kAɯ31/tæe55mɪ31　锡：对面/对过tE55mɪ31/tE55kAʏ31　苏：对过tE55kɜu31　熟：对过tE55kɯ31　昆：对过/对对过tE55kəu31/tE33tE55kəu41　霜：对过tAI55kᵊu31　罗：对过tAI55kᵊu31　周：对头/对面ɗe33d̥ʏ52/ɗe55mi31　上：对面/对面头/对过tE33mi44/tE33mi55dʏɯ31/tE33ku44　松：对过/贴对过/贴对面te44ku44/tʻɪʔ4te44ku44/tʻɪʔ4te44mi44　黎：对过tE52kɜu41　盛：对面/对过tE43miɪ52/tE43kɜu52　嘉：对面/对过te55mie31/te55kᵊu31　双：对过tᵊʏ32kəu34　杭：对过/对照teɪ34ku51/teɪ34tsɔ51　绍：对面te43mĩ33　诸：对头te44dei33　崇：对面te55miẽ23　太：对面te55miẽ33　余：对过te55kou31　宁：对过tEI55kəʊ33　黄：对面/对头te33mie44/te31diʏ13　温：对面tæi52mi22　衢：对头/对面təɪ55dəɪ31/təɪ53miẽ53　华：对面teɪ33mie55　永：对面təɪ42mie24

里面

宜：里头lij21dʏɯ23　溧：里头liz32dei23　金：里头ȵiz21tʻAʏ33　丹：里头li241dEᵉ21　童：里头ʔlij53dei31　靖：里头lij22døʏ44　江：里向/里头ʔlij52ɕiAŋ33/ʔlij52dEI33　常：里向/里头ʔlij34ɕiAɲ44/

ʔlij34dei44　锡：里向li22xã55　苏：里向lij22ɕiÃ44　熟：里乡/里头li22ɕiᴀ˜51/li22dᴇ51　昆：里向/里头li22ɕiã44/li22dᴇ44　霜：里向li22ɕia˜52　罗：里向/里向头li22ɕia˜52/li22ɕia˜55dʌɪ31　周：里向li22ɕiᴀ˜52　上：里头/里向li22dɤɯ44/li22ɕiᴀɲ44　松：里向li24ɕiɛ̃31　黎：里向li22ɕiɛ̃52　盛：里向lij23ɕiæ̃33　嘉：里头/里向li22de51/li22ɕiᴀ˜51　双：里向liz24ɕiã52　杭：里向/里头ʔli55ɕiᴀŋ31/ʔli55deɪ31　绍：里头li23dɤ52　诸：里头liz23dei33　崇：里头liz23dɤ52　太：里头li22dɤ44　余：里头li24dɤ31　宁：里头/里向li23dœʏ44/li23ɕiã44　黄：里转lij22tsø51　温：底面/底转tʻi52mi22/tʻi52tɕy34　衢：里头ʔli55dəɪ31　华：里面ʔɪi54mie24　永：里头li21dəʊ24

上面

宜：上头zᴀŋ21dɤɯ23　溧：上头szᴀ32dei23　金：上头sɑŋ52tʻʌɤ23　丹：上头sæ52dᴇe23　童：上头szɑŋ21dei23　靖：上头/高头hɦæ̃35døʏ31/kɒ44døʏ23　江：上头zᴀŋ24dᴇɪ31　常：上头zᴀɲ21dei13　锡：上头zã22dᴇi55　苏：上头zÃ22dəɪ44　熟：上头/上底zᴀ˜22dᴇ51/zᴀ˜24ti31　昆：上头zã23dᴇ41　霜：上头zɒ˜22dʌɪ52　罗：上头zɒ˜22dʌɪ52　周：上头zᴀ˜22d̥ɤ52　上：上头/高头zÃɲ22dɤɯ44/kɔ55dɤɯ31　松：上头zɑ˜23dɯ44　黎：上头zɑ˜22dieɯ52　盛：上头zɑ˜22diəʉ52　嘉：上头zᴀ˜22de51　双：上头zɔ̃21dᵊʏ34　杭：高头kɔ32deɪ23　绍：高头kɔ33dɤ52　诸：上头zɒ̃21dei23　崇：上面zɒ̃23miẽ52　太：上面zɒŋ23miẽ22　余：高头/上头kɒ33dɤ44/zɒ̃22dɤ52　宁：上头/高头zɔ̃22dœʏ51/kɔ33dœʏ51　黄：上面/上头zɒ˜22mie35/zɒ˜22diɤ35　温：上□/上砖ɦi52mæi323/ɦi52tɕy34　衢：上头ʃɥɒ˜45dəɪ53　华：上面ɕiᴀŋ54mie24　永：上头ɕʑiᴀŋ21dəʊ24

旁边

宜：旁边/边头/边郎bᴀŋ21pɪ22/pɪ55dɤɯ55/pɪ55lᴀŋ(ȵiᴀŋ)31　溧：旁边/边拉bᴀŋ32pi23/pi44lᴀ55　金：旁边/边上pʻɑŋ24pĩ23/pĩ32sɑŋ31　丹：旁边/边头b̥ɑŋ32pɪ24/pɪ44dᴇe44　童：旁边bɑŋ24pɪ31　靖：旁半间bɑŋ22pũ44tɕĩ34　江：旁边bᴀŋ24pɪ31　常：旁边/边良/边样/边娘bᴀɲ21pɪ34/pɪ55liᴀɲ31/pɪ55ɦiᴀɲ31/pɪ55ȵiᴀɲ31　锡：旁边/边娘pɒ̃24pɪ31/pɪ21ȵiã23　苏：边郎/旁边piɪ55lÃ31/pÃ22piɪ44　熟：半边/边郎乡(少)pɤ55pie31/pie55lᴀ˜55ɕiᴀ˜51　昆：边郎/边郎向pɪ44lã41/pɪ44lã44ɕiã41　霜：边郎pɪ55lɒ˜31　罗：旁边/边头bɒ˜22pi52/pi55dʌɪ31　周：旁边bɒ̃23ɓi44　上：边头/旁边pi55dɤɯ31/bÃɲ22pi44　松：旁边bɑ˜22pi52　黎：边冷向/嗨边piɪ33lã55ɕiã31/hᴇ44piɪ44　盛：嗨边/边郎hᴇ44piɪ44/piɪ44lɑ˜44　嘉：旁边/边郎/边郎向bᴀ˜22pie44/pie52lᴀ˜22/pie55lᴀ˜33ɕiᴀ˜21　双：边郎/边郎向pɪ44lɔ̃44/pĩ44lɔ̃44ɕiã44　杭：旁边bᴀŋ21pie23　绍：旁边/旁边头bɒŋ22pĩ51/bɒŋ21pĩ34dɤ52　诸：旁边头bɒ̃22piɪ22dei52　崇：横边/边沿头vÃ21piẽ23/piẽ33ɦiẽ53dɤ31　太：边沿头piẽ52ɦiẽ33dɤ52　余：旁边bɒ̃22pĩ44　宁：旁边bɔ̃22pi44　黄：旁边bɒ˜25pie51　温：边向pi44ɕi44　衢：旁边/边央bɒ˜22piẽ53/piẽ43iã53　华：旁边b̥ᴀŋ32pie35　永：横边uai43piːe44

隔壁

宜：隔壁头kᴀʔ4pɪʔ4dɤɯ45　溧：隔壁/贴隔壁kəʔ5pɪʔ5/tʻiɪʔ3kəʔ5pɪʔ31　金：隔壁kəʔ4pieʔ4　丹：隔壁/隔壁隔kɛʔ5pɪʔ3/kɛʔ3pɪʔ5kɛʔ3　童：隔壁kᴀʔ5piɪʔ5　靖：隔壁kɑʔ5pɪʔ5　江：隔壁/贴隔壁kɑʔ5pɪʔ5/tʻɪʔ5kɑʔ5pɪʔ5　常：隔壁/隔壁隔kɑʔ4piɪʔ5/kɑʔ4piɪʔ4kɑʔ5　锡：隔壁kᴀʔ4pɪʔ5　苏：隔壁头/贴隔壁kᴀʔ5pɪʔ5dəɪ55/tʻɪʔ5kᴀʔ5pɪʔ5　熟：墙隔壁/贴隔壁dʑiÃ24kᴀʔ3pɪʔ31/tʻɪʔ4kᴀʔ5pɪʔ5　昆：隔壁/隔壁头/对隔壁kᴀʔ4pɪʔ4/kᴀʔ4pɪʔ4dᴇ41/tᴇ34kᴀʔ5pɪʔ31　霜：隔壁/阿隔壁kᴀʔ5pɪʔ3/ʔᴀʔ3kᴀʔ5pɪʔ31　罗：隔壁/隔壁头kᴀʔ5pɪʔ3/kᴀʔ3pɪʔ5dʌɪ31　周：隔壁/贴隔壁kɑʔ3ɓɪʔ5/tʻɪʔ3kɑʔ5ɓɪʔ31　上：隔壁/贴隔壁kɐʔ3piɪʔ4/tʻiɪʔ3kɐʔ55piɪʔ31　松：隔壁/贴隔壁kᴀʔ4piɪʔ4/tʻiɪʔ4kᴀʔ4piɪʔ4　黎：隔

壁kAʔ5pɪʔ2 盛：隔壁头/贴隔壁kɑʔ5pɪʔ3diəʉ31/tʻɪʔ5kɑʔ3pɪʔ31 嘉：隔壁/隔壁头kAʔ3piəʔ4/kAʔ3piəʔ4de51 双：隔壁/贴隔壁kAʔ5pieʔ5/tʻieʔ5kAʔ5pieʔ21 杭：隔壁头kɐʔ3piɪʔ23deɪ51 绍：隔壁/隔壁头/贴隔壁kAʔ4pɪʔ5/kAʔ4pɪʔ4dɤ52/tʻɪʔ4kAʔ4pɪʔ5 诸：隔壁头kɐʔ3piəʔ5dei31 崇：贴隔壁tʻiEʔ3kæʔ4piEʔ52 太：贴隔壁tʻieʔ3kɛʔ3pieʔ5 余：隔壁kɐʔ5pɪʔ3 宁：隔壁kɐʔ5piɪʔ3 黄：隔壁kɐʔ3piɐʔ4 温：隔壁kɑ52pi3 衢：隔壁kAʔ4piəʔ5 华：隔壁kəʔ5piəʔ3 永：隔壁邻舍/邻舍隔壁kə32pə32liŋ32ɕiA32/liŋ32ɕiA32kə32pə32

左边

宜：左边tsu33pɪ44 溧：左边tsʌɯ52pi52 金：左边tso35pĩ31 丹：左边tsʌɤ21pɪ22 童：左边tsʌɤ33pɪ55 靖：左边/左半间tsʌɤ33pĩ44/tsʌɤ33pũ44tɕĩ55 江：左面tsɜɤ52ʔmɪ33 常：左边tsʌɯ34pɪ44 锡：左面tsʌɤ55mɪ31 苏：左面/济面/左首tsɜu55miɪ31/tsij52miɪ23/tsɜu55sɵɪ31 熟：济边/济面tsi55pie31/tsi55mie31 昆：左面tsəu23mɪ41 霜：左带背tsᵊu33tɑ55pE31 罗：左带背tsᵊu33tɑ55pe31 周：左面tsu44mi44 上：左面tsu33mi44 松：左面tsu44mi44 黎：济面tsij52miɪ41 盛：左面/济面tsɜu55miɪ31/tɕij43miɪ52 嘉：左面tsᵊu44mie44 双：借手/借手面tɕiɑ33sᴓɤ52/tɕiɑ33sᴓɤ55mɪ31 杭：借/借手旁边tɕiɑ334/tɕiɑ33seɪ55bAŋ33pie31 绍：借手头/借手tɕia32sɤ33dɤ33/tɕia32sɤ33 诸：借手tɕiA33sei52 崇：借手面tɕiɑ33ɕɤ34miẽ52 太：借手面tɕiɑ33ɕɤ22miẽ23 余：左边tsou33pĩ52 宁：左半边tɕəʊ55pu33pi31 黄：左边/左面tɕᵊu55pie31/tsᵊu31mie13 温：左面tsᵊu45mi21/tsᵊu45mæi21 衢：左边/反手tsu35piẽ31/fæ̃35ʃʮɯ35 华：左边tsuo54piæ̃35 永：左面tɕʊ42mie24

右边

宜：右边ɦiɤɯ21pɪ23 溧：右边ɦiʌɯ32pi23 金：右边iʌɤ44pĩ31 丹：右边ɤ41pɪ22 童：右边ʔiʊ44pɪ44 靖：右边/右半间ʔøɤ35pĩ31/ʔøɤ35pũ33tɕĩ31 江：右面ɦiɜɤ24mɪ31 常：右边ɦiɯ21pɪ13 锡：右面ɦiʌɤ22mɪ55 苏：右面/右首ɦiɵ22miɪ44/ɦiɵ22sɵɪ44 熟：右面/右手里ɦiɯ24mie31/ɦiɯ23ʂE33li33 昆：右面ɦy23mɪ41 霜：右带背ɦy22tɑ55pE31 罗：右带背ɦy22tɑ55pe31 周：右面ɦiɤ22mi24 上：右面ɦiɤɯ22mi44 松：右面ɦiɯ22mi23 黎：顺面zəɲ22miɪ52 盛：右面/顺面ɦiəʉ34miɪ52/zəɲ22miɪ52 嘉：右面ʔiᵊu35mie31 双：顺手/顺手面zən33sᴓɤ52/zən33sᴓɤ55mɪ31 杭：任/任手旁边ɹən113/zən22seɪ55bAŋ33pie31 绍：顺手头/顺手zəŋ32sɤ33dɤ33/zəŋ21sɤ33 诸：顺手zẽĩ22sei52 崇：顺手面zɪŋ22ɕɤ34miẽ52 太：顺手面zeŋ22ɕɤ11miẽ23 余：右边ɦiɤ23pĩ52 宁：右半边ɦɤ24pu33pi31 黄：右边/右面ʔiɤ55pie31/ʔiɤ31mie13 温：右面ɦiʌu52mi22/ɦiʌu52mæi22 衢：右边/顺手ʔiɯ55piẽ31/ʒʮən45ʃʮɯ35 华：右边ɦiɯu24piæ̃35 永：右面ɦiəu24mie22

边儿上

宜：边让pɪ55ȵiAŋ31 溧：边拉pi44lA55 金：边上/旁边pĩ32sɑŋ31/pʻɑŋ24pĩ23 丹：边头pɪ21dEᵉ22 童：边杨pɪ53ɦiɑŋ31 靖：边高头/边边头/边上pĩ44kɒ44døɤ44/pĩ44pĩ44døɤ44/pĩ44hɦiæ̃44 江：边浪/边浪向pɪ55lAᵑ31/pɪ55lAᵑ33ɕiAᵑ31 常：边边上/边良/边娘/边样pɪ55pɪ33zAɲ31/pɪ55liAɲ31/pɪ55ȵiAɲ31/pɪ55ɦiAɲ31 锡：边娘pɪ21ȵiã23 苏：边郎/边郎向/边边郎piɪ55lÃ31/piɪ55lÃ55ɕiÃ31/piɪ55piɪ55lÃ31 熟：边郎乡/边边头pie55lA˜55ɕiA˜51/pie55pie55dE51 昆：边上头/边郎向pɪ44zã44dE41/pɪ44lã44ɕiã41 霜：边郎向/边边头pɪ55lɒ˜33ɕia˜31/pɪ55pɪ33dAɪ31 罗：边郎向pi55lɒ˜33ɕia˜31 周：边郎向/旁边/边边头ɓi55lɒ˜33ɕiA˜31/bɒ˜22ɓi33/ɓi44ɓi44d̥ɤ52 上：边浪向/边上头pi55lÃⁿ33ɕiÃⁿ31/pi55zÃⁿ33dɤɯ31 松：边边头/边边路/边浪向pi33pi55dɯ31/pi33pi55lu31/pi55lɑ˜33ɕiɛ̃31 黎：边边郎/边郎向piɪ44piɪ44lã31/piɪ55lã33ɕiã31 盛：边边郎/嗨嗨边piɪ44piɪ44lɑ˜44/hE44hE44piɪ44 嘉：边郎pie55lA˜31 双：边郎/边郎向pɪ44lɔ̃44/pɪ44lɔ̃44ɕiã44 杭：边高头pie32kɔ23deɪ51 绍：沿里ɦĩ21li33 诸：边角落头piɪ33koʔ4

loʔ5dei31　崇:边沿头piẽ33ɦiẽ44dʏ44　太:边沿piẽ52ɦiẽ33　余:旁边bɒ̃22pĩ44　宁:旁边bɔ̃22pi34　黄:揩揩k'ᴀ31k'ᴀ13　温:边里pi44l'i4　衢:边上/旁边/边央piẽ43ʃɥã53/bɒ̃22piẽ53/piẽ43iã53　华:边沿/旁边pie43ɦiæ24/pᴀŋ43piæ̃35　永:沿啦ɦie24lᴀ22

别处

宜:别搭/别葛地方bɪʔ2tᴀʔ4/bɪʔ2kəʔ5dij33fᴀŋ31　溧:别葛地方bɪʔ3kəʔ5diz32fᴀŋ23　金:旁的地方/别的地方p'ɑŋ22tieʔ3tiz33fɑŋ44/pieʔ4tieʔ4tiz33fɑŋ31　丹:别葛地方pɪʔ3kɛʔ5tiz33fɑŋ31　童:别葛地方biɪʔ4kəʔ5dij33fɑŋ31　靖:别葛地方/旁地荡子bɪʔ4kəʔ3dij24fɑŋ31/bɑŋ22dij34dɑŋ24tsɿ31　江:别场化/别葛地方bɪʔ2zᴀŋ44ho31/bɪʔ2kɜʔ4dij33fᴀŋ31　常:别葛地方/别葛场化biɪʔ2kəʔ5dij5fᴀɲ31/biɪʔ2kəʔ5zᴀɲ21ho34　锡:别葛地方bɪʔ2kəʔ5di55fɒ̃31　苏:别葛场化bɪʔ3kəʔ5zÃ44ho31　熟:别葛场化/别荡/别葛郎乡bəʔ2kᴇʔ3dʐᴀ̃55hu51/bəʔ2dᴀ̃34/bəʔ2kᴇʔ3lᴀ̃55ɕiᴀ̃51　昆:别场化/别葛地方bɪʔ2zã22ho23/bɪʔ2kəʔ3di23fã41　霜:别搭bɪʔ2tᴀʔ4　罗:别场化/别搿地方/伊带背bɐʔ2zɑ̃2huʌʏ23/bɐʔ2gɐʔ5di33fɒ̃31/ʔi55tɑ33pe31　周:别地方bɪʔ2di22fɒ̃23　上:别地方/别场化biɪʔ2di22fÃɲ23/biɪʔ2zÃɲ22ho23　松:别搭/别个地方biɪʔ4tᴀʔ4/biɪʔ3gəʔ5di33fɒ̃31　黎:别场化/别地方bɪʔ3zɛ̃44ho52/bɪʔ3di55fɑ̃31　盛:别场化bɪʔ2dzæ̃44ho44　嘉:其他地方dʑi22t'ɑ44di22fᴀ̃51　双:别葛地方/别葛场化/葛头葛地方bieʔ2kəʔ5diz21fɔ̃34/bieʔ2kəʔ5zã22xo44/kəʔ5dᴓʏ5kəʔ5diz21fɔ̃34　杭:另外地方/另外坎户lɪn22uᴇ55di33fᴀŋ31/lɪŋ22uᴇ55dɑ33vu31　绍:另外坎户lɪŋ21ŋa11da33vu33　诸:别落堂/别地方biəʔ2loʔ2dɒ̃52/biəʔ2diz33fɒ̃33　崇:别搭地方biᴇʔ2tæʔ3diz32fɒ̃34　太:别塔地方bieʔ2tɛʔ5di33fɒŋ31　余:别地方bɐʔ2di44fɒ̃44　宁:别让地方biɪʔ2ȵiã44di55fɔ̃55　黄:角路/别个地方kɔʔ3lᵊu13/bieʔ2gɐʔ5dij33fɒ̃31　温:别义地方bi33ȵi55d'i52hᵘɔ21　衢:别葛地方biəʔ2kəʔ4di45fɒ̃53　华:别葛地方biəʔ2kəʔ4ti55fᴀŋ31　永:别啦bə2lᴀ44

底下

宜:底下/底里头tij35ɦo31/tij33lij55dʏɯ55　溧:底下/下底tiz54ɦo34/ɦo32tiz34　金:下头/底上ɕiɑ44t'ʌʏ31/tiz32sɑŋ31　丹:底下/下头tiz21o22/hᶣo41dᴇᵉ21　童:底下tij33ɦɒ55　靖:底下/下头/底落tij33ɦo44/ɦo24dᴓʏ31/tij33lɔʔ5　江:下头/底下ɦo24dᴇɪ31/tij52ɦo33　常:底下头/下底tij33ɦo55dei31/ɦo21tij13　锡:底下/下头ti33ɦu55/ɦu22dᴇi55　苏:下头ɦo22dəɪ44　熟:下底/下头ɦu22ti44/ɦu22dᴇ51　昆:底下头/下头ti33ɦo55dᴇ31/ɦo23dᴇ41　霜:底下ti33ɦᴧʏ52　罗:底下头/下头ti33ɦᴧʏ55dʌɪ31/ɦᴧʏ22dʌɪ52　周:底下头/下头dɨ55ɦo33dʏ31/ɦɔ22dʏ̥52　上:底下/底下头/底浪向ti33ɦo44/ti33ɦo55dʏɯ31/ti33lÃɲ55ɕiÃɲ31　松:底下/下头/底下头ti44ɦo44/ɦo24dɯ31/ti33ɦo55dɯ31　黎:下底/下头/底路ɦo23tij33/ɦo23dieɯ33/tij55lɜu31　盛:底下/下底tij55ɦo31/ɦo23tij33　嘉:底下头/下头/底下ti44ɦo44de31/ɦo22de51/ti44ɦo33　双:底郎向tiz33lɔ̃55ɕiã31　杭:下底ɦiɑ23ti51　绍:下底/下头ɦɑɒ23ti52/ɦɑɒ23dʏ52　诸:下底ɦo23tiz33　崇:底下tiz33ɦʏ52　太:底下ti33ɦo44　余:底下头/下头ti44ɦɒ44dʏ52/ɦɒ23dʏ52　宁:下底/下头ɦo23ti44/ɦo23dœʏ44　黄:下底ʔɦo22tij51　温:下□ɦo52mæi22　衢:下底ʔɑ45ti35　华:底下tie33uɑ51　永:下头/底头(少)/底啦(少)ʔɦuᴀ31dəu24/tie43dəu24/ti43lᴀ44

面前

宜:面前头mɪ21ʑɪ11dʏɯ23　溧:面前mi32ʑi23　金:面前/前头mĩ52tɕ'ĩ23/tɕ'ĩ21t'ʌʏ23　丹:面前mɪ41tɕ'ɪ21　童:面前mɪ22ʑɪ44　靖:前头zĩ22dᴓʏ34　江:门前/前头/门前头mᴇɲ24zɪ31/zɪ24dᴇɪ31/mᴇɲ24zɪ33dᴇɪ31　常:门前头məɲ22ʑɪ55dei31　锡:门前mən24zɪ31　苏:面前/门前头/眼门前miɪ22ziɪ44/mən22ziɪ55dəɪ31/ŋᴇ22mən55ziɪ31　熟:门前/眼门前mɛ̃ɲ24zie31/ŋæ22mɛ̃ɲ55zie31　昆:门前/门前头mən23zɪ41/mən22zɪ55dᴇ41　霜:面前mɪ22zɪ52　罗:门前mɛ̃ɲ22zi52　周:门前/门前头məŋ23ɦi44/

məŋ$_{23}$ɦi$_{44}$dɤ$_{44}$　上：面前/门前/门前头mi$_{22}$ʑi$_{44}$/məɲ$_{22}$ʑi$_{44}$/məɲ$_{22}$ʑi$_{55}$dɤɯ$_{31}$　松：眼门前ŋᴇ$_{22}$məɲ$_{55}$ʑi$_{31}$　黎：门前/眼门前məɲ$_{22}$zi$_{j44}$/ŋᴇ$_{33}$məɲ$_{55}$zi$_{j31}$　盛：前面/眼门前dziɪ$_{22}$miɪ$_{44}$/ʔᴇ$_{55}$məɲ$_{33}$ziɪ$_{31}$ 嘉：门前/门底/眼门前mən$_{22}$dʑie$_{44}$/mən$_{24}$ti$_{31}$/ɦɛ$_{22}$mən$_{44}$dʑie$_{51}$　双：面前/面前头/眼睛面前mɪ$_{21}$dʑɪ$_{34}$/mɪ$_{21}$dʑɪ$_{11}$dᵊʏ$_{34}$/ŋᴇ$_{24}$tɕɪn$_{52}$mɪ$_{21}$dʑɪ$_{34}$　杭：前头dʑie$_{21}$deɪ$_{23}$　绍：面前mĩ$_{21}$dʑĩ$_{33}$　诸：面前头miɪ$_{22}$ʑiɪ$_{22}$dei$_{52}$　崇：眼面前ŋæ̃$_{22}$miẽ$_{53}$ʑiẽ$_{31}$　太：前面/眼面前ʑiẽ$_{21}$miẽ$_{23}$/ŋæ̃$_{22}$miẽ$_{55}$ʑiẽ$_{31}$　余：前头ɦĩ$_{22}$dɤ$_{44}$　宁：面前/前头mi$_{22}$ʑi$_{z44}$/ʑi$_{z22}$dœʏ$_{51}$　黄：面前mie$_{22}$ʑie$_{51}$　温：门先məŋ$_{52}$ɕi$_{21}$ 衢：面前ʔmiẽ$_{55}$ʑiẽ$_{31}$　华：面头前ʔmie$_{54}$diuɯ$_{33}$ʑiɑ$_{24}$　永：面头前mie$_{32}$dəʊ$_{22}$ɕʑiᴀ$_{24}$

××上

宜：××底葛让ti$_{j}$kəʔȵiᴀŋ　溧：××上头szᴀdei　金：××上sɑŋ　丹：××上头sædᴇ^{e} 童：××杨/××上头ɦiaŋ/szɑŋdei　靖：××上头/××高头hɦiæ̃døʏ/kɒdøʏ　江：××浪/××浪向lᴀ^{ŋ}/lᴀ^{ŋ}ɕiᴀ^{ŋ}　常：××上/××上头zᴀɲ/zᴀɲdei　锡：××娘ȵiã　苏：××上/××郎/××郎向zᴀ̃/lᴀ̃/lᴀ̃ɕiᴀ̃　熟：××上头/××上底zᴀ̃dᴇ/zᴀ̃ti　昆：××郎/××郎向lã/lãɕiã 霜：××上头/××郎/××郎向zɒ̃dᴀɪ/lɒ̃/lɒ̃ɕiã̰　罗：××郎/××郎向lɒ̃/lɒ̃ɕiã̰　周：××浪向lɒ̃ɕiᴀ̃　上：××浪/××浪向/××上头/××高头lᴀ̃^{ɲ}/lᴀ̃^{ɲ}ɕiᴀ̃^{ɲ}/zᴀ̃^{ɲ}dɤɯ/kɔdɤɯ　松：××上头/××浪向zɑ̃dɯ/lɑ̃ɕiɛ̃　黎：××郎lã　盛：××郎/××郎向lɑ̃ɕiæ̃　嘉：××上zᴀ̃　双：××上/××上头/××郎向/××郎zɔ̃/zɔ̃døʏ/lɔ̃ɕiã/lɔ̃　杭：××高头kɔdeɪ　绍：××高头/高头蹲kɑɒdɤ/kɑɒdɤtəŋ　诸：××高顶kɔtĩ　崇：××头顶dʏtiŋ　太：××头顶dʏteŋ 余：××高头kɔdɤ　宁：××高头/××上头kɔdœʏ/zɔ̃dœʏ　黄：××走克tɕiʏk‘ɐʔ　温：××上面ɦimæi　衢：××上头ʃʒʮɑ̃dəɪ　华：××上面ʃiᴀŋmie　永：××上头ɕʑiᴀŋdəʊ

稻子

宜：稻dɑʏ$_{24}$　溧：稻dɑ^{ʏ}$_{224}$　金：稻子t‘ɑ^{ɔ}$_{44}$tsɿ$_{31}$　丹：稻dɒ$_{213}$　童：稻dɐʏ$_{113}$　靖：稻dɒ$_{31}$ 江：稻dɒ$_{223}$　常：稻/米dɑʏ$_{24}$/ʔmi$_{j334}$　锡：稻dʌ$_{213}$　苏：稻/稻谷dæ$_{31}$/dæ$_{22}$kɔʔ$_{4}$　熟：稻谷/稻dɔ$_{22}$koʔ$_{4}$/dɔ$_{31}$　昆：稻/稻谷dɔ$_{21}$/dɔ$_{42}$koʔ$_{3}$　霜：稻dɔ$_{213}$　罗：稻dɔ$_{213}$　周：稻dɔ$_{113}$　上：稻dɔ$_{113}$ 松：稻dɔ$_{113}$　黎：稻dᴀ^{ɔ}$_{32}$　盛：稻dᴀɑ$_{22}$　嘉：稻谷/稻dɔ$_{22}$koʔ$_{5}$/dɔ$_{223}$　双：稻dɔ$_{31}$　杭：水稻/稻谷sueɪ$_{55}$dɔ$_{31}$/dɔ$_{23}$kɔʔ$_{\underline{51}}$　绍：水稻sue$_{55}$dɑɒ$_{31}$　诸：谷子koʔ$_{5}$tsɿ$_{31}$　崇：稻dɑɒ$_{22}$　太：稻dɑɒ$_{22}$ 余：稻dɒ$_{113}$　宁：稻dɒ$_{113}$　黄：稻dɒ$_{31}$　温：稻dɜ$_{24}$　衢：稻dɔ$_{31}$　华：水稻ɕy$_{33}$tɔ$_{51}$　永：稻dᴀʊ$_{323}$

麦子

宜：麦mᴀʔ$_{\underline{23}}$　溧：麦mə$_{223}$　金：麦mɔʔ$_{4}$　丹：麦mɛʔ$_{\underline{24}}$　童：麦ʔmoʔ$_{5}$　靖：麦/麦子mɔʔ$_{\underline{34}}$/mɔʔ$_{2}$tsɿ$_{23}$　江：麦mɑʔ$_{\underline{12}}$　常：麦mɑʔ$_{\underline{23}}$　锡：麦mᴀʔ$_{\underline{23}}$　苏：麦mᴀʔ$_{\underline{23}}$　熟：麦mᴀʔ$_{\underline{23}}$　昆：麦/麦粒mᴀʔ$_{\underline{12}}$/mᴀʔ$_{2}$lɪʔ$_{3}$　霜：麦mᴀʔ$_{\underline{23}}$　罗：麦mᴀʔ$_{\underline{23}}$　周：麦mɑʔ$_{\underline{23}}$　上：麦mɐʔ$_{\underline{23}}$　松：麦/麦子mᴀʔ$_{\underline{23}}$/mᴀʔ$_{3}$tsɿ$_{4}$　黎：麦mᴀʔ$_{\underline{23}}$　盛：麦mɑʔ$_{2}$　嘉：麦ʔmᴀʔ$_{\underline{54}}$　双：麦ʔmᴀʔ$_{\underline{54}}$　杭：大麦/小麦dɑ$_{23}$mɐʔ$_{\underline{51}}$/ɕiɔ$_{55}$mɐʔ$_{\underline{31}}$　绍：小麦/大麦/麦ɕiɔ$_{34}$mᴀʔ$_{5}$/dɑ$_{22}$mᴀʔ$_{5}$/mᴀʔ$_{\underline{23}}$　诸：麦子mɐʔ$_{2}$tsɿ$_{52}$　崇：麦mɑʔ$_{\underline{12}}$　太：麦mɑʔ$_{\underline{12}}$　余：麦mɐʔ$_{\underline{23}}$　宁：麦mɐʔ$_{\underline{23}}$　黄：麦mɐʔ$_{\underline{12}}$　温：麦mɑ$_{323}$　衢：麦mᴀʔ$_{2}$ 华：小麦/大麦/麦ɕiɑʊ$_{55}$mɐʔ$_{2}$/tuo$_{54}$mɐʔ$_{3}$/mɐ$_{24}$　永：麦mai$_{323}$

稻谷

宜：稻dɑʏ$_{24}$　溧：稻dɑ^{ʏ}$_{224}$　金：稻t‘ɑɔ$_{44}$　丹：谷koʔ$_{3}$　童：稻dɐʏ$_{113}$　靖：稻/稻谷dɒ$_{31}$/dɒ$_{24}$kɔʔ$_{\underline{31}}$　江：稻dɒ$_{223}$　常：稻谷dɑʏ$_{21}$kɔʔ$_{4}$　锡：谷kɔʔ$_{5}$　苏：谷kɔʔ$_{5}$　熟：稻谷/谷dɔ$_{22}$koʔ$_{4}$/koʔ$_{5}$　昆：稻谷/谷dɔ$_{22}$koʔ$_{4}$/koʔ$_{5}$　霜：稻谷dɔ$_{22}$koʔ$_{4}$　罗：稻谷/谷子/谷粒do$_{23}$koʔ$_{5}$/koʔ$_{4}$tsɿ$_{23}$/koʔ$_{4}$lɪʔ$_{5}$　周：稻谷/谷儿dɔ$_{22}$kuəʔ$_{5}$/kuə$_{35}$　上：稻谷dɔ$_{22}$ko^{ʔ}$_{4}$　松：稻谷/谷子dɔ$_{24}$kɔʔ$_{\underline{31}}$/kɔʔ$_{4}$tsɿ$_{44}$

黎：谷koʔ$_{5}$　盛：稻谷dAɑ$_{32}$kɔʔ$_{5}$　嘉：谷/谷子koʔ$_{\underline{54}}$/koʔ$_{5}$tsɿ$_{31}$　双：谷koʔ$_{\underline{54}}$　杭：稻谷dɔ$_{23}$kɔʔ$_{\underline{51}}$　绍：稻谷dɑɒ$_{23}$kuoˀ$_{5}$　诸：谷koʔ$_{5}$　崇：稻/谷dɑɒ$_{22}$/kuɔʔ$_{\underline{45}}$　太：谷kɔʔ$_{\underline{45}}$　余：谷/谷子kɔʔ$_{\underline{45}}$/kɔʔ$_{5}$tsɿ$_{31}$　宁：谷kɔʔ$_{5}$　黄：稻谷dɒ$_{21}$kɔʔ$_{4}$　温：谷kʊ$_{423}$　衢：稻/谷dɔ$_{31}$/kuəʔ$_{5}$　华：稻谷/谷tɑʊ$_{54}$ko$_{45}$/ko$_{45}$　永：谷kʊ$_{434}$

稻草

宜：稻草dɑɤ$_{21}$/ts'ɑɤ$_{23}$　溧：稻草/稻柴dɑʸ$_{24}$ts'ɑʸ$_{52}$/dɑʸ$_{32}$zA$_{23}$　金：稻草t'ɑᵓ$_{52}$ts'ɑɤ$_{23}$　丹：稻草tɒ$_{41}$ts'ɒ$_{21}$　童：稻草dɐɤ$_{24}$ts'ɐɤ$_{31}$　靖：稻草dɒ$_{24}$ts'ɒ$_{31}$　江：稻草/稻柴dɒ$_{24}$ts'ɒ$_{31}$/dɒ$_{24}$zæ$_{31}$　常：稻草dɑɤ$_{21}$ts'ɑɤ$_{13}$　锡：稻草/稻柴dʌ$_{21}$ts'ʌ$_{23}$/dʌ$_{22}$zɑ$_{55}$　苏：稻柴dæ$_{22}$zɒ$_{44}$　熟：稻柴dɔ$_{22}$zɑ$_{51}$　昆：稻草/稻柴dɔ$_{42}$ts'ɔ$_{31}$/dɔ$_{22}$zɑ$_{44}$　霜：稻柴dɔ$_{22}$zɑ$_{52}$　罗：稻柴do$_{22}$zɑ$_{52}$　周：稻柴dɔ$_{22}$zɑ$_{52}$　上：稻柴dɔ$_{22}$zA$_{44}$　松：稻草/稻柴dɔ$_{24}$ts'ɔ$_{31}$/dɔ$_{24}$zɑ$_{31}$　黎：稻柴/柴dAᵓ$_{23}$zɒ$_{33}$/zɒ$_{24}$　盛：稻草/柴草/稻柴dAɑ$_{23}$ts'Aɑ$_{33}$/zɑ$_{22}$tsAɑ$_{44}$/dAɑ$_{23}$zɑ$_{33}$　嘉：稻柴/稻草dɔ$_{22}$zɑ$_{51}$/dɔ$_{22}$ts'ɔ$_{34}$　双：草柴ts'ɔ$_{34}$zɑ$_{52}$　杭：稻草dɔ$_{23}$ts'ɔ$_{51}$　绍：稻草dɑɒ$_{23}$ts'ɔ$_{52}$　诸：稻草dɔ$_{22}$ts'ɔ$_{52}$　崇：稻草dɑɒ$_{23}$ts'ɑɒ$_{52}$　太：稻草dɑɒ$_{23}$ts'ɑɒ$_{52}$　余：稻草dɒ$_{24}$ts'ɒ$_{31}$　宁：稻草dɔ$_{24}$ts'ɔ$_{33}$　黄：稻柴/稻尖dɒ$_{23}$zA$_{31}$/dɒ$_{31}$tɕie$_{51}$　温：稻秆dɜ$_{52}$kɵ$_{21}$　衢：稻草dɔ$_{45}$ts'ɔ$_{35}$　华：稻秆tɔ$_{54}$kɯə$_{51}$　永：稻秆dAʊ$_{23}$kɤə$_{22}$

麦秆

宜：麦秆mAʔ$_{3}$ke$_{53}$　溧：麦秆məʔ$_{3}$kʊ$_{52}$　金：麦秆mɔʔ$_{5}$kæ̃$_{23}$　丹：麦秆/麦秆秆mɛʔ$_{3}$kəŋ$_{33}$/mɛʔ$_{33}$kəŋ$_{55}$kəŋ$_{31}$　童：麦秆秆/麦草ʔmoʔ$_{\underline{53}}$kʊ$_{33}$kʊ$_{31}$/ʔmoʔ$^{\underline{53}}$ts'ɐɤ$_{31}$　靖：麦秆草mɔʔ$_{4}$kũ$_{33}$ts'ɒ$_{34}$　江：麦梗梗mɑʔ$_{2}$kAᵑ$_{44}$kAᵑ$_{31}$　常：　锡：　苏：　熟：麦柴mAʔ$_{2}$zɑ$_{51}$　昆：麦柴mAʔ$_{3}$zɑ$_{31}$　霜：麦秆/麦柴mAʔ$_{2}$kø$_{23}$/mAʔ$_{2}$zA$_{23}$　罗：麦柴mɑʔ$_{2}$zɑ$_{23}$　周：麦柴mɑʔ$_{2}$zɑ$_{23}$　上：麦柴/麦秆mɐʔ$_{2}$zA$_{23}$/mɐʔ$_{2}$kø$_{23}$　松：麦秆/麦柴/麦柴秆mAʔ$_{3}$kø$_{44}$/mAʔ$_{2}$zɑ$_{52}$/mAʔ$_{2}$zɑ$_{22}$kø$_{52}$　黎：麦柴梗mAʔ$_{3}$zɒ$_{44}$kẽ$_{52}$　盛：麦柴梗mAʔ$_{2}$zAɑ$_{44}$kæ̃$_{44}$　嘉：麦梗ʔmAʔ$_{3}$kA˜$_{44}$　双：麦柴/麦柴秆子ʔmAʔ$_{5}$zɑ$_{52}$/ʔmAʔ$_{5}$zɑ$_{55}$kE$_{33}$tsɿ$_{31}$　杭：麦秆儿mɐʔ$_{2}$kE$_{55}$ər$_{31}$　绍：麦秆mAʔ$_{2}$kĩ$_{44}$　诸：麦草mɐʔ$_{2}$ts'ɔ$_{52}$　崇：麦秆mɑʔ$_{2}$kœ̃$_{52}$　太：麦秆mɑʔ$_{2}$kœ̃$_{52}$　余：麦秆mɐʔ$_{2}$kẽ$_{52}$　宁：麦秆mɐʔ$_{2}$ki$_{44}$　黄：麦秆/麦尖mɐʔ$_{2}$kɛ$_{31}$/mɐʔ$_{2}$tɕie$_{51}$　温：麦秆mɑ$_{3}$ke$_{34}$　衢：麦秆mAʔ$_{2}$kə$_{35}$　华：麦秆mɐʔ$_{3}$kɯə$_{51}$　永：麦秆mai$_{32}$kɤə$_{54}$

稻穗

宜：稻树头dɑɤ$_{21}$ʑy$_{ɥ11}$dɤɯ$_{23}$　溧：稻□头dɑʸ$_{32}$ʑy$_{z22}$dei$_{23}$　金：稻穗头t'ɑᵓ$_{44}$suei$_{44}$t'ʌɤ$_{23}$　丹：稻须/稻须须tɒ$_{41}$ɕy$_{z21}$/tɒ$_{41}$ɕy$_{z33}$ɕy$_{z21}$　童：稻齐头dɐɤ$_{22}$ɕʑɪ$_{33}$dei$_{44}$　靖：　江：稻齐头/稻树头dɒ$_{24}$zi$_{j33}$dEI$_{31}$/dɒ$_{24}$dʑy$_{33}$dEI$_{31}$　常：　锡：　苏：稻树头dæ$_{22}$zɿ$_{55}$dəɪ$_{31}$　熟：稻树头dɔ$_{22}$ʐɥ$_{ʅ55}$dE$_{31}$　昆：稻树头/谷树头dɔ$_{22}$zɥ$_{55}$dE$_{31}$/koʔ$_{3}$zɥ$_{55}$dE$_{31}$　霜：稻塞头dɔ$_{22}$səʔ$_{5}$dʌɪ$_{31}$　罗：稻屑头/稻塞头do$_{22}$sɐʔ$_{4}$dʌɪ$_{52}$/do$_{23}$sɐʔ$_{5}$　周：稻算头dɔ$_{22}$sø$_{55}$dɤ$_{31}$　上：稻塞头dɔ$_{22}$səʔ$_{5}$dɤɯ$_{31}$　松：稻穗头/稻塞头dɔ$_{22}$zø$_{55}$dɯ$_{31}$/dɔ$_{22}$səʔ$_{5}$dɯ$_{31}$　黎：稻齐头dAᵓ$_{22}$zi$_{j55}$dieɯ$_{31}$　盛：稻头/稻节头dAɑ$_{23}$diəʉ$_{33}$/dAɑ$_{22}$tsɪʔ$_{5}$diəʉ$_{31}$　嘉：稻穗dɔ$_{22}$ze$_{51}$　双：　杭：　绍：稻穗头dɑɒ$_{23}$se$_{55}$dɤ$_{31}$　诸：稻头dɔ$_{22}$dei$_{52}$　崇：稻头dɑɒ$_{23}$dɤ$_{52}$　太：稻穗头dɑɒ$_{22}$sɛʔ$_{5}$dɤ$_{31}$　余：稻瓣/稻倍dɑ$_{22}$bɛ̃$_{52}$/dɒ$_{22}$be$_{52}$　宁：稻穗dɔ$_{22}$zEI$_{44}$　黄：稻穗儿dɒ$_{22}$sɥ$_{44}$　温：稻头dɜ$_{52}$dʌu$_{21}$　衢：稻穗dɔ$_{45}$sə$_{53}$　华：稻头/稻瓣tɑʊ$_{55}$tiɯu$_{31}$/tɑʊ$_{54}$p'æ̃$_{35}$　永：稻头dAʊ$_{32}$dəʊ$_{325}$

棉花

宜：棉花mɪ$_{21}$xo$_{23}$　溧：棉花mi$_{32}$xo$_{23}$　金：棉花mĩ$_{24}$xuɑ$_{52}$　丹：棉花mɪ$_{23}$ho$_{44}$　童：棉花mɪ$_{24}$xuɒ$_{31}$　靖：棉花mĩ$_{22}$ho$_{34}$　江：棉花mɪ$_{24}$ho$_{31}$　常：棉花mɪ$_{21}$xo$_{34}$　锡：棉花mɪ$_{24}$xu$_{31}$　苏：棉

花miɪ$_{22}$ho$_{44}$　熟:棉花mie$_{24}$xu$_{31}$　昆:棉花mɪ$_{23}$ho$_{41}$　霜:棉花mɪ$_{22}$x^{ʌ}ɤ$_{52}$　罗:棉花mi$_{22}$hu^{ʌ}ɤ$_{52}$　周:棉花mi$_{23}$ho$_{44}$　上:棉花mi$_{22}$ho$_{44}$　松:棉花mi$_{22}$ho$_{52}$　黎:棉花miɪ$_{22}$ho$_{34}$　盛:棉花miɪ$_{22}$ho$_{44}$　嘉:棉花mie$_{22}$ho$_{44}$　双:棉花mɪ$_{22}$xo$_{44}$　杭:棉花ʔmie$_{32}$huɑ$_{23}$　绍:棉花/花mĩ$_{22}$huo$_{52}$/huo$_{52}$　诸:棉花miĩ$_{31}$ho$_{42}$　崇:棉花miẽ$_{21}$fɤ$_{23}$　太:棉花miẽ$_{21}$fɯ$_{23}$　余:棉花/花mĩ$_{22}$ho$_{44}$/ho$_{34}$　宁:棉花/花mi$_{22}$ho$_{51}$/ho$_{52}$　黄:棉花mie$_{25}$huᴀ$_{51}$　温:棉花mi$_{22}$xo$_{44}$　衢:棉花miẽ$_{32}$xuɑ$_{53}$　华:棉花miæ$_{32}$xuɑ$_{35}$　永:棉花/乌棉mie$_{32}$xʊᴀ$_{44}$/ʊ$_{43}$mie$_{44}$

棉花秆

宜:棉花梗/棉花秆则mɪ$_{21}$xo$_{11}$kᴀŋ$_{23}$/mɪ$_{21}$xo$_{11}$ke$_{22}$tsəʔ$_{3}$　溧:　金:棉花杆mĩ$_{24}$xuɑ$_{52}$kæ̃$_{23}$　丹:棉花秆秆mɪ$_{33}$ho$_{55}$kəŋ$_{33}$kəŋ$_{31}$　童:棉花秆秆/棉花梗梗mɪ$_{24}$xuɒ$_{55}$kʊ$_{33}$kʊ$_{31}$/mɪ$_{24}$xuɒ$_{55}$kɑŋ$_{33}$kɑŋ$_{31}$　靖:　江:　常:　锡:　苏:棉花梗/棉花箕miɪ$_{22}$ho$_{55}$kÃ$_{31}$/miɪ$_{22}$ho$_{55}$dʑi$_{j31}$　熟:棉花梗mie$_{24}$xu$_{33}$kᴀ˜$_{31}$　昆:棉花梗mɪ$_{22}$ho$_{55}$kã$_{41}$　霜:花箕梗x^{ʌ}ɤ$_{55}$dʑi$_{33}$ka˜$_{31}$　罗:花箕/花箕柴hu^{ʌ}ɤ$_{55}$dʑi$_{31}$/hu^{ʌ}ɤ$_{55}$dʑi$_{33}$zɑ$_{31}$　周:花箕柴ho$_{44}$dʑi$_{44}$zɑ$_{52}$　上:花箕ho$_{55}$dʑi$_{31}$　松:棉花梗子/棉花梗梗mi$_{22}$ho$_{33}$kɛ̃$_{35}$tsɿ$_{31}$/mi$_{22}$ho$_{33}$kɛ̃$_{44}$kɛ̃$_{44}$　黎:　盛:棉花梗miɪ$_{22}$ho$_{44}$kæ̃$_{44}$　嘉:棉花梗mie$_{22}$ho$_{44}$kᴀ˜$_{51}$　双:　杭:棉花秆儿ʔmie$_{32}$huɑ$_{23}$kᴇ$_{55}$ər$_{31}$　绍:棉花柴mĩ$_{21}$h^{u}o$_{34}$za$_{52}$　诸:棉花梗miɪ$_{22}$ho$_{22}$kÃ$_{52}$　崇:棉花秆miẽ$_{21}$fɤ$_{23}$kœ̃$_{52}$　太:棉花秆miẽ$_{21}$fɯ$_{23}$kœ̃$_{52}$　余:棉花秆mĩ$_{21}$ho$_{22}$kẽ$_{52}$　宁:棉花秆mi$_{22}$ho$_{44}$ki$_{55}$　黄:棉花尖mie$_{22}$huᴀ$_{33}$tɕie$_{44}$　温:棉花秆mi$_{22}$xo$_{55}$kɵ$_{34}$　衢:棉花秆mie˜$_{32}$xuɑ$_{23}$kə$_{35}$　华:棉花秆miæ̃$_{32}$xuɑ$_{34}$kɯə$_{51}$　永:乌棉秆ʊ$_{43}$mie$_{44}$kɤə$_{44}$

籼米

宜:籼米ɕɪ$_{55}$mi$_{j31}$　溧:籼米ɕi$_{44}$mi$_{z52}$　金:籼米ɕĩ$_{31}$mi$_{z24}$　丹:籼米ɕɪ$_{44}$mi$_{z44}$　童:籼米ɕɪ$_{55}$mi$_{j31}$　靖:籼米sĩ$_{44}$mi$_{j44}$　江:籼米sɪ$_{53}$mi$_{j31}$　常:宣米ɕiɔ$_{55}$mi$_{j31}$　锡:籼米sɪ$_{55}$mi$_{31}$　苏:籼米si$_{j55}$mi$_{j31}$　熟:籼米sie$_{55}$mi$_{51}$　昆:籼米sɪ$_{44}$mi$_{41}$　霜:籼米sɪ$_{55}$mi$_{31}$　罗:籼米si$_{55}$mi$_{31}$　周:尖米/籼米tɕi$_{55}$mi$_{31}$/ɕi$_{55}$mi$_{31}$　上:籼米/洋籼米ɕi$_{55}$mi$_{31}$/ɦiÃ^{ɲ}$_{22}$ɕi$_{55}$mi$_{31}$　松:赤米ts'ᴀʔ$_{4}$mi$_{44}$　黎:籼米siɪ$_{44}$mi$_{j52}$　盛:尖米tɕiɪ$_{44}$mi$_{j44}$　嘉:尖米tɕie$_{44}$mi$_{51}$　双:熟米zoʔ$_{2}$mi$_{z52}$　杭:尖米tɕie$_{34}$mi$_{51}$　绍:早米tsɑɒ$_{34}$mi$_{52}$　诸:早米tsɔ$_{33}$mi$_{z52}$　崇:早米tsɑɒ$_{33}$mi$_{z52}$　太:早米tsɑɒ$_{33}$mi$_{44}$　余:早米/三籼米tsɒ$_{33}$mi$_{52}$/sɛ̃$_{33}$ɕĩ$_{22}$mi$_{52}$　宁:早米tsɔ$_{55}$mi$_{33}$　黄:　温:早白tsɜ$_{35}$bɑ$_{24}$　衢:　华:早米tsɑʊ$_{33}$mie$_{51}$　永:早稻米tsᴀʊ$_{43}$dᴀʊ$_{31}$mie$_{323}$

粳米

宜:粳米/晚米kᴀŋ$_{55}$mi$_{j31}$/mᴀ$_{21}$mi$_{j23}$　溧:粳米kᴀŋ$_{44}$mi$_{z52}$　金:粳米kəŋ$_{31}$mi$_{z24}$　丹:粳米kɛn$_{44}$mi$_{z44}$　童:粳米kəŋ$_{55}$mi$_{j31}$　靖:粳米kəŋ$_{33}$mi$_{j52}$　江:饭米/晚米væ$_{24}$mi$_{j31}$/ʔmæ$_{33}$mi$_{j44}$　常:粳米kəɲ$_{55}$mi$_{j31}$　锡:大米/粳米dʌʏ$_{22}$mi$_{55}$/kã$_{21}$mi$_{23}$　苏:粳米/大米kÃ$_{55}$mi$_{j31}$/dɜu$_{22}$mi$_{j44}$　熟:大米/粳米dɯ$_{22}$(dɑ$_{22}$)mi$_{44}$/kᴀ˜$_{55}$mi$_{51}$　昆:粳米/大米kã$_{44}$mi$_{41}$/dəu$_{23}$mi$_{41}$　霜:粳米ka˜$_{55}$mi$_{31}$　罗:大米du$_{24}$mi$_{31}$　周:大米/粳米du$_{22}$mi$_{44}$/kᴀ˜$_{55}$mi$_{31}$　上:大米du$_{22}$mi$_{44}$　松:大米du$_{24}$mi$_{31}$　黎:粳米kɛ̃$_{44}$mi$_{j52}$　盛:白米/粳米bɑʔ$_{3}$mi$_{j33}$/kæ̃$_{44}$miɪ$_{44}$　嘉:粳米/慢米kᴀ˜$_{44}$mi$_{51}$/mᴇ^{ɛ}$_{22}$mi$_{51}$　双:白米bᴀʔ$_{2}$mi$_{z52}$　杭:晚米ʔmᴇ$_{55}$mi$_{31}$　绍:晚米me$_{23}$mi$_{52}$　诸:晚米mɛ$_{22}$mi$_{z52}$　崇:晚米mæ̃$_{22}$mi$_{z52}$　太:晚米mæ̃$_{24}$mi$_{31}$　余:晚米mɛ̃$_{24}$mi$_{31}$　宁:大米dəʊ$_{55}$mi$_{52}$　黄:　温:蓼籼米lɜ$_{3}$ɕi$_{52}$mæi$_{34}$　衢:　华:晚米miæ̃$_{54}$mie$_{51}$　永:晚稻米mᴀ$_{32}$dᴀʊ$_{31}$mie$_{323}$

大米

宜:米mi$_{j24}$　溧:mi$_{z224}$　金:mi$_{z24}$　丹:mi$_{z213}$　童:mi$_{j113}$　靖:mi$_{j223}$　江:mi$_{j22}$　常:ʔmi$_{j334}$　锡:mi$_{33}$　苏:mi$_{j31}$　熟:mi$_{31}$　昆:mi$_{312}$　霜:mi$_{213}$　罗:mi$_{213}$　周:mi$_{113}$　上:mi$_{113}$　松:mi$_{113}$

黎:mij32　盛:mij22　嘉:mi223　双:miz31　杭:ʔmi51　绍:mi113　诸:miz31　崇:miz22　太:mi22　余:mi113　宁:mi113　黄:ʔmij53　温:mᵘi24　衢:ʔmi53　华:ʔmie544　永:mie323

糯米

宜:糯米nu21mij23　溧:nʌɯ32miz23　金:no52miz23　丹:lʌʏ41miz21　童:nʌʏ22mij55　靖:nʌʏ24mij31　江:nɜʏ24mij31　常:nu21mij13　锡:nʌʏ22mi55　苏:nɜu22mij44　熟:nɯ24mi31　昆:nəu23mi41　霜:nᵊu24mi31　罗:nu24mi31　周:nu23mi44　上:nu22mi44　松:nu23mi44　黎:nɜu22mij52　盛:nɜu22mij52　嘉:nᵊu24mi31　双:nu22miz52　杭:nou23mi51　绍:no21mi33　诸:nu22miz52　崇:nʏ22miz23　太:nɯ23mi22　余:nou22mi52　宁:nəʊ22mi44　黄:nəu25mij51　温:nᵊu52mᵘi34　衢:ʔnu55mi31　华:noə24mie51　永:noə32mie323

面粉

宜:面粉/干面mɪ21fəŋ23/ke55mɪ31　溧:面粉mi32fən52　金:面粉/干面mĩ52fəŋ23/kæ̃44mĩ52　丹:面白/面粉(少)mɪ41pɛʔ21/mɪ41fɛn21　童:面粉mɪ24fəŋ31　靖:干面kũ44mĩ44　江:面粉/干面mɪ24fɛŋ31/kɵ52mɪ33　常:面粉/干面mɪ21fəɲ13/kɔ55mɪ31　锡:面粉mi22fən55　苏:面粉miɪ22fən44　熟:面粉mie24fɛ̃ⁿ31　昆:面粉mɪ23fən41　霜:面粉/干面mɪ22fɛ̃52/kø55mɪ31　罗:面粉/干面mi24fɛ̃ⁿ31/kᴬʏ55mi31　周:面粉mi24fəŋ31　上:面粉mi22fəɲ44　松:面粉mi22fəɲ23　黎:面粉miɪ22fəɲ52　盛:面粉miɪ22fəɲ52　嘉:面粉mie24fən31　双:面粉mɪ22fən52　杭:面粉mie23fən51　绍:面粉mĩ21fəŋ23　诸:麦粉mɐʔ2fẼĩ52　崇:麦粉mɑʔ2fɪŋ52　太:面粉miẽ24feŋ31　余:面粉mi22feɲ52　宁:面粉mi22fɐŋ52　黄:面粉mie23fəŋ31　温:面粉/麦粉mi52fʌŋ34/mɑʔ3fʌŋ34　衢:面粉/麦粉mie32fəŋ35/mᴀʔ2fəŋ35　华:麦粉mɐʔ3fən51　永:麦面mai31mie24

糠

宜:糠/砻糠kʻᴀŋ55/loŋ21kʻᴀŋ23　溧:糠/砻糠kʻᴀŋ44/loŋ32kʻᴀŋ23　金:糠/砻糠kʻɑŋ31/loŋ24kʻɑŋ31　丹:糠kʻɑŋ22　童:糠/砻糠kʻɑŋ42/loŋ24kʻɑŋ42　靖:糠kʻɑŋ433　江:糠/砻糠kʻᴀⁿ51/loŋ24kʻᴀⁿ31　常:糠/砻糠kʻᴀɲ44/loŋ21kʻᴀɲ34　锡:糠/砻糠kʻɒ̃544/loŋ24kʻɒ̃31　苏:糠/砻糠kʻᴀ̃44/loŋ22kʻᴀ̃44　熟:糠皮/砻糠kʻᴀ˜55bi51/lʊŋ24kʻᴀ˜31　昆:糠/清糠/聋糠kʻã44/tsʻin44kʻã41/loŋ23kʻã41　霜:糠/砻糠kʻɒ˜52/loŋ22kʻɒ˜52　罗:糠/砻糠/黄糠kʻɒ˜52/loŋ22kʻɒ˜52/ɦuɒ˜22kʻɒ˜52　周:糠/砻糠kʻɒ˜52/loŋ23kʻɒ˜44　上:糠/稻糠/砻糠kʻÃⁿ52/dɔ22kʻÃⁿ44/lʊŋ22kʻÃⁿ44　松:砻糠lʊŋ22kʻɑ˜52　黎:糠kʻɑ˜44　盛:糠/砻糠/清糠/米糠kʻɑ˜44/loŋ22kʻɑ˜44/tsʻɪɲ44kʻɑ˜44/mij23kɑ˜33　嘉:糠kʻᴀ˜51　双:糠/砻糠kʻɔ̃44/loŋ22kʻɔ̃44　杭:砻糠ʔloŋ33kʻᴀŋ33　绍:糠/米糠/砻糠kʻɒŋ52/mi23kʻɒŋ52/lʊŋ23kʻɒŋ52　诸:糠kʻɒ̃544　崇:糠kʻɒ̃533　太:糠kʻɒŋ523　余:糠/砻糠kʻɒ̃34/lʊŋ22kʻɒ̃44　宁:细糠ɕiz55kʻɔ̃33　黄:糠kʻɒ˜53　温:糠/砻糠kʻᵘɔ44/loŋ22kʻᵘɔ44　衢:糠kʻã434　华:糠/砻糠kʻᴀŋ324/ʔloŋ32kʻᴀŋ35　永:糠kʻᴀŋ44

玉米

宜:玉米ȵiɔʔ3mij53　溧:玉米ȵiɔʔ3miz23　金:棒头/棒棒头pʻɑŋ52tʻʌʏ23/pʻɑŋ44pʻɑŋ44tʻʌʏ23　丹:御米/余米御ɦyz31miz21/yz21miz55soʔ21　童:米米ʔmij44mij44　靖:御米ʔyɥ55mij31　江:余米/树米/玉米ɦy24mij31/ʑy24mij31/ȵioʔ3mij42　常:玉米ɦiɔʔ2mij13　锡:珍珠米tsən21tsɥ11mi23　苏:珍珠米/余麦tsən55tsɿ55mij31/ɦy22mᴀʔ4　熟:羽麦/羽麦子ɦy22mᴀʔ4/ɦy22mᴀʔ5tsɿ31　昆:番麦fɛ44mᴀʔ41　霜:番麦fᴇ55mᴀʔ31　罗:番麦子/珍珠米fe55mᴀʔ3tsɿ31/tsɛ̃ⁿ55tsɿ33mi31　周:珍珠米tsəŋ55tɕy55mi31　上:珍珠米tsəɲ55tsɿ33mi31　松:鸡头苏tɕi55dɯ33su31　黎:芦黍/芦黍米lɜu24soʔ2/

lɜu24soʔ3mij31 盛：芦黍/芦黍子lɜu24sɔʔ2/lɜu24sɔʔ3tsɿ31 嘉：芦黍lu22soʔ5 双：观音苏kuE44ɪn44səu44 杭：尼苏/玉米ȵi23su51/ɦyɪʔ2mi51 绍：尼黍ȵi22soʔ5 诸：六谷loʔ2koʔ4 崇：六谷lɔʔ2kuɔʔ4 太：六谷lɔʔ2kɔʔ5 余：六谷lɔʔ2kɔʔ5 宁：六谷lɔʔ2kɔʔ3 黄：玉米/珍珠米ȵyɔʔ2mij31/tɕiɪŋ33tsʮ55mij31 温：苞萝粟bɜ33lᵊu55ɕyo52 衢：蕃米fæ̃43mi53 华：包罗pauʊ33luo55 永：专专tɕye43tɕye44

油菜

宜：油菜ɦiɤɯ22ts'ɐɪ53 溧：油菜ɦiʌɯ32ts'æE53 金：油菜iʌɤ22ts'ɛᵉ44 丹：油菜ʏ32ts'æ24 童：油菜ɦiʊ23ts'aɪ55 靖：油菜ɦøʏ22ts'æ34 江：油菜ɦiɜʏ21ts'æ43 常：油菜ɦiɯ21ts'æe51 锡：油菜ɦiʌʏ24ts'E31 苏：油菜ɦiɵ22ts'E44 熟：油菜ɦiɯ24ts'æ34 昆：油菜籽ɦy22ts'ɛ55tsɿ31 霜：油菜ɦy24ts'E31 罗：油菜ɦy23ts'e52 周：油菜ɦiɤ23ts'e44 上：油菜ɦiɤɯ22ts'E44 松：油菜ɦiɯ24ts'E31 黎：油菜ɦieɯ22ts'E34 盛：油菜ɦiɘʉ22ts'E44 嘉：油菜ɦiɘʉ24ts'Eᵋ51 双：油菜ɦiᵊʏ22ts'E44 杭：油菜ɦʏ21ts'E23 绍：油菜ɦiɤ21ts'e33 诸：油菜ɦiʏ31ts'e44 崇：油菜ɦʏ21ts'e23 太：油菜ɦʏ21ts'e23 余：油菜ɦiɤ21ts'e23 宁： 黄：油菜ɦiɤ22ts'e44 温：油菜ɦiʌu22ts'e52 衢：油菜ɦiɯ22ts'ɛ53 华：油菜ʔɦiɯu32ts'ɛ35 永：油菜ʔɦiəʊ32ts'əɪ54

花生

宜：花生/生果xo55səŋ55/səŋ55ku31 溧：生果sən44kʌɯ52 金：生果/长生果(老)səŋ31ko323/ts'ɑŋ44səŋ44ko23 丹：花生ho44sɛn44 童：花生/长生果(老)xuɒ53səŋ31/dzɑŋ24səŋ55kʌʏ31 靖：长生果dʑiæ̃22səŋ44kʌʏ34 江：花生/长生果ho53sEɲ31/dzAɲ24sEɲ33kɜʏ33 常：长生果/花生dzAɲ33səɲ55kʌɯ31/xo55səɲ31 锡：花生/花生米/长生果xu21sən23/xu21sən11mi23/zã24sən55kʌʏ31 苏：长生果zÃ22sən55kɜu31 熟：花生米/长生果xu55sẽⁿ55mi51/dʐA˜23sẽⁿ33kɯ33 昆：长生果/花生zã22sən55kəu31/ho44sən41 霜：长生果/花仁za˜22sẽ55kᵊu31/huʌʏ55zẽ31 罗：花生/长生果huʌʏ55sẽⁿ31/za˜22sẽⁿ24kᵊu31 周：花生/长生果ho44səŋ52/zA˜23səŋ44ku44 上：花生/长生果ho55səɲ31/zÃⁿ22səɲ55ku31 松：长生果zẽ22səɲ55ku31 黎：长生果zẽ22səɲ55kɜu31 盛：长生果/果肉dzæ̃22səɲ44kɜu44/kɜu52ȵioʔ3 嘉：长生果/花生zA˜22sən44kᵊu51/ho44sA˜51 双：长生果zɔ̃22sən44kəu44 杭：落花生lɔʔ2hua23sən51 绍：花生ho33səŋ52 诸：瓜生ko52sÃ42 崇：花生fʏ53sA˜23 太：花生fo55sAŋ33 余：瓜生kuo33sÃ44 宁：花生ho33sɐŋ52 黄：花生huA35sa˜51 温：落瓜生lo52ko33s'ɛ21 衢：落花生lɔʔ2xuɑ33sən53 华：花生/落花生xuɑ33sAŋ55/loʔ2xuɑ44sAŋ35 永：落花生/落瓜生lAʊ32xʊA44sai44/lAʊ32kʊA44sai44

甘薯

宜：山芋sA55ɦyʮ31 溧：山芋sA44xɦyz52 金：山芋sæ̃44yz31 丹：山芋sæ44yz44 童：山芋sɑ53ɦyʮ31 靖：番芋fæ̃43ɦyʮ23 江：山芋sæ53ɦy31 常：山芋sæ55ɦyʮ31 锡：山芋sɛ21ɦy23 苏：山芋sE55ɦyʮ31 熟：山芋sæ55ɦy22 昆：山芋sɛ44ɦy41 霜：番芋fE55ɦy31 罗：山芋se55ɦy31 周：山芋sɛ55ɦy31 上：山芋sE55ɦy31 松：山芋sE55ɦy31 黎：山芋sE44ɦyʮ51 盛：山芋sE44ɦyʮ44 嘉：山芋/山薯sEᵋ44ɦy51/sEᵋ44zʮ51 双：番薯fE44zɿ44 杭：番薯/番芋fE33zʮ51/fE33ɦy51 绍：番芋fæ̃33yʮ52 诸：番芋fɛ52ɦyʮ42 崇：番薯fæ̃53zɿ52 太：番薯fæ̃52zɿ33 余：番薯fɛ̃33zʮ44 宁：番薯fE33zʮ 黄：番薯fɛ33zʮ51 温：番薯fɑ52z'i21 衢：番薯fæ̃43ʃʮ53 华：花薯xuɑ43ɦy24 永：番薯fA43ɕi55

马铃薯

宜：洋芋头/洋山芋ɦiAŋ21ɦyʮ11dɤɯ23/ɦiAŋ22sA22ɦyʮ53 溧：洋芋头ɦie22ɦyz22dei52 金：洋芋头/马铃薯iɑŋ22yz55t'ʌʏ31/mɑ22liŋ55sᵊu31 丹：洋山芋ie22sæ33yz44 童：洋山芋ɦiɑŋ24sɑ33ɦyʮ31 靖：洋番芋ɦĩ44fæ̃22ɦyʮ34 江：洋山芋/洋芋头ɦiAᵑ24sæ33ɦy31/ɦiAᵑ24ɦy33dEɪ31 常：洋山芋ɦiAɲ22 sæ$_{55}$ɦy$_{ɥ31}$ 锡:洋芋头/洋山芋ɦiã$_{24}$ɦy$_{55}$dEi$_{31}$/ɦiã$_{24}$SE$_{55}$ɦy$_{31}$ 苏:洋山芋/洋芋艿ɦiÃ$_{22}$SE$_{55}$ɦy$_{ɥ31}$/ɦiÃ$_{22}$ɦy$_{ɥ55}$nɒ$_{31}$ 熟:洋芋艿ɦiA˜$_{24}$ɦy$_{33}$nɑ$_{31}$ 昆:洋山芋ɦiã$_{22}$sɛ$_{55}$ɦy$_{31}$ 霜:土豆/外国芋艿tʻ^{ə}u$_{33}$dʌɪ$_{52}$/ŋɑ$_{22}$kuəʔ$_{23}$ɦy$_{55}$nɑ$_{31}$ 罗:洋山芋/外国营艿ɦia˜$_{22}$se$_{55}$ɦy$_{31}$/ŋɑ$_{22}$kuɐʔ$_{5}$ɦɪ^{n}$_{55}$nɑ$_{31}$ 周:洋山芋ɦiA˜$_{23}$ sɛ$_{44}$ɦy$_{44}$ 上:洋山芋/土豆ɦiÃ^{n}$_{22}$SE$_{55}$ɦy$_{31}$/tʻu$_{33}$dɤɯ$_{44}$ 松:洋山芋ɦiɛ̃$_{22}$SE$_{55}$ɦy$_{31}$ 黎:洋山芋ɦiã$_{22}$ SE$_{44}$ɦy$_{ɥ52}$ 盛:洋山芋ɦiæ̃$_{22}$SE$_{44}$ɦy$_{ɥ44}$ 嘉:洋山芋/洋山薯ɦiA˜$_{22}$SE^{ε}$_{44}$ɦy$_{51}$/ɦiA˜$_{22}$SE^{ε}$_{44}$zɥ$_{51}$ 双:洋番薯ɦiã$_{22}$fE$_{44}$zʅ$_{44}$ 杭:洋番薯/洋番芋ʔiAŋ$_{32}$fE$_{23}$zɥ$_{51}$/ʔiAŋ$_{32}$fE$_{23}$y$_{51}$ 绍:洋番芋ɦiaŋ$_{32}$fæ̃$_{34}$y$_{ɥ52}$ 诸:洋薯艿ɦiÃ$_{22}$ɦy$_{ɥ22}$nA$_{52}$ 崇:洋芋艿/洋番薯ɦiA˜$_{22}$ɦyɥ$_{55}$nɑ$_{31}$/ɦiA˜$_{22}$fæ̃$_{34}$zʅ$_{52}$ 太:红毛番薯ɦʊŋ$_{21}$mɑɒ$_{22}$fæ̃$_{22}$zʅ$_{23}$ 余:洋嗯艿ɦiÃ$_{21}$ŋ̍$_{22}$nA$_{52}$ 宁:洋芋艿ɦiã$_{22}$n̩$_{44}$na$_{55}$ 黄:洋芋头ɦia˜$_{21}$ɦy$_{ɥ11}$diɤ$_{23}$ 温:蕃人芋fɑ$_{52}$nʌŋ$_{24}$ɦʊ$_{52}$ 衢:洋芋头ʔiã$_{43}$ʔy$_{55}$dəɪ$_{31}$ 华:洋芋ʔiAŋ$_{43}$ɦy$_{24}$ 永:洋芋ɦiAŋ$_{32}$ɦY$_{45}$

蔬菜

宜:菜tsʻɐɪ$_{324}$ 溧:菜tsʻæE$_{412}$ 金:青菜tɕʻiŋ$_{31}$tsʻɛ^{e}$_{52}$ 丹:蔬菜SE^{e}$_{44}$tsʻæ$_{44}$ 童:菜tsʻaɪ$_{45}$ 靖:蔬菜/菜sʌɤ$_{44}$tsʻæ$_{44}$/tsʻæ$_{51}$ 江:蔬菜s3ɤ$_{52}$tsʻæ$_{33}$ 常:蔬菜sɥ$_{55}$tsʻæe$_{31}$ 锡:素菜sʌɤ$_{55}$tsʻE$_{31}$ 苏:蔬菜s3u$_{55}$tsʻE$_{31}$ 熟:蔬菜sɯ$_{55}$tsʻæ$_{22}$ 昆:蔬菜səu$_{44}$tsʻɛ$_{41}$ 霜:蔬菜s^{ə}u$_{55}$tsʻE$_{31}$ 罗:菜tsʻe$_{434}$ 周:蔬菜/菜su$_{55}$tsʻe$_{31}$/tsʻe$_{335}$ 上:蔬菜/菜蔬su$_{33}$tsʻE$_{44}$/tsʻE$_{33}$su$_{44}$ 松:蔬菜su$_{44}$tsʻE$_{44}$ 黎:蔬菜 s3u$_{55}$tsʻE$_{31}$ 盛:蔬菜s3u$_{43}$tsʻE$_{52}$ 嘉:蔬菜s^{ə}u$_{52}$tsʻE^{e}$_{22}$ 双:菜tsʻE$_{334}$ 杭:蔬菜/菜sɥ$_{33}$tsʻE$_{51}$/tsʻE$_{334}$ 绍:菜tsʻe$_{33}$ 诸:菜tsʻe$_{544}$ 崇:菜tsʻe$_{324}$ 太:菜tsʻe$_{35}$ 余:菜tsʻe$_{52}$ 宁:菜tsʻe$_{44}$ 黄:菜tsʻe$_{44}$ 温:蔬菜/菜s^{ə}u$_{44}$tsʻe$_{52}$/tsʻe$_{52}$ 衢:菜/青菜tsʻɛ$_{53}$/tsʻi^{n}$_{43}$tsʻɛ$_{53}$ 华:蔬菜su$_{33}$tsʻɛ$_{55}$ 永:菜tsʻəɪ$_{54}$

卷心菜

宜:包心菜/包菜pɑ^{ɤ}$_{55}$ɕiŋ$_{55}$tsʻɐɪ$_{31}$/pɑɤ$_{55}$tsʻɐɪ$_{31}$ 溧:包菜pɑ^{ɤ}$_{44}$tsʻæE$_{52}$ 金:包菜pɑ^{ɔ}$_{31}$tsʻɛ^{e}$_{52}$ 丹:包菜pɒ$_{44}$tsʻæ$_{44}$ 童:包菜pɐɤ$_{53}$tsʻaɪ$_{31}$ 靖:包菜pɒ$_{44}$tsʻæ$_{44}$ 江:卷心菜/包菜tɕyɵ$_{52}$siɲ$_{33}$tsʻæ$_{43}$/pɒ$_{52}$tsʻæ$_{33}$ 常:包菜pɑɤ$_{55}$tsʻæe$_{31}$ 锡:包菜pʌ$_{21}$tsʻE$_{23}$ 苏:卷心菜/包菜tɕiɵ$_{52}$siɪn$_{23}$tsʻE$_{31}$/pæ$_{55}$ tsʻE$_{31}$ 熟:卷心菜tɕiɯ$_{33}$sĩ^{n}$_{55}$tsʻæ$_{31}$ 昆:卷心菜/包菜tɕyɵ$_{52}$sin$_{33}$tsʻɛ$_{41}$/pɔ$_{44}$tsʻɛ$_{41}$ 霜:卷心菜/牛心菜(顶尖的)tɕiø$_{33}$sĩ$_{55}$tsʻE$_{31}$/ȵy$_{22}$sĩ$_{55}$tsʻE$_{31}$ 罗:卷心菜/牛心菜(顶尖的)tɕi^{ʌ}ɤ$_{33}$sɪ^{n}$_{55}$tsʻe$_{31}$/ȵy$_{22}$sɪ^{n}$_{55}$tsʻe$_{31}$ 周:卷心菜tɕyø$_{33}$ɕiɲ$_{55}$tsʻe$_{31}$ 上:卷心菜tɕyø$_{33}$ɕiɲ$_{55}$tsʻE$_{31}$ 松:卷心菜tɕyø$_{33}$ɕiɲ$_{55}$tsʻE$_{31}$ 黎:卷心菜/包心菜/包菜tɕiɵ$_{54}$siəɲ$_{33}$tsʻE$_{31}$/pA^{ɔ}$_{44}$siəɲ$_{44}$tsʻE$_{31}$/pA^{ɔ}$_{44}$tsʻE$_{52}$ 盛:包菜pAɑ$_{44}$tsʻE$_{44}$ 嘉:卷心菜tɕyɤə$_{33}$ɕin$_{55}$tsʻE^{e}$_{31}$ 双:卷心菜/包菜tɕi$_{z33}$ɕɪn$_{55}$tsʻE$_{31}$/pɔ$_{44}$tsʻE$_{44}$ 杭:包心菜pɔ$_{32}$ɕɪn$_{23}$tsʻE$_{51}$ 绍:包心菜pɑɒ$_{32}$ɕɪŋ$_{34}$tsʻe$_{52}$ 诸:包头菜/包心菜pɔ$_{52}$dei$_{42}$tsʻe$_{44}$/pɔ$_{42}$ɕĩ$_{42}$tsʻe$_{44}$ 崇:包心菜pɑɒ$_{53}$ɕiŋ$_{22}$ tsʻe$_{23}$ 太:包心菜pɑɒ$_{53}$ɕiŋ$_{22}$tsʻe$_{23}$ 余:包心菜pɒ$_{32}$ɕiŋ$_{22}$tsʻe$_{52}$ 宁:卷心菜/包心菜tɕy$_{ɥ33}$ɕiŋ$_{55}$tsʻe$_{31}$/pɔ$_{55}$ɕɪŋ$_{33}$tsʻe$_{31}$ 黄:包心菜pɒ$_{33}$ɕiɪŋ$_{22}$tsʻe$_{23}$ 温:球菜dʑiʌu$_{22}$tsʻe$_{52}$ 衢:包心菜pɔ$_{35}$ɕi^{n}$_{33}$tsʻɛ$_{53}$ 华:包菜pɑʊ$_{33}$tsʻɛ$_{55}$ 永:包菜pAʊ$_{44}$tsʻəɪ$_{54}$

大白菜

宜:黄芽菜ɦuAŋ$_{22}$ŋo$_{22}$tsʻɐɪ$_{53}$ 溧:黄芽菜ɦuAŋ$_{33}$ŋo$_{22}$tsʻæE$_{52}$ 金:黄芽菜xuɑŋ$_{22}$ŋɑ$_{33}$tsʻɛ^{e}$_{44}$ 丹: 童:黄芽菜ɦuɑŋ$_{24}$ŋɒ$_{55}$tsʻaɪ$_{31}$ 靖:黄芽菜ɦuɑŋ$_{44}$ɦia$_{22}$tsʻæ$_{34}$ 江:白菜bɑʔ$_{2}$tsʻæ$_{23}$ 常:黄丫菜ɦuAɲ$_{21}$ŋɑ$_{35}$tsʻæe$_{42}$ 锡:白菜bAʔ$_{2}$tsʻE$_{34}$ 苏:黄芽菜/白菜ɦuÃ$_{22}$ŋɒ$_{55}$tsʻE$_{31}$/bAʔ$_{3}$tsʻE$_{52}$ 熟: 昆:黄芽菜ɦuã$_{22}$ŋɑ$_{55}$tsʻɛ$_{41}$ 霜:黄芽菜ɦuɒ˜$_{22}$ŋɑ$_{55}$tsʻE$_{31}$ 罗:黄芽菜ɦuɒ˜$_{22}$ŋɑ$_{55}$tsʻe$_{31}$ 周:胶菜/黄芽菜tɕiɔ$_{55}$tsʻe$_{31}$/ɦuA˜$_{23}$ŋɑ$_{44}$tsʻe$_{44}$ 上:黄芽菜ɦuÃɲ$_{22}$ŋA$_{55}$tsʻE$_{31}$ 松:黄芽菜/白菜ɦuɑ˜$_{24}$ŋɑ$_{33}$tsʻE$_{31}$/bAʔ$_{2}$tsʻE$_{34}$ 黎: 盛: 嘉:黄芽菜ɦuA˜$_{22}$ŋɑ$_{44}$tsʻE^{ε}$_{51}$ 双: 杭:黄芽菜ɦuAŋ$_{21}$iɑ$_{23}$tsʻE$_{51}$

绍：胶菜tɕiɑɒ$_{33}$tsʻe$_{52}$　诸：黄芽菜vɒ̃$_{31}$ŋo$_{42}$tsʻe$_{44}$　崇：黄芽菜vɒ̃$_{21}$ŋʏ$_{22}$tsʻe$_{23}$　太：黄芽菜vɒŋ$_{21}$ŋo$_{22}$ tsʻe$_{23}$　余：黄芽菜ɦuɔ̃$_{21}$ŋo$_{22}$tsʻe$_{52}$　宁：胶菜tɕiɘ$_{33}$tsʻe$_{51}$　黄：大白菜dᴀ$_{22}$bɐʔ$_{1}$tsʻe$_{23}$　温：山东菜 sɑ$_{52}$toŋ$_{24}$tsʻe$_{52}$　衢：大白菜du$_{45}$bᴀʔ$_{2}$tsʻɛ$_{53}$　华：胶菜tɕiɑʊ$_{33}$tsʻɛ$_{55}$　永：白菜pai$_{21}$tsʻəɪ$_{54}$

金花菜(苜蓿)

宜：金花菜/河花郎tɕiŋ$_{55}$xo$_{55}$tsʻɐɪ$_{31}$/ɦu$_{21}$xo$_{11}$lᴀŋ$_{23}$　溧：　　金：　　丹：三瓣头sæ$_{44}$pæ$_{44}$dᴇᵉ$_{23}$　童：秧草iɑŋ$_{53}$tsʻɐʏ$_{31}$　靖：前草头zĩ$_{22}$tsʻɒ$_{44}$døʏ$_{23}$　江：秧草头ʔiᴀᵑ$_{53}$tsʻɒ$_{33}$dᴇɪ$_{31}$　常：金花菜tɕiɲ$_{55}$ xo$_{33}$tsʻæe$_{31}$　锡：金花菜tɕin$_{21}$xu$_{23}$tsʻᴇ$_{55}$　苏：金花菜tɕiɪŋ$_{55}$ho$_{55}$tsʻᴇ$_{31}$　熟：草头tsʻɔ$_{33}$dᴇ$_{51}$　昆：金花菜/大草tɕin$_{44}$ho$_{44}$tsʻɛ$_{41}$/dəu$_{23}$tsʻɔ$_{41}$　霜：草头tɕʻɔ$_{33}$dʌɪ$_{52}$　罗：草头tsʻɔ$_{55}$dʌɪ$_{31}$　周：草头tsʻɔ$_{33}$dɤ̥$_{52}$　上：草头tsʻɔ$_{33}$dɤɯ$_{44}$　松：金花头tɕiɲ$_{33}$ho$_{55}$dɯ$_{31}$　黎：胡花郎ɦu$_{22}$ho$_{44}$lɑ̃$_{52}$　盛：荷花子草 ɦu$_{22}$ho$_{55}$tsɿ$_{33}$tsʻᴀɑ$_{33}$　嘉：荷花子草ɦu$_{22}$ho$_{44}$tsɿ$_{55}$tsʻɔ$_{31}$　双：花草子xo$_{44}$tsʻɔ$_{44}$tsɿ$_{44}$　杭：金花菜tɕɪn$_{32}$ huɑ$_{23}$tsʻᴇ$_{51}$　绍：草籽tsʻɑɒ$_{34}$tsɿ$_{52}$　诸：草籽tsʻɔ$_{33}$tsɿ$_{52}$　崇：草籽tsʻɑɒ$_{33}$tsɿ$_{52}$　太：草籽tsʻɑɒ$_{33}$tsɿ$_{44}$　余：草籽tsʻɒ$_{33}$tsɿ$_{52}$　宁：草籽tsʻɔ$_{55}$tsɿ$_{33}$　黄：黄花草ɦuɒ̃$_{22}$huᴀ$_{33}$tsʻɒ$_{51}$　温：草子tsʻɜ$_{52}$tsɿ$_{34}$　衢：菜子花/草子tsʻɛ$_{55}$tsɿ$_{35}$xuɑ$_{53}$/tsʻɔ$_{35}$tsɿ$_{53}$　华：草子tsʻɑʊ$_{54}$tsɿ$_{51}$　永：草子tsʻᴀʊ$_{43}$tsɿ$_{44}$

蘑菇

宜：蘑菇maʏ$_{21}$ku$_{23}$　溧：蘑菇mʌɯ$_{32}$ku$_{23}$　金：蘑菇mo$_{24}$kᵊu$_{52}$　丹：蘑菇mʌʏ$_{32}$kᵊu$_{24}$　童：蘑菇mʌʏ$_{24}$ku$_{31}$　靖：蘑菇mʌʏ$_{22}$ku$_{34}$　江：蘑菇mɜʏ$_{24}$ku$_{31}$　常：蘑菇mo$_{21}$ku$_{34}$　锡：蘑菇mʌʏ$_{24}$ku$_{31}$　苏：蘑菇/蕈mo$_{22}$kɜu$_{44}$/ziɪn$_{31}$　熟：蘑菇mu$_{24}$ku$_{31}$　昆：蘑菇mu$_{23}$kəu$_{41}$　霜：蘑菇mᴧʏ$_{22}$kᵊu$_{52}$　罗：蘑菇mᴧʏ$_{22}$kᵊu$_{52}$　周：蘑菇mo$_{23}$ku$_{44}$　上：蘑菇mo$_{22}$ku$_{44}$　松：蘑菇mo$_{22}$ku$_{52}$　黎：蘑菇mu$_{22}$ kɜu$_{34}$　盛：蘑菇mo$_{22}$kɜu$_{44}$　嘉：蘑菇mu$_{22}$kᵊu$_{44}$　双：蘑菇mo$_{22}$kᵊu$_{44}$　杭：蘑菇mou$_{21}$ku$_{23}$　绍：蘑菇mo$_{22}$ku$_{52}$　诸：蘑菇/蕈mo$_{31}$ku$_{42}$/ʑĩ$_{31}$　崇：蕈ziŋ$_{312}$　太：蘑菇mɯ$_{21}$ku$_{23}$　余：蘑菇mo$_{22}$ku$_{44}$　宁：蘑菇məʊ$_{22}$ku$_{51}$　黄：蘑菇mo$_{25}$ku$_{51}$　温：蘑菇mo$_{22}$ku$_{44}$　衢：蘑菇mu$_{32}$ku$_{53}$　华：蘑菇ʔmoə$_{32}$ku$_{35}$　永：蘑菇moə$_{32}$kʊ$_{44}$

香菇

宜：颜来蕈ŋᴀ$_{22}$lɐɪ$_{22}$ʑiŋ$_{53}$　溧：香菇ɕie$_{44}$ku$_{52}$　金：香菇ɕiɑŋ$_{31}$kᵊu$_{23}$　丹：香菇ɕie$_{44}$kᵊu$_{44}$　童：香菇ɕiɑŋ$_{53}$ku$_{31}$　靖：香菇ɕĩ$_{44}$ku$_{44}$　江：香蕈ɕiᴀᵑ$_{53}$ziɲ$_{31}$　常：香菇/香蕈ɕiᴀɲ$_{55}$ku$_{31}$/ɕiᴀɲ$_{55}$ʑiɲ$_{31}$　锡：香蕈ɕiã$_{21}$dzin$_{23}$　苏：香菇/香蕈ɕiÃ$_{55}$kɜu$_{31}$/ɕiÃ$_{55}$ziɪn$_{31}$　熟：香菇ɕiᴀ̃$_{55}$ku$_{51}$　昆：香菇/香蕈 ɕiã$_{44}$kəu$_{41}$/ɕiã$_{44}$ʑin$_{41}$　霜：香菇ɕiã$_{55}$kᵊu$_{31}$　罗：香菇ɕiã$_{55}$kᵊu$_{31}$　周：香菇/香蕈(少)ɕiᴀ̃$_{55}$ku$_{31}$/ ɕiᴀ̃$_{55}$ʑiɪŋ$_{31}$　上：香菇/香蕈ɕiÃᶮ$_{55}$ku$_{31}$/ɕiÃᶮ$_{55}$ʑiɲ$_{31}$　松：香菇/香蕈ɕiɛ̃$_{44}$ku$_{52}$/ɕiɛ̃$_{44}$dʑiɲ$_{52}$　黎：香蕈ɕiɛ̃$_{44}$ziəɲ$_{52}$　盛：香蕈ɕiæ̃$_{44}$ʑɪɲ$_{44}$　嘉：香菇/香蕈ɕiᴀ̃$_{44}$kᵊu$_{51}$/ɕiᴀ̃$_{44}$dʑin$_{51}$　双：香菇/香蕈 ɕiã$_{44}$kəu$_{44}$/ɕiã$_{44}$ʑɪn$_{44}$　杭：香菇/香蕈ɕiᴀŋ$_{32}$ku$_{23}$/ɕiᴀŋ$_{32}$dʑɪn$_{23}$　绍：香菇ɕiaŋ$_{33}$ku$_{52}$　诸：香菇/ 香蕈ɕiÃ$_{52}$ku$_{42}$/ɕiÃ$_{52}$ʑĩ$_{42}$　崇：香菇ɕiᴀ̃$_{52}$ku$_{23}$　太：　余：香菇ɕiÃ$_{33}$ku$_{44}$　宁：香蕈ɕiã$_{33}$dʑɪŋ$_{51}$　黄：香菇ɕiã$_{35}$ku$_{51}$　温：香菇ɕi$_{44}$ku$_{44}$　衢：香菇ɕiã$_{35}$ku$_{31}$　华：香菇ɕiᴀŋ$_{32}$ku$_{35}$　永：香菇ɕiᴀŋ$_{43}$kʊ$_{24}$

蚕豆

宜：蚕豆ze$_{22}$dɤɯ$_{53}$　溧：蚕豆ʑyʊ$_{32}$dei$_{52}$　金：蚕豆tsʻæ̃$_{22}$tʌʏ$_{44}$　丹：蚕豆dzɛn$_{32}$dᴇᵉ$_{24}$　童：蚕豆ɕʑiʊ$_{24}$dei$_{31}$　靖：蚕豆szũ$_{22}$døʏ$_{34}$　江：蚕豆zɵ$_{21}$dᴇɪ$_{43}$　常：蚕豆dzɔ$_{21}$dei$_{34}$　锡：蚕豆zo$_{24}$dᴇɪ$_{31}$　苏：蚕豆/寒豆zɵ$_{22}$dəɪ$_{44}$/ɦɵ$_{22}$dəɪ$_{44}$　熟：蚕豆zɛ̃ᶮ$_{23}$dᴇ$_{33}$　昆：寒豆ɦɵ$_{23}$dᴇ$_{41}$　霜：寒豆ɦɵ$_{24}$dᴇ$_{31}$　罗：寒豆ɦᴧʏ$_{24}$dʌɪ$_{31}$　周：寒豆ɦø$_{23}$tʏ$_{44}$　上：蚕豆/寒豆zø$_{22}$dɤɯ$_{44}$/ɦø$_{22}$dɤɯ$_{44}$　松：蚕豆zø$_{24}$dɯ$_{31}$　黎：大豆/豆dɜu$_{23}$dieɯ$_{23}$/dieɯ$_{24}$　盛：蚕豆zɵ$_{22}$/diəʉ$_{44}$　嘉：蚕豆zʏə$_{24}$de$_{51}$　双：蚕豆zᴇ$_{22}$dᵊʏ$_{44}$

杭:蚕豆儿/大豆/大豆儿dzo$_{21}$deɪ$_{23}$ər$_{51}$/dɑ$_{23}$deɪ$_{51}$/dou$_{23}$deɪ$_{55}$ər$_{51}$ 绍:罗汉豆lo$_{22}$hĩ$_{55}$dɤ$_{31}$ 诸:罗汉豆lo$_{31}$hɤ$_{42}$dei$_{44}$ 崇:罗汉豆lɤ$_{22}$hæ̃$_{55}$dɤ$_{31}$ 太:罗汉豆lɯ$_{22}$hœ̃$_{55}$dɤ$_{31}$ 余:大豆dou$_{22}$dɤ$_{52}$ 宁:倭豆ʔœʏ$_{33}$dœʏ$_{51}$ 黄:蚕豆ze$_{22}$diɤ$_{44}$ 温:豌豆vɑ$_{22}$dʌu$_{52}$ 衢:佛豆仔vəʔ$_{2}$dəɪ$_{33}$tsɿ$_{35}$ 华:佛豆fəʔ$_{3}$diɯu$_{24}$ 永:豌豆ʊA$_{42}$dəʊ$_{24}$

豌豆

宜:豌豆ɦue$_{55}$dɤɯ$_{31}$ 溧:豌豆ʔʊ$_{44}$dei$_{52}$ 金:豌豆ʔʊ̃$_{323}$tʌɤ$_{52}$ 丹:豌豆ŋ̍$_{44}$dEᵉ$_{31}$ 童:豌豆ʊ$_{33}$dei$_{23}$ 靖:豌豆ʔuũ$_{44}$døʏ$_{44}$ 江:豌豌豆ʔɵ$_{53}$ɵ$_{33}$dEɪ$_{31}$ 常: 锡:豌豆ʔuɛ$_{45}$dEi$_{55}$ 苏:豌豆/寒寒豆ʔɵ$_{53}$dəɪ$_{31}$/ɦɵ$_{22}$ɦɵ$_{55}$dəɪ$_{31}$ 熟:水寒豆ʂʮ$_{22}$ɦʏ$_{55}$dE$_{31}$ 昆:豌豆/水寒ʔɵ$_{53}$dE$_{31}$/sɿ$_{52}$ɦɵ$_{33}$ 霜:水豌sɿ$_{33}$ø$_{52}$ 罗:水豌sɿ$_{33}$uʌɪ$_{52}$ 周:小寒豆ɕiɔ$_{33}$ɦø$_{44}$tɤ$_{52}$ 上:小寒豆ɕiɔ$_{33}$ɦø$_{55}$dɤɯ$_{31}$ 松:小豌/小寒豆ɕiɔ$_{44}$ɦue$_{44}$/ɕiɔ$_{33}$ɦø$_{55}$dɯ$_{31}$ 黎:豌豆ʔɵ$_{44}$dieɯ$_{31}$ 盛:寒豆ɦɵ$_{22}$diəʉ$_{44}$ 嘉:豌豆/小豌豆ʔuɤə$_{44}$de$_{33}$/ɕiɔ$_{44}$uɤə$_{44}$de$_{31}$ 双:寒豆ɦE$_{23}$dᵊʏ$_{44}$ 杭:寒豆儿ɦE$_{21}$deɪ$_{24}$ər$_{31}$ 绍:蚕豆zĩ$_{21}$dɤ$_{33}$ 诸:细蚕豆ɕi$_{44}$ze$_{33}$dei$_{33}$ 崇:蚕豆zæ̃$_{21}$dɤ$_{23}$ 太:蚕豆zœ̃$_{21}$dɤ$_{23}$ 余:蚕豆dzẽ$_{21}$dɤ$_{23}$ 宁:罗汉豆ləʊ$_{22}$hE$_{55}$dœʏ 黄:豌豆ʔuø$_{31}$diɤ$_{13}$ 温:蚕豆zɵ$_{22}$dʌu$_{52}$ 衢:蚕豆szə$_{22}$dəɪ$_{53}$ 华:蚕豆tsæ̃$_{43}$tiɯu$_{24}$ 永:蚕豆szɤə$_{21}$d̥əʊ$_{54}$

萝卜

宜:老卜lɑɤ$_{21}$bɔ$_{23}$ 溧:老卜lɑʏ$_{32}$bɔ$_{23}$ 金:萝卜lo$_{22}$p'ɔʔ$_{4}$ 丹:老卜lɒ$_{32}$poʔ$_{\underline{24}}$ 童:老卜lɐɤ$_{24}$boʔ$_{\underline{31}}$ 靖:萝卜lʌɤ$_{22}$bɔʔ$_{\underline{34}}$ 江:老卜/萝卜lɒ$_{21}$boʔ$_{4}$/lɜɤ$_{21}$boʔ$_{4}$ 常:老卜lɑɤ$_{21}$bɔʔ$_{4}$ 锡:老卜lʌ$_{24}$bɔʔ$_{\underline{31}}$ 苏:老卜læ$_{22}$bɔʔ$_{4}$ 熟:老卜lɔ$_{24}$boʔ$_{\underline{31}}$ 昆:老卜lɔ$_{23}$boʔ$_{\underline{41}}$ 霜:萝卜lu$_{22}$bu$_{52}$ 罗:萝部/老卜lu$_{22}$bu$_{52}$/lɔ$_{24}$boʔ$_{3}$ 周:老卜lɔ$_{22}$p'oʔ$_{5}$ 上:老卜lɔ$_{22}$boʔ$_{4}$ 松:老卜lɔ$_{23}$boʔ$_{4}$ 黎:萝卜lɜu$_{24}$boʔ$_{2}$ 盛:萝卜lo$_{32}$bo$_{52}$ 嘉:萝卜儿lᵊu$_{22}$bu$_{51}$ 双:萝卜儿ləu$_{22}$bu$_{44}$ 杭:萝卜lou$_{21}$bɔʔ$_{5}$ 绍:萝卜lo$_{22}$boʔ$_{5}$ 诸:萝卜lɯ$_{31}$boʔ$_{4}$ 崇:落卜lɔʔ$_{2}$bɔʔ$_{4}$ 太:萝婆lɯ$_{21}$bɯ$_{44}$ 余:萝卜lou$_{22}$bɔʔ$_{5}$ 宁:老卜/萝卜lɔ$_{22}$bɔʔ$_{5}$/ləʊ$_{22}$bɔʔ$_{5}$ 黄:萝卜lᵊu$_{23}$bɔʔ$_{4}$ 温:菜头/红菜ts'e$_{52}$dʌu$_{21}$/ɦoŋ$_{22}$ts'e$_{52}$ 衢:老卜ʔlɔ$_{35}$bəʔ$_{2}$ 华:老卜ʔlɑʊ$_{55}$boʔ$_{2}$ 永:老卜ʔlAʊ$_{43}$bʊ$_{31}$

茄子

宜:茄子dʑio$_{21}$tsɿ$_{23}$ 溧:落苏lɔʔ$_{3}$su$_{23}$ 金:茄子tɕ'iɑ$_{22}$tsɿ$_{44}$ 丹:茄则dʑiɑ$_{32}$tsɛʔ$_{\underline{24}}$ 童:茄子dʑiɒ$_{24}$tsɿ$_{31}$ 靖:茄子dʑiɑ$_{22}$tsɿ$_{34}$ 江:茄则dʑiɑ$_{21}$tsɜʔ$_{4}$ 常:茄则dʑiɑ$_{21}$tsəʔ$_{4}$ 锡:茄则dʑiɑ$_{24}$tsəʔ$_{\underline{31}}$ 苏:茄子kɒ$_{22}$tsɿ$_{44}$ 熟:茄则gɑ$_{24}$tsEʔ$_{\underline{31}}$ 昆:茄子gɑ$_{23}$tsɿ$_{44}$ 霜:茄子kɑ$_{55}$tsɿ$_{31}$ 罗:茄子kɑ$_{55}$tsɿ$_{31}$ 周:落苏loʔ$_{2}$su$_{23}$ 上:落苏loʔ$_{2}$su$_{23}$ 松:茄子/落苏gɑ$_{22}$tsɿ$_{52}$/lɔʔ$_{2}$su$_{52}$ 黎:茄子gɒ$_{22}$tsɿ$_{34}$ 盛:茄子gɑ$_{22}$tsɿ$_{44}$ 嘉:茄子gɑ$_{24}$tsɿ$_{51}$ 双:茄子gɑ$_{22}$tsɿ$_{44}$ 杭:茄子/其儿dʑiɑ$_{21}$tsɿ$_{23}$/dʑi$_{21}$ər$_{33}$ 绍:茄子dʑiɑ$_{21}$tsɿ$_{33}$ 诸:茄子dʑiA$_{23}$tsɿ$_{52}$ 崇:茄dʑiɑ$_{312}$ 太:茄dʑiɑ$_{22}$ 余:茄子dʑiɑ$_{21}$tsɿ$_{23}$ 宁:茄/茄子dʑiɑ$_{113}$/dʑiɑ$_{22}$tsɿ$_{44}$ 黄:茄dʑiA$_{31}$ 温:枝儿dzɿ$_{22}$ŋ$_{2}$ 衢:落苏ləʔ$_{2}$su$_{53}$ 华:落苏/茄子loʔ$_{2}$su$_{35}$/dʑiɑ$_{32}$tsɿ$_{35}$ 永:辣苏lʊA$_{32}$sʊ$_{44}$

番茄

宜:番茄fA$_{55}$dʑio$_{55}$ 溧:番茄fA$_{44}$dʑio$_{52}$ 金:番茄fæ̃$_{52}$tɕ'iɑ$_{23}$ 丹:番茄fæ̃$_{44}$gɑ$_{31}$/fæ$_{44}$dʑiɑ$_{31}$ 童:番茄fɑ$_{53}$dʑiɒ$_{31}$ 靖:番茄fæ̃$_{44}$dʑiɑ$_{44}$ 江:番茄fæ$_{53}$gɑ$_{31}$ 常:番茄fæ$_{55}$dʑiɑ$_{31}$ 锡:番茄fɛ$_{31}$gɑ$_{23}$ 苏:番茄/西红柿fE$_{55}$kɒ$_{31}$/ɕi$_{j55}$ɦoŋ$_{55}$zɿ$_{31}$ 熟:番茄fæ$_{55}$gɑ$_{51}$ 昆:番茄/西红柿fɛ$_{44}$gɑ$_{41}$/si$_{44}$ɦoŋ$_{44}$zɿ$_{41}$ 霜:番茄fE$_{55}$gɑ$_{31}$ 罗:番茄fe$_{55}$gɑ$_{31}$ 周:番茄fɛ$_{33}$kɑ$_{52}$ 上:番茄fE$_{55}$gA$_{31}$ 松:番茄fE$_{44}$gɑ$_{52}$ 黎:番茄fE$_{44}$gɒ$_{52}$ 盛:番茄fE$_{44}$gɑ$_{44}$ 嘉:番茄fEᵋ$_{44}$gɑ$_{51}$ 双:番茄fE$_{33}$gɑ$_{44}$ 杭:番茄fE$_{32}$dʑiɑ$_{23}$/fE$_{32}$gɑ$_{23}$ 绍:番茄fæ̃$_{33}$dʑiɑ$_{52}$ 诸:番茄fɛ$_{52}$dʑiA$_{42}$ 崇:番茄fæ̃$_{53}$dʑiɑ$_{52}$ 太:番茄fæ̃$_{53}$dʑiɑ$_{52}$

余：番茄/西红柿fæ$_{33}$gA$_{44}$/ɕi$_{32}$ɦʊŋ$_{22}$zɿ$_{52}$　宁：番茄fɛ$_{33}$ga$_{51}$　黄：番茄fɛ$_{33}$dʑiA$_{51}$　温：番茄fɑ$_{44}$gɑ$_{52}$　衢：番茄fæ$_{43}$kɑ$_{53}$　华：番茄fæ$_{33}$tɕiɑ$_{55}$　永：番茄fA$_{43}$kʊA$_{44}$

葱

宜：葱/洋葱ts'oŋ$_{55}$/ɦiAŋ$_{21}$ts'oŋ$_{23}$　溧：葱ts'oŋ$_{44}$　金：葱ts'oŋ$_{31}$　丹：葱ts'oŋ$_{22}$　童：葱ts'oŋ$_{42}$　靖：葱ts'oŋ$_{433}$　江：葱/香葱ts'oŋ$_{51}$/ɕiA^{ŋ}$_{53}$ts'oŋ$_{31}$　常：葱ts'oŋ$_{44}$　锡：葱ts'oŋ$_{544}$　苏：葱/香葱ts'oŋ$_{44}$/ɕiÃ$_{55}$ts'oŋ$_{31}$　熟：葱ts'ʊŋ$_{52}$　昆：葱/香葱ts'oŋ$_{44}$/ɕiã$_{44}$ts'oŋ$_{41}$　霜：葱ts'o^{ŋ}$_{52}$　罗：葱ts'o^{ŋ}$_{52}$　周：葱ts'oŋ$_{52}$　上：葱ts'ʊŋ$_{52}$　松：葱ts'ʊŋ$_{52}$　黎：葱ts'oŋ$_{44}$　盛：葱ts'oŋ$_{44}$　嘉：葱ts'oŋ$_{51}$　双：葱ts'oŋ$_{44}$　杭：葱ts'oŋ$_{323}$　绍：葱ts'ʊŋ$_{52}$　诸：葱ts'oŋ$_{544}$　崇：葱ts'ʊ^{ŋ}$_{533}$　太：葱ts'ʊŋ$_{523}$　余：葱ts'ʊŋ$_{34}$　宁：葱ts'oŋ$_{52}$　黄：葱ts'oŋ$_{53}$　温：葱ts'oŋ$_{44}$　衢：葱ts'ʌŋ$_{434}$　华：葱ts'oŋ$_{324}$　永：葱ts'oŋ$_{44}$

蒜

宜：大蒜do$_{22}$se$_{53}$　溧：大蒜dɑ$_{32}$ɕyʊ$_{52}$　金：大蒜tɑ$_{22}$sʊ̃$_{52}$　丹：蒜/大蒜sɘŋ$_{213}$/d̥ɑ$_{35}$sɘŋ$_{213}$　童：大蒜dʌɤ$_{22}$ʃyʊ$_{55}$　靖：蒜/大蒜sũ$_{433}$/dæ$_{24}$sũ$_{31}$　江：台蒜dæ$_{24}$sɵ$_{31}$　常：大蒜dɑ$_{24}$sɔ$_{31}$　锡：大蒜dɑ$_{22}$so$_{55}$　苏：大蒜/大蒜头dɑ$_{22}$sɵ$_{44}$/dɑ$_{22}$sɵ$_{55}$dəɪ$_{31}$　熟：大蒜dɑ$_{22}$sɤ$_{44}$　昆：大蒜dɑ$_{23}$sɵ$_{41}$　霜：大蒜dɑ$_{24}$s^{ʌ}ɤ$_{31}$　罗：大蒜dɑ$_{24}$s^{ʌ}ɤ$_{31}$　周：大蒜dɑ$_{22}$sø$_{24}$　上：大蒜dA$_{22}$sø$_{44}$　松：大蒜头dɑ$_{22}$sø$_{55}$dɯ$_{31}$　黎：大蒜dɒ$_{23}$sɵ$_{33}$　盛：大蒜/大蒜头dɑ$_{32}$sɵ$_{52}$/dɑ$_{32}$sɵ$_{55}$diəʉ$_{31}$　嘉：大蒜dɑ$_{24}$sɤə$_{31}$　双：大蒜dɑ$_{21}$sE$_{34}$　杭：大蒜dɑ$_{23}$so$_{51}$　绍：大蒜da$_{24}$sõ$_{31}$　诸：大蒜dA$_{21}$sɤ$_{23}$　崇：大蒜dɑ$_{22}$sœ̃$_{23}$　太：大蒜dɑ$_{22}$sœ̃$_{23}$　余：大蒜dɑ$_{22}$sõ$_{52}$　宁：大蒜da$_{22}$sõ$_{51}$　黄：大蒜dA$_{22}$sõ$_{44}$　温：大蒜dɑ$_{52}$sɵ$_{21}$　衢：大葱du$_{24}$ts'ʌŋ$_{31}$　华：大蒜d̥ɑ$_{32}$sə$_{35}$　永：大蒜diA$_{31}$sɤə$_{54}$

生姜

宜：生姜səŋ$_{55}$tɕiAŋ$_{55}$　溧：生姜sən$_{44}$tɕie$_{55}$　金：生姜səŋ$_{35}$tɕiɑŋ$_{52}$　丹：生姜sɛn$_{23}$tɕie$_{52}$　童：生姜səŋ$_{53}$tɕiɑŋ$_{31}$　靖：生姜səŋ$_{44}$tɕĩ$_{44}$　江：生姜sA^{ŋ}$_{53}$tɕiAŋ$_{31}$/səŋ$_{53}$tɕiA^{ŋ}$_{31}$　常：生姜səɲ$_{55}$tɕiAɲ$_{31}$　锡：生姜sã$_{21}$tɕiã$_{23}$　苏：姜/老姜tɕiÃ$_{44}$/læ$_{24}$tɕiÃ$_{31}$/læ$_{22}$tɕiÃ$_{44}$　熟：生姜sA$^{\sim}$$_{55}$tɕiA$^{\sim}$$_{31}$　昆：生姜/老姜sã$_{44}$tɕiã$_{41}$/lɔ$_{22}$tɕiã$_{41}$　霜：生姜sa$^{\sim}$$_{55}$tɕia$^{\sim}$$_{31}$　罗：生姜/老姜sa$^{\sim}$$_{55}$tɕia$^{\sim}$$_{31}$/lɔ$_{22}$tɕia$^{\sim}$$_{52}$　周：生姜/老姜sA$^{\sim}$$_{44}$tɕiA$^{\sim}$$_{52}$/lɔ$_{22}$tɕiA$^{\sim}$$_{52}$　上：生姜/老姜sÃ^{ɲ}$_{55}$tɕiÃ^{ɲ}$_{31}$/lɔ$_{22}$tɕiÃ^{ɲ}$_{44}$　松：老姜/姜lɔ$_{24}$tɕiɛ̃$_{31}$/tɕiɛ̃$_{52}$　黎：姜/老姜tɕiɛ̃$_{44}$/lA^{ɔ}$_{23}$tɕiɛ̃$_{33}$　盛：姜tɕiæ̃$_{44}$　嘉：姜/生姜tɕiA$^{\sim}$$_{51}$/sA$^{\sim}$$_{44}$tɕiA$^{\sim}$$_{51}$　双：老姜/嫩姜lɔ$_{24}$tɕiã$_{51}$/nən$_{21}$tɕiã$_{34}$　杭：生姜/老姜sən$_{32}$tɕiAŋ$_{23}$/ʔlɔ$_{55}$tɕiAŋ$_{31}$　绍：生姜səŋ$_{33}$tɕiaŋ$_{52}$　诸：生姜sÃ$_{52}$tɕiÃ$_{42}$　崇：生姜sA$^{\sim}$$_{53}$tɕiA$^{\sim}$$_{23}$　太：生姜sAŋ$_{55}$tɕiAŋ$_{33}$　余：生姜sÃ$_{33}$tɕiÃ$_{44}$　宁：生姜sã$_{33}$tɕiã$_{51}$　黄：生姜sa$^{\sim}$$_{35}$tɕia$^{\sim}$$_{51}$　温：生姜s^{ɪ}ɛ$_{44}$tɕi$_{44}$　衢：生姜ʃʮã$_{43}$tɕiã$_{53}$　华：生姜sən$_{43}$tɕiAŋ$_{35}$　永：生姜sai$_{43}$tɕiAŋ$_{44}$

辣椒

宜：辣椒lA^{ʔ}$_{2}$tɕiɑɤ$_{23}$　溧：辣椒lɑʔ$_{3}$tɕiɑ^{ɤ}$_{23}$　金：辣椒lɑʔ$_{\underline{53}}$tɕiɑ^{ɔ}$_{31}$　丹：辣椒lɑʔ$_{\underline{53}}$tɕiɒ$_{31}$　童：辣椒lAʔ$_{\underline{42}}$tɕiɐɤ$_{31}$　靖：辣椒lɑʔ$_{2}$tsiɒ$_{23}$　江：辣椒lɑʔ$_{2}$tsiɒ$_{23}$　常：辣椒/辣则lɑʔ$_{2}$tɕiɑɤ$_{13}$/lɑʔ$_{2}$tsəʔ$_{5}$　锡：辣椒lAʔ$_{2}$tɕiA$_{55}$　苏：辣椒/辣火lAʔ$_{\underline{23}}$tɕiæ$_{33}$/lAʔ$_{3}$hɜu$_{52}$　熟：辣椒lAʔ$_{2}$tsiɔ$_{51}$　昆：辣茄lAʔ$_{3}$gɑ$_{31}$　霜：辣椒/辣茄lAʔ$_{2}$tsiɔ$_{23}$/lAʔ$_{2}$gɑ$_{23}$　罗：辣椒/辣茄lAʔ$_{2}$tɕiɔ$_{23}$/lAʔ$_{2}$gɑ$_{23}$　周：辣椒/辣茄lɑʔ$_{2}$tɕiɔ$_{23}$/lɑʔ$_{2}$kɑ$_{23}$　上：辣椒lɐʔ$_{2}$tɕiɔ$_{23}$　松：辣椒lAʔ$_{2}$tɕiɔ$_{52}$　黎：辣茄lAʔ$_{3}$gɒ$_{34}$　盛：辣茄lɑʔ$_{2}$gɑ$_{34}$　嘉：辣茄/辣椒ʔlAʔ$_{3}$gɑ$_{44}$/ʔlAʔ$_{3}$tɕiɔ$_{44}$　双：辣茄ʔlAʔ$_{5}$gɑ$_{52}$　杭：辣椒lɐ^{ʔ}$_{2}$tɕiɔ$_{23}$　绍：辣茄lAʔ$_{2}$dʑia$_{52}$　诸：辣茄lɐʔ$_{2}$dʑiA$_{52}$　崇：辣茄læʔ$_{2}$dʑiɑ$_{52}$　太：辣茄lɛʔ$_{2}$dʑiɑ$_{52}$　余：辣椒lɐʔ$_{2}$tɕiɒ$_{52}$　宁：辣椒lɐ^{ʔ}$_{2}$tɕiɵ$_{34}$　黄：辣椒lɐʔ$_{2}$dʑiA$_{13}$　温：辣椒lɑʔ$_{2}$tɕiɛ$_{44}$　衢：辣椒/香椒lAʔ$_{3}$tɕiɔ$_{31}$/ɕiã$_{43}$tɕiɔ$_{53}$　华：辣户ʔlɐ$_{54}$xu$_{35}$　永：辣椒ʔlʊA$_{43}$tɕiAʊ$_{44}$

木耳

宜：木耳mɔʔ$_{3}$əl$_{53}$　溧：木耳mɔʔ$_{3}$ər$_{23}$　金：木耳mɔʔ$_{5}$ɑr$_{23}$　丹：木耳moʔ$_{5}$E$^{i}_{23}$　童：木耳moʔ$_{\underline{42}}$E$^{r}_{31}$　靖：木耳ʔmɔʔ$_{5}$ɦər$_{23}$　江：木耳moʔ$_{2}$ɦər$_{23}$　常：木耳mɔʔ$_{2}$ɦə$^{r}_{13}$　锡：木耳mɔʔ$_{2}$ər$_{55}$　苏：木耳mɔʔ$_{\underline{23}}$ȵi$_{j33}$　熟：木耳mo$_{2}$ȵiʔ$_{34}$　昆：木耳moʔ$_{3}$ȵi$_{31}$　霜：木耳/猫儿耳朵moʔ$_{2}$ɛl$_{23}$/ʔma$^{\sim}_{55}$ȵi$_{33}$t^{ɔ}u$_{31}$　罗：木耳moʔ$_{2}$əl$_{23}$　周：木耳moʔ$_{2}$əl$_{23}$　上：木耳moʔ$_{2}$ər$_{23}$　松：云耳ɦyɲ$_{22}$ȵi$_{52}$　黎：木耳moʔ$_{3}$ɜr$_{33}$　盛：木耳mɔʔ$_{3}$əl$_{33}$　嘉：木耳ʔmoʔ$_{5}$ər$_{31}$　双：木耳ʔmoʔ$_{5}$əl$_{52}$　杭：木耳mɔʔ$_{2}$ər$_{33}$　绍：木耳moʔ$_{2}$l̩$_{52}$　诸：木耳moʔ$_{2}$l̩$_{52}$　崇：木耳moʔ$_{2}$l̩$_{52}$　太：木耳moʔl̩$_{252}$　余：木耳mɔʔ$_{3}$ər$_{52}$　宁：木耳mɔ$^{ʔ}_{2}$əl$_{34}$　黄：木柿mɔʔ$_{2}$zʅ$_{51}$　温：木耳mo$_{2}$ŋ̍$_{52}$　衢：木耳məʔ$_{2}$l̩$_{35}$　华：木耳mɐʔ$_{3}$əl$_{51}$　永：木耳moə$_{33}$ɜ$^{r}_{44}$

芋艿

宜：芋头ɦy$_{ɥ21}$dɤɯ$_{23}$　溧：芋头ʔɦy$_{z32}$dei$_{23}$　金：芋头子/芋头y$_{z32}$t'ʌɤ$_{23}$tsʅ$_{31}$/y$_{z32}$t'ʌɤ$_{23}$　丹：芋头/芋头子子/芋头婆婆y$_{z41}$dE$^{e}_{21}$/y$_{z33}$dE$^{e}_{55}$tsʅ$_{33}$tsʅ$_{31}$/y$_{z33}$dE$^{e}_{55}$pʌɤ$_{32}$pʌɤ$_{24}$　童：芋头囊子/芋头ɦy$_{ɥ21}$dei$_{23}$maŋ$_{24}$tsʅ$_{31}$/y$_{ɥ33}$dei$_{55}$　靖：芋头/脑头ʔy$_{ɥ35}$d^{ø}ʏ$_{31}$/nɒ$_{22}$d^{ø}ʏ$_{44}$　江：芋头/芋艿ɦy$_{24}$dEɪ$_{31}$/ɦy$_{24}$næ$_{31}$　常：芋艿/芋头ɦy$_{ɥ21}$næe$_{13}$/ɦy$_{ɥ21}$dei$_{13}$　锡：芋头/芋婆头ɦy$_{22}$dEi$_{55}$/ɦy$_{22}$bʌɤ$_{55}$dEi$_{31}$　苏：芋艿ʔy$_{55}$nɒ$_{31}$　熟：芋艿ɦy$_{23}$nɑ$_{33}$　昆：芋艿ɦy$_{23}$nɑ$_{41}$　霜：芋艿/芋头ɦy$_{24}$nɑ$_{31}$/ɦy$_{22}$dʌɪ$_{52}$　罗：芋艿/芋头ɦy$_{32}$nɑ$_{31}$/ɦy$_{22}$dʌɪ$_{52}$　周：芋艿ɦy$_{23}$nɑ$_{44}$　上：芋艿ɦy$_{22}$nA$_{44}$　松：芋艿/毛芋艿ʔy$_{55}$nɑ$_{31}$/mɔ$_{23}$ɦy$_{44}$nɑ$_{44}$　黎：芋艿ʔy$_{ɥ44}$nɒ$_{52}$　盛：芋艿ɦy$_{ɥ23}$nE$_{33}$　嘉：芋艿ʔy$_{55}$nɑ$_{31}$　双：嗯艿ɦŋ̍$_{22}$nɑ$_{52}$　杭：嗯艿/芋艿头/嗯艿头ʔn̩$_{34}$nE$_{51}$/ʔy$_{33}$nE$_{55}$deɪ$_{31}$/ʔn̩$_{33}$nE$_{55}$deɪ$_{31}$　绍：芋艿ɦy$_{ɥ24}$na$_{31}$　诸：芋艿ʑy$_{ɥ33}$nA$_{33}$　崇：芋艿ɦy$_{ɥ21}$nɑ$_{23}$　太：芋艿ʔȵy$_{55}$nɑ$_{33}$　余：嗯艿ɦŋ̍$_{22}$nA$_{52}$　宁：芋艿ŋ̍$_{22}$na$_{44}$　黄：芋头ɦy$_{ɥ23}$diɤ$_{31}$　温：芋子/芋头/芋vʊ$_{52}$tsʅ$_{34}$/vɒ$_{52}$dʌu$_{21}$/vʊ$_{22}$　衢：芋头ʔy$_{55}$təɪ$_{31}$　华：毛芋/芋/芋头ʔmaʊ$_{32}$ɦy$_{24}$/ɦy$_{213}$/ɦy$_{24}$tiɯu$_{31}$　永：芋ʔɦʏ$_{214}$

甘蔗

宜：甘蔗ke$_{55}$tso$_{31}$　溧：甘蔗kʊ$_{44}$tso$_{52}$　金：甘蔗kæ̃$_{44}$tsɑ$_{23}$　丹：甘蔗kəŋ$_{44}$tsɑ$_{44}$　童：甘蔗kʊ$_{55}$tsɒ$_{31}$　靖：甘蔗kũ$_{44}$tɕyɑ$_{44}$　江：甘蔗kɵ$_{53}$tsɑ$_{31}$　常：甘蔗kɔ$_{55}$tsɑ$_{31}$　锡：甘蔗ko$_{21}$tsɑ$_{23}$　苏：甘蔗kɵ$_{55}$tso$_{31}$　熟：甘蔗kʏ$_{55}$tsu$_{31}$　昆：甘蔗kɵ$_{44}$tsoʔ$_{4}$　霜：甘蔗kɪ$_{55}$tsʌɤ$_{31}$　罗：甘蔗k^{ʌ}ɤ$_{55}$ts^{ʌ}ɤ$_{31}$　周：甘蔗kø$_{55}$tso$_{31}$　上：甘蔗kø$_{55}$tso$_{31}$　松：甘蔗ke$_{44}$tso$_{52}$　黎：甘蔗kɵ$_{44}$tso$_{44}$　盛：甘蔗kɵ$_{44}$tso$_{44}$　嘉：甘蔗kɤə$_{52}$tso$_{22}$　双：甘蔗kE$_{44}$tso$_{44}$　杭：甘蔗/甘子kE$_{32}$tsɑ$_{23}$/kE$_{32}$tsʅ$_{23}$　绍：甘蔗kĩ$_{32}$tso$_{33}$　诸：甘蔗kɤ$_{52}$tso$_{44}$　崇：甘蔗kœ̃$_{52}$tsɤ$_{23}$　太：甘蔗kœ̃$_{52}$tso$_{33}$　余：甘蔗kẽ$_{32}$tso$_{23}$　宁：甘蔗ki$_{33}$tso$_{51}$　黄：糖骨儿dɒ$^{\sim}_{23}$kua$^{\sim}_{31}$　温：甘蔗kɵ$_{44}$tse$_{52}$　衢：甘蔗kə$_{43}$tʃɥɑ$_{53}$　华：甘蔗kə$_{32}$tɕiɑ$_{35}$　永：甘蔗kɤə$_{45}$tɕiA$_{45}$

芦黍

宜：芦黍lu$_{21}$su$_{23}$　溧：甜芦黍di$_{32}$lu$_{22}$so$_{23}$　金：芦黍/芦息l^{ə}u$_{22}$sɔʔ$_{4}$/ləu$_{22}$ɕieʔ$_{4}$　丹：芦基/甜黍l^{ə}u$_{32}$tɕi$^{z}_{44}$/dɪ̥$_{22}$soʔ$_{4}$　童：芦桥桥lu$_{23}$tɕi$_{j55}$tɕi$_{j31}$　靖：芦桥lu$_{22}$tɕi$_{34}$　江：糖芦黍/糖芦dA$^{ŋ}_{24}$lɜɤ$_{33}$su$_{31}$/dA$^{ŋ}_{24}$lɜɤ$_{33}$tɕi$_{j31}$　常：甜黍dɪ$_{21}$ɕy$_{ɥ34}$　锡：甜芦黍dɪ$_{24}$lʌɤ$_{55}$su$_{31}$　苏：甜芦黍diɪ$_{22}$lɜu$_{55}$so$_{31}$　熟：芦桥lɯ$_{23}$tsi$_{33}$　昆：芦黍ləu$_{23}$səu$_{41}$　霜：甜芦黍/芦黍dɪ$_{22}$l^{ə}u$_{55}$s^{ə}u$_{31}$/l^{ə}u$_{22}$s^{ə}u$_{52}$　罗：甜芦黍di$_{22}$lu$_{55}$su$_{31}$　周：芦黍lu$_{23}$soʔ$_{4}$　上：甜芦黍di$_{22}$lu$_{55}$su$_{31}$　松：芦黍/甜芦黍lu$_{23}$sɔʔ$_{4}$/di$_{23}$lu$_{44}$sɔʔ$_{4}$　黎：甜米黍diɪ$_{22}$mi$_{j44}$sɜu$_{52}$　盛：芦黍lɜu$_{24}$sɔʔ$_{2}$　嘉：芦黍梗ləu$_{22}$soʔ$_{5}$kA$^{\sim}_{31}$　双：芦鸡黍ləu$_{22}$tɕi$_{z44}$səu$_{44}$　杭：
绍：糖骨儿dɒŋ$_{21}$kuaŋ$_{33}$　诸：芦黍/芦秸lu$_{31}$sɯ$_{44}$/lu$_{31}$tɕi$_{44}$　崇：糖芦dɒ̃$_{22}$lʊ$_{52}$　太：糖芦dɒŋ$_{21}$lu$_{44}$　余：甜黍秆/甜黍秆儿dĩ$_{22}$sɔʔ$_{4}$kẽ$_{44}$/dĩ$_{22}$sɔʔ$_{4}$kuÃ$_{44}$　宁：糖秆儿dɔ̃$_{22}$kuã$_{34}$　黄：桑sɒ$^{\sim}_{53}$　温：

衢：芦黍/芦黍骨儿/糖蔗lu$_{22}$səʔ$_{5}$/lu$_{22}$səʔ$_{5}$kuɒ̃$_{31}$/tɒ̃$_{31}$tʃɥɑ$_{53}$　华：糖骨儿tʌŋ$_{33}$kuʌŋ$_{51}$　永：

黄瓜

宜：黄瓜ɦuᴀŋ$_{21}$ko$_{23}$　溧：黄瓜ɦuᴀŋ$_{32}$ko$_{23}$　金：黄瓜xuaŋ$_{24}$kuɑ$_{31}$　丹：黄瓜uaŋ$_{44}$ko$_{44}$　童：黄瓜ɦuɑŋ$_{24}$kuɒ$_{31}$　靖：黄瓜ɦuɑŋ$_{22}$ko$_{34}$　江：黄瓜ɦuᴀ^{ŋ}$_{24}$ko$_{31}$　常：黄瓜ɦuᴀɲ$_{21}$ko$_{34}$　锡：黄瓜ɦuɒ̃$_{24}$ku$_{31}$　苏：黄瓜ɦuÃ$_{22}$ko$_{44}$　熟：黄瓜ɦuᴀ̃$_{24}$ku$_{31}$　昆：黄瓜ɦuã$_{23}$ko$_{41}$　霜：黄瓜vɒ̃$_{22}$kuʌɤ$_{52}$　罗：黄瓜ɦuɒ̃$_{22}$ku^{ʌ}ɤ$_{52}$　周：黄瓜vɒ̃$_{23}$ko$_{44}$　上：黄瓜ɦuÃ^{ɲ}$_{22}$ko$_{44}$　松：黄瓜ɦuɑ̃$_{22}$ko$_{52}$　黎：黄瓜ɦuɑ̃$_{22}$ko$_{34}$　盛：黄瓜ɦuɑ̃$_{22}$ko$_{44}$　嘉：黄瓜ɦuᴀ̃$_{22}$ko$_{34}$　双：黄瓜ɦuɔ̃$_{22}$ko$_{44}$　杭：黄瓜儿ɦuᴀŋ$_{21}$kuɑ$_{24}$ər$_{31}$　绍：黄瓜ɦuɒŋ$_{22}$kuo$_{52}$　诸：黄瓜vɒ̃$_{31}$ko$_{52}$　崇：黄瓜vɒ̃$_{21}$kuɤ$_{23}$　太：付黄瓜fu$_{33}$vɒŋ$_{52}$kuo$_{23}$　余：黄瓜ɦuɒ̃$_{22}$kuo$_{44}$　宁：黄瓜ɦuɔ̃$_{22}$ko$_{51}$　黄：黄瓜ɦuɒ̃$_{25}$kuᴀ$_{51}$　温：黄瓜ɦ^{ʊ}ɔ$_{22}$ko$_{44}$　衢：黄瓜ʔɦuɒ̃$_{31}$kuɑ$_{53}$　华：黄瓜ʔɦuᴀŋ$_{43}$kuɑ$_{35}$　永：黄瓜ɦuᴀŋ$_{32}$kʊᴀ$_{34}$

冬瓜

宜：冬瓜toŋ$_{55}$ko$_{55}$　溧：冬瓜toŋ$_{44}$ko$_{52}$　金：冬瓜toŋ$_{32}$kuɑ$_{31}$　丹：冬瓜toŋ$_{44}$ko$_{44}$　童：冬瓜toŋ$_{53}$kuɒ$_{31}$　靖：冬瓜toŋ$_{44}$ko$_{44}$　江：冬瓜toŋ$_{53}$ko$_{31}$　常：冬瓜toŋ$_{55}$ko$_{31}$　锡：冬瓜toŋ$_{21}$ku$_{23}$　苏：冬瓜toŋ$_{55}$ko$_{31}$　熟：冬瓜tʊŋ$_{55}$ku$_{51}$　昆：冬瓜toŋ$_{44}$ko$_{41}$　霜：冬瓜to^{ŋ}$_{55}$ku^{ʌ}ɤ$_{31}$　罗：冬瓜to^{ŋ}$_{55}$ko^{ʌ}ɤ$_{31}$　周：冬瓜ɗoŋ$_{44}$ko$_{52}$　上：冬瓜tʊŋ$_{55}$ko$_{31}$　松：冬瓜tʊŋ$_{44}$ko$_{52}$　黎：冬瓜toŋ$_{44}$ko$_{52}$　盛：冬瓜toŋ$_{44}$ko$_{44}$　嘉：冬瓜toŋ$_{44}$ko$_{51}$　双：冬瓜toŋ$_{44}$ko$_{44}$　杭：冬瓜toŋ$_{32}$koɑ$_{23}$　绍：冬瓜tʊŋ$_{33}$kʊo$_{52}$　诸：冬瓜toŋ$_{52}$ko$_{42}$　崇：冬瓜tʊ^{ŋ}$_{53}$kuɤ$_{23}$　太：冬瓜tʊŋ$_{52}$kuo$_{23}$　余：冬瓜tʊŋ$_{33}$kuo$_{44}$　宁：冬瓜toŋ$_{33}$ko$_{51}$　黄：冬瓜toŋ$_{35}$kuᴀ$_{51}$　温：冬瓜toŋ$_{44}$ko$_{44}$　衢：冬瓜tʌŋ$_{43}$kuɑ$_{51}$　华：冬瓜toŋ$_{43}$kuɑ$_{35}$　永：冬瓜ʔnoŋ$_{43}$kʊᴀ$_{44}$

甜瓜（香瓜）

宜：香瓜ɕiᴀŋ$_{55}$ko$_{55}$　溧：香瓜ɕie$_{44}$ko$_{52}$　金：香瓜ɕiaŋ$_{32}$kuɑ$_{31}$　丹：香瓜ɕie$_{44}$ko$_{44}$　童：梨瓜li$_{j23}$kuɒ$_{55}$　靖：香瓜ɕĩ$_{43}$ko$_{34}$　江：香瓜ɕiᴀ^{ŋ}$_{53}$ko$_{31}$　常：金瓜/菜瓜tɕiɲ$_{55}$ko$_{31}$/ts‘æe$_{55}$ko$_{31}$　锡：香瓜ɕiã$_{21}$ku$_{23}$　苏：香瓜/老太婆瓜（少）ɕiÃ$_{55}$ko$_{31}$/læ$_{22}$t‘ɒ$_{55}$bu$_{44}$ko$_{31}$　熟：香瓜ɕiᴀ̃$_{55}$ku$_{51}$　昆：香瓜ɕiã$_{44}$ko$_{41}$　霜：甜瓜/香瓜dɪ$_{22}$ku^{ʌ}ɤ$_{52}$/ɕiɑ̃$_{55}$ku^{ʌ}ɤ$_{31}$　罗：黄金瓜/白瓜ɦuɒ̃$_{22}$tɕɪ^{n}$_{55}$ku^{ʌ}ɤ$_{31}$/bᴀʔ$_{2}$ku^{ʌ}ɤ$_{23}$　周：黄金瓜vɒ̃$_{23}$tɕiɪŋ$_{44}$ko$_{44}$　上：黄金瓜/白梨瓜ɦuÃ^{ɲ}$_{22}$tɕiɲ$_{55}$ko$_{31}$/bɐʔ$_{2}$li$_{22}$ko$_{23}$　松：　黎：香瓜/老太婆瓜ɕiɛ̃$_{44}$ko$_{52}$/lɔ$_{23}$t‘ɒ$_{55}$bu$_{23}$ko$_{31}$　盛：香瓜/洋瓜/老太婆瓜ɕiæ̃$_{44}$ko$_{44}$/ɦiæ̃$_{22}$ko$_{44}$/lᴀɑ$_{22}$t‘ɑ$_{55}$bu$_{33}$ko$_{31}$　嘉：香瓜/黄金瓜/老太婆瓜ɕiᴀ̃$_{44}$ko$_{51}$/ɦuᴀ̃$_{22}$tɕin$_{44}$ko$_{51}$/lɔ$_{22}$t‘ɑ$_{22}$bu$_{44}$ko$_{51}$　双：香瓜ɕiã$_{44}$ko$_{44}$　杭：甜瓜/香瓜die$_{21}$kuɑ$_{23}$/ɕiᴀŋ$_{32}$kuɑ$_{23}$　绍：黄金瓜/梨头瓜ɦuɒŋ$_{21}$tɕɪŋ$_{34}$kuo$_{52}$/li$_{21}$dɤ$_{34}$kuo$_{52}$　诸：梨头瓜/黄金瓜li$_{z22}$dei$_{22}$ko$_{52}$/vɒ̃$_{22}$tɕĩ$_{22}$ko$_{52}$　崇：香瓜/黄金瓜ɕiᴀ̃$_{53}$kuɤ$_{23}$/vɒ̃$_{21}$tɕiŋ$_{22}$kuɤ$_{23}$　太：鹅子瓜/黄金瓜ŋɯ$_{21}$tsɿ$_{22}$kuo$_{44}$/vɒŋ$_{23}$tɕiŋ$_{44}$kuo$_{31}$　余：香瓜ɕiÃ$_{33}$kuo$_{44}$　宁：香瓜ɕiã$_{33}$ko$_{51}$　黄：田瓜die$_{25}$kuᴀ$_{51}$　温：甜瓜/白酒瓜di$_{22}$ko$_{44}$/bɑ$_{2}$tɕiʌɯ$_{52}$ko$_{44}$　衢：黄金瓜/白雪瓜ʔɦuɒ̃$_{22}$tɕi^{ɲ}$_{33}$kuɑ$_{53}$/bɑ$_{22}$sieʔ$_{5}$kuɑ$_{31}$　华：梨瓜ʔli$_{43}$kuɑ$_{35}$　永：香瓜/梨瓜ɕiᴀŋ$_{43}$kʊᴀ$_{325}$/li$_{32}$kʊᴀ$_{325}$

瓜蒂

宜：　溧：瓜藤/蒂搭头ko$_{55}$dən$_{31}$/ti$_{z54}$tɑʔ$_{3}$dei$_{34}$　金：瓜纽kuɑ$_{31}$ȵiʌɤ$_{323}$　丹：瓜蒂蒂ko$_{44}$ti^{z}$_{44}$ti^{z}$_{23}$　童：瓜屁眼kuɒ$_{33}$p‘i$_{j44}$ŋɑ$_{55}$　靖：滴滴头tɪʔ$_{5}$tɪʔ$_{5}$døʏ$_{31}$　江：齐齐头dzi$_{j24}$dzi$_{j33}$dᴇɪ$_{31}$　常：瓜蒂/柄ko$_{55}$ti$_{j31}$/piɲ$_{51}$　锡：柄柄头pin$_{55}$pin$_{55}$dᴇi$_{31}$　苏：柄/底肚piɪn$_{412}$/ti$_{j52}$dɜu$_{23}$　熟：瓜柄ku$_{55}$pĩ^{ɲ}$_{31}$　昆：柄pin$_{52}$　霜：结肚tɕiɪʔ$_{4}$d^{ə}u$_{52}$　罗：的头tɕɪʔ$_{4}$dʌɪ$_{52}$　周：蒂头儿/蒂大/蒂肚ti$_{22}$təŋ$_{33}$/ti$_{22}$tɑ$_{33}$/ti$_{22}$tu$_{52}$　上：蒂蒂头ti$_{33}$ti$_{55}$dɤɯ$_{31}$　松：瓜蒂头/藤头ko$_{44}$ti$_{55}$dɯ$_{31}$/dəŋ$_{23}$dɯ$_{44}$　黎：蒂头/瓜柄di$_{j22}$

dieɯ$_{34}$/ko$_{44}$piəɲ$_{52}$ 盛：蒂头/蒂蒂头di$_{j22}$diəʉ$_{44}$/di$_{j22}$ti$_{j55}$diəʉ$_{31}$ 嘉：蒂头/蒂蒂头ti$_{33}$de$_{51}$/ti$_{44}$ti$_{44}$de$_{31}$ 双：蒂头di$_{z21}$døʏ$_{34}$ 杭：蒂头ti$_{33}$deɪ$_{51}$ 绍：蒂头ti$_{55}$dɤ$_{31}$ 诸：瓜蒂头ko$_{544}$ti$_{z52}$dei$_{44}$ 崇：蒂头ti$_{z55}$dʏ$_{23}$ 太：蒂头ti$_{55}$dʏ$_{33}$ 余：蒂头ti$_{33}$dʏ$_{44}$ 宁：蒂头ti$_{33}$dœʏ$_{44}$ 黄：蒂头ti$_{j31}$diɤ$_{13}$ 温：蒂tᶦi$_{52}$ 衢：蒂儿tie$_{31}$ 华：蔓mæn$_{45}$ 永：瓜□kᵘᴀ$_{44}$mai$_{54}$

桃儿

宜：桃则dɑʏ$_{21}$tsə$_{23}$ 溧：桃则dɑʸ$_{32}$tsə$_{23}$ 金：桃子tʻɑɔ$_{22}$tsɿ$_{z44}$ 丹：桃则dɒ$_{32}$tsɛʔ$_{\underline{24}}$ 童：桃子dɐʏ$_{24}$tsɿ$_{31}$ 靖：桃子dɒ$_{22}$tsɿ$_{34}$ 江：桃则dɒ$_{21}$tsɜʔ$_{4}$ 常：桃则dɑʏ$_{21}$tsəʔ$_{4}$ 锡：桃则dʌ$_{24}$tsəʔ$_{\underline{31}}$ 苏：桃子dæ$_{22}$tsɿ$_{44}$ 熟：桃则dɔ$_{24}$tsᴇʔ$_{\underline{31}}$ 昆：桃子dɔ$_{23}$tsɿ$_{41}$ 霜：桃子dɔ$_{24}$tsɿ$_{31}$ 罗：桃子dɔ$_{24}$tsɿ$_{31}$ 周：桃子dɔ$_{23}$tsɿ$_{44}$ 上：桃子dɔ$_{22}$tsɿ$_{44}$ 松：桃子dɔ$_{22}$tsɿ$_{52}$ 黎：桃子dᴀᵓ$_{22}$tsɿ$_{34}$ 盛：桃子dᴀɑ$_{22}$tsɿ$_{44}$ 嘉：桃子dɔ$_{24}$tsɿ$_{51}$ 双：桃子dɔ$_{22}$tsɿ$_{44}$ 杭：桃子dɔ$_{22}$tsɿ$_{51}$ 绍：桃子dɑᴅ$_{23}$tsɿ$_{52}$ 诸：桃子dɔ$_{24}$tsɿ$_{31}$ 崇：桃dɑɒ$_{312}$ 太：桃dɑɒ$_{312}$ 余：桃子dɒ$_{21}$tsɿ$_{23}$ 宁：桃子dɔ$_{22}$tsɿ$_{51}$ 黄：桃dɒ$_{113}$ 温：桃儿dɜ$_{22}$ŋ̍$_{2}$ 衢：桃dɔ$_{31}$ 华：桃tɑʊ$_{324}$ 永：桃dᴀʊ$_{325}$

梨

宜：梨则li$_{j21}$tsə$_{23}$ 溧：梨则li$_{z32}$tsə$_{23}$ 金：梨子li$_{z22}$tsɿ$_{z44}$ 丹：梨则liᶻ$_{32}$tsɛʔ$_{\underline{24}}$ 童：梨子li$_{j24}$tsɿ$_{31}$ 靖：梨子/千梨li$_{j22}$tsɿ$_{34}$/tsʻĩ$_{44}$li$_{j44}$ 江：千梨tsʻɪ$_{53}$li$_{j31}$ 常：梨则ʔli$_{j34}$tsəʔ$_{4}$ 锡：丫梨ʔiɑ$_{55}$li$_{31}$ 苏：生梨/梨sÃ$_{55}$li$_{j31}$/li$_{j223}$ 熟：梨li$_{233}$ 昆：生梨sã$_{44}$li$_{41}$ 霜：梨/生梨li$_{31}$/sa˜$_{55}$li$_{31}$ 罗：生梨sa˜$_{33}$li$_{52}$ 周：生梨sᴀ˜$_{44}$li$_{52}$ 上：生梨sÃᶮ$_{55}$li$_{31}$ 松：生梨sɛ̃$_{44}$li$_{52}$ 黎：梨li$_{j24}$ 盛：梨/雅梨li$_{j24}$/ʔiɑ$_{44}$li$_{j44}$ 嘉：生梨/千梨/雅梨/梨sᴀ˜$_{44}$li$_{51}$/tɕʻie$_{44}$li$_{51}$/ʔiɑ$_{44}$li$_{51}$/li$_{31}$ 双：梨子li$_{z22}$tsɿ$_{44}$ 杭：梨儿/梨头ʔli$_{33}$ər$_{33}$/ʔli$_{33}$deɪ$_{33}$ 绍：梨头/雅梨li$_{22}$dɤ$_{52}$/ʔio$_{32}$li$_{33}$ 诸：梨头li$_{z22}$dei$_{52}$ 崇：梨头li$_{z22}$dʏ$_{52}$ 太：梨/梨头li$_{312}$/li$_{22}$dʏ$_{44}$ 余：梨头li$_{22}$dʏ$_{44}$ 宁：梨头li$_{22}$dœʏ$_{51}$ 黄：梨li$_{j113}$ 温：梨/消梨lᶦi$_{31}$/ɕie$_{44}$lᶦi$_{22}$ 衢：梨/雪梨li$_{31}$/ʃɥəʔ$_{5}$li$_{31}$ 华：梨ʔli$_{324}$ 永：梨li$_{325}$

梅子

宜： 溧：梅则mæᴇ$_{32}$tsə$_{23}$ 金： 丹：梅则mᴇᵉ$_{32}$tsɛʔ$_{\underline{24}}$ 童：梅子mei$_{24}$tsɿ$_{31}$ 靖： 江：青梅tsʻiŋ$_{53}$mᴇɪ$_{31}$ 常： 锡： 苏：梅子mᴇ$_{22}$tsɿ$_{44}$ 熟：梅则/青梅mᴇ$_{24}$tsᴇʔ$_{\underline{31}}$/tsʻĩᶮ$_{55}$mᴇ$_{51}$ 昆： 霜：梅子mʌɪ$_{24}$tsɿ$_{31}$ 罗：酸梅sʌʏ$_{55}$mʌɪ$_{31}$ 周：梅子me$_{23}$tsɿ$_{44}$ 上：梅子mᴇ$_{22}$tsɿ$_{44}$ 松：梅子me$_{22}$tsɿ$_{52}$ 黎：梅子mᴇ$_{22}$tsɿ$_{34}$ 盛：酸梅子sɵ$_{44}$mᴇ$_{44}$tsɿ$_{44}$ 嘉：梅子me$_{24}$tsɿ$_{51}$ 双：梅子mᶱʏ$_{22}$tsɿ$_{44}$ 杭：梅子ʔmeɪ$_{33}$tsɿ$_{33}$ 绍：梅子me$_{21}$tsɿ$_{33}$ 诸：梅子me$_{24}$tsɿ$_{31}$ 崇：梅me$_{312}$ 太：梅me$_{312}$ 余：梅子me$_{21}$tsɿ$_{23}$ 宁：梅mᴇɪ$_{113}$ 黄：梅me$_{113}$ 温：梅儿mæi$_{22}$ŋ̍$_{2}$ 衢：梅məɪ$_{31}$ 华：梅ʔmeɪ$_{324}$ 永：梅ʔməɪ$_{44}$

橘子

宜：橘则tɕiɔʔ$_{5}$tsəʔ$_{5}$ 溧：橘则tɕyeʔ$_{5}$tsəʔ$_{5}$ 金：橘子tɕyeʔ$_{4}$tsɿ$_{z44}$ 丹：橘则tɕyɪʔ$_{3}$tsɛʔ$_{3}$ 童：橘子tɕyoʔ$_{\underline{53}}$tsɿ$_{31}$ 靖：橘子ɕyøʔ$_{\underline{53}}$tsɿ$_{31}$ 江：橘则tɕioʔ$_{5}$tsɜʔ$_{5}$ 常：橘则tɕiɔʔ$_{4}$tsəʔ$_{5}$ 锡：橘则tɕyeʔ$_{4}$tsəʔ$_{5}$ 苏：橘子tɕyəˀ$_{5}$tsɿ$_{52}$ 熟：橘则tɕioˀ$_{4}$tsᴇˀ$_{5}$ 昆：橘子tɕioʔ$_{5}$tsɿ$_{52}$ 霜：橘子tɕioʔ$_{4}$tsɿ$_{23}$ 罗：橘子tɕioʔ$_{5}$tsɿ$_{31}$ 周：橘子tɕyɪʔ$_{4}$tsɿ$_{44}$ 上：橘子tɕioʔ$_{3}$tsɿ$_{44}$ 松：橘子tɕyɪʔ$_{4}$tsɿ$_{44}$ 黎：橘子tɕyəʔ$_{5}$tsɿ$_{31}$ 盛：橘子tɕiɔʔ$_{5}$tsɿ$_{31}$ 嘉：橘子tɕioʔ$_{5}$tsɿ$_{31}$ 双：广橘kuɔ̃$_{24}$tɕieʔ$_{5}$ 杭：橘子tɕyɪʔ$_{5}$tsɿ$_{31}$ 绍：橘子tɕyoʔ$_{5}$tsɿ$_{33}$ 诸：橘子tɕioʔ$_{5}$tsɿ$_{31}$ 崇：橘tɕioʔ$_{\underline{45}}$ 太：橘tɕiɔʔ$_{\underline{45}}$ 余：橘子tɕyɔʔ$_{5}$tsɿ$_{31}$ 宁：橘子tɕyɪʔ$_{5}$tsɿ$_{33}$ 黄：橘儿ciɪŋ$_{53}$ 温：橘tɕiæi$_{423}$ 衢：小橘ɕiɑ$_{55}$tʃɥəʔ$_{5}$ 华：橘子tɕyəʔ$_{3}$tsɿ$_{35}$ 永：橘tɕiə$_{4}$

柚子

宜：文丹vən$_{21}$tᴀ$_{23}$ 溧：柚则ɦiʌɯ$_{32}$tsə$_{23}$ 金： 丹：文旦uɛn$_{33}$tæ$_{44}$ 童： 靖：柚子ʔᶱʏ$_{55}$

tsɿ$_{31}$　江：文旦vᴇɲ$_{24}$tæ$_{31}$　常：沙田柚so$_{55}$dɪ$_{33}$ɦiɯ$_{31}$　锡：文旦vən$_{24}$tɛ$_{31}$　苏：文旦vən$_{22}$tᴇ$_{44}$　熟：文旦vɛ̃^{n}$_{24}$tæ$_{31}$　昆：文旦vən$_{23}$tɛ$_{41}$　霜：　罗：文旦vɛ̃^{n}$_{24}$te$_{31}$　周：文旦vəŋ$_{23}$ɗɛ$_{44}$　上：文旦vəɲ$_{22}$tᴇ$_{44}$　松：文旦vəɲ$_{22}$tᴇ$_{52}$　黎：文旦vəɲ$_{22}$tᴇ$_{34}$　盛：文旦vəɲ$_{22}$tᴇ$_{44}$　嘉：香泡/文旦/沙田柚ɕiᴀ$^{\sim}$$_{52}$p'ɔ$_{22}$/vən$_{22}$tᴇ^{ɛ}$_{44}$/so$_{44}die_{44}$ɦiəu$_{31}$　双：文旦vən$_{22}$tᴇ$_{44}$　杭：柚子ɦʏ$_{21}$tsɿ$_{23}$　绍：文丹vəŋ$_{23}$te$_{52}$　诸：柚子ɦiʏ$_{24}$tsɿ$_{31}$　崇：香团ɕiᴀ$^{\sim}$$_{53}$duæ̃$_{52}$　太：香团ɕiᴀ$^{\sim}$$_{52}$dœ̃$_{33}$　余：文旦/香泡veɲ$_{22}$tɛ̃$_{44}$/ɕiÃ$_{32}$p'ɒ$_{23}$　宁：文旦/香泡vᴇŋ$_{22}$tᴇ$_{51}$/ɕiã$_{33}$p'ɔ$_{51}$　黄：文蛋/橙/栾bəŋ$_{22}$dɛ$_{44}$/dʑiɪŋ$_{113}$/lø$_{113}$　温：橐（泡）/t'ɜ$_{44}$　衢：香泡ɕiã$_{35}$p'ɔ$_{31}$　华：柚子ʔɦiɯu$_{32}$tsɿ$_{35}$　永：泡p'ᴀʊ$_{44}$

葡萄

宜：勃萄bəʔ$_{2}$dɑʏ$_{23}$　溧：葡萄bu$_{32}$dɑ^{ʏ}$_{23}$　金：葡萄p'u$_{24}$t'ɑɔ$_{23}$　丹：葡萄b^{ə}u$_{33}$dɒ$_{44}$　童：紫葡萄tsɿ$_{33}$bu$_{55}$dɐʏ$_{31}$　靖：勃萄bəʔ$_{2}$dɒ$_{23}$　江：勃萄bɜʔ$_{2}$dɒ$_{23}$　常：勃萄bəʔ$_{2}$dɑʏ$_{13}$　锡：勃萄bəʔ$_{2}$dʌ$_{55}$　苏：勃萄bəʔ$_{3}$dæ$_{412}$　熟：勃萄bᴇʔ$_{2}$dɔ$_{51}$　昆：葡萄/勃萄bu$_{23}$dɔ$_{41}$/bɪ^{ʔ}$_{3}$dɔ$_{31}$　霜：勃萄bɪʔ$_{2}$dɔ$_{23}$　罗：勃萄bəʔ$_{2}$dɔ$_{23}$　周：勃萄bəʔ$_{2}$dɔ$_{23}$　上：葡萄/勃萄bu$_{22}$dɔ$_{44}$/bɐʔ$_{2}$dɔ$_{23}$　松：勃萄bəʔ$_{2}$dɔ$_{52}$　黎：勃萄bəʔ$_{3}$dᴀ^{ɔ}$_{34}$　盛：勃萄bəʔ$_{2}$dᴀɑ$_{34}$　嘉：勃萄bᴀʔ$_{2}$dɔ$_{44}$　双：勃萄/水勃萄bəʔ$_{2}$dɔ$_{52}$/sɿ$_{33}$dəʔ$_{5}$dɔ$_{31}$　杭：葡萄bu$_{21}$dɔ$_{23}$　绍：葡萄bu$_{21}$dɑɒ$_{33}$　诸：葡萄bu$_{31}$dɔ$_{42}$　崇：葡萄bʊ$_{22}$dɑɒ$_{52}$　太：葡萄bu$_{21}$dɑɒ$_{44}$　余：葡萄bu$_{22}$dɒ$_{44}$　宁：葡萄bu$_{22}$dɔ$_{51}$　黄：葡萄bu$_{22}$bɒ$_{51}$　温：葡萄b^{ə}u$_{22}$dɜ$_{2}$　衢：葡萄bu$_{22}$dɔ$_{53}$　华：葡萄pu$_{32}$tɑʊ$_{24}$　永：葡萄bʊ$_{32}$d̥ᴀʊ$_{54}$

枇杷

宜：枇杷bɪʔ$_{2}$bo$_{23}$　溧：枇杷bɪʔ$_{3}$bo$_{23}$　金：枇杷p'ieʔ$_{4}$p'ɑʔ$_{4}$　丹：枇杷bi$_{z33}$po$_{44}$　童：别杷biɪʔ$_{42}$bɒ$_{31}$　靖：枇杷bɪʔ$_{42}$bo$_{31}$　江：枇杷bɪʔ$_{2}$bo$_{23}$　常：枇杷biɪʔ$_{2}$bo$_{13}$　锡：枇杷bɪ^{ʔ}$_{2}$bu$_{55}$　苏：枇杷bi$_{j22}$bo$_{44}$/biəʔ$_{22}$bo$_{52}$　熟：枇杷bi$_{24}$bu$_{31}$/bɪʔ$_{2}$bu$_{51}$　昆：枇杷bi$_{23}$boʔ$_{4}$　霜：枇杷bɪʔ$_{2}$bo$_{23}$　罗：枇杷bɪʔ$_{2}$bʌʏ$_{23}$　周：枇杷bi$_{22}$bo$_{23}$/bɪʔ$_{2}$bo$_{23}$　上：枇杷biɪʔ$_{2}$bo$_{23}$/biɪʔ$_{2}$boʔ$_{3}$　松：枇杷biɪʔ$_{2}$bo$_{52}$　黎：枇杷bɪʔ$_{3}$bo$_{34}$　盛：枇杷bi$_{j22}$bo$_{44}$/bɪʔ$_{2}$bo$_{34}$　嘉：枇杷bi$_{22}$bɔʔ$_{5}$　双：枇杷bieʔ$_{2}$bo$_{52}$　杭：枇杷biɪʔ$_{2}$bɑ$_{23}$　绍：枇杷bɪʔ$_{2}$bo$_{52}$　诸：枇杷bieʔ$_{2}$bo$_{52}$　崇：枇杷bi$_{z22}$bʏ$_{52}$　太：枇杷bi$_{22}$bo$_{44}$　余：枇杷bi$_{22}$bo$_{44}$　宁：枇杷bi$_{22}$bo$_{44}$　黄：枇杷bi$_{22}$bo$_{51}$　温：枇杷b^{ɪ}i$_{22}$bo$_{2}$　衢：枇杷bi$_{22}$pɑ$_{53}$　华：枇杷pi$_{j32}$piɑ$_{35}$　永：枇杷bi$_{32}$b̥ʊᴀ$_{54}$

樱桃

宜：樱桃ʔiŋ$_{55}$dɑʏ$_{55}$　溧：樱桃ʔin$_{44}$dɑ^{ʏ}$_{52}$　金：樱桃iŋ$_{31}$t'ɑ^{ɔ}$_{24}$　丹：樱桃iŋ$_{44}$dɒ$_{31}$　童：　靖：　江：樱桃ʔᴀ^{ŋ}$_{53}$dɒ$_{31}$　常：樱桃ʔᴀɲ$_{55}$dɑʏ$_{31}$　锡：樱桃ʔin$_{21}$dʌ$_{23}$　苏：樱桃ʔiɪn$_{55}$dæ$_{31}$/ʔÃ$_{55}$dæ$_{31}$　熟：樱桃ʔĩ^{ɲ}$_{55}$dɔ$_{51}$　昆：樱桃ʔin$_{44}$dɔ$_{41}$　霜：樱桃ʔã$_{55}$dɔ$_{31}$　罗：　周：樱桃ʔÃ$_{44}$tɔ$_{52}$/ʔiɪŋ$_{44}$tɔ$_{52}$　上：樱桃ʔÃ^{ɲ}$_{55}$dɔ$_{31}$　松：樱桃ʔɛ̃$_{44}$dɔ$_{52}$　黎：　盛：樱桃ʔɪɲ$_{44}$dᴀɑ$_{44}$　嘉：樱子ʔin$_{52}$tsɿ$_{22}$　双：樱桃ʔɪn$_{44}$dɔ$_{44}$　杭：樱桃ʔɪn$_{32}$dɔ$_{23}$/ʔᴀŋ$_{32}$dɔ$_{23}$　绍：樱桃ʔɪŋ$_{32}$dɑɒ$_{33}$　诸：樱桃/樱珠ʔÃ$_{52}$dɔ$_{42}$/ʔÃ$_{52}$tɕy$_{ʮ42}$　崇：樱桃ʔÃ$_{53}$dɑɒ$_{52}$　太：樱桃ʔᴀŋ$_{52}$dɑɒ$_{33}$　余：樱桃ʔiŋ$_{32}$dɒ$_{23}$　宁：樱桃ʔã$_{33}$dɔ$_{51}$　黄：樱珠ʔiɪŋ$_{34}$tsʮ$_{31}$　温：　衢：樱桃ʔi^{ɲ}$_{55}$dɔ$_{31}$　华：樱桃/樱珠ʔiɪn$_{33}$tɑʊ$_{55}$/ʔᴀŋ$_{32}$tɕy$_{35}$　永：樱珠ai$_{43}$tɕʏ$_{44}$

沙果儿

宜：小苹果ɕiɑʏ$_{33}$biŋ$_{55}$ku$_{31}$　溧：花红xo$_{55}$ɦŋ̍$_{31}$　金：　丹：　童：　靖：花红ho$_{44}$ɦŋ̍$_{44}$　江：小苹果siɒ$_{52}$biɲ$_{33}$kɜʏ$_{43}$　常：花红/小苹果xo$_{55}$ɦoŋ$_{31}$/ɕiɑʏ$_{33}$biɲ$_{55}$kʌɯ$_{31}$　锡：小苹果ɕiʌ$_{34}$bin$_{55}$kʌʏ$_{55}$　苏：花红/海棠果ho$_{55}$ɦoŋ$_{31}$/hᴇ$_{52}$dÃ$_{23}$kɜu$_{31}$　熟：花红/小苹果xu$_{55}$ɦʊŋ$_{51}$/siɔ$_{33}$bĩ^{ɲ}$_{55}$ku$_{31}$　昆：花红ho$_{44}$ɦoŋ$_{41}$　霜：花红x^{ʌ}ʏ$_{55}$ŋ̍$_{31}$　罗：小苹果siɔ$_{33}$bɪ^{n}$_{55}$k^{ə}u$_{31}$　周：花红ho$_{44}$ɦoŋ$_{52}$　上：小苹

果/花红ɕiɔ$_{33}$biɲ$_{55}$ku$_{31}$/ho$_{55}$ɦʊŋ$_{31}$　松：花红ho$_{55}$ɦʊŋ$_{31}$　黎：花红ho$_{44}$ɦoŋ$_{52}$　盛：花红/海棠果/小苹果ho$_{44}$ɦoŋ$_{44}$/hE$_{55}$dɑ̃$_{33}$kɜu$_{31}$/ɕiAɑ$_{55}$bɪɲ$_{33}$kɜu$_{31}$　嘉：花红/小苹果ho$_{44}$ɦoŋ$_{51}$/ɕiɔ$_{44}$bin$_{44}$kᵊu$_{31}$　双：花红xo$_{44}$ɦoŋ$_{44}$　杭：花红huɑ$_{33}$ɦoŋ$_{51}$　绍：花红果ho$_{32}$ŋ̍$_{34}$ku$_{52}$　诸：花红ho$_{52}$ɲ̍$_{42}$　崇：花红fɤ$_{53}$ŋ̍$_{52}$　太：　余：花红/海棠果huo$_{33}$ɦʊŋ$_{44}$/he$_{33}$dɔ̃$_{55}$kou$_{31}$　宁：小苹果ɕiɘ$_{33}$bɪŋ$_{44}$kəʊ$_{55}$　黄：花红huA$_{33}$ɦoŋ$_{51}$　温：　衢：花红xuɑ$_{43}$ʔʌŋ$_{53}$　华：花红xuɑ$_{55}$ʔoŋ$_{45}$　永：花红/小苹果xʊA$_{55}$ɦoŋ$_{51}$/ɕiAʊ$_{43}$b̥iɪŋ$_{22}$koə$_{325}$

橄榄

宜：橄榄ke$_{33}$lA$_{44}$　溧：橄榄kʊ$_{54}$lA$_{34}$　金：橄榄kæ̃$_{52}$næ̃$_{23}$　丹：橄榄kæ$_{52}$læ$_{23}$　童：橄榄kɑ$_{33}$lɑ$_{23}$　靖：橄榄kũ$_{33}$læ$_{44}$　江：橄榄/青橄榄kɵ$_{52}$læ$_{33}$/tsʻiɲ$_{53}$kɵ$_{33}$læ$_{31}$　常：橄榄kæ$_{33}$læ$_{44}$　锡：青橄榄tɕʻin$_{21}$kɛ$_{23}$lɛ$_{55}$　苏：橄榄/青果kE$_{52}$lE$_{23}$/tɕʻɪn$_{55}$kɜu$_{31}$　熟：橄难kæ$_{35}$næ$_{31}$　昆：橄榄kɛ$_{52}$lɛ$_{33}$　霜：橄榄kE$_{33}$lE$_{52}$　罗：橄榄ke$_{33}$le$_{52}$　周：橄榄kɛ$_{35}$lɛ$_{31}$　上：橄榄kE$_{33}$lE$_{44}$　松：橄榄/青果kE$_{55}$lE$_{31}$/tɕʻiɲ$_{44}$ku$_{52}$　黎：橄榄kE$_{55}$lE$_{31}$　盛：橄榄/青果kE$_{55}$lE$_{31}$/tɕʻɪɲ$_{44}$kɜu$_{44}$　嘉：橄榄/青果kEᵋ$_{44}$lEᵋ$_{33}$/tɕʻin$_{52}$kᵊu$_{22}$　双：橄榄kE$_{34}$lE$_{52}$　杭：青果/橄榄tɕʻɪŋ$_{33}$ku$_{51}$/kE$_{55}$lE$_{31}$　绍：橄榄kæ̃$_{34}$læ̃$_{52}$　诸：橄榄kɛ$_{52}$læ̃$_{42}$　崇：橄榄kæ̃$_{34}$læ̃$_{52}$　太：橄榄kæ̃$_{33}$læ̃$_{44}$　余：橄榄kẽ$_{33}$lẽ$_{52}$　宁：橄榄kE$_{55}$lE$_{33}$　黄：橄榄kɛ$_{31}$lɛ$_{13}$　温：橄榄kɵ$_{52}$lɑ$_{34}$　衢：橄榄/青果kə$_{35}$læ̃$_{53}$/tɕiⁿ$_{43}$ku$_{35}$　华：橄榄kæ̃$_{33}$læ̃$_{55}$　永：橄榄kAŋ$_{54}$lAŋ$_{31}$

荸荠

宜：荸荠bɪʔ$_{2}$ʑi$_{j23}$　溧：荸荠bɪˀ$_{3}$ʑi$_{z23}$　金：荸荠pieʔ$_{\underline{53}}$tɕʻi$_{z31}$　丹：荸荠pɪʔ$_{5}$tɕi$_{z23}$　童：别荠biɪʔ$_{\underline{42}}$ʑi$_{j31}$　靖：荸荠bɪʔ$_{\underline{53}}$zi$_{j31}$　江：荸荠bɪʔ$_{2}$dʑi$_{j23}$　常：荸荠bəʔ$_{2}$ʑi$_{j13}$　锡：荸荠bəʔ$_{2}$zi$_{55}$　苏：荸荠/地梨bəʔ$_{3}$zi$_{j52}$/di$_{j22}$li$_{j44}$　熟：荸荠bEʔ$_{2}$zi$_{51}$　昆：荸荠bəʔ$_{3}$zi$_{31}$　霜：地栗di$_{22}$ləʔ$_{4}$　罗：地勒/地栗di$_{22}$lɐʔ$_{5}$/di$_{22}$lɪʔ$_{5}$　周：地栗di$_{22}$lɪʔ$_{5}$　上：地梨di$_{22}$li$_{44}$　松：地栗di$_{23}$liɪʔ$_{4}$　黎：荸荠bəʔ$_{3}$ʑi$_{j34}$　盛：荸荠bəʔ$_{2}$ɦi$_{j34}$　嘉：地栗/地梨di$_{22}$liəʔ$_{5}$/di$_{22}$li$_{44}$　双：荸荠bieʔ$_{2}$ʑi$_{z52}$　杭：荸荠bɐʔ$_{2}$dʑi$_{23}$　绍：蒲夷bu$_{22}$ɦi$_{52}$　诸：蒲荠bu$_{31}$ʑi$_{42}$　崇：蒲荠bʊ$_{22}$dʑi$_{z52}$　太：蒲荠bu$_{21}$dʑi$_{44}$　余：蒲夷bu$_{22}$ɦi$_{44}$　宁：蒲荠bu$_{22}$ʑi$_{z51}$　黄：蒲荠bu$_{22}$ʑi$_{j51}$　温：荸荠bəu$_{22}$zʲi$_{2}$　衢：甜荸荠die$_{22}$bəʔ$_{3}$sʅ$_{53}$　华：蒲齐bu$_{32}$ɕie$_{24}$　永：蒲齐bʊ$_{21}$ɕʑie$_{51}$

李子

宜：嘉庆子tɕio$_{55}$tɕʻiŋ$_{33}$tsʅ$_{31}$　溧：嘉庆子tɕio$_{44}$tɕʻin$_{44}$tsʅ$_{31}$　金：李子li$_{z32}$tsʅ$_{z23}$　丹：李则li$_{z32}$tsɛʔ$_{\underline{24}}$　童：李子li$_{j23}$tsʅ$_{55}$　靖：李子ʔli$_{j33}$tsʅ$_{55}$　江：李则ʔli$_{j52}$tsɜʔ$_{33}$　常：嘉庆子tɕiɑ$_{55}$tɕʻiɲ$_{33}$tsʅ$_{31}$　锡：嘉庆子tɕiɑ$_{21}$tɕʻin$_{11}$tsʅ$_{23}$　苏：嘉庆子kɒ$_{55}$tɕʻɪn$_{55}$tsʅ$_{31}$　熟：李子li$_{24}$tsʅ$_{31}$　昆：嘉庆子tɕiɑ$_{33}$tɕʻin$_{55}$tsʅ$_{31}$　霜：　罗：李子li$_{24}$tsʅ$_{31}$　周：李子li$_{24}$tsʅ$_{31}$　上：李子li$_{22}$tsʅ$_{44}$　松：李子li$_{24}$tsʅ$_{31}$　黎：李子li$_{j22}$tsʅ$_{52}$　盛：李子li$_{j32}$tsʅ$_{52}$　嘉：李子li$_{24}$tsʅ$_{51}$　双：李子li$_{24}$tsʅ$_{51}$　杭：李子ʔli$_{55}$tsʅ$_{31}$　绍：李子li$_{21}$tsʅ$_{33}$　诸：李子li$_{z23}$tsʅ$_{33}$　崇：李li$_{z22}$　太：李li$_{22}$　余：李子li$_{21}$tsʅ$_{23}$　宁：李子li$_{24}$tsʅ$_{33}$　黄：李ʔli$_{53}$　温：李儿lʲi$_{52}$ŋ̍$_{21}$　衢：李li$_{31}$　华：青肖李tɕʻiɪŋ$_{55}$ɕiɑʊ$_{33}$li$_{55}$　永：麦李mai$_{\underline{32}}$li$_{325}$

核桃

宜：核桃ɦəʔ$_{2}$dɑɤ$_{23}$　溧：胡桃/核桃vu$_{32}$dɔ$_{23}$/xɦəʔ$_{3}$dɔ$_{23}$　金：蒲桃/核桃pʻᵊu$_{24}$tʻɑᵓ$_{23}$/xəʔ$_{\underline{53}}$tʻɑɔ$_{31}$　丹：核桃/胡桃hɛʔ$_{5}$dɒ$_{23}$/ɦu$_{32}$dɒ$_{24}$　童：蒲桃bu$_{24}$dɐɤ$_{31}$　靖：核桃/蒲桃hɦəˀ$_{4}$dɒ$_{23}$/bu$_{22}$dɒ$_{34}$　江：蒲桃bu$_{24}$dɒ$_{31}$　常：蒲桃/小核桃bu$_{21}$dɑɤ$_{34}$/ɕiɑɤ$_{33}$ɦəʔ$_{5}$dɑɤ$_{31}$　锡：胡桃/大核桃ɦu$_{24}$dʌ$_{31}$/dʌɤ$_{22}$ɦəʔ$_{5}$dʌ$_{31}$　苏：胡桃ɦɜu$_{22}$dæ$_{44}$　熟：大蒲桃/核桃dɯ$_{24}$bu$_{33}$dɔ$_{31}$/ɦEʔ$_{2}$dɔ$_{51}$　昆：蒲桃bu$_{23}$dɔ$_{41}$　霜：蒲桃bu$_{22}$dɔ$_{52}$　罗：核桃/蒲桃ɦɐʔ$_{2}$do$_{23}$/du$_{22}$do$_{52}$　周：蒲桃bu$_{23}$dɔ$_{44}$　上：蒲桃bu$_{22}$dɔ$_{44}$　松：蒲

桃bu$_{22}$dɔ$_{52}$　黎：蒲桃bu$_{22}$dᴀ$^{ɔ}{}_{34}$　盛：蒲桃bu$_{22}$dᴀɑ$_{44}$　嘉：胡桃/蒲桃ɦu$_{22}$dɔ$_{44}$/bu$_{22}$dɔ$_{44}$　双：蒲桃bu$_{22}$dɔ$_{44}$　杭：核桃/胡桃（少）ɦɐ$^{ʔ}{}_{2}$dɔ$_{23}$/vu$_{21}$dɔ$_{23}$　绍：胡桃/沙胡桃vu$_{22}$dɑɒ$_{52}$/so$_{32}$vu$_{34}$dɑɒ$_{52}$　诸：核桃/沙核桃（小的）ɦoʔ$_{2}$dɔ$_{52}$/so$_{52}$ɦoʔ$_{\underline{42}}$dɔ$_{44}$　崇：沙核桃sɤ$_{53}$ɦᴇʔ$_{22}$dɑɒ$_{52}$　太：核桃/沙核桃ŋɛʔ$_{2}$dɑɒ$_{52}$/so$_{52}$ŋɛʔ$_{3}$dɑɒ$_{52}$　余：核桃ɦɐʔ$_{2}$dɒ$_{52}$　宁：胡桃vu$_{22}$dɔ$_{51}$　黄：核桃ɦɐʔ$_{2}$dɒ$_{51}$　温：核桃ɦy$_{22}$dɜ$_{2}$　衢：核桃ʔ^{ɦ}əʔ$_{3}$dɔ$_{31}$　华：核桃/胡桃ʔəʔ$_{2}$tɑʊ$_{24}$/ʔɦu$_{32}$tɑʊ$_{24}$　永：胡桃ɦʊ$_{32}$dᴀʊ$_{51}$

香蕉

宜：香蕉ɕiᴀŋ$_{55}$tɕiɑɤ$_{55}$　溧：香蕉ɕie$_{44}$tɕiɑ$^{ɤ}{}_{52}$　金：香蕉ɕiɑŋ$_{35}$tɕiɑ$^{ɔ}{}_{52}$　丹：香蕉ɕie$_{44}$tɕiɒ$_{52}$　童：香蕉ɕiɑŋ$_{53}$tɕiɐɤ$_{31}$　靖：香蕉ɕĩ$_{44}$tsiɒ$_{44}$　江：香蕉ɕiᴀ$^{ŋ}{}_{53}$tsiɒ$_{31}$　常：香蕉ɕiᴀɲ$_{55}$tɕiɑɤ$_{31}$　锡：香蕉ɕiã$_{21}$tsiʌ$_{23}$　苏：香蕉ɕiÃ$_{55}$tɕiɛ$_{31}$　熟：香蕉ɕiᴀ$^{\sim}{}_{55}$tsiɔ$_{51}$　昆：香蕉ɕiã$_{44}$tɕiɔ$_{41}$　霜：香蕉ɕia$^{\sim}{}_{55}$tɕiɔ$_{31}$　罗：香蕉ɕia$^{\sim}{}_{55}$tɕiɔ$_{31}$　周：香蕉ɕiᴀ$^{\sim}{}_{44}$tɕiɔ$_{52}$　上：香蕉ɕiÃ$^{ɲ}{}_{55}$tɕiɔ$_{31}$　松：香蕉ɕiɛ̃$_{44}$tɕiɔ$_{52}$　黎：香蕉ɕiɛ̃$_{44}$tsiᴀ$^{ɔ}{}_{52}$　盛：香蕉ɕiæ̃$_{44}$tɕiᴀɑ$_{44}$　嘉：香蕉ɕiᴀ$^{\sim}{}_{55}$tɕiɔ$_{31}$　双：香蕉ɕiã$_{44}$tɕiɔ$_{44}$　杭：香蕉ɕiᴀŋ$_{32}$tɕiɔ$_{23}$　绍：香蕉ɕiɑŋ$_{33}$tɕiɑɒ$_{52}$　诸：香蕉ɕiÃ$_{52}$tɕiɔ$_{42}$　崇：香蕉ɕiᴀ$^{\sim}{}_{53}$tɕiɑɒ$_{23}$　太：香蕉ɕiᴀŋ$_{55}$tɕiɑɒ$_{33}$　余：香蕉ɕiÃ$_{32}$tɕiɒ$_{23}$　宁：香蕉ɕiã$_{33}$tɕiɵ$_{51}$　黄：香蕉ɕia$^{\sim}{}_{35}$tɕiɒ$_{51}$　温：香蕉ɕi$_{44}$tɕie$_{44}$　衢：香蕉ɕiã$_{43}$tɕiɔ$_{53}$　华：香蕉ɕiᴀŋ$_{33}$tɕiɑʊ$_{55}$　永：香蕉ɕiᴀŋ$_{43}$tɕiᴀʊ$_{44}$

栗子

宜：大栗du$_{21}$lɪ$_{23}$　溧：大栗dʌɯ$_{32}$liɪ$_{23}$　金：栗子n̩ieʔ$_{4}$tsɿ$_{52}$　丹：栗则lɪʔ$_{3}$tsɛʔ$_{3}$　童：大栗dʌɤ$_{22}$liɪʔ$_{5}$　靖：毛栗子ʔmɒ$_{44}$lɪʔ$_{2}$tsɿ$_{34}$　江：大栗dɜɤ$_{24}$lɪʔ$_{2}$　常：大栗dʌɯ$_{21}$liɪ$_{23}$　锡：大栗dʌɤ$_{22}$lɪʔ$_{5}$　苏：栗子lɪʔ$_{3}$tsɿ$_{52}$　熟：栗则lɪʔ$_{2}$tsᴇʔ$_{5}$　昆：栗子/毛栗子ləʔ$_{3}$tsɿ$_{31}$/mɔ$_{22}$ləʔ$_{55}$tsɿ$_{31}$　霜：栗子lɪʔ$_{2}$tsɿ$_{23}$　罗：栗子lɪʔ$_{2}$tsɿ$_{23}$　周：栗子lɪʔ$_{2}$tsɿ$_{23}$　上：栗子liɪʔ$_{2}$tsɿ$_{23}$　松：栗子liɪ$^{ʔ}{}_{3}$tsɿ$_{44}$　黎：栗子lɪʔ$_{3}$tsɿ$_{33}$　盛：栗子li$_{j32}$tsɿ$_{51}$　嘉：栗子ʔliəʔ$_{5}$tsɿ$_{31}$　双：栗子ʔlieʔ$_{5}$tsɿ$_{52}$　杭：栗子liɪʔ$_{2}$tsɿ$_{23}$　绍：栗则lɪʔ$_{2}$tsəʔ$_{5}$　诸：栗子liəʔ$_{2}$tsɿ$_{33}$　崇：大栗dɤ$_{22}$liᴇɪ$_{4}$　太：大栗dɯ$_{23}$li$_{22}$　余：栗子lɐʔ$_{2}$tsɿ$_{52}$　宁：栗子liɪʔ$_{2}$tsɿ$_{34}$　黄：栗儿liɪŋ$_{53}$　温：栗li$_{323}$　衢：大栗du$_{45}$liəʔ$_{2}$　华：大栗/毛栗tuo$_{55}$lɐʔ$_{2}$/ʔmɑʊ$_{55}$lɐʔ$_{2}$　永：大栗/毛栗doə$_{32}$lə$_{31}$/mᴀʊ$_{32}$lə$_{325}$

枣儿

宜：枣则tsɑɤ$_{33}$tsəʔ$_{4}$　溧：枣则tsɑ$^{ɤ}{}_{54}$tsə$_{34}$　金：枣子tsɑ$^{ɔ}{}_{32}$tsɿ$_{23}$　丹：枣则tsɒ$_{41}$tsɛʔ$_{\underline{21}}$　童：枣子tsɐɤ$_{33}$tsɿ$_{23}$　靖：枣子tsɒ$_{33}$tsɿ$_{44}$　江：枣则tsɒ$_{52}$tsɜʔ$_{3}$　常：枣则tsɑɤ$_{34}$tsəʔ$_{4}$　锡：枣子tsʌ$_{33}$tsɿ$_{55}$　苏：枣子tsæ$_{52}$tsɿ$_{23}$　熟：枣则tsɔ$_{33}$tsᴇʔ$_{5}$　昆：枣子tsɔ$_{52}$tsɿ$_{33}$　霜：白蒲枣/红果子/黑果子bʌʔ$_{2}$ɦu$_{2}$tsɔ$_{23}$/ɦo$^{ŋ}{}_{24}$k^{ə}u$_{33}$tsɿ$_{31}$/xəʔ$_{4}$k^{ə}u$_{23}$tsɿ$_{52}$　罗：枣子tsɔ$_{33}$tsɿ$_{52}$　周：枣子tsɔ$_{35}$tsɿ$_{31}$　上：枣子tsɔ$_{33}$tsɿ$_{44}$　松：枣子tsɔ$_{35}$tsɿ$_{31}$　黎：枣子tsᴀ$^{ɔ}{}_{55}$tsɿ$_{31}$　盛：枣子tsᴀɑ$_{55}$tsɿ$_{31}$　嘉：枣子tsɔ$_{44}$tsɿ$_{33}$　双：枣子tsɔ$_{34}$tsɿ$_{52}$　杭：枣儿tsɔ$_{55}$ər$_{31}$　绍：枣子tsɑɒ$_{34}$tsɿ$_{52}$　诸：枣子tsɔ$_{33}$tsɿ$_{52}$　崇：枣tsɑɒ$_{42}$　太：枣tsɑɒ$_{42}$　余：枣子tsɒ$_{33}$tsɿ$_{52}$　宁：红枣/黑枣ɦoŋ$_{33}$tsɔ$_{51}$/hɐʔ$_{5}$tsɔ$_{31}$　黄：枣tsɒ$_{53}$　温：枣tsʔ$_{\underline{35}}$　衢：红枣/青枣/黑枣ʔʌŋ$_{43}$tsɔ$_{35}$/tɕiɲ$_{43}$tsɔ$_{35}$/xəʔ$_{4}$tsɔ$_{35}$　华：枣tsɑʊ$_{544}$　永：香枣ɕiᴀŋ$_{43}$tsᴀʊ$_{45}$

桂圆

宜：桂圆kuɐɪ$_{33}$ɦyĩ$_{44}$　溧：桂圆kuæᴇ$_{54}$ɦyʊ$_{34}$　金：桂圆kuei$_{52}$yʊ̃$_{23}$　丹：泡圆/桂圆p‘ɒ$_{44}$ʏ$_{44}$/kue$_{31}$ʏ$_{21}$　童：桂圆kuei$_{33}$ɦyʊ$_{55}$　靖：桂圆kue$_{35}$ɦyʊ̃$_{31}$　江：桂圆kuᴇɪ$_{45}$ɦyɵ$_{31}$　常：桂圆kuæe$_{55}$ɦiɔ$_{31}$　锡：桂圆kue$_{45}$ɦio$_{31}$　苏：桂圆/龙眼kuəɪ$_{55}$ɦiɵ$_{31}$/loŋ$_{22}$ŋᴇ$_{44}$　熟：桂圆kuᴇ$_{55}$ɦiʏ$_{31}$　昆：桂圆kuᴇ$_{55}$ɦyɵ$_{31}$　霜：桂圆ku^{ʌ}ɪ$_{33}$ɦi^{ʌ}ʏ$_{52}$　罗：桂圆/龙眼kuʌɪ$_{55}$ɦi^{ʌ}ʏ$_{31}$/lo$^{ŋ}{}_{24}$ŋe$_{31}$　周：桂圆kue$_{33}$ɦyø$_{52}$　上：桂圆kuᴇ$_{33}$ɦyø$_{44}$　松：桂圆/龙眼kue$_{55}$yø$_{31}$/lʊŋ$_{22}$ŋᴇ$_{52}$　黎：圆眼/龙眼kuᴇ$_{52}$ɦiɵ$_{41}$/loŋ$_{22}$ŋᴇ$_{34}$　盛：桂圆kuᴇ$_{43}$ɦiɵ$_{52}$　嘉：桂圆/龙眼kue$_{33}$yɤə$_{51}$/loŋ$_{24}$ŋᴇ$^{ɛ}{}_{51}$　双：桂圆kuəɪ$_{32}$ɦi$_{z34}$　杭：桂圆kueɪ$_{34}$ɦʏo$_{51}$

绍:桂圆kue32ɦyõ33　诸:桂圆kue44ɦiɤ33　崇:桂圆kue32ɦyæ̃23　太:桂圆kue52ɦiœ̃33　余:桂圆kue55ɦyõ31　宁:桂圆kuᴇɪ44ɦyʮ44　黄:圈圆cø33ɦyø51　温:圆眼ɦy52ŋɑ34　衢:桂圆kuəɪ55ɦyə31　华:桂圆/龙眼kueɪ53ɦye24/loŋ22ʔæ̃51　永:圆眼ɦyə24ŋᴀ31

白果

宜:白果bᴀʔ3ku53　溧:白果bəʔ3kʌɯ53　金:白果p'ɔʔko23　丹:白果pɑʔ53kʌɤ31　童:白果儿bᴀʔ42koŋ31　靖:白果bɔʔ2kʌɤ23　江:白果bɑʔ2kɜɤ23　常:白果bɔʔ2kʌɯ13　锡:白眼果果bᴀʔ2ŋɛ34kʌɤ55kʌɤ55　苏:白果bᴀʔ3kɜu52　熟:白眼果bᴀʔ2ŋæ33kɯ44　昆:白果bᴀʔ3kəu31　霜:白果bᴀʔ2kəu23　罗:白果bᴀʔ2kᵊu23　周:白眼dɑʔ2ŋɛ23　上:白果bɐʔ2ku23　松:白果bᴀʔ3ku44　黎:白果bᴀʔ3kɜu33　盛:白果bɑʔ3kɜu33　嘉:白果bᴀʔ2kᵊu23　双:白果bᴀʔ2kəu52　杭:白果儿bɐʔ2ku55ər31　绍:白果bᴀʔ2ku33　诸:白果bɐʔ2ku52　崇:白果bɑʔ2kɤ52　太:白果bɑʔ2kɯ52　余:白果bɐʔ2kou52　宁:白果bɐʔ2kəu34　黄:□ʔla˜53　温:　衢:白果bᴀʔ2ku35　华:白果bɐʔ3koə51　永:

荔枝

宜:　溧:荔枝lɪʔ3tsɿ23　金:　丹:荔枝lɪʔ53tsɿ31　童:荔枝liɪʔ42tsɿ31　靖:荔枝lij24tsɿ31　江:荔枝lɪʔ2tsɿ23　常:荔枝lij21tsɿ13　锡:荔枝li22tsɿ55　苏:荔枝lij22tsɿ44/lɪʔ3tsɿ52　熟:荔枝li22tʂʮ51　昆:荔枝li22tsɿ41　霜:荔枝lɪʔ2tsɿ23　罗:麻栗子mᴬɤ22lɪʔ5tsɿ31　周:荔枝/麻栗子li24tsɿ31/mo22lɪʔ5tsɿ31　上:麻栗子mo22liɪʔ5tsɿ31　松:荔枝/麻栗子liɪʔ3tsɿ44/mo22liɪʔ5tsɿ31　黎:荔枝lij22tsɿ52　盛:荔枝lij22tsɿ52　嘉:荔枝li22tsɿ51　双:毛荔枝mɔ2lieʔ4tsɿ44　杭:荔枝li23tsɿ51　绍:荔枝li21tsɿ33　诸:荔枝li33tsɿ33　崇:荔枝liz22tsɿ23　太:荔枝li23tsɿ22　余:荔枝li22tsɿ52　宁:荔枝li22tɕiz51　黄:荔枝li23tsɿ31　温:荔枝lⁱi52ts'i44　衢:荔枝ʔli55tsɿ31　华:荔枝ʔlie54tɕij35　永:荔枝lie32tɕi44

核儿

宜:棚ɦuəʔ23　溧:棚ɦuə223　金:核xəʔ4　丹:棚棚uɛʔ52uɛʔ23　童:棚棚ɦuəʔ42ɦuəʔ31　靖:棚子ɦuəʔ2tsɿ23　江:棚ɦuɜʔ12　常:棚棚头ɦuɜʔ2ɦuɜʔ1dei23　锡:棚ɦuəʔ23　苏:棚ɦuəʔ23　熟:棚ɦuoʔ23　昆:棚ɦuəʔ12　霜:棚ɦuəʔ23　罗:棚ɦuɐʔ23　周:棚vəʔ23　上:棚ɦuɐʔ23　松:棚vəʔ23　黎:棚ɦuəʔ23　盛:棚ɦuəʔ2　嘉:棚ʔuoʔ54　双:棚ʔuəʔ54　杭:棚儿ɦuɐʔ2ər23　绍:棚ɦuoʔ23　诸:核ɦoʔ23　崇:棚ɦuᴇʔ12　太:棚vɛʔ12　余:棚ɦuɔʔ23　宁:棚ɦuɐʔ23　黄:瓤n̠ia˜31　温:核ɦy323　衢:棚ɦuəʔ12　华:棚ʔuo324　永:棚ʔɦuə323

果皮

宜:果皮/皮ku22dij53/bij223　溧:果皮/皮kʌɯ54biz34/biz323　金:果皮/皮ko33p'iz44/p'iz24　丹:皮biz213　童:皮bij31　靖:皮bij223　江:皮bij223　常:皮皮头bij22bij55dei42　锡:皮bi213　苏:皮bij223　熟:皮dij233　昆:皮bi21　霜:皮bi31　罗:皮bi31　周:皮bi113　上:皮bi113　松:皮bi31　黎:皮bij24　盛:皮bij24　嘉:皮bi31　双:皮biz113　杭:皮儿bi21ər22　绍:皮bi31　诸:果皮kɯ33bi52　崇:皮biz312　太:皮bi312　余:皮bi113　宁:皮bi113　黄:皮bi31　温:皮bⁱi31　衢:皮bi323　华:果皮/皮kuo55pij31/pij324　永:皮pi44

桑葚儿

宜:桑子sᴀŋ55tsɿ31　溧:桑果果sᴀŋ44kʌɯ44kʌɯ31　金:桑枣sɑŋ31tsɑᵓ23　丹:桑果sɑŋ23kʌɤ44　童:桑果sɑŋ55kʌɤ31　靖:桑果sɑŋ44kʌɤ34　江:桑子sᴀᵑ53tsɿ31　常:桑则sᴀɲ55tsəʔ5　锡:桑子sã33tsɿ55　苏:桑子sÃ55tsɿ31　熟:桑梅梅/桑则sᴀ˜55mᴇ55mᴇ51/sᴀ˜55tsᴇʔ5　昆:桑果sã44kəu41　霜:桑

子sɒ̃$_{55}$tsɿ$_{31}$　罗：桑子sɒ̃$_{55}$tsɿ$_{31}$　周：桑灯sɒ̃$_{44}$ʔdəŋ$_{52}$　上：桑子sᴀ̃ⁿ$_{55}$tsɿ$_{31}$　松：桑子sɑ̃$_{44}$tsɿ$_{52}$　黎：桑果sɑ̃$_{44}$kɜu$_{51}$　盛：桑果sɑ̃$_{44}$kɜu$_{44}$　嘉：桑果sᴀ̃$_{52}$kᵊu$_{22}$　双：桑果sɔ̃$_{44}$kəu$_{44}$　杭：桑子/桑子儿sᴀŋ$_{33}$tsɿ$_{51}$/sᴀŋ$_{33}$tsɿ$_{55}$ər$_{31}$　绍：桑子sɒŋ$_{32}$tsɿ$_{33}$　诸：桑卵子/桑子sɒŋ$_{44}$lɤ$_{44}$tsɿ$_{52}$/sɒŋ$_{52}$tsɿ$_{42}$　崇：桑子sɒ̃$_{33}$tsɿ$_{52}$　太：桑子sʊŋ$_{52}$tsɿ$_{33}$　余：桑果/桑果果儿sɒ̃$_{32}$kou$_{23}$/sɒ̃$_{32}$kou$_{22}$keɲ$_{44}$　宁：桑果sɔ̃$_{22}$kəu$_{51}$　黄：桑无sɒ̃$_{33}$ɦu$_{51}$　温：桑枣sᵘɔ$_{52}$tsɜ$_{34}$　衢：桑枣sɒ̃$_{43}$tsɔ$_{35}$　华：桑葚/桑葚乌珠sᴀŋ$_{55}$ȵiɪn$_{31}$/sᴀŋ$_{33}$ȵiɪŋ$_{55}$ u$_{32}$tɕy$_{35}$　永：桑枣sᴀŋ$_{43}$tsᴀʊ$_{45}$

柳树

宜：杨柳树ɦiᴀŋ$_{22}$liɤɯ$_{22}$ʑyʮ$_{53}$　溧：杨柳ʔɦie$_{32}$liʌɯ$_{23}$　金：杨柳iaŋ$_{24}$liʌʏ$_{23}$　丹：杨柳ɦie$_{32}$lʏ$_{24}$　童：杨柳树/青杨柳树ɦiaŋ$_{24}$liʊ$_{55}$ʒyʮ$_{31}$/tɕʻiəŋ$_{55}$ɦiaŋ$_{55}$ʒyʮ$_{31}$　靖：柳树ʔløʏ$_{44}$ɕʑyʮ$_{44}$　江：柳树/杨柳ʔliɜʏ$_{52}$ʑy$_{33}$/ɦiᴀᵑ$_{21}$liɜʏ$_{43}$　常：柳树/杨柳树lei$_{21}$zʮ$_{34}$/ɦiᴀɲ$_{22}$lei$_{55}$zʮ$_{31}$　锡：杨柳ɦiã$_{24}$lᴇi$_{31}$　苏：杨柳树ɦiᴀ̃$_{22}$ləɪ$_{55}$zɿ$_{31}$　熟：杨柳树ɦiᴀ̃$_{24}$liɯ$_{33}$zʮ$_{31}$　昆：杨柳/柳树ɦiã$_{23}$ly$_{41}$/ly$_{23}$zʮ$_{41}$　霜：杨柳ɦiɑ̃$_{22}$ly$_{52}$　罗：杨柳树ɦiɑ̃$_{24}$ly$_{33}$zɿ$_{31}$　周：杨柳ɦiᴀ̃$_{23}$liɤ$_{44}$　上：杨柳树ɦiᴀ̃ⁿ$_{22}$lɤɯ$_{55}$zɿ$_{31}$　松：杨柳树ɦiɛ̃$_{22}$liɯ$_{55}$ʑy$_{31}$　黎：杨柳ɦiã$_{22}$lieɯ$_{44}$　盛：杨柳ɦiæ̃$_{22}$liəʉ$_{44}$　嘉：杨柳ɦiᴀ̃$_{22}$liᵊu$_{44}$　双：杨柳ɦiã$_{22}$løʏ$_{44}$　杭：杨柳ɦiᴀŋ$_{22}$lʏ$_{51}$　绍：杨柳树ɦiaŋ$_{21}$liɤ$_{33}$ʑyʮ$_{33}$　诸：杨柳树ɦiᴀ̃$_{31}$liʏ$_{42}$ʑʏʮ$_{44}$　崇：杨柳树ɦiᴀ̃$_{21}$lʏ$_{22}$zɿ$_{23}$　太：杨柳树ɦiᴀŋ$_{21}$lʏ$_{22}$zɿ$_{23}$　余：杨柳/杨柳树ɦiᴀ̃$_{21}$ȵiɤ$_{23}$/ɦiᴀ̃$_{21}$ȵiɤ$_{22}$zɿ$_{52}$　宁：杨柳ɦiã$_{22}$lʏ$_{51}$　黄：杨柳ɦiɑ̃$_{23}$liɤ$_{31}$　温：杨柳ɦi$_{52}$lʌu$_{34}$　衢：杨柳树ɦiã$_{22}$liɯ$_{55}$ʒʮ$_{31}$　华：杨柳ʔɦiᴀŋ$_{54}$liɯu$_{44}$　永：杨柳ʔɦiᴀŋ$_{32}$liəu$_{323}$

树枝

宜：树椏枝/椏枝ʑyʮ$_{21}$o$_{11}$tsɿ$_{23}$/ʔo$_{55}$tsɿ$_{55}$　溧：树枝/树椏枝/椏枝ʑyz$_{32}$tsɿ$_{23}$/ʑyz$_{32}$ʔo$_{22}$tsɿ$_{52}$/ʔo$_{44}$tsɿ$_{52}$　金：树枝səu$_{35}$tsɿ$_{31}$　丹：树枝枝səu$_{33}$tsɿ$_{55}$tsɿ$_{31}$　童：树椏枝/椏枝ʒyʮ$_{55}$ɦɒ$_{55}$tsɿ$_{31}$/ʔŋɒ$_{55}$tsɿ$_{31}$　靖：树枝椏ɕʑyʮ$_{\underline{53}}$tsɿ$_{33}$o$_{31}$　江：树枝/树椏枝ʑy$_{24}$tsɿ$_{31}$/ʑy$_{24}$o$_{33}$tsɿ$_{31}$　常：树枝/椏枝/树椏枝zʮ$_{21}$tsɿ$_{13}$/ʔo$_{55}$tsɿ$_{31}$/zɿ$_{21}$o$_{11}$tsɿ$_{13}$　锡：树叉zʮ$_{22}$tsʻɑ$_{55}$　苏：树梗梗/树椏子zɿ$_{22}$kᴀ̃$_{55}$kᴀ̃$_{31}$/zɿ$_{22}$o$_{55}$tsɿ$_{31}$　熟：树椏枝zʮ$_{24}$u$_{33}$tsɿ$_{31}$　昆：树枝/树椏枝zʮ$_{23}$tsɿ$_{41}$/zʮ$_{22}$o$_{55}$tsɿ$_{31}$　霜：树椏枝zɿ$_{22}$ᴧʏ$_{23}$tsɿ$_{52}$　罗：树椏枝zɿ$_{22}$ᴧʏ$_{55}$tsɿ$_{31}$　周：树椏枝/椏枝zɿ$_{22}$ɔ$_{55}$ts$_{31}$/ʔɔ$_{55}$tsɿ$_{31}$　上：树椏枝zɿ$_{22}$o$_{55}$tsɿ$_{31}$　松：树椏枝zy$_{23}$o$_{44}$tsɿ$_{44}$　黎：树椏枝zɿ$_{22}$o$_{55}$tsɿ$_{31}$　盛：树椏枝zɿ$_{22}$o$_{55}$tsɿ$_{31}$　嘉：树条/树椏枝zʮ$_{22}$diɔ$_{51}$/zʮ$_{22}$o$_{55}$tsɿ$_{31}$　双：树椏枝zɿ$_{21}$ʊ$_{11}$tsɿ$_{34}$　杭：树吊儿szʮ$_{22}$tiɔ$_{52}$ər$_{31}$　绍：树椏叉ʑyʮ$_{22}$o$_{44}$tsʻo$_{52}$　诸：树桥枝ʑyʮ$_{22}$o$_{22}$tsɿ$_{52}$　崇：树椏枝zɿ$_{22}$ʏ$_{22}$tsɿ$_{23}$　太：树椏枝zɿ$_{22}$o$_{33}$tsɿ$_{22}$　余：树椏叉/树吊zɿ$_{22}$o$_{44}$tsʻo$_{44}$/zɿ$_{22}$tʻiɒ$_{52}$　宁：树骨枝zʮ$_{22}$kuã$_{44}$tsɿ$_{55}$　黄：树枝zʮ$_{21}$tsɿ$_{13}$　温：树枝szɿ$_{52}$tsʻi$_{44}$　衢：树椏ʒʮ$_{45}$ɑ$_{31}$　华：树枝ʑy$_{24}$tsɿ$_{35}$　永：棒丕bᴀŋ$_{32}$pʻai$_{44}$

竹子

宜：竹则tsɔʔ$_{5}$tsəʔ$_{5}$　溧：竹则tsɔʔ$_{5}$tsə$_{34}$　金：竹子tsɔʔ$_{4}$tsɿ$_{z44}$　丹：竹则tsoʔ$_{\underline{53}}$tsɛʔ$_{\underline{31}}$　童：竹子tsoʔ$_{\underline{53}}$tsɿ$_{31}$　靖：竹子tsɔʔ$_{5}$tsɿ$_{31}$　江：竹头tsoʔ$_{5}$dᴇɪ$_{42}$　常：竹则/竹头tsɔʔ$_{5}$tsəʔ$_{5}$/tsɔʔ$_{\underline{53}}$dei$_{31}$　锡：竹头tsɔʔ$_{4}$dᴇi$_{55}$　苏：竹头tsɔʔ$_{5}$dəɪ$_{23}$　熟：竹头tʂoʔ$_{4}$dᴇ̥$_{51}$　昆：竹头tsoʔ$_{4}$dᴇ$_{44}$　霜：竹头tsoʔ$_{4}$dᴧɪ$_{52}$　罗：竹头tsoʔ$_{4}$dᴧɪ$_{51}$　周：竹头tsɒʔ$_{3}$tʏ$_{52}$　上：竹头tsoʔ$_{3}$dɤɯ$_{44}$　松：竹头tsɔʔ$_{4}$dɯ$_{52}$　黎：竹头tsoʔ$_{3}$dieɯ$_{34}$　盛：竹头tsɔʔ$_{3}$diəʉ$_{44}$　嘉：竹头tsoʔ$_{3}$de$_{44}$　双：毛竹mɔ$_{22}$tsoʔ$_{4}$　杭：毛竹mɔ$_{21}$tsɔʔ$_{5}$　绍：毛竹mɑɒ$_{22}$tsoʔ$_{5}$　诸：竹tsoʔ$_{5}$　崇：竹tsɔʔ$_{\underline{45}}$　太：竹tsɔʔ$_{\underline{45}}$　余：毛竹/竹mɒ$_{22}$tsɔʔ$_{5}$/tsɔʔ$_{5}$　宁：毛竹mɔ$_{22}$tsɔʔ$_{5}$　黄：梗郎竹ɡɑ̃$_{22}$lɒ̃$_{33}$tsɔʔ$_{3}$　温：竹tɕiʌu$_{423}$　衢：毛竹mɔ$_{22}$tʃʮəʔ$_{5}$　华：竹tɕyoʔ$_{4}$　永：毛竹mᴀʊ$_{21}$tsʊ$_{45}$

毛竹

宜:毛竹mɑɤ$_{21}$tsɔ$_{23}$ 溧:毛竹mɑ^{ɤ}$_{54}$tsɔ$_{34}$ 金:毛竹mɑɤ$_{24}$tsɔ^{ʔ}$_{4}$ 丹:毛竹/毛竹则mɔ$_{32}$tsoʔ$_{\underline{24}}$/mɔ$_{32}$tsoʔ$_{2}$tsɛʔ$_{\underline{24}}$ 童:毛竹mɐɤ$_{22}$tsoʔ$_{5}$ 靖:毛竹mɒ$_{22}$tɕyɔʔ$_{\underline{34}}$ 江:毛竹mɒ$_{21}$tsoʔ$_{4}$ 常:毛竹mʌɲ$_{21}$tsɔʔ$_{4}$ 锡:毛竹mɔ$_{24}$tsɔʔ$_{\underline{31}}$ 苏:毛竹mæ$_{22}$tsɔʔ$_{4}$ 熟:毛竹mɔ$_{24}$tʂo̤ʔ$_{\underline{31}}$ 昆:毛竹mɔ$_{23}$tsoʔ$_{\underline{41}}$ 霜:毛竹mɔ$_{22}$tsoʔ$_{4}$ 罗:毛竹mo$_{23}$tsoʔ$_{4}$ 周:毛竹mɔ$_{22}$tsɒʔ$_{3}$ 上:毛竹mɔ$_{22}$tsoʔ$_{4}$ 松:毛竹mɔ$_{23}$tsɔʔ$_{4}$ 黎:毛竹mA^{ɔ}$_{24}$tsoʔ$_{2}$ 盛:毛竹mAɑ$_{24}$tsɔʔ$_{2}$ 嘉:毛竹mɔ$_{22}$tsoʔ$_{5}$ 双:毛竹mɔ$_{22}$tsoʔ$_{4}$ 杭:毛竹mɔ$_{21}$tsɔʔ$_{5}$ 绍:毛竹mɑɒ$_{22}$tsoʔ$_{5}$ 诸:毛竹mɔ$_{31}$tsoʔ$_{4}$ 崇:毛竹mɑɒ$_{22}$tsɔʔ$_{4}$ 太:毛竹mɑɒ$_{21}$tsɔʔ$_{4}$ 余:毛竹mɒ$_{22}$tsɔʔ$_{5}$ 宁:毛竹mɔ$_{22}$tsɔʔ$_{5}$ 黄:毛竹mɒ$_{23}$tsɔʔ$_{4}$ 温:茅竹m^{ʊ}ɔ$_{25}$tsiʌu$_{24}$ 衢:毛竹mɔ$_{22}$tʃɥəʔ$_{5}$ 华:毛竹ʔmɑʊ$_{32}$tɕyoʔ$_{4}$ 永:毛竹mAʊ$_{21}$tsʊ$_{45}$

畜牲

宜:中生tsoŋ$_{55}$sAŋ$_{55}$ 溧:畜牲/中生tsʻɔʔ$_{5}$sən$_{34}$/tsoŋ$_{44}$sən$_{55}$ 金:畜牲tsʻɔʔ$_{4}$səŋ$_{52}$ 丹:畜牲tsʻoʔ$_{\underline{53}}$sɛn$_{31}$ 童:畜牲tsʻoʔ$_{\underline{53}}$səŋ$_{31}$ 靖:畜牲/中生tɕʻyɔʔ$_{\underline{53}}$səŋ$_{31}$/tɕioŋ$_{33}$səŋ$_{44}$ 江:中生tsoŋ$_{53}$sA^{ŋ}$_{31}$ 常:中生tsoŋ$_{55}$sAɲ$_{31}$ 锡:中生tsoŋ$_{21}$sã$_{23}$ 苏:中生tsoŋ$_{55}$sÃ$_{31}$ 熟:中生tʂʊŋ$_{55}$sA$^{\sim}$$_{51}$ 昆:中生tsoŋ$_{44}$sã$_{41}$ 霜:中生tso^{ŋ}$_{55}$sa$^{\sim}$$_{31}$ 罗:中生tso^{ŋ}$_{55}$sa$^{\sim}$$_{31}$ 周:中生tsoŋ$_{44}$sA$^{\sim}$$_{52}$ 上:畜牲/中生tsʻoʔ$_{3}$sÃ^{ɲ}$_{44}$/tsʊŋ$_{55}$sÃ^{ɲ}$_{31}$ 松:中生/畜牲tsʊŋ$_{44}$sẽ$_{52}$/tsʻɔʔ$_{4}$sẽ$_{52}$ 黎:中生tsoŋ$_{44}$sẽ$_{51}$ 盛:中生tsoŋ$_{44}$sæ̃$_{44}$ 嘉:中生tsoŋ$_{44}$sA$^{\sim}$$_{52}$ 双:中生tsoŋ$_{44}$sã$_{44}$ 杭:畜牲/中生tsʻɔ^{ʔ}$_{5}$sən$_{31}$/tsoŋ$_{33}$sən$_{51}$ 绍:畜牲tɕʻyoʔ$_{2}$saŋ$_{52}$ 诸:畜牲/牲徒tsʻoʔ$_{5}$sÃ$_{52}$/sÃ$_{52}$du$_{42}$ 崇:畜牲tsʻɔʔ$_{4}$sÃ$_{23}$ 太:畜牲cʻiɔʔ$_{5}$sAŋ$_{33}$ 余:畜牲tsʻɔʔ$_{5}$sÃ$_{31}$ 宁:中生tsoŋ$_{33}$sã$_{51}$ 黄:畜牲/中生zɔʔ$_{2}$sa$^{\sim}$$_{51}$/tsoŋ$_{35}sa^{\sim}$$_{51}$ 温:畜牲tɕʻyo$_{3}$sˈɛ$_{44}$ 衢:畜牲tʃʻɥəʔ$_{5}$ʃɥã$_{31}$ 华:畜牲tsʻoʔ$_{3}$sAŋ$_{35}$ 永:牲徒sai$_{55}$dʊ$_{22}$

老虎

宜:老虎lɑɤ$_{21}$xu$_{23}$ 溧:老虎lɑ^{ɤ}$_{32}$fu$_{52}$ 金:老虎lɑ^{ɔ}$_{24}$fu$_{31}$ 丹:老虎lɔ$_{31}$h^{ə}u$_{21}$ 童:老虎lɐɤ$_{24}$xu$_{31}$ 靖:老虎lɒ$_{22}$hu$_{34}$ 江:老虎ʔlɒ$_{52}$hu$_{33}$ 常:老虎ʔlɑɤ$_{34}$fu$_{44}$ 锡:老虎lʌ$_{21}$xu$_{23}$ 苏:老虎læ$_{22}$hɜu$_{44}$ 熟:老虎lɔ$_{22}$xu$_{44}$ 昆:老虎lɔ$_{22}$həu$_{44}$ 霜:老虎lɔ$_{22}$fu$_{52}$ 罗:老虎lɔ$_{22}$fu$_{52}$ 周:老虎lɔ$_{24}$fu$_{31}$ 上:老虎lɔ$_{22}$fu$_{44}$ 松:老虎lɔ$_{24}$fu$_{31}$ 黎:老虎lA^{ɔ}$_{23}$hɜu$_{33}$ 盛:老虎lAɑ$_{23}$hɜu$_{33}$ 嘉:老虎lɔ$_{22}$fu$_{34}$ 双:老虎lɔ$_{24}$həu$_{52}$ 杭:老虎ʔlɔ$_{55}$hu$_{31}$ 绍:老虎lɑɒ$_{23}$hu$_{52}$ 诸:老虎lɔ$_{23}$hu$_{52}$ 崇:老虎lɑɒ$_{23}$fʊ$_{52}$ 太:老虎lɑɒ$_{21}$fu$_{44}$ 余:老虎lɒ$_{24}$fu$_{31}$ 宁:老虎lɔ$_{24}$fu$_{33}$ 黄:老虎/大虫lɔ$_{23}$hu$_{31}$/dA$_{23}$zoŋ$_{31}$ 温:老虎lɜ$_{52}$fʊ$_{34}$ 衢:老虎ʔlɔ$_{35}$xu$_{35}$ 华:老虎ʔlɑʊ$_{54}$xu$_{51}$ 永:老虎lAʊ$_{32}$xʊ$_{32}$

狮子

宜:狮则sɿ$_{55}$tsəʔ$_{5}$ 溧:狮则sɿ$_{44}$tsəʔ$_{5}$ 金:狮子sɿ$_{z44}$tsɿ$_{z44}$ 丹:狮则sɿ$_{33}$tsɛ^{ʔ}$_{4}$ 童:狮子sɿ$_{55}$tsɿ$_{31}$ 靖:狮子sɿ$_{43}$tsɿ$_{34}$ 江:狮子sɿ$_{55}$tsɿ$_{31}$ 常:狮则sɿ$_{55}$tsəʔ$_{5}$ 锡:狮子sɿ$_{21}$tsɿ$_{23}$ 苏:狮子sɿ$_{55}$tsɿ$_{31}$ 熟:狮则/狮子sɿ$_{55}$tsEʔ$_{5}$/sɿ$_{55}$tsɿ$_{51}$ 昆:狮子sɿ$_{44}$tsɿ$_{41}$ 霜:狮子sɿ$_{55}$tsɿ$_{31}$ 罗:狮子sɿ$_{55}$tsɿ$_{31}$ 周:狮子sɿ$_{55}$tsɿ$_{31}$ 上:狮子sɿ$_{55}$tsɿ$_{31}$ 松:狮子sɿ$_{44}$tsɿ$_{52}$ 黎:狮子sɿ$_{44}$tsɿ$_{44}$ 盛:狮子sɿ$_{44}$tsɿ$_{44}$ 嘉:狮子sɿ$_{52}$tsɿ$_{22}$ 双:狮子sɿ$_{44}$tsɿ$_{44}$ 杭:狮子sɿ$_{33}$tsɿ$_{51}$ 绍:狮子sɿ$_{32}$tsɿ$_{33}$ 诸:狮子sɿ$_{44}$tsɿ$_{33}$ 崇:狮子sɿ$_{53}$tsɿ$_{23}$ 太:狮子sɿ$_{52}$tsɿ$_{33}$ 余:狮子sɿ$_{32}$tsɿ$_{23}$ 宁:狮子sɿ$_{33}$tsɿ$_{51}$ 黄:狮子sɿ$_{31}$tsɿ$_{13}$ 温:狮子sæi$_{22}$tsɿ$_{44}$ 衢:狮子sɿ$_{43}$tsɿ$_{53}$ 华:狮子sɿ$_{32}$tsɿ$_{35}$ 永:狮子sɿ$_{43}$tsɿ$_{55}$

豹子

宜:豹pɑɤ$_{51}$ 溧:豹pɑ^{ɤ}$_{412}$ 金:豹pɑ^{ɔ}$_{44}$ 丹:豹则pɒ$_{41}$tsɛʔ$_{\underline{21}}$ 童:豹pɐɤ$_{45}$ 靖:豹pɒ$_{51}$ 江:豹pɒ$_{435}$ 常:豹pɑɤ$_{51}$ 锡:豹pʌ$_{34}$ 苏:豹pæ$_{412}$ 熟:豹pɔ$_{324}$ 昆:豹pɔ$_{52}$ 霜:豹pɔ$_{434}$ 罗:豹po$_{434}$ 周:豹ɓɔ$_{44}$ 上:豹pɔ$_{334}$ 松:豹pɔ$_{335}$ 黎:豹pA^{ɔ}$_{334}$ 盛:豹pAɑ$_{413}$ 嘉:豹pɔ$_{44}$

双：豹pɔ$_{334}$　杭：豹pɔ$_{334}$　绍：豹pɑɒ$_{51}$　诸：豹pɔ$_{544}$　崇：豹pɑɒ$_{324}$　太：豹pɑɒ$_{35}$　余：豹pɒ$_{52}$　宁：豹pɔ$_{325}$　黄：豹pɒ$_{44}$　温：豹b^{u}ɔ$_{52}$　衢：豹pɔ$_{53}$　华：豹pɔ$_{45}$　永：豹pᴀʊ$_{\underline{54}}$

狼

宜：狼lᴀŋ$_{223}$　溧：狼lᴀŋ$_{323}$　金：狼lɑŋ$_{24}$　丹：狼lɑŋ$_{22}$　童：狼lɑŋ$_{31}$　靖：狼lɑŋ$_{223}$　江：狼lᴀ^{ŋ}$_{223}$　常：狼lᴀɲ$_{213}$　锡：狼lã$_{213}$　苏：狼lᴀ̃$_{223}$　熟：狼lᴀ˜$_{233}$　昆：狼lã$_{132}$　霜：狼lɒ˜$_{31}$　罗：狼lɒ˜$_{31}$　周：狼lɒ˜$_{113}$　上：狼lᴀ̃^{n}$_{113}$　松：狼lɑ˜$_{31}$　黎：狼lɑ˜$_{24}$　盛：狼lɑ˜$_{24}$　嘉：狼lᴀ˜$_{31}$　双：狼lɔ̃$_{113}$　杭：狼lᴀŋ$_{212}$　绍：狼lɒŋ$_{31}$　诸：狼lɒ̃$_{233}$　崇：狼lɒ̃$_{312}$　太：狼lɒŋ$_{312}$　余：狼lɔ̃$_{113}$　宁：狼lɔ̃$_{113}$　黄：狼lɒ˜$_{51}$　温：狼l^{u}ɔ$_{31}$　衢：狼lɒ̃$_{323}$　华：狼ʔlᴀŋ$_{324}$　永：狼lᴀŋ$_{322}$

鹿

宜：鹿lɔʔ$_{\underline{23}}$　溧：鹿lɔʔ$_{\underline{22}}$　金：鹿lɔʔ$_{4}$　丹：鹿头loʔ$_{\underline{53}}$tᴇ^{e}$_{31}$　童：鹿ʔloʔ$_{5}$　靖：鹿ʔlɔʔ$_{5}$　江：鹿loʔ$_{\underline{12}}$　常：鹿lɔʔ$_{\underline{23}}$　锡：鹿lɔʔ$_{\underline{23}}$　苏：鹿lɔʔ$_{\underline{23}}$　熟：鹿loʔ$_{\underline{23}}$　昆：鹿loʔ$_{\underline{12}}$　霜：鹿loʔ$_{\underline{23}}$　罗：鹿loʔ$_{\underline{23}}$　周：鹿lɔʔ$_{\underline{23}}$　上：鹿loʔ$_{\underline{23}}$　松：鹿lɔʔ$_{\underline{23}}$　黎：鹿loʔ$_{\underline{23}}$　盛：鹿lɔʔ$_{2}$　嘉：鹿ʔloʔ$_{\underline{54}}$　双：鹿ʔloʔ$_{\underline{54}}$　杭：鹿/梅花鹿lɔʔ$_{\underline{12}}$/meɪ$_{21}$huɑ$_{23}$lɔʔ$_{5}$　绍：鹿loʔ$_{\underline{23}}$　诸：鹿loʔ$_{\underline{12}}$　崇：鹿lɔʔ$_{\underline{12}}$　太：鹿lɔʔ$_{\underline{12}}$　余：鹿lɔʔ$_{\underline{23}}$　宁：鹿lɔʔ$_{\underline{23}}$　黄：鹿lɔʔ$_{\underline{12}}$　温：鹿l^{ə}u$_{323}$　衢：鹿ləʔ$_{\underline{12}}$　华：鹿ʔloʔ$_{3}$　永：鹿lʊ$_{323}$

猴子

宜：猴则/活生ɦɤɯ$_{21}$tsə$_{23}$/ɦuəʔ$_{2}$səŋ$_{23}$　溧：xɦei$_{32}$tsə$_{23}$/xɦuəʔ$_{3}$sən$_{23}$　金：猴子xʌɤ$_{22}$tsɿ$_{z44}$　丹：猴则h^{ɦ}ᴇ^{e}$_{32}$tsᴇʔ$_{\underline{24}}$　童：猴子/活生ɦei$_{24}$tsɿ$_{31}$/ɦuəʔ$_{\underline{42}}$səŋ$_{31}$　靖：猴生/活生hɦøʏ$_{43}$səŋ$_{34}$/ɦuəʔ$_{2}$səŋ$_{23}$　江：猴子/活生ɦɜʏ$_{21}$tsɿ$_{42}$/ɦuɜʔ$_{2}$sᴇɲ$_{23}$　常：猴则/活生ɦei$_{21}$tsəʔ$_{4}$/ɦuɜʔ$_{2}$səɲ$_{13}$　锡：活生ɦuəʔ$_{2}$sən$_{55}$　苏：猴子/活生ɦəɪ$_{22}$tsɿ$_{44}$/ɦuəʔ$_{3}$sən$_{52}$　熟：活生ɦuoʔ$_{2}$sẽ^{n}$_{51}$　昆：活孙ɦuəʔ$_{3}$sən$_{31}$　霜：活孙ɦuəʔ$_{2}$sẽ$_{23}$　罗：活生ɦuɐʔ$_{2}$sẽ^{n}$_{23}$　周：活生ɦuəʔ$_{2}$səŋ$_{23}$　上：活孙ɦuɐʔ$_{2}$səɲ$_{23}$　松：活生/猴子vəʔ$_{2}$səɲ$_{52}$/ɦɯ$_{22}$tsɿ$_{52}$　黎：猴子/活生ɦieɯ$_{22}$tsɿ$_{44}$/ɦuəʔ$_{3}$səɲ$_{34}$　盛：活生ɦuəʔ$_{2}$səɲ$_{44}$　嘉：猴子/活生ɦe$_{24}$tsɿ$_{51}$/ʔuoʔ$_{3}$sən$_{44}$　双：活生ʔuəʔ$_{5}$sən$_{52}$　杭：猴子/活生ɦeɪ$_{22}$tsɿ$_{51}$/ɦuəʔ$_{2}$sən$_{33}$　绍：猴子/活生儿ɦʏ$_{21}$tsɿ$_{33}$/ɦu$_{22}$suɪ$_{52}$　诸：活生ɦuoʔ$_{2}$sẼĩ$_{52}$　崇：猴活生ɦʏ$_{22}$vᴇʔ$_{4}$sɪŋ$_{44}$　太：猴子/活生ɦʏ$_{21}$tsɿ$_{23}$/vɛʔ$_{2}$seŋ$_{23}$　余：猴子/活生ɦʏ$_{21}$tsɿ$_{23}$/ɦuɐʔ$_{2}$seɲ$_{44}$　宁：活生ɦuɐʔ$_{2}$sɐŋ$_{34}$　黄：猢狲ɦu$_{25}$sɥəŋ$_{52}$　温：猴头ɦʌu$_{22}$dʌu$_{52}$　衢：活生ɦuəʔ$_{2}$sən$_{33}$　华：猴子/活生ʔiɯu$_{32}$tsɿ$_{35}$/ɦuɐʔ$_{2}$tsᴀŋ$_{44}$　永：活生ɦuə$_{\underline{32}}$səɲ$_{44}$

兔子

宜：兔则tʻu$_{33}$tsəʔ$_{4}$　溧：兔则tʻu$_{54}$tsə$_{34}$　金：兔子tʻ^{ə}u$_{44}$tsɿ$_{z31}$　丹：兔则tʻ^{ə}u$_{41}$tsɛʔ$_{\underline{21}}$　童：兔子tʻu$_{33}$tsɿ$_{55}$　靖：tʻu$_{55}$tsɿ$_{31}$　江：兔则tʻɜʏ$_{45}$tsɜʔ$_{2}$　常：兔则tʻu$_{55}$tsəʔ$_{3}$　锡：兔子tʻʌʏ$_{55}$tsɿ$_{31}$　苏：兔子tʻɜu$_{55}$tsɿ$_{31}$　熟：兔则tʻu$_{55}$tsᴇʔ$_{\underline{31}}$　昆：兔子tʻəu$_{55}$tsɿ$_{31}$　霜：兔子tʻ^{ə}u$_{33}$tsɿ$_{52}$　罗：兔子tʻu$_{33}$tsɿ$_{52}$　周：兔子tʻu$_{35}$tsɿ$_{31}$　上：兔子tʻu$_{55}$tsɿ$_{31}$　松：兔子tʻu$_{55}$tsɿ$_{31}$　黎：兔子tʻɜu$_{22}$tsɿ$_{52}$　盛：兔子tʻɜu$_{32}$tsɿ$_{52}$　嘉：兔子tʻ^{ə}u$_{55}$tsɿ$_{31}$　双：兔子tʻəu$_{33}$tsɿ$_{52}$　杭：兔儿tʻu$_{35}$ər$_{31}$　绍：兔tʻu$_{33}$　诸：兔tʻu$_{544}$　崇：兔tʻu$_{324}$　太：兔tʻu$_{35}$　余：兔tʻu$_{52}$　宁：兔子/兔tʻu$_{55}$tsɿ$_{33}$/tʻu$_{52}$　黄：兔tʻəu$_{44}$　温：兔儿tʻɵ$_{44}$ŋ̍$_{2}$　衢：兔儿tʻu$_{55}$n̩i$_{31}$　华：兔tʻu$_{45}$　永：兔/白兔tʻʊ$_{\underline{54}}$/bai$_{31}$tʻʊ$_{\underline{54}}$

老鼠

宜：老鼠lɑʏ$_{21}$tɕʻy$_{ɥ23}$　溧：老鼠lɑ^{Y}$_{32}$tɕʻy$_{z52}$　金：老鼠lɑ^{ɔ}$_{24}$tsʻ^{ə}u$_{31}$　丹：老鼠lɒ$_{21}$tsʻ^{ə}u$_{22}$　童：老鼠lɐʏ$_{31}$tʃʻy$_{ɥ31}$　靖：老鼠lɒ$_{22}$tɕʻy$_{ɥ44}$　江：老鼠/老虫(少)ʔlɒ$_{52}$tɕʻy$_{33}$/ʔlɒ$_{52}$dzoŋ$_{33}$　常：老鼠ʔlɑʏ$_{34}$tsʻɥ$_{44}$　锡：老虫lʌ$_{22}$zoŋ$_{55}$　苏：老虫læ$_{22}$zoŋ$_{44}$　熟：老虫lɔ$_{22}$dʐʊŋ$_{51}$　昆：老虫lɔ$_{22}$zoŋ$_{44}$　霜：老鼠/老虫lɔ$_{22}$tsʻɿ$_{52}$/lɔ$_{22}$zo^{ŋ}$_{52}$　罗：老虫lɔ$_{22}$zo^{ŋ}$_{52}$　周：老鼠/老虫lɔ$_{24}$sɿ$_{31}$/lɔ$_{22}$zoŋ$_{44}$　上：老虫lɔ$_{22}$zoŋ$_{44}$　松：老虫/老鼠lɔ$_{22}$zʊŋ$_{52}$/lɔ$_{24}$sɿ$_{31}$　黎：老虫lᴀ^{ɔ}$_{23}$zoŋ$_{33}$　盛：老鼠/老虫lᴀɑ$_{23}$sɥ$_{33}$/lᴀɑ$_{32}$zoŋ$_{52}$　嘉：老

鼠lɔ$_{22}$ts'ʅ$_{34}$　双：老虫lɔ$_{24}$zoŋ$_{52}$　杭：老鼠ʔlɔ$_{55}$ts'ɥ$_{31}$　绍：老鼠lɑɒ$_{23}$ts'ʅ$_{51}$　诸：老鼠lɔ$_{23}$tɕ'y$_{ɥ52}$　崇：老鼠lɑɒ$_{23}$ts'ʅ$_{52}$　太：老鼠lɑɒ$_{21}$ts'ʅ$_{44}$　余：老鼠lɒ$_{24}$ts'ʅ$_{31}$　宁：老鼠/老支lɔ$_{24}$ts'ɥ$_{33}$/lɔ$_{24}$tsʅ$_{33}$　黄：老鼠ʔlɒ$_{55}$ts'ʅ$_{31}$　温：老鼠lɜ$_{52}$ts'^{ɩ}i$_{34}$　衢：老鼠ʔlɔ$_{35}$tʃ'ɥ$_{35}$　华：老鼠ʔlɑʊ$_{54}$tɕ'y$_{51}$　永：老鼠lʌʊ$_{21}$tɕ'i$_{22}$

黄鼠狼(鼬)

宜：黄鼠狼ɦuʌŋ$_{22}$tɕ'y$_{ɥ55}$lʌŋ$_{31}$　溧：黄鼠狼ʔɦuʌŋ$_{32}$tɕ'y$_{z22}$lʌŋ$_{23}$　金：黄鼠狼xuaŋ$_{24}$ts'^{ə}u$_{44}$laŋ$_{52}$　丹：黄鼠狼uaŋ$_{41}$ts'əu$_{33}$laŋ$_{21}$　童：黄鼠狼ɦuaŋ$_{23}$tʃ'y$_{ɥ55}$laŋ$_{31}$　靖：黄鼠狼ɦuaŋ$_{22}$tɕ'y$_{ɥ44}$laŋ$_{23}$　江：ɦuA^{ŋ}$_{21}$ts'ʅ$_{33}$lA^{ŋ}$_{43}$　常：ɦuAɲ$_{22}$ts'ɥ$_{55}$lAɲ$_{31}$　锡：ɦuɒ̃$_{24}$tsʅ$_{55}$lɒ̃$_{31}$　苏：黄鼠狼/黄狼ɦuÃ$_{22}$ts'ʅ$_{55}$lÃ$_{31}$/ɦuÃ$_{22}$lÃ$_{44}$　熟：黄鼠狼ɦuA͂$_{23}$ʂɥ$_{55}$lA͂$_{51}$　昆：黄鼠狼ɦuã$_{22}$ts'ʅ$_{55}$lã$_{31}$　霜：黄鼠狼ɦuɒ̃$_{24}$ts'ʅ$_{33}$lɒ̃$_{31}$　罗：黄鼠狼ɦuɒ̃$_{24}$ts'ʅ$_{33}$lɒ̃$_{31}$　周：黄狼vɒ̃$_{23}$lɒ̃$_{44}$　上：黄鼠狼ɦuÃ^{ɲ}$_{22}$ts'ʅ$_{55}$lÃ^{ɲ}$_{31}$　松：黄鼠狼ɦuɑ̃$_{22}$sʅ$_{55}$lɑ̃$_{31}$　黎：黄鼠狼ɦuɑ̃$_{22}$ts'ʅ$_{44}$lɑ̃$_{52}$　盛：黄鼠狼ɦɑ̃$_{22}$sʅ$_{44}$lɑ̃$_{44}$　嘉：黄鼠狼ɦuA͂$_{24}$ts'ʅ$_{44}$lA͂$_{31}$　双：黄鼠狼ɦuɔ̃$_{22}$ts'ʅ$_{44}$lɔ̃$_{44}$　杭：ʔuAŋ$_{32}$ts'ɥ$_{23}$lAŋ$_{51}$　绍：ɦuɒŋ$_{21}$tɕ'y$_{ɥ34}$lɒŋ$_{52}$　诸：黄松公vɒ̃$_{22}$soŋ$_{44}$koŋ$_{44}$　崇：黄鼠狼/黄松公vɒ̃$_{22}$ts'ʅ$_{55}$lɒ̃$_{31}$/vɒ̃$_{22}$sʊ^{ŋ}$_{55}$kʊ^{ŋ}$_{31}$　太：黄松公vɒŋ$_{21}$sʊŋ$_{22}$kʊŋ$_{44}$　余：黄鼠狼ɦuɒ̃$_{22}$ts'ʅ$_{44}$lɒ̃$_{44}$　宁：黄鼠狼ɦuɔ̃$_{22}$ts'ʅ$_{44}$lɔ̃$_{55}$　黄：黄鼠狼ɦuɒ̃$_{21}$ts'ʅ$_{11}$lɒ̃$_{23}$　温：黄鼠狼ɦ^{ʊ}ɔ$_{52}$ts'^{ɩ}i$_{33}$l^{ʊ}ɔ$_{21}$　衢：黄鼠狼ɦuɒ̃$_{22}$tʃ'ɥ$_{33}$lɒ̃$_{53}$　华：黄鼠狼xɦuAŋ$_{22}$tɕ'y$_{55}$lAŋ$_{31}$　永：黄鼠狼ʔɦuAŋ$_{43}$tɕ'i$_{32}$lAŋ$_{24}$

老鹰

宜：老鹰lɑɤ$_{21}$iŋ$_{23}$　溧：老鹰lɑ^{ɤ}$_{32}$ɦin$_{23}$　金：老鹰lɑ^{ɔ}$_{24}$iŋ$_{31}$　丹：老鹰lɒ$_{21}$iŋ$_{22}$　童：老鹰lɐɤ$_{23}$iŋ$_{55}$　靖：老鹰lɒ$_{24}$iŋ$_{31}$　江：老鹰ʔiɒ$_{52}$iɲ$_{33}$　常：老鹰ʔlɑɤ$_{34}$iɲ$_{44}$　锡：老鹰lʌ$_{22}$in$_{55}$　苏：老鹰læ$_{22}$iɪn$_{44}$　熟：老鹰lɔ$_{24}$ĩ^{ɲ}$_{31}$　昆：老鹰lɔ$_{23}$in$_{41}$　霜：老鹰lɔ$_{22}$ĩ$_{52}$　罗：老鹰/鹰(少)lɔ$_{22}$ɪ^{n}$_{52}$/ʔɪ^{n}$_{52}$　周：老鹰lɔ$_{22}$iɪŋ$_{52}$　上：老鹰lɔ$_{22}$iɲ$_{44}$　松：老鹰lɔ$_{24}$iɲ$_{31}$　黎：老鹰lA^{ɔ}$_{23}$iəɲ$_{33}$　盛：鹰ʔɪɲ$_{44}$　嘉：老鹰lɔ$_{22}$in$_{51}$　双：老鹰lɔ$_{24}$ɪn$_{52}$　杭：老鹰lɔ$_{23}$ɪn$_{51}$　绍：老鹰lɑɒ$_{21}$ɪŋ$_{33}$　诸：老鹰lɔ$_{23}$ĩ$_{33}$　崇：老鹰lɑɒ$_{22}$iŋ$_{23}$　太：老鹰lɑɒ$_{21}$iŋ$_{23}$　余：老鹰lɒ$_{22}$iŋ$_{44}$　宁：老鹰lɔ$_{22}$ɪŋ$_{51}$　黄：老鹰/赖鹰lɒ$_{21}$iɪŋ$_{44}$/lA$_{21}$iɪŋ$_{44}$　温：刀鹰tɜ$_{44}$iʌŋ$_{44}$　衢：老鹰ʔlɔ$_{52}$i^{n}$_{31}$　华：老鹰ʔlɑʊ$_{54}$iɪn$_{35}$　永：魔老鹰ʔmoə$_{43}$lAʊ$_{32}$iɪɲ$_{44}$

猫头鹰

宜：猫头鹰mɑɤ$_{55}$dɤɯ$_{55}$iŋ$_{55}$　溧：猫头鹰mɑ^{ɤ}$_{32}$dei$_{22}$ɦin$_{23}$　金：猫头鹰mɑ^{ɔ}$_{22}$t'ʌɤ$_{55}$iŋ$_{31}$　丹：猫头鹰miɒ$_{33}$tE^{e}$_{55}$iŋ$_{31}$　童：猫头鹰mɐɤ$_{23}$dei$_{44}$iŋ$_{55}$　靖：猫头鹰mɒ$_{22}$døʏ$_{55}$iŋ$_{31}$　江：猫头鹰mɒ$_{24}$dEɪ$_{33}$iɲ$_{31}$　常：猫头鹰mɑɤ$_{55}$dei$_{33}$iɲ$_{31}$　锡：猫头鹰mʌ$_{24}$dEɪ$_{55}$in$_{31}$　苏：猫头鹰/夜鹰ʔmæ$_{55}$dəɪ$_{55}$iɪn$_{31}$/ʔiɒ$_{55}$iɪn$_{31}$　熟：猫头鹰mɔ$_{24}$dE$_{33}$ĩ^{ɲ}$_{31}$　昆：猫头鹰mɔ$_{22}$dE$_{55}$in$_{31}$　霜：猫头鹰mɔ$_{22}$dʌɪ$_{23}$ĩ$_{52}$　罗：猫头鹰mɔ$_{22}$dʌɪ$_{24}$ɪ^{n}$_{52}$　周：猫头鹰ʔmɔ$_{44}$dɤ$_{44}$iɪŋ$_{52}$　上：猫头鹰mɔ$_{22}$dɤɯ$_{55}$iɲ$_{31}$　松：猫头鹰ʔmɔ$_{44}$dɯ$_{55}$iɲ$_{31}$　黎：猫头鹰mA^{ɔ}$_{22}$dieɯ$_{55}$iəɲ$_{31}$　盛：猫头鹰mAɑ$_{22}$diəʉ$_{55}$ɪɲ$_{31}$　嘉：猫头鹰ʔmɔ$_{44}$de$_{44}$in$_{31}$　双：猫头鹰ʔmɔ$_{44}$d^{ø}ʏ$_{44}$ɪn$_{44}$　杭：猫头鹰ʔmɔ$_{32}$deɪ$_{23}$ɪn$_{51}$　绍：猫头鹰mɑɒ$_{21}$dɤ$_{33}$ɪŋ$_{33}$　诸：猫头鹰mɔ$_{22}$dei$_{22}$ĩ$_{52}$　崇：猫头鹰mɑɒ$_{21}$dɤ$_{22}$iŋ$_{23}$　太：猫头鹰mɑɒ$_{21}$dɤ$_{22}$iŋ$_{23}$　余：猫头鹰mɒ$_{21}$dɤ$_{22}$iŋ$_{44}$　宁：蛮头鹰mE$_{22}$dœʏ$_{44}$ɪŋ$_{55}$　黄：猫头鹰mɒ$_{22}$diɤ$_{35}$iɪŋ$_{31}$　温：猫头鹰m^{ʊ}ɔ$_{52}$dʌu$_{33}$iʌŋ$_{21}$　衢：猫头鹰ʔmɔ$_{55}$dəɪ$_{33}$i^{n}$_{31}$　华：猫头鹰ʔmɑʊ$_{43}$tiɯu$_{33}$iɪn$_{35}$　永：猫头鹰ʔmAʊ$_{55}$d̥əʊ$_{22}$iɪɲ$_{44}$

雁

宜：雁/大雁ʔɪ$_{324}$/do$_{22}$ɪ$_{53}$　溧：雁ŋA$_{31}$　金：大雁tɑ$_{22}$ĩ$_{44}$　丹：大雁/小雁tʌɤ$_{41}$ɦɪ$_{21}$/ɕiɒ$_{35}$ŋɑ$_{21}$　童：雁ɪ$_{45}$　靖：雁ʔĩ$_{51}$　江：大雁dɑ$_{24}$ɪ$_{31}$　常：雁ŋæ$_{213}$　锡：雁则ʔɪ$_{55}$tsəʔ$_{31}$　苏：雁子/雁ʔɪ$_{55}$tsʅ$_{31}$/ŋE$_{223}$　熟：　昆：大雁dɑ$_{22}$ɪ$_{41}$　霜：大雁dɑ$_{22}$ɪ$_{52}$　罗：大雁dɑ$_{24}$i$_{31}$　周：雁/雁鹅ʔi$_{335}$/ŋɛ$_{22}$ɦu$_{52}$

上：大雁dA22i44　松：雁ʔi335　黎：大雁dɒ22iɪ52　盛：大雁dɑ22iɪ52　嘉：大雁dɑ24ie31　双：雁ŋE113　杭：大雁dɑ23ie51　绍：大雁do21ĩ33　诸：□雁ŋÃ21ĩ23　崇：雁ɦiẽ14　太：雁ɦiẽ13　余：大雁dA22ĩ52　宁：雁ʔi52/ŋE113　黄：雁ŋɛ113　温：雁ŋɑ22　衢：大雁dɑ45iẽ53　华：大雁tɑ22iæ̃44　永：雁(少)ie54

燕子

宜：燕则ʔɪ33tsəʔ4　溧：燕则ʔi54tsə34　金：燕子ĩ44tsɿz31　丹：燕则ɪ41tsɛʔ21　童：燕子ɪ35tsɿ31　靖：燕子ʔĩ55tsɿ31　江：燕子ʔɪ45tsɿ31　常：燕则ʔɪ55tsəʔ3　锡：燕则ʔɪ55tsəʔ31　苏：燕子ʔɪ55tsɿ31　熟：燕则ʔie55tsEʔ31　昆：燕子ʔɪ23tsɿ41　霜：燕子ʔɪ55tsɿ31　罗：燕子ʔi33tsɿ52　周：燕子ʔi55tsɿ31　上：燕子ʔi33tsɿ44　松：燕子ʔi35tsɿ31　黎：燕子ʔiɪ52tsɿ41　盛：燕子ʔiɪ43tsɿ52　嘉：燕子ʔie35tsɿ31　双：燕子ɦi22tsɿ52　杭：燕子ʔie55tsɿ31　绍：燕子ʔĩ55tsɿ31　诸：燕子ĩ54tsɿ33　崇：燕ʔiẽ42　太：燕ʔiẽ35　余：燕子ʔĩ55tsɿ31　宁：燕子ʔi55tsɿ31　黄：燕儿ʔie35　温：燕儿i52ŋ̍21　衢：燕子ʔiẽ55tsɿ31　华：燕子ʔiæ̃35tsɿ31　永：子燕tsɿ42ie54

乌鸦

宜：乌鸦ʔu55ʔio(iA)55　溧：乌鸦ʔu44ʔio52　金：乌鸦ᵊu44iɑ52　丹：乌鸦ᵊu35iɑ21　童：乌鸦ʔʋu53iɒ31　靖：乌鸦ʔwu44iɑ44　江：乌鸦ʔʋu55iɑ31　常：乌鸦/老乌ʔʋu55iɑ31/lɑʏ21ʋu13　锡：乌鸦ʔu21iɑ23　苏：乌鸦/老丫ʔɜu55iɒ31/læ22o44　熟：乌鸦ʔu55iɑ31　昆：乌鸦ʔu44iɑ41　霜：乌鸦ʔu55iɑ31　罗：乌鸦ʔʋu55iɑ31　周：乌鸦ʔʋu44iɑ52　上：乌鸦/老丫(少)ʔu55iA31/lɔ22o44　松：老丫lɔ24o31　黎：老丫lAᵓ23o33　盛：乌鸦ˀu44iɑ44　嘉：乌鸦ʔʋu44iɑ51　双：乌鸦ʔu44iɑ44　杭：乌鸦ʔu33iɑ33　绍：乌鸦ˀu33ia52　诸：乌老丫/老丫ʔʋu33lɔ33o52/lɔ23o52　崇：老鸦lɑɒ22ɔʔ4　太：老丫lɑɒ21ʔo23　余：乌鸦ʔʋu33iA44　宁：老丫/乌鸦lɔ22o51/ʔu33ia51　黄：乌鸦ʔu55iA31　温：老丫/乌老丫lɜ52o44/ʔʋ33lɜ52o44　衢：乌鸦ʔu55iɑ31　华：乌鸦ʔu32iɑ35　永：老哇lAʊ32ʊA44

喜鹊

宜：喜鹊ɕi33tɕʻiɔʔ4　溧：喜鹊ɕi54tɕʻiɑ34　金：喜鹊ɕiz33tɕʻyeʔ4　丹：喜鹊ɕiz33tɕʻiɑʔ4　童：喜鹊ɕij33tʃʻiAʔ5　靖：喜鹊ɕi33tsʻiɑʔ5　江：喜鹊ɕi52tɕʻiɑʔ3　常：喜鹊ɕij34tɕʻiɔʔ4　锡：喜鹊ɕi33tsʻiAʔ5　苏：喜鹊ɕij55tɕʻiAʔ2　熟：喜鹊ɕi33tsʻiAʔ5　昆：喜鹊ɕi34tɕʻiAʔ41　霜：喜鹊ɕi33tsʻiAʔ4　罗：喜鹊ɕi33tɕʻiAʔ5　周：喜鹊ɕi33tɕʻiɑʔ5　上：喜鹊ɕi33tɕʻiɐʔ4　松：喜鹊ɕi35tɕʻiAʔ31　黎：喜鹊ɕij33tsʻiAʔ4　盛：喜鹊ɕij52tsʻiɑʔ3　嘉：喜鹊ɕi44tɕʻiAʔ5　双：喜鹊ɕiz34tɕʻiɑ52　杭：喜鹊ɕi35tɕʻyɪʔ31　绍：喜鹊ɕi33tɕʻɪʔ5　诸：喜鹊ɕiz53tɕʻiɐʔ31　崇：喜鹊ɕiz33tɕʻiɑʔ4　太：喜鹊ɕi33tɕʻiɑʔ4　余：喜鹊ɕi33tɕʻiaʔ5　宁：喜鹊ɕiz55tɕʻiɐʔ31　黄：喜鹊ɕiz33tɕʻiɐʔ4　温：喜鹊sɿ25tɕʻiɑ24　衢：喜鹊sɿ35tɕʻiAʔ5　华：喜鹊ɕij55tɕʻʮyoʔ2　永：喜鹊ɕi43tɕʻiAʊ32

麻雀

宜：麻雀则mo21tɕʻiɔʔ1tsə23　溧：麻雀mo32tɕʻiɑ23　金：麻雀mɑ22tɕʻiɑʔ4　丹：麻雀/麻雀则mo22tɕʻiɑˀ4/mo22tɕʻiɑʔ3tsɛʔ4　童：麻雀雀mɒ23tɕʻiAʔ5tɕʻiAʔ31　靖：麻雀子mo44tsʻiɑʔ2tsɿ34　江：麻雀mo21tsiɑʔ4/mo21tsʻiɑʔ4　常：麻雀则mo22tɕʻiɑʔ4tsəʔ5　锡：麻雀/麻雀则mu22tɕʻiAʔ31/mu24tsʻiAʔ5tsəʔ31　苏：麻雀mo22tɕʻiAʔ4　熟：麻雀mu24tsʻiAʔ31　昆：麻将/麻鸟/麻将鸟mo23tsiã41/mo23tiɔ41/mo22tsiã55tiɔ31　霜：麻将/麻鸟mu22tsia˜52/mu22tiɔ52　罗：麻将/鸟mᴧʏ22tsia˜52/tio434　周：麻雀/麻将/麻将鸟mo23tɕʻiɑʔ4/mo23tɕiA˜44/mo23tɕiA˜44tiɔ44　上：麻雀/麻将鸟mo22tɕʻiɐˀ4/mo22tɕiÃⁿ55tiɔ31　松：麻鸟mo22tiɔ52　黎：麻鸟mo22tiAᵓ34　盛：麻鸟mo22tiAɑ44　嘉：麻鸟mo24tiɔ51　双：麻鸟mo22tiɔ44　杭：麻雀儿mɑ21tɕʻiɔʔ24ər31　绍：麻鸟mo21tiɑɒ33　诸：麻鸟mo31tiɔ52　崇：麻鸟mʏ22tiɑɒ52　太：麻鸟mo21tiɑɒ44　余：麻将/鸟mo21tɕiÃ23/tiɒ324　宁：麻将mo23tɕiã34　黄：黄

头枪ɦuɒ̃$_{22}$diɤ$_{33}$tɕʻiã$_{51}$ 温:章儿tɕi$_{22}$ŋ̍$_{2}$ 衢:麻雀mɑ$_{22}$tsiAʔ$_{5}$ 华:麻雀/麻记ʔmɑ$_{32}$tɕʻyəʔ$_{5}$/ʔmiɑ$_{32}$tɕi$_{j35}$ 永:麻仔mʊA$_{32}$tsəɪ$_{\underline{54}}$

鸽子

宜:鸽则kəʔ$_{5}$tsəʔ$_{5}$ 溧:鸽则kəʔ$_{5}$tsəʔ$_{5}$ 金:鸽子kɔʔ$_{4}$tsɿ$_{z44}$ 丹:鸽则kɛʔ$_{3}$tsɛʔ$_{3}$ 童:鸽子kəʔ$_{\underline{53}}$tsɿ$_{31}$ 靖:鸽子kəʔ$_{\underline{53}}$tsɿ$_{31}$ 江:鸽则kɜʔ$_{5}$tsɜʔ$_{5}$ 常:鸽则kəʔ$_{4}$tsəʔ$_{5}$ 锡:鸽kəʔ$_{4}$tsəʔ$_{5}$ 苏:鸽子kəʔ$_{5}$tsɿ$_{23}$ 熟:鸽则kEʔ$_{4}$tsEʔ$_{5}$ 昆:鸽子kəʔ$_{5}$tsɿ$_{52}$ 霜:鸽子kəʔ$_{4}$tsɿ$_{23}$ 罗:鸽子kɐʔ$_{5}$tsɿ$_{31}$ 周:鸽子kəʔ$_{4}$tsɿ$_{44}$ 上:鸽子kɐʔ$_{3}$tsɿ$_{44}$ 松:鸽子kəʔ$_{4}$tsɿ$_{44}$ 黎:鸽子kəʔ$_{3}$tsɿ$_{33}$ 盛:鸽子kəʔ$_{5}$tsɿ$_{31}$ 嘉:鸽子kəʔ$_{5}$tsɿ$_{31}$ 双:鸽子kəʔ$_{5}$tsɿ$_{52}$ 杭:鸽子kɐʔ$_{5}$tsɿ$_{31}$ 绍:鸽子/白鸽kəʔ$_{5}$tsɿ$_{33}$/bAʔ$_{2}$kəʔ$_{5}$ 诸:鸽子kiəʔ$_{4}$tsɿ$_{33}$ 崇:鸽kEʔ$_{\underline{45}}$ 太:鸽kɛʔ$_{\underline{45}}$ 余:薄鸽bɔʔ$_{2}$kɐʔ$_{5}$ 宁:白鸽bɐʔ$_{2}$kɐʔ$_{5}$ 黄:白剪bɔʔ$_{2}$tɕie$_{51}$ 温:白鸽bɑ$_{3}$kɵ$_{24}$ 衢:鸽儿kəʔ$_{4}$ȵi$_{35}$ 华:鸽子kəʔ$_{3}$tsɿ$_{35}$ 永:薄鸽bʊ$_{\underline{21}}$kə$_{55}$

公猪

宜:猪tɕy$_{ɥ55}$ 溧:雄老猪ɦioŋ$_{32}$lɑ^{ʏ}$_{44}$tɕy$_{z31}$ 金:公猪koŋ$_{44}$ts^{ə}u$_{44}$ 丹:公葛猪koŋ$_{44}$kɛʔ$_{44}$ts^{ə}u$_{31}$ 童:膙猪/猪郎sɐɤ$_{55}$tʃy$_{ɥ31}$/tʃy$_{ɥ44}$lɑŋ$_{44}$ 靖:公猪koŋ$_{44}$tɕy$_{ɥ44}$ 江: 常:猪/猪锣/肉猪tsɥ$_{44}$/tsɥ$_{55}$lʌɯ$_{31}$/ȵiɔʔ$_{2}$tsɥ$_{13}$ 锡: 苏: 熟:雄猪ɦiʊŋ$_{24}$tʂɥ$_{31}$ 昆: 霜:雄猪/猪郎ɦio^{ŋ}$_{22}$tsɿ$_{52}$/tsɿ$_{55}$lɒ̃$_{31}$ 罗:猪/猪猡tsɿ$_{52}$/tsɿ$_{55}$l^{ə}u$_{31}$ 周:猪猡/猪郎(配种的)tsɿ$_{44}$lu$_{52}$/tsɿ$_{44}$lɒ̃$_{52}$ 上:猪/猪猡tsɿ$_{52}$/tsɿ$_{55}$lu$_{31}$ 松:猪/猪猡tsɿ$_{52}$/tsɿ$_{55}$lu$_{31}$ 黎:猪/猪猡tsɿ$_{44}$/tsɿ$_{44}$lu$_{52}$ 盛:公猪koŋ$_{44}$tsɥ$_{44}$ 嘉:雄猪ɦioŋ$_{22}$tsɿ$_{44}$ 双:公猪koŋ$_{44}$tsɿ$_{44}$ 杭:猪/□猪tsɥ$_{323}$/ȵy$_{23}$tsɥ$_{51}$ 绍:猪/□猪tsɿ$_{51}$/ȵiɑɒ$_{32}$tsɿ$_{33}$ 诸:斗猪/雄猪tei$_{52}$tsɿ$_{42}$/ɦioŋ$_{31}$tsɿ$_{52}$ 崇:公猪kʊ^{ŋ}$_{53}$tsɿ$_{23}$ 太:公猪kʊŋ$_{52}$tsɿ$_{33}$ 余:猪/猪猡tsɿ$_{34}$/tsɿ$_{33}$lou$_{44}$ 宁:猪猡/□猪tsɥ$_{33}$ləʊ$_{51}$/ȵiɵ$_{22}$tsɥ$_{35}$ 黄:猪/雄豭猪tsɿ$_{53}$/ɦyoŋ$_{31}$gɐʔ$_{2}$tsɿ$_{53}$ 温:猪牯(配种的)/雄猪ts^{i}i$_{52}$kʊ$_{34}$/ɦyoŋ$_{31}$ts^{i}i$_{44}$ 衢:猪tʃɥ$_{434}$ 华:猪公tɕy$_{33}$koŋ$_{55}$ 永:猪tɕi$_{44}$

母猪

宜:婆猪tɕy$_{ɥ55}$bɑʏ$_{55}$ 溧:婆老猪bʌɯ$_{32}$lɑ^{ʏ}$_{44}$tɕy$_{z31}$ 金:母猪m^{ə}u$_{24}$ts^{ə}u$_{44}$ 丹:母葛猪m^{ə}u$_{52}$kɛʔ$_{23}$tsəu$_{31}$ 童:猪婆tʃy$_{ɥ44}$bʌʏ$_{44}$ 靖:母猪/老母猪ʔmʌʏ$_{33}$tɕy$_{ɥ44}$/lɒ$_{33}$ʔmʌʏ$_{44}$tɕy$_{ɥ34}$ 江:老母猪ʔlɒ$_{52}$mɜʏ$_{33}$tɕy$_{43}$ 常:老母猪ʔlɑʏ$_{34}$mʌɯ$_{55}$tsɥ$_{42}$ 锡: 苏:老母猪læ$_{22}$mo$_{55}$tsɿ$_{31}$ 熟:母猪/老母猪/雌猪mu$_{22}$tʂɥ$_{51}$/lɔ$_{22}$mu$_{55}$tʂɥ$_{31}$/tsʻɿ$_{55}$tʂɥ$_{51}$ 昆:老猪娘lɔ$_{22}$tsɥ$_{55}$ȵiã$_{41}$ 霜:母猪/雌猪mu$_{33}$tsɿ$_{52}$/tsʻɿ$_{55}$tsɿ$_{31}$ 罗:老母猪lɔ$_{22}$m̩$_{55}$tsɿ$_{31}$ 周:老母猪lɔ$_{22}$mu$_{44}$tsɿ$_{52}$ 上:老母猪lɔ$_{22}$mu$_{55}$tsɿ$_{31}$ 松:老母猪lɔ$_{22}$m̩$_{55}$tsɿ$_{31}$ 黎:母猪/老母猪ʔmu$_{55}$tsɿ$_{31}$/lA^{ɔ}$_{22}$mu$_{22}$tsɿ$_{24}$ 盛:老母猪lAɑ$_{23}$mu$_{33}$tsɥ$_{33}$ 嘉:母猪mu$_{22}$tsɿ$_{51}$ 双:母猪ɦm̩$_{24}$tsɿ$_{52}$ 杭:老母猪/小母猪ʔlɔ$_{55}$mu$_{33}$tsɥ$_{31}$/ɕiɔ$_{55}$mu$_{33}$tsɥ$_{31}$ 绍:猪/□猪tsɿ$_{51}$/ȵiɑɒ$_{32}$tsɿ$_{33}$ 诸:猪母/猪娘tsɿ$_{52}$m̩$_{42}$/tsɿ$_{52}$ȵiÃ$_{42}$ 崇:猪娘tsɿ$_{53}$ȵiÃ$_{52}$ 太:猪娘tsɿ$_{33}$ȵiAŋ$_{44}$ 余:母猪mo$_{22}$tsɿ$_{52}$ 宁:母猪ʔmœʏ$_{33}$tsɥ$_{35}$ 黄:草猪tsʻɒ$_{33}$tsɿ$_{35}$ 温:猪娘(生育的)/草猪ts^{i}i$_{44}$ȵi$_{24}$/tsʻɜ$_{52}$ts^{i}i$_{44}$ 衢:猪娘tʃɥ$_{43}$ȵiã$_{53}$ 华:猪娘tɕy$_{33}$ȵiAŋ$_{55}$ 永:猪娘tɕi$_{55}$ȵiAŋ$_{22}$

公狗

宜:狗kʏɯ$_{51}$ 溧:雄狗ɦioŋ$_{32}$kei$_{52}$ 金:公狗koŋ$_{44}$kʌʏ$_{23}$ 丹:狗则kE^{e}$_{52}$tsɛʔ$_{\underline{23}}$ 童:公狗koŋ$_{55}$kei$_{31}$ 靖:公狗/狗子koŋ$_{44}$køʏ$_{34}$/køʏ$_{33}$tsɿ$_{44}$ 江:雄狗ɦioŋ$_{21}$kɜʏ$_{43}$ 常:雄狗ɦioŋ$_{21}$kei$_{34}$ 锡:雄狗ʑioŋ$_{24}$kEɪ$_{31}$ 苏:雄狗ɦioŋ$_{22}$kəɪ$_{44}$ 熟:雄狗ɦiʊŋ$_{24}$kE$_{31}$ 昆:雄狗ɦioŋ$_{23}$kE$_{41}$ 霜:雄狗ɦio^{ŋ}$_{24}$kʌɪ$_{31}$ 罗:狗kʌɪ$_{434}$ 周:雄狗ɦioŋ$_{22}$kʏ$_{33}$ 上:雄狗ɦiʊŋ$_{22}$kʏɯ$_{44}$ 松:雄狗ɦiʊŋ$_{22}$kɯ$_{52}$ 黎:雄狗ɦioŋ$_{22}$keiɯ$_{44}$ 盛:雄狗ɦioŋ$_{22}$kiəʉ$_{44}$ 嘉:雄狗ɦioŋ$_{24}$ke$_{31}$ 双:雄狗ɦioŋ$_{22}$k^{e}ʏ$_{44}$ 杭:雄狗ɦioŋ$_{22}$keɪ$_{51}$ 绍:狗kʏ$_{334}$ 诸:雄狗ɦioŋ$_{31}$kei$_{42}$ 崇:雄狗ɦiʊ^{ŋ}$_{22}$kʏ$_{52}$ 太:雄狗ɦiʊŋ$_{21}$kʏ$_{44}$ 余:雄狗ɦyʊŋ$_{21}$kʏ$_{23}$ 宁:狗kœʏ$_{325}$ 黄:雄狗ɦyoŋ$_{23}$tɕiʏ$_{51}$ 温:雄狗ɦyoŋ$_{52}$kʌu$_{34}$ 衢:雄狗ʃʒɥʌŋ$_{32}$

kɤɯ$_{23}$/ɦyʌŋ$_{32}$kɤɯ$_{23}$ 华：雄狗ʑɥoŋ$_{32}$kiɯu$_{55}$ 永：街狗tɕiA$_{43}$kəʊ$_{32}$

母狗

宜：狗kɤɯ$_{51}$ 溧：婆狗bʌɯ$_{32}$kei$_{52}$ 金：母狗mᵊu$_{24}$kʌɤ$_{23}$ 丹：狗则kEᵉ$_{52}$tsɛʔ$_{\underline{23}}$ 童：母狗mʌɤ$_{24}$kei$_{31}$ 靖：母狗ʔmʌɤ$_{33}$køʏ$_{55}$ 江：雌狗tsʻɿ$_{55}$kɜɤ$_{31}$ 常：雌狗tsʻɿ$_{55}$kei$_{31}$ 锡：雌狗tsʻɿ$_{21}$kEi$_{23}$ 苏：雌狗tsʻɿ$_{55}$kəɪ$_{31}$ 熟：雌狗tsʻɿ$_{55}$kE$_{51}$ 昆：雌狗tsʻɿ$_{44}$kE$_{41}$ 霜：雌狗tsʻɿ$_{55}$kʌɪ$_{31}$ 罗：狗/雌狗kʌɪ$_{434}$/tsʻɿ$_{55}$kʌɪ$_{31}$ 周：雌狗tsʻɿ$_{55}$kɤ$_{31}$ 上：雌狗tsʻɿ$_{55}$kɤɯ$_{31}$ 松：雌狗tsʻɿ$_{44}$kɯ$_{52}$ 黎：雌狗tsʻɿ$_{44}$kieɯ$_{52}$ 盛：雌狗tsʻɿ$_{44}$kiəʉ$_{44}$ 嘉：雌狗tsʻɿ$_{52}$ke$_{22}$ 双：雌狗tsʻɿ$_{44}$kᵒY$_{44}$ 杭：雌狗tsʻɿ$_{33}$keɪ$_{51}$ 绍：狗kY$_{334}$ 诸：狗娘kei$_{33}$ȵiÃ$_{52}$ 崇：雌狗tsʻɿ$_{53}$kY$_{52}$ 太：雌狗tsʻɿ$_{33}$kY$_{44}$ 余：雌狗tsʻɿ$_{32}$kiY$_{23}$ 宁：狗kœY$_{325}$ 黄：草狗tsʻɒ$_{33}$tɕiY$_{51}$ 温：狗娘(生育的)/草狗/草狗娘kʌu$_{52}$ȵi$_{21}$/tsʻɜ$_{52}$kʌu$_{34}$/tsʻɜ$_{52}$kʌu$_{31}$ȵi$_{21}$ 衢：狗娘kɤɯ$_{43}$ȵiã$_{53}$ 华：狗娘kiɯu$_{55}$ȵiAŋ$_{51}$ 永：街狗娘tɕiA$_{43}$kəʊ$_{32}$ȵiAŋ$_{325}$

羊

宜：羊则ɦiAŋ$_{21}$tsə$_{23}$ 溧：羊则ɦie$_{32}$tsə$_{23}$ 金：羊iɑŋ$_{24}$ 丹：羊则ɦie$_{32}$tsɛʔ$_{\underline{24}}$ 童：羊子ɦiɑŋ$_{24}$tsɿ$_{31}$ 靖：羊子ɦiæ̃$_{22}$tsɿ$_{34}$ 江：羊ɦiAŋ$_{223}$ 常：羊ɦiAɲ$_{213}$ 锡：羊ɦiã$_{213}$ 苏：羊ɦiÃ$_{223}$ 熟：羊妈妈ɦiA˜$_{24}$mɑ$_{33}$mɑ$_{31}$ 昆：羊/羊妈妈ɦiã$_{132}$/ɦiã$_{22}$mɑ$_{55}$mɑ$_{31}$ 霜：羊ɦia˜$_{31}$ 罗：羊ɦiã$_{31}$ 周：羊ɦiA˜$_{113}$ 上：羊ɦiÃⁿ$_{113}$ 松：羊ɦiɛ̃$_{31}$ 黎：羊ɦiɛ̃$_{24}$ 盛：羊/公羊ɦiæ̃$_{24}$/koŋ$_{44}$ɦiæ̃$_{44}$ 嘉：羊ɦiA˜$_{31}$ 双：羊ɦiã$_{113}$ 杭：羊ɦiAŋ$_{212}$ 绍：羊ɦiaŋ$_{31}$ 诸：羊ɦiÃ$_{233}$ 崇：羊ɦiA˜$_{312}$ 太：羊ɦiAŋ$_{312}$ 余：羊ɦiÃ$_{113}$ 宁：羊ɦiã$_{113}$ 黄：羊ɦia˜$_{113}$ 温：羊儿ɦi$_{22}$ŋ$_{2}$ 衢：羊ɦiã$_{323}$ 华：羊ʔɦiAŋ$_{51}$ 永：羊ɦiAŋ$_{325}$

猫

宜：猫ʔmɑɤ(miɑɤ)$_{55}$ 溧：猫ʔmɑᵞ$_{44}$ 金：猫mɑᵓ$_{24}$ 丹：猫则miɒ$_{31}$tsɛʔ$_{\underline{21}}$ 童：猫咪meɤ$_{31}$mi$_{j31}$ 靖：猫挤ʔmɒ$_{33}$tsi$_{j44}$ 江：猫儿/猫mɒ$_{24}$ȵi$_{j31}$/ʔmɒ$_{51}$ 常：猫/猫咪ʔmɑɤ$_{55}$/ʔmɑɤ$_{55}$mi$_{j31}$ 锡：猫mʌ$_{213}$ 苏：猫mæ$_{223}$/ʔmæ$_{44}$ 熟：猫咪mɔ$_{24}$mi$_{31}$ 昆：猫咪mɔ$_{23}$mi$_{41}$ 霜：猫儿ʔma˜$_{52}$ 罗：猫儿ʔma˜$_{52}$ 周：猫/猫儿ʔmɔ$_{52}$/ʔmA˜$_{52}$ 上：猫mɔ$_{113}$/ʔmɔ$_{52}$ 松：猫mɔ$_{31}$ 黎：猫mAᵓ$_{24}$ 盛：猫ʔmAɑ$_{44}$ 嘉：猫ʔmɔ$_{51}$ 双：猫ʔmɔ$_{44}$ 杭：猫ʔmɔ$_{33}$ 绍：猫mɑɒ$_{31}$ 诸：猫ʔmɔ$_{544}$ 崇：猫猫mɑɒ$_{22}$mɑɒ$_{52}$ 太：猫/猫猫mɑɒ$_{312}$/mɑɒ$_{21}$mɑɒ$_{44}$ 余：猫mɒ$_{113}$ 宁：猫儿mE$_{113}$ 黄：猫儿ʔmɒ$_{35}$ 温：猫儿ʔmᵘɔ$_{44}$ŋ$_{2}$ 衢：猫mɔ$_{323}$ 华：猫mɑʊ$_{213}$ 永：猫mAʊ$_{325}$

公鸡

宜：公鸡koŋ$_{55}$tɕi$_{j55}$ 溧：雄鸡ɦioŋ$_{32}$tɕi$_{z23}$ 金：公鸡/雄鸡koŋ$_{44}$tɕi$_{z31}$/ɕioŋ$_{35}$tɕi$_{z31}$ 丹：公鸡koŋ$_{44}$tɕi$_{z44}$ 童：雄鸡ɦioŋ$_{24}$tɕi$_{j31}$ 靖：公鸡koŋ$_{44}$tɕi$_{j44}$ 江：雄鸡ɦioŋ$_{24}$tɕi$_{j31}$ 常：雄鸡/公鸡ɦioŋ$_{21}$tɕi$_{j44}$/koŋ$_{55}$tɕi$_{j31}$ 锡：雄鸡ɦioŋ$_{24}$tɕi$_{31}$ 苏：公鸡/雄鸡koŋ$_{55}$tɕi$_{j31}$/ɦioŋ$_{22}$tɕi$_{j44}$ 熟：雄鸡ɦiʊŋ$_{24}$tɕi$_{31}$ 昆：雄鸡ɦioŋ$_{23}$tɕi$_{41}$ 霜：雄鸡ɦioᵑ$_{22}$tɕi$_{52}$ 罗：雄鸡ɦioᵑ$_{22}$tɕi$_{52}$ 周：雄鸡ɦioŋ$_{23}$tɕi$_{44}$ 上：公鸡/雄鸡kʊŋ$_{55}$tɕi$_{31}$/ɦiʊŋ$_{22}$tɕi$_{44}$ 松：雄鸡ɦiʊŋ$_{22}$tɕi$_{52}$ 黎：雄鸡ɦioŋ$_{22}$tɕi$_{j44}$ 盛：雄鸡ɦioŋ$_{22}$tɕi$_{j44}$ 嘉：雄鸡/公鸡ɦioŋ$_{22}$tɕi$_{44}$/koŋ$_{44}$tɕi$_{51}$ 双：雄鸡ɦioŋ$_{22}$tɕi$_{z44}$ 杭：雄鸡ɦioŋ$_{22}$tɕi$_{51}$ 绍：雄鸡ɦiʊŋ$_{22}$tɕi$_{52}$ 诸：公鸡koŋ$_{52}$tɕi$_{42}$ 崇：雄鸡ɦiʊᵑ$_{21}$tɕi$_{z23}$ 太：雄鸡ɦiʊŋ$_{21}$tɕi$_{44}$ 余：公鸡kʊŋ$_{33}$tɕi$_{44}$ 宁：公鸡koŋ$_{33}$tɕi$_{z51}$ 黄：雄鸡ɦyoŋ$_{23}$tɕi$_{j31}$ 温：雄鸡ɦyoŋ$_{22}$tsɿ$_{44}$ 衢：雄鸡ɦyʌŋ$_{32}$tsɿ$_{23}$ 华：公鸡/雄鸡koŋ$_{32}$tɕie$_{35}$/ɦyoŋ$_{21}$tɕie$_{35}$ 永：雄鸡ʔɦioŋ$_{43}$tɕiːe$_{44}$

母鸡

宜：老母鸡/鸡婆lɑɤ$_{21}$mu$_{11}$tɕi$_{j23}$/tɕi$_{j55}$bɑɤ$_{55}$ 溧：婆鸡bʌɯ$_{32}$tɕi$_{z23}$ 金：母鸡mᵊu$_{35}$tɕi$_{z31}$ 丹：母鸡məu$_{31}$tɕi$_{z21}$ 童：母鸡mʌɤ$_{23}$tɕi$_{j55}$ 靖：母鸡ʔmʌɤ$_{33}$tɕi$_{j44}$ 江：雌鸡tsʻɿ$_{53}$tɕi$_{j31}$ 常：母鸡ʔmʌɯ$_{34}$tɕi$_{j44}$ 锡：雌鸡tsʻɿ$_{21}$tɕi$_{23}$ 苏：母鸡/雌鸡/老伏鸡ʔmo$_{55}$tɕi$_{j31}$/tsʻɿ$_{55}$tɕi$_{j31}$/læ$_{22}$bu$_{55}$tɕi$_{j31}$

熟:雌鸡ts'ɿ$_{55}$tɕi$_{31}$ 昆:雌鸡ts'ɿ$_{44}$tɕi$_{41}$ 霜:雌鸡ts'ɿ$_{55}$tɕi$_{31}$ 罗:雌鸡/老母鸡ts'ɿ$_{55}$tɕi$_{31}$/lɔ$_{22}$m̩$_{55}$tɕi$_{31}$ 周:雌鸡/老伏鸡/老母鸡ts'ɿ$_{44}$tɕi$_{52}$/lɔ$_{22}$bu$_{44}$tɕi$_{52}$/lɔ$_{22}$m̩$_{44}$tɕi$_{52}$ 上:母鸡/雌鸡mu$_{22}$tɕi$_{44}$/ts'ɿ$_{55}$tɕi$_{31}$ 松:雌鸡ts'ɿ$_{44}$tɕi$_{52}$ 黎:雌鸡ts'ɿ$_{44}$tɕi$_{j44}$ 盛:雌鸡/老伏鸡ts'ɿ$_{44}$tɕi$_{j44}$/lᴀɑ$_{32}$bu$_{55}$tɕi$_{j31}$ 嘉:雌鸡/母鸡ts'ɿ$_{44}$tɕi$_{51}$/mu$_{22}$tɕi$_{51}$ 双:雌鸡ts'ɿ$_{44}$tɕi$_{z44}$ 杭:婆鸡bou$_{22}$tɕi$_{51}$ 绍:雌鸡ts'ɿ$_{33}$tɕi$_{52}$ 诸:鸡娘tɕi$_{52}$ȵiÃ$_{42}$ 崇:草鸡ts'ɑɒ$_{34}$tɕi$_{z52}$ 太:草鸡ts'ɑɒ$_{55}$tɕi$_{33}$ 余:母鸡mo$_{22}$tɕi$_{52}$ 宁:母鸡/鸡娘ʔmœʏ$_{33}$tɕi$_{z34}$/tɕi$_{z33}$ȵiã$_{51}$ 黄:草鸡ts'ɒ$_{31}$tɕi$_{j13}$ 温:草鸡/鸡娘ts'ɜ$_{52}$tsɿ$_{44}$/tsɿ$_{44}$ȵi$_{2}$ 衢:鸡娘(生蛋的)tsɿ$_{43}$ȵiã$_{53}$ 华:草鸡/鸡姆tsɔ$_{54}$tɕie$_{35}$/tɕie$_{33}$m̩$_{55}$ 永:鸡娘/草鸡tɕie$_{55}$ȵiᴀŋ$_{22}$/ts'ᴀʊ$_{43}$tɕie$_{44}$

小鸡儿

宜:小鸡ɕiɑʏ$_{33}$tɕi$_{j44}$ 溧:小鸡ɕiɑ^{ʏ}$_{54}$tɕi$_{z34}$ 金:小鸡ɕiɑɔ$_{35}$tɕi$_{z31}$ 丹:小鸡ɕiɒ$_{23}$tɕi$_{z44}$ 童:小鸡ɕiɐʏ$_{33}$tɕi$_{j55}$ 靖:小鸡siɒ$_{33}$tɕi$_{j44}$ 江:小鸡siɒ$_{52}$tɕi$_{j33}$ 常:小鸡ɕiɑʏ$_{34}$tɕi$_{j44}$ 锡:小鸡ɕiʌ$_{45}$tɕi$_{55}$ 苏:小鸡siɛ$_{52}$tɕi$_{j23}$ 熟:小鸡siɔ$_{33}$tɕi$_{51}$ 昆:小鸡siɔ$_{52}$tɕi$_{33}$ 霜:小鸡siᴇ$_{33}$tɕi$_{52}$ 罗:小鸡siɔ$_{35}$tɕi$_{31}$ 周:小鸡ɕiɔ$_{33}$tɕi$_{52}$ 上:小鸡ɕiɔ$_{33}$tɕi$_{44}$ 松:小鸡ɕiɔ$_{35}$tɕi$_{31}$ 黎:小鸡siᴀ^{ɔ}$_{44}$tɕi$_{j31}$ 盛:小鸡ɕiᴀɑ$_{55}$tɕi$_{j31}$ 嘉:小鸡ɕiɔ$_{44}$tɕi$_{51}$ 双:小鸡ɕiɔ$_{34}$tɕi$_{z52}$ 杭:小鸡ɕiɔ$_{55}$tɕi$_{31}$ 绍:小鸡ɕiɑɒ$_{35}$tɕi$_{31}$ 诸:小鸡ɕiɔ$_{33}$tɕi$_{52}$ 崇:小鸡ɕiɑɒ$_{34}$tɕi$_{z52}$ 太:小鸡ɕiɑɒ$_{55}$tɕi$_{33}$ 余:小鸡ɕiɒ$_{44}$tɕi$_{44}$ 宁:小鸡ɕiɵ$_{33}$tɕi$_{35}$ 黄:小鸡ɕiɒ$_{31}$tɕi$_{j13}$ 温:鸡儿儿tsɿ$_{44}$ŋ̍$_{21}$ŋ̍$_{2}$ 衢:小鸡ɕiɑ$_{55}$tsɿ$_{31}$ 华:小鸡ɕiɑʊ$_{54}$tɕie$_{35}$ 永:小鸡ɕiᴀʊ$_{43}$tɕie$_{325}$

鸭子

宜:鸭ʔᴀʔ$_{\underline{45}}$ 溧:鸭ʔɑʔ$_{5}$ 金:鸭子ɑʔ$_{5}$tsɿ$_{31}$ 丹:鸭则ɑʔ$_{\underline{53}}$tsɛʔ$_{\underline{31}}$ 童:鸭子ʔŋɑʔ$_{\underline{53}}$tsɿ$_{31}$ 靖:鸭子ʔɑʔ$_{5}$tsɿ$_{31}$ 江:鸭/鸭连连ʔɑʔ$_{5}$/ʔɑʔ$_{4}$lɪ$_{44}$lɪ$_{31}$ 常:鸭ʔɑʔ$_{5}$ 锡:鸭/鸭连连ʔᴀʔ$_{5}$/ʔɑʔ$_{4}$lɪ$_{34}$lɪ$_{55}$ 苏:鸭/鸭连连ʔᴀʔ$_{5}$/ʔᴀʔ$_{5}$lɪ$_{23}$lɪ$_{31}$ 熟:鸭溜溜ʔᴀʔ$_{3}$liɯ$_{55}$liɯ$_{31}$ 昆:鸭连连ʔᴀʔ$_{3}$lɪ$_{55}$lɪ$_{41}$ 霜:鸭ʔᴀʔ$_{5}$ 罗:鸭ʔᴀʔ$_{5}$ 周:鸭ʔɑ$_{44}$ 上:鸭子/鸭ʔɐʔ$_{3}$tsɿ$_{44}$/ʔɐʔ$_{5}$ 松:鸭ʔæʔ$_{5}$ 黎:鸭ʔᴀʔ$_{5}$ 盛:鸭ʔɑ 嘉:鸭/鸭子ʔᴀʔ$_{\underline{54}}$/ʔᴀʔ$_{5}$tsɿ$_{31}$ 双:鸭ʔᴀʔ$_{\underline{54}}$ 杭:鸭儿ʔiɐʔ$_{5}$ər$_{31}$ 绍:鸭ʔᴀʔ$_{5}$ 诸:鸭ʔɐʔ$_{5}$ 崇:鸭ʔæʔ$_{\underline{45}}$ 太:鸭ʔɛʔ$_{\underline{45}}$ 余:鸭ʔɐʔ$_{5}$ 宁:鸭/鸭儿ʔɐʔ$_{5}$/ʔᴇ$_{325}$ 黄:鸭儿ʔɛ$_{53}$ 温:鸭/水鸡ɑ$_{423}$/sɿ$_{52}$tsɿ$_{44}$ 衢:鸭ʔᴀʔ$_{5}$ 华:鸭uɐ$_{45}$ 永:鸭uᴀʔ$_{4}$

鹅

宜:鹅ŋu$_{223}$ 溧:鹅ŋʌɯ$_{323}$ 金:鹅/白乌龟(少)o$_{24}$/p'ɔ^{ʔ}$_{4}$^{ə}u$_{44}$kuei$_{44}$ 丹:鹅/白乌龟ŋʌʏ$_{22}$/b̥ɑʔ$_{5}$^{ə}u$_{33}$kue$_{31}$ 童:鹅/白乌龟ŋʌʏ$_{31}$/bɑʔ$_{3}$ʋu$_{33}$kuei$_{31}$ 靖:鹅ŋʌʏ$_{223}$ 江:鹅ŋɜʏ$_{223}$ 常:白乌龟bɔʔ$_{2}$ʋu$_{11}$kuæe$_{23}$ 锡:戆鹅gɒ̃$_{22}$ŋʌʏ$_{55}$ 苏:鹅/白乌龟ŋɜu$_{223}$/bᴀʔ$_{3}$ɜu$_{2}$tɕyч$_{23}$ 熟:白乌龟bᴀʔ$_{2}$u$_{55}$tɕy$_{31}$ 昆:白乌龟bᴀʔ$_{3}$u$_{33}$tɕy$_{31}$ 霜:鹅/白乌龟ŋəu$_{31}$/bᴀʔ$_{2}$ʔu$_{22}$tɕy$_{23}$ 罗:鹅/戆/戆戆ŋəu$_{31}$/gɒ̃$_{213}$/gɒ̃$_{22}$gɒ̃$_{23}$ 周:戆/鹅gɒ̃$_{113}$/ŋu$_{113}$ 上:鹅/白乌龟/戆ŋu$_{113}$/bɐʔ$_{2}$u$_{22}$tɕy$_{23}$/gÃ^{n}$_{113}$ 松:鹅/白乌龟ŋu$_{31}$/bᴀʔ$_{2}$ʋu$_{2}$tɕy$_{52}$ 黎:鹅/白乌龟ŋɜu$_{24}$/bᴀʔ$_{3}$u$_{55}$tɕy$_{ч31}$ 盛:白乌龟/鹅bɑʔ$_{3}$u$_{33}$tɕy$_{ч33}$/ŋɜu$_{22}$ 嘉:白乌龟/鹅pᴀʔ$_{2}$ʋu$_{44}$tɕy$_{51}$/ŋəu$_{31}$ 双:鹅ŋəu$_{113}$ 杭:鹅ʔŋou$_{323}$ 绍:白狗/鹅bᴀʔ$_{2}$kʏ$_{33}$/ŋo$_{31}$ 诸:鹅ŋɯ$_{233}$ 崇:鹅ŋʏ$_{312}$ 太:鹅ŋɯ$_{312}$ 余:鹅ŋou$_{113}$ 宁:鹅ŋəʊ$_{113}$ 黄:鹅儿ȵiɛ$_{113}$ 温:鹅ɦʋ$_{22}$ 衢:鹅ŋu$_{31}$ 华:鹅ʔɦoə$_{213}$ 永:鹅ŋoə$_{322}$

鲫鱼

宜:鲫鱼tɕiɪʔ$_{5}$ȵy$_{ч55}$ 溧:鲫鱼tɕiɪʔ$_{5}$ȵy$_{z34}$ 金:就鱼tɕiʌʏ$_{52}$y$_{z23}$ 丹:鲫鱼tɕɪʔ$_{\underline{53}}$ȵy$_{z31}$ 童:即鱼tɕiɪʔ$_{\underline{53}}$ȵy$_{ч31}$ 靖:鲫鱼tsɪʔ$_{\underline{53}}$ɦy$_{ч31}$ 江:鲫鱼tsɪʔ$_{\underline{53}}$ɦy$_{31}$ 常:鲫鱼tɕiɪʔ$_{4}$ɦy$_{ч4}$ 锡:鲫鱼tsi$_{33}$ŋ̍$_{55}$ 苏:鲫鱼tɕi$_{j52}$ŋ̍$_{23}$/tsɪʔ$_{5}$ŋ̍$_{23}$ 熟:鲫鱼tsɪʔ$_{4}$ŋæ$_{51}$ 昆:鲫鱼tsi$_{52}$ŋ̍$_{33}$ 霜:鲫鱼tsi$_{55}$ŋ̍$_{31}$ 罗:鲫鱼tsɪʔ$_{3}$ŋ̍$_{52}$ 周:鲫鱼tɕi$_{33}$ŋ̍$_{52}$/tɕɪʔ$_{3}$ŋ̍$_{52}$ 上:鲫鱼tɕiɪʔ$_{3}$ɲ̍$_{44}$/tɕi$_{33}$ɲ̍$_{44}$ 松:鲫鱼tɕi$_{44}$ɲ̍$_{52}$ 黎:鲫鱼tsɪʔ$_{5}$ŋ̍$_{44}$ 盛:鲫

鱼tsɪʔ3ŋ̍44　嘉：鲫鱼/河鲫鱼tɕiəʔ3ŋ̍44/βu22tɕiəʔ4ŋ̍51　双：鲫鱼/河鲫鱼tɕiz33ŋ̍52/tɕieʔ5ŋ̍52/hʊ44tɕiz44ŋ̍44　杭：鲫鱼tɕi24ɦy31　绍：鲫鱼tɕɪŋ55ŋ̍31　诸：鲫鱼tɕiz33ŋ̍52　崇：鲫鱼tɕiEʔ3ŋ̍52　太：鲫鱼tɕi33ŋ̍44　余：鲫鱼tɕi55ŋ̍31　宁：河鲫鱼ɦəʊ22tɕiz44ŋ̍55　黄：鲫鱼tɕieʔ3ŋ̍13　温：鲫鱼tɕʲi44ŋɵ2　衢：鲫鱼tɕiəʔ4ŋ̍53　华：鲫鱼tɕiəʔ3ȵy35　永：枕鱼tsəŋ54ȵʏ325

黄花鱼

宜：　溧：黄花鱼ɦuᴀŋ32xo22ȵyz52　金：　丹：黄鱼ʋaŋ44ȵyz44　童：　靖：黄鱼hɦuaŋ43ɦyɥ34　江：黄鱼ɦuᴀŋ24ɦy31　常：黄鱼ɦuᴀɲ21ɦyɥ34　锡：黄鱼ɦuɒ̃24ŋ̍31　苏：黄鱼/华鱼ɦuÃ22ŋ̍44/ɦo22ŋ̍44　熟：黄鱼ɦuᴀ̃24ŋæ31　昆：黄鱼ɦuã23ŋ̍41　霜：黄鱼ɦuɒ̃22ŋ̍52　罗：黄鱼ɦuɒ̃22ŋ̍52　周：黄鱼vɒ̃23ŋ̍44　上：黄鱼ɦuÃɲ22ŋ̍44　松：黄鱼ɦuɑ̃22ɲ̍52　黎：黄鱼ɦuɑ̃22ŋ̍44　盛：黄鱼ɦɑ̃22ŋ̍44　嘉：黄鱼ɦuᴀ̃22ŋ̍44　双：黄鱼ɦuɔ̃22ŋ̍44　杭：黄鱼ʔuᴀŋ33ɦy51　绍：黄鱼ɦuɒŋ22ŋ̍52　诸：黄花鳞鱼ɦuɒ̃22ho44lĩ55ŋ̍52　崇：黄鱼vɒ̃22ŋ̍52　太：黄鱼vʊŋ21ŋ̍44　余：黄鱼ɦuɔ̃22ŋ̍44　宁：黄鱼ɦuɔ̃22ŋ̍44　黄：黄鱼ɦuɒ̃22ŋ̍51　温：黄鱼ɦᵘɔ52ŋɵ34　衢：黄鱼ʔʱuɒ̃22ŋ̍53　华：黄鱼ʔɦuᴀŋ32ŋy24　永：

墨鱼

宜：　溧：乌鱼ʔʊ44ȵyz52　金：　丹：乌贼鱼ᵓu44zɜʔ44ȵyz31　童：墨鱼məʔ42ȵyɥ31　靖：乌贼鱼ʔwu44zəʔ4ɦyɥ23　江：乌贼鱼ʔʋu53zɜʔ3ɦy31　常：乌贼鱼ʔʋu55zəʔ5ɦyɥ52　锡：乌贼ʔu21zə23　苏：乌贼鱼ʔɜu55zəʔ5ŋ̍31　熟：乌贼鱼ʔu55zEʔ5ŋ̍æ51　昆：乌贼鱼ʔu55dzəʔ5ŋ̍41　霜：乌贼鱼ʔu55zəʔ3ŋ̍31　罗：乌贼鱼ʔʊ55zɐʔ3ŋ̍31　周：乌贼鱼ʔʋu44zəʔ4ŋ̍52　上：乌贼鱼ʔu55zɐʔ3ɲ̍31　松：乌贼/乌贼鱼ʔʋu55zəʔ31/ʔʋu33zəʔ5ɲ̍31　黎：乌贼鱼ʔu54zəʔ4ŋ̍31　盛：乌贼鱼ʔu55zəʔ3ŋ̍31　嘉：乌贼鱼ʔʋu55zəʔ3ŋ̍21　双：乌贼鱼ʔu44zəʔ4ŋ̍44　杭：乌贼/乌贼鱼ʔu32dzɐʔ5/ʔu32dzɐʔ3ɦy51　绍：乌贼ʔu33zəʔ5　诸：乌贼ʔʋu52zɐʔ4　崇：乌贼ʔʋu53zEʔ5　太：乌贼ʔʋu52zɛʔ3　余：乌贼ʔʋu33dzɐʔ5　宁：乌贼ʔu33zɐʔ5　黄：墨鱼mɔʔ2ŋ̍51　温：乌贼ʔʋu33sze51　衢：面风鱼miẽ45fʌŋ35ŋ̍53　华：瞑甫miɪŋ22fu51　永：瞑甫ʔmiɪŋ43fʊ32

鳝

宜：黄鳝ɦuᴀŋ22ze53　溧：黄鳝ɦuᴀŋ32ʑi52　金：黄鳝xuaŋ22sæ̃44　丹：黄鳝ɦuaŋ32zæ24　童：黄鳝ɦuaŋ24ʒiʊ31　靖：黄鳝ɦuaŋ22szũ34　江：黄鳝ɦuᴀŋ21zɵ43　常：黄鳝ɦuᴀɲ21zɔ34　锡：黄鳝ɦuɒ̃24zo31　苏：黄鳝ɦuÃ22zɵ44　熟：黄鳝ɦuᴀ̃23zʏ33　昆：黄鳝ɦuã23zɵ41　霜：黄鳝ɦuɒ̃24zɪ31　罗：黄鳝ɦuɒ̃24zʌʏ31　周：黄鳝vɒ̃23zø44　上：黄鳝ɦuÃɲ22zø44　松：黄鳝ɦuɑ̃22zø52　黎：黄鳝ɦuɑ̃22zɵ34　盛：黄鳝ɦɑ̃22zɵ44　嘉：黄鳝ɦuᴀ̃24zʏə51　双：鳝鱼zE24ŋ̍52　杭：黄鳝ʔuᴀŋ32zo23　绍：黄鳝ɦuɒŋ21zɵ̃33　诸：黄鳝ɦuɒ̃31zʏ42　崇：黄鳝vɒ̃22zœ̃52　太：黄鳝vʊŋ21zɯ44　余：黄鳝ɦuɔ̃21zẽ23　宁：ɦuɔ̃22ʑiz51　黄：黄鳝ɦuɒ̃23ʑie31　温：蛇鱼szʲi52ŋɵ21　衢：黄鳝ʔɦuɒ̃22ʃʒɥə53　华：黄鳝ʔɦuᴀŋ32ɕyæ̃35　永：黄舌ʔɦuᴀŋ32tɕie24

虾

宜：虾则xo55tsəʔ5　溧：虾则xo44tsəʔ5　金：虾子hɑ52tsɿz31　丹：早虾tsɒ35ho23　童：虾子xuɒ53tsɿ31　靖：虾儿/虾子ho44ər44/ho44tsɿ44　江：虾ho51　常：蚕虾tsɑʏ34xo44　锡：虾xu544　苏：虾ho44　熟：虾xu52　昆：虾ho44　霜：虾xʌʏ52　罗：虾儿xɵ52　周：虾儿hø52　上：虾/虾儿ho52/hø52　松：虾儿hø44　黎：弯转ʔɵ44tsɵ51　盛：弯转ʔɵ44tsɵ44　嘉：弯转ʔuʏə44tsʏə51　双：弯转/虾米ʔuE44tsE44/ɕiɑ44miz44　杭：虾儿ɕiᴀ33ər53　绍：虾ho52　诸：虾公ho52koŋ42　崇：弹虾dæ̃21hʏ23　太：弹虾dæ̃31ho33　余：虾ho34　宁：虾ho44　黄：虾儿ho35　温：虾儿xo44ŋ̍24　衢：虾公/虾儿xɑ43kʌŋ53/xɑ43ȵi35　华：虾儿xiæ̃324　永：虾xʊᴀ325/xᴀ325

蟹

宜:螃蟹/蟹bAŋ$_{22}$xA$_{53}$/xA$_{51}$ 溧:蟹xA$_{52}$ 金:蟹hɛ^{e}$_{323}$ 丹:螃蟹baŋ$_{33}$hɑ$_{44}$ 童:蟹haɪ$_{45}$ 靖:蟹hæ$_{334}$ 江:蟹hæ$_{45}$ 常:蟹xɑ$_{334}$ 锡:蟹xɑ$_{34}$ 苏:蟹hɒ$_{51}$ 熟:蟹xɑ$_{44}$ 昆:蟹/螃蟹hɑ$_{52}$/bã$_{23}$hɑ$_{41}$ 霜:蟹xɑ$_{434}$ 罗:蟹xɑ$_{434}$ 周:蟹hɑ$_{44}$ 上:蟹hA$_{334}$ 松:蟹hɑ$_{44}$ 黎:蟹hɒ$_{51}$ 盛:蟹hɑ$_{51}$ 嘉:蟹hɑ$_{44}$ 双:蟹xɑ$_{53}$ 杭:湖蟹vu$_{21}$ɕie$_{23}$ 绍:蟹ha$_{334}$ 诸:蟹hA$_{52}$ 崇:蟹hɑ$_{52}$ 太:蟹hɑ$_{42}$ 余:蟹hɑ$_{435}$ 宁:蟹ha$_{325}$ 黄:蟹hA$_{53}$ 温:蟹/江蟹xɑ$_{45}$/k^{u}ɔ$_{52}$xɑ$_{34}$ 衢:螃蟹bã$_{22}$xɛ$_{35}$ 华:蟹ɕiɑ$_{45}$ 永:蟹ɕiːA$_{434}$

蚌

宜:阿蜊ʔA$_{55}$li$_{j55}$ 溧:阿蜊ʔA$_{24}$li$_{z52}$ 金:歪歪uɛ^{e}$_{44}$uɛ^{e}$_{23}$ 丹:蚌周uɑ$_{23}$tsE^{e}$_{44}$ 童:蚌周uaɪ$_{53}$tsei$_{31}$ 靖:□子ʔue$_{44}$tsɿ$_{44}$ 江:蚌bA^{ŋ}$_{223}$ 常:阿蜊ʔɑ$_{55}$li$_{j31}$ 锡:河蚌/阿蜊蚌蚌ɦʌɤ$_{24}$bã$_{31}$/ʔɑʔ$_{4}$li$_{34}$bã$_{55}$bã$_{55}$ 苏:蚌/蚌儿bÃ$_{31}$/bÃ$_{22}$ȵi$_{j44}$ 熟:蚌bA$^{\sim}$$_{31}$ 昆:河蚌ɦəu$_{23}$bã$_{41}$ 霜:蚌ba$^{\sim}$$_{213}$ 罗:蚌ba$^{\sim}$$_{213}$ 周:河蚌/蚌vu$_{22}$bA$^{\sim}$$_{33}$/bA$^{\sim}$$_{113}$ 上:河蚌vu$_{22}$bÃ^{n}$_{44}$ 松:河蚌/蚌生vu$_{22}$bɛ̃$_{52}$/bɛ̃$_{22}$sɛ̃$_{52}$ 黎:水产sɿ$_{55}$tsʻE$_{31}$ 盛:水产/蚌壳sɿ$_{55}$tsʻE$_{31}$/bæ̃$_{24}$kʻɔʔ$_{2}$ 嘉:水产/河蚌sɿ$_{44}$tsʻE^{ɛ}$_{33}$/βu$_{24}$bA$^{\sim}$$_{51}$ 双:水产sɿ$_{34}$tsʻE$_{52}$ 杭:河蚌ɦou$_{21}$bAŋ$_{23}$ 绍:河蚌ɦo$_{22}$baŋ$_{52}$ 诸:黄蚬vɒ̃$_{31}$ɕiɪ$_{52}$ 崇:磨蚬mɤ$_{21}$ɕiẽ$_{23}$ 太:磨蚬mɯ$_{21}$ɕiẽ$_{23}$ 余:河蚌ɦou$_{21}$bÃ$_{23}$ 宁:河蚌ɦəʊ$_{22}$bã$_{44}$ 黄:蚌壳/蚌壳儿bɒ$^{\sim}$$_{23}$kɔʔ$_{4}$/ba$^{\sim}$$_{23}$kɒ$^{\sim}$$_{51}$ 温:河吕蚌vʊ$_{33}$ly$_{52}$b^{ı}ɛ$_{34}$ 衢:□壳ɕʑie$_{35}$kʻəʔ$_{5}$ 华:河蚌ʔoə$_{32}$bAŋ$_{24}$ 永:洗壳ɕie$_{43}$kʻAʊ$_{55}$

青蛙

宜:青蛙/田鸡tɕʻiŋ$_{55}$o$_{55}$/dɪ$_{21}$tɕi$_{j23}$ 溧:田鸡di$_{32}$tɕi$_{23}$ 金:青蛙/田鸡tɕʻiŋ$_{44}$uɑ$_{31}$/tʻĩ$_{35}$tɕi$_{z31}$ 丹:田鸡dɪ$_{32}$tɕi$_{z24}$ 童:田鸡dɪ$_{24}$tɕi$_{j31}$ 靖:田鸡/青鸡/青蛙郎dĩ$_{22}$tɕi$_{j34}$/tsʻiŋ$_{44}$tɕi$_{j44}$/tsʻiŋ$_{44}$o$_{44}$laŋ$_{44}$ 江:连鸡/田鸡lɪ$_{24}$tɕi$_{j31}$/dɪ$_{24}$tɕi$_{j31}$ 常:青蛙/田鸡tɕʻiɲ$_{55}$o$_{31}$/dɪ$_{21}$tɕi$_{j34}$ 锡:田鸡dɪ$_{24}$tɕi$_{31}$ 苏:田鸡diɪ$_{22}$tɕi$_{j44}$ 熟:田鸡die$_{24}$tɕi$_{31}$ 昆:田鸡dɪ$_{23}$tɕi$_{41}$ 霜:田鸡dɪ$_{22}$tɕi$_{52}$ 罗:青蛙/田鸡tsʻɪ^{n}$_{55}$u^{ʌ}ɤ$_{31}$/di$_{22}$tɕi$_{52}$ 周:青蛙/田鸡tɕʻiɪŋ$_{44}$o$_{52}$/di$_{22}$tɕi$_{44}$ 上:青蛙/田鸡tɕʻiɲ$_{55}$o$_{31}$/di$_{22}$tɕi$_{44}$ 松:田鸡di$_{22}$tɕi$_{52}$ 黎:田鸡diɪ$_{22}$tɕi$_{j34}$ 盛:田鸡diɪ$_{22}$tɕi$_{j44}$ 嘉:田鸡/青蛙die$_{22}$tɕi$_{44}$/tɕʻin$_{44}$uɑ$_{51}$ 双:田鸡dɪ$_{22}$tɕi$_{z44}$ 杭:田鸡die$_{21}$tɕi$_{23}$ 绍:青蛙/田鸡tɕʻɪŋ$_{32}$o$_{34}$/diĩ$_{55}$tɕi$_{31}$ 诸:田鸡diɪ$_{31}$tɕi$_{42}$ 崇:田鸡diẽ$_{21}$tɕi$_{z23}$ 太:田鸡diẽ$_{21}$tɕi$_{23}$ 余:田鸡/青蛙dĩ$_{22}$tɕi$_{44}$/tɕiŋ$_{33}$o$_{44}$ 宁:青蛙/田鸡/水鸡(食用)tɕʻɪŋ$_{33}$o$_{51}$/di$_{22}$tɕi$_{z51}$/sʮ$_{55}$tɕi$_{z33}$ 黄:青蛙蛙蟆tɕiɪŋ$_{33}$uA$_{33}$o$_{33}$mo$_{51}$ 温:蛙蟆ʔo$_{44}$mo$_{24}$ 衢:蟚马/田鸡ga$_{22}$mɑ$_{53}$/diẽ$_{22}$tsɿ$_{35}$ 华:田鸡/青蛙diɑ$_{21}$tɕie$_{35}$/tɕiɪŋ$_{32}$uɑ$_{35}$ 永:青蛙/田鸡tɕʻiɲ$_{43}$uA$_{44}$/di̥e$_{32}$tɕiːe$_{44}$

癞蛤蟆

宜:癞白高/癞蛤蟆/癞团lA$_{22}$bAʔ$_{2}$kɑɤ$_{53}$/lA$_{21}$xA$_{11}$mo$_{23}$/lA$_{21}$de$_{23}$ 溧:癞白高lA$_{32}$bəʔ$_{2}$kɑ^{ɤ}$_{52}$ 金:癞蛤蟆/癞包lɛ^{e}$_{44}$hɑ$_{44}$mo$_{23}$/lɛ^{e}$_{52}$pɑ^{ɔ}$_{31}$ 丹:癞孛可lɑ$_{44}$pɛʔ$_{2}$kʻʌɤ$_{23}$ 童:癞口婆婆lɒ$_{22}$kʻei$_{55}$bʌɤ$_{33}$bʌɤ$_{31}$ 靖:癞包ʔlæ$_{35}$pɒ$_{31}$ 江:癞狗巴/癞团læ$_{24}$kɜɤ$_{33}$po$_{31}$/læ$_{24}$dɵ$_{31}$ 常:癞蛤蟆/癞白高lɑ$_{21}$xɑ$_{11}$mo$_{13}$/lɑ$_{21}$bɔʔ$_{11}$kɑɤ$_{13}$ 锡:癞团lɑ$_{22}$do$_{55}$ 苏:癞蛤蟆/癞团lE$_{22}$hɒ$_{55}$mo$_{31}$/lɒ$_{22}$dɵ$_{44}$ 熟:癞蛤蟆læ$_{22}$xɑ$_{55}$mu$_{31}$ 昆:癞蛤蟆/癞团lɑ$_{22}$hɑ$_{55}$mo$_{41}$/lɑ$_{23}$dɵ$_{41}$ 霜:癞蛤头lɑ$_{22}$kəʔ$_{5}$d^{ʌ}ɤ$_{31}$ 罗:癞蛤蟆/赖格巴le$_{22}$hɑ$_{55}$mɑ$_{31}$/lɑ$_{22}$kɐʔ$_{5}$p^{ʌ}ɤ$_{31}$ 周:赖格巴lɑ$_{22}$kɑʔ$_{5}$po$_{31}$ 上:癞蛤巴lA$_{22}$kɐʔ$_{5}$po$_{31}$ 松:癞蛤巴lɑ$_{22}$kəʔ$_{5}$po$_{31}$ 黎:癞团/癞蛤巴(少)lɒ$_{22}$dɵ$_{52}$/lɒ$_{22}$kəʔ$_{5}$po$_{31}$ 盛:癞蛤巴lɑ$_{22}$kəʔ$_{5}$po$_{31}$ 嘉:癞蛤蟆/癞格巴lɑ$_{22}$hɑ$_{44}$mo$_{51}$/lɑ$_{2}$kAʔ$_{4}$po$_{51}$ 双:癞太婆lɑ$_{22}$tʻɑ$_{22}$bəu$_{52}$ 杭:癞蛤蟆/癞屎lE$_{22}$hɑ$_{55}$mɑ$_{31}$/lɑ$_{21}$sɿ$_{23}$ 绍:癞刺蛤波/癞蛤蟆la$_{22}$tsʻɿ$_{55}$kəʔ$_{3}$po$_{31}$/la$_{21}$ha$_{34}$mo$_{52}$ 诸:蛤豹kiəʔ$_{5}$pɔ$_{31}$ 崇:癞蛤蟆/

癞矢蛤巴lɑ$_{22}$hɑ$_{34}$mɤ$_{52}$/lɑ$_{22}$sɿ$_{22}$kᴇʔ$_{2}$pɤ$_{34}$　太：癞矢蛤巴lɑ$_{21}$sɿ$_{22}$kɛʔ$_{2}$po$_{44}$　余：癞蛤蟆lɑ$_{23}$hᴀ$_{44}$mo$_{52}$　宁：放火癞司fɔ̃$_{33}$həʊ$_{44}$lɑ$_{44}$sɿ$_{55}$　黄：癞处蛙蟆lᴀ$_{22}$tsʻʮ$_{33}$o$_{33}$mo$_{51}$　温：癞蛙蟆lɑ$_{24}$o$_{33}$mʊ$_{21}$　衢：癞蛤巴ʔlɑ$_{55}$kəʔ$_{33}$pɑ$_{53}$　华：蛤巴/癞蛤巴kɐʔ$_{3}$poə$_{51}$/ʔlɑ$_{32}$kɐʔ$_{3}$poə$_{51}$　永：蛤包kə$_{55}$pᴀʊ$_{22}$

乌龟

宜：ʔu$_{55}$kuɐɪ$_{55}$　溧：ʔʊu$_{44}$kæᴇ$_{52}$　金：ᵊu$_{44}$kuei$_{52}$　丹：ʊu$_{35}$kue$_{31}$　童：ʔʊu$_{53}$kuei$_{31}$　靖：ʔwu$_{44}$kue$_{44}$　江：ʔʊu$_{53}$kuᴇɪ$_{31}$　常：ʔʊu$_{55}$kuæe$_{31}$　锡：ʔu$_{21}$kuᴇ$_{23}$　苏：ʔɜu$_{55}$tɕy$_{ʮ31}$　熟：ʔu$_{55}$tɕy(kuᴇ)$_{51}$　昆：ʔu$_{44}$kuᴇ$_{41}$　霜：ʔu$_{55}$kuᴀɪ$_{31}$　罗：ʔu$_{55}$tɕy$_{31}$　周：ʔʊu$_{44}$tɕy$_{52}$　上：ʔu$_{55}$tɕy$_{31}$　松：ʔu$_{44}$tɕy$_{52}$　黎：ʔu$_{44}$tɕy$_{ʮ44}$　盛：ʔu$_{44}$tɕy$_{ʮ44}$　嘉：ʔʊu$_{44}$tɕy$_{51}$　双：ʔu$_{44}$tɕi$_{z44}$　杭：ʔu$_{32}$kueɪ$_{23}$　绍：ʔu$_{33}$tɕy$_{ʮ52}$　诸：ʔʊu$_{52}$tɕy$_{ʮ42}$　崇：ʔʊu$_{53}$tɕy$_{ʮ23}$　太：ʔʊu$_{52}$tɕy$_{33}$　余：ʔʊu$_{33}$kue$_{44}$　宁：ʔu$_{33}$tɕy$_{ʮ51}$　黄：ʔu$_{55}$cy$_{ʮ31}$　温：ʔʊ$_{44}$tɕy$_{44}$　衢：ʔu$_{43}$kuəɪ$_{53}$　华：ʔu$_{32}$kueɪ$_{35}$　永：ʊ$_{43}$tɕʏ$_{44}$/ʊ$_{43}$kuəɪ$_{44}$

鳖

宜：甲鱼tɕiᴀʔ$_{5}$ȵy$_{ʮ55}$　溧：团鱼dʊ$_{32}$ȵy$_{z23}$　金：甲鱼tɕiɑʔ$_{5}$y$_{z23}$　丹：甲鱼tɕiɑʔ$_{5}$ȵy$_{z23}$　童：甲鱼/团鱼tɕiɑʔ$_{53}$ȵy$_{ʮ31}$/dʊ$_{24}$ȵy$_{ʮ31}$　靖：甲鱼tɕiɑʔ$_{53}$ɦy$_{ʮ31}$　江：甲鱼tɕiɑʔ$_{53}$ɦy$_{31}$　常：甲鱼tɕiɑʔ$_{4}$ɦy$_{ʮ44}$　锡：甲鱼tɕiᴀʔ$_{4}$ŋ̍$_{34}$　苏：甲鱼tɕiᴀʔ$_{5}$ŋ̍$_{23}$/tɕiᴀʔ$_{5}$ŋ̍$_{52}$　熟：甲鱼tɕiᴀʔ$_{4}$ŋæ$_{51}$　昆：甲鱼tɕiᴀʔ$_{5}$ŋ̍$_{52}$　霜：甲鱼tɕiᴀʔ$_{4}$ŋ̍$_{52}$　罗：甲鱼tɕiᴀʔ$_{4}$ŋ̍$_{52}$　周：甲鱼tɕiɑʔ$_{3}$ŋ̍$_{52}$　上：甲鱼tɕiɪʔ$_{3}$ɲ̍$_{44}$　松：甲鱼tɕiæˀ$_{4}$ɲ̍$_{52}$　黎：甲鱼tɕiᴀʔ$_{5}$ŋ̍$_{44}$　盛：甲鱼tɕiɑʔ$_{3}$ŋ̍$_{44}$　嘉：甲鱼tɕiᴀʔ$_{3}$ŋ̍$_{44}$　双：甲鱼tɕiᴀʔ$_{5}$ŋ̍$_{31}$　杭：甲鱼tɕiɪʔ$_{5}$ɦy$_{31}$　绍：甲鱼kᴀʔ$_{4}$ŋ̍$_{52}$　诸：鳖piəʔ$_{5}$　崇：鳖piᴇʔ$_{45}$　太：鳖pieʔ$_{45}$　余：甲鱼tɕiɐʔ$_{5}$ȵy$_{31}$　宁：甲鱼tɕiɪʔ$_{5}$ŋ̍$_{33}$　黄：鳖piʌʔ$_{5}$　温：团鱼dɵ$_{31}$ŋɵ$_{2}$　衢：团鱼də$_{22}$ŋ̍$_{53}$　华：鳖pie$_{45}$　永：鳖biːe$_{434}$

蜗牛

宜：蜗牛ʔu$_{55}$ȵiɤɯ$_{55}$　溧：蜗牛ʔʌɯ$_{44}$ȵiʌɯ$_{52}$　金：蜗牛ko$_{52}$ȵiʌʏ$_{23}$　丹：蜗牛ʌʏ$_{44}$ȵʏ$_{31}$　童：　靖：蜗牛ʔʌʏ$_{44}$nøʏ$_{23}$　江：蜗牛ʔɜʏ$_{53}$ȵiɜʏ$_{31}$　常：蜗牛ɦʌɯ$_{55}$ȵiɯ$_{31}$　锡：蜗牛ʔʌʏ$_{21}$ȵiʌʏ$_{23}$　苏：蜗牛kɜu$_{55}$ȵiɵ$_{31}$　熟：蜗牛kɯ$_{55}$ȵiɯ$_{51}$　昆：　霜：刚蜗kɒ̃$_{55}$kᵊu$_{31}$　罗：刚蜗娘娘kɒ̃$_{55}$kᵊu$_{33}$ȵiã$_{33}$ȵiã$_{31}$　周：蜗牛ʔʊu$_{44}$ȵiʏ$_{52}$　上：蜗牛ku$_{55}$ȵiɤɯ$_{31}$　松：蜗牛ku$_{44}$ȵiɯ$_{52}$　黎：鬼沿螺蛳tɕy$_{ʮ44}$ɦiɪ$_{44}$lɜu$_{44}$sɿ$_{44}$　盛：蜗牛ʔu$_{44}$ȵiəʉ$_{44}$　嘉：蜗牛ʔo$_{44}$ȵiᵊu$_{51}$　双：　杭：　绍：带壳蜒蚰罗ta$_{33}$kʻoʔ$_{5}$ɦĩ$_{21}$ɦiʏ$_{34}$lo$_{52}$　诸：蜒蚰罗ɦiɪ$_{22}$ɦiʏ$_{22}$lɯ$_{52}$　崇：蜒蚰罗ɦiẽ$_{22}$ɦʏ$_{34}$lʏ$_{52}$　太：蜒蚰罗ɦiẽ$_{21}$ɦʏ$_{22}$lɯ$_{23}$　余：蜒蚰露ɦĩ$_{21}$ɦiʏ$_{22}$lu$_{52}$　宁：蜒蜒罗ɦi$_{22}$ɦi$_{44}$ləu$_{55}$　黄：蜗牛ʔu$_{33}$ȵiʏ$_{52}$　温：蜗牛ʔʊ$_{44}$ŋʌu$_{22}$　衢：蜗牛ʔu$_{35}$ȵiɯ$_{53}$　华：蜗牛ʔuo$_{55}$ȵiɯu$_{51}$　永：蜗牛oə$_{55}$ȵiəʊ$_{22}$

蚯蚓

宜：河线ɦu$_{22}$ɕɪ$_{53}$　溧：河蜒xɦʌɯ$_{32}$ɦi$_{52}$　金：河鲜ho$_{35}$ɕĩ$_{31}$　丹：触蟮tsʻoʔ$_{53}$zən$_{31}$　童：触蟮tsʻoʔ$_{53}$ʒyʊ$_{31}$　靖：寒宣ɦũ$_{22}$ɕyũ$_{34}$　江：曲蟮/触蟮tɕʻioʔ$_{5}$zɵ$_{23}$/tsʻoʔ$_{5}$zɵ$_{23}$　常：蚯蚓/河鲜tɕʻiɯ$_{55}$iɲ$_{31}$/ɦʌɯ$_{21}$ɕɪ$_{34}$　锡：蚯蚓/曲蟮tsʻiʌʏ$_{12}$ɦin$_{23}$/tɕʻyɵʔ$_{2}$zo$_{34}$　苏：蛐蟮tɕʻiɔʔ$_{5}$zɵ$_{52}$　熟：蛐蟮tɕʻioʔ$_{3}$ʐʏ$_{33}$　昆：蛐蟮tɕʻioʔ$_{5}$zɵ$_{52}$　霜：触蟮tsʻoʔ$_{4}$ɦɪ$_{23}$　罗：蛐蟮tɕʻioʔ$_{5}$zᶺʏ$_{31}$　周：蛐蟮tɕʻioʔ$_{4}$zø$_{44}$　上：蚯蚓tɕʻiɤɯ$_{55}$ɦiɲ$_{31}$　松：蛐蟮tɕʻyɪʔ$_{4}$zø$_{34}$　黎：蛐蟮tɕʻioʔ$_{3}$zɵ$_{34}$　盛：蛐蟮tɕʻiɔʔ$_{5}$zɵ$_{31}$　嘉：蛐蟮tɕʻioʔ$_{5}$zʏə$_{31}$　双：蛐蟮tɕʻioʔ$_{5}$zᴇ$_{52}$　杭：蛐蟮tɕʻyɪʔ$_{5}$zo$_{31}$　绍：蛐蟮tɕʻyoʔ$_{5}$zĩ$_{33}$　诸：触蟮tsʻoʔ$_{5}$zʏ$_{52}$　崇：触蟮tsʻɔʔ$_{3}$zœ̃$_{52}$　太：触蟮/冲牙tsʻɔʔ$_{3}$zœ̃$_{23}$/tsʻʊŋ$_{33}$ŋo$_{44}$　余：地蟮di$_{22}$zẽ$_{52}$　宁：蛐蟮tsʻɔʔ$_{5}$ɦi$_{31}$　黄：触蟮tsʻɔʔ$_{3}$ʑie$_{51}$　温：蝾许kʻᵘɔ$_{3}$ɕy$_{24}$　衢：蛐蟮tɕʻyəʔ$_{4}$ʃʮə$_{53}$　华：许面ɕy$_{45}$mie$_{213}$　永：麻汉mʊᴀ$_{31}$xʏə$_{32}$

蝙蝠

宜：蝙蝠则pɪ$_{55}$fəʔ$_{5}$tsəʔ$_{5}$　溧：蝙蝠/蝙蝠则pi$_{44}$fəʔ$_{5}$/pi$_{44}$fəʔ$_{4}$tsəʔ$_{31}$　金：蝙蝠子/蝙蝠pĩ$_{33}$fəʔ$_{5}$tsɿ$_{z31}$/pĩ$_{33}$fəʔ$_{4}$　丹：蝙蝠蝠pɪ$_{44}$foʔ$_{4}$foʔ$_{4}$　童：蝙蝠蝠pɪ$_{53}$foʔ$_{3}$foʔ$_{31}$　靖：蝙搏子pĩ$_{44}$pɔʔ$_{4}$tsɿ$_{44}$　江：

蝙蝠/蝙蝠子pɪ$_{52}$foʔ$_{3}$/pɪ$_{52}$foʔ$_{3}$tsɿ$_{31}$ 常:偷油老鼠tʻʌɯ$_{55}$ɦiɯ$_{33}$lɑɤ$_{33}$tsʻʮ$_{31}$ 锡:蝙蝠pɪ$_{21}$fɔ$_{23}$ 苏:蝙蝠子piɪ$_{52}$fɔʔ$_{2}$tsɿ$_{31}$ 熟:蝙蝠pie$_{55}$foʔ$_{5}$ 昆:蝙蝠pɪ$_{52}$foʔ$_{3}$ 霜:蝙蝠子pɪ$_{55}$fu$_{33}$tsɿ$_{31}$ 罗:蝙蝠pi$_{55}$foʔ$_{3}$ 周:蝙蝠ɓi$_{44}$foʔ$_{5}$ 上:蝙蝠pi$_{33}$foʔ$_{4}$ 松:蝙蝠儿pi$_{55}$fu$_{31}$ 黎:蝙蝠piɪ$_{52}$fõʔ$_{5}$ 盛:蝙蝠piɪ$_{52}$fɔʔ$_{3}$ 嘉:蝙蝠pie$_{44}$foʔ$_{5}$ 双:蝙蝠pɪ$_{44}$fʉ$_{44}$ 杭:蝙蝠儿pie$_{32}$fɔʔ$_{24}$ər$_{31}$ 绍:蝙蝠pĩ$_{33}$foʔ$_{5}$ 诸:蝙蝠piɪ$_{52}$foʔ$_{4}$ 崇:蝙蝠piẽ$_{53}$fɔʔ$_{4}$ 太:蝙蝠儿piẽ$_{52}$fu$_{34}$ 余:蝙蝠pĩ$_{33}$fɔʔ$_{5}$ 宁:蝙蝠老支pi$_{33}$fɔʔ$_{4}$lɔ$_{44}$tsɿ$_{55}$ 黄:蝙蝠/夜游乌pie$_{33}$fɔʔ$_{4}$/ɦiA$_{22}$ɦiʏ$_{33}$u$_{44}$ 温:老鼠皮翼lɜ$_{33}$tsʻʲi$_{33}$bʲi$_{55}$ɦiæi$_{52}$ 衢:蝙蝠pie$_{35}$fəʔ$_{5}$ 华:老鼠㲉叶ʔlɑʊ$_{55}$tɕʻy$_{33}$pi$_{j24}$ɦie$_{24}$ 永:皮叶bi$_{32}$ɦie$_{31}$

蜈蚣

宜:百脚pAʔ$_{5}$tɕiɔʔ$_{5}$ 溧:壁脚pɪʔ$_{5}$tɕiɑʔ$_{3}$ 金:百脚pɔʔ$_{4}$tɕiɑʔ$_{4}$ 丹:壁脚pɪʔ$_{\underline{53}}$tɕiɑʔ$_{\underline{31}}$ 童:壁脚虫piɪʔ$_{3}$tɕiɑʔ$_{5}$zoŋ$_{31}$ 靖:百脚pɔʔ$_{5}$tɕiɑʔ$_{3}$ 江:百脚pɑʔ$_{5}$tɕiɑʔ$_{5}$ 常:百脚pɑʔ$_{4}$tɕiɑʔ$_{5}$ 锡:百脚pAʔ$_{4}$tɕiAʔ$_{5}$ 苏:百脚pAʔ$_{5}$tɕiAʔ$_{5}$ 熟:百脚pAʔ$_{4}$tɕiAʔ$_{5}$ 昆:百脚pAʔ$_{4}$tɕiAʔ$_{4}$ 霜:百脚pəʔ$_{5}$tɕiAʔ$_{3}$ 罗:百脚pAʔ$_{5}$tɕiAʔ$_{3}$ 周:百脚ɓɑʔ$_{2}$tɕiɑʔ$_{5}$ 上:百脚/蜈蚣pɐʔ$_{3}$tɕiɪʔ$_{4}$/vu$_{22}$kʊŋ$_{44}$ 松:百脚pAʔ$_{4}$tɕiAʔ$_{4}$ 黎:百脚pAʔ$_{5}$tɕiAʔ$_{2}$ 盛:百脚pɑʔ$_{5}$tɕiɑʔ$_{3}$ 嘉:百脚pAʔ$_{3}$tɕiAʔ$_{4}$ 双:百脚pAʔ$_{5}$tɕiAʔ$_{5}$ 杭:蜈蚣/百脚(少)ɦu$_{21}$koŋ$_{33}$/pɐʔ$_{4}$tɕiɪʔ$_{5}$ 绍:明公mɪŋ$_{22}$koŋ$_{52}$ 诸:百脚虫/文公pɐʔ$_{4}$tɕiɐʔ$_{4}$dzoŋ$_{52}$/mẽĩ$_{31}$koŋ$_{52}$ 崇:百脚/明公pɑʔ$_{3}$tɕiɑʔ$_{4}$/mɪŋ$_{21}$kʊ^{ŋ}$_{23}$ 太:蒙公mʊŋ$_{31}$kʊŋ$_{33}$ 余:百脚/门公pɐʔ$_{5}$tɕiɐʔ$_{3}$/meŋ$_{22}$kʊŋ$_{44}$ 宁:百脚/文公/文公百脚pɐʔ$_{5}$tɕiɪʔ$_{3}$/mɐŋ$_{22}$koŋ$_{51}$/mɐŋ$_{22}$koŋ$_{55}$pɐʔ$_{3}$tɕiɐʔ$_{\underline{31}}$ 黄:蜈蚣/文公ɦu$_{25}$koŋ$_{51}$/məŋ$_{25}$koŋ$_{51}$ 温:鱼蚣ŋɵ$_{31}$koŋ$_{44}$ 衢:蜈蚣ʔŋ̍$_{55}$kʌŋ$_{53}$ 华:蜈蚣/蒙公ʔu$_{32}$koŋ$_{35}$/ʔmoŋ$_{32}$koŋ$_{35}$ 永:蜈蚣/麻公ʔɦu$_{32}$koŋ$_{55}$/mA$_{32}$koŋ$_{55}$

蜘蛛

宜:蜘蛛tsɿ$_{55}$tɕy$_{ʮ55}$ 溧:蜘蛛tsɿ$_{44}$tɕy$_{z52}$ 金:蜘蛛tsɿ$_{44}$ts^{ə}u$_{44}$ 丹:蜘蛛tsɿ$_{44}$ts^{ə}u$_{44}$ 童:蜘蛛tsɿ$_{55}$tʃy$_{ʮ31}$ 靖:蜘蛛tsɿ$_{44}$tɕy$_{ʮ44}$ 江:结蛛tɕiɜʔ$_{5}$tɕy$_{42}$ 常:结蛛tɕiɪʔ$_{4}$tsʮ$_{44}$ 锡:蜘蛛tsɿ$_{21}$tsʮ$_{23}$ 苏:结蛛/蜘蛛tɕiəʔ$_{5}$tsɿ$_{23}$/tsɿ$_{55}$tsɿ$_{31}$ 熟:结蛛tɕɪʔ$_{4}$tʂʮ$_{ʅ51}$ 昆:蜘蛛tsɿ$_{44}$tsʮ$_{41}$ 霜:结蛛tɕiɪʔ$_{4}$tsɿ$_{52}$ 罗:决蛛tɕioʔ$_{5}$tsɿ$_{31}$ 周:决决tɕyoʔ$_{3}$tɕyoʔ$_{5}$ 上:蜘蛛/结蛛tsɿ$_{55}$tsɿ$_{31}$/tɕiɪʔ$_{3}$tsɿ$_{44}$ 松:蜘蛛tsɿ$_{44}$tɕy$_{52}$ 黎:节蛛tsɪʔ$_{5}$tsʮ$_{44}$ 盛:节蛛tsɪʔ$_{3}$tsʮ$_{44}$ 嘉:蛛蜘tsʮ$_{44}$tsɿ$_{51}$ 双:结蛛tɕieʔ$_{5}$tsɿ$_{52}$ 杭:蜘蛛tsɿ$_{33}$tsʮ$_{51}$ 绍:结蛛tɕɪʔ$_{3}$tɕy$_{ʮ52}$ 诸:结蛛tɕiəʔ$_{5}$tɕy$_{ʮ52}$ 崇:蜘蛛绷tsɿ$_{53}$tsɿ$_{22}$pÃ$_{23}$ 太:蜘蛛绷tsɿ$_{52}$tsɿ$_{33}$pAŋ$_{23}$ 余:蜘蛛/结蛛(少)tsɿ$_{33}$tsʮ$_{44}$/tɕɪʔ$_{4}$tsʮ$_{44}$ 宁:蜘蛛乱网tsɿ$_{33}$tsʮ$_{44}$lø$_{44}$mɔ̃$_{55}$ 黄:蟢ɕi$_{j53}$ 温:丝网蛛蛛sɿ$_{33}$m^{o}ɔ$_{55}$tsɿ$_{33}$tsɿ$_{21}$ 衢:八脚蟢pAʔ$_{5}$tɕiAʔ$_{33}$sɿ$_{35}$ 华:蜘蛛/蟢/八脚蟢tsɿ$_{33}$tɕy$_{55}$/ɕi$_{j544}$/piɑ$_{55}$tɕiɐʔ$_{3}$ɕi$_{j44}$ 永:结蛛tɕie$_{\underline{43}}$tɕʏ$_{44}$

蜜蜂

宜:蜜蜂mɪʔ$_{2}$foŋ$_{23}$ 溧:蜜蜂mɪʔ$_{3}$foŋ$_{23}$ 金:蜜蜂mieʔ$_{4}$foŋ$_{52}$ 丹:蜜蜂mɪʔ$_{\underline{53}}$foŋ$_{31}$ 童:蜜蜂miɪʔ$_{\underline{42}}$foŋ$_{31}$ 靖:蜜蜂mɪʔ$_{2}$foŋ$_{23}$ 江:蜜蜂mɪʔ$_{2}$foŋ$_{23}$ 常:蜜蜂miɪʔ$_{2}$foŋ$_{13}$ 锡:蜜蜂mɪʔ$_{2}$foŋ$_{55}$ 苏:蜜蜂mɪʔ$_{3}$foŋ$_{52}$ 熟:蜜蜂mɪʔ$_{3}$fʊŋ$_{34}$ 昆:蜜蜂mɪʔ$_{2}$foŋ$_{23}$ 霜:蜜蜂mɪʔ$_{2}$fo^{ŋ}$_{23}$ 罗:蜜蜂mɪʔ$_{2}$fo^{ŋ}$_{23}$ 周:蜜蜂mɪʔ$_{2}$foŋ$_{23}$ 上:蜜蜂miɪʔ$_{2}$fʊŋ$_{23}$ 松:蜜蜂mɪʔ$_{2}$fʊŋ$_{52}$ 黎:蜜蜂mɪʔ$_{3}$foŋ$_{34}$ 盛:蜜蜂mɪʔ$_{2}$foŋ$_{34}$ 嘉:蜜蜂ʔmiəʔ$_{3}$foŋ$_{44}$ 双:蜜蜂ʔmieʔ$_{5}$foŋ$_{52}$ 杭:蜜蜂miɪʔ$_{2}$foŋ$_{23}$ 绍:蜜蜂mɪʔ$_{2}$fʊŋ$_{52}$ 诸:蜂子foŋ$_{52}$tsɿ$_{44}$ 崇:蜂fʊ^{ŋ}$_{533}$ 太:蜂fʊŋ$_{523}$ 余:蜜蜂mɪʔ$_{2}$fʊŋ$_{52}$ 宁:蜜蜂miɪʔ$_{2}$foŋ$_{51}$ 黄:蜜蜂mieʔ$_{2}$foŋ$_{31}$ 温:蜜蜂mi$_{2}$hoŋ$_{44}$ 衢:蜜蜂miəʔ$_{2}$fʌŋ$_{53}$ 华:蜜蜂/蜂miəʔ$_{2}$foŋ$_{35}$/foŋ$_{324}$ 永:蜂foŋ$_{44}$

蝴蝶

宜:蝴蝶则ɦu$_{21}$dɪʔ$_{1}$tsə$_{23}$ 溧:蝴蝶儿/蝴蝶则vu$_{32}$dɪ$_{23}$/vu$_{32}$dɪʔ$_{2}$tsə$_{23}$ 金:蝴蝶f^{ə}u$_{33}$tieʔ$_{4}$

丹：蝴蝶蝶ɦ^{ə}u$_{22}$tɪʔ$_{3}$tɪʔ$_{4}$　童：蝴蝶蝶vu$_{22}$diɪʔ$_{5}$diɪʔ$_{31}$　靖：蝴蝶ʔɦu$_{22}$dɪʔ$_{\underline{34}}$　江：蝴蝶ɦu$_{21}$dɪʔ$_{4}$　常：蝴蝶vu$_{21}$diɪʔ$_{4}$　锡：蝴蝶ɦu$_{24}$dɪʔ$_{\underline{31}}$　苏：蝴蝶ɦɜu$_{22}$dɪʔ$_{4}$　熟：蝴蝶ɦu$_{24}$dɪʔ$_{\underline{31}}$　昆：蝴蝶ɦəu$_{23}$dɪʔ$_{\underline{41}}$　霜：蝴蝶vu$_{22}$dɪʔ$_{4}$　罗：蝴蝶ɦu$_{23}$dɪʔ$_{4}$　周：蝴蝶vu$_{23}$tɪʔ$_{4}$　上：蝴蝶vu$_{22}$diɪʔ$_{4}$　松：蝴蝶vu$_{24}$dɪʔ$_{31}$　黎：蝴蝶ɦu$_{24}$dɪʔ$_{2}$　盛：蝴蝶ɦu$_{24}$diɐʔ$_{2}$　嘉：蝴蝶vu$_{22}$diᴀʔ$_{5}$　双：蝴蝶βu$_{22}$dieʔ$_{4}$　杭：蝴蝶儿ɦu$_{21}$diɪʔ$_{\underline{24}}$ər$_{5}$　绍：蝴蝶vu$_{22}$dɪʔ$_{5}$　诸：蝴蝶vu$_{31}$diəʔ$_{4}$　崇：蝴蝶vʊ$_{22}$diᴇʔ$_{4}$　太：蝴蝶vu$_{21}$dieʔ$_{4}$　余：蝴蝶vu$_{22}$dɪʔ$_{5}$　宁：蝴蝶vu$_{22}$diɪʔ$_{5}$　黄：蝴蝶儿ɦu$_{22}$die$_{51}$　温：蝴蝶ʔʋ$_{25}$di$_{24}$　衢：蝴蝶ɦu$_{22}$diəʔ$_{22}$　华：蝴蝶ʔu$_{32}$die$_{24}$　永：蝴蝶ʔɦʊ$_{32}$diᴀ$_{31}$

蜻蜓

宜：心蜓ɕiŋ$_{55}$diŋ$_{55}$　溧：蜻蜓/心蜓tɕʻin$_{44}$din$_{52}$/ɕin$_{44}$din$_{52}$　金：蜻蜓tɕʻiŋ$_{31}$tʻiŋ$_{23}$　丹：蜓diŋ$_{22}$　童：蜻丁/心丁tɕʻiŋ$_{53}$tiŋ$_{31}$/ɕiŋ$_{53}$tiŋ$_{31}$　靖：心丁siŋ$_{44}$tiŋ$_{44}$　江：心丁siɲ$_{53}$tiɲ$_{31}$　常：蜻蜓/心蜓tɕʻiɲ$_{55}$diɲ$_{31}$/ɕiɲ$_{55}$diɲ$_{31}$　锡：蜻蜓tsʻin$_{21}$din$_{23}$　苏：蜻蜓/心蜓tsʻiɪn$_{55}$diɪn$_{31}$/siɪn$_{55}$diɪn$_{31}$　熟：蜻蜓tsʻĩ$^{ɲ}_{55}$dĩ$^{ɲ}_{51}$　昆：心蜓sin$_{44}$din$_{41}$　霜：蜻蜓tsʻĩ$_{55}$dĩ$_{31}$　罗：蜻蜓tsʻɪ$^{n}_{55}$dɪ$^{n}_{31}$　周：蜻蜓tɕʻiɪŋ$_{44}$tiɪŋ$_{52}$　上：蜻蜓tɕʻiɲ$_{55}$diɲ$_{31}$　松：蜻蜓tɕʻiɲ$_{44}$diɲ$_{52}$　黎：心蜓siəɲ$_{44}$diəɲ$_{52}$　盛：蜻蜓tsʻɪɲ$_{44}$dɪɲ$_{44}$　嘉：蜻蜓tɕʻin$_{44}$din$_{51}$　双：心丁ɕɪn$_{44}$tɪn$_{44}$　杭：蜻蜓tɕʻɪn$_{32}$dɪn$_{23}$　绍：蜻蜓tɕʻɪŋ$_{33}$dɪŋ$_{52}$　诸：蜻蜓tɕʻĩ$_{52}$dĩ$_{44}$　崇：蜻蜓tsʻiŋ$_{33}$dɪŋ$_{52}$　太：蜻蜓tɕʻiŋ$_{52}$diŋ$_{33}$　余：蜻蜓tɕʻiŋ$_{33}$diŋ$_{44}$　宁：蜻蜓tɕʻɪŋ$_{33}$dɪŋ$_{51}$　黄：蜻蜓tɕʻiɪŋ$_{33}$diɪŋ$_{51}$　温：蜻蜓tsʻʌŋ$_{44}$dʌŋ$_{2}$　衢：蜻蜓tɕʻi$^{n}_{43}$ti$^{n}_{53}$/tɕʻi$^{n}_{35}$di$^{n}_{31}$　华：蜻蜓tɕʻiɪn$_{32}$tiɪn$_{35}$　永：蜻蜓tɕʻiɪɲ$_{55}$diɪɲ$_{51}$

蝉

宜：知了tsɿ$_{55}$liaʏ$_{55}$　溧：知妖tsɿ$_{44}$ʔia$^{ʏ}_{52}$　金：知了/将溜子tsɿ$_{31}$ȵia$^{ɔ}_{23}$/tɕiaŋ$_{24}$ȵiʌʏ$_{52}$tsɿ$_{z31}$　丹：知了tsɿ$_{44}$ȵiɒ$_{31}$　童：知了/奇遥/叫里tsɿ$_{55}$liɐʏ$_{31}$/dʑi$_{j31}$ɦiɐʏ$_{33}$/tɕiɐʏ$_{53}$li$_{j31}$　靖：姐里tsia$_{33}$li$_{44}$　江：知了/洋知了tsɿ$_{55}$liɒ$_{31}$/ɦiᴀ$^{ŋ}_{21}$tsɿ$_{33}$liɒ$_{43}$　常：知了/洋吸里tsɿ$_{55}$liaʏ$_{31}$/ɦiᴀɲ$_{21}$ɕiɪʔ$_{1}$li$_{j13}$　锡：知了tsɿ$_{55}$liʌ$_{31}$　苏：知了tsɿ$_{55}$liæ$_{31}$　熟：知了tʂʮ$_{55}$liɔ$_{22}$　昆：知了/响巴tsɿ$_{44}$liɔ$_{41}$/ɕiã$_{52}$pa$_{33}$　霜：响板/哑板ɕia$^{\sim}_{33}$pᴇ$_{52}$/ʔ^{ʌ}ʏ$_{33}$pᴇ$_{52}$　罗：知了/捏树头tsɿ$_{55}$liɔ$_{31}$/ȵiᴀʔ$_{2}$zɿ$_{22}$dʌɪ$_{23}$　周：药胡珠ɦiaʔ$_{2}$vu$_{22}$tsɿ$_{23}$　上：野胡珠/药知刚ɦiᴀ$_{22}$vu$_{55}$tsɿ$_{31}$/ɦiɪʔ$_{2}$tsɿ$_{22}$kÃ$^{ɲ}_{23}$　松：胡知了vu$_{22}$tsɿ$_{22}$liɔ$_{52}$　黎：知了tsɿ$_{22}$liᴀ$^{ɔ}_{52}$　盛：老蝉头/胡知了lᴀa$_{23}$zø$_{33}$diəʉ$_{33}$/ɦu$_{22}$tsɿ$_{55}$lᴀa$_{31}$　嘉：胡知了/知了βu$_{22}$tsɿ$_{55}$liɔ$_{32}$/tsɿ$_{44}$liɔ$_{51}$　双：老蝉头lɔ$_{24}$zᴇ$_{55}$d^{ə}ʏ$_{31}$　杭：知鸟儿tsɿ$_{32}$ȵiɔ$_{24}$ər$_{31}$　绍：知了tsɿ$_{33}$liaɒ$_{52}$　诸：知了/乍了tsɿ$_{52}$liɔ$_{44}$/tso$_{52}$liɔ$_{44}$　崇：知了tsɿ$_{33}$liaɒ$_{23}$　太：痴了tsʻɿ$_{52}$liaɒ$_{33}$　余：抓离tso$_{55}$li$_{31}$　宁：抓离tso$_{33}$li$_{51}$　黄：蝉/桑哑zɛ$_{113}$/sɒ$^{\sim}_{35}$iᴀ$_{51}$　温：知了tsɿ$_{44}$liɛ$_{2}$　衢：知了tsɿ$_{35}$liɔ$_{31}$　华：知了tsɿ$_{32}$liaʊ$_{24}$　永：街了tɕiᴀ$_{43}$liᴀʊ$_{31}$

萤火虫

宜：萤火虫/火萤虫ɦiŋ$_{55}$xu$_{33}$dzoŋ$_{31}$/xu$_{33}$ɦiŋ$_{55}$dzoŋ$_{55}$　溧：萤火虫/火萤虫ɦin$_{32}$xʌɯ$_{22}$dzoŋ$_{23}$/xʌɯ$_{54}$ɦin$_{34}$zoŋ$_{52}$　金：萤火虫/火萤虫iŋ$_{44}$xo$_{22}$tsʻoŋ$_{23}$/xo$_{22}$iŋ$_{44}$tsʻoŋ$_{24}$　丹：萤火虫ɦiŋ$_{33}$hʌʏ$_{44}$dzoŋ$_{213}$　童：火油虫xʌʏ$_{33}$ɦiʊ$_{55}$dzoŋ$_{31}$　靖：萤火虫/火萤虫虫ɦiŋ$_{22}$hʌʏ$_{44}$dʑioŋ$_{23}$/hʌʏ$_{33}$ɦiŋ$_{55}$dʑioŋ$_{22}$dʑioŋ$_{34}$　江：油火虫虫/萤火虫/油火虫ɦiəʏ$_{21}$hɜʏ$_{33}$dzoŋ$_{44}$dzoŋ$_{33}$/ɦiɲ$_{21}$hɜʏ$_{33}$dzoŋ$_{43}$/ɦiəʏ$_{21}$hɜʏ$_{33}$zoŋ$_{43}$　常：萤火虫ɦiɲ$_{21}$xʌɯ$_{11}$dzoŋ$_{13}$　锡：萤火虫ɦin$_{21}$xʌʏ$_{23}$zoŋ$_{55}$　苏：萤火虫/游火虫ɦiɪn$_{22}$hɜu$_{55}$zoŋ$_{31}$/ɦiɵ$_{22}$ɦɜu$_{55}$zoŋ$_{31}$　熟：萤火虫ɦĩ$^{ɲ}_{23}$xɯ$_{55}$dzʊŋ$_{51}$　昆：萤火虫ɦin$_{22}$həu$_{55}$dzoŋ$_{41}$　霜：油火虫ɦy$_{24}$fu$_{33}$zo$^{ŋ}_{31}$　罗：萤火虫ɦɪ$^{n}_{24}$fu$_{33}$zo$^{ŋ}_{31}$　周：萤火虫ɦiɪŋ$_{23}$fu$_{44}$zoŋ$_{52}$　上：萤火虫ɦiɲ$_{22}$hu（fu）$_{55}$zʊŋ$_{31}$　松：萤火虫ɦiɲ$_{22}$fu$_{55}$zʊŋ$_{31}$　黎：油火虫ɦiɯ$_{22}$hɜu$_{44}$zoŋ$_{52}$　盛：萤火虫ɦɪɲ$_{22}$hɜu$_{44}$dzoŋ$_{44}$　嘉：萤火虫ɦin$_{24}$fu$_{44}$zoŋ$_{31}$　双：油火虫hi^{ə}ʏ$_{22}$xəu$_{44}$zoŋ$_{44}$　杭：萤火虫ɦɪŋ$_{22}$hu$_{55}$dzoŋ$_{31}$　绍：萤火虫ɦɪŋ$_{21}$fu$_{35}$

zʊŋ$_{52}$ 诸:萤火虫ɦĩ$_{31}$hɯ$_{42}$dzoŋ$_{44}$ 崇:萤火ɦiŋ$_{22}$hɤ$_{52}$ 太:萤火ɦiŋ$_{21}$hɯ$_{44}$ 余:萤火虫ɦiŋ$_{21}$hou$_{22}$dzʊŋ$_{44}$ 宁:萤火虫ɦɪŋ$_{22}$həu$_{44}$dzoŋ$_{55}$ 黄:火萤机hᵊu$_{33}$ɦiɪŋ$_{35}$tɕi$_{j31}$ 温:火萤光光fʊ$_{33}$ɦiʌŋ$_{52}$kᵘɔ$_{33}$kᵘɔ$_{21}$ 衢:萤火虫ʔiⁿ$_{22}$xu$_{55}$dʒʮʌŋ$_{31}$ 华:萤火虫ʔiɪn$_{33}$xuo$_{55}$dʑʮoŋ$_{31}$ 永:火萤虫xoə$_{43}$iɪŋ$_{22}$dzoŋ$_{51}$

蟋蟀

宜:弹脚dᴀ$_{21}$tɕiɔ$_{23}$ 溧:蟋蟋ɕiɪʔ$_{3}$ɕiɪʔ$_{23}$ 金:居居子tɕy$_{z44}$tɕy$_{z44}$tsɿ$_{z44}$ 丹:纸纸tsɿ$_{44}$tsɿ$_{31}$ 童:弹雀雀dɑ$_{23}$tɕʻiɑʔ$_{4}$tɕʻiɑʔ$_{5}$ 靖:蟋蟋sɪʔ$_{5}$sɪʔ$_{3}$ 江:蟋蟋/篁蚻sɪʔ$_{5}$sɪʔ$_{5}$/zæ$_{21}$tsɪʔ$_{4}$ 常:曲曲tɕʻiɔʔ$_{4}$tɕʻiɔʔ$_{5}$ 锡:代蚻dᴇ$_{22}$tsɪʔ$_{5}$ 苏:篁蚻zᴇ$_{22}$tsɪʔ$_{4}$ 熟:篁蚻dzæ$_{33}$tsɪʔ$_{5}$ 昆:篁蚻zɛ$_{22}$tsɪʔ$_{4}$ 霜:篁蚻zᴇ$_{22}$tsɪʔ$_{4}$ 罗:篁蚻ze$_{23}$tsɪʔ$_{4}$ 周:篁蚻zɛ$_{22}$tɕɪʔ$_{5}$ 上:篁蚻zᴇ$_{22}$tɕiɪʔ$_{4}$ 松:篁蚻zᴇ$_{24}$tɕiɪʔ$_{\underline{31}}$ 黎:篁蚻dzᴇ$_{22}$tsɪʔ$_{5}$ 盛:篁蚻dzᴇ$_{22}$tsɪʔ$_{4}$ 嘉:篁举zᴇᵋ$_{22}$tɕy$_{44}$ 双:一戏ʔieʔ$_{5}$ɕi$_{z52}$ 杭:蛐蛐儿tɕʻʏ$_{33}$tɕʻʏ$_{24}$ər$_{31}$ 绍:区区tɕʻy$_{ч33}$tɕʻy$_{ч52}$ 诸:斗鸡tei$_{54}$tɕi$_{33}$ 崇:蟋蟀siᴇʔ$_{3}$sᴇʔ$_{4}$ 太:蟋蟀sɛʔ$_{3}$sɛʔ$_{5}$ 余:金丝tɕiŋ$_{33}$sɿ$_{44}$ 宁:盯师子tɪŋ$_{33}$sɿ$_{55}$tsɿ$_{33}$ 黄:叔笄zɔʔ$_{2}$sʮəŋ$_{51}$ 温:雪雪ɕy$_{3}$ɕy$_{24}$ 衢:蟀蟀səʔ$_{4}$səʔ$_{5}$ 华:蟋蟀ɕyəʔ$_{3}$ɕyəʔ$_{4}$ 永:蟀蟀ɕye$_{\underline{43}}$ɕye$_{4}$

蚂蚁

宜:蚂蚁mo$_{24}$ȵi$_{j31}$ 溧:蚂米mo$_{24}$mi$_{z31}$ 金:蚂蚁mɑ$_{35}$i$_{z31}$ 丹:蚂米mo$_{21}$mi$_{z22}$ 童:蚂米ʔmo$_{31}$mi$_{j23}$ 靖:蚂蚁ʔmo$_{43}$ɦi$_{j34}$ 江:蚂蚁ʔmo$_{52}$ɦi$_{j33}$ 常:蚂蚁ʔmo$_{34}$ɦi$_{j44}$ 锡:蚂米mu$_{21}$mi$_{23}$ 苏:蚂米/蚂蚁mo$_{22}$mi$_{j44}$/mo$_{22}$ȵi$_{j44}$ 熟:蚂米mu$_{22}$mi$_{44}$ 昆:蚂蚁/蚂米mo$_{22}$ȵi$_{41}$/mo$_{22}$mi$_{41}$ 霜:蚂蚁mᴬʏ$_{24}$ȵi$_{31}$ 罗:蚂蚁mᴬʏ$_{24}$ȵi$_{31}$ 周:蚂蚁mo$_{24}$ȵi$_{31}$ 上:蚂蚁mo$_{22}$ȵi$_{44}$ 松:蚂蚁mo$_{24}$ȵi$_{31}$ 黎:蚂米/蚂蚁mo$_{23}$mi$_{j33}$/mo$_{23}$ȵi$_{j33}$ 盛:蚂蚁/蚂米mo$_{23}$ȵi$_{j33}$/mo$_{23}$mi$_{j33}$ 嘉:蚂蚁mo$_{22}$ȵi$_{34}$ 双:蚂米mʊ$_{24}$mi$_{z52}$ 杭:蚂蚁/蚂米ʔmɑ$_{33}$ɦi$_{33}$/ʔmɑ$_{33}$mi$_{33}$ 绍:蚨蚁fu$_{22}$ȵi$_{52}$ 诸:蚨蚁fu$_{31}$ȵi$_{42}$ 崇:蜂外fʊᵑ$_{53}$ŋɑ$_{23}$ 太:蜂外fʊŋ$_{52}$ŋɑ$_{33}$ 余:交夫tɕiɒ$_{33}$fu$_{44}$ 宁:蚂蚁mo$_{23}$ȵi$_{z44}$ 黄:虎姆/虎姆丁hu$_{55}$m̩$_{31}$/hu$_{33}$m̩$_{22}$tiɪŋ$_{13}$ 温:虎眼fʊ$_{52}$ŋɑ$_{34}$ 衢:蚂蚁ʔmɑ$_{55}$ɦi$_{31}$ 华:蚂蚁/虎娃miɑ$_{32}$ȵi$_{24}$/xu$_{33}$uɑ$_{51}$ 永:虎奶/臭奶xʊ$_{43}$ȵiᴀ$_{32}$/tɕʻiəʊ$_{42}$ȵiᴀ$_{325}$

苍蝇

宜:tsʻᴀŋ$_{55}$iŋ$_{55}$ 溧:tsʻᴀŋ$_{44}$in$_{52}$ 金:tsʻɑŋ$_{44}$iŋ$_{23}$ 丹:tsʻɑŋ$_{44}$iŋ$_{52}$ 童:tsʻɑŋ$_{55}$iŋ$_{31}$ 靖:tsʻɑ$_{44}$iŋ$_{44}$ 江:tsʻᴀᵑ$_{55}$iɲ$_{31}$ 常:tsʻᴀɲ$_{55}$iɲ$_{31}$ 锡:tsʻɒ̃$_{21}$in$_{23}$ 苏:tsʻã$_{55}$iɪn$_{31}$ 熟:tsʻᴀ̃$_{55}$ĩᶮ$_{51}$ 昆:tsʻã$_{44}$in$_{41}$ 霜:tsʻɒ̃$_{55}$ɦĩ$_{31}$ 罗:tsʻɒ̃$_{55}$ɪⁿ$_{31}$ 周:tsʻɒ̃$_{44}$iɪŋ$_{52}$ 上:tsʻÃᶮ$_{55}$ɦiɲ$_{31}$ 松:tsʻɑ̃$_{44}$iɲ$_{52}$ 黎:tsʻɑ̃$_{44}$iəɲ$_{51}$ 盛:tsʻɑ̃$_{44}$ɪɲ$_{44}$ 嘉:tsʻᴀ̃$_{44}$in$_{51}$ 双:tsʻɔ̃$_{44}$ɪn$_{44}$ 杭:tsʻᴀŋ$_{33}$ɪn$_{33}$ 绍:tsʻɒŋ$_{33}$ɪŋ$_{52}$ 诸:tsʻɒ̃$_{52}$ĩ$_{42}$ 崇:tsʻɒ$_{53}$iŋ$_{23}$ 太:tsʻɒŋ$_{52}$iŋ$_{33}$ 余:tsʻɒ̃$_{33}$iŋ$_{44}$ 宁:tsʻɔ̃$_{33}$ɪŋ$_{51}$ 黄:tsʻã$_{35}$iɪŋ$_{51}$ 温:tsʻᵘɔ$_{44}$iʌŋ$_{24}$ 衢:tsʻɑ̃$_{55}$iⁿ$_{31}$ 华:tsʻᴀŋ$_{32}$iɪn$_{45}$ 永:tsʻᴀŋ$_{55}$ȵiɪɲ$_{32}$

蚊子

宜:蚊则mən$_{21}$tsəŋ$_{23}$ 溧:蚊则mən$_{32}$tsə$_{23}$ 金:蚊子uəŋ$_{22}$tsɿ$_{z44}$ 丹:蚊则uɛn$_{32}$tsɛʔ$_{\underline{24}}$ 童:蚊子məŋ$_{24}$tsɿ$_{31}$ 靖:蚊子məŋ$_{22}$tsɿ$_{34}$ 江:蚊则/蚊子mᴇɲ$_{21}$tsɜʔ$_{4}$/mᴇɲ$_{21}$tsɿ$_{43}$ 常:蚊则məɲ$_{21}$tsəʔ$_{4}$ 锡:蚊则vən$_{24}$tsəʔ$_{\underline{31}}$ 苏:蚊子mən$_{22}$tsɿ$_{44}$ 熟:蚊则mẽⁿ$_{24}$tsᴇʔ$_{\underline{31}}$ 昆:蚊子mən$_{23}$tsɿ$_{41}$ 霜:蚊子/蚊虫mẽ$_{24}$tsɿ$_{31}$/mẽ$_{22}$zoᵑ$_{52}$ 罗:蚊子/蚊虫mẽⁿ$_{24}$tsɿ$_{31}$/mẽⁿ$_{22}$zoᵑ$_{52}$ 周:蚊子/蚊虫məŋ$_{23}$tsɿ$_{44}$/məŋ$_{23}$zoŋ$_{44}$ 上:蚊子/蚊虫məɲ$_{22}$tsɿ$_{44}$/məɲ$_{22}$zʊŋ$_{44}$ 松:蚊子məɲ$_{22}$tsɿ$_{52}$ 黎:蚊子məɲ$_{22}$tsɿ$_{34}$ 盛:蚊子məɲ$_{22}$tsɿ$_{44}$ 嘉:蚊子mən$_{24}$tsɿ$_{51}$ 双:蚊子mən$_{22}$tsɿ$_{44}$ 杭:蚊子/蚊虫vən$_{22}$tsɿ$_{51}$/vən$_{21}$dzoŋ$_{23}$ 绍:蚊虫/门虫vəŋ$_{22}$zʊŋ$_{52}$/mɪŋ$_{22}$zʊŋ$_{52}$ 诸:蚊虫mẼĩ$_{31}$dzoŋ$_{42}$ 崇:蚊虫mɪŋ$_{22}$dzʊᵑ$_{52}$ 太:蚊虫mʊŋ$_{21}$dzʊŋ$_{44}$ 余:蚊虫meɲ$_{22}$dzʊŋ$_{44}$ 宁:蚊虫mɐŋ$_{22}$dzoŋ$_{51}$ 黄:蚊虫məŋ$_{22}$dzoŋ$_{51}$ 温:蚊虫

mʌŋ$_{22}$dʑyoŋ$_{2}$　衢：蚊虫məŋ$_{22}$dʒʌŋ$_{53}$　华：蚊虫ʔuən$_{32}$dʑʮoŋ$_{24}$　永：蚊虫miɲ$_{21}$dzoŋ$_{51}$

蛇

宜：dzo$_{223}$　溧：szo$_{323}$　金：sɑ$_{24}$　丹：sᶻɑ$_{213}$　童：tsʻɒ$_{324}$　靖：ɕʑiɑ$_{223}$　江：zɑ$_{223}$　常：dzɑ$_{213}$　锡：zɑ$_{213}$　苏：zo$_{223}$　熟：zu$_{233}$　昆：zo$_{21}$　霜：zᶺɤ$_{31}$　罗：zᶺɤ$_{31}$　周：ʑiɔ$_{113}$/zo$_{113}$　上：zo$_{113}$　松：zo$_{31}$　黎：zo$_{24}$　盛：zo$_{24}$　嘉：zo$_{31}$　双：zʊ$_{113}$　杭：dzueɪ$_{212}$　绍：zo$_{31}$　诸：zo$_{233}$　崇：dzɤ$_{312}$　太：dzo$_{312}$　余：zo$_{113}$　宁：dzo$_{113}$　黄：zo$_{31}$　温：szʲi$_{31}$　衢：ʃʒʮɑ$_{323}$　华：ɕiɑ$_{324}$　永：ɕiᴀ$_{44}$

壁虎

宜：四脚蛇sɿ$_{33}$tɕiɔʔ$_{5}$dzo$_{55}$　溧：壁虎则/四脚蛇pɪʔ$_{3}$fu$_{55}$tsəɿ$_{\underline{31}}$/sɿ$_{54}$tɕiɑʔ$_{3}$zo$_{23}$　金：壁虎pieʔ$_{5}$hᵊu$_{31}$　丹：壁虎/四脚蛇pɪʔ$_{3}$hᵊu$_{33}$/sɿ$_{33}$tɕiɑʔ$_{4}$szɑ$_{213}$　童：壁虎虎蛇piɪʔ$_{3}$xu$_{55}$xu$_{55}$zɒ$_{31}$　靖：壁虎子pɪʔ$_{\underline{53}}$hu$_{33}$tsɿ$_{31}$　江：壁虎则pɪʔ$_{3}$hɜɤ$_{5}$tsɜɿ$_{2}$　常：壁虎piɪʔ$_{4}$fu$_{44}$　锡：壁虎pɪʔ$_{2}$xu$_{34}$　苏：壁虎/四脚蛇pɪʔ$_{5}$hɜu$_{52}$/sɿ$_{52}$tɕiᴀʔ$_{3}$zo$_{31}$　熟：壁虎pɪʔ$_{3}$xu$_{33}$　昆：壁虎pɪʔ$_{5}$həu$_{52}$　霜：壁虎/四脚蛇pɪʔ$_{4}$fu$_{44}$/sɿ$_{33}$tɕiᴀʔ$_{5}$zᶺɤ$_{31}$　罗：壁虎/四脚蛇pɪʔ$_{5}$fu$_{31}$/sɿ$_{33}$tɕiᴀʔ$_{5}$zᶺɤ$_{31}$　周：壁虎ɓɪʔ$_{4}$fu$_{44}$　上：壁虎/四脚蛇piɪʔ$_{3}$fu$_{44}$/sɿ$_{33}$tɕiɪʔ$_{5}$zo$_{31}$　松：壁虎pɪʔ$_{4}$fu$_{44}$　黎：四脚蛇sɿ$_{54}$tɕiᴀʔ$_{44}$zo$_{51}$　盛：四脚蛇/潜龙sɿ$_{33}$tɕiɑʔ$_{55}$zo$_{31}$/dziɪ$_{22}$loŋ$_{44}$　嘉：四脚蛇sɿ$_{44}$tɕiᴀʔ$_{3}$so$_{51}$　双：四翼龙sɿ$_{33}$ɪ$_{55}$loŋ$_{31}$　杭：壁虎piɪʔ$_{3}$hu$_{23}$　绍：壁虎pɪʔ$_{5}$fu$_{33}$　诸：壁虎piəʔ$_{5}$fu$_{52}$　崇：壁虎piᴇʔ$_{3}$fu$_{52}$　太：壁虎pieʔ$_{3}$fu$_{44}$　余：壁虎pɪʔ$_{4}$fu$_{44}$　宁：四脚蛇sɿ$_{33}$tɕiɪʔ$_{4}$dzo$_{55}$　黄：壁吸pieʔ$_{3}$ɕieʔ$_{4}$　温：五爪龙ŋ̍$_{24}$tso$_{33}$liɛ$_{21}$　衢：显壁龙ɕiẽ$_{33}$piəʔ$_{5}$lʌŋ$_{31}$　华：壁虎/吸壁虎piəʔ$_{4}$xu$_{51}$/ɕiəʔ$_{3}$piəʔ$_{4}$xu$_{51}$　永：八脚喜/壁雪pʊᴀ$_{43}$tɕiᴀʊ$_{44}$ɕi$_{44}$/pə$_{\underline{43}}$ɕie$_{32}$

蚕

宜：蚕ze$_{223}$　溧：蚕/蚕宝宝ʑyʊ$_{323}$/ʑyʊ$_{32}$pɑˠ$_{44}$pɑˠ$_{31}$　金：蚕tsʻæ̃$_{24}$　丹：蚕tsʻæ$_{213}$　童：蚕ʒyʊ$_{31}$　靖：蚕szũ$_{223}$　江：蚕宝宝zɵ$_{12}$pɒ$_{33}$pɒ$_{43}$　常：蚕宝宝zɔ$_{22}$pɑɤ$_{55}$pɑɤ$_{31}$　锡：蚕宝宝zo$_{24}$pʌ$_{55}$pʌ$_{31}$　苏：蚕宝宝zɵ$_{22}$pæ$_{55}$pæ$_{31}$　熟：蚕宝宝zẽⁿ$_{23}$pɔ$_{55}$pɔ$_{51}$　昆：蚕宝宝zɵ$_{22}$pɔ$_{55}$pɔ$_{31}$　霜：蚕/蚕宝宝zɪ$_{31}$/zɪ$_{22}$pɔ$_{55}$pɔ$_{31}$　罗：蚕宝宝zᶺɤ$_{24}$po$_{33}$po$_{31}$　周：蚕宝宝zø$_{22}$pɔ$_{23}$pɔ$_{52}$　上：蚕宝宝zø$_{22}$pɔ$_{55}$pɔ$_{31}$　松：蚕宝宝zø$_{22}$pɔ$_{55}$pɔ$_{31}$　黎：蚕宝宝zɵ$_{22}$pᴀᵓ$_{44}$pᴀᵓ$_{51}$　盛：蚕宝宝zɵ$_{22}$pᴀɑ$_{44}$pᴀɑ$_{44}$　嘉：蚕宝宝zɤə$_{24}$pɔ$_{44}$pɔ$_{31}$　双：蚕宝宝zᴇ$_{22}$pɔ$_{44}$pɔ$_{44}$　杭：蚕宝宝dzo$_{21}$pɔ$_{23}$pɔ$_{51}$　绍：蚕宝宝zĩ$_{21}$pɑɒ$_{34}$pɑɒ$_{52}$　诸：蚕zɤ$_{233}$　崇：蚕zœ̃$_{312}$　太：蚕zœ̃$_{312}$　余：蚕宝宝zẽ$_{21}$pɒ$_{22}$pɒ$_{52}$　宁：蚕zᴇɪ$_{113}$　黄：蚕zɛ$_{113}$　温：蚕儿szɵ$_{22}$ŋ$_{2}$　衢：蚕szə$_{323}$　华：蚕dzæ̃$_{213}$　永：蚕szɤə$_{325}$

螺蛳

宜：螺蛳/蛳螺lu$_{21}$sɿ$_{23}$/sɿ$_{55}$lu$_{55}$　溧：蛳螺sɿ$_{44}$lʌɯ$_{52}$　金：螺螺lo$_{52}$lo$_{23}$　丹：螺蛳lʌɤ$_{24}$sɿ$_{31}$　童：螺蛳lʌɤ$_{24}$sɿ$_{31}$　靖：螺蛳头/螺蛳ʔlʌɤ$_{44}$sɿ$_{44}$døʏ$_{23}$/ʔlʌɤ$_{44}$sɿ$_{34}$　江：螺蛳lɜɤ$_{24}$sɿ$_{31}$　常：螺蛳lʌɯ$_{21}$sɿ$_{44}$　锡：蛳螺/螺蛳sɿ$_{21}$lʌɤ$_{23}$/lʌɤ$_{24}$sɿ$_{31}$　苏：螺蛳lɜu$_{22}$sɿ$_{44}$　熟：螺蛳lɯ$_{24}$sɿ$_{31}$　昆：螺蛳ləu$_{23}$sɿ$_{41}$　霜：螺蛳lᵊu$_{22}$sɿ$_{52}$　罗：螺蛳lᵊu$_{22}$sɿ$_{52}$　周：螺蛳lu$_{23}$sɿ$_{44}$　上：螺蛳lu$_{22}$sɿ$_{44}$　松：螺蛳lu$_{22}$sɿ$_{52}$　黎：螺蛳lɜu$_{22}$sɿ$_{34}$　盛：螺蛳lɜu$_{22}$sɿ$_{44}$　嘉：螺蛳lᵊu$_{22}$sɿ$_{44}$　双：螺蛳ləu$_{22}$sɿ$_{44}$　杭：螺蛳lou$_{21}$sɿ$_{23}$　绍：螺蛳lɑɒ$_{22}$sɿ$_{52}$　诸：螺蛳lɯ$_{31}$sɿ$_{42}$　崇：螺蛳lɤ$_{21}$sɿ$_{23}$　太：螺蛳lɯ$_{21}$sɿ$_{23}$　余：蛳螺sɿ$_{33}$lou$_{44}$　宁：蛳螺sɿ$_{33}$ləʊ$_{51}$　黄：螺蛳lᵊu$_{25}$sɿ$_{51}$　温：螺蛳lᵊu$_{22}$sɿ$_{44}$　衢：螺蛳lu$_{31}$sɿ$_{33}$　华：螺蛳loə$_{32}$sɿ$_{35}$　永：螺蛳loə$_{32}$sɿ$_{44}$

跳蚤

宜：跳蚤tʻiɑɤ$_{35}$tsɑɤ$_{31}$　溧：跳蚤/葛蚤/虱tʻiɑˠ$_{52}$tsɑˠ$_{52}$/kəʔ$_{5}$tsɑˠ$_{52}$səʔ$_{5}$　金：跳蚤/葛蚤tʻiɑɔ$_{52}$tsɑᵓ$_{23}$/kəʔ$_{5}$tsɑᵓ$_{23}$　丹：格蚤kɑʔ$_{5}$tsɒ$_{23}$　童：葛蚤kəʔ$_{\underline{53}}$tsɐˠ$_{31}$　靖：跳蚤/虱子tʻiɒ$_{34}$səʔ$_{\underline{31}}$/səʔ$_{\underline{53}}$tsɿ$_{31}$　江：跳蚤tʻiɒ$_{45}$sɜʔ$_{2}$　常：跳蚤/壁虱tʻiɑɤ$_{55}$tsɑɤ$_{31}$/piɪʔ$_{4}$səʔ$_{5}$　锡：跳虱tʻiʌ$_{55}$səʔ$_{\underline{31}}$　苏：跳虱

t‘iæ$_{55}$sɐʔ$_{2}$ 熟：跳虱t‘iɔ$_{55}$sᴇʔ$_{\underline{31}}$ 昆：跳虱/调虱t‘iɔ$_{44}$səʔ$_{\underline{41}}$/diɔ$_{22}$səʔ$_{4}$ 霜：跳虱t‘iɔ$_{33}$səʔ$_{4}$ 罗：跳虱t‘iɔ$_{55}$sɐʔ$_{3}$ 周：跳虱/蚤虱ȶ‘iɔ$_{33}$səʔ$_{5}$/tsɔ$_{33}$səʔ$_{5}$ 上：跳蚤/跳虱t‘iɔ$_{33}$tsɔ$_{44}$/t‘iɔ$_{33}$sɐʔ$_{4}$ 松：跳虱t‘iɔ$_{35}$səʔ$_{\underline{31}}$ 黎：蚤虱tsᴀᵓ$_{52}$səʔ$_{5}$ 盛：蚤虱tsᴀɑ$_{52}$səʔ$_{3}$ 嘉：蚤虱/跳蚤tsɔ$_{44}$səʔ$_{5}$/tɕ‘iɔ$_{35}$tsɔ$_{31}$ 双：蚤虱tsɔ$_{34}$səʔ$_{5}$/t‘iɔ$_{33}$tsɔ$_{52}$ 杭：葛蚤/葛牢儿kɐʔ$_{3}$tsɔ$_{23}$/kɐʔ$_{3}$lɔ$_{24}$ər$_{51}$ 绍：跳蚤/葛蚤t‘iɑɒ$_{34}$tsɑɒ$_{52}$/kəʔ$_{5}$tsɑɒ$_{33}$ 诸：葛蚤kɐʔ$_{5}$tsɔ$_{52}$ 崇：蚤tsɑɒ$_{42}$ 太：蚤tsɑɒ$_{42}$ 余：跳蚤t‘iɒ$_{55}$tsɒ$_{31}$ 宁：跳蚤t‘iɘ$_{55}$tsɔ$_{33}$ 黄：蚤tsɒ$_{53}$ 温：跳蚤t‘iɛ$_{52}$tsɛ$_{34}$ 衢：葛蚤kəʔ$_{4}$tsɔ$_{35}$ 华：跳蚤/葛蚤t‘iɑʊ$_{33}$tsɔ$_{51}$/kɐʔ$_{4}$tsɑʊ$_{51}$ 永：蚤tsᴀʊ$_{\underline{54}}$

水蜒

宜：蜒蚰ɦɪ$_{21}$ɦiɤɯ$_{23}$ 溧：蜒蚰ɦi$_{32}$ɦiʌɯ$_{23}$ 金：蚰蚰虫iʌɤ$_{22}$iʌɤ$_{22}$ts‘oŋ$_{24}$ 丹：蜒蚰ɦɪ$_{22}$ɦʏ$_{44}$ 童：蚰蚰虫ɦy$_{ɥ23}$ɦy$_{ɥ55}$dzoŋ$_{31}$ 靖：蚰蜒虫/严妈虫/严袜子ɦøʏ$_{22}$ɦĩ$_{44}$dʑioŋ$_{23}$/ȵĩ$_{22}$mɑ$_{44}$dʑioŋ$_{23}$/ȵĩ$_{44}$mɑʔ$_{2}$tsʅ$_{34}$ 江：蜒蚰ɦɪ$_{24}$ɦiɜu$_{31}$ 常：蜒蚰ɦɪ$_{21}$ɦiɯ$_{34}$ 锡：蜒蚰/蜒蚰罗ɦɪ$_{24}$ɦiʌɤ$_{31}$/ɦɪ$_{24}$ɦiʌɤ$_{55}$lʌɤ$_{31}$ 苏：蜒蚰ɦɪ$_{22}$ɦiɵ$_{44}$ 熟：蜒蚰ɦie$_{24}$ɦiɯ$_{31}$ 昆：蜒蚰ɦɪ$_{23}$ɦy$_{41}$ 霜：水蟮蚰sʅ$_{33}$zɪ$_{55}$ɦy$_{31}$ 罗：水蜒蚰/鼻涕虫sʅ$_{33}$ɦi$_{55}$ɦy$_{31}$/bəʔ$_{2}$t‘i$_{22}$zoŋ$_{23}$ 周：水蜒蚰sʅ$_{33}$ɦi$_{44}$ɦiɤ$_{52}$ 上：蜒蚰虫/蜒蚰罗/鼻涕虫ɦi$_{22}$ɦiɤɯ$_{55}$zʊŋ$_{31}$/ɦi$_{22}$ɦiɤɯ$_{55}$lu$_{31}$/biɪʔ$_{2}$t‘i$_{22}$zʊŋ$_{23}$ 松：蜒蚰/鼻涕虫ɦi$_{22}$ɦiɯ$_{52}$/bɪʔ$_{2}$t‘i$_{55}$zʊŋ$_{31}$ 黎：蜒蚰ɦiɪ$_{22}$ɦieɯ$_{34}$ 盛：蜒蚰ɦiɪ$_{22}$ɦieʉ$_{44}$ 嘉：蜒蚰ɦie$_{22}$ɦiᵊu$_{44}$ 双： 杭：蜒蜒路ɦie$_{21}$ɦie$_{23}$lu$_{51}$ 绍：蜒蚰罗ɦi$_{21}$ɦiɤ$_{34}$lo$_{52}$ 诸：蜒蚰罗ɦiɪ$_{22}$ɦiʏ$_{22}$lɯ$_{52}$ 崇：蜒蚰罗ɦiẽ$_{22}$ɦʏ$_{34}$lʏ$_{52}$ 太：蜒蚰罗ɦiẽ$_{21}$ɦʏ$_{22}$lɯ$_{23}$ 余： 宁：蜒蜒罗ɦi$_{22}$ɦi$_{44}$ləʊ$_{55}$ 黄：蜒胡罗ɦie$_{21}$ɦu$_{11}$ləu$_{23}$ 温：马□mo$_{52}$zʅ$_{21}$ 衢：蜒蚰ɦiẽ$_{22}$ɦiɯ$_{53}$ 华：蚰罗罗/鼻涕虫(少)ʔiɯu$_{54}$luo$_{33}$luo$_{24}$/bəʔ$_{2}$t‘i$_{j44}$dʑɥoŋ$_{51}$ 永：蜒蚰ɦie$_{21}$ʔɦiəʊ$_{51}$

翅膀

宜：翅膀ts‘ʅ$_{33}$pᴀŋ$_{44}$ 溧：翅膀/飞挂ts‘ʅ$_{54}$pᴀŋ$_{34}$/fi$_{44}$kuᴀ$_{52}$ 金：翅膀ts‘ʅ$_{z52}$pɑŋ$_{23}$ 丹：翅膀ts‘ʅ$_{52}$pɑŋ$_{23}$ 童：翅膀ts‘ʅ$_{33}$pɑŋ$_{55}$ 靖：翅膀ts‘ʅ$_{55}$pɑŋ$_{31}$ 江：翅膀ts‘ʅ$_{44}$pᴀᵑ$_{31}$ 常：翅膀ts‘ʅ$_{55}$pᴀɲ$_{31}$ 锡：翅膀ts‘ʅ$_{55}$pɒ̃$_{31}$ 苏：翅膀/蹇鞡ts‘ʅ$_{55}$pÃ$_{31}$/tɕiɪ$_{55}$kɒ$_{31}$ 熟：机扇tɕi$_{55}$ʂʏ$_{22}$ 昆：翅膀ts‘ʅ$_{44}$pã$_{41}$ 霜：翅膀ts‘ʅ$_{33}$pɒ̃$_{52}$ 罗：翅膀ts‘ʅ$_{55}$pɒ̃$_{31}$ 周：翅膀ts‘ʅ$_{55}$ɓɒ̃$_{31}$ 上：翅膀/翼鞡ts‘ʅ$_{33}$pÃᶮ$_{44}$/tɕi$_{33}$kᴀʔ$_{4}$ 松：翅膀ts‘ʅ$_{55}$pɑ̃$_{31}$ 黎：寄扑/寄膈tɕi$_{j52}$poʔ$_{5}$/tɕi$_{j52}$kᴀʔ$_{5}$ 盛：蹇力膀/蹇接膀tɕi$_{j33}$lɪʔ$_{5}$pɑ̃$_{31}$/tɕi$_{j43}$tsɪʔ$_{5}$pɑ̃$_{31}$ 嘉：翅膀ts‘ʅ$_{55}$pᴀ̃$_{31}$ 双：节括tɕieʔ$_{5}$kuɑ$_{52}$ 杭：翼翅膀ɦiɪʔ$_{2}$ts‘ʅ$_{23}$pᴀŋ$_{51}$ 绍：翼膀ɦɪʔ$_{2}$pɑŋ$_{33}$ 诸：翼膀ɦiəʔ$_{2}$pÃ$_{52}$ 崇：翼膀ɦiᴇʔ$_{2}$pɒ̃$_{52}$ 太：翼膀ɦieʔ$_{2}$pɒŋ$_{52}$ 余：翼梢膀ɦɪʔ$_{2}$sɒ$_{44}$pɒ̃$_{44}$ 宁：翼梢ɦiɪʔ$_{2}$sɔ$_{51}$ 黄：翼膀ɦieʔ$_{2}$pɒ̃$_{51}$ 温：翼膀ɦiæi$_{3}$pᵘɔ$_{34}$ 衢：月膀ɦyəʔ$_{2}$pɒ̃$_{35}$ 华：翼膀ɦiɐʔ$_{3}$pᴀŋ$_{51}$ 永：翼膀ɦiə$_{\underline{21}}$mᴀŋ$_{22}$

爪子

宜：脚爪tɕiɔʔ$_{\underline{53}}$tsɑʏ$_{31}$ 溧：脚爪tɕiɑʔ$_{5}$tsɑʸ$_{52}$ 金：爪子tsɑ$_{33}$tsʅ$_{44}$ 丹：脚爪/爪则tɕiɑʔ$_{3}$tsɑ$_{44}$/tsuɑ$_{41}$tsɛʔ$_{\underline{21}}$ 童：脚爪tɕiɑʔ$_{\underline{53}}$tsɐʏ$_{31}$ 靖：爪子tɕyɒ$_{33}$tsʅ$_{55}$ 江：脚爪头tɕiɑʔ$_{3}$tsɒ$_{55}$dᴇɪ$_{31}$ 常：脚爪头/脚爪tɕiɑʔ$_{4}$tsɑʏ$_{55}$dei$_{31}$/tɕiɑʔ$_{4}$tsɑʏ$_{44}$ 锡：脚爪tɕiᴀʔ$_{4}$ts‘uɑ$_{34}$ 苏：脚爪tɕiᴀʔ$_{5}$tsæ$_{52}$ 熟：脚爪头tɕiᴀʔ$_{3}$tsɔ$_{55}$dᴇ$_{51}$ 昆：脚爪tɕiᴀʔ$_{5}$tsɔ$_{52}$ 霜：脚爪tɕiᴀʔ$_{4}$tsɔ$_{23}$ 罗：脚爪tɕiᴀʔ$_{5}$tsɔ$_{31}$ 周：脚爪tɕiɑʔ$_{44}$tsɔ$_{44}$ 上：脚爪tɕiɪʔ$_{3}$tsɔ$_{44}$ 松：脚爪tɕiᴀʔ$_{4}$tsɔ$_{44}$ 黎：脚爪tɕiᴀʔ$_{5}$tsᴀᵓ$_{31}$ 盛：爪子tsᴀɑ$_{55}$tsʅ$_{31}$ 嘉：脚爪tɕiᴀʔ$_{5}$tsɑ$_{31}$ 双：脚爪tɕiᴀʔ$_{5}$tsɔ$_{52}$ 杭：脚爪儿tɕiɪʔ$_{3}$tsuɑ$_{24}$ər$_{51}$ 绍：脚爪tɕiᴀʔ$_{5}$tsɑɒ$_{33}$ 诸：脚爪tɕiɐʔ$_{5}$tsɔ$_{52}$ 崇：脚爪tɕiɑʔ$_{3}$tsɑɒ$_{52}$ 太：脚爪ciɑʔ$_{3}$tsɑɒ$_{52}$ 余：脚爪tɕiɐʔ$_{5}$tsɒ$_{31}$ 宁：脚爪tɕiɪʔ$_{5}$tsɔ$_{33}$ 黄：脚爪tɕieʔ$_{3}$tsɒ$_{31}$ 温：脚爪/爪tɕiɑ$_{32}$tso$_{45}$/tso$_{45}$ 衢：脚爪tɕiɑ$_{4}$tʃɥɑ$_{35}$ 华：爪子tsuɑ$_{33}$tsʅ$_{51}$ 永：鸡脚爬tɕie$_{\underline{43}}$tɕiᴀʊ$_{43}$bʊᴀ$_{32}$

尾巴

宜：尾巴mij21po23　溧：尾巴mi32po52　金：尾巴uei33pɑ44　丹：尾巴miz21po22　童：尾巴ʔmij31pɒ23　靖：尾巴ʔue33po55　江：耳巴ʔər52po33　常：尾巴ʔmij34po44　锡：尼巴ȵi22pu55　苏：尼巴/尾巴ȵij22po44/mij22po44　熟：尾巴/尼巴mi22pu51/ȵi23pu33　昆：尼巴ȵi22po41　霜：尾巴ȵi22pʌɤ52　罗：尾巴ȵi22pʌɤ52　周：尾巴ȵi24ɓo21　上：尾巴/尼巴mi22po44/ȵi22po44　松：尼巴ȵi24po31　黎：尾巴mij23po33　盛：尾巴/尼巴mij23po33/ȵij23po33　嘉：尾巴mi22po51　双：嗯巴/尾巴hŋ̍24po52/miz24po52　杭：尾巴ʔmi55pɑ31　绍：尾巴mi23po52　诸：尾巴ȵiz22po52　崇：尾巴miz23pɤ52　太：尾巴mi21po44　余：尾巴ȵi22po52　宁：尾巴mi23po44　黄：尾巴ȵij21po13　温：尾巴mɪi52po21　衢：尾巴ʔȵi55pɑ31　华：尾巴ʔn̩54pɯɑ35　永：尾巴ŋ̍32pʊA44

窝

宜：窠k'u55　溧：窠k'ʌɯ445　金：窝/窠ʔo31/k'o31　丹：窠k'ʌɤ22　童：窠k'ʌɤ42　靖：窠k'ʌɤ433　江：窠k'ɜɤ51　常：窠k'ʌɯ44　锡：窠k'ʌɤ544　苏：窠k'ɜu44　熟：窠k'ɯ52　昆：窠k'u44　霜：窠k'əu52　罗：窠k'əu52　周：窠k'u52　上：窠k'u52　松：窠k'u52　黎：窠k'ɜu44　盛：窠k'ɜu44　嘉：窠k'əu51　双：窠k'əu44　杭：窠k'u323　绍：窠k'o52　诸：窠k'ɯ544　崇：窠k'ɤ533　太：窠k'ɯ523　余：窠k'ou34　宁：窠k'əʊ52　黄：窠儿k'u35　温：窠k'ʋ44　衢：窝ʔuəʔ5　华：窠k'uo324　永：窠k'oə325

早饭

宜：早饭tsɑɤ55vA31　溧：早饭tsɑɤ33vA52　金：早饭tsɑɔ33fæ̃52　丹：早饭tsɒ44væ23　童：早饭tsɐɤ53vɑ23　靖：朝饭tɕiɒ43væ̃33　江：早饭/朝饭tsɒ33væ44/tsɒ53væ31　常：早饭tsɤ34væ44　锡：早饭/早点tsA45vɛ55/tsA45tɪ55　苏：早饭tsæ52vE23/tsæ55vE31　熟：上顿zA~23tẽn33　昆：早饭tsɔ55vɛ31　霜：早饭tsɔ33vE52　罗：早饭tsɔ33ve52　周：早饭tsɔ44vɛ44　上：早饭tsɔ33vE44　松：早饭tsɔ44vE44　黎：早饭/吃粥tsAɔ55vE31/tɕ'iəʔ3tsoʔ5　盛：早饭tsAɑ55vE31　嘉：早饭tsɔ44vEɛ33　双：早饭tsɔ34vE52　杭：早饭tsɔ55vE31　绍：早饭tsɑɒ34væ̃52　诸：早饭tsɔ44vɛ33　崇：早饭tsɑɒ34væ̃52　太：早饭tsɑɒ33væ̃44　余：早饭tsɒ33vɛ̃52　宁：天娘饭ti55niã33vE33　黄：颗星饭k'u33ɕiɪŋ33vɛ44　温：天光t'i44kʊɔ44　衢：五将ʔŋ̍55tɕiã31　华：五更饭ʔn̩54kAŋ33fɑ24　永：五更饭ŋ̍32kai44vA54

午饭

宜：中饭/点心tsoŋ55vA31/tɪ33ɕiŋ44　溧：中饭tsoŋ44vA52　金：中饭tsoŋ44fæ̃44　丹：中饭tsoŋ44væ44　童：中饭tsoŋ53vɑ31　靖：中饭tsoŋ43væ̃33　江：中饭tsoŋ55væ31　常：中饭tsoŋ55væ31　锡：中饭tsoŋ21vɛ23　苏：中饭tsoŋ55vE31　熟：中顿/中饭/点心tsʊŋ55tẽn22/tsʊŋ55væ22/ti33sĩɲ51　昆：中饭tsoŋ44vɛ41　霜：中饭tsoŋ55vE31　罗：中饭tsoŋ55ve31　周：中饭tsoŋ55vɛ31　上：中饭tsʊŋ55vE31　松：中饭tsʊŋ55vE31　黎：中饭/点心tsoŋ44vE44/tiɪ55siəŋ31　盛：点心tiɪ55ɕɪŋ31　嘉：中饭tsoŋ52vEɛ22　双：中饭tsoŋ44vE44　杭：中饭tsoŋ32vE23　绍：晏饭ʔæ̃32væ̃33　诸：中饭/点心饭/晏饭tsoŋ52vɛ44/tiɪ44ɕĩ33vɛ33/ʔɛ44vɛ33　崇：晏饭ʔæ̃33væ̃23　太：晏饭ʔæ̃55væ̃33　余：晏饭/中饭ʔɛ̃55vɛ̃31/tsʊŋ32vɛ̃23　宁：昼过饭tɕɤ55kəʊ33vE33　黄：日昼饭ȵij22tɕiɤ33vɛ44　温：日昼ȵi52tɕiʌu21　衢：中饭/吃饭tʃʮʌŋ43fvæ̃53/tɕ'iəʔ4fvæ̃53　华：午饭ʔn̩54fɑ24　永：午饭ŋ̍31vA24

晚饭

宜：夜饭ɦio22vA53　溧：夜饭ɦio32vA52　金：夜饭ʔiɑ44fæ̃44　丹：夜饭iɑ41væ21　童：夜饭ɦiɑ22vɑ55　靖：夜饭ɦiɑ24væ̃31　江：夜饭ɦiɑ24væ31　常：夜饭ɦiɑ21væ13　锡：夜饭ɦiɑ22vɛ55　苏：夜饭ʔiɒ55vE31　熟：下顿/夜饭hu23tẽɲ33/ɦiɑ23væ33　昆：夜饭ɦiɑ23vɛ41　霜：夜饭ɦiɑ24vE31　罗：

夜饭ʔiɑ35ve31 周:夜饭ɦiɑ22vɛ44 上:夜饭ɦiɑ22vᴇ44 松:夜饭ʔiɑ44vᴇ44 黎:夜饭ʔiɒ55vᴇ31 盛:夜饭ʔiɑ43vᴇ52 嘉:夜饭ʔiɑ35vᴇ^{ε}31 双:夜饭ɦiɑ21vᴇ34 杭:夜饭/晚饭ɦiɑ23vᴇ51/ʔuᴇ55vᴇ31 绍:夜饭ɦia23væ̃33 诸:夜饭ɦiᴀ21vɛ23 崇:夜饭ɦiɑ22væ̃23 太:夜饭iɑ55væ̃33 余:夜饭ɦiᴀ22vɛ̃52 宁:夜饭ɦia22vᴇ31 黄:夜饭ɦia23vɛ44 温:闲昏ɦɑ22ɕy44 衢:吃行昏tɕʻiəʔ5ʔɦã22xuən53 华:夜饭ʔɦiɑ54fvɑ24 永:夜饭ɦiᴀ31vᴀ24

米饭(饭)

宜:饭vᴀ31 溧:vᴀ31 金:fæ̃44 丹:fæ41 童:vɑ113 靖:fvæ̃31 江:væ223 常:væ24 锡:vɛ213 苏:vᴇ31 熟:væ213 昆:vɛ21 霜:vᴇ213 罗:ve213 周:vɛ113 上:vᴇ113 松:vᴇ113 黎:vᴇ213 盛:vᴇ212 嘉:vᴇ^{ε}223 双:vᴇ113 杭:vᴇ113 绍:væ̃22 诸:vɛ233 崇:væ̃14 太:væ̃13 余:vɛ̃113 宁:vᴇ113 黄:vɛ113 温:vɑ22 衢:fvæ̃31 华:fvɑ24 永:fvᴀ323

粥

宜:粥tsɔʔ45 溧:粥tsɔʔ5 金:粥tsɔʔ4 丹:粥/稀饭tsoʔ3/ɕiz44væ44 童:粥tsoʔ5 靖:粥tɕyɔʔ5 江:粥tsoʔ5 常:粥tsɔʔ5 锡:粥tsɔʔ5 苏:粥tsɔʔ5 熟:粥tʂoʔ5 昆:粥tsoʔ5 霜:粥tsoʔ5 罗:粥tsoʔ5 周:粥tsoʔ5 上:粥tsoʔ5 松:粥tsɔʔ5 黎:粥tsoʔ5 盛:粥tsɔʔ5 嘉:粥tsoʔ54 双:粥tsoʔ54 杭:粥/稀饭tsɔʔ5/ɕi32vᴇ23 绍:粥tsoʔ5 诸:粥tsɔʔ5 崇:粥tsɔʔ45 太:粥tsɔʔ45 余:粥tsɔʔ5 宁:粥tsɔʔ5 黄:粥儿tsoŋ52 温:粥tɕiʌu423 衢:粥tʃɥəʔ5 华:粥tɕɥ$_{y}$o4 永:粥tsʊ322

汤

宜:汤tʻᴀŋ55 溧:汤tʻᴀŋ445 金:汤tʻɑŋ31 丹:汤tʻɑŋ22 童:汤tʻɑŋ42 靖:汤tʻɑŋ433 江:汤tʻᴀ^{ŋ}51 常:汤tʻᴀɲ55 锡:汤tʻɒ̃544 苏:汤tʻᴀ̃44 熟:汤tʻᴀ̃52 昆:汤tʻã44 霜:汁水tsəʔ4sɿ23 罗:汤/汁水tʻɒ̃52/tsəʔ5sɿ31 周:汤tʻᴀ̃52 上:汤tʻᴀ̃^{ɲ}52 松:汤tʻɑ̃52 黎:汤tʻɑ̃44 盛:汤tʻɒ̃44 嘉:汤tʻᴀ̃51 双:汤tʻɔ̃44 杭:汤tʻᴀŋ323 绍:汤tʻɒŋ52 诸:汤tʻɒ̃544 崇:汤tʻɒ̃533 太:汤tʻɒŋ42 余:汤tʻɒ̃34 宁:汤tʻɔ̃52 黄:汤儿tʻɒ̃35 温:汤tʻʊɔ44 衢:汤tʻɒ̃434 华:汤tʻᴀŋ324 永:汤tʻᴀŋ44

菜(菜肴)

宜:菜tsʻɐɪ324 溧:菜tsʻæᴇ412 金:菜tsʻɛ^{e}44 丹:菜/小菜tsʻæ324/ɕiɒ35tsʻæ21 童:小菜ɕiɐɣ33 tsʻaɪ23 靖:菜tsʻæ51 江:小菜siɒ33tsʻæ44 常:菜tsʻæ^{e}51 锡:小菜ɕiʌ45tsʻᴇ55 苏:小菜ɕiæ53tsʻᴇ31 熟:小菜siɔ33tsʻæ51 昆:小菜ɕiɔ52tsʻɛ33 霜:小菜siɔ33tsʻᴇ52 罗:小菜siɔ34tsʻe52 周:菜/小菜tsʻe334/ɕiɔ33tsʻe52 上:小菜ɕiɔ33tsʻᴇ44 松:小菜ɕiɔ35tsʻᴇ31 黎:小菜siᴀ^{ɔ}55tsʻᴇ31 盛:小菜ɕiᴀɑ55 tsʻᴇ31 嘉:小菜ɕiɔ44tsʻᴇ^{ε}51 双:菜/菜水tsʻᴇ334/tsʻᴇ33sɿ52 杭:菜蔬tsʻᴇ34sɥ51 绍:下饭ɦo23væ̃33 诸:菜tsʻe544 崇:菜tsʻe324 太:菜tsʻe35 余:下饭ɦo22vɛ̃52 宁:下饭ɦo22vᴇ44 黄:菜tsʻe44 温:配pʻæi52 衢:菜tsʻɛ53 华:菜tsʻɛ45 永:菜tsʻəɪ54

荤菜

宜:荤菜xuəŋ55tsʻɐɪ31 溧:荤菜xuən44tsʻæᴇ52 金:荤菜xuəŋ31tsʻɛ^{e}44 丹:荤菜huɛn35tsʻæ21 童:菜tsʻaɪ324 靖:荤菜xuəŋ43tsʻæ33 江:荤菜huᴇɲ53tsʻæ31 常:荤菜xuəɲ55tsʻæ^{e}31 锡:荤菜xuən21tsʻᴇ23 苏:荤菜/荤小菜huən55tsʻᴇ31/huən55siæ55tsʻᴇ31 熟:荤菜xuẽ^{n}55tsʻæ22 昆:荤菜huən44tsʻɛ41 霜:荤菜fɛ̃55tsʻᴇ31 罗:荤小菜huẽ^{n}55siɔ33tsʻe31 周:荤小菜fəŋ55ɕiɔ33tsʻe31 上:荤菜huəɲ55tsʻᴇ31 松:荤菜huəɲ55tsʻᴇ31 黎:荤腥菜huəɲ44siəɲ44tsʻᴇ52 盛:荤菜huəɲ44tsʻᴇ44 嘉:荤菜huen52tsʻᴇ^{ε}22 双:荤菜xuən44tsʻᴇ44 杭:荤菜huən32tsʻᴇ23 绍:荤下饭huəŋ32ɦo34væ̃52 诸:

荤菜fɦɛĩ52ts'e44　崇：荤菜fɪŋ53ts'e23　太：荤菜heŋ52ts'e33　余：荤菜hueɲ32ts'e23　宁：荤菜hɐŋ33ts'e44　黄：荤菜huəŋ33ts'e44　温：荤ɕy44　衢：荤菜xuən43ts'ɛ53　华：荤菜xuən32ts'ɛ35　永：荤菜xuəɲ44ts'əɪ54

素菜

宜：素菜su55ts'ɐɪ31　溧：素菜su52ts'æE52　金：素菜sᵊu44ts'ɛᵉ52　丹：素菜sᵊu52ts'æ23　童：菜ts'aɪ324　靖：素菜su35ts'æ31　江：素菜s3ʏ45ts'æ31　常：素菜su55ts'æᵉ31　锡：素菜sʌʏ55ts'E31　苏：素菜/素小菜s3u55ts'E31/s3u55ɕiæ55ts'E31　熟：素菜sɯ55ts'æ22　昆：素菜səu44ts'ɛ41　霜：素菜sᵊu33ts'E52　罗：素小菜sᵊu33siɔ44ts'e52　周：素小菜su33ɕiɔ44ts'e52　上：素菜su33ts'E44　松：素菜su44ts'E44　黎：素小菜s3u33siAᵓ55ts'E31　盛：素菜s3u33ts'E52　嘉：素菜sᵊu35ts'Eᵋ31　双：素菜seu32ts'E34　杭：素菜sʯ34ts'E51　绍：素下饭su55ɦo33væ̃31　诸：素菜su44ts'e33　崇：素菜su33ts'e23　太：素菜su55ts'e33　余：素菜sɿ55ts'e31　宁：素菜su33ts'e44　黄：素菜sᵊu33ts'e44　温：算sɵ52　衢：素菜su43ts'ɛ53　华：素菜su45ts'ɛ45　永：素菜sʊ42ts'əɪ54

馅

宜：馅心/包心ɦA21ɕiŋ23/pɑʏ55ɕiŋ55　溧：包心pɑʏ44ɕin55　金：包心pɑᵓ44ɕiŋ44　丹：馅hᶣæ213　童：包心pɐʏ53ɕiŋ31　靖：馅心/度子(少)hɦæ̃24siŋ31/du24tsɿ31　江：馅/酿ɦæ223/ȵiAᵑ223　常：馅心ɦæ21ɕiɲ13　锡：酿ȵiã213　苏：酿/心ȵiÃ31/siɪn44　熟：心ɕĩᶮ52　昆：心sin44　霜：心sĩ52　罗：心sɪⁿ52　周：馅头/心子ɦɛ22tʏ52/ɕiɪŋ55tsɿ31　上：馅子/心子ɦE22tsɿ44/ɕiɲ55tsɿ31　松：馅子ɦE22tsɿ52　黎：馅子ʔE55tsɿ31　盛：馅子ʔE55tsɿ31　嘉：心子ɕin52tsɿ22　双：馅心ŋE24ɕɪn52　杭：馅子ɦie23tsɿ51　绍：馅子/心ɦiæ̃23tsɿ52/ɕɪŋ52　诸：馅ŋɛ31　崇：馅/果果ŋæ̃312/kʏ34kʏ52　太：馅/推沙ɦæ̃312/t'e52so33　余：馅子ɦɛ̃23tsɿ52　宁：馅子ɦE24tsɿ33　黄：馅ʔɛ53　温：馅心kɑ55sʌŋ21　衢：馅ʔæ̃53　华：馅ʔæ̃544　永：馅ŋA323

馒头

宜：馒头me21dʏɯ23　溧：馒头mʊ32dei23　金：馒头mæ̃24t'ʌʏ31　丹：馒头məŋ22tEᵉ44　童：馒头mʊ24dei31　靖：馒头/米糕mũ22døʏ23/mij24kɒ31　江：大包子dɑ24pɒ33tsɿ31　常：馒头mɔ21dei34　锡：馒头mo24dEi31　苏：馒头mɵ22dəɪ44　熟：馒头mʏ24dE31　昆：馒头mɵ23dE41　霜：馒头mɪ22dʌɪ52　罗：馒头/馒头(乡下称)mᴬʏ22dʌɪ52/mɪ22dʌɪ52　周：馒头mɛ23tʏ44　上：馒头mø22dʏɯ44　松：馒头me22dɯ52　黎：馒头mɵ22dieɯ34　盛：馒头/仿糕mɵ22diɵʉ44/fɑ̃32kʌɑ52　嘉：馒头mʏə22de44　双：馒头mE22dᶿʏ44　杭：馒头mo21deɪ23　绍：馒头mĩ22dʏ52　诸：馒头/淡馒头mʏ31dei42/dɛ22mʏ44dei52　崇：馒头mæ̃22dʏ52　太：馒头mœ̃21dʏ44　余：馒头mɔ̃22dʏ44　宁：馒头ɦm̩22dœʏ51　黄：馒头/馒头团mɛ22diʏ51/mɛ22diʏ33dø44　温：实心包szʲi24sʌŋ33pʊɔ21　衢：馒头mə22dəɪ53　华：馒头ʔmiæ̃32diɯu24　永：馒头mʏə21dəʊ51

包子

宜：馒头me21dʏɯ23　溧：馒头mʊ32dei23　金：馒头mæ̃24t'ʌʏ31　丹：包则pɒ44tsɛʔ5　童：包子pɐʏ53tsɿ31　靖：馒头/包子mũ22døʏ23/pɒ43tsɿ33　江：馒头mɵ24dEɪ31　常：馒头mɔ21dei34　锡：馒头mo24dEi31　苏：馒头mɵ22dəɪ44　熟：馒头mʏ24dE31　昆：包子pɔ44tsɿ41　霜：馒头mɪ22dʌɪ52　罗：馒头mᴬʏ22dʌɪ52　周：馒头mɛ23dʏ44　上：包子/馒头pɔ55tsɿ31/mø22dʏɯ44　松：馒头me22dɯ52　黎：大馒头d3u22mɵ55dieɯ31　盛：包子pʌɑ44tsɿ44　嘉：馒头mʏə22de44　双：馒头mE22dᶿʏ44　杭：馒头mo21deɪ23　绍：馒头mĩ22dʏ52　诸：包子/肉馅馒头pɔ54tsɿ33/ȵioʔ2ŋɛ44mʏ55dei52　崇：馒头/包子mæ̃22dʏ52/pɑɒ53tsɿ52　太：馒头mæ̃21dʏ44　余：包子(咸)/馒头(甜)pɒ32tsɿ23/mɔ̃22dʏ44　宁：

包子(咸)/馒头(甜)pɔ33tsɿ44/ɦm̩22dœʏ51　黄:猪肉馒头tsɿ33ȵyɔʔ2mɛ33diɤ51　温:馒头mɵ22dʌu2　衢:包子pɔ43tsɿ35　华:包子pɑʊ32tsɿ35　永:包子pAʊ43tsɿ55

面包

宜:面包mɪ21pɑʏ23　溧:面包mi32pɑʸ23　金:面包mĩ33pɑᵓ52　丹:面包mɪ41pɒ21　童:面包mɪ21pɐʏ23　靖:面包mĩ24pɒ31　江:面包mɪ24pɒ31　常:面包mɪ21pɑʏ13　锡:面包mɪ22pʌ55　苏:面包miɪ22pæ44　熟:面包mi24pɔ31　昆:面包mɪ23pɔ41　霜:面包2mɪ2pɔ52　罗:面包mi22po52　周:面包mi22pɔ52　上:面包mi22pɔ44　松:mi23pɔ44　黎:面包miɪ22pAᵓ52　盛:面包miɪ22pAɑ52　嘉:面包mie22pɔ51　双:面包mɪ21pɔ34　杭:面包mie23pɔ51　绍:面包mĩ24pɑɒ31　诸:面包mie33pɔ33　崇:面包miẽ22pɑɒ23　太:面包miẽ23pɑɒ22　余:面包mĩ22pɒ52　宁:面包mi22pɔ44　黄:面包mie21pɒ35　温:面包mi52pᵘɔ44　衢:面包ʔmiẽ55pɔ31　华:面包miæ̃22pɑʊ44　永:面包mie32pAʊ44

糕

宜:糕kɑʏ55　溧:糕kɑʸ44　金:糕kɑᵓ31　丹:糕kɒ22　童:糕kɐʏ42　靖:糕kɒ433　江:糕kɒ51　常:糕kɑʏ44　锡:糕kʌ544　苏:糕kæ44　熟:糕kɔ52　昆:糕kɔ44　霜:糕kɔ52　罗:糕ko52　周:糕kɔ52　上:糕kɔ52　松:糕kɔ52　黎:糕kAᵓ44　盛:糕kAɑ44　嘉:糕kɔ51　双:糕kɔ44　杭:糕儿kɔ32ər44　绍:糕kɑɒ52　诸:糕kɔ544　崇:糕kɑɒ533　太:糕kɑɒ523　余:糕kɒ34　宁:糕kɒ52　黄:糕儿kɒ35　温:糕kɜ44　衢:糕kɔ434　华:糕kɑʊ324　永:糕kAʊ325

蛋糕

宜:蛋糕dA21kɑʏ23　溧:蛋糕dA32kɑʸ23　金:蛋糕tæ̃35kɑᵓ31　丹:蛋糕tæ21kɒ22　童:蛋糕dɑ24kɐʏ31　靖:蛋糕dæ̃31kɒ31　江:鸡蛋糕tɕij55dæ33kɒ31　常:蛋糕dæ21kɑʏ13　锡:蛋糕dɛ22kʌ55　苏:蛋糕dE22kæ44　熟:蛋糕dæ24kɔ31　昆:蛋糕dɛ23kɔ41　霜:蛋糕dE22kɔ52　罗:蛋糕de22ko52　周:蛋糕dɛ22kɔ52　上:蛋糕dE22kɔ44　松:蛋糕dE23kɔ44　黎:蛋糕dE22kAᵓ52　盛:蛋糕dE22kAɑ52　嘉:蛋糕dEᵋ22kɔ51　双:蛋糕dE22kɔ44　杭:蛋糕dE23kɔ51　绍:蛋糕dæ̃24kɑɒ31　诸:蛋糕dɛ21kɔ23　崇:蛋糕dæ̃21kɑɒ23　太:蛋糕dæ̃23kɑɒ22　余:蛋糕dɛ̃22kɒ52　宁:蛋糕dE22kɔ51　黄:蛋糕dɛ23kɒ31　温:蛋糕lɑŋ52kɜ44　衢:蛋糕/鸡蛋糕dæ̃45kɔ31/tsɿ43dæ̃45kɔ53　华:蛋糕dæ̃32kɑʊ35　永:鸡蛋糕/鸡子糕tɕie43dA32kAʊ44/tɕie43tsɿ32kAʊ44

粢饭

宜:粢饭/蒸饭tsʻɿ55vA31/tsəŋ55vA31　溧:蒸饭tsən44vA52　金:　丹:蒸饭tsɛn44væ31　童:蒸饭tsəŋ44vɑ23　靖:粢饭tsʻɿ55væ̃31　江:粢饭/蒸饭tsʻɿ55væ31/tsEɲ53væ31　常:粢饭/蒸饭tsʻɿ55væ31/tsəɲ55væ31　锡:粢饭tsʻɿ55vɛ31　苏:粢饭tsʻɿ55vE31　熟:粢饭团tsʻɿ55væ55dʏ51　昆:粢饭团tsʻɿ44vɛ44dɵ41　霜:粢饭tsʻɿ55vE31　罗:粢饭/粢饭团tsʻɿ55ve31/tsʻɿ33ve55dᴧʏ31　周:粢饭tsʻɿ55vɛ31　上:粢饭tsʻɿ55vE31　松:粢饭tsʻɿ55vE31　黎:粢饭团tsʻɿ55vE33dɵ31　盛:粢米饭tsʻɿ44mij44vE44　嘉:糯米饭nᵓu24mi33vEᵋ31　双:粢米饭tsʻɿ44miz44vE44　杭:糯米饭nou22mi55vE31　绍:粢米饭tsʻɿ32mi34væ̃52　诸:粢饭/糯米饭tsʻɿ44vɛ33/nu21mi11vɛ23　崇:糯米饭nʏ22miz34væ̃52　太:糯米饭nɯ22mi22væ̃52　余:粢饭tsʻɿ55vɛ̃31　宁:粢饭tsʻɥ33vE51　黄:粢饭tsʻɿ33vɛ44　温:饭掉vɑ52dʌŋ21　衢:焐饭团ʔu32fvæ̃55dɘ31　华:糯饭ʔnoə54fvɑ24　永:

汤圆

宜:汤团/团则tʻAŋ55de55/de21tsə23　溧:汤团/团则tʻAŋ44dʊ52/dʊ32tsə23　金:汤团/圆团tʻɑŋ44tʻʊ̃23/yʊ̃24tʻʊ̃23　丹:汤圆/团则tʻɑŋ44ʏ44/təŋ32tsɛʔ24　童:汤团/汤圆tʻɑŋ55dʊ31/tʻɑŋ55ɦyʊ31　靖:汤团/汤圆/团圆tʻɑŋ44duʊ̃44/tʻɑŋ44ɦyʊ̃44/duʊ̃22ɦyʊ̃34　江:团则/汤团/团圆dɵ21tsɜʔ4/tʻAᵑ53dɵ31/

dɵ$_{24}$ɦyɵ$_{31}$　常：汤团/元宵/糖圆(小者)tʻAɲ$_{55}$dɔ$_{31}$/ɦiɔ$_{21}$ɕiaɤ$_{34}$/dAɲ$_{21}$ɦiɔ$_{34}$　锡：团则/汤团/圆则do$_{24}$tsəʔ$_{31}$/tʻõ$_{21}$do$_{23}$/ɦio$_{24}$tsəʔ$_{31}$　苏：汤圆/汤团/小圆子tʻÃ$_{55}$ɦiɵ$_{31}$/tʻÃ$_{55}$dɵ$_{31}$/siɛ$_{52}$ɦiɵ$_{23}$tsɿ$_{31}$　熟：汤圆/汤团/团圆tʻA͂$_{55}$ɦiɤ$_{31}$/tʻA͂$_{55}$dɤ$_{31}$/dɤ$_{24}$ɦiɤ$_{31}$　昆：汤团/圆子/团子tʻã$_{44}$dɵ$_{41}$/ɦyɵ$_{23}$tsɿ$_{41}$/dɵ$_{23}$tsɿ$_{41}$　霜：汤团tʻɒ͂$_{55}$ɦi^{ʌ}ɤ$_{31}$　罗：汤团/圆团tʻɒ͂$_{55}$d^{ʌ}ɤ$_{31}$/ɦi^{ʌ}ɤ$_{22}$d^{ʌ}ɤ$_{52}$　周：汤圆/汤团/圆子tʻA͂$_{44}$ɦyø$_{52}$/tʻA͂$_{44}$tø$_{52}$/ɦyø$_{22}$tsɿ$_{44}$　上：汤团/圆子tʻÃ^{ɲ}$_{55}$dø$_{31}$/ɦyø$_{22}$tsɿ$_{44}$　松：汤团/汤团tʻɑ͂$_{44}$ɦø$_{52}$/tʻɑ͂$_{44}$dø$_{52}$　黎：汤团/汤圆tʻɑ͂$_{44}$dɵ$_{44}$/tʻəɲ$_{44}$ɦiɵ$_{44}$　盛：汤团/小圆子tʻɑ͂$_{44}$dɵ$_{44}$/ɕiAɑ$_{55}$ɦiɵ$_{33}$tsɿ$_{31}$　嘉：小圆子/汤团ɕiɔ$_{44}$ɦyɤə$_{44}$tsɿ$_{31}$/tʻA͂$_{44}$duɤə$_{51}$　双：汤团tʻɔ̃$_{44}$dᴇ$_{44}$　杭：汤团tʻAŋ$_{32}$do$_{23}$　绍：汤团tʻɒŋ$_{33}$dõ$_{52}$　诸：汤团tʻɒ$_{52}$dɤ$_{42}$　崇：糯米果/汤团nɤ$_{22}$mi$_{z34}$kɤ$_{52}$/tʻɒ̃$_{53}$dæ̃$_{52}$　太：汤团/糯米汤团tʻɒŋ$_{52}$dœ̃$_{33}$/nɯ$_{22}$mi$_{22}$tʻɒŋ$_{55}$dœ̃$_{33}$　余：汤团tʻɒ̃$_{33}$dø̃$_{44}$　宁：汤团tʻɔ̃$_{33}$dø$_{51}$　黄：汤圆tʻɒ̃$_{33}$ɦyø$_{44}$　温：汤圆tʻʊɔ$_{44}$ɦy$_{24}$　衢：汤圆/汤团tʻɒ͂$_{55}$ɦyə$_{31}$/tʻɒ͂$_{55}$də$_{31}$　华：汤圆/汤团tʻAŋ$_{32}$ɦye$_{45}$/tʻAŋ$_{33}$tɯə$_{55}$　永：汤团tʻAŋ$_{55}$dɤə$_{22}$

爆米花儿

宜：炒米tsʻaɤ$_{35}$mi$_{j31}$　溧：炒米tsʻa^{ɤ}$_{54}$mi$_{z34}$　金：炒米tsʻa^{ɔ}$_{35}$mi$_{z31}$　丹：泡米pʻɒ$_{52}$mi$_{z23}$　童：炒米tsʻɐɤ$_{53}$mi$_{j23}$　靖：炒米tsʻɒ$_{33}$mi$_{j44}$　江：炒米/炒米花tsʻɒ$_{52}$mi$_{j33}$/tsʻɒ$_{52}$mi$_{j33}$ho$_{43}$　常：炒米tsʻaɤ$_{34}$mi$_{j44}$　锡：炒米tsʻʌ$_{34}$mi$_{55}$　苏：炒米花/炒米tsʻæ$_{52}$mi$_{j23}$ho$_{31}$/tsʻæ$_{52}$mi$_{j23}$　熟：爆炒米花pɔ$_{55}$tsʻɔ$_{33}$mi$_{33}$xu$_{31}$　昆：爆炒米pɔ$_{33}$tsʻɔ$_{55}$mi$_{31}$　霜：炒米花tsʻɔ$_{33}$mi$_{23}$x^{ʌ}ɤ$_{52}$　罗：炒米花tsʻɔ$_{33}$mi$_{55}$hu^{ʌ}ɤ$_{31}$　周：炮米花pʻɔ$_{33}$mi$_{44}$ho$_{52}$　上：炒米花tsʻɔ$_{33}$mi$_{55}$ho$_{31}$　松：炒米花tsʻɔ$_{44}$mi$_{44}$ho$_{52}$　黎：冻米toŋ$_{52}$mi$_{j41}$　盛：冻米toŋ$_{43}$mi$_{j52}$　嘉：炒米tsʻɔ$_{22}$mi$_{34}$　双：冻米toŋ$_{32}$mi$_{z52}$　杭：炒米花tsʻɔ$_{55}$mi$_{33}$huɑ$_{31}$　绍：六角胖loʔ$_{2}$koʔ$_{44}$pʻɒŋ$_{52}$　诸：米胖mi$_{z23}$pʻɒ̃$_{33}$　崇：米胖/六谷胖mi$_{z23}$pʻɒ̃$_{52}$/lɔʔ$_{2}$kɔʔ$_{2}$pʻɒ̃$_{23}$　太：米胖mi$_{23}$pʻɒŋ$_{52}$　余：米胖mi$_{24}$pʻɒ̃$_{31}$　宁：冻米泡toŋ$_{55}$mi$_{z33}$pʻɔ$_{33}$　黄：炒米tsʻɒ$_{33}$mi$_{j51}$　温：炒米花tsʻɜ$_{33}$m^{i}i$_{52}$ho$_{44}$　衢：神仙米ʃʒɥən$_{22}$ɕie$_{33}$mi$_{53}$　华：米花ʔmie$_{55}$xuɑ$_{31}$　永：发胖fA$_{43}$pʻAŋ$_{54}$

馄饨

宜：馄饨ɦuəŋ$_{21}$dəŋ$_{23}$　溧：馄饨ɦuən$_{32}$dən$_{23}$　金：馄饨ɦuəŋ$_{22}$dəŋ$_{44}$　丹：馄饨ɦuɛn$_{22}$tɛn$_{44}$　童：馄饨ɦuəŋ$_{24}$dəŋ$_{31}$　靖：馄饨ɦuəŋ$_{22}$dəŋ$_{34}$　江：馄饨ɦuᴇɲ$_{24}$dᴇɲ$_{31}$　常：馄饨ɦuəɲ$_{21}$dəɲ$_{34}$　锡：馄饨ɦuən$_{24}$dən$_{31}$　苏：馄饨ɦuən$_{22}$dən$_{44}$　熟：馄饨ɦuẽ^{ɲ}$_{24}$dẽ^{ɲ}$_{31}$　昆：馄饨ɦuən$_{23}$dən$_{41}$　霜：馄饨ɦuẽ$_{22}$dẽ$_{52}$　罗：馄饨ɦuẽ^{n}$_{22}$dẽ^{n}$_{52}$　周：馄饨vəŋ$_{23}$təŋ$_{44}$　上：馄饨ɦuəɲ$_{22}$dəɲ$_{44}$　松：馄饨ɦuəɲ$_{22}$dəɲ$_{52}$　黎：馄饨ɦuəɲ$_{22}$dəɲ$_{34}$　盛：馄饨ɦuəɲ$_{22}$dəɲ$_{44}$　嘉：馄饨ɦuən$_{22}$dən$_{34}$　双：馄饨ɦuən$_{22}$dən$_{44}$　杭：馄饨ɦuən$_{21}$dən$_{23}$　绍：馄饨ɦuəŋ$_{22}$duõ$_{52}$　诸：馄饨vẼĨ$_{31}$dẼĨ$_{42}$　崇：汤包tʻɒ̃$_{53}$pɑɒ$_{23}$　太：汤包tʻɒŋ$_{55}$pɑɒ$_{31}$　余：馄饨ɦueɲ$_{22}$deɲ$_{44}$　宁：馄饨ɦuɐŋ$_{22}$dɐŋ$_{51}$　黄：馄饨ʔɦuəŋ$_{22}$dəŋ$_{51}$　温：馄饨vʌŋ$_{22}$dʌŋ$_{2}$　衢：馄饨ɦuən$_{22}$dəŋ$_{53}$　华：馄饨ɦuən$_{21}$dən$_{24}$　永：馄饨ɦuəɲ$_{21}$dəɲ$_{51}$

饺子

宜：饺则tɕiaɤ$_{33}$tsəʔ$_{4}$　溧：饺则tɕia^{ɤ}$_{54}$tsə$_{34}$　金：饺子tɕiaɤ$_{32}$tsɿ$_{31}$　丹：饺儿tɕiɒ$_{21}$ᴇ^{i}$_{22}$　童：饺儿tɕiɐɤ$_{33}$ᴇ^{r}$_{55}$　靖：饺子tɕiɒ$_{33}$tsɿ$_{44}$　江：饺儿/水饺(少)tɕiɒ$_{52}$ər$_{33}$/ɕy$_{52}$tɕiɒ$_{33}$　常：饺则tɕiaɤ$_{34}$tsəʔ$_{4}$　锡：饺子tɕiʌ$_{21}$tsɿ$_{23}$　苏：饺子tɕiæ$_{52}$tsɿ$_{23}$　熟：饺则tɕiɔ$_{22}$tsᴇʔ$_{4}$　昆：饺子tɕiɔ$_{52}$tsɿ$_{33}$　霜：饺子tɕiɔ$_{33}$tsɿ$_{52}$　罗：饺子tɕiɔ$_{33}$tsɿ$_{52}$　周：饺子tɕiɔ$_{35}$tsɿ$_{31}$　上：饺子/水饺tɕiɔ$_{55}$tsɿ$_{31}$/sɿ$_{33}$tɕiɔ$_{44}$　松：饺子/水饺tɕiɔ$_{35}$tsɿ$_{31}$/sɿ$_{55}$tɕiɔ$_{31}$　黎：饺子tɕiA^{ɔ}$_{55}$tsɿ$_{31}$　盛：饺子tɕiAɑ$_{55}$tsɿ$_{31}$　嘉：饺子tɕiɔ$_{44}$tsɿ$_{33}$　双：饺子tɕiɔ$_{34}$tsɿ$_{52}$　杭：饺子/水饺tɕiɔ$_{55}$tsɿ$_{31}$/sueɪ$_{55}$tɕiɔ$_{31}$　绍：饺子tɕiaɒ$_{55}$tsɿ$_{31}$　诸：饺子tɕiɔ$_{55}$tsɿ$_{31}$　崇：饺子tɕiaɒ$_{52}$tsɿ$_{31}$　太：饺子tɕiaɒ$_{55}$tsɿ$_{33}$　余：饺子tɕiɒ$_{33}$tsɿ$_{52}$　宁：饺子tɕiɔ$_{33}$tsɿ$_{51}$　黄：饺tɕiɒ$_{53}$　温：饺儿tɕiɛ$_{52}$ŋ̍$_{21}$　衢：饺子tɕiɔ$_{45}$tsɿ$_{53}$　华：饺子/水饺tɕiaʊ$_{35}$tsɿ$_{31}$/seɪ$_{33}$tɕiaʊ$_{55}$　永：饺子tɕiAʊ$_{43}$tsɿ$_{55}$

面条儿

宜:面mɪ$_{31}$ 溧:面mi$_{31}$ 金:面/面条mĩ$_{44}$/mĩ$_{52}$diɑ^{ɔ}$_{23}$ 丹:面/面条mɪ$_{22}$/mɪ$_{21}$diɒ$_{22}$ 童:面mɪ$_{113}$ 靖:面mĩ$_{31}$ 江:面mɪ$_{223}$ 常:面mɪ$_{24}$ 锡:面/面条mɪ$_{213}$/mɪ$_{22}$diʌ$_{55}$ 苏:面miɪ$_{31}$ 熟:面mie$_{213}$ 昆:面/面条mɪ$_{21}$/mɪ$_{23}$diɔ$_{41}$ 霜:面条/面mɪ$_{22}$diɔ$_{52}$/mɪ$_{213}$ 罗:面条/面/切面mi$_{22}$diɔ$_{52}$/mi$_{213}$/ts'ɪʔ$_{4}$mi$_{23}$ 周:面/面条mi$_{113}$/mi$_{22}$tiɔ$_{52}$ 上:面条/面/切面(少)mi$_{22}$diɔ$_{44}$/mi$_{113}$/tɕ'iɪ^{ʔ}$_{3}$mi$_{44}$ 松:面/面条mi$_{113}$/mi$_{23}$diɔ$_{44}$ 黎:面条/面miɪ$_{22}$diᴀ^{ɔ}$_{52}$/miɪ$_{213}$ 盛:面条/面miɪ$_{22}$diᴀɑ$_{52}$/miɪ$_{212}$ 嘉:面/面条mie$_{223}$/mie$_{22}$diɔ$_{51}$ 双:面mɪ$_{113}$ 杭:面条miɪ$_{23}$diɔ$_{51}$ 绍:面mĩ$_{22}$ 诸:麦面/束面mɐʔ$_{2}$mie$_{33}$/so^{ʔ}$_{4}$mie$_{33}$ 崇:麦面mɑʔ$_{2}$miẽ$_{23}$ 太:麦面mɑʔ$_{2}$miẽ$_{23}$ 余:面/面条mĩ$_{113}$/mĩ$_{22}$diɒ$_{52}$ 宁:面/面条mi$_{113}$/mi$_{22}$diɘ$_{51}$ 黄:面/面条mie$_{113}$/mie$_{23}$diɒ$_{44}$ 温:面mi$_{22}$ 衢:面miẽ$_{31}$ 华:面/面条mie$_{24}$/mie$_{24}$tiɑʊ$_{31}$ 永:燥面sᴀʊ$_{42}$mie$_{24}$

锅巴

宜:锅巴/锅箸ku$_{55}$po$_{31}$/ku$_{55}$dʑy$_{ɥ31}$ 溧:锅巴kʌɯ$_{44}$po$_{52}$ 金:锅巴ko$_{32}$pɑ$_{31}$ 丹:锅薄kʌɤ$_{44}$poʔ$_{5}$ 童:锅巴kʌɤ$_{53}$pɒ$_{31}$ 靖:锅巴kʌɤ$_{44}$po$_{44}$ 江:锅箸/饭箸kɜɤ$_{52}$dʑy$_{33}$/væ$_{24}$dʑy$_{31}$ 常:锅糍/饭朗kʌɯ$_{55}$dzɥ$_{31}$/væ$_{21}$lᴀɲ$_{13}$ 锡:饭糍vɛ$_{22}$zɿ$_{55}$ 苏:饭糍vᴇ$_{22}$zɿ$_{44}$ 熟:饭糍væ$_{23}$dʐʮ$_{ʅ33}$ 昆:饭糍vᴇ$_{23}$zɿ$_{41}$ 霜:饭糍vᴇ$_{24}$zɿ$_{31}$ 罗:饭糍ve$_{24}$zɿ$_{31}$ 周:饭贮vɛ$_{22}$zɿ$_{52}$ 上:饭糍vᴇ$_{22}$zɿ$_{44}$ 松:饭糍vᴇ$_{22}$zɿ$_{23}$ 黎:饭糍vᴇ$_{23}$zɿ$_{33}$ 盛:饭糍vᴇ$_{22}$zɿ$_{52}$ 嘉:饭糍vᴇ^{ɛ}$_{24}$zɿ$_{31}$ 双:镬糍ʔʉ$_{4}$zɿ$_{52}$ 杭:镬焦ɦuɔʔ$_{2}$tɕiɔ$_{23}$ 绍:镬焦ɦuoʔ$_{2}$tɕiɑɒ$_{52}$ 诸:镬焦ɦoʔ$_{2}$tɕiɔ$_{52}$ 崇:镬焦ɦɔʔ$_{2}$tɕiɑɒ$_{23}$ 太:镬焦ɦɔʔ$_{3}$tɕiɑɒ$_{33}$ 余:镬焦ɦuɔʔ$_{2}$tɕiɑɒ$_{52}$ 宁:镬焦ɦɔʔ$_{2}$tɕiɘ$_{34}$ 黄:镬团ɦɔʔ$_{2}$dø$_{51}$ 温:饭焦vɑ$_{52}$tɕiɛ$_{44}$ 衢:镬焦ɦuəʔ$_{2}$tɕiɔ$_{53}$ 华:镬得ʔɦuɐʔ$_{2}$tə$_{4}$ 永:镬团ɦuə$_{43}$dɤə$_{22}$

蛋黄

宜:蛋黄/黄dᴀ$_{21}$ɦuᴀŋ$_{23}$/ɦuᴀŋ$_{223}$ 溧:挂挂黄/黄ko$_{54}$ko$_{33}$ɦuᴀŋ$_{34}$/ɦuᴀŋ$_{323}$ 金:蛋黄t'æ̃$_{52}$xuɑŋ$_{23}$ 丹:蛋黄tæ$_{52}$ɦuɑŋ$_{23}$ 童:蛋黄dɑ$_{24}$ɦuɑŋ$_{31}$ 靖:蛋荒dæ̃$_{31}$ɦuɑŋ$_{31}$ 江:鸡蛋荒/蛋荒tɕi$_{j55}$dæ$_{33}$ɦuᴀŋ$_{31}$/dæ$_{24}$ɦuᴀ^{ŋ}$_{31}$ 常:蛋黄dæ$_{21}$ɦuᴀɲ$_{13}$ 锡:蛋荒dɛ$_{22}$xuɒ̃$_{55}$ 苏:蛋黄/蛋荒dᴇ$_{22}$ɦuᴀ̃$_{44}$/dᴇ$_{22}$huᴀ̃$_{44}$ 熟:蛋黄/蛋荒dæ$_{24}$ɦuᴀ̃$_{31}$/dæ$_{24}$xuᴀ̃$_{31}$ 昆:蛋黄/蛋荒dɛ$_{23}$ɦuã$_{41}$/dɛ$_{23}$huã$_{41}$ 霜:蛋荒dᴇ$_{22}$fɒ̃$_{52}$ 罗:蛋荒de$_{22}$fɒ̃$_{52}$ 周:蛋荒dɛ$_{22}$huɒ̃$_{52}$/dɛ$_{22}$fɒ̃$_{52}$ 上:蛋荒/蛋黄dᴇ$_{22}$huᴀ̃^{ɲ}$_{55}$/dᴇ$_{22}$ɦuᴀ̃^{ɲ}$_{44}$ 松:蛋荒dᴇ$_{23}$huɑ̃$_{44}$/dᴇ$_{23}$fɑ̃$_{44}$ 黎:蛋荒dᴇ$_{22}$huɑ̃$_{52}$ 盛:蛋荒dᴇ$_{22}$huɑ̃$_{52}$ 嘉:蛋荒dᴇ^{ɛ}$_{22}$huᴀ̃$_{51}$ 双:荒hɔ̃$_{44}$ 杭:蛋荒dᴇ$_{23}$huᴀŋ$_{51}$ 绍:蛋荒dæ̃$_{21}$huɒŋ$_{33}$ 诸:蛋黄dɛ$_{21}$mɒ̃$_{23}$ 崇:蛋黄dæ̃$_{22}$vɒ̃$_{23}$ 太:蛋黄dæ̃$_{23}$vɒŋ$_{22}$ 余:蛋黄dɛ̃$_{22}$ɦuɒ̃$_{52}$ 宁:蛋黄dᴇ$_{22}$ɦuɔ̃$_{35}$ 黄:蛋黄dɛ$_{21}$ɦuɒ̃$_{13}$ 温:蛋黄lɑŋ$_{52}$ɦ^{ʊ}ɔ$_{21}$ 衢:鸡子黄tsɿ$_{43}$tsɿ$_{35}$ɦuɒ̃$_{31}$ 华:鸡令黄tɕie$_{33}$lən$_{44}$iᴀŋ$_{51}$ 永:鸡子黄tɕie$_{43}$tsɿ$_{32}$ɦuᴀŋ$_{44}$

猪肉

宜:肉ȵiɔʔ$_{\underline{23}}$ 溧:猪肉/肉tɕy$_{z44}$ȵiɔʔ$_{5}$/ȵiɔʔ$_{2}$ 金:猪肉ts^{ə}u$_{33}$ȵiɔʔ$_{4}$ 丹:肉ȵioʔ$_{\underline{24}}$ 童:猪肉/肉tʃyɥ$_{33}$ȵyoʔ$_{5}$/ʔȵyoʔ$_{5}$ 靖:肉ȵiɔʔ$_{\underline{34}}$ 江:肉ȵioʔ$_{\underline{12}}$ 常:肉ȵiɔʔ$_{\underline{23}}$ 锡:肉ȵɔiʔ$_{\underline{23}}$ 苏:肉/猪肉ȵiɔʔ$_{\underline{23}}$/tsɿ$_{55}$ȵiɔʔ$_{2}$ 熟:猪肉/肉tʂʮ$_{ʅ55}$ȵioʔ$_{5}$/ȵioʔ$_{\underline{23}}$ 昆:肉ȵioʔ$_{\underline{12}}$ 霜:肉ȵioʔ$_{\underline{23}}$ 罗:肉/猪肉ʔȵioʔ$_{5}$/tsɿ$_{55}$ȵioʔ$_{3}$ 周:肉ȵioʔ$_{\underline{23}}$ 上:肉ȵio^{ʔ}$_{\underline{23}}$ 松:肉ȵio^{ʔ}$_{\underline{23}}$ 黎:肉ȵioʔ$_{\underline{23}}$ 盛:肉ȵiɔʔ$_{2}$ 嘉:肉ʔȵioʔ$_{\underline{54}}$ 双:肉ʔȵioʔ$_{\underline{54}}$ 杭:肉ʔȵiɔʔ$_{5}$ 绍:猪肉tsɿ$_{32}$ȵioʔ$_{5}$ 诸:猪肉tsɿ$_{52}$ȵioʔ$_{4}$ 崇:猪肉/肉tsɿ$_{53}$ȵiɔʔ$_{5}$/ȵiɔʔ$_{\underline{12}}$ 太:猪肉tsɿ$_{52}$ȵiɔʔ$_{3}$/ȵiɔʔ$_{\underline{12}}$ 余:猪肉tsɿ$_{33}$ȵyɔʔ$_{5}$ 宁:肉ȵyɔʔ$_{\underline{23}}$ 黄:猪肉tsɿ$_{33}$ȵyɔʔ$_{4}$ 温:猪肉/肉ts^{ɿ}i$_{44}$ȵiu$_{24}$/ȵiu$_{323}$ 衢:肉ȵyəʔ$_{\underline{12}}$ 华:猪肉tɕy$_{35}$ȵyoʔ$_{2}$ 永:猪肉/肉tɕi$_{43}$ȵio$_{31}$/ȵio$_{323}$

猪肝

宜：猪肝tɕy$_{ɥ55}$ke$_{55}$　溧：猪肝tɕy$_{z44}$kʊ$_{52}$　金：猪肝tsᵊu$_{44}$kæ̃$_{52}$　丹：猪肝tsᵊu$_{44}$kəŋ$_{31}$　童：猪肝tʃyɥ$_{33}$kʊ$_{23}$　靖：猪肝tɕy$_{ɥ44}$kõ$_{44}$　江：猪肝tɕy$_{55}$kɵ$_{31}$　常：猪肝tsɥ$_{55}$kɔ$_{31}$　锡：猪肝tsɥ$_{21}$ko$_{23}$　苏：猪肝tsɿ$_{55}$kɵ$_{31}$　熟：猪肝tʂɥ$_{ʅ55}$kʏ$_{51}$　昆：猪肝tsɥ$_{44}$kɵ$_{41}$　霜：猪肝tsɿ$_{55}$kᴧʏ$_{31}$　罗：猪肝tsɿ$_{55}$kᴧʏ$_{31}$　周：猪肝tsɿ$_{44}$kø$_{52}$　上：猪肝tsɿ$_{55}$kø$_{31}$　松：猪肝/肝油tsɿ$_{44}$kø$_{22}$/kø$_{44}$ɦiɯ$_{52}$　黎：猪肝tsɿ$_{44}$kɵ$_{44}$　盛：猪肝tsɿ$_{44}$kɵ$_{44}$　嘉：猪肝tsɿ$_{44}$kʏə$_{51}$　双：猪肝tsɿ$_{44}$kᴇ$_{44}$　杭：猪肝tsɥ$_{32}$kᴇ$_{23}$　绍：猪肝tsɿ$_{33}$kĩ$_{52}$　诸：猪肝tsɿ$_{52}$kʏ$_{42}$　崇：猪肝tsɿ$_{53}$kœ̃$_{23}$　太：猪肝tsɿ$_{55}$kœ̃$_{31}$　余：猪肝tsɿ$_{33}$kẽ$_{44}$　宁：猪肝tsɥ$_{33}$ki$_{51}$　黄：猪肝tsɿ$_{35}$tɕie$_{51}$　温：猪肝tsˡi$_{44}$kɵ$_{44}$　衢：猪肝tʃɥ$_{43}$kə$_{53}$　华：猪肝tɕy$_{33}$kɯə$_{55}$　永：猪肝tɕi$_{43}$kʏə$_{44}$

猪舌头

宜：猪舌头tɕy$_{ɥ55}$zəʔ$_{5}$dʏɯ$_{55}$　溧：猪舌头tɕy$_{z44}$szəʔ$_{3}$dei$_{23}$　金：猪舌头tsᵊu$_{33}$ɕieʔ$_{5}$tʻᴧʏ$_{24}$　丹：猪舌头tsɿ$_{44}$sɛʔ$_{4}$tᴇᵉ$_{31}$　童：猪舌头tʃyɥ$_{33}$szəʔ$_{4}$dei$_{55}$　靖：猪舌头tɕy$_{ɥ44}$ɕʑiəʔ$_{2}$dᵒʏ$_{23}$　江：猪舌头tɕy$_{55}$zɜʔ$_{3}$dᴇɪ$_{31}$　常：猪舌头tsɥ$_{33}$zəʔ$_{5}$dei$_{31}$　锡：猪舌头tsɥ$_{21}$zəʔ$_{1}$dᴇi$_{23}$　苏：猪舌头/门枪tsɿ$_{55}$zəʔ$_{5}$dəɪ$_{31}$/mən$_{22}$tsʻiÃ$_{44}$　熟：猪舌头/猪赚头tʂɥ$_{ʅ55}$zᴇʔ$_{5}$dᴇ$_{51}$/tʂɥ$_{ʅ55}$dzæ$_{3}$dᴇ$_{31}$　昆：猪舌头/门枪tsɿ$_{44}$zəʔ$_{4}$dᴇ$_{41}$/mən$_{23}$tsʻiã$_{41}$　霜：猪舌头tsɿ$_{55}$zəʔ$_{3}$dᴧɪ$_{31}$　罗：舌头zɐʔ$_{2}$dᴧɪ$_{23}$　周：猪舌头/门枪tsɿ$_{44}$zəʔ$_{4}$tʏ$_{52}$/məŋ$_{23}$tɕʻiᴀ̃$_{44}$　上：猪舌头/门枪tsɿ$_{55}$zɐʔ$_{3}$dʏɯ$_{31}$/məɲ$_{22}$tɕʻiÃⁿ$_{44}$　松：猪舌头/赚头tsɿ$_{55}$zəʔ$_{3}$dɯ$_{31}$/ze$_{23}$dɯ$_{44}$　黎：门枪məɲ$_{22}$tsʻiẽ$_{34}$　盛：猪舌头/门枪tsɿ$_{55}$zəʔ$_{3}$diəʉ$_{31}$/məɲ$_{22}$tɕʻiæ̃$_{44}$　嘉：猪舌头tsɿ$_{33}$ze$_{55}$de$_{31}$　双：猪舌头tsɿ$_{44}$zəʔ$_{4}$dᵒʏ$_{44}$　杭：猪舌头tsɥ$_{32}$szɐʔ$_{\underline{23}}$dei$_{51}$　绍：猪舌苔tsɿ$_{32}$zəʔ$_{\underline{34}}$tʻe$_{52}$　诸：猪舌头tsɿ$_{52}$zəʔ$_{4}$dei$_{52}$　崇：猪舌头tsɿ$_{53}$zəʔ$_{2}$dʏ$_{52}$　太：猪舌头tsɿ$_{52}$dzɛʔ$_{3}$dʏ$_{52}$　余：猪舌头/猪赚头tsɿ$_{32}$zɐʔ$_{33}$dʏ$_{52}$/tsɿ$_{32}$zẽ$_{33}$dʏ$_{52}$　宁：猪舌头tsɥ$_{33}$ʑiɐʔ$_{4}$dœʏ$_{55}$　黄：猪口舌tsɿ$_{33}$tɕyø$_{33}$ʑiɐʔ$_{\underline{34}}$　温：猪口舌儿tsˡi$_{3}$kʻᴧu$_{52}$dʑiᴧŋ$_{34}$　衢：猪舌头tʃɥ$_{35}$ʒɥəʔ$_{3}$dəɪ$_{31}$　华：猪口舌tɕy$_{33}$kʻiɯu$_{55}$dʑye$_{24}$　永：猪口舌tɕi$_{43}$kʻəʊ$_{32}$tɕiə$_{323}$

猪肾

宜：腰则ʔiɑʏ$_{55}$tsəʔ$_{5}$　溧：腰则ʔiɑʏ$_{44}$tsəʔ$_{5}$　金：猪腰子/腰子tsᵊu$_{35}$iɑʏ$_{52}$tsɿ$_{31}$/iɑʏ$_{52}$tsɿ$_{31}$　丹：猪腰/腰则tsᵊu$_{44}$iɒ$_{31}$/iɒ$_{44}$tsɛʔ$_{5}$　童：猪腰子/腰子tʃyɥ$_{55}$iɐʏ$_{33}$tsɿ$_{31}$/iɐʏ$_{53}$tsɿ$_{31}$　靖：腰子ʔiɒ$_{44}$tsɿ$_{44}$　江：腰则/腰子ʔiɒ$_{53}$tsɜʔ$_{2}$/ʔiɒ$_{53}$tsɿ$_{31}$　常：腰则ʔiɑʏ$_{55}$tsəʔ$_{5}$　锡：腰则ʔiᴧ$_{21}$tsə$_{23}$　苏：腰子ʔiɛ$_{55}$tsɿ$_{31}$　熟：腰则ʔiɔ$_{55}$tsᴇʔ$_{5}$　昆：腰子ʔiɔ$_{44}$tsɿ$_{41}$　霜：腰子ʔiɔ$_{55}$tsɿ$_{31}$　罗：腰子ʔiɔ$_{55}$tsɿ$_{31}$　周：腰子ʔiɔ$_{55}$tsɿ$_{31}$　上：腰子ʔiɔ$_{55}$tsɿ$_{31}$　松：腰子ʔiɔ$_{44}$tsɿ$_{52}$　黎：腰子ʔiᴀᵓ$_{44}$tsɿ$_{52}$　盛：腰子ʔiᴀɑ$_{44}$tsɿ$_{44}$　嘉：腰子ʔiɔ$_{52}$tsɿ$_{22}$　双：腰子ʔiɔ$_{44}$tsɿ$_{44}$　杭：腰子ʔiɔ$_{33}$tsɿ$_{51}$　绍：腰子ʔiɑɒ$_{32}$tsɿ$_{33}$　诸：猪腰子tsɿ$_{52}$iɔ$_{42}$tsɿ$_{44}$　崇：猪腰tsɿ$_{53}$iɑɒ$_{23}$　太：猪腰tsɿ$_{52}$iɑɒ$_{33}$　余：腰子ʔiɒ$_{32}$tsɿ$_{23}$　宁：腰子ʔiə$_{33}$tsɿ$_{44}$　黄：猪腰tsɿ$_{35}$iɒ$_{51}$　温：猪腰子/腰子tsˡi$_{3}$iɛ$_{52}$tsɿ$_{34}$/iɛ$_{52}$tsɿ$_{34}$　衢：腰子ʔiɔ$_{43}$tsɿ$_{53}$　华：腰子ʔiɑʊ$_{33}$tsɿ$_{55}$　永：猪腰tɕi$_{43}$iᴀʊ$_{44}$

鸡蛋

宜：鸡蛋tɕi$_{55}$dᴀ$_{31}$　溧：挂挂ko$_{54}$ko$_{34}$　金：鸡蛋tɕi$_{z44}$tæ̃$_{52}$　丹：鸡蛋tɕiᶻ$_{44}$dæ$_{31}$　童：鸡蛋tɕi$_{j44}$dɑ$_{23}$　靖：蛋dæ̃$_{31}$　江：鸡蛋tɕi$_{j53}$dæ$_{31}$　常：鸡蛋tɕi$_{j55}$dæ$_{31}$　锡：鸡蛋tɕi$_{21}$dɛ$_{23}$　苏：鸡蛋tɕi$_{j55}$dᴇ$_{31}$　熟：鸡蛋tɕi$_{55}$dæ$_{22}$　昆：鸡蛋tɕi$_{44}$dɛ$_{41}$　霜：鸡蛋tɕi$_{55}$dᴇ$_{31}$　罗：鸡蛋/蛋tɕi$_{55}$de$_{31}$/de$_{213}$　周：鸡蛋tɕi$_{55}$tɛ$_{31}$　上：鸡蛋tɕi$_{55}$dᴇ$_{31}$　松：鸡蛋tɕi$_{55}$dᴇ$_{31}$　黎：蛋/鸡蛋dᴇ$_{213}$/tɕi$_{j44}$dᴇ$_{52}$　盛：鸡蛋tɕi$_{j44}$dᴇ$_{44}$　嘉：鸡蛋tɕi$_{52}$dᴇᵋ$_{22}$　双：鸡蛋tɕi$_{z44}$dᴇ$_{44}$　杭：鸡蛋tɕi$_{32}$dᴇ$_{23}$　绍：鸡蛋tɕi$_{32}$dæ̃$_{33}$　诸：鸡蛋tɕi$_{52}$dɛ$_{44}$　崇：鸡子tɕi$_{z53}$tsɿ$_{52}$　太：鸡子tɕi$_{52}$tsɿ$_{33}$　余：鸡蛋tɕi$_{32}$dɛ̃$_{23}$　宁：鸡蛋tɕi$_{33}$dᴇ$_{44}$　黄：鸡蛋tɕi$_{j33}$dɛ$_{44}$　温：鸡蛋tsɿ$_{44}$lɑŋ$_{34}$　衢：鸡子tsɿ$_{43}$tsɿ$_{35}$　华：鸡卵tɕie$_{33}$lən$_{51}$　永：鸡子tɕi$_{43}$tsɿ$_{32}$

松花蛋

宜:皮蛋bi$_{j22}$dᴀ$_{53}$ 溧:皮蛋bi$_{z32}$dᴀ$_{23}$ 金:皮蛋p‘i$_{z24}$tæ̃$_{52}$ 丹:皮蛋bi$^{z}_{32}$dæ$_{24}$ 童:皮蛋bi$_{j24}$dɑ$_{31}$ 靖:皮蛋b̥ĩ$_{24}$dæ̃$_{31}$ 江:皮蛋bi$_{j21}$dæ$_{43}$ 常:皮蛋/想蛋bi$_{j21}$dæ$_{34}$/ɕiᴀɲ$_{34}$dæ$_{44}$ 锡:皮蛋bi$_{24}$dɛ$_{31}$ 苏:皮蛋bi$_{j22}$dᴇ$_{44}$ 熟:皮蛋bi$_{23}$dæ$_{33}$ 昆:皮蛋bi$_{23}$dɛ$_{41}$ 霜:皮蛋bi$_{24}$d^{ʌ}ɤ$_{31}$ 罗:皮蛋bi$_{32}$de$_{31}$ 周:皮蛋bi$_{23}$tɛ$_{44}$ 上:皮蛋bi$_{22}$dᴇ$_{44}$ 松:皮蛋bi$_{24}$dᴇ$_{31}$ 黎:皮蛋/松花蛋bi$_{j22}$dᴇ$_{34}$/soŋ$_{44}$ho$_{44}$dᴇ$_{51}$ 盛:皮蛋bi$_{j22}$dᴇ$_{44}$ 嘉:皮蛋bi$_{24}$dᴇ$^{ɛ}_{51}$ 双:皮蛋bi$_{j22}$dᴇ$_{44}$ 杭:皮蛋bi$_{21}$dᴇ$_{23}$ 绍:皮蛋bi$_{21}$dæ̃$_{33}$ 诸:皮蛋bi$_{z31}$dɛ$_{44}$ 崇:皮蛋bi$_{z21}$dæ̃$_{23}$ 太:皮蛋bi$_{21}$dæ̃$_{23}$ 余:皮蛋bi$_{21}$dɛ̃$_{23}$ 宁:皮蛋bi$_{22}$dᴇ$_{51}$ 黄:皮蛋bi$_{j22}$dɛ$_{44}$ 温:皮蛋b^{ɦ}i$_{22}$dɑ$_{52}$ 衢:皮蛋bi$_{22}$dæ̃$_{35}$ 华:皮蛋/彩蛋pi$_{j32}$dæ̃$_{24}$/ts‘ɛ$_{54}$dæ̃$_{24}$ 永:皮蛋b̥i$_{32}$d̥ᴀ$_{54}$

腐乳

宜:红豆腐ɦoŋ$_{22}$dɤɯ$_{22}$vu$_{53}$ 溧:红豆腐/臭豆腐xɦoŋ$_{32}$dei$_{22}$vu$_{52}$/ts‘ei$_{54}$dei$_{34}$vu$_{52}$ 金:红豆腐hoŋ$_{24}$tʌɤ$_{52}$fu$_{31}$ 丹:腐乳vu$_{31}$l^{ə}u$_{21}$ 童: 靖:腐乳fvu$_{35}$ʑy$_{ɥ31}$ 江:乳腐/红豆腐ʑy$_{21}$vu$_{43}$/ɦoŋ$_{24}$dᴇɪ$_{33}$vu$_{31}$ 常:腐乳vu$_{21}$dzʮ$_{13}$ 锡:腐乳vu$_{22}$zɿ$_{55}$ 苏:乳腐/豆腐乳zɿ$_{24}$vu$_{31}$/dəɪ$_{22}$vu$_{55}$zɿ$_{31}$ 熟:乳腐dʐʮ̩$_{24}$vu$_{34}$ 昆:乳腐zʮ$_{22}$vu$_{44}$ 霜:乳腐zɿ$_{22}$vu$_{23}$ 罗:乳腐zɿ$_{22}$vu$_{44}$ 周:乳腐zɿ$_{22}$vu$_{24}$ 上:乳腐zɿ$_{22}$vu$_{44}$ 松:乳腐ʑy$_{22}$vu$_{23}$ 黎:乳腐zɿ$_{23}$vu$_{33}$ 盛:乳腐zɿ$_{23}$ɦu$_{33}$ 嘉:乳腐zʮ̩$_{22}$vu$_{34}$ 双:腐乳vu$_{22}$zɿ$_{52}$ 杭:霉豆腐/霉腐乳meɪ$_{21}$deɪ$_{23}$vu$_{51}$/meɪ$_{21}$vu$_{23}$ɹʮ̩$_{51}$ 绍:霉豆腐me$_{21}$dɤ$_{34}$vu$_{52}$ 诸:腐乳ɦu$_{31}$ʑy$_{ɥ52}$ 崇:霉豆腐me$_{22}$dʏ$_{55}$vu$_{31}$ 太:霉豆腐me$_{21}$dʏ$_{22}$vu$_{44}$ 余:豆腐乳dɤ$_{22}$vu$_{44}$zɿ$_{44}$ 宁:酱豆腐tɕiã$_{55}$dœʏ$_{33}$vu$_{31}$ 黄:豆腐乳diɤ$_{22}$vu$_{33}$ʑʮ$_{51}$ 温:豆腐乳dʌu$_{33}$vʊ$_{52}$zɿ$_{34}$ 衢:豆腐乳dəɪ$_{45}$fu$_{55}$ɦy$_{31}$ 华:豆腐乳tiɯu$_{54}$fu$_{33}$ɕy$_{51}$ 永:腐乳/烂豆腐fvʊ$_{21}$ɕʑʏ$_{22}$/lᴀ$_{21}$dəʊ$_{22}$fvʊ$_{44}$

豆腐干

宜:豆腐干dɤɯ$_{21}$vu$_{11}$ke$_{23}$ 溧:豆腐干dei$_{32}$vu$_{22}$kʊ$_{23}$ 金:豆腐干t‘ʌɤ$_{33}$f^{ə}u$_{44}$kæ̃$_{52}$ 丹:豆腐干tᴇ$^{e}_{33}$vu$_{55}$kəŋ$_{31}$ 童:豆腐干dei$_{22}$vu$_{55}$kʊ$_{31}$ 靖:豆腐干子døʏ$_{24}$vu$_{33}$kõ$_{33}$tsɿ$_{31}$ 江:豆腐干dᴇɪ$_{24}$vu$_{33}$kɵ$_{31}$ 常:豆腐干dei$_{21}$vu$_{11}$kɔ$_{13}$ 锡:豆腐干dᴇi$_{22}$vu$_{55}$ko$_{31}$ 苏:豆腐干dəɪ$_{22}$vu$_{55}$kɵ$_{31}$ 熟:豆腐干dᴇ$_{24}$vu$_{33}$kɤ$_{31}$ 昆:豆腐干dᴇ$_{22}$vu$_{55}$kɵ$_{41}$ 霜:豆腐干dʌɪ$_{22}$vu$_{23}$k^{ʌ}ɤ$_{52}$ 罗:豆腐干dʌɪ$_{22}$vu$_{24}$k^{ʌ}ɤ$_{52}$ 周:豆腐干dɤ$_{22}$vu$_{44}$kø$_{52}$ 上:豆腐干dɤɯ$_{22}$vu$_{55}$kø$_{31}$ 松:豆腐干dɯ$_{22}$ɦu$_{55}$kø$_{31}$ 黎:豆腐干dieɯ$_{22}$vu$_{55}$kɵ$_{31}$ 盛:豆腐干diəʉ$_{22}$ɦu$_{55}$kɵ$_{31}$ 嘉:豆腐干de$_{22}$vu$_{44}$kɤə$_{51}$ 双:豆腐干d^{ø}ʏ$_{21}$vu$_{11}$kᴇ$_{34}$ 杭:豆腐干deɪ$_{22}$ɦu$_{55}$kᴇ$_{31}$ 绍:豆腐干dɤ$_{22}$vu$_{44}$kĩ$_{52}$ 诸:豆腐干dei$_{22}$ɦu$_{33}$kɤ$_{33}$ 崇:豆腐干dʏ$_{22}$vu$_{22}$kœ̃$_{23}$ 太:豆腐干dʏ$_{21}$vu$_{22}$kœ̃$_{23}$ 余:豆腐干dɤ$_{22}$vu$_{44}$kẽ$_{44}$ 宁:豆腐干dœ$_{22}$vu$_{44}$ki$_{55}$ 黄:豆腐干diɤ$_{22}$vu$_{33}$tɕie$_{44}$ 温:豆腐干dʌu$_{33}$vʊ$_{52}$kɵ$_{44}$ 衢:豆腐干dəɪ$_{45}$fu$_{55}$kə$_{31}$ 华:豆腐干tiɯu$_{54}$fu$_{44}$kɯə$_{35}$ 永:豆腐干təʊ$_{32}$fu$_{31}$kɤə$_{44}$

粉条儿

宜:黍粉/粉丝sɔʔ$_{\underline{53}}$fəŋ$_{31}$/fəŋ$_{21}$sɿ$_{23}$ 溧:粉丝fən$_{54}$sɿ$_{34}$ 金:粉丝fəŋ$_{35}$sɿ$_{z31}$ 丹:粉丝fɛn$_{35}$sɿ$_{21}$ 童:黍粉/粉丝soʔ$_{\underline{53}}$fəŋ$_{31}$/fəŋ$_{35}$sɿ$_{31}$ 靖:粉丝fəŋ$_{35}$sɿ$_{31}$ 江:黍粉soʔ$_{5}$fəŋ$_{23}$ 常:黍粉sɔʔ$_{4}$fəɲ$_{44}$ 锡:线粉sɪ$_{55}$fən$_{33}$ 苏:线粉/黍粉sɪ$_{55}$fən$_{31}$/sɔʔ$_{5}$fən$_{52}$ 熟:细粉si$_{55}$fən$_{31}$ 昆:粉丝/线粉/黍粉fən$_{52}$sɿ$_{33}$/sɪ$_{44}$fən$_{41}$/soʔ$_{5}$fən$_{52}$ 霜:线粉sɪ$_{55}$fɛ̃$_{31}$ 罗:线粉si$_{55}$fɛ̃$^{n}_{31}$ 周:线粉ɕi$_{35}$fəŋ$_{31}$ 上:线粉ɕi$_{33}$fəɲ$_{44}$ 松:粉丝/线粉fəɲ$_{35}$sɿ$_{31}$/ɕi$_{55}$fəɲ$_{31}$ 黎:线粉/黍粉/粉条子siɪ$_{52}$fəɲ$_{41}$/soʔ$_{5}$fəɲ$_{31}$/fəɲ$_{54}$diᴀ$^{ɔ}_{33}$tsɿ$_{31}$ 盛:线粉/黍粉ɕiɪ$_{43}$fəɲ$_{52}$/sɔʔ$_{5}$fəɲ$_{31}$ 嘉:细粉/丝粉/线粉ɕi$_{35}$fən$_{31}$/sɿ$_{52}$fən$_{22}$/ɕie$_{35}$fən$_{31}$ 双:丝粉sɿ$_{44}$fən$_{44}$ 杭:线粉/粉丝ɕie$_{34}$fən$_{51}$/fən$_{55}$sɿ$_{31}$ 绍:线粉/粉丝ɕĩ$_{32}$fəŋ$_{33}$/fəŋ$_{34}$sɿ$_{52}$ 诸:线粉ɕie$_{33}$fẼĩ$_{52}$ 崇:洋面ɕiÃ$_{21}$miẽ$_{23}$ 太:洋面ɦiᴀŋ$_{21}$miẽ$_{23}$ 余:线粉/粉干ɕiɛ̃$_{55}$feɲ$_{31}$/feɲ$_{44}$kẽ$_{44}$

宁:线粉çiz55fɐŋ33　黄:粉丝fəŋ55sʅ31　温:粉干fʌŋ52kɵ44　衢:粉干fən45kə53　华:粉条fən55tiɑʊ31　永:粉秋fəŋ43tɕʻiəʊ44

油条

宜:油条ɦiɤɯ21diɑʏ23　溧:油条ɦiʌɯ32diɑʸ23　金:　丹:油条/油煠桧ɦʏ32diɒ24/ɦʏ22sɑʔ5kue31　童:油条ɦʏ24diɐʏ31　靖:油条/油煠桧ɦøʏ22diɒ34/ɦøʏ44zɑʔ2kue34　江:油条/油煠桧ɦiɜʏ24diɒ31/ɦiɜʏ21zɑʔ3kuEI43　常:油条ɦiʌɯ21diɑʏ34　锡:油条ɦiʌʏ24diʌ31　苏:油条/油煠桧ɦiɵ22diæ44/ɦiɵ22zAʔ5kuE31　熟:油条/油煠桧ɦiɯ24diɔ31/ɦiɯ24dzAʔ3huE31　昆:油条ɦI23diɔ41　霜:油条ɦy22diɔ52　罗:油条ɦy22dio52　周:油条ɦiʏ23tiɔ44　上:油条/油煠桧ɦy22diɔ44/ɦy22zɐʔ5kE31　松:油条/油煠桧ɦiɯ22diɔ52/ɦiɯ23zAʔ4kue44　黎:油条/油着桧/油造桧ɦiɯ22diAᵓ34/ɦiɯ23zAʔ3huE33/ɦiɯ23zAᵓ33huE33　盛:油条/油煠桧ɦiəʉ22diɑɑ44/ɦiəʉ24zɑʔ3kuE31　嘉:油条ɦiəu22diɔ44　双:油条/油煠桧ɦiᵒʏ22diɔ44/ɦiᵒʏ22zAʔ4kuE44　杭:油条/桧儿ʔʏ33diɔ33/kuE34ər31　绍:油条/麻花ɦiʏ21diɑɒ33/mo22huo52　诸:油条ɦiʏ31diɔ52　崇:油煠桧儿ɦʏ22zɑʔ4kuɪŋ52　太:油煠桧ɦʏ21zɑʔ2kue44　余:油条ɦiʏ22diɒ44　宁:油煠桧ɦʏ22zɐʔ5kuE31　黄:油条ɦiʏ22diɒ51　温:油炸果ɦiʌu22tsɑ52kʊ34　衢:油条ɦiɯ22diɔ53　华:油条ʔɦiɯu32tiɑʊ24　永:油条ʔɦiəʊ21tiAʊ51

烧饼

宜:麻块mo22kʻuɐɪ53　溧:烧饼sɑʏ44pin52　金:大饼/烧饼tɑ52piŋ23/sɑᵓ52piŋ23　丹:烧饼sɒ44piŋ44　童:烧饼sɐʏ53piŋ31　靖:烧饼/草鞋底çiɒ44piŋ44/tsʻɒ33ɦæ44tij34　江:大饼dɑ24piŋ31　常:蔴糕mo21kɑʏ34　锡:大饼dɑ22pin55　苏:大饼dɒ22pin44　熟:大饼dɑ22pĩ^{n}44　昆:大饼dɑ23pin41　霜:大饼dɑ24pĩ31　罗:大饼dɑ24pɪ^{n}31　周:大饼dɑ24ɓiɪŋ31　上:大饼dA22piɲ44　松:大饼dɑ23piɲ44　黎:大饼dɒ22piəɲ52　盛:大饼dɑ22pɪɲ52　嘉:大饼dɑ24pin31　双:大饼/烧饼dɑ21pɪn52/sɔ44pɪn44　杭:烧饼sɔ33pɪn51　绍:烧饼sɑɒ33pɪŋ34　诸:大饼dA22pĩ52　崇:烧饼sɑɒ53pɪŋ52　太:烧饼çiɑɒ52piŋ33　余:焦饼tɕiɒ55peɲ31　宁:大饼dəu22pɪŋ51　黄:大饼dA22piɪŋ51　温:大饼dɑ52pʌŋ21　衢:烧饼/大饼çiɔ43pi^{n}35/dɑ45pi^{n}35　华:大饼/烧饼dɑ13piɪn51/çiɑʊ33piɪn51　永:大饼diA32miɪŋ54

咸菜

宜:咸菜/腌菜ɦA22tsʻɐɪ53/ɦɪ22tsʻɐɪ53　溧:咸菜/腌菜ɦA32tsʻæE52/ɦi32tsʻæE52　金:咸菜hæ̃22tsɛᵉ44　丹:咸菜/腌菜hʱæ32tsʻæ24/ɪ44tsʻæ23　童:腌菜ɪ33tsʻaɪ55　靖:咸菜/腌菜hɦæ̃22tsʻæ34/ʔĩ44tsʻæ44　江:咸菜ɦæ21tsʻæ43　常:咸菜ɦæ21tsʻæ34　锡:咸菜ɦɛ24tsʻE31　苏:咸菜ɦE22tsʻE44　熟:咸菜ɦæ23tsʻæ33　昆:咸菜/盐菜ɦɛ23tsʻɛ41/ɦɪ23tsʻE41　霜:咸菜ɦE24tsʻE31　罗:咸菜ɦe24tsʻe31　周:咸菜ɦɛ23tsʻe44　上:咸菜ɦE22tsʻE44　松:咸菜ɦE24tsʻE31　黎:咸菜ɦE22tsʻE34　盛:咸菜ɦE22tsʻE44　嘉:咸菜ɦEᵋ24tsʻEᵋ51　双:咸菜ɦE22tsʻE44　杭:咸菜/腌菜ʔE32tsʻE23/ʔie32tsʻE23　绍:咸菜/腌菜ɦæ̃21tsʻe33/ɦĩ23tsʻe52　诸:腌菜/土菜ɦiɪ21tsʻe23/tʻu44tsʻe33　崇:咸菜/腌菜ɦæ̃21tsʻe23/ʔiẽ33tsʻe23　太:咸菜/腌菜ɦæ̃21tsʻe23/ʔiẽ55tsʻe23　余:咸菜ɦɛ̃21tsʻe23　宁:咸记ɦE22tɕiz51　黄:盐菜ɦie22tsʻe44　温:菜咸tsʻe44ɦɑ24　衢:腌菜ʔiẽ43tsʻɛ53　华:腌菜ʔiæ̃32tsʻɛ35　永:腌菜ʔɦie32tsʻəɪ54

干菜

宜:风菜foŋ55tsʻɐɪ31　溧:风菜/老菜foŋ44tsʻæE52/lɑʸ24tsæE52　金:　丹:干腌菜kəŋ44ɪ44tsʻæ44　童:干菜kʊ53tsʻaɪ31　靖:干腌菜kõ44ʔĩ44tsʻæ44　江:菜干/菜干头tsʻæ45kɵ31/tsʻæ45kɵ33dEI31　常:干菜kɔ55tsʻæ31　锡:菜干/菜干头tsʻE55ko31/tsʻE55ko55dEi31　苏:干菜/菜干头kɵ55tsʻE31/tsʻE55kɵ55dəɪ31　熟:菜干tsʻæ55kʏ31　昆:菜干tsʻæ44kɵ41　霜:菜干tsʻE33kᴬʏ52　罗:菜干tsʻe55kᴬʏ31　周:菜干tsʻe33kø52　上:菜干/霉干菜tsʻE33kø44/mE22kø55tsʻE31　松:菜干tsʻE55kø31　黎:霉干菜

mᴇ$_{22}$kɵ$_{44}$tsʻᴇ$_{51}$ 盛：霉菜干mᴇ$_{22}$tsʻᴇ$_{44}$kɵ$_{44}$ 嘉：干菜kɤə$_{52}$tsʻᴇ^{ɛ}$_{22}$ 双：干菜/霉干菜kᴇ$_{44}$tsʻᴇ$_{44}$/m^{ø}ʏ$_{22}$kᴇ$_{44}$tsʻᴇ$_{44}$ 杭：霉干菜meɪ$_{21}$kᴇ$_{23}$tsʻᴇ$_{51}$ 绍：干菜/霉干菜kĩ$_{32}$tsʻᴇ$_{33}$/me$_{21}$kĩ$_{34}$tsʻᴇ$_{52}$ 诸：干菜/菜干（少）/烧干菜kɤ$_{52}$tsʻe$_{42}$/tsʻe$_{52}$kɤ$_{42}$/sɔ$_{44}$kɤ$_{33}$tsʻe$_{33}$ 崇：菜干tsʻe$_{33}$kœ̃$_{23}$ 太：菜干tsʻe$_{55}$kœ̃$_{33}$ 余：干菜kẽ$_{32}$tsʻe$_{23}$ 宁：菜干tsʻe$_{33}$ki$_{35}$ 黄：菜瘪tsʻe$_{33}$kiʌʔ$_{4}$ 温：菜干tsʻe$_{52}$kɵ$_{44}$ 衢：咸菜ʔ^{ɦ}æ̃$_{43}$tsʻɛ$_{53}$ 华：干菜kæ̃$_{32}$tsʻɛ$_{35}$ 永：菜干tsʻəɪ$_{43}$kɤə$_{44}$

作料

宜：作料tsɔʔ$_{5}$liɑʏ$_{324}$ 溧：作料tsɔʔ$_{5}$liɑ^{ʏ}$_{52}$ 金：作料tsɔ^{ʔ}$_{4}$liɑ^{ɔ}$_{44}$ 丹：作料tsoʔ$_{5}$liɒ$_{23}$ 童：作料tsoʔ$_{53}$liɐ^{ʏ}$_{31}$ 靖：作料tsɔʔ$_{5}$liɒ$_{31}$ 江：作料tsoʔ$_{5}$liɒ$_{23}$ 常：作料tsɔʔ$_{4}$liɑʏ$_{52}$ 锡：作料tsɔʔ$_{4}$liʌ$_{34}$ 盛：作料/凹料tsɔʔ$_{5}$liɛ$_{52}$/tsɔʔ$_{5}$liæ$_{412}$/ʔæ$_{55}$liɛ$_{31}$ 熟：作料tsoʔ$_{2}$liɔ$_{34}$ 昆：作料/料作tsoʔ$_{5}$liɔ$_{31}$/liɔ$_{23}$tsoʔ$_{4}$ 霜：凹料ʔɔ$_{55}$liɔ$_{31}$ 罗：凹料ʔo$_{55}$liɔ$_{31}$ 周：作料tsɒ$_{44}$liɔ$_{44}$ 上：作料tsoʔ$_{3}$liɔ$_{44}$ 松：凹料ʔɔ$_{55}$liɔ$_{31}$ 黎：油酱/拗料ɦiɯ$_{22}$tsiẽ$_{34}$/ʔᴀ^{ɔ}$_{44}$liᴀ^{ɔ}$_{52}$ 盛：凹料ʔɔ$_{44}$liᴀɑ$_{44}$ 嘉：调料diɔ$_{24}$liɔ$_{51}$ 双：作料/凹料tsoʔ$_{2}$liɔ$_{34}$/ʔɔ$_{32}$liɔ$_{34}$ 杭：料儿/料作liɔ$_{24}$ər$_{31}$/liɔ$_{23}$tsoʔ$_{5}$ 绍：作料tsoʔ$_{4}$liɑɒ$_{52}$ 诸：配料pʻe$_{54}$liɔ$_{33}$ 崇：作料tsoʔ$_{3}$liɑɒ$_{23}$ 太： 余：配料/料作pʻe$_{55}$liɒ$_{31}$/tsoʔ$_{5}$liɒ$_{31}$ 宁：料里liə$_{22}$li$_{51}$ 黄：料liɒ$_{113}$ 温：香料ɕi$_{44}$liɛ$_{51}$ 衢：香料ɕiã$_{43}$liɔ$_{53}$ 华：作料tsoʔ$_{53}$liɑʊ$_{24}$ 永：料作liᴀʊ$_{32}$tsᴀʊ$_{32}$

猪油

宜：猪油/脂油tɕy$_{ɥ55}$ɦiʏɯ$_{55}$/tsɿ$_{55}$ɦiʏɯ$_{55}$ 溧：猪油tɕy$_{z44}$ɦiʌɯ$_{323}$ 金：猪油/脂油ts^{ə}u$_{44}$iᴀɤ$_{23}$/tsɿ$_{z32}$iᴀɤ$_{23}$ 丹：猪油ts^{ə}u$_{44}$ɦʏ$_{44}$ 童：猪油tʃy$_{ɥ53}$ɦiʊ$_{31}$ 靖：猪油/荤油tɕy$_{ɥ44}$ɦøʏ$_{23}$/xuəŋ$_{44}$ɦøʏ$_{23}$ 江：脂油tsɿ$_{55}$ɦiɜʏ$_{31}$ 常：猪油/荤油（少）tsɥ$_{55}$ɦiɯ$_{31}$/xuəɲ$_{55}$ɦiɯ$_{31}$ 锡：猪油/荤油tɕɥ$_{21}$ɦiʌɤ$_{23}$/xuən$_{21}$ɦiʌɤ$_{23}$ 苏：猪油tsɿ$_{55}$ɦiɵ$_{31}$ 熟：荤油xuẽ^{n}$_{55}$ɦiɯ$_{31}$ 昆：猪油/荤油tsɥ$_{44}$ɦy$_{41}$/huən$_{44}$ɦy$_{41}$ 霜：猪油tsɿ$_{55}$ɦy$_{31}$ 罗：猪油/荤油tsɿ$_{55}$ɦy$_{31}$/huẽ^{n}$_{55}$ɦy$_{31}$ 周：猪油/荤油tsɿ$_{44}$ɦiɤ$_{52}$/fəŋ$_{44}$ɦiɤ$_{52}$ 上：猪油tsɿ$_{55}$ɦiɤɯ$_{31}$ 松：猪油tsɿ$_{44}$ɦiɯ$_{52}$ 黎：荤油/猪油huəɲ$_{44}$ɦiɯ$_{44}$/tsɿ$_{44}$ɦiɯ$_{44}$ 盛：猪油tsɿ$_{44}$ɦiəʉ$_{44}$ 嘉：猪油tsɿ$_{44}$ɦi^{ə}u$_{51}$ 双：猪油tsɿ$_{44}$ɦ^{ø}v$_{44}$ 杭：猪油/荤油tsɥ$_{33}$ɦʏ$_{44}$/huən$_{33}$ɦʏ$_{44}$ 绍：猪油tsɿ$_{33}$ɦiɤ$_{52}$ 诸：猪油tsɿ$_{52}$ɦiʏ$_{42}$ 崇：猪油tsɿ$_{53}$ɦʏ$_{52}$ 太：猪油tsɿ$_{52}$ɦʏ$_{33}$ 余：猪油tsɿ$_{33}$ɦiʏ$_{44}$ 宁：猪油tsɥ$_{33}$ɦʏ$_{44}$ 黄：猪油tsɿ$_{33}$ɦiɤ$_{51}$ 温：猪油ts^{ɪ}i$_{44}$ɦiʌu$_{21}$ 衢：猪油tʃɥ$_{55}$ɦiɯ$_{31}$ 华：猪油/脂油/荤油tɕy$_{33}$ɦiɯu$_{55}$/tsɿ$_{33}$ɦiɯu$_{55}$/xuən$_{33}$ɦiɯu$_{55}$ 永：脂油/猪油tsɿ$_{55}$iɯu$_{51}$/tɕi$_{55}$iɯu$_{51}$

酱油

宜：tɕiᴀŋ$_{33}$ɦiʏɯ$_{44}$ 溧：tɕie$_{44}$ɦiʌɯ$_{323}$ 金：tɕiɑŋ$_{52}$iᴀɤ$_{23}$ 丹：tɕie$_{52}$ɦʏ$_{23}$ 童：tɕiɑŋ$_{33}$ɦiʊ$_{55}$ 靖：tsĩ$_{35}$ɦøʏ$_{31}$ 江：tsiᴀ^{ŋ}$_{45}$ɦiɜʏ$_{31}$ 常：tɕiᴀ^{ɲ}$_{55}$ɦiɯ$_{31}$ 锡：tsiã$_{55}$ɦiʌɤ$_{31}$ 苏：tɕiã$_{55}$ɦiɵ$_{31}$ 熟：tsiᴀ̃$_{55}$ɦiɯ$_{31}$ 昆：tsiã$_{34}$ɦy$_{41}$ 霜：tsiã$_{33}$ɦy$_{52}$ 罗：tsiã$_{55}$ɦy$_{31}$ 周：tsiã$_{22}$ɦiɤ$_{52}$ 上：tɕiᴀ̃^{ɲ}$_{33}$ɦiɤɯ$_{44}$ 松：tɕiẽ$_{55}$ɦiɯ$_{31}$ 黎：tsiẽ$_{33}$ɦiɯ$_{52}$ 盛：tɕiæ$_{33}$ɦiəʉ$_{52}$ 嘉：tɕiᴀ̃$_{33}$ɦiəu$_{51}$ 双：tɕia$_{32}$ɦøʏ$_{34}$ 杭：tɕiᴀŋ$_{35}$ɦʏ$_{31}$ 绍：tɕiaŋ$_{43}$ɦiɤ$_{33}$ 诸：tɕiᴀ̃$_{44}$ɦiʏ$_{33}$ 崇：tɕiᴀ̃$_{33}$ɦʏ$_{23}$ 太：tɕiᴀŋ$_{55}$ɦʏ$_{33}$ 余：tɕiᴀ̃$_{55}$ɦiʏ$_{31}$ 宁：tɕiã$_{55}$ɦʏ$_{33}$ 黄：tɕiã$_{55}$ɦiʏ$_{31}$ 温：tɕi$_{52}$ɦiʌu$_{21}$ 衢：tɕiã$_{55}$ɦiɯ$_{31}$ 华：tɕiᴀŋ$_{54}$ɦiɯu$_{24}$ 永：tɕiᴀŋ$_{43}$iɯu$_{22}$

盐

宜：ɦɪ$_{223}$ 溧：ɦi$_{323}$ 金：$_{24}$ 丹：ɦɪ$_{213}$ 童：ɦɪ$_{113}$ 靖：ɦĩ$_{223}$ 江：ɦɪ$_{223}$ 常：ɦɪ$_{213}$ 锡：ɦɪ$_{213}$ 苏：ɦi$_{223}$ 熟：ɦie$_{233}$ 昆：ɦɪ$_{132}$ 霜：ɦɪ$_{31}$ 罗：ɦi$_{31}$ 周：ɦi$_{113}$ 上：ɦi$_{113}$ 松：ɦi$_{31}$ 黎：ɦi$_{24}$ 盛：ɦi$_{24}$ 嘉：ɦie$_{31}$ 双：ɦɪ$_{113}$ 杭：ɦie$_{212}$ 绍：ɦĩ$_{31}$ 诸：ɦi$_{233}$ 崇：ɦiẽ$_{312}$ 太：ɦiẽ$_{312}$ 余：ɦĩ$_{113}$ 宁：ɦi$_{113}$ 黄：ɦie$_{31}$ 温：ɦi$_{31}$ 衢：ɦiẽ$_{323}$ 华：ɦie$_{213}$ 永：ɦie$_{322}$

白糖

宜：白糖bᴀʔ$_{2}$dᴀŋ$_{23}$ 溧：糖/洋糖/白洋糖dᴀŋ$_{323}$/ɦie$_{32}$dᴀŋ$_{23}$/baʔ$_{3}$ɦie$_{22}$dᴀŋ$_{23}$ 金：白糖

p'ɔʔ$_5$t'aŋ$_{23}$　丹：白糖pəʔ$_{\underline{53}}$taŋ$_{31}$　童：白糖bʌʔ$_{\underline{42}}$daŋ$_{31}$　靖：白糖bɑʔ$_4$daŋ$_{23}$　江：白糖/绵白糖bɑʔ$_2$dᴀ^{ŋ}$_{23}$/mɪ$_{21}$bɑʔ$_3$dᴀ^{ŋ}$_{33}$　常：白糖bəʔ$_2$dᴀɲ$_{23}$　锡：白糖bɑʔ$_2$dɒ̃$_{55}$　苏：白糖bᴀʔ$_3$dᴀ̃$_{52}$　熟：白糖bᴀʔ$_2$dᴀ̃$_{51}$　昆：白糖bᴀʔ$_3$dã$_{31}$　霜：白糖bᴀʔ$_2$dɒ̃$_{23}$　罗：白糖/砂糖bᴀʔ$_2$dɒ̃$_{23}$/s^{ʌ}ɤ$_{55}$dɒ̃$_{31}$　周：白糖bɑʔ$_2$dɒ̃$_{23}$　上：白糖/白砂糖bᴀʔ$_2$dᴀ̃^{n}$_{23}$/bᴀʔ$_2$so$_{22}$dᴀ̃^{n}$_{23}$　松：白糖bᴀʔ$_2$dɑ̃$_{52}$　黎：白糖bᴀʔ$_3$dɑ̃$_{34}$　盛：白糖bɑʔ$_2$dɑ̃$_{34}$　嘉：白糖bᴀʔ$_2$dᴀ̃$_{44}$　双：白糖bᴀʔ$_2$dɔ̃$_{52}$　杭：白糖bɐʔ$_2$dᴀŋ$_{23}$　绍：白糖bᴀʔ$_2$dɒŋ$_{52}$　诸：白糖/糖沙bɐʔ$_2$dõ$_{52}$/dõ$_{31}$so$_{42}$　崇：白糖bɑʔ$_2$dɒ̃$_{52}$　太：白糖bɑʔ$_2$dɒŋ$_{52}$　余：白糖bɐʔ$_2$dõ$_{52}$　宁：白糖bɐʔ$_2$dɔ̃$_{34}$　黄：白糖/糖霜bɐʔ$_2$dɒ̃$_{51}$/dɒ̃$_{23}$sɒ̃$_{31}$　温：糖霜/白糖dʊɔ$_{22}$ɕy^{ʊ}ɔ$_{44}$/bɑ$_{22}$d^{ʊ}ɔ$_{21}$　衢：白糖bᴀʔ$_2$tɒ̃$_{53}$　华：白糖/糖霜bɐʔ$_4$tᴀŋ$_{24}$/tᴀŋ$_{32}$ɕɥᴀŋ$_{35}$　永：白糖/糖霜bai$_{32}$dᴀŋ$_{22}$/dᴀŋ$_{32}$ɕʏᴀŋ$_{44}$

饴糖

宜：糖饧dᴀŋ$_{21}$ʑiŋ$_{23}$　溧：饧糖ɕʑin$_{32}$dᴀŋ$_{23}$　金：料糖lia^{ɔ}$_{52}$t'aŋ$_{23}$　丹：绕糖ȵiɒ$_{41}$daŋ$_{21}$　童：糖daŋ$_{31}$　靖：扯糖/糖稀tɕ'ia$_{33}$daŋ$_{44}$/daŋ$_{24}$ɕi$_{j31}$　江：饧糖dʑiɲ$_{24}$dᴀ^{ŋ}$_{31}$　常：糖饴dᴀɲ$_{21}$ɦɪ$_{13}$　锡：饧糖zin$_{22}$dɒ̃$_{55}$　苏：饧糖ziɪn$_{22}$dᴀ̃$_{44}$　熟：饧糖dzĩ^{n}$_{24}$dᴀ̃$_{31}$　昆：饧糖zin$_{23}$dã$_{41}$　霜：饧糖zĩ$_{22}$dɒ̃$_{52}$　罗：饧糖zɪ^{n}$_{22}$dɒ̃$_{52}$　周：饧糖ʑiɪŋ$_{22}$tɒ̃$_{52}$　上：饧糖/麦芽糖dʑiɲ$_{22}$dᴀ̃^{n}$_{44}$/mɐʔ$_2$ŋᴀ$_{22}$dᴀ̃^{n}$_{23}$　松：饧糖ʑiɲ$_{23}$dɑ̃$_{44}$　黎：饧糖dziəɲ$_{22}$dɑ̃$_{34}$　盛：饧糖dzɪɲ$_{22}$dɑ̃$_{44}$　嘉：饧糖dʑin$_{22}$dᴀ̃$_{44}$　双：饧糖dʑɪn$_{22}$dõ$_{44}$　杭：饧糖dʑɪn$_{22}$dᴀŋ$_{44}$　绍：饧糖dʑɪn$_{22}$dɒŋ$_{52}$　诸：饧糖dʑĩ$_{31}$dõ$_{52}$　崇：麦芽糖mɑʔ$_2$ŋɑ$_{34}$dõ$_{52}$　太：　余：麦芽糖/糖引/糖凝mɐʔ$_2$ŋo$_{44}$dõ$_{44}$/dõ$_{21}$ɦiŋ$_{23}$/dõ$_{21}$ȵiŋ$_{23}$　宁：饧糖dʑɪŋ$_{22}$dɔ̃$_{51}$　黄：糖引dɒ̃$_{23}$ɦiɪŋ$_{31}$　温：饧糖dzəŋ$_{22}$d^{ʊ}ɔ$_{21}$　衢：饧糖ɕʑi^{n}$_{22}$tɒ̃$_{53}$　华：饧糖ɕiɪn$_{32}$tᴀŋ$_{24}$　永：糖油dᴀŋ$_{21}$iɯu$_{51}$

红糖

宜：红糖ɦoŋ$_{21}$dᴀŋ$_{23}$　溧：红糖xɦoŋ$_{32}$dᴀŋ$_{23}$　金：红糖xoŋ$_{24}$t'aŋ$_{23}$　丹：红糖ɦoŋ$_{32}$daŋ$_{24}$　童：红糖xɦoŋ$_{24}$daŋ$_{31}$　靖：红糖hɦoŋ$_{22}$daŋ$_{34}$　江：红糖ɦoŋ$_{24}$dᴀ^{ŋ}$_{31}$　常：红糖ɦoŋ$_{21}$dᴀɲ$_{34}$　锡：红糖/赤砂糖ɦoŋ$_{24}$dɒ̃$_{31}$/ts'ɑʔ$_{\underline{21}}$sᴀʏ$_{11}$dɒ̃$_{23}$　苏：红糖/赤砂糖ɦoŋ$_{22}$dᴀ̃$_{44}$/ts'ᴀʔ$_5$so$_{23}$dᴀ̃$_{31}$　熟：红糖ɦʊŋ$_{24}$dᴀ̃$_{31}$　昆：红糖/赤砂糖ɦoŋ$_{23}$dã$_{41}$/ts'ᴀʔ$_3$so$_{55}$dã$_{41}$　霜：红糖ɦo^{ŋ}$_{22}$dɒ̃$_{52}$　罗：红糖ɦo^{ŋ}$_{23}$dɒ̃$_{52}$　周：红糖ɦoŋ$_{23}$tɒ̃$_{44}$　上：红糖/赤砂糖ɦʊŋ$_{22}$dᴀ̃^{n}$_{44}$/ts'ɐʔ$_3$so$_{55}$dᴀ̃^{n}$_{31}$　松：红糖ɦʊŋ$_{22}$dɑ̃$_{52}$　黎：红糖ɦoŋ$_{22}$dɑ̃$_{34}$　盛：红糖ɦoŋ$_{22}$dɑ̃$_{44}$　嘉：赤砂糖/红糖ts'ᴀʔ$_3$so$_{44}$dᴀ̃$_{51}$/ɦoŋ$_{22}$dɑ̃$_{44}$　双：红糖ɦoŋ$_{22}$dɔ̃$_{44}$　杭：红糖/赤砂糖ɦoŋ$_{22}$dᴀŋ$_{44}$/ts'ɐʔ$_3$sɑ$_{23}$dᴀŋ$_{51}$　绍：红糖ɦuʊŋ$_{22}$dɒŋ$_{52}$　诸：红糖ɦŋ̍$_{31}$dõ$_{52}$　崇：红糖ɦŋ̍$_{22}$dõ$_{52}$　太：古巴糖ku$_{33}$po$_{55}$dɒŋ$_{31}$　余：烂黄糖lɛ̃$_{22}$ɦoɒ̃$_{44}$dõ$_{52}$　宁：红糖ɦoŋ$_{22}$dɔ̃$_{51}$　黄：红糖ɦoŋ$_{22}$dɒ̃$_{51}$　温：红糖ɦoŋ$_{22}$d^{ʊ}ɔ$_{21}$　衢：红糖ʔʌŋ$_{22}$tɒ̃$_{53}$　华：红糖ʔoŋ$_{32}$tᴀŋ$_{24}$　永：红糖/砂糖ʔoŋ$_{21}$d̥ᴀŋ$_{51}$/sʊᴀ$_{55}$d̥ᴀŋ$_{51}$

醋

宜：醋/酸醋ts'u$_{324}$/se$_{55}$ts'u$_{31}$　溧：醋/酸醋ts'u$_{412}$/ɕyʊ$_{44}$ts'u$_{52}$　金：醋/酸醋ts'^{ə}u$_{44}$/sʊ̃$_{31}$ts'^{ə}u$_{23}$　丹：醋/酸醋ts'əu$_{324}$/səŋ$_{44}$ts'əu$_{44}$　童：醋/酸醋ts'ʌʏ$_{324}$/ʃyʊ$_{55}$ts'ʌʏ$_{31}$　靖：酸醋sũ$_{44}$ts'u$_{52}$　江：醋ts'ɜʏ$_{45}$　常：酸醋sɔ$_{55}$ts'u$_{31}$　锡：醋ts'ʌʏ$_{34}$　苏：醋ts'ɜu$_{412}$　熟：醋/酸醋ts'ɯ$_{324}$/sʏ$_{55}$ts'ɯ$_{31}$　昆：醋ts'əu$_{52}$　霜：醋ts'^{ə}u$_{434}$　罗：醋ts'^{ə}u$_{434}$　周：醋ts'u$_{335}$　上：醋/米醋ts'u$_{334}$/mi$_{22}$ts'u$_{44}$　松：米醋mi$_{22}$ts'u$_{23}$　黎：米醋/醋mi$_{j23}$ts'ɜu$_{33}$/ts'ɜu$_{324}$　盛：醋ts'ɜu$_{413}$　嘉：醋ts'^{ə}u$_{334}$　双：醋/酸醋ts'əu$_{334}$/sᴇ$_{44}$ts'əu$_{44}$　杭：醋/米醋ts'ɥ$_{334}$/ʔmi$_{55}$ts'ɥ$_{31}$　绍：醋/米醋ts'u$_{33}$/mi$_{23}$ts'u$_{52}$　诸：醋ts'u$_{544}$　崇：醋ts'u$_{324}$　太：醋ts'u$_{42}$　余：米醋/醋mi$_{24}$ts'ʅ$_{31}$/ts'ʅ$_{52}$　宁：米醋mi$_{23}$ts'u$_{44}$　黄：醋ts'əu$_{44}$　温：醋ts'ɵ$_{52}$　衢：醋ts'u$_{53}$　华：醋/米醋ts'u$_{45}$/ʔmie$_{32}$ts'u$_{35}$　永：醋ts'ʊ$_{\underline{54}}$

味精

宜:味精vij21tɕiŋ23 溧:味精viz32tɕiŋ23 金:味精/味之素uei35tɕiŋ31/uei33tsɿ44sᵊu44 丹:味精ʋiz44tɕiŋ31 童:味精vij24tɕiŋ31 靖:味之素vij24tsɿ33su52 江:味精/味之素vij24tsiɲ31/vij24tsɿ33 s3ɤ31 常:味精vij21tsiɲ13 锡:味之素vi22tsɿ55sʌɤ31 苏:味精/味之素vi22tsiɪn44/vi22tsɿ55s3u31 熟:味精/味之素vi22tsĩᶮ51/vi22tsɿ55sɯ31 昆:味精/味之素vi31tsin33/vi22tsɿ55səu31 霜:味之素vi22tsɿ55sᵊu31 罗:味精/味之素vi22tsɪⁿ52/vi22tsɿ55sᵊu31 周:味精/味之素vi22tɕiɪŋ52/mi22tsɿ55su31 上:味之素/味精mi22tsɿ55su31/vi22tɕiɲ44 松:味之素/味精vi22tsɿ22su52/vi22tɕiɲ52 黎:味之素vij22tsɿ55s3u31 盛:味之素vij22tsɿ55s3u31 嘉:味精/味之素vi22tɕin44/vi22tsɿ55sᵊu31 双:味精/味之素viz22tɕɪn34/viz21tsɿ11səu34 杭:味精/味之素vi23tɕɪn51/vi22tsɿ55sɥ31 绍:味精vi21tɕɪŋ33 诸:味精viz22tɕĩ52 崇:味精/鲜粉(少)viz21tɕiŋ23/ɕiẽ53fɪŋ52 太:味精vi24tɕiŋ31 余:味精bi22tɕiŋ44 宁:味精/味之素vi22tɕɪŋ51/vi22tsɿ55su31 黄:味精mij23tɕiɪŋ31 温:味精mˈi52tsəŋ44 衢:味精vi31tɕiⁿ31 华:味精fvij13tɕiɪn51 永:味精vi32tɕiɲ44

发酵粉

宜:发酵粉fAʔ5kɑɤ33fəŋ324 溧:发酵粉/酵头fAʔ5ɕiaᵞ34fən52/kɑᵞ54dei34 金:发酵粉fɑʔ4 ɕiɑᵓ52fəŋ23 丹:发酵粉/酵头fɑʔ3ɕiɒ33fɛn44/kɒ52dEᵉ23 童:发酵粉fAʔ3ɕiɐɤ55fəŋ31 靖:老酵/发酵粉lɒ22kɒ52/fɒʔ4ɕiɒ53fəŋ34 江:发酵粉fɑʔ3ɕiɒ5fəŋ31 常:发酵粉fɑʔ5ɕiɑɤ33fəɲ31 锡:发酵粉fɑʔ2kʌ55fən31 苏:发酵粉/老酵头fAʔ5ɕiɛ52fən31/læ22kæ55dəɪ31 熟:发酵粉fAʔ3kɔ55fɛ̃ⁿ31 昆:发酵粉fAʔ3ɕiɔ55fən41/fAʔ3kɔ55fən41 霜:发酵粉fAʔ4ɕiɔ44fɛ̃44/fAʔ4kɔ23fɛ̃52 罗:发酵粉fAʔ3ɕiɔ55 fɛ̃ⁿ31 周:发酵粉fɑʔ3kɔ55fəŋ31 上:发酵粉fɐʔ3kɔ55fəɲ31/fɐʔ33ɕiɔ55fəɲ31 松:发酵粉fAʔ4kɔ44 fəɲ52 黎:发酵粉fAʔ3kAᵓ55fəɲ31 盛:发酵粉fɑʔ3kAɑ55fəɲ31 嘉:发酵粉fAʔ3kɔ44fən51 双:发酵粉fAʔ4kɔ44fən52 杭:发酵粉fɐʔ3ɕiɔ23fən51 绍:发粉fAʔ5fəŋ33 诸:发粉fɐʔ5fĩɪ52 崇:发酵粉/发粉fæʔ3ɕiɑɒ34fɪŋ52/fæʔ3fɪŋ52 太:发酵粉fɛʔ5ɕiɑɒ33feŋ52/fɛˀ3feŋ52 余:发酵粉fɐʔ5ɕiɒ33 feɲ31 宁:发酵粉fɐʔ3kɔ44fɐŋ55 黄:发酵粉fɐʔ3hɒ55fəŋ31 温:发酵粉xo3xᵘɔ43fʌŋ34 衢:发酵粉fAʔ4ɕiɔ55fən35 华:发酵粉fɐʔ3ɕiɑʊ44fən51 永:酵kAʊ54

茶

宜:dzo223 溧:dzo323 金:tsʻɑ24 丹:dzo213 童:dzo31 靖:dzo223 江:dzo223 常:dzo213 锡:zʌɤ213 苏:zo223 熟:dzu233 昆:zo132 霜:zʌɤ31 罗:zʌɤ31 周:zo113 上:zo113 松:zo31 黎:zo24 盛:dzo24 嘉:zo31 双:zʊ113 杭:dzɑ212 绍:dzo31 诸:dzo233 崇:dzɤ312 太:dzo312 余:dzo113 宁:dzo113 黄:dzo31 温:dzo31 衢:dzɑ323 华:dzuɑ213 永:tsʊA44

开水

宜:开水/滚水kʻɐɪ55ɕyɥ31/kuəŋ35ɕyɥ31 溧:开水/白开水/滚水kʻæE44ɕyz52/bəʔ3kʻæE22ɕyz52/kuən52ɕyz52 金:开水/滚水kʻɛᵉ44suei23/kuəŋ24suei23 丹:开水/滚水kʻæ44sᵊu44/kuɛn44sue23 童:开水kʻaɪ55ʃyei31 靖:开水kʻæ43ɕye33 江:开水/滚水kʻæ53ɕy31/kuEɲ52ɕy33 常:开水/滚水kʻæ55sɥ31/kuəɲ34sɥ44 锡:开水/滚水kʻE21sɥ23/kuən45sɥ55 苏:开水/滚水kʻE55sɿ31/kuən52sɿ23 熟:开水kʻæ55ʂɥ31 昆:开水kʻɛ44sɥ41 霜:开水/汤kʻE55sɿ31/tʻɒ̃52 罗:开水/白开水/汤(乡下称)kʻe55sɿ31/bAʔ2kʻe22sɿ23/tʻɒ̃52 周:开水/茶kʻe55sɿ31/zo113 上:开水/白开水kʻE55sɿ31/bɐʔ2 kʻE22sɿ23 松:开水kʻE44sɿ52 黎:开水kʻE44sɿ44 盛:滚水/开水kuəɲ55sɿ31/kʻE44sɿ44 嘉:开水kʻEᵋ52sɿ22 双:开水/白开水kʻE44sɿ44/bAʔ2kʻE55sɿ21 杭:开水/白开水kʻE33sueɪ51/bɐʔ3kʻE23sueɪ51 绍:开水/白开水/滚水kʻe32sɿ33/bAʔ2kʻe55sɿ33/kʻuəŋ34sɿ52 诸:开水/滚水kʻe52sɿ42/kʻuẽĩ33sɿ52

崇:茶dzʏ$_{312}$　太:茶dzo$_{312}$　余:开水/滚水k‘e$_{32}$sɿ$_{23}$/kueŋ$_{33}$sɿ$_{52}$　宁:茶dzo$_{113}$　黄:开水/茶k‘e$_{55}$sɥ$_{31}$/dzo$_{31}$　温:开水k‘e$_{52}$sɿ$_{34}$　衢:茶dzɑ$_{323}$　华:开水k‘ɛ$_{33}$ɕy$_{51}$　永:茶/开水tsʊᴀ$_{44}$/k‘əɪ$_{43}$ɕʏ$_{32}$

凉水

宜:冷水lᴀŋ$_{21}$ɕy$_{ɥ23}$　溧:冷水lən$_{24}$ɕy$_{z31}$　金:冷水ləŋ$_{24}$suei$_{23}$　丹:冷水lɛn$_{32}$sue$_{24}$　童:冷水ləŋ$_{24}$ʃyei$_{31}$　靖:冷水ləŋ$_{22}$ɕye$_{34}$　江:冷水ʔlᴀ^{ŋ}$_{52}$ɕy$_{33}$　常:冷水ʔlᴀɲ$_{34}$sɥ$_{44}$　锡:冷水lã$_{21}$sɥ$_{23}$　苏:冷水lÃ$_{22}$sɿ$_{44}$　熟:冷水/冷开水lᴀ̃$_{22}$ʂʮ$_{44}$/lᴀ̃$_{22}$k‘æ$_{55}$ʂʮ$_{31}$　昆:冷水lã$_{22}$sɥ$_{41}$　霜:冷水lɑ̃$_{22}$sɿ$_{52}$　罗:冷水lɑ̃$_{22}$sɿ$_{52}$　周:冷水lᴀ̃$_{24}$sɿ$_{31}$　上:冷水lÃ^{ɲ}$_{22}$sɿ$_{44}$　松:冷开水/冷水lɛ̃$_{22}$k‘ᴇ$_{55}$sɿ$_{31}$/lɛ̃$_{24}$sɿ$_{31}$　黎:冷水/冷开水lã$_{23}$sɿ$_{33}$/lã$_{23}$k‘ᴇ$_{33}$sɿ$_{33}$　盛:冷水/冷开水læ̃$_{23}$sɿ$_{33}$/læ̃$_{23}$k‘ᴇ$_{44}$sɿ$_{44}$　嘉:冷水/冷开水lᴀ̃$_{22}$sɿ$_{34}$/lᴀ̃$_{22}$k‘ᴇ^{ɛ}$_{55}$sɿ$_{31}$　双:冷水lã$_{24}$sɿ$_{52}$　杭:冷水/冷开水ʔlən$_{55}$sueɪ$_{31}$/ʔlən$_{55}$k‘ᴇ$_{33}$sueɪ$_{31}$　绍:冷水laŋ$_{23}$sɿ$_{52}$　诸:冷水lÃ$_{23}$sɿ$_{52}$　崇:冷水lÃ$_{23}$sɿ$_{52}$　太:冷水lᴀŋ$_{23}$sɿ$_{52}$　余:冷水lÃ$_{24}$sɿ$_{31}$　宁:冷水/冷茶lã$_{24}$sɥ$_{33}$/lã$_{24}$dzo$_{33}$　黄:冷水lɑ̃$_{23}$sɥ$_{31}$　温:冷水lʲɛ$_{52}$sɿ$_{34}$　衢:水ʃɥ$_{45}$　华:冷水ʔlən$_{54}$ɕy$_{51}$　永:冷水lai$_{32}$ɕʏ$_{33}$

温水

宜:温吞水ʔuəŋ$_{55}$t‘əŋ$_{55}$ɕy$_{ɥ55}$　溧:温吞水ʔuən$_{33}$t‘ən$_{55}$ɕy$_{z31}$　金:温水/温汤水/热水uəŋ$_{44}$suei$_{23}$/uəŋ$_{44}$t‘ɑŋ$_{44}$suei$_{23}$/ȵieʔ$_{5}$suei$_{23}$　丹:温吞水uɛn$_{44}$t‘ɛn$_{44}$s^{ə}u$_{44}$　童:温吞水uəŋ$_{53}$t‘əŋ$_{33}$ʃyei$_{31}$　靖:温吞水ʔuəŋ$_{44}$t‘əŋ$_{44}$ɕye$_{44}$　江:温吞水ʔuᴇɲ$_{53}$t‘ᴇɲ$_{33}$ɕy$_{31}$　常:温吞水ʔuəɲ$_{55}$t‘əɲ$_{33}$sɥ$_{31}$　锡:温吞水ʔuən$_{21}$t‘ən$_{11}$sɥ$_{23}$　苏:温吞水/温水ʔuən$_{55}$t‘ən$_{55}$sɿ$_{31}$/ʔuən$_{55}$sɿ$_{31}$　熟:温吞水ʔuɛ̃^{n}$_{55}$t‘ɛ̃^{n}$_{55}$ʂʮ$_{31}$　昆:温吞水ʔuən$_{44}$t‘ən$_{44}$sɥ$_{41}$　霜:温吞水ʔʊɛ̃$_{55}$t‘ɛ̃$_{33}$sɿ$_{31}$　罗:温吞水ʔʊɛ̃^{n}$_{55}$t‘ɛ̃^{n}$_{33}$sɿ$_{31}$　周:温水/温吞水ʔʊəŋ$_{55}$sɿ$_{31}$/ʔʊəŋ$_{55}$t‘əŋ$_{55}$sɿ$_{31}$　上:温水/温吞水ʔuəɲ$_{55}$sɿ$_{31}$/ʔuəɲ$_{55}$t‘əɲ$_{33}$sɿ$_{31}$　松:温吞水ʔʊəɲ$_{33}$t‘əɲ$_{55}$sɿ$_{31}$　黎:温吞水/温开水ʔuəɲ$_{44}$t‘əɲ$_{44}$sɿ$_{31}$/ʔuəɲ$_{44}$k‘ᴇ$_{44}$sɿ$_{31}$　盛:温吞水ʔuəɲ$_{44}$t‘əɲ$_{44}$sɿ$_{44}$　嘉:温吞水ʔuən$_{44}$t‘ən$_{44}$sɿ$_{31}$　双:温吞水ʔuən$_{44}$t‘ən$_{44}$sɿ$_{44}$　杭:温吞水ʔuən$_{32}$t‘ən$_{23}$sueɪ$_{51}$　绍:温吞水ʔuəŋ$_{32}$t‘ũẽ$_{34}$sɿ$_{52}$　诸:温水/热水ʔʊẽɪ$_{52}$sɿ$_{42}$/ȵiəʔ$_{2}$sɿ$_{52}$　崇:温吞水ʔʊɪŋ$_{53}$t‘ɪŋ$_{34}$sɿ$_{52}$　太:温吞水ʔʊeŋ$_{52}$t‘eŋ$_{33}$sɿ$_{52}$　余:温汤水/温开水ʔueɲ$_{32}$t‘õ$_{22}$sɿ$_{52}$/ʔueɲ$_{32}$k‘e$_{22}$sɿ$_{52}$　宁:温吞水ʔuɐŋ$_{33}$t‘ɐŋ$_{44}$sɥ$_{55}$　黄:温暖汤ʔuəŋ$_{33}$nø$_{22}$tsɒ̃$_{23}$　温:暖混汤lʌŋ$_{24}$ʊʌŋ$_{33}$t‘^{u}ɔ$_{21}$　衢:滚汤kuən$_{35}$t‘ɒ̃$_{53}$　华:热水ȵie$_{32}$ɕy$_{51}$　永:暖水nəɲ$_{32}$ɕʏ$_{33}$

冰棍儿

宜:棒冰bᴀŋ$_{21}$piŋ$_{23}$　溧:棒冰bᴀŋ$_{32}$pin$_{23}$　金:棒冰/冰棍(少)pɑŋ$_{24}$piŋ$_{52}$/piŋ$_{22}$kuən$_{44}$　丹:棒冰b̥ɑŋ$_{22}$piŋ$_{44}$　童:棒冰bɑŋ$_{24}$piŋ$_{55}$　靖:棒冰bɑŋ$_{24}$piŋ$_{31}$　江:棒冰bᴀ^{ŋ}$_{24}$piɲ$_{31}$　常:棒冰bᴀɲ$_{21}$piɲ$_{13}$　锡:棒冰bɒ̃$_{22}$pin$_{55}$　苏:棒冰bÃ$_{22}$pin$_{44}$　熟:棒冰bᴀ̃$_{22}$pĩ^{ɲ}$_{51}$　昆:棒冰bã$_{22}$pin$_{44}$　霜:棒冰bɒ̃$_{22}$pĩ$_{52}$　罗:棒冰bɒ̃$_{22}$pɪ^{n}$_{52}$　周:棒冰bᴀ̃$_{22}$piɪŋ$_{52}$　上:棒冰bÃ^{ɲ}$_{22}$piɲ$_{44}$　松:棒冰bɑ̃$_{22}$piɲ$_{52}$　黎:棒冰bɑ̃$_{22}$piəɲ$_{44}$　盛:棒冰bɑ̃$_{22}$pɪɲ$_{44}$　嘉:棒冰bᴀ̃$_{22}$pin$_{51}$　双:棒冰bɔ̃$_{24}$pɪn$_{52}$　杭:棒冰bᴀŋ$_{23}$pɪn$_{51}$　绍:棒冰bɒŋ$_{23}$pɪŋ$_{52}$　诸:棒冰bõ$_{23}$pĩ$_{52}$　崇:棒冰bõ$_{23}$pɪŋ$_{52}$　太:棒冰bʊŋ$_{23}$peŋ$_{52}$　余:棒冰bõ$_{23}$peɲ$_{44}$　宁:棒冰bɔ̃$_{23}$pɪŋ$_{44}$　黄:棒冰bɒ̃$_{23}$piɪŋ$_{31}$　温:冰条bʌŋ$_{44}$diɛ$_{24}$　衢:棒冰pɒ̃$_{55}$pi^{n}$_{31}$　华:棒冰bᴀŋ$_{13}$piɪn$_{51}$　永:棒冰bᴀŋ$_{32}$miɪɲ$_{44}$

纸烟

宜:香烟ɕiᴀŋ$_{55}$ʔɪ$_{55}$　溧:香烟ɕie$_{44}$ʔi$_{52}$　金:香烟ɕiɑŋ$_{35}$ĩ$_{31}$　丹:香烟ɕie$_{44}$ɪ$_{31}$　童:香烟ɕiɑŋ$_{53}$ɪ$_{31}$　靖:烟/香烟ʔĩ$_{433}$/ɕĩ$_{43}$ʔĩ$_{33}$　江:香烟ɕiᴀ^{ŋ}$_{53}$ɪ$_{31}$　常:香烟ɕiᴀɲ$_{55}$ɪ$_{31}$　锡:香烟ɕiɛ̃$_{21}$ɪ$_{23}$　苏:香烟

ɕiÃ$_{55}$iɪ$_{31}$　熟：香烟ɕiA˜$_{55}$ie$_{31}$　昆：香烟ɕiã$_{44}$ɪ$_{41}$　霜：香烟ɕia˜$_{55}$ɪ$_{31}$　罗：香烟ɕia˜$_{55}$i$_{31}$　周：香烟ɕiA˜$_{44}$i$_{52}$　上：香烟ɕiÃ^{n}$_{55}$i$_{31}$　松：香烟ɕiɛ̃$_{44}$i$_{52}$　黎：香烟ɕiɛ̃$_{44}$iɪ$_{44}$　盛：香烟ɕiæ̃$_{44}$iɪ$_{44}$　嘉：香烟ɕiA˜$_{44}$ie$_{51}$　双：香烟ɕiã$_{44}$ɪ$_{44}$　杭：香烟ɕiAŋ$_{32}$ie$_{23}$　绍：香烟ɕiaŋ$_{33}$ĩ$_{52}$　诸：香烟ɕiÃ$_{52}$iɪ$_{42}$　崇：香烟ɕiA˜$_{53}$iẽ$_{23}$　太：香烟ɕiAŋ$_{52}$iẽ$_{33}$　余：香烟ɕiÃ$_{33}$ĩ$_{44}$　宁：香烟ɕiã$_{33}$i$_{51}$　黄：香烟/草字ɕia˜$_{35}$ie$_{51}$/tsɒ$_{31}$zʅ$_{13}$　温：香烟ɕi$_{44}$i$_{44}$　衢：香烟ɕiã$_{43}$iẽ$_{53}$　华：香烟ɕiAŋ$_{32}$iɑ$_{35}$　永：香烟ɕiAŋ$_{43}$ie$_{44}$

零食

宜：零食liŋ$_{21}$zə$_{23}$　溧：零食lin$_{32}$zə$_{23}$　金：零食liŋ$_{22}$səʔ$_{4}$　丹：零食liŋ$_{32}$səʔ$_{\underline{24}}$　童：小食ɕiɐɤ$_{33}$zəʔ$_{5}$　靖：小食ɕiɒ$_{33}$zəʔ$_{5}$　江：嘴头食tsEɪ$_{52}$dEɪ$_{33}$zɜʔ$_{4}$　常：零食liɲ$_{21}$zəʔ$_{4}$　锡：零食lin$_{24}$zəʔ$_{31}$　苏：零食liɪn$_{22}$zəʔ$_{4}$　熟：零食lĩ^{n}$_{24}$z̥Eʔ$_{\underline{31}}$　昆：零食lin$_{23}$zəʔ$_{\underline{41}}$　霜：零食lĩ$_{22}$zəʔ$_{4}$　罗：零食lɪ^{n}$_{23}$zɐʔ$_{4}$　周：零食liɪŋ$_{23}$zɐʔ$_{4}$　上：零食liɲ$_{22}$zɐʔ$_{4}$　松：零食liɲ$_{23}$zəʔ$_{4}$　黎：小物事siAᵓ$_{33}$məʔ$_{5}$zʅ$_{31}$　盛：零食lɪɲ$_{24}$zəʔ$_{2}$　嘉：零食lin$_{22}$zəʔ$_{5}$　双：零食lɪn$_{22}$zəʔ$_{4}$　杭：零食儿/小闲果儿lɪn$_{21}$zəʔ$_{\underline{24}}$ər$_{31}$/ɕiɔ$_{32}$ɦie$_{23}$ku$_{55}$ər$_{31}$　绍：零食lɪŋ$_{22}$zəʔ$_{5}$　诸：零食lĩ$_{31}$zɐʔ$_{4}$　崇：眼牢ŋæ̃$_{22}$lɑɒ$_{23}$　太：眼牢ŋæ̃$_{23}$lɑɒ$_{22}$　余：零食leɲ$_{22}$zɐʔ$_{5}$　宁：闲食ɦE$_{22}$ʑiɪʔ$_{5}$　黄：零食/散口liɪŋ$_{23}$ʑiɐʔ$_{4}$/sɛ$_{33}$tɕiɤ$_{51}$　温：零食lʌŋ$_{25}$zˡi$_{24}$　衢：闲食ʔæ̃$_{22}$ʒɥəʔ$_{22}$　华：零食ʔliɪn$_{54}$ɕiəʔ$_{3}$　永：零食liɪɲ$_{32}$szəɪ$_{31}$

渣儿

宜：渣渣头tso$_{55}$tso$_{55}$dɤɯ$_{55}$　溧：渣渣则/脚脚则tso$_{44}$tso$_{44}$tsəʔ$_{\underline{31}}$/tɕiɑʔ$_{5}$tɕiɑʔ$_{3}$tsə$_{34}$　金：渣子tsɑ$_{32}$tsʅ$_{z31}$　丹：渣子/渣渣tsɑ$_{44}$tsʅ$_{44}$/tsɑ$_{44}$tsɑ$_{31}$　童：渣渣tsɒ$_{55}$tsɒ$_{31}$　靖：渣子tso$_{44}$tsʅ$_{44}$　江：渣渣头tso$_{55}$tso$_{33}$dEɪ$_{31}$　常：渣渣头/脚脚头tso$_{55}$tso$_{33}$dei$_{31}$/tɕiɑʔ$_{5}$tɕiɑʔ$_{5}$dei$_{31}$　锡：渣渣头tsɑ$_{21}$tsɑ$_{11}$dEi$_{23}$　苏：渣渣头/渣tso$_{55}$tso$_{55}$dəɪ$_{31}$/tso$_{44}$　熟：渣渣头tsu$_{55}$tsu$_{55}$dE$_{31}$　昆：渣/脚脚头tso$_{44}$/tɕiAʔ$_{3}$tɕiAʔ$_{5}$dE$_{41}$　霜：渣ts^{ᴬ}ɤ$_{52}$　罗：渣ts^{ᴬ}ɤ$_{52}$　周：渣tso$_{52}$　上：渣渣/渣渣头tso$_{55}$tso$_{31}$/tso$_{55}$tso$_{33}$dɤɯ$_{31}$　松：渣tso$_{52}$　黎：渣渣头tso$_{44}$tso$_{44}$dieɯ$_{51}$　盛：渣渣头tso$_{44}$tso$_{44}$diəʉ$_{44}$　嘉：渣渣tso$_{44}$tso$_{51}$　双：渣tsʊ$_{44}$　杭：渣儿tsɑ$_{32}$ər$_{44}$　绍：渣tso$_{52}$　诸：渣tso$_{544}$　崇：渣tsɤ$_{533}$　太：渣tso$_{523}$　余：渣tso$_{34}$　宁：渣tso$_{52}$　黄：渣儿tso$_{35}$　温：渣tso$_{44}$　衢：渣tsɑ$_{53}$　华：渣tsuɑ$_{324}$　永：渣tsʊːA$_{44}$

味道

宜：味道　溧：味道　金：味道　丹：味道mi$_{z31}$dɒ$_{21}$　童：味道mi$_{j21}$dɐɤ$_{23}$　靖：味道/滋味mi$_{j24}$dɒ$_{31}$/tsʅ$_{43}$mi$_{j33}$　江：味道mi$_{j24}$dɒ$_{31}$　常：味道mi$_{j21}$dɑɤ$_{13}$　锡：味道mi$_{22}$dʌ$_{55}$　苏：味道mi$_{j22}$dæ$_{44}$　熟：味道mi$_{23}$dɔ$_{33}$　昆：味道mi$_{23}$dɔ$_{41}$　霜：味道mi$_{24}$dɔ$_{31}$　罗：味道mi$_{24}$dɔ$_{31}$　周：味道mi$_{22}$dɔ$_{44}$　上：味道mi$_{22}$dɔ$_{44}$　松：味道mi$_{22}$dɔ$_{23}$　黎：味道mi$_{j22}$dAᵓ$_{51}$　盛：味道mi$_{j32}$dAɑ$_{51}$　嘉：味道mi$_{24}$dɔ$_{31}$　双：味道/气味mi$_{z22}$dɔ$_{52}$/tɕʻi$_{z32}$vi$_{z34}$　杭：味道vi$_{23}$dɔ$_{52}$　绍：味道mi$_{21}$dɑɒ$_{33}$/bi$_{21}$dɑɒ$_{33}$　诸：味道mi$_{z22}$dɔ$_{52}$　崇：味道vi$_{z22}$dɑɒ$_{23}$　太：味道vi$_{23}$dɑɒ$_{22}$　余：味道mi$_{22}$dɒ$_{52}$　宁：味道mi$_{22}$dɔ$_{44}$　黄：味道mi$_{j23}$dɒ$_{31}$　温：味道mˡi$_{52}$dɜ$_{22}$　衢：味道mi$_{22}$dɔ$_{51}$　华：味道fvi$_{j13}$dɑʊ$_{51}$　永：味道fvi$_{32}$dAʊ$_{31}$

酒席

宜：酒席/酒水tɕiɤɯ$_{33}$ʑiɪʔ$_{4}$/tɕiɤɯ$_{35}$ɕy$_{ɥ31}$　溧：酒水tɕiʌɯ$_{52}$ɕy$_{z52}$　金：酒席/酒水tɕiʌɤ$_{33}$ɕieʔ$_{4}$/tɕiʌɤ$_{35}$suei$_{2}$　丹：酒席tɕʏ$_{44}$ɕʑɪ$_{23}$　童：酒席/酒水tɕiʊ$_{33}$ʑiɪʔ$_{5}$/tɕiʊ$_{33}$ʃyei$_{23}$　靖：酒席tsøʏ$_{33}$ʑiɪʔ$_{5}$　江：酒水tsiɜʏ$_{52}$ɕy$_{33}$　常：酒席/酒水tɕiɯ$_{34}$ʑiɪʔ$_{4}$/tɕiɯ$_{34}$sɥ$_{44}$　锡：酒水/酒席tsʌɯ$_{45}$sɥ$_{55}$/tsʌɯ$_{45}$dzɪʔ$_{55}$　苏：酒水tɕiə$_{53}$sʅ$_{31}$/tsəɪ$_{52}$sʅ$_{23}$　熟：酒水tsiɯ$_{24}$ʂʮ$_{31}$　昆：酒水tsy$_{52}$sɥ$_{33}$　霜：酒席/酒水tsy$_{33}$zɪʔ$_{4}$/tsy$_{33}$sʅ$_{52}$　罗：酒席/酒水tɕy$_{35}$ʑɪʔ$_{3}$/tɕy$_{33}$sʅ$_{52}$　周：酒席/酒水tɕiɤ$_{33}$ɦɪʔ$_{5}$/tɕiɤ$_{35}$sʅ$_{31}$　上：酒水tɕiɤɯ$_{33}$sʅ$_{44}$　松：酒水/酒席tɕiɯ$_{35}$sʅ$_{31}$/tɕiɯ$_{35}$ʑiɪʔ$_{\underline{31}}$　黎：酒水tsieɯ$_{44}$sʅ$_{11}$　盛：酒水/酒席

(少)tsiəʉ55sɿ31/tsiəʉ52zɪʔ3　嘉:酒水tɕiᵊu44sɿ33　双:酒水tɕiᶱʏ34sɿ52　杭:酒席/酒水儿tɕʏ55dʑiɪʔ31/tɕʏ55sueɪ33ər31　绍:酒水tɕiʏ34sɿ52　诸:酒席/酒水tɕiʏ33dʑiəʔ5/tɕiʏ33sɿ52　崇:酒席tɕʏ34ʑiEʔ4　太:酒席tɕʏ33ʑieʔ4　余:酒席/酒水tɕiʏ33dʑɪʔ5/tɕiʏ33sɿ52　宁:酒席/酒水tɕʏ55ʑiɪʔ3/tɕʏ55sʮ33　黄:酒席tɕiʏ31ʑieʔ3　温:酒席/酒水tɕiʌu25zæi24/tɕiʌu52sɿ34　衢:酒席tɕiɯ35ʑiəʔ2　华:酒席/酒水tɕiɯu55ɕiəʔ2/tɕiɯu54seɪ35　永:酒席tɕiɯu55zəɪ31

衣服

宜:衣裳ʔij55zAŋ55　溧:衣裳ʔiz44zAŋ52　金:衣裳iz31zɑŋ44　丹:衣裳iz44zɑŋ31　童:衣裳ij53szɑŋ31　靖:衣裳ʔij44ɦiæ̃44　江:衣裳ʔij53zAᵑ31　常:衣裳ʔij55zAɲ31　锡:衣裳ʔi21zã23　苏:衣裳ʔij55zÃ22　熟:衣裳ʔi55zA˜51　昆:衣裳ʔi44zã41　霜:衣裳ʔi55zɒ˜31　罗:衣裳ʔi55zɒ˜31　周:衣裳ʔi44zɒ˜52　上:衣裳ʔi55zÃⁿ44　松:衣裳ʔij44zɑ˜52　黎:衣裳ʔij44zɑ˜51　盛:衣裳ʔij44zɑ˜44　嘉:衣裳ʔi44zA˜51　双:衣裳ʔiz44zɔ̃44　杭:衣裳ʔi32zAŋ23　绍:衣裳ʔi33zɒŋ52　诸:衣裳ʔiz52zɒ̃42　崇:衣裳ʔiz53zɒ̃52　太:衣裳ʔi33zʊŋ44　余:衣裳ʔi33zɔ̃44　宁:衣裳ʔi33zɔ̃51　黄:衣裳ʔij33zɒ˜51　温:衣裳ʔi22ɦi2　衢:衣裳ʔi43ʃʮɒ˜53　华:衣裳ʔij32ɕiAŋ24　永:衣裳ʔi55ʑiAŋ31

上衣

宜:衣裳ʔij55zAŋ55　溧:上装/衣裳szA54tsAŋ34/ʔiz44zAŋ52　金:衣裳iz31zɑŋ44　丹:上衣sɑŋ41iz21　童:衣裳ij53szɑŋ31　靖:上衣ɕʑiæ̃31ʔij31　江:上装zAᵑ24tsAᵑ31　常:衣裳ʔij55zAɲ31　锡:衣裳/上装(少)ʔi21zã23/zã22tsɒ˜55　苏:罩衫/上装tsæ55sE31/zÃ22tsÃ44　熟:上底衣裳/上头衣裳zA˜24ti33i33zÃ31/zA˜24dE33i33zA˜31　昆:上装zã23tsã41　霜:上装zɒ˜22tsɒ˜52　罗:上装zɒ˜22tsɒ˜52　周:上装zɒ˜22tsɒ˜52　上:上装zÃⁿ22tsÃⁿ　松:衣裳ʔij44zɑ̃52　黎:罩衫/两用衫tsAᵓ52sE41/liɛ̃22ioŋ55sE31　盛:罩衫tsAɑ33sE52　嘉:上装zA˜22tsA˜51　双:衣裳/上装ʔiz44zɔ̃44/zɔ̃21tsɔ̃34　杭:衣裳ʔi32zAŋ23　绍:衣裳ʔi33zɒŋ52　诸:上衣/衣裳zɒ̃21iz23/ʔiz52zɒ̃42　崇:衣裳ʔiz53zɒ˜52　太:衣裳ʔi33zʊŋ44　余:上装/衣裳zɒ̃22tsɔ̃52/ʔi33zɔ̃44　宁:上装/衣裳zɔ̃22tsɔ̃51/ʔi33zɔ̃51　黄:上衣zɒ˜23ij31　温:衣ʔi323　衢:衣裳/上衣ʔi43ʃʮɒ̃53/ʃʒʮã45i31　华:衣裳ʔij43ɕiAŋ24　永:衣裳ʔi55ʑiAŋ31

衬衫

宜:衬衫ts'əŋ55sA55　溧:衬衫ts'ən54sA34　金:衬衫/小褂子ts'əŋ35sæ̃31/ɕiɑᵓ33kuɑ55tsɿz31　丹:衬衫ts'ɛn23sæ44　童:衬衫/小布衫(老)ts'əŋ34sɑ55/ɕiɐʏ44pu33sɑ55　靖:衬衫ts'əŋ35sæ̃31　江:衬衫/小布衫ts'ɛɲ45sæ31/siɒ52pu33sæ43　常:衬衫ts'əɲ34sæ44　锡:衬衫ts'ən55sɛ31　苏:衬衫/衬里布衫ts'ən55sE31/ts'ən33lij55pu33sE31　熟:衬衫ts'ɛ̃ⁿ55sæ31　昆:衬衫ts'ən23sɛ41　霜:衬衫ts'ɛ̃33sE52　罗:衬衫ts'ɛ̃ⁿ55se31　周:衬衫ts'əŋ33sɛ52　上:衬衫ts'əɲ33sE44　松:衬衫ts'əɲ55sE31　黎:衬衫/布衫tsəɲ22sE52/pu52sE41　盛:布衫pu43sE52/ts'əɲ32sE52　嘉:衬衫/衬里布衫/布衫ts'ən33sEᵋ51/ts'ən35li33pu33sEᵋ31/pu33sEᵋ51　双:衬衫ts'ən32sE34　杭:衬衫/布衫(老)ts'ən33sE51/pu33sE51　绍:衬衫ts'uõ55sæ̃31　诸:衬衫ts'ẼĨ44sɛ33　崇:衬衫ts'ɪŋ55sæ̃33　太:衬衫ts'eŋ55sæ̃33　余:衬衣ts'eɲ55i31　宁:衬衫ts'ɐŋ33sE35　黄:衬衫ts'ʮəŋ33sɛ35　温:衬衫ts'əŋ43sɑ44　衢:衬衫ts'ən55sæ̃31　华:衬衫ts'ən35sæ̃31　永:衬衫ts'əɲ43sA325

汗衫

宜:汗衫ɦe21sA23　溧:汗衫ɦʊ32sA23　金:汗衫hæ̃35sæ̃31　丹:汗衫ɦəŋ44sæ31　童:汗衫xɦʊ22sɑ23　靖:汗衫hɦõ24sæ31　江:汗衫ɦɵ24sæ31　常:汗衫ɦɔ21sæ13　锡:汗衫ɦo22sɛ55　苏:汗衫ɦɵ22sE44　熟:汗衫ɦʏ24sæ31　昆:汗衫ɦɵ23sɛ41　霜:汗衫ɦᴬʏ22sE52　罗:汗衫ɦᴬʏ22se52　周:

汗衫ɦø22sɛ52 上:汗衫ɦø22SE44 松:汗衫ɦø23SE44 黎:汗衫ɦɵ22SE52 盛:汗衫ɦɵ32SE52 嘉:汗衫ɦɤə22SE51 双:汗衫ɦE21SE34 杭:汗背心ɦE22peɪ55ɕɪn31 绍:汗衫ɦĩ21sæ̃33 诸:汗衫ɦʏ21sɛ23 崇:汗衫ɦœ̃22sæ̃33 太:汗衫ɦœ̃23sæ̃22 余:汗衫ɦɛ̃22sɛ̃52 宁:汗衫ɦEI22SE44 黄:汗衫/汗衣ɦie22sɛ35/ɦie22ij35 温:汗衫儿ɦy25saŋ22 衢:汗衫ʔə55sæ̃31 华:汗衫ʔɦæ̃24sæ̃35 永:汗衫ʔɦɤə32SA325

背心

宜:背心pɐɪ33ɕiŋ44 溧:背心pæE54ɕin34 金:背心pei35ɕiŋ31 丹:背心pæ44ɕiŋ44 童:背心pei35ɕiŋ31 靖:背心/背褡子pe35siŋ31/pe35tɑʔ3tsɿ31 江:背褡头/汗背心pEI45tɑʔ3dEI31/ɦɵ24pEI33siŋ31 常:背心/背褡pæe55ɕiɲ31/pæe55tɑʔ3 锡:背心pE55sin31 苏:马夹/背心/汗马夹mo22kAʔ4/pE55siɪn31/ɦɵ22mo55kAʔ2 熟:背心pE55sĩⁿ31 昆:背褡/汗背褡pE34tAʔ41/ɦɵ22pE55tAʔ41 霜:背心pE33sĩ52 罗:背心pᴬʏ35sɪⁿ31 周:汗背心ɦø22ɓei33ɕiɪŋ52 上:背心/马夹pE33ɕiɲ44/mo22kɐʔ4 松:马夹mo24kæʔ31 黎:背心pE52siəɲ41 盛:背褡pE33tɑʔ5 嘉:背心pe44ɕin33 双:背心/马夹pᵊʏ32ɕɪn34/mʊ24kAʔ5 杭:搭脚儿/汗背心tɐʔ3tɕiɪʔ23ər51/ɦE22peɪ55ɕɪn31 绍:汗背心ɦĩ22pe33ɕɪŋ33 诸:背心/背褡pe52ɕĩ44/pe33tɐʔ5 崇:背心pe33siŋ23 太:背心pe55ɕiŋ33 余:背心/背单pe44ɕiɲ44/pe44tɛ̃44 宁:背心/背单pEI33ɕɪŋ35/pEI33tE35 黄:背心pe33ɕiɪŋ35 温:背心pæi44sʌŋ44 衢:背心pəɪ55ɕiⁿ 华:背心peɪ35ɕiɪn35 永:背心pəɪ43səɲ325

夹袄

宜: 溧:小绑身/夹绑身ɕiaʏ54pAŋ33sən34/kAʔpAŋ33sən34 金: 丹:夹袄kɑʔ5ɒ23 童:布袄pu44ɐʏ23 靖:夹袄kɑʔ5ɦɒ23 江:夹袄kɑʔ5ʔɒ23 常:夹棉袄kaʔ4mɪ55ɑʏ31 锡: 苏:夹袄kAʔ5æ31 熟:夹袄kAʔ3ɦɔ33 昆:夹袄kAʔ5ɦɔ52 霜:夹袄kAʔ4ɦɔ23 罗:夹袄kAʔ5ɦɔ31 周:夹袄kɑʔ4ɦɔ44 上:夹袄kɐʔ3ɦɔ44 松:布袄pu55ɔ31 黎:夹袄kAʔ5Aᵓ31 盛:夹袄kɑʔ5Aɑ31 嘉:夹袄kAʔ5ɔ31 双:夹袄kAʔ5ɔ52 杭:夹袄kɐʔ3ɔ23 绍:夹袄kæʔ4ɑɒ52 诸:夹袄kɐʔ5ɔ52 崇:夹袄kæʔ3ɑɒ52 太:夹袄kɛʔ3ɑɒ44 余:夹袄kɐʔ5ɑɒ31 宁:夹袄kɐʔ5ɔ33 黄:夹袄kɛʔ3ɒ51 温: 衢:夹袄kAʔ4ɔ35 华:夹袄kuɐ4ɑʊ51 永:

毛衣

宜:头绳衣裳/绒线衫dʏɯ21zəŋ11ʔij11ZAŋ23/ȵioŋ21ɕɪ11SA23 溧:毛线衣/头绳衫mɑʏ32ɕi22ʔiz23/dʌɯ32zən22SA23 金:线衣/毛线衣/头绳衣ɕĩ35iz31/mɑᵓ33ɕĩ55iz31/tʻʌʏ33səŋ55iz31 丹:头绳衣裳/绒线衣dEᵉ32zɛn22iz35zɑŋ21/noŋ32ɕɪ35iz21 童:头绳衣裳/毛线衣裳dei23szəŋ55ij33szɑŋ31/mɐʏ24ɕɪ55ij33szɑŋ31 靖:毛线衣/头绳衣裳mɒ22sĩ55ij31/døʏ22zəŋ55ij33ʑiæ31 江:绒线衫/头绳衫ȵioŋ21sɪ33sæ43/dEI24zEɲ33sæ43 常:头绳衫/绒线衫dei22zəɲ55sæ31/ȵioŋ22ɕɪ55sæ31 锡:绒线衫noŋ24sɪ55sɛ31 苏:绒线衫ȵioŋ22sɪ55SE31 熟:绒线衫/头绳衫ȵiʊŋ24sie33sæ31/dE24ʐɛ̃ⁿ33sæ31 昆:绒线衫/头绳衫ȵioŋ22sɪ55sɛ41/dE22zən55sɛ41 霜:绒线衫/头绳衫ȵioⁿ22sɪ55SE31/dʌɪ22zɛ̃55SE31 罗:绒线衫ȵioⁿ22si55se31 周:绒线衫ȵioŋ23ɕi44sɛ44 上:绒线衫ȵiʊŋ22ɕi55SE31 松:绒线衫ȵiʊŋ23ɕi44SE44 黎:头绳衫/绒线衫dieɯ22zəɲ44SE44/ȵioŋ22siɪ44SE44 盛:头绳衫/绒线衫diəʉ22zəɲ44SE44/ȵioŋ22siɪ44SE44 嘉:绒线衫/头绳衫ȵioŋ22ɕie44SEᵋ51/de22zən44SEᵋ51 双:头绳衫/绒线衫dᵊʏ22zən44SE44/ȵioŋ22ɕɪ44SE44 杭:毛线衫mɔ21ɕie23SE51 绍:毛线衫mɑɒ21ɕĩ23sæ̃52 诸:毛线衫mɔ31ɕiɪ42sɛ44 崇:线衫ɕiẽ33sæ̃23 太:线衫ɕiẽ55sæ̃33 余:绒线衫/毛线衫ȵiʊŋ21ɕĩ22sɛ̃52/mɒ21ɕĩ22sɛ̃52 宁:绒线衫ȵiʊŋ22ɕiz44SE55 黄:毛衣/毛线衣mɒ23i31/mɒ22ɕie33ij44 温:绒衫szoŋ22sɑ44 衢:毛线衣mɔ22ɕie55i31 华:毛线衣ʔmɑʊ32ɕie33ij35 永:毛线衫mAʊ32ɕie32SÃ325

外套

宜:罩衫tsɑɤ$_{33}$sA$_{44}$　溧:外套/罩衫ŋA$_{32}$tʻɑ$^{ɤ}_{52}$/tsɑ$^{ɤ}_{54}$sA$_{34}$　金:罩衫tsɑ$^{ɔ}_{35}$sæ̃$_{31}$　丹:外套uæ$_{52}$tʻɒ$_{23}$　童:罩衫tsɐɤ$_{34}$sɑ$_{55}$　靖:　江:罩衫tsɒ$_{45}$sæ$_{31}$　常:罩衫tsɑɤ$_{55}$sæ$_{31}$　锡:罩衫tsʌ$_{55}$sɛ$_{31}$　苏:外套ŋɒ$_{22}$tʻæ$_{44}$　熟:罩衫tsɔ$_{55}$sæ$_{31}$　昆:外套/罩衫ŋɑ$_{23}$tʻɔ$_{41}$/tsɔ$_{34}$sɛ$_{41}$　霜:罩衫tsɔ$_{33}$sE$_{52}$　罗:罩衫tsɔ$_{35}$se$_{31}$　周:罩衫tsɔ$_{33}$sɛ$_{52}$　上:罩衫tsɔ$_{33}$sE$_{44}$　松:包衫/罩衫pɔ$_{44}$sE$_{52}$/tsɔ$_{55}$sE$_{31}$　黎:罩衫tsA$^{ɔ}_{52}$sE$_{41}$　盛:罩衫tsAɑ$_{33}$sE$_{52}$　嘉:罩衫tsɔ$_{33}$sE$^{ɛ}_{51}$　双:罩衫tsɔ$_{32}$sE$_{34}$　杭:罩衫tsɔ$_{33}$sE$_{51}$　绍:罩衫tsɑɒ$_{55}$sæ̃$_{33}$　诸:外套ŋA$_{21}$tʻɔ$_{23}$　崇:罩衫tsɑɒ$_{33}$sæ̃$_{23}$　太:罩衫tsɑɒ$_{52}$sæ̃$_{33}$　余:罩衫tsɒ$_{44}$sɛ̃$_{44}$　宁:罩衫tsɔ$_{33}$sE$_{35}$　黄:外套/罩衫ŋA$_{23}$tʻɒ$_{44}$/tsɒ$_{33}$sɛ$_{35}$　温:外皮衣vɑ$_{24}$b^{ɦ}i$_{33}$i$_{21}$　衢:外套/罩衫ʔuəɪ$_{45}$tʻɔ$_{53}$/tsɔ$_{55}$sæ̃$_{31}$　华:外套/罩衫ʔuɛ$_{13}$tʻɑʊ$_{51}$/tsɑʊ$_{35}$sæ̃$_{31}$　永:罩衫tsAʊ$_{43}$sA$_{325}$

马褂儿

宜:马夹mo$_{21}$kA$_{23}$　溧:马夹mo$_{32}$kA$_{23}$　金:　丹:　童:马夹mɒ$_{22}$kAʔ$_{5}$　靖:　江:马夹ʔmo$_{52}$kɑʔ$_{3}$　常:马夹/背褡ʔmo$_{34}$kɑʔ$_{4}$/pæe$_{55}$tɑʔ$_{3}$　锡:背心pE$_{55}$sin$_{31}$　苏:马褂mo$_{24}$ko$_{31}$　熟:马夹mo$_{22}$kAʔ$_{4}$　昆:马夹mo$_{22}$kAʔ$_{4}$　霜:马夹m^{ʌ}ɤ$_{22}$kAʔ$_{4}$　罗:马夹m^{ʌ}ɤ$_{22}$kAʔ$_{4}$　周:马夹/背心mo$_{22}$kɑʔ$_{5}$/pe$_{33}$ɕiɪŋ$_{52}$　上:马夹mo$_{22}$kɐʔ$_{4}$　松:　黎:马夹ʔmo$_{22}$kAʔ$_{5}$　盛:马夹mo$_{32}$kAʔ$_{5}$　嘉:马夹mo$_{22}$kAʔ$_{5}$　双:马夹mʊ$_{24}$kAʔ$_{5}$　杭:马夹ʔmɑ$_{55}$kɐʔ$_{\underline{31}}$　绍:马夹mo$_{23}$kæʔ$_{5}$　诸:背褡pe$_{33}$tɐʔ$_{5}$　崇:马夹mɤ$_{23}$kæʔ$_{4}$　太:　余:马夹mo$_{22}$kɐʔ$_{5}$　宁:马夹mo$_{24}$kɐʔ$_{3}$　黄:马夹mo$_{21}$kɛʔ$_{4}$　温:马夹mo$_{25}$ko$_{24}$　衢:马夹/背心ʔmɑ$_{55}$kæʔ$_{5}$/pəɪ$_{55}$ɕi$^{n}_{31}$　华:马夹ʔmiɑ$_{54}$tɕiɐʔ$_{3}$　永:马夹mA$_{32}$kʊA$_{54}$

棉衣

宜:棉袄mɪ$_{22}$ʔɑɤ$_{53}$　溧:绑身pAŋ$_{54}$sən$_{34}$　金:棉袄mĩ$_{24}$ɑ$^{ɔ}_{23}$　丹:棉袄mɪ$_{32}$ɦɒ$_{24}$　童:棉袄mɪ$_{24}$ɐɤ$_{23}$　靖:棉袄mĩ$_{22}$ɦɒ$_{34}$　江:棉袄/棉衣裳mɪ$_{21}$ʔɒ$_{43}$/mɪ$_{21}$i$_{j33}$zA$^{ŋ}_{43}$　常:棉袄mɪ$_{21}$ɑɤ$_{34}$　锡:棉袄mɪ$_{24}$ʌ$_{31}$　苏:棉袄mɪ$_{22}$ɦæ$_{44}$　熟:棉袄mi$_{24}$ɦɔ$_{31}$　昆:棉袄mɪ$_{23}$ɦɔ$_{41}$　霜:棉袄mɪ$_{24}$ɔ$_{31}$　罗:棉袄mi$_{24}$ɔ$_{31}$　周:棉袄mi$_{23}$ɔ$_{44}$　上:棉袄mɪ$_{22}$ɔ$_{44}$　松:棉袄mi$_{22}$ɔ$_{52}$　黎:棉袄/棉衣裳miɪ$_{22}$A$^{ɔ}_{34}$/miɪ$_{22}$i$_{j55}$zɑ̃$_{31}$　盛:棉袄miɪ$_{22}$Aɑ$_{44}$　嘉:棉袄mie$_{24}$ɔ$_{31}$　双:棉袄mɪ$_{22}$ɔ$_{44}$　杭:棉袄ʔmɪ$_{32}$ɔ$_{23}$　绍:棉袄mĩ$_{21}$ɑɒ$_{33}$　诸:棉袄miɪ$_{31}$ɔ$_{52}$　崇:棉袄miẽ$_{22}$ɑɒ$_{52}$　太:棉袄miẽ$_{21}$ɑɒ$_{44}$　余:棉袄mɪ$_{21}$ɒ$_{23}$　宁:棉袄mi$_{22}$ɔ$_{51}$　黄:絮袄zʮ$_{22}$ɦɒ$_{51}$　温:棉衣mi$_{22}$i$_{44}$　衢:棉袄miẽ$_{22}$ɔ$_{35}$　华:棉衣/棉袄mie$_{32}$i$_{j35}$/mie$_{22}$ɑʊ$_{51}$　永:棉袄ʔmie$_{43}$Aʊ$_{44}$

雨衣

宜:雨衣ɦy$_{ʮ21}$ʔi$_{j23}$　溧:雨衣ɦy$_{z32}$ʔi$_{z23}$　金:雨衣y$_{z22}$i$_{z44}$　丹:雨衣ɦy$_{z21}$i$_{z22}$　童:雨衣ɦy$_{ʮ24}$i$_{j31}$　靖:雨衣ɦy$_{ʮ24}$i$_{j31}$　江:雨衣ʔy$_{52}$i$_{j33}$　常:雨衣ʔy$_{ʮ34}$i$_{j44}$　锡:雨衣/雨披ɦy$_{22}$i$_{55}$/ɦy$_{22}$pʻi$_{55}$　苏:雨衣ɦy$_{ʮ22}$i$_{j44}$　熟:雨衣ɦy$_{22}$i$_{51}$　昆:雨衣ɦy$_{22}$i$_{41}$　霜:水衣/雨衣sʅ$_{33}$i$_{52}$/ɦy$_{22}$i$_{52}$　罗:雨衣ɦy$_{22}$i$_{52}$　周:雨衣ɦy$_{22}$i$_{52}$　上:雨衣ɦy$_{22}$i$_{44}$　松:雨衣ɦy$_{24}$i$_{31}$　黎:雨衣ɦy$_{ʮ23}$i$_{j33}$　盛:雨衣ɦy$_{ʮ23}$i$_{j33}$　嘉:雨衣ʔy$_{44}$i$_{51}$　双:雨衣ɦi$_{z22}$i$_{z44}$　杭:雨衣ʔy$_{55}$i$_{31}$　绍:雨衣ɦy$_{ʮ23}$i$_{52}$　诸:雨衣ɦy$_{ʮ23}$i$_{z52}$　崇:雨衣ɦy$_{ʮ23}$i$_{z52}$　太:雨衣ɦy$_{21}$i$_{44}$　余:雨衣ɦy$_{22}$i$_{52}$　宁:雨衣ɦy$_{ʮ24}$i$_{33}$　黄:雨衣ʔy$_{ʮ55}$i$_{j31}$　温:雨衣vʊ$_{52}$i$_{44}$　衢:雨衣ʔy$_{55}$i$_{31}$　华:雨衣ʔy$_{54}$i$_{j35}$　永:雨衣ɦʏ$_{32}$i$_{44}$

裤子

宜:裤则kʻu$_{33}$tsəʔ$_{4}$　溧:裤则kʻu$_{54}$tsə$_{34}$　金:裤子kʻ^{ɔ}u$_{44}$tsʅ$_{z31}$　丹:裤则kʻ^{ɔ}u$_{52}$tsɛʔ$_{23}$　童:裤子kʻʌɤ$_{33}$tsʅ$_{55}$　靖:裤子kʻu$_{35}$tsʅ$_{31}$　江:裤则/裤子kʻu$_{45}$tsɜʔ$_{2}$/kʻu$_{45}$tsʅ$_{31}$　常:裤则kʻu$_{55}$tsəʔ$_{3}$　锡:裤子kʻu$_{55}$tsʅ$_{31}$　苏:裤子kʻɜu$_{55}$tsʅ$_{31}$　熟:裤则kʻu$_{55}$tsəʔ$_{31}$　昆:裤子kʻəu$_{44}$tsʅ$_{41}$　霜:裤子kʻ^{ɔ}u$_{55}$

tsɿ$_{31}$ 罗:裤子k‘ᵊu$_{55}$tsɿ$_{31}$ 周:裤子k‘u$_{35}$tsɿ$_{31}$ 上:裤子k‘u$_{55}$tsɿ$_{31}$ 松:裤子k‘u$_{55}$tsɿ$_{31}$ 黎:裤子k‘ɜu$_{22}$tsɿ$_{52}$ 盛:裤子k‘ɜu$_{33}$tsɿ$_{52}$ 嘉:裤子k‘ᵊu$_{55}$tsɿ$_{31}$ 双:裤子k‘əu$_{33}$tsɿ$_{52}$ 杭:裤子k‘u$_{33}$tsɿ$_{51}$ 绍:裤k‘u$_{33}$ 诸:裤k‘u$_{544}$ 崇:裤k‘u$_{324}$ 太:裤k‘u$_{35}$ 余:裤k‘u$_{52}$ 宁:裤子k‘u$_{55}$tsɿ$_{33}$ 黄:腰裤ʔiɒ$_{33}$k‘u$_{44}$ 温:裤k‘ʋ$_{52}$ 衢:裤k‘u$_{53}$ 华:裤k‘u$_{45}$ 永:布裤pʊ$_{42}$k‘ʊ$_{54}$

裙子

宜:裙dʑyɪŋ$_{223}$ 溧:裙则dʑyn$_{32}$tsə$_{23}$ 金:裙子tɕ‘yiŋ$_{31}$tsɿ$_{z44}$ 丹:裙则dʑyŋ$_{32}$tsɛʔ$_{\underline{24}}$ 童:裙子dʒyɥəŋ$_{24}$tsɿ$_{31}$ 靖:裙子dʑyɪŋ$_{22}$tsɿ$_{34}$ 江:裙子/裙则/裙dʑioŋ$_{21}$tsɿ$_{43}$/dʑioŋ$_{21}$tsɛʔ$_{4}$/dʑioŋ$_{223}$ 常:裙dʑyɲ$_{213}$ 锡:裙dʑyɪn$_{213}$ 苏:裙子/裙dʑyɪn$_{22}$tsɿ$_{44}$/dʑyɪn$_{223}$ 熟:裙子/裙dʑiʊŋ$_{24}$tsɿ$_{31}$/dʑiʊŋ$_{233}$ 昆:裙子dʑin$_{23}$tsɿ$_{41}$ 霜:裙子dʑĩ$_{24}$tsɿ$_{31}$ 罗:裙子dʑɪ$^{n}_{24}$tsɿ$_{31}$ 周:裙子dʑioŋ$_{23}$tsɿ$_{44}$ 上:裙子dʑyɲ$_{22}$tsɿ$_{44}$ 松:裙子dʑyɲ$_{22}$tsɿ$_{52}$ 黎:裙dʑyəɲ$_{24}$ 盛:裙子dʑyɪɲ$_{22}$tsɿ$_{44}$ 嘉:裙子dʑin$_{24}$tsɿ$_{51}$ 双:裙子dʑɪn$_{22}$tsɿ$_{44}$ 杭:裙子dʑyɪn$_{22}$tsɿ$_{51}$ 绍:裙/跳舞裙dʑyẽ$_{31}$/t‘iɑɒ$_{32}$ɦu$_{33}$dʑyẽ$_{33}$ 诸:裙dʑioŋ$_{233}$ 崇:裙dʑiʊ$^{ŋ}_{312}$ 太:裙dʑiʊŋ$_{312}$ 余:裙/裙子dʑiʊŋ$_{113}$/dʑiʊŋ$_{21}$tsɿ$_{23}$ 宁:裙子/裙dʑyoŋ$_{22}$tsɿ$_{44}$/dʑyoŋ$_{113}$ 黄:裙ɟyɪŋ$_{31}$ 温:裙dʑyoŋ$_{31}$ 衢:裙dʒɥ$^{n}_{323}$ 华:裙dʑyɪn$_{213}$ 永:裙dʑyɪɲ$_{322}$

短裤衩

宜:短裤则te$_{33}$k‘u$_{55}$tsəʔ$_{5}$ 溧:短裤则tʊ$_{54}$k‘u$_{33}$tsə$_{34}$ 金:短裤/短裤头tũ$_{21}$k‘əu$_{23}$/tũ$_{21}$k‘ᵊu$_{33}$t‘ʌɤ$_{23}$ 丹:短裤təŋ$_{52}$k‘ᵊu$_{23}$ 童:短裤tʊ$_{33}$k‘ʌɤ$_{55}$ 靖:短裤tuũ$_{33}$k‘u$_{44}$ 江:短裤/平脚裤tɵ$_{52}$k‘u$_{33}$/biŋ$_{21}$tɕiɑʔ$_{3}$k‘u$_{43}$ 常:短裤tɔ$_{34}$k‘u$_{44}$ 锡:短裤to$_{45}$k‘u$_{55}$ 苏:短裤tɵ$_{55}$k‘ɜu$_{31}$ 熟:短裤tɤ$_{33}$k‘u$_{33}$ 昆:短裤tɵ$_{52}$k‘uə$_{33}$ 霜:短裤t$^{\wedge}$ɤ$_{33}$k‘ᵊu$_{52}$ 罗:短裤t$^{\wedge}$ɤ$_{33}$k‘ᵊu$_{52}$ 周:短裤tø$_{44}$k‘u$_{44}$ 上:短裤tø$_{33}$k‘u$_{44}$ 松:短裤tø$_{44}$k‘u$_{44}$ 黎:短裤tɵ$_{55}$k‘ɜu$_{31}$ 盛:短裤tɵ$_{55}$k‘ɜu$_{31}$ 嘉:短裤tɤə$_{44}$k‘ᵊu$_{44}$ 双:短裤/短脚裤tᴇ$_{34}$k‘əu$_{52}$/tᴇ$_{33}$tɕiᴀʔ$_{5}$k‘əu$_{21}$ 杭:短裤/钮头裤/短脚裤to$_{55}$k‘u$_{31}$/ʔȵʏ$_{32}$deɪ$_{23}$k‘u$_{51}$/to$_{55}$tɕiɪʔ$_{3}$k‘u$_{31}$ 绍:短脚裤tĩ$_{55}$tɕiᴀʔ$_{3}$k‘u$_{33}$ 诸:短脚裤tʏ$_{44}$tɕiɐʔ$_{3}$k‘u$_{33}$ 崇:短裤头tœ̃$_{34}$k‘u$_{55}$dʏ$_{31}$ 太:短裤头tœ̃$_{33}$k‘u$_{55}$dʏ$_{31}$ 余:短裤tõ$_{33}$k‘u$_{52}$ 宁:短裤子/短裤tø$_{33}$k‘u$_{44}$tsɿ$_{55}$/tø$_{33}$k‘u$_{55}$ 黄:裤头k‘u$_{33}$diʏ$_{35}$ 温:裤头儿k‘ɒ$_{52}$dʌu$_{33}$ŋ̍$_{21}$ 衢:短裤tə$_{35}$k‘u$_{53}$ 华:短裤tɯə$_{54}$k‘u$_{35}$ 永:短布裤tɤə$_{42}$pʊ$_{32}$k‘ʊ$_{54}$

三角裤

宜:三角裤/游泳裤sᴀ$_{55}$kɔʔ$_{55}$k‘u$_{31}$/ɦiʏɯ$_{21}$ioŋ$_{11}$k‘u$_{23}$ 溧:三角裤sᴀ$_{44}$kɔʔ$_{4}$k‘u$_{31}$ 金:三角裤sæ̃$_{22}$kɔʔ$_{3}$k‘u$_{44}$ 丹:三角裤sæ$_{44}$ɦɒʔ$_{4}$ɦ‘u$_{23}$ 童:三角裤sɑ$_{55}$koʔ$_{3}$k‘ʌɤ$_{31}$ 靖:三角裤sæ̃$_{44}$kɔʔ$_{4}$k‘u$_{52}$ 江:三角裤sæ$_{53}$kɔʔ$_{3}$k‘u$_{31}$ 常:三角裤sæ$_{55}$kɔʔ$_{5}$k‘u$_{52}$ 锡:三角裤sɛ$_{21}$kɔʔ$_{1}$k‘u$_{23}$ 苏:三角裤sᴇ$_{55}$kɔʔ$_{5}$k‘ɜu$_{31}$ 熟:三角裤sæ$_{55}$koʔ$_{5}$k‘u$_{31}$ 昆:三角裤sɛ$_{44}$koʔ$_{4}$k‘əu$_{41}$ 霜:三角裤sᴇ$_{55}$koʔ$_{3}$k‘ᵊu$_{31}$ 罗:三角裤sᴇ$_{55}$koʔ$_{3}$k‘ᵊu$_{31}$ 周:三角裤sɛ$_{55}$kɒʔ$_{55}$k‘u$_{31}$ 上:三角裤sᴇ$_{55}$koʔ$_{3}$k‘u$_{31}$ 松:三角裤sᴇ$_{55}$kɔʔ$_{3}$k‘u$_{31}$ 黎:三角裤sᴇ$_{55}$koʔ$_{3}$k‘ɜu$_{31}$ 盛:三角裤sᴇ$_{55}$kɔʔ$_{3}$k‘ɜu$_{31}$ 嘉:三角裤sᴇ$^{ɛ}_{33}$koʔ$_{4}$k‘ᵊu$_{31}$ 双:三角裤sᴇ$_{44}$koʔ$_{4}$k‘əu$_{44}$ 杭:三角裤sᴇ$_{32}$tɕiɔʔ$_{\underline{23}}$k‘u$_{51}$ 绍:三角裤sæ̃$_{55}$koʔ$_{3}$k‘u$_{33}$ 诸:三角裤sɛ$_{52}$koʔ$_{4}$k‘u$_{44}$ 崇:三角裤sæ̃$_{53}$kɔʔ$_{3}$k‘u$_{34}$ 太:三角裤sæ̃$_{52}$kɔʔ$_{2}$k‘u$_{52}$ 余:三角裤sɛ̃$_{32}$kɔʔ$_{2}$k‘u$_{52}$ 宁:三角短裤sᴇ$_{33}$kɔʔ$_{4}$tø$_{44}$k‘u$_{55}$ 黄:三角裤头sᴇ$_{32}$kɔʔ$_{2}$k‘u$_{33}$diʏ$_{55}$ 温:三角裤sɑ$_{55}$ko$_{3}$k‘ʊ$_{21}$ 衢:三角裤sæ̃$_{43}$kəʔ$_{3}$k‘u$_{53}$ 华:三角裤sæ̃$_{33}$koʔ$_{4}$k‘u$_{55}$ 永:三角裤sᴀ$_{43}$kᴀʊ$_{32}$k‘ʊ$_{54}$

帽子

宜:帽则mɑʏ$_{21}$tsə$_{23}$ 溧:帽则mɑʏ$_{32}$tsa$_{23}$ 金:帽子mɑ$^{ɔ}_{35}$tsɿ$_{z31}$ 丹:帽则mɒ$_{41}$tsɛʔ$_{\underline{21}}$ 童:帽子mɐʏ$_{21}$tsɿ$_{23}$ 靖:帽子mɒ$_{24}$tsɿ$_{31}$ 江:帽子/帽则mɒ$_{24}$tsɿ$_{31}$/mɒ$_{24}$tsɜʔ$_{2}$ 常:帽则mɑʏ$_{21}$tsə$_{13}$ 锡:帽子mʌ$_{22}$tsɿ$_{55}$ 苏:帽子mæ$_{22}$tsɿ$_{44}$ 熟:帽则mɔ$_{24}$tsᴇʔ$_{\underline{31}}$ 昆:帽子mɔ$_{23}$tsɿ$_{41}$ 霜:帽子mɔ$_{24}$tsɿ$_{31}$

罗:帽子mɔ$_{24}$tsɿ$_{31}$　周:帽子mɔ$_{24}$tsɿ$_{31}$　上:帽子mɔ$_{22}$tsɿ$_{44}$　松:帽子mɔ$_{23}$tsɿ$_{44}$　黎:帽子mᴀ^{ɔ}$_{22}$tsɿ$_{44}$　盛:帽子mᴀɑ$_{32}$tsɿ$_{52}$　嘉:帽子mɔ$_{24}$tsɿ$_{31}$　双:帽子mɔ$_{22}$tsɿ$_{52}$　杭:帽儿mɔ$_{23}$ər$_{51}$　绍:帽mɑɒ$_{22}$　诸:帽子mɔ$_{21}$tsɿ$_{23}$　崇:帽mɑɒ$_{14}$　太:帽mɑɒ$_{13}$　余:帽/帽子mɒ$_{113}$/mɒ$_{22}$tsɿ$_{52}$　宁:帽子mɔ$_{22}$tsɿ$_{44}$　黄:帽mɒ$_{113}$　温:帽mɜ$_{22}$　衢:帽儿ʔmɔ$_{55}$n̩i$_{31}$　华:帽mɑʊ$_{213}$　永:帽mᴀʊ$_{214}$

鞋

宜:鞋则ɦᴀ$_{21}$tsə$_{23}$　溧:鞋则ɦᴀ$_{32}$tsə$_{23}$　金:鞋子xɛ^{e}$_{35}$tsɿ$_{z31}$　丹:鞋则h^{ɦ}ɑ$_{32}$tsɛʔ$_{24}$　童:鞋子xɦaɪ$_{24}$tsɿ$_{31}$　靖:鞋子hɦæ$_{22}$tsɿ$_{34}$　江:鞋则ɦɑ$_{21}$tsɜʔ$_{4}$　常:鞋则ɦɑ$_{21}$tsəʔ$_{4}$　锡:鞋则/鞋子ɦɑ$_{24}$tsəʔ$_{31}$/ɦɑ$_{24}$tsɿ$_{31}$　苏:鞋子ɦɒ$_{22}$tsɿ$_{44}$　熟:鞋则ɦɑ$_{24}$tsᴇʔ$_{31}$　昆:鞋子ɦɑ$_{23}$tsɿ$_{41}$　霜:鞋子ɦɑ$_{24}$tsɿ$_{31}$　罗:鞋子ɦɑ$_{24}$tsɿ$_{31}$　周:鞋子ɦɑ$_{23}$tsɿ$_{44}$　上:鞋子ɦᴀ$_{22}$tsɿ$_{44}$　松:鞋子ɦɑ$_{22}$tsɿ$_{52}$　黎:鞋子ɦɒ$_{22}$tsɿ$_{44}$　盛:鞋子ɦɑ$_{22}$tsɿ$_{44}$　嘉:鞋子ɦɑ$_{22}$tsɿ$_{51}$　双:鞋子ɦɑ$_{24}$tsɿ$_{44}$　杭:鞋子ɦie$_{21}$tsɿ$_{23}$　绍:鞋ɦa$_{31}$　诸:鞋ɦᴀ$_{233}$　崇:鞋ɦɑ$_{312}$　太:鞋ɦɑ$_{312}$　余:鞋ɦᴀ$_{113}$　宁:鞋子/鞋爿ɦa$_{22}$tsɿ$_{51}$/ɦa$_{22}$bᴇ$_{35}$　黄:鞋ɦᴀ$_{31}$　温:鞋ɦɑ$_{31}$　衢:鞋ʔɛ$_{434}$　华:鞋ʔɑ$_{324}$　永:鞋iːᴀ$_{325}$

拖鞋

宜:拖鞋tʻu$_{55}$ɦᴀ$_{55}$　溧:拖鞋tʻʌɯ$_{44}$ɦᴀ$_{52}$　金:拖鞋tʻo$_{32}$hɛ^{e}$_{23}$　丹:拖鞋tʻʌʏ$_{44}$hɑ$_{44}$　童:拖鞋tʻʌʏ$_{35}$xɦaɪ$_{23}$　靖:拖鞋tʻʌʏ$_{44}$ɦæ$_{44}$　江:拖鞋tʻɜʏ$_{52}$ɦɑ$_{33}$　常:拖鞋tʻʌɯ$_{55}$ɦɑ$_{31}$　锡:拖鞋tʻʌʏ$_{21}$ɦɑ$_{23}$　苏:拖鞋tʻɜu$_{55}$ɦɒ$_{31}$　熟:拖鞋tʻu$_{55}$ɦɑ$_{31}$　昆:拖鞋tʻəu$_{44}$ɦɑ$_{41}$　霜:拖鞋tʻ^{ə}u$_{55}$ɦɑ$_{31}$　罗:拖鞋tʻ^{ə}u$_{55}$ɦɑ$_{31}$　周:拖鞋tʻu$_{44}$ɦɑ$_{52}$　上:拖鞋tʻu$_{55}$ɦᴀ$_{31}$　松:拖鞋tʻu$_{44}$ɦɑ$_{52}$　黎:拖鞋tʻɜu$_{44}$ɦɒ$_{44}$　盛:拖鞋tʻɜu$_{44}$ɦɑ$_{44}$　嘉:拖鞋tʻ^{ə}u$_{44}$ɦɑ$_{51}$　双:拖鞋tʻəu$_{44}$ɦɑ$_{44}$　杭:拖鞋tʻu$_{32}$ɦie$_{23}$　绍:拖鞋tʻo$_{33}$ɦa$_{52}$　诸:拖鞋tʻu$_{52}$ɦᴀ$_{42}$　崇:拖鞋tʻʏ$_{33}$ɦɑ$_{52}$　太:拖鞋tʻɯ$_{33}$ɦɑ$_{44}$　余:拖鞋tʻou$_{33}$ɦᴀ$_{44}$　宁:拖鞋爿tʻəʊ$_{33}$ɦa$_{44}$bᴇ$_{55}$　黄:拖鞋tʻu$_{33}$ɦᴀ$_{51}$　温:鞋拖ɦɑ$_{22}$tʻɑ$_{44}$　衢:拖鞋tʻu$_{43}$ɛ$_{53}$　华:拖鞋tʻoə$_{33}$ɑ$_{55}$　永:拖鞋tʻʊ$_{55}$iːɑ$_{22}$

草鞋

宜:草鞋tsʻɑʏ$_{33}$ɦᴀ$_{44}$　溧:草鞋tsʻɑ^{ʏ}$_{54}$ɦᴀ$_{34}$　金:草鞋tsʻɑ^{ɔ}$_{32}$xɛ^{e}$_{23}$　丹:草鞋tsʻɒ$_{52}$h^{ɦ}ɑ$_{23}$　童:草鞋tsʻɐʏ$_{35}$xɦai$_{31}$　靖:草鞋tsʻɒ$_{33}$ɦæ$_{44}$　江:草鞋tsʻɒ$_{33}$ɦɑ$_{44}$　常:草鞋/蒲鞋tsʻɑʏ$_{34}$ɦɑ$_{44}$/bu$_{21}$ɦɑ$_{34}$　锡:　苏:草鞋tsʻæ$_{53}$ɦɒ$_{31}$/tsʻæ$_{52}$ɦɒ$_{23}$　熟:草鞋tsʻɔ$_{33}$ɦɑ$_{51}$　昆:草鞋tsʻɔ$_{52}$ɦɑ$_{33}$　霜:草鞋tsʻɔ$_{33}$ɦɑ$_{52}$　罗:草鞋tsʻɔ$_{35}$ɦɑ$_{31}$　周:草鞋tsʻɔ$_{33}$ɦɑ$_{52}$　上:草鞋tsʻɔ$_{33}$ɦᴀ$_{44}$　松:草鞋tsʻɔ$_{35}$ɦɑ$_{31}$　黎:草鞋tsʻᴀ^{ɔ}$_{22}$ɦɒ$_{44}$　盛:草鞋tsʻᴀɑ$_{23}$ɦɑ$_{33}$　嘉:草鞋tsʻɔ$_{22}$ɦɑ$_{51}$　双:草鞋tsʻɔ$_{34}$ɦɑ$_{52}$　杭:草鞋tsʻɔ$_{55}$ɦie$_{31}$　绍:草鞋tsʻɑɒ$_{33}$ɦa$_{52}$　诸:草鞋tsʻɔ$_{33}$ɦᴀ$_{52}$　崇:草鞋tsʻɑɒ$_{34}$ɦɑ$_{52}$　太:草鞋tsʻɑɒ$_{33}$ɦɑ$_{44}$　余:草鞋tsʻɒ$_{33}$ɦᴀ$_{52}$　宁:草鞋tsʻɔ$_{55}$ɦa$_{33}$　黄:草鞋tsʻɒ$_{55}$ɦᴀ$_{31}$　温:草鞋tsʻɜ$_{52}$ɦɑ$_{21}$　衢:草鞋tsʻɔ$_{43}$ɛ$_{53}$　华:草鞋tsʻɑʊ$_{55}$ɑ$_{31}$　永:草鞋tsʻᴀʊ$_{43}$iːᴀ$_{325}$

凉鞋

宜:凉鞋liᴀŋ$_{21}$ɦᴀ$_{23}$　溧:凉鞋lie$_{32}$ɦᴀ$_{23}$　金:凉鞋liɑŋ$_{24}$hɛ^{e}$_{23}$　丹:凉鞋/塑料鞋lie$_{22}$h^{ɦ}ɑ$_{44}$/soʔ$_{3}$liɒ$_{33}$h^{ɦ}ɑ$_{23}$　童:凉鞋/风凉鞋liɑŋ$_{24}$ɦɒ$_{31}$/foŋ$_{53}$liɑŋ$_{33}$ɦɑ$_{31}$　靖:风凉鞋/塑料鞋foŋ$_{44}$lĩ$_{44}$hɦæ$_{23}$/sɔʔ$_{5}$liɒ$_{33}$ɦæ$_{23}$　江:风凉鞋/塑料鞋则foŋ$_{53}$liᴀ^{ŋ}$_{33}$ɦɑ$_{31}$/soʔ$_{3}$liɒ$_{5}$ɦɑ$_{33}$tsɜʔ$_{2}$　常:凉鞋/塑料鞋liᴀɲ$_{21}$ɦɑ$_{34}$/sɔʔ$_{5}$liɑʏ$_{33}$ɦɑ$_{31}$　锡:凉鞋/塑料鞋liẽ$_{24}$ɦɑ$_{31}$/sɔʔ$_{3}$liʌ$_{55}$ɦɑ$_{31}$　苏:风凉鞋/塑料鞋foŋ$_{55}$liᴀ̃$_{55}$ɦɒ$_{31}$/sɔʔ$_{5}$liɛ$_{23}$ɦɒ$_{33}$　熟:风凉鞋/塑料鞋fʊŋ$_{55}$liᴀ˜$_{55}$ɦɑ$_{31}$/soʔ$_{3}$liɔ$_{55}$ɦɑ$_{31}$　昆:风凉鞋foŋ$_{44}$liã$_{44}$ɦɑ$_{41}$　霜:风凉鞋fo^{ŋ}$_{55}$lia˜$_{33}$ɦɑ$_{31}$　罗:风凉皮鞋fo^{ŋ}$_{55}$lia˜$_{33}$bi$_{33}$ɦɑ$_{31}$　周:风凉鞋foŋ$_{44}$liᴀ˜$_{44}$ɦɑ$_{52}$　上:风凉鞋子fʊŋ$_{55}$liᴀ̃^{ɲ}$_{33}$ɦᴀ$_{33}$tsɿ$_{31}$　松:风凉鞋子hʊŋ$_{33}$liɛ̃$_{55}$ɦɑ$_{33}$tsɿ$_{31}$　黎:风凉鞋/塑料鞋foŋ$_{44}$liɛ̃$_{44}$ɦɒ$_{51}$/soʔ$_{5}$liᴀ^{ɔ}$_{33}$ɦɒ$_{31}$　盛:风凉皮鞋foŋ$_{44}$liæ̃$_{44}$bi$_{j44}$ɦɑ$_{44}$　嘉:风凉皮鞋foŋ$_{44}$liᴀ˜$_{44}$bi$_{33}$ɦɑ$_{31}$　双:风凉鞋子foŋ$_{44}$liã$_{44}$ɦɑ$_{44}$tsɿ$_{44}$　杭:风凉鞋子foŋ$_{32}$liᴀŋ$_{23}$ɦie$_{55}$tsɿ$_{31}$　绍:风凉鞋fʊŋ$_{32}$liaŋ$_{34}$ɦa$_{52}$　诸:凉鞋liᴀ̃$_{31}$ɦᴀ$_{42}$

崇：风凉鞋fʊ$_{52}$liÃ$_{34}$ɦɑ$_{52}$　太：风凉鞋/塑料鞋fʊŋ$_{52}$liᴀŋ$_{33}$ɦɑ$_{52}$/su$_{55}$liɑɒ$_{33}$ɦɑ$_{31}$　余：塑料鞋/风凉鞋sɔʔ$_{4}$liɒ$_{44}$ɦᴀ$_{52}$/fʊŋ$_{32}$liÃ$_{22}$ɦᴀ$_{52}$　宁：风凉鞋/塑料鞋foŋ$_{33}$liã$_{44}$ɦa$_{55}$/sɔʔ$_{3}$liɵ$_{44}$ɦa$_{55}$　黄：风凉鞋/凉鞋fəŋ$_{33}$lia˜$_{44}$ɦᴀ$_{51}$/lia˜$_{22}$ɦa$_{51}$　温：凉鞋li$_{22}$ɦɑ$_{24}$　衢：凉鞋liã$_{22}$ʔɛ$_{53}$　华：凉鞋/风凉鞋liᴀŋ$_{21}$ɑ$_{35}$/foŋ$_{55}$liᴀŋ$_{33}$ɑ$_{31}$　永：凉鞋liᴀŋ$_{32}$iːᴀ$_{54}$

围巾

宜：围巾ɦy$_{ɥ22}$tɕiŋ$_{53}$　溧：围巾ɦuæᴇ$_{32}$(ɦy$_{z32}$)tɕin$_{52}$　金：围巾uei$_{24}$tɕiŋ$_{52}$　丹：围巾ɦue$_{32}$tɕiŋ$_{24}$　童：围巾ɦuei$_{24}$tɕiŋ$_{31}$　靖：围巾ɦue$_{22}$tɕiŋ$_{34}$　江：围巾ɦy$_{21}$tɕiŋ$_{43}$　常：围巾ɦy$_{21}$tɕiɲ$_{34}$　锡：围巾ɦy$_{24}$tɕin$_{31}$　苏：围巾ɦy$_{ɥ22}$tɕiɪn$_{44}$　熟：围巾ɦy$_{24}$tɕĩ^{ɲ}$_{31}$　昆：围巾ɦy$_{23}$tɕin$_{41}$　霜：围巾ɦy$_{24}$tɕĩ$_{31}$　罗：围巾ɦy$_{24}$tɕɪ^{n}$_{31}$　周：围巾ɦy$_{23}$tɕiɪŋ$_{44}$　上：围巾ɦy$_{22}$tɕiɲ$_{44}$　松：围巾ɦy$_{22}$tɕiɲ$_{52}$　黎：围巾ɦy$_{ɥ22}$tɕiəɲ$_{44}$　盛：围巾ɦi$_{j22}$tɕɪɲ$_{44}$　嘉：围巾ɦy$_{22}$tɕin$_{34}$　双：围巾ɦi$_{z22}$tɕɪn$_{44}$　杭：围巾ɦueɪ$_{22}$tɕɪn$_{44}$　绍：围巾/项围ɦue$_{22}$tɕɪŋ$_{52}$/ɦɒŋ$_{23}$ɦue$_{52}$　诸：围巾ve$_{31}$tɕĩ$_{42}$　崇：围巾/项围ve$_{21}$tɕiŋ$_{23}$/ɦɒ̃$_{23}$ve$_{52}$　太：围巾ve$_{21}$tɕiŋ$_{23}$　余：围巾ɦy$_{22}$tɕiɲ$_{44}$　宁：围巾ɦy$_{ɥ22}$tɕɪŋ$_{51}$　黄：围巾ɦy$_{ɥ23}$tɕiɪŋ$_{31}$　温：围巾vʊ$_{22}$tɕiʌŋ$_{44}$　衢：围巾ɦuəɪ$_{22}$tɕi^{n}$_{53}$　华：围巾ɦuɪ$_{21}$tɕiɪn$_{35}$　永：围巾ʔɦuəɪ$_{43}$tɕiɲ$_{55}$

手套

宜：手套sɤɯ$_{53}$tʻɑɤ$_{31}$　溧：手套/手套则sei$_{52}$tʻɑ^{ʏ}$_{52}$/sei$_{54}$tʻɑ^{ʏ}$_{33}$tsə$_{34}$　金：手套sʌɤ$_{32}$tʻɑ^{ɔ}$_{23}$　丹：手套sᴇ^{e}$_{52}$tʻɒ$_{23}$　童：手套sei$_{33}$tʻɐɤ$_{55}$　靖：手套ɕ^{ø}y$_{33}$tʻɒ$_{52}$　江：手套sᴇɪ$_{52}$tʻɒ$_{33}$　常：手套sei$_{34}$tʻɑɤ$_{44}$　锡：手套sᴇɪ$_{33}$tʻʌ$_{55}$　苏：手套səɪ$_{53}$tʻæ$_{31}$　熟：手套ʂᴇ$_{33}$tʻɔ$_{33}$　昆：手套sᴇ$_{52}$tʻɔ$_{41}$　霜：手套sʌɪ$_{33}$tʻɔ$_{52}$　罗：手套sʌɪ$_{33}$tʻɔ$_{52}$　周：手套sɤ$_{44}$tʻɔ$_{44}$　上：手套sɤɯ$_{33}$tʻɔ$_{44}$　松：手套sɯ$_{44}$tʻɔ$_{44}$　黎：手套sieɯ$_{55}$tʻɔ$_{31}$　盛：手套ɕiəʉ$_{55}$tʻᴀɑ$_{31}$　嘉：手套se$_{44}$tʻɔ$_{33}$　双：手套s^{ø}ʏ$_{34}$tʻɔ$_{52}$　杭：手套seɪ$_{55}$tʻɔ$_{31}$　绍：手套sʏ$_{34}$tʻɑɒ$_{52}$　诸：手套sei$_{44}$tʻɔ$_{33}$　崇：手套ɕʏ$_{34}$tʻɑɒ$_{52}$　太：手套ɕʏ$_{34}$tʻɑɒ$_{52}$　余：手套sʏ$_{33}$tʻɒ$_{52}$　宁：手套ɕʏ$_{55}$tʻɔ$_{33}$　黄：手套ɕiu$_{33}$tʻɒ$_{44}$　温：手套ɕiʌu$_{52}$tʻɜ$_{21}$　衢：手套ʃɥɯ$_{35}$tʻɔ$_{53}$　华：手套ɕiɯu$_{54}$tʻɑʊ$_{35}$　永：手套ɕiəʊ$_{42}$tʻᴀʊ$_{54}$

袜子

宜：洋袜ɦiᴀŋ$_{21}$mᴀ$_{23}$　溧：袜则/洋袜mᴀʔ$_{3}$tsəʔ$_{5}$/ɦie$_{32}$mᴀ$_{23}$　金：袜子/洋袜uɑʔ$_{4}$tsɿ$_{44}$/iɑŋ$_{22}$uɑʔ$_{4}$　丹：袜则mɑʔ$_{3}$tsɛʔ$_{3}$　童：袜子/洋袜mᴀʔ$_{\underline{42}}$tsɿ$_{31}$/ɦiɑŋ$_{22}$mᴀʔ$_{5}$　靖：袜子mɑʔ$_{2}$tsɿ$_{23}$　江：洋袜ɦiᴀ^{ŋ}$_{21}$mɑʔ$_{4}$　常：洋袜/袜ɦiᴀɲ$_{21}$mɑʔ$_{4}$/mɑʔ$_{\underline{23}}$　锡：袜子/洋袜mɑʔ$_{2}$tsɿ$_{55}$/ɦiɛ̃$_{24}$mɑʔ$_{\underline{31}}$　苏：洋袜ɦiÃ$_{22}$mᴀʔ$_{4}$　熟：洋袜/袜(少)ɦiᴀ˜$_{24}$mᴀʔ$_{\underline{31}}$/mᴀʔ$_{\underline{23}}$　昆：洋袜/袜子ɦiã$_{22}$mᴀʔ$_{4}$/mᴀʔ$_{3}$tsɿ$_{31}$　霜：洋袜ɦia˜$_{22}$mᴀʔ$_{4}$　罗：袜子/洋袜mᴀʔ$_{2}$tsɿ$_{23}$/ɦia˜$_{23}$mᴀʔ$_{4}$　周：袜子mɑʔ$_{2}$tsɿ$_{23}$　上：袜子mɐʔ$_{2}$tsɿ$_{23}$　松：袜子mæʔ$_{4}$tsɿ$_{44}$　黎：洋袜ɦiɛ̃$_{24}$mᴀʔ$_{2}$　盛：洋袜ɦiæ̃$_{24}$mɑʔ$_{3}$　嘉：袜子ʔmᴀʔ$_{5}$tsɿ$_{31}$　双：洋袜/袜子ɦiã$_{22}$mᴀʔ$_{4}$/ʔmᴀʔ$_{5}$tsɿ$_{52}$　杭：袜儿mɐʔ$_{2}$ər$_{23}$　绍：袜/洋袜mæʔ$_{\underline{23}}$/ɦiaŋ$_{22}$mæʔ$_{5}$　诸：袜mɐʔ$_{\underline{12}}$　崇：袜mæʔ$_{\underline{12}}$　太：袜mɛʔ$_{12}$　余：袜mɐʔ$_{\underline{23}}$　宁：袜子/袜mɐʔ$_{2}$tsɿ$_{34}$/mɐʔ$_{23}$　黄：洋袜ɦia˜$_{23}$mɛʔ$_{4}$　温：袜mo$_{323}$　衢：袜mæʔ$_{\underline{12}}$　华：袜miɑ$_{24}$　永：洋袜ɦiᴀŋ$_{32}$mʊᴀ$_{31}$

毛巾

宜：毛巾/手巾mɑɤ$_{21}$tɕiŋ$_{23}$/sɤɯ$_{33}$tɕiŋ$_{44}$　溧：手巾sei$_{54}$tɕin$_{34}$　金：手巾/毛巾sʌɤ$_{35}$tɕiŋ$_{31}$/mɑ^{ɔ}$_{35}$tɕiŋ$_{31}$　丹：手巾/毛巾sᴇ^{e}$_{35}$tɕiŋ$_{21}$/mɒ$_{23}$tɕiŋ$_{44}$　童：毛巾mɐɤ$_{24}$tɕiŋ$_{31}$　靖：毛巾mɒ$_{22}$tsiŋ$_{34}$　江：毛巾mɒ$_{24}$tɕiŋ$_{31}$　常：毛巾mɑɤ$_{21}$tɕiɲ$_{34}$　锡：毛巾mʌ$_{24}$tɕin$_{31}$　苏：毛巾mæ$_{22}$tɕiɪn$_{44}$　熟：毛巾mɔ$_{24}$tɕĩ^{ɲ}$_{31}$　昆：毛巾mɔ$_{23}$tɕin$_{41}$　霜：毛巾mɔ$_{24}$tɕĩ$_{31}$　罗：毛巾mɔ$_{24}$tɕɪ^{n}$_{31}$　周：毛巾mɔ$_{23}$tɕiɪŋ$_{44}$　上：毛巾/手巾mɔ$_{22}$tɕiɲ$_{44}$/sɤɯ$_{33}$tɕiɲ$_{44}$　松：毛巾mɔ$_{22}$tɕiɲ$_{52}$　黎：毛巾mᴀ^{ɔ}$_{22}$tɕiəɲ$_{34}$　盛：毛巾mᴀɑ$_{22}$tɕɪɲ$_{44}$　嘉：毛巾mɔ$_{22}$tɕin$_{44}$　双：毛巾mɔ$_{22}$tɕɪn$_{44}$　杭：毛巾ʔmɔ$_{33}$tɕɪn$_{44}$　绍：毛巾mɑɒ$_{33}$tɕɪŋ$_{52}$

诸：手巾sei$_{33}$tɕĩ$_{52}$　崇：面布/毛巾(少)miẽ$_{22}$pu$_{23}$/mɑɒ$_{21}$tɕiŋ$_{23}$　太：面布/毛巾miẽ$_{24}$pu$_{31}$/mɑɒ$_{21}$tɕiŋ$_{23}$　余：手巾sʏ$_{33}$tɕiɲ$_{52}$　宁：毛巾mɔ$_{33}$tɕɪŋ$_{51}$　黄：面巾mie$_{22}$tɕiɪŋ$_{35}$　温：毛巾mɜ$_{22}$tɕiʌŋ$_{44}$　衢：毛巾/面布mɔ$_{22}$tɕi^{n}$_{53}$/mie$_{45}$pu$_{53}$　华：毛巾/面布mɑʊ$_{32}$tɕiɪn$_{35}$/mie$_{32}$pu$_{45}$　永：面巾/毛巾mie$_{42}$tɕiɪɲ$_{325}$/mAʊ$_{32}$tɕiɪɲ$_{44}$

手帕

宜：手方sʏɯ$_{33}$fAŋ$_{44}$　溧：手捏则sei$_{54}$ȵiɑʔ$_{4}$tsəʔ$_{31}$　金：小手巾ɕiɑ^{ɔ}$_{33}$sAʏ$_{55}$tɕiŋ$_{31}$　丹：手帕sE^{e}$_{35}$p'ɐʔ$_{21}$　童：手巾sei$_{31}$tɕiŋ$_{33}$　靖：手巾ɕ^{ø}y$_{33}$tɕiŋ$_{44}$　江：手绢儿sEI$_{52}$tɕioŋ$_{33}$　常：绢头tɕiɔ$_{55}$dei$_{31}$　锡：手绢sEi$_{33}$tɕio$_{55}$　苏：绢头tɕiɵ$_{55}$dəɪ$_{31}$　熟：绢头/手绢tɕiʏ$_{55}$dE$_{31}$/ʂE$_{33}$tɕiʏ$_{51}$　昆：绢头tɕyɵ$_{23}$dE$_{41}$　霜：绢头tɕi^{ʌ}ʏ$_{33}$dʌɪ$_{52}$　罗：绢头tɕi^{ʌ}ʏ$_{55}$dʌɪ$_{31}$　周：绢头tɕyø$_{33}$tʏ$_{52}$　上：绢头tɕyø$_{33}$dʏɯ$_{44}$　松：绢头tɕyø$_{55}$dɯ$_{31}$　黎：绢头tɕiɵ$_{33}$dieɯ$_{51}$　盛：绢头tɕiɵ$_{33}$diəʉ$_{52}$　嘉：绢头tɕyʏə$_{33}$de$_{51}$　双：手巾ɕ^{ø}ʏ$_{34}$tɕɪn$_{52}$　杭：手帕seɪ$_{55}$p'ɐʔ$_{31}$　绍：绢爿dʑiʏ$_{22}$bæ$_{52}$　诸：手帕sei$_{33}$pɐʔ$_{5}$　崇：手巾ɕʏ$_{34}$tɕiɲ$_{52}$　太：手巾ɕʏ$_{33}$tɕiŋ$_{44}$　余：绢爿tɕyõ$_{44}$bẽ$_{44}$　宁：绢帕儿tɕyʮ$_{33}$p'E$_{35}$　黄：手巾ɕiu$_{33}$tɕiɪŋ$_{35}$　温：手巾ɕiʌu$_{52}$tɕiʌŋ$_{44}$　衢：手巾ʃʮɯ$_{35}$tɕi^{n}$_{53}$　华：手巾ɕiɯu$_{54}$tɕiɪn$_{35}$　永：小面巾ɕiAʊ$_{43}$mie$_{32}$tɕiɪɲ$_{325}$

围嘴儿

宜：馋挂袋szA$_{22}$ko$_{55}$dæE$_{31}$　溧：馋挂袋zA$_{32}$ko$_{44}$kɐi$_{31}$　金：　丹：布头头pu$_{33}$dEe$_{55}$dE^{e}$_{31}$　童：兜包tei$_{53}$pɐʏ$_{31}$　靖：馋挂袋szæ$_{33}$ko$_{22}$dæ$_{34}$　江：围袋袋ɦy$_{24}$dæ$_{33}$dæ$_{31}$　常：馋袋兜tei$_{55}$zæ$_{33}$dæe$_{31}$　锡：围袋袋ɦy$_{24}$tei$_{55}$tei$_{31}$　苏：围馋ɦy$_{22}$zE$_{44}$　熟：围袋袋ɦy$_{24}$dæ$_{33}$dæ$_{31}$　昆：围馋ɦy$_{23}$zE$_{41}$　霜：沾馋/串胸tɕɪ$_{33}$zE$_{53}$/ts'ø$_{55}$ɕio^{ŋ}$_{31}$　罗：叉胸ts'^{ʌ}ʏ$_{55}$ɕioŋ$_{31}$　周：围袋袋/围馋头ɦy$_{23}$tɛ$_{44}$tɛ$_{44}$/ɦy$_{23}$zɛ$_{44}$dʏ̥$_{44}$　上：围袋袋/叉胸袋(少)ɦy$_{22}$dE$_{55}$dE$_{31}$/ts'o$_{55}$ɕioŋ$_{33}$dE$_{31}$　松：　黎：围袋袋ɦyʮ$_{22}$dE$_{44}$dE$_{51}$　盛：围袋袋ɦyʮ$_{22}$dE$_{44}$dE$_{51}$　嘉：　双：围口袋ɦie$_{22}$k'^{ø}ʏ$_{44}$dE$_{44}$　杭：围嘴袋儿ɦueɪ$_{21}$tsueɪ$_{23}$dE$_{55}$ər$_{31}$　绍：拦馋læ$_{22}$zæ$_{52}$　诸：拦馋lɛ$_{31}$zɛ$_{42}$　崇：拦馋læ$_{21}$zæ$_{52}$　太：拦馋læ$_{21}$zæ$_{44}$　余：倒挂衣tɒ$_{55}$ko$_{33}$i$_{31}$　宁：　黄：肚兜du$_{22}$dɛ$_{44}$　温：拉黄兜兜lɑ$_{33}$ɦ^{u}ɔ$_{52}$tʌu$_{33}$tʌu$_{31}$　衢：袖裙ɦiɯ$_{22}$tɕyn$_{53}$　华：口围k'iɯu$_{55}$y$_{31}$　永：面前兜mie$_{21}$ɕʑiA$_{22}$təʊ$_{325}$

袖子

宜：衣袖管ʔi$_{j55}$zʏɯ$_{55}$kue$_{31}$　溧：袖管/衣袖管ʑiʌɯ$_{32}$kʊ$_{52}$/ʔi$_{z44}$ʑiʌɯ$_{44}$kʊ$_{31}$　金：袖子/袖管(少)ɕiʌʏ$_{35}$tsɿ$_{31}$/ɕiʌʏ$_{44}$kuæ̃$_{23}$　丹：袖头ɕʏ$_{41}$dE^{e}$_{21}$　童：衣袖管/袖管i$_{j33}$ʑiʊ$_{55}$kʊ$_{31}$/ʑiʊ$_{24}$kʊ$_{31}$　靖：袖子/袖子管/衣袖管szøʏ$_{35}$tsɿ$_{31}$/szøʏ$_{35}$tsɿ$_{33}$kõ$_{34}$/ʔi$_{j44}$zøʏ$_{44}$kõ$_{34}$　江：袖子管/衣袖管ziɜʏ$_{24}$tsɿ$_{33}$kɵ$_{31}$/ʔi$_{j53}$ziɜʏ$_{33}$kɵ$_{31}$　常：衣袖管ʔi$_{j55}$zʌɯ$_{33}$kɔ$_{31}$　锡：袖子管/衣袖管zEi$_{22}$tsɿ$_{55}$ko$_{31}$/ʔi$_{21}$zEi$_{23}$ko$_{55}$　苏：袖子管zəɪ$_{22}$tsɿ$_{55}$kɵ$_{31}$　熟：衣裳管/袖子管ʔi$_{55}$zA˜$_{55}$kuʏ$_{31}$/ziɯ$_{24}$tsɿ$_{33}$kuʏ$_{31}$　昆：袖子管/衣裳管zy$_{22}$tsɿ$_{55}$kɵ$_{41}$/ʔi$_{44}$zã$_{44}$kɵ$_{41}$　霜：袖子管zy$_{22}$tsɿ$_{55}$kuɪ$_{31}$　罗：袖子管zy$_{22}$tsɿ$_{55}$ku^{ʌ}ʏ$_{31}$　周：袖子管ʑiʏ$_{22}$tsɿ$_{55}$kuø$_{31}$　上：袖子/袖子管ʑiʏɯ$_{22}$tsɿ$_{44}$/ʑiʏɯ$_{22}$tsɿ$_{55}$kø$_{31}$　松：袖子ʑiɯ$_{24}$tsɿ$_{31}$　黎：袖子管zieɯ$_{22}$tsɿ$_{55}$kɵ$_{31}$　盛：袖子管ziəʉ$_{22}$tsɿ$_{55}$kɵ$_{31}$　嘉：袖子管dʑiəu$_{24}$tsɿ$_{33}$kuʏə$_{31}$　双：袖子管dʑi^{ø}ʏ$_{22}$tsɿ$_{55}$kuE$_{21}$　杭：袖子/袖子管dʑʏ$_{23}$tsɿ$_{51}$/dʑʏ$_{22}$tsɿ$_{55}$kuo$_{31}$　绍：袖口ʑiʏ$_{21}$k'ʏ$_{23}$　诸：衫袖sɛ$_{52}$ɦiʏ$_{44}$　崇：手袖ɕʏ$_{34}$ʑʏ$_{52}$　太：手袖ɕʏ$_{33}$ʑʏ$_{44}$　余：袖头ɦiʏ$_{22}$dʏ$_{52}$　宁：袖头子ʑʏ$_{22}$dœʏ$_{44}$tsɿ$_{55}$　黄：衫袖sɛ$_{33}$ʑiu$_{35}$　温：衫袖sɑ$_{22}$ɦiʌu$_{44}$　衢：袖口ɦiɯ$_{22}$k'iɯ$_{23}$　华：袖口ɕʑiɯu$_{22}$k'iɯu$_{51}$　永：手衫袖ɕiəʊ$_{43}$sA$_{44}$ɕiəʊ$_{44}$

扣子

宜：纽头则ȵiʏɯ$_{21}$dʏɯ$_{11}$tsə$_{23}$　溧：纽头ȵiʌɯ$_{32}$dei$_{23}$　金：纽子ȵiʌʏ$_{22}$tsɿ$_{z44}$　丹：纽扣ȵʏ$_{32}$k'E^{e}$_{24}$　童：纽扣/纽子ʔȵiʊ$_{53}$k'ei$_{23}$/ʔȵiʊ$_{53}$tsɿ$_{23}$　靖：纽头ȵøʏ$_{22}$døʏ$_{44}$　江：纽则ʔȵiɜʏ$_{44}$tsɜʔ$_{3}$　常：纽头ʔȵiɯ$_{34}$dei$_{44}$　锡：纽头ȵiʌʏ$_{22}$dEi$_{55}$　苏：纽头ȵiɵ$_{22}$dəɪ$_{44}$　熟：纽头则ȵiɯ$_{22}$dE$_{55}$tsEʔ$_{31}$

昆:纽子ȵɪ$_{22}$tsɿ$_{41}$　霜:纽子ȵy$_{22}$tsɿ$_{52}$　罗:纽头/纽子ȵy$_{22}$dʌɪ$_{23}$/ȵy$_{22}$tsɿ$_{52}$　周:纽子ȵiɤ$_{24}$tsɿ$_{31}$　上:纽子/纽头(少)ȵiɤɯ$_{22}$tsɿ$_{44}$/ȵiɤɯ$_{22}$dɤɯ$_{44}$　松:纽子ȵiɯ$_{24}$sɿ$_{31}$　黎:纽子ȵieɯ$_{23}$tsɿ$_{33}$　盛:纽子ȵiəʉ$_{23}$tsɿ$_{33}$　嘉:纽子ȵiᵊu$_{22}$tsɿ$_{51}$　双:纽子ȵiᵒʏ$_{24}$tsɿ$_{52}$　杭:扣儿/纽扣k'eɪ$_{35}$ər$_{31}$/ʔȵʏ$_{55}$k'ʏ$_{31}$　绍:纽扣ȵiɤ$_{23}$k'ɤ$_{52}$　诸:扣门k'ei$_{54}$mẽĩ$_{33}$　崇:纽子ȵʏ$_{23}$tsɿ$_{52}$　太:纽子ȵʏ$_{21}$tsɿ$_{44}$　余:纽扣/纽子ȵiɤ$_{24}$k'ɤ$_{31}$/ȵiɤ$_{24}$tsɿ$_{31}$　宁:纽子ȵʏ$_{24}$tsɿ$_{33}$　黄:纽珠ȵiɤ$_{21}$tsʮ$_{13}$　温:纽珠ȵiʌu$_{52}$tsɿ$_{44}$　衢:扣子k'iɯ$_{55}$tsɿ$_{31}$　华:纽子ʔȵiɯu$_{54}$tsɿ$_{35}$　永:扣子k'əʊ$_{43}$tsɿ$_{55}$

尿布

宜:尿布ɕy$_{ʮ55}$pu$_{31}$　溧:尿布ɕy$_{z44}$pu$_{52}$　金:尿布ɕy$_{z52}$pu$_{44}$　丹:尿布ɕy$_{z44}$pu$_{44}$　童:尿布ʃy$_{ʮ55}$pu$_{31}$　靖:尿布sue$_{43}$du$_{34}$　江:尿布sᴇɪ$_{52}$pu$_{33}$　常:尿布ɕy$_{55}$pu$_{31}$　锡:尿布sʮ$_{21}$pʌʏ$_{23}$　苏:尿布sɿ$_{55}$pu$_{31}$　熟:尿布ʂʮ$_{55}$pu$_{31}$　昆:尿布sɿ$_{44}$pu$_{41}$　霜:尿布sɿ$_{55}$pu$_{31}$　罗:尿布sɿ$_{55}$pu$_{31}$　周:尿布sɿ$_{55}$ʔbu$_{31}$　上:尿布sɿ$_{55}$pu$_{31}$　松:尿布sɿ$_{55}$pu$_{31}$　黎:尿布sɿ$_{44}$pu$_{51}$　盛:尿布sɿ$_{44}$pu$_{44}$　嘉:尿布sɿ$_{52}$pu$_{22}$　双:尿布/纳sɿ$_{44}$pu$_{44}$/ʔnəʔ$_{\underline{54}}$　杭:单排儿/尿单排儿tᴇ$_{32}$bᴇ$_{24}$ər$_{31}$/ɕi$_{32}$tᴇ$_{22}$bᴇ$_{24}$ər$_{31}$　绍:尿布头ɕi$_{32}$pu$_{34}$dʏ$_{52}$　诸:尿布/污那ɕi$_{z52}$pu$_{44}$/ʔu$_{52}$noʔ$_{4}$　崇:尿布sɿ$_{53}$pʊ$_{23}$　太:尿布sɿ$_{52}$pu$_{33}$　余:尿布/新代sɿ$_{32}$pu$_{23}$/ɕiɲ$_{33}$de$_{44}$　宁:尿布sʮ$_{33}$pu$_{44}$　黄:赖尿布lᴀ$_{22}$sʮ$_{33}$pu$_{44}$　温:尿布sɿ$_{22}$pɵ$_{44}$　衢:尿片ʃʮ$_{43}$p'iẽ$_{53}$　华:尿片seɪ$_{33}$p'ie$_{45}$　永:尿纳ɕi$_{43}$nə$_{325}$

房子

宜:房则vᴀŋ$_{21}$tsə$_{23}$　溧:房则vᴀŋ$_{32}$tsə$_{23}$　金:房子fɑŋ$_{22}$tsɿ$_{z44}$　丹:房则fɑŋ$_{32}$tsɛʔ$_{\underline{24}}$　童:房子vɑŋ$_{24}$tsɿ$_{31}$　靖:房子vɒŋ$_{22}$tsɿ$_{34}$　江:房子/房则vᴀᵑ$_{21}$tsɿ$_{43}$/vᴀᵑ$_{21}$tsɛʔ$_{4}$　常:房则vᴀɲ$_{21}$tsəʔ$_{4}$　锡:房则/房子vɒ̃$_{24}$tsəʔ$_{31}$/vɑ̃$_{24}$tsɿ$_{31}$　苏:房子vᴀ̃$_{22}$tsɿ$_{44}$　熟:房则vᴀ̃$_{24}$tsᴇʔ$_{\underline{31}}$　昆:房子vã$_{23}$tsɿ$_{41}$　霜:房子ɦuɒ̃$_{24}$tsɿ$_{31}$　罗:房子vɒ̃$_{24}$tsɿ$_{31}$　周:房子vɒ̃$_{23}$tsɿ$_{44}$　上:房子vᴀ̃ⁿ$_{22}$tsɿ$_{44}$　松:房子vɑ̃$_{22}$tsɿ$_{52}$　黎:房子vɑ̃$_{22}$tsɿ$_{34}$　盛:房子vɑ̃$_{22}$tsɿ$_{44}$　嘉:房子vᴀ̃$_{24}$tsɿ$_{51}$　双:房子vɔ̃$_{22}$tsɿ$_{44}$　杭:房子vᴀŋ$_{22}$tsɿ$_{51}$　绍:房则/屋子vɒŋ$_{22}$tsəʔ$_{5}$/ʔoʔ$_{5}$tsɿ$_{33}$　诸:屋ʔoʔ$_{5}$　崇:屋ʔɔʔ$_{\underline{45}}$　太:屋ʔɔʔ$_{\underline{45}}$　余:房子/屋子vɒ̃$_{21}$tsɿ$_{23}$/ʔɔʔ$_{5}$tsɿ$_{31}$　宁:房子vɔ̃$_{22}$tsɿ$_{44}$　黄:房子vɒ̃$_{23}$tsɿ$_{31}$　温:屋堂ʔʊ$_{3}$dᵘɔ$_{24}$　衢:房屋vɒ̃$_{22}$uəʔ$_{5}$　华:房子fᴀŋ$_{32}$tsɿ$_{35}$　永:屋ʊ$_{434}$

屋子(单间)

宜:房间vᴀŋ$_{21}$kᴀ$_{23}$　溧:vᴀŋ$_{32}$kᴀ$_{23}$　金:fɑŋ$_{35}$kæ̃$_{31}$　丹:fɑŋ$_{23}$kæ$_{44}$　童:vɑŋ$_{24}$kɑ$_{55}$　靖:vɑŋ$_{22}$kæ̃$_{34}$　江:vᴀᵑ$_{21}$kæ$_{43}$　常:vᴀɲ$_{21}$kæ$_{34}$　锡:vɒ̃$_{24}$kɛ$_{31}$　苏:vᴀ̃$_{22}$kᴇ$_{44}$　熟:vᴀ̃$_{24}$kæ$_{31}$　昆:vã$_{23}$kɛ$_{41}$　霜:ɦuɒ̃$_{22}$kᴇ$_{52}$　罗:vɒ̃$_{22}$ke$_{52}$　周:vɒ̃$_{23}$kɛ$_{44}$　上:vᴀ̃ⁿ$_{22}$kᴇ$_{44}$　松:vɑ̃$_{22}$kᴇ$_{52}$　黎:vɑ̃$_{22}$kᴇ$_{34}$　盛:vɑ̃$_{22}$kᴇ$_{44}$　嘉:vᴀ̃$_{22}$kᴇ$_{44}$　双:vɔ̃$_{22}$kᴇ$_{44}$　杭:vᴀŋ$_{21}$tɕie$_{23}$　绍:vɒŋ$_{22}$kæ̃$_{52}$　诸:vɔ̃$_{31}$kɛ$_{42}$　崇:vɒ̃$_{21}$kæ̃$_{23}$　太:vɒŋ$_{21}$kæ̃$_{44}$　余:vɒ̃$_{22}$kẽ$_{44}$　宁:vɔ̃$_{22}$kᴇ$_{51}$　黄:vɒ̃$_{23}$kɛ$_{31}$　温:ɦᵘɔ$_{22}$kɑ$_{44}$　衢:fvɒ̃$_{32}$kæ̃$_{33}$　华:fᴀŋ$_{32}$kæ̃$_{35}$　永:fvᴀŋ$_{32}$kᴀ$_{44}$

正房

宜:堂屋/堂前dᴀŋ$_{21}$ʔɔ$_{23}$/dᴀŋ$_{21}$ʑɪ$_{23}$　溧:堂前dᴀŋ$_{32}$ʑi$_{23}$　金:堂屋/堂前t'ɑŋ$_{22}$ɔʔ$_{4}$/t'ɑŋ$_{35}$tɕ'ĩ$_{31}$　丹:堂前dɑŋ$_{23}$dʑɪ$_{213}$　童:堂前家里dɑŋ$_{23}$ɕʑɪ$_{55}$kɒ$_{33}$li$_{j31}$　靖:当中家tɑŋ$_{44}$tsoŋ$_{44}$ko$_{44}$　江:厅堂t'iŋ$_{53}$dᴀᵑ$_{31}$　常:客堂/客堂间k'ɑʔ$_{2}$dᴀɲ$_{13}$/kɑʔ$_{2}$dᴀɲ$_{13}$kæ$_{44}$　锡:客堂/客堂间k'ɑʔ$_{2}$dɒ̃$_{23}$/kɑʔ$_{3}$dɒ̃$_{55}$kɛ$_{31}$　苏:客堂间k'ᴀʔ$_{5}$dᴀ̃$_{23}$/kᴇ$_{31}$　熟:中间/中间屋tʂʊŋ$_{55}$kæ$_{31}$/tʂʊŋ$_{55}$kæ$_{55}$oʔ$_{\underline{31}}$　昆:客堂间k'ᴀʔ$_{4}$dã$_{34}$li$_{41}$　霜:客堂k'ᴀʔ$_{4}$dɒ̃$_{52}$　罗:客堂/客堂间k'ᴀʔ$_{4}$dɒ̃$_{52}$/k'ᴀʔ$_{3}$dɒ̃$_{55}$ke$_{31}$　周:正房/客堂间tsəŋ$_{33}$vɒ̃$_{52}$/k'ɑʔ$_{3}$dɒ̃$_{55}$kɛ$_{31}$　上:客堂/客堂间k'ɐʔ$_{3}$dᴀ̃ⁿ$_{44}$/k'ɐʔ$_{3}$dᴀ̃ⁿ$_{55}$kᴇ$_{31}$　松:客堂间k'ᴀʔ$_{4}$

dɑ̃44kE52 黎：客堂kʻAʔ5dɑ̃44 盛：厅堂tʻɪɲ44dɑ̃44 嘉：客堂间kʻəʔ3dÃ44kE51 双：客堂kʻAʔ5dɔ̃52 杭：堂前/客堂间dAŋ21dʑie23/kʻɐʔ5dAŋ33kE31 绍：堂屋/堂前/堂沿dɒŋ22oʔ5/dɒŋ22dʑĩ52/dɒŋ22ĩ52 诸：大房间/大间dɯ22vɒ̃22kɛ52/dɯ21kɛ23 崇：堂前dɒ̃22ʑiẽ52 太：堂前dʊŋ21ʑiẽ44 余：客堂间kʻɐʔ3dɒ̃44kẽ52 宁：客堂间/堂前/中让间kʻɐʔ3dɔ̃44kE55/dɔ̃22ʑiz44/tsoŋ33ȵiã44kE55 黄：正房tɕiɪŋ55vɒ̃31 温：正间tsəŋ52kɑ44 衢：堂前dɒ̃22ʑiẽ53 华：堂前tAŋ32ɕiɑ24 永：堂屋dAŋ32ʊ22

厢房

宜：厢房ɕiAŋ55VAŋ55 溧： 金：厢屋ɕiaŋ44ɔʔ4 丹：厢房ɕie44faŋ44 童：厢房ɕiaŋ53vaŋ31 靖：房里家/厢房vaŋ44lij22ko34/ɕiaŋ44vaŋ44 江：侧厢屋/侧厢tsʻəʔ5siAŋ42ʔoʔ31/tsʻəʔ5siAŋ42 常：厢房ɕiAɲ55VAɲ31 锡：厢房siɛ̃21vɒ̃23 苏：厢房/隔厢ɕiÃ55VÃ31/kAʔ5sÃ23 熟： 昆：厢房siã44vã41 霜：厢房siã55ɦuɒ̃31 罗：厢房ɕiã55vɒ̃31 周：厢房ɕiÃ44vɒ̃52 上：厢房ɕiÃɲ55VÃɲ31 松：厢房ɕiɛ̃44vɑ̃52 黎：厢房间siɛ̃44vɑ̃44kE51 盛：厢房siæ̃44vɑ̃44 嘉：厢房ɕiÃ44VÃ51 双：厢房ɕiã44vɔ̃44 杭：厢房ɕiAŋ32VAŋ23 绍：厢房ɕiaŋ33vɒŋ52 诸：厢房ɕiÃ52vɒ̃42 崇：厢房ɕiÃ33vɒ̃52 太： 余： 宁：厢房/纱头间(少)ɕiã33vɔ̃51/so33dœY44kE55 黄：厢房ɕiã33vɒ̃51 温：吴间ŋ̍52kɑ44 衢：搭厢təʔ5ɕiã31 华：边房pie55fAŋ31 永：大房diA32VAŋ44

厨房

宜：厨房/灶头屋/灶间dʑyɥ21VAŋ23/tsɑY33dYɯ55ʔɔʔ31/tsɑY33kA44 溧：厨房/灶头屋/灶头间dʑyz32VAŋ23/tsɑY54dei33ʔɔ34/tsɑY54dei33kA34 金：灶头间tsɑɔ52tʻAY23kæ̃52 丹：厨房tsʻəu32fvaŋ24 童：灶头家tsɐY34dei44kɒ55 靖：灶家tsɒ35ko31 江：厨房间/灶披间dʑy24VAŋ33kæ31/tsɒ45pʻij33kæ31 常：厨房/灶间/灶头间dzɥ21VAɲ34/tsɑY35kæ31/tsɑY35dei33kæ31 锡：厨房/灶间zɥ24vɒ̃31/tsʌ55kɛ31 苏：灶下间/灶下tsæ55ɦo55kE31/tsæ55ɦo31 熟：灶间/灶屋间tsɔ55kæ31/tsɔ55oʔ3kæ31 昆：灶下间tsɔ33o55kɛ31 霜：灶头间/灶下间tsɔ33dʌɪ55kE31/tsɔ33o55kE31 罗：厨房/灶头间/灶披间zʅ22vɒ̃52/tsɔ33dʌɪ55ke31/tsɔ33pʻi55ke31 周：灶头间/厨房间tsɔ33dY44kɛ52/zʅ23vɒ̃44kɛ44 上：厨房间/灶头间/灶披间zʅ22VÃɲ55kE31/tsɔ33dYɯ55kE31/tsɔ33pʻi55kE31 松：灶头间/厨房间tsɔ44dɯ44kE52/zʅ22vɑ̃55kE31 黎：厨房间/灶下间dzɥ22vɑ̃44kE51/zAɔ22ɦo55kE31 盛：灶下间tsAɑ33ɦo55kE31 嘉：灶头间/厨房tsɔ33de44kE51/zɥ22VÃ44 双：灶头间tsɔ32dəY22kE34 杭：厨房间/灶头间zɥ21VAŋ23kE51/tsɔ33deɪ55kE31 绍：灶头/灶头间tsɑɒ43dY33/tsɑɒ43dY33kæ̃33 诸：灶头间tsɔ33dei44kɛ52 崇：灶间tsɑɒ33kæ23 太：灶间tsɑɒ55kæ̃33 余：灶根间tsɒ44keɲ44kẽ52 宁：灶间/厨房间/灶头间tsɔ33kE44/dzɥ22vɔ̃44kE55/tsɔ33dœY44kE55 黄：镬灶间ɦoʔ1tsɒ11kɛ23 温：镬灶间ɦo3tsɜ52kɑ44 衢：厨房/灶地dʒɥ22vɒ̃53/tsɔ55di35 华：厨房tɕy32fAŋ24 永：厨房dʑY21fVAŋ51

厕所

宜：厕所/茅坑tsʻʅ55su31/mɑY21kʻAŋ23 溧：厕所tsʻʅ52sʌɯ44 金：厕所tsʻʅz52səu23 丹：厕所tsʻʅ33sEe44 童：则所/厕所tsəʔ53sAY31/tsʻəʔ53sAY31 靖：茅缸mɒ22kaŋ34 江：厕所/茅坑tsʻʅ45su31/mɒ24kʻAŋ31 常：厕所tsʻʅ55sʌɯ31 锡：厕所/茅坑tsʻʅ55sAY31/mʌ24kʻã31 苏：厕所tsʻʅ52sɜu23 熟：厕所/坑缸tsʻʅ55sɯ31/kʻÃ55kÃ51 昆：厕所tsʻʅ44səu41 霜：厕所tsʻʅ55səu31 罗：厕所/小便间tsʻʅ55səu31/siɔ33bi55ke31 周：厕所tsʻʅ33su52 上：厕所/马桶间/卫生间tsʻʅ33su44/mo22dʊŋ55kE31/ɦuE22səɲ55kE31 松：厕所tsʻʅ44su44 黎：厕所tsʻʅ32sɜu52 盛：厕所tsʻʅ32sɜu52 嘉：厕所/一号tsʻʅ35səu31/ʔiəʔ5ɦɔ31 双：厕所tsʻʅ32səu34 杭：厕所/茅坑tsʻʅ33su51/mɔ21kAŋ23 绍：厕所tsʻʅ43so33 诸：粪缸fɛ̃ĩ54kɒ̃33 崇：料缸头liɑɒ22kɒ̃34dY52 太：料缸头liɑɒ23kɒŋ22dY52 余：厕所tsʻʅ55sou31

宁:厕所ts'ʅ$_{55}$su$_{33}$ 黄:厕所ts'ʅ$_{33}$su$_{51}$ 温:尿盆间sʅ$_{55}$bɵ$_{33}$kɑ$_{21}$ 衢:茅枪mɔ$_{22}$ts'iã$_{53}$ 华:厕所/茅坑ts'əʔ$_{3}$soə$_{51}$/ʔmɑʊ$_{32}$k'ʌŋ$_{35}$ 永:厕所ts'ʅ$_{43}$soə$_{32}$

茅厕

宜:茅坑mɑɤ$_{21}$k'ʌŋ$_{23}$ 溧: 金:茅坑mɑɔ$_{24}$k'ɑŋ$_{52}$ 丹:茅缸mɒ$_{23}$k'ɑŋ$_{44}$ 童:茅坑mɐʏ$_{24}$k'ɑŋ$_{31}$ 靖: 江:茅坑mɒ$_{24}$k'A^{ŋ}$_{31}$ 常:茅坑mɑɤ$_{21}$k'ʌɲ$_{34}$ 锡:茅坑mʌ$_{24}$k'ã$_{31}$ 苏:坑缸/坑棚kÃ$_{55}$kÃ$_{31}$/kÃ$_{55}$bÃ$_{31}$ 熟:茅坑mɔ$_{24}$k'A˜$_{31}$ 昆:茅坑mɔ$_{23}$k'ã$_{41}$ 霜:坑工k'a˜$_{55}$ko^{ŋ}$_{31}$ 罗: 周: 上:坑缸k'Ã^{ɲ}$_{55}$kÃ^{ɲ}$_{31}$ 松: 黎:坑缸/茅坑k'ɛ̃$_{44}$kɑ˜$_{51}$/mA^{ɔ}$_{22}$k'ɛ̃$_{44}$ 盛: 嘉: 双:茅坑mɔ$_{22}$k'ã$_{44}$ 杭:茅坑mɔ$_{21}$k'ʌŋ$_{23}$ 绍:茅坑mɑɒ$_{22}$k'əŋ$_{52}$ 诸:茅坑mɔ$_{31}$k'A˜$_{42}$ 崇:料缸liɑɒ$_{21}$kɒ̃$_{23}$ 太:料缸liɑɒ$_{23}$kɒŋ$_{22}$ 余: 宁:茅坑mɔ$_{22}$k'ã$_{51}$ 黄:茅儿坑ma˜$_{24}$k'ɒ˜$_{51}$ 温:茅坑m^{ʊ}ɔ$_{22}$k'ɛ$_{44}$ 衢:茅枪mɔ$_{22}$ts'iã$_{53}$ 华:茅坑ʔmɑʊ$_{32}$k'ʌŋ$_{35}$ 永:茅坑mAʊ$_{32}$k'ai$_{44}$

柱子

宜:柱则dʑy$_{ɥ21}$tsə$_{23}$ 溧:柱脚dʑy$_{z32}$tɕiɑ$_{23}$ 金:柱子ts^{ə}u$_{44}$tsʅ$_{z44}$ 丹:柱则ts^{ə}u$_{41}$tsɛʔ$_{\underline{21}}$ 童:柱棵dʒy$_{ɥ21}$k'ʌɤ$_{23}$ 靖:柱棵dʑy$_{ɥ24}$k'ʌɤ$_{31}$ 江:柱子/柱则dʑy$_{24}$tsʅ$_{31}$/dʑy$_{24}$tsəʔ$_{2}$ 常:柱则dʑy$_{ɥ21}$tsəʔ$_{\underline{13}}$ 锡:柱/柱则zɥ$_{213}$/zɥ$_{24}$tsəʔ$_{\underline{31}}$ 苏:亭柱diɪn$_{22}$zʅ$_{44}$ 熟:柱头dʑy$_{22}$dE$_{51}$ 昆:柱头zɥ$_{22}$dE$_{44}$ 霜:柱子zʅ$_{22}$tsʅ$_{52}$ 罗:亭柱dɪ^{n}$_{24}$zʅ$_{31}$ 周:柱子ʑy$_{24}$tsʅ$_{31}$ 上:柱子/柱zʅ$_{22}$tsʅ$_{55}$/zʅ$_{113}$ 松:廊柱lɑ˜$_{22}$ʑy$_{52}$ 黎:廊柱lɑ˜$_{22}$zɥ$_{34}$ 盛:廊柱lɑ˜$_{22}$zɥ$_{44}$ 嘉:梁柱/廊柱liA˜$_{24}$zɥ$_{51}$/lA˜$_{24}$zɥ$_{51}$ 双:廊柱lɔ̃$_{22}$zʅ$_{44}$ 杭:房柱vʌŋ$_{22}$tsɥ$_{51}$ 绍:柱则tɕy$_{ɥ43}$tsəʔ$_{5}$ 诸:屋柱ʔoʔ$_{5}$dʑy$_{ɥ52}$ 崇:屋柱ʔɔʔ$_{3}$dzʅ$_{52}$ 太:屋柱ʔɔʔ$_{3}$dzʅ$_{52}$ 余:廊柱lɒ̃$_{21}$dzʅ$_{23}$ 宁:柱子dz$_{ɥ22}$zʅ$_{51}$ 黄:廊柱lɒ˜$_{23}$dzɥ$_{31}$ 温:栋柱toŋ$_{52}$dzʅ$_{34}$ 衢:屋柱ʔuəʔ$_{4}$dʒɥ$_{53}$ 华:屋柱ʔuoʔ$_{5}$dʑy$_{24}$ 永:屋柱ʊ$_{32}$dʑʏ$_{32}$

墙

宜:墙头/墙壁ʑiʌŋ$_{21}$dɤɯ$_{23}$/ʑiʌŋ$_{21}$pɪ$_{23}$ 溧:墙头/墙壁ʑie$_{32}$dei$_{23}$/ʑie$_{32}$pɪ$_{23}$ 金:墙头/墙壁(少)tɕ'iɑŋ$_{24}$t'ʌɤ$_{23}$/tɕ'iɑŋ$_{22}$pieʔ$_{4}$ 丹:墙头dʑie$_{32}$dE^{e}$_{23}$ 童:墙头dʑiɑŋ$_{24}$dei$_{31}$ 靖:墙/山墙szĩ$_{223}$/sæ̃$_{44}$zĩ$_{23}$ 江:墙头ziA^{ŋ}$_{24}$dEI$_{31}$ 常:墙头/墙壁dʑiAɲ$_{21}$dei/ʑiAɲ$_{21}$piɪʔ$_{4}$ 锡:墙头/墙壁ziɛ̃$_{24}$dEi$_{31}$/ziɛ̃$_{24}$pɪʔ$_{31}$ 苏:墙头ʑiÃ$_{22}$dəɪ$_{44}$ 熟:墙头dziA˜$_{24}$dE$_{31}$ 昆:墙头/墙壁ziã$_{23}$dE$_{41}$/ziã$_{23}$pɪʔ$_{\underline{41}}$ 霜:墙壁/壁脚/墙头zia˜$_{22}$pɪʔ$_{4}$/pɪʔ$_{5}$tɕiAʔ$_{3}$/ziã$_{22}$dʌɪ$_{52}$ 罗:墙壁/墙头zia˜$_{23}$pɪʔ$_{4}$/zia˜$_{22}$dʌɪ$_{52}$ 周:墙壁/墙头ʑiA˜$_{23}$ʔbɪʔ$_{4}$/ʑiA˜$_{23}$dɤ$_{44}$ 上:墙头/墙壁ʑiÃ^{ɲ}$_{22}$dɤɯ$_{44}$/ʑiÃ^{ɲ}$_{22}$piɪʔ$_{4}$ 松:墙壁ʑɛ̃i$_{24}$pɪʔ$_{3}$ 黎:墙头ziɛ̃$_{22}$dieɯ$_{44}$ 盛:墙头ziæ̃$_{22}$diɵʉ$_{44}$ 嘉:墙头/墙壁dʑiA˜$_{22}$de$_{44}$/dʑiA˜$_{22}$piɪʔ$_{5}$ 双:墙头/墙壁dʑiã$_{22}$d^{ø}ʏ$_{44}$/dʑiã$_{22}$pieʔ$_{4}$ 杭:墙壁/墙头dʑiʌŋ$_{21}$piɪʔ$_{5}$/dʑiʌŋ$_{21}$deɪ$_{23}$ 绍:墙壁dʑiaŋ$_{22}$pɪʔ$_{5}$ 诸:墙壁/墙头ʑiÃ$_{31}$piəʔ$_{4}$/ʑiÃ$_{31}$dei$_{42}$ 崇:墙壁/墙头ʑiÃ$_{22}$piEʔ$_{4}$/ʑiÃ$_{22}$dʏ$_{52}$ 太:墙/墙头/墙壁ʑiʌŋ$_{312}$/ʑiʌŋ$_{21}$dʏ$_{44}$/ʑiʌŋ$_{21}$pieʔ$_{4}$ 余:墙壁/墙/墙头dʑiÃ$_{22}$pɪʔ$_{5}$/dʑiÃ$_{113}$/dʑiÃ$_{22}$dʏ$_{44}$ 宁:墙壁/墙头dʑiã$_{22}$piɪʔ$_{5}$/ʑiã$_{23}$dœʏ$_{51}$ 黄:墙壁ʑia˜$_{23}$piʌʔ$_{4}$ 温:并墙pʌŋ$_{52}$ɦi$_{21}$ 衢:墙壁/墙头ʑiã$_{22}$piəʔ$_{5}$/ʑiã$_{22}$dəɪ$_{53}$ 华:墙壁/墙/墙头ɕiʌŋ$_{32}$pie$_{35}$/ɕiʌŋ$_{324}$/ɕiʌŋ$_{32}$tiɯɯ$_{24}$ 永:火墙xoə$_{43}$ʑiʌŋ$_{22}$

窗子

宜:窗门/窗盘/窗笼ts'ʌŋ$_{55}$məŋ$_{55}$/ts'ʌŋ$_{55}$be$_{55}$/ts'ʌŋ$_{55}$loŋ$_{55}$ 溧:窗笼ts'ʌŋ$_{44}$loŋ$_{52}$ 金:窗子/窗盘ts'yɑŋ$_{32}$tsʅ$_{z31}$/ts'yɑŋ$_{44}$p'ʊ̃$_{23}$ 丹:窗门ts'ɑŋ$_{44}$mɛn$_{31}$ 童:窗户/窗盘ts'ɑŋ$_{53}$vu$_{31}$/ts'ɑŋ$_{53}$bʊ$_{31}$ 靖:窗子tɕ'yɑŋ$_{44}$tsʅ$_{44}$ 江:窗盘/窗ts'A^{ŋ}$_{53}$bø$_{31}$/ts'A^{ŋ}$_{51}$ 常:窗/格则ts'ɥAɲ$_{44}$/kəʔ$_{4}$tsəʔ$_{5}$ 锡:窗架ts'ɒ˜$_{21}$kɑ$_{23}$ 苏:窗ts'Ã$_{44}$ 熟:窗/窗盘tʂ'A˜$_{52}$/tʂ'A˜$_{55}$bʏ$_{51}$ 昆:窗/窗盘ts'ã$_{44}$/ts'ã$_{44}$bɵ$_{41}$ 霜:窗ts'a˜$_{52}$ 罗:窗ts'ɒ˜$_{52}$ 周:窗子/窗ts'ɒ˜$_{55}$tsʅ$_{31}$/ts'ɒ˜$_{52}$ 上:窗子/窗门/窗ts'Ã^{ɲ}$_{55}$tsʅ$_{31}$/ts'Ã^{ɲ}$_{55}$

məɲ$_{31}$/ts'Ã^{ɲ}$_{52}$ 松:窗ts'ɑ̃$_{52}$ 黎:窗盘ts'ɑ̃$_{44}$bɵ$_{52}$ 盛:窗盘ts'ɑ̃$_{44}$bɵ$_{44}$ 嘉:窗门/窗ts'Ã$_{44}$mən$_{51}$/ts'Ã$_{51}$ 双:窗爿ts'ɔ̃$_{44}$bE$_{44}$ 杭:窗门ts'Aŋ$_{32}$mən$_{23}$ 绍:窗门ts'ɒŋ$_{33}$məŋ$_{52}$ 诸:窗门ts'ɒ̃$_{52}$mẽĩ$_{42}$ 崇:楼窗lY$_{21}$tsɒ̃$_{23}$ 太:楼窗lY$_{21}$tsɒŋ$_{23}$ 余:窗门ts'ɔ̃meɲ$_{44}$ 宁:窗门ts'ɔ̃$_{33}$mɐŋ$_{51}$ 黄:窗门ts'ɒ̃$_{33}$məŋ$_{51}$ 温:窗门tɕ'y^{u}ɔ$_{44}$mʌŋ$_{24}$ 衢:窗门/窗盘tʃ'ɥɒ̃$_{43}$mən$_{53}$/tʃ'ɥɒ̃$_{43}$pə$_{53}$ 华:窗门/卡头ts'uAŋ$_{32}$mən$_{24}$/k'ɑ$_{55}$tiɯu$_{31}$ 永:卡窗/后卡k'A$_{43}$tɕ'YAŋ$_{44}$/ʔɦYə$_{32}$k'A$_{\underline{45}}$

窗台

宜:窗台ts'Aŋ$_{55}$dɐɪ$_{55}$ 溧:窗台ts'Aŋ$_{44}$dæE$_{52}$ 金:窗台ts'yɑŋ$_{44}$t'ɛ^{e}$_{23}$ 丹:窗台ts'ɑŋ$_{44}$dæ$_{23}$ 童:窗台ts'ɑŋ$_{53}$daɪ$_{31}$ 靖:窗台tɕ'yɑŋ$_{44}$dæ$_{23}$ 江:窗台ts'A^{ŋ}$_{53}$dæ$_{31}$ 常:窗台ts'ɥAɲ$_{55}$dæ$_{31}$ 锡:窗台ts'ɒ̃$_{21}$dE$_{23}$ 苏:窗台/窗沿廊/窗盘ts'Ã$_{55}$dE$_{31}$/ts'Ã$_{55}$ɦi$_{55}$lÃ$_{31}$/ts'Ã$_{55}$bɵ$_{31}$ 熟:窗台tʂ'Ã$_{55}$dE$_{51}$ 昆:窗坎郎ts'ã$_{44}$k'ɛ$_{44}$lã$_{41}$ 霜:窗台ts'ã$_{55}$dE$_{31}$ 罗:窗台ts'ɒ̃$_{55}$de$_{31}$ 周:窗台ts'ɒ̃$_{44}$dɛ$_{52}$ 上:窗台/窗盘ts'Ã^{ɲ}$_{55}$dE$_{31}$/ts'Ã^{ɲ}$_{55}$bø$_{31}$ 松:窗台ts'ɑ̃$_{44}$dE$_{52}$ 黎:窗台ts'ɑ̃$_{44}$dE$_{52}$ 盛:窗台ts'ɑ̃$_{44}$dE$_{44}$ 嘉:窗台ts'Ã$_{44}$dE^{ɛ}$_{51}$ 双:窗台ts'ɔ̃$_{44}$dE$_{44}$ 杭:窗台ts'Aŋ$_{32}$dE$_{23}$ 绍:窗台ts'ɒŋ$_{22}$de$_{52}$ 诸:窗坎ts'ɒ̃$_{52}$k'ɛ$_{42}$ 崇:窗台ts'ɒ̃$_{33}$de$_{52}$ 太:窗台ts'ɒŋ$_{33}$de$_{44}$ 余:窗台ts'ɒ̃$_{33}$de$_{44}$ 宁: 黄:窗台ts'ɒ̃$_{33}$de$_{51}$ 温:窗台tɕ'y^{u}ɔ$_{44}$de$_{24}$ 衢:窗台tʃ'ɥɒ̃$_{35}$dɛ$_{31}$ 华:窗台tɕ'ɥAŋ$_{55}$tɛ$_{31}$ 永:廊台/阳台lAŋ$_{21}$dəɪ$_{51}$/ʔɦiAŋ$_{21}$dəɪ$_{51}$

门槛

宜:户槛vu$_{24}$k'A$_{31}$ 溧:门槛/门户槛/户槛mən$_{32}$k'A$_{52}$/mən$_{32}$vu$_{22}$k'A$_{52}$/vu$_{32}$k'A$_{52}$ 金:门槛/户槛məŋ$_{24}$k'æ$_{23}$/fu$_{52}$k'æ$_{23}$ 丹:门槛mɛn$_{35}$k'æ$_{21}$ 童:门槛məŋ$_{24}$k'ɑ$_{23}$ 靖:户槛vu$_{22}$k'æ̃$_{52}$ 江:门槛mEɲ$_{21}$k'æ$_{43}$ 常:门槛məɲ$_{21}$k'æ$_{34}$ 锡:门槛mən$_{24}$k'ɛ$_{31}$ 苏:门槛mən$_{22}$k'E$_{44}$ 熟:爬槛bu$_{24}$k'æ$_{34}$ 昆:门槛mən$_{23}$k'ɛ$_{41}$ 霜:门槛mɛ̃$_{24}$k'E$_{31}$ 罗:户槛/门槛ʔu$_{55}$k'e$_{31}$/mɛ̃^{n}$_{24}$k'e$_{31}$ 周:门槛məŋ$_{23}$k'ɛ$_{44}$ 上:门槛məɲ$_{22}$k'E$_{44}$ 松:门槛məɲ$_{22}$k'E$_{52}$ 黎:门槛məɲ$_{22}$k'E$_{34}$ 盛:门槛məɲ$_{22}$k'E$_{44}$ 嘉:门槛mən$_{24}$k'E$_{51}$ 双:门槛mən$_{22}$k'E$_{44}$ 杭:门槛mən$_{22}$k'E$_{51}$ 绍:门槛məŋ$_{21}$k'æ$_{33}$ 诸:门槛mẽĩ$_{31}$k'ɛ$_{42}$ 崇:门槛mɪŋ$_{22}$k'æ̃$_{52}$ 太:门槛meŋ$_{21}$k'æ̃$_{44}$ 余:门槛meɲ$_{21}$k'ɛ̃$_{23}$ 宁:门槛mɐŋ$_{22}$k'E$_{44}$ 黄:门槛/地脖头/地脖/地服头/地服məŋ$_{25}$tɕ'ie$_{51}$/di$_{j22}$bɔʔ$_{5}$diɤ$_{31}$/di$_{j23}$bɔʔ$_{4}$/di$_{j22}$vɔʔ$_{5}$diɤ$_{31}$/di$_{j23}$vɔʔ$_{4}$ 温:门槛mʌŋ$_{52}$k'ɑ$_{34}$ 衢:门槛mən$_{32}$k'æ̃$_{23}$ 华:门槛mən$_{21}$k'æ̃$_{51}$ 永:门槛məɲ$_{32}$k'A$_{\underline{45}}$

门框

宜:门框məŋ$_{21}$k'uAŋ$_{23}$ 溧:门框mən$_{32}$k'uAŋ$_{23}$ 金:门框məŋ$_{24}$k'uɑŋ$_{52}$ 丹:门框mɛn$_{35}$k'uɑŋ$_{21}$ 童:门框框məŋ$_{23}$k'uɑŋ$_{55}$k'uɑŋ$_{31}$ 靖:门框məŋ$_{24}$k'uɑŋ$_{31}$ 江:门框mEɲ$_{21}$k'uA^{ŋ}$_{43}$ 常:门框məɲ$_{21}$k'uAɲ$_{34}$ 锡:门框mən$_{24}$k'uɒ̃$_{31}$ 苏:门框/门框框mən$_{22}$k'uÃ$_{44}$/mən$_{22}$k'uÃ$_{55}$k'uÃ$_{31}$ 熟:门框mẽ^{n}$_{21}$k'uÃ$_{31}$ 昆:门宕子甲mən$_{22}$dã$_{55}$tsɿ$_{55}$li$_{31}$ 霜:门框mɛ̃$_{24}$k'uɒ̃$_{31}$ 罗:门塘子mɛ̃^{n}$_{22}$dɒ̃$_{24}$tsɿ$_{31}$ 周:门框məŋ$_{23}$k'uɒ̃$_{44}$ 上:门框/门框框məɲ$_{22}$k'uÃ^{ɲ}$_{44}$/məɲ$_{22}$k'uÃ^{ɲ}$_{55}$k'uÃ^{ɲ}$_{31}$ 松:门框məɲ$_{24}$k'uɑ̃$_{31}$ 黎:门框郎当/门腔郎当/腔郎当məɲ$_{22}$k'uɑ̃$_{55}$lɑ̃$_{55}$tɑ̃$_{31}$/məɲ$_{22}$tɕ'iɛ̃$_{55}$lɑ̃$_{55}$tɑ̃$_{31}$/tɕ'iɛ̃$_{44}$lɑ̃$_{44}$tɑ̃$_{52}$ 盛:门框məɲ$_{22}$k'uɑ̃$_{44}$ 嘉:门框mən$_{24}$k'uÃ$_{53}$ 双:门框mən$_{22}$k'uɔ̃$_{44}$ 杭:门框儿mən$_{21}$k'uAŋ$_{23}$ər$_{33}$ 绍:门框məŋ$_{22}$k'uɒŋ$_{52}$ 诸:门框mẽĩ$_{31}$k'uɒ̃$_{44}$ 崇:门框mɪŋ$_{21}$k'uɒ̃$_{23}$ 太:门框meŋ$_{21}$k'uɒŋ$_{23}$ 余:门框meɲ$_{22}$k'uɒ̃$_{44}$ 宁:门框mɐŋ$_{22}$k'uɔ̃$_{51}$ 黄:门框məŋ$_{25}$k'uɒ̃$_{51}$ 温:门框mʌŋ$_{22}$tɕ'y^{u}ɔ$_{44}$ 衢:门框mən$_{22}$k'uɒ̃$_{53}$ 华:门框mən$_{21}$k'uAŋ$_{35}$ 永:门框mən$_{32}$k'uAŋ$_{44}$

门栓

宜:门闩məŋ$_{21}$ɕy$_{ɥ23}$ 溧:门闩mən$_{32}$ɕyʊ$_{23}$ 金:门闩məŋ$_{24}$ɕyʊ̃$_{44}$ 丹:门闩mɛn$_{23}$sue$_{44}$

童：插销/门扛tsʻᴀʔ$_{53}$ɕiɐʏ$_{31}$/məŋ$_{23}$kɑŋ$_{55}$　靖：门闩məŋ$_{24}$ɕyũ$_{31}$/məŋ$_{24}$ɕiæ̃$_{31}$　江：闩子/闩则sæ$_{53}$tsɿ$_{31}$/sæ$_{53}$tsɜʔ$_{2}$　常：插销tsʻɑʔ$_{2}$ɕiɑʏ$_{13}$　锡：门闩mən$_{24}$so$_{31}$　苏：插销/门闩tsʻᴀʔ$_{5}$siɛ$_{23}$/mən$_{22}$sɵ$_{44}$　熟：门闩mẽⁿ$_{24}$ʂʏ$_{31}$　昆：门闩mən$_{23}$sy$_{41}$　霜：门闩mɛ̃$_{22}$sɪ$_{52}$　罗：插销tsʻᴀʔ$_{4}$siɔ$_{52}$　周：门煞məŋ$_{23}$sɑʔ$_{4}$　上：门插销məɲ$_{22}$tsʻᴀʔ$_{5}$ɕiɔ$_{31}$　松：门煞məɲ$_{24}$sᴀʔ$_{3}$　黎：门闩məɲ$_{22}$sɵ$_{44}$　盛：门闩məɲ$_{22}$sɵ$_{44}$　嘉：门闩mən$_{22}$sʏə$_{44}$　双：门闩mən$_{22}$sᴇ$_{44}$　杭：门闩儿mən$_{21}$sᴇ$_{24}$ər$_{31}$　绍：门闩məŋ$_{22}$sĩ$_{52}$　诸：门闩mẽĩ$_{31}$sʏ$_{42}$　崇：门闩mɪŋ$_{21}$sœ̃$_{23}$　太：门闩meŋ$_{21}$sœ̃$_{23}$　余：门闩meɲ$_{22}$sẽ$_{44}$　宁：门闩/门串mɐŋ$_{22}$sø$_{51}$/mɐŋ$_{22}$tsʻø$_{51}$　黄：门闩məŋ$_{25}$sø$_{51}$　温：门闩/插销mʌŋ$_{22}$sɵ$_{44}$/tsʻɑ$_{3}$ɕiɛ$_{44}$　衢：门闩mən$_{22}$ʃɥə$_{53}$　华：门杠/插销mən$_{21}$kᴀŋ$_{35}$/tsʻɐ$_{5}$ɕiɑʊ$_{35}$　永：门闩məɲ$_{32}$ɕiᴀ$_{44}$

台阶

宜：台阶/桥步近dɐɪ$_{22}$tɕiᴀ$_{53}$/dʑiɑʏ$_{22}$bu$_{22}$dʑiŋ$_{53}$　溧：踏路近dᴀʔ$_{33}$lu$_{22}$dʑin$_{52}$　金：台级tʻɛᵉ$_{33}$tɕieʔ$_{4}$　丹：台级dæ$_{32}$tɕɪʔ$_{24}$　童：台阶dɑɪ$_{23}$tɕiɒ$_{55}$　靖：台阶dæ$_{24}$tɕiæ$_{31}$　江：近头dʑiŋ$_{24}$dᴇɪ$_{31}$　常：台级dæ$_{21}$tɕiɪʔ$_{4}$　锡：台阶dᴇ$_{24}$kɑ$_{31}$　苏：踏路近/阶沿dᴀʔ$_{3}$lɜu$_{52}$dʑin$_{31}$/kɒ$_{55}$ɦɪ$_{31}$　熟：台级/台□dᴇ$_{24}$tɕɪʔ$_{31}$/dᴇ$_{24}$tɕʻi$_{31}$　昆：石级/台级zᴀʔ$_{2}$tɕiɪʔ$_{3}$/dɛ$_{23}$tɕiɪʔ$_{4}$　霜：踏步dᴀʔ$_{2}$bu$_{23}$　罗：街沿石/踏步kɑ$_{55}$ɦi$_{33}$zᴀʔ$_{31}$/dᴀʔ$_{2}$bu$_{23}$　周：台脚de$_{23}$tɕiɑʔ$_{4}$　上：台阶dᴇ$_{22}$kᴀ$_{44}$　松：廊沿石/台基石lɑ̃$_{23}$ɦi$_{44}$zᴀʔ$_{4}$/dᴇ$_{22}$tɕi$_{55}$zᴀʔ$_{31}$　黎：轴头dzoʔ$_{3}$dieɯ$_{34}$　盛：街沿石kɑ$_{44}$ɦiɪ$_{44}$zɑʔ$_{4}$　嘉：台级dᴇᵋ$_{22}$tɕiəʔ$_{5}$　双：桥石步dʑiɔ$_{22}$zɑ$_{11}$bʉ$_{34}$　杭：踏步档dɐʔ$_{2}$bu$_{23}$tᴀŋ$_{51}$　绍：踏步档dæʔ$_{2}$bu$_{44}$tɒŋ$_{52}$　诸：踏步dɐʔ$_{2}$bu$_{33}$　崇：踏倒步dæʔ$_{2}$tɑɒ$_{34}$bn$_{52}$　太：踏道步dɛʔ$_{2}$tɑɒ$_{23}$bu$_{44}$　余：合步梯儿kɐʔ$_{4}$bu$_{44}$tʻe$_{44}$　宁：夹步路梯kɐʔ$_{3}$bu$_{44}$lu$_{44}$tʻi$_{55}$　黄：沿街头ɦi$_{22}$kᴀ$_{33}$diʏ$_{51}$　温：踏步脚dɑ$_{3}$bʊ$_{55}$tɕiɑ$_{52}$　衢：踏步dᴀʔ$_{2}$bu$_{53}$　华：踏步tɯɑ$_{44}$bu$_{24}$　永：踏道dᴀ$_{31}$dᴀʊ$_{24}$

楼梯

宜：楼梯lʏɯ$_{21}$tʻi$_{j23}$　溧：楼梯lei$_{32}$tʻi$_{z23}$　金：楼梯lʌʏ$_{24}$tʻi$_{z52}$　丹：楼梯lᴇᵉ$_{23}$tʻi$_{z44}$　童：楼梯lei$_{24}$tʻi$_{j31}$　靖：楼梯løʏ$_{22}$tʻi$_{j34}$　江：楼梯/扶梯lᴇɪ$_{24}$tʻi$_{j31}$/vu$_{24}$tʻi$_{j31}$　常：楼梯lei$_{21}$tʻi$_{j34}$　锡：楼梯lᴇi$_{24}$tʻi$_{31}$　苏：胡梯/楼梯ɦɜu$_{22}$tʻi$_{j44}$/ləi$_{22}$tʻi$_{j44}$　熟：楼梯lᴇ$_{24}$tʻi$_{31}$　昆：楼梯/胡梯lᴇ$_{23}$tʻi$_{41}$/ɦəu$_{23}$tʻi$_{41}$　霜：胡梯ɦu$_{22}$tʻi$_{52}$　罗：胡梯ɦu$_{22}$tʻi$_{52}$　周：楼梯/胡梯lʏ$_{23}$tʻɛ$_{44}$/vu$_{23}$tʻɛ$_{44}$　上：楼梯/胡梯/路梯lʏɯ$_{22}$tʻi$_{44}$/vu$_{22}$tʻi$_{44}$/lu$_{22}$tʻi$_{44}$　松：扶梯vu$_{22}$tʻi$_{52}$　黎：胡梯ɦu$_{22}$tʻi$_{j34}$　盛：胡梯ɦu$_{22}$tʻi$_{j44}$　嘉：扶梯vu$_{22}$tʻi$_{44}$　双：楼梯/胡梯lᵊʏ$_{22}$tʻi$_{z44}$/vu$_{22}$tʻi$_{z44}$　杭：楼梯/扶梯lʏ$_{21}$tʻi$_{23}$/vu$_{21}$tʻi$_{23}$　绍：路梯/扶梯lu$_{23}$tʻi$_{52}$/vu$_{23}$tʻi$_{52}$　诸：扶梯/扶梯儿vu$_{31}$tʻi$_{z42}$/vu$_{31}$tʻe$_{42}$　崇：扶梯vu$_{21}$tʻi$_{z23}$　太：扶梯vu$_{21}$tʻi$_{23}$　余：楼步梯儿lʏ$_{22}$bu$_{44}$tʻe$_{44}$　宁：夹步路梯kɐʔ$_{3}$bu$_{44}$lu$_{44}$tʻi$_{55}$　黄：胡梯ɦu$_{25}$ti$_{j51}$　温：楼梯lʌu$_{22}$tʻi$_{44}$　衢：楼梯/踏步ləɪ$_{22}$tʻɛ$_{53}$/dᴀʔ$_{2}$bu$_{53}$　华：楼梯liɯu$_{32}$tʻi$_{j35}$　永：楼梯ləʊ$_{32}$tʻəɪ$_{44}$

院子

宜：院则/天井ɦyĩ$_{21}$tsə$_{23}$/tʻɪ$_{55}$tɕiŋ$_{31}$　溧：院则ɦyʊ$_{32}$tsə$_{23}$　金：院框yõ$_{44}$kʻuɑŋ$_{52}$　丹：院则y$_{z44}$tsɛʔ$_{31}$　童：院子/天井yʊ$_{44}$tsɿ$_{44}$/tʻɪ$_{53}$tɕiŋ$_{31}$　靖：天井tʻĩ$_{44}$tsiŋ$_{44}$　江：院则/院子ɦyɵ$_{24}$tsɜʔ$_{2}$/ɦyɵ$_{24}$tsɿ$_{31}$　常：院则/天井ɦyɔ$_{21}$tsəʔ$_{13}$/tʻɪ$_{55}$tɕiɲ$_{31}$　锡：院则ɦio$_{24}$tsəʔ$_{31}$　苏：天井tʻɪ$_{55}$tsiɪn$_{31}$　熟：院则ɦiʏ$_{24}$tsᴇʔ$_{31}$　昆：天井/院子tʻɪ$_{44}$tɕin$_{41}$/ɦɵ$_{23}$tsɿ$_{41}$　霜：天井tʻɪ$_{55}$tsĩ$_{31}$　罗：天井tʻi$_{55}$tsɪⁿ$_{31}$　周：天井tʻi$_{55}$tɕiɪŋ$_{31}$　上：天井tʻi$_{55}$tɕiɲ$_{31}$　松：院子ɦø$_{23}$tsɿ$_{44}$　黎：天井tʻiɪ$_{44}$tsiəɲ$_{44}$　盛：天井tʻiɪ$_{44}$tɕɪɲ$_{44}$　嘉：院子ɦyʏə$_{24}$tsɿ$_{51}$　双：天井tʻɪ$_{44}$tɕɪn$_{44}$　杭：天井tʻie$_{33}$tɕɪn$_{51}$　绍：院子ɦyĩ$_{21}$tsɿ$_{23}$　诸：院ɦiʏ$_{233}$　崇：道地dɑɒ$_{23}$di$_{z52}$　太：道地dɑɒ$_{22}$di$_{44}$　余：院子ɦyõ$_{21}$tsɿ$_{23}$　宁：院子ɦy$_{ɥ22}$tsɿ$_{44}$　黄：院子/天井ɦyø$_{23}$tsɿ$_{31}$/tʻie$_{33}$tɕiɪŋ$_{51}$　温：道踏dɜ$_{52}$dɑ$_{22}$　衢：道院dɔ$_{45}$ɦyɔ$_{31}$　华：院子ɦyæ̃$_{13}$tsɿ$_{51}$　永：院/院子ɦyə$_{214}$/ɦyə$_{24}$tsɿ$_{22}$

天井

宜:院则ɦyĩ$_{21}$tsə$_{23}$　溧:院则ɦyʊ$_{32}$tsə$_{23}$　金:院框yʊ̃$_{44}$k'uaŋ$_{52}$　丹:天井t'ɪ$_{44}$tɕiŋ$_{31}$　章:天井/院子t'ɪ$_{53}$tɕiŋ$_{31}$/yʊ$_{44}$tsɿ$_{44}$　靖:天井t'ĩ$_{44}$tsiŋ$_{44}$　江:天井/院则t'ɪ$_{53}$tsiɲ$_{31}$/ɦyɵ$_{24}$tsɜʔ$_{2}$　常:天井/院则t'ɪ$_{55}$tɕiɲ$_{31}$/ɦyɔ$_{21}$tsɔ$_{13}$　锡:天井/院则t'ɪ$_{21}$tsin$_{23}$/ɦio$_{24}$tsəʔ$_{31}$　苏:天井t'ɪ$_{55}$tsiɪn$_{31}$　熟:天井t'ie$_{55}$tsĩ^{n}$_{31}$　昆:天井t'ɪ$_{44}$tɕin$_{41}$　霜:天井t'ɪ$_{55}$tsĩ$_{31}$　罗:天井t'i$_{55}$tɕɪ^{n}$_{31}$　周:天井t'i$_{55}$tɕiɪŋ$_{31}$　上:天井t'i$_{55}$tɕiɲ$_{31}$　松:天井/亭心t'i$_{44}$tɕiɲ$_{52}$/diɲ$_{22}$ɕiɲ$_{52}$　黎:天井t'iɪ$_{44}$tsiəɲ$_{44}$　盛:天井t'iɪ$_{44}$tɕɪɲ$_{44}$　嘉:天井t'ie$_{52}$tɕin$_{22}$　双:天井t'ɪ$_{44}$tɕɪn$_{44}$　杭:天井t'ie$_{33}$tɕɪn$_{51}$　绍:天井t'ĩ$_{33}$tɕɪŋ$_{52}$　诸:天井t'iɪ$_{52}$tɕĩ$_{42}$　崇:道地/天井dɑɒ$_{23}$di$_{z52}$/t'iẽ$_{53}$tɕiŋ$_{52}$　太:天井/道地t'iẽ$_{52}$tɕiŋ$_{33}$/dɑɒ$_{22}$di$_{44}$　余:天井/道地t'ĩ$_{32}$tsiɲ$_{23}$/dɒ$_{24}$di$_{31}$　宁:天井t'i$_{33}$tɕɪŋ$_{51}$　黄:天井/道地t'ie$_{33}$tɕiɪŋ$_{51}$/dɒ$_{21}$di$_{j13}$　温:　衢:天井t'ie$_{43}$tɕi^{n}$_{35}$　华:院子ɦyæ$_{13}$tsɿ$_{51}$　永:天井t'iA$_{43}$tɕiɪɲ$_{32}$

井

宜:井tɕiŋ$_{51}$　溧:井tɕin$_{52}$　金:井tɕiŋ$_{323}$　丹:井tɕiŋ$_{324}$　章:井tɕiŋ$_{324}$　靖:井tsiŋ$_{334}$　江:井tsiɲ$_{435}$　常:井tɕiɲ$_{334}$　锡:井tsin$_{323}$　苏:井tsiɪn$_{51}$　熟:井tsĩ^{n}$_{44}$　昆:井tɕin$_{52}$　霜:井tsĩ$_{434}$　罗:井tɕɪ^{n}$_{434}$　周:井tɕiɪŋ$_{335}$　上:井tɕiɲ$_{334}$　松:井tɕiɲ$_{44}$　黎:井tsiəɲ$_{51}$　盛:井tɕɪɲ$_{51}$　嘉:井tɕin$_{44}$　双:井tɕɪn$_{53}$　杭:井/水井tɕɪn$_{51}$/sueɪ$_{55}$tɕɪn$_{31}$　绍:井tɕɪŋ$_{334}$　诸:井tɕĩ$_{52}$　崇:井tɕiŋ$_{42}$　太:井tɕiŋ$_{42}$　余:井tɕiɲ$_{435}$　宁:井tɕɪŋ$_{325}$　黄:水井sʮ$_{34}$tɕiɪŋ$_{31}$　温:水井sɿ$_{52}$tsʌŋ$_{34}$　衢:井tɕi^{n}$_{35}$　华:井tɕiɪn$_{544}$　永:井tɕiɪ^{n}$_{434}$

房基

宜:墙基ʑiAŋ$_{21}$tɕi$_{j23}$　溧:地基di$_{z54}$tɕi$_{z34}$　金:房地faŋ$_{24}$ti$_{z44}$　丹:地基di$_{z31}$tɕiz$_{21}$　章:地基/地脚di$_{j22}$tɕi$_{j55}$/di$_{j22}$tɕiAʔ$_{5}$　靖:地基di$_{j31}$tɕi$_{j31}$　江:宅脚zɑʔ$_{3}$tɕiɑʔ$_{3}$　常:地基di$_{j21}$tɕi$_{j23}$　锡:地基di$_{22}$tɕi$_{55}$　苏:地基/宅基di$_{j22}$tɕi$_{j44}$/zAʔ$_{3}$tɕi$_{j52}$　熟:宅基/地基zAʔ$_{2}$tɕi$_{52}$/di$_{24}$tɕi$_{31}$　昆:宅基/地基zAʔ$_{3}$tɕi$_{31}$/di$_{23}$tɕi$_{41}$　霜:宅基/宅基地zAʔ$_{2}$tɕi$_{23}$/zAʔ$_{2}$tɕi$_{23}$di$_{23}$　罗:宅基/zAʔ$_{2}$tɕi$_{44}$　周:房基vɒ̃$_{23}$tɕi$_{44}$　上:地基di$_{22}$tɕi$_{44}$　松:地基di$_{23}$tɕi$_{44}$　黎:房基vɑ̃$_{22}$tɕi$_{j44}$　盛:地基/宅基di$_{j22}$tɕi$_{j52}$/dzɑʔ$_{2}$tɕi$_{j34}$　嘉:　双:宅基/屋基zAʔ$_{2}$tɕi$_{z52}$/ʔoʔ$_{5}$tɕi$_{z52}$　杭:房基vAŋ$_{21}$tɕi$_{23}$　绍:房基/宅基vɒŋ$_{22}$tɕi$_{52}$/zAʔ$_{2}$tɕi$_{52}$　诸:屋基ʔoʔ$_{5}$tɕi$_{z52}$　崇:地基di$_{22}$tɕi$_{z23}$　太:地基di$_{24}$tɕi$_{31}$　余:地基di$_{22}$tɕi$_{52}$　宁:地基di$_{22}$tɕi$_{51}$　黄:地基/屋基di$_{j23}$tɕi$_{j31}$/ʔɔʔ$_{3}$tɕi$_{j31}$　温:屋基ˀʊ$_{3}$tsɿ$_{44}$　衢:地基di$_{45}$tsɿ$_{31}$　华:地基di$_{j24}$tɕi$_{j35}$　永:房基/地基fAŋ$_{43}$tɕi$_{44}$/di$_{32}$tɕi$_{44}$

篱笆

宜:篱笆　溧:竹辣则　金:篱隔ȵi$_{z24}$kɑʔ$_{4}$　丹:篱笆　章:篱笆li$_{j24}$pɒ$_{31}$　靖:篱笆li$_{j22}$po$_{34}$　江:竹篱笆tsoʔ$_{5}$li$_{j55}$po$_{31}$　常:篱笆li$_{j21}$po$_{44}$　锡:篱笆li$_{24}$pu$_{31}$　苏:枪篱笆tɕ'iÃ$_{55}$li$_{j55}$po$_{31}$　熟:篱笆li$_{24}$pu$_{31}$　昆:篱笆/墙篱笆li$_{23}$po$_{41}$/ziã$_{22}$li$_{55}$po$_{41}$　霜:枪篱笆ts'ia~$_{55}$li$_{33}$p^ɤ$_{31}$　罗:枪篱笆ts'ia~$_{55}$li$_{33}$p^ɤ$_{31}$　周:枪篱笆tɕ'iA~$_{33}$li$_{44}$ˀbo$_{52}$　上:枪篱笆tɕ'iÃ^{n}$_{55}$li$_{33}$po$_{31}$　松:枪篱笆tɕ'iɛ̃$_{44}$li$_{44}$po$_{52}$　黎:枪篱笆/竹篱笆/栅栏ts'iã$_{44}$li$_{j44}$po$_{52}$/tsoʔ$_{33}$li$_{j44}$po$_{52}$/tsAʔ$_{5}$lE$_{44}$　盛:枪篱笆ts'iæ̃$_{44}$li$_{j44}$po$_{44}$　嘉:篱笆/墙篱/墙篱笆li$_{22}$pɑ$_{44}$/dʑiA~$_{22}$li$_{44}$/dʑiA~$_{22}$li$_{44}$pɑ$_{51}$　双:枪篱笆tɕ'iã$_{44}$li$_{z44}$pʊ$_{44}$　杭:枪篱笆tɕ'iAŋ$_{32}$li$_{23}$pɑ$_{51}$　绍:枪笆tɕ'iaŋ$_{32}$po$_{33}$　诸:园笆ɦiɤ$_{31}$po$_{42}$　崇:篱笆li$_{z21}$pɤ$_{23}$　太:　余:枪篱笆tɕ'iÃ$_{32}$li$_{22}$po$_{52}$　宁:枪笆tɕ'iã$_{33}$po$_{51}$　黄:枪篱tɕ'ia~$_{33}$li$_{j51}$　温:篱笆lⁱi$_{22}$po$_{44}$　衢:篱笆li$_{22}$pɑ$_{53}$　华:围笆/篱吧ɦy$_{21}$pɑ$_{35}$/li$_{21}$pɑ$_{35}$　永:篱笆li$_{32}$pɑ$_{44}$

地板

宜:地板di$_{j21}$pA$_{23}$　溧:地板di$_{z32}$pA$_{52}$　金:地板ti$_{z52}$pæ̃$_{23}$　丹:地板di$_{z31}$pæ$_{21}$　章:地板

dij21pɑ23 靖:地板dij31pæ̃23 江:地板dij24pæ31 常:地板dij21pæ13 锡:地板di22pɛ55 苏:地板dij22pE44 熟:地板di24pæ31 昆:地板di23pɛ41 霜:地板di24pE31 罗:地板di24pe31 周:地板di24pɛ31 上:地板di22pE44 松:地板/地皮(水泥地板)di23pE44/di23bi44 黎:地板dij22pE51 盛:地板dij32pE52 嘉:地板di24pEᵋ31 双:地板diz22pE44 杭:地板di23pE51 绍:地板di21pe23 诸:搁板koʔ5pɛ52 崇:地板/楼搁板/地搁板diz22pæ̃23/lʏ22kɔʔ4pæ̃52/diz22kɔʔ4pæ̃52 太:地板/楼搁板di23pæ̃22/lʏ21kɔʔ4pæ̃52 余:地板di22pɛ̃52 宁:地板di22pE44 黄:地板dij23pɛ31 温:地板dɪi52pɑ34 衢:地板di45pæ̃35 华:地板dij13pæ̃51 永:地板di32mA32

角落

宜:角落/壁角落头kɔʔ5lɔʔ5/pɪʔ5kɔʔ3lɔʔ3dʏɯ35 溧:角落头/壁角落头kɔʔ5lɔʔ3dei34/pɪʔ5kɔʔ3ɬɔʔ3dei34 金:角落头/壁角落/壁角落头kɑʔ4lɑʔ4t'ʌʏ23/pieʔ4kɑʔ4lɑʔ4/pieʔ4kɑʔ4lɑʔ4t'ʌʏ23 丹:角落/角落头/壁角落koʔ5loʔ23/koʔ3loʔ3tEᵉ23/pɪʔ5koʔ3loʔ23 童:角落/壁角落里/墙角落头koʔ53loʔ31/piɪʔ4loʔ5koʔ3lij31/ʑziɑŋ24koʔ5loʔ3dei31 靖:角落头/壁角落头/角壁角落头kɔʔ53lɔʔ3døʏ31/pɪʔ53kɔʔ5lɔʔ3døʏ31/kɔʔ53pɪʔ5kɔʔ5lɔʔ3døʏ31 江:角落/壁角落/角落头/壁角koʔ5loʔ5/pɪʔ5koʔ5loʔ5/koʔ5loʔ5dEɪ43/pɪʔ5koʔ5 常:角落头/壁角落kɔʔ5lɔʔ5dei31/piɪʔ4kɔʔ4ləʔ5 锡:角落头/壁角落/壁角落头kɔʔ4lɔʔ5dEi55/pɪʔ4kɔʔ5lɔʔ5/pɪʔ4kɔʔ5lɔʔ5dEi55 苏:角落/角落头kɔʔ5lɔʔ5/kɔʔ5lɔʔ5dəɪ55 熟:角落里koʔ2loʔ3li51 昆:角落/角落头koʔ5loʔ3/koʔ4loʔ4dE41 霜:角落头/壁角落/弯塘角koʔ4loʔ3dʌɪ52/pɪʔ5koʔ3loʔ31/ʔʋE55dɒ̃33koʔ31 罗:角落/角落头koʔ5loʔ3/koʔ3loʔ5dʌɪ31 周:角落头/角角头kɒʔ3lɒʔ5dʏ31/kɒʔ3kɒʔ5dʏ31 上:角落头/壁角落/角落koʔ3loʔ5dʏɯ31/pɪʔ3koʔ5loʔ31/koʔ3loʔ4 松:角落头kɔʔ4lɔʔ4dɯ52 黎:角落头里koʔ5loʔ33dieɯ31 盛:角落kɔʔ5lɔʔ3 嘉:角落头koʔ3loʔ4de51 双:角落/角落头/壁角落koʔ5loʔ5/koʔ5loʔ5dᵊʏ21/pieʔ5koʔ5loʔ21 杭:角落头/角角落落kɔʔ4lɔʔ4deɪ51/kɔʔ4kɔʔ4lɔʔ5lɔʔ31 绍:角落头koʔ2loʔ4dʏ52 诸:角落头koʔ2loʔ4dei52 崇:角落头kɔʔ2lɔʔ4dʏ52 太:角落头kɔʔ2lɔʔ4dʏ52 余:角落头kɔʔ4lɔʔ4dʏ44 宁:角落头kɔʔ3lɔʔ4dœʏ55 黄:角落头kɔʔ5lɔʔ3diʏ24 温:角落/角落头ko3lo52/ko5lo33dʌu21 衢:角落kAʔ5ləʔ2 华:角落koʔ5loʔ3 永:角落头/角落kAʊ43lAʊ31dəʊ24/kAʊ43lAʊ31

窟窿

宜:洞doŋ31 溧:洞doŋ31 金:洞/洞洞眼t'oŋ31/t'oŋ44t'oŋ44æ̃23 丹:洞洞/眼toŋ41toŋ31/ŋæ213 童:洞洞doŋ22doŋ55 靖:洞/眼doŋ31/ŋæ̃223 江:洞/洞洞头doŋ223/doŋ24doŋ33doŋ31 常:洞/洞洞眼doŋ24/doŋ21doŋ11ŋæ13 锡:洞洞/洞洞眼doŋ22doŋ55/doŋ22doŋ55ŋɛ31 苏:洞洞眼doŋ22doŋ55ŋE31 熟:洞洞眼/洞洞头dʊŋ24dʊŋ33ŋæ31/dʊŋ24dʊŋ33dE31 昆:洞/洞洞眼doŋ312/doŋ22doŋ55ŋɛ41 霜:洞洞眼doᵑ22doᵑ23ŋE52 罗:窟窿洞/洞洞眼k'oʔ3loᵑ55doᵑ31/doᵑ22doᵑ24ŋe52 周:洞洞眼/洞眼doŋ22doŋ55ŋɛ31/doŋ24ŋɛ31 上:洞洞/洞洞眼dʊŋ22dʊŋ44/dʊŋ22dʊŋ55ŋE31 松:洞洞dʊŋ22dʊŋ23 黎:洞洞眼doŋ22doŋ55ŋE31 盛:洞洞doŋ32doŋ52 嘉:洞洞/洞洞眼doŋ22doŋ34/doŋ22doŋ55ŋEᵋ31 双:洞/洞洞眼doŋ113/doŋ22doŋ22ŋE52 杭:洞儿/洞眼doŋ23ər51/doŋ23ŋE51 绍:洞眼dʊŋ21ŋe23 诸:洞doŋ233 崇:洞dʊᵑ14 太:洞dʊŋ13 余:洞洞眼dʊŋ21dʊŋ22ŋɛ̃44 宁:洞洞眼doŋ22doŋ44ŋE55 黄:洞/洞眼doŋ113/doŋ23ŋɛ31 温:洞doŋ22 衢:洞dʌŋ31 华:洞doŋ24 永:洞doŋ214

灶

宜:灶头tsɑʏ33dʏɯ44 溧:灶头tsɑʸ54dei34 金:灶头tsɑᵓ52t'ʌʏ23 丹:灶头tsɒ52dEᵉ23 童:灶头tsɐʏ34dei55 靖:灶tsɒ51 江:灶头tsɒ45dEɪ31 常:灶头tsɑʏ34dei44 锡:炉则/炉灶lʌʏ24tsəʔ31/

lʌʏ$_{24}$tsʌ$_{31}$　苏：灶头tsæ$_{55}$dəɪ$_{31}$　熟：灶头tsɔ$_{55}$dᴇ$_{31}$　昆：灶头tsɔ$_{44}$dᴇ$_{41}$　霜：灶/灶头tsɔ$_{434}$/tsɔ$_{33}$dʌɪ$_{52}$　罗：灶头tsɔ$_{35}$dʌɪ$_{31}$　周：灶头tsɔ$_{33}$dʏ$_{52}$　上：灶头tsɔ$_{33}$dʏɯ$_{44}$　松：灶头tsɔ$_{55}$dɯ$_{31}$　黎：灶头tsʌ^{ɔ}$_{33}$dieɯ$_{52}$　盛：灶头tsʌɑ$_{33}$diəʉ$_{52}$　嘉：灶头tsɔ$_{33}$de$_{51}$　双：灶头/行灶tsɔ$_{32}$d^{ə}ʏ$_{34}$/ɦã$_{22}$tsɔ$_{44}$　杭：灶头tsɔ$_{34}$deɪ$_{51}$　绍：灶头tsɑɒ$_{43}$dʏ$_{33}$　崇：镬灶/灶头ɦoʔ$_{2}$tsɔ$_{33}$/tsɔ$_{54}$dei$_{33}$　崇：灶头tsɑɒ$_{33}$dʏ$_{23}$　太：灶头tsɑɒ$_{52}$dʏ$_{33}$　余：灶头/灶登/灶头登tsɒ$_{55}$dʏ$_{31}$/tsɒ$_{55}$teɲ$_{31}$/tsɒ$_{44}$dʏ$_{44}$teɲ$_{44}$　宁：灶头tsɔ̃$_{55}$dœʏ$_{33}$　黄：镬灶ɦɔʔ$_{2}$tsɒ$_{44}$　温：镬灶ɦo$_{3}$tsɜ$_{52}$　衢：灶头tsɔ$_{33}$təɪ$_{53}$　华：灶/镬灶tsɑʊ$_{45}$/ʔɦuoʔ$_{4}$tsɑʊ$_{35}$　永：镬灶ʔɦuə$_{31}$tsʌʊ$_{44}$

家具

宜：家具ko$_{55}$dʑy$_{ɥ31}$　溧：家具tɕio$_{44}$dʑy$_{z52}$　金：家具tɕiɑ$_{22}$tɕy$_{z44}$　丹：家具tɕiɑ$_{44}$dʑy$_{z44}$　童：家具tɕiɒ$_{55}$dʒy$_{ɥ31}$　靖：家具tɕiɑ$_{43}$dʑy$_{ɥ33}$　江：家生kɑ$_{55}$sA^{ŋ}$_{31}$　常：家具/家生ko$_{55}$dʑy$_{ɥ31}$/ko$_{55}$sAɲ$_{31}$　锡：家生/家具kɑ$_{21}$sã$_{23}$/kɑ$_{21}$dʑy$_{23}$　苏：家生kɒ$_{55}$sÃ$_{31}$　熟：家生kɒ$_{55}$sA˜$_{51}$　昆：家具/家生tɕiɑ$_{44}$dʑy$_{41}$/kɑ$_{44}$sã$_{41}$　霜：家生kɑ$_{55}$sa˜$_{31}$　罗：家具/家生kɑ$_{55}$dʑy$_{31}$/kɑ$_{55}$sa˜$_{31}$　周：家具/家生kɑ$_{55}$d̥ʑy$_{31}$ kɑ$_{44}$sA˜$_{52}$　上：家生/家具kA$_{55}$sÃ^{ɲ}$_{31}$/kA$_{55}$dʑy$_{31}$　松：家生kɑ$_{44}$sɛ̃$_{52}$　黎：家生kɒ$_{44}$sɛ̃$_{52}$　盛：家生kɑ$_{44}$sæ̃$_{44}$　嘉：家具kɑ$_{52}$dʑy$_{22}$　双：家生kɑ$_{44}$sã$_{44}$　杭：家具tɕiɑ$_{32}$dʑy$_{23}$　绍：家具tɕia$_{33}$dʑy$_{ɥ52}$　诸：家具tɕiA$_{52}$dʑy$_{ɥ44}$　崇：家具/房里家货tɕiɑ$_{53}$dʑy$_{ɥ23}$/vɒ̃$_{22}$li$_{z34}$kʏ$_{53}$hʏ$_{31}$　太：家具/房里家货tɕiɑ$_{52}$dʑy$_{33}$/vɒŋ$_{21}$li$_{44}$ko$_{55}$hɯ$_{33}$　余：家具ko$_{32}$dʑy$_{23}$　宁：家具tɕia$_{33}$dʑy$_{ɥ51}$　黄：家生ko$_{35}$sa˜$_{51}$　温：间底kɑ$_{52}$tʻi$_{34}$　衢：家具kɑ$_{43}$tɕy$_{35}$　华：家具tɕiɑ$_{55}$tɕy$_{24}$　永：家具kuA$_{43}$tɕʏ$_{32}$

东西

宜：东西toŋ$_{55}$ɕi$_{j55}$　溧：东西toŋ$_{44}$ɕi$_{z52}$　金：东西toŋ$_{32}$ɕi$_{z31}$　丹：东西toŋ$_{44}$ɕi$_{z31}$　童：东西toŋ$_{53}$ɕi$_{j31}$　靖：东西toŋ$_{44}$ɕi$_{j44}$　江：末事mɜʔ$_{2}$zɿ$_{23}$　常：东西toŋ$_{55}$ɕi$_{j31}$　锡：物事məʔ$_{2}$zɿ$_{34}$　苏：物事məʔ$_{3}$zɿ$_{52}$　熟：物事mᴇʔ$_{2}$zɿ$_{34}$　昆：物事məʔ$_{2}$zɿ$_{31}$　霜：物事məʔ$_{2}$zɿ$_{23}$　罗：物事mɐʔ$_{2}$zɿ$_{23}$　周：物事məʔ$_{2}$zɿ$_{23}$　上：物事mɐʔ$_{2}$zɿ$_{23}$　松：物事məʔ$_{2}$zɿ$_{34}$　黎：物事məʔ$_{3}$zɿ$_{33}$　盛：物事məʔ$_{4}$zɿ$_{33}$　嘉：东西/物事toŋ$_{44}$ɕi$_{51}$/ʔməʔ$_{5}$zɿ$_{31}$　双：东西toŋ$_{44}$ɕi$_{z44}$　杭：东西toŋ$_{32}$ɕi$_{23}$　绍：东西tʊŋ$_{33}$ɕi$_{52}$　诸：东西toŋ$_{52}$ɕi$_{z42}$　崇：东西tʊ^{ŋ}$_{53}$ɕi$_{z23}$　太：东西tʊŋ$_{52}$ɕi$_{33}$　余：东西tʊŋ$_{33}$ɕi$_{44}$　宁：东西toŋ$_{33}$ɕi$_{z51}$　黄：物事mɐʔ$_{2}$zɿ$_{13}$　温：末事mɵ$_{52}$zɿ$_{22}$　衢：东西tʌŋ$_{43}$sɿ$_{53}$　华：东西toŋ$_{32}$ɕie$_{35}$　永：东西moŋ$_{43}$ɕie$_{45}$

桌子

宜：台则dɐɪ$_{21}$tsə$_{23}$　溧：台则dæᴇ$_{32}$tsə$_{23}$　金：台子tʻɛ^{e}$_{32}$tsɿ$_{31}$　丹：台则dæ$_{22}$tsɛʔ$_{4}$　童：台子daɪ$_{24}$tsɿ$_{31}$　靖：台子dæ$_{22}$tsɿ$_{34}$　江：台则/台子dæ$_{21}$tsɜʔ$_{4}$/dæ$_{21}$tsɿ$_{43}$　常：台则dæ$_{21}$tsəʔ$_{4}$　锡：台子dᴇ$_{24}$tsɿ$_{31}$　苏：台子dᴇ$_{22}$tsɿ$_{44}$　熟：台则dæ$_{24}$tsᴇʔ$_{\underline{31}}$　昆：台子dɛ$_{23}$tsɿ$_{41}$　霜：台子dᴇ$_{24}$tsɿ$_{31}$　罗：台子de$_{24}$tsɿ$_{31}$　周：台子de$_{23}$tsɿ$_{44}$　上：台子dᴇ$_{22}$tsɿ$_{44}$　松：台子dᴇ$_{22}$tsɿ$_{52}$　黎：台子dᴇ$_{22}$tsɿ$_{44}$　盛：台子dᴇ$_{22}$tsɿ$_{44}$　嘉：台子dɛ$_{24}$tsɿ$_{51}$　双：台子dᴇ$_{22}$tsɿ$_{44}$　杭：桌子tsɔʔ$_{5}$tsɿ$_{31}$　绍：桌床tsoʔ$_{4}$zɒŋ$_{52}$　诸：桌子/桌床tsoʔ$_{5}$tsɿ$_{52}$/tsoʔ$_{5}$zɒ̃$_{52}$　崇：桌凳tsɔʔ$_{3}$tɪŋ$_{52}$　太：桌凳ciɔʔ$_{3}$teŋ$_{44}$　余：桌凳tsɔʔ$_{5}$teɲ$_{31}$　宁：桌凳tsɔʔ$_{5}$tɐŋ$_{33}$　黄：桌tsɔʔ$_{5}$　温：桌tɕyo$_{423}$　衢：桌子tʃɥəʔ$_{4}$tsɿ$_{35}$　华：台桌dɛ$_{21}$tɕyo$_{35}$　永：嘴桌/台桌tsəɪ$_{43}$tsuːə$_{32}$/d̥əɪ$_{43}$tsuːə$_{32}$

椅子

宜：椅则ʔi$_{j33}$tsəʔ$_{4}$　溧：板凳/靠背椅pA$_{44}$tən$_{31}$/kɑ^{ʏ}$_{44}$pæᴇ$_{44}$ʔi$_{z55}$　金：椅子i$_{z33}$tsɿ$_{z44}$　丹：椅则/靠背椅i$_{z52}$tsɛʔ$_{\underline{23}}$/kɒ$_{44}$pæ$_{44}$i$_{z23}$　童：椅凳/椅子i$_{j31}$təŋ$_{33}$/i$_{j31}$tsɿ$_{33}$　靖：靠背椅子/椅子kʻɒ$_{55}$pe$_{33}$ʔi$_{j33}$tsɿ$_{31}$/ʔi$_{j33}$tsɿ$_{44}$　江：靠背椅kʻɒ$_{45}$pᴇɪ$_{33}$i$_{j31}$　常：靠背凳kʻɑʏ$_{55}$pæe$_{33}$təɲ$_{31}$　锡：靠背椅kʻʌ$_{55}$pᴇ$_{55}$i$_{31}$　苏：椅子/靠背矮凳/交椅ʔi$_{j52}$tsɿ$_{23}$/kʻæ$_{55}$pᴇ$_{55}$ɒ$_{33}$tən$_{31}$/kæ$_{55}$ʔij$_{31}$　熟：椅则/靠背椅ʔi$_{33}$tsᴇʔ$_{5}$/kʻɔ$_{55}$

pE$_{33}$i$_{31}$　昆：凳子/靠背凳tən$_{34}$tsɿ$_{41}$/k'ɔ$_{44}$pE$_{44}$tən$_{41}$　霜：椅子ʔi$_{33}$tsɿ$_{52}$　罗：矮凳/椅子/靠背椅ʔɑ̃$_{33}$tẽ^{n}$_{52}$/ʔi$_{33}$tsɿ$_{52}$/k'ɔ$_{55}$pe$_{33}$ʔi$_{31}$　周：椅子ʔi$_{35}$tsɿ$_{31}$　上：椅子ʔi$_{33}$tsɿ$_{44}$　松：椅子ʔy$_{55}$tsɿ$_{31}$　黎：靠背椅子k'A^{ɔ}$_{33}$pE$_{55}$y$_{ɥ33}$tsɿ$_{31}$　盛：椅子ʔi$_{j55}$tsɿ$_{31}$　嘉：椅子ʔi$_{44}$tsɿ$_{33}$　双：椅子ɦi$_{z24}$tsɿ$_{52}$　杭：椅子/靠背椅子ʔi$_{55}$tsɿ$_{31}$/k'ɔ$_{33}$peɪ$_{55}$i$_{33}$tsɿ$_{31}$　绍：椅子ʔi$_{34}$tsɿ$_{52}$　诸：椅子ʔi$_{z33}$tsɿ$_{52}$　崇：椅子ʔi$_{z34}$tsɿ$_{52}$　太：椅子ʔi$_{55}$tsɿ$_{33}$　余：椅子ʔi$_{33}$tsɿ$_{52}$　宁：椅子ʔi$_{55}$tsɿ$_{33}$/ʔy$_{ɥ55}$tsɿ$_{33}$　黄：椅/椅子ʔy$_{ɥ53}$/ʔy$_{ɥ33}$tsɿ$_{51}$　温：阿椅ʔɑ$_{52}$ɦi$_{34}$　衢：背靠椅kɔ$_{55}$pəɪ$_{55}$i$_{35}$　华：椅子/靠背椅/交椅ʔij$_{32}$tsɿ$_{35}$/k'ɑʊ$_{53}$peɪ$_{33}$i$_{j51}$/kɑʊ$_{33}$i$_{j51}$　永：交椅kAʊ$_{43}$Y$_{32}$

凳子

宜：凳təŋ$_{324}$　溧：板凳pA$_{44}$tən$_{31}$　金：板凳pæ̃$_{33}$təŋ$_{44}$　丹：板凳/小板凳pæ$_{44}$tɛn$_{31}$/ɕiɒ$_{44}$pæ$_{44}$tɛn$_{44}$　童：板凳pɑ$_{53}$təŋ$_{31}$　靖：凳子/凳təŋ$_{35}$tsɿ$_{31}$/təŋ$_{51}$　江：矮凳/搁排凳/搁排矮凳ʔæʔ$_{52}$tEɲ$_{33}$/koʔ$_{5}$bæ$_{42}$tEɲ$_{31}$/koʔ$_{5}$bæ$_{42}$ʔæʔ$_{52}$tEɲ$_{33}$　常：凳则/小凳təɲ$_{5}$tsəʔ$_{3}$/ɕiɑɤ$_{34}$təɲ$_{44}$　锡：凳子/搁排凳/矮凳tən$_{5}$tsɿ$_{31}$/kɔʔ$_{4}$bɑ$_{34}$tən$_{55}$/ʔɑ$_{33}$tən$_{55}$　苏：凳子/搁牌凳/矮凳tən$_{55}$tsɿ$_{31}$/kɔʔ$_{5}$bɒ$_{23}$tən$_{31}$/ʔɒ$_{52}$tən$_{23}$　熟：矮凳ʔɑ$_{33}$tẽ^{n}$_{33}$　昆：凳子tən$_{55}$tsɿ$_{31}$　霜：凳子/矮凳tɛ̃$_{55}$tsɿ$_{31}$/ʔɑ$_{33}$tɛ̃$_{52}$　罗：矮凳ʔɑ$_{33}$tẽ^{n}$_{31}$　周：凳子/矮凳ɗəŋ$_{35}$tsɿ$_{31}$/ʔɑ$_{44}$ɗəŋ$_{44}$　上：凳子/矮凳təɲ$_{33}$tsɿ$_{44}$/ʔA$_{33}$təɲ$_{44}$　松：凳子/搁排凳/短凳təɲ$_{55}$tsɿ$_{31}$/kɔʔ$_{4}$bɑ$_{44}$təɲ$_{44}$/tø$_{44}$təɲ$_{44}$　黎：凳子təɲ$_{33}$tsɿ$_{52}$　盛：凳子/矮凳təɲ$_{33}$tsɿ$_{52}$/ʔɑ$_{33}$təɲ$_{52}$　嘉：凳子/小凳tən$_{35}$tsɿ$_{31}$/ɕiɔ$_{44}$tən$_{33}$　双：凳子tən$_{33}$tsɿ$_{52}$　杭：凳儿tən$_{34}$ər$_{51}$　绍：凳təŋ$_{33}$　诸：矮凳ʔA$_{44}$tẽĩ$_{33}$　崇：凳tɪŋ$_{324}$　太：团凳/方凳dœ̃$_{21}$teŋ$_{44}$/fʊŋ$_{52}$teŋ$_{33}$　余：凳子teɲ$_{55}$tsɿ$_{31}$　宁：矮凳ʔa$_{33}$tɐŋ$_{35}$　黄：凳/凳条təŋ$_{44}$/təŋ$_{33}$dio$_{35}$　温：凳tʌŋ$_{52}$　衢：凳tən$_{53}$　华：凳/凳子tən$_{45}$/tən$_{35}$tsɿ$_{31}$　永：凳ʔnəɲ$_{54}$

长凳子

宜：长凳/长板凳dzAŋ$_{22}$təŋ$_{53}$/dzAŋ$_{22}$pA$_{22}$təŋ$_{53}$　溧：长板凳dzA$_{32}$pA$_{44}$tən$_{31}$　金：长板凳ts'ɑŋ$_{24}$pæ̃$_{33}$təŋ$_{44}$　丹：长板凳dzɑ$_{32}$pæ$_{33}$tɛn$_{44}$　童：长板凳dzɑŋ$_{24}$pɑ$_{55}$təŋ$_{31}$　靖：长凳/大凳dʑiæ̃$_{22}$təŋ$_{44}$/dʌɤ$_{24}$təŋ$_{31}$　江：长凳dzA^{ŋ}$_{21}$tEɲ$_{43}$　常：长凳/板凳/长板凳dzAɲ$_{21}$təɲ$_{44}$/pæ$_{34}$təɲ$_{44}$/dzAɲ$_{22}$pæ$_{55}$təɲ$_{31}$　锡：长凳zã$_{24}$tən$_{31}$　苏：长板凳/长凳zÃ$_{22}$pE$_{55}$tən$_{31}$/zÃ$_{22}$tən$_{44}$　熟：长矮凳dʐ̩Ã$_{24}$ɑ$_{33}$tẽ^{n}$_{31}$　昆：长凳子/板凳zã$_{22}$tən$_{55}$tsɿ$_{31}$/pɛ$_{52}$tən$_{33}$　霜：长凳za˜$_{24}$tɛ̃$_{31}$　罗：长凳za˜$_{24}$tɛ˜$_{31}$　周：长凳/长板凳zA˜$_{22}$ɗəŋ$_{33}$/zA˜$_{22}$pɛ$_{33}$ɗəŋ$_{33}$　上：长矮凳/长板凳zÃ^{ɲ}$_{22}$A$_{55}$təɲ$_{31}$/zÃ^{ɲ}$_{22}$pE$_{55}$təɲ$_{31}$　松：长板凳/长凳zɛ̃$_{22}$pE$_{55}$təɲ$_{31}$/zɛ̃$_{24}$təɲ$_{31}$　黎：长凳/烧火凳dzɛ̃$_{22}$təɲ$_{44}$/sA^{ɔ}$_{44}$həu$_{44}$təɲ$_{31}$　盛：长凳dzæ̃$_{22}$təɲ$_{44}$　嘉：长凳zA˜$_{24}$tən$_{51}$　双：长凳/条凳/长板凳zã$_{22}$tən$_{44}$/diɔ$_{22}$tən$_{44}$/zã$_{22}$pE$_{44}$tən$_{44}$　杭：条凳儿diɔ$_{22}$tən$_{55}$ər$_{31}$　绍：长条凳dzaŋ$_{21}$ȵiɑɒ$_{34}$təŋ$_{52}$　诸：长矮凳dzÃ$_{22}$A$_{44}$tẽĩ$_{44}$　崇：长凳/大凳dzÃ$_{21}$dɪŋ$_{23}$/dɤ$_{22}$dɪŋ$_{23}$　太：长凳/大凳dzAŋ$_{21}$deŋ$_{44}$/dɯ$_{23}$deŋ$_{22}$　余：长凳/条凳dzÃ$_{21}$deɲ$_{44}$/diɒ$_{21}$deɲ$_{23}$　宁：长板凳dʑiã$_{22}$pE$_{44}$dɐŋ$_{55}$　黄：长凳/长板凳dʑia˜$_{22}$təŋ$_{44}$/dʑia˜$_{22}$pɛ$_{33}$təŋ$_{44}$　温：长凳dʑi$_{22}$tʌŋ$_{52}$　衢：凳/长凳tən$_{53}$/dʒɥã$_{22}$tən$_{53}$　华：长凳dzAŋ$_{21}$tən$_{35}$　永：长凳dʑiAŋ$_{21}$nəɲ$_{54}$

书桌

宜：写字台/办公台ɕi$_{j33}$zɿ$_{33}$dɐɪ$_{35}$/bA$_{21}$koŋ$_{11}$dɐɪ$_{23}$　溧：写字台ɕio$_{54}$zɿ$_{33}$dæE$_{34}$　金：书桌/写字台s^{ə}u$_{44}$tsɔʔ$_{4}$/ɕiɑ$_{22}$tsɿ$_{33}$t'ɛ^{e}$_{23}$　丹：写字台/书桌ɕiɑ$_{33}$s^{z}ɿ$_{44}$dæ$_{23}$/s^{ə}u$_{44}$tsoʔ$_{5}$　童：书桌/写字台ʃy$_{ɥ22}$tsoʔ$_{5}$/ɕiɒ$_{34}$zɿ$_{55}$daɪ$_{31}$　靖：写字台/公事桌siɑ$_{33}$zɿ$_{44}$dæ$_{23}$/koŋ$_{44}$szɿ$_{22}$tɕyɔʔ$_{4}$　江：写字台siɑ$_{52}$zɿ$_{33}$dæ$_{43}$　常：写字台ɕiɑ$_{33}$zɿ$_{55}$dæ$_{31}$　锡：写字台siɑ$_{45}$zɿ$_{55}$dE$_{55}$　苏：写字台ɕiɒ$_{52}$zɿ$_{23}$dE$_{31}$　熟：写字台siɑ$_{33}$zɿ$_{55}$dE$_{31}$　昆：写字台siɑ$_{52}$zɿ$_{44}$dɛ$_{41}$　霜：写字台siɑ$_{33}$zɿ$_{23}$dE$_{52}$　罗：写字台siɑ$_{33}$zɿ$_{55}$de$_{31}$　周：写字台ɕiɑ$_{33}$zɿ$_{44}$de$_{52}$　上：写字台ɕiA$_{33}$zɿ$_{55}$dE$_{31}$　松：写字台ɕiɑ$_{33}$zɿ$_{55}$dE$_{31}$　黎：写字台siɒ$_{33}$zɿ$_{55}$dE$_{31}$　盛：

写字台ɕiɑ$_{55}$zɿ$_{33}$dᴇ$_{31}$　嘉：写字台ɕiɑ$_{44}$zɿ$_{44}$dᴇ^{ε}$_{31}$　双：写字台ɕiɑ$_{34}$zɿ$_{55}$dᴇ$_{21}$　杭：写字台ɕi$_{55}$zɿ$_{33}$dᴇ$_{31}$　绍：写字台ɕia$_{33}$zɿ$_{44}$de$_{52}$　诸：书桌/写字台ɕy$_{ʮ52}$tsoʔ$_{4}$/ɕiᴀ$_{44}$zɿ$_{44}$de$_{52}$　崇：写字台/书桌ɕiɑ$_{33}$zɿ$_{55}$de$_{31}$/sɿ$_{53}$tsɔʔ$_{5}$　太：写字台ɕia$_{33}$zɿ$_{55}$de$_{31}$　余：写字台ɕiᴀ$_{44}$zɿ$_{44}$de$_{52}$　宁：写字台ɕia$_{55}$zɿ$_{33}$de$_{33}$　黄：写字台ɕiᴀ$_{33}$zɿ$_{33}$de$_{44}$　温：桌tɕyo$_{423}$　衢：写字台ɕiɑ$_{35}$sɿ$_{33}$dɛ$_{53}$　华：写字台ɕiɑ$_{53}$tsɿ$_{33}$tɛ$_{51}$　永：嘴桌tsəɪ$_{43}$tsuːə$_{32}$

柜子

宜：柜guɐɪ$_{324}$　溧：柜guæᴇ$_{224}$/dʑy$_{z224}$　金：柜子/橱kuei$_{44}$tsɿ$_{z31}$/ts'əu$_{24}$　丹：柜则/橱kue$_{41}$tsɛʔ$_{\underline{21}}$/dz^{ə}u$_{213}$　童：柜gue$_{113}$/dʒyʮ$_{31}$　靖：柜gu^{e}$_{113}$/dʑy$_{ʮ223}$　江：柜dʑy$_{223}$　常：柜则/柜guæe$_{21}$tsə$_{13}$/dʑy$_{ʮ24}$　锡：橱zʮ$_{213}$　苏：橱zɿ$_{223}$　熟：橱dʑy$_{213}$　昆：橱zʮ$_{132}$　霜：橱zɿ$_{31}$　罗：橱zɿ$_{31}$　周：橱zɿ$_{113}$/ʑy$_{113}$　上：橱zɿ$_{113}$　松：橱ʑy$_{31}$　黎：橱台/橱dzʮ$_{22}$dᴇ$_{24}$/dzʮ$_{24}$　盛：橱zʮ$_{24}$　嘉：橱zʮ$_{31}$　双：橱zɿ$_{113}$　杭：橱dzʮ$_{212}$　绍：橱dʑy$_{ʮ22}$　诸：橱dʑy$_{ʮ233}$　崇：橱dzɿ$_{312}$　太：橱dzɿ$_{312}$　余：橱dzʮ$_{113}$　宁：橱dzʮ$_{113}$　黄：橱dzʮ$_{22}$　温：橱dzɿ$_{22}$　衢：橱dʒʮ$_{323}$　华：橱dʑy$_{213}$　永：橱dʑʏ$_{322}$

抽屉

宜：抽斗/抽屉ts'ʏɯ$_{55}$tʏɯ$_{55}$/ts'ʏɯ$_{55}$ti$_{j55}$　溧：抽子ts'ei$_{44}$tsɿ$_{52}$　金：抽屉ts'ʌʏ$_{33}$t'i$_{z44}$　丹：抽屉ts'ᴇ^{e}$_{44}$t'i$_{z31}$　童：抽屉ts'ei$_{53}$t'i$_{j31}$　靖：抽斗tɕ'øʏ$_{44}$tøʏ$_{44}$　江：抽斗ts'ᴇɪ$_{53}$tᴇɪ$_{31}$　常：抽斗ts'ei$_{55}$tei$_{31}$　锡：抽屉ts'ʌʏ$_{21}$t'i$_{13}$　苏：抽屉/抽斗ts'əɪ$_{55}$t'i$_{j31}$/ts'əɪ$_{55}$təɪ$_{31}$　熟：抽屉tʂ'ɯ$_{55}$t'i$_{51}$　昆：抽屉ts'ᴇ$_{44}$t'i$_{41}$　霜：抽屉/抽头ts'ʌɪ$_{55}$t'i$_{31}$/ts'ʌɪ$_{55}$dʌɪ$_{31}$　罗：抽屉/抽斗/抽头ts'ʌɪ$_{55}$t'i$_{31}$/ts'ʌɪ$_{55}$tʌɪ$_{31}$/ts'ʌɪ$_{55}$dʌɪ$_{31}$　周：抽头/抽斗ts'ʏ$_{44}$dʏ$_{52}$/ts'ʏ$_{55}$tʏ$_{31}$　上：抽屉/抽头ts'ʏɯ$_{55}$t'i$_{31}$/ts'ʏɯ$_{55}$dʏɯ$_{31}$　松：抽斗/抽头ts'ɯ$_{44}$tɯ$_{52}$/ts'ɯ$_{44}$dɯ$_{52}$　黎：抽头ts'iew$_{44}$diew$_{52}$　盛：抽屉/抽斗ts'iəʉ$_{44}$t'i$_{j44}$/ts'iəʉ$_{44}$tiəʉ$_{44}$　嘉：抽头ts'e$_{44}$de$_{51}$　双：抽斗tɕ'i^{ø}ʏ$_{44}$d^{ø}ʏ$_{44}$　杭：抽屉/抽斗ts'eɪ$_{33}$t'i$_{51}$/ts'eɪ$_{33}$teɪ$_{51}$　绍：抽斗ts'ɤ$_{32}$tɤ$_{33}$　诸：抽斗tɕ'iʏ$_{52}$tei$_{42}$　崇：推屉t'e$_{53}$ti$_{z52}$　太：抽斗/推屉tɕ'ʏ$_{52}$tʏ$_{33}$/t'e$_{52}$ti$_{33}$　余：抽斗ts'ɤ$_{32}$tɤ$_{23}$　宁：抽斗tɕ'ʏ$_{33}$tœʏ$_{51}$　黄：格儿ka$^{\sim}$$_{53}$　温：巨夹dʑy$_{25}$kɑ$_{24}$　衢：抽斗tʃ'ʮɯ$_{43}$təɪ$_{53}$　华：抽屉tɕ'iɯu$_{32}$t'ie$_{35}$　永：抽屉tɕ'iəʊ$_{43}$t'ie$_{55}$

盒子

宜：盒则ɦəʔ$_{2}$tsəʔ$_{4}$　溧：盒则xɦɑʔ$_{3}$tsəʔ$_{5}$　金：盒子həʔ$_{4}$tsɿ$_{z44}$　丹：盒则/盒盒h^{ɦ}ɑʔ$_{5}$tsɛʔ$_{2}$/h^{ɦ}ɑʔ$_{5}$h^{ɦ}ɑʔ$_{2}$　童：盒子xɦᴀʔ$_{\underline{35}}$tsɿ$_{31}$　靖：盒子/盒hɦɑʔ$_{2}$tsɿ$_{23}$/hɦɑʔ$_{\underline{34}}$　江：盒子/盒则ɦɑʔ$_{2}$tsɿ$_{23}$/ɦɑʔ$_{3}$tsɜʔ$_{3}$　常：盒则ɦɑʔ$_{2}$tsəʔ$_{5}$　锡：盒子/盒则ɦɑʔ$_{2}$tsɿ$_{55}$/ɦɑʔ$_{2}$tsəʔ$_{5}$　苏：盒子ɦᴀʔ$_{3}$tsɿ$_{52}$　熟：盒则ɦᴀʔ$_{2}$tsᴇʔ$_{5}$　昆：盒子ɦᴀʔ$_{3}$tsɿ$_{31}$　霜：盒子ɦᴀʔ$_{2}$tsɿ$_{23}$　罗：盒子ɦᴀʔ$_{2}$tsɿ$_{23}$　周：盒子ɦɑʔ$_{2}$tsɿ$_{23}$　上：盒子ɦɐʔ$_{2}$tsɿ$_{23}$　松：盒子ɦᴀʔ$_{4}$tsɿ$_{44}$　黎：盒头ɦᴀʔ$_{3}$diew$_{34}$　盛：盒子ɦɑʔ$_{4}$tsɿ$_{33}$　嘉：盒头ʔᴀʔ$_{3}$de$_{44}$　双：盒子ʔᴀʔ$_{5}$tsɿ$_{52}$　杭：落儿lɔʔ$_{2}$ər$_{51}$　绍：盒子ɦəʔ$_{2}$tsɿ$_{33}$　诸：落子loʔ$_{2}$tsɿ$_{33}$　崇：盒/盒则ɦᴇʔ$_{\underline{12}}$/ɦᴇʔ$_{2}$tsᴇʔ$_{4}$　太：盒/盒则ɦɛʔ$_{\underline{12}}$/ɦᴇʔ$_{2}$tsɛʔ$_{5}$　余：盒子ɦɐʔ$_{2}$tsɿ$_{44}$　宁：盒子ɦɐʔ$_{2}$tsɿ$_{34}$　黄：盒/盒儿ɦɐʔ$_{\underline{12}}$/ʔɛ$_{53}$　温：盒儿bɜ$_{22}$ŋ̍$_{2}$　衢：盒儿ʔᴀʔ$_{4}$ŋ̍$_{35}$　华：盒子ʔɐʔ$_{3}$tsɿ$_{35}$　永：盒ʔɦʏə$_{45}$

床

宜：床dzᴀŋ$_{223}$　溧：床szᴀŋ$_{323}$　金：床ts'yaŋ$_{24}$　丹：床szɑŋ$_{213}$　童：床zɑŋ$_{113}$　靖：床d̥ʑyɑŋ$_{223}$　江：床zᴀ^{ŋ}$_{223}$　常：床zʮᴀɲ$_{213}$　锡：床zɒ̃$_{213}$　苏：床zᴀ̃$_{223}$　熟：床zᴀ̃$_{233}$　昆：床zã$_{132}$　霜：床zɒ̃$_{31}$　罗：床zɒ̃$_{31}$　周：床zɒ̃$_{113}$　上：床/眠床zᴀ̃^{ɲ}$_{213}$/mi$_{22}$zᴀ̃^{ɲ}$_{44}$　松：床/眠床zɑ̃$_{31}$/mi$_{24}$zɑ̃$_{31}$　黎：床zɑ̃$_{24}$　盛：床zɑ̃$_{22}$　嘉：眠床/床/铺mie$_{22}$zᴀ̃$_{44}$/zᴀ̃$_{31}$/p'u$_{324}$　双：床zɔ̃$_{113}$　杭：眠床mie$_{21}$zᴀŋ$_{23}$　绍：眠床mɪ$_{22}$zɒŋ$_{52}$　诸：床/眠床zɒ̃$_{233}$/miɪ$_{31}$zɒ̃$_{52}$　崇：门床/床mɪŋ$_{22}$zɒ̃$_{52}$/zɒ̃$_{312}$

太：眠床/床miẽ$_{21}$zɒŋ$_{44}$/zɒŋ$_{312}$　余：眠床mĩ$_{22}$zɔ̃$_{44}$　宁：眠床mi$_{22}$zɔ̃$_{51}$　黄：门床məŋ$_{22}$zɒ̃$_{51}$　温：床ɦy^{u}ɔ$_{31}$　衢：床ʒɥɒ̃$_{323}$　华：床ɕyAŋ$_{213}$　永：床ɕYAŋ$_{322}$

被子

宜：被头bi$_{j21}$dɣɯ$_{23}$　溧：被头bi$_{z32}$dei$_{23}$　金：被单pei$_{44}$tæ̃$_{31}$　丹：布被pu$_{52}$bE^{e}$_{23}$　章：布被pu$_{44}$bei$_{23}$　靖：被bi$_{j31}$　江：被头bi$_{j24}$dEI$_{31}$　常：被头bi$_{j21}$dei$_{13}$　锡：被头bi$_{22}$dEi$_{55}$　苏：被头bi$_{j22}$dəI$_{44}$　熟：被头bi$_{22}$dE$_{51}$　昆：被头bi$_{22}$dE$_{44}$　霜：被头bi$_{22}$dʌI$_{52}$　罗：被头bi$_{22}$dʌI$_{52}$　周：被头bi$_{22}$d̥Y$_{52}$　上：被头bi$_{22}$dɣɯ$_{44}$　松：被头bi$_{24}$dɯ$_{31}$　黎：被头bi$_{j23}$dieɯ$_{33}$　盛：被头bi$_{j23}$diəʉ$_{33}$　嘉：被头bi$_{22}$de$_{51}$　双：被头bi$_{z24}$d^{ø}Y$_{52}$　杭：棉被mie$_{21}$peI$_{23}$　绍：棉被mI$_{21}$bi$_{33}$　诸：被bi$_{z31}$　崇：被bi$_{z14}$　太：被/棉被bi$_{22}$/mie$_{21}$bi$_{44}$　余：被头bi$_{22}$dY$_{52}$　宁：被头bi$_{22}$dœY$_{33}$　黄：被bi$_{j31}$　温：被b^{ɪ}i$_{24}$　衢：被吴bi$_{45}$ɦu$_{31}$　华：被pi$_{j544}$　永：被b̥i$_{323}$

褥子

宜：被絮/垫被bi$_{j22}$ɕy$_{ɥ53}$/dI$_{21}$bi$_{j23}$　溧：垫被di$_{32}$bi$_{z23}$　金：　丹：垫絮/被单d̥i$_{41}$ɕy$_{z21}$/bE^{e}$_{31}$tæ$_{21}$(上盖)　章：棉絮mI$_{23}$ɕi$_{j55}$　靖：垫被dĩ$_{24}$bi$_{j31}$　江：褥子/褥则ȵioʔ$_{3}$tsɿ$_{33}$/ȵioʔ$_{3}$tsɜʔ$_{3}$　常：垫单dI$_{21}$tæ$_{13}$　锡：褥则ȵiɔʔ$_{2}$tsəʔ$_{5}$　苏：褥子ŋəʔ$_{3}$tsɿ$_{52}$　熟：褥则ȵioʔ$_{2}$tsEʔ$_{5}$　昆：床单/棉花胎zã$_{23}$tɛ$_{41}$/mI$_{22}$ho$_{55}$t'ɛ$_{41}$　霜：棉花胎/被絮mI$_{22}$x^{ʌ}Y$_{44}$t'E$_{52}$/bi$_{22}$si$_{23}$　罗：棉花胎mi$_{22}$x^{ʌ}Y$_{24}$t'e$_{52}$　周：垫被/垫⿰舟寻di$_{22}$bi$_{24}$/di$_{22}$ɦəʔ$_{5}$　上：褥子/垫被ȵioʔ$_{2}$tsɿ$_{23}$/di$_{22}$bi$_{44}$　松：褥单ȵioʔ$_{2}$tE$_{52}$　黎：褥子ȵioʔ$_{3}$tsɿ$_{33}$　盛：褥子ȵioʔ$_{4}$tsɿ$_{33}$　嘉：垫被/垫老破絮die$_{24}$be$_{31}$/die$_{22}$lɔ$_{55}$p'o$_{33}$ɕy$_{31}$　双：褥子ʔȵioʔ$_{5}$tsɿ$_{52}$　杭：垫被die$_{23}$bi$_{51}$　绍：垫被dĩ$_{21}$bi$_{23}$　诸：垫被diI$_{23}$bi$_{z52}$　崇：垫被/毯底(少)diẽ$_{22}$bi$_{z23}$/t'æ̃$_{52}$ti$_{z23}$　太：垫被die$_{23}$bi$_{22}$　余：垫被dĩ$_{22}$bi$_{52}$　宁：垫被di$_{22}$bi$_{44}$　黄：垫被die$_{22}$bi$_{j51}$　温：褥ɦiu$_{323}$　衢：垫被diẽ$_{45}$pəI$_{53}$　华：垫被diɑ$_{13}$pi$_{j51}$　永：垫被tiA$_{43}$b̥i$_{32}$

毯子

宜：毯则t'A$_{55}$tsəʔ$_{5}$　溧：毯则/垫毯t'A$_{54}$tsə$_{34}$/di$_{32}$t'A$_{52}$　金：毯子t'æ̃$_{22}$tsɿ$_{z44}$　丹：毯则t'æ$_{44}$tsɛʔ$_{23}$　章：毯子t'ɑ$_{31}$tsɿ$_{33}$　靖：毯子t'æ̃$_{33}$tsɿ$_{44}$　江：毯子/毯则t'æ̃$_{52}$tsɿ$_{33}$/t'æ̃$_{52}$tsɜʔ$_{3}$　常：毯则t'æ$_{34}$tsəʔ$_{4}$　锡：毯则t'æ$_{45}$tsəʔ$_{5}$　苏：毯子t'E$_{52}$tsɿ$_{23}$　熟：毯则t'æ$_{33}$tsEʔ$_{5}$　昆：毯则t'ɛ$_{52}$tsɿ$_{33}$　霜：毯子t'E$_{55}$tsɿ$_{31}$　罗：毯子t'e$_{55}$tsɿ$_{31}$　周：毯子t'ɛ$_{55}$tsɿ$_{31}$　上：毯子t'E$_{55}$tsɿ$_{31}$　松：毯子t'E$_{44}$tsɿ$_{52}$　黎：毯子t'E$_{44}$tsɿ$_{44}$　盛：毯子t'E$_{44}$tsɿ$_{44}$　嘉：毯子t'E$_{22}$tsɿ$_{34}$　双：毯子t'E$_{34}$tsɿ$_{52}$　杭：毯子t'E$_{55}$tsɿ$_{31}$　绍：毯子t'æ$_{55}$tsɿ$_{31}$　诸：毯子t'ɛ$_{55}$tsɿ$_{31}$　崇：毯子/床垫t'æ̃$_{53}$tsɿ$_{52}$/zɒ̃$_{22}$diẽ$_{52}$　太：毯/床垫t'æ$_{44}$/zɒŋ$_{21}$diẽ$_{23}$　余：毯子t'ɛ̃$_{33}$tsɿ$_{52}$　宁：毯子t'E$_{55}$tsɿ$_{33}$　黄：毯t'ɛ$_{53}$　温：毯t'ɑ$_{45}$　衢：毯t'æ̃$_{35}$　华：毯t'æ̃$_{544}$　永：毯t'A$_{434}$

枕头

宜：枕头tsəŋ$_{33}$dɣɯ$_{44}$　溧：枕头tsən$_{54}$dei$_{34}$　金：枕头tsəŋ$_{52}$t'ʌY$_{23}$　丹：枕头tsɛn$_{44}$dE^{e}$_{23}$　章：枕头tsəŋ$_{31}$dei$_{33}$　靖：枕头tsəŋ$_{33}$døY$_{44}$　江：枕头tsEɲ$_{52}$dEI$_{33}$　常：枕头tsəɲ$_{34}$dei$_{44}$　锡：枕头tsən$_{55}$dEi$_{33}$　苏：枕头tsən$_{52}$dəI$_{23}$　熟：枕头tʂẽ^{n}$_{22}$dE$_{51}$　昆：枕头tsən$_{52}$dE$_{33}$　霜：枕头tsɛ̃$_{33}$dʌI$_{52}$　罗：枕头tsẽ^{n}$_{35}$dʌI$_{52}$　上：枕头tsəɲ$_{33}$dY$_{52}$　松：枕头tsəɲ$_{33}$dɣɯ$_{44}$　黎：枕头tsəɲ$_{55}$dɯ$_{31}$　盛：枕头tsəɲ$_{44}$dieɯ$_{11}$　嘉：枕头tsəɲ$_{55}$diəʉ$_{31}$　双：枕头tsən$_{44}$de$_{51}$　杭：枕头tsən$_{34}$d^{ø}Y$_{52}$　绍：枕头tsən$_{55}$deI$_{31}$　诸：枕头tsəŋ$_{55}$dɤ$_{31}$　崇：枕头tsẼI$_{33}$dei$_{52}$　太：枕头tsɪŋ$_{34}$dY$_{52}$　余：枕头tseɲ$_{23}$dY$_{44}$　宁：枕头tseɲ$_{33}$diY$_{52}$　黄：枕头tɕɪŋ$_{55}$dœY$_{33}$　温：枕头tɕiɪŋ$_{55}$diɤ$_{31}$　衢：枕头tsʌŋ$_{52}$dʌu$_{21}$　华：枕头tsən$_{35}$təI$_{53}$　永：枕头tsən$_{55}$tiɯu$_{31}$　枕头/床头tsən$_{43}$dəʊ$_{44}$/ɕʑiAŋ$_{21}$dəʊ$_{51}$

席子

宜：凉垫/席条liAŋ$_{22}$dI$_{53}$/ʑiIʔ$_{2}$diɑY$_{23}$　溧：席条ʑiIʔ$_{3}$diɑ^{Y}$_{23}$　金：凉席/棉席liaŋ$_{22}$ɕieʔ$_{4}$/mĩ$_{22}$

ɕieʔ$_{4}$ 丹:席ɕɪʔ$_{3}$ 童:席子ɕʑiɪʔ$_{\underline{45}}$tsɿ$_{31}$ 靖:席子szɪʔ$_{2}$tsɿ$_{23}$ 江:席/草席/凉席/篾席zɪʔ$_{\underline{12}}$/ts'ɒ$_{52}$zɪʔ$_{3}$/liA$^{ŋ}_{21}$zɪʔ$_{3}$/mɪʔ$_{3}$zɪʔ$_{3}$ 常:席ʑiɪʔ$_{\underline{23}}$ 锡:席/席则/席子zɪʔ$_{\underline{23}}$/zɪʔ$_{2}$tsəʔ$_{5}$/zɪʔ$_{2}$tsɿ$_{55}$ 苏:席子ʑiəʔ$_{3}$tsɿ$_{52}$/zɪʔ$_{3}$tsɿ$_{52}$ 熟:席则/白席zɪʔ$_{2}$tsEʔ$_{5}$/bAʔ$_{4}$zɪʔ$_{5}$ 昆:白席bAʔ$_{2}$zɪʔ$_{3}$ 霜:席子zɪʔ$_{2}$tsɿ$_{23}$ 罗:席子zɪʔ$_{2}$tsɿ$_{23}$ 周:席子ɦiɪʔ$_{2}$tsɿ$_{23}$ 上:席子ʑiɪʔ$_{2}$tsɿ$_{23}$ 松:席子ʑiɪʔ$_{3}$tsɿ$_{44}$ 黎:席zɪʔ$_{\underline{12}}$ 盛:席zɪʔ$_{2}$ 嘉:席子dʑiəʔ$_{2}$tsɿ$_{23}$ 双:席子dʑieʔ$_{2}$tsɿ$_{52}$ 杭:席子dʑiɪʔ$_{2}$tsɿ$_{\underline{23}}$ 绍:席/竹席ʑɪʔ$_{\underline{23}}$/tsoʔ$_{4}$ʑɪʔ$_{5}$ 诸:席ʑiəʔ$_{\underline{12}}$ 崇:席ʑiEʔ$_{\underline{12}}$ 太:席ʑieʔ$_{\underline{23}}$ 余:席/席子ɦɪʔ$_{\underline{12}}$/ɦɪʔ$_{2}$tsɿ$_{52}$ 宁:席子ʑiɪʔ$_{2}$tsɿ$_{34}$ 黄:草席ts'ɔ$_{33}$ʑieʔ$_{4}$ 温:席sze$_{323}$ 衢:席ʑiəʔ$_{\underline{12}}$ 华:席子/篾席ɕʑiəʔ$_{2}$tsɿ$_{35}$/ʔmie$_{55}$ɕiəʔ$_{2}$ 永:草席/篾席ts'AU$_{43}$szəɪ$_{31}$/ʔmie$_{43}$szəɪ$_{31}$

帐子

宜:帐则tsAŋ$_{33}$tsəʔ$_{4}$ 溧:帐则tsAŋ$_{54}$tsə$_{34}$ 金:帐子tsɑŋ$_{35}$tsɿ$_{z31}$ 丹:帐则tsɑ$_{41}$tsɛʔ$_{\underline{21}}$ 童:帐子tsɑŋ$_{35}$tsɿ$_{31}$ 靖:帐子tɕiæ̃$_{35}$tsɿ$_{31}$ 江:帐子/蚊帐tsA$^{ŋ}_{45}$tsɿ$_{31}$/mEɲ$_{21}$tsA$^{ŋ}_{43}$ 常:帐则tsAɲ$_{55}$tsəʔ$_{3}$ 锡:帐则tsã$_{55}$tsəʔ$_{\underline{31}}$ 苏:帐子tsÃ$_{55}$tsɿ$_{31}$ 熟:帐则tʂA$^{\sim}_{55}$tsEʔ$_{\underline{31}}$ 昆:蚊帐mən$_{23}$tsã$_{41}$ 霜:蚊帐mɛ̃$_{24}$tsã$_{31}$ 罗:蚊帐mɛ̃$^{n}_{24}$tsa$^{\sim}_{31}$ 周:帐子/蚊帐tsA$^{\sim}_{35}$tsɿ$_{31}$/məŋ$_{23}$tsA$^{\sim}_{44}$ 上:帐子/蚊帐tsÃ$^{ɲ}_{33}$tsɿ$_{44}$/məɲ$_{22}$tsÃ$^{ɲ}_{44}$ 松:帐子tsɛ̃$_{55}$tsɿ$_{31}$ 黎:帐子/纱帐tsɛ̃$_{33}$tsɿ$_{52}$/so$_{44}$tsɛ̃$_{52}$ 盛:帐子tsæ̃$_{33}$tsɿ$_{52}$ 嘉:帐子tsA$^{\sim}_{35}$tsɿ$_{31}$ 双:帐子tsã$_{34}$tsɿ$_{52}$ 杭:帐子tsAŋ$_{34}$tsɿ$_{51}$ 绍:帐子/蚊帐tsaŋ$_{43}$tsɿ$_{33}$/mɪŋ$_{22}$tsaŋ$_{52}$ 诸:帐子tsÃ$_{44}$tsɿ$_{33}$ 崇:床帐zɒ̃$_{21}$tsÃ$_{23}$ 太:床帐zɒŋ$_{21}$tsAŋ$_{23}$ 余:帐子/蚊帐tsÃ$_{55}$tsɿ$_{31}$/meɲ$_{21}$tsÃ$_{23}$ 宁:帐子tɕiã$_{55}$tsɿ$_{33}$ 黄:布帐pu$_{33}$tɕia$^{\sim}_{44}$ 温:布帐pɵ$_{52}$tɕi$_{21}$ 衢:蚊帐mən$_{22}$tʃɥã$_{53}$ 华:布帐pu$_{33}$tɕiAŋ$_{55}$ 永:布帐pU$_{43}$tɕiAŋ$_{44}$

被窝

宜:被头窠bi$_{j21}$dʏɯ$_{11}$k'u$_{23}$ 溧:被头bi$_{z32}$dei 金:被窝pei$_{35}$o$_{31}$ 丹:布被筒/布被窠pu$_{44}$b̥E$^{e}_{44}$t'oŋ$_{44}$/pu$_{33}$bE$^{e}_{44}$k'ʌʏ$_{23}$ 童:布被窠pu$_{33}$bei$_{45}$k'ʌʏ$_{21}$ 靖:被窠bi$_{j24}$kʌʏ$_{31}$ 江:被头窠bi$_{j24}$dEI$_{33}$k'ɜʏ$_{31}$ 常:被头窠bi$_{j21}$deɪ$_{11}$k'ʌɯ$_{13}$ 锡:被头筒bi$_{21}$dEi$_{23}$doŋ$_{55}$ 苏:被头筒/被封筒bi$_{j22}$dəɪ$_{55}$doŋ$_{31}$/bi$_{j22}$foŋ$_{55}$doŋ$_{31}$ 熟:被头筒bi$_{22}$dE$_{55}$dʊŋ$_{31}$ 昆:被头筒bi$_{22}$dE$_{55}$doŋ$_{41}$ 霜:被头里bi$_{22}$dʌI$_{23}$li$_{52}$ 罗:被封筒bi$_{22}$foŋ$_{55}$doŋ$_{31}$ 周:被头筒bi$_{22}$dɤ$_{55}$doŋ$_{31}$ 上:被头筒bi$_{22}$dɤɯ$_{55}$dʊŋ$_{31}$ 松:被头筒/被风筒bi$_{22}$dɯ$_{55}$dʊŋ$_{31}$/bi$_{22}$hʊŋ$_{55}$dʊŋ$_{31}$ 黎:被风筒/被头筒bi$_{j22}$foŋ$_{44}$doŋ$_{52}$/bi$_{j22}$dieɯ$_{44}$doŋ$_{52}$ 盛:被头筒/被头窠(少)bi$_{j23}$diəʉ$_{33}$doŋ$_{33}$/i$_{j23}$diəʉ$_{33}$k'uɜ$_{33}$ 嘉:被头筒/被筒bi$_{22}$de$_{55}$doŋ$_{31}$/bi$_{22}$doŋ$_{34}$ 双:被筒头bi$_{24}$doŋ$_{55}$d^{ə}ʏ$_{21}$ 杭:棉被筒mie$_{21}$bi$_{23}$doŋ$_{51}$ 绍:被窠bi$_{23}$k'o$_{52}$ 诸:被窠bi$_{z22}$k'ɯ$_{52}$ 崇:被窠bi$_{z23}$k'ʏ$_{52}$ 太:被窠bi$_{21}$k'ɯ$_{44}$ 余:被头筒/被筒bi$_{22}$dʏ$_{44}$dʊŋ$_{44}$/bi$_{24}$dʊŋ$_{31}$ 宁:被窠/被头筒(少)bi$_{23}$k'əʊ$_{44}$/bi$_{22}$dœʏ$_{44}$doŋ$_{55}$ 黄:被窠bi$_{21}$k'^{ə}u$_{13}$ 温:被窠b^{ɪ}i$_{52}$k'ʋ$_{44}$ 衢:被窝里bi$_{45}$u$_{33}$li$_{53}$ 华:被窠pi$_{j54}$koə$_{35}$ 永:被窠b̥i$_{32}$koə$_{325}$

窗帘

宜:窗帘布ts'Aŋ$_{55}$lɪ$_{55}$pu$_{31}$ 溧:窗帘ts'Aŋ$_{44}$li$_{55}$ 金:窗帘ts'yɑŋ$_{52}$lĩ$_{23}$ 丹:窗帘/窗门布ts'ɑŋ$_{44}$lɪ$_{31}$/ts'ɑŋ$_{44}$mɛn$_{44}$pu$_{31}$ 童:窗帘布ts'ɑŋ$_{34}$lɪ$_{44}$pu$_{55}$ 靖:窗帘/窗帘布tɕ'yɑŋ$_{44}$lĩ$_{23}$/tɕ'yɑŋ$_{44}$lĩ$_{44}$pu$_{52}$ 江:窗帘ts'A$^{ŋ}_{53}$lĩ$_{31}$ 常:窗帘ts'Aɲ$_{55}$lɪ$_{31}$ 锡:窗帘ts'ɒ$^{\sim}_{21}$lɪ$_{23}$ 苏:窗帘ts'Ã$_{55}$lɪ$_{31}$ 熟:窗帘tʂ'A$^{\sim}_{55}$lie$_{51}$ 昆:窗帘ts'ã$_{44}$lɪ$_{41}$ 霜:窗帘ts'ɒ$^{\sim}_{55}$lɪ$_{31}$ 罗:窗帘ts'ɒ$^{\sim}_{55}$li$_{31}$ 周:窗帘ts'ɒ$^{\sim}_{44}$li$_{52}$ 上:窗帘ts'Ã$^{ɲ}_{55}$li$_{31}$ 松:窗帘ts'ɑ$^{\sim}_{44}$li$_{52}$ 黎:窗帘ts'ɑ$^{\sim}_{44}$liɪ$_{52}$ 盛:窗帘ts'ɑ$^{\sim}_{44}$liɪ$_{44}$ 嘉:窗帘ts'A$^{\sim}_{44}$lie$_{51}$ 双:窗帘ts'ɔ̃$_{44}$lɪ$_{44}$ 杭:窗帘/窗帘布/窗帘儿ts'Aŋ$_{32}$lie$_{23}$/ts'Aŋ$_{32}$lie$_{23}$pu$_{51}$/ts'Aŋ$_{32}$lie$_{24}$ər$_{31}$ 绍:窗帘/窗帘布ts'ɒŋ$_{33}$lĩ$_{52}$/ts'ɒŋ$_{32}$lĩ$_{34}$pu$_{52}$ 诸:窗帘布ts'ɒ̃$_{33}$liɪ$_{44}$pu$_{44}$ 崇:窗帘ts'ɒ̃$_{33}$liẽ$_{52}$ 太:窗帘ts'ʊŋ$_{52}$liẽ$_{33}$ 余:窗帘ts'ɒ̃$_{33}$lĩ$_{44}$ 宁:窗帘/窗帘布ts'ɔ̃$_{33}$li$_{51}$/ts'ɔ̃$_{33}$li$_{55}$pu$_{31}$ 黄:窗帘/窗帘布ts'ɒ$^{\sim}_{33}$

lie51/ts'ɒ̃33lie32pu44　温：窗帘/窗帘布tɕ'yᵘɔ44li24/tɕ'yᵘɔ52li22pɵ44　衢：窗帘tʃ'ʮɒ̃35liẽ31　华：窗帘tɕ'ʮAŋ32lie24　永：窗帘/窗帘布tɕ'YAŋ55lie22/tɕ'YAŋ55lie22pʊ54

锅

宜：锅则ku55tsəʔ5　溧：锅则kʌɯ44tsəʔ5　金：锅/锅子ko31/ko32tsɿz31　丹：锅kʌʏ22　童：锅kʌʏ42　靖：锅子kʌʏ44tsɿ44　江：锅则/锅子kɜʏ53tsɜʔ2/kɜʏ53tsɿ31　常：锅则kʌɯ55tsəʔ5　锡：锅则kʌʏ21tsə23　苏：镬子ɦuəʔ3tsɿ52　熟：镬则ɦuoʔ2tsEʔ5　昆：镬子/锅子ɦuoʔ3tsɿ31/kəu44tsɿ41　霜：镬子ɦoʔ2tsɿ23　罗：锅子/镬子kᵊu55tsɿ31/ɦoʔ2tsɿ23　周：镬子ɦuɒʔ2tsɿ23　上：镬子/锅子ɦuoʔ2tsɿ23/ku55tsɿ31　松：锅子/镬子ku44tsɿ51/ɦɔʔ3tsɿ44　黎：镬子/锅子ɦuəʔ3tsɿ33/kɜu44tsɿ52　盛：镬子ɦuəʔ3tsɿ33　嘉：镬子/锅子ʔuoʔ5tsɿ31/kᵊu52tsɿ22　双：锅子/镬子kəu44tsɿ44/ʔoʔ5tsɿ52　杭：锅子ku33tsɿ51　绍：镬ɦuoʔ23　诸：锅镬/镬ku52ɦuoʔ4/ɦuoʔ12　崇：淘镬dɑɒ22ɦɔʔ4　太：镬ɦɔʔ12　余：镬ɦuɔʔ12　宁：镬/镬子/锅子（煮饭）ɦɔʔ23/ɦɔʔ2tsɿ34/kəʊ55tsɿ33　黄：镬/镬儿ɦɔʔ12/ɦuɒ̃53　温：锅儿/镬kʊ22ŋ̍24/ɦo323　衢：镬ʔʱuəʔ12　华：镬ɦuo24　永：镬ʔoə323

锅铲

宜：锅铲ku55ts'A31　溧：锅铲kʌɯ44ts'A52　金：锅铲子/锅铲ko44ts'æ̃22tsɿz44/ko44ts'æ̃23　丹：锅铲kʌʏ44ts'æ44　童：锅铲kʌʏ55ts'ɑ31　靖：铲刀ts'æ33tɒ44　江：铲刀ts'æ52tɒ33　常：铲刀ts'æ34tɑʏ44　锡：锅铲/铲刀kʌʏ21ts'ɛ23/ts'ɛ45tʌ55　苏：铲子/铲刀ts'E52tsɿ23/ts'E53tæ23　熟：铲刀ts'æ33tɔ51　昆：炒菜刀ts'ɔ33ts'ɛ55tɔ41　霜：铲刀ts'E33tɔ52　罗：铲刀ts'e35tɔ31　周：铲刀ts'ɛ33ʔdɔ52　上：铲刀/镬铲ts'E33tɔ44/ɦuoʔ2ts'E23　松：铲刀ts'E35tɔ31　黎：枪刀ts'iẽ23tAɔ33　盛：枪刀ts'iæ̃23tAɑ33　嘉：枪刀tɕ'iÃ22tɔ51　双：枪刀tɕ'iã34tɔ52　杭：枪锅刀ts'iAŋ55ku33tɔ31　绍：镬枪ɦuoʔ2tɕiaŋ33　诸：饭抄vɛ21tɕ'iɔ23　崇：镬枪ɦuɔʔ2tɕ'iÃ52　太：镬枪ɦɔʔ2tɕ'iAŋ44　余：镬枪ɦuɔʔ2tɕ'iÃ52　宁：镬铲ɦɔʔ2ts'E34　黄：饭抄vɛ22ts'iɒ35　温：镬戳ɦoʔ2tɕ'yo52　衢：镬铲ʔɦuəʔ2ts'æ̃35　华：镬抄ɦuoʔ2tɕ'iɑʊ35　永：饭抄fvA32tɕ'iAʊ325

钢精锅

宜：钢精锅/钢种锅kAŋ55tɕiŋ55ku55/kAŋ55tsoŋ55ku55　溧：钢精锅/钢钟锅kAŋ44tɕin44kʌɯ31/kAŋ44tsoŋ44kʌɯ31　金：钢种锅子kɑŋ22tsoŋ24ko33tsɿz31　丹：钢精锅/钢钟锅kəŋ44tɕiŋ41kʌʏ23/kəŋ44tsoŋ41kʌʏ23　童：钢精锅子/钢钟镬子kaŋ55tɕiŋ55kʌʏ33tsɿ31/kaŋ55tsoŋ55ɦuəʔ3tsɿ31　靖：钢种锅kɑŋ44tsoŋ44kʌʏ34　江：钢种锅子/钢种锅则kɑŋ53tsoŋ33kɜʏ33tsɿ31/kɑŋ53tsoŋ33kɜʏ33tsɜʔ2　常：钢精锅kAɲ55tɕiɲ33kʌɯ31　锡：钢精锅/钢种锅kɒ21tɕin11kʌʏ23/kɒ21tsoŋ11kʌʏ23　苏：钢种镬子/钢种锅子kÃ55tsoŋ55ɦuoʔ3tsɿ31/kÃ55tsoŋ55kɜu3tsɿ31　熟：钢精镬则kÃ55tsĩɲ55ɦuoʔ5tsEʔ5　昆：钢精锅子kã44tsin44kəu44tsɿ41　霜：钢种镬子kɒ̃55tsoᵑ33ɦoʔ3tsɿ31　罗：钢种镬子kɒ̃55tsoᵑ33ɦoʔ3tsɿ31　周：钢种镬子kɒ̃44tsoŋ44ɦuɒʔ5tsɿ31　上：钢种镬子kÃɲ55tsʊŋ33ɦoʔ3tsɿ31　松：钢种锅子/钢种镬子kɑ̃33tsʊŋ55ku33tsɿ31/kɑ̃33tsʊŋ55ɦɔʔ3tsɿ31　黎：钢种锅子kɑ̃44tsoŋ44kɜu44tsɿ31　盛：钢种锅子kɑ̃44tsoŋ44kɜu44tsɿ44　嘉：钢种锅kÃ44tsoŋ44kəu31　双：钢种锅子kã44tsoŋ44kəu44tsɿ44　杭：钢种锅子kAŋ32tsoŋ23ku55tsɿ31　绍：钢精锅子/钢种锅子kɒŋ32tɕɪŋ33ku34tsɿ52/kɒŋ32tsoŋ33ku34tsɿ52　诸：钢种罐/钢钟锅子kɒ̃52tsoŋ42ko44/kɒ̃52tsoŋ44ku55tsɿ52　崇：钢种锅kɒ̃53tsʊᵑ33kʏ34　太：钢种锅kʊŋ52tsʊŋ33kɯ34　余：钢种镬子/钢种锅子kɔ̃33tsʊŋ44ɦuɔʔ44tsɿ44/kɔ̃33tsʊŋ44kou44tsɿ44　宁：钢种锅子/钢种镬子kɔ̃33tsoŋ55kəʊ33tsɿ33/kɔ̃33tsoŋ44ɦɔʔ4tsɿ55　黄：钢精镬儿/钢种镬儿kɒ̃33tɕiɪŋ33ɦuɒ̃51/kɒ̃33tsoŋ33ɦuɒ̃51　温：钢精锅kᵘɔ55tsəŋ33kʊ21　衢：钢种罐/钢精罐kɒ̃55tsʌŋ33kuə53/kɒ̃55tɕiɲ33kuə53　华：钢精锅kAŋ44tɕiɪn44kuɑ35　永：钢精锅/钢种镬kAŋ43tɕiɪɲ44oə323/kAŋ43tsoŋ44oə323

菜刀

宜：菜刀/薄刀tsʻɐɪ$_{324}$tɑɤ$_{55}$/bɔʔ$_{2}$tɑɤ$_{23}$　溧：菜刀/薄刀tsʻæE$_{54}$tɑ^{ɤ}$_{34}$/bɔʔ$_{3}$tɑ^{ɤ}$_{23}$　金：菜刀/薄刀tsʻɛ^{e}$_{35}$tɑ^{ɔ}$_{31}$/pʻɑʔ$_{4}$tɑ^{ɔ}$_{31}$　丹：菜刀/薄刀tsʻæ$_{41}$tɒ$_{21}$/b̥oʔ$_{5}$tɒ$_{33}$　童：薄刀boʔ$_{42}$tɐɤ$_{31}$　靖：刀tɒ$_{433}$　江：薄刀boʔ$_{2}$tɒ$_{23}$　常：菜刀/薄刀tsʻæ$_{55}$tɑɤ$_{31}$/bɔʔ$_{2}$tɑɤ$_{13}$　锡：菜刀tsʻE$_{33}$tʌ$_{55}$　苏：切菜刀tɕʻiəʔ$_{5}$tE$_{52}$tæ$_{23}$　熟：切菜刀tsʻɪʔ$_{3}$tsʻæ$_{55}$tɔ$_{31}$　昆：菜刀tsʻɛ$_{52}$tɔ$_{33}$　霜：菜刀/薄切刀tsʻE$_{33}$tɔ$_{52}$/boʔ$_{2}$tsʻɪʔ$_{2}$tɔ$_{23}$　罗：菜刀tsʻe$_{35}$tɔ$_{31}$　周：菜刀/刀tsʻe$_{33}$ɗɔ$_{52}$/ɗɔ$_{52}$　上：切菜刀tɕʻiɪʔ$_{3}$tsʻE$_{55}$tɔ$_{31}$　松：切菜刀tɕʻiɪʔ$_{3}$tsʻE$_{55}$tɔ$_{31}$　黎：切菜刀tsʻɪʔ$_{3}$tsʻE$_{55}$tA^{ɔ}$_{31}$　盛：切菜刀tsʻɪʔ$_{3}$tsʻE$_{55}$tAɑ$_{31}$　嘉：菜刀tsʻE$_{33}$tɔ$_{51}$　双：刀tɔ$_{44}$　杭：菜刀/厨刀/刀儿tsʻE$_{34}$tɔ$_{51}$/zʅ$_{21}$tɔ$_{44}$/tɔ$_{34}$ər$_{51}$　绍：薄刀boʔ$_{2}$tɑɒ$_{52}$　诸：薄刀bɐʔ$_{2}$tɔ$_{52}$　崇：薄刀bɔʔ$_{2}$tɑɒ$_{23}$　太：薄刀bɔʔ$_{5}$tɑɒ$_{33}$　余：薄刀bɔʔ$_{2}$tɒ$_{52}$　宁：菜刀/白刀tsʻe$_{55}$tɔ$_{33}$/bɐʔ$_{2}$tɔ$_{51}$　黄：□阶刀dzəŋ$_{22}$kA$_{55}$tɒ$_{31}$　温：菜刀/戒刀/薄刀tsʻe$_{53}$tɜ$_{44}$/kɑ$_{52}$tɜ$_{44}$/bʊ$_{2}$tɜ$_{44}$　衢：薄刀bəʔ$_{3}$tɔ$_{31}$　华：菜刀/薄刀tsʻɛ$_{53}$tɑʊ$_{35}$/b̥oʔ$_{2}$tɑʊ$_{35}$　永：薄刀poə$_{43}$tAʊ$_{44}$

筷子

宜：筷/筷则kʻuA$_{324}$/kʻuA$_{33}$tsəʔ$_{4}$　溧：筷则kʻuA$_{54}$tsə$_{34}$　金：筷子kʻuɛ^{e}$_{44}$tsʅ$_{z31}$　丹：筷kʻuɑ$_{324}$　童：筷子kʻuaɪ$_{35}$tsʅ$_{31}$　靖：筷子kʻuæ$_{55}$tsʅ$_{31}$　江：筷儿/筷儿头/筷kʻuæ$_{45}$ər$_{31}$/kʻuæ$_{45}$ər$_{33}$dEɪ$_{31}$/kʻuæ$_{435}$　常：筷kʻuɑ$_{51}$　锡：筷子kʻuɑ$_{55}$tsʅ$_{31}$　苏：筷儿/筷/筷儿kʻuɒ$_{55}$ŋ̍$_{31}$/kʻuE$_{44}$/kʻuE$_{55}$ŋ̍$_{31}$　熟：筷kʻuæ$_{52}$　昆：筷子kʻuɛ$_{44}$tsʅ$_{41}$　霜：筷子/筷kʻuE$_{55}$tsʅ$_{31}$/kʻuE$_{52}$　罗：筷kʻue$_{52}$　周：筷子kʻuɛ$_{55}$tsʅ$_{31}$　上：筷子/筷kʻuE$_{55}$tsʅ$_{31}$/kʻuE$_{52}$/kʻuA$_{334}$　松：筷子kʻuE$_{55}$tsʅ$_{31}$　黎：筷kʻuE$_{324}$　盛：筷kʻuE$_{413}$　嘉：筷子kʻuɑ$_{52}$tsʅ$_{22}$　双：筷kʻuE$_{334}$　杭：筷子/筷儿kʻuE$_{34}$tsʅ$_{51}$/kʻuE$_{34}$ər$_{51}$　绍：筷子kʻua$_{55}$tsʅ$_{31}$　诸：筷kʻue$_{544}$　崇：筷kʻuɑ$_{324}$　太：筷kʻuɑ$_{35}$　余：筷/筷子/筷儿kʻuA$_{52}$/kʻuA$_{55}$tsʅ$_{31}$/kʻuɛn$_{44}$　宁：筷kʻuE$_{52}$　黄：箸dzʅ$_{113}$　温：箸dze$_{22}$　衢：筷儿kʻuɛ$_{55}$ŋ̍$_{31}$　华：筷子/箸kʻuɛ$_{55}$tsʅ$_{31}$/dʑy$_{24}$　永：箸dʑi$_{325}$

筷筒

宜：筷筒kʻuA$_{33}$doŋ$_{44}$　溧：筷筒kʻuA$_{54}$doŋ$_{34}$　金：筷筒kʻuɛ^{e}$_{52}$tʻoŋ$_{23}$　丹：筷筒/筷子筒kʻuɑ$_{52}$tʻoŋ$_{23}$/kʻuɑ$_{44}$tsʅ$_{44}$tʻoŋ$_{23}$　童：箸笼dʒy$_{ɥ22}$loŋ$_{55}$　靖：筷子筒/箸笼kʻuæ$_{44}$tsʅ$_{44}$tʻoŋ$_{34}$/dʑy$_{ɥ24}$loŋ$_{31}$　江：筷儿筒/筷箸笼kʻuæ$_{45}$ər$_{33}$doŋ$_{31}$/kʻuæ$_{45}$dʑy$_{33}$loŋ$_{31}$　常：筷筒/筷笼kʻuɑ$_{55}$doŋ$_{31}$/kʻuɑ$_{55}$loŋ$_{31}$　锡：筷子筒kʻuɑ$_{55}$tsʅ$_{55}$doŋ$_{31}$　苏：筷筒/筷箸笼kʻuɒ$_{55}$doŋ$_{31}$/kʻuE$_{55}$doŋ$_{31}$/kʻuE$_{55}$zʅ$_{55}$loŋ$_{31}$　熟：筷筒kʻuæ$_{55}$dʊŋ$_{31}$　昆：筷筒kʻuɛ$_{44}$doŋ$_{41}$　霜：筷箸筒kʻuE$_{44}$zʅ$_{44}$do^{ŋ}$_{52}$　罗：筷笼kʻue$_{55}$lo^{ŋ}$_{31}$　周：筷筒kʻuɛ$_{55}$doŋ$_{31}$　上：筷子筒/筷箸笼kʻuA$_{33}$tsʅ$_{55}$dʊŋ$_{31}$/kʻuE$_{55}$zʅ$_{33}$lʊŋ$_{31}$　松：筷笼kʻuE$_{55}$lʊŋ$_{31}$　黎：筷筒kʻuE$_{32}$doŋ$_{52}$　盛：筷筒kʻuE$_{32}$doŋ$_{52}$　嘉：筷筒kʻuE^{ɛ}$_{52}$doŋ$_{22}$　双：筷筒kʻuE$_{34}$doŋ$_{52}$　杭：筷筒kʻuE$_{34}$doŋ$_{51}$　绍：筷筒kʻua$_{43}$dʊŋ$_{33}$　诸：箸笼dzʅ$_{23}$loŋ$_{33}$　崇：筷筒kʻuɑ$_{33}$lʊ^{ŋ}$_{23}$　太：筷筒kʻuɑ$_{55}$lʊŋ$_{33}$　余：筷儿箸筒/筷儿筒kʻuɛn$_{44}$zʅ$_{44}$dʊŋ$_{44}$/kʻuɛn$_{55}$dʊŋ$_{31}$　宁：筷则筒kʻuE$_{33}$tsʻɐʔ$_{4}$doŋ$_{55}$　黄：箸笼dzʅ$_{22}$loŋ$_{51}$　温：箸笼dze$_{52}$loŋ$_{21}$　衢：筷儿筒/筷筒kʻuɛ$_{55}$ŋ̍$_{33}$dʌŋ$_{31}$/kʻuɛ$_{55}$dʌŋ$_{31}$　华：箸筒dʑy$_{24}$toŋ$_{51}$　永：箸笼dʑi$_{31}$loŋ$_{24}$

缸

宜：水缸ɕy$_{ɥ33}$kAŋ$_{44}$　溧：水缸ɕy$_{z54}$kAŋ$_{34}$　金：水缸suei$_{24}$kaŋ$_{52}$　丹：缸kaŋ$_{22}$　童：缸kaŋ$_{42}$　靖：水缸/缸ɕye$_{33}$kaŋ$_{44}$/kaŋ$_{433}$　江：缸/水缸kaŋ$_{51}$/ɕy$_{33}$kaŋ$_{44}$　常：缸kAɲ$_{44}$　锡：水缸sɥ$_{33}$kɒ̃$_{55}$　苏：缸kÃ$_{44}$　熟：水缸ʂɥ$_{33}$kA̋$_{51}$　昆：水缸sɥ$_{52}$kã$_{33}$　霜：缸kɒ̃$_{52}$　罗：缸/水缸kɒ̃$_{52}$/sʅ$_{35}$kɒ̃$_{31}$　周：缸/水缸kɒ̃$_{52}$/sʅ$_{33}$kɒ̃$_{52}$　上：缸kɑ^{n}$_{52}$　松：缸kɑ̃$_{52}$　黎：缸kɑ̃$_{44}$　盛：缸kɑ̃$_{44}$　嘉：缸kÃ$_{51}$　双：缸/水缸kɔ̃$_{44}$/sʅ$_{34}$kɔ̃$_{52}$　杭：水缸suei$_{55}$kAŋ$_{31}$　绍：水缸sʅ$_{34}$kɒŋ$_{52}$　诸：缸kɒ̃$_{544}$　崇：缸kɒ̃$_{533}$　太：缸kɒŋ$_{523}$　余：缸kɒ̃$_{34}$　宁：水缸sɥ$_{55}$kɔ̃$_{33}$　黄：缸儿kɒ̃$_{35}$　温：缸k^{u}ɔ$_{44}$　衢：缸kɒ̃$_{434}$　华：

缸kʌŋ$_{324}$　永：缸/钵头kʌŋ$_{44}$/poə$_{32}$d̥əʊ$_{325}$

水瓢

宜：勺则/铜勺zɔʔ$_{5}$tsəʔ$_{5}$/doŋ$_{21}$zɔ$_{23}$　溧：瓢/勺则bia^{ʏ}$_{323}$/szɔʔ$_{3}$tsəʔ$_{5}$　金：瓢p'ia^{ɔ}$_{24}$　丹：勺则s^{z}oʔ$_{3}$tsɛʔ$_{3}$　童：瓢瓢/勺子biɐʏ$_{24}$biɐʏ$_{31}$/szoʔ$_{\underline{42}}$tsɿ$_{21}$　靖：勺子szɑʔ$_{2}$tsɿ$_{23}$　江：水勺子/水勺则/勺子/勺则ɕy$_{52}$zɑʔ$_{3}$tsɿ$_{43}$/ɕy$_{52}$zɑʔ$_{3}$tsɜʔ$_{4}$/zɑʔ$_{2}$tsɿ$_{23}$/zɑʔ$_{3}$tsɿ$_{3}$　常：勺则zɔʔ$_{2}$tsəʔ$_{5}$　锡：水勺sʮ$_{33}$zɑʔ$_{5}$　苏：勺子/水勺子zɔʔ$_{3}$tsɿ$_{52}$/sɿ$_{52}$zɔʔ$_{\underline{23}}$tsɿ$_{31}$　熟：舀水勺勺ɦiɔ$_{23}$ʂʮ$_{33}$zoʔ$_{3}$zoʔ$_{3}$　昆：勺子zoʔ$_{3}$tsɿ$_{31}$　霜：勺子zoʔ$_{2}$tsɿ$_{23}$　罗：广勺kuɒ̃$_{35}$zoʔ$_{3}$　周：　上：水勺sɿ$_{33}$zoʔ$_{4}$　松：勺子zɔʔ$_{3}$tsɿ$_{44}$　黎：勺子zoʔ$_{3}$tsɿ$_{34}$　盛：勺子/水勺dzɔʔ$_{4}$tsɿ$_{33}$/sɿ$_{52}$dzɔʔ$_{3}$　嘉：舀勺ʔiɔ$_{44}$zoʔ$_{5}$　双：勺儿zʊ$_{31}$　杭：瓢儿/勺儿/水勺儿biɔ$_{22}$ər$_{51}$/zɐʔ$_{2}$ər$_{51}$/suei$_{55}$zɐʔ$_{3}$ər$_{31}$　绍：凹兜/勺ʔɑɒ$_{32}$tɤ$_{33}$/zoʔ$_{\underline{23}}$　诸：水竹管/舀水勺sɿ$_{33}$tsoʔ$_{4}$kuɤ$_{52}$/ʔiɔ$_{55}$sɿ$_{55}$zoʔ$_{\underline{31}}$　崇：勺/汤锅竹棍zɔʔ$_{\underline{12}}$/t'ɒ̃$_{53}$kɯ$_{33}$tsɔʔ$_{4}$kɪŋ$_{52}$　太：汤锅竹棍t'ɒŋ$_{52}$kɯ$_{33}$tsɔʔ$_{3}$keŋ$_{44}$　余：水勺子sɿ$_{33}$zɔʔ$_{4}$tsɿ$_{44}$　宁：舀勺/水竹管ɦiɵ$_{22}$zɔʔ$_{5}$/sʮ$_{33}$tsɔʔ$_{4}$ku$_{55}$　黄：水舀sʮ$_{33}$ɦiɒ$_{51}$　温：水洽sɿ$_{25}$tɕ'iɑ$_{24}$　衢：勺ʒʮʌʔ$_{\underline{12}}$　华：水勺ɕy$_{55}$soʔ$_{2}$　永：水勺ɕʏ$_{32}$ɕʑiʌʊ$_{325}$

坛子

宜：瓮头ʔoŋ$_{33}$dɤɯ$_{44}$　溧：坛dʊ$_{323}$　金：坛子t'æ̃$_{22}$tsɿ$_{z44}$　丹：罐头kəŋ$_{52}$dE^{e}$_{23}$　童：坛dʊ$_{31}$　靖：坛子dũ$_{22}$tsɿ$_{34}$　江：坛dɵ$_{223}$　常：瓮头ʔoŋ$_{55}$dei$_{31}$　锡：瓮头ʔoŋ$_{55}$dEi$_{31}$　苏：甏bÃ$_{31}$　熟：甏bÃ$_{31}$　昆：甏bã$_{223}$　霜：坛子dɪ$_{24}$tsɿ$_{31}$　罗：甏/钵头bã$_{213}$/pɐʔ$_{4}$dʌɪ$_{52}$　周：甏bÃ$_{113}$　上：甏bÃ^{n}$_{113}$　松：甏bɛ̃$_{113}$　黎：甏bɛ̃$_{213}$　盛：甏bæ̃$_{212}$　嘉：甏bÃ$_{223}$　双：甏bã$_{113}$　杭：甏儿bʌŋ$_{23}$ər$_{51}$　绍：坛/坛子dõ$_{31}$/dõ$_{21}$tsɿ$_{23}$　诸：坛/甏dɤ$_{233}$/bÃ$_{233}$　崇：甏bÃ$_{14}$　太：甏bʌŋ$_{13}$　余：甏bɒ̃$_{113}$　宁：甏/甑bɔ̃$_{113}$/tsɐŋ$_{52}$　黄：坛bɛ$_{113}$　温：物儿ʔʋæi$_{22}$ŋ̍$_{2}$　衢：坛/钵斗dæ̃$_{31}$/pəʔ$_{4}$təɪ$_{53}$　华：坛/坛瓶/钵斗tæ̃$_{324}$/tæ̃$_{32}$biɪn$_{24}$/pəʔ$_{3}$tiɯu$_{45}$　永：坛瓶tɤə$_{32}$b̥iɪŋ$_{325}$

罐子

宜：罐头kue$_{33}$dɤɯ$_{44}$　溧：罐头kʊ$_{54}$dei$_{34}$　金：罐子/罐头kuæ̃$_{44}$tsɿ$_{z44}$/kuæ$_{52}$t'ʌɤ$_{23}$　丹：罐头/罐kəŋ$_{44}$dEE^{e}$_{23}$/kəŋ$_{324}$　童：罐子/罐头kʊ$_{55}$tsɿ$_{31}$/kʊ$_{33}$dei$_{55}$　靖：罐头kũ$_{35}$døʏ$_{31}$　江：罐头kɵ$_{45}$dEɪ$_{31}$　常：罐头kuæ$_{55}$dei$_{31}$　锡：罐头ko$_{55}$dEi$_{31}$　苏：罐头kɵ$_{55}$dəɪ$_{31}$/kuɵ$_{52}$dəɪ$_{23}$　熟：罐头kuɤ$_{55}$dE$_{31}$　昆：罐头kɵ$_{52}$dE$_{33}$　霜：罐头kuɪ$_{33}$dʌɪ$_{52}$　罗：罐头kuʌɪ$_{35}$dʌɪ$_{31}$　周：罐头kuø$_{33}$dɤ$_{52}$　上：罐头kø$_{33}$dɤɯ$_{44}$　松：罐头kue$_{55}$dɯ$_{31}$　黎：罐头kɵ$_{33}$dieɯ$_{52}$　盛：罐头kɵ$_{33}$diɵʉ$_{52}$　嘉：罐头kuɤə$_{33}$de$_{51}$　双：罐头guE$_{21}$d^{ə}ʏ$_{34}$　杭：罐儿ko$_{34}$ər$_{31}$　绍：罐头kuẽ$_{43}$dɤ$_{33}$　诸：罐头kuɤ$_{44}$dei$_{33}$　崇：罐头kuœ̃$_{33}$dɤ$_{23}$　太：罐头kuœ̃$_{55}$dɤ$_{33}$　余：罐头kuõ$_{55}$dɤ$_{31}$　宁：罐头ku$_{33}$dœʏ$_{44}$　黄：罐kuø$_{44}$　温：罐kɵ$_{52}$　衢：罐kuə$_{53}$　华：罐kuæ̃$_{45}$　永：罐kʊʌ$_{\underline{54}}$

瓶子

宜：瓶biŋ$_{223}$　溧：瓶bin$_{323}$　金：瓶子p'iŋ$_{33}$tsɿ$_{z44}$　丹：瓶biŋ$_{213}$　童：瓶biŋ$_{31}$　靖：瓶子biŋ$_{22}$tsɿ$_{34}$　江：瓶biɲ$_{223}$　常：瓶biɲ$_{213}$　锡：瓶bin$_{213}$　苏：瓶biɪn$_{223}$　熟：瓶则bĩ^{ɲ}$_{24}$tsEʔ$_{\underline{31}}$　昆：瓶子bin$_{23}$tsɿ$_{41}$　霜：瓶bĩ$_{31}$　罗：瓶bɪ^{n}$_{31}$　周：瓶/瓶头biɪŋ$_{113}$/biɪŋ$_{23}$dɤ$_{44}$　上：瓶子/瓶biɲ$_{22}$tsɿ$_{44}$/biɲ$_{113}$　松：瓶biɲ$_{31}$　黎：瓶biəɲ$_{24}$　盛：瓶bɪɲ$_{24}$　嘉：瓶bin$_{31}$　双：瓶bɪn$_{113}$　杭：瓶儿bɪn$_{22}$ər$_{51}$　绍：瓶/瓶子bɪŋ$_{31}$bɪŋ$_{21}$tsɿ$_{33}$　诸：瓶bĩ$_{233}$　崇：瓶bɪŋ$_{312}$　太：瓶bɪŋ$_{312}$　余：瓶子/瓶beɲ$_{31}$tsɿ$_{23}$/beɲ$_{113}$　宁：瓶子/瓶bɪŋ$_{22}$tsɿ$_{51}$/bɪŋ$_{113}$　黄：瓶biɪŋ$_{113}$　温：瓶儿bʌŋ$_{22}$　衢：瓶bi^{ɲ}$_{323}$　华：瓶/瓶子（少）b̥iɪn$_{324}$/b̥iɪn$_{32}$tsɿ$_{35}$　永：瓶biɪŋ$_{34}$

调羹

宜：汤匙/调羹t'ʌŋ$_{55}$zɿ$_{55}$/diaɤ$_{21}$kʌŋ$_{23}$　溧：调羹dia^{ʏ}$_{32}$kən$_{52}$　金：茶瓷ts'ɑ$_{24}$ts'ɿ$_{z23}$　丹：匙/

匙匙s^{z}ʅ$_{22}$/s^{z}ʅ$_{35}$s^{z}ʅ$_{21}$　童:调羹diɐʏ$_{24}$kəŋ$_{31}$　靖:调羹diɒ$_{22}$kəŋ$_{34}$　江:撩钩liɒ$_{24}$kᴇɪ$_{31}$　常:调羹diɑʏ$_{21}$kəɲ$_{44}$　锡:调羹/抄/粥勺diʌ$_{24}$kã$_{31}$/ts'ʌ$_{544}$/tsɔʔ$_{4}$zɑʔ$_{5}$　苏:抄ts'æ$_{44}$　熟:调羹/抄diɔ$_{24}$kᴀ˜$_{31}$/tʂ'ɔ$_{52}$　昆:抄ts'ɔ$_{44}$　霜:白勺/挤勺bᴀʔ$_{2}$zoʔ$_{4}$/tɕi$_{55}$zoʔ$_{\underline{31}}$　罗:调羹diɔ$_{22}$ka˜$_{52}$　周:调羹/台抄diɔ$_{23}$kᴀ˜$_{44}$/de$_{22}$ts'ɔ$_{52}$　上:调羹/抄diɔ$_{22}$kÃ^{n}$_{44}$/ts'ɔ$_{52}$　松:调羹/瓢羹diɔ$_{22}$kɛ̃$_{52}$/biɔ$_{22}$kɛ̃$_{52}$　黎:调羹/台抄diA^{ɔ}$_{22}$kɛ̃$_{44}$/dᴇ$_{22}$ts'A^{ɔ}$_{51}$　盛:抄ts'ᴀɑ$_{44}$　嘉:调羹diɔ$_{22}$kᴀ˜$_{44}$　双:调羹diɔ$_{21}$kã$_{44}$　杭:瓢羹儿biɔ$_{21}$kᴀŋ$_{23}$ər$_{51}$　绍:瓢羹biɑɒ$_{22}$kəŋ$_{52}$　诸:调羹/瓢羹diɔ$_{31}$kÃ$_{52}$/biɔ$_{31}$kÃ$_{52}$　崇:瓢羹biɑɒ$_{21}$kᴀ˜$_{23}$　太:瓢羹biɑɒ$_{21}$kᴀŋ$_{23}$　余:调羹/瓢羹diɒ$_{22}$kÃ$_{44}$/biɒ$_{22}$kÃ$_{44}$　宁:调羹diɔ$_{23}$kã$_{44}$　黄:调羹/瓢羹/羹瓢diɒ$_{23}$kɒ˜$_{35}$/biɒ$_{23}$kɒ˜$_{35}$/kɒ˜$_{33}$biɒ$_{35}$　温:调羹diɛ$_{22}$k'ɛ$_{44}$　衢:瓢钩biɔ$_{22}$kʏɯ$_{53}$　华:瓢羹biɑʊ$_{21}$kᴀŋ$_{35}$　永:调羹d̥iᴀʊ$_{21}$kai$_{325}$

盘子

宜:盘则be$_{21}$tsə$_{23}$　溧:盆则bən$_{32}$tsə$_{23}$　金:盘子p'æ̃$_{33}$tsʅ$_{z44}$　丹:盘则/盘bəŋ$_{32}$tsəʔ$_{\underline{24}}$/bəŋ$_{213}$　童:盆子bəŋ$_{24}$tsʅ$_{31}$　靖:盘子bʊ̃ɯ$_{22}$tsʅ$_{34}$　江:盆子/盆则bᴇɲ$_{21}$tsʅ$_{43}$/bᴇɲ$_{21}$tsɜʔ$_{4}$　常:盘则/盆则bɔ$_{21}$tsəʔ$_{4}$/bəɲ$_{21}$tsəʔ$_{4}$　锡:盘子bo$_{24}$tsʅ$_{31}$　苏:盘子/盆子bɵ$_{22}$tsʅ$_{44}$/bən$_{22}$tsʅ$_{44}$　熟:盆则bẽ^{n}$_{24}$tsᴇʔ$_{\underline{31}}$　昆:盆子bən$_{23}$tsʅ$_{41}$　霜:盆子bɛ̃$_{24}$tsʅ$_{31}$　罗:盆子bẽ^{n}$_{24}$tsʅ$_{31}$　周:盆子bəŋ$_{23}$tsʅ$_{44}$　上:盘子/盘bø$_{22}$tsʅ$_{44}$/bø$_{113}$　松:盆子bəɲ$_{22}$tsʅ$_{52}$　黎:盘子/盆子bɵ$_{22}$tsʅ$_{24}$/bəɲ$_{22}$tsʅ$_{24}$　盛:盘子bɵ$_{22}$tsʅ$_{44}$　嘉:盆子/盘子bən$_{24}$tsʅ$_{51}$/bʏə$_{24}$tsʅ$_{51}$　双:盘子bən$_{22}$tsʅ$_{44}$　杭:盘儿bo$_{22}$ər$_{51}$　绍:盘/盘子bɵ̃$_{31}$/bɵ̃$_{21}$tsʅ$_{33}$　诸:盘bʏ$_{233}$　崇:盘bœ̃$_{312}$　太:盘bœ̃$_{312}$　余:盘子bɵ̃$_{21}$tsʅ$_{23}$　宁:盘子bu$_{22}$tsʅ$_{51}$　黄:盆bəŋ$_{31}$　温:盘bɵ$_{31}$　衢:盘buə$_{323}$　华:盘b̥æ̃$_{324}$/b̥ɯə$_{324}$　永:盘poə$_{44}$

碟子

宜:盘则/小盘则be$_{21}$tsə$_{23}$/ɕiɑʏ$_{55}$be$_{55}$tsəʔ$_{5}$　溧:小盆则/盆则ɕiɑ^{ʏ}$_{54}$bən$_{33}$tsə$_{34}$/bən$_{32}$tsə$_{23}$　金:碟子tieʔ$_{4}$tsʅ$_{z44}$　丹:碟则d̥ɪʔ$_{5}$tsɛʔ$_{3}$　童:盆子bəŋ$_{24}$tsʅ$_{31}$　靖:碟子dɪʔ$_{2}$tsʅ$_{23}$　江:盆子/盆则bᴇɲ$_{21}$tsʅ$_{43}$/bᴇɲ$_{21}$tsɜʔ$_{4}$　常:碟则diɪʔ$_{2}$tsəʔ$_{5}$　锡:盘子bo$_{24}$tsʅ$_{31}$　苏:碟子dɪʔ$_{3}$tsʅ$_{52}$　熟:碟则dɪʔ$_{2}$tsᴇʔ$_{5}$　昆:碟子dɪʔ$_{3}$tsʅ$_{31}$　霜:碟子dɪʔ$_{2}$tsʅ$_{23}$　罗:盆子bẽ^{n}$_{24}$tsʅ$_{31}$　周:碟子dɪʔ$_{2}$tsʅ$_{23}$　上:碟子/小盆子diɪʔ$_{2}$tsʅ$_{23}$/ɕiɔ$_{33}$bəɲ$_{55}$tsʅ$_{31}$　松:碟子dɪʔ$_{3}$tsʅ$_{44}$　黎:碟子dɪʔ$_{3}$tsʅ$_{33}$　盛:碟子dɪʔ$_{3}$tsʅ$_{33}$　嘉:碟子diəʔ$_{2}$tsʅ$_{23}$　双:盆子bən$_{22}$tsʅ$_{44}$　杭:碟子/碟儿diɪʔ$_{2}$tsʅ$_{51}$/diɪʔ$_{2}$ər$_{51}$　绍:碟子/碟dɪʔ$_{2}$tsʅ$_{33}$/dɪʔ$_{\underline{23}}$　诸:小盘/盏ɕiɔ$_{33}$dʏ$_{52}$/tsɛ$_{52}$　崇:盘bœ̃$_{312}$　太:盘bœ̃$_{312}$　余:碟子diɐʔ$_{2}$tsʅ$_{44}$　宁:碟子diɪʔ$_{2}$tsʅ$_{34}$　黄:小盆ɕiɒ$_{32}$bəŋ$_{13}$　温:碟/碟儿di$_{323}$/di$_{2}$ŋ̍$_{52}$　衢:碟diəʔ$_{\underline{12}}$　华:碟子(少)tiəʔ$_{3}$tsʅ$_{35}$　永:盘poə$_{44}$

碗

宜:碗ʔue$_{51}$　溧:碗ʔʊ$_{412}$　金:碗ʊ̃$_{323}$　丹:碗盏ŋ̍$_{41}$tsæ$_{21}$　童:碗ʊ$_{324}$　靖:碗ʔuʊ̃ɯ$_{334}$　江:碗ʔɵ$_{435}$　常:碗ʔuɔ$_{334}$　锡:碗ʔo$_{323}$　苏:碗ʔɵ$_{412}$　熟:碗ʔuʏ$_{44}$　昆:碗ʔɵ$_{52}$　霜:碗/汤盅ʔuɪ$_{44}$/t'ɒ˜$_{55}$tso^{ŋ}$_{31}$　罗:碗/汤盅ʔuᴀɪ$_{434}$/t'ɒ˜$_{55}$tso^{ŋ}$_{31}$　周:碗ʔuᴄ$_{44}$　上:碗/碗盏/汤盅ʔø$_{334}$/ʔø$_{33}$tsᴇ$_{44}$/tÃ^{n}$_{55}$tsʅ$_{31}$　松:碗ʔʊe$_{44}$　黎:碗ʔɵ$_{51}$　盛:碗ʔɵ$_{51}$　嘉:碗ʔuʏə$_{44}$　双:碗ʔuᴇ$_{53}$　杭:碗盏/碗ʔuo$_{55}$tsᴇ$_{31}$/ʔuo$_{51}$　绍:碗ʔuɵ̃$_{334}$　诸:碗ʔuʏ$_{52}$　崇:碗ʔʊœ̃$_{42}$　太:碗ʔʊœ̃$_{44}$　余:碗盏ʔuɵ̃$_{33}$tsɛ̃$_{52}$　宁:碗/饭碗/碗盏ʔu$_{325}$/vᴇ$_{22}$u$_{44}$/ʔu$_{55}$tsᴇ$_{33}$　黄:碗ʔuø$_{53}$　温:碗ʔy$_{45}$　衢:碗ʔuə$_{35}$　华:碗ʔuɑ$_{544}$　永:碗ʔʊᴀ$_{434}$

酒杯

宜:酒杯/酒盅tɕiʏɯ$_{33}$pɐɪ$_{44}$/tɕiʏɯ$_{33}$tsoŋ$_{44}$　溧:酒杯/酒盅tɕiʌɯ$_{54}$pæᴇ$_{34}$/tɕiʌɯ$_{54}$tsoŋ$_{34}$　金:酒杯/酒盅tɕiᴀʏ$_{35}$pei$_{31}$/tɕiᴀʏ$_{35}$tsoŋ$_{31}$　丹:酒杯tɕʏ$_{35}$pᴇ^{e}$_{21}$　童:酒杯/酒盅子tɕiʊ$_{35}$pei$_{31}$/tɕiʊ$_{35}$tsoŋ$_{55}$tsʅ$_{31}$　靖:酒杯/酒盅tɕøʏ$_{35}$pe$_{31}$/tɕøʏ$_{35}$tsoŋ$_{31}$　江:酒杯tsiɜʏ$_{52}$pᴇɪ$_{33}$　常:酒杯tɕiɯ$_{34}$pei$_{44}$

锡:酒杯/酒盅tɕiʌɤ45pEi55/tɕiʌɤ45tsoŋ55 苏:酒盅/酒杯tɕiɵ52tsoŋ23/tɕiɵ52pəɪ23(tɕiɵ/tsəɪ) 熟:酒杯/酒盅tsiɯ33pE51/tsiɯ33tʂʊŋ51 昆:酒杯/酒盅tsy52pE33/tsy52tsoŋ33 霜:酒杯tsy33pʌɪ52 罗:酒杯/酒盅tɕy33pʌɪ52/tɕy33tso^{ŋ}52 周:酒杯tɕiɤ33pe52 上:酒杯/酒盅tɕiɤɯ33pE44/tɕiɤɯ33tsʊŋ44 松:酒杯/酒盅tɕiɯ35pe31/tɕiɯ35tsʊŋ31 黎:酒杯/酒盅/盅子tsieɯ55pE31/tsieɯ55tsoŋ31/tsoŋ44tsɿ52 盛:酒杯tɕiəʉ55pE31 嘉:酒杯tɕi^{ə}u44pe51 双:酒杯tɕi^{ɵ}Y34pəɪ52 杭:酒杯/老酒杯/酒杯儿/酒盏儿tɕY55peɪ31/lɔ22tɕY55peɪ31/tɕY55peɪ33ər31/tɕY55tsE33ər31 绍:酒杯/酒盅tɕiɤ33pe52/tsiɤ33tsoŋ52 诸:酒杯tɕiY33pe52 崇:酒盏/酒杯tɕY34tsæ̃52/tɕY34pe52 太:酒盏tɕY33tsæ̃44 余:酒盅/酒杯tɕiY44tsʊŋ44/tɕiY44pe44 宁:酒杯/老酒杯tɕY33pEI44/lɔ23tɕY44pEI55 黄:酒杯/酒盅/酒盏tɕiY32pe13/tɕiY32tsoŋ13/tɕiY55tsɛ31 温:酒杯tɕiʌu52pæi44 衢:酒杯tɕiɯu35pəɪ31 华:酒杯tɕiɯu54peɪ35 永:酒杯tɕiəʊ43pəɪ44

脸盆

宜:面盆mɪ21bəŋ23 溧:面盆mi21bən23 金:脸盆/面盆ȵĩ21p'əŋ23/mĩ44p'əŋ23 丹:面盆mɪ31bɛn21 童:面盆mɪ21bəŋ23 靖:面盆ʔmĩ52bəŋ23 江:面盆/脸盆mɪ24bEɲ31/ʔlɪ52bEɲ33 常:面盆mɪ21bəɲ13 锡:面盆mɪ22bən55 苏:面桶/面盆mɪ22doŋ44/mɪ22bən44 熟:面盆mie24bẽ^{n}31 昆:面盆mɪ23bən41 霜:面盆mɪ22bɛ̃52 罗:面盆mi22bɛ̃^{n}52 周:面盆mi22bəŋ52 上:面盆mi22bəɲ44 松:面盆mi23bəɲ44 黎:面盆miɪ22bəɲ52 盛:面盆miɪ22bəɲ52 嘉:面盆miɪ22bən51 双:面盆mɪ21bən34 杭:脸盆ʔlie55bən31 绍:脸盆/面盆lĩ34bəŋ52/mĩ23bəŋ52 诸:面盆miɪ22bẼĩ52 崇:面桶miẽ22dʊ^{ŋ}23 太:面桶mie24duŋ31 余:面盆mĩ22beɲ52 宁:面盆mi22bɐŋ44 黄:面盆mie13bəŋ31 温:面盂mi52vʊ22 衢:面桶miẽ45dʌŋ31 华:面盆ʔmie54pən35 永:面盆mie32poə44

澡盆

宜:浴盆/脚盆ɦiɔʔ2bəŋ23/tɕiɔʔ5bəŋ55 溧:脚盆tɕiaʔ5bən34 金:脚盆/澡盆(少)tɕiaʔ5p'əŋ23/tsa^{ɔ}32p'əŋ23 丹:洗浴盆/脚盆ɕi^{z}44ɦioʔ4bɛn23/tɕia^{ʔ}5bɛn23 童:脚盆tɕiAʔ53bəŋ31 靖:澡盆/脚盆tsɒ33bəŋ44/tɕiaʔ5bəŋ31 江:脚盆/浴盆tɕia^{ʔ}5bEɲ43/ɦioʔ2bEɲ23 常:浴盆/脚盆ɦiɔʔ2bəɲ13/tɕiaʔ4bəɲ44 锡:脚盆tɕiaʔ4bən55 苏:淴浴盆/脚桶/脚盆hɔʔ5ɦiɔʔ5bən5/tɕiAʔ5doŋ52/tɕiAʔ5bən52 熟:脚盆/浴盆/淴浴盆则tɕiAʔ4bẽ^{n}51/ɦio2bẽ^{n}51/xoʔ3ɦioʔ5bẽɲ55tsEʔ31 昆:浴桶/脚盆/浴盆ɦio2doŋ23/tɕiAʔ4bən44/ɦio2bən23 霜:脚盆/脚桶tɕiAʔ4bɛ̃52/tɕiAʔdo^{ŋ}23 罗:浴桶ɦioʔ2do^{ŋ}23 周:脚盆tɕiAʔ3bəŋ52 上:脚盆/脚桶/浴缸tɕiAʔ3bəɲ44/tɕiAʔ3duŋ44/ɦioʔ2kÃ^{n}23 松:汏浴盆dɑ22ɦio^{ʔ}5bəɲ31 黎:浴桶ɦioʔ3doŋ33 盛:朝浴盆dzʌɑ24ɦioʔ3bəɲ31 嘉:汏浴盆/浴盆dɑ22ɦioʔ4bən51/ʔioʔ3bən44 双:脚桶/脚盆tɕiAʔ5doŋ52/tɕiAʔ5bən52 杭:澡盆/浴盆/浴缸/脚盆tsɔ55bən31/ɦioʔ2bən23/ɦioʔ2kAŋ33/tɕiɪʔ5bən31 绍:浴盆/脚盆/脚桶ɦyoʔ2bəŋ52/tɕiAʔ4bəŋ52/tɕiAʔ5duŋ33 诸:脚桶/浴盆tɕiɐʔ5doŋ31/ɦioʔ2bẼĩ52 崇:脚桶tɕiaʔ3dʊ^{ŋ}52 太:脚桶tɕiaʔ3duŋ44 余:脚桶/脚盆tɕiAʔ5dʊŋ31/tɕiAʔ4beɲ44 宁:脚桶tɕiɪʔ5doŋ31 黄:脚桶tɕieʔ5doŋ31 温:浴盘ɦyo22bɵ2 衢:脚桶tɕiAʔ5dʌŋ31 华:浴桶/浴盆ɦiɐʔ3toŋ51/ɦiɐʔ2pən24 永:浴桶ɦio32doŋ31

暖壶

宜:热水瓶/热水壶ȵiɪʔ3ɕyɥ55biŋ31/ȵiɪʔ3ɕyɥ55ɦu31 溧:热水壶/热水瓶ȵiɪʔ3ɕyz22vu23/niɪʔ3ɕyz22bin23 金:热水瓶/热水壶ləʔ5suei22piŋ23/ləʔ5suei22fu23 丹:热水瓶ȵɪʔ3s^{ə}u33biŋ23 童:热水瓶ȵiɪ3ʃyei55biŋ31 靖:热水瓶ȵiɪʔ2ɕye33biŋ23 江:热水瓶ȵiəʔ2ɕy44biɲ31 常:热水瓶ȵiɪʔ2sɥ11biɲ23 锡:热水瓶ȵiəʔ2sɥ34bin55 苏:热水瓶ȵiəʔ3sɿ52bin31 熟: 昆:热水瓶ȵi22sɥ55bin41 霜:热水瓶ȵɪʔ2sɿ23bĩ52 罗:热水瓶ȵɪʔ2sɿ24bɪ^{n}52 周:热水瓶ȵɪʔ2sɿ24biɪŋ52 上:热水瓶ȵiɪʔ2sɿ22 biŋ23　松：热水壶/热水瓶ȵiɪʔ2sɿ55ʋu31/ȵiɪʔ2sɿ22biɲ52　黎：热水瓶ȵiəʔ3sɿ22biəɲ34　盛：热水瓶/热水壶ȵiɐʔ3sɿ33bɪɲ33/ȵiɐʔ3sɿ33ɦu33　嘉：热水瓶ʔȵiəʔ5sɿ33bin31　双：热水壶/热水瓶ʔȵieʔ5sɿ55vu21/ʔȵieʔ5sɿ55bɪn21　杭：热水瓶ȵiɪʔ2sueɪ23bɪ^{n}51　绍：热水壶/热水瓶ȵɪʔ2sɿ44ɦu55/ȵɪʔ2sɿ44bɪŋ52　诸：热水瓶ȵiəʔ3sɿ44bĩ52　崇：热水壶ȵiEʔ2sɿ34vʊ52　太：热水壶ȵieʔ2sɿ44vu52　余：热水瓶ȵɪʔ2sɿ44beɲ44　宁：热水瓶ȵiɪʔ2sʮ44bɪɲ55　黄：热水瓶ȵieʔ2sʮ55biɪŋ31　温：热水瓶ȵi52sɿ31bʌŋ21　衢：热水壶ȵiəʔ2ʃʮ55ɦu31　华：热水壶/热水瓶(少)ȵiəʔ2ɕy55u31/ȵiəʔ2ɕy55biɪn31　永：热水壶ȵie32ɕY32ʊ44

砧板

宜：刀砧板tɑY55tsəŋ55pA31　溧：刀砧板tɑ^{Y}44tsən44pA31　金：砧板/刀砧板tsən44pæ̃23/tɑ^{ɔ}44tsən44pæ̃23　丹：刀枕板tɒ44tsɛn44pæ44　童：砧板/刀砧板tsəŋ53pɑ31/tɐY55tsəŋ33pɑ31　靖：砧板tɕyəŋ44bæ̃44　江：墩头板/刀砧板tEɲ55dEI33pæ31/tɒ55tsEɲ33pæ31　常：刀砧板tɑY55tsəɲ33pæ31　锡：砧墩板/刀砧板tsən21tən11pɛ23/tʌ21tsən11pɛ23　苏：砧墩板/刀钻板tsən55tən55pE31/tæ55tən55pE31　熟：砧墩板tʂẽ^{n}55tẽ^{n}55pæ31　昆：砧墩板tsən44tən44pɛ41　霜：砧墩板tsẽ55tẽ33pE31　罗：砧墩tsẽ^{n}55tẽ^{n}31　周：砧墩板tsəŋ55ɗəŋ55ɓɛ31　上：砧板/砧墩板tsəɲ55pE31/tsəɲ55təɲ33pE31　松：砧墩板tsəɲ33təɲ55pE31　黎：砧板/砧墩板tsəɲ44pE44/tsəɲ44təɲ44pE44　盛：砧板/砧头tsəɲ44pE44/tsəɲ44diəʉ44　嘉：砧板/墩头/墩头板tsən52pE^{ε}22/tən44de52/tən44de44pE^{ε}31　双：砧头板tsən44d^{ə}Y44pE44　杭：砧板tsən33pE51　绍：砧板tsəŋ32pæ̃33　诸：砧板tsẼĩ52pɛ42　崇：砧板tsɪŋ53pæ̃52　太：砧板tseŋ52pæ̃33　余：砧板tseɲ32pẽ23　宁：砧板tɕɪŋ33pE44　黄：双砧板sɒ̃33tɕiɪŋ55pɛ31　温：板砧pɑ52tsʌŋ44　衢：砧板tʃʮən43pæ̃35　华：板斤pæ̃54tɕiɪn35　永：板砧mA43nəɲ44

饭篮

宜：饭筲箕vA21sɑY11tɕij23　溧：饭筲箕/筲箕vA32sɑ^{Y}22tɕiz52/sɑ^{Y}44tɕiz52　金：　丹：　童：　靖：饭落子fvæ̃44lɔʔ3tsɿ34　江：饭筲箕væ24sɒ33tɕij43　常：　锡：饭筲箕/饭篮vɛ22sʌ55tɕi31/vɛ22lɛ55　苏：饭筲箕vE22sæ55tɕij31　熟：饭篮/筲箕væ24læ31/sɔ55tɕi31　昆：饭筲箕vɛ22sɔ55tɕi41　霜：饭筲箕vE22sɔ23tɕi52　罗：饭筲箕ve22sɔ55tɕi31　周：饭篮vɛ22lɛ52　上：饭篮vE22lE44　松：饭篮/饭篮头vE23lE44/vE23lE44dɯ44　黎：饭篮/罩篮vE22lE52/tsA^{ɔ}33lE52　盛：饭篮vE22lE52　嘉：饭篮vE22lE^{ε}51　双：饭淘箩/饭筲箕vE22dɔ22ləu52/vE21sɔ11tɕiz34　杭：饭篮儿vE22lE55ər31　绍：饭箩væ̃23lo33　诸：饭淘箩vE21dɔ22lɯ52　崇：饭筲箕væ̃22sɑɒ22tɕiz23　太：饭篮væ̃23læ̃22　余：饭篮/饭淘箩vẽ22lẽ44/vẽ22dɒ44lou52　宁：饭篮/饭筲箕vE22lE44/vE22sɔ44tɕi55　黄：饭篮vɛ21lɛ13　温：饭篮vɑ52lɑ21　衢：饭篮fvæ̃45læ̃31　华：饭篮fæ̃54læ̃24　永：饭篮fvA32lA325

淘米箩

宜：筲箕sɑY55tɕij55　溧：淘米筲箕dɑ^{Y}32miz22sɑ^{Y}22tɕiz52　金：淘箩子/淘箩/烧箕tʻɑ^{ɔ}24lo33tsɿz31/tʻɑ^{ɔ}24lo23/sɑ^{ɔ}44tɕi31　丹：筲箕sɒ44tɕi^{z}31　童：筲箕sɐY55tɕij31　靖：淘落dɒ22lɔʔ5　江：淘米筲箕dɒ21mij33sɒ33tij44　常：筲箕sɑY55tɕij31　锡：筲箕sʌ21tɕi23　苏：米饭箩/淘箩mij22vE55ləu31/dæ22ləu44　熟：淘米筲箕dɔ23mi55sɔ55tɕi51　昆：淘米箩dɔ22mi55ləu41　霜：淘米筲箕dɔ24mi33sɔ33tɕi31　罗：筲箕sɔ55tɕi31　周：淘米饭箩dɔ23mi44vɛ44lu44　上：淘箩dɔ22lu44　松：淘米箩/淘米饭箩dɔ22mi55lu31/dɔ22mi55vE33lu31　黎：淘箩dA^{ɔ}22ləu34　盛：淘米箩dAɑ22mij44ləu44　嘉：淘箩dɔ22l^{ə}u44　双：淘箩dɔ22ləu44　杭：淘箩dɔ21lu23　绍：淘箩/米淘箩dɑɒ22lo52/mi22dɑɒ44lo52　诸：淘箩dɔ31lɯ52　崇：淘箩dɑɒ21lY52　太：淘箩dɑɒ21lɯ44　余：淘箩dɒ22lou44　宁：淘米箩/淘箩/淘米烧几dɔ22mi44ləʊ55/dɔ22ləʊ35/dɔ22mi44sɔ24tɕi55　黄：洗米箩ɕij33mij22ləu23　温：烧口s^{ʊ}ɔ44se44　衢：篾丝箩miəʔ2sɿ55lu31　华：　永：

茶缸

宜:茶缸dzo$_{21}$pɐɪ$_{23}$ 溧:茶缸/茶杯dzo$_{32}$kʌŋ$_{23}$/dzo$_{32}$pæᴇ$_{23}$ 金:茶缸ts'ɑ$_{24}$kɑŋ$_{52}$ 丹:茶缸/茶杯/瓷缸tso$_{44}$kɑŋ$_{44}$/tso$_{44}$pᴇ$^{e}{}_{44}$/dz̥ʅ$_{33}$kɑŋ$_{44}$ 童:茶缸dzo$_{24}$kɑŋ$_{31}$ 靖:茶缸/茶杯dzo$_{22}$kɑŋ$_{34}$/dzo$_{22}$pe$_{34}$ 江:茶杯dzo$_{24}$pᴇɪ$_{31}$ 常:茶缸dzo$_{21}$kᴀɲ$_{34}$ 锡:茶杯zʌɤ$_{24}$pᴇ$_{31}$ 苏:茶杯zo$_{22}$pᴇ$_{44}$ 熟:茶缸dzu$_{24}$kᴀ̃$_{31}$ 昆:茶杯zo$_{22}$pᴇ$_{44}$ 霜:茶杯z^{ʌ}ɤ$_{22}$pʌɪ$_{52}$ 罗:搪瓷杯dɒ̃$_{22}$zʅ$_{55}$pʌɪ$_{31}$ 周:茶缸zo$_{23}$kɒ̃$_{44}$ 上:茶杯/茶缸zo$_{22}$pᴇ$_{44}$/zo$_{22}$kÃ$^{n}{}_{44}$ 松:茶杯zo$_{22}$pe$_{52}$ 黎:杯子pᴇ$_{44}$tsʅ$_{44}$ 盛:茶杯dzo$_{22}$pᴇ$_{44}$ 嘉:茶杯zo$_{22}$pe$_{44}$ 双:茶缸/茶杯zʊ$_{22}$kɔ̃$_{44}$/zʊ$_{22}$kəɪ$_{44}$ 杭:茶杯dzɑ$_{21}$peɪ$_{23}$ 绍:茶缸dzo$_{22}$kɒŋ$_{52}$ 诸:茶杯dzo$_{31}$pe$_{42}$ 崇:茶杯dzo$_{21}$pe$_{23}$ 太:茶杯dzo$_{31}$pe$_{33}$ 余:茶缸dzo$_{22}$kɔ̃$_{44}$ 宁:茶缸/搪口杯dzo$_{22}$kɔ̃$_{51}$/dɔ̃$_{22}$k'œʏ$_{44}$pᴇɪ$_{55}$ 黄:茶杯dzo$_{23}$pe$_{31}$ 温:茶缸dzo$_{22}$k^{u}ɔ$_{44}$ 衢:茶杯dzɑ$_{22}$pəɪ$_{53}$ 华:茶杯dzuɑ$_{32}$peɪ$_{45}$ 永:茶杯d̥zᴀ$_{32}$pəɪ$_{44}$

拖把

宜:拖把t'u$_{55}$po$_{31}$ 溧:拖把t'ʌɯ$_{44}$po$_{52}$ 金:拖把t'^{ɔ}u$_{44}$pɑ$_{23}$ 丹:拖把t'ʌɤ$_{44}$po$_{21}$ 童:拖把t'ʌɤ$_{53}$po$_{31}$ 靖:拖把t'ʌɤ$_{44}$po$_{44}$ 江:拖畚/拖把t'зɤ$_{53}$fᴇɲ$_{31}$/t'зɤ$_{53}$po$_{31}$ 常:拖把t'u$_{55}$po$_{31}$ 锡:拖把t'ʌɤ$_{21}$pu$_{23}$ 苏:拖畚t'зu$_{55}$fən$_{31}$ 熟:拖畚t'u$_{55}$fẽ$^{n}{}_{31}$ 昆:拖畚t'u$_{44}$fən$_{41}$ 霜:拖畚(少)t'əu$_{55}$fɛ̃$_{31}$ 罗:拖畚t'əu$_{55}$fẽ$^{n}{}_{31}$ 周:拖笨/拖畚t'u$_{44}$bəŋ$_{52}$/t'u$_{44}$fəŋ$_{52}$ 上:拖畚t'u$_{55}$fəɲ$_{31}$ 松:拖畚t'u$_{33}$fəɲ$_{52}$ 黎:拖畚t'зu$_{44}$fəɲ$_{44}$ 盛:拖畚帚t'зu$_{44}$fəɲ$_{44}$tsiəʉ$_{44}$ 嘉:拖畚t'^{ɔ}u$_{55}$fən$_{31}$ 双:拖水帚t'^{ɔ}u$_{44}$sʅ$_{44}$ts^{ø}ʏ$_{44}$ 杭:拖把/拖帚t'u$_{33}$pɑ$_{51}$/t'u$_{33}$tseɪ$_{51}$ 绍:拖帚t'o$_{32}$tsɤ$_{33}$ 诸:拖帚t'ɯ$_{52}$tsei$_{42}$ 崇:拖把t'ɤ$_{33}$pɤ$_{52}$ 太: 余:拖畚t'ou$_{32}$feɲ$_{23}$ 宁:拖畚t'əʊ$_{33}$fɐŋ$_{51}$ 黄:拖地布t'^{ɔ}u$_{33}$di$_{33}$pu$_{44}$ 温:地拖d^{ɪ}i$_{52}$t'əu$_{44}$ 衢:拖把t'u$_{43}$pɑ$_{35}$ 华:拖帚/拖把t'oə$_{33}$tɕiɯu$_{51}$/t'oə$_{33}$pɑ$_{51}$ 永:拖帚t'oə$_{43}$tɕiəʊ$_{44}$

抹布

宜:抹布/揩布məʔ$_{3}$pu$_{53}$/k'ᴀ$_{55}$pu$_{31}$ 溧:抹布məʔ$_{3}$pu$_{23}$ 金:抹布məʔ$_{4}$pu$_{44}$ 丹:抹布/擦台布/抹台布mɑʔ$_{5}$pu$_{23}$/ts'ɛʔ$_{3}$d̥æ$_{44}$pu$_{23}$/mɑʔ$_{5}$d̥æ$_{44}$pu$_{23}$ 童:抹布məʔ$_{3}$pu$_{55}$ 靖:绞台布tɕiɒ$_{44}$dæ$_{44}$pu$_{52}$ 江:揩台布/抹台布k'æ$_{53}$dæ$_{33}$pu$_{31}$/məʔ$_{2}$dæ$_{44}$pu$_{31}$ 常:抹布məʔ$_{2}$pu$_{52}$ 锡:揩布/揩台布k'ɑ$_{55}$pʌɤ$_{31}$/k'ɑ$_{55}$dᴇ$_{55}$pʌɤ$_{31}$ 苏:抹布/揩布məʔ$_{3}$pu$_{52}$/k'ɒ$_{55}$pu$_{31}$ 熟:抹台布/揩台布moʔ$_{22}$dæ$_{33}$pu$_{34}$/k'ɑ$_{55}$dæ$_{55}$pu$_{51}$ 昆:抹布mᴀʔ$_{3}$pu$_{31}$ 霜:揩布k'ɑ$_{55}$pu$_{31}$ 罗:揩布/揩台布k'ɑ$_{55}$pu$_{31}$/k'ɑ$_{55}$de$_{33}$pu$_{31}$ 周:揩布k'ɑ$_{55}$ɓu$_{31}$ 上:揩布/揩台布k'ᴀ$_{55}$pu$_{31}$/k'ᴀ$_{55}$dᴇ$_{33}$pu$_{31}$ 松:揩布k'ɑ$_{55}$pu$_{31}$ 黎:抹布məʔ$_{3}$pu$_{33}$ 盛:抹布məʔ$_{4}$pu$_{33}$ 嘉:抹布ʔmᴀʔ$_{5}$pu$_{31}$ 双:抹布ʔmᴀʔ$_{5}$pu$_{52}$ 杭:抹布/抹桌布mɐʔ$_{2}$pu$_{51}$/mɐʔ$_{2}$tsɔʔ$_{\underline{23}}$pu$_{51}$ 绍:揩桌布k'a$_{43}$tsoʔ$_{3}$pu$_{33}$ 诸:揩桌布k'ᴀ$_{44}$tsoʔ$_{3}$pu$_{33}$ 崇:揩桌布k'ɑ$_{33}$tsɔʔ$_{3}$pʊ$_{34}$ 太:揩布k'ɑ$_{52}$pu$_{33}$ 余:揩布k'ᴀ$_{32}$pu$_{23}$ 宁:揩布/揩桌布k'a$_{33}$pu$_{51}$/k'a$_{33}$tsɔʔ$_{4}$pu$_{55}$ 黄:揩布k'ᴀ$_{33}$pu$_{44}$ 温:缴桌布tɕiɛ$_{33}$tɕyo$_{5}$pɵ$_{52}$ 衢:抹脚布mᴀʔ$_{2}$tɕiᴀʔ$_{3}$pu$_{53}$ 华:抹布/揩布məʔ$_{3}$pu$_{35}$/k'ɑ$_{32}$pu$_{35}$ 永:搅桌畚/搅桌布tɕiᴀʊ$_{45}$tsoə$_{32}$fəɲ$_{44}$/tɕiᴀʊ$_{43}$tsoə$_{\underline{32}}$pʊ$_{54}$

扫帚

宜:扫帚/笤帚sɑɤ$_{35}$tsɤɯ$_{31}$/diɑɤ$_{22}$tsɤɯ$_{53}$ 溧:笤帚diɑ$^{ɤ}{}_{32}$tsei$_{52}$ 金:扫帚/笤帚sɑ$^{ɔ}{}_{24}$tsʌɤ$_{23}$/t'iɑ$^{ɔ}{}_{24}$tsʌɤ$_{23}$ 丹:扫帚/笤帚sɒ$_{33}$tsᴇ$^{e}{}_{44}$/diɒ$_{32}$tsᴇ$^{e}{}_{24}$ 童:笤帚/扫帚diɐɤ$_{22}$tsei$_{55}$/sɐɤ$_{35}$tsei$_{31}$ 靖:笤帚/扫帚diɒ$_{22}$tɕøʏ$_{34}$/sɒ$_{35}$tɕøʏ$_{31}$ 江:笤帚diɒ$_{21}$tsᴇɪ$_{43}$ 常:笤帚diɑɤ$_{21}$tsei$_{34}$ 锡:扫帚/笤帚sᴀ$_{55}$tsᴇi$_{31}$/diʌ$_{24}$tsᴇi$_{31}$ 苏:扫帚/笤帚sæ$_{55}$tsəɪ$_{31}$/diæ$_{22}$tsəɪ$_{44}$ 熟:扫帚sɔ$_{55}$tʂɯ$_{51}$ 昆:扫帚sɔ$_{44}$tsᴇ$_{41}$ 霜:扫帚sɔ$_{33}$tsʌɪ$_{52}$ 罗:扫帚sɔ$_{33}$tsʌɪ$_{52}$ 周:扫帚sɔ$_{35}$tsɤ$_{31}$ 上:扫帚sɔ$_{33}$tsɤɯ$_{44}$ 松:扫帚sɔ$_{55}$tsɯ$_{31}$ 黎:扫帚/笤帚sᴀ$^{ɔ}{}_{55}$tsieɯ$_{31}$/diᴀ$^{ɔ}{}_{22}$tsieɯ$_{34}$ 盛:扫帚/笤帚sᴀɑ$_{43}$tsiəʉ$_{52}$/diᴀɑ$_{22}$tsiəʉ$_{44}$ 嘉:扫帚sɔ$_{35}$tse$_{31}$ 双:笤帚diɔ$_{22}$tɕi^{ø}ʏ$_{44}$ 杭:扫帚/笤帚/扫帚把sɔ$_{34}$tseɪ$_{51}$/diɔ$_{21}$tseɪ$_{23}$/sɔ$_{33}$tseɪ$_{55}$pɑ$_{31}$ 绍:

扫帚/笤帚sɑɒ$_{33}$tsɤ$_{34}$/diɑɒ$_{23}$tsɤ$_{33}$　诸：扫帚sɔ$_{33}$tsei$_{52}$　崇：扫帚sɑɒ$_{33}$tɕʏ$_{23}$　太：扫帚sɑɒ$_{55}$tɕʏ$_{33}$　余：扫帚sɒ$_{55}$tsʏ$_{31}$　宁：扫帚/扫帚棒头sɔ$_{55}$tɕʏ$_{31}$/sɔ$_{33}$tɕʏ$_{44}$bɐʔ$_{44}$dœʏ$_{55}$　黄：扫帚sɔ$_{55}$tɕiu$_{31}$　温：查扫dzo$_{22}$sɜ$_{52}$　衢：笤帚diɔ$_{22}$tɕiɯ$_{35}$　华：扫帚/笤帚sɔ$_{33}$tɕiɯu$_{51}$/tiaʊ$_{33}$tɕiɯu$_{51}$　永：扫帚sAʊ$_{43}$tɕiəʊ$_{32}$

簸箕

宜：畚箕fəŋ$_{33}$tɕi$_{j44}$/pəŋ$_{55}$tɕi$_{j55}$　溧：畚箕pən$_{44}$tɕi$_{z55}$　金：畚箕feŋ$_{44}$tɕi$_{z23}$　丹：畚箕fɛn$_{21}$tɕi^{z}$_{22}$　童：畚箕pəŋ$_{35}$tɕi$_{j31}$　靖：尺箕tɕʻiəʔ$_{5}$tɕi$_{j31}$　江：畚箕/尺箕fɛɲ$_{45}$tɕi$_{j31}$/tsʻɑʔ$_{\underline{53}}$tɕi$_{j31}$　常：畚箕fəɲ$_{34}$tɕi$_{j44}$　锡：畚箕fən$_{55}$tɕi$_{31}$　苏：畚箕fən$_{55}$tɕi$_{j31}$　熟：畚箕fɛ̃^{n}$_{55}$tɕi$_{31}$　昆：畚箕fən$_{44}$tɕi$_{41}$　霜：畚箕fɛ̃$_{33}$tɕi$_{52}$　罗：畚箕fɛ̃^{n}$_{55}$tɕi$_{31}$　周：畚箕ɓəŋ$_{44}$tɕi$_{52}$　上：畚箕fəɲ$_{55}$tɕi$_{31}$/pəɲ$_{55}$tɕi$_{31}$　松：畚箕fəɲ$_{55}$tɕi$_{31}$　黎：畚箕fəɲ$_{33}$tɕi$_{j52}$　盛：粪箕fəɲ$_{43}$tɕi$_{j52}$　嘉：畚箕fən$_{22}$tɕi$_{51}$　双：畚箕fən$_{32}$tɕi$_{34}$　杭：畚箕/畚斗fən$_{55}$tɕi$_{31}$/pən$_{33}$teɪ$_{51}$　绍：畚斗pĩ$_{32}$tɤ$_{33}$　诸：畚箕pẼĩ$_{44}$tɕi$_{z33}$　崇：畚箕pɪŋ$_{33}$tɕi$_{z23}$　太：畚箕peŋ$_{55}$tɕi$_{33}$　余：畚箕/扫箕feɲ$_{55}$tɕi$_{31}$/sɒ$_{33}$tɕi$_{44}$　宁：畚斗pɐŋ$_{33}$dœʏ$_{51}$　黄：畚箕/约斗pəŋ$_{34}$tɕi$_{j31}$/ʔieʔ$_{4}$tiɤ$_{51}$　温：畚斗/簸箕pʌŋ$_{52}$tʌu$_{34}$/pɵ$_{52}$tsɿ$_{44}$　衢：畚箕fən$_{55}$tsɿ$_{31}$　华：畚箕pən$_{32}$tɕi$_{j35}$　永：簸箕poə$_{43}$i$_{44}$

扇子

宜：扇则se$_{33}$tsəʔ$_{4}$　溧：扇则ɕi$_{54}$tsə$_{34}$　金：扇子ɕĩ$_{44}$tsɿ$_{z31}$　丹：扇则sæ$_{21}$tsɛʔ$_{2}$　童：扇子ʃyʊ$_{34}$tsɿ$_{55}$　靖：扇子ɕyũ$_{35}$tsɿ$_{31}$　江：扇子/扇则sɵ$_{45}$tsɿ$_{31}$/sɵ$_{43}$tsɜʔ$_{2}$　常：扇则sɔ$_{55}$tsəʔ$_{3}$　锡：扇子/扇则so$_{55}$tsɿ$_{31}$/so$_{55}$tsəʔ$_{31}$　苏：扇子sɵ$_{55}$tsɿ$_{31}$/sᴇ$_{55}$tsɿ$_{31}$　熟：扇则ʂʏ$_{55}$tsᴇʔ$_{\underline{31}}$　昆：扇子sɵ$_{44}$tsɿ$_{41}$　霜：扇子/蒲扇sɪ$_{55}$tsɿ$_{31}$/bu$_{24}$sɪ$_{31}$　罗：蒲扇bu$_{24}$sʌɪ$_{31}$　周：扇子sø$_{35}$tsɿ$_{31}$　上：扇子sø$_{55}$tsɿ$_{31}$　松：扇子se$_{55}$tsɿ$_{31}$　黎：蒲扇bu$_{22}$sɵ$_{44}$　盛：扇子/蒲扇sɵ$_{33}$tsɿ$_{52}$/bu$_{22}$sɵ$_{44}$　嘉：扇子sʏə$_{35}$tsɿ$_{31}$　双：扇子sᴇ$_{32}$tsɿ$_{52}$　杭：扇子so$_{34}$tsɿ$_{51}$　绍：扇sĩ$_{33}$　诸：扇sɤ$_{544}$　崇：扇sœ̃$_{324}$　太：扇sœ̃$_{35}$　余：扇/扇子sẽ$_{52}$/sẽ$_{55}$tsɿ$_{31}$　宁：扇子ɕi$_{z55}$tsɿ$_{33}$　黄：扇儿/蒲扇ɕie$_{35}$/bu$_{22}$ɕie$_{35}$　温：蒲扇bɵ$_{22}$ɕi$_{52}$　衢：扇ʃɥə$_{53}$　华：扇ɕye$_{45}$　永：扇ɕie$_{54}$

木柴

宜：柴/柴火zA$_{223}$/zA$_{22}$xu$_{53}$　溧：柴火zA$_{32}$xʌɯ$_{52}$　金：柴火tsʻɛ^{e}$_{24}$ho$_{23}$　丹：柴火dzæ$_{22}$hʌʏ$_{44}$　童：木柴/柴爿/柴头moʔ$_{\underline{42}}$zaɪ$_{31}$/szaɪ$_{24}$bɑ$_{31}$/szaɪ$_{24}$dei$_{31}$　靖：柴tsʻæ$_{334}$　江：柴爿/木柴/木爿爿zæ$_{24}$bæ$_{31}$/moʔ$_{2}$zæ$_{23}$/moʔ$_{2}$bæ$_{44}$bæ$_{31}$　常：柴爿/柴火zɑ$_{21}$bæ$_{34}$/zɑ$_{21}$xʌɯ$_{34}$　锡：木柴/柴/柴爿mɔʔ$_{2}$zɑ$_{55}$/zɑ$_{213}$/zɑ$_{24}$bɛ$_{31}$　苏：柴爿/硬柴zɒ$_{22}$bᴇ$_{44}$/ŋÃ$_{22}$zɒ$_{44}$　熟：木柴/柴moʔ$_{2}$zɑ$_{51}$/zɑ$_{213}$　昆：柴爿/柴zɑ$_{23}$bᴇ$_{41}$/zɑ$_{132}$　霜：柴爿zɑ$_{22}$bᴇ$_{52}$　罗：柴zɑ$_{31}$　周：柴爿zɑ$_{23}$bɛ$_{44}$　上：柴爿zA$_{22}$bᴇ$_{44}$　松：柴爿zɑ$_{22}$bᴇ$_{52}$　黎：木柴/柴爿moʔ$_{3}$zɒ$_{34}$/zɒ$_{22}$bᴇ$_{34}$　盛：柴/柴爿/柴爿头zɑ$_{24}$/zɑ$_{22}$bᴇ$_{44}$/zɑ$_{22}$bᴇ$_{44}$diɘʉ$_{44}$　嘉：柴爿/木柴/柴zɑ$_{22}$bᴇ^{ε}$_{44}$/ʔmoʔ$_{3}$zɑ$_{44}$/zɑ$_{223}$　双：柴爿/柴爿头zɑ$_{22}$bᴇ$_{44}$/zɑ$_{22}$bᴇ$_{44}$d^{ø}ʏ$_{44}$　杭：柴/柴爿儿(少)dzᴇ$_{212}$/dzᴇ$_{21}$bᴇ$_{23}$ər$_{51}$　绍：柴/柴爿za$_{31}$/za$_{22}$bæ̃$_{52}$　诸：柴zA$_{233}$　崇：柴zɑ$_{312}$　太：柴zɑ$_{312}$　余：柴/木柴dzA$_{113}$/mɔʔ$_{2}$dzA$_{52}$　宁：柴爿za$_{22}$bᴇ$_{44}$　黄：柴/柴爿zA$_{31}$/zA$_{22}$bɛ$_{51}$　温：柴szɑ$_{31}$　衢：柴szɛ$_{323}$　华：柴/柴棒szɑ$_{324}$/szɑ$_{32}$pAŋ$_{24}$　永：柴架ɕʑiA$_{32}$kʊA$_{55}$

火炉

宜：　溧：煤炉mæᴇ$_{32}$lu$_{23}$　金：火炉ho$_{32}$l^{ɔ}u$_{23}$　丹：火炉hʌʏ$_{21}$ləu$_{22}$　童：炉子lʌʏ$_{24}$tsɿ$_{31}$　靖：炉子lu$_{22}$tsɿ$_{34}$　江：炉则/炉子lɜʏ$_{21}$tsɜʔ$_{4}$/lɜʏ$_{21}$tsɿ$_{43}$　常：煤炉mæe$_{21}$lu$_{34}$　锡：炉子/炉则lʌʏ$_{24}$tsɿ$_{31}$/lʌʏ$_{24}$tsəʔ$_{\underline{31}}$　苏：火炉hɜu$_{52}$lu$_{23}$　熟：煤炉mᴇ$_{24}$lɯ$_{31}$　昆：火炉həu$_{52}$ləu$_{33}$　霜：　罗：火炉/风炉/洋风炉fu$_{35}$lu$_{31}$/fo^{ŋ}$_{55}$lu$_{31}$/ɦia˜$_{22}$fo^{ŋ}$_{55}$lu$_{31}$　周：火炉/炉子fu$_{33}$lu$_{52}$/lu$_{23}$tsɿ$_{44}$　上：火炉fu$_{33}$lu$_{44}$　松：炉子lu$_{22}$tsɿ$_{52}$　黎：煤炉/行灶mᴇ$_{22}$lɜu$_{44}$/ɦɛ̃$_{22}$tsA^{ɔ}$_{44}$　盛：煤炉mᴇ$_{22}$lɜu$_{44}$　嘉：炉子

l^{ə}u$_{24}$tsɿ$_{51}$　双：火炉/炉子xəu$_{34}$ləu$_{52}$/ləu$_{22}$tsɿ$_{44}$　杭：煤炉ʔmeɪ$_{32}$lu$_{23}$　绍：煤炉me$_{22}$lu$_{52}$　诸：火炉hɯ$_{33}$lu$_{52}$　崇：风炉fʊ^{ŋ}$_{53}$lu$_{52}$　太：风炉fʊŋ$_{52}$lu$_{33}$　余：火炉/煤球炉hou$_{33}$lu$_{52}$/me$_{21}$dʑiɤ$_{22}$lu$_{52}$　宁：煤球风炉mEɪ$_{22}$dʑY$_{44}$foŋ$_{44}$ləʊ$_{55}$　黄：　温：火炉fʊ$_{52}$lɵ$_{21}$　衢：火炉xu$_{35}$lu$_{31}$　华：火篮xuo$_{54}$læ̃$_{51}$　永：火笼xoə$_{42}$loŋ$_{24}$

手电筒

宜：电筒/手电dɪ$_{21}$doŋ$_{23}$/sɤɯ$_{53}$dɪ$_{31}$　溧：电筒/手电筒di$_{32}$doŋ$_{23}$/sei$_{54}$di$_{33}$doŋ$_{34}$　金：电筒/手电筒dĩ$_{44}$t'oŋ$_{23}$/sʌɤ$_{33}$tĩ$_{44}$t'oŋ$_{23}$　丹：手电筒/电筒sE^{e}$_{33}$d̥ɪ$_{55}$t'oŋ$_{31}$/d̥ɪ$_{44}$t'oŋ$_{31}$　童：电筒dɪ$_{22}$doŋ$_{55}$　靖：电筒dĩ$_{31}$doŋ$_{23}$　江：电筒dɪ$_{24}$doŋ$_{31}$　常：电筒/手电筒dɪ$_{21}$doŋ$_{13}$/sei$_{33}$dɪ$_{55}$doŋ$_{31}$　锡：电筒dɪ$_{22}$doŋ$_{55}$　苏：手电筒/电筒səɪ$_{52}$dɪ$_{23}$doŋ$_{31}$/dɪ$_{22}$doŋ$_{44}$　熟：手电筒/电筒ʂɯ$_{33}$die$_{55}$dʊŋ$_{31}$/die$_{22}$dʊŋ$_{51}$　昆：电筒dɪ$_{22}$doŋ$_{44}$　霜：手电筒/电筒sʌɪ$_{44}$dɪ$_{44}$do^{ŋ}$_{52}$/dɪ$_{22}$do^{ŋ}$_{52}$　罗：电筒di$_{22}$do^{ŋ}$_{52}$　周：手电筒sɤ$_{33}$ti$_{44}$toŋ$_{52}$　上：手电筒/电筒sɤɯ$_{33}$di$_{55}$dʊŋ$_{31}$/di$_{22}$dʊŋ$_{44}$　松：手电筒/电筒sɯ$_{33}$di$_{55}$dʊŋ$_{31}$/di$_{23}$dʊŋ$_{44}$　黎：电筒diɪ$_{22}$doŋ$_{52}$　盛：电筒diɪ$_{22}$doŋ$_{52}$　嘉：电筒/手电筒die$_{22}$doŋ$_{51}$/se$_{44}$die$_{44}$doŋ$_{51}$　双：电筒dɪ$_{22}$doŋ$_{52}$　杭：电筒/手电筒die$_{23}$doŋ$_{51}$/seɪ$_{55}$die$_{33}$doŋ$_{31}$　绍：电筒dĩ$_{21}$dʊŋ$_{23}$　诸：电筒diɪ$_{22}$doŋ$_{52}$　崇：手电杆/电筒/电杆çY$_{33}$diẽ$_{53}$kœ̃$_{31}$/diẽ$_{22}$dʊ^{ŋ}$_{23}$/diẽ$_{22}$kœ̃$_{23}$　太：电杆/电筒diẽ$_{24}$kœ̃$_{31}$/diẽ$_{24}$dʊŋ$_{31}$　余：电筒/手电筒dĩ$_{22}$dʊŋ$_{44}$/sY$_{44}$dĩ$_{44}$dʊŋ$_{44}$　宁：电筒di$_{22}$doŋ$_{44}$　黄：手电筒çiu$_{33}$die$_{33}$doŋ$_{44}$　温：手电筒çiʌu$_{52}$di$_{31}$doŋ$_{22}$　衢：电筒diẽ$_{45}$dʌŋ$_{31}$　华：电筒tiæ̃$_{53}$toŋ$_{24}$　永：电筒tiA$_{43}$d̥oŋ$_{44}$

煤油灯

宜：洋油灯/火油灯/美孚灯ɦiAŋ$_{21}$ɦiɤɯ$_{11}$təŋ$_{23}$/xu$_{33}$ɦiɤɯ$_{55}$təŋ$_{31}$/mɐɪ$_{55}$fu$_{55}$təŋ$_{55}$　溧：煤油灯/洋油灯/美孚灯mæE$_{32}$ɦiʌɯ$_{22}$tən$_{52}$/ɦie$_{32}$ɦiʌɯ$_{22}$tən$_{52}$/mæE$_{24}$fu$_{33}$tən$_{31}$　金：洋油灯iɑŋ$_{22}$iʌɤ$_{55}$təŋ$_{31}$　丹：煤油灯mE^{e}$_{33}$ɦY$_{55}$tɛn$_{31}$　童：美孚灯mei$_{33}$vu$_{55}$təŋ$_{31}$　靖：火油灯hʌɤ$_{33}$ɦøY$_{55}$təŋ$_{31}$　江：煤油灯/洋油盏/火油灯mEɪ$_{24}$ɦi3ɤ$_{33}$tEɲ$_{31}$/ɦiA^{ŋ}$_{24}$ɦi3ɤ$_{33}$tsæ$_{31}$/h3ɤ$_{52}$ɦi3ɤ$_{33}$tEɲ$_{43}$　常：煤油灯/洋油灯mæe$_{22}$ɦiʌɯ$_{55}$təɲ$_{31}$/ɦiAɲ$_{22}$ɦiʌɯ$_{55}$təɲ$_{31}$　锡：洋油灯/火油灯ɦiɛ̃$_{24}$ɦiʌY$_{55}$tən$_{31}$/xʌY$_{45}$ɦiʌY$_{55}$tən$_{55}$　苏：洋油灯/火油灯miÃ$_{22}$ɦiɵ$_{55}$tən$_{31}$/h3u$_{52}$ɦiɵ$_{23}$tən$_{31}$　熟：洋灯/洋油灯ɦiA$^{\sim}$$_{24}$tẽ^{n}$_{41}$/ɦiA$^{\sim}$$_{24}$ɦiɯ$_{33}$tẽ^{n}$_{31}$　昆：洋油灯ɦiã$_{22}$ɦy$_{55}$tən$_{31}$　霜：煤油灯/洋油灯/洋油盏/火油灯mʌɪ$_{22}$ɦy$_{23}$tẽ$_{52}$/ɦia$^{\sim}$$_{22}$ɦy$_{23}$tẽ$_{52}$/ɦia$^{\sim}$$_{22}$ɦy$_{23}tsE_{52}$/fu$_{44}$ɦy$_{44}$tẽ$_{52}$　罗：煤油灯/火油灯mʌɪ$_{22}$ɦy$_{55}$tẽ^{n}$_{31}$/fu$_{33}$ɦy$_{55}$tẽ^{n}$_{31}$　周：火油灯fu$_{33}$ɦiɤ$_{44}$ʔɗəŋ$_{52}$　上：火油灯hu$_{22}$ɦiɤɯ$_{55}$təɲ$_{31}$　松：煤油灯/火油灯me$_{22}$ɦiɯ$_{55}$təɲ$_{31}$/fu$_{33}$ɦiɯ$_{55}$təɲ$_{31}$　黎：洋灯/洋灯罩/洋油盏ɦiɛ̃$_{22}$təɲ$_{44}$/ɦiɛ̃$_{22}$təɲ$_{44}$tsA^{ɔ}$_{52}$/ɦiɛ̃$_{22}$ɦiɯ$_{44}$tsE$_{44}$　盛：煤油灯/洋油灯/洋油收罩mE$_{22}$ɦiəʉ$_{44}$təɲ$_{44}$/ɦiæ̃$_{22}$ɦiəʉ$_{44}$tən$_{44}$/ɦiæ̃$_{22}$ɦiəʉ$_{44}$sɵ$_{44}$tsAɑ$_{44}$　嘉：洋油灯ɦiA$^{\sim}$$_{22}$ɦi^{ə}u$_{44}$tən$_{51}$　双：煤油灯/洋油灯m^{ɵ}Y$_{22}$ɦi^{ɵ}Y$_{44}$tən$_{44}$/ɦiã$_{22}$ɦi^{ɵ}Y$_{44}$tən$_{44}$　杭：煤油灯/洋油灯meɪ$_{21}$ɦY$_{23}$tən$_{51}$/ɦiAŋ$_{21}$ɦY$_{23}$tən$_{51}$　绍：煤油灯/洋油灯me$_{21}$ɦiɤ$_{34}$təŋ$_{52}$/ɦiã$_{21}$ɦiɤ$_{34}$təŋ$_{52}$　诸：美孚罩me$_{23}$fu$_{44}$tsɔ$_{33}$　崇：洋油灯/灯盏/美孚灯ɦiA$^{\sim}$$_{22}$ɦY$_{22}$tɪŋ$_{23}$/tɪŋ$_{53}$tsæ̃$_{52}$/me$_{23}fu_{55}$tɪŋ$_{31}$　太：洋油灯盏ɦiAŋ$_{21}$ɦY$_{22}$teŋ$_{22}$tsæ̃$_{44}$　余：煤油灯/火油灯/洋灯罩me$_{21}$ɦiɤ$_{22}$teɲ$_{52}$/hou$_{44}$ɦiɤ$_{44}$teɲ$_{52}$/ɦiÃ$_{21}$teɲ$_{22}$tsɒ$_{52}$　宁：美孚灯/火油灯mEɪ$_{22}$fu$_{44}$tɐŋ$_{55}$/həʊ$_{33}$ɦY$_{44}$tɐŋ$_{55}$　黄：煤油灯/洋油灯me$_{22}$ɦiu$_{33}$təŋ$_{51}$/ɦia$^{\sim}$$_{22}$ɦiu$_{33}$təŋ$_{51}$　温：洋油灯ɦi$_{24}$ɦiʌu$_{33}$tʌŋ$_{21}$　衢：煤油灯/洋油灯məɪ$_{22}$ɦiɯ$_{55}$tən$_{31}$/ɦiã$_{22}$ɦiɯ$_{55}$tən$_{31}$　华：煤油灯/洋油灯/美孚灯(老)ʔmɛ$_{54}$ɦiɯu$_{33}$tən$_{35}$/ɦiAŋ$_{21}$ɦiɯu$_{33}$tən$_{35}$/ʔmɛ$_{54}$fu$_{33}$tən$_{35}$　永：洋油灯ʔɦiAŋ$_{32}$iəʊ$_{31}$nəɲ$_{44}$

浆糊

宜：浆糊/浆tɕiAŋ$_{55}$ɦu$_{55}$/tɕiAŋ$_{55}$　溧：浆糊/面浆tɕie$_{44}$vu$_{55}$/mi$_{32}$tɕie$_{23}$　金：浆糊/面浆/面糊tɕiɑŋ$_{52}$fu$_{23}$/mĩ$_{44}$tɕiɑŋ$_{52}$/mĩ$_{52}$fu$_{23}$　丹：面糊mɪ$_{31}$vu$_{21}$　童：面糊mɪ$_{22}$vu$_{55}$　靖：面浆ʔmɪ$_{52}$βu$_{23}$　江：浆/浆糊tsiA^{ŋ}$_{51}$/tsiA^{ŋ}$_{53}$ɦu$_{31}$　常：浆糊tɕiAɲ$_{55}$vu$_{31}$　锡：浆糊tsiɛ̃$_{21}$ɦu$_{23}$　苏：浆糊tɕiÃ$_{55}$ɦ3u$_{31}$

熟:浆糊tsiᴀ˜$_{55}$vu$_{51}$ 昆:浆糊tsiã$_{44}$vu$_{41}$ 霜:浆糊/面糊tsia˜$_{55}$ɦu$_{31}$/mɪ$_{24}$ɦu$_{31}$ 罗:面糊mi$_{24}$vu$_{31}$ 周:浆糊tɕiᴀ˜$_{55}$vu$_{31}$ 上:浆糊tɕiÃ^{n}$_{55}$vu$_{31}$ 松:浆糊tɕiɛ̃$_{55}$vu$_{31}$ 黎:浆糊tsiɛ̃$_{44}$ɦu$_{44}$ 盛:浆糊tɕiæ̃$_{44}$ɦu$_{44}$ 嘉:浆糊tɕiᴀ˜$_{55}$ɦu$_{31}$ 双:浆糊tɕia$_{44}$βu$_{44}$ 杭:浆糊tɕiᴀŋ$_{33}$vu$_{51}$ 绍:浆糊tɕiaŋ$_{33}$vu$_{52}$ 诸:浆糊tɕiÃ$_{52}$vu$_{44}$ 崇:浆糊tɕiᴀ˜$_{53}$vʊ$_{23}$ 太:浆糊tɕiᴀŋ$_{52}$vu$_{33}$ 余:浆糊tɕiÃ$_{32}$vu$_{23}$ 宁:浆糊tɕiã$_{33}$vu$_{51}$ 黄:浆糊tɕia˜$_{33}$vu$_{44}$ 温:糊泥vʊ$_{22}$ȵi$_{2}$ 衢:面糊miẽ$_{45}$ɦu$_{31}$ 华:浆糊tɕiᴀŋ$_{32}$ɦu$_{24}$ 永:浆糊tɕiᴀŋ$_{43}$ɦu$_{24}$

针

宜:引线ʔiŋ$_{35}$ɕɪ$_{31}$ 溧:针/□线tsən$_{44}$/ɦi$_{24}$ɕi$_{z52}$ 金:针tsəŋ$_{31}$ 丹:针tsɛn$_{22}$ 童:针tsəŋ$_{42}$ 靖:引线儿ɦiŋ$_{22}$siŋ$_{55}$ 江:□线ʔɪ$_{52}$sɪ$_{33}$ 常:针/□线tsəɲ$_{44}$/ʔɪ$_{33}$ɕɪ$_{44}$ 锡:□线ʔɪ$_{21}$sɪ$_{23}$ 苏:引线ɦin$_{24}$sɪ$_{31}$ 熟:□线ɦiæ$_{24}$sie$_{34}$ 昆:针/□线tsən$_{44}$/ɦɪ$_{42}$sɪ$_{31}$ 霜:针/□线tsɛ̃$_{52}$/ɦɪ$_{22}$sɪ$_{23}$ 罗:□线ɦi$_{22}$si$_{23}$ 周:针/引线tsəŋ$_{52}$/ɦiɪŋ$_{22}$ɕi$_{24}$ 上:引线ɦiɲ$_{22}$ɕi$_{44}$ 松:针tsəɲ$_{52}$ 黎:□线ʔiɪ$_{55}$siɪ$_{31}$ 盛:□线ʔiɪ$_{55}$ɕiɪ$_{31}$ 嘉:□线/针ʔȵie$_{44}$ɕie$_{33}$/tsən$_{51}$ 双:针/□线tsən$_{44}$/ȵɪ$_{24}$ɕɪ$_{52}$ 杭:□线ʔȵi$_{55}$ɕie$_{31}$ 绍:眼线ʔĩ$_{43}$ɕĩ$_{33}$ 诸:针/□线tsẼĨ$_{544}$/ȵiɪ$_{23}$ɕiɪ$_{33}$ 崇:□线ȵi$_{z23}$ɕiẽ$_{53}$ 太:□线ȵi$_{21}$ɕiẽ$_{44}$ 余:针/□线tseɲ$_{34}$/ȵi$_{24}$ɕĩ$_{31}$ 宁:针tɕɪŋ$_{52}$ 黄:针tɕiɪŋ$_{53}$ 温:针tsʌŋ$_{44}$ 衢:针tʃʮən$_{434}$ 华:针tsən$_{324}$ 永:针tsəɲ$_{44}$

顶针儿

宜:针箍则tsəŋ$_{55}$ku$_{55}$tsəʔ$_{5}$ 溧:针箍tsən$_{44}$ku$_{52}$ 金:顶针箍tiŋ$_{33}$tsəŋ$_{44}$k^{ə}u$_{23}$ 丹:针筒tsɛn$_{23}$t'oŋ$_{44}$ 童:针箍tsəŋ$_{53}$k'ʌɤ$_{31}$ 靖:针箍儿/针箍tsəŋ$_{43}$k'øʏ$_{44}$/tsəŋ$_{43}$k'ʌɤ$_{44}$ 江:针箍tsEɲ$_{52}$k'u$_{33}$/tsEɲ$_{52}$k'ɜɤ$_{33}$ 常:顶针tiɲ$_{34}$tsəɲ$_{44}$ 锡:针箍tsən$_{21}$ku$_{23}$ 苏:针箍tsən$_{55}$kɜu$_{31}$ 熟:顶针/针箍tĩ^{ɲ}$_{33}$tʂɛ̃^{n}$_{51}$/tʂɛ̃^{n}$_{55}$k'ɯ$_{51}$ 昆:针箍tsən$_{44}$k'əu$_{41}$ 霜:抵针ti$_{33}$tsɛ̃$_{52}$ 罗:抵针箍ti$_{33}$tsɛ̃^{n}$_{55}$k'u$_{31}$ 周:顶针箍tiɪŋ$_{33}$tsəŋ$_{44}$k'u$_{52}$ 上:顶针/顶针箍tiɲ$_{33}$tsəɲ$_{44}$/tiɲ$_{33}$tsəɲ$_{55}$ku$_{31}$ 松:顶针箍tiɲ$_{33}$tsəɲ$_{55}$ku$_{31}$ 黎:顶针箍tiəɲ$_{55}$tsəɲ$_{33}$kɜu$_{31}$ 盛:顶针箍tɪɲ$_{55}$tsəɲ$_{33}$kɜu$_{31}$ 嘉:顶针/顶针箍tin$_{44}$tsən$_{51}$/tin$_{44}$tsən$_{44}$k^{ə}u$_{51}$ 双:顶针箍tɪn$_{33}$tsən$_{55}$kəu$_{21}$ 杭:顶针tɪn$_{55}$tsən$_{31}$ 绍:顶针tɪŋ$_{34}$tsəŋ$_{52}$ 诸:顶针tĩ$_{33}$tsẼĨ$_{52}$ 崇:抵针ti$_{z34}$tsɪŋ$_{52}$ 太:抵针ti$_{33}$tseŋ$_{44}$ 余:顶子teɲ$_{55}$tsɿ$_{31}$ 宁:顶针tɪŋ$_{33}$tɕɪŋ$_{35}$ 黄:顶针/抵子tiɪŋ$_{31}$tɕiɪŋ$_{13}$/ti$_{j55}$tsɿ$_{3}$ 温:顶针tʌŋ$_{52}$tsʌŋ$_{44}$ 衢:抵子ti$_{35}$tsɿ$_{53}$ 华:抵子ti$_{j54}$tsɿ$_{35}$ 永:顶针/抵tiɪɲ$_{43}$tsəɲ$_{44}$/ti$_{434}$

线

宜:线ɕɪ$_{324}$ 溧:线ɕi$_{412}$ 金:线ɕɪ$_{44}$ 丹:线ɕɪ$_{324}$ 童:线ɕɪ$_{324}$ 靖:线sĩ$_{51}$ 江:线sɪ$_{45}$ 常:线ɕɪ$_{51}$ 锡:线sɪ$_{34}$ 苏:线sɪ$_{412}$ 熟:线sie$_{324}$ 昆:线sɪ$_{52}$ 霜:线sɪ$_{434}$ 罗:线si$_{434}$ 周:线ɕi$_{335}$ 上:线ɕi$_{334}$ 松:线ɕi$_{335}$ 黎:线siɪ$_{324}$ 盛:线ɕiɪ$_{413}$ 嘉:线ɕie$_{334}$ 双:线ɕɪ$_{334}$ 杭:线儿ɕɪ$_{35}$ər$_{31}$ 绍:线ɕĩ$_{33}$ 诸:线ɕie$_{544}$ 崇:线ɕiẽ$_{324}$ 太:线ɕiẽ$_{35}$ 余:线ɕĩ$_{52}$ 宁:线ɕi$_{z44}$ 黄:线儿ɕie$_{35}$ 温:线ɕi$_{52}$ 衢:线ɕiẽ$_{53}$ 华:线ɕie$_{45}$ 永:线/纱线ɕie$_{54}$/sʊᴀ$_{44}$ɕie$_{54}$

绳子

宜:绳/绳则zəŋ$_{223}$/zəŋ$_{21}$tsə$_{23}$ 溧:绳则szən$_{32}$tsə$_{23}$ 金:绳子səŋ$_{33}$tsɿ$_{z44}$ 丹:绳/绳则s^{z}ɛn$_{213}$/s^{z}ɛn$_{32}$tsɛʔ$_{\underline{24}}$ 童:绳szəŋ$_{24}$tsɿ$_{31}$ 靖:绳szəŋ$_{22}$tsɿ$_{34}$ 江:绳zEɲ$_{223}$ 常:绳则zəɲ$_{21}$tsəʔ$_{4}$ 锡:绳子zən$_{24}$tsɿ$_{31}$ 苏:绳子/绳zən$_{22}$tsɿ$_{44}$/zən$_{223}$ 熟:绳/绳子ʂɛ̃^{n}$_{233}$/ʂɛ̃^{n}$_{24}$tsɿ$_{31}$ 昆:绳子zən$_{23}$tsɿ$_{41}$ 霜:绳子zɛ̃$_{24}$tsɿ$_{31}$ 罗:绳子/绳zɛ̃^{n}$_{24}$tsɿ$_{31}$/zɛ̃^{n}$_{31}$ 周:绳子zəŋ$_{23}$tsɿ$_{44}$ 上:绳/绳子zəɲ$_{113}$/zəɲ$_{22}$tsɿ$_{44}$ 松:绳子zəɲ$_{22}$tsɿ$_{52}$ 黎:绳zəɲ$_{24}$ 盛:绳子zəɲ$_{22}$tsɿ$_{44}$ 嘉:绳子zən$_{24}$tsɿ$_{51}$ 双:绳子zən$_{22}$tsɿ$_{44}$ 杭:绳子/绳索儿/索儿ɹən$_{22}$tsɿ$_{51}$/zən$_{21}$soʔ$_{\underline{23}}$ər$_{51}$/soʔ$_{5}$ər$_{31}$ 绍:绳zəŋ$_{31}$ 诸:绳zẼĨ$_{233}$ 崇:绳

zɪŋ$_{312}$ 太:绳zeŋ$_{312}$ 余:绳子/绳zeɲ$_{21}$tsɿ$_{23}$/zeɲ$_{113}$ 宁:绳ɦɪŋ$_{113}$/ʑɪŋ$_{113}$ 黄:绳ʑiɪŋ$_{31}$ 温:绳sʑəŋ$_{31}$ 衢:绳索sʑən$_{22}$səʔ$_{5}$ 华:绳ɕiɪŋ$_{213}$ 永:绳ɕʑiɪŋ$_{322}$

扣儿

宜:结头tɕiɪʔ$_{5}$dɤɯ$_{55}$ 溧:结tɕiɪʔ$_{5}$ 金:结/扣/结头tɕieʔ$_{4}$/k'ʌɤ$_{44}$/tɕieʔ$_{5}$t'ʌɤ$_{23}$ 丹:结tɕɪʔ$_{3}$ 童:结tɕiɪʔ$_{5}$ 靖:结tɕiɪʔ$_{5}$ 江:纽头/纽扣ʔȵiɜʏ$_{52}$dEɪ$_{33}$/ʔȵiɜʏ$_{52}$k'Eɪ$_{33}$ 常:结头tɕiɪʔ$_{4}$dei$_{44}$ 锡:结/结头tɕiəʔ$_{5}$/tɕiəʔ$_{4}$dEi$_{55}$ 苏:结/结头tɕiəʔ$_{5}$/tɕiəʔ$_{5}$dəɪ$_{23}$ 熟:结tɕɪʔ$_{5}$ 昆: 霜:结tɕiɪʔ$_{5}$ 罗:结tɕiɪʔ$_{5}$ 周:结头/布浪头tɕiɪʔ$_{3}$tɤ$_{52}$/ʔbu$_{33}$lɒ̃$_{23}$tɤ$_{33}$ 上:结头tɕiɪʔ$_{3}$dɤɯ$_{44}$ 松:结子tɕiɪʔ$_{4}$tsɿ$_{52}$ 黎:结tɕiəʔ$_{5}$ 盛:结tɕiɐʔ$_{5}$ 嘉:结tɕiɪʔ$_{5}$ 双:结tɕieʔ$_{5}$ 杭:结儿tɕiɪʔ$_{4}$ər$_{51}$ 绍: 诸: 崇:扣门k'ei$_{54}$mẼĩ$_{33}$ 太:纽子ȵʏ$_{23}$tsɿ$_{52}$ 余:纽子ȵʏ$_{21}$tsɿ$_{44}$ 宁:结头tɕɪʔ$_{5}$dʏ$_{31}$ 黄:纽子ȵʏ$_{24}$tsɿ$_{31}$ 温:结tɕieʔ$_{5}$ 衢:□tɕæi$_{45}$ 华:扣子k'ɤɯ$_{53}$tsɿ$_{31}$ 永:纽扣ʔȵiɯu$_{54}$k'iɯu$_{24}$

袋(兜儿)

宜:袋dɐɪ$_{31}$ 溧:袋dæE$_{31}$ 金:口袋k'ʌɤ$_{33}$tɛ^{e}$_{44}$ 丹:袋袋/口袋d̥æ$_{41}$dæ$_{21}$/k'E^{e}$_{35}$dæ$_{21}$ 童:袋袋/袋子daɪ$_{22}$daɪ$_{55}$/daɪ$_{22}$tsɿ$_{55}$ 靖:袋子dæ$_{24}$tsɿ$_{31}$ 江:袋袋dæ$_{24}$dæ$_{31}$ 常:袋袋/袋袋头dæ$_{21}$dæ$_{13}$/dæ$_{21}$dæ$_{11}$dei$_{13}$ 锡:袋袋dE$_{22}$dE$_{55}$ 苏:袋袋dE$_{22}$dE$_{44}$ 熟:袋袋/衣裳袋袋dæ$_{23}$dæ$_{33}$/ʔi$_{55}$zA̰$_{55}$dæ$_{55}$dæ$_{31}$ 昆:袋袋dɛ$_{23}$dɛ$_{41}$ 霜:袋袋dE$_{22}$dE$_{23}$ 罗:袋袋de$_{22}$de$_{23}$ 周:袋袋de$_{22}$de$_{24}$ 上:袋袋dE$_{22}$dE$_{44}$ 松:袋袋dE$_{22}$dE$_{23}$ 黎:袋袋dE$_{23}$dE$_{33}$ 盛:袋袋dE$_{22}$dE$_{52}$ 嘉:袋袋dE^{ɛ}$_{22}$dE^{ɛ}$_{34}$ 双:袋袋dE$_{21}$dE$_{34}$ 杭:袋儿dE$_{23}$ər$_{51}$ 绍:袋袋de$_{21}$de$_{23}$ 诸:袋de$_{233}$ 崇:袋de$_{14}$ 太:袋de$_{13}$ 余:袋袋de$_{22}$de$_{44}$ 宁:袋袋de$_{22}$de$_{44}$ 黄:袋/兜儿de$_{113}$/tiɤ$_{35}$ 温:兜兜tʌu$_{3}$tʌu$_{44}$ 衢:袋dɛ$_{31}$ 华:袋dɛ$_{24}$ 永:衣裳袋/布裤伞i$_{43}$ʑiAŋ$_{32}$təɪ$_{54}$/pʊ$_{42}$k'ʊ$_{54}$təɪ$_{24}$

伞

宜:伞sA$_{324}$ 溧:伞/洋伞sA$_{412}$/ɦie$_{32}$sA$_{52}$ 金:伞sæ̃$_{323}$ 丹:伞/洋伞sæ$_{44}$/ɦie$_{22}$sæ$_{44}$ 童:伞sɑ$_{324}$ 靖:伞/洋伞sæ̃$_{334}$/ɦĩ$_{22}$sæ̃$_{34}$ 江:伞sæ$_{45}$ 常:伞/洋伞sæ$_{334}$/ɦiAɲ$_{21}$sæ$_{34}$ 锡:伞/洋伞sɛ$_{323}$/ɦiã$_{24}$sɛ$_{31}$ 苏:洋伞/伞ɦiÃ$_{22}$sE$_{44}$/sE$_{412}$ 熟:洋伞ɦiA̰$_{23}$sæ$_{33}$ 昆:伞/洋伞/布伞sɛ$_{52}$/ɦiã$_{23}$sɛ$_{41}$/pu$_{44}$sɛ$_{41}$ 霜:洋伞ɦiã$_{24}$s^{ʌ}ɤ$_{31}$ 罗:洋伞ɦiã$_{24}$se$_{31}$ 周:伞/洋伞sɛ$_{335}$/ɦiA̰$_{23}$sɛ$_{44}$ 上:洋伞/雨伞/伞ɦiÃ^{ŋ}$_{22}$sE$_{44}$/ɦy$_{22}$sE$_{44}$/sE$_{334}$ 松:伞sE$_{335}$ 黎:洋伞/凉伞ɦiɛ̃$_{22}$sE$_{34}$/liɛ̃$_{22}$sE$_{34}$ 盛:伞/洋伞/凉伞sE$_{412}$/ɦiæ̃$_{22}$sE$_{44}$/liæ̃$_{22}$sE$_{44}$ 嘉:洋伞/伞ɦiA̰$_{24}$sE$_{51}$/sE^{ɛ}$_{334}$ 双:凉伞liã$_{22}$sE$_{44}$ 杭:雨伞ʔy$_{55}$sE$_{31}$ 绍:雨伞/阳伞ɦy$_{ɥ23}$sæ̃$_{52}$/ɦiaŋ$_{23}$sæ̃$_{33}$ 诸:伞/雨伞sɛ$_{544}$/ɦy$_{ɥ23}$sɛ$_{33}$ 崇:凉伞/雨伞liA̰$_{22}$sæ̃$_{52}$/ɦy$_{ɥ23}$sæ̃$_{52}$ 太:凉伞liAŋ$_{21}$sæ̃$_{44}$ 余:雨伞/洋伞/伞ɦy$_{24}$sẽ$_{31}$/ɦiÃ$_{21}$sẽ$_{23}$/sẽ$_{52}$ 宁:伞sE$_{52}$ 黄:凉伞/雨伞liã$_{23}$sɛ$_{51}$/ɦy$_{ɥ22}$sɛ$_{51}$ 温:伞sɑ$_{45}$ 衢:雨伞/洋伞/凉伞ʔy$_{55}$sæ̃$_{35}$/ɦiã$_{22}$sæ̃$_{35}$/liã$_{22}$sæ̃$_{35}$ 华:伞/洋伞/雨伞sæ̃$_{544}$/ɦiAŋ$_{22}$sæ̃$_{51}$/ʔy$_{33}$sæ̃$_{51}$ 永:洋伞/布伞/雨伞ɦiAŋ$_{32}$sA$_{54}$/pʊ$_{43}$sA$_{54}$/ʔɦʏ$_{32}$sA$_{54}$

拐杖

宜:拐杖kuA$_{35}$zAŋ$_{31}$ 溧:拐杖kuA$_{54}$zAŋ$_{34}$ 金:拐棒/拐杖kuɛ^{e}$_{24}$paŋ$_{52}$/kuɛ^{e}$_{33}$tsaŋ$_{44}$ 丹:拐杖kuɑ$_{35}$zaŋ$_{23}$ 童:拐棒kuaɪ$_{53}$baŋ$_{33}$ 靖:拐棒/拐杖kuæ$_{33}$baŋ$_{44}$/kuæ$_{33}$dʑiæ̃$_{52}$ 江:拐拉杖/拐拉棒kuɑ$_{52}$lɑ$_{33}$zA^{ŋ}$_{43}$/kuɑ$_{52}$lɑ$_{33}$bA^{ŋ}$_{223}$ 常:拐杖kuɑ$_{34}$zAɲ$_{44}$ 锡:拐老棒kuɑ$_{45}$lʌ$_{55}$bɒ̰$_{55}$ 苏:司的克/拐杖棒sɿ$_{33}$tɪ$_{55}$k'əʔ$_{2}$/kuɒ$_{52}$zɒ$_{23}$bÃ$_{31}$ 熟:拐拉棒/司的克kuɑ$_{33}$lɑ$_{55}$bA̰$_{31}$/sɿ$_{33}$tɪʔ$_{5}$k'Eʔ$_{\underline{31}}$ 昆:拐杖kuɑ$_{52}$lã$_{33}$ 霜:撑牙棒ts'ã$_{44}$ŋɑ$_{44}$bɒ̰$_{52}$ 罗:撑矮棒tsã$_{44}$ɑ$_{44}$bɒ̰$_{52}$ 周:撑矮棒ts'A̰$_{33}$ɑ$_{55}$bɒ̰$_{31}$ 上:拐杖/司的克kuA$_{33}$zÃ^{ŋ}$_{44}$/sɿ$_{33}$tɪʔ$_{5}$k'ɐʔ$_{\underline{31}}$ 松:撑鹦棒ts'ɛ̃$_{55}$ɛ̃$_{33}$bɑ̰$_{31}$ 黎:拐杖kuɒ$_{55}$zã$_{31}$ 盛:拐

杖kuɑ$_{55}$zæ̃$_{31}$　嘉:拐杖kuɑ$_{44}$zᴀ̃$_{33}$　双:拐杖kuɑ$_{34}$zã$_{52}$　杭:拐杖儿/拐棍儿kuᴇ$_{55}$zᴀŋ$_{33}$ər$_{31}$/kuᴇ$_{55}$kuən$_{33}$ər$_{31}$　绍:拐杖kua$_{34}$zaŋ$_{52}$　诸:拐柱棒kuᴀ$_{44}$tsy$_{ʮ44}$bõ$_{52}$　崇:拐杖kuɑ$_{34}$tsᴀ̃$_{52}$　太:拐杖kuɑ$_{34}$tsᴀŋ$_{52}$　余:拐杖撑kuᴀ$_{33}$zᴀ̃$_{44}$bõ$_{52}$　宁:拐杖/司的克(少)/拐杖棒kua$_{55}$dʑiã$_{33}$/sɿ$_{33}$tiɪ$_{55}$kʻɐʔ$_{\underline{31}}$/kua$_{55}$dʑiã$_{33}$bõ$_{31}$　黄:拐杖/拐棒kuᴀ$_{33}$dʑiã$_{51}$/kuᴀ$_{33}$bɒ̃$_{51}$　温:棒棒志儿bᵘɔ$_{31}$bᵘɔ$_{52}$tsɿ$_{22}$ŋ̍$_{2}$　衢:拐杖kuəɪ$_{35}$tʃʮã$_{53}$　华:拐堵kuɛ$_{53}$tu$_{35}$　永:娜柱nᴀ$_{32}$tɕʏ$_{54}$

肥皂

宜:洋碱ɦiᴀŋ$_{22}$kᴀ$_{53}$　溧:肥皂/洋碱vi$_{32}$zɑʏ$_{52}$/ɦie$_{32}$kᴀ$_{52}$　金:肥皂/洋碱fei$_{22}$tsɑᵓ$_{44}$/iɑŋ$_{24}$kæ̃$_{23}$　丹:肥皂/洋砚vi$_{z32}$zɒ$_{24}$/ɦie$_{22}$væ$_{44}$　童:肥皂/洋碱vei$_{24}$dzɐʏ$_{31}$/ɦiɑŋ$_{24}$kɑ$_{31}$　靖:肥皂fvi$_{j22}$zɒ$_{34}$　江:肥皂bi$_{j21}$zɒ$_{44}$　常:肥皂bi$_{j21}$zɑʏ$_{34}$　锡:肥皂bi$_{24}$zᴀ$_{31}$　苏:肥皂bi$_{j22}$zæ$_{44}$　熟:肥皂bi$_{24}$zɔ$_{31}$　昆:肥皂bi$_{23}$zɔ$_{41}$　霜:肥皂bi$_{24}$zɔ$_{31}$　罗:肥皂bi$_{24}$zo$_{31}$　周:肥皂bi$_{23}$zɔ$_{44}$　上:肥皂bi$_{22}$zɔ$_{44}$　松:肥皂bi$_{24}$zɔ$_{31}$　黎:肥皂bi$_{j22}$zᴀᵓ$_{34}$　盛:肥皂bi$_{j22}$zᴀɑ$_{44}$　嘉:肥皂bi$_{24}$zɔ$_{51}$　双:肥皂bi$_{z22}$zɔ$_{44}$　杭:肥皂bi$_{21}$zɔ$_{23}$　绍:肥皂bi$_{21}$zɑɒ$_{33}$　诸:肥皂bi$_{31}$zɔ$_{42}$　崇:肥皂bi$_{z22}$dzɑɒ$_{52}$　太:肥皂bi$_{21}$zɑɒ$_{44}$　余:肥皂bi$_{21}$zɒ$_{23}$　宁:肥皂bi$_{22}$zɔ$_{51}$　黄:肥皂/洋皂vi$_{23}$zɒ$_{31}$/ɦiã$_{23}$zɒ$_{31}$　温:洋皂ɦi$_{52}$zɜ$_{34}$　衢:肥皂fvi$_{22}$sɔ$_{53}$　华:洋肥皂ɦiᴀŋ$_{32}$fvi$_{j22}$sɑʊ$_{51}$　永:肥皂fvi$_{32}$szᴀʊ$_{31}$

牙刷

宜:牙刷则ŋo$_{21}$ɕyeʔ$_{1}$tsə$_{23}$　溧:牙刷则ŋo$_{32}$ɕyeʔ$_{2}$tsə$_{23}$　金:牙刷ɑ$_{22}$suɑʔ$_{4}$　丹:牙刷ŋo$_{32}$ɕyɪʔ$_{\underline{24}}$　童:牙刷ŋɒ$_{22}$ʃyᴀʔ$_{5}$　靖:牙刷ŋo$_{22}$ɕyɑʔ$_{5}$　江:牙刷则/牙刷子ŋɑ$_{21}$sɜʔ$_{3}$tsɜʔ$_{4}$/ŋɑ$_{21}$sɜʔ$_{3}$tsɿ$_{44}$　常:牙刷则ŋo$_{22}$sɔʔ$_{3}$tsəʔ$_{4}$　锡:牙刷子ŋɑ$_{24}$səʔ$_{55}$tsɿ$_{31}$　苏:牙刷ŋɒ$_{22}$sᴀʔ$_{4}$　熟:牙刷ŋɑ$_{24}$ʂᴇʔ$_{\underline{31}}$　昆:牙刷ŋɑ$_{23}$səʔ$_{\underline{41}}$　霜:牙刷ŋɑ$_{22}$səʔ$_{4}$　罗:牙刷ŋɑ$_{23}$sɐʔ$_{4}$　周:牙刷ŋɑ$_{22}$sɐʔ$_{5}$　上:牙刷ŋᴀ$_{22}$sɐʔ$_{4}$　松:牙刷ŋɑ$_{23}$səʔ$_{4}$　黎:牙刷ŋɒ$_{24}$səʔ$_{2}$　盛:牙刷ŋɑ$_{24}$səʔ$_{3}$　嘉:牙刷ŋɑ$_{22}$səʔ$_{5}$　双:牙刷ŋɑ$_{22}$səʔ$_{4}$　杭:牙刷儿/牙刷ɦiɑ$_{21}$səʔ$_{\underline{23}}$ər$_{51}$/ɦiɑ$_{21}$səʔ$_{5}$　绍:牙刷ŋo$_{22}$səʔ$_{5}$　诸:牙刷ŋo$_{31}$soʔ$_{4}$　崇:牙刷ŋʏ$_{22}$siᴇʔ$_{4}$　太:牙刷ŋo$_{21}$sɛʔ$_{4}$　余:牙刷ŋo$_{22}$sɐʔ$_{5}$　宁:牙刷ŋo$_{22}$sɔʔ$_{5}$　黄:牙刷儿ŋo$_{22}$sɛ$_{51}$　温:牙刷ŋo$_{25}$sɵ$_{24}$　衢:牙刷ŋɑ$_{22}$ʃʮəʔ$_{5}$　华:牙刷ʔuɑ$_{32}$ɕyəʔ$_{4}$　永:牙刷ŋʊᴀ$_{32}$ɕyʔ$_{45}$

盖儿

宜:盖头kɐɪ$_{33}$dʏɯ$_{44}$　溧:盖头kæᴇ$_{54}$dei$_{34}$　金:盖头kɛᵉ$_{52}$tʻʌʏ$_{23}$　丹:盖头kæ$_{52}$dᴇᵉ$_{23}$　童:盖头/盖子kaɪ$_{34}$dei$_{55}$/kaɪ$_{35}$tsɿ$_{31}$　靖:盖子/盖头kæ$_{55}$tsɿ$_{31}$/kæ$_{55}$døʏ$_{31}$　江:盖头kæ$_{45}$dᴇɪ$_{31}$　常:盖头kæ$_{55}$dei$_{31}$　锡:盖头kᴇ$_{55}$dᴇi$_{31}$　苏:盖/盖头kᴇ$_{412}$/kᴇ$_{52}$dəɪ$_{23}$　熟:盖头kæ$_{55}$dᴇ$_{31}$　昆:盖头/盖子kɛ$_{52}$dᴇ$_{33}$/kɛ$_{52}$tsɿ$_{33}$　霜:盖头kɪ$_{33}$dʌɪ$_{52}$　罗:盖头ke$_{35}$dʌɪ$_{31}$　周:盖头ke$_{33}$dʏ$_{52}$　上:盖头kᴇ$_{33}$dʏɯ$_{44}$　松:盖头kᴇ$_{55}$dɯ$_{31}$　黎:盖头/盖kᴇ$_{33}$dieɯ$_{51}$/kᴇ$_{324}$　盛:盖头kᴇ$_{33}$diəʉ$_{52}$　嘉:盖头kᴇᵋ$_{33}$de$_{51}$　双:盖头/盖子kᴇ$_{32}$dᵊʏ$_{34}$/kᴇ$_{33}$tsɿ$_{52}$　杭:盖儿kᴇ$_{34}$ər$_{51}$　绍:盖头ke$_{43}$dʏ$_{33}$　诸:盖头ke$_{44}$dei$_{33}$　崇:盖ke$_{324}$　太:盖ke$_{35}$　余:盖头ke$_{55}$dʏ$_{31}$　宁:盖头ke$_{33}$dœʏ$_{44}$　黄:盖儿kəŋ$_{53}$　温:盖儿kʌŋ$_{45}$　衢:盖kɛ$_{53}$　华:盖kɛ$_{45}$　永:盖儿kəŋ$_{\underline{54}}$

尺

宜:尺tsʻᴀʔ$^{\underline{45}}$　溧:尺tsʻə$_{223}$　金:尺tsʻəʔ$_{4}$　丹:尺tsʻəʔ$_{3}$　童:尺子tsʻəʔ$_{\underline{53}}$tsɿ$_{31}$　靖:尺tɕʻiɑʔ$_{5}$　江:尺tsʻɑʔ$_{5}$　常:尺tsʻəʔ$_{5}$　锡:尺tsʻɑʔ$_{5}$　苏:尺tsʻᴀʔ$_{5}$　熟:尺tsʻᴀʔ$_{5}$　昆:尺tsʻᴀʔ$_{5}$　霜:尺tsʻᴀʔ$_{5}$　罗:尺tsʻᴀʔ$_{5}$　周:尺tsʻɑʔ$_{5}$　上:尺tsʻɐʔ$_{5}$　松:尺tsʻᴀʔ$_{5}$　黎:尺tsʻᴀʔ$_{5}$　盛:尺tsʻɑʔ$_{5}$　嘉:尺tsʻᴀʔ$_{\underline{54}}$　双:尺tsʻᴀʔ$_{\underline{54}}$　杭:尺tsʻɐʔ$_{5}$　绍:尺tsʻəʔ$_{5}$　诸:尺tsʻɐʔ$_{5}$　崇:尺tsʻᴇʔ$_{\underline{45}}$　太:尺tsʻɛʔ$_{\underline{45}}$　余:尺tsʻɐʔ$_{5}$　宁:尺tsʻɐʔ$_{5}$　黄:尺tsʻɐʔ$_{5}$　温:尺tsʻʲi$_{423}$　衢:尺tʃʻʮəʔ$_{5}$　华:尺tɕʻiɐʔ$_{4}$　永:尺tsʻəɪ$_{323}$

剪子

宜:剪刀tɕɪ$_{33}$taɤ$_{44}$ 溧:剪刀tɕi$_{54}$ta^{ɤ}$_{34}$ 金:剪子tɕĩ$_{24}$ta^{ɔ}$_{52}$ 丹:剪刀tɕɪ$_{41}$tɒ$_{21}$ 童:剪刀tɕɪ$_{33}$tɐɤ$_{23}$ 靖:剪刀tsĩ$_{33}$tɒ$_{44}$ 江:剪刀tsɪ$_{52}$tɒ$_{33}$ 常:剪刀tɕɪ$_{33}$taɤ$_{44}$ 锡:剪刀tsɪ$_{33}$tʌ$_{55}$ 苏:剪刀tɕi$_{j52}$tæ$_{23}$ 熟:剪刀tsie$_{33}$tɔ$_{51}$ 昆:剪刀tsɪ$_{52}$tɔ$_{33}$ 霜:剪刀tsɪ$_{33}$tɔ$_{52}$ 罗:剪刀tsi$_{35}$tɔ$_{31}$ 周:剪刀tɕi$_{33}$ɗɔ$_{52}$ 上:剪刀tɕi$_{33}$tɔ$_{44}$ 松:剪刀tɕi$_{35}$tɔ$_{31}$ 黎:剪刀tsiɪ$_{55}$tA^{ɔ}$_{31}$ 盛:剪刀tsiɪ$_{55}$tAɑ$_{31}$ 嘉:剪刀tɕie$_{44}$tɔ$_{51}$ 双:剪刀tɕɪ$_{34}$tɔ$_{52}$ 杭:剪刀tɕie$_{55}$tɔ$_{31}$ 绍:剪刀tɕĩ$_{34}$tɑɒ$_{52}$ 诸:剪刀tɕiɪ$_{33}$tɔ$_{52}$ 崇:剪刀tɕiẽ$_{34}$tɑɒ$_{52}$ 太:剪刀tɕiẽ$_{33}$tɑɒ$_{44}$ 余:剪刀tɕĩ$_{33}$tɒ$_{44}$ 宁:剪刀tɕi$_{z55}$tɔ$_{33}$ 黄:剪/剪刀tɕie$_{53}$/tɕie$_{32}$tɒ$_{13}$ 温:解剪kɑ$_{43}$tɕi$_{34}$ 衢:剪刀tɕiẽ$_{35}$tɔ$_{53}$ 华:剪刀tɕie$_{54}$tɑʊ$_{35}$ 永:手剪tɕiəʊ$_{43}$tɕiA$_{32}$

锤子

宜:榔头lAŋ$_{21}$dɤɯ$_{23}$ 溧:榔头lAŋ$_{32}$dei$_{23}$ 金:锤子/榔刀ts'uei$_{22}$tsɿ$_{z44}$/lɑŋ$_{24}$t'ʌɤ$_{23}$ 丹:榔头lɑŋ$_{32}$dE^{e}$_{24}$ 童:榔头lɑŋ$_{24}$dei$_{31}$ 靖:榔头lɑŋ$_{22}$døʏ$_{34}$ 江:榔头lA^{ŋ}$_{24}$dEɪ$_{31}$ 常:榔头lAɲ$_{21}$dei$_{34}$ 锡:榔头lɒ̃$_{24}$dEi$_{31}$ 苏:榔头lÃ$_{22}$dəɪ$_{44}$ 熟:榔头lÃ$_{24}$dE$_{31}$ 昆:榔头lã$_{23}$dE$_{41}$ 霜:榔头lɒ̃$_{22}$dʌɪ$_{52}$ 罗:榔头lɒ̃$_{22}$dʌɪ$_{52}$ 周:榔头lɒ̃$_{23}$dɤ$_{44}$ 上:榔头lÃ^{ɲ}$_{22}$dɤɯ$_{44}$ 松:榔头lɑ$_{22}$dɯ$_{52}$ 黎:榔头lɑ̃$_{22}$dieɯ$_{52}$ 盛:榔头/□□lɑ̃$_{22}$diəʉ$_{44}$/bu$_{22}$zɿ$_{44}$ 嘉:榔头lÃ$_{22}$de$_{44}$ 双:榔头lɔ̃$_{21}$d^{ə}ɤ$_{34}$ 杭:榔头lAŋ$_{21}$deɪ$_{23}$ 绍:榔头lɒŋ$_{22}$dɤ$_{52}$ 诸:榔头lɔ̃$_{31}$dei$_{42}$ 崇:榔头lɔ̃$_{22}$dɤ$_{52}$ 太:榔头lʊŋ$_{21}$dɤ$_{44}$ 余:榔心/榔头lɔ̃$_{22}$ɕiɲ$_{44}$/lɔ̃$_{22}$dɤ$_{44}$ 宁:榔头lɔ̃$_{22}$dœɤ$_{51}$ 黄:榔头lɒ̃$_{23}$diɤ$_{35}$ 温:闲锤儿/榔头ɦɑ$_{52}$dzɿ$_{22}$ŋ̍$_{2}$/l^{u}ɔ$_{22}$dʌu$_{2}$ 衢:榔头lɒ̃$_{22}$dəɪ$_{53}$ 华:榔头ʔlAŋ$_{53}$diɯu$_{24}$ 永:榔头/小铁锤lAŋ$_{32}$dəʊ$_{22}$/ɕiɑʊ$_{43}$tiA$_{32}$dʑɤ$_{325}$

斧子

宜:斧头fu$_{33}$dɤɯ$_{44}$ 溧:斧头fu$_{54}$dei$_{34}$ 金:胎斧t'ɛ^{e}$_{32}$fu$_{31}$ 丹:斧头h^{ə}u$_{44}$t'vɤ$_{23}$ 童:排斧bɒ$_{24}$fu$_{31}$ 靖:台斧dæ$_{24}$fu$_{31}$ 江:斧头fu$_{52}$dEɪ$_{33}$ 常:斧头fu$_{33}$dei$_{44}$ 锡:斧头fu$_{33}$dEi$_{55}$ 苏:斧头fu$_{52}$dəɪ$_{23}$ 熟:斧头fu$_{33}$dE$_{51}$ 昆:斧头fu$_{52}$dE$_{33}$ 霜:斧头fu$_{33}$dʌɪ$_{52}$ 罗:斧头fu$_{34}$dʌɪ$_{52}$ 周:斧头fu$_{33}$d̥ɤ$_{52}$ 上:斧头fu$_{33}$dɤɯ$_{44}$ 松:斧头fu$_{35}$dɯ$_{31}$ 黎:斧头fu$_{55}$dieɯ$_{31}$ 盛:斧头fu$_{55}$diəʉ$_{31}$ 嘉:斧头fu$_{44}$de$_{51}$ 双:斧头fu$_{34}$d^{ə}ɤ$_{52}$ 杭:斧头hu$_{55}$deɪ$_{31}$ 绍:斧头fu$_{34}$dɤ$_{52}$ 诸:斧头fu$_{33}$deɪ$_{52}$ 崇:斧头fu$_{34}$dɤ$_{52}$ 太:斧头fu$_{33}$dɤ$_{44}$ 余:斧头fu$_{33}$dɤ$_{52}$ 宁:斧头fu$_{55}$dœɤ$_{33}$ 黄:斧头fu$_{55}$diɤ$_{31}$ 温:斧头fʊ$_{52}$dʌu$_{21}$ 衢:斧头fu$_{33}$dəɪ$_{53}$ 华:斧头fu$_{55}$tiɯu$_{31}$ 永:斧头fʊ$_{43}$dəʊ$_{22}$

锯子

宜:盖则kɐɪ$_{324}$tsəʔ$_{4}$ 溧:解则kA$_{54}$tsə$_{34}$ 金:锯子tɕy$_{z44}$tsɿ$_{z44}$ 丹:锯则tɕy$_{z21}$tsɛʔ$_{2}$ 童:锯tʃy$_{ʮ45}$ 靖:锯子tɕy$_{ʮ55}$tsɿ$_{31}$ 江:苟则kEɪ$_{52}$tsɜʔ$_{3}$ 常:解则kɑ$_{55}$tsəʔ$_{3}$ 锡:锯子tɕy$_{55}$tsɿ$_{31}$ 苏:锯子/□子/解子tɕy$_{ʮ55}$tsɿ$_{31}$/kE$_{55}$tsɿ$_{31}$/kɒ$_{52}$tsɿ$_{23}$ 熟:□则kE$_{55}$tsEʔ$_{5}$ 昆:□子kE$_{44}$tsɿ$_{41}$ 霜:勾子k^{ʌ}ɤ$_{55}$tsɿ$_{31}$ 罗:□子k^{ʌ}ɤ$_{55}$tsɿ$_{31}$ 周:□子ke$_{35}$tsɿ$_{31}$ 上:□子gA$_{22}$tsɿ$_{44}$ 松:□子kə$_{35}$tsɿ$_{31}$ 黎:□子kE$_{52}$tsɿ$_{44}$ 盛:解子/□子kɑ$_{33}$tsɿ$_{52}$/kE$_{33}$tsɿ$_{52}$ 嘉:锯子/□子tɕy$_{55}$tsɿ$_{31}$/ke$_{55}$tsɿ$_{31}$ 双:□子køɤ$_{33}$tsɿ$_{52}$ 杭:解子/锯子kɑ$_{55}$tsɿ$_{31}$/tɕy$_{55}$tsɿ$_{31}$ 绍:□ke$_{33}$ 诸:锯ke$_{544}$ 崇:锯tɕi$_{z324}$ 太:锯tɕi$_{35}$ 余:锯子kẽ$_{33}$tsɿ$_{52}$ 宁:锯ki$_{52}$ 黄:锯ke$_{44}$ 温:□kʊ$_{52}$ 衢:□kɤɯ$_{35}$ 华:□k'ɯu$_{45}$ 永:锯kɤ$_{54}$

小刀儿

宜:小刀ɕiaɤ$_{33}$taɤ$_{44}$ 溧:小刀ɕia^{ɤ}$_{54}$taɤ$_{34}$ 金:小刀ɕia^{ɔ}$_{35}$ta^{ɔ}$_{31}$ 丹:小刀/铅笔刀ɕiɒ$_{44}$tɒ$_{31}$/k'æ$_{33}$pɪʔ$_{4}$tɒ$_{22}$ 童:小刀ɕiɐɤ$_{35}$tɐɤ$_{31}$ 靖:小刀siɒ$_{35}$tɒ$_{31}$ 江:小刀siɒ$_{52}$tɒ$_{33}$ 常:小刀siaɤ$_{34}$taɤ$_{44}$ 锡:小刀siʌ$_{33}$tʌ$_{55}$ 苏:小刀/小洋刀ɕiɛ$_{52}$tæ$_{31}$/siɛ$_{52}$ɦiÃ$_{23}$tæ$_{31}$ 熟:小刀siɔ$_{33}$tɔ$_{51}$ 昆:小刀siɔ$_{52}$tɔ$_{33}$

霜：小刀siɔ$_{33}$tɔ$_{52}$　罗：小刀/刀片siɔ$_{34}$tɔ$_{52}$/tɔ$_{55}$p'i$_{31}$　周：小刀ɕiɔ$_{33}$ɗɔ$_{52}$　上：小刀ɕiɔ$_{33}$tɔ$_{44}$　松：小刀ɕiɔ$_{35}$tɔ$_{31}$　黎：小刀siᴀᵓ$_{55}$tᴀᵓ$_{31}$　盛：小刀ɕiᴀɑ$_{55}$tᴀɑ$_{31}$　嘉：刀片tɔ$_{52}$p'ie$_{22}$　双：小刀ɕiɔ$_{34}$tɔ$_{52}$　杭：小刀儿/小刀/刀片ɕiɔ$_{55}$tɔ$_{33}$ər$_{31}$/ɕiɔ$_{55}$tɔ$_{31}$/tɔ$_{32}$p'ie$_{23}$　绍：小刀ɕiaɒ$_{34}$taɒ$_{52}$　诸：小刀ɕiɔ$_{33}$tɔ$_{52}$　崇：小刀ɕiaɒ$_{34}$taɒ$_{52}$　太：小刀ɕiaɒ$_{33}$taɒ$_{44}$　余：小刀/刀片ɕiɒ$_{44}$tɒ$_{44}$/tɒ$_{32}$p'ĩ$_{23}$　宁：小刀ɕiɘ$_{33}$tɔ$_{35}$　黄：小刀ɕiɔ$_{32}$tɒ$_{13}$　温：刀儿tɜ$_{22}$ŋ̍$_{2}$　衢：小刀ɕiɑ$_{55}$tɔ$_{31}$　华：小刀ɕiaʊ$_{54}$taʊ$_{45}$　永：小刀ɕiᴀʊ$_{43}$tᴀʊ$_{325}$

钩子

宜：钩则/扎钩kʏɯ$_{55}$tsəʔ$_{5}$/tsᴀʔ$_{5}$kəɯ$_{55}$　溧：钩则/扎钩kei$_{44}$tsəʔ$_{5}$/tsɑʔ$_{5}$kei$_{34}$　金：钩子kʌʏ$_{32}$tsɿ$_{z31}$　丹：钩kᴇᵉ$_{22}$　童：钩子kei$_{55}$tsɿ$_{31}$　靖：钩子/扎钩(少)køʏ$_{43}$tsɿ$_{33}$/tsɑʔ$_{53}$køʏ$_{31}$　江：钩钩头/扎钩头kᴇɪ$_{55}$kᴇɪ$_{33}$dᴇɪ$_{31}$/tsɑʔ$_{5}$kᴇɪ$_{42}$dᴇɪ$_{31}$　常：钩则/扎钩头kei$_{55}$tsəʔ$_{5}$/tsɑʔ$_{4}$kei$_{55}$dei$_{31}$　锡：扎钩头tsɑʔ$_{21}$kᴇi$_{11}$dᴇi$_{23}$　苏：扎钩头/钩子tsᴀʔ$_{5}$kəɪ$_{34}$dəɪ$_{31}$/kəɪ$_{55}$tsɿ$_{31}$　熟：扎钩tsᴀʔ$_{4}$kᴇ$_{51}$　昆：钩子/扎钩kᴇ$_{44}$tsɿ$_{41}$/tsᴀʔ$_{4}$kᴇ$_{44}$　霜：扎钩tsᴀʔ$_{4}$kʌɪ$_{52}$　罗：扎钩头tsᴀʔ$_{3}$kʌɪ$_{24}$dʌɪ$_{52}$　周：钩子/扎钩头/扎钩kʏ$_{55}$tsɿ$_{31}$/tsɑʔ$_{3}$kʏ$_{55}$tʏ$_{31}$/tsɑʔ$_{3}$kʏ$_{52}$　上：钩子/扎钩kʏɯ$_{55}$tsɿ$_{31}$/tsɐʔ$_{3}$kʏɯ$_{44}$　松：钩子kɯ$_{44}$tsɿ$_{52}$　黎：钩子kieɯ$_{44}$tsɿ$_{44}$　盛：钩子kiəʉ$_{44}$tsɿ$_{44}$　嘉：钩子ke$_{52}$tsɿ$_{22}$　双：钩子kᵊʏ$_{44}$tsɿ$_{44}$　杭：钩儿kᴇɪ$_{32}$ər$_{23}$　绍：钩/扎钩kʏ$_{52}$/tsæʔ$_{5}$kʏ$_{33}$　诸：钩子kei$_{44}$tsɿ$_{33}$　崇：钩钩kʏ$_{33}$kʏ$_{33}$　太：钩钩kʏ$_{55}$kʏ$_{33}$　余：钩头/吊钩/扎钩kʏ$_{33}$dʏ$_{44}$/tiɒ$_{55}$kʏ$_{31}$/tsɐʔ$_{5}$kʏ$_{31}$　宁：钩子kœʏ$_{33}$tsɿ$_{44}$　黄：扎钩tsɐʔ$_{3}$kiʏ$_{13}$　温：钩kʌu$_{44}$　衢：搭钩tᴀʔ$_{5}$kʏɯ$_{31}$　华：钩kiɯu$_{324}$　永：钩kəʊ$_{325}$

钉子

宜：钉头/洋钉tiŋ$_{55}$dʏɯ$_{55}$/ɦiᴀŋ$_{21}$tiŋ$_{23}$　溧：钉头/洋钉tin$_{44}$dei$_{52}$/ɦie$_{32}$tin$_{23}$　金：钉子/洋钉/铁钉tiŋ$_{32}$tsɿ$_{31}$/iɑŋ$_{35}$tiŋ$_{31}$/t'ieʔ$_{53}$tiŋ$_{31}$　丹：钉/洋钉tiŋ$_{22}$/ɦie$_{23}$tiŋ$_{44}$　童：洋钉ɦiɑŋ$_{24}$tiŋ$_{31}$　靖：钉tiŋ$_{433}$　江：洋钉ɦiᴀᵑ$_{24}$tiɲ$_{31}$　常：洋钉ɦiᴀɲ$_{21}$tiɲ$_{34}$　锡：洋钉ɦiɛ̃$_{24}$tin$_{31}$　苏：洋钉/圆钉/铁钉/钉ɦiᴀ̃$_{22}$tiɪn$_{44}$/ɦiɵ$_{22}$tiɪn$_{44}$/t'ɪʔ$_{5}$tiɪn$_{23}$/tiɪn$_{44}$　熟：洋钉ɦiᴀ̃$_{24}$tĩᶮ$_{31}$　昆：钉子/洋钉tin$_{44}$tsɿ$_{41}$/ɦiã$_{23}$tin$_{41}$　霜：洋钉ɦiã$_{22}$tĩ$_{52}$　罗：洋钉ɦiã$_{22}$tɪⁿ$_{52}$　周：洋钉ɦiᴀ̃$_{23}$ʔdiɪŋ$_{44}$　上：钉子/洋钉tiɲ$_{55}$tsɿ$_{31}$/ɦiᴀ̃ᶮ$_{22}$tiɲ$_{44}$　松：洋钉ɦiɛ̃$_{22}$tiɲ$_{52}$　黎：钉头/洋钉tiəɲ$_{44}$dieɯ$_{44}$/ɦiɛ̃$_{22}$tiəɲ$_{44}$　盛：洋钉/铁钉ɦiæ̃$_{22}$tɪɲ$_{44}$/t'ɪʔ$_{3}$tɪɲ$_{44}$　嘉：洋钉/钉头ɦiᴀ̃$_{22}$tin$_{44}$/tin$_{4}$de$_{51}$　双：钉子/洋钉tɪn$_{44}$tsɿ$_{44}$/ɦiã$_{22}$tɪn$_{44}$　杭：钉头儿/洋钉tɪn$_{32}$deɪ$_{23}$ər$_{51}$/ɦiᴀŋ$_{21}$tɪn$_{23}$　绍：钉头/钉头子tɪŋ$_{33}$dʏ$_{52}$/tɪŋ$_{32}$dʏ$_{34}$tsɿ$_{52}$　诸：钉头tɪŋ$_{52}$dei$_{42}$　崇：钉抓头tɪŋ$_{53}$tsɑ$_{34}$dʏ$_{52}$　太：钉抓teŋ$_{55}$tsɑ$_{33}$　余：钉子/洋钉/铁钉teɲ$_{32}$tsɿ$_{23}$/ɦiᴀ̃$_{22}$teɲ$_{44}$/t'ɪʔ$_{4}$teɲ$_{44}$　宁：钉子tɪŋ$_{33}$tsɿ$_{51}$　黄：钉儿tiɪŋ$_{35}$　温：钉təŋ$_{44}$　衢：洋钉/铁钉ɦiã$_{22}$tiⁿ$_{53}$/t'iəʔ$_{5}$tiⁿ$_{31}$　华：钉/洋钉/铁钉tiɪn$_{324}$/ɦiᴀŋ$_{32}$tiɪn$_{35}$/tiɐ$_{35}$tiɪn$_{31}$　永：铁钉t'iᴀ$_{43}$niɪɲ$_{44}$

梯子

宜：梯则/梯儿t'i$_{j55}$tsəʔ$_{5}$/t'iŋ$_{55}$　溧：梯则t'i$_{z44}$tsəʔ$_{5}$　金：梯子t'i$_{z32}$tsɿ$_{z31}$　丹：梯则/楼梯t'i$_{44}$tsɜʔ$_{5}$/lᴇᵉ$_{23}$t'i$_{44}$　童：梯子t'i$_{j53}$tsɿ$_{31}$　靖：梯/梯子t'i$_{j433}$/t'i$_{j43}$tsɿ$_{33}$　江：梯t'i$_{j51}$　常：梯则t'i$_{j5}$tsəʔ$_{5}$　锡：梯子/竹梯t'i$_{21}$tsɿ$_{23}$/tsɔʔ$_{22}$t'i$_{55}$　苏：胡梯/梯ɦɜu$_{22}$t'i$_{j44}$/t'i$_{j44}$　熟：梯则t'i$_{55}$tsᴇʔ$_{5}$　昆：梯子t'i$_{44}$tsɿ$_{41}$　霜：梯子/胡梯t'i$_{55}$tsɿ$_{31}$/ɦu$_{22}$t'i$_{52}$　罗：胡梯ɦu$_{22}$t'i$_{52}$　周：胡梯vu$_{22}$t'ɛ$_{44}$　上：胡梯vu$_{22}$t'i$_{44}$　松：扶梯vu$_{22}$t'i$_{52}$　黎：胡梯ɦu$_{22}$t'i$_{j34}$　盛：胡梯ɦu$_{22}$t'i$_{j44}$　嘉：胡梯βu$_{22}$t'i$_{44}$　双：梯t'i$_{z44}$　杭：梯子/扶梯t'i$_{33}$tsɿ$_{51}$/ɦu$_{22}$t'i$_{51}$　绍：梯则t'i$_{33}$tsəʔ$_{5}$　诸：梯子t'i$_{z52}$tsɿ$_{44}$　崇：扶梯vʊ$_{21}$t'i$_{z23}$　太：扶梯vu$_{21}$t'i$_{23}$　余：推子te$_{32}$tsɿ$_{23}$　宁：路梯儿lu$_{22}$t'e$_{51}$　黄：梯t'i$_{44}$　温：楼梯lʌu$_{22}$t'i$_{44}$　衢：楼梯儿ləɪ$_{22}$t'ɛ$_{53}$　华：梯/楼梯t'i$_{j324}$/ʔliɯu$_{32}$t'i$_{j35}$　永：楼梯ləʊ$_{32}$təɪ$_{44}$

锄头

宜:锄头zu21dʏɯ23　溧:锄头szʌɯ32dei23　金:锄头ts'əu24t'ʌʏ23　丹:锄头dzʌʏ22dEᵉ44　童:锄耙szʌʏ23bɒ55　靖:耙子bo22tsɿ34　江:锄头dzɜʏ24dEI31　常:锄头dzʮ21dei13　锡:锄头zʮ24dEi31　苏:锄头zɿ22dəI44　熟:锄头/铁拉dʐʮ24dE31/t'ɪʔ3lɑ33　昆:锄头zʮ23dE41　霜:锄头zɿ22dʌI52　罗:锄头zɿ22dʌI52　周:锄头zɿ23dʏ44　上:锄头zu22dʏɯ44　松:锄头ʑy22dɯ52　黎:铁锴t'ɪʔ4tAʔ4　盛:锄头zɿ22diɵʉ44　嘉:锄头zɿ22de44　双:锄头zɿ44dᵊʏ44　杭:锄头zʮ22deI44　绍:锄头zɿ22dʏ52　诸:锄头zɿ31dei42　崇:锄头zɿ22dʏ52　太:锄头zɿ21dʏ44　余:锄头dzɿ22dʏ44　宁:锄头zʮ22dœʏ51　黄:锄头dzʮ22diʏ51　温:板锄pɑ52szɿ21　衢:锄头zɿ22dəI53　华:锄头ɕy32diɯu24　永:锄头sʊA21təʊ51

镰刀

宜:镰刀lɪ21tɑʏ23　溧:镰刀li32tɑʏ23　金:镰刀/锯镰刀ȵĩ35tɑᵓ31/tɕyz32ȵĩ35tɑᵓ31　丹:镰刀lɪ44tɒ44　童:弯刀uɑ53tɐʏ31　靖:镰刀lɪ22tɒ34　江:镰刀lɪ24tɒ31　常:镰刀lɪ21tɑʏ44　锡:镰刀lɪ24tʌ31　苏:镰刀/镙子lɪ22tæ44/tɕiəʔ5tsɿ52　熟:镰刀lie24tɔ31　昆:镰刀lɪ23tɔ41　霜:锴子tɕiɪʔ4tsɿ23　罗:镰刀/镙子li22tɔ52/tɕioʔ5tsɿ31　周:镰刀li23ɗɔ44　上:镰刀li22tɔ44　松:镰刀li22tɔ52　黎:草镙ts'Aᵓ33tɕiəʔ4　盛:镰刀liɪ22tAɑ44　嘉:镰刀lie22tɔ44　双:镰刀/镙子lɪ22tɔ44/tɕieʔ5tsɿ52　杭:镰刀lie21tɔ23　绍:镰刀lĩ22tɑɒ52　诸:镙子刀tɕiəʔ5tsɿ33tɔ33　崇:沙镙sʏ53tɕiz52　太:沙镙so52tɕi33　余:镰刀lĩ22tɒ44　宁:镰刀li22tɔ51　黄:镙儿tɕie53　温:镰刀/弯刀li22tɜ44/ʔʋɑ44tɜ44　衢:镰刀liẽ22tɔ53　华:镰刀/刷镙ʔliæ32tɑʊ35/suɑ32tɕie35　永:锄镙sʊA21tie51

扁担

宜:扁担pɪ53tA31　溧:扁担pi44tA31　金:扁担pĩ35tæ̃31　丹:扁担pɪ41tæ21　童:扁担pɪ53tɑ31　靖:扁担pĩ33tæ̃44　江:扁担pEI52tæ33　常:扁担pɪ34tæ44　锡:扁担pɪ33tɛ55　苏:扁担pij52tE23　熟:扁担pie33tæ33　昆:扁担pɪ52tE33　霜:扁担pɪ33tE52　罗:扁担pi33te52　周:扁担ʔbi33ʔdɛ35　上:扁担pi33tE44　松:扁担pi44tE44　黎:扁担piɪ44tE11　盛:扁担piɪ55tE31　嘉:扁担pie44tEᵋ51　双:扁担pɪ34tE52　杭:扁担pie55tE31　绍:扁担pĩ33tæ̃52　诸:扁担piɪ33tɛ52　崇:扁担piẽ34tæ̃52　太:扁担piẽ33tæ̃44　余:扁担pĩ33tẽ52　宁:扁担pi55tE33　黄:扁担pie33tɛ35　温:扁担pi52tɑ21　衢:扁担piẽ33tæ̃53　华:扁担/面那pie54tæ̃35/ʔmie54nɑ24　永:扁担pie43nA44

筛子

宜:筛则səʔ5tsəʔ5　溧:筛则sA44tsəʔ5　金:筛子sɛᵉ52tsɿz23　丹:筛则sʌʏ44tsɛʔ5　童:筛子saɪ53tsɿ31　靖:筛子sæ43tsɿ33　江:筛则sæ53tsɜʔ3　常:筛则/绷筛sɑ55tsəʔ5pAɲ55sɑ31　锡:筛子/筛则sʌʏ21tsɿ23/sʌʏ21tsə23　苏:筛子sɒ55tsɿ31　熟:筛则sɑ55tsEʔ5　昆:筛子sɑ44tsɿ41　霜:筛子/算筛sɑ55tsɿ31/sᴧʏ55sɿ31　罗:糠筛k'ɒ̃55sɿ31　周:筛子sɿ55tsɿ31　上:筛子sA55tsɿ31　松:筛子sɿ44tsɿ52　黎:筬dɒ213　盛:筛子sɑ55tsɿ31　嘉:筛/戾sɑ51/dɑ223　双:筛子sAʔ5tsɿ52　杭:筛子sɿ33tsɿ51　绍:筛子sɿ43tsɿ33　诸:沙筛/米筛/夹筛so52sɿ42/miz22sɿ52/kɐʔ5sɿ31　崇:筛筛/筛股筬sɿ53sɿ23/sɿ53ku34dɑ52　太:筛筛sɿ55sɿ33　余:筛子/筛sɿ32tsɿ23/sɿ34　宁:柴za113　黄:糠筛k'ɒ̃35sɿ51　温:米筛mˡi52sɿ44　衢:筛sɿ434　华:筛子/筛sɿ33tsɿ55/sɿ324　永:筛谷力sɿ43kʊ32ləI31

轮子

宜:轮盘/轮胎ləŋ21be23/ləŋ21tɐɪ23　溧:轮盘lən32bʊ23　金:轮盘ləŋ24p'ʊ̃23　丹:轮盘/轮则lɛn22bəŋ44/lɛn32tsɛʔ24　童:轮盘ləŋ24bʊ31　靖:轮子/轮盘/盘子ləŋ22tsɿ34/leŋ24bũ23/bũ22tsɿ34　江:轮盘lEɲ24bɵ31　常:轮盘ləɲ21bɵ34　锡:轮盘lən̍24bo31　苏:轮盘lən22bɵ44　熟:轮盘lẽⁿ24bʏ31

昆：轮盘lən$_{23}$bɵ$_{41}$　霜：轮盘/轮子lɛ̃$_{22}$bɪ$_{52}$/lɛ̃$_{24}$tsɿ$_{31}$　罗：轮盘lɛ̃^{n}$_{22}$b^{ʌ}ɤ$_{52}$　周：轮盘ləŋ$_{23}$bø$_{44}$　上：轮盘ləɲ$_{22}$bø$_{44}$　松：轮盘ləɲ$_{22}$bø$_{52}$　黎：轮盘ləɲ$_{22}$bɵ̃$_{44}$　盛：轮盘ləɲ$_{22}$bɵ$_{44}$　嘉：轮盘lən$_{22}$bɤə$_{44}$　双：轮盘lən$_{22}$bᴇ$_{44}$　杭：轮盘lən$_{21}$bo$_{23}$　绍：轮盘/轮胎luɵ̃$_{22}$buɵ̃$_{52}$/luɵ̃$_{22}$te$_{52}$　诸：轮盘lẽɪ̃$_{31}$bɤ$_{42}$　崇：轮盘lɪŋ$_{22}$bœ̃$_{52}$　太：轮盘leŋ$_{21}$bœ̃$_{44}$　余：轮盘leɲ$_{22}$bø̃$_{44}$　宁：轮盘lɐŋ$_{22}$bu$_{44}$　黄：轮盘ləŋ$_{22}$bɛ$_{51}$　温：轮盘lʌŋ$_{22}$bɵ$_{24}$　衢：轮子ləŋ$_{32}$tsɿ$_{35}$　华：轮盘ʔlən$_{54}$bɯə$_{24}$　永：轮盘ləɲ$_{21}$boə$_{51}$

木头

宜：木头mɔʔ$_{21}$dɤɯ$_{23}$　溧：木头mɔʔ$_{3}$dei$_{23}$　金：木头mɔʔ$_{4}$t'ʌɤ$_{31}$　丹：木头moʔ$_{5}$d̥ᴇ^{e}$_{23}$　童：木头ʔmoʔ$_{42}$dei$_{31}$　靖：木头mɔʔ$_{2}$døʏ$_{23}$　江：木头moʔ$_{2}$dᴇɪ$_{23}$　常：木头mɔʔ$_{2}$dei$_{13}$　锡：木头mɔʔ$_{2}$dᴇi$_{55}$　苏：木头mɔʔ$_{3}$dəɪ$_{52}$　熟：木头moʔ$_{2}$dᴇ$_{51}$　昆：木头moʔ$_{3}$dᴇ$_{31}$　霜：木头moʔ$_{2}$dʌɪ$_{23}$　罗：木头moʔ$_{2}$dʌɪ$_{23}$　周：木头moʔ$_{2}$dɤ$_{23}$　上：木头moʔ$_{2}$dɤɯ$_{23}$　松：木头mɔʔ$_{2}$dɯ$_{52}$　黎：木头moʔ$_{3}$dieɯ$_{34}$　盛：木头mɔʔ$_{3}$diəʉ$_{44}$　嘉：木头ʔmoʔ$_{3}$de$_{44}$　双：木头ʔmoʔ$_{5}$d^{ə}ʏ$_{52}$　杭：木头儿mɔʔ$_{2}$deɪ$_{55}$ər$_{31}$　绍：木头moʔ$_{2}$dɤ$_{52}$　诸：木头moʔ$_{2}$dei$_{52}$　崇：木头moʔ$_{2}$dʏ$_{52}$　太：木头mɔʔ$_{2}$dʏ$_{23}$　余：木头mɔʔ$_{2}$dɤ$_{52}$　宁：木头mɔʔ$_{2}$dœʏ$_{34}$　黄：木头/树头mɔʔ$_{2}$diɤ$_{51}$/zʏɥ$_{21}$diɤ$_{13}$　温：木头mo$_{22}$dʌu$_{2}$　衢：木头məʔ$_{3}$dəɪ$_{31}$　华：木头ʔmoʔ$_{4}$diɯu$_{24}$　永：树头ɕʑʏ$_{32}$dəʊ$_{325}$

竹片

宜：竹片/竹爿爿tsɔʔ$_{5}$p'ɪ$_{324}$/tsɔʔ$_{5}$bᴀ$_{55}$bᴀ$_{55}$　溧：竹片爿/竹爿爿/竹片tsɔʔ$_{5}$p'i$_{33}$bᴀ$_{34}$/tsɔʔ$_{5}$bᴀ$_{33}$bᴀ$_{34}$/tsɔʔ$_{5}$p'i$_{34}$　金：竹片/竹篾子tsɔʔ$_{4}$p'ĩ$_{44}$/tsɔʔ$_{4}$mieʔ$_{4}$tsɿ$_{z44}$　丹：竹片/竹片片tsoʔ$_{5}$p'ɪ$_{23}$/tsoʔ$_{3}$p'ɪ$_{33}$p'ɪ$_{23}$　童：竹片/竹爿tsoʔ$_{3}$p'ɪ$_{55}$/tsoʔ$_{53}$bɑ$_{31}$　靖：竹爿爿tɕyɔʔ$_{53}$bæ̃$_{33}$bæ$_{31}$　江：竹爿/竹爿爿tsoʔ$_{5}$bæ$_{42}$/tsoʔ$_{5}$bæ$_{42}$bæ$_{31}$　常：竹爿爿tsɔʔ$_{4}$bæ$_{55}$bæ$_{31}$　锡：竹爿/竹片tsɔʔ$_{4}$bɛ$_{55}$/tsɔʔ$_{4}$p'ɪ$_{34}$　苏：竹爿爿/竹篱爿/篾爿tsɔʔ$_{5}$bᴇ$_{23}$bᴇ$_{31}$/tsɔʔ$_{5}$li$_{j23}$bᴇ$_{31}$/mɪʔ$_{3}$bᴇ$_{52}$　熟：竹片爿tʂoʔ$_{3}$p'ie$_{55}$bæ$_{31}$　昆：竹片爿tsoʔ$_{3}$p'ɪ$_{55}$bɛ$_{41}$　霜：竹片爿tsoʔ$_{4}$p'ɪ$_{23}$bᴇ$_{52}$　罗：竹片爿tsoʔ$_{3}$p'i$_{55}$be$_{31}$　周：竹爿tsoʔ$_{3}$pɛ$_{52}$　上：竹片/竹爿tsoʔ$_{3}$p'i$_{44}$/tsoʔ$_{3}$p'ᴇ$_{44}$　松：竹爿头tsɔʔ$_{4}$bᴇ$_{4}$dɯ$_{52}$　黎：竹爿头/竹爿tsoʔ$_{5}$bᴇ$_{44}$dieɯ$_{52}$/tsoʔ$_{5}$bᴇ$_{44}$　盛：竹爿爿/竹爿头tsɔʔ$_{3}$bᴇ$_{44}$dᴇ$_{44}$/tsɔʔ$_{3}$bᴇ$_{44}$diəʉ$_{44}$　嘉：竹爿/竹爿爿/竹爿头tsoʔ$_{3}$bᴇ^{ɛ}$_{44}$/tsoʔ$_{3}$bᴇ^{ɛ}$_{44}$bᴇ^{ɛ}$_{51}$/tsoʔ$_{3}$bᴇ^{ɛ}$_{44}$de$_{51}$　双：竹片/竹片爿tsoʔ$_{5}$pɪ$_{52}$/tsoʔ$_{5}$pɪ$_{55}$bᴇ$_{21}$　杭：竹爿儿tsɔʔ$_{3}$bᴇ$_{55}$ər$_{31}$　绍：竹爿/竹爿爿tsoʔ$_{4}$bæ̃$_{52}$/tsoʔ$_{4}$bæ̃$_{44}$bæ̃$_{52}$　诸：竹爿tsoʔ$_{5}$bɛ$_{52}$　崇：竹爿tsɔʔ$_{3}$bæ̃$_{52}$　太：竹爿tsɔʔ$_{3}$bæ̃$_{44}$　余：竹爿tsɔʔ$_{4}$bɛ̃$_{44}$　宁：竹篾爿tsɔʔ$_{3}$miɪʔ$_{4}$bᴇ$_{55}$　黄：竹爿tsɔʔ$_{4}$bɛ$_{51}$　温：竹爿tɕiu$_{33}$bɑ$_{2}$　衢：竹片/竹爿tʃɥəʔ$_{4}$p'iẽ$_{53}$/tʃɥəʔ$_{5}$bæ̃$_{31}$　华：竹篾tɕyoʔ$_{4}$mie$_{24}$　永：竹爿tsʊ$_{43}$b̥ʌ$_{325}$

砖头

宜：砖头tɕyĩ$_{55}$dɤɯ$_{55}$　溧：砖头tɕyʊ$_{44}$dʌɯ$_{52}$　金：砖头tsæ̃$_{52}$t'ʌɤ$_{23}$　丹：砖头tsəŋ$_{44}$dᴇ^{e}$_{31}$　童：砖头tʃy$_{ɥ53}$dei$_{31}$　靖：砖头/砖tɕyũ$_{44}$døʏ$_{44}$/tɕyũ$_{433}$　江：砖头tɕyɵ$_{52}$dᴇɪ$_{33}$　常：砖头tsɔ$_{55}$dei$_{31}$　锡：砖头tso$_{21}$dᴇi$_{23}$　苏：砖头tsɵ$_{55}$dəɪ$_{31}$　熟：砖头tʂʏ$_{55}$dᴇ$_{51}$　昆：砖头tsɵ$_{44}$dᴇ$_{41}$　霜：砖头/碌砖tsɪ$_{55}$dʌɪ$_{31}$/loʔ$_{2}$tsɪ$_{23}$　罗：砖头/碌砖ts^{ʌ}ɤ$_{55}$dʌɪ$_{31}$/loʔ$_{2}$ts^{ʌ}ɤ$_{23}$　周：砖头/碌砖tse$_{33}$tɤ$_{52}$/lɒʔ$_{2}$tsø$_{23}$　上：砖头/碌砖tsø$_{55}$dɤɯ$_{31}$/loʔ$_{2}$tsø$_{23}$　松：砖头tsø$_{33}$dɯ$_{52}$　黎：砖头tsɵ$_{44}$dieɯ$_{44}$　盛：砖头tsɵ$_{44}$diəʉ$_{44}$　嘉：砖头tsɤə$_{44}$de$_{51}$　双：砖头tsᴇ$_{44}$d^{ə}ʏ$_{44}$　杭：砖头tsuo$_{33}$deɪ$_{44}$　绍：砖头tsɵ̃$_{33}$dɤ$_{52}$　诸：砖头tsɤ$_{52}$dei$_{42}$　崇：砖头tsœ̃$_{33}$dʏ$_{52}$　太：砖头tsœ̃$_{52}$dʏ$_{33}$　余：砖头tsĩ$_{33}$dɤ$_{44}$　宁：砖头tsø$_{33}$dœʏ$_{51}$　黄：砖头/砖tsø$_{33}$diɤ$_{51}$/tsø$_{44}$　温：砖头tɕy$_{44}$dʌu$_{24}$　衢：砖头tʃɥə$_{43}$təɪ$_{53}$　华：砖头tʃɥe$_{33}$tiɯu$_{55}$　永：砖头tɕye$_{43}$d̥əʊ$_{44}$

煤油

宜：煤油/洋油/火油mɐɪ$_{21}$ɦiɤɯ$_{23}$/ɦiᴀŋ$_{21}$ɦiɤɯ$_{23}$/xu$_{33}$ɦiɤɯ$_{44}$　溧：煤油/洋油/火油mæᴇ$_{32}$

ɦiʌɯ$_{23}$/ɦie$_{32}$ɦiʌɯ$_{23}$/xʌɯ$_{54}$ɦiʌɯ$_{23}$ 金:煤油/洋油mei$_{24}$iʌɤ$_{23}$/iɑŋ$_{22}$iʌɤ$_{24}$ 丹:煤油/洋油/火油mᴇ^{e}$_{22}$ɦʏ$_{44}$/ɦie$_{22}$ɦʏ$_{44}$/ɦʌɤ$_{52}$ɦʏ$_{23}$ 童:煤油/洋油/火油mei$_{24}$ɦiʊ$_{31}$/ɦiɑŋ$_{24}$ɦiʊ$_{31}$/hʌɤ$_{22}$ɦiʊ$_{55}$ 靖:煤油/火油me$_{22}$ɦøʏ$_{34}$/hʌɤ$_{33}$ɦøʏ$_{44}$ 江:火油/煤油/洋油hɜɤ$_{52}$ɦiɜɤ$_{33}$/mᴇɪ$_{24}$ɦiɜɤ$_{31}$/ɦiᴀ^{ŋ}$_{24}$ɦiɜɤ$_{31}$ 常:煤油/洋油mæe$_{21}$ɦiʌɯ$_{34}$/ɦiᴀɲ$_{21}$ɦiʌɯ$_{34}$ 锡:煤油/火油/洋油(少)mᴇ$_{24}$ɦiʌɤ$_{31}$/xʌɤ$_{33}$ɦiʌɤ$_{55}$/ɦiɛ̃$_{24}$ɦiʌɤ$_{31}$ 苏:煤油/洋油/火油mᴇ$_{22}$ɦiɵ$_{44}$/ɦiᴀ̃$_{22}$ɦiɵ$_{44}$/hɜu$_{52}$ɦiɵ$_{23}$ 熟:煤油/洋油/火油mᴇ$_{24}$ɦiɯ$_{31}$/ɦiᴀ̃$_{24}$ɦiɯ$_{31}$/fu$_{33}$ɦiɯ$_{51}$ 昆:煤油/洋油mᴇ$_{23}$ɦy$_{41}$/ɦiã$_{23}$ɦy$_{41}$ 霜:煤油/火油/洋油mʌɪ$_{22}$ɦy$_{52}$/fu$_{33}$ɦy$_{52}$/ɦiã$_{22}$ɦy$_{52}$ 罗:洋油/火油ɦiã$_{22}$ɦy$_{52}$/fu$_{35}$ɦy$_{31}$ 周:煤油/火油me$_{23}$ɦiɤ$_{44}$/fu$_{33}$ɦiɤ$_{52}$ 上:火油fu$_{33}$ɦiɤɯ$_{44}$ 松:煤油/火油me$_{22}$ɦiɯ$_{52}$/fu$_{35}$ɦiɯ$_{31}$ 黎:洋油/火油(少)ɦiɛ̃$_{22}$ɦiɯ$_{34}$/hɜu$_{44}$ɦiɯ$_{11}$ 盛:洋油/火油ɦiæ̃$_{22}$ɦiəʉ$_{44}$/hɜu$_{55}$ɦiəʉ$_{31}$ 嘉:洋油ɦiᴀ̃$_{22}$ɦi^{ə}u$_{44}$ 双:煤油/洋油m^{ø}ʏ$_{22}$ɦi^{ø}ʏ$_{44}$/ɦiã$_{22}$ɦi^{ø}ʏ$_{44}$ 杭:煤油/洋油ʔmeɪ$_{33}$ɦʏ$_{51}$/ɦiᴀŋ$_{22}$ɦʏ$_{51}$ 绍:煤油/洋油me$_{22}$ɦiɤ$_{52}$/ɦiaŋ$_{22}$ɦiɤ$_{52}$ 诸:煤油/洋油me$_{31}$ɦiʏ$_{42}$/ɦiᴀ̃$_{31}$ɦiʏ$_{42}$ 崇:洋油ɦiᴀ̃$_{22}$ɦʏ$_{52}$ 太:洋油ɦiᴀŋ$_{21}$ɦʏ$_{44}$ 余:火油/洋油hou$_{33}$ɦiɤ$_{52}$/ɦiᴀ̃$_{21}$ɦiɤ$_{23}$ 宁:煤油/火油mᴇɪ$_{22}$ɦʏ$_{44}$/ɦəʊ$_{55}$ɦʏ$_{33}$ 黄:煤油/洋油me$_{22}$ɦiu$_{51}$/ɦiã$_{22}$ɦiu$_{51}$ 温:洋油ɦi$_{22}$ɦiʌu$_{24}$ 衢:煤油/洋油məɪ$_{22}$ɦiɯ$_{53}$/ɦiã$_{22}$ɦiɯ$_{53}$ 华:煤油/洋油ʔmᴇ$_{32}$ɦiɯu$_{24}$/ʔɦiᴀŋ$_{32}$ɦiɯu$_{24}$ 永:煤油/洋油məɪ$_{21}$iɯu$_{51}$/ʔɦiᴀŋ$_{21}$iɯu$_{51}$

汽油

宜:汽油tɕʻi$_{j33}$ɦiɤɯ$_{44}$ 溧:汽油tɕʻi$_{z54}$ɦiʌɯ$_{34}$ 金:汽油tɕʻi$_{z52}$iʌɤ$_{23}$ 丹:汽油/洋油tɕʻi$_{z52}$ɦʏ$_{23}$/ɦie$_{22}$ɦʏ$_{44}$ 童:汽油tɕʻi$_{j35}$ɦiʊ$_{31}$ 靖:汽油tɕʻi$_{j53}$ɦøʏ$_{23}$ 江:汽油tɕʻi$_{j45}$ɦiɜɤ$_{31}$ 常:汽油tɕʻi$_{j55}$ɦiʌɯ$_{31}$ 锡:汽油tɕʻi$_{55}$ɦiʌɤ$_{31}$ 苏:汽油tɕʻi$_{j55}$ɦiɵ$_{31}$ 熟:汽油tɕʻi$_{55}$ɦiɯ$_{31}$ 昆:汽油tɕʻi$_{55}$ɦy$_{31}$ 霜:汽油tɕʻi$_{33}$ɦy$_{52}$ 罗:汽油tɕʻi$_{35}$ɦy$_{31}$ 周:汽油tɕʻi$_{33}$ɦy$_{52}$ 上:汽油tɕʻi$_{33}$ɦiɤɯ$_{44}$ 松:汽油tɕʻi$_{55}$ɦiɯ$_{31}$ 黎:汽油tɕʻi$_{j22}$ɦiɯ$_{51}$ 盛:汽油tɕʻi$_{j32}$ɦiəʉ$_{52}$ 嘉:汽油tɕʻi$_{33}$ɦiəu$_{51}$ 双:汽油tɕʻi$_{z32}$ɦiøʏ$_{34}$ 杭:汽油tɕʻi$_{35}$ɦʏ$_{31}$ 绍:汽油tɕʻi$_{55}$ɦiɤ$_{31}$ 诸:汽油tɕʻi$_{z54}$ɦiʏ$_{33}$ 崇:汽油tɕʻi$_{z33}$ɦʏ$_{23}$ 太:汽油tɕʻi$_{33}$ɦʏ$_{44}$ 余:汽油tɕʻi$_{55}$ɦiɤ$_{31}$ 宁:汽油tɕʻi$_{z55}$ɦʏ$_{33}$ 黄:汽油tɕʻi$_{j44}$ɦiu$_{44}$ 温:汽油tsʻʅ$_{44}$ɦiʌu$_{24}$ 衢:汽油tsʻʅ$_{55}$ɦiɯ$_{31}$ 华:汽油tɕʻi$_{j54}$ɦiɯu$_{24}$ 永:汽油tɕʻi$_{43}$iɯu$_{22}$

磨

宜:磨/石磨mɑɤ$_{223}$/zᴀʔ$_{3}$mɑɤ$_{53}$ 溧:磨/磨则mʌɯ$_{31}$/mʌɯ$_{32}$tsə$_{23}$ 金:磨mo$_{24}$ 丹:石磨/磨则s^{z}ɛʔ$_{5}$mʌɤ$_{33}$/mʌɤ$_{32}$tsɛʔ$_{24}$ 童:磨盘mʌɤ$_{24}$bʊ$_{31}$ 靖:磨子mʌɤ$_{24}$tsʅ$_{31}$ 江:磨则mɜɤ$_{24}$tsɜʔ$_{2}$ 常:磨则mʌɯ$_{21}$tsəʔ$_{4}$ 锡:磨盘/磨子mʌɤ$_{24}$bo$_{31}$/mʌɤ$_{24}$tsʅ$_{31}$ 苏:磨子/石磨mo$_{22}$tsʅ$_{44}$/zᴀʔ$_{3}$m̩o$_{52}$ 熟:石磨zᴀʔ$_{2}$mu$_{51}$ 昆:磨子/石磨mu$_{23}$tsʅ$_{41}$/zᴀʔ$_{2}$mu$_{31}$ 霜:磨mu$_{31}$ 罗:磨子mu$_{24}$tsʅ$_{31}$ 周:磨mu$_{113}$ 上:磨子mo$_{22}$tsʅ$_{44}$ 松:磨/石磨mo$_{31}$/zᴀʔ$_{2}$mo$_{52}$ 黎:磨子mo$_{22}$tsʅ$_{52}$ 盛:磨子mo$_{33}$tsʅ$_{52}$ 嘉:磨mo$_{31}$ 双:蒙子/牵蒙moŋ$_{21}$tsʅ$_{52}$/tɕʻɪ$_{32}$moŋ$_{34}$ 杭:磨子mou$_{22}$tsʅ$_{51}$ 绍:磨mo$_{31}$ 诸:磨/麦磨mɯ$_{233}$/mɐʔ$_{2}$mɯ$_{33}$ 崇:磨mɤ$_{312}$ 太:磨mɯ$_{312}$ 余:石磨zɐʔ$_{2}$mo$_{52}$ 宁:磨məʊ$_{113}$ 黄:磨mu$_{113}$ 温:磨məu$_{22}$ 衢:磨mu$_{324}$ 华:磨mɯə$_{213}$ 永:磨moə$_{325}$

篓子

宜:篓则lɤɯ$_{21}$tsə$_{23}$ 溧:篓头lʌɯ$_{32}$dei$_{23}$ 金:篓子lʌɤ$_{32}$tsʅ$_{z23}$ 丹:篓lʌɤ$_{213}$ 童:篓子lʌɤ$_{21}$tsʅ$_{23}$ 靖:篓子ʔløʏ$_{33}$tsʅ$_{44}$ 江:篓篓头lɜɤ$_{21}$lɜɤ$_{33}$dᴇɪ$_{43}$ 常:篓头ʔlei$_{34}$dei$_{44}$ 锡:篓头lʌɤ$_{24}$dᴇi$_{31}$ 苏:背篓/箁pᴇ$_{55}$ləɪ$_{31}$/bu$_{223}$ 熟:篓则lᴇ$_{22}$tsᴇʔ$_{4}$ 昆:篓子lᴇ$_{23}$tsʅ$_{41}$ 霜:栲落lᴀʔ$_{5}$loʔ$_{3}$ 罗:篓lʌɪ$_{213}$ 周:篓头/落子ʔlʏ$_{44}$tʏ$_{52}$/lɒʔ$_{2}$tsʅ$_{23}$ 上:篓子lɤɯ$_{22}$tsʅ$_{44}$ 松:篓子lɯ$_{22}$tsʅ$_{52}$ 黎:篓lɯ$_{24}$ 盛:篓/竹篓lɵ$_{24}$/tsɔʔ$_{3}$lɵ$_{44}$ 嘉:篓le$_{31}$ 双:箩筐/竹箩ləu$_{22}$tɕʻiã$_{44}$/tsoʔ$_{5}$l^{ə}u$_{52}$ 杭:箩筐/筐儿lou$_{22}$kʻuᴀŋ$_{51}$/kʻuᴀŋ$_{33}$ər$_{51}$ 绍:箩/克箩lo$_{31}$/kʻəʔ$_{4}$lo$_{52}$ 诸:篓/壳笼lei$_{233}$/kʻoʔ$_{5}$loŋ$_{31}$ 崇:斗/篓

头子tʏ324/lʏ21dʏ34tsɿ52　太：　余：竹篓tsɔʔ4lʏ44　宁：篓ləʊ113　黄：篓l^{ə}u113　温：篓lʌu24　衢：篓ləɪ31　华：篓ʔliɯu324　永：

把儿

宜：柄piŋ324　溧：柄pin412　金：柄piŋ44　丹：把头pɑ44dE^{e}23　童：柄piŋ45　靖：柄/盲子piŋ51/ʔmaŋ53tsɿ34　江：柄/柄柄头piɲ324/piɲ24piɲ33dEɪ31　常：柄piɲ51　锡：柄pin323　苏：把柄/柄po52pin23/pin412　熟：捏手/柄ȵiAʔ2ʂE51/pĩ^{ɲ}324　昆：柄pin52　霜：柄pĩ434　罗：柄pɪ^{n}434　周：柄ʔbiɪŋ335　上：柄piɲ334　松：柄柄piɲ44piɲ44　黎：柄/柄头piəɲ51/piəɲ33dieɯ52　盛：柄/柄柄pɪɲ44/pɪɲ55pɪɲ31　嘉：柄头pin33de51　双：柄pɪn334　杭：柄/柄儿pɪn51/pɪn55ər31　绍：柄/柄头/把手pɪŋ33/pɪŋ43dʏ33/po34sʏ52　诸：柄pĩ544　崇：柄pɪŋ42　太：柄piŋ42　余：柄/捻头子peɲ435/ȵĩ21dʏ22tsɿ44　宁：柄pɪŋ52　黄：柄piɪŋ44　温：柄pʌŋ52　衢：柄piɲ35　华：柄piɪn544　永：柄ʔmai54

钱

宜：团/铜钱de223/doŋ21ʑɪ23　溧：铜钱/钞票/洋钱doŋ31ɦi23/ts'ɑ^{ʏ}52p'iɑ^{ʏ}52/ɦie32ɦi23　金：钱/钞票tɕ'ĩ24/ts'ɑ^{ɔ}33piɑ^{ɔ}44　丹：钱/铜钱/洋钱dʑɪ213/doŋ32dʑɪ24/ɦie32dʑɪ24　童：钞票/铜钱/钱ts'ɐʏ33p'iɐʏ55/doŋ24ʑɪ31/ɕʑɪ31　靖：钱/钞票zĩ223/ts'ɒ35p'iɒ31　江：钞票/铜钱/洋钱/劳钱ts'ɒ52p'iɒ33/doŋ24zɪ31/ɦiA^{ŋ}24zɪ31/lɒ24zɪ31　常：团儿/钞票/铜钱dɔ21ɦər34/tsɑʏ33p'iɑʏ44/doŋ21ʑɪ34　锡：钞票/铜钱tsʌ55p'iʌ31/doŋ24zɪ31　苏：票子/钞票/铜钿p'iɛ55tsɿ31/tsæ55p'iɛ31/doŋ22dɪ44　熟：钞票/铜钿ts'ɔ33p'iɔ33/dʊŋ24die31　昆：钞票/铜钿ts'ɔ52p'iɔ33/doŋ23dɪ41　霜：铜钿/钞票/板板/洋钿do^{ŋ}22dɪ52/ts'ɔ33p'iɔ52/pE33pE52/ɦia$^{\sim}$22dɪ52　罗：钞票/铜钿ts'ɔ33p'iɔ52/do^{ŋ}22di52　周：钞票/铜钿ts'ɔ44p'iɔ44/doŋ23di44　上：钞票/铜钿/洋钿ts'ɔ33p'iɔ44/dʊŋ22di44/ɦiÃ^{ɲ}22di44　松：钞票/铜钿ts'ɔ44p'iɔ44/dʊŋ22di52　黎：钞票/铜钿ts'A^{ɔ}44p'iA^{ɔ}44/doŋ22diɪ34　盛：钞票/铜钿ts'Aɑ32p'iAɑ44/doŋ22diɪ44　嘉：钞票/铜钿ts'ɔ22p'iɔ34/doŋ22die34　双：钞票/洋钿/铜钿ts'ɔ32p'iɔ34/ɦiã22dɪ44/doŋ22dɪ44　杭：钞票/农年/铜钿/牙ts'ɔ55p'iɔ31/noŋ21ȵie23/doŋ21dɪ23/ʔiɑ323　绍：钞票/洋钿/铜钿ts'ɑɒ34p'iɑɒ52/ɦiaŋ22dĩ52/dʊŋ22dĩ52　诸：钞票/铜钿ts'ɔ44p'iɔ33/doŋ31diɪ42　崇：钱/钞票/洋钿(老)dʑiẽ312/ts'ɑɒ34p'iɑɒ52/ɦiA$^{\sim}$22diẽ52　太：钞票/洋钿(老)ts'ɔ33p'iɑɒ44/ɦiAŋ21diẽ23　余：钞票ts'ɔ33p'iɒ52　宁：钞票/板板/堂郎银子/铜钿ts'ɔ55p'iɘ33/pE33pE35/dɔ̃22lɔ̃55ȵɪŋ33tsɿ31/doŋ22di51　黄：钞票/铜钿tɕ'iɒ33p'iɒ44/doŋ23die51　温：钞票/铜钿(老)/铜钿板(老)ts^{ʊ}ɔ55p'iɛ52/doŋ22di2/doŋ33di32pɑ34　衢：钞票/铜钿ts'ɔ43p'iɔ35/dʌŋ22die53　华：钞票/钿ts'ɑʊ54p'iɑʊ35/die213　永：钞票/铜钿(老)/角子/纸票(老)ts'ɑʊ43p'iAʊ54/d̥oŋ21tie51/kAʊ43tsɿ55/tɕi43p'iAʊ54

工资

宜：工资/薪水koŋ55tsɿ55/ɕiŋ55sɐɪ31　溧：工资koŋ44tsɿ55　金：工资koŋ44tsɿz31　丹：工资/薪水koŋ44tsɿ31/ɕiŋ44s^{ə}u44　童：工资koŋ53tsɿ31　靖：工资koŋ43tsɿ33　江：工资koŋ53tsɿ31　常：工资koŋ55tsɿ31　锡：工资koŋ21tsɿ23　苏：工资/薪水/工钿koŋ55tsɿ31/ɕiɪn55sɿ31/koŋ55dɪ31　熟：工资kʊŋ55tsɿ51　昆：工资koŋ44tsɿ41　霜：工钿ko^{ŋ}55dɪ31　罗：工钿ko^{ŋ}55di31　周：工资/工钿koŋ44tsɿ52/koŋ44ti52　上：工钿/工资/薪水kʊŋ55di33/kʊŋ55tsɿ31/ɕiɲ55tsɿ31　松：工资kʊŋ33tsɿ52　黎：铜钿doŋ22diɪ34　盛：工资koŋ44tsɿ44　嘉：工资/薪俸koŋ44tsɿ51/ɕin44foŋ51　双：工资/工钿koŋ44tsɿ44/koŋ44dɪ44　杭：工资koŋ32tsɿ23　绍：工资/薪水(少)kʊŋ33tsɿ52/ɕɪn32ṡɿ33　诸：薪水ɕĩ52se44　崇：工资kʊ^{ŋ}53tsɿ23　太：工资kʊŋ52tsɿ33　余：工资kʊŋ52tsɿ44　宁：工资/工钿koŋ33tsɿ44/koŋ33di44　黄：工资/工钿koŋ35tsɿ51/koŋ33die51　温：工资/工钿(额外收入)koŋ44tsɿ44/koŋ44di24　衢：工资/铜kʌŋ35tsɿ31/dʌŋ323　华：工资koŋ32tsɿ35　永：工资koŋ43tsɿ44

商店

宜:店tɪ$_{324}$ 溧:商店/店sA$_{44}$ti$_{55}$/ti$_{412}$ 金:商店/店saŋ$_{44}$tĩ$_{44}$/tĩ$_{44}$ 丹:商店sæ$_{44}$tɪ$_{31}$ 童:商店/小店saŋ$_{33}$tɪ$_{55}$/ɕiɐʏ$_{33}$tɪ$_{55}$ 靖:店tĩ$_{51}$ 江:店tɪ$_{45}$ 常:店/商店tɪ$_{51}$/sAɲ$_{55}$tɪ$_{51}$ 锡:商店sã$_{21}$tɪ$_{23}$ 苏:店/商店/店家tɪ$_{412}$/sÃ$_{55}$tɪ$_{31}$/tɪ$_{55}$kɒ$_{31}$ 熟:商店/店ʂA˜$_{55}$tie$_{31}$/tie$_{324}$ 昆:商店/店sã$_{44}$tɪ$_{41}$/tɪ$_{52}$ 霜:店tɪ$_{434}$ 罗:店ti$_{434}$ 周:商店/店sA˜$_{55}$ɗĩ$_{31}$/ɗĩ$_{335}$ 上:店ti$_{334}$ 松:店ti$_{335}$ 黎:店/店家tiɪ$_{324}$/tiɪ$_{33}$kɒ$_{52}$ 盛:店/商店tiɪ$_{413}$/sæ̃$_{44}$tiɪ$_{44}$ 嘉:店tie$_{334}$ 双:店tɪ$_{334}$ 杭:店tie$_{334}$ 绍:商店/店saŋ$_{32}$tĩ$_{33}$/tĩ$_{33}$ 诸:店tiɪ$_{544}$ 崇:店tiẽ$_{324}$ 太:店tiẽ$_{35}$ 余:店/商店tĩ$_{52}$/sɔ̃$_{32}$tĩ$_{23}$ 宁:店/商店ti$_{44}$/sɔ̃$_{33}$ti$_{44}$ 黄:商店/店ɕia˜$_{32}$tie$_{35}$/tie$_{44}$ 温:商店ɕi$_{22}$ti$_{52}$ 衢:店tie$_{53}$ 华:商店ɕiAŋ$_{32}$tiɑ$_{35}$ 永:店tiA$_{45}$

铺子

宜:小店ɕiɑʏ$_{53}$tɪ$_{31}$ 溧:小店ɕiɑ^{ʏ}$_{54}$ti$_{34}$ 金:小店ɕiɑ^{ɔ}$_{32}$tĩ$_{44}$ 丹:小店ɕiɒ$_{44}$tɪ$_{23}$ 童: 靖:小店siɒ$_{33}$tĩ$_{52}$ 江:小店siɒ$_{52}$tɪ$_{33}$ 常:小店ɕiɑʏ$_{34}$tɪ$_{44}$ 锡:小店siʌ$_{45}$tɪ$_{55}$ 苏:小店siɛ$_{52}$tɪ$_{23}$ 熟:小店siɔ$_{33}$tie$_{33}$ 昆:小店siɔ$_{52}$tɪ$_{33}$ 霜:小店siɔ$_{33}$tɪ$_{52}$ 罗:小店siɔ$_{33}$ti$_{52}$ 周:小店ɕiɔ$_{33}$ti$_{44}$ 上:小店ɕiɔ$_{33}$ʔti$_{44}$ 松:小店ɕiɔ$_{44}$ti$_{44}$ 黎:小店siA^{ɔ}$_{55}$tiɪ$_{31}$ 盛:小店ɕiAɑ$_{55}$tiɪ$_{31}$ 嘉:小店ɕiɔ$_{44}$tie$_{33}$ 双:小店ɕiɔ$_{34}$tɪ$_{52}$ 杭:店tie$_{334}$ 绍:小店ɕiɑɒ$_{34}$tĩ$_{52}$ 诸:小店ɕiɔ$_{44}$tiɪ$_{33}$ 崇:小店ɕiɑɒ$_{34}$tiẽ$_{52}$ 太:小店ɕiɑɒ$_{33}$tiẽ$_{44}$ 余:小店ɕiɒ$_{33}$tĩ$_{52}$ 宁:小店ɕiɘ$_{55}$ti$_{33}$ 黄:小店ɕiɒ$_{33}$ti$_{44}$ 温:小店sæi$_{52}$ti$_{21}$ 衢:小店ɕiɑ$_{35}$tie$_{53}$ 华:铺pʻu$_{45}$ 永:店铺tiA$_{43}$pʻu$_{44}$

小摊子

宜:摊头tʻA$_{55}$dʏɯ$_{55}$ 溧:摊头/小摊头tʻA$_{44}$dei$_{52}$/ɕiɑ^{ʏ}$_{54}$tʻA$_{34}$dei$_{52}$ 金:小摊子/小摊头/摊头ɕiɑ^{ɔ}$_{35}$tʻæ̃$_{33}$tsɿ$_{z31}$/ɕiɑ^{ɔ}$_{33}$tæ̃$_{44}$tʻʌʏ$_{23}$/tæ̃$_{52}$tʻʌʏ$_{23}$ 丹:摊头tʻæ$_{44}$dE^{e}$_{44}$ 童:小摊头ɕiɐʏ$_{24}$tʻɑ$_{33}$dei$_{31}$ 靖:摊头/摊子tʻæ̃$_{44}$døʏ$_{44}$/tʻæ̃$_{44}$tsɿ$_{44}$ 江:小摊头/摊头siɒ$_{52}$tʻæ$_{33}$dEɪ$_{43}$/tʻæ$_{55}$dEɪ$_{31}$ 常:摊头tʻæ$_{55}$dei$_{31}$ 锡:小摊头siʌ$_{45}$dɛ$_{55}$dEi$_{55}$ 苏:小摊头/摊头siɛ$_{52}$tʻE$_{23}$dəɪ$_{31}$/tʻE$_{55}$dəɪ$_{31}$ 熟:小摊头siɔ$_{33}$tʻE$_{55}$dE$_{51}$ 昆:小摊头siɔ$_{52}$tʻE$_{44}$dE$_{31}$ 霜:摊头tʻE$_{55}$dʌɪ$_{31}$ 罗:小摊头/摊头siɔ$_{33}$tʻe$_{55}$dʌɪ$_{31}$/tʻe$_{55}$dʌɪ$_{31}$ 周:摊头tʻɛ$_{44}$d̥ʏ$_{52}$ 上:摊头tʻE$_{55}$dʏɯ$_{31}$ 松:小摊头ɕiɔ$_{33}$tʻE$_{55}$dɯ$_{31}$ 黎:小摊头/摊头siA^{ɔ}$_{55}$tʻE$_{33}$dieɯ$_{31}$/tʻE$_{44}$dieɯ$_{52}$ 盛:小摊头ɕiAɑ$_{55}$tʻE$_{33}$diəʉ$_{31}$ 嘉:摊头tʻE^{ɛ}$_{44}$de$_{51}$ 双:摊头tʻE$_{44}$d^{ø}ʏ$_{44}$ 杭:小摊儿ɕiɔ$_{55}$tʻE$_{33}$ər$_{31}$ 绍:小摊头/摊头ɕiɑɒ$_{33}$tʻæ̃$_{44}$dʏ$_{52}$/tʻæ̃$_{34}$dʏ$_{52}$ 诸:小摊头ɕiɔ$_{44}$tʻɛ$_{33}$dei$_{33}$ 崇:摊tʻæ̃$_{533}$ 太:摊头tʻæ̃$_{52}$dʏ$_{33}$ 余:小摊头ɕiɒ$_{44}$tʻɛ̃$_{44}$dʏ$_{44}$ 宁:摊头/摊贩tʻE$_{33}$dœʏ$_{51}$/tʻE$_{33}$fE$_{44}$ 黄:小摊/摊头ɕiɒ$_{33}$tʻɛ$_{44}$/tʻɛ$_{33}$diʏ$_{51}$ 温:小摊儿/摊儿sæi$_{33}$tʻɑ$_{52}$ŋ̍$_{34}$/tʻɑ$_{52}$ŋ̍$_{34}$ 衢:摊儿tʻæ̃$_{43}$ŋ̍$_{35}$ 华:小摊儿ɕiɑʊ$_{54}$tʻæ̃n$_{35}$ 永:小摊ɕiAʊ$_{43}$tʻA$_{325}$

饭馆

宜:饭馆店vA$_{22}$kue$_{22}$tɪ$_{53}$ 溧:饭馆/饭店vA$_{32}$kʊ$_{52}$/vA$_{32}$ti$_{52}$ 金:饭店/馆店fæ̃$_{44}$tĩ$_{44}$/kʊ̃$_{32}$tĩ$_{44}$ 丹:饭店fæ$_{52}$tɪ$_{23}$ 童:饭店vɑ$_{22}$tɪ$_{55}$ 靖:饭店fvæ̃$_{223}$tĩ$_{51}$ 江:饭店væ$_{24}$tɪ$_{31}$ 常:饭店væ$_{24}$tɪ$_{31}$ 锡:饭店vɛ$_{22}$tɪ$_{55}$ 苏:饭店/菜肆馆vE$_{22}$tɪ$_{44}$/tsʻE$_{55}$sɿ$_{55}$kɵ$_{31}$ 熟:饭馆/饭店væ$_{23}$kuʏ$_{33}$/væ$_{23}$tie$_{33}$ 昆:饭店vɛ$_{23}$tɪ$_{41}$ 霜:饭店vE$_{24}$tɪ$_{31}$ 罗:饭店ve$_{24}$ti$_{31}$ 周:饭店vɛ$_{22}$ʔɗĩ$_{24}$ 上:饭店vE$_{22}$ti$_{44}$ 松:饭店vE$_{22}$ti$_{23}$ 黎:饭店/馆子店vE$_{22}$tiɪ$_{34}$/kɵ$_{55}$tsɿ$_{33}$tiɪ$_{31}$ 盛:饭店vE$_{22}$tiɪ$_{52}$ 嘉:饭店vE$_{24}$tiɪ$_{31}$ 双:饭店vE$_{21}$tɪ$_{34}$ 杭:饭店/饭馆店vE$_{23}$tɪ$_{51}$/vE$_{23}$kuo$_{55}$tie$_{31}$ 绍:饭店væ̃$_{23}$tĩ$_{33}$ 诸:饭店vɛ$_{21}$tiɪ$_{23}$ 崇:饭店væ̃$_{22}$tiẽ$_{23}$ 太:饭店væ̃$_{23}$tiẽ$_{22}$ 余:饭店vɛ̃$_{22}$tĩ$_{52}$ 宁:饭店vE$_{22}$ti$_{44}$ 黄:饭店vɛ$_{23}$tie$_{44}$ 温:饭馆vɑ$_{52}$kɵ$_{34}$ 衢:饭店fvæ̃$_{45}$tie$_{53}$ 华:饭馆/饭店fvæ̃$_{13}$kuɑ$_{51}$/fvæ̃$_{24}$tiɑ$_{35}$ 永:饭店fvA$_{32}$tiA$_{55}$

车子

宜:车/车则tsʻo$_{55}$/tsʻo$_{55}$tsəʔ$_{5}$ 溧:车则tsʻo$_{44}$tsəʔ$_{5}$ 金:车子tsʻɑ$_{32}$tsɿ$_{z31}$ 丹:车tsʻɑ$_{22}$ 童:

车子tsʻɒ$_{53}$tsʅ$_{31}$　靖：车子tsʻo$_{44}$tsʅ$_{44}$　江：车则/车子tsʻo$_{55}$tsɜʔ$_{2}$/tsʻo$_{55}$tsʅ$_{31}$　常：车则tsʻo$_{5}$tsəʔ$_{5}$　锡：车子tsʻʌɤ$_{21}$tsʅ$_{23}$　苏：车子tsʻo$_{55}$tsʅ$_{31}$　熟：车则tsʻu$_{55}$tsEʔ$_{5}$　昆：车子tsʻo$_{44}$tsʅ$_{41}$　霜：车子tsʻ^ʌɤ$_{55}$tsʅ$_{31}$　罗：车子tsʻ^ʌɤ$_{55}$tsʅ$_{31}$　周：车子tsʻo$_{55}$tsʅ$_{31}$　上：车子tsʻo$_{55}$tsʅ$_{31}$　松：车子tsʻo$_{33}$tsʅ$_{52}$　黎：车子tsʻo$_{44}$tsʅ$_{44}$　盛：车子tsʻo$_{44}$tsʅ$_{44}$　嘉：车子tsʻo$_{52}$tsʅ$_{22}$　双：车子tsʻo$_{44}$tsʅ$_{44}$　杭：车子/汽车tsʻeɪ$_{33}$tsʅ$_{51}$/tɕʻi$_{34}$tsʻeɪ$_{51}$　绍：车/车子tsʻo$_{52}$/tsʻo$_{32}$tsʅ$_{33}$　诸：车tsʻo$_{544}$　崇：车子/车tsʻɤ$_{53}$tsʅ$_{23}$/tsʻɤ$_{533}$　太：车tsʻo$_{523}$　余：车子tsʻo$_{32}$tsʅ$_{23}$　宁：车子/汽车tsʻo$_{33}$tsʅ$_{44}$/tɕʻi$_{z55}$tso$_{33}$　黄：车/汽车tsʻo$_{53}$/tɕʻi$_{j55}$tsʻo$_{31}$　温：车tsʻo$_{44}$　衢：车tʃʻɥɑ$_{434}$　华：车tɕiɑ$_{324}$　永：车tɕʻiA$_{44}$

轮船

宜：轮船/船ləŋ$_{21}$ʑyĩ$_{23}$/ʑyĩ$_{223}$　溧：轮船lən$_{32}$ʑyʊ$_{23}$　金：轮船ləŋ$_{24}$tsʻʊ̃$_{23}$　丹：轮船ləŋ$_{22}$s^zəŋ$_{44}$　童：轮船ləŋ$_{24}$ʒyʊ$_{31}$　靖：轮船ləŋ$_{22}$ʑyũ$_{34}$　江：轮船/船lEɲ$_{24}$zɵ$_{31}$/zɵ$_{223}$　常：轮船ləɲ$_{21}$zɔ$_{34}$　锡：轮船lən$_{24}$zo$_{31}$　苏：轮船lən$_{22}$zɵ$_{44}$　熟：轮船lẽ^ŋ$_{24}$zʅɤ$_{31}$　昆：轮船lən$_{23}$zə$_{41}$　霜：轮船lẽ$_{22}$zɪ$_{52}$　罗：轮船lẽ^ŋ$_{22}$z^ʌɤ$_{52}$　周：轮船leŋ$_{23}$ze$_{44}$　上：轮船ləɲ$_{22}$zø$_{44}$　松：轮船ləɲ$_{22}$zø$_{52}$　黎：轮船ləɲ$_{22}$zɵ$_{44}$　盛：轮船ləɲ$_{22}$zɵ$_{44}$　嘉：轮船lən$_{22}$zɤə$_{44}$　双：轮船lən$_{22}$zE$_{44}$　杭：轮船ʔlən$_{32}$zo$_{23}$　绍：轮船luɵ̃$_{22}$zæ̃$_{52}$　诸：轮船lẼĩ$_{31}$zɤ$_{52}$　崇：轮船lɪŋ$_{22}$zœ̃$_{52}$　太：轮船leŋ$_{21}$zœ̃$_{44}$　余：轮船leɲ$_{22}$zĩ$_{44}$　宁：轮船lɐŋ$_{22}$zø$_{51}$　黄：轮船luəŋ$_{22}$zø$_{51}$　温：轮船lʌŋ$_{22}$ɦy$_{2}$　衢：轮船lən$_{22}$ʒɥə$_{53}$　华：轮船ʔlən$_{32}$ɕɥe$_{24}$　永：轮船ləɲ$_{21}$ɕye$_{51}$

小船

宜：小船ɕiɑɤ$_{33}$ʑzĩ$_{44}$　溧：小船ɕiɑ^ɤ$_{54}$ɦyʊ$_{34}$　金：小船ɕiɑ^ɔ$_{32}$tsʻʊ̃$_{23}$　丹：小船ɕiɒ$_{324}$tsʻəŋ$_{213}$　童：小船ɕiɐɤ$_{35}$ʒyʊ$_{31}$　靖：小船siɒ$_{35}$ʑyũ$_{23}$　江：冒冒船ʔmɒ$_{55}$ʔmɒ$_{33}$zɵ$_{31}$　常：小船ɕiɑɤ$_{34}$zɔ$_{44}$　锡：小船siʌ$_{45}$zo$_{55}$　苏：小船ɕiɛ$_{52}$zɵ$_{23}$　熟：小船/划子船siɔ$_{33}$zʅɤ$_{51}$/ɦuAʔ$_{2}$tsʅ$_{33}$zʅɤ$_{51}$　昆：小船siɔ$_{52}$zɵ$_{33}$　霜：小船siɔ$_{22}$zɪ$_{52}$　罗：小船siɔ$_{34}$z^ʌɤ$_{52}$　周：小船ɕiɔ$_{33}$ze$_{52}$　上：小船ɕiɔ$_{33}$zø$_{44}$　松：小船ɕiɔ$_{35}$zø$_{31}$　黎：小船siA^ɔ$_{55}$zɵ$_{31}$　盛：小船ɕiAɑ$_{55}$zɵ$_{31}$　嘉：小船ɕiɔ$_{44}$zɤə$_{51}$　双：小船ɕiɔ$_{34}$zE$_{52}$　杭：小船ɕiɔ$_{55}$zo$_{31}$　绍：小划船ɕiɑɒ$_{33}$o$_{44}$zæ̃$_{52}$　诸：小船ɕiɔ$_{33}$zɤ$_{52}$　崇：小船ɕiɑɒ$_{34}$zœ̃$_{52}$　太：小船ɕiɑɒ$_{33}$zœ̃$_{44}$　余：小船/脚划船ɕiɑɒ$_{44}$zĩ$_{44}$/tɕiɐʔ$_{4}$ɦo$_{44}$zĩ$_{44}$　宁：小船/划船(少)ɕiɔ$_{33}$zø$_{44}$/ʔo$_{33}$zø$_{44}$　黄：小船ɕiɒ$_{32}$zø$_{13}$　温：舢舨船儿sɑ$_{33}$pɑ$_{52}$ɦy$_{22}$ŋ̍$_{2}$　衢：小船ɕiɑ$_{55}$ʒɥə$_{31}$　华：小船ɕiɑʊ$_{55}$ɕɥe$_{31}$　永：小船ɕiɑʊ$_{32}$ɕye$_{325}$

帆船

宜：帆船/扯篷船vA$_{24}$ʑyĩ$_{44}$/tsʻA$_{33}$boŋ$_{55}$ʑyĩ$_{31}$　溧：机板船/帆船tɕi$_{j44}$pA$_{44}$ɦyʊ$_{31}$/vA$_{32}$ɦyʊ$_{52}$　金：帆船/浪篷船/浪帆船fæ̃$_{32}$tsʻʊ̃$_{23}$/lɑŋ$_{52}$pʻoŋ$_{32}$tsʻʊ̃$_{23}$/lɑŋ$_{52}$fæ̃$_{32}$tsʻʊ̃$_{31}$　丹：帆船ʋæ$_{44}$zəŋ$_{31}$　童：帆船vɑ$_{24}$ʒyʊ$_{31}$　靖：篷船boŋ$_{22}$ʑyũ$_{34}$　江：扯篷船tsɑ$_{55}$boŋ$_{33}$zɵ$_{31}$　常：帆船fæ$_{55}$zɔ$_{31}$　锡：帆船/扯篷船vɛ$_{21}$zo$_{23}$/tsʻɑ$_{45}$boŋ$_{55}$zo$_{55}$　苏：帆船/扯篷船vE$_{22}$zɵ$_{44}$/tsʻɒ$_{55}$boŋ$_{55}$zɵ$_{31}$　熟：叉帆船tsʻu$_{55}$væ$_{55}$zɤ$_{51}$　昆：机帆船/扯篷船tɕi$_{44}$vɛ$_{44}$zɵ$_{41}$/tsʻɑ$_{34}$boŋ$_{55}$zɵ$_{41}$　霜：撑篷船tsʻã$_{55}$bo^ŋ$_{33}$zɪ$_{31}$　罗：扯篷船tsʻɑ$_{55}$bo^ŋ$_{33}$z^ʌɤ$_{31}$　周：帆船fɛ$_{44}$ze$_{52}$/vɛ$_{23}$ze$_{44}$　上：帆船vE$_{22}$zø$_{44}$　松：扯篷船tsʻɑ$_{33}$bʊŋ$_{55}$zø$_{31}$　黎：撑篷船/篷船/划吊子船tsʻɛ̃$_{33}$boŋ$_{55}$zɵ$_{31}$/boŋ$_{22}$zɵ$_{34}$/ɦo$_{22}$diA^ɔ$_{23}$tsʅ$_{33}$zɵ$_{33}$　盛：蒙船/划吊子船moŋ$_{23}$zɵ$_{33}$/ʔo$_{44}$tiAɑ$_{44}$tsʅ$_{44}$zɵ$_{44}$　嘉：帆船vE^ɛ$_{22}$zɤə$_{44}$　双：篷船/篷篷船boŋ$_{22}$zE$_{44}$/boŋ$_{22}$boŋ$_{44}$zE$_{44}$　杭：帆船/机帆船vE$_{21}$zo$_{23}$/tɕi$_{32}$vE$_{23}$zo$_{51}$　绍：机帆船tɕi$_{32}$væ̃$_{34}$zæ̃$_{52}$　诸：帆船vɛ$_{31}$zɤ$_{42}$　崇：　太：　余：撑篷船/帆船tsÃ$_{44}$bʊŋ$_{44}$zĩ$_{44}$/vɛ̃$_{22}$zĩ$_{44}$　宁：帆船vE$_{24}$zø$_{31}$　黄：帆船fɛ$_{33}$ʑø$_{51}$　温：　衢：　华：　永：帆船fA$_{55}$ɕye$_{51}$

肉店

宜:斩肉店/肉砧头tsᴀ$_{55}$ȵiɔʔ$_{5}$tɪ$_{31}$/ȵiɔʔ$_{2}$təŋ$_{22}$dʏɯ$_{23}$　溧:砧头店tən$_{44}$dei$_{44}$ti$_{31}$　金:墩头təŋ$_{52}$ t'ʌɤ$_{23}$　丹:肉店/卖肉店ȵioʔ$_{5}$tɪ$_{23}$/mɑ$_{44}$ȵioʔ$_{4}$tɪ$_{23}$　童:肉店ʔȵioʔ$_{5}$tɪ$_{55}$　靖:肉店ȵyɔʔ$_{2}$tĩ$_{51}$　江:肉店/肉砧头ȵioʔ$_{2}$tɪ$_{23}$/ȵioʔ$_{2}$tɛɲ$_{44}$dᴇɪ$_{31}$　常:肉店/肉墩头ȵioʔ$_{3}$tɪ$_{52}$/ȵioʔ$_{2}$təɲ$_{11}$dei$_{23}$　锡:肉店/肉凳头ȵiɔʔ$_{2}$tɪ$_{34}$/ȵiɔʔ$_{2}$tən$_{34}$dᴇi$_{55}$　苏:肉店ȵiɔʔ$_{3}$tɪ$_{412}$　熟:肉店/肉砧墩ȵioʔ$_{2}$tie$_{34}$/ȵioʔ$_{2}$tʂẽ^{n}$_{55}$tẽ^{n}$_{51}$　昆:肉砧墩/肉店nioʔ$_{2}$tsən$_{2}$tən$_{23}$/nioʔ$_{2}$tɪ$_{23}$　霜:肉庄ȵioʔ$_{2}$tsɒ̃$_{23}$　罗:肉庄ȵioʔ$_{2}$tsɒ̃$_{23}$　周:肉店ȵiɒʔ$_{2}$ʔdi$_{23}$　上:肉店nioʔ$_{2}$ti$_{23}$　松:肉店ȵiɔʔ$_{2}$ti$_{34}$　黎:肉店ȵioʔ$_{3}$tiɪ$_{33}$　盛:肉店ȵioʔ$_{3}$tiɪ$_{33}$　嘉:肉店ʔȵioʔ$_{5}$tie$_{31}$　双:肉店ȵioʔ$_{2}$tɪ$_{34}$　杭:肉店/肉铺ȵiɔʔ$_{2}$tɪ$_{23}$/ȵiɔʔ$_{2}$p'u$_{23}$　绍:肉店ȵyoʔ$_{2}$tĩ$_{31}$　诸:肉店ȵioʔ$_{2}$tiɪ$_{33}$　崇:肉店ȵioʔ$_{2}$tiẽ$_{23}$　太:肉店ȵiɔʔ$_{2}$tiẽ$_{23}$　余:肉店ȵiɔʔ$_{2}$tĩ$_{52}$　宁:卖肉店ma$_{22}$ ȵyɪʔ$_{4}$ti$_{55}$　黄:肉摊/猪肉摊ȵyɔʔ$_{2}$t'ɛ$_{44}$/tsʅ$_{33}$ȵyɔʔ$_{3}$t'ɛ$_{44}$　温:卖肉店mɑ$_{52}$ȵiu$_{31}$ti$_{21}$　衢:肉店ȵyəʔ$_{2}$ tie$_{53}$　华:肉店ʔȵyoʔ$_{3}$tiɑ$_{45}$　永:肉店ȵio$_{32}$tiᴀ$_{54}$

外地

宜:　　溧:外头ŋᴀ$_{32}$dei$_{23}$　金:外地uɛ^{e}$_{52}$ti$_{z44}$　丹:外地/外头uɑ$_{41}$di$_{z21}$/uɑ$_{44}$dᴇ^{e}$_{21}$　童:外头uaɪ$_{22}$dei$_{55}$　靖:外地ʔuæ$_{52}$di$_{j41}$　江:别葛地方bɪʔ$_{2}$kɜʔ$_{4}$di$_{j33}$fᴀ^{ŋ}$_{31}$　常:别葛地方/外头biɪʔ$_{2}$kəʔ$_{5}$ di$_{j33}$fᴀɲ$_{31}$/ɦuɑ$_{21}$dei$_{34}$　锡:外头ŋɑ$_{22}$dᴇi$_{55}$　苏:外地/外码头ŋɒ$_{22}$di$_{j44}$/ŋɒ$_{22}$mo$_{55}$dəɪ$_{31}$　熟:外头 ŋɑ$_{24}$dᴇ$_{31}$　昆:外地ŋɑ$_{23}$di$_{41}$　霜:外地ŋɑ$_{22}$di$_{23}$　罗:外地ŋɑ$_{22}$di$_{23}$　周:外地ŋɑ$_{22}$di$_{24}$　上:外地/外码头ŋᴀ$_{22}$di$_{44}$/ŋᴀ$_{22}$mo$_{55}$dʏɯ$_{31}$　松:外地ŋɑ$_{22}$di$_{23}$　黎:外码头ŋɒ$_{22}$mo$_{55}$dieɯ$_{31}$　盛:外码头 ɦɑ$_{22}$mo$_{55}$diəʉ$_{31}$　嘉:外地/外头ɦuɑ$_{24}$di$_{31}$/ɦuɑ$_{22}$de$_{51}$　双:外码头/外头ɦuɑ$_{22}$mʊ$_{55}$d^{ø}ʏ$_{21}$/ɦuɑ$_{24}$d^{ø}ʏ$_{52}$ 杭:外头ŋuᴇ$_{23}$deɪ$_{51}$　绍:外头/外地ŋa$_{23}$dɤ$_{33}$/ŋa$_{23}$di$_{33}$　诸:外头ŋᴀ$_{21}$dei$_{23}$　崇:外地/外面ŋa$_{22}$di$_{z23}$ /ŋa$_{23}$miẽ$_{52}$　太:外面vɑ$_{23}$miẽ$_{44}$　余:外地/外码头ŋᴀ$_{22}$di$_{52}$/ŋᴀ$_{23}$mo$_{44}$dɤ$_{52}$　宁:外头ŋa$_{22}$dœʏ$_{51}$ 黄:外面ŋᴀ$_{22}$mie$_{44}$　温:外地vɑ$_{52}$d'i$_{22}$　衢:外地ŋɛ$_{31}$ti$_{53}$　华:外地ʔɑ$_{54}$di$_{j24}$　永:外头ŋiᴀ$_{42}$dəʊ$_{24}$

硬币

宜:分分头/铅角子fəŋ$_{55}$fəŋ$_{55}$dʏɯ$_{55}$/k'ᴀ$_{55}$kəʔ$_{55}$tsʅ$_{31}$　溧:铅角子/分分头k'ᴀ$_{44}$kɔʔ$_{4}$tsʅ$_{31}$/fən$_{44}$ fən$_{44}$dei$_{31}$　金:铅角子/分分头/小角子k'æ̃$_{52}$kɑʔ$_{4}$tsʅ$_{z4}$/fəŋ$_{31}$fəŋ$_{31}$t'ʌɤ$_{23}$/ɕiɑ^{ɔ}$_{33}$kɑʔ$_{44}$tsʅ$_{z55}$　丹:硬币/角子/铅角子ŋəŋ$_{31}$bi$_{z21}$/koʔ$_{3}$tsʅ$_{33}$/k'æ$_{44}$koʔ$_{4}$tsʅ$_{44}$　童:角子/硬角子koʔ$_{53}$tsʅ$_{31}$/ŋəŋ$_{22}$koʔ$_{33}$tsʅ$_{44}$ 靖:铅角子/分头kæ̃$_{44}$kɔʔ$_{4}$tsʅ$_{44}$/fəŋ$_{44}$døʏ$_{44}$　江:角则/铅角则koʔ$_{5}$tsɜʔ$_{5}$/k'æ$_{53}$koʔ$_{3}$tsɜʔ$_{2}$　常:角子/分头kɔʔ$_{4}$tsʅ$_{44}$/fəɲ$_{55}$dei$_{31}$　锡:分头/铅角子fən$_{21}$dᴇi$_{23}$/k'ɛ$_{21}$koʔ$_{1}$tsʅ$_{23}$　苏:硬币/铅角子/角子kÃ$_{22}$bi$_{j44}$/k'ᴇ$_{55}$kɔʔ$_{5}$tsʅ$_{31}$/kɔʔ$_{5}$tsʅ$_{52}$　熟:铅角子/分头k'æ$_{55}$koʔ$_{55}$tsʅ$_{51}$/fẽ^{n}$_{55}$dᴇ$_{51}$　昆:铅角子/角子k'ɛ$_{44}$koʔ$_{4}$tsʅ$_{41}$/koʔ$_{5}$tsʅ$_{52}$　霜:铅角子k'ᴇ$_{55}$koʔ$_{3}$tsʅ$_{31}$　罗:铅角子/分头k'e$_{55}$koʔ$_{3}$tsʅ$_{31}$/fẽ^{n}$_{55}$dʌɪ$_{31}$ 周:硬币/铅角子ŋᴀ̃$_{22}$bi$_{24}$/k'ɛ$_{55}$kɒʔ$_{5}$tsʅ$_{31}$　上:硬币/分头/角子ŋÃ^{n}$_{22}$bi$_{44}$/fəɲ$_{55}$dʏɯ$_{31}$/koʔ$_{3}$tsʅ$_{44}$ 松:硬币/铅角子ŋɛ̃$_{22}$bi$_{23}$/k'ᴇ$_{55}$kɔʔ$_{3}$tsʅ$_{31}$　黎:角子koʔ$_{5}$tsʅ$_{31}$　盛:铅饼子k'ᴇ$_{44}$pɪɲ$_{44}$tsʅ$_{44}$　嘉:铅角子/硬币k'ᴇ^{ɛ}$_{44}$koʔ$_{4}$tsʅ$_{31}$/ŋᴀ̃$_{24}$bi$_{31}$　双:铅角子/分头k'ᴇ$_{44}$koʔ$_{4}$tsʅ$_{44}$/fən$_{44}$d^{ø}ʏ$_{44}$　杭:角子/蜡角子 kɔʔ$_{5}$tsʅ$_{31}$/lɐʔ$_{2}$kɔʔ$_{4}$tsʅ$_{55}$　绍:角子koʔ$_{5}$tsʅ$_{33}$　诸:铅角子k'ɛ$_{33}$koʔ$_{4}$tsʅ$_{44}$　崇:角子kɔʔ$_{3}$tsʅ$_{23}$　太:铅角子k'æ̃$_{52}$kɔʔ$_{3}$tsʅ$_{33}$　余:角子kɔʔ$_{4}$tsʅ$_{44}$　宁:角子kɔʔ$_{3}$tsʅ$_{34}$　黄:角子koʔ$_{3}$tsʅ$_{51}$　温:铅角子k'ɑ$_{33}$ ko$_{52}$tsʅ$_{34}$　衢:铅板k'æ̃$_{43}$pæ̃$_{35}$　华:铅角子/硬角子k'æ$_{32}$koʔ$_{4}$tsʅ$_{35}$/ʔᴀŋ$_{45}$koʔ$_{4}$tsʅ$_{35}$　永:角子kᴀʊ$_{43}$tsʅ$_{55}$

学校

宜:学堂ɦɔʔ$_{2}$dᴀŋ$_{23}$　溧:学堂xɦɔʔ$_{3}$dᴀŋ$_{23}$　金:学堂hɑʔ$_{5}$t'ɑŋ$_{23}$　丹:学堂h^{ɦ}oʔ$_{53}$tæ$_{31}$　童:学堂xɦoʔ$_{42}$dɑŋ$_{31}$　靖:学堂hɦɔʔ$_{2}$dɑŋ$_{23}$　江:学堂hɦoʔ$_{2}$dᴀ^{ŋ}$_{23}$　常:学堂ɦɔʔ$_{2}$dᴀɲ$_{13}$　锡:学堂ɦɔʔ$_{2}$

dɒ̃$_{55}$ 苏:学堂ɦɔʔ$_{3}$dÃ$_{52}$ 熟:学堂ɦoʔ$_{2}$dÃ$_{51}$ 昆:学堂ɦoʔ$_{2}$dã$_{23}$ 霜:学堂ɦoʔ$_{2}$dɒ̃$_{23}$ 罗:学堂ɦoʔ$_{2}$dɒ̃$_{23}$ 周:学堂ɦɒʔ$_{2}$dɒ̃$_{23}$ 上:学堂ɦoʔ$_{2}$dÃ^{ⁿ}$_{23}$ 松:学堂ɦɔʔ$_{2}$dɑ̃$_{52}$ 黎:学堂ɦoʔ$_{3}$dɑ̃$_{34}$ 盛:学堂ɦɔʔ$_{2}$dɑ̃$_{34}$ 嘉:学堂ʔoʔ$_{3}$dÃ$_{44}$ 双:学堂ʔoʔ$_{5}$dɔ̃$_{52}$ 杭:学校/学堂ɦiɪʔ$_{2}$ɦiɔ$_{23}$/ɦiɪʔ$_{2}$dAŋ$_{23}$ 绍:学堂ɦoʔ$_{2}$dAŋ$_{52}$ 诸:学堂ɦioʔ$_{2}$dɒ̃$_{52}$ 崇:学校/学堂ɦiɔʔ$_{2}$ɦiɑɒ$_{23}$/ɦɔʔ$_{2}$dɒ̃$_{52}$ 太:学堂ɦɔʔ$_{2}$dɒŋ$_{52}$ 余:学堂ɦɔʔ$_{2}$dɒ̃$_{52}$ 宁:学堂/学校ɦɔʔ$_{2}$dɔ̃$_{34}$/ɦɔʔ$_{2}$iɔ$_{34}$ 黄:学堂ɦɔʔ$_{2}$dɒ̃$_{51}$ 温:学堂ɦo$_{22}$dᵘɔ$_{2}$ 衢:学堂ʔɦuoʔ$_{3}$dɒ̃$_{31}$ 华:学堂ɦiɐʔ$_{2}$dAŋ$_{24}$ 永:学堂ʔɦAʊ$_{\underline{43}}$dAŋ$_{22}$

教室

宜:教室tɕiɑɤ$_{33}$səʔ$_{4}$ 溧:教室tɕiaʸ$_{54}$sə$_{34}$ 金:教室tɕiɑᵓ$_{33}$səʔ$_{4}$ 丹:教室tɕiɒ$_{52}$sɛʔ$_{23}$ 童:教室tɕiɐɤ$_{33}$səʔ$_{5}$ 靖:教室tɕiɒ$_{35}$ɕiəʔ$_{\underline{31}}$ 江:教室tɕiɒ$_{45}$sɜʔ$_{2}$ 常:教室tɕiɑɤ$_{55}$səʔ$_{3}$ 锡:教室tɕiʌ$_{55}$səʔ$_{\underline{31}}$ 苏:教室/课堂tɕiɛ$_{52}$səʔ$_{3}$/k'ɜu$_{55}$dÃ$_{31}$ 熟:教室tɕiɔ$_{55}$ʂEʔ$_{\underline{31}}$ 昆:教室tɕiɔ$_{52}$səʔ$_{3}$ 霜:教室tɕiɔ$_{33}$səʔ$_{4}$ 罗:教室tɕiɔ$_{35}$sɐʔ$_{3}$ 周:教室tɕiɔ$_{33}$səʔ$_{5}$ 上:课堂/教室k'u$_{33}$dÃ^{ⁿ}$_{44}$/tɕiɔ$_{33}$sɐʔ$_{4}$ 松:教室/课堂tɕiɔ$_{35}$səʔ$_{\underline{31}}$/k'u$_{55}$dɑ̃$_{31}$ 黎:教室tɕiAᵓ$_{52}$səʔ$_{5}$ 盛:教室tɕiAɑ$_{33}$səʔ$_{5}$ 嘉:教室tɕiɔ$_{33}$səʔ$_{5}$ 双:教室tɕiɔ$_{32}$səʔ$_{\underline{34}}$ 杭:教室tɕiɔ$_{34}$səʔ$_{\underline{51}}$ 绍:教室tɕiaɒ$_{43}$seʔ$_{5}$ 诸:教室tɕiɔ$_{33}$sɐʔ$_{4}$ 崇:教室tɕiaɒ$_{33}$sEʔ$_{4}$ 太:教室tɕiaɒ$_{52}$sEʔ$_{3}$ 余:教室tɕiɒ$_{55}$sɐʔ$_{3}$ 宁:课堂/教室k'əʊ$_{55}$dɔ̃$_{33}$/tɕiɔ$_{55}$sɐʔ$_{3}$ 黄:教室kɒ$_{33}$ɕiɐʔ$_{4}$ 温:教室kᵘɔ$_{25}$sæi$_{24}$ 衢:教室tɕiɔ$_{45}$ʃɥəʔ$_{5}$ 华:教室tɕiaʊ$_{55}$səʔ$_{3}$ 永:教室kAʊ$_{43}$sə$_{32}$

书

宜:书ɕyɥ$_{55}$ 溧:书ɕyz$_{44}$ 金:书sᵊu$_{31}$ 丹:书sᵊu$_{22}$ 童:书ʃyɥ$_{42}$ 靖:书ɕyɥ$_{433}$ 江:书ɕy$_{51}$ 常:书sɥ$_{44}$ 锡:书sɥ$_{544}$ 苏:书sɿ$_{44}$ 熟:书ʂʮ$_{52}$ 昆:书sɥ$_{44}$ 霜:书sɿ$_{52}$ 罗:书sɿ$_{52}$ 周:书ɕy$_{52}$ 上:书sɿ$_{52}$ 松:书ɕy$_{52}$ 黎:书sɥ$_{44}$ 盛:书sɥ$_{44}$ 嘉:书sʮ$_{51}$ 双:书sɿ$_{44}$ 杭:书sʮ$_{323}$ 绍:书ɕyʮ$_{52}$ 诸:书ɕyʮ$_{544}$ 崇:书册sɿ$_{53}$ts'ɑʔ$_{5}$ 太:书册sɿ$_{52}$ts'ɑʔ$_{3}$ 余:书sɥ$_{34}$ 宁:书sɥ$_{52}$ 黄:书sɥ$_{53}$ 温:书sɿ$_{44}$ 衢:书ʃʮ$_{434}$ 华:书ɕy$_{324}$ 永:书ɕY$_{44}$

本了

宜:本则/簿则pəŋ$_{33}$tsəʔ$_{4}$/bu$_{21}$tsə$_{23}$ 溧:本则pən$_{54}$tsə$_{34}$ 金:本子pəŋ$_{32}$tsɿ$_{31}$ 丹:本则pɛn$_{52}$tsɛʔ$_{\underline{23}}$ 童:本子pəŋ$_{53}$tsɿ$_{31}$ 靖:本子pəŋ$_{33}$tsɿ$_{44}$ 江:本则/本子pEɲ$_{52}$tsɜʔ$_{3}$/pE$_{52}$tsɿ$_{33}$ 常:本则pəɲ$_{34}$tsəʔ$_{4}$ 锡:本子pən$_{33}$tsɿ$_{55}$ 苏:簿子bu$_{22}$tsɿ$_{44}$ 熟:簿则bu$_{22}$tsEʔ$_{4}$ 昆:簿子bu$_{22}$tsɿ$_{44}$ 霜:簿子bu$_{22}$tsɿ$_{52}$ 罗:簿子bu$_{22}$tsɿ$_{52}$ 周:簿子bu$_{24}$tsɿ$_{31}$ 上:簿子bu$_{22}$tsɿ$_{44}$ 松:簿子bu$_{24}$tsɿ$_{31}$ 黎:簿子bu$_{23}$tsɿ$_{33}$ 盛:簿子bu$_{23}$tsɿ$_{33}$ 嘉:簿子bu$_{22}$tsɿ$_{31}$ 双:簿子bu$_{24}$tsɿ$_{52}$ 杭:簿子bu$_{23}$tsɿ$_{51}$ 绍:簿则bu$_{22}$tsəʔ$_{5}$ 诸:簿子bu$_{23}$tsɿ$_{52}$ 崇:簿子bʊ$_{23}$tsɿ$_{52}$ 太:簿子bu$_{23}$tsɿ$_{22}$ 余:簿子bu$_{22}$tsɿ$_{52}$ 宁:簿子bu$_{23}$tsɿ$_{44}$ 黄:簿bu$_{31}$ 温:簿儿bu$_{52}$ŋ̍$_{21}$ 衢:簿子bu$_{24}$tsɿ$_{31}$ 华:簿pu$_{51}$ 永:簿bʊ$_{323}$

纸

宜:纸头tsɿ$_{33}$dɤɯ$_{44}$ 溧:纸头tsɿ$_{54}$dei$_{34}$ 金:纸/纸头(少)tsɿz$_{323}$/tsɿz$_{32}$t'ʌʏ$_{23}$ 丹:纸头tsɿ$_{41}$dEᵉ$_{21}$ 童:纸头tsɿ$_{53}$dei$_{23}$ 靖:纸头tsɿ$_{33}$døʏ$_{44}$ 江:纸头tsɿ$_{52}$dEɪ$_{33}$ 常:纸头tsɿ$_{33}$dei$_{44}$ 锡:纸头tsɿ$_{33}$dEɪ$_{55}$ 苏:纸头tsɿ$_{52}$dəɪ$_{23}$ 熟:头tsɿ$_{22}$dE$_{51}$ 昆:纸头tsɿ$_{52}$dE$_{33}$ 霜:纸头tsɿ$_{33}$dʌɪ$_{52}$ 罗:纸头tsɿ$_{35}$dʌɪ$_{31}$ 周:纸头tsɿ$_{33}$dɤ$_{52}$ 上:纸头tsɿ$_{33}$dɤɯ$_{44}$ 松:纸头tsɿ$_{55}$dɯ$_{31}$ 黎:纸头tsɿ$_{55}$dieɯ$_{31}$ 盛:纸头tsɿ$_{55}$diəʉ$_{31}$ 嘉:纸头tsɿ$_{44}$de$_{51}$ 双:纸库tsɿ$_{34}$k'əu$_{52}$ 杭:纸儿/纸头tsɿ$_{55}$ər$_{31}$/tsɿ$_{55}$deɪ$_{31}$ 绍:纸头tsɿ$_{34}$dɤ$_{52}$ 诸:纸tsɿ$_{52}$ 崇:纸tsɿ$_{42}$ 太:纸tsɿ$_{42}$ 余:纸头tsɿ$_{33}$dɤ$_{52}$ 宁:纸头tsɿ$_{33}$dœʏ$_{44}$ 黄:纸/纸头tsɿ$_{52}$/tsɿ$_{32}$diɤ$_{13}$ 温:纸tsʲi$_{35}$ 衢:纸tʃɥ$_{35}$ 华:纸头/纸tsɿ$_{55}$tiɯu$_{31}$/tsɿ$_{544}$ 永:纸tɕi$_{323}$

砚台

宜:砚台ȵɪ$_{21}$deɪ$_{23}$ 溧:砚瓦台ȵi$_{32}$ŋo$_{22}$dæE$_{23}$ 金:砚台ȵĩ$_{52}$t'ɛᵉ$_{23}$ 丹:砚墨台ȵɪ$_{44}$mɛʔ$_{4}$dæ$_{23}$

童:砚台ɦɪ31daɪ31 靖:砚台ȵĩ22dæ44 江:砚台ȵɪ24dæ31 常:砚台ȵɪ21dæ13 锡:砚台ȵɪ22dE55 苏:砚台ʔȵɪ55dE31/ȵɪ22dE44 熟:砚台ȵie24dæ31 昆:砚台ȵɪ23dɛ41 霜:砚台ʔȵɪ55dE31 罗:砚台ȵi22de52 周:砚台ȵi22de52 上:砚台ȵi22dE44 松:砚台ȵi23dE44 黎:砚瓦ȵi22ŋo52 盛:砚瓦ȵij33o52 嘉:砚台ȵie22dEᵋ44 双:砚子ȵɪ22tsɿ52 杭:砚瓦ʔie34uɑ51 绍:墨盘mo23bẽ33 诸:砚画盘ȵiɪ22ɦo22bɤ52 崇:墨盘/砚瓦mEʔ2bœ̃52/ȵiẽ22ŋɔʔ4 太:墨盘/砚瓦mɛʔ2bœ̃44/ȵiẽ24ŋo31 余:砚瓦ȵi22ŋoʔ5 宁:砚瓦爿ȵi22ŋoʔ4bE55 黄:墨槽mɔʔ2zɒ13 温:圆瓦ɦy52ŋo34 衢:墨盘məʔ3bə31 华:砚台/砚瓦ʔȵiæ̃55tɛ31/ʔȵiæ̃53uɑ51 永:米瓦mie32ɦʊA323

毛笔

宜:毛笔/墨笔mɑɤ21pɪʔ23/məʔ2pɪʔ4 溧:毛笔mɑʏ32pɪʔ23 金:毛笔mɑᵓ22pieʔ4 丹:毛笔mɒ32pɪʔ24 童:毛笔mɐɤ22piɪʔ5 靖:毛笔mɒ22pɪʔ5 江:毛笔mɒ21pɪʔ4 常:毛笔mɑɤ21piɪʔ4 锡:毛笔mʌ24pɪʔ31 苏:毛笔mæ22pɪʔ4 熟:毛笔mɔ24pɪʔ31 昆:毛笔mɔ23pɪʔ4 霜:毛笔/墨笔mɔ23pɪʔ4/mɐʔ2pɪʔ4 罗:毛笔/墨笔mɔ23pɪʔ4/mɐʔ2pɪʔ4 周:毛笔mɔ23ɓɪʔ4 上:毛笔/墨笔mɔ22pɪʔ4/mɐʔ2pɪʔ3 松:毛笔mɔ24pɪʔ31 黎:毛笔mAᵓ24pɪʔ2 盛:毛笔mAɑ24pɪʔ2 嘉:毛笔mɔ22piəʔ5 双:毛笔/墨笔(少)mɔ22pieʔ4/ʔməʔ5pieʔ53 杭:毛笔/墨笔ʔmɔ32piɪʔ5/moʔ2piɪʔ5 绍:毛笔/墨笔mɔ22pɪʔ5/moʔ2pɪʔ5 诸:墨笔mɐʔ2piəʔ4 崇:毛笔/墨笔mɑɒ22piEʔ4/mEʔ2piEʔ4 太:墨笔mɛʔ2pieʔ5 余:毛笔/墨笔mɒ22pɪʔ5/mɔʔ2pɪʔ5 宁:毛笔/墨笔(少)mɔ22piɪʔ5/mɐʔ2piɪʔ5 黄:毛笔/墨笔mɒ23piʌʔ4/mɔʔ2piʌʔ4 温:毛笔/墨笔mɜ3pi24/mæi3pi24 衢:毛笔mɔ22piəʔ5 华:毛笔/墨笔mɑʊ21piəʔ5/mɐʔ2piəʔ4 永:毛笔mAʊ32pə32

钢笔

宜:钢笔kAŋ55pɪʔ5 溧:钢笔kAŋ44pɪʔ5 金:钢笔kɑŋ33pieʔ4 丹:钢笔kɑŋ44pɪʔ5 童:钢笔kɑŋ53piɪʔ31 靖:钢笔kɑŋ43pɪʔ33 江:钢笔kɑŋ53pɪʔ2 常:钢笔kAɲ55piɪʔ5 锡:钢笔kɒ̃21pɪʔ23 苏:钢笔kÃ55pɪʔ2 熟:钢笔kA̰55pɪʔ5 昆:钢笔kã44pɪʔ4 霜:钢笔kɒ̃55pɪʔ3 罗:钢笔kɒ̃55pɪʔ3 周:钢笔kɒ̃44ɓɪʔ5 上:钢笔kÃⁿ55pɪʔ31 松:钢笔kɑ̃55pɪʔ31 黎:钢笔kɑ̃55pɪʔ2 盛:钢笔kɑ̃55pɪʔ2 嘉:钢笔kA̰44piəʔ5 双:钢笔kɔ̃44pieʔ4 杭:钢笔/自来水笔(少)kAŋ32piɪʔ5/sz̩22lE55sɿ23piɪʔ31 绍:钢笔kAŋ33pɪʔ5 诸:钢笔kɒ̃52piəʔ4 崇:钢笔kɒ̃33piEʔ4 太:钢笔kɒŋ52pieʔ3 余:钢笔kɒ̃33pɪʔ5 宁:钢笔kɔ̃33piɪʔ5 黄:钢笔kɒ̃33piʌʔ4 温:钢笔/蓝水笔kᵘɔ25pi24/lɑ33sɿ55pi52 衢:钢笔kɒ̃43piəʔ5 华:钢笔kAŋ32piəʔ5 永:钢笔kAŋ43pə32

信

宜:信ɕiŋ324 溧:信ɕin412 金:信ɕiŋ44 丹:信ɕiŋ324 童:信ɕiŋ45 靖:信siŋ51 江:信siŋ435 常:信ɕiɲ51 锡:信sin34 苏:信ɕiɪn412 熟:信sĩⁿ324 昆:信sin512 霜:信sĩ434 罗:信sɪⁿ434 周:信ɕiɪŋ335 上:信ɕiɲ334 松:信ɕiɲ335 黎:信siəɲ324 盛:信ɕiɲ413 嘉:信ɕin334 双:信ɕɪn334 杭:信ɕɪn334 绍:信ɕɪŋ33 诸:信ɕĩ544 崇:信siŋ324 太:信ɕiŋ35 余:信ɕiɲ52 宁:信ɕɪŋ52 黄:信ɕiɪŋ44 温:信sAŋ52 衢:信ɕiɲ53 华:信ɕiɪn45 永:信səɲ54

信封儿

宜:信封/信壳ɕiŋ324foŋ55/ɕiŋ324k'ɔʔ4 溧:信封/信壳/信壳则ɕin54foŋ34/ɕin54k'ɔ34/ɕin54k'ɔʔ3tsə34 金:信封/信壳/信壳子ɕiŋ35foŋ31/ɕiŋ44k'ɑʔ4/ɕiŋ33k'ɑʔ4tsɿz55 丹:信壳/信壳壳/信封ɕiŋ44k'oʔ31/ɕiŋ33k'õʔ4k'oʔ23/ɕiŋ44foŋ31 童:信封/信壳ɕiŋ35foŋ31/ɕiŋ33k'oʔ5 靖:信壳子/信壳/信封siŋ52k'ɔʔ4tsɿ31/siŋ52k'ɔʔ4/siŋ53foŋ31 江:信壳/信封siŋ45k'oʔ2/siŋ45foŋ31 常:信封/信壳ɕiɲ51foŋ44/ɕiɲ55k'ɔʔ3 锡:信封/信壳sin55foŋ31/sin55k'ɔʔ31 苏:信壳/信壳子/信封ɕiɪn55k'ɔʔ2/

ɕiɪn$_{55}$kʻɔʔ$_{5}$tsɿ$_{31}$/ɕiɪn$_{55}$foŋ$_{31}$　熟：信壳/信壳子sĩ^{ɲ}$_{55}$kʻoʔ$_{31}$/sĩ^{ɲ}$_{55}$kʻoʔ$_{3}$tsɿ$_{31}$　昆：信封/信壳sin$_{34}$foŋ$_{41}$/sin$_{33}$kʻoʔ$_{4}$　霜：信封/信壳sĩ$_{33}$fo^{ŋ}$_{52}$/sĩ$_{33}$kʻoʔ$_{4}$　罗：信封/信壳sɪ^{n}$_{34}$fo^{ŋ}$_{52}$/sɪ^{n}$_{35}$kʻoʔ$_{3}$　周：信封/信壳ɕiɪŋ$_{33}$foŋ$_{52}$/ɕiɪŋ$_{33}$kʻɒʔ$_{5}$　上：信壳/信封ɕiɲ$_{33}$kʻoʔ$_{4}$/ɕiɲ$_{33}$fʊŋ$_{44}$　松：信封/信壳ɕiɲ$_{35}$/fʊŋ$_{31}$/ɕiɲ$_{35}$kʻɔʔ$_{\underline{31}}$　黎：信壳/信封siəɲ$_{52}$kʻoʔ$_{5}$/siəɲ$_{52}$foŋ$_{41}$　盛：信封/信壳ɕɪɲ$_{33}$foŋ$_{52}$/sɪɲ$_{33}$kʻɔʔ$_{5}$　嘉：信壳/信封ɕin$_{33}$foŋ$_{51}$/sin$_{33}$kʻoʔ$_{5}$　双：信壳/信封ɕɪn$_{33}$kʻoʔ$_{\underline{53}}$/ɕɪn$_{32}$foŋ$_{34}$　杭：信封儿/信壳/信壳儿ɕɪn$_{33}$foŋ$_{55}$ər$_{31}$/ɕɪn$_{34}$kɔʔ$_{5}$/ɕɪn$_{33}$kɔʔ$_{5}$ər$_{31}$　绍：信封/信壳ɕɪŋ$_{43}$fʊŋ$_{33}$/ɕɪŋ$_{33}$kʻoʔ$_{5}$　诸：信壳ɕĩ$_{33}$kʻoʔ$_{5}$　崇：信壳siŋ$_{33}$kʻɔʔ$_{4}$　太：信封/信壳siŋ$_{55}$fʊŋ$_{33}$/siŋ$_{33}$kʻɔʔ$_{5}$　余：信封/信壳ɕiɲ$_{55}$fʊŋ$_{31}$/ɕiɲ$_{55}$kʻɔʔ$_{3}$　宁：信封/信壳ɕɪŋ$_{33}$foŋ$_{35}$/ɕɪŋ$_{55}$kɔʔ$_{3}$　黄：信封/信壳儿ɕiɪŋ$_{33}$foŋ$_{51}$/ɕiɪŋ$_{33}$kɒ̃$_{51}$　温：信封/信壳sʌŋ$_{52}$xoŋ$_{44}$/sʌŋ$_{25}$kʻo$_{24}$　衢：信壳ɕi^{ɲ}$_{33}$kʻəʔ$_{5}$　华：信封/信壳ɕiɪn$_{55}$foŋ$_{31}$/ɕiɪn$_{55}$kuoʔ$_{2}$　永：信壳/信封səɲ$_{43}$kʌʊ$_{44}$/səɲ$_{43}$foŋ$_{44}$

信纸

宜：信纸ɕiŋ$_{35}$tsɿ$_{31}$　溧：信纸ɕin$_{52}$tsɿ$_{52}$　金：信纸ɕiɲ$_{52}$tsɿ$_{z23}$　丹：信纸ɕiŋ$_{33}$tsɿ$_{44}$　童：信纸ɕiŋ$_{35}$tsɿ$_{31}$　靖：信纸siŋ$_{52}$tsɿ$_{34}$　江：信纸siŋ$_{45}$tsɿ$_{31}$　常：信纸ɕiɲ$_{55}$tsɿ$_{31}$　锡：信纸sin$_{55}$tsɿ$_{31}$　苏：信纸/信笺ɕiɪn$_{55}$tsɿ$_{31}$/ɕiɪn$_{52}$tɕʻɪ$_{23}$　熟：信纸sĩɲ$_{55}$tsɿ$_{31}$　昆：信纸sin$_{34}$tsɿ$_{41}$　霜：信纸sĩ$_{55}$tsɿ$_{31}$　罗：信纸sɪ^{n}$_{33}$tsɿ$_{52}$　周：信纸ɕiɪŋ$_{35}$tsɿ$_{31}$　上：信纸ɕiɲ$_{33}$tsɿ$_{44}$　松：信纸ɕiɲ$_{35}$tsɿ$_{31}$　黎：信纸siəɲ$_{52}$tsɿ$_{41}$　盛：信纸ɕɪɲ$_{33}$tsɿ$_{52}$　嘉：信纸ɕin$_{35}$tsɿ$_{31}$　双：信纸ɕɪn$_{33}$tsɿ$_{52}$　杭：信纸儿ɕɪn$_{33}$tsɿ$_{55}$ər$_{31}$　绍：信纸ɕɪŋ$_{43}$tsɿ$_{33}$　诸：信纸ɕĩ$_{33}$tsɿ$_{52}$　崇：信纸siŋ$_{33}$tsɿ$_{23}$　太：信纸ɕiŋ$_{55}$tsɿ$_{33}$　余：信纸ɕiɲ$_{53}$tsɿ$_{31}$　宁：信纸ɕɪŋ$_{55}$tsɿ$_{33}$　黄：信纸ɕiɪŋ$_{33}$tsɿ$_{51}$　温：信纸sʌŋ$_{52}$ts^{ɪ}i$_{34}$　衢：信纸ɕi^{ɲ}$_{55}$tʃɥ$_{35}$　华：信纸ɕiɪn$_{45}$tsɿ$_{51}$　永：信纸səɲ$_{43}$tɕi$_{32}$

橡皮圈儿

宜：橡皮圈ʑiʌŋ$_{21}$bi$_{j11}$tɕʻyĩ$_{23}$　溧：橡皮圈ʑie$_{32}$bi$_{z22}$tɕʻyʊ$_{23}$　金：橡皮圈ɕiaŋ$_{52}$pʻi$_{z23}$tɕʻyĩ$_{31}$　丹：橡皮ɕie$_{44}$pʻi$_{z31}$　童：橡皮ɕiaŋ$_{22}$bi$_{j55}$　靖：橡皮szĩ$_{24}$bi$_{j31}$　江：橡皮zᴀ^{ŋ}$_{24}$bi$_{j31}$　常：橡皮ʑiʌɲ$_{21}$bi$_{j13}$　锡：橡皮圈/橡皮ziɛ̃$_{22}$bi$_{55}$tɕʻio/ziɛ̃$_{22}$bi$_{55}$　苏：牛皮筋/橡皮筋ȵiɵ$_{22}$bi$_{j55}$tɕiɪn$_{31}$/ʑiᴀ̃$_{22}$bi$_{j55}$tɕiɪn$_{31}$　熟：橡皮圈ziᴀ̃$_{22}$bi$_{55}$tɕʻiʏ$_{31}$　昆：橡皮ziã$_{22}$bi$_{44}$　霜：橡皮ziã$_{22}$bi$_{52}$　罗：橡皮ziã$_{22}$bi$_{52}$　周：橡皮ʑiᴀ̃$_{22}$bi$_{52}$　上：橡皮/橡皮筋ʑiᴀ̃^{ɲ}$_{22}$bi$_{44}$/ʑiᴀ̃^{ɲ}$_{22}$bi$_{55}$tɕiɲ$_{31}$　松：橡皮ʑiɛ̃$_{24}$bi$_{31}$　黎：橡皮圈/牛皮筋ziɛ̃$_{23}$bi$_{j33}$tɕʻiɵ$_{33}$/ȵiɯ$_{22}$bi$_{j44}$tɕiəɲ$_{51}$　盛：橡皮圈ziæ̃$_{23}$bi$_{j33}$tɕʻiɵ$_{33}$　嘉：橡皮dʑiᴀ̃$_{22}$bi$_{51}$　双：橡皮头dʑiã$_{24}$bi$_{z55}$døʏ$_{21}$　杭：橡皮dʑiʌŋ$_{23}$bi$_{51}$　绍：揩皮/揩泥/橡皮kʻa$_{33}$bi$_{52}$/kʻa$_{33}$ȵi$_{52}$/dʑiaŋ$_{23}$bi$_{33}$　诸：橡皮圈dʑiᴀ̃$_{22}$bi$_{z44}$tɕʻiʏ$_{52}$　崇：橡皮/揩皮dʑiᴀ̃$_{23}$bi$_{z52}$/kʻɑ$_{53}$bi$_{52}$　太：橡皮dʑiʌŋ$_{21}$bi$_{44}$　余：橡皮dʑiᴀ̃$_{23}$bi$_{52}$　宁：橡皮头/橡皮ʑiã$_{22}$bi$_{44}$dœʏ$_{55}$/ʑiã$_{24}$bi$_{33}$　黄：橡皮揩ʑiã$_{22}$bi$_{j11}$kʻᴀ$_{23}$　温：橡皮擦ɦi$_{33}$b^{ɪ}i$_{55}$tsʻɑ$_{52}$　衢：橡皮ʑiã$_{45}$bi$_{31}$　华：橡皮ʑiʌŋ$_{24}$pi$_{31}$　永：橡皮箍ɕʑiʌŋ$_{21}$bi$_{22}$kʊ$_{325}$

图章

宜：图章/印章(少)du$_{21}$tsʌŋ$_{23}$/ʔiŋ$_{33}$tsʌŋ$_{44}$　溧：图章du$_{32}$tsᴀ$_{23}$　金：图章tʻəu$_{24}$tsɑŋ$_{52}$　丹：图章/印/印章d̥^{ə}u$_{23}$tsæ$_{44}$/iŋ$_{324}$/iŋ$_{44}$tsæ$_{31}$　童：图章du$_{24}$tsɑŋ$_{31}$　靖：图章/章du$_{24}$tɕiæ$_{31}$/tɕiæ$_{433}$　江：图章dɜʏ$_{24}$tsᴀ^{ŋ}$_{31}$　常：图章du$_{22}$tsʌɲ$_{44}$　锡：图章dʌʏ$_{24}$tsã$_{31}$　苏：图章/图书dɜu$_{22}$tsᴀ̃$_{44}$/dɜu$_{22}$sɿ$_{44}$　熟：图章dɯ$_{24}$tʂᴀ̃$_{31}$　昆：图章dəu$_{23}$tsã$_{41}$　霜：图章d^{ə}u$_{22}$tsã$_{52}$　罗：图章d^{ə}u$_{22}$tsɒ̃$_{52}$　周：图章du$_{23}$tsɒ̃$_{44}$　上：图章/图书du$_{22}$tsᴀ̃^{ɲ}/du$_{22}$sɿ$_{44}$　松：图章/图书/印章du$_{22}$tsɛ̃$_{52}$/du$_{22}$ɕy$_{52}$/ʔiɲ$_{35}$tsɛ̃$_{31}$　黎：图章/图书dɜu$_{22}$tsɛ̃$_{44}$/dɜu$_{22}$sɥ$_{44}$　盛：图章/图书dɜu$_{22}$tsæ̃$_{44}$/dɜu$_{22}$sɿ$_{44}$　嘉：图章d^{ə}u$_{22}$tsᴀ̃$_{51}$　双：图章dəu$_{22}$tsã$_{44}$　杭：图章/印章du$_{21}$tsʌŋ$_{23}$/ʔɪn$_{34}$tsʌŋ$_{51}$　绍：图章/印则du$_{22}$tsaŋ$_{52}$/ʔɪŋ$_{43}$tsəʔ$_{5}$

诸:私章/小曲sɿ$_{52}$tsÃ$_{42}$/ɕiɔ$_{44}$tɕʻioʔ$_{3}$ 崇:印子ʔiŋ$_{33}$tsɿ$_{23}$ 太:印子ʔiŋ$_{55}$tsɿ$_{33}$ 余:图章/印章du$_{22}$tsɒ̃$_{44}$/ʔiɲ$_{55}$tsɒ̃$_{31}$ 宁:图章/图书du$_{22}$tsɔ̃$_{51}$/du$_{22}$sʮ$_{51}$ 黄:图章dəu$_{25}$tsɒ̃$_{51}$ 温:图章/私章dɵ$_{22}$tɕi$_{44}$/sɿ$_{44}$tɕi$_{44}$ 衢:印ʔiⁿ$_{53}$ 华:图章/私章/印章du$_{21}$tsAŋ$_{35}$/sɿ$_{32}$tsAŋ$_{35}$/ʔiɪn$_{55}$tsAŋ$_{31}$ 永:图章/私章du̥$_{43}$tɕiAŋ$_{44}$/sɿ$_{43}$tɕiAŋ$_{44}$

徽章

宜:徽章xuɐɪ$_{55}$tsAŋ$_{55}$ 溧:徽章xuæE$_{44}$tsA$_{52}$ 金:徽章xuei$_{44}$tsɑŋ$_{52}$ 丹:徽章hue$_{41}$tsæ$_{21}$ 童:徽章xue$_{55}$tsɑŋ$_{31}$ 靖:徽章xue$_{43}$tɕiæ̃$_{33}$ 江:徽章xuEI$_{53}$tsAⁿ$_{31}$ 常:徽章xuæe$_{55}$tsAɲ$_{31}$ 锡:徽章xuE$_{21}$tsã$_{23}$ 苏:徽章huE$_{55}$tsÃ$_{31}$ 熟:徽章xuE$_{55}$tʂÃ$_{51}$ 昆:徽章huE$_{44}$tsã$_{41}$ 霜:徽章xuʌɪ$_{55}$tsã$_{31}$ 罗:徽章huʌɪ$_{55}$tsɒ̃$_{31}$ 周:徽章fe$_{44}$tsɒ̃$_{52}$ 上:徽章huE$_{55}$tsÃⁿ$_{31}$ 松:徽章hue$_{33}$tsɛ̃$_{52}$ 黎:徽章huE$_{44}$tsɛ̃$_{51}$ 盛:徽章huE$_{55}$tsæ̃$_{31}$ 嘉:徽章hue$_{44}$tsÃ$_{51}$ 双:徽章xuəɪ$_{44}$tsã$_{44}$ 杭:别章biɪʔ$_{2}$tsAŋ$_{23}$ 绍: 诸:徽章hue$_{52}$tsÃ$_{42}$ 崇:徽章fe$_{53}$tsɒ̃$_{23}$ 太: 余:徽章hue$_{33}$tsɒ̃$_{44}$ 宁:徽章huEI$_{33}$tsɔ̃$_{51}$ 黄:徽章hue$_{35}$tsɒ̃$_{51}$ 温:徽章fæi$_{52}$tɕi$_{34}$ 衢:相章ʑiã$_{24}$tʃʮã$_{31}$ 华:徽章xueɪ$_{32}$tsAŋ$_{35}$ 永:像章ɕʑiAŋ$_{32}$tɕiAŋ$_{44}$

相片

宜:照片tsɑY$_{32}$pʻɪ$_{23}$ 溧:照片tsɑʸ$_{52}$pʻi$_{52}$ 金:相片/照片ɕiɑŋ$_{31}$pʻĩ$_{44}$/tsɑᵓ$_{52}$pʻĩ$_{44}$ 丹:照片tsɒ$_{52}$pʻɪ$_{23}$ 童:照片tsɐY$_{33}$pʻɪ$_{55}$ 靖:照片tɕiɒ$_{35}$pʻĩ$_{31}$ 江:照片tsɒ$_{45}$pʻɪ$_{31}$ 常:照片tsɑY$_{34}$pʻɪ$_{44}$ 锡:照片tsA$_{55}$pʻɪ$_{31}$ 苏:照片tsæ$_{55}$pʻɪ$_{31}$ 熟:照片tʂɔ$_{55}$pʻie$_{31}$ 昆:照片tsɔ$_{44}$pʻɪ$_{41}$ 霜:照片tsɔ$_{55}$pʻɪ$_{31}$ 罗:照片tsɔ$_{55}$pʻi$_{31}$ 周:照片tsɔ$_{55}$pʻi$_{31}$ 上:照片/照相tsɔ$_{33}$pʻi$_{44}$/tsɔ$_{33}$ɕiÃⁿ$_{44}$ 松:照片tsɔ$_{44}$pʻi$_{44}$ 黎:照片tsAᵓ$_{55}$pʻiɪ$_{31}$ 盛:照片tsAɑ$_{33}$pʻiɪ$_{52}$ 嘉:照片tsɔ$_{35}$pʻie$_{31}$ 双:照片tsɔ$_{32}$pʻɪ$_{34}$ 杭:照片/照相tsɔ$_{34}$pʻie$_{51}$/tsɔ$_{34}$ɕiAŋ$_{51}$ 绍:照片/照相tsɑɒ$_{43}$pʻĩ$_{33}$/tsɑɒ$_{43}$ɕiaŋ$_{33}$ 诸:照相tsɔ$_{54}$ɕiÃ$_{33}$ 崇:照相tsɑɒ$_{53}$ɕiÃ$_{23}$ 太:照相tsɑɒ$_{55}$ɕiAŋ$_{33}$ 余:照相/照片tsɒ$_{55}$ɕiÃ$_{31}$/tsɒ$_{55}$pʻi$_{31}$ 宁:照相tɕiɘ$_{55}$ɕiã$_{33}$ 黄:照片tɕiɒ$_{33}$pʻie$_{44}$ 温:照相/照片tɕiɛ$_{52}$ɕi$_{21}$/tɕiɛ$_{52}$pʻi$_{21}$ 衢:相片/照片ʑiã$_{45}$pʻiẽ$_{53}$/tsɔ$_{55}$pʻiẽ$_{31}$ 华:相片/照相/照片ɕiAŋ$_{55}$pʻiæ̃$_{31}$/tsɑʊ$_{32}$ɕiAŋ$_{35}$/tɕiɑʊ$_{32}$pʻie$_{35}$ 永:照片/照相tɕiAʊ$_{42}$pʻie$_{54}$/tɕiAʊ$_{42}$ɕiAŋ$_{54}$

玩具

宜:玩具ɦue$_{22}$dʑy$_{ʮ53}$ 溧:玩具/遣葛东西ɦʊ$_{32}$dʑy$_{z52}$/tɕʻi$_{54}$kəʔ$_{4}$toŋ$_{4}$ɕi$_{z31}$ 金:玩具uæ̃$_{22}$tɕy$_{z44}$ 丹:玩具uæ$_{33}$dʑy$_{z44}$ 童:玩具ɦuɑ$_{24}$dʒy$_{ʮ31}$ 靖:玩具ɦuæ̃$_{22}$dʑy$_{ʮ52}$ 江:别相家末事bɪʔ$_{2}$ciAⁿ$_{44}$kɑ$_{33}$mɜʔ$_{3}$zɿ$_{31}$ 常:孛相东西/孛相家事bəʔ$_{2}$ɕiAɲ$_{13}$toŋ$_{55}$ɕi$_{j31}$/bəʔ$_{2}$ɕiAɲ$_{13}$ko$_{55}$zɿ$_{31}$ 锡:玩具ɦuo$_{24}$dʑy$_{31}$ 苏:玩具/孛相家事/孛相物事ɦɵ$_{22}$dʑy$_{ʮ44}$/bəʔ$_{3}$ɕiÃ$_{55}$kɒ$_{44}$zɿ$_{31}$/bəʔ$_{3}$ɕiÃ$_{55}$məʔ$_{4}$zɿ$_{31}$ 熟:孛相物事/孛相家事bEʔ$_{2}$siÃ$_{55}$mEʔ$_{3}$zɿ$_{31}$/bEʔ$_{2}$siÃ$_{55}$kɑ$_{33}$zɿ$_{31}$ 昆:孛相干bəʔ$_{3}$siã$_{33}$kɵ$_{31}$ 霜:孛相干bəʔ$_{2}$siã$_{22}$kʌY$_{23}$ 罗:孛相干bɐʔ$_{2}$siã$_{22}$kʌY$_{23}$ 周:孛相干bəʔ$_{2}$ɕiÃ$_{22}$kø$_{23}$ 上:孛相干/孛相物事bɐʔ$_{2}$ɕiÃⁿ$_{22}$kø$_{23}$/bɐʔ$_{2}$ɕiÃⁿ$_{22}$mɐʔ$_{2}$zɿ$_{23}$ 松:孛相干bəʔ$_{2}$ɕiɛ̃$_{55}$kø$_{31}$ 黎:弄孛相物事loŋ$_{22}$bəʔ$_{5}$siã$_{33}$məʔ$_{3}$zɿ$_{31}$ 盛:弄孛相物事loŋ$_{32}$bəʔ$_{5}$siæ̃$_{33}$məʔ$_{3}$zɿ$_{31}$ 嘉:玩具ɦuɤə$_{24}$dʑy$_{51}$ 双:孛相东西bəʔ$_{2}$ɕiã$_{55}$toŋ$_{33}$ɕi$_{z31}$ 杭:要子家伙/搅搅儿的东西suɑ$_{55}$tsɿ$_{33}$tɕiɑ$_{33}$hu$_{31}$/kɔ$_{55}$kɔ$_{55}$ər$_{33}$tiɪʔ$_{3}$toŋ$_{33}$ɕi$_{31}$ 绍:戏家生ɕi$_{33}$ko$_{44}$səŋ$_{52}$ 诸:戏家伙ɕi$_{z33}$ko$_{33}$ɦɯ$_{52}$ 崇:搅本kɑɒ$_{34}$pɪŋ$_{52}$ 太:搅本kɑʔ$_{33}$peŋ$_{44}$ 余:玩玩葛东西/玩具mẽ$_{22}$mẽ$_{55}$kɐʔ$_{3}$tʊŋ$_{33}$ɕi$_{44}$/vẽ$_{21}$dʑy$_{23}$ 宁:那河东西na$_{22}$ɦəʊ$_{44}$toŋ$_{44}$ɕi$_{z55}$ 黄:玩具/搅搅个ɦue$_{23}$dʑy$_{ʮ44}$/kɒ$_{33}$kɒ$_{55}$gɐʔ$_{31}$ 温:搅搅掉末事kᵘɔ$_{33}$kᵘɔ$_{55}$diɛ$_{33}$mɜ$_{52}$zɿ$_{22}$ 衢:玩具/嬉嬉东西ɦuæ̃$_{22}$dʑy$_{44}$/sɿ$_{33}$sɿ$_{55}$tʌŋ$_{43}$sɿ$_{31}$ 华:玩具ʔuæ̃$_{32}$tsy$_{24}$ 永:玩具ŋʊA$_{32}$dʑY$_{24}$

哨儿

宜：叫叫tɕiɑɤ$_{35}$tɕiɑɤ$_{31}$　溧：叫叫tɕiɑ$^{ɤ}{}_{52}$tɕiɑ$^{ɤ}{}_{52}$　金：叫子tɕiɑ$^{ɔ}{}_{44}$tsɿ$_{z31}$　丹：叫叫tɕiɒ$_{41}$tɕiɒ$_{21}$　童：叫叫tɕiɐɤ$_{33}$tɕiɐɤ$_{55}$　靖：叫朱朱tɕiɒ$_{44}$tɕyʮ$_{44}$tɕyʮ$_{31}$　江：叫叫tɕiɒ$_{45}$tɕiɒ$_{31}$　常：叫叫tɕiɑɤ$_{34}$tɕiɑɤ$_{44}$　锡：哨子/叫叫sʌ$_{55}$tsɿ$_{31}$/tɕiʌ$_{55}$tɕiʌ$_{31}$　苏：叫鞭/叫叫tɕiɛ$_{55}$pi$_{j31}$/tɕiɛ$_{55}$tɕiɛ$_{31}$　熟：叫叫tɕiɔ$_{55}$tɕiɔ$_{31}$　昆：叫子tɕiɔ$_{44}$tsɿ$_{41}$　霜：叫鞭/叫子tɕiɔ$_{33}$pɪ$_{52}$/tɕiɔ$_{33}$tsɿ$_{52}$　罗：叫鞭tɕiɔ$_{55}$pi$_{31}$　周：叫鞭tɕiɔ$_{33}$ʔbi$_{52}$　上：叫鞭tɕiɔ$_{33}$pi$_{44}$　松：叫子tɕiɔ$_{55}$tsɿ$_{31}$　黎：叫子tɕiᴀ$^{ɔ}{}_{33}$tsɿ$_{52}$　盛：叫子tɕiᴀɑ$_{33}$tsɿ$_{52}$　嘉：叫子tɕiɔ$_{33}$tsɿ$_{51}$　双：叫子tɕiɔ$_{33}$tsɿ$_{52}$　杭：吹哨/吹哨儿/哨子ts‘ueɪ$_{32}$ɕiɔ$_{23}$/ts‘ueɪ$_{32}$sɔ$_{24}$ər$_{31}$/sɔ$_{34}$tsɿ$_{51}$　绍：叫子tɕiɑɒ$_{32}$tsɿ$_{33}$　诸：叫子/响吊tɕiɔ$_{44}$tsɿ$_{33}$/ɕiÃ$_{44}$tiɔ$_{33}$　崇：叫子tɕiɑɒ$_{33}$tsɿ$_{23}$　太：叫子tɕiɑɒ$_{55}$tsɿ$_{33}$　余：叫子tɕiɒ$_{44}$tsɿ$_{44}$　宁：叫鞭tɕiɘ$_{33}$pi$_{44}$　黄：叫头tɕiɒ$_{33}$diɤ$_{44}$　温：哨子sɜ$_{52}$tsɿ$_{34}$　衢：吹鸟tʃ‘ʮ$_{43}$diɔ$_{35}$　华：哨/笛ɕiɑʊ$_{45}$/di$_{24}$　永：叫tɕiᴀʊ$_{54}$

画儿

宜：图画du$_{22}$ɦuo$_{53}$　溧：画ɦo$_{31}$　金：画画子/图画/画蜡子huɑ$_{44}$huɑ$_{44}$tsɿ$_{z31}$/t‘^{ə}u$_{22}$huɑ$_{44}$/huɑ$_{44}$lɑʔ$_{4}$tsɿ$_{z31}$　丹：画h^{ɦ}o$_{22}$　童：图画du$_{24}$ɦuɒ$_{31}$　靖：画张ɦo$_{24}$tɕiæ̃$_{31}$　江：图画dɜɤ$_{21}$ɦo$_{43}$　常：图画/画du$_{22}$ɦo$_{44}$/ɦo$_{24}$　锡：图画dʌɤ$_{24}$ɦu$_{31}$　苏：图/画/图画dɜu$_{223}$/ɦo$_{31}$/dɜu$_{22}$ɦo$_{44}$　熟：图画dɯ$_{23}$ɦu$_{33}$　昆：画ɦo$_{21}$　霜：图画/画张/画d^{ə}u$_{24}$ɦu^{ʌ}ɤ$_{31}$/ɦuʌɤ$_{22}$tsa$^{\sim}{}_{52}$/ɦuʌɤ$_{31}$　罗：图画/画d^{ə}u$_{24}$ɦu^{ʌ}ɤ$_{31}$/ɦu^{ʌ}ɤ$_{213}$　周：画/图画ɦo$_{113}$/du$_{23}$ɦo$_{44}$　上：图画du$_{22}$ɦo$_{44}$　松：图/画du$_{31}$/ɦo$_{113}$　黎：画ɦo$_{213}$　盛：图画ɦɜu$_{22}$ɦo$_{44}$　嘉：图画d^{ə}u$_{24}$ɦo$_{31}$　双：图画/画dəu$_{22}$ɦʊ$_{44}$/ɦʊ$_{113}$　杭：画儿/图画ɦuɑ$_{34}$ər$_{51}$/du$_{21}$ɦuɑ$_{23}$　绍：图画du$_{21}$ɦuo$_{23}$　诸：画ɦo$_{233}$　崇：图画du$_{21}$ɦuɤ$_{23}$　太：图画du$_{21}$ɦuo$_{23}$　余：图画du$_{21}$ɦuo$_{23}$　宁：图画du$_{22}$ɦo$_{51}$　黄：画/图画ɦuᴀ$_{113}$/d^{ə}u$_{22}$ɦuᴀ$_{44}$　温：画/图画ɦo$_{22}$/dɵ$_{22}$ɦo$_{52}$　衢：图画du$_{22}$ɦuɑ$_{44}$　华：画/图画ɦuɑ$_{24}$/tu$_{32}$ɦuɑ$_{24}$　永：图画/少佛dʊ$_{32}$uᴀ$_{54}$/sᴀʊ$_{42}$fvə$_{325}$

秋千

宜：　溧：荡荡秋dᴀŋ$_{32}$dᴀŋ$_{22}$tɕ‘iʌɯ$_{23}$　金：千秋tɕ‘ĩ$_{44}$tɕ‘iʌɤ$_{31}$　丹：秋千tɕ‘ɤ$_{44}$tɕ‘ɪ$_{31}$　童：秋千/秋秋tɕ‘iʊ$_{53}$tɕ‘ɪ$_{31}$/tɕ‘iʊ$_{53}$tɕ‘iʊ$_{31}$　靖：秋千tɕ‘øɤ$_{44}$tɕ‘ĩ$_{44}$　江：秋秋ts‘iɜɤ$_{55}$ts‘iɜɤ$_{31}$　常：荡荡秋dᴀɲ$_{21}$dᴀɲ$_{11}$tɕiʌɯ$_{13}$　锡：秋千tɕ‘iʌɤ$_{21}$ts‘ɪ$_{23}$　苏：秋千/千千tɕ‘iɵ$_{55}$tɕ‘i$_{j31}$/tɕ‘i$_{j55}$tɕ‘i$_{j31}$　熟：秋秋/秋千ts‘iɯ$_{55}$ts‘iɯ$_{51}$/ts‘iɯ$_{55}$ts‘ie$_{51}$　昆：秋千tɕ‘y$_{44}$tɕ‘ɪ$_{41}$　霜：秋千ts‘y$_{55}$ts‘ɪ$_{31}$　罗：荡秋秋dɒ$^{\sim}{}_{22}$tɕ‘y$_{55}$tɕ‘y$_{31}$　周：秋千tɕ‘iɤ$_{44}$tɕ‘i$_{52}$　上：秋千/秋秋tɕ‘iɤɯ$_{55}$tɕ‘i$_{31}$/tɕ‘iɤɯ$_{55}$tɕ‘iɤɯ$_{31}$　松：秋千tɕ‘iɯ$_{33}$tɕ‘i$_{52}$　黎：秋秋ts‘ieɯ$_{44}$ts‘ieɯ$_{44}$　盛：秋千/荡秋秋ts‘iəʉ$_{44}$ts‘iɪ$_{44}$/dɑ$^{\sim}{}_{22}$ts‘iəʉ$_{55}$ts‘iəʉ$_{31}$　嘉：秋千tɕ‘i^{ə}u$_{44}$tɕ‘ie$_{51}$　双：秋千/千秋tɕ‘i^{ø}ʏ$_{44}$tɕ‘ɪ$_{44}$/tɕ‘ɪ$_{44}$tɕ‘i^{ø}ʏ$_{44}$　杭：秋千tɕ‘ʏ$_{32}$tɕ‘ie$_{23}$　绍：秋千tɕ‘iɤ$_{33}$tɕ‘ĩ$_{52}$　诸：秋千tɕ‘iʏ$_{52}$tɕ‘iɪ$_{42}$　崇：秋千tɕ‘ʏ$_{53}$tɕ‘iẽ$_{23}$　太：　余：秋千tɕ‘iɤ$_{33}$tɕ‘ĩ$_{44}$　宁：□连身huɑ$_{33}$li$_{44}$ɕɪŋ$_{55}$　黄：秋千tɕ‘iu$_{35}$tɕ‘ie$_{51}$　温：千秋tɕ‘i$_{44}$tɕ‘iʌu$_{44}$　衢：秋千tɕ‘iɯ$_{32}$tɕ‘ie$_{53}$　华：秋千tɕ‘iɯu$_{43}$tɕ‘iæ̃$_{35}$　永：秋千tɕ‘iəʊ$_{43}$tɕ‘iːᴀ$_{44}$

风筝

宜：风筝/鹞则foŋ$_{55}$tsəŋ$_{55}$/ʔiɑ$^{ɤ}{}_{21}$tsə$_{23}$　溧：风筝/鹞则foŋ$_{44}$tsən$_{52}$/ʔiɑ$^{ɤ}{}_{54}$tsə$_{23}$　金：风筝foŋ$_{44}$tsəŋ$_{23}$　丹：风筝foŋ$_{44}$tsen$_{31}$　童：风筝/八角foŋ$_{53}$tsəŋ$_{31}$/pᴀʔ$_{5}$koʔ$_{5}$　靖：风筝/鹞子foŋ$_{44}$tsəŋ$_{44}$/ɦiɒ$_{24}$tsɿ$_{31}$　江：鹞则/风筝ɦiɒ$_{24}$tsɛʔ$_{2}$/foŋ$_{53}$tsᴇɲ$_{31}$　常：鹞则ɦiɑɤ$_{21}$tsə$_{13}$　锡：风筝foŋ$_{21}$tsən$_{23}$　苏：风筝/鹞子foŋ$_{55}$tsən$_{31}$/ɦiɛ$_{22}$tsɿ$_{44}$　熟：鹞则ɦiɔ$_{24}$tsᴇʔ$_{31}$　昆：风筝/鹞子foŋ$_{44}$tsən$_{41}$/ɦiɔ$_{23}$tsʔ$_{41}$　霜：鹞子ɦiɔ$_{24}$tsʔ$_{31}$　罗：风筝/鹞子fo$^{ŋ}{}_{55}$tsẽ$^{n}{}_{31}$/ɦiɔ$_{24}$tsɿ$_{31}$　周：风筝/鹞子hoŋ$_{44}$tsəŋ$_{52}$/ʔiɔ$_{55}$tsɿ$_{31}$　上：鹞子/风筝ɦiɔ$_{22}$tsɿ$_{44}$/fʊŋ$_{55}$tsəɲ$_{31}$　松：鹞子ɦiɔ$_{23}$tsɿ$_{44}$　黎：鹞子ʔiᴀ$^{ɔ}{}_{55}$tsɿ$_{31}$　盛：风筝/鹞子foŋ$_{44}$tsəɲ$_{44}$/ʔiᴀɑ$_{33}$tsɿ$_{52}$　嘉：鹞子ʔiɔ$_{52}$tsɿ$_{22}$　双：风筝/鹞子foŋ$_{44}$tsən$_{44}$/ʔiɔ$_{32}$tsɿ$_{52}$　杭：鹞儿ʔiɔ$_{23}$ər$_{51}$

绍：鹞/风鹞ɦiɑɒ$_{22}$/fʊŋ$_{32}$iɑɒ$_{35}$ 诸：鹞子ɦiɔ$_{31}$tsɿ$_{42}$ 崇：鹞ɦiɑɒ$_{312}$ 太：鹞ɦiɑɒ$_{312}$ 余：风筝/鹞fʊŋ$_{32}$tseɲ$_{23}$/ɦiɒ$_{113}$ 宁：鹞子ɦiə$_{22}$tsɿ$_{44}$ 黄：纸鹞tsɿ$_{33}$iɒ$_{35}$ 温：鹞ɦiɛ$_{22}$ 衢：鹞儿ʔiɔ$_{55}$n̩i$_{31}$ 华：风筝/纸鹞foŋ$_{32}$tsən$_{35}$/tsɿ$_{54}$iɑʊ$_{24}$ 永：纸鹞tɕi$_{43}$iAʊ$_{325}$

茶馆

宜：茶馆店/茶馆dzo$_{22}$kue$_{22}$tɪ$_{53}$/dzo$_{22}$kue$_{53}$ 溧：茶馆dzo$_{32}$kʊ$_{52}$ 金：茶馆ts'ɑ$_{24}$kʊ̃$_{23}$ 丹：茶馆店d̥zo$_{33}$kue$_{44}$tɪ$_{23}$ 童：茶馆店szɒ$_{23}$kʊ$_{44}$tɪ$_{55}$ 靖：茶馆店dzo$_{22}$kʉ̃$_{22}$tĩ$_{52}$ 江：茶馆店/茶馆dzo$_{21}$kɵ$_{33}$tɪ$_{43}$/dzo$_{21}$kɵ$_{43}$ 常：茶馆/茶馆店dzo$_{21}$kuɔ$_{34}$/dzo$_{22}$kuɔ$_{55}$tɪ$_{31}$ 锡：茶馆店zʌɤ$_{24}$ko$_{55}$tɪ$_{31}$ 苏：茶馆店zo$_{22}$kɵ$_{55}$tɪ$_{31}$ 熟：茶馆店dzu$_{24}$kuɤ$_{33}$tie$_{31}$ 昆：茶馆店zo$_{22}$kɵ$_{55}$tɪ$_{41}$ 霜：茶馆店z^{ʌ}ɤ$_{22}$kuɪ$_{55}$tɪ$_{31}$ 罗：茶馆店z^{ʌ}ɤ$_{22}$kuʌɪ$_{55}$ti$_{31}$ 周：茶馆店/茶馆zo$_{23}$kue$_{44}$ɗi$_{44}$/zo$_{23}$kue$_{44}$ 上：茶馆店zo$_{22}$kø$_{55}$ti$_{31}$ 松：茶馆店zo$_{22}$kue$_{22}$ti$_{52}$ 黎：茶馆店dzo$_{22}$kɵ$_{55}$tiɪ$_{31}$ 盛：茶馆店zo$_{22}$kɵ$_{44}$tiɪ$_{44}$ 嘉：茶馆店zo$_{22}$kuɤə$_{55}$tie$_{31}$ 双：茶馆店zʊ$_{22}$kuE$_{44}$tɪ$_{44}$ 杭：茶馆店/茶室/茶店dzɑ$_{21}$kuo$_{23}$tie$_{51}$/dzɑ$_{21}$səʔ$_{5}$/dzɑ$_{21}$tie$_{23}$ 绍：茶店dzo$_{21}$tĩ$_{23}$ 诸：茶店/茶馆dzo$_{31}$tiɪ$_{44}$/dzo$_{31}$kuɤ$_{42}$ 崇：茶店dzɤ$_{21}$tiẽ$_{23}$ 太：茶店dzo$_{21}$tiẽ$_{23}$ 余：茶馆店dzo$_{21}$kuõ$_{22}$tĩ$_{52}$ 宁：茶馆店dzo$_{22}$ku$_{44}$ti$_{55}$ 黄：茶店zo$_{23}$tie$_{44}$ 温：茶馆dzo$_{52}$kɵ$_{34}$ 衢：茶店/茶馆dzɑ$_{22}$tie$_{53}$/dzɑ$_{22}$kuə$_{53}$ 华：茶馆店/茶馆/茶店dzɑ$_{21}$kuɑ$_{33}$tiɑ$_{45}$/dzɑ$_{22}$kuɑ$_{51}$/dzuɑ$_{21}$tiɑ$_{35}$ 永：茶馆店dzɑ$_{32}$kʊA$_{32}$tiA$_{54}$

事情

宜：事体zɿ$_{21}$t'i$_{j23}$ 溧：事体zɿ$_{32}$t'i$_{z23}$ 金：事情sɿ^{z}$_{44}$tɕ'iŋ$_{31}$ 丹：事情sɿ$_{41}$tɕ'iŋ$_{21}$ 童：事情szɿ$_{22}$ʑiŋ$_{55}$ 靖：事体szɿ$_{24}$t'i$_{j31}$ 江：事体zɿ$_{24}$t'i$_{j31}$ 常：事体zɿ$_{21}$t'i$_{j13}$ 锡：事体zɿ$_{22}$t'i$_{55}$ 苏：事体zɿ$_{22}$t'i$_{j44}$ 熟：事体zɿ$_{24}$t'i$_{31}$ 昆：事体zɿ$_{23}$t'i$_{41}$ 霜：事体zɿ$_{24}$t'i$_{31}$ 罗：事体zɿ$_{24}$t'i$_{31}$ 周：事体zɿ$_{22}$t'i$_{44}$ 上：事体zɿ$_{22}$t'i$_{44}$ 松：事体zɿ$_{23}$t'i$_{44}$ 黎：事体zɿ$_{22}$t'i$_{j52}$ 盛：事体zɿ$_{22}$t'i$_{j52}$ 嘉：事体zɿ$_{24}$t'i$_{31}$ 双：事体zɿ$_{22}$t'i$_{z52}$ 杭：事情/事体zɿ$_{22}$dʑɪn$_{51}$/zɿ$_{22}$t'i$_{51}$ 绍：事体zɿ$_{23}$t'i$_{33}$ 诸：事体zɿ$_{22}$t'i$_{z52}$ 崇：事情zɿ$_{22}$dʑiŋ$_{23}$ 太：事情zɿ$_{23}$dʑiŋ$_{22}$ 余：事体zɿ$_{22}$t'i$_{52}$ 宁：事体zɿ$_{22}$t'i$_{44}$ 黄：事件zɿ$_{23}$dʑie$_{44}$ 温：事干szɿ$_{52}$kɵ$_{21}$ 衢：事体szɿ$_{45}$t'i$_{35}$ 华：事干szɿ$_{32}$kɯə$_{35}$ 永：事干sɿ$_{42}$kɤə$_{54}$

头(又：头的别称)

宜：头/头骷郎dɤɯ$_{223}$/dɤɯ$_{21}$k'u$_{11}$lAŋ$_{23}$ 溧：头/骷髅头dei$_{323}$/k'u$_{44}$lu$_{44}$dei$_{31}$ 金：头/骷郎头t'ʌɤ$_{24}$/k'^{ə}u$_{44}$lɑŋ$_{44}$t'ʌɤ$_{23}$ 丹：头/骷髅头dE^{e}$_{213}$/k'^{ə}u$_{44}$l^{ə}u$_{44}$dE^{e}$_{23}$ 童：头dei$_{31}$ 靖：头/骷髅头døʏ$_{223}$/k'ʌɤ$_{44}$lʌɤ$_{44}$døʏ$_{31}$ 江：头/头爿/骷郎头dEɪ$_{223}$/dEɪ$_{24}$bæ$_{31}$/k'u$_{55}$lA^{ŋ}$_{33}$dEɪ$_{31}$ 常：头/头骷郎dei$_{213}$/dei$_{22}$k'u$_{55}$lAɲ$_{31}$ 锡：头/骷髅头dEi$_{213}$/k'u$_{21}$lʌɤ$_{11}$dEi$_{23}$ 苏：头/骷郎头dəɪ$_{223}$/k'ɜu$_{55}$lÃ$_{55}$dəɪ$_{31}$ 熟：头/骷郎头/头爿/骷里头dE$_{233}$/k'u$_{55}$lA$^{\sim}$$_{55}dE_{51}$/dE$_{24}$bæ$_{31}$/k'u$_{55}li_{55}dE_{51}$ 昆：头/骷郎头dE$_{21}$/k'u$_{44}$lã$_{44}$dE$_{41}$ 霜：头/骷郎头dʌɪ$_{213}$/k'^{ə}u$_{55}$lɒ$^{\sim}$$_{33}$dʌɪ$_{31}$ 罗：头/骷郎头dʌɪ$_{31}$/k'^{ə}u$_{55}$lɒ$^{\sim}$$_{33}$dʌɪ$_{31}$ 周：头/骷郎头dɤ$_{113}$/k'ʊ$_{44}$lɒ$^{\sim}$$_{44}$d̥ɤ$_{52}$ 上：头/骷郎头dɤɯ$_{113}$/k'u$_{55}$lÃ^{ɲ}$_{33}$dɤɯ$_{31}$ 松：头/骷郎头dɯ$_{31}$/k'u$_{33}$lɑ$^{\sim}$$_{55}$dɯ$_{31}$ 黎：头/骷郎头dieɯ$_{24}$/k'ɜu$_{44}$lɑ$^{\sim}$$_{44}$dieɯ$_{31}$ 盛：头/骷郎头diəʉ$_{24}$/k'ɜu$_{44}$lɑ$^{\sim}$$_{44}$diəʉ$_{44}$ 嘉：头/骷郎头de$_{31}$/k'^{ə}u$_{44}$lA$^{\sim}$$_{44}de_{31}$ 双：头/骷郎头d^{ɵ}ʏ$_{113}$/k'əu$_{44}$lɔ̃$_{44}$d^{ɵ}ʏ$_{44}$ 杭：头deɪ$_{212}$ 绍：头/骷郎头/骷髅头dɤ$_{31}$/k'u$_{32}$lɒŋ$_{34}$dɤ$_{52}$/k'u$_{32}$lu$_{34}$dɤ$_{52}$ 诸：头dei$_{233}$ 崇：头/头皮dʏ$_{312}$/dʏ$_{22}$bi$_{z52}$ 太：头/头皮dʏ$_{312}$/dʏ$_{21}$bi$_{23}$ 余：头/脑壳头dɤ$_{113}$/nɒ$_{23}$k'ɔʔ$_{44}$dɤ$_{52}$ 宁：头dœʏ$_{113}$ 黄：头/脑袋瓜diɤ$_{31}$/lɒ$_{21}$de$_{11}$kuA$_{13}$ 温：头dʌu$_{31}$ 衢：头dəɪ$_{323}$ 华：头tiɯu$_{324}$ 永：头dəʊ$_{322}$

头发

宜：头发dɤɯ$_{21}$fA$_{23}$ 溧：头发dei$_{32}$fA$_{23}$ 金：头发t'ʌɤ$_{22}$fɑʔ$_{4}$ 丹：头发dE^{e}$_{22}$fɑʔ$_{4}$ 童：头发dei$_{24}$fAʔ$_{\underline{31}}$ 靖：头毛døʏ$_{22}$mɒ$_{34}$ 江：头发dEɪ$_{21}$fɑʔ$_{4}$ 常：头发dei$_{21}$fɑʔ$_{4}$ 锡：头发dEi$_{24}$fɑʔ$_{\underline{31}}$

苏：头发dəɪ$_{22}$fᴀʔ$_4$　熟：头发dᴇ$_{24}$fᴀʔ$_{\underline{31}}$　昆：头发dᴇ$_{22}$fᴀʔ$_4$　霜：头发dʌɪ$_{33}$fᴀʔ$_4$　罗：头发dʌɪ$_{23}$fᴀʔ$_4$　周：头发dʏ$_{23}$fɑʔ$_4$　上：头发dʏɯ$_{22}$fɐʔ$_4$　松：头发dɯ$_{24}$fᴀʔ$_3$　黎：头发dieɯ$_{24}$fᴀʔ$_2$　盛：头发diəʉ$_{22}$fɑʔ$_3$　嘉：头发de$_{22}$fᴀʔ$_5$　双：头发d^{ø}ʏ$_{22}$fᴀʔ$_4$　杭：头发/头发丝儿deɪ$_{21}$fɐʔ$_5$/deɪ$_{21}$fɐʔ$_{23}$sɿ$_{55}$ər$_{31}$　绍：头发dʏ$_{22}$fæʔ$_5$　诸：头发dei$_{31}$fɐʔ$_4$　崇：头发dʏ$_{22}$fæʔ$_4$　太：头发dʏ$_{21}$fɛʔ$_4$　余：头发dʏ$_{22}$fɐʔ$_5$　宁：头发dœʏ$_{22}$fɐʔ$_5$　黄：头发diʏ$_{23}$fɛʔ$_4$　温：头发dʌu$_{25}$xo$_{24}$　衢：头发dəɪ$_{22}$fᴀʔ$_5$　华：头发tiɯu$_{32}$fiɑ$_{35}$　永：头发dəʊ$_{32}$fʊᴀ$_{32}$

前额

宜：额骨头ɦᴀʔ$_2$kuəʔ$_2$dʏɯ$_{23}$　溧：额骨头ŋəʔ$_3$kuəʔ$_2$dei$_{23}$　金：额头əʔ$_5$t'ʌʏ$_{23}$　丹：额头ŋɛʔ$_5$dᴇ^{e}$_{23}$　童：额骨头ŋᴀʔ$_4$koʔ$_5$dei$_{31}$　靖：额骨头ŋɑʔ$_4$kuəʔ$_3$døʏ$_{23}$　江：额骨头/额角头ŋɑʔ$_2$kuɜʔ$_4$dᴇɪ$_{31}$/ŋɑʔ$_2$koʔ$_4$dᴇɪ$_{31}$　常：额骨头ŋəʔ$_2$kuəʔ$_1$dei$_{23}$　锡：额角头ŋɑʔ$_2$kɔʔ$_{\underline{34}}$dᴇi$_{55}$　苏：额角头ŋᴀʔ$_3$kɔʔ$_5$dəɪ$_{31}$　熟：额角头ŋᴀʔ$_2$koʔ$_5$dᴇ$_{51}$　昆：额角头ŋᴀʔ$_3$koʔ$_3$dᴇ$_{31}$　霜：额角头ŋᴀʔ$_2$koʔ$_2$dʌɪ$_{23}$　罗：额角头ŋᴀʔ$_2$koʔ$_2$dʌɪ$_{23}$　周：额角头ɦɑʔ$_2$kɒʔ$_2$dʏ$_{23}$　上：额角头ŋɐʔ$_2$koʔ$_2$dʏɯ$_{23}$　松：额角头ŋᴀʔ$_2$kɔʔ$_2$dɯ$_{52}$　黎：额骨头ŋᴀʔ$_3$kuəʔ$_3$dieɯ$_{34}$　盛：额骨头ɦɑʔ$_4$kuəʔ$_3$diəʉ$_{33}$　嘉：额角头ʔᴀʔ$_5$kuəʔ$_3$de$_{31}$　双：额角头ʔᴀʔ$_5$koʔ$_5$d^{ø}ʏ$_{21}$　杭：额角头ŋɐʔ$_2$kɔʔ$_4$deɪ$_{55}$　绍：额角头ŋəʔ$_2$koʔ$_4$dʏ$_{52}$　诸：脑界头nɔ$_{23}$kᴀ$_{44}$dei$_{33}$　崇：额壳头ŋᴇʔ$_2$k'ɔʔ$_4$dʏ$_{52}$　太：额壳头ŋɛʔ$_2$k'ɔʔ$_3$dʏ$_{44}$　余：额角头ŋɐʔ$_2$koʔ$_4$dʏ$_{52}$　宁：脑壳头/额角头(少)nɔ$_{24}$k'ɔʔ$_3$dœʏ$_{33}$/ŋɐʔ$_{22}$kɔʔ$_4$dœʏ$_{55}$　黄：额角头ŋɔʔ$_2$kɔʔ$_5$diʏ$_{31}$　温：额头ŋɑ$_{22}$dʌu$_2$　衢：捏壳ȵiᴀʔ$_2$k'əʔ$_5$　华：额骨头/额角头ʔɑʔ$_5$kuoʔ$_4$tiɯu$_{45}$/ʔɑʔ$_5$koʔ$_3$tiɯu$_{45}$　永：额角头ŋai$_{32}$kᴀʊ$_{32}$dəʊ$_{322}$

眉毛

宜：眉毛/眼眉毛mi$_{j21}$mɑʏ$_{23}$/ŋᴀ$_{21}$mi$_{j11}$mɑʏ$_{23}$　溧：眉毛mi$_{z32}$mɑʏ$_{23}$　金：眉毛mei$_{24}$mɑ^{ɔ}$_{23}$　丹：眉毛mi$_{z23}$mɒ$_{44}$　童：眼眉毛ŋɑ$_{22}$mei$_{24}$mɐʏ$_{31}$　靖：眉毛mi$_{j22}$mɒ$_{34}$　江：眉毛mi$_{j24}$mɒ$_{31}$　常：眉毛mi$_{j21}$mɑʏ$_{34}$　锡：眉毛mi$_{24}$mʌ$_{21}$　苏：眉毛mi$_{j22}$mæ̃$_{44}$　熟：眼眉毛ŋæ$_{22}$mi$_{55}$mɔ$_{31}$　昆：眼眉毛ŋɛ$_{22}$mi$_{55}$mɔ$_{41}$　霜：眼眉毛ŋᴇ$_{22}$mi$_{23}$mɔ$_{52}$　罗：眼眉毛ŋe$_{22}$mi$_{24}$mɔ$_{31}$　周：眉毛mi$_{23}$mɔ$_{44}$　上：眉毛mi$_{22}$mɔ$_{44}$　松：眉毛mi$_{22}$mɔ$_{52}$　黎：眉毛mi$_{j22}$mᴀ^{ɔ}$_{44}$　盛：眉毛mi$_{j22}$mᴀɑ$_{44}$　嘉：眉毛mi$_{22}$mɔ$_{44}$　双：眉毛məɪ$_{22}$mɔ$_{44}$　杭：眉毛mi$_{21}$mɔ$_{23}$　绍：眉毛mi$_{23}$mɑɒ$_{52}$　诸：眉毛miɪ$_{31}$mɔ$_{42}$　崇：眉毛mi$_{z22}$mɑɒ$_{52}$　太：眉毛me$_{21}$mɑɒ$_{44}$　余：眉毛mi$_{22}$mɒ$_{44}$　宁：眉毛mi$_{22}$mɔ$_{44}$　黄：眼眉毛ȵiɛ$_{22}$mi$_{j33}$mɒ$_{51}$　温：眼里毛ŋɑ$_{24}$l^{i}i$_{33}$mɜ$_{21}$　衢：眉毛mi$_{22}$mɔ$_{53}$　华：眉毛mi$_{j21}$mɑʊ$_{24}$　永：眉毛mi$_{21}$mᴀʊ$_{51}$

睫毛

宜：眼睫毛ŋᴀ$_{21}$ʑiɪʔ$_{11}$mɑʏ$_{23}$　溧：眼睫毛ŋᴀ$_{32}$ʑiɪʔ$_{22}$mɑ^{ʏ}$_{23}$　金：眼睛毛æ̃$_{33}$tɕiŋ$_{55}$mɑ^{ɔ}$_{24}$　丹：眼睫毛ɦæ$_{22}$tɕɪʔ$_5$mɒ$_{31}$　童：眼睫毛ŋɑ$_{22}$tɕiɪʔ$_5$mɐʏ$_{31}$　靖：眼眉毛ŋæ̃$_{33}$mi$_{j44}$mɒ$_{52}$　江：眼睫毛ʔŋæ$_{52}$tsɪʔ$_3$mɒ$_{42}$　常：眼睫毛ʔŋæ̃$_{34}$tɕiɪʔ$_5$mɑʏ$_{42}$　锡：眼睫毛ŋɛ$_{22}$tɕiɪʔ$_5$mʌ$_{31}$　苏：眼睑毛/眼睫毛ŋᴇ$_{22}$tɕɪ$_{55}$mæ$_{31}$/ŋᴇ$_{22}$tsɪʔ$_5$mæ$_{31}$　熟：眼睫毛ŋæ$_{22}$tɕie$_{55}$mɔ$_{31}$　昆：眼睑毛ŋɛ$_{22}$tɕi$_{55}$mɔ$_{41}$　霜：眼睑毛ŋᴇ$_{22}$tɕi$_{23}$mɔ$_{52}$　罗：眼睑毛ŋe$_{22}$tɕi$_{55}$mɔ$_{31}$　周：眼睫毛/眼睑毛ŋɛ$_{22}$tɕiɪʔ$_3$mɔ$_{52}$/ŋɛ$_{22}$tɕi$_{44}$mɔ$_{52}$　上：眼睫毛/眼睑毛ŋᴇ$_{22}$tɕiɪʔ$_5$mɔ$_{31}$/ŋᴇ$_{22}$tɕi$_{55}$mɔ$_{31}$　松：眼睑毛ŋᴇ$_{22}$tɕi$_{55}$mɔ$_{31}$　黎：眼睫毛ŋᴇ$_{22}$zɪʔ$_2$mᴀɔ$_{24}$　盛：眼睫毛ʔᴇ$_{33}$tɕi$_{j55}$mᴀɑ$_{31}$　嘉：眼睫毛ɦᴇ$_{22}$tɕiəʔ$_4$mɔ$_{51}$　双：眼毛ŋᴇ$_{24}$mɔ$_{51}$　杭：眼睫毛/眼栅毛ʔie$_{55}$dʑiɪʔ$_3$mɔ$_{31}$/ʔie$_{55}$səʔ$_3$mɔ$_{31}$　绍：眼睫毛ŋæ$_{22}$seʔ$_4$mɑ^{ɒ}$_{52}$　诸：眼栅毛ŋɛ$_{22}$sɐʔ$_4$mɔ$_{52}$　崇：眼毛ŋæ̃$_{23}$mɑɒ$_{52}$　太：眼毛ŋæ̃$_{23}$mɑɒ$_{52}$　余：眼睫毛ȵiẽ$_{23}$tɕɪʔ$_4$mɒ$_{52}$　宁：眼栅毛ŋᴇ$_{22}$sɐʔ$_4$mɔ$_{55}$　黄：眼线毛ȵiɛ$_{22}$ɕiɪ$_{33}$mɒ$_{44}$　温：眼线毛ŋɑ$_{52}$ɕi$_{31}$mɜ$_{21}$　衢：眼睛毛ŋæ̃$_{35}$tɕi^{n}$_{55}$mɔ$_{31}$　华：眼睛毛ʔɑ$_{53}$tɕiɪn$_{22}$mɑʊ$_{24}$　永：眼睛毛ŋᴀ$_{32}$tɕiɪŋ$_{44}$mᴀʊ$_{44}$

眼睛

宜：眼睛ŋA$_{21}$tɕiŋ$_{23}$ 溧：眼睛ŋA$_{32}$tɕin$_{23}$ 金：眼睛æ̃$_{35}$tɕiŋ$_{31}$ 丹：眼睛ŋæ$_{21}$tɕiŋ$_{22}$ 童：眼睛ŋɑ$_{31}$tɕiŋ$_{31}$ 靖：眼睛/眼眸珠ŋæ̃$_{33}$tsiŋ$_{52}$/ŋæ̃$_{33}$ʔwu$_{55}$tɕy$_{ɥ31}$ 江：眼睛ʔŋæ̃$_{52}$tsiŋ$_{33}$ 常：眼睛ʔŋæ̃$_{34}$tɕiɲ$_{44}$ 锡：眼睛ŋɛ$_{22}$tsin$_{55}$ 苏：眼睛ŋE$_{22}$tɕiɪn$_{44}$ 熟：眼睛ŋE$_{22}$tsĩ^{ɲ}$_{51}$ 昆：眼睛ŋɛ$_{22}$tsin$_{44}$ 霜：眼睛ŋE$_{22}$tsĩ$_{52}$ 罗：眼眸子ŋe$_{22}$u$_{55}$tsɿ$_{31}$ 周：眼睛ŋɛ$_{22}$tɕiɪŋ$_{52}$ 上：眼睛ŋE$_{22}$tɕiɲ$_{44}$ 松：眼睛/眼眸子ŋE$_{22}$tɕiɲ$_{52}$/ŋE$_{22}$ʋu$_{55}$tsɿ$_{31}$ 黎：眼睛ŋE$_{23}$tsiəɲ$_{33}$ 盛：眼睛ʔE$_{55}$tɕɪɲ$_{31}$ 嘉：眼睛ŋE$_{22}$tɕin$_{51}$ 双：眼睛ŋE$_{24}$tɕɪn$_{52}$ 杭：眼睛/眼眸子ʔie$_{55}$tɕɪn$_{31}$/ʔie$_{55}$u$_{33}$tsɿ$_{31}$ 绍：眼睛ŋæ̃$_{23}$tɕɪŋ$_{52}$ 诸：眼睛ŋɛ$_{22}$tɕĩ$_{52}$ 崇：眼睛ŋæ̃$_{23}$tɕiŋ$_{52}$ 太：眼睛ŋæ̃$_{22}$tɕiŋ$_{44}$ 余：眼睛ȵiɛ̃$_{23}$tɕiɲ$_{52}$ 宁：眼睛ŋE$_{24}$tɕɪŋ$_{31}$ 黄：双眼sɒ̃$_{32}$ȵiɛ$_{23}$ 温：眼儿珠ŋɑ$_{52}$ŋ̍$_{22}$tsɿ$_{44}$ 衢：眼睛ŋæ̃$_{35}$tɕi^{n}$_{31}$ 华：眼睛ʔɑ$_{54}$tɕiɪn$_{35}$ 永：眼睛ŋA$_{32}$tɕiɪɲ$_{44}$

眼珠

宜：眼乌珠ŋA$_{21}$ʔu$_{11}$tɕy$_{ɥ23}$ 溧：眼乌珠ŋA$_{32}$ʔʋu$_{22}$tɕy$_{z52}$ 金：眼睛珠子æ̃$_{33}$tɕiŋ$_{55}$tsᵊu$_{44}$tsɿ$_{z31}$ 丹：眼珠/眼珠珠ŋæ$_{21}$tsᵊu$_{22}$/ŋæ$_{22}$tsᵊu$_{55}$tsᵊu$_{31}$ 童：眼乌珠珠ŋɑ$_{22}$ʔʋu$_{55}$tʃy$_{ɥ33}$tʃy$_{ɥ31}$ 靖：眼乌珠则ʔŋæ̃$_{52}$ʔu$_{33}$tɕy$_{33}$tsɜʔ$_{4}$ 江：眼乌珠/眼乌珠则ʔŋæ̃$_{52}$ʔu$_{33}$tɕy$_{43}$/ʔŋæ̃$_{52}$ʔu$_{33}$tɕy$_{44}$tsɜʔ$_{4}$ 常：眼乌珠ʔŋæ̃$_{34}$ʋu$_{55}$tsɥ$_{42}$ 锡：眼乌娄珠/眼乌珠ŋɛ$_{22}$u$_{55}$lu$_{55}$tsɥ$_{31}$/ŋɛ$_{22}$u$_{55}$tsɥ$_{31}$ 苏：眼乌珠ŋE$_{22}$ɜu$_{55}$tɕɥ$_{31}$ 熟：眼珠/眼乌珠ŋæ̃$_{22}$tʂɥ$_{ʅ51}$/ŋæ̃$_{22}$u$_{55}$tʂɥ$_{ʅ31}$ 昆：眼乌珠ŋɛ$_{22}$u$_{55}$tsɥ$_{41}$ 霜：眼乌珠ŋE$_{22}$ʋu$_{23}$tsɿ$_{52}$ 罗：眼乌子ŋe$_{22}$u$_{55}$tsɿ$_{31}$ 周：眼乌珠ŋɛ$_{22}$u$_{44}$tsɥ$_{52}$ 上：眼乌珠ŋE$_{22}$u$_{55}$tsɿ$_{31}$ 松：眼乌子ŋE$_{22}$ʋu$_{55}$tsɿ$_{31}$ 黎：眼乌珠ŋE$_{22}$u$_{55}$tsɥ$_{31}$ 盛：眼乌珠ʔE$_{55}$u$_{33}$tsɥ$_{31}$ 嘉：眼乌子ɦE$_{22}$ɦu$_{44}$tsɿ$_{51}$ 双：眼乌珠ŋE$_{24}$ʉ$_{51}$tsɿ$_{21}$ 杭：眼睛乌子/眼乌子ʔie$_{55}$tɕɪn$_{33}$u$_{33}$tsɿ$_{31}$/ʔie$_{55}$u$_{33}$tsɿ$_{31}$ 绍：眼睛乌珠ŋæ̃$_{22}$tɕɪŋ$_{44}$u$_{44}$tɕy$_{ɥ52}$ 诸：眼珠/眼乌珠ŋɛ$_{22}$tɕy$_{ɥ52}$/ŋɛ$_{22}$ʋu$_{44}$tɕy$_{ɥ52}$ 崇：眼睛乌子ŋæ̃$_{23}$tɕiŋ$_{44}$ʋu$_{53}$tsɿ$_{31}$ 太：眼睛乌子ŋæ̃$_{22}$tɕiŋ$_{44}$ʋu$_{55}$tsɿ$_{31}$ 余：眼睛乌子ȵiɛ̃$_{23}$tɕiɲ$_{44}$ʋu$_{44}$tsɿ$_{44}$ 宁：眼乌珠ŋE$_{23}$vu$_{44}$tsɥ$_{55}$ 黄：眼乌珠ȵiɛ$_{22}$u$_{55}$tsɥ$_{31}$ 温：眼儿珠ŋɑ$_{52}$ŋ̍$_{22}$tsɿ$_{44}$ 衢：眼珠ŋæ̃$_{35}$tʃɥ$_{31}$ 华：眼珠/眼睛乌珠ʔɑ$_{54}$tɕy$_{35}$/ʔɑ$_{54}$tɕiɪn$_{22}$u$_{33}$tɕy$_{35}$ 永：眼睛乌珠ŋA$_{32}$tɕiɪɲ$_{44}$u$_{43}$tɕY$_{44}$

鼻子

宜：鼻头bɪʔ$_{2}$dɤɯ$_{23}$ 溧：鼻头bɪʔ$_{3}$dei$_{23}$ 金：鼻子pieʔ$_{4}$tsɿ$_{z44}$ 丹：鼻头pɪʔ$_{5}$d̥E^{e}$_{23}$ 童：鼻头biɪʔ$_{\underline{42}}$dei$_{31}$ 靖：鼻头bɪʔ$_{2}$døY$_{23}$ 江：鼻头bɪʔ$_{2}$dEɪ$_{23}$ 常：鼻头bəʔ$_{2}$dei$_{13}$ 锡：鼻头bɪʔ$_{2}$dEɪ$_{34}$ 苏：鼻头bəʔ$_{3}$dəɪ$_{52}$ 熟：鼻头bEʔ$_{2}$dE$_{51}$ 昆：鼻头bɪʔ$_{2}$dE$_{23}$ 霜：鼻头bɪʔ$_{2}$dʌɪ$_{23}$ 罗：鼻头bɪʔ$_{2}$dʌɪ$_{23}$ 周：鼻头bɪʔ$_{2}$dY$_{23}$ 上：鼻头bɐʔ$_{2}$dɤɯ$_{23}$/biɪʔ$_{2}$dɤɯ$_{23}$ 松：鼻头bəʔ$_{2}$dɯ$_{52}$ 黎：鼻头bəʔ$_{3}$dieɯ$_{34}$ 盛：鼻头bəʔ$_{2}$diəʉ$_{34}$ 嘉：鼻头biəʔ$_{2}$de$_{23}$ 双：鼻头bəʔ$_{2}$d^{ə}Y$_{52}$ 杭：鼻头bɐʔ$_{2}$deɪ$_{23}$ 绍：鼻头bɪʔ$_{2}$dɤ$_{52}$ 诸：鼻头biəʔ$_{2}$dei$_{52}$ 崇：鼻头bEʔ$_{2}$dY$_{52}$ 太：鼻头bɛʔ$_{2}$dY$_{52}$ 余：鼻头bɐʔ$_{2}$dɤ$_{52}$ 宁：鼻头bɐʔ$_{2}$dœY$_{34}$ 黄：鼻头bieʔ$_{2}$diɤ$_{51}$ 温：鼻头bʲi$_{22}$dʌu$_{2}$ 衢：鼻头b̥əʔ$_{5}$dəɪ$_{31}$ 华：鼻头b̥iəʔ$_{2}$tiɯu$_{24}$ 永：鼻头b̥ə$_{\underline{32}}$dəʊ$_{32}$

鼻孔

宜：鼻头管bɪʔ$_{3}$dɤɯ$_{3}$kue$_{53}$ 溧：鼻头管/鼻头洞biʔ$_{3}$dei$_{22}$kʊ$_{52}$/bɪʔ$_{3}$dei$_{22}$doŋ$_{52}$ 金：鼻孔pieʔ$_{5}$k‘oŋ$_{23}$ 丹：鼻头孔/鼻头孔孔pɪʔ$_{3}$d̥E^{e}$_{33}$k‘oŋ$_{44}$/pɪʔ$_{3}$d̥E^{e}$_{3}$k‘oŋ$_{44}$k‘oŋ$_{23}$ 童：鼻孔biɪʔ$_{\underline{42}}$k‘oŋ$_{31}$ 靖：鼻孔/鼻头孔bɪʔ$_{2}$k‘oŋ$_{23}$/bɪʔ$_{4}$døY$_{33}$k‘oŋ$_{34}$ 江：鼻头管/鼻头洞洞bɪʔ$_{2}$dEɪ$_{44}$kɵ$_{31}$/bɪʔ$_{2}$dEɪ$_{44}$doŋ$_{33}$doŋ$_{31}$ 常：鼻头孔/鼻头管bəʔ$_{2}$dei$_{11}$k‘oŋ$_{23}$/bəʔ$_{2}$dei$_{11}$kuɔ$_{23}$ 锡：鼻头管bɪʔ$_{2}$dEɪ$_{34}$ko$_{55}$ 苏：鼻头管/鼻头洞bəʔ$_{3}$dəɪ$_{52}$kɵ$_{31}$/bəʔ$_{3}$dəɪ$_{52}$doŋ$_{31}$ 熟：鼻头孔孔/鼻头管bEʔ$_{2}$dE$_{33}$k‘ʊŋ$_{33}$k‘ʊŋ$_{44}$/bEʔ$_{2}$dE$_{55}$kuɤ$_{51}$ 昆：鼻头管bɪʔ$_{3}$dE$_{33}$kɵ$_{31}$ 霜：鼻头洞bɪʔ$_{2}$dʌɪ$_{2}$do^{ŋ}$_{23}$ 罗：鼻头管bɪʔ$_{2}$dʌɪ$_{2}$ku^{ʌ}Y$_{23}$ 周：鼻头洞/鼻头管bɪʔ$_{2}$dY$_{2}$doŋ$_{23}$/bɪʔ$_{2}$dY$_{2}$kue$_{23}$ 上：鼻头管bɐʔ$_{2}$dɤɯ$_{22}$kø$_{23}$ 松：鼻头孔/鼻头管bəʔ$_{2}$dɯ$_{22}$k‘ʊŋ$_{52}$/bəʔ$_{2}$

dɯ22kue52　黎:鼻头管bəʔ3dieɯ44kɵ52　盛:鼻头管bəʔ3diəʉ33kɵ33　嘉:鼻头管biəʔ22de44kuɤə51　双:鼻头管bəʔ2dᵊʏ55kuE21　杭:鼻头孔bɐʔ2deɪ23k'oŋ51　绍:鼻头孔bɪʔ2dʏ44k'ʊŋ52　诸:鼻头洞biəʔ2dei44doŋ44　崇:鼻头洞dEʔ2dʏ2dʊᵑ23　太:鼻头洞dɛʔ2dʏ2dʊŋ23　余:鼻头竹管/鼻头管dɐʔ2dʏ44tsɔʔ4kuõ44/dɐʔ2dʏ44kuõ44　宁:鼻头管dɐʔ2dœʏ34ku51　黄:鼻头孔bieʔ2diʏ33goŋ44　温:鼻头孔bⁱi3dʌu52k'oŋ34　衢:鼻头孔bəʔ2dəɪ3k'ʌŋ35　华:鼻头孔b̥iəʔ2tiɯu33k'oŋ51　永:鼻头孔b̥əʔ32təʊ44k'oŋ434

耳朵

宜:耳朵ȵij21tu23　溧:耳朵ȵiz32tʌɯ23　金:耳朵ɑr24to52　丹:耳朵ɦEⁱ21tEᵉ22　童:耳朵ʔɦEʳ21tʌʏ23　靖:耳朵ʔər33to55　江:耳朵ʔər52tɜʏ33　常:耳朵ʔȵij34tʌɯ44　锡:耳朵ȵi21tʌʏ23　苏:耳朵ȵi22tɜu44　熟:耳朵ȵi22tɯ44　昆:耳朵ȵi22tɜu44　霜:耳朵ȵi22tᵊu52　罗:耳朵ȵi22tᵊu52　周:耳朵ȵi24ʔdu31　上:耳朵ȵi22tu44　松:耳朵ȵi24tu31　黎:耳朵ʔȵij55to31　盛:耳朵ʔȵij55to31　嘉:耳朵ȵi22tu44　双:耳朵ɦŋ̍24tʊ52/ȵiz24tʊ52　杭:耳朵ʔər55tou31　绍:耳朵ȵi23to52　诸:耳朵ɦŋ̍23tɯ52　崇:耳笃ȵiz23tɔʔ4　太:耳笃ȵi22tɔʔ4　余:耳朵ȵi23to52　宁:耳朵ȵiz24to33　黄:耳朵ʔn̩44tᵊu44　温:耳朵ʔŋ̍55to34　衢:耳朵ʔȵi55tu35　华:耳朵ʔn̩54tu31　永:耳朵n̩32toːə22

嘴

宜:嘴tɕyɥ51　溧:嘴tɕyz52　金:嘴巴tsuei33pɑ44　丹:嘴骨tɕyz44kuɛʔ31　童:嘴tʃyɥei324　靖:嘴巴tse33po44　江:嘴巴则tsEɪ52po3tsɜʔ4　常:嘴巴tsɥæe34po44　锡:嘴巴tsɥ33pu55　苏:嘴巴/嘴tsɿ52po23/tsɿ51　熟:嘴巴tʂʮ33pu51　昆:嘴巴tsɥ52po33　霜:嘴巴tsɿ33p^ʏ52　罗:嘴巴tsɿ34p^ʏ52　周:嘴巴tsɿ33ɓo52　上:嘴巴tsɿ33po44　松:嘴巴tsɿ35po31　黎:嘴蒲tsɥ55bu31　盛:嘴蒲tsɿ55bu31　嘉:嘴蒲tsɿ55bu31　双:嘴蒲tsɿ34bu52　杭:嘴巴tsueɪ55pɑ31　绍:嘴蒲tse34bu52　诸:口嘴k'ei33tsɿ52　崇:嘴蒲tsɿ34bʊ52　太:嘴蒲tsɿ33bu44　余:嘴巴tsɿ33bo52　宁:嘴巴tsɥ55po33　黄:姜嘴tɕia~44tsɥ44　温:嘴嘴tsɿ3tsɿ34　衢:嘴巴tsəɪ35pɑ53　华:口蒲k'iɯu54bu24　永:口嘴k'əʊ43tsəɪ32

嘴唇

宜:嘴唇皮tɕyɥ33zəŋ55bij33　溧:嘴唇皮tɕyz54zən33biz34　金:嘴边tsuei35pĩ31　丹:嘴瓣tɕyz44bæ33　童:嘴唇皮tʃyɥei33zəŋ55bij31　靖:嘴唇皮/嘴边tse33zəŋ44bij23/tse35pĩ31　江:嘴唇皮tsEɪ52zEɲ33bij43　常:嘴唇皮tsæe33zəɲ55bij31　锡:嘴唇爿/嘴唇皮tsɥ45zən55bɛ55/tsɥ45zən55bi55　苏:嘴唇皮tsɿ52zən23bij31　熟:嘴唇皮tʂʮ33zẽⁿ55bi31　昆:嘴唇皮tsɿ31zən55bi31　昆:嘴唇皮tsɥ34zən55bi41　霜:嘴唇皮tsɿ23zẽ23bi52　罗:嘴唇皮tsɿ33zẽⁿ55bi31　周:嘴唇皮tsɿ33zəŋ44bi52　上:嘴唇/嘴唇皮tsɿ33zəɲ44/tsɿ33zəɲ55bi31　松:嘴唇皮tsɿ33zəɲ55bi31　黎:嘴唇皮tsɥ54zəɲ33bij11　盛:嘴唇tsɿ55zəɲ31　嘉:嘴唇皮tsɿ33zən55bi31　双:嘴唇皮tsɿ34zən55biz21　杭:嘴唇皮tsueɪ55zən33bi31　绍:嘴唇皮tse33zĩ44bi52　诸:嘴唇tsɿ33zẼĩ52　崇:嘴唇皮tsɿ33zɪŋ55biz31　太:嘴唇皮tsɿ33zeɪŋ55bi31　余:嘴唇皮tsɿ33zeɲ44bi52　宁:嘴巴皮/嘴唇皮/□□皮tsɥ33po44bi55/tsɥ33zɐŋ44bi55/ʔo33mo44bi55　黄:嘴唇tsɥ34zəŋ31　温:嘴唇tsɿ52ɦyoŋ21　衢:嘴唇皮tsəɪ35ʃɥən55bi31　华:口唇皮k'iɯu54tsən22b̥i34　永:口头唇k'əʊ43dəʊ32ɕiɪɲ22

酒窝儿

宜:酒瘪塘tɕiɤɯ33pɪʔ5dAŋ55　溧:酒瘪塘tɕiʌɯ54pɪʔ3dAŋ34　金:酒窝tɕiʌʏ35o31　丹:酒厄tɕʏ44vɛʔ3　童:酒窝tɕiʊ22vʌʏ55　靖:酒塘tsøʏ33dɑŋ44　江:酒潭tsiɜʏ52dɵ33　常:酒塘tɕiɯ34dAɲ44　锡:酒瘪塘tsEi45pɪʔ5dɒ~55　苏:瘪嘴团/酒靥pɪʔ5tsɿ33dɵ31/tɕiɵ52iəʔ3　熟:酒瘪tsiɯ33pɪʔ5　昆:酒窝/酒靥tsy52uoʔ3/tsy52iɪʔ3　霜:酒窝田tsy33^ʏ23dɪ52　罗:酒靥tɕy35iɪʔ3　周:酒靥坛tɕiʏ33i44dɛ52

上：酒靥tɕiɤɯ$_{33}$iɪʔ$_{4}$　松：酒靥tɕiɤɯ$_{35}$iɪʔ$_{\underline{31}}$　黎：酒靥tsieɯ$_{52}$iəʔ$_{5}$　盛：酒靥tsiəʉ$_{52}$iɐʔ$_{3}$　嘉：酒靥儿tɕi^{ə}u$_{44}$ie$_{51}$　双：笑靥潭ɕiɔ$_{32}$ie$_{22}$dE$_{34}$　杭：酒窝儿tɕY$_{55}$u$_{33}$ər$_{31}$　绍：酒窝tɕiɤ$_{34}$uo$_{52}$　诸：酒噎tɕiY$_{44}$iəʔ$_{3}$　崇：酒靥tɕY$_{34}$iEʔ$_{4}$　太：酒靥tɕY$_{33}$ieʔ$_{4}$　余：酒窝田tɕiY$_{44}$o$_{44}$dĩ$_{44}$　宁：老酒潭潭lɔ$_{22}$tɕY$_{44}$dE$_{44}$dE$_{55}$　黄：酒靥tɕiY$_{33}$ie$_{51}$　温：酒潭儿tɕiʌu$_{52}$tʌŋ$_{34}$　衢：酒靥/酒潭tɕiɯ$_{35}$iəʔ$_{5}$/tɕiɯ$_{35}$tə$_{53}$　华：酒窝tɕiɯu$_{54}$uo$_{35}$　永：酒暗tɕiəʊ$_{42}$A$_{55}$

牙齿

宜：牙齿ŋo$_{22}$ts'ɿ$_{53}$　溧：牙齿ŋo$_{32}$ts'ɿ$_{52}$　金：牙齿iɑ$_{35}$ts'ɿ$_{z31}$　丹：牙齿ŋo$_{32}$ts'ɿ$_{24}$　童：牙齿ŋɒ$_{24}$ts'ɿ$_{31}$　靖：牙子ŋo$_{22}$tsɿ$_{44}$　江：牙齿ŋo$_{21}$ts'ɿ$_{43}$　常：牙齿ŋo$_{22}$ts'ɿ$_{44}$　锡：牙齿ŋɑ$_{24}$ts'ɿ$_{31}$　苏：牙子ŋɑ$_{22}$tsɿ$_{44}$　熟：牙齿ŋɑ$_{24}$ts'ɿ$_{31}$　昆：牙齿ŋɑ$_{23}$ts'ɿ$_{41}$　霜：牙齿ŋɑ$_{24}$ts'ɿ$_{31}$　罗：牙齿ŋɑ$_{24}$ts'ɿ$_{31}$　周：牙齿ŋɑ$_{23}$ts'ɿ$_{44}$　上：牙齿ŋA$_{22}$ts'ɿ$_{44}$　松：牙齿ŋɑ$_{22}$ts'ɿ$_{52}$　黎：牙子ŋɒ$_{22}$tsɿ$_{34}$　盛：牙齿ɦɑ$_{22}$ts'ɿ$_{44}$　嘉：牙齿ɦɑ$_{24}$ts'ɿ$_{51}$　双：牙子ɦɑ$_{22}$tsɿ$_{44}$　杭：牙齿ɦiɑ$_{22}$ts'ɿ$_{51}$　绍：牙齿ŋo$_{21}$ts'ɿ$_{33}$　诸：牙齿ŋo$_{31}$ts'ɿ$_{42}$　崇：牙齿ŋY$_{22}$ts'ɿ$_{52}$　太：牙齿ŋo$_{21}$ts'ɿ$_{44}$　余：牙齿ŋo$_{21}$ts'ɿ$_{23}$　宁：牙齿ŋo$_{22}$ts'ɿ$_{44}$　温：牙齿ŋo$_{52}$ts'ɿ$_{34}$　衢：牙齿ŋɑ$_{22}$ts'ɿ$_{35}$　华：牙齿ʔɦuɑ$_{22}$ts'ɿ$_{51}$　永：牙齿ŋʊA$_{32}$ts'ɿ$_{32}$

舌头

宜：舌头zəʔ$_{2}$dɤɯ$_{23}$　溧：舌头szəʔ$_{3}$dei$_{23}$　金：舌头səʔ$_{5}$t'ʌY$_{23}$　丹：舌头sɛʔ$_{\underline{53}}$d̥E^{e}$_{31}$　童：舌头szəʔ$_{\underline{42}}$dei$_{31}$　靖：舌头szəʔ$_{2}$døY$_{23}$　江：舌头zəʔ$_{2}$dEɪ$_{23}$　常：舌头zəʔ$_{2}$dei$_{13}$　锡：舌头zəʔ$_{2}$dEi$_{55}$　苏：舌头zəʔ$_{3}$dəɪ$_{52}$　熟：舌头ʐEʔ$_{2}$dE$_{51}$　昆：舌头zəʔ$_{3}$dE$_{31}$　霜：舌头zəʔ$_{2}$dʌɪ$_{23}$　罗：舌头zɐʔ$_{2}$dʌɪ$_{23}$　周：舌头zəʔ$_{2}$dY$_{23}$　上：舌头zɐʔ$_{2}$dɤɯ$_{23}$　松：舌头zəʔ$_{2}$dɯ$_{52}$　黎：舌头zəʔ$_{3}$dieɯ$_{44}$　盛：舌头zəʔ$_{2}$diəʉ$_{34}$　嘉：舌头zəʔ$_{2}$de$_{23}$　双：舌头zəʔ$_{2}$d^{ə}Y$_{52}$　杭：舌头zəʔ$_{2}$deɪ$_{23}$　绍：舌苔zeʔ$_{2}$t'e$_{52}$　诸：舌头zoʔ$_{2}$dei$_{52}$　崇：舌头dzEʔ$_{2}$dY$_{52}$　太：舌头dzɛʔ$_{2}$dY$_{23}$　余：舌头zɐʔ$_{2}$dY$_{52}$　宁：舌头ʑiɪʔ$_{2}$dœ$_{34}$　黄：口舌tɕ'iɤ$_{31}$ʑiɐʔ$_{4}$　温：口舌k'ʌu$_{25}$ɦi$_{24}$　衢：舌头dʒʮəʔ$_{3}$dəɪ$_{31}$　华：口舌k'iɯu$_{54}$tɕʮe$_{24}$　永：口舌k'əʊ$_{43}$tɕie$_{32}$

喉咙

宜：胡咙ɦu$_{21}$loŋ$_{23}$　溧：喉咙xɦei$_{32}$loŋ$_{23}$　金：喉咙hʌY$_{24}$loŋ$_{23}$　丹：喉咙hE^{e}$_{44}$loŋ$_{44}$　童：喉咙xɦei$_{24}$loŋ$_{31}$　靖：喉咙hɦøY$_{22}$loŋ$_{34}$　江：胡咙βu$_{24}$loŋ$_{31}$　常：胡咙vu$_{21}$loŋ$_{34}$　锡：胡咙ɦu$_{24}$loŋ$_{31}$　苏：喉咙/□咙ɦəɪ$_{22}$loŋ$_{44}$/ɦəʔ$_{3}$loŋ$_{52}$　熟：胡咙ɦu$_{24}$lʊŋ$_{31}$　昆：喉咙ɦəu$_{23}$loŋ$_{41}$　霜：胡咙vu$_{22}$lo^{ŋ}$_{52}$　罗：胡咙ɦu$_{22}$lo^{ŋ}$_{52}$　周：胡咙ɦu$_{23}$loŋ$_{44}$　上：胡咙/喉咙vu$_{22}$lʊŋ$_{44}$/ɦɤɯ$_{22}$lʊŋ$_{44}$　松：胡咙vu$_{22}$lʊŋ$_{52}$　黎：喉咙ɦieɯ$_{22}$loŋ$_{34}$　盛：胡咙ɦu$_{22}$loŋ$_{44}$　嘉：胡咙ɦu$_{22}$loŋ$_{44}$　双：胡咙βu$_{22}$loŋ$_{44}$　杭：喉咙ɦeɪ$_{22}$loŋ$_{51}$　绍：喉咙ɦY$_{21}$lʊŋ$_{33}$　诸：胡咙ɦu$_{31}$loŋ$_{42}$　崇：喉咙/胡咙ɦY$_{22}$lʊ^{ŋ}$_{52}$/vʊ$_{22}$lʊ^{ŋ}$_{52}$　太：胡咙vu$_{21}$lʊŋ$_{44}$　余：喉咙/胡咙ɦY$_{22}$lʊŋ$_{44}$/vu$_{22}$lʊŋ$_{44}$　宁：喉咙(少)/胡咙ɦœY$_{22}$loŋ$_{44}$/vu$_{22}$loŋ$_{44}$　黄：喉咙/喉咙头ɦiY$_{22}$loŋ$_{51}$/ɦiY$_{22}$loŋ$_{33}$diY$_{51}$　温：喉咙/领喉ɦʌu$_{2}$loŋ$_{2}$/lʌŋ$_{22}$ɦʌu$_{2}$　衢：喉咙ɦɤɯ$_{22}$lʌŋ$_{33}$　华：喉咙ʔiɯu$_{32}$loŋ$_{24}$　永：咙沟loŋ$_{32}$kəʊ$_{44}$

口水

宜：馋吐zA$_{22}$t'u$_{53}$　溧：口水/馋吐k'ei$_{52}$ɕy$_{z52}$/zA$_{32}$t'u$_{52}$　金：口水k'ʌY$_{24}$suei$_{23}$　丹：口水/馋吐k'E^{e}$_{52}$s^{ə}u$_{23}$/s^{z}æ$_{22}$t'^{ə}u$_{44}$　童：馋吐szɑ$_{24}$t'u$_{31}$　靖：馋妈/馋吐d̥zæ̃$_{22}$mɑ$_{34}$/d̥zæ̃$_{22}$t'u$_{34}$　江：馋吐水/馋吐zæ$_{21}$t'ɜY$_{33}$ɕy$_{43}$/zæ$_{21}$t'ɜY$_{44}$　常：馋吐zæ$_{22}$t'u$_{44}$　锡：馋吐水zɛ$_{24}$t'ʌY$_{55}$sʮ$_{31}$　苏：馋吐水zE$_{22}$t'ɜu$_{55}$sɿ$_{31}$　熟：馋吐/馋吐水zæ$_{23}$t'ɯ$_{33}$/zæ$_{24}$t'ɯ$_{33}$ʂʮ$_{31}$　昆：馋吐水/馋吐zɛ$_{22}$t'əu$_{55}$sʮ$_{41}$/zɛ$_{22}$t'əu$_{41}$　霜：馋吐水zE$_{22}$t'^{ə}u$_{55}$sɿ$_{31}$　罗：馋吐水ze$_{22}$t'^{ə}u$_{55}$sɿ$_{31}$　周：馋吐水zɛ$_{22}$t'u$_{55}$sɿ$_{31}$　上：馋吐水zE$_{22}$t'u$_{55}$sɿ$_{31}$　松：馋吐水zE$_{22}$t'u$_{55}$sɿ$_{31}$　黎：馋吐水zE$_{22}$t'ɜu$_{44}$sʮ$_{44}$　盛：馋吐水zE$_{22}$t'ɜu$_{44}$sɿ$_{44}$　嘉：馋吐水zE^{ε}$_{22}$

t‘ᵊu$_{55}$sɿ$_{31}$　双：馋吐水zᴇ$_{22}$t‘əu$_{44}$sɿ$_{44}$　杭：口里水/馋吐水k‘eɪ$_{55}$li$_{33}$sueɪ$_{31}$/dzᴇ$_{21}$t‘u$_{23}$sueɪ$_{51}$　绍：口里水/馋吐水k‘ɤ$_{33}$li$_{44}$sɿ$_{52}$/dzæ̃$_{22}$t‘u$_{44}$sɿ$_{52}$　诸：馋浊水zɛ$_{22}$zoʔ$_{2}$sɿ$_{52}$　崇：馋惰水zæ̃$_{22}$du$_{55}$sɿ$_{31}$　太：馋惰水zæ̃$_{22}$du$_{55}$sɿ$_{31}$　余：口流水/馋吐水k‘iɤ$_{44}$liɤ$_{44}$sɿ$_{44}$/zɛ̃$_{22}$t‘u$_{44}$sɿ$_{44}$　宁：馋吐水zᴇ$_{22}$t‘u$_{44}$sʮ$_{55}$　黄：馋zɛ$_{22}$　温：口赖水k‘ʌu$_{33}$lɑ$_{52}$sɿ$_{34}$　衢：唊吐水dæ̃$_{22}$t‘u$_{55}$ʃʮ$_{31}$　华：口水/口吐水k‘iɯu$_{54}$ɕy$_{51}$/k‘iɯu$_{54}$t‘u$_{33}$ɕy$_{51}$　永：下巴水ʔɦᴜᴀ$_{32}$pᴀ$_{32}$ɕʏ$_{32}$

胡子

宜：胡则/胡须ɦu$_{21}$tsə$_{23}$/ɦu$_{21}$ɕy$_{ɥ23}$　溧：胡则vu$_{32}$tsə$_{23}$　金：胡子fu$_{22}$tsɿ$_{z44}$　丹：胡则vu$_{32}$tsɛʔ$_{\underline{24}}$　童：胡子vu$_{24}$tsɿ$_{31}$　靖：胡子βu$_{22}$tsɿ$_{34}$　江：胡则/胡子βu$_{21}$tsɜʔ$_{4}$/βu$_{21}$tsɿ$_{43}$　常：胡则vu$_{21}$tsəʔ$_{4}$　锡：老胡苏lʌ$_{22}$ɦu$_{55}$sʌʏ$_{31}$　苏：胡子/胡苏ɦɜu$_{22}$tsɿ$_{44}$/ɦɜu$_{22}$sɜu$_{44}$　熟：胡子/胡须ɦu$_{24}$tsɿ$_{31}$/vu$_{24}$si$_{31}$　昆：胡子/胡须ɦu$_{23}$tsɿ$_{41}$/ɦəu$_{23}$sy$_{41}$　霜：胡子/胡须ɦu$_{24}$tsɿ$_{31}$/ɦu$_{22}$sy$_{52}$　罗：胡子/胡须/牙须（少）ɦu$_{24}$tsɿ$_{31}$/ɦu$_{22}$ɕy$_{52}$/ŋɑ$_{22}$ɕy$_{52}$　周：胡子/胡苏ɦu$_{23}$tsɿ$_{44}$/ɦu$_{3}$su$_{44}$　上：胡苏/胡子vu$_{22}$su$_{44}$/vu$_{22}$tsɿ$_{44}$　松：胡子vu$_{22}$tsɿ$_{52}$　黎：胡须/胡子vu$_{22}$si$_{j44}$/vu$_{22}$tsɿ$_{34}$　盛：胡子ɦu$_{22}$tsɿ$_{44}$　嘉：胡子/胡须ɦu$_{24}$tsɿ$_{51}$/ɦu$_{22}$ɕi$_{44}$　双：胡子βu$_{22}$tsɿ$_{44}$　杭：胡须/胡子βu$_{22}$ɕy$_{51}$/βu$_{22}$tsɿ$_{51}$　绍：胡苏/胡则vu$_{22}$su$_{51}$/vu$_{22}$tsəɿ$_{5}$　诸：胡苏ɦu$_{31}$su$_{42}$　崇：胡苏vu$_{21}$su$_{23}$　太：胡苏vu$_{21}$su$_{23}$　余：胡须vu$_{22}$ɕy$_{44}$　宁：牙苏ŋo$_{22}$su$_{51}$　黄：胡苏ɦu$_{25}$su$_{51}$　温：胡须vʊ$_{22}$sɿ$_{44}$　衢：胡子ɦu$_{22}$tsɿ$_{35}$　华：胡须ʔɦu$_{21}$ɕy$_{35}$　永：胡须/胡苏

脖子

宜：颈根tɕiŋ$_{35}$kəŋ$_{31}$　溧：颈根tɕin$_{52}$kən$_{52}$　金：颈根tɕiŋ$_{35}$kəŋ$_{31}$　丹：颈根tɕiŋ$_{35}$kɛn$_{31}$　童：颈根/颈箍tɕiŋ$_{31}$kəŋ$_{33}$/tɕiŋ$_{31}$kʌʏ$_{33}$　靖：颈根儿tɕiŋ$_{33}$kɑŋ$_{44}$　江：颈根tɕiŋ$_{52}$kᴇɲ$_{33}$　常：颈根/头颈骨tɕiɲ$_{34}$kəɲ$_{44}$/dei$_{22}$tɕiɲ$_{44}$kuəʔ$_{5}$　锡：颈根tɕin$_{33}$kən$_{55}$　苏：颈根/头颈tɕiɪn$_{52}$kən$_{23}$/dəɪ$_{22}$tɕiɪn$_{44}$　熟：颈颈tɕĩ^{ɲ}$_{33}$tɕĩ^{ɲ}$_{51}$　昆：头颈骨dᴇ$_{22}$tɕin$_{55}$koʔ$_{\underline{31}}$　霜：颈骨tɕĩ$_{33}$kuəʔ$_{4}$　罗：头颈骨dʌɪ$_{22}$tɕɪ^{n}$_{55}$kuɐʔ$_{\underline{31}}$　周：头颈骨dɤ$_{22}$tɕiɪŋ$_{44}$kuəʔ$_{\underline{52}}$　上：头颈/头颈骨dɤɯ$_{22}$tɕiɲ$_{44}$/dɤɯ$_{22}$tɕiɲ$_{55}$kuɐʔ$_{\underline{31}}$　松：头颈dɯ$_{23}$tɕiɲ$_{44}$　黎：头颈/头颈骨dieɯ$_{22}$tɕiəɲ$_{52}$/dieɯ$_{22}$tɕiəɲ$_{55}$kuəʔ$_{2}$　盛：头颈diəʉ$_{22}$tɕɪɲ$_{52}$　嘉：头颈管/头颈de$_{24}$tɕin$_{33}$kuɤə$_{31}$/de$_{24}$tɕin$_{31}$　双：头颈d^{ə}ʏ$_{22}$tɕɪn$_{52}$　杭：头颈deɪ$_{23}$tɕɪn$_{51}$　绍：项颈ɦɒŋ$_{23}$tɕɪŋ$_{52}$　诸：项颈ɦɒ̃$_{22}$tɕĩ$_{52}$　崇：头颈dʏ$_{21}$tɕiŋ$_{23}$　太：头颈/头颈核dʏ$_{21}$tɕiŋ$_{23}$/dʏ$_{24}$tɕiŋ$_{33}$ɦɛʔ$_{\underline{31}}$　余：头颈dɤ$_{22}$tɕiɲ$_{52}$　宁：头颈dœʏ$_{22}$tɕɪŋ$_{51}$　黄：头颈diɤ$_{23}$tɕiɪŋ$_{31}$　温：头颈dʌu$_{52}$tɕiʌŋ$_{34}$　衢：项颈ʔ^{ɦ}ɒ̃$_{45}$tɕi^{ɲ}$_{35}$　华：项颈ʔᴀŋ$_{54}$tɕiɪn$_{51}$　永：头颈d̥əʊ$_{43}$tɕiɪɲ$_{32}$

肩膀

宜：肩胛tɕɪ$_{55}$kᴀ$_{55}$　溧：肩胛tɕi$_{44}$kᴀʔ$_{5}$　金：肩膀tɕĩ$_{44}$pɑŋ$_{23}$　丹：肩膀tɕɪ$_{44}$pɑŋ$_{44}$　童：肩膊tɕɪ$_{33}$poʔ$_{5}$　靖：肩头tɕĩ$_{44}$døʏ$_{23}$　江：肩街tɕɪ$_{52}$kæ$_{33}$　常：肩胛tɕɪ$_{55}$kɑʔ$_{3}$　锡：肩胛tɕɪ$_{21}$kɑ$_{23}$　苏：肩胛tɕɪ$_{55}$kɒ$_{31}$　熟：肩胛tɕie$_{55}$kɑ$_{51}$　昆：肩胛tɕɪ$_{44}$kɑ$_{41}$　霜：肩胛tɕɪ$_{55}$kɑ$_{31}$　罗：肩胛tɕi$_{55}$kɑ$_{31}$　周：肩胛tɕi$_{44}$kɑ$_{52}$　上：肩胛tɕi$_{55}$kᴀ$_{31}$　松：肩胛tɕi$_{55}$kɑ$_{31}$　黎：肩胛tɕiɪ$_{55}$kᴀʔ$_{2}$　盛：肩胛tɕiɪ$_{55}$kɑʔ$_{3}$　嘉：肩胛tɕie$_{52}$kɑ$_{22}$　双：肩胛tɕɪ$_{44}$kɑ$_{44}$　杭：肩膀tɕie$_{34}$pᴀŋ$_{51}$　绍：肩胛tɕĩ$_{33}$kəʔ$_{5}$　诸：攀肩p‘ɛ$_{52}$tɕiɪ$_{42}$　崇：肩胛头tɕiẽ$_{53}$kᴇʔ$_{4}$dʏ$_{52}$　太：肩胛头tɕiẽ$_{52}$kɛʔ$_{3}$dʏ$_{34}$　余：肩客头tɕĩ$_{33}$k‘ɐʔ$_{4}$dʏ$_{52}$　宁：肩胛头/肩胛tɕi$_{z33}$kɐʔ$_{5}$dœʏ$_{31}$/tɕi$_{z33}$kɐʔ$_{5}$　黄：肩膀头tɕie$_{33}$pɒ̃$_{44}$diɤ$_{51}$　温：肩胛头tɕi$_{55}$kɑ$_{33}$dʌu$_{21}$　衢：肩膀tɕie$_{43}$pɒ̃$_{35}$　华：肩膀/肩头tɕie$_{33}$pᴀŋ$_{55}$/tɕie$_{32}$tiɯu$_{24}$　永：拍烟头p‘ᴀ$_{\underline{43}}$ie$_{44}$dəʊ$_{322}$

胳膊

宜：手臂sʏɯ$_{53}$pi$_{j31}$　溧：手臂sei$_{44}$p‘i$_{z31}$　金：膀子pɑŋ$_{22}$tsɿ$_{z44}$　丹：手臂sᴇ^{e}$_{44}$pi$_{z23}$　童：手膀子/手膀sei$_{35}$p‘ɑŋ$_{33}$tsɿ$_{31}$/sei$_{35}$p‘ɑŋ$_{31}$　靖：手膀子ɕøʏ$_{33}$pɑŋ$_{44}$tsɿ$_{52}$　江：手sᴇɪ$_{45}$　常：手臂sei$_{34}$pi$_{j44}$　锡：手臂sᴇɪ$_{45}$pi$_{55}$　苏：臂膊pi$_{j55}$po$_{31}$　熟：手臂膊/手臂膀ʂɯ$_{33}$pi$_{55}$poʔ$_{\underline{31}}$/ʂɯ$_{33}$pi$_{55}$pᴀ̃$_{31}$　昆：手臂

巴sE52pi55po41　霜:臂膊pi33pʌɤ52　罗:手臂膊sʌɪ33pi55poʔ31　周:手臂膊/手臂巴/臂巴sɤ33ɓi23ɓoʔ52/sɤ33ɓi23ɓɤ52/ɓi33ɓɤ52　上:手臂巴sɤɯ33pi55po31　松:手臂巴sɯ33pi55po31　黎:臂膊pij52poʔ5　盛:臂巴pij33po52　嘉:臂巴pi33po51　双:臂巴piz33pʊ52　杭:手膀seɪ55p'ʌŋ51　绍:手膀sɤ34p'ɒŋ52　诸:手梗sei33kÃ52　崇:手骨ɕY33kuEʔ4　太:手骨ɕY33kuɛʔ4　余:手骨儿sɤ33kuÃ53　宁:手骨儿ɕY55kuã31　黄:手臂ɕiu33pij44　温:手臂ɕiu52pi21　衢:手骨ɕiɯ35kuəʔ5　华:手臂ɕiɯu54pij35　永:手臂ɕiəʊ42pi54

背心

宜:背梁脊骨pɐɪ33liʌŋ55tɕiɪʔ3kuəʔ3　溧:背pæE412　金:背心pei44ɕiŋ44　丹:背心pæ21ɕiŋ22　童:背杨/后背杨pei34ɦiɑŋ55/ɦei23pei44ɦiɑŋ55　靖:背pe51　江:背朗头/背行头/背心pEI45lAŋ33dEI31/pEI45ɦAŋ33dEI31/pEI45siɲ31　常:背/背心pæe51/pæe35ɕiɲ31　锡:背皮头pE45bi55dEi31　苏:背心pE55siɪn31　熟:背心里pE55sĩɲ33li31　昆:背心pE44sin41　霜:背心pʌɪ33sĩ52　罗:背心/背脊骨pʌɪ35sɪn31/pʌɪ33tɕɪʔ5kuɐʔ31　周:背脊骨pe33tɕiɪʔ4kuəʔ52　上:背心/背脊骨pE33ɕiɲ44/pE33tɕiɪʔ5kuəʔ31　松:背脊骨/后背心pe33tɕiɪʔ5kuəʔ31/ɦɯ22pe22ɕiɲ52　黎:背心pE33siəɲ52　盛:背心pE33ɕɪɲ52　嘉:背脊骨pe33tɕiəʔ4kuoʔ5　双:背脊/背脊儿pəɪ33tɕieʔ53/pəɪ32tɕie34　杭:背脊peɪ34tɕiɪʔ51　绍:背脊pe33tɕɪʔ5　诸:背脊心pe33tɕiəʔ4ɕĩ52　崇:背心/背脊心pe33ɕiŋ23/pe33tɕiEʔ3ɕiŋ52　太:背脊pe55tɕi33　余:背冬/背心pe44tʊŋ44/pe44ɕiɲ44　宁:背脊登pe55tɕiɪʔ3tɐŋ33　黄:背脊pe33tɕiʌʔ4　温:背肩心pæi33tɕi52sʌŋ44　衢:背脊心pəɪ45tɕiəʔ5ɕiⁿ31　华:背脊peɪ33tɕiəʔ5　永:背脊pəɪ43tsəɪ32

脊柱

宜:算盘珠珠se33be55tɕyɥ33tɕyɥ33　溧:脊梁骨/背脊tɕiɪʔ5lie33kuə34/pæE54tɕiɪ34　金:脊梁/脊柱/算盘珠tɕieʔ5ȵiɑŋ23/tɕieʔ4tsᵊu44/suæ̃52p'õ23tsᵊu44　丹:脊柱tɕɪʔ3tsᵊu33　童:脊梁骨tɕiɪʔ3liɑŋ44koʔ5　靖:算命珠珠/背脊骨sũ24miŋ33tɕyɥ33tɕyɥ31/pe44tsɪʔ4kuəʔ5　江:脊柱/背脊骨/算盘珠珠/脊梁骨tsɪʔ53dʑy31/pEI45tsɪʔ3kuзʔ2/sɵ45bɵ33tɕy33tɕy31/tsɪʔ5liAŋ42kuзʔ2　常:脊梁骨tɕiɪʔ4liAɲ55kuəʔ31　锡:脊梁骨tsɪʔ4liã34koʔ5　苏:背梁脊骨/背脊骨pE55liÃ55tɕiəʔ4kuəʔ2/pE55tɕiəʔ5kuəʔ2　熟:背梁脊骨pE55liA˜33tsɪʔ3koʔ31　昆:脊梁骨tsɪʔ4liã34kuəʔ4　霜:背脊骨pʌɪ34tsɪʔ3kuəʔ31　罗:脊梁骨tɕɪʔ3lia˜55kuɐʔ31　周:脊柱/背脊骨tɕiɪʔ4ʑy44/ɓe33tɕiɪʔ4kuəʔ52　上:脊柱/脊锥骨tɕiɪʔ3zɿ44/tɕiɪʔ3tsE55kuəʔ31　松:背脊骨pe33tɕiɪʔ5kuəʔ31　黎:背脊骨pE33tsɪʔ5kuəʔ2　盛:脊锥骨tsɪʔ3tsE55kuəʔ2　嘉:脊梁tɕiəʔ3liA˜44　双:背梁骨/背脊骨tɕieʔ5liã55kuəʔ21/pəɪ33tɕiz33kuəʔ52　杭:脊梁骨tɕiɪʔ3liAŋ23kuɐʔ51　绍:脊柱骨tɕɪʔ4dʑyɥ4kuəʔ5　诸:背栋骨pe44toŋ44koʔ5　崇:背脊骨pe33tɕiEʔ3kuEʔ4　太:背脊骨pe55tɕieʔ3kuɛʔ4　余:脊柱骨/背脊骨/背栋骨tɕɪʔ4zɿ44kɔʔ4/pe44tɕɪʔ4kɔʔ4/pe44tʊŋ44kɔʔ4　宁:颈颇骨/背脊骨tɕɪŋ33hE55kuɐʔ31/pEI55tɕiɪʔ3kuɐʔ31　黄:背脊骨pe33tɕiʌʔ3kɔʔ4　温:背肩心骨pæi33tɕi33sʌŋ55kɵ24　衢:背脊骨pəɪ45tɕiəʔ5kuəʔ5　华:背脊骨peɪ45tɕiəʔ5kuoʔ24　永:背脊人骨pəɪ43tsəɪ32noŋ32kuə32

胸脯

宜:胸口头/胸前头ɕioŋ55k'ɤɯ33dɤɯ31/ɕioŋ55ʑĩ55dɤɯ55　溧:心口/胸口ɕin44k'ei52/ɕioŋ44k'ei52　金:胸口/心口ɕioŋ52k'ʌY23/ɕiŋ52k'ʌY23　丹:胸/胸口ɕioŋ22/ɕioŋ44k'Eᵉ44　童:胸脯/胸膛ɕioŋ53fu31/ɕioŋ53dɑŋ31　靖:胸门口/胸口头ɕioŋ44məŋ44k'øY44/ɕioŋ44k'øY44døY52　江:胸膛/胸脯/胸口头ɕioŋ52dAŋ33/ɕioŋ52bu33/ɕioŋ52k'EI33dEI43　常:胸脯/胸门头/胸前头ɕioŋ55bu31/ɕioŋ55məɲ33dei31/ɕioŋ55ʑɪ33dei31　锡:胸脯头ɕioŋ21bʌY11dEi23　苏:胸口头/胸前头ɕioŋ55kəɪ55dəɪ31/ɕioŋ55ʑɪ55dəɪ31　熟:胸脯/胸口/胸门头/胸口头ɕiʊŋ55bu31/ɕiʊŋ55k'E51/ɕiʊŋ55mẽⁿ55dE51/ɕiʊŋ55 kʻE33dE31　昆：胸脯çioŋ44bu41　霜：胸脯çioᵑ55bu31　罗：胸脯/胸脯头çioᵑ55bu31/çioᵑ55bu33dʌɪ31　周：胸口çioŋ55kʻɤ31　上：胸口çiʊŋ55kʻɤɯ31　松：胸脯/胸膛çiʊŋ33pʻu52/çiʊŋ33dɑ̃52　黎：胸蒙çioŋ44moŋ52　盛：胸蒙头çioŋ44moŋ44diəʉ44　嘉：胸忙头çioŋ44mA˜44de31　双：胸口头çioŋ44kʻᵊY44dᵊY44　杭：胸脯çioŋ34pʻu51　绍：胸口头çiʊŋ32kʻɤ34dɤ52　诸：胸脯çioŋ52bu42　崇：胸空头çiʊᵑ52kʻʊᵑ34dɤ52　太：胸空头çiʊŋ52kʻʊŋ33dɤ52　余：胸空头çiʊŋ32kʻʊŋ22dɤ52　宁：胸管头çioŋ33ku55dœY31　黄：胸部/胸头板çyoŋ55bu33/çyoŋ44diɤ44pɛ51　温：胸çyᵘɔ44　衢：胸脯/心头çyᴧŋ43bu53/çiᵑ43dəɪ53　华：胸脯çyoŋ33pʻu51　永：胸脯头çioŋ55bʊ22dəʊ322

胸口

宜：胸口头/心口头çioŋ55kʻɤɯ33dɤɯ31/çiŋ55kʻɤɯ33dɤɯ31　溧：胸口/心口çioŋ44kʻei52/çin44kʻei52　金：胸口/心口çioŋ52kʻʌɤ23/çiŋ52kʻʌɤ23　丹：心口çiŋ44kʻEᵉ44　童：胸口çioŋ53kʻei31　靖：心口头/胸门口/胸口头siŋ44kʻøY44døY44/çioŋ44məŋ44kʻøY44/çioŋ44kʻøY44døY23　江：胸口头çioŋ52kʻEɪ33dEɪ43　常：心口çiɲ55kʻei31　锡：心口sin21kʻEi23　苏：胸口çioŋ55kʻəɪ31　熟：胸口çiʊŋ55kʻE31　昆：心口/心口头sin44kʻE41/sin44kʻE44dE41　霜：胸口/心口çioᵑ55kʻʌɪ31/sĩ55kʻʌɪ31　罗：心口头/胸口头sɪⁿ55kʻʌɪ33dʌɪ31/çioᵑ55kʻʌɪ33dʌɪ31　周：胸口/心口çioŋ55kʻɤ31/çiɪŋ55kʻɤ31　上：胸口/胸口头/心口/心口头çiʊŋ55kʻɤɯ31/çiʊŋ55kʻɤɯ33dɤɯ31/çiɲ55kʻɤɯ31/çiɲ55kʻɤɯ33dɤɯ31　松：胸口/胸口头/心口/心口头çiʊŋ55kʻɯ31/çiʊŋ55kʻɯ33dɯ31/çiɲ55kʻɯ31/çiɲ55kʻɯ33dɯ31　黎：心底头siəɲ44tiⱼ44dieɯ44　盛：胸口头/心口头çioŋ44kʻiəʉ44diəʉ44/çɪɲ44kʻiəʉ44diəʉ44　嘉：胸口头/心口头çioŋ55kʻe33de31/çin55kʻe33de31　双：胸口/心口çioŋ44kʻᵊY44/çɪn44kʻᵊY44　杭：心口/心窝膛çɪn33kʻeɪ51/çɪn32u23dʌŋ51　绍：胸空头/心空头çiʊŋ32kʻʊŋ34dɤ52/çɪŋ32kʻʊŋ34dɤ52　诸：胸空头çioŋ52kʻoŋ44dei52　崇：胸空头çiʊᵑ53kʻʊᵑ34dɤ52　太：胸空头çiʊŋ52kʻʊŋ33dɤ52　余：胸口/心口/胸空头çiʊŋ32kʻiɤ23/çiɲ32kʻiɤ23/çiʊŋ32kʻʊŋ22dɤ52　宁：胸管头çioŋ33ku55dœY31　黄：胸头çyoŋ33diɤ51　温：心口/心头sʌŋ52kʌŋ34/sʌŋ44dʌu24　衢：心头孔çiⁿ43dəɪ55kʻʌŋ35　华：胸口/心口/心头çyoŋ33kʻiɯu51/çiɪn33kʻiɯu51/çiɪn32diɯu35　永：胸脯头çioŋ55bʊ22dəʊ322

汗毛

宜：寒毛ɦe21mɑɤ23　溧：寒毛ɦʊ32mɑʏ23　金：汗毛hæ̃52mɑᵓ23　丹：寒毛həŋ44mɒ44　童：汗毛ɦʊ22mɐɤ55　靖：汗毛hɦũ35mɒ31　江：汗毛ɦɵ24mɒ31　常：汗毛ɦɔ21mɑɤ13　锡：汗毛ɦo22mʌ55　苏：寒毛ɦɵ22mæ44　熟：寒毛ɦɤ24mɔ31　昆：寒毛ɦɵ23mɔ41　霜：寒毛ɦᴧɤ22mɔ52　罗：寒毛ɦᴧɤ22mɔ52　周：寒毛ɦø23mɔ44　上：寒毛管/寒毛ɦø22mɔ55kø31/ɦø22mɔ44　松：汗毛ɦø23mɔ44　松：寒毛ɦɵ22mʌᵓ24　盛：寒毛ɦɵ22mʌɑ44　嘉：寒毛ɦɤə22mɔ44　双：寒毛ɦE22mɔ44　杭：寒毛ɦE21mɔ23　绍：汗毛ɦɵ̃21mɑɒ33　诸：寒毛ɦɤ21mɔ23　崇：寒毛ɦœ̃22mɑɒ52　太：寒毛ɦœ̃21mɑɒ44　余：寒毛ɦɵ̃22mɒ44　宁：寒毛ɦœY22mɔ44　黄：毛mɒ22　温：汗毛ɦy52mɜ21　衢：汗毛ɦə45mɔ31　华：汗毛ʔuə54mɑʊ24　永：毛珠mʌʊ43tɕY44

左手

宜：左手/济手tsu35sɤɯ31/tɕiⱼ35sɤɯ31　溧：左手/济手tsʌɯ52sei52/tɕiz52sei52　金：左手/济手/反手tso24sʌɤ23/tɕiz52sʌɤ23/fæ̃24sʌɤ23　丹：左手/济手tsʻʌɤ21sEᵉ22/tɕiz21sEᵉ22　童：左手/济手tsʻʌɤ35sei31/tɕiⱼ33sei55　靖：寄手/寄笔子/左手tɕiⱼ52søY34/tɕiⱼ55pɪʔ5tsʅ31/tsʌɤ35ɕøY34　江：济手/左手tsiⱼ45sEɪ31/tsɜY52sEɪ33　常：左手/济手tsʌɯ34sei44/tɕiⱼ55sei31　锡：左手/寄手tsʌɤ55sEi/tɕi55sEi31　苏：左手/济手tsɜu55səɪ31/tsiⱼ55səɪ31　熟：济手tsi55ʂɯ31　昆：左手/济手tsəu34sE41/tsi34sE41　霜：左手/济手tsᵊu33sʌɪ52/tsi55sʌɪ31　罗：左手/济手tsᵊu55sʌɪ31/tsi55sʌɪ31　周：左手/济手tsu35sɤ31

/tɕi35sʏ31 上:左手/假手tsu33sʏɯ44/kA33sʏɯ44 松:左手/济手tsu55sɯ31/tɕi55sɯ31 黎:济手tsij33sieɯ52 盛:左手/济手tsɜu55siəʉ31/tɕij33ɕiəʉ52 嘉:假手/假只手/济手/左手kɑ44se33/kɑ44tsAʔ4se31/tɕi35se31/tsᵊu44se33 双:左手/借手tsəu33sᵒʏ52/tɕiɑ33sᵒʏ52 杭:借手tɕiɑ34seɪ51 绍:借手tɕia43sʏ33 诸:假手tɕiA33sei53 崇:借手tɕiɑ33ɕʏ23 太:借手tɕiɑ52ɕʏ33 余:借手tɕiA55sʏ31 宁:借只手/左手/借手tɕia55tsɐʔ3ɕʏ33/tsəʊ55ɕʏ33/tɕia55ɕʏ33 黄:左手/济手tsᵊu55ɕiʏ31/tɕij33ɕiʏ51 温:支手tsˡi52ɕiu34 衢:反手fæ35ʃɥɯ31 华:左手/借手/假手tsuo45ɕiɯu51/tɕiɑ33ɕiɯu51/k'uɑ54ɕiɯu51 永:反手fʌ43ɕiəʊ32

右手

宜:右手/顺手ɦiʏɯ21sʏɯ23/ʑyĩ21sʏɯ23 溧:右手/顺手ɦiʌɯ32sei52/ʑyn32sei52 金:右手/顺手/正手iʌʏ52sʌʏ23/səŋ52sʌʏ23/tsəŋ52sʌʏ23 丹:右手/顺手ʏ21sEᵉ22/suɛn41sEᵉ21 童:右手/顺手iʊ44sei44/ʒyɥəŋ22sei55 靖:右手ʔøʏ52ɕøʏ34 江:右手ɦiɜʏ24sEI31 常:右手ɦiɯ21sei13 锡:右手/顺手ɦiʌʏ22sEi55/zən22sEi 苏:右手/顺手ɦiɵ22səɪ44/zən22səɪ44 熟:右手ɦiɯ24ʂɯ31 昆:右手/顺手ɦɪ23sE41/zən23sE41 霜:右手ɦy24sʌɪ31 罗:右手ɦy24sʌɪ31 周:右手ɦiʏ24sʏ31 上:右手/顺手ɦiʏɯ22sʏɯ44/zəɲ22sʏɯ44 松:右手ɦiɯ23sɯ44 黎:顺手zəɲ21sieɯ52 盛:右手/顺手ʔiəʉ33ɕiəʉ52/zəɲ22ɕəiʉ52 嘉:顺手/右手zən24se31/ʔiᵊu55se31 双:右手/顺手ɦiz22sᵒʏ52/zən32sᵒʏ52 杭:任手ɹən23seɪ51 绍:顺手zəŋ21sʏ23 诸:顺手zẽĩ22sei52 崇:顺手zɪŋ22ɕʏ23 太:顺手zeŋ21ɕʏ23 余:正手tseɲ55sʏ31 宁:顺只手/顺只手骨/右手/顺手zoŋ22tsɐʔ5ɕʏ33/zoŋ22tsɐʔ5ɕʏ33kuɐʔ31/ɦʏ24ɕʏ33/zoŋ22ɕʏ51 黄:右手/顺手ʔiu55ɕiu31/zəŋ33ɕiu31 温:右手/顺手ɦiʌu52ɕiu34/ɦyoŋ52ɕiu34 衢:顺手ʒɥən45ʃɥɯ31 华:右手/正手ɦiɯu22ɕiɯu51/tsən35ɕiɯu51 永:正手tɕiɪɲ43ɕiəʊ32

手指头

宜:手则头sʏɯ33tsəʔ5dʏɯ55 溧:手指头sei54tsɿ33dei34 金:手指头sʌʏ35tsɿz32t'ʌʏ23 丹:手指头sEᵉ33tsɿ44dEᵉ23 童:手指头sei33tsɿ55dei31 靖:手节头ɕøʏ33tsɪʔ4døʏ52 江:手节头sEI52tsɪʔ3dEI43 常:手节头sei33tɕiɪʔ5dei31 锡:手节头sEi45tsɪʔ5dEi31 苏:手节头səɪ52tɕiəʔ23dəɪ31 熟:手节头ʂɯ33tsɪʔ5dE51 昆:手节头sE52tsɪʔ4dE41 霜:手节头sʌɪ44tsɪ44dʌɪ52 罗:手指头/手节头/节头骨sʌɪ33tsɿ55dʌɪ31/sʌɪ33tsɪʔ5dʌɪ31/tsɪʔ3dʌɪ55kuɐʔ31 周:手节头/节头管sʏ33tɕiɪʔ4dʏ52/tɕiɪʔ3dʏ55kue31 上:手指头/手节头sʏɯ33tsɿ55dʏɯ31/sʏɯ33tɕiɪʔ5dʏɯ31 松:节头骨tɕiɪʔ3dɯ55kuəʔ31 黎:节头管tsɪʔ3dieɯ55kɵ31 盛:节头骨tsɪʔ3diəʉ55kuəʔ2 嘉:手节头/节头管se44tɕiəʔ4de31/tɕiəʔ3de44kuʏə51 双:节头管tɕieʔ5dᵒʏ55kuE21 杭:手指头seɪ55tsɿ33deɪ31 绍:手指头sʏ33tsɿ44dʏ52 诸:手则头sei33tsɐʔ33dei52 崇:手指头ɕʏ34tsɿ55dʏ31 太:手指头ɕʏ33tsɿ44dʏ44 余:手指头/手末头sʏ44tsɿ44dʏ4/sʏ44mɐʔ4dʏ44 宁:手指末头ɕʏ33tsɿ44mɐʔ4dœʏ55 黄:手指头/手末头ɕiu33tsɿ55diʏ31/ɕiu33mɐʔ2diʏ23 温:手指头儿ɕiu33tsɿ52dʌu22ŋ̍2 衢:末竹头məʔ2tʃɥəʔ5təɪ31 华:手指头ɕiɯu54tsɿ33diɯu35 永:手节头ɕiəʊ43tsə32dəʊ322

指甲

宜:指掐tsɿ33k'Aʔ4 溧:手指掐sei54tsɿ33k'ɑ34 金:指掐tsɿ33k'ɑʔ4 丹:指掐tsɿ35k'ɑʔ21 童:指掐tsɿ33k'Aʔ5 靖:手节掐ɕøʏ33tsɪʔ4k'ɑʔ5 江:节掐则/节掐tsɪʔ5kɑʔ5tsɜʔ5/tsɪʔ5kɑʔ5 常:则掐/节掐tsəʔ4kɑʔ5/tɕiɪʔ4kɑʔ5 锡:节甲则tsɪʔ4tɕiɑʔ5tsəʔ5 苏:节掐子tsɪʔ5k'Aʔ5tsɿ55 熟:手节掐ʂɯ3tsɪʔ5k'Aʔ5 昆:手节掐sE52tsɪʔ3k'Aʔ5 霜:节掐子tsɪʔ4k'Aʔ3tsɿ52 罗:手指掐sʌɪ33tsɿ55k'Aʔ31 周:节掐子tɕiɪʔ3k'ɑʔ5tsɿ31 上:手指掐sʏɯ33tsɿ55k'ɐʔ31 松:节指掐/节掐指tɕiɪʔ4tsɿ44k'æʔ52/tɕiɪʔ4k'æʔ4tsɿ44 黎:指掐tsɿ52k'Aʔ5 盛:指甲/指爪tsɿ52tɕiɑʔ3/tsɿ52tsÃɑ24 嘉:指掐/指爪tsɿ33 k'ᴀʔ$_{5}$/tsɿ$_{33}$tsɔ$_{51}$　双：指爪tsɿ$_{34}$tsɔ$_{52}$　杭：手指掐seɪ$_{55}$tsɿ$_{33}$k'ɐʔ$_{\underline{31}}$　绍：手指掐sʏ$_{33}$tsɿ$_{44}$k'ᴀʔ$_{5}$　诸：手指掐sei$_{33}$tsɿ$_{44}$k'ɐʔ$_{5}$　崇：手指掐ɕʏ$_{34}$tsɿ$_{55}$k'æʔ$_{\underline{31}}$　太：手指掐ɕʏ$_{33}$tsɿ$_{44}$k'ɛʔ$_{4}$　余：手指掐sʏ$_{44}$tsɿ$_{44}$k'æʔ$_{44}$　宁：指掐tsɿ$_{55}$k'ɐʔ$_{3}$　黄：指甲tsɿ$_{31}$kɛʔ$_{4}$　温：指甲tsɿ$_{25}$kɑ$_{24}$　衢：指甲tsɿ$_{35}$kæʔ$_{5}$　华：手指甲/指甲ɕiɯu$_{54}$tsɿ$_{33}$kuɑ$_{35}$/tsɿ$_{55}$tɕiɑ$_{31}$　永：手节甲ɕiəʊ$_{43}$tsə$_{\underline{32}}$kuᴀ$_{43}$

手掌

宜：手心sʏɯ$_{33}$ɕiŋ$_{44}$　溧：手底板心sei$_{54}$ti$_{z33}$pᴀ$_{33}$ɕin$_{34}$　金：手心/手巴掌sʌʏ$_{24}$ɕiŋ$_{52}$/sʌʏ$_{33}$pɑ$_{44}$tsɑŋ$_{31}$　丹：手心sE^{e}$_{21}$ɕiŋ$_{22}$　童：手心sei$_{35}$ɕiŋ$_{31}$　靖：手掌心ɕøʏ$_{33}$tɕiæ̃$_{55}$siŋ$_{31}$　江：手心底/手心底里sᴇɪ$_{52}$siɲ$_{33}$ti$_{j43}$/sᴇɪ$_{52}$siɲ$_{33}$ti$_{j44}$li$_{j44}$　常：手心sei$_{34}$ɕiɲ$_{44}$　锡：手心sᴇi$_{45}$sin$_{55}$　苏：手心səɪ$_{52}$ɕiɪn$_{23}$　熟：手心ʂɯ$_{33}$sĩ^{n}$_{51}$　昆：手心sᴇ$_{52}$sin$_{33}$　霜：手心底sᴀɪ$_{44}$sĩ$_{44}$ti$_{52}$　罗：手心底sᴀɪ$_{33}$ɕɪ^{n}$_{55}$ti$_{31}$　周：手心sʏ$_{33}$ɕiɪŋ$_{52}$　上：手心/手底心sʏɯ$_{33}$ɕiɲ$_{44}$/sʏɯ$_{33}$ɕiɲ$_{55}$ti$_{31}$　松：手心sɯ$_{35}$ɕiɲ$_{31}$　黎：手心sieɯ$_{55}$siəɲ$_{31}$　盛：手心ɕiəʉ$_{44}$ɕɪɲ$_{44}$　嘉：手心se$_{44}$ɕin$_{51}$　双：手心/手板s^{o}ʏ$_{34}$ɕɪn$_{52}$/s^{o}ʏ$_{24}$pᴇ$_{52}$　杭：手心/手底板seɪ$_{55}$ɕɪn$_{31}$/seɪ$_{55}$ti$_{33}$pᴇ$_{31}$　绍：手底板sʏ$_{33}$ti$_{43}$pæ̃$_{52}$　诸：手板底心sei$_{33}$pɛ$_{33}$ti$_{z44}$ɕĩ$_{52}$　崇：手底板ɕʏ$_{33}$tiᴇʔ$_{5}$pæ̃$_{31}$　太：手底板ɕʏ$_{33}$ti$_{44}$pæ̃$_{44}$　余：手底心/手心/手底板sʏ$_{44}$ti$_{44}$ɕiɲ$_{44}$/sʏ$_{33}$ɕiɲ$_{52}$/sʏ$_{44}$ti$_{44}$pɛ̃$_{44}$　宁：手天心ɕʏ$_{33}$t'i$_{44}$ɕiŋ$_{55}$　黄：手掌ɕiu$_{44}$tsɒ̃$_{44}$　温：手掌心ɕiu$_{33}$tɕi$_{52}$sᴀŋ$_{44}$　衢：手底心/手掌心/手斗心ʃʮɯ$_{33}$ti$_{55}$ɕi^{n}$_{31}$/ʃʮɯ$_{55}$tʃʮã$_{35}$ɕi^{n}$_{31}$/ʃʮɯ$_{33}$təɪ$_{55}$ɕi^{n}$_{31}$　华：手心/手巴掌ɕiɯu$_{54}$ɕiɪn$_{35}$/ɕiɯu$_{54}$pɯɑ$_{33}$tsᴀŋ$_{51}$　永：手掌ɕiəʊ$_{43}$tɕiᴀŋ$_{32}$

大拇指

宜：大则头do$_{22}$tsəʔ$_{2}$dʏɯ$_{53}$　溧：大拇手指头dʌɯ$_{32}$m̩$_{22}$sei$_{22}$tsɿ$_{22}$dei$_{23}$　金：大拇指tɑ$_{44}$mu$_{24}$tsɿ$_{z23}$　丹：大拇指/大拇指头tʌʏ$_{43}$mo$_{22}$tsɿ$_{44}$/tʌʏ$_{44}$mo$_{44}$tsɿ$_{44}$dE^{e}$_{23}$　童：大拇指dʌʏ$_{22}$mʌʏ$_{55}$tsɿ$_{31}$　靖：大拇指/大拇指头dʌʏ$_{24}$mʌʏ$_{33}$tsɿ$_{31}$/dʌʏ$_{24}$mʌʏ$_{33}$tsɿ$_{33}$døʏ$_{44}$　江：大节头dɜʏ$_{24}$tsɪʔ$_{3}$dᴇɪ$_{31}$　常：大拇指/大手节头dʌɯ$_{21}$mʌɯ$_{11}$tsɿ$_{23}$/dʌɯ$_{21}$sei$_{11}$tɕiɪʔ$_{2}$dei$_{23}$　锡：大手节头/大拇指dʌʏ$_{22}$sᴇi$_{55}$tsɪʔ$_{55}$dᴇi$_{55}$/dʌʏ$_{22}$mʌʏ$_{55}$tsɿ$_{31}$　苏：大没节头dɜu$_{22}$məʔ$_{5}$tsɪʔ$_{4}$dəɪ$_{31}$　熟：老手节头lɔ$_{22}$ʂɯ$_{55}$tsɪʔ$_{5}$dᴇ$_{31}$　昆：老乌节头/大节头/大面节头lɔ$_{22}$u$_{55}$tsɪʔ$_{5}$dᴇ$_{41}$/du$_{22}$tsɪʔ$_{5}$dᴇ$_{41}$/du$_{22}$mɪ$_{55}$tsɪʔ$_{5}$dᴇ$_{41}$　霜：大节头骨d^{ə}u$_{22}$tsɪʔ$_{3}$dᴀɪ$_{55}$kuəʔ$_{\underline{31}}$　罗：大节头骨/大节没头du$_{22}$tsɪʔ$_{5}$kuɐʔ$_{3}$dᴀɪ$_{31}$/du$_{22}$tsɪʔ$_{5}$mɐʔ$_{3}$dᴀɪ$_{31}$　周：大节头管du$_{22}$tɕiɪʔ$_{5}$dʏ$_{55}$kue$_{31}$　上：大手节头du$_{22}$sʏɯ$_{55}$tɕiiʔ$_{3}$dʏɯ$_{31}$　松：大节头骨du$_{22}$tɕiɪʔ$_{22}$dɯ$_{55}$kuəʔ$_{\underline{31}}$　黎：大面节头管dɜu$_{22}$miɪ$_{22}$tsɪʔ$_{3}$dieɯ$_{55}$kɵ$_{31}$　盛：大密节头dɜu$_{22}$mɪʔ$_{5}$tsɪʔ$_{3}$diəʉ$_{31}$　嘉：大节没头/大指没头dəu$_{22}$tɕiəʔ$_{4}$miəʔ$_{5}$de$_{31}$/d^{ə}u$_{22}$tsɿ$_{44}$məʔ$_{5}$de$_{31}$　双：大拇节头管dəu$_{22}$m̩$_{55}$tɕieʔ$_{3}$d^{o}ʏ$_{33}$kuᴇ$_{31}$　杭：大米指头dɑ$_{22}$mi$_{55}$tsɿ$_{33}$deɪ$_{31}$　绍：大手指头do$_{22}$sʏ$_{44}$tsɿ$_{44}$dʏ$_{52}$　诸：大拇手则头dɯ$_{22}$m̩$_{22}$sei$_{4}$tsɐʔ$_{4}$dei$_{52}$　崇：大手指头dʏ$_{22}$ɕʏ$_{34}$tsɿ$_{55}$dʏ$_{31}$　太：大手指头dɯ$_{22}$ɕʏ$_{44}$tsɿ$_{44}$dʏ$_{44}$　余：大手没头dou$_{22}$sʏ$_{44}$mɐʔ$_{4}$dʏ$_{44}$　宁：大指末头dəʊ$_{22}$tsɿ$_{44}$mɐʔ$_{4}$dœʏ$_{55}$　黄：大拇指/大指d^{ə}u$_{23}$mo$_{33}$tsɿ$_{31}$/d^{ə}u$_{23}$tsɿ$_{31}$　温：头枚指头儿/头□指头儿dʌu$_{33}$mæi$_{33}$tsɿ$_{52}$dʌu$_{22}$ŋ̍$_{2}$/dʌu$_{33}$mɑ$_{33}$tsɿ$_{52}$dʌu$_{22}$ŋ̍$_{2}$　衢：大末竹du$_{24}$məʔ$_{3}$tʃʮəʔ$_{2}$　华：大指曼头/大指头doə$_{22}$tsɿ$_{33}$mæ̃$_{32}$tiɯu$_{35}$/doə$_{24}$tsɿ$_{44}$tiɯu$_{51}$　永：大节头doə$_{32}$tsə$_{\underline{43}}$dəʊ$_{22}$

小拇指

宜：小则头ɕiɑʏ$_{33}$tsəʔ$_{5}$dʏɯ$_{55}$　溧：小拇手指头ɕiɑ^{ʏ}$_{54}$m̩$_{33}$sei$_{33}$tsɿ$_{33}$dei$_{34}$　金：小拇指ɕiɑ^{ɔ}$_{33}$mu$_{44}$tsɿ$_{z23}$　丹：小拇指/小拇指头ɕiɒ$_{44}$mo$_{44}$tsɿ$_{44}$/ɕiɒ$_{44}$mo$_{44}$tsɿ$_{44}$dE^{e}$_{23}$　童：小拇指ɕiɐʏ$_{31}$mʌʏ$_{33}$tsɿ$_{31}$　靖：小拇指头/小拇指siɒ$_{33}$mʌʏ$_{44}$tsɿ$_{33}$døʏ$_{44}$/siɒ$_{33}$mʌʏ$_{44}$tsɿ$_{34}$　江：小节头siɒ$_{52}$tsɪʔ$_{3}$dᴇɪ$_{43}$　常：小拇指/小手节头ɕiɑʏ$_{33}$mʌɯ$_{55}$tsɿ$_{31}$/ɕiɑʏ$_{33}$sei$_{55}$tɕiɪʔ$_{55}$dei$_{42}$　锡：小手节头siᴀ$_{45}$sᴇi$_{55}$tsɪʔ$_{5}$dᴇi$_{55}$　苏：小没节头ɕiɛ$_{52}$məʔ$_{\underline{23}}$tsɪʔ$_{4}$dəɪ$_{31}$　熟：小手节头siɔ$_{33}$ʂɯ$_{55}$tsɪʔ$_{5}$dᴇ$_{31}$　昆：小乌指/小拇指/小面节头siɔ$_{52}$u$_{34}$tsɿ$_{41}$/siɔ$_{52}$mu$_{34}$tsɿ$_{41}$/siɔ$_{52}$mɪ$_{34}$tsɪʔ$_{5}$dᴇ$_{41}$　霜：小节头骨siɔ$_{33}$tsɪʔ$_{3}$dᴀɪ$_{55}$kuəʔ$_{\underline{31}}$　罗：小节头/小节没

头siɔ33tsɪʔ5dʌɪ31/siɔ33tsɪʔ5mɐʔ3dʌɪ31　周：小节头管ɕiɔ33tɕiɪʔ5dɤ55kue31　上：小手节头/小拇指ɕiɔ33sɤɯ55tɕiɪʔ3dɤɯ31/ɕiɔ33m̩55tsɿ31　松：小节头骨ɕiɔ33tɕiɪʔ3dɯ55kuəʔ31　黎：小节没头/小面节头管siᴀᵓ54tsɪʔ3məʔ3dieɯ31/siᴀᵓ54miɪ33tsɪʔ3dieɯ33kɵ31　盛：小密节头骨siᴀɑ55mɪʔ3tsɪʔ3diəʉ33kuəʔ2　嘉：小节没头/小指没头ɕiɔ44tɕiəʔ4məʔ5de31/ɕiɔ44tsɿ44miəʔ5de31　双：小拇节头管ɕiɔ33m̩55tɕieʔ3dᶱʏ33kuᴇ31　杭：小米指头ɕiɔ55mi33tsɿ33deɪ31　绍：小手指头ɕiɑɒ33sʏ44tsɿ44dʏ52　诸：小拇手则头ɕiɔ33m̩33sei44tsɐʔ4dei52　崇：小手指头ɕiɑᶛ33ɕʏ34tsɿ55dʏ31　太：小手指头ɕiɑɒ33ɕʏ33tsɿ55dʏ31　余：小手没头ɕiɒ44sʏ44mɐʔ4dʏ44　宁：小指没头ɕiɵ33tsɿ44mɐʔ4dœʏ55　黄：小拇指/小指ɕiɒ33mo33tsɿ31/ɕiɒ34tsɿ31　温：小枚指头儿ɕiɛ33mæi33tsɿ52dʌu22ŋ̍2　衢：小末竹ɕiɑ55məʔ3tʃʮəʔ2　华：小指曼头/小指头ɕiɑʊ54tsɿ33mæ̃32diɯu35/ɕiɑʊ54tsɿ33diɯu35　永：小节头ɕiəʊ43tsə32dəʊ325

大腿

宜：大腿du21tʻɐɪ23　溧：大腿dʌɯ32tʻæᴇ52　金：大腿tɑ44tʻuei323　丹：大腿tʌʏ41tʻᴇᵉ21　童：大脚髈dʌʏ22tɕiᴀʔ5pʻɑŋ31　靖：大脚髈dʌʏ24tɕiɑʔ5pʻɑŋ31　江：大髈肚则/大腿dɜʏ24pʻᴀᵑ33dɜʏ33tsɜʔ2/dɜʏ24tʻᴇɪ31　常：大腿dʌɯ21tʻæe13　锡：大腿dʌʏ22tʻᴇ55　苏：大髈/大腿dɜu22pʻᴀ̃44/dɜu22tᴇ44　熟：大髈dɯ24pʻᴀ̃31　昆：大腿/大脚髈/大髈dəu22tʻᴇ41/dəu22tɕiᴀʔ5pʻã41/dəu22pʻã41　霜：大腿dᵊu24tʻʌɪ31　罗：大腿du22tʻʌɪ52　周：老腿/大腿lɔ24tʻe31/du24tʻe31　上：大腿/大髈du22tʻᴇ44/du22pʻᴀ̃ⁿ44　松：大腿du23tʻe44　黎：大腿/大髈dɜu22tʻᴇ52/dɜu22pʻɑ̃52　盛：大腿dɜu22tʻᴇ52　嘉：大腿dᵊu24tʻe31　双：大腿dəu22tʻəɪ52　杭：大腿/大脚髈dou23tʻeɪ51/dou22tɕiɪʔ5pʻᴀŋ31　绍：大脚髈do21tɕiᴀʔ3pʻɒŋ33　诸：大腿dɯ22tʻe52　崇：大腿dʏ22tʻe23　太：大腿dɯ24tʻe31　余：大腿髈/腿髈/大脚□dou22tʻe44pʻɒ̃44/tʻe44pʻɒ̃44/dou22tɕiᴀʔ44kuᴀ44　宁：大脚让肚/大脚bəʊ22tɕiɪʔ4ȵiã44du55/dəʊ22tʻᴇɪ44　黄：大腿/脚肚dᵊu23tʻe31/tɕieʔ31dᵊu51　温：大腿dɑ52tʻæi34　衢：大腿du45tʻəɪ35　华：大腿doə13tʻeɪ51　永：大腿doə32tʻəɪ32

小腿

宜：小腿ɕiɑʏ53tʻɐɪ31　溧：小腿ɕiɑʸ52tʻæᴇ52　金：小腿ɕiɑᵓ24tʻuei23　丹：小腿ɕiɒ44tʻᴇᵉ44　童：小脚髈ɕiɐʏ34tɕiᴀʔ4pʻɑŋ55　靖：小脚髈siɒ33tɕiɑʔ4pʻɑŋ55　江：小腿/脚siɒ52tʻᴇɪ33/tɕiɑʔ5　常：小腿ɕiɑʏ34tʻæe44　锡：小腿siᴀ45tʻᴇ55　苏：小髈/小腿ɕiɛ53pʻᴀ̃31/ɕiɛ52tʻᴇ23　熟：小腿siɔ35tʻᴇ31　昆：小腿/小髈ɕiɔ52tʻᴇ33/siɔ52pʻã41　霜：小腿/黄鱼肚siɔ33tʻʌɪ52/ɦuɒ̃22ŋ̍23dəu52　罗：小腿/黄鱼肚皮siɔ33tʻʌɪ52/ɦuɒ̃22ŋ̍55dᵊu33bi31　周：小腿/脚髈/老腿ɕiɔ35tʻe31/tɕiɑʔ4pʻɒ̃44/lɔ24tʻe31　上：小腿/小髈ɕiɔ33tʻᴇ44/ɕiɔ33pʻᴀ̃ⁿ44　松：小腿/黄鱼肚皮ɕiɔ44tʻe44/vɑ̃22ŋ̍55du33bi31　黎：小腿/小髈siᴀᵓ55tʻɛ31/siᴀᵓ55pʻɑ̃31　盛：小腿siᴀɑ55tʻᴇ31　嘉：小腿ɕiɔ44tʻe33　双：小腿ɕiɔ34tʻəɪ52　杭：小腿/小脚髈ɕiɔ55tʻeɪ31/ɕiɔ55tɕiɪʔ3pʻᴀŋ31　绍：小脚髈ɕiɑɒ34tɕiᴀʔ4pʻɒŋ52　诸：小脚善肚/脚善肚ɕiɔ44tɕiɐʔ4ze44du31/tɕiɐʔ4ze33du52　崇：脚善肚tɕiɑʔ3zœ̃34du52　太：脚善肚tɕiɑʔ3zœ̃44du52　余：小腿髈/小脚髈/小脚□ɕiɒ44tʻe44pʻɒ̃44/ɕiɒ44tɕiɐʔ4pʻɒ̃44/ɕiɒ44tɕiɐʔ4kuᴀ44　宁：小脚让肚/小腿ɕiɵ33tɕiɪʔ4ȵiã44du55/ɕiɵ33tʻᴇɪ44　黄：小腿/脚肚子ɕiɒ34tʻe31/tɕieʔ3dᵊu33tsɿ51　温：脚肚趾儿tɕiɑ3dəu52tsɿ22ŋ̍2　衢：小腿ɕiɑ55tʻəɪ35　华：小腿ɕiɑʊ54tʻeɪ51　永：小腿ɕiᴀʊ43tʻəɪ32

膝盖

宜：膝馒头/曲馒头tɕʻiɪʔ5me55dɤɯ55/tɕʻiɔʔ5me55dɤɯ55　溧：膝头馒tɕʻiɪʔ5dei33mʊ34　金：膝盖/隔肌头tɕʻieʔ4kɛᵉ44/kəʔ4tɕiz44tʻʌʏ23　丹：膝盖/膝盖头tɕʻɪʔ5kæ33/tɕʻɪʔ5kæ44dᴇᵉ23　童：脚膝馒头tɕiᴀʔ4tɕʻiɪʔ5mʊ33dei55　靖：膝盖/膝馒头tsʻɪʔ5kæ51/tsʻɪʔ5mũ5døʏ31　江：脚膝馒头/膝馒头tɕiɑʔ5tsʻɪʔ5me44dᴇɪ31/tsʻɪʔ5me42dᴇɪ31　常：脚馒头tɕiɑʔ33mɔ11dei23　锡：膝馒头tsʻɪʔ4mo34dᴇɪ55

苏：脚馒头tɕiAʔ$_5$mɵ$_{23}$dəɪ$_{31}$　熟：脚馒头tɕiAʔ$_3$mʏ$_{55}$dE$_{31}$　昆：脚馒头tɕiAʔ$_4$mɵ$_{34}$dE$_{41}$　霜：脚馒头tɕiAʔ$_3$mɪ$_{23}$dʌɪ$_{52}$　罗：脚馒头tɕiAʔ$_3$mʌʏ$_{55}$dʌɪ$_{31}$　周：脚馒头tɕiɑʔ$_3$me$_{55}$dʏ$_{31}$　上：脚馒头tɕiɪʔ$_3$mø$_{55}$dʏɯ$_{31}$　松：脚馒头tɕiAʔ$_4$me$_{44}$dɯ$_{52}$　黎：脚馒头/娘舅tɕiAʔ$_5$mɵ$_{44}$dieɯ$_{51}$/ȵiɛ̃$_{22}$dʑiɯ$_{34}$　盛：脚馒头tɕiɑʔ$_3$mɵ$_{44}$diəʉ$_{44}$　嘉：脚馒头/娘舅(少)tɕiAʔ$_3$mʏə$_{44}$de$_{51}$/ȵiA˜$_{24}$dʑiᵊu$_{51}$　双：膝钵头ɕieʔ$_5$pəʔ$_5$dᵊʏ$_{21}$　杭：脚窠头/膝窠头tɕiɪʔ$_3$kʻu$_{23}$deɪ$_{51}$/ɕiɪʔ$_3$kʻu$_{23}$deɪ$_{51}$　绍：脚窠头tɕiAʔ$_4$kʻo$_{44}$dʏ$_{52}$　诸：脚窠头tɕiɐʔ$_3$kʻɯ$_{44}$dei$_{52}$　崇：脚窠头tɕiɑʔ$_3$kʻʏ$_{34}$dʏ$_{52}$　太：脚窠头tɕiɑʔ$_3$kʻɯ$_{44}$dʏ$_{52}$　余：脚阔头tɕiAʔ$_4$kʻoʔ$_{44}$dʏ$_{52}$　宁：脚窠头tɕiɪʔ$_5$kʻəʊ$_{33}$dœʏ$_{31}$　黄：脚块头tɕieʔ$_3$kʻue$_{33}$diʏ$_{51}$　温：脚坎头tɕiɑ$_{33}$kʻɵ$_{52}$dʌu$_{34}$　衢：踏末事头kʻəʔ$_5$məʔ$_2$sɿ$_{33}$təɪ$_{35}$　华：脚膝踝tɕiəʔ$_5$tɕʻiəʔ$_3$koə$_{35}$　永：脚窠头tɕiAʊ$_{43}$kʻoə$_{44}$dəʊ$_{32}$

脚

宜：脚tɕiɔʔ$_{45}$　溧：脚tɕiɑʔ$_5$　金：脚tɕiɑʔ$_4$　丹：脚tɕiɑʔ$_3$　童：脚tɕiAʔ$_5$　靖：脚tɕiɑʔ$_5$　江：脚tɕiɑʔ$_5$　常：脚tɕiɑʔ$_5$　锡：脚tɕiɑʔ$_5$　苏：脚tɕiAʔ$_5$　熟：脚tɕiAʔ$_5$　昆：脚tɕiAʔ$_5$　霜：脚tɕiAʔ$_5$　罗：脚tɕiAʔ$_5$　周：脚tɕiɑʔ$_5$　上：脚tɕiɪʔ$_5$　松：脚tɕiAʔ$_5$　黎：脚tɕiAʔ$_5$　盛：脚tɕiɑʔ$_5$　嘉：脚tɕiAʔ$_{54}$　双：脚tɕiAʔ$_{54}$　杭：脚tɕiɪʔ$_5$　绍：脚tɕiAʔ$_5$　诸：脚tɕiɐʔ$_5$　崇：脚/脚骨tɕiɑʔ$_{45}$/tɕiɑʔ$_3$kuEʔ$_4$　太：脚/脚骨tɕiɑʔ$_{45}$/tɕiɑʔ$_3$kuɛʔ$_5$　余：脚tɕiɐʔ$_5$　宁：脚/脚骨tɕiɪʔ$_5$/tɕiɪʔ$_5$kuɐʔ$_3$　黄：脚tɕieʔ$_5$　温：脚tɕiɑʔ$_{423}$　衢：脚骨tɕiAʔ$_4$kuəʔ$_5$　华：脚tɕiəʔ$_4$　永：脚tɕiAʊ$_{434}$

脚趾

宜：脚则头tɕiɔʔ$_3$tsəʔ$_3$dʏɯ$_{55}$　溧：脚趾头tɕiɑʔ$_5$tsɿ$_{33}$dei$_{34}$　金：脚趾头tɕiɑʔ$_4$tsɿ$_{z32}$tʻʌʏ$_{23}$　丹：脚指头tɕiɑʔ$_3$tsɿ$_{44}$dEᵉ$_{23}$　童：脚指头tɕiɑʔ$_{53}$tsɿ$_{33}$dei$_{31}$　靖：脚节头tɕiɑʔ$_5$tsɪʔ$_5$døʏ$_{31}$　江：脚则头/脚节头tɕiɑʔ$_5$tsɜʔ$_5$dEɪ$_{43}$/tɕiɑʔ$_5$tsɪʔ$_5$dEɪ$_{43}$　常：脚则头tɕiɑʔ$_5$tsəʔ$_5$dei$_{31}$　锡：脚节头tɕiɑʔ$_4$tsɪʔ$_5$dEi$_{55}$　苏：脚节头tɕiAʔ$_5$tɕiəʔ$_5$dəɪ$_5$　熟：脚节头tɕiAʔ$_3$tsɪʔ$_5$dE$_{31}$　昆：脚节头tɕiAʔ$_3$tsɪʔ$_5$dE$_{41}$　霜：脚节头tɕiAʔ$_3$tsɪʔ$_3$dʌɪ$_{52}$　罗：脚节头/脚节没头tɕiAʔ$_3$tsɪʔ$_5$dʌɪ$_{31}$/tɕiAʔ$_3$tsɪʔ$_5$mɐʔ$_3$dʌɪ$_{31}$　周：脚节头tɕiɑʔ$_3$tɕiɪʔ$_5$dʏ$_{31}$　上：脚节头tɕiɪʔ$_3$tɕiɪʔ$_5$dʏɯ$_{31}$　松：脚节头tɕiAʔ$_4$tɕiɪʔ$_4$dɯ$_{52}$　黎：脚节头tɕiAʔ$_5$tsɪʔ$_3$dieɯ$_{31}$　盛：脚节头tɕiɑʔ$_5$tsɪʔ$_3$diəʉ$_{31}$　嘉：脚节头tɕiAʔ$_3$tɕiəʔ$_5$de$_{31}$　双：脚节头tɕiAʔ$_5$tɕieʔ$_5$dᵊʏ$_{21}$　杭：脚指头tɕiɪʔ$_3$tsɿ$_{55}$deɪ$_{31}$　绍：脚指头tɕiAʔ$_4$tsɿ$_{44}$dʏ$_{52}$　诸：脚则头tɕiɐʔ$_3$tsɐʔ$_5$dei$_{31}$　崇：脚指头tɕiɑʔ$_3$tsɿ$_{34}$dʏ$_{52}$　太：脚指头tɕiɑʔ$_3$tsɿ$_{44}$dʏ$_{52}$　余：脚指没头tɕiɐʔ$_4$tsɿ$_{44}$mɐʔ$_4$dʏ$_{44}$　宁：脚指末头tɕiɪʔ$_3$tsɿ$_{44}$mɐʔ$_4$dœʏ$_{55}$　黄：脚末头tɕieʔ$_3$mɐʔ$_2$diʏ$_{23}$　温：脚趾头儿tɕiɑ$_3$tsɿ$_{52}$dʌu$_{22}$ŋ̍$_2$　衢：脚末竹头/脚末竹tɕiAʔ$_5$məʔ$_2$tʃʮəʔ$_5$təɪ$_{31}$/tɕiAʔ$_5$məʔ$_2$tʃʮəʔ$_5$　华：脚指头/脚指蔓头tɕiɔʔ$_3$tsɿ$_{44}$diɯu$_{51}$/tɕiɔʔ$_4$tsɿ$_{33}$mæ̃$_{32}$diɯu$_{35}$　永：脚节头tɕiAʊ$_{43}$tɕie$_{43}$dəʊ$_{32}$

奶

宜：奶/奶奶头/奶头则nA$_{24}$/nA$_{21}$nA$_{11}$dʏɯ$_{23}$/nA$_{21}$dʏɯ$_{11}$tsə$_{23}$　溧：奶奶nA$_{24}$lA$_{52}$　金：奶nɛᵉ$_{323}$　丹：奶nɑ$_{213}$　童：奶奶ʔnɪɑ$_{53}$naɪ$_{55}$/nɒ$_{24}$nɒ$_{31}$　靖：奶奶ʔnæ$_{44}$ʔnæ$_{44}$　江：奶ʔnæ$_{45}$　常：奶ʔnɑ$_{334}$　锡：奶nɑ$_{213}$　苏：奶/奶奶nɑ$_{31}$/nɑ$_{22}$nɑ$_{44}$　熟：奶nɑ$_{31}$　昆：奶nɑ$_{21}$　霜：奶nɑ$_{213}$　罗：奶nɑ$_{213}$　周：奶奶/奶nɑ$_{22}$nɑ$_{44}$/nɑ$_{113}$　上：奶奶nA$_{22}$nA$_{44}$　松：奶nɑ$_{113}$　黎：奶nɒ$_{32}$　盛：奶nɑ$_{22}$　嘉：奶nɑ$_{223}$　双：奶奶ʔnɑ$_{32}$nɑ$_{34}$　杭：奶奶ʔnE$_{32}$nE$_{23}$　绍：奶奶ʔna$_{34}$na$_{52}$　诸：奶奶nA$_{22}$nA$_{44}$　崇：奶奶nɑ$_{23}$nɑ$_{52}$　太：奶奶nɑ$_{21}$nɑ$_{44}$　余：奶奶nA$_{22}$nA$_{44}$　宁：奶/奶奶脯na$_{113}$/nɑ$_{22}$na$_{44}$bu$_{55}$　黄：奶ʔnA$_{44}$　温：奶/奶奶nɑ$_{24}$/nɑ$_3$nɑ$_{34}$　衢：奶nɛ$_{35}$　华：奶奶nɛ$_{21}$nɛ$_{24}$　永：奶ȵiA$_{32}$

肚子

宜：肚皮du$_{21}$bi$_{j23}$　溧：肚皮dʌɯ$_{32}$bi$_{z23}$　金：肚子/肚皮tᵊu$_{44}$tsɿ$_{z52}$/tᵊu$_{52}$pʻi$_{z23}$　丹：肚皮tᵊu$_{41}$bi$_{z21}$　童：肚皮dʌʏ$_{22}$bi$_{j55}$　靖：肚皮du$_{22}$bi$_{j44}$　江：肚皮dɜʏ$_{24}$bi$_{j31}$　常：肚皮du$_{21}$di$_{j13}$　锡：肚皮

dʌʏ$_{22}$bi$_{55}$ 苏:肚皮dɜu$_{22}$bi$_{j44}$ 熟:肚皮dɯ$_{22}$bi$_{51}$ 昆:肚皮dəu$_{22}$bi$_{44}$ 霜:肚皮dᵊu$_{22}$bi$_{52}$ 罗:肚皮dᵊu$_{22}$bi$_{52}$ 周:肚皮du$_{22}$bi$_{52}$ 上:肚皮du$_{22}$bi$_{44}$ 松:肚皮du$_{24}$bi$_{31}$ 黎:肚皮dɜu$_{23}$bi$_{j33}$ 盛:肚皮dɜu$_{23}$bi$_{j33}$ 嘉:肚皮dᵊu$_{22}$bi$_{51}$ 双:肚皮dəu$_{22}$bi$_{z52}$ 杭:肚皮dou$_{23}$bi$_{51}$ 绍:肚皮du$_{23}$bi$_{52}$ 诸:肚皮du$_{22}$bi$_{z52}$ 崇:肚皮du$_{23}$bi$_{z52}$ 太:肚皮du$_{21}$bi$_{44}$ 余:肚皮du$_{22}$bi$_{52}$ 宁:肚皮du$_{24}$bi$_{33}$ 黄:肚皮/调肚dᵊu$_{23}$bi$_{j31}$/diɒ$_{23}$dəu$_{44}$ 温:肚dᵊu$_{24}$ 衢:肚皮du$_{24}$bi$_{31}$ 华:肚皮du̥$_{24}$bi$_{j31}$ 永:乌肚ʊ$_{43}$dʊ̥$_{32}$

肚脐眼儿

宜:肚皮眼du$_{22}$bi$_{j22}$ŋA$_{53}$ 溧:肚脐眼/肚皮眼du$_{32}$ʑi$_{z22}$ŋA$_{23}$/du$_{32}$bi$_{z22}$ŋA$_{23}$ 金:肚脐眼/肚皮眼tᵊu$_{33}$tɕʻi$_{z44}$æ̃$_{23}$/tᵊu$_{33}$pʻi$_{z44}$æ̃$_{23}$ 丹:肚皮眼/□d̥ᵊu$_{33}$bi$_{z44}$ŋæ$_{23}$/tʻaŋ$_{22}$ 童:肚皮眼dʌʏ$_{22}$bi$_{j55}$ŋɑ$_{113}$ 靖:肚脐眼du$_{24}$zi$_{j33}$ŋæ̃$_{23}$ 江:肚脐眼dɜʏ$_{24}$zi$_{j33}$ŋæ$_{31}$ 常:肚脐眼du$_{21}$dʑi$_{j11}$ŋæ$_{13}$ 锡:肚脐眼dʌʏ$_{21}$zi$_{23}$ŋɛ$_{55}$ 苏:肚皮眼/肚脐眼dɜu$_{22}$bi$_{j55}$ŋE$_{31}$/dɜu$_{22}$zi$_{j55}$ŋE$_{31}$ 熟:肚脐眼/肚皮眼dɯ$_{22}$zi$_{55}$ŋæ$_{31}$/dɯ$_{22}$bi$_{55}$ŋæ$_{31}$ 昆:肚脐眼/肚肌眼dᵊu$_{22}$zi$_{55}$ŋɛ$_{31}$/bəu$_{22}$tɕi$_{55}$ŋɛ$_{31}$ 霜:肚脐眼dᵊu$_{22}$zi$_{23}$ŋE$_{52}$ 罗:肚脐眼dᵊu$_{22}$zi$_{55}$ŋe$_{31}$ 周:肚皮眼/肚脐眼du$_{22}$bi$_{55}$ŋɛ$_{31}$/du$_{22}$tɕi$_{55}$ŋɛ$_{31}$ 上:肚脐眼/肚皮眼du$_{22}$ʑi$_{55}$ŋE$_{31}$/du$_{22}$bi$_{55}$ŋE$_{31}$ 松:肚脐眼du$_{22}$ʑi$_{55}$ŋE$_{31}$ 黎:肚皮眼/肚脐眼dɜu$_{23}$bi$_{j33}$ŋE$_{44}$/dɜu$_{23}$zi$_{j33}$ŋE$_{44}$ 盛:肚脐眼dɜu$_{22}$zi$_{j55}$ŋE$_{31}$ 嘉:肚脐眼dəu$_{22}$dʑi$_{55}$ŋE$_{31}$ 双:肚皮眼dəu$_{22}$bi$_{z55}$ŋE$_{21}$ 杭:肚皮眼dou$_{22}$bi$_{55}$ŋE$_{31}$/dou$_{22}$bi$_{55}$ŋE$_{33}$ər$_{31}$ 绍:肚皮眼du$_{22}$bi$_{44}$ŋæ̃$_{52}$ 诸:肚皮眼du$_{22}$bi$_{z44}$ŋɛ$_{52}$ 崇:肚脐眼du$_{23}$dʑi$_{z55}$ŋæ̃$_{31}$ 太:肚脐眼du$_{22}$dʑi$_{44}$ŋæ̃$_{44}$ 余:肚脐眼/肚皮眼du$_{22}$dʑi$_{44}$ŋẽ$_{44}$/du$_{22}$bi$_{44}$ŋẽ$_{44}$ 宁:肚脐眼du$_{22}$dʑi$_{z44}$ŋE$_{55}$ 黄:肚脐孔/肚脐dᵊu$_{22}$ʑi$_{j33}$koŋ$_{44}$/dᵊu$_{23}$ɦi$_{j31}$ 温:肚脐咳dᵊu$_{33}$zʲi$_{55}$kʻe$_{52}$ 衢:肚脐窟窿du$_{24}$sʅ$_{33}$kʻəʔ$_{4}$lʌŋ$_{35}$ 华:肚脐洞/肚脐du̥$_{24}$dʑi$_{j33}$doŋ$_{31}$/du̥$_{24}$ɕi$_{j31}$ 永:肚脐眼dʊ̥$_{43}$ɕʑi$_{44}$ŋA$_{325}$

肠子

宜:肚肠du$_{21}$zAŋ$_{23}$ 溧:肚肠du$_{32}$zA$_{23}$ 金:肠子/肚肠子tsʻɑŋ$_{22}$tsʅ$_{44}$/tᵊu$_{52}$tsʻɑŋ$_{23}$tsʅ$_{44}$ 丹:肚肠/肠则dəu$_{32}$zæ$_{24}$/dzæ$_{32}$tsɛʔ$_{\underline{24}}$ 童:肠肠/肠子/肚肠dzaŋ$_{24}$zaŋ$_{31}$/dzaŋ$_{24}$tsʅ$_{31}$/dʌʏ$_{21}$zaŋ$_{23}$ 靖:肠子dʑiæ̃$_{22}$tsʅ$_{34}$ 江:肚肠dɜʏ$_{24}$zAᵑ$_{31}$ 常:肚肠du$_{21}$dzAɲ$_{13}$ 锡:肚肠dʌʏ$_{22}$zã$_{55}$ 苏:肚肠dɜu$_{22}$zÃ$_{44}$ 熟:肚肠dɯ$_{22}$dzA͂$_{51}$ 昆:肚肠dəu$_{22}$zã$_{41}$ 霜:肚肠dᵊu$_{22}$za͂$_{52}$ 罗:肚肠dᵊu$_{22}$za͂$_{52}$ 周:肚肠du$_{22}$zA͂$_{52}$ 上:肚肠du$_{22}$zÃⁿ$_{44}$ 松:肚肠du$_{24}$zɑ͂$_{31}$ 黎:肚肠dɜu$_{23}$zɑ͂$_{33}$ 盛:肚肠dɜu$_{23}$zɑ͂$_{33}$ 嘉:肚肠dᵊu$_{22}$zA͂$_{51}$ 双:肚肠dəu$_{24}$zã$_{52}$ 杭:肚肠du$_{23}$dzAŋ$_{51}$ 绍:肚肠du$_{23}$dzaŋ$_{52}$ 诸:肚肠du$_{22}$dzÃ$_{52}$ 崇:肚肠du$_{23}$dzA͂$_{52}$ 太:肚肠du$_{21}$dzAŋ$_{44}$ 余:肚肠du$_{22}$dzÃ$_{52}$ 宁:肚肠du$_{24}$dʑiã$_{33}$ 黄:肚肠dəu$_{23}$ɦia͂$_{31}$ 温:肚肠dᵊu$_{52}$dʑi$_{21}$ 衢:肚肠du$_{24}$dʒɥã$_{31}$ 华:肠/肚肠dʑiAŋ$_{213}$/du̥$_{24}$dʑiAŋ$_{31}$ 永:肚肠dʊ̥$_{32}$dʑiAŋ$_{22}$

脚背

宜:脚背tɕiɔʔ$_{5}$peɪ$_{324}$ 溧:脚背tɕiɑʔ$_{5}$pæE$_{31}$ 金:脚背tɕiɑʔ$_{4}$pei$_{44}$ 丹:脚背tɕiɑʔ$_{5}$pæ$_{23}$ 童:脚背tɕiAʔ$_{5}$pɑ$_{55}$ 靖:脚背tɕiɑʔ$_{5}$pe$_{51}$ 江:脚背tɕiɑʔ$_{5}$pEɪ$_{23}$ 常:脚背tɕiɑʔ$_{\underline{53}}$pæe$_{31}$ 锡:脚背tɕiɑʔ$_{5}$pE$_{55}$ 苏:脚背tɕiAʔ$_{5}$pE$_{52}$ 熟:脚背tɕiAʔ$_{3}$pE$_{34}$ 昆:脚背tɕiAʔ$_{5}$pE$_{31}$ 霜:脚背tɕiAʔ$_{4}$pʌɪ$_{23}$ 罗:脚背头tɕiAʔ$_{3}$pʌɪ$_{24}$dʌɪ$_{52}$ 周:脚背/脚板tɕiɑʔ$_{4}$ɓe$_{44}$/tɕiɑʔ$_{4}$ɓɛ$_{44}$ 上:脚背tɕiɪʔ$_{3}$pE$_{44}$ 松:脚背tɕiAʔ$_{4}$pe$_{44}$ 黎:脚背tɕiAʔ$_{5}$pE$_{31}$ 盛:脚背tɕiɑʔ$_{5}$pE$_{31}$ 嘉:脚背tɕiAʔ$_{5}$pe$_{31}$ 双:脚背tɕiAʔ$_{3}$pəɪ$_{34}$ 杭:脚背tɕiɪʔ$_{3}$peɪ$_{23}$ 绍:脚背tɕiAʔ$_{4}$pʻe$_{52}$ 诸:脚背tɕiɐʔ$_{4}$pe$_{33}$ 崇:脚背tɕiɑʔ$_{3}$pe$_{23}$ 太:脚背tɕiɑʔ$_{5}$pe$_{31}$ 余:脚背tɕiɐʔ$_{5}$pe$_{31}$ 宁:脚背/脚板面tɕiɪʔ$_{5}$pEɪ$_{33}$/tɕiɪʔ$_{5}$pE$_{33}$mi$_{33}$ 黄:脚爿背tɕieʔ$_{3}$bɛ$_{33}$pe$_{44}$ 温:脚背tɕiɑ$_{3}$pæi$_{52}$ 衢:脚背tɕiAʔ$_{4}$bəɪ$_{53}$ 华:脚背tɕiəʔ$_{3}$peɪ$_{45}$ 永:脚背tɕiAʊ$_{42}$pəɪ$_{54}$

脚跟

宜：脚跟头/脚后跟tɕiɔʔ$_{5}$kən$_{55}$dʏɯ$_{55}$/tɕiɔʔ$_{5}$ɦʏɯ$_{33}$kən$_{44}$ 溧：脚后跟tɕiɑʔ$_{5}$ɦei$_{34}$kən$_{52}$ 金：脚后跟/脚跟tɕiɑʔ$_{4}$hʌʏ$_{44}$kəŋ$_{31}$/tɕiɑʔ$_{\underline{53}}$kəŋ$_{31}$ 丹：脚跟tɕiɑʔ$_{\underline{53}}$kɛn$_{31}$ 童：脚后跟tɕiᴀʔ$_{5}$ɦei$_{22}$kəŋ$_{55}$ 靖：脚后跟tɕiɑʔ$_{5}$høʏ$_{51}$kəŋ$_{31}$ 江：脚跟tɕiᴀʔ$_{5}$kᴇɲ$_{43}$ 常：脚跟tɕiɑʔ$_{4}$kəɲ$_{44}$ 锡：脚跟tɕiɑʔ$_{4}$kən$_{55}$ 苏：脚跟/脚后跟tɕiᴀʔ$_{5}$kən$_{23}$/tɕiᴀʔ$_{5}$ɦəɪ$_{23}$kən$_{31}$ 熟：脚跟tɕiɑʔ$_{3}$kẽ$^{n}{}_{51}$ 昆：脚跟tɕiᴀʔ$_{4}$kən$_{44}$ 霜：脚后跟/脚跟tɕiᴀʔ$_{4}$ɦʌɪ$_{23}$kɛ̃$_{52}$/tɕiᴀʔ$_{4}$kɛ̃$_{52}$ 罗：脚后跟tɕiᴀʔ$_{3}$ɦʌɪ$_{55}$kẽ$^{n}{}_{31}$ 周：脚跟tɕiɑʔ$_{3}$kəŋ$_{52}$ 上：脚后跟tɕiɪʔ$_{3}$ɦʏɯ$_{55}$kəɲ$_{31}$ 松：脚跟tɕiᴀʔ$_{4}$kəɲ$_{52}$ 黎：脚后跟tɕiᴀʔ$_{5}$ɦieɯ$_{33}$kəɲ$_{31}$ 盛：脚跟tɕiᴀʔ$_{3}$kən$_{44}$ 嘉：脚跟tɕiᴀʔ$_{5}$kən$_{31}$ 双：脚后跟tɕiᴀʔ$_{5}$ɦi^{ə}ʏ$_{5}$kən$_{21}$ 杭：脚后跟tɕiɪʔ$_{3}$ɦeɪ$_{23}$kən$_{51}$ 绍：脚跟tɕiᴀʔ$_{4}$kəŋ$_{52}$ 诸：脚后跟tɕiɐʔ$_{4}$ɦei$_{4}$kẽĩ$_{52}$ 崇：脚后跟tɕiɑʔ$_{3}$ɦʏ$_{34}$kɪŋ$_{52}$ 太：脚后跟tɕiɑʔ$_{3}$ɦʏ$_{44}$keŋ$_{52}$ 余：脚跟tɕiɐʔ$_{3}$keɲ$_{44}$ 宁：脚跟/脚后跟/脚跟头(少)tɕiɪʔ$_{3}$kɐŋ$_{34}$/tɕiɪʔ$_{3}$ɦœʏ$_{4}$kɐŋ$_{55}$/tɕiɪʔ$_{3}$kɐŋ$_{44}$dœʏ$_{55}$ 黄：脚后跟tɕieʔ$_{3}$ɦiʏ$_{33}$kəŋ$_{44}$ 温：脚干/脚后干tɕiɑ$_{3}$kɵ$_{44}$/tɕiɑ$_{3}$ɦʌu$_{52}$kɵ$_{44}$ 衢：脚跟tɕiᴀʔ$_{5}$kən$_{31}$ 华：脚跟tɕiəʔ$_{5}$kən$_{31}$ 永：脚后跟tɕiᴀʊ$_{43}$ɦəʊ$_{31}$kəɲ$_{44}$

屁股

宜：屁股pʻi$_{j55}$ku$_{31}$ 溧：屁股pʻi$_{z44}$ku$_{31}$ 金：屁股pʻi$_{z52}$k^{ə}u$_{23}$ 丹：屁股pʻi$_{z21}$k^{ə}u$_{22}$ 童：屁股pʻi$_{j55}$ku$_{31}$ 靖：屁股/屁股爿pʻi$_{j55}$ku$_{31}$/pʻi$_{j44}$ku$_{44}$bæ$_{23}$ 江：屁股pʻi$_{j55}$ku$_{31}$ 常：屁股pʻi$_{j55}$ku$_{31}$ 锡：屁股pʻi$_{55}$ku$_{31}$ 苏：屁股pʻi$_{j55}$ku$_{31}$ 熟：屁股pʻi$_{55}$ku$_{31}$ 昆：屁股pʻi$_{44}$kəu$_{41}$ 霜：屁股pʻi$_{55}$k^{ə}u$_{31}$ 罗：屁股pʻi$_{55}$k^{ə}u$_{31}$ 周：屁股pʻi$_{55}$ku$_{31}$ 上：屁股pʻi$_{55}$ku$_{31}$ 松：屁股pʻi$_{55}$ku$_{31}$ 黎：屁股pʻi$_{j32}$kʻu$_{52}$ 盛：屁股pʻi$_{j32}$kʻu$_{52}$ 嘉：屁股pʻi$_{44}$kʻ^{ə}u$_{44}$ 双：屁股pʻi$_{z33}$kəu$_{52}$ 杭：屁股pʻi$_{33}$ku$_{51}$ 绍：屁股pʻi$_{33}$ku$_{52}$ 诸：屁股pʻi$_{z33}$ku$_{52}$ 崇：屁股pʻi$_{z33}$ku$_{23}$ 太：屁股pʻi$_{52}$ku$_{33}$ 余：屁股pʻi$_{55}$ku$_{31}$ 宁：屁股/屁眼pʻi$_{55}$ku$_{33}$/pʻi$_{33}$ŋᴇ$_{44}$ 黄：屁股pʻi$_{j55}$ku$_{31}$ 温：图dɵ$_{31}$ 衢：屁股pʻi$_{55}$ku$_{35}$ 华：屁股pʻi$_{33}$ku$_{55}$ 永：屁股pʻi$_{43}$kʊ$_{32}$

肛门

宜：洞疘doŋ$_{21}$koŋ$_{23}$ 溧：洞疘doŋ$_{32}$koŋ$_{23}$ 金：肛门/屁眼kɑŋ$_{32}$məŋ$_{23}$/pʻi$_{z52}$æ̃$_{23}$ 丹：洞疘/肛门toŋ$_{21}$koŋ$_{22}$/kɑŋ$_{44}$mɛn$_{31}$ 童：屁眼/洞疘pʻi$_{j34}$ŋɑ$_{55}$/doŋ$_{22}$koŋ$_{55}$ 靖：屁眼pʻi$_{j55}$ŋæ̃$_{31}$ 江：洞疘/屎屋doŋ$_{24}$koŋ$_{45}$/sɿ$_{44}$ʔoʔ$_{4}$ 常：洞疘doŋ$_{21}$koŋ$_{13}$ 锡：洞疘doŋ$_{22}$koŋ$_{55}$ 苏：屎孔sɿ$_{52}$kʻoŋ$_{23}$ 熟：洞疘dʊŋ$_{24}$kʊŋ$_{31}$ 昆：肛门/屎孔/屎孔头kã$_{44}$mən$_{41}$/sʮ$_{44}$kʻoŋ$_{41}$/sʮ$_{44}$kʻoŋ$_{44}$dᴇ$_{41}$ 霜：洞疘/屁眼do$^{ŋ}{}_{22}$ko$^{ŋ}{}_{52}$/pʻi$_{55}$ŋᴇ$_{31}$ 罗：臀工/屁眼dẽ$^{n}{}_{23}$ko$^{ŋ}{}_{52}$/pʻi$_{55}$ŋe$_{31}$ 周：臀疘/屁眼dəŋ$_{23}$koŋ$_{44}$/pʻi$_{55}$ŋɛ$_{31}$ 上：屁眼/洞疘pʻi$_{55}$ŋᴇ$_{31}$/dʊŋ$_{22}$kʊŋ$_{44}$ 松：洞疘dʊŋ$_{24}$kʊŋ$_{31}$ 黎：洞疘doŋ$_{21}$koŋ$_{52}$ 盛：洞疘doŋ$_{22}$koŋ$_{52}$ 嘉：洞疘doŋ$_{22}$koŋ$_{51}$ 双：洞疘/屁眼doŋ$_{21}$koŋ$_{34}$/pʻi$_{z33}$ŋᴇ$_{52}$ 杭：洞疘doŋ$_{23}$koŋ$_{51}$ 绍：屁眼pʻi$_{55}$ŋæ̃$_{31}$ 诸：屁股洞/洞疘pʻi$_{z52}$ku$_{44}$doŋ$_{33}$/doŋ$_{21}$koŋ$_{23}$ 崇：洞头/屁眼dʊ$^{ŋ}{}_{22}$dʏ$_{23}$/pʻi$_{z33}$ŋæ̃$_{23}$ 太：屁眼pʻi$_{52}$ŋæ̃$_{33}$ 余：洞疘/屁眼dʊŋ$_{22}$kʊŋ$_{44}$/pʻi$_{32}$ŋẽ$_{23}$ 宁：屁眼/洞疘(少)pʻi$_{33}$ŋᴇ$_{44}$/doŋ$_{22}$koŋ$_{51}$ 黄：阔臀kʻuɐʔ$_{5}$dəŋ$_{31}$ 温：图吕孔dɵ$_{3}$lɵ$_{52}$kʻoŋ$_{34}$ 衢：屁股洞/屁眼洞pʻi$_{55}$ku$_{33}$dʌŋ$_{35}$/pʻi$_{55}$ŋæ̃$_{55}$dʌŋ$_{53}$ 华：肛门/屁股洞kᴀŋ$_{33}$mən$_{55}$/pʻi$_{33}$ku$_{55}$doŋ$_{24}$ 永：屁股洞pʻi$_{43}$kʊ$_{32}$doŋ$_{325}$

男生殖器

宜：卵le$_{24}$ 溧：卵lʊ$_{31}$ 金：卵/屌/屌子lʊ̃$_{323}$/tiɑ$^{ɔ}{}_{24}$/tiɑ$^{ɔ}{}_{22}$tsɿ$_{z44}$ 丹：卵/卵子ləŋ$_{213}$/ləŋ$_{21}$tsɿ$_{22}$ 童：卵/屌lʊ$_{113}$/tiɐʏ$_{324}$ 靖：屌子/翘tiɒ$_{33}$tsɿ$_{44}$/tɕʻiɒ$_{51}$ 江：卵ʔlɵ$_{45}$ 常：男/卵nɔ$_{213}$/ʔlɔ$_{33}$ 锡：卵lo$_{213}$ 苏：卵lɵ$_{31}$ 熟：卵lʏ$_{213}$ 昆：卵lɵ$_{223}$ 霜：卵/卵子l^{ʌ}ʏ$_{213}$/l^{ʌ}ʏ$_{22}$tsɿ$_{52}$ 罗：卵/卵子l^{ʌ}ʏ$_{213}$/l^{ʌ}ʏ$_{22}$tsɿ$_{52}$ 周：卵/卵子ʔlø$_{335}$/ʔlø$_{33}$tsɿ$_{52}$ 上：卵lø$_{113}$ 松：卵lø$_{113}$ 黎：卵lɵ$_{32}$ 盛：卵泡/卵lɵ$_{23}$pʻᴀ$^{ɔ}{}_{33}$/lɵ$_{22}$ 嘉：卵/卵泡/八屌lʏə$_{223}$/lʏə$_{22}$pʻɔ$_{44}$/poʔ$_{5}$tiɔ$_{31}$ 双：八屌/卵/卵子pᴀʔ$_{3}$tiɔ$_{34}$/l^{ə}ʏ$_{31}$/

l^{ɵ}ʏ$_{24}$tsɿ$_{52}$　杭:叫儿/卵子tɕiɔ$_{35}$ər$_{31}$/ʔlo$_{55}$tsɿ$_{31}$　绍:卵丘/八屌/阿八/阿屌lɵ̃$_{23}$tɕʻiɤ$_{52}$/pæʔ$_{5}$tiɑɒ$_{33}$/ʔᴀʔ$_{4}$pæʔ$_{5}$/ʔᴀʔ$_{4}$tiɑɒ$_{52}$　诸:卵/八屌lɤ$_{31}$/pɐʔ$_{5}$tiɔ$_{52}$　崇:卵子lœ̃$_{23}$tsɿ$_{52}$　太:卵则lœ̃$_{23}$tsɛʔ$_{4}$　余:卵子/卵头儿lø̃$_{23}$tsɿ$_{44}$/lø̃$_{23}$dʊŋ$_{44}$　宁:卵子lœʏ$_{22}$tsɿ$_{44}$　黄:卵子/卵团lø$_{21}$tsɿ$_{31}$/lø$_{23}$dø$_{35}$　温:颓dæi$_{31}$　衢:聊子/八屌liɔ$_{43}$tsɿ$_{35}$/bəʔ$_{2}$diɔ$_{35}$　华:聊子/髡髱/老八ʔliɑʊ$_{24}$tsɿ$_{35}$/tɕi$_{j32}$pɑ$_{35}$/ʔlɑʊ$_{54}$pɯɑ$_{35}$　永:老股lᴀʊ$_{32}$kʊ$_{325}$

女生殖器

宜:屄pi$_{j55}$　溧:屄pi$_{z44}$　金:屄pi$_{z31}$　丹:屄pi^{z}$_{22}$　童:屄pi$_{j42}$　靖:屄pi$_{j433}$　江:屄pi$_{j51}$　常:屄pi$_{j44}$　锡:屄pi$_{544}$　苏:屄pi$_{j44}$　熟:屄pi$_{324}$　昆:屄pi$_{44}$　霜:屄pi$_{52}$　罗:屄pi$_{52}$　周:屄/豚ɓi$_{52}$/ɗoʔ$_{5}$　上:屄pi$_{52}$　松:豚tɔʔ$_{5}$　黎:屄pi$_{j44}$　盛:屄pi$_{j44}$　嘉:屄pi$_{51}$　双:屄pi$_{z44}$　杭:凹屄/下儿ʔɔ$_{33}$pi$_{33}$/ɕiɑ$_{32}$ər$_{23}$　绍:凹屄ʔɑɒ$_{33}$pi$_{z44}$　诸:凹屄/匹ʔo$_{33}$pi$_{52}$/pʻiʔ$_{5}$　崇:凹屄ʔɤ$_{53}$pi$_{z23}$　太:凹屄ʔo$_{52}$pi$_{33}$　余:卵泡lø̃$_{23}$pʻɒ$_{52}$　宁:卵泡lœʏ$_{24}$pʻɔ$_{33}$　黄:匹/卵泡pʻiʌʔ$_{5}$/lø$_{23}$pʻɒ$_{31}$　温:屄p^{l}i$_{44}$　衢:匹/小匹/屄pʻiəʔ$_{5}$/ɕiɑ$_{33}$pʻiəʔ$_{5}$/pi$_{434}$　华:屄/匹pi$_{j324}$/pʻiəʔ$_{4}$　永:屄/匹(少)/老屄pi$_{44}$/pʻie$_{44}$/lᴀʊ$_{32}$pi$_{325}$

精液

宜:　溧:精液tɕin$_{44}$ɦiɪ$_{23}$　金:精液tɕiŋ$_{32}$ie$_{23}$　丹:虫soŋ$_{22}$　童:虫/精szoŋ$_{31}$/tɕiŋ$_{42}$　靖:精tsiŋ$_{433}$　江:精液tsiɲ$_{53}$ɦiəʔ$_{2}$　常:精液tɕiɲ$_{55}$ɦiɪʔ$_{5}$　锡:精tsin$_{544}$　苏:精tsiɪn$_{44}$　熟:精tsĩ^{ɲ}$_{52}$　昆:卵虫lɵ$_{22}$zoŋ$_{41}$　霜:精液/卵虫/虫tsĩ$_{55}$ɦiɪʔ$_{\underline{31}}$/l^{ʌ}ɤ$_{22}$zo^{ŋ}$_{52}$/zo^{ŋ}$_{31}$　罗:精虫tɕɪ^{n}$_{55}$zo^{ŋ}$_{31}$　周:卵落/精/虫lø$_{22}$lɒʔ$_{5}$/tɕiɪŋ$_{52}$/zoŋ$_{113}$　上:精tɕiɲ$_{52}$　松:精tɕiɲ$_{52}$　黎:精子tsiəɲ$_{44}$tsɿ$_{44}$　盛:精/虫tsɪɲ$_{44}$/zoŋ$_{24}$　嘉:精液tɕin$_{44}$iəʔ$_{5}$　双:精液/液精/虫tɕɪn$_{44}$ieʔ$_{4}$/ʔieʔ$_{5}$tɕɪn$_{52}$/zoŋ$_{113}$　杭:精子tɕɪn$_{32}$tsɿ$_{23}$　绍:虫dzʊŋ$_{31}$　诸:虫zoŋ$_{233}$　崇:虫zʊ^{ŋ}$_{312}$　太:虫zʊŋ$_{312}$　余:乱元lø̃$_{22}$ȵyø̃$_{44}$　宁:神/精ʑɪŋ$_{113}$/tɕɪŋ$_{52}$　黄:精tɕiɪŋ$_{53}$　温:精tsʌŋ$_{44}$　衢:虫szʌŋ$_{323}$　华:虫szoŋ$_{213}$　永:虫szoŋ$_{322}$

月经(又:月经的别称)

宜:月经ɦyeʔ$_{2}$tɕiŋ$_{23}$　溧:月经ɦyeʔ$_{3}$tɕin$_{23}$　金:月经yeʔ$_{\underline{53}}$tɕiŋ$_{31}$　丹:月经yɪʔ$_{\underline{53}}$tɕiŋ$_{31}$　童:月经ɦyoʔ$_{\underline{42}}$tɕiŋ$_{31}$　靖:月经ɦyɔʔ$_{2}$tɕiŋ$_{23}$　江:月经ɦioʔ$_{2}$tɕiɲ$_{23}$　常:月经ɦyeʔ$_{2}$tɕiɲ$_{13}$　锡:月经/身娘来ɦyeʔ$_{2}$tɕin$_{34}$/sən$_{21}$ȵiɛ̃$_{11}$lᴇ$_{23}$　苏:月经ɦyəʔ$_{3}$tɕiɪn$_{52}$　熟:月经ŋᴇʔ$_{2}$tɕĩ^{ɲ}$_{51}$　昆:月经/身浪转/天归临门ɦioʔ$_{2}$tɕin$_{41}$/sən$_{44}$lã$_{44}$tsɵ$_{41}$/tʻɪ$_{44}$kuᴇ$_{44}$lin$_{33}$mən$_{31}$　霜:月经/身浪来ɦioʔ$_{2}$tɕĩ$_{23}$/sɛ̃$_{55}$lɒ̃$_{33}$lᴇ$_{31}$　罗:月经ɦioʔ$_{2}$tɕɪ^{n}$_{23}$　周:月经/老鬼三/老朋友/身浪来/身浪到ȵioʔ$_{2}$tɕiɪŋ$_{23}$/lɔ$_{22}$tɕy$_{44}$sɛ$_{52}$/lɔ$_{22}$bɒ̃$_{55}$ɦiɤ$_{31}$/səŋ$_{55}$lɒ̃$_{33}$le$_{31}$/səŋ$_{55}$lɒ̃$_{33}$ɗɔ$_{31}$　上:月经/老朋友/老鬼三ɦyɪʔ$_{2}$tɕiɲ$_{23}$/lɔ$_{22}$bÃ^{ɲ}$_{55}$ɦiɤɯ$_{31}$/lɔ$_{22}$tɕy$_{55}$sᴇ$_{31}$　松:月经ȵyɪʔ$_{2}$tɕiɲ$_{52}$　黎:月经ȵyəʔ$_{3}$tɕiəɲ$_{34}$　盛:月经/身浪来ȵiɔʔ$_{2}$tɕɪɲ$_{34}$/səɲ$_{44}$lɑ̃$_{44}$lᴇ$_{44}$　嘉:月经ʔyeʔ$_{3}$tɕin$_{44}$　双:月经/老花头ʔieʔ$_{5}$tɕɪn$_{52}$/lɔ$_{24}$xʊ$_{55}$d^{ɵ}ʏ$_{21}$　杭:月经ɦyɪʔ$_{2}$tɕɪn$_{23}$　绍:月经ɦyoʔ$_{2}$tɕɪŋ$_{52}$　诸:月经/亲家奥ȵioʔ$_{2}$tɕĩ$_{52}$/tɕɪŋ$_{52}$ko$_{44}$ɔ$_{44}$　崇:月经ɦioʔ$_{2}$tɕiŋ$_{23}$　太:月经ɦiɔʔ$_{2}$tɕiŋ$_{23}$　余:月经/经期/例假ɦyɔʔ$_{2}$tɕiɲ$_{52}$/tɕiɲ$_{55}$dʑi$_{31}$/li$_{24}$ko$_{31}$　宁:月经/懊糟ɦyɪʔ$_{2}$tɕɪŋ$_{52}$/ʔɔ$_{33}$tsɔ$_{51}$　黄:月经/娘姨ɦyɔʔ$_{2}$tɕiɪŋ$_{31}$/ȵiɑ̃$_{22}$ɦi$_{35}$　温:月经/大事干ȵy$_{3}$tɕiʌŋ$_{44}$/dʌu$_{52}$zɿ$_{31}$kɵ$_{21}$　衢:月经/身上来ɦyəʔ$_{3}$tɕi^{ɲ}$_{31}$/ʃɥən$_{43}$ʃɥɒ̃$_{55}$lɛ$_{31}$　华:月经/月上来ɦyəʔ$_{2}$tɕiɪn$_{35}$/ɦyəʔ$_{2}$sᴀŋ$_{55}$lɛ$_{31}$　永:月经ȵye$_{\underline{32}}$tɕiɪɲ$_{44}$

裸体(精光儿的)

宜:精出则tɕiŋ$_{55}$tɕʻyeʔ$_{5}$tsəʔ$_{5}$　溧:裸体lʌɯ$_{24}$tʻi$_{z52}$　金:赤条条tsʻəʔ$_{4}$tʻiɑ^{ɔ}$_{22}$tʻiɑ^{ɔ}$_{44}$　丹:光身kuɑŋ$_{44}$sɛn$_{23}$　童:露卵lʌɤ$_{24}$lʊ$_{31}$　靖:脱落精光/吊拎当/吊郎当tʻəʔ$_{5}$lɔʔ$_{5}$tsiŋ$_{22}$kuɑŋ$_{34}$/tiɒ$_{33}$liŋ$_{55}$tɑŋ$_{31}$/tiɒ$_{33}$lɑŋ$_{55}$tɑŋ$_{31}$　江:脱得精光tʻɜʔ$_{5}$tɜʔ$_{5}$tsiɲ$_{43}$kuᴀ^{ŋ}$_{23}$　常:精触则tɕiɲ$_{55}$tsʻɔʔ$_{5}$tsəʔ$_{5}$　锡:精赤

则tsin$_{21}$tsʻɑʔ$_{1}$tsə$_{23}$　苏：赤屁股tsʻəʔ$_{5}$pi$_{j23}$kɜu$_{31}$　熟：赤骨立tsʻᴀʔ$_{4}$koʔ$_{5}$lɪʔ$_{5}$　昆：赤骨立tsʻᴀʔ$_{3}$koʔ$_{5}$lɪ$_{41}$　霜：丁赤卵/赤卵赤膊tĩ$_{55}$tsʻᴀʔ$_{3}$l^{ʌ}ɤ$_{31}$/tsʻᴀʔ$_{3}$l^{ʌ}ɤ$_{55}$tsʻᴀʔ$_{3}$poʔ$_{31}$　罗：丁赤卵/赤卵赤膊tɪ^{n}$_{55}$tsʻᴀʔ$_{3}$l^{ʌ}ɤ$_{31}$/tsʻᴀʔ$_{3}$l^{ʌ}ɤ$_{55}$tsʻᴀʔ$_{3}$poʔ$_{31}$　周：赤膊出屁股tsʻɑʔ$_{3}$ʔbɒʔ$_{4}$tsʻəʔ$_{3}$pʻi$_{55}$ku$_{31}$　上：赤卵赤膊tsʻɐʔ$_{3}$lø$_{55}$tsɐʔ$_{3}$poʔ$_{31}$　松：赤膊tsʻᴀʔ$_{4}$pɔʔ$_{4}$　黎：赤膊tsʻᴀʔ$_{4}$poʔ$_{4}$　盛：赤膊tsʻɑʔ$_{5}$pɔʔ$_{3}$　嘉：赤膊tsʻᴀʔ$_{3}$poʔ$_{4}$　双：赤乌赤膊tsʻᴀʔ$_{5}$ʉ$_{55}$tsʻᴀʔ$_{3}$poʔ$_{31}$　杭：赤膊赤卵tsʻɐʔ$_{4}$pɔʔ$_{5}$tsʻɐʔ$_{4}$ʔlo$_{51}$　绍：赤卵赤膊tsʻəʔ$_{3}$lɵ̃$_{34}$tsʻəʔ$_{4}$poʔ$_{4}$　诸：赤膊赤卵tsʻɐʔ$_{3}$poʔ$_{4}$tsʻɐʔ$_{3}$lɤ$_{52}$　崇：赤卵/赤卵老tsʻᴇʔ$_{3}$lœ̃$_{23}$/tsʻᴇʔ$_{3}$lœ̃$_{34}$lɑɒ$_{52}$　太：赤卵tsʻɛʔ$_{3}$lœ̃$_{23}$　余：精光/赤卵赤脚tɕiɲ$_{44}$kuɒ̃$_{44}$/tsʻɐʔ$_{4}$lɵ̃$_{44}$tsʻɐʔ$_{4}$pɔʔ$_{5}$　宁：赤卵赤膊tsʻɐʔ$_{3}$lø$_{55}$tsʻɐʔ$_{3}$pɔʔ$_{31}$　黄：赤卵tsʻɐʔ$_{3}$lø$_{51}$　温：赤膊大裸/赤臀屌tsʻɿ$_{33}$po$_{33}$dɑ$_{52}$læi$_{34}$/tsʻɿ$_{33}$dzɿ$_{52}$dæi$_{21}$　衢：赤膊赤屁眼tʃʻʮəʔ$_{4}$pəʔ$_{5}$tʃʻʮəʔ$_{4}$pʻi$_{55}$ŋæ̃$_{31}$　华：赤及聊子tsʻɐʔ$_{5}$tɕiəʔ$_{3}$liɑʊ$_{24}$tsɿ$_{35}$　永：出屁股/贴膊妞tɕʻyə$_{4}$pʻi$_{42}$kʊ$_{32}$/tʻiᴀ$_{4}$poə$_{32}$ȵiəʊ$_{325}$

个儿、身材

宜：身材/块头/个头səŋ$_{55}$zɐɪ$_{55}$/kʻuɐɪ$_{33}$dɤɯ$_{44}$/ku$_{33}$dɤɯ$_{44}$　溧：个头/块头/身胚kʌɯ$_{54}$dei$_{34}$/kʻuæᴇ$_{54}$dei$_{34}$/sən$_{44}$pʻæᴇ$_{52}$　金：身材/块头səŋ$_{52}$tsʻɛ^{e}$_{23}$/kʻuɛ^{e}$_{52}$tʻʌɤ$_{23}$　丹：个子/个头/身胚kʌɤ$_{44}$tsɿ$_{44}$/kʌɤ$_{44}$dᴇ^{e}$_{23}$/sɛn$_{44}$pʻᴇ^{e}$_{44}$　童：块头kʻuaɪ$_{33}$dei$_{55}$　靖：个子/块头kʌɤ$_{35}$tsɿ$_{31}$/kuæ$_{35}$døʏ$_{31}$　江：磨则mɜʏ$_{24}$tsɜʔ$_{2}$　常：身材/块头/模子səɲ$_{55}$zæe$_{31}$/kuæe$_{34}$dei$_{44}$/mʌɯ$_{21}$tsəʔ$_{4}$　锡：身胚sən$_{21}$pʻᴇ$_{23}$　苏：条杆/盔□diɛ$_{22}$kɵ$_{44}$/kʻuᴇ$_{55}$kʻᴀʔ$_{2}$　熟：长短/样式dʐᴀ̃$_{24}$tʏ$_{31}$/ɦiᴀ̃$_{24}$ʂᴇʔ$_{31}$　昆：身材sən$_{44}$zᴇ$_{41}$　霜：个子/身段k^{ə}u$_{33}$tsɿ$_{52}$/sɛ̃$_{55}$d^{ʌ}ɤ$_{31}$　罗：身材/身段sɛ̃^{n}$_{55}$ze$_{31}$/sɛ̃^{n}$_{55}$d^{ʌ}ɤ$_{31}$　周：身材/样子/身段səŋ$_{44}$ze$_{52}$/ɦiᴀ̃$_{24}$tsɿ$_{31}$/səŋ$_{55}$dø$_{31}$　上：身材/模子səɲ$_{55}$zᴇ$_{31}$/mo$_{22}$tsɿ$_{44}$　松：身材səɲ$_{44}$zᴇ$_{52}$　黎：身段səɲ$_{44}$dɵ$_{44}$　盛：条梗diᴀɑ$_{22}$kæ̃$_{44}$　嘉：架子/身段kɑ$_{55}$tsɿ$_{31}$/sən$_{52}$dɤə$_{22}$　双：身材/身架sən$_{44}$zᴇ$_{44}$/sən$_{44}$kɑ$_{44}$　杭：条杆儿/模子diɔ$_{21}$kᴇ$_{24}$ər$_{21}$/mou$_{34}$tsɿ$_{51}$　绍：身踝səɲ$_{33}$kʻo$_{52}$　诸：个头/身材kei$_{44}$dei$_{33}$/sẽĩ$_{52}$dze$_{42}$　崇：介头kɑ$_{33}$dʏ$_{23}$　太：　余：身材/条杆seɲ$_{33}$ze$_{44}$/diɒ$_{22}$kĩ$_{44}$　宁：架子/衣架/壳郎ko$_{55}$tsɿ$_{33}$/ʔi$_{z33}$ko$_{51}$/kʻɔʔ$_{3}$lɔ̃$_{44}$　黄：身架/身材/身段ɕiɪŋ$_{33}$ko$_{44}$/ɕiɪŋ$_{33}$ze$_{51}$/ɕiɪŋ$_{33}$dø$_{44}$　温：体形tʻ^{i}i$_{52}$iᴀŋ$_{21}$　衢：长短/样子dʒʮã$_{32}$tə$_{35}$/ʔiã$_{43}$tsɿ$_{35}$　华：身材/个头sən$_{35}$dzɛ$_{51}$/kɑ$_{55}$diɯu$_{24}$　永：块头kʻuəɪ$_{43}$dəʊ$_{22}$

长相

宜：长相/卖相/样则tsᴀŋ$_{53}$ɕiᴀŋ$_{31}$/mᴀ$_{22}$ɕiᴀŋ$_{53}$/ɦiᴀŋ$_{21}$tsə$_{23}$　溧：长相/洋凡tsᴀ$_{54}$ɕie$_{34}$/ɦie$_{32}$vᴀ$_{23}$　金：长相/相貌tsɑŋ$_{22}$ɕiɑŋ$_{44}$/ɕiɑŋ$_{33}$mɑ^{ɔ}$_{44}$　丹：样子ɦie$_{44}$tsɿ$_{23}$　童：长相/面相tsɑŋ$_{31}$ɕiɑŋ$_{33}$/mɪ$_{21}$ɕiɑŋ$_{23}$　靖：腔调/样子tɕʻĩ$_{43}$diɒ$_{33}$/ʔĩ$_{35}$tsɿ$_{31}$　江：长相tsᴀ^{ŋ}$_{52}$siᴀ^{ŋ}$_{33}$　常：长相/人相/番司(少)tsᴀɲ$_{34}$ɕiᴀɲ$_{44}$/ȵiɲ$_{21}$ɕiᴀɲ$_{34}$/fæ$_{34}$sɿ$_{44}$　锡：长相tsã$_{33}$siã$_{55}$　苏：卖相/样子/长相mɒ$_{22}$siᴀ̃$_{44}$/ʔiᴀ̃$_{55}$tsɿ$_{31}$/tsᴀ̃$_{53}$siᴀ̃$_{31}$　熟：样式/生相ɦiᴀ̃$_{24}$ʂᴇʔ$_{31}$/sᴀ̃$_{55}$siᴀ̃$_{31}$　昆：卖相/样子mɑ$_{23}$siã$_{41}$/ʔiã$_{44}$tsɿ$_{41}$　霜：长相/卖相/番司tsã̠$_{33}$siã̠$_{52}$/mɑ$_{24}$siã̠$_{31}$/fᴇ$_{55}$sɿ$_{31}$　罗：卖相/样子/噱头mɑ$_{24}$siã̠$_{31}$/ɦiã̠$_{22}$tsɿ$_{52}$/ɕioʔ$_{3}$dʌɪ$_{52}$　周：长相/卖相tsᴀ̃$_{44}$ɕiᴀ̃$_{44}$/mɑ$_{22}$ɕiᴀ̃$_{24}$　上：长相/卖相/相貌tsÃ^{n}$_{33}$ɕiÃ^{n}$_{44}$/mᴀ$_{22}$ɕiÃ^{n}$_{44}$/ɕiÃ^{n}$_{55}$mɔ$_{31}$　松：卖相/样子mɑ$_{22}$ɕiɛ̃$_{23}$/ʔiɛ̃$_{55}$tsɿ$_{31}$　黎：生来/卖相sã$_{44}$lᴇ$_{44}$/mɒ$_{22}$siɛ̃$_{34}$　盛：样子/卖相ʔiæ̃$_{52}$tsɿ$_{41}$/mɑ$_{22}$ɕiæ̃$_{52}$　嘉：相貌/样子/面孔/卖相ɕiᴀ̃$_{55}$mɔ$_{31}$/ʔiᴀ̃$_{35}$tsɿ$_{31}$/mie$_{24}$kʻoŋ$_{31}$/mɑ$_{24}$ɕiᴀ̃$_{31}$　双：样子ɦiã$_{22}$tsɿ$_{52}$　杭：相貌儿/样子/貌儿/卖相(少)ɕiᴀŋ$_{34}$mɔ$_{55}$ər$_{31}$/ɦiᴀŋ$_{23}$tsɿ$_{51}$/mɔ$_{23}$ər$_{51}$/mᴇ$_{23}$ɕiᴀŋ$_{51}$　绍：长相/相貌tsaŋ$_{34}$ɕiaŋ$_{52}$/ɕiaŋ$_{32}$mɑɒ$_{33}$　诸：相貌/样子ɕiÃ$_{33}$mɔ$_{52}$/ɦiÃ$_{21}$tsɿ$_{23}$　崇：相貌ɕiᴀ̃$_{33}$mɑɒ$_{23}$　太：相貌ɕiᴀŋ$_{55}$mɑɒ$_{33}$　余：长相/相貌tsÃ$_{33}$ɕiÃ$_{52}$/ɕiÃ$_{55}$mɒ$_{31}$　宁：卖相ma$_{22}$ɕiã$_{44}$　黄：样子ɦiã̠$_{23}$tsɿ$_{31}$　温：钟样tsy^{o}ɔ$_{22}$ɦi$_{52}$　衢：相貌/样子ɕiã$_{55}$mɔ$_{31}$/ʔiã$_{43}$tsɿ$_{35}$　华：相貌/样子ɕiᴀŋ$_{35}$mɑʊ$_{31}$/

ʔiʌŋ53tsɿ35　永:样子头ɦiʌŋ32tsɿ32dəʊ325

年龄

宜:年纪/岁数ȵɪ22tɕij53/saɪ35su31　溧:年纪/岁数ȵi32tɕiz52/suæE54su34　金:年纪/岁数ȵɪ22tɕiz44/suei33sᵊu44　丹:年纪/岁数/岁ȵɪ22tɕiz44/sEᵉ44sᵊu23/ɕye324　童:年纪/岁数ȵɪ24tɕij31/ʃyʮei34sʌʏ55　靖:年纪/岁数ȵĩ22tɕij34/se35su31　江:年纪/岁数ȵɪ21tɕij43/sEɪ45sɜʏ31　常:年纪/岁数ȵɪ22tɕij44/sʮæe55sʮ31　锡:岁数sE55sʌʏ31　苏:年龄/年纪/岁数ȵɪ22liɪn44/ȵɪ22tɕij44/sE55sɜu31　熟:年纪/岁数ȵie23tɕi33/sE55sɯ31　昆:年纪/岁数ȵɪ23tɕi41/sE44səu41　霜:岁数/年纪sʌɪ55sᵊu31/ȵɪ24tɕi31　罗:年纪/岁数ȵi24tɕi31/sʌɪ55su31　周:年纪/岁数ȵi23tɕi44/sø55su31　上:年纪/岁数ȵi22tɕi55/sø55su31　松:岁数/年纪sø44su44/ȵi24tɕi31　黎:年纪/岁数ȵij22tɕij44/sE55sɜu31　盛:年纪/岁数ȵij22tɕij44/sE33sɜu52　嘉:年纪/岁数ȵie24tɕi51/se55sᵊu31　双:年纪ȵɪ22tɕiz44　杭:年纪/岁数/年龄ʔȵie32tɕi23/seɪ34sʮ51　绍:年纪ȵĩ21tɕi33　诸:年纪ȵiɪ31tɕiz42　崇:年纪ȵie22tɕiz52　太:年纪ȵie21tɕi44　余:年纪/岁数ȵĩ21tɕi23/se55sʮ31　宁:年纪ȵi22tɕiz44　黄:岁数sʮ33səu44　温:年龄ȵi22lʌŋ2　衢:岁数/年纪səɪ55su31/ȵiẽ22tsɿ35　华:年龄/年纪/岁数ʔȵiæ53liɪn24/ʔȵiæ53tɕij55/seɪ35su31　永:年纪/年龄ȵiA32tɕi32/ȵiA21liɪŋ51

男人

宜:男佬/男葛ne22lɑʏ53/ne24kəʔ31　溧:男老家/牙家则nʊ32lɑʏ22ko23/ŋo32ko22tsəʔ52　金:男的næ̃22tiz44　丹:男个家nəŋ33kʌʏ44kɑ23　童:老孝家ʔlɐʏ53ɕiɐʏ22kɒ44　靖:男葛mũ22kəʔ34　江:老小家ʔlɒ52siɒ33kɑ43　常:男女家nɔ21ȵyʮ33ko42　锡:男人/男葛no24ȵin31/no24kəʔ31　苏:男人nɵ22ȵiɪn44　熟:男葛næ23kEʔ3　昆:男个nɵ23ɦəʔ4　霜:男人/男个nɪ22ȵĩ52/nɪ22ɦəʔ4　罗:男个nʌʏ24gɐʔ3　周:男人/男搿nø22ȵiɪŋ24/nø22ɦəʔ3　上:男人nø22ȵiɲ44/nE22ȵiɲ44　松:男人/男个ne22ȵiɲ52/ne24ɦə31　黎:男人nɵ22ȵiəɲ34　盛:男人nɵ22ȵɪɲ44　嘉:男个nʏə24ɦə31　双:男拉/男烟nE22lɑ44/nE22ɪ44　杭:男人家/男人nE21ɹən23tɕiɑ51/nE21ɹən23　绍:男人/男个nõ22ȵɪŋ52/nõ24goʔ3　诸:男人nʏ31ȵĩ42　崇:男人家nœ̃21ȵiŋ22kʏ23　太:男人家nœ̃21ȵiŋ22ko23　余:男客nẽ22kɐʔ4　宁:男人/男个nEɪ22ȵɪŋ51/nEɪ22gɔʔ5　黄:男人ne23ȵiɪŋ31　温:男个nɵ52gi21　衢:男子nə22tsɿ35　华:男人ʔnɯə53ȵiɪn24　永:男子人ʔnʏə43tsɿ32noŋ22

女人

宜:女葛/女佬ȵyʮ34kəʔ31/ȵyʮ21lɑʏ23　溧:丫头家/女佬家ʔo44dei44ko23/ȵyz32lɑʏ22ko23　金:女的ȵyz21tiz23　丹:女个家ȵyz41kʌʏ22kɑ23　童:丫头家ɒ55dei33kɒ31　靖:女葛ȵyʮ33kəʔ5　江:丫头家ʔo55dEɪ33kɑ31　常:丫头家/女娘家ʔo55dei55ko31/ʔȵyʮ34ȵiʌɲ55ko31　锡:女人/女葛ȵy22ȵin55/ȵy24kəʔ3　苏:女人ȵyʮ22ȵiɪn44　熟:女葛ȵy31kEʔ1　昆:女个ȵy22ɦəʔ4　霜:女人/女个ȵy22ȵĩ52/ȵy22ɦəʔ4　罗:女个ȵy22ɦɐʔ4　周:女人/女个ȵy22ȵiɪŋ52/ȵy22gə23　上:女人ȵy22ȵiɲ44　松:女个ȵy22ɦə23　黎:女人ȵyʮ22ȵiəɲ24　盛:女人ȵyʮ23ȵɪɲ33　嘉:女人/女个ȵy22ȵin51/ȵy22ɦə34　双:女拉/女烟ȵiz24lɑ52/ȵiz24ɪ52　杭:女人家/女人ʔȵy55ɹən33tɕiɑ31/ʔȵy55ɹən31　绍:女人/女个ȵyʮ22ȵɪŋ44/ȵyʮ24goʔ3　诸:女人ȵyʮ22ȵĩ52　崇:女人家ȵyʮ23ȵiŋ52kʏ31　太:女人家ny23ȵiŋ44ko44　余:女人ȵy23ȵiɲ52　宁:女人/女个ȵyʮ23ȵiŋ44/ȵyʮ23gɔʔ4　黄:女人ȵyʮ23ȵiɪŋ31　温:女佢ȵy24gi5　衢:女子ʔȵy55tsɿ35　华:女人ʔȵy55ȵiɪn31　永:内家人nəɪ32kʊA55noŋ51

老头儿

宜:老头则lɑʏ21dʏɯ11tsə23　溧:老头则lɑʏ32dei22tsəʔ52　金:老头子lɑᵓ22tʻʌʏ33tsɿᶻ44　丹:老头子lɒ32dEᵉ55tsɿ31　童:老头子lɐʏ22dei24tsɿ31　靖:老头子/老先生lɒ33døʏ44tsɿ55/lɒ35sĩ33səŋ31

江：老头则ʔlɒ52dEɪ3tsɜʔ4　常：老老头/老头则lɑɤ21lɑɤ11dei12/lɑɤ21dei11tsəʔ5　锡：老头子/老老头lʌ22dEi55tsɿ31/lʌ21lʌ23dEi55　苏：老老头læ22læ55dəɪ31　熟：老老头/老头子lɔ22lɔ55dE51/lɔ22dE55tsɿ31　昆：老头子lɔ22dE55tsɿ41　霜：老头子lɔ22dʌɪ23tsɿ52　罗：老头子lɔ22dʌɪ24tsɿ31　周：老头子/老头绷(贬)lɔ22dɤ55tsɿ31/lɔ22dɤ44ʔbA˜52　上：老头子/老头lɔ22dɤɯ55tsɿ31/lɔ22dɤɯ44　松：老头子lɔ22dɯ55tsɿ31　黎：老头子lAᵓ22dieɯ55tsɿ31　盛：老头子ʔlAɑ33diɵʉ55tsɿ31　嘉：老头子lɔ22de55tsɿ31　双：老老头lɔ24lɔ55dᵊY21　杭：老头儿lɔ23deɪ55ər31　绍：老太公lɑɒ22tʻe52kʊŋ31　诸：老太公lɔ23tʻA33koŋ33　崇：老太公lɑɒ23tʻɑ55kʊⁿ31　太：老太公lɑɒ23tʻɑ44kʊŋ44　余：老头子lɒ23dY44tsɿ52　宁：老头绷/老头/老绷绷lɔ22dœY44pã55/lɔ23dœY44/lɔ22pa44pã55　黄：老倌lɒ21kue13　温：老老头l3ɜl3ɜ42dʌu21　衢：老头子ʔlɔ43dəɪ33tsɿ35　华：老头/老货/老头子/老货曼(贬)ʔlɑʊ54tiɯu31/ʔlɑʊ53xuo35/ʔlɑʊ54tiɯu33tsɿ35/ʔlɑʊ54xuo33mæ̃51　永：老太公lAʊ32tʻiA32koŋ325

老太太

宜：老太婆lɑɤ21tʻA11bɑɤ23　溧：老太婆lɑʸ54tʻA33bʌɯ34　金：老太婆lɑᵓ33tʻɛᵉ52pʻo23　丹：老母母lɒ44mu44mu23　童：老太婆lɐY22tʻaɪ55bu31　靖：老八十lɒ33pɑʔ4səʔ5　江：老太婆ʔlɒ52tʻæ33bu43　常：老太婆lɑɤ21tʻɑ11bʌɯ33　锡：老太婆lʌ22tʻɑ55bʌY31　苏：老太婆/老太太læ22tʻɒ55bu31/læ22tʻɒ55tʻɒ31　熟：老太婆/老太lɔ22tʻɑ55bu31/lɔ24tʻɑ34　昆：老太婆lɔ22tʻɑ55bu41　霜：老太婆lɔ22tʻɑ23bu52　罗：老太婆lɔ22tʻɑ55bu31　周：老太婆lɔ22tʻɑ44bu52　上：老太婆/老太lɔ22tʻA55bu31/lɔ22tʻA44　松：老太婆lɔ22tʻɑ55bu31　黎：老太婆lAᵓ22tʻɒ55bu31　盛：老太婆ʔlAɑ33tʻɑ55bu31　嘉：老太婆lɔ22tʻɑ22bu51　双：老太婆lɔ24tʻɑ55bʉ21　杭：老太婆lɔ22tʻE55bu31　绍：老太婆lɑɒ22tʻe52bo31　诸：老太婆lɔ23tʻA33bɯ33　崇：老太婆lɑɒ23tʻɑ55bY31　太：老太婆lɑɒ23tʻɑ44bɯ44　余：老太婆/老太太lɒ24tʻA33bou31/lɒ24tʻA33tʻA31　宁：老太婆/老婆婆lɔ22tʻa44bəʊ55/lɔ24bəʊ33bəʊ33　黄：老太婆/老太婆儿lɒ22tʻA33bu44/lɒ22tʻA33bɛ51　温：老老娘儿l3ɜl3ɜ33ȵiŋ52　衢：老太婆lɔ22tʻɛ55bu31　华：老太婆/老曼/老太太ʔlɑʊ54tʻɛ33boə24/ʔlɑʊ54mæ̃51/ʔlɑʊ54tʻɛ33tʻɛ51　永：老太婆lAʊ32tʻiA32boə325

小伙子

宜：小伙则/小年青/小青年ɕiɑɤ33xu55tsəʔ5/ɕiɑɤ33ȵɪ55tɕʻiŋ55/ɕiɑɤ33tɕʻiŋ55ȵɪ55　溧：小伙则/小青年(少)ɕiɑʸ54xʌɯ33tsə34/ɕiɑʸ54tɕʻin44ȵi31　金：小伙子/小青年ɕiɑᵓ35xo22tsɿ44/ɕiɑᵓ22tɕʻiŋ44ȵĩ23　丹：小伙子ɕiɒ41hʌY22tsɿ23　童：小伙子ɕiɐY53hʌY22tsɿ44　靖：后生家/相公hɦøY33səŋ55ɦo31/sĩ55koŋ31　江：小伙则siɒ52h3Y33tsɜʔ4　常：小伙则/小青年ɕiɑɤ34xʌɯ55tsəʔ5/ɕiɑɤ33tɕʻiɲ55ȵɪ31　锡：小伙子siʌ45xʌY55tsɿ55　苏：小伙子/小青年/后生ɕiɛ52h3u23tsɿ31/ɕiɛ52ɕiɪn23ȵɪ31/ɦɵ22sÃ44　熟：小青年siɔ33tsʻĩⁿ55ȵie51　昆：小青年siɔ52tsʻin44ȵi31　霜：小伙子/小青年(少)siɔ55fu33tsɿ31/siɔ44tsĩ44ȵɪ52　罗：小伙子/小青年siɔ33fu55tsɿ31/siɔ33tsɪⁿ55ȵi31　周：小伙子/小青年ɕiɔ33fu55tsɿ31/ɕiɔ33tɕiɪŋ44ȵi52　上：小伙子/小青年/后生(少)ɕiɔ33fu55tsɿ31/ɕiɔ33tɕʻiɲ55ȵi31/ɦɤɯ22sÃⁿ31　松：小青年ɕiɔ33tɕiɲ55ȵi31　黎：小伙子/小青年siAᵓ54h3u33tsɿ31/siAᵓ54tsʻiəɲ33ȵiɪ31　盛：小伙子/小青年ɕiAɑ55h3u33tsɿ31/ɕiAɑ55tɕʻɪɲ33ȵiɪ31　嘉：小青年ɕiɔ44ɕin44ȵie31　双：小伙子ɕiɔ33xəu55tsɿ21　杭：小伙子/小青年ɕiɔ55hu33tsɿ31/ɕiɔ55ɕɪn33ȵie31　绍：小伙则ɕiɑɒ33fu44tsəʔ52　诸：后生人ɦiY22sÃ5ȵĩ31　崇：后生人ɦY23sA˜55nɒ̃31　太：后生人ɦY23sAŋ44nʊŋ44　余：小青年ɕiɒ44tɕʻiɲ44ȵi44　宁：后生ɦœY22sã35　黄：后生/后生头/小青年/细佬头ɦiY21sa˜13/ɦiY22sa˜33diY44/ɕiɒ33tɕʻiɪŋ33ȵie44/ɕij33lɒ33diY44　温：后生儿ɦʌu24sᶦɛŋ52　衢：毛头主/毛头鬼/小青年mɑ22dəɪ55tʃɥ35/mɑ22dəɪ55kuəɪ35/ɕiɑ55tɕʻiⁿ35ȵie31　华：小鬼横/鬼横头ɕiɑʊ54tɕy55uAŋ31/tɕy54uAŋ33diɯu24　永：小青年/小人ɕiAʊ43tɕʻiɪɲ55ȵiA51/ɕiAʊ43szəɲ44

姑娘

宜:丫头/大小娘ʔo55dɤɯ55/du22ɕiɑɤ55ȵiAŋ31 溧:丫头家/妹妹家ʔo44dei44ko23/mæE32mæE22ko52 金:小姑娘/丫头/小丫头ɕiɑᵓ35kᵊu44ȵiɑŋ31/ɑ44tʻʌɤ23/ɕiɑᵓ33ɑ55tʻʌɤ31 丹:姑娘/小姑娘/大姑娘kᵊu44ȵie31/ɕiɒ33kᵊu55ȵie31/tʌɤ41kᵊu33ȵie21 童:丫头ɒ53dei31 靖:小姐家siɒ33tsiɑ44ko55 江:丫头家ʔo55dEI33kɑ31 常:丫头家/女娘家ʔo55dei55ko31/ʔȵyɥ34ȵiɲ55ko31 锡:毛丫头mʌ24iɑ55dEi31 苏:小姑娘/小娘儿/姑娘家ɕiɛ52kɜu23ȵiÃ31/siɛ52ȵiÃ23ŋ̍31/kɜu55ȵiÃ55kɒ31 熟:细娘si55ȵiA˜31 昆:小姑娘/小娘头/小细娘/细娘头siɔ52kəu44ȵiã31/siɔ52ȵiã34dE31/siɔ52ɕi44ȵiã31/ɕi44ȵiã44dE41 霜:小姑娘siɔ44kᵊu44ȵiã52 罗:小姑娘siɔ33kᵊu55ȵiã31 周:小姑娘/小青年ɕiɔ33ku55ȵiA˜31/ɕiɔ33tɕʻiŋ44ȵi52 上:小姑娘ɕiɔ33ku55ȵiÃⁿ31 松:小姑娘ɕiɔ33ku55ȵiɛ̃31 黎:小姑娘siAᵓ54kɜu33ȵiã31 盛:姑娘家ku43ȵiæ̃33kɑ34 嘉:大姑娘dᵊu22kᵊu44ȵiA˜51 双:大姑娘/小姑娘/丫头/丫头儿dəu21kəu11ȵiã34/ɕiɔ33kəu55ȵiã21/ʔʊ44dᵊɤ44/ʔʊ44dɪn44 杭:大姑娘dou23ku55ȵiAŋ31 绍:大姑娘/小姑娘do22ku44ȵiaŋ52/ɕiɑɒ33ku44ȵiaŋ52 诸:大姑娘dɯ22ku22ȵiÃ52 崇:大姑娘dɤ22ku34ȵiA˜52 太:姑娘ku52ȵiAŋ33 余:姑娘ku33ȵiÃ44 宁:小娘/小娘屄ɕiɘ33ȵiã35/ɕiɘ33ȵiã44pi55 黄:大娘头/大娘dᵊu22ȵiã33diɤ44/dəu23ȵia˜32 温:园知儿ɦy3tsɿ52ŋ̍24 衢:娜儿ʔnɑ55ȵi31 华:姑娘/小姑娘ku33ȵiAŋ55/ɕiɑʊ54ku33ȵiAŋ55 永:仙囡ɕie43nA325

小孩儿

宜:小佬/细俵则/细贼ɕiɑɤ35lɑɤ31/ɕij33piɑɤ55tsəʔ5/ɕij33zəʔ4 溧:细佬家ɕiz54lɑᵞ33ko34 金:小把戏/小孩子/小鬼ɕiɑᵓ33pɑ55ɕiz31/ɕiɑᵓ22hɛᵉ33tsɿz44/ɕiɑᵓ35kuei23 丹:小把戏ɕiɒ44pɑ44ɕiz31 童:小鬼ɕiɐɤ35kuei31 靖:小想/小鬼siɒ35siæ̃34/siɒ35kue34 江:小人/小干/小伢儿siɒ52ȵiɲ33/siɒ52kɵ33/siɒ52ŋo33ər44 常:小佬ɕiɑɤ34lɑɤ44 锡:老小lʌ21siʌ23 苏:小人/小干/小干儿siɛ52ȵiɪn23/siɛ52kɵ23/siɛ52kɵ23ŋ̍31 熟:小干/小鬼/小活生siɔ33kɤ51/siɔ35tɕy31/siɔ33ɦuoʔ5sA˜51 昆:小干/小鬼siɔ52kɵ33/siɔ52tɕy33 霜:小囡siɔ44nᴬɤ52 罗:小囡/小囡儿siɔ33nᴬɤ52/siɔ33nᴬɤ55ŋ̍31 周:小囡ɕiɔ33nø52 上:小人/小囡ɕiɔ33ȵiɲ44/ɕiɔ33nø44 松:小囡/小把戏ɕiɔ35ȵø31/ɕiɔ33pɑ55ɕi31 黎:小百戏siAᵓ33pAʔ5ɕij31 盛:小百戏ɕiAɑ55pɑʔ3ɕij31 嘉:小人/小鬼头ɕiɔ44ȵin51/ɕiɔ44tɕy33de51 双:小把戏/囡囡ɕiɔ33pɑ55ɕiz21/nʊ21nʊ34 杭:小伢儿ɕiɔ55iɑ55ər31 绍:小人/小鬼ɕiɑɒ34ȵɪŋ52/ɕiɑɒ34tɕyɥ52 诸:小人ɕiɔ33nĩ52 崇:小人/小活孙/小鬼头ɕiɑᴰ55nɒ̃31/ɕiɑᴰ34vEʔ5sɪŋ31/ɕiɑᴰ34tɕyɥ55dɤ31 太:小人/小活孙ɕiɑɒ55nʊŋ33/ɕiɑɒ33vɛʔ5seŋ31 余:小人/小囡ɕiɒ44ȵiɲ44/ɕiɒ44nø̃44 宁:小人ɕiɘ33nɪŋ44 黄:小猢狲/小鬼ɕiɒ33ɦu33səŋ44/ɕiɒ33cyɥ51 温:小细儿sæi24sʻi33ŋ̍21 衢:小鬼/小牙儿ɕiɑ55kuəɪ35/ɕiɑ55ŋɑ22l̩44 华:小人/小玩意/小干ɕiɑʊ54ȵiɪn31/ɕiɑʊ55uæ̃33i35/ɕiɑʊ32kæ̃35 永:小人/小家□tɕiAʊ43nɔːŋ325/ɕiAʊ43ʊA32tɕiAʊ55

男孩儿

宜:男小佬/小男佬ne22ɕiɑɤ22lɑɤ53/ɕiɑɤ33ne55lɑɤ31 溧:牙家ŋo32ko23 金:小伙家家ɕiɑᵓ35xo23kɑ44kɑ31 丹:男个小把戏nəŋ33kɛʔ24ɕiɒ44pɑ44ɕiz31 童:小鬼/□□ɕiɐɤ35kuei31/ɕiɑŋ53ŋɑ23 靖:讨债鬼/老小家tʻɒ33tsæ44kue34/lɒ33siɔ44ko55 江:老小家ʔlɒ52siɒ33kɑ43 常:男小佬næ22siɑɤ55lɑɤ31 锡:男老小no24lʌ55siʌ31 苏:男小人/男小干nɵ22siɛ55ȵiɪn31/nɵ22siɛ55kɵ31 熟:男小干/男小鬼næ̃23siɔ55kɤ51/næ̃23siɔ55tɕy55 昆:男小干nɵ22siɔ34kɵ41 霜:男小囡nɪ22siɔ23nᴬɤ52 罗:男囡头nᴬɤ22nᴬɤ55dʌɪ31 周:男小囡/小男囡nø23ɕiɔ44nø44/ɕiɔ33nø23nø52 上:男小人/男小囡/光郎头nø22ɕiɔ55ȵiɲ31/nø22ɕiɔ55nø31/kuÃⁿ55lÃⁿ33dɤɯ31 松:男小囡ne23ɕiɔ44nø44 黎:男小百

戏nɵ$_{22}$siA^{ɔ}$_{55}$pAʔ$_{3}$ɕi$_{j31}$　盛：男小百戏nɵ$_{22}$ɕiAɑ$_{55}$pɑʔ$_{3}$ɕi$_{j31}$　嘉：男小人nɤə$_{24}$ɕiɔ$_{44}$ȵin$_{31}$　双：男小把戏nE$_{22}$ɕiɔ$_{44}$pɑ$_{44}$ɕi$_{z44}$　杭：男伢儿nE$_{21}$ɦiɑ$_{23}$ər$_{5}$　绍：男小人nɵ̃$_{21}$ɕiɑɒ$_{34}$ȵɪŋ$_{52}$　诸：小人头ɕiɔ$_{44}$ȵĩ$_{33}$dei$_{33}$　崇：小人/小活狲/小鬼头ɕiɑɒ$_{55}$nɒ̃$_{31}$/ɕiɑɒ$_{34}$vEʔ$_{5}$sɪŋ$_{31}$/ɕiɑɒ$_{34}$tɕy$_{ɥ55}$dʏ$_{31}$　太：男人家nœ̃$_{21}$ȵiŋ$_{22}$ko$_{23}$　余：男小人nẽ$_{21}$ɕiɒ$_{22}$ȵiɲ$_{44}$　宁：小弯ɕiə$_{33}$uE$_{44}$　黄：小细佬/细佬头ɕiɒ$_{33}$ɕi$_{j33}$lɒ$_{51}$/ɕi$_{j33}$lɒ$_{22}$diʏ$_{23}$　温：男嬶嬶nɵ$_{52}$mæi$_{44}$mæi$_{44}$　衢：小牙儿/小鬼/牙儿ɕiɑ$_{55}$ŋɑ$_{33}$ȵi$_{31}$/ɕiɑ$_{55}$kuəɪ$_{35}$/ŋɑ̃$_{45}$ȵi$_{31}$　华：小鬼/小干ɕiɑʊ$_{54}$kueɪ$_{44}$/ɕiɑʊ$_{32}$kæ̃$_{35}$　永：小人ɕiAʊ$_{43}$nɔːŋ$_{325}$

女孩儿

宜：小丫头/毛丫头ɕiɑʏ$_{33}$ʔo$_{55}$dʏɯ$_{55}$/mɑʏ$_{21}$ʔo$_{11}$dʏɯ$_{23}$　溧：细丫头家ɕiz$_{54}$ʔo$_{34}$dei$_{52}$ko$_{23}$　金：丫头家家ɑ$_{44}$t'ʌʏ$_{23}$kɑ$_{44}$kɑ$_{31}$　丹：女个小把戏ȵy$_{z41}$gɛʔ$_{21}$ɕiɒ$_{44}$pɑ$_{44}$ɕi$_{z31}$　童：小鬼/□□ɕiɐʏ$_{35}$kuei$_{31}$/ɕiɑŋ$_{53}$ŋɑ$_{23}$　靖：丫头家ʔo$_{44}$døʏ$_{44}$ko$_{44}$　江：丫头家ʔo$_{55}$dEɪ$_{33}$kɑ$_{31}$　常：女小佬ʔȵy$_{ɥ34}$ɕiɑʏ$_{55}$lɑʏ$_{31}$　锡：女老小/毛丫头ȵy$_{21}$lʌ$_{23}$siʌ$_{55}$/mʌ$_{24}$iɑ$_{55}$dEi$_{31}$　苏：女小人/女小干/小娘儿ȵy$_{ɥ22}$siɛ$_{55}$ȵiɪn$_{31}$/ȵy$_{ɥ22}$siɛ$_{55}$kɵ$_{31}$/siɛ$_{52}$ȵiÃ$_{23}$ŋ̍$_{31}$　熟：女小干ȵy$_{22}$siɔ$_{55}$kʏ$_{51}$　昆：女小干ȵy$_{22}$siɔ$_{34}$kɵ$_{41}$　霜：女小囡ȵy$_{22}$siɔ$_{23}$n^{ʌ}ʏ$_{52}$　罗：小姑娘siɔ$_{33}$k^{ɔ}u$_{55}$ȵia$^{\sim}$$_{31}$　周：女小囡/小姑娘ȵy$_{22}$ɕiɔ$_{44}$nø$_{52}$/ɕiɔ$_{33}$k'ʊ$_{44}$ȵiA$^{\sim}$$_{52}$　上：女小人/女小囡ȵy$_{22}$ɕiɔ$_{55}$ȵiɲ$_{31}$/ȵy$_{22}$ɕiɔ$_{55}$ȵø$_{31}$　松：女小囡ȵy$_{22}$ɕiɔ$_{55}$nø$_{31}$　黎：女小百戏/丫头/丫亭家/女小囡ȵy$_{ɥ22}$siA^{ɔ}$_{33}$pAʔ$_{4}$ɕi$_{j44}$/ʔo$_{44}$dieɯ$_{52}$/ʔo$_{44}$diəɲ$_{44}$kɒ$_{31}$/ȵy$_{ɥ22}$siA^{ɔ}$_{22}$nɵ$_{24}$　盛：女小百戏ȵy$_{ɥ23}$ɕiAɑ$_{33}$pɑʔ$_{3}$ɕi$_{j33}$　嘉：女小人/小姑娘ȵy$_{22}$ɕiɔ$_{22}$ȵin$_{51}$/ɕiɔ$_{44}$k^{ɔ}u$_{44}$ȵiA$^{\sim}$$_{31}$　双：女小把戏ȵi$_{z24}$ɕiɔ$_{55}$pɑ$_{33}$ɕi$_{z21}$　杭：姑娘儿/小伢头/伢头ku$_{32}$ȵiAŋ$_{23}$ər$_{51}$/ɕiɔ$_{55}$iɑ$_{33}$dEɪ$_{31}$/ʔiɑ$_{32}$dEɪ$_{23}$　绍：女小人ȵy$_{ɥ22}$ɕiɑɒ$_{44}$ȵɪŋ$_{52}$　诸：囡子头nʏ$_{22}$tsʅ$_{44}$dei$_{44}$　崇：小人/小活狲/小鬼头ɕiɑɒ$_{55}$nɒ̃$_{31}$/ɕiɑɒ$_{34}$vEʔ$_{5}$sɪŋ$_{31}$/ɕiɑɒ$_{34}$tɕy$_{ɥ55}$dʏ$_{31}$　太：女人家ȵy$_{22}$ȵiŋ$_{55}$ko$_{31}$　余：女小人/小姑娘ȵy$_{23}$ɕiɒ$_{44}$ȵiɲ$_{44}$/ɕiɒ$_{44}$ku$_{44}$ȵiÃ$_{44}$　宁：小娘ɕiə$_{33}$ȵiã$_{35}$　黄：小大娘ɕiɒ$_{33}$d^{ɔ}u$_{33}$ȵia$^{\sim}$$_{44}$　温：女嬶嬶ȵy$_{24}$mæi$_{44}$mæi$_{44}$　衢：娜儿nɑ$_{45}$ȵi$_{31}$　华：小囡儿ɕiɑʊ$_{33}$næ̃$_{55}$ȵi$_{j24}$　永：□囡/小□囡ɕie$_{43}$nÃ$_{325}$/ɕiAʊ$_{43}$ɕie$_{44}$nÃ$_{325}$

发育中的孩子

宜：发身头让葛小佬/发身头郎葛小佬　溧：发身头拉葛细佬fɑʔ$_{3}$sən$_{44}$dei$_{44}$lA$_{33}$kəʔ$_{31}$ɕi$_{z54}$la^{ʏ}$_{34}$　金：发身头上的小鬼fɑ^{ʔ}$_{4}$səŋ$_{44}$t'ʌʏ$_{22}$sɑŋ$_{33}$ti$_{z44}$ɕiɑ^{ɔ}$_{35}$kuei$_{23}$　丹：发育葛小把戏fɑʔ$_{3}$ɦyɪʔ$_{3}$kɛʔ$_{4}$ɕiɒ$_{44}$po$_{44}$ɕi$_{z31}$　童：发身头里葛小鬼fAʔ$_{4}$səŋ$_{5}$dei$_{33}$li$_{j31}$kəʔ$_{5}$ɕiɐʏ$_{35}$kuei$_{31}$　靖：长个子tɕiæ̃$_{33}$kʌʏ$_{55}$tsʅ$_{31}$　江：发身头fɑʔ$_{4}$sEɲ$_{42}$dEɪ$_{31}$　常：长头娘tsAɲ$_{33}$dei$_{55}$ȵiAɲ$_{31}$　锡：发肉头fɑʔ$_{4}$ȵiɔʔ$_{5}$dEi$_{55}$　苏：长头浪葛小囡tsÃ$_{52}$dəɪ$_{23}$lÃ$_{44}$kəʔ$_{3}$ siɛ$_{52}$nɵ$_{23}$　熟：长头浪葛小干tʂA$^{\sim}$$_{33}dE_{55}lA^{\sim}$$_{33}$kEʔ$_{3}$ siɔ$_{33}$k$_{51}$　昆：发头浪fAʔ$_{4}$dE$_{34}$lã$_{41}$　霜：发力头fAʔ$_{5}$lɪʔ$_{3}$dʌɪ$_{33}$　罗：长发头浪个小囡tsa$^{\sim}$$_{33}$fAʔ$_{5}$dʌɪ$_{33}$lɒ$^{\sim}$$_{33}$gəʔ$_{31}$ siɔ$_{35}$nʌʏ$_{31}$　周：长发头浪个tsA$^{\sim}$$_{33}$fɑʔ$_{3}$dʌ$_{55}$lɒ$^{\sim}$$_{33}$gəʔ$_{31}$　上：长发头tsÃ^{n}$_{33}$fɐʔ$_{55}$dʏɯ$_{31}$　松：长头浪/发头浪tsɛ̃$_{33}$dɯ$_{55}$lɑ$^{\sim}$$_{31}$/fAʔ$_{44}$dɯ$_{55}$lɑ$^{\sim}$$_{31}$　黎：发育头浪fAʔ$_{5}$ʔioʔ$_{3}$dieɯ$_{33}$lɑ$^{\sim}$$_{31}$　盛：　嘉：　双：潮头zɔ$_{22}$d^{ø}ʏ$_{44}$　杭：　绍：　诸：发浪fɐʔ$_{5}$lɒ̃$_{31}$　崇：　太：　余：发育头fɐʔ$_{4}$yɔʔ$_{4}$dʏ$_{52}$　宁：来该窜葛小人le$_{22}$ke$_{44}$søʔ$_{55}$kɐʔ$_{3}$ ɕiə$_{33}$nɪŋ$_{44}$　黄：　温：发育xo$_{3}$ɦy$_{24}$　衢：在葛里大葛小伢儿szɛ$_{45}$kəʔ$_{5}$li$_{55}$ du$_{31}$ kəʔ$_{5}$ ɕiɑ$_{55}$ŋɑ$_{33}$ȵi$_{31}$　华：　永：尽快大个时节dʑiɪŋ$_{32}$kuəɪ$_{44}$diA$_{32}$kʊ$_{44}$ sʐʅ$_{24}$tɕiA$_{22}$

娃娃

宜：　溧：细老家ɕi$_{z54}$la^{ʏ}$_{33}$ko$_{34}$　金：　丹：小把戏ɕiɒ$_{44}$po$_{44}$ɕi$_{z31}$　童：□□ɕiɑŋ$_{53}$ŋɑ$_{23}$　靖：宝宝pɒ$_{33}$pɒ$_{44}$　江：小人/小干siɒ$_{52}$ȵiɲ$_{33}$/siɒ$_{52}$kɵ$_{33}$　常：娃娃ʔʋɑ$_{55}$ʋɑ$_{31}$　锡：　苏：小囡/囡囡siɛ$_{52}$nɵ$_{23}$/ʔnɵ$_{55}$nɵ$_{31}$　熟：小干/小必律凄凄siɔ$_{33}$kʏ$_{51}$/siɔ$_{33}$pɪʔ$_{5}$lɪʔ$_{5}$ts'i$_{55}$ts'i$_{51}$　昆：　霜：娃娃ʔuɑ$_{55}$uɑ$_{31}$　罗：小毛头/囡囡siɔ$_{33}$mɔ$_{55}$dʌɪ$_{31}$/ʔn^{ʌ}ʏ$_{55}$n^{ʌ}ʏ$_{31}$　周：小囡ɕiɔ$_{33}$nø$_{52}$　上：小囡ɕiɔ$_{33}$nø$_{44}$　松：小囡ɕiɔ$_{35}$nø$_{31}$　黎：小百戏siA^{ɔ}$_{33}$pAʔ$_{5}$ɕi$_{j31}$　盛：小百戏ɕiAɑ$_{55}$pɑʔ$_{3}$ɕi$_{j31}$　嘉：小百戏ɕiɔ$_{44}$pAʔ$_{4}$ɕi$_{31}$

双：小毛头ɕiɔ$_{33}$mɔ$_{55}$d^{ə}ʏ$_{21}$ 杭：毛毛头儿/娃娃头儿ʔmɔ$_{32}$mɔ$_{23}$deɪ$_{55}$ər$_{31}$/ʔuɑ$_{32}$uɑ$_{23}$deɪ$_{55}$ər$_{31}$ 绍：小毛头ɕiaɒ$_{43}$maɒ$_{33}$dʏ$_{33}$ 诸：毛头老mɔ$_{22}$dei$_{22}$lɔ$_{52}$ 崇：衣娃头ʔi$_{z53}$vɑ$_{34}$dʏ$_{52}$ 太：衣娃头ʔi$_{52}$vɑ$_{33}$dʏ$_{34}$ 余： 宁：小囡囡ɕiɵ$_{33}$nø$_{44}$nø$_{55}$ 黄：小娃ɕiɒ$_{33}$uᴀ$_{44}$ 温：媄媄mæi$_{3}$mæi$_{44}$ 衢：小牙儿ɕiɑ$_{55}$ŋɑ$_{33}$ȵi$_{31}$ 华：小娃娃/小人ɕiɑʊ$_{53}$uɑ$_{33}$uɑ$_{35}$/ɕiɑʊ$_{53}$ȵiɪn$_{31}$ 永：小家□ɕiᴀʊ$_{43}$ʊᴀ$_{32}$tɕiᴀʊ$_{55}$

婴儿

宜： 溧：小宝宝/小毛头ɕiɑ^{ʏ}$_{54}$pɑ^{ʏ}$_{44}$pɑ^{ʏ}$_{31}$/ɕiɑ^{ʏ}$_{54}$mɑ^{ʏ}$_{34}$dei$_{52}$ 金：宝宝pɑ^{ɔ}$_{32}$pɑ^{ɔ}$_{23}$ 丹：小毛毛/小毛头ɕiɒ$_{33}$mɒ$_{55}$mɒ$_{31}$/ɕiɒ$_{33}$mɒ$_{55}$dᴇ^{e}$_{31}$ 童：□□ɕiaŋ$_{53}$ŋɑ$_{23}$ 靖：小宝宝/小想siɒ$_{34}$pɒ$_{33}$pɒ$_{44}$/siɒ$_{35}$siæ̃$_{34}$ 江：小人siɒ$_{52}$ȵiɲ$_{33}$ 常：小老ɕiɑʏ$_{34}$lɑʏ$_{44}$ 锡： 苏：小毛头/毛毛头siɛ$_{52}$mæ$_{23}$dəɪ$_{31}$/mæ$_{22}$mæ$_{55}$dəɪ$_{31}$ 熟：血□□ɕioʔ$_{3}$mu$_{55}$mu$_{31}$ 昆：小毛头/毛毛头siɔ$_{52}$mɔ$_{34}$dᴇ$_{41}$/mɔ$_{22}$mɔ$_{34}$dᴇ$_{41}$ 霜：小毛头siɔ$_{44}$mɔ$_{44}$dʌɪ$_{52}$ 罗：小毛头siɔ$_{33}$mɔ$_{55}$dʌɪ$_{31}$ 周：小毛头ɕiɔ$_{33}$mɔ$_{23}$dʏ$_{52}$ 上：小毛头ɕiɔ$_{33}$mɔ$_{55}$dʏɯ$_{31}$ 松：小毛头ɕiɔ$_{33}$mɔ$_{55}$dɯ$_{31}$ 黎：毛毛头/小毛头mᴀ^{ɔ}$_{22}$mᴀ^{ɔ}$_{55}$dieɯ$_{31}$/siᴀ^{ɔ}$_{54}$mᴀ^{ɔ}$_{33}$dieɯ$_{31}$ 盛：小毛头ɕiᴀɑ$_{55}$mᴀɑ$_{33}$diəʉ$_{31}$ 嘉：小毛头/毛毛头ɕiɔ$_{44}$mɔ$_{44}$de$_{31}$/mɔ$_{22}$mɔ$_{44}$de$_{51}$ 双：小毛头ɕiɔ$_{33}$mɔ$_{55}$d^{ə}ʏ$_{21}$ 杭：毛毛头儿ʔmɔ$_{32}$ʔmɔ$_{23}$deɪ$_{55}$ər$_{31}$ 绍：小毛头ɕiaɒ$_{43}$maɒ$_{33}$dʏ$_{33}$ 诸：毛头老mɔ$_{22}$dei$_{22}$lɔ$_{52}$ 崇：衣娃头ʔi$_{z53}$vɑ$_{34}$dʏ$_{52}$ 太：衣娃头ʔi$_{52}$vɑ$_{33}$dʏ$_{34}$ 余：嗯伢/小毛头ʔŋ̍$_{33}$iᴀ$_{44}$/ɕiɒ$_{44}$mɒ$_{44}$dʏ$_{44}$ 宁：小毛头ɕiɵ$_{33}$mɔ$_{44}$dœʏ$_{55}$ 黄：小娃ɕiɒ$_{33}$uᴀ$_{44}$ 温：媄媄儿mæi$_{3}$mæi$_{44}$ŋ̍$_{52}$ 衢：毛头儿mɔ$_{22}$dəɪ$_{22}$ȵi$_{44}$ 华：小毛头/婴儿ɕiɑʊ$_{53}$mɑʊ$_{22}$diɯu$_{24}$/ʔiɪn$_{55}$əl$_{31}$ 永：小家□ɕiᴀʊ$_{43}$ʊᴀ$_{32}$tɕiᴀʊ$_{55}$

双胞胎

宜：双胞则sᴀŋ$_{55}$pɑʏ$_{55}$tsəʔ$_{5}$ 溧：双胞则sᴀŋ$_{44}$pɑ^{ʏ}$_{44}$tsəʔ$_{31}$ 金：双胞胎saŋ$_{31}$pɑ^{ɔ}$_{35}$t'ɛ^{e}$_{31}$ 丹：双胞胎sᴀŋ$_{44}$pɑ^{ʏ}$_{44}$t'æ$_{44}$ 童：双胞胎/双胞ʃy$_{ɥ}$aŋ$_{53}$pɐʏ$_{33}$taɪ$_{31}$/ʃy$_{ɥ}$aŋ$_{53}$pɐʏ$_{31}$ 靖：双胞胎ɕyaŋ$_{44}$pɒ$_{44}$t'æ$_{34}$ 江：双胞胎sᴀ^{ŋ}$_{52}$pɒ$_{33}$t'æ$_{43}$ 常：双胞胎sɥᴀɲ$_{55}$pɑʏ$_{33}$t'æ$_{31}$ 锡：双胞胎suɒ̃$_{21}$pʌ$_{11}$t'ɛ$_{23}$ 苏：双胞胎/双生子sᴀ̃$_{55}$pæ$_{55}$t'ᴇ$_{31}$/sᴀ̃$_{55}$sən$_{55}$tsɿ$_{31}$ 熟：双胞胎ʂᴀ̃$_{55}$pɔ$_{55}$t'æ$_{51}$ 昆：双胞胎sã$_{44}$pɔ$_{44}$t'ᴇ$_{41}$ 霜：双胞胎sɒ̃$_{55}$pɔ$_{33}$t'ᴇ$_{31}$ 罗：双胞胎sɒ̃$_{55}$pɔ$_{33}$t'e$_{31}$ 周：双胞胎/双胞头sɒ̃$_{44}$ʔbɔ$_{44}$t'e$_{52}$/sɒ̃$_{44}$ʔbɔ$_{44}$dʏ$_{52}$ 上：双胞胎sᴀ̃^{ɲ}$_{55}$pɔ$_{33}$t'ᴇ$_{31}$ 松：双胞胎sɑ̃$_{33}$pɔ$_{55}$t'ᴇ$_{31}$ 黎：双胞胎/双双子sɑ̃$_{44}$pᴀ^{ɔ}$_{44}$t'ᴇ$_{31}$/sɑ̃$_{44}$sɑ̃$_{44}$tsɿ$_{31}$ 盛：双胞胎sɑ̃$_{44}$pᴀɑ$_{44}$t'ᴇ$_{44}$ 嘉：双胞胎/双双子sᴀ̃$_{44}$pɔ$_{44}$t'ᴇ^{ɛ}$_{31}$/sᴀ̃$_{44}$sᴀ̃$_{44}$tsɿ$_{31}$ 双：双胞胎sɔ̃$_{44}$pɔ$_{44}$t'ᴇ$_{44}$ 杭：双生子/双胞胎suᴀŋ$_{32}$sən$_{23}$tsɿ$_{51}$/suᴀŋ$_{32}$pɔ$_{23}$t'ᴇ$_{51}$ 绍：双胞胎sɒŋ$_{32}$paɒ$_{34}$t'e$_{52}$ 诸：双生sɒ̃$_{52}$sᴀ̃$_{42}$ 崇：双胞胎/双生佬sɒ̃$_{55}$paɒ$_{33}$t'e$_{34}$/sɒ̃$_{53}$sᴀ̃$_{34}$laɒ$_{52}$ 太：双胞胎sɒŋ$_{52}$paɒ$_{33}$t'e$_{34}$ 余：双胞胎sɒ̃$_{33}$pɒ$_{44}$t'e$_{52}$ 宁：双胞胎/双生sɔ̃$_{33}$pɔ$_{55}$t'e$_{31}$/sɔ̃$_{33}$sã$_{35}$ 黄：双生sɒ̃$_{33}$sɑ̃$_{35}$ 温：双胞胎ɕy^{o}ɔ$_{55}$p^{o}ɔ$_{33}$t'e$_{21}$ 衢：双生ʃɥɒ̃$_{43}$ɕiã$_{53}$ 华：双胞胎ɕɥᴀŋ$_{33}$paʊ$_{22}$t'ɛ$_{35}$ 永：双生ɕʏᴀŋ$_{43}$sai$_{44}$

新郎

宜：新官人/新郎/新郎官ɕiŋ$_{55}$kue$_{55}$ȵiŋ$_{55}$/ɕiŋ$_{55}$lᴀŋ$_{55}$/ɕiŋ$_{55}$lᴀŋ$_{55}$kue$_{55}$ 溧：新郎官ɕin$_{44}$lᴀŋ$_{44}$kʊ$_{31}$ 金：新郎官ɕiŋ$_{31}$laŋ$_{35}$kuæ̃$_{31}$ 丹：新郎官ɕiŋ$_{44}$laŋ$_{44}$kəŋ$_{44}$ 童：新郎ɕiŋ$_{53}$laŋ$_{31}$ 靖：新官郎/新姑郎siŋ$_{44}$kuũ$_{44}$laŋ$_{44}$/siŋ$_{44}$ku$_{44}$laŋ$_{44}$ 江：新官人siɲ$_{55}$kə$_{33}$ȵiɲ$_{31}$ 常：新郎官/新官人ɕiɲ$_{55}$lᴀɲ$_{33}$kɔ$_{31}$/ɕiɲ$_{55}$kɔ$_{33}$ȵiɲ$_{31}$ 锡：新官人sin$_{21}$ko$_{11}$ȵin$_{23}$ 苏：新官人/新郎官ɕiɪn$_{55}$kɵ$_{55}$ȵiɪn$_{31}$/ɕiɪn$_{55}$lᴀ̃$_{55}$kɵ$_{31}$ 熟：新官人sĩ^{ɲ}$_{55}$kuʏ$_{55}$ȵĩ^{ɲ}$_{51}$ 昆：新郎官/新相公sin$_{44}$lã$_{44}$kɵ$_{41}$/sin$_{44}$siã$_{44}$koŋ$_{41}$ 霜：新郎/新官人sĩ$_{55}$lɒ̃$_{31}$/sĩ$_{55}$kuɪ$_{33}$ȵĩ$_{31}$ 罗：新官人sɪ^{n}$_{55}$ku^{ʌ}ʏ$_{33}$ȵɪ^{n}$_{31}$ 周：新郎官/新官人/新客人ɕiɪŋ$_{44}$lɒ̃$_{44}$kue$_{52}$/ɕiɪŋ$_{44}$kue$_{44}$ȵiɪŋ$_{52}$/ɕiɪŋ$_{44}$k'ɑʔ$_{4}$ȵiɪŋ$_{52}$ 上：新郎官/新官人ɕiɲ$_{55}$lᴀ̃^{ɲ}$_{33}$kø$_{31}$/ɕiɲ$_{55}$kø$_{33}$ȵiɲ$_{31}$ 松：新相公/新郎官ɕiɲ$_{55}$ɕiɛ̃$_{33}$kʊŋ$_{31}$/ɕiɲ$_{33}$lɑ̃$_{55}$kuø$_{31}$ 黎：新官人siəɲ$_{44}$kɵ$_{44}$ȵiəɲ$_{31}$ 盛：新官人/新郎官ɕɪɲ$_{44}$kɵ$_{44}$ȵɪɲ$_{44}$/ɕɪɲ$_{44}$lɑ̃$_{44}$kɵ$_{44}$ 嘉：新官人/新郎官ɕin$_{44}$kuʏə$_{44}$ȵin$_{31}$/ɕin$_{44}$lᴀ̃$_{44}$kuʏə$_{31}$ 双：新官

人/新客人çɪn44kuᴇ44ȵɪn44/çɪn44k'ᴀʔ4ȵɪn44　杭：新郎官çɪn32lᴀŋ23kuo51　绍：新郎官çɪŋ32lɒŋ34kuõ52　诸：新郎官çĩ33lõ33kuʏ52　崇：新郎官çiɲ33lõ34kuœ̃34　太：新郎官çiɲ52lɒŋ33kuœ̃34　余：新郎官/新官人/新郎官人çiɲ44lõ44kuõ52/çiɲ32kuõ22ȵiɲ52/çiɲ32lõ22kuõ22ȵiɲ52　宁：新郎官/新郎çɪŋ33lɔ̃55ku33/çɪŋ33lɔ̃51　黄：新堂官çiɪŋ33dɒ̃55kue31　温：新郎官sᴀŋ55lʊɔ33kɵ21　衢：新佬官çiɲ43lɔ55kuə31　华：新郎/新郎官çiɪn55lᴀŋ31/çiɪn55lᴀŋ33kuæ̃35　永：新郎官çiɪɲ55lᴀŋ22kʊᴀ44

新娘

宜：新娘则çiŋ55ȵiᴀŋ55tsəʔ5　溧：新娘则çi44ȵie44tsəʔ31　金：新娘子çiŋ31ȵiɑŋ35tsɿz31　丹：新娘则çiŋ44ȵie44tsɛʔ5　童：新娘子çiŋ53ȵiɑŋ33tsɿ31　靖：新娘子siŋ44ȵĩ44tsɿ44　江：新娘则siɲ55ȵiᴀŋ33tsзʔ31　常：新娘则çiɲ55ȵiᴀɲ33tsəʔ31　锡：新娘子sin21ȵiɛ̃11tsɿ23　苏：新娘子/新娘娘çiɪn55ȵiᴀ̃55tsɿ31/çiɪn55ȵiᴀ̃55ȵiᴀ̃31　熟：新娘娘/新娘子(少)sĩɲ55ȵiᴀ̃55ȵiᴀ̃51/sĩɲ55ȵiᴀ̃55tsɿ51　昆：新娘子sin44ȵiã44tsɿ41　霜：新娘子sĩ55ȵiã33tsɿ31　罗：新娘子sɪn55ȵiã33tsɿ31　周：新娘子çiɪŋ55ȵiᴀ̃55tsɿ31　上：新娘子çiɲ55ȵiᴀ̃ɲ33tsɿ31　松：新娘子çiɲ33ȵiɛ̃55tsɿ31　黎：新娘子siəɲ44ȵiɛ̃44tsɿ44　盛：新娘子çɪŋ44ȵiæ44tsɿ44　嘉：新娘子çin44ȵiᴀ̃44tsɿ31　双：新娘子çɪn44ȵiã44tsɿ44　杭：新娘子çɪn32ȵiᴀŋ23tsɿ51　绍：新娘则çɪŋ32ȵiaŋ34tsəʔ52/çɪŋ32ȵiaŋ34tsɿ52　诸：新娘子çĩ33ȵiᴀ̃33tsɿ52　崇：新娘子çiɲ33ȵiᴀ̃55tsɿ31　太：新娘则çiɲ52ȵiᴀŋ33tsɛʔ3　余：新娘子/新嫁娘çiɲ32ȵiᴀ̃22tsɿ52/çiɲ32ko22ȵiᴀ̃52　宁：新娘子/新娘çɪŋ33ȵiã55tsɿ33/çɪŋ33ȵiã51　黄：新妇娘çiɪŋ33vu33ȵiã44　温：新娘儿sᴀŋ52ȵiɑ̃21　衢：新娘子çiɲ43ȵiã55tsɿ31　华：新娘/新许人/新娘子çiɪn55ȵiᴀŋ31/çiɪn33çy55ȵiɪn31/çiɪn32ȵiᴀŋ22tsɿ35　永：新妇səɲ43vʊ31

疯子

宜：疯则/痴头伢/疯婆则foŋ55tsəʔ5/ts'ɿ55dʏɯ55ŋo55/ts'ɿ55bɑʏ55tsəʔ5　溧：哈则牙/哈婆则xᴀ54tsəʔ3ŋo52/xᴀ54bʌɯ44tsəʔ31　金：疯子/神经病/疯子foŋ32tsɿz31/səŋ22tɕiŋ33piŋ44/ts'ɿz32tsɿz31　丹：疯则foŋ44tsɛʔ5　童：疯子/神经病foŋ53tsɿ31/szəŋ23tɕiŋ55biŋ31　靖：神经病/呆子/疯子ʑziəŋ44tɕiŋ22biŋ52/tæ33tsɿ44/foŋ33tsɿ44　江：神经病/痴则ʑᴇɲ24tɕiŋ33biŋ31/ts'ɿ53tsзʔ2　常：疯子/神经病/疯婆则foŋ55tsəʔ5/zəɲ22tɕiɲ55biɲ31/foŋ55bʌɯ33tsəʔ31　锡：疯子/疯则/痴则/痴子/神经病foŋ21tsɿ23/foŋ21tsə23/ts'ɿ21tsə23/ts'ɿ21tsɿ23/zən24tɕin55bin31　苏：神经病/痴子zən22tɕiɪn55biɪn31/ts'ɿ55tsɿ31　熟：痴则/神经病tʂ'ʮ55tsᴇʔ5/z'ẽn24tɕɪn33bĩɲ31　昆：痴子/神经病ts'ɿ44tsɿ41/zən22tɕin55min41　霜：神经病/嗄子zẽ22tɕĩ44bĩ23/doʔ2tsɿ23　罗：神经病zẽn22tɕɪn55bɪn31　周：神经病/痴子zəɲ22tɕiɪŋ33biɪŋ33/ts'ɿ55tsɿ31　上：疯子/痴子/神经病fʊŋ55tsɿ31/ts'ɿ55tsɿ31/zəɲ22tɕiɲ55biɲ31　松：神经病/嗄头zəɲ22tɕiɲ55biɲ31/dɔʔ2dɯ52　黎：神经病/嗄牌位/嗄头/痴子zəɲ22tɕiəɲ55miəɲ31/doʔ2bɒ55uᴇ31/doʔ2dieɯ34/ts'ɿ44tsɿ44　盛：痴头/嗄头ts'ɿ44diɵʉ44/dɔʔ2diɵʉ34　嘉：神经病/嗄鬼zən22tɕin44bin51/doʔ2tɕy23　双：痴子/神经病ts'ɿ44tsɿ44/zən22tɕɪn44bɪn44　杭：疯子/疯婆儿foŋ32tsɿ23/foŋ32bou24ər31　绍：癫则/呆则tĩ32tseʔ5/ŋe21tsəʔ5　诸：癫佬tiɪ52lɔ42　崇：疯子/癫子fʊŋ53tsɿ23/tiẽ53tsɿ23　太：癫子tiẽ52tsɿ23　余：神经病zeɲ21tɕiɲ22beɲ52　宁：大糊病/神经病dəʊ22ɦu55bɪŋ33/zoŋ22tɕɪŋ55bɪŋ33　黄：老癫/神经病lɒ22die35/ʑiɪŋ22tɕiɪŋ33biɪŋ44　温：癫人ti44nᴀŋ2　衢：傻子sɑ35tsɿ53　华：疯子/神经病foŋ32tsɿ35/szən21tɕiɪŋ35biɪŋ24　永：癫人tiᴀ55noŋ22

傻子

宜：戆大gᴀŋ22du53　溧：痴头牙ts'ɿ44dei44ŋo31　金：呆子tɛᵉ32tsɿz31　丹：呆皮tæ44biz31　童：呆子/戆头taɪ53tsɿ31/gɑŋ22dei55　靖：傻子/呆子/呆嗄头sɑ33tsɿ44/tæ43tsɿ33/tæ44dɔʔ4døʏ23　江：憨大/戆大gᴇɪ21dзʏ43/gᴀŋ24dзʏ31　常：呆大/笨蛋dæe21dʌɯ34/bəɲ24dæ31　锡：憨头/寿头gɛ24dᴇɪ31/

ʐEi$_{22}$dEi$_{55}$ 苏：呆大/戆大ŋE$_{22}$dɜu$_{44}$/gÃ$_{24}$dɜu$_{31}$ 熟：寿头/戆大ʐɯ$_{24}$dE$_{31}$/gA˜$_{22}$dɯ$_{34}$ 昆：戆大/寿头gã$_{42}$dəu$_{31}$/zəu$_{22}$dəu$_{41}$ 霜：寿头/戆大zʌɪ$_{22}$dʌɪ$_{52}$/gɒ˜$_{22}$dəu$_{23}$ 罗：戆大/寿头gɒ˜$_{22}$du$_{44}$/zʌɪ$_{22}$dʌɪ$_{52}$ 周：戆大/寿头gɒ˜$_{22}$du$_{24}$/zʏ$_{22}$dɤ$_{52}$ 上：戆大/寿头gÃ^{ɲ}$_{22}$du$_{44}$/zɤɯ$_{22}$dɤɯ$_{44}$ 松：戆大gɑ$_{22}$du$_{23}$ 黎：嗄头doʔ$_{2}$dieɯ$_{34}$ 盛：寿头/嗄乌鬼ziəʉ$_{22}$diəʉ$_{52}$/dɔʔ$_{2}$u$_{33}$tɕy$_{ɥ33}$ 嘉：寿头zɤə$_{22}$de$_{51}$ 双：嗄头/猪头三doʔ$_{2}$d^{ə}ʏ$_{52}$/tsɿ$_{44}$d^{ə}ʏ$_{44}$sE$_{44}$ 杭：傻子/木陀sɑ$_{55}$tsɿ$_{31}$/mɔʔ$_{2}$dou$_{23}$ 绍：呆则ŋe$_{21}$tsəʔ$_{5}$ 诸：木头佬/嗄头moʔ$_{2}$dei$_{33}$lɔ$_{33}$/doʔ$_{2}$dei$_{52}$ 崇：呆虫/藤头ŋe$_{22}$zʊ^{ŋ}$_{52}$/dɪŋ$_{25}$dʏ$_{52}$ 太：呆床/藤头ŋe$_{21}$zɒŋ$_{23}$/deŋ$_{21}$dʏ$_{44}$ 余：木大/木卵mɔʔ$_{2}$dou$_{52}$/mɔʔ$_{2}$lõ$_{44}$ 宁：寿头/戆大/呆脑/老寿头ʑʏ$_{22}$dœʏ$_{51}$/gɔ̃$_{24}$dəʊ$_{33}$/tE$_{33}$nɔ$_{51}$/lɔ$_{24}$ʑʏ$_{33}$dœʏ$_{31}$ 黄：呆大/呆大大ŋe$_{22}$dəu$_{44}$/ŋe$_{22}$dəu$_{33}$dəu$_{44}$ 温：呆头ŋe$_{22}$dʌu$_{52}$ 衢：傻子/木呆sɑ$_{35}$tsɿ$_{53}$/məʔ$_{2}$tɛ$_{53}$ 华：木大/木脚ʔmoʔ$_{4}$doə$_{24}$/ʔmoʔ$_{4}$tɕiəʔ$_{3}$ 永：呆头ʔŋəɪ$_{43}$dəʊ$_{325}$

小偷

宜：三只手sA$_{55}$tsAʔ$_{5}$sʏɯ$_{31}$ 溧：做贼佬/扒落手tsu$_{54}$zəʔ$_{3}$lɑ^{ʏ}$_{34}$/bo$_{32}$lɔʔ$_{2}$sei$_{52}$ 金：小偷ɕiɑ^{ɔ}$_{35}$t'ʌʏ$_{31}$ 丹：小偷ɕiɒ$_{44}$t'E^{e}$_{31}$ 童：小偷/贼骨头ɕiɐʏ$_{34}$t'ei$_{55}$/szəʔ$_{\underline{53}}$kuəʔ$_{33}$dei$_{31}$ 靖：贼子/贼骨头szəʔ$_{2}$tsɿ$_{23}$/szəʔ$_{4}$kuəʔ$_{4}$døʏ$_{52}$ 江：贼骨头zɜʔ$_{2}$kuɜʔ$_{4}$dEɪ$_{31}$ 常：贼骨头/三只手zəʔ$_{2}$kuəʔ$_{11}$dei$_{23}$/sæ$_{55}$tsɑʔ$_{3}$sei$_{31}$ 锡：贼骨头/小偷zəʔ$_{\underline{21}}$kɔʔ$_{1}$dEi$_{23}$/siʌ$_{45}$t'Ei$_{55}$ 苏：贼/贼骨头zəʔ$_{\underline{23}}$/zəʔ$_{3}$kuəʔ$_{5}$dəɪ$_{31}$ 熟：贼/贼骨头/小偷zEʔ$_{\underline{23}}$/zEʔ$_{2}$koʔ$_{5}$dE$_{51}$/siɔ$_{33}$tE$_{51}$ 昆：贼骨头zəʔ$_{2}$kuəʔ$_{2}$dE$_{23}$ 霜：贼骨头zəʔ$_{2}$koʔ$_{2}$dʌɪ$_{23}$ 罗：贼骨头zɐʔ$_{2}$kuɐʔ$_{2}$dʌɪ$_{23}$ 周：贼骨头zəʔ$_{2}$kuəʔ$_{2}$dɤ$_{23}$ 上：贼骨头/三只手zɐʔ$_{2}$kuɐʔ$_{2}$dɤɯ$_{23}$/sE$_{55}$tsɐʔ$_{3}$sɤɯ$_{31}$ 松：小偷/贼骨头ɕiɔ$_{35}$t'ɯ$_{31}$/zəʔ$_{2}$kuəʔ$_{2}$dɯ$_{52}$ 黎：贼骨头zəʔ$_{2}$kuəʔ$_{2}$dieɯ$_{34}$ 盛：小偷/贼骨头/贼/三只手ɕiAɑ$_{55}$t'iəʉ$_{31}$/zəʔ$_{3}$kuəʔ$_{3}$diəʉ$_{33}$/zəʔ$_{2}$/sE$_{55}$tsɑʔ$_{3}$ɕiəʉ$_{31}$ 嘉：贼骨头zəʔ$_{2}$kuəʔ$_{4}$de$_{51}$ 双：贼骨头/三只手zəʔ$_{2}$kuəʔ$_{5}$d^{ə}ʏ$_{21}$/sE$_{44}$tsAʔ$_{4}$s^{ə}ʏ$_{44}$ 杭：贼骨头dzɐʔ$_{2}$kuɐʔ$_{44}$deɪ$_{55}$ 绍：贼骨头zeʔ$_{2}$kuoʔ$_{4}$dɤ$_{52}$ 诸：贼骨头zɐʔ$_{2}$kuoʔ$_{4}$dei$_{52}$ 崇：贼骨头zEʔ$_{2}$kuEʔ$_{4}$dʏ$_{52}$ 太：贼骨头ʑɛʔ$_{2}$kuɛʔ$_{4}$dʏ$_{52}$ 余：小偷/贼骨头ɕiɒ$_{44}$t'ʏ$_{44}$/dzɐʔ$_{2}$kuɐʔ$_{4}$dʏ$_{52}$ 宁：小偷/贼骨头/冲手/三只手ɕiɔ$_{33}$t'œʏ$_{44}$/zɐʔ$_{3}$kuɐʔ$_{4}$dœʏ$_{55}$/ts'oŋ$_{55}$ɕʏ$_{33}$/sE$_{33}$tsa$_{55}$ɕʏ$_{33}$ 黄：贼/小偷/贼骨头zɐʔ$_{\underline{12}}$/ɕiɒ$_{31}$t'əu$_{44}$/zɐʔ$_{2}$kuɐʔ$_{3}$diɤ$_{51}$ 温：小偷/贼ɕiɛ$_{52}$t'ʌu$_{44}$/sz'i$_{323}$ 衢：贼骨头szəʔ$_{2}$kuəʔ$_{5}$təɪ$_{31}$ 华：小偷/做贼/妖龙ɕiaʊ$_{54}$t'iɯu$_{35}$/tsu$_{45}$ səʔ$_{3}$/ʔiɑʊ$_{33}$loŋ$_{55}$ 永：小偷/贼ɕiAʊ$_{43}$t'əʊ$_{325}$/szəɪ$_{323}$

流氓

宜：阿飞/小批漏/流氓婆(女的)ʔAʔ$_{5}$fi$_{j55}$/ɕiɑʏ$_{33}$p'i$_{55}$lʏɯ$_{31}$/liʏɯ$_{21}$mAŋ$_{11}$bɑʏ$_{23}$ 溧：流氓liʌɯ$_{32}$mAŋ$_{52}$ 金：流氓/阿飞lʌʏ$_{22}$mɑŋ$_{44}$/ɑʔ$_{\underline{53}}$fei$_{31}$ 丹：流氓/阿飞lʏ$_{44}$mɑŋ$_{44}$/ɑ$_{44}$fi$_{z31}$ 童：流氓lei$_{24}$mɑŋ$_{31}$ 靖：流氓/二流子/骚货(女的)øʏ$_{22}$mɑŋ$_{34}$/ʔər$_{44}$løʏ$_{33}$tsɿ$_{34}$/sɒ$_{33}$hʌʏ$_{53}$ 江：流氓阿飞liɜʏ$_{21}$mA^{ŋ}$_{33}$ʔɑʔ$_{4}$fi$_{44}$ 常：小批漏/阿飞/拉三liɑʏ$_{33}$p'i$_{j55}$lei$_{31}$/ʔɑʔ$_{4}$fi$_{j44}$/ʔlɑ$_{55}$sæ$_{31}$ 锡：流氓阿飞lEi$_{24}$mɒ˜$_{55}$ʔAʔ$_{4}$fi$_{55}$ 苏：流氓/阿飞lɵ$_{22}$mÃ$_{44}$/ʔAʔ$_{5}$fi$_{23}$ 熟：流氓阿飞liɯ$_{23}$mA˜$_{33}$ʔAʔ$_{4}$fi$_{51}$ 昆：流氓/百搭(女的)/赖三(女的)lɪ$_{23}$mã$_{41}$/pAʔ$_{4}$tAʔ$_{4}$/lA$_{22}$sE$_{44}$ 霜：流氓/阿飞/赖三(女的)ly$_{24}$mɒ̃$_{31}$/ʔAʔ$_{4}$fi$_{52}$/lA$_{22}$sE$_{52}$ 罗：流氓/阿飞(女的)/赖三(女的)ly$_{24}$mɒ˜$_{31}$/ʔAʔ$_{4}$fi$_{52}$/lɑ$_{22}$se$_{52}$ 周：流氓/塌皮/赖三(女的)liɤ$_{22}$mɒ˜$_{33}$/t'ɑʔ$_{3}$bi$_{52}$/lɑ$_{22}$sɛ$_{52}$ 上：流氓/阿飞/赖三liɤɯ$_{22}$mÃ^{ɲ}$_{44}$/ʔɐʔ$_{3}$fi$_{44}$/lA$_{22}$sE$_{44}$ 松：流氓/阿飞(女的)/赖三(女的)liɯ$_{22}$mã$_{52}$/ʔæʔ$_{4}$fi$_{52}$/lɑ$_{22}$sE$_{53}$ 黎：流氓阿飞liɯ$_{22}$mɑ˜$_{55}$Aʔ$_{5}$fi$_{44}$ 盛：流氓阿飞liəʉ$_{22}$mɑ˜$_{55}$ɑʔ$_{3}$fi$_{31}$ 嘉：流氓/阿飞(少)(女的)/野鸡(女的)liəu$_{24}$mÃ$_{31}$/lɑ$_{22}$sE^{ɛ}$_{51}$/ʔAʔ$_{3}$fi$_{44}$/ɦiɑ$_{22}$tɕi$_{51}$ 双：流氓/阿飞(女的)/赖三(女的)l^{ə}ʏ$_{22}$mɔ̃$_{44}$/ʔAʔ$_{5}$fi$_{z52}$/lɑ$_{22}$sE$_{44}$ 杭：木郎(男的)/才星(女的)mɔʔ$_{2}$lAŋ$_{23}$/dzE$_{21}$ɕɪn$_{23}$ 绍：流氓/阿飞liɤ$_{21}$mɑŋ$_{33}$/ʔAʔ$_{4}$fi$_{52}$ 诸：下流胚/婊子(女的)ɦo$_{22}$liʏ$_{33}$p'e$_{52}$/pɔ$_{33}$tsɿ$_{52}$ 崇：流氓lʏ$_{22}$mɒ̃$_{52}$ 太：流氓lʏ$_{21}$mɒŋ$_{44}$ 余：流氓/阿飞liɤ$_{22}$mɔ̃$_{44}$/ʔɐʔ$_{3}$fi$_{44}$ 宁：

流氓/木壳/阿飞/赖三(女的)lʏ$_{24}$mɔ$_{33}$/mɔʔ$_{2}$k'ɔʔ$_{5}$/ʔɐʔ$_{3}$fi$_{52}$/la$_{22}$sᴇ$_{35}$　黄:流氓/阿飞liu$_{22}$mõ$_{51}$/ʔɛʔ$_{3}$fi$_{44}$　温:懒伦客la$_{3}$lʌŋ$_{52}$k'a$_{24}$　衢:流氓/阿飞(女的)ləɪ$_{22}$mõ$_{53}$/ʔᴀʔ$_{4}$fi$_{53}$　华:流氓ʔliɯu$_{53}$mᴀŋ$_{24}$　永:流氓/阿飞liəʊ$_{32}$mai$_{44}$/ᴀ$_{43}$fi$_{44}$

师傅

宜:师傅sɿ$_{55}$vu$_{31}$　溧:师傅sɿ$_{44}$vu$_{52}$　金:师傅sɿ$_{z44}$fu$_{31}$　丹:师傅sɿ$_{44}$fu$_{44}$　童:师傅sɿ$_{53}$vu$_{31}$　靖:师傅sɿ$_{44}$vu$_{44}$　江:师傅sɿ$_{55}$vu$_{31}$　常:师傅sɿ$_{55}$vu$_{31}$　锡:师傅sɿ$_{21}$vu$_{13}$　苏:师傅sɿ$_{55}$vu$_{31}$　熟:师傅/老师傅sɿ$_{55}$vu$_{31}$/lɔ$_{22}$sɿ$_{55}$vu$_{31}$　昆:师傅sɿ$_{55}$vu$_{31}$　霜:师傅sɿ$_{55}$vu$_{31}$　罗:师父sɿ$_{55}$ɦu$_{31}$　周:师父sɿ$_{55}$vu$_{31}$　上:师傅sɿ$_{55}$vu$_{31}$/sɿ$_{55}$ɦu$_{31}$　松:师傅sɿ$_{55}$vu$_{31}$　黎:师傅sɿ$_{44}$vu$_{44}$　盛:师傅sɿ$_{44}$ɦu$_{44}$　嘉:师傅sɿ$_{52}$ɦu$_{22}$　双:师傅sɿ$_{44}$vu$_{44}$　杭:师傅sɿ$_{33}$vu$_{51}$　绍:师傅sɿ$_{32}$vu$_{33}$　诸:师傅sɿ$_{52}$vu$_{42}$　崇:师傅sɿ$_{33}$vu$_{52}$　太:师傅sɿ$_{52}$vu$_{33}$　余:师傅sɿ$_{33}$vu$_{44}$　宁:师傅sɿ$_{33}$vu$_{51}$　黄:老师头lɒ$_{22}$sɿ$_{33}$diʏ$_{44}$　温:师父sɿ$_{52}$vɜ$_{43}$　衢:师傅sɿ$_{43}$fu$_{53}$　华:师傅sɿ$_{33}$fu$_{51}$　永:师爷/师傅sɿ$_{55}$ɦiᴀ$_{51}$/sɿ$_{55}$fʊ$_{22}$

徒弟

宜:徒弟/学生意/学徒du$_{22}$di$_{j53}$/ɦɔʔ$_{3}$səŋ$_{55}$ʔi$_{j31}$/ɦɔʔ$_{2}$du$_{23}$　溧:徒弟du$_{32}$di$_{z52}$　金:徒弟t'əu$_{22}$di$_{z44}$　丹:徒弟/学徒个dᵊu$_{32}$di$_{z24}$/ɦiaʔ$_{5}$dᵊu$_{22}$gɛʔ$_{4}$　童:徒弟/学徒/学生意du$_{24}$di$_{j31}$/ɦoʔ$_{\underline{42}}$du$_{31}$/ɦoʔ$_{\underline{42}}$səŋ$_{33}$i$_{j31}$　靖:徒弟du$_{22}$di$_{j34}$　江:徒弟/学徒dɜu$_{21}$di$_{j43}$/hɦoʔ$_{2}$dɜʏ$_{23}$　常:徒弟/学徒/徒工du$_{22}$di$_{j44}$/ɦɔʔ$_{2}$du$_{13}$/du$_{21}$koŋ$_{34}$　锡:徒弟dʌʏ$_{24}$di$_{31}$　苏:徒弟/学生意/学徒dɜu$_{22}$di$_{j44}$/ɦɔʔ$_{3}$sÃ$_{52}$i$_{j31}$/ɦɔʔ$_{5}$dɜu$_{52}$　熟:学徒工/学生意(少)ɦoʔ$_{2}$dɯ$_{33}$koŋ$_{51}$/ɦoʔ$_{2}$sᴀ̃$_{33}$i$_{34}$　昆:徒弟/学徒工/学徒/学生意dəu$_{23}$di$_{41}$/ɦoʔ$_{3}$dəu$_{33}$koŋ$_{31}$/ɦioʔ$_{3}$dəu$_{31}$/ɦoʔ$_{2}$sã$_{55}$i$_{41}$　霜:徒弟/学徒/学生意(少)dᵊu$_{22}$di$_{23}$/ɦoʔ$_{2}$dəu$_{23}$/ɦoʔ$_{2}$sã$_{22}$i$_{23}$　罗:徒弟/学生意du$_{24}$di$_{31}$/ɦɔʔ$_{2}$sa̰$_{22}$i$_{23}$　周:徒弟/艺徒du$_{22}$di$_{44}$/n̩i$_{22}$du$_{52}$　上:徒弟du$_{22}$di$_{44}$　松:徒弟du$_{24}$di$_{31}$　黎:徒弟dɜu$_{22}$di$_{j44}$　盛:徒弟dɜu$_{22}$di$_{j44}$　嘉:徒弟/学徒工dᵊu$_{24}$di$_{51}$/ʔoʔ$_{4}$dᵊu$_{44}$koŋ$_{51}$　双:徒弟dəu$_{22}$di$_{z44}$　杭:徒弟/学徒伯伯/学徒du$_{22}$di$_{51}$/ɦiɪʔ$_{2}$du$_{23}$pɐʔ$_{5}$pɐʔ$_{\underline{31}}$/ɦiɪʔ$_{2}$du$_{23}$　绍:徒弟du$_{22}$di$_{33}$　诸:徒弟du$_{31}$di$_{z42}$　崇:徒弟du$_{22}$di$_{z52}$　太:徒弟du$_{21}$di$_{23}$　余:徒弟du$_{21}$di$_{23}$　宁:徒弟du$_{22}$di$_{44}$　黄:徒弟dᵊu$_{22}$di$_{j51}$　温:徒弟dɵ$_{52}$d'i$_{34}$　衢:徒弟du$_{22}$di$_{53}$　华:徒弟/学徒du$_{22}$ti$_{j51}$/ʔɦuoʔ$_{3}$du$_{24}$　永:徒弟t'u$_{44}$ti$_{54}$

老师

宜:教师/老师tɕiaʏ$_{33}$sɿ$_{44}$/ʔlaʏ$_{55}$sɿ$_{55}$　溧:老师ʔlaʏ$_{44}$sɿ$_{52}$　金:老师/先生laᵓ$_{35}$sɿ$_{31}$/ɕĩ$_{44}$səŋ$_{44}$　丹:老师/先生lɒ$_{31}$sɿ$_{21}$/ɕɪ$_{44}$sɛn$_{31}$　童:老师/先生(少)lɐʏ$_{24}$sɿ$_{31}$/ɕɪ$_{53}$səŋ$_{31}$　靖:老师/先生lɒ$_{24}$sɿ$_{31}$/sĩ$_{43}$səŋ$_{33}$　江:老师/先生ʔlɒ$_{52}$sɿ$_{33}$/sɪ$_{53}$sᴀᵑ$_{31}$　常:老师/先生(少)ʔlaʏ$_{34}$sɿ$_{44}$/ɕɪ$_{55}$sᴀɲ$_{31}$　锡:老师lʌ$_{22}$sɿ$_{55}$　苏:老师/先生/教师ʔlæ$_{55}$sɿ$_{31}$/ɕɪ$_{55}$sÃ$_{31}$/tɕiɛ$_{52}$sɿ$_{23}$　熟:老师/先生(少)ʔlɔ$_{55}$sɿ$_{51}$/sie$_{55}$sᴀ̃$_{51}$　昆:老师/先生ʔlɔ$_{44}$sɿ$_{41}$/sɪ$_{44}$sã$_{41}$　霜:老师/先生lɔ$_{22}$sɿ$_{52}$/sɪ$_{55}$sa̰$_{31}$　罗:老师/先生(少)ʔlɔ$_{55}$sɿ$_{31}$/si$_{55}$sã$_{31}$　周:老师/先生ʔlɔ$_{44}$sɿ$_{52}$/ɕi$_{44}$sᴀ̃$_{52}$　上:先生/老师ɕi$_{55}$sÃⁿ$_{31}$/lɔ$_{22}$sɿ$_{44}$/ʔlɔ$_{55}$sɿ$_{31}$　松:老师/先生ʔlɔ$_{55}$sɿ$_{31}$/ɕi$_{33}$sẽ$_{52}$　黎:老师/先生/教师lᴀᵓ$_{22}$sɿ$_{4}$/siɪ$_{44}$sẽ$_{44}$/tɕiᴀᵓ$_{52}$sɿ$_{41}$　盛:老师/先生(少)lᴀa$_{23}$sɿ$_{33}$/siɪ$_{44}$sæ̃$_{44}$　嘉:老师/先生lɔ$_{22}$sɿ$_{51}$/ɕiɪ$_{44}$sᴀ̃$_{51}$　双:老师lɔ$_{24}$sɿ$_{52}$　杭:老师ʔlɔ$_{55}$sɿ$_{31}$　绍:老师lɑɒ$_{23}$sɿ$_{52}$　诸:老师/先生lɔ$_{23}$sɿ$_{52}$/ɕiɪ$_{52}$sÃ$_{42}$　崇:老师/先生(少)lɑɒ$_{23}$sɿ$_{52}$/ɕiẽ$_{53}$sᴀ̃$_{23}$　太:老师/先生lɑɒ$_{21}$sɿ$_{44}$/ɕiẽ$_{52}$sᴀŋ$_{33}$　余:老师lɒ$_{23}$sɿ$_{52}$　宁:老师lɔ$_{24}$sɿ$_{33}$　黄:老师ʔlɒ$_{44}$sɿ$_{44}$　温:老师/先生lɜ$_{52}$sɿ$_{44}$/ɕi$_{44}$s'ɛ$_{44}$　衢:老师ʔlɔ$_{55}$sɿ$_{31}$　华:老师ʔlaʊ$_{55}$sɿ$_{31}$　永:老师lᴀʊ$_{32}$sɿ$_{44}$

学生

宜:学生则ɦɔʔ$_{2}$sᴀŋ$_{22}$tsə$_{23}$　溧:学生则ɦɔʔ$_{3}$sən$_{22}$tsəʔ$_{52}$　金:学生子/学生ɕyeʔ$_{4}$səŋ$_{44}$tsɿ$_{z52}$/

ɕyeʔ4səŋ44 丹:学生则hʱoʔ5sɛn22tsɛʔ23 童:学生子ɦoʔ42səŋ33tsɿ31 靖:学生ɦoʔ2səŋ34 江:学生则ɦoʔ2sAᵑ44tsɜʔ2 常:学生/学生则ɦɔʔ2sAɲ13/ɦɔʔ2sAɲ11tsəʔ23 锡:学生/学生子/学生则ɦɔʔ2sã55/ɦɔʔ2sã55tsɿ31/ɦɔʔ2sã55tsəʔ31 苏:学生/学生子(少)ɦɔʔ5sÃ52/ɦɔʔ5sÃ52tsɿ31 熟:学生则/学生ɦoʔ4sA˜55tsEʔ5/ɦoʔ2sA˜51 昆:学生/学生子ɦɔʔ3sã31/ɦɔʔ3sã33tsɿ31 霜:学生子ɦoʔ2sa˜22tsɿ23 罗:学生子ɦɔʔ2sa˜22tsɿ23 周:学生/学生子ɦɒʔ2sA˜23/ɦɒʔ2sA˜22tsɿ23 上:学生子/学生ɦoʔ2sÃⁿ2tsɿ23/ɦoʔ2sÃⁿ23 松:学生/学生子ɦɔʔ2sɛ̃52/ɦɔʔ2sɛ̃2tsɿ52 黎:学生/学生子ɦoʔ3sɛ̃34/ɦoʔ3sɛ̃33tsɿ34 盛:学生子ɦɔʔ2sæ̃33tsɿ33 嘉:学生子/学生ʔoʔ3sA˜44tsɿ51/ʔoʔ3sA˜44 双:学生/学生子ʔoʔ5sã52/ʔoʔ5sã55tsɿ21 杭:学生/学生子ɦiɪʔ2sən23/ɦiɪʔ2sən55tsɿ31 绍:学生则/学生ɦoʔ2səŋ44tsəʔ5/ɦoʔ2səŋ52 诸:学生ɦoʔ2sÃ52 崇:学生ɦoʔ2sA˜23 太:学生ɦiɔʔ2sAŋ23/ɦɔʔ2sAŋ23 余:学生/学生子ɦɔʔ2sÃ52/ɦɔʔ2sÃ55tsɿ31 宁:学生/学生子(少)ɦɔʔ2sã34/ɦɔʔ2sã34tsɿ51 黄:学生ɦɔʔ2sa˜13 温:学生ɦo2sʲɛ44 衢:学生ɦuoʔ3ɕiã31 华:学生ɦuoʔ2sAŋ24 永:学生ʔAʊ43sai44

售票员

宜:卖票佬mA24pʻiɑɤ33lɑɤ31 溧:卖票葛/卖票佬mA31pʻiɑʸ54kə34/mA31pʻiɑʸ54lɑʸ34 金:卖票的mɛᵉ22pʻiɑᵓ55tieʔ31 丹:卖票员mɑ22pʻiɒ44ɦY23 童:卖票葛人maɪ22pʻiɐɤ33kəʔ3ȵiŋ4 靖:卖票葛mæ53pʻiɒ55kəʔ31 江:卖票葛人mæ24pʻiɒ33gɜʔ3ȵiɲ31 常:卖票葛mɑ24pʻiɑɤ44kəʔ3 锡:售票员zEi22pʻiA55ɦio31 苏:售票员/卖票zəɪ22pʻiɛ55ɦiɵ31/mɒ23pʻiɛ412 熟:卖票人mɑ24pʻiɔ33ȵĩɲ31 昆:卖票员mɑ22pʻiɔ55ɦyɵ31 霜:卖票员mɑ22pʻiɔ23ɦiʌɤ52 罗:卖票员mɑ22pʻiɔ24ɦiʌɤ52 周:卖票员mɑ22pʻiɔ23ɦyø52 上:卖票员mA22pʻiɔ55ɦyø31 松:卖票员mɑ22pʻiɔ55ɦø31 黎:卖票人mɒ22pʻiAᵓ55ȵiəɲ31 盛:卖票mɑ32pʻiAɑ52 嘉:卖票mɑ24pʻiɔ31 双:售票员/卖票员/卖票葛zøY21pʻiɔ11ɦiz34/mɑ21pʻiɔ11ɦiz34/mɑ21pʻiɔ11kəʔ34 杭:卖票mɑ21pʻiɔ23 绍:售票员zɤ21pʻiɑɒ33ɦyõ33 诸:售票员dzei22pʻiɔ33ɦiɤ33 崇:售票员/卖票佬dʑY22pʻiɑɒ22ɦyœ̃23/mɑ22pʻiɑɒ33lɑɒ23 太:售票员dʑY22pʻiɑɒ44ɦyœ̃44 余:售票员/卖票zY22pʻiɒ44ɦyõ52/mA22pʻiɒ52 宁:售票员/卖票员ʑY22pʻiə44ɦyʮ55/mɑ22pʻiə44ɦyʮ55 黄:卖票葛mA22pʻiɒ55kɐʔ31 温:售票员dʑiu24pʻiɛ33ɦy21 衢:售票员/卖票葛人ʃʒʮɯ45pʻiɔ33ɦyɔ31/ʔmɛ55pʻiɔ33kʻəʔ5ȵiⁿ31 华:售票员/卖票葛ɕiɯu33pʻiɑʊ44ʔyæ̃51/ʔmɑ54pʻiɑʊ24kəʔ2 永:卖票个人miA32pʻiAʊ54koə43noŋ31

家伙

宜:俵则/东西/角色piɑɤ33tsəʔ4/toŋ55ɕij55/kɔʔ5səʔ5 溧:葛户口kəʔ5vu34kʻei52 金:家伙tɕiɑ52xo31 丹:家伙tɕiɑ34hʌɤ21 童:家伙kɒ55hʌɤ31 靖:东西toŋ44sij44 江:老卵ʔlɒ52ʔlɵ51 常:出佬码则/瘪三tsʻəʔ4lɑɤ55mo44tsəʔ4/piɪʔ4sæ44 锡:杀骨头sɑʔ4kuəʔ5dEi55 苏:脚色/出佬tɕiAʔ5səʔ5/tsʻəʔ5læ52 熟:脚色官/瘪三tɕiAʔ4sEʔ5kuɤ51/pɪʔ4sæ51 昆:脚色tɕiAʔ4səʔ4 霜:家伙/脚色tɕiɑ55fu31/tɕiAʔ4səʔ4 罗:家伙/码子tɕiɑ35fu31/mʌɤ24tsɿ31 周:浮尸/家伙/货色vɤ22sɿ44/tɕiɑ55fu31/fu33səʔ5 上:家伙/出佬/脚色tɕiA55fu31/tsʻɐʔ3lɔ44/tɕiAʔ3sɐʔ4 松:小贼/老鬼/小鬼/货色ɕiɔ35zəʔ31/lɔ24tɕy31/ɕiɔ55tɕy31/fu35səʔ31 黎:老鬼三lAᵓ22tɕyʮ22sE24 盛:脚色/赤佬tɕiɑʔ5səʔ3/tsʻɑʔ5lAɑ31 嘉: 双:脚色/码子/户头/货色tɕiAʔ5səʔ5/mʊ24tsɿ52/vu24dᵊY52/xəu32sə34 杭:老倌ʔlɔ55kuo31 绍:东西tʊŋ33ɕi52 诸:伙色:hɯ33sɐʔ5 崇:东西tʊŋ53ɕiz23 太:东西tʊŋ52ɕi33 余:老背/一头葛人lɒ23pe44/ʔɪʔ3bɤ33kɐʔ44ȵiɲ44 宁:角色/卖主/葛末嗯子kɔʔ5sɐʔ3/mɑ24tsʮ33/kɐʔ5mɐʔ3ŋ̍33tsɿ33 黄:佬lɒ31 温:货色fʊ25sʲi24 衢:脚色/末代tɕiAʔ4səʔ5/məʔ2dɛ53 华:家伙/脚色tɕiɑ32xoə35/tɕiəʔ5səʔ3 永:个人koə43noŋ31

爷爷

宜：公公/爷爷koŋ55koŋ55/ɦiA22ɦiA53　溧：爷爷ɦio24ɦio52　金：爷爷iɑ22iɑ52　丹：爷爷iɑ44ɦiɑ31　童：爷爷ɦiɒ22ɦiɒ55　靖：老老lɒ33lɒ44　江：好公hɒ52koŋ33　常：爷爷ɦiɑ21ɦiɑ34　锡：爷爷ɦiɑ24ɦiɑ31　苏：阿爹ʔAʔ5tiɒ23　熟：好公/好亲公xɔ33kʊŋ51/xɔ33ts'ĩ^{n}55kʊŋ51　昆：阿爹/好公ʔAʔ5tiɑ52/hɔ52koŋ33　霜：阿公/大爹ʔAʔ4ko^{ŋ}52/b^{ə}u22tiɑ52　罗：大爹/老爹bu22tiɑ52/lɔ22tiɑ52　周：大大dɑ22dɑ24　上：老爹lɔ22tiA44　松：大大/阿大dɑ22dɑ23/ʔAʔ4dɑ34　黎：阿爹ʔAʔ5tiɒ44　盛：爹爹tiɑ44tiɑ44　嘉：大爹dɑ22tiɑ51　双：阿爹ʔAʔ2tiɑ44　杭：爷爷/阿爹ɦiɑ23ɦiɑ51/ʔɐʔ4tiɑ51　绍：爷爷ɦia23ɦia52　诸：爷爷ɦiA31ɦiA52　崇：爷爷ɦiɑ22ɦiɑ52　太：爷爷ɦiɑ21ɦiɑ44　余：阿爷ʔɐʔ5ɦiA31　宁：阿爷ʔɐʔ5ɦia31　黄：爷爷ɦiA21ɦiA13　温：阿爷ʔɑ22ɦi52　衢：爷爷ɦiɑ22ɦiɑ53　华：爷爷ʔiɑ53ɦiɑ24　永：阿爷A43iːA32

奶奶

宜：亲娘tɕ'iŋ55ȵiAŋ55　溧：奶奶/亲娘nA24nA52/tɕ'in44ȵie52　金：娒娒mε^{e}22mε^{e}44　丹：娒娒mæ44mæ31　童：奶奶naɪ53naɪ23　靖：奶奶næ33næ44　江：亲娘/好婆ts'iɲ55ȵiA^{ŋ}31/hɒ52bu33　常：亲娘tɕ'iɲ55ȵiAɲ31　锡：亲娘ts'in21ȵiɛ̃23　苏：好婆/阿婆hæ52bu23/ʔɒ55bu31　熟：好亲婆xɔ33ts'ĩ^{n}55bu51　昆：好婆hɔ52bu33　霜：阿婆ʔAʔ4bu52　罗：老姆妈/亲妈lɔ22m̩55mɑ31/tɕ'ɪ^{n}55mɑ31　周：阿奶/奶奶/嗯奶ʔɑʔ4nɑ44/nɑ22nɑ24/ʔn̩55nɑ31　上：嗯奶ʔŋ̍55nA31　松：嗯奶/阿奶ʔŋ̍55nɑ31/ʔAʔ4nɑ44　黎：娘娘ȵiẽ22ȵiẽ44　盛：娘娘ȵiæ̃22ȵiæ̃44　嘉：亲妈tɕ'in44mɑ51　双：娘姆ȵiã22m̩44　杭：奶奶/嗯奶/娘娘ʔnE34nE51/ʔn̩34nE51/ʔȵiAŋ32ȵiAŋ23　绍：娘娘ȵiaŋ23ȵiaŋ52　诸：嬷嬷/阿嬷mo22mo52/ʔɐʔ4mo33　崇：娘娘ȵiA˜22ȵiA˜52　太：娘娘ȵiAŋ21ȵiAŋ44　余：阿娘/娘娘ʔɐʔ5ȵiÃ31/ȵiÃ24ȵiÃ31　宁：阿娘ʔɐʔ5niã31　黄：娘ȵia˜113　温：娘娘ȵi2ȵi52　衢：妈妈mɑ22mɑ53　华：妈妈mɑ32mɑ24　永：阿妈A43mA44

爸爸

宜：爹爹/带带/老则/爹tɪ55tɪ31/tA55tA55/lɑɤ21tsə23/tɪ55　溧：爸爸/爹爹/老则pA44pA52/tie44tie52/lɑ^{ɤ}32tsə23　金：爸爸/爹爹pɑ32pɑ52/tε^{e}32tε^{e}31　丹：爸爸/弹弹pɑ44pɑ31/tæ44tæ31　童：爸爸pɒ55pɒ31　靖：爹爹/爸爸te43te33/pɑ43pɑ33　江：老则/爸爸/阿爹/爹爹ʔlɒ52tsɜʔ3/pɑ55pɑ31/ʔɑʔ5tiɑ42/tiɑ55tiɑ31　常：爸爸/老则pɑ55pɑ31/ʔlɑɤ34tsəʔ4　锡：爸爸pɑ55pɑ31　苏：爸爸/爹爹/阿伯(少)pɒ55pɒ31/tiɒ55tiɒ31/ʔAʔ5pAʔ5　熟：爹爹(老)/爸爸/老则tiɑ55tiɑ51/pɑ55pɑ51/lɔ23tsEʔ4　昆：爸爸/爹爹/爷pɑ44pɑ41/tiɑ44tiɑ41/ɦiɑ31　霜：阿带/阿伯/爸爸ʔAʔ4tɑ23/ʔAʔ5pAʔ3/pɑ55pɑ31　罗：爹爹/阿伯/爷/爸爸tiɑ55tiɑ31/ʔAʔ5pAʔ3/ɦiɑ31/pɑ55pɑ31　周：爸爸/爹爹/阿伯/爷ɓɑ44ɓɑ52/ɗiɑ44ɗiɑ52/ʔɑʔ3ɓɑʔ5/ɦiɑ113　上：爸爸/阿伯/爹爹(少)pA55pA31/ʔɐʔ3pA44/tiA55tiA31　松：爸爸/爹爹/阿伯pɑ33pɑ52/tiɑ33tiɑ52/ʔAʔ4pAʔ2　黎：爸爸/伯/阿伯/阿爸pɒ44pɒ44/pAʔ5/ʔAʔ5pAʔ2/ʔAʔ5pɒ34　盛：爸爸pɑ44pɑ44　嘉：爸爸/阿爹pɑ44pɑ51/ʔɑ44tiɑ51　双：阿伯/伯爷ʔAʔ2pAʔ52/ʔAʔ4ɦiɑ44　杭：阿伯/爸爸ʔɐʔ4pɐʔ5/pɑ32pɑ23　绍：爹爹/爹tia33tia52/tia52　诸：爹/阿爹/阿伯tiA544/ʔɐʔ5tiA31/ʔɐʔ3pɐʔ4　崇：爹爹/爸爸tiɑ53tiɑ52/pɑ53pɑ52　太：爹爹/爸爸tiɑ52tiɑ33/pɑ52pɑ33　余：爸爸/阿爹pA33pA52/ʔɐʔ5tiA31　宁：阿伯/阿爹/爹爹/爸爸ʔɐʔ3pɐʔ5/ʔɐʔ5tia31/tia55tia33/pa55pa33　黄：爹/爸tie35/pA35　温：阿爸/阿大/阿叔ʔɑ3pɑ44/ʔɑ3dɑ22/ʔɑ3ɕiu24　衢：伯伯/老子/老叉(贬)pAʔ4pAʔ5/ʔlɔ55tsɿ31/ʔlɔ35ts'ɑ53　华：伯伯/爹爹pəʔ3pəʔ4/tiɑ32tiɑ35　永：爸爸/阿伯/爹老子/爷老家pA43pA44/A43pai45/tiA55lAʊ22tsɿ55/ʔɦiA32lAʊ22kʊA44

妈妈

宜：姆妈/嗯娘/娘ʔm̩55mA31/ʔŋ̍55ȵiAŋ55/ȵiAŋ223　溧：姆妈/妈妈ʔm̩44mA52/ʔmA44mA52

金：姆妈m̩$_{44}$mɑ$_{52}$　丹：姆妈/娘m̩$_{44}$mɑ$_{31}$/ȵie$_{22}$　童：姆妈m̩$_{55}$mɒ$_{31}$　靖：姆妈/妈妈ʔm̩$_{55}$mɑ$_{31}$/ʔmɑ$_{43}$mɑ$_{33}$　江：姆妈/娘ʔm̩$_{55}$mɑ$_{31}$/ȵiAᵑ$_{223}$　常：姆妈/娘ʔm̩$_{55}$mɑ$_{31}$/ȵiAɲ$_{213}$　锡：姆妈ʔm̩$_{55}$mɑ$_{31}$　苏：姆妈/姆娒ʔm̩$_{55}$mɒ$_{31}$/ʔm̩$_{55}$mE$_{31}$　熟：娘/姆妈/老娘ȵiA˜$_{233}$/ʔm̩$_{55}$mɑ$_{31}$/lɔ$_{22}$ȵiA˜$_{51}$　昆：姆妈ʔm̩$_{44}$mɑ$_{41}$　霜：妈妈/姆妈/娘(少)ʔmɑ$_{55}$mɑ$_{31}$/ʔm̩$_{55}$mɑ$_{31}$/ȵia˜$_{31}$　罗：嗯娘/姆妈/妈妈(少)/娘ʔn̩$_{55}$ȵiã$_{31}$/ʔm̩$_{55}$mɑ$_{31}$/ʔmɑ$_{55}$mɑ$_{31}$/ȵia˜$_{31}$　周：妈妈/姆妈/阿妈/娘ʔmɑ$_{44}$mɑ$_{52}$/ʔm̩$_{55}$mɑ$_{52}$/ʔɑʔ$_{3}$mɑ$_{52}$/ȵiA˜$_{113}$　上：妈妈/姆妈ʔmA$_{55}$mA$_{31}$/ʔm̩$_{55}$mA$_{31}$　松：妈妈/姆妈/妈ʔmɑ$_{55}$mɑ$_{31}$/ʔm̩$_{33}$mɑ$_{52}$/ʔmɑ$_{52}$　黎：姆妈ʔm̩$_{55}$mɒ$_{31}$　盛：姆妈ʔm̩$_{55}$mɑ$_{31}$　嘉：姆妈ʔm̩$_{44}$mɑ$_{51}$　双：姆妈ʔm̩$_{44}$mɑ$_{44}$　杭：姆妈/妈妈ʔm̩$_{55}$mɑ$_{31}$/ʔmɑ$_{55}$mɑ$_{31}$　绍：姆嬷/姆妈/姆娘ʔm̩$_{33}$mo$_{52}$/ʔm̩$_{33}$ma$_{52}$/ʔm̩$_{33}$ȵiaŋ$_{52}$　诸：姆妈/阿娒ʔm̩$_{44}$mA$_{33}$/ʔɐʔ$_{5}$mɛ$_{52}$　崇：姆妈/妈ʔm̩$_{53}$mɑ$_{52}$/ʔmɑ$_{52}$　太：姆妈/妈ʔm$_{33}$mɑ$_{44}$/mɑ$_{34}$　余：妈妈/姆妈/姆嬷/嗯娘mA$_{22}$mA$_{52}$/ʔm̩$_{55}$mA$_{31}$/ʔm̩$_{44}$mo$_{44}$/ʔn̩$_{55}$ȵiÃ$_{31}$　宁：阿姆/姆妈/妈妈(少)ʔa$_{55}$m̩$_{33}$/ʔm̩$_{55}$ma$_{33}$/ma$_{55}$ma$_{33}$　黄：阿姆/妈/阿姨ʔɐʔ$_{3}$m̩$_{51}$/ʔmA$_{35}$/ʔɐʔ$_{3}$ɦi$_{44}$　温：阿妈ʔɑ$_{3}$mɑ$_{44}$　衢：姆妈/老娘ʔm̩$_{55}$mɑ$_{31}$/ʔlɔ$_{55}$ȵiã$_{31}$　华：姆娒/娒/娘ʔm̩$_{32}$meɪ$_{35}$/ʔmeɪ$_{45}$/ȵiAŋ$_{213}$　永：阿妈/阿□/姆妈A$_{\underline{43}}$mA$_{44}$/A$_{\underline{43}}$tɕiA$_{44}$/ʔm̩$_{43}$mA$_{44}$

后母

宜：后娘/晚娘ɦɤɯ$_{21}$ȵiAŋ$_{23}$/mA$_{21}$ȵiAŋ$_{23}$　溧：后娘/晚娘xɦei$_{32}$ȵie$_{23}$/mA$_{32}$ȵie$_{23}$　金：晚娘uæ̃$_{52}$ȵiɑŋ$_{23}$　丹：晚娘/后娘mæ$_{21}$ȵie$_{22}$/hʱEe$_{44}$ȵie$_{21}$　童：晚娘ʔmɑ$_{53}$ȵiɑŋ$_{23}$　靖：满娘mʊ̃$_{24}$ȵĩ$_{23}$　江：晚娘ʔmæ$_{52}$ȵiAᵑ$_{33}$　常：晚娘ʔmæ$_{34}$ȵiAɲ$_{44}$　锡：晚娘mɛ$_{22}$ȵiã$_{55}$　苏：晚娘/后娘mE$_{22}$ȵiÃ$_{44}$/ɦəɪ$_{22}$ȵiÃ$_{44}$　熟：晚娘/后娘mæ$_{22}$ȵiÃ$_{51}$/ɦE$_{22}$ȵiÃ$_{51}$　昆：晚娘/好娘mɛ$_{22}$ȵiã$_{44}$/hɔ$_{52}$ȵiã$_{33}$　霜：晚娘mE$_{22}$ȵia˜$_{52}$　罗：晚娘me$_{22}$ȵia˜$_{52}$　周：晚娘mɛ$_{22}$ȵiA˜$_{52}$　上：晚娘/后娘mE$_{22}$ȵiÃⁿ$_{44}$/ɦiɤɯ$_{22}$ȵiÃⁿ$_{44}$　松：晚娘mE$_{24}$ȵiɛ̃$_{31}$　黎：晚娘mE$_{23}$ȵiɛ̃$_{33}$　盛：晚娘mE$_{23}$ȵiæ̃$_{33}$　嘉：晚娘mEᵋ$_{22}$ȵiA˜$_{51}$　双：晚娘mE$_{24}$ȵiã$_{52}$　杭：后娘/晚娘ɦeɪ$_{23}$ȵiAŋ$_{51}$/ʔmE$_{55}$ȵiAŋ$_{31}$　绍：晚娘mæ$_{23}$ȵiaŋ$_{52}$　诸：晚娘mɛ$_{22}$ȵiÃ$_{52}$　崇：晚娘mæ̃$_{23}$ȵiA˜$_{52}$　太：晚娘mæ̃$_{23}$ȵiAŋ$_{44}$　余：晚娘/后娘(少)mɛ̃$_{23}$ȵiÃ$_{52}$/ɦɤ$_{23}$ȵiÃ$_{52}$　宁：晚娘mE$_{22}$ȵiã$_{35}$　黄：老寄娘lɒ$_{22}$tɕi$_{j33}$ȵia˜$_{44}$　温：后婶xɦʌu$_{25}$sAŋ$_{31}$　衢：晚娘/后娘ʔmæ̃$_{55}$ȵiã$_{31}$/ʔɦɤɯ$_{45}$ȵiã$_{31}$　华：晚娘/后娘mɑ$_{24}$ȵiAŋ$_{31}$/ɦiɯu$_{24}$ȵiAŋ$_{31}$　永：晚娘mA$_{32}$ȵiAŋ$_{325}$

伯父

宜：伯伯pAʔ$_{5}$pAʔ$_{5}$　溧：伯伯pəʔ$_{5}$pəʔ$_{3}$　金：伯伯pɔʔ$_{4}$pɔʔ$_{4}$　丹：伯伯pɛʔ$_{5}$pɛʔ$_{2}$　童：大大dɒ$_{24}$dɒ$_{31}$　靖：伯伯pɔʔ$_{5}$pɔʔ$_{3}$　江：老伯伯/大阿伯/阿叔ʔlɒ$_{52}$pɑ$_{33}$pɑ$_{43}$/dɜɤ$_{24}$ʔɑʔ$_{3}$pɑʔ$_{2}$/ʔɑʔ$_{5}$soʔ$_{5}$　常：伯伯pɔʔ$_{4}$pɔʔ$_{5}$　锡：伯伯/大大pɑʔ$_{4}$pɑ$_{5}$/dɑ$_{21}$dɑ$_{23}$　苏：老伯伯/伯伯læ$_{22}$pAʔ$_{5}$pAʔ$_{2}$/pAʔ$_{5}$pAʔ$_{5}$　熟：老伯伯lɔ$_{22}$pAʔ$_{5}$pAʔ$_{5}$　昆：老伯伯/伯伯lɔ$_{22}$pAʔ$_{5}$pAʔ$_{\underline{31}}$/pAʔ$_{5}$pAʔ$_{5}$　霜：阿伯/伯伯ʔAʔ$_{5}$pAʔ$_{3}$/pAʔ$_{5}$pAʔ$_{3}$　罗：伯伯pAʔ$_{5}$pAʔ$_{3}$　周：老伯伯lɔ$_{22}$ʔbɑʔ$_{3}$ʔbɑʔ$_{\underline{52}}$　上：伯伯pAʔ$_{3}$pAʔ$_{4}$　松：伯伯pAʔ$_{4}$pAʔ$_{4}$　黎：老伯伯lAᵓ$_{22}$pAʔ$_{5}$pAʔ$_{2}$　盛：老伯伯lAɑ$_{22}$pɑʔ$_{5}$pAʔ$_{2}$　嘉：伯伯pAʔ$_{3}$pAʔ$_{4}$　双：爸爸/大爸pɑ$_{44}$pɑ$_{44}$/dɑ$_{21}$pɑ$_{34}$　杭：大伯伯dɑ$_{22}$pɐʔ$_{5}$pɐʔ$_{\underline{31}}$　绍：大爹/二爹do$_{23}$tia$_{52}$/ȵi$_{23}$tia$_{33}$　诸：大伯dɯ$_{21}$pɐʔ$_{4}$　崇：伯伯pɑʔ$_{3}$pɑʔ$_{4}$　太：伯伯pɑʔ$_{3}$pɑʔ$_{5}$　余：大爹/伯绷(少)dou$_{22}$tiA$_{52}$/pAʔ$_{3}$pÃ$_{44}$　宁：伯绷pa$_{33}$pã$_{44}$　黄：伯父/大伯pA$_{33}$vu$_{51}$/dA$_{22}$pAʔ$_{4}$　温：伯伯pɑ$_{3}$pɑ$_{24}$　衢：大伯du$_{45}$pAʔ$_{5}$　华：大伯dɑ$_{22}$pəʔ$_{5}$　永：大伯diA$_{32}$pai$_{45}$

伯母

宜：阿姆娘ʔAʔ$_{5}$m̩$_{32}$ȵiAŋ$_{24}$　溧：伯娘/大姆妈pəʔ$_{5}$ȵie$_{34}$/diʌɯ$_{32}$m̩$_{22}$mA$_{52}$　金：伯娘pɔʔ$_{5}$ȵiɑŋ$_{23}$　丹：　童：大大dɒ$_{24}$dɒ$_{31}$　靖：伯伯pɔʔ$_{5}$pɔʔ$_{3}$　江：好娘hɒ$_{52}$ȵiAᵑ$_{33}$　常：阿姆ʔɑ$_{55}$m̩$_{31}$　锡：后姆

娘/大妈妈ʔɑʔ$_{3}$m̩$_{55}$ȵiã$_{31}$/dɑ$_{22}$mɑ$_{55}$mɑ$_{31}$　苏：婶婶sən$_{52}$sən$_{23}$　熟：好伯伯/伯娘xɔ$_{33}$pᴀʔ$_{5}$pᴀʔ$_{5}$/pᴀʔ$_{4}$ȵiᴀ˜$_{51}$　昆：妈妈ʔmɑ$_{44}$mɑ$_{41}$　霜：妈妈ʔmɑ$_{55}$mɑ$_{31}$　罗：妈妈ʔmɑ$_{55}$mɑ$_{31}$　周：老妈妈lɔ$_{22}$mɑ$_{44}$mɑ$_{52}$　上：大姆妈du$_{22}$m̩$_{55}$mᴀ$_{31}$　松：阿妈ʔɑ$_{55}$mɑ$_{31}$　黎：姆姆ʔmᴇ$_{44}$ʔmᴇ$_{52}$　盛：姆姆ʔmᴇ$_{44}$ʔmᴇ$_{44}$　嘉：大妈妈dɑ$_{22}$mɑ$_{44}$mɑ$_{51}$　双：妈妈/大妈/好姆妈mɑ$_{24}$mɑ$_{52}$/dɑ$_{22}$mɑ$_{52}$/xɔ$_{33}$m̩$_{55}$mɑ$_{21}$　杭：大妈/大妈妈/大姆妈dɑ$_{23}$mɑ$_{51}$/dɑ$_{22}$mɑ$_{55}$mɑ$_{31}$/dɑ$_{22}$m̩$_{55}$mɑ$_{31}$　绍：大妈/二妈do$_{23}$mo$_{52}$/ȵi$_{23}$mo$_{33}$　诸：大姆妈/大阿姆dɯ$_{22}$m̩$_{33}$mᴀ$_{33}$/dɯ$_{22}$ɐʔ$_{3}$mɛ$_{33}$　崇：大妈dʏ$_{23}$mɑ$_{52}$　太：大妈/二妈bɯ$_{22}$mɑ$_{44}$/ȵi$_{22}$mɑ$_{44}$　余：大妈妈/大姆妈dou$_{22}$mᴀ$_{44}$mᴀ$_{52}$/bou$_{22}$m̩$_{44}$mᴀ$_{52}$　宁：大姆妈/大嬷dəʊ$_{22}$m̩$_{44}$mɑ$_{55}$/dəʊ$_{22}$mo$_{51}$　黄：阿姆ʔɐʔ$_{3}$m̩$_{51}$　温：阿母ʔɑ$_{3}$mʊ$_{44}$　衢：大娘/娘bu$_{24}$ȵiã$_{31}$/ȵiã$_{323}$　华：大妈/大姆姆dɑ$_{22}$mɑ$_{44}$/dɑ$_{24}$m̩$_{33}$meɪ$_{31}$　永：阿娘ᴀ$_{\underline{43}}$ȵiᴀŋ$_{31}$

叔父

宜：叔叔sɔʔ$_{5}$sɔʔ$_{5}$　溧：叔叔sɔʔ$_{5}$sɔʔ$_{3}$　金：叔叔/大大sɔʔ$_{4}$sɔʔ$_{4}$/tɑ$_{32}$tɑ$_{23}$　丹：爷叔/叔叔ɦiɑ$_{23}$soʔ$_{4}$/soʔ$_{5}$soʔ$_{2}$　童：姨外/叔叔i$_{j55}$ɦaɪ$_{31}$/soʔ$_{5}$soʔ$_{5}$　靖：叔叔ɕyɔʔ$_{5}$ɕyɔʔ$_{3}$　江：阿叔/叔叔ʔɑʔ$_{5}$soʔ$_{5}$/soʔ$_{5}$soʔ$_{5}$　常：叔叔sɔʔ$_{4}$sɔʔ$_{5}$　锡：叔叔sɔʔ$_{4}$sɔʔ$_{5}$　苏：叔叔/阿叔sɔʔ$_{5}$sɔʔ$_{5}$/ʔᴀʔ$_{5}$sɔʔ$_{5}$　熟：小叔叔/爷叔siɔ$_{33}$ʂoʔ$_{5}$/ɦiɑ$_{24}$ʂoʔ$_{\underline{31}}$　昆：叔叔/爷叔soʔ$_{5}$soʔ$_{5}$/ɦiɑ$_{22}$soʔ$_{4}$　霜：爷叔/伯伯ɦiɑ$_{22}$soʔ$_{4}$/pᴀʔ$_{5}$pᴀʔ$_{3}$　罗：爷叔ɦiɑ$_{23}$soʔ$_{4}$　周：爷叔/阿叔ɦiɑ$_{22}$soʔ$_{\underline{23}}$/ʔɑ$_{44}$soʔ$_{5}$　上：爷叔ɦiᴀ$_{22}$soʔ$_{4}$　松：叔叔sɔʔ$_{4}$sɔʔ$_{2}$　黎：阿叔ʔᴀʔ$_{5}$soʔ$_{2}$　盛：阿叔ʔɑ$_{44}$so$_{44}$　嘉：阿叔ʔᴀʔ$_{3}$soʔ$_{4}$　双：爸爸pɑ$_{44}$pɑ$_{44}$　杭：小伯伯ɕiɔ$_{55}$pɐʔ$_{3}$pɐʔ$_{31}$　绍：二爹/三爹ȵi$_{23}$tiɑ$_{52}$/sæ̃$_{33}$tiɑ$_{52}$　诸：叔叔soʔ$_{3}$soʔ$_{4}$　崇：阿叔ʔæʔ$_{3}$sɔʔ$_{4}$　太：阿叔ʔɑʔ$_{3}$çiɔʔ$_{5}$　余：叔叔/二爹/三爹sɔʔ$_{3}$sɔʔ$_{5}$/ȵi$_{22}$tiᴀ$_{44}$/sɛ̃$_{33}$tiᴀ$_{44}$　宁：阿叔儿ʔɐʔ$_{3}$soŋ$_{34}$　黄：叔叔/阿叔儿sɔʔ$_{3}$sɔʔ$_{4}$/ʔɐʔ$_{3}$soŋ$_{51}$　温：阿叔ʔɑ$_{33}$ɕiu$_{423}$　衢：叔叔ʃɥəʔ$_{4}$ʃɥəʔ$_{5}$　华：叔叔/叔伯ɕɥoʔ$_{3}$ɕɥoʔ$_{4}$/ɕɥoʔ$_{5}$pəʔ$_{3}$　永：小叔/阿叔ɕiᴀʊ$_{43}$sʊ$_{45}$/ᴀ$_{\underline{43}}$sʊ$_{45}$

婶母

宜：婶婶səŋ$_{35}$səŋ$_{31}$　溧：婶婶sən$_{52}$sən$_{52}$　金：婶娘/婶婶səŋ$_{32}$ȵiɑŋ$_{23}$/səŋ$_{32}$səŋ$_{31}$　丹：婶婶sɛn$_{41}$sɛn$_{21}$　童：婶婶səŋ$_{53}$səŋ$_{23}$　靖：婶婶/亲娘səŋ$_{33}$səŋ$_{44}$/tsʻiŋ$_{44}$ȵĩ$_{44}$　江：婶娘sᴇɲ$_{52}$ȵiᴀ^{ŋ}$_{33}$　常：婶婶səɲ$_{34}$səɲ$_{44}$　锡：婶婶/婶娘sən$_{33}$sən$_{55}$/sən$_{33}$ȵiã$_{55}$　苏：婶娘sən$_{52}$ȵiÃ$_{23}$　熟：婶娘ʂẽ^{n}$_{33}$ȵiᴀ˜$_{51}$　昆：婶娘sən$_{52}$ȵiã$_{33}$　霜：妈妈/嗯娘ʔmɑ$_{55}$mɑ$_{31}$/ʔn̩$_{55}$ȵia˜$_{31}$　周：婶娘/婶妈/婶婶səŋ$_{33}$ȵiᴀ˜$_{52}$/səŋ$_{33}$mɑ$_{52}$/səŋ$_{35}$səŋ$_{31}$　上：婶婶səɲ$_{33}$səɲ$_{44}$　松：婶婶/婶妈səɲ$_{35}$səɲ$_{31}$/səɲ$_{35}$mɑ$_{31}$　黎：婶姆/婶妈səɲ$_{52}$mᴇ$_{44}$/səɲ$_{55}$mɒ$_{31}$　盛：婶姆/婶妈səɲ$_{55}$mᴇ$_{31}$/səɲ$_{55}$mɑ$_{31}$　嘉：婶妈sən$_{55}$mɑ$_{31}$　双：妈妈mɑ$_{24}$mɑ$_{52}$　杭：婶娘sən$_{55}$ȵiᴀŋ$_{31}$　绍：二妈/三妈ȵi$_{23}$mo$_{52}$/sæ̃$_{32}$mo$_{33}$　诸：婶婶sẼĩ$_{33}$sẼĩ$_{52}$　崇：阿婶ʔæʔ$_{3}$sɪŋ$_{52}$　太：阿婶ʔɑʔ$_{3}$seŋ$_{44}$　余：二嬷/三嬷ȵi$_{22}$mo$_{44}$/sɛ̃$_{33}$mo$_{44}$　宁：阿婶ʔɐʔ$_{3}$ɕɪŋ$_{34}$　黄：阿婶/婶ʔɐʔ$_{3}$ɕiɪŋ$_{51}$/ɕiɪŋ$_{53}$　温：阿婶ʔɑ$_{3}$sʌŋ$_{34}$　衢：婶婶ʃɥən$_{35}$ʃɥən$_{31}$　华：婶婶ɕiɪn$_{54}$ɕiɪn$_{35}$　永：阿婶ʔᴀ$_{4}$sən$_{45}$

姑父

宜：姑夫ku$_{55}$fu$_{55}$　溧：姑夫ku$_{44}$fu$_{52}$　金：姑父kᵊu$_{32}$fu$_{31}$　丹：姑父kᵊu$_{44}$fu$_{31}$　童：姑爹ku$_{55}$tiɑ$_{31}$　靖：好伯/好爹爹hɒ$_{33}$pɔʔ$_{5}$/hɒ$_{33}$te$_{44}$te$_{55}$　江：姑夫ku$_{53}$fu$_{31}$　常：姑夫ku$_{55}$fu$_{31}$　锡：姑夫ku$_{21}$fu$_{23}$　苏：姑夫kɜu$_{55}$fu$_{31}$　熟：姑夫ku$_{55}$fu$_{51}$　昆：夫夫fu$_{44}$fu$_{41}$　霜：夫夫fu$_{44}$fu$_{51}$　罗：姑夫kᵊu$_{55}$fu$_{31}$　周：夫夫/寄爹/姑夫fu$_{44}$fu$_{52}$/tɕi$_{33}$ɗiɑ$_{52}$/ku$_{55}$fu$_{31}$　上：姑夫ku$_{55}$fu$_{31}$　松：夫夫/姑夫fu$_{55}$fu$_{31}$/ku$_{33}$fu$_{52}$　黎：亲伯tsʻiəɲ$_{44}$pᴀʔ$_{2}$　盛：亲伯tsʻɪɲ$_{55}$pɑ$_{31}$　嘉：姑丈kᵊu$_{52}$zᴀ˜$_{22}$　双：姑夫kəu$_{44}$fu$_{44}$　杭：干爷kᴇ$_{32}$ɦiɑ$_{23}$　绍：姑爹ku$_{33}$tiɑ$_{52}$　诸：姑夫ku$_{52}$fu$_{42}$　崇：姑夫ku$_{53}$fʊ$_{23}$　太：姑夫ku$_{52}$fu$_{33}$　余：大爹/二爹/姑爹dou$_{22}$tiᴀ$_{52}$/ȵi$_{22}$tiᴀ$_{52}$/ku$_{33}$tiᴀ$_{44}$　宁：姑丈ku$_{33}$dʑiã$_{51}$　黄：姑丈

ku$_{33}$dʑiã$_{51}$ 温：夫姨fɵ$_{44}$ɦi$_{2}$ 衢：老爷ʔlɔ$_{35}$ɦiɑ$_{31}$ 华：姑父ku$_{33}$fu$_{55}$ 永：阿丈/姑丈ᴀ$_{\underline{43}}$dʑiᴀŋ$_{324}$/kʊ$_{43}$dʑiᴀŋ$_{324}$

姑母

宜：伯伯pᴀʔ$_{5}$pᴀʔ$_{5}$ 溧：姑姑/八八ku$_{44}$ku$_{52}$/paʔ$_{5}$paʔ$_{3}$ 金：阿姑/姑姑ɑ$_{35}$kᵊu$_{31}$/kᵊu$_{32}$kᵊu$_{31}$ 丹：姑姑/蛮kᵊu$_{44}$kᵊu$_{31}$/mæ$_{22}$ 童：姑外/孃孃ku$_{55}$ɦaɪ$_{31}$/ʔȵiaŋ$_{53}$ȵiaŋ$_{31}$ 靖：大伯伯/好爹爹dʌʏ$_{24}$pɔʔ$_{33}$pɔʔ$_{\underline{31}}$/hɔ$_{33}$te$_{44}$te$_{55}$ 江：伯伯/姑娘pɑʔ$_{5}$pɑʔ$_{5}$/ku$_{55}$ȵiᴀⁿ$_{31}$ 常：娘娘/伯伯ȵiᴀɲ$_{21}$ȵiᴀɲ$_{34}$/pɑʔ$_{4}$pɑʔ$_{5}$ 锡：伯伯pɑʔ$_{4}$pɑʔ$_{5}$ 苏：姑姑/孃孃kɜu$_{55}$kɜu$_{31}$/ʔȵiÃ$_{55}$ȵiÃ$_{31}$ 熟：姑母/姑妈/好叔ku$_{55}$mu$_{51}$/ku$_{55}$mɑ$_{51}$/xɔ$_{33}$ʂo$ʔ_{5}$ 昆：姑母/嗯娘kəu$_{44}$mu$_{41}$/ʔn̩$_{44}$ȵiã$_{41}$ 霜：阿伯/妈妈ʔᴀʔ$_{5}$pᴀʔ$_{3}$/ʔmɑ$_{55}$mɑ$_{31}$ 罗：姑妈/姑姑/娘娘kəu$_{55}$mɑ$_{31}$/kᵊu$_{55}$kᵊu$_{31}$/ʔȵiã$_{55}$ȵiã$_{31}$ 周：大大妈/大大姆妈/大大du$_{22}$du$_{55}$mɑ$_{31}$/du$_{22}$du$_{55}$m̩$_{55}$mɑ$_{31}$/du$_{22}$du$_{24}$ 上：姑妈ku$_{55}$mᴀ$_{31}$ 松：嬷嬷ʔmo$_{44}$mo$_{44}$ 黎：□娘/阿伯ʔŋ̍$_{44}$ȵiɛ̃$_{52}$/ʔᴀʔ$_{5}$pᴀʔ$_{2}$ 盛：姆娘ʔm̩$_{44}$ȵiæ̃$_{44}$ 嘉：小阿伯ɕiɔ$_{44}$ᴀʔ$_{44}$pᴀʔ$_{\underline{31}}$ 双：嗯娘/阿娘ʔŋ̍$_{44}$ȵiã$_{44}$/ʔɑ$_{44}$ȵiã$_{44}$ 杭：嗯娘/姑妈ʔn̩$_{33}$ȵiᴀŋ$_{51}$/ku$_{33}$mɑ$_{44}$ 绍：嗯娘ʔn̩$_{32}$ȵiaŋ$_{33}$ 诸：孃孃ʔȵiÃ$_{44}$ȵiÃ$_{33}$ 崇：娘ʔȵiᴀ̃$_{42}$ 太：阿娘ʔɛʔ$_{3}$ȵiᴀŋ$_{44}$ 余：大嬷/大姆妈dou$_{22}$mo$_{44}$/dou$_{22}$m̩$_{44}$mᴀ$_{52}$ 宁：阿姑/嬷嬷ʔɐʔ$_{5}$ku$_{31}$/mo$_{55}$mo$_{33}$ 黄：大娘du$_{33}$ȵiã$_{44}$ 温：阿妮ʔɑ$_{33}$ȵi$_{44}$ 衢：娘娘ȵiã$_{22}$ȵiã$_{53}$ 华：娘娘/姑姑ȵiᴀŋ$_{33}$ȵiᴀŋ$_{44}$/ku$_{32}$ku$_{35}$ 永：阿娘ᴀ$_{\underline{43}}$ȵiᴀŋ$_{44}$

外公

宜：舅公dʑiɤɯ$_{21}$koŋ$_{23}$ 溧：公公koŋ$_{44}$koŋ$_{52}$ 金：公公koŋ$_{32}$koŋ$_{31}$ 丹：公公koŋ$_{44}$koŋ$_{31}$ 童：公公koŋ$_{53}$koŋ$_{31}$ 靖：公公koŋ$_{44}$koŋ$_{44}$ 江：舅公dʑiɜʏ$_{24}$koŋ$_{31}$ 常：舅公dʑiɯ$_{21}$koŋ$_{13}$ 锡：舅公dʑiʌʏ$_{22}$koŋ$_{55}$ 苏：外公/阿爹ŋᴅ$_{22}$koŋ$_{44}$/ʔᴀʔ$_{5}$tiᴅ$_{23}$ 熟：好公xɔ$_{33}$koŋ$_{51}$ 昆：外公ŋɑ$_{22}$koŋ$_{41}$ 霜：外公ŋɑ$_{22}$koⁿ$_{52}$ 罗：外公ŋɑ$_{22}$koⁿ$_{52}$ 周：外公/大大ŋɑ$_{22}$koŋ$_{44}$/dɑ$_{22}$dɑ$_{24}$ 上：外公ŋᴀ$_{22}$kʊŋ$_{44}$ 松：外公/大大ŋɑ$_{23}$kʊŋ$_{44}$/dɑ$_{22}$dɑ$_{23}$ 黎：外公阿爹/阿爹ŋᴅ$_{22}$koŋ$_{55}$ᴀʔ$_{3}$tiᴅ$_{31}$/ʔᴀʔ$_{5}$tiᴅ$_{34}$ 盛：外公爹爹ɦɑ$_{22}$koŋ$_{55}$tiɑ$_{33}$tiɑ$_{31}$ 嘉：外公ɦɑ$_{22}$koŋ$_{51}$ 双：阿公ʔᴀʔ$_{2}$koŋ$_{34}$ 杭：外公ɦuᴇ$_{23}$koŋ$_{51}$/ŋɑ$_{23}$koŋ$_{51}$ 绍：外公ŋa$_{23}$kʊŋ$_{33}$ 诸：外公ŋᴀ$_{21}$koŋ$_{23}$ 崇：外公vɑ$_{24}$kʊⁿ$_{52}$ 太：外公ŋɑ$_{23}$kʊŋ$_{22}$ 余：外公ŋᴀ$_{22}$kʊŋ$_{44}$ 宁：外公ŋa$_{22}$koŋ$_{44}$ 黄：外公ŋᴀ$_{21}$koŋ$_{13}$ 温：外公爷vɑ$_{24}$koŋ$_{33}$ɦi$_{21}$ 衢：外公ŋæ̃$_{45}$kʌŋ$_{31}$ 华：外公/公公ʔɦɑ$_{13}$koŋ$_{51}$/koŋ$_{33}$koŋ$_{55}$ 永：外公ŋiᴀ$_{32}$koŋ$_{44}$

外婆

宜：舅婆dʑiɤɯ$_{21}$bɑʏ$_{23}$ 溧：婆婆bʌɯ$_{32}$bʌɯ$_{23}$ 金：婆婆pʻo$_{21}$pʻo$_{23}$ 丹：婆婆bʌʏ$_{32}$bʌʏ$_{24}$ 童：婆婆/婆外bʌʏ$_{21}$bʌʏ$_{23}$/bʌʏ$_{24}$ɦaɪ$_{31}$ 靖：婆婆bu$_{22}$bu$_{34}$ 江：舅婆dʑiɜʏ$_{24}$bu$_{31}$ 常：舅婆dʑiɯ$_{21}$bʌɯ$_{13}$ 锡：舅婆dʑiʌʏ$_{22}$bʌʏ$_{55}$ 苏：阿婆/好婆/外婆ʔᴀʔ$_{5}$bu$_{31}$/hæ$_{52}$bu$_{23}$/ŋᴅ$_{22}$bu$_{44}$ 熟：好婆xɔ$_{33}$bu$_{51}$ 昆：外婆ŋɑ$_{23}$bu$_{41}$ 霜：外婆ŋɑ$_{22}$bu$_{52}$ 罗：外婆ŋɑ$_{23}$bu$_{52}$ 周：外婆ŋɑ$_{22}$bu$_{44}$ 上：外婆ŋᴀ$_{22}$bu$_{44}$ 松：外婆ŋɑ$_{23}$bu$_{44}$ 黎：外婆娘娘/娘娘ŋᴅ$_{22}$bu$_{55}$ȵiɛ̃$_{33}$ȵiɛ̃$_{31}$/ȵiɛ̃$_{22}$ȵiɛ̃$_{34}$ 盛：外婆娘娘ɦɑ$_{22}$bu$_{55}$ȵiæ̃$_{33}$ȵiæ̃$_{31}$ 嘉：外婆ɦɑ$_{22}$bu$_{51}$ 双：阿婆ʔᴀʔ$_{2}$bu$_{34}$ 杭：外婆ɦuᴇ$_{23}$bou$_{51}$/ŋɑ$_{23}$bou$_{51}$ 绍：外婆ŋa$_{23}$bo$_{33}$ 诸：外婆ŋᴀ$_{21}$bɯ$_{23}$ 崇：外婆vɑ$_{23}$bʏ$_{52}$ 太：外婆ŋɑ$_{23}$bɯ$_{22}$ 余：外婆ŋᴀ$_{22}$bou$_{52}$ 宁：外婆ŋa$_{22}$bəʊ$_{51}$ 黄：外婆ŋᴀ$_{22}$bu$_{44}$ 温：外婆娘vɑ$_{24}$bɵ$_{33}$ȵi$_{21}$ 衢：婆婆bu$_{32}$bu$_{23}$ 华：外婆/婆婆ʔɦɑ$_{33}$boə$_{51}$/boə$_{21}$boə$_{24}$ 永：外婆ŋiᴀ$_{32}$boːə$_{22}$

舅父

宜：娘舅/舅舅ȵiᴀŋ$_{22}$dʑiɤɯ$_{53}$/dʑiɤɯ$_{24}$dʑiɤɯ$_{31}$ 溧：舅舅/娘舅dʑiʌɯ$_{24}$dʑiʌɯ$_{52}$/ȵie$_{32}$dʑiʌɯ$_{52}$ 金：舅舅tɕiʌʏ$_{44}$tɕiʌʏ$_{44}$ 丹：舅舅/舅爹dʑʏ$_{31}$dʑʏ$_{21}$/dʑʏ$_{31}$tiɑ$_{21}$ 童：舅舅/娘舅dʑiʊ$_{22}$dʑiʊ$_{55}$/ȵiɑŋ$_{24}$dʑiʊ$_{31}$ 靖：舅舅dʑøʏ$_{24}$dʑøʏ$_{31}$ 江：阿舅/娘舅ʔɑʔ$_{5}$dʑiɜʏ$_{23}$/ȵiᴀⁿ$_{21}$dʑiɜʏ$_{43}$ 常：娘舅/舅舅ȵiᴀɲ$_{21}$

dʑiɯ34/dʑiɯ24dʑiɯ31　锡：娘舅ȵiɛ̃24dʑiʌɤ31　苏：舅舅/娘舅dʑiɵ22dʑiɵ44/ȵiÃ22dʑiɵ44　熟：舅舅/娘舅dʑiɯ22dʑiɯ44/ȵiA˜23dʑiɯ33　昆：舅舅/娘舅dʑy22dʑy44/ȵiã23dʑy41　霜：娘舅ȵia˜24dʑy31　罗：娘舅ȵia˜24dʑy31　周：舅舅/娘舅dʑiɤ22dʑiɤ24/ȵiA˜22dʑiɤ44　上：娘舅/舅舅ȵiÃɲ22dʑiɤɯ44/dʑiɤɯ22dʑiɤɯ44　松：娘舅/舅舅ȵiɛ̃22dʑiɯ52/dʑiɯ22dʑiɯ23　黎：娘舅ȵiɛ̃22dʑiɯ34　盛：娘舅ȵiæ̃22dʑiɘʉ44　嘉：舅舅dʑiəu22dʑiəu34　双：娘舅/舅舅ȵiã22dʑiøʏ44/dʑiøz24dʑiøʏ52　杭：舅舅/娘舅dʑʏ23dʑʏ51/ʔȵiʌŋ32dʑʏ23　绍：舅舅/娘舅dʑiɤ23dʑiɤ52/ȵiaŋ21dʑiɤ33　诸：娘舅ȵiÃ31dʑiʏ52　崇：娘舅ȵiA˜22dʑʏ52　太：娘舅ȵiʌŋ21dʑʏ44　余：舅舅dʑiɤ24dʑiɤ31　宁：娘舅/舅舅ȵiã22dʑʏ51/dʑʏ24dʑʏ33　黄：娘舅/舅舅ȵia˜22dʑiu51/dʑiu22dʑiu51　温：舅舅dʑiʌu2dʑiʌu34　衢：舅舅dʑiɯ45dʑiɯ35　华：舅舅/娘舅dʑiɯu21dʑiɯ24/ʔȵiʌŋ32dʑiɯ24　永：阿舅/舅舅A43dʑiəʊ325/dʑiəʊ32dʑiəʊ325

舅母

宜：舅姆dʑiɤɯ21m̩23　溧：舅姆/舅妈dʑiʌɯ32m̩21/dʑiʌɯ32mA23　金：舅娘tɕiʌɤ44ȵiaŋ44　丹：舅娘/舅妈/舅唔dʑʏ31ȵie21/dʑʏ31mɑ21/dʑʏ31m̩21　童：舅母dʑiʊ21mʌʏ23　靖：舅舅：dʑøʏ24dʑøʏ31　江：舅姆/阿姆dʑiɜʏ24m̩31/ʔɑ32ʔm̩43　常：舅姆dʑiɯ21m̩13　锡：舅姆dʑiʌʏ22m̩55　苏：舅妈/舅姆dʑiɵ22mɒ44/dʑiɵ22m̩44　熟：舅姆/舅妈dʑiɯ22m̩44/dʑiɯ22mɑ51　昆：舅妈dʑy22mɑ41　霜：舅妈dʑy22mɑ52　罗：舅妈dʑy22mɑ52　周：舅妈dʑiɤ22mɑ52　上：舅妈dʑiɤɯ22mA44　松：舅妈dʑiɯ24mɑ31　黎：舅妈dʑieɯ23mɒ33　盛：舅妈dʑiɘʉ23mɑ33　嘉：舅妈dʑiəu22mɑ51　双：舅姆dʑiøʏ24m̩31　杭：舅妈/舅姆dʑʏ23mɑ51/dʑʏ23m̩51　绍：妗姆dʑɪŋ24m̩31　诸：舅姆dʑiʏ22m̩52　崇：舅姆dʑʏ22m̩52　太：舅姆dʑʏ21m̩44　余：妗姆/舅妈dʑi24m̩31/dʑiɤ22mA52　宁：舅姆dʑʏ24m̩33　黄：娘妗/阿妗ȵia˜22dʑiɪŋ51/ʔɐʔ3dʑiɪŋ51　温：妗妮儿dʑiʌŋ24ȵi33ŋ̍21　衢：舅姆娘/舅姆dʑiɯ24m̩33ȵiã31/dʑiɯ24m̩31　华：舅姆dʑiɯu13m̩51　永：妗妗/阿妗dʑiɪŋ32dʑiɪŋ325/A43dʑiɪŋ325

姨夫

宜：姨夫ɦij21fu23　溧：姨夫ɦiz32fu23　金：姨爹/姨夫iz35tɛe31/iz22fu44　丹：姨夫/姨爹ɦiz22fu44/ɦiz22tiɑ44　童：姨爹ɦij24tiɑ31　靖：姨夫ɦij22fu34　江：姨夫ɦij24fu31　常：姨夫ɦij21fu34　锡：姨夫ɦi24fu31　苏：姨夫ɦij22fu44　熟：阿姨夫ʔɑ55ɦi55fu51　昆：夫夫fu44fu41　霜：姨夫ɦi22fu52　罗：姨夫ɦi22fu52　周：姨夫/寄爹ɦi22fu44/tɕi33ɗiɑ52　上：姨夫ɦi22fu44　松：姨夫/夫夫ɦi22fu52/fu55fu31　黎：好伯hAɔ52pAʔ5　盛：亲伯tsʻɪŋ55pɑʔ2　嘉：姨夫ɦi22fu44　双：姨夫ɦiz22fu44　杭：姨夫ʔi32fu23　绍：姨夫/爹(少)ɦi22tia52/tia52　诸：姨夫/下姨夫ɦiz31fu42/ɕiA33ɦiz55fu31　崇：姨夫ɦiz21fʊ23　太：姨夫ɦi21fu23　余：姨爹ɦi22tiA44　宁：姨丈ɦiz22dʑiã51　黄：娘姨丈/姨丈ȵia˜22ɦij33dʑia˜51/ɦij22dʑia˜51　温：夫姨fɵ44ɦi2　衢：姨爹ʔi55tiɑ55　华：姨爷ʔɦij32ɦiɑ24　永：阿姨丈A43i22dʑiAŋ325

姨母

宜：姨娘/阿姨ɦij23ȵiAŋ23/ʔA55ʔij55　溧：姨娘/阿姨ɦi32ȵie23/ʔA44ɦi52　金：姨娘/阿姨iz21ȵiaŋ23/ɑ44iz23　丹：阿姨ɑ44ɦiz31　童：姨娘/阿姨ɦij24ȵiaŋ31/ɑ55ɦij31　靖：姨娘ɦij22ȵĩ34　江：阿姨ʔɑ32ɦij43　常：娘姨ȵiAɲ21ɦij34　锡：阿姨/娘姨ʔɑ21ɦi23/ȵiɛ̃24ɦi31　苏：姨妈/阿姨ɦij22mɒ44/ʔɒ55ɦij31　熟：阿姨/阿姨妈妈ʔɑ55ɦi51/ʔɑ55ɦi55mɑ55mɑ51　昆：阿姨/嗯娘ʔɑ44i41/ʔn̩44ȵiã41　霜：阿姨/娘姨ʔɑ55i31/ȵiã22i52　罗：阿姨/大姨妈ʔɑ55i31/du22ɦi55mɑ31　周：阿姨ʔɑ44i52　上：姨妈ɦi22mA44　松：阿姨ʔɑ33i52　黎：阿姨/嗯娘ʔɒ44ij44/ʔŋ̍44ȵiɛ̃52　盛：阿姨/嗯娘ʔɑ44ij44/ʔŋ̍44ȵiæ̃44　嘉：阿姨ʔɑ44i51　双：阿姨ʔɑ44iz44　杭：姨妈/嗯娘(少)ʔi32mɑ23/ʔn̩44ȵiʌŋ51　绍：嗯娘ʔn̩33ȵiaŋ52

诸:姨娘/下姨娘ɦi$_{z31}$ȵiᴀ̃$_{42}$/çiᴀ$_{33}$ɦi$_{z55}$ȵiᴀ̃$_{31}$　崇:姨娘ɦi$_{z22}$ȵiᴀ˜$_{52}$　太:姨娘ɦi$_{21}$ȵiᴀŋ$_{23}$　余:阿伯ʔɐʔ$_{3}$pᴀʔ$_{4}$　宁:阿姨ʔɐʔ$_{5}$ɦi$_{z33}$　黄:娘姨ȵia˜$_{22}$ɦi$_{j44}$　温:阿娘ʔɑ$_{3}$ȵi$_{44}$　衢:姨娘/阿姨ɦi$_{22}$ȵia˜$_{53}$/ʔᴀʔ$_{5}$i$_{31}$　华:姨娘ʔɦi$_{j32}$ȵiᴀŋ$_{24}$　永:阿姨ᴀ$_{\underline{43}}$i$_{44}$

岳父

宜:丈人/伯伯dzᴀŋ$_{21}$ȵiŋ$_{23}$/pᴀʔ$_{5}$pᴀʔ$_{5}$　溧:丈人dzᴀŋ$_{32}$ȵin$_{23}$　金:丈人tsɑŋ$_{44}$ləŋ$_{23}$　丹:丈人老头子/丈人老头则/丈人tsæ$_{33}$ȵiŋ$_{44}$lɒ$_{22}$dᴇ^{e}$_{55}$tsɿ$_{31}$(tsɛʔ$_{\underline{31}}$)/tsæ$_{41}$ȵiŋ$_{21}$　童:丈人dzɑŋ$_{21}$ȵiŋ$_{23}$　靖:丈人dʑiæ̃$_{24}$ȵiŋ$_{31}$　江:丈人/丈人伯伯dzᴀ^{ŋ}$_{24}$ȵiɲ$_{31}$/dʑᴀ^{ŋ}$_{24}$ȵiɲ$_{33}$pɑʔ$_{3}$pɑʔ$_{2}$　常:丈人dzᴀɲ$_{21}$ȵiɲ$_{13}$　锡:丈人dzã$_{21}$ȵin$_{13}$　苏:丈人阿伯/老丈人zᴀ̃$_{22}$ȵiɪn$_{55}$ᴀʔ$_{4}$pᴀʔ$_{2}$/læ$_{22}$zᴀ̃$_{55}$ȵiɪn$_{31}$　熟:丈人/老丈人dʐᴀ˜$_{22}$ȵĩ^{ɲ}$_{51}$/lɔ$_{22}$dʐᴀ˜$_{55}$ȵĩ^{ɲ}$_{51}$　昆:老丈人lɔ$_{22}$zã$_{34}$ȵin$_{41}$　霜:丈人za˜$_{22}$ȵĩ$_{52}$　罗:丈人阿伯za˜$_{22}$ȵɪ^{n}$_{55}$ɐʔ$_{3}$pᴀʔ$_{\underline{31}}$　周:丈人zᴀ˜$_{22}$ȵiɪŋ$_{52}$　上:丈人zᴀ̃^{ɲ}$_{22}$ȵiɲ$_{44}$　松:阿伯ʔᴀʔ$_{4}$pᴀʔ$_{4}$　黎:丈人dzɛ̃$_{23}$ȵiəɲ$_{33}$　盛:丈人dzæ̃$_{23}$ȵɪɲ$_{33}$　嘉:丈人zᴀ˜$_{22}$ȵin$_{51}$　双:丈人zã$_{24}$ȵɪn$_{52}$　杭:丈人老头szᴀŋ$_{22}$ɹən$_{55}$lɔ$_{33}$deɪ$_{31}$　绍:丈人dzaŋ$_{23}$ȵɪŋ$_{52}$/pᴀʔ$_{4}$pᴀʔ$_{5}$　诸:丈人dzᴀ̃$_{22}$ȵĩ$_{52}$　崇:丈人dzᴀ˜$_{22}$ȵiŋ$_{52}$　太:丈人/丈人老头dzᴀŋ$_{22}$ȵiŋ$_{44}$/dʑᴀŋ$_{22}$ȵiŋ$_{44}$lɑɒ$_{44}$dʏ$_{44}$　余:丈人dzᴀ̃$_{23}$ȵiɲ$_{52}$　宁:丈人老头dʑiã$_{22}$ȵɪŋ$_{44}$lɔ$_{44}$dœʏ$_{55}$　黄:丈人/老丈人dʑia˜$_{22}$ȵiɪŋ$_{44}$/lɒ$_{22}$dʑiã$_{33}$ȵiɪŋ$_{44}$　温:丈人老dʑi$_{33}$ȵiʌŋ$_{52}$lɜ$_{34}$　衢:丈人dʒɥã$_{45}$ȵi^{n}$_{31}$　华:丈人/丈人老子dʑiᴀŋ$_{24}$ȵiɪn$_{31}$/dʑiᴀŋ$_{24}$ȵiɪn$_{31}$ lɑʊ$_{24}$tsɿ$_{31}$　永:丈人老头dʑiᴀŋ$_{21}$noŋ$_{22}$lᴀʊ$_{32}$dəʊ$_{325}$

岳母

宜:丈姆娘dzᴀŋ$_{21}$m̩$_{11}$ȵiᴀŋ$_{23}$　溧:丈母娘dzᴀŋ$_{32}$(dzo$_{32}$)m̩$_{22}$ȵie$_{23}$　金:丈母娘tsɑŋ$_{44}$mu$_{31}$ȵiɑŋ$_{23}$　丹:丈母娘/丈母tsæ$_{33}$mʌʏ$_{55}$ȵie$_{31}$/tsæ$_{41}$mʌʏ$_{21}$　童:丈母/丈母娘dzɑŋ$_{21}$mʌʏ$_{23}$/dzɑŋ$_{22}$ʌmʏ$_{55}$ȵiɑŋ$_{31}$　靖:丈母娘dʑiæ̃$_{24}$mʌʏ$_{33}$ȵĩ$_{31}$　江:丈姆娘dzᴀ^{ŋ}$_{24}$m̩$_{33}$ȵiᴀ^{ŋ}$_{31}$　常:丈姆娘dzᴀɲ$_{21}$m̩$_{11}$ȵiᴀɲ$_{13}$　锡:丈姆娘zã$_{21}$m̩$_{23}$ȵiã$_{55}$　苏:丈姆/丈姆娘zɒ$_{22}$m̩$_{44}$/zᴀ̃$_{22}$m̩$_{55}$ȵiᴀ̃$_{31}$　熟:丈姆娘dʐᴀ˜$_{22}$m̩$_{55}$ȵiᴀ˜$_{31}$　昆:丈姆娘zã$_{22}$m̩$_{55}$ȵiã$_{41}$　霜:丈嗯/丈嗯娘za˜$_{22}$n̩$_{52}$/za˜$_{22}$n̩$_{23}$ȵia˜$_{52}$　罗:丈姆娘za˜$_{22}$m̩$_{55}$ȵiã$_{31}$　周:丈姆娘zᴀ˜$_{22}$m̩$_{44}$ȵiᴀ˜$_{52}$　上:丈姆娘/丈姆zᴀ̃^{ɲ}$_{22}$m̩$_{55}$ȵiᴀ̃^{ɲ}$_{31}$/zᴀ̃^{ɲ}$_{22}$m̩$_{44}$　松:丈姆娘/姆妈zɛ̃$_{22}$m̩$_{55}$ȵiɛ̃$_{31}$/ʔm̩$_{33}$mɑ$_{52}$　黎:丈姆娘zɛ̃$_{22}$m̩$_{22}$ȵiɛ̃$_{24}$　盛:丈姆娘dzæ̃$_{23}$m̩$_{33}$ȵiæ̃$_{33}$　嘉:丈姆娘zᴀ˜$_{22}$m̩$_{22}$ȵiᴀ˜$_{55}$　双:丈姆zã$_{24}$m̩$_{52}$　杭:丈姆娘szᴀŋ$_{22}$m̩$_{55}$ȵiᴀŋ$_{31}$　绍:丈姆/丈姆娘dzaŋ$_{23}$m̩$_{52}$/dzaŋ$_{22}$m̩$_{44}$ȵiaŋ$_{52}$　诸:丈姆dzᴀ̃$_{22}$m̩$_{52}$　崇:丈姆dzᴀ˜$_{22}$m̩$_{52}$　太:丈姆娘dzᴀŋ$_{22}$m̩$_{55}$ȵiᴀŋ$_{31}$　余:丈姆娘dzᴀ̃$_{23}$m̩$_{44}$ȵiᴀ̃$_{52}$　宁:丈姆娘dʑiã$_{22}$m̩$_{44}$ȵiã$_{55}$　黄:丈姆娘/老丈姆dʑia˜$_{22}$m̩$_{33}$ȵia˜$_{44}$/lɒ$_{22}$dʑia˜$_{33}$m̩$_{51}$　温:丈儿娘dʑi$_{52}$ŋ̍$_{31}$ȵi$_{21}$　衢:丈姆娘dʒɥã$_{45}$m̩$_{33}$ȵiã$_{31}$　华:丈姆娘/丈姆dʑiᴀŋ$_{22}$m̩$_{55}$ȵiᴀŋ$_{31}$/dʑiᴀŋ$_{13}$m̩$_{51}$　永:丈母娘dʑiᴀŋ$_{32}$mʊ$_{31}$ȵiᴀŋ$_{45}$

公公

宜:公公koŋ$_{55}$koŋ$_{55}$　溧:阿公ʔɑʔ$_{5}$koŋ$_{34}$　金:公公koŋ$_{32}$koŋ$_{31}$　丹:公公koŋ$_{44}$koŋ$_{31}$　童:公公koŋ$_{53}$koŋ$_{31}$　靖:公伯伯koŋ$_{44}$pɑʔ$_{44}$pɑʔ$_{44}$　江:阿公ʔɑʔ$_{5}$koŋ$_{43}$　常:公公/爷爷(少)koŋ$_{55}$koŋ$_{51}$/ɦiɑ$_{21}$ɦiɑ$_{34}$　锡:公公koŋ$_{21}$koŋ$_{23}$　苏:阿公ʔᴀʔ$_{5}$koŋ$_{23}$　熟:公公/爸爸kʊŋ$_{55}$kʊŋ$_{51}$/pɑ$_{55}$pɑ$_{51}$　昆:公公/爹爹koŋ$_{44}$koŋ$_{41}$/tiɑ$_{44}$tiɑ$_{41}$　霜:阿公ʔᴀʔ$_{4}$ko^{ŋ}$_{52}$　罗:阿公ʔᴀʔ$_{4}$ko^{ŋ}$_{52}$　周:公koŋ$_{52}$　上:阿公ʔɐʔ$_{3}$kʊŋ$_{44}$　松:公kʊŋ$_{52}$　黎:阿公ʔᴀʔ$_{5}$koŋ$_{44}$　盛:阿公ʔɑʔ$_{3}$koŋ$_{44}$　嘉:阿公ʔᴀʔ$_{3}$koŋ$_{44}$　双:阿公爹爹ʔᴀʔ$_{2}$koŋ$_{44}$tiɑ$_{44}$tiɑ$_{44}$　杭:阿公老头儿ʔɐʔ$_{3}$koŋ$_{55}$lɔ$_{55}$dɵ$_{55}$ər$_{31}$　绍:阿公ʔᴀʔ$_{4}$kʊŋ$_{52}$　诸:公公/公koŋ$_{52}$koŋ$_{42}$/koŋ$_{544}$　崇:爷爷ɦiɑ$_{22}$ɦiɑ$_{52}$　太:爷爷ɦiɑ$_{21}$ɦiɑ$_{44}$　余:公kʊŋ$_{34}$　宁:阿公/阿公老头ʔɐʔ$_{3}$koŋ$_{51}$/ʔɐʔ$_{3}$koŋ$_{44}$lɔ$_{44}$dœʏ$_{55}$　黄:爷爷ɦiᴀ$_{21}$ɦiᴀ$_{13}$　温:地家爷dʻi$_{24}$ko$_{33}$ɦi$_{21}$　衢:公

kʌŋ434　华：公公/爷koŋ32koŋ35/ɦiɑ213　永：阿公A43koŋ5

婆婆

宜：娘娘ʔȵiAŋ55ʔȵiAŋ55　溧：阿婆ʔɑʔ4bʌɯ34　金：婆婆p'o21p'o23　丹：婆婆bʌɤ31bʌɤ21　童：婆婆bʌɤ24bʌɤ31　靖：婆奶奶bu44næ33næ34　江：阿婆/阿婆娘娘ʔɑʔ5bu43/ʔɑʔ5bu42ȵiAŋ33ȵiAŋ31　常：婆婆/亲娘bʌɯ21bʌɯ34/ɕiɲ55ȵiAɲ31　锡：婆婆bʌɤ24bʌɤ31　苏：阿婆/婆ʔAʔ5bu23/bu223　熟：婆婆/姆妈bu24bu31/ʔm̩55mɑ31　昆：婆婆/姆妈bu23bu41/ʔm̩44mɑ41　霜：阿婆ʔAʔ4bu44　罗：阿婆ʔAʔ4bu52　周：婆bu113　上：阿婆ʔɐʔ3bu44　松：婆bu31　黎：阿婆ʔAʔ5bu44　盛：阿婆ʔɑʔ3bu44　嘉：阿婆ʔAʔ3bu44　双：阿婆娘娘/婆娘娘ʔAʔ2bu44ȵiã44ȵiã44/bu22ȵiã44ȵiã44　杭：阿婆ʔɐʔ3bou23　绍：阿婆ʔAʔ4bo52　诸：婆婆bɯ31bɯ42/bɯ233　崇：娘娘ȵiA͂22ȵiA͂52　太：娘娘ȵiAŋ21ȵiAŋ44　余：婆bou113　宁：阿婆/阿娘ʔɐʔ3bəʊ34/ʔɐʔ3ȵiã34　黄：娘ȵia͂113　温：地家娘dʲi24ko33ȵi21　衢：婆bu323　华：婆婆/娘boə21boə24/ȵiAŋ31　永：阿婆A5boːə22

丈夫

宜：老倌lɑɤ21kue23　溧：老倌/男葛/男佬lɑʏ32kʊ23/nʊ32kəʔ3/nʊ32lɑʏ52　金：男将/男人/男的næ̃22tɕiɑŋ44/næ̃32ləŋ24/næ̃22tieʔ4　丹：男葛/老公nəŋ34gɛʔ24/lɒ31koŋ21　童：老公/男葛ʔlɐɤ53koŋ31/nʊ24kəʔ31　靖：老公/男葛lɒ33koŋ44/nʊ̃22kəʔ34　江：老倌/男人ʔlɒ52kɵ33/nɵ24ȵiɲ31　常：男人/当家佬nɔ21ȵiɲ34/tAɲ55ko33lɑɤ31　锡：老倌/爱人/官人/男人lʌ22ko55/ʔE35ȵin31/ko21ȵin23/no24ȵin31　苏：丈夫/男人/男𠊎/老头子/爱人zÃ22fu44/nɵ22ȵiɪn44/nɵ22gəʔ4/læ22dəɪ55tsɿ31/ʔE52ȵiɪn23　熟：小官人/男人/老公/爱人siɔ33kuɤ55ȵĩⁿ51/næ24ȵĩⁿ31/lɔ22kʊŋ51/ʔæ33ȵĩⁿ51　昆：男人/爱人/屋里/屋里向/伊勒爷nɵ23ȵin41/ʔɛ52ȵin33/ʔuəʔ3li44/ʔuəʔ3li34ɕiã41/ɦi22ləʔ33ɦiɑ31　霜：男人nɪ22ȵĩ52　罗：男人/老公（少）nʌɤ22ȵɪⁿ52/lɔ22koⁿ52　周：男𠊎/男人/老头子/当家人ne22ɦə24/ne23ȵiɪŋ44/lɔ22dɤ55tsɿ31/tɒ̃44kɑ44ȵiɪŋ52　上：男人/老公/老头子nø22ȵiɲ44/lɔ22kʊŋ44/kɔ22bɤɯ55tsɿ31　松：男人/老公/老头子ne22ȵiɲ52/lɔ24kʊŋ31/kɔ22dɯ55tsɿ31　黎：男人/男个/老老头/老头子nɵ22ȵiəɲ34/nɵ24gəʔ2/lAɔ22lAɔ55dieɯ31/lAɔ22dieɯ55tsɿ31　盛：男人/男艾/老官/老头子nɵ22ȵɪɲ44/nɵ24ɦE44/lAɑ23kɵ33/lAɑ22diəʉ55tsɿ31　嘉：男人/老公（少）/老头子nɤə22ȵin44/lɔ22koŋ51/lɔ22də55tsɿ31　双：男人家/老公nE22ȵɪn44kɑ44/lɔ24koŋ52　杭：老公/男人/男的ʔlɔ55koŋ31/nE21ɹən23/nE21tiɪʔ5　绍：老公/男人/男人家lɑɒ23kʊŋ52/nõ22ȵɪŋ52/ȵõ21ȵɪŋ34ko52　诸：佬子lɔ22tsɿ52　崇：老公lɑɒ23kʊⁿ52　太：老公lɑɒ22kʊŋ44　余：老官/老头子/爱人lɒ23kuõ52/lɒ23dɤ44tsɿ52/ʔe55ȵiɲ31　宁：老头/老公/男人lɔ23dœʏ44/lɔ24koŋ31/nEɪ22nɪŋ51　黄：老公/老倌/老爱人ʔlɒ55koŋ31/lɒ21kue13/lɒ22e33ȵiɪŋ44　温：老公lɜ52okŋ44　衢：老公/爱人lɔ24kʌŋ31/ʔɛ55ʒʮən31　华：老公lɑʊ24koŋ31　永：老公lAʊ32koŋ44

妻子

宜：老妈/家勒lɑɤ22mo44/ko55ləʔ5　溧：老妈/家甲lɑɤ32mo23/ko44li31　金：女将/老婆/女的/家里ȵyz22tɕiɑŋ44/lɑɔ32p'o23/ȵyz22tieʔ4/tɕiɑ32ȵiz31　丹：老母/家里/女葛lɒ32mʌɤ24/ko44liz44/ȵyz52gɛʔ23　童：家里/女葛/老嬷kɒ55lij31/ȵyʮ21kəʔ23/ʔlɐɤ53mɒ31　靖：老婆/女葛lɒ33ku44/ȵyʮ33kəʔ5　江：老婆/阿母ʔlɒ52bu33/ʔɑʔ5mu43　常：婆则/老婆/女人/家勒边bʌɯ21tsəʔ4/ʔlɑɤ34bʌɯ44/ʔȵyʮ34ȵiɲ44/ko55ləʔ5pɪ31　锡：老婆/爱人/女人/家主婆（少）/屋里人（少）lʌ21bʌɤ23/ʔE35ȵin31/ȵy22ȵin55/kɑ21tsʮ11bʌɤ23/ʔɔʔ2li34ȵin55　苏：家主婆/老婆/家小/女𠊎/老太婆/屋里kɒ55tsɿ55bu31/læ22bu44/kɒ55siɛ31/ȵyʮ24gəʔ2/læ22t'ɒ55bu31/ʔɔʔ5lij23　熟：老婆/家主婆/女人/爱人lɔ22bu51/kɑ55tʂʮ33bu31/ȵy22ȵĩⁿ51/ʔæ33ȵĩⁿ51　昆：老婆/女人/家主婆/爱人/屋里/屋里向lɔ22bu41/ȵy22ȵin41/kɑ44tsɿ44bu41/ʔɛ52ȵin33/ʔuəʔ3li44/ʔuə3li34ɕiã41　霜：娘子/老婆ȵia͂24tsɿ31/lɔ22bu52　罗：娘子/老

婆ȵiã˜24tsɿ31/lɔ22bu52 周：女个/女人/老太婆/家主婆/娘子ȵy22ɦə24/ȵy22ȵiɪŋ52/lɔ22tʻɑ24bu52/kɑ55tsɿ33bu31/ȵiʌ˜22tsɿ44 上：女人/老婆/家主婆/老太婆ȵy22ȵiɲ44/lɔ22bu44/kʌ55tsɿ33bu31/lɔ22tʻʌ55bu31 松：女人/屋里向/老太婆ȵy24ȵin31/ʔɔʔ33li33ɕiɛ̃52/lɔ22tʻɑ55bu31 黎：家主婆/屋里向/女个/老太婆kɒ44tsʮ44bu31/ʔoʔ5lij33ɕiɛ̃31/ʔȵij44gəʔ4/lʌᵓ22tʻɒ55bu31 盛：家婆/老婆/家主婆/女艾/老太婆kɑ44bu44/lʌɑ33bu33/kɑ44tsʮ44bu44/ȵyʮ23ɦᴇ33/lʌɑ22tʻɑ55bu31 嘉：女人/老婆/老太婆ȵy22ȵin51/iɔ22bu51/lɔ22tʻɑ22bu51 双：老娘拉/老婆lɔ22ȵiã44lɑ44/lɔ24bu52 杭：老婆/老娘/女人/女的ʔlɔ55bou31/ʔlɔ55ȵiʌŋ31/ʔȵy55ɹən31/ʔȵy55ti31 绍：老妈/女人/女人家lɑɒ23mo52/ȵyʮ23ȵɪŋ52/ȵyʮ22ȵɪŋ44ko52 诸：老嬷lɔ22mo52 崇：老嬷lɑɒ23mɤ52 太：老嬷lɑɒ21mo23 余：老嬷lɒ24mo31 宁：老婆/老人儿/老太婆/女人lɔ22bəʊ44/lɔ22ȵioŋ44/lɔ22tʻa44bəʊ55/ȵyʮ24nɪŋ33 黄：老婆/老太/老爱人ʔlɒ55bu31/ʔlɒ21tʻʌ13/ʔlɒ22e33ȵiɪŋ44 温：老安/老人lɜ52y44/lɜ52ȵiʌŋ21 衢：老妈/爱人lɔ24mɑ31/ʔɛ55ʒʮən31 华：老婆lɑʊ24bɯə31 永：内家nəɪ32kʊʌ44

哥哥

宜：哥哥/阿哥ku55ku55/ʔʌʔ5ku55 溧：哥哥kʌɯ44kʌɯ52 金：哥哥ko32ko31 丹：哥哥kʌɤ44kʌɤ31 童：哥哥kʌɤ53kʌɤ31 靖：阿哥/哥哥ɑʔ53kʌɤ31/kʌɤ44kʌɤ44 江：阿哥/大大ʔɑʔ5kɜɤ42/dɑ21dɑ43 常：阿哥ʔɑʔ53kʌɯ31 锡：阿哥/大大ʔɑʔ4kʌɤ55/dɑ21dɑ23 苏：哥哥/阿哥kɜu55kɜu31/ʔʌʔ5kɜu23 熟：阿哥ʔʌʔ4kɯ51 昆：阿哥ʔʌʔ3kəu41 霜：阿哥ʔʌʔ4kᵊu52 罗：阿哥ʔʌʔ4kᵊu52 周：哥哥/阿哥ku44kʊ52/ʔɑʔ3ku52 上：阿哥ʔɐʔ3ku44 松：阿哥/大佬ʔæʔ4ku52/du23lɔ44 黎：大佬dɜu21lʌᵓ52 盛：大佬/家家dɜu22lʌɑ52/kɑ44kɑ44 嘉：阿哥/大佬ʔʌʔ3kᵊu44/dᵊu24lɔ31 双：阿加ʔʌʔ2kɑ44 杭：阿哥/哥哥ʔɐʔ3ku51/ku32ku23 绍：阿哥ʔʌʔ3ko52 诸：阿哥ʔɐʔ3kɯ44 崇：哥哥kɤ53kɤ52 太：哥哥kɯ52kɯ33 余：阿哥/阿哥儿ʔɐ23ku44/ʔɐʔ3kʊŋ44 宁：哥哥/阿哥kəʊ33kəʊ51/ʔɐʔ3kəʊ34 黄：阿哥/哥哥ʔɐʔ3kəu51/ko33ko51 温：阿哥ʔɑ3kʊ44 衢：哥哥/老生ku35ku31/lɔ24ɕiã53 华：哥哥/哥gɑ21gɑ24/kuo32kuo24/gɑ213 永：阿哥ʌ43koːə44

弟弟

宜：弟弟/兄弟/弟则dij24dij31/ɕioŋ55dij31/dij21tsə23 溧：弟弟/弟则diz24diz52/diz32tsə23 金：弟弟/兄弟tiz44tiz44/ɕioŋ32tiz31 丹：弟则/弟弟diz31tsɛʔ21/diz31diz21 童：弟弟/弟子dij22dij55/dij22tsɿ55 靖：弟弟/兄弟dij24dij31/ɕioŋ44dij44 江：兄弟/弟子/弟则ɕioŋ53dij31/dij24tsɿ31/dij24tsɜʔ2 常：弟则dij21tsəʔ13 锡：弟则di22tsəʔ5 苏：弟弟/兄弟/阿弟(少)dij22dij44/ɕioŋ55dij31/ʔʌʔ5dij52 熟：弟则di22tsᴇʔ4 昆：弟弟/兄弟di22di44/ɕioŋ55di31 霜：兄弟ɕioᵑ55di31 罗：兄弟ɕioᵑ55di31 周：弟弟/兄弟di22di24/ɕioŋ55di31 上：阿弟/弟弟ʔɐʔ3di44/di22di44 松：弟弟/兄弟di23di44/ɕiʊŋ33di52 黎：兄弟ɕioŋ44dij44 盛：弟弟/兄弟dij23dij33/ɕioŋ44dij44 嘉：兄弟/弟弟ɕioŋ52di22/di22di34 双：阿弟ʔʌʔ2diz52 杭：阿弟/弟弟ʔɐʔ3di33/di24di31 绍：阿弟/弟儿弟儿ʔʌʔ5di33/dɪŋ21dɪŋ33 诸：阿弟ʔɐʔ5diz52 崇：弟弟diz23diz52 太：弟弟di22di44 余：弟弟/弟儿弟儿/阿弟儿di22di44/deɲ23deɲ44/ʔɐʔ3deɲ23 宁：弟弟/阿弟di22di44/ʔɐʔ3di34 黄：兄弟/弟/弟弟ɕioŋ44dij44/dij31/dij22dij44 温：阿弟ʔɑ3dʻi34 衢：兄弟ɕyʌŋ43di53 华：弟弟/弟dij21dij24/tij45 永：阿弟/弟ʌ42die24/die214

弟媳

宜：弟妇dij24vu31 溧：弟妇diz32vu31 金：弟媳妇tiz44ɕieʔ4fu44 丹：弟媳妇diz32ɕɪʔ2fu41 童：弟媳妇dij23ɕiɲ24vu55 靖：弟媳妇/弟新妇dij24sɪʔ3vu31/dij24siɲ33vu31 江：弟新妇/弟媳妇dij24siɲ33vu31/dij24sɪʔ3vu31 常：弟新妇dij21ɕiɲ11vu13 锡：弟媳妇di22sɪʔ5vu31 苏：弟新妇dij22 ɕiɪn$_{55}$vu$_{31}$ 熟：弟新妇di$_{22}$sĩ^{n}$_{55}$vu$_{31}$ 昆：弟新妇/兄弟娘子di$_{22}$ɕin$_{55}$vu$_{41}$/ɕioŋ$_{55}$di$_{33}$ȵiã$_{23}$tsɿ$_{41}$ 霜：弟新妇di$_{22}$sĩ$_{23}$vu$_{52}$ 罗：弟新妇di$_{22}$sɪ^{n}$_{55}$vu$_{31}$ 周：弟新妇di$_{22}$ɕiɪŋ$_{55}$vu$_{31}$ 上：弟新妇di$_{22}$ɕiɲ$_{55}$ɦu$_{31}$ 松：弟新妇di$_{22}$ɕiɲ$_{55}$ɦu$_{31}$ 黎：弟新妇di$_{j22}$siəɲ$_{44}$ɦu$_{44}$ 盛：弟新妇di$_{j23}$ɕiɲ$_{33}$ɦu$_{33}$ 嘉：弟新妇/弟妹di$_{22}$ɕin$_{52}$ɦu$_{31}$/di$_{22}$me$_{34}$ 双：弟娘子di$_{z24}$ȵiã$_{55}$tsɿ$_{21}$ 杭：弟媳妇di$_{22}$ɕiɪʔ$_{5}$ɦu$_{31}$ 绍：弟新妇/弟奶奶di$_{23}$ɕɪŋ$_{44}$vu$_{52}$/di$_{23}$ na$_{44}$na$_{52}$ 诸：弟妇di$_{z22}$vu$_{52}$ 崇：弟新妇di$_{z22}$ɕiŋ$_{55}$vu$_{31}$ 太：弟新妇di$_{22}$ɕiŋ$_{55}$vu$_{31}$ 余：弟新妇di$_{24}$ɕiɲ$_{33}$vu$_{31}$ 宁：弟新妇di$_{22}$ɕɪŋ$_{44}$vu$_{55}$ 黄：阿婶/婶ʔɐʔ$_{3}$ɕiɪŋ$_{51}$/ɕiɪŋ$_{53}$ 温：弟新妇dʰi$_{33}$sʌŋ$_{52}$vɵ$_{34}$ 衢：弟妇di$_{24}$fu$_{31}$ 华：弟妇ti$_{j45}$fu$_{51}$ 永：弟妇die$_{32}$fvʊ$_{31}$

姐姐

宜：姐姐/阿姐tɕi$_{j33}$tɕi$_{j44}$/ʔAʔ$_{53}$tɕi$_{j31}$ 溧：姐姐tɕio$_{52}$tɕio$_{52}$ 金：姐姐tɕiɛ^{e}$_{32}$tɕiɛ^{e}$_{31}$ 丹：姐姐tɕiɑ$_{52}$tɕiɑ$_{23}$ 童：姐姐tɕiɑ$_{53}$tɕiɑ$_{31}$ 靖：姐姐tsiɑ$_{33}$tsiɑ$_{44}$ 江：阿姐/姐姐ʔɑʔ$_{5}$tsiɑ$_{55}$/tsiɑ$_{33}$tsiɑ$_{33}$ 常：阿姐ʔɑʔ$_{\underline{53}}$tɕiɑ$_{31}$ 锡：阿姊/姐姐ʔɑʔ$_{4}$tsi$_{34}$/tsiɑ$_{33}$tsiɑ$_{55}$ 苏：姐姐/阿姐tɕiɒ$_{52}$tɕiɒ$_{23}$/ʔAʔ$_{5}$tɕiɑ$_{52}$ 熟：阿姊/姐姐ʔAʔ$_{3}$tsiɑ$_{33}$/ʔAʔ$_{3}$tɕi$_{33}$/tsiɑ$_{33}$tsiɑ$_{51}$ 昆：阿姐ʔAʔ$_{5}$tsiɑ$_{52}$ 霜：阿姊ʔAʔ$_{4}$tɕi$_{44}$ 罗：阿姐ʔAʔ$_{5}$tɕiɑ$_{31}$/ʔAʔ$_{5}$tsi$_{31}$ 周：姐姐/阿姐tɕiɑ$_{33}$tɕiɑ$_{35}$/ʔɑʔ$_{4}$tɕi$_{44}$ 上：姐姐/阿姐tɕiA$_{33}$tɕiA$_{44}$/ʔɐʔ$_{3}$tɕiA$_{44}$ 松：阿姐ʔæʔ$_{4}$tɕi$_{44}$ 黎：阿姐ʔAʔ$_{5}$tsiɒ$_{31}$ 盛：阿姐ʔɑʔ$_{5}$tɕiɑ$_{31}$ 嘉：阿姐/姐姐ʔAʔ$_{5}$tɕi$_{31}$/tɕi$_{55}$tɕi$_{31}$ 双：阿姐ʔAʔ$_{2}$tɕiɑ$_{52}$ 杭：姐姐/阿姐tɕi$_{55}$tɕi$_{31}$/ʔɐʔ$_{3}$tɕi$_{51}$ 绍：阿姐/大大ʔæʔ$_{5}$tɕi$_{33}$/dɑ$_{23}$dɑ$_{33}$ 诸：阿姐ʔɐʔ$_{5}$tɕi$_{z31}$ 崇：阿姐ʔæʔ$_{3}$tɕi$_{z52}$ 太：阿姐ʔɛʔ$_{3}$tɕi$_{44}$ 余：阿姐/阿姐儿ʔɐʔ$_{3}$tɕi$_{44}$/ʔɐʔ$_{3}$tɕiɲ$_{44}$ 宁：姐姐/阿姐tɕiɑ$_{33}$tɕiɑ$_{51}$/ʔɐʔ$_{3}$tɕiɑ$_{34}$ 黄：姐/阿姐tɕiA$_{53}$/ʔɐʔ$_{3}$tɕiA$_{51}$ 温：阿姐ʔɑ$_{3}$tsɑ$_{44}$/ʔɑ$_{3}$tsʰi$_{34}$ 衢：大姊dɑ$_{32}$tsɿ$_{35}$ 华：姐姐tɕi$_{j32}$tɕi$_{j35}$ 永：阿姐A$_{\underline{43}}$tɕi$_{32}$

姐夫

宜：姐夫tɕi$_{j33}$fu$_{44}$ 溧：姐夫tɕio$_{52}$fu$_{31}$ 金：姐夫tɕiɛ^{e}$_{32}$fu$_{23}$ 丹：姐夫tɕiɑ$_{41}$fu$_{21}$ 童：姐夫tɕiɑ$_{53}$fu$_{31}$ 靖：姐夫tsiɑ$_{33}$fu$_{44}$ 江：姐夫tsiɑ$_{33}$fu$_{43}$ 常：姐夫tɕiɑ$_{34}$fu$_{44}$ 锡：姐夫tsiɑ$_{33}$fu$_{55}$ 苏：姐夫tɕiɑ$_{52}$fu$_{23}$ 熟：姐夫tsiɑ$_{33}$fu$_{51}$ 昆：姐大tsiɑ$_{52}$fu$_{33}$ 霜：姐夫tsiɑ$_{33}$fu$_{52}$ 罗：姐夫tsiɑ$_{33}$fu$_{52}$ 周：姐夫tɕiɑ$_{33}$fu$_{52}$ 上：姐夫tɕiA$_{33}$fu$_{44}$ 松：姐夫tɕiɑ$_{35}$fu$_{31}$ 黎：姐夫tɕiɒ$_{55}$fu$_{31}$ 盛：姐夫tsiɑ$_{55}$fu$_{31}$ 嘉：姐夫tɕiɑ$_{44}$fu$_{51}$ 双：姐夫tɕiɑ$_{34}$fu$_{52}$ 杭：姐夫tɕi$_{55}$fu$_{31}$ 绍：姐夫tɕi$_{34}$fu$_{52}$ 诸：姐夫tɕi$_{33}$fu$_{52}$ 崇：姐夫tɕi$_{z34}$fʊ$_{52}$ 太：姐夫tɕi$_{33}$fu$_{44}$ 余：姐夫tɕi$_{33}$fu$_{52}$ 宁：姐夫tɕiɑ$_{33}$fu$_{51}$ 黄：姊丈tsɿ$_{33}$dʑia$^{\sim}$$_{51}$ 温：姊夫tsɿ$_{55}$fɵ$_{21}$ 衢：姊夫tsɿ$_{33}$fu$_{53}$ 华：姐夫tɕi$_{j54}$fu$_{35}$ 永：姐夫tɕi$_{43}$fu$_{44}$

妹妹

宜：妹妹/妹则mɐɪ$_{24}$mɐɪ$_{31}$/mɐɪ$_{21}$tsə$_{23}$ 溧：妹则mæE$_{32}$tsə$_{23}$ 金：妹妹/妹子mei$_{33}$mei$_{44}$/mei$_{44}$tsɿ$_{44}$ 丹：妹则mæ$_{41}$tsɛʔ$_{\underline{21}}$ 童：妹子mei$_{21}$tsɿ$_{23}$ 靖：妹妹me$_{24}$me$_{31}$ 江：妹则mEI$_{24}$tsɜʔ$_{2}$ 常：妹则mei$_{21}$tsə$_{13}$ 锡：妹则mE$_{22}$tsəʔ$_{5}$ 苏：妹妹/妹子mE$_{22}$mE$_{44}$/mE$_{22}$tsɿ$_{44}$ 熟：姐妹tsi$_{33}$mE$_{33}$ 昆：妹妹mE$_{23}$mE$_{41}$ 霜：妹妹mʌI$_{24}$mʌI$_{31}$ 罗：妹妹/阿妹mʌI$_{24}$mʌI$_{31}$/ʔAʔ$_{5}$mʌI$_{31}$ 周：妹妹/姊妹me$_{22}$me$_{24}$/tsɿ$_{44}$me$_{44}$ 上：妹妹/阿妹mE$_{22}$mE$_{44}$/ʔɐʔ$_{3}$mE$_{44}$ 松：妹妹/姊妹me$_{22}$me$_{23}$/tsɿ$_{44}$me$_{44}$ 黎：妹子/小妹(少)mE$_{22}$tsɿ$_{52}$/siA^{ɔ}$_{55}$mE$_{31}$ 盛：妹妹/妹子mE$_{22}$mE$_{52}$/mE$_{22}$tsɿ$_{52}$ 嘉：妹妹/妹子ʔme$_{44}$me$_{33}$/me$_{24}$tsɿ$_{31}$ 双：阿妹ʔAʔ$_{2}$məɪ$_{34}$ 杭：妹妹/阿妹meɪ$_{23}$meɪ$_{51}$/ʔɐʔ$_{3}$meɪ$_{23}$ 绍：妹妹/阿妹ʔme$_{43}$me$_{33}$/ʔAʔ$_{5}$me$_{33}$ 诸：妹妹me$_{21}$me$_{23}$ 崇：妹妹me$_{23}$me$_{52}$ 太：妹妹me$_{22}$me$_{44}$ 余：阿妹/阿妹儿ʔɐʔ$_{3}$me$_{23}$/ʔɐʔ$_{3}$meɲ$_{23}$ 宁：妹妹/阿妹ʔmEI$_{55}$mEI$_{33}$/ʔɐʔ$_{3}$mEI$_{34}$ 黄：妹妹/阿妹me$_{22}$me$_{51}$/ʔɐʔ$_{3}$me$_{51}$ 温：阿妹ʔɑ$_{33}$mæi$_{22}$ 衢：妹儿məɪ$_{24}$ȵi$_{31}$ 华：妹mɛ$_{24}$ 永：妹ʔməɪ$_{45}$

妹夫

宜：妹夫/妹婿mɐɪ$_{21}$fu$_{23}$/mɐɪ$_{24}$ɕy$_{ɥ31}$ 溧：妹夫mæE$_{32}$fu$_{23}$ 金：妹夫mei$_{44}$fu$_{44}$ 丹：妹婿

mæ$_{52}$ɕʏ$_{23}$　童:妹夫/妹婿mei$_{22}$fu$_{55}$/mei$_{22}$ɕij$_{55}$　靖:妹夫mei$_{24}$fu$_{31}$　江:妹夫mᴇɪ$_{24}$fu$_{31}$　常:妹夫mei$_{21}$fu$_{13}$　锡:妹夫mᴇ$_{22}$fu$_{55}$　苏:妹夫mᴇ$_{22}$fu$_{44}$　熟:姐妹婿tsi$_{33}$mᴇ$_{55}$si$_{31}$　昆:姐妹婿tsi$_{52}$mᴇ$_{33}$sy$_{41}$　霜:妹夫mʌɪ$_{22}$fu$_{52}$　罗:妹夫mʌɪ$_{22}$fu$_{52}$　周:妹夫me$_{22}$fu$_{52}$　上:妹夫mᴇ$_{22}$fu$_{44}$　松:妹夫me$_{23}$fu$_{44}$　黎:妹夫mᴇ$_{22}$fu$_{52}$　盛:妹夫mᴇ$_{22}$fu$_{52}$　嘉:妹夫me$_{22}$fu$_{51}$　双:妹夫子məɪ$_{21}$fu$_{11}$tsɿ$_{52}$　杭:妹夫meɪ$_{32}$fu$_{51}$　绍:妹夫me$_{23}$fu$_{33}$　诸:妹夫me$_{21}$fu$_{23}$　崇:妹夫me$_{22}$fʊ$_{23}$　太:妹夫me$_{23}$fu$_{22}$　余:妹夫me$_{22}$fu$_{44}$　宁:妹夫mᴇɪ$_{22}$fu$_{51}$　黄:姊丈tsɿ$_{33}$dʑia˜$_{51}$　温:妹夫mæi$_{52}$fɵ$_{44}$　衢:妹夫məɪ$_{24}$fu$_{31}$　华:妹夫ʔmɛ$_{53}$fu$_{35}$　永:妹夫məɪ$_{32}$fu$_{44}$

大伯子

宜:阿伯ʔᴀʔ$_{5}$pᴀʔ$_{5}$　溧:阿伯ʔɑʔ$_{5}$pəʔ$_{3}$　金:大伯子tɑ$_{33}$pɔʔ$_{5}$tsɿ$_{31}$　丹:　童:　靖:大叔子dʌʏ$_{24}$sɔʔ$_{3}$tsɿ$_{31}$　江:大伯dɜʏ$_{24}$pɑʔ$_{2}$　常:大伯dʌɯ$_{21}$pɔ$_{13}$　锡:大伯伯dɑ$_{22}$pɑʔ$_{5}$pɑʔ$_{\underline{31}}$　苏:伯伯pᴀʔ$_{5}$pᴀʔ$_{5}$　熟:大伯则dɑ$_{22}$pᴀʔ$_{5}$tsᴇʔ$_{5}$　昆:大伯/伯伯dɑ$_{22}$pᴀʔ$_{4}$/pᴀʔ$_{4}$pᴀʔ$_{4}$　霜:伯伯/大伯伯pᴀʔ$_{5}$pᴀʔ$_{3}$/du$_{22}$pᴀʔ$_{\underline{23}}$pᴀʔ$_{\underline{52}}$　罗:大伯du$_{24}$pᴀʔ$_{3}$　周:大伯/阿伯du$_{22}$ʔbɑʔ$_{5}$/ʔɑʔ$_{3}$ʔbɑʔ$_{5}$　上:大伯伯du$_{22}$pᴀʔ$_{5}$pᴀʔ$_{\underline{31}}$　松:大伯伯du$_{22}$pᴀʔ$_{5}$pᴀʔ$_{\underline{31}}$　黎:大伯dɜu$_{22}$pᴀʔ$_{5}$　盛:大伯dɑ$_{22}$pɑʔ$_{5}$　嘉:阿哥ʔᴀʔ$_{3}$kᵊu$_{44}$　双:大爸dɑ$_{21}$pɑ$_{34}$　杭:大伯dɑ$_{23}$pɐʔ$_{5}$　绍:大伯do$_{23}$pæʔ$_{5}$　诸:大伯dɯ$_{22}$pɐʔ$_{5}$　崇:大伯伯dʏ$_{22}$pɑʔ$_{5}$pɑʔ$_{\underline{31}}$　太:大伯伯dɯ$_{22}$pɑʔ$_{5}$pɑʔ$_{\underline{31}}$　余:大伯dou$_{22}$pᴀʔ$_{5}$　宁:大爸爸/大伯绷dəʊ$_{23}$pa$_{44}$pa$_{55}$/dəʊ$_{22}$pɐʔ$_{5}$pã$_{31}$　黄:大伯dəu$_{22}$pᴀ$_{44}$　温:大伯dɑ$_{25}$pɑ$_{24}$　衢:大伯du$_{45}$pᴀʔ$_{5}$　华:大伯dɑ$_{24}$pəʔ$_{4}$　永:大伯diᴀ$_{32}$pai$_{45}$

小叔子

宜:阿叔ʔᴀʔ$_{5}$/sɔʔ$_{5}$　溧:小叔则/阿叔ɕiaʏ$_{54}$sɔʔ$_{3}$tsə$_{34}$/ʔɑʔ$_{5}$sɔ$_{34}$　金:小叔子ɕiaᵓ$_{22}$sɔʔ$_{3}$tsɿ$_{4}$　丹:小叔则ɕiɒ$_{33}$soʔ$_{5}$tsɛʔ$_{\underline{31}}$　童:小叔子ɕiɐʏ$_{33}$soʔ$_{5}$tsɿ$_{31}$　靖:小叔子siɒ$_{33}$sɔʔ$_{5}$tsɿ$_{31}$　江:小叔siɒ$_{52}$sɔʔ$_{3}$　常:小叔ɕiɑʏ$_{34}$sɔʔ$_{4}$　锡:小叔siʌ$_{34}$sɔʔ$_{5}$　苏:小叔子/叔叔/阿叔siɛ$_{52}$sɔʔ$_{\underline{23}}$tsɿ$_{31}$/sɔʔ$_{5}$sɔʔ$_{5}$/ʔᴀʔ$_{5}$sɔʔ$_{5}$　熟:小叔则siɔ$_{33}$ʂoʔ$_{5}$tsᴇʔ$_{5}$　昆:爷叔ɦia$_{23}$soʔ$_{4}$　霜:小伯伯siɔ$_{55}$pᴀʔ$_{33}$pᴀʔ$_{31}$　罗:小叔siɔ$_{35}$soʔ$_{3}$　周:小叔ɕiɔ$_{33}$soʔ$_{5}$　上:小叔子/叔叔ɕiɔ$_{33}$soʔ$_{5}$tsɿ$_{31}$/soʔ$_{3}$soʔ$_{4}$　松:小叔ɕiɔ$_{35}$sɔʔ$_{\underline{31}}$　黎:小叔siᴀᵓ$_{52}$soʔ$_{5}$　盛:小叔ɕiᴀɑ$_{52}$ɕiɔʔ$_{3}$　嘉:弟弟/兄弟di$_{22}$di$_{51}$/ɕioŋ$_{52}$di$_{22}$　双:阿叔ʔᴀʔ$_{2}$soʔ$_{\underline{52}}$　杭:阿叔ʔɐʔ$_{4}$sɔʔ$_{5}$　绍:阿叔ʔᴀʔ$_{4}$soʔ$_{5}$　靖:小叔/小伯ɕiɔ$_{33}$soʔ$_{5}$/ɕiɔ$_{33}$pɐʔ$_{5}$　崇:小阿叔ɕiɑɒ$_{33}$æʔ$_{5}$sɔʔ$_{\underline{31}}$　太:小阿叔ɕiɑɒ$_{33}$ɛʔ$_{5}$ɕiɑɒ$_{\underline{31}}$　余:阿叔儿/小叔儿ʔɐʔ$_{3}$sʊŋ$_{44}$/ɕiɒ$_{45}$sʊŋ$_{44}$　宁:小阿叔儿ɕiɵ$_{33}$ʔɐʔ$_{4}$soŋ$_{55}$　黄:小叔/小叔儿ɕiɒ$_{31}$sɔʔ$_{4}$/ɕiɒ$_{33}$soŋ$_{51}$　温:小叔sæi$_{25}$ɕiu$_{24}$　衢:小叔ɕiɑ$_{35}$ʃʮəʔ$_{5}$　华:小叔ɕiɑʊ$_{55}$ɕʮoʔ$_{2}$　永:小叔ɕiᴀʊ$_{43}$sʊ$_{45}$

大姑子

宜:姑娘ku$_{55}$ȵiᴀŋ$_{55}$　溧:姑娘ku$_{44}$ȵie$_{52}$　金:大姑tɑ$_{52}$kᵊu$_{31}$　丹:姑娘kᵊu$_{44}$ȵie$_{31}$　童:　靖:姑娘ku$_{44}$ȵĩ$_{44}$　江:姑娘ku$_{55}$ȵiᴀᵑ$_{31}$　常:大伯伯dʌɯ$_{21}$pɑʔ$_{1}$pɑʔ$_{5}$　锡:大姑娘/姑姑dʌʏ$_{22}$ku$_{55}$ȵiã$_{31}$/ku$_{21}$ku$_{23}$　苏:姑娘kɜu$_{55}$ȵiᴀ̃$_{31}$　熟:好伯伯xɔ$_{33}$pᴀʔ$_{5}$pᴀʔ$_{5}$　昆:嗯娘ʔn̩$_{44}$ȵiã$_{41}$　霜:嬷嬷mᴬʏ$_{22}$mᴬʏ$_{23}$　罗:大姑娘du$_{22}$ku$_{55}$ȵia˜$_{31}$　周:大娘/姑妈阿姐du$_{44}$ȵiᴀ˜$_{52}$/ku$_{44}$mɑ$_{44}$ɑʔ$_{5}$tɕĩ$_{31}$　上:大姑娘du$_{22}$ku$_{55}$ȵiᴀ̃ᶮ$_{31}$　松:　黎:姑娘kɜu$_{44}$ȵiɛ̃$_{44}$　盛:姑娘kɜu$_{44}$ȵiæ̃$_{44}$　嘉:阿姐ʔᴀʔ$_{5}$tɕi$_{31}$　双:姑娘kəu$_{44}$ȵiã$_{44}$　杭:大嗯娘/大姑姑dɑ$_{23}$ʔn̩$_{55}$ȵiᴀŋ$_{31}$/dɑ$_{22}$ku$_{55}$ku$_{31}$　绍:姑娘ku$_{32}$ȵiŋ$_{33}$　诸:大娘娘dɯ$_{22}$ȵiᴀ̃$_{33}$ȵiᴀ̃$_{33}$　崇:大娘dʏ$_{23}$ȵiᴀ˜$_{52}$　太:大阿娘dɯ$_{22}$ɛʔ$_{5}$ȵiᴀŋ$_{31}$　余:大姑dou$_{22}$ku$_{44}$　宁:嬷嬷mo$_{55}$mo$_{33}$　黄:大姑娘dəu$_{22}$ku$_{33}$ȵiã$_{44}$　温:大娘dʌu$_{22}$ȵi$_{22}$　衢:姑娘/娘娘ku$_{43}$ȵiã$_{53}$/ȵiã$_{22}$ȵiã$_{53}$　华:姑娘/大姑ku$_{32}$ȵiᴀŋ$_{24}$/dɑ$_{24}$ku$_{44}$　永:姑妈ku$_{43}$mᴀ$_{44}$

小姑子

宜:姑娘ku$_{55}$ȵiAŋ$_{55}$　溧:姑娘ku$_{44}$ȵie$_{52}$　金:小姑ɕiaᵓ$_{35}$kᵊu$_{52}$　丹:姑娘kᵊu$_{44}$ȵie$_{31}$　童:姑娘ku$_{55}$ȵiaŋ$_{31}$　靖:姑娘ku$_{44}$ȵĩ$_{44}$　江:姑娘kŋ$_{55}$ȵiAᵑ$_{31}$　常:小伯伯ɕiaɤ$_{34}$paʔ$_{5}$paʔ$_{5}$　锡:小姑娘/姑姑siʌ$_{45}$ku$_{55}$ȵiã$_{31}$/ku$_{21}$ku$_{23}$　苏:姑娘kɜu$_{55}$ȵiÃ$_{31}$　熟:姑娘ku$_{55}$ȵiA˜$_{51}$　昆:姑娘/嗯娘kəu$_{44}$ȵiã$_{41}$/ʔn̩$_{44}$ȵiã$_{41}$　霜:姑娘kᵊu$_{55}$ȵia˜$_{31}$　罗:小姑娘siɔ$_{33}$ku$_{55}$ȵia˜$_{31}$　周:姑娘ku$_{44}$ȵiA˜$_{52}$　上:小姑娘ɕiɔ$_{33}$ku$_{55}$ȵiÃᶮ$_{31}$　松:姑娘ku$_{33}$ȵiɛ̃$_{52}$　黎:姑娘kɜu$_{44}$ȵiɛ̃$_{44}$　盛:姑娘kɜu$_{44}$ȵiæ̃$_{44}$　嘉:妹妹ʔme$_{44}$me$_{33}$　双:姑娘kəu$_{44}$ȵiã$_{44}$　杭:小嗯娘/小姑姑ɕiɔ$_{55}$n̩$_{33}$ȵiAŋ$_{31}$/ɕiɔ$_{55}$ku$_{33}$ku$_{31}$　绍:姑娘ku$_{32}$ȵiaŋ$_{33}$　诸:小娘娘ɕiɔ$_{44}$ȵiÃ$_{33}$ȵiÃ$_{33}$　崇:小娘ɕiaᴰ$_{55}$ȵiA˜$_{31}$　太:小阿娘ɕiaɒ$_{33}$ɛʔ$_{5}$ȵiAŋ$_{31}$　余:小姑ɕiɒ$_{44}$ku$_{44}$　宁:阿姑/阿姨ʔɐʔ$_{3}$ku$_{44}$/ʔɐʔ$_{5}$ɦi$_{33}$　黄:小姑娘ɕiɒ$_{33}$ku$_{33}$ȵia˜$_{44}$　温:小娘sæi$_{52}$ȵi$_{22}$　衢:姑娘/娘娘ku$_{43}$ȵiã$_{53}$/ȵiã$_{22}$ȵiã$_{53}$　华:姑娘/小姑ku$_{32}$ȵiAŋ$_{24}$/ɕiaʊ$_{53}$ku$_{44}$　永:小姑妈/小娘ɕiAʊ$_{43}$kʊ$_{43}$mA$_{44}$/ɕiAʊ$_{43}$ȵiAŋ$_{44}$

儿子

宜:伢儿ŋo$_{22}$ȵi$_{53}$　溧:儿则ȵi$_{z32}$tsə$_{23}$　金:儿子/小伙/小家伙ɑr$_{22}$tsʅ$_{z44}$/ɕiaᵓ$_{35}$o$_{31}$/ɕiaᵓ$_{33}$tɕia$_{52}$o$_{31}$　丹:儿则ɦEⁱ$_{32}$tsɛʔ$_{\underline{24}}$　童:儿子ɦEʳ$_{24}$tsʅ$_{31}$　靖:儿子/想ɦər$_{22}$tsʅ$_{34}$/siæ̃$_{334}$　江:儿则ɦər$_{21}$tsɜʔ$_{4}$　常:儿则ȵi$_{j21}$tsəʔ$_{4}$　锡:儿则ȵi$_{24}$tsəʔ$_{\underline{31}}$　苏:儿子ȵi$_{j22}$tsʅ$_{44}$　熟:儿子/小干ȵi$_{24}$tsʅ$_{31}$/siɔ$_{33}$kɤ$_{51}$　昆:儿子/小干/小囡ȵi$_{23}$tsʅ$_{41}$/siɔ$_{52}$kɵ$_{33}$/siɔ$_{52}$nɵ$_{33}$　霜:儿子ɦɛl$_{24}$tsʅ$_{31}$/ȵi$_{24}$tsʅ$_{31}$　罗:儿子ȵi$_{24}$tsʅ$_{31}$　周:儿子ɦəl$_{22}$tsʅ$_{24}$/ʔȵi$_{55}$tsʅ$_{31}$　上:儿子ȵi$_{22}$tsʅ$_{44}$　松:儿子ɦɲ̍$_{24}$tsʅ$_{31}$　黎:儿子ȵi$_{j22}$tsʅ$_{44}$　盛:儿子ɦəl$_{22}$tsʅ$_{44}$/ȵi$_{j22}$tsʅ$_{44}$　嘉:儿子ɦŋ̍$_{24}$tsʅ$_{51}$/ȵi$_{24}$tsʅ$_{51}$　双:儿子ɦŋ̍$_{22}$tsʅ$_{44}$　杭:儿子/伢儿ɦər$_{22}$tsʅ$_{44}$/ɦia$_{21}$ər$_{23}$　绍:儿则ȵi$_{22}$tsəʔ$_{5}$　诸:儿子ɦɲ̍$_{24}$tsʅ$_{31}$　崇:儿子ȵi$_{z22}$tsʅ$_{23}$　太:儿子/儿孛头ȵi$_{21}$tsʅ$_{23}$/ɦŋ̍$_{21}$bu$_{22}$dY$_{23}$　余:儿子ɦŋ̍$_{21}$tsʅ$_{23}$　宁:儿子ɦŋ̍$_{22}$tsʅ$_{44}$/ȵi$_{22}$tsʅ$_{44}$　黄:儿ɦŋ̍$_{22}$　温:儿/小儿(最小儿子)ŋ̍$_{31}$/sæi$_{55}$ŋ̍$_{2}$　衢:儿ȵi$_{323}$　华:儿/儿子ʔn̩$_{324}$/ʔəl$_{32}$tsʅ$_{35}$　永:儿ʔn̩$_{44}$

媳妇

宜:新妇ɕiŋ$_{55}$vu$_{31}$　溧:新妇ɕin$_{44}$vu$_{52}$　金:新妇ɕiŋ$_{32}$fu$_{31}$　丹:新妇ɕiŋ$_{44}$fu$_{44}$　童:新妇ɕiŋ$_{53}$vu$_{31}$　靖:媳妇/新妇sɪʔ$_{\underline{53}}$vu$_{31}$/siŋ$_{44}$vu$_{44}$　江:新妇/媳妇siɲ$_{13}$vu$_{31}$/sɪʔ$_{5}$vu$_{23}$　常:新妇ɕiɲ$_{55}$vu$_{31}$　锡:媳妇/新妇sɪʔ$_{4}$vu$_{34}$/sin$_{21}$vu$_{23}$　苏:新妇siɪn$_{55}$vu$_{31}$　熟:新妇sĩᶮ$_{55}$vu$_{31}$　昆:新妇sin$_{44}$vu$_{41}$　霜:新妇sĩ$_{55}$vu$_{31}$　罗:新妇ɕɪ^{n}$_{55}$vu$_{31}$　周:新妇ɕiɪŋ$_{55}$vu$_{31}$　上:新妇ɕiɲ$_{55}$vu$_{31}$　松:新妇ɕiɲ$_{33}$ɦu$_{52}$　黎:新娘子sɪəɲ$_{44}$ȵiɛ̃$_{44}$tsʅ$_{44}$　盛:新娘子/新妇(少)ɕɪɲ$_{44}$ȵiæ̃$_{44}$tsʅ$_{44}$/ɕɪɲ$_{55}$ɦu$_{31}$　嘉:新妇ɕin$_{52}$βu$_{22}$　双:西妇ɕi$_{z44}$vu$_{44}$　杭:新妇ɕɪn$_{32}$vu$_{23}$　绍:新妇ɕɪŋ$_{33}$vu$_{52}$　诸:新妇ɕĩ$_{42}$vu$_{42}$　崇:新妇ɕiŋ$_{53}$vʊ$_{52}$　太:新妇ɕiŋ$_{52}$vu$_{23}$　余:新妇ɕiɲ$_{32}$vu$_{23}$　宁:新妇ɕɪŋ$_{33}$vu$_{51}$　黄:新妇ɕiɪŋ$_{55}$vu$_{31}$　温:新妇sʌŋ$_{52}$vɵ$_{34}$　衢:新妇ɕiᶮ$_{43}$fu$_{53}$　华:新妇ɕiɪɲ$_{33}$fu$_{51}$　永:新妇səɲ$_{43}$fvʊ$_{32}$

女儿

宜:女儿/丫头ȵy$_{ɥ21}$ȵi$_{23}$/ʔo$_{55}$dɤɯ$_{55}$　溧:女女ȵy$_{z32}$ȵy$_{z23}$　金:丫头ɑ$_{32}$t'ʌɤ$_{31}$　丹:女唔ȵy$_{z52}$ɦŋ̍$_{24}$　童:丫头ɒ$_{53}$dei$_{31}$　靖:女儿ȵy$_{ɥ33}$ɦər$_{44}$　江:女儿ʔȵy$_{52}$ɦər$_{33}$　常:女女ʔȵy$_{ɥ35}$ȵy$_{ɥ31}$　锡:囡儿no$_{22}$ȵi$_{55}$　苏:囡儿nɵ$_{22}$ŋ̍$_{44}$　熟:囡ʔnɤ$_{52}$　昆:囡儿nɵ$_{22}$n̩$_{41}$　霜:囡儿/丫藤n^ɤ$_{22}$n̩$_{52}$/ʔ^ɤ$_{55}$dɛ̃$_{31}$　罗:囡儿/丫头n^ɤ$_{22}$n̩$_{52}$/ʔ^ɤ$_{55}$dʌɪ$_{31}$　周:囡儿nø$_{22}$ŋ̍$_{52}$　上:囡儿nø$_{22}$ɲ̍$_{44}$　松:囡儿/囡nø$_{22}$ɲ̍$_{52}$/nø$_{113}$　黎:囡儿nɵ$_{23}$ŋ̍$_{33}$　盛:囡儿nɵ$_{23}$ŋ̍$_{33}$　嘉:囡儿/细姑娘nɤə$_{22}$ŋ̍$_{51}$/ɕi$_{33}$kᵊu$_{44}$ȵiA˜$_{51}$　双:囡儿nʊ$_{24}$ŋ̍$_{52}$　杭:女儿ʔȵy$_{55}$ər$_{31}$　绍:囡nɵ̃$_{31}$　诸:囡nɤ$_{31}$　崇:囡næ̃$_{31}$　太:囡孛头næ̃$_{21}$bu$_{44}$dY$_{52}$　余:囡nø̃$_{113}$　宁:囡nø$_{113}$　黄:囡nɛ$_{31}$　温:娜儿nɑ$_{52}$ŋ̍$_{21}$　衢:娜儿nɑ$_{45}$ȵi$_{31}$　华:囡/女儿næ$_{213}$/

næ̃n213/ʔȵy55əl31　永:囡nA325

女婿

宜:女婿ȵyɥ24ɕyɥ31　溧:女婿ȵyz24ɕyz52　金:女婿ȵyz22ɕyz44　丹:甫台fu52dæ23　童:女婿ȵyɥ22ɕij55　靖:女婿ȵyɥ33sij44　江:女婿ʔȵy52sij33　常:女婿ʔȵy35ɕyɥ31　锡:女婿ȵy21si23　苏:女婿ȵyɥ24ɕij31　熟:女婿/姑爷(少)ȵy23si33/ku55ɦiɑ31　昆:女婿/姑爷ȵy42sy31/kəu44ɦiɑ41　霜:女婿ȵy22sy23　罗:女婿ȵy22ɕy23　周:女婿ȵy22ɕi24　上:女婿ȵy22ɕi44　松:女婿ȵy22ɕi23　黎:女婿ȵyɥ23ɕyɥ33　盛:女婿ȵyɥ23ɕyɥ33　嘉:姑爷(少)/女婿kᵊu44ɦiɑ51/ȵy22ɕi51　双:女婿ȵy24ɕiz52　杭:女婿ʔȵy55ɕi31　绍:女婿nyɥ23ɕi52　诸:囡婿nɤ23ɕiz233　崇:郎官lɒ̃21kuœ̃23　太:郎官lʊŋ31kuœ̃33　余:女婿ȵy24ɕy31　宁:女婿ȵyɥ24ɕiz33　黄:囡儿婿nɛ22ŋ̍44ɕij44　温:娜儿婿nɑ52ŋ̍22sʼi44　衢:娜婿nɑ22ɕi53　华:囡婿/女婿ʔnɑ54ɕie35/ʔȵy54ɕie35　永:囡婿nA32ɕie45

侄儿

宜:侄则dzəʔ2tsəʔ4　溧:侄则/侄则牙dzəʔ5tsəʔ5/dzəʔ5tsəʔ3ŋo34　金:侄子tsəʔ4tsɿz44　丹:侄则tsɛʔ5tsɛʔ2　童:侄子dzəʔ42tsɿ31　靖:侄儿dʑiəʔ24ɦər31　江:侄儿dzɜʔ2ɦər23　常:侄则dzəʔ2tsəʔ5　锡:侄则/侄子zəʔ2tsəʔ5/zəʔ2tsɿ55　苏:侄儿子/侄子zəʔ3ȵij52tsɿ31/zəʔ3tsɿ52　熟:阿侄ʔAʔ4dzᴇʔ5　昆:阿侄ʔAʔ4zəʔ4　霜:阿侄ʔAʔ5zɐʔ3　罗:阿侄ʔAʔ5zɐʔ3　周:侄子zəʔ2tsɿ23　上:侄子/阿侄zɐʔ2tsɿ23/ʔɐʔ33zɐʔ44　松:侄子zəʔ3tsɿ44　黎:侄儿子dzəʔ3ȵij33tsɿ34　盛:侄儿子dzəʔ2ȵij44tsɿ44　嘉:侄儿子zəʔ2ŋ̍44tsɿ51　双:侄儿子zəʔ2ȵiz55tsɿ21　杭:侄儿dzɐʔ2ər51　绍:阿侄ʔæʔ4dzəʔ5　诸:阿侄ʔɐʔ3dʑiɐʔ4　崇:阿侄ʔæʔ3dzᴇʔ4　太:侄dzɛʔ12　余:阿侄ʔɐʔ3dzɐʔ4　宁:侄子/阿侄dʑiɪʔ2tsɿ34/ʔɐʔ3dʑiɪʔ34　黄:侄dʑieʔ12　温:阿侄ʔɑ3dzæi24　衢:侄儿dʒɥəʔ2ȵi35　华:侄/侄儿dzəʔ2/dzəʔ2ȵ24　永:侄sʏːə434

侄女

宜:侄女儿/侄女dzəʔ3ȵyɥ55əl31/dzəʔ3ȵyɥ53　溧:侄女dzəʔ3ȵyz52　金:侄女tsəʔ5ȵyz23　丹:侄女tsɛʔ5ȵyz33　童:侄女dzəʔ42ȵyɥ31　靖:侄女dʑiəʔ24ȵyɥ31　江:侄女儿dzɜʔ2ȵy44ɦər31　常:侄女女dzəʔ2ȵyɥ11ȵyɥ23　锡:侄囡儿zəʔ2no55ȵi31　苏:侄囡儿zəʔ3nɵ52ŋ̍31　熟:侄囡dzᴇʔ2nɤ34　昆:侄囡zəʔ3nɵ31　霜:侄女zəʔ2ȵy23　罗:侄女/侄囡zɐʔ2ȵy23/zɐʔ2nʌɤ23　周:侄囡zəʔ2nø23　上:侄囡zɐʔ2nø23　松:侄囡zəʔ3nø44　黎:侄囡儿dzəʔ2nɵ22ŋ̍34　盛:侄囡儿dzəʔ3nɵ33ŋ̍33　嘉:侄囡儿zəʔ2nɤɘ44ŋ̍51　双:侄囡儿zəʔ2nʊ55ŋ̍21　杭:侄女儿dzɐʔ2ȵy55ər31　绍:侄女囡dzəʔ2ȵyɥ44nẽ52　诸:侄囡dʑiɐʔ2nɤ33　崇:侄女dzᴇʔ2ȵyɥ52　太:侄女dzɛʔ2ȵy23　余:侄囡dzɐʔ2nõ44　宁:侄囡dʑiɪʔ2nø34　黄:侄女dʑieʔ2ȵyɥ51　温:侄女dzæi2ȵy34　衢:侄娜儿dʒɥəʔ2nɑ55ȵi31　华:侄囡/侄囡儿/侄女dzəʔ3næ̃24/dzəʔ2næ̃n24/dzəʔ3ȵy51　永:囡侄nAːŋ325dzʏːə434

外甥

宜:外甥ɦuA21sAŋ23　溧:外甥牙ŋA32sən22ŋo52　金:外甥uɛᵉ24səŋ44　丹:外甥uɑ41sɛn21　童:外甥ɦaɪ21səŋ23　靖:外甥ɦuæ24səŋ31　江:外甥ŋæ24sAᵑ31　常:外甥ɦuɑ21səɲ13　锡:外甥ŋɑ22sã55　苏:外甥ŋɒ22sÃ44　熟:外甥ŋɑ24sA˜31　昆:外甥ŋɑ23sã41　霜:外甥ŋɑ22sa˜52　罗:外甥ŋɑ22sa˜52　周:外甥ŋɑ22sA˜52　上:外甥ŋA22sÃᶮ44　松:外甥ŋɑ23sɛ̃44　黎:外甥ŋɒ22sɛ̃44　盛:外甥ɦɑ22sæ̃52　嘉:外甥ŋɑ22sA˜51　双:外甥ŋɑ21sã34　杭:外甥ɦuᴇ23sən51　绍:外甥ŋɑ23saŋ33　诸:外甥ŋA21sÃ23　崇:外甥ŋɑ22sA˜23　太:外甥ŋɑ23sAŋ22　余:外甥ŋA22sÃ52　宁:外甥/外甥囡ŋa22sã35/ŋa22sã44nø55　黄:外甥ŋA21sa˜13　温:外甥vɑ52sʼɛ44　衢:外甥ŋæ̃24siã31　华:外甥ʔɑ53sAŋ35　永:外甥ŋiA32sai44

孙子

宜：孙则səŋ$_{55}$tsəʔ$_{5}$　溧：孙则/孙则牙sən$_{44}$tsəʔ$_{5}$/sən$_{44}$tsəʔ$_{4}$ŋo$_{31}$　金：孙子səŋ$_{44}$tsɿ$_{z23}$　丹：孙则ɕyɛn$_{44}$tsɛʔ$_{5}$　童：孙子səŋ$_{53}$tsɿ$_{31}$　靖：孙子səŋ$_{44}$tsɿ$_{44}$　江：孙子sᴇɲ$_{53}$tsɿ$_{31}$　常：孙则səɲ$_{55}$tsəʔ$_{5}$　锡：孙子sən$_{21}$tsɿ$_{23}$　苏：孙子sən$_{55}$tsɿ$_{31}$　熟：孙则sẽ^{ɲ}$_{55}$tsᴇʔ$_{5}$　昆：孙子sən$_{34}$tsɿ$_{41}$　霜：孙子sɛ̃$_{55}$tsɿ$_{31}$　罗：孙子sɛ̃^{n}$_{55}$tsɿ$_{31}$　周：孙子səŋ$_{55}$tsɿ$_{31}$　上：孙子səɲ$_{55}$tsɿ$_{31}$　松：孙子səɲ$_{33}$tsɿ$_{52}$　黎：孙子səɲ$_{44}$tsɿ$_{44}$　盛：孙子səɲ$_{44}$tsɿ$_{44}$　嘉：孙子sən$_{52}$tsɿ$_{22}$　双：孙子sən$_{44}$tsɿ$_{44}$　杭：孙子suən$_{33}$tsɿ$_{44}$　绍：孙则səŋ$_{33}$tsəʔ$_{5}$　诸：孙子sẼĨ$_{44}$tsɿ$_{33}$　崇：孙子sɪŋ$_{53}$tsɿ$_{23}$　太：孙子seŋ$_{52}$tsɿ$_{33}$　余：孙子seɲ$_{32}$tsɿ$_{23}$　宁：孙子sɐŋ$_{33}$tsɿ$_{51}$　黄：孙suəŋ$_{35}$　温：孙儿sɵ$_{22}$ŋ̍$_{2}$　衢：孙sən$_{43}$　华：孙sən$_{324}$　永：孙sʏːə$_{44}$

孙女

宜：孙女儿səŋ$_{55}$ȵy$_{ɥ33}$əl$_{31}$　溧：孙女/孙女丫头sən$_{44}$ȵy$_{z52}$/sən$_{44}$ȵy$_{z44}$ʔo$_{44}$dei$_{31}$　金：孙女səŋ$_{44}$ȵy$_{z23}$　丹：孙女ɕyɛn$_{44}$ȵy$_{z44}$　童：孙女səŋ$_{53}$ȵy$_{ɥ31}$　靖：孙女儿səŋ$_{44}$ȵy$_{ɥ44}$ɦər$_{44}$　江：孙女儿sᴇɲ$_{52}$ȵy$_{33}$ɦər$_{31}$　常：孙女女səɲ$_{55}$ȵy$_{ɥ33}$ȵy$_{ɥ31}$　锡：孙囡儿sən$_{21}$no$_{23}$ȵi$_{55}$　苏：孙囡儿sən$_{55}$nɵ$_{55}$ŋ̍$_{31}$　熟：孙囡sẽ^{ɲ}$_{55}$nʏ$_{31}$　昆：孙囡sən$_{44}$nɵ$_{41}$　霜：孙囡sɛ̃$_{55}$n^{ᴀ}ʏ$_{31}$　罗：孙女/孙囡sɛ̃^{n}$_{55}$ȵy$_{31}$/sɛ̃^{n}$_{55}$n^{ᴀ}ʏ$_{31}$　周：孙囡səɲ$_{55}$nø$_{31}$　上：孙囡səɲ$_{55}$nø$_{31}$　松：孙囡səɲ$_{55}$nø$_{31}$　黎：孙囡儿səɲ$_{44}$nɵ$_{44}$ŋ̍$_{44}$　盛：孙囡儿səɲ$_{44}$nɵ$_{44}$ŋ̍$_{44}$　嘉：孙囡儿sən$_{52}$nʏə$_{33}$ŋ̍$_{31}$　双：孙囡儿sən$_{44}$nʊ$_{44}$ŋ̍$_{44}$　杭：孙囡儿suən$_{33}$ȵy$_{55}$ər$_{31}$　绍：囡孙nɵ̃$_{23}$suɵ̃$_{52}$　诸：孙囡sẼĨ$_{52}$nʏ$_{42}$　崇：囡孙næ̃$_{23}$sɪŋ$_{52}$　太：囡孙næ̃$_{21}$seŋ$_{44}$　余：孙囡seɲ$_{33}$nɵ̃$_{44}$　宁：孙囡sɐŋ$_{33}$nø$_{51}$　黄：孙女suəŋ$_{33}$ȵy$_{ɥ51}$　温：孙女sɵ$_{52}$ȵy$_{34}$　衢：孙娜儿sən$_{43}$nɑ$_{55}$ȵi$_{31}$　华：孙囡/孙囡儿sən$_{32}$næ̃$_{24}$/sən$_{32}$næ̃n$_{213}$　永：囡孙nᴀ$_{32}$sʏːə$_{44}$

外孙

宜：外生ɦuᴀ$_{21}$sᴀŋ$_{23}$　溧：外生ŋᴀ$_{32}$sən$_{34}$　金：外生子uɛ^{e}$_{44}$səŋ$_{44}$tsɿ$_{z31}$　丹：外孙uɑ$_{41}$suɛn$_{21}$　童：外生 ɦaɪ$_{21}$səŋ$_{23}$　靖：外生ɦuæ$_{24}$səŋ$_{31}$　江：外生ŋæ$_{24}$sᴀ^{ŋ}$_{31}$　常：外生ɦuɑ$_{21}$səɲ$_{13}$　锡：外生ŋɑ$_{22}$sã$_{55}$　苏：外生ŋɒ$_{22}$sÃ$_{44}$　熟：外生ŋɑ$_{24}$sᴀ̃$_{31}$　昆：外生ŋɑ$_{22}$sən$_{41}$/ŋɑ$_{22}$sã$_{41}$　霜：外生ŋɑ$_{22}$sã$_{52}$　罗：外生ŋɑ$_{22}$sã$_{52}$　周：外生ŋɑ$_{22}$sᴀ̃$_{52}$　上：外生/外生囡ŋᴀ$_{22}$sÃ^{ɲ}$_{44}$/ŋᴀ$_{22}$sÃ^{ɲ}$_{55}$nø$_{31}$　松：外生ŋɑ$_{23}$sɛ̃$_{44}$　黎：外生ŋɒ$_{22}$sɛ̃$_{51}$　盛：外生ɦɑ$_{32}$sæ̃$_{52}$　嘉：外生ŋɑ$_{22}$sᴀ̃$_{51}$　双：外生ɦuɑ$_{21}$sã$_{34}$　杭：外孙ɦuᴇ$_{23}$suən$_{51}$　绍：外生ŋɑ$_{23}$səŋ$_{33}$　诸：外生ŋᴀ$_{21}$sÃ$_{23}$　崇：外生ŋɑ$_{23}$sᴀŋ$_{22}$　余：外生ŋᴀ$_{22}$sÃ$_{52}$　宁：外生/外生囡ŋᴀ$_{22}$sã$_{35}$/ŋᴀ$_{22}$sã$_{44}$nø$_{31}$　黄：外孙ŋᴀ$_{22}$səŋ$_{44}$　温：外孙儿vɑ$_{24}$sɵ$_{33}$ŋ̍$_{21}$　衢：外生ŋæ̃$_{24}$siã$_{31}$　华：外生ʔɑ$_{53}$sᴀŋ$_{35}$　永：外牛ŋiᴀ$_{32}$sʏːə$_{44}$

岔儿

宜：岔头/岔tsʻo$_{33}$dʏɯ$_{44}$/tsʻo$_{324}$　溧：岔子tsʻo$_{54}$tsə$_{34}$　金：岔子tsʻɑ$_{24}$tsɿ$_{z52}$　丹：岔子tsʻɑ$_{44}$tsɿ$_{31}$　童：小辫子ɕiɐʏ$_{53}$bɪ$_{22}$tsɿ$_{44}$　靖：岔子/小辫子tsʻo$_{55}$tsɿ$_{33}$/siɒ$_{33}$bĩ$_{55}$tsɿ$_{31}$　江：歃头/小辫子tsʻiɑʔ$_{5}$dᴇɪ$_{42}$/siɒ$_{52}$bɪ$_{33}$tsɿ$_{43}$　常：事头zɿ$_{21}$dei$_{13}$　锡：岔头tsʻu$_{21}$dʌɪ$_{23}$　苏：岔头tsʻo$_{55}$dəɪ$_{31}$　熟：岔头tsʻu$_{55}$dᴇ$_{51}$　昆：岔头tsʻo$_{44}$dᴇ$_{41}$　霜：岔头tsʻ^{ᴀ}ʏ$_{55}$dʌɪ$_{31}$　罗：岔头/扳头/歃子tsʻᴀʏ$_{55}$dʌɪ$_{31}$/pe$_{55}$dʌɪ$_{31}$/tsʻᴀʔ$_{5}$tsɿ$_{31}$　周：扳头ɓɛ$_{44}$dʏ$_{52}$　上：岔头tsʻo$_{55}$dʏɯ$_{31}$　松：岔头/扳头tsʻo$_{33}$dɯ$_{52}$/pᴇ$_{55}$dɯ$_{31}$　黎：岔头tsʻo$_{44}$dieɯ$_{44}$　盛：岔头tsʻo$_{44}$diəʉ$_{44}$　嘉：岔头tsʻo$_{44}$de$_{51}$　双：岔头tsʻʊ$_{44}$d^{ə}ʏ$_{44}$　杭：岔儿tsʻɑ$_{32}$ər$_{23}$　绍：事头zɿ$_{23}$dʏ$_{33}$　诸：寻事ʑĩ$_{21}$zɿ$_{23}$　崇：寻事zɪŋ$_{21}$zɿ$_{23}$　太：　余：岔头tsʻo$_{55}$dr$_{31}$　宁：呵势/轧辣门ɦœʏ$_{33}$sɿ$_{51}$/gɐʔ$_{2}$lɐʔ$_{4}$mɐŋ$_{55}$　黄：噜哧ʔləu$_{34}$su$_{31}$　温：创儿tsʻ^{ᵘ}ɔ$_{52}$ŋ̍$_{21}$　衢：花头xuɑ$_{43}$təɪ$_{53}$　华：把柄pwɑ$_{54}$piɪn$_{35}$　永：

调儿

宜：调则diɑʏ$_{21}$tsəʔ$_{23}$　溧：调头diɑ^{ʏ}$_{32}$dei$_{23}$　金：调头tʻɑ^{ɔ}$_{52}$tʻʌʏ$_{23}$　丹：调则/调tʻɒ$_{41}$tsɛʔ$_{\underline{21}}$/

tiɒ$_{41}$ 童：腔调tɕʻiaŋ$_{53}$diɐɤ$_{31}$ 靖：腔调/调子tɕʻĩ$_{44}$diɒ$_{44}$/diɒ$_{24}$tsɿ$_{31}$ 江：调头diɒ$_{24}$dᴇɪ$_{31}$ 常：调头diɑʏ$_{21}$dei$_{13}$ 锡：调头diʌ$_{22}$dᴇi$_{55}$ 苏：调头/调子diɛ$_{22}$dəɪ$_{44}$/diɛ$_{22}$tsɿ$_{44}$ 熟：调头diɔ$_{24}$dᴇ$_{31}$ 昆：调头/调子diɔ$_{23}$dᴇ$_{41}$/diɔ$_{23}$tsɿ$_{41}$ 霜：调头diɔ$_{22}$dʌɪ$_{23}$ 罗：调头diɔ$_{22}$dʌɪ$_{52}$ 周：调头diɔ$_{22}$dʏ$_{52}$ 上：调头diɔ$_{22}$dɤɯ$_{44}$ 松：调头/浪头diɔ$_{24}$dɯ$_{31}$/lɑ˜$_{22}$dɯ$_{52}$ 黎：调头diᴀᵓ$_{22}$dieɯ$_{52}$ 盛：调头/调子diᴀɑ$_{22}$diəʉ$_{44}$/diᴀɑ$_{22}$tsɿ$_{52}$ 嘉：调头diɔ$_{22}$de$_{44}$ 双：调头diɔ$_{21}$dᵒʏ$_{34}$ 杭：调儿diɔ$_{22}$ər$_{51}$ 绍：调头diɑɒ$_{23}$dɤ$_{33}$ 诸：调头diɔ$_{21}$dei$_{23}$ 崇：调头diɑɒ$_{22}$dʏ$_{52}$ 太：调头diɑɒ$_{23}$dʏ$_{22}$ 余：调头/调子diɒ$_{22}$dɤ$_{52}$/diɒ$_{22}$tsɿ$_{52}$ 宁：调头/调子diɘ$_{22}$dœʏ$_{44}$/diɘ$_{22}$tsɿ$_{44}$ 黄：调头/样子diɒ$_{23}$diɤ$_{31}$/ɦia˜$_{23}$tsɿ$_{31}$ 温：调diɛ$_{22}$ 衢：调头diɔ$_{24}$təɪ$_{31}$ 华：调头tiɑʊ$_{54}$tiɯu$_{24}$ 永：腔tɕiᴀŋ$_{44}$

话

宜：话ɦuo$_{31}$ 溧：话/言话ɦo$_{31}$/ɦᴀ$_{32}$ɦo$_{52}$ 金：话huɑ$_{44}$ 丹：言话ɦæ$_{22}$ɦo$_{44}$ 童：言话xɦɑ$_{24}$ɦuɒ$_{31}$ 靖：话ʔo$_{51}$ 江：言话ɦæ$_{21}$ɦo$_{43}$ 常：言话ɦæ$_{21}$ɦo$_{34}$ 锡：言话ɦɛ$_{24}$ɦu$_{31}$ 苏：言话ɦᴇ$_{22}$ɦo$_{44}$ 熟：言话ɦæ$_{23}$ɦu$_{33}$ 昆：言话ɦɛ$_{23}$ɦo$_{41}$ 霜：言话ɦᴇ$_{24}$ɦuᴧʏ$_{31}$ 罗：言话ɦe$_{24}$ɦuᴧʏ$_{31}$ 周：言话ɦɛ$_{22}$ɦo$_{33}$ 上：言话ɦᴇ$_{22}$ɦo$_{44}$ 松：言话ɦᴇ$_{24}$ɦo$_{31}$ 黎：言话/言滩白话ɦᴇ$_{22}$ɦo$_{44}$/ɦᴇ$_{22}$tʻᴇ$_{55}$bᴀʔ$_{3}$ɦo$_{31}$ 盛：言话ɦᴇ$_{22}$ɦo$_{44}$ 嘉：言话ɦᴇᵋ$_{24}$ɦo$_{51}$ 双：言话ɦᴇ$_{22}$ɦʊ$_{44}$ 杭：话语ɦuɑ$_{23}$y$_{51}$ 绍：言话/白话ɦæ̃$_{21}$ɦuo$_{33}$/bᴀʔ$_{2}$ɦuo$_{52}$ 诸：谈头dɛ$_{31}$dei$_{42}$ 崇：说话sᴇʔ$_{3}$vʏ$_{23}$ 太：言话/说话ɦæ̃$_{21}$vo$_{23}$/sɛʔ$_{3}$vo$_{23}$ 余：言话ɦĩ$_{21}$ɦuo$_{23}$ 宁：言话ɦᴇ$_{22}$ɦo$_{44}$ 黄：话ɦuᴀ$_{113}$ 温：言话ɦɑ$_{22}$ɦo$_{52}$ 衢：天/说话tʻie$_{434}$/ʃɥəʔ$_{4}$ɦuɑ$_{53}$ 华：话ɦuɑ$_{213}$ 永：话ʔɦuᴀ$_{214}$

活儿

宜：生活/事体sᴀŋ$_{55}$ɦuəʔ$_{5}$/zɿ$_{21}$tʻi$_{j23}$ 溧：生活sən$_{44}$ɦuəʔ$_{5}$ 金：生活səŋ$_{32}$huəʔ$_{\underline{31}}$ 丹：生活sɛn$_{23}$huɛʔ$_{4}$ 童：生活səŋ$_{53}$ɦuəʔ$_{31}$ 靖：生活/活计səŋ$_{44}$ɦuəʔ$_{4}$/ɦuəʔ$_{2}$tɕi$_{j23}$ 江：生活sᴀᵑ$_{53}$ɦuɜʔ$_{\underline{31}}$ 常：生活sᴀɲ$_{55}$ɦuəʔ$_{5}$ 锡：生活sã$_{21}$ɦuə$_{23}$ 苏：生活/事体sᴀ̃$_{55}$ɦuəʔ$_{2}$/zɿ$_{22}$tʻi$_{j44}$ 熟：生活/事体sᴀ˜$_{55}$ɦuoʔ$_{5}$/zɿ$_{24}$tʻi$_{31}$ 昆：生活sã$_{44}$ɦuəʔ$_{\underline{41}}$ 霜：生活sa˜$_{55}$vəʔ$_{\underline{31}}$ 罗：生活sa˜$_{55}$ɦuɐʔ$_{3}$ 周：生活sᴀ˜$_{44}$vəʔ$_{5}$ 上：生活sᴀ̃ᶮ$_{55}$ɦuᴀʔ$_{\underline{31}}$ 松：生活sɛ̃$_{52}$vəʔ$_{\underline{31}}$ 黎：生活sɛ̃$_{33}$ɦuəʔ$_{5}$ 盛：生活sæ̃$_{44}$ɦuəʔ$_{4}$ 嘉：生活sᴀ˜$_{44}$ɦuoʔ$_{5}$ 双：生活/生活儿sã$_{44}$ɦuəʔ$_{4}$/sã$_{44}$uəɪ$_{44}$ 杭：生活sən$_{32}$ɦuɔʔ$_{5}$ 绍：生活səŋ$_{33}$ɦuoʔ$_{5}$ 诸：生活sᴀ̃$_{52}$ɦuɐʔ$_{4}$ 崇：生活sᴀ˜$_{53}$vᴇʔ$_{5}$ 太：生活sᴀŋ$_{52}$vɛʔ$_{3}$ 余：生活seɲ$_{33}$ɦuɔʔ$_{5}$ 宁：生活sã$_{33}$ɦuɐʔ$_{5}$ 黄：生活sa˜$_{33}$ɦuɐʔ$_{4}$ 温：生活sˈɛ$_{25}$ɦo$_{24}$ 衢：生活ɕiã$_{35}$ɦuəʔ$_{2}$ 华：生活sᴀŋ$_{54}$ɦuɑ$_{24}$ 永：生活sai$_{43}$ɦuᴀ$_{31}$

劲儿

宜：劲头tɕiŋ$_{33}$dɤɯ$_{44}$ 溧：劲头/劲头则tɕin$_{54}$dei$_{34}$/tɕin$_{54}$dei$_{33}$tsə$_{34}$ 金：劲头tɕiŋ$_{52}$tʻʌʏ$_{23}$ 丹：劲头tɕiŋ$_{52}$dᴇᵉ$_{23}$ 童：劲头/劲道tɕiŋ$_{34}$dɐɤ$_{55}$/tɕiŋ$_{34}$dei$_{55}$ 靖：劲头tɕiŋ$_{52}$døʏ$_{23}$ 江：劲头tɕiɲ$_{45}$dᴇɪ$_{31}$ 常：劲头/劲道tɕiɲ$_{34}$dei$_{44}$/tɕiɲ$_{34}$dɑʏ$_{44}$ 锡：劲头tɕin$_{55}$dᴇi$_{31}$ 苏：劲头/劲道tɕiɪn$_{55}$dəɪ$_{31}$/tɕiɪn$_{55}$dæ$_{31}$ 熟：劲头tɕĩⁿ$_{55}$dᴇ$_{31}$ 昆：劲头tɕin$_{23}$dᴇ$_{41}$ 霜：劲头tɕĩ$_{33}$dʌɪ$_{52}$ 罗：劲头tɕɪⁿ$_{35}$dʌɪ$_{31}$ 周：劲头/劲道tɕiɪŋ$_{22}$dʏ$_{52}$/tɕiɪŋ$_{35}$dɔ$_{31}$ 上：劲头tɕiɲ$_{33}$dɤɯ$_{44}$ 松：劲头tɕiɲ$_{55}$dɯ$_{31}$ 黎：劲头tɕiəɲ$_{33}$dieɯ$_{52}$ 盛：劲头tɕɪɲ$_{23}$diəʉ$_{52}$ 嘉：劲头/劲道tɕin$_{22}$de$_{44}$/tɕin$_{24}$dɔ$_{31}$ 双：劲头dʑɪn$_{21}$dᵒʏ$_{34}$ 杭：劲道dʑɪn$_{23}$dɔ$_{51}$ 绍：劲头dʑɪŋ$_{23}$dɤ$_{33}$ 诸：劲头dʑĩ$_{21}$dei$_{23}$ 崇：劲道dʑiŋ$_{22}$dɑɒ$_{23}$ 太：劲头/劲道dʑiŋ$_{23}$dʏ$_{22}$/dʑiŋ$_{23}$dɑɒ$_{22}$ 余：劲头dʑiɲ$_{22}$dɤ$_{52}$ 宁：劲头/勤道tɕɪŋ$_{55}$dœʏ$_{33}$/dʑɪŋ$_{22}$dɔ$_{52}$ 黄：劲头tɕiɪŋ$_{55}$diɤ$_{31}$ 温：劲头tɕiʌŋ$_{44}$dʌu$_{2}$ 衢：劲头tɕiⁿ$_{55}$dəɪ$_{31}$ 华：劲头tɕiɪn$_{54}$diɯu$_{24}$ 永：劲头tɕiɪɲ$_{43}$dəʊ$_{44}$

力气

宜:力生/力道/力气lɪʔ$_{2}$səŋ$_{23}$/lɪʔ$_{3}$dɑʏ$_{53}$/lɪʔ$_{3}$tɕʻi$_{j53}$　溧:力气/力生lɪʔ$_{3}$tɕʻi$_{z23}$/lɪʔ$_{3}$sən$_{23}$　金:力气/气力lieʔ$_{4}$tɕʻi$_{z44}$/tɕʻi$_{33}$lieʔ$_{4}$　丹:力气lɪʔ$_{3}$tɕʻi$_{z33}$　童:力气/力道ʔliɪʔ$_{\underline{53}}$tɕʻi$_{j31}$/liɪʔ$_{\underline{42}}$dɐʏ$_{31}$　靖:力气/力道liɪʔ$_{2}$tɕʻi$_{j23}$/liɪʔ$_{\underline{42}}$dɒ$_{31}$　江:力气/力道lɪʔ$_{3}$tɕʻi$_{j33}$/lɪʔ$_{2}$dɒ$_{23}$　常:力气/力道liɪʔ$_{\underline{42}}$tɕʻi$_{j31}$/liɪʔ$_{\underline{42}}$dɑʏ$_{31}$　锡:气力/力道tɕʻi$_{55}$lɪʔ$_{\underline{31}}$/lɪʔ$_{2}$dʌ$_{34}$　苏:力气/气力/力道lɪʔ$_{5}$tɕʻi$_{j52}$/tɕʻi$_{j55}$lɪʔ$_{2}$/lɪʔ$_{5}$dæ$_{52}$　熟:力气/气力/力道lɪʔ$_{2}$tɕʻi$_{34}$/tɕʻi$_{55}$lɪʔ$_{\underline{31}}$/lɪʔ$_{3}$dɔ$_{33}$　昆:力气/气力/力道lɪʔ$_{2}$tɕʻi$_{52}$/tɕʻi$_{55}$lɪʔ$_{\underline{31}}$/lɪʔ$_{3}$dɔ$_{31}$　霜:力气/气力lɪʔ$_{2}$tɕʻi$_{23}$/tɕʻi$_{55}$lɪʔ$_{\underline{31}}$　罗:气力/力气tɕʻi$_{55}$lɪʔ$_{3}$/lɪʔ$_{2}$tɕʻi$_{23}$　周:力气/气力/力道lɪʔ$_{2}$tɕʻi$_{23}$/tɕʻi$_{33}$lɪʔ$_{5}$/lɪʔ$_{2}$dɔ$_{23}$　上:力气/气力liɪʔ$_{2}$tɕʻi$_{23}$/tɕʻi$_{33}$liɪʔ$_{4}$　松:力气/气力/力道lɪʔ$_{2}$tɕʻi$_{34}$/tɕʻi$_{35}$lɪʔ$_{31}$/lɪʔ$_{2}$dɔ$_{34}$　黎:力气/气力/力道/力把lɪʔ$_{3}$tɕʻi$_{j33}$/tɕʻi$_{j32}$lɪʔ$_{5}$/lɪʔ$_{3}$dʌᵓ$_{33}$/lɪʔ$_{3}$po$_{33}$　盛:力气/气力/力道/力把lɪʔ$_{4}$tɕʻi$_{j33}$/tɕʻi$_{j32}$lɪʔ$_{5}$/lɪʔ$_{4}$dʌɑ$_{33}$/lɪʔ$_{4}$po$_{33}$　嘉:力气/气力/力道ʔliɪʔ$_{5}$tɕʻi$_{31}$/tɕʻi$_{33}$liəʔ$_{5}$/ʔliɪʔ$_{5}$dɔ$_{31}$　双:力气/气力lieʔ$_{2}$tɕʻi$_{z34}$/tɕʻi$_{z32}$lieʔ$_{\underline{34}}$　杭:力气/劲道/力道liɪʔ$_{2}$tɕʻi$_{23}$/dʑɪn$_{23}$dɔ$_{51}$/liɪ$_{2}$dɔ$_{23}$　绍:力气/气力/力道lɪʔ$_{2}$tɕʻi$_{52}$/tɕʻi$_{33}$lɪʔ$_{5}$/lɪʔ$_{2}$dɑɒ$_{52}$　诸:力气/气力tɕʻi$_{z33}$liəʔ$_{5}$/liəʔ$_{2}$tɕʻi$_{z52}$　崇:力气/气力/力道liᴇʔ$_{2}$tɕʻi$_{z23}$/tɕʻi$_{z33}$liᴇʔ$_{4}$/liᴇʔ$_{2}$dɑɒ$_{52}$　太:力气/气力/力道lieʔ$_{2}$tɕʻi$_{23}$/tɕʻi$_{55}$lieʔ$_{3}$/lieʔ$_{2}$dɑɒ$_{44}$　余:力气/气力/力道lɪʔ$_{2}$tɕʻi$_{52}$/tɕʻi$_{55}$lɪʔ$_{31}$/lɪʔ$_{2}$dɒ$_{52}$　宁:力气/气力/力道liɪʔ$_{2}$tɕʻi$_{z34}$/tɕʻi$_{z24}$liɪʔ$_{3}$/liɪʔ$_{2}$dɔ$_{34}$　黄:力气/气力lieʔ$_{2}$tɕʻi$_{j44}$/tɕʻi$_{j33}$liɐʔ$_{4}$　温:力气liɪ$_{2}$tsʻɿ$_{52}$　衢:力气liəʔ$_{2}$tsʻɿ$_{53}$　华:力气ʔliəʔ$_{3}$tɕʻi$_{35}$　永:力气ləɪ$_{31}$tɕʻi$_{54}$

瘾

宜:瘾头ʔiŋ$_{55}$dʏɯ$_{55}$　溧:瘾头/瘾头则ʔin$_{54}$dei$_{34}$/ʔin$_{54}$dei$_{33}$tsə$_{34}$　金:念头nĩ$_{52}$tʻʌʏ$_{23}$　丹:上瘾/瘾sᶻæ$_{22}$iŋ$_{44}$/iŋ$_{324}$　童:瘾iŋ$_{324}$　靖:瘾/瘾头/老瘾头iŋ$_{334}$/iŋ$_{33}$døʏ$_{44}$/lɒ$_{24}$iŋ$_{33}$døʏ$_{44}$　江:念头ȵɪ$_{24}$dᴇɪ$_{31}$　常:瘾头ʔiɲ$_{34}$dei$_{44}$　锡:瘾头ʔin$_{45}$dᴇi$_{55}$　苏:念头ȵɪ$_{22}$dəɪ$_{44}$　熟:念头ȵie$_{22}$dᴇ$_{51}$　昆:念头ȵɪ$_{23}$dᴇ$_{41}$　霜:念头ȵiᴇ$_{22}$dʌɪ$_{52}$　罗:念头ȵiᴇ$_{22}$dʌɪ$_{52}$　周:念头ȵi$_{22}$dʏ$_{52}$　上:念头ȵi$_{22}$dʏɯ$_{44}$　松:念头ȵi$_{23}$dɯ$_{44}$　黎:念头ȵiɪ$_{22}$dieɯ$_{52}$　盛:念头ȵiɪ$_{22}$diɔʉ$_{52}$　嘉:瘾头/念头ʔiɪ$_{44}$de$_{51}$/ȵie$_{22}$de$_{44}$　双:瘾/瘾头ʔɪn$_{334}$/ʔɪn$_{34}$dᵊʏ$_{52}$　杭:瘾头ʔɪn$_{55}$deɪ$_{31}$　绍:念头ȵiæ̃$_{23}$dʏ$_{33}$　诸:瘾头ɦĩ$_{22}$dʏ$_{52}$　崇:瘾头ɦiŋ$_{23}$dʏ$_{52}$　太:瘾头ɦiŋ$_{24}$dʏ$_{31}$　余:瘾头ɦiɲ$_{23}$dʏ$_{52}$　宁:念头nᴇ$_{22}$dœʏ$_{51}$　黄:瘾/念头ʔiɪŋ$_{53}$/ȵie$_{23}$diʏ$_{31}$　温:念头ȵi$_{52}$dʌu$_{21}$　衢:瘾ʔiⁿ$_{35}$　华:瘾头ʔiɪn$_{54}$diɯu$_{24}$　永:瘾ʔiɪɲ$_{434}$

模样

宜:吃相/卖相/样相tɕʻiɪʔ$_{5}$ɕiᴀŋ$_{324}$/mᴀ$_{22}$ɕiᴀŋ$_{53}$/ɦiᴀŋ$_{22}$ɕiᴀŋ$_{53}$　溧:吃相/样相/样凡tɕʻiɪʔ$_{5}$ɕie$_{34}$/ɦie$_{32}$ɕie$_{52}$/ɦie$_{32}$vᴀ$_{23}$　金:吃相/样子tɕʻieʔ$_{4}$ɕiaŋ$_{52}$/iaŋ$_{52}$tsɿ$_{z31}$　丹:样子/吃相ie$_{52}$tsɿ$_{23}$/tɕʻɪʔ$_{5}$ɕie$_{23}$　童:样子ɦiaŋ$_{22}$tsɿ$_{55}$　靖:腔调tɕʻĩ$_{44}$diɒ$_{44}$　江:吃相/腔调tɕʻiəʔ$_{5}$siᴀᵑ$_{23}$/tɕʻiᴀᵑ$_{53}$diɒ$_{31}$　常:样则/腔调ɦiᴀɲ$_{21}$tsə$_{13}$/tɕʻiᴀɲ$_{55}$diɑʏ$_{31}$　锡:吃相/卖相tɕʻiəʔ$_{4}$siẽ$_{55}$/mɑ$_{22}$siẽ$_{55}$　苏:吃相/卖相/样子/腔调tɕʻiəʔ$_{5}$ɕiÃ$_{23}$/mɒ$_{22}$ɕiÃ$_{44}$/ʔiÃ$_{55}$tsɿ$_{31}$/tɕʻiÃ$_{55}$diɛ$_{31}$　熟:卖相/样子mɑ$_{23}$siÃ$_{33}$/ɦiÃ$_{24}$tsɿ$_{31}$　昆:吃相/卖相/样子tɕʻiɪʔ$_{5}$siã$_{52}$/mɑ$_{23}$siã$_{41}$/ʔiã$_{55}$tsɿ$_{31}$　霜:吃相/卖相/样子tɕʻiɪʔ$_{4}$ɕiã$_{52}$/mɑ$_{24}$ɕiã$_{31}$ɦiã$_{22}$tsɿ$_{52}$　罗:吃相/卖相tɕʻɪʔ$_{5}$ɕiã$_{31}$/mɑ$_{24}$ɕiã$_{31}$　周:吃相/卖相tɕʻiʌʔ$_{4}$ɕiÃ$_{44}$/mɑ$_{22}$ɕiÃ$_{24}$　上:吃相/卖相/样子tɕʻiɪʔ$_{3}$ɕiÃᶮ$_{44}$/mᴀ$_{22}$ɕiÃᶮ$_{44}$/ɦiÃᶮ$_{22}$tsɿ$_{44}$　松:吃相/卖相/腔调/样子tɕʻiɪʔ$_{4}$ɕiẽ$_{34}$/mɑ$_{22}$ɕiẽ$_{23}$/tɕʻiẽ$_{55}$diɔ$_{31}$/ʔiẽ$_{55}$tsɿ$_{31}$　黎:吃相/卖相/腔调tɕʻiəʔ$_{5}$ɕiã$_{34}$/mɒ$_{23}$siẽ$_{33}$/tɕʻiẽ$_{44}$diᴀᵓ$_{52}$　盛:吃相/卖相/样子tɕʻiɪʔ$_{5}$ɕiæ̃$_{31}$/mɑ$_{22}$ɕiæ̃$_{52}$/ʔiæ̃$_{33}$tsɿ$_{52}$　嘉:吃相/卖相tɕʻiəʔ$_{5}$ɕiÃ$_{31}$/mɑ$_{24}$ɕiÃ$_{31}$　双:吃相tɕʻieʔ$_{2}$ɕiã$_{34}$　杭:吃相/卖相tɕʻiɪʔ$_{3}$ɕiᴀŋ$_{23}$/mᴇ$_{23}$ɕiᴀŋ$_{51}$　绍:模样/吃相/卖相/样子mo$_{23}$ɦiaŋ$_{33}$/tɕʻɪʔ$_{4}$ɕiaŋ$_{52}$/ma$_{23}$ɕiaŋ$_{33}$/ɦiaŋ$_{23}$tsɿ$_{33}$　诸:样子ɦiÃ$_{21}$tsɿ$_{23}$　崇:样子/卖相ɦiÃ$_{22}$tsɿ$_{23}$/mɑ$_{22}$ɕiÃ$_{23}$　太:样子ɦiᴀŋ$_{24}$tsɿ$_{31}$　余:吃相/卖相/样子tɕɪʔ$_{5}$ɕiÃ$_{31}$/mᴀ$_{22}$ɕiÃ$_{52}$/ɦiÃ$_{22}$tsɿ$_{52}$　宁:吃相/卖相/样子tɕyɪʔ$_{5}$

ɕiã$_{33}$/ma$_{22}$ɕiã$_{51}$/ɦiã$_{22}$tsɿ$_{44}$　黄：吃相/样子tɕyɔʔ$_{3}$ɕia˜$_{44}$/ɦia˜$_{23}$tsɿ$_{31}$　温：相道ɕi$_{52}$dɜ$_{34}$　衢：吃相/样子tɕʻiəʔ$_{4}$ɕiã$_{53}$/ɦiã$_{32}$tsɿ$_{35}$　华：样子ʔiʌŋ$_{53}$tsɿ$_{35}$　永：样子头ʔɦiʌŋ$_{32}$tsɿ$_{32}$dəʊ$_{325}$

冷膈儿

宜：　溧：打膈to$_{54}$kəʔ$_{\underline{34}}$　金：冷膈/膈斗ləŋ$_{22}$kəʔ$_{4}$/kəʔ$_{4}$tʌʏ$_{44}$　丹：呃ŋɛʔ$_{3}$　童：结膈/结膈头tɕiɪʔ$_{\underline{53}}$kəʔ$_{\underline{31}}$/tɕiɪʔ$_{\underline{53}}$kəʔ$_{3}$dei$_{31}$　靖：冷噎ləŋ$_{22}$ʔiɪʔ$_{5}$　江：冷呃/冷噎ʔlA^{ŋ}$_{52}$ʔɜʔ$_{3}$/ʔlA^{ŋ}$_{52}$ʔɪʔ$_{3}$　常：结葛娄tɕiɪʔ$_{5}$kəʔ$_{5}$lʌɯ$_{31}$　锡：冷呃lã$_{22}$əʔ$_{5}$　苏：呃膈/膈得ʔəʔ$_{5}$kəʔ$_{5}$/kəʔ$_{5}$təʔ$_{5}$　熟：冷呃得lA˜$_{22}$ᴇʔ$_{5}$tᴇʔ$_{5}$　昆：打呃得tã$_{52}$əʔ$_{4}$təʔ$_{5}$　霜：恶ʔoʔ$_{5}$　罗：膈抖kɐʔ$_{5}$t^{ʌ}ʏ$_{31}$/tã$_{44}$kɐʔ$_{4}$t^{ʌ}ʏ$_{43}$　周：作膈斗tsɒʔ$_{3}$kɑʔ$_{4}$tø$_{52}$　上：作膈多tsoʔ$_{3}$kɐʔ$_{5}$tu$_{31}$　松：作膈都tsɔʔ$_{4}$kəʔ$_{4}$tu$_{52}$　黎：作膈都tsoʔ$_{5}$kəʔ$_{3}$tɜu$_{31}$　盛：作膈都tsɔʔ$_{5}$kəʔ$_{3}$tɜu$_{31}$　嘉：膈多kəʔ$_{3}$t^{ə}u$_{44}$　双：打呃得tã$_{33}$əʔ$_{5}$təʔ$_{21}$　杭：呃得ʔɐʔ$_{4}$tɐʔ$_{5}$　绍：呃得ʔəʔ$_{4}$təʔ$_{5}$　诸：呃得ʔɐʔ$_{4}$tɐʔ$_{3}$　崇：呃得ʔᴇʔ$_{3}$tᴇʔ$_{4}$　太：呃得ʔɛʔ$_{3}$tɛʔ$_{5}$　余：呃得kɐʔ$_{5}$tɐʔ$_{3}$　宁：冷呃lã$_{24}$ɦɐʔ$_{3}$　黄：打特嗯/打勒嗯ta˜$_{33}$daʔ$_{3}$n̩$_{51}$/ta˜$_{33}$lɐʔ$_{3}$n̩$_{51}$　温：冷□liɛ$_{25}$gɵ$_{24}$　衢：打呃得tã$_{35}$əʔ$_{3}$təʔ$_{2}$　华：呃ʔɐʔ$_{4}$　永：偷沃tʻəʊ$_{44}$oə$_{54}$

饱膈

宜：厚gʏɯ$_{24}$　溧：饱膈/饱□pɑ^{ʏ}$_{54}$kə$_{34}$/kɑ^{ʏ}$_{54}$gæᴇ$_{34}$　金：开炮/饱膈(少)kʻɛ^{e}$_{33}$pʻɑ^{ɔ}$_{44}$/pɑ^{ɔ}$_{22}$kəʔ$_{4}$　丹：□gæ$_{31}$　童：□gaɪ$_{113}$　靖：膈/□kəʔ$_{5}$/gæ$_{223}$　江：□gæ$_{223}$　常：结葛娄/□tɕiɪʔ$_{5}$kəʔ$_{5}$lʌɯ$_{31}$/gæe$_{213}$　锡：□/饱呃gᴇ$_{213}$/pʌ$_{33}$əʔ$_{5}$　苏：□/膈gᴇ$_{223}$/kəʔ$_{5}$　熟：饱膈/□pɔ$_{33}$kᴇʔ$_{5}$/gæ$_{213}$　昆：□gᴇ$_{223}$　霜：□gᴇ$_{213}$　罗：□ge$_{213}$　周：□gɛ$_{113}$　上：□gᴇ$_{113}$　松：□gᴇ$_{113}$　黎：□gᴇ$_{213}$　盛：□gᴇ$_{22}$　嘉：□gᴇ^{ɛ}$_{223}$　双：□g^{ə}ʏ$_{113}$　杭：□geɪ$_{113}$　绍：饱□pɑɒ$_{34}$ge$_{52}$　诸：饱呃pɔ$_{33}$ʔɐʔ$_{5}$　崇：□gᴇʔ$_{\underline{12}}$　太：□gɯ$_{312}$　余：□gʏ$_{113}$　宁：□ge$_{113}$　黄：□/□ge$_{31}$/gu$_{31}$　温：饱□p^{ʊ}ɔ$_{25}$gɵ$_{24}$　衢：□gʏɯ$_{323}$　华：饱膈/饱压pɑʊ$_{54}$kəʔ$_{2}$/pɑʊ$_{54}$ɐ$_{31}$　永：□膈/□nai$_{32}$gʏə$_{325}$/nai$_{322}$

沫子

宜：泡泡pʻɑʏ$_{35}$pʻɑ$_{31}$　溧：沫落则məʔ$_{3}$lɔʔ$_{5}$tsəʔ$_{2}$　金：泡沫/泡泡pʻɑ^{ɔ}$_{33}$mɔʔ$_{4}$/pʻɑ^{ɔ}$_{44}$pʻɑ^{ɔ}$_{31}$　丹：沫沫/沫儿moʔ$_{5}$moʔ$_{\underline{23}}$/moŋ$_{44}$　童：泡沫pʻɐʏ$_{44}$moʔ$_{5}$　靖：泡泡pʻɒ$_{43}$pʻɒ$_{33}$　江：沫沫头ʔmɜʔ$_{4}$mɜʔ$_{4}$dᴇɪ$_{31}$　常：泡泡头pʻɑʏ$_{33}$pʻɑʏ$_{55}$dei$_{31}$　锡：沫沫头məʔ$_{2}$məʔ$_{55}$dᴇi$_{31}$　苏：沫沫头/濂məʔ$_{3}$məʔ$_{5}$dəi$_{31}$/mo$_{223}$　熟：沫沫头moʔ$_{2}$moʔ$_{3}$dᴇ$_{51}$　昆：濂mo$_{21}$　霜：濂/沫m^{ʌ}ʏ$_{31}$/məʔ$_{\underline{23}}$　罗：濂m^{ʌ}ʏ$_{213}$　周：濂mo$_{113}$　上：沫沫头/濂mɐʔ$_{2}$mɐʔ$_{2}$dʏɯ$_{23}$/mo$_{113}$　松：濂mo$_{113}$　黎：沫子məʔ$_{3}$tsɿ$_{33}$　盛：沫子məʔ$_{4}$tsɿ$_{33}$　嘉：泡泡pʻɔ$_{33}$pʻɔ$_{51}$　双：乏vAʔ$_{\underline{23}}$　杭：沫沫屑儿/沫沫碎儿mɐʔ$_{2}$mɐʔ$_{2}$ɕiɪʔ$_{5}$ər$_{31}$/mɐʔ$_{2}$mɐʔ$_{2}$sueɪ$_{55}$ər$_{31}$　绍：末束moʔ$_{2}$soʔ$_{5}$　诸：泡泡pʻɔ$_{52}$pʻɔ$_{42}$　崇：　太：沫头mɛʔ$_{2}$dʏ$_{23}$　余：泡泡pʻɒ$_{33}$pʻɒ$_{44}$　宁：泡泡pʻɔ$_{33}$pʻɔ$_{44}$　黄：乏vɐʔ$_{\underline{12}}$　温：乏vʊ$_{323}$　衢：乏fvAʔ$_{\underline{12}}$　华：乏fvɯɑ$_{213}$/fviɑ$_{213}$　永：乏fvA$_{322}$

用处

宜：用场ɦioŋ$_{21}$zAŋ$_{23}$　溧：用头ɦioŋ$_{32}$dei$_{23}$　金：用处/用场ioŋ$_{52}$tsʻəu$_{31}$/ioŋ$_{52}$tsʻɑŋ$_{31}$　丹：用/用场ioŋ$_{41}$/ioŋ$_{41}$dzæ$_{21}$　童：用场ɦioŋ$_{21}$zɑŋ$_{23}$　靖：用场ɦioŋ$_{24}$dʑiæ̃$_{23}$　江：用场ɦioŋ$_{24}$dzA^{ŋ}$_{31}$　常：用场ɦioŋ$_{21}$dzAɲ$_{13}$　锡：用场ɦioŋ$_{22}$zã$_{55}$　苏：用场ɦioŋ$_{22}$zÃ$_{44}$　熟：用场ɦiʊŋ$_{24}$dʐA˜$_{31}$　昆：用场ɦioŋ$_{23}$zã$_{41}$　霜：用场ɦio^{ŋ}$_{22}$za˜$_{52}$　罗：用场ɦio^{ŋ}$_{22}$za˜$_{52}$　周：用场ɦioŋ$_{22}$zA˜$_{52}$　上：用场ɦiʊŋ$_{22}$zÃ^{ɲ}$_{44}$　松：用场ɦiʊŋ$_{23}$zɛ̃$_{44}$　黎：用场ʔioŋ$_{44}$zã$_{52}$　盛：用场ʔioŋ$_{33}$zæ̃$_{52}$　嘉：用场ʔioŋ$_{44}$zA˜$_{51}$　双：用场ɦioŋ$_{21}$zã$_{34}$　杭：用场ɦioŋ$_{23}$dzAŋ$_{51}$　绍：用场ɦiʊŋ$_{23}$dzaŋ$_{33}$　诸：用场ɦioŋ$_{21}$dzÃ$_{23}$　崇：用场ɦiʊ^{ŋ}$_{22}$dzA˜$_{23}$　太：用场ɦiʊŋ$_{24}$dzAŋ$_{31}$　余：用场ɦiʊŋ$_{22}$zÃ$_{52}$　宁：用场ɦyoŋ$_{22}$dʑiã$_{51}$　黄：用场ɦyoŋ$_{23}$dʑia˜$_{31}$　温：用场ɦy^{ʊ}ɔ$_{52}$dʑi$_{21}$　衢：用场ɦyʌŋ$_{24}$dʒʮɑ̃$_{31}$　华：用场ʔyoŋ$_{53}$dʑiAŋ$_{35}$　永：用场

ʔɦioŋ$_{32}$dʑiAŋ$_{44}$

门路

宜：门路məŋ$_{22}$lu$_{53}$　溧：门路/龙头则mən$_{32}$lu$_{52}$/loŋ$_{32}$dei$_{22}$tsə$_{23}$　金：门路/路子məŋ$_{24}$ləu$_{52}$/ləu$_{44}$tsɿ$_{z31}$　丹：门路mɛn$_{32}$ləu$_{24}$　童：门道məŋ$_{24}$dɐʏ$_{31}$　靖：路头lu$_{24}$døʏ$_{31}$　江：门路mɛɲ$_{21}$lзʏ$_{43}$　常：门路/手腕məɲ$_{21}$lʌɯ$_{34}$/sei$_{34}$uɔ$_{44}$　锡：门路/路道mən$_{24}$lʌʏ$_{31}$/lʌʏ$_{22}$dʌ$_{55}$　苏：门路/路道/脚胖mən$_{22}$lзu$_{44}$/lзu$_{22}$dæ$_{44}$/tɕiAʔ$_{5}$p'A˜$_{52}$　熟：门路/路路/路子mẽ^{ɲ}$_{23}$lɯ$_{33}$/lɯ$_{23}$lɯ$_{33}$/lɯ$_{24}$tsɿ$_{31}$　昆：门路/路道/脚路/路子mən$_{23}$ləu$_{41}$/ləu$_{23}$dɔ$_{41}$/tɕiAʔ$_{5}$ləu$_{31}$/ləu$_{23}$tsɿ$_{41}$　霜：门路/脚路/路道mɛ̃$_{24}$l^{ə}u$_{31}$/tɕiAʔ$_{4}$l^{ə}u$_{52}$/l^{ə}u$_{24}$dɔ$_{31}$　罗：路道lu$_{24}$dɔ$_{31}$　周：路道/路子lu$_{22}$dɔ$_{24}$/lu$_{24}$tsɿ$_{31}$　上：路道/路子lu$_{22}$dɔ$_{44}$/lu$_{22}$tsɿ$_{44}$　松：门路/路道/路子/路角məɲ$_{24}$lu$_{31}$/lu$_{22}$dɔ$_{23}$/lu$_{24}$tsɿ$_{31}$/lu$_{24}$kɔʔ$_{\underline{31}}$　黎：门路/路道/路子məɲ$_{22}$lзu$_{34}$/lзu$_{22}$dA^{ɔ}$_{52}$/lзu$_{22}$tsɿ$_{44}$　盛：路道丝/门路/路道lзu$_{22}$lAɑ$_{55}$sɿ$_{31}$/məɲ$_{22}$lзu$_{44}$/lзu$_{22}$dAɑ$_{52}$　嘉：路道丝l^{ə}u$_{24}$lɔ$_{33}$sɿ$_{31}$　双：门路/门道mən$_{22}$ləu$_{44}$/mən$_{21}$dɔ$_{34}$　杭：门路/门道ʔmən$_{32}$lu$_{23}$/ʔmən$_{32}$dɔ$_{23}$　绍：门路/路道mɪŋ$_{21}$lu$_{33}$/lu$_{23}$dɑɒ$_{33}$　诸：门路mẽĩ$_{31}$lu$_{44}$　崇：路头lu$_{22}$dʏ$_{23}$　太：路头lu$_{24}$dʏ$_{31}$　余：门路/路道/路子meɲ$_{32}$lu$_{23}$/lu$_{22}$dɒ$_{52}$/lu$_{22}$tsɿ$_{52}$　宁：门路/路道/路数mɐŋ$_{22}$lu$_{51}$/lu$_{22}$dɔ$_{51}$/lu$_{24}$su$_{33}$　黄：门路/牌头məŋ$_{22}$lu$_{44}$/bA$_{23}$diʏ$_{31}$　温：门路mʌŋ$_{22}$lɵ$_{52}$　衢：门路mən$_{22}$lu$_{53}$　华：门路/路头ʔmən$_{53}$lu$_{24}$/ʔlu$_{53}$diɯu$_{24}$　永：路数lu$_{32}$su$_{45}$

记号

宜：记号/记认tɕi$_{j35}$ɦɑʏ$_{31}$/tɕi$_{j35}$ȵiŋ$_{31}$　溧：记号/记认tɕi$_{z52}$ɦɑ^{ʏ}$_{52}$/tɕi$_{z52}$szən$_{52}$　金：记号tɕi$_{z22}$ɦɑ^{ɔ}$_{44}$　丹：记认tɕi$_{z52}$ȵiŋ$_{23}$　童：记认tɕi$_{j44}$ȵiəŋ$_{44}$　靖：记号tɕi$_{j55}$hɦɒ$_{31}$　江：记认tɕi$_{j45}$ȵiɲ$_{31}$　常：记认tɕi$_{j34}$ȵiɲ$_{44}$　锡：记认tɕi$_{55}$ȵin$_{31}$　苏：记认/记/记号tɕi$_{j55}$ȵiɪn$_{31}$/tɕi$_{j412}$/tɕi$_{j55}$ɦæ$_{31}$　熟：记号/记认tɕi$_{55}$ɦɔ$_{31}$/tɕi$_{55}$ȵĩ^{ɲ}$_{31}$　昆：记识认/记识头tɕi$_{44}$səʔ$_{4}$ȵin$_{41}$/tɕi$_{44}$səʔ$_{4}$dE$_{41}$　霜：记认tɕi$_{55}$ȵĩ$_{31}$　罗：记号/记认tɕi$_{55}$ɦɔ$_{31}$/tɕi$_{55}$ȵɪ^{n}$_{31}$　周：记号/记认tɕi$_{55}$ɦɔ$_{31}$/tɕi$_{55}$ȵiɪŋ$_{31}$　上：记认tɕi$_{55}$ȵiɲ$_{31}$　松：记认tɕi$_{44}$ȵiɲ$_{44}$　黎：记认头tɕi$_{j32}$ȵiəɲ$_{44}$dieɯ$_{31}$　盛：记认/记号tɕi$_{j33}$ȵɪɲ$_{52}$/tɕi$_{j33}$ɦAɑ$_{52}$　嘉：记认tɕi$_{55}$ȵin$_{31}$　双：记认tɕi$_{z32}$ȵin$_{34}$　杭：记号儿tɕi$_{55}$ɦɔ$_{33}$ər$_{31}$　绍：记号/记认头/认号tɕi$_{43}$ɦɑɒ$_{33}$/tɕi$_{43}$ȵɪŋ$_{33}$dʏ$_{33}$/ȵɪŋ$_{23}$ɦɑɒ$_{33}$　诸：记认头tɕi$_{43}$ȵĩ$_{33}$dei$_{33}$　崇：记号/认tɕi$_{z33}$ɦɑɒ$_{23}$/ȵiŋ$_{14}$　太：记认头tɕi$_{55}$ȵiŋ$_{33}$dʏ$_{31}$　余：记号tɕi$_{55}$ɦɒ$_{31}$　宁：记认tɕi$_{z55}$nɪŋ$_{33}$　黄：记号tɕi$_{j33}$ɦɒ$_{44}$　温：记号tsɿ$_{52}$ɦз$_{22}$　衢：记号/记认tsɿ$_{55}$ɦɔ$_{31}$/tsɿ$_{55}$i^{ɲ}$_{31}$　华：记号/记认tɕi$_{j33}$ɑʊ$_{55}$/tɕi$_{j33}$ȵiɪn$_{55}$　永：记认tɕi$_{31}$ȵiɪɲ$_{24}$

刮风

宜：刮风/起风kuAʔ$_{5}$foŋ$_{55}$/tɕ'i$_{j33}$foŋ$_{44}$　溧：刮风kuɑʔ$_{5}$foŋ$_{34}$　金：刮风/起风kuɑʔ$_{\underline{53}}$foŋ$_{31}$/tɕ'i$_{z323}$foŋ$_{31}$　丹：刮风/起风kuɑʔ$_{\underline{53}}$foŋ$_{31}$/tɕ'i$_{z44}$foŋ$_{31}$　童：刮风kuAʔ$_{\underline{53}}$foŋ$_{31}$　靖：起风tɕ'i$_{j35}$foŋ$_{31}$　江：起风tɕ'i$_{j44}$foŋ$_{51}$　常：刮风/起风kuɑʔ$_{4}$foŋ$_{44}$/tɕ'i$_{j33}$foŋ$_{44}$　锡：刮风/起风kuɑʔ$_{4}$foŋ$_{55}$/tɕ'i$_{33}$foŋ$_{544}$　苏：起风/刮风tɕ'i$_{j52}$foŋ$_{44}$/kuAʔ$_{5}$foŋ$_{23}$　熟：起风tɕ'i$_{33}$fʊŋ$_{51}$　昆：起风tɕ'i$_{52}$foŋ$_{33}$　霜：刮风/响风/起风kuAʔ$_{4}$fo^{ŋ}$_{52}$/ɕiã$_{44}$fo^{ŋ}$_{52}$/tɕ'i$_{33}$fo^{ŋ}$_{52}$　罗：刮风kuAʔ$_{4}$fo^{ŋ}$_{52}$　周：刮风/起风kuɑʔ$_{4}$hoŋ$_{52}$/tɕ'i$_{33}$hoŋ$_{52}$　上：刮风kuɐʔ$_{4}$fʊŋ$_{52}$　松：刮风/起风kuAʔ$_{4}$fuŋ$_{52}$/tɕ'i$_{44}$fʊŋ$_{52}$　黎：吹大风ts'ɿ$_{44}$dзu$_{22}$foŋ$_{52}$　盛：刮风kuɑʔ$_{5}$foŋ$_{44}$　嘉：刮风kuɑʔ$_{4}$foŋ$_{51}$　双：发风fAʔ$_{3}$foŋ$_{44}$　杭：刮风/起风kuɐʔ$_{3}$foŋ$_{23}$/tɕ'i$_{44}$foŋ$_{323}$　绍：刮风kuæʔ$_{4}$foŋ$_{52}$　诸：刮风kuɐʔ$_{5}$foŋ$_{44}$　崇：刮风/起风kuɑʔ$_{3}$fʊ^{ŋ}$_{23}$/tɕ'i$_{z33}$fʊ^{ŋ}$_{52}$　太：刮风/起风kuɑʔ$_{4}$fʊŋ$_{52}$/tɕ'i$_{33}$fʊŋ$_{52}$　余：刮风kuɐʔ$_{3}$fʊŋ$_{44}$　宁：刮风kuɐʔ$_{3}$foŋ$_{51}$　黄：刮风kuɔʔ$_{3}$foŋ$_{31}$　温：刮风/打风ko$_{3}$xoŋ$_{44}$/tɛ$_{52}$xoŋ$_{44}$　衢：起风ts'ɿ$_{55}$fʌŋ$_{31}$　华：吹风/刮风/起风tɕ'y$_{32}$foŋ$_{35}$/kuɑ$_{3}$foŋ$_{35}$/tɕ'i$_{j53}$foŋ$_{35}$　永：吹风tɕ'ʏ$_{43}$foŋ$_{44}$

下雨

宜：落雨lɔʔ$_{3}$ɦy$_{ɥ53}$ 溧：落雨lɔʔ$_{3}$ɦy$_{z23}$ 金：下雨ɕia$_{52}$y$_{z31}$ 丹：落雨loʔ$_{3}$ɦy$_{z44}$ 童：落雨loʔ$_{\underline{42}}$ɦy$_{ɥ31}$ 靖：落雨lɔʔ$_{4}$ɦy$_{ɥ23}$ 江：落雨lɔʔ$_{2}$ɦy$_{23}$ 常：落雨lɔʔ$_{2}$ɦy$_{ɥ13}$ 锡：落雨lɔʔ$_{2}$ɦy$_{34}$ 苏：落雨lɔʔ$_{3}$ɦy$_{ɥ52}$ 熟：落雨loʔ$_{2}$ɦy$_{33}$ 昆：落雨loʔ$_{2}$ɦy$_{23}$ 霜：落雨loʔ$_{2}$ɦy$_{23}$ 罗：落雨loʔ$_{2}$ɦy$_{23}$ 周：落雨lɒʔ$_{2}$ɦy$_{23}$ 上：落雨loʔ$_{2}$ɦy$_{23}$ 松：落雨lɔʔ$_{3}$ɦy$_{44}$ 黎：落雨loʔ$_{3}$ɦy$_{ɥ33}$ 盛：落雨lɔʔ$_{4}$ɦy$_{ɥ33}$ 嘉：落雨ʔloʔ$_{3}$ɦy$_{44}$ 双：落雨loʔ$_{2}$ɦi$_{z52}$ 杭：落雨lɔʔ$_{2}$y$_{51}$ 绍：落雨loʔ$_{2}$ɦy$_{ɥ33}$ 诸：下雨/落雨ɦo$_{22}$ɦy$_{ɥ52}$/loʔ$_{2}$ɦy$_{ɥ52}$ 崇：落雨lɔʔ$_{2}$ɦy$_{ɥ23}$ 太：落雨lɔʔ$_{3}$ɦy$_{22}$ 余：落雨lɔʔ$_{2}$ɦy$_{23}$ 宁：落雨lɔʔ$_{2}$ɦy$_{ɥ34}$ 黄：落雨lɔʔ$_{2}$ɦy$_{ɥ31}$ 温：落雨lo$_{2}$vʊ$_{34}$ 衢：落雨ləʔ$_{2}$y$_{33}$ 华：落雨loʔ$_{3}$y$_{51}$ 永：落雨lᴀʊ$_{32}$ʏ$_{31}$

打闪

宜：打豁闪/打豁险tᴀŋ$_{33}$xuᴀʔ$_{5}$se$_{31}$/tᴀŋ$_{33}$xuᴀʔ$_{5}$ɕɪ$_{31}$ 溧：打霍险to$_{54}$xo$_{34}$ɕi$_{52}$ 金：豁险huɑʔ$_{5}$ɕĩ$_{23}$ 丹：豁险huɑʔ$_{3}$ɕɪ$_{33}$ 童：打霍险tɒ$_{33}$hoʔ$_{5}$ɕɪ$_{31}$ 靖：屋闪ʔɔʔ$_{5}$ɕyũ$_{34}$ 江：打霍险tɑ$_{44}$hoʔ$_{5}$ɕɪ$_{23}$ 常：霍险/霍霍险xɔʔ$_{4}$ɕɪ$_{52}$/xɔʔ$_{5}$xɔʔ$_{5}$ɕɪ$_{31}$ 锡：闪电/打霍险so$_{33}$dɪ$_{55}$/tã$_{33}$xɔʔ$_{55}$ɕɪ$_{55}$ 苏：霍险/闪电hɔʔ$_{3}$ɕɪ$_{52}$/sɵ$_{44}$dɪ$_{31}$ 熟：霍险xoʔ$_{3}$ɕie$_{33}$ 昆：霍险/闪电hoʔ$_{5}$ɕɪ$_{52}$/sɵ$_{52}$dɪ$_{33}$ 霜：霍险xoʔ$_{4}$ɕɪ$_{23}$ 罗：霍险hoʔ$_{5}$ɕi$_{31}$ 周：霍险hɒʔ$_{4}$ɕi$_{44}$ 上：霍险hoʔ$_{3}$ɕi$_{44}$ 松：霍息hɔʔ$_{3}$ɕiɪʔ$_{4}$ 黎：霍险hoʔ$_{5}$ɕiɪ$_{31}$ 盛：霍险hɔʔ$_{5}$ɕiɪ$_{31}$ 嘉：闪电/打霍险/霍险sʏə$_{51}$die$_{223}$/tᴀ˜$_{33}$hoʔ$_{5}$ɕie$_{31}$/hoʔ$_{5}$ɕie$_{31}$ 双：打闪tã$_{44}$ɕɪ$_{53}$ 杭：打霍闪tɑ$_{44}$hɔʔ$_{3}$so$_{23}$ 绍：霍闪hoʔ$_{5}$ɕiæ̃$_{33}$ 诸：打发闪tÃ$_{44}$fɐʔ$_{3}$sʏ$_{33}$ 崇：打忽闪tᴀ˜$_{33}$fɛʔ$_{3}$sœ$_{23}$ 太：打忽闪tᴀŋ$_{44}$fɛʔ$_{5}$ çiœ̃$_{31}$ 余：打豁闪/闪电tÃ$_{3}$huɐʔ$_{5}$sĩ$_{31}$/sɛ̃$_{33}$dĩ$_{52}$ 宁：打龙光闪tã$_{44}$loŋ$_{22}$kuɔ̃$_{55}$ɕi$_{z33}$ 黄：电闪巧die$_{23}$ɕie$_{33}$tɕʻiɒ$_{31}$ 温：闪电ɕiɑ$_{52}$di$_{22}$ 衢：□闪xuᴀʔ$_{4}$ʃɥə$_{53}$ 华：打火线tᴀŋ$_{544}$ xuo$_{44}$ɕie$_{35}$ 永：霍线xʊ$_{\underline{42}}$ɕie$_{54}$

打雷

宜：打阵头/廓阵头tᴀŋ$_{33}$zəŋ$_{55}$dʏɯ$_{55}$/kʻɔʔ$_{3}$zəŋ$_{55}$dʏɯ$_{55}$ 溧：打阵头to$_{54}$dzən$_{33}$dei$_{34}$ 金：响雷ɕiɑŋ$_{32}$lei$_{23}$ 丹：打雷/起雷tæ$_{44}$lᴇ$^{e}_{31}$/tɕʻi$_{z44}$lᴇ$^{e}_{31}$ 童：打雷tɒ$_{35}$lei$_{31}$ 靖：打雷/响雷tɑ$_{35}$lei$_{23}$/ɕĩ$_{35}$lei$_{23}$ 江：打雷动/打雷tɑ$_{44}$lᴇɪ$_{21}$doŋ$_{43}$/tɑ$_{44}$lᴇɪ$_{223}$ 常：阵头dzəɲ$_{21}$lei$_{13}$ 锡：打雷tã$_{33}$lᴇ$_{55}$ 苏：雷响lᴇ$_{22}$ɕiÃ$_{44}$ 熟：打雷/雷响(少)tᴀ˜$_{33}$lᴇ$_{51}$/lᴇ$_{24}$ɕiᴀ˜$_{31}$ 昆：雷响lᴇ$_{23}$ɕiã$_{41}$ 霜：雷响lʌɪ$_{24}$ɕia˜$_{31}$ 罗：打雷/雷响ta˜$_{44}$lʌɪ$_{31}$/lʌɪ$_{24}$ɕia˜$_{31}$ 周：打雷/雷响tᴀ˜$_{34}$le$_{52}$/le$_{23}$ɕiᴀ˜$_{44}$ 上：雷响/打雷lᴇ$_{22}$ɕiÃ$^{ɲ}_{44}$/tÃ$^{ɲ}_{44}$lᴇ$_{113}$ 松：打雷/雷打lɛ̃$_{35}$lᴇ$_{31}$/lᴇ$_{22}$tɛ̃$_{52}$ 黎：雷响lᴇ$_{22}$ɕiɛ̃$_{44}$ 盛：雷响lᴇ$_{22}$ɕiæ̃$_{44}$ 嘉：打雷tᴀ˜$_{44}$le$_{31}$ 双：打雷tã$_{32}$ləɪ$_{34}$ 杭：打雷/雷响tɑ$_{44}$leɪ$_{212}$/leɪ$_{22}$ɕiᴀŋ$_{51}$ 绍：打大雷taŋ$_{44}$do$_{23}$le$_{33}$ 诸：打天雷tÃ$_{44}$tʻiɪ$_{52}$le$_{42}$ 崇：打雷公/响雷/打雷tᴀ˜$_{44}$le$_{21}$kʊ$^{ŋ}_{23}$/ɕiᴀ˜$_{44}$le$_{23}$/tᴀ˜$_{55}$le$_{31}$ 太：打雷公tᴀŋ$_{44}$le$_{21}$kʊŋ$_{44}$ 余：打动雷/动雷tÃ$_{32}$dʊŋ$_{22}$le$_{23}$/dʊŋ$_{21}$le$_{23}$ 宁：响雷ɕiã$_{33}$lᴇɪ$_{35}$ 黄：打雷/雷响巧ta˜$_{55}$le$_{31}$/le$_{23}$ɕia˜$_{33}$tɕʻiɒ$_{31}$ 温：打雷/响雷t^{i}ɛ$_{3}$læi$_{31}$/ɕi$_{3}$læi$_{31}$ 衢：打雷公/响雷公tã$_{35}$ləɪ$_{32}$kʌŋ$_{23}$/ɕiã$_{35}$ləɪ$_{32}$kʌŋ$_{23}$ 华：打雷/打天雷tᴀŋ$_{55}$leɪ$_{31}$/tᴀŋ$_{544}$ tʻie$_{33}$leɪ$_{55}$ 永：打雷公/响雷公tᴀŋ$_{43}$ləɪ$_{22}$koŋ$_{44}$/ɕiᴀŋ$_{43}$ləɪ$_{22}$koŋ$_{44}$

结冰

宜：结冰tɕiɪʔ$_{5}$piŋ$_{55}$ 溧：结冰/冻冰tɕiɪʔ$_{5}$pin$_{34}$/toŋ$_{54}$pin$_{34}$ 金：上冻sɑŋ$_{52}$toŋ$_{44}$ 丹：结冰tɕɪʔ$_{\underline{53}}$piŋ$_{31}$ 童：结冰tɕiɪʔ$_{\underline{53}}$piŋ$_{31}$ 靖：结冻tɕiɪʔ$_{5}$toŋ$_{51}$ 江：结冰tɕiəʔ$_{5}$piɲ$_{43}$ 常：结冰tɕiɪʔ$_{3}$piɲ$_{44}$ 锡：结冰tɕiəʔ$_{4}$pin$_{55}$ 苏：结冰tɕiəʔ$_{5}$piɪn$_{23}$ 熟：结冰tɕɪʔ$_{3}$pĩ$^{ɲ}_{51}$ 昆：结冰tɕiɪʔ$_{4}$pin$_{44}$ 霜：结冰tɕ^{i}ɪʔ$_{4}$pĩ$_{52}$ 罗：结冰tɕ^{i}ɪʔ$_{4}$pɪ$^{n}_{52}$ 周：结冰tɕiɪʔ$_{3}$ɓiŋ$_{52}$ 上：结冰tɕiɪʔ$_{4}$piɲ$_{52}$ 松：结冰tɕiɪʔ$_{4}$piɲ$_{52}$ 黎：结冰tɕiəʔ$_{5}$piəɲ$_{44}$ 盛：结冰tɕiɪʔ$_{5}$pɪɲ$_{44}$ 嘉：结冰tɕiəʔ$_{4}$pin$_{51}$ 双：结冰tɕieʔ$_{3}$pɪn$_{44}$ 杭：结冰tɕiɪʔ$_{3}$pin$_{23}$ 绍：结冰tɕɪʔ$_{4}$pɪŋ$_{52}$ 诸：结冰冻tɕiəʔ$_{4}$pĩ$_{22}$toŋ$_{33}$ 崇：结冰tɕiᴇʔ$_{3}$pɪŋ$_{52}$ 太：结冰tɕieʔ$_{3}$

piŋ$_{52}$ 余：结冰tɕɪʔ$_{3}$peɲ$_{44}$ 宁：结冰tɕiɪʔ$_{3}$pɪŋ$_{51}$ 黄：结冰/霜冰轧巧tɕieʔ$_{3}$piɪŋ$_{31}$/sɒ$_{34}$piɪŋ$_{55}$dʑiɐʔ$_{3}$ tɕʻiɒ$_{31}$ 温：结冰tɕi$_{3}$pəŋ$_{44}$ 衢：结冰tɕiəʔ$_{5}$bi^{n}$_{31}$ 华：结冰tɕiəʔ$_{4}$piɪn$_{35}$ 永：结冰/结冻tɕie$_{\underline{43}}$miɪɲ$_{44}$ /tɕie$_{\underline{43}}$noŋ$_{44}$

化雪

宜：烊雪ɦiAŋ$_{21}$ɕye$_{23}$ 溧：烊雪ɦie$_{32}$ɕye$_{23}$ 金：化雪xuɑ$_{44}$ɕyeʔ$_{4}$ 丹：化雪ho$_{44}$ɕyɪʔ$_{\underline{31}}$ 童：雪化勒ɕiɪʔ$_{3}$hɒ$_{5}$ləʔ$_{\underline{31}}$ 靖：烊雪ɦĩ$_{22}$sɪʔ$_{5}$ 江：烊雪/开烊ɦiA^{ŋ}$_{21}$sɪʔ$_{4}$/kʻEʔ$_{44}$ɦiA^{ŋ}$_{223}$ 常：烊雪ɦiAɲ$_{21}$ ɕiɪʔ$_{4}$ 锡：烊雪ɦiã$_{24}$sɪʔ$_{\underline{31}}$ 苏：烊雪ɦiÃ$_{23}$ɕiəʔ$_{5}$ 熟：烊雪ɦiA˜$_{24}$sɪʔ$_{\underline{31}}$ 昆：烊雪ɦiã$_{23}$sɪʔ$_{4}$ 霜：烊雪ɦia˜$_{22}$sɪʔ$_{4}$ 罗：烊雪ɦia˜$_{23}$ɕɪʔ$_{5}$ 周：烊雪ɦiA˜$_{23}$ɕiɪʔ$_{4}$ 上：烊雪ɦiÃ^{ɲ}$_{22}$ɕiɪʔ$_{4}$ 松：烊雪ɦiɛ̃$_{24}$ɕiɪʔ$_{3}$ 黎：烊雪ɦiɛ̃$_{24}$sɪʔ$_{2}$ 盛：烊雪ɦiæ̃$_{24}$sɪʔ$_{2}$ 嘉：烊雪ɦiA˜$_{24}$ɕiəʔ$_{\underline{54}}$ 双：烊雪ɦiã$_{33}$ɕieʔ$_{\underline{54}}$ 杭：烊雪ɦiAŋ$_{33}$ ɕiɪʔ$_{5}$ 绍：烊雪ɦiaŋ$_{22}$ɕɪʔ$_{5}$ 诸：烊雪ɦiÃ$_{31}$ɕiəʔ$_{4}$ 崇：烊雪ɦiA˜$_{22}$ɕiEʔ$_{4}$ 太：烊雪ɦiAŋ$_{24}$ɕieʔ$_{2}$ 余：烊雪ɦiÃ$_{22}$ɕɪʔ$_{5}$ 宁：雪湿掉勒sɔʔ$_{4}$sɐʔ$_{5}$diɔ$_{33}$le$_{31}$ 黄：雪烊sɔʔ$_{3}$ɦia˜$_{31}$ 温：烊雪ɦi$_{25}$ɕy$_{24}$ 衢：烊雪ɦiã$_{22}$ɕiəʔ$_{5}$ 华：烊雪ɦiAŋ$_{32}$ɕye$_{35}$ 永：烊雪ʔɦiAŋ$_{32}$ɕie$_{434}$

涨潮

宜：涨水tsAŋ$_{35}$ɕyɥ$_{31}$ 溧：涨潮tsAŋ$_{54}$zɑ^{ʏ}$_{34}$ 金：涨潮tsɑŋ$_{32}$tsʻɑ^{ɔ}$_{23}$ 丹：涨潮tsæ$_{44}$tsʻɒ$_{23}$ 童：来潮laɪ$_{24}$dzɐʏ$_{31}$ 靖：涨潮tɕiæ̃$_{35}$dʑiɒ$_{23}$ 江：涨潮tsA^{ŋ}$_{44}$dzɒ$_{223}$ 常：涨潮tsAɲ$_{34}$dzɑʏ$_{213}$ 锡：涨潮tsã$_{33}$zʌ$_{55}$ 苏：涨潮tsÃ$_{44}$zæ$_{223}$ 熟： 昆：涨水tsã$_{52}$sʮ$_{33}$ 霜：涨潮tsa˜$_{44}$zɔ$_{31}$ 罗：涨潮tsa˜$_{35}$zɔ$_{31}$ 周：涨潮tsA˜$_{33}$zɔ$_{52}$ 上：涨潮tsÃ^{ɲ}$_{44}$zɔ$_{113}$ 松：涨潮/潮来tsɛ̃$_{35}$zɔ$_{31}$/zɔ$_{22}$lE$_{52}$ 黎： 盛：涨潮tsæ̃$_{51}$dzAɑ$_{24}$ 嘉：涨潮tsA˜$_{51}$zɔ$_{31}$ 双：涨潮/起潮tsã$_{32}$zɔ$_{34}$/tɕʻi$_{z32}$zɔ$_{34}$ 杭：涨潮tsAŋ$_{44}$dzɔ$_{212}$ 绍：涨潮tsaŋ$_{44}$dzɑɒ$_{31}$ 诸：涨潮tsÃ$_{44}$dzɔ$_{233}$ 崇： 太： 余：涨潮tsÃ$_{33}$dzɒ$_{44}$ 宁：涨潮tɕiã$_{55}$ dʑiɵ$_{33}$ 黄：潮涨巧dʑiɒ$_{23}$tɕia˜$_{33}$tɕʻiɒ$_{31}$ 温：潮涨dʑiɛ$_{52}$tɕi$_{34}$ 衢：涨潮tʃʮã$_{35}$dzɔ$_{31}$ 华： 永：涨潮tɕiAŋ$_{43}$tsAʊ$_{44}$

淋雨

宜：涿雨tɔʔ$_{\underline{53}}$ɦyɥ$_{31}$ 溧：涿雨tɔʔ$_{5}$ɦy$_{z34}$ 金：搭雨tɑʔ$_{\underline{53}}$y$_{z31}$ 丹：涿雨toʔ$_{3}$ɦy$_{z44}$ 童：涿雨toʔ$_{\underline{53}}$ɦyɥ$_{31}$ 靖：涿雨tɔʔ$_{5}$ɦyɥ$_{23}$ 江：涿雨toʔ$_{4}$ʔy$_{45}$ 常：涿雨tɔʔ$_{4}$yɥ$_{44}$ 锡：淋雨/涿雨lin$_{24}$ɦy$_{31}$/tɔʔ$_{4}$ɦy$_{34}$ 苏：涿雨/淋雨tɔʔ$_{5}$ɦyɥ$_{52}$/liɪn$_{23}$ɦyɥ$_{31}$ 熟：涿雨toʔ$_{3}$ɦy$_{33}$ 昆：淋雨lin$_{23}$ɦy$_{41}$ 霜：淋雨lĩ$_{24}$ɦy$_{31}$ 罗：淋雨lɪ^{n}$_{24}$ɦy$_{31}$ 周：淋雨liɪŋ$_{13}$ɦy$_{113}$ 上：淋雨/涿雨(少)liɲ$_{33}$ɦy$_{113}$/toʔ$_{4}$ɦy$_{113}$ 松：淋雨liɲ$_{13}$ɦy$_{113}$ 黎：落着雨/浞雨loʔ$_{3}$zAʔ$_{3}$ɦyɥ$_{34}$/dzoʔ$_{3}$ɦyɥ$_{34}$ 盛：浞雨dzoʔ$_{3}$ɦyɥ$_{22}$ 嘉：雨浞/淋雨ʔy$_{44}$zoʔ$_{\underline{12}}$/lin$_{24}$ʔy$_{44}$ 双：浞雨zoʔ$_{2}$ɦi$_{z52}$ 杭：淋雨/浞雨lɪn$_{22}$y$_{51}$/dzɔʔ$_{2}$y$_{52}$ 绍：浞雨zoʔ$_{2}$ɦyɥ$_{33}$ 诸：浞雨阵头dzoʔ$_{2}$ɦyɥ$_{22}$dzẼĩ$_{33}$dei$_{33}$ 崇：淋雨/浞雨lɪŋ$_{21}$ɦyɥ$_{23}$/dʑioʔ$_{2}$ɦyɥ$_{23}$ 太：浞雨ɟioʔ$_{3}$ɦy$_{22}$ 余：淋雨leɲ$_{21}$ɦy$_{23}$ 宁：淋雨lɪŋ$_{22}$ɦyɥ$_{35}$ 黄：淋雨liɪŋ$_{23}$ɦyɥ$_{31}$ 温：淋雨lʌŋ$_{22}$vʊ$_{24}$ 衢：落着雨/涿雨ləʔ$_{2}$dʒʮəʔ$_{3}$y$_{55}$/təʔ$_{4}$y$_{53}$ 华：涿雨toʔ$_{4}$y$_{51}$ 永：淋雨/打巧liɪɲ$_{32}$Y$_{323}$/nai$_{32}$tɕʻiAʊ$_{32}$

掉下来

宜：漏下来lʏɯ$_{22}$ɦo$_{22}$lɐɪ$_{53}$ 溧：掉下来tiɑ^{ʏ}$_{54}$ɦo$_{33}$læE$_{34}$ 金：掉下来tiɑ^{ɔ}$_{22}$ɑ$_{33}$lɛ^{e}$_{44}$ 丹：漏/落/跌lE^{e}$_{22}$/loʔ$_{\underline{24}}$/tiʔ$_{3}$ 童：掉/漏tiɐʏ$_{45}$/lei$_{45}$ 靖：□下来tʻəʔ$_{\underline{53}}$ɦo$_{33}$læ$_{31}$ 江：落下来/漏下来loʔ$_{2}$ɦo$_{44}$ læ$_{31}$/lEI$_{24}$ɦo$_{33}$læ$_{31}$ 常：落下来/漏下来/掼下来lɔʔ$_{2}$ɦo$_{11}$læ$_{13}$/lei$_{21}$ɦo$_{11}$læ$_{13}$/guæe$_{21}$ɦo$_{11}$læ$_{13}$ 锡：落下来lɔʔ$_{2}$ɦu$_{55}$læ$_{31}$ 苏：特下来dəʔ$_{3}$ɦo$_{33}$lE$_{31}$ 熟：落下来loʔ$_{2}$ɦu$_{33}$læ$_{51}$ 昆：特下来dəʔ$_{2}$ɦo$_{34}$lɛ$_{41}$ 霜：落下来loʔ$_{2}$ɦ^{ʌ}ʏ$_{2}$lE$_{23}$ 罗：落下来loʔ$_{2}$ɦ^{ʌ}ʏ$_{24}$le$_{52}$ 周：落下来/跌下来lɒʔ$_{2}$ɦɔ$_{23}$le$_{52}$/dɪʔ$_{4}$ɦɔ$_{44}$le$_{52}$ 上：落下来/特下来loʔ$_{2}$ɦo$_{22}$lE$_{23}$/dɐʔ$_{2}$ɦo$_{22}$lE$_{23}$ 松：落下来lɔʔ$_{2}$ɦɔ$_{55}$lE$_{31}$ 黎：特落来dəʔ$_{3}$loʔ$_{3}$lE$_{34}$

盛:落lɔʔ$_{2}$　嘉:落下来ʔlɔʔ$_{4}$ɦo$_{44}$lᴇ^{ɛ}$_{51}$　双:搨脱来tʻᴀʔ$_{5}$tʻəʔ$_{5}$lᴇ$_{21}$　杭:跌落来tɪɪʔ$_{4}$lɔʔ$_{44}$lᴇ$_{44}$　绍:跌落来tɪʔ$_{4}$loʔ$_{44}$le$_{52}$　诸:掼落来/跌落来guɛ$_{23}$loʔ$_{33}$le$_{33}$/tiəʔ$_{5}$loʔ$_{3}$le$_{33}$　崇:藤落来dɪŋ$_{22}$lɔʔ$_{4}$le$_{52}$　太:藤落来deŋ$_{23}$lɔʔ$_{3}$le$_{52}$　余:笃落来tɔʔ$_{4}$lɔʔ$_{4}$le$_{52}$　宁:笃落来tɔʔ$_{5}$lɔʔ$_{3}$le$_{33}$　黄:脱落落tʻɐʔ$_{5}$lɔʔ$_{3}$lɔʔ$_{\underline{31}}$　温:氽dʌŋ$_{22}$　衢:跌落来tiəʔ$_{5}$ləʔ$_{3}$lɛ$_{31}$　华:塌落来/塌来tʻɐʔ$_{3}$loʔ$_{5}$lɛ$_{31}$/tʻɐʔ$_{3}$lɛ$_{24}$　永:脱落哎/脱落来tʻᴀʊ$_{\underline{43}}$lᴀʊ$_{32}$əɪ$_{31}$/tʻᴀʊ$_{\underline{43}}$lᴀʊ$_{32}$ləɪ$_{31}$

看

宜:看/望kʻe$_{324}$/vᴀŋ$_{31}$　溧:看/望/张kʻʊ$_{412}$/mᴀŋ$_{31}$/tsᴀ̃$_{44}$　金:看/望kʻæ̃$_{44}$/uɑŋ$_{44}$　丹:看/望kʻɪ$_{324}$/uɑŋ$_{41}$　童:看kʻʊ$_{45}$　靖:望/张/看mɑŋ$_{31}$/tɕiæ̃$_{433}$/kʻõ$_{51}$　江:望/看mᴀ^{ŋ}$_{223}$/kʻɵ$_{435}$　常:看/望/关(一眼)kʻɔ$_{51}$/mᴀɲ$_{24}$/kʻuæ$_{44}$　锡:看/标(少)/张/相相kʻo$_{34}$/piʌ$_{544}$/tsã$_{544}$/siã$_{55}$siã$_{31}$　苏:看kʻɵ$_{412}$　熟:看/望/张kʻɤ$_{324}$/mᴀ̃$_{213}$/tʂᴀ̃$_{52}$　昆:看kʻɵ$_{412}$　霜:看/望/张kʻʌɤ$_{434}$/mɒ̃$_{213}$/tsã$_{52}$　罗:看/望/张kʻʌɤ$_{434}$/mɒ̃$_{213}$/tsã$_{52}$　周:看/望kʻø$_{335}$/mɒ̃$_{113}$　上:看/望/张kʻø$_{334}$/mÃ^{ɲ}$_{113}$/tsÃ^{ɲ}$_{52}$　松:看kʻø$_{335}$　黎:看kʻɵ$_{324}$　盛:看kʻɵ$_{413}$　嘉:看kʻɤə$_{334}$　双:看kʻᴇ$_{334}$　杭:看/望/张kʻᴇ$_{334}$/ɦuᴀŋ$_{113}$/tsᴀŋ$_{323}$　绍:看/望/张kʻɪ$_{33}$/mɒŋ$_{22}$/tsaŋ$_{52}$　诸:看kʻɤ$_{544}$　崇:张tsᴀ̃$_{533}$　太:张ciᴀŋ$_{523}$　余:看/张kʻɪ̃$_{52}$/tsÃ$_{34}$　宁:看/张/望kʻi$_{52}$/tɕiã$_{52}$/mɔ̃$_{113}$　黄:望/看mɒ̃$_{113}$/kʻɛ$_{35}$　温:眙/张tsʻɿ$_{52}$/tɕi$_{44}$　衢:看kʻə$_{53}$　华:望/张moŋ$_{24}$/tɕiᴀŋ$_{324}$　永:望mᴀŋ$_{214}$

瞪眼

宜:瞪眼睛təŋ$_{33}$ŋᴀ$_{55}$tɕiŋ$_{55}$　溧:货眼xʌɯ$_{52}$ŋᴀ$_{52}$　金:翻眼睛fæ̃$_{44}$æ̃$_{44}$tɕiŋ$_{52}$　丹:瞪眼睛tɛn$_{44}$ŋæ$_{33}$tɕiŋ$_{31}$　童:翻白眼fɑ$_{33}$boʔ$_{5}$ŋɒ$_{31}$　靖:瞪眼睛/勒眼睛təŋ$_{51}$ŋæ̃$_{22}$tsiŋ$_{44}$/ləʔ$_{4}$ŋæ̃$_{22}$tsiŋ$_{44}$　江:瞪眼tᴇɲ$_{44}$ʔŋæ$_{45}$　常:瞪眼təɲ$_{44}$ʔŋæ$_{334}$　锡:弹眼睛dɛ$_{21}$ŋɛ$_{23}$tsin$_{55}$　苏:弹眼睛dᴇ$_{33}$ŋᴇ$_{22}$tɕiɪn$_{44}$　熟:弹眼睛dæ$_{23}$ŋæ$_{55}$tsĩ^{ɲ}$_{51}$　昆:白眼睛bᴀʔ$_{2}$ŋɛ$_{34}$tsin$_{41}$　霜:弹眼dᴇ$_{23}$ŋᴇ$_{213}$　罗:弹眼睛/弹眼落睛de$_{22}$ŋe$_{24}$tɕɪ^{n}$_{31}$/de$_{22}$ŋe$_{55}$loʔ$_{3}$tɕɪ^{n}$_{31}$　周:藤眼落睛/藤眼睛dəŋ$_{22}$ŋɛ$_{23}$lɒʔ$_{5}$tɕiɪŋ$_{31}$/dəŋ$_{22}$ŋɛ$_{23}$tɕiɪŋ$_{52}$　上:弹眼落睛dᴇ$_{22}$ŋᴇ$_{55}$loʔ$_{3}$tɕiɲ$_{31}$　松:弹眼睛/瞪眼乌珠dᴇ$_{33}$ŋᴇ$_{24}$tɕiɲ$_{31}$/təɲ$_{44}$ŋᴇ$_{22}$ʋu$_{55}$tɕy$_{31}$　黎:弹眼睛/眼乌子弹出dᴇ$_{22}$ŋᴇ$_{55}$tsiəɲ$_{31}$/ʔŋᴇ$_{33}$u$_{55}$tsɿ$_{33}$dᴇ$_{22}$tsʻəʔ$_{5}$　盛:弹眼睛dᴇ$_{32}$ŋᴇ$_{55}$tɕɪɲ$_{31}$　嘉:弹出眼睛dᴇ$_{22}$tsʻəʔ$_{4}$ɦᴇ^{ɛ}$_{22}$tɕin$_{51}$　双:瞪眼睛/眼睛弹出tən$_{32}$ŋᴇ$_{24}$tɕɪn$_{52}$/ŋᴇ$_{24}$tɕɪn$_{52}$dᴇ$_{21}$tsʻəʔ$_{\underline{34}}$　杭:瞪眼/眼睛乌子弹出tən$_{33}$ʔie$_{51}$/ʔie$_{55}$tɕɪn$_{33}$u$_{33}$tsɿ$_{31}$dᴇ$_{21}$tsʻəʔ$_{5}$　绍:眼睛瞪起ŋæ̃$_{23}$tɕɪŋ$_{52}$tɪŋ$_{33}$tɕʻi$_{334}$　诸:瞪眼tĩ$_{52}$ŋɛ$_{42}$　崇:眼睛弹出ŋæ̃$_{23}$tɕiŋ$_{52}$dæ̃$_{23}$tsʻᴇʔ$_{4}$　太:眼睛弹出ŋæ̃$_{23}$tɕiŋ$_{44}$dæ̃$_{23}$cʻieʔ$_{4}$　余:瞪眼teɲ$_{32}$ŋɛ̃$_{23}$　宁:弹眼乌子dᴇ$_{22}$ŋᴇ$_{55}$u$_{33}$tsɿ$_{31}$　黄:眼瞪葛提ȵie$_{53}$təŋ$_{55}$kɐʔ$_{3}$di$_{j31}$　温:眼儿珠光起/□ŋɑ$_{52}$ŋ̍$_{22}$tsɿ$_{44}$k^{ʊ}ɔ$_{44}$tsʻɿ$_{34}$/tʻʌŋ$_{52}$　衢:瞪眼睛/愣眼睛tən$_{55}$ŋæ̃$_{45}$tɕiɲ$_{31}$/lən$_{33}$ŋæ̃$_{45}$tɕiɲ$_{31}$　华:瞪眼睛/瞪眼tən$_{33}$ɑ$_{55}$tɕiɪn$_{35}$/tən$_{33}$ɑ$_{51}$　永:弹眼dᴀ$_{32}$ŋᴀ$_{31}$

听

宜:听tʻiŋ$_{324}$　溧:听tʻin$_{44}$　金:听tʻiŋ$_{44}$　丹:听tʻiŋ$_{324}$　童:听tʻiŋ$_{42}$　靖:听tʻiŋ$_{51}$　江:听tʻiɲ$_{51}$　常:听tʻiɲ$_{51}$　锡:听tʻin$_{544}$　苏:听tʻiɪn$_{44}$　熟:听tʻĩ^{ɲ}$_{52}$　昆:听tʻin$_{44}$　霜:听/闻tʻĩ$_{52}$/mɛ̃$_{213}$　罗:听tʻɪ^{n}$_{52}$　周:听tʻiɪŋ$_{52}$　上:听tʻiɲ$_{52}$　松:听tʻiɲ$_{52}$　黎:听tʻəɲ$_{44}$　盛:听tʻɪɲ$_{44}$　嘉:听tʻin$_{51}$　双:听tʻɪn$_{44}$　杭:听tʻɪn$_{323}$　绍:听tʻiŋ$_{52}$　诸:听tʻĩ$_{433}$　崇:听tʻiŋ$_{533}$　太:听tʻiŋ$_{523}$　余:听tʻeɲ$_{34}$　宁:听tʻɪŋ$_{52}$　黄:听tʻiɪŋ$_{44}$　温:听tʻəŋ$_{44}$　衢:听tʻi^{ɲ}$_{434}$　华:听tʻiɪn$_{324}$　永:听tʻiɪŋ$_{44}$

闻

宜:闻vəŋ$_{223}$　溧:闻mən$_{323}$　金:闻uəŋ$_{24}$　丹:闻mɛn$_{22}$　童:闻ʔməŋ$_{42}$　靖:闻məŋ$_{223}$　江:闻mᴇɲ$_{223}$　常:闻məɲ$_{213}$　锡:闻mən$_{213}$　苏:闻mən$_{223}$　熟:哄xʊŋ$_{324}$　昆:闻mən$_{132}$　霜:

很xẽ434　罗：闻mẽ^{n} 31　周：闻məɲ113　上：闻məɲ113　松：闻məɲ31　黎：闻/嗅vəɲ213/ɕiɯ413　盛：闻vəɲ24/məɲ24　嘉：闻mən31　双：闻mən113　杭：闻ʔvən323　绍：嗅ɕiʊŋ33　诸：嗅ɕioŋ544　崇：嗅ɕiʊ^{ŋ} 533　太：嗅ɕiʊŋ523　余：闻/嗅meɲ113/ɕiʊŋ52　宁：嗅ɕioŋ52　黄：嗅/闻ɕioŋ44/vəŋ22　温：嗅xoŋ52　衢：闻mən323　华：闻fən213　永：喷p'iɪŋ44

吃

宜：吃tɕ'iɪʔ45　溧：吃tɕ'iɪʔ223　金：吃tɕ'ieʔ4　丹：吃tɕ'ɪʔ24　童：吃tɕ'iəʔ5　靖：吃/□tɕ'iəʔ5/dʑyɑŋ223　江：吃tɕ'iəʔ5　常：吃tɕ'iɪʔ5　锡：吃tɕ'iəʔ5　苏：吃tɕ'iəʔ5　熟：吃/触饥(贬)tɕ'ɪʔ5/ts'oʔ3tsi34　昆：吃tɕ'iɪʔ5　霜：吃tɕ'iɪʔ5　罗：吃tɕ'iɐʔ5　周：吃tɕ'iʌʔ5　上：吃tɕ'iəʔ5/tɕ'ioʔ5　松：吃tɕ'iʌʔ5　黎：吃tɕ'iəʔ5　盛：吃tɕ'iɐʔ5　嘉：吃tɕ'iəʔ54　双：吃tɕ'ieʔ54　杭：吃/食饥(贬)/倒饥(贬)tɕ'yɔʔ5/zəʔ2tɕi33/tɔ55tɕi31　绍：吃tɕ'ɪʔ5　诸：吃tɕ'iəʔ5　崇：食zᴇʔ12　太：食ʑiɛʔ12　余：吃tɕ'yɔʔ5　宁：吃/裁tɕ'yɔʔ5/ze113　黄：吃tɕ'yɔʔ5　温：吃ts'ɿ423　衢：吃tɕ'iəʔ5　华：吃tɕ'iəʔ4　永：食szəɪ323

喝

宜：喝xəʔ5　溧：□xʌɯ44　金：喝həʔ4　丹：喝hɛʔ3　童：喝hoʔ5　靖：喝hɔʔ5　江：喝hɜʔ5　常：呵xʌɯ44　锡：喝xəʔ5　苏：喝/□hᴀʔ5/hɜu44　熟：喝xᴇʔ5　昆：喝həʔ5　霜：喝xəʔ5　罗：喝hɐʔ5　周：喝həʔ5　上：喝hɐʔ5　松：喝həʔ5　黎：吃tɕ'iəʔ5　盛：吃tɕ'iɐʔ5　嘉：喝həʔ54　双：呼xəu44　杭：喝hɐʔ5　绍：喝hᴀʔ5　诸：喝hɐʔ5　崇：喝hæʔ45　太：喝hɛʔ45　余：喝hɐʔ5　宁：喝hɐʔ5　黄：喝hɐʔ5　温：喝xɑ423　衢：喝xəʔ5　华：喝xuoɐ324　永：食szəɪ323

吸

宜：吸ɕiɪʔ5　溧：吸ɕiɪʔ5　金：吸ɕieʔ4　丹：吸ɕɪʔ3　童：吸ɕiɪʔ　靖：吸ɕiɪʔ5　江：吃tɕ'iəʔ5　常：吸ɕiɪʔ5　锡：吸ɕiəʔ5　苏：吸/嗍/呼ɕiəʔ5/sɔʔ5/hɜu55　熟：休ɕiɯ52　昆：吸ɕiəʔ5　霜：吸ɕi^{ɪ}ʔ5　罗：吸ɕiɪʔ5　周：吸ɕ^{i}ɪʔ5/tɕiʌʔ5　上：吸ɕiɪʔ5/tɕ'iəʔ5　松：吸ɕiɪʔ5　黎：吸/嗍ɕiəʔ5/soʔ5　盛：嗍sɔʔ5　嘉：吃tɕ'iəʔ54　双：吸/嗍ɕieʔ54/soʔ54　杭：吸ɕiɪʔ5　绍：吸ɕɪʔ5　诸：吸/嗍ɕiəʔ5/soʔ5　崇：角kɔʔ45　太：角kɔʔ45　余：吸ɕɪʔ5　宁：嗍suɔʔ5　黄：吸/呼ɕie5/hu53　温：抽tɕ'iu44　衢：吸ɕiəʔ5　华：吸ɕiəʔ4　永：吸ɕiə434

咬

宜：咬ŋɑɣ24　溧：咬ŋɑ^{ɣ} 224　金：咬iɑ^{ɔ} 323　丹：咬ŋɒ213　童：咬ŋɐɣ113　靖：咬/啃ŋɒ223/k'əŋ334　江：咬ʔŋɒ45　常：咬ʔŋɑɣ334　锡：咬ŋʌ33　苏：咬ŋæ31　熟：咬ŋɔ31　昆：咬ŋɔ223　霜：咬ŋɔ213　罗：咬ŋɔ213　周：咬ŋɔ113　上：咬ŋɔ113　松：咬ŋɔ113　黎：咬ŋᴀ^{ɔ} 32　盛：咬ŋᴀɑ22　嘉：咬ŋɔ223　双：咬ŋɔ31　杭：咬ʔiɔ51　绍：咬ŋɔ113　诸：咬ŋɔ31　崇：咬ŋɑɒ22　太：咬ŋɑɒ312　余：咬ŋɒ113　宁：咬ŋɔ113　黄：咬ʔŋɒ53　温：咬ŋ^{u}ɔ24　衢：咬ŋɔ31　华：咬ɦɯə24　永：咬ŋɤə323

啃

宜：啃k'əŋ51　溧：啃k'əŋ52　金：啃k'əŋ323　丹：啃k'ɛn44　童：啃k'əŋ324　靖：啃/咬k'əŋ334/ŋɒ223　江：啃k'ᴇɲ45　常：啃k'əɲ334　锡：啃k'ən323　苏：砑/啃ŋɒ223/k'ən51　熟：砑ŋɑ233　昆：砑ŋɑ223　霜：啃k'ẽ434　罗：啃k'ẽ^{n} 434　周：砑/啃ŋɑ113/k'əŋ335　上：啃/砑k'əɲ334/ŋᴀ113　松：啃k'əɲ44　黎：砑ŋɒ24　盛：砑ŋɑ24　嘉：啃k'ən324　双：啃k'ən53　杭：啃k'ən51　绍：啃k'əŋ334　诸：啃k'ĩ52　崇：啃k'ɪŋ324　太：啃k'əŋ42　余：啃k'eɲ435　宁：啃k'ɐŋ325　黄：啃k'əŋ53　温：啃k'ʌŋ44　衢：啃k'ən35　华：啃/咬k'ən544/ʔiɑʊ544　永：啃k'əɲ434

嚼

宜：嚼ʑiɔʔ$_{\underline{23}}$　溧：嚼ɕʑiɑ$_{223}$　金：嚼tɕiɑʔ$_{4}$　丹：嚼dʑiɑʔ$_{\underline{24}}$　童：嚼tɕiᴀʔ$_{5}$　靖：嚼sziɑʔ$_{\underline{34}}$　江：嚼ziɑʔ$_{\underline{12}}$　常：嚼ʑiɑʔ$_{\underline{23}}$　锡：嚼ziɑʔ$_{\underline{23}}$　苏：嚼ʑiɑʔ$_{\underline{23}}$　熟：嚼ziᴀʔ$_{\underline{23}}$　昆：嚼ziᴀʔ$_{\underline{12}}$　霜：嚼ziᴀʔ$_{\underline{23}}$　罗：嚼ziᴀʔ$_{\underline{23}}$　周：嚼ʑiɑʔ$_{\underline{23}}$　上：嚼ʑiɐʔ$_{\underline{23}}$　松：嚼ʑiᴀʔ$_{\underline{23}}$　黎：嚼ziᴀʔ$_{\underline{23}}$　盛：嚼ziɑʔ$_{2}$　嘉：嚼dʑiᴀʔ$_{\underline{12}}$　双：嚼dʑiᴀʔ$_{\underline{23}}$　杭：嚼dʑiɪʔ$_{\underline{12}}$　绍：嚼ʑiᴀʔ$_{\underline{23}}$　诸：嚼ʑiɐʔ$_{\underline{12}}$　崇：嚼ʑiɑʔ$_{\underline{12}}$　太：嚼ʑiɑʔ$_{\underline{12}}$　余：嚼ɦiɐʔ$_{\underline{23}}$　宁：嚼ʑiɪʔ$_{\underline{23}}$　黄：钳ʑie$_{31}$　温：嚼ɦiɑ$_{323}$　衢：嚼ʑiᴀʔ$_{\underline{12}}$　华：嚼tɕiɐ$_{45}$　永：嚼ɕʑiᴀʊ$_{323}$

吞

宜：吞/咽t‘əŋ$_{55}$/ʔɪ$_{324}$　溧：吞/咽t‘ən$_{445}$/ʔi$_{412}$　金：吞/咽t‘əŋ$_{31}$/ieʔ$_{4}$　丹：吞/咽t‘ɛn$_{22}$/ɪ$_{324}$　童：吞/咽t‘əŋ$_{42}$/ɪ$_{45}$　靖：吞/咽t‘əŋ$_{433}$/ʔĩ$_{51}$　江：吞/咽t‘ᴇɲ$_{51}$/ʔɪ$_{435}$　常：吞/咽t‘əɲ$_{44}$/ʔɪ$_{51}$　锡：吞/咽t‘ən$_{544}$/ʔɪ$_{34}$　苏：吞/咽t‘ən$_{44}$/ʔɪ$_{412}$　熟：吞/咽t‘ɛ̃ᶮ$_{52}$/ʔie$_{324}$　昆：咽ʔɪ$_{412}$　霜：吞/咽t‘ɛ̃$_{52}$/ʔɪ$_{434}$　罗：吞/咽t‘ɛ̃ⁿ$_{52}$/ʔi$_{434}$　周：吞/咽t‘əŋ$_{52}$/ʔi$_{335}$　上：吞/咽t‘əɲ$_{52}$/ʔɪ$_{334}$　松：咽/吞ʔɪ$_{335}$/t‘əɲ$_{52}$　黎：咽/吞ʔiɪ$_{413}$/t‘əɲ$_{44}$　盛：吞t‘əɲ$_{44}$　嘉：吞t‘ən$_{51}$　双：吞t‘ən$_{44}$　杭：吞/咽t‘uən$_{323}$/ʔie$_{334}$　绍：吞t‘ɵ̃$_{52}$/ʔĩ$_{33}$　诸：吞/咽t‘ẽɪ̃$_{544}$/ʔiɪ$_{544}$　崇：吞/咽t‘ɪŋ$_{533}$/ʔiẽ$_{324}$　太：吞/咽t‘eŋ$_{523}$/ʔiẽ$_{35}$　余：吞/咽t‘eɲ$_{34}$/ʔĩ$_{52}$　宁：吞/咽t‘ɐŋ$_{325}$/ʔi$_{52}$　黄：吞/咽t‘əŋ$_{53}$/ʔie$_{44}$　温：吞/咽t‘ɵ$_{44}$/ʔi$_{52}$　衢：吞/咽t‘ən$_{434}$/ʔɦiã$_{31}$　华：吞/咽t‘ən$_{324}$/ʔiæ̃$_{45}$　永：吞t‘ɤə$_{44}$

含

宜：含ɦe$_{223}$　溧：含ɦʊ$_{323}$　金：含/和xæ̃$_{24}$/ho$_{24}$　丹：含həŋ$_{324}$　童：含xɦʊ$_{31}$　靖：含/□ɦũ$_{223}$/ʔmi$_{j433}$　江：含hɦɵ$_{223}$　常：含ɦɔ$_{213}$　锡：含ɦo$_{213}$　苏：含ɦɵ$_{223}$　熟：含/衔ɦɤ$_{233}$/ɦæ$_{233}$　昆：含ɦɵ$_{21}$　霜：含ɦɪ$_{31}$　罗：含ɦ^ɤ$_{31}$　周：含ɦe$_{113}$　上：含ɦø$_{113}$　松：含ɦø$_{31}$/ɦᴇ$_{31}$　黎：含ɦɵ$_{24}$　盛：含ɦɵ$_{24}$　嘉：含ɦɤə$_{31}$　双：含ɦᴇ$_{113}$　杭：含/晗ʔᴇ$_{323}$/mɪn$_{51}$　绍：含/□ɦæ̃$_{31}$/zɵ̃$_{31}$　诸：含ɦɤ$_{233}$　崇：含/衔ɦœ̃$_{312}$/gæ̃$_{312}$　太：含/衔ɦœ̃$_{312}$/ɦəŋ$_{312}$　余：含ɦɛ̃$_{113}$　宁：含ɦᴇɪ$_{113}$　黄：含ɦɛ$_{31}$　温：衔gʌŋ$_{31}$/ɦʌŋ$_{31}$　衢：含xɦə$_{323}$　华：含xɦæ̃$_{324}$/ʔɯə$_{324}$　永：含ʔɦɤə$_{322}$

喷

宜：喷p‘əŋ$_{55}$　溧：喷p‘ən$_{445}$　金：喷p‘əŋ$_{31}$　丹：喷p‘ɛn$_{22}$　童：喷p‘əŋ$_{42}$　靖：喷/吐p‘əŋ$_{433}$/t‘u$_{334}$　江：喷/吐p‘ᴇɲ$_{51}$/t‘ɜɤ$_{435}$　常：喷p‘əɲ$_{44}$　锡：喷p‘ən$_{544}$　苏：喷p‘ən$_{44}$　熟：喷/射p‘ɛ̃ᶮ$_{52}$/zᴀʔ$_{\underline{23}}$　昆：喷p‘ən$_{44}$　霜：喷p‘ɛ̃$_{52}$　罗：喷p‘ɛ̃ⁿ$_{52}$　周：喷p‘əŋ$_{52}$　上：喷p‘əɲ$_{52}$　松：喷p‘əɲ$_{52}$　黎：喷p‘əɲ$_{44}$　盛：喷p‘əɲ$_{44}$　嘉：喷p‘ən$_{51}$　双：喷p‘ən$_{44}$　杭：喷p‘ən$_{323}$　绍：喷p‘ɵ̃$_{52}$　诸：喷p‘ẽɪ̃$_{544}$　崇：喷p‘ɪŋ$_{533}$　太：喷p‘eŋ$_{523}$　余：喷p‘eɲ$_{34}$　宁：喷/潽p‘ɐŋ$_{52}$/p‘u$_{52}$　黄：喷p‘əŋ$_{53}$　温：喷p‘ʌŋ$_{44}$　衢：喷/吐p‘ən$_{434}$/t‘u$_{53}$　华：喷p‘ən$_{324}$　永：喷p‘iŋ$_{44}$

吹

宜：吹tɕ‘y$_{ɥ55}$　溧：吹tɕ‘y$_{z445}$　金：吹ts‘uei$_{31}$　丹：吹ts‘ᵊu$_{22}$　童：吹tʃ‘yɥei$_{42}$　靖：吹tɕ‘ye$_{433}$　江：吹tɕ‘y$_{51}$　常：吹ts‘ɥ$_{44}$　锡：吹ts‘ɥ$_{544}$　苏：吹ts‘ɿ$_{44}$　熟：吹tʂ‘ʮ$_{52}$　昆：吹ts‘ɥ$_{44}$　霜：吹ts‘ɿ$_{52}$　罗：吹ts‘ɿ$_{52}$　周：吹ts‘ɿ$_{52}$　上：吹ts‘ɿ$_{52}$　松：吹ts‘ɿ$_{52}$　黎：吹ts‘ɿ$_{44}$　盛：吹ts‘ɿ$_{44}$　嘉：吹ts‘ɥ$_{51}$　双：吹ts‘ɿ$_{44}$　杭：吹ts‘eɪ$_{323}$　绍：吹ts‘ɿ$_{52}$　诸：吹ts‘ɿ$_{544}$　崇：吹ts‘e$_{533}$　太：吹ts‘ɿ$_{523}$　余：吹ts‘ɿ$_{34}$　宁：吹ts‘ɥ$_{52}$　黄：吹ts‘ɥ$_{53}$　温：吹ts‘ɿ$_{44}$　衢：吹tʃ‘ɥ$_{434}$　华：吹tɕ‘y$_{324}$/ts‘uɪ$_{324}$　永：吹ts‘əɪ$_{44}$

尝

宜：尝/吃dzᴀŋ$_{223}$/tɕ‘iɪʔ$_{\underline{45}}$　溧：尝/吃szᴀŋ$_{323}$/tɕ‘iɪʔ$_{223}$　金：尝/吃ts‘ɑŋ$_{24}$/tɕ‘ieʔ$_{4}$　丹：吃/尝tɕ‘ɪʔ$_{\underline{24}}$/dzæ$_{213}$　童：尝/吃szaŋ$_{31}$/tɕ‘iəʔ$_{5}$　靖：尝/啜ɕʑiæ̃$_{223}$/tsɑʔ$_{5}$　江：尝zᴀᵑ$_{223}$　常：尝/吃

dzᴀɲ$_{213}$/tɕʻiɪʔ$_{5}$　锡:尝/吃zɒ̃$_{213}$/tɕʻiəʔ$_{5}$　苏:尝zÃ$_{223}$/zᴀ$_{223}$　熟:尝zᴀ̃$_{233}$　昆:尝zã$_{21}$　霜:尝/吃zɒ̃$_{213}$/tɕʻiɪʔ$_{5}$　罗:尝/吃zɒ̃$_{213}$/tɕʻiɐʔ$_{5}$　周:尝/吃zɒ̃$_{113}$/tɕʻiʌʔ$_{5}$　上:尝zÃ^{ɲ}$_{113}$　松:尝zɑ̃$_{31}$　黎:尝zɑ̃$_{24}$　盛:尝zɑ̃$_{24}$　嘉:尝/搭zÃ$_{31}$tᴀʔ$_{\underline{54}}$　双:尝/吃zɔ̃$_{113}$/tɕʻieʔ$_{\underline{54}}$　杭:尝dzᴀŋ$_{212}$　绍:尝zɒŋ$_{31}$　诸:尝/吃zɒ̃$_{233}$/tɕʻiəʔ$_{5}$　崇:尝zɒ̃$_{312}$　太:尝zɒŋ$_{312}$　余:尝dzɒ̃$_{113}$　宁:尝/吃zɔ̃$_{113}$/tɕʻyɔʔ$_{5}$　黄:尝zɒ̃$_{31}$　温:尝ɦi$_{31}$　衢:尝/吃ʒɥã$_{323}$/tɕʻiəʔ$_{5}$　华:尝ɕiᴀŋ$_{324}$　永:尝ɕiᴀŋ$_{44}$

拿

宜:拿ʔno$_{55}$　溧:拿no$_{323}$　金:拿lɑ$_{323}$　丹:拿no$_{22}$/ȵi$_{22}$　童:拿nɒ$_{31}$　靖:拿nɑ$_{223}$　江:拿no$_{223}$　常:拿no$_{213}$　锡:拿nʌɤ$_{213}$　苏:拿no$_{223}$　熟:拿nu$_{233}$　昆:拿no$_{21}$　霜:拿ʔn^{ʌ}ɤ$_{52}$　罗:拿ʔne$_{52}$　周:拿ʔnɛ$_{52}$/ʔno$_{52}$　上:拿ʔnᴇ$_{52}$/ʔnɔ$_{52}$　松:拿ʔnᴇ$_{52}$　黎:拿ʔno$_{44}$　盛:拿ʔno$_{44}$　嘉:拿ʔno$_{51}$　双:拿ʔnᴇ$_{44}$　杭:拿/□ʔnɑ$_{323}$/tou$_{212}$　绍:□do$_{31}$　诸:□do$_{233}$　崇:□dɤ$_{14}$　太:□dɯ$_{312}$　余:□dou$_{113}$　宁:□/捞dəʊ$_{113}$/ʔlɔ$_{52}$　黄:□dəu$_{31}$　温:□to$_{35}$　衢:拿nɑ$_{323}$　华:□duo$_{213}$　永:□doə$_{322}$

捏

宜:捏ȵiᴀʔ$_{\underline{23}}$　溧:捏ȵiɑʔ$_{2}$　金:捏ȵieʔ$_{4}$　丹:捏ȵieʔ$_{3}$　童:捏ʔȵiɪʔ$_{5}$　靖:捏ȵiɪʔ$_{\underline{34}}$　江:捏ȵiɑʔ$_{\underline{12}}$　常:捏ȵiɪʔ$_{\underline{23}}$　锡:捏ȵiɑʔ$_{\underline{23}}$　苏:捏ȵiᴀʔ$_{\underline{23}}$　熟:捏ȵiᴀʔ$_{\underline{23}}$　昆:捏ȵiᴀʔ$_{\underline{12}}$　霜:捏ȵiɪʔ$_{\underline{23}}$　罗:捏ȵiᴀʔ$_{\underline{23}}$　周:捏ȵiɑʔ$_{\underline{23}}$　上:捏ȵiɪʔ$_{\underline{23}}$　松:捏ȵiɪʔ$_{\underline{23}}$/ȵiᴀʔ$_{\underline{23}}$　黎:捏ȵiᴀʔ$_{\underline{23}}$　盛:捏ȵiɑʔ$_{2}$　嘉:捏ʔȵiᴀʔ$_{\underline{54}}$　双:捏ʔȵieʔ$_{\underline{54}}$　杭:捏ȵiɪʔ$_{\underline{12}}$　绍:捏ȵiᴀʔ$_{\underline{23}}$　诸:捏ȵiɐʔ$_{\underline{12}}$　崇:捏/抲ȵiɑʔ$_{\underline{12}}$/kʻɤ$_{42}$　太:捏/抲ȵiɑʔ$_{\underline{12}}$/kʻɯ$_{42}$　余:捏ʔȵiᴀʔ$_{5}$　宁:捏niɪʔ$_{\underline{23}}$　黄:捏ȵieʔ$_{\underline{12}}$　温:捏ʔȵiɑ$_{4}$　衢:捏ȵiᴀʔ$_{\underline{12}}$　华:捏ʔȵiɐʔ$_{4}$　永:捏ȵiᴀʔ$_{323}$

掐

宜:掐kʻᴀʔ$_{\underline{45}}$　溧:掐kʻɑ$_{223}$　金:掐kʻɑʔ$_{4}$　丹:掐/卡kʻɑʔ$_{3}$/kʻɑ$_{22}$　童:掐kʻᴀʔ$_{5}$　靖:掐kʻɑʔ$_{5}$　江:掐kʻɑʔ$_{5}$　常:掐/跨kʻɑʔ$_{5}$/kʻo$_{334}$　锡:掐kʻɑʔ$_{5}$　苏:掐kʻᴀʔ$_{5}$　熟:掐kʻᴀʔ$_{5}$　昆:掐kʻᴀʔ$_{5}$　霜:掐kʻᴀʔ$_{5}$　罗:掐kʻᴀʔ$_{5}$　周:掐kʻɑʔ$_{5}$　上:掐kʻɐʔ$_{5}$　松:掐kʻæʔ$_{5}$　黎:掐kʻᴀʔ$_{5}$　盛:掐kʻɑʔ$_{5}$　嘉:掐kʻᴀʔ$_{\underline{54}}$　双:掐kʻᴀʔ$_{\underline{54}}$　杭:掐kʻɐʔ$_{5}$　绍:掐kʻæʔ$_{5}$　诸:掐kʻɐʔ$_{5}$　崇:掐kʻæʔ$_{\underline{45}}$　太:掐kʻɛʔ$_{\underline{45}}$　余:掐kʻɐʔ$_{5}$　宁:掐kʻɐʔ$_{5}$　黄:掐kʻɛʔ$_{5}$　温:掐kʻɑ$_{423}$　衢:锥tsə$_{434}$　华:掐kʻiɯu$_{45}$　永:掐/揿kʻɤə$_{434}$/tɕʻiɪɲ$_{54}$

摸

宜:摸mɔʔ$_{\underline{23}}$　溧:摸mɔ$_{223}$　金:摸mɔʔ$_{4}$　丹:摸moʔ$_{\underline{24}}$　童:摸ʔmʌɤʔ$_{5}$　靖:摸ʔmʌɤ$_{433}$　江:部bu$_{223}$　常:摸mɔʔ$_{\underline{23}}$　锡:摸ʔmɔʔ$_{5}$　苏:摸mɔʔ$_{\underline{23}}$　熟:摸/碰mɔʔ$_{\underline{23}}$/bᴀ̃$_{31}$　昆:摸moʔ$_{\underline{12}}$　霜:摸/□moʔ$_{\underline{23}}$/kuɒ̃$_{434}$　罗:摸moʔ$_{\underline{23}}$　周:摸moʔ$_{\underline{23}}$　上:摸/□moʔ$_{\underline{23}}$/kuÃ^{ɲ}$_{334}$　松:摸mɔʔ$_{\underline{23}}$　黎:摸moʔ$_{\underline{23}}$　盛:摸moʔ$_{2}$　嘉:摸ʔmoʔ$_{\underline{54}}$　双:摸ʔmoʔ$_{\underline{54}}$　杭:摸ʔmɔʔ$_{5}$　绍:摸ʔmoʔ$_{5}$　诸:摸moʔ$_{\underline{12}}$　崇:摸mɔʔ$_{\underline{12}}$　太:摸mɔʔ$_{\underline{12}}$　余:摸ʔmɔʔ$_{5}$　宁:摸mɔʔ$_{\underline{23}}$　黄:摸mɔʔ$_{\underline{12}}$　温:摸mo$_{323}$　衢:摸ʔməʔ$_{5}$　华:摸ʔmoʔ$_{4}$　永:摸mɤə$_{323}$

捞

宜:捞ʔlɑɤ$_{55}$　溧:捞ʔla^{ɤ}$_{44}$　金:捞lɑ^{ɔ}$_{24}$　丹:捞lɒ$_{22}$　童:捞ʔlɐɤ$_{42}$　靖:捞ʔlɒ$_{433}$　江:撩ʔliɒ$_{51}$　常:撩liɑɤ$_{213}$　锡:捞ʔlʌ$_{544}$　苏:捞/撩ʔlæ$_{44}$/liæ$_{223}$　熟:捞/撩ʔlɔ$_{52}$/ʔliɔ$_{52}$　昆:捞ʔlɔ$_{44}$　霜:捞ʔlɔ$_{52}$　罗:捞ʔlɔ$_{52}$　周:捞ʔlɔ$_{52}$　上:捞ʔlɔ$_{52}$　松:捞ʔlɔ$_{52}$　黎:捞ʔlᴀ^{ɔ}$_{44}$　盛:捞ʔlᴀɑ$_{44}$　嘉:捞ʔlɔ$_{51}$　双:捞ʔlɔ$_{44}$　杭:捞ʔlɔ$_{33}$　绍:捞/撩ʔlɑɒ$_{52}$/liɑɒ$_{31}$　诸:撩/捞ʔliɔ$_{544}$/ʔlɔ$_{544}$　崇:撩lɑɒ$_{312}$　太:撩liɑɒ$_{312}$　余:捞ʔlɒ$_{34}$　宁:捞ʔlɔ$_{52}$　黄:撩lɒ$_{31}$　温:捞lɜ$_{31}$　衢:捞lɔ$_{323}$　华:撩

ʔlɑʊ$_{324}$　永：撩liᴀʊ$_{323}$/ʔliᴀʊ$_{44}$

找(～东西)

宜：寻ʑiŋ$_{223}$　溧：寻ʑin$_{323}$　金：找tsɑ^{ɔ}$_{323}$　丹：找tsɒ$_{324}$　童：找tsɐɤ$_{324}$　靖：寻sziŋ$_{223}$　江：寻ziɲ$_{223}$　常：找tsɑɤ$_{334}$　锡：寻zin$_{213}$　苏：寻ziɪn$_{223}$　熟：寻zĩ^{ɲ}$_{233}$　昆：寻zin$_{132}$　霜：寻zĩ$_{31}$　罗：寻zɪ^{n}$_{31}$　周：寻ʑiɪŋ$_{113}$　上：寻/找(少)ʑiɲ$_{113}$/tsɔ$_{334}$　松：寻ʑiɲ$_{31}$　黎：寻ziəɲ$_{24}$　盛：寻zɪɲ$_{24}$　嘉：寻dʑin$_{31}$　双：寻dʑɪn$_{113}$　杭：寻/找dʑɪn$_{212}$/sɔ$_{51}$　绍：寻ʑɪŋ$_{31}$　诸：寻ɦĩ$_{233}$　崇：寻/□ʑiŋ$_{312}$/ʔiŋ$_{533}$　太：□ʔeŋ$_{523}$　余：寻ɦiɲ$_{113}$　宁：寻ʑɪŋ$_{113}$　黄：寻ʑiɪŋ$_{31}$　温：寻szʌŋ$_{31}$　衢：寻ʑi^{ɲ}$_{323}$　华：寻ɕʑyɪn$_{324}$　永：寻səɲ$_{44}$

摘

宜：掐/摘k'ᴀʔ$_{\underline{45}}$/tɪʔ$_{\underline{45}}$　溧：摘/采tɪʔ$_{5}$/ts'æᴇ$_{52}$　金：摘/采/扚tsəʔ$_{4}$/ts'ɛ^{e}$_{323}$/tieʔ$_{4}$　丹：摘/扚tsɛʔ$_{3}$/tɪʔ$_{3}$　童：采ts'aɪ$_{42}$　靖：得/扯/探təʔ$_{5}$/ts'ɑ$_{334}$/t'ũ$_{51}$　江：采/扚ts'æ$_{45}$/tɪʔ$_{5}$　常：采/扚ts'æe$_{334}$/tɪʔ$_{5}$　锡：采/扚ts'ᴇ$_{323}$/tɪʔ$_{5}$　苏：采/扚/掐ts'ᴇ$_{51}$/tɪʔ$_{5}$/kᴀʔ$_{5}$　熟：采/扚ts'æ$_{44}$/tɪʔ$_{5}$　昆：采/扚ts'ɛ$_{52}$/tɪʔ$_{5}$　霜：摘/扚tsᴀʔ$_{5}$/tɪʔ$_{5}$　罗：采/扚tse$_{434}$/tɪʔ$_{5}$　周：摘/扚tsɑʔ$_{5}$/ʔdɪʔ$_{5}$　上：扚tiɪʔ$_{5}$　松：摘/扚tsəʔ$_{5}$/tɪʔ$_{5}$　黎：采/扚ts'ᴇ$_{334}$/tɪʔ$_{5}$　盛：采/扚ts'ᴇ$_{334}$/tɪʔ$_{5}$　嘉：扚tiɪʔ$_{\underline{54}}$　双：摘/扚ts'ᴀʔ$_{\underline{54}}$/tieʔ$_{\underline{54}}$　杭：摘/扚tsɐʔ$_{5}$/tiɪʔ$_{5}$　绍：摘/扚tsᴀʔ$_{5}$/tɪʔ$_{5}$　诸：摘tsɐʔ$_{5}$　崇：摘/扚tsɑʔ$_{\underline{45}}$/tiᴇʔ$_{\underline{45}}$　太：摘/扚tsɑʔ$_{\underline{45}}$/tieʔ$_{\underline{45}}$　余：摘/扚tsɐʔ$_{5}$/tɪʔ$_{5}$　宁：摘/扚tsɐʔ$_{5}$/tiɪʔ$_{5}$　黄：摘/扚tsɐʔ$_{5}$/tɛ$_{53}$　温：摘/扚tsɑ$_{423}$/te$_{423}$　衢：摘tsəʔ$_{5}$　华：摘/扚tsəʔ$_{4}$/tiəʔ$_{4}$　永：打nai$_{323}$

擦

宜：擦/揩k'ᴀʔ$_{5}$/k'ᴀ$_{55}$　溧：擦/揩ts'ɑ$_{223}$/k'ᴀ$_{44}$　金：擦/揩ts'ɑʔ$_{4}$/k'ɛ^{e}$_{31}$　丹：擦/抹ts'ɑʔ$_{3}$/mɛʔ$_{\underline{24}}$　童：擦/揩ts'ᴀʔ$_{5}$/k'aɪ$_{42}$　靖：擦/揩ts'ɑʔ$_{5}$/k'æ$_{433}$　江：揩k'æ$_{51}$　常：擦/揩ts'ɑʔ$_{5}$/k'ɑ$_{44}$　锡：揩k'ɑ$_{544}$　苏：擦/揩/□ts'ᴀʔ$_{5}$/k'ɒ$_{44}$/gÃ$_{223}$　熟：擦/揩/抹ts'ᴀʔ$_{5}$/k'ɑ$_{52}$/moʔ$_{\underline{23}}$　昆：揩k'ɑ$_{44}$　霜：擦/揩ts'ᴀʔ$_{5}$/k'ɑ$_{52}$　罗：擦/揩ts'ᴀʔ$_{5}$/k'ɑ$_{52}$　周：擦/揩ts'ɑʔ$_{5}$/k'ɑ$_{52}$　上：擦/揩ts'ɐʔ$_{5}$/k'ᴀ$_{52}$　松：揩k'ɑ$_{52}$　黎：揩k'ɒ$_{44}$　盛：揩k'ɑ$_{44}$　嘉：揩k'ɑ$_{51}$　双：揩k'ɑ$_{44}$　杭：擦ts'ɐʔ$_{5}$　绍：擦/揩ts'æʔ$_{5}$/k'a$_{33}$　诸：擦ts'ɐʔ$_{5}$　崇：揩k'ɑ$_{533}$　太：揩k'ɑ$_{523}$　余：擦/揩ts'ɐʔ$_{5}$/k'ᴀ$_{34}$　宁：揩k'a$_{52}$　黄：擦ts'ɐʔ$_{5}$　温：擦ts'ɑ$_{423}$　衢：擦ts'æʔ$_{5}$　华：揩k'ɑ$_{324}$　永：擦ts'ʊᴀ$_{44}$

搓

宜：搓ts'u$_{55}$　溧：搓ts'ʌɯ$_{44}$　金：搓ts'o$_{31}$　丹：　童：搓ts'ʌɤ$_{42}$　靖：搓ts'ʌɤ$_{433}$　江：搓ts'ɜɤ$_{51}$　常：搓ts'ʌɯ$_{44}$　锡：搓ts'ʌɤ$_{544}$　苏：搓ts'ɜu$_{44}$　熟：搓ts'ɯ$_{52}$　昆：搓ts'u$_{44}$　霜：搓ts'^{ə}u$_{52}$　罗：搓ts'^{ə}u$_{52}$　周：搓ts'u$_{52}$　上：搓ts'u$_{52}$　松：搓ts'u$_{52}$　黎：搓ts'ɜu$_{44}$　盛：搓ts'ɜu$_{44}$　嘉：搓ts'^{ə}u$_{51}$　双：搓ts'ɘu$_{44}$　杭：搓ts'ou$_{323}$　绍：搓ts'o$_{52}$　诸：搓ts'u$_{544}$　崇：搓ts'ɤ$_{533}$　太：搓ts'ɯ$_{523}$　余：搓ts'o$_{34}$　宁：搓ts'u$_{325}$　黄：搓ts'^{ə}u$_{53}$　温：索so$_{423}$　衢：搓ts'u$_{434}$　华：搓ts'uo$_{324}$　永：搓ts'oə$_{44}$

提

宜：拎ʔliŋ$_{55}$　溧：拎/□ʔlin$_{44}$/pæᴇ$_{44}$　金：拎ȵiŋ$_{31}$　丹：提/拎t'i$_{z324}$/liŋ$_{22}$　童：拎ʔliŋ$_{42}$　靖：拎ʔliŋ$_{433}$　江：□ʔli$_{j51}$　常：拎ʔliɲ$_{44}$　锡：拎ʔlin$_{544}$　苏：拎ʔliɪn$_{44}$　熟：拎ʔlĩ^{ɲ}$_{52}$　昆：拎lin$_{132}$　霜：拎ʔlĩ$_{52}$　罗：拎ʔlɪ^{n}$_{52}$　周：拎ʔliɪŋ$_{52}$　上：拎ʔliɲ$_{52}$　松：拎ʔliɲ$_{52}$　黎：拎ʔliəɲ$_{44}$　盛：拎ʔlɪɲ$_{44}$　嘉：拎ʔlin$_{51}$　双：拎ʔlɪn$_{44}$　杭：拎ʔlɪn$_{323}$　绍：拎ʔlɪŋ$_{52}$　诸：拎ʔlĩ$_{544}$　崇：拎/絜ʔlɪŋ$_{533}$/tɕ'iᴇʔ$_{\underline{45}}$　太：絜tɕ'ieʔ$_{\underline{45}}$　余：拎ʔleɲ$_{34}$　宁：提/捞di$_{113}$/ʔlɔ$_{52}$　黄：絜tɕ'ieʔ$_{5}$　温：絜tɕ'i$_{423}$　衢：丁ti^{ɲ}$_{434}$　华：拎ʔliɪn$_{324}$　永：□tɕyᴀ$_{44}$

举

宜：举tɕy$_{ɥ51}$　溧：举tɕy$_{z52}$　金：举tɕy$_{z323}$　丹：举tɕy$_{z44}$　童：举tʃy$_{ɥ324}$　靖：举tɕy$_{ɥ334}$　江：举tɕy$_{45}$　常：举tɕy$_{ɥ334}$　锡：举tɕy$_{323}$　苏：举tɕy$_{ɥ51}$　熟：举/揵tɕy$_{44}$/dʑie$_{213}$　昆：举tɕy$_{44}$　霜：直zəʔ$_{\underline{23}}$　罗：举tɕy$_{434}$　周：举tɕy$_{44}$　上：举tɕy$_{334}$　松：举tɕy$_{44}$　黎：托/举t‘oʔ$_{5}$/tɕy$_{ɥ51}$　盛：举tɕy$_{ɥ44}$　嘉：举tɕy$_{44}$　双：任lən$_{113}$　杭：举tɕy$_{51}$　绍：举/擎tɕy$_{ɥ33}$/dʑɪŋ$_{31}$　诸：举tɕy$_{ɥ544}$　崇：擎/佗dʑiŋ$_{312}$/dɤ$_{312}$　太：擎/佗dʑiŋ$_{312}$/dɯ$_{312}$　余：举tɕy$_{435}$　宁：举tɕy$_{ɥ52}$　黄：举cy$_{ɥ53}$　温：背pæi$_{44}$　衢：举tɕy$_{35}$　华：举tɕy$_{544}$　永：举/□来tɕʏ$_{434}$/tɕ‘i$_{55}$ləɪ$_{51}$

托

宜：托t‘ɔʔ$_{5}$　溧：托t‘ɔʔ$_{223}$　金：托t‘ɔʔ$_{4}$　丹：托t‘oʔ$_{3}$　童：托t‘oʔ$_{5}$　靖：托t‘ɔʔ$_{5}$　江：托t‘oʔ$_{5}$　常：托t‘ɔʔ$_{5}$　锡：托t‘ɔʔ$_{5}$　苏：托t‘ɔʔ$_{5}$　熟：托t‘oʔ$_{5}$　昆：托t‘oʔ$_{5}$　霜：托t‘oʔ$_{5}$　罗：托t‘oʔ$_{5}$　周：托t‘ɒʔ$_{5}$　上：托t‘oʔ$_{5}$　松：托t‘ɔʔ$_{5}$　黎：托t‘oʔ$_{5}$　盛：托t‘ɔʔ$_{5}$　嘉：托t‘oʔ$_{\underline{54}}$　双：托t‘oʔ$_{\underline{54}}$　杭：托/举t‘ɔʔ$_{5}$/tɕy$_{51}$　绍：托t‘oʔ$_{5}$　诸：托t‘oʔ$_{5}$　崇：托/擎t‘ɔʔ$_{\underline{45}}$/dʑiŋ$_{312}$　太：托/擎t‘ɔʔ$_{\underline{45}}$/dʑiŋ$_{312}$　余：托t‘ɔʔ$_{5}$　宁：托t‘ɔʔ$_{5}$　黄：托t‘ɔʔ$_{5}$　温：托t‘o$_{423}$　衢：托t‘əʔ$_{5}$　华：托t‘uo$_{324}$　永：托t‘ʌʊ$_{434}$

扛

宜：扛/掮gʌŋ$_{223}$/dʑɪ$_{223}$　溧：扛/掮kʌŋ$_{412}$/dʑɪ$_{323}$　金：扛k‘aŋ$_{24}$　丹：扛/掮gaŋ$_{213}$/dʑi$_{z213}$　童：扛/掮kaŋ$_{42}$/dʑɪ$_{31}$　靖：扛/掮gaŋ$_{223}$/tɕĩ$_{433}$　江：扛/掮gA^{ŋ}$_{223}$/dʑɪ$_{223}$　常：掮/□dʑɪ$_{213}$/gAɲ$_{213}$　锡：掮dʑɪ$_{213}$　苏：扛/掮gÃ$_{213}$/kÃ$_{44}$/dʑiɪ$_{213}$　熟：扛gA˜$_{213}$　昆：扛/掮kã$_{44}$/dʑɪ$_{21}$　霜：扛/掮kɒ˜$_{52}$/dʑɪ$_{213}$　罗：扛/掮gɒ˜$_{31}$/dʑi$_{213}$　周：扛/掮kɒ˜$_{52}$/dʑi$_{113}$　上：扛/掮kÃ^{ɲ}$_{52}$/ʔÃ^{ɲ}$_{52}$/dʑi$_{113}$　松：扛/掮gã$_{31}$/dʑi$_{31}$　黎：扛/掮gɑ˜$_{24}$/dʑi$_{j24}$　盛：扛/掮kɑ˜$_{44}$/dʑi$_{j24}$　嘉：扛/抬gA˜$_{31}$/dE^{ɛ}$_{31}$　双：掮dʑi$_{z113}$　杭：扛k‘Aŋ$_{334}$/kAŋ$_{323}$　绍：扛gɒŋ$_{31}$　诸：扛kõ$_{52}$　崇：掼guæ̃$_{312}$　太：扛/掼kʊŋ$_{523}$/guæ̃$_{312}$　余：扛k‘ɒ̃$_{435}$　宁：扛kɔ̃$_{52}$/k‘ɔ̃$_{325}$　黄：扛kɒ˜$_{53}$　温：背pæi$_{44}$　衢：扛kɒ̃$_{434}$　华：□kəʔ$_{4}$　永：扛kAŋ$_{44}$

端

宜：端te$_{55}$　溧：端tʊ$_{44}$　金：端/掇tʊ̃$_{31}$/tɑʔ$_{4}$　丹：端təŋ$_{22}$　童：端/掇tʊ$_{42}$/təʔ$_{5}$　靖：端/掇/□□tõ$_{433}$/təʔ$_{5}$/t‘oŋ$_{33}$t‘oŋ$_{44}$　江：端tɵ$_{51}$　常：端/掇tɔ$_{44}$/tɑʔ$_{5}$　锡：端/掇to$_{544}$/təʔ$_{5}$　苏：掇/端təʔ$_{5}$/tɵ$_{44}$　熟：掇/搬toʔ$_{5}$/pɤ$_{52}$　昆：掇/抬təʔ$_{5}$/dɛ$_{132}$　霜：掇toʔ$_{5}$　罗：端/掇t^{ʌ}ɤ$_{52}$/toʔ$_{5}$　周：端/掇ɗø$_{52}$/ɗuəʔ$_{5}$　上：端/掇tø$_{52}$/tɐʔ$_{5}$　松：端/掇tø$_{52}$/təʔ$_{5}$　黎：掇təʔ$_{5}$　盛：掇tɔʔ$_{5}$　嘉：端tɤə$_{51}$　双：掇/端toʔ$_{\underline{54}}$/tE$_{44}$　杭：掇tɔʔ$_{5}$　绍：端/掇tẽ$_{52}$/toʔ$_{5}$　诸：掇toʔ$_{5}$　崇：掇/捧tEʔ$_{\underline{45}}$/p‘ʊ^{ŋ}$_{42}$　太：掇tɛʔ$_{\underline{45}}$　余：端/掇tõ$_{34}$/tɔʔ$_{5}$　宁：掇tɐʔ$_{5}$　黄：掇tɔʔ$_{5}$　温：端tɵ$_{423}$　衢：端tə$_{434}$　华：端tɯə$_{324}$　永：掇tɤə$_{434}$

捧

宜：捧p‘oŋ$_{51}$　溧：捧p‘oŋ$_{52}$　金：捧p‘oŋ$_{323}$　丹：捧p‘oŋ$_{44}$　童：捧p‘oŋ$_{324}$　靖：捧p‘oŋ$_{334}$　江：捧p‘oŋ$_{45}$　常：捧p‘oŋ$_{334}$　锡：捧p‘oŋ$_{323}$　苏：捧p‘oŋ$_{51}$　熟：捧foŋ$_{44}$　昆：捧foŋ$_{44}$　霜：捧p‘o^{ŋ}$_{434}$　罗：捧p‘oŋ$_{434}$　周：捧p‘oŋ$_{44}$　上：捧p‘ʊŋ$_{334}$　松：捧p‘ʊŋ$_{44}$　黎：捧foŋ$_{51}$　盛：捧foŋ$_{334}$　嘉：捧p‘oŋ$_{324}$　双：捧p‘oŋ$_{53}$　杭：捧p‘oŋ$_{51}$　绍：捧p‘ʊŋ$_{334}$　诸：捧p‘oŋ$_{52}$　崇：捧p‘ʊ^{ŋ}$_{42}$　太：捧p‘ʊŋ$_{42}$　余：捧p‘ʊŋ$_{435}$　宁：捧p‘oŋ$_{325}$　黄：捧p‘oŋ$_{53}$　温：捧p‘oŋ$_{35}$　衢：捧p‘ʌŋ$_{35}$　华：捧p‘oŋ$_{544}$　永：捧p‘oŋ$_{434}$

搬

宜：搬/抬pe$_{55}$/dɐɪ$_{223}$　溧：□/搬pən$_{44}$/pʊ$_{44}$　金：搬pæ̃$_{31}$　丹：搬pəŋ$_{22}$　童：搬pʊ$_{42}$　靖：

搬pũ433 江:搬pɵ51 常:搬pɔ44 锡:搬po544 苏:搬pɵ44 熟:搬pɤ52 昆:搬pɵ44 霜:搬pE52 罗:搬p^ʌɤ52 周:搬ɓe52 上:搬pø52 松:搬pe52 黎:搬pɵ44 盛:搬pɵ44 嘉:搬pɤə51 双:搬pE44 杭:搬po33 绍:搬pĩ52/pəŋ52 诸:搬pɤ544 崇:掇tEʔ45 太:搬/掇pɯ523/tɛʔ45 余:搬põ34 宁:搬pu52 黄:搬pø53 温:搬bɵ31 衢:搬pə434 华:搬pɯə324 永:搬poːə44

按

宜:揿tɕʻiŋ223 溧:纳/揿nɑ223/tɕʻin412 金:揿kʻəŋ44 丹:纳nɑʔ24 童:揿tɕʻiŋ324 靖:揿tɕʻiŋ51 江:揿tɕʻiɲ435 常:揿tɕʻiɲ51 锡:揿tɕʻin34 苏:揿tɕʻiɪn412 熟:揿tɕʻĩɲ324 昆:揿tɕʻin412 霜:揿tɕʻĩ434 罗:揿tɕʻɪn434 周:揿tɕʻiɪŋ335 上:揿tɕʻiɲ334 松:揿tɕʻiɲ335 黎:揿tɕʻiəɲ324 盛:揿tɕʻɪɲ334 嘉:揿tɕʻin334 双:揿tɕʻɪn334 杭:揿tɕʻɪn334 绍:揿tɕʻɪŋ33 诸:揿tɕʻĩ544 崇:揿/纳tɕʻiŋ533/nEʔ12 太:揿/纳tɕʻiŋ523/nɛʔ12 余:揿tɕʻiɲ435 宁:揿/按tɕʻɪŋ44/ʔEɪ52 黄:纳/勒lɐʔ12 温:纳ne323 衢:揿tɕʻiɲ53 华:按/揿ʔən45/tɕʻiɪn45 永:□nʊA323

推

宜:推tʻɐɪ55 溧:推/□tʻæE44/ȵiAŋ323 金:推/□tʻuei31/kəŋ323 丹:推tʻue22 童:□/推kɑŋ42/tʻei42 靖:□gɑŋ223 江:□gAŋ223 常:推/□tʻæe44/gAɲ213 锡:推tʻE544 苏:推tʻE44 熟:推tʻE52 昆:推tʻE44 霜:推tʻE52 罗:推tʻ^ʌɤ52 周:推tʻe52 上:推tʻE52 松:推tʻe52 黎:推/耸tʻE44/soŋ51 盛:推tʻE44 嘉:推tʻe51 双:耸soŋ53 杭:推tueɪ323 绍:推tʻe52 诸:推/掀/□tʻe544/ɕĩ544/ʑyɥ233 崇:搀tsʻæ533 太:□nʊŋ312 余:推tʻe34 宁:推tʻEɪ52 黄:□fɛ53 温:□dɜ31 衢:□sAŋ434 华:推/□tʻʊɪ324/ʔɑ324 永:推/□tʻəɪ44/soŋ434

挡

宜:㲆tʻAŋ55 溧:挡/㲆tAŋ52/tʻAŋ44 金:挡/㲆tɑŋ323/tʻɑŋ31 丹:挡/㲆tɑŋ44/tʻɑŋ22 童:挡/㲆tɑŋ324/tʻɑŋ42 靖:拦læ̃223 江:㲆tʻAŋ51 常:拦/㲆læe213/tʻAɲ44 锡:㲆tʻɒ̃544 苏:挡/㲆tÃ51/tʻÃ44 熟:㲆/挡tʻA~52/tÃ44 昆:㲆tʻã44 霜:挡/㲆tɒ~434/tʻɒ~52 罗:挡/㲆tɒ~434/tʻɒ~52 周:㲆tʻɒ52 上:挡/㲆tÃɲ334/tʻÃɲ52 松:㲆/挡tʻɑ~52/tɑ~335 黎:挡/□/㲆tɑ~51/lAʔ23/tʻɑ~44 盛:挡/㲆tɑ~51/tʻɑ~44 嘉:㲆tʻA~51 双:挡tɔ̃53 杭:拦lE212 绍:拦/抵læ̃31/ti334 诸:挡tɒ̃52 崇:拦læ̃312 太:拦læ̃312 余:挡tɒ̃435 宁:挡tɔ̃325 黄:挡/□tɒ~44/təŋ44 温:挡tʻᵒɔ35 衢:拦/□læ̃323/lAʔ12 华:拦ʔlɑ213 永:抵/挡ti434/ʔnAŋ44

撑

宜:撑/顶tsʻAŋ51/tiŋ51 溧:撑tsʻən44 金:撑tsʻəŋ31 丹:撑tsʻɛn22 童:撑tsʻəŋ42 靖:撑tsʻəŋ433 江:撑tsʻAŋ51 常:撑tsʻəɲ44 锡:撑tsʻã544 苏:撑tsʻÃ412 熟:撑tsʻA~52 昆:撑tsʻã44 霜:撑tsʻa~434 罗:撑tsʻa~52 周:撑tsʻA~335 上:撑tsʻÃɲ334 松:撑tsʻɛ̃335 黎:撑tsʻɛ̃44 盛:撑tsʻæ̃44 嘉:撑tsʻA~51 双:撑tsʻã44 杭:撑tsʻAŋ51 绍:撑/丈tsʻaŋ334/dzaŋ31 诸:撑tsʻÃ52 崇:撑/支(屋)tsʻA~533/tsɿ533 太:撑/支(屋)tsʻAŋ523/tsɿ523 余:撑tsʻA~52 宁:撑tsʻã52 黄:撑tsʻa~44 温:撑tsʻᶦɛ44 衢: 华:撑tsʻAŋ324 永:撑/柱牢tsʻai54/dʑy32lAʊ31

拖

宜:拖tʻu55 溧:拖tʻʌɯ44 金:拖tʻo31 丹:拖tʻʌɤ22 童:拖tʻʌɤ42 靖:拖tʻʌɤ433 江:拖tʻɜɤ51 常:拖tʻʌɯ44 锡:拖tʻʌɤ544 苏:拖tʻɜu44 熟:拖tʻɯ52 昆:拖tʻɜu44 霜:拖tʻᵊu52 罗:拖tʻᵊu52 周:拖tʻu52 上:拖tʻu52 松:拖tʻu52 黎:拖tʻɜu44 盛:拖tʻɜu44 嘉:拖tʻᵊu51 双:拖tʻəu44 杭:拖tʻou323 绍:拖tʻo52 诸:拖tʻɯ544 崇:□/拖te533/tʻɑ533 太:拖tʻɑ523 余:拖tʻou34

宁:拖tʻəʊ$_{52}$　黄:拖/拔tʻəu$_{53}$/bɐʔ$_{\underline{12}}$　温:拖tʻᵊu$_{44}$　衢:拖tʻu$_{434}$　华:拖tʻu$_{324}$　永:拖tʻiA$_{44}$/tʻʊA$_{44}$

拉

宜:拉ʔlA$_{55}$　溧:拉/□ʔlA$_{44}$/pæE$_{445}$　金:拉lɑ$_{31}$　丹:拉lɑ$_{22}$　童:拉ʔlɒ$_{42}$　靖:拉ʔlɑ$_{433}$　江:拉ʔlɑ$_{51}$　常:拉ʔlɑ$_{44}$　锡:拉ʔlɑ$_{544}$　苏:拉ʔlɒ$_{44}$　熟:拉ʔlɑ$_{52}$　昆:拉ʔlɑ$_{44}$　霜:拉ʔlɑ$_{52}$　罗:拉ʔlɑ$_{52}$　周:拉ʔlɑ$_{52}$　上:拉/扳ʔlA$_{52}$/pE$_{52}$　松:拉ʔlɑ$_{52}$　黎:拉ʔlɒ$_{44}$　盛:拉ʔlɑ$_{44}$　嘉:拉ʔlɑ$_{51}$　双:拉ʔlɑ$_{44}$　杭:拉ʔlɑ$_{323}$　绍:拉ʔlɑ$_{52}$　诸:拉ʔlA$_{544}$　崇:□/拉te$_{533}$/ʔlɑ$_{533}$　太:绷/□pAŋ$_{35}$/te$_{523}$　余:拉ʔlA$_{34}$　宁:拉ʔlɑ$_{52}$　黄:拉/□ʔnA$_{53}$/te$_{53}$　温:拉ʔlɑ$_{44}$　衢:拉ʔlɑ$_{434}$　华:拉ʔlɑ$_{324}$　永:□ʔmai$_{44}$

拔

宜:拔bAʔ$_{\underline{23}}$　溧:拔bAʔ$_{2}$　金:拔pɑʔ$_{4}$/pʻɑʔ$_{4}$　丹:拔bɑʔ$_{\underline{24}}$　童:拔bAʔ$_{\underline{24}}$　靖:拔bɑʔ$_{\underline{34}}$　江:拔bɑʔ$_{\underline{12}}$　常:拔bɑʔ$_{\underline{23}}$　锡:拔bɑʔ$_{\underline{23}}$　苏:拔bAʔ$_{\underline{23}}$　熟:拔bAʔ$_{\underline{23}}$　昆:拔bAʔ$_{\underline{12}}$　霜:拔bAʔ$_{\underline{23}}$　罗:拔bAʔ$_{\underline{23}}$　周:拔bɑʔ$_{\underline{23}}$　上:拔bɐʔ$_{\underline{23}}$　松:拔bæʔ$_{\underline{23}}$　黎:拔bAʔ$_{\underline{23}}$　盛:拔bɑʔ$_{2}$　嘉:拔bAʔ$_{\underline{12}}$　双:拔boʔ$_{\underline{23}}$　杭:拔bɐʔ$_{\underline{12}}$　绍:拔bAʔ$_{\underline{23}}$　诸:拔bɐʔ$_{\underline{12}}$　崇:拔bEʔ$_{\underline{12}}$　太:拔bɛʔ$_{\underline{12}}$　余:拔bɐʔ$_{\underline{23}}$　宁:拔bɐʔ$_{\underline{23}}$　黄:拔bɐʔ$_{\underline{12}}$　温:拔bo$_{323}$　衢:拔piəʔ$_{5}$/b̥iəʔ$_{\underline{12}}$　华:拔bɯɑ$_{213}$　永:拔bʊA$_{323}$

搂

宜:抱bɑʏ$_{24}$　溧:搂ʔlei$_{44}$　金:搂lʌʏ$_{323}$　丹:搂lʌʏ$_{213}$　童:抱bɐʏ$_{113}$　靖:抱bɒ$_{31}$　江:搿gɜʔ$_{\underline{12}}$　常:搂ʔlʌɯ$_{334}$　锡:搂lEi$_{213}$　苏:搿/抱gəʔ$_{\underline{23}}$/bæ$_{31}$　熟:搂lE$_{31}$　昆:搿gəʔ$_{\underline{12}}$　霜:抱bɔ$_{213}$　罗:抱bɔ$_{213}$　周:搿/抱gəʔ$_{\underline{23}}$/bɔ$_{113}$　上:抱/搿bɔ$_{113}$/gɐʔ$_{\underline{23}}$　松:搿gəʔ$_{\underline{23}}$　黎:搿gəʔ$_{\underline{23}}$　盛:搿gəʔ$_{2}$　嘉:抱/搂bɔ$_{223}$/le$_{223}$　双:搿gəʔ$_{\underline{23}}$　杭:抱bɔ$_{113}$　绍:抱bɑɒ$_{22}$　诸:搿/极gɐʔ$_{\underline{12}}$/dʑiəʔ$_{\underline{12}}$　崇:抱/□bɑɒ$_{14}$/bʊ$_{312}$　太:搿/□gɛʔ$_{\underline{12}}$/bu$_{312}$　余:抱bɒ$_{113}$　宁:□ʔœʏ$_{52}$　黄:轧/抱cɐʔ$_{5}$/bɒ$_{31}$　温:搂lʌu$_{24}$　衢:抱bɔ$_{31}$　华:抱pɑʊ$_{544}$　永:□/□ləʊ$_{323}$/sʏə$_{434}$

抱

宜:抱bɑʏ$_{24}$　溧:抱bɑʏ$_{224}$　金:抱pɑᵓ$_{44}$　丹:抱bɒ$_{213}$　童:抱bɐʏ$_{113}$　靖:抱bɒ$_{31}$　江:抱bɒ$_{223}$　常:抱bɒ$_{24}$　锡:抱bʌ$_{213}$　苏:抱bæ$_{223}$　熟:抱bɔ$_{31}$　昆:抱bɔ$_{223}$　霜:抱bɔ$_{213}$　罗:抱bɔ$_{213}$　周:抱bɔ$_{113}$　上:抱bɔ$_{113}$　松:抱bɔ$_{113}$　黎:抱bAᵓ$_{32}$　盛:抱bAɑ$_{22}$　嘉:抱bɔ$_{223}$　双:抱bɔ$_{31}$　杭:抱bɔ$_{113}$　绍:抱bɑɒ$_{22}$　诸:抱bɔ$_{31}$　崇:抱/□bɑɒ$_{14}$/bʊ$_{312}$　太:抱/□bɑɒ$_{312}$/bu$_{312}$　余:抱bɒ$_{113}$　宁:□/抱ʔœʏ$_{52}$/bɔ$_{113}$　黄:抱bɒ$_{31}$　温:□dʑi$_{323}$　衢:抱bɔ$_{31}$　华:抱pɑʊ$_{544}$　永:□kʊA$_{434}$

背

宜:背/驮pɐɪ$_{324}$/du$_{223}$　溧:背/驮pæE$_{44}$/dʌɯ$_{323}$　金:背/驮pei$_{44}$/tʻo$_{24}$　丹:背pæ$_{324}$　童:背/驮pɑ$_{42}$/dʌʏ$_{31}$　靖:背/驮pe$_{433}$/dʌʏ$_{223}$　江:背/驮pEɪ$_{435}$/dɜʏ$_{223}$　常:背/驮pæe$_{44}$/dʌɯ$_{213}$　锡:驮dʌɯ$_{213}$　苏:背/驮pE$_{51}$/dʒu$_{223}$　熟:驮dɯ$_{233}$　昆:背/驮pE$_{52}$/dəu$_{132}$　霜:背/驮pAɪ$_{52}$/dᵊu$_{31}$　罗:驮dᵊu$_{31}$　周:背/驮pe$_{335}$/du$_{113}$　上:背/驮pE$_{334}$/du$_{113}$　松:背/驮pe$_{335}$/du$_{31}$　黎:驮dɜu$_{24}$　盛:背/驮pE$_{413}$/dɜu$_{24}$　嘉:背pe$_{51}$　双:驮dəu$_{113}$　杭:背peɪ$_{334}$　绍:背pe$_{33}$　诸:背pe$_{544}$　崇:背/掼pe$_{324}$/guæ̃$_{312}$　太:背/掼pe$_{523}$/guæ̃$_{312}$　余:背pe$_{34}$　宁:背/扛pEɪ$_{52}$/kɔ̃$_{52}$　黄:背pe$_{44}$　温:背pæi$_{44}$　衢:背pəɪ$_{53}$　华:背pɛ$_{45}$　永:背pəɪ$_{44}$

削

宜:削ɕiɔʔ$_{\underline{45}}$　溧:削ɕiɑʔ$_{5}$　金:削ɕiɑʔ$_{4}$　丹:削ɕiɑʔ$_{3}$　童:削ɕiAʔ$_{5}$　靖:削siɑʔ$_{5}$　江:削/

椠siɑʔ5/ts'ɪ51　常:削ɕiɑʔ5　锡:削siɑʔ5　苏:削ɕiAʔ5　熟:削siAʔ5　昆:削siAʔ5　霜:削ɕiAʔ5　罗:削ɕiAʔ5　周:削ɕiɑʔ5　上:削ɕiɐʔ5　松:削ɕiAʔ5　黎:削siAʔ5　盛:削siɑʔ5　嘉:削ɕiAʔ54　双:削ɕiAʔ54　杭:削ɕiɪʔ5　绍:削ɕiAʔ5　诸:削ɕiɐʔ5　崇:削ɕiɑʔ45　太:削ɕiɑʔ45　余:削ɕiɐʔ5　宁:削ɕiɪʔ5　黄:削ɕieʔ5　温:批p'ˡi44　衢:削ɕiAʔ5　华:削ɕyoʔ4　永:削ɕiAʊ434

削(皮)

宜:椠tɕ'ɪ55　溧:椠tɕ'i44　金:削皮ɕiɑʔ4p'iz24　丹:削皮ɕiɑʔ5biz23　童:削ɕiAʔ5　靖:椠ts'ĩ433　江:椠ts'ɪ51　常:椠tɕ'ɪ44　锡:椠ts'ɪ544　苏:椠tɕ'iɪ44　熟:椠ts'ie52　昆:削/椠siAʔ5/tɕɪ44　霜:椠ts'ɪ52　罗:椠tɕ'i52　周:椠tɕ'i52　上:椠tɕ'i52　松:削tɕiɑʔ5　黎:椠/削ts'iɪ44/siAʔ5　盛:削siɑʔ5　嘉:削ɕiAʔ54　双:椠tɕ'ɪ44　杭:削皮ɕiɪʔ4bi212　绍:削皮/刨ɕiAʔ5bi31/bɑɒ31　诸:削皮ɕiɐʔ5biz233　崇:削皮ɕiɑʔ3biz23　太:削皮ɕiɑʔ5bi31　余:刨bɒ113　宁:削皮/刨皮ɕiɪʔ3bi34/bɔ22bi35　黄:削ɕieʔ5　温:批皮p'ˡi3bˡi31　衢:削皮ɕiAʔ5bi31　华:削皮ɕyoʔ5bij31　永:刨皮bAʊ21bi51

抠

宜:抠k'ɤɯ55　溧:抠k'ei44　金:抠k'ʌʏ31　丹:抠k'Eᵉ22　童:抠k'ei42　靖:抠k'øʏ433　江:抠k'EI51　常:抠k'ei44　锡:抠k'Ei544　苏:抠/挖k'əɪ44/ʔuAʔ5　熟:抠k'E52　昆:挖ʔuAʔ5　霜:抠k'ʌɪ52　罗:抠k'ʌɪ52　周:抠/挖k'ʏ52/ʔʋɑʔ5　上:抠k'ɤɯ52　松:抠k'ɯ52　黎:抠/挖k'ieɯ44/ʔuAʔ5　盛:挖ʔuɑʔ5　嘉:挖ʔuAʔ54　双:挖ʔuɑ44　杭:挖ʔuɐʔ5　绍:挖ʔuAʔ5　诸:挖ʔʋɐʔ5　崇:挖/剟ʔʋæʔ45/ʔlʏ533　太:挖/剟ʔʋɛʔ45/ʔlʏ523　余:挖ʔuɐʔ5　宁:剟lœʏ113　黄:挖/剟ʔuɐʔ5/liu53　温:剟ʔlʌu44　衢:挖ʔuɑ434　华:挖ʔuɑ324　永:抠牢k'əu43lAʊ22

甩

宜:□xuA324　溧:□xuɑʔ5/huæE412　金:甩suɛᵉ323　丹:掼/撩guæ213/liɒ213　童:□xuaɪ45　靖:捽/掼/□ɕye433/guæ̃31/xuæ̃51　江:□/掼xuE45/guE223　常:□/□xuɑʔ5/xuæ51　锡:□xuɛ34　苏:甩/丟huE412/tɔʔ5　熟:□/□xuE324/xuAʔ5　昆:□/□/丟huE512/xuAʔ5/toʔ5　霜:□xuAʔ5　罗:□hue52　周:□fɛ335　上:□/□huɐʔ5/huE334　松:掼/□guE113/huE335　黎:□/丟huE413/toʔ5　盛:□huE413　嘉:□huEᵋ334　双:□/掼xuE334/guE113　杭:掼guE113　绍:□/□/掼huæ̃33/huAʔ5/guæ̃22　诸:□/掼huɛ544/guɛ233　崇:掼guæ̃14　太:掼guæ̃312　余:□huɐʔ5　宁:□huɐʔ5　黄:□huɔʔ5　温:□gɑ22　衢:捽/掼ʃɥəʔ5/guæ̃31　华:□ɕyoʔ4　永:甩牢ɕyə43lAʊ51

扳

宜:扳pA324　溧:扳pA44　金:扳pæ̃31　丹:扳pæ22　童:扳pɑ42　靖:扳pæ̃433　江:扳pæ51　常:扳pæ44　锡:扳pɛ544　苏:扳pE44　熟:扳pæ52　昆:扳pɛ44　霜:扳pE52　罗:扳pe52　周:扳ɓɛ52　上:扳pE52　松:扳pE52　黎:扳pE44　盛:扳pE44　嘉:扳pEᵋ51　双:扳pE44　杭:扳pE323　绍:扳pæ̃51　诸:扳pɛ544　崇:扳pæ̃533　太:扳pæ̃523　余:扳pɛ̃34　宁:扳pE52　黄:攀p'ɛ35　温:扳pɑ44　衢:扳pæ434　华:扳/反pɑ324/fɑ324　永:扳/反ʔmA44/fA434

绊

宜:绊pA324　溧:□p'A412　金:绊p'æ̃44　丹:绊bæ213　童:绊bɑ113　靖:绊pæ51　江:掷pæ45　常:掷pæ̃51　锡:掷pɛ34　苏:掷pE412　熟:掷pæ324　昆:掷pɛ52　霜:掷pE434　罗:掷pe434　周:掷ɓɛ335　上:掷pE334　松:掷pE335　黎:掷pE413　盛:掷pE413　嘉:掷pEᵋ334　双:掷pE334　杭:掷pE334　绍:掷pæ̃33　诸:掷pɛ544　崇:掷/绊pæ̃324/bæ̃14　太:绊/掷bæ̃13/pæ̃35　余:掷pɛ̃52　宁:掷pE52　黄:扎tsæʔ5　温:勾kʌu44　衢:绊bæ̃323　华:绊pɯə45　永:□ʔmA44

放(安放)

宜:放/摆/安fᴀŋ$_{324}$/pᴀ$_{324}$/ʔe$_{55}$　溧:放/摆fᴀŋ$_{412}$/pᴀ$_{52}$　金:放/摆/撩fɑŋ$_{44}$/pɛ^{e}$_{323}$/ȵiɑ^{ɔ}$_{24}$　丹:放/摆fɑŋ$_{22}$/pæ$_{22}$　童:放/摆fɑŋ$_{45}$/paɪ$_{324}$　靖:放/摆/搁fɑŋ$_{51}$/pæ$_{334}$/kəʔ$_{5}$　江:摆/放/安pæ$_{45}$/fᴀ^{ŋ}$_{435}$/ʔɵ$_{51}$　常:放/摆/安fᴀɲ$_{51}$/pɑ$_{444}$/ʔɔ$_{44}$　锡:放/摆/安fɒ̃$_{34}$/pɑ$_{323}$/ʔo$_{544}$　苏:放/摆fᴀ̃$_{412}$/pɒ$_{51}$　熟:摆/安pɑ$_{424}$/ʔʏ$_{52}$　昆:放/摆fã$_{52}$/pɑ$_{52}$　霜:放/摆fɒ̃$_{434}$/pɑ$_{434}$　罗:放/摆fɒ̃$_{434}$/pɑ$_{434}$　周:放/摆fɒ̃$_{335}$/ʔbɑ$_{335}$　上:放/摆fᴀ^{n}$_{334}$/pᴀ$_{334}$　松:放/摆fɑ̃$_{335}$/pɑ$_{44}$　黎:摆/□pɑ$_{51}$/gᴀ^{ɔ}$_{214}$　盛:放/摆/□fɑ̃$_{413}$/pɑ$_{51}$/gᴀɑ$_{212}$　嘉:摆/安/放pɑ$_{44}$/ʔɤə$_{51}$/fᴀ̃$_{444}$　双:摆/放pɑ$_{54}$/fɔ̃$_{444}$　杭:放/安fᴀŋ$_{334}$/ʔᴇ$_{323}$　绍:摆/安pa$_{33}$/ʔĩ$_{52}$　诸:放/安fɒ̃$_{544}$/ʔʏ$_{544}$　崇:摆/安pɑ$_{42}$/ʔœ̃$_{523}$　太:摆/安pɑ$_{42}$/ʔœ̃$_{523}$　余:放/摆/安/fɒ̃$_{52}$/pᴀ$_{435}$/ʔɛ̃$_{34}$　宁:安/摆/放ʔᴇɪ$_{52}$/pa$_{325}$/fɔ̃$_{52}$　黄:囥k'ɒ̃$_{53}$　温:囥k'^{u}ɔ$_{52}$　衢:放/摆fɒ̃$_{53}$/pɛ$_{35}$　华:放/摆/囥/□fᴀŋ$_{45}$/pɑ$_{544}$/k'ᴀŋ$_{45}$/guɑ$_{24}$　永:囥/放k'ᴀŋ$_{54}$/fᴀŋ$_{54}$

换(对换)

宜:调diɑʏ$_{24}$　溧:调diɑ^{ʏ}$_{323}$　金:换xʊ̃$_{44}$　丹:换ɦŋ̍$_{31}$　童:调diɐʏ$_{113}$　靖:调diɒ$_{31}$　江:调/换diɒ$_{223}$/hɦɵ$_{435}$　常:调diɑʏ$_{24}$　锡:调diʌ$_{213}$　苏:调/换diɛ$_{31}$/ɦɵ$_{31}$　熟:换/调ɦuʏ$_{213}$/diɔ$_{31}$　昆:调diɔ$_{132}$　霜:换/调ɦuɪ$_{213}$/diɔ$_{213}$　罗:换/调ɦuʌʏ$_{213}$/diɔ$_{213}$　周:换/调ve$_{113}$/diɔ$_{113}$　上:调diɔ$_{113}$　松:调diɔ$_{113}$　黎:调diᴀ^{ɔ}$_{213}$　盛:调diᴀɑ$_{212}$　嘉:换/调ʔuɤə$_{44}$/diɔ$_{223}$　双:调diɔ$_{113}$　杭:调diɔ$_{113}$　绍:调diɑɒ$_{22}$　诸:换/调ɦuʏ$_{233}$/diɔ$_{233}$　崇:换/调vœ̃$_{14}$/diɑɒ$_{14}$　太:换/调vœ̃$_{13}$/diɑɒ$_{313}$　余:换/调ɦuõ$_{113}$/diɒ$_{113}$　宁:调diɵ$_{113}$　黄:调diɒ$_{113}$　温:调diɛ$_{22}$　衢:换/调ɦuə$_{31}$/diɔ$_{31}$　华:换/调ɦuɑ$_{24}$/diɑʊ$_{24}$　永:调/换diᴀʊ$_{214}$/ɦuᴀ$_{214}$

摔(～东西)

宜:掼guᴀ$_{31}$　溧:掼guᴀ$_{31}$　金:甩suɛ^{e}$_{323}$　丹:掼guæ$_{22}$　童:掼guɑ$_{113}$　靖:掼/□guæ̃$_{31}$/xuæ̃$_{51}$　江:掼guæ$_{223}$　常:掼/厾guæ$_{24}$/tɑʔ$_{5}$　锡:掼guɛ$_{213}$　苏:掼guᴇ$_{31}$　熟:掼guæ$_{213}$　昆:掼guɛ$_{223}$　霜:掼guᴇ$_{213}$　罗:掼gue$_{213}$　周:掼/厾guɛ$_{113}$/ɗɒʔ$_{5}$　上:掼guᴇ$_{113}$　松:掼guᴇ$_{113}$　黎:掼guᴇ$_{213}$　盛:掼guᴇ$_{212}$　嘉:掼guᴇ^{ɛ}$_{223}$　双:掼guᴇ$_{113}$　杭:掼guᴇ$_{113}$　绍:掼guæ̃$_{22}$　诸:掼guɛ$_{233}$　崇:掼guæ̃$_{14}$　太:掼guæ̃$_{13}$　余:掼guɛ̃$_{13}$　宁:□ʔa$_{325}$　黄:掼guɛ$_{113}$　温:□gɑ$_{22}$　衢:掼guæ̃$_{31}$　华:摔/□/□ɕyoʔ$_{4}$/ʔliɯu$_{544}$/ɕɥᴀŋ$_{324}$　永:□/掼ɕʏᴀŋ$_{44}$/kʊᴀ$_{54}$

摔跤

宜:跌跟头tɪʔ$_{5}$kəŋ$_{55}$dʏɯ$_{55}$　溧:掼跤/掼跟头guᴀ$_{32}$kɑ^{ʏ}$_{23}$/guᴀ$_{32}$kən$_{22}$dei$_{52}$　金:跌跟头tieʔ$_{4}$ɦəŋ$_{52}$t'ʌʏ$_{23}$　丹:跌跟头tɪʔ$_{3}$kɛn$_{55}$dᴇ^{e}$_{31}$　童:跟头guɑ$_{23}$kəŋ$_{55}$dei$_{31}$　靖:摔跤suæ$_{43}$tɕiɒ$_{33}$　江:掼跤guæ$_{21}$kɒ$_{43}$　常:掼跟头guæ$_{21}$kəɲ$_{11}$dei$_{13}$　锡:跌跟头tɪʔ$_{21}$kən$_{11}$dᴇi$_{23}$　苏:跌跟头tɪʔ$_{5}$kən$_{23}$təɪ$_{31}$　熟:缚跤跤boʔ$_{2}$kɔ$_{55}$kɔ$_{31}$　昆:跌跤/掼跤tɪʔ$_{4}$kɔ$_{44}$/guɛ$_{22}$kɔ$_{44}$　霜:掼跤guᴇ$_{22}$kɔ$_{52}$　罗:掼跤/掼摔跤gue$_{22}$kɔ$_{52}$/gue$_{22}$sɐʔ$_{5}$kɔ$_{31}$　周:掼跤/掼摔跤guɛ$_{22}$kɔ$_{52}$/guɛ$_{22}$sɑʔ$_{4}$kɔ$_{52}$　上:掼跤/掼跟头/跌跟斗guᴇ$_{22}$kɔ$_{44}$/guᴇ$_{22}$kəɲ$_{55}$tʏɯ$_{31}$/tiɪʔ$_{3}$kəɲ$_{55}$tʏɯ$_{31}$　松:掼摔跤/跌跤guᴇ$_{22}$sᴀʔ$_{2}$kɔ$_{52}$/tɪʔ$_{4}$kɔ$_{52}$　黎:掼跤guᴇ$_{22}$kᴀ^{ɔ}$_{52}$　盛:掼跤guᴇ$_{22}$kᴀɑ$_{52}$　嘉:掼跤guᴇ^{ɛ}$_{22}$kɔ$_{51}$　双:掼跤guᴇ$_{21}$kɔ$_{34}$　杭:掼跤儿/跌跤儿guᴇ$_{22}$tɕiɔ$_{23}$ər$_{31}$/tiɪʔ$_{3}$tɕiɔ$_{23}$ər$_{51}$　绍:掼跤guæ̃$_{33}$kɑɒ$_{52}$　诸:掼跤/跌guɛ$_{22}$kɔ$_{544}$/tiəʔ$_{5}$　崇:掼跌/累倒/翻倒guæ̃$_{22}$tiᴇʔ$_{4}$/le$_{22}$tɑɒ$_{23}$/fæ̃$_{53}$tɑɒ$_{52}$　太:掼跌/累倒/翻倒guæ̃$_{24}$tieʔ$_{2}$/le$_{24}$tɑɒ$_{31}$/fæ̃$_{33}$tɑɒ$_{44}$　余:掰跤pɛ̃$_{33}$kɒ$_{52}$　宁:抲欧倒跌k'o$_{33}$œʏ$_{33}$tɔ$_{55}$tiɪʔ$_{31}$　黄:□跤ɟieʔ$_{2}$kɒ$_{13}$　温:摔跤sæi$_{3}$k^{u}ɔ$_{44}$　衢:跌去tiəʔ$_{4}$k'i$_{53}$　华:掼跌guɑ$_{24}$tiɐ$_{35}$　永:窝跌oə$_{43}$tiᴀ$_{45}$

开

宜：开k‘ɐɪ$_{55}$ 溧：开k‘æᴇ$_{44}$ 金：开k‘ɛ^{e}$_{31}$ 丹：开k‘æ$_{22}$ 童：开k‘aɪ$_{42}$ 靖：开k‘æ$_{433}$ 江：开k‘æ$_{51}$ 常：开k‘æe$_{44}$ 锡：开k‘ᴇ$_{544}$ 苏：开k‘ᴇ$_{44}$ 熟：开k‘^{ᴇ}æ$_{52}$ 昆：开k‘ɛ$_{44}$ 霜：开k‘ᴇ$_{52}$ 罗：开k‘e$_{52}$ 周：开k‘e$_{52}$ 上：开k‘ᴇ$_{52}$ 松：开k‘ᴇ$_{52}$ 黎：开k‘ᴇ$_{44}$ 盛：开k‘ᴇ$_{44}$ 嘉：开k‘ᴇ^{ɛ}$_{51}$ 双：开k‘ᴇ$_{44}$ 杭：开k‘ᴇ$_{323}$ 绍：开k‘e$_{52}$ 诸：开k‘e$_{544}$ 崇：开k‘e$_{533}$ 太：开k‘e$_{523}$（pʌŋ$_{523}$电灯） 余：开k‘e$_{34}$ 宁：开k‘e$_{52}$ 黄：开k‘e$_{53}$ 温：开k‘e$_{44}$ 衢：开k‘ɛ$_{434}$ 华：开k‘ɛ$_{324}$ 永：开k‘əɪ$_{44}$

关

宜：关kuᴀ$_{55}$ 溧：关kuᴀ$_{44}$ 金：关kuæ̃$_{31}$ 丹：关kuæ$_{22}$ 童：关kuɑ$_{42}$ 靖：关kuæ̃$_{433}$ 江：关kuæ$_{51}$ 常：关kuæ$_{44}$ 锡：关kuɛ$_{544}$ 苏：关kuᴇ$_{44}$ 熟：关kuæ$_{52}$ 昆：关kuɛ$_{44}$ 霜：关kuᴇ$_{52}$ 罗：关kue$_{52}$ 周：关kuɛ$_{52}$ 上：关kuᴇ$_{52}$ 松：关kuᴇ$_{52}$ 黎：关kuᴇ$_{44}$ 盛：关kuᴇ$_{44}$ 嘉：关kuᴇ^{ɛ}$_{51}$ 双：关kuᴇ$_{44}$ 杭：关kuᴇ$_{323}$ 绍：关kuæ̃$_{52}$ 诸：关kuɛ$_{544}$ 崇：关kuæ̃$_{533}$ 太：关kuæ̃$_{523}$ 余：关kuɛ̃$_{34}$ 宁：关kuᴇ$_{52}$ 黄：关kuɛ$_{53}$ 温：关kɑ$_{44}$ 衢：关kuæ̃$_{434}$ 华：关kuɑ$_{324}$ 永：关kuəŋ$_{44}$

封

宜：封foŋ$_{55}$ 溧：封foŋ$_{44}$ 金：封foŋ$_{31}$ 丹：封foŋ$_{22}$ 童：封foŋ$_{42}$ 靖：封foŋ$_{433}$ 江：封foŋ$_{51}$ 常：封foŋ$_{44}$ 锡：封foŋ$_{544}$ 苏：封foŋ$_{44}$ 熟：封foŋ$_{52}$ 昆：封foŋ$_{44}$ 霜：封fo^{ŋ}$_{52}$ 罗：封fo^{ŋ}$_{52}$ 周：封hoŋ$_{52}$ 上：封fʊŋ$_{52}$ 松：封fʊŋ$_{52}$ 黎：封foŋ$_{44}$ 盛：封foŋ$_{44}$ 嘉：封foŋ$_{51}$ 双：封foŋ$_{44}$ 杭：封foŋ$_{323}$ 绍：封fʊŋ$_{52}$ 诸：封foŋ$_{544}$ 崇：封fʊ^{ŋ}$_{533}$ 太：封fʊŋ$_{523}$ 余：封fʊŋ$_{34}$ 宁：封fʊŋ$_{52}$ 黄：封foŋ$_{53}$ 温：封xoŋ$_{44}$ 衢：闭/封pi$_{53}$/fʌŋ$_{434}$ 华：封foŋ$_{324}$ 永：封/闭牢foŋ$_{44}$/pi$_{43}$lʌʊ$_{32}$

塞

宜：塞səʔ$_{\underline{45}}$ 溧：塞/堵səʔ$_{5}$/tu$_{52}$ 金：塞/堵/执səʔ$_{4}$/t^{ə}u$_{32}$/tsəʔ$_{4}$ 丹：塞sɛʔ$_{3}$ 童：塞səʔ$_{5}$ 靖：塞səʔ$_{5}$ 江：塞/砾sɜʔ$_{5}$/dzᴀ^{ŋ}$_{223}$ 常：塞səʔ$_{5}$ 锡：塞səʔ$_{5}$ 苏：塞səʔ$_{5}$ 熟：塞səʔ$_{5}$ 昆：塞səʔ$_{5}$ 霜：塞səʔ$_{5}$ 罗：塞sɐʔ$_{5}$ 周：塞sʌʔ$_{5}$ 上：塞/砾sɐʔ$_{5}$/zɑ̃^{ɲ}$_{113}$ 松：塞səʔ$_{5}$ 黎：塞səʔ$_{5}$ 盛：塞səʔ$_{5}$ 嘉：塞səʔ$_{\underline{54}}$ 双：塞səʔ$_{\underline{54}}$ 杭：塞sɐʔ$_{5}$ 绍：塞səʔ$_{5}$ 诸：塞sɐʔ$_{5}$ 崇：塞sᴇʔ$_{\underline{45}}$ 太：塞sɛʔ$_{\underline{45}}$ 余：塞sɐʔ$_{5}$ 宁：塞/嵌sɐʔ$_{5}$/k‘ᴇ$_{325}$ 黄：塞sɐʔ$_{5}$ 温：塞se$_{423}$ 衢：塞səʔ$_{5}$ 华：塞səʔ$_{4}$ 永：塞səɪ$_{434}$

盖

宜：盖kɐɪ$_{324}$ 溧：盖kæᴇ$_{412}$ 金：盖kɛ^{e}$_{44}$ 丹：盖kæ$_{324}$ 童：盖kaɪ$_{45}$ 靖：盖kæ$_{51}$ 江：盖kæ$_{435}$ 常：盖kæe$_{51}$ 锡：盖kᴇ$_{34}$ 苏：盖kᴇ$_{412}$ 熟：盖儿kæ̃$_{44}$ 昆：盖kɛ$_{52}$ 霜：盖kɪ$_{44}$/kᴇ$_{434}$ 罗：盖ke$_{434}$ 周：盖ke$_{335}$ 上：盖kᴇ$_{334}$ 松：盖kᴇ$_{335}$ 黎：盖kᴇ$_{413}$ 盛：盖kᴇ$_{413}$ 嘉：盖kᴇ^{ɛ}$_{334}$ 双：盖kᴇ$_{334}$ 杭：盖kᴇ$_{334}$ 绍：盖ke$_{33}$ 诸：盖ke$_{544}$ 崇：盖ke$_{533}$ 太：盖ke$_{44}$ 余：盖ke$_{52}$ 宁：盖/闷ke$_{52}$/ʔmɐŋ$_{52}$ 黄：盖/□ke$_{44}$/kəŋ$_{53}$ 温：宀kʌŋ$_{35}$ 衢：盖kɛ$_{53}$ 华：盖kɛ$_{45}$ 永：□kəŋ$_{\underline{54}}$

罩

宜：罩tsɑʏ$_{324}$ 溧：罩/盖tsɑ^{ʏ}$_{412}$/kæᴇ$_{412}$ 金：罩tsɑ^{ɔ}$_{44}$ 丹：罩tsɒ$_{324}$ 童：罩tsɐʏ$_{45}$ 靖：罩tsɒ$_{51}$ 江：罩/套tsɒ$_{435}$/t‘ɒ$_{435}$ 常：罩/盖tsɑʏ$_{51}$/kæe$_{51}$ 锡：罩tsʌ$_{34}$ 苏：罩tsæ$_{412}$ 熟：罩tsɔ$_{324}$ 昆：罩tsɔ$_{52}$ 霜：罩tsɔ$_{434}$ 罗：罩tsɔ$_{434}$ 周：罩tsɔ$_{335}$ 上：罩tsɔ$_{334}$ 松：罩tsɔ$_{335}$ 黎：罩tsᴀ^{ɔ}$_{413}$ 盛：罩tsᴀɑ$_{413}$ 嘉：罩tsɔ$_{334}$ 双：罩tsɔ$_{334}$ 杭：罩tsɔ$_{334}$ 绍：罩tsɑɒ$_{33}$ 诸：罩tsɔ$_{544}$ 崇：罩tsɑɒ$_{533}$ 太：罩tsɑɒ$_{44}$ 余：罩tsɒ$_{52}$ 宁：罩/复tsɔ$_{52}$/fɔʔ$_{5}$ 黄：罩/扑tsɒ$_{44}$/p‘ɔʔ$_{5}$ 温：罩ts^{ʊ}ɔ$_{52}$ 衢：罩tsɔ$_{53}$ 华：罩/□tsɔ$_{45}$/kən$_{324}$ 永：罩tsʌʊ$_{\underline{54}}$

套

宜:套tʻɑɤ$_{324}$　溧:套tʻɑ^{ɤ}$_{412}$　金:套tʻɑ^{ɔ}$_{44}$　丹:套tʻɒ$_{324}$　童:套tʻɐɤ$_{45}$　靖:套tʻɒ$_{51}$　江:套tʻɒ$_{435}$　常:套tʻɑɤ$_{51}$　锡:套tʻʌ$_{34}$　苏:套tʻæ$_{412}$　熟:罩tsɔ$_{324}$　昆:套tʻɔ$_{52}$　霜:套tʻɔ$_{434}$　罗:套tʻɔ$_{434}$　周:套tʻɔ$_{335}$　上:套tʻɔ$_{334}$　松:套tʻɔ$_{335}$　黎:套tʻA^{ɔ}$_{324}$　盛:套tʻAɑ$_{313}$　嘉:套tʻɔ$_{334}$　双:套tʻɔ$_{334}$　杭:套tʻɔ$_{334}$　绍:套tʻɑɒ$_{33}$　诸:套tʻɔ$_{544}$　崇:套tʻɑɒ$_{533}$　太:套tʻɑɒ$_{44}$　余:套tʻɒ$_{52}$　宁:套tʻɔ$_{325}$　黄:套tʻɒ$_{44}$　温:套tʻɜ$_{52}$　衢:套tʻɔ$_{53}$　华:套tʻɑʊ$_{45}$　永:套tʻAʊ$_{\underline{54}}$

卷

宜:卷tɕyĩ$_{51}$　溧:卷tɕyʊ$_{52}$　金:卷tɕyæ̃$_{323}$　丹:卷tɕY$_{44}$　童:卷tɕiʊ$_{324}$　靖:卷tɕyɯ̃$_{334}$　江:卷tɕyɵ$_{45}$　常:卷tɕiɔ$_{334}$　锡:卷tɕio$_{323}$　苏:卷tɕiɵ$_{51}$　熟:卷tɕiɤ$_{44}$　昆:卷tɕyɵ$_{52}$　霜:卷tɕi^{ʌ}ɤ$_{434}$　罗:卷tɕi^{ʌ}ɤ$_{434}$　周:卷tɕyø$_{44}$　上:卷tɕyø$_{334}$　松:卷tɕyø$_{44}$　黎:卷tɕiɵ$_{51}$　盛:卷tɕiɵ$_{51}$　嘉:卷tɕyɤə$_{44}$　双:卷tɕɪ$_{53}$　杭:卷/筒tɕYo$_{51}$/doŋ$_{213}$　绍:卷tɕyõ$_{33}$　诸:卷tɕiɤ$_{52}$　崇:卷tɕyœ̃$_{42}$　太:卷tɕyœ̃$_{42}$　余:卷tɕyõ$_{435}$　宁:卷tɕy$_{ɥ52}$　黄:卷tɕyø$_{53}$　温:卷tɕyoŋ$_{35}$　衢:卷tɕyə$_{35}$　华:卷tɕye$_{544}$　永:筒doŋ$_{323}$

包

宜:包pɑɤ$_{55}$　溧:包pɑ^{ɤ}$_{44}$　金:包pɑ^{ɔ}$_{31}$　丹:包pɒ$_{22}$　童:包pɐɤ$_{42}$　靖:包pɒ$_{433}$　江:包/裹pɒ$_{51}$/kɜɤ$_{45}$　常:包pɑɤ$_{44}$　锡:包pʌ$_{544}$　苏:包pæ$_{44}$　熟:包pɔ$_{52}$　昆:包pɔ$_{44}$　霜:包pɔ$_{52}$　罗:包pɔ$_{52}$　周:包ɓɔ$_{52}$　上:包pɔ$_{52}$　松:包pɔ$_{52}$　黎:包pA^{ɔ}$_{44}$　盛:包pAɑ$_{44}$　嘉:包pɔ$_{51}$　双:包pɔ$_{44}$　杭:包pɔ$_{323}$　绍:包pɑɒ$_{52}$　诸:包pɔ$_{544}$　崇:包pɑɒ$_{533}$　太:包pɑɒ$_{523}$　余:包/裹pɒ$_{34}$/kou$_{435}$　宁:包/裹/包裹pɔ$_{44}$/kəʊ$_{52}$/pɔ$_{33}$kəʊ$_{51}$　黄:包pɒ$_{53}$　温:包p^{ʊ}ɔ$_{44}$　衢:包pɔ$_{434}$　华:挏/包toŋ$_{324}$/pɔ$_{324}$　永:包pAʊ$_{44}$

系

宜:结tɕiɪʔ$_{\underline{45}}$　溧:结iɪʔ$_{5}$　金:系/扣tɕi$_{z44}$/kʻʌɤ$_{44}$　丹:扎/结/绑/綑tsɑʔ$_{3}$/tɕɪʔ$_{3}$/pɑŋ$_{44}$/kʻuɛn$_{44}$　童:系/结/绑tɕi$_{j45}$/tɕiɪʔ$_{5}$/pɑŋ$_{324}$　靖:系/绑tɕi$_{j51}$/pɑŋ$_{334}$　江:结tɕiəʔ$_{5}$　常:结/绑tɕiɪʔ$_{5}$/pɑŋ$_{334}$　锡:结tɕiəʔ$_{5}$　苏:缚/结bɔʔ$_{\underline{23}}$/tɕiəʔ$_{5}$　熟:结tɕɪʔ$_{5}$　昆:结/绑tɕiɪʔ$_{5}$/pã$_{52}$　霜:结/缚/绑tɕiɪʔ$_{5}$/boʔ$_{\underline{23}}$/pɒ̃$_{434}$　罗:缚/捆/绑boʔ$_{\underline{23}}$/kʻuɛ̃^{n}$_{434}$/p$_{4}$ɒ̃$_{34}$　周:扎/缚tsɑʔ$_{5}$/voʔ$_{\underline{23}}$　上:结/缚tɕiɪʔ$_{5}$/boʔ$_{\underline{23}}$　松:拦lE$_{113}$　黎:结tɕiəʔ$_{5}$　盛:结tɕiɐʔ$_{5}$　嘉:结tɕiəʔ$_{\underline{54}}$　双:□guən$_{31}$　杭:系/绑tɕi$_{334}$/pAŋ$_{51}$　绍:系/结tɕi$_{33}$/tɕɪʔ$_{5}$　诸:吊/缚tiɔ$_{544}$/boʔ$_{12}$　崇:结/缚tɕiEʔ$_{\underline{45}}$/bɔʔ$_{\underline{12}}$　太:结/缚tɕieʔ$_{\underline{45}}$/bɔʔ$_{\underline{12}}$　余:结/缚tɕɪʔ$_{5}$/bu$_{113}$　宁:结/缚tɕɪʔ$_{5}$/bəʊ$_{113}$　黄:系/吊tɕi$_{j44}$/tiɒ$_{44}$　温:□ɦo$_{323}$　衢:缚fəʔ$_{4}$　华:缚boʔ$_{3}$　永:缚/扎boːə$_{434}$/tsʊA$_{434}$

解

宜:解kA$_{51}$　溧:解kA$_{52}$　金:解tɕiɛ^{e}$_{323}$/kɛ^{e}$_{323}$　丹:解kɑ$_{44}$　童:解kɒ$_{324}$　靖:解kæ$_{334}$　江:解kæ$_{45}$　常:解kɑ$_{334}$　锡:解kɑ$_{323}$　苏:解kɑ$_{51}$/gɑ$_{31}$　熟:解kɑ$_{44}$　昆:解kɑ$_{52}$　霜:解kɑ$_{434}$　罗:解kɑ$_{434}$　周:解kɑ$_{335}$　上:解kA$_{334}$/gA$_{113}$　松:解gɑ$_{113}$　黎:解kɒ$_{51}$/gɒ$_{213}$　盛:解kɑ$_{51}$　嘉:解gɑ$_{223}$　双:解kɑ$_{53}$　杭:解tɕie$_{51}$　绍:解kɑ$_{334}$　诸:解kA$_{52}$　崇:解kɑ$_{42}$　太:解kɑ$_{42}$　余:解kA$_{435}$　宁:解kɑ$_{325}$　黄:解kA$_{53}$　温:解kɑ$_{35}$　衢:解kɑ$_{434}$　华:解/拆kɑ$_{544}$/tsʻɐʔ$_{4}$　永:解tɕiA$_{434}$

剥

宜:剥pɔʔ$_{\underline{45}}$　溧:剥pɔʔ$_{5}$　金:剥pɔʔ$_{4}$　丹:剥poʔ$_{3}$　童:剥poʔ$_{5}$　靖:剥/□pɔʔ$_{5}$/tʻi$_{j334}$　江:剥poʔ$_{5}$　常:剥pɔʔ$_{5}$　锡:剥pɔʔ$_{5}$　苏:剥pɔʔ$_{5}$　熟:剥poʔ$_{5}$　昆:剥poʔ$_{5}$　霜:剥poʔ$_{5}$　罗:

剥poʔ$_5$　周：剥ɓoʔ$_5$　上：剥poʔ$_5$　松：剥pɔʔ$_5$　黎：剥poʔ$_5$　盛：剥pɔʔ$_5$　嘉：剥poʔ$_{\underline{54}}$　双：剥poʔ$_{\underline{54}}$　杭：剥pɔʔ$_5$　绍：剥poʔ$_5$　诸：剥pɔʔ$_{\underline{45}}$　崇：开/剥kʻe$_{533}$/pɔʔ$_{\underline{45}}$　太：剥pɔʔ$_{\underline{45}}$　余：剥pɔʔ$_5$　宁：剥pɔʔ$_5$　黄：剥pɔʔ$_5$　温：剥po$_{423}$　衢：剥pəʔ$_5$　华：剥poʔ$_4$　永：剥poːə$_{434}$

折(～叠)

宜：阖/折ʔiɑʏ$_{51}$/tsəʔ$_{\underline{45}}$　溧：拗ʔɑʸ$_{52}$　金：折/叠tsəʔ$_4$/tieʔ$_4$　丹：折/□tsɛʔ$_3$/ɦuəʔ$_3$　童：折tsəʔ$_5$　靖：摺/阖tsɪʔ$_5$/ʔiɒ$_{51}$　江：拗ʔɒ$_{45}$　常：摺ʔiɑʏ$_{334}$　锡：阖ʔiʌ$_{323}$　苏：折/阖tsəʔ$_5$/ʔiæ$_{412}$　熟：抈/折ʔioʔ$_5$/tʂᴇʔ$_5$　昆：抈ʔioʔ$_5$　霜：抈ʔioʔ$_5$　罗：抈ʔioʔ$_5$　周：抈ʔioʔ$_5$　上：阖/抈ʔiɔ$_{334}$/ʔioʔ$_5$　松：□ʔyɪʔ$_5$　黎：阖ʔiᴀᵓ$_{44}$　盛：阖ʔiᴀɑ$_{44}$　嘉：折tsəʔ$_{\underline{54}}$　双：阖/折ʔiɔ$_{334}$/tsʻᴀʔ$_{\underline{54}}$　杭：□/折ʔyɪʔ$_5$/tsɐʔ$_5$　绍：□ʔyoʔ$_5$　诸：抈ʔioʔ$_5$　崇：折/搦tsᴇʔ$_{\underline{45}}$/ȵioʔ$_{\underline{12}}$　太：折/搦tsɛʔ$_{\underline{54}}$/ȵiɔʔ$_{\underline{12}}$　余：折/□tsɪʔ$_5$/ɦyɔʔ$_{\underline{23}}$　宁：摺/叠/郁(少)tɕiɪʔ$_5$/diɪʔ$_{\underline{23}}$/ʔiɔʔ$_5$　黄：折tɕieʔ$_5$　温：折/抈tɕi$_{423}$/ʔʊɔ$_{35}$　衢：抈ɦiɔ$_{323}$　华：阖/折/叠ʔɑiʊ$_{45}$/tsəʔ$_4$/diɐ$_{24}$　永：折tɕie$_{434}$

叠(堆～)

宜：叠/堆dɪʔ$_{\underline{23}}$/tᴇɪ$_{55}$　溧：叠/驮dɪʔ$_2$/dʌɯ$_{224}$　金：叠/堆tieʔ$_4$/tuei$_{31}$　丹：堆tue$_{22}$　童：堆/垒tuei$_{42}$/lei$_{113}$　靖：叠/堆dɪʔ$_{\underline{34}}$/te$_{433}$　江：驮dɜʏ$_{223}$　常：堆/叠dæe$_{334}$/diɪʔ$_{\underline{23}}$　锡：堆tᴇ$_{544}$　苏：堆/叠tᴇ$_{44}$/dəʔ$_{\underline{23}}$　熟：叠dᴇʔ$_{\underline{23}}$　昆：叠dəʔ$_{\underline{12}}$　霜：叠dəʔ$_{\underline{23}}$　罗：堆/叠tʌɪ$_{52}$/dɐʔ$_{\underline{23}}$　周：叠dəʔ$_{\underline{23}}$　上：叠diɪʔ$_{\underline{23}}$/dɐʔ$_{\underline{23}}$　松：叠dɪʔ$_{\underline{23}}$/dəʔ$_{\underline{23}}$　黎：叠dəʔ$_{\underline{23}}$　盛：堆tᴇ$_{44}$　嘉：堆te$_{51}$　双：叠dieʔ$_{\underline{23}}$　杭：叠diɪʔ$_{\underline{12}}$　绍：叠dɪʔ$_{\underline{23}}$　诸：叠diəʔ$_{\underline{12}}$　崇：堆de$_{533}$　太：堆de$_{523}$　余：叠dɪʔ$_{\underline{12}}$　宁：叠diɪʔ$_{\underline{23}}$　黄：叠diʌʔ$_{\underline{12}}$　温：叠di$_{323}$　衢：叠/堆diəʔ$_{12}$/təɪ$_{434}$　华：堆/叠teɪ$_{324}$/diɐ$_{24}$　永：叠diᴀ$_{323}$

铺

宜：摊tʻᴀ$_{55}$　溧：铺pʻu$_{44}$　金：铺pʻu$_{31}$　丹：铺pʻu$_{44}$　童：铺pʻu$_{42}$　靖：铺/摊pʻu$_{433}$/tʻæ$_{433}$　江：铺pʻu$_{51}$　常：铺pʻu$_{44}$　锡：铺pʻʌʏ$_{544}$　苏：铺pʻu$_{44}$　熟：铺pʻu$_{52}$　昆：铺pʻu$_{44}$　霜：铺pʻu$_{434}$　罗：铺pʻu$_{434}$　周：铺/摊pʻu$_{52}$/tʻɛ$_{52}$　上：铺pʻu$_{52}$　松：铺pʻu$_{52}$　黎：铺pʻu$_{33}$　盛：铺pʻu$_{334}$　嘉：铺pʻu$_{51}$　双：铺pʻʉ$_{44}$　杭：铺pʻu$_{33}$　绍：铺pʻu$_{52}$　诸：铺pʻɯ$_{544}$　崇：铺pʻu$_{533}$　太：铺pʻu$_{523}$　余：铺pʻu$_{435}$　宁：铺pʻu$_{52}$　黄：铺pʻu$_{53}$　温：铺pʻɵ$_{44}$　衢：铺pʻu$_{324}$　华：铺pʻu$_{324}$　永：摊tʻᴀ$_{44}$

打

宜：敲kɑʏ$_{55}$　溧：打/做/□/□to$_{52}$/tsʌɯ$_{412}$/xᴀŋ$_{445}$/pʻæᴇ$_{52}$　金：打tɑ$_{323}$　丹：打tɑ$_{44}$　童：打/揍/敲tɐʏ$_{324}$/tsei$_{45}$/kʻɐʏ$_{42}$　靖：打/敲tɑ$_{334}$/kʻɒ$_{433}$　江：敲kʻɒ$_{51}$　常：打/□/敲tᴀɲ$_{334}$/xᴀɲ$_{44}$/kʻɑʏ$_{44}$　锡：打tã$_{323}$　苏：打tÃ$_{51}$　熟：敲/打kʻɔ$_{52}$/tᴀ̃$_{44}$　昆：打tã$_{52}$　霜：打tã$_{434}$　罗：打tã$_{434}$　周：打/拷tᴀ̃$_{44}$/kʻɔ$_{335}$　上：打tÃⁿ$_{334}$　松：打/敲/括/坌tɛ̃$_{44}$/kʻɔ$_{52}$/kuæʔ$_5$/bəɲ$_{113}$　黎：敲kʻᴀᵓ$_{44}$　盛：敲kʻᴀɑ$_{44}$　嘉：敲kʻɔ$_{51}$　双：打tã$_{53}$　杭：打/敲tɑ$_{51}$/kʻɔ$_{33}$　绍：打taŋ$_{334}$　诸：打tÃ$_{52}$　崇：打/敲tᴀ̃$_{42}$/kʻɑɒ$_{533}$　太：打/敲tᴀŋ$_{42}$/kʻɑɒ$_{523}$　余：打/敲tÃ$_{435}$/kʻɒ$_{34}$　宁：打/敲tã$_{325}$/kʻɔ$_{52}$　黄：打tã$_{53}$　温：打tⁱɛ$_{35}$　衢：敲kɔ$_{434}$　华：打/敲/□tᴀŋ$_{544}$/kʻɑʊ$_{324}$/tɕiɪn$_{324}$　永：打nai$_{323}$

捅

宜：凿/戳dzɔʔ$_{\underline{23}}$/tsʻɔʔ$_{\underline{45}}$　溧：凿szɔ$_{223}$　金：捅tʻoŋ$_{323}$　丹：戳tsʻoʔ$_3$　童：□dʑyoʔ$_{\underline{24}}$　靖：戳tsʻɔʔ$_5$　江：戳tsʻoʔ$_5$　常：凿zɔʔ$_{\underline{23}}$　锡：凿zɔʔ$_{\underline{23}}$　苏：戳/凿tsʻɔʔ$_5$/zɔʔ$_{\underline{23}}$　熟：戳tʂʻoʔ$_5$　昆：戳/凿tsʻoʔ$_5$/zoʔ$_{\underline{12}}$　霜：凿zoʔ$_{\underline{23}}$　罗：捅/戳tʻoⁿ$_{434}$/tsoʔ$_5$　周：凿zoʔ$_{\underline{23}}$　上：戳/凿tsʻoʔ$_5$/zoʔ$_{\underline{23}}$　松：戳tsʻɔʔ$_5$　黎：凿zoʔ$_{\underline{23}}$　盛：凿zɔʔ$_2$　嘉：凿zɔ$_{223}$　双：捅tʻoŋ$_{53}$　杭：凿zɔʔ$_{\underline{12}}$　绍：凿zoʔ$_{\underline{23}}$　诸：捅tʻoŋ$_{52}$　崇：捅/戳tʻʊⁿ$_{42}$/tɕʻioʔ$_{\underline{45}}$　太：捅tʻʊŋ$_{42}$　余：戳tsʻɔʔ$_5$　宁：捅/凿tʻoŋ$_{325}$/zɔʔ$_{\underline{23}}$　黄：郎/戳lɒ̃$_{31}$/tɕʻyɔʔ$_5$　温：捅tʻoŋ$_{35}$　衢：戳tʃʻɥəʔ$_5$　华：捅/戳tʻoŋ$_{324}$/toʔ$_4$　永：捅tʻoŋ$_{434}$

碰

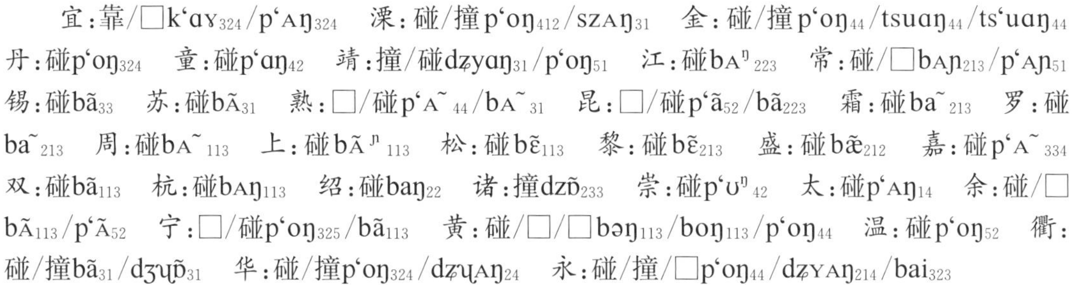

宜：靠/□kʻɑʏ$_{324}$/pʻᴀŋ$_{324}$　溧：碰/撞pʻoŋ$_{412}$/szᴀŋ$_{31}$　金：碰/撞pʻoŋ$_{44}$/tsuɑŋ$_{44}$/tsʻuɑŋ$_{44}$　丹：碰pʻoŋ$_{324}$　童：碰pʻɑŋ$_{42}$　靖：撞/碰dʑyɑŋ$_{31}$/pʻoŋ$_{51}$　江：碰bᴀ^{ŋ}$_{223}$　常：碰/□bᴀɲ$_{213}$/pʻᴀɲ$_{51}$　锡：碰bã$_{33}$　苏：碰bÃ$_{31}$　熟：□/碰pʻᴀ˜$_{44}$/bᴀ˜$_{31}$　昆：□/碰pʻã$_{52}$/bã$_{223}$　霜：碰ba˜$_{213}$　罗：碰ba˜$_{213}$　周：碰bᴀ˜$_{113}$　上：碰bÃ^{ɲ}$_{113}$　松：碰bɛ̃$_{113}$　黎：碰bɛ̃$_{213}$　盛：碰bæ̃$_{212}$　嘉：碰pʻᴀ˜$_{334}$　双：碰bã$_{113}$　杭：碰bᴀŋ$_{113}$　绍：碰baŋ$_{22}$　诸：撞dzɒ̃$_{233}$　崇：碰pʻʊ^{ŋ}$_{42}$　太：碰pʻᴀŋ$_{14}$　余：碰/□bÃ$_{113}$/pʻÃ$_{52}$　宁：□/碰pʻoŋ$_{325}$/bã$_{113}$　黄：碰/□/□bəŋ$_{113}$/boŋ$_{113}$/pʻoŋ$_{44}$　温：碰pʻoŋ$_{52}$　衢：碰/撞bã$_{31}$/dʒʯɒ̃$_{31}$　华：碰/撞pʻoŋ$_{324}$/dʑʯᴀŋ$_{24}$　永：碰/撞/□pʻoŋ$_{44}$/dʑʏᴀŋ$_{214}$/bai$_{323}$

撕

宜：撕/□sɿ$_{55}$/xəŋ$_{55}$　溧：撕sɿ$_{44}$　金：撕sɿ$_{z31}$　丹：撕sɿ$_{22}$　童：撕sɿ$_{42}$　靖：撕/□sɿ$_{433}$/tʻi$_{j334}$　江：撕sɿ$_{51}$　常：撕sɿ$_{44}$　锡：撕sɿ$_{544}$　苏：撕/扯/□sɿ$_{44}$/tsʻɒ$_{412}$/hən$_{44}$　熟：□/□ɕi$_{52}$/tʂʻɑ$_{52}$　昆：扯tsʻɑ$_{44}$　霜：扯tsʻɑ$_{434}$　罗：扯tsʻɑ$_{434}$　周：扯tsʻɑ$_{335}$　上：扯tsʻᴀ$_{334}$　松：扯tsʻɑ$_{44}$　黎：扯tsʻɒ$_{44}$　盛：扯tsʻɑ$_{334}$　嘉：扯tsʻɑ$_{324}$　双：扯/拉tsʻɑ$_{55}$/ʔlɑ$_{44}$　杭：撕/扯sɿ$_{33}$/tsʻɑ$_{51}$　绍：扯tsʻa$_{334}$　诸：□te$_{52}$　崇：扯/□tsʻɑ$_{42}$/te$_{533}$　太：扯/□tsʻɑ$_{42}$/te$_{42}$　余：扯tsʻᴀ$_{435}$　宁：扯tsʻu$_{325}$　黄：扯tsʻe$_{53}$　温：□do$_{22}$　衢：扯tsʻɿ$_{434}$　华：起tɕʻi$_{j544}$　永：扯/□tɕʻi$_{434}$/ʔməɪ$_{44}$

移

宜：移ɦi$_{j223}$　溧：移ʔɦiɪ$_{323}$　金：移i$_{z24}$　丹：移ɦi$_{z213}$　童：移ɦi$_{j31}$　靖：捅tʻoŋ$_{334}$　江：移/搬ɦi$_{j223}$/pɵ$_{51}$　常：搬pɔ$_{44}$　锡：搬po$_{544}$　苏：捅tʻoŋ$_{51}$　熟：搬pʏ$_{52}$　昆：搬/捅pɵ$_{44}$/tʻoŋ$_{52}$　霜：移ɦi$_{213}$　罗：移/搬ɦi$_{31}$/pʌʏ$_{52}$　周：搬ʔbe$_{52}$　上：搬/捅pø$_{52}$/tʻʊŋ$_{334}$　松：移ɦi$_{31}$　黎：搬/拿开pɵ$_{44}$/ʔno$_{44}$kʻᴇ$_{44}$　盛：挪/搬no$_{24}$/pɵ$_{44}$　嘉：移ɦi$_{31}$　双：移ɦi$_{z113}$　杭：移ɦi$_{212}$　绍：移ɦi$_{31}$　诸：移ɦi$_{z233}$　崇：移ɦi$_{z312}$　太：移ɦi$_{312}$　余：移ɦi$_{113}$　宁：捞过lɔ$_{22}$kəʊ$_{44}$　黄：移ɦi$_{j31}$　温：移ɦi$_{31}$　衢：移ʔɦi$_{323}$　华：移ʔɦi$_{j213}$　永：移/叶ʔɦi$_{322}$/ʔɦie$_{323}$

弹

宜：弹dᴀ$_{31}$　溧：弹dᴀ$_{31}$　金：弹tʻæ̃$_{24}$　丹：弹d̥æ$_{213}$　童：弹dɑ$_{113}$　靖：□/弹pɒ$_{51}$/dæ̃$_{223}$　江：弹dæ$_{223}$　常：弹dæ$_{31}$　锡：弹dɛ$_{213}$　苏：弹dᴇ$_{31}$　熟：弹/射dæ$_{233}$/zᴀ^{ʔ}$_{\underline{23}}$　昆：弹dɛ$_{132}$　霜：弹dᴇ$_{31}$　罗：弹de$_{31}$　周：弹dɛ$_{113}$　上：弹dᴇ$_{113}$　松：弹dᴇ$_{113}$　黎：弹dᴇ$_{213}$　盛：弹dᴇ$_{212}$　嘉：弹dᴇ^{ɛ}$_{31}$　双：弹dᴇ$_{113}$　杭：弹dᴇ$_{212}$　绍：弹dæ$_{31}$　诸：弹dɛ$_{233}$　崇：弹dæ̃$_{312}$　太：弹dæ̃$_{312}$　余：弹dɛ̃$_{113}$　宁：弹dᴇ$_{113}$　黄：弹dɛ$_{113}$　温：弹dɑ$_{22}$　衢：弹dæ̃$_{31}$　华：弹/□dɑ$_{213}$/dən$_{213}$　永：弹dᴀ$_{214}$

扔

宜：掼/□guᴀ$_{31}$/xuᴀ$_{324}$　溧：丢tei$_{44}$　金：撩liɑ^{ɔ}$_{24}$　丹：撩liɒ$_{213}$　童：厾təʔ$_{5}$　靖：撩liɒ$_{223}$　江：掼guæ$_{223}$　常：□/厾xuæ$_{51}$/tɔʔ$_{5}$　锡：□xuɛ$_{34}$　苏：厾/掼tɔʔ$_{5}$/guᴇ$_{31}$　熟：□/□tʂɛ̃^{ɲ}$_{52}$/xuæ$_{324}$　昆：厾/掼toʔ$_{5}$/guɛ$_{21}$　霜：掼guᴇ$_{213}$　罗：掼gue$_{213}$　周：掼/厾guɛ$_{11}$/ɗoʔ$_{5}$　上：掼guᴇ$_{113}$　松：掼guᴇ$_{113}$　黎：厾toʔ$_{5}$　盛：厾tɔʔ$_{5}$　嘉：厾toʔ$_{\underline{54}}$　双：丢ti^{ɵ}ʏ$_{44}$　杭：掼guᴇ$_{113}$　绍：掼guæ̃$_{22}$　诸：掼guɛ$_{233}$　崇：掼guæ̃$_{14}$　太：掼guæ̃$_{13}$　余：掼guɛ̃$_{113}$　宁：□/掼（少）ʔa$_{52}$/guᴇ$_{113}$　黄：掼/□guɛ$_{113}$/tø$_{44}$　温：□gɑ$_{22}$　衢：掼guæ̃$_{31}$　华：漏/掼liɯu$_{213}$/guɑ$_{24}$　永：□/丢ɕʏᴀŋ$_{44}$/tiəʊ$_{44}$

填

宜：填dɪ$_{223}$　溧：填di$_{323}$　金：填tʻĩ$_{24}$　丹：填dɪ$_{213}$　童：填dɪ$_{31}$　靖：□/塞/填d̥zəŋ$_{31}$/səʔ$_{5}$/dĩ$_{223}$　江：填dɪ$_{223}$　常：填dɪ$_{24}$　锡：填dɪ$_{213}$　苏：填dɪ$_{223}$　熟：填sᴇʔ$_{5}$　昆：填dɪ$_{21}$　霜：填dɪ$_{31}$

罗:填/衬di31/ts'ɛ̃^{n}434　周:填di113　上:填di113　松:填di31　黎:填diɪ24　盛:填diɪ24　嘉:填die31　双:填dɪ113　杭:填dɪ212　绍:填dĩ31　诸:填diɪ233　崇:填/满diẽ312/mœ̃312　太:满mœ̃312　余:填dĩ113　宁:填/塞/嵌di113/sɐʔ5/kᴇ325　黄:填die31　温:填di31　衢:填die323　华:填tiɑ324　永:填/□diᴀ322/əɲ44

埋

宜:埋mᴀ24　溧:埋mᴀ323　金:埋mɛ^{e}24　丹:埋mɑ213　童:埋maɪ31　靖:□/埋kɒ51/mæ223　江:埋mæ223　常:埋mɑ213　锡:埋mɑ213　苏:埋mᴇ223　熟:埋mæ324　昆:埋mɛ21　霜:埋/盦mɑ213/ʔəʔ5　罗:埋/盦mɑ213/ʔɐʔ5　周:埋mɑ113　上:埋mᴀ113　松:埋ʔmᴀ52　黎:埋mɒ213　盛:埋mɑ24　嘉:埋mɑ31　双:埋mɑ113　杭:埋mᴇ212　绍:埋ma22　诸:伏bu31　崇:藏dzɔ̃14　太:藏zʊŋ13　余:埋/伏mᴀ113/bu113　宁:□/闷mᴇ113/ʔmɐŋ52　黄:埋mᴀ31　温:埋mɑ31　衢:埋mæ̃31　华:埋/□mɛ324/ʔn̩45　永:葬/埋tsᴀŋ54/miᴀ323

走

宜:走tsʏɯ51　溧:走tsei52　金:走tsᴧʏ323　丹:走tsᴇ^{e}44　童:走tsei324　靖:走/跑tsᴧʏ334/bɒ223　江:走/跑tsᴇɪ45/bɒ223　常:走/波tsei334/pᴧɯ44　锡:走tsᴇi323　苏:走/跑tsəɪ51/pæ223　熟:跑bɔ233　昆:走tsᴇ52　霜:走tsᴀɪ434　罗:走tsᴀɪ434　周:走tsʏ44　上:走/跑tsʏɯ334/bɔ113　松:走/跑tsɯ44/bɔ31　黎:走/跑tsieɯ51/bᴀ^{ɔ}24　盛:走/跑tsiəʉ51/bᴀɑ24　嘉:走tse44　双:走tɕi^{ø}ʏ53　杭:走tseɪ51　绍:走tsʏ334　诸:走tsei52　崇:走/□tɕʏ42/tɕ'iᴀ$^{\sim}$42　太:走/□tɕʏ42/tɕ'iᴀŋ42　余:走tsʏ435　宁:走tsœʏ325　黄:走tɕiu53　温:走tsᴧu35　衢:走tsəɪ35　华:走/□tɕiɯu544/biəʔ2　永:□liə323

跑

宜:跑/溜/逃baʏ223/ʔliʏɯ55/daʏ223　溧:跑/调ba^{ʏ}323/dia^{ʏ}323　金:跑/溜p'ɑ^{ɔ}24/ȵiᴧʏ31　丹:跑bᴧʏ22　童:跑bɐʏ31　靖:跑/蹓bɒ223/ʔløʏ433　江:逃/跑快快dɒ223/bɒ22k'uæ55k'uæ31　常:跑/逃baʏ213/daʏ213　锡:逃bᴧ213　苏:跑/奔bæ223/pən44　熟:□ziɑ233　昆:跑bɔ132　霜:跑bɔ31　罗:跑bo213　周:跑bɔ113　上:跑/奔bɔ113/pəɲ52　松:跑/奔bɔ31/pəɲ52　黎:跑bᴀ^{ɔ}24　盛:跑bᴀɑ24　嘉:跑bɔ31　双:跑bɔ113　杭:跑bɔ212　绍:跑bɑɒ22　诸:跄tɕ'iᴀ̃52　崇:逃bɑɒ312　太:逃/跑少dɑɒ31/dɑɒ312　余:跑bɒ113　宁:奔pɐŋ52　黄:跑/□bɒ31/p'ɒ353　温:跑/□p'^{ʊ}ɔ35/szei323　衢:逃/逃步dɔ323/d̥ɔ32bu24　华:逃/逃步d̥ɑʊ324/tɔ32bu24　永:跑p'ᴀʊ44

跳

宜:跳/蹦t'iaʏ324/poŋ324　溧:跳/蹦t'ia^{ʏ}412/poŋ412　金:跳t'ia^{ɔ}44　丹:跳t'iɒ324　童:跳t'iɐʏ45　靖:跳/蹦t'iɒ51/poŋ51　江:跳/蹦t'iɒ435/poŋ435　常:跳t'iaʏ51　锡:跳t'iᴧ34　苏:跳t'iɛ412　熟:跳t'iɔ324　昆:跳t'iɔ52　霜:跳t'iɔ434　罗:跳t'io434　周:跳t'iɔ335　上:跳t'iɔ334　松:跳/蹦t'iɔ335/pəɲ52　黎:跳t'iᴀ^{ɔ}324　盛:跳t'iᴀɑ313　嘉:跳t'iɔ334　双:跳t'iɔ334　杭:跳t'iɔ334　绍:跳t'iɑɒ33　诸:跳t'iɔ544　崇:跳t'iɑɒ324　太:跳t'iɑɒ35　余:跳t'iɒ52　宁:跳t'iɔ52　黄:跳ȶ'iɒ35　温:跳ȶ'iɛ52　衢:跳t'iɔ53　华:跳t'iɑʊ45　永:跳t'iᴀʊ54

踩

宜:踩/踏ts'ɐɪ51/dᴀʔ23　溧:踩/踏ts'æᴇ52/dɑ223　金:踩/踏ts'ɛ^{e}323/t'ɑʔ4　丹:踩ts'æ44　童:踩/踹ts'aɪ324/tʃ'yʮei324　靖:踏/踩/□dɑʔ34/ts'æ334/tɕ'yɑ51　江:踏/□dɑʔ12/zɒ223　常:踏/□dɑʔ23/ts'ɑ334　锡:踏dɑʔ23　苏:踏dᴀʔ23　熟:踏dᴀʔ23　昆:踏dᴀʔ12　霜:踏dᴀʔ23　罗:踏dᴀʔ23　周:踏dɑʔ23　上:踏dɐʔ23　松:踏dæʔ23　黎:踏dᴀʔ23　盛:踏dɑʔ2　嘉:踏dᴀʔ12　双:

踏dAʔ$_{\underline{23}}$　杭：踏/□dɐʔ$_{\underline{12}}$/nɔ$_{113}$　绍：踏/□dæʔ$_{5}$/nɑɒ$_{22}$　诸：踏dɐʔ$_{\underline{12}}$　崇：□/□tsʻɤ$_{42}$/nɑɒ$_{14}$　太：□/□tsʻo$_{42}$/nɑɒ$_{22}$　余：踏dɐʔ$_{\underline{23}}$　宁：踏dɐʔ$_{\underline{23}}$　黄：踏dɐʔ$_{\underline{12}}$　温：踏dɑ$_{323}$　衢：踏dAʔ$_{\underline{12}}$　华：踏duɑ$_{24}$　永：踏dʊA$_{214}$

跨

宜：跨kʻo$_{324}$　溧：跨kʻo$_{412}$　金：跨kʻuɑ$_{44}$　丹：跨kʻo$_{324}$　童：跨kʻuɒ$_{45}$　靖：跨kʻuɒ$_{51}$　江：跨kʻo$_{435}$　常：跨kʻo$_{51}$　锡：跨kʻu$_{34}$　苏：跨kʻo$_{412}$　熟：跨kʻu$_{324}$　昆：跨kʻo$_{52}$　霜：跨kʻ^{ʌ}ɤ$_{434}$　罗：跨kʻ^{ʌ}ɤ$_{434}$　周：跨kʻo$_{335}$　上：跨kʻo$_{334}$　松：跨kʻo$_{335}$　黎：跨kʻo$_{324}$　盛：跨kʻo$_{313}$　嘉：跨kʻo$_{334}$　双：跨kʻʊ$_{334}$　杭：跨kʻuɑ$_{334}$　绍：跨kʻuo$_{52}$　诸：跨kʻo$_{544}$　崇：蹩bæ̃$_{312}$　太：蹩bæ̃$_{312}$　余：跨kʻuo$_{52}$　宁：蹩bE$_{223}$　黄：跨/蹩kʻuA$_{44}$/bɛ$_{31}$　温：□biɛ$_{31}$　衢：□tsʻɑ$_{35}$　华：跨/□kʻuɑ$_{45}$/ʔmAŋ$_{45}$　永：□gA$_{322}$

站

宜：隑gɐɪ$_{24}$　溧：隑dʑi$_{z224}$　金：站tsæ̃$_{44}$　丹：立/站lɪʔ$_{\underline{24}}$/dzæ$_{213}$　童：站tsɑ$_{42}$　靖：立lɪʔ$_{\underline{34}}$　江：立lɪʔ$_{\underline{12}}$　常：立/站liɪʔ$_{\underline{23}}$/dzæ$_{24}$　锡：立lɪʔ$_{\underline{23}}$　苏：立lɪʔ$_{\underline{23}}$　熟：立lɪʔ$_{\underline{23}}$　昆：立lɪʔ$_{\underline{12}}$　霜：立lɪʔ$_{\underline{23}}$　罗：立lɪʔ$_{\underline{23}}$　周：立lɪʔ$_{\underline{23}}$　上：立liɪʔ$_{\underline{23}}$　松：立lɪʔ$_{\underline{23}}$　黎：立lɪʔ$_{\underline{23}}$　盛：立lɪʔ$_{2}$　嘉：立ʔliəʔ$_{\underline{54}}$　双：立ʔlieʔ$_{\underline{54}}$　杭：立liɪʔ$_{\underline{12}}$　绍：立lɪʔ$_{\underline{23}}$　诸：站dzɛ$_{544}$　崇：隑ge$_{14}$　太：隑ge$_{312}$　余：立/隑lɪʔ$_{\underline{23}}$/ŋe$_{113}$　宁：立liɪʔ$_{\underline{23}}$　黄：隑dʑi$_{j31}$　温：隑ge$_{24}$　衢：立/隑liəʔ$_{\underline{12}}$/gæ̃$_{31}$　华：隑kɛ$_{544}$　永：隑gəɪ$_{323}$

蹲

宜：伏bu$_{31}$　溧：蹲/伏tən$_{44}$/bu$_{41}$　金：蹲təŋ$_{31}$　丹：蹲tuɛn$_{22}$　童：伏bu$_{113}$　靖：蹲/□təŋ$_{433}$/ʔioŋ$_{433}$　江：伏bu$_{223}$　常：伏bu$_{24}$　锡：蹲/伏tən$_{544}$/bu$_{213}$　苏：伏/蹲bu$_{31}$/tən$_{44}$　熟：伏bu$_{213}$　昆：蹲/伏tən$_{44}$/bu$_{21}$　霜：蹲/伏tɛ̃$_{52}$/bu$_{213}$　罗：伏bu$_{213}$　周：蹲/伏ɗəŋ$_{52}$/bu$_{113}$　上：蹲/□/伏təɲ$_{52}$/gu$_{113}$/bu$_{113}$　松：蹲təɲ$_{52}$　黎：蹲təɲ$_{44}$　盛：蹲təɲ$_{44}$　嘉：蹲tən$_{51}$　双：蹲tən$_{44}$　杭：蹲/伏tən$_{33}$/bu$_{113}$　绍：蹲tə̃$_{52}$　诸：蹲/伏tɛ̃ĩ$_{544}$/bu$_{233}$　崇：□/伏guɪŋ$_{14}$/bu$_{312}$　太：□/伏gueŋ$_{113}$/bu$_{13}$　余：伏bu$_{113}$　宁：□gu$_{113}$　黄：□gu$_{31}$　温：□tɕiʌu$_{44}$　衢：蹲/□tən$_{434}$/kɤɯ$_{434}$　华：蹲/□tən$_{324}$/ʔiɯu$_{324}$　永：□gʊ$_{323}$

靠

宜：靠kʻɑɤ$_{324}$　溧：靠kʻɑ^{ɤ}$_{412}$　金：靠kʻɑ^{ɔ}$_{44}$　丹：靠kʻɒ$_{324}$　童：靠kʻɐɤ$_{45}$　靖：□kʻæ$_{51}$　江：隑gæ$_{223}$　常：靠/隑kʻɑɤ$_{51}$/gæe$_{31}$　锡：隑/靠gɛ$_{213}$/kʻʌ$_{34}$　苏：隑gE$_{31}$/kʻæ$_{412}$　熟：隑gæ$_{213}$　昆：靠/隑kʻɔ$_{52}$/gɛ$_{21}$　霜：隑gE$_{213}$　罗：隑ge$_{213}$　周：靠/隑kʻɔ$_{335}$/gɛ$_{113}$　上：隑/靠gE$_{113}$/kʻɔ$_{334}$　松：隑gE$_{113}$　黎：隑gE$_{213}$/kʻA^{ɔ}$_{324}$　盛：隑gE$_{212}$　嘉：靠/隑kʻɔ$_{334}$/gE^{ɛ}$_{223}$　双：靠/隑kʻɔ$_{334}$/gE$_{113}$　杭：靠/隑kʻɔ$_{334}$/gE$_{113}$　绍：隑ge$_{22}$　诸：靠kʻɔ$_{544}$　崇：靠kʻɑɒ$_{324}$　太：靠kʻɑɒ$_{35}$　余：隑/靠ɡe$_{113}$/kʻɒ$_{52}$　宁：隑ge$_{113}$　黄：隑ge$_{113}$　温：靠/隑kʻɜ$_{52}$/gɜ$_{22}$　衢：靠/隑kʻɔ$_{53}$/gæ$_{31}$　华：靠/隑kʻɑʊ$_{45}$/gɛ$_{24}$　永：□/隑gAʊ$_{214}$/gəɪ$_{214}$

躺

宜：睏kʻuəŋ$_{324}$　溧：躺/睏tʻAŋ$_{52}$/kʻuən$_{412}$　金：躺/睏tʻɑŋ$_{323}$/kʻuəŋ$_{44}$　丹：躺/睏tʻɑŋ$_{44}$/kʻuɛn$_{324}$　童：躺/睏tʻɑŋ$_{324}$/kʻuəŋ$_{45}$　靖：睏kʻuəŋ$_{51}$　江：睏/躺kʻuEɲ$_{435}$/tʻA^{ŋ}$_{45}$　常：睏kʻuəɲ$_{51}$　锡：睏kʻuən$_{34}$　苏：睏/躺kʻuən$_{412}$/tʻÃ$_{51}$　熟：睏kʻuẽ^{ɲ}$_{324}$　昆：睏kʻuən$_{52}$　霜：睏kʻuɛ̃$_{434}$　罗：睏kʻuɛ̃^{n}$_{434}$　周：睏kʻuəŋ$_{335}$　上：睏kʻuəɲ$_{334}$　松：睏kʻuəɲ$_{335}$　黎：睏kʻuəɲ$_{324}$　盛：睏kʻuəɲ$_{313}$　嘉：睏kʻuən$_{334}$　双：睏kʻuən$_{334}$　杭：睏kʻuən$_{334}$　绍：睏kʻuẽ$_{33}$　诸：睏kʻuẼĨ$_{544}$　崇：睏kʻuɪŋ$_{324}$　太：

睏k‘ueŋ$_{35}$ 余：睏k‘ueɲ$_{52}$ 宁：睏k‘uɐŋ$_{44}$ 黄：倒tɒ$_{53}$ 温：翻fɑ$_{44}$ 衢：睏k‘uən$_{53}$ 华：躺/睏/□t‘ʌŋ$_{544}$/k‘uən$_{45}$/lɛ$_{213}$ 永：睏k‘uəɲ$_{54}$

爬

宜：爬bo$_{223}$ 溧：爬bo$_{323}$ 金：爬p‘ɑ$_{24}$ 丹：爬bo$_{22}$ 童：爬bɒ$_{31}$ 靖：爬/蹩bo$_{223}$/bæ̃$_{223}$ 江：爬/蹩bo$_{223}$/bæ$_{223}$ 常：爬bo$_{213}$ 锡：爬bu$_{213}$ 苏：爬/蹩(少)bo$_{223}$/bᴇ$_{223}$ 熟：蹩bæ$_{233}$ 昆：爬/蹩bo$_{132}$/bɛ$_{21}$ 霜：蹩bᴇ$_{213}$ 罗：蹩be$_{31}$ 周：爬/蹩bo$_{113}$/bɛ$_{113}$ 上：爬/蹩bo$_{113}$/bᴇ$_{113}$ 松：爬/蹩bo$_{31}$/bᴇ$_{31}$ 黎：蹩bᴇ$_{24}$ 盛：爬bo$_{24}$ 嘉：爬/蹩bo$_{31}$/bᴇ^{ɛ}$_{223}$ 双：爬/癞/蹩bʉ$_{113}$/lɑ$_{31}$/bᴇ$_{113}$ 杭：爬bɑ$_{212}$ 绍：爬/蹩bo$_{31}$/bæ$_{31}$ 诸：爬bo$_{233}$ 崇：爬bɤ$_{312}$ 太：爬bo$_{312}$ 余：爬bo$_{113}$ 宁：爬bo$_{113}$ 黄：爬bo$_{31}$ 温：爬bo$_{31}$ 衢：爬bɑ$_{323}$ 华：爬bɯɑ$_{213}$ 永：爬bʊᴀ$_{322}$

挤(推拥)

宜：轧gᴀʔ$_{\underline{23}}$ 溧：轧gɑ$_{223}$ 金：挤/轧tɕi^{z}$_{323}$/kɑʔ$_{4}$ 丹：轧gɑʔ$_{\underline{24}}$ 童：轧gᴀʔ$_{\underline{24}}$ 靖：轧gɑʔ$_{\underline{34}}$ 江：轧gɑʔ$_{\underline{12}}$ 常：轧gɑʔ$_{\underline{23}}$ 锡：轧gɑʔ$_{\underline{23}}$ 苏：轧gᴀʔ$_{\underline{23}}$ 熟：轧gᴀʔ$_{\underline{23}}$ 昆：轧gᴀʔ$_{\underline{12}}$ 霜：轧gᴀʔ$_{\underline{23}}$ 罗：轧gɐʔ$_{\underline{23}}$ 周：轧/□gɑʔ$_{\underline{23}}$/gᴀ$^{\sim}$$_{113}$ 上：轧/□gɐʔ$_{\underline{23}}$/gᴀ̃^{ɲ}$_{113}$ 松：轧gæʔ$_{\underline{23}}$ 黎：轧gᴀʔ$_{\underline{23}}$ 盛：轧gɑʔ$_{2}$ 嘉：轧gᴀʔ$_{\underline{12}}$ 双：轧gᴀʔ$_{\underline{23}}$ 杭：轧gɐʔ$_{\underline{12}}$ 绍：轧gæʔ$_{5}$ 诸：轧gɐʔ$_{\underline{12}}$ 崇：挤/轧tɕi$_{z42}$/gæʔ$_{\underline{12}}$ 太：挤/轧tɕi$_{42}$/gɛʔ$_{\underline{12}}$ 余：轧/□gɐʔ$_{\underline{23}}$/kɐʔ$_{5}$ 宁：轧gɐʔ$_{\underline{23}}$ 黄：□gɛ$_{113}$ 温：轧gɑ$_{323}$ 衢：□tsɑ$_{434}$ 华：挤tɕi$_{j544}$ 永：挤/□tsai$_{435}$/ȵiᴀ$_{323}$

躲

宜：迷be$_{31}$ 溧：□ʔi$_{412}$ 金：躲to$_{323}$ 丹：躲tʌɤ$_{44}$ 童：躲tʌɤ$_{324}$ 靖：躲tʌɤ$_{334}$ 江：躲/□tɜɤ$_{45}$/ʔiɑ$_{51}$ 常：□ʔi$_{j334}$ 锡：迷bo$_{213}$ 苏：迷bɵ$_{31}$ 熟：□bɵ$_{213}$ 昆：□/□ʔiɑ$_{44}$/bɵ$_{132}$ 霜：躲/□/□t^{ə}u$_{434}$/b^{ʌ}ɤ$_{213}$/ʔiɑ$_{52}$ 罗：□/□ʔiɑ$_{52}$/b^{ʌ}ɤ$_{213}$ 周：□/迷ʔiɑ$_{52}$/be$_{113}$ 上：迷/□bø$_{113}$/ʔiᴀ$_{52}$ 松：□ʔiɑ$_{52}$ 黎：迷bɵ$_{213}$ 盛：躲/迷tɜu$_{51}$/bɵ$_{212}$ 嘉：迷bɤə$_{31}$ 双：迷bᴇ$_{113}$ 杭：躲/□tou$_{51}$/gᴀŋ$_{212}$ 绍：□ʔa$_{52}$ 诸：躲/□tu$_{52}$/ʔiəʔ$_{5}$ 崇：迷bœ̃$_{14}$ 太：迷bœ̃$_{13}$ 余：迷bõ$_{113}$ 宁：囥k‘ɔ̃$_{52}$ 黄：□/□ʔmaʔ$_{5}$/ʔiu$_{44}$ 温：躲t^{ə}u$_{35}$ 衢：躲tu$_{35}$ 华：□ʔiɯu$_{324}$ 永：□iəʊ$_{44}$

挑

宜：挑t‘iɑɤ$_{55}$ 溧：挑t‘iɑ^{ɤ}$_{44}$ 金：挑t‘iɑ^{ɔ}$_{31}$ 丹：挑t‘iɒ$_{22}$ 童：挑t‘iɐɤ$_{42}$ 靖：挑t‘iɒ$_{433}$ 江：挑t‘iɒ$_{51}$ 常：挑t‘iɑɤ$_{44}$ 锡：挑t‘iʌ$_{544}$ 苏：挑t‘iɛ$_{44}$ 熟：挑t‘iɔ$_{52}$ 昆：挑t‘iɔ$_{44}$ 霜：挑t‘iɔ$_{52}$ 罗：挑t‘io$_{44}$ 周：挑t‘iɔ$_{52}$ 上：挑t‘iɔ$_{52}$ 松：挑t‘iɔ$_{52}$ 黎：挑t‘iᴀ^{ɔ}$_{44}$ 盛：挑t‘iᴀɑ$_{44}$ 嘉：挑t‘iɔ$_{51}$ 双：挑t‘iɔ$_{44}$ 杭：挑t‘iɔ$_{323}$ 绍：挑t‘iɑɒ$_{52}$ 诸：担tɛ$_{544}$ 崇：带tɑ$_{324}$ 太：带tɑ$_{42}$ 余：挑tiɒ$_{34}$ 宁：挑tiɘ$_{52}$ 黄：抬de$_{31}$ 温：挑t‘iɛ$_{44}$ 衢：挑tiɔ$_{434}$ 华：挑/□tiɑʊ$_{324}$/gɯə$_{24}$ 永：担nᴀ$_{44}$

背(动词)

宜：背pei$_{324}$ 溧：背pæᴇ$_{44}$ 金：背pei$_{31}$ 丹： 童：背pei$_{42}$ 靖：背pe$_{433}$ 江：背pᴇɪ$_{435}$ 常：背pæe$_{44}$ 锡：背pᴇ$_{34}$ 苏：背pᴇ$_{412}$ 熟：掮dʑie$_{233}$ 昆：背/掮pᴇ$_{44}$/dʑɪ$_{21}$ 霜：背pʌɪ$_{434}$ 罗：背pʌɪ$_{52}$ 周：背pɛ$_{335}$ 上：背pᴇ$_{334}$ 松：背pe$_{335}$ 黎：背pᴇ$_{44}$ 盛：背pᴇ$_{413}$ 嘉：背pe$_{334}$ 双：背pəɪ$_{113}$ 杭：背pei$_{334}$ 绍：背pe$_{33}$ 诸：背pe$_{544}$ 崇：掼guæ̃$_{14}$ 太：掼guœ̃$_{13}$ 余：背pe$_{324}$ 宁：扛kɔ̃$_{52}$ 黄：背/掼pe$_{44}$/guɛ$_{31}$ 温：背pæi$_{44}$ 衢：背pəɪ$_{53}$ 华：背pei$_{45}$ 永：背pəɪ$_{54}$

跟

宜：跟/盯kəŋ$_{55}$/tiŋ$_{55}$ 溧：跟kəŋ$_{44}$ 金：跟kəŋ$_{31}$ 丹：跟kɛn$_{22}$ 童：跟kəŋ$_{42}$ 靖：跟kəŋ$_{433}$ 江：跟kᴇɲ$_{51}$ 常：跟kəŋ$_{44}$ 锡：跟kən$_{544}$ 苏：跟kən$_{44}$ 熟：跟kɛ̃^{ɲ}$_{52}$ 昆：跟kən$_{44}$ 霜：跟kɛ̃$_{52}$ 罗：跟kɛ̃^{n}$_{52}$ 周：跟kəŋ$_{52}$ 上：跟kəɲ$_{52}$ 松：跟kəɲ$_{52}$ 黎：跟kəɲ$_{44}$ 盛：跟kəɲ$_{44}$ 嘉：跟kən$_{51}$

双：跟kən$_{44}$　杭：跟/盯 kən$_{323}$/tɪn$_{323}$　绍：跟kəŋ$_{52}$　诸：跟kĩ$_{544}$　崇：跟kɪŋ$_{533}$　太：跟keŋ$_{523}$　余：跟keɲ$_{34}$　宁：跟kɐŋ$_{52}$　黄：跟kəŋ$_{44}$　温：跟kʌŋ$_{44}$　衢：跟kən$_{434}$　华：跟kən$_{324}$　永：跟kəɲ$_{44}$

逃

宜：逃dɑʏ$_{223}$　溧：逃dɑʸ$_{323}$　金：逃tʻɑᵓ$_{24}$　丹：逃dɒ$_{213}$　童：逃dɐʏ$_{31}$　靖：溜ʔløʏ$_{433}$　江：逃dɒ$_{223}$　常：逃dɑʏ$_{213}$　锡：逃dʌ$_{213}$　苏：逃dæ$_{223}$　熟：逃/跑dɔ$_{233}$/bɔ$_{233}$　昆：逃/溜dɔ$_{132}$/ʔlɪ$_{44}$　霜：逃dɔ$_{31}$　罗：逃dɔ$_{31}$　周：逃dɔ$_{113}$　上：逃dɔ$_{113}$　松：逃dɔ$_{31}$　黎：逃dᴀᵓ$_{24}$　盛：逃dᴀɑ$_{24}$　嘉：逃dɔ$_{31}$　双：逃dɔ$_{113}$　杭：逃dɔ$_{212}$　绍：逃dɑɒ$_{31}$　诸：逃dɔ$_{233}$　崇：逃dɑɒ$_{312}$　太：逃dɑɒ$_{312}$　余：逃dɒ$_{113}$　宁：逃dɔ$_{113}$　黄：逃dɒ$_{31}$　温：逃dɜ$_{31}$　衢：逃d̥ɔ$_{323}$　华：逃/逃走tɑʊ$_{324}$/tɑʊ$_{33}$tɕiɯu$_{55}$　永：逃去dᴀʊ$_{32}$kʻə$_{32}$

脱

宜：脱tʻɔʔ$_{\underline{45}}$　溧：脱tʻə$_{223}$　金：脱tʻɔʔ$_{4}$　丹：脱tʻoʔ$_{3}$　童：脱tʻoʔ$_{5}$　靖：脱tʻɔʔ$_{5}$　江：脱tʻuɜʔ$_{5}$　常：脱tʻɔʔ$_{5}$　锡：脱tʻəʔ$_{5}$　苏：脱tʻəʔ$_{5}$　熟：脱tʻoʔ$_{5}$　昆：脱tʻəʔ$_{5}$　霜：脱tʻoʔ$_{5}$　罗：脱tʻoʔ$_{5}$　周：脱tʻoʔ$_{5}$　上：脱tʻɐʔ$_{5}$　松：脱tʻəʔ$_{5}$　黎：脱tʻəʔ$_{\underline{34}}$　盛：脱tʻəʔ$_{5}$　嘉：脱tʻoʔ$_{\underline{54}}$　双：脱tʻəʔ$_{\underline{54}}$　杭：脱tʻɔʔ$_{5}$　绍：脱tʻoʔ$_{5}$　诸：脱tʻoʔ$_{5}$　崇：脱tʻᴇʔ$_{\underline{45}}$　太：脱tʻɛʔ$_{\underline{45}}$　余：脱tʻɔʔ$_{5}$　宁：脱tʻɐʔ$_{5}$　黄：脱tʻɔʔ$_{5}$　温：脱tʻæi$_{423}$　衢：脱tʻəʔ$_{5}$　华：脱tʻoʔ$_{4}$　永：脱tʻə$_{434}$

戴

宜：戴tᴀ$_{324}$　溧：戴tᴀ$_{412}$　金：戴tɛᵉ$_{44}$　丹：戴tɑ$_{324}$　童：戴taɪ$_{45}$　靖：戴tæ$_{51}$　江：戴tæ$_{435}$　常：戴tɑ$_{51}$　锡：戴tɑ$_{34}$　苏：戴tɒ$_{412}$　熟：戴tɑ$_{324}$　昆：戴tɑ$_{512}$　霜：戴tɑ$_{434}$　罗：戴tɑ$_{434}$　周：戴ɗɑ$_{335}$　上：戴tᴀ$_{334}$　松：戴tɑ$_{335}$　黎：戴tɒ$_{413}$　盛：戴tɑ$_{413}$　嘉：戴tɑ$_{334}$　双：戴tɑ$_{334}$　杭：戴tᴇ$_{334}$　绍：戴ta$_{33}$　诸：戴tᴀ$_{544}$　崇：戴te$_{324}$　太：戴tᴀ$_{35}$　余：戴tᴀ$_{52}$　宁：戴ta$_{52}$　黄：戴ta$_{53}$　温：戴tɑ$_{52}$　衢：戴tɛ$_{53}$　华：戴tɑ$_{45}$　永：戴tiᴀ$_{54}$/tə$_{54}$

洗

宜：汏dᴀ$_{31}$　溧：洗ɕi$_{z52}$　金：洗ɕi$_{z323}$　丹：洗ɕi$_{z44}$　童：洗ɕi$_{j324}$　靖：洗si$_{j334}$　江：代/汏(少)dæ$_{223}$/dɑ$_{223}$　常：洗/揩/汏ɕi$_{j334}$/kʻɑ$_{44}$/dɑ$_{31}$　锡：汏dɑ$_{213}$　苏：汏dɒ$_{31}$　熟：汏dɑ$_{213}$　昆：汏dɑ$_{223}$　霜：汏dɑ$_{213}$　罗：汏dɑ$_{213}$　周：汏dɑ$_{113}$　上：汏dᴀ$_{113}$　松：汏/净dɑ$_{113}$/ʑiɲ$_{113}$　黎：汏dɒ$_{213}$　盛：汏dɑ$_{212}$　嘉：汏dɑ$_{223}$　双：汏dɑ$_{113}$　杭：汏/洗dɑ$_{113}$/ɕi$_{51}$　绍：□fu$_{33}$　诸：汼di$_{z52}$　崇：□fʊ$_{324}$　太：洗ɕi$_{42}$　余：汏dᴀ$_{113}$　宁：□dʑiã$_{113}$　黄：洗/汏ɕi$_{j53}$/dᴀ$_{113}$　温：洗sᶦi$_{35}$　衢：洗/汏(少)ɕi$_{35}$/dɛ$_{31}$　华：洗/汏ɕi$_{j544}$/dɑ$_{24}$　永：洗ɕie$_{434}$

刷

宜：刷sᴀʔ$_{\underline{45}}$　溧：刷syeʔ$_{5}$　金：刷suɑʔ$_{4}$　丹：刷ɕyɑʔ$_{3}$　童：刷ʃyᴀʔ$_{5}$　靖：刷ɕyɑʔ$_{5}$　江：刷sɑʔ$_{5}$　常：刷sɔʔ$_{5}$　锡：刷sɪʔ$_{5}$　苏：刷səʔ$_{5}$/sᴀʔ$_{5}$　熟：刷ʂᴇʔ$_{5}$　昆：刷/□sᴀʔ$_{5}$/tsʻᴀʔ$_{5}$　霜：刷səʔ$_{5}$　罗：刷sɐʔ$_{5}$　周：刷səʔ$_{5}$　上：刷sɐʔ$_{5}$　松：刷səʔ$_{5}$　黎：□tsʻɜu$_{324}$　盛：刷sɑʔ$_{5}$　嘉：刷/□/□sᴀʔ$_{\underline{54}}$/ɕie$_{334}$/tɕie$_{51}$　双：刷səʔ$_{\underline{54}}$　杭：刷sɐʔ$_{5}$　绍：刷səʔ$_{5}$/sɪ$_{55}$　诸：刷soʔ$_{5}$　崇：刷sᴇʔ$_{\underline{45}}$　太：刷sɛʔ$_{\underline{45}}$　余：刷sɐʔ$_{5}$　宁：刷sɔʔ$_{5}$　黄：刷sɔʔ$_{5}$　温：刷sɵ$_{423}$　衢：刷ʃʮᴀʔ$_{5}$　华：刷ɕyoʔ$_{4}$　永：刷ɕyᴀ$_{434}$

漱口

宜：过口/刷牙齿ku$_{35}$kʻʏɯ$_{31}$/sᴀʔ$_{5}$ŋo$_{55}$tsʻʅ$_{31}$　溧：刷牙齿ɕyeʔ$_{5}$ŋo$_{33}$tsʻʅ$_{34}$　金：漱口sᵊu$_{52}$kʻʌʏ$_{23}$　丹：漱口/琅口sᵊu$_{23}$kʻᴇᵉ$_{44}$/lɑŋ$_{22}$kʻᴇᵉ$_{44}$　童：漱口sᴀʏ$_{35}$kʻei$_{31}$　靖：漱嘴/漱牙子su$_{51}$tsue$_{334}$/su$_{51}$

ŋo22tsɿ34　江：角口/角角口/角角嘴koʔ5kʻᴇɪ55/koʔ5koʔ5kʻᴇɪ45/koʔ5koʔ5tsᴇɪ45　常：漱口/刷牙齿sʌɯ34kʻei334/ɕyeʔ4ŋo21tsʻɿ34　锡：角口/□嘴koʔ4kᴇi34/kʻo4tsɿ55　苏：角嘴koʔ5tsɿ31　熟：漱嘴ʂᴇʔ5tʂʮ44　昆：角嘴koʔ5tsʮ52　霜：过嘴kəu34tsɿ434　罗：角嘴koʔ4tsɿ434　周：角口koʔ4kʻɤ44　上：漱口/盪嘴巴/角嘴巴su44kʻɤɯ334/dÃⁿ33tsɿ33po44/kʻoʔ4tsɿ33po44　松：刷牙齿səʔ4ŋɑ22tsʻɿ44　黎：角牙子/角嘴/□嘴koʔ4ŋɒ22tsɿ34/koʔ5tsɿ31/tsʻɜu32tsɿ52　盛：角嘴/□嘴kɔʔ5tsɿ31/tsʻɜu32tsɿ52　嘉：角口koʔ4kʻe324　双：角口/过口koʔ5kʻᶱʏ52/kəu33kʻᶱʏ52　杭：盪口/潒口dᴀŋ23kʻeɪ51/huɔʔ4kʻeɪ51　绍：盪嘴蒲dɒŋ21tse34bu52　诸：盪口嘴dɒ̃22kʻei22tsɿ52　崇：荡嘴巴dɒ̃22tse34pʏ52　太：盪嘴蒲dɒŋ33tsɿ33pu44　余：盪嘴巴dɒ̃22tsɿ44bo52　宁：盪嘴巴dɒ̃22tsʮ55po31　黄：□口ʔlɔʔ5tɕʻiu31　温：荡口/□口dᵘɔ52kʻʌu34/fʊ3kʻʌu34　衢：漱口/盪嘴巴d̥ɒ̃45tsəɪ33pɑ53　华：漱口/盪口soʔ4 kʻiɯu544/dᴀŋ24 kʻiɯu544　永：漱口sʊ43kʻəʊ434

洗澡

宜：洗浴ɕij33ɦiɔʔ4　溧：洗浴ɕiz54ɦiɔ34　金：洗澡ɕiz35tsɑᵓ23　丹：洗浴ɕiz44ɦioʔ23　童：洗澡ɕij35tsɐʏ31　靖：洗澡sij35tsɒ34　江：洗浴/落浴sij45ɦioʔ12/loʔ3ɦioʔ3　常：汏浴dɑ21ɦio13　锡：潒浴/汏浴xɔʔ4ɦiɔʔ5/dɑ22ɦiɔʔ5　苏：潒浴/汏浴hɔʔ5ɦiɔʔ5/dɒ22ɦiɔʔ4　熟：汏浴/潒浴dɑ24ɦioʔ31/xoʔ4ɦioʔ5　昆：汏浴/潒浴dɑ23ɦioʔ41/hoʔ4ɦioʔ4　霜：汏浴/揩浴dɑ22ɦioʔ4/kʻɑ55ɦioʔ31　罗：汏浴dɑ22ɦioʔ4　周：汏浴dɑ22ɦioʔ5　上：汏浴dᴀ33ɦioʔ23　松：汏浴dɑ24ɦiɔʔ31　黎：皂浴/潒浴/汏浴zᴀᵓ24ɦioʔ2/hoʔ5ɦioʔ2/dɒ22ɦioʔ5　盛：皂浴/潒浴dzᴀɑ24ɦiɔʔ2/hɔʔ5ɦiɔʔ3　嘉：汏浴/皂浴dɑ22ʔioʔ5/zɔ22ʔioʔ5　双：汏浴/皂浴dɑ22ioʔ52/zɔ22ioʔ52　杭：洗澡/汏浴/汏澡ɕi34tsɔ51/dɑ13ɦyɪʔ12/dɑ23tsɔ51　绍：□浴fu43ɦyoʔ23　诸：洗浴ɕiz44ɦioʔ12　崇：□已身fʊ33tɕiz34sɪŋ52　太：洗浴/洗已身ɕi55ɦiɔʔ3/ɕi44tɕi33seŋ44　余：汏人dɑ21ȵiɲ23　宁：□人/□肉/汏浴dʑiã22nɪŋ51/dʑiã22ȵyɔʔ5/dɑ22ɦyɪʔ5　黄：洗浴/洗已身ɕij33ɦyɔʔ4/ɕij33tɕij55ɕiɪŋ31　温：洗浴sˡi25ɦiu24　衢：洗浴ɕi55ɦyəʔ2　华：洗澡/洗浴ɕij544 tsɑʊ544/ɕij35ɦyoʔ2　永：洗澡/洗浴ɕie43tsᴀʊ44/ɕie43ɦio323

洗手

宜：洗手ɕij35sʏɯ31　溧：洗手ɕiz52sei52　金：洗手ɕiz35sᴀɤ23　丹：洗手ɕiz32sᴇᵉ23　童：洗手ɕij35sei31　靖：洗手sij35ɕøʏ34　江：□手/洗手dæ22sᴇɪ45/sij52sᴇɪ33　常：洗手/汏手ɕij44sei44/dɑ21sei13　锡：汏手dɑ22sᴇi55　苏：汏手dɒ22səɪ44　熟：汏手dɑ24ʂɯ31　昆：汏手dɑ23sᴇ52　霜：汏手dɑ23sᴀɪ434　罗：汏手dɑ24sᴀɪ31　周：汏手dɑ13sɤ335　上：汏手dᴀ33sʏɯ334　松：汏手dɑ113sɯ335　黎：汏手dɒ22sieɯ52　盛：汏手dɑ22siəʉ52　嘉：汏手dɑ23se44　双：汏手/净手dɑ22ɕiᶱʏ52/dʑɪn22sᶱʏ52　杭：汏手/洗手dɑ23seɪ51/ɕi33seɪ51　绍：□手fu43sɤ33　诸：洗手ɕiz44sei52　崇：□手fʊ33ɕʏ52　太：洗手ɕi44ɕʏ42　余：汏手dᴀ21sʏ23　宁：□手dʑiã22ɕʏ44　黄：洗手ɕij55ɕiu31　温：洗手sˡi33ɕiʌu34　衢：洗手ɕi44ʃʮɯ35　华：洗手ɕij544 ɕiɯu544　永：洗手ɕie43ɕiəʊ32

晒

宜：晒sᴀ324　溧：晒sᴀ412　金：晒sɛᵉ44　丹：晒so324　童：晒saɪ45　靖：晒sæ51　江：晒sæ435/so435　常：晒sɑ51　锡：晒sɑ34　苏：晒so412　熟：晒su324　昆：晒so52　霜：晒sᴧɤ434　罗：晒sᴧɤ434　周：晒so335　上：晒so334/sᴀ334　松：晒so335　黎：晒so413　盛：晒so413　嘉：晒so334　双：晒so334　杭：晒sᴇ334　绍：晒sa33　诸：晒so544　崇：晒sɑ533　太：晒so523　余：晒sᴀ52　宁：晒sa52　黄：晒so44　温：晒sɑ52　衢：晒sɛ53　华：晒sɑ45　永：晒sʊᴀ54

晾

宜：晾lᴀŋ31　溧：晾lᴀŋ31　金：晾laŋ31　丹：晾laŋ41　童：晾laŋ113　靖：晾lĩ31　江：晾

lᴀ^{ŋ}$_{223}$　常：眼lᴀɲ$_{24}$　锡：眼lɒ̃$_{213}$　苏：眼lÃ$_{31}$　熟：眼lᴀ̃$_{213}$　昆：眼lã$_{223}$　霜：眼lɒ̃$_{213}$　罗：眼lɒ̃$_{213}$　周：眼lɒ̃$_{113}$　上：眼lÃ^{n}$_{113}$　松：眼lɑ̃$_{113}$　黎：眼lɑ̃$_{213}$　盛：眼lɑ̃$_{212}$　嘉：眼lᴀ̃$_{223}$　双：眼lɔ̃$_{113}$　杭：眼lᴀŋ$_{113}$　绍：眼lɒŋ$_{22}$　诸：眼lɒ̃$_{233}$　崇：眼lɒ̃$_{14}$　太：眼lɒŋ$_{13}$　余：眼lɒ̃$_{113}$　宁：眼lɔ̃$_{113}$　黄：眼lɒ̃$_{113}$　温：眼l^{ʊ}ɔ$_{31}$　衢：眼lɒ̃$_{31}$　华：晾/□ʔliᴀŋ$_{533}$/t'ɑ$_{324}$　永：□sᴜᴀ$_{\underline{54}}$

烫

宜：烫t'ᴀŋ$_{324}$　溧：烫t'ᴀŋ$_{412}$　金：烫t'ɑŋ$_{44}$　丹：烫t'ɑŋ$_{324}$　童：烫t'ɑŋ$_{45}$　靖：烫t'ɑŋ$_{51}$　江：烫t'ᴀ^{ŋ}$_{435}$　常：烫t'ᴀɲ$_{51}$　锡：烫t'ɒ̃$_{34}$　苏：烫t'Ã$_{412}$　熟：烫t'ᴀ̃$_{324}$　昆：烫t'ã$_{52}$　霜：烫t'ɒ̃$_{434}$　罗：烫t'ɒ̃$_{434}$　周：烫t'ɒ̃$_{335}$　上：烫t'Ã^{ɲ}$_{334}$　松：烫t'ɑ̃$_{335}$　黎：烫t'ɑ̃$_{324}$　盛：烫t'ɑ̃$_{313}$　嘉：烫t'ᴀ̃$_{334}$　双：烫t'ɔ̃$_{334}$　杭：泡p'ɔ$_{334}$　绍：烫/泡t'ɒŋ$_{33}$/p'ɑɒ$_{33}$　诸：烫t'ɒ̃$_{544}$　崇：泡p'ɑɒ$_{324}$　太：烫t'ɒŋ$_{35}$　余：烫t'ɔ̃$_{52}$　宁：烫t'ɔ̃$_{44}$　黄：烫t'ɒ̃$_{44}$　温：烫t^{ʊ}ɔ$_{52}$　衢：烫t'ɒ̃$_{53}$　华：烫/烫熨t'ᴀŋ$_{45}$/t'ᴀŋ$_{35}$ɥ$_{y}$ɪn$_{31}$　永：烫t'ᴀŋ$_{\underline{54}}$

染

宜：染ʔȵɪ$_{55}$　溧：染ȵi$_{52}$　金：染læ̃$_{24}$　丹：染ȵɪ$_{213}$　童：染ʔȵɪ$_{324}$　靖：染ȵĩ$_{223}$　江：染ȵɪ$_{31}$　常：染ʔȵɪ$_{334}$　锡：染ȵɪ$_{213}$　苏：染ȵɪ$_{31}$　熟：染ȵie$_{31}$　昆：染ȵɪ$_{132}$　霜：染ȵɪ$_{213}$　罗：染ȵi$_{213}$　周：染ȵi$_{113}$　上：染ȵi$_{113}$　松：染ȵi$_{113}$　黎：染ȵi$_{j32}$　盛：染ȵi$_{j22}$　嘉：染ȵie$_{223}$　双：染ȵɪ$_{31}$　杭：染ʔɹʊ$_{51}$　绍：染zĩ$_{113}$/ȵĩ$_{113}$　诸：染ʔȵiɪ$_{52}$　崇：染zœ̃$_{312}$　太：染zœ̃$_{312}$　余：染ȵĩ$_{113}$　宁：染ni$_{113}$　黄：染ʔȵie$_{53}$　温：染ȵi$_{24}$　衢：染ȵiẽ$_{31}$　华：染ȵi$_{j544}$　永：染ȵie$_{323}$

剪

宜：剪tɕɪ$_{51}$　溧：剪tɕi$_{52}$　金：剪tɕĩ$_{323}$　丹：剪tɕɪ$_{44}$　童：剪tɕɪ$_{324}$　靖：剪tsĩ$_{334}$　江：剪tsɪ$_{45}$　常：剪tɕɪ$_{334}$　锡：剪tsɪ$_{323}$　苏：剪tɕiɪ$_{51}$　熟：剪tsie$_{44}$　昆：剪tsɪ$_{52}$　霜：剪tsɪ$_{434}$　罗：剪tɕi$_{434}$　周：剪tɕi$_{335}$　上：剪tɕi$_{334}$　松：剪tɕi$_{44}$　黎：剪tsiɪ$_{51}$　盛：剪tɕiɪ$_{51}$　嘉：剪tɕie$_{44}$　双：剪tɕɪ$_{53}$　杭：剪tɕɪ$_{51}$　绍：剪tɕĩ$_{33}$　诸：剪tɕiɪ$_{52}$　崇：剪tɕiẽ$_{42}$　太：剪tɕiẽ$_{42}$　余：剪tɕĩ$_{435}$　宁：剪tɕi$_{52}$　黄：剪tɕie$_{53}$　温：剪/□tɕi$_{35}$/dʑiɑ$_{323}$　衢：剪tɕiẽ$_{35}$　华：剪tɕiɑ$_{544}$　永：□ɕʑiᴀ$_{44}$

裁

宜：裁zɐɪ$_{223}$　溧：裁szæᴇ$_{323}$　金：裁ts'ɛ^{e}$_{24}$　丹：裁dzæ$_{213}$　童：裁szaɪ$_{31}$　靖：裁szæ$_{223}$　江：裁zæ$_{223}$　常：裁zæ^{e}$_{213}$　锡：裁zᴇ$_{213}$　苏：裁zᴇ$_{223}$　熟：裁dzæ$_{233}$　昆：裁zɛ$_{132}$　霜：裁zᴇ$_{213}$　罗：裁ze$_{31}$　周：裁ze$_{113}$　上：裁zᴇ$_{113}$　松：裁zᴇ$_{31}$　黎：裁zᴇ$_{24}$　盛：裁zᴇ$_{24}$　嘉：裁zᴇ^{ɛ}$_{31}$　双：裁zᴇ$_{113}$　杭：裁dzᴇ$_{212}$　绍：裁ze$_{31}$　诸：裁ze$_{233}$　崇：裁ze$_{312}$　太：裁ze$_{312}$　余：裁ze$_{113}$　宁：裁ze$_{113}$　黄：裁ze$_{31}$　温：裁sze$_{31}$　衢：裁zɛ$_{323}$　华：裁szɛ$_{213}$　永：裁səɪ$_{44}$

切

宜：切tɕ'iᴀʔ$_{\underline{45}}$　溧：□tɕ'iɑ$_{223}$　金：切tɕ'ieʔ$_{4}$　丹：削ɕiaʔ$_{3}$　童：切tɕ'iɪʔ$_{5}$　靖：切/□ts'oɪʔ$_{5}$/ho$_{433}$　江：切ts'ɪʔ$_{5}$　常：切/繁tɕ'iɪʔ$_{5}$/tɕ'ɪ$_{44}$　锡：切ts'ɪʔ$_{5}$　苏：切ts'ɪʔ$_{5}$　熟：切ts'ɪʔ$_{5}$　昆：切ts'ɪʔ$_{5}$　霜：切ts'ɪʔ$_{5}$　罗：切ts'ɪʔ$_{5}$　周：切tɕ'iɪʔ$_{5}$　上：切tɕ'iɪʔ$_{5}$　松：切tɕ'iɪʔ$_{5}$　黎：切ts'ɪʔ$_{5}$　盛：切ts'ɪʔ$_{5}$　嘉：切tɕ'iəʔ$_{\underline{54}}$　双：切tɕ'iᴀʔ$_{\underline{54}}$　杭：切/割tɕ'iɪʔ$_{5}$/kɐʔ$_{5}$　绍：蒯tsæ$_{33}$　诸：拉ʔlᴀ$_{544}$　崇：切tɕ'iᴇʔ$_{\underline{45}}$　太：切tɕ'ieʔ$_{\underline{45}}$　余：切tɕ'ɪʔ$_{5}$　宁：切/割ts'iɪʔ$_{5}$/kɐʔ$_{5}$　黄：切tɕ'ieʔ$_{5}$　温：切tɕ'i$_{423}$　衢：割/截kəʔ$_{5}$/ʑiəʔ$_{\underline{12}}$　华：切tɕ'iɑ$_{45}$　永：切tɕ'iᴀ$_{434}$

割

宜：割kəʔ$_{\underline{45}}$　溧：割kəʔ$_{5}$　金：割kəʔ$_{4}$　丹：割kuəʔ$_{3}$　童：割kəʔ$_{5}$　靖：割kəʔ$_{5}$　江：割kɜʔ$_{5}$　常：割kəʔ$_{5}$　锡：割kəʔ$_{5}$　苏：割kəʔ$_{5}$　熟：割koʔ$_{5}$　昆：割kəʔ$_{5}$　霜：割kəʔ$_{5}$　罗：割kəʔ$_{5}$　周：

割kəʔ5　上:割kɐʔ5　松:割kəʔ5　黎:割kəʔ5　盛:割kəʔ5　嘉:割kəʔ54　双:割kəʔ54　杭:割kɐʔ5　绍:割kəʔ5　诸:割koʔ5　崇:割kᴇʔ45　太:割kɛʔ45　余:割kɐʔ5　宁:割/切kɐʔ5/tɕiɪʔ5　黄:割kɪʔ5　温:割kɵ423　衢:割kəʔ5　华:割kə45　永:割kə434

剁

宜:剁/斲tu324/tsᴀ55　溧:剁/斲tu412/tsᴀ445　金:斲tsæ̃31　丹:剁/斲to41/tsæ22　童:剁/斲tu324/tsɑ42　靖:斲/剁tsæ̃433/tʌɤ51　江:斲tsæ51　常:斲tsæ44　锡:斲tsɛ544　苏:斲tsᴇ44　熟:斲tsæ52　昆:斲tsɛ52　霜:斲tsᴇ52　罗:斲tse52　周:斲tse52　上:斲tsᴇ52　松:斲tsᴇ52　黎:斲tsᴇ44　盛:斲tsᴇ44　嘉:斲tsᴇᵋ51　双:斲tsᴇ44　杭:斲dzᴇ113　绍:斲tsæ33　诸:斲tsᴇ433　崇:斲zæ̃14　太:斲tsæ̃523　余:斲tsẽ34　宁:斲tsᴇ52　黄:足tsɔʔ5　温:剁tᵊu52　衢:斲tsæ̃434　华:剁/斲to544/tsɛ544　永:斲tsᴀ434

杀

宜:杀sᴀʔ45　溧:杀sᴀʔ5　金:杀sɑʔ4　丹:杀sɑʔ3　童:杀sᴀʔ5　靖:杀sɑʔ5　江:杀sɑʔ5　常:杀sɑʔ5　锡:杀sɑʔ5　苏:杀sᴀʔ5　熟:杀sᴀʔ5　昆:杀sᴀʔ5　霜:杀sᴀʔ5　罗:杀sᴀʔ5　周:杀sɑʔ5　上:杀sɐʔ5　松:杀sæʔ5　黎:杀sᴀʔ5　盛:杀sɑʔ5　嘉:杀sᴀʔ54　双:杀sᴀʔ54　杭:杀sɐʔ5　绍:杀sæʔ5　诸:杀sɐʔ5　崇:杀sæʔ45　太:杀sɛʔ45　余:杀sɐʔ5　宁:杀/□sɐʔ5/gã113　黄:杀sɐʔ5　温:杀sɑʔ423　衢:杀sæʔ5　华:杀suɑ45　永:杀sᴜᴀ434

泼

宜:透tʻɤɯ324　溧:□kuᴀŋ412　金:泼pʻɔʔ4　丹:泼/洒pʻɔʔ3/sɑ44　童:泼/溥/倒pʻoʔ5/fu324/tɐɤ324　靖:倒/泼tɒ51/pʻɔʔ5　江:□xuɑʔ5　常:泼/□pʻɔʔ5/xuɑʔ5　锡:□xɔʔ5　苏:泼/□pʻɔʔ5/tsʻᴇ44　熟:泼pʻoʔ5　昆:□ɦuᴀʔ12　霜:泼pʻoʔ5　罗:□vᴀʔ23　周:泼pʻəʔ5　上:泼/□pʻoʔ5/ɦuɐʔ23　松:□ɦuæʔ23　黎:□/□kuẽ413/ɦuᴀʔ23　盛:泼pʻəʔ5　嘉:洒/泼sɑ334/pʻəʔ54　双:泼pʻəʔ54　杭:倒tɔ51　绍:腾/倒dəŋ32/tɑɒ33　诸:泼pʻoʔ5　崇:泼pʻᴇʔ45　太:泼pʻɛʔ45　余:泼pʻɔʔ5　宁:泼pʻɐʔ5　黄:极/倒dʑiᴀˀ12/tɒ44　温:泼/□pɵ423/tɕi323　衢:倒tɔ35　华:泼pʻoʔ4　永:泼pʻoə434

浇

宜:浇tɕiɑɤ55　溧:浇tɕiɑʸ44　金:浇tɕiɑᵓ31　丹:浇tɕiɒ22　童:浇tɕiɐɤ42　靖:浇/洒tɕiɒ433/sɑ334　江:浇tɕiɒ51　常:浇tɕiɑɤ44　锡:浇tɕiʌ544　苏:浇tɕiɛ44　熟:浇tɕiɔ52　昆:浇tɕiɔ44　霜:浇tɕiɔ52　罗:浇tɕiɔ52　周:浇tɕiɔ52　上:浇tɕiɔ52　松:浇tɕiɔ52　黎:浇tɕiᴀᵓ44　盛:浇tɕiᴀɑ44　嘉:浇tɕiɔ51　双:浇tɕiɔ44　杭:浇tɕiɔ323　绍:浇tɕiɑɒ52　诸:浇tɕiɔ544　崇:浇tɕiɑɒ533　太:浇tɕiɑɒ523　余:浇tɕiɒ34　宁:浇tɕiɔ52　黄:浇tɕiɒ53　温:浇tɕiɛ44　衢:浇tɕiɔ434　华:浇tɕiɑʊ324　永:浇tɕiᴀʊ44

扫

宜:扫sɑɤ51　溧:扫sɑʸ52　金:扫sɑᵓ323　丹:扫sɒ44　童:扫sɐɤ324　靖:扫/刷sɒ334/ɕyɑʔ5　江:扫sɒ45　常:扫sɑɤ334　锡:扫sʌ323　苏:扫sæ51　熟:扫sɔ44　昆:扫sɔ52　霜:扫sɔ434　罗:扫sɔ434　周:扫sɔ335　上:扫sɔ334　松:扫sɔ44　黎:扫sᴀᵓ51　盛:扫sᴀɑ51　嘉:扫sɔ44　双:扫sɔ334　杭:扫sɔ51　绍:扫sɑɒ33　诸:扫sɔ544　崇:扫sɑɒ42　太:扫sɑɒ42　余:扫sɒ435　宁:扫sɔ325　黄:扫sɒ53　温:扫sɜ52　衢:扫sɔ53　华:扫sɑʊ544　永:扫sᴀʊ434

点

宜:点tɪ51　溧:点ti52　金:点/指tĩ323/tsʅz323　丹:点/指tɪ44/tsʅ44　童:点/指tɪ324/tsʅ324

靖：点/对tĩ$_{334}$/te$_{51}$　江：点(火)/指(人)tɪ$_{45}$/tsɿ$_{45}$　常：点/指tɪ$_{334}$/tsɿ$_{334}$　锡：点/指tɪ$_{323}$/tsʮ$_{323}$　苏：点/指/凿tiɪ$_{51}$/tsɿ$_{412}$/zoʔ$_{\underline{23}}$　熟：点tie$_{44}$　昆：点tɪ$_{52}$　霜：点/指tɪ$_{434}$/tsɿ$_{434}$　罗：点ti$_{434}$　周：点/指ɗi$_{335}$/tsɿ$_{335}$　上：点/指ti$_{334}$/tsɿ$_{334}$　松：点ti$_{44}$　黎：点/收tiɪ$_{51}$/sieɯ$_{44}$　盛：点tiɪ$_{51}$　嘉：点tie$_{44}$　双：点tɪ$_{53}$　杭：点tie$_{51}$　绍：点tĩ$_{33}$　诸：点tiɪ$_{52}$　崇：点tiẽ$_{42}$　太：点tiẽ$_{42}$　余：点tĩ$_{435}$　宁：点/笃ti$_{52}$/tɔʔ$_{5}$　黄：点/戳tie$_{53}$/tsʻɔʔ$_{5}$　温：戳/点tɕʻiu$_{423}$/ti$_{35}$　衢：点tiẽ$_{35}$　华：点tiɑ$_{45}$　永：点tiᴀ$_{434}$

收拾

宜：收拾/护sʏɯ$_{55}$zəʔ$_{5}$/ʔlu$_{55}$　溧：收拾/收作sʌɯ$_{44}$zəʔ$_{5}$/sʌɯ$_{44}$tsɔʔ$_{5}$　金：收拾sʌʏ$_{33}$səʔ$_{4}$　丹：收拾sEᵉ$_{44}$sɛʔ$_{5}$　童：收拾sʌʏ$_{53}$zəʔ$_{\underline{31}}$　靖：收拾/整理søʏ$_{33}$zəʔ$_{5}$/tsəŋ$_{35}$li$_{j34}$　江：收作sEɪ$_{53}$tsoʔ$_{2}$　常：收作sei$_{55}$tsɔʔ$_{5}$　锡：收拾/收作ɕiʌʏ$_{21}$zə$_{23}$/ɕiʌʏ$_{21}$tsɔ$_{23}$　苏：收作/收拾səɪ$_{55}$tsɔʔ$_{2}$/səɪ$_{55}$zəʔ$_{2}$　熟：收作ʂɯ$_{33}$tʂoʔ$_{5}$　昆：收作sE$_{44}$tsoʔ$_{4}$　霜：收作sʌɪ$_{55}$tsoʔ$_{\underline{31}}$　罗：收作sʌɪ$_{55}$tsoʔ$_{3}$　周：收作sʏ$_{44}$tsɒʔ$_{5}$　上：收作sʏɯ$_{55}$tsoʔ$_{\underline{31}}$　松：收作sɯ$_{55}$tsɔʔ$_{\underline{31}}$　黎：收作sieɯ$_{55}$tsoʔ$_{2}$　盛：收作siəʉ$_{55}$tsɔʔ$_{3}$　嘉：收作se$_{44}$tsoʔ$_{5}$　双：收拾/收作sᵉʏ$_{44}$zəʔ$_{4}$/sᵉʏ$_{44}$tsoʔ$_{4}$　杭：收作sEɪ$_{32}$tsɔʔ$_{5}$　绍：收作sʏ$_{32}$tsoʔ$_{5}$　诸：收拾sei$_{52}$zɐʔ$_{4}$　崇：收作ɕʏ$_{53}$tsɔʔ$_{5}$　太：收作ɕʏ$_{52}$tsɔʔ$_{3}$　余：收作sʏ$_{33}$tsɔʔ$_{5}$　宁：收作ɕʏ$_{33}$tsɔʔ$_{5}$　黄：收拾/整理ɕiu$_{33}$zɐʔ$_{4}$/tɕiɪŋ$_{55}$li$_{j31}$　温：收拾ɕiu$_{25}$zæi$_{24}$　衢：理/理□子li$_{323}$/li$_{32}$iəʔ$_{4}$tsɿ$_{35}$　华：收拾ɕiɯu$_{55}$ɕiɐʔ$_{2}$　永：收拾/整理ɕiəʊ$_{43}$zə$_{31}$/tsən$_{43}$li$_{31}$

搅和

宜：掏/拌dɑʏ$_{223}$/be$_{31}$　溧：和和/掺和xɦʌɯ$_{32}$ɦʌɯ$_{52}$/tsʻᴀ$_{44}$ɦʌɯ$_{323}$　金：拌pæ̃$_{31}$　丹：调/和diɒ$_{213}$/hʌʏ$_{324}$　童：拌和bʊ$_{23}$xɦʌʏ$_{31}$　靖：和和hɦʌʏ$_{22}$ɦʌʏ$_{34}$　江：拌bɵ$_{223}$　常：拌bo$_{213}$　锡：　苏：和/混hɜu$_{223}$/ɦuən$_{31}$　熟：拌和bʏ$_{22}$ɦɯ$_{51}$　昆：拌bɵ$_{223}$　霜：搅和/拌和kɔ$_{33}$ɦu$_{52}$/bɪ$_{22}$ɦu$_{23}$　罗：拌和bᴬʏ$_{22}$ɦu$_{23}$　周：拌和bɛ$_{22}$vu$_{52}$　上：拌/捌bø$_{113}$/diɔ$_{113}$　松：拌be$_{113}$　黎：拌bɵ$_{213}$　盛：拌bɵ$_{22}$　嘉：搅gɔ$_{223}$　双：拌bE$_{31}$　杭：拌bo$_{113}$　绍：拌/拌拌bɵ̃$_{113}$/bɵ̃$_{23}$bɵ̃$_{33}$　诸：拌拢bʏ$_{31}$loŋ$_{42}$　崇：拌bœ̃$_{14}$　太：拌bœ̃$_{312}$　余：拌bõ$_{113}$　宁：拌/留bø$_{113}$/lʏ$_{113}$　黄：拌/搅bø$_{31}$/kɒ$_{53}$　温：拌和/拌bɵ$_{22}$vʊ$_{52}$/bɵ$_{24}$　衢：拌bə$_{31}$　华：掏匀dɑʊ$_{24}$yɪn$_{31}$　永：搅/拌kᴀʊ$_{434}$/boə$_{214}$

拌

宜：拌be$_{31}$　溧：拌/捌bʊ$_{224}$/diɑˠ$_{323}$　金：拌pæ̃$_{31}$　丹：拌/调拌pəŋ$_{324}$/diɒ$_{213}$bəŋ$_{213}$　童：拌bʊ$_{113}$　靖：和和lɪɦiʌʏ$_{22}$ɦʌʏ$_{34}$　江：拌bɵ$_{223}$　常：拌bɔ$_{24}$　锡：拌bo$_{213}$　苏：拌/□bɵ$_{31}$/ziɛ$_{31}$　熟：拌bʏ$_{31}$　昆：拌bɵ$_{223}$　霜：拌bɪ$_{213}$　罗：拌bᴬʏ$_{213}$　周：拌be$_{113}$　上：拌/捌bø$_{113}$/diɔ$_{113}$　松：拌be$_{113}$　黎：拌bɵ$_{213}$　盛：拌bɵ$_{22}$　嘉：拌bʏə$_{223}$　双：拌bE$_{31}$　杭：拌bo$_{113}$　绍：拌/拌拌bɵ̃$_{113}$/bɵ̃$_{23}$bɵ̃$_{33}$　诸：拌bʏ$_{233}$　崇：拌bœ̃$_{14}$　太：拌bœ̃$_{312}$　余：拌bõ$_{113}$　宁：拌bø$_{113}$　黄：拌bø$_{31}$　温：拌bɵ$_{24}$　衢：拌bə$_{31}$　华：拌/掏pɯə$_{45}$/dɑʊ$_{213}$　永：拌boə$_{214}$

选(～择)

宜：拣kᴀ$_{51}$　溧：拣kᴀ$_{52}$　金：拣/选kæ̃$_{323}$/ɕyĩ$_{323}$　丹：选/拣ɕʏ$_{44}$/kæ$_{44}$　童：挑/拣tiɐʏ$_{324}$/kɑ$_{324}$　靖：拣kæ$_{334}$　江：拣kæ$_{45}$　常：拣kæ$_{334}$　锡：拣kɛ$_{323}$　苏：挑/拣tʻiɛ$_{44}$/kE$_{51}$　熟：拣kᴱæ$_{44}$　昆：拣kɛ$_{52}$　霜：拣kE$_{434}$　罗：拣ke$_{434}$　周：拣kɛ$_{335}$　上：拣kE$_{334}$　松：拣kE$_{44}$　黎：拣kE$_{51}$　盛：拣kE$_{51}$　嘉：拣kEᵋ$_{44}$　双：挑/拣tʻiɔ$_{44}$/kE$_{53}$　杭：挑/拣tʻiɔ$_{33}$/tɕie$_{51}$/kE$_{51}$　绍：拣kæ̃$_{334}$　诸：拣kɛ$_{52}$　崇：拣kæ̃$_{42}$　太：拣/挑kæ̃$_{42}$/tʻiɑɒ$_{42}$　余：拣kɛ̃$_{435}$　宁：拣kE$_{325}$　黄：拣/挑kɛ$_{53}$/tʻiɒ$_{53}$　温：拣kɑ$_{35}$　衢：拣/挑kæ̃$_{35}$/tʻiɔ$_{434}$　华：挑/择tʻiɑʊ$_{324}$/dzɐʔ$_{2}$　永：择dzai$_{323}$

藏(收存)

宜:园k‘ʌŋ$_{51}$ 溧:园k‘ʌŋ$_{412}$ 金:园/收k‘ɑŋ$_{44}$/sʌʏ$_{31}$ 丹:园k‘ɑŋ$_{324}$ 童:园k‘ɑŋ$_{45}$ 靖:园k‘ɑŋ$_{51}$ 江:园k‘A^{ŋ}$_{435}$ 常:园k‘ʌɲ$_{51}$ 锡:园k‘ɒ̃$_{34}$ 苏:园k‘Ã$_{412}$ 熟:园k‘A˜$_{324}$ 昆:园k‘ã$_{52}$ 霜:园k‘ɒ˜$_{434}$ 罗:园k‘ɒ˜$_{434}$ 周:园kɒ˜$_{335}$ 上:园k‘Ã^{ɲ}$_{334}$ 松:园k‘ɑ˜$_{335}$ 黎:园k‘ɑ˜$_{324}$ 盛:园k‘ɑ˜$_{313}$ 嘉:园k‘A˜$_{334}$ 双:园k‘ɔ̃$_{334}$ 杭:园/戆k‘ʌŋ$_{334}$/gʌŋ$_{113}$ 绍:园k‘ɒŋ$_{33}$ 诸:园k‘ɒ̃$_{544}$ 崇:园k‘ɒ̃$_{324}$ 太:园kɒŋ$_{42}$ 余:园kɒ̃$_{52}$ 宁:园kɔ̃$_{52}$ 黄:园kɒ˜$_{44}$ 温:藏/园szʊɔ$_{31}$/k^{u}ɔ$_{52}$ 衢:园/馊kɒ˜$_{53}$/səɪ$_{434}$ 华:园/塞□/塞k‘ʌŋ$_{45}$/sɐʔ$_{3}$tɕ‘ie$_{45}$/sɐʔ$_{4}$ 永:园k‘ʌŋ$_{\underline{54}}$

给

宜:拨pəʔ$_{45}$ 溧:拨pəʔ$_{5}$ 金:把pɑ$_{323}$ 丹:把pɑ$_{44}$ 童:把pɒ$_{324}$ 靖:把pɑ$_{334}$ 江:把pɑ$_{45}$ 常:拨pəʔ$_{5}$ 锡:拨pəʔ$_{5}$ 苏:拨pəʔ$_{5}$ 熟:拨pəʔ$_{5}$ 昆:拨pəʔ$_{5}$ 霜:拨pəʔ$_{5}$ 罗:拨pɐʔ$_{5}$ 周:拨ɓəʔ$_{5}$ 上:拨pɐʔ$_{5}$ 松:拨pəʔ$_{5}$ 黎:拨pəʔ$_{5}$ 盛:拨pəʔ$_{5}$ 嘉:拨pəʔ$_{\underline{54}}$ 双:拨pəʔ$_{\underline{54}}$ 杭:拨pɐʔ$_{5}$ 绍:拨peʔ$_{5}$ 诸:□得tsoʔ$_{4}$tɐʔ$_{3}$ 崇:□tɑ$_{42}$ 太:□tɑ$_{42}$ 余:给ke$_{435}$ 宁:拨pɐʔ$_{5}$ 黄:拨pɐʔ$_{5}$ 温:□xɑ$_{52}$ 衢:拿/送nɑ$_{323}$/sʌŋ$_{53}$ 华:分/约fən$_{45}$/ʔyoʔ$_{4}$ 永:□nA$_{44}$

说

宜:讲kʌŋ$_{51}$ 溧:讲kʌŋ$_{52}$ 金:说suəʔ$_{4}$ 丹:讲/说kɑŋ$_{44}$/ɕyeʔ$_{3}$ 童:说ʃyɥoʔ$_{5}$ 靖:说/□□ɕyɔʔ$_{5}$/gæ$_{22}$tɕ‘i$_{j52}$ 江:讲kA^{ŋ}$_{45}$ 常:讲/说kʌɲ$_{334}$/sɔʔ$_{5}$ 锡:讲kɒ˜$_{323}$ 苏:讲kÃ$_{51}$ 熟:讲kA˜$_{44}$ 昆:讲kã$_{52}$ 霜:讲kɒ˜$_{434}$ 罗:讲kɒ˜$_{434}$ 周:讲kɒ˜$_{335}$ 上:讲kÃ^{ɲ}$_{334}$ 松:讲kɑ˜$_{44}$ 黎:讲kɑ˜$_{51}$ 盛:讲kɑ˜$_{51}$ 嘉:讲kA˜$_{44}$ 双:讲kɔ̃$_{53}$ 杭:讲tɕiʌŋ$_{51}$ 绍:话/讲ɦuo$_{22}$/kɒŋ$_{334}$ 诸:讲kɒ̃$_{52}$ 崇:讲kɒ̃$_{42}$ 太:讲kɒŋ$_{42}$ 余:讲kɔ̃$_{435}$ 宁:讲kɔ̃$_{325}$ 黄:讲kɒ˜$_{53}$ 温:讲k^{u}ɔ$_{35}$ 衢:讲kɒ˜$_{35}$ 华:讲话kʌŋ$_{544}$/ɦuɑ$_{24}$ 永:讲kʌŋ$_{434}$

问

宜:问vən$_{31}$ 溧:vən$_{31}$ 金:uəŋ$_{44}$ 丹:mɛn$_{22}$ 童:məŋ$_{113}$ 靖:məŋ$_{31}$ 江:mEɲ$_{223}$ 常:məɲ$_{24}$ 锡:mən$_{213}$ 苏:mən$_{31}$ 熟:mẽ^{ɲ}$_{213}$ 昆:mən$_{223}$ 霜:mɛ̃$_{213}$ 罗:mɛ̃^{n}$_{213}$ 周:məŋ$_{113}$ 上:məɲ$_{113}$ 松:məɲ$_{113}$ 黎:məɲ$_{213}$ 盛:məɲ$_{212}$ 嘉:mən$_{223}$ 双:mən$_{113}$ 杭:mən$_{113}$ 绍:mɪŋ$_{22}$ 诸:mẼĨ$_{233}$ 崇:mɪŋ$_{14}$ 太:meŋ$_{13}$ 余:meɲ$_{113}$ 宁:mɐŋ$_{113}$ 黄:məŋ$_{113}$ 温:mʌŋ$_{22}$ 衢:mən$_{31}$ 华:mən$_{24}$ 永:moə$_{214}$

理(～睬)

宜:理/睬li$_{j324}$/ts‘ɐɪ$_{51}$ 溧:理/睬li$_{z31}$/ts‘æE$_{52}$ 金:理/睬li$_{z323}$/ts‘ɛ^{e}$_{323}$ 丹:理/睬li$_{z22}$/ts‘æ$_{44}$ 童:理/睬li$_{j22}$/ts‘ai$_{324}$ 靖:理/睬li$_{j223}$/ts‘æ$_{334}$ 江:理/睬/耳ʔli$_{j45}$/ts‘æ$_{45}$/ʔə^{r}$_{45}$ 常:理ʔli$_{j334}$ 锡:理li$_{213}$ 苏:理/睬li$_{j31}$/ts‘E$_{51}$ 熟:睬ts‘æ$_{44}$ 昆:睬/理ts‘ɛ$_{52}$/li$_{223}$ 霜:理/睬/理睬li$_{213}$/ts‘E$_{434}$/li$_{22}$ts‘E$_{52}$ 罗:睬/理睬ts‘e$_{434}$/li$_{22}$ts‘e$_{23}$ 周:理睬/睬/理li$_{24}$ts‘e$_{31}$/ts‘e$_{44}$/li$_{113}$ 上:睬/理ts‘E$_{334}$/li$_{113}$ 松:理/睬li$_{335}$/ts‘E$_{44}$ 黎:理li$_{j32}$ 盛:理li$_{j22}$ 嘉:睬ts‘E$_{324}$ 双:睬ts‘E$_{53}$ 杭:理睬/理/睬ʔli$_{55}$ts‘E$_{31}$/ʔli$_{51}$/ts‘E$_{51}$ 绍:理li$_{113}$ 诸:理/睬/理睬li$_{z31}$/ts‘e$_{52}$/li$_{z22}$ts‘e$_{52}$ 崇:□t‘i$_{z324}$ 太:□t‘i$_{42}$ 余:理/睬li$_{113}$/ts‘e$_{435}$ 宁:睬/理ts‘e$_{325}$/li$_{113}$ 黄:理/□ʔli$_{j53}$/sɔʔ$_{5}$ 温:理lɪi$_{24}$ 衢:理li$_{31}$ 华:理/睬/□ʔli$_{544}$/ts‘ɛ$_{544}$/tsoʔ$_{4}$ 永:□ɕʑyə$_{322}$

叫

宜:叫tɕiɑʏ$_{324}$ 溧:喊/叫xA$_{52}$/tɕiɑ^{ʏ}$_{412}$ 金:叫tɕiɑ^{ɔ}$_{44}$ 丹:叫tɕiɒ$_{324}$ 童:叫tɕiɐʏ$_{324}$ 靖:喊hæ̃$_{51}$ 江:喊/叫hæ$_{45}$/tɕiɒ$_{435}$ 常:喊xæ$_{51}$ 锡:叫tɕiʌ$_{34}$ 苏:叫/喊tɕiɛ$_{412}$/hæ$_{51}$ 熟:叫kɔ$_{324}$ 昆:喊hɛ$_{52}$ 霜:叫/喊tɕiɔ$_{434}$/xE$_{434}$ 罗:叫tɕio$_{434}$ 周:叫/喊tɕiɔ$_{335}$/hɛ$_{335}$ 上:叫/喊tɕiɔ$_{334}$/

hE334 松：叫tɕiɔ335 黎：叫tɕiAᵓ413 盛：叫tɕiAɑ413 嘉：叫tɕiɔ44 双：叫tɕiɔ334 杭：叫tɕiɔ334 绍：叫tɕiɑɒ33 诸：叫tɕiɔ544 崇：喊hæ̃324 太：喊hæ̃35 余：嗷/喊ʔʏ34/hɛ̃435 宁：嗷ʔœʏ52 黄：□/叫ʔɒ44/tɕiɒ44 温：叫tɕiɛ52 衢：叫tɕiɔ53 华：嗷/鸦ʔiɯu45/ɦiɑ213 永：□Aʊ44

喊

宜：喊xɑ51 溧：喊xA52 金：喊hæ̃323 丹：叫tɕiɒ324 童：喊hɑ324 靖：喊/翘hæ̃51/tɕʻiɒ433 江：喊hæ45 常：喊xæ334 锡：喊xɛ34 苏：喊/叫hæ51/tɕiɛ412 熟：喊xæ324/tɕiɔ324 昆：喊hɛ52 霜：喊xE434 罗：喊he434 周：喊hɛ335 上：喊hE334 松：喊hE44 黎：喊hE413 盛：喊hE413 嘉：喊hEᵋ334 双：喊xE53 杭：叫tɕiɔ334 绍：喊/嗷hæ̃33/ʔʏ52 诸：喊hɛ544 崇：喊hæ̃324 太：喊hæ̃35 余：喊hɛ̃435 宁：嗷ʔœʏ52 黄：□ʔiA53 温：叫tɕiɛ52 衢：叫tɕiɔ53 华：嗷/□ʔiɯu45/ʔiɑ324 永：□Aʊ44

笑

宜：笑ɕiɑʏ324 溧：笑ɕiɑʸ412 金：笑ɕiɑᵓ44 丹：笑ɕiɒ41 童：笑ɕiɐʏ324 靖：笑siɒ51 江：笑siɒ435 常：笑ɕiɑʸ51 锡：笑siɒ34 苏：笑ɕiɛ412 熟：笑siɔ324 昆：笑siɔ52 霜：笑siɔ434 罗：笑siɔ434 周：笑ɕiɔ335 上：笑ɕiɔ334 松：笑ɕiɔ335 黎：笑siAᵓ413 盛：笑ɕiAɑ413 嘉：笑ɕiɔ44 双：笑ɕiɔ334 杭：笑ɕiɔ334 绍：笑ɕiɑɒ33 诸：笑ɕiɔ544 崇：笑ɕiɑɒ324 太：笑ɕiɑɒ35 余：笑ɕiɒ52 宁：笑ɕiɔ52 黄：笑ɕiɒ44 温：笑ɕiɛ52 衢：笑ɕiɔ53 华：笑ɕiɑʊ45 永：笑ɕiAʊ54/tɕʻiAʊ54

哭

宜：哭kʻɔʔ45 溧：哭kʻɔ223 金：哭kʻɔʔ4 丹：哭kʻoʔ3 童：哭kʻoʔ5 靖：哭/骇丧kʻɔʔ5/hɦæ24sɑŋ31 江：哭kʻoʔ5 常：哭死kʻoʔ2sɿ13 锡：哭kʻɔʔ5 苏：哭kʻɔʔ5 熟：哭kʻoʔ5 昆：哭kʻoʔ5 霜：哭kʻoʔ5 罗：哭kʻoʔ5 周：哭kʻoʔ5 上：哭kʻoʔ5 松：哭kʻɔʔ5 黎：哭kʻoʔ34 盛：哭kʻɔʔ5 嘉：哭kʻoʔ54 双：哭kʻoʔ54 杭：哭kʻɔʔ5 绍：哭kʻoʔ5 诸：哭kʻoʔ5 崇：哭/叫kʻuoʔ45/tɕiɑɒ324 太：哭kʻɔʔ45 余：哭kʻɔʔ5 宁：哭kʻɔʔ5 黄：哭kʻɔʔ5 温：哭kʻʊ423 衢：哭kʻuəʔ5 华：哭kʻoʔ4 永：哭iAʊ54

骂

宜：骂mo31 溧：骂mo31 金：骂mɑ44 丹：骂mo31 童：骂mɒ113 靖：骂mo31 江：骂mo223 常：骂mo24 锡：骂mu213 苏：骂mo31 熟：骂mu213 昆：骂mo21 霜：骂mᶺʏ213 罗：骂mᶺʏ213 周：骂/铲mo113/tsʻɛ335 上：骂mo113 松：骂mo113 黎：骂mo213 盛：骂mo212 嘉：骂mo223 双：骂mʊ113 杭：骂mɑ113 绍：骂mo22 诸：骂mo233 崇：骂mʏ14 太：骂mo13 余：骂mo113 宁：謽zoʔ23 黄：督tɔʔ5 温：謽szo323 衢：骂mɑ31 华：骂miɑ24 永：骂mʊA214

开玩笑

宜：寻开心ʑiŋ21kʻɐɪ11ɕiŋ23 溧：寻开心/活嚎ʑin32kʻæE22ɕin52/ɦuəʔ3ɕiɔʔ5 金：说笑话sɔʔ4ɕiɑᵓ35xuɑ31 丹：开玩笑/开心kʻæ44væ22ɕiɒ23/kʻæ44ɕiŋ31 童：寻开心ɕʑiŋ24kʻaɪ55ɕiŋ31 靖：寻开心/说笑话ʑiŋ24kʻæ33siŋ31/ɕyɔʔ3siɒ55ɦo31 江：弄孛相/弄别相noŋ23bɜʔ2siAᵑ23/noŋ23bɪʔ2siAᵑ23 常：寻开心/嘲孛相ʑiɲ22kʻæe55ɕiɲ31/zɑʏ21bəʔ11ɕiA^{n}13 锡：寻开心zin24kʻE55sin31 苏：寻开心/捉弄/弄孛相ʑiɪn22kʻE55ɕiɪn31/tsɔʔ5noŋ52/loŋ22bəʔ5siÃ31 熟：寻开心/弄孛相zĩ^{n}24kʻæ33sĩ^{n}31/noŋ24bEʔ3siA˜31 昆：寻开心zin22kʻɛ55sin41 霜：开玩笑/寻开心kʻE52ɦuɪ24siɔ31/zĩ22kʻE23sĩ52 罗：开玩笑/寻开心kʻe44ɦuᶺʏ24ɕiɔ31/zɪ^{n}22kʻe55sɪ^{n}31 周：开玩笑/寻开心kʻe55vɛ55ɕiɔ31/ʑiɪŋ23kʻe44ɕiɪŋ44 上：寻开心ʑiɲ22kʻE55ɕiɲ31 松：开玩笑/寻开心kʻE44ɦuE24ɕiɔ31/ʑiɲ22kʻE55ɕiɲ31 黎：吵孛相/寻开心tsʻAᵓ33bəʔ5siɛ̃31/ziəɲ22kʻE44siəɲ44 盛：吵孛相/寻开心tsʻAɑ33bəʔ5ɕiæ̃31/ʑɪɲ22kʻE44ɕɪɲ44 嘉：开

玩笑/寻开心/打彭k‘ᴇ$^{ɛ}_{44}$ɦuᴇ$^{ɛ}_{24}$ɕiɔ$_{51}$/dʑin$_{22}$k‘ᴇ$^{ɛ}_{44}$ɕin$_{51}$/tᴀ˜$_{44}$bᴀ˜$_{31}$ 双：寻开心dʑɪn$_{22}$k‘ᴇ$_{44}$ɕɪn$_{44}$ 杭：开玩笑/寻开心k‘ᴇ$_{44}$ɦuo$_{22}$ɕiɔ$_{51}$/dʑɪn$_{21}$k‘ᴇ$_{22}$ɕɪn$_{23}$ 绍：开玩笑k‘e$_{44}$ɦuæ̃$_{21}$ɕiɑɒ$_{33}$ 诸：讲笑话kõ$_{33}$ɕiɔ$_{44}$ɦo$_{44}$ 崇：寻开心ʑiŋ$_{22}$k‘e$_{33}$ɕiŋ$_{23}$ 太：寻开心ʑiŋ$_{23}$k‘e$_{55}$ɕiŋ$_{31}$ 余：寻开心ɦiɲ$_{21}$k‘e$_{22}$ɕiɲ$_{44}$ 宁：那那河/那河na$_{22}$na$_{44}$ɦəʊ$_{51}$/na$_{22}$ɦəʊ$_{51}$ 黄：开玩笑k‘e$_{33}$ɦuɛ$_{33}$ɕiɒ$_{44}$ 温：开玩笑k‘e$_{3}$vɑ$_{22}$ɕiɛ$_{52}$ 衢：开玩笑/寻开心k‘ɛ$_{43}$ɦuæ̃$_{22}$ɕiɔ$_{53}$/ʑiⁿ$_{32}$k‘ɛ$_{35}$ɕiⁿ$_{31}$ 华：开玩笑/寻开心k‘ɛ$_{44}$ ɦuæ̃$_{22}$ɕiɑʊ$_{35}$/ɕʑyɪn$_{21}$ k‘ɛ$_{33}$ɕiɪn$_{35}$ 永：开玩笑/取野笑k‘əɪ$_{43}$ɦʊᴀ$_{32}$ɕiᴀʊ$_{54}$/tɕ‘ʏ$_{43}$ʔɦiᴀ$_{32}$tɕ‘iᴀʊ$_{54}$

发脾气

宜：光火/发火kuᴀŋ$_{55}$xu$_{31}$/fᴀʔ$_{\underline{53}}$xu$_{31}$ 溧：发脾气/发火fɑʔ$_{5}$bi$_{z33}$tɕ‘i$_{z34}$/fɑʔ$_{5}$xʌɯ$_{52}$ 金：发脾气/发火fɑʔ$_{4}$pi$_{z24}$tɕ‘i$_{z44}$/fɑʔ$_{5}$xo$_{23}$ 丹：发火fɑʔ$_{3}$hʌʏ$_{44}$ 童：发脾气/发火fᴀʔ$_{\underline{53}}$bi$_{j33}$tɕ‘i$_{j31}$/fᴀʔ$_{\underline{53}}$hʌʏ$_{31}$ 靖：发火fɑʔ$_{5}$hʌʏ$_{34}$ 江：发火/发脾气fɑʔ$_{4}$hɜʏ$_{45}$/fɑʔ$_{5}$bi$_{j21}$tɕ‘i$_{j43}$ 常：发脾气/发火fɑʔ$_{4}$bi$_{j21}$tɕ‘i$_{j34}$/fɑʔ$_{4}$xʌɯ$_{334}$ 锡：光火/发脾气kuõ$_{21}$xʌʏ$_{23}$/fɑʔ$_{4}$bi$_{35}$tɕ‘i$_{31}$ 苏：光火/发脾气kuᴀ̃$_{55}$hɜu$_{31}$/fᴀʔ$_{4}$bi$_{j22}$tɕ‘i$_{j44}$ 熟：光火/发脾气kuᴀ˜$_{55}$xɯ$_{31}$/fᴀʔ$_{3}$bi$_{55}$tɕ‘i$_{31}$ 昆：发脾气/发火fᴀʔ$_{4}$bi$_{34}$tɕ‘i$_{41}$/fᴀʔ$_{5}$həu$_{52}$ 霜：光火/发火kua˜$_{55}$fu$_{31}$/fᴀʔ$_{5}$fu$_{434}$ 罗：发脾气/光火/发火fᴀʔ$_{3}$bi$_{55}$tɕ‘i$_{31}$/kua˜$_{55}$fu$_{31}$/fᴀʔ$_{4}$fu$_{434}$ 周：发脾气/光火/发火fɑʔ$_{3}$bi$_{55}$tɕ‘i$_{31}$/k‘uᴀ˜$_{55}$fu$_{31}$/fɑʔ$_{4}$fu$_{335}$ 上：光火kuᴀ̃$^{ɲ}_{55}$fu$_{31}$ 松：发脾气/光火/生气fæʔ$_{33}$bi$_{55}$tɕ‘i$_{31}$/kuɛ̃$_{44}$fu$_{52}$/sɛ̃$_{55}$tɕ‘i$_{31}$ 黎：光火/发火kuɑ˜$_{44}$hɜu$_{44}$/fᴀʔ$_{5}$hɜu$_{31}$ 盛：发脾气/光火fɑʔ$_{3}$bi$_{j44}$tɕ‘i$_{j44}$/kuæ̃$_{44}$hɜu$_{44}$ 嘉：发脾气/光火fᴀʔ$_{4}$bi$_{24}$tɕ‘i$_{51}$/kuᴀ˜$_{44}$fu$_{44}$ 双：发脾气/发火fᴀʔ$_{4}$bi$_{z22}$tɕ‘i$_{z44}$/fᴀʔ$_{5}$xəu$_{52}$ 杭：发脾气fɐʔ$_{4}$bi$_{21}$tɕ‘i$_{23}$ 绍：发脾气/发藤劲fæʔ$_{4}$bi$_{21}$tɕ‘i$_{33}$/fæʔ$_{4}$dəŋ$_{21}$tɕiŋ$_{33}$ 诸：发火fɐʔ$_{5}$hɯ$_{52}$ 崇：发火fæʔ$_{3}$hʏ$_{52}$ 太：发火fɛʔ$_{3}$hɯ$_{52}$ 余：发火/光火fɐʔ$_{3}$hou$_{44}$/kuᴀ̃$_{33}$hou$_{44}$ 宁：光火/恶煞kuã$_{33}$həu$_{35}$/ʔɔʔ$_{5}$sɐʔ$_{3}$ 黄：发脾气/发火fɛʔ$_{4}$bi$_{j23}$tɕ‘i$_{j44}$/fɛʔ$_{5}$həu$_{31}$ 温：发脾气xo$_{3}$bʻi$_{22}$ts‘ɿ$_{52}$ 衢：发脾气/发火fᴀʔ$_{5}$bi$_{22}$tɕ‘i$_{53}$/fᴀʔ$_{4}$xu$_{35}$ 华：发脾气/发火/泳fiɐʔ$_{5}$bi$_{j22}$tɕ‘i$_{j35}$/fiɐʔ$_{3}$xuo$_{44}$/ʔyoŋ$_{324}$ 永：发脾气/发火fᴀ$_{4}$bi$_{32}$tɕ‘i$_{54}$/fʊᴀ$_{43}$xoə$_{32}$

吵架

宜：相骂ɕiᴀŋ$_{55}$mo$_{31}$ 溧：相骂ɕie$_{44}$mo$_{52}$ 金：吵架ts‘ɑ$^{ɔ}_{22}$tɕiɑ$_{44}$ 丹：吵架/吵事ts‘ɒ$_{44}$tɕiɑ$_{23}$/ts‘ɑ$_{44}$sɿ$_{31}$ 童：□□kaŋ$_{34}$saŋ$_{55}$ 靖：淘气/□□dɒ$_{22}$tɕ‘i$_{j52}$/kaŋ$_{44}$saŋ$_{44}$ 江：相骂siᴀ$^{ŋ}_{52}$mo$_{33}$ 常：吵相骂ts‘ɑʏ$_{33}$ɕiᴀɲ$_{55}$mo$_{31}$ 锡：吵相骂ts‘ʌ$_{45}$siã$_{55}$mu$_{55}$ 苏：吵相骂/寻相骂/相骂ts‘æ$_{51}$ɕiᴀ̃$_{23}$mo$_{31}$/zɪɪn$_{22}$ɕiᴀ̃$_{55}$mo$_{31}$/ɕiᴀ̃$_{55}$mo$_{31}$ 熟：吵相骂ts‘ɔ$_{33}$siᴀ˜$_{55}$mu$_{31}$ 昆：吵相骂/格嘴ts‘ɔ$_{52}$siã$_{33}$mo$_{41}$/kᴀʔ$_{5}$tsɥ$_{52}$ 霜：吵相骂ts‘ɔ$_{33}$sia˜$_{55}$m^{ᴧ}ʏ$_{31}$ 罗：吵相骂ts‘ɔ$_{33}$sia˜$_{55}$m^{ᴧ}ʏ$_{31}$ 周：吵相骂ts‘ɔ$_{33}$ɕiᴀ˜$_{55}$mo$_{31}$ 上：吵相骂ts‘ɔ$_{33}$ɕiᴀ̃$^{ɲ}_{55}$mo$_{31}$ 松：吵相骂ts‘ɔ$_{33}$ɕɪɛ̃$_{55}$mo$_{31}$ 黎：相骂/寻相骂/吵相骂siɛ̃$_{44}$mo$_{44}$/ziəɲ$_{22}$siɛ̃$_{44}$mo$_{44}$/ts‘ᴀ$^{ɔ}_{22}$siɛ̃$_{44}$mo$_{44}$ 盛：相骂ɕiæ̃$_{44}$mo$_{44}$ 嘉：吵相骂ts‘ɔ$_{22}$ɕiᴀ˜$_{55}$mo$_{31}$ 双：相骂ɕiã$_{44}$mʊ$_{44}$ 杭：闹架儿nɔ$_{23}$tɕiɑ$_{34}$ər$_{31}$ 绍：吵相骂/讨相骂/别捏ts‘ɑɒ$_{43}$ɕiaŋ$_{33}$mo$_{33}$/t‘ɑɒ$_{43}$ɕiaŋ$_{33}$mo$_{33}$/bɪʔ$_{2}$ȵɪʔ$_{5}$ 诸：讨相骂t‘ɔ$_{43}$ɕiᴀ̃$_{22}$mo$_{44}$ 崇：讨相骂t‘ɑɒ$_{33}$ɕiᴀ˜$_{33}$mʏ$_{23}$ 太：讨相骂t‘ɑɒ$_{33}$ɕiᴀŋ$_{55}$mo$_{31}$ 余：寻相骂ɦiɲ$_{21}$ɕiᴀ̃$_{22}$mo$_{23}$ 宁：造孽zɔ$_{22}$ȵiɪʔ$_{5}$ 黄：吵讲/吵相骂ts‘ɒ$_{33}$kɒ˜$_{35}$/ts‘ɒ$_{33}$ɕia˜$_{33}$mo$_{44}$ 温：乱起lɵ$_{22}$ts‘ɿ$_{2}$ 衢：相架ɕiã$_{35}$tɕiẽ$_{31}$ 华：接热tɕi$_{j45}$ ȵie$_{24}$ 永：相争ɕiᴀŋ$_{43}$tsai$_{44}$

打架

宜：打相打tᴀŋ$_{33}$ɕiᴀŋ$_{55}$tᴀŋ$_{55}$ 溧：打架to$_{44}$tɕio$_{31}$ 金：打架tɑ$_{22}$tɕiɑ$_{44}$ 丹：打架tɑ$_{44}$tɕiɑ$_{23}$ 童：打架tɒ$_{33}$tɕiɒ$_{55}$ 靖：打架/吵架/丑架tɑ$_{33}$tɕiɑ$_{52}$/ts‘ɒ$_{33}$tɕiɑ$_{52}$/tɕ‘øʏ$_{33}$tɕiɑ$_{52}$ 江：打架tɑ$_{45}$tɕiɑ$_{435}$ 常：打相打/打架tᴀɲ$_{33}$ɕiᴀɲ$_{55}$tᴀɲ$_{31}$/tᴀɲ$_{34}$tɕiɑ$_{44}$ 锡：打相打tã$_{45}$siã$_{55}$tã$_{55}$ 苏：打相打tᴀ̃$_{52}$ɕiᴀ̃$_{23}$tᴀ̃$_{31}$ 熟：打相打tᴀ˜$_{33}$siᴀ˜$_{55}$tᴀ˜$_{31}$ 昆：打相打tã$_{52}$siã$_{33}$tã$_{41}$ 霜：打相打ta˜$_{44}$sia˜$_{23}$ta˜$_{31}$ 罗：打相打ta˜$_{33}$

ɕia˜$_{55}$ta˜$_{31}$ 周：打相打ʔɗA˜$_{33}$ɕiA˜$_{55}$ʔdA˜$_{31}$ 上：打相打tÃ^{ɲ}$_{33}$ɕiÃ^{ɲ}$_{55}$tÃ^{ɲ}$_{31}$ 松：打相打tɛ̃$_{33}$ɕiɛ̃$_{55}$tɛ̃$_{31}$ 黎：打相打tɛ̃$_{54}$siɛ̃$_{33}$tɛ̃$_{11}$ 盛：打相打tæ̃$_{55}$ɕiæ̃$_{33}$tæ̃$_{31}$ 嘉：打相打tA˜$_{33}$ɕiA˜$_{55}$tA˜$_{31}$ 双：打架tã$_{32}$tɕiɑ$_{34}$ 杭：打架儿tɑ$_{32}$tɕiɑ$_{34}$ər$_{31}$ 绍：打人阵taŋ$_{43}$ȵɪŋ$_{33}$dzuẽ$_{33}$ 诸：打扛tÃ$_{44}$kɒ̃$_{33}$ 崇：打架tA˜$_{33}$kɤ$_{23}$ 太：打架tAŋ$_{55}$ko$_{33}$ 余：敲人/打人k'ɔ$_{32}$ȵiɲ$_{23}$/tÃ$_{32}$ȵiɲ$_{23}$ 宁：打相打/造孽tã$_{23}$ɕiã$_{44}$tã$_{55}$/zɔ̃$_{22}$ȵiɪʔ$_{5}$ 黄：打架ta˜$_{33}$ko$_{44}$ 温：打起tˀɛ$_{35}$ts'ɿ$_{2}$ 衢：打相打tã$_{35}$ɕiã$_{33}$tã$_{35}$ 华：打相打tAŋ$_{53}$ɕiAŋ$_{33}$tAŋ$_{51}$ 永：打相打nai$_{43}$ɕiAŋ$_{44}$nai$_{43}$

劝

宜：劝tɕ'yĩ$_{324}$ 溧：劝tɕ'yʊ$_{412}$ 金：劝tɕ'yʊ̃$_{44}$ 丹：劝tɕ'ʏ$_{41}$ 童：劝tʃ'yʊ$_{45}$ 靖：劝tɕ'yɯ̃$_{51}$ 江：劝tɕ'yɵ$_{435}$ 常：劝tɕ'iɔ$_{51}$ 锡：劝tɕ'io$_{34}$ 苏：劝tɕ'iɵ$_{412}$ 熟：劝tɕ'iɤ$_{324}$ 昆：劝tɕ'yɵ$_{52}$ 霜：劝tɕ'i^{ʌ}ʏ$_{434}$ 罗：劝tɕ'i^{ʌ}ʏ$_{434}$ 周：劝tɕ'yø$_{335}$ 上：劝tɕ'yø$_{334}$ 松：劝tɕ'yø$_{335}$ 黎：劝tɕ'iɵ$_{324}$ 盛：劝tɕ'iɵ$_{313}$ 嘉：劝tɕ'yʏə$_{334}$ 双：劝tɕ'ɪ$_{334}$ 杭：劝tɕ'ʏo$_{334}$ 绍：劝tɕ'yẽ$_{33}$ 诸：劝tɕ'iɤ$_{544}$ 崇：劝tɕ'yœ̃$_{324}$ 太：劝tɕ'yœ̃$_{35}$ 余：劝tɕ'yɵ̃$_{52}$ 宁：劝/拖tɕ'yʮ$_{52}$/t'a$_{52}$ 黄：劝tɕ'yø$_{44}$ 温：劝tɕ'yɵ$_{52}$ 衢：劝tɕ'yə$_{53}$ 华：劝tɕ'ye$_{45}$ 永：劝tɕ'yə$_{54}$

训

宜：训/教训ɕyiŋ$_{324}$/tɕiɑʏ$_{35}$ɕyiŋ$_{31}$ 溧：训/骂ɕyn$_{412}$/mo$_{31}$ 金：训/教训ɕyiŋ$_{44}$/tɕiɑ^{ɔ}$_{33}$ɕyiŋ$_{44}$ 丹：训/教训ɕyŋ$_{41}$/tɕiɒ$_{44}$ɕyŋ$_{23}$ 童：训/骂/教训ʃyʮəŋ$_{45}$/mɒ$_{113}$/tɕiɐʏ$_{34}$ʃyʮəŋ$_{55}$ 靖：教训tɕiɒ$_{35}$ɕyiŋ$_{31}$ 江：训/教训ɕioŋ$_{435}$/tɕiɒ$_{45}$ɕioŋ$_{31}$ 常：训ɕyɲ$_{51}$ 锡：训ɕyɪn$_{34}$ 苏：训ɕyɪn$_{412}$ 熟：训ɕiʊŋ$_{324}$ 昆：训ɕyn$_{52}$ 霜：揎ɕi^{ʌ}ʏ$_{52}$ 罗：训ɕɪ^{n}$_{434}$ 周：训ɕioŋ$_{335}$ 上：训ɕyɲ$_{334}$/ɕiʊŋ$_{334}$ 松：闹nɔ$_{113}$ 黎：训ɕyəɲ$_{413}$ 盛：训ɕyɪɲ$_{413}$ 嘉：训ɕyn$_{334}$ 双：训/话ɕɪn$_{334}$/ɦʉ$_{113}$ 杭：训/教训ɕyɪn$_{334}$/tɕiɔ$_{34}$ɕyɪn$_{51}$ 绍：训ɕyẽ$_{33}$ 诸：训/骂ɕĩ$_{544}$/mo$_{233}$ 崇：训/骂ɕiʊ^{ŋ}$_{324}$/mʏ$_{14}$ 太：骂mo$_{13}$ 余：骂mo$_{113}$ 宁：训ɕyoŋ$_{52}$ 黄：训ɕyɪŋ$_{44}$ 温：训ɕyoŋ$_{52}$ 衢：训/骂ɕyʌŋ$_{53}$/mɑ$_{31}$ 华：训ɕyɪn$_{45}$ 永：训ɕyɪɲ$_{54}$

吹牛

宜：吹牛屄/吹牛皮ts'ɐɪ$_{55}$ȵiʏɯ$_{55}$pi$_{j55}$/ts'ɐɪ$_{55}$ȵiʏɯ$_{55}$bi$_{j55}$ 溧：吹牛皮ts'æᴇ$_{44}$ȵiʌɯ$_{44}$bi$_{z23}$ 金：吹牛皮/吹牛屄ts'uei$_{44}$ȵiʌʏ$_{35}$p'i$_{z31}$/ts'uei$_{44}$ȵiʌʏ$_{35}$pi$_{z31}$ 丹：吹牛屄/吹牛皮ts'ue$_{33}$ȵiʌʏ$_{55}$pi$_{z31}$/ts'ue$_{33}$ȵiʌʏ$_{55}$bi$_{z31}$ 童：吹牛屄tʃ'yʮei$_{33}$ȵiʊ$_{35}$pi$_{j31}$ 靖：吹牛皮/拉炮ɕye$_{44}$ȵøʏ$_{22}$bi$_{j34}$/ʔlɑ$_{55}$p'ɒ$_{31}$ 江：吹牛屄tɕ'y$_{44}$ȵiɜʏ$_{24}$pi$_{j31}$ 常：吹牛屄ts'ʮ$_{44}$ȵiɯ$_{21}$pi$_{j34}$ 锡：吹牛屄ts'ʮ$_{33}$ȵiʌʏ$_{24}$pi$_{31}$ 苏：吹牛/吹牛屄ts'ɿ$_{44}$ȵɪɵ$_{223}$/ts'ɿ$_{55}$ȵiɵ$_{55}$pi$_{j31}$ 熟：吹牛屄tʂ'ʮ$_{55}$ȵiɯ$_{55}$pi$_{51}$ 昆：吹牛屄ts'ʮ$_{44}$ȵy$_{44}$pi$_{41}$ 霜：吹牛屄ts'ɿ$_{55}$ȵy$_{33}$pi$_{31}$ 罗：吹牛屄ts'ɿ$_{44}$ȵy$_{22}$pi$_{52}$ 周：吹牛屄ts'ɿ$_{44}$ȵiʏ$_{44}$ɓi$_{52}$ 上：吹牛屄/吹牛三ts'ɿ$_{44}$ȵiʏɯ$_{22}$pi$_{44}$/ts'ɿ$_{44}$ȵiʏɯ$_{22}$sᴇ$_{44}$ 松：吹牛屄ts'ɿ$_{33}$ȵiɯ$_{55}$pi$_{31}$ 黎：吹牛屄/吹牛三ts'ɿ$_{44}$ȵieɯ$_{44}$pi$_{44}$/ts'ɿ$_{44}$ȵiɯ$_{22}$sᴇ$_{34}$ 盛：吹牛屄ts'ɿ$_{44}$ȵiəʉ$_{44}$pi$_{j4}$ 嘉：吹牛/吹牛屄ts'ɿ$_{51}$ȵi^{ə}u$_{31}$/ts'ɿ$_{44}$ȵi^{ə}u$_{22}$pi$_{44}$ 双：吹牛屄ts'ɿ$_{32}$ȵi^{ɵ}ʏ$_{22}$pi$_{z34}$ 杭：吹牛屄/说大话ts'ueɪ$_{32}$ȵʏ$_{23}$pi$_{51}$/sɐʔ$_{4}$dɑ$_{23}$ɦuɑ$_{51}$ 绍：吹牛屄ts'ɿ$_{44}$ȵiʏ$_{23}$pi$_{52}$ 诸：吹牛屄ts'ɿ$_{44}$ȵiʏ$_{23}$pi$_{z52}$ 崇：吹牛屄ts'e$_{44}$ȵʏ$_{21}$pi$_{z23}$ 太：吹牛屄ts'ɿ$_{55}$ȵʏ$_{33}$pi$_{31}$ 余：吹牛屄ts'ɿ$_{32}$ȵiʏ$_{22}$pi$_{44}$ 宁：吹牛屄/发大信ts'ʮ$_{44}$ȵʏ$_{22}$pi$_{51}$/fɐʔ$_{4}$da$_{22}$ɕɪŋ$_{51}$ 黄：吹牛屄/讲大话ts'ʮ$_{33}$ȵiu$_{33}$pi$_{51}$/kɒ˜$_{33}$d^{ə}u$_{33}$ɦuA$_{44}$ 温：吹牛/吹牛屄ts'ɿ$_{44}$ŋʌu$_{52}$/ts'ɿ$_{33}$ŋʌu$_{52}$pˀi$_{34}$ 衢：吹牛屄ts'əɪ$_{44}$ȵiɯ$_{22}$pi$_{35}$ 华：吹牛皮/吹牛ts'eɪ$_{33}$ȵiɯu$_{33}$bi$_{j24}$/tɕuɪ$_{32}$ȵiɯu$_{24}$ 永：吹牛屄tɕ'ʏ$_{55}$ȵiəʊ$_{22}$pi$_{44}$

拍马

宜：拍马屁p'Aʔ$_{\underline{53}}$mo$_{33}$p'i$_{j31}$ 溧：拍马屁p'ɑʔ$_{5}$mo$_{34}$p'i$_{z52}$ 金：拍马屁/和奉p'ɔʔ$_{4}$mɑ$_{22}$p'i$_{z44}$/xo$_{52}$foŋ$_{31}$ 丹：拍马屁p'ɛʔ$_{5}$mo$_{22}$p'i$_{z23}$ 童：拍马屁p'ɒʔ$_{\underline{53}}$mɒ$_{33}$p'i$_{j31}$ 靖：拍马屁p'ɔʔ$_{5}$mo$_{33}$p'i$_{j34}$

江:拍马屁pʻɑʔ$_{5}$mo$_{42}$pʻi$_{j31}$　常:拍马屁pʻɔʔ$_{3}$mo$_{11}$pʻi$_{j23}$　锡:拍马屁pʻɑʔ$_{4}$mu$_{21}$pʻi$_{23}$　苏:拍马屁pʻᴀʔ$_{5}$mo$_{23}$pʻi$_{j31}$　熟:拍马屁pʻᴀʔ$_{3}$mu$_{33}$pʻi$_{33}$　昆:拍马屁pʻᴀʔ$_{3}$mo$_{34}$pʻi$_{41}$　霜:拍马屁pʻᴀʔ$_{4}$m^{ʌ}ʏ$_{23}$pʻi$_{52}$　罗:拍马屁pʻᴀʔ$_{4}$m^{ʌ}ʏ$_{22}$pʻi$_{23}$　周:拍马屁pʻɑʔ$_{44}$mo$_{44}$pʻi$_{44}$　上:拍马屁pʻɐʔ$_{4}$mo$_{22}$pʻi$_{44}$　松:拍马屁pʻᴀʔ$_{4}$mo$_{44}$pʻi$_{44}$　黎:拍马屁pʻᴀʔ$_{3}$mo$_{33}$pʻi$_{j33}$　盛:拍马屁pʻɑʔ$_{5}$mo$_{22}$pʻi$_{j44}$　嘉:拍马屁pʻᴀʔ$_{4}$mo$_{22}$pʻi$_{34}$　双:拍马屁pʻᴀʔ$_{2}$mʊ$_{33}$pʻi$_{z52}$　杭:拍马屁pʻɐʔ$_{3}$mɑ$_{55}$pʻi$_{31}$　绍:拍马屁pʻᴀʔ$_{4}$mo$_{23}$pʻi$_{52}$　诸:搨马屁tʻɐʔ$_{4}$mo$_{23}$pʻi$_{z52}$　崇:拍马屁/搨麻油pʻɑʔ$_{4}$mʏ$_{23}$pʻiᴇʔ$_{4}$/tʻæʔ$_{4}$mʏ$_{22}$ɦʏ$_{52}$　太:拍马屁/搨麻油pʻɑʔ$_{4}$mo$_{21}$pʻi$_{44}$/tʻɛʔ$_{4}$mo$_{22}$ɦʏ$_{52}$　余:拍马屁pʻɔʔ$_{4}$mo$_{44}$pʻi$_{52}$　宁:拍马屁pʻɐʔ$_{3}$mo$_{55}$pʻi$_{31}$　黄:拍马屁pʻɐʔ$_{3}$mo$_{3}$pʻi$_{j44}$　温:拍马屁pʻɑ$_{3}$mo$_{22}$pʻi$_{52}$　衢:托马屁tʻəʔ$_{4}$mɑ$_{24}$pʻi$_{33}$　华:拍马屁/巴结pʻɐʔ$_{4}$mɯɑ$_{54}$pʻi$_{j35}$/pʻɑ$_{33}$tɕiəʔ$_{4}$　永:拍马屁/捧脬pʻai$_{43}$mᴀ$_{22}$pʻi$_{44}$/pʻoŋ$_{43}$pʻᴀʊ$_{325}$

陪

宜:陪bɐɪ$_{223}$　溧:陪bæᴇ$_{323}$　金:陪pʻei$_{24}$　丹:陪bᴇ^{e}$_{213}$　童:陪bei$_{31}$　靖:陪/同be$_{223}$/doŋ$_{223}$　江:陪bᴇɪ$_{223}$　常:陪bæe$_{213}$　锡:陪bᴇ$_{213}$　苏:陪bᴇ$_{223}$　熟:陪bᴇ$_{233}$　昆:陪bᴇ$_{132}$　霜:陪bʌɪ$_{31}$　罗:陪bʌɪ$_{31}$　周:陪be$_{113}$　上:陪bᴇ$_{113}$　松:陪be$_{31}$　黎:陪bᴇ$_{24}$　盛:陪bᴇ$_{24}$　嘉:陪be$_{31}$　双:陪b^{ɵ}ʏ$_{113}$　杭:陪beɪ$_{212}$　绍:陪be$_{22}$　诸:陪be$_{233}$　崇:陪be$_{312}$　太:陪be$_{113}$　余:陪be$_{113}$　宁:陪be$_{31}$　黄:陪be$_{31}$　温:陪bæi$_{31}$　衢:陪bəɪ$_{323}$　华:陪bɛ$_{213}$　永:陪b̥əɪ$_{322}$

干活儿

宜:做生活tsu$_{33}$sᴀŋ$_{55}$ɦuəʔ$_{5}$　溧:做生活tsʌɯ$_{54}$sən$_{34}$ɦuəʔ$_{\underline{52}}$　金:做生活tso$_{44}$səŋ$_{22}$xuəʔ$_{4}$　丹:做生活/做事情tsʌʏ$_{32}$sɛn$_{33}$ɦuɛʔ$_{4}$/tsʌʏ$_{44}$sɿ$_{33}$tɕʻiŋ$_{31}$　童:做生活tsʌʏ$_{35}$səŋ$_{55}$ɦuəʔ$_{\underline{31}}$　靖:做生活/做活计tsʌʏ$_{51}$səŋ$_{33}$ɦuəʔ$_{5}$/tsʌʏ$_{51}$ɦuəʔ$_{2}$tɕi$_{j23}$　江:做生活tsɜʏ$_{44}$sᴀ^{ŋ}$_{53}$ɦuɜʔ$_{2}$　常:做生活tsʌɯ$_{34}$sᴀɲ$_{44}$ɦuəʔ$_{5}$　锡:做生活tsʌʏ$_{44}$sã$_{21}$ɦuə$_{23}$　苏:做生活tsɜu$_{52}$sÃ$_{23}$ɦuəʔ$_{2}$　熟:做生活tsɯ$_{55}$sᴀ̃$_{55}$ɦuoʔ$_{\underline{31}}$　昆:做生活tsəu$_{52}$sã$_{33}$ɦuəʔ$_{\underline{41}}$　霜:做生活tsᵊu$_{33}$sã$_{55}$vəʔ$_{\underline{31}}$　罗:做事体/做生活tsᵊu$_{33}$zɿ$_{55}$tʻi$_{31}$/tsᵊu$_{33}$sã$_{55}$vɐʔ$_{\underline{31}}$　周:做生活tsu$_{33}$sᴀ̃$_{44}$vəʔ$_{\underline{52}}$　上:做生活tsu$_{33}$sÃ^{ɲ}$_{55}$ɦuɐʔ$_{\underline{31}}$　松:做生活tsu$_{44}$sɛ̃$_{55}$vəʔ$_{\underline{31}}$　黎:做生活tsɜu$_{51}$sɛ̃$_{44}$ɦuəʔ$_{4}$　盛:做生活tsɜu$_{33}$sæ̃$_{55}$ɦuəʔ$_{2}$　嘉:做生活tsᵊu$_{44}$sᴀ̃$_{44}$ɦuoʔ$_{5}$　双:做事体/做生活儿tsəu$_{33}$zɿ$_{33}$tʻi$_{z52}$/tsəu$_{33}$sã$_{44}$uəɪ$_{44}$　杭:做事体/做事情tsou$_{51}$zɿ$_{33}$tʻi$_{51}$/tsou$_{51}$zɿ$_{23}$dʑɪn$_{51}$　绍:做事体/做生活tso$_{43}$zɿ$_{33}$tʻi$_{33}$/tso$_{43}$saŋ$_{32}$ɦuoʔ$_{5}$　诸:做生活tsɯ$_{44}$sÃ$_{22}$ɦuoʔ$_{4}$　崇:做生活tsʏ$_{33}$sᴀ̃$_{33}$vᴇʔ$_{4}$　太:做生活tsɯ$_{44}$sᴀŋ$_{52}$vɛʔ$_{3}$　余:做生活tsou$_{32}$sÃ$_{22}$ɦuɐʔ$_{4}$　盛:做事体/做事情/做生活tsəʊ$_{44}$zɿ$_{22}$tʻi$_{44}$/tsəʊ$_{44}$zɿ$_{22}$ʑɪŋ$_{44}$/tsəʊ$_{44}$sã$_{33}$ɦuoʔ$_{5}$　黄:做生活tsᵊu$_{33}$sã$_{33}$ɦuɐʔ$_{4}$　温:干事干/做生活kɵ$_{3}$zɿ$_{52}$kɵ$_{21}$/tsᵊu$_{3}$sʻɛ$_{55}$ɦo$_{52}$　衢:做事体tsu$_{44}$szɿ$_{33}$tʻi$_{35}$　华:做生活/做事干tsu$_{45}$sᴀŋ$_{55}$ɦuɑ$_{24}$/tsu$_{45}$ szɿ$_{33}$kə$_{55}$　永:做生活tsoə$_{43}$sai$_{43}$ʔɦuə$_{31}$

种地

宜:种田tsoŋ$_{33}$dɪ$_{44}$　溧:种田tsoŋ$_{44}$di$_{323}$　金:种田tsoŋ$_{52}$tʻĩ$_{23}$　丹:种田tsoŋ$_{44}$dɪ$_{23}$　童:种田tsoŋ$_{35}$dɪ$_{31}$　靖:种田tɕioŋ$_{52}$dĩ$_{23}$　江:种田tsoŋ$_{44}$dɪ$_{223}$　常:种田tsoŋ$_{44}$dɪ$_{213}$　锡:种田tsoŋ$_{35}$dɪ$_{31}$　苏:种田tsoŋ$_{52}$dɪ$_{223}$　熟:种田tʂʊŋ$_{55}$die$_{31}$　昆:种田tsoŋ$_{44}$dɪ$_{21}$　霜:种田tso^{ŋ}$_{43}$dɪ$_{31}$　罗:种田tso^{ŋ}$_{44}$di$_{213}$　周:种田tsoŋ$_{35}$di$_{113}$　上:种地tsoŋ$_{44}$di$_{113}$　松:种田tsʊŋ$_{44}$di$_{44}$　黎:种田tsoŋ$_{44}$diɪ$_{24}$　盛:种田tsoŋ$_{44}$diɪ$_{24}$　嘉:种田tsoŋ$_{51}$diɐ$_{31}$　双:种田tsoŋ$_{32}$dɪ$_{34}$　杭:种地下/种田tsoŋ$_{44}$di$_{24}$ɦiɑ$_{31}$/tsoŋ$_{44}$die$_{212}$　绍:种田/做田板tsʊŋ$_{44}$dĩ$_{31}$/tso$_{43}$dĩ$_{33}$pæ̃$_{33}$　诸:种田地tsoŋ$_{44}$diɪ$_{22}$di$_{z44}$　崇:种田tsʊ^{ŋ}$_{44}$diẽ$_{312}$　太:种田cʊŋ$_{55}$diẽ$_{33}$　余:种田tsʊŋ$_{32}$dĩ$_{23}$　宁:种田tsoŋ$_{44}$di$_{113}$　黄:种地tsʊŋ$_{33}$di$_{j44}$　温:种田tɕy^{ʊ}ɔ$_{33}$di$_{31}$　衢:种地tʃʮʌŋ$_{55}$di$_{31}$　华:种地/种田/种田地tɕyoŋ$_{45}$ di$_{j213}$/tɕyoŋ$_{45}$ diɑ$_{324}$/tɕyoŋ$_{45}$ diɑ$_{32}$di$_{j24}$　永:种田tsoŋ$_{43}$d̥iᴀ$_{22}$

耕田

宜:耕田kəŋ$_{55}$dɪ$_{55}$　溧:耕田kən$_{44}$di$_{323}$　金:耕田kəŋ$_{52}$t'ĩ$_{23}$　丹:耕地kɛn$_{44}$di$_{z44}$　童:耕田kəŋ$_{53}$dɪ$_{31}$　靖:耕田kəŋ$_{44}$dĩ$_{44}$　江:耕田kᴇɲ$_{52}$dɪ$_{33}$　常:耕田kəɲ$_{44}$dɪ$_{213}$　锡:耕田kən$_{21}$dɪ$_{23}$　苏:耕田kən$_{44}$dɪ$_{223}$　熟:耕地kᴀ̃$_{55}$di$_{31}$　昆:耕地kən$_{55}$di$_{31}$　霜:犁田li$_{22}$di$_{52}$　罗:犁田li$_{22}$di$_{52}$　周:耕田kəŋ$_{52}$di$_{113}$　上:耕田/犁田kəɲ$_{44}$di$_{113}$/li$_{33}$di$_{113}$　松:耕田kəɲ$_{44}$di$_{52}$　黎:耕地kɛ̃$_{44}$di$_{j24}$　盛:耕田kəɲ$_{44}$diɪ$_{24}$　嘉:耕地kən$_{51}$di$_{223}$　双:耕地kã$_{32}$di$_{z34}$　杭:耕田tsoŋ$_{44}$die$_{212}$　绍:耕田kəŋ$_{44}$kĩ$_{31}$　诸:耕田kÃ$_{44}$diɪ$_{233}$　崇:耕田kᴀ̃$_{44}$diẽ$_{312}$　太:耕田kᴀŋ$_{55}$diẽ$_{33}$　余:耕田kÃ$_{32}$dĩ$_{23}$　宁:耕田kã$_{44}$di$_{113}$　黄:耕田kã$_{33}$die$_{51}$　温:耕田k^{i}ɛ$_{33}$di$_{31}$　衢:耕田tɕiã$_{35}$diẽ$_{31}$　华:耕田/耕地kᴀŋ$_{33}$diɑ$_{51}$/kᴀŋ$_{43}$di$_{j24}$　永:耕田/犁田(少)kai$_{43}$diᴀ$_{22}$/li$_{21}$diᴀ$_{22}$

插秧

宜:插秧/种秧ts'ᴀʔ$_{5}$ʔiᴀŋ$_{55}$/tsoŋ$_{33}$ʔiᴀŋ$_{44}$　溧:插秧/栽秧ts'ɑʔ$_{5}$ʔɪe$_{34}$/tsæᴇ$_{44}$ʔie$_{55}$　金:栽秧tsɛ^{e}$_{44}$iɑŋ$_{52}$　丹:栽秧tsæ$_{44}$ie$_{31}$　童:插秧ts'ᴀʔ$_{53}$iɑŋ$_{31}$　靖:插秧ts'ɑʔ$_{53}$ʔĩ$_{31}$　江:竖秧zɿ$_{21}$ʔiᴀ^{ŋ}$_{43}$　常:插秧ts'ɑʔ$_{4}$iᴀɲ$_{44}$　锡:插秧ts'ɑʔ$_{4}$iã$_{55}$　苏:插秧/莳秧ts'ᴀʔ$_{5}$iÃ$_{23}$/zɿ$_{22}$iÃ$_{44}$　熟:插秧ts'ᴀʔ$_{5}$iᴀ̃$_{51}$　昆:插秧ts'ᴀʔ$_{4}$iã$_{44}$　霜:插秧/莳秧ts'ᴀʔ$_{4}$iã$_{52}$/zɿ$_{22}$iã$_{52}$　罗:插秧ts'ᴀʔ$_{5}$iã$_{31}$　周:插秧ts'ɑʔ$_{3}$iᴀ̃$_{52}$　上:插秧ts'ɐʔ$_{3}$iÃ^{n}$_{44}$　松:插秧ts'æʔ$_{4}$iɛ̃$_{52}$　黎:插秧ts'ᴀʔ$_{3}$iɛ̃$_{34}$　盛:插秧ts'ɑʔ$_{3}$iæ̃$_{44}$　嘉:插秧ts'ᴀʔ$_{4}$iᴀ̃$_{51}$　双:插秧ts'ᴀʔ$_{2}$iã$_{44}$　杭:插秧ts'ɐʔ$_{3}$iᴀŋ$_{23}$　绍:插秧ts'əʔ$_{5}$iaŋ$_{52}$　诸:种田ts'oŋ$_{44}$diɪ$_{233}$　崇:种田/插秧ts'ʊŋ$_{44}$diẽ$_{312}$/ts'æʔ$_{3}$iᴀ̃$_{23}$　太:种田cʊŋ$_{55}$diẽ$_{33}$　余:插秧ts'æʔ$_{3}$iÃ$_{44}$　宁:插秧ts'ɐʔ$_{4}$iã$_{52}$　黄:插秧ts'ɐʔ$_{3}$iã$_{44}$　温:插秧ts'ɑ$_{3}$i$_{44}$　衢:插秧ts'æʔ$_{5}$iã$_{31}$　华:插秧ts'uɑ$_{44}$iᴀŋ$_{324}$　永:插秧/插稻ts'ʊᴀ$_{43}$iᴀŋ$_{44}$/ts'ʊᴀ$_{43}$dᴀʊ$_{31}$

割稻

宜:淆稻zɑʏ$_{21}$dɑʏ$_{23}$　溧:淆稻ɕʑiɑ^{ʏ}$_{33}$dɑ^{ʏ}$_{224}$　金:剐稻kuɑ$_{24}$t'ɑ^{ɔ}$_{52}$　丹:割稻kuɛʔ$_{5}$dɒ$_{23}$　童:淆稻tɕ'iɐʏ$_{35}$dɐʏ$_{31}$　靖:斫稻tɕyɔʔ$_{5}$dɒ$_{51}$　江:斫稻tsoʔ$_{5}$dɒ$_{23}$　常:割稻kəʔ$_{4}$dɑʏ$_{24}$　锡:斫稻/割稻tsɔʔ$_{4}$dʌ$_{34}$/kəʔ$_{4}$dʌ$_{34}$　苏:斫稻/割稻tsɔʔ$_{5}$dæ$_{31}$/kəʔ$_{5}$dæ$_{31}$　熟:割稻/斫稻koʔ$_{3}$dɔ$_{33}$/tʂoʔ$_{3}$dɔ$_{33}$　昆:斫稻tsoʔ$_{5}$dɔ$_{31}$　霜:斫稻tsoʔ$_{5}$dɔ$_{213}$　罗:割稻/斫稻kəʔ$_{4}$dɔ$_{213}$/tsoʔ$_{4}$dɔ$_{213}$　周:斫稻tsɒʔ$_{4}$dɔ$_{44}$　上:斫稻tsoʔ$_{4}$dɔ$_{113}$　松:斫稻tsɔʔ$_{4}$dɔ$_{113}$　黎:割稻/斫稻kəʔ$_{5}$dᴀ^{ɔ}$_{31}$/tsoʔ$_{5}$dᴀ^{ɔ}$_{31}$　盛:割稻kəʔ$_{5}$dᴀɑ$_{22}$/tsɔʔ$_{5}$dᴀɑ$_{31}$　嘉:割稻/斫稻kəʔ$_{4}$dɔ$_{223}$/tsɔʔ$_{4}$dɔ$_{223}$　双:斫稻tsoʔ$_{2}$dɔ$_{52}$　杭:割稻/打稻kəʔ$_{4}$dɔ$_{113}$/tɑ$_{44}$dɔ$_{113}$　绍:割稻kəʔ$_{5}$dɑɒ$_{33}$　诸:割稻koʔ$_{5}$dɔ$_{52}$　崇:割稻kᴇʔ$_{3}$dɑɒ$_{23}$　太:割稻kɛʔ$_{5}$dɑɒ$_{31}$　余:割稻kɐʔ$_{3}$dɒ$_{44}$　宁:割稻kɐʔ$_{4}$dɔ$_{113}$　黄:割稻kɪʔ$_{3}$dɒ$_{31}$/tɕieʔ$_{33}$dɒ$_{31}$　温:割稻kɵ$_{3}$dɜ$_{34}$　衢:割稻kəʔ$_{4}$dɔ$_{53}$　华:割稻kə$_{45}$tɔ$_{51}$　永:割稻/割谷kə$_{43}$dᴀʊ$_{31}$/kə$_{43}$kʊ$_{44}$

采棉花

宜:　溧:采棉花/摘棉花ts'æᴇ$_{44}$mi$_{44}$xo$_{34}$/tɪʔ$_{5}$mi$_{33}$xo$_{34}$　金:收棉花/摘棉花sᴀʏ$_{44}$mĩ$_{24}$huɑ$_{52}$/tieʔ$_{4}$mĩ$_{24}$huɑ$_{52}$　丹:采棉花ts'æ$_{32}$mɪ$_{33}$ho$_{4}$　童:摘棉花tsəʔ$_{3}$mɪ$_{24}$huɒ$_{31}$　靖:摘棉花tɪʔ$_{5}$mĩ$_{33}$ho$_{34}$　江:摘棉花tɪʔ$_{4}$mɪ$_{24}$ho$_{31}$　常:采棉花ts'æe$_{44}$mɪ$_{21}$xo$_{34}$　锡:采棉花ts'ᴇ$_{44}$mɪ$_{24}$xu$_{31}$　苏:采棉花ts'ᴇ$_{44}$mɪ$_{22}$ho$_{44}$　熟:采棉花/捉棉花ts'æ$_{33}$mie$_{55}$xu$_{31}$/tʂoʔ$_{3}$mie$_{55}$xu$_{31}$　昆:采棉花ts'ɛ$_{52}$mɪ$_{34}$ho$_{41}$　霜:捉花tsoʔ$_{4}$xu^{ᴀ}ʏ$_{52}$　罗:捉棉花tsoʔ$_{4}$mi$_{22}$h^{ᴀ}ʏ$_{52}$　周:摘棉花tsɑʔ$_{3}$mi$_{55}$ho$_{31}$　上:捉棉花tsoʔ$_{4}$mi$_{22}$ho$_{44}$　松:捉棉花tsɔʔ$_{4}$mi$_{22}$ho$_{52}$　黎:　盛:采棉花ts'ᴇ$_{34}$miɪ$_{22}$ho$_{44}$　嘉:采棉花/摘棉花ts'ᴇ^{ɛ}$_{44}$mie$_{22}$ho$_{44}$/tsᴀʔ$_{44}$mie$_{22}$ho$_{44}$　双:摘棉花tsəʔ$_{4}$mɪ$_{22}$xo$_{44}$　杭:采棉花/摘棉花ts'ᴇ$_{44}$mie$_{21}$huɑ$_{23}$/tsɐʔ$_{4}$mie$_{21}$huɑ$_{23}$　绍:摘棉花tsəʔ$_{4}$mĩ$_{22}$ho$_{52}$　诸:摘棉花tsɐʔ$_{4}$miɪ$_{31}$ho$_{52}$　崇:摘棉花/捉棉花tsɑʔ$_{4}$mie$_{21}$fʏ$_{23}$/tsɔʔ$_{3}$mie$_{53}$fʏ$_{31}$　太:摘棉花tsɑʔ$_{5}$miẽ$_{33}$fo$_{31}$/ciɔʔ$_{5}$miẽ$_{33}$fo$_{31}$　余:摘棉花tsɐʔ$_{3}$mĩ$_{22}$huo$_{44}$　宁:摘棉花tsɐʔ$_{4}$

mi$_{22}$ho$_{51}$　黄:摘棉花tsɐʔ$_{4}$mie$_{23}$huᴀ$_{31}$　温:摘棉花tsɑ$_{5}$mi$_{33}$xo$_{21}$　衢:采棉花ts'ɛ$_{55}$mie$_{22}$xuɑ$_{23}$　华:摘棉花tsɐʔ$_{4}$ mie$_{32}$xuɑ$_{24}$　永:打棉花nai$_{32}$mie$_{32}$xʊᴀ$_{44}$

买油

宜:买油/拷油mᴀ$_{24}$ɦiɣɯ$_{223}$/k'ɑʏ$_{33}$ɦiɣɯ$_{44}$　溧:买油/打油mᴀ$_{224}$ɦiʌɯ$_{323}$/to$_{44}$ɦiʌɯ$_{323}$　金:买油/打油mɛ^{e}$_{32}$iʌʏ$_{23}$/tɑ$_{32}$iʌʏ$_{23}$　丹:打油tɑ$_{44}$ɦʏ$_{23}$　童:拷油k'ɐʏ$_{55}$ɦiʊ$_{31}$　靖:打油/拷油tɑ$_{35}$ɦøʏ$_{23}$/k'ɒ$_{52}$ɦøʏ$_{41}$　江:拷油k'ɒ$_{44}$ɦiɜʏ$_{223}$　常:拷油/买油(少)k'ɑʏ$_{44}$ɦiʌɯ$_{213}$/mɑ$_{23}$ɦiʌɯ$_{213}$　锡:拷油k'ʌ$_{34}$ɦiʌʏ$_{213}$　苏:拷油k'æ$_{44}$ɦiɵ$_{223}$　熟:拷油/舀油k'ɔ$_{55}$ɦiɯ$_{31}$/ɦiɔ$_{32}$ɦiɯ$_{51}$　昆:拷油k'ɔ$_{53}$ɦy$_{31}$　霜:买油/拷油mɑ$_{23}$ɦy$_{31}$/k'ɔ$_{44}$ɦy$_{31}$　罗:拷油k'ɔ$_{44}$ɦiʌʏ$_{213}$　周:买油/拷油mɑ$_{13}$ɦiɣ$_{113}$/k'ɔ$_{35}$ɦiɣ$_{113}$　上:拷油k'ɔ$_{44}$ɦiɣɯ$_{113}$　松:买油mɑ$_{13}$ɦiɯ$_{31}$　黎:□油to$_{51}$ɦiɯ$_{24}$　盛:买油/□油mɑ$_{22}$ɦiəʉ$_{24}$/to$_{51}$ɦiəʉ$_{24}$　嘉:吊油/拷酱油tiɔ$_{51}$ɦiəu$_{31}$/k'ɔ$_{44}$tɕiᴀ̃$_{33}$ɦiəu$_{51}$　双:□油tʊ$_{32}$ɦi^{ø}ʏ$_{34}$　杭:买油ʔmᴇ$_{51}$ɦʏ$_{212}$　绍:买油ma$_{33}$ɦiɣ$_{31}$　诸:买油/打油mᴀ$_{33}$ɦiʏ$_{233}$/tᴀ̃$_{44}$ ɦiʏ$_{233}$　崇:买油mɑ$_{33}$ɦʏ$_{312}$　太:买油mɑ$_{23}$ɦʏ$_{52}$　余:买油mᴀ$_{21}$ɦiɣ$_{23}$　宁:买油ma$_{22}$ɦʏ$_{44}$　黄:买油mᴀ$_{33}$ɦiu$_{31}$　温:买油mɑ$_{3}$ɦiʌu$_{31}$　衢:买油ʔmɛ$_{55}$ɦiɯ$_{31}$　华:买油ʔmɑ$_{54}$ ɦiɯu$_{24}$　永:买油miᴀ$_{32}$iəʊ$_{24}$

买药(中药)

宜:配药p'ɐɪ$_{55}$ɦiᴀʔ$_{5}$　溧:配药/撮药p'æᴇ$_{44}$ɦiɑ$_{223}$/ts'əʔ$_{5}$ɦiɑ$_{223}$　金:配药p'ei$_{44}$iɑʔ$_{4}$　丹:买药mɑ$_{44}$ɦiɑʔ$_{\underline{23}}$　童:配药p'ei$_{33}$ɦiᴀʔ$_{5}$　靖:配药p'e$_{52}$ʔiɑʔ$_{4}$　江:赎药zoʔ$_{2}$ɦiɑʔ$_{23}$　常:买药mɑ$_{23}$ɦiɑʔ$_{\underline{23}}$　锡:买药/撮药mɑ$_{22}$ɦiɑʔ$_{5}$/ts'əʔ$_{5}$ɦiᴀʔ$_{5}$　苏:买药mɒ$_{33}$ɦiᴀʔ$_{\underline{23}}$　熟:撮药ts'oʔ$_{4}$ɦiᴀʔ$_{5}$　昆:买药mɑ$_{23}$ɦiᴀʔ$_{\underline{12}}$　霜:撮药ts'oʔ$_{5}$ɦiᴀʔ$_{3}$　罗:赎药zoʔ$_{3}$ɦiᴀʔ$_{\underline{23}}$　周:赎药zɒʔ$_{3}$ɦiɑʔ$_{\underline{23}}$　上:买药/赎药mᴀ$_{33}$ɦiɪʔ$_{\underline{23}}$/zoʔ$_{2}$ɦiɪʔ$_{\underline{23}}$　松:赎药zɔʔ$_{3}$ɦiᴀʔ$_{\underline{23}}$　黎:赎药zoʔ$_{3}$ɦiᴀʔ$_{\underline{23}}$　盛:赎药zɔʔ$_{4}$ɦiɑʔ$_{3}$　嘉:赎药zoʔ$_{2}$iɑʔ$_{4}$　双:撮药ts'əʔ$_{2}$iɑʔ$_{\underline{52}}$　杭:买药ʔmᴇ$_{51}$ɦiɪʔ$_{\underline{12}}$　绍:撮药ts'oʔ$_{4}$ɦiᴀʔ$_{23}$　诸:撮药ts'oʔ$_{4}$ɦiɐʔ$_{\underline{12}}$　崇:买药mɑ$_{33}$ɦiɑʔ$_{\underline{12}}$　太:买药mɑ$_{23}$ɦiɑʔ$_{5}$　余:赎药zɔʔ$_{2}$ɦiɐʔ$_{5}$　宁:捉药tsɔʔ$_{3}$ɦiɪʔ$_{5}$　黄:捉药tsɔʔ$_{4}$ɦiɪʔ$_{\underline{12}}$　温:买药/摸药mɑ$_{3}$ɦiɑ$_{24}$/mo$_{3}$ɦiɑ$_{24}$　衢:买药ʔmɛ$_{55}$ɦiᴀʔ$_{2}$　华:买药/撮药ʔmɑ$_{54}$iɑʔ$_{3}$/ts'oʔ$_{5}$iɑʔ$_{3}$　永:买药/撮药miᴀ$_{32}$ʔɦiᴀʊ$_{323}$/ts'ə$_{4}$iᴀʊ$_{323}$

活

宜:活ɦuəʔ$_{\underline{23}}$　溧:ɦuəʔ$_{2}$　金:xuəʔ$_{4}$　丹:ɦuəʔ$_{\underline{24}}$　童:ɦuəʔ$_{\underline{24}}$　靖:ɦuəʔ$_{\underline{34}}$　江:ɦuəʔ$_{\underline{12}}$　常:ɦuəʔ$_{\underline{23}}$　锡:ɦuəʔ$_{\underline{23}}$　苏:ɦuəʔ$_{\underline{23}}$　熟:ɦuoʔ$_{\underline{23}}$　昆:ɦuəʔ$_{\underline{12}}$　霜:vəʔ$_{\underline{23}}$　罗:ɦuɐʔ$_{\underline{23}}$　周:vəʔ$_{\underline{23}}$　上:ɦuɐʔ$_{\underline{23}}$　松:vəʔ$_{\underline{23}}$　黎:ɦuəʔ$_{\underline{23}}$　盛:ɦuəʔ$_{2}$　嘉:ʔuoʔ$_{\underline{54}}$　双:ʔuəʔ$_{\underline{54}}$　杭:ɦuɐʔ$_{\underline{12}}$　绍:ɦuoʔ$_{\underline{23}}$　诸:ɦoʔ$_{\underline{12}}$　崇:vᴇʔ$_{\underline{12}}$　太:vɛʔ$_{\underline{12}}$　余:ɦuɔʔ$_{\underline{23}}$　宁:ɦuɐʔ$_{\underline{23}}$　黄:ɦuɐʔ$_{\underline{12}}$　温:ɦo$_{323}$　衢:ɦuəʔ$_{\underline{12}}$　华:ʔɦuɑ$_{24}$　永:ʔɦuə$_{323}$

死(又:死的别称)

宜:死sɿ$_{51}$　溧:死/翘辫子/过辈sɿ$_{52}$/tɕ'iɑ^{ʏ}$_{44}$bi$_{44}$tsɿ$_{31}$/kʌɯ$_{54}$pæᴇ$_{34}$　金:死/翘辫子/上乌龙山sɿ$_{z323}$/tɕ'iɑ^{ɔ}$_{44}$pĩ$_{44}$tsɿ$_{z31}$/sɑŋ$_{52}$^{ə}u$_{22}$loŋ$_{35}$sæ̃$_{31}$　丹:死/翘辫则/去哩/过世sɿ$_{44}$/tɕ'iɒ$_{44}$bɪ$_{33}$tsɛʔ$_{\underline{31}}$/k'æ$_{44}$lᴇ^{e}$_{23}$/kʌʏ$_{44}$sɿ$_{44}$　童:死/翘辫子sɿ$_{324}$/tɕ'iɐʏ$_{35}$bɪ$_{33}$tsɿ$_{31}$　靖:死/送命/翘辫子sɿ$_{334}$/soŋ$_{52}$miŋ$_{41}$/tɕ'iɒ$_{51}$bĩ$_{24}$tsɿ$_{31}$　江:死/翘辫子/死脱落/死落sɿ$_{45}$/tɕ'iɒ$_{52}$bɪ$_{33}$tsɿ$_{43}$/sɿ$_{52}$t'əʔ$_{3}$loʔ$_{4}$/sɿ$_{52}$loʔ$_{3}$　常:死/翘辫子/翘巴sɿ$_{334}$/tɕ'iɑʏ$_{34}$bɪ$_{21}$tsɤə$_{13}$/tɕ'iɑʏ$_{35}$pɑ$_{31}$　锡:死/翘辫子/翘落sɿ$_{323}$/tɕ'iᴀ$_{55}$bɪ$_{55}$tsɿ$_{31}$/tɕ'iᴀ$_{55}$lɔʔ$_{\underline{31}}$　苏:死/翘辫子/坏脱则si$_{j412}$/tɕ'iɛ$_{44}$bɪ$_{22}$tsɿ$_{44}$/ɦuɒ$_{22}$təʔ$_{5}$tsəʔ$_{2}$　熟:死/翘辫则si$_{44}$/tɕ'iɔ$_{55}$bie$_{33}$tsᴇʔ$_{31}$　昆:死si$_{52}$　霜:死/翘辫子si$_{434}$/tɕ'iɔ$_{44}$bɪ$_{23}$tsɿ$_{31}$　罗:死/翘辫子ɕi$_{434}$/tɕ'iɔ$_{55}$bi$_{33}$tsɿ$_{31}$　周:死/翘辫子ɕi$_{44}$/tɕ'iɔ$_{33}$bi$_{55}$tsɿ$_{31}$　上:死/翘辫子ɕi$_{334}$/tɕ'iɔ$_{44}$bi$_{22}$tsɿ$_{44}$　松:死/翘辫子/翘老三/翘脱ɕi$_{44}$/tɕ'iɔ$_{44}$bi$_{44}$tsɿ$_{44}$/tɕ'iɔ$_{44}$lɔ$_{44}$sᴇ$_{52}$/tɕ'iɔ$_{35}$t'əʔ$_{\underline{31}}$　黎:死/翘辫子/塔冷si$_{j51}$/tɕ'iᴀ^{ɔ}$_{324}$biɪ$_{22}$

tsɿ$_{34}$/t'Aʔ$_{3}$lɛ̃$_{33}$ 盛:死ɕi$_{j51}$ 嘉:死/呒没哩/过忒哩ɕi$_{44}$/ʔm̩$_{55}$məʔ$_{3}$li$_{31}$/k^{ə}u$_{33}$t'əʔ$_{5}$li$_{31}$ 双:死/翘辫子ɕi$_{z53}$/tɕ'iɔ$_{32}$bɪ$_{34}$tsɿ$_{31}$ 杭:死/翘辫子/去特sɿ$_{51}$/tɕ'iɔ$_{44}$bie$_{23}$tsɿ$_{51}$/tɕ'i$_{34}$dəʔ$_{\underline{51}}$ 绍:死/呒有哉ɕi$_{334}$/ʔn̍$_{44}$niɤ$_{44}$ze$_{52}$ 诸:死sɿ$_{52}$ 崇:死sɿ$_{42}$ 太:死sɿ$_{42}$ 余:死ɕi$_{435}$ 宁:死ɕi$_{z325}$ 黄:死sɿ$_{53}$ 温:死sɿ$_{35}$ 衢:死/翘辫子/去咾sɿ$_{35}$/tɕ'iɔ$_{44}$biẽ$_{24}$tsɿ$_{31}$/k'i$_{55}$lɔ$_{31}$ 华:死/去/老人家了/翘辫子sɿ$_{544}$/k'ɯ$_{45}$/ʔlaʊ$_{54}$n̠iɪn$_{32}$kɑ$_{24}$lə$_{31}$/tɕ'iaʊ$_{45}$ bie$_{22}$tsɿ$_{44}$ 永:死/转去sɿ$_{434}$/tɕye$_{43}$k'ə$_{45}$

男方结婚(娶)

宜:讨老妈t'ɑɤ$_{55}$lɑɤ$_{55}$mo$_{55}$ 溧:讨老妈t'ɑ^{ɣ}$_{44}$lɑ^{ɣ}$_{44}$mo$_{55}$ 金:带/寻tɛ^{e}$_{44}$/ɕyiŋ$_{24}$ 丹:讨老妈tɒ$_{44}$lɒ$_{41}$mo$_{21}$ 童:寻ʑiŋ$_{31}$ 靖:讨老婆/寻老婆t'ɒ$_{44}$lɒ$_{44}$bu$_{52}$/sziŋ$_{23}$lɒ$_{22}$bu$_{44}$ 江:讨老婆/讨阿母t'ɒ$_{52}$lɒ$_{33}$bu$_{43}$/t'ɒ$_{44}$ʔɑ$_{3}$mu$_{44}$ 常:讨t'ɑɤ$_{334}$ 锡:讨老婆t'ʌ$_{23}$lʌ$_{22}$bʌɤ$_{55}$ 苏:讨/讨家婆t'æ$_{51}$/t'æ$_{52}$kɒ$_{23}$bu$_{31}$ 熟:讨新妇/讨老婆t'ɔ$_{33}$sĩ^{ɲ}$_{55}$vu$_{31}$/t'ɔ$_{33}$lɔ$_{55}$bu$_{31}$ 昆:讨娘子t'ɔ$_{52}$n̠iã$_{34}$tsɿ$_{41}$ 霜:讨娘子t'ɔ$_{44}$n̠ia˜$_{23}$tsɿ$_{31}$ 罗:讨娘子t'ɔ$_{44}$n̠ia˜$_{24}$tsɿ$_{31}$ 周:讨娘子t'ɔ$_{33}$n̠iA˜$_{55}$tsɿ$_{31}$ 上:讨老婆tɔ$_{44}$lɔ$_{22}$bu$_{44}$ 松:讨tɔ$_{44}$ 黎:讨家婆t'A^{ɔ}$_{33}$kɒ$_{44}$bu$_{44}$ 盛:讨新娘子t'Aɑ$_{334}$ɕiɲ$_{44}$n̠iæ$_{44}$tsɿ$_{44}$ 嘉:讨t'ɔ$_{324}$ 双:讨老婆t'ɔ$_{32}$lɔ$_{24}$bʉ$_{52}$ 杭:讨老婆t'ɔ$_{33}$lɔ$_{55}$bou$_{31}$ 绍:讨老妈t'ɑɒ$_{44}$lɑɒ$_{23}$mo$_{52}$ 诸:讨老嬷t'ɔ$_{44}$lɔ$_{23}$mo$_{33}$ 崇:讨老母t'ɑɒ$_{44}$lɑɒ$_{23}$mɤ$_{52}$ 太:讨老嬷t'ɑɒ$_{44}$lɑɒ$_{23}$mo$_{52}$ 余:讨新妇t'ɒ$_{32}$ɕiɲ$_{22}$vu$_{23}$ 宁:讨/抬老婆t'ɔ$_{325}$/de$_{22}$lɔ$_{55}$bəʊ$_{31}$ 黄:讨老嫣t'ɒ$_{33}$lɒ$_{33}$ie$_{51}$ 温:□老安/□tɕ'iʌu$_{33}$lɜ$_{55}$y$_{21}$/tɕ'iʌu$_{35}$ 衢:讨老妈t'ɔ$_{55}$ʔlɔ$_{55}$mɑ$_{31}$ 华:讨老婆/讨亲taʊ$_{544}$ laʊ$_{24}$bɯə$_{51}$/t'ɑʊ$_{544}$ tɕ'iɪn$_{324}$ 永:扛内家/接新妇kAŋ$_{55}$nəɪ$_{22}$kʊA$_{44}$/tɕie$_{\underline{43}}$səɲ$_{43}$vʊ$_{31}$

女方结婚(嫁)

宜:嫁女儿ko$_{33}$n̠y$_{ɥ55}$n̠i$_{j55}$ 溧:嫁老官ko$_{44}$lɑ^{ɣ}$_{44}$kʊ$_{31}$ 金:出嫁ts'yeʔ$_{4}$tɕiɑ$_{44}$ 丹:出嫁/嫁人tɕ'yeʔ$_{4}$tɕiɑ$_{41}$/tɕiɑ$_{44}$n̠iŋ$_{23}$ 童:出嫁tʃ'yoʔ$_{3}$kɒ$_{5}$ 靖:出嫁/把人丫tɕ'yɔʔ$_{5}$tɕiɑ$_{51}$/pɑ$_{334}$n̠iŋ$_{22}$ʔo$_{44}$ 江:出嫁/嫁老官ts'oʔ$_{5}$ko$_{23}$/kɑ$_{45}$lɒ$_{33}$kɵ$_{31}$ 常:嫁/出嫁ko$_{51}$/ts'ɔʔ$_{4}$ko$_{44}$ 锡:出嫁ts'əʔ$_{4}$kɑ$_{34}$ 苏:嫁/嫁男人kɒ$_{412}$/kɒ$_{44}$nɵ$_{22}$n̠iɪn$_{44}$ 熟:嫁男人/嫁出去kɑ$_{55}$næ̃$_{33}$n̠ĩ^{ɲ}$_{31}$/kɑ$_{24}$tʂ'Eʔ$_{3}$k'E$_{31}$ 昆:出嫁ts'əʔ$_{5}$kɑ$_{52}$ 霜:出嫁ts'əʔ$_{4}$kɑ$_{23}$ 罗:出嫁ts'ɐʔ$_{4}$kɑ$_{23}$ 周:嫁男人/嫁人kɑ$_{33}$ne$_{23}$n̠iɪŋ$_{52}$/kɑ$_{35}$n̠iɪŋ$_{113}$ 上:出嫁ts'ɐʔ$_{3}$kA$_{44}$ 松:嫁/出嫁kɑ$_{335}$/ts'əʔ$_{4}$kɑ$_{44}$ 黎:出嫁ts'əʔ$_{3}$kɒ$_{33}$ 盛:嫁男人/嫁囡儿/出嫁kɑ$_{44}$nɵ$_{22}$n̠ɪɲ$_{44}$/kɑ$_{44}$nɵ$_{22}$ŋ̍$_{44}$/ts'əʔ$_{5}$kɑ$_{31}$ 嘉:嫁/出嫁kɑ$_{334}$/ts'əʔ$_{5}$kɑ$_{31}$ 双:嫁囡/嫁囡儿kɑ$_{32}$noŋ$_{34}$/kɑ$_{32}$nʊ$_{24}$ŋ̍$_{52}$ 杭:嫁老公tɕiɑ$_{33}$lɔ$_{55}$koŋ$_{31}$ 绍:嫁老公ko$_{44}$lɑɒ$_{23}$kʊŋ$_{52}$ 诸:嫁佬子ko$_{44}$lɔ$_{33}$tsɿ$_{33}$ 崇:做新娘tsɤ$_{44}$ɕiŋ$_{53}$n̠iA˜$_{52}$ 太:做新妇tsɯ$_{44}$ɕiŋ$_{52}$vu$_{33}$ 余:嫁/出嫁ko$_{52}$/ts'ɐʔ$_{3}$kA$_{52}$/ts'ɐʔ$_{3}$ko$_{52}$ 宁:嫁ko$_{52}$ 黄:嫁/出嫁ko$_{44}$/ts'ɔʔ$_{33}$ko$_{44}$ 温:□人/□xɑ$_{52}$nʌŋ$_{21}$/xɑ$_{52}$ 衢:嫁老公kɑ$_{55}$ʔlɔ$_{35}$kʌŋ$_{31}$ 华:嫁老公/嫁人kuɑ$_{33}$laʊ$_{55}$koŋ$_{35}$/kuɑ$_{35}$n̠iɪn$_{31}$ 永:嫁囡kʊA$_{43}$nA$_{325}$

坐月子

宜:做舍姆tsu$_{33}$so$_{55}$m̩$_{31}$ 溧:做舍姆tsʌɯ$_{44}$so$_{44}$m̩$_{55}$ 金:坐月子tso$_{44}$yeʔ$_{4}$tsɿ$_{z44}$ 丹:坐月则tsʌɤ$_{35}$n̠yeʔ$_{3}$tsɛʔ$_{\underline{21}}$ 童:坐月子/月子里szʌɤ$_{22}$n̠yoʔ$_{5}$tsɿ$_{31}$/n̠yoʔ$_{\underline{42}}$tsɿ$_{33}$li$_{j31}$ 靖:做舍妇tsʌɤ$_{55}$sɑ$_{33}$vu$_{44}$ 江:坐月子/做舍姆/月子里/做舍妇zɜɤ$_{223}$ɦioʔ$_{2}$tsɿ$_{23}$/tsɜɤ$_{44}$so$_{33}$m̩$_{44}$/ɦioʔ$_{2}$tsɿ$_{44}$li$_{j31}$/tsɜɤ$_{44}$sæ$_{33}$vu$_{44}$ 常:做舍姆tsʌɯ$_{51}$sɑ$_{34}$m̩$_{44}$ 锡:坐月则zʌɤ$_{23}$ɦyeʔ$_{2}$tsəʔ$_{5}$ 苏:做舍姆zɜu$_{44}$so$_{55}$m̩$_{31}$ 熟:做舍姆tsɯ$_{55}$sɯ$_{33}$m̩$_{31}$ 昆:做舍姆tsəu$_{52}$so$_{55}$m̩$_{31}$ 霜:做舍嗯娘ts^{ə}u$_{44}$so$_{55}$ŋ̍$_{33}$n̠iã$_{31}$ 罗:做舍姆ts^{ə}u$_{33}$s^{ʌ}ɤ$_{55}$m̩$_{31}$ 周:做舍姆tsu$_{33}$so$_{55}$m̩$_{31}$ 上:做舍姆tsu$_{33}$so$_{55}$m̩$_{31}$ 松:坐月子/做舍姆zu$_{33}$n̠yɪʔ$_{3}$tsɿ$_{44}$/tsu$_{44}$so$_{33}$m̩$_{52}$ 黎:做舍姆tsɜu$_{51}$so$_{55}$m̩$_{31}$ 盛:做舍姆tsɜu$_{33}$so$_{55}$m̩$_{31}$ 嘉:坐月子/做舍姆z^{ə}u$_{22}$yəʔ$_{5}$tsɿ$_{31}$/ts^{ə}u$_{44}$so$_{44}$m̩$_{31}$ 双:做舍姆tseu$_{33}$so$_{55}$m̩$_{31}$ 杭:坐月子/做产妇dzou$_{13}$ɦyɪʔ$_{2}$tsɿ$_{23}$/tsou$_{33}$ts'E$_{55}$vu$_{31}$ 绍:做产嗯tso$_{44}$ts'æ̃$_{34}$ŋ̍$_{52}$ 诸:做舍姆tsɯ$_{44}$so$_{33}$m̩$_{52}$ 崇:做舍姆tsɤ$_{44}$sɤ$_{34}$m̩$_{52}$ 太:做舍姆娘tsɯ$_{44}$

so33m̩44n̠iᴀŋ52　余:做舍姆tsou44sᴀ33m̩52　宁:做舍姆tsəʊ44sa55m̩33　黄:月里n̠yɔʔ2lij31　温:做月里tsəu33n̠y3lʲi24　衢:做舍姆tsu44sɛ35m̩53　华:做舍姆tsu45 suɑ33m̩55　永:做舍嗯/做产tsoə43 sᴀ32n̩325/tsoə43ts'ᴀ325

生孩子

宜:养小佬ɦiᴀŋ22ɕiɑʏ22lɑʏ53　溧:养细佬/养小人ɦie23ɕiz54lɑʏ34/ɦie23ɕiɑʏ44n̠in31　金:养小鬼/生小鬼iɑŋ22ɕiɑɔ52kuei23/səŋ44ɕiɑɔ31kuei23　丹:生小把戏sɛn22ɕiɒ44po44ɕiz44　童:养相伢iɑŋ53 ɕiɑŋ22ŋɑ23　靖:养□/养小鬼/养ʔĩ44siæ̃34/ʔĩ44siɒ33kue34/ʔĩ334　江:养小人ɦiᴀŋ33siɒ52n̠iɲ33　常:养小佬ʔiᴀɲ34ɕiɑʏ35lɑʏ31　锡:生老小sã44lʌ21siʌ23　苏:养小人/养小干ɦiã22siɛ55n̠iɪn31/ɦiã23siɛ52 kɵ44　熟:生小干/养小干sᴀ̃55siɔ33kʏ31/ɦiᴀ̃22siɔ55kʏ51　昆:养小干/养小囡ɦiã22siɔ55kɵ41/ɦiã22 siɔ55nɵ41　霜:养小人ɦiã23siɔ33n̠ĩ52　罗:养囡/养小囡ɦiã22nʌʏ52/ɦiã22ɕiɔ55nʌʏ31　周:养小囡ɦiᴀ̃22ɕiɔ23nø52　上:生小囡sᴀ̃ɲ44ɕiɔ33nø44　松:养小囡ɦiɛ̃22ɕiɔ55nø31　黎:养小百戏/养儿子ɦiɛ̃24siᴀ̃ɔ33pᴀʔ5ɕij31/ɦiɛ̃24n̠ij22tsɿ34　盛:养小百戏ɦiæ̃24ɕiᴀɑ33pɑʔ5ɕij31　嘉:养小人ɦiᴀ̃23ɕiɔ44n̠in33 双:养小把戏ɦiã33ɕiɔ33pɑ55ɕiz21　杭:生伢儿sən44ɦiɑ21ər23　绍:生小人saŋ32ɕiɑɒ34n̠ɪŋ52　诸:生小人sã44ɕiɔ33n̠ɪŋ52　崇:生小人sᴀ̃33ɕiɑɒ53n̠õ31　太:生小人sᴀŋ44ɕiɑɒ34nʊŋ52　余:生小人sã33 ɕiɒ44n̠iɲ44　宁:生小人sã44ɕiɘ33n̠ɪŋ51　黄:生小人/生小娃sã44ɕiɒ33n̠iɪŋ44/sã44ɕiɒ33uᴀ44　温:生娒娒sʲɛ4mæi22mæi44　衢:生伢儿/生儿sən55ŋɑ22n̠i44/ɕiã55n̠i31　华:生小人/生小干sᴀŋ44ɕiɑʊ55 n̠iɪn31/sᴀŋ44 ɕiɑʊ33kæ̃35　永:生小家□sai44tɕiᴀʊ43kʊᴀ32tɕiᴀʊ55

抽烟

宜:吃香烟tɕ'iɪʔ5ɕiᴀŋ55ʔɪ55　溧:吃香烟tɕ'iɪʔ5ɕie34ʔi52　金:吃烟tɕ'ieʔ53ĩ31　丹:吃香烟tɕ'ɪʔ3 ɕie44ɪ23　童:吃香烟tɕ'iɪʔ53ɕiɑŋ33ɪ31　靖:抽烟tɕ'øʏ43ʔĩ33　江:吃香烟tɕ'iəʔ5ɕiᴀŋ42ʔɪ31　常:吃香烟tɕ'iɪʔ2ɕiᴀɲ11ɪ23　锡:吃香烟tɕ'iəʔ4ɕiã21ɪ23　苏:吃香烟tɕ'iəʔ4ɕiã55iɪ31　熟:吃香烟tɕ'ɪʔ3ɕiᴀ̃55ie51 昆:吃香烟tɕ'ɪʔ4ɕiã34ɪ41　霜:吃香烟tɕ'iɪʔ4ɕiã55ɪ31　罗:吃香烟tɕ'iɐʔ3ɕiã55i31　周:吃香烟tɕ'iʌʔ3 ɕiᴀ̃44i52　上:吃香烟tɕ'iəʔ3ɕiᴀ̃ɲ55i31　松:吃香烟tɕ'iʌʔ4ɕiɛ̃33i52　黎:吃香烟tɕ'iəʔ32ɕiɛ̃33iɪ31　盛:吃香烟tɕ'iɐʔ3ɕiæ̃44iɪ44　嘉:吃香烟tɕ'iəʔ3ɕiᴀ̃44ie51　双:吃香烟tɕ'ieʔ2ɕiã44ɪ44　杭:吃香烟tɕ'iɐʔ4 ɕiᴀŋ32ie23　绍:抽香烟/吃香烟ts'ʏ44ɕiaŋ33ĩ52/tɕ'ɪʔ4ɕiaŋ33ĩ52　诸:吃烟tɕ'iəʔ4iɪ33　崇:搁烟kɔʔ3 iẽ23　太:搁烟kɔʔ3iẽ52　余:吃香烟tɕ'ɪʔ4ɕiã33ĩ44　宁:吃香烟tɕ'yɔʔ4ɕiã33i51　黄:吃香烟tɕ'yɔʔ3 ɕiã55ie31　温:吃香烟ts'ɿ33ɕi44i44　衢:吃香烟tɕ'iəʔ4ɕiã43iẽ53　华:吃烟tɕ'iəʔ4 iɑ324　永:食烟 szəɪ32ie44

喝茶

宜:喝茶/吃茶xəʔ5dzo55/tɕ'iɪʔ5dzo55　溧:吃茶tɕ'iɪʔ5dzo23　金:吃茶tɕ'ieʔ5ts'ɑ23　丹:喝茶/吃茶hɛʔ5ts'ɑ23/tɕ'ɪʔ5dzo23　童:吃茶tɕ'ɪʔ53dzo31　靖:吃茶tɕ'iəʔ5dzo23　江:吃茶tɕ'iəʔ5dzo23 常:吃茶tɕ'iɪʔ4dzo213　锡:吃茶tɕ'iəʔ4zu213　苏:吃茶/品茶tɕ'iəʔ4zo223/p'iɪn52zo223　熟:吃茶 tɕ'ɪʔ4dzu51　昆:吃茶tɕ'iɪʔ4zo132　霜:吃茶tɕ'iɪʔ4zʌʏ52　罗:吃茶tɕ'iɐʔ4zʌʏ31　周:吃茶tɕ'iʌʔ4zo113 上:吃茶tɕ'iɪʔ4zo113　松:吃茶tɕ'iʌʔ4zo52　黎:吃茶tɕ'iəʔ3zo44　盛:吃茶tɕ'iɐʔ5dzo24　嘉:喝茶/吃茶həʔ4zo31/tɕ'iəʔ4zo31　双:吃茶tɕ'ieʔ2zʊ34　杭:吃茶/喝茶tɕ'iɐʔ4dzɑ212/hɐʔ4szɑ212　绍:吃茶tɕ'ɪʔ4dzo31　诸:吃茶tɕ'iəʔ4dzo233　崇:喝茶hæʔ4dzo312　太:喝茶hɛʔ5dzo31　余:吃茶tɕ'ɪʔ4 dzo113　宁:吃茶tɕ'yɔʔ4dzo113　黄:吃茶tɕ'yɔʔ3dzo31　温:喝茶/吃茶xɑ3dzo31/ts'ɿ33dzo31　衢:吃茶tɕ'iəʔ5dzɑ31　华:吃茶tɕ'iəʔ4 dzuɑ213　永:食茶szəɪ32tsʊᴀ44

夹菜

宜：搛菜tɕɪ55ts'ɐɪ31　溧：搛菜tɕi44ts'æE412　金：搛菜tɕĩ31ts'ɛᵉ23　丹：搛菜tɕɪ44ts'æ23　童：夹菜/搛菜kAʔ5ts'aɪ55/tɕɪ33ts'aɪ55　靖：夹菜/□菜/搛菜kɑʔ5ts'æ31/ʔȵĩ44ts'æ52/tɕĩ44ts'æ52　江：搛菜tɕɪ53ts'æ435　常：搛菜tɕɪ55ts'æe31　锡：搛菜tɕɪ44ts'E34　苏：搛菜tɕiɪ44ts'E412　熟：搛小菜tɕie55siɔ55ts'æ31　昆：搛菜tɕɪ44ts'ɛ52　霜：搛菜tɕɪ55ts'E31　罗：□菜tɕ'ⁱɪʔ4ts'e434　周：□小菜tɕ'ⁱɪʔ4ɕiɔ35ts'e31　上：搛小菜tɕi44ɕiɔ33ts'E44　松：搛菜/夹菜tɕi44ts'E335/kæʔ4ts'E335　黎：搛菜/搛小菜tɕiɪ44ts'E324/tɕiɪ44siAᵓ55ts'E31　盛：搛小菜tɕiɪ44ɕiAɑ55ts'E31　嘉：夹菜/搛小菜kAʔ4ts'Eᵋ334/tɕie44ɕiɔ44ts'Eᵋ33　双：□菜水tɕieʔ3ts'E33sɿ52　杭：夹菜/搛菜蔬kɐʔ4ts'E334/tɕie44ts'E34sʮ51　绍：搛菜/搛下饭tɕĩ44ts'e33/tɕĩ43ɦo33væ33　诸：夹菜kɐʔ4ts'e544　崇：搛菜tɕiẽ33ts'e23　太：搛菜tɕiẽ55ts'e33　余：搛菜tɕĩ33ts'e52　宁：搛菜dʑi22ts'e44　黄：挟菜dʑiɪʔts'e44　温：夹配/夹菜kɑ3p'æi52/kɑ3ts'e52　衢：夹菜k'æʔ4ts'ɛ53　华：□菜tɕiɯu54ts'ɛ35/tɕiɑ32ts'ɛ35　永：夹菜tɕiA42ts'əɪ54

斟酒

宜：倒酒/洒酒tɑʏ35tɕiʏɯ31/sA35tɕiʏɯ31　溧：倒酒/洒酒tɑʏ52tɕiʌɯ52/sA52tɕiʌɯ52　金：倒酒tɑᵓ52tɕiʌʏ23　丹：倒酒tɒ22tɕʏ44　童：倒酒tɐʏ35tɕiʊ31　靖：倒酒/敬酒tɒ52tsøʏ34/tɕiŋ52tsøʏ34　江：倒酒tɒ435tsiɜʏ45　常：倒酒tɑʏ51tɕiɯ334　锡：倒老酒tʌ34lʌ21tɕiʌʏ23/tʌ34lʌ21tsEi23　苏：倒酒/洒酒tæ52tsəɪ51/so44tsəɪ51　熟：倒酒/满酒tɔ35tsiɯ31/mʏ33tsiɯ44　昆：倒酒tɔ52tsy52　霜：倒酒/洒酒tɔ44tsy434/sɑ52tsy434　罗：倒酒/洒酒tɔ44tɕy434/sɑ44tɕy434　周：倒酒tɔ44tɕiʏ335　上：洒酒sA44tɕiʏɯ334　松：倒酒/洒酒tɔ44tɕiɯ44/sɑ335tɕiɯ44　黎：洒酒/倒酒sAᵓ44tsieɯ52/tAᵓ51tsieɯ51　盛：倒酒/加酒tAɑ51tsiəʉ51/kɑ44tsiəʉ52　嘉：倒酒tɔ44tɕiəu33　双：倒酒tɔ33tɕiᵊʏ53　杭：倒老酒/倒酒tɔ44lɔ23tɕʏ51/tɔ44tɕʏ51　绍：倒老酒tɑɒ44lɑɒ23tɕiʏ52　诸：洒酒tsA52tɕiʏ42　崇：洒老酒sɑ44lɑɒ23tɕʏ52　太：洒老酒sɑ44lɑɒ23tɕʏ52　余：洒酒sA32tɕiʏ23　宁：泻老酒/倒老酒sa33lɔ44tɕʏ55/tɔ44lɔ23tɕʏ44　黄：倒酒/□酒tɒ55tɕiu31/tɕ'iA55tɕiu31　温：洒酒sɑ44tɕiʌu35　衢：倒酒/洒酒tɔ35tɕiɯ31/sɛ43tɕiɯ35　华：洒酒sɑ33tɕiɯu51　永：斟酒/倒酒tsəɲ43tɕiəʊ42/tAʊ43tɕiəʊ32

煮饭

宜：烧饭sɑʏ35vA31　溧：烧饭sɑʏ44vA52　金：烧饭sɑᵓ32fæ̃52　丹：烧饭sɒ44ʋæ41　童：烧饭sɐʏ44vɑ113　靖：烧饭/做饭ɕiɒ44ʋɑ52/tsAʏ52ʋɑ41　江：烧饭sɒ44væ223　常：烧饭sɑʏ44væ24　锡：烧饭sʌ44vE213　苏：烧饭sæ44vE31　熟：烧饭ʂɔ55væ31　昆：烧饭sɔ44vɛ41　霜：烧饭sɔ55vE31　罗：烧饭sɔ44ve213　周：烧饭sɔ52vɛ113　上：烧饭sɔ44vE113　松：烧饭sɔ52vE113　黎：烧饭sAᵓ44vE213　盛：烧饭sAɑ44vE212　嘉：烧饭sɔ51vE223　双：烧饭sɔ32vE34　杭：烧饭sɔ44vE113　绍：煮饭/烧饭tsɿ44væ̃22/sɑɒ44væ̃22　诸：烧饭sɔ44vE233　崇：烧饭sɑɒ44væ̃14　太：烧饭ɕiɑɒ55væ̃33　余：烧饭sɒ32vɛ̃23　宁：煮饭tsɿ33vE35　黄：烧饭ɕiɒ33vɛ44　温：煮饭tsɵ33vɑ22　衢：烧饭/装饭ɕiɔ43væ̃53/tʃʮɒ̃43væ̃53　华：烧饭ɕiɑʊ54fvɑ24　永：烧饭ɕiɑʊ54ɒA24

遇见

宜：碰到p'Aŋ21tɑʏ23　溧：碰到p'oŋ54tɑʏ34　金：碰到/遇到p'oŋ22tɑᵓ44/yz22tɑᵓ44　丹：碰着/碰到p'oŋ52dzɑʔ23/p'oŋ52tɒ23　童：碰见/碰到p'oŋ55tɕɪ31/p'oŋ33tɐʏ55　靖：望见/碰到mɑŋ24tɕĩ31/p'oŋ35tɒ31　江：碰着/碰辣bAᵑ24dzɑʔ2/bAᵑ24lɑʔ2　常：□到/碰着p'ɑɲ55tɑʏ31/bAɲ21zɑ13　锡：碰着bã24zɑʔ31　苏：碰着bÃ22zAʔ4　熟：碰着bA˜22tʂAʔ4　昆：碰着bã22zAʔ4　霜：碰着ba˜22zAʔ4　罗：碰着ba˜22zAʔ4　周：碰着bA˜22zɑʔ5　上：碰着/碰到bÃᵑ22zɐʔ4/bÃᵑ22tɔ44　松：碰着bɛ̃24zAʔ31　黎：碰着bɛ̃22zAʔ5　盛：碰着bæ̃22zɑʔ5　嘉：遇见/碰着ʔy35tɕie31/bA˜22zAʔ5　双：碰着bã24zA52

杭:碰到/遇到bAŋ$_{23}$tɔ$_{51}$/ɦy$_{23}$tɔ$_{51}$ 绍:碰着/碰到baŋ$_{22}$dzəʔ$_{5}$/baŋ$_{21}$tɑɒ$_{23}$ 诸:碰着bÃ$_{22}$zɐʔ$_{5}$ 崇:碰着pʻʊ^{ŋ}$_{33}$dzɑʔ$_{4}$ 太:碰着pʻAŋ$_{24}$ɟiɑʔ$_{2}$ 余:碰着pʻÃ$_{55}$zɐʔ$_{3}$ 宁:碰着bã$_{22}$zɔʔ$_{5}$ 黄:碰着pʻoŋ$_{55}$dʑiɐʔ$_{\underline{31}}$/ba˜$_{23}$dʑiɐʔ$_{\underline{31}}$ 温:碰到pʻoŋ$_{52}$tɜ$_{21}$ 衢:碰着/撞着pʻʌŋ$_{55}$dʒʮAʔ$_{2}$/dʒʮɒ˜$_{24}$dʒʮAʔ$_{2}$ 华:碰着/□着pʻən$_{45}$tɕiəʔ$_{3}$/noŋ$_{24}$tɕiəʔ$_{2}$ 永:碰着pʻoŋ$_{43}$dʑAʊ$_{31}$

嘱咐

宜:关照kuA$_{55}$tsɑɤ$_{31}$ 溧:关照kuA$_{44}$tsɑ^{ɤ}$_{52}$ 金:关照/照应kuæ̃$_{22}$tsɑ^{ɔ}$_{44}$/tsɑ^{ɔ}$_{44}$iŋ$_{44}$ 丹:关照kuæ$_{44}$tsɒ$_{44}$ 童:关照/吩咐kuɑ$_{53}$tsɐɤ$_{31}$/fəŋ$_{53}$fu$_{31}$ 靖:多说两遍tʌɤ$_{44}$sɔʔ$_{44}$lĩ$_{44}$pĩ$_{52}$ 江:叮嘱/喊你讲tiɲ$_{52}$tsoʔ$_{3}$/hæ$_{44}$ȵi$_{j44}$kA^{ŋ}$_{45}$ 常:关照kuæ$_{55}$tsɑɤ$_{31}$ 锡:关照kuɛ$_{21}$tsʌ$_{23}$ 苏:关照kuE$_{55}$tsæ$_{31}$ 熟:关照kuæ$_{55}$tʂɔ$_{31}$ 昆:叮嘱tin$_{44}$tsoʔ$_{4}$ 霜:关照ku^{ʌ}ɤ$_{55}$tsɔ$_{31}$ 罗:关照kue$_{55}$tsɔ$_{31}$ 周:关照/叮嘱kuɛ$_{55}$tsɔ$_{31}$/ɗiɪŋ$_{44}$tsɒʔ$_{5}$ 上:关照kuE$_{55}$tsɔ$_{31}$ 松:叮嘱/关照tiɲ$_{55}$tsɔʔ$_{\underline{31}}$/kuE$_{44}$tsɔ$_{52}$ 黎:叮嘱tiəɲ$_{55}$tsoʔ$_{2}$ 盛:关照/叮嘱kuE$_{44}$tsAɑ$_{44}$/tɪɲ$_{55}$tsɔʔ$_{3}$ 嘉:关照kuE^{ɛ}$_{52}$tsɔ$_{22}$ 双:关照kuE$_{33}$tsɔ$_{44}$ 杭:吩咐/关照fən$_{32}$fu$_{23}$/kE$_{32}$tsɔ$_{23}$ 绍:关照kuæ̃$_{32}$tsɑɒ$_{33}$ 诸:吩咐fẼĩ$_{52}$fu$_{33}$ 崇:关照kuæ̃$_{53}$tsɑɒ$_{23}$ 太: 余:关照kuɛ̃$_{32}$tsɒ$_{23}$ 宁:关照kuE$_{33}$tɕiɵ$_{44}$ 黄:嘱咐dzɔʔ$_{2}$fu$_{44}$ 温:吩咐fʌŋ$_{22}$fɵ$_{44}$ 衢:跟其讲/交代kən$_{55}$gi$_{33}$kɒ̃$_{35}$/tɕiɔ$_{43}$dɛ$_{53}$ 华:吩咐fən$_{32}$fu$_{35}$ 永:吩咐fəɲ$_{43}$fʊ$_{44}$

理发

宜:剃头/剪头发tʻi$_{j55}$dɤɯ$_{55}$/tɕɪ$_{33}$dɤɯ$_{55}$fAʔ$_{5}$ 溧:剃头/剪头发tʻi$_{z44}$dʌɯ$_{323}$/tɕi$_{44}$dʌɯ$_{44}$fɑ$_{34}$ 金:剃头/剪头发tʻi$_{z52}$tʻʌɤ$_{23}$/tɕĩ$_{22}$tʻʌɤ$_{33}$fɑʔ$_{4}$ 丹:剃头/剪头tʻi$_{z52}$dE^{e}$_{23}$/tɕɪ$_{52}$dE^{e}$_{23}$ 童:剃头/剪头发tʻi$_{j35}$dei$_{31}$/tɕɪ$_{33}$dei$_{55}$fAʔ$_{\underline{31}}$ 靖:剃头/剪头tʻi$_{j44}$døʏ$_{23}$/tsĩ$_{35}$døʏ$_{23}$ 江:剃头/剪头发tʻi$_{j435}$dEɪ$_{223}$/tsɪ$_{4}$dEɪ$_{21}$fɑʔ$_{4}$ 常:剃头/剪头发tʻi$_{j44}$dei$_{213}$/tɕɪ$_{44}$dei$_{21}$fɑʔ$_{4}$ 锡:剃头tʻi$_{55}$dEi$_{31}$ 苏:剃头/剪头发tʻi$_{j44}$dəɪ$_{223}$/tɕiɪ$_{44}$dəɪ$_{22}$fAʔ$_{4}$ 熟:剃头tʻi$_{55}$dE$_{31}$ 昆:剃头/剪头发tʻi$_{55}$dE$_{31}$/tsɪ$_{52}$dE$_{23}$fAʔ$_{4}$ 霜:剃头/剪头发tʻi$_{33}$dʌɪ$_{52}$/tsɪ$_{44}$dʌɪ$_{23}$fAʔ$_{\underline{31}}$ 罗:剃头/轧头/剪头发tʻi$_{44}$dʌɪ$_{31}$/gAʔ$_{2}$dʌɪ$_{23}$/tɕi$_{44}$dʌɪ$_{22}$fAʔ$_{4}$ 周:剃头/剪头发tʻi$_{33}$dɤ$_{52}$/tɕi$_{44}$dɤ$_{22}$fɑʔ$_{5}$ 上:剃头tʻi$_{44}$dɤɯ$_{113}$ 松:轧头/剃头/剪头发gæʔ$_{2}$dɯ$_{52}$/tʻi$_{33}$dɯ$_{52}$/tɕi$_{44}$dɯ$_{24}$fæʔ$_{\underline{31}}$ 黎:剃头tʻi$_{j32}$dieɯ$_{52}$ 盛:剃头tʻi$_{j32}$dɪɵʉ$_{52}$ 嘉:剃头tʻi$_{44}$de$_{31}$ 双:剃头/剪头发tʻi$_{z32}$døʏ$_{34}$/tɕʻɪ$_{44}$d^{ø}ʏ$_{22}$fAʔ$_{4}$ 杭:剪头发/剃头tɕie$_{44}$deɪ$_{21}$fɐʔ$_{5}$/tʻi$_{44}$deɪ$_{212}$ 绍:剃头/剪头发tɕʻi$_{43}$dɤ$_{51}$/tɕĩ$_{44}$dɤ$_{22}$fæʔ$_{5}$ 诸:剃头tʻi$_{z44}$dei$_{233}$ 崇:剃头/剪头tʻi$_{z33}$dɤ$_{23}$/tɕiẽ$_{55}$dɤ$_{31}$ 太:剃头/剪头tʻi$_{55}$dɤ$_{33}$/tɕiẽ$_{55}$dɤ$_{33}$ 余:剃头/剪头发tʻi$_{32}$dɤ$_{13}$/tɕĩ$_{32}$dɤ$_{22}$fɐʔ$_{5}$ 宁:剃头/剪头发/剃头发tʻi$_{33}$dœʏ$_{44}$/tɕi$_{44}$dœʏ$_{22}$fɐʔ$_{5}$/tʻi$_{44}$dœʏ$_{22}$fɐʔ$_{5}$ 黄:剃头/剪头发tʻi$_{j55}$diɤ$_{31}$/tɕie$_{33}$diɤ$_{33}$fɐʔ$_{4}$ 温:剃头tʻ^{ɪ}i$_{3}$dʌu$_{31}$ 衢:剃头/刮主头/剪头发tʻi$_{55}$dəɪ$_{31}$/kuAʔ$_{4}$tʃʮ$_{33}$təɪ$_{53}$/tɕie$_{55}$dəɪ$_{22}$fAʔ$_{5}$ 华:剃头/剪头发/刨头tʻi$_{j55}$tiɯu$_{31}$/tɕiɑ$_{53}$tiɯu$_{22}$fiɐ$_{35}$/bɑʊ$_{13}$tiɯu$_{51}$ 永:剃头/剪头发tʻie$_{43}$dəʊ$_{22}$/tɕiA$_{43}$dəʊ$_{44}$fʊA$_{32}$

穿衣

宜:穿衣裳tɕʻyĩ$_{55}$ʔi$_{j55}$zAŋ$_{55}$ 溧:穿衣裳tɕʻyʊ$_{44}$ʔi$_{z44}$zA$_{52}$ 金:穿衣裳tsʻʊ̃$_{44}$i$_{z33}$sɑŋ$_{31}$ 丹:穿衣裳tsʻəŋ$_{22}$i$_{z44}$s^{z}æ$_{31}$ 童:穿衣裳tʃʻy$_{ʮ55}$i$_{j33}$zɑŋ$_{31}$ 靖:穿衣裳tɕʻyũ$_{44}$ʔi$_{j33}$ʑiæ̃$_{33}$ 江:穿衣裳tsʻɵ$_{44}$ʔi$_{j53}$zA^{ŋ}$_{31}$ 常:着衣裳tsɑʔ$_{4}$i$_{j55}$zAɲ$_{31}$ 锡:着衣裳tsɑʔ$_{4}$ʔi$_{21}$zã$_{23}$ 苏:着衣裳tsAʔ$_{4}$i$_{j55}$zÃ$_{31}$ 熟:着衣裳tʂAʔ$_{3}$i$_{55}$zA˜$_{31}$ 昆:着衣裳tsAʔ$_{4}$i$_{34}$zã$_{41}$ 霜:着衣裳tsAʔ$_{3}$i$_{55}$zɒ˜$_{31}$ 罗:着衣裳tsAʔ$_{3}$i$_{55}$zɒ˜$_{31}$ 周:着衣裳tsɑʔ$_{3}$i$_{55}$zɒ˜$_{31}$ 上:着衣裳/穿衣裳tsɐʔ$_{3}$i$_{55}$zÃ^{ɲ}$_{31}$/tsʻø$_{44}$i$_{55}$zÃ^{ɲ}$_{31}$ 松:着衣裳tsAʔ$_{4}$i$_{44}$zɛ̃$_{52}$ 黎:着衣裳tsAʔ$_{3}$i$_{j55}$zɑ˜$_{31}$ 盛:着衣裳tsɑʔ$_{3}$i$_{j55}$zɑ˜$_{31}$ 嘉:穿衣裳/着衣裳tsʻʏə$_{44}$i$_{44}$zA˜$_{51}$/tsAʔ$_{3}$i$_{44}$zA˜$_{51}$ 双:着衣裳tsAʔ$_{3}$i$_{z44}$zɔ̃$_{44}$ 杭:穿衣裳tsʻo$_{44}$ʔi$_{32}$zAŋ$_{23}$ 绍:穿衣裳tsʻĩ$_{44}$ʔi$_{33}$zɒŋ$_{52}$ 诸:穿衣裳tsʻʏ$_{44}$ʔi$_{z22}$zɒ̃$_{52}$ 崇:穿衣裳tsʻe$_{44}$ʔi$_{z33}$zA˜$_{52}$ 太:穿衣裳tɕyœ̃$_{44}$i$_{33}$zɒŋ$_{52}$ 余:穿衣裳tsʻõ$_{32}$i$_{22}$zɒ̃$_{44}$ 宁:穿衣裳tɕʏ$_{44}$i$_{33}$zɔ̃$_{51}$ 黄:着衣裳tɕieʔ$_{3}$i$_{j33}$zɒ˜$_{44}$ 温:着衣tɕiɑ$_{3}$i$_{423}$ 衢:穿衣裳tʃʮə$_{55}$i$_{33}$ʒʮã$_{53}$ 华:

穿衣裳/着衣裳tɕ'y45 ij32ɕiAŋ24/tɕiəʔ4 ij32ɕiAŋ24 永:穿衣裳tɕ'Y43i44ɕʑiAŋ32

洗脸

宜:洗面孔/洗面ɕij33mɪ55k'oŋ55/ɕij53mɪ31 溧:洗面孔ɕiz54mi34k'oŋ52 金:洗面/洗面孔/洗脸ɕiz32mĩ23/ɕiz33mĩ52k'oŋ23/ɕiz44nĩ23 丹:揩面/洗面k'ɑ44mɪ41/ɕiz44mɪ41 童:洗脸/揩面ɕij24lɪ31/k'aɪ55mɪ31 靖:洗脸/揩脸sij35lĩ34/k'æ44lĩ44 江:揩脸k'æ44ʔlɪ45 常:揩面k'ɑ44mɪ24 锡:揩面k'ɑ44mɪ213 苏:揩面k'ɒ44miɪ31 熟:揩面k'ɑ55mie31 昆:揩面k'ɑ44mɪ41 霜:揩面k'ɑ55mɪ31 罗:揩面k'ɑ44mi213 周:揩面k'ɑ55mi31 上:揩面k'A44mi113 松:揩面k'ɑ33mi52 黎:皂面dzA°22mij34 盛:皂面dzAɑ22mij44 嘉:皂面zɔ23mie223 双:皂面zɔ21mɪ34 杭:汏脸/汏脸孔/汏面/洗脸dɑ23ʔlie51/dɑ23ʔlie55k'oŋ31/dɑ23mie113/ɕi33lie51 绍:□脸fu43lĩ113 诸:洗面ɕiz44miɪ33 崇:□面fu33miẽ14 太:洗面孔ɕi44miẽ22kʊŋ52 余:揩面/汏面k'A42mĩ23/dA21mĩ23 宁:□面dʑiã22mi35 黄:洗面ɕij44mie113 温:洗面s'i52mi22 衢:洗面ɕi35mie31 华:洗面ɕij54mie24 永:洗面ɕie42mie24

谈天

宜:讲空话/吹牛屄kAŋ33k'oŋ33ɦo53/ts'ɐɪ55ȵiɤɯ55pij55 溧:谈老空/讲老空dA32lɑY22k'oŋ23/kAŋ44lɑY44k'oŋ34 金:闲谈/说空话/拉家常ɕiæ24t'æ23/suəʔ4k'oŋ22xuɑ44/lɑ44tɕiɑ44ts'ɑŋ23 丹:谈天/谈山海经/瞎嚼dæ35t'ɪ21/dæ32sæ33hæ44tɕiŋ23/hɑʔ5dʑiɑʔ23 童:嚼北头去dʑiAʔ3poʔ3dei55tɕ'ij31 靖:谈山海经dæ̃223sæ44hæ44tɕiŋ31 江:谈山海经dæ33sæ55hæ33tɕiɲ31 常:谈老空/谈山海经(少)dæ22lɑY55k'oŋ42/dæ22sæ55xæ33tɕiɲ31 锡:谈山海经/吹牛三dɛ23sɛ21xE11tɕin23/ts'ɥ21ȵiAY11sɛ23 苏:谈山海经/讲北寺塔/讲孛相dE23SE55hE55tɕiɪn31/kÃ44poʔ5zɿ52t'Aʔ3/kÃ51bəʔ23ɕiÃ31 熟:说飞/谈山海经ʂEʔ4fi51/dæ23sæ55xæ33tɕĩⁿ 昆:谈山海经/说飞dɛ23sɛ44hɛ44tɕin41/səʔ5fi44 霜:谈山海经/茄山河/戆戆孛相相dE23SE55XE33tɕĩ31/gɑ22SE23ɦu52/gɒ̃22gɒ̃44bəʔ2siã2siã23 罗:谈山海经/吹牛屄de33se55he33tɕɪⁿ31/ts'ɿ44ȵy22pi52 周:茄山河/扯孛相gɑ23sɛ44ɦu44/ts'ɑ44bəʔ4ɕiÃ52 上:茄山河/讲山海经gA22SE55vu31/k'Ãʲ44SE55hE33tɕiɲ31 松:茄山河/谈山海经/茄河gɑ22SE55vu31/dE13SE55hE33tɕiɲ31/gɑ22vu52 黎:讲孛相/谈山海经kɑ̃33bəʔ5siɛ̃31/dE24SE44hE44tɕiəɲ31 盛:谈孛相/讲孛相/谈山海经/讲山海经dE24bəʔ3ɕiæ̃31/kɑ̃55bəʔ3ɕiæ̃31/dE33SE44hE44tɕɪɲ44/kɑ̃51SE44hE44tɕɪɲ44 嘉:谈山海经/谈孛相/谈/谈头皮天话dEᵋ23SEᵋ55hEᵋ33tɕin31/dEᵋ22biɪʔ5ɕiÃ31/dEᵋ33de22bi55t'ie33ɦo31 双:讲孛相/讲山海经kɔ̃33bəʔ5ɕiã21/kɔ̃33SE44XE44tɕɪn44 杭:谈天/聊天/摆龙门阵dE23t'ie323/liɔ21t'ie23/bE23loŋ21mən23dzən51 绍:讲空话kɒŋ44k'ʊŋ32ɦuo33 诸:扯谈ts'A52dɛ42 崇:谈天/讲空话dæ̃33t'iẽ533/kɒ̃44k'ʊᵑ33ɦuY23 太:讲空话/谈天说地kɒŋ44k'ʊŋ52ɦuo33/dæ31t'iẽ33sɛʔ5di31 余:讲空话kɔ̃33k'ʊŋ55ɦuo31 宁:讲大道/聊天kɔ̃44da22dɔ44/liɔ22t'i51 黄:讲白单kɒ̃433bɐʔ3tɛ51 温:讲闲谈kᵘɔ33ɦɑ22dɑ22 衢:谈天/谈白脚/谈白天/聊白脚dæ̃24t'iẽ31/dæ̃33bAʔ2tɕiAʔ5/dæ̃33bAʔ2tiẽ33/liɔ22bAʔ2tɕiAʔ5 华:谈天dɑ53t'iɑ35 永:谈天dA43t'iA44

玩儿

宜:孛相/相相bɪʔ3ɕiAŋ53/ɕiAŋ21ɕiAŋ23 溧:遣tɕ'i412 金:玩玩uæ̃22uæ̃44 丹:嬉戏ɕiz44ɕiz23 童:嬉ɕij324 靖:□szĩ51 江:孛相bɜʔ2siAᵑ23/bɪʔ2siAᵑ23 常:孛相bəʔ3ɕiAɲ52 锡:孛相bəʔ2siã55 苏:孛相bəʔ2ɕiÃ44 熟:孛相bEʔ2siÃ51 昆:孛相bəʔ3siã31 霜:孛相bəʔ2siã23 罗:孛相bəʔ2ɕiã23 周:孛相bəʔ2ɕiÃ23 上:孛相bɐʔ2ɕiÃʲ23 松:孛相bəʔ2ɕiɛ̃52 黎:孛相bəʔ3siɛ̃34 盛:孛相bəʔ3ɕiæ̃33 嘉:孛相biɪʔ3ɕiÃ23 双:孛相bəʔ2ɕiã52 杭:耍子/搅搅儿suɑ55tsɿ31/kɔ55kɔ55ər31 绍:搅gɑɒ22 诸:游戏ɦiY31ɕiz44 崇:搅kɑɒ324 太:搅kɑɒ42 余:玩mɛ̃113 宁:那河

na$_{22}$ɦəʊ$_{44}$　黄：嬉戏çi$_{j33}$çi$_{j51}$　温：嬉sɿ$_{44}$　衢：戏sɿ$_{434}$　华：搅/嬉kɑʊ$_{544}$/çi$_{j544}$　永：搅kAʊ$_{434}$

游泳、泅水

宜：游水/洗冷浴/下水ɦiɤɯ$_{22}$çy$_{ɥ53}$/çi$_{j33}$lAŋ$_{55}$ɦiɔʔ$_{5}$/ɦo$_{21}$çy$_{ɥ23}$　溧：游水/洗冷浴ɦiʌɯ$_{32}$çy$_{z52}$/çi$_{z44}$lən$_{44}$ɦiɔ$_{34}$　金：游水iʌɤ$_{35}$suei$_{23}$　丹：游泳/游水ɦʏ$_{22}$ɦioŋ$_{44}$/ɦʏ$_{22}$s^{ə}u$_{44}$　童：洗澡çij$_{324}$tsɐʏ$_{324}$　靖：下河/洗澡hɦo$_{52}$hɦʌɤ$_{41}$/si$_{j33}$tsɒ$_{34}$　江：洗冷浴si$_{j45}$lA^{ŋ}$_{21}$ɦioʔ$_{4}$　常：游泳/游水ɦiʌɯ$_{21}$ɦioŋ$_{34}$/ɦiʌɯ$_{21}$sɥ$_{34}$　锡：游泳/潀冷浴ɦiʌɤ$_{24}$ɦioŋ$_{31}$/xɔʔ$_{4}$lã$_{22}$ɦiɔʔ$_{5}$　苏：游泳/游水ɦiɵ$_{22}$ɦioŋ$_{44}$/ɦiɵ$_{22}$sɿ$_{44}$　熟：潀冷浴/游水ɦoʔ$_{3}$lA$^{\sim}$$_{24}$ɦioʔ$_{\underline{31}}$/ɦiɯ$_{24}$ʂɥ$_{ʅ31}$　昆：潀河浴hoʔ$_{4}$ɦəu$_{34}$ɦioʔ$_{\underline{41}}$　霜：汏冷水浴dɑ$_{33}$la$^{\sim}$$_{22}$sɿ$_{55}$ɦioʔ$_{\underline{31}}$　罗：汏冷水浴/钻水底dɑ$_{33}$la$^{\sim}$$_{22}$sɿ$_{55}$ɦioʔ$_{\underline{31}}$/ts^{ʌ}ʏ$_{55}$sɿ$_{33}ti_{31}$　周：游泳/游水ɦiʏ$_{22}$ioŋ$_{44}$/ɦiʏ$_{22}$sɿ$_{24}$　上：游泳/游水ɦiɤɯ$_{22}$iʊŋ$_{44}$/ɦiɤɯ$_{22}$sɿ$_{44}$　松：游泳/游水/闷水游ɦiɯ$_{24}$iʊŋ$_{31}$/ɦiɯ$_{24}$sɿ$_{31}$/ʔməɲ$_{55}$sɿ$_{33}$ɦiɯ$_{31}$　黎：游水/兹木团团ɦiɯ$_{22}$sɿ$_{44}$/tsɿ$_{44}$moʔ$_{33}$dɵ$_{55}$dɵ$_{31}$　盛：游水ɦiəʉ$_{22}$sɿ$_{44}$　嘉：游水ɦiəu$_{24}$sɿ$_{51}$　双：游泳/皂浴ɦi^{ə}ʏ$_{22}$ioŋ$_{52}$/zɔ$_{22}$ioʔ$_{\underline{53}}$　杭：游泳/扎猛子ɦʏ$_{22}$ɦioŋ$_{51}$/tsɐʔ$_{3}$moŋ$_{55}$tsɿ$_{31}$　绍：流河liʏ$_{22}$ɦo$_{52}$　诸：洗浴/碰水çi$_{z44}$ɦioʔ$_{\underline{12}}$/bÃ$_{22}$sɿ$_{52}$　崇：碰冷水浴bA$^{\sim}$$_{33}lA^{\sim}$$_{23}$sɿ$_{55}$ɦioʔ$_{\underline{31}}$　太：碰水游bAŋ$_{23}$sɿ$_{33}$ɦʏ$_{44}$　余：弹河/游河(少)dẽ$_{21}$ɦɑu$_{23}$/ɦiʏ$_{21}$ɦou$_{23}$　宁：游河/游泳ɦʏ$_{22}$ɦəʊ$_{44}$/ɦʏ$_{22}$ɦyoŋ$_{44}$　黄：打坏水/游泳ta$^{\sim}$$_{33}$ɦuA$_{33}$sɿ$_{51}$/ɦiu$_{23}$yoŋ$_{31}$　温：游泳ɦiʌu$_{52}$ɦyoŋ$_{34}$　衢：划水ɦuɑ$_{32}$ʃɥ$_{35}$　华：游泳/划水弯ɦiɯu$_{22}$yoŋ$_{51}$/ɦuɑ$_{22}$çy$_{55}$uæ$_{31}$　永：游泳ʔɦiəʊ$_{32}$ʔyɪɲ$_{45}$

照相

宜：拍照p'əʔ$_{5}$tsɑɤ$_{324}$　溧：拍照p'əʔ$_{5}$tsɑ^{ɤ}$_{412}$　金：拍照/拍照片p'ɔʔ$_{4}$tsɑ^{ɔ}$_{44}$/p'ɔʔ$_{4}$tsɑ^{ɔ}$_{44}$pĩ$_{44}$　丹：拍照/照相/拍照片p'ɛʔ$_{3}$tsɒ$_{41}$/tsɒ$_{44}$çie$_{23}$/p'ɛʔ$_{3}$tsɒ$_{44}$p'ɪ$_{23}$　童：拍照p'oʔ$_{5}$tsɐʏ$_{55}$　靖：拍照p'ɔʔ$_{5}$tçiɒ$_{51}$　江：拍照p'ɑʔ$_{4}$tsɒ$_{345}$　常：拍照p'əʔ$_{4}$tsɑʏ$_{52}$　锡：拍照p'ɑʔ$_{4}$tsʌ$_{34}$　苏：拍照p'Aʔ$_{5}$tsæ$_{412}$　熟：拍照p'Aʔ$_{4}$tʂɔ$_{324}$　昆：拍照p'Aʔ$_{5}$tsɔ$_{52}$　霜：拍照p'Aʔ$_{4}$tsɔ$_{23}$　罗：拍照p'Aʔ$_{4}$tsɔ$_{433}$　周：拍照p'ɑʔ$_{4}$tsɔ$_{335}$　上：拍照片p'ɐʔ$_{4}$tsɔ$_{33}$p'i$_{44}$　松：拍照p'Aʔ$_{4}$tsɔ$_{44}$　黎：拍照p'Aʔ$_{4}$tsA^{ɔ}$_{413}$　盛：拍照p'ɑʔ$_{4}$tsAɑ$_{413}$　嘉：拍照p'Aʔ$_{4}$tsɔ$_{334}$　双：拍照p'Aʔ$_{2}$tsɔ$_{34}$　杭：拍照/拍照相p'ɐʔ$_{3}$tsɔ$_{23}$/p'ɐʔ$_{3}$tsɔ$_{23}$çiAŋ$_{51}$　绍：拍照相p'əʔ$_{4}$tsɑɒ$_{23}$çiaŋ$_{33}$　诸：拍照相p'ɐʔ$_{3}$tsɔ$_{33}$çiÃ$_{33}$　崇：拍照相p'Aʔ$_{3}$tsɑɒ$_{33}$çiA$^{\sim}$$_{34}$　太：拍照相p'ɑʔ$_{4}$ciɑɒ$_{55}$çiAŋ$_{33}$　余：拍照p'ɐʔ$_{3}$tsɒ$_{44}$　宁：拍照相p'ɐʔ$_{3}$tçiə$_{55}$çiã$_{33}$　黄：拍照片p'ɐʔ$_{3}$tçiɒ$_{33}$p'ie$_{44}$　温：照相/拍照相tçiɛ$_{52}$çi$_{21}$/p'ɑ$_{3}$tçiɛ$_{52}$çi$_{21}$　衢：照相tsɔ$_{33}$ʃiã$_{53}$　华：照相/拍照相/照照相tçiɑʊ$_{33}$çiAŋ$_{55}$/p'ɐʔ$_{4}$ tçiɑʊ$_{33}$çiAŋ$_{55}$/tçiɑʊ$_{45}$ tçiɑʊ$_{32}$çiAŋ$_{35}$　永：照相tçiAʊ$_{43}$çiAŋ$_{45}$

打扑克

宜：打扑克/打牌/打老K tAŋ$_{33}$p'ɔʔ$_{5}$k'əʔ$_{5}$/tAŋ$_{33}$bA$_{44}$/tAŋ$_{33}$lɑɤ$_{55}$kɐɪ$_{55}$　溧：打牌/打扑克/打沙蟹to$_{44}$bA$_{323}$/to$_{44}$p'əʔ$_{4}$k'əʔ$_{\underline{31}}$/to$_{51}$so$_{34}$xA$_{52}$　金：打扑克/打牌/甩老K tɑ$_{22}$p'ɔʔ$_{3}$k'əʔ$_{4}$/tɑ$_{21}$p'ei$_{23}$/suei$_{44}$lɑ^{ɔ}$_{44}$k'ɛ^{e}$_{31}$　丹：打牌tɑ$_{52}$bɑ$_{23}$　童：打牌tɒ$_{35}$baɪ$_{31}$(打五十四号文件tɒ$_{324}$ŋ̍$_{22}$szəʔ$_{5}$sɿ$_{4}$ɦeʏ$_{31}$vəŋ$_{24}$dʑɪ$_{31}$)　靖：打扑克/打牌/打爱司tɑ$_{33}$p'ɔʔ$_{5}$k'əʔ$_{\underline{31}}$/tɑ$_{35}$bæ$_{23}$/tɑ$_{33}$æ$_{55}$sɿ$_{31}$　江：打牌/打扑克tɑ$_{44}$bæ$_{223}$/tɑ$_{44}$p'oʔ$_{5}$k'ɜʔ$_{5}$　常：打扑克/打牌tAɲ$_{34}$pɔʔ$_{4}$k'əʔ$_{5}$/tAɲ$_{34}$bɑ$_{213}$　锡：打牌/打扑克tã$_{33}$bɑ$_{55}$/tã$_{34}$p'ɔʔ$_{4}$k'əʔ$_{5}$　苏：打扑克/打牌tÃ$_{44}$p'ɔʔ$_{5}$k'əʔ$_{5}$/tÃ$_{44}$pɒ$_{223}$　熟：打牌/打老K tA$^{\sim}$$_{33}$bɑ$_{51}$/tA$^{\sim}$$_{33}$lɔ$_{55}kE_{31}$　昆：打牌tã$_{52}$bɑ$_{33}$　霜：打牌ta$^{\sim}$$_{33}$bɑ$_{52}$　罗：打扑克/掼牌ta$^{\sim}$$_{33}$p'oʔ$_{5}$k'aʔ$_{\underline{31}}$/ge$_{22}$bɑ$_{52}$　周：打牌tA$^{\sim}$$_{33}$bɑ$_{52}$　上：打扑克/掼老K tÃ^{ɲ}$_{44}$p'oʔ$_{3}$k'ɐʔ$_{4}$/guE$_{33}$lɔ$_{22}$k'E$_{44}$　松：打牌tɛ̃$_{35}$bɑ$_{31}$　黎：打牌tɛ̃$_{44}$bɒ$_{24}$　盛：打牌tæ̃$_{51}$bɑ$_{24}$　嘉：打牌/掼老K tA$^{\sim}$$_{44}$bɑ$_{31}$/guE^{ɛ}$_{23}$lɔ$_{22}$k'E^{ɛ}$_{51}$　双：打牌tã$_{32}$bɑ$_{34}$　杭：打扑克/打老K tɑ$_{44}$p'ɔʔ$_{4}$k'əʔ$_{5}$/tɑ$_{44}$lɔ$_{23}$k'E$_{51}$　绍：打老K/打牌kaŋ$_{44}$lɑɒ$_{23}$ke$_{52}$/taŋ$_{44}$ba$_{52}$　诸：打牌/打百分tÃ$_{44}$bA$_{233}$/tÃ$_{44}$pɐʔ$_{5}$fẼɪ$_{52}$　崇：打老K/打牌tA$^{\sim}$$_{44}$lɑɒ$_{23}$k'e$_{52}$/tA$^{\sim}$$_{44}$bɑ$_{312}$　太：打老K/打牌tAŋ$_{34}$lɑɒ$_{23}$k'e$_{52}$/tAŋ$_{55}$

bɑ$_{33}$ 余：打牌/打老K tÃ$_{32}$bA$_{23}$/tÃ$_{44}$lɒ$_{23}$k'e$_{44}$ 宁：打扑克爿/打牌/打老K tã$_{33}$p'ɐʔ$_{3}$k'ɐʔ$_{44}$bE$_{55}$/tã$_{44}$ba$_{113}$/tã$_{44}$lɔ$_{23}$k'e$_{44}$ 黄：打派司ta˜$_{33}$p'ɐʔ$_{5}$sɿ$_{31}$ 温：打扑克t^{i}ɛ$_{3}$p'o$_{55}$k'e$_{52}$ 衢：打老K tã$_{44}$lɔ$_{22}$k'ɛ$_{53}$ 华：打老K/搞打K tAŋ$_{45}$ lɑʊ$_{32}$k'eɪ$_{35}$/kɑʊ$_{45}$ lɑu$_{32}$k'eɪ$_{35}$ 永：打老K nai$_{43}$lAʊ$_{32}$k'əɪ$_{45}$

翻斤斗

宜：翻跟斗fA$_{55}$kəŋ$_{55}$tɤɯ$_{55}$ 溧：翻跟斗fA$_{44}$ken$_{34}$tei$_{52}$ 金：翻跟斗fæ̃$_{44}$kəŋ$_{52}$tʌʏ$_{31}$ 丹：翻跟斗fæ$_{33}$kɛn$_{55}$tE^{e}$_{31}$ 童：翻跟斗fɑ$_{34}$kəŋ$_{55}$tei$_{31}$ 靖：翻跟斗fæ̃$_{44}$kəŋ$_{44}$tøʏ$_{44}$ 江：千跟斗/翻跟斗ts'i$_{j44}$kEŋ$_{52}$tEɪ$_{33}$/fæ$_{53}$kEŋ$_{33}$tEɪ$_{31}$ 常：翻跟斗fæ$_{55}$kəɲ$_{33}$tei$_{31}$ 锡：翻跟斗fɛ$_{21}$kən$_{11}$tEi$_{23}$ 苏：千跟斗tɕ'i$_{j55}$ken$_{55}$təɪ$_{31}$ 熟：翻千跟斗fæ$_{55}$ts'ie$_{55}$kẽ^{n}$_{55}$tE$_{31}$ 昆：翻跟斗fɛ$_{44}$kən$_{44}$dE$_{41}$ 霜：牵滚倒tɕ'ɪ$_{55}$kuɛ̃$_{33}$tɔ$_{31}$ 罗：翻跟斗fe$_{55}$kẽ^{n}$_{33}$tʌɪ$_{31}$ 周：翻跟斗fɛ$_{55}$kəŋ$_{55}$ɗɤ$_{31}$ 上：翻跟斗fE$_{44}$kəɲ$_{55}$tɤɯ$_{31}$ 松：翻跟斗fE$_{44}$kəɲ$_{55}$tɯ$_{31}$ 黎：千跟斗ts'iɪ$_{44}$kəɲ$_{44}$tieɯ$_{44}$ 盛：翻跟斗fE$_{44}$kəɲ$_{44}$tiɵʉ$_{44}$ 嘉：千跟斗/翻跟斗tɕ'ie$_{51}$kən$_{44}$te$_{51}$/fE^{ɛ}$_{51}$kən$_{44}$te$_{51}$ 双：翻跟斗fE$_{32}$kən$_{44}$t^{ɵ}ʏ$_{44}$ 杭：翻跟斗fE$_{44}$kən$_{34}$keɪ$_{51}$ 绍：翻畚头/翻滚斗kæ̃$_{44}$pɪŋ$_{32}$tɤ$_{33}$/kæ̃$_{44}$kuẽ$_{32}$tɤ$_{33}$ 诸：翻跟斗kɛ$_{44}$kẼĩ$_{52}$tei$_{42}$ 崇：翻跟斗fæ̃$_{44}$kɪŋ$_{33}$tʏ$_{52}$ 太：翻斤斗fæ̃$_{44}$tɕiŋ$_{55}$tʏ$_{31}$ 余：翻凹顶倒fɛ̃$_{44}$ʔɒ$_{55}$teɲ$_{33}$tɒ$_{31}$ 宁：翻顶倒/翻跟斗(少)fE$_{33}$tɪŋ$_{44}$tɔ$_{55}$/fE$_{33}$kɐŋ$_{44}$tœʏ$_{51}$ 黄：打天头/打梯斗ta˜$_{33}$t'ie$_{33}$diɤ$_{51}$/ta˜$_{33}$t'i$_{j33}$tiɤ$_{51}$ 温：翻斤斗fɑ$_{3}$tsʌŋ$_{52}$tʌu$_{34}$ 衢：翻跟斗fæ̃$_{43}$kən$_{33}$təɪ$_{35}$ 华：翻滚斗/打滚斗fɑ$_{43}$kuən$_{33}$tiɯu$_{51}$/tAŋ$_{54}$kuən$_{33}$tiɯu$_{51}$ 永：翻斤斗fA$_{43}$tɕiɪɲ$_{43}$təʊ$_{45}$

赢

宜：赢ɦiŋ$_{223}$ 溧：赢ʔɦin$_{323}$ 金：赢iŋ$_{24}$ 丹：赢ɦiŋ$_{213}$ 童：赢ɦiŋ$_{31}$ 靖：赢/胜ɦiəŋ$_{223}$/ɕyəŋ$_{51}$ 江：赢ɦioŋ$_{223}$ 常：赢ɦioŋ$_{213}$ 锡：赢ɦin$_{213}$ 苏：赢ɦin$_{223}$ 熟：赢ɦĩ^{n}$_{233}$ 昆：赢ɦin$_{132}$ 霜：赢ɦĩ$_{31}$ 罗：赢ɦɪ^{n}$_{31}$ 周：赢ɦiɪŋ$_{113}$ 上：赢ɦiɲ$_{113}$ 松：赢ɦiɲ$_{31}$ 黎：赢ɦioŋ$_{24}$ 盛：赢ɦiɲ$_{24}$ 嘉：赢ɦin$_{31}$ 双：赢ɦɪn$_{113}$ 杭：赢ɦɪn$_{212}$ 绍：赢/寻ɦɪŋ$_{31}$/ʑɪŋ$_{3}$ 诸：赢ɦɪŋ$_{233}$ 崇：赢ɦiŋ$_{312}$ 太：赢ɦiŋ$_{312}$ 余：赢ɦiɲ$_{113}$ 宁：赢ɦɪŋ$_{113}$ 黄：赢ɦiɪŋ$_{31}$ 温：赢ɦiʌŋ$_{31}$ 衢：赢/胜ɦi^{ɲ}$_{323}$/ʃɥər$_{53}$ 华：赢ʔiɪn$_{213}$ 永：赢ʔɦiɪɲ$_{322}$

输

宜：输ɕyɥ$_{55}$ 溧：输ɕyz$_{445}$ 金：输s^{ɔ}u$_{31}$ 丹：输s^{ɔ}u$_{22}$ 童：输ʃy$_{ɥ42}$ 靖：输/败ɕy$_{ɥ433}$/bæ$_{31}$ 江：输ɕy$_{51}$ 常：输sɥ$_{44}$ 锡：输sɥ$_{544}$ 苏：输sɿ$_{44}$ 熟：输ʂɥ$_{ʅ52}$ 昆：输sɥ$_{44}$ 霜：输sɿ$_{52}$ 罗：输sɿ$_{52}$ 周：输ɕy$_{52}$ 上：输sɿ$_{52}$ 松：输ɕy$_{52}$ 黎：输sɥ$_{44}$ 盛：输sɥ$_{44}$ 嘉：输sɥ$_{44}$ 双：输sɿ$_{44}$ 杭：输sɥ$_{323}$ 绍：输ɕy$_{ɥ52}$ 诸：输ɕy$_{ɥ544}$ 崇：输sɿ$_{533}$ 太：输sɿ$_{523}$ 余：输sɥ$_{34}$ 宁：输sɥ$_{52}$ 黄：输ɕɥ$_{53}$ 温：输sɿ$_{44}$ 衢：输ʃɥ$_{434}$ 华：输ɕy$_{324}$ 永：输ɕʏ$_{45}$

打赌

宜：赌/赌东道tu$_{51}$tu$_{33}$toŋ$_{55}$dɑʏ$_{31}$ 溧：赌东道tu$_{54}$toŋ$_{34}$dɑ^{ʏ}$_{52}$ 金：打赌tɑ$_{35}$t^{ɔ}u$_{23}$ 丹：打赌/打东东(少)tɑ$_{32}$t^{ɔ}u$_{24}$/tɑ$_{32}$toŋ$_{44}$toŋ$_{44}$ 童：输东道ʃy$_{ɥ33}$toŋ$_{55}$dɐʏ$_{31}$ 靖：打赌tɑ$_{35}$tu$_{43}$ 江：横东道/拍输赢ɦuA^{ŋ}$_{23}$toŋ$_{53}$dɒ$_{31}$/p'ɑʔ$_{5}$ɕy$_{42}$ɕioŋ$_{31}$ 常：打赌tAɲ$_{34}$tu$_{334}$ 锡：赌东道/打东道(少)tʌʏ$_{45}$toŋ$_{55}$dʌ$_{55}$/tã$_{45}$toŋ$_{55}$dʌ$_{55}$ 苏：横东道/打赌ɦuÃ$_{22}$toŋ$_{55}$dæ$_{31}$/tÃ$_{44}$tɜu$_{51}$ 熟：横东道ɦuA˜$_{22}$tʊŋ$_{55}$dɔ$_{31}$ 昆：横东道ɦuã$_{22}$toŋ$_{55}$dɔ$_{31}$ 霜：打赌/横东道tã$_{44}$t^{ɔ}u$_{44}$/ɦua˜$_{22}$to^{ŋ}$_{23}$dɔ$_{52}$ 罗：打赌/横东道ta˜$_{55}$t^{ɔ}u$_{434}$/ɦua˜$_{23}$to^{ŋ}$_{55}$dɔ$_{31}$ 周：横/横东道ɦuA˜$_{113}$/ɦuA˜$_{22}$koŋ$_{55}$dɔ$_{31}$ 上：横东道ɦuÃ^{ɲ}$_{22}$tʊŋ$_{55}$dɔ$_{31}$ 松：打赌/□/搭赌tɛ̃$_{35}$tu$_{31}$/ɦɑ˜$_{31}$/tæʔ$_{4}$tu$_{44}$ 黎：行东道/横东道ɦɛ̃$_{22}$toŋ$_{55}$dA^{ɔ}$_{31}$/ɦuɛ̃$_{22}$toŋ$_{55}$dA^{ɔ}$_{31}$ 盛：打赌/横东道tæ̃$_{51}$tɜu$_{51}$/ɦæ̃$_{22}$toŋ$_{44}$dAɑ$_{44}$ 嘉：行东道ɦA˜$_{23}$toŋ$_{52}$dɔ$_{22}$ 双：横东道ɦuã$_{22}$toŋ$_{44}$dɔ$_{44}$ 杭：

打赌tɑ34tu51 绍：赌tu334 诸：赌东道tu44toŋ22dɔ52 崇：赌tu42 太：赌tu42 余：横/赌捻郎ɦuÃ113/tu44ȵiẽ44lɒ̃44 宁：打赌/横赌ta33tu35/ɦuã22tu35 黄：赌tᵊu53 温：打赌tˈε3tɵ35 衢：打赌dã43du35 华：打赌tʌŋ54tu44 永：打赌nai43tʊ44

休息

宜：休息ɕiɤɯ55ɕiɪʔ5 溧：休息ɕiʌɯ44ɕiɪʔ5 金：休息/歇伴ɕiʌʏ31ɕieʔ4/ɕieʔ4pʻæ̃44 丹：歇歇ɕɪʔ53ɕɪʔ31 童：歇歇ɕiɪʔ53ɕiɪʔ31 靖：休息/歇歇ɕᶢʏ43sɪʔ3/ɕiɪʔ5ɕiɪʔ3 江：休息ɕiɜʏ53sɪʔ2 常：休息ɕiɯ55ɕiɪʔ5 锡：歇落歇ɕiəʔ3lɔʔ5ɕiəʔ31 苏：休息ɕiɵ55sɪʔ2 熟：休息ɕiɯ5sɪʔ5 昆：休息ɕy44sɪʔ4 霜：休息ɕy55sɪʔ31 罗：休息ɕy55ɕiɪʔ3 周：休息ɕiɤ44ɕiɪʔ5 上：休息/歇歇ɕiɤɯ55ɕiɪʔ31ɕiɪʔ3ɕiɪʔ4 松：休息ɕiɯ55ɕiɪʔ31 黎：休息/□□ɕiɯ55sɪʔ2/siəɲ52siəɲ41 盛：休息ɕiəʉ44sɪʔ4 嘉：休息ɕiᵊu44ɕiəʔ5 双：休息ɕiᶢʏ44ɕieʔ4 杭：休息ɕʏ32ɕiɪʔ5 绍：休息ɕiɤ33ɕɪʔ5 诸：歇力ɕiəʔ5liəʔ12 崇：歇儿/歇ɕiz324/ɕiEʔ45 太：歇儿/歇ɕi523/ɕiεʔ45 余：休息/停ɕiɤ33ɕɪʔ5/deɲ113 宁：休息ɕʏ33ɕiɪʔ5 黄：休息ɕiu33ɕieʔ4 温：休息ɕiʌu25sˈi24 衢：休息ɕiɯ43ɕiəʔ5 华：休息/歇力ɕiɯu35ɕiəʔ2/ɕie35liəʔ3 永：歇气ɕie43tɕʻi55

睡觉

宜：睏觉kʻuəŋ55kɑʏ31 溧：睏觉kʻuən44kɑʏ412 金：睡觉suei22kɑᵓ44 丹：睏觉kʻuεn44kɒ23 童：睏觉kʻuəŋ33kɐʏ55 靖：睏觉kʻuəŋ52kɒ41 江：睏觉kʻuEɲ44kɒ435 常：睏觉kʻuəɲ34kɑʏ44 锡：睏觉kʻuən55kʌ31 苏：睏觉kʻən55kæ31 熟：睏觉kʻuẽⁿ55kɔ31 昆：睏觉kʻuən55kɔ31 霜：睏觉kʻuε̃44kɔ434 罗：睏觉kʻuε̃ᶮ55kɔ31 周：睏觉kʻuəŋ55kɔ31 上：睏觉kʻuəɲ55kɔ31 松：睏觉kʻuəɲ44kɔ44 黎：睏觉kʻuəɲ324kʌᵓ413 盛：睏觉kʻuəɲ32kʌɑ52 嘉：睏觉kʻəɲ34kɔ334 双：睏觉kʻuən32kɔ34 杭：睏觉kʻuən32kɔ23 绍：睏觉kʻuõ43kɑɒ33 诸：睏kʻuẽĩ544 崇：睏/睏觉kʻuɪŋ324/kʻuɪŋ33kɑɒ23 太：睏/睏觉kʻueŋ35/kʻueŋ44kɑɒ23 余：睏觉kʻueɲ33kɒ52 宁：睏觉kʻuɐŋ33kɔ44 黄：睏觉kʻuəŋ33kɔ44 温：睏kʻɵ52 衢：睏觉kʻuən55tɕiɔ55 华：睏着/睏克/眠kʻuən35ɕyoʔ2/kʻuən35kʻəʔ2/ʔmie324 永：睏熟kʻuəɲ43zʊ323

打呵欠

宜：打花献tʌŋ33xo55ɕɪ31 溧：打花献to54xo34ɕi52 金：打哈欠tɑ33ɑ55tɕʻiz31 丹：打哈献tɑ33hɑ55ɕɪ31 童：打花牺tɒ55xuɒ33ɕij31 靖：打花扇/打花书tɑ35ho33ɕyũ31/tɑ35ho33ɕyɥ31 江：打花献/打花花tɑ44ho53ɕɪ31/tɑ44ho53ho31 常：打豁献tʌɲ33xo55ɕɪ31 锡：打忽献tã45xɔʔ5ɕɪ55 苏：打呵献tÃ52ho23ɕiɪ31 熟：打花睏tʌ̃33xu55kʻuẽᶮ31 昆：打忽献tã52hoʔ3ɕɪ41 霜：打花献tã33xᴧʏ55ɕɪ31 罗：打呵鼾tã33hᴧʏ55hʌɪ31 周：打霍献tʌ̃33huoʔ5ɕi31 上：打花献tÃᶮ33ho55ɕi31 松：打花献tε̃33ho55ɕi31 黎：打花献tε̃54ho33ɕiɪ31 盛：打花献tæ̃51ho44ɕiɪ44 嘉：打花献tʌ̃44ho55ɕie31 双：打花献tã33xʊ44ɕɪ44 杭：打呵欠/打呵献tɑ44hɑ32tɕʻie23/tɑ44hu32ɕie23 绍：打呵鼾taŋ43ho33hẽ52 诸：打呵鼾tÃ44ho22hɤ52 崇：打呵鼾tʌ̃44hɤ53hœ̃23 太：打呵鼾tʌŋ44ho52hœ̃33 余：打呵□tÃ32ho22hi23 宁：打呵鼾tã33ho44hEɪ55 黄：打清哥tã33tɕʻiɪŋ33ko44 温：打呵涕tˈε44ɑ44tʻˈi52 衢：打呵鼾tã35xu33xæ̃53 华：打哈tʌŋ54 xɑ35 永：打哈睏/打花睏/打哈欠nai32xʌ43kʻuəɲ45/nai32xʊʌ43kʻəɲ45/nai32ʌ43tɕʻie45

打瞌睡

宜：打瞌睆tʌŋ33kʻəʔ5tsʻoŋ31 溧：凿弄睆/打瞌睆szɔʔ5loŋ34tsʻoŋ52/to44kʻəʔ4tsʻoŋ34 金：打瞌睡/睆吨tɑ22kʻəʔ3suei44/tsʻoŋ44təŋ23 丹：打瞌睆tɑ33kʻεʔ4tsʻoŋ23 童：打瞌睆tɒ33kʻəʔ4tsʻoŋ55 靖：打瞌睆tɑ33kʻəʔ5tsʻoŋ31 江：打瞌睆tɑ44kʻɜʔ5tsʻoŋ23 常：打瞌睆tʌɲ33kʻəʔ5tsʻoŋ31 锡：打瞌睆

tã45k'əʔ5ts'oŋ55　苏：打瞌晥tÃ52k'əʔ23ts'oŋ31　熟：打瞌晥tÃ33k'Eʔ5tʂ'ʊŋ31　昆：打瞌晥tã52k'Eʔ3ts'oŋ41　霜：打瞌晥tã33k'əʔ23ts'oŋ52　罗：打瞌晥tã33k'ɐʔ5ts'oŋ31　周：打瞌晥tÃ33k'əʔ5ts'oŋ31　上：打瞌晥tÃn33k'ɐʔ5ts'ʊŋ31　松：打瞌晥tɛ̃44k'əʔ4ts'ʊŋ44　黎：打瞌晥tɛ̃33k'əʔ5ts'oŋ31　盛：打瞌晥tæ̃51k'əʔ5ts'oŋ31　嘉：打瞌晥tÃ33k'əʔ5ts'oŋ31　双：打瞌晥tã33k'əʔ3ts'oŋ52　杭：打瞌晥/瞌晥tɑ44k'ɐʔ3ts'oŋ23/k'ɐʔ3ts'oŋ23　绍：打瞌晥taŋ44k'əʔ4ts'ʊŋ55　诸：打瞌晥tÃ44k'əʔ2ts'oŋ44　崇：石瞌晥zɑʔ2k'Eʔ2ts'ʊŋ23　太：石瞌晥zɑʔ2k'ɛʔ5ts'ʊŋ31　余：打瞌晥tÃ33k'ɐʔ5ts'ʊŋ31　宁：打瞌tã33k'ɐʔ5ts'oŋ31　黄：打瞌晥tã33k'ɐʔ3ts'oŋ44　温：打瞌块t'E3k'ɵ52k'æi21　衢：打瞌晥/打末喊得/打末喊tã35k'əʔ3tʃ'ɥʌŋ35/tã44məʔ2xæ̃55təʔ2/tã44məʔ2xæ̃53　华：打瞌睡/打瞌晥tʌŋ54 k'əʔ3seɪ35/tʌŋ54 k'əʔ3tɕ'yoŋ35　永：打瞌睡/打瞌晥nai32k'ə32suəɪ54/nai32k'ə32ts'oŋ45

打呼噜

宜：抽呼ts'ɤɯ55xu55　溧：抽呼/打呼ts'ʌɯ44xu55/to52xu445　金：打呼/打鼾声tɑ35xəu31/tɑ33xæ̃44səŋ52　丹：打呼tɑ44hu31　童：打呼tɒ35fu31　靖：打呼tɑ35hu433　江：千呼ts'ɪ53hu31　常：抽昏ts'ei55xuəɲ31　锡：打呼噜/欠昏tã45xu55lu55/tɕ'ɪ21xuən23　苏：千昏/打昏tɕ'iɪ55huən31/tÃ52huən44　熟：打呼噜tÃ33xu55lɯ31　昆：打呼噜/打昏度tã52həu44ləu41/tã52huən55dəu31　霜：睏度k'uɛ̃55dəu31　罗：打睏度tã33k'uɛ̃n55du31　周：打呼噜/打昏度tÃ35fu44lu52/tÃ35fəŋ44du52　上：打昏度tÃn44huəɲ55du31　松：打呼噜/打昏度tɛ̃33hu55lu31/tɛ̃33fəɲ55du31　黎：打昏度tɛ̃54huəɲ55dɜu31　盛：打昏度tæ̃51huəɲ44dɜu44　嘉：打昏度tÃ44huən44dəu51　双：打呼tã33xəu44　杭：打眠呼tɑ44mie21hu23　绍：打眠鼾taŋ44mɪŋ22hẽ52　诸：眠呼miɪ22fu52　崇：鼾□hœ̃33dzʅ23　太：鼾□hœ̃52dzʅ33　余：打门鼾tÃ44meɲ22hɛ̃44　宁：眠鼾mi22hE51　黄：仙树ɕie33ʑɥ44　温：打昏t'ɛ33ɕy44　衢：呼辣呼辣xu55lAʔ2xu55lAʔ2　华：打呼噜/鼾tʌŋ54 xu32lu24/xə324　永：打呼噜nai32xʊ43lʊ45

睡熟

宜：睡着zɐɪ33dzoʔ4　溧：睏着则k'uən44szɑʔ4tsə34　金：睡着suei33tsoʔ4　丹：睏熟k'uɛn44szoʔ24　童：睏着k'uəŋ33dzoʔ5　靖：睏着得k'uəŋ44dʑiɑʔ4təʔ3　江：睏着则k'uEɲ45zɑʔ3tsɜʔ2　常：睏着佬k'uəɲ55dzɑʔ3lɑY31　锡：睏着k'uən55zɑʔ31　苏：睏着k'uən55zAʔ2　熟：睏着/睏入忽k'uẽn55dʐAʔ31/k'uẽn55ʐAʔ33xuoʔ3　昆：睏着k'uən55zAʔ31　霜：睏着k'uɛ̃33zAʔ4　罗：睏着k'uẽn35zAʔ3　周：睏去k'uəŋ33tɕ'i44　上：睏熟/睏入忽k'uəɲ44zoʔ23/k'uəɲ33zɐʔ5huəʔ31　松：睏熟k'uəɲ35zoʔ31　黎：睏着k'uəɲ52zAʔ5　盛：睏着/睏着忽k'uəɲ32zɑʔ5/k'uəɲ32zɑʔ5həʔ2　嘉：睏着k'uən33zAʔ5　双：睏熟k'uən33zoʔ53　杭：睏熟特k'uən44zoʔ2dəʔ5　绍：睏熟k'uẽ33zoʔ5　诸：睏熟k'uẽĩ52zoʔ4　崇：睏熟k'uɪŋ33zoʔ4　太：睏熟k'ueŋ55zoʔ3　余：睏熟k'ueɲ55zoʔ3　宁：睏熟k'uɐŋ55zoʔ3　黄：睏死考k'uəŋ55sʅ33k'ɒ31　温：睏深显k'ɵ33sʌŋ44ɕi35　衢：睏死佬/睏去佬k'uən44sʅ33lɔ53/k'uən55k'i33lɔ31　华：睏熟k'uən45ɕyoʔ3　永：睏熟k'uəɲ54szʊ323

哆嗦

宜：发抖fAʔ53tɤɯ31　溧：发抖fɑʔ5tei34　金：发抖fɑʔ5tʌY23　丹：打抖tɑ22tEe44　童：发抖/打抖fAʔ53tei31/tɒ35tei31　靖：发抖fɑʔ5tøY34　江：抖/发抖/嗦嗦抖/嗦嗦牵tEɪ45/tɑʔ4tEɪ45/soʔ5soʔ4tEɪ31/soʔ4soʔ4ts'ɪ51　常：抖/抖抖嗦嗦tei334/tei33tei55soʔ5soʔ5　锡：嗦嗦抖soʔ4soʔ5tEɪ55　苏：抖təɪ51/tøY51　熟：　昆：发抖fAʔ5tE52　霜：发抖fAʔ4tAɪ23　罗：发抖fAʔ4tAɪ434　周：发抖fɑʔ5ʔdY335　上：发抖fɐʔ4tɤɯ334　松：发抖fæʔ4tɯ44　黎：抖tieɯ51　盛：抖tiəʉ51　嘉：发抖fAʔ3te44　双：发抖fAʔ2tøY52　杭：发抖fɐʔ4teɪ51　绍：发抖fæʔ5tY33　诸：发抖fɐʔ5tei52　崇：发抖fæʔ3tY52　太：发抖fæʔ3tY52　余：发抖fɐʔ3tY23　宁：发抖fɐʔ3tœY44　黄：发抖fɛʔ3tiY51　温：□□抖kɑ3kɑ3 tʌu$_{34}$ 衢：发抖fæʔ$_{4}$təɪ$_{35}$ 华：发抖fiɐʔ$_{4}$tiɯu$_{51}$ 永：抖/抖抖抖tɔʊ$_{325}$/tɔʊ$_{43}$tɔʊ$_{32}$tɔʊ$_{325}$

喷嚏

宜：打喷嚏tʌŋ$_{33}$p'əŋ$_{55}$t'i$_{j31}$ 溧：打喷嚏to$_{54}$p'ən$_{34}$t'i$_{z52}$ 金：喷嚏p'əŋ$_{44}$t'i$_{z52}$ 丹：打喷嚏tɑ$_{22}$ p'ɛn$_{55}$t'i$_{z31}$ 童：喷嚏p'əŋ$_{55}$t'i$_{j31}$ 靖：喷嚏p'əŋ$_{55}$t'i$_{j31}$ 江：喷嚏p'ᴇɲ$_{45}$t'i$_{j31}$ 常：喷嚏p'əɲ$_{55}$t'i$_{j31}$ 锡：喷嚏p'ən$_{55}$t'i$_{31}$ 苏：打喷嚏tÃ$_{52}$p'ən$_{55}$t'i$_{j31}$ 熟：打喷嚏tᴀ̃$_{33}$bẽⁿ$_{55}$t'i$_{31}$ 昆：打喷嚏tã$_{52}$p'ən$_{55}$ t'i$_{41}$ 霜：打喷嚏tã$_{33}$p'ɛ̃$_{55}$t'i$_{31}$ 罗：打喷嚏tã$_{33}$p'ɛ̃ⁿ$_{55}$t'i$_{31}$ 周：打喷嚏tᴀ̃$_{33}$p'əŋ$_{55}$t'i$_{31}$ 上：打喷嚏 tÃⁿ$_{33}$p'əɲ$_{55}$t'i$_{31}$ 松：打喷嚏tɛ̃$_{33}$p'əɲ$_{55}$t'i$_{31}$ 黎：打嚏tɛ̃$_{44}$t'i$_{j11}$ 盛：打嚏tæ̃$_{51}$t'i$_{j313}$ 嘉：打嚏tᴀ̃$_{44}$ t'i$_{324}$ 双：打嚏tã$_{32}$t'i$_{z34}$ 杭：打喷嚏tɑ$_{44}$p'ən$_{32}$t'i$_{33}$ 绍：打呃啾taŋ$_{44}$ʔəʔ$_{4}$tɕ'iɤ$_{52}$ 诸：打嚏tÃ$_{52}$ t'i$_{z544}$ 崇：嚏/打喷嚏t'i$_{z324}$/tᴀ̃$_{33}$p'ɪŋ$_{33}$t'i$_{23}$ 太：嚏t'i$_{35}$ 余：打嚏tÃ$_{44}$t'i$_{52}$ 宁：打喷嚏tã$_{33}$p'ɐŋ$_{55}$t'i$_{33}$ 黄：打嚏tã$_{33}$t'i$_{j44}$ 温：阿嚏ʔɑ$_{3}$t'i$_{52}$ 衢：打阿欠tã$_{55}$ʔᴀʔ$_{55}$tɕ'iẽ$_{31}$ 华：打喷嚏/打嚏tʌŋ$_{54}$p'ən$_{33}$t'i$_{j55}$/ tʌŋ$_{54}$t'i$_{j35}$ 永：打嚏nai$_{32}$tie$_{45}$

抓痒

宜：挖痒ʔuᴀʔ$_{53}$ɦiᴀŋ$_{31}$ 溧：挖痒ʔuᴀʔ$_{5}$ɦie$_{34}$ 金：抓痒tɕyɑ$_{44}$iaŋ$_{23}$/tsuɑ$_{44}$iaŋ$_{23}$ 丹：搔痒 tsɒ$_{22}$ɦie$_{44}$ 童：搔痒相tsɐɤ$_{55}$ɦiaŋ$_{33}$ɕiaŋ$_{31}$ 靖：搔痒tsɒ$_{44}$ʔĩ$_{34}$ 江：搔痒tsɒ$_{33}$ɦiᴀᵑ$_{44}$ 常：搔痒tsɑɤ$_{44}$ ʔiᴀɲ$_{334}$ 锡：搔痒tsʌ$_{44}$ɦiã$_{213}$ 苏：搔痒tsæ$_{44}$ɦiÃ$_{31}$ 熟：搔搔/搔搔痒人tʂɔ$_{55}$tʂɔ$_{51}$/tʂɔ$_{55}$tsɔ$_{55}$ɦiᴀ̃$_{22}$ ɳĩⁿ$_{51}$ 昆：搔痒tsɔ$_{44}$ɦiã$_{41}$ 霜：搔痒/搔肉痒tsɔ$_{55}$ɦiã$_{31}$/tsɔ$_{44}$n̩ioʔ$_{2}$ɦiã$_{23}$ 罗：搔痒tsɔ$_{44}$ɦiã$_{213}$ 周：搔痒tsɔ$_{52}$ɦiᴀ̃$_{113}$ 上：搔痒tsɔ$_{44}$ɦiÃⁿ$_{113}$ 松：搔tsɔ$_{52}$ 黎：搔tsᴀᵓ$_{44}$ 盛：搔癣tsᴀɑ$_{44}$ɕiɪ$_{44}$ 嘉：搔痒tsɔ$_{51}$ɦiᴀ̃$_{223}$ 双：搔癣tsɔ$_{33}$ɕɪ$_{44}$ 杭：挠痒/搔痒ʔnɔ$_{34}$iᴀŋ$_{51}$/tsɔ$_{34}$iᴀŋ$_{51}$ 绍：搔痒/搔怪脊tsɑɒ$_{44}$ ɦiaŋ$_{113}$/tsɑɒ$_{44}$kuã$_{33}$tɕɪʔ$_{5}$ 诸：搔怪脊tsɔ$_{44}$kuᴀ$_{52}$tɕiəʔ$_{4}$ 崇：搔痒tsɑɒ$_{44}$ɦiᴀ̃$_{312}$ 太：埭痒/搔痒dɒ$_{24}$ ɦiᴀŋ$_{31}$/tsɑɒ$_{55}$ɦiᴀŋ$_{31}$ 余：挖痒ʔuɐʔ$_{3}$ɦiÃ$_{23}$ 宁：埭痒da$_{22}$ɦiã$_{35}$ 黄：□痒/搔痒ʔuᴀ$_{33}$ʔiã$_{51}$/tsɒ$_{33}$ ʔiã$_{51}$ 温：爬爬痒bo$_{33}$bo$_{52}$ɦi$_{34}$ 衢：抓痒tsuɑ$_{43}$ɦiã$_{53}$ 华：搔痒tsɑʊ$_{33}$ʔiᴀŋ$_{51}$ 永：搔痒tsᴀʊ$_{55}$ʔiᴀŋ$_{22}$

撒尿

宜：射尿dzᴀ$_{21}$ɕy$_{ɥ23}$ 溧：射尿szɑʔ$_{3}$ɕy$_{z23}$ 金：小便/□尿ɕiɑᵓ$_{33}$pĩ$_{44}$/tsɑ$_{35}$suei$_{31}$ 丹：射尿 dzɑ$_{35}$ɕy$_{z21}$ 童：射尿dzaɪ$_{24}$ʃy$_{ɥ31}$ 靖：小便/拆尿siɒ$_{33}$bĩ$_{52}$/ts'ɑʔ$_{53}$se$_{31}$ 江：射尿dzæ$_{21}$sᴇɪ$_{43}$ 常：小便/射尿ɕiɑɤ$_{34}$bɪ$_{44}$/dzɑ$_{21}$sɥ$_{34}$ 锡：射尿zɑ$_{22}$sɥ$_{55}$ 苏：拆/射ts'ᴀʔ$_{5}$/zɒ$_{31}$ 熟：拆尿/射尿ts'ᴀʔ$_{4}$ sɥ$_{51}$/dz̩ɑ$_{24}$sɥ$_{31}$ 昆：拆尿ts'ᴀʔ$_{3}$sɥ$_{44}$ 霜：拆尿ts'ᴀʔ$_{4}$sɿ$_{52}$ 罗：拆尿ts'ᴀʔ$_{4}$sɿ$_{52}$ 周：拆尿/射尿 ts'ɑʔ$_{3}$sɿ$_{52}$/zɑ$_{22}$sɿ$_{52}$ 上：拆尿/射尿ts'ɐʔ$_{4}$sɿ$_{52}$/zᴀ$_{22}$sɿ$_{44}$ 松：拆尿ts'æʔ$_{4}$sɿ$_{52}$ 黎：射/射尿/拆dzɒ$_{32}$ /dzɒ$_{22}$sɿ$_{44}$/ts'ᴀʔ$_{34}$ 盛：射尿dzɑ$_{22}$sɿ$_{52}$ 嘉：射尿dzɑ$_{22}$sɿ$_{51}$ 双：射尿zɑ$_{22}$sɿ$_{44}$ 杭：射尿dzɑ$_{23}$sɥ$_{323}$ 绍：射尿dza$_{22}$ɕi$_{52}$ 诸：查尿dzᴀ$_{22}$ɕiɪ$_{544}$ 崇：射尿dzɑ$_{22}$sɿ$_{23}$ 太：射尿dzɑ$_{24}$sɿ$_{31}$ 余：射尿dzᴀ$_{22}$ɕi$_{44}$ 宁：射尿dza$_{22}$sɥ$_{44}$ 黄：拉尿ʔlᴀ$_{55}$sɥ$_{31}$ 温：拉尿lɑ$_{22}$sɿ$_{44}$ 衢：射尿dzɛ$_{45}$ʃɥ$_{44}$ 华：射尿/泡尿/放尿dʑia$_{24}$sɛ$_{45}$/p'ɑʊ$_{45}$sɛ$_{45}$/fᴀŋ$_{45}$sɛ$_{45}$ 永：放尿fᴀŋ$_{43}$sɿ$_{44}$

拉屎

宜：嗯屎/登恭ʔŋ̍$_{35}$sɿ$_{31}$/təŋ$_{55}$koŋ$_{55}$ 溧：屙屎ʔʌɯ$_{44}$sɿ$_{52}$ 金：解手/大便tɕiɛᵉ$_{52}$sᴀɤ$_{23}$/tɑ$_{22}$pĩ$_{44}$ 丹：屙屎ʌɤ$_{22}$sɿ$_{44}$ 童：屙屎/阿屎ʌɤ$_{55}$sɿ$_{31}$/ʔʊu$_{55}$sɿ$_{31}$ 靖：大便/屙屎d̥ɑ$_{52}$bĩ$_{41}$/ˀʌɤ$_{44}$sɿ$_{34}$ 江：□屎/赖屎/大便ʔɜɤ$_{52}$ṡɿ$_{33}$/ʔlɑ$_{52}$sɿ$_{33}$/dɑ$_{24}$bɪ$_{31}$ 常：大便/屙屎dɑ$_{24}$bɪ$_{41}$/ʔʌɯ$_{55}$sɿ$_{31}$ 锡：屙屎ʔʌɤ$_{21}$sɿ$_{23}$ 苏：拆污/射污ts'ᴀʔ$_{5}$u$_{412}$/zɒ$_{33}$u$_{412}$ 熟：窜屎ts'ɤ$_{55}$sɿ$_{51}$ 昆：拆污ts'ᴀʔ$_{5}$u$_{52}$ 霜：拆污ts'ᴀʔ$_{5}$u$_{23}$ 罗：拆污ts'ᴀʔ$_{4}$ʊu$_{23}$ 周：拆污/射污ts'ɑʔ$_{4}$u$_{44}$/zɑ$_{22}$u$_{44}$ 上：拆污/射污ts'ɐʔ$_{3}$u$_{44}$/zᴀ$_{22}$u$_{44}$ 松：拆污 ts'æʔ$_{4}$u$_{44}$ 黎：拆污/射污ts'ᴀʔ$_{34}$u$_{413}$/dzɒ$_{24}$u$_{413}$ 盛：射污dzɑ$_{22}$u$_{52}$ 嘉：射污zɑ$_{22}$u$_{51}$ 双：射污

zɑ$_{22}$ʉ$_{44}$　杭：射污dzɑ$_{33}$u$_{44}$　绍：射污dza$_{33}$u$_{334}$　诸：射污dzᴀ$_{22}$u$_{544}$　崇：射屙dzɑ$_{22}$ʏ$_{23}$　太：射屙dzɑ$_{24}$ɯ$_{31}$　余：射屙zᴀ$_{22}$ou$_{52}$　宁：射屙dza$_{22}$əʊ$_{44}$　黄：拉屙ʔlᴀ$_{33}$ɛ$_{44}$　温：拉污lɑ$_{22}$ʊ$_{52}$　衢：射污dzɛ$_{22}$u$_{53}$　华：射污dʑiɑ$_{21}$u$_{35}$　永：放沃fᴀŋ$_{43}$oə$_{325}$

生病

宜：生病sᴀŋ$_{55}$biŋ$_{31}$　溧：生病/害病/生毛病sən$_{44}$bin$_{52}$/xɦæᴇ$_{52}$bin$_{52}$/sən$_{44}$mɑ$^{ʏ}_{44}$bin$_{55}$　金：生病/生毛病/得病/害病səŋ$_{35}$p‘iŋ$_{31}$/səŋ$_{44}$mɑ$^{ɔ}_{22}$piŋ$_{44}$/təʔ$_{4}$piŋ$_{44}$/hɛ$^{e}_{33}$piŋ$_{44}$　丹：生病/有毛病sɛn$_{44}$biŋ$_{31}$/ɦʏ$_{44}$mɒ$_{22}$biŋ$_{44}$　童：生病səŋ$_{55}$biŋ$_{31}$　靖：害病h^{ɦ}æ$_{52}$biŋ$_{41}$　江：生病sᴀ$^{ŋ}_{44}$biɲ$_{223}$　常：生病/生毛病səɲ$_{44}$biɲ$_{213}$/səɲ$_{44}$mɑʏ$_{21}$biɲ$_{34}$　锡：生毛病sã$_{44}$mʌ$_{24}$bin$_{21}$　苏：生病/生毛病sÃ$_{55}$bin$_{31}$/sÃ$_{44}$mæ$_{22}$biɪn$_{44}$　熟：生毛病/生病sᴀ˜$_{55}$mɔ$_{55}$bĩ$^{n}_{31}$/sᴀ˜$_{55}$bĩ$^{n}_{31}$　昆：生病/生毛病sã$_{44}$bin$_{41}$/sã$_{44}$mɔ$_{44}$bin$_{41}$　霜：生毛病sa˜$_{44}$mɔ$_{24}$bĩ$_{31}$　罗：生毛病sa˜$_{44}$mo$_{24}$bɪ$^{n}_{31}$　周：生毛病/生病sᴀ˜$_{55}$mɔ$_{55}$biɪŋ$_{31}$/sᴀ˜$_{52}$biɪŋ$_{113}$　上：生毛病sÃ$^{ɲ}_{44}$mɔ$_{22}$biɲ$_{44}$　松：生病/生毛病sɛ̃$_{33}$biɲ$_{52}$/sɛ̃$_{44}$mɔ$_{24}$biɲ$_{31}$　黎：生毛病/插蜡烛sɛ̃$_{44}$mᴀ$^{ɔ}_{22}$biəɲ$_{34}$/ts‘ᴀʔ$_{\underline{32}}$lᴀʔ$_{3}$tsoʔ$_{\underline{34}}$　盛：生毛病sæ̃$_{44}$mᴀɑ$_{22}$bɪɲ$_{44}$　嘉：生病sᴀ˜$_{51}$bin$_{223}$　双：生毛病/生病sã$_{44}$mɔ$_{22}$bɪn$_{44}$/sã$_{44}$bɪn$_{44}$　杭：生毛病sən$_{44}$ʔmɔ$_{32}$bɪn$_{23}$　绍：生毛病saŋ$_{44}$mɑɒ$_{21}$bɪŋ$_{33}$　诸：生病sÃ$_{44}$bĩ$_{233}$　崇：生毛病sᴀ˜$_{44}$mɑɒ$_{21}$bɪŋ$_{23}$　太：生毛病sᴀŋ$_{44}$mɑɒ$_{21}$biŋ$_{23}$　余：生病sÃ$_{32}$beɲ$_{23}$　宁：生病/生毛病sã$_{44}$bɪŋ$_{113}$/sã$_{44}$mɔ$_{22}$bɪŋ$_{51}$　黄：生病/生毛病/病sa˜$_{33}$biɪŋ$_{44}$/sa˜$_{33}$mɒ$_{33}$biɪŋ$_{44}$/biɪŋ$_{113}$　温：生病s^{ɪ}ɛ$_{44}$bʌŋ$_{22}$/s^{ɪ}ɛ$_{44}$bʌŋ$_{52}$　衢：生毛病ɕiã$_{44}$mɔ$_{22}$bi$^{ɲ}_{53}$　华：生病/生毛病sᴀŋ$_{55}$biɪn$_{31}$/sᴀŋ$_{44}$ʔmɑʊ$_{32}$biɪn$_{24}$　永：生病sai$_{43}$b̥iɲ$_{44}$

着凉

宜：冻则列toŋ$_{51}$tsəʔ$_{3}$lɪʔ$_{\underline{34}}$　溧：冻则列/受则瀴toŋ$_{54}$tsəʔ$_{3}$lɪ$_{34}$/szei$_{24}$tsəʔ$_{5}$ʔin$_{412}$　金：着凉/伤风/受寒tsɑʔ$_{5}$ȵiɑŋ$_{23}$/sɑŋ$_{35}$foŋ$_{31}$/sᴀʏ$_{52}$xæ̃$_{23}$　丹：受凉s^{z}ᴇ$^{e}_{44}$lie$_{31}$　童：受冷szᴀʏ$_{24}$lɑŋ$_{31}$　靖：感冒kũ$_{44}$mɒ$_{52}$　江：伤风/受瀴sᴀ$^{ŋ}_{44}$foŋ$_{51}$/zᴇɪ$_{23}$ʔiɲ$_{45}$　常：受瀴zei$_{24}$iɲ$_{41}$　锡：出冷ts‘əʔ$_{4}$lã$_{34}$　苏：受凉/受瀴zəɪ$_{23}$liÃ$_{223}$/zəɪ$_{23}$ʔiɪn$_{412}$　熟：受寒ʐɯ$_{22}$ɦʏ$_{51}$　昆：受凉zᴇ$_{23}$liã$_{223}$　霜：着瀴zᴀʔ$_{2}$ĩ$_{23}$　罗：着瀴/着冷zᴀʔ$_{2}$ɪ$^{n}_{23}$/zᴀʔ$_{2}$la˜$_{23}$　周：着冷zɑʔ$_{2}$lᴀ˜$_{23}$　上：着冷zɐʔ$_{3}$lÃ$^{ɲ}_{113}$　松：受冷zɯ$_{23}$lɛ̃$_{44}$　黎：冻台/冷台toŋ$_{52}$dᴇ$_{41}$/lɛ̃$_{22}$dᴇ$_{52}$　盛：冻一冻/冷一冷toŋ$_{33}$iɪʔ$_{5}$toŋ$_{31}$/læ̃$_{22}$iɪʔ$_{5}$læ̃$_{31}$　嘉：冻一冻/冷冻toŋ$_{33}$iəʔ$_{5}$toŋ$_{31}$/ze$_{23}$toŋ$_{334}$　双：冻坏台toŋ$_{32}$ɦuɑ$_{22}$dᴇ$_{34}$　杭：冷特勒ʔlən$_{55}$dəʔ$_{3}$leɪ$_{31}$　绍：冻出来tʊŋ$_{43}$ts‘eʔ$_{3}$le$_{33}$　诸：受冷/冻出来zei$_{22}$lÃ$_{52}$/toŋ$_{44}$ts‘ɐʔ$_{44}$le$_{44}$　崇：冻了tʊ$^{ŋ}_{33}$liɑɒ$_{23}$　太：冻了tʊŋ$_{55}$liɑɒ$_{33}$　余：受冷/冷勒纪zʏ$_{21}$lÃ$_{23}$/lÃ$_{21}$lɐʔ$_{2}$tɕi$_{52}$　宁：冻掉来toŋ$_{55}$diə$_{33}$le$_{31}$　黄：冻豪toŋ$_{55}$ɦɒ$_{31}$　温：冻着toŋ$_{52}$dʑiɑ$_{2}$　衢：冻着tᴀŋ$_{55}$dʒʮᴀʔ$_{2}$　华：冻克勒/冻掉toŋ$_{35}$k‘ə$_{33}$ləʔ$_{2}$/toŋ$_{35}$diɑʊ$_{31}$　永：冻去noŋ$_{54}$k‘ə$_{32}$

咳嗽

宜：咳嗽/耗k‘əʔ$_{5}$sʏɯ$_{324}$/xɑʏ$_{55}$　溧：咳嗽k‘əʔ$_{5}$sei$_{34}$　金：咳嗽k‘əʔ$_{4}$sᴀʏ$_{44}$　丹：咳嗽k‘ɛʔ$_{5}$sᴇ$^{e}_{23}$　童：咳嗽k‘əʔ$_{5}$sei$_{55}$　靖：咳嗽k‘əʔ$_{\underline{53}}$sᴀʏ$_{31}$　江：咳嗽k‘ɜʔ$_{5}$sᴇɪ$_{23}$　常：咳嗽k‘əʔ$_{\underline{53}}$sei$_{31}$　锡：咳嗽k‘əʔ$_{4}$sᴇi$_{34}$　苏：咳嗽k‘əʔ$_{5}$səɪ$_{23}$　熟：咳嗽k‘ᴇʔ$_{3}$sᴇ$_{34}$　昆：咳嗽k‘əʔ$_{5}$su$_{31}$　霜：咳嗽k‘əʔ$_{4}$sᴀɪ$_{23}$　罗：咳嗽k‘ɐʔ$_{4}$sᴀɪ$_{434}$　周：咳嗽k‘əʔ$_{4}$sʏ$_{44}$　上：咳嗽k‘ɐʔ$_{3}$sʏɯ$_{44}$　松：咳嗽k‘əʔ$_{4}$sɯ$_{44}$　黎：呛ts‘iɛ̃$_{324}$　盛：呛ts‘iæ̃$_{313}$　嘉：呛tɕ‘iᴀ˜$_{334}$　双：呛tɕ‘iã$_{334}$　杭：咳嗽/呛k‘ɐʔ$_{3}$seɪ$_{23}$/tɕ‘iᴀŋ$_{334}$　绍：呛tɕ‘iã$_{33}$　诸：咳嗽k‘ɐʔ$_{4}$sei$_{33}$　崇：嗽ɕʏ$_{324}$　太：嗽ɕʏ$_{35}$　余：呛/咳嗽tɕ‘iÃ$_{52}$/k‘ɐʔ$_{5}$sʏ$_{31}$　宁：咳嗽/呛k‘ɐʔ$_{5}$sœʏ$_{33}$/tɕ‘iã$_{44}$　黄：咳嗽k‘ɐʔ$_{3}$ɕiu$_{44}$　温：嗽sʌu$_{52}$　衢：咳嗽k‘əʔ$_{4}$ṡəɪ$_{53}$　华：咳嗽k‘əʔ$_{3}$ɕiɯu$_{35}$　永：咳嗽k‘ə$_{\underline{43}}$səʊ$_{44}$

头晕

宜:头晕/头昏dɤɯ$_{22}$ɦyĩ$_{53}$/dɤɯ$_{21}$xuən$_{23}$ 溧:头昏dei$_{32}$xuən$_{23}$ 金:头昏t'ʌʏ$_{35}$xuəŋ$_{31}$ 丹:头昏/头晕t'Eᵉ$_{35}$huɛn$_{31}$/dEᵉ$_{35}$ɦyŋ$_{31}$ 童:头晕/头昏dei$_{24}$ɦyʮəŋ$_{31}$/dei$_{24}$huəŋ$_{31}$ 靖:头昏døʏ$_{24}$xuəŋ$_{31}$ 江:头昏/头痛dEɪ$_{21}$xuEɲ$_{43}$/dEɪ$_{23}$t'oŋ$_{435}$ 常:头昏dei$_{21}$xuəɲ$_{34}$ 锡:头昏/头晕dEi$_{24}$xuən$_{31}$/dEi$_{24}$ɦyɪn$_{31}$ 苏:头混/头昏dəɪ$_{23}$ɦuən$_{223}$/dəɪ$_{22}$huən$_{44}$ 熟:头昏dE$_{24}$xuẽ^{ɲ}$_{31}$ 昆:头混dE$_{23}$ɦuən$_{223}$ 霜:头晕/头昏dʌɪ$_{22}$ɦĩ$_{52}$/dʌɪ$_{22}$fɛ̃$_{52}$ 罗:头晕/头昏dʌɪ$_{22}$ɦɪ^{n}$_{52}$/dʌɪ$_{22}$fɛ̃^{n}$_{52}$ 周:头混/头昏dɤ$_{23}$vəŋ$_{44}$/dɤ$_{23}$fəŋ$_{44}$ 上:头昏/头混dɤɯ$_{22}$huəɲ$_{44}$/dɤɯ$_{33}$ɦuəɲ$_{113}$ 松:头混dɯ$_{22}$vəɲ$_{52}$ 黎:头昏dieɯ$_{22}$huəɲ$_{44}$ 盛:头混diəʉ$_{22}$ɦuəɲ$_{44}$ 嘉:头昏de$_{22}$huən$_{44}$ 双:头昏dᵊʏ$_{22}$xuən$_{44}$ 杭:头昏/头晕deɪ$_{21}$huən$_{23}$/deɪ$_{21}$ɦyɪn$_{23}$ 绍:头混/头昏dɤ$_{23}$ɦuẽ$_{52}$/dɤ$_{23}$huẽ$_{52}$ 诸:头晕/头昏dei$_{31}$ɦĩ$_{52}$/dei$_{31}$fẼĩ$_{44}$ 崇:头晕dʏ$_{21}$ɦiʊ^{ŋ}$_{23}$ 太:头晕dʏ$_{21}$ɦiʊŋ$_{23}$ 余:头晕dɤ$_{23}$ɦiʊŋ$_{44}$ 宁:头昏/头混dœʏ$_{33}$huɐŋ$_{324}$/dœʏ$_{22}$ɦuɐŋ$_{44}$ 黄:头昏/头痛diɤ$_{23}$huəŋ$_{31}$/diɤ$_{23}$t'oŋ$_{44}$ 温:头晕dʌu$_{33}$ɦyoŋ$_{21}$ 衢:头晕/头痛/头昏dəɪ$_{22}$ɦy^{n}$_{53}$/dəɪ$_{22}$t'ʌŋ$_{53}$/dəɪ$_{24}$xuən$_{31}$ 华:头昏diɯu$_{21}$xuən$_{35}$ 永:头昏təʊ$_{43}$xuən$_{44}$

发烧

宜:发热/发寒热fAʔ$_{5}$ȵiɪʔ$_{5}$/fAʔ$_{3}$ɦe$_{55}$ȵiɪʔ$_{5}$ 溧:发热fɑʔ$_{5}$ȵiɪʔ$_{3}$ 金:发烧/发热/发寒fɑʔ$_{\underline{53}}$sɑᵓ$_{31}$/fɑʔ$_{4}$ȵieʔ$_{4}$/fɑʔ$_{4}$xæ$_{23}$ 丹:发烧/发烫fɑʔ$_{\underline{53}}$sɒ$_{31}$/fɑʔ$_{5}$t'ɑŋ$_{23}$ 童:发烧/发热fAʔ$_{\underline{53}}$sɐʏ$_{31}$/fAʔ$_{3}$ȵiɪʔ$_{5}$ 靖:发热/发寒热fɑʔ$_{5}$ȵiɪʔ$_{52}$/fɑʔ$_{5}$ɦũ$_{22}$ȵɪʔ$_{5}$ 江:发热fɑʔ$_{4}$ȵiɪʔ$_{\underline{12}}$ 常:发热fɑʔ$_{4}$ȵiɪʔ$_{\underline{23}}$ 锡:发热/发寒热fɑʔ$_{4}$ȵiəʔ$_{5}$/fɑʔ$_{4}$ɦo$_{24}$ȵiəʔ$_{\underline{31}}$ 苏:发寒热fAʔ$_{5}$ɦɵ$_{23}$ȵiəʔ$_{2}$ 熟:发寒热fAʔ$_{3}$ɦʏ$_{55}$ȵi$_{31}$ 昆:发寒热fAʔ$_{3}$ɦɵ$_{55}$ȵiɪʔ$_{\underline{31}}$ 霜:发寒热/发高烧fAʔ$_{4}$ɦ^{ʌ}ʏ$_{22}$ȵɪʔ$_{4}$/fAʔ$_{3}$kɔ$_{55}$sɔ$_{31}$ 罗:发寒热fAʔ$_{4}$ɦ^{ʌ}ʏ$_{24}$ȵiɪ$_{3}$ 周:发寒热fɑʔ$_{3}$ɦø$_{55}$ȵ^{i}ɪʔ$_{\underline{31}}$ 上:发寒热fɐʔ$_{4}$ɦø$_{22}$ȵiɪʔ$_{4}$ 松:发寒热fæʔ$_{4}$ɦø$_{24}$ȵiɪʔ$_{\underline{31}}$ 黎:发寒热fAʔ$_{4}$ɦɵ$_{24}$ȵiəʔ$_{2}$ 盛:发寒热fɑʔ$_{3}$ɦɵ$_{55}$ȵiɐʔ$_{2}$ 嘉:发寒热fAʔ$_{4}$ɦɤə$_{22}$ȵiəʔ$_{5}$ 双:发热/发寒热fAʔ$_{2}$ȵieʔ$_{52}$/fAʔ$_{2}$ɦE$_{44}$ȵieʔ$_{4}$ 杭:发烧/发热度fɐʔ$_{3}$sɔ$_{23}$/fɐʔ$_{4}$ȵiɪʔ$_{2}$du$_{23}$ 绍:发热fæʔ$_{4}$ȵɪʔ$_{\underline{23}}$ 诸:发热/身儿热fɐʔ$_{4}$ȵiəʔ$_{\underline{12}}$/sẼĩ$_{52}$tɕi$_{z42}$ȵiəʔ$_{\underline{31}}$ 崇:发热fæʔ$_{3}$ȵiEʔ$_{4}$ 太:发热fæʔ$_{5}$ȵieʔ$_{3}$ 余:发热fɐʔ$_{3}$ȵɪʔ$_{5}$ 宁:发热fɐʔ$_{3}$ȵiɪʔ$_{5}$ 黄:骑身热dʑi$_{j23}$ɕiɪŋ$_{33}$ȵiʌʔ$_{\underline{12}}$ 温:身体暖sʌŋ$_{52}$t'^{ɪ}i$_{34}$nʌŋ$_{24}$ 衢:发热/烧热fAʔ$_{5}$ȵiəʔ$_{2}$/ʃʮɔ$_{35}$ȵiəʔ$_{2}$ 华:发烧/烧热/发高烧fiɐʔ$_{5}$ɕiɑʊ$_{35}$/ɕiɑʊ$_{45}$ȵie$_{24}$/fɐʔ$_{5}$kɑʊ$_{32}$ɕiɑʊ$_{35}$ 永:烧热ɕiAʊ$_{43}$ȵiə$_{31}$

泻肚

宜:乌肚皮/拉肚皮ʔu$_{35}$du$_{33}$bi$_{j31}$/ʔlA$_{55}$du$_{33}$bi$_{j31}$ 溧:讴肚ʔʌɯ$_{44}$du$_{224}$ 金:拉肚子la$_{22}$tᵊu$_{33}$tsɿ^{z}$_{44}$ 丹:拉肚皮la$_{44}$dᵊu$_{33}$p'i$_{31}$ 童:拉肚皮ʔlɒ$_{55}$dʌʏ$_{33}$tsɿ$_{31}$ 靖:拉肚子/泻ʔla$_{44}$du$_{33}$tsɿ$_{44}$/sia$_{51}$ 江:肚皮屙/屙肚/赖肚dɜʏ$_{24}$bi$_{j21}$ʔɜʏ$_{51}$/ʔɜʏ$_{52}$dɜʏ$_{33}$/la$_{22}$dɜʏ$_{44}$ 常:屙肚皮ʔʌɯ$_{55}$du$_{33}$bi$_{j31}$ 锡:肚皮射/讴薄dʌʏ$_{22}$bi$_{55}$za$_{213}$/ʔʌʏ$_{21}$bɔ$_{23}$ 苏:肚皮射dɜu$_{22}$bi$_{j55}$zɒ$_{31}$ 熟:肚皮射dɯ$_{22}$bi$_{55}$dza$_{31}$ 昆:肚皮拆dəu$_{22}$bi$_{55}$ts'Aʔ$_{\underline{31}}$ 霜:肚皮射dᵊu$_{22}$bi$_{55}$za$_{31}$ 罗:肚皮射dᵊu$_{22}$bi$_{55}$za$_{31}$ 周:肚皮射du$_{22}$bi$_{55}$za$_{31}$ 上:肚皮射du$_{22}$bi$_{33}$zA$_{113}$ 松:肚皮射du$_{23}$bi$_{44}$za$_{113}$ 黎:肚皮射dɜu$_{22}$bi$_{j55}$zɒ$_{31}$ 盛:肚皮射dɜu$_{22}$bi$_{j55}$dza$_{31}$ 嘉:肚皮射dᵊu$_{22}$bi$_{55}$za$_{31}$ 双:肚皮惹dəu$_{21}$bi$_{z33}$za$_{113}$ 杭:肚皮射dou$_{22}$bi$_{55}$za$_{31}$ 绍:肚皮射du$_{23}$bi$_{33}$dza$_{22}$ 诸:肚射du$_{24}$dzA$_{31}$ 崇:肚射du$_{22}$dza$_{23}$ 太:肚射du$_{24}$ɟia$_{31}$ 余:肚皮射du$_{22}$bi$_{55}$zA$_{31}$ 宁:射肚皮/肚皮射dza$_{22}$du$_{55}$bi$_{33}$/du$_{24}$bi$_{33}$dza$_{113}$ 黄:拉肚ʔlA$_{23}$dᵊu$_{51}$ 温:泻肚s^{ɪ}i$_{52}$dɵ$_{34}$ 衢:肚皮射du$_{24}$bi$_{31}$dzɛ$_{31}$ 华:肚夹/肚痢tu$_{45}$tɕiɐʔ$_{3}$/tu$_{45}$li$_{24}$ 永:肚泻dʊ$_{31}$ɕiA$_{54}$

喜欢

宜:欢喜xue$_{55}$ɕi$_{j31}$ 溧:欢喜xʊ$_{44}$ɕi$_{z52}$ 金:欢喜xõ$_{44}$ɕi$_{z31}$ 丹:欢喜/喜欢həŋ$_{44}$ɕi$_{z44}$/ɕi$_{z44}$həŋ$_{44}$ 童:欢喜xʊ$_{55}$ɕi$_{j31}$ 靖:欢喜huũ$_{44}$ɕi$_{j44}$ 江:欢喜hɵ$_{55}$ɕi$_{j31}$ 常:欢喜xuɔ$_{55}$ɕi$_{j31}$ 锡:欢喜xo$_{21}$ɕi$_{23}$ 苏:欢喜hɵ$_{55}$ɕi$_{j31}$ 熟:欢喜xuʏ$_{55}$ɕi$_{31}$ 昆:欢喜hɵ$_{44}$ɕi$_{41}$ 霜:欢喜xuɪ$_{55}$ɕi$_{31}$ 罗:欢喜huʌʏ$_{55}$ɕi$_{31}$

周：欢喜fe$_{55}$ɕi$_{31}$　上：欢喜hø$_{55}$ɕi$_{31}$　松：欢喜/相信fe$_{55}$ɕi$_{31}$/ɕiɛ̃$_{55}$ɕiɲ$_{31}$　黎：欢喜hɵ$_{44}$ɕi$_{j44}$　盛：欢喜hɵ$_{44}$ɕi$_{j44}$　嘉：欢喜huɤə$_{52}$ɕi$_{22}$　双：喜欢/相信ɕi$_{z34}$xuᴇ$_{52}$/ɕiã$_{44}$ɕɪn$_{44}$　杭：欢喜huo$_{33}$ɕi$_{51}$　绍：欢喜huɵ̃$_{32}$ɕi$_{33}$　诸：欢喜fɤ$_{52}$ɕi$_{z42}$　崇：欢喜fœ̃$_{53}$ɕi$_{z52}$　太：欢喜fœ̃$_{52}$ɕi$_{33}$　余：欢喜huɵ̃$_{32}$ɕi$_{23}$　宁：欢喜huø$_{33}$ɕi$_{z51}$　黄：欢喜/中意/喜欢hue$_{55}$ɕi$_{j31}$/tsoŋ$_{33}$i$_{j44}$/ɕi$_{j34}$hue$_{31}$　温：喜欢sɿ$_{52}$ɕy$_{44}$　衢：欢喜xuə$_{53}$sɿ$_{35}$　华：喜欢/欢喜/喜好ɕi$_{j54}$xuæ̃$_{35}$/xuæ̃$_{33}$ɕi$_{j51}$/ɕi$_{j33}$xɑʊ$_{51}$　永：喜欢/欢喜ɕi$_{43}$xʊᴀ$_{44}$/xʊᴀ$_{43}$ɕi$_{32}$

生气

宜：惹气zᴀ$_{24}$ɕi$_{j31}$　溧：气则列tɕʻi$_{z54}$tsəʔ$_{3}$lɪʔ$_{52}$　金：生气səŋ$_{33}$tɕʻi$_{z44}$　丹：动气toŋ$_{41}$tɕʻi$_{z21}$　童：动气doŋ$_{22}$tɕʻi$_{j55}$　靖：□气tɕiɑʔ$_{5}$tɕʻi$_{j51}$　江：发火fɑʔ$_{5}$hɜʏ$_{23}$　常：发火fɑʔ$_{4}$xʌɯ$_{334}$　锡：惹气zɑ$_{21}$tɕʻi$_{23}$　苏：动气doŋ$_{24}$tɕʻi$_{j31}$　熟：动气/勿开心dʊŋ$_{23}$tɕʻi$_{324}$/fᴇʔ$_{3}$kʻæ$_{55}$sĩ^{ɲ}$_{51}$　昆：动气doŋ$_{23}$tɕʻi$_{41}$　霜：动气do^{ŋ}$_{22}$tɕʻi$_{23}$　罗：动气do^{ŋ}$_{22}$tɕʻi$_{23}$　周：动气doŋ$_{22}$tɕʻi$_{24}$　上：动气dʊŋ$_{22}$tɕʻi$_{44}$　松：光火kuɛ̃$_{44}$fu$_{52}$　黎：动气doŋ$_{24}$tɕʻi$_{j324}$　盛：动气doŋ$_{24}$tɕʻi$_{j313}$　嘉：发脾气/生气fᴀʔ$_{3}$bi$_{44}$tɕʻi$_{51}$/sᴀ̃$_{51}$tɕʻi$_{334}$　双：动气doŋ$_{21}$tɕʻi$_{z34}$　杭：生气/发脾气sən$_{33}$tɕʻi$_{51}$/fɐʔ$_{3}$bi$_{21}$tɕʻi$_{23}$　绍：气/气煞哉tɕʻi$_{33}$/tɕʻi$_{43}$sæʔ$_{3}$ze$_{33}$　诸：气煞tɕʻi$_{z44}$sɐʔ$_{5}$　崇：气煞tɕʻi$_{z33}$sæʔ$_{4}$　太：气煞tɕʻi$_{55}$sɛʔ$_{3}$　余：气煞哉tɕʻi$_{55}$sæʔ$_{33}$tse$_{31}$　宁：生气/气sã$_{33}$tɕʻi$_{z51}$/tɕʻi$_{z52}$　黄：气□tɕʻi$_{j34}$tɕʻiɒ$_{31}$　温：急起tɕiæi$_{32}$tsʻɿ$_{2}$　衢：气/气拉tɕʻi$_{53}$/tɕʻi$_{55}$lɑ$_{31}$　华：生气/赌气sᴀŋ$_{32}$tɕʻi$_{j35}$/tu$_{54}$tɕʻi$_{j35}$　永：发火fʊᴀ$_{43}$xoə$_{32}$

讨厌

宜：讨厌tʻɑʏ$_{53}$ʔɪ$_{31}$　溧：讨厌tʻɑ^{ʏ}$_{44}$ʔi$_{412}$　金：讨厌/厌tʻɑ^{ɔ}$_{22}$ĩ$_{44}$/ĩ$_{44}$　丹：讨厌tʻɒ$_{44}$ɪ$_{31}$　童：讨厌tʻɐʏ$_{33}$ɪ$_{55}$　靖：讨厌/烦tʻɒ$_{33}$ʔĩ$_{52}$/fvæ̃$_{223}$　江：惹气/惹厌/讨厌/厚脂勒得szɑ$_{52}$tɕʻij$_{33}$/szɑ$_{52}$ʔɪ$_{33}$/tʻɒ$_{52}$ʔɪ$_{33}$/gᴇɪ$_{24}$tsɿ$_{33}$lɜʔ$_{33}$tɜʔ$_{2}$　常：讨厌tʻɑʏ$_{34}$ɪ$_{44}$　锡：讨厌/讨惹厌tʻʌ$_{33}$ɪ$_{55}$/tʻʌ$_{45}$zɑ$_{55}$ɪ$_{55}$　苏：讨厌/讨惹厌/讨气tʻæ$_{53}$iɪ$_{31}$/tʻæ$_{52}$zɒ$_{23}$iɪ$_{31}$/tsʻɔʔ$_{5}$tɕʻi$_{j23}$　熟：讨厌/讨惹厌tʻɔ$_{33}$ie$_{33}$/tʻɔ$_{33}$dʐɑ$_{55}$ie$_{31}$　昆：惹气/触气zɑ$_{42}$tɕʻi$_{31}$/tsʻoʔ$_{5}$tɕʻi$_{31}$　霜：讨厌/讨债tʻɔ$_{55}$ɪ$_{31}$/tʻɔ$_{33}$tsɑ$_{52}$　罗：讨厌/烦tʻɔ$_{55}$i$_{31}$/ve$_{31}$　周：讨厌/触毒tʻɔ$_{44}$i$_{44}$/tsʻoʔ$_{3}$doʔ$_{5}$　上：惹气/触气/讨惹厌zʌ$_{22}$tɕʻi$_{44}$/tsʻoʔ$_{3}$tɕʻi$_{44}$/tɔ$_{33}$zᴀ$_{55}$ɪ$_{31}$　松：讨厌/触气tʻɔ$_{44}$i$_{44}$/tsʻɔʔ$_{4}$tɕʻi$_{44}$　黎：讨惹厌/触气tʻᴀ^{ɔ}$_{33}$zɒ$_{44}$iɪ$_{52}$/tsʻoʔ$_{3}$tɕʻi$_{j34}$　盛：惹厌dzɑ$_{23}$iɪ$_{33}$　嘉：惹气/惹厌/讨厌/触气zɑ$_{22}$tɕʻi$_{34}$/zɑ$_{22}$ie$_{34}$/tʻɔ$_{22}$ie$_{34}$/tsʻoʔ$_{5}$tɕʻi$_{31}$　双：讨厌/惹厌/触气tʻɔ$_{34}$ɪ$_{52}$/zɑ$_{24}$ɪ$_{52}$/tsʻoʔ$_{3}$tɕʻi$_{z34}$　杭：讨厌tʻɔ$_{55}$ie$_{31}$　绍：讨厌/勿要看tʻɑɒ$_{43}$ĩ$_{33}$/fiɑɒ$_{34}$kʻĩ$_{52}$　诸：讨厌tʻɔ$_{52}$iɪ$_{42}$　崇：讨厌/死相tʻɑɒ$_{34}$iẽ$_{52}$/sɿ$_{34}$ɕiᴀ̃$_{52}$　太：讨厌tʻɑɒ$_{33}$iẽ$_{44}$　余：难看nẽ$_{21}$kĩ$_{23}$　宁：难看/讨厌(少)nᴇ$_{22}$ki$_{51}$/tʻɒ$_{55}$i$_{33}$　黄：难过nɛ$_{22}$ku$_{44}$　温：烦人和vɑ$_{52}$nʌŋ$_{22}$ɦo$_{44}$　衢：触心tʃʻʮəʔ$_{5}$ɕi^{ɲ}$_{31}$　华：讨厌/烦人tʻɑʊ$_{54}$ie$_{35}$/fvæ$_{32}$ȵiɪn$_{31}$　永：讨厌tʻᴀʊ$_{43}$ie$_{54}$

恨

宜：恨/毒ɦəŋ$_{31}$/dɔʔ$_{\underline{23}}$　溧：恨ɦən$_{31}$　金：恨xəŋ$_{44}$　丹：恨ɦen$_{41}$　童：恨ɦəŋ$_{113}$　靖：恨h^{ɦ}əŋ$_{51}$　江：恨/毒hɦᴇɲ$_{223}$/doʔ$_{\underline{12}}$　常：恨/毒ɦəɲ$_{24}$/dɔʔ$_{\underline{23}}$　锡：恨ɦon$_{213}$　苏：恨ɦən$_{31}$　熟：心火/恨sĩ^{ɲ}$_{55}$xɯ$_{51}$/ɦɛ̃^{ɲ}$_{213}$　昆：恨ɦən$_{223}$　霜：恨ɦɛ̃$_{213}$　罗：恨ɦɛ̃^{n}$_{213}$　周：恨/毒ɦəŋ$_{113}$/doʔ$_{\underline{23}}$　上：恨ɦəɲ$_{113}$　松：恨ɦəɲ$_{113}$　黎：恨ɦəɲ$_{213}$　盛：恨ɦəɲ$_{212}$　嘉：恨ɦən$_{223}$　双：恨/促气ɦən$_{113}$/tsʻoʔ$_{3}$tɕʻi$_{z34}$　杭：恨ɦən$_{113}$　绍：恨ɦĩ$_{22}$　诸：恨ɦĩ$_{233}$　崇：恨ɦɪŋ$_{14}$　太：恨ɦeŋ$_{13}$　余：恨ɦiɲ$_{113}$　宁：恨/气ɦeŋ$_{113}$/tɕʻi$_{52}$　黄：恨/气ɦəŋ$_{113}$/tɕʻi$_{j44}$　温：恨ɦʌŋ$_{22}$　衢：恨ʔ^{ɦ}ən$_{31}$　华：恨ʔɦən$_{24}$　永：怨yə$_{44}$

后悔

宜：懊悔/后悔ʔɑʏ$_{35}$xuᴇɪ$_{31}$/ɦʏɯ$_{35}$xuᴇɪ$_{31}$　溧：懊悔/懊恼ʔɑ^{ʏ}$_{52}$xuæᴇ$_{52}$/ʔɑ^{ʏ}$_{44}$lɑ^{ʏ}$_{52}$　金：懊悔/懊恼ɑ^{ɔ}$_{52}$xuei$_{23}$/ɑ^{ɔ}$_{52}$lɑ^{ɔ}$_{23}$　丹：懊悔ɒ$_{52}$hue$_{23}$　童：懊恼ɐʏ$_{44}$nɐʏ$_{44}$　靖：懊悔ʔɒ$_{33}$xue$_{44}$　江：懊恼ʔɒ$_{55}$lɒ$_{31}$　常：懊恼ʔɑʏ$_{34}$lɑʏ$_{44}$　锡：懊恼ʔʌ$_{55}$lʌ$_{31}$　苏：懊恼ʔæ$_{55}$læ$_{31}$　熟：懊恼ʔɔ$_{55}$lɔ$_{31}$　昆：懊恼

ʔɔ$_{44}$lɔ$_{41}$　霜：懊悔/懊憦ʔɔ$_{55}$xuʌɪ$_{31}$/ʔɔ$_{55}$lɔ$_{31}$　罗：懊憦/懊悔ʔɔ$_{55}$lɔ$_{31}$/ʔɔ$_{55}$huʌɪ$_{31}$　周：懊憦ʔɔ$_{55}$lɔ$_{31}$　上：懊悔/懊憦ʔɔ$_{55}$huE$_{31}$/ʔɔ$_{55}$lɔ$_{31}$　松：懊憦ʔɔ$_{44}$lɔ$_{52}$　黎：懊憦ʔAᵓ$_{44}$lAᵓ$_{24}$　盛：懊憦ʔAɑ$_{33}$lAɑ$_{52}$　嘉：后悔/懊悔ɦe$_{22}$hue$_{34}$/ʔɔ$_{35}$hue$_{31}$　双：懊悔ʔɔ$_{32}$xuɘɪ$_{34}$　杭：后悔/懊悔ɦeɪ$_{23}$hueɪ$_{51}$/ʔɔ$_{34}$hueɪ$_{51}$　绍：懊悔/懊/后悔ʔɑɒ$_{43}$hue$_{33}$/ʔɑɒ$_{52}$/ɦɤ$_{23}$hue$_{52}$　诸：懊悔ʔɔ$_{33}$fe$_{52}$　崇：懊煞/悔煞ʔɑɒ$_{33}$sæʔ$_{4}$/fe$_{34}$sæʔ$_{5}$　太：悔煞/懊煞fe$_{33}$sɛʔ$_{4}$/ʔɑɒ$_{55}$sɛʔ$_{3}$　余：懊悔ʔɒ$_{55}$hue$_{31}$　宁：后悔/懊悔/悔ɦœʏ$_{24}$huEɪ$_{31}$/ʔɔ$_{55}$huEɪ$_{33}$/huEɪ$_{325}$　黄：后悔ɦiɤ$_{22}$hue$_{44}$　温：后悔ɦʌu$_{52}$fæi$_{34}$　衢：悔/后悔xuɘɪ$_{35}$/xɦɤɯ$_{45}$xuɘɪ$_{35}$　华：后悔/悔ɦiɯu$_{13}$xueɪ$_{51}$/xueɪ$_{544}$　永：后悔ʔɦəʊ$_{32}$xuəɪ$_{55}$

怕

宜：怕/吓pʻo$_{324}$/xAʔ$_{\underline{45}}$　溧：怕/吓pʻo$_{412}$/xəʔ$_{5}$　金：怕/吓pʻɑ$_{44}$/xɑʔ$_{4}$　丹：怕pʻo$_{41}$　童：怕/吓怕pʻɒ$_{45}$/hAʔ$_{5}$pʻɒ$_{55}$　靖：怕/吓得怕pʻo$_{51}$/həʔ$_{4}$təʔ$_{4}$pʻo$_{52}$　江：吓/怕hɑʔ$_{5}$/pʻo$_{435}$　常：怕/吓pʻo$_{52}$/xəʔ$_{5}$　锡：吓xɑʔ$_{5}$　苏：怕/吓pʻo$_{412}$/hAʔ$_{5}$　熟：吓xAʔ$_{5}$　昆：吓hAʔ$_{5}$　霜：怕/吓pʻᴬʏ$_{434}$/xAʔ$_{5}$　罗：怕/吓pʻᴬʏ$_{434}$/hAʔ$_{5}$　周：吓hɑʔ$_{5}$　上：怕/吓pʻo$_{334}$/hɐʔ$_{5}$　松：吓hæʔ$_{5}$　黎：极dʑiəʔ$_{\underline{23}}$　盛：极dʑiɐʔ$_{2}$　嘉：怕/吓pʻo$_{334}$/ɦAʔ$_{\underline{54}}$　双：吓/怕xAʔ$_{\underline{54}}$/pʻʊ$_{334}$　杭：怕/吓/慌pʻɑ$_{334}$/hɐʔ$_{5}$/huAŋ$_{323}$　绍：吓həʔ$_{5}$　诸：吓pʻo$_{544}$　崇：怕/吓pʻʏ$_{324}$/hæʔ$_{\underline{45}}$　太：怕/吓pʻo$_{35}$/hɛʔ$_{\underline{45}}$　余：怕/吓煞pʻo$_{52}$/hɐʔ$_{5}$　宁：怕/吓pʻo$_{44}$/hɐʔ$_{5}$　黄：怕/吓pʻA$_{44}$/huɔʔ$_{5}$　温：怕/吓pʻo$_{52}$/xo$_{423}$　衢：吓xAʔ$_{5}$　华：光kuAŋ$_{324}$　永：乖kuəɪ$_{44}$

留神

宜：当心/小心/注意tAŋ$_{55}$ɕiŋ$_{55}$/ɕiaʏ$_{33}$ɕiŋ$_{44}$/tɕy$_{ɥ53}$ʔi$_{j31}$　溧：当心tAŋ$_{54}$ɕin$_{34}$　金：当点心/当心/小心taŋ$_{44}$tĩ$_{35}$ɕiŋ$_{31}$/taŋ$_{35}$ɕiŋ$_{31}$/ɕiaᵓ$_{33}$ɕiŋ$_{52}$　丹：当心/小心taŋ$_{44}$ɕiŋ$_{23}$/ɕiɒ$_{44}$ɕiŋ$_{23}$　童：小心/当心ɕiɐʏ$_{35}$ɕiŋ$_{31}$/taŋ$_{55}$ɕiŋ$_{31}$　靖：当心/小心taŋ$_{55}$siŋ$_{31}$/siɒ$_{35}$siŋ$_{31}$　江：当心/小心tAᵑ$_{52}$siɲ$_{31}$/siɒ$_{52}$siɲ$_{33}$　常：当心/注意tAɲ$_{55}$ɕiɲ$_{31}$/tsɥ$_{34}$i$_{j44}$　锡：当心tɒ̃$_{21}$ɕin$_{23}$　苏：当心tÃ$_{55}$ɕiɪn$_{31}$　熟：当心tÃ$_{55}$sĩⁿ$_{51}$　昆：当心tã$_{44}$sin$_{41}$　霜：当心/小心tɒ̃$_{55}$sĩ$_{31}$/siɔ$_{33}$sĩ$_{52}$　罗：当心/小心tɒ̃$_{55}$ɕɪⁿ$_{31}$/ɕiɔ$_{55}$ɕɪⁿ$_{31}$　周：当心tɒ̃$_{44}$ɕiɪŋ$_{52}$　上：当心/小心(少)tÃᶮ$_{55}$ɕiɲ$_{31}$/ɕiɔ$_{33}$ɕiɲ$_{44}$　松：当心tɑ̃$_{44}$ɕiɲ$_{52}$　黎：当心tɑ̃$_{44}$siəɲ$_{52}$　盛：当心tɑ̃$_{44}$sɪɲ$_{44}$　嘉：当心/注意tÃ$_{44}$ɕin$_{51}$/tsɥ$_{35}$i$_{31}$　双：当心/留心/注意点tɔ̃$_{44}$ɕɪn$_{44}$/liᵊʏ$_{22}$ɕɪn$_{44}$/tsɿ$_{32}$i$_{z22}$tɪ$_{34}$　杭：当心/小心tAŋ$_{32}$ɕɪn$_{23}$/ɕiɔ$_{55}$ɕɪn$_{31}$　绍：当心/小心tɒŋ$_{33}$ɕɪŋ$_{52}$/ɕiɑɒ$_{34}$ɕɪŋ$_{31}$　诸：留心/当心liʏ$_{31}$ɕĩ$_{44}$/tɒ̃$_{52}$ɕĩ$_{44}$　崇：留心/小心/当心lʏ$_{21}$siŋ$_{23}$/ɕiɑɒ$_{34}$siŋ$_{52}$/tɒ̃$_{53}$siŋ$_{23}$　太：留心/小心/当心ʔlʏ$_{55}$ɕiŋ$_{33}$/ɕiɑɒ$_{33}$ɕiŋ$_{44}$/tuŋ$_{55}$ɕiŋ$_{33}$　余：当心tɒ̃$_{33}$ɕiɲ$_{44}$　宁：当心tɔ̃$_{33}$ɕɪŋ$_{51}$　黄：当心/注意tɒ̃$_{55}$ɕiɪŋ$_{31}$/tɕɥ$_{31}$i$_{j44}$　温：留心lʌu$_{22}$sAŋ$_{44}$　衢：小心/当心/留神ɕiɔ$_{35}$ɕiⁿ$_{53}$/tɒ̃$_{35}$ɕiⁿ$_{31}$/ləɪ$_{24}$ʒɥən$_{31}$　华：小心/注意/戒心ɕiɑʊ$_{54}$ɕiɪn$_{35}$/tsu$_{54}$i$_{j31}$/tɕie$_{54}$ɕiɪn$_{35}$　永：小心ɕiAʊ$_{43}$səɲ$_{44}$

知道

宜：晓则ɕiaʏ$_{53}$tsəʔ$_{\underline{31}}$　溧：晓则ɕiaʸ$_{44}$tsəʔ$_{\underline{31}}$　金：晓得ɕiaᵓ$_{33}$təʔ$_{4}$　丹：晓得/晓则ɕiɒ$_{33}$tɛʔ$_{4}$/ɕiɒ$_{44}$tsɛʔ$_{5}$　童：晓得ɕiɐʏ$_{33}$təʔ$_{3}$　靖：晓得ɕiɒ$_{33}$təʔ$_{5}$　江：晓得ɕiɒ$_{52}$tɜʔ$_{3}$　常：晓得ɕiaʏ$_{34}$təʔ$_{4}$　锡：晓得ɕiA$_{21}$tə$_{23}$　苏：晓得ɕiɛ$_{52}$təʔ$_{3}$　熟：晓得ɕiɔ$_{33}$tEʔ$_{5}$　昆：晓得ɕiɔ$_{52}$təʔ$_{3}$　霜：晓得ɕiɔ$_{44}$təʔ$_{4}$　罗：晓得ɕiɔ$_{35}$tɐʔ$_{3}$　周：晓得ɕiɔ$_{33}$ɗəʔ$_{5}$　上：晓得ɕiɔ$_{33}$tɐʔ$_{4}$　松：晓得hɔ$_{35}$təʔ$_{\underline{31}}$　黎：晓得ɕiAᵓ$_{52}$təʔ$_{5}$　盛：晓得ɕiAɑ$_{52}$təʔ$_{3}$　嘉：晓得ɕiɔ$_{33}$təʔ$_{5}$　双：晓得ɕiɔ$_{34}$təʔ$_{5}$　杭：晓得ɕiɔ$_{55}$tɐʔ$_{\underline{31}}$　绍：晓得ɕiɑɒ$_{34}$təʔ$_{5}$　诸：晓得ɕiɔ$_{53}$tɐʔ$_{\underline{31}}$　崇：晓得ɕiɑɒ$_{34}$tEʔ$_{5}$　太：晓得ɕiɑɒ$_{33}$tɛʔ$_{4}$　余：晓得ɕiɒ$_{33}$tɐʔ$_{5}$　宁：晓得ɕiɔ$_{55}$tɐʔ$_{3}$　黄：晓道/晓得ɕiɒ$_{55}$tɐʔ$_{\underline{31}}$/ɕiɒ$_{55}$dɒ$_{31}$　温：晓得ɕiɑ$_{34}$te$_{5}$　衢：晓得ɕiɔ$_{35}$təʔ$_{5}$　华：晓得ɕiɑʊ$_{55}$təʔ$_{2}$　永：晓得ɕiAʊ$_{43}$təɪ$_{45}$

想

宜:想çiAŋ$_{51}$　溧:想çie$_{52}$　金:想çiɑŋ$_{323}$　丹:想/想想çie$_{44}$/çie$_{23}$çie$_{44}$　童:想çiaŋ$_{324}$　靖:想/思量sĩ$_{334}$sɿ$_{44}$lĩ$_{44}$　江:想siA^{ŋ}$_{45}$　常:想çiAɲ$_{334}$　锡:想siã$_{323}$　苏:想siÃ$_{412}$　熟:想siA˜$_{44}$　昆:想siã$_{52}$　霜:想sia˜$_{434}$　罗:想çia˜$_{434}$　周:想çiA˜$_{44}$　上:想çiÃ$_{334}$　松:想çiɛ̃$_{44}$　黎:想siɛ̃$_{51}$　盛:想çiæ̃$_{51}$　嘉:想çiA˜$_{44}$　双:想çiã$_{53}$　杭:想çiAŋ$_{51}$　绍:想çiaŋ$_{44}$　诸:想çiÃ$_{52}$　崇:想çiA˜$_{42}$　太:想çiAŋ$_{42}$　余:忖ts'eŋ$_{435}$　宁:忖ts'ɐŋ$_{325}$　黄:忖ts'uəŋ$_{53}$　温:想çi$_{35}$　衢:想çiã$_{35}$　华:忖/想ts'ən$_{544}$/çiAŋ$_{544}$　永:想çiAŋ$_{434}$

相信

宜:相信çiAŋ$_{55}$çiŋ$_{31}$　溧:相信çie$_{54}$çin$_{34}$　金:相信çiɑŋ$_{33}$çiŋ$_{44}$　丹:相信çie$_{44}$çiŋ$_{23}$　童:相信çiaŋ$_{53}$çiŋ$_{31}$　靖:相信sĩ$_{33}$siŋ$_{52}$　江:相信siA^{ŋ}$_{55}$siɲ$_{31}$　常:相信çiAɲ$_{55}$çiɲ$_{31}$　锡:相信çiã$_{21}$sin$_{23}$　苏:相信çiÃ$_{55}$çiɪn$_{31}$　熟:相信siA˜$_{55}$sĩ^{n}$_{31}$　昆:相信siã$_{44}$sin$_{41}$　霜:相信siã$_{55}$sĩ$_{31}$　罗:相信çia˜$_{55}$çɪ^{n}$_{31}$　周:相信çiA˜$_{55}$çiɪŋ$_{31}$　上:相信çiÃ^{n}$_{55}$çiɲ$_{31}$　松:相信çiɛ̃$_{55}$çiɲ$_{31}$　黎:相信siɛ̃$_{44}$siəɲ$_{44}$　盛:相信çiæ̃$_{44}$çɪɲ$_{44}$　嘉:相信çiA˜$_{52}$çin$_{22}$　双:相信çiã$_{44}$çɪn$_{44}$　杭:相信çiAŋ$_{32}$çɪn$_{23}$　绍:相信çiaŋ$_{32}$çɪŋ$_{33}$　诸:相信çiÃ$_{52}$çĩ$_{44}$　崇:相信çiA˜$_{53}$siŋ$_{23}$　太:相信çiAŋ$_{55}$çiŋ$_{33}$　余:相信çiÃ$_{32}$çiɲ$_{23}$　宁:相信çiã$_{33}$çɪɲ$_{51}$　黄:相信çia˜$_{33}$çiɪŋ$_{44}$　温:相信çi$_{22}$sAŋ$_{44}$　衢:相信çiã$_{35}$çi^{n}$_{53}$　华:相信çiAŋ$_{32}$çiɪn$_{35}$　永:相信çiAŋ$_{44}$səɲ$_{54}$

怀疑

宜:怀疑/疑心ɦuA$_{22}$ȵi$_{j53}$/ȵi$_{j21}$çiŋ$_{23}$　溧:怀疑ʔɦuA$_{32}$ȵi$_{z23}$　金:怀疑/疑心huɛ^{e}$_{22}$i$_{z44}$/i$_{z22}$çiŋ$_{52}$　丹:怀疑/疑心huɑ$_{32}$ɦi$_{z24}$/ɦi$_{z35}$çiŋ$_{21}$　童:疑心ȵi$_{j24}$çiŋ$_{31}$　靖:不相信pəʔ$_{5}$sĩ$_{33}$siŋ$_{31}$　江:怀疑ɦuæ$_{24}$ȵi$_{j31}$　常:怀疑/疑心ɦuɑ$_{21}$ȵi$_{j34}$/ȵi$_{j21}$çiɲ$_{34}$　锡:怀疑/疑心ɦuɑ$_{24}$ȵi$_{31}$/ȵi$_{24}$çin$_{31}$　苏:疑心ȵi$_{j22}$çiɪn$_{44}$/ɦi$_{j22}$çiɪn$_{44}$　熟:勿相信fEʔ$_{33}$siA˜$_{55}$sĩ^{n}$_{31}$　昆:疑心/勿相信ȵi$_{23}$sin$_{41}$/fəʔ$_{4}$siã$_{34}$sin$_{41}$　霜:怀疑/疑心vE$_{22}$ȵi$_{23}$/ȵi$_{22}$sĩ$_{52}$　罗:疑心ȵi$_{22}$çɪ^{n}$_{52}$　周:怀疑/疑心vɑ$_{23}$ȵi$_{44}$/ȵi$_{23}$çiɪŋ$_{44}$　上:疑心ȵi$_{22}$çiɲ$_{44}$　松:疑心ȵi$_{22}$çiɲ$_{52}$　黎:疑心ȵi$_{j22}$siəɲ$_{34}$　盛:疑心ȵi$_{j22}$çɪɲ$_{44}$　嘉:怀疑/疑心ɦue$_{22}$ȵi$_{44}$/ȵi$_{22}$çin$_{44}$　双:疑心ȵi$_{z22}$çɪn$_{44}$　杭:疑心ɦi$_{21}$çɪn$_{33}$　绍:怀疑ɦua$_{23}$ȵi$_{52}$　诸:怀疑ɦuA$_{22}$ȵi$_{z52}$　崇:疑心/怀疑ȵi$_{z21}$çiŋ$_{23}$/vɑ$_{22}$ȵi$_{z52}$　太:疑心/怀疑ʔȵi$_{55}$çiŋ$_{33}$/vɑ$_{23}$ȵi$_{52}$　余:勿相信ʔʋəʔ$_{55}$çiÃ$_{33}$çiɲ$_{31}$　宁:怀疑ɦue$_{22}$ȵi$_{44}$　黄:怀疑ɦuA$_{22}$ȵi$_{j51}$　温:怀疑vɑ$_{22}$ȵi$_{2}$　衢:疑心ȵi$_{32}$çiɲ$_{23}$　华:怀疑ʔuɛ$_{53}$i$_{j35}$　永:怀疑ʔɦʊA$_{32}$ȵi$_{44}$

小心

宜:小心/当心çiɑɤ$_{33}$çiŋ$_{44}$/tAŋ$_{55}$çiŋ$_{55}$　溧:小心/当心çia^{ʏ}$_{54}$çin$_{34}$/tAŋ$_{54}$çin$_{34}$　金:当心/小心tɑŋ$_{35}$çiŋ$_{31}$/çia^{ɔ}$_{35}$çiŋ$_{31}$　丹:小心/当心çiɒ$_{44}$çiŋ$_{23}$/tɑŋ$_{44}$çiŋ$_{23}$　童:当心tɑŋ$_{55}$çiŋ$_{31}$　靖:当心/小心tɑŋ$_{55}$siŋ$_{31}$/siɒ$_{35}$siŋ$_{31}$　江:小心/当心siɒ$_{52}$siŋ$_{33}$/tA^{ŋ}$_{53}$siŋ$_{31}$　常:小心/当心çiɑɤ$_{35}$çiɲ$_{44}$/tAɲ$_{55}$çiɲ$_{31}$　锡:当心/小心(少)tõ$_{21}$sin$_{23}$/siʌ$_{33}$sin$_{55}$　苏:当心tÃ$_{55}$çiɪn$_{31}$　熟:当心tA˜$_{55}$sɪ^{ɲ}$_{31}$　昆:当心tã$_{44}$sin$_{41}$　霜:小心/当心siɔ$_{33}$sĩ$_{52}$/tɒ˜$_{55}$sĩ$_{31}$　罗:小心/当心çiɔ$_{35}$çɪ^{n}$_{31}$/tɒ˜$_{55}$çɪ^{n}$_{31}$　周:当心/留心点ʔdA˜$_{44}$çiɪŋ$_{52}$/liɤ$_{22}$çiɪŋ$_{33}$ʔdi$_{33}$　上:小心/当心çiɔ$_{33}$çiɲ$_{44}$/tÃ^{ɲ}$_{55}$çiɲ$_{31}$　松:当心/留心tɑ˜$_{44}$çiɲ$_{52}$/liɯ$_{22}$çiɲ$_{52}$　黎:当心tɑ˜$_{44}$siəɲ$_{52}$　盛:当心tɑ˜$_{44}$sɪɲ$_{44}$　嘉:小心/当心çiɔ$_{44}$çin$_{15}$/tA˜$_{44}$çin$_{51}$　双:当心tɔ̃$_{44}$çɪn$_{44}$　杭:小心/当心çiɔ$_{55}$çɪn$_{51}$/tAŋ$_{32}$çɪn$_{23}$　绍:小心/当心çiɑɒ$_{34}$çɪŋ$_{52}$/tɒŋ$_{32}$çiŋ$_{52}$　诸:小心/当心çiɔ$_{33}$çĩ$_{52}$/tõ$_{52}$çĩ$_{44}$　崇:小心/当心çiɑɒ$_{34}$siŋ$_{52}$/tõ$_{33}$siŋ$_{23}$　太:小心/当心çiɑɒ$_{33}$çiŋ$_{44}$/tɒŋ$_{55}$çiŋ$_{33}$　余:当心tõ$_{32}$çiɲ$_{23}$　宁:小心/当心çiɘ$_{55}$çɪŋ$_{33}$/tɔ̃$_{33}$çɪŋ$_{51}$　黄:小心/当心çiɒ$_{33}$çiɪŋ$_{51}$/tɒ˜$_{35}$çiɪŋ$_{51}$　温:留心

lᴀu$_{22}$sᴀŋ$_{44}$ 衢：小心ɕiɔ$_{35}$ɕi^{ɲ}$_{53}$ 华：小心/当心ɕiɑʊ$_{54}$ɕiɪn$_{31}$/tᴀŋ$_{32}$ɕiɪn$_{35}$ 永：小心ɕiᴀʊ$_{43}$səɲ$_{44}$

想念

宜：想ɕiᴀŋ$_{51}$ 溧：想ɕie$_{52}$ 金：挂念kuɑ$_{22}$nĩ$_{44}$ 丹：想/念ɕie$_{22}$/ȵɪ$_{31}$ 童：想ɕiɑŋ$_{324}$ 靖：想sĩ$_{334}$ 江：想siᴀ^{ŋ}$_{45}$ 常：想ɕiᴀɲ$_{334}$ 锡：想ɕiã$_{323}$ 苏：想ɕiᴀ̃$_{51}$ 熟：想siᴀ̃$_{324}$ 昆：挂念ko$_{34}$ȵɪ$_{41}$ 霜：想siã$_{434}$ 罗：想siã$_{434}$ 周：想ɕiᴀ̃$_{44}$ 上：想念ɕiᴀ̃^{ɲ}$_{33}$ȵi$_{44}$ 松：想念ɕiẽ$_{44}$ȵiᴇ$_{44}$ 黎：想念siɛ̃$_{55}$ȵiɪ$_{31}$ 盛：想念siæ̃$_{55}$ȵiɪ$_{31}$ 嘉：记挂tɕi$_{35}$kuɑ$_{31}$ 双：想ɕiã$_{53}$ 杭：挂念/想kuɑ$_{34}$ȵie$_{51}$/ɕiᴀŋ$_{51}$ 绍：记挂tɕi$_{43}$ko$_{33}$ 诸：记挂tɕi$_{z44}$ko$_{33}$ 崇：想ɕiᴀ̃$_{42}$ 太：想ɕiᴀŋ$_{42}$ 余：想ɕiᴀ̃$_{435}$ 宁：挂念/想ko$_{55}$nᴇ$_{33}$/ɕiã$_{325}$ 黄：忖ts'uəŋ$_{53}$ 温：想/念ɕi$_{35}$/ȵi$_{22}$ 衢：想/挂记ɕiã$_{35}$/kuɑ$_{55}$tsɿ$_{31}$ 华：记挂/忖tɕij$_{33}$kuɑ$_{35}$/ts'ən$_{544}$ 永：想ɕiᴀŋ$_{434}$

记挂

宜：挂ko$_{324}$ 溧：记挂/挂念/想好则tɕi$_{z52}$ko$_{52}$/ko$_{52}$ȵi$_{52}$/ɕie$_{54}$xɑ^{ɣ}$_{33}$tsəʔ$_{\underline{31}}$ 金：记挂/牵挂tɕi$_{z33}$kuɑ$_{44}$/tɕ'ɪ$_{44}$kuɑ$_{31}$ 丹：记挂tɕi$_{z52}$ko$_{23}$ 童：记挂tɕi$_{j34}$kɒ$_{55}$ 靖：记住得/想tɕi$_{j44}$ɦy$_{ʮ44}$təʔ$_{3}$/sĩ$_{334}$ 江：牵记tɕ'ɪ$_{55}$tɕi$_{j31}$ 常：牵挂tɕ'ɪ$_{55}$ko$_{31}$ 锡：牵记tɕ'ɪ$_{21}$tɕi$_{23}$ 苏：牵记tɕ'iɪ$_{55}$tɕ'i$_{j31}$ 熟：牵记tɕ'ie$_{55}$tɕi$_{31}$ 昆：牵记tɕ'ɪ$_{44}$tɕi$_{41}$ 霜：牵记tɕ'ɪ$_{55}$tɕi$_{31}$ 罗：牵记tɕ'i$_{55}$tɕi$_{31}$ 周：想ɕiᴀ̃$_{44}$ 上：牵记tɕ'i$_{55}$tɕi$_{31}$ 松：牵记tɕ'i$_{55}$tɕi$_{31}$ 黎：牵记/吊牢tɕ'iɪ$_{44}$tɕi$_{j44}$/tiᴀ^{ɔ}$_{52}$lᴀ^{ɔ}$_{41}$ 盛：挂牢住/吊牢ko$_{33}$lᴀɑ$_{55}$zʮ$_{31}$/tiᴀɑ$_{33}$lᴀɑ$_{52}$ 嘉：记挂tɕi$_{35}$kuɑ$_{31}$ 双：记牢/想tɕi$_{z32}$lɔ$_{34}$/ɕiã$_{53}$ 杭：记挂tɕi$_{34}$kuɑ$_{51}$ 绍：记挂tɕi$_{43}$ko$_{33}$ 诸：记得tɕi$_{z33}$kɐʔ$_{5}$/tɕ'i$_{z44}$ko$_{33}$ 崇：想/牵挂ɕiᴀ̃$_{42}$/tɕ'iẽ$_{33}$kuʏ$_{23}$ 太：想煞ɕiᴀŋ$_{33}$sɛʔ$_{4}$ 余：牵挂/忖tɕ'ĩ$_{32}$ko$_{23}$/ts'eɲ$_{435}$ 宁：挂念/想ko$_{55}$nᴇ$_{33}$/ɕiã$_{325}$ 黄：记/记牢tɕi$_{j44}$/tɕi$_{j55}$lɒ$_{31}$ 温：衢：挂记/想kuɑ$_{55}$tsɿ$_{31}$/ɕiã$_{35}$ 华：记挂tɕi$_{j33}$kuɑ$_{35}$ 永：记挂tɕi$_{42}$kʊᴀ$_{54}$

忘记

宜：忘记ʔmᴀŋ$_{53}$tɕi$_{j31}$ 溧：忘煞则mᴀŋ$_{54}$sɑʔ$_{3}$tsə$_{34}$ 金：忘记/忘掉uɑŋ$_{44}$tɕi$_{z31}$/uɑŋ$_{33}$tiɑ^{ɔ}$_{44}$ 丹：忘记mɑŋ$_{52}$tɕi$_{z23}$ 童：忘记mɑŋ$_{22}$tɕi$_{j55}$ 靖：忘脚得mɑŋ$_{24}$tɕiɑʔ$_{5}$təʔ$_{31}$ 江：忘记mᴀ^{ŋ}$_{23}$tɕi$_{j31}$ 常：忘记mᴀɲ$_{21}$tɕi$_{j13}$ 锡：忘落mɒ̃$_{21}$lɔ$_{23}$ 苏：忘记mᴀ̃$_{22}$tɕi$_{j44}$ 熟：忘记mᴀ̃$_{24}$tɕi$_{31}$ 昆：忘记mã$_{22}$tɕi$_{44}$ 霜：忘记mo^{ŋ}$_{22}$tɕi$_{52}$ 罗：忘记mɒ̃$_{22}$tɕi$_{52}$ 周：忘记mɒ̃$_{22}$tɕi$_{52}$ 上：忘记mᴀ̃^{ɲ}$_{22}$tɕi$_{44}$ 松：忘记mɑ̃$_{22}$tɕi$_{23}$ 黎：忘记mɑ̃$_{23}$tɕi$_{j33}$ 盛：忘记mɑ̃$_{22}$tɕi$_{j52}$ 嘉：忘记mᴀ̃$_{24}$tɕi$_{31}$ 双：忘记mɔ̃$_{22}$tɕi$_{z44}$ 杭：忘记ɦuᴀŋ$_{34}$tɕi$_{51}$/mᴀŋ$_{34}$tɕi$_{51}$ 绍：忘记mɒŋ$_{23}$tɕi$_{33}$ 诸：忘记moŋ$_{21}$tɕi$_{z23}$ 崇：忘记mʊ^{ŋ}$_{22}$tɕi$_{z23}$ 太：忘记mʊŋ$_{24}$tɕi$_{31}$ 余：忘记mɒ̃$_{33}$tɕi$_{52}$ 宁：忘记mɔ̃$_{22}$tɕi$_{z44}$ 黄：忘记mɒ̃$_{22}$tɕi$_{j44}$ 温：忘记mᴀŋ$_{22}$tsɿ$_{34}$ 衢：记勿着tɕi$_{55}$fəʔ$_{5}$dʒʮᴀʔ$_{2}$ 华：忘记ʔmᴀŋ$_{55}$tɕi$_{j31}$ 永：忘记mᴀŋ$_{31}$tɕi$_{54}$

要

宜：ʔiɑʏ$_{324}$ 溧：ʔiɑ^{ɣ}$_{412}$ 金：ʔiɑ^{ɔ}$_{44}$ 丹：ʔiɒ$_{41}$ 童：ʔiɐʏ$_{45}$ 靖：ʔiɒ$_{51}$ 江：ʔiɒ$_{435}$ 常：ʔiɑʏ$_{51}$ 锡：ʔiʌ$_{34}$ 苏：ʔiɛ$_{412}$ 熟：ʔiɔ$_{324}$ 昆：ʔiɔ$_{52}$ 霜：ʔiɔ$_{434}$ 罗：ʔiɔ$_{434}$ 周：ʔiɔ$_{335}$ 上：ʔiɔ$_{334}$ 松：ʔiɔ$_{335}$ 黎：ʔiᴀ^{ɔ}$_{413}$ 盛：ʔiᴀɑ$_{413}$ 嘉：ʔiɔ$_{334}$ 双：ʔiɔ$_{334}$ 杭：ʔiɔ$_{334}$ 绍：ʔiɑɒ$_{33}$ 诸：ʔiɔ$_{544}$ 崇：ʔiɑɒ$_{324}$ 太：ʔiɑɒ$_{35}$ 余：ʔiɒ$_{52}$ 宁：ʔiɔ$_{44}$ 黄：ʔiɒ$_{44}$ 温：ʔi$_{52}$ 衢：ʔiɒ$_{53}$ 华：ʔiɑʊ$_{45}$ 永：ʔŋᴀʊ$_{434}$

不要

宜：覅fiɑʏ$_{324}$ 溧：覅/覅fəʔ$_{5}$ʔiɑ^{ɣ}$_{34}$/fiɑ^{ɣ}$_{412}$ 金：不要pəʔ$_{4}$iɑ^{ɔ}$_{44}$ 丹：勿要/覅fɛʔ$_{\underline{53}}$iɒ$_{31}$/fiɒ$_{41}$ 童：不要pəʔ$_{\underline{53}}$iɐʏ$_{31}$ 靖：不要pəʔ$_{\underline{53}}$ʔiɒ$_{31}$ 江：勿要/覅fɜʔ$_{5}$ʔiɒ$_{23}$/fiɒ$_{44}$ 常：覅/勿要(少)fiɑʏ$_{51}$/fəʔ$_{4}$iɑʏ$_{52}$ 锡：勿要/覅fəʔ$_{2}$iʌ$_{34}$/fiʌ$_{213}$ 苏：覅/勿要fiɛ$_{412}$/fəʔ$_{5}$iɛ$_{23}$ 熟：勿要/覅fᴇʔ$_{3}$iɔ$_{34}$/fiɔ$_{324}$ 昆：覅/勿要fiɔ$_{52}$/fəʔ$_{5}$iɔ$_{52}$ 霜：勿要/覅vəʔ$_{2}$iɔ$_{23}$/ʔʋiɔ$_{434}$ 罗：覅/勿要ʔʋiɔ$_{434}$/ʔʋəʔ$_{4}$iɔ$_{23}$ 周：勿要ʔʋəʔ$_{4}$iɔ$_{44}$ 上：勿要vɐʔ$_{2}$iɔ$_{23}$ 松：勿要ʔʋəʔ$_{4}$iɔ$_{34}$ 黎：勿要/覅/□vəʔ$_{3}$iᴀ^{ɔ}$_{34}$/viᴀ^{ɔ}$_{24}$/ziᴀ^{ɔ}$_{24}$

盛：勿要/覅fəʔ$_{3}$iᴀɑ$_{34}$/fiᴀɑ$_{413}$　嘉：覅ʔʋie$_{44}$　双：勿要/啸fəʔ$_{3}$iɔ$_{34}$/ɕiɔ$_{53}$　杭：嫑piɔ$_{334}$　绍：覅（伊）fiɔ$_{35}$（ɦi$_{31}$）　诸：勿要fɐʔ$_{4}$iɔ$_{33}$　崇：覅（伊）faɒ$_{33}$（ɦi$_{52}$）　太：勿要（伊）fiaɒ$_{35}$（ɦi$_{52}$）　余：覅/娃□ʔʋiɒ$_{52}$/ʔʋᴀ$_{44}$gi$_{44}$　宁：覅/勿要fe$_{52}$/vɐʔ$_{2}$iɔ$_{44}$　黄：□/勿要ɕiɒ$_{44}$/fɐʔ$_{3}$iɒ$_{44}$　温：□（其）fæi$_{44}$　衢：覅/勿要fɛ$_{53}$/fə$_{4}$ʔiɒ$_{53}$　华：勿要/□fəʔ$_{4}$iaʊ$_{55}$/fən$_{324}$　永：勿□/□□fə$_{4}$ŋᴀʊ$_{54}$/ʔn̩$_{22}$ŋᴀʊ$_{44}$

应该

宜：应该/应当/要ʔiŋ$_{55}$kɐɪ$_{55}$/ʔiŋ$_{55}$tᴀŋ$_{55}$/ʔiɑʏ$_{324}$　溧：应该/应当/要ʔin$_{44}$kæᴇ$_{52}$/ʔin$_{44}$tᴀŋ$_{52}$/ʔiɑ^{ʏ}$_{412}$　金：应该/应当iŋ$_{35}$kɛ^{e}$_{31}$/iŋ$_{35}$taŋ$_{31}$　丹：应该/应当iŋ$_{44}$kæ$_{31}$/iŋ$_{44}$taŋ$_{31}$　童：应该iŋ$_{53}$kaɪ$_{31}$　靖：应该/应配ʔiŋ$_{53}$kæ$_{31}$/ʔiŋ$_{52}$pʻe$_{41}$　江：应该ʔiɲ$_{53}$kæ$_{31}$　常：应该/应当ʔiɲ$_{55}$kæe$_{31}$/ʔiɲ$_{55}$tᴀɲ$_{31}$　锡：照理/应该（少）tsʌ$_{55}$li$_{31}$/ʔin$_{21}$kᴇ$_{23}$　苏：应该/应当ʔiɪn$_{55}$kᴇ$_{31}$/ʔiɪn$_{55}$tÃ$_{31}$　熟：应该/应当ʔĩ^{ɲ}$_{55}$kæ$_{51}$/ʔĩ^{ɲ}$_{55}$tᴀ̃$_{31}$　昆：应该ʔin$_{44}$kɛ$_{41}$　霜：应当/应该ʔĩ$_{55}$tɒ̃$_{31}$/ʔĩ$_{55}$kᴇ$_{31}$　罗：应该/应当ʔɪ^{n}$_{55}$ke$_{31}$/ʔɪ^{n}$_{55}$tɒ̃$_{31}$　周：应该ʔiɪŋ$_{44}$ke$_{52}$　上：应该ʔiɲ$_{55}$kᴇ$_{31}$　松：应该/应当ʔiɲ$_{44}$ke$_{52}$/ʔiɲ$_{44}$tɑ̃$_{52}$　黎：应当ʔiəɲ$_{44}$tɑ̃$_{44}$　盛：应该/应当ʔɪɲ$_{44}$kᴇ$_{44}$/ʔɪɲ$_{44}$tɑ̃$_{44}$　嘉：应该ʔin$_{44}$kᴇ^{ɛ}$_{51}$　双：应该/应当ʔɪn$_{44}$kᴇ$_{44}$/ʔɪn$_{44}$tɔ̃$_{44}$　杭：应该/应当ʔɪn$_{32}$kᴇ$_{23}$/ʔɪn$_{32}$tᴀŋ$_{23}$　绍：应该ʔɪŋ$_{33}$ke$_{52}$　诸：应该ʔĩ$_{44}$ke$_{33}$　崇：要ʔiaɒ$_{324}$　太：要ʔiaɒ$_{35}$　余：要ʔiɒ$_{52}$　宁：应该ʔɪŋ$_{33}$ke$_{51}$　黄：应该ʔiɪŋ$_{33}$ke$_{51}$　温：应该ʔiʌŋ$_{44}$ke$_{44}$　衢：应当ʔi^{n}$_{35}$tɒ̃$_{31}$　华：别该/应该bie$_{24}$kɛ$_{31}$/ʔiɪn$_{55}$kɛ$_{31}$　永：应该iɪŋ$_{43}$kəɪ$_{44}$

值得

宜：值得/格算/上算　溧：值得/上算dzəʔ$_{3}$təʔ$_{5}$/szᴀ$_{224}$ɕyʊ$_{412}$　金：值得/合算tsəʔ$_{4}$təʔ$_{4}$/xəʔ$_{4}$sʊ̃$_{44}$　丹：值得dzɛʔ$_{\underline{53}}$tɛʔ$_{\underline{31}}$　童：值得/合算dzəʔ$_{5}$təʔ$_{5}$/xɦəʔ$_{5}$ʃyʊ$_{55}$　靖：值得/不亏/合算dʑiəʔ$_{2}$təʔ$_{5}$/pəʔ$_{\underline{53}}$kʻue$_{31}$/hɦəʔ$_{2}$sʊ̃$_{51}$　江：值得dzɜʔ$_{2}$tɜʔ$_{3}$　常：值得/合算dzəʔ$_{3}$təʔ$_{5}$/ɦəʔ$_{3}$sɔ$_{52}$　锡：值得/合算zəʔ$_{2}$təʔ$_{5}$/kəʔ$_{4}$so$_{34}$　苏：值得zəʔ$_{3}$təʔ$_{5}$　熟：值得/合算dʐᴇʔ$_{2}$tᴇʔ$_{5}$/kᴇʔ$_{3}$sʏ$_{34}$　昆：合算/值得kəʔ$_{5}$sɵ$_{52}$/zəʔ$_{2}$təʔ$_{3}$　霜：值得zəʔ$_{2}$təʔ$_{4}$　罗：值得zɐʔ$_{2}$tɐʔ$_{4}$　周：值得zəʔ$_{2}$ɗəʔ$_{5}$　上：值得zɐʔ$_{2}$tɐʔ$_{3}$　松：值得zəʔ$_{3}$təʔ$_{2}$　黎：值得zəʔ$_{3}$təʔ$_{3}$　盛：值得zəʔ$_{3}$təʔ$_{3}$　嘉：值得zəʔ$_{3}$təʔ$_{4}$　双：值得zəʔ$_{2}$təʔ$_{4}$　杭：值得dzɐʔ$_{2}$tɐʔ$_{5}$　绍：背得着/好背pe$_{33}$təʔ$_{4}$zᴀʔ$_{5}$/haɒ$_{34}$pe$_{52}$　诸：值得dzɐʔ$_{2}$tɐʔ$_{4}$　崇：合算/合得算/贝得着ɦᴇʔ$_{2}$sœ̃$_{23}$/ɦᴇʔ$_{2}$tᴇʔ$_{2}$sœ̃$_{23}$/pe$_{33}$tᴇʔ$_{33}$dzɑʔ$_{\underline{52}}$　太：合算/贝得着kɛʔ$_{5}$sœ̃$_{31}$/pe$_{55}$tɛʔ$_{3}$ɟɪɑʔ$_{3}$　余：合算/值得ɦɐʔ$_{2}$sø̃$_{52}$/dzɐʔ$_{2}$tɐʔ$_{5}$　宁：合算/上算kɐʔ$_{5}$sø$_{33}$/zɔ̃$_{23}$sø$_{44}$　黄：值得dʑieʔ$_{\underline{24}}$tɐʔ$_{3}$　温：值得dze$_{3}$te$_{2}$　衢：值得dʒʮəʔ$_{2}$təʔ$_{5}$　华：有□□ʔiɯu$_{54}$uɑ$_{22}$sɯə$_{35}$　永：值得tsəɪ$_{43}$təɪ$_{32}$

是

宜：是zɿ$_{31}$　溧：是葛zɿ$_{32}$kəʔ$_{5}$　金：是sɿ$_{z44}$　丹：是sɿ$_{41}$　童：是szɿ$_{113}$　靖：是得/正得szɿ$_{24}$təʔ$_{\underline{31}}$/tsəŋ$_{35}$təʔ$_{\underline{31}}$　江：是/正是得/咸喂/号喂zɿ$_{223}$/tsᴇɲ$_{45}$zɿ$_{43}$tɜʔ$_{\underline{31}}$/ɦᴇɪ$_{21}$ʔuᴇɪ$_{43}$/ɦɒ$_{21}$ʔuᴇɪ$_{43}$　常：是zɿ$_{24}$　锡：是zɿ$_{213}$　苏：是zɿ$_{31}$　熟：是/正是zɿ$_{213}$/tsẽ^{ɲ}$_{35}$zɿ$_{31}$　昆：是zɿ$_{223}$　霜：是zɿ$_{213}$　罗：是zɿ$_{213}$　周：是zɿ$_{113}$　上：是zɿ$_{113}$　松：是zɿ$_{113}$　黎：是个zɿ$_{33}$gəʔ$_{2}$　盛：是艾zɿ$_{22}$ɦᴇ$_{31}$　嘉：是zɿ$_{223}$　双：是zɿ$_{113}$　杭：是zɿ$_{113}$　绍：才ze$_{22}$　诸：是zɿ$_{31}$　崇：是zɿ$_{22}$　太：是zɿ$_{22}$　余：是zɿ$_{113}$　宁：是zɿ$_{113}$　黄：是zɿ$_{31}$　温：是szɿ$_{24}$　衢：是szɿ$_{31}$　华：是/已/呆sɿ$_{544}$/tɕi$_{j544}$/tɛ$_{45}$　永：是dʑi$_{323}$

不是

宜：勿是fəʔ$_{5}$zɿ$_{324}$　溧：勿是葛fəʔ$_{5}$zɿ$_{34}$kəʔ$_{5}$　金：不是pəʔ$_{4}$sɿ$_{z44}$　丹：勿是fɛʔ$_{\underline{53}}$sɿ$_{31}$　童：不是pəʔ$_{\underline{53}}$zɿ$_{31}$　靖：不是得/不得pəʔ$_{\underline{53}}$zɿ$_{33}$təʔ$_{\underline{31}}$/pəʔ$_{\underline{53}}$təʔ$_{\underline{31}}$　江：勿是fɜʔ$_{\underline{53}}$zɿ$_{31}$　常：勿是fəʔ$_{4}$zɿ$_{24}$　锡：勿是fəʔ$_{4}$zɿ$_{34}$　苏：勿是fəʔ$_{5}$zɿ$_{23}$　熟：勿是fᴇʔ$_{3}$zɿ$_{33}$　昆：勿是fəʔ$_{5}$zɿ$_{31}$　霜：勿是ʔʋəʔ$_{4}$zɿ$_{23}$　罗：勿是ʔʋəʔ$_{5}$zɿ$_{31}$　周：勿是ʔʋəʔ$_{4}$z̥ɿ$_{44}$　上：勿是vɐʔ$_{2}$zɿ$_{23}$　松：勿是ʔʋəʔ$_{4}$zɿ$_{44}$　黎：勿是fəʔ$_{5}$zɿ$_{31}$　盛：勿是fəʔ$_{5}$zɿ$_{31}$　嘉：勿是ʔʋəʔ$_{5}$zɿ$_{31}$　双：勿是fəʔ$_{5}$zɿ$_{31}$　杭：不是pɐʔ$_{3}$zɿ$_{23}$　绍：勿才feʔ$_{5}$ze$_{33}$　诸：

勿是fɐʔ$_5$zɿ$_{31}$　崇：勿是fᴇʔ$_3$zɿ$_{52}$　太：勿是fɛʔ$_3$zɿ$_{44}$　余：勿是ʔʋəʔ$_5$zɿ$_{31}$　宁：勿是vɐʔ$_2$zɿ$_{44}$　黄：勿是vɐʔ$_2$zɿ$_{44}$　温：勿是fə$_3$zɿ$_{34}$　衢：勿是/呒勿fəʔ$_4$zɿ$_{53}$/ɦm̩$_{22}$fəʔ$_5$　华：勿是/勿已fəʔ$_4$sɿ$_{51}$/fəʔ$_4$tɕi$_{j51}$　永：勿是fə$_4$ɕzi$_{31}$

没有(无)

宜：呒不ɦm̩$_{21}$pə$_{23}$　溧：呒没ɦm̩$_{32}$mə$_{23}$　金：没得m̩$_{33}$təʔ$_4$　丹：没得/嗯则mɛʔ$_3$tɛʔ$_4$/n̩$_{21}$tsɛʔ$_2$　童：没得məʔ$_3$təʔ$_5$　靖：没得məʔ$_2$təʔ$_5$　江：呒不ɦm̩$_{21}$pɜʔ$_4$　常：呒没/没/呒不(少)ɦm̩$_{21}$məʔ$_4$/məʔ$_{\underline{23}}$/ɦm̩$_{21}$pəʔ$_4$　锡：呒不ɦm̩$_{22}$pəʔ$_5$　苏：呒不/呒没ɦm̩$_{22}$pəʔ$_4$/ɦm̩$_{22}$məʔ$_4$　熟：呒没/呒不ɦm̩$_{24}$mᴇʔ$_{\underline{31}}$/ɦm̩$_{24}$pᴇʔ$_{\underline{31}}$　昆：嗯得ɦn̩$_{22}$təʔ$_4$　霜：呒曼ʔm̩$_{55}$mᴇ$_{31}$　罗：呒没ɦm̩$_{22}$mɐʔ$_4$　周：呒没/没得ɦm̩$_{22}$məʔ$_4$/məʔ$_2$ʔdəʔ$_3$/ʔməʔ$^{ʔ}_4$dəʔ$_5$　上：呒没ɦm̩$_{22}$mɐʔ$_4$　松：呒没ʔm̩$_{55}$məʔ$_{31}$　黎：呒不ʔm̩$_{55}$pəʔ$_2$　盛：呒不ʔm̩$_{55}$pəʔ$_2$　嘉：呒没ʔm̩$_{55}$mᴇ^{ɛ}$_{31}$　双：呒不ʔm̩$_{44}$pəʔ$_4$　杭：没有/呒没ʔmɐʔ$_5$ʔʏ$_{34}$/meɪ$_{113}$　绍：嗯有ʔn̩$_{43}$iʏ$_{33}$　诸：呒没ɦm̩$_{22}$mɐʔ$_4$　崇：没有/密mᴇʔ$_2$iʏ$_{52}$/meʔ$_{\underline{12}}$　太：密ɦm̩$_{22}$mi$_{52}$　余：呒没ʔm̩$_{55}$mɐʔ$_3$　宁：呒没/密ʔm̩$_{55}$mɐʔ$_3$/ʔmiɪʔ$_5$　黄：呒ɦm̩$_{31}$　温：嗯□nɔu$_{24}$　衢：呒ɦm̩$_{323}$　华：呒没ʔm̩$_{544}$mə$_{24}$　永：□ʔnəɪ$_{434}$

没有(未)

宜：朆vəŋ$_{223}$　溧：呒没ɦm̩$_{32}$mə$_{23}$　金：没有/不曾məʔ$_5$iʌʏ$_{23}$/pəʔ$_5$tsʻəŋ$_{23}$　丹：勿经/勿曾fɛʔ$_5$tɕiŋ$_{23}$/fɛʔ$_5$dzɛn$_{23}$　童：不曾pəʔ$_5$szəŋ$_{55}$　靖：奔/奔曾pəŋ$_{51}$/pəŋ$_{52}$szəŋ$_{23}$　江：朆/勿曾fᴇɲ$_{51}$/fɜʔ$_5$dzᴇɲ$_{43}$　常：朆/呒没/呒不(少)fəɲ$_{55}$/ɦm̩$_{21}$məʔ$_4$/ɦm̩$_{21}$pəʔ$_4$　锡：呒不/朆/勿曾ɦm̩$_{22}$pəʔ$_5$/fən$_{544}$/fəʔ$_4$zən$_{34}$　苏：朆fən$_{44}$　熟：朆fĩ^{ɲ}$_{52}$　昆：嗯不/朆ɦn̩$_{22}$pəʔ$_{44}$/fən$_{44}$　霜：朆ʔʋɛ̃$_{52}$　罗：朆/勿曾ʔʋɛ̃^{ɲ}$_{52}$/ʔʋəʔ$_4$zɛ̃^{n}$_{52}$　周：呒没/勿能ʔm̩$_4$məʔ$_5$/ʔʋəʔ$_3$nəŋ$_{52}$　上：呒没/勿曾(少)ʔm̩$_{22}$mɐʔ$_4$/vɐʔ$_2$zəŋ$_{23}$　松：呒没/勿曾(少)ʔm̩$_{55}$məʔ$_{31}$/ʔʋəʔ$_4$zəɲ$_{52}$　黎：勿宁fəʔ$_5$ȵiəŋ$_{34}$　盛：勿宁fəʔ$_3$ȵɪŋ$_{44}$　嘉：呒没ʔm̩$_{55}$məʔ$_{\underline{31}}$　双：呒不ʔm̩$_{44}$pəʔ$_4$　杭：没有/呒没ʔmɐʔ$_3$ʔʏ$_{34}$/meɪ$_{113}$　绍：嗯有ʔn̩$_{43}$iʏ$_{33}$　诸：呒没ɦm̩$_{22}$mɐʔ$_4$　崇：没有/密mᴇʔ$_2$iʏ$_{52}$/meʔ$_{\underline{12}}$　太：呒密ɦm̩$_{22}$mi$_{52}$　余：呒没ʔm̩$_{55}$mɐʔ$_2$　宁：呒没/密ʔm̩$_{55}$mɐʔ$_3$/ʔmiɪʔ$_5$　黄：呒ɦm̩$_{31}$　温：未mɵ$_{323}$　衢：朆fən$_{434}$　华：呒没/□ʔm̩$_{544}$mə$_{24}$/miɪn$_{213}$　永：未mi$_{45}$

接吻

宜：乖嘴/亲嘴kuᴀ$_{35}$tɕyɥ$_{31}$/tɕʻiŋ$_{55}$tɕyɥ$_{31}$　溧：关嘴/亲嘴kuᴀ$_{44}$tɕy$_{z52}$/tɕʻin$_{44}$tɕy$_{z52}$　金：亲嘴/相嘴tɕʻiŋ$_{44}$tsuei$_{23}$/ɕiɑŋ$_{44}$tsuei$_{23}$　丹：亲嘴/怪嘴tɕʻiŋ$_{22}$tɕy$_{z44}$/kuɑ$_{22}$tɕy$_{z44}$　童：亲嘴/拐嘴tɕʻiŋ$_{44}$tʃy$_{ɥ}$ei$_{23}$/kuaɪ$_{324}$tʃyɥei$_{324}$　靖：做乖/亲嘴tsʌʏ$_{53}$kuæ$_{31}$/tsʻiŋ$_{44}$tse$_{34}$　江：关嘴kuæ$_{44}$tsᴇɪ$_{45}$　常：乖嘴/亲嘴kuɑ$_{44}$tsɥæe$_{334}$/tɕʻiɲ$_{44}$tsɥæe$_{334}$　锡：香嘴/亲亲ɕiã$_{44}$tsɥ$_{323}$/tsʻin$_{55}$tsʻin$_{31}$　苏：香面孔/香嘴巴ɕiÃ$_{44}$miɪ$_{22}$kʻoŋ$_{44}$/ɕiÃ$_{44}$tsɿ$_{53}$po$_{31}$　熟：亲嘴/香面孔tsʻĩ^{ɲ}$_{55}$tʂɥ$_{51}$/ɕiÃ$_{55}$mie$_{55}$kʻʊŋ$_{51}$　昆：亲嘴/香面孔tsʻin$_{53}$tsɥ$_{41}$/ɕiã$_{52}$mɪ$_{55}$kʻoŋ$_{41}$　霜：亲嘴tsʻĩ$_{55}$tsɿ$_{31}$　罗：香面孔ɕia~$_{55}$mi$_{33}$kʻo^{ŋ}$_{31}$　周：香嘴巴ɕiᴀ~$_{52}$tsɿ$_{33}$ʔbʏ$_{52}$　上：香面孔ɕiÃ^{ɲ}$_{44}$mi$_{22}$kʻʊŋ$_{44}$　松：香面孔ɕiɛ̃$_{44}$mi$_{22}$kʻʊŋ$_{23}$　黎：香面孔ɕiɛ̃$_{44}$miɪ$_{22}$kʻoŋ$_{52}$　盛：香面孔ɕiæ̃$_{44}$miɪ$_{22}$kʻoŋ$_{52}$　嘉：香面孔ɕiᴀ~$_{51}$mie$_{24}$kʻoŋ$_{31}$　双：闻香mən$_{22}$ɕiã$_{44}$　杭：吻相/相面孔/相脸孔ʔmən$_{32}$ɕiᴀŋ$_{33}$/ɕiᴀŋ$_{33}$mie$_{23}$kʻoŋ$_{51}$/ɕiᴀŋ$_{44}$ʔlie$_{55}$kʻoŋ$_{31}$　绍：□ɕiʊŋ$_{33}$　诸：拨嘴pɐʔ$_5$tsɿ$_{52}$　崇：亲嘴tsʻiŋ$_{33}$tsɿ$_{52}$　太：亲嘴tɕʻiŋ$_{44}$tsɿ$_{52}$　余：□ɕiʊŋ$_{52}$　宁：□嘴/打口水ɕyoŋ$_{33}$tsɥ$_{44}$/tã$_{44}$kʻœʏ$_{55}$sɥ$_{44}$　黄：碰嘴/捂嘴ba~$_{22}$tsɥ$_{51}$/ʔu$_{33}$tsɥ$_{51}$　温：打□tʻɛ$_3$poŋ$_{44}$　衢：吻mən$_{323}$　华：吻miɪn$_{213}$　永：均口嘴巴tɕyɪŋ$_{43}$kʻəʊ$_{32}$tsəɪ$_{32}$boə$_{35}$

上坟

宜：上坟zᴀŋ$_{21}$vəŋ$_{23}$　溧：上坟/飘盐szᴀ$_{224}$vən$_{323}$/pʻiɑ^{ʏ}$_{44}$ɦi$_{323}$　金：上坟　丹：上坟sæ$_{44}$fvɛn$_{23}$

童:上坟　靖:上坟/扫墓ɕiaŋ$_{52}$vəŋ$_{23}$/sɒ$_{33}$mʌʏ$_{52}$　江:奠坟dɪ$_{23}$vᴇɲ$_{223}$　常:扫墓sɑʏ$_{34}$mʌɯ$_{44}$　锡:上坟zã$_{22}$vən$_{55}$　苏:上坟/祭坟/扫墓zᴀ̃$_{23}$vən$_{223}$/tɕij$_{44}$vən$_{223}$/sæ$_{53}$mo$_{31}$　熟:上坟/扫墓zᴀ̃$_{22}$vẽⁿ$_{51}$/sɔ$_{33}$mu$_{33}$　昆:上坟zã$_{23}$vən$_{132}$　霜:上坟zɒ̃$_{22}$vɛ̃$_{52}$　罗:祭坟tsi$_{44}$vɛ̃ⁿ$_{213}$　周:上坟/扫墓zɒ̃$_{22}$vəŋ$_{52}$/sɔ$_{44}$mo$_{113}$　上:上坟/扫墓zᴀ̃ⁿ$_{33}$vəɲ$_{113}$/sɔ$_{44}$mo$_{113}$　松:上坟zɑ̃$_{24}$vəɲ$_{31}$　黎:上坟zɑ̃$_{23}$vəɲ$_{33}$　盛:上坟zɑ̃$_{23}$vəɲ$_{33}$　嘉:上坟/扫墓zᴀ̃$_{23}$vən$_{31}$/sɔ$_{44}$mo$_{223}$　双:上坟zɔ̃$_{21}$vən$_{34}$　杭:上坟szᴀŋ$_{23}$ʔvən$_{323}$　绍:上坟头zɒŋ$_{33}$vɪŋ$_{22}$dɤ$_{52}$　诸:上坟zᴀ̃$_{21}$vẼĨ$_{23}$　崇:上坟zᴀ̃$_{33}$vɪŋ$_{23}$　太:上坟zɒŋ$_{24}$veŋ$_{31}$　余:到坟头去tɒ$_{44}$veɲ$_{22}$dɤ$_{44}$k'e$_{52}$　宁:上坟zɔ̃$_{22}$vɐŋ$_{35}$　黄:上坟zɒ̃$_{23}$vəŋ$_{31}$　温:上坟ɦi$_{33}$vʌŋ$_{31}$　衢:上坟ʃʒʮɒ̃$_{24}$vən$_{31}$　华:上坟ɕiᴀŋ$_{55}$fən$_{31}$　永:上坟/祭青ɕziᴀŋ$_{32}$fəɲ$_{44}$/tɕi$_{43}$tɕ'iɪɲ$_{44}$

遗失

宜:漏/呒得辣lʏɯ$_{31}$/ʔm̩$_{33}$təʔ$_{5}$lᴀʔ$_{5}$　溧:漏辣列/漏辣列/漏辣则列lʌɯ$_{24}$lɑʔ$_{3}$lɪʔ$_{\underline{31}}$/lʌɯ$_{24}$lɑʔ$_{3}$tsəʔ$_{\underline{31}}$/lʌɯ$_{24}$lɑʔ$_{3}$tsəʔ$_{3}$li$_{31}$　金:丢掉tiʌʏ$_{32}$tiɑ^{ɔ}$_{31}$　丹:漏落lʌʏ$_{32}$loʔ$_{\underline{24}}$　童:漏了lei$_{21}$liɐʏ$_{23}$　靖:丢拉得/抛拉得/弄拉得tøʏ$_{44}$lɑ$_{33}$təʔ$_{3}$/p'ɒ$_{44}$lɑ$_{33}$təʔ$_{3}$/noŋ$_{24}$lɑ$_{33}$təʔ$_{\underline{31}}$　江:漏落/漏脱落/漏落早lᴇɪ$_{24}$loʔ$_{2}$/lᴇɪ$_{24}$t'ɜʔ$_{3}$loʔ$_{2}$/lᴇɪ$_{24}$loʔ$_{3}$tsɒ$_{31}$　常:漏落lei$_{21}$lɔ$_{13}$　锡:落落/土落lɔʔ$_{2}$lɔʔ$_{5}$/t'ʌʏ$_{33}$lɔʔ$_{5}$　苏:特脱/勿见脱dəʔ$_{3}$t'əʔ$_{5}$/fəʔ$_{5}$tɕiɪ$_{23}$t'əʔ$_{2}$　熟:落脱/勿见脱loʔ$_{2}$t'ᴇʔ$_{5}$/fᴇʔ$_{3}$tɕie$_{55}$t'ᴇʔ$_{\underline{31}}$　昆:□脱/豁脱dəʔ$_{2}$t'əʔ$_{3}$/huᴀʔ$_{4}$t'əʔ$_{4}$　霜:豁脱/落脱fᴀʔ$_{5}$t'əʔ$_{3}$/loʔ$_{2}$t'əʔ$_{4}$　罗:落脱/勿见脱loʔ$_{2}$t'ɐʔ$_{4}$/ʔʋəʔ$_{4}$tɕi$_{44}$t'əʔ$_{4}$　周:落脱/勿看见lɒʔ$_{2}$t'əʔ$_{\underline{23}}$/ʔʋəʔ$_{3}$k'ø$_{55}$tɕi$_{31}$　上:落脱/勿见脱loʔ$_{2}$t'ɐʔ$_{3}$/ʔʋəʔ$_{3}$tɕi$_{55}$t'ɐʔ$_{\underline{31}}$　松:落脱/勿见脱/呒没阿哩lɔʔ$_{3}$t'əʔ$_{2}$/ʔʋəʔ$_{4}$tɕi$_{44}$t'əʔ$_{\underline{52}}$/ʔm̩$_{55}$məʔ$_{33}$ɦɑ$_{33}$li$_{31}$　黎:落脱/勿见脱loʔ$_{3}$t'əʔ$_{3}$/fəʔ$_{5}$tɕiɪ$_{33}$t'əʔ$_{32}$　盛:落脱/勿见脱lɔʔ$_{3}$t'əʔ$_{3}$/fəʔ$_{3}$tɕiɪ$_{44}$t'əʔ$_{4}$　嘉:跌脱/跌脱哩/勿见脱tiɪʔ$_{3}$təʔ$_{4}$/tiɪʔ$_{3}$təʔ$_{4}$li$_{51}$/ʔʋəʔ$_{5}$tɕie$_{33}$t'əʔ$_{\underline{31}}$　双:落脱台/呒不拉台/勿见脱ʔloʔ$_{5}$təʔ$_{5}$dᴇ$_{21}$/ʔm̩$_{44}$pəʔ$_{4}$lɑ$_{4}$zᴇ$_{44}$/fəʔ$_{3}$tɕɪ$_{44}$t'əʔ$_{4}$　杭:没见特/跌落特mɐʔ$_{2}$tɕie$_{23}$deɪ$_{51}$/tiɪʔ$_{4}$lɔʔ$_{4}$dɐʔ$_{5}$　绍:跌落/嗯有才tɪʔ$_{4}$loʔ$_{5}$/ʔn$_{44}$iʏ$_{33}$dze$_{31}$　诸:翻落/呒没勒fɛ$_{52}$loʔ$_{4}$/ɦm̩$_{2}$mɐʔ$_{4}$lɐʔ$_{31}$　崇:藤了dɪŋ$_{21}$liɑɒ$_{23}$　太:藤了deŋ$_{24}$liɑɒ$_{31}$　余:笃落/呒没哉təʔ$_{5}$lɔʔ$_{3}$/ʔmɐʔ$_{5}$tse$_{31}$　宁:笃落/密力təʔ$_{5}$lɔʔ$_{3}$/ʔmiɪʔ$_{3}$liɪʔ$_{5}$　黄:落/呒见豪lɔʔ$_{\underline{12}}$/ʔm̩$_{33}$tɕij$_{55}$ɦɒ$_{31}$　温:□黄dʌŋ$_{22}$ɦ^{ʊ}ɔ$_{2}$　衢:跌到/□到tiəʔ$_{4}$tɔ$_{53}$/ʔɦu$_{45}$tɔ$_{53}$　华:嗯掉/脱掉了ʔn̩$_{54}$diɑʊ$_{24}$/ʔu$_{54}$diɑʊ$_{24}$/t'əʔ$_{3}$tiɑʊ$_{55}$ləʔ$_{2}$　永:打乌nai$_{32}$ʊ$_{44}$

浪费

宜:浪费/糟lᴀŋ$_{22}$fi$_{j53}$/tsɑʏ$_{55}$　溧:浪费/瞎用lᴀŋ$_{32}$fiz$_{52}$/xɑʔ$_{5}$ɦioŋ$_{52}$　金:浪费nɑŋ$_{32}$fei$_{23}$　丹:浪费lɑŋ$_{52}$fi$_{z23}$　童:浪费lɑŋ$_{21}$fei$_{23}$　靖:浪费/伤?lɑŋ$_{52}$fi$_{j41}$/ɕiæ̃$_{433}$　江:浪费lᴀ^{ŋ}$_{24}$fi$_{j31}$　常:浪费/纳(少)lᴀɲ$_{24}$fi$_{j41}$/nɑʔ$_{\underline{23}}$　锡:浪费lɒ̃$_{24}$fi$_{31}$　苏:浪费/难为(少)lᴀ̃$_{24}$fi$_{j31}$/nᴇ$_{22}$ɦuᴇ$_{22}$　熟:□kɔ$_{324}$　昆:浪费lã$_{23}$fi$_{41}$　霜:浪费/伤lɒ̃$_{24}$fi$_{31}$/sɒ̃$_{52}$　罗:伤sɒ̃$_{52}$　周:浪费/伤lɒ̃$_{22}$fi$_{44}$/sɒ̃$_{52}$　上:伤/浪费sᴀ̃^{ɲ}$_{52}$/lᴀ̃^{ɲ}$_{22}$fi$_{44}$　松:浪费sɑ̃$_{22}$fi$_{23}$　黎:难为nᴇ$_{22}$ɦuᴇ$_{44}$　盛:难为/浪费nᴇ$_{22}$ɦuᴇ$_{44}$/lɑ̃$_{22}$fi$_{52}$　嘉:浪费/难为lᴀ̃$_{24}$fi$_{31}$/lᴇ^{ᵋ}$_{22}$ɦue$_{44}$　双:浪费/难为lɔ̃$_{21}$fi$_{34}$/nᴇ$_{22}$ɦuəɪ$_{44}$　杭:浪费/费lᴀŋ$_{23}$fi$_{51}$/fi$_{334}$　绍:浪费lɒŋ$_{23}$fi$_{33}$　诸:勿做人家fɐʔ$_{4}$tsɯ$_{44}$n̠ĩ$_{55}$ko$_{31}$　崇:坏/坏□vɑ$_{14}$/vɑ$_{33}$mʏ$_{23}$　太:坏vɑ$_{13}$　余:浪费lɒ̃$_{23}$fi$_{52}$　宁:浪费lɔ̃$_{23}$fi$_{44}$　黄:浪费lɒ̃$_{22}$fi$_{44}$　温:浪费l^{ʊ}ɔ$_{22}$f^{ɪ}i$_{52}$　衢:浪费lɒ̃$_{22}$fi$_{53}$　华:浪费lᴀŋ$_{21}$fi$_{j35}$　永:浪费/该寺lᴀŋ$_{32}$fi$_{45}$/kəɪ$_{43}$sə$_{55}$

顶撞

宜:顶嘴tiŋ$_{35}$tɕy$_{ɥ31}$　溧:还嘴/顶嘴xɦuᴀ$_{52}$tɕy$_{z52}$/tin$_{52}$tɕy$_{z52}$　金:顶撞tiŋ$_{32}$ts'uɑŋ$_{23}$　丹:顶tiŋ$_{22}$　童:顶撞tiŋ$_{31}$zɑŋ$_{23}$　靖:撞dʑyɑŋ$_{31}$　江:撞腔/撞dzᴀ^{ŋ}$_{23}$tɕ'iᴀ^{ŋ}$_{51}$/zᴀ^{ŋ}$_{223}$　常:顶撞tiɲ$_{34}$zɥᴀɲ$_{44}$　锡:撞腔zɒ̃$_{22}$tɕ'iã$_{55}$　苏:撞腔zᴀ̃$_{22}$tɕ'iᴀ̃$_{44}$　熟:回嘴ɦuᴇ$_{25}$tʂɥ$_{ʅ31}$　昆:撞腔/回嘴zã$_{22}$

tɕʻiã41/ɦuE23tsɥ41 霜:撞腔zɒ̃22tɕʻiɒ̃52 罗:撞腔zɒ̃23tɕʻiɒ̃52 周:撞腔zɒ̃22tɕʻiɒ̃52 上:撞腔zÃⁿ22tɕʻiÃⁿ44 松:顶撞/撞腔tiɲ44zɑ̃44/zɑ̃23tɕʻiɛ̃44 黎:撞腔/顶嘴/对牙对子zɑ̃23tɕʻiɛ̃33/tiɲ55tsɿ31/tE33ŋɒ55tE34tsɿ31 盛:顶嘴/对张对嘴tɪɲ51tsɿ41/tE33tsæ̃55tE33tsɿ31 嘉:抬讲/顶撞dEᵋ23kÃ334/tin44zÃ33 双:顶头嘴tɪn32dᵊY22tsɿ34 杭:顶撞tɪn55dzuAŋ31 绍:顶撞/顶嘴tɪŋ34dzɒŋ52/tɪŋ44tse334 诸:回对ve31te42 崇:撞气/顶撞dzɒ̃21tɕʻiz23/tɪŋ22dzɒ̃52 太:顶嘴teŋ33tsɿ44 余:还嘴/顶嘴ɦuɛ̃21tsɿ23/teɲ32tsɿ23 宁:还嘴/顶嘴ɦuE22tsɥ35/tʻɪŋ33tsɥ35 黄:顶撞/顶嘴/应嘴tiɪŋ32zɒ̃13/tiɪŋ33tsɥ51/ʔiɪŋ33tsɥ51 温:还/顶嘴tʌŋ35/tʌŋ52tsɿ34 衢:顶tiⁿ34 华:冲撞/顶撞/应口tɕʻyoŋ54dzuAŋ24/tiɪŋ54dzuAŋ24/ʔiɪn33kʻiɯu51 永:顶嘴niɪɲ43tsəɪ44

到手

宜:到手/上手(少)tɑY35sYɯ31/zAŋ21sYɯ23 溧:到手/拿到则列tɑʏ52sei52/ʔno54tɑʏ44tsəʔ3lɪʔ31 金:到手tɑᵓ52sAY23 丹:到手tɒ22sEᵉ44 童:到手tɐY35sei31 靖:到手tɒ52ɕøY34 江:着港dzɑʔ2kAⁿ23 常:到手tɑY51sei334 锡:到手tʌ55sEi33 苏:着港zAʔ3kÃ52 熟:着港/到手(少)/弄着dʐAʔ2kÃ34/tɔ55ʂɯ31/nʊŋ24dʐAʔ31 昆:着港/弄着zAʔ3kã31/noŋ23zAʔ41 霜:着港zAʔ2kɒ̃23 罗:着港zAʔ2kɒ̃23 周:到手/着港ɗɔ55sY31/zɒʔ2kɒ̃23 上:着港zɐʔ2kÃⁿ23 松:到手/着港tɔ55sɯ31/zAʔ3kɑ̃44 黎:着港/弄着台zAʔ3kɑ̃33/noŋ22zAʔ5dE31 盛:弄着/着港loŋ22zɑʔ5/zɑʔ3kɑ̃33 嘉:着港/到手zAʔ2kÃ23/tɔ55se31 双:到手/着港tɔ33sᵊY52/zAʔ2kɔ̃34 杭:到手tɔ33seɪ51 绍:到手tɑɒ44sY334 诸:着港dzɐʔ2kɔ̃33 崇:着手/着港dzɑʔ2ɕY52/dzɑʔ2kɔ̃23 太:着港dzɑʔ3kɒŋ33 余:着港dzɐʔ2kɔ̃52 宁:到手/驮到来tɔ33ɕY44/dəʊ22tɔ44le55 黄:到手tɒ55ɕiu31 温:到手tɜ33ɕiʌu35 衢:着拉dʒɥAʔ2lA33 华:到手tɑʊ33ɕiɯu51 永:到手tAʊ43ɕiəʊ32

帮忙

宜:帮忙pAŋ55mAŋ55 溧:帮忙pAŋ44mAŋ323 金:帮忙/帮pɑŋ31mɑŋ24/pɑŋ31 丹:帮忙pɑŋ44mɑŋ23 童:帮忙pɑŋ55mɑŋ31 靖:帮忙/做对手pɑŋ44mɑŋ223/tsAY44te35ɕøY31 江:帮忙pAⁿ44mAⁿ223 常:帮忙/相帮(少)pAɲ44mAɲ213/ɕiAɲ44pAɲ44 锡:帮忙/帮帮pɒ̃21mɒ̃23/pɒ̃55pɒ̃31 苏:相帮ɕiÃ44pÃ44/siÃ55pÃ31 熟:相帮/帮忙siÃ55pÃ51/pÃ55mÃ51 昆:帮忙/相帮pã44mã41/siã44pã41 霜:相帮siã55pɒ̃31 罗:相帮siã55pɒ̃31 周:帮忙/相帮ɓɒ̃44mɒ̃52/ɕiÃ44ɓɒ̃52 上:帮忙/相帮pÃⁿ44mÃⁿ113/ɕiÃⁿ55pÃⁿ31 松:帮忙/相帮pɑ̃33mɑ̃52/ɕiɛ̃44pɑ̃52 黎:相帮/帮忙siɛ̃44pɑ̃44/pɑ̃44mɑ̃24 盛:相帮siæ̃44pɑ̃44 嘉:相帮/帮忙ɕiÃ44pɔ51/pÃ44mÃ31 双:帮忙/相帮pɔ̃32mɔ̃34/ɕiã44pɔ̃44 杭:帮忙/相帮pAŋ44ʔmAŋ323/ɕiAŋ32pAŋ23 绍:帮忙pɒŋ52mɒŋ33 诸:帮衬pɔ̃52tsʻẼĩ44 崇:帮忙/帮衬pɔ̃44mɔ̃312/pɔ̃53tsʻɪŋ23 太:帮忙/帮/帮衬pɒŋ55mɒŋ31/pɒŋ523/pɒŋ52tsʻeŋ33 余:帮忙pɔ̃32mɔ̃23 宁:帮忙pɔ̃33mɔ̃35 黄:帮忙/帮助pɒ̃33mɒ̃51/pɒ̃33zu44 温:帮忙pᵘɔ44mᵘɔ2 衢:相帮ɕiã35pɒ̃31 华:帮忙/相帮pAŋ55mAŋ31/ɕiAŋ32pAŋ35 永:帮忙mAŋ32mAŋ31

羡慕

宜:眼热/眼红/眼皮薄ŋA21ȵiɪ23/ŋA22ɦioŋ53/ŋA21bij23bɔʔ23 溧:眼热/眼红ŋA32ȵiɪ23/ŋA34ɦioŋ23 金:眼热/眼红æ̃22ləʔ4/æ̃52xoŋ23 丹:羡慕/眼红ɕɪ52mAY23/ŋæ32ɦioŋ24 童:眼红ŋɑ24ɦioŋ31 靖:眼热/眼红/□不得ŋæ̃33ȵiɪʔ5/ŋæ̃24ɦioŋ23/tɕiaʔ4pəʔ4təʔ5 江:眼热/眼皮急/眼皮吊ʔŋæ52ȵiəʔ3/ʔŋæ52bij33tɕiəʔ5/ʔŋæ52bij33tiɒ435 常:眼热/眼红ʔŋæ34ȵiɪʔ4/ʔŋæ34ɦioŋ213 锡:眼热/眼红ŋɛ22ȵiəʔ5/ŋɛ22ɦioŋ55 苏:眼热/眼红ŋE22ȵiəʔ4/ŋE22ɦioŋ44 熟:眼热/眼红ŋæ22ȵɪʔ4/ŋæ22ʊŋ44 昆:眼热/眼红ŋɛ22ȵiɪʔ4/ŋɛ22ɦioŋ44 霜:眼热ŋE22ȵɪʔ4 罗:眼热ŋe22ȵɪʔ4 周:眼热ŋɛ22ȵɪʔ5

上：眼热/眼红ŋE₂₂ȵiɪʔ₄/ŋE₂₂ɦʊŋ₄₄　松：眼热ŋE₂₄ȵɪʔ₃₁　黎：眼热ŋE₂₂ȵiəʔ₅　盛：眼热ŋE₅₂ȵiɐʔ₃　嘉：眼热ŋE₂₂ȵiəʔ₅　双：眼红ɦŋ̍₂₄ɦoŋ₅₂　杭：眼热/眼红/眼馋ʔie₅₅ɹɐʔ₃₁/ʔie₅₅ɦoŋ₃₁/ʔie₅₅zE₃₁　绍：眼热ŋæ̃₂₃ȵɪʔ₅　诸：眼热ŋɛ₂₄ȵiəʔ₃　崇：眼依ŋæ₂₂i₅₂　太：想煞/眼泥煞ɕiʌŋ₃₃sɛʔ₄/ŋæ̃₂₂ȵi₅₅sɛʔ₃₁　余：眼痒ȵiɛ̃₂₁ɦiÃ₂₃　宁：眼红ŋE₂₃ɦoŋ₁₁₃　黄：羡慕ʑie₂₂mu₄₄　温：眼热/眼睛黄热ŋɑ₂₅ȵi₂₄/ŋɑ₃₃tsʌŋ₃₃ɦuɔ₂₅ȵi₂₄　衢：眼热ŋæ̃₂₄ȵiəʔ₂　华：眼热ʔɦɑ₅₄ȵie₂₄　永：眼热ŋA₃₂ȵie₃₂₃

划火柴

宜：括火柴/括洋火kuAʔ₅ xu₃₃dzA₄₄/kuAʔ₅ ɦiAŋ₂₂xu₅₃　溧：括洋火kuAʔ₅ ɦie₃₄xu₅₂　金：擦火柴/擦洋火ts'ɑ₄₄ xo₃₂ts'ɛ̃ᵉ₂₃/ts'ɑʔ₄ iɑŋ₃₅xo₃₁　丹：擦洋火ts'ɑʔ₃ ɦie₂₂hʌɤ₄₄　童：擦洋火ts'Aʔ₃ ɦiɑŋ₅₅hʌɤ₃₁　靖：括火柴kuɑʔ₅ ɦʌɤ₃₅zæ₂₃　江：括洋火kuɑʔ₅ ɦiAᵑ₂₁ɦ3ɤ₄₃　常：擦洋火ts'ɑʔ₄ ɦiAɲ₂₁xʌɯ₁₃　锡：鐾自来火bi₃₃ zɿ₂₂lE₅₅xʌɤ₃₁　苏：鐾自来火/划自来水bi₂₃ zɿ₂₂lE₅₅h3u₃₁/ɦuAʔ₂₃ zɿ₃₂lE₅₅h3u₃₁　熟：鐾自来火/鐾洋煤头bi₃₃ dzɿ₂₄læ₃₃xɯ₃₁/bi₃₃ ɦiA˜₂₄mE₃₃dE₃₁　昆：鐾自来火bi₃₃ zɿ₂₂lɛ₃₄həu₄₁　霜：划洋火ɦuAʔ₂ ɦia˜₂₂fu₂₃　罗：划洋火ɦuAʔ₃ ɦia˜₂₄fu₃₁　周：鐾自来火bi₂₂ zɿ₃₃lɛ₅₅fu₃₁　上：鐾自来火/划自来火bi₃₃ zɿ₂₂lE₅₅fu₃₁/ɦuɐʔ₃ zɿ₂₂lE₅₅fu₃₁　松：鐾自来火bi₃₃zɿ₂₄lE₃₃fu₃₁　黎：鐾自来火biʝ₃₃ zɿ₂₂lE₅₅h3u₃₁　盛：鐾自来火biʝ₃₃ zɿ₂₂lE₅₅h3u₃₁　嘉：鐾自来火bi₂₃zɿ₂₂lEᵋ₅₅fu₃₁　双：鐾自来火biᶻ₃₃ zɿ₂₂lE₂₂xəu₅₂　杭：鐾洋火/划火柴/划洋火bi₂₃ iAŋ₃₄hu₄₄/ɦuɐʔ₂ hu₅₅zE₃₁/ɦuɐʔ₂ iAŋ₅₅hu₃₁　绍：鐾 自来火bi₃₃zɿ₂₁le₃₃fu₃₃　诸：鐾洋火biᶻ₃₃ ɦiÃ₂₂hɯ₅₂　崇：鐾鐾来火biᶻ₃₃ biᶻ₂₂le₂₂hɤ₅₂　太：鐾鐾来火bi₃₃ bi₂₁le₄₄hɯ₅₂　余：鐾自来火bi₃₃ zɿ₂₂le₅₅hou₃₁　宁：鐾自来火bi₃₃ zɿ₂₂le₄₄həʊ₅₅　黄：卡自来火k'A₄₄ zɿ₂₂le₃₃həu₅₁　温：鐾自来火bⁱi₅₂ zɿ₂₂le₄₄fʊ₃₄　衢：划洋火ɦuAʔ₂ɦiã₃xu₃₅　华：鐾火柴/鐾洋火biʝ₂₂xuo₅₅sɑ₃₁/biʝ₂₂ɦiAŋ₃₃xuo₅₁　永：鐾自来火bi₃₂ ɕʑi₂₁ləɪ₂₂xoə₄₅

找岔儿

宜：寻岔头/寻事体ʑiŋ₂₁ts'ɑɤ₁₁dɤɯ₂₃/ʑiŋ₂₂zɿ₅₅t'iʝ₃₁　溧：扳散头/寻岔子/挑刺pA₄₄tɕ'iɑʔ₅dei₃₄/ʑin₃₂ts'o₄₄tsɿ₃₄/t'iɑʸ₄₄ts'ɿ₄₁₂　金：找岔子tsɑᵓ₃₂₃ts'ɑ₃₅tsɿ₃₁　丹：打岔子tɑ₃₂₄ts'ɑ₄₁tsɿ₂₁　童：捉小辫子tʃyoʔ₄ɕiɐɤ₅₅bɪ₃tsɿ₃₁　靖：找岔子tɒ₃₃ts'o₅₅tsɿ₃₁　江：扳散丝pæ₄₄ts'iɑʔ₅sɿ₂₃　常：寻事体做ʑiɲ₂₁zɿ₁₁t'iʝ₁₃tsʌɯ₃₃₄　锡：寻吼势zin₂₃xʌɤ₅₅sɿ₃₁　苏：扳岔头pE₄₄ts'o₅₅dəɪ₃₁　熟：扳岔头pæ₅₅ts'u₅₅dE₅₁　昆：扳岔头pɛ₄₄ts'o₄₄dE₄₁　霜：捉板头tsoʔ₃pE₅₅dʌɪ₃₁　罗：捉扳头tsoʔ₃pe₅₅dʌɪ₃₁　周：捉扳头tsɒʔ₃ɓɛ₅₅dɤ₃₁　上：捉扳头tsoʔ₃pE₅₅dɤɯ₃₁　松：捉扳头tsɔʔ₄pE₄₄dɯ₅₂　黎：扳岔头pE₄₄ts'o₄₄dieɯ₄₄　盛：扳岔头pE₄₄ts'o₄₄diɵʉ₄₄　嘉：扳错头/挖脚底pE₅₁ts'o₄₄ɖe₅₁/ʔuAʔ₃tɕiAʔ₅ti₃₁　双：扳岔头pE₃₃ts'ʊ₄₄dᵊʏ₄₄　杭：寻事儿dʑɪn₃₃zɿ₂₄ər₃₁　绍：寻事头ʑɪŋ₃₃zɿ₂₁dɤ₂₃　诸：寻事体ɦĩ₃₃zɿ₂₂t'iᶻ₅₂　崇：寻事/寻事作孽ziŋ₂₁zɿ₂₃/ziŋ₂₂zɿ₅₅tsɔʔ₃ȵiEʔ₃₁　太：寻事dziŋ₂₃zɿ₂₂　余：寻事体ɦiɲ₂₁zɿ₂₂t'i₅₂　宁：寻□势ʑɪŋ₂₂hœɤ₅₅sɿ₃₁　黄：寻啰咊/捉壁脚ʑiɪŋ₂₂lᵊu₅₅sᵊu₃₁/tsɔʔ₃pieʔ₃tɕiɐʔ₄　温：捉漏洞tɕiu₃lʌu₅₂doŋ₂₂　衢：寻花头ɕʑiⁿ₃₂xuɑ₃₃təɪ₅₃　华：捉把柄tsoʔ₅pɑ₃₃piɪn₃₅　永：借意头tɕiA₄₃i₃₂təʊ₂₂

洄溢

宜：瀊/潽be₂₂₃/p'u₅₅　溧：满/潽mʊ₃₂₃/p'u₄₄　金：满mæ̃₃₂₃　丹：批/潽p'iᶻ₂₂/p'u₂₂　童：瀊/潽bʊ₁₁₃/p'u₄₂　靖：潽p'u₄₃₃　江：瀊/潽bɵ₂₂₃/p'u₅₁　常：瀊/潽bɔ₂₁₃/p'u₄₄　锡：瀊/潽bo₂₁₃/p'u₅₄₄　苏：潽p'u₄₄　熟：满/潽mɤ₃₁/p'u₅₂　昆：潽p'u₄₄　霜：潽p'u₅₂　罗：潽p'u₅₂　周：瀊/潽be₁₁₃/p'u₅₂　上：瀊/潽bø₁₁₃/p'u₅₂　松：瀊be₃₁　黎：瀊/潽bɵ₂₄/p'u₄₄　盛：瀊bɵ₂₄　嘉：满/瀊mɤə₂₂₃/bɤə₂₂₃　双：瀊/部/潽bE₁₁₃/bʉ₃₁/p'ʉ₄₄　杭：瀊/潽/满bo₂₁₂/p'u₃₂₃/ʔmo₅₁　绍：满/潽mõ₁₁₃/p'u₅₂　诸：潽p'u₅₄₄　崇：满/潽mœ̃₂₂/p'u₅₃₃　太：满/潽mœ̃₃₁₂/p'u₅₂₃　余：瀊/潽/满bõ₁₁₃/p'u₃₄/mõ₁₁₃　宁：潽/浃p'u₅₂/kɐʔ₅　黄：满/□ʔmø₅₃/bu₃₁　温：满出mɵ₂₂tɕ'y₄　衢：满/

潽mə$_{31}$/p'u$_{434}$　华：满/潽ʔmɯə$_{544}$/p'u$_{45}$　永：满mɤə$_{323}$

渗

宜：洇ʔiŋ$_{324}$　溧：洇/□ʔin$_{412}$/xei$_{412}$　金：洇iŋ$_{44}$　丹：洇iŋ$_{41}$　童：洇/□iŋ$_{324}$/hei$_{324}$　靖：洇ʔiŋ$_{51}$　江：洇ʔiɲ$_{435}$　常：洇ʔiɲ$_{51}$　锡：洇ʔin$_{34}$　苏：洇ʔiɪn$_{412}$　熟：洇ʔĩ^{ɲ} $_{52}$　昆：洇ʔin$_{52}$　霜：洇ʔĩ$_{434}$　罗：洇ʔi^{n} $_{434}$　周：洇ʔiɪŋ$_{335}$　上：洇ʔiɲ$_{334}$　松：洇ʔiɲ$_{335}$　黎：洇ʔiəɲ$_{413}$　盛：洇ʔɪɲ$_{413}$　嘉：洇ʔin$_{334}$　双：洇ʔɪn$_{334}$　杭：渗suən$_{323}$　绍：渗/洇suẽ$_{33}$/ʔɪŋ$_{52}$　诸：洇ʔĩ$_{52}$　崇：洇ʔiŋ$_{42}$　太：洇ʔiŋ$_{42}$　余：洇ʔiɲ$_{52}$　宁：渗/洇sɐŋ$_{44}$/ʔɪŋ$_{44}$　黄：渗/拦səŋ$_{44}$/lɛ$_{113}$　温：渗sʌŋ$_{52}$　衢：洇ʔi^{ɲ} $_{35}$　华：渗çiɪn$_{45}$　永：渗səɲ$_{44}$

滴

宜：滴/渧tɪʔ$_{\underline{45}}$/ti$_{j324}$　溧：滴/渧tɪʔ$_{5}$/ti$_{z412}$　金：滴tieʔ$_{4}$　丹：滴tɪʔ$_{3}$　童：滴/漏tiɪʔ$_{5}$/lei$_{113}$　靖：滴/渧tɪʔ$_{5}$/t$_{j}$ i$_{51}$　江：渧/滴/漉ti$_{j435}$/tɪʔ$_{5}$/li$_{j435}$　常：滴tiɪʔ$_{5}$　锡：渧ti$_{34}$　苏：滴/渧tɪʔ$_{5}$/ti$_{j412}$　熟：渧/滴ti$_{324}$/tɪʔ$_{5}$　昆：渧/滴ti$_{52}$/tɪʔ$_{5}$　霜：渧/滴ti$_{434}$/tɪʔ$_{5}$　罗：渧/滴ti$_{434}$/tɪʔ$_{5}$　周：渧/滴ɗi$_{335}$/ɗiʔ$_{5}$　上：渧/滴ti$_{334}$/tiɪʔ$_{5}$　松：渧ti$_{335}$/tɪʔ$_{5}$　黎：渧ti$_{j413}$　盛：渧ti$_{j413}$　嘉：渧/滴ti$_{334}$/tiəʔ$_{\underline{54}}$　双：滴/渧tieʔ$_{\underline{54}}$/ti$_{z334}$　杭：渧ti$_{334}$　绍：滴/渧tɪʔ$_{5}$/ti$_{33}$　诸：渧ti$_{544}$　崇：渧ti$_{324}$　太：渧ti$_{35}$　余：滴/渧tɪʔ$_{5}$/ti$_{52}$　宁：渧/滴/漏ti$_{52}$/tiɪʔ$_{5}$/lœʏ$_{113}$　黄：滴/渧tiʌʔ$_{5}$/ti$_{j44}$　温：滴t^{i}i$_{52}$　衢：渧tiɑ$_{53}$　华：滴tiɑ$_{45}$　永：滴tie$_{434}$

拦(～水)

宜：拦/辣lA$_{223}$/lAʔ$_{\underline{23}}$　溧：拦/闸/辣lA$_{323}$/szɑʔ$_{2}$/lɑʔ$_{2}$　金：辣lɒʔ$_{4}$　丹：辣lɑʔ$_{\underline{24}}$　童：辣lAʔ$_{\underline{24}}$　靖：辣/拦lɑʔ$_{\underline{34}}$/læ̃$_{223}$　江：辣lɑʔ$_{\underline{12}}$　常：拦læ$_{213}$　锡：辣lɑʔ$_{\underline{23}}$　苏：辣lAʔ$_{\underline{23}}$　熟：辣lAʔ$_{\underline{23}}$　昆：辣lAʔ$_{\underline{12}}$　霜：辣lAʔ$_{\underline{23}}$　罗：辣lAʔ$_{\underline{23}}$　周：辣lɑʔ$_{\underline{23}}$　上：闸zɐʔ$_{\underline{23}}$　松：辣læʔ$_{\underline{23}}$　黎：辣lAʔ$_{\underline{23}}$　盛：辣lɑʔ$_{2}$　嘉：拦牢lE^{ε} $_{22}$lɔ$_{44}$　双：辣ʔlAʔ$_{\underline{54}}$　杭：拦/辣lE$_{212}$/lAʔ$_{\underline{12}}$　绍：拦/辣ʔlæ̃$_{52}$/lAʔ$_{\underline{23}}$　诸：拦/辣ʔlɛ$_{544}$/lɐʔ$_{\underline{12}}$　崇：拦læ̃$_{312}$　太：拦læ̃$_{312}$　余：辣lɐʔ$_{\underline{23}}$　宁：辣lɐʔ$_{\underline{23}}$　黄：拦/□lɛ$_{31}$/təŋ$_{53}$　温：拦lɑ$_{31}$　衢：辣læʔ$_{\underline{12}}$　华：筑住/拦住/拦牢tçyoʔ$_{3}$dʑy$_{35}$/ʔlɑ$_{54}$dʑy$_{35}$/ʔlɑ$_{54}$lɑʊ$_{24}$　永：□牢tsʊA$_{55}$lAʊ$_{51}$

拦(～人)

宜：辣lAʔ$_{\underline{23}}$　溧：拦/辣/挡/逿lA$_{323}$/lɑʔ$_{5}$/tAŋ$_{412}$/t'Aŋ$_{44}$　金：辣lɑʔ$_{4}$　丹：辣lɑʔ$_{\underline{24}}$　童：辣lAʔ$_{\underline{24}}$　靖：辣/拦lɑʔ$_{\underline{34}}$/læ̃$_{223}$　江：辣lɑʔ$_{\underline{12}}$　常：辣lɑʔ$_{\underline{23}}$　锡：辣lɑʔ$_{\underline{23}}$　苏：辣lAʔ$_{\underline{23}}$　熟：辣lAʔ$_{\underline{23}}$　昆：辣lAʔ$_{\underline{12}}$　霜：辣lAʔ$_{\underline{23}}$　罗：辣/拦lAʔ$_{\underline{23}}$/le$_{31}$　周：辣lɑʔ$_{\underline{23}}$　上：辣lɐʔ$_{\underline{23}}$　松：辣læʔ$_{\underline{23}}$　黎：辣lAʔ$_{\underline{23}}$　盛：辣lɑʔ$_{2}$　嘉：辣ʔlAʔ$_{\underline{54}}$　双：拦/辣lE$_{113}$/ʔlAʔ$_{\underline{54}}$　杭：拦/辣lE$_{212}$/lɐʔ$_{\underline{12}}$　绍：拦/辣ʔlæ̃$_{52}$/lAʔ$_{\underline{23}}$　诸：拦/辣ʔlɛ$_{544}$/lɐʔ$_{\underline{12}}$　崇：拦læ̃$_{312}$　太：拦læ̃$_{312}$　余：辣lɐʔ$_{\underline{23}}$　宁：辣lɐʔ$_{\underline{23}}$　黄：拦/□lɛ$_{31}$/təŋ$_{53}$　温：拦lɑ$_{31}$　衢：辣/拦læʔ$_{\underline{12}}$/læ̃$_{323}$　华：拦住/拦牢ʔlɑ$_{54}$dʑ$_{24}$/ʔlɑ$_{54}$lɑʊ$_{24}$　永：□牢/拉牢çʑiA$_{32}$lAʊ$_{22}$/ʔlA$_{43}$lAʊ$_{22}$

舀

宜：舀ɦiɑɤ$_{223}$　溧：舀ɦiɑɤ$_{224}$　金：舀iɑ^{ɔ} $_{24}$　丹：舀ɦiɒ$_{213}$　童：舀ɦiɐʏ$_{113}$　靖：舀/□ʔiɒ$_{334}$/tç'iɑʔ$_{5}$　江：舀ʔiɒ$_{45}$　常：舀ʔiɑɤ$_{334}$　锡：舀ɦiʌ$_{213}$　苏：舀/拷ʔiɛ$_{31}$/k'æ$_{412}$　熟：舀ɦiɔ$_{31}$　昆：嗨hE$_{52}$　霜：舀/嗨(少)ɦiɔ$_{213}$/xE$_{52}$　罗：舀/嗨/捉(米)ɦiɔ$_{213}$/he$_{52}$/tsoʔ$_{5}$　周：舀/嗨ɦiɔ$_{113}$/he$_{52}$　上：舀/嗨ɦiɔ$_{113}$/hE$_{52}$　松：嗨/舀hE$_{52}$/ɦiɔ$_{113}$　黎：舀/嗨ɦiAɔ$_{32}$/hE$_{44}$　盛：嗨/舀hE$_{44}$/ɦiAɑ$_{22}$　嘉：舀/嗨ʔiɔ$_{44}$/hE^{ε} $_{51}$　双：舀ʔiɔ$_{53}$　杭：舀/兜ʔiɔ$_{51}$/teɪ$_{33}$　绍：舀ɦiɑɒ$_{22}$　诸：舀ɦiɔ$_{31}$　崇：舀ʔiɔ$_{42}$　太：舀ɦæ̃$_{312}$　余：舀ɦiɒ$_{113}$　宁：舀ʔiɘ$_{325}$　黄：舀ʔiɒ$_{53}$　温：舀ɦiɛ$_{24}$　衢：舀ʔiɔ$_{35}$　华：舀

ʔiaʊ$_{544}$　永：舀/□ʔɦᴀʊ$_{323}$

缝

宜：补pu$_{51}$　溧：缝voŋ$_{323}$　金：缝/补foŋ$_{24}$/pu$_{323}$　丹：缝/绞voŋ$_{213}$/tɕiɒ$_{44}$　童：缝/补voŋ$_{31}$/pu$_{324}$　靖：缝/□voŋ$_{223}$/lʌʏ$_{223}$　江：繗lᴇɲ$_{223}$　常：连lɪ$_{21}$i$_{j34}$　锡：繗lən$_{213}$　苏：繗/纳lən$_{223}$/nᴀʔ$_{\underline{23}}$　熟：繗lẽ$^{n}_{233}$　昆：繗lən$_{132}$　霜：繗lĩ$_{31}$　罗：繗lɪ$^{n}_{31}$　周：繗liɪŋ$_{113}$　上：繗liɲ$_{113}$/ləɲ$_{113}$　松：吊/缝tiɔ$_{44}$/vʊŋ$_{31}$　黎：吊tiᴀ$^{ɔ}_{51}$　盛：吊tiᴀɑ$_{51}$　嘉：刁tiɔ$_{51}$　双：缝/踏/裁voŋ$_{113}$/dᴀʔ$_{\underline{23}}$/zᴇ$_{113}$　杭：缝ʔvoŋ$_{323}$　绍：缝vʊŋ$_{31}$　诸：缝voŋ$_{233}$　崇：缝vʊ$^{ŋ}_{312}$　太：缝vʊŋ$_{312}$　余：缝vʊŋ$_{113}$　宁：□ȵiə$_{113}$　黄：补pu$_{53}$　温：繗lʌŋ$_{41}$　衢：缝vʌŋ$_{323}$　华：缝/补foŋ$_{324}$/pu$_{544}$　永：补(窟窿)/缝pʊ$_{43}$(kʻʊə$_{\underline{4}}$loŋ$_{22}$)/fvoŋ$_{322}$

嘬(～奶)

宜：嗍tɕiɔʔ$_{\underline{45}}$　溧：嘬tɕioʔ$_{5}$　金：嗍/□ɕiɔʔ$_{4}$/ɕiʌʏ$_{44}$　丹：局奶tɕyeʔ$_{5}$nɑ$_{23}$　童：□ɕiʊ$_{45}$　靖：□dʑ^{ø}ʏ$_{24}$　江：□ɕiɜʏ$_{45}$　常：□ɕiɯ$_{44}$　锡：吸ɕiəʔ$_{5}$　苏：嗍sɔʔ$_{5}$　熟：嗍soʔ$_{5}$　昆：嗍soʔ$_{5}$　霜：收sʌʏ$_{52}$　罗：嗍/嘬soʔ$_{5}$/tsoʔ$_{5}$　周：嘬tsəʔ$_{5}$　上：嗍soʔ$_{5}$　松：质tsəʔ$_{5}$　黎：嗍soʔ$_{5}$　盛：嗍sɔʔ$_{5}$　嘉：嗍soʔ$_{\underline{54}}$　双：嗍soʔ$_{\underline{54}}$　杭：嗍sɔʔ$_{5}$　绍：嗍soʔ$_{5}$　诸：嗍soʔ$_{5}$　崇：□kɔʔ$_{\underline{45}}$　太：□kɔʔ$_{\underline{45}}$　余：嗍sɔʔ$_{5}$　宁：□tsuɔʔ$_{5}$　黄：吃/吮/呼tɕʻyɔʔ$_{5}$/suəŋ$_{53}$/hu$_{53}$　温：□tɕi$_{423}$　衢：嘬tʃʮəʔ$_{5}$　华：嘬tɕyoʔ$_{4}$　永：食/嘬ɕʑiə$_{323}$/tɕyə$_{323}$

拧(～肉)

宜：扭ȵiʏɯ$_{223}$　溧：捩lɪʔ$_{2}$　金：掐/揪kɑʔ$_{4}$/tɕiʌʏ$_{31}$　丹：扭ŋʏ$_{44}$　童：扭ȵiʊ$_{113}$　靖：挤/拧tsi$_{j334}$/ȵiŋ$_{223}$　江：捩lɪʔ$_{\underline{12}}$　常：捩liɪʔ$_{\underline{23}}$　锡：摘/捩tɪʔ$_{5}$/lɪʔ$_{\underline{23}}$　苏：捩lɪʔ$_{\underline{23}}$　熟：捩lɪʔ$_{\underline{23}}$　昆：捩/捏lɪʔ$_{\underline{12}}$/ȵiᴀʔ$_{\underline{12}}$　霜：捩lɪʔ$_{\underline{23}}$　罗：捩lɪʔ$_{\underline{23}}$　周：扚ɗɪʔ$_{5}$　上：扭/扚ȵiʏɯ$_{52}$/tiɪʔ$_{5}$　松：捩ʔlɪʔ$_{5}$　黎：绞kᴀ$^{ɔ}_{51}$　盛：□/扚/扭ʔȵiᴀɑ$_{51}$/tɪʔ$_{5}$/ʔȵiəʉ$_{51}$　嘉：扭ʔȵi^{ə}u$_{51}$　双：扭ʔȵi^{ø}ʏ$_{53}$　杭：扭ʔȵʏ$_{51}$　绍：扭ʔȵiʏ$_{334}$　诸：扭ʔȵiʏ$_{544}$　崇：扭ʔȵʏ$_{42}$　太：扭ʔȵʏ$_{523}$　余：扭ʔȵiʏ$_{435}$　宁：扭/摘ʔȵʏ$_{52}$/tiɪʔ$_{5}$　黄：扭ʔȵiu$_{53}$　温：扭ȵiʌu$_{31}$　衢：扭ʔȵiɯ$_{35}$　华：扭/拧ʔȵiɯu$_{45}$/ʔȵiɪn$_{544}$　永：扭ȵiəʊ$_{323}$

拧(～毛巾)

宜：绞kɑʏ$_{51}$　溧：绞手巾kɑ$^{ʏ}_{44}$mɑʏ$_{32}$tɕin$_{52}$　金：绞毛巾/挤毛巾kɑ$^{ɔ}_{44}$mɑ$^{ɔ}_{35}$tɕiŋ$_{31}$/tɕi$_{z32}$mɑ$^{ɔ}_{35}$tɕiŋ$_{31}$　丹：绞手巾kɒ$_{22}$mɒ$_{23}$tɕiŋ$_{44}$　童：绞毛巾kɐʏ$_{33}$mɐʏ$_{24}$tɕiŋ$_{31}$　靖：挤毛巾tsi$_{j334}$mɒ$_{22}$tɕiŋ$_{34}$　江：绞毛巾kɒ$_{44}$mɒ$_{24}$tɕiɲ$_{21}$　常：绞毛巾kɑʏ$_{44}$mɑʏ$_{21}$tɕiɲ$_{34}$　锡：绞毛巾kʌ$_{44}$mʌ$_{24}$tɕin$_{31}$　苏：绞kæ$_{412}$　熟：绞毛巾kɔ$_{33}$mɔ$_{55}$tɕɪ$^{n}_{31}$　昆：绞毛巾kɔ$_{52}$mɔ$_{23}$tɕin$_{41}$　霜：绞毛巾kɔ$_{33}$mɔ$_{23}$tɕĩ$_{52}$　罗：绞毛巾ko$_{44}$mɔ$_{24}$tɕɪ$^{n}_{31}$　周：绞毛巾kɔ$_{33}$mɔ$_{23}$tɕiɪŋ$_{44}$　上：绞毛巾kɔ$_{44}$mɔ$_{22}$tɕiɲ$_{44}$　松：绞毛巾/挤毛巾kɔ$_{44}$mɔ$_{22}$tɕiɲ$_{52}$/tɕi$_{44}$mɔ$_{22}$tɕiɲ$_{52}$　黎：捩转/捩lɪʔ$_{3}$tsɵ$_{34}$/lɪʔ$_{\underline{23}}$　盛：捩毛巾lɪʔ$_{3}$mᴀɑ$_{22}$tɕiɲ$_{44}$　嘉：绞毛巾/挤kɔ$_{51}$mɔ$_{22}$tɕin$_{44}$/tɕi$_{44}$　双：绞毛巾/榨kɔ$_{44}$mɔ$_{22}$tɕɪn$_{44}$/tsʊ$_{334}$　杭：绞毛巾tɕiɔ$_{44}$mɔ$_{22}$tɕɪn$_{44}$　绍：绞毛巾kɑɒ$_{44}$mɑɒ$_{21}$tɕɪn$_{33}$　诸：绞kɔ$_{52}$　崇：绞面布kɑ$^{ɒ}_{44}$miẽ$_{22}$pu$_{23}$　太：绞面布kɑɒ$_{44}$miẽ$_{21}$pu$_{44}$　余：绞毛巾kɒ$_{44}$mɒ$_{22}$tɕiɲ$_{44}$　宁：绞毛巾kɔ$_{44}$mɔ$_{22}$tɕɪŋ$_{51}$　黄：捏ȵiɐʔ$_{\underline{12}}$　温：捩li$_{323}$　衢：绞kɔ$_{35}$　华：绞/绞毛巾kɑʊ$_{544}$/kɑʊ$_{544}$ mɑʊ$_{32}$tɕiɪn$_{35}$　永：绞kᴀʊ$_{434}$

拧(～盖子)

宜：旋zyĩ$_{223}$　溧：旋ʑyʊ$_{323}$　金：绞tɕiɑ$^{ɔ}_{323}$　丹：扭ŋʏ$_{22}$　童：扭ȵiʊ$_{22}$　靖：挤tsi$_{j334}$　江：捻ʔȵɪ$_{45}$　常：旋ʑiɔ$_{213}$　锡：旋zi$_{213}$　苏：□ʑiəʔ$_{\underline{23}}$/zɪʔ$_{\underline{23}}$　熟：捩lɪʔ$_{\underline{23}}$　昆：席zɪʔ$_{12}$　霜：捻ʔȵɪ$_{52}$　罗：捻ʔȵi$_{52}$　周：捻ʔȵi$_{52}$　上：捻ʔȵi$_{52}$　松：旋ʑiɪʔ$_{\underline{23}}$　黎：旋zɪʔ$_{\underline{23}}$　盛：旋zɪʔ$_{2}$　嘉：搣ʔmiɪʔ$_{\underline{54}}$　双：旋ʑɪ$_{113}$　杭：搣ʔmiɪʔ$_{5}$　绍：密ʔmɪʔ$_{5}$　诸：旋ʑiɪ$_{233}$　崇：搣miᴇʔ$_{\underline{12}}$　太：搣mieʔ$_{\underline{12}}$　余：搣

mɪʔ$_{\underline{23}}$ 宁：旋/搣zø$_{113}$/miɪʔ$_{\underline{23}}$ 黄：旋zø$_{113}$ 温：旋ɦy$_{31}$ 衢：密miəʔ$_{\underline{12}}$ 华：旋/搣ɕʑye$_{324}$/ʔmiəʔ$_{2}$ 永：旋ɕyə$_{322}$

合缝

宜：朒缝ʔmiŋ$_{35}$voŋ$_{31}$ 溧：朒缝ʔmin$_{44}$voŋ$_{52}$ 金：朒缝miŋ$_{35}$foŋ$_{31}$ 丹：密朒mɪʔ$_{\underline{53}}$foŋ$_{31}$ 童：朒缝ʔmiŋ$_{35}$voŋ$_{31}$ 靖：朒缝miŋ$_{22}$voŋ$_{52}$ 江：朒缝ʔmiɲ$_{52}$voŋ$_{33}$ 常：朒缝ʔmiɲ$_{34}$voŋ$_{44}$ 锡：朒缝ʔmiɪn$_{55}$voŋ$_{31}$ 苏：朒缝ʔmiɪn$_{53}$voŋ$_{31}$ 熟：朒缝mĩ^{ɲ}$_{23}$vʊŋ$_{33}$ 昆：朒缝ʔmin$_{53}$voŋ$_{41}$ 霜：朒缝/密缝ʔmĩ$_{33}$vo^{ŋ}$_{52}$/mɪʔ$_{2}$vo^{ŋ}$_{23}$ 罗：朒缝ʔmɪ^{n}$_{55}$vo^{ŋ}$_{31}$ 周：密缝mɪʔ$_{2}$ɦoŋ$_{52}$ 上：朒缝miɲ$_{22}$vʊŋ$_{44}$/ʔmiɲ$_{44}$vʊŋ$_{113}$ 松：朒缝ʔmiɲ$_{44}$vʊŋ$_{44}$ 黎：朒缝ʔmiəɲ$_{55}$voŋ$_{31}$ 盛：朒缝ʔmɪɲ$_{55}$voŋ$_{31}$ 嘉： 双：密缝mieʔ$_{2}$voŋ$_{34}$ 杭：密缝miɪʔ$_{2}$voŋ$_{23}$ 绍：□缝mi$_{21}$vʊŋ$_{33}$ 诸：朒缝mĩ$_{33}$voŋ$_{33}$ 崇：□缝mi$_{z22}$vʊ^{ŋ}$_{23}$ 太： 余：朒缝miɲ$_{21}$vʊŋ$_{23}$ 宁：密拢/粘拢miɪʔ$_{2}$loŋ$_{34}$/ʔȵi$_{55}$loŋ$_{33}$ 黄：□vɔʔ$_{\underline{12}}$ 温： 衢：合缝ʔɦəʔ$_{2}$fvʌŋ$_{33}$ 华：朒ʔmiɪn$_{45}$ 永：合缝/合摩ʔɦoə$_{32}$foŋ$_{45}$/ʔɦoə$_{32}$moə$_{31}$

占便宜

宜：占便宜/揩油tse$_{33}$bɪ$_{55}$ɦij$_{31}$/k'ᴀ$_{55}$ɦiɤɯ$_{55}$ 溧：占便宜/揩油tɕi$_{44}$bi$_{44}$ɦi$_{z34}$/k'ᴀ$_{44}$ɦiʌɯ$_{323}$ 金：揩油/讨便宜/占光k'ɛ^{e}$_{44}$iʌɤ$_{23}$/t'ɑ^{ɔ}$_{22}$p'ĩ$_{33}$i$_{z44}$/tsæ̃$_{35}$kuɑŋ$_{31}$ 丹：占便宜/揩油/贪便宜tsæ$_{44}$bɪ$_{22}$ɦi$_{z44}$/k'ɑ$_{44}$ɦʏ$_{23}$/t'əŋ$_{44}$bɪ$_{22}$ɦi$_{z44}$ 童：揩油/贪便宜/抓便宜k'aɪ$_{35}$ɦiʊ$_{31}$/t'ʊ$_{44}$bɪ$_{24}$ɦi$_{j31}$/tʃyɒ$_{33}$bɪ$_{24}$ɦi$_{j31}$ 靖：揩油/讨便宜/贪便宜k'ɑ$_{44}$ɦøʏ$_{23}$/t'ɒ$_{34}$bĩ$_{22}$ɦi$_{j44}$/t'uũ$_{44}$bĩ$_{22}$ɦi$_{j44}$ 江：揩油/揩便宜/揩便宜头k'æ$_{44}$ɦiɜʏ$_{223}$/t'ɑʔ$_{5}$bɪ$_{24}$ɦi$_{j21}$/t'ɑʔ$_{5}$bɪ$_{24}$ɦi$_{j33}$dᴇɪ$_{31}$ 常：占便宜/揩油tsɔ$_{44}$bɪ$_{21}$ɦi$_{j13}$/k'ɑ$_{44}$ɦiʌɯ$_{213}$ 锡：揩油k'ɑ$_{44}$ɦiʌʏ$_{213}$ 苏：揩油/搨便宜货/占小便宜k'ɒ$_{44}$ɦiɵ$_{223}$/t'ᴀʔ$_{4}$biɪ$_{22}$ȵiəʔ$_{5}$həu$_{31}$/tɕiɪ$_{44}$ɕiɛ$_{52}$biɪ$_{23}$ȵiəʔ$_{2}$ 熟：揩油/搨便宜k'ɑ$_{55}$ɦiɯ$_{51}$/t'ᴀʔ$_{3}$bie$_{55}$ȵi$_{31}$ 昆：揩油/搨便宜些k'ɑ$_{53}$ɦy$_{41}$/t'ᴀʔ$_{4}$bɪ$_{23}$ȵi$_{34}$ɕiɪʔ$_{4}$ 霜：揩油k'ɑ$_{55}$ɦy$_{31}$ 罗：揩油k'ɑ$_{44}$ɦy$_{213}$ 周：揩油/搨便宜k'ɑ$_{44}$ɦiʏ$_{52}$/t'ɑʔ$_{3}$bi$_{55}$ȵɪʔ$_{\underline{31}}$ 上：揩油/搨便宜k'ᴀ$_{44}$ɦiɤɯ$_{113}$/t'ɐʔ$_{4}$bi$_{22}$ȵi$_{44}$/t'ɐʔ$_{4}$bi$_{22}$ȵiɪʔ$_{4}$ 松：揩油/搨便宜k'ɑ$_{33}$ɦiɯ$_{52}$/t'æʔ$_{4}$bi$_{22}$ȵi$_{52}$ 黎：揩油/搨便宜k'ɒ$_{44}$ɦiɯ$_{24}$/t'ᴀʔ$_{4}$biɪ$_{22}$ȵiɪ$_{24}$ 盛：揩油/搨便宜k'ɒ$_{44}$ɦiəʉ$_{24}$/t'ɑʔ$_{\underline{32}}$biɪ$_{33}$ȵiɪ$_{34}$ 嘉：搨便宜t'ᴀʔ$_{4}$bie$_{22}$ȵi$_{44}$ 双：揩油/贪便宜/搨便宜k'ɑ$_{32}$ɦi^{ø}ʏ$_{33}$/t'ᴇ$_{32}$bɪ$_{22}$ɦi$_{z34}$/t'ᴀʔ$_{\underline{32}}$bɪ$_{22}$ȵi$_{z34}$ 杭：揩油/占便宜k'ɑ$_{44}$ɦʏ$_{212}$/tso$_{44}$bie$_{23}$i$_{51}$ 绍：揩油k'a$_{33}$ɦiʏ$_{52}$ 诸：揩油k'ᴀ$_{52}$ɦiʏ$_{233}$ 崇：揩油k'ɑ$_{33}$ɦʏ$_{23}$ 太：揩油k'ɑ$_{55}$ɦʏ$_{33}$ 余：揩油k'ᴀ$_{32}$ɦiʏ$_{23}$ 宁：揩油/擦便宜k'a$_{33}$ɦʏ$_{35}$/ts'ɐʔ$_{4}$bi$_{22}$ȵi$_{51}$ 黄：揩油/赚便宜/吃便宜k'ᴀ$_{33}$ɦiu$_{44}$/dzɛ$_{22}$bɛ$_{33}$ȵi$_{j51}$/tɕ'yɔʔ$_{4}$bɛ$_{22}$ȵi$_{j51}$ 温：揩油k'ɑ$_{44}$ɦiʌu$_{2}$ 衢：揩油k'ɛ$_{35}$ɦiɯ$_{35}$ 华：占便宜/揩油/拆便宜tsɑ$_{544}$ bie$_{21}$i$_{j35}$/k'ɑ$_{33}$iɯu$_{51}$/ts'ɐʔ$_{4}$ bie$_{22}$ij$_{44}$ 永：揩油k'ᴀ$_{43}$ʔiəʊ$_{44}$

搭界(有关连)

宜：搭界tᴀʔ$_{5}$kᴀ$_{324}$ 溧：搭界tɑʔ$_{5}$kᴀ$_{412}$ 金： 丹：搭界tɑʔ$_{5}$kɑ$_{23}$ 童：搭界t'ᴀʔ$_{3}$kɒ$_{55}$ 靖：搭界tɑʔ$_{5}$kɑ$_{51}$ 江：搭界tɑʔ$_{5}$kɑ$_{23}$ 常：搭界tɑʔ$_{4}$kɑ$_{52}$ 锡：搭界tɑʔ$_{4}$kɑ$_{34}$ 苏：搭界tᴀʔ$_{5}$kɒ$_{23}$ 熟：搭界tᴀʔ$_{3}$kɑ$_{31}$ 昆：搭界tᴀʔ$_{5}$kɑ$_{52}$ 霜：搭界tᴀʔ$_{4}$kɑ$_{23}$ 罗：搭界tᴀʔ$_{4}$kɑ$_{23}$ 周：搭界ɗɑʔ$_{4}$kɑ$_{44}$ 上：搭界tɐʔ$_{3}$kᴀ$_{44}$ 松：搭界tæʔ$_{3}$kɑ$_{44}$ 黎：搭界tᴀʔ$_{5}$kɒ$_{31}$ 盛：搭界tɑʔ$_{5}$kɑ$_{31}$ 嘉：搭界tᴀʔ$_{5}$kɑ$_{31}$ 双：搭界tᴀʔ$_{3}$kɑ$_{34}$ 杭：搭界tɐʔ$_{3}$kɑ$_{44}$ 绍：搭界tæʔ$_{4}$ka$_{52}$ 诸：搭界tɐʔ$_{4}$kᴀ$_{33}$ 崇：搭界tæʔ$_{3}$kɑ$_{23}$ 太：有关系ɦiʏ$_{22}$kuæ̃$_{52}$ɕi$_{33}$ 余：搭界tɐʔ$_{3}$kᴀ$_{52}$ 宁：搭界tɐʔ$_{3}$ka$_{44}$ 黄：有关系ɦiu$_{22}$kuɛ$_{33}$ɕi$_{j44}$ 温：搭界tɑ$_{3}$kɑ$_{52}$ 衢：搭界tᴀʔ$_{4}$kɑ$_{53}$ 华：搭界/有关系tɐʔ$_{3}$kɑ$_{35}$/ʔiɯu$_{544}$ kuæ̃$_{32}$ɕi$_{j35}$ 永：搭界t'ᴀ$_{43}$tɕiᴀ$_{44}$

求饶

宜：求饶dʑiɤɯ$_{21}$ȵiɑʏ$_{23}$ 溧：求饶dʑiʌɯ$_{33}$ȵia^{ʏ}$_{323}$ 金：求饶tɕ'iʌʏ$_{24}$lɑ^{ɔ}$_{23}$ 丹：求饶/讨饶tɕ'ʏ$_{35}$ȵiɒ$_{23}$/t'ɒ$_{44}$ȵiɒ$_{23}$ 童：求饶/讨饶dʑiʊ$_{24}$lɐʏ$_{31}$/t'ɐʏ$_{35}$ȵiɐʏ$_{31}$ 靖：求饶dʑøʏ$_{24}$ȵiɒ$_{223}$ 江：讨饶/告饶t'ɒ$_{44}$ȵiɒ$_{223}$/kɒ$_{45}$ȵiɒ$_{31}$ 常：讨饶t'ɑʏ$_{34}$ȵiɑʏ$_{44}$ 锡：讨饶t'ʌ$_{33}$ȵiʌ$_{55}$ 苏：求饶/讨饶dʑiɵ$_{23}$

ȵiɛ$_{223}$/t‘æ$_{52}$ȵiɛ$_{23}$　熟：讨饶t‘ɔ$_{33}$ȵiɔ$_{51}$　昆：讨饶t‘ɔ$_{53}$ȵiɔ$_{41}$　霜：讨饶t‘ɔ$_{33}$ȵiɔ$_{52}$　罗：讨饶t‘o$_{35}$ȵiɔ$_{31}$　周：讨饶t‘ɔ$_{33}$ȵiɔ$_{52}$　上：讨饶t‘ɔ$_{44}$ȵiɔ$_{113}$　松：讨饶t‘ɔ$_{35}$ȵiɔ$_{31}$　黎：讨饶t‘ᴀ^{ɔ}$_{55}$ȵiᴀ^{ɔ}$_{31}$　盛：讨饶t‘ᴀɑ$_{34}$ȵiᴀɑ$_{24}$　嘉：讨饶t‘ɔ$_{324}$ȵiɔ$_{223}$　双：讨饶t‘ɔ$_{32}$ȵiɔ$_{34}$　杭：讨饶t‘ɔ$_{44}$ʔȵiɔ$_{323}$　绍：讨饶t‘ɑɒ$_{44}$ȵiɑɒ$_{31}$　诸：讨饶t‘ɔ$_{44}$ȵiɔ$_{233}$　崇：讨饶t‘ɑɒ$_{44}$ȵiɑɒ$_{312}$　太：讨饶t‘ɑɒ$_{55}$ȵiɑɒ$_{33}$　余：讨饶/求饶(少)t‘ɒ$_{32}$ȵiɒ$_{23}$/dʑiʏ$_{21}$ȵiɒ$_{23}$　宁：讨饶t‘ɔ$_{33}$ȵiɔ$_{55}$　黄：讨叫饶t‘ɒ$_{33}$tɕiɒ$_{55}$ȵiɒ$_{31}$　温：　衢：讨饶t‘ɔ$_{35}$ȵiɔ$_{31}$　华：讨饶t‘ɑʊ$_{55}$ȵiɑʊ$_{31}$　永：讨饶t‘ᴀʊ$_{43}$ȵiᴀʊ$_{22}$

凑热闹儿

宜：凑闹猛ts‘ʏɯ$_{33}$mɑʏ$_{55}$mᴀŋ$_{55}$　溧：凑热闹/凑闹忙/轧闹忙ts‘ei$_{44}$ȵiɪʔ$_{3}$nɑ^{ʏ}$_{52}$/ts‘ei$_{44}$lɑ^{ʏ}$_{44}$mᴀŋ$_{34}$/gɑʔ$_{3}$lɑ^{ʏ}$_{22}$mᴀŋ$_{23}$　金：凑热闹/擦闹忙ts‘ʌʏ$_{44}$nəʔ$_{4}$nɑ^{ɔ}$_{44}$/kɑʔ$_{4}$lɑ^{ɔ}$_{52}$mɑŋ$_{23}$　丹：凑热闹ts‘ᴇ^{e}$_{22}$nɪʔ$_{5}$nɒ$_{23}$　童：轧闹猛gᴀʔ$_{2}$nɒʏ$_{3}$moŋ$_{44}$/gᴀʔ$_{4}$nɐʏ$_{22}$mɑŋ$_{23}$　靖：凑热闹/凑闹猛ts‘ʌʏ$_{44}$ȵiɪʔ$_{42}$nɒ$_{31}$/ts‘ʌʏ$_{44}$nɒ$_{24}$moŋ$_{31}$　江：凑闹猛/轧闹猛/凑热闹ts‘ᴇɪ$_{44}$nɒ$_{24}$mᴀ^{ŋ}$_{31}$/gɑʔ$_{2}$nɒ$_{44}$mᴀ^{ŋ}$_{44}$/ts‘ᴇɪ$_{44}$ȵiəʔ$_{2}$nɒ$_{23}$　常：凑热闹ts‘ei$_{51}$ȵiɪʔ$_{3}$nɑʏ$_{52}$　锡：凑闹猛/轧闹猛ts‘ᴇi$_{23}$nʌ$_{22}$mã$_{55}$/gɑʔ$_{3}$nʌ$_{22}$mã$_{55}$　苏：轧闹猛gᴀʔ$_{3}$næ$_{22}$mÃ$_{44}$　熟：轧闹猛/凑热闹gᴀʔ$_{2}$nɔ$_{33}$mᴀ̃$_{33}$/ts‘ᴇ$_{55}$ȵɪʔ$_{3}$nɔ$_{31}$　昆：轧闹猛/凑热闹gᴀʔ$_{2}$nɔ$_{22}$mã$_{23}$/ts‘ᴇ$_{52}$ȵɪʔ$_{34}$nɔ$_{41}$　霜：轧闹猛gᴀʔ$_{2}$nɔ$_{22}$mã$_{23}$　罗：轧闹猛gᴀʔ$_{3}$nɔ$_{24}$mã$_{31}$　周：轧闹猛gɑʔ$_{2}$nɔ$_{22}$mᴀ̃$_{23}$　上：轧闹猛gɐʔ$_{2}$nɔ$_{22}$mÃ^{ɲ}$_{23}$　松：凑热闹/轧闹猛ts‘ɯ$_{44}$ȵiɪʔ$_{2}$nɔ$_{34}$/gæʔ$_{2}$nɔ$_{22}$mɛ̃$_{52}$　黎：轧闹猛gᴀʔ$_{3}$ȵiᴀ^{ɔ}$_{22}$mɛ̃$_{52}$　盛：轧闹猛gɑʔ$_{2}$ȵiᴀɑ$_{55}$mæ̃$_{31}$　嘉：轧闹猛gᴀʔ$_{2}$ȵiɔ$_{44}$mᴀ̃$_{51}$　双：轧闹猛gᴀʔ$_{2}$nɔ$_{22}$mã$_{52}$　杭：凑热闹tseɪ$_{44}$ɹɐʔ$_{2}$nɔ$_{23}$　绍：凑热闹/凑闹热ts‘ʏ$_{44}$ȵɪʔ$_{2}$nɑɒ$_{52}$/ts‘ʏ$_{44}$nɑɒ$_{22}$ȵɪʔ$_{5}$　诸：赶闹热kʏ$_{44}$nɔ$_{33}$ȵiəʔ$_{3}$　崇：凑闹热/轧闹热tɕ‘ʏ$_{44}$nɑɒ$_{22}$ȵiᴇʔ$_{4}$/gæʔ$_{3}$nɑɒ$_{2}$ȵiᴇʔ$_{4}$　太：轧闹热gɛʔ$_{3}$nɑɒ$_{24}$ȵi$_{31}$　余：凑热闹ts‘ʏ$_{32}$ȵiɒ$_{22}$nɒ$_{52}$　宁：□闹热ɦoŋ$_{22}$nɔ$_{44}$ȵiɪʔ$_{5}$　黄：□热闹ts‘ã$_{33}$ȵieʔ$_{22}$nɒ$_{23}$　温：轧闹热/凑闹热gɑ$_{3}$n^{ʊ}ɔ$_{55}$ȵi$_{24}$/ts‘ʌu$_{33}$n^{ʊ}ɔ$_{55}$ȵi$_{24}$　衢：凑热闹ts‘əi$_{44}$ȵiəʔ$_{2}$nɔ$_{53}$　华：凑热闹/凑□□/干紧tɕ‘iɯu$_{45}$ȵiəʔ$_{2}$nɑʊ$_{24}$/tɕ‘iɯu$_{45}$ȵie$_{33}$oŋ$_{55}$/kɯə$_{35}$tɕiɪŋ$_{24}$　永：凑热闹ts‘əʊ$_{43}$ȵie$_{31}$nᴀʊ$_{24}$

当学徒

宜：学生意ɦoʔ$_{3}$sᴀŋ$_{3}$ʔi$_{j53}$　溧：学生意/学徒弟xɦoʔ$_{3}$sən$_{22}$ʔi$_{z52}$/xɦoʔ$_{3}$du$_{22}$di$_{52}$　金：当学徒/做徒工/学手艺taŋ$_{44}$ɕyeʔ$_{5}$t‘o$_{23}$/tso$_{44}$t‘o$_{24}$koŋ$_{52}$/ɕyeʔ$_{4}$sʌʏ$_{33}$i$_{z31}$　丹：学生意h^{ɦ}oʔ$_{3}$sɛn$_{44}$i$_{z44}$　童：学生意/当学徒xɦoʔ$_{53}$səŋ$_{33}$i$_{j31}$/taŋ$_{33}$ɦoʔ$_{5}$du$_{31}$　靖：当学徒taŋ$_{44}$ɦɔʔ$_{5}$du$_{34}$　江：学生意ɦoʔ$_{3}$sᴀ^{ŋ}$_{53}$i$_{j31}$　常：学徒ɦoʔ$_{2}$du$_{13}$　锡：学生意ɦoʔ$_{2}$sã$_{55}$i$_{31}$　苏：学生意ɦɔʔ$_{3}$sÃ$_{55}$i$_{j31}$　熟：学生意ɦɔʔ$_{2}$sᴀ̃$_{33}$i$_{34}$　昆：学生意ɦɔʔ$_{3}$sã$_{33}$i$_{31}$　霜：当学徒/学生意tɒ̃$_{44}$ɦoʔ$_{2}$d^{ə}u$_{23}$/ɦoʔ$_{2}$sã$_{22}$i$_{23}$　罗：学生意ɦɔʔ$_{2}$sã$_{22}$i$_{23}$　周：学生意ɦɒʔ$_{2}$sᴀ̃$_{22}$i$_{23}$　上：学生意ɦoʔ$_{2}$sÃ^{ɲ}$_{22}$i$_{23}$　松：学生意ɦoʔ$_{2}$sɛ̃$_{55}$i$_{31}$　黎：学生意ɦoʔ$_{3}$sɛ̃$_{44}$i$_{j44}$　盛：当学徒/学生意(老)tɑ̃$_{44}$ɦɔʔ$_{2}$pɜu$_{34}$/ɦɔʔ$_{3}$sæ$_{33}$iɪ$_{33}$　嘉：是学徒工zɿ$_{23}$ʔoʔ$_{3}$d^{ə}u$_{44}$koŋ$_{51}$　双：学生意ʔoʔ$_{5}$sã$_{55}$i$_{z55}$　杭：当学徒/学生意tᴀŋ$_{44}$ɦiɪʔ$_{2}$du$_{23}$/ɦiɪʔ$_{3}$sən$_{34}$i$_{51}$　绍：做学徒/学生意tso$_{44}$ɦoʔ$_{2}$du$_{52}$/ɦoʔ$_{33}$saŋ$_{32}$i$_{33}$　诸：做徒弟tsɯ$_{44}$du$_{22}$di$_{z44}$　崇：做徒弟tsʏ$_{44}$du$_{22}$di$_{z52}$　太：做徒弟tsɯ$_{44}$du$_{21}$di$_{44}$　余：当学徒/学生意tɒ̃$_{44}$ɦɔʔ$_{2}$du$_{52}$/ɦɔʔ$_{2}$sÃ$_{2}$i$_{23}$　宁：学生意(少)/做学徒ɦɔʔ$_{2}$sã$_{34}$i$_{51}$/tsəʊ$_{44}$ɦɔʔ$_{2}$du$_{34}$　黄：做徒弟tsəu$_{33}$dəu$_{33}$di$_{j51}$　温：学生意/当学徒/做学徒ɦo$_{3}$s^{i}ɛ$_{44}$i$_{52}$/t^{ʊ}ɔ$_{55}$ɦo$_{33}$dɵ$_{21}$/ts^{ə}u$_{55}$ɦo$_{33}$dɵ$_{21}$　衢：做学徒/学做生意tsu$_{44}$ɕiᴀʔ$_{3}$du$_{35}$/ɦuoʔ$_{3}$tsu$_{44}$sæ̃$_{43}$i$_{53}$　华：学生意/做学徒ʔɦuoʔ$_{2}$sᴀŋ$_{33}$i$_{j35}$/tsu$_{44}$ɦuoʔ$_{2}$du$_{24}$　永：做徒弟tsoə$_{43}$du$_{32}$di$_{31}$

挨打

宜：吃生活tɕ‘iɪʔ$_{5}$sᴀŋ$_{55}$ɦuəʔ$_{5}$　溧：吃生活tɕ‘iɪʔ$_{5}$sən$_{22}$ɦuəʔ$_{52}$　金：吃生活/挨揍/背家伙tɕ‘ieʔ$_{4}$səŋ$_{22}$xuəʔ$_{4}$/ɛ^{e}$_{33}$tsʌʏ$_{52}$/pei$_{24}$tɕiɑ$_{52}$xo$_{31}$　丹：吃生活tɕ‘ɪʔ$_{3}$sæ$_{44}$ɦuəʔ$_{5}$　童：吃生活tɕ‘iəʔ$_{53}$səŋ$_{33}$ɦuəʔ$_{31}$

靖：吃生活tɕʻiəʔ$_{\underline{53}}$səŋ$_{33}$ɦuəʔ$_{31}$　江：吃生活/□你tɕʻiəʔ$_5$sA^{ŋ}$_{52}$ɦueʔ$_2$/lɪ$_{24}$ȵi$_{31}$　常：吃生活tɕʻiɪʔ$_2$sAɲ$_{11}$ɦuə$_{23}$　锡：吃生活tɕʻiəʔ$_5$sã$_{21}$ɦuə$_{23}$　苏：吃生活/吃排骨tɕʻiəʔ$_5$sÃ$_{23}$ɦuəʔ$_2$/tɕʻiəʔ$_4$bɒ$_{22}$kuəʔ$_4$　熟：吃生活tɕʻɪʔ$_3$sA˜$_{55}$ɦuoʔ$_5$　昆：吃生活tɕʻiɪʔ$_4$sã$_{34}$ɦuəʔ$_{\underline{41}}$　霜：吃生活tɕʻiɪʔ$_3$sa˜$_{55}$vəʔ$_{\underline{31}}$　罗：吃生活tɕʻiɐʔ$_4$sa˜$_{55}$vɐʔ$_{\underline{31}}$　周：吃生活/讨打tɕʻiʌʔ$_3$sA˜$_{55}$vəʔ$_{\underline{31}}$/tʻɔ$_{55}$ɗA˜$_{31}$　上：吃生活tɕʻiɪʔ$_3$sÃ^{ɲ}$_{55}$ɦuɐʔ$_{\underline{31}}$　松：吃生活/吃家生tɕʻiʌʔ$_3$sɛ̃$_{55}$vəʔ$_{31}$/tɕʻiʌʔ$_4$kɑ$_{44}$sɛ̃$_{52}$　黎：吃生活/吃家生tɕʻiəʔ$_3$sɛ̃$_{55}$ɦuəʔ$_2$/tɕʻiəʔ$_3$kɒ$_{44}$sɛ̃$_{44}$　盛：吃生活/吃家生tɕʻiɐʔ$_3$sæ̃$_{55}$ɦuəʔ$_2$/tɕʻiɐʔ$_3$kɑ$_{44}$sæ̃$_{44}$　嘉：吃生活/吃家生tɕʻiəʔ$_3$sA˜$_{44}$ʔuoʔ$_{51}$/tɕʻiəʔ$_3$kɑ$_{44}$sA˜$_{51}$　双：吃生活tɕʻieʔ$_4$sã$_{44}$ʔuəʔ$_{\underline{53}}$　杭：吃生活tɕʻiɪʔ$_4$sən$_{32}$ɦuɐʔ$_{45}$　绍：吃生活/拨耶敲tɕʻɪʔ$_4$saŋ$_{33}$ɦuoʔ$_5$/peʔ$_4$ɦia$_{22}$kʻɑɒ$_{52}$　诸：吃生活tɕʻiəʔ$_4$sÃ$_{22}$ɦoʔ$_5$　崇：食生活zEʔ$_3$sA˜$_{33}$vEʔ$_4$　太：食生活ʑiɛʔ$_3$sAŋ$_{52}$vɛʔ$_3$　余：吃生活tɕʻyɔʔ$_3$sÃ$_{22}$ɦuɔʔ$_5$　宁：吃生活/讨打tɕʻyɪʔ$_3$sã$_{44}$ɦuɐʔ$_5$/tʻɔ$_{33}$tã$_{44}$　黄：吃生活/吃柴tɕʻyɔʔ$_3$sa˜$_{33}$ɦuɔʔ$_4$/tɕʻyɔʔ$_3$zA$_{31}$　温：凑打tsʻʌu$_{33}$t^{ɪ}ɛ$_{35}$　衢：挨柴/挨拷ʔŋɛ$_{55}$zɛ$_{35}$/ʔŋɛ$_{35}$kʻɔ$_{31}$　华：吃生活/讨栗/扳柴/吃柴tɕʻiəʔ$_3$sAŋ$_{55}$ɦuɑ$_{24}$/tʻɑʊ$_{45}$liəʔ$_3$/pɛ$_{45}$sɑ$_{51}$/tɕʻiəʔ$_{\underline{53}}$sɑ$_{24}$　永：打着nai$_{32}$dʑiAʊ$_{31}$

骂街

宜：骂山门/骂街mo$_{21}$sA$_{11}$məŋ$_{23}$/mo$_{21}$kA$_{23}$　溧：骂山门mo$_{32}$sA$_{22}$mən$_{52}$　金：骂街/骂山门(老)mɑ$_{24}$kɛ^{e}$_{52}$/mɑ$_{23}$sæ̃$_{44}$məŋ$_{23}$　丹：骂街mo$_{44}$kɑ$_{31}$　童：骂山门mɒ$_{24}$sɑ$_{33}$məŋ$_{31}$　靖：骂街mo$_{31}$kæ$_{31}$　江：骂山门mo$_{33}$sæ$_{53}$mEɲ$_{31}$　常：骂山门mo$_{21}$sæ$_{11}$məɲ$_{13}$　锡：骂山门mu$_{22}$sɛ$_{55}$mən$_{31}$　苏：骂山门mo$_{22}$sE$_{55}$mən$_{31}$　熟：骂山门mu$_{24}$sæ$_{33}$mɛ̃^{ɲ}$_{31}$　昆：骂山门mo$_{22}$sɛ$_{55}$mən$_{31}$　霜：骂山门m^{ʌ}ɤ$_{22}$sE$_{23}$mɛ̃$_{52}$　罗：骂山门m^{ʌ}ɤ$_{22}$se$_{55}$mɛ̃^{n}$_{31}$　周：骂山门mo$_{22}$sɛ$_{44}$məŋ$_{52}$　上：骂山门mo$_{22}$sE$_{55}$məɲ$_{31}$　松：骂山门mo$_{23}$sE$_{44}$məɲ$_{44}$　黎：骂山门mo$_{22}$sE$_{55}$məɲ$_{31}$　盛：骂山门mo$_{32}$sE$_{55}$məɲ$_{31}$　嘉：骂山门mo$_{24}$sE^{ɛ}$_{44}$mən$_{51}$　双：骂山门mʊ$_{22}$sE$_{44}$mən$_{44}$　杭：骂山门/骂mɑ$_{23}$sE$_{33}$mən$_{51}$/mɑ$_{113}$　绍：骂山门mo$_{33}$sæ̃$_{33}$mĩ$_{52}$　诸：骂人mo$_{21}$ȵĩ$_{23}$　崇：　太：骂人mo$_{24}$nʊŋ$_{31}$　余：骂人mo$_{21}$ȵiɲ$_{23}$　宁：造孽zɔ$_{22}$ȵiɪʔ$_5$　黄：□tɔʔ$_5$　温：　衢：骂人mɑ$_{45}$ȵi^{n}$_{35}$　华：骂人miɑ$_{24}$ȵi$_{31}$　永：骂人mʊA$_{32}$noŋ$_{22}$

解闷儿

宜：解闷tɕiA$_{53}$məŋ$_{31}$　溧：解厌气kA$_{54}$ʔi$_{34}$tɕʻi$_{z52}$　金：出气tɕʻyeʔ$_4$tɕʻi$_{z44}$　丹：解闷气tɕʻie$_{33}$mɛn$_{41}$tɕʻi$_{z21}$　童：解厌气/解闷气kɒ$_{33}$I$_{55}$tɕʻ$_{j31}$/kɒ$_{33}$məŋ$_{55}$tɕʻi$_{j31}$　靖：解闷tɕʻie$_{33}$məŋ$_{52}$　江：解厌气kæ$_{33}$ʔ⊥$_{55}$tɕʻi$_{j31}$　常：消遣ɕiɑɤ$_{55}$tɕʻI$_{31}$　锡：解厌气kɑ$_{33}$⊥$_{55}$tɕʻi$_{31}$　苏：解厌气kɒ$_{52}$i⊥$_{55}$tɕʻi$_{j31}$　熟：解厌气kɑ$_{33}$ie$_{55}$tɕʻi$_{31}$　昆：解厌气kɑ$_{33}$I$_{55}$tɕʻi$_{41}$　霜：解厌气kɑ$_{33}$I$_{55}$tɕʻi$_{31}$　罗：解厌气kɑ$_{33}$i$_{55}$tɕʻi$_{31}$　周：解厌气kɑ$_{33}$i$_{55}$tɕʻi$_{31}$　上：解厌气kA$_{33}$I$_{55}$tɕʻi$_{31}$　松：解厌气/解解闷kɑ$_{33}$i$_{55}$tɕʻi$_{31}$/kɑ$_{44}$kɑ$_{44}$məɲ$_{52}$　黎：解厌气kɒ$_{51}$iɪ$_{44}$tɕʻi$_{j44}$　盛：解厌气kɑ$_{51}$iɪ$_{44}$tɕʻi$_{j44}$　嘉：解厌气kɑ$_{44}$ie$_{33}$tɕʻi$_{51}$　双：解厌气gɑ$_{21}$I$_{11}$tɕʻi$_{z34}$　杭：解厌气tɕie$_{51}$ie$_{34}$tɕʻi$_{51}$　绍：解闷ka$_{43}$mĩ$_{33}$　诸：解厌气kA$_{44}$iɪ$_{33}$tɕʻi$_{z33}$　崇：　太：　余：解闷tɕiA$_{33}$meɲ$_{52}$　宁：解闷ka$_{33}$mɐŋ$_{44}$　黄：解闷/散散气kA$_{34}$məŋ$_{44}$/sɛ$_{55}$sɛ$_{33}$tɕʻi$_{j44}$　温：　衢：出气tʃʻɥəʔ$_4$tɕʻi$_{53}$　华：解闷tɕi$_{j54}$mən$_{24}$　永：

拉话

宜：拉话lA$_{55}$ɦo$_{31}$　溧：搭招tAʔ$_5$tsɑ^{ɤ}$_{34}$　金：搭话tɑʔ$_4$xuɑ$_{52}$　丹：搭腔tɑʔ$_{\underline{53}}$tɕʻie$_{31}$　童：说话ʃyoʔ$_5$ɦuɒ$_{113}$　靖：搭杀tɑʔ$_5$sɑʔ$_5$　江：搭讪tɑʔ$_{\underline{53}}$sæ$_{31}$　常：搭讪tɑʔ$_4$sæ$_{44}$　锡：搭讪头tɑʔ$_5$sɛ$_{21}$dEi$_{23}$　苏：搭讪tAʔ$_5$sE$_{23}$　熟：搭讪/搭讪头tAʔ$_3$sæ$_{51}$/tAʔ$_3$sæ$_{55}$dE$_{51}$　昆：搭讪tAʔ$_5$sɛ$_{52}$　霜：搭讪tAʔ$_4$sE$_{52}$　罗：搭讪/搭讪头tAʔ$_4$se$_{52}$/tAʔ$_3$se$_{55}$dAI$_{31}$　周：搭讪头/搭讪tɑʔ$_3$sɛ$_{55}$dɤ$_{31}$/tɑʔ$_3$sɛ$_{52}$　上：搭讪tɐʔ$_3$sE$_{44}$　松：搭讪头tæʔ$_4$sE$_{44}$dɯ$_{52}$　黎：乱上来ʔlø$_{44}$zɑ˜$_{44}$lE$_{31}$　盛：搭讪tɑʔ$_3$sE$_{44}$　嘉：搭讪头/搭讪tAʔ$_3$sE^{ɛ}$_{44}$de$_{51}$/tAʔ$_4$sE^{ɛ}$_{51}$　双：搭讪头tAʔ$_3$sE$_{44}$d^{ø}Y$_{44}$　杭：搭话/搭腔tɐʔ$_4$ɦuɑ$_{113}$/tɐʔ$_4$tɕʻiAŋ$_{51}$　绍：对进

来/搭进来te33tɕɪŋ44le52/tæʔ4tɕɪŋ44le52　诸:搭嘴tɐʔ5tsɿ52　崇:搭嘴tæʔ3tsɿ52　太:搭嘴tɛʔ3tsɿ52　余:引眼话头出来ɦiɲ21ȵiẽ22ɦuo22dɤ44ts‘ɐʔ5le31　宁:寻闲话/搭上来/搭ʑɪŋ33ɦE22ɦo44/taʔ4zɔ̃44le44/taʔ5　黄:搭话tɐʔ3ɦuA13　温:　衢:搭嘴搭舌tAʔ4tsəɪ55tAʔ4ʒʯəʔ31　华:搭话tuɐ55ɦuɑ24　永:

拍桌子

宜:拍台则p‘Aʔ5dɐɪ55tsəʔ5　溧:拍台则p‘əʔ5dæE33tsə34　金:拍台子p‘ɔʔ4t‘ɛe22tsɿ44　丹:拍台则p‘ɛʔ5t‘Ee33tsɛʔ4　童:拍台子p‘oʔ4daɪ24tsɿ31　靖:拍台子p‘əʔ5dæ33tsɿ34　江:闸台子p‘Aŋ45dæ21tsɿ43　常:拍台则p‘ɔʔ4dæ21tsəʔ4　锡:拍台子p‘ɑʔ5dɛ24tsɿ31　苏:拍台子/闸台子p‘Aʔ4dE22tsɿ44/p‘Ã52dE22tsɿ44　熟:敲台则/闸台子k‘ɔ55dæ33tsEʔ31/p‘A˜55dæ33tsEʔ31　昆:闸台子p‘ã52dɛ34tsɿ41　霜:闸台子p‘a˜44dE22tsɿ52　罗:闸台子p‘a˜44de24tsɿ31　周:拍台子/闸台子p‘ɑʔ3de55tsɿ31/p‘A˜33de55tsɿ31　上:闸台子p‘Ãɲ44dE22tsɿ44　松:闸台子p‘ɛ̃44dE22tsɿ52　黎:闸台子p‘Aʔ33dE44tsɿ44　盛:拍台子p‘ɑʔ3dE44tsɿ44　嘉:拍台子/敲台子/闸台子p‘Aʔ4dEɛ44tsɿ51/k‘ɔ44dEɛ24tsɿ51/p‘A˜44dEɛ24tsɿ51　双:拍台子p‘ɑʔ32dE22tsɿ34　杭:拍桌子/敲桌子p‘ɐʔ3tsɔʔ5tsɿ31/k‘ɔ33tsɔʔ5tsɿ31　绍:拍桌床p‘Aʔ4tsoʔ3zɒŋ33　诸:拷桌床k‘ɔ44tsoʔ5zɒ52　崇:碰桌凳p‘ʊŋ44tsɔʔ3tɪŋ52/bA˜33tsɔʔ3tɪŋ52　太:碰桌凳bAŋ23ciɔʔ3teŋ52　余:拍桌凳p‘ɐʔ3tsɔʔ5teɲ31　宁:拍桌凳p‘ɐʔ3tsɔʔ4tɐŋ55　黄:拍桌/刮桌p‘ɐʔ3tsɔʔ4/kuɐʔ3tsɔʔ4　温:搭桌tɑ4tɕyo423　衢:敲桌子k‘ɔ43tʃʯəʔ3tsɿ35　华:打台脚tAŋ544 dɛ32tɕiəʔ3　永:拍嘴桌p‘ai43 tsəɪ43tsoə32

搽(～粉)

宜:搨t‘Aʔ45　溧:搽/搨dzo323/t‘ɑ223　金:搽ts‘ɑ24　丹:搨t‘ɑʔ3　童:搨t‘Aʔ5　靖:搽/搨dzo223/t‘ɑʔ5　江:搨/搽t‘ɑʔ5/dzo223　常:搨t‘ɑʔ5　锡:搨t‘ɑʔ5　苏:搨t‘Aʔ5　熟:搨t‘A5　昆:搨t‘Aʔ5　霜:搨/揩t‘Aʔ5/k‘ɑ52　罗:搨/揩t‘Aʔ5/k‘ɑ52　周:搨t‘ɑʔ5　上:搨t‘ɐʔ5　松:搨t‘æʔ5　黎:搨t‘Aʔ5　盛:搨t‘ɑʔ5　嘉:搨t‘Aʔ54　双:搨t‘ɑʔ54　杭:搨/搽t‘ɐʔ5/dzɑ212　绍:揩/擦kɑ52/ts‘æʔ5　诸:搨t‘ɐʔ5　崇:搨t‘æʔ45　太:搨t‘ɛʔ45　余:搨t‘ɐʔ5　宁:搨/搽t‘ɐʔ5/dzo113　黄:搨t‘ɐʔ5　温:搨/搽t‘ɑ423/dzo31　衢:搽dzA323　华:涂/揩tu324/k‘ɑ324　永:搽/扑dzʊA322/p‘oə434

沉淀

宜:滯脚tiŋ33tɕiɔʔ4　溧:滯脚tin54tɕiɑ34　金:滯脚tiŋ22tɕiɑʔ4　丹:沉淀dzɛn22dɪ44　童:淀脚tiŋ33tɕiʔʔ5　靖:滯脚tiŋ35tɕiɑʔ31　江:滯脚tiɲ33tɕiɑʔ4　常:滯脚tiɲ34tɕiɑʔ4　锡:滯脚tin55tɕiɑʔ31　苏:滯脚tiɪn52tɕiAʔ3/tiɪn52kɑʔ3　熟:滯脚tĩɲ33tɕiAʔ5　昆:滯脚tin52tɕiAʔ3　霜:滯脚tĩ33tɕiAʔ4　罗:滯脚tɪn33tɕiAʔ4　周:滯脚ʔdiɪŋ33tɕiɑʔ5　上:滯脚tiɲ33tɕiɪʔ4　松:滯脚tiɲ35tɕiAʔ31　黎:滯脚tiəɲ52tɕiAʔ5　盛:滯脚tɪɲ52tɕiɑʔ3　嘉:滯脚tin334tɕiAʔ5　双:滯脚tɪn33tɕiAʔ5　杭:滯脚脚儿tɪn44 tɕiɪʔ3tɕiɪʔ23ər51　绍:滯脚/底脚tɪŋ43tɕiAʔ33/ti34tɕiAʔ5　诸:滯落来tĩ33loʔ5le31　崇:滯脚tɪŋ33tɕiɑʔ4　太:滯脚tiŋ55tɕiɑʔ3　余:割脚kɐʔ5tɕiɐʔ3　宁:滯脚/滯落来/沉底tɪŋ55tɕiɐʔ3/tɪŋ55lɔʔ3le33/dʑɪŋ22ti51　黄:滯脚tiɪŋ31tɕiɪʔ4　温:滯脚dəŋ25tɕiɑ24　衢:滯落来tin55lɔʔ3lɛ35　华:滯脚/滯tiɪn45tɕiəʔ3/tiɪn45　永:滯落去ʔniɪŋ43lAʊ32k‘ə31

逗孩子

宜:惹小佬zA21ɕiɑɤ11lɑɤ23　溧:惹小人/惹细佬ʔȵiaʏ44ɕiaʏ44ȵin34/ʔȵiaʏ44ɕiz44laʏ34　金:逗小把戏tʌɤ44ɕiaɔ22pɑ33ɕiz44　丹:逗小把戏/引小把戏tEe44ɕiɒ23pɑ44ɕiz44/ɦiŋ22ɕiɒ23pɑ44ɕiz44　童:哄相伢hoŋ324ɕiaŋ35ŋɒ23　靖:惹想ȵia24siæ̃34　江:引小干/惹小干ɦiɲ21siɒ33kɵ43/zɑ21siɒ33kɵ43　常:引小佬ʔiɲ34ɕiɑɤ55lɑɤ42　锡:引老小ɦin22lʌ55sʌ31　苏:引小囡ɦiɪn23læ52nɵ23　熟:引小干

ɦĩ^{ŋ}$_{22}$siɔ$_{55}$kɤ$_{51}$ 昆:引小干ɦin$_{22}$siɔ$_{55}$kɵ$_{41}$ 霜:引小囡ɦĩ$_{23}$siɔ$_{33}$n^{ʌ}ɤ$_{52}$ 罗:引小囡ɦɪ^{n}$_{33}$ɕiɔ$_{35}$n^{ʌ}ɤ$_{31}$ 周:引小囡ɦiɪŋ$_{22}$ɕiɔ$_{23}$nø$_{52}$ 上:惹小囡zᴀ$_{22}$ɕiɔ$_{55}$nø$_{31}$ 松:引小囡ɦiɲ$_{13}$ɕiɔ$_{35}$nø$_{31}$ 黎:引小囡/引小百戏ʔiəɲ$_{33}$siᴀ^{ɔ}$_{55}$nɵ$_{31}$/ʔiəɲ$_{33}$siᴀ^{ɔ}$_{33}$pᴀʔ$_{5}$ɕi$_{j31}$ 盛:诱小百戏ɦiəʉ$_{24}$ɕiᴀɑ$_{55}$pɑʔ$_{3}$ɕi$_{j31}$ 嘉:引小干/惹小干ɦin$_{23}$ɕiɔ$_{44}$kɤə$_{51}$/zɑ$_{23}$ɕiɔ$_{44}$kɤə$_{51}$ 双:逗小把戏tøʏ$_{44}$ɕiɔ$_{33}$pɑ$_{55}$ɕi$_{z31}$ 杭:逗伢儿/搅伢儿teɪ$_{44}$ɦiɑ$_{23}$ər$_{51}$/kɔ$_{51}$ɦiɑ$_{23}$ər$_{5}$ 绍:引小人ɦiŋ$_{33}$ɕiɑɒ$_{34}$ȵiŋ$_{52}$ 诸:引小人ɦĩ$_{22}$ɕiɔ$_{22}$ȵĩ$_{52}$ 崇:哄小人hʊ^{ŋ}$_{33}$ɕiɑɒ$_{55}$nɒ̃$_{31}$ 太:哄小人hʊŋ$_{44}$ɕiɑɒ$_{55}$nʊŋ$_{31}$ 余:玩小人mɛ̃$_{22}$ɕiɒ$_{44}$ȵiɲ$_{44}$ 宁:引小人ɦiŋ$_{22}$ɕiɘ$_{33}$ȵiŋ$_{51}$ 黄:搅小人kɒ$_{33}$ɕiɒ$_{33}$ȵiɪŋ$_{44}$ 温: 衢:跟小牙儿戏kən$_{44}$ɕiɑ$_{55}$ŋɑ$_{33}$ȵi$_{55}$ɕi$_{35}$ 华:□小人ɦiɑ$_{22}$ɕiɑʊ$_{55}$ȵiɪn$_{31}$ 永:□小家□ʔɦiᴀ$_{54}$ɕiᴀʊ$_{43}$ʊᴀ$_{32}$tɕiᴀʊ$_{55}$

操神

宜:担心/担心思tᴀ$_{55}$ɕiŋ$_{55}$/tᴀ$_{55}$ɕiŋ$_{55}$sɿ$_{55}$ 溧:操心/担心/烦心ts'ɑ^{ʏ}$_{44}$ɕin$_{55}$/tᴀ$_{44}$ɕin$_{55}$/fvᴀ$_{32}$ɕin$_{23}$ 金:担心思tæ̃$_{44}$ɕiŋ$_{32}$sɿ$_{31}$ 丹:担心/担心思/费神tæ$_{44}$ɕiŋ$_{31}$/tæ$_{22}$ɕiŋ$_{44}$sɿ$_{44}$/fi$_{52}$s^{z}ɛn$_{23}$ 童:担心思tɑ$_{35}$ɕiŋ$_{33}$sɿ$_{31}$ 靖:担心/操心tæ̃$_{44}$siŋ$_{44}$/ts'ɒ$_{44}$siŋ$_{44}$ 江:烦心思væ$_{21}$siɲ$_{33}$sɿ$_{43}$ 常:担心思tæ$_{44}$ɕiɲ$_{55}$sɿ$_{31}$ 锡:担心思/担心/操心tɛ$_{44}$sin$_{21}$sɿ$_{23}$/tɛ$_{21}$sin$_{23}$/ts'ʌ$_{21}$sin$_{23}$ 苏:担心思tᴇ$_{55}$ɕiɪn$_{55}$sɿ$_{31}$ 熟:担心/担心思tæ$_{55}$sĩ^{ɲ}$_{51}$/tæ$_{55}$sĩ^{ɲ}$_{33}$sɿ$_{31}$ 昆:烦心思vᴇ$_{22}$sin$_{55}$zɿ$_{41}$ 霜:担心tᴇ$_{55}$sin$_{31}$ 罗:担心事te$_{55}$ɕɪ^{n}$_{33}$zɿ$_{31}$ 周:担心思ɗe$_{44}$ɕiɪŋ$_{44}$sɿ$_{52}$ 上:担心思tᴇ$_{44}$ɕiɲ$_{55}$sɿ$_{31}$ 松:担心思tᴇ$_{33}$ɕiɲ$_{55}$sɿ$_{31}$ 黎:担心思tᴇ$_{44}$siəɲ$_{44}$sɿ$_{44}$ 盛:操心思/操心/担心ts'ᴀɑ$_{44}$ɕɪɲ$_{44}$sɿ$_{44}$/ts'ᴀɑ$_{44}$ɕɪɲ$_{44}$/tᴇ$_{44}$ɕɪɲ$_{44}$ 嘉:烦心思vᴇ^{ᴇ}$_{22}$ɕin$_{55}$sɿ$_{31}$ 双:担心思tᴇ$_{33}$ɕɪn$_{44}$sɿ$_{44}$ 杭:操心/费心ts'ɔ$_{32}$ɕɪn$_{23}$/fi$_{32}$ɕɪn$_{23}$ 绍:担心事tæ̃$_{44}$ɕɪŋ$_{32}$zɿ$_{33}$ 诸:劳心/费心/担心事lɔ$_{22}$ɕĩ$_{52}$/fi$_{z52}$ɕĩ$_{44}$/tɛ$_{33}$ɕĩ$_{33}$zɿ$_{52}$ 崇:担心事tæ̃$_{33}$ɕiŋ$_{33}$zɿ$_{23}$ 太:担心事tæ̃$_{44}$ɕiŋ$_{55}$zɿ$_{31}$ 余:担心事tɛ̃$_{32}$ɕiɲ$_{22}$zɿ$_{23}$ 宁:担心思/担心tᴇ$_{33}$ɕɪŋ$_{44}$sɿ$_{51}$/tᴇ$_{33}$ɕɪŋ$_{51}$ 黄:忖ts'uəŋ$_{53}$ 温:担心架/担心tɑ$_{52}$sʌŋ$_{22}$ko$_{44}$/tɑ$_{44}$sʌŋ$_{44}$ 衢:担心/担心事tæ̃$_{35}$ɕi^{n}$_{31}$/tæ̃$_{35}$ɕi^{n}$_{33}$sɿ$_{53}$ 华:担心思tɑ$_{43}$ɕiɪn$_{33}$sɿ$_{55}$ 永:操心ts'ᴀʊ$_{43}$səɲ$_{44}$

游逛

宜:孛相bəʔ(bɪʔ)$_{3}$ɕiᴀŋ$_{53}$ 溧:浪荡相lᴀŋ$_{32}$tᴀŋ$_{22}$ɕie$_{23}$ 金:游逛/晃膀子iʌɤ$_{22}$k'uɑŋ$_{44}$/huɑŋ$_{35}$pɑ$_{22}$tsɿz$_{44}$ 丹:逛kuɑŋ$_{41}$ 童:嬉戏ɕi$_{j33}$ɕi$_{j55}$ 靖:象/象象/荡荡/逛逛szĩ$_{51}$/szĩ$_{35}$zĩ$_{31}$/dɑŋ$_{24}$dɑŋ$_{31}$/kuɑŋ$_{35}$kuɑŋ$_{31}$ 江:荡孛相dᴀ^{ŋ}$_{24}$bɜʔ$_{3}$siᴀ^{ŋ}$_{31}$ 常:荡孛相/逛孛相dᴀɲ$_{22}$bəʔ$_{5}$ɕiᴀɲ$_{42}$/kuᴀɲ$_{55}$bəʔ$_{3}$ɕiᴀɲ$_{31}$ 锡:逛逛/孛相相kuɒ̃$_{33}$kuɒ̃$_{55}$/bəʔ$_{2}$siã$_{55}$siã$_{31}$ 苏:荡孛相dɑ̃$_{22}$bəʔ$_{5}$ɕiɑ̃$_{31}$ 熟:荡孛相dᴀ̃$_{22}$bᴇʔ$_{5}$siᴀ̃$_{31}$ 昆:荡孛相dã$_{22}$bəʔ$_{34}$siã$_{41}$ 霜:荡孛相dɒ̃$_{22}$bəʔ$_{5}$siɑ̃$_{31}$ 罗:荡孛相dɒ̃$_{22}$bɐʔ$_{5}$siã$_{31}$ 周:荡孛相dɒ̃$_{22}$biʔ$_{3}$ɕiᴀ̃$_{52}$ 上:荡孛相dᴀ̃^{ɲ}$_{22}$bɐʔ$_{5}$ɕiᴀ̃^{ɲ}$_{31}$ 松:荡孛相dɑ̃$_{22}$bəʔ$_{5}$ɕiɛ̃$_{31}$ 黎:荡孛相dɑ̃$_{22}$bəʔ$_{5}$siɛ̃$_{31}$ 盛:荡孛相dɑ̃$_{22}$bəʔ$_{5}$ɕiæ̃$_{31}$ 嘉:荡孛相/荡荡dᴀ̃$_{22}$biɪʔ$_{5}$ɕiᴀ̃$_{31}$/dᴀ̃$_{22}$dᴀ̃$_{51}$ 双:荡孛相dɑ̃$_{22}$bəʔ$_{2}$ɕiã$_{52}$ 杭:荡/耍子儿/□子儿dᴀŋ$_{113}$/suɑ$_{55}$tsɿ$_{33}$ər$_{31}$/sɑ$_{55}$tsɿ$_{33}$ər$_{31}$ 绍:荡dɒŋ$_{113}$ 诸:游戏ɦiʏ$_{31}$ɕiɪ$_{44}$ 崇:搅kɑɒ$_{42}$ 太:搅kɑɒ$_{42}$ 余:荡/荡荡横横dɒ̃$_{113}$/dɒ̃$_{22}$dɒ̃$_{55}$ɦuᴀ̃$_{33}$ɦuᴀ̃$_{31}$ 宁:那河nɑ$_{22}$ɦəʊ$_{51}$ 黄:嬉戏/□马路ɕij$_{33}$ɕi$_{j51}$/tɒ̃$_{33}$mo$_{33}$lu$_{44}$ 温:荡荡/荡街d^{ʊ}ɔ$_{2}$d^{ʊ}ɔ$_{22}$/d^{ʊ}ɔ$_{25}$kɑ$_{44}$ 衢:荡来荡去dɒ̃$_{45}$lɛ$_{2}$dɒ̃$_{24}$k'i$_{53}$ 华:荡街路/荡马路/嬉d̥ᴀŋ$_{33}$kɑ$_{22}$lu$_{24}$/dᴀŋ$_{33}$ mɑ$_{54}$lu$_{24}$/ɕi$_{j45}$ 永:嬉嬉ɕi$_{43}$ɕi$_{45}$

睏过头

宜:睏过头k'uəŋ$_{33}$ku$_{44}$dʏɯ$_{223}$ 溧:睡过则头 金:睏过头/失家晓k'uəŋ$_{44}$ko$_{52}$t'ʌɤ$_{23}$/səʔ$_{4}$kɑ$_{52}$ɕiɑ^{ɔ}$_{31}$ 丹:睏过头k'uɛn$_{44}$kʌɤ$_{52}$dᴇ^{e}$_{23}$ 童:睏失忽/睏过头k'uəŋ$_{33}$səʔ$_{5}$xuəʔ$_{31}$/k'uəŋ$_{33}$kʌɤ$_{55}$dei$_{31}$ 靖:睏失忽k'uəŋ$_{44}$səʔ$_{4}$xuəʔ$_{5}$ 江:睏失忽k'uᴇɲ$_{435}$sɜʔ$_{5}$xuɜʔ$_{5}$ 常:睏煞忽k'uəɲ$_{55}$sɑʔ$_{3}$xuəʔ$_{31}$ 锡:睏煞忽/睏过头k'uən$_{44}$sɑʔ$_{5}$xuəʔ$_{5}$/k'uən$_{44}$k'ʌɤ$_{44}$dᴇi$_{213}$ 苏:睏失忽k'uən$_{52}$səʔ$_{23}$huəʔ$_{2}$ 熟:睏

入忽/睏过头k'nẽ^ɲ$_{55}$ zᴇʔ$_{3}$xuoʔ$_{31}$/k'uẽ^ɲ$_{35}$kɯ$_{33}$dᴇ$_{233}$　昆:睏煞忽k'uən$_{44}$sᴀʔ$_{4}$huəʔ$_{4}$　霜:睏失忽k'uẽ$_{33}$səʔ$_{5}$vəʔ$_{31}$　罗:睏失忽k'uẽ^n$_{33}$sɐʔ$_{5}$vɐʔ$_{31}$　周:睏失忽/睏过头k'uəŋ$_{33}$sɑʔ$_{3}$fəʔ$_{52}$/k'uəŋ$_{33}$ku$_{44}$dɤ$_{113}$　上:睏煞忽/睏过头k'uəɲ$_{33}$sɐʔ$_{5}$huɐʔ$_{31}$/k'uəɲ$_{33}$ku$_{33}$dɤɯ$_{113}$　松:睏失忽k'uəɲ$_{33}$səʔ$_{5}$fəʔ$_{31}$　黎:睏出忽/睏过头k'uəɲ$_{32}$ts'əʔ$_{4}$huəʔ$_{5}$/k'uəɲ$_{33}$kɜu$_{44}$dieɯ$_{24}$　盛:睏出忽/睏过头k'uəɲ$_{32}$ts'əʔ$_{4}$huəʔ$_{4}$/k'uəɲ$_{32}$kɜu$_{44}$diəʉ$_{24}$　嘉:睏失忽/睏过头k'uən$_{33}$səʔ$_{4}$huoʔ$_{5}$/k'uən$_{55}$k^əu$_{33}$de$_{23}$　双:睏失忽/睏过头k'uən$_{33}$səʔ$_{4}$xoʔ$_{4}$/k'uən$_{44}$kəu$_{44}$d^əʏ$_{113}$　杭:睏失觉/睏过头k'uən$_{44}$sɐʔ$_{34}$kɔ$_{44}$/k'uən$_{33}$ku$_{44}$deɪ$_{212}$　绍:睏过头k'uɵ$_{32}$ku$_{34}$dɤ$_{52}$　诸:睏过头k'uẽĩ$_{44}$kɯ$_{33}$dei$_{233}$　崇:睏过头k'uɪŋ$_{33}$kɤ$_{33}$dɤ$_{312}$　太:睏过头k'ueŋ$_{55}$kɯ$_{33}$dɤ$_{31}$　余:睏过头k'ueɲ$_{32}$kou$_{22}$dɤ$_{23}$　宁:睏歇觉/睏失觉k'uɐŋ$_{33}$ʑiɪʔ$_{4}$kɔ$_{55}$/k'uɐʔ$_{3}$sɔʔ$_{5}$kɔʔ$_{3}$　黄:睏过头k'uɑŋ$_{33}$ku$_{55}$diɤ$_{31}$　温:睏过头k'ɵ$_{33}$kəu$_{33}$dʌu$_{31}$　衢:睏过头k'uən$_{33}$ku$_{55}$dəɪ$_{34}$　华:睏过头k'uən$_{54}$ku$_{55}$tiɯu$_{31}$　永:睏过头k'uəɲ$_{43}$koə$_{32}$dəʊ$_{31}$

搬家

宜:搬家pe$_{55}$ko$_{55}$　溧:搬家pʊ$_{44}$ko$_{34}$　金:搬家/迁家(少)pæ̃$_{35}$kɑ$_{31}$/tɕ'ĩ$_{35}$kɑ$_{31}$　丹:搬埠pəŋ$_{44}$bu$_{31}$　童:搬家pʊ$_{55}$kɒ$_{31}$　靖:搬家pũ$_{43}$ko$_{33}$　江:搬场pɵ$_{44}$kɑ$_{51}$　常:搬家pɔ$_{55}$ko$_{31}$　锡:搬场po$_{21}$zã$_{23}$　苏:搬场pɵ$_{44}$zÃ$_{223}$　熟:搬场/搬屋里pɤ$_{55}$dʐᴀ̃$_{51}$/pɤ$_{55}$uoʔ$_{5}$li$_{51}$　昆:搬场pɵ$_{44}$zã$_{41}$　霜:搬场pɪ$_{55}$zã$_{31}$　罗:搬场p^ʌɤ$_{44}$zã$_{31}$　周:搬场ɓe$_{52}$zᴀ̃$_{113}$　上:搬场pø$_{44}$zÃ^ɲ$_{113}$　松:搬场pe$_{33}$zɛ̃$_{52}$　黎:搬场pɵ$_{44}$zɛ̃$_{24}$　盛:搬场pɵ$_{44}$zæ̃$_{24}$　嘉:搬场/搬屋里pɤə$_{44}$zᴀ̃$_{31}$/pɤə$_{44}$oʔ$_{4}$li$_{31}$　双:搬场pᴇ$_{32}$zã$_{34}$　杭:搬房子po$_{44}$vᴀŋ$_{22}$tsɿ$_{51}$　绍:搬家/搬屋里头kõ$_{33}$ko$_{52}$/kõ$_{44}$u$_{43}$li$_{33}$dɤ$_{33}$　诸:搬屋kɤ$_{52}$koʔ$_{4}$　崇:搬家pœ̃$_{53}$kɤ$_{23}$　太:搬家pæ̃$_{44}$ko$_{52}$　余:搬家/搬屋põ$_{33}$ko$_{44}$/põ$_{33}$ɔʔ$_{5}$　宁:搬屋里/搬房子pu$_{33}$ɔʔ$_{4}$li$_{51}$/pu$_{44}$vɔ̃$_{22}$tsɿ$_{51}$　黄:搬家pɛ$_{35}$ko$_{51}$　温:搬家屋pɵ$_{33}$ko$_{55}$o$_{24}$　衢:搬家/搬屋pə$_{35}$kɑ$_{31}$/pəʔ$_{43}$uəʔ$_{5}$　华:搬家pɯə$_{32}$kɑ$_{35}$　永:搬家pɤə$_{43}$kʊᴀ$_{44}$

比长短

宜:赝长短/比长短ʔɪ$_{324}$zᴀŋ$_{22}$te$_{53}$/bi$_{j33}$zᴀŋ$_{55}$te$_{31}$　溧:比长短pi$_{z44}$szᴀ$_{32}$tʊ$_{52}$　金:比长短pi$_{z32}$ts'ɑŋ$_{24}$tõ$_{23}$　丹:比长短/赝长短pi$_{z44}$s^zæ$_{33}$təŋ$_{44}$/ɪ$_{44}$s^zæ$_{22}$təŋ$_{44}$　童:比比/量量pi$_{j31}$pi$_{j33}$/liɑŋ$_{22}$liɑŋ$_{55}$　靖:比比(长短)pi$_{j33}$pi$_{j44}$　江:赝长短ʔɪ$_{44}$dzᴀ^ŋ$_{21}$tɵ$_{43}$　常:赝长短ʔɪ$_{34}$dzᴀɲ$_{21}$tɔ$_{34}$　锡:赝长短ʔɪ$_{44}$zɒ̃$_{24}$to$_{31}$　苏:赝长短ʔiɪ$_{44}$zÃ$_{22}$tɵ$_{44}$　熟:赝长短ʔie$_{44}$dʐᴀ̃$_{24}$tɤ$_{31}$　昆:赝长短ʔɪ$_{52}$zã$_{34}$tɵ$_{41}$　霜:比长短/赝长短pi$_{44}$zã$_{24}$t^ʌɤ$_{31}$/ʔɪ$_{33}$zã$_{55}$t^ʌɤ$_{31}$　罗:赝长短/比长短ʔi$_{44}$zã$_{24}$t^ʌɤ$_{31}$/pi$_{44}$zã$_{24}$t^ʌɤ$_{31}$　周:赝长短ʔi$_{35}$zᴀ̃$_{22}$ʔdø$_{33}$　上:赝长短ʔi$_{44}$zÃ^ɲ$_{22}$tø$_{44}$　松:赝长短ʔi$_{44}$zɛ̃$_{22}$tø$_{52}$　黎:赝长短ʔiɪ$_{44}$zɛ̃$_{22}$tɵ$_{34}$　盛:赝长短/比长短ʔiɪ$_{51}$zæ̃$_{22}$tɵ$_{44}$/pi$_{j44}$zæ̃$_{22}$tɵ$_{44}$　嘉:赝长短ʔie$_{44}$zᴀ̃$_{24}$tɤə$_{51}$　双:比长短/赝长短pi$_{z32}$zã$_{22}$tᴇ$_{34}$/ʔɪ$_{32}$zã$_{22}$tᴇ$_{34}$　杭:比长短/赝长短pi$_{51}$zᴀŋ$_{23}$to$_{51}$/ʔie$_{32}$zᴀŋ$_{23}$to$_{51}$　绍:赝长矮/比长矮ʔi$_{34}$dzaŋ$_{21}$a$_{33}$/pi$_{44}$dzaŋ$_{21}$a$_{33}$　诸:赝长短ʔiɪ$_{52}$dzÃ$_{22}$tɤ$_{52}$　崇:比长短pi$_{44}$dzᴀ̃$_{22}$tœ̃$_{52}$　太:比长短pi$_{44}$zᴀŋ$_{21}$tœ̃$_{44}$　余:赝长短ʔĩ$_{44}$zÃ$_{21}$tõ$_{23}$　宁:比长短/赝长短pi$_{44}$dʑiã$_{22}$tø$_{51}$/ʔi$_{44}$dʑiã$_{22}$tø$_{51}$　黄:比长短pi$_{j33}$dʑiã$_{55}$tø$_{31}$　温:赝长短i$_{33}$dʑi$_{52}$tɵ$_{34}$　衢:赝赝看ʔiẽ$_{55}$ie$_{55}$k'ə$_{35}$　华:比长短pi$_{j544}$ dʑiᴀŋ$_{33}$tɯə$_{55}$　永:赝长ie$_{42}$dʑiᴀŋ$_{24}$

并排坐(排排坐对孩子说)

宜:并排坐biŋ$_{22}$bᴀ$_{55}$zu$_{24}$　溧:并排坐bin$_{32}$bᴀ$_{22}$zᴀɯ$_{23}$　金:并排坐piŋ$_{52}$p'ɛ^e$_{24}$tso$_{44}$　丹:排排坐bɑ$_{22}$bɑ$_{44}$dzᴀɤ$_{23}$　童:并排坐biŋ$_{21}$baɪ$_{23}$zᴀɤ$_{113}$　靖:并排坐biŋ$_{21}$bæ$_{22}$zᴀɤ$_{52}$　江:坐勒一道郎向zɜɤ$_{24}$lɜʔ$_{33}$ʔɪʔ$_{4}$dɒ$_{44}$lᴀ^ŋ$_{33}$ɕiᴀ^ŋ$_{31}$　常:并排坐/排排坐biɲ$_{21}$bɑ$_{11}$zᴀɯ$_{13}$/bɑ$_{21}$bɑ$_{44}$zᴀɯ$_{213}$　锡:并排坐/排排坐bin$_{22}$bɑ$_{55}$zᴀɤ$_{31}$/bɑ$_{24}$bɑ$_{55}$zᴀɤ$_{31}$　苏:排排坐bɒ$_{22}$bɒ$_{55}$zɜu$_{31}$　熟:排排坐bɑ$_{24}$bɑ$_{33}$zɯ$_{31}$　昆:

并排坐/排排坐bin$_{22}$bɑ$_{34}$zəu$_{41}$/bɑ$_{22}$bɑ$_{34}$zəu$_{41}$ 霜:并排坐/排排坐bĩ$_{22}$bɑ$_{33}$z^{ə}u$_{213}$/bɑ$_{22}$bɑ$_{55}$z^{ə}u$_{31}$ 罗:排排坐/并排坐bɑ$_{22}$bɑ$_{55}$z^{ə}u$_{31}$/bɪ^{n}$_{22}$bɑ$_{55}$z^{ə}u$_{31}$ 周:并排坐biɪŋ$_{22}$bɑ$_{55}$zu$_{31}$ 上:排排坐bᴀ$_{22}$bᴀ$_{55}$zu$_{31}$ 松:并排坐biɲ$_{22}$bɑ$_{55}$zu$_{31}$ 黎:并排坐/排排坐biəɲ$_{23}$bɒ$_{33}$zɜu$_{44}$/bɒ$_{22}$bɒ$_{44}$zɜu$_{52}$ 盛:并排坐bɪɲ$_{23}$bɑ$_{33}$zɜu$_{33}$ 嘉:并排坐/排排坐bin$_{22}$bɑ$_{44}$z^{ə}u$_{223}$/bɑ$_{22}$bɑ$_{44}$z^{ə}u$_{51}$ 双:并排坐/排排坐bɪn$_{24}$bɑ$_{55}$zəu$_{21}$/bɑ$_{22}$bɑ$_{44}$zəu$_{44}$ 杭:并排并坐bɪn$_{22}$bᴇ$_{55}$bɪn$_{33}$dzou$_{113}$ 绍:并排坐bɪŋ$_{23}$ba$_{44}$zo$_{52}$/ba$_{21}$ba$_{34}$zo$_{52}$ 诸:排排坐bᴀ$_{22}$bᴀ$_{22}$zu$_{52}$ 崇:排排坐/并排坐bɑ$_{21}$bɑ$_{34}$zu$_{52}$/bɪŋ$_{22}$bɑ$_{53}$zu$_{31}$ 太:并排坐/排排坐biŋ$_{22}$bɑ$_{55}$zɯ$_{31}$/bɑ$_{44}$bɑ$_{22}$zɯ$_{52}$ 余:并排坐/排排坐beɲ$_{24}$bᴀ$_{33}$zou$_{31}$/bᴀ$_{22}$bᴀ$_{44}$zou$_{44}$ 宁:并排坐/排排坐bɪŋ$_{24}$ba$_{33}$zəʊ$_{113}$/ba$_{22}$ba$_{44}$zəʊ$_{55}$ 黄:并排坐/做排坐biɪŋ$_{22}$bᴀ$_{55}$dzu$_{31}$/ts^{ə}u$_{33}$bᴀ$_{55}$dzu$_{31}$ 温:并排坐bʌŋ$_{33}$bɑ$_{33}$zəu$_{34}$ 衢:合排坐ʔəʔ$_{4}$bɛ$_{24}$zu$_{31}$ 华:并排坐piɪn$_{32}$bɑ$_{335}$zuo$_{24}$ 永:

转圈圈儿(团团转)

宜:团团转de$_{21}$de$_{23}$tɕyĩ$_{324}$ 溧:团团转/转轱辘dʊ$_{32}$dʊ$_{22}$tɕyʊ$_{52}$/tɕyʊ$_{54}$ku$_{34}$lu$_{52}$ 金:转圈子/团团转tɕyæ̃$_{35}$tɕ'yæ̃$_{33}$tsɿ$_{z31}$/t'ʊ̃$_{22}$tʊ̃$_{33}$tsʊ̃$_{44}$ 丹:团团转dəŋ$_{22}$dəŋ$_{44}$tsəŋ$_{23}$ 童:团团转dʊ$_{22}$du$_{33}$tʃyʊ$_{44}$ 靖:团团转dɯ̃$_{22}$dɯ̃$_{22}$tɕyɯ̃$_{52}$ 江:团团转dɵ$_{21}$dɵ$_{44}$tsɵ$_{435}$/toʔ$_{5}$toʔ$_{5}$tsɵ$_{435}$ 常:团团转dɔ$_{22}$dɔ$_{55}$tsɔ$_{31}$ 锡:团团转do$_{24}$do$_{55}$tso$_{31}$ 苏:团团转dɵ$_{22}$dɵ$_{55}$tsɵ$_{31}$ 熟:团团转dɤ$_{24}$dɤ$_{33}$tsɤ$_{31}$ 昆:团团转dɵ$_{22}$dɵ$_{34}$tsɵ$_{41}$ 霜:团团转d^{ʌ}ɤ$_{22}$d^{ʌ}ɤ$_{55}$tsɪ$_{31}$ 罗:团团转d^{ʌ}ɤ$_{22}$d^{ʌ}ɤ$_{55}$ts^{ʌ}ɤ$_{31}$ 周:团团转dø$_{23}$dø$_{44}$tsø$_{44}$ 上:团团转dø$_{22}$dø$_{55}$tsø$_{31}$ 松:团团转/转圆圈dø$_{22}$dø$_{55}$tsø$_{31}$/tsø$_{44}$ɦø$_{22}$tɕ'yø$_{52}$ 黎:团团转/兜圈子dɵ$_{22}$dɵ$_{44}$tsɵ$_{44}$/tieɯ$_{44}$tɕ'iɵ$_{44}$tsɿ$_{44}$ 盛:团团转dɵ$_{22}$dɵ$_{33}$tsɵ$_{52}$ 嘉:团团转dɤə$_{22}$dɤə$_{44}$tsɤə$_{51}$ 双:团团转dᴇ$_{22}$dᴇ$_{44}$tsᴇ$_{44}$ 杭:转圆圈儿/旋圆圈儿tso$_{44}$ɦʏo$_{21}$tɕʏo$_{23}$ər$_{51}$/dʑie$_{23}$ɦʏo$_{21}$tɕʏo$_{23}$ər$_{51}$ 绍:荡圆圈dɒŋ$_{33}$ɦyõ$_{22}$tɕ'yõ$_{52}$ 诸:团团转dʏ$_{22}$dʏ$_{22}$tsʏ$_{52}$ 崇:团团转dœ̃$_{21}$dœ̃$_{34}$tsœ̃$_{52}$ 太:团团转dœ̃$_{44}$dœ̃$_{22}$ciœ̃$_{52}$ 余:团团转/荡圆圈dõ$_{21}$dõ$_{22}$tsõ$_{52}$/dɒ̃$_{21}$ɦyõ$_{22}$tɕ'yõ$_{44}$ 宁:团团转dø$_{22}$dø$_{55}$tsø$_{31}$ 黄:结葛旋tɕieʔ$_{4}$kɐʔ$_{3}$zø$_{113}$ 温:团团转dɵ$_{33}$dɵ$_{52}$tɕy$_{34}$ 衢:绕圆圈ʔȵiɔ$_{35}$ɦyə$_{33}$tɕ'yə$_{35}$ 华:旋圆圈ɕʑye$_{213}$ ye$_{32}$ tɕ'ye$_{35}$ 永:

搀和

宜:和ɦu$_{223}$ 溧:搀和/和ts'ᴀ$_{44}$ɦʌɯ$_{323}$/xɦʌɯ$_{323}$ 金:搀和/镶ts'æ̃$_{52}$ho$_{23}$/ɕiɑŋ$_{31}$ 丹:搀和ts'æ̃$_{44}$hʌʏ$_{23}$ 童:搞/拌ɡɐʏ$_{113}$/bʊ$_{113}$ 靖:拌做堆bɯ̃$_{24}$tsʌʏ$_{23}$te$_{31}$ 江:拌和bɵ$_{24}$ɦɜʏ$_{31}$ 常:搀ts'ɔ$_{44}$ 锡:镶ts'iã$_{544}$ 苏:镶ɕiÃ$_{44}$ 熟:镶/和siᴀ$^{\sim}$$_{52}$/ɦɯ$_{233}$ 昆:夹kᴀʔ$_{5}$ 霜:镶ɕia$^{\sim}$$_{52}$ 罗: 周:镶/混ɕiᴀ$^{\sim}$$_{52}$/vəŋ$_{113}$ 上:镶tɕ'iÃ^{ɲ}$_{52}$ 松:镶tɕ'iɛ̃$_{52}$ 黎:镶/拼siɛ̃$_{44}$/p'iəɲ$_{44}$ 盛:拼p'ɪɲ$_{44}$ 嘉:搀ts'ᴇ^{ɛ}$_{51}$ 双:镶/搀ɕiã$_{44}$/ts'ᴇ$_{334}$ 杭:搀ts'ᴇ$_{323}$ 绍:拌/搀bõ$_{113}$/ts'ĩ$_{52}$ 诸:搀拢ts'ɛ$_{52}$loŋ$_{42}$ 崇:镶/和ɕiᴀ$^{\sim}$$_{324}$/ɦʏ$_{312}$ 太:镶/和ɕiᴀŋ$_{523}$/ɦɯ$_{312}$ 余:搀ts'ɛ̃$_{34}$ 宁:和拢ɦəʊ$_{22}$loŋ$_{44}$ 黄:搀ts'ɛ$_{53}$ 温: 衢:镶ɕiã$_{53}$ 华:和/拼ɦuo$_{213}$/p'iɪn$_{324}$ 永:

娶

宜:讨t'ɑʏ$_{324}$ 溧:讨t'ɑ^{ʏ}$_{412}$ 金:寻/带ɕyiŋ$_{24}$/tɛ^{e}$_{44}$ 丹:讨t'ɒ$_{324}$ 童:寻ɕʑiŋ$_{31}$ 靖:讨t'ɒ$_{334}$ 江:讨t'ɒ$_{435}$ 常:讨t'ɑʏ$_{334}$ 锡:讨t'ʌ$_{323}$ 苏:讨t'æ$_{412}$ 熟:讨t'ɔ$_{44}$ 昆:讨t'ɔ$_{52}$ 霜:讨t'ɔ$_{434}$ 罗:讨t'ɔ$_{434}$ 周:讨t'ɔ$_{44}$ 上:讨t'ɔ$_{334}$ 松:讨t'ɔ$_{44}$ 黎:讨t'ᴀɔ$_{324}$ 盛:讨t'ᴀɑ$_{313}$ 嘉:讨t'ɔ$_{324}$ 双:讨t'ɔ$_{53}$ 杭:讨t'ɔ$_{51}$ 绍:讨t'ɑɒ$_{33}$ 诸:讨t'ɔ$_{52}$ 崇:讨t'ɑɒ$_{42}$ 太:讨t'ɑɒ$_{42}$ 余:讨t'ɒ$_{435}$ 宁:讨t'ɔ$_{325}$ 黄:讨t'ɒ$_{53}$ 温:□tɕ'iʌu$_{35}$ 衢:讨t'ɔ$_{35}$ 华:讨t'ɑʊ$_{544}$ 永:讨t'ᴀʊ$_{54}$

欺负

宜:欺tɕ'i$_{j55}$ 溧:欺负/欺tɕ'i$_{z44}$vu$_{52}$/tɕ'i$_{z445}$ 金:欺负/欺tɕ'i$_{z32}$fu$_{31}$/tɕ'i$_{z31}$ 丹:欺负tɕ'i$_{z44}$fu$_{44}$ 童:欺tɕ'ij$_{42}$ 靖:欺tɕ'i$_{j433}$ 江:欺tɕ'i$_{j51}$ 常:欺tɕ'i$_{j44}$ 锡:欺负tɕ'i$_{21}$vu$_{23}$ 苏:活吃/欺瞒ɦuəʔ$_{3}$

tɕʻiəʔ$_{5}$/tɕʻi$_{j55}$mɵ$_{31}$　熟:欺瞒tɕʻi$_{55}$mɤ$_{31}$　昆:欺负tɕʻi$_{55}$vu$_{31}$　霜:欺负tɕʻi$_{55}$vu$_{31}$　罗:欺负/欺瞒tɕʻi$_{55}$vu$_{31}$/tɕʻi$_{55}$m^{ʌ}ɤ$_{31}$　周:欺负tɕʻi$_{55}$vu$_{31}$　上:欺负tɕʻi$_{55}$vu$_{31}$　松:欺负tɕʻi$_{55}$vu$_{31}$　黎:活吃ʔuəʔ$_{5}$tɕʻiəʔ$_{2}$　盛:活吃ɦuəʔ$_{3}$tɕʻiɐʔ$_{3}$　嘉:欺瞒tɕʻi$_{44}$mɤə$_{51}$　双:欺负tɕʻi$_{z44}$vu$_{44}$　杭:欺负tɕʻi$_{33}$vu$_{51}$　绍:做弄tso$_{43}$lʊŋ$_{33}$　诸:欺待tɕʻi$_{z52}$de$_{42}$　崇:欺待tɕʻi$_{z33}$de$_{52}$　太:欺待tɕʻi$_{52}$de$_{33}$　余:欺负tɕʻi$_{33}$vu$_{44}$　宁:欺负tɕʻi$_{z33}$vu$_{51}$　黄:欺负/□□tɕʻi$_{j55}$vu$_{31}$/tsɒ̃$_{33}$pɛ$_{44}$　温:欺负tsʻɿ$_{52}$vɵ$_{34}$　衢:欺负tsʻɿ$_{43}$fu$_{53}$　华:欺负/欺tɕʻi$_{j33}$fu$_{51}$/tɕʻi$_{j324}$　永:欺tɕʻi$_{44}$

起身

宜:起来tɕʻi$_{j33}$leɪ$_{44}$　溧:爬起来/起来bo$_{32}$tɕʻi$_{z44}$læᴇ$_{31}$/tɕʻi$_{z54}$læᴇ$_{34}$　金:起来tɕʻi$_{z32}$lɛ^{e}$_{23}$　丹:起来tɕʻi$_{z33}$læ$_{44}$　童:起来tɕʻi$_{j31}$laɪ$_{23}$　靖:爬起来bo$_{22}$tɕʻi$_{j33}$læ$_{34}$　江:碌起来/爬起来loʔ$_{2}$tɕʻi$_{j44}$læ$_{31}$/bo$_{21}$tɕʻi$_{j33}$læ$_{43}$　常:出来tsʻɥɔʔ$_{2}$læe$_{13}$　锡:出来tsʻəʔ$_{4}$lᴇ$_{55}$　苏:蹩起来/起来bᴇ$_{22}$tɕʻi$_{j55}$lᴇ$_{31}$/tɕʻi$_{j55}$lᴇ$_{31}$　熟:起来/蹩起来tɕʻi$_{33}$læ$_{51}$/bæ$_{24}$tɕʻi$_{33}$læ$_{31}$　昆:爬起来/碌起来bo$_{22}$tɕʻi$_{55}$lᴇ$_{41}$/loʔ$_{2}$tɕʻi$_{34}$lᴇ$_{41}$　霜:碌起来/蹩起来loʔ$_{2}$tɕʻi$_{33}$lᴇ$_{52}$/bᴇ$_{22}$tɕʻi$_{23}$lᴇ$_{52}$　罗:碌起来/蹩起来loʔ$_{2}$tɕi$_{24}$le$_{52}$/be$_{24}$tɕʻi$_{33}$le$_{31}$　周:碌起来loʔ$_{2}$tɕʻi$_{34}$le$_{52}$　上:碌起来/爬起来/蹩起来loʔ$_{2}$tɕʻi$_{22}$lᴇ$_{23}$/bo$_{22}$tɕʻi$_{55}$lᴇ$_{31}$/bᴇ$_{22}$tɕʻi$_{55}$lᴇ$_{31}$　松:碌起来lɔʔ$_{2}$tɕʻi$_{55}$lᴇ$_{31}$　黎:碌起来/蹩起来loʔ$_{3}$tɕʻi$_{j33}$lᴇ$_{34}$/bᴇ$_{22}$tɕi$_{j44}$lᴇ$_{52}$　盛:蹩起来bᴇ$_{22}$tɕʻij$_{44}$lᴇ$_{44}$　嘉:起来/蹩起来tɕʻi$_{44}$lᴇ^{ɛ}$_{51}$/bᴇ^{ɛ}$_{22}$tɕʻi$_{55}$lᴇ^{ɛ}$_{31}$　双:跑起来/赖起来bɔ$_{22}$tɕʻi$_{z44}$lᴇ$_{44}$/lɑ$_{24}$tɕi$_{z55}$lᴇ$_{41}$　杭:爬起来bɑ$_{21}$tɕʻi$_{23}$lᴇ$_{51}$　绍:蹩起来bæ̃$_{21}$tɕʻi$_{34}$le$_{52}$　诸:爬起bo$_{31}$tɕʻi$_{z52}$　崇:蛙起来/蛙来起ʔuɤ$_{53}$tɕʻi$_{z34}$le$_{52}$/ʔuɤ$_{53}$le$_{34}$tɕʻi$_{z52}$　太:蛙来起ʔo$_{52}$le$_{21}$tɕʻi$_{44}$　余:爬起来/握起来/立起来bo$_{21}$tɕʻi$_{22}$le$_{52}$/ʔɔʔ$_{4}$tɕʻi$_{44}$le$_{52}$/ləʔ$_{2}$tɕʻi$_{44}$le$_{52}$　宁:爬起来bo$_{22}$tɕʻi$_{55}$le$_{33}$　黄:爬起来/骑起来bo$_{24}$tɕʻi$_{j33}$le$_{31}$/dʑi$_{j24}$tɕʻi$_{j33}$le$_{31}$　温:爬起bo$_{31}$tsʻɿ$_{2}$　衢:立起来/爬起来liəʔ$_{2}$tsʻɿ$_{55}$lɛ$_{31}$/bɑ$_{22}$tsʻɿ$_{55}$lɛ$_{31}$　华:爬出来piɑ$_{53}$tɕʻye$_{33}$lɛ$_{51}$　永:□来uai$_{43}$ləɪ$_{22}$

吃不住

宜:吃勿消tɕʻiɪʔ$_{5}$fəʔ$_{3}$ɕiɑɤ$_{55}$　溧:吃勿消/吃勿住tɕʻiɪʔ$_{5}$fəʔ$_{3}$ɕiɑ^{ɤ}$_{34}$/tɕʻiɪʔ$_{3}$fəʔ$_{5}$dʑy$_{z31}$　金:吃不消tɕʻiəʔ$_{3}$pəʔ$_{5}$ɕiɑ^{ɔ}$_{31}$　丹:吃勿消tɕʻɪʔ$_{3}$fɛʔ$_{4}$ɕiɒ$_{23}$　童:吃勿消tɕʻiɪʔ$_{3}$vəʔ$_{5}$ɕiɐɤ$_{31}$　靖:吃勿消tɕʻiəʔ$_{4}$vəʔ$_{4}$siɒ$_{31}$　江:吃勿消tɕʻiəʔ$_{5}$fəʔ$_{5}$siɒ$_{43}$　常:吃勿消tɕʻiɪʔ$_{3}$fəʔ$_{5}$ɕiɑɤ$_{31}$　锡:吃勿消tɕʻiəʔ$_{4}$vəʔ$_{5}$siʌ$_{55}$　苏:吃勿消tɕʻiəʔ$_{5}$fəʔ$_{5}$ɕiɛ$_{55}$　熟:吃勿消tɕʻɪʔ$_{4}$vᴇʔ$_{5}$siɔ$_{51}$　昆:吃勿消tɕʻiɪʔ$_{3}$vəʔ$_{5}$siɔ$_{41}$　霜:吃勿消tɕʻiɪʔ$_{4}$ʋəʔ$_{3}$siɔ$_{52}$　罗:吃勿消tɕʻiɐʔ$_{4}$ʋəʔ$_{4}$ɕiə$_{31}$　周:吃勿消tɕʻiʌʔ$_{3}$vəʔ$_{5}$ɕiɔ$_{31}$　上:吃勿消tɕʻiɪʔ$_{3}$vəʔ$_{5}$ɕiɔ$_{31}$　松:吃勿消tɕʻiʌʔ$_{4}$vəʔ$_{4}$ɕiɔ$_{52}$　黎:吃勿消tɕʻiəʔ$_{3}$vəʔ$_{3}$siᴀ^{ɔ}$_{34}$　盛:吃勿消tɕʻiɐʔ$_{5}$vəʔ$_{3}$ɕiᴀɑ$_{31}$　嘉:吃勿消tɕʻiəʔ$_{3}$ʋəʔ$_{4}$ɕiɔ$_{51}$　双:吃勿消tɕʻieʔ$_{5}$vəʔ$_{5}$ɕiɔ$_{21}$　杭:吃不消tɕʻiɪʔ$_{3}$pɐʔ$_{\underline{23}}$ɕiɔ$_{51}$　绍:吃勿落tɕʻɪʔ$_{4}$veʔ$_{4}$loʔ$_{\underline{52}}$　诸:吃勿落/行不住tɕʻiə$_{3}$vɐʔ$_{5}$loʔ$_{31}$/ɦõ$_{22}$vɐʔ$_{2}$dʑy$_{ɥ44}$　崇:食勿落zᴇʔ$_{2}$vᴇʔ$_{\underline{34}}$lɔʔ$_{\underline{52}}$　太:食勿落/吃勿落ʑiɛʔ$_{2}$vɛʔ$_{4}$lɔʔ$_{52}$/tɕʻieʔ$_{3}$vᴇʔ$_{4}$lɔʔ$_{52}$　余:吃勿消tɕʻyɔʔ$_{4}$ʋəʔ$_{4}$ɕiɒ$_{52}$　宁:吃勿消/行勿消/吃勿落tɕʻyɔʔ$_{5}$vɐʔ$_{3}$ɕiɔ$_{33}$/ɦɔ̃$_{22}$vɐʔ$_{5}$ɕiɔ$_{33}$/tɕʻyɔʔ$_{5}$vɐʔ$_{3}$lɔʔ$_{3}$　黄:熬勿牢ŋɒ$_{22}$fɐʔ$_{5}$lɒ$_{31}$　温:列勿牢/吃勿落li$_{3}$vʊ$_{33}$lɜ$_{24}$/tsʻɿ$_{33}$vʊ$_{55}$lo$_{52}$　衢:吃勿落tɕʻiəʔ$_{4}$fəʔ$_{5}$ləʔ$_{2}$　华:吃勿消/吃勿落tɕʻiəʔ$_{3}$fəʔ$_{4}$ɕiɑʊ$_{35}$/tɕʻiəʔ$_{3}$fəʔ$_{5}$loʔ$_{2}$　永:食勿落səɪ$_{4}$fə$_{3}$lᴀʊ$_{3}$

逮

宜:捉tsɔʔ$_{\underline{45}}$　溧:捉tsɔʔ$_{5}$　金:逮/捉/抓tɛ^{e}$_{323}$/tsoʔ$_{4}$/tsuɑ$_{31}$　丹:捉抓tsoʔ$_{3}$/tɕyɑ$_{22}$　童:捉tʃyoʔ$_{5}$　靖:捉/抓tɕyɔʔ$_{5}$/tɕyɑ$_{433}$　江:捉tsoʔ$_{5}$　常:捉tsɔʔ$_{5}$　锡:捉tsɔʔ$_{5}$　苏:捉tsɔʔ$_{5}$　熟:捉tʂoʔ$_{5}$　昆:捉/搭tsoʔ$_{5}$/tᴀʔ$_{5}$　霜:捉tsoʔ$_{5}$　罗:捉tsoʔ$_{5}$　周:捉tsɒʔ$_{5}$　上:捉/搭tsoʔ$_{5}$/tɐʔ$_{5}$　松:捉tsɔʔ$_{5}$　黎:捉tsoʔ$_{5}$　盛:捉tsɔʔ$_{5}$　嘉:捉/搭tsoʔ$_{\underline{55}}$/tᴀʔ$_{\underline{54}}$　双:□kʻɑ$_{334}$　杭:㧟kʻou$_{334}$　绍:㧟kʻo$_{33}$　诸:㧟kʻo$_{544}$　崇:抓/㧟tsʻɑ$_{533}$/kʻɤ$_{42}$　太:㧟kʻo$_{42}$　余:㧟kʻo$_{52}$　宁:㧟kʻo$_{44}$　黄:

坷k'o$_{44}$ 温：捉tɕyo$_{423}$ 衢：□k'ɑ$_{53}$ 华：□/抓/□k'uɑ$_{324}$/tsuɑ$_{324}$/ʔaʊ$_{324}$ 永：□k'ʊA$_{44}$

颠倒

宜：丁倒tiŋ$_{55}$tɑɤ$_{55}$ 溧：丁倒tin$_{44}$tɑ$^{ɤ}_{52}$ 金：颠倒tĩ$_{22}$tɑ$^{ɔ}_{44}$ 丹：颠倒tɪ$_{44}$tɒ$_{44}$ 童：丁倒tiŋ$_{55}$tɐɤ$_{31}$ 靖：颠倒/丁倒tĩ$_{43}$tɒ$_{33}$/tiŋ$_{43}$tɒ$_{33}$ 江：丁倒tiɲ$_{53}$tɒ$_{31}$ 常：颠倒/丁倒tɪ$_{55}$tɑɤ$_{31}$/tiɲ$_{55}$tɑɤ$_{31}$ 锡：丁倒tin$_{21}$tʌ$_{23}$ 苏：颠倒/丁倒tiɪ$_{55}$tæ$_{31}$/tiɪn$_{55}$tæ$_{31}$ 熟：丁倒/丁倒丁tĩ$^{ɲ}_{55}$tɔ$_{31}$/tĩ$^{ɲ}_{55}$tɔ$_{33}$tĩ$^{ɲ}_{31}$ 昆：颠倒/倒转tin$_{44}$tɔ$_{41}$/tɔ$_{52}$tsø$_{33}$ 霜：颠倒/丁倒tɪ$_{55}$tɔ$_{31}$/tĩ$_{55}$tɔ$_{31}$ 罗：颠倒/丁倒ti$_{55}$tɔ$_{31}$/tɪ$^{n}_{55}$tɔ$_{31}$ 周：颠倒/丁倒ɗi$_{55}$ɗɔ$_{31}$/ɗiɪŋ$_{55}$ɗɔ$_{31}$ 上：颠倒/丁倒ti$_{55}$tɔ$_{31}$/tiɲ$_{55}$tɔ$_{31}$ 松：颠倒/丁倒ti$_{44}$tɔ$_{52}$/tiɲ$_{44}$tɔ$_{52}$ 黎：丁倒/颠倒tiəɲ$_{44}$tA$^{ɔ}_{52}$/tiɪ$_{44}$tA$^{ɔ}_{52}$ 盛：颠倒/丁倒tiɪ$_{44}$tAɑ$_{44}$/tɪɲ$_{44}$tAɑ$_{44}$ 嘉：丁倒/丁倒丁tin$_{44}$tɔ$_{51}$/tin$_{55}$tɔ$_{33}$tin$_{21}$ 双：丁倒tɪn$_{44}$tɔ$_{44}$ 杭：颠倒tie$_{33}$tɔ$_{51}$ 绍：翻转fæ̃$_{43}$tsæ̃$_{33}$ 诸：丁倒头tĩ$_{52}$tɔ$_{42}$dei$_{44}$ 崇：倒转tɑɒ$_{33}$tsœ̃$_{52}$ 太：颠倒tiẽ$_{52}$tɑɒ$_{33}$ 余：丁倒tiɲ$_{32}$tɒ$_{23}$ 宁：翻向fE$_{33}$ɕiã$_{44}$ 黄：颠倒tie$_{34}$tɒ$_{44}$ 温：衣丁倒i$_{52}$təŋ$_{22}$tɜ$_{44}$ 衢：颠倒tie$_{43}$tɔ$_{35}$ 华：颠倒tiɑ$_{33}$tɑʊ$_{51}$ 永：丁倒头niɪŋ$_{32}$tAʊ$_{32}$təʊ$_{31}$

剁脚

宜：顿脚təŋ$_{324}$tɕiɔʔ$_{5}$ 溧：断脚/顿脚tʊ$_{54}$tɕiɑ$_{34}$/tən$_{54}$tɕiɑ$_{34}$ 金：得脚təʔ$_{4}$tɕiɑʔ$_{4}$ 丹：顿脚tɛn$_{44}$tɕiɑʔ$_{\underline{31}}$ 童：跳脚tiɐɤ$_{34}$tɕiAʔ$_{5}$ 靖：得脚təʔ$_{5}$tɕiɑʔ$_{5}$ 江：调脚diɒ$_{24}$tɕiɑʔ$_{2}$ 常：踏脚/顿脚dɑʔ$_{2}$tɕiɑʔ$_{5}$/təɲ$_{34}$tɕiɑʔ$_{4}$ 锡：调脚diʌ$_{24}$tɕiɑʔ$_{\underline{31}}$ 苏：调脚diɛ$_{22}$tɕiAʔ$_{4}$ 熟：调脚diɔ$_{24}$tɕiAʔ$_{\underline{31}}$ 昆：踣脚/调脚zAʔ$_{2}$tɕiAʔ$_{3}$/diɔ$_{23}$tɕiAʔ$_{4}$ 霜：调脚diɔ$_{22}$tɕiAʔ$_{4}$ 罗：调脚diɔ$_{22}$tɕiAʔ$_{4}$ 周：踣脚zɑʔ$_{2}$tɕiɑʔ$_{3}$ 上：顿脚/踣脚təɲ$_{44}$tɕiɪʔ$_{5}$/zɐʔ$_{3}$tɕiɪʔ$_{5}$ 松：踣脚zAʔ$_{3}$tɕiAʔ$_{4}$ 黎：踣脚zAʔ$_{3}$tɕiAʔ$_{3}$ 盛：踣脚dzɑʔ$_{4}$tɕiɑʔ$_{3}$ 嘉：调脚/踣脚diɔ$_{22}$tɕiAʔ$_{5}$/zAʔ$_{2}$tɕiAʔ$_{4}$ 双：调脚dʑ'iɔ$_{22}$tɕiAʔ$_{4}$ 杭：顿脚tən$_{55}$tɕiɪʔ$_{\underline{31}}$ 绍：调脚diɑɒ$_{22}$tɕiAʔ$_{5}$ 诸：碰脚bÃ$_{22}$tɕiɐʔ$_{4}$ 崇：顿脚tɪŋ$_{33}$tɕiɑʔ$_{4}$ 太：顿脚teŋ$_{55}$tɕiɑʔ$_{3}$ 余：顿脚teɲ$_{33}$tɕiɐʔ$_{5}$ 宁：顿脚tɐŋ$_{33}$tɕiɪʔ$_{5}$ 黄：顿脚təŋ$_{33}$tɕiɐʔ$_{4}$ 温：顿脚tʌŋ$_{25}$tɕiɑ$_{24}$ 衢：顿脚tən$_{55}$tɕiAʔ$_{2}$ 华：顿脚tən$_{33}$tɕiəʔ$_{5}$ 永：顿脚ʔnən$_{43}$tɕiAʊ$_{32}$

敲诈

宜：敲竹杠k'ɑɤ$_{55}$tsɔʔ$_{3}$kAŋ$_{31}$ 溧：敲竹杠k'ɑ$^{ɤ}_{44}$tsɔʔ$_{4}$kAŋ$_{31}$ 金：敲竹杠tɕ'iɑ$^{ɔ}_{22}$tsɔʔ$_{3}$kɑŋ$_{44}$ 丹：敲竹杠k'ɒ$_{33}$tsoʔ$_{4}$kɑŋ$_{23}$ 童：敲竹杠k'ɐɤ$_{33}$tsoʔ$_{5}$kɑŋ$_{31}$ 靖：敲竹杠k'ɒ$_{33}$tɕyɔʔ$_{5}$kɑŋ$_{31}$ 江：敲竹杠k'ɒ$_{44}$tsoʔ$_{5}$kɑŋ$_{23}$ 常：敲竹杠k'ɑɤ$_{55}$tsɔʔ$_{5}$kAɲ$_{52}$ 锡：敲竹杠k'ʌ$_{44}$tsɔʔ$_{2}$kɒ̃$_{23}$ 苏：敲竹杠/榨人kæ$_{55}$tsɔʔ$_{5}$kÃ$_{31}$/ts'o$_{52}$ȵiɪn$_{23}$ 熟：敲竹杠k'ɔ$_{55}$tʂoʔ$_{5}$kA̰$_{31}$ 昆：敲竹杠/调排人k'ɔ$_{44}$tsoʔ$_{4}$kã$_{41}$/diɔ$_{23}$bɑ$_{41}$ȵin$_{132}$ 霜：敲竹杠k'ɔ$_{55}$tsoʔ$_{3}$kɒ̃$_{31}$ 罗：敲竹杠k'ɔ$_{55}$tsoʔ$_{3}$kɒ̃$_{31}$ 周：敲竹杠k'ɔ$_{44}$tsoʔ$_{4}$kɒ̃$_{52}$ 上：敲竹杠k'ɔ$_{55}$tsoʔ$_{3}$kÃ$^{ɲ}_{31}$ 松：敲竹杠k'ɔ$_{52}$tsɔʔ$_{4}$kɑ̃$_{34}$ 黎：敲竹杠k'Aɔ$_{55}$tsoʔ$_{3}$kɑ̃$_{31}$ 盛：敲竹杠k'Aɑ$_{55}$tsɔʔ$_{3}$kɑ̃$_{31}$ 嘉：敲竹杠k'ɔ$_{44}$tsoʔ$_{4}$kÃ$_{31}$ 双：敲竹杠k'ɔ$_{32}$tsoʔ$_{2}$kɔ̃$_{34}$ 杭：敲竹杠/敲横档k'ɔ$_{44}$tsɔʔ$_{3}$kAŋ$_{44}$/k'ɔ$_{44}$ɦuAŋ$_{21}$tAŋ$_{23}$ 绍：敲竹杠k'ɑɒ$_{44}$tsoʔ$_{4}$kɒŋ$_{33}$ 诸：敲竹杠k'ɔ$_{52}$tsoʔ$_{3}$kõ$_{33}$ 崇：敲竹杠k'ɑɒ$_{52}$tsɔʔ$_{3}$kõ$_{23}$ 太：敲竹杠k'ɑɒ$_{44}$ciɔʔ$_{3}$kɒŋ$_{44}$ 余：敲竹杠k'ɒ$_{33}$tsɔʔ$_{5}$kõ$_{31}$ 宁：敲竹杠k'ɔ$_{33}$tsɔʔ$_{5}$kɔ̃$_{33}$ 黄：敲竹杠k'ɒ$_{33}$tsɔʔ$_{3}$kɒ̃$_{44}$ 温：敲杠k'^{ʊ}ɔ$_{22}$k^{ʊ}ɔ$_{44}$ 衢：敲竹杠k'ɔ$_{43}$tʃʮəʔ$_{3}$kɒ̃$_{53}$ 华：敲竹杠tɕ'iɑʊ$_{32}$tɕyoʔ$_{3}$kAŋ$_{35}$/k'ɑʊ$_{32}$tsoʔ$_{3}$kAŋ$_{35}$ 永：敲竹杠k'Aʊ$_{43}$tsʊ$_{32}$kAŋ$_{44}$

干嘛

宜：做点拉/撅点拉/抓tsu$_{51}$tɪA$_{34}$/tsu$_{51}$tɪ$_{33}$lA$_{34}$/tɕye$_{51}$tɪ$_{33}$lA$_{34}$/tɕyA$_{51}$ 溧：做点拉tsʌɯ$_{44}$ti$_{54}$lɑ$_{34}$ 金：做甚尼tso$_{22}$səŋ$_{33}$nɪʔ$_{4}$ 丹：做底告tsʌY$_{44}$ti$_{z51}$kɒ$_{23}$ 童：做爹家tsʌY$_{44}$tiɑ$_{35}$kɑ$_{31}$ 靖：做底高/做滴高/做刁东西tsʌY$_{52}$ti$_{j35}$kɒ$_{4}$/tsʌY$_{52}$tɪʔ$_{3}$kɒ$_{4}$/tsʌY$_{52}$tiɒ$_{35}$toŋ$_{33}$si$_{j52}$ 江：做啥啦tsɜY$_{33}$sɑ$_{55}$lɑ$_{31}$ 常：做嗲tɕiɯ$_{51}$tæ$_{334}$ 锡：做啥tsʌY$_{44}$sɑ$_{323}$ 苏：做啥/啥体tsɜu$_{52}$sɒ$_{412}$/sɒ$_{52}$t'i$_{j23}$ 熟：做到啦/做啥tsɯ$_{55}$tɔ$_{33}$lɑ$_{31}$/tsɯ$_{33}$ʂɑ$_{51}$ 昆：做啥tsəu$_{44}$sɑ$_{41}$ 霜：做啥ts^{ə}u$_{44}$sɑ$_{434}$ 罗：做啥ts^{ə}u$_{44}$sɑ$_{434}$ 周：作啥tsoʔ$_{3}$

sɑ$_{52}$　上：做啥tsu$_{44}$sᴀ$_{334}$　松：做啥tsu$_{33}$sɑ$_{52}$　黎：做啥/□□tsɜu$_{51}$sɒ$_{413}$/ɡᴀ^{ɔ}$_{24}$ləʔ$_{2}$　盛：做啥tsɜu$_{44}$sɑ$_{44}$　嘉：做啥ts^{ə}u$_{44}$sɑ$_{334}$　双：做啥tsəu$_{33}$so$_{44}$　杭：则啥tsɐʔ$_{3}$sɑ$_{44}$　绍：作啥/捻啥西tso$_{43}$so$_{33}$/ȵĩ$_{33}$so$_{33}$ɕɪ$_{52}$　诸：做鞋则tsɯ$_{44}$ɦᴀ$_{22}$tsɐʔ$_{5}$　崇：找前头tsɑɒ$_{33}$dʑiẽ$_{34}$dʏ$_{52}$　太：找前头tsɑɒ$_{44}$dʑiẽ$_{21}$dʏ$_{52}$　余：弄啥西/做啥西nʊŋ$_{22}$so$_{44}$ɕi$_{52}$/tsou$_{33}$so$_{44}$ɕi$_{52}$　宁：作啥tsɔʔ$_{3}$so$_{44}$　黄：装解姆/做解姆tsɒ˜$_{33}$kᴀ$_{55}$m̩$_{31}$/ts^{ə}u$_{33}$kᴀ$_{55}$m̩$_{31}$　温：捉泥tɕyo$_{52}$ȵi$_{21}$　衢：做啥/做啥体tsu$_{44}$sɑ$_{53}$/tsu$_{44}$sɑ$_{55}$t‘i$_{35}$　华：打事干/打干tᴀŋ$_{54}$sɿ$_{33}$kɯə$_{35}$/tᴀŋ$_{54}$kɯə$_{35}$　永：□干啦tsᴀ$_{43}$kɤə$_{55}$lᴀ$_{31}$

光膀子

宜：赤角落ts‘ᴀʔ$_{5}$kɔʔ$_{5}$lɔʔ$_{5}$　溧：赤膊ts‘əʔ$_{3}$pɔʔ$_{5}$　金：光膀子/赤膊kuɑŋ$_{44}$pɑŋ$_{33}$tsɿ$_{z31}$/ts‘əʔ$_{3}$pɔʔ$_{4}$　丹：赤膊ts‘ɛʔ$_{\underline{53}}$poʔ$_{\underline{31}}$　童：打赤膊tɒ$_{34}$ts‘əʔ$_{5}$poʔ$_{5}$　靖：赤膊皮条/赤膊tɕ‘iəʔ$_{5}$pɔʔ$_{5}$bi$_{j22}$tiɒ$_{34}$/tɕ‘iəʔ$_{5}$pɔʔ$_{5}$　江：赤角落/赤膊ts‘ɑʔ$_{5}$koʔ$_{5}$loʔ$_{5}$　常：赤膊ts‘əʔ$_{4}$pɔʔ$_{5}$　锡：赤膊ts‘ɑʔ$_{4}$pɔʔ$_{5}$　苏：赤膊/赤角落ts‘ᴀʔ$_{5}$pɔʔ$_{5}$/ts‘ᴀʔ$_{5}$kɔʔ$_{5}$lɔʔ$_{2}$　熟：赤膊/赤角立ts‘ᴀʔ$_{4}$poʔ$_{5}$/ts‘ᴀʔ$_{4}$koʔ$_{5}$lɪʔ$_{5}$　昆：赤膊ts‘ᴀʔ$_{5}$poʔ$_{5}$　霜：赤膊ts‘ᴀʔ$_{5}$poʔ$_{3}$　罗：赤膊ts‘ᴀʔ$_{5}$poʔ$_{3}$　周：赤膊ts‘ɑʔ$_{3}$ɓoʔ$_{5}$　上：赤膊ts‘ɐʔ$_{3}$poʔ$_{4}$　松：赤膊ts‘ᴀʔ$_{4}$pɔʔ$_{4}$　黎：赤膊ts‘ᴀʔ$_{3}$poʔ$_{3}$　盛：赤膊ts‘ɑʔ$_{5}$pɔʔ$_{3}$　嘉：赤骨立ts‘ᴀʔ$_{3}$kuoʔ$_{4}$liəʔ$_{5}$　双：赤膊ts‘ᴀʔ$_{2}$poʔ$_{5}$　杭：赤膊ts‘ɐʔ$_{4}$pɔʔ$_{5}$　绍：赤膊ts‘ᴀʔ$_{4}$poʔ$_{5}$　诸：赤膊ts‘ɐʔ$_{3}$poʔ$_{4}$　崇：赤膊ts‘ᴇʔ$_{3}$pɔʔ$_{4}$　太：赤膊c‘iɑʔ$_{5}$pɔʔ$_{3}$　余：赤膊ts‘ɐʔ$_{3}$pɔʔ$_{5}$　宁：赤膊ts‘ɐʔ$_{3}$pɔʔ$_{3}$　黄：赤条条ts‘ɐʔ$_{3}$diɒ$_{33}$diɒ$_{44}$　温：赤膊捋/赤膊大捋ts‘ɿ$_{33}$po$_{5}$læi$_{34}$/ts‘ɿ$_{33}$po$_{3}$dɑ$_{52}$læi$_{34}$　衢：赤膊/打赤膊tʃ‘ɥəʔ$_{4}$pəʔ$_{5}$/ta$_{55}$tʃ‘ɥəʔ$_{3}$pəʔ$_{5}$　华：赤膊/赤贴膊ts‘ɐʔ$_{5}$poʔ$_{3}$/ts‘ɐʔ$_{3}$tie$_{55}$poʔ$_{2}$　永：贴膊t‘iᴀ$_{43}$poə$_{32}$

淹死

宜：颂杀/淹杀ɦuəʔ$_{2}$sᴀʔ$_{4}$/ʔᴀ$_{5}$sᴀʔ$_{5}$　溧：淹杀ʔᴀ$_{44}$sɑʔ$_{5}$　金：淹死/颂杀æ̃$_{44}$sɿ$_{z31}$/uəʔ$_{4}$sɑʔ$_{4}$　丹：淹杀æ$_{21}$sɑʔ$_{2}$　童：淹杀ɑ$_{53}$sɿ$_{31}$　靖：淹杀得æ̃$_{43}$sɑʔ$_{3}$təʔ$_{3}$　江：沉杀/淹杀落zᴇɲ$_{21}$tsɑʔ$_{4}$/ʔɪ$_{45}$sɑʔ$_{3}$loʔ$_{2}$　常：淹杀ʔæ$_{55}$sɑʔ$_{5}$　锡：淹杀/沉杀ʔɛ$_{33}$sɑʔ$_{5}$/zən$_{21}$sɑ$_{23}$　苏：沉杀/淹杀脱zən$_{24}$sᴀʔ$_{2}$/ʔiɪ$_{55}$sᴀʔ$_{5}$t‘əʔ$_{2}$　熟：颂杀ʔoʔ$_{4}$sᴀʔ$_{5}$　昆：颂杀/沉杀ʔuəʔ$_{5}$sᴀʔ$_{5}$/zən$_{23}$sᴀʔ$_{4}$　霜：沉杀zɛ̃$_{22}$sᴀʔ$_{4}$　罗：沉杀zɛ̃^{n}$_{24}$sᴀʔ$_{3}$　周：淹杀ʔi$_{33}$sɑʔ$_{5}$　上：淹杀ʔi$_{33}$sɐʔ$_{4}$　松：颂杀ʔʋəʔ$_{4}$sæʔ$_{4}$　黎：沉杀dzəɲ$_{22}$sᴀʔ$_{5}$　盛：沉杀dzəɲ$_{22}$sɑʔ$_{5}$　嘉：颂杀ʔoʔ$_{3}$sᴀʔ$_{5}$　双：颂杀ʔuəʔ$_{5}$sᴀʔ$_{5}$　杭：颂杀ʔuɐʔ$_{4}$sɐʔ$_{5}$　绍：团杀dɵ̃$_{22}$sᴀʔ$_{5}$　诸：颂杀ʔuɐʔ$_{3}$seʔ$_{4}$　崇：颂杀ʔᴇʔ$_{3}$sæʔ$_{4}$　太：颂杀ʔʋɛʔ$_{3}$sɛʔ$_{5}$　余：颂杀/浸杀ʔʋɐʔ$_{5}$sɐʔ$_{3}$/tɕiɲ$_{55}$saʔ$_{3}$　宁：颂杀/浸杀ʔuɐʔ$_{5}$sɐʔ$_{3}$/tɕɪŋ$_{55}$sɐʔ$_{3}$　黄：沉死/脱落水死/呛死dʑiɪŋ$_{31}$sɿ$_{31}$/tɔʔ$_{3}$lɔʔ$_{3}$sɥ$_{55}$sɿ$_{31}$/tɕ‘ia˜$_{55}$sɿ$_{31}$　温：颂死ʔuæi$_{52}$sɿ$_{3}$　衢：瘟死ʔuən$_{55}$sɿ$_{31}$　华：颂死/颂倒来ʔuo$_{33}$sɿ$_{51}$/ʔuoʔ$_{3}$tɑʊ$_{35}$lɛ$_{31}$　永：颂死uə$_{43}$sɿ$_{32}$

扎针

宜：凿zɔʔ$_{\underline{23}}$　溧：打针to$_{54}$tsən$_{34}$　金：打针/戳针tɑ$_{24}$tsəŋ$_{52}$/ts‘ɔʔ$_{\underline{53}}$tsəŋ$_{31}$　丹：戳ts‘oʔ$_{3}$　童：打针tɒ$_{35}$tsəŋ$_{31}$　靖：打针tɑ$_{35}$tɕiŋ$_{31}$　江：戳/凿ts‘oʔ$_{5}$/zoʔ$_{\underline{12}}$　常：打针/凿tᴀɲ$_{34}$tsɔɲ$_{44}$/dzɔʔ$_{\underline{23}}$　锡：凿zɔʔ$_{\underline{23}}$　苏：戳/凿ts‘ɔʔ$_{5}$/zɔʔ$_{\underline{23}}$　熟：戳/凿tʂ‘oʔ$_{5}$/zoʔ$_{\underline{23}}$　昆：戳/凿ts‘oʔ$_{5}$/zoʔ$_{\underline{12}}$　霜：打针/戳tã$_{44}$tsɛ̃$_{52}$/tsoʔ$_{5}$　罗：打针ta˜$_{35}$tsɛ̃^{n}$_{31}$　周：凿zɒʔ$_{\underline{23}}$　上：凿/打zoʔ$_{\underline{23}}$/tÃ^{ɲ}$_{334}$　松：戳ts‘ɔʔ$_{5}$　黎：戳ts‘oʔ$_{\underline{34}}$　盛：凿zɔʔ$_{2}$　嘉：戳/凿ts‘oʔ$_{\underline{54}}$/zoʔ$_{\underline{12}}$　双：凿zoʔ$_{\underline{23}}$　杭：打针/扎针tɑ$_{44}$tsən$_{323}$/tsɐʔ$_{3}$tsən$_{23}$　绍：凿/打针zoʔ$_{\underline{23}}$/taŋ$_{33}$tsĩ$_{52}$　诸：戳针ts‘oʔ$_{5}$tsẼĨ$_{544}$　崇：打针tᴀ˜$_{44}$tsɪŋ$_{23}$　太：打针tᴀŋ$_{44}$tseŋ$_{523}$　余：戳ts‘ɔʔ$_{5}$　宁：打针tã$_{44}$tɕɪŋ$_{51}$　黄：戳/打tsɔʔ$_{5}$/ta˜$_{53}$　温：戳tɕ‘yo$_{423}$　衢：戳针tʃɥeʔ$_{5}$tʃɥən$_{31}$　华：打针tᴀŋ$_{54}$tɕiɪn$_{35}$　永：打针/戳nai$_{32}$tsən$_{44}$/ts‘ʊ$_{434}$

回绝

宜：回头/回ɦuɐɪ$_{21}$dʏɯ$_{23}$/ɦuɐɪ$_{223}$　溧：回头ʔɦuæᴇ$_{32}$dʌɯ$_{23}$　金：回掉xuei$_{32}$tiɑ^{ɔ}$_{23}$　丹：回道

hue44dɒ23　童:回掉ɦuei24diɐʏ31　靖:回辣得ɦue22lɑʔ2təʔ5　江:回头ɦuEI24dEI31　常:回头/勿答应ɦuæe21dei34/fəʔ5tɑʔ5iɲ31　锡:回头ɦuE24dEi31　苏:回头ɦuE22dəɪ44　熟:回报脱ɦuE23pɔ35t'Eʔ31　昆:回头ɦuE23dE41　霜:回头ɦuʌɪ22dʌɪ52　罗:回头ɦuʌɪ22dʌɪ52　周:回头ɦue22dʏ33　上:回头ɦuE22dʏɯ44　松:回头/回断ve22dɯ52/ve24dø31　黎:回断ʔuE44dɵ52　盛:回头ɦuE22diəʉ44　嘉:回报脱ɦue22pɔ55t'əʔ31　双:回头ɦuəɪ22dᵊʏ44　杭:回报ɦueɪ21pɔ23　绍:回话ɦue21ɦuo33　诸:回话ɦue31ɦo44　崇:回话了ve22ɦuʏ55liɑɒ31　太:　余:回头□/□该ɦue21dʏ22vɛ̃52/ʔʊA44ke44　宁:回头ɦuEI22dœʏ35　黄:回豪ɦue31ɦɒ31　温:回亡væi52ɦᵘɔ21　衢:回ɦuəɪ323　华:　永:

回去

宜:回家去ɦuɐɪ22ko22k'ɐɪ53　溧:回去ʔɦuæE32k'æE52　金:回去/家去xuei22tɕ'yz44/kɑ32k'i31　丹:家去ko44tɕ'yz44　童:家去kɒ53k'ij31　靖:家去/转过去ko33tɕ'ij44/tɕyũ35kʌʏ33tɕ'ij31　江:家去/转去kɑ53k'EI31/tsɵ45k'EI31　常:家去ko55tɕ'ij31　锡:转去tso33tɕ'i55　苏:转去/回转去/回去tsɵ52tɕ'ij23/ɦuE22tsɵ55tɕ'ij31/ɦuE22tɕ'ij44　熟:家去/转去kɑ55k'E31/tɕiʏ33k'E51　昆:回转去/转去ɦuE23tsɵ55tɕ'i41/tsɵ52tɕ'i41/tsɵ52k'E41　霜:转去/归去tsɪ33tɕ'i52/kuʌɪ55tɕ'i31　罗:转去tsᴧʏ33tɕ'i52　周:转去tse33tɕ'i52　上:转去/回去tsø33tɕ'i44/ɦuE22tɕ'i44　松:回去/转去/回转去ve24tɕ'i31/tsø44tɕ'i44/ve33tsø55tɕ'i31　黎:回转ʔuE44tsɵ52/ɦuE22tsɵ44　盛:回转去ɦuE22tsɵ44tɕ'ij44　嘉:转去/回转去/回去tsʏə33tɕ'i51/ɦue22tsʏə55tɕ'i31/ɦue24tɕ'i51　双:回转ɦuəɪ22tsE44　杭:回去ɦueɪ21tɕ'i23　绍:转去tsuĩ34tɕ'i52　诸:开勒k'e52lɐʔ4　崇:归去k'e53tɕ'iz52　太:归去k'e52tɕ'i33　余:回转去ɦue21tsõ22k'e52　宁:回去ɦuEI22tɕ'iz51　黄:转去tsø55cyʮ31　温:走去tsʌu33k'ⁱi5　衢:转去/归去tʃʮə33k'i53/tʃʮ33k'i53　华:转去/归去tɕʮe54k'ə35/kuɪ32k'ʮy35　永:转去/归去tɕye43k'ʏ55/kuəɪ42k'ʏ54

回头见

宜:歇点会ɕiɪʔ5tɪ33ɦuɐɪ31　溧:回头见/宴点见ʔɦuæE32dei22ti52/ʔA54ti34tɕi52　金:回头见/晚歇会/歇歇会xuei22tʌʏ33tɕĩ44/uæ̃22ɕieʔ3xuei44/ɕieʔ2ɕieʔ3xuei44　丹:再见tsæ̃44tɕɪ23　童:　靖:回头会ɦue22døʏ22ɦue52　江:晏歇会ʔæ45ɕiəʔ3ɦuEI31　常:晏歇会ʔæ55ɕiɪʔ3ɦuæe31　锡:晏歇会ʔɛ45ɕiəʔ5ɦuE31　苏:晏歇会ʔE52ɕiəʔ23ɦuE31　熟:晏歇会/下趟会ʔæ55ɕɪʔ5ɕɪʔ5ɦuE31/ɦu22t'A~33ɦuE33　昆:过歇会/晏歇会kəu34ɕiɪʔ5ɦuE31/ʔɛ33ɕiɪʔ5ɦuE31　霜:晏歇会ʔE33ɕiɪʔ5ɦuʌɪ31　罗:晏歇会ʔe33ɕiɐʔ5ɦuʌɪ31　周:晏歇会ʔɛ33ɕiɪʔ5ɦue31　上:晏歇会/再会ʔE33ɕiɪʔ5ɦuE31/tsE55ɦuE31　松:晏歇会/再会ʔE33ɕiɪʔ5ve31/tsE44ve44　黎:晏歇会/隔歇会/停日会ʔE33ɕij55ɦuE31/kAʔ3ɕiɪʔ5ɦuE31/diəɲ24ȵiəʔ3ɦuE31　盛:隔歇会/晏歇会kAʔ5ɕiɐʔ3ɦuE31/ʔE33ɕiɐʔ55ɦuE31　嘉:晏歇会/下趟会ʔEᵋ33ɕiəʔ5ɦue31/ɦo22t'A~22ɦue55　双:晏歇会/等介等见ʔE33ɕieʔ5ɦuəɪ21/tən33kɑ55tən33tɕɪ334　杭:晏歇会/等歇会/歇歇会ʔE33ɕiɪʔ5ɦueɪ31/tən55ɕiɪʔ3ɦueɪ31/ɕiɪʔ4ɕiɪʔ4ɦueɪ55　绍:再会/晏歇会tse43ɦue33/ŋæ̃33ɕi44ɦue52　诸:下冒见ɦo22mɔ33tɕiɪ33　崇:下边见ɦo22piẽ52tɕiẽ31　太:下边见ɦo22piẽ55tɕiẽ31　余:下回来ɦo23ɦue33le113　宁:再会tse55ɦuEI33　黄:再见tse55tɕie33　温:再见tse52tɕi21　衢:回头见ɦuəɪ32dəɪ22tɕie53　华:等一见tən53ie33tɕie35　永:再见tsəɪ42tɕie54

胡说八道

宜:胡说八道/瞎七搭八/胡造/瞎讲ɦu22səʔ2pAʔ2dɑʏ53/xAʔ5tɕ'iɪʔ5pAʔ5tAʔ5/ɦu22zɑʏ53/xAʔ53kAŋ31　溧:胡糟/瞎讲ʔʋu54tsɑʏ34/xɑʔ5kAŋ52　金:胡说八道/瞎七搭八/说胡话fu22suəʔ3pɑʔ3tɑᵓ44/xɑʔ4tɕ'ieʔ4tɑʔ3pɑʔ4/suəʔ2fu33xuɑ44　丹:瞎说八道hɑʔ5ɕyeʔ2pɑʔ44tɒ31　童:瞎说八道/瞎七八搭hAʔ4ʃyoʔ5pAʔ3dɐʏ31/hAʔ4tɕ'iɪʔ5pAʔ3tAʔ31　靖:瞎说八道/瞎说/裸说hɑʔ4sɔʔ4pAʔ4dɒ52/hɑʔ5ɕyɔʔ5/lʌʏ22ɕyɔʔ5　江:瞎七搭八/瞎三话四/七嘴八搭hɑʔ5ts'ɪʔ5tɑʔ5pɑʔ5/hɑʔ5sæ42ɦo33sɿ31/

tsʻɪʔ4tsEI44pɑʔ4tɑʔ31　常：瞎七搭八xɑʔ5tɕʻiɪʔ5tɑʔ5pɑʔ5　锡：瞎七搭八xɑʔ4tsʻɪʔ5tɑʔ5pɑʔ5　苏：瞎七搭八hAʔ5tsʻɪʔ5tAʔ5pɔʔ5　熟：瞎七搭八/七嘴八扭xAʔ3tsʻɪʔ4tAʔ4pAʔ5/tsʻɪʔ5tʂʻɿɿ55poʔ5ȵiɯ55　昆：瞎七八搭/瞎三话四hAʔ3tsʻɪʔ5tAʔ5pAʔ3/hAʔ3sE5ɦo5sɿ31　霜：瞎七搭八xAʔ5tsʻɪʔ3tAʔ5pəʔ3　罗：瞎七搭八hAʔ3tsʻɪʔ5tAʔ5pAʔ3　周：瞎七搭八hɑʔ3tɕʻiɪʔ5ʔdɑʔ3ʔbɑʔ31　上：瞎七搭八hɐʔ3tɕʻiɪʔ5tɐʔ3pʔ31　松：瞎七搭八/瞎讲八讲hæʔ3tɕʻiɪʔ4tæʔ4pæʔ4/hæʔ3kɑ̃55pæʔ3kɑ̃31　黎：瞎七搭八hAʔ5tsɪʔ4tAʔ5poʔ2　盛：瞎七搭八hɑ5tsɪʔ3tɑʔ3pɔʔ2　嘉：瞎七八搭/七猪八牛hAʔ3tɕʻiəʔ5pAʔ5tAʔ31/tɕʻiɪʔ3tsɿ5poʔ5ȵiəu31　双：瞎七搭八xAʔ4tɕʻieʔ4tAʔ3poʔ31　杭：瞎七搭八/搞七搞八hɐʔ3tɕʻiɪʔ5tɐʔ3pɐʔ31/gɔ22tɕʻiɪʔ5gɔ33pɐʔ31　绍：瞎七搭八/七对八对/乱话三千hæʔ4tɕʻɪʔ4tæʔ5pæʔ3/tɕɪʔ4te44pæʔ5te31/ɦẽ21ɦuo23sæ̃33tɕʻĩ52　诸：乱讲乱话lɤ23kõ44lõ44ɦo33　崇：伦堆夹堆/瞎七瞎八lɪŋ21te23kæʔ5te31/hæʔ3tɕʻiEʔ3hæʔ3pæʔ4　太：伦堆夹堆獬/伦讲伦话leŋ22te55kɛʔ3te33gɛʔ31/leŋ24kɒŋ33leŋ24ɦuo31　余：乱话死话lõ22ɦuo44ɕi33ɦuo52　宁：乱讲三起/乱话三起lø22kɔ̃55sE33tɕʻiz31/lø22kɔ̃55sE33tɕʻiz31　黄：乱讲/讲睏话lø23kɒ̃31/kɒ̃33kʻuəŋ33ɦuA44　温：蒙讲moŋ25kᵘɔ21　衢：瞎七瞎八/乱讲xAʔ5tɕʻiəʔ5xAʔ3pAʔ2/lə45kɒ̃35　华：论讲/乱脚年lən13kAŋ51/ʔlɯə53tɕiəʔ5ȵiɑ24　永：伦家讲/伦家念lən32kʊA32kAŋ31/lən32kʊA32ȵie325

黏住

宜：叮住tiŋ35dʑyɥ31　溧：叮住/叮好则tin44dʑyz52/tin44xɑʏ44tsəʔ31　金：叮住/贴住tiŋ52tsᵊu31/tʻieʔ4tsᵊu44　丹：叮住tiŋ21dzᵊu22　童：叮住tiŋ53dʒyɥ31　靖：得牢/得住得/叮住得təʔ5lɒ23/təʔ53ɦy33təʔɥ31/tiŋ44ɦyɥ44təʔ5　江：得住/得牢tɜʔ5dʑy23/tɜʔ5lɒ43　常：得牢təʔ4lɑʏ44　锡：得牢təʔ4lʌ55　苏：得牢təʔ5læ23　熟：得牢tEʔ4lɔ51　昆：得牢təʔ3lɔ44　霜：得牢təʔ4lɔ52　罗：得牢tɐʔ4lɔ52　周：得牢ɗəʔ3lɔ52　上：得牢tɐʔ3lɔ44　松：得牢təʔ4lɔ52　黎：得牢təʔ5lAᵓ34　盛：得牢təʔ3lAɑ44　嘉：得牢təʔ3lɔ44　双：贴牢/粘牢tʻieʔ3lɔ34/ʔȵɪ44lɔ44　杭：粘牢ʔȵie44lɔ212　绍：粘牢/得牢ȵĩ22lɑɒ52/teʔ4lɑɒ52　诸：得牢tɐʔ4lɔ33　崇：得牢tEʔ3lɑɒ52　太：得牢tɛʔ3lɑɒ52　余：粘牢ʔȵĩ44lɒ44　宁：粘牢/搭牢ʔȵi55lɔ33/taʔ5lɔ33　黄：八牢pAʔ5lɒ31　温：粘牢/伯牢ʔȵi44lɜ4/pɑ423lɜ3　衢：粘牢ʔȵiẽ45lɔ31　华：粘牢ȵie32lɑʊ24　永：粘牢/□牢ʔȵie43lAʊ44/mai32lAʊ44

着火

宜：火着xu33dzɔʔ4　溧：□火/火着sɑʔ5xʌɯ52/xʌɯ54tsɔ34　金：着火/失火tsɑʔ5xo23/səʔ5xo23　丹：着火/起火dzɑʔ3hʌʏ44/tɕʻiz22hʌʏ44　童：着火dzoʔ42hʌʏ31　靖：着火/起火/火烧dziɑʔ4hʌʏ23/tɕʻij35hʌʏ34/hʌʏ33ɕiɒ44　江：火着hɜʏ52dzɑʔ3　常：火着xʌɯ34zɑʔ4　锡：火着xʌʏ33zɑʔ5　苏：火着hɜu52zAʔ3　熟：火着xɯ33dʐAʔ5　昆：火着həu52zAʔ3　霜：着火/火着zAʔ2fu23/fu33zAʔ4　罗：着火/火着zAʔ3fu434/fu35zAʔ3　周：着火/火着zɑʔ2fu23/fu33zɑʔ5　上：火着fu33zɐʔ4　松：着火/火着zAʔ3fu44/fu35zAʔ31　黎：火烧hɜu55sAᵓ31　盛：火烧hɜu55sAɑ31　嘉：火着/火烧/起火fu44zAʔ5/fu33sɔ52/tɕʻi33fu52　双：火烧hᵊu44sɔ52　杭：火烧hu55sɔ31　绍：着火/火着dzæʔ2fu33/fu34dzæʔ5　诸：火着hɯ52dzɐʔ12　崇：着火dzɑʔ2hʏ52　太：着火ɟiɑʔ2hɯ52　余：着火dzɐʔ2hou23　宁：火着həʊ33dʑiɐʔ5　黄：着火/火着巧dʑieʔ2hᵊu31/hᵊu5dʑieʔ3tɕʻiɒ31　温：火着起fʊ25dʑiɑ24tsʻɿ2　衢：着火/火着dʒɥAʔ2xu35/xu55dʒɥAʔ2　华：着火dʑiɐʔ3xuo51/xuo55dʑiɐʔ2　永：火烧屋xoə43ɕiAʊ44ʊ434

拣起（拾）

宜：拾ʑiɪʔ23　溧：拾ʑiɪ223　金：拾səʔ4　丹：拾/席ɕɪʔ3/sɛʔ24　童：拾szəʔ5　靖：拾/拈szɪʔ34/ʔȵĩ433　江：拾zɪʔ12　常：拾ʑiɪʔ23　锡：拾zɪʔ23　苏：拾ʑiəʔ23　熟：拾zɪʔ23　昆：□/拾ŋəʔ12/zɪʔ12　霜：拾zɪʔ23　罗：□ŋəʔ23　周：拾ʑiɪʔ23　上：拾ʑiɪʔ23　松：捏ȵiɪʔ23　黎：□ŋəʔ23　盛：□

ɦəʔ₂ 嘉:□ʔəʔ₅₄ 双:□zᴇ₃₁ 杭:□dzo₁₁₃ 绍:□dzĩ₁₁₃ 诸:□起dzʏ₂₂tɕʻi₂₅₂ 崇:□dzœ̃₁₄ 太:□dzeŋ₁₃ 余:□zẽ₁₁₃ 宁:□tsʻaʔ₅ 黄:捉tsʻɔʔ₅ 温:捉起tɕyo₄₂₃tsʻɿ₃ 衢:□ʔᴀʔ₅ 华:□tsʻɐʔ₄ 永:□来tsʻə₄₃ləɪ₅₁

挣(~钱)

宜:赚dzᴀ₂₄ 溧:赚铜钱/寻铜钱dzᴀ₂₄doŋ₃₂ɦi₂₃/ʑiŋ₃₃doŋ₃₂ɦi₂₃ 金:赚tsæ̃₄₄ 丹:赚铜钱tsuæ₄₄doŋ₂₂dʑɪ₄₄ 童:赚dzɑ₁₁₃ 靖:寻钱sziŋ₂₄zĩ₂₃ 江:赚dzæ₂₂₃ 常:赚zæ₂₁₃ 锡:赚zɛ₂₁₃ 苏:赚zᴇ₃₁ 熟:赚dzæ₂₁₃ 昆:寻/赚zin₁₃₂/zɛ₂₂₃ 霜:赚zᴇ₂₁₃ 罗:赚ze₂₁₃ 周:赚zɛ₁₁₃ 上:赚/寻zᴇ₁₁₃/ʑiɲ₁₁₃ 松:赚zᴇ₁₁₃ 黎:赚dzᴇ₂₁₃ 盛:赚dzᴇ₂₁₂ 嘉:赚/寻zᴇ^ɛ₂₂₃/dʑin₃₁ 双:赚zᴇ₃₁ 杭:□tsʻən₃₃₄ 绍:□tsʻĩ₅₂ 诸:□tsʻẼĨ₅₄₄ 崇:□/赚tsʻᴀ~₃₂₄/dzæ̃₁₄ 太:赚dzæ̃₁₃ 余:赚dzɛ̃₁₁₃ 宁:赚dzᴇ₁₁₃ 黄:撑/赚tsʻa~₄₄/dzɛ₃₁ 温:赚钞票tɕiʌŋ₅₂tsʻ^ᵘɔ₂₂pʻiɛ₄₄ 衢:赚dzæ̃₃₁ 华:赚dzɑ₅₄₄/sɑ₄₅ 永:赚dzᴀ₂₁₄

掷

宜:氹təʔ₄₅ 溧:丢/□/□tei₄₄/xuɑʔ₅/dzɑ₂₂₃ 金:撩/揣niɑ^ɔ₃₂₃/tsuɛ^e₄₄ 丹:撩liɒ₄₄ 童:□xuaɪ₄₅ 靖:□xuæ̃₅₁ 江:掼guæ₂₂₃ 常:掼/□guæ₂₄/xuæ₅₁ 锡:□/氹xuɛ₃₂₃/to₅₄₄ 苏:氹/□toʔ₅/huᴇ₄₁₂ 熟:掼/氹guæ₃₁/toʔ₅ 昆:氹/掼toʔ₅/guɛ₂₂₃ 霜:掼/氹guᴇ₂₁₃/toʔ₅ 罗:氹toʔ₅ 周:掼guɛ₁₁₃ 上:掼/氹guᴇ₁₁₃/toʔ₅ 松:得/氹(少)təʔ₅/tɔʔ₅ 黎:氹/甩toʔ₅/huᴇ₄₁₃ 盛:氹/甩tɔʔ₅/huᴇ₄₁₃ 嘉:掼/氹guᴇ^ɛ₂₂₃/toʔ₄₅ 双:掼guᴇ₁₁₃ 杭:掼guᴇ₁₁₃ 绍:掼guæ̃₂₂ 诸:掼guɛ₂₃₃ 崇:掼guæ̃₁₄ 太:掼guæ̃₂₂ 余:掼guɛ̃₁₁₃ 宁:□ʔa₄₄ 黄:掼/丢/□guɛ₁₁₃/tʻiu₄₄/huɐʔ₅ 温:□gɑ₂₂ 衢:掼guæ̃₃₁ 华:□ʔliɯu₅₄₄ 永:□ɕʏᴀŋ₄₄

觉得

宜:觉着kɔʔ₅dzɔʔ₅ 溧:觉着kɔʔ₅zɑ₃₄ 金:觉着tɕyeʔ₄təʔ₄ 丹:觉着koʔ₃d̥zɑʔ₃ 童:觉着koʔ₅₃zᴀʔ₃₁ 靖:觉得/觉着得tɕiɑʔ₅təʔ₃/kɔʔ₅zɑʔ₃təʔ₃₁ 江:觉着/觉辣koʔ₅dzɑʔ₅/koʔ₅lɑʔ₅ 常:觉着kɔʔ₄zɑʔ₅ 锡:觉着kɔʔ₄zɑʔ₅ 苏:觉着/觉搭kɔʔ₅zᴀʔ₅/kɔʔ₅tᴀʔ 熟:觉辣/觉着koʔ₄lᴀʔ₅/koʔ₄dʐᴀʔ₅ 昆:觉着koʔ₅zᴀʔ₅ 霜:觉着koʔ₅zᴀʔ₃ 罗:觉着koʔ₅zᴀʔ₃ 周:觉着kɒʔ₃zɑʔ₅₂ 上:觉着koʔ₃zɐʔ₄ 松:觉着kɔʔ₄zᴀʔ₄ 黎:觉着koʔ₅zᴀʔ₂ 盛:觉着kɔʔ₅zɑʔ₃ 嘉:觉着koʔ₃zᴀʔ₄ 双:觉着koʔ₅zᴀʔ₅ 杭:觉着/觉得着kɔʔ₄zɐʔ₅/kɔʔ₄tɐʔ₄zɐʔ₅ 绍:□□kɒŋ₃₃tsoʔ₅ 诸:觉得kɔʔ₃tɐʔ₄ 崇:觉得tɕioʔ₃tᴇʔ₄ 太:觉得tɕioʔ₃tɛʔ₅ 余:觉得/觉着kɒʔ₅tɐʔ₃/kɒʔ₅zɐʔ₃ 宁:觉着kɔʔ₅zɔʔ₃ 黄:觉得kɒʔ₅tɐʔ₃₁ 温:觉着ko₃₃dʑiɑ₂ 衢:觉得tɕyəʔ₄təʔ₅ 华:觉着koʔ₃tsɐʔ₄ 永:觉得tɕiə₄təɪ₃₂

烤

宜:烤/烘kʻɑʏ₃₂₄/xoŋ₅₅ 溧:烘xoŋ₄₅ 金:烤/烘kʻɑ^ɔ₃₂₃/xoŋ₃₁ 丹:烤/烘kʻɒ₄₄/hoŋ₂₂ 童:烘hoŋ₄₂ 靖:□/沆kaŋ₅₁/haŋ₅₁ 江:烘hoŋ₅₁ 常:烘xoŋ₄₄ 锡:烘xoŋ₅₄₄ 苏:烘hoŋ₄₄ 熟:烘xʊŋ₅₂ 昆:烘hoŋ₄₄ 霜:烘/烤fo^ŋ₅₂/kʻɔ₄₃₄ 罗:烤/烘kʻɔ₄₃₄/fo^ŋ₅₂ 周:烘/烤hoŋ₅₂/kʻɔ₄₄ 上:烘xʊŋ₅₂ 松:烘hʊŋ₅₂ 黎:烘hoŋ₄₄ 盛:烘hoŋ₄₄ 嘉:烘hoŋ₅₁ 双:烘xoŋ₄₄ 杭:烘/烤hoŋ₃₂₃/kʻɔ₃₃₄ 绍:烘/烤hʊŋ₃₃/kʻɑɒ₃₃ 诸:烘hoŋ₅₄₄ 崇:烘hʊ^ŋ₅₃₃ 太:烘kʊŋ₅₂₃ 余:烤/烘kʻɒ₄₃₅/hʊŋ₃₄ 宁:烤kʻɔ₄₄ 黄:各kɔʔ₅ 温:烤/烘kʻɜ₄₄/xoŋ₄₄ 衢:烤kʻɔ₃₅ 华:烤/烘kʻɑʊ₅₄₄/xoŋ₃₂₄ 永:烤/烘kʻʊᴀ₅₄/xoŋ₄₄

煨

宜:煨/笃/炖ʔuɐɪ₃₂₄/tɔʔ₄₅/təŋ₃₂₄ 溧:煨/笃ʔuæᴇ₄₄/tɔʔ₅ 金:煨/笃uei₄₄/tɔʔ₄ 丹:笃toʔ₃

童:笃toʔ5　靖:笃tɔʔ5　江:笃toʔ5　常:煨/笃ʔuæe44/tɔʔ5　锡:笃tɔʔ5　苏:笃tɔʔ5　熟:笃toʔ5　昆:笃toʔ5　霜:□doʔ23　罗:笃toʔ5　周:炖ɗəŋ335　上:笃toʔ5　松:托t'ɔʔ5　黎:煨/炖ʔuE44/təɲ413　盛:笃tɔʔ5　嘉:笃toʔ54　双:笃toʔ54　杭:炖tuən33　绍:炖tõ33　诸:炖tẼĨ544　崇:煨ʔue533　太:煨ʔue523　余:煨/焐ʔue34/ʔuu52　宁:笃/焐tɔʔ5/ʔuu52　黄:□dɔʔ12　温:煨væi44　衢:炖tən53　华:煨ʔuɪ45　永:煨ʔuəɪ54

快点儿

宜:快点/豪悛点k'uA53tɪ23/ɦaʏ22saʏ53tɪ31　溧:快点/快悛点k'uA54ti35/k'uA54saʏ33ti34　金:快点个/刷括点/滑刷点k'ue44tĩ22kəʔ4/suaʔ2kuaʔ3tĩ44/huaʔ2suaʔ3tĩ44　丹:快点k'ua52tɪ23　童:快点k'uaɪ34tɪ55　靖:快点/悛点/打急脚k'uæ55tĩ31/sɒ35tĩ31/ta33tɕiəʔ5tɕiaʔ31　江:豪悛点/快点/快介点ɦɒ21sɒ33tɪ43/k'uEɪ45tɪ31/k'uEɪ45ka33tɪ31　常:快点/豪悛k'ua55tɪ31/ɦaʏ21saʏ34　锡:豪悛点/快点ɦʌ24sʌ55tɪ55/k'ɑ33tɪ55　苏:豪悛点/快点ɦæ22sæ55tiɪ31/k'ɒ52tiɪ23　熟:豪悛点/快点ɦɔ23sɔ33tie33/k'ua35tie31　昆:豪悛点/快点ɦɔ22sɔ55tɪ41/k'ua52tɪ33　霜:快点/豪悛k'ua33tɪ52/ɦɔ24sɔ31　罗:快点/豪悛点k'ua33ti52/ɦɔ22sɔ55ti31　周:豪悛点ɦɔ23sɔ44ɗi44　上:快点/豪悛点k'uA33ti44/ɦɔ22sɔ55ti31　松:豪悛点ɦɔ24sɔ33ti31　黎:快点/豪悛k'uɒ32tiɪ52/ɦAᵓ22SAᵓ44　盛:快点/豪悛k'ua32tiɪ52/ɦAa22SAa44　嘉:快点/豪悛k'ua33tiəʔ5/ɦɔ24sɔ31　双:快点/豪悛k'ua32tɪ34/ɦɔ22sɔ44　杭:快点/豪悛点/豪悛点儿k'uE55tie31/ɦɔ21sɔ23tie51/ɦɔ21sɔ24tie55ər31　绍:豪悛/快些ɦaɒ22saɒ52/k'ua43soʔ5　诸:豪悛点/快点ɦɔ31sɔ42tiɪ44/k'uA54tiɪ33　崇:豪悛些/快些ɦaɒ21saɒ34sEʔ5/k'ua33sEʔ4　太:豪悛点/豪悛些/快点/快些ɦaɒ23saɒ22tiẽ52/ɦaɒ24saɒ22sɛʔ5/k'ua33tiẽ44/k'ua33sɛʔ4　余:豪悛点/快眼ɦɒ22sɒ44tĩ52/k'uA55ȵiẽ31　宁:豪悛/快眼ɦɔ22sɔ44/k'ua55ŋE33　黄:快点k'uA55tieʔ31　温:快来k'ɑ52le21　衢:豪悛/快点ˀɦɔ22sɔ35/k'uɛ55tiẽ35　华:快点/快银/豪悛银k'ua35tij31/k'ua35ȵiɪn31/ʔɦaʊ32saʊ24ȵiɪn31　永:快点/□介点k'uəɪ55ȵiA31/SUA43kUA32ȵiA55

劳驾

宜:对勿起tɐɪ33fəʔ5tɕ'ij31　溧:对勿住/对勿起tæE54vəʔ34tɕ'iz52/tæE54vəʔ34dʑyz52　金:请问/对不起tɕ'iŋ32uəŋ23/tuei44pəʔ4tɕ'iz23　丹:对勿起/劳驾(少)tue44fɛʔ4tɕ'iz23/lɒ35tɕia21　童:对勿起tei33vəʔ5tɕ'i31　靖:对勿住/对不起/麻烦te44vəʔ4ʑyʮ52/tə55pəʔ3tɕij34/mo22væ̃34　江:对勿起/对勿住tEɪ45fɜʔ3tɕ'ij31/tEɪ45vɜʔ5dʑy31　常:对勿起tæe55fəʔ3tɕ'ij31　锡:对勿起tE55vəʔ5tɕ'i31　苏:对勿起/谢倷问一声tE55fəʔ5tɕ'ij31/ʑiɒ23nE33mən22iəʔ5sÃ31　熟:对勿起tE55vEʔ3tɕ'i31　昆:对勿起tE34vəʔ5tɕ'i31　霜:对勿住/对勿起tE33ʋəʔ3zʅ52/tE33ʋəʔ3tɕ'i52　罗:对勿住/帮帮忙tʌʏ33ʋəʔ5zʅ31/pɒ̃55pɒ̃55mɒ̃31　周:对勿住/对勿起ɗde33ʋəʔ5zʅ31/ɗe33ʋəʔ5tɕ'i31　上:对勿起tE33vɐʔ5tɕ'i31　松:对勿起/对勿住te33ʋəʔ3tɕ'i52/te33ʋəʔ3ʑy52　黎:对勿住tE33vəʔ5zʮ31　盛:对勿住tE33vəʔ5zʮ31　嘉:对勿住/对勿起te33ʋəʔ5zʮ31/te33ʋəʔ5tɕ'i31　双:对勿住təɪ32vəʔ22zʅ52　杭:劳驾/对不住/对不起/得罪lɔ21tɕia23/teɪ33pɐʔ5dzʮ31/teɪ33pɐʔ5tɕ'i31/tɐʔ3dzeɪ33　绍:对勿住/麻烦诺te43veʔ3ʑyʮ33/mo21væ̃34noʔ52　诸:对勿住te54vɐʔ3dʑyʮ23　崇:对勿住te33ʋEʔ3dzʅ23　太:对勿住te55vɛʔ3zʅ31　余:对勿起te55vəʔ3tɕ'i31　宁:对勿住te55vɐʔ3dzʮ33　黄:对勿住te55vɐʔ3dzʮ31　温:对勿起tæi33vʊ33ts'ʅ35　衢:对勿住təɪ55fəʔ5dʒʮ53　华:请问/对勿住/对勿起tɕ'im544 mən213/tɛ32fəʔ3dʑy24/tɛ54fəʔ3tɕ'ij31　永:对勿起/帮个忙təɪ54fə3tɕ'i31/mAŋ32kə43mAŋ22

拉倒

宜:拉倒/算牢哩/随他去ʔlA55taʏ55/se35laʏ33lɪ31/zɐɪ22t'o22kɐɪ53　溧:拉倒/算则lA32taʏ23/ɕyʊ54tsə34　金:拉倒/算了la52taᵓ23/suæ̃44ləʔ4　丹:拉倒/歇搁la22tɒ44/ɕɪʔ53koʔ13　童:拉倒

lɒ$_{24}$tɐɤ$_{31}$ 靖：拉倒ʔlɑ$_{35}$tɒ$_{34}$ 江：拉倒/歇搁/算勒ʔlɑ$_{55}$tɒ$_{31}$/ɕiəʔ$_{5}$koʔ$_{5}$/sɵ$_{45}$ləʔ$_{2}$ 常：拉倒/算数/算勒ʔlɑ$_{55}$tɑɤ$_{31}$/sɔ$_{34}$sɥ$_{44}$/sɔ$_{55}$ləʔ$_{3}$ 锡：拉倒/算勒ʔlɑ$_{55}$tʌ$_{31}$/so$_{33}$ləʔ$_{5}$ 苏：拉倒/算数ʔlɒ$_{55}$tæ$_{31}$/sɵ$_{55}$sɜu$_{31}$ 熟：拉倒/算数ʔlɑ$_{55}$tɔ$_{51}$/sʏ$_{55}$sɯ$_{31}$ 昆：算哩/拉倒sɵ$_{52}$li$_{33}$/ʔlɑ$_{44}$tɔ$_{41}$ 霜：拉倒ʔlɑ$_{55}$tɔ$_{31}$ 罗：拉倒ʔlɑ$_{55}$tɔ$_{31}$ 周：拉倒ʔlɑ$_{55}$tɔ$_{31}$ 上：拉倒ʔlA$_{55}$tɔ$_{31}$ 松：拉倒/算哉ʔlɑ$_{44}$tɔ$_{52}$/sø$_{33}$tsE$_{52}$ 黎：拉倒ʔlɒ$_{44}$tA^{ɔ}$_{44}$ 盛：拉倒/算数ʔlɑ$_{44}$tAɑ$_{44}$/sɵ$_{33}$sɜu$_{52}$ 嘉：拉倒/算哩ʔlɑ$_{44}$tɔ$_{51}$/suɤə$_{35}$li$_{31}$ 双：拉倒ʔlɑ$_{44}$tɔ$_{44}$ 杭：拉倒ʔlɑ$_{34}$tɔ$_{44}$ 绍：拉倒/算哉ʔla$_{32}$tɑɒ$_{33}$/sõ$_{43}$ze$_{33}$ 诸：好歇勒/算勒hɔ$_{33}$ɕiəʔ$_{5}$lɐʔ$_{\underline{31}}$/sʏ$_{33}$lɐʔ$_{5}$ 崇：算sœ̃$_{324}$ 太：算sœ̃$_{35}$ 余：算哉sõ$_{55}$tse$_{31}$ 宁：拉倒/算来/算数ʔlɑ$_{55}$tɔ$_{33}$/sø$_{44}$le$_{44}$/sø$_{33}$su$_{44}$ 黄：算号sø$_{55}$ɦɒ$_{31}$ 温：拉倒lɑ$_{44}$tɜ$_{44}$ 衢：拉倒ʔlɑ$_{55}$tɔ$_{35}$ 华：拉倒lɑ$_{22}$tɑʊ$_{51}$ 永：添倒tʻiA$_{43}$tAʊ$_{54}$

灭灯

宜：隐/熄灯ʔiŋ$_{51}$/ɕiɪʔ$_{5}$təŋ$_{55}$ 溧：隐ʔin$_{52}$ 金：隐/熄灯iŋ$_{31}$/ɕieʔ$_{\underline{53}}$təŋ$_{31}$ 丹：隐/熄iŋ$_{44}$/ɕɪʔ$_{3}$ 童：隐iŋ$_{42}$ 靖：熄灯sɪʔ$_{\underline{53}}$təŋ$_{31}$ 江：隐ʔiɲ$_{45}$ 常：隐落ʔiɲ$_{33}$lɔʔ$_{4}$ 锡：隐ʔin$_{323}$ 苏：隐ʔiɪn$_{412}$ 熟：隐ʔĩ^{ɲ}$_{44}$ 昆：隐ʔin$_{512}$ 霜：隐ʔĩ$_{434}$ 罗：隐ʔɪ^{n}$_{434}$ 周：隐ʔiɪŋ$_{335}$ 上：隐ʔiɲ$_{334}$ 松：隐脱ʔiɲ$_{35}$tʻəʔ$_{\underline{31}}$ 黎：隐ʔiəɲ$_{51}$ 盛：隐ʔɪɲ$_{51}$ 嘉：隐ʔin$_{44}$ 双：隐ʔin$_{53}$ 杭：乌/熄特嚅ʔu$_{323}$/ɕiɪʔ$_{3}$dɐʔ$_{\underline{23}}$leɪ$_{31}$ 绍：乌ʔu$_{52}$ 诸：乌ʔʋu$_{544}$ 崇：乌ʔʋu$_{533}$ 太：乌ʔʋu$_{523}$ 余：隐ʔiɲ$_{34}$ 宁：乌ʔʋu$_{52}$ 黄：乌豪ʔu$_{55}$ɦɒ$_{31}$ 温： 衢：黑到xəʔ$_{4}$tɔ$_{53}$ 华：隐/乌ʔiɪn$_{324}$/ʔu$_{324}$ 永：乌ʊ$_{434}$

抹

宜：搨tʻAʔ$_{\underline{45}}$ 溧：揩kʻA$_{44}$ 金：抹/搨mɔʔ$_{4}$/tʻɑʔ$_{4}$ 丹： 童：搨/抹tʻAʔ$_{5}$/məʔ$_{24}$ 靖：抹/搨mɑʔ$_{\underline{34}}$/tʻɑʔ$_{5}$ 江：搨/揩tʻɑʔ$_{5}$/kʻæ$_{51}$ 常：搨tʻɑʔ$_{5}$ 锡：搨tʻɑʔ$_{5}$ 苏：搨tʻAʔ$_{5}$ 熟：搨/揩tʻAʔ$_{5}$/kʻɑ$_{52}$ 昆：搨/揩tʻAʔ$_{5}$/kʻɑ$_{44}$ 霜：搨tʻAʔ$_{5}$ 罗：搨tʻAʔ$_{5}$ 周：搨tʻɑʔ$_{5}$ 上：搨tʻɐʔ$_{5}$ 松：搨tʻæʔ$_{5}$ 黎：搨tʻAʔ$_{\underline{34}}$ 盛：搨tʻɑʔ$_{5}$ 嘉：搨tʻAʔ$_{\underline{54}}$ 双：搨tʻAʔ$_{\underline{54}}$ 杭：揩kɑ$_{323}$ 绍：搨/揩tʻAʔ$_{5}$/ka$_{52}$ 诸：搨tʻɐʔ$_{5}$ 崇：搨tʻæʔ$_{\underline{45}}$ 太：搨tʻɛʔ$_{\underline{45}}$ 余：揩/搨kA$_{34}$/tʻɐʔ$_{5}$ 宁：搨/搽/揩tʻɐʔ$_{5}$/dzo$_{113}$/kʻa$_{52}$ 黄：搨tʻɐʔ$_{5}$ 温：搨/□tʻɜ$_{423}$/tɕiɛ$_{35}$ 衢：搽/搨dzɑ$_{323}$/tʻæʔ$_{5}$ 华：涂du$_{213}$ 永：擦/□tsʻʊA$_{44}$tɕiAʊ$_{434}$

念(～书)

宜：念/读ȵɪ$_{31}$/dɔʔ$_{\underline{23}}$ 溧：念ȵi$_{31}$ 金：念/读nĩ$_{44}$/tɔʔ$_{4}$ 丹：念ȵɪ$_{41}$/toʔ$_{3}$ 童：念ȵɪ$_{113}$ 靖：念ȵĩ$_{31}$ 江：念ȵɪ$_{223}$ 常：念/读ȵɪ$_{24}$/dɔʔ$_{\underline{23}}$ 锡：读dɔʔ$_{\underline{23}}$ 苏：读dɔʔ$_{\underline{23}}$ 熟：念ȵie$_{213}$ 昆：读doʔ$_{\underline{12}}$ 霜：读doʔ$_{\underline{23}}$ 罗：读doʔ$_{\underline{23}}$ 周：读doʔ$_{\underline{23}}$ 上：读doʔ$_{\underline{23}}$ 松：读dɔʔ$_{\underline{23}}$ 黎：读doʔ$_{\underline{23}}$ 盛：读dɔʔ$_{2}$ 嘉：读doʔ$_{\underline{12}}$ 双：读doʔ$_{\underline{23}}$ 杭：读dɔʔ$_{\underline{12}}$ 绍：读doʔ$_{\underline{23}}$ 诸：读doʔ$_{\underline{12}}$ 崇：读dɔʔ$_{\underline{12}}$ 太：读dɔʔ$_{\underline{12}}$ 余：读dɔʔ$_{\underline{23}}$ 宁：读dɔʔ$_{\underline{23}}$ 黄：读dɔʔ$_{\underline{12}}$ 温：读d^{ə}u$_{323}$ 衢：读doʔ$_{\underline{12}}$ 华：念/读ȵie$_{24}$/toʔ$_{2}$ 永：读dʊ$_{323}$

盼望

宜：巴望/巴po$_{55}$mAŋ$_{31}$/po$_{55}$ 溧：巴望/想po$_{44}$mAŋ$_{52}$/ɕie$_{412}$ 金：巴望/指望pɑ$_{52}$uɑŋ$_{23}$/tsʅz$_{z32}$uɑŋ$_{23}$ 丹：巴望po$_{23}$uɑŋ$_{44}$ 童：巴望pɒ$_{53}$ɦuɑŋ$_{31}$ 靖：巴连不得po$_{44}$lĩ$_{44}$pəʔ$_{4}$təʔ$_{5}$ 江：望ɱA^{ŋ}$_{223}$ 常：巴望po$_{55}$ɦuAɲ$_{31}$ 锡：巴望pu$_{55}$mɒ̃$_{31}$ 苏：巴望po$_{55}$mÃ$_{31}$ 熟：巴望pu$_{55}$mÃ$_{51}$ 昆：巴望po$_{44}$mã$_{41}$ 霜：望mo^{ŋ}$_{213}$ 罗：巴望p^{ʌ}ɤ$_{55}$mɒ̃$_{31}$ 周：巴望ɓo$_{55}$mɒ̃$_{31}$ 上：巴望po$_{55}$mÃ^{ɲ}$_{31}$ 松：望伊mɑ̃$_{24}$ɦi$_{31}$ 黎：巴望/巴勿得po$_{44}$mɑ̃$_{44}$/po$_{55}$vəʔ$_{3}$təʔ$_{2}$ 盛：巴望/巴/巴勿得po$_{44}$mɑ̃$_{44}$/po$_{44}$/po$_{55}$vəʔ$_{3}$təʔ$_{2}$ 嘉：想ɕiÃ$_{44}$ 双：巴勿得po$_{44}$vəʔ$_{4}$təʔ$_{4}$ 杭：想ɕiAŋ$_{51}$ 绍：望mɒŋ$_{22}$ 诸：想煞ɕiÃ$_{53}$sɐʔ$_{\underline{31}}$ 崇：望mɒ̃$_{14}$ 太：望mʊŋ$_{13}$ 余：望mɒ̃$_{113}$ 宁：巴勿得po$_{33}$vɐʔ$_{5}$tɐʔ$_{\underline{31}}$ 黄：眼

巴巴ɦiɛ22po33po44 温:想/巴勿得ɕi35/po33vʋ22de4 衢:想ɕiã35 华:巴勿得piɑ33fəʔ5təʔ3 永:巴勿之得pʊA43fə4tsʅ43təɪ55

刨(～根)

宜:坌bəŋ223 溧:坌bən323 金:扒根pɑ24kəŋ52 丹:得tɛʔ3 童:得təʔ5 靖:坌bəŋ31 江:坌bEɲ223 常:坌bəɲ31 锡:坌bən213 苏:坌bən31 熟:坌bẽⁿ213 昆:坌bən223 霜:坌bẽ213 罗:坌bẽⁿ213 周:坌bəŋ113 上:坌bəɲ113 松:坌/掘bəɲ113/dʑyɪʔ23 黎:坌bəɲ213 盛:坌bəɲ212 嘉:坌bən223 双:坌bən113 杭:刨根bɔ113kən323 绍:掘dʑyoʔ23 诸:坌bẼĨ233 崇:掏dɑɒ312 太:掏dɑɒ312 余:坌beɲ113 宁:掏/挖dɔ113/ʔuaʔ5 黄:牢lɒ31 温: 衢:挖ʔuɑ35 华:刨根bɑʊ24 kən324 永:掏dAʊ214

赔本儿

宜:蚀本zəʔ3pəŋ53 溧:蚀本szəʔ3pən52 金:蚀本/亏本/□本səʔ5pəŋ23/kʻuei52pəŋ23/ɕieʔ5pəŋ23 丹:赔本/蚀本/亏本pʻEᵉ32pɛn24/sᶻɛʔ3pɛn44/kʻue32pɛn24 童:蚀本szəʔ53pəŋ31 靖:蚀本ɕʑiəʔ5pəŋ34 江:蚀本zEɲ2pEɲ23 常:蚀本zəʔ2peɲ13 锡:蚀本zəʔ2pən34 苏:蚀本zəʔ3pən52 熟:蚀本zEʔ2pẽⁿ51 昆:蚀本/亏本zəʔ3pən41/kʻuE44pən41 霜:蚀本zəʔ2pẽ23 罗:折本zɐʔ2pẽⁿ23 周:蚀本zəʔ2pəŋ23 上:蚀本zɐʔ2pəɲ23 松:蚀本/赔本zəʔ3pəɲ44/be22pəɲ52 黎:蚀本zəʔ3pəɲ33 盛:蚀本zəʔ4pəɲ33 嘉:蚀本zəʔ2pən23 双:蚀本zəʔ2pən52 杭:蚀本/蚀耗szɐʔ2pən51/szɐʔ2hɔ23 绍:赔本/蚀本be21pĩ33/zeʔ2pĩ33 诸:蚀本zoʔ2pẼĨ52 崇:亏本kʻue33pɪŋ52 太:亏本kʻue52peŋ33 余:蚀本dzɐʔ2peɲ23 宁:赔本/蚀本bEI22pɐŋ44/ʑiɪʔ2pɐŋ44 黄:空帐/倒空kʻoŋ33tɕia˜44/tɒ33kʻoŋ44 温:赔本bæi52pʌŋ34 衢:蚀本/亏本ʒʮəʔ2pən35/kʻuəɪ43pən35 华:赔本/折本/亏本/亏本pɛ54pən51/szə24pən55/ɕʑʮe24pən55/kʻuɪ33pən51 永:折本ɕʑie32məŋ32

嚷

宜:叫/喊tɕiɑɤ324/xA324 溧:喊/叫xA412/tɕiaʸ412 金:喊xæ̃323 丹:叫tɕiɒ324 童:叫tɕiɐɤ45 靖:喊/□hæ̃334/tsʻiɒ51 江:叫/喊tɕiɒ435/hæ45 常:喊xæ334 锡:喊xɛ323 苏:喊hE412 熟:喊/叫xæ324/tɕiɔ324 昆:喊/叫hɛ412/tɕiɔ52 霜:喊xE434 罗:喊he434 周:喊/叫hɛ335/tɕiɔ335 上:喊hE334 松:喊/叫hE44/tɕiɔ335 黎:喊hE413 盛:喊hE413 嘉:喊hEᵋ44 双:喊xE334 杭:叫tɕiɔ334 绍:嗷ʔɤ52 诸:嗷ʔei544 崇:喊hæ̃324 太:喊hæ̃35 余:嗷/喊ʔɤ34/hɛ̃435 宁:嗷ʔEI52 黄:叫/□tɕiɒ44/ʔiA53 温:叫tɕiɛ52 衢:叫tɕiɔ53 华:□ʔɦiɑ324 永:喂uəɪ325

傻了

宜:定神diŋ21zəŋ23 溧:发痴/痴则列fAʔ5tsʻʅ34/tsʻʅ44tsəʔ44lɪ31 金:发呆fɑʔ53tɛᵉ31 丹:发呆fɑʔ53tæ31 童:发呆/呆/发痴fAʔ53taɪ31/taɪ42/fAʔ53tsʻʅ31 靖:懵勒□moŋ24ləʔ3kiʌɤ31 江:发戆/发呆fɑʔ5gAᵑ23/fɑʔ53tæ31 常:呆牢力tæ55lɑɤ33liɪʔ31 锡:发呆fɑʔ4ŋɛ213 苏:呆脱/瞪ŋE22tʻəʔ4/tən44 熟:呆脱/痴脱ŋæ24tʻEʔ31/tʂʻʮ55tʻEʔ5 昆:呆脱ŋE23tʻəʔ4 霜:发呆fAʔ4tʻE52 罗:呆脱ŋe22tʻɐʔ4 周:戆脱啊特gɒ˜22tʻəʔ5ɑ33dəʔ31 上:呆脱ŋE22tʻɐʔ4 松:呆脱/毒脱ŋE23tʻəʔ4/dəʔ3tʻəʔ4 黎:呆脱特tE55tʻəʔ3dəʔ2 盛:发呆fɑʔ5ŋE24 嘉:呆脱哩tEᵋ55tʻəʔ3li31 双:毒台doʔ3dE21 杭:发呆fɐʔ4ŋE212 绍:呆还哉ŋe22ɦuæ44ze52 诸:呆样ŋe21ɦiÃ23 崇:呆了ŋe22liɑɒ52 太:呆了ŋe21liɑɒ23 余:板呆神pɛ̃33ŋɛ̃33zeɲ44 宁:发呆神/呆掉勒fɐʔ4ŋE22tɕiŋ51/ŋE22dio55leʔ33 黄:呆ŋie31 温:呆黄ŋe31ɦᵘɔ21 衢:呆勒/呆拉ŋɛ22ləʔ5/ŋɛ32lɑ23 华:木掉勒ʔmoʔ2diɑʊ22ləʔ4 永:呆去落ŋəɪ32kʻə32lAʊ31

潲雨

宜:抨/抨xAʔ45/tɕʻiAŋ324 溧:抨xA44 金:抨/打tɑʔ4/tɑ323 丹:打雨 童:打tɒ324 靖:

打tɑ$_{334}$　江:抨雨pʻA^{ŋ}$_{44}$ʔy$_{45}$　常:抨雨pʻAɲ$_{55}$ʔy$_{ɥ334}$　锡:抨雨pʻã$_{544}$ɦy$_{213}$　苏:　熟:抨雨pʻA$^{\sim}$$_{55}$ɦy$_{51}$　昆:抨雨pʻã$_{44}$ɦy$_{41}$　霜:抨雨pʻa$^{\sim}$$_{52}$ɦy$_{213}$　罗:抨雨pʻa$^{\sim}$$_{52}$ɦy$_{213}$　周:抨雨/泻雨pʻA$^{\sim}$$_{55}$ɦy$_{31}$/ɕiɑ$_{35}$ɦy$_{31}$　上:抨雨pʻÃ^{ɲ}$_{44}$ɦy$_{113}$　松:抨雨pʻɛ̃$_{52}$ɦy$_{113}$　黎:抨雨pʻɛ̃$_{44}$ɦy$_{ɥ24}$　盛:抨雨pʻæ̃$_{44}$ɦy$_{ɥ22}$　嘉:弹/飘dE^{ε}$_{31}$/tʻiɔ$_{51}$　双:抨雨pʻã$_{33}$ɦi$_{z52}$　杭:潲雨sɔ$_{44}$y$_{51}$　绍:潲sɔ$_{33}$　诸:浞雨zo$_{31}$ɦyɥ$_{52}$　崇:浞/潲zoʔ$_{12}$/dʑiɔʔ$_{\underline{12}}$　太:浞ɟiɔʔ$_{\underline{12}}$　余:飘雨pʻiɒ$_{44}$ɦy$_{113}$　宁:斜ʑia$_{113}$　黄:黄□tɕʻieʔ$_{5}$　温:雨杰底　衢:飘/撇pʻiɔ$_{435}$/pʻiəʔ$_{5}$　华:□雨sɛ$_{33}$y$_{51}$　永:斜ɕiA$_{322}$

生怕

宜:就怕ʑiɤɯ$_{22}$pʻo$_{53}$　溧:生怕/旁怕/恐怕sən$_{44}$pʻo$_{52}$/bAŋ$_{32}$pʻo$_{52}$/kʻoŋ$_{44}$pʻo$_{31}$　金:生怕səŋ$_{22}$pʻɑ$_{44}$　丹:怕pʻo$_{324}$　童:生怕səŋ$_{33}$pʻɒ$_{55}$　靖:就怕søʏ$_{52}$pʻo$_{41}$　江:生怕/怕sA^{ŋ}$_{53}$pʻo$_{31}$/pʻo$_{434}$　常:常怕zəɲ$_{24}$pʻo$_{41}$　锡:常怕zã$_{22}$pʻo$_{55}$　苏:常怕zÃ$_{22}$pʻo$_{44}$　熟:常怕/最怕ʐA$^{\sim}$$_{23}$pʻu$_{33}$/tsE$_{33}$pʻu$_{33}$　昆:常怕zã$_{23}$pʻo$_{41}$　霜:常怕za$^{\sim}$$_{24}$pʻ^{ʌ}ɤ$_{31}$　罗:常怕za$^{\sim}$$_{22}$pʻʌɤ$_{23}$　周:常怕/特怕zA$^{\sim}$$_{23}$pʻo$_{44}$/dəʔ$_{2}$pʻo$_{23}$　上:常怕zÃ^{ɲ}$_{22}$pʻo$_{44}$　松:常怕 zɛ̃$_{22}$pʻo$_{23}$　黎:常怕dzɛ̃$_{22}$pʻo$_{34}$　盛:常怕dzæ̃$_{22}$pʻo$_{44}$　嘉:常怕zA$^{\sim}$$_{24}$pʻo$_{51}$　双:单怕tE$_{44}$pʻʊ$_{44}$　杭:生怕/常怕sən$_{32}$pʻɑ$_{23}$/szən$_{23}$pʻɑ$_{51}$　绍:恐怕kʻʊŋ$_{34}$pʻo$_{52}$　诸:恐怕kʻoŋ$_{44}$pʻo$_{33}$　崇:只怕:tɕʻiEʔ$_{3}$pʻo$_{52}$　太:只怕/怕tsɿ$_{3}$pʻo$_{52}$/pʻo$_{35}$　余:单怕/吓怕tɛ̃$_{33}$pʻo$_{52}$/hɐʔ$_{5}$pʻo$_{31}$　宁:上怕zɔ̃$_{22}$pʻo$_{51}$　黄:脚怕/脚霍tɕiɪʔ$_{5}$pʻo$_{33}$/tɕiɪʔ$_{3}$ɦuɔʔ$_{4}$　温:只怕tsɿ$_{3}$pʻo$_{52}$　衢:怕pʻɑ$_{53}$　华:急光/金当光tɕiəʔ$_{5}$kuAŋ$_{31}$/tɕiɪn$_{33}$tAŋ$_{55}$kuAŋ$_{31}$　永:乖kuəɪ$_{44}$

下车

宜:下车ɦo$_{21}$tsʻo$_{23}$　溧:下车xɦo$_{32}$tsʻo$_{23}$　金:下车ɕiɑ$_{35}$tsʻɑ$_{31}$　丹:下车h^{ɦ}o$_{4}$tsʻɑ$_{31}$　童:下车ɦɒ$_{24}$tsʻɒ$_{31}$　靖:下车hɦo$_{52}$tsʻo$_{34}$　江:下车ɦo$_{21}$tsʻo$_{43}$　常:下车ɦo$_{21}$tsʻo$_{13}$　锡:下车ɦu$_{22}$tsʻʌɤ$_{55}$　苏:下车ɦo$_{22}$tsʻo$_{44}$　熟:下车ɦu$_{22}$tsʻu$_{51}$　昆:下车ɦo$_{22}$tsʻo$_{41}$　霜:下车ɦ^{ʌ}ɤ$_{22}$tsʻ^{ʌ}ɤ$_{52}$　罗:下车ɦ^{ʌ}ɤ$_{22}$tsʻ^{ʌ}ɤ$_{52}$　周:下车ɦɔ$_{22}$tsʻo$_{52}$　上:下车ɦo$_{22}$tsʻo$_{44}$　松:下车/落车ɦɔ$_{24}$tsʻo$_{31}$/lɔʔ$_{2}$tsʻo$_{52}$　黎:落车lɔʔ$_{3}$tsʻo$_{34}$　盛:下车/落车ɦo$_{23}$tsʻo$_{33}$/lɔʔ$_{2}$tsʻo$_{34}$　嘉:下车/落ɦo$_{22}$tsʻo$_{51}$/ʔloʔ$_{\underline{54}}$　双:下车ɦʊ$_{22}$tsʻʊ$_{44}$　杭:下车/落车ɦiɑ$_{23}$tsʻeɪ$_{44}$/lɔʔ$_{2}$tsʻeɪ$_{44}$　绍:落车loʔ$_{2}$tsʻo$_{52}$　诸:落车loʔ$_{2}$tsʻo$_{33}$　崇:落车lɔʔ$_{2}$tsʻɤ$_{23}$　太:落车lɔʔ$_{2}$tsʻo$_{52}$　余:落车lɔʔ$_{2}$tsʻo$_{52}$　宁:落车lɔʔ$_{2}$tsʻo$_{51}$　黄:落车lɔʔ$_{2}$tsʻo$_{31}$　温:落车lo$_{22}$tsʻo$_{44}$　衢:落车ləʔ$_{2}$tsʻɑ$_{35}$　华:落车ʔluoʔ$_{3}$tsʻɑ$_{35}$　永:落车lAʊ$_{32}$tɕʻiA$_{44}$

吓唬

宜:吓xAʔ$_{\underline{45}}$　溧:吓xəʔ$_{5}$　金:吓xəʔ$_{4}$　丹:吓hɛʔ$_{3}$　童:吓hAʔ$_{5}$　靖:吓həʔ$_{5}$　江:吓hɑʔ$_{5}$　常:吓xɑʔ$_{5}$　锡:吓xɑʔ$_{5}$　苏:吓hAʔ$_{5}$　熟:吓xAʔ$_{5}$　昆:吓hAʔ$_{5}$　霜:吓xAʔ$_{5}$　罗:吓hAʔ$_{5}$　周:吓hɑʔ$_{5}$　上:吓hɐʔ$_{5}$　松:吓hAʔ$_{5}$　黎:吓hAʔ$_{5}$　盛:吓hɑʔ$_{5}$　嘉:吓hAʔ$_{\underline{54}}$　双:吓xAʔ$_{\underline{54}}$　杭:吓hɐʔ$_{5}$　绍:吓hAʔ$_{5}$　诸:吓hɐʔ$_{5}$　崇:吓hɑʔ$_{\underline{45}}$　太:吓hɛʔ$_{\underline{45}}$　余:吓hɐʔ$_{5}$　宁:吓hɐʔ$_{5}$　黄:吓huɔʔ$_{5}$　温:吓xo$_{423}$　衢:吓xəʔ$_{5}$　华:吓xɐʔ$_{4}$　永:吓xoə$_{434}$

醒

宜:醒/觉ɕiŋ$_{324}$/kɑɤ$_{324}$　溧:醒/觉ɕin$_{52}$/kɑ^{ɤ}$_{412}$　金:醒ɕiŋ$_{323}$　丹:醒ɕiŋ$_{324}$　童:醒ɕiŋ$_{42}$　靖:醒siŋ$_{334}$　江:觉kɒ$_{435}$　常:醒/觉ɕiɲ$_{334}$/kɑɤ$_{51}$　锡:觉kʌ$_{34}$　苏:醒/觉siɪn$_{51}$/kæ$_{412}$　熟:醒/觉sĩ^{ɲ}$_{44}$/kɔ$_{324}$　昆:醒/觉ɕin$_{52}$/kɔ$_{52}$　霜:觉kɔ$_{434}$　罗:醒/觉sɪ^{n}$_{434}$/kɔ$_{434}$　周:觉kɔ$_{335}$　上:醒/觉ɕiɲ$_{334}$/kɔ$_{334}$　松:觉/醒kɔ$_{335}$/ɕiɲ$_{335}$　黎:醒/觉siəɲ$_{51}$/kA^{ɔ}$_{413}$　盛:醒/觉ɕɪɲ$_{51}$/kAɑ$_{413}$　嘉:醒/觉ɕin$_{44}$/kɔ$_{334}$　双:醒/觉ɕɪn$_{334}$/kɔ$_{334}$　杭:醒ɕɪn$_{51}$　绍:醒ɕɪŋ$_{334}$　诸:醒ɕĩ$_{52}$　崇:醒ɕiŋ$_{42}$　太:醒ɕiŋ$_{42}$　余:醒ɕiɲ$_{435}$　宁:醒/调觉/睏转来ɕɪŋ$_{325}$/diə$_{22}$kɔ$_{44}$/kʻuɐŋ$_{55}$tsø$_{33}$le$_{33}$　黄:醒ɕiɪŋ$_{53}$　温:醒sʌŋ$_{35}$　衢:醒ɕi^{n}$_{35}$　华:醒ɕiɪn$_{544}$　永:醒ɕiɪɲ$_{434}$

掀开被子

宜：捎开被头/掀开被头ɕiaɤ55k'ɐɪ55bi21dɤɯ23/ɕɪ55k'ɐɪ55bi55dɤɯ55　溧：捎被头ɕiaˠ44bij44dei34　金：掀开被单ɕĩ44k'ɛᵉ44pei35tæ̃31　丹：枭开布被ɕiɒ22k'æ44pu52biz23　童：枭布被ɕiɐɤ34pu55bei31　靖：掀开被子ɕĩ44k'æ44bij24tsɿ31　江：捎开被头ɕiɒ53k'æ33bij33dEɪ31　常：枭开被头ɕiaɤ55k'æ33bij21dei13　锡：枭开被头siʌ44k'E44bi22dEi55　苏：枭开被头ɕiɛ55k'E55bij22dəɪ44　熟：捎开被头/掖开被头ɕiɔ55k'æ51bi22dE51/ɦiɪʔ2k'æ51bi22dE51　昆：枭开被头ɕiɔ44k'ɛ44bi23dE41　霜：枭开被头ɕiɔ55k'E33bi22dʌɪ52　罗：枭开被头ɕiɔ55k'e33bi22dʌɪ52　周：掀开被头/枭开被头ɕiɪŋ44k'e44bi22tɤ52/ɕiɔ44k'e44bi22tɤ52　上：枭开被头ɕiɔ55k'E33bi22dɤɯ44　松：枭开被头ɕiɔ44k'E44bi24dɯ31　黎：枭开被头ɕiAᵓ44k'E44bij23dieɯ33　盛：枭开被头ɕiAɑ44k'E44bij23diəʉ33　嘉：枭ɕiɔ51　双：枭开被头/吸开被头ɕiɔ44k'E44biz22dᵊɤ52/ɕieʔ4k'E44bi22dᵊɤ52　杭：枭开棉被ɕiɔ44k'E44ʔmie32bi23　绍：枭开棉被ɕiɑɒ33k'e44mĩ21bi33　诸：枭开被ɕiɔ52k'e44bi31　崇：敲开tɕ'ɑɒ53k'e23　太：敲被窠c'iɑɒ44bi22k'ɯ52　余：枭开被头ɕiɒ55k'e33bi22dɤ52　宁：枭开被头ɕiɔ33k'e51bi24dœɤ33　黄：拨被巧号pɐʔ3bij55tɕ'iɒ33ɦiɒ31　温：被枭拉开bʲi34ɕiɛ33lɑ44ke4　衢：枭开被窝ɕiɔ55k'ɛ55bi22u35　华：掀被窠/枭开被窠/枭开褥被ɕiɪn33bi55k'uo35/ɕie32k'ɛ35 bi54k'uo31/ɕiɑʊ33k'ɛ55 ȵioʔ2bi24　永：枭被ɕiAʊ42bi24

掀开锅子

宜：开锅则k'ɐɪ55kɤɯ55tsəʔ5　溧：开锅子k'æE44kʌɯ44tsəʔ5　金：打开锅子tɑ22k'ɛᵉ44ko44tsɿz31　丹：掀开锅盖ɕɪ22k'æ44kʌɤ44kæ31　童：掀开锅子ɕɪ44k'aɪ44kʌɤ55tsɿ31　靖：掀开锅子ɕĩ44k'æ44kʌɤ33tsɿ44　江：开锅则k'æ44k'ɜɤ53tsɜʔ2　常：掀开锅则ɕɪ55k'æe33kʌɯ55tsəʔ5　锡：枭开镬则ɕiA44k'E44ɦɔʔ2tsəʔ5　苏：枭开镬子ɕiɛ44k'E44ɦɔʔ3tsɿ412　熟：亨开镬则xA˜55k'æ51ɦuoʔ2tsEʔ5　昆：枭开镬子/歇开镬子ɕiɔ44k'ɛ44ɦoʔ2tsɿ41/ɕiɪʔ4k'ɛ44ɦoʔ2tsɿ41　霜：枭开镬子ɕiɔ55k'E33ɦoʔ2tsɿ23　罗：歇开镬子ɕiɪʔ3k'e44ɦoʔ2tsɿ23　周：歇开镬子ɕiɪʔ3k'e52ɦuoʔ2tsɿ23　上：枭开镬子ɕiɔ55k'E33ɦuoʔ2tsɿ23　松：歇开镬子ɕiɪʔ3k'E44ɦɔʔ3tsɿ44　黎：捎开镬子ɕiAᵓ44k'E44ɦuəʔ3tsɿ34　盛：枭开镬罐盖ɕiAɑ44k'E44ɦuəʔ3kɵ33kE33　嘉：歇ɕiəʔ54　双：歇开锅子ɕieʔ3k'E44kᵓu44tsɿ44　杭：枭开锅子ɕiɔ44k'E44ku32tsɿ23　绍：枭开镬子ɕiɑɒ33k'e44ɦuoʔ2tsɿ33　诸：枭开镬ɕiɔ52k'e44ɦoʔ12　崇：敲开镬盖tɕ'iɑɒ52k'e23ɦɔʔ2kɪŋ52　太：揭镬盖tɕieʔ4ɦɔʔ2ke23　余：枭开镬盖头ɕiɒ55k'e33ɦuoʔ2ke4dɤ44　宁：枭开镬子ɕiɔ33k'e44ɦɔʔ2tsɿ34　黄：拨镬门巧pɐʔ3ɦɔʔ2məŋ55tɕiɒ31　温：锅儿盖拉开kəu44ŋ̇2ke33lɑ44k'e4　衢：枭开镬盖ɕiɔ55k'ɛ55ɦuəʔ2k'ɛ53　华：开镬盖/开契k'ɛ44ɦuʊʔ2kɛ35/k'ɛ33tɕ'iəʔ5　永：开镬k'əɪ43ɦuə32

说话

宜：讲话kAŋ51ɦuo31　溧：讲话kAŋ52ɦo31　金：说话suəʔ4huɑ44　丹：说话ɕyeʔ53ɦo31　童：说话ʃyɥoʔ53ɦuɒ31　靖：说话/讲话ɕyɔʔ53ɦo21/kaŋ33ɦo52　江：讲言话kAᵑ45ɦæ21ɦo43　常：讲话kAɲ34ɦo44　锡：讲言话kɒ̃44ɦɛ24ɦu31　苏：讲言话kÃ44ɦE22ɦo44　熟：讲说话kA˜33ʂEʔ5ɦu31　昆：讲言话kã52ɦɛ23ɦo41　霜：讲言话kɒ˜44ɦɛ24ɦuᴧɤ31　罗：讲言话kɒ˜44ɦe24ɦuᴧɤ31　周：讲言话kA˜33ɦɛ55ɦuo31　上：讲言话kÃᶮ44ɦE22ɦo44　松：讲言话kɑ˜44ɦE24ɦo31　黎：讲言话/讲张kɑ˜44ɦE22ɦo34/kɑ˜55tsẽ31　盛：讲言话kɑ˜44ɦE22ɦo44　嘉：讲言话kɑ˜44ɦEᵋ24ɦo31　双：讲言话kɑ̃44ɦE22ɦʊ44　杭：讲话语tɕiAŋ44ɦuɑ23y51　绍：话说话ɦuo33səʔ4ɦuo52　诸：讲话kɒ̃52ɦo233　崇：讲说话kɒ̃44sɔʔ3ɦuɤ23　太：讲话kɒŋ55ɦuo33　余：讲话/话说话kɒ̃132ɦuo23/ɦuo22sɐʔ5ɦuo31　宁：讲言话kɔ̃44ɦE22ɦo44　黄：讲话kɒ˜55ɦuA113　温：讲说话kᵘɔ33ɕy52ɦo22　衢：话说话/讲话kɒ˜35ʃɥəʔ4ɦuɑ53/kɒ˜35ɦuɑ53　华：讲话/讲说话kAŋ54ɦuɑ24/kAŋ33ɕyoʔ5ɦuɑ24　永：讲话kAŋ42ʔɦʊA24

行(可以)

宜:好牢xaɤ35laɤ31 溧:好葛xaˠ44kəʔ31 金:行/可以/好/来事/来三ɕiŋ24/k'o22iz44/xaᵓ323/lɛᵉ35sʅz31/lɛᵉ35sæ̃31 丹:好多hɒ33tʌɤ44 童:好hɐɤ324 靖:好个hɑ33kəʔ4 江:好个/可以个/来事个hɒ52kɜʔ3/k'ɜɤ52ij33kɜʔ4/læ21zʅ33kɜʔ4 常:好/可以个xaɤ334/kʌɯ3ij55kəʔ5 锡:好个/可以个xʌ21kə23/kʌɤ45i55kəʔ31 苏:可以/好个/来三/OK k'ɜu52ij23/hæ53kəʔ2/lE22sE44/ʔo55kE51 熟:可以/好/就实葛能k'ɤ33i51/xɔ44/zɯ23zAʔ5kEʔ5nẽⁿ31 昆:好/可以/来三/来事hɔ52/kəu52i33/lɛ23sɛ41/lɛ23zʅ41 霜:好个/来事/来三/可以xɔ33gəʔ4/lE24zʅ31/lE22sE53/kᵊu44i44 罗:可以/来三/来事k'əu33i52/le22se52/le24zʅ31 周:来三/来事le23sɛ44/le23zʅ44 上:OK/好个/来三/来事ʔo55k'E31/hɔ33gɐʔ4/lE22sE44/lE22zʅ44 松:好/来三/可以hɔ44/lE22sE52/k'ɔ35i31 黎:好个/来三个hAᵓ55gəʔ2/lE22sE24gəʔ4 盛:好个/来艾/来三hAa52ɦə3/lE23ɦE33/lE22sE44 嘉:来事/来三/可以lEᵋ24zʅ51/lE24sEᵋ51/k'u22i34 双:好暖/来洒xɔ24ɦE31/lE22sa44 杭:好地/可以/来三/来事hɔ55di31/k'u55i31/lE21sE23/lE21zʅ23 绍:好个/噢/来事个hɑɒ33go?5/ʔo33/le22zʅ44goʔ5 诸:好个hɔ33kɐʔ5 崇:好个hɑɒ55keʔ31 太:好个hɑɒ55gɛʔ31 余:好个hɒ32kɤ23 宁:好咸hɔ55ɦE31 黄:得/呒告tɐʔ5/ʔm̩33kɒ44 温:黄着ɦᵘɔ22dʑia22 衢:好个/为着/可以xɔ35koʔ2/ɦuəɪ45dʒʮəʔ2/k'u55i31 华:可以/好个k'u33i51/xaʊ54gə24 永:好/嗯事xAʊ434/ŋ̍32sʅ45

挑选

宜:揀kA51 溧:揀kA52 金:选/揀ɕyĩ323/kæ̃323 丹:揀kæ44 童:挑/揀t'iɐɤ45/kɑ324 靖:揀kæ̃334 江:拣kæ45 常:揀kæ334 锡:拣kɛ323 苏:揀/挑kE51/t'iɛ44 熟:揀kæ44 昆:拣kɛ52 霜:拣kE434 罗:拣ke434 周:拣ke44 上:拣kE334 松:拣kE44 黎:拣kE51 盛:拣kE51 嘉:拣kEᵋ334 双:拣kE53 杭:揀/挑kE51tɕie51/t'iɔ51 绍:揀kæ̃334 诸:拣kɛ52 崇:拣kæ̃42 太:拣kæ̃42 余:拣kɛ̃435 宁:拣kE325 黄:拣kɛ53 温:拣ka35 衢:拣kæ̃53 华:择/挑dzəʔ2/t'iaʊ544 永:择dzai322

理睬(搭理)

宜:搭腔/搭睬/理/睬tAʔ5tɕ'iAŋ55/tAʔ53ts'ɐɪ31/lij24/ts'ɐɪ51 溧:睬ts'æE52 金:搭腔taʔ53tɕ'iaŋ31 丹:搭腔taʔ53tɕ'ie31 童:理/睬lij113/ts'aɪ324 靖:睬/理ts'æ334/ʔlij334 江:理/□ʔlij45/ʔər45 常: 锡:搭腔taʔ4tɕ'iã55 苏:搭腔tAʔ5tɕ'iÃ23 熟:睬/搭腔/理ts'æ44/tAʔ4tɕ'iA˜51/li31 昆:搭腔/睬/理tAʔ4tɕ'iã44/ts'ɛ412/li21 霜:睬ts'E434 罗:搭腔tAʔ4tɕ'ia˜52 周:理睬/搭腔li22ts'e24/ʔdaʔ3tɕ'iA˜52 上:搭腔tɐʔ3tɕ'iÃⁿ44 松:睬/理/搭腔/搭讪ts'E44/li113/tæʔ4tɕ'iɛ̃52/tæʔ4sE52 黎:搭腔/理睬tAʔ5tɕ'iɛ̃55/lij23ts'E33 盛:理/睬lij22/ts'E334 嘉:睬ts'Eᵋ324 双:搭白/响tAʔ5bAʔ5/ɕiã334 杭:理睬/理/睬ʔli55/ts'E31/ʔli51/ts'E51 绍:理li113 诸:搭嘴tɐʔ5tsʅ52 崇:理睬/睬/理张liz22ts'e52/ts'e42/li22ts'A˜52 太:睬ts'e42 余:造睬dzɒ21ts'e23 宁:睬ts'e325 黄:□sʮɔʔ5 温:理lˡi24 衢:理li22 华:理睬/搭话ʔli54ts'ɛ51/tɐʔ4ɦua24 永:□ɕyə323

搭话

宜:搭话/寻话tAʔ5ɦo324/ʑiŋ22ɦo53 溧:搭招taʔ5tsaˠ35 金:搭话taʔ4hua44 丹:搭腔taʔ53tɕ'ie31 童: 靖:搭杀taʔ5saʔ3 江:搭腔taʔ53tɕiAŋ31 常:搭话头taʔ5ɦo33dei31 锡:搭讪/搭讪头taʔ4sɛ55/taʔ3sɛ55dEi31 苏:搭讪tAʔ5sE23 熟:搭腔/搭讪tAʔ4tɕiA˜51/tAʔ4sæ51 昆:搭腔/搭讪tAʔ4tɕ'iã44/tAʔ4sɛ44 霜:睬ts'E434 罗:搭讪tAʔ4se53 周:搭讪taʔ3sɛ52 上:搭讪tɐʔ3sE44 松:搭讪tæʔ4sE52 黎: 盛:搭言话taʔ3ɦE44ɦo44 嘉:搭闲话tAʔ4ɦEᵋ24ɦo51 双:搭白/响tAʔ3

bAʔ$_{5}$/ɕiã$_{53}$　杭:搭话语tɐʔ$_{4}$ɦuɑ$_{23}$y$_{51}$　绍:　　诸:搭嘴tɒʔ$_{5}$tsɿ$_{52}$　崇:搭嘴tæʔ$_{3}$tsɿ$_{52}$　太:搭嘴tɛʔ$_{3}$tsɿ$_{52}$　余:　　宁:　　黄:搭话tɐʔ$_{3}$ɦuA$_{13}$　温:　　衢:搭腔təʔ$_{5}$tɕʻiã$_{31}$　华:搭话tɐʔ$_{4}$ɦuɑ$_{24}$　永:

糟了

宜:拆空tsʻAʔ$_{5}$kʻoŋ$_{324}$　溧:勿好哩fəʔ$_{5}$xɑ$^{ɤ}_{55}$lɪ$_{31}$　金:糟了tsɑ$^{ɔ}_{52}$ləʔ$_{31}$　丹:拆空/去勒/勿好勒tsʻɛʔ$_{53}$kʻoŋ$_{31}$/tɕʻy$_{z44}$lɛʔ$_{31}$/fɛʔ$_{3}$hɒ$_{55}$lɛʔ$_{31}$　童:歇家拉到ɕiɪʔ$_{5}$kɒ$_{55}$lɑ$_{55}$tɐɤ$_{31}$　靖:泡汤pʻɒ$_{53}$tʻɑŋ$_{31}$　江:拆空/难末勿好早tsʻɜʔ$_{53}$kʻoŋ$_{31}$/næ$_{21}$mɜʔ$_{4}$fɜʔ$_{5}$hɒ$_{44}$tsɒ$_{43}$　常:糟糕/拆空tsɑɤ$_{55}$kɑɤ$_{31}$/tsʻɑʔ$_{2}$kʻoŋ$_{13}$　锡:完哩ɦo$_{24}$li$_{31}$　苏:尴尬/完结/拆空kE$_{55}$kɒ$_{31}$/ɦɵ$_{22}$tɕiəʔ$_{4}$/tsʻAʔ$_{5}$kʻoŋ$_{23}$　熟:完结/该死/好出色ɦuɤ$_{24}$tɕɪʔ$_{31}$/kæ$_{55}$si$_{51}$/xɔ$_{33}$tʂʻEʔ$_{5}$sEʔ$_{5}$　昆:豁边huAʔ$_{4}$pɪ$_{44}$　霜:拆空tsʻAʔ$_{4}$kʻo$^{ŋ}_{52}$　罗:拆空/勿好则tsʻAʔ$_{4}$kʻo$^{ŋ}_{52}$/ʔʋɐʔ$_{4}$hɔ$_{44}$tsɐʔ$_{31}$　周:拆空/乃要死tsʻɑʔ$_{3}$kʻoŋ$_{52}$/ne$_{24}$iɔ$_{33}$ɕi$_{31}$　上:拆空tsʻɐʔ$_{4}$kʻʊŋ$_{52}$　松:拆空/坏脱tsʻəʔ$_{4}$kʻʊŋ$_{52}$/vɑ$_{24}$tʻəʔ$_{3}$tsE$_{31}$　黎:拆空老寿星/豁台/豁边tsʻAʔ$_{3}$kʻoŋ$_{44}$lA$^{ɔ}_{22}$zieɯ$_{55}$siəŋ$_{31}$/huAʔ$_{5}$dE$_{55}$/huAʔ$_{5}$piɪ$_{55}$　盛:拆空tsʻɑʔ$_{5}$kʻoŋ$_{31}$　嘉:拆空/完哩tsʻAʔ$_{3}$kʻoŋ$_{44}$/ɦuɤə$_{24}$li$_{51}$　双:乃末好nɑ$_{2}$məʔ$_{4}$xɔ$_{44}$　杭:拆空/搞长特嚅tsʻɐʔ$_{3}$kʻoŋ$_{23}$/gɔ$_{21}$ZAŋ$_{23}$dɐʔ$_{5}$leɪ$_{51}$　绍:扎死才tsAʔ$_{4}$ɕi$_{44}$ze$_{31}$　诸:坏人勒ɦuA$_{22}$ȵĩ$_{22}$lɐʔ$_{5}$　崇:见鬼/倒糟tɕiẽ$_{34}$tɕʻy$_{ɥ52}$/tɑɒ$_{33}$tɑɒ$_{23}$　太:倒糟tɑɒ$_{55}$tsɑɒ$_{33}$　余:拆空tsʻɐʔ$_{3}$kʻʊŋ$_{44}$　宁:犯关来/臭掉来vE$_{24}$kuE$_{33}$le$_{33}$/tɕʻY$_{55}$diə$_{33}$le$_{33}$　黄:去号cʻɪ$_{55}$ɦɒ$_{31}$　温:□解nʌu$_{2}$kɑ$_{44}$　衢:再好/上当tsɛ$_{55}$xɔ$_{31}$/ʒɥã$_{24}$tõ$_{31}$　华:勒话/了勒ləʔ$_{2}$ɦwə$_{24}$/ʔliaʊ$_{54}$ləʔ$_{2}$　永:去啊/去□/玻老kʻə$_{54}$A$_{31}$/kʻə$_{54}$liA$_{31}$/poə$_{54}$lAʊ$_{31}$

打耳光

宜:吃耳光/吃巴掌tɕʻiɪʔ$_{3}$ȵi$_{j55}$kuAŋ$_{31}$/tɕʻiɪʔ$_{3}$po$_{55}$tsAŋ$_{55}$　溧:打巴掌to$_{54}$po$_{34}$tsA$^{\sim}_{52}$　金:吃巴掌/掀嘴tɕʻieʔ$_{4}$pɑ$_{35}$tsɑŋ$_{31}$/ɕĩ$_{44}$tsuei$_{23}$　丹:打嘴巴则tɑ$_{324}$tɕy$_{z44}$pu$_{22}$tsɛʔ$_{4}$　童:打嘴巴子tɒ$_{324}$tʃy$_{ɥ}$ei$_{35}$pɒ$_{33}$tsɿ$_{31}$　靖:吃耳括子/打耳括子(少)tɕiəʔ$_{5}$ʔər$_{44}$kuɑʔ$_{4}$tsɿ$_{31}$/tɑ$_{44}$ʔər$_{44}$kuɑʔ$_{4}$tsɿ$_{31}$　江:打嘴巴则tɑ$_{45}$tsEɪ$_{52}$po$_{33}$tsɜʔ$_{4}$　常:打耳光/□耳光tAɲ$_{44}$ȵi$_{j21}$kuAɲ$_{34}$/xAɲ$_{55}$ȵi$_{j33}$kuAɲ$_{31}$　锡:吃耳光tɕʻiəʔ$_{4}$ȵi$_{22}$kuɒ̃$_{55}$　苏:吃耳光/敲耳光tɕʻiəʔ$_{4}$ȵi$_{j22}$kuÃ$_{44}$/kʻæ$_{44}$ȵi$_{j22}$kuÃ$_{44}$　熟:打耳光/敲耳光/揎耳光tA$^{\sim}_{33}$ȵi$_{55}$kuA$^{\sim}_{31}$/kʻɔ$_{55}$ȵi$_{33}$kuA$^{\sim}_{31}$/ɕiY$_{55}$ȵi$_{33}$kuA$^{\sim}_{31}$　昆:吃耳光tɕʻiɪʔ$_{4}$ȵi$_{22}$kuã$_{44}$　霜:吃耳光tɕʻiɪʔ$_{4}$ȵi$_{22}$kuɒ$^{\sim}_{52}$　罗:吃耳光tɕʻiɐʔ$_{4}$ȵi$_{22}$kuɒ$^{\sim}_{52}$　周:打耳光/吃耳光/吃戳镜ɗA$^{\sim}_{33}$ȵi$_{55}$kuɒ$^{\sim}_{31}$/tɕʻiʌʔ$_{3}$ȵi$_{55}$kuɒ$^{\sim}_{31}$/tɕʻiʌʔ$_{3}$tsʻoʔ$_{5}$tɕiɪŋ$_{31}$　上:吃耳光/掴耳光tɕʻiɪʔ$_{4}$ȵi$_{22}$kuA$^{ɲ}_{44}$/kuɐʔ$_{4}$ȵi$_{22}$kuÃ$^{ɲ}_{44}$　松:闸巴掌/敲触博子/翻耳光pʻɛ̃$_{52}$po$_{33}$tsɛ̃$_{52}$/kɔ$_{52}$tsʻɔʔ$_{4}$pɔʔ$_{4}$tsɿ$_{44}$/fE$_{44}$ȵi$_{24}$kuã$_{31}$　黎:拍耳光/辣耳光pʻʌʔ$_{5}$ȵi$_{j23}$kuɑ$^{\sim}_{33}$/lAʔ$_{3}$ȵi$_{j23}$kuɑ̃$_{33}$　盛:敲巴掌/辣巴掌kʻAɑ$_{44}$po$_{44}$tsæ̃$_{44}$/lɑʔ$_{2}$po$_{44}$tsæ̃$_{44}$　嘉:敲巴掌/吃耳光kʻɔ$_{51}$po$_{44}$tsA$^{\sim}_{51}$/tɕʻiəʔ$_{4}$ȵi$_{22}$kuA$^{\sim}_{51}$　双:敲巴掌/抹巴掌/吃巴掌kʻɔ$_{32}$pʊ$_{44}$tsɔ̃$_{44}$/məʔ$_{2}$pʊ$_{44}$tsɔ̃$_{44}$/tɕʻieʔ$_{3}$pʊ$_{44}$tsɔ̃$_{44}$　杭:吃巴掌/敲巴掌/敲耳光tɕʻiɪʔ$_{4}$pɑ$_{23}$tsAŋ$_{44}$/kʻɔ$_{44}$pɑ$_{23}$tsAŋ$_{44}$/kʻɔ$_{44}$ʔər$_{55}$kuAŋ$_{31}$　绍:吃巴掌tɕʻɪʔ$_{4}$po$_{32}$tsɒŋ$_{33}$　诸:劈耳朵棚pʻiəʔ$_{4}$ŋ̍$_{22}$tu$_{22}$bÃ$_{52}$　崇:打巴掌/着巴掌tʌ$^{\sim}_{44}$pɤ$_{33}$tsɒ̃$_{23}$/dzɑʔ$_{3}$pɤ$_{33}$tsɒ̃$_{23}$　太:扇耳朵光/着巴掌ɕyœ̃$_{44}$ȵi$_{22}$toʔ$_{5}$kuɒŋ$_{31}$/ɟiɑʔ$_{3}$po$_{55}$ciɒŋ$_{31}$　余:打巴掌tÃ$_{44}$po$_{44}$tsɒ̃$_{44}$　宁:吃巴掌/吃耳光/掀巴掌tɕʻyoʔ$_{3}$po$_{44}$tsɔ̃$_{51}$/tɕʻyɪʔ$_{4}$ȵi$_{24}$kuɔ̃$_{33}$/ɕi$_{z33}$po$_{44}$tsɔ̃$_{51}$　黄:打绕颈/掀绕颈tã$_{33}$ʔȵiɒ$_{55}$tɕiɪŋ$_{31}$/ɕie$_{44}$ȵiɒ$_{23}$tɕiɪŋ$_{31}$　温:打巴掌tʻɛ$_{3}$po$_{44}$tɕi$_{44}$　衢:敲巴掌/敲劈面搭kʻɔ$_{43}$pɑ$_{33}$tʃɥã$_{35}$/kʻɔ$_{44}$pʻiəʔ$_{4}$miẽ$_{33}$tAʔ$_{5}$　华:敲巴掌/雪麦果kʻɑʊ$_{43}$pɑ$_{33}$tɕiAŋ$_{51}$/ɕyoʔ$_{4}$moʔ$_{3}$kuo$_{35}$　永:打娘颈光nai$_{43}$ȵiAŋ$_{32}$tɕiɪɲ$_{43}$kuAŋ$_{44}$

完结

宜:完牢哩ɦue$_{22}$lɑɤ$_{53}$lɪ$_{31}$　溧:妥则列tʻʌɯ$_{54}$tsəʔ$_{3}$lɪʔ$_{31}$　金:了结ȵiɑ$^{ɔ}_{22}$tɕieʔ$_{4}$　丹:停当diŋ$_{32}$tɑŋ$_{24}$　童:光/完/结束kʻuɑŋ$_{42}$/ʔɦʊ$_{31}$/tɕiɪʔ$_{5}$soʔ$_{5}$　靖:没得勒葛məʔ$_{2}$təʔ$_{2}$ləʔ$_{2}$kəʔ$_{5}$　江:停当/歇

角/歇角落diɲ21tAŋ43/ɕiəʔ5koʔ5/ɕiəʔ5koʔ5loʔ5 常:完蛋ɦuɔ21dæ34 锡:完结/了结ɦuo24tɕiəʔ31/liʌ45tɕiəʔ5 苏:完结ɦɵ22tɕiəʔ4 熟:完结脱ɦuɤ24tɕɪʔ3t'ᴇʔ31 昆:完结/僵勒ɦuɵ23tɕiɪʔ4/tɕiã44ləʔ4 霜:完结/完则ɦuɪ22tɕiɪʔ4/ɦuɪ24tsəʔ31 罗:完结/算则ɦu^ɤ22tɕiɪʔ4/s^ɤ55tsɐʔ31 周:完结/乃好哉ve22tɕ'iɪʔ3/ne24hɔ33ze31 上:完结ɦø22tɕiɪʔ4 松:完结ve24tɕiɪʔ31 黎:完结ɦɵ24tɕiəʔ2 盛:完结ɦɵ24tɕiɐʔ3 嘉:完结ɦuɤə22tɕiəʔ5 双:乃末好nɑ2məʔ4xɔ44 杭:搞特雷gɔ21dɐʔ23leɪ51 绍:搞哉/好哉gɑɒ22dze52/hɑɒ44dze52 诸:开勒k'e52lɐʔ4 崇:完vœ̃312 太:完vœ̃312 余:好哉hɒ33tse52 宁:好咧hɔ55liɪʔ3 黄:章好号tsɒ̃55hɒ33ɦɒ31 温:当算dᵘɔ44sɵ52 衢:完拉/完勒ɦuə32lɑ23/ɦuə22ləʔ5 华:算数/算勒sɯə32su35/sɯə35ləʔ2 永:歇工ɕie43koŋ44

完事了

宜:好牢哩xɑɤ35lɑɤ33lɪ31 溧:呒没事体列ʔm̩44məʔ44zɿ54t'iz33lɪʔ34 金:完事了uæ̃33sɿ44ləʔ31 丹:做完勒tsʌɤ33uæ55lɛʔ31 童:呒没事体勒məʔ5szɿ22t'ij33ləʔ4 靖:拉到勒葛ʔlɑ44tɒ33ləʔ3kəʔ5 江:做好早tsɜɤ45hɒ33tsɒ31 常:完老力ɦuɔ22lɑɤ44liɪʔ5 锡: 苏:结束tɕiəʔ5sɔʔ5 熟:完结哉/好哉/呒啥事体哉ɦuɤ24tɕɪʔ3tsæ31/xɔ55tsæ51/ɦm̩23ʂɑ55zɿ55t'i44tsæ31 昆:完结ɦɵ23tɕiɪʔ4 霜:好则呀/好则xɔ44tsəʔ4iɑ31/xɔ33tsəʔ4 罗:乃末好则ne44mɐʔ4hɔ33tsɐʔ4 周:好啊哉hɔ44ɑ44zəʔ52 上:好勒hɔ33lɐʔ4 松:呒没事体啦里ʔm̩55məʔ3zɿ23t'i44lɑ33li31 黎:完台ɦɵ24dᴇ31 盛:完结台ɦɵ24tɕiɐʔ3dᴇ31 嘉:好哩hɔ44li33 双:完台xɔ33dᴇ52 杭:没事情特雷ʔmeɪ55zɿ33dʑɪn55dɐʔ33leɪ31 绍:好哉hɑɒ44dze52 诸:呒没事体勒mɐʔ33zɿ22t'iz55lɐʔ31 崇:没有事情□miɤ31zɿ22dʑiŋ33guɑʔ31 太:密事情□mi31zɿ22dʑiŋ22guɑ31 余:做完哉tsou55ɦuõ33tse31 宁:做好咧tsəʊ55hɔ33liɪʔ3 黄:好用号/呒告号/好号hɒ33ɦyoŋ34ɦɒ31/ʔm̩33kɒ55ɦɒ31/hɒ55ɦɒ31 温:好罢xɜ52bɑ34 衢:呒事体拉ɦm̩45sɿ33t'i33lɑ35 华:去货k'ɯ45xuo45 永:歇工落ɕie43koŋ44lAʊ31

捂着

宜:捂勒ʔu32lə23 溧:捂好则ʔʋu54xɑˠ33tsəʔ31 金:蒙/盖住/捂moŋ24/kɛᵉ33tsᵊu44/ᵊu31 丹:捂着u52dzɛʔ23 童:捂着ʔʋu33dzAʔ5 靖:碗住得ʔuũ3ɕʑyɥ44təʔ5 江:捂住/捂牢ʔu52dʑy33/ʔu52lɒ33 常:捂ʔʋu44 锡:捂着ʔu34zɑʔ5 苏:捂勒嗨ʔɜu52ləʔ23hᴇ31 熟:捂牢/封牢ʔu55lɔ31/fʊŋ55lɔ31 昆:捂牢ʔu44lɔ41 霜:捂好ʔu44lɔ52 罗:捂ʔu52 周:捂ʔʋu52 上:捂辣海ʔu55lɐʔ3hᴇ31 松:捂牢ʔʋu33lɔ52 黎:捂勒化ʔu55ləʔ3ho31 盛:捂勒嗨ʔu55ləʔ3hᴇ31 嘉:捂牢ʔʋu44lɔ51 双:捂牢ʔŋ̍34lɔ52 杭:捂ʔu433 绍:扪牢mɪŋ21lɑɒ33 诸:捂ʔʋu544 崇:扪着mɪŋ21dzɑʔ23 太:捂vu13 余:扪牢meɲ22lɒ44 宁:闷/捂ʔmɐŋ52/ʔʋu52 黄:闷牢ʔməŋ55lɒ31 温:瞒牢mɵ52lɜ21 衢:捂牢ʔu55lɔ31 华:捂住ʔu32dʑy24 永:扪牢məɲ32lAʊ22

掗

宜: 溧:凑ts'ei412 金: 丹:和hʱʌɤ213 童: 靖: 江:掗ʔo51 常: 锡:掗ʔu34 苏:掗ʔo44 熟:□gᴇʔ23 昆:戆/牙gã223/ŋɑ21 霜:掗ʔuʌɤ52 罗:掗ʔ^ɤ52 周:掗ʔo52 上:掗ʔo52 松:掗ʔo52 黎:掗/啊ʔo44/ʔɒ51 盛:啊ʔɒ51 嘉:划ʔuAʔ54 双:掗ʔɑ44 杭:掗ʔɑ33 绍:搭tæʔ5 诸:掗ʔo544 崇:掗ʔɤ42 太:掗ʔo35 余:掗ʔo52 宁:掗/菌ʔo52/tɕ'yoŋ52 黄:掗ʔo53 温:伯pɑ423 衢:捞捞lɔ22lɔ53 华:摆pɛ324 永:

胳肢(动词)

宜: 溧:花胳肘/花衣思xo44kəʔ5tsʌɯ34/xo44ʔiz44sɿ52 金:哈葛结/哈痒戏xɑ44kəʔ4tɕieʔ4/xɑ44iɑŋ22ɕiz44 丹:哈hɑ22 童:花痒耻hɒ55ɦiɑŋ33ts'ɿ31 靖:哈妻妻hɑ44tɕ'ij43tɕ'ij33 江:花气气/花痴痴ho55tɕ'ij33tɕ'ij31/koʔ5loʔ5ho33ts'ɿ55ts'ɿ31 常:花痒妻妻xo44ʔiAɲ34tɕ'ij44tɕ'ij55 锡:花痒

喜喜xu$_{44}$ɦiã$_{22}$ɕi$_{55}$ɕi$_{31}$　苏：花痒气气ho$_{44}$ɦiÃ$_{22}$tɕʻi$_{j55}$tɕʻi$_{j31}$　熟：花出溜溜xu$_{55}$tʂʻᴇʔ$_{5}$liɯ$_{55}$liɯ$_{31}$　昆：花痒西西ho$_{44}$ɦiã$_{22}$si$_{55}$si$_{41}$　霜：花曲里xo$_{55}$tɕʻioʔ$_{3}$li$_{31}$　罗：花痒妻妻/花肉痒hu^{ʌ}ʏ$_{44}$ɦiã$_{22}$tsʻi$_{55}$tsʻi$_{31}$/hu^{ʌ}ʏ$_{44}$ȵioʔ$_{2}$ɦiã$_{23}$　周：花痒气气ho$_{44}$ɦiᴀ̃$_{23}$tɕʻi$_{44}$tɕʻi$_{44}$　上：花痒气气ho$_{44}$ɦiÃ^{ɲ}$_{22}$tɕʻi$_{55}$tɕʻi$_{31}$　松：花痒西西ho$_{44}$ɦiɛ̃$_{24}$ɕi$_{33}$ɕi$_{31}$　黎：花冷热ho$_{44}$lɛ̃$_{22}$ȵiəʔ$_{5}$　盛：花胳肢ho$_{44}$gəʔ$_{2}$tsɿ$_{44}$　嘉：花痒其其ho$_{44}$ɦiᴀ̃$_{22}$dʑi$_{44}$dʑi$_{51}$　双：摸花落肢moʔ$_{2}$xʊ$_{55}$loʔ$_{4}$tsɿ$_{44}$　杭：呵痒ho$_{44}$iᴀŋ$_{51}$　绍：呵痒ho$_{44}$ɦiaŋ$_{22}$　诸：花痒肉/花隔胁肢ho$_{44}$ɦiÃ$_{23}$ȵioʔ$_{5}$/ho$_{44}$kɐʔ$_{4}$lɐʔ$_{5}$tsɿ$_{31}$　崇：花结骨hʏ$_{44}$tɕiᴇʔ$_{3}$kuᴇʔ$_{4}$　太：花隔□ho$_{44}$kɛʔ$_{4}$tso$_{23}$　余：花痒刺刺huo$_{44}$ɦiÃ$_{23}$tsʻɿ$_{44}$tsʻɿ$_{44}$　宁：花痒痴痴ho$_{44}$ɦiã$_{22}$tsʻɥ$_{44}$tsʻɥ$_{55}$　黄：捉各痒：tsɔʔ$_{3}$kɔʔ$_{2}$iã$_{51}$　温：掳痒ləu$_{52}$ɦi$_{34}$　衢：哈痒xɑ$_{43}$ɦiã$_{44}$　华：哈帝帝xɑ$_{33}$ti$_{j55}$ti$_{j31}$　永：□儿儿ʔɦᴀ$_{32}$tɕi$_{44}$tɕi$_{44}$

不成

宜：呒处/勿好ɦm̩$_{22}$tɕy$_{ɥ53}$/fəʔ$_{\underline{53}}$xɑʏ$_{31}$（fɑʏ$_{51}$）　溧：勿成功fəʔ$_{5}$zən$_{55}$koŋ$_{34}$　金：不成pəʔ$_{5}$tsʻəŋ$_{24}$　丹：勿来事ʋɛʔ$_{22}$læ$_{55}$sɿ$_{31}$　童：勿成fəʔ$_{\underline{53}}$zəŋ$_{31}$　靖：不来事pəʔ$_{5}$læ$_{22}$zɿ$_{52}$　江：勿来三/勿落局fɜʔ$_{5}$læ$_{42}$sæ$_{31}$/fɜʔ$_{5}$loʔ$_{5}$dʑioʔ$_{5}$　常：勿局fəʔ$_{4}$dʑioʔ$_{5}$　锡：勿来/勿来勒/勿来三vəʔ$_{2}$lᴇ$_{55}$/vəʔ$_{2}$lᴇ$_{55}$ləʔ$_{\underline{31}}$/fəʔ$_{3}$lᴇ$_{55}$sɛ$_{31}$　苏：勿来三/勿局fəʔ$_{5}$lᴇ$_{23}$sᴇ$_{31}$/fəʔ$_{5}$dʑiəʔ$_{5}$　熟：勿兴/勿来三/勿来事fᴇʔ$_{4}$ɕĩ^{ɲ}$_{51}$/fᴇʔ$_{3}$læ$_{55}$sæ$_{51}$/fᴇʔ$_{3}$læ$_{55}$zɿ$_{31}$　昆：勿来三/勿来事fəʔ$_{4}$lɛ$_{34}$sɛ$_{41}$/fəʔ$_{4}$lɛ$_{34}$zɿ$_{31}$　霜：勿局fəʔ$_{5}$dʑioʔ$_{3}$　罗：勿来三/勿来事ʔʋəʔ$_{4}$le$_{44}$se$_{31}$/fəʔ$_{4}$le$_{44}$zɿ$_{31}$　周：勿成功/勿来三ʔʋəʔ$_{3}$zəŋ$_{55}$koŋ$_{31}$/ʔʋəʔ$_{3}$le$_{55}$sɛ$_{31}$　上：勿来三vɐʔ$_{3}$lᴇ$_{55}$sᴇ$_{31}$　松：勿来三ʔʋəʔ$_{3}$lᴇ$_{55}$sᴇ$_{31}$　黎：勿局/勿来三/勿来fəʔ$_{5}$dʑioʔ$_{2}$/fəʔ$_{5}$lᴇ$_{44}$sᴇ$_{52}$/fəʔ$_{5}$lᴇ$_{34}$　盛：勿局/勿来三/勿来/勿成功fəʔ$_{5}$dʑiəʔ$_{3}$/fəʔ$_{3}$lᴇ$_{44}$sᴇ$_{44}$/fəʔ$_{3}$lᴇ$_{44}$/fəʔ$_{3}$zəɲ$_{44}$koŋ$_{44}$　嘉：勿来三/勿来四ʔʋəʔ$_{3}$lᴇ^{ɛ}$_{44}$sᴇ^{ɛ}$_{51}$/ʔʋəʔ$_{3}$lᴇ^{ɛ}$_{44}$sɿ$_{51}$　双：勿来杀fəʔ$_{5}$lᴇ$_{55}$sᴀʔ$_{\underline{21}}$　杭：不成功pɐʔ$_{5}$zən$_{33}$koŋ$_{31}$　绍：捻勿好ȵĩ$_{22}$veʔ$_{55}$hɑɒ$_{31}$　诸：勿好fɐʔ$_{5}$hɔ$_{31}$　崇：勿相干fᴇʔ$_{3}$ɕiᴀ̃$_{33}$kœ̃$_{23}$　太：勿相干fɛʔ$_{5}$ɕiᴀŋ$_{33}$kɯ$_{31}$　余：勿对个ʔʋɪʔ$_{5}$te$_{33}$kʏ$_{31}$　宁：勿兴/坏咧fɐʔ$_{2}$ɕɪŋ$_{44}$/ʔua$_{55}$liɪʔ$_{3}$　黄：呒用号ʔm̩$_{33}$ɦyoŋ$_{55}$ɦɒ$_{31}$　温：黄勿着ɦ^{ʊ}ɔ$_{33}$vʊ$_{33}$dʑɑ$_{323}$　衢：勿着fəʔ$_{5}$dʒɥᴀʔ$_{2}$　华：勿住fəʔ$_{4}$tɕy$_{24}$　永：勿兴fə$_{3}$ɕiɪŋ$_{44}$

不止

宜：勿止fəʔ$_{\underline{53}}$tsɿ$_{31}$　溧：勿止fəʔ$_{5}$tsɿ$_{52}$　金：不止pəʔ$_{5}$tsɿ$_{z323}$　丹：不止pɛʔ$_{3}$tsɿ$_{44}$　童：不止/勿止pəʔ$_{\underline{53}}$tsɿ$_{31}$/fəʔ$_{\underline{53}}$tsɿ$_{31}$　靖：不止pəʔ$_{5}$tsɿ$_{34}$　江：勿败/勿止fɜʔ$_{5}$bæ$_{23}$/fɜʔ$_{5}$tsɿ$_{45}$　常：勿止fəʔ$_{4}$tsɿ$_{4}$　锡：勿败fəʔ$_{4}$bɑ$_{34}$　苏：勿止/勿罢fəʔ$_{5}$tsɿ$_{412}$/fəʔ$_{5}$bɒ$_{52}$　熟：勿肯葛fᴇʔ$_{3}$kʻɛ̃^{ɲ}$_{55}$kᴇʔ$_{5}$　昆：勿止/勿肯fəʔ$_{5}$tsɿ$_{52}$/fəʔ$_{5}$kʻən$_{52}$　霜：勿败ʔʋəʔ$_{5}$bɑ$_{23}$　罗：勿败ʔʋəʔ$_{5}$bɑ$_{31}$　周：勿败ʔʋəʔ$_{4}$bɑ$_{44}$　上：勿败vɐʔ$_{2}$bᴀ$_{23}$　松：勿罢ʔʋəʔ$_{4}$bɑ$_{44}$　黎：勿罢fəʔ$_{5}$bɒ$_{31}$　盛：勿得fəʔ$_{5}$təʔ$_{3}$　嘉：勿止ʔʋəʔ$_{5}$tsɿ$_{31}$　双：勿得/勿止fəʔ$_{5}$təʔ$_{5}$/fəʔ$_{5}$tsɿ$_{44}$　杭：不止pɐʔ$_{4}$tsɿ$_{31}$　绍：勿止feʔ$_{5}$tsɿ$_{33}$　诸：勿止fɐʔ$_{5}$tsɿ$_{31}$　崇：勿得/勿究得fᴇʔ$_{3}$tᴇʔ$_{4}$/fᴇʔ$_{3}$tɕiʏ$_{34}$tᴇʔ$_{\underline{52}}$　太：勿究得/勿究fɛʔ$_{4}$tɕʏ$_{33}$tɛʔ$_{5}$/fɛʔ$_{3}$tɕʏ$_{33}$　余：勿止ʔʋɪʔ$_{5}$tsɿ$_{31}$　宁：勿止vɐʔ$_{2}$tsɿ$_{44}$　黄：勿止fɐʔ$_{3}$tsɿ$_{44}$　温：勿赛fʊ$_{3}$se$_{52}$　衢：勿止fəʔ$_{4}$tsɿ$_{35}$　华：勿止fəʔ$_{4}$tsɿ$_{51}$　永：勿得fə$_{4}$təɪ$_{32}$

在（动词）

宜：勒冷ləʔ$_{3}$lᴀŋ$_{53}$　溧：勒ləʔ$_{2}$　金：在tsɛ^{e}$_{44}$　丹：在tsæ$_{41}$　童：在dzaɪ$_{113}$　靖：来læ$_{223}$　江：勒/勒勒lɜʔ$_{\underline{12}}$/lɜʔ$_{2}$lɜʔ$_{3}$　常：勒/勒荡ləʔ$_{\underline{23}}$/ləʔ$_{3}$dᴀɲ$_{42}$　锡：勒/勒辣ləʔ$_{\underline{23}}$/ləʔ$_{2}$lɑʔ$_{5}$　苏：勒海/勒/勒浪/勒里/勒笃ləʔ$_{3}$hᴇ$_{52}$/ləʔ$_{\underline{23}}$/ləʔ$_{3}$lÃ$_{52}$/ləʔ$_{3}$li$_{j52}$/ləʔ$_{3}$toʔ$_{5}$　熟：辣郎/辣海lᴀʔ$_{2}$lᴀ̃$_{51}$/lᴀʔ$_{2}$xᴇ$_{51}$　昆：勒里/勒海/勒郎/勒亨ləʔ$_{3}$li$_{31}$/ləʔ$_{3}$hɛ$_{31}$/ləʔ$_{3}$lã$_{31}$/ləʔ$_{3}$hã$_{31}$　霜：勒辣/勒郎/勒ləʔ$_{2}$lᴀʔ$_{4}$/ləʔ$_{2}$lɒ̃$_{23}$/ləʔ$_{\underline{23}}$　罗：勒郎ləʔ$_{2}$lɒ̃$_{23}$　周：勒拉/勒盖/勒郎ləʔ$_{2}$lɑ$_{23}$/ləʔ$_{2}$kɛ$_{23}$/ləʔ$_{2}$lɒ̃$_{23}$　上：辣辣/辣lɐʔ$_{2}$lɐʔ$_{3}$/

lɐʔ$_{\underline{23}}$ 松：辣拉/辣该læʔ$_3$lᴀʔ$_4$/læʔ$_2$ke$_{34}$ 黎：辣辣lᴀʔ$_3$lᴀʔ$_3$ 盛：勒辣/勒化ləʔ$_2$lɑʔ$_4$/ləʔ$_4$ho$_{33}$ 嘉：有花ɦiᵊu$_{22}$ho$_{51}$ 双：有辣/辣ɦiᵒʏ$_{24}$lᴀʔ$_{\underline{52}}$/ʔlᴀʔ$_{\underline{54}}$ 杭：在/来/来东dzᴇ$_{113}$/lᴇ$_{212}$/lᴇ$_{23}$toŋ$_{51}$ 绍：来埭/来同/来亨le$_{21}$da$_{33}$/le$_{21}$dʊŋ$_{33}$/le$_{21}$haŋ$_{33}$ 诸：勒陀/来客/来气客/来lɐʔ$_2$do$_{33}$/le$_{24}$kɐʔ$_{31}$/le$_{23}$tɕʻi$_{z33}$kɐʔ$_3$/le$_{233}$ 崇：来蒙/来忙/来古le$_{21}$mʊᵑ$_{23}$/le$_{21}$mɒ̃$_{23}$/le$_{21}$ku$_{23}$ 太：来古le$_{31}$ku$_{23}$ 余：来郎/来葛/来le$_{21}$lɔ̃$_{23}$/le$_{22}$kɐʔ$_5$/le$_{113}$ 宁：来的/来东/来盖le$_{22}$tiɪʔ$_5$/le$_{22}$toŋ$_{44}$/le$_{22}$ke$_{44}$ 黄：在ze$_{31}$ 温：是/缩szʅ$_{24}$/ɕiu$_{423}$ 衢：在dzɛ$_{323}$ 华：该/该得/来/落/落得kɛ$_{324}$/kɛ$_{55}$təʔ$_2$/lɛ$_{324}$/loʔ$_2$/ʔloʔ$_5$təʔ$_3$ 永：□牢/□gəɪ$_{31}$lᴀʊ$_{24}$/gəɪ$_{322}$

在那儿

宜：勒笃(远)/勒荡(近)ləʔ$_2$toʔ$_4$/ləʔ$_3$dᴀŋ$_{53}$ 溧：勒过楼ʔləʔ$_5$kʌɯ$_{55}$lei$_{34}$ 金：在辣块/在辣边tsɛᵉ$_{44}$lɑʔ$_4$kʻuɛᵉ$_{44}$/tsɛᵉ$_{44}$lɑʔ$_{\underline{53}}$pĩ$_{31}$ 丹：在过头/在的tsæ$_{41}$kʌʏ$_{52}$dᴇᵉ$_{23}$/tsæ$_{41}$dɛʔ$_{\underline{21}}$ 童：在葛里dzaɪ$_{113}$kəʔ$_{\underline{53}}$li$_{j31}$ 靖：来杠(远)/来荡(近)læ$_{22}$kɑŋ$_{44}$/læ$_{22}$dɑŋ$_{44}$ 江：勒鉴/勒鉴头lɜʔ$_2$kæ$_{23}$/lɜʔ$_2$kæ$_{44}$dᴇɪ$_{31}$ 常：勒浪(近)/勒头(远)ləʔ$_3$lᴀɲ$_{52}$/ləʔ$_2$dei$_{13}$ 锡：勒娘ləʔ$_2$ȵiã$_{34}$ 苏：勒/勒海/勒浪/勒里/勒笃ləʔ$_{\underline{23}}$/ləʔ$_3$hᴇ$_{52}$/ləʔ$_3$lᴀ̃$_{52}$/ləʔ$_3$li$_{j52}$/ləʔ$_3$toʔ$_5$ 熟：辣海/辣浪lᴀʔ$_2$xᴇ$_{51}$/lᴀʔ$_2$lᴀ̃$_{51}$ 昆：勒海ləʔ$_3$lɛ$_{31}$ 霜：勒浪/勒辣ləʔ$_2$lɒ̃$_{23}$/ləʔ$_2$lᴀʔ$_4$ 罗：勒浪/浪/勒俚(乡下)ləʔ$_2$lɒ̃$_{23}$/lɒ̃$_{213}$/ləʔ$_2$li$_{23}$ 周：勒拉/勒盖/赖/勒浪ləʔ$_2$lɑ$_{23}$/ləʔ$_2$kɛ$_{23}$/lɑ$_{23}$/ləʔ$_2$lɒ̃$_{23}$ 上：辣辣/辣海/辣盖(少)lɐʔ$_2$lɐʔ$_3$/lɐʔ$_2$hᴇ$_{23}$/lɐʔ$_2$kᴇ$_{23}$ 松：辣辣lᴀʔ$_3$lᴀʔ$_4$ 黎：辣辣/辣化lᴀʔ$_3$lᴀʔ$_3$/lᴀʔ$_3$ho$_{33}$ 盛：勒辣/勒化ləʔ$_2$lɑʔ$_4$/ləʔ$_4$ho$_{33}$ 嘉：勒化ləʔ$_2$ho$_{23}$ 双：有辣/辣/有辣胡/有胡/起户ɦiᵒʏ$_{24}$lᴀʔ$_{\underline{52}}$/ʔlᴀʔ$_{\underline{54}}$/ɦiᵒʏ$_{24}$lᴀʔ$_5$βu$_{21}$/ɦiᵒʏ$_{24}$βu$_{21}$/tɕʻi$_{z34}$βu$_{52}$ 杭：辣喝/辣哈/辣东/来东lɐʔ$_2$hɐʔ$_5$/lɐʔ$_2$hɑ$_{51}$/lɐʔ$_2$toŋ$_{51}$/lᴇ$_{23}$toŋ$_{51}$ 绍：来亨/来埭/来同/辣亨/亨le$_{21}$haŋ$_{33}$/le$_{21}$da$_{33}$/le$_{21}$dʊŋ$_{33}$/laʔ$_2$haŋ$_{33}$/haŋ$_{33}$ 诸：在梅陀/来客/来气客/去客dze$_{33}$me$_{23}$do$_{33}$/le$_{24}$kɐʔ$_{\underline{31}}$/le$_{23}$tɕʻi$_{z33}$kɐʔ$_3$/tɕʻi$_{z53}$kɐʔ$_{\underline{31}}$ 崇：来古(近)/勒古(近)/来蒙(远)/勒蒙(远)le$_{21}$ku$_{23}$/lᴇʔ$_2$ku$_{23}$/le$_{21}$mʊᵑ$_{23}$/le$_{21}$mɒ̃$_{23}$/lᴇʔ$_2$mʊᵑ$_{23}$ 太：来蒙(远)/来古(近)/蒙(远)/古(近)le$_{31}$mʊŋ$_{23}$/le$_{31}$ku$_{23}$/mʊŋ$_{312}$/ku$_{35}$ 余：浪/郎葛/来浪lɔ̃$_{113}$/lɔ̃$_{22}$kɐʔ$_5$/le$_{21}$lɔ̃$_{23}$ 宁：的(近)/盖(远)/来的(近)/来东(近)/来盖(远)tiɪʔ$_5$/ke$_{52}$/le$_{22}$tiɪʔ$_5$/le$_{22}$toŋ$_{44}$/le$_{22}$ke$_{44}$ 黄：在介/在坎ze$_{22}$kᴀ$_{51}$/ze$_{22}$dᴀ$_{44}$ 温：是带(远)/带/是里(近)szʅ$_{33}$tɑ$_{44}$/tɑ$_{44}$/szʅ$_{33}$lʲi$_{44}$ 衢：在不里dzɛ$_{45}$pəʔ$_5$li$_{31}$ 华：该没里/落得没里/来没里/该拉里/来拉里/落拉里/落得拉里/该没达kɛ$_{324}$məʔ$_2$li$_{51}$/loʔ$_3$təʔ$_4$ məʔ$_2$li$_{44}$/ʔlɛ$_{54}$məʔ$_3$li$_{31}$/kɛ$_{33}$lɑ$_{55}$li$_{24}$/lɛ$_{32}$lɑ$_{55}$li$_{24}$/loʔ$_2$lɑ$_{55}$li$_{24}$/loʔ$_2$təʔ$_4$lɑ$_{55}$li$_{24}$/kɛ$_{54}$məʔ$_2$dɑ$_{51}$ 永：□□□/□□gəɪ$_{32}$kə$_2$lᴀ$_{44}$/kə$_{44}$lᴀ$_{55}$

大

宜：大du$_{31}$ 溧：大do$_{31}$ 金：大tɑ$_{31}$ 丹：大dʌʏ$_{41}$ 童：大do$_{113}$ 靖：大/dʌʏ$_{31}$/tʻæ$_{334}$ 江：大dɜʏ$_{223}$ 常：大佬dʌɯ$_{21}$lɑʏ$_{23}$ 锡：大dʌɯ$_{213}$ 苏：大dɜu$_{31}$ 熟：大dɯ$_{213}$ 昆：大dəu$_{223}$ 霜：大du$_{213}$ 罗：大du$_{213}$ 周：大du$_{113}$ 上：大du$_{113}$ 松：大du$_{113}$ 黎：大dɜu$_{213}$ 盛：大dɜu$_{212}$ 嘉：大dəu$_{223}$ 双：大dəu$_{113}$ 杭：大dou$_{113}$/dɑ$_{113}$ 绍：大do$_{22}$ 诸：大dʊ$_{233}$ 崇：大dʏ$_{14}$ 太：大dɯ$_{13}$ 余：大du$_{113}$ 宁：大du$_{113}$ 黄：大du$_{113}$ 温：大dᵊu$_{22}$ 衢：大du$_{31}$ 华：大/呑duo$_{24}$/tʻən$_{324}$ 永：大dəʊ$_{214}$

小

宜：小ɕiɑʏ$_{51}$ 溧：小ɕiɑʸ$_{52}$ 金：小ɕiɑᵓ$_{323}$ 丹：小ɕiɒ$_{44}$ 童：小ɕiɒ$_{324}$ 靖：小siɒ$_{334}$ 江：小siɒ$_{435}$ 常：细佬ɕi$_{j55}$lɑʏ$_{31}$ 锡：小siʌ$_{323}$ 苏：小siæ$_{51}$ 熟：小siɔ$_{44}$ 昆：小siɔ$_{52}$ 霜：小siɔ$_{434}$ 罗：小siɔ$_{434}$ 周：小ɕiɔ$_{335}$ 上：小ɕiɔ$_{334}$ 松：小ɕiɔ$_{335}$ 黎：小siᴀᵓ$_{51}$ 盛：小siɔ$_{51}$ 嘉：小ɕiɔ$_{44}$ 双：小ɕiɔ$_{53}$ 杭：小ɕiɔ$_{51}$ 绍：小ɕiɔ$_{334}$ 诸：小ɕiɔ$_{52}$ 崇：小ɕiɑɒ$_{442}$ 太：小ɕiᵅɒ$_{42}$ 余：小ɕiɒ$_{435}$ 宁：小ɕiɔ$_{325}$ 黄：细ɕi$_{44}$ 温：小sæi$_{35}$ 衢：小ɕiɔ$_{45}$ 华：小/□ɕiɑʊ$_{544}$/ɕiɐ$_{45}$ 永：细ɕie$_{54}$

高

宜:高kaʏ$_{55}$ 溧:高ka^{ʏ}$_{445}$ 金:高ka^{ɔ}$_{31}$ 丹:高kɒ$_{22}$ 童:高kɒ$_{42}$ 靖:高kɒ$_{433}$ 江:高kɒ$_{51}$ 常:高佬kaʏ$_{55}$laʏ$_{31}$ 锡:高kʌ$_{544}$ 苏:高kæ$_{44}$ 熟:高kɔ$_{52}$ 昆:高kɔ$_{44}$ 霜:高kɔ$_{52}$ 罗:高kɔ$_{52}$ 周:高kɔ$_{52}$ 上:高kɔ$_{52}$ 松:高kɔ$_{52}$ 黎:高kA^{ɔ}$_{44}$ 盛:高kɔ$_{44}$ 嘉:高kɔ$_{51}$ 双:高kɔ$_{44}$ 杭:高kɔ$_{323}$ 绍:高kɔ$_{52}$ 诸:高kɔ$_{544}$ 崇:高kaɒ$_{533}$ 太:高k^{a}ɒ$_{523}$ 余:高kɒ$_{44}$ 宁:高kɔ$_{52}$ 黄:高kɒ$_{53}$ 温:高kɜ$_{44}$ 衢:高kɔ$_{434}$ 华:高kaʊ$_{324}$ 永:高kAʊ$_{544}$

低

宜:低ti$_{j55}$ 溧:低ti$_{z445}$ 金:低ti$_{z31}$ 丹:低ti$_{z22}$ 童:低ti$_{j42}$ 靖:低ti$_{j433}$ 江:低ti$_{j51}$ 常:低佬ti$_{55}$laʏ$_{31}$ 锡:低ti$_{544}$ 苏:低ti$_{j44}$ 熟:低ti$_{52}$ 昆:低ti$_{44}$ 霜:低ti$_{52}$ 罗:低ti$_{52}$ 周:低ɗi$_{52}$ 上:低ti$_{52}$ 松:低ti$_{52}$ 黎:低ti$_{j44}$ 盛:低ti$_{j44}$ 嘉:低ti$_{51}$ 双:低ti$_{z44}$ 杭:低ti$_{323}$ 绍:低ti$_{52}$ 诸:低ti$_{52}$ 崇:低ti$_{z533}$ 太:低ti$_{523}$ 余:低ti$_{44}$ 宁:低ti$_{52}$ 黄:矮ʔA$_{53}$ 温:低t^{i}i$_{44}$ 衢:低ti$_{434}$ 华:低tie$_{324}$ 永:低tie$_{544}$

高(人的身材)

宜:长dzAŋ$_{223}$ 溧:高ka^{ʏ}$_{445}$ 金:高ka^{ɔ}$_{31}$ 丹:长dzaŋ$_{22}$ 童:长kɒ$_{42}$ 靖:长dʑiæ$_{223}$ 江:长dzA^{ŋ}$_{223}$ 常:高佬/长佬kaʏ$_{55}$laʏ$_{31}$/dzAɲ$_{21}$laʏ$_{34}$ 锡:长/高dzã$_{213}$/kʌ$_{544}$ 苏:长zÃ$_{223}$ 熟:长dẓA$^{\sim}$$_{213}$ 昆:长zã$_{132}$ 霜:长za$^{\sim}$$_{31}$ 罗:长za$^{\sim}$$_{31}$ 周:长zA$^{\sim}$$_{113}$ 上:长zÃ^{ɲ}$_{113}$ 松:长za$^{\sim}$$_{31}$ 黎:长dzɛ̃ 盛:长dzæ̃$_{24}$ 嘉:长zA$^{\sim}$$_{31}$ 双:长zã$_{113}$ 杭:长dzAŋ$_{212}$ 绍:长dzaŋ$_{31}$ 诸:长/长大dzÃ$_{33}$/dzÃ$_{21}$dʊ$_{44}$ 崇:长dzA$^{\sim}$$_{312}$ 太:长zA$^{\sim}$$_{312}$ 余:长dzÃ$_{113}$ 宁:长dʑiã$_{113}$ 黄:长dʑia$^{\sim}$$_{31}$ 温:长dʑi$_{31}$ 衢:长dʑiã$_{323}$ 华:高/长kaʊ$_{324}$/tɕiAŋ$_{213}$ 永:长dʑiAŋ$_{322}$

矮

宜:矮ʔA$_{51}$ 溧:矮ʔA$_{52}$ 金:矮ɛ^{e}$_{323}$ 丹:矮ʔa$_{44}$ 童:矮ʔaɪ$_{324}$ 靖:矮ʔæ$_{334}$ 江:矮ʔæ$_{45}$ 常:矮佬ʔa$_{34}$laʏ$_{44}$ 锡:矮ʔa$_{323}$ 苏:矮ʔɒ$_{51}$ 熟:矮ʔa$_{44}$ 昆:矮ʔa$_{51}$ 霜:矮ʔa$_{434}$ 罗:矮ʔa$_{434}$ 周:矮ʔa$_{335}$ 上:矮ʔA$_{334}$ 松:矮ʔa$_{335}$ 黎:矮ʔɒ$_{51}$ 盛:矮ʔa$_{51}$ 嘉:矮ʔa$_{44}$ 双:矮/短ʔa$_{53}$/tE$_{53}$ 杭:矮ʔɛ$_{51}$ 绍:矮ʔa$_{334}$ 诸:矮ʔA$_{52}$ 崇:矮ʔa$_{442}$ 太:矮ʔa$_{42}$ 余:矮ʔA$_{435}$ 宁:矮ʔa$_{325}$ 黄:矮ʔA$_{53}$ 温:矮ʔa$_{35}$ 衢:矮ʔɛ$_{45}$ 华:矮/短ʔa$_{544}$/tɯə$_{544}$ 永:短tʏə$_{323}$

长

宜:长dzAŋ$_{223}$ 溧:长dzA$_{323}$ 金:长ts'uŋ$_{24}$ 丹:长dzaŋ$_{22}$ 童:长dzaŋ$_{113}$ 靖:长dʑiæ$_{223}$ 江:长dzA^{ŋ}$_{223}$ 常:长佬dzAɲ$_{21}$laʏ$_{34}$ 锡:长zã$_{213}$ 苏:长zÃ$_{223}$ 熟:长dẓA$^{\sim}$$_{213}$ 昆:长zã$_{132}$ 霜:长zã$_{31}$ 罗:长a$^{\sim}$$_{31}$ 周:长zA$^{\sim}$$_{113}$ 上:长zÃ^{ɲ}$_{113}$ 松:长za$^{\sim}$$_{31}$ 黎:长zɛ̃$_{24}$ 盛:长dzæ̃$_{24}$ 嘉:长zA$^{\sim}$$_{31}$ 双:长zã$_{113}$ 杭:长dzAŋ$_{212}$ 绍:长dzAŋ$_{31}$ 诸:长dzÃ$_{233}$ 崇:长dzA$^{\sim}$$_{312}$ 太:长zA$^{\sim}$$_{312}$ 余:长dzÃ$_{113}$ 宁:长dʑiã$_{113}$ 黄:长dʑia$^{\sim}$$_{31}$ 温:长dʑi$_{31}$ 衢:长dʑiã$_{323}$ 华:长tɕiAŋ$_{213}$ 永:长dʑiAŋ$_{322}$

短

宜:短te$_{51}$ 溧:短tʊ$_{52}$ 金:短tʊ̃$_{323}$ 丹:短təŋ$_{44}$ 童:短tʊ$_{324}$ 靖:短tʊ̃$_{334}$ 江:短tɵ$_{45}$ 常:短佬kɔ$_{34}$laʏ$_{44}$ 锡:短lo$_{323}$ 苏:短tɵ$_{51}$ 熟:短tʏ$_{44}$ 昆:短tɵ$_{52}$ 霜:短t^{ʌ}ʏ$_{434}$ 罗:短t^{ʌ}ʏ$_{434}$ 周:短tø$_{335}$ 上:短tø$_{334}$ 松:短tø$_{44}$ 黎:短tɵ$_{51}$ 盛:短tɵ$_{51}$ 嘉:短tʏə$_{44}$ 双:短tE$_{53}$ 杭:短to$_{51}$ 绍:短tɵ̃$_{334}$ 诸:短tʏ$_{52}$ 崇:短tœ̃$_{442}$ 太:短tœ̃$_{42}$ 余:短tɵ̃$_{435}$ 宁:短tø$_{325}$ 黄:短tø$_{53}$ 温:短tɵ$_{35}$ 衢:短tə$_{45}$ 华:短tɯə$_{544}$ 永:短tʏə$_{323}$

粗

宜：粗tsʻu$_{55}$ 溧：粗tsʻʌɯ$_{445}$ 金：粗tsʻᵊu$_{31}$ 丹：粗tsʻəu$_{22}$ 童：粗tsʻʌɤ$_{42}$ 靖：粗tsʻu$_{544}$ 江：粗tsʻɜɤ$_{51}$ 常：粗佬tsʻʌɯ$_{55}$lɑɤ$_{31}$ 锡：粗tsʻʌɤ$_{544}$ 苏：粗tsʻɜu$_{44}$ 熟：粗tsʻɯ$_{52}$ 昆：粗tsʻəu$_{44}$ 霜：粗tsʻu$_{52}$ 罗：粗tsʻu$_{52}$ 周：粗tsʻu$_{52}$ 上：粗tsʻu$_{52}$ 松：粗tsʻu$_{52}$ 黎：粗tsʻɜu$_{44}$ 盛：粗tsʻɜu$_{44}$ 嘉：粗tsʻɘu$_{51}$ 双：粗tsʻɘu$_{44}$ 杭：粗tsʻu$_{323}$ 绍：粗tsʻu$_{52}$ 诸：粗tsʻu$_{544}$ 崇：粗tsʻʊ$_{533}$ 太：粗tsʻɣ$_{42}$ 余：粗tsʻʅ$_{44}$ 宁：粗tsʻu$_{52}$ 黄：粗tsʻəu$_{53}$ 温：粗tsʻəu$_{44}$ 衢：粗tsʻᵚu$_{434}$ 华：粗tsʻu$_{324}$ 永：粗tsʻʊ$_{544}$

细

宜：细ɕi$_{j324}$ 溧：细ɕi$_{z412}$ 金：细ɕi$_{z44}$ 丹：细ɕi$_{z324}$ 童：细ɕi$_{z45}$ 靖：细si$_{j51}$ 江：细si$_{j435}$ 常：细佬ɕi$_{j55}$lɑɤ$_{31}$ 锡：细si$_{34}$ 苏：细si$_{j412}$ 熟：细si$_{324}$ 昆：细si$_{52}$ 霜：细si$_{434}$ 罗：细si$_{434}$ 周：细ɕi$_{335}$ 上：细ɕi$_{334}$ 松：细ɕi$_{335}$ 黎：细ɕi$_{j413}$ 盛：细si$_{j413}$ 嘉：细ɕi$_{334}$ 双：细ɕi$_{z334}$ 杭：细ɕi$_{334}$ 绍：细ɕi$_{33}$ 诸：细ɕi$_{z544}$ 崇：细ɕi$_{z324}$ 太：细ɕi$_{35}$ 余：细ɕi$_{52}$ 宁：细ɕi$_{52}$ 黄：细ɕi$_{44}$ 温：细sᶦi$_{52}$ 衢：细ɕi$_{53}$ 华：细ɕie$_{45}$ 永：细ɕie$_{54}$

宽

宜：阔kʻuəʔ$_{\underline{45}}$ 溧：宽/阔kʻʊ$_{445}$/kʻæᴇ$_{223}$ 金：宽kʻʊ̃$_{31}$ 丹：宽/阔kʻəŋ$_{22}$/kʻuɛʔ$_{3}$ 童：宽/阔kʻʊ$_{42}$/kʻuəʔ$_{5}$ 靖：宽/阔kʻuũ$_{544}$/kʻuəʔ$_{5}$ 江：阔kʻuɜʔ$_{5}$ 常：宽佬kʻuɔ$_{55}$lɑɤ$_{31}$ 锡：阔/宽kuəʔ$_{5}$/kʻo$_{55}$ 苏：宽kʻɵ$_{44}$ 熟：阔/宽kʻuoʔ$_{5}$/kʻuɤ$_{52}$ 昆：宽/阔kʻɵ$_{44}$/kʻuəʔ$_{\underline{12}}$ 霜：宽kʻuɪ$_{52}$ 罗：宽kʻuʌɪ$_{52}$ 周：宽/阔kʻue$_{52}$/kʻuəʔ$_{5}$ 上：宽/阔kʻø$_{52}$/kʻuɐʔ$_{5}$ 松：宽/阔kʻue$_{52}$/kuəʔ$_{5}$ 黎：宽kʻɵ$_{44}$ 盛：宽kʻɵ$_{44}$ 嘉：宽kʻuɤə$_{51}$ 双：宽kʻuᴇ$_{44}$ 杭：宽kʻuo$_{323}$ 绍：宽/阔kʻue$_{52}$/kʻuoʔ$_{5}$ 诸：阔kʻuoʔ$_{5}$ 崇：宽/阔kʻuæ̃$_{533}$/kʻuᴇʔ$_{5}$ 太：宽/阔kʻuœ̃$_{523}$/kʻuɛʔ$_{\underline{45}}$ 余：阔kʻuɐʔ$_{5}$ 宁：阔kʻuɐʔ$_{5}$ 黄：阔kʻuɐʔ$_{5}$ 温：宽kʻo$_{44}$ 衢：宽kʻuə$_{434}$ 华：宽kʻuɑ$_{324}$ 永：宽kʻʊᴀ$_{544}$

窄

宜：狭ɦᴀʔ$_{\underline{23}}$ 溧：狭xɦɑʔ$_{\underline{22}}$ 金：窄tsɑʔ$_{4}$ 丹：狭ɦɑʔ$_{\underline{24}}$ 童：狭ɦᴀʔ$_{\underline{24}}$ 靖：狭h^{ɦ}ɑʔ$_{5}$ 江：狭ɦɑʔ$_{\underline{12}}$ 常：狭佬ɦɑʔ$_{2}$lɑɤ$_{13}$ 锡：狭ɦᴀʔ$_{\underline{23}}$ 苏：狭ɦᴀʔ$_{\underline{23}}$ 熟：狭ɦɑʔ$_{\underline{23}}$ 昆：狭ɦᴀʔ$_{\underline{12}}$ 霜：狭ɦᴀʔ$_{\underline{23}}$ 罗：狭ɦᴀʔ$_{\underline{23}}$ 周：狭ɦɑʔ$_{\underline{23}}$ 上：狭ɦɐʔ$_{\underline{23}}$ 松：狭ɦᴀʔ$_{\underline{23}}$ 黎：狭ɦᴀʔ$_{\underline{23}}$ 盛：狭ɦɑʔ$_{\underline{22}}$ 嘉：狭ʔᴀʔ$_{\underline{54}}$ 双：狭/狭窄ʔᴀʔ$_{5}$/ʔᴀʔ$_{5}$tsᴀʔ$_{5}$ 杭：狭/窄ʑiɪʔ$_{\underline{12}}$/dzɐʔ$_{\underline{12}}$ 绍：狭ɦᴀʔ$_{\underline{23}}$ 诸：狭ɦɐʔ$_{\underline{12}}$ 崇：狭ɦɑʔ$_{\underline{12}}$ 太：狭ɦɑʔ$_{\underline{12}}$ 余：狭ɦɐʔ$_{\underline{23}}$ 宁：狭ɦɐʔ$_{\underline{23}}$ 黄：窄tsɐʔ$_{5}$ 温：狭ʔɑ$_{323}$ 衢：狭ʔᴀʔ$_{5}$ 华：狭ɦuɑ$_{213}$ 永：狭ʔɦʊᴀ$_{323}$

厚

宜：厚gɤɯ$_{24}$ 溧：厚xɦei$_{242}$/gei$_{242}$ 金：厚xʌɤ$_{44}$ 丹：厚hᴇ^{e}$_{41}$ 童：厚ɦei$_{113}$ 靖：厚h^{ɦø}ʏ$_{31}$ 江：厚gɜɤ$_{223}$ 常：厚佬gei$_{21}$lɑɤ$_{23}$ 锡：厚gᴇɪ$_{213}$ 苏：厚ɦəɪ$_{31}$ 熟：厚ɦᴇ$_{31}$ 昆：厚ɦᴇ$_{21}$ 霜：厚ɦʌɪ$_{213}$ 罗：厚ɦʌɪ$_{213}$ 周：厚ɦɤ$_{113}$ 上：厚ɦɤ$_{113}$ 松：厚ɦɤ$_{113}$ 黎：厚实ɦieɯ$_{22}$zəʔ$_{5}$ 盛：厚ɦiəʉ$_{212}$ 嘉：厚ɦe$_{223}$ 双：厚ʔøʏ$_{53}$ 杭：厚ɦeɪ$_{113}$ 绍：厚ɦɤ$_{113}$ 诸：厚dʑiʏ$_{31}$ 崇：厚ɦiʏ$_{324}$ 太：厚kɯ$_{33}$ 余：厚ɦɤ$_{113}$ 宁：厚ɦœʏ$_{113}$ 黄：厚dʑi$_{31}$ 温：厚gʌ$_{24}$ 衢：厚ɦɤɯ$_{31}$ 华：厚kiɯu$_{544}$ 永：厚gəʊ$_{323}$

薄

宜：薄bɔʔ$_{\underline{23}}$ 溧：薄bɔʔ$_{2}$ 金：嚣ɕiɑ^{ɔ}$_{31}$ 丹：薄boʔ$_{\underline{24}}$ 童：薄boʔ$_{\underline{24}}$ 靖：薄嚣/嚣薄bɔʔ$_{2}$ɕiɒ$_{23}$/ɕiɒ$_{44}$bɔʔ$_{3}$ 江：薄boʔ$_{\underline{12}}$ 常：嚣佬ɕiɑɤ$_{55}$lɑɤ$_{31}$ 锡：薄bɔʔ$_{\underline{23}}$ 苏：薄bɔʔ$_{\underline{23}}$ 熟：薄boʔ$_{\underline{23}}$ 昆：薄boʔ$_{\underline{12}}$ 霜：薄boʔ$_{\underline{23}}$ 罗：薄boʔ$_{\underline{23}}$ 周：薄boʔ$_{\underline{23}}$ 上：薄boʔ$_{\underline{23}}$ 松：薄boʔ$_{\underline{23}}$ 黎：薄嚣嚣

boʔ$_{2}$ɕiᴀ^{ʔ}$_{44}$ɕiᴀ^{ʔ}$_{52}$　盛：薄boʔ$_{22}$　嘉：薄boʔ$_{\underline{12}}$　双：薄boʔ$_{\underline{23}}$　杭：薄boʔ$_{\underline{12}}$　绍：薄boʔ$_{\underline{23}}$　诸：薄boʔ$_{\underline{12}}$　崇：薄bɔʔ$_{\underline{12}}$　太：薄bɔʔ$_{\underline{12}}$　余：薄bɔʔ$_{\underline{12}}$　宁：薄bɔʔ$_{\underline{23}}$　黄：薄bɔʔ$_{\underline{12}}$　温：薄bo$_{323}$　衢：薄bəʔ$_{\underline{12}}$　华：薄boʔ$_{2}$　永：薄bʊ$_{323}$

深

宜：深səŋ$_{55}$　溧：深sən$_{445}$　金：深səŋ$_{31}$　丹：深sɛn$_{22}$　童：深səŋ$_{42}$　靖：深səŋ$_{433}$　江：深sᴇɲ$_{51}$　常：深佬səɲ$_{55}$lɑɣ$_{31}$　锡：深sən$_{544}$　苏：深sən$_{44}$　熟：深ʂẽ^{n}$_{52}$　昆：深sən$_{44}$　霜：深sɛ̃$_{52}$　罗：深sɛ̃^{n}$_{52}$　周：深səŋ$_{52}$　上：深səɲ$_{52}$　松：深səɲ$_{52}$　黎：深səɲ$_{44}$　盛：深səɲ$_{44}$　嘉：深sən$_{51}$　双：深sən$_{44}$　杭：深sən$_{323}$　绍：深səŋ$_{52}$　诸：深sẼĨ$_{544}$　崇：深sɪŋ$_{533}$　太：深seɲ$_{42}$　余：深seɲ$_{34}$　宁：深ɕɪŋ$_{52}$　黄：深ɕiɪŋ$_{52}$　温：深sᴀŋ$_{44}$　衢：深sən$_{434}$　华：深ɕiɪn$_{324}$　永：深səɲ$_{544}$

浅

宜：浅tɕʻɪ$_{51}$　溧：浅tɕʻi$_{52}$　金：浅tɕʻĩ$_{323}$　丹：浅tɕʻɪ$_{44}$　童：浅tɕʻĩ$_{324}$　靖：浅tsʻĩ$_{223}$　江：浅tsʻɪ$_{45}$　常：浅佬tɕʻɪ$_{34}$lɑɣ$_{44}$　锡：浅tɕʻɪ$_{323}$　苏：浅tsʻiɪ$_{412}$　熟：浅tsʻie　昆：浅tsʻi$_{52}$　霜：浅tsʻɪ$_{434}$　罗：浅tsʻi$_{434}$　周：浅tɕʻi$_{52}$　上：浅/淡tɕʻi$_{334}$/dᴇ$_{113}$　松：浅/淡tɕʻi$_{44}$/dᴇ$_{113}$　黎：浅tsʻi$_{51}$　盛：浅tsʻiɪ$_{51}$　嘉：浅/淡tɕʻie$_{324}$/dᴇ^{ε}$_{223}$　双：浅tsʻɪ$_{53}$　杭：浅tɕʻie$_{51}$　绍：浅tɕʻĩ$_{334}$　诸：浅tɕʻiĩ$_{52}$　崇：浅tɕʻiẽ$_{442}$　太：浅tɕʻiẽ$_{42}$　余：浅tɕʻĩ$_{435}$　宁：浅tɕʻi$_{325}$　黄：浅tɕʻi$_{52}$　温：浅tɕʻi$_{35}$　衢：浅tɕʻiẽ$_{45}$　华：浅ɕie$_{544}$　永：浅tɕʻie$_{434}$

空

宜：空kʻoŋ$_{55}$　溧：空kʻoŋ$_{445}$　金：空kʻoŋ$_{31}$　丹：空kʻoŋ$_{22}$　童：空kʻoŋ$_{42}$　靖：空kʻoŋ$_{433}$　江：空kʻoŋ$_{51}$　常：空佬kʻoŋ$_{55}$lɑɣ$_{31}$　锡：空kʻoŋ$_{544}$　苏：空kʻoŋ$_{44}$　熟：空kʻʊŋ$_{52}$　昆：空kʻoŋ$_{44}$　霜：空kʻo^{ŋ}$_{52}$　罗：空kʻo^{ŋ}$_{52}$　周：空kʻoŋ$_{52}$　上：空kʻoŋ$_{52}$　松：空kʻoŋ$_{52}$　黎：空kʻoŋ$_{44}$　盛：空kʻoŋ$_{44}$　嘉：空kʻoŋ$_{51}$　双：空kʻoŋ$_{44}$　杭：空kʻoŋ$_{323}$　绍：空kʻʊŋ$_{52}$　诸：空kʻoŋ$_{544}$　崇：空kʻoŋ$_{533}$　太：空kʻoŋ$_{42}$　余：空kʻʊŋ$_{44}$　宁：空kʻoŋ$_{52}$　黄：空kʻoŋ$_{52}$　温：空kʻoŋ$_{44}$　衢：空kʻʌŋ$_{434}$　华：空kʻoŋ$_{324}$　永：空kʻoŋ$_{544}$

满

宜：满me$_{24}$　溧：满mʊ$_{445}$　金：满mʊ̃$_{323}$　丹：满məŋ$_{213}$　童：满mʊ$_{324}$　靖：满mʊ̃ɪ$_{223}$　江：满mɵ$_{223}$　常：满佬mɔ$_{34}$lɑɣ$_{44}$　锡：满mo$_{213}$　苏：满mɵ$_{31}$　熟：满mɣ$_{223}$　昆：满mɵ$_{21}$　霜：满mɪ$_{213}$　罗：满mʌɪ$_{213}$　周：满me$_{113}$　上：满mø$_{113}$　松：满mø$_{113}$　黎：满mɵ$_{32}$　盛：满mɵ$_{22}$　嘉：满muɣə$_{223}$　双：满mᴇ$_{31}$　杭：满mo$_{51}$　绍：满/实mẽ$_{334}$/zəʔ$_{\underline{23}}$　诸：满mɣ$_{31}$　崇：满mœ̃$_{312}$　太：满mœ̃$_{22}$　余：满mõ$_{113}$　宁：满mõ$_{113}$　黄：满ʔmø$_{52}$　温：满mɵ$_{24}$　衢：满mə$_{31}$　华：满mə$_{544}$　永：满mɣə$_{323}$

方

宜：方fᴀŋ$_{55}$　溧：方fᴀŋ$_{445}$　金：方fɑŋ$_{31}$　丹：方fɑŋ˙$_{44}$　童：方fɑŋ$_{42}$　靖：方fɑŋ$_{433}$　江：方fᴀ^{ŋ}$_{51}$　常：方佬fᴀɲ$_{55}$lɑɣ$_{31}$　锡：方fɒ̃$_{544}$　苏：方fᴀ̃$_{44}$　熟：方fᴀ̃　昆：方fã$_{44}$　霜：方fɒ̃$_{52}$　罗：方fɒ̃$_{52}$　周：方fɒ̃$_{52}$　上：方fᴀ̃^{ɲ}$_{52}$　松：方fɑ̃$_{52}$　黎：方笃笃fɑ̃$_{55}$toʔ$_{3}$toʔ$_{2}$　盛：方fɑ̃$_{52}$　嘉：方fᴀ̃$_{51}$　双：方fɔ̃$_{52}$　杭：方fᴀŋ$_{323}$　绍：方fɒŋ$_{52}$　诸：方fɒ̃$_{544}$　崇：方fɒ̃$_{533}$　太：方fɒŋ$_{42}$　余：方fɒ̃　宁：方fɔ̃　黄：方fɒ̃$_{53}$　温：方x^{o}ɔ$_{44}$　衢：方fɒ̃$_{434}$　华：方fɑŋ$_{324}$　永：方fᴀŋ$_{544}$

圆

宜：圆/凸□ɦyĩ$_{223}$/dəʔ$_{2}$le$_{23}$　溧：圆ɦyʊ$_{242}$　金：圆yĩ$_{24}$　丹：圆ɦʏ$_{213}$　童：圆ɦiʊ$_{324}$　靖：圆ɦyʊ̃ɪ$_{334}$　江：圆ɦyɵ$_{223}$　常：圆佬ɦiɔ$_{21}$lɑɣ$_{23}$　锡：圆ɦio$_{213}$　苏：圆ɦiɵ$_{223}$　熟：圆ɦiɣ　昆：圆ɦyɵ$_{21}$

霜:圆ɦi^{ʌ}ɤ$_{31}$　罗:圆ɦi^{ʌ}ɤ$_{31}$　周:圆ɦyø$_{113}$　上:圆ɦyø$_{113}$　松:圆ɦø$_{31}$　黎:圆ɦiɵ$_{24}$　盛:圆ɦiɵ$_{24}$　嘉:圆ɦyɤə$_{31}$　双:圆ɦɪ$_{113}$　杭:圆ɦʏo$_{212}$　绍:圆ɦyə̃$_{31}$　诸:圆ɦiɤ$_{233}$　崇:圆ɦyœ̃$_{22}$　太:圆ɦiœ̃$_{22}$　余:圆ɦyə̃$_{113}$　宁:圆ɦyɥ$_{113}$　黄:圆ɦyø$_{31}$　温:圆ɦy$_{31}$　衢:圆ɦyə$_{323}$　华:圆ɦɥæ̃$_{213}$　永:果轮koə$_{42}$ləɲ$_{24}$

平

宜:平biŋ$_{223}$　溧:平bin$_{31}$　金:平p'iŋ$_{24}$　丹:平biŋ$_{213}$　童:平biəŋ$_{31}$　靖:平biŋ$_{223}$　江:平biɲ$_{223}$　常:平佬biɲ$_{21}$bɑɤ$_{23}$　锡:平bin$_{213}$　苏:平biɪn$_{223}$　熟:平bĩ^{ɲ}　昆:平bin$_{132}$　霜:平bĩ$_{31}$　罗:平bĩ^{n}$_{31}$　周:平biɪŋ$_{113}$　上:平biɲ$_{113}$　松:平biɲ$_{32}$　黎:平塌塌bĩɲ$_{24}$t'ᴀʔ$_{3}$t'ᴀʔ$_{2}$　盛:平bɪɲ$_{24}$　嘉:平bin$_{31}$　双:平bɪn$_{113}$　杭:平bɪn$_{212}$　绍:平bɪŋ$_{31}$　诸:平bĩ$_{544}$　崇:平biŋ$_{312}$　太:平biŋ$_{312}$　余:平beŋ$_{113}$　宁:平bɪŋ$_{113}$　黄:平biɪŋ$_{31}$　温:平bəŋ$_{31}$　衢:平bi^{n}$_{323}$　华:平biɪn$_{213}$　永:平biɪɲ$_{322}$

正

宜:正tsəŋ$_{324}$　溧:正tsin$_{412}$　金:正tsəŋ$_{44}$　丹:正tsɛn$_{324}$　童:正tsəŋ$_{45}$　靖:正tsəŋ$_{51}$　江:正tsᴇɲ$_{435}$　常:正佬tsəɲ$_{55}$lɑɤ$_{31}$　锡:正tsən$_{34}$　苏:正tsən$_{51}$　熟:正tʂẽ^{n}$_{324}$　昆:正tsən$_{52}$　霜:正tsɛ̃$_{434}$　罗:正tsɛ̃^{n}$_{434}$　周:正tsəŋ$_{335}$　上:正tsəɲ$_{334}$　松:正tsəɲ$_{335}$　黎:正tsəɲ$_{413}$　盛:正tsəɲ$_{413}$　嘉:正tsən$_{334}$　双:正tsən$_{334}$　杭:正tsən$_{334}$　绍:正tsəŋ$_{33}$　诸:正tsẼĨ$_{544}$　崇:正tsɪŋ$_{14}$　太:正tsəŋ$_{35}$　余:正tseŋ$_{52}$　宁:正tɕɪŋ$_{52}$　黄:正tɕiɪŋ$_{44}$　温:正tsəŋ$_{52}$　衢:正tʃɥən$_{53}$　华:正tɕiɪn$_{45}$　永:正tɕiɪɲ$_{54}$

反

宜:反fᴀ$_{51}$　溧:反fᴀ$_{52}$　金:反fæ̃$_{323}$　丹:反fæ$_{22}$　童:反fɑ$_{324}$　靖:反fæ̃$_{334}$　江:反fæ$_{45}$　常:反佬fæ̃$_{34}$lɑɤ$_{44}$　锡:反fɛ$_{323}$　苏:反fᴇ$_{51}$　熟:反fæ$_{44}$　昆:反fɛ$_{52}$　霜:反fᴇ$_{434}$　罗:反fe$_{434}$　周:反fɛ$_{335}$　上:反fᴇ$_{334}$　松:反fᴇ$_{335}$　黎:反fᴇ$_{51}$　盛:反fᴇ$_{51}$　嘉:反fᴇ^{ɛ}$_{44}$　双:反fᴇ$_{53}$　杭:反fᴇ$_{51}$　绍:反fæ̃$_{334}$　诸:反fɛ$_{52}$　崇:反fæ̃$_{442}$　太:反fæ̃$_{42}$　余:反fɛ̃$_{435}$　宁:反fᴇ$_{325}$　黄:反fɛ$_{53}$　温:反/板fɑ$_{35}$/pɑ$_{35}$　衢:反fɑ$_{45}$　华:反fæ̃$_{544}$　永:反fᴀ$_{434}$

歪

宜:歪/□xuᴀ$_{55}$ʔuᴀ$_{55}$/liᴀ$_{24}$　溧:歪xuᴀ$_{445}$　金:歪uɛ^{e}$_{31}$　丹:笡/歪tɕ'iɑ$_{324}$/ʋɑ$_{22}$　童:笡/歪tɕ'iɒ$_{42}$/xuaɪ$_{42}$　靖:歪huæ$_{433}$　江:歪huæ$_{51}$　常:歪佬ʔuɑ$_{55}$lɑɤ$_{31}$　锡:斜ziɑ$_{213}$　苏:歪huɒ$_{44}$　熟:歪xuɑ$_{52}$　昆:歪huɑ$_{44}$/ʔuᴇ$_{44}$　霜:歪huɑ$_{52}$　罗:歪huɑ$_{52}$　周:歪fɑ$_{52}$　上:歪huᴀ$_{52}$　松:歪fᴀ$_{52}$　黎:歪huɒ$_{44}$　盛:歪huɑ$_{44}$　嘉:歪ʔuɑ$_{51}$　双:歪xuɑ$_{44}$　杭:歪ʔuᴇ$_{323}$　绍:歪/斜huɑ$_{52}$/ʑiɑ$_{31}$　诸:歪ʔuᴀ$_{544}$　崇:歪/斜ʔʋɑ$_{533}$/ʑiɑ$_{312}$　太:歪/斜ʔʋɑ$_{523}$/ʑiɑ$_{312}$　余:歪ʔuᴀ$_{44}$　宁:歪huɑ$_{52}$　黄:歪ʔuᴀ$_{53}$　温:歪ʔʋɑ$_{44}$　衢:歪ʔuæ̃$_{434}$　华:歪ʔuæ̃$_{324}$　永:歪/笡uəɪ$_{544}$/tɕ'iᴀ$_{54}$

横

宜:横ɦuᴀŋ$_{223}$　溧:横xɦən$_{323}$　金:横xuəŋ$_{24}$　丹:横ɦen˜$_{213}$　童:横xɦəŋ$_{31}$　靖:横h^{ɦ}əŋ$_{223}$　江:横ɦuᴀ^{ŋ}$_{223}$　常:横佬ɦəɲ$_{21}$lɑɤ$_{13}$　锡:横ɦuã$_{213}$　苏:横ɦuᴀ̃$_{223}$　熟:横ɦuᴀ˜$_{233}$　昆:横ɦuã$_{132}$　霜:横ɦua˜$_{31}$　罗:横ɦua˜$_{31}$　周:横ɦua˜/ɦəŋ　上:横ɦuᴀ̃^{n}$_{113}$　松:横vɑ˜$_{31}$　黎:横ɦuɛ̃$_{24}$　盛:横ɦuæ̃$_{24}$　嘉:横ɦən$_{31}$　双:横ɦuã$_{113}$　杭:横ɦən$_{212}$　绍:横ɦuaŋ$_{31}$　诸:横ɦuᴀ̃$_{233}$　崇:横ɦuᴀ˜$_{533}$　太:横vᴀ˜$_{312}$　余:横ɦuᴀ$_{113}$　宁:横ɦuã$_{113}$　黄:横ɦua˜$_{31}$　温:横ɦ'ɛ$_{31}$　衢:横/划ɦuã$_{434}$/ɦuᴀʔ$_{\underline{12}}$　华:横ʔuᴀŋ$_{213}$　永:横ʔɦʋai$_{322}$

竖

宜：竖zɿ24　溧：竖ʑy412　金：竖sᵊu31　丹：竖sᵊu41　童：竖zɿ113　靖：竖ɕʑyʮ31　江：竖zy223　常：竖佬zʮ21lɑɤ13　锡：竖zʮ213　苏：竖zɿ31　熟：竖ʐʮ31　昆：竖zʮ21　霜：直zəʔ23　罗：竖zɿ213　周：竖zɿ113　上：竖/直zɿ113/zɐʔ23　松：竖ʑy113　黎：竖zʮ213　盛：竖zʮ212　嘉：竖zɿ223　双：竖zɿ31　杭：直dzɐʔ12　绍：笃toʔ5　诸：竖ʑyʮ233　崇：直dzᴇʔ12　太：直dʑieʔ12　余：直dzɐʔ23　宁：直dʑiɪʔ23　黄：竖ʑʮ31　温：直dzˡi323　衢：竖ʑʮ31　华：竖ɕᶻʮy45　永：竖ɕʑʏ323

直

宜：直dzəʔ23　溧：直dzɛʔ2　金：直tsəʔ4　丹：直dzɛʔ　童：直dzəʔ24　靖：直dʑiəʔ34　江：直dzɜʔ12　常：直佬dzəʔ2lɑɤ13　锡：直zəʔ23　苏：直zəʔ23　熟：直dʐᴇʔ23　昆：直zəʔ12　霜：直zəʔ23　罗：直zəʔ23　周：直zəʔ23　上：直zɐʔ23　松：直zəʔ23　黎：直/笃直zəʔ23/toʔ5zəʔ2　盛：直dzəʔ2　嘉：直zəʔ12　双：直zəʔ23　杭：直dzɐʔ12　绍：直dzəʔ23　诸：直dzɐʔ12　崇：直dzᴇʔ12　太：直dʑieʔ12　余：直dzɐʔ23　宁：直dʑiɪʔ23　黄：直dʑieʔ12　温：直dzˡi323　衢：直dʒʮəʔ12　华：直dʑiəʔ2　永：直dzəɪ323

斜

宜：斜ʑiᴀ223　溧：斜ʑio323　金：笪tɕʻiɒ24　丹：斜dʑiɑ213　童：笪tɕʻiɒ42　靖：斜ɕʑiɑ223　江：斜ziɑ223　常：斜佬ʑiɑ21lɑɤ13　锡：斜ziɑ213　苏：斜/笪ziɒ223/tsʻiɒ51　熟：斜ziɑ233　昆：斜ziɑ132　霜：斜/笪ziɑ31/siɑ31　罗：斜ziɑ31　周：斜ʑiɑ113　上：斜/笪ʑiᴀ/tɕʻiᴀ　松：斜ʑiɑ31　黎：斜ziɒ24　盛：斜ziɑ24　嘉：斜dʑiɑ223　双：斜ʑiɑ113　杭：斜/弯dʑiɑ212/ʔuᴇ323　绍：斜ʑia31　诸：斜ʑiᴀ233　崇：斜ʑiɑ312　太：斜ʑiɑ312　余：斜ɦiᴀ113　宁：笪tɕʻia325　黄：斜dʑiᴀ31　温：斜zˡi31　衢：斜ʑiɑ323　华：斜ɕʑiɑ213　永：斜/笪ɕʑiᴀ322/tɕʻiᴀ54

陡

宜：陡tɤɯ　溧：掟tsɔʔ5　金：陡/窄tʌɤ323/tɕyɑʔ5　丹：陡tᴇᵉ44　童：陡tei324　靖：陡tᶿʏ334　江：陡tᴇɪ45　常：陡佬tei34lɑɤ44　锡：陡tei323　苏：陡təɪ51　熟：陡tᴇ44　昆：陡tᴇ52　霜：陡tʌɪ434　罗：斜/笪ziɑ31/siɑ434　周：陡ɗɤ335　上：陡tɤ334　松：陡tɯ44　黎：陡tieɯ51　盛：陡tiəʉ51　嘉：陡te44　双：笃toʔ5　杭：笃tɔʔ5　绍：笃toʔ5　诸：笃toʔ5　崇：凳tɪŋ324　太：凳teŋ35　余：陡tʏ435　宁：笃/陡tɔʔ/tœʏ　黄：峻suəŋ44　温：训ɕyoŋ52　衢：陡tʏɯ45　华：陡/笪tiɯu544/tɕiɑ45　永：竖ɕʑʏ323

弯

宜：弯ʔuᴀ55　溧：弯ʔuᴀ445　金：弯uɛᵉ31　丹：弯ʔuæ22　童：弯ʔuɒ42　靖：弯ʔwæ̃433　江：弯ʔuæ51　常：弯佬ʔuæ55lɑɤ31　锡：弯ʔuɛ544　苏：弯ʔuᴇ44　熟：弯ʔuæ52　昆：弯ʔuɛ44　霜：弯ʔuᴇ52　罗：弯ʔue52　周：弯ʔue52　上：弯ʔuᴇ52　松：弯ʔʋᴇ52　黎：弯ʔuᴇ44　盛：弯ʔuᴇ　嘉：弯ʔuᴇᶜ51　双：弯ʔuᴇ44　杭：弯ʔuᴇ323　绍：弯ʔuæ̃52　诸：弯ʔɛ544　崇：弯/掼ʔʋæ̃533/guæ̃312　太：弯/掼ʔʋæ̃523/guæ̃312　余：弯ʔuɛ̃44　宁：弯ʔuᴇ52　黄：弯ʔuɛ53　温：弯ʔʋɑ44　衢：弯ʔuæ̃434　华：弯ʔuæ̃324　永：□kʻuə544

亮

宜：亮liᴀŋ31　溧：亮lie412　金：亮ȵiɑŋ44　丹：亮lie41　童：亮liaŋ113　靖：亮lĩ223　江：亮liᴀᵑ223　常：亮佬liᴀɲ21lɑɤ13　锡：亮liã213　苏：亮liÃ31　熟：亮liᴀ̃213　昆：亮liã223　霜：亮liɑ̃434　罗：亮liɑ̃434　周：亮liᴀ̃335　上：亮liÃᵑ334　松：亮liɑ̃334　黎：亮liã413　盛：亮liæ̃413　嘉：亮liᴀ̃223　双：亮liã113　杭：亮liᴀŋ113　绍：亮liaŋ31　诸：亮liÃ233　崇：亮liᴀ̃312　太：亮liᴀŋ13

余:亮liÃ$_{113}$　宁:亮liã$_{113}$　黄:亮liã$_{113}$　温:光koŋ$_{44}$　衢:亮liã$_{31}$　华:亮liʌŋ$_{213}$　永:亮/明(少)liʌŋ$_{214}$/miɪŋ$_{322}$

暗

宜:暗ʔe$_{324}$　溧:暗ʔʊ$_{412}$　金:暗æ̃$_{44}$　丹:暗ʔəŋ$_{41}$　童:暗ʔʊ$_{42}$　靖:暗ʔũ$_{334}$　江:暗ʔɵ$_{435}$　常:暗佬ʔɔ$_{55}$lɑʏ$_{31}$　锡:暗ʔo$_{34}$　苏:暗ʔɵ$_{412}$　熟:暗ʔʏ$_{324}$　昆:暗ʔɵ$_{52}$　霜:暗ʔɪ$_{434}$　罗:暗ʔʌʏ$_{434}$　周:暗ʔø$_{335}$　上:暗ʔø$_{334}$　松:暗ʔø$_{334}$　黎:暗ʔɵ$_{413}$　盛:暗ʔɵ$_{413}$　嘉:暗ʔʏə$_{334}$　双:暗/黑ʔE$_{334}$/xəʔ$_{5}$　杭:暗/黑ʔE$_{334}$/hɐʔ$_{5}$　绍:暗/黑ʔẽ$_{33}$/həʔ$_{5}$　诸:暗ʔʏ$_{544}$　崇:荫ʔiŋ$_{533}$　太:荫ʔiŋ$_{523}$　余:暗/黑促促ʔẽ$_{52}$/hɐʔ$_{4}$tsʻɔʔ$_{4}$tsʻɔʔ$_{5}$　宁:暗ʔEɪ$_{52}$　黄:暗ʔie$_{44}$　温:暗ʔɵ$_{52}$　衢:汇黑tɕiəʔ$_{5}$həʔ$_{3}$　华:暗ʔæ̃$_{45}$　永:乌ʊ$_{544}$

黑

宜:黑xəʔ$_{\underline{45}}$　溧:黑xəʔ$_{5}$　金:黑xəʔ$_{4}$　丹:黑hɛʔ$_{3}$　童:黑xəʔ$_{5}$　靖:黑həʔ$_{5}$　江:黑hɜʔ$_{5}$　常:黑佬xəʔ$_{4}$lɑʏ$_{44}$　锡:黑xəʔ$_{5}$　苏:黑həʔ$_{5}$　熟:黑xEʔ$_{5}$　昆:黑həʔ$_{\underline{12}}$　霜:黑xəʔ$_{5}$　罗:黑həʔ$_{5}$　周:黑həʔ$_{5}$　上:黑hɐʔ$_{5}$　松:黑həʔ$_{5}$　黎:黑həʔ$_{5}$　盛:黑həʔ$_{5}$　嘉:黑həʔ$_{\underline{54}}$　双:黑həʔ　杭:黑hɐʔ$_{5}$　绍:黑həʔ　诸:黑hɐʔ$_{5}$　崇:乌ʔʊ$_{533}$　太:乌ʔʊ$_{523}$　余:黑/墨墨黑hɐʔ$_{5}$/mɐʔ$_{2}$mɐʔ$_{4}$hɐʔ$_{5}$　宁:黑hɐʔ$_{5}$　黄:黑hɐʔ$_{5}$　温:黑xe$_{423}$　衢:黑həʔ$_{5}$　华:黑həʔ$_{4}$　永:乌u$_{544}$

轻

宜:轻tɕʻiŋ$_{55}$　溧:轻tɕʻin$_{445}$　金:轻tɕʻiŋ$_{31}$　丹:轻tɕʻiŋ$_{44}$　童:轻tɕʻiəŋ$_{42}$　靖:轻tɕʻiŋ$_{433}$　江:轻tɕʻiɲ$_{51}$　常:轻佬tɕʻiɲ$_{55}$lɑʏ$_{31}$　锡:轻tɕʻin$_{544}$　苏:轻tɕʻiɪn$_{44}$　熟:轻tɕʻĩ^{ɲ}$_{52}$　昆:轻tɕʻin$_{44}$　霜:轻tɕʻĩ$_{52}$　罗:轻tɕʻɪ^{n}$_{52}$　周:轻tɕʻiɪŋ$_{52}$　上:轻tɕʻiɲ$_{52}$　松:轻tɕʻiɲ$_{52}$　黎:轻tɕʻiəɲ$_{44}$　盛:轻tɕʻɪɲ$_{44}$　嘉:轻tɕʻin$_{51}$　双:轻tɕʻɪn$_{44}$　杭:轻tɕʻɪn$_{323}$　绍:轻tɕʻɪŋ$_{52}$　诸:轻tɕʻĩ$_{544}$　崇:轻tɕʻiŋ$_{533}$　太:轻tɕʻiŋ$_{523}$　余:轻tɕʻiɲ$_{44}$　宁:轻tɕʻɪŋ$_{52}$　黄:轻tɕʻiɪŋ$_{52}$　温:轻tɕʻiʌŋ$_{44}$　衢:轻tɕʻi^{ɲ}$_{434}$　华:轻tɕʻiɪn$_{324}$　永:轻tɕʻiɪɲ$_{544}$

重

宜:重dzoŋ$_{31}$　溧:重dzoŋ$_{323}$　金:重tsoŋ$_{44}$　丹:重dzoŋ$_{213}$　童:重dzoŋ$_{213}$　靖:重dzoŋ$_{31}$　江:重dzoŋ$_{223}$　常:重佬dzoŋ$_{21}$lɑʏ$_{13}$　锡:重zoŋ$_{213}$　苏:重zoŋ$_{31}$　熟:重dẓʊŋ$_{31}$　昆:重zoŋ$_{21}$　霜:重zo^{ŋ}$_{213}$　罗:重zo^{ŋ}$_{213}$　周:重zoŋ$_{113}$　上:重zoŋ$_{113}$　松:重zoŋ$_{113}$　黎:重zoŋ$_{213}$　盛:重dzoŋ$_{212}$　嘉:重zoŋ$_{223}$　双:重zoŋ$_{31}$　杭:重dzoŋ$_{113}$　绍:重dzoŋ$_{113}$　诸:重dzoŋ$_{233}$　崇:重dzoŋ$_{22}$　太:重dzoŋ$_{22}$　余:重dzoŋ$_{113}$　宁:重zoŋ$_{113}$　黄:重dzoŋ$_{31}$　温:重dʑÿɔ$_{24}$　衢:重dzʌŋ$_{31}$　华:重tɕioŋ$_{544}$　永:重dzoŋ$_{323}$

干

宜:干ke$_{55}$　溧:干kʊ$_{445}$　金:干kæ̃$_{44}$　丹:干kəŋ$_{44}$　童:干kʊ$_{42}$　靖:干kũ$_{433}$　江:干kɵ$_{51}$　常:干佬kɔ$_{55}$lɑʏ$_{31}$　锡:干ko$_{544}$　苏:干kɵ$_{44}$　熟:干kʏ$_{52}$　昆:干kɵ$_{44}$　霜:干kʌɪ$_{52}$　罗:干kʌʏ$_{52}$　周:干/干燥/燥kø$_{52}$/kø$_{55}$sɔ$_{31}$/sɔ$_{335}$　上:干/燥kø$_{52}$/sɔ$_{334}$　松:干kø$_{52}$　黎:干kɵ$_{44}$　盛:干kɵ$_{44}$　嘉:干kʏə$_{51}$　双:干kE$_{44}$　杭:干/燥kE$_{323}$/sɔ$_{334}$　绍:干/燥kĩ$_{52}$/sɔ$_{334}$　诸:干kɛ$_{544}$　崇:燥sɑɒ$_{324}$　太:燥s^{ɑ}ɒ$_{35}$　余:干/燥kẽ$_{44}$/sɒ$_{52}$　宁:燥sɔ$_{325}$　黄:燥sɒ$_{44}$　温:燥sɜ$_{52}$　衢:燥sɔ$_{53}$　华:干/燥kuə$_{324}$/tsɑʊ$_{45}$　永:燥sAʊ$_{54}$

湿(潮)

宜:潮dzɑʏ$_{223}$　溧:潮dzɑ^{ʏ}$_{323}$　金:湿/潮səʔ$_{4}$/tsʻɑ^{ɔ}$_{24}$　丹:湿/潮sɛʔ$_{\underline{24}}$/dzɒ$_{213}$　童:湿/潮sɐʔ$_{5}$/dzɐʏ$_{31}$　靖:湿/潮ɕiəʔ$_{5}$/dʑiɒ$_{223}$　江:潮dzɒ$_{223}$　常:湿佬/潮佬səʔ$_{4}$lɑʏ$_{55}$/dzɑʏ$_{21}$lɑʏ$_{13}$　锡:

潮zʌ213　苏：湿/潮səʔ5/zæ223　熟：湿/潮ʂᴇʔ5/dʐɔ233　昆：湿/潮səʔ5/zɔ132　霜：湿/潮/潮湿səʔ5/zɔ31/zɔ22səʔ4　罗：湿/潮湿səʔ5/zɔ22səʔ4　周：湿/潮sᴀʔ5/zɔ113　上：湿/潮sɐʔ5zɔ113　松：湿/潮/潮湿sᴀʔ5/zɔ31/zɔ24sᴀʔ31　黎：湿/潮/潮湿səʔ5/dzᴀᵓ24/dzᴀᵓ24səʔ2　盛：湿/潮səʔ5/dzɔ24　嘉：湿/潮səʔ54/zɔ31　双：湿/潮/潮湿zɔ113/səʔ5/zɔ22səʔ4　杭：湿/潮sɐʔ5/dzɔ212　绍：湿/潮səʔ5/dzɔ　诸：潮dzɔ233　崇：湿/潮sᴇʔ45/dzɑɒ312　太：湿/潮sɛʔ45/dzᵅɒ523　余：湿/潮/湿搭搭səʔ5/dzɒ113/səʔ4tᴀʔ4tᴀʔ5　宁：湿/潮/潮湿ɕiɪʔ5/dzɔ113/dʑiɔ113/dzɔ22ɕiɪʔ5　黄：湿/潮湿sɐʔ5/dʑiɒ23sɐʔ4　温：滥lɑ31　衢：潮/□dzɔ323/tɕiəʔ5　华：湿/潮/潮湿tɕʻəʔ4/tɕiɑʊ324/tɕiɑʊ32səʔ5　永：潮dʑiᴀʊ322

稠

宜：猛/密mᴀŋ24/mɪʔ23　溧：厚/干gei242/kv445　金：稠/厚tsʻʌʏ24/xʌʏ31　丹：厚ʰ ɦᴇᵉ41　童：干kʊ423　靖：密/厚mɪʔ34/hɦøʏ31　江：密/干mɪʔ12/kɵ51　常：干佬/密佬kɔ55lɑʏ31/mɪʔ2lɑʏ13　锡：厚/密ɦᴇi213/mɪʔ23　苏：厚/猛/密ɦəɪ31/mÃ31/mɪʔ23　熟：厚ɦᴇ31　昆：厚/密/猛ɦᴇ21/mɪʔ12/mã132　霜：腻/凝ȵi213/ȵĩ213　罗：厚/绝ɦʌɪ213/ma˜213　周：厚ɦʏ113　上：密miɪʔ　松：厚ɦʏ113　黎：猛mɛ̃32　盛：密/猛/厚mɪʔ22/mæ̃334/ɦiəʉ212　嘉：厚ɦe223　双：密/厚ʔmieʔ5/ʔøʏ53　杭：厚ɦeɪ113　绍：厚/密ɦʏ113/mɪʔ23　诸：干/密kʏ544/miəʔ12　崇：厚/密gɪʏ14/miᴇʔ12　太：厚/密gʏ22/miɛʔ12　余：密/厚mɪʔ23/ɦʏ113　宁：厚ɦœʏ113　黄：稠密/密dʑiu23mieʔ4/mieʔ12　温：章tɕi44　衢：□/密gəʔ12/miəʔ12　华：稠/厚tɕiɯu213/kiɯu544　永：厚dʑiəʊ323/gəʊ323

酽

宜：浓ȵioŋ223　溧：浓ȵioŋ52　金：浓/重ȵioŋ24/tsoŋ44　丹：浓ȵioŋ41　童：重/浓dzoŋ113/ȵioŋ31　靖：浓noŋ223　江：浓ȵioŋ223　常：浓佬ȵioŋ21lɑʏ13　锡：　苏：浓ȵioŋ223　熟：　昆：　霜：浓ȵioᵑ31　罗：浓ȵioŋ31　周：浓noŋ113　上：浓ȵioŋ113　松：浓ȵioŋ31　黎：　盛：　嘉：　双：浓ȵioŋ113　杭：浓noŋ212　绍：浓nʊŋ31　诸：浓ɦioŋ233　崇：浓ȵioŋ312　太：浓ȵioŋ312　余：浓ȵiʊŋ113　宁：浓ȵioŋ113　黄：浓ȵioŋ31　温：浓ȵyᵘɔ52　衢：浓nʌŋ323　华：浓ȵioŋ213　永：雄ʔɦioŋ322

稀

宜：薄bɔʔ23　溧：薄bɔʔ2　金：嚣ɕiaᵓ31　丹：稀/薄ɕiz22/boʔ24　童：汤tʻɑŋ42　靖：稀/嚣薄ɕij433/ɕiɒ44bɔʔ5　江：薄/稀boʔ12/ɕij51　常：稀佬ɕi55lɑʏ31　锡：稀/薄ɕi544/bɔʔ23　苏：稀/薄/少ɕij44/bɔʔ23/sæ51　熟：薄/少boʔ23/ʂɔ44　昆：薄/少boʔ12/sɔ52　霜：薄boʔ23　罗：薄boʔ23　周：稀/薄ɕi52/boʔ23　上：薄boʔ23　松：稀/薄ɕi52/bɔʔ23　黎：薄/少boʔ23/sᴀᵓ51　盛：薄/少boʔ2/sɔ51　嘉：薄/稀boʔ12/ɕi51　双：稀/薄ɕiz44/boʔ23　杭：薄bɔʔ12　绍：薄boʔ23　诸：薄boʔ12　崇：薄/少bɔʔ12/sɑɒ442　太：薄bɔʔ12/sɑɒ42　余：少/薄sɒ435/bɔʔ23　宁：薄/浪bɔʔ23/lɔ̃113　黄：薄bɔʔ12　温：薄bo323　衢：稀ɕi434　华：稀ɕij324　永：薄/刷bʊ323/ɕyᴀ434

糊

宜：糊/烂/焦ɦu223/lᴀ31/tɕiɑʏ55　溧：烂/焦lᴀ31/tɕiɑʏ445　金：烂/焦læ̃44/tɕiaᵓ31　丹：烂/焦læ41/tɕiɒ22　童：叮/焦tiŋ42/tɕiɐʏ42　靖：枯kʻu433　江：腻/腻搭搭/焦ȵij31/ȵij24tɑʔ3tɑʔ2/tsiɒ51　常：焦佬tɕiɑʏ55lɑʏ31　锡：糊/焦ɦu213/tɕiʌ544　苏：烂/焦lᴇ31/tsiæ44　熟：糊/焦ɦu233/tsiɔ52　昆：糊/焦ɦəu132/tsiɔ44　霜：焦/烂tɕiɔ52/lᴇ213　罗：焦/糊tɕiɔ52/ɦu31　周：焦/糊tɕiɔ52/vu113　上：焦/糊tɕiɔ52/ɦu113　松：糊βu31　黎：烂/焦lᴇ213/tsᴀᵓ44　盛：烂lᴇ212　嘉：糊搨搨βu22tʻᴀʔ4tʻᴀʔ5　双：焦/烂tɕiɔ44/lᴇ113　杭：焦/糊tɕiɔ323/ɦu212　绍：焦/糊tɕiɔ52/vu31　诸：糊/着掉/焦掉ɦʊ233/

dzɐʔ$_{3}$diɔ$_{33}$/tɕiɔ$_{3}$diɔ$_{33}$　崇:焦/糊tɕiɑɒ$_{533}$/ʋʏ̩$_{312}$　太:焦/糊tɕi^{ɑ}ɒ$_{42}$/ʔʋʏ̩$_{523}$　余:焦/勿清爽tɕiɒ$_{44}$/ʔʋəʔ$_{5}$tɕʻiɲ$_{33}$sɒ̃$_{31}$　宁:焦/糊tɕiɔ$_{52}$/vu$_{113}$　黄:焦/糊tɕiɒ$_{52}$/βu$_{31}$　温:焦tɕiɛ$_{44}$　衢:糊/焦ɦu$_{323}$/tɕiɔ$_{434}$　华:糊/焦ɦu$_{24}$/tɕiɑʊ$_{324}$　永:焦/糊tɕiᴀʊ$_{544}$/ʊ$_{322}$

硬

宜:硬ŋᴀŋ$_{24}$　溧:硬ȵin$_{31}$　金:硬əŋ$_{44}$　丹:硬ŋɛn$_{41}$　童:硬ŋəŋ$_{113}$　靖:硬ŋəŋ$_{31}$　江:硬ŋᴀ^{n}$_{223}$　常:硬佬ŋᴀɲ$_{21}$lɑʏ$_{13}$　锡:硬ŋã$_{213}$　苏:硬ŋᴀ̃$_{31}$　熟:硬/硬张ŋᴀ˜$_{213}$/ŋᴀ˜$_{23}$tsᴀ˜$_{33}$　昆:硬ŋᴀ$_{21}$　霜:硬ŋᴀ˜$_{213}$　罗:硬ŋa˜$_{213}$　周:硬ŋᴀ˜$_{113}$　上:硬ŋᴀ̃^{ɲ}$_{113}$　松:硬ŋɛ̃$_{113}$　黎:硬ŋẽ$_{213}$　盛:硬ŋæ̃$_{212}$　嘉:硬ŋᴀ˜$_{223}$　双:硬ŋã$_{113}$　杭:硬ŋᴀŋ$_{113}$　绍:硬ŋaŋ$_{22}$　诸:硬ŋᴀ̃$_{233}$　崇:硬ŋᴀ˜$_{14}$　太:硬ŋᴀŋ$_{13}$　余:硬ŋᴀ̃$_{113}$　宁:硬ŋã$_{113}$　黄:硬ŋa˜$_{113}$　温:硬ŋ^{ɪ}ɛ$_{22}$　衢:硬ʔæ̃$_{434}$　华:硬ʔɦᴀŋ$_{324}$　永:硬ŋai$_{214}$

软

宜:软ȵyĩ$_{24}$　溧:软ȵyʊ$_{445}$　金:软nʊ̃$_{323}$　丹:软ȵʏ$_{213}$　童:软ȵiʊ$_{113}$　靖:软ȵyʊ̃$_{334}$　江:软ɦ̥yɵ$_{223}$　常:软佬ȵiɔ$_{34}$lɑʏ$_{44}$　锡:软ȵio$_{33}$　苏:软ŋɵ$_{31}$　熟:软nɛ̃^{ɲ}$_{31}$　昆:软nyɵ$_{21}$　霜:软ȵɪ$_{213}$　罗:软ȵ^{ʌ}ʏ$_{213}$　周:软ȵyø$_{113}$　上:软ȵyø$_{113}$　松:软ȵyø$_{113}$　黎:软ŋɵ$_{32}$　盛:软ȵiɵ$_{22}$　嘉:软ȵyʏə$_{223}$　双:软ȵɪ$_{22}$　杭:软ȵʏo$_{51}$　绍:软/嫩ȵyẽ$_{31}$/nẽ$_{22}$　诸:软ȵiʏ$_{233}$　崇:软nœ̃$_{533}$　太:软nœ̃$_{13}$　余:软/南nyø$_{113}$/nø̃$_{113}$　宁:软ȵy$_{ɥ}$$_{113}$　黄:软ʔȵyø$_{53}$　温:软ȵy$_{24}$　衢:软ȵyə$_{45}$　华:软ȵyẽ$_{544}$　永:软ȵyə$_{323}$

老(不嫩)

宜:老lɑʏ$_{222}$　溧:老lɑ^{ʏ}$_{445}$　金:老lɑ^{ɔ}$_{323}$　丹:老lɒ$_{213}$　童:老lɐʏ$_{113}$　靖:老lɒ$_{334}$　江:老lɒ$_{223}$　常:老佬lɑʏ$_{34}$lɑʏ$_{44}$　锡:老lʌ$_{213}$　苏:老læ$_{31}$　熟:老lɔ$_{31}$　昆:老lɔ$_{21}$　霜:老lɔ$_{213}$　罗:老lɔ$_{213}$　周:老lɔ$_{113}$　上:老lɔ$_{113}$　松:老lɔ$_{113}$　黎:老lᴀ^{ɔ}$_{213}$　盛:老lɔ$_{22}$　嘉:老lɔ$_{223}$　双:老lɔ$_{113}$　杭:老lɔ$_{51}$　绍:老lɔ$_{113}$　诸:老lɔ$_{31}$　崇:老lɑɒ$_{22}$　太:老lɑɒ$_{22}$　余:老lɒ$_{113}$　宁:老lɔ$_{113}$　黄:老ʔlɒ$_{53}$　温:老lɜ$_{24}$　衢:老lɔ$_{31}$　华:老lɑʊ$_{544}$　永:老lᴀʊ$_{323}$

嫩

宜:嫩nəŋ$_{24}$　溧:嫩nən$_{31}$　金:嫩nəŋ$_{44}$　丹:嫩nɛn$_{41}$　童:嫩nəŋ$_{113}$　靖:嫩nəŋ$_{31}$　江:嫩nəɲ$_{223}$　常:嫩佬nəɲ$_{21}$lɑʏ$_{23}$　锡:嫩nən$_{213}$　苏:嫩nen$_{31}$　熟:嫩nɛ̃^{ɲ}$_{213}$　昆:嫩nən$_{21}$　霜:嫩nɛ̃$_{213}$　罗:嫩nɛ̃^{ɲ}$_{213}$　周:嫩nəŋ$_{113}$　上:嫩nəɲ$_{113}$　松:嫩nəɲ$_{113}$　黎:嫩ɹəɲ$_{213}$　盛:嫩nəɲ$_{212}$　嘉:嫩nən$_{223}$　双:嫩nən$_{113}$　杭:嫩nən$_{113}$　绍:嫩nẽ$_{22}$　诸:嫩nɪ$_{233}$　崇:嫩niŋ$_{14}$　太:嫩nœ̃$_{13}$　余:嫩nəɲ$_{113}$　宁:嫩nɐŋ$_{113}$　黄:嫩nəŋ$_{113}$　温:嫩nɵ$_{22}$　衢:嫩nən$_{31}$　华:嫩nən$_{24}$　永:嫩nʏə$_{214}$

脆

宜:脆tsʻɐi$_{324}$　溧:脆tsʻæᴇ$_{412}$　金:脆tsʻuei$_{44}$　丹:脆tɕʻʏ$_{324}$　童:脆tsʻei$_{45}$　靖:脆tsʻe$_{51}$　江:脆tsʻᴇɪ$_{435}$　常:脆佬tsʻæe$_{55}$lɑʏ$_{31}$　锡:脆tsʻᴇi$_{34}$　苏:脆tsʻᴇ$_{412}$　熟:脆tsʻᴇ$_{324}$　昆:脆tsʻᴇ$_{52}$　霜:松soŋ$_{52}$　罗:松so^{ŋ}$_{52}$　周:脆tsʻø$_{335}$　上:脆tsʻø$_{334}$　松:脆tsʻø$_{335}$　黎:脆tsʻᴇ$_{324}$　盛:脆tsʻᴇ$_{313}$　嘉:脆tsʻue$_{334}$　双:脆/松tsʻø$_{334}$/soŋ$_{44}$　杭:脆/松tsʻɥeɪ$_{334}$/soŋ$_{323}$　绍:脆tsʻe$_{33}$　诸:松soŋ$_{544}$　崇:脆tsʻe$_{324}$　太:脆/松tsʻe$_{35}$/sʊŋ$_{523}$　余:脆tsʻe$_{52}$　宁:脆tsʻe$_{52}$　黄:松soŋ$_{53}$　温:脆/松tsʻæi$_{35}$/soŋ$_{44}$　衢:松sʌŋ$_{434}$　华:松soŋ$_{324}$　永:松soŋ$_{544}$

结实(牢、扎致)

宜:结实/牢tɕiɪʔ$_{5}$zəʔ$_{5}$/lɑʏ$_{223}$　溧:牢lɑ^{ʏ}$_{412}$　金:结实/牢tɕieʔ$_{4}$səʔ$_{4}$/lɑ^{ɔ}$_{24}$　丹:结实tɕɪʔ$_{5}$sɛʔ$_{23}$

童:结实/牢/扎致tɕiɪʔ$_5$zəʔ$_3$/lɐɤ$_{31}$/tsAʔ$_{\underline{53}}$tsɿ$_{31}$ 靖:结实/牢/扎致tɕiəʔ$_5$zəʔ$_3$/lɒ$_{223}$/tsɑʔ$_{\underline{53}}$tsɿ$_{31}$ 江:牢/扎致lɒ$_{223}$/tsɑʔ$_5$tsɿ$_{23}$ 常:牢/扎致lɑɤ$_{213}$/tsɑʔ$_4$tsɿ$_{44}$ 锡:牢/扎致lʌ$_{213}$/tsAʔ$_4$tsɿ$_{34}$ 苏:牢/扎致/结足/牢张læ$_{31}$/tsAʔ$_5$tsɿ$_{23}$/tɕiəʔ$_5$tsɔʔ$_5$/læ$_{22}$tsÃ$_{44}$ 熟:结实/牢/扎致/结足tɕɪʔ$_4$ʑᴇʔ$_5$/lɔ$_{233}$/tsAʔ$_3$tʂʮ$_{34}$/tɕɪʔ$_4$tsoʔ$_5$ 昆:牢/扎致lɔ$_{132}$/tsAʔ$_5$tsɿ$_{31}$ 霜:结实/牢/结足tɕiəʔ$_5$zəʔ$_3$/lɔ$_{31}$/tɕiəʔ$_5$tsoʔ$_3$ 罗:牢/结足/恩实lɔ$_{31}$/tɕɪʔ$_5$tsoʔ$_3$/ɛ^{n}$_{55}$zəʔ$_{\underline{31}}$ 周:结实/牢/扎棍/杀薄tɕɪʔ$_3$zəʔ$_5$/lɔ$_{113}$/tsɑʔ$_4$kuəŋ$_{44}$/sɑ$_3$boʔ$_5$ 上:结实/牢/扎致tɕiɪʔ$_3$zɐʔ$_4$/lɔ$_{113}$/tsɐʔ$_3$tsɿ$_4$ 松:结实/牢/板扎tɕiɪʔ$_{44}$zəʔ$_{44}$/lɔ$_{31}$/pᴇ$_{35}$tsæʔ$_{\underline{31}}$ 黎:牢扎/扎致/结足lA^{ɔ}$_{24}$tsAʔ$_2$/tsAʔ$_5$tsɿ$_{31}$/tɕiɪʔ$_5$tsoʔ$_2$ 盛:扎致/牢扎/结足tsɑʔ$_5$tsɿ$_{31}$/lɔ$_{23}$tsɑʔ$_4$/tɕiɪʔ$_5$tsɒʔ$_3$ 嘉:牢lɔ$_{31}$ 双:牢/结棍/结足/杀扒lɔ$_{113}$/tɕiəʔ$_3$kuən$_{34}$/tɕiəʔ$_5$tsoʔ$_5$/sAʔ$_5$bʊ$_{34}$ 杭:牢lɔ$_{212}$ 绍:牢lɔ$_{31}$ 诸:牢/扎致lɔ$_{233}$/tsɐʔ$_5$tsɿ$_{52}$ 崇:牢lɑɒ$_{312}$ 太:牢l^{a}ɒ$_{312}$ 余:结实/牢tʂɪʔ$_5$zɐʔ$_3$/lɒ$_{113}$ 宁:牢/扎致/结棍/暂柱lɔ$_{113}$/tsɐʔ$_5$tsɿ$_{33}$/tɕiɪʔ$_5$kuɐŋ$_{33}$/dzɛ$_{22}$tsʮ$_{44}$ 黄:结实/牢/板孔tɕieʔ$_3$ʑieʔ$_4$/lɒ$_{31}$/pɛ$_{31}$tsAʔ$_4$ 温:牢lɜ$_{31}$ 衢:结实/扎绑tɕiɪʔ$_5$ʑʮəʔ$_2$/tsAʔ$_4$pɒ̃$_{53}$ 华:牢/扎实lɑʊ$_{213}$/tɕɯɑ$_{55}$ɕʑəʔ$_2$ 永:牢/扎实lAʊ$_{322}$/tsʊA$_{43}$tsə$_{31}$

生

宜:生sAŋ$_{55}$ 溧:生sən$_{445}$ 金:生səŋ$_{31}$ 丹:生sɛn$_{44}$ 童:生səŋ$_{42}$ 靖:生səŋ$_{433}$ 江:生sA^{ŋ}$_{51}$ 常:生佬səɲ$_{55}$lɑɤ$_{31}$ 锡:生sã$_{544}$ 苏:生sÃ$_{44}$ 熟:生sA˜$_{52}$ 昆:生sã$_{44}$ 霜:生sa˜$_{52}$ 罗:生sa˜$_{52}$ 周:生sA˜$_{52}$ 上:生sÃ^{n}$_{52}$ 松:生sɛ̃$_{52}$ 黎:生sɛ̃$_{44}$ 盛:生sæ̃$_{44}$ 嘉:生sA˜ 双:生sã$_{44}$ 杭:生sən$_{323}$ 绍:生saŋ$_{52}$ 诸:生sÃ$_{544}$ 崇:生sA˜$_{533}$ 太:生sAŋ$_{42}$ 余:生sÃ$_{44}$ 宁:生sã$_{52}$ 黄:生sa˜$_{53}$ 温:生s^{I}ɛ$_{44}$ 衢:生ɕiã$_{434}$ 华:生sɑŋ$_{324}$ 永:生sai$_{544}$

熟

宜:熟zɔʔ$_{\underline{23}}$ 溧:熟szɔʔ$_2$ 金:熟sɔʔ$_4$ 丹:熟s^{z}oʔ$_{\underline{24}}$ 童:熟szoʔ$_{\underline{24}}$ 靖:熟ɕʑyɔʔ$_{\underline{34}}$ 江:熟zɔʔ$_{\underline{12}}$ 常:熟佬zɔʔ$_2$lɑɤ$_{13}$ 锡:熟zɔʔ$_{\underline{23}}$ 苏:熟zɔʔ$_{\underline{23}}$ 熟:熟zoʔ$_{\underline{23}}$ 昆:熟zoʔ$_{\underline{12}}$ 霜:熟zoʔ$_{\underline{23}}$ 罗:熟zoʔ$_{\underline{23}}$ 周:熟zoʔ$_{\underline{23}}$ 上:熟zoʔ$_{\underline{23}}$ 松:熟zɔʔ$_{\underline{23}}$ 黎:熟zoʔ$_{\underline{23}}$ 盛:熟zoʔ$_2$ 嘉:熟zoʔ$_{\underline{12}}$ 双:熟z̥oʔ$_5$ 杭:熟zɔʔ$_{\underline{12}}$ 绍:熟zoʔ$_{\underline{23}}$ 诸:熟zoʔ$_{\underline{12}}$ 崇:熟zɔʔ$_{\underline{12}}$ 太:熟ʑiɔʔ$_{\underline{12}}$ 余:熟zɔʔ$_{\underline{23}}$ 宁:熟zoʔ$_{\underline{23}}$ 黄:熟zɔʔ$_{\underline{12}}$ 温:熟ɦiu$_{323}$ 衢:熟ʒʮəʔ$_{12}$ 华:熟ɕʮɑ$_{24}$ 永:熟szʊ$_{323}$

整齐

宜:齐ʑi$_{j223}$ 溧:齐ʑi$_{323}$ 金:整齐tsəŋ$_{33}$tɕʻi$_{z44}$ 丹:齐dʑi$_{z213}$ 童:整齐tsəŋ$_{35}$szi$_{j31}$ 靖:整齐tsəŋ$_{35}$zi$_{j23}$ 江:齐ʑi$_{j223}$ 常:齐佬ʑi$_{j21}$lɑɤ$_{13}$ 锡:整齐tsən$_{33}$zi$_{44}$ 苏:整齐/齐tsən$_{52}$zi$_{j23}$/zi$_{j223}$ 熟:整齐/清爽tʂɛ̃^{n}$_{33}$dʑi$_{51}$/tsĩ^{n}$_{55}$ʂA˜$_{31}$ 昆:整齐tsən$_{52}$zi$_{33}$ 霜:齐zi$_{31}$ 罗:齐zi$_{31}$/dʑi$_{31}$ 周:整齐/齐tsəŋ$_{33}$ɦi$_{52}$/dʑi$_{113}$ 上:整齐tsəɲ$_{33}$dʑi$_{44}$ 松:整齐/齐tsəɲ$_{35}$ʑi$_{31}$/ʑi$_{31}$ 黎: 盛:整齐/齐tsəɲ$_{55}$zi$_{j31}$/zi$_{j24}$ 嘉:齐ʑi$_{31}$ 双:齐dʑi$_{z113}$ 杭:齐dzi$_{212}$ 绍:齐dʑi$_{31}$ 诸:整齐/齐整tsẼĩ$_{52}$ʑi$_{z42}$/ʑi$_{z31}$tsẼĩ$_{42}$ 崇:齐ʑi$_{z312}$ 太:齐ʑi$_{312}$ 余:齐dʑi$_{113}$ 宁:整齐tɕɪŋ$_{55}$dʑi$_{31}$ 黄:整齐/调极tɕiɪŋ$_{55}$ʑi$_{31}$/diɒ$_{23}$dʑieʔ$_4$ 温:整齐tsəŋ$_{52}$z^{I}i$_{21}$ 衢:齐/斩齐ʑi$_{323}$/tsæ̃$_{45}$ʑi$_{31}$ 华:整齐/齐/齐余tsən$_{55}$tɕi$_{j31}$/tɕi$_{j324}$/tɕie$_{32}$ɦy$_{ʮ24}$ 永:齐dʑie$_{322}$

乱

宜:乱le$_{24}$ 溧:乱lʊ$_{31}$ 金:乱lʊ̃$_{44}$ 丹:乱ləŋ$_{41}$ 童:乱lʊ$_{113}$ 靖:乱lũ$_{31}$ 江:乱lyɵ$_{223}$ 常:乱佬lɔ$_{21}$lɑɤ$_{13}$ 锡:乱/络络乱lo$_{213}$/lɔʔ$_2$lɔʔ$_4$lo$_{213}$ 苏:乱lɵ$_{31}$ 熟:乱lʏ$_{213}$ 昆:乱lɵ$_{223}$ 霜:乱lʌʏ$_{434}$ 罗:乱lʌʏ$_{434}$ 周:乱lø$_{113}$ 上:乱lø$_{113}$ 松:乱lø$_{113}$ 黎:乱/络乱/乱烘烘 盛:乱/络乱lɵ$_{212}$/loʔ$_4$lɵ$_{33}$ 嘉:乱luɤə$_{334}$ 双:乱lᴇ$_{113}$ 杭:乱luo$_{113}$ 绍:乱lẽ$_{22}$ 诸:乱lʏ$_{233}$ 崇:乱lœ̃$_{14}$ 太:倫leŋ$_{13}$ 余:乱lõ$_{113}$ 宁:乱lœʏ$_{113}$ 黄:乱lø$_{113}$ 温:乱lɵ$_{22}$ 衢:乱lə$_{31}$ 华:乱lɯə$_{24}$

永:乱lɤə$_{214}$

破

宜: 溧:破pʻʌɯ$_{412}$ 金:破pʻo$_{44}$ 丹:破pʻʌʏ$_{41}$ 童:破pʻʌʏ$_{45}$ 靖:破pʻu$_{51}$ 江:破pʻu$_{435}$ 常:破佬pʻʌɯ$_{55}$lɑʏ$_{31}$ 锡:破pʻʌʏ$_{34}$ 苏:破pʻu$_{412}$ 熟:破pʻu$_{324}$ 昆:破pʻu$_{52}$ 霜:破/坏pʻu$_{434}$/ɦuɑ$_{213}$ 罗:破/坏pʻu/ɦuɑ$_{213}$ 周:破pʻu$_{335}$ 上:破pʻu$_{334}$/pʻᴀ$_{334}$ 松:破pʻu$_{335}$ 黎:推tʻᴇ$_{44}$ 盛:破pʻɑ$_{313}$ 嘉:破pʻu$_{334}$ 双:破pʻu$_{334}$ 杭:破pʻᴇ$_{334}$/pʻou$_{334}$ 绍:破pʻa$_{33}$ 诸:破pʻᴀ$_{544}$ 崇:破pʻɑ$_{324}$ 太:破pʻɑ$_{35}$ 余:破pʻᴀ$_{52}$ 宁:破pʻa$_{52}$ 黄:碎sɛ$_{44}$ 温:破pʻɑ$_{52}$ 衢:破pʻɛ$_{53}$ 华:破pʻɑ$_{45}$ 永:破pʻiᴀ$_{54}$

干净

宜:干净/清爽ke$_{55}$ʑiŋ$_{3}$/tɕʻiŋ$_{55}$sᴀŋ$_{31}$ 溧:干净/清爽kʊ$_{44}$ʑin$_{52}$/tɕʻin$_{44}$sᴀŋ$_{52}$ 金:干净/清爽kæ̃$_{44}$tɕiŋ$_{52}$/tɕʻiŋ$_{44}$suɑŋ$_{52}$ 丹:干净/清爽kʌʏ$_{44}$ziŋ$_{44}$ 童:干净/清爽kʊ$_{55}$ʒiəŋ$_{31}$/tɕʻiŋ$_{55}$ʃyɥɑŋ$_{31}$ 靖:干净kũ$_{44}$sziŋ$_{34}$ 江:干净/清爽kɵ$_{55}$ziɲ$_{31}$/tsʻiɲ$_{55}$sᴀ^{ŋ}$_{31}$ 常:干净kɔ$_{55}$ʑiɲ$_{31}$ 锡:干净ko$_{21}$zin$_{23}$ 苏:干净/清爽kə$_{55}$ziɪn$_{31}$/tsʻiɪn$_{55}$sÃ$_{31}$ 熟:干净/清爽kʏ$_{55}$zĩ^{ɲ}$_{31}$/tsʻĩ^{ɲ}$_{55}$ʂᴀ̃$_{31}$ 昆:干净/清爽kɵ$_{44}$zin$_{41}$/tsʻin$_{44}$sã$_{41}$ 霜:干净/清爽kʻʌʏ$_{55}$zĩ$_{31}$/tsʻĩ$_{55}$sɒ̃$_{31}$ 罗:干净/清爽k^{ʌ}ʏ$_{55}$zĩ^{n}$_{31}$/tsʻĩ^{n}$_{53}$sɒ̃$_{31}$ 周:干净/清爽kø$_{55}$ɦiiŋ$_{31}$/tsʻiɪŋ$_{55}$sɒ̃$_{31}$ 上:干净/清爽kø$_{55}$ʑiɲ$_{31}$/tɕʻiɲ$_{55}$sÃ^{ɲ}$_{31}$ 松:干净/清爽kø$_{55}$ʑiɲ$_{31}$/tɕʻiɲ$_{44}$sɑ̃$_{52}$ 黎:干净/清爽kɵ$_{44}$zɪɲ$_{44}$/tsʻɪɲ$_{44}$sɑ̃$_{44}$ 盛:干净kɵ$_{44}$zɪɲ$_{44}$ 嘉:清爽tɕʻin$_{52}$sᴀ̃$_{22}$ 双:干净/清爽kᴇ$_{44}$ʑɪn$_{44}$/tɕʻɪn$_{44}$sɔ̃$_{44}$ 杭:清爽tɕʻɪn$_{32}$sɥᴀŋ$_{23}$ 绍:清爽tɕʻɪŋ$_{32}$sɒŋ$_{33}$ 诸:清爽tɕʻĩ$_{52}$sɒ̃$_{42}$ 崇:干净kœ̃$_{53}$ʑiŋ$_{23}$ 太:干净kæ̃$_{55}$ʑiŋ$_{31}$ 余:清爽tɕʻiɲ$_{32}$sɒ̃$_{23}$ 宁:清爽tɕʻɪŋ$_{33}$sɔ̃$_{51}$ 黄:清爽tɕʻiɪŋ$_{55}$sɒ̃$_{31}$ 温:了滞liɛ$_{2}$dzʻi$_{24}$ 衢:干净/清爽kə$_{43}$ɕʑi^{ɲ}$_{52}$/tɕʻi^{ɲ}$_{43}$ʃɥɒ̃$_{35}$ 华:干净/清爽/洁灵kə$_{32}$ɕiɪn$_{35}$/tɕʻiɪŋ$_{33}$ɕɥᴀŋ$_{55}$/tɕiəʔ$_{3}$liɪn$_{44}$ 永:□□ȵi$_{32}$ȵi$_{44}$

肮脏

宜:龌龊/糟ʔɔʔ$_{5}$tsʻɔʔ$_{5}$/tsɑʏ$_{55}$ 溧:肮脏/糟牢ʔᴀŋ$_{44}$tsᴀŋ$_{52}$/tsɑ^{ʏ}$_{44}$lɑ^{ʏ}$_{52}$ 金:脏tsɑŋ$_{31}$ 丹:脏/腊塞/邋遢tsɑŋ$_{22}$/lɑʔ$_{5}$sɛʔ$_{23}$/lɑʔ$_{5}$tɑʔ$_{23}$ 童:邋遢lᴀʔ$_{3}$tʻᴀʔ$_{5}$ 靖:脏/邋遢tsɑŋ$_{433}$/lɑʔ$_{2}$tʻɑʔ$_{5}$ 江:龌龊ʔoʔ$_{5}$tsʻoʔ$_{5}$ 常:纳搭ʔnɑ$_{34}$tɑʔ$_{4}$ 锡:龌龊/屋拉/邋遢ʔɔʔ$_{4}$tsʻɔʔ$_{5}$/ʔɔʔ$_{4}$lɑ$_{34}$/lᴀʔ$_{2}$tʻᴀʔ$_{5}$ 苏:龌龊ʔɔʔ$_{5}$tsʻɔʔ$_{5}$ 熟:龌龊/鏖糟ʔoʔ$_{4}$tsʻoʔ$_{5}$/ʔo$_{55}$tsɔ$_{31}$ 昆:垃圾/龌龊lɑ$_{23}$si$_{41}$/ʔoʔ$_{4}$tsʻoʔ$_{4}$ 霜:龌龊/邋遢ʔoʔ$_{5}$tsʻoʔ$_{3}$/lᴀʔ$_{4}$tʻᴀʔ$_{2}$ 罗:龌龊/邋遢ʔɑʔ$_{5}$tsʻoʔ$_{3}$/lᴀʔ$_{2}$tʻᴀʔ$_{4}$ 周:龌龊ʔoʔ$_{3}$tsʻoʔ$_{5}$ 上:龌龊ʔoʔ$_{3}$tsʻoʔ$_{4}$ 松:龌龊ʔɔʔ$_{4}$tsʻɔʔ$_{4}$ 黎:垃圾/龌龊lɑ$_{22}$si$_{j34}$/tsʻoʔ$_{5}$tsʻoʔ$_{3}$ 盛:垃圾/龌龊lɑ$_{22}$si$_{j52}$/ʔoʔ$_{5}$tsʻoʔ$_{3}$ 嘉:龌龊/垃圾ʔoʔ$_{3}$tsʻoʔ$_{4}$/lɑ$_{24}$ɕi$_{31}$ 双:龌龊/垃圾ʔoʔ$_{5}$tsʻoʔ$_{5}$/lɑ$_{21}$ɕi$_{34}$ 杭:封/龌龊foŋ$_{323}$/ʔɔʔ$_{4}$tsʻɔʔ$_{5}$ 绍:封fʊŋ$_{52}$ 诸:龌龊/邋杂ʔoʔ$_{4}$tsʻoʔ$_{3}$/lᴀʔ$_{2}$zᴀʔ$_{4}$ 崇:封foŋ$_{533}$ 太:封/龌龊(少)封fʊŋ$_{35}$/ʔɔʔ$_{3}$tsʻɔʔ$_{4}$ 余:封fʊŋ$_{44}$ 宁:腻心/添拖/鏖糟ȵi$_{22}$ɕiŋ$_{51}$/tʻi$_{44}$tʻa$_{44}$/ʔɔ$_{33}$tsɔ$_{51}$ 黄:邋搭/龌龊lɐʔ$_{2}$tɐʔ$_{4}$/ʔɔʔ$_{3}$tsʻɔʔ 温:鏖糟ʔɜ$_{33}$tsɜ$_{44}$ 衢:龌龊/邋遢ʔuəʔ$_{4}$tʃɥəʔ$_{5}$/lᴀʔ$_{2}$tʻᴀʔ$_{2}$ 华:鏖糟/遮粘ʔɑʊ$_{32}$tsɑʊ$_{35}$/tɕiɑ$_{32}$ȵiəʔ$_{5}$ 永:□yᴀ$_{54}$

热闹

宜:热闹/闹猛ȵiɪʔ$_{3}$nɑʏ$_{53}$/nɑʏ$_{21}$mᴀŋ$_{23}$ 溧:闹热/热闹lɑ^{ʏ}$_{54}$ȵiɪʔ$_{23}$/ȵiɪʔ$_{2}$lɑ^{ʏ}$_{52}$ 金:热闹/闹忙ləʔ$_{4}$lɑ^{ɔ}$_{44}$/lɑ^{ɔ}$_{52}$mɑŋ$_{23}$ 丹:热闹ȵɪʔ$_{5}$nɒ$_{23}$ 童:热闹/闹猛ȵiɪʔ$_{3}$nɐʏ$_{55}$/nɐʏ$_{22}$mɑŋ$_{55}$ 靖:热闹/闹热nɪʔ$_{2}$nɒ$_{51}$/nɑ$_{24}$nɪʔ$_{31}$ 江:热闹/闹热/闹猛ȵiəʔ$_{2}$nɒ$_{23}$/nɒ$_{24}$ȵiəʔ$_{2}$/nɒ$_{24}$mᴀ^{ŋ}$_{31}$ 常:热闹ȵiɪʔ$_{4}$nɑʏ$_{31}$ 锡:闹猛nʌ$_{22}$mã$_{55}$ 苏:闹猛næ$_{22}$mÃ$_{44}$ 熟:闹猛/闹热/热猛nɔ$_{24}$mᴀ̃$_{31}$/nɔ$_{24}$ȵɪʔ$_{3}$/ȵɪʔ$_{2}$mÃ$_{51}$ 昆:闹热/闹猛nɔ$_{23}$ȵiɪʔ$_{4}$/nɔ$_{23}$mã$_{41}$ 霜:闹猛/闹热/热闹nɔ$_{24}$mã$_{31}$/nɔ$_{22}$ȵɪʔ$_{4}$/ȵɪʔ$_{2}$nɔ$_{23}$ 罗:闹猛nɔ$_{24}$mã$_{31}$ 周:热闹/闹猛ȵɪʔ$_{2}$nɔ$_{23}$/nɔ$_{22}$mᴀ̃$_{52}$ 上:闹猛/闹热nɔ$_{22}$mÃ^{ɲ}$_{44}$/nɔ$_{22}$ȵiɪʔ$_{4}$ 松:闹猛

nɔ24mɛ̃31 黎:闹猛/闹热nɔ21mɛ̃52/nɔ22niəʔ5 盛:热闹/闹猛niɐʔ4nɔ33/nɔ22mæ̃52 嘉:热闹/闹猛ȵiəʔ5nɔ31/nɔ24mA˜31 双:闹猛nɔ22mã52 杭:闹热/闹猛nɔ23ɹɐʔ51/nɔ23mAŋ51 绍:闹热nɔ22ȵɪʔ5 诸:闹热nɔ33ȵiəʔ4 崇:闹尼/闹热nɑɒ22ȵi23/nɑɒ22ȵiEʔ4 太:闹尼nᵅɒ24ȵi31 余:闹热nɒ22ȵɪʔ5 宁:闹热/热闹nɔ22ȵiɪʔ5/ȵiɪʔ2nɔ51 黄:热闹ȵieʔ2nɒ44 温:闹热nᵒɔ25ȵi2 衢:闹热nɔ24niəʔ2/niəʔ2nɔ35 华:热闹/闹热/兴ȵiɔʔ2nɑʊ24/nɑʊ53ȵiəʔ24/ɕiɪn45 永:热闹ȵiɔ31nɑʊ24

清楚

宜:清爽tɕʻiŋ55sɑŋ31 溧:清爽tɕʻin44sAŋ52 金:清爽tɕʻiŋ44suɑŋ52 丹:清爽tɕʻiŋ44sɑŋ44 童:清爽tɕʻiəŋ55ʃʏɥɑŋ31 靖:清爽tsʻiŋ44ɕyɑŋ/syɑŋ34 江:清爽tsʻiɲ55sAᵑ31 常:清爽tɕʻiɲ55sAɲ31 锡:清爽tsin21sᵘɒ̃23 苏:清爽tsʻiɪn55sÃ31 熟:清爽tsʻĩⁿ55ʂA˜31 昆:清爽/明白tsʻin44sɔ44/min23bAʔ4 霜:清爽tsʻĩ55sɒ˜31 罗:清爽tsʻĩⁿ55sɒ˜31 周:清爽/明白tsʻiɪŋ55sɒ˜31/miɪŋ23bɑʔ4 上:清爽tsʻiɲ55sÃⁿ31 松:清爽tsʻiɲ44sɑ˜52 黎:清爽tsʻɲ44sɑ˜44 盛:清爽tsʻɪɲ44sɑ˜44 嘉:清醒tɕʻin52ɕin22 双:清爽tɕʻɪn44sɔ̃44 杭:清爽/灵清tɕʻɪn32sɥAŋ23/lɪn21tɕʻɪn12 绍:清爽/灵清tɕʻɪŋ32sɒŋ33/lɪŋ22tɕʻɪŋ52 诸:清爽tɕʻĩ52sɒ̃42 崇:清爽tɕʻiŋ33sɒ̃52 太:清爽tɕʻiŋ53sɒŋ42 余:清爽tɕʻiɲ32sɒ̃23 宁:清爽tɕʻɪŋ33sɒ̃51 黄:清爽tɕʻiɪŋ55sɒ˜31 温:灵清ləŋ22tsʻəŋ44 衢:清楚tsʻiⁿ43tsʻu23 华:清楚/清爽/灵清tɕʻiɪn33tsʻu55/tɕʻiɪŋ33ɕɥAŋ55/liɪn32tɕʻiɪŋ35 永:清楚tɕʻiɪɲ43tsʻʊ32

浑

宜:浑ɦuəŋ223 溧:浑xɦuən323 金:浑xuəŋ24 丹:浑hɦuɛn213 童:浑xɦuəŋ31 靖:浑hɦuəŋ223 江:浑ɦuEɲ223 常:浑佬ɦuəɲ21lɑʏ34 锡:浑ɦuən213 苏:混ɦuən31 熟:混/混淘淘ɦuɛ̃ⁿ213/ɦuɛⁿ24dɔ33dɔ31 昆:混ɦuən21 霜:浑ɦuĩ31 罗:浑ɦuɛ̃ⁿ213 周:浑ɦuəŋ113 上:浑/浑浊ɦuəɲ113/ɦuəɲ22zoʔ4 松:浑ɦuəɲ31 黎:混浊/混ɦuəɲ24zoʔ2/ɦuəɲ24 盛:混ɦuəɲ24 嘉:浑ɦuən223 双:浑ɦuən113 杭:浑ɦuən212 绍:浑ɦuɪŋ113 诸:浑ɦuẼĩ233 崇:浑vɪŋ312 太:浑veŋ312 余:浑ɦueɲ113 宁:浑ɦuɐŋ113 黄:浑ʔuəŋ53 温:浑vʌŋ22 衢:浑/□ɦuən31/xuən53 华:浑ʔɦuən213 永:浑ʔɦuəɲ322

快(锋利)

宜:快kʻuA324 溧:快kʻuA412 金:快kʻuɛᵉ44 丹:快kʻuɑ324 童:快kʻuaɪ45 靖:快kʻuæ51 江:快kʻuæ45 常:快佬kʻuɑ55lɑʏ31 锡:快kʻuɑ34 苏:快kʻuɒ412 熟:快kʻuɒ324 昆:快kʻuɑ52 霜:快kʻuɑ434 罗:快kʻuɑ434 周:快kʻuɑ335 上:快kʻuA334 松:快kʻuA335 黎:快kʻuɑ324 盛:快kʻuɑ334 嘉:快kʻuɑ334 双:快kʻuɑ334 杭:快kʻuE334 绍:快kʻua33 诸:快kʻuA544 崇:快kʻuɑ442 太:快kʻuɑ35 余:快kʻuA152 宁:快kʻua44 黄:快kʻuA44 温:快kʻɑ52 衢:快kʻuɛ53 华:快kʻuɑ45 永:快kʻuai54

快(迅速)

宜:快kʻuA324 溧:快kʻuA412 金:快kʻuɛᵉ44 丹:快kʻuɑ324 童:快kʻuaɪ45 靖:快kʻuæ51 江:快kʻuæ45 常:快佬kʻuɑ55lɑʏ31 锡:快kuɑ34 苏:快kʻuɒ412 熟:快kʻuɒ324 昆:快kʻuɑ52 霜:快kʻuɑ434 罗:快kʻuɑ434 周:快kʻuɑ335 上:快kʻuA334 松:快kʻuA335 黎:快kʻuɑ324 盛:快kʻuɑ334 嘉:快kʻuɑ334 双:快kʻuɑ334 杭:快kʻuE334 绍:快kʻua33 诸:快kʻuA544 崇:快kʻuɑ442 太:快kʻuɑ35 余:快kʻuA52 宁:快kʻua44 黄:快kʻuA44 温:快kʻɑ52 衢:快kʻuɛ53 华:快kʻuɑ45 永:快/□□kʻuai54/tɕʻiʔ43liə31

早

宜:早tsɑʏ51 溧:早tsɑʏ52 金:早tsɑᵒ323 丹:早tsɒ44 童:早tsɐʏ324 靖:早tsɒ334 江:早

tsɒ$_{45}$ 常:早佬tsɑɣ$_{34}$lɑɣ$_{44}$ 锡:早tsʌ$_{323}$ 苏:早tsæ$_{412}$ 熟:早tsɔ$_{44}$ 昆:早tsɔ$_{52}$ 霜:早tsɔ$_{434}$ 罗:早tsɔ$_{434}$ 周:早tsɔ$_{335}$ 上:早tsɔ$_{334}$ 松:早tsɔ$_{44}$ 黎:早tsAᵓ$_{44}$ 盛:早tsɔ$_{51}$ 嘉:早tsɔ$_{44}$ 双:早tsɔ$_{53}$ 杭:早tsɔ$_{51}$ 绍:早tsɔ$_{334}$ 诸:早tsɔ$_{52}$ 崇:早tsɑɒ$_{442}$ 太:早tsᵅɒ$_{42}$ 余:早tsɒ$_{435}$ 宁:早tsɔ$_{325}$ 黄:早tsɒ$_{52}$ 温:早tsɜ$_{35}$ 衢:早tsɔ$_{45}$ 华:早/午更tsaʊ$_{544}$/n̩$_{54}$kAŋ$_{35}$ 永:早tsAʊ$_{434}$

晚

宜:晏ʔA$_{324}$ 溧:晏ʔA$_{412}$ 金:晏ʔæ̃$_{44}$ 丹:晚ʔuæ$_{22}$ 童:晏ʔɑ$_{45}$ 靖:晏ʔæ̃$_{51}$ 江:晏ʔæ̃$_{435}$ 常:晏佬ʔæ$_{55}$lɑɣ$_{31}$ 锡:晏/夜ʔɛ$_{323}$/ɦiɑ$_{213}$ 苏:晏/夜里/夜ʔE$_{412}$/ʔiɒ$_{55}$li$_{j31}$/ʔiɒ$_{44}$ 熟:夜ɦiɑ$_{213}$ 昆:夜ɦiɑ$_{223}$ 霜:晏ʔᶺɣ$_{434}$ 罗:晏ᶺɣ$_{434}$ 周:晏/夜ʔɛ$_{335}$/ɦiɑ$_{113}$ 上:夜/晏ɦiA$_{113}$/ʔE$_{334}$ 松:夜/晏ʔiA$_{44}$/ʔE$_{335}$ 黎:晏/夜ʔE$_{413}$/ʔiɑ$_{413}$ 盛:晏/夜ʔE$_{413}$/ʔiɑ$_{413}$ 嘉:晏/夜ʔEᵋ$_{334}$/ʔiɑ$_{334}$ 双:晏ʔE$_{334}$ 杭:晚ʔuE$_{51}$ 绍:晏/夜ʔæ̃$_{33}$/ɦia$_{22}$ 诸:夜ɦiA$_{233}$ 崇:迟dzɿ$_{312}$ 太:迟dzɿ$_{312}$ 余:晏ʔɛ̃$_{52}$ 宁:晏ʔE$_{52}$ 黄:晏ʔɛ$_{44}$ 温:迟dzɿ$_{31}$ 衢:晏ʔæ̃$_{53}$ 华:夜里ɦiɑ$_{13}$li$_{51}$ 永:晚mA$_{214}$

迟(晏)

宜:晏ʔA$_{324}$ 溧:晏ʔA$_{412}$ 金:晏ʔæ̃$_{44}$ 丹:迟dzɿ$_{213}$ 童:晏ʔɑ$_{45}$ 靖:晏ʔæ̃$_{51}$ 江:晏ʔæ̃$_{435}$ 常:晏佬ʔæ$_{55}$lɑɣ$_{31}$ 锡:晏ʔɛ$_{323}$ 苏:晏ʔE$_{412}$ 熟:晏ʔæ$_{412}$ 昆:晏ʔɛ$_{52}$ 霜:晏ʔᶺɣ$_{434}$ 罗:晏ʔe$_{434}$ 周:晏ʔɛ$_{335}$ 上:晏ʔE$_{334}$ 松:晏ʔE$_{335}$ 黎:晏ʔE$_{413}$ 盛:晏ʔE$_{413}$ 嘉:慢/晏mEᵋ$_{223}$/ʔEᵋ$_{334}$ 双:晏ʔE$_{334}$ 杭:迟/晏dzɿ$_{212}$/ʔE$_{334}$ 绍:迟zɿ$_{31}$ 诸:迟zɿ$_{233}$ 崇:迟dzɿ$_{312}$ 太:迟dzɿ$_{312}$ 余:晏/迟ʔɛ̃$_{52}$/dzɿ$_{113}$ 宁:晏ʔE$_{52}$ 黄:晏ʔɛ$_{44}$ 温:迟dzɿ$_{31}$ 衢:迟/晏dʒʮ$_{323}$/ʔæ̃$_{53}$ 华:迟dzɿ$_{213}$ 永:晚mA$_{214}$

好

宜:好xɑɣ$_{51}$ 溧:好xɑʸ$_{52}$ 金:好xɑᵓ$_{323}$ 丹:好hɒ$_{44}$ 童:好hɐɣ$_{324}$ 靖:好hɒ$_{334}$ 江:好hɒ$_{435}$ 常:好佬hɑɣ$_{55}$lɑɣ$_{31}$ 锡:好xʌ$_{323}$ 苏:好hæ$_{51}$ 熟:好xɔ$_{44}$ 昆:好hɔ$_{52}$ 霜:好hɔ$_{434}$ 罗:好hɔ$_{434}$ 周:好/嗲/一级/顶脱hɔ$_{335}$/tiɑ$_{335}$/ʔɪʔ$_{3}$tɕɪʔ$_{5}$/tiɪŋ$_{33}$təʔ$_{5}$ 上:好/嗲hɔ$_{334}$/tiA$_{334}$ 松:好hɔ$_{44}$ 黎:好hAᵓ$_{44}$ 盛:好hɔ$_{51}$ 嘉:好hɔ$_{44}$ 双:好hɔ$_{53}$ 杭:好/到门hɔ$_{51}$/tɔ$_{34}$mən$_{51}$ 绍:好hɔ$_{334}$ 诸:好hɔ$_{52}$ 崇:好hɑɒ$_{442}$ 太:好hᵅɒ$_{42}$ 余:好hɒ$_{435}$ 宁:好ɦɔ$_{325}$ 黄:好hɒ$_{53}$ 温:好xɔ$_{35}$ 衢:好xɔ$_{45}$ 华:好xɑʊ$_{544}$ 永:好xAʊ$_{434}$

坏(怵)

宜:坏/怵ʔuA$_{51}$/tɕʻiɣɯ$_{55}$ 溧:坏/怵xɦuA$_{31}$/tɕʻiʌɯ$_{445}$ 金:坏xuɛᵉ$_{44}$ 丹:坏ʔuɑ$_{41}$ 童:坏ʔuɒ$_{45}$ 靖:坏ʔuæ$_{51}$ 江:坏ʔuæ$_{435}$ 常:坏佬ʔuɑ$_{34}$lɑɣ$_{44}$ 锡:怵/坏tɕiʌɣ$_{544}$/ʔuɑ$_{323}$ 苏:坏/怵ʔuɒ$_{412}$/tɕʻiɵ$_{44}$ 熟:坏/怵ɦuɑ$_{213}$/tɕʻiɯ$_{51}$ 昆:坏/怵ɦuɑ$_{412}$/tɕʻy$_{52}$ 霜:坏/怵ɦuɑ$_{213}$/tɕʻy 罗:坏/怵ɦuɑ$_{213}$/tɕy$_{52}$ 周:坏/怵vɑ$_{113}$/tɕʻyɵ$_{52}$ 上:坏/怵ɦuA$_{113}$/tɕʻiɣ$_{52}$ 松:怵tɕʻiɯ$_{52}$ 黎:坏/怵ʔuuɑ$_{413}$/tɕʻieɯ$_{44}$ 盛:坏/怵ʔuɑ$_{413}$/tɕʻiəʉ$_{44}$ 嘉:坏/勿灵ʔuɑ$_{334}$/vəʔ$_{2}$lin$_{44}$ 双:坏/怵ɦuɑ$_{113}$/tɕʻᶿY$_{44}$ 杭:坏/倒糟ɦuE$_{113}$/tɔ$_{55}$tsɔ$_{31}$ 绍:坏/息ɦua$_{33}$/ɕɪʔ$_{5}$ 诸:息ɕiəʔ$_{5}$ 崇:息ɕiEʔ$_{\underline{45}}$ 太:息ɕieʔ$_{\underline{45}}$ 余:息ɕɪʔ$_{5}$ 宁:坏ʔua$_{52}$ 黄:坏/□ɦuA$_{113}$/tʻəŋ$_{52}$ 温:毛mɜ$_{31}$ 衢:坏/桥ʔuɛ$_{45}$/dʑiɔ$_{323}$ 华:坏/息ɦuɑ$_{24}$/ɕiəʔ$_{4}$ 永:坏/□/塌ʔɦuai$_{214}$/ɕie$_{544}$/tʻA$_{544}$

差

宜:差/推扳/蹩脚tsʻo$_{55}$/tʻɐɪ$_{55}$pA$_{55}$/bɪʔ$_{2}$tɕiɔʔ$_{4}$ 溧:差/推扳/蹩脚tsʻo$_{445}$/tʻæE$_{44}$pA$_{52}$/bɪʔ$_{2}$tɕiɑʔ$_{5}$ 金:差tsʻɑ$_{31}$ 丹:差/推扳tsʻɑ$_{22}$/tʻEᵉ$_{44}$pæ$_{44}$ 童:差tsʻɑ$_{45}$ 靖:差tsʻo$_{44}$ 江:蹩脚/推扳bɪʔ$_{3}$tɕiɑʔ$_{5}$/tʻEɪ$_{55}$pæ$_{31}$ 常:差佬/推扳/蹩脚tsʻʌɯ$_{34}$pæ$_{44}$/tʻæe$_{34}$pæ$_{44}$/bɪʔ$_{3}$tɕiɑʔ$_{4}$ 锡:推扳tʻE$_{21}$pɛ$_{23}$

苏:差ts'o$_{44}$/ts'ɒ$_{44}$　熟:推扳/蹩脚/推回t'E$_{55}$pæ$_{31}$/bɪʔ$_{2}$tɕiAʔ$_{5}$/t'E$_{55}$ɦuE$_{31}$　昆:蹩脚/推扳/推扳相bɪʔ$_{2}$tɕiAʔ$_{4}$/t'E$_{44}$pɛ$_{41}$/t'ɛ$_{33}$pɛ$_{55}$siã$_{31}$　霜:推扳/蹩脚t'ʌɣ$_{55}$pE$_{31}$/bɪʔ$_{3}$tɕi$_{4}$　罗:推扳t'E$_{55}$pE$_{31}$　周:推扳t'ɛ$_{55}$pɛ$_{31}$　上:推扳t'E$_{55}$pE$_{31}$　松:推扳t'E$_{44}$pE$_{52}$　黎:差/推扳/蹩脚/勿灵/坍招势ts'o$_{44}$/t'E$_{44}$pE$_{44}$/bɪʔ$_{3}$tɕiAʔ$_{3}$/fəʔ$_{5}$lɪɲ$_{31}$/t'E$_{33}$ts$_{55}$sɿ$_{31}$　盛:差/推扳/勿灵ts'o$_{44}$/t'E$_{44}$pE$_{44}$/fəʔ$_{3}$lɪɲ$_{44}$　嘉:差/推扳/差扳ts'o$_{51}$/ts'ɑ$_{51}$t'e$_{44}$pE$^{ε}_{51}$/ts'ɑ$_{44}$pE$^{ε}_{51}$　双:差/蹩脚/推扳ts'ɑ$_{44}$/biəʔ$_{2}$tɕiAʔ$_{\underline{34}}$/t'E$_{44}$pE$_{44}$　杭:差/推扳ts'ɑ$_{323}$/t'eɪ$_{32}$pE$_{23}$　绍:差/息ts'a$_{52}$/ɕɪʔ$_{5}$　诸:息ɕiəʔ$_{5}$　崇:息ɕiEʔ$_{\underline{45}}$　太:息ɕiɛʔ$_{\underline{45}}$　余:息ɕiʔ$_{5}$　宁:推扳/蹩脚/刺毛/污纳t'EI$_{33}$pE$_{51}$/biɪʔ$_{2}$tɕiaʔ$_{5}$/ts'ʅ$_{44}$mɔ$_{44}$/ʔəu$_{55}$nɐʔ$_{32}$　黄:□t'əŋ$_{52}$　温:差ts'ɑ$_{44}$　衢:蹩脚/赖/桥/推扳bɪəʔ$_{4}$tɕiAʔ$_{5}$/læ$_{53}$/dʑiɔ$_{323}$/t'e$_{32}$pɛ$_{35}$　华:息/蹩脚/重ɕiəʔ$_{4}$/biəʔ$_{2}$tɕiɐʔ$_{4}$/tɕioŋ$_{544}$　永:差/塌/□ts'oə$_{214}$/t'A$_{544}$/ɕie$_{544}$

容易

宜:容易/便当ɦioŋ$_{22}$ʔi$_{j53}$/bɪ$_{21}$tAŋ$_{23}$　溧:容易ɦ̥ioŋ$_{32}$ʔi$_{z52}$　金:容易ioŋ$_{22}$i$_{z44}$　丹:容易/便当ɦioŋ$_{32}$ɦi$_{24}$/b̥i$_{52}$tɒ̃$_{23}$　童:容易/便当ɦioŋ$_{24}$ɦi$_{31}$/bɪ$_{21}$tɑŋ$_{23}$　靖:容易ɦioŋ$_{22}$ɦi$_{j44}$　江:便当/容易bɪ$_{24}$tA^{ŋ}$_{31}$/ɦioŋ$_{21}$ɦi$_{j43}$　常:容易佬ɦioŋ$_{22}$ɦi$_{j55}$lɑɣ$_{31}$　锡:容易/便当ɦioŋ$_{24}$ɦi$_{31}$/pɪ$_{22}$tɒ̃$_{52}$　苏:便当/省力/容易biɪ$_{22}$tÃ$_{44}$/sÃ$_{52}$lɪʔ$_{3}$/ɦioŋ$_{22}$i$_{j44}$　熟:容易/便当/稳吃ɦiʊŋ$_{23}$ɦi$_{33}$/bie$_{23}$tA˜$_{33}$/ʔuẽ^{n}$_{33}$tɕ'ɪʔ$_{5}$　昆:便当bɪ$_{22}$tã$_{41}$　霜:便当bi$_{24}$tã$_{31}$　罗:便当bi$_{22}$tɒ˜$_{44}$　周:便当bi$_{22}$tɒ˜$_{52}$　上:便当bi$_{22}$tÃ^{n}　松:便当/容易bi$_{22}$tɑ˜$_{23}$/ɦioŋ$_{24}$ɦi$_{31}$　黎:省力sẽ$_{33}$lɪʔ$_{4}$　盛:省力sæ̃$_{55}$lɪʔ$_{31}$　嘉:省力sA˜$_{35}$liəʔ$_{5}$　双:省力/便当sã$_{24}$/liəʔ$_{2}$　杭:容易/便当ɦioŋ$_{21}$ɦi$_{23}$/bie$_{23}$tAŋ$_{51}$　绍:便当bĩ$_{23}$tɒŋ$_{33}$　诸:省力sÃ$_{544}$liəʔ$_{\underline{12}}$　崇:便当biẽ$_{22}$tɒ̃$_{23}$　太:便当biẽ$_{24}$tɒŋ$_{31}$　余:便当biẽ$_{22}$tɒ̃$_{52}$　宁:便当bi$_{22}$tɔ̃$_{52}$　黄:便当/好章bie$_{23}$tɒ˜$_{44}$/hɒ$_{33}$tsɒ˜$_{31}$　温:容易ɦyoŋ$_{22}$ɦ'i$_{44}$　衢:容易ɦyʌŋ$_{22}$ɦi$_{53}$　华:容易ɦioŋ$_{32}$ɦi$_{24}$　永:省力sai$_{42}$ləɪ$_{24}$

难

宜:难nA$_{223}$　溧:难nA$_{323}$　金:难/困难næ̃$_{24}$/k'uɔŋ$_{52}$næ̃$_{23}$　丹:难næ$_{213}$　童:难nɑ$_{31}$　靖:难næ̃$_{223}$　江:难næ$_{223}$　常:难佬næ$_{21}$lɑɣ$_{13}$　锡:难nɛ$_{213}$　苏:难nE$_{223}$　熟:难næ$_{233}$　昆:难nɛ$_{132}$　霜:难ne$_{31}$　罗:难ne$_{113}$　周:难nɛ$_{113}$　上:难nE$_{113}$　松:难nE$_{31}$　黎:难nE$_{24}$　盛:难nE$_{24}$　嘉:难nE^{ε}$_{31}$　双:难/烦难nE$_{113}$/vE$_{22}$nE$_{44}$　杭:难nE$_{212}$　绍:难/讨厌næ̃$_{31}$/t'ɔ$_{34}$ʔĩ$_{52}$　诸:吃力tɕ'iəʔ$_{5}$liəʔ$_{\underline{12}}$　崇:烦难væ̃$_{22}$næ̃$_{52}$　太:难næ̃$_{22}$　余:讨厌/烦t'ɒ$_{33}$I$_{52}$/vɛ̃$_{113}$　宁:难nE$_{113}$　黄:难/少章nɛ$_{31}$/sɒ$_{55}$tsɒ˜$_{31}$　温:难nɑ$_{31}$　衢:难næ̃$_{31}$　华:难næ̃$_{213}$　永:难nA$_{322}$

贵

宜:贵kuɐɪ$_{324}$　溧:贵kuæE$_{412}$　金:贵kuei$_{44}$　丹:贵kue$_{41}$　童:贵kuei$_{45}$　靖:贵kue$_{51}$　江:贵kuEI$_{45}$　常:贵佬kuæ$_{55}$lɑɣ$_{31}$　锡:贵tɕy$_{34}$　苏:贵tɕy$_{412}$/kuE$_{412}$　熟:贵tɕy$_{324}$　昆:贵tɕy$_{412}$　霜:贵tɕy$_{434}$　罗:贵tɕy$_{335}$　周:贵tɕy$_{335}$　上:贵tɕy$_{334}$　松:贵tɕy$_{335}$　黎:贵tɕy$_{ɥ413}$　盛:贵tɕy$_{ɥ413}$　嘉:贵tɕy$_{335}$　双:贵tɕy$_{334}$　杭:贵kueɪ$_{334}$　绍:贵kue$_{33}$　诸:贵tɕy$_{ɥ544}$　崇:贵tɕy$_{ɥ324}$　太:贵tɕy$_{35}$　余:贵tɕy$_{52}$　宁:贵tɕy$_{ɥ52}$/dʑi$_{113}$　黄:贵cy$_{44}$　温:贵tɕy$_{52}$　衢:贵kuəɪ$_{53}$　华:贵kuɪ$_{45}$/tɕɥ$_{y45}$　永:贵tɕ$_{y54}$/kuəɪ$_{54}$

便宜

宜:便宜bɪ$_{22}$ɦi$_{j53}$　溧:便宜bi$_{32}$xɦi$_{z23}$　金:便宜p'ĩ$_{24}$i$_{z13}$　丹:便宜bɪ$_{22}$ɦi$_{23}$　童:便宜bɪ$_{24}$ȵi$_{31}$　靖:便宜bĩ$_{21}$ɦi$_{j23}$　江:便宜bɪ$_{24}$ɦi$_{j31}$　常:便宜佬biæ$_{22}$ɦi$_{j55}$lɑɣ$_{31}$　锡:便宜bɪ$_{24}$ȵi$_{31}$　苏:便宜/噬biɪ$_{22}$ȵiəʔ$_{4}$/dʑiÃ$_{223}$　熟:便宜/合算/噬bi^{e}$_{24}$ȵi$_{21}$/dʑiA˜/kɔʔ$_{3}$sɣ$_{34}$　昆:便宜/噬bɪ$_{22}$ȵi$_{41}$/dʑiã$_{132}$　霜:噬dʑia˜　罗:便宜/合算/噬bi$_{22}$ȵi$_{52}$/kəʔ$_{3}$s^{ʌ}ɣ$_{52}$/dʑia˜$_{31}$　周:便宜/噬bi$_{22}$ȵɪʔ$_{5}$/dʑiA˜$_{113}$　上:便宜/噬bi$_{22}$ȵi$_{44}$/dʑiÃ^{n}$_{113}$　松:噬/便宜dʑiẽ$_{31}$/bi$_{22}$ȵi$_{52}$　黎:噬/贱/便宜dʑiẽ$_{24}$/zii$_{213}$/biɪ$_{22}$ȵi$_{34}$

盛:便宜/囉/贱biɪ$_{22}$ȵi$_{44}$/dʑiæ$_{24}$/zi$_{j413}$　嘉:便宜/贱bie$_{22}$ȵi$_{51}$/dʑie$_{223}$　双:便宜/囉bɪ$_{22}$ȵi$_{z44}$/dʑiã$_{113}$　杭:便宜/贱bie$_{21}$ɦi$_{23}$/dzie$_{113}$　绍:便宜bi$_{22}$ȵi$_{52}$　诸:便宜biɪ$_{31}$i$_{52}$　崇:便宜biẽ$_{22}$ȵi$_{z52}$　太:便宜biẽ$_{22}$ȵi$_{52}$　余:便宜/盐biɛ̃$_{22}$i$_{44}$/ɦɪ$_{113}$　宁:便宜/上算/合算bi$_{22}$ȵi$_{44}$/sɒ̃$_{24}$sø$_{31}$/kəʔ$_{5}$sø$_{33}$　黄:便宜/巧bie$_{22}$ȵi$_{51}$/tɕʻiɒ$_{53}$　温:便宜bi$_{52}$ɦʻi$_{22}$　衢:便宜biẽ$_{22}$i$_{53}$　华:便宜bie$_{32}$ɦi$_{24}$　永:便宜/平宜bie$_{21}$ȵi$_{51}$/biŋ$_{21}$ȵi$_{51}$

热

宜:热ȵiɪʔ$_{\underline{23}}$　溧:热ȵiɪʔ$_{2}$　金:热ləʔ$_{4}$　丹:热ȵɪʔ$_{3}$　童:热ȵiɪʔ$_{\underline{24}}$　靖:热nɪʔ$_{\underline{34}}$　江:热ȵiəʔ$_{\underline{12}}$　常:热佬ȵiɪʔ$_{2}$lɑɤ$_{13}$　锡:热ȵiəʔ$_{\underline{23}}$　苏:热niəʔ$_{\underline{23}}$　熟:热ȵɪʔ$_{\underline{23}}$　昆:热ȵiɪʔ$_{\underline{12}}$　霜:热ȵɪʔ$_{\underline{23}}$　罗:热ȵɪʔ$_{\underline{23}}$　周:热ȵɪʔ$_{\underline{23}}$　上:热ȵiɪʔ$_{\underline{23}}$　松:热ȵiɪʔ$_{\underline{23}}$　黎:热ȵiəʔ$_{\underline{22}}$　盛:热ȵiɐʔ$_{2}$　嘉:热ȵiəʔ$_{\underline{54}}$　双:热ȵiəʔ$_{\underline{23}}$　杭:热ȵiɪʔ$_{\underline{12}}$/ɹɐʔ$_{\underline{12}}$　绍:热ȵɪʔ$_{\underline{23}}$　诸:热ȵiəʔ$_{\underline{12}}$　崇:热/暖ȵiᴇʔ$_{\underline{12}}$/nœ̃$_{22}$　太:热/暖ȵiɛʔ$_{\underline{12}}$/neŋ$_{22}$　余:热ȵɪʔ$_{\underline{23}}$　宁:热ȵiɪʔ$_{\underline{23}}$　黄:热/暖ȵieʔ$_{\underline{12}}$/ʔləŋ$_{53}$　温:热ȵi$_{323}$　衢:热/暖ȵiɪʔ$_{\underline{12}}$/nə$_{31}$　华:热/暖ȵie$_{24}$/nɯə$_{544}$　永:热ȵiə$_{323}$

冷

宜:冷lʌŋ$_{24}$　溧:冷lən$_{445}$　金:冷ləŋ$_{323}$　丹:冷lɛn$_{213}$　童:冷ləŋ$_{31}$　靖:冷ləŋ$_{334}$　江:冷lᴀ^{ŋ}$_{435}$　常:冷佬lᴀɲ$_{34}$lɑɤ$_{44}$　锡:冷lã$_{213}$　苏:冷lÃ$_{51}$　熟:冷/瀴lᴀ̃$_{31}$/ʔɪɲ$_{324}$　昆:冷lã$_{21}$　霜:冷/瀴la̴$_{213}$/ʔĩ$_{434}$　罗:冷la̴$_{213}$　周:冷lᴀ̃$_{113}$　上:冷/瀴lÃ^{ɲ}$_{113}$/ʔɪɲ$_{334}$　松:冷lɛ̃$_{113}$　黎:冷l$_{213}$　盛:冷læ̃$_{223}$　嘉:冷lᴀ̃$_{223}$　双:冷la$_{31}$　杭:冷lən$_{51}$　绍:冷laŋ$_{113}$　诸:冷lɒ̃$_{31}$　崇:冷lɪŋ$_{22}$　太:冷lʌŋ$_{22}$　余:冷lÃ$_{113}$　宁:冷lã$_{113}$　黄:冷ʔla̴$_{52}$　温:冷lʻɛ$_{24}$　衢:冷liɛ̃$_{323}$　华:冷liɑŋ$_{544}$　永:冷lai$_{323}$

烫

宜:烫tʻʌŋ$_{324}$　溧:烫tʻʌŋ$_{412}$　金:烫tʻɑŋ$_{44}$　丹:烫tʻɑŋ$_{324}$　童:烫tʻɑŋ$_{45}$　靖:烫tʻɑŋ$_{51}$　江:烫tʻᴀ^{ŋ}$_{435}$　常:烫佬tʻᴀɲ$_{34}$lɑɤ$_{44}$　锡:烫tʻɒ̃$_{34}$　苏:烫tʻÃ$_{412}$　熟:烫tʻᴀ̃$_{324}$　昆:烫tʻã$_{52}$　霜:烫tʻɒ̃$_{434}$　罗:烫tʻɒ̃$_{434}$　周:烫tʻᴀ̃$_{335}$　上:烫tʻÃ^{ɲ}$_{334}$　松:烫tʻɑ̃$_{335}$　黎:烫tʻɑ̃$_{413}$　盛:烫tɑ̃$_{413}$　嘉:烫tʻᴀ̃$_{334}$　双:烫tʻɔ̃$_{334}$　杭:烫tʻʌŋ$_{335}$　绍:泡pʻɔ$_{33}$　诸:烫/烫热tɒ̃$_{544}$/tɒ̃$_{52}$ȵiəʔ$_{4}$　崇:泡pʻɑɒ$_{324}$　太:烫tʻɒŋ$_{35}$　余:烫tʻɒ̃$_{52}$　宁:烫tʻɒ̃$_{52}$　黄:烫tɒ̃$_{44}$　温:烫tʻ^{ʊ}ɔ$_{52}$　衢:烫tʻɒ̃$_{52}$　华:烫tʻɑŋ$_{45}$　永:烫tʻʌŋ$_{54}$

暖和

宜:暖/暖热ne$_{24}$/ne$_{33}$ȵiɪʔ$_{4}$　溧:热ȵiɪʔ$_{2}$　金:暖和nʊ̃$_{21}$xo$_{23}$　丹:暖和nəŋ$_{52}$h^{ɦ}ʌɤ$_{23}$　童:热和ȵiɪʔ$_{\underline{42}}$xɦʌɤ$_{31}$　靖:暖和nũ$_{33}$h^{ɦ}ʌɤ$_{52}$　江:热ȵiəʔ$_{\underline{12}}$　常:热呼呼葛niɪʔ$_{2}$fu$_{44}$fu$_{44}$kəʔ$_{5}$　锡:暖热no$_{22}$niəʔ$_{5}$　苏:暖热nɵ$_{22}$ȵiəʔ$_{4}$　熟:暖热nɤ$_{22}$ȵɪʔ$_{4}$　昆:暖热nɵ$_{22}$ȵiɪʔ$_{4}$　霜:暖热n^{ʌ}ɤ$_{22}$ȵɪʔ$_{4}$　罗:暖热n^{ʌ}ɤ$_{24}$ȵɪʔ$_{2}$　周:暖热nø$_{22}$ȵɪʔ$_{5}$　上:暖热nø$_{22}$ȵiɪʔ$_{4}$　松:暖热nø$_{24}$ȵiɪʔ$_{21}$　黎:暖热nɵ$_{22}$ȵiəʔ$_{5}$　盛:暖热nɵ$_{22}$ȵiɐʔ$_{52}$　嘉:暖热nɤə$_{22}$ȵiəʔ$_{5}$　双:暖热nᴇ$_{24}$ȵiəʔ$_{2}$　杭:暖/热/暖和no$_{51}$/ȵiɪʔ$_{\underline{12}}$/ɹɐʔ$_{\underline{12}}$/nuo$_{55}$ɦou$_{31}$　绍:热ȵɪʔ$_{\underline{23}}$　诸:热嗡嗡个ȵiəʔ$_{2}$oŋ$_{55}$oŋ$_{55}$kəʔ$_{2}$　崇:暖nœ̃$_{22}$　太:暖neŋ$_{22}$　余:旺暖ʔuɒ̃$_{55}$nɵ̃$_{31}$　宁:□暖ʔu$_{33}$nø$_{44}$　黄:暖/暖烘烘ʔləŋ$_{53}$/ləŋ$_{33}$hoŋ$_{44}$hoŋ$_{44}$　温:暖nʌŋ$_{24}$　衢:暖和nə$_{45}$ɦu$_{35}$　华:暖nɯə$_{544}$　永:暖nəɲ$_{323}$/nɤə$_{323}$

温

宜:温吞ʔuəŋ$_{55}$tʻəŋ$_{55}$　溧:温/温吞ʔuən$_{445}$/ʔuən$_{44}$tʻən$_{52}$　金:温吞uəŋ$_{44}$tʻəŋ$_{31}$　丹:温ʔuɛn$_{44}$　童:温吞ʔuəŋ$_{53}$tʻəŋ$_{31}$　靖:温荡荡ʔwəŋ$_{44}$dɑŋ$_{44}$dɑŋ$_{44}$　江:温吞/温动动ʔuᴇɲ$_{53}$tʻᴇŋ$_{31}$/ʔuᴇɲ$_{53}$doŋ$_{33}$doŋ$_{31}$　常:温吞ʔuəɲ$_{55}$tʻəɲ　锡:温/温吞ʔuən$_{544}$/ʔuən$_{21}$tən$_{23}$　苏:温/温吞ʔuən$_{44}$/ʔuən$_{55}$tʻən$_{31}$

熟：温吞ʔuẽ$^{n}_{55}$t'ẽ$^{n}_{31}$ 昆：温吞ʔuən$_{44}$t'ən$_{41}$ 霜：温吞ʔuɛ̃$_{55}$t'ɛ̃$_{31}$ 罗：暖热n^{ʌ}ʏ$_{24}$ȵɪʔ$_{2}$ 周：温吞ʔʊəŋ$_{55}$t'əŋ$_{31}$ 上：温/温吞ʔuəɲ$_{52}$/ʔuəɲ$_{55}$təɲ$_{31}$ 松：温吞ʔʊəŋ$_{33}$t'əɲ$_{52}$ 黎：温吞/温荡荡ʔuəɲ$_{44}$t'ən$_{44}$/ʔuən$_{44}$dɑ̃$_{44}$dɑ̃$_{44}$ 盛：温吞/温荡荡ʔəɲ$_{44}$t'əɲ$_{44}$/ʔəɲ$_{44}$dɑ̃$_{44}$dɑ̃$_{44}$ 嘉：温吞ʔuən$_{44}$t'ən$_{51}$ 双：温吞ʔuən$_{44}$t'ən$_{44}$ 杭：温吞吞ʔuən$_{32}$t'ən$_{23}$t'ən$_{51}$ 绍：温吞ʔuəŋ$_{33}$t'əŋ$_{52}$ 诸：温吞嗡热ʔuẽɪ$_{52}$t'ẽɪ$_{55}$oŋ$_{55}$ȵiəʔ$_{2}$ 崇：温/温吞ʔʊɪŋ$_{533}$/ʔʊɪŋ$_{32}$t'ɪŋ$_{23}$ 太：温/温吞ʔʊeŋ$_{42}$/ʔʊeŋ$_{55}$t'eŋ$_{31}$ 余：旺暖ʔuõ$_{55}$nõ$_{31}$ 宁：温/温吞ʔuɐŋ$_{52}$/ʔuɐŋ$_{33}$t'ɐŋ$_{44}$ 黄：温暖暖ʔuəŋ$_{44}$ləŋ$_{44}$ləŋ$_{51}$ 温：暖nʌŋ$_{24}$ 衢：温/温温热ʔuən$_{434}$/ʔuən$_{33}$ʔuən$_{55}$ȵiəʔ$_{2}$ 华：温ʔuən$_{324}$ 永：暖neɲ$_{323}$/nʏə$_{323}$

凉

宜：冷lʌŋ$_{24}$ 溧：冷lən$_{445}$ 金：冷ləŋ$_{323}$ 丹：冷lie$_{213}$ 童：冷ləŋ$_{113}$ 靖：冷ləŋ$_{223}$ 江：冷lᴀ$^{ŋ}_{435}$ 常：冷佬lᴀɲ$_{34}$lɑʏ$_{44}$ 锡：冷lã$_{213}$ 苏：冷/冷丝丝lᴀ̃$_{51}$/lᴀ̃$_{22}$sɿ$_{55}$sɿ$_{31}$ 熟：冷lᴀ̃$_{31}$ 昆：冷lã$_{223}$ 霜：冷/瀴lã$_{434}$/ʔĩ$_{314}$ 罗：冷lã$_{434}$ 周：冷lᴀ̃$_{335}$ 上：冷lᴀ̃$^{n}_{334}$ 松：冷lɛ̃$_{113}$ 黎： 盛：冷/冷丝丝læ̃$_{22}$/læ̃$_{234}$sɿ$_{33}$sɿ$_{31}$ 嘉：冷lᴀ̃$_{223}$ 双：冷la$_{53}$ 杭：冷/瀴lən$_{51}$/ʔin$_{334}$ 绍：冷laŋ$_{113}$ 诸：冷lᴀ̃$_{31}$ 崇：冷lɪŋ$_{22}$ 太：冷/凉lᴀŋ$_{22}$/liᴀŋ$_{22}$ 余：冷lᴀ̃$_{113}$ 宁：冷la$_{113}$ 黄：冷lã$_{31}$ 温：冰pʌŋ$_{44}$ 衢：凉liã$_{323}$ 华：凉liɑŋ$_{213}$ 永：凉liᴀŋ$_{322}$

香

宜：香ɕiᴀŋ$_{55}$ 溧：香ɕie$_{445}$ 金：香ɕiɑŋ$_{31}$ 丹：香ɕie$_{22}$ 童：香ɕiɑŋ$_{42}$ 靖：香ɕĩ$_{544}$ 江：香ɕiᴀ$^{ŋ}_{51}$ 常：香佬ɕiᴀɲ$_{55}$lɑʏ$_{31}$ 锡：香ɕiã$_{544}$ 苏：香ɕiᴀ̃$_{44}$ 熟：香ɕiᴀ̃$_{52}$ 昆：香ɕiã$_{44}$ 霜：香ɕiã$_{52}$ 罗：香ɕiã$_{52}$ 周：香ɕiᴀ̃$_{52}$ 上：香ɕiᴀ̃$^{n}_{52}$ 松：香ɕiɛ̃$_{52}$ 黎：香ɕiɛ̃$_{44}$ 盛：香ɕiæ̃$_{44}$ 嘉：香ɕiᴀ̃$_{51}$ 双：香ɕiã$_{44}$ 杭：香ɕiᴀŋ$_{323}$ 绍：香ɕiaŋ$_{52}$ 诸：香ɕiᴀ̃$_{544}$ 崇：香ɕiᴀ̃$_{533}$ 太：香ɕiᴀŋ$_{42}$ 余：香ɕiᴀ̃$_{44}$ 宁：香ɕiã$_{52}$ 黄：香ɕiã$_{52}$ 温：香ɕi$_{44}$ 衢：香ɕiɛ̃$_{434}$ 华：香ɕiᴀŋ$_{324}$ 永：香ɕiᴀŋ$_{544}$

臭

宜：臭ts'ʏɯ$_{324}$ 溧：臭ts'ei$_{412}$ 金：臭ts'ʌʏ$_{44}$ 丹：臭ts'ᴇ$^{e}_{324}$ 童：臭ts'ei$_{45}$ 靖：臭tɕ'^{ø}ʏ$_{51}$ 江：臭ts'ɜʏ$_{435}$ 常：臭佬ts'eɪ$_{34}$lɑʏ$_{44}$ 锡：臭tɕ'ʌʏ$_{34}$ 苏：臭ts'əɪ$_{412}$ 熟：臭tʂ'ɯ$_{324}$ 昆：臭ts'ᴇ$_{412}$ 霜：臭ts'ʌɪ$_{434}$ 罗：臭ts'ʌɪ$_{434}$ 周：臭ts'ʏ$_{335}$ 上：臭ts'ʏ$_{334}$ 松：臭ts'ɯ$_{335}$ 黎：臭ts'ieɯ$_{324}$ 盛：臭ts'iəʉ$_{334}$ 嘉：臭ts'e$_{334}$ 双：臭tɕ'^{ø}ʏ$_{334}$ 杭：臭ts'eɪ$_{334}$ 绍：臭ts'ʏ$_{33}$ 诸：臭tʂ'iʏ$_{544}$ 崇：臭tɕ'iʏ$_{324}$ 太：臭tɕ'ʏ$_{35}$ 余：臭ts'ʏ$_{52}$ 宁：臭tɕ'ʏ$_{44}$ 黄：臭c'iu$_{44}$ 温：臭tɕ'iu$_{52}$ 衢：臭tɕ'iɯ 华：臭tɕ'iɯu$_{45}$ 永：臭ts'əʊ$_{54}$

馊

宜：馊sʏɯ$_{55}$ 溧：馊sei$_{445}$ 金：馊sʌʏ$_{31}$ 丹：馊sᴇ$^{e}_{22}$ 童：馊sei$_{42}$ 靖：馊sʌʏ$_{433}$ 江：馊seɪ$_{51}$ 常：馊佬seɪ$_{55}$lɑʏ$_{31}$ 锡：馊seɪ$_{544}$ 苏：馊səɪ$_{44}$ 熟：馊sᴇ$_{51}$ 昆：馊sᴇ$_{44}$ 霜：馊sʌɪ$_{52}$ 罗：馊sʌɪ$_{52}$ 周：馊sʏ$_{52}$ 上：馊sʏ$_{52}$ 松：馊sɯ$_{52}$ 黎：馊sieɯ$_{44}$ 盛：馊siəʉ$_{44}$ 嘉：馊se$_{51}$ 双：馊s^{ø}ʏ$_{44}$ 杭：馊/酸seɪ$_{323}$/suo$_{323}$ 绍：馊sʏ$_{334}$ 诸：馊/馊气sei$_{544}$/sei$_{52}$tɕ'i$_{z44}$ 崇：馊气sʏ$_{32}$tɕ'i$_{z23}$ 太：馊气ɕʏ$_{55}$tɕ'i$_{31}$ 余：臭/酸ts'ʏ$_{52}$/sõ$_{44}$ 宁：馊气sœʏ$_{55}$tɕ'i$_{33}$ 黄：厌ʔie$_{53}$ 温：蔫ʔ^{ɪ}i$_{44}$ 衢：馊siɯ$_{434}$ 华：馊气/馊ɕiɯu$_{32}$tɕ'i$_{j35}$/ɕiɯu$_{45}$ 永：酸臭sʏə$_{44}$ts'əʊ$_{54}$

咸

宜：咸ɦᴀ$_{223}$ 溧：咸xɦᴀ$_{323}$ 金：咸xæ̃$_{24}$ 丹：咸h^{ɦ}æ$_{213}$ 童：咸hɑ$_{42}$ 靖：咸h^{ɦ}æ̃$_{223}$ 江：咸ɦæ$_{223}$ 常：咸佬ɦæ$_{21}$lɑʏ$_{34}$ 锡：咸ɦɛ$_{213}$ 苏：咸ɦᴇ$_{223}$ 熟：咸ɦæ$_{233}$ 昆：咸ɦɛ$_{132}$ 霜：咸ɦᴇ$_{31}$ 罗：咸ɦᴇ$_{31}$ 周：咸ɦɛ$_{113}$ 上：咸ɦᴇ$_{113}$ 松：咸ɦᴇ$_{31}$ 黎：咸ɦᴇ$_{24}$ 盛：咸ɦᴇ$_{24}$ 嘉：咸ɦᴇ$^{ɛ}_{31}$ 双：咸ɦᴇ$_{113}$ 杭：咸ɦᴇ$_{212}$ 绍：咸ɦæ̃$_{31}$ 诸：咸ɦɛ$_{233}$ 崇：咸ɦæ̃$_{312}$ 太：咸ɦæ̃$_{312}$ 余：咸ɦɛ̃$_{113}$ 宁：

咸ɦE$_{113}$　黄：咸ɦɛ$_{31}$　温：咸ɦɑ$_{31}$　衢：咸ɦæ̃$_{323}$　华：咸ʔɦæ̃$_{213}$　永：咸ʔɦA$_{322}$

淡

宜：淡dA$_{24}$　溧：淡dA$_{323}$　金：淡tʻæ̃$_{44}$　丹：淡tæ$_{41}$　童：淡dɑ$_{113}$　靖：淡dæ̃$_{31}$　江：淡dæ$_{223}$　常：淡佬dæ$_{21}$lɑɤ$_{13}$　锡：淡dɛ$_{213}$　苏：淡dE$_{31}$　熟：淡dæ$_{31}$　昆：淡dɛ$_{21}$　霜：淡dE$_{213}$　罗：淡de$_{213}$　周：淡dɛ$_{113}$　上：淡dE$_{113}$　松：淡dE$_{113}$　黎：淡dz$_{213}$　盛：淡dE$_{212}$　嘉：淡dE^{ɛ}$_{223}$　双：淡dE$_{31}$　杭：淡dE$_{113}$　绍：淡dæ̃$_{22}$　诸：淡dɛ$_{31}$　崇：淡dæ̃$_{312}$　太：淡dæ̃$_{22}$　余：淡dɛ̃$_{113}$　宁：淡dE$_{113}$　黄：淡dɛ$_{31}$　温：淡dɑ$_{24}$　衢：淡dæ̃$_{31}$　华：淡tæ̃$_{544}$　永：淡dA$_{323}$

饿

宜：饿ŋu$_{31}$　溧：饿ŋu$_{31}$　金：饿o$_{44}$　丹：饿ŋʌɤ$_{41}$　童：饿ŋʌɤ$_{31}$　靖：饿ŋʌɤ$_{31}$　江：饿ŋɜɤ$_{223}$　常：饿佬ŋʌɯ$_{21}$lɑɤ$_{23}$　锡：饿ŋʌɤ$_{213}$　苏：饿ŋɜu$_{31}$　熟：饿ŋɯ$_{213}$　昆：饿ŋəu$_{21}$　霜：饿ŋu$_{213}$　罗：饿ŋu$_{213}$　周：饿ŋu$_{113}$　上：饿ŋu$_{113}$　松：饿ŋu$_{113}$　黎：饿ŋɜu$_{213}$　盛：饿ŋɜu$_{212}$　嘉：饿ŋəu$_{223}$　双：饿ŋəu$_{113}$　杭：饿ɦou$_{113}$　绍：饿/漕/肚饥ŋu$_{22}$/zɔ$_{31}$/du$_{22}$tɕi$_{52}$　诸：饿ŋu$_{233}$　崇：肚肌du$_{21}$tɕi$_{z23}$　太：饿/肚肌ŋɯ$_{22}$/ŋɯ$_{13}$/dY$_{24}$tɕi$_{31}$　余：饿ŋu$_{113}$　宁：饿ŋəu$_{113}$　黄：呷hɐʔ$_{5}$　温：饿ŋæi$_{22}$　衢：饿ŋ^{ʊ}u$_{31}$　华：饿ɦuo$_{213}$　永：肚肌dʊ$_{32}$tɕi$_{44}$

渴

宜：干ke$_{55}$　溧：干kʊ$_{445}$　金：干kæ̃$_{31}$　丹：干kəŋ$_{22}$　童：干kʊ$_{42}$　靖：干kɯ̃$_{433}$　江：干kɵ$_{51}$　常：干佬kɔ$_{55}$lɑɤ$_{31}$　锡：干ko$_{544}$　苏：干kɵ$_{44}$　熟：干kY$_{52}$　昆：干kɵ　霜：干k^{ʌ}ɤ$_{52}$　罗：干k^{ʌ}ɤ$_{52}$　周：干kø$_{52}$　上：干kø$_{52}$　松：干kø$_{52}$　黎：干kɵ$_{44}$　盛：渴/干kʻəʔ$_{5}$/kɵ$_{44}$　嘉：渴kʻəʔ$_{\underline{54}}$　双：口干kʻøY$_{34}$kE$_{52}$　杭：燥/干sɔ$_{334}$/kE$_{323}$　绍：燥sɔ$_{52}$　诸：燥煞sɔ$_{52}$sɐʔ$_{4}$　崇：口燥kʻiY$_{55}$sɒ$_{31}$　太：口燥kʻY$_{55}$s^{ɑ}ɒ$_{31}$　余：燥sɒ$_{52}$　宁：燥sɔ$_{44}$　黄：燥sɔ$_{44}$　温：渴/燥kʻɵ$_{423}$/sɜ$_{52}$　衢：燥sɔ$_{53}$　华：口燥kʻiɯu$_{54}$sɑʊ$_{35}$　永：口燥kʻəʊ$_{42}$SAʊ$_{54}$

累

宜：吃力tɕʻiɪʔ$_{5}$lɪʔ$_{5}$　溧：累/吃力læE$_{412}$/tɕʻiɪʔ$_{3}$lɪʔ$_{5}$　金：萎/吃力uei$_{31}$/tɕʻieʔ$_{4}$lɪeʔ$_{4}$　丹：吃力tɕʻɪʔ$_{\underline{53}}$lɪʔ$_{\underline{31}}$　童：吃力tɕiɪʔ$_{5}$liɪʔ$_{5}$　靖：吃力tɕʻiəʔ$_{5}$lɪʔ$_{5}$　江：吃力tɕʻiəʔ$_{5}$lɪʔ$_{5}$　常：吃力tɕʻiɪʔ$_{4}$liɪʔ$_{5}$　锡：吃力tɕʻiəʔ$_{4}$lɪʔ$_{5}$　苏：吃力tɕʻieʔ$_{5}$lɪʔ$_{5}$　熟：吃力tɕʻɪʔ$_{4}$lɪʔ$_{5}$　昆：吃力tɕʻiɪʔ$_{5}$lɪʔ$_{3}$　霜：吃力tɕʻiəʔ$_{5}$lɪʔ$_{3}$　罗：吃力tɕʻiɐʔ$_{5}$lɪʔ$_{3}$　周：衰猪/吃力sɑ$_{44}$du$_{52}$/tɕʻiəʔ$_{3}$lɪʔ$_{5}$　上：吃力tɕʻiɐʔ$_{3}$lɪʔ$_{4}$　松：吃力/衰猪tɕʻiʌʔ$_{4}$lɪʔ$_{4}$/sɑ$_{44}$du$_{52}$　黎：吃力tɕʻiəʔ$_{5}$lɪʔ$_{2}$　盛：吃力tɕʻiɐʔ$_{5}$lɪʔ$_{3}$　嘉：吃力tɕʻiəʔ$_{3}$liəʔ$_{4}$　双：吃力tɕʻiəʔ$_{5}$lieʔ$_{5}$　杭：吃力tɕʻyɪʔ$_{4}$liɪʔ$_{5}$　绍：吃力tɕʻɪʔ$_{4}$lɪʔ$_{5}$　诸：吃力煞tɕʻiəʔ$_{4}$liəʔ$_{4}$sɐʔ$_{\underline{52}}$　崇：着利猛dzɑʔ$_{3}$li$_{z44}$mA˜$_{52}$　太：着力猛dzɑʔ$_{2}$lieʔ$_{3}$mAŋ$_{52}$　余：着力dzAʔ$_{2}$lɪʔ$_{5}$　宁：竭力dʑiɪʔ$_{2}$liɪʔ$_{5}$　黄：吃力tɕʻieʔ$_{3}$lieʔ$_{4}$　温：□ʔʋæi$_{52}$　衢：着力/吃力dʒʮAʔ$_{2}$liəʔ$_{5}$/tɕʻiəʔ$_{5}$liəʔ$_{3}$　华：吃力tɕʻiəʔ$_{5}$liəʔ$_{3}$　永：着累dʑiʌ$_{31}$ləɪ$_{24}$

痒

宜：痒ɦiAŋ$_{223}$　溧：痒ɦi̥e$_{z42}$　金：痒/痒戏戏iɑŋ$_{24}$/iɑŋ$_{23}$ɕi$_{55}$ɕi$_{31}$　丹：痒ɦie$_{44}$　童：痒ɦiɑŋ$_{113}$　靖：痒ɦĩ$_{223}$　江：痒ʔiA^{ŋ}$_{45}$　常：痒得ɦiAɲ$_{21}$təʔ$_{4}$　锡：痒ɦiã$_{34}$　苏：痒/痒其其ɦiÃ$_{233}$/ɦiÃ$_{22}$dʑi$_{j55}$dʑi$_{j31}$　熟：痒/痒人ɦiA˜$_{31}$/ɦiA˜$_{22}$ɲĩ^{ɲ}$_{51}$　昆：痒ɦia$_{132}$　霜：痒ɦia˜$_{213}$　罗：痒ɦia˜$_{213}$　周：痒/叮ɦiA˜$_{113}$/dɪɪŋ$_{52}$　上：痒ɦiÃ^{ɲ}$_{113}$　松：痒ɦiɛ̃$_{113}$　黎：鲜siɪ$_{44}$　盛：鲜/怕痒si$_{j44}$/pʻo$_{35}$iæ̃$_{52}$　嘉：痒ɦiA˜$_{223}$　双：鲜ɕiɪ$_{44}$　杭：痒ʔiAŋ$_{51}$　绍：痒/怪积ɦiaŋ$_{113}$/kua$_{43}$tɕɪʔ$_{5}$　诸：怪积kuA$_{52}$tɕiəʔ$_{4}$　崇：痒ɦiA˜$_{312}$　太：痒ɦiAŋ$_{22}$　余：痒ɦiÃ$_{113}$　宁：痒ɦiã$_{113}$　黄：痒ʔia˜$_{53}$　温：痒ɦi$_{24}$　衢：痒ɦiẽ$_{323}$　华：痒ʔiɑŋ$_{544}$　永：痒ʔɦiAŋ$_{322}$

舒服

宜:写意ɕiA$_{53}$ʔi$_{j31}$ 溧:舒服/好过ɕy$_{z44}$vɔʔ$_{5}$/xɑ^{ɤ}$_{44}$kʌɯ$_{31}$ 金:写意/快活ɕiɑ$_{35}$i$_{z31}$/k‘uɛ^{e}$_{33}$ xuəʔ$_{4}$ 丹:写意ɕiɑ$_{55}$i$_{31}$ 童:写意/适意/舒服ɕiɒ$_{33}$i$_{55}$/səʔ$_{\underline{53}}$i$_{31}$/ʃy$_{ʮ53}$voʔ$_{\underline{31}}$ 靖:舒服/写意/适当ɕye$_{44}$vɔʔ$_{3}$/siɑ$_{55}$ʔi$_{j31}$/ɕiəʔ$_{\underline{53}}$ʔi$_{j31}$ 江:适意/写意sɜʔ$_{\underline{53}}$ʔi$_{j31}$/siɑ$_{52}$ʔi$_{j33}$ 常:写意/舒适/舒畅ɕiɑ$_{55}$i$_{31}$/sʮ$_{55}$səʔ$_{5}$/sʮ$_{55}$ts‘Aɲ$_{31}$ 锡:适意/写意səʔ$_{4}$i$_{34}$/siɑ$_{55}$i$_{31}$ 苏:适意/写意səʔ$_{5}$i$_{j23}$/siɒ$_{52}$i$_{j23}$ 熟:舒服ʂʮ$_{ʅ55}$voʔ$_{5}$ 昆:适意/写意/开心səʔ$_{3}$i$_{44}$/siɑ$_{52}$i$_{33}$/k‘ɛ$_{44}$ʂin$_{41}$ 霜:适意/写意/舒服/趁心səʔ$_{5}$i$_{3}$/siɑ$_{55}$i$_{31}$/sʅ$_{55}$voʔ$_{3}$/ts‘Ẽ$_{33}$sĩ$_{44}$ 罗:适意/写意/开心zəʔ$_{34}$i$_{23}$/siɑ$_{33}$i$_{52}$/k‘e$_{55}$sĩ^{n}$_{31}$ 周:适意səʔ$_{4}$i$_{44}$ 上:适意/写意səʔ$_{3}$i$_{44}$/ɕiA$_{33}$i$_{44}$ 松:适意/写意səʔ$_{4}$i$_{34}$/ɕiɑ$_{44}$i$_{44}$ 黎:适意/写意səʔ$_{5}$i$_{31}$/siɒ$_{55}$i$_{31}$ 盛:适意səʔ$_{5}$i$_{31}$/siɑ$_{55}$i$_{31}$ 嘉:适意/写意səʔ$_{5}$ʔi$_{31}$/ɕiɑ$_{44}$ʔi$_{33}$ 双:舒意/写意/坦sʅ$_{44}$i$_{44}$/ɕiɑ$_{34}$i$_{52}$/t‘E$_{53}$ 杭:舒服/写意sʅ$_{32}$vɔʔ$_{5}$/ɕiɑ$_{34}$i$_{51}$ 绍:写意ɕia$_{55}$i$_{31}$ 诸:舒服ɕy$_{ʮ52}$ɦoʔ$_{4}$ 崇:爽快/写意sɒ̃$_{34}$k‘uɑ$_{52}$/ɕiɑ$_{34}$i$_{52}$ 太:爽快/写意ɕiɒŋ$_{33}$k‘uɑ$_{52}$/ɕiɑ$_{33}$i$_{52}$ 余:乐为/写意lɔʔ$_{2}$ve$_{52}$/ɕiA$_{55}$i$_{31}$ 宁:写意/爽快ɕia$_{55}$i$_{31}$/sɔ̃$_{55}$k‘ua$_{31}$ 黄:舒服/味道/好过sʮ$_{33}$voʔ$_{4}$/mi$_{31}$dɒ$_{13}$/hɒ$_{33}$ku$_{44}$ 温:舒服sʅ$_{44}$vu$_{52}$ 衢:舒服ɕʮ$_{35}$vəʔ$_{2}$ 华:舒服/写意ɕʮ$_{y55}$foʔ$_{\underline{31}}$/ɕiɑ$_{35}$i$_{31}$ 永:清爽tɕiAŋ$_{44}$suAŋ$_{434}$

忙

宜:忙mAŋ$_{223}$ 溧:忙mAŋ$_{323}$ 金:忙mɑŋ$_{24}$ 丹:忙mɑŋ$_{41}$ 童:忙mɑŋ$_{31}$ 靖:忙mɑŋ$_{223}$ 江:忙mA^{ŋ}$_{223}$ 常:忙佬mAŋ$_{21}$lɑɤ$_{13}$ 锡:忙mɑŋ$_{213}$ 苏:忙mÃ$_{223}$ 熟:忙mA˜$_{233}$ 昆:忙mã$_{132}$ 霜:忙mɒ˜$_{213}$ 罗:忙mɒ˜$_{213}$ 周:忙mɒ˜$_{113}$ 上:忙mÃ^{ɲ}$_{113}$ 松:忙mɑ˜$_{31}$ 黎:忙mɑ˜$_{24}$ 盛:忙mɑ˜$_{24}$ 嘉:忙mA˜$_{31}$ 双:忙mɔ̃$_{113}$ 杭:忙mAŋ$_{212}$ 绍:忙mɒŋ$_{31}$ 诸:忙mɒ̃$_{233}$ 崇:忙mɒ̃$_{312}$ 太:忙mɒŋ$_{312}$ 余:忙mɒ̃$_{113}$ 宁:忙mɔ̃$_{113}$ 黄:忙mɒ˜$_{31}$ 温:忙m^{ʊ}ɔ$_{31}$ 衢:忙mɒ̃$_{323}$ 华:忙mɑŋ$_{213}$ 永:忙mAŋ$_{544}$

闲

宜:空k‘oŋ$_{324}$ 溧:空k‘oŋ$_{412}$ 金:闲/空ɕĩ$_{24}$/k‘oŋ$_{44}$ 丹:闲/空ɕɪ$_{324}$/k‘oŋ$_{324}$ 童:空k‘oŋ$_{45}$ 靖:闲空/空h^{ɦ}æ$_{22}$k‘oŋ$_{52}$/k‘oŋ$_{51}$ 江:空k‘oŋ$_{435}$ 常:空佬k‘oŋ$_{55}$lɑɤ$_{31}$ 锡:空k‘oŋ$_{34}$ 苏:空k‘oŋ$_{412}$ 熟:空k‘ʊŋ$_{324}$ 昆:空k‘oŋ$_{412}$ 霜:空k‘oŋ$_{434}$ 罗:空k‘oŋ$_{434}$ 周:空k‘oŋ$_{335}$ 上:闲/空ɦE$_{113}$/空k‘oŋ$_{334}$ 松:闲ɦE$_{31}$ 黎:空k‘oŋ$_{324}$ 盛:空k‘oŋ$_{334}$ 嘉:空k‘oŋ$_{334}$ 双:空k‘oŋ$_{334}$ 杭:空k‘oŋ$_{334}$ 绍:空k‘ʊŋ$_{33}$ 诸:空k‘oŋ$_{544}$ 崇:空k‘oŋ$_{314}$ 太:空k‘ʊŋ$_{35}$ 余:空k‘ʊŋ$_{52}$ 宁:空k‘oŋ$_{44}$ 黄:闲/空ɦɛ$_{31}$/k‘oŋ$_{53}$ 温:闲ɦɑ$_{31}$ 衢:空k‘ʌŋ$_{53}$ 华:空/闲兴k‘oŋ$_{45}$/ɕiæ$_{32}$ɕiɪn$_{35}$ 永:空k‘oŋ$_{54}$

胖

宜:胖p‘Aŋ$_{324}$ 溧:胖p‘Aŋ$_{412}$ 金:胖p‘ɑŋ$_{31}$ 丹:胖p‘ɑŋ$_{324}$ 童:胖/奘p‘ɑŋ$_{45}$/tʃy$_{ʮ}$ɑŋ 靖:胖/奘p‘ɑŋ$_{51}$/tɕyɑŋ$_{51}$ 江:胖/扎墩p‘A^{ŋ}$_{435}$/tsɑʔ$_{\underline{53}}$tEɲ$_{31}$ 常:胖佬p‘Aɲ$_{55}$lɑɤ$_{31}$ 锡:胖p‘ɒ̃$_{34}$ 苏:胖/奘p‘Ã$_{412}$/tsÃ$_{412}$ 熟:胖/奘p‘A˜$_{324}$/tʂA˜$_{324}$ 昆:胖/奘p‘ã$_{52}$/tsã$_{52}$ 霜:胖p‘ɒ$_{434}$ 罗:胖p‘ɒ$_{434}$ 周:胖p‘ɒ$_{335}$ 上:胖p‘Ã^{ɲ}$_{334}$ 松:奘/胖tsɑ˜$_{335}$/p‘ɑ˜$_{335}$ 黎:奘tsɑ˜$_{413}$ 盛:奘/胖tsɑ˜$_{413}$/p‘ɑ˜$_{413}$ 嘉:胖p‘A˜$_{334}$ 双:奘tsɔ̃$_{334}$ 杭:胖/肥p‘Aŋ$_{334}$/veɪ$_{212}$ 绍:奘/胖tsɒŋ$_{33}$/pɒŋ$_{33}$ 诸:奘tsɒ̃$_{544}$ 崇:奘tsɒ̃$_{324}$ 太:奘tɕiɒŋ$_{35}$ 余:胖/奘p‘ɒ̃$_{52}$/tsɒ̃$_{52}$ 宁:奘tsɔ̃$_{44}$ 黄:奘tsɒ˜$_{44}$ 温:肿tɕy^{ʊ}ɔ$_{52}$ 衢:胖/奘/肥p‘ɒ˜$_{53}$/tsuɒ˜$_{53}$/vi$_{323}$ 华:肥/胖/奘fi$_{324}$/p‘ɑŋ$_{45}$/tɕʮɑŋ$_{45}$ 永:奘tɕYAŋ$_{54}$

肥(奘)

宜:肥/奘vi$_{j223}$/tsAŋ$_{324}$ 溧:奘tsAŋ$_{412}$ 金:肥/奘fei$_{24}$/tsuɑŋ$_{44}$ 丹:肥fvi$_{z213}$ 童:胖/奘p‘ɑŋ$_{45}$/tʃy$_{ʮ}$ɑŋ 靖:肥vi$_{j223}$ 江:肥/奘vi$_{223}$/tsA^{ŋ}$_{435}$ 常:肥佬vi$_{j21}$lɑɤ$_{13}$ 锡:奘tsɒ̃$_{34}$ 苏:奘

tsÃ$_{412}$ 熟：肥/奘/油vi$_{233}$/tʂA˜$_{324}$/ɦiɯ$_{233}$ 昆：奘/油tsã$_{412}$/ɦy$_{132}$ 霜：肥/奘vi$_{31}$/tsɒ˜$_{434}$ 罗：奘tsɒ$_{434}$ 周：奘tsɒ˜$_{335}$ 上：奘tsA^{ŋ}$_{334}$ 松：油ɦiɯ$_{31}$ 黎：奘/油tsɑ˜$_{413}$/ɦieɯ$_{24}$ 盛：奘/油tsɑ̃$_{413}$/ɦiəʉ$_{24}$ 嘉：奘tsuA˜$_{334}$ 双：奘tsɔ̃$_{334}$ 杭：肥/奘vei$_{212}$/tsɥAŋ$_{334}$ 绍：奘tsɒŋ$_{33}$ 诸：奘tsɒ̃$_{544}$ 崇：奘tsɒ̃$_{324}$ 太：奘tɕiɒŋ$_{35}$ 余：奘tsɒ̃$_{52}$ 宁：奘tsɔ̃$_{44}$ 黄：奘/肥tsɒ˜$_{44}$/vi$_{113}$ 温：肥/奘bʻi$_{31}$/tɕy^{o}ɔ$_{52}$ 衢：肥vi$_{323}$ 华：肥/奘fvi$_{j324}$/tɕɥɑŋ$_{45}$ 永：奘tɕYAŋ$_{54}$

瘦

宜：瘦/精sʏɯ$_{324}$/tɕiŋ$_{55}$ 溧：瘦/精sei$_{412}$/tɕin$_{445}$ 金：瘦/精sʌʏ$_{44}$/tɕiŋ$_{31}$ 丹：瘦/精sʌʏ$_{324}$/tɕiŋ$_{22}$ 童：瘦/精sei$_{45}$/tɕiəŋ$_{42}$ 靖：瘦/精sʌʏ$_{51}$/tsiŋ$_{433}$ 江：瘦/精seɪ$_{435}$/tsiɲ$_{51}$ 常：瘦佬/精佬seɪ$_{55}$lɑʏ$_{31}$/tɕiɲ$_{55}$lɑʏ$_{31}$ 锡：瘦/精sEi$_{34}$/tsin$_{544}$ 苏：瘦/精/瘪səɪ$_{412}$/tsiɪn$_{44}$/bɪʔ$_{5}$ 熟：瘦/精sE$_{324}$/tsĩ^{n}$_{52}$ 昆：瘦/精sE$_{412}$/tɕin$_{44}$ 霜：瘦/精sʌɪ$_{434}$/tsĩ$_{52}$ 罗：瘦/精sʌɪ$_{434}$/tsĩ$_{52}$ 周：瘦/瘪/精sʏ$_{335}$/ɒɪʔ$_{5}$/tɕiɪŋ$_{52}$ 上：瘦/精sʏ$_{334}$/tɕiɲ$_{52}$ 松：瘦/精sʏ$_{335}$/tɕiɲ$_{52}$ 黎：精/瘦tsɪɲ$_{44}$/sieɯ$_{413}$ 盛：精tsɪɲ$_{44}$ 嘉：瘦se$_{334}$ 双：瘦/精sʏ$_{334}$/tɕiən$_{44}$ 杭：瘦/精seɪ$_{334}$/tɕɪn$_{323}$ 绍：瘦/精sʏ$_{33}$/tɕɪŋ$_{52}$ 诸：瘦sei$_{544}$ 崇：娃/精ʔʋɑ$_{324}$/tɕiŋ$_{533}$ 太：娃/精ʔʋɑ$_{42}$/tɕiŋ$_{42}$ 余：瘦/精sʏ$_{52}$/tɕiɲ$_{44}$ 宁：瘦sœʏ$_{52}$ 黄：柴zA$_{113}$ 温：精/瘵tsəŋ$_{44}$/szɑ$_{22}$ 衢：瘦siɯ$_{53}$ 华：瘦ɕiɯɯ$_{45}$ 永：瘦səʊ$_{54}$

老(不年轻)

宜：老lɑʏ$_{24}$ 溧：老lɑ^{ʏ}$_{445}$ 金：老lɑ^{ɔ}$_{323}$ 丹：老lɒ$_{213}$ 童：大dɒ$_{113}$ 靖：老lɒ$_{334}$ 江：老/年纪大lɒ$_{45}$/nɪ$_{21}$tɕi$_{j43}$dзʏ$_{223}$ 常：老佬lɑʏ$_{34}$lɑʏ$_{44}$ 锡：老lʌ$_{33}$ 苏：老læ$_{31}$ 熟：老/年纪大lɔ$_{31}$/ȵie$_{24}$tɕi$_{31}$ dɯ$_{213}$ 昆：老lɔ$_{132}$ 霜：老lɔ$_{213}$ 罗：老lɔ$_{213}$ 周：老lɔ$_{113}$ 上：老lɔ$_{113}$ 松：老lɔ$_{113}$ 黎：老lA^{ɔ}$_{32}$ 盛：老lɔ$_{223}$ 嘉：老lɔ$_{223}$ 双：老lɔ$_{113}$ 杭：老lɔ$_{51}$ 绍：老/大lɔ/do 诸：老lɔ$_{233}$ 崇：老lɑɒ$_{22}$ 太：老lɑɒ$_{22}$ 余：老lɒ$_{113}$ 宁：老lɔ$_{113}$ 黄：老ʔlɒ$_{53}$ 温：老lз$_{24}$ 衢：老lɒ$_{31}$ 华：老lɑʊ$_{544}$ 永：老lAʊ$_{323}$

年轻

宜：年轻ȵɪ$_{21}$tɕʻiŋ$_{23}$ 溧：年轻ȵi$_{44}$tɕʻin$_{31}$ 金：年轻ȵĩ$_{24}$tɕʻiŋ$_{44}$ 丹：年轻ȵɪ$_{44}$tɕʻiŋ$_{31}$ 童：年轻ȵɪ$_{24}$tɕʻiəŋ$_{31}$ 靖：年纪轻nĩ$_{22}$tɕi$_{j55}$ tɕʻiŋ$_{31}$ 江：年纪轻nɪ$_{21}$tɕi$_{j43}$ tɕʻiɲ$_{51}$ 常：年轻佬nɪ$_{22}$tɕʻiɲ$_{44}$lɑʏ$_{433}$ 锡：年轻ȵi$_{24}$tɕʻin$_{31}$ 苏：年轻ȵiɪ$_{22}$tɕʻiɪn$_{44}$ 熟：年轻/年纪轻ȵie$_{24}$tɕʻĩ^{n}$_{31}$/ȵie$_{24}$tɕi$_{31}$ tɕʻĩ^{n}$_{52}$ 昆：年轻/年纪轻nɪ$_{23}$tɕʻin$_{41}$/nɪ$_{22}$tɕi$_{55}$ tɕʻin$_{31}$ 霜：年轻/后生ȵɪ$_{22}$tɕʻĩ$_{52}$/ɦʌɪ$_{22}$sa˜$_{52}$ 罗：年轻/年纪轻ȵi$_{22}$tɕʻɪ^{n}$_{52}$/ȵi$_{22}$tɕi$_{44}$ tɕʻɪ^{n}$_{52}$ 周：年轻/年纪轻/岁数轻ȵi$_{23}$tɕʻiɪŋ$_{44}$/ȵi$_{22}$tɕi$_{44}$ tɕʻiɪŋ$_{52}$/sø$_{55}$su$_{31}$ tɕʻiɪŋ$_{52}$ 上：年轻/年纪轻ȵi$_{22}$tɕʻiɲ$_{44}$/ȵi$_{22}$tɕi$_{44}$ tɕʻiɲ$_{52}$ 松：年轻/年纪轻ȵi$_{22}$tɕʻiɲ$_{52}$/ȵi$_{24}$tɕi$_{31}$ tɕʻiɲ$_{52}$ 黎：年轻/年纪轻ȵiɪ$_{22}$tɕʻɪəɲ$_{34}$/ȵiɪ$_{22}$tɕi$_{j34}$ tɕʻiɲ$_{44}$ 盛：年轻/线/年纪轻ȵiɪ$_{22}$tɕʻɪɲ$_{44}$/siɪ$_{413}$/ȵiɪ$_{22}$tɕʻi$_{j44}$tɕʻɪɲ$_{44}$ 嘉：年轻ȵie$_{22}$tɕʻin$_{44}$ 双：年轻/年纪轻ȵɪ$_{22}$tɕʻiən$_{44}$/ȵɪ$_{22}$tɕi$_{z44}$ tɕʻiən$_{44}$ 杭：年轻/年纪小ȵie$_{21}$tɕʻɪn$_{23}$/ȵie$_{21}$tɕi$_{23}$ tɕʻɪn$_{323}$ 绍：年轻/nĩ$_{22}$tɕʻɪŋ$_{52}$ 诸：年轻/年纪轻ȵiɪ$_{31}$tɕʻĩ$_{44}$/ȵiɪ$_{31}$tɕi$_{z44}$ ɕiɔ$_{52}$ 崇：年纪轻ȵiẽ$_{21}$tɕi$_{z23}$ tɕʻiŋ$_{533}$ 太：年纪轻ȵiẽ$_{21}$tɕi$_{44}$ tɕʻiŋ$_{42}$ 余：年轻ȵĩ$_{22}$tɕʻiɲ$_{44}$ 宁：年轻/年纪轻ȵi$_{22}$tɕʻɪŋ$_{51}$/ȵi$_{22}$tɕi$_{44}$ tɕʻɪŋ$_{51}$ 黄：年纪轻/年轻ȵie$_{22}$tɕi$_{55}$ tɕʻiɪŋ$_{31}$/ȵie$_{25}$tɕʻiɪŋ$_{31}$ 温：年轻ȵi$_{21}$tɕiʌŋ$_{44}$ 衢：年轻/年纪轻nie$_{32}$tɕʻi^{n}$_{23}$/nie$_{22}$tɕi$_{53}$ tɕʻi^{n}$_{434}$ 华：年轻ȵiæ$_{32}$tɕʻiɪn$_{35}$ 永：年轻ȵie$_{32}$tɕʻiɪɲ$_{44}$

好看、漂亮

宜：好看/漂亮/咪咪(儿)xɑʏ$_{53}$kʻe$_{3}$/pʻiɑʏ$_{53}$liAŋ$_{31}$/ʔmi$_{55}$mi$_{31}$ 溧：好看/漂亮xɑ^{ʏ}$_{44}$kʻʊ$_{31}$/pʻiɑ^{ʏ}$_{44}$lie$_{31}$ 金：好看/漂亮/标致xɑ^{ɔ}$_{33}$kʻæ̃$_{44}$/pʻiɑ^{ɔ}$_{33}$ȵiɑŋ$_{52}$/piɑ^{ɔ}$_{44}$tsʅ$_{52}$ 丹：好看/漂亮hɒ$_{55}$kʻəŋ$_{31}$/pʻiɒ$_{52}$lie$_{31}$ 童：好看/标致heʏ$_{34}$kʻʊ$_{55}$/pʻieʏ$_{53}$tsʅ$_{31}$ 靖：好看/漂亮hɒ$_{33}$kʻũ$_{52}$/pʻiɒ$_{55}$lĩ$_{31}$ 江：好看/漂亮hɒ$_{33}$kʻɵ$_{51}$/pʻiɒ$_{53}$liA^{ŋ}$_{33}$ 常：好看佬/漂亮佬hɑʏ$_{33}$kʻɔ$_{55}$lɑʏ$_{31}$/pʻiɑʏ$_{33}$liAɲ$_{55}$lɑʏ$_{31}$ 锡：好看/

漂亮/标致xʌ$_{33}$kʻʌɤ$_{52}$/pʻiʌ$_{55}$liã$_{31}$/piʌ$_{21}$tsɿ$_{23}$　苏：好看/漂亮hæ$_{53}$kʻɵ$_{31}$/pʻiæ$_{53}$liÃ$_{31}$　熟：好看/漂亮/出客xɔ$_{33}$kʻɤ$_{33}$/pʻiɔ$_{33}$liA˜$_{33}$/tʂʻEʔ$_{4}$kʻAʔ$_{5}$　昆：好看/漂亮/出客/嫽hɔ$_{52}$kʻɵ$_{33}$/pʻiɔ$_{52}$liã$_{33}$/tsʻəʔ$_{4}$kʻAʔ$_{4}$/tsɛ$_{52}$　霜：好看/漂亮/出客hɔ$_{44}$kʻ^{ʌ}ɤ$_{44}$/pʻiɔ$_{33}$lia˜$_{44}$/tsʻəʔ$_{5}$kʻAʔ$_{3}$　罗：好看/漂亮/噱头/嗲hɔ$_{33}$kʻʌɤ$_{52}$/pʻiɔ$_{33}$lia˜$_{52}$/ɕɪ$_{3}$dʌɪ$_{52}$/tiɑ$_{434}$　周：好看/漂亮/臧hɔ$_{44}$kʻø$_{52}$/pʻiɔ$_{44}$liA˜$_{44}$/tsʻy$_{335}$　上：好看/漂亮/登样hɔ$_{33}$kʻø$_{44}$/pʻiɔ$_{33}$liÃ^{n}$_{44}$/təɲ$_{52}$ɦiÃ^{n}$_{113}$　松：好看/漂亮/臧hɔ$_{44}$kʻø$_{44}$/pʻiɔ$_{44}$liɛ̃$_{44}$/tɕʻy$_{334}$　黎：好看/登样hɔ$_{55}$kʻɵ$_{31}$/təɲ$_{44}$ɦiɛ̃$_{44}$　盛：好看/齐正/登样hɔ$_{55}$kʻɵ/zi$_{j22}$tsəɲ　嘉：好看/漂亮hɔ$_{44}$kʻɤə$_{33}$/pʻiɔ$_{22}$liA˜$_{34}$　双：好看/漂亮lɔ$_{34}$kʻE$_{52}$/pʻiɔ$_{34}$liã$_{52}$　杭：好看/漂亮/耐看/标致/时道（老）hɔ$_{55}$kʻE$_{31}$/pʻiɔ$_{55}$liAŋ$_{31}$/piɔ$_{32}$tsɿ$_{23}$nE$_{34}$kʻE$_{51}$/szɿ$_{24}$dɔ$_{31}$　绍：好看hɔ$_{34}$kʻĩ$_{52}$　诸：齐整ʑi$_{z31}$tsẼĩ$_{42}$　崇：好看/漂亮hɑɒ$_{34}$kʻœ̃$_{52}$/pʻiɑɒ$_{34}$liA˜$_{52}$　太：好看/漂亮h^{ɑ}ɒ$_{33}$kʻœ$_{44}$/pʻiɑɒ$_{33}$liAŋ$_{44}$　余：好看/漂亮（少）hɔ$_{33}$kʻẽ$_{52}$/pʻiɒ$_{55}$liÃ$_{31}$　宁：好看/漂亮hɔ$_{55}$kʻi$_{31}$/pʻiɔ$_{44}$liã$_{44}$　黄：好欠hɒ$_{31}$tɕʻie$_{44}$　温：好眙xɜ$_{35}$tsʻɿ$_{31}$　衢：好看/漂亮/青/靓xɔ$_{35}$kʻə$_{53}$/pʻiɔ$_{33}$liã$_{53}$/tɕʻi^{n}$_{434}$/tɕiẽ$_{53}$　华：好望/漂亮/噱头/勿吸xɑʊ$_{54}$ɦuɑŋ$_{213}$/pʻiɑʊ$_{53}$liɑŋ$_{24}$/ɕʮyəʔ$_{3}$diɯɯ$_{44}$/fəʔ$_{5}$ɕiəʔ$_{3}$　永：煌□ʔɦuAŋ$_{43}$ʔɦoə$_{22}$

难看、丑(怕)

宜：难看/丑nA$_{22}$kʻe$_{53}$/tsʻɤɯ$_{51}$　溧：难看/丑nA$_{32}$kʻʊ$_{52}$/tsʻei$_{52}$　金：难看/丑næ̃$_{24}$kæ̃$_{52}$/tsʻʌɤ$_{24}$　丹：难看næ$_{22}$kəŋ$_{52}$　童：难看nɑ$_{24}$kʊ$_{31}$　靖：丑咪/死腔tɕʻyʮ$_{33}$læ$_{52}$/sɿ$_{35}$tɕʻĩ$_{31}$　江：难看/丑næ$_{21}$kʻɵ$_{43}$/tsʻEI$_{45}$　常：难看佬/丑佬/怕佬næ$_{22}$kɔ$_{55}$lɑɤ$_{31}$/tsʻei$_{34}$lɑɤ$_{44}$/pʻo$_{55}$lɑɤ$_{31}$　锡：难看/丑nɛ$_{24}$kʻʌɤ$_{31}$/tsʻʌɤ$_{323}$　苏：难看/百怪nE$_{22}$kʻɵ$_{44}$/pAʔ$_{5}$kuɒ$_{52}$　熟：难看/贼腔næ$_{23}$kʻɤ$_{33}$/zEʔ$_{2}$tɕiA˜$_{51}$　昆：难看/贼腔nɛ$_{23}$kʻɵ$_{41}$/zəʔ$_{2}$tɕʻiã$_{41}$　霜：难看/怕nE$_{24}$kʌɤ$_{31}$/pʻʌɤ$_{434}$　罗：难看/怕/勿好看ne$_{24}$kʌɤ$_{31}$/pʻʌɤ$_{434}$/ʔʋəʔ$_{53}$hɔ$_{33}$k^{ʌ}ɤ$_{52}$　周：难看/怕nɛ$_{22}$kʻø$_{44}$/pʻo$_{335}$　上：难看/怕nE$_{22}$kʻø/pʻo$_{334}$　松：难看/怕nE$_{24}$kʻø/pʻo$_{335}$　黎：难看nE$_{22}$kʻɵ$_{34}$　盛：难看nE$_{22}$kʻɵ$_{44}$　嘉：难看nE^{ɛ}$_{24}$kʻɤə$_{51}$　双：难看nE$_{22}$kʻE$_{44}$　杭：难看/贼相nE$_{23}$kʻE$_{51}$/zɐʔ$_{2}$ɕiAŋ$_{23}$　绍：难看næ̃$_{21}$kʻĩ$_{33}$　诸：难看nɛ$_{31}$kʻɤ$_{44}$　崇：难看næ̃$_{21}$kʻœ̃$_{23}$　太：难看næ̃$_{21}$kʻœ̃$_{23}$　余：难看nɛ̃$_{21}$kʻẽ$_{23}$　宁：难看/怕人nE$_{22}$kEI$_{51}$/pʻo$_{55}$ȵɪŋ　黄：嫛欠ɦiɒ$_{51}$tɕʻie$_{44}$　温：难眙nɑ$_{22}$tsʻɿ$_{44}$　衢：难看næ̃$_{22}$kʻə$_{44}$　华：难望/腻心ʔnæ̃$_{54}$moŋ$_{24}$/ʔȵie$_{32}$ɕiɪn$_{35}$　永：泥身ȵi$_{32}$səɲ$_{44}$

强壮

宜：奘tsAŋ$_{324}$　溧：结实/奘tɕiɪʔ$_{3}$szəʔ$_{5}$/tsAŋ$_{412}$　金：奘tɕyɑŋ$_{44}$　丹：结棍/结实/壮tɕɪʔ$_{53}$kuɐɪ$_{31}$/tɕɪʔ$_{53}$sɛʔ$_{31}$/tsɑŋ$_{41}$　童：扎致/结棍/结实tsAʔ$_{5}$tsɿ$_{3}$/tɕiɪʔ$_{53}$kuəŋ$_{31}$/tɕiɪʔ$_{53}$zəʔ$_{31}$　靖：　江：扎登tsɑʔ$_{5}$tɜɲ$_{23}$　常：扎致/结棍/贸则tsɑʔ$_{5}$tsɿ$_{31}$/tɕiɪʔ$_{5}$kuəɲ$_{31}$/mʌɯts$_{34}$əʔ$_{4}$　锡：结棍tɕiəʔ$_{4}$kuən$_{34}$　苏：结棍tɕieʔ$_{5}$kuən$_{23}$　熟：结实/结足tɕɪʔ$_{4}$ʐEʔ$_{5}$/tɕɪʔ$_{4}$tsoʔ$_{5}$　昆：扎登/杀缚tsAʔ$_{5}$tən$_{52}$/sAʔ$_{4}$boʔ$_{4}$　霜：结棍tɕɪʔ$_{4}$kuɛ̃$_{23}$　罗：结棍tɕɪʔ$_{4}$kuɛ̃^{n}$_{23}$　周：结实/结棍/杀缚tɕɪʔ$_{3}$zəʔ$_{5}$/tɕɪʔ$_{44}$kuəŋ$_{44}$/sɑʔ$_{3}$boʔ$_{5}$　上：杀缚sAʔ$_{3}$boʔ$_{4}$　松：强壮/结棍/杀搏/敨tɕʻiɛ̃$_{35}$tsɑ˜$_{31}$tɕiɪʔ$_{4}$kuəɲ$_{34}$/sæʔ$_{4}$poʔ$_{4}$/dʑiɑ$_{31}$　黎：敨dʑiɒ$_{24}$　盛：敨dʑiɑ$_{24}$　嘉：结棍tɕiəʔ$_{5}$kuən$_{31}$　双：结棍tɕiəʔkuən　杭：奘/结棍tsAŋ$_{334}$/tɕiɪʔ$_{3}$kuən$_{23}$　绍：扎壮tsAʔ$_{4}$tsɒŋ$_{52}$　诸：敨dʑiɪ$_{544}$　崇：伏实bu$_{23}$zEʔ$_{5}$　太：　余：扎壮tsAʔ$_{5}$tsɒ̃$_{31}$　宁：结棍/杀婆/暂柱tɕiɪʔ$_{5}$kuɐŋ$_{3}$/sɐʔ$_{5}$b^{ə}u$_{33}$/dzE$_{22}$tsʮ$_{51}$　黄：板扎pɛ$_{31}$tsɐʔ$_{4}$　温：强壮dʑi$_{22}$ts^{u}ɔ$_{44}$　衢：结扎/扎绑tɕiəʔ$_{5}$tsAʔ$_{3}$/tɕiəʔ$_{4}$pɒ˜$_{53}$　华：扎实/结棍tɕʮɐ$_{35}$ɕiəʔ$_{3}$/tɕiəʔ$_{3}$kuən$_{55}$　永：敨dʑie$_{214}$

勤快

宜：麻利/勤快mo$_{22}$li$_{j53}$/dʑiŋ$_{22}$kʻuA$_{53}$　溧：勤力/勤快dʑin$_{32}$lie$_{223}$/dʑin$_{32}$kʻuA$_{52}$　金：勤快tɕʻiŋ$_{24}$kʻue^{e}$_{44}$　丹：勤快dʑiŋ$_{22}$kʻuɑ$_{44}$　童：勤结dʑiəŋ$_{24}$tɕiɪʔ$_{31}$　靖：勤快/麻力dʑiŋ$_{22}$kʻuæ$_{52}$/mo$_{22}$

lɪʔ5 江:勤劲dʑiɲ21tɕiɲ43 常:勤快佬dʑiɲ22kuɑ55lɑɤ42 锡:勤快dʑin24kuɑ31 苏:敨dʑiɒ223 熟:勤快/勤劲/敨/劈托dʑĩⁿ24k'uɑ33/dʑĩⁿ24tɕin31/dʑiɑ233/p'ɪʔ4t'oʔ5 昆:勤力/敨dʑin23lɪʔ4/dʑiɑ132 霜:勤俭dʑiĩ24dʑɪ31 罗:勤俭/巴结dʑɪⁿ24dʑɪ31/p^ɤ55tɕɪʔ31 周:巴结ɓo44tɕɪʔ5 上:勤俭/巴结dʑiɲ22dʑi44/po55tɕiɪʔ3 松:勤快/勤劲/巴结dʑiɲ35kuɑ31/dʑiɲ22tɕiɲ52/po55tɕiɪʔ31 黎:勤劲dʑiəŋ22tɕiəŋ34 盛:勤劲dʑɪɲ22tɕɪɲ44 嘉:劳碌/□□lɔ22loʔ5/ɕiɑ44tsɑ51 双:巴结/勤劲/勤力pʊ44tɕiəʔ4/dʑiən22tɕiən44/dʑiən22liəʔ4 杭:勤快/勤劳dʑɪn21k'uE23/dʑɪn21lɔ23 绍:会做ʔuE22tsu33 诸:会做ɦuɛ22tsu44 崇:勤力tɕiŋ22lEʔ4 太:勤tɕiŋ21lieʔ4 余:勤力tɕiɲ33lɪʔ5 宁:勤力tɕɪŋ22liɪʔ5 黄:有做ɦiɤ22tsəu44 温:勤力dʑiʌŋ24lⁱi31 衢:勤力dʑiⁿ25liəʔ3 华:勤快/会做/勤劳tɕiɪn32k'uɑ35/ʔuɪ53tsu35/tɕiɪn32lɑʊ35 永:勤力dʑiɪɲ32ləɪ31

精神(神气)

宜:精神/神气tɕ'iŋ55zəŋ55/zəŋ22tɕ'ij53 溧:精神/神气tɕin44szən52/szən32tɕ'i52 金:神气səŋ22tɕ'iz44 丹:精神/神气tɕiŋ44zɛn44/zɛn22tɕ'iz44 童:神气zəŋ24tɕ'i31 靖:神气/精神tsiŋ44ɕziəŋ44/szəŋ22tɕ'ij52 江:神气zEɲ21tɕ'ij43 常:神气zəɲ21tɕ'ij13 锡:精神/神气tsin21zən23/zən24tɕ'i31 苏:精神/神气tsiɪn55zən31/zən22tɕ'ij44 熟:精神/神气tsĩⁿ55ʐɛ̃ⁿ31/ʂɛ̃ⁿ23tɕ'i33 昆:神气zən23tɕ'i401 霜:精神/神气tsiĩ55zɛ̃31/zɛ̃24tɕ'i21 罗:神气zɛ̃24tɕ'i31 周:神气/茄zəŋ23tɕ'i44/gɑ113 上:精神/神气tɕiɲ55zəɲ31/zəɲ22tɕ'i44 松:神气zəɲ24tɕ'i31 黎:神气zəɲ22tɕ'iɲ34 盛:神气zəɲ22tɕ'i44 嘉:神气zən24tɕ'i51 双:神气/精神zən22tɕ'iz44/tɕiən44zən44 杭:精神/神气tɕɪn32szən23/szən31tɕ'i23 绍:劲头tɕɪŋ43dɤ33 诸:神气zẼĩ24tɕ'iz44 崇:神气zɪŋ21tɕ'iz23 太:神气zeŋ21tɕ'i23 余:神气zeɲ21tɕ'i23 宁:神气zoŋ22tɕ'i51 黄: 温:神气szʌŋ22ts'ɿ44 衢:精神/神气tɕiɲ35ʒɥən31/ʒɥən22tɕ'i52 华:神气ɕiɪn32tɕ'ij35 永:神气szəɲ21tɕ'i54

傻

宜:戆度gAŋ22du53 溧:痴/呆ts'ɿ445/tæE445 金:傻/呆/呆气sɑ323/tɛᵉ31/tɛᵉ44tɕ'iz31 丹:呆tæ22 童:呆/戆tɑ42/gɑŋ113 靖:傻呼呼/呆希希sɑ33hu55hu31/tæ33ɕij55ɕij31 江:戆/戆嗨嗨gAⁿ223/gAⁿ24hæ33hæ31 常:戆大hæe55dʌɯ31 锡:憨gEi213 苏:嗄头/憨doʔ3dəɪ52/gÃhɵ44 熟:戆大/呆/嗄头(少)gA˜213dɯ213/ŋæ213/doʔ2dE51 昆:戆大/嗄头gã31dəu33/doʔ3dE31 霜:戆/嗄gɒ213/doʔ23 罗:戆/嗄gɒ213/doʔ23 周:戆gɒ˜113 上:戆gÃⁿ113 松:嗄/寿头/戆doʔ23/zɯ31/gɑ˜113 黎:嗄/戆大/呆大doʔ/gɑ˜23dɜu33/ŋE22dɜu34 盛:嗄doʔ2 嘉:嗄/寿doʔ12/ze223 双:嗄doʔ2 杭:呆/木tE334/məʔ12 绍:呆ŋe31 诸:嗄doʔ12 崇:呆ŋe312 太:呆ŋe22 余:木məʔ23 宁:呆大/戆大ŋE22du51/gɔ̃24du31 黄:年ȵie31 温:呆ɦe31 衢:傻sɑ45 华:木ʔmuo324 永:笨/呆/木bəɲ214/ŋəɪ322/mʊ323

老实

宜:老实lɑɤ21zəʔ23 溧:老实lɑʏ44szəʔ31 金:老实lɑᵓ22səʔ4 丹:老实lɒ52sɛʔ23 童:老实lɒ42səʔ5 靖:老实lɒ22ɕziəʔ5 江:老实/好说话lɒ52zɜʔ4/hɒ52sɜʔ3ɦo43 常:老实lɑɤ34zəʔ4 锡:老实lʌ22zəʔ5 苏:老实læ22zəʔ4 熟:老实lɔ24ʐEʔ3 昆:老实/老实头lɔ22zəʔ4/lɔ22zəʔ5dE31 霜:老实lɔ22zəʔ4 罗:老实/好户头/戆呵呵lɔ22zəʔ4/hɔ33ɦu55dʌɤ31/gɒ22h^ɤ55h^ɤ31 周:老实头lɔ44zəʔ44dɤ44 上:老实lɔ22zəʔ4 松:老实/老实头lɔ24zəʔ31/lɔ22zəʔ23dɯ52 黎:老实lAᵓ24zəʔ2 盛:老实lɔ22zəʔ4 嘉:老实lɔ22zəʔ5 双:老实lɔ24zəʔ2 杭:老实lɔ55szɐʔ31 绍:老实lɔ24zəʔ3 诸:老实lɔ23zɐʔ4 崇:老实lɑɒ23zEʔ5 太:老实lɑɒ23ʑieʔ5 余:老实lɒ22zəʔ5 宁:老实lɔ24zoʔ2 黄:忠厚/老实tsoŋ33ɦiɤ51/lɒ21ʑieʔ3 温:老实lɜ25szæi3 衢:老实lɔ24ʒɥəʔ2 华:老实lɑʊ24ɕʑiəʔ3

永：老实lᴀʊ43szə31

狭猾

宜：刁/奸/奸刁/贼坏tiɑɤ55/tɕɪ55/tɕɪ55tiɑɤ55/zəʔ3ɦuᴀ53　溧：坏/刁xɦuᴀ31/tiɑˠ445　金：刁/滑头tiɑᵓ31/xuɑʔ5t‘ʌɤ23　丹：刁tiɔ22　童：坏/刁/刁猾ʔuaɪ324/tiɒ42/tiɒ53ɦuᴀʔ31　靖：狡猾/滑头/滑tɕiɒ33uɑʔ5/ʔuɑʔ5dᶱʏ34/ʔuɑʔ34　江：奸/暗/坏tɕɪ51/ʔɵ435/ʔuæ435　常：滑头ɦuɑʔ2dei13　锡：狡猾tɕiʌ21ɦuᴀʔ5　苏：狡猾/门槛精/滑头tɕiæ55ɦuᴀʔ2/mən22k‘ᴇ44 tsiɪn44/ɦuɒʔ24dəɪ31　熟：精括/门槛精/滑头tsĩⁿ55kuᴀʔ5/mə̃ⁿ24k‘æ31 tsĩᶮ52/ɦuᴀʔ21dᴇ51　昆：滑/滑头ʔuᴀʔ5/ɦuᴀʔ3dᴇ31　霜：门槛精/刁mɛ̃22kᴇ44 tsiĩ52/tiɔ52　罗：滑头/刁/坏ɦuᴀʔ2dʌɤ23/tiɔ52/huɑ213　周：狡猾/滑头tɕiɔ44vɑ52/vɑʔ2dɤ23　上：刁/阴势tiɔ53/ʔiɲ55sɿ31　松：门槛精/奸məɲ22k‘ᴇ52tɕiɲ52/kᴇ52　黎：刁钻促掐/门槛精/滑头tiᴀᵓ44tsɵ44ts‘oʔ4k‘ᴀʔ2/məɲ22k‘ᴇ44 tsɪɲ44/ɦuɒʔ2dieɯ44　盛：坏/门槛精/滑头ʔuɑ413/məɲ22k‘ᴇ44 tsɪɲ44/ɦuɑʔ2diəʉ34　嘉：阴刁/老甲子ʔin44tiɔ51/lɔ22tɕiɑʔ51tsɿ31　双：刁滑/滑头tiɔ44ɦuᴀʔ4/ʔuᴀʔ55dieu31　杭：滑头/滑里滑脱ɦuɒʔ2deɪ23/ɦuɐʔ2li23ɦuɐʔ5t‘ɐʔ31　绍：刁/精tiɔ52/tɕɪŋ52　诸：刁奸tiɔ52kɛ42　崇：刁/滑/奸刁tiɑɒ533/vᴇʔ12/kæ̃53tiɑɒ23　太：刁/奸tiɑɒ42/kæ̃42　余：奸刁/刁猾/奸刁tiɒ44/tiɒ33ɦuᴀʔ5/kɛ̃32tiɒ23　宁：奸刁/狡猾(少)kᴇ33tiɵ52/tɕiɵ33ɦuaʔ5　黄：奸/刁kie53/tiɒ53　温：奸/滑头kɑ44/ɦo22dʌu34　衢：刁tiɔ434　华：刁/滑头tiɔ324/ɦuɐʔ2diɯu24　永：鬼/刁kuəɪ434/tiᴀʊ544

直爽

宜：直/爽dzəʔ23/sᴀŋ51　溧：爽气sᴀŋ44tɕ‘i31　金：直爽tsəʔ5suɑŋ23　丹：爽气/爽快sɑŋ44tɕ‘iz23/sɑŋ44k‘uɑ23　童：直爽/爽气dzəʔʃyɥɑŋ/ʃyɥɑŋ53tɕ‘ij31　靖：直爽dʑiəʔ2suɑŋ　江：爽气sᴀŋ52tɕ‘ij33　常：直爽/爽快/爽气dzəʔ3sᴀɲ52/sᴀɲ34k‘uɑ44/sᴀɲ34tɕ‘ij44　锡：直爽/爽快zəʔ2suɒ̃34/sɒ̃22k‘uɑ55　苏：直爽/爽气zəʔ2sᴀ̃52/sᴀ̃52tɕ‘ij23　熟：爽气/干脆sᴀ˜55tɕ‘i31/kʏ55ts‘ᴇ31　昆：爽气/爽快sã52tɕ‘i33/sã53kuɑ41　霜：爽气sɒ˜33tɕ‘i52　罗：爽气sɒ˜33tɕ‘i52　周：爽气sɒ˜44tɕ‘i44　上：爽气sᴀ̃ᶮ33tɕ‘i44　松：直爽/爽气zəʔsɑ˜/sɑ˜tɕ‘i　黎：爽直/爽气/直sɑ˜52zəʔ5/sɑ˜55tɕ‘ij31/dzəʔ23　盛：直爽/爽气dzəʔ3sɑ˜3/sɑ˜55tɕ‘i31　嘉：爽气sᴀ˜44tɕ‘i223　双：直爽/爽快zəʔ2sɔ̃52/sɔ̃34k‘uɑ52　杭：直爽/爽快/爽气dzʔ2sɥᴀŋ57/sɥᴀŋ55k‘uᴇ31/sɥᴀŋ55tɕ‘i31　绍：爽快sɒŋ35k‘ua31　诸：爽快/爽气sɒ̃55k‘uᴀ31/sɒ̃55tɕ‘iz31　崇：直/直爽dzᴇʔ12/dzᴇʔ2sɒ̃52　太：直dʑieʔ12　余：直爽/爽气dzəʔ2sɒ̃52/sɒ̃33tɕ‘i52　宁：爽气/爽快sɔ̃55tɕ‘i31/sɔ̃55k‘ua31　黄：直爽/爽/爽气dʑieʔ2sɒ˜44/sɒ˜52/sɑ˜55tɕi31　温：直爽dzˡi3sᵘɔ34　衢：直爽dʒɥəʔ2ʃɥɒ˜35　华：直爽/爽快dʑiəʔ3ɕɥɑŋ51/ɕɥɑŋ54k‘uɑ35　永：直爽dzəɪ42sʏᴀŋ22

大方

宜：大方do21fᴀŋ23　溧：大方/大量气do32fᴀŋ23/do32lie24tɕ‘i31　金：大方tɑ44fɑŋ52　丹：大方tɑ41fɑŋ21　童：大方dɒ21fɑŋ23　靖：大方/大气dʌɤ24fɑŋ31/dʌɤ24tɕ‘ij31　江：大方dɑ24fᴀᵑ31　常：大方dɑ24fᴀɲ41　锡：大方dʌɤ22fɒ̃55　苏：大方dɒ22fᴀ̃44　熟：大气du23tɕ‘i33　昆：大气dəu23tɕ‘i41　霜：大方dɑ22fɒ˜52　罗：大方dɑ22fɒ˜52　周：大方dɑ22fɒ˜52　上：大方dᴀ22fᴀ̃ᶮ44　松：大方/冲得出dɑ23fɑ̃44/ts‘oŋ55təʔ3ts‘əʔ31　黎：大气dɜu21tɕ‘ij44　盛：大方dɑ22fɑ˜52　嘉：　双：大方dɑ21fɔ̃34　杭：大方dɑ23fᴀŋ51　绍：大方do21fɑŋ23　诸：大气du33tɕ‘iz34　崇：大方dɑ21fɒ̃23　太：大方dɑ24fɒŋ31　余：大方dɑ22fɒ̃52　宁：大方dɑ22fɔ̃44　黄：大方dᴀ24fɒ˜31　温：大方dɑ52xᵘɔ44　衢：大方dɑ24fɒ˜31　华：大方/大气dɑ24fɑŋ44/tuo32tɕ‘ij35　永：大方diᴀ32fᴀŋ44

小气

宜:小气/酸çiaɤ$_{53}$tç'i$_{j31}$/se$_{55}$　溧:小气/巴细çiaʏ$_{54}$tç'i$_{z234}$/po$_{44}$çi$_{31}$　金:小气çiaᵓ$_{33}$tç'i$_{z52}$　丹:小气çiɒ$_{33}$tç'i$_{z44}$　童:小气çi$_{53}$tç'i$_{23}$　靖:小气siɒ$_{33}$tç'i$_{j52}$　江:小气/小量气siɒ$_{52}$tç'i$_{j33}$/siɒ$_{52}$liAᵑ$_{33}$tç'i$_{j43}$　常:小气çiaɤ$_{34}$tç'i$_{j44}$　锡:小气siʌ$_{33}$tç'i$_{52}$　苏:小气/缩siæ$_{52}$tç'i$_{j31}$/sɔʔ$_{5}$　熟:小气/狗屄/狗屄倒糟siɔ$_{44}$tç'i$_{44}$/kE$_{33}$pi$_{51}$/kE$_{33}$pi$_{44}$tɔ$_{55}$tsɔ$_{31}$　昆:小气/狗屄倒糟siɔ$_{52}$tç'i$_{33}$/kE$_{53}$pi$_{44}$tɔ$_{44}$tsɔ$_{55}$　霜:小气çiɔ$_{33}$tç'i$_{44}$　罗:小气siɔ$_{33}$tç'i$_{52}$　周:小气çiɔ$_{44}$tç'i$_{44}$　上:小气çiɔ$_{33}$tç'i$_{44}$　松:小气/小家拉气çiɔ$_{44}$tç'i$_{44}$/çiɔ$_{33}$ka$_{55}$la$_{33}$tç'i$_{31}$　黎:息吴/寿头sɪʔ$_{55}$vu$_{55}$/ziɐɯ$_{21}$diɐɯ$_{52}$　盛:小气/寿/寿搭搭/息吴siɔ$_{55}$tç'i$_{31}$/ziɵʉ$_{24}$/ziɵʉ$_{22}$taʔ$_{4}$taʔ$_{4}$/sɪʔvu　嘉:小气çiɔ$_{44}$ts'i$_{223}$　双:小气/精çiɔ$_{24}$tç'i$_{z2}$　杭:小气/精巴/精麻çiɔ$_{55}$tç'i$_{31}$/tçɪn$_{32}$pa$_{23}$/tçɪn$_{32}$ma$_{23}$　绍:小气çiɔ$_{35}$tç'i$_{31}$　诸:小气çiaɒ$_{34}$tç'i$_{z52}$　崇:小气çiaɒ$_{34}$tç'i$_{z52}$　太:小气çiaₚ$_{33}$tç'i$_{44}$　余:小气çiɒ$_{33}$tç'i$_{52}$　宁:小气çiɔ$_{55}$tç'i$_{31}$　黄:小气çiɒ$_{31}$tç'i$_{44}$　温:小气çiɛ$_{52}$ts'ɿ$_{21}$　衢:小气çiɔ$_{55}$ts'ɿ$_{31}$　华:小气çiaʊ$_{54}$tç'i$_{j35}$　永:小气çiAʊ$_{42}$tç'i$_{51}$

骄傲

宜:□xɐɪ$_{55}$　溧:骄傲/傲tçiaʏ$_{44}$ŋaʏ$_{52}$/ŋaʏ$_{323}$　金:骄傲tçiaᵓ$_{44}$aᵓ$_{23}$　丹:骄傲tçiɒ$_{44}$ɒ$_{44}$　童:骄傲tçiɐɤ$_{53}$ŋɐɤ$_{31}$　靖:得计/得意təʔ$_{5}$tçi$_{j52}$/təʔ$_{5}$ʔi$_{j52}$　江:骄傲tçiɒ$_{53}$ŋɒ$_{31}$　常:骄傲tçiaɤ$_{55}$ŋaɤ$_{31}$　锡:骄傲tçiʌ$_{21}$ŋʌ$_{23}$　苏:骄傲tçiæ$_{55}$ŋæ$_{31}$　熟:骄傲/自高自大tçiɔ$_{55}$ŋɔ$_{31}$/zɿ$_{22}$kɔ$_{55}$zɿ$_{44}$da$_{31}$　昆:骄傲/神气活现tçiɔ$_{44}$ŋɔ$_{41}$/zən$_{22}$tç'i$_{55}$ɦuəʔ$_{3}$ɦi$_{31}$　霜:骄傲/老茄/老卵tçiɔ$_{55}$ŋɔ$_{31}$/lɔ$_{22}$ga$_{52}$/lɔ$_{24}$lø$_{31}$　罗:骄傲/老茄/老卵tçiɔ$_{55}$ŋɔ$_{31}$/lɔ$_{22}$ga$_{52}$/lɔ$_{24}$lᴧɤ$_{31}$　周:骄傲tçiɔ$_{55}$ŋɔ$_{31}$　上:骄傲/魁tçiɔ$_{55}$ŋɔ$_{31}$/k'uE$_{52}$　松:翘尾巴tç'iɔ$_{44}$ȵi$_{44}$po$_{44}$　黎:骄傲tçiAᵓ$_{44}$ŋAᵓ$_{44}$　盛:骄傲tç'iɔ$_{44}$ŋɔ$_{44}$　嘉:骄傲tçiɔ$_{52}$ŋɔ$_{22}$　双:骄傲tçiɔ$_{44}$ŋɔ$_{44}$　杭:骄傲/傲tçiɔ$_{32}$ɦɔ$_{23}$/ɦɔ$_{113}$　绍:骄傲/自讲自听tçiɔ$_{33}$ŋɔ$_{52}$ zɿ$_{22}$kõ$_{55}$ʑi$_{z22}$t'ɪ$_{44}$　诸:骄傲tçiaɒ$_{32}$ŋaɒ$_{23}$　崇:　太:骄傲tçiaɒ$_{55}$ŋaɒ$_{31}$　余:骄傲/以道以好tçiɒ$_{32}$ŋɒ$_{23}$/ʔi$_{33}$dɒ$_{55}$i$_{33}$hɒ$_{44}$　宁:旺/骄傲ɦuɔ̃$_{113}$tçiɘ$_{33}$ŋɔ$_{51}$　黄:骄傲tçiɒ$_{33}$ŋɒ$_{44}$　温:骄傲tçiɛ$_{22}$ŋɜ$_{44}$　衢:骄傲tçiɔ$_{33}$ŋɔ$_{53}$　华:骄傲/骄tçiaʊ$_{33}$ɔ$_{55}$/tçiaʊ$_{324}$　永:骄傲tçiAʊ$_{44}$ŋAʊ$_{54}$

谦虚

宜:谦虚/虚心tç'ɪ$_{55}$çyɥ$_{55}$/çyɥ$_{55}$çiŋ$_{55}$　溧:谦虚tç'i$_{44}$çy$_{z52}$　金:谦虚/虚心tç'ĩ$_{44}$çy$_{z44}$/çy$_{z44}$çiŋ$_{52}$　丹:谦虚/虚心tç'ɪ$_{44}$çy$_{31}$çy$_{44}$çiŋ$_{31}$　童:谦虚tç'ɪ$_{53}$çy$_{ɥ31}$　靖:谦虚tçĩ$_{43}$çy$_{ɥ33}$　江:谦虚/虚心tç'ɪ$_{53}$çy$_{31}$/çy$_{53}$siŋ$_{31}$　常:谦虚tç'ɪ$_{55}$çy$_{ɥ31}$　锡:谦虚tç'ɪ$_{55}$çy$_{ɥ31}$　苏:谦虚/虚心tç'iɪ$_{55}$çy$_{31}$/çy$_{55}$siɪn$_{31}$　熟:谦虚/虚心tçie$_{55}$çy$_{31}$/çysĩⁿ　昆:谦虚/虚心tç'ɪ$_{44}$çy$_{41}$/çy$_{44}$sin$_{41}$　霜:　罗:　周:虚心çy$_{44}$siɪŋ$_{52}$　上:谦虚/虚心tç'i$_{55}$çy$_{31}$/çy$_{55}$çiɲ$_{31}$　松:虚心çy$_{44}$çiɲ$_{52}$　黎:谦虚/虚心tç'iɪ$_{55}$çy$_{ɥ31}$/çy$_{ɥ44}$sɪɲ$_{44}$　盛:谦虚/虚心tç'iɪ$_{44}$çy$_{ɥ44}$/çy$_{ɥ44}$sɪɲ$_{44}$　嘉:谦虚/虚心tç'ie$_{44}$çy$_{51}$/çy$_{44}$çin$_{51}$　双:谦虚tç'ɪ$_{44}$çi$_{z44}$　杭:虚心çy$_{32}$çɪn$_{23}$　绍:谦虚/虚心tç'ĩ$_{33}$çy$_{ɥ52}$/çy$_{ɥ33}$çɪŋ$_{52}$　诸:客气/虚心k'Aʔ$_{4}$tç'i$_{z33}$/çy$_{ɥ52}$çĩ$_{44}$　崇:谦虚tç'iẽ$_{52}$çy$_{ɥ23}$　太:谦虚(少)tç'ie$_{55}$çy$_{31}$　余:谦虚/虚心tç'ɪ$_{33}$çy$_{44}$/çy$_{33}$çiɲ$_{44}$　宁:谦虚/虚心tç'i$_{33}$çyɥ$_{51}$/çyɥ$_{33}$çɪɲ$_{51}$　黄:谦虚tç'ie$_{35}$çy$_{ɥ31}$　温:谦虚/虚心tç'i$_{44}$çy$_{44}$/çy$_{44}$sʌŋ$_{44}$　衢:谦虚tç'iẽ$_{35}$çy$_{31}$　华:谦虚tç'iæ$_{32}$çʮy$_{35}$　永:谦虚/虚心tç'ie$_{43}$çy$_{44}$/çy$_{43}$səɲ$_{44}$

乖

宜:乖kuA$_{55}$　溧:乖/听话/听讲话kuA$_{44}$/t'in$_{44}$xɦo$_{52}$/t'in$_{44}$kAŋ$_{44}$xɦo$_{31}$　金:乖/听话kuɛᵉ$_{31}$/t'iŋ$_{44}$xua$_{52}$　丹:乖kuæ$_{31}$　童:乖kuei$_{42}$　靖:乖/听话kuæ$_{433}$/t'iŋ$_{44}$hᶣo$_{52}$　江:乖/听话kuæ$_{51}$/t'iɲ$_{51}$ɦo$_{223}$　常:乖佬/听话kua$_{55}$laɤ$_{31}$/tiɲ$_{44}$ɦo$_{24}$　锡:乖/听话kua$_{544}$/tin$_{21}$ɦo$_{23}$　苏:乖/听言话kuɒ$_{44}$/t'iɪn$_{44}$ ɦE$_{22}$ɦo$_{44}$　熟:乖/听言话/听说话kua$_{52}$/t'ĩⁿ$_{55}$ ɦæ$_{55}$ɦu$_{31}$/t'ĩⁿ$_{55}$ ʂEʔ$_{5}$ɦu$_{31}$　昆:乖kua$_{52}$　霜:乖kua$_{52}$　罗:乖kua$_{52}$　周:乖kua$_{52}$　上:乖kuA$_{52}$　松:乖kuA$_{52}$　黎:乖kuɒ$_{44}$　盛:乖kua$_{44}$

嘉：乖/听言话kuɑ$_{51}$/tʻin$_{51}$ ɦE$^{ɛ}_{24}$ɦo$_{31}$　双：乖kuɑ$_{44}$　杭：乖/听话kʻuE$_{323}$/tʻɪn$_{32}$ɦuɑ$_{23}$　绍：□/听话hue$_{52}$/tʻɪŋ$_{52}$ɦuo$_{22}$　诸：听话/翻tʻĩ$_{544}$ɦo$_{233}$/fɛ$_{544}$　崇：听话/翻tʻiŋ$_{32}$ɦuʏ$_{23}$/fæ̃$_{533}$　太：翻/门欲/听话fæ̃$_{42}$/meŋ$_{21}$lie$_{44}$/tʻiŋ$_{55}$vo$_{31}$　余：□huɛ̃$_{34}$　宁：□/停huE$_{52}$/dʑɪɲ$_{113}$　黄：□/听话huɛ$_{52}$/tʻiɪŋ$_{33}$ɦuA$_{44}$　温：听讲tʻəŋ$_{44}$k^{u}ɔ$_{44}$　衢：乖/听实话/听讲kuɛ$_{434}$/ti$^{n}_{43}$ʑɥəʔ$_{2}$ɦuɑ$_{35}$tin$_{43}$kɒ̃$_{45}$　华：□ɦuɛ$_{213}$　永：手段ɕiəʊ$_{42}$dʏə$_{24}$

顽皮

宜：调皮/皮diɑʏ$_{21}$bi$_{j23}$/bi$_{j223}$　溧：调皮/皮diɑ$^{ʏ}_{54}$bi$_{z34}$/bi$_{z323}$　金：顽皮/调皮uæ̃$_{24}$pʻi$_{z44}$/tʻiɑ$^{ɔ}_{22}$pʻi$_{z44}$　丹：调皮/皮tiɒ$_{22}$pʻi$_{z44}$/bi$_{z213}$　童：调皮diɐʏ$_{24}$bi$_{j21}$　靖：调皮diɒ$_{24}$bi$_{j223}$　江：皮/厌bi$_{j223}$/ʔɪ$_{45}$　常：调皮diɑʏ$_{21}$bi$_{j13}$　锡：调皮diʌ$_{24}$bi$_{31}$　苏：皮/调皮bi$_{j223}$/diæ$_{22}$bi$_{j44}$　熟：调皮/勿听说话diɔ$_{24}$bi$_{31}$/fEʔ$_{4}$tĩ$^{n}_{5}$ʂEʔ$_{5}$ɦu$_{31}$　昆：调皮diɔ$_{23}$bi$_{41}$　霜：皮/调皮bi$_{31}$/diɔ$_{22}$bi$_{52}$　罗：调皮/皮diɔ$_{22}$bi$_{52}$/bi$_{52}$　周：调皮/皮diɔ$_{23}$bi$_{44}$/bi$_{113}$　上：调皮/皮diɔ$_{22}$bi$_{44}$/bi$_{113}$　松：蛮皮/皮mE$_{22}$bi$_{52}$/bi$_{31}$　黎：调皮/蛮皮diA$^{ɔ}_{22}$bi$_{j52}$/mE$_{22}$bi$_{j34}$　盛：吵/调皮tsʻɔ$_{334}$/diɔ$_{22}$bi$_{44}$　嘉：皮/吵bi$_{31}$/tsʻɔ$_{324}$　双：调皮/吵diɔ$_{22}$bi$_{z44}$/tsʻɔ$_{53}$　杭：调皮/调皮滑脱diɔ$_{21}$bi$_{23}$/diɔ$_{21}$bi$_{23}$ɦuɐʔ$_{4}$tʻɐʔ$_{\underline{31}}$　绍：调皮/会搅diɔ$_{22}$bi$_{52}$/ɦue$_{21}$gɔ$_{23}$　诸：调皮/会吵diɔ$_{31}$bi$_{z34}$/ɦue$_{22}$tsʻɔ$_{52}$　崇：调皮diɑɒ$_{21}$bi$_{j23}$　太：调皮diɑɒ$_{24}$bi$_{31}$　余：会吵ɦe$_{22}$tsʻɒ$_{52}$　宁：皮/热出bi$_{113}$/ȵiɪʔ$_{2}$tsʻɐʔ$_{5}$　黄：调皮/滑皮diɒ$_{23}$bi$_{31}$/ɦuAʔ$_{2}$bi$_{44}$　温：皮显皮b'i$_{52}$ɕi$_{33}$b'i$_{31}$　衢：卒tsəʔ$_{5}$　华：调皮/皮/皮面diɑʊ$_{24}$bi$_{j31}$/bi$_{j213}$/bi$_{j32}$mie$_{24}$　永：调皮diAʊ$_{24}$bi$_{31}$

伶俐

宜：麻利mo$_{22}$li$_{j53}$　溧：聪明tsʻoŋ$_{44}$min$_{52}$　金：聪明伶俐tsʻoŋ$_{55}$miŋ$_{33}$liŋ$_{22}$li$_{z44}$　丹：聪明tsʻoŋ$_{55}$miŋ$_{31}$　童：聪明tsʻoŋ$_{55}$miəŋ$_{31}$　靖：麻力mo$_{22}$ɪʔ$_{5}$　江：聪明/□□tsʻoŋ$_{53}$miɲ$_{31}$/ɕiɑ$_{53}$tsɑ$_{31}$　常：活络ɦuəʔ$_{4}$/lɔʔ$_{2}$　锡：聪明tsʻoŋ$_{21}$min$_{23}$　苏：灵活/活络lɪɪn$_{22}$ɦuəʔ$_{4}$/ɦuəʔ$_{2}$lɔʔ$_{4}$　熟：灵活/聪敏lĩ$^{n}_{24}$ɦuoʔ$_{\underline{31}}$/tsʻʊŋ$_{55}$mĩ$^{n}_{31}$　昆：会讲ʔuE$_{44}$kã$_{41}$　霜：活灵ɦuəʔ$_{2}$lĩ$_{23}$　罗：活/活络ɦuəʔ$_{\underline{23}}$/ɦuəʔ$_{2}$loʔ$_{4}$　周：聪明/活泼tsʻoŋ$_{44}$miɪŋ$_{52}$/vəʔ$_{2}$pʻɑʔ$_{3}$　上：活络ɦuɐʔ$_{2}$loʔ$_{3}$　松：聪明tsʻʊŋ$_{44}$miɲ$_{52}$　黎：拎得清/灵活/活lɪɲ$_{44}$təʔ$_{44}$tsʻɪɲ$_{31}$/lɪɲ$_{24}$ɦuəʔ$_{2}$/ɦuəʔ$_{\underline{23}}$　盛：灵活lɪɲ$_{24}$ɦuəʔ$_{3}$　嘉：活络/聪明ʔuəʔ$_{3}$loʔ$_{4}$/tsʻoŋ$_{44}$min$_{51}$　双：聪明/灵活/头子活络tsʻoŋ$_{44}$mɪn$_{44}$/lɪn$_{22}$ɦuəʔ$_{44}$/døʏ$_{22}$tsɿ$_{44}$ʔuəʔ$_{5}$　杭：聪明/灵光tsʻoŋ$_{32}$mɪn$_{23}$/lɪn$_{21}$kuAŋ$_{23}$　绍：聪明tsʻʊŋ$_{33}$mɪŋ$_{52}$　诸：会精/活动ɦue$_{33}$tɕĩ$_{33}$/ɦuɐʔ$_{2}$doŋ$_{52}$loʔ$_{2}$　崇：灵光/刁liŋ$_{21}$kuɒ̃$_{23}$/tiɑɒ$_{533}$　太：灵光/刁liŋ$_{24}$kuɒŋ$_{21}$/tiɑɒ$_{42}$　余：聪明tsʻʊŋ$_{33}$meɲ$_{44}$　宁：活络ɦuɐʔ$_{2}$loʔ$_{5}$　黄：聪明/灵/灵光tsʻoŋ$_{33}$miɪŋ$_{51}$/liɪŋ$_{31}$/liɪŋ$_{25}$kuɒ̃$_{31}$　温：灵动ləŋ$_{24}$doŋ$_{31}$　衢：灵活/聪明li$^{n}_{22}$ɦuəʔ$_{2}$/tsʻʌŋ$_{43}$mi$^{n}_{35}$　华：聪明/灵活tsʻoŋ$_{33}$miɪn$_{55}$/liɪn$_{32}$ɦuəʔ$_{3}$　永：精灵tɕiɪɲ$_{55}$liɪɲ$_{51}$

精明

宜：精tɕiŋ$_{55}$　溧：精明tɕin$_{44}$min$_{52}$　金：精tɕiŋ$_{31}$　丹：精/精明tɕiŋ$_{22}$/tɕiŋ$_{44}$miŋ$_{44}$　童：精tɕiəŋ$_{42}$　靖：精/精功tsiŋ$_{433}$/tsiŋ$_{43}$koŋ$_{33}$　江：精/门槛精tsiɲ$_{51}$/mEɲ$_{21}$kʻæ$_{43}$tsiɲ$_{51}$　常：精tsiɲ$_{44}$　锡：能干/精nən$_{24}$ko$_{31}$/tsin$_{544}$　苏：精干/甩燥tɕiɪn$_{55}$kɵ$_{31}$/huE$_{52}$sæ$_{23}$　熟：精干tsĩ$^{n}_{55}$kʏ$_{31}$　昆：精/门槛精tsin$_{44}$/mən$_{23}$kʻɛ$_{52}$ tsin$_{52}$　霜：精tsĩ$_{52}$　罗：精/茄tsĩ$^{n}_{51}$/dʑiɑ$_{31}$　周：精tɕiɪŋ$_{52}$　上：精乖tɕiɲ$_{55}$kuA$_{31}$　松：精tɕiɲ$_{52}$　黎：门槛精/精məɲ$_{22}$kʻE$_{34}$tsɪŋ$_{44}$/tsɪŋ$_{44}$　盛：门槛精məɲ$_{22}$kʻE$_{44}$tsɪɲ$_{44}$　嘉：　双：精/门槛精tɕiən$_{44}$/mən$_{22}$kʻE$_{44}$tɕiən$_{44}$　杭：精tɕɪn$_{323}$　绍：精斗tɕɪŋ$_{33}$tʏ$_{5}$　诸：精tɕĩ$_{544}$　崇：　太：　余：门槛精meɲ$_{22}$kɛ̃$_{44}$tɕiɲ$_{44}$　宁：精tɕɪŋ$_{52}$　黄：精/精明tɕiɪŋ$_{53}$/tɕiɪŋ$_{33}$miɪŋ$_{51}$　温：　衢：精tɕi$^{n}_{53}$　华：能干/精nən$_{32}$kə$_{35}$/tɕiɪn$_{324}$　永：本事/精pəɲ$_{42}$szɿ$_{24}$/tɕiɪɲ$_{544}$

懒

宜：懒/懒惰lA$_{223}$/lA$_{24}$du$_{31}$　溧：懒lA$_{242}$　金：懒næ̃$_{24}$　丹：懒læ$_{213}$　童：懒lɑ$_{113}$　靖：懒

lǣ$_{223}$ 江：懒læ$_{223}$ 常：懒læ$_{24}$ 锡：懒lɛ$_{33}$ 苏：懒lᴇ$_{31}$ 熟：懒/懒大læ$_{31}$/læ$_{213}$dɯ$_{213}$ 昆：懒/懒惰lɛ$_{21}$/lɛ$_{31}$dəu$_{33}$ 霜：懒扑lᴇ$_{22}$pʻo$_{52}$ 罗：懒/懒惰le$_{213}$/le$_{22}$du$_{23}$ 周：懒惰/懒扑lɛ$_{22}$du$_{24}$/lɛ$_{22}$pʻoʔ$_{5}$ 上：懒扑/懒惰lᴇ$_{22}$pʻo$_{44}$/lᴇ$_{22}$du$_{44}$ 松：懒/懒惰/懒扑lᴇ$_{113}$/lᴇ$_{23}$du$_{44}$/lᴇ$_{24}$pʻoʔ$_{31}$ 黎：懒/懒惰/懒散lᴇ$_{32}$/lᴇ$_{23}$dɜu$_{33}$/lᴇ$_{23}$sᴇ$_{33}$ 盛：懒lᴇ$_{22}$ 嘉：懒/懒惰lᴇ^{ɛ}$_{223}$/lᴇ^{ɛ}$_{22}$dəu$_{34}$ 双：懒惰lᴇ$_{23}$dəu$_{52}$ 杭：懒惰lᴇ$_{55}$dou$_{31}$ 绍：懒惰/懒lǣ$_{34}$du$_{52}$/lǣ$_{113}$ 诸：懒惰lɛ$_{31}$du$_{42}$ 崇：懒惰ǣ$_{22}$dɤ$_{52}$ 太：懒/懒惰lǣ$_{22}$/lǣ$_{22}$dɯ$_{52}$ 余：懒惰lɛ̃$_{24}$du$_{31}$ 宁：懒惰/懒lᴇ$_{24}$dəu$_{31}$/lᴇ$_{113}$ 黄：懒ʔlɛ$_{53}$ 温：懒lɑ$_{24}$ 衢：懒lǣ$_{31}$ 华：懒lɑ$_{213}$ 永：懒lᴀ$_{214}$

能干

宜：来三/来事lɐɪ$_{21}$sᴀ$_{23}$/lɐɪ$_{22}$zʅ$_{53}$ 溧：能干/麻利nən$_{54}$kʊ$_{34}$/mo$_{52}$li$_{z52}$ 金：能干/来事nəŋ$_{22}$kǣ$_{44}$/lɛ^{e}$_{24}$sʅ$_{31}$ 丹：能干nɛn$_{22}$kʌɤ$_{44}$ 童：能干/来三/来事nəŋ$_{24}$kʊ$_{31}$/ləi$_{24}$sɑ$_{31}$/lei$_{24}$zʅ$_{31}$ 靖：麻力/会做mo$_{22}$lɪʔ$_{5}$/ɦue$_{44}$tsʌɤ$_{52}$ 江：会做ʔuᴇɪ$_{51}$tsɜɤ$_{435}$ 常：敨/来三/来事dʑiɑ$_{213}$/læe$_{21}$læ$_{13}$/læe$_{21}$zʅ$_{13}$ 锡：敨/来三dʑiɑ$_{213}$/lᴇ$_{24}$lɛ$_{31}$ 苏：来三lᴇ$_{22}$sᴇ$_{44}$ 熟：能干/会做nẽ^{ɲ}$_{23}$kɤ$_{33}$/ʔuᴇ$_{55}$tsɯ$_{31}$ 昆：敨dʑiɑ$_{132}$ 霜：来事/敨/来三(少)lᴇ$_{24}$zʅ$_{31}$/dʑiɑ$_{31}$lᴇ$_{22}$sᴇ$_{52}$ 罗：来三/来事/敨le$_{22}$se$_{52}$/le$_{24}$zʅ$_{31}$/dʑiɑ$_{31}$ 周：□抓ɕiɑ$_{44}$tsɑ$_{52}$ 上：敨/来三/来事dʑiᴀ$_{113}$/lᴇ$_{22}$sᴇ$_{44}$/lᴇ$_{22}$zʅ 松：来三/来事/□抓lᴇ$_{22}$sᴇ$_{52}$/lᴇ$_{22}$zʅ$_{52}$/ɕiɑ$_{33}$tsɑ$_{52}$ 黎：来三/□抓lᴇ$_{22}$sᴇ$_{34}$/ɕiɒ$_{44}$tsɒ$_{44}$ 盛：来三/□抓lᴇ$_{22}$sᴇ$_{44}$/ɕiɑ$_{44}$tsɑ$_{44}$ 嘉：来三/来四lᴇ^{ɛ}$_{22}$sᴇ^{ɛ}$_{44}$/lᴇ^{ɛ}$_{24}$sʅ$_{51}$ 双：来煞lᴇ$_{22}$sᴀʔ$_{4}$ 杭：能干/来三/来事nən$_{21}$kᴇ$_{23}$/lᴇ$_{21}$sᴇ$_{23}$/lᴇ$_{21}$szʅ$_{23}$ 绍：会做ʔue$_{334}$tsu$_{33}$ 诸：能干nẼĩ$_{31}$kɤ$_{44}$ 崇：娃ʔʋɑ$_{14}$ 太：娃ʔʋɑ$_{22}$ 余： 宁：会做ɦue$_{22}$tsəu$_{51}$ 黄：有做ɦiɤ$_{22}$tsu$_{44}$ 温：会væi$_{22}$ 衢：能干nən$_{22}$kə$_{44}$ 华：能干/有本事/有八字nən$_{32}$kə$_{24}$/ʔɦiɯu$_{44}$pən$_{44}$zʅ$_{24}$/ʔɦiɯu$_{44}$pɐʔ$_{4}$zʅ$_{24}$ 永：明公miɪɲ$_{43}$koŋ$_{44}$

内行

宜：内行nɐɪ$_{21}$ɦᴀŋ$_{23}$ 溧：内行næᴇ$_{52}$xɦᴀŋ$_{52}$ 金：内行nuei$_{21}$haŋ$_{23}$ 丹：内行nᴇ^{e}$_{41}$haŋ$_{21}$ 童：内行/老手nei$_{22}$ɦaŋ$_{52}$/lɐɤ$_{24}$saɪ$_{31}$ 靖：内行ne$_{52}$hɦaŋ$_{34}$ 江：内经nᴇɪ$_{24}$tɕiɲ$_{31}$ 常：内行næe$_{21}$ɦᴀɲ$_{13}$ 锡：内行nᴇ$_{22}$ɦɒ̃$_{55}$ 苏：内行nᴇ$_{22}$ɦᴀ̃$_{44}$ 熟：内行nᴇ$_{22}$ɦᴀ˜$_{51}$ 昆：内行nᴇ$_{22}$ɦã$_{44}$ 霜：内行nᴇ$_{22}$ɦɒ˜$_{44}$ 罗：内行/会做n^{ʌ}ɤ$_{22}$ɦɒ˜$_{52}$/ʔue$_{55}$ts^{ʌ}ɤ$_{31}$ 周：内行ne$_{22}$ɦɒ˜$_{52}$ 上：内行nᴇ$_{22}$ɦᴀ̃^{ɲ} 松：内行nᴇ$_{23}$ɦɑ˜$_{44}$ 黎：内行nᴇ$_{21}$ɦɑ˜$_{52}$ 盛：内行nᴇ$_{33}$ɦᴀ˜$_{52}$ 嘉：内行ne$_{22}$ɦᴀ˜$_{51}$ 双：内行nᴇ$_{22}$ɦɔ̃$_{44}$ 杭：内行neɪ$_{23}$ɦᴀŋ$_{51}$ 绍：内行ne$_{21}$ɦɒŋ$_{23}$ 诸：逆外niəʔ$_{3}$ŋᴀ$_{33}$ 崇：内行ne$_{22}$ɦɒ̃$_{23}$ 太：内行ne$_{24}$ɦɒŋ$_{31}$ 余：内行ne$_{22}$ɦɒ̃$_{52}$ 宁：内行ne$_{22}$ɦɔ̃$_{51}$ 黄：内行ne$_{23}$ɦɒ˜$_{31}$ 温：内行næi$_{52}$h^{ʊ}ɔ$_{21}$ 衢：内行/在行ne$_{45}$ɦɒ˜$_{31}$/dzɛ$_{45}$ɦɒ˜$_{31}$ 华：内行/在行neɪ$_{24}$ɦaŋ$_{31}$/sɛ$_{35}$ɦaŋ$_{31}$ 永：内行nəɪ$_{21}$ʔɦᴀŋ$_{22}$

外行

宜：外行/洋盘ɦuɐɪ$_{21}$ɦᴀŋ$_{23}$/ɦiᴀŋ$_{21}$be$_{23}$ 溧：外行/洋盘ŋᴀ$_{52}$xɦᴀŋ$_{52}$/xɦie$_{32}$bʊ$_{23}$ 金：外行/洋盘uɛ^{e}$_{21}$xaŋ$_{23}$/iaŋ$_{24}$pʻʊ̃$_{23}$ 丹：外行ŋa$_{41}$haŋ$_{21}$ 童：外行/洋盘ʔuaɪ$_{33}$ɦaŋ$_{52}$/ɦiaŋ$_{24}$bʊ$_{31}$ 靖：外行ʔuæ$_{52}$hɦaŋ$_{34}$ 江：外行ŋæ$_{24}$ɦᴀ^{ŋ}$_{31}$ 常：外行/洋盘ŋɑ$_{21}$ɦᴀɲ$_{13}$/ɦiᴀɲ$_{21}$bɔ$_{23}$ 锡：外行ŋɑ$_{22}$ɦɒ̃$_{55}$ 苏：外行ŋɒ$_{22}$ɦᴀ̃$_{44}$ 熟：外行ŋɑ$_{22}$ɦᴀ˜$_{51}$ 昆：外行ŋ^{ɑ}$_{22}$ɦã$_{44}$ 霜：洋盘ɦia˜$_{22}$bɪ˜$_{44}$ 罗：外行/洋盘ŋɑ$_{22}$ɦɒ˜$_{52}$/ɦia˜$_{22}$b^{ʌ}ɤ$_{52}$ 周：外行/洋盘/阿屈死ŋɑ$_{22}$ɦɒ˜$_{52}$/ɦiᴀ˜$_{23}$be$_{44}$/ʔɑʔ$_{3}$tɕyɪʔ$_{55}$ɕi$_{31}$ 上：外行/洋盘/屈死ŋᴀ$_{22}$ɦᴀ̃^{ɲ}$_{44}$/ɦiᴀ̃^{ɲ}$_{22}$bø$_{44}$/tɕʻyɪʔ$_{3}$ɕi$_{44}$ 松：外行ŋɑ$_{23}$ɦɑ˜$_{44}$/ɦiɛ̃$_{22}$be$_{52}$ 黎：外行ŋɑ$_{21}$ɦɑ˜$_{52}$ 盛：外行ŋɑ$_{33}$ɦᴀ˜$_{52}$ 嘉：外行ŋɑ$_{22}$ɦᴀ˜$_{51}$ 双：外行/洋盘ŋɑ$_{22}$ɦɔ̃$_{44}$/ɦiã$_{22}$bᴇ$_{44}$ 杭：外行ɦuᴇ$_{23}$ɦaŋ$_{51}$ 绍：外行ŋa$_{21}$ɦɒŋ$_{23}$ 诸：外行ŋᴀ$_{23}$ɦɒ̃$_{33}$ 崇：外行ŋɑ$_{22}$ɦɒ̃$_{23}$ 太：外行ŋɑ$_{34}$ɦɒŋ$_{31}$ 余：外行ŋᴀ$_{22}$ɦɒ$_{52}$ 宁：外行ŋa$_{22}$ɦɔ̃$_{51}$ 黄：外行ŋᴀ$_{23}$ɦɒ˜$_{31}$ 温：外行vɑ$_{52}$ɦ^{ʊ}ɔ$_{21}$ 衢：外行ɦuɛ$_{45}$ɦɒ$_{31}$ 华：外行ɦuɛ$_{24}$

ɦɑŋ$_{31}$ 永：外脚ŋA$_{21}$tɕiA$_{22}$

高兴

宜：开心k'ɐɪ$_{55}$ɕiŋ$_{55}$ 溧：高兴/开心kɑ^{ʏ}$_{44}$ɕin$_{52}$/k'æE$_{44}$ɕin$_{52}$ 金：高兴/开心kɑ^{ɒ}$_{44}$ɕiŋ$_{44}$/k'ɛ^{e}$_{35}$ɕiŋ$_{31}$ 丹：高兴/开心kɒ$_{44}$ɕiŋ$_{44}$/k'æ$_{55}$ɕiŋ$_{31}$ 童：高兴/开心kɐʏ$_{55}$ɕiəŋ$_{31}$/k'aɪ$_{55}$ɕiəŋ$_{31}$ 靖：开心/高兴k'æ$_{44}$siŋ$_{34}$/kɑ$_{44}$ɕiŋ$_{34}$ 江：高兴/开心kɒ$_{53}$ɕiɲ$_{31}$/k'æ$_{53}$siɲ$_{31}$ 常：高兴kɑʏ$_{55}$ɕiɲ$_{31}$ 锡：高兴/开心kʌ$_{21}$ɕin$_{23}$/k'E$_{21}$sin$_{23}$ 苏：开心/高兴k'E$_{55}$siɪn$_{31}$/kæ$_{55}$ɕiɪn$_{31}$ 熟：开心/捂心k'æ$_{55}$sĩ^{ɲ}$_{31}$/ʔu$_{55}$sĩ^{ɲ}$_{31}$ 昆：开心/捂心k'ɛ$_{44}$sin$_{41}$/ʔən$_{44}$sin$_{41}$ 霜：开心k'E$_{55}$sĩ$_{31}$ 罗：开心k'e$_{55}$sĩ^{n}$_{31}$ 周：开心k'e$_{44}$ɕiɪŋ$_{52}$ 上：开心k'E$_{55}$ɕiɲ$_{31}$ 松：开心k'E$_{44}$ɕiɲ$_{52}$ 黎：高兴/开心kA^{ɔ}$_{44}$ɕiəŋ$_{44}$/k'E$_{44}$sɪɲ$_{44}$ 盛：高兴/开心kɑ$_{44}$ɕɪɲ$_{44}$/k'E$_{44}$sɪɲ$_{44}$ 嘉：高兴/开心kɔ$_{52}$ɕin$_{22}$/k'E^{ɛ}$_{44}$ɕin$_{51}$ 双：快活/快会k'ɑ$_{33}$ɦuəʔ$_{53}$/k'ɑ$_{32}$ɦəɪ$_{34}$ 杭：高兴/开心kɔ$_{32}$ɕɪn$_{23}$/k'E$_{32}$ɕɪn$_{23}$ 绍：高兴/欢喜kɔ$_{33}$ɕɪŋ$_{52}$/huə̃$_{33}$ɕi$_{52}$ 诸：高兴/开心kɔ$_{52}$ɕĩ$_{42}$/k'e$_{52}$ɕĩ$_{42}$ 崇：高兴/开心kɑɒ$_{32}$ɕiŋ$_{23}$/k'e$_{32}$ɕiŋ$_{23}$ 太：高兴/开心k^{ɑ}ʏ$_{55}$ɕiŋ$_{31}$/k'e$_{55}$ɕiŋ$_{31}$ 余：乐为/开心loʔ$_{2}$ɦue$_{53}$/k'e$_{33}$ɕiɲ$_{44}$ 宁：高兴/开心/爽快kɔ$_{33}$ɕɪŋ$_{51}$/k'e$_{33}$ɕɪŋ$_{51}$/sɔ̃$_{55}$kua$_{31}$ 黄：高兴kɒ$_{33}$ɕiɪŋ$_{44}$ 温：快活k'ɑ$_{25}$ɦo$_{3}$ 衢：开心k'ɛ$_{35}$ɕi^{n}$_{31}$ 华：高兴/开心/有味kɑʊ$_{33}$ɕiɪn$_{55}$/k'ɛ$_{33}$ɕiɪn$_{55}$/ʔɦiɯu$_{544}$ fvi$_{j213}$ 永：味道fvi$_{32}$dAʊ$_{31}$

合意

宜：满意/中意/趁心me$_{22}$i$_{j53}$/tsoŋ$_{55}$i$_{j31}$/ts'əŋ$_{33}$ɕiŋ$_{44}$ 溧：合意/意心火xɦə$_{32}$i$_{z23}$/ʔi$_{z33}$ɕin$_{55}$xʌɯ$_{31}$ 金：满意/中意/趁心mʊ̃$_{22}$i$_{z44}$/tsoŋ$_{33}$i$_{z52}$/ts'əŋ$_{35}$ɕiŋ$_{31}$ 丹：中意tsoŋ$_{52}$i$_{23}$ 童：满意mʊ$_{33}$i$_{55}$ 靖：趁心tɕ'iəŋ$_{52}$siŋ$_{34}$ 江：捂心/满意ʔu$_{55}$siɲ$_{31}$/mɵ$_{52}$i$_{j43}$ 常：中意/欢喜tsoŋ$_{55}$i$_{31}$/xuɔ$_{55}$ɕi$_{31}$ 锡：中意tsoŋ$_{55}$i$_{31}$ 苏：中意/趁心/满意tsoŋ$_{52}$i$_{j23}$/ts'ən$_{52}$siɪn$_{23}$/mɵ$_{24}$i$_{j31}$ 熟：趁心/中意/满意tʂ'ɛ̃^{ɲ}$_{55}$sĩ^{ɲ}$_{31}$/tsʊŋ$_{55}$ʔi$_{31}$/mʏ$_{31}$i$_{23}$ 昆：满意/趁心mɵ$_{31}$i$_{33}$/ts'ən$_{53}$sin$_{41}$ 霜：满意/趁心mE$_{22}$i$_{44}$/ts'ɛ̃$_{33}$sĩ$_{44}$ 罗：满意/趁心mʌɪ$_{22}$i$_{23}$/ts'ɛ̃^{n}$_{55}$sĩ^{n}$_{31}$ 周：趁心ts'əŋ$_{33}$ɕiɪŋ$_{52}$ 上：趁心ts'əɲ$_{33}$ɕiɲ$_{44}$ 松：趁心ts'əɲ$_{55}$ɕiɲ$_{31}$ 黎：趁心/满意ts'əɲsɪɲ/mɵ$_{23}$i$_{33}$ 盛：中意/趁心/满意tsoŋ$_{33}$i$_{52}$/ts'əɲ$_{33}$sɪɲ$_{52}$/满意mɵ$_{23}$i$_{33}$ 嘉：满意/中意mʏə$_{22}$i$_{34}$/tsoŋ$_{334}$ i$_{334}$ 双：趁心/中意ts'ən$_{34}$ɕiən$_{52}$/tsoŋ$_{34}$i$_{5}$ 杭：中意/满意tsoŋ$_{34}$i$_{51}$/mo$_{55}$i$_{31}$ 绍：中意tsʊŋ$_{34}$i$_{52}$ 诸：中意tsoŋ$_{52}$i$_{42}$ 崇：中意tsoŋ$_{32}$i$_{23}$ 太：中意tsoŋ$_{55}$i$_{31}$ 余：中意tsʊŋ$_{33}$i$_{52}$ 宁：中意/□□tsoŋ$_{5}$i/ɦŋ̍$_{24}$ȵi$_{31}$ 黄：中意tsoŋ$_{55}$i$_{31}$ 温：满意mɵ$_{52}$ɦ^{i}i$_{22}$ 衢：合意/中意/满意ɦəʔ$_{4}$i$_{53}$/tsʌŋ$_{33}$i$_{52}$/ʔmə$_{55}$i$_{31}$/ʔməʔ$_{55}$i$_{31}$ 华：中意tsoŋ$_{33}$i$_{55}$ 永：中意/写意tsoŋ$_{42}$i$_{54}$/ɕiA$_{42}$i$_{54}$

烦恼

宜：烦/心烦vA$_{223}$/ɕiŋ$_{55}$vA$_{55}$ 溧：烦/殟糟vA$_{323}$/ʔuəʔ$_{5}$tsɑ^{ʏ}$_{34}$ 金：烦fæ̃$_{24}$ 丹：苦烦k'u$_{33}$nɒ$_{44}$ 童：烦vɑ$_{31}$ 靖：心烦siŋ$_{433}$væ̃$_{223}$ 江：烦væ$_{223}$ 常：烦væ$_{213}$ 锡：心烦sin$_{21}$vɛ$_{23}$ 苏：烦vE$_{223}$ 熟：烦væ$_{233}$ 昆：烦vɛ$_{132}$ 霜：烦vE$_{31}$ 罗：烦ve$_{31}$ 周：烦ve$_{113}$ 上：烦vE$_{113}$ 松：烦vE$_{113}$ 黎：烦$_{24}$ 盛：烦vE$_{24}$ 嘉：烦vE^{ɛ}$_{31}$ 双：鸡爪tɕi$_{z44}$tsɔ$_{44}$ 杭：烦vE$_{212}$ 绍：心烦ɕɪŋ$_{52}$væ̃$_{113}$ 诸：火杀辣hʏ$_{53}$sɐʔ$_{4}$sɐʔ$_{52}$ 崇：心烦ɕiŋ$_{32}$væ̃$_{23}$ 太：心烦ɕiŋ$_{55}$væ̃$_{31}$ 余：难熬/难熬相nɛ̃$_{21}$ŋɒ$_{23}$/nɛ̃$_{21}$ŋɒ$_{22}$ɕiÃ$_{52}$ 宁：烦vE$_{113}$ 黄：勿好过faʔ$_{5}$hɒ$_{31}$ku$_{44}$ 温：烦恼vɑ$_{24}$nɜ$_{31}$ 衢：烦人/抓人væ̃$_{22}$ȵiɲ$_{52}$/tsɑ$_{45}$ȵi^{n}$_{52}$ 华：烦/烦事fvæ̃$_{324}$/ʔvæ̃$_{32}$szʅ$_{24}$ 永：焦臭tɕiAʊ$_{44}$tɕiəʊ$_{54}$

可怜

宜：罪骨人zɐɪ$_{22}$kuəʔ$_{2}$ȵiŋ$_{53}$ 溧：可怜/作孽k'ʌɯ$_{53}$li$_{23}$/tsɔʔ$_{5}$ȵiɪʔ$_{3}$ 金：可怜k'o$_{32}$ȵĩ$_{23}$ 丹：可怜k'ʌʏ$_{33}$lɪ$_{44}$ 童：可怜/罪过/罪过人k'ʌʏ$_{35}$lɪ$_{31}$/dzei$_{21}$kʌʏ$_{23}$/dz$_{21}$k'ʌʏ$_{11}$ȵin$_{23}$ 靖：可怜k'ʌʏ$_{52}$lĩ$_{223}$ 江：罪过/罪过人zEɪ$_{24}$kɜʏ$_{31}$/zæ$_{24}$kɜʏ$_{33}$ȵiɲ$_{31}$ 常：可怜/作孽/罪过人k'ʌɯ$_{34}$lɪ$_{44}$/tsɔʔ$_{4}$ȵiɪʔ$_{5}$/zæe$_{21}$kʌɯ$_{11}$ȵin$_{13}$ 锡：可怜/作孽kʌɯ$_{22}$lɪ$_{52}$/tsɔʔ$_{5}$ȵiəʔ$_{3}$ 苏：可怜/作孽k'ɜu$_{53}$liɪ$_{31}$/tsɔʔ$_{5}$ȵiəʔ$_{5}$ 熟：可

怜/作孽k'ɯ$_{33}$lie$_{51}$/tsoʔ$_{4}$ȵɪʔ$_{5}$ 昆:作孽tsoʔ$_{4}$ȵiɪʔ$_{4}$ 霜:作孽/罪过/肉麻/苦恼tsoʔ$_{5}$ȵɪʔ$_{3}$/zᴇ$_{22}$ k'u$_{23}$/ȵioʔ$_{2}$m^{ʌ}ɤ$_{23}$/k'u$_{55}$nɔ$_{31}$ 罗:作孽/罪过/苦恼tsoʔ$_{5}$ȵɪʔ$_{3}$/z^{ʌ}ɤ$_{22}$k'ɪ$_{23}$/k'u$_{33}$nɔ$_{52}$ 周:作孽相/罪过tsoʔ$_{3}$ȵɪʔ$_{5}$ɕiᴀ$^{\sim}$$_{31}$/zø$_{22}ku_{44}$ 上:作孽/罪过tsoʔ$_{5}$ȵiɪʔ$_{23}$/zᴇ$_{22}$ku$_{44}$ 松:罪过zø$_{22}$ku$_{52}$ 黎:作孽tsoʔ$_{5}$ȵiəʔ$_{2}$ 盛:可怜/作孽k'o$_{34}$liɪ$_{33}$/tsoʔ$_{5}$ȵiɐʔ$_{2}$ 嘉:可怜k'u$_{33}$lie$_{51}$ 双:可怜/罪过/作孽k'ʉ$_{34}$ lɪ$_{52}$/zᴇ$_{24}$kɜu$_{21}$/tsoʔ$_{5}$ȵiəʔ$_{5}$ 杭:可怜k'ou$_{55}$lie$_{31}$ 绍:可怜/罪过人k'u$_{34}$lĩ$_{52}$/dze$_{33}$ku$_{44}$ȵɪŋ$_{52}$ 诸:罪过zeɪ$_{33}$ku$_{33}$ 崇:罪过ze$_{23}$kɤ$_{52}$ 太:罪过猛ze$_{22}$kɯ$_{55}$mᴀŋ$_{31}$ 余:罪过ze$_{24}$ku$_{31}$ 宁:可怜/罪过ku$_{55}$li$_{31}$/se$_{24}$k^{ɔ}u$_{31}$ 黄:可怜kɤ$_{55}$lie$_{31}$ 温:苦□k'o$_{52}$dzʅ$_{22}$ 衢:罪过szəɪ$_{45}$ku$_{52}$ 华:罪过seɪ$_{54}$ kuo$_{24}$ 永:罪过szəɪ$_{31}$koə$_{54}$

倒霉

宜:倒霉/触霉头tɑɤ$_{33}$mɐɪ$_{44}$/ts'ɔʔ$_{3}$mɐɪ$_{55}$dɤɯ$_{55}$ 溧:倒霉tɑ^{ɤ}$_{54}$mæᴇ$_{34}$ 金:倒霉/触霉头tɑ^{ɔ}$_{32}$mei$_{23}$/ts'ɔʔ$_{\underline{53}}$mei$_{33}$t'ʌɤ$_{23}$ 丹:倒霉tɒ$_{55}$mᴇ^{e}$_{31}$ 童:倒霉tɒ$_{24}$mei$_{31}$ 靖:倒霉/触霉头tɒ$_{53}$me$_{223}$/ts'ɔʔ$_{5}$ me$_{22}$d^{ø}ʏ$_{44}$ 江:倒霉/触霉头tɒ$_{45}$ mᴇɪ$_{223}$/ts'oʔ$_{5}$ mᴇɪ$_{24}$dᴇɪ$_{31}$ 常:倒霉/触霉头tɑʏ$_{34}$mæe$_{44}$/ts'ɔʔ$_{5}$ mæe$_{21}$dei$_{13}$ 锡:倒霉/触霉头tʌmᴇ/ts'ɔʔmᴇdᴇi 苏:倒霉/触霉头tæ$_{52}$mᴇ$_{23}$/ts'ɔʔ$_{5}$mᴇ$_{23}$ dəɪ$_{31}$ 熟:触霉头/碰着点ts'oʔ$_{3}$mᴇ$_{55}$dᴇ$_{31}$/bᴀ$^{\sim}$$_{3}$dʐᴀʔ$_{5}tie_{31}$ 昆:触霉头/碰着赤佬ts'oʔ$_{5}$mᴇ$_{23}$dᴇ$_{41}$/bã$_{22}$zᴀʔ$_{4}$ tsᴀʔ$_{5}$lɔ$_{31}$ 霜:触霉头ts'oʔ$_{53}$mʌɪ$_{33}$dʌɪ$_{52}$ 罗:触霉头/倒霉ts'oʔ$_{3}$mʌɪ$_{55}$dʌɪ$_{31}$/tɔ$_{434}$mʌɪ$_{213}$ 周:倒霉/触霉头tɔ$_{33}$me$_{52}$/ts'oʔ$_{3}$me$_{55}$dɤ$_{31}$ 上:触霉头ts'oʔ$_{3}$mᴇ$_{55}$dʏ$_{31}$ 松:触霉头ts'ɔʔ$_{5}$mᴇ$_{22}$ dɯ$_{52}$ 黎:触霉头/倒霉ts'oʔ$_{33}$mᴇ$_{24}$dieɯ$_{31}$/tᴀ^{ɔ}$_{55}$mᴇ$_{31}$ 盛:倒霉/触霉头tɔ$_{413}$mᴇ$_{24}$/ts'oʔ$_{3}$mᴇ$_{44}$diəʉ$_{44}$ 嘉:倒霉/触霉头tɔ$_{34}$ me$_{223}$/ts'oʔ$_{3}$me$_{44}$de$_{51}$ 双:倒霉/触霉头/钝tɔ$_{32}$məɪ$_{34}$/ts'oʔ$_{5}$ məɪ$_{22}$døʏ$_{44}$/dən$_{113}$ 杭:触霉头ts'ɔʔ$_{3}$meɪ$_{23}$deɪ$_{51}$ 绍:倒霉/晦气tɔ$_{43}$me$_{33}$/hue$_{32}$tɕ'i$_{33}$ 诸:倒霉tɔ$_{31}$me$_{34}$ 崇:倒霉/晦气/触霉头tɑɒ$_{22}$me$_{23}$/hue$_{33}$tɕ'i$_{z23}$/ts'ɔʔ$_{4}$me$_{44}$diɤ$_{52}$ 太:倒霉/晦气t^{ɑ}ɒ$_{55}$me$_{31}$/fe$_{55}$tɕ'i$_{31}$ 余:触霉头/倒霉/晦气ts'ɔʔ$_{4}$me$_{44}$dɤ$_{52}$/tɒ$_{32}$me$_{23}$/hue$_{55}$tɕ'i$_{31}$ 宁:倒霉/触霉头/晦气tɔ$_{33}$ me$_{33}$/ts'ɔʔ$_{3}$me$_{34}$doʏ$_{51}$/hue$_{55}$tɕ'i$_{31}$ 黄:倒运/倒糟tɒ$_{31}$ɦyɪŋ$_{13}$/tɒ$_{31}$tsɒ$_{33}$ 温:倒霉tɜ$_{3}$mæi$_{52}$ 衢:倒霉tɔ$_{35}$məɪ$_{31}$ 华:倒霉tɑʊ$_{35}$meɪ$_{31}$ 永:倒霉/倒糟tᴀʊ$_{43}$məɪ$_{22}$/tᴀʊ$_{43}$tsᴀʊ$_{44}$

奇怪

宜:怪kuᴀ$_{324}$ 溧:奇怪/怪dʑi$_{z32}$kuᴀ$_{23}$/kuᴀ$_{412}$ 金:奇怪/怪/怪气tɕ'i$_{33}$kuɛ^{e}$_{44}$/kuɛ^{e}$_{44}$/kuɛ^{e}$_{44}$ tɕ'i$_{z31}$ 丹:怪kuɑ$_{324}$ 童:奇怪dʑi$_{j21}$kuaɪ$_{23}$ 靖:奇怪/有劲dʑi$_{j22}$kuæ$_{55}$/ɦ^{ø}ʏ$_{22}$tɕiŋ$_{52}$ 江:怪kuæ$_{45}$ 常:奇怪tɕi$_{j21}$kuɑ$_{13}$ 锡:奇怪tɕi$_{24}$kuɑ$_{31}$ 苏:奇怪/怪dʑi$_{j22}$kuɒ$_{44}$/kuɒ$_{412}$ 熟:怪/奇怪kuɑ$_{324}$/dʑi$_{23}$kuɑ$_{33}$ 昆:奇怪/稀奇八怪dʑi$_{23}$kuɑ$_{41}$/ɕi$_{44}$dʑi$_{44}$poʔ$_{5}$kuɑ$_{31}$ 霜:怪kuɑ$_{434}$ 罗:怪kuɑ$_{434}$ 周:怪kuɑ$_{335}$ 上:怪kuᴀ$_{334}$ 松:怪kuᴀ$_{335}$ 黎:奇dʑiɲ$_{24}$ 盛:奇怪/怪dʑi$_{j22}$kuɑ$_{44}$/kuɑ$_{413}$ 嘉:奇怪dʑi$_{j24}$kuɑ$_{31}$ 双:奇怪/怪/挖里挖骨dʑi$_{z22}$kuɑ$_{44}$/kuɑ$_{334}$/ʔuᴀʔ$_{3}$li$_{z5}$uᴀʔ$_{4}$kuəʔ$_{2}$ 杭:怪kuᴇ$_{334}$ 绍:奇怪/奇/怪dʑi$_{21}$kua$_{33}$/dʑi$_{31}$/kua$_{334}$ 诸:怪kuᴀ$_{544}$ 崇:怪kuɑ$_{324}$ 太:怪kuɑ$_{35}$ 余:怪kuᴀ$_{52}$ 宁:怪kua$_{52}$ 黄:奇怪/怪dʑi$_{22}$kuᴀ$_{44}$/kuᴀ$_{44}$ 温:奇怪dzʅ$_{22}$kɑ$_{44}$ 衢:奇怪dʑi$_{22}$kuɛ$_{52}$ 华:奇怪/得骨tɕi$_{j32}$kuɑ$_{24}$/təʔ$_{3}$kuəʔ$_{4}$ 永:奇怪/异样dʑi$_{21}$kuai$_{54}$/ʔɦi$_{42}$ʔɦiᴀŋ$_{24}$

害怕

宜:怕/吓p'o$_{324}$/xᴀʔ$_{\underline{45}}$ 溧:怕/吓p'o$_{412}$/xəʔ$_{5}$ 金:怕/吓人p'ɑ$_{44}$/xəʔ$_{5}$ləŋ$_{23}$ 丹:害怕/怕hæ$_{44}$p'ɵ$_{31}$/p'o$_{324}$ 童:吓怕hᴀʔ$_{5}$p'o$_{55}$ 靖:吓得怕hɑʔ$_{5}$təʔ$_{5}$p'o$_{55}$ 江:吓/怕hɑʔ$_{5}$/p'ɵ$_{435}$ 常:吓/怕xɑʔ$_{5}$/p'o$_{334}$ 锡:吓xɑʔ$_{5}$ 苏:吓hᴀʔ$_{5}$ 熟:吓/勿敢xᴀʔ$_{5}$/fᴇʔ$_{3}$kɤ$_{34}$ 昆:怕/吓p'o$_{412}$/hᴀʔ$_{5}$ 霜:吓/怕xɑʔ$_{5}$/p^{ʌ}ɤ$_{434}$ 罗:吓kɑʔ$_{5}$ 周:吓hɑʔ$_{5}$ 上:怕/吓p'o$_{334}$/hɐʔ$_{5}$ 松:怕/吓p'o$_{335}$/hᴀʔ$_{5}$ 黎:极/吓dʑiəʔ$_{\underline{23}}$/hᴀʔ$_{5}$ 盛:极dʑiɐʔ$_{2}$ 嘉:怕/吓p'o$_{334}$/hᴀʔ$_{\underline{54}}$ 双:吓/怕hᴀʔ$_{5}$/p'ʊ$_{334}$ 杭:怕/

慌p'ɑ334/huɑŋ323　绍:吓煞/怕/怕慌hAʔ3sAʔ5/p'o33/p'o33hunŋ52　诸:吓/怕hAʔ5/p'o544　崇:怕/吓p'ɤ324/hɑʔ45　太:吓/怕hɑʔ45/p'o35　余:吓/怕hAʔ5/p'o52　宁:怕/吓p'o52/hɐʔ5　黄:霍/怕huoʔ5/p'o44　温:吓xo423　衢:怕p'ɑ53　华:光kuɑŋ324　永:乖kuai

害羞

宜:难为情/怕丑nA22ɦue22ʑiŋ53/p'o324ts'ɤɯ51　溧:盾/怕丑dən31/p'o52tsei52　金:难为情/怕丑næ̃23uei44tɕ'iŋ55/p'ɑ44ts'ʌɤ31　丹:难为情næ44uEe33dʑiŋ31　童:难为情nɑ23uei55ʑiəŋ31　靖:难为情/怕丑næ̃22hɦue44ziŋ34/p'o52ts'øɤ34　江:难为情/勿好意思næ24ɦueI33dʑiŋ31/fɜʔ3hɒ55ʔij33sɿ31　常:难为情næ̃22ɦuæe55ʑiɲ31　锡:难为情nɛ22ɦuE55ʑin31　苏:难为情nE22ɦuE55ʑiɪn31　熟:难为情/怕难为情/勿出趟/勿出客næ24ɦuE33dʑĩɲ31/p'o55næ33ɦuE33dʑĩɲ31/fEʔ3tʂ'Eʔ5t'A~31/fEʔ3tʂ'Eʔ5k'Aʔ5　昆:难为情nɛ22ɦuɛ55zin31　霜:怕羞/难为情p'ʌɤ55sy31/nE22ɦuʌI34zĩ52　罗:难为情ne22ʔuʌI55zĩn31　周:难为情nɛ23ʋe44ɦiɪŋ44　上:难为情nE22ɦuE55ʑiɲ31　松:难为情nE22ɦuE55ʑin31　黎:怕难为情p'o324nE22ɦuE55zɪɲ31　盛:难为情nE22ɦuE44zɪɲ44　嘉:难为情ne22ɦue44dʑin51　双:难为情/丑nE22ɦuəI44ʑiən44/tɕ'iøɤ53　杭:难为情nE21ɦueI23dʑin51　绍:难为情næ̃21ɦue34dʑɪŋ52　诸:倒霉tɔ31me34　崇:难看猛næ̃22k'œ̃55mA~31　太:难看猛næ̃22k'œ̃55mAŋ31　余:难为情nẽ23ɦue44dʑiɲ52　宁:难为情nE22ɦue55dʑɪŋ31　黄:下人相ɦo22ȵin33ɕia~44　温:顶人精təŋ33nAŋ52tsəŋ31　衢:怕倒霉p'ɑ53tɔ35məI31　华:光倒霉kɑng33tɑʊ55meI31　永:乖倒厌kuai43tAʊ33ie51

密(猛)

宜:密/猛mɪʔ23/mAŋ223　溧:猛mən323　金:密/猛mieʔ4/moŋ24　丹:密mɪʔ24　童:密/密密miɪʔ24/miɪʔ3miɪʔ3moŋ35moŋ31　靖:密miɪʔ34　江:猛mAŋ435　常:密/猛miɪʔ23/mAɲ44　锡:猛ma~31　苏:密/猛mɪʔ23/mÃ31　熟:猛/密密猛猛mA~31/mɪʔ2mɪʔ2mA~33mA~44　昆:密/猛mɪʔ12/mã223　霜:密/猛mɪʔ23/ma~213　罗:猛/兴ma~213/ɕĩn53　周:密/猛/兴mɪʔ23/mA~113/ɕiɪŋ52　上:猛mÃɲ113　松:密/猛mɪʔ23/mɛ̃113　黎:猛/密/密密猛猛mɛ̃24/mɪʔ23/mɪʔ2mɪʔ2mɛ̃2mɛ̃34　盛:猛/密mæ̃22/mɪʔ2　嘉:猛/密密麻麻mA~223/mɪʔ5mɪʔ3mo5mo51　双:猛mã31　杭:密/猛/轧miɪʔ12/mAŋ113/gɐʔ12　绍:密/多mɪʔ23/to52　诸:密密麻麻miəʔ3miəʔ4mo55mo52　崇:密miEʔ12　太:密mieʔ12　余:密/紧mɪʔ23/tɕiɲ435　宁:密/多miɪʔ23/tᵊu52　黄:密mieʔ12　温:密mi323　衢:密miəʔ12　华:密/猛miəʔ2/mɑŋ544　永:猛mɤə322

挤

宜:轧gAʔ23　溧:轧gɑ223　金:轧kɑʔ4　丹:轧/挤tɕiz22　童:轧gAʔ24　靖:轧gɑʔ34　江:轧gɑʔ12　常:轧gɑʔ23　锡:　苏:轧gɑʔ23　熟:轧gAʔ23　昆:轧gAʔ12/tɕ'in44(牙膏)　霜:轧gAʔ23　罗:轧gAʔ23　周:轧gɑʔ23　上:轧gAʔ23　松:兴/轧ɕiɲ52/gAʔ23　黎:轧/兴gAʔ23/ɕɪəɲ413　盛:轧gɑʔ2　嘉:轧gAʔ12　双:轧gAʔ23　杭:轧gɐʔ12　绍:轧gAʔ12　诸:轧gɐʔ12　崇:挤/轧tɕiz442/gæʔ12　太:挤/轧tɕi42/gæʔ12　余:轧/掐gAʔ23/k'Aʔ5　宁:轧/□gɑʔ23/ʔa52　黄:□gie113　温:轧gɑ323　衢:榨tsɑ53　华:挤/兴tɕie544/ɕiɪn45　永:揿tsəɲ322

利落、能干,强健(敲,健)

宜:健dʑɪ31　溧:健dʑi31　金:　丹:　童:好hɐɤ324　靖:麻力/能/能括括mo22lɪʔ4/nəŋ223/nəŋ22kuɑʔ2kuɑʔ5　江:敲/健dʑiɑ223/dʑɪ223　常:健/好dʑij24/xɑɤ334　锡:健　苏:敲dʑiɪ31　熟:敲dʑiɑ213　昆:敲dʑiɑ132　霜:敲dʑiɑ31　罗:敲dʑiɑ31　周:敲dʑiɑ113　上:敲dʑiɑ113　松:敲dʑiɑ31　黎:敲dʑiɒ24　盛:敲dʑiɑ24　嘉:敲dʑiɑ223　双:　杭:健dʑie113　绍:健/□dʑĩ22/ʔua52　诸:健dʑiɪ233　崇:健dʑiæ̃312　太:健dʑiẽ13　余:健dʑɪ113　宁:健dʑi113　黄:稍健sɒ33 dʑie$_{44}$　温：老健lɜ$_{22}$dʑi$_{34}$　衢：健dʑiẽ$_{52}$　华：健dʑie$_{213}$　永：健dʑie$_{214}$

肿

宜：颰xɐɪ$_{55}$　溧：胀/肿tsA$_{412}$/tsoŋ$_{52}$　金：肿tsoŋ$_{323}$　丹：虚ɕy$_{z22}$　童：肿tsoŋ$_{324}$　靖：肿tɕioŋ$_{334}$　江：胀/肿tsA^{ŋ}$_{435}$/tsoŋ$_{435}$　常：肿/颰佬tsoŋ$_{334}$/xæ$_{55}$lɑʏ$_{31}$　锡：肿/颰　苏：肿/颰tsoŋ$_{412}$/hE$_{44}$　熟：肿/颰tsʊŋ$_{324}$/xæ$_{52}$　昆：肿/颰tsoŋ$_{412}$/hE$_{44}$　霜：肿/颰tsoŋ$_{434}$/h^{ʌ}ʏ$_{434}$　罗：颰hʌɪ$_{51}$　周：肿tsoŋ$_{335}$　上：肿/颰tsoŋ$_{334}$/hE$_{52}$　松：肿/颰嚣tsʊŋ$_{335}$/he$_{55}$ɕiɑ$_{31}$　黎：肿/颰tsoŋ$_{51}$/hE$_{44}$　盛：肿tsoŋ$_{51}$　嘉：肿tsoŋ$_{44}$　双：颰h^{ø}ʏ$_{44}$　杭：肿tsoŋ$_{53}$　绍：肿tsʊŋ$_{33}$　诸：肿tsoŋ$_{52}$　崇：肿/颰tsoŋ$_{442}$/hœ̃$_{324}$　太：肿/颰tsoŋ$_{42}$/hẽ$_{42}$　余：肿tsʊŋ$_{435}$　宁：肿tsoŋ$_{325}$　黄：肿/颰tsoŋ$_{53}$/hɛ$_{53}$　温：肿tɕy^{ʊ}ɔ$_{35}$　衢：肿/颰tɕiʌŋ/xɛ$_{53}$　华：肿tɕioŋ$_{544}$　永：肿tsoŋ$_{214}$

俏(禠)

宜：好看/漂亮xɑʏ$_{53}$k'e$_{31}$/piɑʏ$_{53}$liAŋ$_{31}$　溧：好看xɑ^{ʏ}$_{44}$k'ʊ$_{31}$　金：好看/标致xɑ^{ɔ}$_{22}$k'æ̃$_{44}$/piɑ^{ɔ}$_{33}$tsʅ$_{44}$　丹：　童：好看/标致hɐʏ$_{33}$k'ʊ$_{55}$/piɐʏ$_{33}$tsʅ$_{55}$　靖：　江：俏tɕ'iɒ$_{435}$　常：好看xɑɒ$_{34}$k'ɔ$_{44}$　锡：禠　苏：俏/灵光ts'iæ$_{412}$/liɪn$_{22}$kuÃ$_{44}$　熟：好看/漂亮/出客xɔ$_{33}$k'ʏ$_{33}$/p'iɔ$_{33}$liA͂$_{33}$/tʂE ʔ$_{4}$k'Aʔ$_{5}$　昆：好看/漂亮/出客/嫸hɔ$_{52}$kɵ$_{33}$/p'iɔ$_{52}$liã$_{33}$/ts'əʔ$_{4}$k'Aʔ$_{4}$/tsE$_{52}$　霜：　罗：禠ts'y$_{434}$　周：禠tɕ'y$_{335}$　上：禠tɕ'y$_{334}$　松：禠tɕy$_{335}$　黎：禠/俏伶伶ts'yʮ/tɕ'iA^{ɔ}$_{32}$lɪɲ$_{33}$lɪɲ$_{34}$　盛：俏伶伶tɕ'iɔ$_{22}$lɪɲ$_{55}$lɪɲ$_{31}$　嘉：俏/禠tɕ'iɔ$_{324}$/tɕ'y$_{324}$　双：　杭：好看/漂亮hɔ$_{55}$k'E$_{31}$/p'iɔ$_{55}$liAŋ$_{31}$　绍：好看hɔ$_{34}$k'ĩ$_{52}$　诸：俏tɕ'iɔ$_{52}$　崇：好看/漂亮hɑɒ$_{34}$k'œ̃$_{52}$/p'iɑɒ$_{33}$liA͂$_{52}$　太：好看/漂亮h^{ɑ}ɒ$_{33}$k'œ$_{44}$/p'iɑɒ$_{33}$liAŋ$_{44}$　余：好看hɒ$_{33}$k'ẽ$_{52}$　宁：好看hɔ$_{55}$ki$_{31}$　黄：俏趣ɕiɒ$_{34}$ts'ɥ$_{55}$　温：　衢：漂亮/好看p'iɔ$_{22}$liã$_{53}$/xɔ$_{22}$k'ə$_{53}$　华：俏tɕ'iɑʊ$_{45}$　永：煌□ʔɦuAŋ$_{43}$ʔɦoə$_{22}$

困难(烦难)

宜：烦难vA$_{21}$nA$_{23}$　溧：困难/烦难/麻烦k'uən$_{54}$nA$_{34}$/fvA$_{54}$nA$_{34}$/mo$_{54}$vA$_{34}$　金：困难k'uəŋ$_{52}$næ̃$_{23}$　丹：困难/烦难k'uɛn$_{52}$næ$_{23}$/ʔʋæ$_{44}$næ$_{44}$　童：困难k'əɲ$_{35}$nɑ$_{31}$　靖：困难k'uəŋ$_{52}$næ̃$_{23}$　江：为难/困难ɦuEɪ$_{24}$næ$_{31}$/k'uEɲ$_{45}$næ$_{31}$　常：困难/难k'uəɲ$_{34}$næ$_{44}$/næ$_{24}$　锡：困难k'uən$_{55}$nɛ$_{31}$　苏：烦难vE$_{52}$nE$_{23}$　熟：勿便当/难/困难fEʔ$_{3}$bie$_{55}$tA͂$_{31}$/næ$_{233}$/k'ẽ^{n}$_{22}$næ$_{51}$　昆：困难/难k'uən$_{52}$nɛ$_{33}$/nɛ$_{21}$　霜：难nE$_{31}$　罗：难ne$_{31}$　周：困难/难来k'uəŋ$_{33}$nɛ$_{52}$/nɛ$_{23}$lɛ$_{44}$　上：烦难vE$_{22}$nE$_{44}$　松：烦难vE$_{24}$nE$_{31}$　黎：麻烦/孛贼mo$_{22}$vE$_{44}$/bəʔ$_{3}$zəʔ$_{3}$　盛：麻烦/孛贼mo$_{22}$vE$_{44}$/bəʔ$_{4}$zəʔ$_{3}$　嘉：讨厌t'ɔ$_{32}$ie$_{34}$　双：困难/烦难k'uən$_{33}$nE$_{44}$/vE$_{22}$nE$_{44}$　杭：烦难/难vE$_{21}$nE$_{23}$/nE$_{212}$　绍：烦难væ̃$_{23}$næ̃$_{52}$　诸：烦难vɛ$_{31}$nɛ$_{34}$　崇：烦难væ̃$_{22}$næ̃$_{52}$　太：烦难væ̃$_{21}$næ̃$_{52}$　余：烦难vẽ$_{21}$nẽ$_{23}$　宁：困难k'uɐŋ$_{55}$nE$_{31}$　黄：难nɛ$_{31}$　温：困难k'əŋ$_{52}$nɑ$_{22}$　衢：困难/难k'uən$_{35}$næ̃$_{31}$/næ̃$_{31}$　华：困难/难k'uən$_{53}$næ̃$_{24}$/næ̃$_{24}$　永：难nA$_{322}$

妥帖(舒齐)

宜：妥当/顺利t'u$_{33}$tAŋ$_{44}$/ʑyiŋ$_{42}$li$_{j31}$　溧：妥帖/妥当t'ʌɯ$_{44}$t'ɪʔ$_{34}$/t'ʌɯ$_{52}$tAŋ$_{52}$　金：一一当当ieʔ$_{3}$ieʔ$_{4}$tɑŋ$_{35}$tɑŋ$_{31}$　丹：妥当tʌʏ$_{21}$tɑŋ$_{22}$　童：好hɐʏ$_{324}$　靖：妥勒个tʌʏ$_{33}$ləʔ$_{4}$kəʔ$_{5}$　江：舒齐ɕy$_{55}$dʑi$_{j31}$　常：好xɑʏ$_{334}$　锡：妥帖t'ʌʏ$_{22}$t'ɪʔ$_{5}$　苏：舒齐/服帖sʅ$_{55}$zi$_{j31}$/voʔ$_{2}$t'ɪʔ$_{4}$　熟：舒齐ʂʮ$_{55}$zi$_{31}$　昆：舒齐sɥ$_{44}$zi$_{41}$　霜：舒齐sʅ$_{55}$zi$_{31}$　罗：舒齐sʅ$_{55}$zi$_{31}$　周：好阿哉hɔ$_{33}$ɑ$_{55}$zəʔ$_{3}$　上：舒齐/舒意sʅ$_{55}$ʑi$_{31}$/适意sɐʔ$_{3}$i$_{44}$　松：舒齐ɕy$_{44}$ʑi$_{52}$　黎：□ʔiəɲ$_{51}$　盛：舒齐sʅ$_{44}$zi$_{j44}$　嘉：　双：舒齐sʅ$_{44}$ʑi$_{z44}$　杭：落实/办好特lɔʔ$_{2}$szɐʔ$_{5}$/bE$_{35}$hɔ$_{55}$dɐʔ$_{31}$　绍：妥当t'u$_{34}$tɒŋ$_{52}$　诸：弄好noŋ$_{23}$hɔ$_{52}$　崇：好/好了hɑɒ$_{442}$/hɑʏ$_{55}$liɑʏ$_{31}$　太：好h^{ɑ}ɒ$_{42}$　余：乐为loʔ$_{2}$ɦue$_{52}$　宁：妥当t'əu$_{55}$tɔ̃$_{31}$　黄：章好tsɑ͂$_{55}$hɒ$_{31}$　温：停当dəŋ$_{22}$t^{ʊ}ɔ$_{44}$　衢：弄好拉ʔnʌŋ$_{33}$xɔ$_{44}$lɑ$_{52}$　华：妥当t'uo$_{54}$tɑŋ$_{35}$　永：的确təɪ$_{43}$k'Aʊ$_{22}$

丢脸(坍宠)

宜:坍宠tʻA55tsʻoŋ31　溧:坍宠/坍台/盾tʻA44tsʻoŋ34/tʻA44dæE34/dən31　金:丢脸tiʌʏ31lĩ323　丹:坍台tʻæ44dæ23　童:坍台tʻɑ35daɪ31　靖:坍宠/坍台tæ̃33tsʻoŋ52/tæ̃433dæ̃323　江:坍宠/坍台/现世tʻæ44tsʻoŋ51/tʻæ51dæ223/ɦij24sɿ31　常:坍宠/坍台tʻæ55tsʻoŋ31/tʻæ44dæe213　锡:坍台tʻɛ21dE23　苏:坍台/退招势tʻE44dE223/tʻE55tsæ55sɿ31　熟:坍宠/坍台/退招势tʻæ55tsʻʊŋ31/tʻæ55dæ31/tʻæ55tʂɔ33ʂʮ51　昆:坍台/退招势/勿要面孔tʻɛ44 dɛ231/tʻɛ33tsɔ55sɿ31/vəʔ2ʔiɔ44 mɪ22kʻoŋ44　霜:坍宠/坍台/退招势tʻE55tsʻoŋ31/tʻE55dE31/tʻE33tsɔ55sɿ31　罗:坍宠/坍台tʻe55tsʻoŋ31/tʻe55de31　周:坍宠/老面皮/坍台/退招势tʻɛ44tsʻoŋ52/lɔ23mi44bi52/tʻɛ44dɛ52/tʻɛ33tsɔ55sɿ31　上:坍台/退招势tʻE55dE31/tʻE33tsɔ55sɿ31　松:坍台tʻE33dE52　黎:坍台/坍招势tʻE44dE24/tʻE44tsAɔ44sɿ44　盛:坍台/退招tʻE44dE44/tʻE33tsɔ55sɿ31　嘉:坍宠/坍台tʻEɛ51 tsʻoŋ324/tʻEɛ51 dEɛ324　双:坍台tʻE32dE34　杭:坍台/倒霉/渧露儿tʻE44 dE212/tɔ44 meɪ212/ti33lu55ər31　绍:拆牌则tsʻəʔ5 ba22tsəʔ5　诸:倒霉/脸勿要tɔ31me34/liɪ23feʔ3iɔ31　崇:坍台tʻæ̃53de23　太:坍台tʻæ̃55de31　余:坍台/倒霉tʻɛ̃32de23/tɒ32me23　宁:坍台tʻE33dEɪ34　黄:倒牌子/倒霉tɒ33bA55tsɿ31/tɒ55me31　温:坍台tʻɑ35de31　衢:倒霉tɔ35məɪ31　华:坍台tʻɑ55dɛ31　永:坍台tʻA55dəɪ22

恨(毒)

宜:恨/毒ɦəŋ31/doʔ23　溧:恨xɦən31　金:恨xən31　丹:恨hɛn41　童:恨həŋ45　靖:　江:　常:　锡:毒/恨doʔ23/ɦəɒ213　苏:恨/毒ɦən31/doʔ23　熟:毒/火doʔ23/xɯ44　昆:恨ɦən223　霜:恨ɦɛ̃213　罗:毒doʔ　周:　上:恨ɦəɲ113　松:毒doʔ23　黎:恨ɦəɲ213　盛:恨ɦəɲ212　嘉:　双:　杭:恨ɦən113　绍:恨ɦĩ22　诸:恨ɦEĩ233　崇:恨ɦɪŋ14　太:恨ɦeŋ13　余:毒/盐doʔ23/ɦɪ113　宁:恨ɦɐŋ113　黄:　温:恨ɦʌŋ22　衢:恨ʔʌŋ53　华:恨ʔɦən24　永:怨yə544

硬气(弹硬)

宜:硬气ŋAŋ22tɕʻij53　溧:硬气ŋən24tɕʻi31　金:硬气əŋ24tɕʻiz31　丹:　童:硬气ŋəŋ22tɕʻij55　靖:硬绷ŋəŋ24pɑŋ31　江:吃硬tɕʻiəʔ5ŋAŋ223　常:硬气ŋAɲ24tɕʻij41　锡:硬气/有交易ŋã22tɕi55/ɦiʌʏ22tɕiA55ɦiəʔ31　苏:弹硬/吃硬dE22ŋÃ44/tɕʻiəʔ5ŋÃ52　熟:硬气/硬张ŋA˜23tɕʻi133/ŋA˜23tsA˜33　昆:硬气ɦã23tɕʻi41　霜:硬ŋa˜213　罗:硬ŋa˜213　周:弹硬dɛ23ŋA˜44　上:弹硬dE22ŋAɲ44　松:硬气ŋɛ̃22tɕʻi52　黎:硬气ŋã23tɕʻi33　盛:硬气ŋã22tɕʻi52　嘉:硬气ŋA˜24tɕʻi31　双:硬ŋã113　杭:敲硬kʻɔ55Aŋ31　绍:硬ŋaŋ22　诸:硬气ŋÃ23tɕʻiz2　崇:硬气ŋA˜22tɕʻiz23　太:硬气ŋAŋ24tɕʻi33　余:硬ŋAŋ113　宁:弹硬/硬dE22ŋã52/ŋã113　黄:硬ŋa˜113　温:硬气ʔʲɛ52tsʻɿ21　衢:硬/硬扎ŋiæ̃31/ŋiæ̃33tsAʔ5　华:硬ʔɑŋ45　永:硬ŋai214

烦闷不舒(殟塞)

宜:殟塞ʔuəʔ5səʔ5　溧:殟塞/难过ʔuəʔ5səʔ3/nA52kʌɯ52　金:不写意pəʔ4ɕiɑ35iz31　丹:　童:不写意pəʔ3ɕiɒ44i55　靖:不适意/不写意pəʔ5ɕiəʔ53ʔij31/pəʔ5siɑ35ʔij31　江:殟塞ʔuɜʔ5sɜʔ5　常:殟塞ʔuəʔ4səʔ5　锡:殟塞ʔuəʔ4səʔ5　苏:殟塞/勿捂心ʔuəʔ5səʔ5/fəʔ5u23siɪn31　熟:殟塞ʔoʔ4sEʔ5　昆:殟塞ʔuəʔ4səʔ4　霜:殟塞ʔuəʔ5səʔ3　罗:殟塞/响势ʔuɐʔ5sɐʔ3/hʏA55sɿ31　周:殟塞/翁肿ʔʊəʔ3səʔ5/ʔoŋ55tsoŋ31　上:殟塞ʔuɐʔ3sɐʔ4　松:殟塞ʔuəʔ4səʔ2　黎:殟塞/响势/鏖糟ʔuəʔ5səʔ2/hieɯ44sɿ4/ʔAɔ44tsAɔ44　盛:殟塞ʔuəʔ5sɑʔ3　嘉:气温tɕʻij33uəɳ51　双:鸡爪tɕiz44tsɔ44　杭:难过nE21kou23　绍:嗯有皮道ŋ̍22ɲiʏ55bi33dɔ31　诸:勿舒服/闷气fəʔ4ɕyʮ44voʔ52/mẽĩ31tɕʻiz34　崇:胀煞tsA˜33sæʔ4　太:胀煞tsAŋ55sɑʔ31　余:殟塞/盐/烦ʔuɐʔ5sɐʔ3/ɦɪ113/vɛ̃113　宁:难过nE22kɔu51

黄:勿好过fəʔ5hɒ33ku44　温:难过nɑ22kʌu52　衢:闭人pi55niⁿ31　华:　永:勿舒服fə43ɕʏ33fvʊ31

宽余舒服(宽舒)

宜:　溧:好过/舒服xɑʸ44kʌɯ31ɕyz44voʔ5　金:宽舒k'ʊ̃52sɿ31　丹:写意ɕiɑ44iz44　童:写意ɕiɒ33i55　靖:写意/适意siɑ35ij31/ɕiəʔ53ij31　江:适意sɜʔ5ij23　常:舒畅/写意sɥ55ts'ʌɲ31/ɕiɑ34i44　锡:宽舒k'o21sɿ23　苏:宽舒k'ᴇ55sɿ31　熟:舒服ʂʮ55voʔ5　昆:宽舒k'ɵ44sɥ41　霜:宽舒k'uɪ55sɿ31　罗:宽舒k'u^ʏ55sɿ31　周:宽舒k'ue55sɿ31　上:宽舒k'ø55sɿ31　松:舒服/宽舒sɿ55voʔ31/k'ue55sɿ31　黎:宽舒k'ɵ44sɥ44　盛:宽舒k'ɵ44sɥ44　嘉:舒服sɿ44voʔ5　双:宽舒k'uᴇ44sɿ44　杭:　绍:宽泛k'uõ33væ̃52　诸:舒服ɕyʮ52voʔ4　崇:爽快煞sɒ̃33kuɑ55sæʔ31　太:爽快煞ɕiɒŋ33k'uɑ51sɑʔ3　余:宽畅/想得开k'uɵ̃32ts'Ã23/ɕiÃ44təʔ4k'e52　宁:宽舒k'uø33sɥ51　黄:舒服ɕʏ33voʔ4　温:好过/舒服xɜ35kʌu31/sɿ44vo52　衢:　华:宽余k'uɑ33ɦʮy55　永:爽suᴀŋ544

结实、厉害(结棍)

宜:厉害/结棍/杀吓lij32ɦɐɪ27/tɕiɪʔ5kuən324/sᴀʔ5xᴀʔ5　溧:结棍tɕiɪʔ5kuən34　金:结棍tɕiɪ4kuəŋ44　丹:结实/厉害/结棍tɕɪʔ5zɛʔ23/liz21hʱæ22/tɕɪʔ5kuɛn23　童:结棍tɕiɪʔ53kuəŋ31　靖:结棍tɕiəʔ5kuəŋ51　江:结棍tɕiəʔ5kuᴇn23　常:结棍tɕiɪʔ5kuəɲ31　锡:结棍tɕiəʔ4kuən34　苏:结棍tɕiəʔ5kuən23　熟:结棍/杀念tɕɪʔ3guẽⁿ34/sᴀʔ3ȵie33　昆:结棍tɕiɪʔ5kuən52　霜:厉害/结棍li24ɦᴇ31/tɕɪʔ5kuɛ̃3　罗:结棍tɕɪʔ4kuẽⁿ23　周:结棍tɕɪʔ4kuəŋ44　上:结棍tɕiɪʔ3kuəɲ44　松:结棍tɕiɪʔ4kuəɲ34　黎:结棍/着力tɕiəʔ5kuəɲ31/zᴀʔ3lɪʔ3　盛:结棍tɕiɪʔ5kuəɲ31　嘉:厉害/结棍li24ɦᴇᵉ31/tɕiəʔ5kuen31　双:结棍tɕiəʔ3kuən34　杭:结棍tɕiɪʔ3kuən23　绍:杀剋sᴀʔ4k'əʔ5　诸:结棍tɕiəʔ5kuẼĩ52　崇:结棍tɕiᴇʔ3kuɪŋ52　太:结棍tɕieʔ3kueŋ52　余:结棍tɕɪʔ5kueɲ3　宁:结棍tɕiɪʔ5kuɐŋ33　黄:板扎/杀甲pɛ33tsɐʔ4/sɐʔ2tɕieʔ3　温:　衢:结棍tɕiəʔ4kuən35　华:结棍tɕiəʔ4kuən55　永:险火ɕie43xoə44

差劲、低劣(蹩脚)

宜:蹩脚bɪʔ2tɕiɔʔ4　溧:蹩脚/怵bɪʔ3tɕiɑʔ5/tɕ'iʌɯ445　金:蹩脚/不来事/差劲pieʔ4tɕiɑʔ4/pəʔ53lɛᵉ35sɿ31/ts'ɑ44tɕiŋ52　丹:蹩脚/差劲bɪʔ53tɕiɑʔ31/ts'o32tɕiɛn24　童:蹩脚biɪʔ42tɕiᴀʔ31　靖:蹩脚/差劲/低档bɪʔ2tɕiɑʔ5/ts'o44tɕiŋ52/ti33taŋ52　江:蹩脚/推扳bɪʔ5tɕiɑʔ3/t'ᴇɪ53pæ31　常:蹩脚biɪʔ3tɕiɑʔ5　锡:蹩脚bɪʔ4tɕiᴀʔ5　苏:蹩脚bɪʔ2tɕiᴀʔ4　熟:蹩脚/推扳/勿上台盘bɪʔ2tɕiᴀʔ5/t'ᴇ55pæ31/fᴇʔ4zᴀ˜55dæ24bʏ31　昆:蹩脚/推扳bɪʔ2tɕiᴀʔ3/t'ᴇ44pɛ41　霜:蹩脚bɪʔ2tɕiᴀʔ4　罗:蹩脚bɪʔ2tɕiᴀʔ4　周:蹩脚/推扳bɪʔ2tɕiɑʔ3/t'e44pɛ52　上:蹩脚biɪʔ2tɕiɪʔ3　松:蹩脚/推扳biɪʔ3tɕiᴀʔ2/t'e44pᴇ52　黎:蹩脚bɪʔ3tɕiᴀʔ3　盛:蹩脚bɪʔ4tɕiɑʔ3　嘉:蹩脚biəʔ2tɕiᴀʔ4　双:蹩脚biəʔ2tɕiᴀʔ34　杭:蹩脚/推扳/倒糟/推微biɪʔ2tɕiɪʔ5/t'ᴇɪ32pᴇ23/tɔ32tsɔ23/t'ᴇɪ32ʋəɪ23　绍:息ɕɪʔ5　诸:蹩脚/推扳/加息biəʔ2tɕiɐʔ4/t'e52bɛ42/kᴀ5ɕiəʔ4　崇:蹩脚biᴇʔ2tɕiɑʔ4　太:蹩脚bieʔ2tɕiɑʔ5　余:蹩脚bɪʔ2tɕiɐʔ5　宁:蹩脚biɪʔ3tɕiɐʔ5/t'ʏ55pᴇ31　黄:□脚zɐʔ2tɕieʔ3　温:蹩脚b'i3tɕiɑ24　衢:蹩脚biəʔ2tɕiᴀʔ5　华:蹩脚biəʔ2tɕiɐʔ4　永:

行、能干(来三)

宜:来三/灵/来事lɐɪ21sᴀ23/liŋ223/lɐɪ22zɿ53　溧:能/来事/亨nən323/læᴇ52zɿ232/xən52　金:能干/来三/来事nəŋ22kæ̃44/lɛᵉ24sæ31/lɛᵉ24sɿ52　丹:能干/能/来事nɛn22kʌʏ44/nɛn213/læ44ɕɪz44　童:来三/来事laɪ24sɑ31/laɪ24zɿ31　靖:吃煞/来事/敱/能tɕiəʔ5sɑʔ5/læ̃22zɿ52/dʑiɑ323/nəŋ323　江:来三/来事/敱læ24sæ31/læ21zɿ43/dʑiɑ223　常:来三/来事/敱læe34sæ44/læe34sɿ44/dʑiɑ213　锡:来

三/敳lE$_{24}$sɛ$_{31}$/dʑiɑ$_{213}$ 苏：来三lE$_{22}$SE$_{44}$ 熟：来三/□□læ$_{24}$sæ$_{31}$/ɕiɑ$_{55}$tʂɑ$_{51}$/ʂɑ$_{55}$tʂɑ$_{51}$ 昆：来三/来事/□□/敳lɛ$_{23}$sɛ$_{52}$/lɛ$_{23}$zɿ$_{52}$/ɕiɑ$_{44}$tsɑ$_{52}$/dʑiɑ$_{132}$ 霜：来三/来事lE$_{22}$SE$_{52}$/lE$_{24}$zɿ$_{31}$ 罗：来三/来事le$_{22}$se$_{52}$/le$_{24}$zɿ$_{31}$ 周：来三/来事le$_{23}$sɛ$_{44}$/le$_{23}$zɿ$_{44}$ 上：来三/来事lE$_{22}$SE$_{44}$/lE$_{22}$zɿ$_{44}$ 松：能干/来三neɲ$_{24}$kø$_{21}$/lE$_{22}$SE$_{52}$ 黎：来三lE$_{22}$SE$_{34}$ 盛：来三lE$_{22}$sɿ$_{44}$ 嘉：能干/来三nən$_{24}$kɤə$_{51}$/lE^{ɛ}$_{22}$SE^{ɛ}$_{44}$ 双：来煞lE$_{22}$lAʔ$_{4}$ 杭：来三/来事lE$_{21}$SE$_{23}$/lE$_{21}$szɿ$_{23}$ 绍：来事le$_{24}$zɿ$_{31}$ 诸：能干nẽĩ$_{31}$kɤ$_{44}$ 崇：蛙ʔʋɑ$_{324}$ 太：蛙ʔʋɑ$_{35}$ 余：生活好sÃ$_{33}$ɦuɐʔ$_{5}$hɒ$_{435}$ 宁：会做ɦuEI$_{22}$tsəu$_{51}$ 黄： 温：会væi$_{22}$ 衢：能干/强nən$_{22}$kə$_{44}$/dʑiẽ$_{31}$ 华：能干nən$_{21}$kə$_{35}$ 永：

杂乱、闷湿难受(乌苏)

宜： 溧：殟塞/恹死ʔuəʔ$_{5}$səʔ$_{3}$/ʔi$_{44}$sɿ$_{52}$ 金：乌糟əu$_{44}$tsɑ^{ɔ}$_{52}$ 丹： 童：闷气/写意məŋ$_{55}$tɕʻi$_{j31}$/fəʔ$_{3}$ɕiɒ$_{44}$i$_{52}$ 靖：乌苏ʔwu$_{55}$su$_{31}$ 江：乌苏/殟塞ʔu$_{55}$su$_{31}$/ʔuɜʔ$_{5}$sɜʔ$_{5}$ 常：殟塞ʔuəʔ$_{4}$səʔ$_{5}$ 锡：乌苏ʔu$_{55}$su$_{31}$ 苏：乌苏ʔɜu$_{55}$sɜu$_{31}$ 熟：殟塞ʔoʔ$_{4}$sEʔ$_{5}$ 昆：乌苏ʔəu$_{44}$səu$_{41}$ 霜：殟塞ʔuə$_{5}$səʔ$_{3}$ 罗：乌苏ʔəu$_{55}$su$_{31}$ 周：乌苏ʔʋu$_{44}$su$_{52}$ 上：乌苏ʔu$_{55}$su$_{31}$ 松：乌苏ʔʋu$_{44}$su$_{52}$ 黎：殟塞ʔuəʔ$_{5}$səʔ$_{2}$ 盛： 嘉：乌苏ʔʋu$_{44}$səu$_{51}$ 双：盲爪mɔ̃$_{22}$ts$_{44}$ 杭：腧肿/熟极ʔoŋ$_{32}$tsoŋ$_{23}$/szɔʔ$_{2}$dʑiɪʔ$_{5}$ 绍：乌苏ʔu$_{33}$su$_{52}$ 诸：乌苏ʔu$_{52}$su$_{44}$ 崇：难过næ̃$_{21}$kɤ$_{23}$ 太：难过næ̃$_{21}$kɯ$_{23}$ 余：难过nɛ̃$_{21}$ku$_{23}$ 宁：难过/闷nE$_{22}$kəu$_{51}$/meŋ$_{44}$ 黄：□tʻəŋ$_{52}$ 温： 衢：闭人pi$_{55}$ni^{n}$_{31}$ 华： 永：

融洽往来(热络)

宜：热络ȵiɪʔ$_{2}$lɔʔ$_{4}$ 溧：要好ʔiɑ^{ɣ}$_{52}$xɑ^{ɣ}$_{52}$ 金：门户大/大门户məŋ$_{23}$fu$_{44}$tɑ$_{55}$/tɑ$_{53}$məŋ$_{33}$fu$_{31}$ 丹：火热hʌɤ$_{52}$ȵɪʔ$_{23}$ 童：蛮好mɑ$_{53}$hɐɤ$_{31}$ 靖：火热/鬼头侵供供hʌɤ$_{33}$ȵiəʔ$_{5}$/kue$_{33}$d^{ø}ɤ$_{44}$tsʻiŋ$_{55}$koŋ$_{33}$koŋ$_{31}$ 江：热络/亲热ȵiəʔ$_{3}$loʔ$_{3}$/tsʻiɲ$_{53}$ȵiəʔ$_{2}$ 常：亲热/要好tɕʻiɲ$_{55}$ȵiɪʔ$_{5}$/ʔiɑɤ$_{55}$xɑɤ$_{31}$ 锡：热络ȵiəʔ$_{2}$lɔʔ$_{5}$ 苏：热络ȵiəʔ$_{2}$lɔʔ$_{4}$ 熟：热络ȵɪʔ$_{2}$loʔ$_{5}$ 昆：热络ȵiɪʔ$_{2}$loʔ$_{3}$ 霜：热络ȵɪʔ$_{2}$loʔ$_{4}$ 罗： 周：热络ȵɪʔ$_{2}$loʔ$_{3}$ 上：热络ȵiɪʔ$_{2}$loʔ$_{3}$ 松：热络ȵiɪʔ$_{3}$lɔʔ$_{4}$ 黎：热络ȵiəʔ$_{3}$loʔ$_{3}$ 盛：热络ȵɪʔ$_{44}$lɔ$_{3}$ 嘉：热络/闹猛ȵiəʔ$_{3}$loʔ$_{4}$/nɔ$_{24}$mA$^{\sim}$$_{31}$ 双：热络ʔȵiəʔ$_{5}$loʔ$_{2}$ 杭： 绍：要好ʔiɔ$_{34}$hɔ$_{52}$ 诸：亲热/热着tɕʻɪ$_{52}$ȵiəʔ$_{4}$/ȵiəʔ$_{2}$dzɐʔ$_{4}$ 崇：讲得来kɔ̃$_{33}$tEʔ$_{5}$le$_{31}$ 太：讲得来kɒŋ$_{33}$tɛʔ$_{5}$le$_{31}$ 余：好hɒ$_{435}$ 宁：要好ʔiɔ$_{44}$hɔ$_{44}$ 黄：亲热tɕʻiɪŋ$_{33}$ȵieʔ$_{3}$ 温： 衢：划得来ɦuɑ$_{22}$təʔ$_{5}$lɛ$_{31}$ 华：要好ʔiɑʊ$_{33}$xɑʊ$_{51}$ 永：

驯服顺从(服帖)

宜：服帖vɔʔ$_{2}$tʻɪʔ$_{4}$ 溧：服帖vɔʔ$_{3}$tʻiɪʔ$_{5}$ 金：服帖fɔʔ$_{4}$tʻieʔ$_{4}$ 丹：服帖/顺从voʔ$_{53}$tɪʔ$_{31}$/s^{z}ɛn$_{41}$dzoŋ$_{21}$ 童：服帖/服服帖帖voʔ$_{3}$tʻiɪʔ$_{5}$/voʔ$_{3}$voʔ$_{4}$tʻiɪʔ$_{5}$tʻiɪʔ$_{5}$ 靖：服帖/服输fvɔʔ$_{2}$tʻɪʔ$_{5}$/fɔʔ$_{53}$sɿ$_{31}$ 江：服帖voʔ$_{3}$tʻɪʔ$_{5}$ 常：服帖vɔʔ$_{3}$tʻiɪʔ$_{5}$ 锡：服帖vɔʔ$_{4}$+tʻɪʔ$_{5}$ 苏：服帖vɔʔ$_{2}$tʻɪʔ$_{4}$ 熟：服帖voʔ$_{2}$tʻɪʔ$_{5}$ 昆：服帖voʔ$_{2}$tʻɪʔ$_{3}$ 霜：服帖voʔ$_{2}$tʻɪʔ$_{4}$ 罗：服帖βoʔ$_{2}$tʻɪʔ$_{44}$ 周：服帖voʔ$_{2}$tʻɪʔ$_{3}$ 上：服帖voʔ$_{2}$tʻiɪʔ$_{3}$ 松：服帖voʔ$_{3}$tʻɪʔ$_{2}$ 黎：服帖voʔ$_{3}$tʻɪʔ$_{3}$ 盛：服帖ɦɔʔ$_{4}$tʻɪʔ$_{3}$ 嘉：服帖voʔ$_{2}$tʻiʌʔ$_{4}$ 双：服帖voʔ$_{2}$tʻiəʔ$_{5}$ 杭：服帖vɔʔ$_{2}$tʻiɪʔ$_{5}$ 绍：服帖voʔ$_{2}$tʻɪʔ$_{5}$ 诸：服帖voʔ$_{2}$tʻiəʔ$_{4}$ 崇：听话tʻiŋ$_{32}$ɦo$_{23}$ 太：听话tʻiŋ$_{55}$ʋɯ$_{31}$ 余：服帖vɔʔ$_{3}$tʻɪʔ$_{5}$ 宁：服帖vɔʔ$_{3}$tʻiɪʔ$_{5}$ 黄：服vɔʔ$_{12}$ 温：服vʊ$_{323}$ 衢：服帖vəʔ$_{4}$tiəʔ$_{5}$ 华：服帖voʔ$_{2}$tiəʔ$_{4}$ 永：服帖/服fvʊ$_{32}$tʻiə$_{32}$/fvʊ$_{322}$

心中高兴(焐心)

宜：开心kʻɐɪ$_{55}$ɕiŋ$_{55}$ 溧：快活/高兴kʻuA$_{52}$xɦuəʔ$_{3}$/kɑ^{ɣ}$_{44}$ɕin$_{52}$ 金：开心kʻɛ^{e}$_{35}$ɕiŋ$_{31}$ 丹：捂心ʔu$_{33}$ɕiŋ$_{44}$ 童：焐心ʔu$_{55}$ɕiŋ$_{31}$ 靖：开心kʻæ$_{43}$siŋ$_{33}$ 江：焐心ʔu$_{55}$siɲ$_{31}$ 常：焐心/高兴ʔu$_{55}$ɕiɲ$_{31}$/kɑɤ$_{55}$ɕiɲ$_{31}$ 锡：焐心ʔu$_{21}$sin$_{23}$ 苏：焐心ʔɜu$_{55}$siɪn$_{31}$ 熟：焐心/开心ʔusĩ^{n}/kʻæsĩ^{n} 昆：焐心/开心ʔu$_{44}$sin$_{41}$/kʻɛ$_{44}$sin$_{41}$ 霜：焐心ʔu$_{55}$sĩ$_{31}$ 罗：焐心ʔu$_{55}$sĩ^{n}$_{31}$ 周：焐心/开心ʔʋu$_{44}$ɕiɪŋ$_{52}$/kʻe$_{44}$ɕiɪŋ$_{52}$

上:焐心ʔu55ɕiɲ31　松:焐心/开心ʔʋu44ɕiɲ52/k'ᴇ44ɕiɲ52　黎:焐心/开心ʔʋu44sɪɲ44/k'ᴇ44sɪɲ44　盛:焐心ʔu44sɪɲ44　嘉:开心/焐心k'ᴇᵋ44ɕin51/ʔʋu44ɕin51　双:焐心ʔu44ɕiən44　杭:焐心ʔu32ɕɪn23　绍:　诸:焐心ʔʋ52ɕĩ44　崇:高兴煞kɑɒ33ɕiŋ345sæʔ31　太:高兴煞kᵅɒ53ɕiŋ35sɑʔ3　余:焐心ʔʋu55ɕiɲ31　宁:焐心ʔu44ɕɪŋ44　黄:开心k'e35ɕiɪŋ31　温:　衢:　华:　永:

资格老、经验足(老鬼)

宜:　溧:老经验/老资格laˠ54tɕin34ȵi52/laˠ54tsɿ34　金:老鬼laᵓ24kuei23/laᵓ22tɕyz52　丹:老鬼lɒ52tɕyz31　童:老鬼lɐɤ52tɕyʮ44　靖:大亨da31haŋ52　江:老鬼lɒ53tɕy33　常:老鬼laɤ34tɕyʮ44　锡:老鬼lʌ22tɕy55　苏:老鬼læ22tɕy44　熟:老鬼lɔ22tɕy44　昆:老鬼lɔ22tɕy44　霜:老鬼lɔ22tɕy52　罗:老鬼lɔ22tɕy52　周:老鬼lɔ22tɕy52　上:老鬼lɔ22tɕy44　松:老鬼/鬼老来lɔ24tɕy21/tɕy44lɔ24lᴇ31　黎:老鬼lᴀᵓ23tɕyʮ533　盛:老鬼lɔ22tɕyʮ52　嘉:老鬼/老鬼头lɔ22tɕy34/lɔ22tɕy44de51　双:老鬼/老活手lɔ24tɕy31/lɔ24ɦuə5ʔsᶿʏ31　杭:老鬼lɔ33tɕy51　绍:老鬼lɔ23tɕyʮ52　诸:老内行lɔ23ne44ɦɒ̃44　崇:老鬼lɑɒ23tɕyʮ52　太:老鬼lɑɒ23tɕy52　余:老鬼lɒ24tɕy31　宁:老鬼lɔ24tɕyʮ33　黄:老鬼/老鬼精ʔlɔ55cy33/ʔlɔ55cy33tɕiɪŋ31　温:　衢:老资格lɔ35tsɿ33kᴀʔ2　华:老鬼/鬼lɑʊ54tɕʮy44/tɕʮy544　永:老气/老伯lᴀʊ42tɕ'i54/lᴀʊ43pai32

蛮不讲理(猛门)

宜:蛮理mᴀ22lij53　溧:蛮不讲理/横蛮不化/蛮mᴀ54pəʔ3kᴀŋ55li3/xɦən54mᴀ3pəʔ5xo31/mᴀ323　金:蛮不讲理mæ̃22pəʔ3tɕiɑŋ35liz31　丹:茄dʑiɑ213　童:邪ʑiɒ31　靖:蛮不讲理/瞎来/乱来mæ̃22pɔʔ4kɑŋ52lij23/hɑʔ5læ34/lʊ̃24læ23　江:买门/横绷mɑ52mᴇɲ33/ʔuᴀᵑ55pᴀᵑ31　常:蛮勿讲理/勿讲道理mæ22vəʔ44 kᴀɲ334lij24/fəʔ5kᴀŋ334 dɑɤ21li13　锡:猛门mã22mən55　苏:猛门mÃ22mən44　熟:买门/横绷mɑ22mɛ̃ᶮ51/ʔuᴀ̃55pᴀ̃51　昆:买门/横绷mɑ23mən41/ʔuã44pÃ41　霜:猛门mã22mɛ̃52　罗:猛门mã22mɛ̃ᶮ52　周:猛门mᴀ̃22məŋ52　上:猛门mÃᶮ22məɲ44　松:猛门mɛ̃24məɲ21　黎:猛门mã22məɲ52　盛:猛门/蛮mæ̃22məɲ52/mᴇ22　嘉:买门/勿讲道理mɑ33mən51/ʔʋəʔ5kᴀ̃31 dɔ22li44　双:蛮mᴇ113　杭:不讲道理/横pɐʔ4tɕiᴀŋ51 dɔ23li51/ʔuᴀŋ323　绍:　诸:自讲自听ʑiz22kɒ̃55ʑiz22t'ĩ44　崇:三角石头sæ̃44kɔʔ3 zᴇʔ3diʏ52　太:毛角乱/三角石头mɑɒ21kɔʔ3lœ52/sæ55kɔʔ3 zɑʔ2dʏ52　余:勿讲道理ʔʋəʔ5kɒ̃31 dɒ24li21　宁:　黄:横讲ɦuɒ̃24kɒ31　温:强横dʑi22ɦˈɛ24　衢:乱来lə24lɛ31　华:勿讲道理fəʔ53kɑŋ31 tɑʊ33lij51　永:蛮/勿□mᴀ322/fəʔ43ɕiɪɲ44

很了不起、行(吃价)

宜:吃价/□□tɕ'iɪʔ5kɒ324/ɦɐɪ22ts'e44　溧:吃香/来事tɕ'iɪʔ5ɕie34/læᴇ52zɿ52　金:行/吃价ɕiŋ24/tɕ'ieʔ4kɑ44　丹:行/来事ɕʑiŋ213/læ44ɕiz31　童:吃价/吃得开tɕiɪʔ5kɒ55/tɕiɪʔ3təʔ4k'aɪ52　靖:吃煞/一级tɕ'iəʔ5sɑʔ5/ʔɪʔ5tɕiəʔ5　江:吃价/来三/乓乓响tɕ'iəʔ5kɑ23/læ24sæ31/p'ᴀŋ55p'ᴀŋ33ɕiᴀŋ31　常:来三/来事læe21sæ34/læe21sɿ34　锡:吃价/来三tɕ'iəʔ4kɑ34/lᴇ24sɛ31　苏:吃价/来三tɕ'iəʔ5kɒ23/lᴇ22sᴇ44　熟:吃价/来三/神气tɕ'ɪʔ3kɑ33/læ24sæ31/zʅ̃ᶮ23tɕ'i33　昆:吃价/来三tɕ'iɪʔ5kɑ31/lɛ23sɛ41　霜:吃价tɕ'iɪʔ4kɑ23　罗:吃价tɕ'iɐʔ4kɑ23　周:吃价tɕ'iʌʔ3kɑ55　上:吃价tɕ'iɪʔ3kᴀ44　松:来三lᴇ22sᴇ52　黎:吃价/来三/写抓tɕ'iəʔ5kɒ55/lᴇ22sᴇ34/ɕiɒ44tsɒ44　盛:吃价/来三/写抓tɕɪʔ5kɑ3/lᴇ22sᴇ44/ɕiɑ34tsɑ33　嘉:来四lᴇᵋ24sɿ51　双:吃价/吃客tɕ'iəʔ5kɑ2/tɕiəʔ5k'ᴀʔ5　杭:吃价tɕ'yɪʔ4kɑ51　绍:吃香tɕ'ɪʔ4ɕiaŋ52　诸:了不起liɔ21vəʔ5tɕ'iz31　崇:蛙ʔʋɑ324　太:蛙ʔʋɑ35　余:生活老好/写意sÃ33ɦuəʔ5lɒ113hɒ435/ɕiᴀ55i31　宁:吃格tɕ'yɪʔ5kɐʔ3　黄:吃香tɕ'yɪʔ3ɕiã44　温:　衢:硬扎ŋiæ̃45tsᴀʔ5　华:了勿起/有本事/强本事liɑʊ53vəʔ3tɕ'ij51/ʔɦiɯu44pən44sʐɿ24/dʑiᴀŋ22pən44sʐɿ24　永:勿□□fə43fʊ55ɕie31

不慌不忙(笃定)

宜:笃定tɔʔ$_{\underline{53}}$diŋ$_{31}$　溧:笃定/稳牢tɔʔ$_{5}$din$_{52}$/ʔuən$_{44}$lɑ^{ʏ}$_{31}$　金:笃定tɔʔ$_{4}$tiŋ$_{44}$　丹:　童:笃定toʔ$_{\underline{53}}$tiŋ$_{31}$　靖:笃定tɔʔ$_{5}$diŋ$_{51}$　江:笃定/定定心心toʔ$_{5}$diɲ$_{23}$/diɲ$_{24}$diɲ$_{33}$siɲ$_{33}$siɲ$_{31}$　常:笃定tɔʔ$_{5}$dɪɲ$_{31}$　锡:笃定tɔʔ$_{21}$din$_{34}$　苏:笃定/定心tɔʔ$_{5}$diɪn$_{23}$/diɪn$_{22}$siɪn$_{44}$　熟:笃定/笃定泰山toʔ$_{3}$dĩ^{ɲ}$_{34}$/toʔ$_{3}$dĩ^{ɲ}$_{34}$t'ɑ$_{55}$sæ$_{31}$　昆:笃定toʔ$_{5}$din$_{31}$　霜:笃定toʔ$_{4}$dĩ$_{23}$　罗:笃定toʔ$_{4}$dĩ^{n}$_{23}$　周:笃定toʔ$_{4}$diɪŋ$_{44}$　上:笃定toʔ$_{3}$diɲ$_{44}$　松:笃定tɔʔ$_{4}$diɲ$_{34}$　黎:笃定toʔ$_{5}$dɪɲ$_{31}$　盛:笃定toʔ$_{5}$dɪɲ$_{31}$　嘉:笃定toʔ$_{5}$din$_{31}$　双:笃定toʔ$_{5}$dɪn$_{52}$　杭:笃定tɔʔ$_{4}$dɪn$_{51}$　绍:笃定toʔ$_{4}$dɪŋ$_{52}$　诸:笃定toʔ$_{4}$dĩ$_{33}$　崇:笃定tɔʔ$_{3}$diŋ$_{23}$　太:笃定tɔʔ$_{5}$diŋ$_{23}$　余:笃定toʔ$_{5}$deɲ$_{31}$　宁:笃定toʔ$_{3}$dɪŋ$_{34}$　黄:笃定tɔʔ$_{3}$diɪŋ$_{44}$　温:定显dəŋ$_{52}$ɕi$_{34}$　衢:笃定təʔ$_{4}$di^{n}$_{53}$　华:笃定toʔ$_{\underline{53}}$diɪn$_{24}$　永:主意头定定tɕʏ$_{42}$i$_{22}$dᴀʊ$_{24}$ diɪŋ$_{31}$diɪŋ$_{24}$

不入眼、讨厌(惹气)

宜:讨惹气/触气t'ɑʏ$_{33}$zᴀ$_{55}$tɕi$_{j31}$/ts'oʔ$_{5}$tɕ'i$_{j324}$　溧:讨厌/勿入眼/触气t'ɑ^{ʏ}$_{54}$ʔi$_{34}$/fəʔ$_{3}$szəʔ$_{4}$ ŋᴀ$_{323}$/ts'ɔʔ$_{5}$tɕ'i$_{z234}$　金:讨厌t'ɑ^{ɔ}$_{133}$ĩ$_{52}$　丹:恶毒ʔoʔ$_{\underline{53}}$doʔ$_{\underline{31}}$　童:惹气ȵiɒ$_{34}$tɕ'i$_{j55}$　靖:讨厌/面目t'ɒ$_{33}$ʔĩ$_{52}$/mĩ$_{35}$mɔʔ$_{5}$　江:惹气/触气/触目/触相/恶心szɑ$_{21}$tɕ'i$_{j43}$/ts'oʔ$_{5}$tɕ'i$_{j23}$/ts'oʔ$_{5}$moʔ$_{5}$/ts'oʔ$_{5}$siᴀ^{ŋ}$_{23}$/ʔoʔ$_{5}$siɲ$_{42}$　常:惹气zɑ$_{23}$tɕi$_{j44}$　锡:惹气/触气/触气相/讨厌/讨惹厌zɒ$_{21}$tɕi$_{23}$/ts'ɔʔ$_{2}$tɕ'i$_{23}$/ts'ɔʔ$_{\underline{21}}$tɕ'i$_{j11}$siÃ$_{23}$　苏:惹气/触气/讨人厌/讨惹厌zɒ$_{24}$tɕ'i$_{j31}$/ts'ɔʔ$_{5}$tɕ'i$_{j23}$/t'æ$_{52}$ȵiɪn$_{23}$iɪ$_{31}$/t'æ$_{52}$zɒ$_{23}$i$_{j31}$　熟:勿入眼/讨厌/惹气/惹人心火/触气/触心fᴇʔ$_{4}$zᴀʔ$_{55}$ŋæ$_{31}$/t'ɔ$_{33}$ie$_{33}$/dẓɑ$_{23}$tɕ'i$_{23}$/dẓɑ$_{22}$ȵĩ^{n}$_{44}$ sĩ^{n}$_{55}$xɯ$_{31}$/tʂoʔ$_{3}$tɕ'i$_{34}$/tʂoʔ$_{4}$ɕĩ^{ɲ}　昆:讨厌/惹气/触气t'ɔ$_{53}$ʔi$_{41}$/zɑ$_{22}$tɕ'i$_{44}$/ts'oʔ$_{5}$tɕ'i$_{52}$　霜:勿入眼/讨厌/惹气/触气ʔʋ$_{53}$zəʔ$_{55}$ŋᴇ$_{31}$/tɔ$_{55}$ɪ$_{31}$/zɑ$_{22}$tɕ'i$_{23}$/ts'oʔ$_{4}$tɕi$_{23}$　罗:惹气/触气zɑ$_{22}$tɕ'i$_{23}$/ts'oʔ$_{5}$tɕ'i$_{31}$　周:惹气/触气zɑ$_{22}$tɕ'i$_{24}$/ts'oʔ$_{4}$tɕ'i$_{44}$　上:惹气/触气zᴀ$_{22}$tɕ'i$_{44}$/ts'oʔ$_{3}$tɕ'i$_{44}$　松:讨厌/惹气/讨惹厌tɔ$_{44}$i$_{44}$/zɑ$_{22}$tɕ'i$_{52}$/t'ɔ$_{33}$zɑ$_{55}$i$_{31}$　黎:惹气/触气/讨惹厌zɑ$_{23}$tɕ'i$_{33}$/ts'oʔ$_{5}$tɕ'i$_{31}$/tᴀɔ$_{33}$zɑ$_{55}$i$_{31}$　盛:惹气/触气/讨厌/讨惹厌dzɑ$_{23}$tɕ'i$_{33}$/ts'oʔ$_{5}$tɕ'i$_{31}$/t'ɔ$_{34}$i$_{33}$/t'ɔ$_{33}$zɑ$_{44}$i$_{44}$　嘉:惹气/触气zɑ$_{22}$tɕ'i$_{34}$/ts'oʔ$_{5}$tɕ'i$_{31}$　双:惹气/触气zɑ$_{22}$tɕ'i$_{z44}$/ts'oʔ$_{3}$tɕ'i$_{z44}$　杭:讨厌/瞥极t'ɔ$_{55}$ie$_{31}$/szɔʔ$_{2}$dẓiɪʔ$_{5}$　绍:讨厌/涨星星t'ɔ$_{43}$ĩ$_{33}$/tsaŋ$_{33}$ɕɪŋ$_{44}$ɕɪŋ$_{52}$　诸:看勿过/讨厌k'ʏ$_{53}$ʋəʔ$_{3}$ku$_{31}$/t'ɔ$_{33}$iɪ$_{52}$　崇:勿入眼fᴇʔ$_{5}$zᴇʔ$_{3}$ŋæ̃$_{31}$　太:勿顺眼fɛʔ$_{5}$zeŋ$_{24}$ŋæ̃$_{31}$　余:讨厌t'ɒ$_{33}$ɪ$_{52}$　宁:难看/寿nᴇ$_{22}$k'i$_{51}$/ʑy$_{ɥ113}$　黄:望勿惯mɒ$_{22}$vɐʔ$_{3}$kɛ$_{44}$　温:烦人和vɑ$_{35}$nʌŋ$_{22}$vʊ$_{24}$　衢:触心tʃɥəʔ$_{5}$ɕi^{n}$_{31}$　华:讨厌t'ɑʊ$_{54}$ʔie$_{35}$　永:

漂亮大方(出客)

宜:　溧:大方/拿得出dɑ$_{54}$fᴀŋ$_{34}$/no$_{54}$təʔ$_{3}$tɕ'ye$_{323}$　金:出客/出落/出淌ts'əʔ$_{4}$k'ɑʔ$_{4}$/ts'əʔ$_{4}$lɔʔ$_{4}$/tṡəʔ$_{4}$t'ɑŋ$_{52}$　丹:漂亮p'iɒ$_{41}$lie$_{21}$　童:吃价tɕ'iɪʔ$_{\underline{53}}$kɒ$_{31}$　靖:一级/来事/那(少)ʔɪʔ$_{5}$tɕiəʔ$_{5}$/læ$_{22}$zɿ$_{52}$/nɑ$_{51}$　江:漂亮/神气p'iɒ$_{52}$liᴀ^{ŋ}$_{33}$/zᴇɲ$_{21}$tɕ'i$_{j43}$　常:出趟ts'əʔ$_{5}$t'ᴀɲ$_{31}$　锡:大方dɑ$_{22}$fɒ̃$_{55}$　苏:出客ts'əʔ$_{5}$k'ɑʔ$_{5}$　熟:出客/神气/扎台型tʂᴇʔ$_{4}$k'ᴀʔ$_{5}$/zẽ^{n}$_{25}$tɕ'i$_{33}$/tsᴀʔ$_{3}$dæ$_{55}$ɦi^{n}$_{31}$　昆:出客/七家/扎面子ts'əʔ$_{4}$k'ᴀʔ$_{4}$/ts'ɪʔ$_{5}$kɑ$_{52}$/tsᴀʔ$_{5}$ mi$_{22}$tsɿ$_{44}$　霜:出客ts'əʔ$_{5}$k'ᴀʔ$_{3}$　罗:出客ts'əʔ$_{5}$k'ᴀʔ$_{3}$　周:出客ts'əʔ$_{3}$k'ɑʔ$_{5}$　上:出客ts'ɐʔ$_{3}$k'ɐʔ$_{4}$　松:出客ts'əʔ$_{4}$k'ᴀʔ$_{4}$　黎:出客ts'əʔ$_{5}$k'ᴀʔ$_{2}$　盛:走得出/出格tɕiəu$_{55}$t'əʔ$_{3}$ts'əʔ$_{\underline{31}}$/ts'əʔ$_{5}$kɑʔ$_{3}$　嘉:出客ts'əʔ$_{3}$k'ᴀʔ$_{4}$　双:出客ts'əʔ$_{5}$k'ᴀʔ$_{5}$　杭:　绍:嬇tsæ̃$_{334}$　诸:漂亮/出客p'iɔ$_{52}$liÃ$_{44}$　崇:　太:　余:好看hɒ$_{33}$k'ẽ$_{52}$　宁:　黄:出客ts'əʔ$_{3}$k'ɐʔ$_{4}$　温:　衢:走得出去ts'əɪ$_{35}$təʔ$_{5}$tʃɥəʔ$_{5}$k'ɛ$_{31}$　华:　永:

舒适、愉快(写意)

宜:散意se$_{33}$i$_{j44}$　溧:写意ɕio$_{44}$i$_{z31}$　金:写意ɕiɑ$_{35}$i$_{z31}$　丹:写意ɕiɑ$_{44}$i$_{z44}$　童:写意ɕiɒ$_{33}$i$_{55}$　靖:写意/适意siɑ$_{55}$i$_{j31}$/ɕiəʔ$_{5}$i$_{j51}$　江:写意/适意siɑ$_{52}$i$_{j43}$/sɜʔ$_{5}$i$_{j23}$　常:写意/适意ɕiɑ$_{34}$i$_{44}$/səʔ$_{5}$i$_{31}$　锡:写意/适意siɑ$_{55}$i$_{31}$/səʔ$_{4}$i$_{34}$　苏:写意/适意ɕiɒ$_{52}$i$_{j31}$/səʔ$_{5}$i$_{j23}$　熟:写意/适意/舒服/捂心siɑ$_{33}$i$_{33}$

/ʂEʔ$_{3}$i$_{34}$/ʂʮ$_{55}$voʔ$_{5}$/ʔu$_{55}$sĩ^{n}$_{31}$　昆:写意/适意siɑ$_{52}$i$_{33}$/səʔ$_{5}$i$_{31}$/k‘ɛ$_{44}$sin$_{41}$　霜:写意ɕiɑ$_{55}$i$_{31}$　罗:写意/适意siɑ$_{33}$i$_{52}$/sɐʔ$_{4}$i$_{23}$　周:适意səʔ$_{4}$i$_{44}$　上:写意/适意ɕiA$_{33}$i$_{44}$/sɐʔ$_{3}$i$_{44}$　松:写意ɕiɑ$_{44}$i$_{44}$　黎:写意/适意siɑ$_{55}$i$_{31}$/səʔ$_{5}$i$_{31}$　盛:写意/适意siɑ$_{55}$i$_{31}$/səʔ$_{5}$i$_{31}$　嘉:写意/适意ɕiɑ$_{44}$i$_{33}$/səʔ$_{5}$i$_{31}$　双:写意/舒意ɕiɑ$_{35}$i$_{31}$/sɿ$_{44}$i$_{44}$　杭:写意/舒服ɕiɑ$_{55}$i$_{31}$/sɿ$_{32}$vəʔ$_{5}$　绍:写意ɕiɑ$_{55}$i$_{31}$　诸:写意ɕiA$_{44}$i$_{33}$　崇:写意ɕiɑ$_{34}$i$_{52}$　太:写意ɕiɑ$_{33}$i$_{52}$　余:写意ɕiɑ$_{55}$i$_{31}$　宁:写意ɕiɑ$_{44}$i$_{44}$　黄:舒服/味道sʮ$_{33}$vɔʔ$_{3}$/mi$_{23}$dɒ$_{31}$　温:写意ɕiɑ$_{52}$i$_{21}$　衢:写意ɕiɑ$_{35}$i$_{31}$　华:写意ɕiɑ$_{55}$i$_{31}$　永:写意ɕiA$_{42}$i$_{54}$

爽快(爽气)

宜:爽气sAŋ$_{53}$tɕ‘i$_{j31}$　溧:爽快/爽sAŋ$_{44}$k‘uA$_{31}$/sAŋ$_{52}$　金:爽快/爽气sɑŋ$_{33}$k‘uɛ^{e}$_{44}$/sɑŋ$_{33}$tɕ‘i$_{z44}$　丹:爽气sɑŋ$_{33}$tɕ‘iz$_{44}$　童:爽快ṡyʮɑŋ$_{53}$k‘uaɪ$_{31}$　靖:爽气suɑŋ$_{33}$tɕ‘i$_{j44}$　江:爽气sA^{ŋ}$_{52}$tɕ‘i$_{j43}$　常:爽气sAɲ$_{34}$tɕ‘i$_{j44}$　锡:爽气sɒ̃$_{45}$tɕ‘i$_{52}$　苏:爽气sÃ$_{53}$tɕ‘i$_{j31}$　熟:爽气sA$^{\sim}$$_{33}$tɕ‘i$_{33}$　昆:爽气sã$_{52}$tɕ‘i$_{33}$　霜:爽气sɒ$^{\sim}$$_{55}$tɕ‘i$_{31}$　罗:爽气sɒ$^{\sim}$$_{33}$tɕ‘i$_{52}$　周:爽气sɒ$^{\sim}$$_{44}$tɕ‘i$_{44}$　上:爽气sA^{ɲ}$_{33}$tɕ‘i$_{44}$　松:爽气sɑ$^{\sim}$$_{44}$tɕ‘i$_{44}$　黎:爽气sɑ$^{\sim}$$_{55}$tɕ‘i$_{31}$　盛:爽气sɑ$^{\sim}$$_{55}$tɕ‘i$_{31}$　嘉:爽气sA$^{\sim}$$_{44}$tɕ‘i$_{z24}$　双:爽气sɔ̃$_{34}$tɕ‘i$_{z52}$　杭:爽快/爽气suAŋ$_{55}$k‘uE$_{31}$/suAŋ$_{55}$tɕ‘i$_{31}$　绍:爽快sɒŋ$_{34}$k‘ua$_{33}$　诸:爽气sɒ̃$_{44}$tɕ‘i$_{z33}$　崇:爽快sɒ̃$_{34}$k‘uɑ$_{52}$　太:爽快ɕiɒŋ$_{33}$kuɑ$_{52}$　余:爽气sɒ̃$_{33}$tɕ‘i$_{52}$　宁:爽气sɔ̃$_{55}$tɕ‘i$_{31}$　黄:爽快/爽气sɒ$^{\sim}$$_{33}kuA_{44}$/sɒ$^{\sim}$$_{33}$tɕ‘i$_{44}$　温:爽快s^{ʊ}ɔ$_{52}$k‘ɑ$_{21}$　衢:直爽dʒʮəʔ$_{2}$ʃʮɒ$^{\sim}$$_{35}$　华:爽快/爽气sʮAŋ$_{54}$k‘uɑ$_{35}$/sʮAŋ$_{54}$tɕ‘i$_{j35}$　永:清爽tɕ‘iɪɲ$_{44}$suAŋ$_{434}$

刁钻、会作弄人(促掐)

宜:促掐ts‘ɔʔ$_{5}$k‘Aʔ$_{5}$　溧:促掐/触气/阴促ts‘ɔʔ$_{3}$k‘ɑʔ$_{3}$/ts‘ɔʔ$_{5}$tɕ‘i$_{z34}$/ʔin$_{44}$ts‘ɔʔ$_{5}$　金:促掐ts‘ɔʔ$_{4}$k‘ɑʔ$_{4}$　丹:促掐/促寿ts‘oʔ$_{\underline{53}}$k‘ɑʔ$_{\underline{31}}$/ts‘oʔ$_{\underline{53}}$sAY$_{31}$　童:促掐ts‘oʔ$_{5}$k‘Aʔ$_{5}$　靖:促掐/丑松ts‘ɔʔ$_{5}$k‘ɑʔ$_{5}$/tɕ‘^{ø}Y$_{33}$soŋ$_{44}$　江:促掐ts‘oʔ$_{5}$k‘ɑʔ$_{5}$　常:促掐ts‘ɔʔ$_{4}$k‘ɑʔ$_{5}$　锡:促掐ts‘ɔʔ$_{4}$k‘Aʔ$_{5}$　苏:促掐ts‘ɔʔ$_{5}$k‘Aʔ$_{5}$　熟:促掐ts‘oʔ$_{4}$k‘Aʔ$_{5}$　昆:促掐ts‘oʔ$_{4}$k‘Aʔ$_{4}$　霜:促掐ts‘oʔ$_{5}$k‘Aʔ$_{3}$　罗:促掐ts‘oʔ$_{5}$k‘Aʔ$_{3}$　周:促掐ts‘oʔ$_{3}$k‘Aʔ$_{5}$　上:促掐/刁钻促掐ts‘oʔ$_{3}$k‘ɐʔ$_{4}$/tiɔ$_{55}$tsø$_{33}$ts‘oʔ$_{3}$kɐʔ$_{3}$　松:促掐ts‘ɔʔ$_{4}$k‘æʔ$_{4}$　黎:促掐/殟掐ts‘oʔ$_{5}$k‘Aʔ$_{3}$/ʔuəʔ$_{5}$k‘Aʔ$_{3}$　盛:促掐/殟掐ts‘oʔ$_{5}$k‘ɑʔ$_{3}$/ʔuəʔ$_{5}$k‘ɑʔ$_{3}$　嘉:坏/刁/促掐ʔuɑ$_{334}$/tiɔ$_{51}$/ts‘oʔ$_{3}$k‘Aʔ$_{4}$　双:促掐ts‘oʔ$_{5}$kAʔ$_{5}$　杭:调排diɔ$_{21}$bE$_{23}$　绍:做弄tsu$_{23}$luŋ$_{33}$　诸:刁奸皮挖t‘iɔ$_{33}$kɛ$_{55}$bi$_{z33}$ʋɐʔ$_{5}$　崇:拗人ʔɑɒ$_{24}$nɑɒ$_{52}$　太:拗人ʔɑɒ$_{52}$nɑɒ$_{52}$　余:促掐ts‘oʔ$_{5}$k‘Aʔ$_{3}$　宁:弄松noŋ$_{22}$soŋ$_{51}$　黄:章板tsɒ$^{\sim}$$_{44}$pɛ$_{44}$　温:　衢:促掐tʃʮəʔ$_{4}$k‘Aʔ$_{5}$　华:刁败/刁tiɑʊ$_{43}$bɑ$_{24}$/tiɑʊ$_{324}$　永:刁/小恶tiAʊ$_{544}$/ɕiAʊ$_{43}$Aʊ$_{44}$

方便(便当)

宜:方便/便当fAŋ$_{55}$bɪ$_{31}$/bɪ$_{22}$tAŋ$_{53}$　溧:便当/容易bi$_{z24}$tAŋ$_{31}$/ɦioŋ$_{32}$^{ʔ}i$_{z52}$　金:方便/便当fɑŋ$_{44}$pĩ$_{31}$/pĩ$_{24}$tɑŋ$_{31}$　丹:便当bɪ$_{41}$tɑŋ$_{21}$　童:便当bɪ$_{21}$tɑŋ$_{23}$　靖:便当bĩ$_{24}$tɑŋ$_{31}$　江:便当bɪ$_{24}$tA^{ŋ}$_{31}$　常:便当bɪ$_{21}$tAɲ$_{13}$　锡:便当bɪ$_{22}$tɒ̃$_{55}$　苏:便当biɪ$_{22}$tÃ$_{44}$　熟:便当bi^{e}$_{23}$tA$^{\sim}$$_{33}$　昆:便当bɪ$_{23}$tã$_{41}$　霜:便当bɪ$_{24}$tɒ$^{\sim}$$_{31}$　罗:便当bɪ$_{24}$tɒ$^{\sim}$$_{31}$　周:便当bi$_{23}$tɒ$^{\sim}$$_{44}$　上:便bi$_{22}$tÃ^{ɲ}$_{44}$　松:方便/便当fɑ$^{\sim}$$_{55}bi_{31}$/bi$_{23}$tã$_{44}$　黎:便当/省力biɪ$_{23}$tɑ$^{\sim}$$_{33}$/sẽ$_{33}$lɪʔ$_{4}$　盛:便当/省力biɪ$_{22}$tã$_{52}$/sæ$_{55}$lɪʔ$_{31}$　嘉:便当/方便bie$_{24}$tA$^{\sim}$$_{31}$/fA$^{\sim}$$_{52}bie_{22}$　双:便当bɪ$_{21}$dɔ̃$_{34}$　杭:方便/便当fAŋ$_{32}$bie$_{23}$/bie$_{34}$tAŋ$_{51}$　绍:便当bĩ$_{21}$tɒŋ$_{23}$　诸:便当biɪ$_{23}$tɒ̃$_{44}$　崇:便当biẽ$_{22}$tɒ$_{23}$　太:便当bie$_{24}$tɒŋ$_{33}$　余:便当bĩ$_{22}$tɒ̃$_{52}$　宁:便当bi$_{22}$tɔ̃$_{52}$　黄:方便/便当/顺手fɒ$^{\sim}$$_{33}bie_{44}$/bie$_{31}$tɒ$^{\sim}$$_{33}$/zəŋ$_{24}$ɕiu$_{31}$　温:　衢:方便/便当fɒ$^{\sim}$$_{43}$biẽ$_{35}$/biẽ$_{45}$tɒ$^{\sim}$$_{31}$　华:方便/便当fɑŋ$_{32}$bie$_{24}$/bie$_{21}$tɑŋ$_{35}$　永:方便/便fAŋ$_{44}$bie$_{54}$/bie$_{214}$

愉快(快活、开心)

宜:开心k‘ɐɪ$_{55}$ɕiŋ$_{55}$　溧:快活/开心/高兴k‘uA$_{54}$xɦuə$_{223}$/k‘æE$_{44}$ɕin$_{52}$/kɑ^{Y}$_{44}$ɕin$_{52}$　金:开心/高

兴k‘ɛᵉ55ɕiŋ31/kɑᵓ33ɕiŋ44　丹：开心k‘æ44ɕiŋ31　童：开心k‘aɪ33ɕiŋ55　靖：快活/开心k‘ue35ɦuəʔ5/k‘æ43siŋ33　江：开心/高兴k‘æ55siɲ31kɒ55ɕiɲ31　常：开心k‘æe53ɕiɲ31　锡：开心k‘E21sin23　苏：开心k‘E55siɪn31　熟：开心k‘æ55sĩɲ31　昆：快活/开心k‘uɑ35ɦuəʔ3/k‘ɛ44sin41　霜：开心/快活k‘E55sĩ31/k‘ɑ33ɦuəʔ4　罗：开心/快活k‘e55sĩ31/k‘ɑ55vɐʔ3　周：快活/开心k‘ɑ33vəʔ5/k‘e44ɕiɪŋ52　上：开心/快活kE55ɕiɲ31/k‘A33ɦuɐʔ4　松：开心kE44ɕiɲ52　黎：快活/开心k‘uɒ32ɦuəʔ5/k‘E44sɪɲ44　盛：快活/开心k‘uɑ32ɦuəʔ52/k‘E44sɪɲ44　嘉：开心k‘Eᵋ44ɕin51　双：快活/开心/快会kɑ34uəʔ52/k‘E44ɕiən44/k‘ɑ32uəɪ34　杭：开心k‘E32ɕɪn23　绍：高兴kɔ33ɕɪŋ52　诸：快活kuA52uɐʔ4　崇：开心k‘e32siŋ23　太：开心k‘e55ɕiŋ31　余：开心/乐为k‘e33ɕiɲ44/loʔ2ɦue52　宁：开心k‘e33ɕɪŋ51　黄：开心k‘e35ɕiɪŋ31　温：快活k‘ɑ25ɦo24　衢：快活/开心k‘ɛ55ɦuəʔ2/k‘ɛ35ɕiɲ31　华：开心/有味k‘ɛ32ɕiɪn24/ʔɦiɯu54vij24　永：快活/开心/味道k‘uai42ʔɦuə24/k‘ai43səɲ44/fvi32dAʊ31

漆黑(墨出黑)

宜：墨出黑/赤黑/赤黑墨铁塔məʔ2ts‘əʔ3xəʔ5/ts‘əʔ5xəʔ5/ts‘əʔ5xəʔ5məʔ3t‘ɪʔ4t‘Aʔ5　溧：赤黑/赤黑墨塔/赤黑乌ts‘əʔ3xəʔ5/ts‘əʔ3xəʔ5məʔ3t‘ɑʔ31/ts‘əʔ5xəʔ34ʔu52　金：黑古隆冬xəʔ3kᵊu44loŋ35toŋ31　丹：漆黑tɕ‘ɪʔ53həʔ31　童：漆黑tɕiɪʔ5həʔ5　靖：漆水抹搨ts‘ɪʔ5sɿ44mɑʔ2t‘ɑʔ5　江：墨出黑/墨出势黑mɜʔ2ts‘ɜʔ4hɜʔ5/mɜʔ2ts‘ɜʔ4sɿ31hɜʔ5　常：墨出黑məʔ2ts‘əʔ4xəʔ5　锡：墨出黑məʔ2ts‘əʔ5xəʔ31　苏：漆黑/墨出黑ts‘ɪʔ5həʔ5/məʔ2ts‘əʔ5həʔ31　熟：墨出黑/漆墨mEʔ2ts‘Eʔ5xEʔ5/ts‘ɪʔ4xEʔ5　昆：墨出黑məʔ2ts‘əʔ4həʔ5　霜：墨出黑məʔ5ts‘əʔ3həʔ5　罗：墨出黑mɐʔ2ts‘ɐ4hɐʔ5　周：墨出黑/墨墨黑məʔ2ts‘əʔ2həʔ3/məʔ2məʔ2həʔ3　上：墨出黑mɐʔ2ts‘ɐʔ4hɐʔ5　松：墨出黑məʔ2ts‘əʔ4həʔ4　黎：墨出黑məʔ2ts‘əʔ4həʔ5　盛：墨出黑/墨墨黑məʔ4ts‘əʔ3həʔ5/məʔ4məʔ3həʔ5　嘉：墨出黑/污泥出黑məʔ3ts‘əʔ4həʔ5/ʔu44ȵɪ55ts‘əʔ3həʔ31　双：出黑/出黑乌tɕ‘əʔ5həʔ5/ts‘əʔ5həʔ5u5　杭：墨出铁黑/墨墨黑mɐʔ2ts‘ɐʔ5t‘iɪʔ3hɐʔ31/mɐʔ2mɐʔ4hɐʔ5　绍：墨墨黑məʔ2məʔ4həʔ5　诸：加黑/墨墨黑kA52hɐʔ4/mɐʔ3mɐʔ3hɐʔ5　崇：荫汇八洞/墨出势埭荫ʔiŋ33tɕ‘iEʔ4pEʔ3doŋ23/mEʔ2ts‘Eʔ4sɿ55dɑ33iŋ31　太：墨乌介mɛʔ2ʔʊ33kɑ52　余：墨墨黑moʔ2moʔ4hEʔ5　宁：墨出黑mɐʔ2ts‘ɐʔ4hɐʔ5　黄：墨黑mɔʔ2hɐʔ4　温：墨黑黑mæi33xe55xe42　衢：漆黑/黑漆漆tɕ‘iəʔ4xəʔ5/xəʔ4tɕ‘iəʔ5tɕ‘iəʔ5　华：漆黑/漆黑墨洞tɕ‘iəʔ5xəʔ3/tɕ‘iəʔ5xəʔ3məʔ2doŋ24　永：墨是洞乌mə32dʑi33doŋ44ʊ55

许多(交关)

宜：一吓那/一吓则/好兴/勿得了ʔiɪʔ3xAʔ4nAʔ5/ʔiɪʔ3xAʔ4tsəʔ5/xɑɤ33ɕiŋ44/fəʔ4təʔ4liɑɤ24　溧：好些儿/多少/介许多xɑʸ54ɕɪn34/tʌɯ44sɑʸ52/gA54ɕi34tʌɯ52　金：交关tɕiɑᵓ35kuæ̃23　丹：交关/勿少tɕiɒ44kuæ31/fəʔ3sɒ33　童：交关/交关多tɕiɐɤ53kuɑ31/tɕiɐɤ53kuɑ31tʌɤ42　靖：劲多唻tɕiŋ52tʌɤ33le31　江：勿得了/一麦麦/劲多fɜʔ5tɜʔ5liɒ43/ʔɪʔ5mɑʔ5mɑʔ5/tɕiɲ55tɜɤ31　常：勿得了fəʔ4təʔ5liɑɤ24　锡：勿得了fəʔ4təʔ5liʌ213　苏：交关tɕ‘iæ55kuE31　熟：交关/豁边/乱兴/嗨弯/行情tɕiɔ55kuæ31/xuAʔ4pie51/lɤ23ɕĩɲ33/xæ55ɦuæ22/ɦA˜23dzĩɲ33　昆：交关/莫老老/嗨嗨弯弯/行情行事tɕiɔ44kuɛ41/moʔ2lɔ44lɔ52/hɛ44hɛ44uɛ55/uɛ31/ɦã22zin55ɦã33zɿ31　霜：交关/行事/行情行事tɕiɔ55kE31/ɦɒ˜22zĩ52/ɦɒ̃22zĩ34ɦɒ˜55zɿ31　罗：交关/行情tɕiɔ55ke31/ɦɒ22zĩɲ52　周：交关/邪多/行情行事tɕiɔ44kuɛ52/ɕiɑ23ɗu44/ɦɒ˜22ɕiɪŋ55ɦɒ˜33zɿ31　上：交关/行情行事tɕiɔ55kuE31/ɦÃɲ22ʑiɲ55ɦÃɲ33zɿ31　松：交关/行情行事/勿得了tɕiɔ44kuE52/ɦɑ˜22ʑɪɲ55ɦɑ˜33zɿ31/ʔʋəʔ4təʔ4liɔ44　黎：交关/行行情情/多得啦勿得了/几几化化/行情行事tɕiAᵓ55kuE31/ɦɑ˜22haĩ55zɪɲ22zɪn44/tɜu44təʔ4lɑ4fəʔ5təʔ2lAɔ213/tɕij44tɕij44ho22ho44/ɦɑ˜22zɪɲ55ɦɑ˜33zɿ31　盛：交关/行情行事tɕiɔ44kuE44/ɦɑ˜22ʑɪɲ55ɦɑ˜33zɿ33　嘉：交关/莫老老/蛮多tɕiɔ44kuEᵋ51/moʔ44lɔ44lɔ51/mEᵋ44təu51　双：交关tɕiɔ44kuE44　杭：交关/莫老老

tɕiɔ$_{32}$kuE$_{23}$/mɔʔ$_{2}$lɔ$_{33}$lɔ$_{23}$ 绍：交关/莫老老/墨墨多tɕiɔ$_{32}$kuæ̃$_{33}$/moʔ$_{2}$lɔ$_{44}$lɔ$_{55}$/məʔ$_{2}$məʔ$_{5}$ tɑ$_{323}$ 诸：莫老老moʔ$_{3}$lɔ$_{44}$lɔ$_{44}$ 崇：介多/蛮多kɑ$_{55}$tʊ$_{31}$/mæ̃$_{32}$tʊ$_{23}$ 太：介辞多kɑ$_{33}$ɕy$_{44}$tʏ$_{52}$ 余：有哉/老老多ɦiʏ$_{22}$zEʔ$_{5}$/lɒ$_{23}$lɒ$_{44}$tu$_{44}$ 宁：交关/交关多tɕiɵ$_{33}$kuE$_{51}$/tɕiɵ$_{33}$kuE$_{51}$tᵊu$_{52}$ 黄：无数ɦu$_{22}$su$_{44}$ 温：多响多tᵊu$_{33}$ɕi$_{52}$tᵊu$_{22}$ 衢：交关多/为险多tɕiɔ$_{43}$kuæ̃$_{53}$tᵘu$_{434}$/ɦuəɪ$_{22}$ɕiẽ$_{53}$tᵘu$_{434}$ 华：多猛tuo$_{33}$ mɑŋ$_{51}$ 永：若干ɕʑiAʊ$_{21}$kɤə$_{44}$

好玩儿、有趣儿(好孛相)

宜：好孛相xɑʏ$_{33}$bɔʔ$_{5}$ɕiAŋ$_{31}$ 溧：好孛相/好欠xɑʸ$_{54}$bəʔ$_{34}$ɕie$_{52}$/xɑʸ$_{54}$tɕʻiz$_{34}$ 金：好玩xɑᵓ$_{21}$ uæ̃$_{23}$ 丹：好戏hɒ$_{44}$ɕiz$_{31}$ 童：好戏bɐʏ$_{33}$ɕij$_{55}$ 靖：有趣相/有劲ɦᵒʏ$_{22}$tɕʻyʮ$_{55}$sĩ$_{31}$/ɦøʏ$_{22}$tɕiŋ$_{52}$ 江：好孛相/有劲勒hɒ$_{52}$bɜʔ$_{3}$siAᵑ$_{43}$/ɦiɜʏ$_{45}$tɕiɲ$_{33}$lɜʔ$_{2}$ 常：好孛相xɑʏ$_{33}$bəʔ$_{5}$ɕiAɲ$_{31}$ 锡：好孛相xʌ$_{45}$bəʔ$_{5}$ siã$_{55}$ 苏：好孛相hæ$_{53}$bəʔ$_{3}$siÃ$_{31}$ 熟：好孛相/有劲/蛮滑稽/蛮好孛相xɔ$_{33}$bEʔ$_{5}$siA˜$_{31}$/ɦiɯ$_{213}$ tɕr̃ⁿ$_{324}$/mæ$_{55}$ɦuAʔ$_{5}$tɕi$_{31}$/mæ$_{52}$ xɔ$_{33}$bEʔ$_{5}$siA˜$_{31}$ 昆：好孛相/蛮有劲hɔ$_{53}$bəʔ$_{4}$siã$_{41}$/mɛ$_{55}$ɦy$_{33}$tɕin$_{31}$ 霜：好孛相hɔ$_{33}$bəʔ$_{55}$sia˜$_{31}$ 罗：好孛相lɔ$_{33}$bɪʔ$_{55}$siA˜$_{31}$ 周：好孛相lɔ$_{33}$bɪʔ$_{55}$siA˜$_{31}$ 上：好孛相lɔ$_{33}$bɐʔ$_{55}$ ɕiÃⁿ$_{31}$ 松：好孛相lɔ$_{33}$bəʔ$_{5}$ɕiɛ̃$_{31}$ 黎：好孛相/有劲lɔ$_{33}$bəʔ$_{5}$siã$_{31}$/ɦieɯ$_{23}$tɕiəɲ$_{33}$ 盛：好孛相/蛮有劲hɔ$_{53}$bəʔ$_{3}$ɕiæ̃$_{31}$/ʔmE$_{55}$ɦiɵʉ$_{33}$tɕɪɲ$_{31}$ 嘉：好孛相hɔ$_{53}$biəʔ$_{3}$ɕiA˜$_{31}$ 双：好孛相hɔ$_{34}$bəʔ$_{5}$ɕiã$_{31}$ 杭：发野fɐʔ$_{4}$ie$_{51}$ 绍：有皮道ɦiʏ$_{113}$ bi$_{2}$dɔ$_{23}$ 诸：介有趣kA$_{544}$ɦiʏ$_{31}$tɕʻyʮ$_{44}$ 崇：有皮道ɦʏ$_{22}$bi$_{233}$dɑɒ$_{34}$ 太：有皮道ɦʏ$_{24}$bi$_{33}$dᵅɒ$_{31}$ 余：蛮场好 宁：有趣/好那河 黄：味道mi$_{23}$dɒ$_{31}$ 温： 衢：好戏xɔ$_{35}$sʅ$_{31}$ 华：好搞/有意思/有调/有净xɑʊ$_{33}$gɑʊ$_{55}$/ʔɪɯu$_{54}$i$_{55}$sʅ$_{31}$/ʔiɯu$_{54}$diɑʊ$_{24}$/ʔiɯu$_{54}$dʑiɪn$_{24}$ 永：搅味道kAʊ$_{43}$fvi$_{33}$dAʊ$_{44}$

糊弄局儿(搭浆、拆烂污)

宜：拆烂污/瞎来腔/耍无赖tsʻAʔ$_{3}$lA$_{5}$ʔu$_{55}$/xAʔ$_{3}$lɐɪ$_{55}$tɕʻiAŋ$_{55}$/sA$_{33}$ɦu$_{55}$lA$_{31}$ 溧：拆烂污tsʻɑʔ$_{5}$ lA$_{34}$ʔu$_{52}$ 金：搭浆/拆烂污tɑʔ$_{53}$tɕiaŋ$_{31}$/tsʻɑʔ$_{53}$læ̃$_{34}$əu$_{31}$ 丹：搭浆/拆烂污tɑʔ$_{53}$tɕie$_{31}$/tsʻɑʔ$_{5}$læ$_{33}$u$_{31}$ 童：做烂污/起烂皮tsʌʏ$_{53}$lɑ$_{33}$u$_{31}$/tɕʻij$_{53}$kɑ$_{33}$bij$_{31}$ 靖：拆烂污tsʻɑʔ$_{53}$læ̃$_{24}$ʔu$_{31}$ 江：搭浆/拆烂污tɑʔ$_{5}$tɕiAᵑ$_{42}$/tsʻɑʔ$_{5}$læ$_{24}$ʔu$_{31}$ 常：拆烂污tsʻɑʔ$_{3}$læ$_{5}$u$_{31}$ 锡：搭浆/拆烂污tAʔ$_{2}$tɕiã$_{52}$/tsʻAʔlɛu 苏：搭浆/拆烂污tAʔ$_{5}$tsiÃ$_{23}$/tsʻAʔ$_{5}$lE$_{23}$ʔɜu$_{31}$ 熟：拆烂污/乱篓头tsʻAʔ$_{3}$læ$_{55}$ʔu$_{31}$/lʏ$_{24}$lE$_{55}$dE$_{31}$ 昆：搭浆/拆烂污/瞎弄一泡tAʔ$_{5}$tsia˜$_{52}$/tsʻAʔ$_{3}$lɛ$_{55}$ʔu$_{31}$/hAʔ$_{3}$loŋ$_{55}$ʔiɪʔ$_{3}$pʻɔ$_{31}$ 霜：搭浆/拆烂污tAʔ$_{4}$tɕia˜$_{52}$/tsʻAʔ$_{33}$lE$_{55}$u$_{31}$ 罗：搭浆/拆烂污tAʔ$_{4}$tsʻia˜$_{52}$/tsʻAʔ$_{33}$le$_{55}$u$_{31}$ 周：搭浆/拆烂污tɑʔ$_{3}$tɕiA˜$_{52}$/tsʻɑʔ$_{3}$ lE$_{55}$ʊu$_{31}$ 上：搭浆/拆烂污tɐʔ$_{3}$tɕiÃⁿ$_{44}$/tsʻɐʔ$_{3}$lE$_{55}$u$_{31}$ 松：搭浆/拆烂污tAʔ$_{4}$tɕiɛ̃$_{52}$/tsʻAʔ$_{5}$lE$_{24}$u$_{21}$ 黎：搭浆/拆烂污tAʔ$_{5}$tɕiɛ̃$_{5}$/tsʻAʔ$_{4}$lE$_{44}$u$_{44}$ 盛：搭浆/拆烂污tɑʔ$_{5}$tɕiæ̃$_{31}$/tsʻɑʔ$_{3}$lE$_{55}$u$_{31}$ 嘉：拆烂污tsʻAʔ$_{5}$lEᵋ$_{24}$u$_{31}$ 双：拆烂污/弄僵tsʻAʔ$_{3}$lE$_{22}$u$_{34}$/noŋ$_{22}$tɕiã$_{44}$ 杭：拆烂污tsʻɐʔ$_{3}$lE$_{23}$u$_{51}$ 绍： 诸：射烂污dzɐʔ$_{2}$lE$_{3}$u$_{34}$ 崇： 太：倫对leŋ$_{23}$de$_{51}$ 余：拆烂污tsɐʔ$_{4}$lɛ̃$_{44}$u$_{52}$ 宁：拆烂污tsʻɐʔ$_{3}$lE$_{34}$u$_{31}$ 黄：乱章lø$_{24}$tsɒ˜$_{31}$ 温：拆烂污tsʻɑ$_{52}$lɑ$_{33}$ʊ$_{21}$ 衢：拆烂污tsʻAʔ$_{5}$læ̃$_{23}$u$_{53}$ 华：拆烂污tsʻɐʔ$_{5}$læ̃$_{24}$u$_{51}$ 永：扯烂污tɕʻi$_{44}$lA$_{21}$oə$_{54}$

滑稽(发松)

宜：发松/发噱/噱儿fAʔ$_{5}$soŋ$_{55}$/fAʔ$_{5}$yeʔ$_{5}$/ʑye$_{324}$ 溧：滑稽/油条/活噱/好笑xɦuɑʔ$_{5}$tɕiz$_{34}$/ɦiʌɯ$_{54}$diɑʸ$_{34}$/xɦuəʔ$_{3}$ɕiɔʔ$_{5}$/xɑʸ$_{44}$ɕiɑ 金：滑稽/发笑xuɑʔ$_{5}$tɕiz$_{23}$/fɑʔ$_{4}$ɕiɑᵓ$_{52}$ 丹：滑稽ɦuɑʔ$_{53}$tɕiz$_{31}$ 童：滑稽/好笑ɦuAʔ$_{24}$tɕij$_{31}$/hɐʏ$_{33}$ɕiɐʏ$_{55}$ 靖：滑稽/发笑ɦuɑʔ$_{2}$tɕij$_{23}$/fɑʔ$_{5}$siɒ$_{51}$ 江：发噱/滑稽fɑʔ$_{5}$ɕiəʔ$_{5}$/ɦuɑʔ$_{2}$tɕij$_{23}$ 常：滑稽/发噱ɦuɑʔ$_{4}$tɕij$_{31}$/fɑʔ$_{4}$ɕioʔ$_{5}$ 锡：滑稽/发噱ɦuAʔ$_{2}$tɕij$_{52}$/fAʔ$_{4}$ɕyeʔ$_{5}$ 苏：滑稽ɦuAʔ$_{5}$tɕij$_{23}$ 熟：滑稽/噱头ɦuAʔ$_{2}$tɕi$_{34}$/ɕioʔ$_{5}$dE$_{51}$ 昆：滑稽/有劲/好孛相ɦuAʔ$_{2}$tɕi$_{23}$/

ɦy₄₂tɕin₃₁/hɔ₅₃bəʔ₄siã₄₁　霜：滑稽/发噱ɦuᴀʔ₂tɕi₂₃/fᴀʔ₅ɕɪʔ₃　罗：滑稽/发噱fᴀʔ₅ɕɪʔ₃/ɦuᴀʔ₂tɕi₂₃　周：滑稽/好孛相vaʔ₂tɕi₂₃/hɔ₃₃bɪʔ₅₅ɕiᴀ̃₃₁　上：滑稽/发噱ɦuɐʔ₂tɕi₃/fɐʔ₃ɕyɪʔ₄　松：滑稽/好孛相ɦuᴀʔ₂tɕi₅₂/hɔ₃₃bəʔ₅₅ɕiɛ̃₃₁　黎：发松/噱发/噱头fᴀʔ₅soŋ₄₄/ɕyəʔ₅fᴀʔ₂/ɕyəʔ₅₅dieɯ₅₅　盛：滑稽/噱头ɦuaʔ₂tɕi₃₄/ɕyɵʔ₃diɘʉ₄₄　嘉：滑稽/乔客ʔuᴀʔ₃tɕi₄₄/dʑiɔ₂₂kʻᴀʔ₅　双：滑稽/噱头ɦuᴀʔ₂tɕi_z₃₄/ɕiᵒʏ₅dᵒʏ₃₁　杭：滑稽/噱头/发野ɦuɐʔ₂tɕi₂₃/ɕyɪʔ₅deɪ₃₁/fɐʔ₄ie₅₁　绍：发笑/滑稽faʔ₅ɕiɔ₃₃/ɦuᴀʔ₂tɕi₅₂　诸：滑头人ɦuɐʔ₂₂dei₅₅n̩ĩ₃₁　崇：滑稽vᴇʔ₂tɕi_z₂₃　太：滑稽vaʔ₂tɕi₂₃　余：滑稽/发笑ɦuɐʔ₂tɕi₅₂/fɐʔ₄ɕiɒ₅₂　宁：滑稽ɦuɐʔ₂tɕi₅₁　黄：滑稽/好笑ɦuɐʔ₂tɕi₄₄/hɒ₃₁ɕiɒ₃₃　温：滑稽ɦɵ₃tsɿ₃₄　衢：滑稽/好笑ɦuᴀʔ₂tsɿ₅₃/xɔ₃₅ɕiɔ₅₃　华：滑稽ɦuɐʔ₂tɕi_j₃₅　永：滑稽ʔʱuᴀ₄₃tsəɪ₄₄

一塌糊涂

宜：一塌糊涂ʔiɪʔ₃tʻᴀ₄ɦu₅₅du₅₅　溧：一塌糊涂/活糟死热ʔiɪʔ₃tʻaʔ₅vu₃₃du₃₃/xɦuəʔ₄₂tsaᵞ₃₁sɿ₅₂ȵiɪʔ₂₃　金：一塌糊涂/一塌经糟ʔiɪʔ₃tʻaʔ₅fu₃₃du₃₁/ʔiɪʔ₄tʻaʔ₄ tɕiŋ₄₄ȵiaᵓ₂₃　丹：一塌糊涂ʔɪʔ₃tʻaʔ₄ɦu₅du₃₁　童：一塌糊涂ʔiɪʔ₃tʻᴀʔ₅vu₃₃du₃₁　靖：一塌糊涂/一锅子蛋汤/喇里对喇里ʔɪʔ₃tʻaʔ₅wu₄du₂₃/ʔɪʔ₃kʌʏ₄tsɿ₃₃dæ̃₅₅tʻaŋ₃₁/la₂₂li_j₄₄te₅₁la₂₂li_j₄₄　江：一塌糊涂ʔɪʔ₃tʻaʔ₅βu₃₃dɜʏ₃₁　常：一塌糊涂ʔiɪʔ₃tʻaʔ₅ɦu₃₃du₃₁　锡：一塌糊涂ʔɪʔ₃tʻᴀʔ₄ɦu₅₅du₅₂　苏：一塌糊涂/一天世界ʔiəʔ₅tʻᴀʔ₃ɦɜu₂₄dɜu₃₁/ʔiəʔ₅tʻiɪ₂₃sɿ₅₅kɒ₃₁　熟：一塌糊涂ʔɪʔ₃tʻᴀʔ₅ɦu₅₅dɯ₃₁　昆：一塌糊涂/一天世界/垃垃圾圾ʔiɪʔ₃tʻa₅ɦəu₂₄dəu₃₁/ʔiɪʔ₃tʻɪ₄₄sɿ₅₅ka₃₁/la₂₂la₅₅ɕi₃₃ɕi₃₁　霜：一塌糊涂ʔɪʔ₃tʻᴀʔ₅ɦu₃₃du₃₁　罗：一塌糊涂ʔɪʔ₃tʻᴀʔ₅vu₃₃du₃₁　周：一塌糊涂ʔɪʔ₃taʔ₅vu₃₃du₃₁　上：一塌糊涂ʔiɪʔ₃tɐʔ₅ɦu₃₃du₃₁　松：一塌糊涂ʔiɪʔ₃tᴀʔ₄vu₅₅du₃₁　黎：一塌糊涂ʔiəʔ₅tᴀʔ₃vu₃₃du₃₁　盛：一塌糊涂ʔɪʔ₅₅taʔ₃₃vu₃₃dɜu₃₁　嘉：一塌糊涂ʔiəʔ₃tʻa₅₅βu₄dᵊu₃₁　双：一塌糊涂ʔiəʔ₃tʻa₅vu₃dəu₃₁　杭：一塌糊涂ʔiɪʔ₃tʻɒʔ₅ɦu₃₃du₃₁　绍：一塌糊涂ʔɪʔ₃tʻᴀʔ₄vu₂₂du₅₁　诸：一塌糊涂ʔiəʔ₃tʻɐʔ₅ɦu₂₃du₅₂　崇：一塌糊涂ʔiᴇʔ₃tʻaʔ₅ɦʏ₂₄du₃₁　太：一塌糊涂ʔieʔ₃tʻaʔ₄ɦu₃du₃₁　余：一塌豆腐/一团糟ʔɪʔ₃tʻɐʔ₄dʏ₄ɦu₅₂/ʔɪʔ₂dõ₄₄tsɒ₅₂　宁：一塌糊涂ʔiɪʔ₃tʻɐʔ₅ɦu₃₃du₃₁　黄：一塌糊涂/一团糟ʔieʔ₃tʻɐʔ₅ɦu₂₄du₃₁/ʔieʔ₃dø₃₅tsɒ₃₁　温：一塌糊涂ʔiæi₃tʻa₅₅ʋ₃₃dᵊu₃₁　衢：一塌糊涂ʔɪəʔ₃tʻa₅ɦu₃₃du₃₁　华：一塌糊涂ʔiəʔ₃tʻɐʔ₅ɦu₃du₂₄　永：一塌糊涂iə₃tʻᴀ₄ʔɦu₃₂du₅₄

讲究(考究)

宜：讲究/考究kᴀŋ₅₃tɕiɤɯ₃₁/kʻaɤ₅₅tɕiɤɯ₃₁　溧：讲究/考叫kᴀŋ₄₄tɕiʌɯ₃₁/kʻaᵞ₄₄tɕiaᵞ₃₁　金：讲究/考究tɕiaŋ₃₂tɕiʌʏ₂₃/kʻaᵓ₃₂tɕiʌʏ₂₃　丹：讲究/考究tɕie₃₀₅tɕʏ₂₁/kʻɒ₃₅tɕ₂₁　童：考究/考叫kʻɐʏ₅₃ tɕiʋ₃₁/kʻɐʏ₅₃ tɕiɐʏ₃₁　靖：考究/讲究kʻɐ₃₃tɕᵒʏ₅₂/kaŋ₃₃tɕᵒʏ₅₂　江：考究kʻɐ₃₃tɕiɜʏ₅₁　常：讲究/考究kᴀɲ₃₄tɕiɯ₄₄/kʻaʏ₃₄tɕiɯ₄₄　锡：考究kʌ₄₅tɕiʌʏ₅₅　苏：讲究/考究kᴀ̃₅₃tɕiɵ₃₁/kʻæ₅₃tɕiɵ₃₁　熟：讲究/考究kᴀ̃tɕiɯ/kʻɔtɕiɯ　昆：讲究/考究kã₅₂tɕy₃₃/kʻɔ₅₂tɕy₃₃　霜：考究kɔ₃₃tɕy₅₂　罗：考究kɔ₃₃tɕy₅₂　周：讲究/考究kɒ̃₄₄tɕiʏ₄₄/kʻɔ₄₄tɕiʏ₄₄　上：考究kʻɔ₃₃tɕiʏ₄₄　松：讲究/考究kʻɑ̃₄₄tɕiʏ₄₄/kʻɔ₄₄tɕiʏ₄₄　黎：考究kᴀ̃ᵓ₃₃tɕieɯ₃₅　盛：考究kʻɔ₃₄tɕiɘʉ₃₃　嘉：讲究kᴀ̃₄₄tɕiəu₄₄　双：考究kʻɔ₃₄tɕiøʏ₅₂　杭：讲究/考究tɕiᴀŋ₅₅tɕʏ₃₁/kʻɔ₅₅tɕʏ₃₁　绍：考究kʻɔ₃₄tɕiʏ₅₂　诸：考究kʻɔ₄₄tɕiʏ₃₃　崇：考究kʻaɒ₃₄tɕʏ₅₂　太：考究kʻaɒ₃₃tɕʏ₄₄　余：考究kʻɒ₃₃tɕiʏ₅₂　宁：考究/讲究(少)kʻɔ₅₅tɕʏ₃₁/kɔ̃₅₅tɕʏ₃₁　黄：讲究kɒ₃₃tɕiʏ₄₄　温：讲究kʊɔ₅₂tɕiʌu₂₂　衢：讲究/考究kɒ̃₃₅tɕiɯ₃₁/kɔ₃₅tɕiɯ　华：讲究kaŋ₅₄tɕiɯu₃₅　永：讲究kᴀŋ₄₄tɕiiəʊ₅₄

机灵

宜：活络ɦuəʔ₂lɔʔ₄　溧：活络xɦuəʔ₃lɔʔ₅　金：小聪明ɕiaᵓ₃₃tsʻoŋ₅₅miŋ₃₁　丹：活络ɦuɛʔ₅loʔ₂　童：活络/聪明ɦuəʔ₄₂loʔ₃₁/tsʻoŋ₅₃miŋ₃₁　靖：灵光liŋ₂₁kuaŋ₂₃　江：聪明tsʻoŋ₅₅miɲ₃₁　常：活络

ɦuəʔ$_{3}$lɔʔ$_{5}$ 锡：活络/聪明ɦuəʔ$_{2}$lɔʔ$_{5}$/ts'oŋ$_{21}$min$_{23}$ 苏：活络ɦuəʔ$_{2}$lɔʔ$_{4}$ 熟：聪明ts'ʊŋ$_{55}$mĩ^{ɲ}$_{31}$ 昆：灵活/聪明lin$_{23}$ɦuəʔ$_{4}$/ts'oŋ$_{44}$min$_{41}$ 霜：灵活lĩ$_{22}$ɦuəʔ$_{4}$ 罗：活灵ɦuɐʔ$_{2}$ lĩ^{n}$_{23}$ 周：活络vəʔ$_{2}$loʔ$_{3}$ 上：活络ɦuɐʔ$_{2}$loʔ$_{3}$ 松：灵清/活络liɲ$_{22}$tɕ'iɲ$_{52}$/ɦuəʔ$_{3}$ lɔʔ$_{4}$ 黎：活络ɦuəʔ$_{3}$loʔ$_{3}$ 盛：活络ɦuəʔ$_{4}$loʔ$_{3}$ 嘉：活络ʔuəʔ$_{3}$loʔ$_{4}$ 双：活络ʔuəʔ$_{5}$loʔ$_{5}$ 杭：聪明/灵光ts'oŋ$_{33}$mɪn$_{51}$/lɪn$_{21}$kuʌŋ$_{23}$ 绍：聪明/灵光ts'oŋ$_{33}$mɪŋ$_{52}$/lɪŋ$_{21}$kuɒŋ$_{33}$ 诸： 崇：灵光liŋ$_{21}$kuɒ̃$_{23}$ 太：灵光liŋ$_{21}$kuɒ̃$_{23}$ 余：活络/聪明ɦuɐʔ$_{2}$loʔ$_{5}$/ts'ʊŋ$_{33}$meɲ$_{44}$ 宁：活络ɦuɐʔ$_{2}$loʔ$_{5}$ 黄：灵活liɪŋ$_{23}$ɦuɐʔ$_{3}$ 温：灵响/灵显灵ləŋ$_{22}$ɕi24/ləŋ$_{22}$ɕi$_{52}$ləŋ$_{21}$ 衢：灵活liɲ$_{22}$ɦuəʔ$_{5}$ 华：机灵/滑头/滑蹚tɕi$_{j55}$liɪn$_{31}$/ʔɦuɐʔ$_{5}$diɯu$_{24}$/ʔɦuɐʔ$_{5}$t'ɑŋ$_{35}$ 永：聪明/灵光ts'oŋ$_{55}$miɪŋ$_{51}$/liɪŋ$_{32}$kuʌŋ$_{44}$

老练(老枪)

宜：老练/老枪(少)lɑɤ$_{24}$lɪ$_{31}$/lɑɤ$_{21}$tɕ'iɑŋ$_{23}$ 溧：老练lɑ^{ʏ}$_{32}$li$_{52}$ 金：老练lɑ^{ɔ}$_{21}$n̠ĩ$_{23}$ 丹：老练/老鬼lɒ$_{24}$lɪ$_{31}$/lɒ$_{22}$tɕy$_{z44}$ 童：老鬼lɐɤ$_{53}$tɕy$_{ɥ23}$ 靖：老茄子/老枪lɒ$_{22}$dʑiɑ$_{55}$tsɿ$_{31}$/lɒ$_{35}$ts'ĩ$_{31}$ 江：老鬼lɒ$_{52}$tɕy$_{33}$ 常：老鬼lɑɤ$_{34}$tɕy$_{ɥ44}$ 锡：老鬼lʌ$_{22}$tɕy$_{55}$ 苏：老练læ$_{24}$lii$_{31}$ 熟：老练/老门槛/老资格lɔ$_{24}$lie$_{34}$/lɔ$_{22}$mẽ^{n}$_{33}$k'æ$_{31}$/lɔ$_{22}$tsɿ$_{55}$kᴀʔ$_{5}$ 昆：熟练/门槛精zoʔ$_{3}$lɪ$_{31}$/mən$_{23}$k'ɛ$_{44}$tɕin$_{52}$ 霜：老练/老鬼lɔ$_{22}$lɪ$_{52}$/lɔ$_{24}$tɕy$_{31}$ 罗：老练/老鬼lɔ$_{22}$li$_{23}$/lɔ$_{22}$tɕy$_{52}$ 周：老练lɔ$_{22}$li$_{24}$ 上：老鬼lɔ$_{22}$tɕy$_{44}$ 松：老练lɔ$_{22}$li$_{23}$ 黎：老结lᴀ^{ɔ}$_{22}$tɕiəʔ$_{5}$ 盛：老熟/老结/老格lɔ$_{32}$zoʔ$_{5}$/lɔ$_{32}$tɕɪʔ$_{5}$/lɔ$_{32}$kɑʔ$_{5}$ 嘉：老甲子/老克辣lɔ$_{22}$tɕiᴀʔ$_{5}$tsɿ$_{31}$/lɔ$_{22}$kəʔ$_{4}$lᴀʔ$_{5}$ 双：老尺lɔ$_{24}$ts'ᴀʔ$_{5}$ 杭：老马/老鬼lɔ$_{55}$mɑ$_{31}$/lɔ$_{33}$tɕy$_{51}$ 绍：老结lɔ$_{24}$tɕɪʔ$_{3}$ 诸：老练lɔ$_{33}$lii$_{44}$ 崇：老练/老结lɑɒ$_{23}$liẽ$_{52}$/lɑɒ$_{23}$tɕiᴇʔ$_{5}$ 太：老练lɑɒ$_{23}$liẽ$_{52}$ 余：老练lɒ$_{24}$lĩ$_{31}$ 宁：老练lɔ$_{24}$li$_{33}$ 黄： 温：老练lɜ$_{52}$li$_{22}$ 衢：老练lɔ$_{23}$liẽ$_{44}$ 华：老练lɑʊ$_{54}$lie$_{24}$ 永：老练lᴀʊ$_{32}$liᴀ$_{24}$

结巴(格嘴)

宜：倫舌头ləŋ$_{21}$zəʔ$_{1}$dɤɯ$_{23}$ 溧：结巴则tɕiɪʔ$_{5}$po$_{33}$tsəʔ$_{3}$ 金：结巴子tɕieʔ$_{53}$pɑ$_{35}$tsɿ$_{31}$ 丹：结巴tɕɪʔ$_{53}$po$_{31}$ 童：倫巴ləŋ$_{21}$p'ʊ$_{23}$ 靖：倫子/结巴ləŋ$_{24}$tsɿ$_{31}$/tɕɪəʔ$_{53}$po$_{31}$ 江：倫则lᴇɲ$_{24}$tsɜʔ$_{2}$ 常：结巴/督舌头/勒舌头tɕiɪʔ$_{5}$po$_{31}$/toʔ$_{5}$zəʔ$_{3}$deĩ$_{31}$/ləʔ$_{21}$zəʔ$_{1}$lei$_{13}$ 锡： 苏： 熟：倫则/结巴lẽ^{n}$_{24}$tsᴇʔ$_{31}$/tɕɪʔ$_{4}$pu$_{51}$ 昆：倫嘴/刁嘴lən$_{23}$tsɥ$_{41}$/tiɔ$_{44}$tsɥ$_{41}$ 霜：伦嘴lɛ̃$_{24}$tsɿ$_{31}$ 罗：伦嘴lẽ^{n}$_{24}$tsɿ$_{31}$ 周：鸽嘴/伦嘴kəʔ$_{3}$tsɿ$_{5}$/ləŋ$_{22}$tsɿ$_{52}$ 上：伦嘴ləɲ$_{22}$tsɿ$_{44}$ 松：鸽嘴kəʔ$_{4}$tsɿ$_{44}$ 黎：鸽嘴kəʔ$_{5}$tsɿ$_{31}$ 盛：鸽嘴kəʔ$_{5}$tsɿ$_{31}$ 嘉：鸽嘴kəʔ$_{5}$tsɿ$_{31}$ 双：鸽嘴kəʔ$_{5}$tsɿ 杭：吊嘴儿tiɔ$_{33}$tsueɪ$_{35}$ər$_{31}$ 绍：折嘴部tsəʔ$_{3}$tsue$_{35}$bu$_{31}$ 诸：鸽舌kɐʔ$_{5}$zoʔ$_{3}$ 崇： 太： 余：鸽乱kəʔ$_{4}$lõ$_{44}$ 宁：鸽舌头kəʔ$_{3}$ʑɐʔ$_{4}$dœʏ$_{55}$ 黄： 温：大舌拉塌dʌu$_{22}$ɦi$_{55}$lɑ$_{33}$t'ɑ$_{31}$ 衢：鸽嘴kəʔ$_{3}$tsuəɪ$_{35}$ 华： 永：格舌kə$_{43}$tɕie$_{31}$

凉快(风凉)

宜：风凉foŋ$_{55}$liᴀŋ$_{55}$ 溧：凉快lie$_{32}$k'uᴀ$_{52}$ 金：凉快/风凉/瀴liɑŋ$_{21}$k'uɛ^{e}$_{23}$/foŋ$_{53}$liɑŋ$_{23}$/iŋ$_{44}$ 丹：凉快lie$_{22}$k'uɑ$_{44}$ 童：凉快/风凉liɑŋ$_{24}$k'uaɪ$_{31}$/foŋ$_{53}$liɑŋ$_{31}$ 靖：风凉foŋ$_{44}$lĩ$_{55}$ 江：风凉foŋ$_{53}$liᴀ^{ŋ}$_{31}$ 常：风凉foŋ$_{55}$liᴀɲ$_{31}$ 锡：风凉foŋ$_{55}$liã$_{33}$ 苏：风凉foŋ$_{55}$liÃ$_{31}$ 熟：风凉fʊŋ$_{55}$liᴀ̃$_{31}$ 昆：风凉foŋ$_{44}$liã$_{41}$ 霜：风凉fo^{ŋ}$_{55}$liã$_{31}$ 罗：风凉fo^{ŋ}$_{55}$liã$_{31}$ 周：风凉foŋ$_{44}$liᴀ̃$_{55}$ 上：风凉foŋ$_{55}$liᴀ̃$_{31}$ 松：风凉foŋ$_{44}$liɛ̃$_{52}$ 黎：风凉foŋ$_{44}$liɛ̃$_{44}$ 盛：风凉foŋ$_{44}$liæ̃$_{44}$ 嘉：风凉foŋ$_{44}$liᴀ̃$_{51}$ 双：风凉foŋ$_{44}$liã$_{44}$ 杭：风凉foŋ$_{32}$liᴀŋ$_{23}$ 绍：风凉foŋ$_{33}$liaŋ$_{52}$ 诸：风凉foŋ$_{52}$liÃ$_{42}$ 崇：风凉foŋ$_{53}$liᴀ̃$_{52}$ 太：风凉fʊŋ$_{53}$liᴀŋ$_{33}$ 余：风凉fʊŋ$_{33}$liÃ$_{44}$ 宁：风凉foŋ$_{33}$liã$_{51}$ 黄：凉快liã$_{22}$kuᴀ$_{44}$ 温：凉响凉li$_{22}$ɕi$_{55}$li$_{42}$ 衢：凉快liẽ$_{22}$k'uɛ$_{44}$ 华：凉快ʔliɑŋ$_{53}$k'uɑ$_{35}$ 永：凉liᴀŋ$_{322}$

乱(络乱)

宜：乱le$_{31}$ 溧：乱/乱七八糟lʊ$_{31}$/lʊ$_{22}$tɕ'iɪʔ$_{5}$pᴀʔ$_{3}$tsɑ^{ʏ}$_{31}$ 金：乱luæ̃$_{44}$ 丹：乱ləŋ$_{41}$ 童：乱/

乱蓬蓬lʊ$_{113}$/lʊ$_{22}$boŋ$_{55}$boŋ$_{31}$　靖:乱/搞七廿三luũ$_{31}$/kɒ$_{31}$ts'ɪʔ$_{4}$nĩ$_{24}$sæ̃$_{31}$　江:乱lɵ$_{223}$　常:乱七八糟/剥剥乱lɔ$_{22}$tɕ'iɪʔ$_{4}$pɑʔ$_{5}$tsɑʏ$_{41}$/pɔʔ$_{3}$pɔʔ$_{5}$lɔ$_{31}$　锡:络络乱lɔʔ$_{2}$lɔʔ$_{5}$lo$_{31}$　苏:乱/混乱lɵ$_{31}$/ɦuən$_{24}$lɵ$_{31}$　熟:乱lʏ$_{324}$　昆:乱/乱七八糟lɵ$_{21}$/lɵ$_{22}$ts'ɪʔ$_{5}$pAʔ$_{3}$tsɔ$_{31}$　霜:乱lʌʏ$_{213}$　罗:络乱loʔ$_{2}$lʌʏ$_{23}$　周:乱lɵ$_{113}$　上:乱/络乱lø$_{113}$/loʔ$_{2}$lø$_{3}$　松:乱/乱糟糟lø$_{113}$/løtɕɔtɕɔ　黎:络乱/络乱兴晃/乱净乱席loʔ$_{3}$lɵ$_{33}$/loʔ$_{22}$lø$_{22}$ɕiəŋ$_{55}$huã$_{31}$/lɵ$_{22}$zɪɲ$_{55}$lɵ$_{33}$zɪʔ$_{2}$　盛:络乱loʔ$_{4}$lɵ$_{33}$　嘉:络乱/乱七八糟ʔoʔ$_{5}$lʏə$_{31}$/lʏə$_{22}$tɕ'iəʔ$_{4}$pAʔ$_{5}$tsɔ$_{31}$　双:乱lE$_{113}$　杭:乱lo$_{113}$　绍:乱luõ$_{22}$　诸:络乱loʔ$_{3}$lʏ$_{33}$　崇:乱/伦lœ̃$_{14}$/lɪŋ$_{14}$　太:乱/伦lœ$_{13}$/leŋ$_{13}$　余:乱lœ̃$_{113}$　宁:乱lœʏ$_{113}$　黄:乱lø$_{113}$　温:乱lɵ$_{22}$　衢:乱lə$_{31}$　华:乱lɯə$_{24}$　永:乱lʏə$_{214}$

尴尬

宜:尴尬kɐɪ$_{55}$kA$_{31}$　溧:尴尬kæE$_{44}$kA$_{52}$　金:尴尬/难为情kæ̃$_{44}$kɑ$_{31}$/næ̃$_{22}$uei$_{33}$tɕ'iŋ$_{35}$　丹:尴尬kæ$_{44}$kɑ$_{44}$　童:　靖:尴尬kæ̃$_{44}$kɑ$_{44}$　江:尴尬kæ$_{55}$kɑ$_{31}$　常:尴尬kæ$_{55}$kɑ$_{31}$　锡:尴尬kɛ$_{21}$kɑ$_{23}$　苏:尴尬kE$_{55}$kɒ$_{31}$　熟:尴尬kæ$_{55}$kɑ$_{31}$　昆:尴尬kɛ$_{44}$kɑ$_{41}$　霜:尴尬kE$_{55}$kɑ$_{31}$　罗:尴尬ke$_{55}$kɑ$_{31}$　周:尴尬kɛ$_{55}$kɑ$_{31}$　上:尴尬kE$_{55}$kA$_{31}$　松:尴尬/尴里勿尴尬kE$_{55}$kA$_{31}$/kE$_{55}$li$_{33}$ʋəʔ$_{3}$ kE$_{33}$kA$_{31}$　黎:尴尬kE$_{23}$kɒ$_{44}$　盛:尴尬kE$_{33}$kɑ$_{44}$　嘉:尴尬/难看kE^{ε}$_{52}$kɑ$_{22}$/nE^{ε}$_{24}$k'ʏə$_{51}$　双:尴尬kE$_{44}$kɑ$_{44}$　杭:尴尬kE$_{34}$kɑ$_{51}$　绍:尴尬kæ̃$_{32}$ka$_{33}$　诸:勿好意思/为难fəʔ$_{4}$hɔ$_{33}$i$_{33}$sɿ$_{33}$/ve$_{21}$nɛ$_{34}$　崇:　太:　余:尴尬/难看/□kɛ̃$_{32}$kA$_{23}$/nɛ̃$_{21}$kẽ$_{23}$/k'uA$_{52}$　宁:尴尬kE$_{33}$ka$_{51}$　黄:尴尬kɛ$_{33}$kA$_{44}$　温:尴尬k'ɛ$_{44}$kɑ$_{24}$　衢:尴尬kæ̃$_{33}$kɑ$_{52}$　华:难为情næ̃$_{32}$ɦueɪ$_{33}$ɕʑiɪŋ$_{35}$　永:

难受(难过)

宜:难过nA$_{22}$ku$_{53}$　溧:难过nA$_{54}$kʌɯ$_{52}$　金:难过/难受næ̃$_{21}$ko$_{23}$/næ̃$_{21}$sʌʏ$_{23}$　丹:难过næ$_{22}$kʌʏ$_{44}$　童:难过nɑ$_{23}$kʌʏ$_{44}$　靖:不得过/难过pəʔ$_{5}$təʔ$_{5}$kʌʏ$_{52}$/næ̃$_{22}$kʌʏ$_{52}$　江:难过næ$_{21}$kɜʏ$_{43}$　常:难过næ$_{21}$kʌɯ$_{13}$　锡:难过nɛ$_{24}$kʌʏ$_{31}$　苏:难过nE$_{22}$kɜu$_{44}$　熟:难/勿舒服næ$_{23}$kɯ$_{33}$/fEʔ$_{4}$ʂʮ$_{55}$voʔ$_{5}$　昆:难过nɛ$_{23}$kəu$_{41}$　霜:难过nE$_{24}$lu$_{21}$　罗:难过ne$_{24}$ləu$_{21}$　周:难过/勿适意nɛ$_{23}$ku$_{44}$/ʔʋəʔ$_{3}$səʔ$_{5}$i$_{31}$　上:难过nE$_{22}$ku$_{44}$　松:难过nE$_{24}$ku$_{21}$　黎:难过nE$_{22}$kɜu$_{34}$　盛:难过nE$_{22}$kɜu$_{44}$　嘉:难过/勿写意nE^{ε}$_{24}$k^{ə}u$_{51}$/vəʔ$_{5}$ɕiɑ$_{33}$i$_{31}$　双:难过nE$_{22}$kəu$_{44}$　杭:难过nE$_{21}$kou$_{23}$　绍:难过næ̃$_{21}$ku$_{33}$　诸:难过nɛ$_{31}$ku$_{44}$　崇:难过næ̃$_{21}$kʏ$_{23}$　太:难过næ̃$_{21}$kɯ$_{23}$　余:难过nɛ̃$_{21}$ku$_{23}$　宁:难过nE$_{22}$k^{ə}u$_{51}$　黄:勿好过fəʔ$_{5}$hɔ$_{33}$ku$_{44}$　温:难过nɑ$_{22}$k^{ə}u$_{44}$　衢:难过næ̃$_{22}$ku$_{53}$　华:难过ʔnɑ$_{32}$kuo$_{35}$　永:难过nA$_{21}$koə$_{54}$

难闻(气味)

宜:难闻nA$_{21}$vəŋ$_{23}$　溧:难闻nA$_{52}$mən$_{34}$　金:难闻næ̃$_{24}$uəŋ$_{23}$　丹:难闻næ̃$_{24}$mɛn$_{31}$　童:不好闻pəʔ$_{3}$hɐʏ$_{5}$məŋ$_{31}$　靖:难闻/味道næ̃$_{223}$mən$_{223}$/vi$_{j24}$dɒ$_{31}$　江:难闻næ$_{24}$mEɲ$_{31}$　常:难闻næ$_{21}$məɲ$_{13}$　锡:气味tɕ'i$_{55}$mi$_{31}$　苏:难闻/气味nE$_{22}$mən$_{44}$/tɕ'i$_{j55}$mi$_{j31}$　熟:难闻/气味/气则næ$_{24}$mẽ^{n}$_{31}$/tɕ'i$_{55}$mi$_{31}$/tɕ'i$_{5}$tsEʔ$_{3}$　昆:难闻/气味nɛ$_{23}$mən$_{41}$/tɕ'i$_{44}$mi$_{41}$　霜:气味/难闻tɕ'i$_{55}$mi$_{31}$/nE$_{22}$nɛ̃$_{52}$　罗:气味tɕ'i$_{55}$mi$_{31}$　周:气味tɕ'i$_{55}$mi$_{31}$　上:气味tɕ'i$_{55}$mi$_{31}$　松:气致tɕ'i$_{55}$tsɿ$_{31}$　黎:气致tɕ'i$_{j32}$tsɿ$_{55}$　盛:难闻/气致nE$_{22}$məɲ$_{44}$/tɕ'i$_{32}$tsɿ$_{52}$　嘉:难闻/气味nE^{ε}$_{22}$mən$_{44}$/tɕ'i$_{52}$mi$_{22}$　双:气致tɕ'i$_{z34}$tsɿ$_{52}$　杭:难闻/气味nE$_{21}$vən$_{23}$/tɕ'i$_{34}$mi$_{51}$　绍:难闻næ̃$_{22}$vəŋ$_{52}$　诸:难嗅nɛ$_{31}$ɕiʏ$_{44}$　崇:难熏næ̃$_{21}$ɕioŋ$_{23}$　太:难熏næ̃$_{21}$ɕiʊŋ$_{23}$　余:难熏nɛ̃$_{21}$ɕiʊŋ$_{23}$　宁:气味tɕ'i$_{55}$mi$_{33}$　黄:臭tɕ'iʏ$_{44}$　温:难嗅nɑ$_{52}$xoŋ$_{34}$　衢:难闻næ̃$_{24}$mi^{n}$_{31}$　华:难闻ʔnɑ$_{55}$fvən$_{31}$　永:难喷nA$_{32}$p'əɲ$_{44}$

认真(顶真)

宜:认真ȵiŋ$_{21}$tsəŋ$_{23}$　溧:顶真tin$_{52}$tsən$_{34}$　金:认真/顶真lən$_{35}$tsəŋ$_{31}$/tiŋ$_{35}$tsəŋ$_{31}$　丹:认真

ȵiɛn35tsɛn21　童:当真tɑŋ35tsəŋ31　靖:当真tɑŋ44tsəŋ44　江:顶真/一本正经tiɲtsɛɲ/ʔɪʔpɛɲtsɛɲtɕiɲ　常:认真ȵiɲ21tsəɲ13　锡:认真ȵin22tsən52　苏:顶真tiɪn52tsən23　熟:顶真tĩɲ33tʂẽɲ51　昆:顶真tin52tsən33　霜:认真ȵĩ22tsẽ52　罗:顶真tĩn55tsẽn31　周:顶真/当真tiɪŋ33tsəŋ52/dɒ̃44tsəɲ52　上:认真/顶真ȵiɲ22tsəɲ44/tiɲ33tsəɲ44　松:认真ȵiɲ23tsəɲ44　黎:一本正经ʔiəʔ3pəɲ55tsəɲ33tɕiəŋ31　盛:认真ȵɪŋ33tsəɲ52　嘉:认真ȵin22tsən51　双:认真ȵiən22tsən44　杭:当真tᴀŋ32tsən23　绍:认真/顶真ȵɪŋ23tsĩ52/tɪŋ43tsĩ33　诸:牢靠lɔ31k'ɔ44　崇:认真zɪŋ23tsɪŋ52　太:认真zeŋ23tseŋ52　余:认真zeŋ23tseɲ52　宁:认真ȵiŋ22tsɐŋ51　黄:认真ȵiɪŋ23tɕiɪŋ31　温:顶真təŋ52tsəŋ34　衢:当真tɒ̃35tʃɥən31　华:认真ʔȵiɪn54tɕiɪn35　永:认真/顶真szəɲ32tsəɲ44/nəɲ32tsəɲ44

许久(长远)

宜:好些儿辰光/好点辰光/一吓则辰光xɑɤ33ɕiŋ55zəŋ55kuᴀŋ55/xɑɤ53tɪ31 zəŋ21kuᴀŋ23/ʔiɪʔ3 xᴀʔ5tsəʔ5zəŋ55kuᴀŋ55　溧:长远/好些儿辰光dzᴀ32ɦyʊ52/xɑʏ44ɕin44szən55kuᴀŋ31　金:不少时候/好久pəʔ5sɑɔ33sɿ35xᴀɤ55/xɑɔ35tɕiᴀɤ33　丹:长时间/勿少时候dzɑŋ22sᶻɿ44tɕiz24/fəʔ3sɒ44 sᶻɿ22 hᶠEᵉ44　童:长远zɑŋ24ɦyʊ31　靖:蛮多时间mæ52tᴧɤ34zɿ22tɕĩ44　江:长远/勿得了辰光dzᴀɲ21ɦyɵ43/fɜʔ5tɜʔ5liɒ5dzɛɲ24kuᴀɲ31　常:好兴辰光/长远xɑɤ34ɕiɲ55zəɲ21kuᴀɲ13/dzᴀɲ21ɦiɔ13　锡:长远zã24 ɦio31　苏:长远zÃ22ɦiɵ44　熟:长远/交关辰光/乱兴日脚dʐᴀ̃23ɦiɤ33/tɕiɔ55kuæ31dʐẽɲ24kuᴀ̃31/lɤ23ɕĩɲ33ȵɪʔ2tɕiᴀʔ5　昆:长远/交关日脚zã23 ɦyɵ41/tɕiɔ44kuɛ44ȵiɪʔ5tɕiᴀʔ31　霜:长远zã22 ɦy52　罗:长远/交关辰光zɑ̃24ɦiᴧɤ31/tɕiɔ55kue33zẽn22kuɒ̃52　周:长远/交关辰光zᴀ̃23ɦyø44/tɕiɔ55kuɛ31 zəŋ23kuɒ̃44　上:长远zÃɲ22ɦyø44　松:长远zɑ̃22ɦø52　黎:长远zẽ22ɦiɵ44　盛:长远zæ̃22ɦiɵ44　嘉:长远zᴀ̃24yuɤɤ31　双:长延/长年zã22zɪ44/zã22ȵɪ44　杭:莫老老时光moʔ2lɔ44lɔ55 szɿ21kuᴀŋ23　绍:长远/莫老老辰光dzɑŋ21ɦyẽ33/moʔ2lɔ44lɔ52 dzĩ22kuɒŋ52　诸:长远dzÃ31iɤ42　崇:没己介功夫mɛʔ2tɕi223kɑ55koŋ33fu31　太:没长长介mɛʔ2zᴀŋ33zᴀŋ33kɑ52　余:老多辰光lɒ113tu44zeɲ22kuɒ̃44　宁:介多辰光/交关辰光kɑ55tᵊu33zɐŋ22kuɔ̃51/tɕiə33kuE44zɐŋ22kuɔ̃51　黄:无数时长ɦu22su44zɿ24 dʑiɑ̃31　温:长久tɕi52tɕiᴧu34　衢:长时间dʒɥã35szɿ33tɕiæ̃31/dʒɥã22ɦyə44　华:长远/长久tɕiᴀŋ33 ɦɥæ̃51/tɕiᴀŋ33tɕiɯu51　永:长久/好一件dʑiᴀŋ21tɕiəʊ54/xᴀʊ44iə21dʑie54

好几(多)

宜:好几xɑɤ53tɕij31　溧:好几个/好兴xɑʏ55tɕi33kə223/xɑʏ54ɕin34　金:好几xɑɤ35tɕiz31　丹:好几hɒ33tɕiz44　童:好几hɐɤ35tɕij31　靖:好几hɒ334tɕij334　江:好几hɒ33tɕij51　常:好兴葛hɑɤ34 ɕiɲ44kəʔ4　锡:好几/好多xᴧ35tɕi31/xᴧ35tᴧɤ31　苏:多个tɒ55kəʔ2　熟:好几/乱兴/嗨弯/蛮多点hɒ35tɕ'31/lɤ23ɕĩɲ44/xæ44uæ23/mæ55tɯ55ti31　昆:好几hɔ52tɕi33　霜:多个人tɑ55gəʔ33ȵĩ31　罗:多个tɑ55kᴧɤ31　周:好多个/好几个hɔ33tɑ55kɤ31/hɔ33tɕi55kɤ31　上:好几hɔ33tɕi44　松:多/交关tɑ52/tɕiɔ44kuE52　黎:多个tɒ55kəʔ2　盛:多个tɑ55kəʔ3　嘉:好几hɔ44tɕi33　双:好几个hɔ35tɕiz33kəʔ2　杭:好几hɔ55tɕi31　绍:好几个/好两个hɔ53tɕi33goʔ31/hɔ53liɑŋ33goʔ31　诸:好几hɔ33tɕiz52　崇:好两介hɑɒ34liᴀ̃52kɑ31　太:好两介hɑɒ33liᴀŋ44kɑ52　余:好几个hɒ33tɕi44ku52　宁:　黄:好几个hɒ44tɕi33ke44　温:儿下个kʰi52ɦo33ge21　衢:好几xɔ45tsɿ45　华:好几个/好两个/好个xɑʊ33tɕij55 kə35/xɑʊ33liɑŋ55kə35/xɑʊ35sɐʔ3　永:好两个/好几个xᴀʊ44liᴀŋ21koə54/xᴀʊ44tɕi21koə54

煞有介事

宜:像煞有让个事体ʑiᴀŋ24sᴀʔ3ɦiɤɯ55ȵiᴀŋ55kəʔ3zɿ21t'ij23　溧:一本正经ʔiɪʔ pən tsən tɕin　金:　丹:像真个一样ɕᶻie22 tsɛn44kəʔ44ɪʔ3ɦie33　童:好像真个hɐɤ33ʑiɑŋ55 tsəŋ55kᴧɤ31　靖:像

装真个zĩ$_{24}$tsuaŋ$_{44}$tsəŋ$_{33}$kʌɤ$_{31}$　江：像煞有介事/像煞有讲个事体个ziA^{ŋ}$_{24}$saʔ$_{5}$ɦiɜɤ$_{24}$ka$_{33}$zʅ$_{31}$/ziA^{ŋ}$_{24}$saʔ$_{5}$ɦiɜɤ$_{22}$tɕiA^{ŋ}$_{53}$kəʔ$_{3}$zʅ$_{21}$t'i$_{j33}$kəʔ$_{4}$　常：像煞有介事体ʑiAɲ$_{34}$saʔ$_{5}$ɦiɯ$_{5}$kæ$_{31}$zʅ$_{21}$t'i$_{j13}$　锡：像煞有介事ʑiã$_{24}$sAʔ$_{3}$ɦiʌɤ$_{22}$ka$_{55}$zʅ$_{31}$　苏：像煞有介事/一本正经/一本老正经ziÃ$_{24}$sAʔ$_{3}$　ɦiɵ$_{22}$kɒ$_{5}$zʅ$_{31}$/ʔiəʔ$_{5}$pən$_{23}$tsən$_{55}$tɕiɪn$_{31}$/ʔiɵʔ$_{5}$pən$_{23}$　læ$_{24}$tsən$_{55}$tɕiɪn$_{31}$　熟：像煞有介事/一本正经ziA˜$_{22}$sAʔ$_{5}$ɦiɯ$_{33}$ka$_{33}$zʅ$_{31}$/ʔɪʔ$_{3}$pẽ^{n}$_{44}$tʂẽ^{n}$_{55}$tɕĩ^{n}$_{31}$　昆：像煞有介事ziã$_{22}$sAʔ$_{5}$　ɦy$_{22}$ka$_{55}$zʅ$_{31}$　霜：像煞有介事zia˜$_{22}$sA$_{52}$ ɦy$_{22}$ka$_{55}$zʅ$_{31}$　罗：像煞有介事/一本正经zia˜$_{22}$sA$_{23}$ɦy$_{22}$ka$_{55}$zʅ$_{31}$/ʔɪʔ$_{33}$pẽ^{n}$_{55}$tsẽ^{n}$_{33}$tɕĩ^{n}$_{31}$　周：像煞有介ʑiA˜$_{22}$sa$_{44}$ɦiɤ$_{55}$ka$_{31}$　上：像煞有介事ʑiÃ^{n}$_{22}$sɐʔ$_{4}$ ɦiɤ$_{22}$kA$_{55}$zʅ$_{31}$　松：像煞有介事ʑiẽ$_{22}$sa$_{55}$ɦiɯ$_{33}$ka$_{33}$zʅ$_{31}$　黎：像煞有介事/塔正牙家ziẽ$_{22}$sAʔ$_{5}$ɦieɯ$_{33}$ka$_{33}$zʅ$_{31}$/t'Aʔ$_{3}$tsəɲ$_{55}$ŋa$_{33}$kɒ$_{31}$　盛：像煞有介事ziæ̃$_{22}$saʔ$_{5}$ɦiɵʉ$_{3}$ka$_{3}$zʅ$_{31}$　嘉：假痴假呆/像煞是介ka$_{33}$ts'ʅ$_{55}$ka$_{33}$ŋE^{ε}$_{31}$/dʑiA˜$_{22}$sAʔ$_{5}$zʅ$_{33}$ka$_{31}$　双：像啥有介事ziã$_{24}$sa$_{33}$ɦøɤ$_{33}$ka$_{33}$zʅ$_{31}$　杭：　绍：像煞有介事ʑiaŋ$_{23}$sAʔ$_{4}$ɦiɤ$_{4}$ka$_{33}$zʅ$_{31}$　诸：像煞有介个ʑiÃ$_{22}$sA$_{55}$ɦiɤ$_{44}$kA$_{33}$kɐʔ$_{31}$　崇：　太：　余：像煞有介事ɦiÃ$_{22}$sɐʔ$_{5}$ɦiɤ$_{33}$kA$_{33}$zʅ$_{31}$　宁：像煞有介事ʑiã$_{24}$sɐʔ$_{3}$ɦɤ$_{33}$ka$_{44}$zʅ$_{55}$　黄：　温：　衢：　华：　永：

顺利(得法)

宜：顺ʑyiŋ$_{31}$　溧：顺利ʑyn$_{54}$li$_{z52}$　金：得法təʔ$_{4}$faʔ$_{4}$　丹：顺利zɛn$_{24}$liz$_{21}$　童：得法təʔ$_{5}$fAʔ$_{5}$　靖：顺当ɕʑyəŋ$_{24}$taŋ$_{31}$　江：顺利/顺手/顺zEɲ$_{24}$li$_{j31}$/zEɲ$_{24}$sEI$_{31}$/sEɲ$_{223}$　常：顺手zəɲ$_{24}$sei$_{334}$　锡：顺利zən$_{22}$li$_{552}$　苏：得法/顺təʔ$_{5}$fAʔ$_{5}$/zən$_{31}$　熟：得法tEʔ$_{4}$fAʔ$_{5}$　昆：顺利zən$_{23}$li$_{41}$　霜：顺利zẽ$_{22}$li$_{52}$　罗：得法/顺手tɐʔ$_{3}$fAʔ$_{5}$/zẽ^{n}$_{24}$s^{ʌ}ɤ$_{31}$　周：顺利/得法/顺手zəŋ$_{23}$li$_{44}$/təʔ$_{3}$faʔ$_{5}$/zəŋ$_{24}$sɤ$_{31}$　上：得法təʔ$_{3}$fɐʔ$_{4}$　松：得法təʔ$_{44}$fæʔ$_{44}$　黎：顺zəɲ$_{213}$　盛：顺zəɲ$_{212}$　嘉：得法təʔ$_{3}$fAʔ$_{4}$　双：顺利zən$_{22}$li$_{z44}$　杭：顺当szən$_{23}$tAŋ$_{51}$　绍：顺手zəŋ$_{21}$sɤ$_{33}$　诸：顺当/省力zẼĩ$_{31}$tɒ̃$_{44}$/sÃ$_{23}$liəʔ$_{4}$　崇：顺利zɪŋ$_{21}$li$_{z23}$　太：顺利zeŋ$_{z24}$li$_{31}$　余：便当biẽ$_{22}$tɒ̃$_{52}$　宁：顺利zoŋ$_{22}$li$_{51}$　黄：顺利/顺手zəŋ$_{22}$li$_{44}$/zəŋ$_{23}$ɕiu$_{31}$　温：顺利ʑyoŋ$_{52}$lɪi$_{21}$　衢：顺利ʒʮən$_{45}$li$_{44}$　华：顺利/顺手ɕʑʮ$_{y}$ɪn$_{45}$li$_{j24}$/ɕʑʮ$_{y}$ɪn$_{13}$ɕiɯu$_{51}$　永：顺利ɕʑʏɪŋ$_{31}$li$_{24}$

时兴(时路)

宜：时兴zʅ$_{21}$ɕiŋ$_{23}$　溧：行xɦAŋ$_{323}$　金：时兴/时髦sʅ$_{22}$ɕiŋ$_{44}$/sʅ$_{24}$ma^{ɔ}$_{23}$　丹：时兴/兴时s^{z}ʅ$_{22}$ɕiŋ$_{52}$/ɕiŋ$_{35}$sʅ$_{21}$　童：吃香tɕ'iɪʔ$_{53}$ɕiaŋ$_{31}$　靖：时髦/兴szʅ$_{24}$mɒ$_{23}$/ɕiŋ$_{31}$　江：行/时髦ɦA^{ŋ}$_{223}$/zʅ$_{21}$mɒ$_{43}$　常：行/时髦ɦAɲ$_{213}$/zʅ$_{21}$maɤ$_{13}$　锡：时髦/行zʅ$_{24}$mɔ$_{31}$/ɦã$_{213}$　苏：时路/时髦/令行头zʅ$_{22}$lɜu$_{44}$/zʅ$_{22}$mæ$_{44}$/liɪn$_{22}$ɦÃ$_{55}$dəɪ$_{31}$　熟：时髦/行/时兴zʅ$_{24}$mɔ$_{31}$/ɦA˜$_{223}$/zʅ$_{24}$ɕĩ^{n}$_{31}$　昆：时髦/行zʅ$_{24}$mɔ$_{31}$/ɦã$_{132}$　霜：行ɦa˜$_{213}$　罗：行ɦa˜$_{31}$　周：行/时髦ɦA˜$_{113}$/zʅ$_{23}$mɔ$_{44}$　上：行/时髦ɦÃ^{n}/zʅ$_{22}$mɔ$_{44}$　松：行ɦa˜$_{31}$　黎：时髦/行zʅ$_{22}$mɔ$_{34}$/ɦẽ$_{24}$　盛：时髦/行zʅ$_{22}$mɔ$_{44}$/行$_{24}$　嘉：时髦/摩登zʅ$_{22}$mɔ$_{44}$/mo$_{22}$tən$_{44}$　双：行/时髦ɦã$_{113}$/zʅ$_{22}$mɔ$_{44}$　杭：时髦/行szʅ$_{21}$mɔ$_{23}$/ɦAŋ$_{212}$　绍：作兴/行时tsoʔ$_{4}$ɕɪŋ$_{52}$/ɦaŋ$_{21}$zʅ$_{33}$　诸：行时/时行ɦÃ$_{31}$zʅ$_{34}$/zʔ$_{22}$ɦÃ$_{44}$　崇：行ɦA˜$_{312}$　太：行ɦAŋ$_{312}$　余：行/时髦/捉ɦÃ$_{113}$/zʅ$_{22}$mɒ$_{44}$/tsoʔ$_{5}$　宁：时髦/行zʅ$_{22}$mɔ$_{51}$/ɦã$_{113}$　黄：新时ɕiɪŋ$_{33}$zʅ$_{51}$　温：行ɦ^{ɪ}ɛ$_{31}$　衢：时兴/时髦/兴zʅ$_{22}$ɕi^{n}$_{44}$/zʅ$_{22}$mɔ$_{44}$/ɕi^{n}$_{53}$　华：时兴/时髦/时szʅ$_{32}$ɕiɪn$_{35}$/szʅ$_{32}$mɑʊ$_{24}$/szʅ$_{324}$　永：兴ɕiɪŋ$_{54}$

腻(厌)

宜：厌ʔɪ$_{324}$　溧：腻ʔi$_{412}$　金：腻ȵi$_{z}$　丹：腻ȵɪ$_{22}$　童：厌ʔɪ$_{45}$　靖：腻/厌ȵi$_{j31}$/ɪ$_{31}$　江：腻ȵi$_{j223}$　常：腻/厌ȵi$_{j24}$/ʔɪ$_{51}$　锡：讨厌t'ʌ$_{33}$ɪ$_{52}$　苏：厌ʔiɪ$_{324}$　熟：厌ʔie$_{412}$　昆：厌ʔɪ$_{412}$　霜：厌ʔɪ$_{434}$　罗：厌ʔi$_{434}$　周：厌ɦi$_{113}$　上：厌ʔi$_{334}$　松：厌ʔi$_{335}$　黎：厌ʔi$_{413}$　盛：厌ʔi$_{413}$　嘉：厌ʔie$_{334}$　双：厌ʔi$_{334}$　杭：腻/厌ȵi$_{113}$/ʔie$_{334}$　绍：厌ʔĩ$_{33}$　诸：讨债t'ɔ$_{52}$tsA$_{44}$　崇：厌ʔiẽ$_{14}$　太：厌ʔie$_{13}$　余：厌ʔɪ$_{52}$　宁：厌ʔi$_{44}$　黄：厌ʔie$_{52}$　温：烦va$_{31}$　衢：厌ʔiẽ$_{52}$　华：厌ʔie$_{45}$　永：厌胃ie$_{31}$ʔɦuəɪ$_{54}$

偷偷儿的(偷迷仔)

宜:偷偷葛tʻɣɯ$_{55}$tʻɣɯ$_{55}$kəʔ$_{5}$ 溧:暗底里/偷偷摸摸个ʔʊ$_{44}$ti$_{z33}$li$_{21}$/tʻei$_{44}$tʻei$_{44}$mɔʔ$_{3}$mɔʔ$_{3}$kəʔ$_{2}$ 金:偷偷地tʻʌɣ$_{55}$tʻʌɣ$_{33}$ti$_{z31}$ 丹:偷偷tʻEᵉ$_{35}$tʻEᵉ$_{21}$ 童:偷偷摸摸tʻei$_{55}$tʻei$_{33}$moʔ$_{3}$moʔ$_{31}$ 靖:偷偷摸摸tʻᵊɣ$_{44}$tʻᵊɣ$_{44}$mɔʔ$_{5}$mɔʔ$_{5}$ 江:偷偷能/测测能/偷偷叫tʻзɣ$_{55}$tʻзɣ$_{33}$nEɲ$_{13}$/tsʻзʔ$_{5}$ tsʻзʔ$_{5}$nEɲ$_{223}$/tʻзɣ$_{55}$tʻзɣ$_{33}$tɕiɒ$_{31}$ 常:偷偷摸摸tʻei$_{55}$tʻei$_{33}$mɔʔ$_{3}$mɔʔ$_{2}$ 锡:偷偷摸摸tʻEi$_{21}$tʻEi$_{11}$mɔʔ$_{2}$mɔʔ$_{23}$ 苏:偷迷仔tʻəɪ$_{55}$bɵ$_{55}$tsɿ$_{31}$ 熟:偷伴里/偷伴则tʻE$_{55}$bɣ$_{33}$li$_{31}$/tʻE$_{55}$bɣ$_{33}$tsEʔ$_{3}$ 昆:偷伴/偷偷叫tʻɛ$_{44}$bɵ$_{41}$/tʻE$_{44}$tʻE$_{44}$tɕiɔ$_{41}$ 霜:偷伴里tʻʌɪ$_{55}$bĩ$_{33}$li$_{31}$ 罗:偷迷仔/呀呀叫/偷偷叫tʌɪ$_{55}$bʌɣ$_{33}$tsɿ/ʔiɑ$_{55}$iɑ$_{33}$tɕiɔ$_{31}$/tʌɪ$_{55}$tʌɪ$_{33}$tɕiɔ$_{31}$ 周:偷迷仔tɣ$_{44}$be$_{44}$tsɿ$_{44}$ 上:偷迷仔/偷偷叫tɣ$_{55}$bø$_{33}$tsɿ$_{31}$/tɣ$_{55}$tɣ$_{33}$tɕiɔ$_{31}$ 松:偷偷叫tʻɯ$_{44}$tʻɯ$_{44}$tɕiɔ$_{52}$ 黎:偷偷叫tʻieɯ$_{44}$tʻieɯ$_{44}$tɕiAᵓ$_{31}$ 盛:偷偷叫tʻiɘʉ$_{44}$tʻiɘʉ$_{44}$tɕiɔ$_{44}$ 嘉:偷偷叫/暗洛洛tʻe$_{44}$tʻe$_{44}$tɕiɔ$_{31}$/ʔɣə$_{33}$loʔ$_{4}$loʔ$_{5}$ 双:没没子ʔməʔ$_{5}$məʔ$_{5}$tsɿ$_{31}$ 杭:偷偷叫/偷偷摸摸tʻeɪ$_{32}$tʻeɪ$_{23}$tɕiɔ$_{51}$/tʻeɪ$_{32}$tʻeɪ$_{23}$mɔʔ$_{5}$mɔʔ$_{31}$ 绍:偷迷tʻɣ$_{33}$bẽ$_{52}$ 诸:偷偷摸摸tʻei$_{33}$tʻei$_{55}$moʔ$_{4}$moʔ$_{4}$ 崇:偷伴介tʻɣ$_{33}$bœ̃$_{55}$kɑ$_{31}$ 太:偷迷介/偷一迷脑介tʻɣ$_{52}$bœ̃$_{22}$kɑ$_{52}$/tʻɣ$_{52}$ieʔ$_{3}$bœ̃$_{55}$nᵅɒ$_{33}$kɑ$_{31}$ 余:偷迷/暗促促tʻɣ$_{21}$bœ̃$_{23}$/ʔẽ$_{4}$tsʻoʔ$_{5}$tsʻoʔ$_{5}$ 宁:偷偷摸摸tʻœɣ$_{33}$tʻœɣ$_{55}$moʔ$_{3}$moʔ$_{3}$ 黄:偷迷tʻiɣ$_{33}$bø$_{44}$ 温:□响儿fæi$_{33}$ɕi$_{52}$ŋ̍$_{22}$ 衢:偷偷儿tʻɣɯ$_{33}$tʻɣɯ$_{44}$ȵi$_{35}$ 华:偷偷摸摸tʻiɯu$_{44}$tʻiɯu$_{33}$moʔ$_{3}$moʔ$_{5}$ 永:偷偷摸摸tʻəʊ$_{44}$tʻəʊ$_{44}$moə$_{31}$moə$_{24}$

造孽(作孽)

宜:作孽tsɔʔ$_{5}$ȵiɪʔ$_{5}$ 溧:作孽tsɔʔ$_{5}$ȵiɪʔ$_{2}$ 金:作孽tsɔʔ$_{4}$ȵieʔ$_{4}$ 丹:作孽tsoʔ$_{53}$ȵɪʔ$_{31}$ 童:作孽tsoʔ$_{5}$ȵiɪʔ$_{5}$ 靖:作孽/罪过tsɔʔ$_{5}$nɪʔ$_{3}$/sze$_{24}$kʌɣ$_{31}$ 江:作孽tsoʔ$_{5}$ȵiəʔ$_{12}$ 常:作孽tsɔʔ$_{5}$ȵiɪʔ$_{23}$ 锡:作孽tsɔʔ$_{4}$ȵiəʔ$_{5}$ 苏:作孽tsɔʔ$_{5}$ȵiəʔ$_{5}$ 熟:作孽tsoʔ$_{4}$ȵɪʔ$_{5}$ 昆:作孽tsoʔ$_{4}$ȵiɪʔ$_{4}$ 霜:作孽tsoʔ$_{5}$ȵɪʔ$_{3}$ 罗:作孽tsoʔ$_{5}$ȵɪʔ$_{3}$ 周:作孽tsoʔ$_{3}$ȵɪʔ$_{5}$ 上:作孽tsoʔ$_{5}$ȵiɪʔ$_{23}$ 松:作孽/罪过八拉tsoʔ$_{4}$ȵiɪʔ$_{2}$/ze$_{24}$ku$_{33}$pAʔ$_{3}$lɑ$_{31}$ 黎:作孽tsoʔ$_{5}$ȵiəʔ$_{2}$ 盛:作孽tsoʔ$_{5}$ȵiɐʔ$_{3}$ 嘉:作孽tsoʔ$_{3}$ȵiəʔ$_{4}$ 双:作孽tsoʔ$_{5}$ȵiəʔ$_{5}$ 杭:造孽/作孽dzɔ$_{113}$ȵiɪʔ$_{23}$/tsɔʔ$_{2}$ȵiɪʔ$_{5}$ 绍:作孽tsoʔ$_{4}$ȵɪʔ$_{5}$ 诸:讨债tʻɔ$_{54}$tsA$_{33}$ 崇:作孽tsɔʔ$_{3}$ȵiEʔ$_{4}$ 太:作孽tsɔʔ$_{3}$ȵiɛʔ$_{5}$ 余:作孽tsɔʔ$_{5}$ȵɪʔ$_{3}$ 宁:作孽tsɔʔ$_{3}$ȵiɪʔ$_{5}$ 黄:作孽tsɔʔ$_{3}$ȵieʔ$_{3}$ 温:造孽szo$_{25}$ȵi$_{2}$ 衢:作孽tsəʔ$_{5}$ȵiɪʔ$_{2}$ 华:作孽tsoʔ$_{5}$ȵiə$_{24}$ 永:恶作孽Aʊ$_{43}$tsAʊ$_{33}$ȵiə$_{31}$

我

宜:我ŋu$_{24}$ 溧:我ŋʌɯ$_{224}$ 金:我ŋ̍$_{323}$ 丹:我ŋʌɣ$_{213}$ 童:我ŋʌɣ$_{113}$ 靖:我ŋʌɣ$_{223}$ 江:我ʔŋзɣ$_{45}$ 常:我ʔŋʌɯ$_{334}$ 锡:我ŋʌɣ$_{213}$ 苏:我ŋзu$_{31}$ 熟:我ŋɯ$_{31}$ 昆:我ŋəu$_{22}$ 霜:吾ɦŋ̍$_{213}$ 罗:我ɦŋ̍$_{213}$ 周:我ɦu$_{113}$ 上:我ŋu$_{113}$ 松:奴nu$_{113}$ 黎:我奴/我ʔŋ̍$_{44}$nзu$_{44}$/ʔŋ̍$_{44}$ 盛:我奴/我ɦu$_{23}$nзu$_{33}$/ɦu$_{22}$ 嘉:我/我奴ɦŋ̍$_{223}$/ɦŋ̍$_{22}$nəu$_{34}$ 双:我/娘我ʔŋ̍$_{53}$/ȵiã$_{22}$ŋ̍$_{52}$ 杭:我ʔŋou$_{51}$ 绍:我/我落ŋo$_{113}$/ŋo$_{23}$loʔ$_{5}$ 诸:我ŋɯ$_{233}$ 崇:我ŋɣ$_{22}$ 太:我ŋɯ$_{22}$/vɑ$_{22}$ 余:我ŋo$_{113}$ 宁:岳奴/阿辣/像我ŋɔʔ$_{2}$nəu$_{34}$/ʔɐʔ$_{3}$lɐʔ$_{5}$/ʑiã$_{22}$ŋo$_{35}$ 黄:我ʔŋo$_{53}$ 温:我ɦŋ̍$_{24}$ 衢:我ʔŋu$_{53}$ 华:阿/阿侬/□(少)ʔɑ$_{544}$/ʔɑ$_{54}$noŋ$_{51}$/tɕiɑ$_{544}$ 永:我ŋoːə$_{323}$

你

宜:你ȵi$_{j223}$ 溧:你ȵi$_{z224}$ 金:你ȵi$_{z323}$ 丹:嗯ŋ̍$_{213}$ 童:倷/能nei$_{113}$/nəŋ$_{31}$ 靖:你ȵi$_{j223}$ 江:你ʔȵi$_{j45}$ 常:你ʔȵi$_{j334}$ 锡:你ȵi$_{213}$ 苏:倷nE$_{31}$ 熟:□nẽᵑ$_{31}$ 昆:□nən$_{22}$ 霜:任/侬zẽ$_{213}$/noᵑ$_{213}$ 罗:侬noᵑ$_{213}$ 周:侬noŋ$_{113}$ 上:侬nʊŋ$_{113}$ 松:造/拾奴zɔ$_{113}$/zəʔ$_{2}$nu$_{34}$ 黎:侕/侕侕ʔnɒ$_{44}$/nɒ$_{22}$nɒ$_{44}$ 盛:尔呐/呐ɦn̩$_{23}$nəʔ$_{3}$/nə$_{22}$ 嘉:倷ne$_{223}$ 双:你/娘你ʔȵi$_{z53}$/ȵiã$_{22}$ȵi$_{z53}$ 杭:你ʔȵi$_{51}$ 绍:诺/诺落noʔ$_{23}$/noʔ$_{2}$loʔ$_{5}$ 诸:你/尔(少)ȵi$_{z233}$/ɦn̩$_{233}$ 崇:侬nʊᵑ$_{22}$ 太:尔ɦn̩$_{22}$ 余:侬nʊŋ$_{113}$ 宁:尔奴/尔ɦn̩$_{22}$nəʊ$_{35}$/ɦn̩$_{113}$ 黄:尔ʔn̩$_{53}$ 温:你ȵi$_{24}$ 衢:你ʔȵi$_{53}$ 华:侬ʔnoŋ$_{51}$

永：尔n̩$_{22}$

他

宜：他tʻo$_{55}$　溧：他tʻo$_{334}$　金：他tʻɑ$_{31}$　丹：他tʻɑ$_{22}$　童：他tʻɒ$_{42}$　靖：他tʻɑ$_{433}$　江：他tʻɑ$_{51}$　常：□dɑ$_{213}$　锡：舵dʌɤ$_{213}$　苏：俚/俚乃/嗯乃ʔli$_{j44}$/ʔli$_{j55}$nE$_{31}$/ʔn̩$_{55}$nE$_{31}$　熟：渠gE$_{233}$　昆：伊ɦi$_{21}$　霜：伊ʔi$_{52}$　罗：伊ʔi$_{52}$　周：伊ɦi$_{113}$　上：伊ɦi$_{113}$　松：伊/拾伊ɦi$_{31}$/zəʔ$_{2}$ɦi$_{52}$　黎：伊奴/伊ʔi$_{j55}$nɜu$_{31}$/ʔi$_{j44}$　盛：伊/伊奴ʔi$_{j44}$/ʔi$_{j44}$nu$_{44}$　嘉：伊/伊奴ʔi$_{51}$/ʔi$_{52}$nᵊu$_{22}$　双：其/自其dʑi$_{z113}$/zɿ$_{21}$dʑi$_{z34}$　杭：他tʻɑ$_{323}$　绍：伊/伊落ɦi$_{31}$/ɦi$_{22}$loʔ$_{5}$　诸：其dʑi$_{z233}$　崇：伊ɦi$_{z312}$　太：伊ɦi$_{312}$　余：渠ge$_{113}$　宁：其/其奴/及奴dʑi$_{z113}$/dʑi$_{z22}$nəʊ$_{35}$/dʑiɪʔ$_{2}$nəʊ$_{44}$　黄：渠ge$_{31}$　温：渠gi$_{31}$　衢：渠gi$_{323}$　华：渠gə$_{24}$　永：渠gə$_{33}$

我们

宜：我家ŋu$_{24}$ko$_{33}$　溧：伢ʔŋo$_{52}$　金：我们ŋ̍$_{21}$məŋ$_{23}$　丹：我侪ŋʌɤ$_{22}$dʑi$_{z44}$　童：我们ŋʌɤ$_{31}$məŋ$_{23}$　靖：我们ŋʌɤ$_{22}$məŋ$_{44}$　江：我家ʔŋɜɤ$_{52}$kɑ$_{33}$　常：我家ʔŋʌɯ$_{34}$ko$_{44}$　锡：我哩ŋʌɤ$_{24}$li$_{31}$　苏：伲n̠i$_{j31}$　熟：我俚ŋɯʔ$_{2}$li$_{51}$　昆：我里ŋəu$_{22}$li$_{44}$　霜：我伲ɦŋ̍$_{22}$n̠i$_{25}$　罗：我伲ɦŋ̍$_{22}$n̠i$_{52}$　周：伲/阿拉(少)n̠i$_{113}$/ʔɑʔ$_{3}$lɑ$_{44}$　上：阿拉ʔɐʔ$_{3}$lA$_{44}$　松：我伽ɦŋ̍$_{22}$nɑ$_{23}$　黎：我堆ɦŋ̍$_{22}$tE$_{52}$　盛：我里ɦu$_{23}$li$_{j33}$　嘉：伢ŋɑ$_{223}$　双：娘伢/伢n̠iã$_{22}$ʔŋɑ$_{52}$/ʔŋɑ$_{53}$　杭：我们ʔŋou$_{55}$mən$_{31}$　绍：伢ŋa$_{22}$　诸：伢ŋA$_{233}$　崇：伢ŋɑ$_{22}$　太：□vɑ$_{22}$　余：盒辣/阿拉ɦɐʔ$_{2}$lɐʔ$_{5}$/ʔɐʔ$_{3}$lA$_{44}$　宁：阿辣/像辣ʔɐʔ$_{3}$lɐʔ$_{5}$/ʑiã$_{22}$lɐʔ$_{5}$　黄：我推ʔŋo$_{22}$tʻe$_{51}$　温：我来ɦŋ̍$_{23}$le$_{4}$　衢：我辣/我□ʔŋu$_{55}$lAʔ$_{2}$/ʔŋu$_{55}$dAʔ$_{2}$　华：阿郎/自郎ʔɑ$_{54}$lAŋ$_{24}$/ɕʑi$_{j22}$lAŋ$_{51}$　永：我象嗯/我勒人ŋoə$_{32}$ʑiAŋ$_{24}$n̩$_{22}$/ŋoə$_{32}$lə$_{2}$noŋ$_{54}$

咱们

宜：我家ŋu$_{24}$ko$_{33}$　溧：伢ʔŋo$_{52}$　金：我们ŋ̍$_{21}$məŋ$_{23}$　丹：咱侪　童：我们ŋʌɤ$_{31}$məŋ$_{23}$　靖：我们ŋʌɤ$_{22}$məŋ$_{44}$　江：喊你hæ$_{52}$ʔn̠i$_{j33}$　常：喊你/喊你家xæ̃$_{55}$n̠i$_{j31}$/xæ̃$_{55}$n̠i$_{j33}$ko$_{31}$　锡：难伲nE$_{24}$n̠i$_{31}$　苏：伲n̠i$_{j31}$　熟：我俚ŋɯʔ$_{2}$li$_{51}$　昆：我俚ŋəu$_{22}$li$_{44}$　霜：我伲ɦŋ̍$_{22}$n̠i$_{52}$　罗：我伲ɦŋ̍$_{22}$n̠i$_{52}$　周：伲/阿拉(少)n̠i$_{113}$/ʔɑʔ$_{3}$lɑ$_{44}$　上：阿拉ʔɐʔ$_{3}$lA$_{44}$　松：我伽ɦŋ̍$_{22}$nɑ$_{23}$　黎：我堆ɦŋ̍$_{22}$tE$_{52}$　盛：我里ɦu$_{23}$li$_{j33}$　嘉：伢ŋɑ$_{223}$　双：娘伢/伢n̠iã$_{22}$ʔŋɑ$_{52}$/ʔŋɑ$_{53}$　杭：我们ʔŋou$_{55}$mən$_{31}$　绍：外辣(少)ŋa$_{22}$lAʔ$_{5}$　诸：伢ŋA$_{233}$　崇：伢ŋɑ$_{22}$　太：□vɑ$_{22}$　余：盒辣/阿拉ɦɐʔ$_{2}$lɐʔ$_{5}$/ʔɐʔ$_{3}$lA$_{44}$　宁：阿辣/像辣ʔɐʔ$_{3}$lɐʔ$_{5}$/ʑiã$_{22}$lɐʔ$_{5}$　黄：我推ʔŋo$_{22}$tʻe$_{51}$　温：我来/我来大家人ɦŋ̍$_{33}$le/ɦŋ̍$_{33}$le$_{4}$dɑ$_{52}$ko$_{33}$nʌŋ$_{21}$　衢：我辣/我□ʔŋu$_{55}$lAʔ$_{2}$/ʔŋu$_{55}$dAʔ$_{2}$　华：阿郎/自郎ʔɑ$_{54}$lAŋ$_{24}$/ɕʑi$_{j22}$lAŋ$_{51}$　永：我像嗯/我勒人ŋoə$_{32}$ʑiʌŋ$_{24}$n̩$_{22}$/ŋoə$_{32}$lə$_{2}$noŋ$_{54}$

你们

宜：你家n̠i$_{j24}$ko$_{33}$　溧：绕ʔn̠io$_{52}$　金：你们n̠i$_{z21}$məŋ$_{23}$　丹：你侪n̩$_{22}$dʑi$_{z44}$　童：内们/能兴nei$_{31}$məŋ$_{23}$/nəŋ$_{31}$ɕiŋ$_{23}$　靖：你们n̠i$_{j22}$məŋ$_{44}$　江：你家ʔn̠i$_{j52}$kɑ$_{33}$　常：你家ʔn̠i$_{j34}$kɑ$_{44}$　锡：你哩n̠i$_{24}$li$_{31}$　苏：嗯笃ɦn̩$_{24}$toʔ$_{2}$　熟：□笃nẽⁿ$_{22}$toʔ$_{4}$　昆：尔呐/尔得ɦn̩$_{23}$nəʔ$_{4}$/ɦn̩$_{23}$təʔ$_{4}$　霜：尔呐ɦn̩$_{22}$nəʔ$_{4}$　罗：尔呐/尔搭/依搭ɦn̩$_{22}$nAʔ$_{4}$/ɦn̩$_{22}$tAʔ$_{4}$/noŋ$_{22}$tAʔ$_{4}$　周：侬nɑ$_{113}$　上：侬nA$_{113}$　松：拾侬/拾拉zəʔ$_{2}$nɑ$_{34}$/zəʔ$_{2}$lɑ$_{34}$　黎：尔侬ɦn̩$_{23}$nɒ$_{33}$　盛：尔侬ɦn̩$_{23}$nɑ$_{33}$　嘉：侬nɑ$_{223}$　双：娘侬/侬n̠iã$_{22}$ʔnɑ$_{52}$/ʔnɑ$_{53}$　杭：你们ʔn̠i$_{55}$mən$_{31}$　绍：侬/侬落/侬辣na$_{31}$/na$_{22}$loʔ$_{5}$/na$_{22}$lAʔ$_{5}$　诸：□n̠iA$_{233}$　崇：侬nɑ$_{22}$　太：嗯ɦn̩$_{22}$　余：纳nɐʔ$_{23}$　宁：像呐/尔呐ʑiã$_{22}$nnɐʔ$_{5}$/ɦn̩$_{22}$nɐʔ$_{5}$　黄：尔推ɦn̩$_{22}$tʻo$_{51}$　温：你来n̠i$_{23}$le$_{4}$　衢：你辣/你□ʔn̠i$_{55}$lAʔ$_{2}$/ʔn̠i$_{55}$dAʔ$_{2}$　华：侬郎ʔnoŋ$_{54}$lAŋ$_{24}$　永：尔勒人n̩$_{32}$lə$_{2}$noŋ$_{54}$

他们

宜：他家tʻo$_{55}$ko$_{55}$　溧：他家tʻo$_{33}$ko$_{52}$　金：他们tʻɑ$_{32}$məŋ$_{31}$　丹：他侪tʻɑ$_{41}$dʑi$_{z21}$　童：他们

t'ɒ$_{55}$məŋ$_{31}$ 靖：他们t'ɑ$_{43}$məŋ$_{33}$ 江：他家t'ɑ$_{55}$kɑ$_{31}$ 常：□家dɑ$_{21}$ko$_{34}$ 锡：舵哩dʌɤ$_{24}$li$_{31}$ 苏：嗯笃/俚笃ʔn̩$_{55}$tɔʔ$_{2}$/ʔli$_{j55}$tɔʔ$_{2}$ 熟：佢笃gE$_{24}$tɔʔ$_{\underline{31}}$ 昆：伊特ɦi$_{23}$dəʔ$_{4}$ 霜：伊搭ʔi$_{55}$tAʔ$_{\underline{31}}$ 罗：伊搭ʔi$_{55}$tAʔ$_{3}$ 周：犄拉/伊拉gəʔ$_{2}$lɑ$_{23}$/ʔi$_{55}$lɑ$_{31}$ 上：伊拉ɦi$_{22}$lA$_{44}$ 松：伊拉ɦi$_{24}$lɑ$_{21}$ 黎：伊拉ʔi$_{j55}$lɒ$_{31}$ 盛：伊拉ʔi$_{j44}$lɑ$_{44}$ 嘉：伊拉ʔi$_{55}$lɑ$_{31}$ 双：自茄/娘茄zɿ$_{21}$dʑiɑ$_{34}$/ȵiã$_{21}$dʑiɑ$_{34}$ 杭：他们t'ɑ$_{32}$mən$_{23}$ 绍：耶/耶落/耶辣ɦia$_{113}$/ɦia$_{22}$loʔ$_{5}$/ɦia$_{22}$lAʔ$_{5}$ 诸：茄dʑiA$_{233}$ 崇：耶ɦiɑ$_{312}$ 太：耶ɦiɑ$_{312}$ 余：犄辣gəʔ$_{2}$lɐʔ$_{5}$ 宁：及辣dʑiɪʔ$_{2}$lɐʔ$_{5}$ 黄：渠推ge$_{22}$t'e$_{51}$ 温：渠来gi$_{52}$le$_{21}$ 衢：渠辣/渠□gi$_{32}$lAʔ$_{5}$/gi$_{22}$dAʔ$_{5}$ 华：渠郎gəʔ$_{2}$lAŋ$_{24}$ 永：渠勒人gə$_{21}$lə$_{2}$loŋ$_{22}$

我的

宜：我个ŋu$_{24}$keʔ$_{3}$ 溧：我个ŋʌɯ$_{22}$kE$_{52}$ 金：吾的ŋ̍$_{21}$ti$_{23}$ 丹：我个ŋʌɤ$_{22}$kɛʔ$_{4}$ 童：我个ŋʌɤ$_{31}$kəʔ$_{3}$ 靖：我个ŋʌɤ$_{22}$kʌɤ$_{44}$ 江：我个ʔŋɜɤ$_{52}$kɜʔ$_{3}$ 常：我个ʔŋʌɯ$_{34}$kəʔ$_{4}$ 锡：我个ŋʌɤ$_{24}$kəʔ$_{\underline{31}}$ 苏：我个ŋɜu$_{24}$kəʔ$_{2}$ 熟：我个ŋɯ$_{31}$kEʔ$_{3}$ 昆：我个ŋəu$_{23}$gəʔ$_{4}$ 霜：我个ɦŋ̍$_{22}$gəʔ$_{4}$ 罗：我扼ɦŋ̍$_{22}$ŋəʔ$_{4}$ 周：我个ɦu$_{22}$gə$_{24}$ 上：我个ŋu$_{22}$gɐʔ$_{4}$ 松：奴个nu$_{22}$ɦə$_{52}$ 黎：我奴个/我个ʔŋ̍$_{44}$nɜu$_{44}$gəʔ$_{5}$/ʔŋ̍$_{44}$gəʔ$_{5}$ 盛：我奴个/我奴个个ɦu$_{22}$nɜu$_{22}$kəʔ$_{5}$/ɦu$_{22}$nɜu$_{22}$kəʔ$_{5}$kəʔ$_{3}$ 嘉：伢呃ŋɑ$_{22}$ɦəʔ$_{5}$ 双：我□ʔŋ̍$_{55}$ŋɪ$_{31}$ 杭：我地ʔŋou$_{55}$di$_{31}$ 绍：我个ŋo$_{22}$goʔ$_{5}$ 诸：我个ŋɯ$_{23}$kɐʔ$_{4}$ 崇：我个/□个ŋɤ$_{22}$gEʔ$_{4}$/vɑ$_{22}$gEʔ$_{4}$ 太：我个ŋɯ$_{24}$gɛʔ$_{2}$ 余：我个ŋo$_{22}$kəʔ$_{5}$ 宁：我或ŋo$_{22}$ɦɔʔ$_{5}$ 黄：我□ʔŋo$_{53}$ke$_{44}$ 温：我□ɦŋ̍$_{23}$gi$_{4}$ 衢：我个ʔŋu$_{55}$kəʔ$_{2}$ 华：阿个ʔɑ$_{55}$kəʔ$_{2}$ 永：我□ŋoə$_{32}$uə$_{32}$

你的

宜：你个ȵi$_{j24}$kəʔ$_{3}$ 溧：你个ȵi$_{22}$kE$_{52}$ 金：你的ȵi$_{z21}$ti$_{23}$ 丹：你个n̩$_{22}$kɛʔ$_{44}$ 童：内个/能个nei$_{31}$kəʔ$_{3}$/nəŋ$_{31}$kəʔ$_{3}$ 靖：你个ȵi$_{j22}$kʌɤ$_{44}$ 江：你个ʔȵi$_{j52}$kɜʔ$_{3}$ 常：你个ʔȵi$_{j34}$kəʔ$_{4}$ 锡：你个ȵi$_{24}$kəʔ$_{\underline{31}}$ 苏：倷个nE$_{24}$kəʔ$_{2}$ 熟：□个nẽⁿ$_{31}$kEʔ$_{3}$ 昆：能个nən$_{23}$gəʔ$_{4}$ 霜：任个/实嗯个zən$_{22}$gəʔ$_{4}$/zəʔ$_{2}$n̩$_{22}$gəʔ$_{4}$ 罗：侬扼noⁿ$_{22}$ŋəʔ$_{4}$ 周：侬个noŋ$_{23}$gə$_{44}$ 上：侬个nʊŋ$_{22}$gɐʔ$_{4}$ 松：造个/拾奴个zɔ$_{24}$ɦə$_{31}$/zəʔ$_{2}$nu$_{55}$ɦə$_{31}$ 黎：㑚个ʔnɒ$_{55}$gəʔ$_{2}$ 盛：嗯呐个/嗯奴个个ɦn̩$_{22}$nəʔ$_{2}$kəʔ$_{5}$/ɦn̩$_{22}$nəʔ$_{2}$kəʔ$_{5}$kəʔ$_{3}$ 嘉：倷呃ne$_{22}$ɦəʔ$_{4}$ 双：娘你□ȵiã$_{22}$ȵi$_{z55}$ɪ$_{21}$ 杭：你地ʔȵi$_{55}$di$_{31}$ 绍：诺个noʔ$_{2}$goʔ$_{5}$ 诸：你个/尔个ȵi$_{z23}$kɐʔ$_{4}$/ɦn̩$_{23}$kɐʔ$_{4}$ 崇：侬个nʊⁿ$_{22}$gEʔ$_{4}$ 太：尔个ɦn̩$_{24}$gɛʔ$_{2}$ 余：侬个nʊŋ$_{22}$kəʔ$_{5}$ 宁：奴或nəʊ$_{22}$ɦɔʔ$_{5}$ 黄：尔□ʔn̩$_{53}$ke$_{44}$ 温：你□ȵi$_{23}$gi$_{4}$ 衢：你个ʔȵi$_{55}$kəʔ$_{2}$ 华：侬个ʔnoŋ$_{55}$kəʔ$_{2}$ 永：尔□n̩$_{22}$uə$_{32}$

他的

宜：他个t'o$_{55}$kəʔ$_{3}$ 溧：他个t'o$_{33}$kE$_{52}$ 金：他的t'ɑ$_{32}$ti$_{31}$ 丹：他个t'ɑ$_{21}$kɛʔ$_{2}$ 童：他个t'ɒ$_{55}$kəʔ$_{\underline{31}}$ 靖：他个t'ɑ$_{43}$kʌɤ$_{33}$ 江：他个t'ɑ$_{53}$kɜɤʔ$_{2}$ 常：□个dɑ$_{21}$kəʔ$_{4}$ 锡：舵个dʌɤ$_{24}$kəʔ$_{31}$ 苏：俚个/嗯乃个ʔli$_{j55}$kəʔ$_{2}$/ʔn̩$_{44}$nE$_{44}$kəʔ$_{2}$ 熟：佢个gE$_{24}$kEʔ$_{5}$ 昆：伊个ɦi$_{23}$gəʔ$_{4}$ 霜：伊个ʔi$_{55}$gəʔ$_{\underline{31}}$ 罗：伊个ʔi$_{55}$ɦəʔ$_{31}$ 周：伊个ɦi$_{22}$ɦə$_{24}$ 上：伊个ɦi$_{22}$gɐʔ$_{4}$ 松：伊个ɦi$_{24}$ɦə$_{31}$ 黎：伊个ʔi$_{j55}$gəʔ$_{2}$ 盛：伊个/伊个个ʔi$_{j55}$kəʔ$_{2}$/ʔi$_{j55}$kəʔ$_{3}$kəʔ$_{2}$ 嘉：伊呃ʔi$_{55}$ɦəʔ$_{2}$ 双：自其□zɿ$_{21}$dʑi$_{z34}$ɪ$_{44}$ 杭：他地t'ɑ$_{32}$di$_{23}$ 绍：夷个ɦi$_{24}$goʔ$_{5}$ 诸：其格dʑi$_{23}$kɐʔ$_{4}$ 崇：伊个ɦi$_{22}$gEʔ$_{4}$ 太：伊个ɦi$_{24}$gɛʔ$_{2}$ 余：渠个ge$_{22}$kəʔ$_{5}$ 宁：其或dʑi$_{z22}$ɦɔʔ$_{5}$ 黄：渠□ge$_{31}$ke$_{44}$ 温：渠□gi$_{52}$gi$_{21}$ 衢：渠个gi$_{32}$kə$_{23}$ 华：□个g̊əʔ$_{3}$kəʔ$_{4}$ 永：渠□gə$_{32}$uə$_{32}$

大家

宜：大家do$_{21}$ko$_{23}$ 溧：大家do$_{32}$ko$_{23}$ 金：大家tɑ$_{22}$kɑ$_{44}$ 丹：大家dʌɤ$_{31}$ko$_{21}$ 童：大家dɒ$_{21}$kɑ$_{23}$ 靖：大家dɑ$_{24}$ko$_{31}$ 江：大家dɑ$_{24}$kɑ$_{31}$ 常：大家do$_{21}$ko$_{13}$ 锡：大家dɑ$_{22}$kɑ$_{55}$ 苏：大家dɒ$_{22}$kɒ$_{44}$ 熟：大家dɑ$_{24}$kɑ$_{31}$ 昆：大家dɑ$_{22}$kɑ$_{41}$ 霜：大家dɑ$_{22}$kɑ$_{52}$ 罗：大家dɑ$_{23}$kɑ$_{52}$ 周：大家dɑ$_{22}$

kɑ$_{44}$　上:大家dᴀ$_{22}$kᴀ$_{44}$　松:大家dɑ$_{23}$kɑ$_{44}$　黎:大家zᴇ$_{22}$kɒ$_{52}$　盛:大家/侪家dɑ$_{32}$kɑ$_{52}$/zᴇ$_{32}$kɑ$_{52}$　嘉:大家dɑ$_{22}$kɑ$_{51}$　双:侪家zᴇ$_{22}$kɑ$_{44}$　杭:大家dɑ$_{23}$tɕiɑ$_{51}$　绍:大家do$_{22}$ko$_{52}$　诸:大家dᴀ$_{21}$ko$_{23}$　崇:大家dʏ$_{21}$kʏ$_{23}$　太:大家dɑ$_{24}$ko$_{31}$　余:大家do$_{22}$ko$_{52}$　宁:大家/竖头dəʊ$_{22}$ko$_{44}$/zɿ$_{22}$dœʏ$_{44}$　黄:我得嗯ʔŋo$_{55}$tɐʔ$_{3}$n̩$_{31}$　温:大家人dɑ$_{52}$ko$_{33}$nʌŋ$_{21}$　衢:大家dɑ$_{45}$kɑ$_{35}$　华:大家dɑ$_{24}$kuɑ$_{35}$　永:大交diᴀ$_{32}$kᴀʊ$_{44}$

自己

宜:自家zɿ$_{21}$ko$_{23}$　溧:自家szɿ$_{32}$ko$_{23}$　金:自家tsɿ$_{z35}$kɑ$_{31}$/tsɿ$_{z35}$kε^{e}$_{31}$　丹:自家tsɿ$_{52}$ko$_{23}$　童:自家szɿ$_{21}$kɑ$_{23}$　靖:自己/自家szɿ$_{31}$tɕi$_{j34}$/szɿ$_{24}$ko$_{31}$　江:自家zɿ$_{24}$kɑ$_{31}$　常:自□/自家zɿ$_{21}$kæ$_{13}$/zɿ$_{21}$ko$_{13}$　锡:自家zɿ$_{22}$kɑ$_{55}$　苏:自家zɿ$_{22}$kɒ$_{44}$　熟:自家zɿ$_{24}$kɑ$_{31}$　昆:自家zɿ$_{22}$kɑ$_{41}$　霜:自家zɿ$_{22}$kɑ$_{52}$　罗:自家zɿ$_{22}$kɑ$_{52}$　周:自家zɿ$_{23}$kɑ$_{44}$　上:自家zɿ$_{22}$kᴀ$_{44}$　松:自家zɿ$_{23}$kɑ$_{44}$　黎:自家zɿ$_{22}$kɒ$_{52}$　盛:自家zɿ$_{22}$kɑ$_{52}$　嘉:自家zɿ$_{22}$kɑ$_{51}$　双:自家zɿ$_{21}$kɑ$_{34}$　杭:自己/自家szɿ$_{23}$tɕi$_{51}$/szɿ$_{23}$tɕiɑ$_{51}$　绍:自zɿ$_{22}$　诸:自ʑi$_{z233}$　崇:自ʑi$_{z14}$　太:自ʑi$_{13}$　余:自家ɦi$_{22}$ko$_{52}$　宁:自家ʑi$_{z22}$ko$_{44}$　黄:自己zɿ$_{23}$tɕi$_{j31}$　温:自szɿ$_{22}$　衢:自家szɿ$_{45}$kɑ$_{35}$　华:自/阿自ɕʑi$_{j24}$/ʔɑ$_{54}$ɕʑi$_{j24}$　永:我自ŋoə$_{32}$ɕʑi$_{325}$

人家

宜:人家ȵiŋ$_{21}$ko$_{23}$　溧:人家ȵin$_{32}$ko$_{23}$　金:人家ləŋ$_{22}$kɑ$_{44}$　丹:人家ȵiŋ$_{23}$ko$_{44}$　童:人家ɦiəŋ$_{24}$kɑ$_{31}$　靖:人家ȵiŋ$_{22}$kɑ$_{34}$　江:人家ȵiɲ$_{24}$kɑ$_{31}$　常:人家ȵiɲ$_{22}$ko$_{44}$　锡:人家ȵin$_{24}$kɑ$_{31}$　苏:人家ȵiɪn$_{22}$kɒ$_{44}$　熟:人家ȵĩ^{n}$_{24}$kɑ$_{31}$　昆:人家/别人家ȵin$_{23}$kɑ$_{41}$/bɪʔ$_{2}$ȵin$_{34}$kɑ$_{41}$　霜:人家ȵĩ$_{22}$kɑ$_{52}$　罗:人家ȵɪ^{n}$_{22}$kɑ$_{52}$　周:人家ȵiɪŋ$_{22}$kɑ$_{33}$　上:人家ȵiɲ$_{22}$kᴀ$_{44}$　松:别人家bəʔ$_{2}$ȵiɲ$_{22}$kɑ$_{55}$　黎:别人家bɪʔ$_{3}$ȵiəɲ$_{55}$kɒ$_{31}$　盛:人家ȵɪɲ$_{22}$kɑ$_{34}$　嘉:人家ȵin$_{22}$kɑ$_{44}$　双:人家ȵɪn$_{22}$kɑ$_{44}$　杭:人家ɹən$_{21}$tɕiɑ$_{23}$　绍:别人家bɪʔ$_{2}$nɪŋ$_{44}$ko$_{52}$　诸:人家ȵĩ$_{31}$ko$_{42}$　崇:人家ȵiŋ$_{21}$kʏ$_{23}$　太:人家nʊŋ$_{31}$ko$_{33}$　余:人家ȵiɲ$_{22}$ko$_{44}$　宁:人家ȵɪŋ$_{22}$ko$_{51}$　黄:□□gɪʔ$_{2}$he$_{51}$　温:别人bi$_{2}$nʌŋ$_{52}$　衢:人家ȵi^{n}$_{32}$kɑ$_{23}$　华:别郎/别人/别介bie$_{13}$lᴀŋ$_{51}$/bie$_{13}$niɪn$_{51}$/bie$_{13}$kɑ$_{55}$　永:别人bə$_{2}$noŋ$_{325}$

别人

宜:别人家/□家bɪʔ$_{\underline{21}}$ȵiŋ$_{11}$ko$_{23}$/biŋ$_{21}$ko$_{23}$　溧:别人家bɪʔ$_{3}$ȵin$_{22}$ko$_{23}$　金:别人pieʔ$_{5}$ləŋ$_{23}$　丹:别葛人bɪʔ$_{2}$kεʔ$_{5}$ȵiŋ$_{31}$　童:别人家biɪʔ$_{3}$ɦiəŋ$_{24}$kɑ$_{31}$　靖:旁人家bɑŋ$_{22}$ȵiŋ$_{22}$ko$_{34}$　江:别人家bɪʔ$_{2}$ȵiɲ$_{44}$kɑ$_{31}$　常:别人家bəʔ$_{2}$ȵiɲ$_{11}$ko$_{23}$　锡:别人家bəʔ$_{2}$ȵin$_{55}$kɑ$_{31}$　苏:别人家bɪʔ$_{3}$ȵiɪn$_{52}$kɑ$_{31}$　熟:别人家bᴇʔ$_{2}$ȵĩ^{n}$_{55}$kɑ$_{51}$　昆:别人家bɪʔ$_{2}$ȵin$_{24}$kɑ$_{41}$　霜:别人家bəʔ$_{2}$ȵĩ$_{22}$kɑ$_{23}$　罗:别人家bɐʔ$_{2}$ȵɪ^{n}$_{22}$kɑ$_{23}$　周:别人家bəʔ$_{2}$ȵiɪŋ$_{22}$kɑ$_{23}$　上:别人家biɪʔ$_{2}$ȵiɲ$_{22}$kᴀ$_{23}$　松:别人家bəʔ$_{2}$ȵiɲ$_{22}$kɑ$_{52}$　黎:别人家bɪʔ$_{3}$ȵiəɲ$_{55}$kɒ$_{31}$　盛:别人家bɪʔ$_{2}$ȵɪɲ$_{44}$kɑ$_{44}$　嘉:别人家biɪʔ$_{2}$ȵin$_{44}$kɑ$_{51}$　双:别人家bəʔ$_{2}$ȵɪn$_{55}$kɑ$_{21}$　杭:别人家bɐʔ$_{2}$ɹən$_{23}$tɕiɑ$_{51}$　绍:别人家bɪʔ$_{2}$nɪŋ$_{44}$ko$_{52}$　诸:别人家biəʔ$_{2}$ȵĩ$_{22}$ko$_{52}$　崇:别人/别人家biᴇʔ$_{2}$ȵiŋ$_{23}$/biᴇʔ$_{2}$ȵiŋ$_{22}$kʏ$_{23}$　太:别人家bεʔ$_{2}$nʊŋ$_{22}$ko$_{23}$　余:别人家bɐʔ$_{2}$ȵiɲ$_{44}$ko$_{52}$　宁:别人家/人家bɐʔ$_{2}$ȵɪŋ$_{44}$ko$_{55}$/ȵɪŋ$_{22}$ko$_{51}$　黄:别人bieʔ$_{2}$ȵiɪŋ$_{51}$　温:别人bi$_{2}$nʌŋ$_{52}$　衢:别家biəʔ$_{2}$ko$_{53}$　华:别人bie$_{13}$ȵiɪn$_{51}$　永:别人/下个人bə$_{2}$noŋ$_{325}$/ʔɦuᴀ$_{32}$koə$_{54}$noŋ$_{31}$

一个人

宜:一个人ʔiɪʔ$_{5}$kəʔ$_{5}$ȵiŋ$_{223}$　溧:一个人ʔiɪʔ$_{5}$kə^{ʔ}$_{5}$ȵin$_{323}$　金:一个人ieʔ$_{4}$kəʔ$_{4}$ləŋ$_{23}$　丹:一个人ɪʔ$_{\underline{53}}$kεʔ$_{3}$ȵiŋ$_{31}$　童:一个人iɪʔ$_{55}$kəʔ$_{55}$ɦiəŋ$_{55}$　靖:个人kʌʏ$_{33}$ȵiŋ$_{44}$　江:一个人/一独自/一干子/一家头ʔɪʔ$_{5}$kɜʔ$_{5}$ȵiɲ$_{43}$/ʔɪʔ$_{5}$doʔ$_{5}$zɿ$_{31}$/ʔɪʔ$_{5}$kɵ$_{42}$tsɿ$_{31}$/ʔɪʔ$_{5}$kɑ$_{42}$dᴇɪ$_{31}$　常:一个人ʔiɪʔ$_{5}$kəʔ$_{5}$ȵiɲ$_{31}$　锡:一个人ʔɪʔ$_{4}$kəʔ$_{5}$ȵin$_{213}$　苏:一个人/一干子/一家头ʔiəʔ$_{5}$kəʔ$_{5}$ȵiɪn$_{55}$/ʔiəʔ$_{5}$kɵ$_{23}$tsɿ$_{31}$/ʔiəʔ$_{5}$kɒ$_{23}$dəɪ$_{31}$　熟:一干则ʔɪʔ$_{3}$kʏ$_{55}$tsᴇʔ$_{\underline{31}}$　昆:一干子/一家头ʔiɪʔ$_{3}$kɵ$_{55}$tsɿ$_{31}$/ʔiɪʔ$_{3}$kɑ$_{55}$dᴇ$_{41}$　霜:一个人/一干子/

一家头/一家子ʔiɪʔ$_{4}$gəʔ$_{\underline{23}}$ȵĩ$_{52}$/ʔiɪʔ$_{4}$k^{ʌ}ɤ$_{23}$tsɿ$_{52}$/ʔiɪʔ$_{4}$kɑ$_{23}$dʌɪ$_{52}$/ʔiɪʔ$_{3}$kɑ$_{55}$tsɿ$_{31}$ 罗:一干子/一家子/一个人/一家头ʔiɪʔ$_{3}$k^{ʌ}ɤ$_{55}$tsɿ$_{31}$/ʔiɪʔ$_{3}$kɑ$_{55}$tsɿ$_{31}$/ʔiɪʔ$_{3}$gəʔ$_{4}$ȵɪ$^{n}_{52}$/ʔiɪʔ$_{3}$kɑ$_{55}$dʌɪ$_{31}$ 周:一个人/一干子/一家头ʔɪʔ$_{3}$kɤ$_{55}$ȵiɪŋ$_{113}$/ʔɪʔ$_{3}$kø$_{55}$tsɿ$_{31}$/ʔɪʔ$_{3}$kɑ$_{55}$dɤ$_{31}$ 上:一家头ʔiɪʔ$_{3}$kA$_{55}$dɤɯ$_{31}$ 松:一个子/一家头ʔiɪʔ$_{3}$kɯ$_{55}$tsɿ$_{31}$/ʔiɪʔ$_{4}$kɑ$_{44}$dɯ$_{52}$ 黎:一干子/一家子ʔɪʔ$_{3}$kɵ$_{55}$tsɿ/ʔɪʔ$_{3}$kɒ$_{55}$tsɿ$_{31}$ 盛:一葛人ʔiɪʔ$_{5}$kəʔ$_{3}$ȵiɲ$_{24}$ 嘉:一个人/一家头ʔiəʔ$_{5}$kəʔ$_{3}$ȵin$_{31}$/ʔiəʔ$_{4}$kɑ$_{44}$de$_{51}$ 双:一个人ʔieʔ$_{5}$kəʔ$_{5}$ȵɪn$_{113}$ 杭:一个人/一谷人ʔiɪʔ$_{3}$kɐʔ$_{3}$ɹən$_{212}$/ʔiɪʔ$_{3}$kɔʔ$_{4}$ɹən$_{212}$ 绍:一个人/一个头/独个人/独个头ʔɪʔ$_{4}$gəʔ$_{4}$ȵɪŋ$_{52}$/ʔɪʔ$_{4}$gəʔ$_{4}$dɤ$_{52}$/doʔ$_{2}$gəʔ$_{4}$ȵɪŋ$_{52}$/doʔ$_{2}$gəʔ$_{4}$dɤ$_{52}$ 诸:一葛人/独自头/独葛头ʔiəʔ$_{4}$kɐʔ$_{5}$ȵĩ$_{233}$/doʔ$_{2}$ʑi$_{22}$dei$_{52}$/doʔ$_{2}$kɐʔ$_{4}$dei$_{52}$ 崇:独介人dɔʔ$_{2}$kɑ$_{34}$nɒ̃$_{52}$ 太:独介人dɔʔ$_{2}$kɑ$_{44}$nʊŋ$_{52}$ 余:一个人ʔiɪʔ$_{4}$kəʔ$_{4}$ȵiɲ$_{44}$ 宁:一岳人ʔiɪʔ$_{3}$ŋɔʔ$_{4}$ȵɪŋ$_{113}$ 黄:一个人/独个头ʔieʔ$_{3}$gɐʔ$_{2}$ȵiɪŋ$_{23}$/dɔʔ$_{2}$gɪʔ$_{2}$diɤ$_{23}$ 温:一个人ʔi$_{3}$kæi$_{\underline{52}}$nʌŋ$_{21}$ 衢:独个人/一个人/一个人dəʔ$_{2}$ku$_{5}$ȵi$^{n}_{23}$/ʔiəʔ$_{4}$kəʔ$_{5}$ȵi$^{n}_{23}$/ʔiəʔ$_{4}$ku$_{5}$ȵi$^{n}_{23}$ 华:一介人/一个人ʔiəʔ$_{3}$kɑ$_{55}$ȵiɪn$_{31}$/ʔiəʔ$_{3}$kəʔ$_{5}$ȵiɪn$_{31}$ 永:一个人iə$_{43}$koə$_{5}$noŋ$_{31}$

俩

宜:两葛人liAŋ$_{24}$kəʔ$_{5}$ȵiŋ$_{55}$ 溧:两葛人lie$_{22}$kəʔ$_{5}$ȵin$_{323}$ 金:两个人liɑŋ$_{22}$kəʔ$_{4}$ləŋ$_{23}$ 丹:两个人lE$^{e}_{22}$kɛʔ$_{5}$ȵiŋ$_{31}$ 童:两个人liɑŋ$_{42}$kəʔ$_{2}$ɦiəŋ$_{44}$ 靖:两个人ʔlĩ$_{33}$kəʔ$_{4}$ȵiŋ$_{223}$ 江:两个人/两家头ʔliA$^{ŋ}_{52}$kɜʔ$_{33}$ȵiɲ$_{43}$/ʔliA$^{ŋ}_{52}$kɑ$_{33}$dEI$_{43}$ 常:两个人ʔliAɲ$_{34}$kəʔ$_{5}$ȵiɲ$_{42}$ 锡:两家头liã$_{22}$kɑ$_{55}$dEi$_{31}$ 苏:两家头liÃ$_{22}$kɒ$_{55}$dəɪ$_{31}$ 熟:两家头liA$^{\sim}_{22}$kɑ$_{55}$dE$_{31}$ 昆:两家头liã$_{22}$kɑ$_{55}$dE$_{41}$ 霜:两家头/两个人/两干子/两家子lia$^{\sim}_{22}$kɑ$_{23}$dʌɪ$_{52}$/lia$^{\sim}_{22}$gəʔ$_{\underline{23}}$ȵĩ$_{52}$/lia$^{\sim}_{22}$k^{ʌ}ɤ$_{23}$tsɿ$_{52}$/lia$^{\sim}_{22}$kɑ$_{55}$tsɿ$_{31}$ 罗:两干子/两家子/两家头lia$^{\sim}_{22}$k^{ʌ}ɤ$_{55}$tsɿ$_{31}$/lia$^{\sim}_{22}$kɑ$_{55}$tsɿ$_{31}$/lia$^{\sim}_{22}$kɑ$_{55}$dʌɪ$_{31}$ 周:两家头liA$^{\sim}_{22}$kɑ$_{23}$dɤ$_{52}$ 上:两家头liÃ$^{n}_{22}$kA$_{55}$dɤɯ$_{31}$ 松:两家头liɛ̃$_{22}$kɑ$_{55}$dɯ$_{31}$ 黎:两家子liɛ̃$_{22}$kɒ$_{55}$tsɿ$_{31}$ 盛:两家头liæ̃$_{23}$kɑ$_{33}$diəʉ$_{33}$ 嘉:两家头liA$^{\sim}_{22}$kɑ$_{22}$de$_{51}$ 双:两个人liã$_{24}$kəʔ$_{5}$ȵɪn$_{21}$ 杭:两个人/两谷人ʔliAŋ$_{55}$kɐʔ$_{3}$ɹən$_{31}$/ʔliAŋ$_{55}$kɔʔ$_{3}$ɹən$_{31}$ 绍:两个人/两个头liaŋ$_{22}$gəʔ$_{4}$ȵɪŋ$_{52}$/liaŋ$_{22}$gəʔ$_{4}$dɤ$_{52}$ 诸:两个人/两葛头liÃ$_{23}$kɐʔ$_{5}$ȵĩ$_{31}$/liÃ$_{23}$kɯ$_{5}$dei$_{31}$ 崇:两介人liA$^{\sim}_{23}$kɑ$_{53}$nɒ̃$_{31}$ 太:两介人liAŋ$_{22}$kɑ$_{55}$nʊŋ$_{31}$ 余:两革人liÃ$_{23}$kəʔ$_{4}$ȵiɲ$_{44}$ 宁:两岳人liã$_{22}$ŋɔʔ$_{4}$ȵɪŋ$_{55}$ 黄:两个人/两个头ʔlia$^{\sim}_{53}$gɐʔ$_{3}$ȵiɪŋ$_{31}$/lia$^{\sim}_{22}$gɪʔ$_{2}$diɤ$_{23}$ 温:两个人liɛ$_{24}$kæi$_{3}$nʌŋ$_{51}$ 衢:两家头/两个头/两个人ʔliã$_{55}$kɑ$_{33}$dəɪ$_{53}$/ʔliã$_{55}$kəʔ$_{3}$dəɪ$_{31}$/ʔliã$_{35}$kəʔ$_{5}$ȵi$^{n}_{31}$ 华:两葛人/两家ʔliAŋ$_{53}$kəʔ$_{4}$ȵiɪn$_{31}$/ʔliAŋ$_{53}$kuɑ$_{35}$ 永:两个人liAŋ$_{32}$koə$_{5}$noŋ$_{31}$

别的

宜:别个bɪʔ$_{2}$kəʔ$_{4}$ 溧:别个bɪʔ$_{3}$kəʔ$_{5}$ 金:别的pieʔ$_{4}$tieʔ$_{4}$ 丹:别个bɪʔ$_{2}$kɛʔ$_{4}$ 童:别个biɪʔ$_{\underline{42}}$kəʔ$_{\underline{31}}$ 靖:旁地个bɑŋ$_{22}$di$_{j22}$kʌɤ$_{34}$ 江:别个/另外个/还有个bɪʔ$_{3}$kɜʔ$_{3}$/liɲ$_{24}$uæ$_{33}$kɜʔ$_{2}$/ɦuæ$_{24}$ɦiɜɤ$_{33}$kɜʔ$_{2}$ 常:别个biɪʔ$_{3}$kəʔ$_{5}$ 锡:别个bɪʔ$_{2}$kəʔ$_{5}$ 苏:别个bɪʔ$_{3}$kəʔ$_{5}$ 熟:别个bɪʔ$_{2}$kEʔ$_{5}$/bEʔ$_{2}$kEʔ$_{5}$ 昆:别个bɪʔ$_{2}$gəʔ$_{3}$ 霜:别个bəʔ$_{2}$gəʔ$_{4}$ 罗:别个bɐʔ$_{2}$gəʔ$_{4}$ 周:别个bɪʔ$_{2}$gə$_{24}$ 上:别个biɪʔ$_{2}$gɐʔ$_{4}$ 松:别侯/别个bəʔ$_{2}$ɦɯ$_{44}$/bəʔ$_{3}$gəʔ$_{4}$ 黎:别括/还有括bɪʔ$_{3}$kuAʔ$_{3}$/ɦE$_{22}$ɦiɯ$_{55}$kuAʔ$_{2}$ 盛:别括bɪʔ$_{2}$kuɑʔ$_{\underline{52}}$ 嘉:另外呃lin$_{24}$ɦue$_{33}$ɦəʔ$_{\underline{31}}$ 双:解头个瓜/另外瓜kɑ$_{44}$d^{ə}Y$_{44}$kəʔ$_{4}$ kuɹ$_{44}$/lɪn$_{24}$ŋɑ$_{11}$kuɑ$_{44}$ 杭:别的/另外的biɪʔ$_{2}$tiɪʔ$_{5}$/lɪn$_{22}$ɦuE$_{55}$tiɪʔ$_{\underline{31}}$ 绍:另外个lɪŋ$_{24}$ŋɑ$_{33}$goʔ$_{\underline{31}}$ 诸:别样bioʔ$_{2}$ɦiÃ$_{33}$ 崇:别介个biEʔ$_{2}$kɑ$_{34}$kEʔ$_{5}$ 太:旁介□bʊŋ$_{22}$kɑ$_{55}$gɛʔ$_{\underline{31}}$ 余:别个bɐʔ$_{2}$kəʔ$_{5}$ 宁:人外ȵiŋ$_{22}$ŋa$_{44}$ 黄:各个kuɔʔ$_{3}$ke$_{44}$ 温:别义bi$_{2}$ȵi$_{24}$ 衢:别样个/其他个/另外个bioʔ$_{2}$ɦiã$_{33}$kəʔ$_{5}$/dʑi$_{22}$t‘ɑ$_{22}$gɤɯ$_{23}$/li$^{n}_{24}$ɦuɛ$_{33}$kəʔ$_{2}$ 华:另外个/其他个liɪn$_{22}$ŋɑ$_{44}$kəʔ$_{3}$/dʑi$_{j32}$t‘ɑ$_{24}$kəʔ$_{5}$ 永:别勒bə$_{2}$lə$_{24}$

这个

宜:葛个/葛娘个kəʔ$_{5}$kəʔ$_{5}$/kəʔ$_{3}$ȵiAŋ$_{55}$kəʔ$_{5}$ 溧:够个/葛个kei$_{54}$kə$_{34}$/kəʔ$_{5}$kə$_{34}$ 金:这个tsəʔ$_{4}$kəʔ$_{4}$ 丹:葛个kɪ$_{\underline{53}}$kɛʔ$_{\underline{31}}$ 童:葛个kəʔ$_{\underline{53}}$gʌɤ$_{31}$ 靖:志个tsɿ$_{35}$kʌɤ$_{31}$ 江:已个/讲个tɕi$_{j52}$kɜʔ$_{3}$/

kᴀ$^{ŋ}_{52}$kɜ$^{ʔ}_{3}$　常：鉴个kæ$_{55}$kəʔ$_{3}$　锡：意个ʔi$_{55}$kəʔ$_{\underline{31}}$　苏：掰个/哀个/该个gəʔ$_{2}$gəʔ$_{4}$/gəʔ$_{2}$kəʔ$_{4}$/ʔᴇ$_{55}$kəʔ$_{2}$/kᴇ$_{55}$kəʔ$_{2}$　熟：俚个/五个li$_{23}$kᴇʔ$_{3}$/ɦŋ̍$_{23}$kᴇʔ$_{3}$　昆：掰个/该个gəʔ$_{2}$gəʔ$_{3}$/kɛ$_{44}$gəʔ$_{4}$　霜：特个/迪个/掰个dəʔ$_{2}$gəʔ$_{4}$/dɪʔ$_{2}$gəʔ$_{4}$/gəʔ$_{2}$gəʔ$_{4}$　罗：迪个/特个dɪʔ$_{2}$gəʔ$_{4}$/dəʔ$_{2}$gəʔ$_{4}$　周：特个/迪个dəʔ$_{2}$kɤ$_{23}$/dɪʔ$_{2}$kɤ$_{23}$　上：掰个/特个/迪个gɐʔ$_{2}$gɐʔ$_{3}$/dɐʔ$_{2}$gɐʔ$_{3}$/dɪʔ$_{2}$gɐʔ$_{3}$　松：个个gəʔ$_{2}$kɯ$_{44}$　黎：葛个kəʔ$_{5}$kəʔ$_{2}$　盛：葛个kəʔ$_{2}$kəʔ$_{4}$　嘉：葛个kəʔ$_{5}$kəʔ$_{2}$　双：□□/掰□kɪʔ$_{3}$kɪʔ$_{\underline{53}}$/gəʔ$_{2}$kɪʔ$_{\underline{34}}$　杭：结谷/葛谷/葛个tɕiɪʔ$_{4}$kɔʔ$_{5}$/kɐʔ$_{4}$kɔʔ$_{5}$/kɐʔ$_{4}$kɐʔ$_{5}$　绍：葛个/□个kəʔ$_{4}$goʔ$_{53}$/kɪʔ$_{4}$goʔ$_{5}$　诸：葛件/葛个kɐʔ$_{4}$dʑiɪ$_{33}$/kɐʔ$_{4}$kɐʔ$_{3}$　崇：介呵kɑ$_{55}$hɤ$_{31}$　太：介呵kɑ$_{55}$hɯ$_{33}$　余：一个ʔɪʔ$_{33}$kou$_{23}$　宁：个或/个岳/个kɪʔ$_{5}$ɦɔʔ$_{3}$/kɪʔ$_{5}$ŋɔʔ$_{3}$/kɪʔ$_{5}$　黄：□□geʔ$_{2}$ke$_{51}$　温：国个ke$_{3}$kæi$_{52}$　衢：□□/□个/葛个/葛个giʔ$_{2}$gə$_{35}$/ki$_{55}$kəʔ$_{2}$/kəʔ$_{5}$kəʔ$_{2}$/kəʔ$_{5}$kɤɯ$_{31}$　华：葛个kəʔ$_{3}$kəʔ$_{4}$　永：□个/□个ᴀ$_{32}$koə$_{55}$/kʊ$_{43}$koə$_{55}$

那个

宜：葛边个/笃家个/过头个kəʔ$_{\underline{53}}$pi$_{33}$kəʔ$_{\underline{31}}$/to$_{51}$ko$_{33}$kə$_{34}$/ku$_{51}$dɤɯ$_{33}$kə$_{34}$　溧：过个/过头个kʌɯ$_{54}$kə$_{34}$/kʌɯ$_{54}$dei$_{34}$kəʔ$_{\underline{52}}$　金：勒个ləʔ$_{4}$kəʔ$_{4}$　丹：个个kʌɤ$_{21}$kɛʔ$_{2}$　童：个个gʌɤ$_{24}$gʌɤ$_{31}$　靖：过个kʌɤ$_{35}$kʌɤ$_{31}$　江：果个kɜɤ$_{52}$kɜʔ$_{3}$　常：过个kʌɯ$_{55}$kəʔ$_{3}$　锡：葛葛/过个kəʔ$_{4}$kəʔ$_{5}$/kʌɤ$_{55}$kəʔ$_{\underline{31}}$　苏：关个/弯个kuᴇ$_{55}$kəʔ$_{2}$/ʔuᴇ$_{55}$kəʔ$_{2}$　熟：葛个kᴇʔ$_{4}$kᴇʔ$_{5}$　昆：该个/掰个kɛ$_{44}$gəʔ$_{4}$/gəʔ$_{2}$gəʔ$_{3}$　霜：葛个/伊个/接个（少）kəʔ$_{5}$gəʔ$_{3}$/ʔi$_{55}$gəʔ$_{\underline{31}}$/tɕiɪʔ$_{55}$gəʔ$_{31}$　罗：伊个ʔi$_{55}$gəʔ$_{3}$　周：伊个/哀个ʔi$_{55}$kɤ$_{31}$/ʔɛ$_{55}$kɤ$_{31}$　上：伊个/哀个ʔi$_{55}$gɐʔ$_{31}$/ʔᴇ$_{55}$gɐʔ$_{\underline{31}}$　松：伊个/哀个ʔi$_{55}$kɯ$_{31}$/ʔᴇ$_{55}$kɯ$_{31}$　黎：介面个kɒ$_{33}$miɪ$_{55}$kəʔ$_{2}$　盛：寄个/该个/还有个tɕi$_{j33}$kəʔ$_{5}$/kɪ$_{55}$kəʔ$_{2}$/ʔᴇ$_{55}$ɦiɵʉ$_{33}$kəʔ$_{\underline{31}}$　嘉：哀个ʔᴇ$^{ɛ}_{52}$kəʔ$_{3}$　双：葛头□kəʔ$_{5}$d^{ə}ʏ$_{55}$kɪʔ$_{\underline{21}}$　杭：那谷/拉谷ʔnɑ$_{55}$kɔʔ$_{5}$/ʔlɑ$_{55}$kɔʔ$_{5}$　绍：亨个haŋ$_{44}$goʔ$_{\underline{31}}$　诸：梅件/梅个me$_{23}$dʑiɪ$_{33}$/me$_{23}$kɐʔ$_{4}$　崇：蓬介呵bʊ$^{ŋ}_{22}$kɑ$_{53}$hɤ$_{31}$　太：旁介呵bʊŋ$_{22}$kɑ$_{55}$hɯ$_{31}$　余：一头个/□头个ʔɪʔ$_{5}$dɤ$_{33}$kəʔ$_{3}$/gẽ$_{24}$kɤ$_{33}$kəʔ$_{\underline{31}}$/gẽ$_{24}$kɤ$_{33}$kou$_{31}$　宁：□面一或/□面一岳kɪʔ$_{5}$mi$_{33}$iɪʔ$_{3}$ɦɔʔ$_{\underline{31}}$/kɪʔ$_{5}$mi$_{33}$iɪʔ$_{3}$ŋɔʔ$_{\underline{31}}$　黄：□□gᴀ$_{22}$ke$_{44}$　温：□个xe$_{22}$kæi$_{4}$　衢：旁个/闭个bɑ̃$_{22}$kuə$_{53}$/pi$_{55}$kɤɯ$_{31}$　华：没个məʔ$_{2}$kəʔ$_{4}$　永：□个kə$_{43}$koə$_{55}$

这些

宜：葛些/荡家让兴/街边让兴/荡家葛歇/荡家葛让歇kəʔ$_{5}$ɕiɪʔ$_{5}$/dᴀŋ$_{24}$ko$_{55}$ȵiᴀŋ$_{55}$ɕiŋ$_{55}$/kᴀ$_{51}$pɪ$_{33}$ȵiᴀŋ$_{33}$ɕiŋ$_{34}$/dᴀŋ$_{24}$ko$_{55}$kəʔ$_{3}$ɕiɪʔ$_{\underline{31}}$/dᴀŋ$_{24}$ko$_{55}$kəʔ$_{3}$ȵiᴀŋ$_{33}$ɕiɪʔ$_{31}$　溧：葛些/呷头葛点/呷头介点kəʔ$_{54}$ɕi$_{z34}$/gᴀ$_{24}$dei$_{55}$kəʔ$_{3}$ti$_{31}$/gᴀ$_{24}$dei$_{55}$tɕie$_{54}$ti$_{34}$　金：这歇tsəʔ$_{4}$ɕieʔ$_{4}$　丹：葛许多kɛʔ$_{4}$ɕy$_{z44}$tʌɤ$_{31}$　童：葛些kəʔ$_{\underline{53}}$ɕi$_{j31}$　靖：志心/志销tsɿ$_{35}$siŋ$_{31}$/tsɿ$_{35}$siɒ$_{31}$　江：讲心/已心kᴀ$^{ŋ}_{52}$siɲ$_{33}$/tɕi$_{j52}$siɲ$_{33}$　常：镫些kæ$_{55}$ɕiɪʔ$_{3}$　锡：意些ʔi$_{55}$ɕi$_{31}$　苏：掰点/哀点/该点/哀点星gəʔ$_{2}$tiɪ$_{44}$/ʔᴇ$_{55}$tiɪ$_{31}$/kᴇ$_{55}$tiɪ$_{31}$/ʔᴇ$_{55}$tiɪ$_{55}$ɕiɪn$_{31}$　熟：俚点/五点li$_{23}$tie$_{23}$/ɦŋ̍$_{23}$tie$_{33}$　昆：掰点/还点/该点gəʔ$_{2}$tɪ$_{44}$/ʔuɛ$_{44}$tɪ$_{41}$/kɛ$_{44}$tɪ$_{41}$　霜：特雪/迪雪/掰雪dəʔ$_{2}$sɪʔ$_{4}$/dɪʔ$_{2}$sɪʔ$_{4}$/gəʔ$_{2}$sɪʔ$_{4}$　罗：特点/迪点dɐʔ$_{2}$ti$_{52}$/dɪʔ$_{2}$ti$_{23}$　周：特眼/掰眼dəʔ$_{2}$ŋɛ$_{23}$/gəʔ$_{2}$ŋɛ$_{23}$　上：掰点/特点/迪点/掰眼/特眼/迪眼gɐʔ$_{2}$ti$_{23}$/dɐʔ$_{2}$ti$_{23}$/dɪʔ$_{2}$ti$_{23}$/gɐʔ$_{2}$ŋᴇ$_{23}$/dɐʔ$_{2}$ŋᴇ$_{23}$/dɪʔ$_{2}$ŋᴇ$_{23}$　松：掰点gəʔ$_{2}$ti$_{34}$　黎：葛的/葛醒/葛括/葛点kəʔ$_{5}$tɪʔ$_{2}$/kəʔ$_{3}$siəɲ$_{52}$/kəʔ$_{5}$kuᴀʔ$_{2}$/kəʔ$_{5}$tiɪ$_{31}$　盛：葛括/葛滴kəʔ$_{4}$kuɑ$_{52}$/kəʔ$_{4}$tiɪ$_{52}$　嘉：葛点/葛的kəʔ$_{3}$tie$_{44}$/kəʔ$_{3}$tiəʔ$_{4}$　双：葛括kəʔ$_{3}$kuɑ$_{53}$　杭：葛些kɐʔ$_{4}$ɕiɪʔ$_{5}$　绍：葛束/□束kəʔ$_{4}$soʔ$_{5}$/kɪʔ$_{4}$soʔ$_{5}$　诸：葛歇/葛束kɐʔ$_{4}$ɕiəʔ$_{3}$/kɐʔ$_{4}$soʔ$_{3}$　崇：介些/介套呵kɑ$_{33}$sᴇʔ$_{4}$/kɑ$_{33}$t‘ɒ$_{53}$hɤ$_{31}$　太：介套呵kɑ$_{33}$t‘ɒ$_{55}$hɯ$_{31}$　余：一眼ʔɪʔ$_{5}$ȵiẽ$_{31}$　宁：葛点眼/葛眼头kɪʔ$_{3}$ti$_{55}$ŋᴇ$_{31}$/kɪʔ$_{3}$ŋᴇ$_{44}$dœʏ$_{55}$　黄：□推gəʔ$_{2}$te$_{51}$　温：了liɛ$_{423}$　衢：葛兴kəʔ$_{4}$ɕi$^{ɲ}_{53}$　华：葛些kəʔ$_{3}$səʔ$_{4}$　永：□□ᴀ$_{32}$lɤə$_{325}$

那些

宜：过边葛歇/过头让歇/笃个让兴/葛边让兴ku$_{51}$pɪ$_{22}$kəʔ$_{3}$ɕiɪʔ$_{\underline{34}}$/ku$_{51}$dɤɯ$_{22}$ȵiᴀŋ$_{33}$ɕiɪʔ$_{\underline{34}}$/to$_{51}$

kəʔ$_2$ȵiaŋ$_{33}$ɕiŋ$_{34}$/kəʔ$_5$pɪ$_{55}$ȵiaŋ$_{33}$ɕiŋ$_{31}$　溧:过头个/过头介点/过头葛点kʌɯ$_{44}$dei$_{22}$kəʔ$_5$/kʌɯ$_{44}$dei$_{22}$tɕie$_{33}$ti$_{34}$/kʌɯ$_{44}$dei$_{22}$kəʔ$_3$ti$_{34}$　金:勒歇ləʔ$_4$ɕieʔ$_4$　丹:个许多kʌʏ$_{22}$ɕy$_{z55}$tʌʏ$_{31}$　童:个些gʌʏ$_{24}$ɕi$_{j31}$　靖:过销/过星kʌʏ$_{35}$sɪɒ$_{31}$/kʌʏ$_{35}$siŋ$_{31}$　江:果星kɜʏ$_{52}$siŋ$_{33}$　常:过些kʌɯ$_{55}$ɕiɪʔ$_3$　锡:葛些/过些kəʔ$_4$ɕi$_{55}$/kʌʏ$_{55}$ɕi$_{31}$　苏:弯点/弯点星ʔuᴇ$_{55}$tiɪ$_{31}$/ʔuᴇ$_{55}$tiɪ$_{55}$ɕiɪn$_{31}$　熟:葛点kᴇʔ$_3$tie$_{33}$　昆:还点/搿点ʔuɛ$_{44}$tɪ$_{41}$/gəʔ$_2$tɪ$_{44}$　霜:葛雪/一雪/伊雪/接雪kəʔ$_5$sɪʔ$_3$/ʔiɪʔ$_5$sɪʔ$_3$/ʔi$_{55}$sɪʔ$_{\underline{31}}$/tɕiɪʔ$_5$sɪʔ$_{\underline{31}}$　罗:一点ʔɪʔ$_4$tɪ$_{23}$　周:伊眼/哀眼ʔi$_{55}$ŋɛ$_{31}$/ʔɛ$_{55}$ŋɛ$_{31}$　上:伊点/哀点/伊眼/哀眼ʔi$_{55}$ti$_{31}$/ʔᴇ$_{55}$ti$_{31}$/ʔi$_{55}$ŋᴇ$_{31}$/ʔᴇ$_{55}$ŋᴇ$_{31}$　松:哀一眼ʔᴇ$_{55}$iɪʔ$_3$ŋᴇ$_{31}$　黎:介面点/介面的/还有滴kɒ$_{33}$miɪ$_{55}$tiɪ$_{31}$/kɒ$_{33}$miɪ$_{55}$tɪʔ$_2$/ɦᴇ$_{22}$ɦiɯ$_{55}$tɪʔ$_2$　盛:寄括/寄滴/还有滴tɕi$_{j33}$kuɑ$_{52}$/tɕi$_{j33}$tiɪ$_{52}$/ɦᴇ$_{22}$ɦiɘʉ$_{55}$tɪʔ$_2$　嘉:哀点ʔᴇ^{ɛ}$_{52}$tiɵ$_{22}$　双:葛头括kəʔ$_5$d^{ø}ʏ$_{55}$kuɑ$_{21}$　杭:那些/拉些ʔnɑ$_{55}$ɕiɪʔ$_5$/ʔlɑ$_{55}$ɕiɪʔ$_5$　绍:亨束haŋ$_{43}$soʔ$_5$　诸:梅歇/梅束me$_{23}$ɕiɪʔ$_4$/me$_{23}$soʔ$_4$　崇:蓬套呵bʊ^{ŋ}$_{22}$t'ɑɒ$_{53}$hʏ$_{31}$　太:旁套呵bʊŋ$_{22}$t'ɑɒ$_{55}$hɯ$_{31}$　余:一头眼/□头眼ʔɪʔ$_5$dʏ$_{33}$ȵiẽ$_{31}$/gẽ$_{24}$dʏ$_{33}$ȵiẽ$_{31}$　宁:□面一眼kɪʔ$_5$mi$_{33}$iɪʔ$_3$ŋᴇ$_{31}$　黄:□推gᴀ$_{22}$te$_{51}$　温:□了xe$_{22}$liɛ$_4$　衢:旁兴/闭兴bɒ̃$_{22}$ɕi^{ŋ}$_{53}$/pi$_{55}$ɕi^{ŋ}$_{31}$　华:没些məʔ$_2$səʔ$_4$　永:□□kə$_{43}$lʏə$_{55}$

这儿

宜:街头/街边/荡家kᴀ$_{53}$dʏɯ$_{55}$/kᴀ$_{55}$pɪ$_{55}$/dᴀŋ$_{24}$ko$_{33}$　溧:呷头/呷楼gᴀ$_{22}$dei$_{52}$/gᴀ$_{22}$lei$_{52}$　金:这块tsəʔ$_4$k'uɛ^{e}$_{44}$　丹:葛头kɪʔ$_{\underline{53}}$tᴇ^{e}$_{31}$　童:葛里kəʔ$_{\underline{53}}$li$_{j31}$　靖:葬/葬块/葬块地/志浪tsaŋ$_{51}$/tsaŋ$_{35}$k'uæ$_{31}$/tsaŋ$_{35}$k'uæ$_{33}$di$_{j31}$/tsɿ$_{53}$laŋ$_{31}$　江:讲搭/讲头/已头kᴀ^{ŋ}$_{52}$tɑʔ$_3$/kᴀ^{ŋ}$_{52}$dᴇɪ$_{33}$/tɕi$_{j52}$dᴇɪ$_{33}$　常:鉴海点kæ$_{55}$xæ$_{33}$tɪ$_{31}$　锡:意搭ʔi$_{55}$tɑʔ$_{\underline{31}}$　苏:哀搭/该搭/搿搭ʔᴇ$_{55}$tᴀʔ$_2$/kᴇ$_{55}$tᴀʔ$_2$/gəʔ$_2$tᴀʔ$_4$　熟:俚搭/俚搭界li$_{23}$tᴀʔ$_3$/li$_{23}$tᴀʔ$_5$kɑ$_{31}$　昆:搿搭/哀搭gəʔ$_2$tᴀʔ$_3$/ʔɛ$_{44}$tᴀʔ$_4$　霜:特浪/迪浪/搿浪/迪搿浪/第浪dəʔ$_2$lɒ̃$_{23}$/dɪʔ$_2$lɒ̃$_{23}$/gəʔ$_2$lɒ̃$_{23}$/dɪʔ$_2$gəʔ$_5$lɒ̃$_{31}$/di$_{22}$lɒ̃$_{52}$　罗:特浪向/迪浪向/特浪/迪浪/特搭/特板/迪搭/迪板/搿搭/搿搭板dəʔ$_2$lɒ̃$_{22}$ɕiã$_{23}$/dɪʔ$_2$lɒ̃$_{22}$ɕiã$_{23}$/dəʔ$_2$lɒ̃$_{23}$/dɪʔ$_2$lɒ̃$_{23}$/dəʔ$_2$tᴀʔ$_4$/dəʔ$_2$pe$_{\underline{23}}$/dɪʔ$_2$tᴀʔ$_4$/dɪʔ$_2$pe$_{23}$/gəʔ$_2$tᴀʔ$_4$/gəʔ$_2$tᴀʔ$_4$pe$_{52}$　周:搿搭/迪搭块/搿搭块/许头gəʔ$_2$ɗɑʔ$_{\underline{23}}$/dɪʔ$_2$ɗɑʔ$_2$/k'ue$_{23}$/gəʔ$_2$ɗɑʔ$_2$k'ue$_{23}$/hɛ$_{55}$dʏ$_{31}$　上:搿搭/特搭/迪搭/哀搭gɐʔ$_2$tɐʔ$_3$/dɐʔ$_2$tɐʔ$_3$/dɪʔ$_2$tɐʔ$_3$/ʔᴇ$_{55}$tɐʔ$_{\underline{31}}$　松:搿歹gəʔ$_2$tᴇ$_{34}$　黎:葛浪/葛浪向/葛搭kəʔ$_3$lã$_{52}$/kəʔ$_3$lã$_{55}$ɕiẽ$_{31}$/kəʔ$_3$tᴀʔ$_5$　盛:葛浪/葛□/葛搭/葛捞kəʔ$_3$lɑ̃$_{52}$/kəʔ$_3$lɔ̃$_{52}$/kəʔ$_3$tɑʔ$_5$/kəʔ$_3$lᴀɑ$_{52}$　嘉:葛搭kə^{ʔ}$_3$tᴀ^{ʔ}$_4$　双:葛搭/葛塔/喝牢/喝里/喝浪/该头kəʔ$_5$tᴀʔ$_5$/kəʔ$_5$t'ᴀʔ$_5$/xəʔ$_3$lɔ$_{34}$/xəʔ$_3$li$_{z34}$/xəʔ$_3$lɔ̃$_{34}$/kᴇ$_{44}$d^{ø}ʏ$_{44}$　杭:葛里/葛搭kɐʔ$_4$li$_{51}$/kɐʔ$_5$tɐʔ$_3$　绍:葛里/葛头/□里/□头ləʔ$_4$li$_{52}$/kəʔ$_4$dʏ$_{52}$/kɪʔ$_4$li$_{52}$/kɪʔ$_4$dʏ$_{52}$　诸:葛陀kɐʔ$_4$do$_{33}$　崇:介搭呵/介块kɑ$_{33}$tæʔ$_5$hʏ$_{31}$/kɑ$_{33}$k'ue$_{52}$　太:介块kɑ$_{33}$k'ue$_{44}$　余:娃里/一只角/弯尼/一眼里/一塌巴ʔuᴀ$_{44}$li$_{44}$/ʔɪʔ$_4$tsɐʔ$_4$koʔ$_4$/ʔuẽ$_{44}$ȵi$_{44}$/ʔɪʔ$_4$ŋẽ$_{44}$li$_{44}$/ʔɪʔ$_4$t'ɐʔ$_4$po$_{44}$　宁:□点/荡头/荡点kɪʔ$_3$ti$_{34}$/dɔ̃$_{24}$dœʏ$_{44}$/dɔ̃$_{22}$ti$_{44}$　黄:□□/□坎/塘里/得横gɐʔ$_2$ti$_{51}$/gɐʔ$_2$dᴀ$_{51}$/dɒ̃$_{23}$li$_{j31}$/tɐʔ$_3$ɦuã$_{51}$　温:哩l^{i}i$_{44}$　衢:葛里kəʔ$_5$li$_{31}$　华:葛里kəʔ$_3$li$_{51}$　永:□坛/古坛/□□ᴀ$_{22}$dᴀ$_{325}$/kʊ$_{43}$dᴀ$_{325}$/kʊ$_{43}$lᴀ$_{325}$

那儿

宜:过头/葛边/笃家ku$_{51}$dʏɯ$_{34}$/kəʔ$_5$pɪ$_{55}$/to$_{51}$ko$_{34}$　溧:过楼kʌɯ$_{44}$lei$_{323}$　金:勒块ləʔ$_4$k'uɛ^{e}$_{44}$　丹:个头kʌʏ$_{213}$dᴇ^{e}$_{31}$　童:个里gʌʏ$_{24}$li$_{j31}$　靖:杠/杠块/杠块地/葛浪kaŋ$_{52}$/kaŋ$_{35}$k'uæ$_{31}$/kaŋ$_{35}$k'uæ$_{33}$di$_{j31}$/kəʔ$_{\underline{53}}$laŋ$_{31}$　江:果搭/果头/果荡/果边/果海面kɜʏ$_{52}$tɑʔ$_3$/kɜʏ$_{52}$dᴇɪ$_{33}$/kɜʏ$_{52}$dᴀ^{ŋ}$_{33}$/kɜʏ$_{52}$pɪ$_{33}$/kɜʏ$_{52}$hæ$_{33}$mɪ$_{43}$　常:过海点kʌɯ$_{55}$xæ$_{33}$tɪ$_{31}$　锡:葛搭/过搭kəʔ$_4$tɑʔ$_5$/kʌʏ$_{55}$tɑ^{ʔ}$_{\underline{31}}$　苏:弯搭/关搭/搿搭ʔuᴇ$_{55}$tᴀʔ$_2$/kuᴇ$_{55}$tᴀʔ$_2$/gəʔ$_2$tᴀʔ$_4$　熟:葛点/葛搭界/葛搭/过头(更远)kᴇʔ$_3$tie$_{33}$/kᴇʔ$_4$tᴀʔ$_5$kɑ$_{31}$/kᴇʔ$_4$tᴀʔ$_5$/kɯ$_{55}$dᴇ$_{31}$　昆:哀搭/搿搭ʔɛ$_{44}$tᴀʔ$_4$/gəʔ$_2$tᴀʔ$_3$　霜:葛浪/一浪/伊浪/接浪kəʔ$_5$

lɒ̃31/ʔiɪʔ5lɒ̃31/ʔi55lɒ̃31/tɕiɪʔ5lɒ̃31 罗:一浪/一浪向/伊搭ʔɪʔ5lɒ̃31/ʔɪʔ5lɒ̃33ɕiã31/ʔi55tAʔ3 周:伊搭/伊搭块/伊块ʔi55ɗɑʔ31/ʔi55ɗɑʔ3k'ue31/ʔi55k'ue31 上:伊搭/哀搭/伊面搭/哀搭面/搿面搭/搿面/伊面/哀面ʔi55tɐʔ31/ʔE55tɐʔ31/ʔi55mi33tɐʔ31/ʔE55mi33tɐʔ31/gɐʔ2mi22tɐʔ3/gɐʔ2mi23/ʔi55mi31/ʔE55mi31 松:伊歹/伊面歹ʔi55tE31/ʔi55mi33tE31 黎:介面kɒ33miɪ52 盛:葛面/寄面/该面/还有面kəʔ3miɪ52/tɕij3miɪ52/kɪ55miɪ31/ɦE22iəʉ55miɪ31 嘉:哀面ʔEᵋ52mie22 双:葛头/葛头搭/葛头塔kəʔ5dᵊY52/kəʔ5dᵊY55tAʔ21/kəʔ5dᵊY55t'Aʔ21 杭:那搭/拉搭ʔnɑ55tɐʔ3/ʔlɑ55tɐʔ3 绍:亨里/亨头haŋ43li52/haŋ43dɤ52 诸:梅陀me23do33 崇:还块/蓬介块væ̃22k'ue52/bʊᵑ22kɑ34k'ue52 太:旁介块/还伊介块bʊŋ22kɑ55k'ue31/væ̃31i22kɑ55k'ue31 余:□头/一头只角gɛ̃24dɤ31/ʔɪʔ4dɤ44tsɐʔ4kɔʔ4 宁:□面kɪʔ5mi33 黄:□□/□埭gA21dij13/gA21dA23 温:旁磨bᵘɔ22mo44 衢:不里pəʔ5li31 华:没里məʔ2li51 永:□□/□坛kə44lA55/kə44dA55

这边

宜:介边kA55pɪ55 溧:葛边kəʔ5pi34 金:这边tsəʔ53pĩ31 丹:葛边kɛʔ53pɪ31 童:葛边kəʔ53pɪ31 靖:志头tsɿ35døY23 江:讲面/讲边kAᵑ52mɪ33/kAᵑ52pɪ33 常:鉴边/鉴头kæ55pɪ31/kæ55dei31 锡:意面i55mi31 苏:哀面/该面/搿面ʔE55miɪ31/kE55miɪ31/gəʔ2miɪ44 熟:俚郎/俚郎向/俚搭家li23lÃ33/li23lÃ55ɕiÃ51/li23tAʔ5kɑ31 昆:搿面/哀面gəʔ3mɪ44/ʔɛ44mɪ41 霜:特边/迪边/搿边/特面板/特板/特面板板/搿面板/搿面板板dəʔ2pɪ52/dɪʔ2pɪ52/gəʔ2pɪ52/dəʔ2mɪ22pE23/dəʔ2pE23/dəʔ2mɪ22pE22pE23/gəʔ2mɪ22pE23/gəʔ2mɪ22/pE22pE23 罗:特面/迪面dəʔ3mi52/dɪʔ3mi52 周:搿面/搿板/搿面板gəʔ2mi23/gəʔ2ɓɛ23/gəʔ2mi22ɓɛ23 上:搿面边/特面边/迪面边gɐʔ2mi22pi23/dɐʔ2mi22pi23/dɪʔ2mi22pi23 松:搿面gəʔ2mi34 黎:葛浪/葛浪向kəʔ3lã52/kəʔ3lã55ɕiẽ31 盛:葛浪/葛捞向kəʔ3lɑ̃52/kəʔ3lAɑ55ɕiæ̃31 嘉:葛边kəʔ3pie44 双:葛搭面/喝牢面/喝郎面/街头面/该头面kəʔ5tAʔ5mɪ21/xəʔ32lɔ22mɪ52/xəʔ32lɔ̃22mɪ52/kɑ44dᵊY55mɪ44/kE44dᵊY44mɪ44 杭:葛边kɐʔ4pie51 绍:葛里/葛边/葛头/葛旁边/□搭角kəʔ4li52/kəʔ5pĩ33/kəʔ5dɤ33/kəʔ4baŋ33pĩ33/kɪʔ4tæʔ4koʔ5 诸:葛陀kɐʔ4do33 崇:面呵ʔmiẽ55hɤ31 太:葛面面kɛʔ3miẽ55miẽ31 余:娃里(尼)半边/弯尼(里)半边ʔuA44li(n̩i)44põ55pi31/ʔuẽ44n̩i(li)44põ55pi31 宁:□点半边/□头kɪʔ3ti55pu33pi31/kɪʔ5dœY33 黄:□边gəʔ2pie51 温:该磨/该□ge22mɵ4/ke44mæi52 衢:葛边kəʔ5piẽ31 华:葛边/葛坎kəʔ3pie35/kəʔ4dɑ24 永:□边/□边A43pie44/kʊ43pie44

那边

宜:葛边kəʔ5pɪ55 溧:过边/过头葛边kʌɯ44pi34/kʌɯ44dei22kəʔ5pi34 金:勒边ləʔ53pĩ31 丹:个边kʌY213pɪ21 童:个边gʌY24pɪ31 靖:过头kʌY52døY23 江:果面/果边/果海面/果海边kɜY52mɪ33/kɜY52pɪ33/kɜY52hæ33mɪ43/kɜY52hæ33pɪ43 常:过边/过头kʌɯ55pɪ31/kʌɯ55dei31 锡:葛面/过面kəʔ4mɪ55/kʌY55mɪ31 苏:弯面/关面/搿面ʔuE55miɪ31/kuE55miɪ31/gəʔ2miɪ44 熟:葛郎/葛搭家/葛郎向kEʔ3lÃ33/kEʔ4tAʔ5kɑ31/kEʔ4lÃ55ɕiÃ51 昆:哀面/搿面/够面(更远)ʔɛ44mɪ41/gəʔ2mɪ44/kE52mɪ33 霜:葛边/一面/伊面/接面/葛面板kəʔ4pɪ52/ʔiɪʔ5mɪ31/ʔi55mɪ31/tɕiɪʔ4mɪ23/kəʔ5mɪ33pE31 罗:一面/伊搭板/伊面板ʔɪʔ5mi31/ʔi55tAʔ3pe31/ʔi55mi33pe31 周:伊面/伊面搭/伊面板/哀面/哀面搭/哀面板ʔi55mi31/ʔi55mi33ɗɑʔ31/ʔi55mi33ɓɛ31/ʔɛ55mi31/ʔɛ55mi33ɗɑʔ31/ʔɛ55mi33ɓɛ31 上:哀面边/伊面边ʔE55mi33pi31/ʔi55mi33pi31 松:伊面ʔi55mi31 黎:介面kɒ33miɪ52 盛:葛面/寄面/该面kəʔ3miɪ52/tɕij3miɪ52/kɪ55miɪ31 嘉:哀面ʔEᵋ52mie22 双:葛头面kəʔ3døY55mɪ21 杭:那边/拉边ʔnɑ55pie31/ʔlɑ55pieʔ31 绍:亨头/亨里/亨边/亨旁边/亨搭角haŋ44dɤ52/haŋ44li52/haŋ44pĩ52/haŋ44baŋ44pĩ52/haŋ44tæʔ4koʔ5 诸:梅陀me23do33 崇:还块væ̃22k'ue52 太:

旁面面bʊŋ$_{22}$miẽ$_{55}$mie$_{31}$ 余：□头半边/一头半边gɛ̃$_{23}$dɤ$_{44}$pø̃$_{44}$pĩ$_{52}$/ʔɪʔ$_{3}$dɤ$_{44}$pø̃$_{44}$pĩ$_{52}$ 宁：□面半边/□面kɪʔ$_{5}$mi$_{33}$pu$_{33}$pi$_{31}$/kɪʔ$_{5}$mi$_{33}$ 黄：□边gA$_{21}$pie$_{13}$ 温：□□/□磨/旁单xe$_{22}$mæi$_{44}$/xe$_{22}$mɵ$_{44}$/b^{u}ɔ$_{22}$tɑ$_{4}$ 衢：旁边bɒ̃$_{32}$piẽ$_{23}$ 华：没边/没坎məʔ$_{2}$pie$_{35}$/məʔ$_{3}$dɑ$_{24}$ 永：□边kə$_{55}$pie$_{55}$

这么(程度)

宜：让许ȵiAŋ$_{24}$ɕyʮ$_{31}$ 溧：介佬tɕie$_{44}$lɑ^{ʏ}$_{34}$ 金：这么tsəʔ$_{4}$məʔ$_{4}$ 丹：葛种葛/梗kɛʔ$_{5}$tsoŋ$_{33}$g̥ʌʏ$_{31}$/kɛn$_{324}$ 童：葛种样子kəʔ$_{5}$tsoŋ$_{55}$ɦiɑŋ$_{33}$tsɿ$_{31}$ 靖：志念(近)/镭念(中)/过念(远)/鉴tsɿ$_{55}$ȵĩ$_{31}$/gæ̃$_{22}$ȵĩ$_{34}$/kʌʏ$_{55}$ȵĩ$_{31}$/gæ̃$_{223}$ 江：实梗zɜʔ$_{2}$kA^{ŋ}$_{23}$ 常：鉴末/鉴种佬/鉴/鉴佬kæ$_{55}$məʔ$_{3}$/kæ$_{55}$tsoŋ$_{33}$lɑʏ$_{31}$/kæ$_{51}$/kæ$_{55}$lɑʏ$_{31}$ 锡：熬/嗯熬ŋʌ$_{213}$/ʔŋ̍$_{55}$ŋʌ$_{31}$ 苏：实梗/掰丈/丈/哀丈/该丈/掰郎zəʔ$_{2}$gÃ$_{44}$/gəʔ$_{2}$zÃ$_{44}$/zÃ$_{31}$/ʔE$_{55}$zÃ$_{31}$/kE$_{55}$zÃ$_{31}$/gəʔ$_{2}$lÃ$_{44}$ 熟：实介能/实能介kEʔ$_{2}$kɑ$_{33}$nẽ^{n}$_{51}$/zEʔ$_{2}$nẽ^{n}$_{55}$kɑ$_{31}$ 昆：掰能/该能gəʔ$_{2}$nən$_{44}$/kɛ$_{44}$nən$_{41}$ 霜：实伦zəʔ$_{2}$lɛ̃$_{23}$ 罗：特能/迪能/实能dəʔ$_{2}$nẽ^{n}$_{23}$/dɪʔ$_{2}$nẽ^{n}$_{23}$/zəʔ$_{2}$nẽ^{n}$_{23}$ 周：掰能/介gəʔ$_{2}$nəŋ$_{23}$/kɑ$_{52}$ 上：介/掰能kA$_{52}$/gɐʔ$_{2}$nəɲ$_{23}$ 松：实茄能/实茄能介/介zəʔ$_{2}$gɑ$_{22}$nəɲ$_{52}$/zəʔ$_{2}$gɑ$_{22}$nəɲ$_{52}$kɑ$_{31}$/kɑ$_{52}$ 黎：实介zəʔ$_{3}$kɒ$_{34}$ 盛：惹阿格/实介葛/实介zɑ$_{22}$kɑ$_{52}$/zəʔ$_{2}$kɑ$_{22}$kəʔ$_{5}$/zəʔ$_{2}$kɑ$_{52}$ 嘉：介kɑ$_{51}$ 双：介kɑ$_{334}$ 杭：介/若介/尽该kɑ$_{334}$/ɹɐʔ$_{4}$kɑ$_{55}$/dʑɪn$_{22}$kE$_{44}$ 绍：介ka$_{52}$ 诸：介kA$_{52}$ 崇：介kɑ$_{324}$ 太：介kɑ$_{42}$ 余：介/实葛kA$_{52}$/zəʔ$_{2}$kəʔ$_{5}$ 宁：格末介/格毛介/格末/介kɐʔ$_{3}$mɐʔ$_{4}$ka$_{51}$/kɐʔ$_{3}$mɔ$_{44}$ka$_{51}$/kɐʔ$_{5}$mɐʔ$_{3}$/ka$_{44}$ 黄：铁t'ieʔ$_{5}$ 温：□/该□ʔnʌ$_{52}$/ke$_{3}$nʌŋ$_{52}$ 衢：葛能/葛伦kəʔ$_{4}$nən$_{23}$/kəʔ$_{4}$lən$_{23}$ 华：介/亨kɑ$_{45}$/xAŋ$_{45}$ 永：亨hai$_{44}$

这么(方法)

宜：让佬ȵiAŋ$_{21}$lɑʏ$_{23}$ 溧：介佬tɕie$_{44}$lɑʏ$_{34}$ 金：这个样子/这样tsəʔ$_{3}$kəʔ$_{4}$iɑŋ$_{35}$tsɿ$_{31}$/tsəʔ$_{4}$iɑŋ$_{44}$ 丹：葛种葛kɛʔ$_{5}$tsoŋ$_{33}$g̥ʌʏ$_{31}$ 童：葛种kəʔ$_{53}$tsoŋ$_{31}$ 靖：志念/□念/志腔调(近)/过腔调(远)/能个腔调(近)/□念腔调(中)tsɿ$_{55}$ȵĩ$_{31}$/gæ̃$_{22}$ȵĩ$_{34}$/tsɿ$_{55}$tɕ'ĩ$_{33}$diɒ$_{31}$/kʌʏ$_{53}$tɕ'ĩ$_{33}$diɒ$_{31}$/nəŋ$_{22}$kʌʏ$_{55}$tɕ'ĩ$_{33}$diɒ$_{31}$/gæ̃$_{22}$ȵĩ$_{55}$tɕ'ĩ$_{33}$diɒ$_{31}$ 江：实梗zɜʔ$_{2}$kA^{ŋ}$_{23}$ 常：鉴佬/鉴末/鉴种佬/鉴kæ$_{55}$lɑʏ$_{31}$/kæ$_{55}$məʔ$_{3}$/kæ$_{55}$tsoŋ$_{33}$lɑʏ$_{31}$/kæ$_{51}$ 锡：嗯熬ʔŋ̍$_{55}$ŋʌ$_{31}$ 苏：掰能/葛郎/实梗/掰丈/丈/哀丈/该丈gəʔ$_{2}$nən$_{44}$/gəʔ$_{2}$lÃ$_{44}$/zəʔ$_{2}$gÃ$_{44}$/gəʔ$_{2}$zÃ$_{44}$/zÃ$_{31}$/ʔE$_{55}$zÃ$_{31}$/kE$_{55}$zÃ$_{31}$ 熟：实介能/实能介zEʔ$_{2}$kɑ$_{33}$nE^{n}$_{51}$/zEʔ$_{2}$nẽ^{n}$_{55}$kɑ$_{31}$ 昆：掰能/该能gəʔ$_{2}$nən$_{44}$/kɛ$_{44}$nən$_{41}$ 霜：实伦zəʔ$_{2}$lɛ̃$_{23}$ 罗：迪能/实能/特能dɪʔ$_{2}$nẽ^{n}$_{23}$/zəʔ$_{2}$nẽ^{n}$_{23}$/dəʔ$_{2}$nẽ^{n}$_{23}$ 周：掰能/掰能介gəʔ$_{2}$nəŋ$_{23}$/gəʔ$_{2}$nəŋ$_{22}$kɑ$_{23}$ 上：掰能/掰能介gɐʔ$_{2}$nəɲ$_{23}$/gɐʔ$_{2}$nəɲ$_{22}$kA$_{23}$ 松：实茄能/掰能介zəʔ$_{2}$gɑ$_{22}$nəɲ$_{52}$/gɐʔ$_{22}$nəɲ$_{22}$kɑ$_{52}$ 黎：实介zəʔ$_{3}$kɒ$_{34}$ 盛：惹阿葛末/实介zɑ$_{22}$ɑ$_{22}$kəʔ$_{5}$məʔ$_{2}$/zəʔ$_{2}$kɑ$_{52}$ 嘉：实茄末zəʔ$_{2}$gɑ$_{22}$məʔ$_{5}$ 双：介kɑ$_{334}$ 杭：若介/介讨ɹɐʔ$_{4}$kɑ$_{55}$/kɑ$_{33}$t'ɔ$_{44}$ 绍：实介/实掰/实掰套zeʔ$_{2}$ka$_{52}$/zeʔ$_{3}$gəʔ$_{3}$/zeʔ$_{3}$gəʔ$_{3}$t'ɑɒ$_{52}$ 诸：介kA$_{52}$ 崇：介掰kɑ$_{33}$gEʔ$_{4}$ 太：介kɑ$_{42}$ 余：介/葛毛kA$_{52}$/kəʔ$_{5}$mɒ$_{31}$ 宁：格末介/格毛介/格末/介kɐʔ$_{3}$mɐʔ$_{4}$ka$_{51}$/kɐʔ$_{3}$mɔ$_{44}$ka$_{51}$/kɐʔ$_{5}$mɐʔ$_{3}$/ka$_{44}$ 黄：添t'ie$_{53}$ 温：□/该□ʔnʌŋ$_{52}$/ke$_{3}$nʌŋ$_{52}$ 衢：葛能/葛伦kəʔ$_{4}$nən$_{35}$/kəʔ$_{4}$lən$_{35}$ 华：葛亨个kəʔ$_{4}$xAŋ$_{33}$kəʔ$_{5}$ 永：亨样子/亨啰xai$_{55}$iAŋ$_{33}$tsɿ$_{55}$/xai$_{55}$loə$_{51}$

这会儿

宜：让家/街家ȵiAŋ$_{21}$tɕio$_{23}$/kA$_{21}$tɕio$_{23}$ 溧：葛歇/葛辰光kəʔ$_{5}$ɕiɪ$_{34}$/kəʔ$_{5}$zən$_{33}$kuAŋ$_{34}$ 金：这一绊tsəʔ$_{4}$ieʔ$_{4}$p'æ̃$_{44}$ 丹：葛歇个/葛则功夫kɛʔ$_{53}$ɕɪʔ$_{3}$g̥Eʔ$_{31}$/kɛʔ$_{3}$tseʔ$_{3}$koŋ$_{44}$fu$_{31}$ 童：葛辰光kəʔ$_{5}$zəŋ$_{55}$kuɑŋ$_{31}$ 靖：志个辰光tsɿ$_{55}$kəʔ$_{3}$dʑiəŋ$_{22}$kuɑŋ$_{44}$ 江：讲葛辰光/已葛辰光/已下kA^{ŋ}$_{52}$kɜʔ$_{3}$zEɲ$_{3}$kuA^{ŋ}$_{43}$/tɕi$_{j52}$kɜʔ$_{3}$zEɲ$_{3}$kuA^{ŋ}$_{43}$/tɕi$_{j52}$ɕiɑ$_{33}$ 常：鉴歇辰光kæ$_{55}$ɕiɪʔ$_{33}$zəɲ$_{22}$kuAɲ$_{44}$ 锡：意歇歇ʔi$_{55}$ɕiəʔ$_{5}$ɕiəʔ$_{31}$ 苏：哀歇/该歇/掰歇/故歇ʔE$_{55}$ɕiəʔ$_{2}$/kE$_{55}$ɕiəʔ$_{2}$/gəʔ$_{2}$ɕiəʔ$_{4}$/kɜu$_{55}$ɕiəʔ$_{2}$ 熟：俚歇辰光/五歇辰光/五脚辰光li$_{23}$ɕɪʔ$_{5}$z̥ẽ^{n}$_{55}$kuA$_{31}$/ɦŋ̍$_{23}$ɕɪʔ$_{5}$z̥ẽ^{n}$_{55}$kuA$_{31}$/ɦŋ̍$_{23}$tɕiAʔ$_{5}$z̥ẽ^{n}$_{55}$kuÃ$_{31}$ 昆：掰歇辰光/哀歇辰光/gəʔ$_{2}$ɕiɪʔ$_{4}$zən$_{44}$kuã$_{44}$/ʔɛ$_{33}$ɕiɪʔ$_{55}$zən$_{44}$kuã$_{31}$ 霜：特歇/迪歇/第歇dəʔ$_{2}$ɕiɪʔ$_{4}$/dɪʔ$_{2}$ɕiɪʔ$_{4}$/di$_{22}$

ɕiɪʔ$_{4}$　罗：特歇洞/特歇/迪歇/迪歇洞dəʔ$_{2}$ɕi$_{22}$do^{ŋ}$_{23}$/dəʔ$_{2}$ɕi$_{23}$/dɪʔ$_{2}$ɕi$_{23}$/dɪʔ$_{2}$ɕi$_{22}$do^{ŋ}$_{23}$　周：迪歇/搿歇/特歇/现在能介dɪʔ$_{2}$ɕiɪʔ$_{\underline{23}}$/gəʔ$_{2}$ɕiɪʔ$_{\underline{23}}$/dəʔ$_{2}$ɕiɪʔ$_{\underline{23}}$/ɦi$_{22}$ze$_{23}$nəŋ$_{55}$kɑ$_{31}$　上：搿歇/特歇/迪歇gɐʔ$_{2}$ɕiɪʔ$_{3}$/dɐʔ$_{2}$ɕiɪʔ$_{3}$/dɪʔ$_{2}$ɕiɪʔ$_{3}$　松：搿歇歇gəʔ$_{3}$ɕiɪʔ$_{4}$ɕiɪʔ$_{4}$　黎：葛枪/葛歇kəʔ$_{4}$tsʻiɛ̃$_{52}$/kəʔ$_{3}$ɕiəʔ$_{5}$　盛：葛辰光/葛歇/葛葛辰光kəʔ$_{3}$zəɲ$_{55}$kuɑ̃$_{31}$/kəʔ$_{3}$ɕiɪʔ$_{5}$/kəʔ$_{3}$kən$_{5}$zən$_{22}$kuɑ̃$_{44}$　嘉：葛辰光/葛歇kəʔ$_{3}$zən$_{44}$kuÃ$_{51}$/kəʔ$_{3}$ɕiəʔ$_{4}$　双：介歇儿kɑ$_{32}$ɕɪ$_{34}$　杭：葛歇儿/葛冒kɐʔ$_{3}$ɕiɪʔ$_{5}$ər$_{31}$/kɐʔ$_{3}$mɔ$_{44}$　绍：葛歇冒/葛歇/葛冒/一歇冒kəʔ$_{4}$ɕɪʔ$_{4}$mɑɒ$_{55}$/kəʔ$_{4}$ɕɪʔ$_{5}$/kəʔ$_{4}$mɑɒ$_{44}$/ʔɪʔ$_{4}$ɕɪʔ$_{4}$mɑɒ$_{44}$　诸：介气kA$_{44}$tɕʻi$_{z33}$　崇：介蛮寻kɑ$_{33}$mæ̃$_{55}$ʑiŋ$_{31}$　太：介蛮兴kɑ$_{33}$mæ̃$_{55}$ɕiŋ$_{31}$　余：一抢里/一葛辰光ʔɪʔ$_{3}$tɕʻiÃ$_{44}$li$_{52}$/ʔɪʔ$_{3}$kəʔ$_{4}$zeɲ$_{44}$kuɔ̃$_{44}$　宁：□辰光kɪʔ$_{5}$zɐŋ$_{33}$kuɔ̃$_{33}$　黄：腔记/葛时候tɕʻiã$_{55}$tɕi$_{j31}$/kɐʔ$_{4}$zʅ$_{22}$ɦiɤ$_{44}$　温：共儿k^{ʊ}ɔ$_{44}$ŋ̍$_{2}$　衢：葛一记/葛结kəʔ$_{5}$iəʔ$_{3}$tsʅ$_{31}$/ki$_{55}$tɕiəʔ$_{2}$　华：葛见kəʔ$_{3}$tɕie$_{35}$　永：样节/样时节iAŋ$_{55}$tɕiːA$_{32}$/iAŋ$_{55}$sʅ$_{32}$tɕiːA$_{32}$

那会儿

宜：葛辰光kəʔ$_{5}$zəŋ$_{55}$kuAŋ$_{55}$　溧：过歇/过辰光kʌɯ$_{54}$ɕiɪ$_{34}$/kʌɯ$_{54}$zən$_{34}$kuAŋ$_{52}$　金：勒个时候ləʔ$_{4}$kəʔ$_{4}$sʅ$_{z22}$xʌɤ$_{44}$　丹：个歇葛/个则功夫kʌɤ$_{32}$ɕɪʔ$_{2}$gɛʔ$_{23}$/kʌɤ$_{32}$tsɛʔ$_{2}$koŋ$_{23}$fu$_{31}$　童：个辰光gʌɤ$_{24}$zəŋ$_{55}$kuɑŋ$_{31}$　靖：过个辰光kʌ^{ɤ}$_{55}$kəʔ$_{3}$dʑiəŋ$_{22}$kuɑŋ$_{44}$　江：果个辰光/果下头kзɤ$_{52}$kзʔ$_{3}$zEɲ$_{3}$kuA^{ŋ}$_{43}$/kзɤ$_{52}$ɕiɑ$_{33}$dEI$_{43}$　常：过歇辰光kʌɯ$_{55}$ɕiɪʔ$_{33}$zəɲ$_{22}$kuAɲ$_{44}$　锡：葛歇歇/过歇歇kəʔ$_{4}$ɕiəʔ$_{5}$ɕiəʔ$_{5}$/kʌɤ$_{45}$ɕiəʔ$_{5}$ɕiəʔ$_{\underline{31}}$　苏：弯歇/搿歇ʔuE$_{55}$ɕiəʔ$_{2}$/gəʔ$_{2}$ɕiəʔ$_{4}$　熟：葛脚辰光/老本头kEʔ$_{4}$tɕiAʔ$_{5}$ʐẽ^{n}$_{55}$kuÃ$_{31}$/lɔ$_{22}$pẽ^{n}$_{55}$dE$_{31}$　昆：哀歇辰光/搿歇辰光ʔɛ$_{33}$ɕiɪʔ$_{55}$zən$_{44}$kuã$_{31}$/gəʔ$_{2}$ɕiɪʔ$_{4}$zən$_{44}$kuã$_{44}$　霜：葛歇/伊歇/一歇kəʔ$_{5}$ɕ^{i}ɪʔ$_{3}$/ʔi$_{55}$ɕ^{i}ɪʔ$_{\underline{31}}$/ʔ^{i}ɪʔ$_{5}$ɕ^{i}ɪʔ$_{3}$　罗：伊个辰光ʔi$_{55}$gəʔ$_{3}$zẽ^{n}$_{22}$kuɒ̃$_{52}$　周：伊歇/伊歇辰光/哀个辰光/哀歇辰光/伊个辰光ʔi$_{55}$ɕiɪʔ$_{\underline{31}}$/ʔi$_{55}$ɕiɪʔ$_{3}$ zəŋ$_{23}$kuɒ̃$_{44}$/ʔɛ$_{55}$gəʔ$_{3}$ zəŋ$_{23}$kuɒ̃$_{44}$/ʔi$_{55}$gəʔ$_{3}$ zəŋ$_{23}$kuɒ̃$_{44}$　上：伊歇ʔi$_{55}$ɕiɪʔ$_{\underline{31}}$　松：哀歇歇/哀个辰光ʔE$_{55}$ɕiɪʔ$_{3}$ɕiɪʔ$_{\underline{31}}$/ʔE$_{55}$kəʔ$_{3}$ zəɲ$_{22}$kuã$_{52}$　黎：寄个辰光ti$_{j33}$kəʔ$_{5}$zəɲ$_{33}$kuɑ̃$_{31}$　盛：寄个辰光/介歇tɕi$_{j33}$kəʔ$_{5}$zəɲ$_{22}$kuɑ̃$_{44}$/kɑ$_{52}$ɕiɪʔ$_{3}$　嘉：哀一歇ʔE^{ɛ}$_{44}$iɪʔ$_{4}$ɕiəʔ$_{31}$　双：葛辰光kəʔ$_{5}$zən$_{22}$kuɔ̃$_{44}$　杭：葛歇儿kɐʔ$_{3}$ɕiɪʔ$_{5}$ər$_{31}$　绍：亨冒/喊冒haŋ$_{44}$mɑɒ$_{52}$/hæ̃$_{44}$mɑɒ$_{52}$　诸：梅气/梅辰光/梅孟气me$_{23}$tɕi$_{z33}$/me$_{22}$zẼĩ$_{55}$kuɒ̃$_{31}$/me$_{23}$mÃ$_{33}$tɕʻi$_{z33}$　崇：蓬介时候/蓬介辰光bʊ^{ŋ}$_{22}$kɑ$_{55}$zi$_{z33}$ɦiɤ$_{31}$/bʊ^{ŋ}$_{22}$kɑ$_{55}$ʑiŋ$_{21}$kuɒ̃$_{23}$　太：旁介时候/旁介光bʊŋ$_{22}$kɑ$_{55}$zi$_{33}$ɦiɤ$_{31}$/bʊŋ$_{22}$kɑ$_{55}$kuɒŋ$_{31}$　余：一头葛辰光/□头葛辰光ʔɪʔ$_{3}$dɤ$_{44}$kəʔ$_{4}$zeɲ$_{44}$kuɔ̃$_{44}$/gɛ̃$_{23}$dɤ$_{44}$kəʔ$_{4}$zeɲ$_{44}$kuɔ̃$_{44}$　宁：□辰光kɪʔ$_{5}$zɐŋ$_{33}$kuɔ̃$_{33}$　黄：上先/朝先zɒ̃$_{22}$ɕie$_{44}$/tsɒ$_{33}$ɕie$_{44}$　温：□翁儿xe$_{22}$oŋ$_{55}$ŋ̍$_{5}$　衢：不一记/不结pʔ$_{5}$iəʔ$_{3}$tsʅ$_{31}$/pəʔ$_{5}$tɕiəʔ$_{2}$　华：没见məʔ$_{2}$tɕie$_{35}$　永：□样节kə$_{43}$iAŋ$_{55}$tɕiA$_{31}$

谁

宜：□家lo$_{24}$ko$_{33}$　溧：□家lo$_{24}$ko$_{52}$　金：哪个/哪一个lɑ$_{22}$kʌɤ$_{44}$/lɑ$_{22}$ieʔ$_{3}$kəʔ$_{4}$　丹：落葛/点告人loʔ$_{\underline{53}}$kɛʔ$_{\underline{31}}$/tɪ$_{22}$kɒ$_{55}$ɳiŋ$_{31}$　童：落家/那个loʔ$_{\underline{42}}$kɒ$_{31}$/nɒ$_{24}$kʌɤ$_{31}$　靖：喇个lɑ$_{22}$kʌɤ$_{44}$　江：啥人/喇葛/喇家sɑ$_{45}$ɳiɲ$_{31}$/ʔlɑ$_{52}$kзʔ$_{3}$/ʔlɑ$_{52}$kɑ$_{33}$　常：爹人tæ$_{34}$ɳiɲ$_{44}$　锡：啥人sɑ$_{33}$ɳin$_{55}$　苏：啥人sɒ$_{52}$ɳiɪn$_{23}$　熟：啥人ʂɑ$_{33}$ɳĩ^{n}$_{51}$　昆：啥人sɑ$_{52}$ɳin$_{33}$　霜：啥人/哈人sɑ$_{44}$ɳĩ$_{44}$/xɑ$_{44}$ɳɪ$_{44}$　罗：啥人/哈人sɑ$_{44}$ɳɪ^{n}$_{52}$/hɑ$_{44}$ɳɪ^{n}$_{51}$　周：啥人/哈人/散人sɑ$_{33}$ɳiɪŋ$_{52}$/hɑ$_{33}$ɳiɪŋ$_{52}$/se$_{34}$ɳiɪŋ$_{52}$　上：啥人SA$_{33}$ɳiɲ$_{44}$　松：啥人/哈人sɑ$_{35}$ɳiɲ$_{31}$/hɑ$_{35}$ɳiɲ$_{31}$　黎：哈人/啥人hɒ$_{51}$ɳiəɲ$_{41}$/sɒ$_{51}$ɳiəɲ$_{41}$　盛：啥人sɒ$_{43}$ɳiɲ$_{52}$　嘉：哈人/啥人hɑ$_{33}$ɳin$_{51}$/sɑ$_{33}$ɳin$_{51}$　双：掼人guE$_{24}$ɳɪn$_{31}$　杭：拉谷/那谷ʔlɑ$_{55}$kɔʔ$_{3}$/ʔnɑ$_{55}$kɔʔ$_{3}$　绍：鞋时/鞋时家ɦa$_{22}$zʅ$_{44}$/ɦa$_{22}$zʅ$_{44}$ko$_{52}$　诸：鞋该ɦA$_{31}$ke$_{42}$　崇：㑚人nɑ$_{21}$nʊ^{ŋ}$_{23}$　太：㑚人nɑ$_{33}$nʊŋ$_{23}$　余：啥人SA$_{44}$ɳiɲ$_{44}$　宁：叔人soʔ$_{5}$nɪŋ$_{33}$　黄：□嗯ke$_{53}$ŋ̍$_{31}$　温：阿呢人/伲人ʔɑ$_{3}$ɳi$_{52}$nʌŋ$_{21}$/ɳi$_{52}$nʌŋ$_{21}$　衢：哪个/哪一个ʔnɑ$_{44}$kuə$_{31}$/ʔnɑ$_{55}$iəʔ$_{33}$kuə$_{35}$　华：拉葛ʔlɑ$_{55}$kəʔ$_{3}$　永：节人dʑiA$_{32}$noŋ$_{44}$

什么

宜:点葛tɪ$_{33}$kəʔ$_{4}$ 溧:底葛ti$_{z54}$kᴇ$_{34}$ 金:甚尼səŋ$_{44}$nɪʔ$_{4}$ 丹:点告tɪ$_{41}$kɒ$_{21}$ 童:爹家tiɑ$_{35}$kɑ$_{53}$ 靖:底稿ti$_{j35}$kɒ$_{34}$ 江:到样/啥葛/到末事/到则(少)tɒ$_{45}$ɦiᴀ^{ŋ}$_{31}$/sɑ$_{45}$kɜʔ$_{3}$/tɒ$_{45}$mɜʔ$_{3}$zɿ$_{31}$/tɒ$_{45}$tsɜʔ$_{2}$ 常:爹东西/爹佬tæ$_{33}$toŋ$_{55}$ɕi$_{j31}$/tæ$_{34}$lɑɤ$_{44}$ 锡:啥葛sɑ$_{21}$kə$_{23}$ 苏:啥/啥个/啥末sɒ$_{412}$/sɒ$_{52}$kəʔ$_{3}$/sɒ$_{52}$məʔ$_{3}$ 熟:啥物事/啥葛ʂɑ$_{35}$mᴇʔ$_{3}$zɿ$_{31}$/ʂɑ$_{35}$kᴇʔ$_{\underline{31}}$ 昆:啥㑚/啥物事sɑ$_{52}$kəʔ$_{3}$/sɑ$_{52}$məʔ$_{3}$zɿ$_{41}$ 霜:啥/啥物事sɑ$_{434}$/sɑ$_{44}$məʔ$_{44}$zɿ$_{31}$ 罗:啥/啥物事sɑ$_{434}$/sɑ$_{33}$məʔ$_{5}$zɿ$_{31}$ 周:啥/啥物事sɑ$_{44}$/sɑ$_{33}$məʔ$_{5}$zɿ$_{31}$ 上:啥/啥物事sᴀ$_{334}$/sᴀ$_{33}$mɐʔ$_{5}$zɿ$_{31}$ 松:啥物事/啥个sɑ$_{55}$məʔ$_{2}$zɿ$_{34}$/hɑ$_{55}$ɦə$_{31}$ 黎:啥物事sɒ$_{44}$məʔ$_{3}$zɿ$_{34}$ 盛:啥物事sɒ$_{44}$məʔ$_{2}$zɿ$_{34}$ 嘉:啥物事/啥事体sɒ$_{33}$məʔ$_{5}$zɿ$_{31}$/sɑ$_{33}$zɿ$_{55}$tʻi$_{31}$ 双:啥soʔ$_{\underline{54}}$ 杭:啥/啥西sɑ$_{51}$/sɑ$_{55}$ɕi$_{31}$ 绍:啥西/啥东西so$_{55}$ɕi$_{31}$/so$_{32}$tʊŋ$_{34}$ɕi$_{52}$ 诸:鞋这ɦᴀ$_{31}$tsɐʔ$_{5}$ 崇:号个ɦɑɒ$_{22}$gᴇʔ$_{4}$ 太:号个ɦɑɒ$_{21}$gɛ$_{23}$ 余:啥西sɤ$_{33}$ɕi$_{52}$ 宁:啥/啥些/昔昔so$_{52}$/so$_{33}$ɕi$_{z44}$/ɕiɪʔ$_{3}$ɕiɪʔ$_{5}$ 黄:加末/加无kᴀ$_{53}$mɐʔ$_{\underline{31}}$/kᴀ$_{53}$m̩$_{31}$ 温:阿呢末事ʔɑ$_{3}$ȵi$_{52}$mɜ$_{3}$zɿ$_{21}$ 衢:啥里sɑ$_{55}$li$_{31}$ 华:淡些tɑ$_{55}$ɕiəʔ$_{2}$ 永:节些dʑiᴀ$_{32}$ɕie$_{44}$

哪个

宜:□搭个lo$_{24}$tᴀʔ$_{5}$kəʔ$_{5}$ 溧:□个lo$_{24}$kᴇʔ$_{\underline{52}}$ 金:哪个/哪一个lɑ$_{22}$kəʔ$_{44}$/lɑ$_{22}$ieʔ$_{3}$kəʔ$_{44}$ 丹:落个loʔ$_{\underline{53}}$kɛʔ$_{\underline{31}}$ 童:拉个lɒ$_{24}$kʌɤ$_{53}$ 靖:喇一个lɑ$_{22}$ʔiɪʔ$_{22}$kʌɤ$_{52}$ 江:喇里一个/赖里一个ʔlɑ$_{52}$li$_{j33}$ɪʔ$_{3}$kɜʔ$_{4}$/ʔlæ$_{52}$li$_{j33}$ɪʔ$_{3}$kɜʔ$_{4}$ 常:瓤一个ʔnᴀɲ$_{34}$ʔiɪʔ$_{4}$kəʔ$_{5}$ 锡:罗俚个lʌɤ$_{24}$li$_{55}$kəʔ$_{\underline{31}}$ 苏:哪个/□个no$_{24}$gəʔ$_{2}$/lo$_{24}$gəʔ$_{2}$ 熟:鞋里一个ɦɑ$_{22}$li$_{55}$ɪʔ$_{3}$kᴇʔ$_{\underline{31}}$ 昆:鞋里㑚ɦɑ$_{22}$li$_{55}$gəʔ$_{\underline{31}}$ 霜:鞋里个/鞋夷个ɦɑ$_{22}$li$_{23}$gəʔ$_{5}$/ɦɑ$_{22}$ɦi$_{23}$gəʔ$_{5}$ 罗:鞋里个ɦɑ$_{22}$li$_{55}$k^{ʌ}ɤ$_{31}$ 周:鞋里个/鞋里个ɦɑ$_{22}$li$_{55}$gəʔ$_{\underline{31}}$/ɦɑ$_{22}$li$_{55}$kɤ$_{31}$ 上:鞋里个/赖里个ɦᴀ$_{22}$li$_{55}$gaʔ$_{\underline{31}}$/lᴀ$_{22}$li$_{55}$gɐʔ$_{\underline{31}}$ 松:鞋里个ɦɑ$_{22}$li$_{55}$kɯ$_{31}$ 黎:华搭葛ɦo$_{24}$tᴀʔ$_{3}$kəʔ$_{2}$ 盛:华搭个ɦo$_{24}$tɑʔ$_{3}$kəʔ$_{2}$ 嘉:啥里个sɑ$_{33}$li$_{55}$kəʔ$_{2}$ 双:□里□/□里□/活里□gəu$_{22}$li$_{z55}$kɪ$_{21}$/gu$_{22}$li$_{z55}$kɪ$_{21}$/ɦuəʔ$_{2}$li$_{z55}$kɪ$_{21}$ 杭:拉谷/那谷ʔlɑ$_{55}$kɔʔ$_{3}$/ʔnɑ$_{55}$kɔʔ$_{3}$ 绍:鞋里个/鞋里个ɦɑ$_{22}$li$_{44}$goʔ$_{52}$/ɦɑ$_{22}$li$_{44}$kəʔ$_{5}$ 诸:鞋该ɦᴀ$_{31}$ke$_{42}$ 崇:佛介呵nɑ$_{22}$kɑ$_{53}$hɤ$_{31}$ 太:佛介呵nɑ$_{22}$kɑ$_{44}$hɤ$_{52}$ 余:鞋里个ɦᴀ$_{21}$li$_{22}$kɤ$_{44}$ 宁:阿里一谷/阿里一岳ʔa$_{33}$li$_{55}$iɪʔ$_{3}$gɔʔ$_{\underline{31}}$/ʔa$_{33}$li$_{55}$iɪʔ$_{3}$ŋɔʔ$_{\underline{31}}$ 黄:□□ʔlu$_{53}$ke$_{44}$ 温:□个ȵiʌu$_{323}$kæi$_{3}$ 衢:哪个ʔnɑ$_{55}$kuə$_{31}$ 华:拉个ʔlɑ$_{55}$kəʔ$_{3}$ 永:气个tɕʻi$_{54}$koə$_{31}$

哪儿

宜:□搭/点个地方lo$_{24}$tᴀʔ$_{5}$/tɪ$_{33}$kəʔ$_{4}$di$_{j21}$ʔᴀŋ$_{23}$ 溧:□里lo$_{24}$li$_{z412}$ 金:哪块lɑ$_{22}$kʻuɛ^{e}$_{44}$ 丹:哑里/挪里/挪头/哑头o$_{44}$li$_{z31}$/no$_{35}$li$_{21}$/no$_{35}$dᴇ^{e}$_{21}$/o$_{44}$dᴇ^{e}$_{21}$ 童:拉里lʌɤ$_{24}$li$_{j31}$ 靖:喇里/喇块lɑ$_{22}$li$_{j44}$/lɑ$_{22}$kʻuæ$_{44}$ 江:喇里/喇里一搭/啥地方ʔlɑ$_{52}$li$_{j33}$/ʔlɑ$_{52}$li$_{j33}$/ɪʔ$_{3}$tɑʔ$_{4}$/sɑ$_{45}$di$_{j21}$fᴀ^{ŋ}$_{44}$ 常:瓤海点ʔnᴀɲ$_{34}$xæ$_{55}$tɪ$_{42}$ 锡:罗里搭个/罗搭lʌɤ$_{24}$li$_{55}$tɑʔ$_{5}$kəʔ$_{\underline{31}}$/lʌɤ$_{24}$tɑʔ$_{\underline{31}}$ 苏:哪搭/□搭/啥场化no$_{24}$tᴀʔ$_{2}$/lo$_{24}$tᴀʔ$_{2}$/sɒ$_{52}$zÃ$_{23}$ho$_{31}$ 熟:鞋里搭/鞋搭介ɦɑ$_{22}$li$_{55}$tᴀʔ$_{\underline{31}}$/ɦɑ$_{22}$tᴀʔ$_{5}$kɑ$_{31}$ 昆:鞋搭ɦɑ$_{22}$tᴀʔ$_{4}$ 霜:鞋浪/鞋里浪ɦɑ$_{22}$lɒ̃$_{52}$/ɦɑ$_{22}$li$_{55}$lɒ̃$_{31}$ 罗:鞋里浪/鞋里搭ɦɑ$_{22}$li$_{55}$lɒ̃$_{31}$/ɦɑ$_{22}$li$_{55}$tᴀʔ$_{\underline{31}}$ 周:鞋里搭/鞋搭ɦɑ$_{22}$li$_{55}$ɗɑʔ$_{\underline{31}}$/ɦɑ$_{22}$ɗɑʔ$_{\underline{52}}$ 上:鞋里搭/赖里搭ɦᴀ$_{22}$li$_{55}$tɐʔ$_{\underline{31}}$/lᴀ$_{22}$li$_{55}$tɐʔ$_{\underline{31}}$ 松:鞋里歹ɦɑ$_{22}$li$_{55}$tᴇ$_{31}$ 黎:华搭ɦo$_{24}$tᴀʔ$_{2}$ 盛:华搭ɦo$_{24}$tɑʔ$_{3}$ 嘉:啥里sɑ$_{33}$li$_{51}$ 双:□里gəu$_{24}$li$_{z52}$ 杭:拉里/那里ʔlɑ$_{55}$li$_{31}$/ʔnɑ$_{55}$li$_{31}$ 绍:鞋里头ɦɑ$_{22}$li$_{44}$dɤ$_{52}$ 诸:鞋陀ɦᴀ$_{31}$do$_{42}$ 崇:佛介块nɑ$_{22}$kɑ$_{55}$kʻue$_{31}$ 太:佛介块nɑ$_{22}$kɑ$_{44}$kʻue$_{52}$ 余:鞋头/啥个地方/鞋里头ɦᴀ$_{22}$dɤ$_{44}$/so$_{44}$kəʔ$_{4}$di$_{44}$fɒ̃$_{44}$/ɦᴀ$_{21}$li$_{22}$dɤ$_{52}$ 宁:阿里ʔa$_{33}$li$_{44}$ 黄:□□/□□/□无kᴀ$_{53}$dᴀ$_{31}$/ʔlu$_{53}$dᴀ$_{31}$/kᴀ$_{53}$ɦu$_{31}$ 温:□宕ȵiʌu$_{22}$d^{ʊ}ɔ$_{34}$ 衢:哪里ʔlɑ$_{55}$li$_{31}$ 华:拉里ʔlɑ$_{54}$li$_{24}$ 永:气啦tɕʻi$_{54}$lᴀ$_{31}$

哪边

宜:□搭葛边lo$_{24}$tᴀʔ$_{5}$kəʔ$_{3}$pɪ$_{31}$ 溧:□边lo$_{24}$pi$_{34}$ 金:哪边lɑ$_{22}$pĩ$_{44}$ 丹:(同哪儿) 童:拉

边lɒ$_{24}$pɪ$_{31}$　靖：喇间la$_{22}$tɕĩ$_{44}$　江：喇里一面/喇里一边/啥地方ʔla$_{52}$li$_{j33}$ɪʔ$_{3}$mɪ$_{43}$/ʔla$_{55}$li$_{j33}$ɪʔ$_{3}$pɪ$_{43}$/sa$_{45}$di$_{j21}$fA^{ŋ}$_{44}$　常：瓤一边ʔnAɲ$_{34}$iɪʔ$_{5}$pɪ$_{42}$　锡：罗里面lʌɤ$_{24}$li$_{55}$mɪ$_{31}$　苏：哪面no$_{24}$miɪ$_{31}$　熟：鞋里海/鞋搭介ɦa$_{22}$li$_{55}$xE$_{31}$/ɦa$_{22}$tAʔ$_{5}$ka$_{31}$　昆：鞋搭ɦa$_{22}$tAʔ$_{4}$　霜：鞋里边ɦa$_{22}$li$_{23}$pɪ$_{52}$　罗：鞋里搭/鞋里面ɦa$_{22}$li$_{55}$tAʔ$_{31}$/ɦa$_{22}$li$_{55}$mi$_{31}$　周：鞋里搭/鞋搭ɦa$_{22}$li$_{55}$ɗaʔ$_{31}$/ɦa$_{22}$ɗaʔ$_{52}$　上：鞋伊面/鞋里面ɦA$_{22}$ɦi$_{55}$mi$_{31}$/ɦA$_{22}$li$_{55}$mi$_{31}$　松：鞋歹ɦa$_{24}$tE$_{31}$　黎：华搭/华搭面/华搭葛郎ɦo$_{24}$tAʔ$_{2}$/ɦo$_{24}$tAʔ$_{3}$miɪ$_{31}$/ɦo$_{24}$tAʔ$_{3}$gəʔ$_{3}$lã$_{31}$　盛：华搭ɦo$_{24}$taʔ$_{3}$　嘉：啥里边/鞋里边sa$_{33}$li$_{44}$pie$_{51}$/ɦa$_{22}$li$_{44}$pie$_{51}$　双：□里面gəu$_{24}$li$_{z55}$mɪ$_{21}$　杭：拉里边/哪里边ʔla$_{33}$li$_{55}$pie$_{31}$/ʔna$_{33}$li$_{55}$pie$_{31}$　绍：鞋里半边/鞋里边/鞋里头ɦa$_{22}$li$_{44}$pẽ$_{55}$pĩ$_{52}$/ɦa$_{22}$li$_{44}$pĩ$_{52}$/ɦa$_{22}$li$_{44}$dɤ$_{52}$　诸：鞋陀ɦA$_{31}$do$_{42}$　崇：倗面面na$_{22}$miẽ$_{55}$miẽ$_{31}$　太：倗面面na$_{22}$miẽ$_{55}$miẽ$_{31}$　余：鞋里头ɦA$_{21}$li$_{22}$dɤ$_{44}$　宁：阿里一边ʔa$_{33}$li$_{55}$iɪʔ$_{3}$pi$_{31}$　黄：□边ʔlu$_{53}$pie$_{31}$　温：□边/□磨ȵiʌu$_{22}$pɵ$_{2}$/ȵiʌu$_{22}$mɵ$_{2}$　衢：哪边/哪一边ʔna$_{55}$piẽ$_{31}$/ʔna$_{55}$iəʔ$_{3}$piẽ$_{31}$　华：拉坎ʔla$_{54}$da$_{24}$　永：气边/气啦tɕʻi$_{54}$pie$_{31}$/tɕʻi$_{54}$lA$_{31}$

怎么

宜：难让nA$_{24}$ȵiAŋ$_{31}$　溧：拉点个/拉点佬ʔlA$_{52}$ti$_{54}$kə$_{34}$/ʔlA$_{52}$ti$_{54}$kəʔ$_{3}$la^{ɤ}$_{34}$　金：怎干子/做尼tsəŋ$_{22}$kæ̃$_{55}$tsɿ$_{z31}$/tso$_{33}$nɪʔ$_{4}$　丹：暖个nəŋ$_{35}$kɛʔ$_{21}$　童：拉种lɒ$_{24}$tsoŋ$_{31}$　靖：剪念tsĩ$_{33}$ȵĩ$_{44}$　江：哪亨/哪亨拉ʔna$_{52}$hA^{ŋ}$_{33}$/ʔna$_{52}$hA^{ŋ}$_{33}$la$_{43}$　常：瓤种佬样则/瓤佬ʔnAɲ$_{34}$tsoŋ$_{55}$laɤ$_{33}$ɦiAɲ$_{21}$tsə$_{13}$/ʔnAɲ$_{34}$laɤ$_{44}$　锡：哪亨naʔ$_{4}$xã$_{31}$　苏：哪亨/□nAʔ$_{3}$hÃ$_{52}$/nÃ$_{31}$　熟：哪能na$_{22}$nẽ^{n}$_{51}$　昆：哪能na$_{22}$nən$_{41}$　霜：哪能na$_{22}$nɛ̃$_{52}$　罗：哪能na$_{22}$nẽ^{n}$_{55}$　周：哪能na$_{22}$nəŋ$_{52}$　上：哪能/哪能介nA$_{22}$nəɲ$_{44}$/nA$_{22}$nəɲ$_{55}$kA$_{31}$　松：哪能na$_{22}$nəɲ$_{55}$　黎：哪介/哪哈nɒ$_{23}$kɒ$_{33}$/nɒ$_{23}$hɒ$_{33}$　盛：哪哈葛/哪哈naʔ$_{3}$ha$_{3}$kəʔ$_{52}$/naʔ$_{3}$ha$_{33}$　嘉：纳哈nAʔ$_{2}$ha$_{23}$　双：那哈/那葛na$_{24}$xa$_{52}$/na$_{24}$kəʔ$_{5}$　杭：结葛讨/什葛讨tɕiɪʔ$_{4}$kɐʔ$_{4}$tʻɔ$_{55}$/zɐʔ$_{2}$kɐʔ$_{4}$tʻɔ$_{55}$　绍：纳犽套nəʔ$_{2}$gəʔ$_{4}$tʻaɒ$_{52}$　诸：鞋则介葛ɦA$_{22}$tsɐʔ$_{5}$kA$_{33}$kɐʔ$_{31}$　崇：倗介拉na$_{22}$ka$_{22}$la$_{52}$　太：倗介来na$_{31}$ka$_{33}$le$_{55}$　余：实儿/惹拉/惹儿拉zəʔ$_{2}$tɕi$_{44}$/zA$_{24}$lA$_{31}$/zA$_{24}$tɕi$_{33}$lA$_{31}$　宁：□话/作啥dza$_{22}$ɦo$_{44}$/tsoʔ$_{3}$so$_{51}$　黄：怎嗯tsəŋ$_{33}$ŋ̍$_{44}$　温：知捺tsɿ$_{44}$na$_{52}$　衢：哈伦xAʔ$_{3}$lən$_{35}$　华：拉亨ʔla$_{55}$xAŋ$_{31}$　永：节干dʑiA$_{32}$kɤə$_{44}$

怎么样

宜：难让拉nA$_{24}$ȵiAŋ$_{33}$lA$_{31}$　溧：拉点/拉点佬ʔlA$_{52}$ti$_{52}$/ʔlA$_{52}$ti$_{54}$la^{ɤ}$_{55}$　金：怎么样tsəŋ$_{22}$məʔ$_{3}$iaŋ$_{44}$　丹：暖葛葛/暖葛nəŋ$_{35}$kɛʔ$_{2}$kɛʔ$_{21}$/nəŋ$_{35}$kɛʔ$_{21}$　童：落种样子lɒ$_{24}$tsoŋ$_{33}$ɦiaŋ$_{33}$tsɿ$_{31}$　靖：剪刁弄tsĩ$_{33}$tiɒ$_{44}$noŋ$_{52}$　江：哪样式ʔna$_{52}$ɦiA^{ŋ}$_{33}$sɜʔ$_{4}$　常：难海/难海佬ʔnæ$_{34}$xæ$_{44}$/ʔnæ$_{34}$xæ$_{55}$laɤ$_{42}$　锡：哪亨nAʔ$_{4}$xã$_{31}$　苏：哪亨样子/□样子nAʔ$_{3}$hÃ$_{52}$ɦiÃ$_{55}$tsɿ$_{31}$/nÃ$_{24}$iÃ$_{44}$tsɿ$_{31}$　熟：哪能介/那能样na$_{22}$nẽ^{n}$_{55}$ka$_{31}$/na$_{22}$nẽ^{n}$_{55}$ɦiA͂$_{31}$　昆：哪能介/哪能样na$_{22}$nən$_{55}$ka$_{31}$/na$_{22}$nən$_{55}$ɦiã$_{31}$　霜：哪能na$_{22}$nɛ̃$_{52}$　罗：哪能介na$_{22}$nẽ^{n}$_{55}$ka$_{31}$　周：哪能na$_{22}$nəŋ$_{52}$　上：哪能样子nA$_{22}$nəɲ$_{44}$ɦiÃ^{ɲ}$_{22}$tsɿ$_{44}$　松：哪能介na$_{22}$nəɲ$_{55}$ka$_{31}$　黎：哪介/哪哈nɒ$_{23}$kɒ$_{33}$/nɒ$_{23}$hɒ$_{33}$　盛：哪哈个/哪哈naʔ$_{3}$ha$_{3}$kəʔ$_{52}$/naʔ$_{3}$ha$_{33}$　嘉：纳哈样子nAʔ$_{2}$ha$_{33}$ɦiA͂$_{22}$tsɿ$_{51}$　双：哪哈样子/哪个样子na$_{24}$xa$_{44}$ɦiã$_{22}$tsɿ$_{44}$/na$_{24}$kəʔ$_{4}$ɦiã$_{22}$tsɿ$_{44}$　杭：结葛讨/什葛讨tɕiɪʔ$_{4}$kɐʔ$_{4}$tʻɔ$_{55}$/zɐʔ$_{2}$kɐʔ$_{4}$tʻɔ$_{55}$　绍：纳个样nəʔ$_{2}$gəʔ$_{4}$iaŋ$_{52}$　诸：鞋则介葛ɦA$_{22}$tsɐʔ$_{5}$kA$_{33}$kɐʔ$_{31}$　崇：哪介拉na$_{22}$ka$_{22}$la$_{52}$　太：哪介□□拉na$_{21}$ka$_{33}$ge$_{55}$ɦɤ$_{55}$la$_{31}$　余：实讨毛/实相毛zəʔ$_{2}$tʻɒ$_{4}$mɒ$_{52}$/zəʔ$_{2}$ɕiÃ$_{4}$mɒ$_{52}$　宁：□话dza$_{22}$ɦo$_{44}$　黄：怎嗯tsəŋ$_{53}$ŋ̍$_{31}$　温：知捺能tsɿ$_{44}$na$_{52}$nAŋ$_{21}$　衢：哈伦/哈伦光景xAʔ$_{3}$lən$_{35}$/xAʔ$_{3}$lən$_{44}$kuɒ͂$_{43}$tɕi^{n}$_{35}$　华：拉亨ʔla$_{55}$xAŋ$_{31}$　永：□样子sai$_{54}$iAŋ$_{32}$tsɿ$_{55}$

多么

宜：多少tu$_{55}$saɤ$_{213}$　溧：多少tu$_{44}$sa^{ɤ}$_{412}$　金：多to$_{31}$　丹：多tʌɤ$_{22}$　童：多种/多tʌɤ$_{55}$tsoŋ$_{31}$/tʌɤ$_{42}$　靖：　江：多好tɜɤ$_{55}$hɒ$_{31}$　常：多少tʌɯ$_{55}$saɤ$_{31}$　锡：几化tɕi$_{21}$xu$_{23}$　苏：几化/菊化tɕi$_{j55}$

ho31/tɕiɔʔ5ho23 熟:几化tɕi23xu33 昆:几化tɕi52ho33 霜:几化tɕi33xᶺɤ52 罗:几化tɕi33hᶺɤ52 周:几化tɕi44hɔ44 上:几化tɕi33ho44 松:几化tɕi44ho44 黎:几化tɕij55ho31 盛:几化tɕij55ho31 嘉:几化tɕi44ho44 双:几华tɕiz34ɦʊ52 杭:多少tou33sɔ51 绍:多少to32sɑɒ33 诸:介多kᴀ44tɯ33 崇:介kɑ324 太:介kɑ42 余:实葛zəʔ2kəʔ5 宁:介/□介ka44/dze24ka33 黄:多少tᵊu33ɕiɒ51 温:该里ke22lᶦi5 衢:多少 tu43ɕiɔ35 华:搞得/精当kɑʊ54təʔ3/tɕiɪn32tᴀŋ35 永:几汉tɕi43xɤə55

多少

宜:多少tu55sɑɤ213 溧:多少tʌɯɒ44sɑɤ412 金:多少to52sɑᵓ23 丹:多少tʌɤ44sɒ23 童:多少tʌɤ55sɐɤ31 靖:多少tʌɤ44sɒ34 江:多少/多好tɜɤ53sɒ31/tɜɤ55hɒ31 常:多少tʌɯ55sɑɤ31 锡:几化tɕi21xu23 苏:菊化/几化tɕiɔʔ5ho23/tɕij55ho31 熟:几化tɕi23xu33 昆:几化tɕi52ho33 霜:几化tɕi33xᶺɤ52 罗:几化tɕi33hᶺɤ51 周:几化tɕi44hɔ44 上:多少/几化tu55sɔ31/tɕi33ho44 松:几化/多少tɕi44ho44/tu33sɔ52 黎:几化tɕij55ho31 盛:几化tɕij55ho31 嘉:多少/几化tᵊu55sɔ31/tɕi44ho44 双:几华tɕi34ɦʊ52 杭:多少tou33sɔ51 绍:多少to32sɑɒ33 诸:多少tɯ52sɔ44 崇:多少tɤ53sɑɒ52 太:多少tu52çiɑɒ33 余:多少tou33sɒ52 宁:□个dza22kəʊ44 黄:多少tᵊu33ɕiɒ51 温:该里ke22lᶦi5 衢:多少tu43ɕiɔ35 华:关亨些ʔkæ̃54xᴀŋ33səʔ5 永:几点/几汉tɕi43tiᴀ55/tɕi43xɤə55

多久

宜:多少辰光tu55sɑɤ213 zəŋ21kuᴀŋ23 溧:多少辰光tʌɯ44sɑʸ44zən44kuᴀŋ31 金:多长时候to52ts'ɑŋ23 sʅz22xʌɤ44 丹:多少时候tʌɤ33sɒ44 sʅ32hʌɤ24 童:多长时间/多长辰光tʌɤ44zɑŋ113 szʅ22tɕɪ55/tʌɤ44zɑŋ113 zəŋ22kuɑŋ55 靖:多少辰光tʌɤ44ɕiɒ44 dʑiəŋ22kuɑŋ34 江:多好辰光/多少辰光tɜɤ55hɒ33 zEɲ24kuᴀᵑ31/tɜɤ55sɒ33 zEɲ33kuᴀᵑ31 常:多少辰光tʌɯ55sɑɤ33 zəɲ21kuᴀɲ34 锡:几化辰光tɕi21xu33 zən24kuɒ̃31 苏:菊化辰光tɕiɔʔ5ho23 zən22kuᴀ̃44 熟:几化辰光tɕi23xu33 dʐ̩ɛ̃ⁿ24kuᴀ̃31 昆:几化辰光tɕi52ho33 zən23kuã41 霜:几化辰光tɕi33xᶺɤ44 zɛ̃22kuɒ̃52 罗:几化辰光tɕi33hᶺɤ52 zɛ̃22kuɒ̃52 周:几好辰光tɕi33hɔ55zəŋ22kuɒ̃44 上:多少辰光/几化辰光tu55sɔ33 zəɲ22kuᴀ̃ⁿ44/tɕi33ho33 zəɲ22kuᴀ̃ⁿ44 松:多少辰光/几化辰光tu33sɔ55 zəɲ22kuɑ̃52/tɕi33ho33 zəɲ22kuɑ52 黎:几化辰光tɕij55ho33 zəɲ22kuɑ̃24 盛:几化辰光tɕij55ho33 zəɲ22kuɑ̃34 嘉:多少辰光təu55sɔ31 zən22kuᴀ̃44 双:几华辰光tɕiz34hʊ52 dzən22kuɔ̃44 杭:多少辰光/多少时光tou33sɔ51 szən21kuᴀŋ23/tou33sɔ51 szʅ21kuᴀŋ23 绍:多少辰光/多少时光to33sɑɒ55 zəŋ22kuaŋ52/to33sɑɒ55 zʅ22kuaŋ52 诸:记孟希/多少长tɕiz54mᴀ̃33ɕiz33/tɯ52sɔ44 dzᴀ̃233 崇:多少时候tɤ33sɑɒ33 zʅ21ɦiʏ23 太:多少时候tu52çiɑɒ33 zʅ21ɦʏ23 余:多少辰光tou33sɒ33 zeɲ22kuɒ̃44 宁:□个辰光/□个功夫/多少辰光/多少功夫dza22kəʊ44 zɐŋ22kuɔ̃44/dza22kəʊ44 koŋ22fu44/təʊ33ɕiɵ44 zɐŋ22kuɔ̃/təʊ33ɕiɵ44 koŋ22fu44 黄:多少时间/多少时长tᵊu33ɕiɒ44 zʅ22tɕie51/tᵊu33ɕiɒ44 zʅ22dʑiɑ̃51 温:该里长久ke22lᶦi33 tɕi52tɕiʌu34 衢:多少时候tu43ɕiɔ55 zʅ22ɦɤɯ44 华:几很长tɕij53xən33dʑiᴀŋ31 永:几点长久tɕi43ȵiᴀ54 dʑiᴀŋ32tɕiəʊ44

几

宜:几tɕij24 溧:几tɕiz412 金:几tɕiz323 丹:几tɕiz44 童:几tɕij324 靖:几tɕij334 江:几tɕij45 常:几tɕij334 锡:几tɕi323 苏:几tɕij51 熟:几tɕi44 昆:几tɕi52 霜:几tɕi434 罗:几tɕi434 周:几/好几/好多tɕi44/hɔ33tɕi52/hɔ33ɗɑ52 上:几tɕi334 松:几tɕi44 黎:几tɕij51 盛:几tɕij51 嘉:几tɕi44 双:几tɕiz53 杭:几tɕi51 绍:多少/几to32sɑɒ33/tɕi334 诸:多少tɯ52sɔ44 崇:多少tɤ53sɑɒ23 太:多少to55çiɑɒ31 余:几tɕi435 宁:几tɕiz325 黄:几tɕij53 温:几ki35 衢:几tɕi35 华:几tɕij544 永:几tɕi434

个(人)

宜:个kəʔ　溧:个kəʔ　金:个kəʔ　丹:个kɛʔ　童:个kʌɤ　靖:个gəʔ　江:个kɜʔ　常:个kəʔ　锡:个kəʔ　苏:个gəʔ　熟:个kᴇʔ　昆:个gəʔ　霜:个gəʔ　罗:个gɐʔ　周:个kɤ/kəʔ　上:个gəʔ　松:个kəʔ　黎:个kəʔ　盛:个kəʔ　嘉:个gəʔ　双:个kəʔ　杭:个gɐʔ/kɐʔ/kɔʔ/kou　绍:个gəʔ　诸:个kɐʔ　崇:介kɑ　太:介kɑ　余:个kəʔ　宁:个gaʔ/ɦɔʔ/ŋɔʔ　黄:个kəʔ　温:个kæi　衢:个ku/kɤɯ　华:个/介kəʔ/kɑ　永:个goə

头(牛)

宜:头dɤɯ　溧:头dei　金:头tʻʌɤ　丹:头tᴇᵉ　童:头/只dei/tsəʔ　靖:头dᵒʏ　江:只tsɑʔ　常:头dei　锡:条diʌ　苏:头/只dəɪ/tsᴀʔ　熟:只/头tsᴀʔ/dᴇ　昆:只tsᴀʔ　霜:只tsᴀʔ　罗:只tsᴀʔ　周:只tsᴀʔ　上:只tsɐʔ　松:只/头tsᴀʔ/dɯ　黎:只tsᴀʔ　盛:只tsɑʔ　嘉:头de　双:只tsᴀʔ　杭:头deɪ　绍:头dʏ　诸:头dei　崇:头dʏ　太:头dʏ　余:只tsɐʔ　宁:只tsɐʔ　黄:头/只diʏ/tsɐʔ　温:头dʌu　衢:头dɤɯ　华:只/头tɕiəʔ/diɯu　永:头dəʊ

匹(马)

宜:匹pʻɪʔ　溧:匹pʻiɪʔ　金:匹pʻieʔ　丹:匹pʻiʔ　童:匹pʻiɪʔ　靖:匹pʻɪʔ　江:只tsɑʔ　常:匹pʻɪʔ　锡:匹pʻɪʔ　苏:匹/只pʻɪʔ/tsᴀʔ　熟:匹/只pʻɪʔ/tsᴀʔ　昆:只tsᴀʔ　霜:匹pʻɪʔ　罗:只tsᴀʔ　周:只tsᴀʔ　上:匹/只pʻiɪʔ/tsɐʔ　松:只/匹tsᴀʔ/pʻɪʔ　黎:只tsᴀʔ　盛:只/匹tsɑʔ/pʻɪʔ　嘉:匹pʻiəʔ　双:只tsᴀʔ　杭:匹pʻiɪʔ　绍:匹pʻɪʔ　诸:匹pʻiəʔ　崇:头dʏ　太:头dʏ　余:只tsɐʔ　宁:只tsɐʔ　黄:匹/只pʻieʔ/tsɐʔ　温:匹/头pʻi/dʌu　衢:匹pʻiəʔ　华:匹pʻiəʔ　永:匹pʻiə

只(鸡)

宜:只tsᴀʔ　溧:只tsəʔ　金:只tsəʔ　丹:只tsəʔ　童:只tsəʔ　靖:只tɕiəʔ　江:只tsɑʔ　常:只tsɑʔ　锡:只tsᴀʔ　苏:只tsᴀʔ　熟:只tsᴀʔ　昆:只tsᴀʔ　霜:只tsᴀʔ　罗:只tsᴀʔ　周:只tsᴀʔ　上:只tsɐʔ　松:只tsᴀʔ　黎:只tsᴀʔ　盛:只tsɑʔ　嘉:只tsᴀʔ　双:只tsᴀʔ　杭:只tsɐʔ　绍:只tsᴀʔ　诸:只tsɐʔ　崇:只tsɑʔ　太:只tsɑʔ　余:只tsɐʔ　宁:只tsɐʔ　黄:只tsɐʔ　温:头dʌu　衢:只tʃəʔ　华:只tɕiəʔ　永:只tsəɪ

条(狗)

宜:只tsᴀʔ　溧:条/只diaʸ/tsəʔ　金:条/只(少)tiaᵓ/tsəʔ　丹:只tsəʔ　童:只tsəʔ　靖:只tɕiəʔ　江:只tsɑʔ　常:只tsɑʔ　锡:只tsᴀʔ　苏:只tsᴀʔ　熟:只tsᴀʔ　昆:只tsᴀʔ　霜:只tsᴀʔ　罗:只tsᴀʔ　周:只tsᴀʔ　上:只tsɐʔ　松:只tsᴀʔ　黎:只tsᴀʔ　盛:只tsɑʔ　嘉:只tsᴀʔ　双:只tsᴀʔ　杭:条/只diɔ/tsɐʔ　绍:只tsᴀʔ　诸:只tsɐʔ　崇:只tsɑʔ　太:只tsɑʔ　余:只tsɐʔ　宁:只tsɐʔ　黄:只/条tsɐʔ/diɒ　温:头dʌu　衢:条diɔ　华:条/只diaʊ/tɕiəʔ　永:只tsəɪ

条(鱼)

宜:条diɑɤ　溧:条diaʸ　金:条tʻiaᵒ　丹:条tʻiɒ　童:条tʻiɐɤ　靖:条diɒ　江:条diɒ　常:条diɑɤ　锡:条diʌ　苏:条diæ　熟:条diɔ　昆:条diɔ　霜:条diɔ　罗:条diɔ　周:条diɔ　上:条diɔ　松:条diɔ　黎:条diᴀᵓ　盛:条diɔ　嘉:条/骨儿diɔ/kuᴀ̃　双:条diɔ　杭:条/骨儿diɔ/kuᴀŋ　绍:骨儿kuaŋ　诸:颗kʻʊ　崇:介/骨儿kɑ/kuɒ̃　太:介/骨儿kɑ/kuɒŋ　余:□骨儿kuã　宁:梗/骨儿kã/kuã　黄:骨儿kuã　温:条diɛ　衢:条/片diɔ/pʻiẽ　华:条/骨儿diaʊ/kuaŋ　永:条diᴀʊ

棵(树)

宜:棵kʻɤɯ　溧:棵kʻʌɯ　金:棵kʻo　丹:棵kʻʌɤ　童:棵kʻʌɤ　靖:棵kʻʌɤ　江:棵kʻɜɤ

常:棵k'ʌɯ 锡:棵k'ʌɤ 苏:棵k'ɜu 熟:棵k'ɯ 昆:棵k'əu 霜:棵k'u 罗:棵k'^{ʌ}ɤ 周:棵k'u 上:棵k'u 松:棵k'u 黎:棵k'ɜu 盛:棵k'ɜu 嘉:棵k'əu 双:棵k'əu 杭:棵k'ou 绍:株/支tɕy$_ɥ$/tsɿ 诸:株tɕy$_ɥ$ 崇:支tsɿ 太:支tsɿ 余:棵k'u 宁:株tsɥ 黄:株tsɥ 温:棵/株k'ʋ/tsɿ 衢:根kən 华:棵/根k'uo/kən 永:棵k'oə

丛(草)

宜:孛bəʔ 溧:搭tɑʔ 金:滩/沓tæ̃/t'ɑʔ 丹:滩t'ɑ 童:簇zoʔ 靖:滩t'æ̃ 江:堆/滩tᴇɪ/t'æ 常:滩t'æe 锡:丛zoŋ 苏:丛zoŋ 熟:丛/滩t'æ/dzʊŋ 昆:滩t'ɛ 霜:滩t'ɛ 罗:滩t'e 周:滩/蓬t'ᴇ/boŋ 上:滩t'ᴇ 松:蓬bʊŋ 黎:丛/蓬zoŋ/boŋ 盛:丛/堆/蓬zoŋ/tᴇ/boŋ 嘉:撮/把ʔəʔ/po 双:蓬boŋ 杭:滩/蓬t'ᴇ/boŋ 绍:蓬bʊŋ 诸:堆te 崇:蓬/旁boŋ/bɔ̃ 太:蓬bʊŋ 余:空k'ʊŋ 宁:窠k'u 黄:蓬boŋ 温:蓬boŋ 衢:丛sʌŋ 华:蓬boŋ 永:蓬boŋ

朵(花儿)

宜:朵tu 溧:朵tʌɯ 金:朵to 丹:朵tʌɤ 童:朵tʌɤ 靖:朵tʌɤ 江:朵tɜɤ 常:朵tʌɯ 锡:朵tʌɤ 苏:朵tɜu 熟:朵tɯ 昆:朵təu 霜:朵t^{ə}u 罗:朵tu 周:朵tu 上:朵tu 松:笃toʔ 黎:朵to 盛:朵to 嘉:朵to 双:朵tu 杭:朵tou 绍:朵tu 诸:朵tu 崇:把pɤ 太:朵to 余:朵tu 宁:朵to 黄:朵tu 温:朵to 衢:朵tu 华:朵tuo 永:朵toə

串(葡萄)

宜:串tɕ'yĩ 溧:挂ko 金:挂kuɑ 丹:串tʃ'əŋ 童:串ts'ɥʊ 靖:串tɕ'yũ 江:串tɕ'yɵ 常:串ts'ɔ 锡:串ts'o 苏:串ts'ɵ 熟:串tʂɤ 昆:串ts'ɵ 霜:串/杈ts'e/dʑy 罗:串ts'ʌɤ 周:串ts'ɤ 上:串ts'ɤ 松:串ts'ɤ 黎:串ts'iəɯ 盛:串ts'ɵ 嘉:串ts'ɤə 双:串ts' 杭:串ts'o 绍:串ts'õ 诸:串ts'ɤ 崇:串ts'æ̃ 太:串tɕ'io 余:串/吊ts'ẽ/tiɒ 宁:串ts'ø 黄:串ts'ø 温:串tɕ'y 衢:串tʃ'ɥ 华:串tɕ'ɥe 永:串tɕ'ʏ

顿(饭)

宜:顿təŋ 溧:顿tən 金:顿/餐təŋ/ts'æ̃ 丹:顿tuɛŋ 童:顿təŋ 靖:顿təŋ 江:顿tᴇɲ 常:顿təɲ 锡:顿tən 苏:顿tən 熟:顿tẽ^{n} 昆:顿tən 霜:顿tẽ 罗:顿tẽ^{n} 周:顿təŋ 上:顿təɲ 松:顿təɲ 黎:顿təɲ 盛:顿təɲ 嘉:顿tən 双:顿tən 杭:顿/餐tən/ts'ᴇ 绍:餐/顿ts'æ/təŋ 诸:餐ts'ɤ 崇:餐/顿ts'æ/tɪŋ 太:餐ts'æ̃ 余:顿/餐teɲ/ts'ɛ̃ 宁:顿/餐/柱(老)tɐŋ/ts'ᴇ/tsɥ 黄:柱/顿dzɥ/təŋ 温:迟dzɿ 衢:顿/餐tən/sæ̃ 华:顿/餐tən/ts'æ̃ 永:餐ts'ᴀ

支(烟)

宜:支/根tsɿ/kəŋ 溧:根kən 金:支tsɿ 丹:支tsɿ 童:支tsɿ 靖:支tsɿ 江:支tsɿ 常:支tsɿ 锡:支tsɿ 苏:支tsɿ 熟:支tsɿ 昆:支tsɿ 霜:支tsɿ 罗:支tsɿ 周:支tsɿ 上:支tsɿ 松:根təɲ 黎:根kəɲ 盛:支tsɿ 嘉:支tsɿ 双:支tsɿ 杭:支/根tsɿ/kən 绍:根/支kəŋ/tsɿ 诸:支tsɿ 崇:支tsɿ 太:支tsɿ 余:支tsɿ 宁:梗/根kã/kɐŋ 黄:支tsɿ 温:支ts^{ɪ}i 衢:根kən 华:支/根tsɿ/kən 永:支/根(少)tɕi/kəɲ

瓶(酒)

宜:瓶biŋ 溧:瓶bin 金:瓶p'iŋ 丹:瓶biŋ 童:瓶biŋ 靖:瓶biŋ 江:瓶biɲ 常:瓶biɲ 锡:瓶bin 苏:瓶biɪn 熟:瓶bĩ^{ɲ} 昆:瓶bin 霜:瓶bĩ 罗:瓶bĩ^{n} 周:瓶biɪŋ 上:瓶biɲ 松:瓶biɲ 黎:瓶bɪɲ 盛:瓶bɪɲ 嘉:瓶bin 双:瓶bɪn 杭:瓶bɪn 绍:瓶bɪŋ 诸:瓶bĩ 崇:瓶biŋ 太:瓶biŋ 余:瓶beɲ 宁:瓶bɪŋ 黄:瓶biɪŋ 温:瓶bəŋ 衢:瓶bi^{ɲ} 华:瓶biɪn 永:瓶biɪŋ

盏(灯)

宜:只tsAʔ　溧:盏/只tsA/tsəʔ　金:张tsaŋ　丹:盏/只tsæ/tsəʔ　童:只tsəʔ　靖:盏tsæ̃　江:只/盏(少)tsɑʔ/tsæ　常:盏tsæ　锡:盏/只tsæ/tsAʔ　苏:盏/只tsE/tsAʔ　熟:盏/只tsæ/tsAʔ　昆:盏/只tsɛ/tsAʔ　霜:盏/只tsE/tsAʔ　罗:盏ts^ʌɤ　周:盏/只tse/tsAʔ　上:盏tsE　松:只tsAʔ　黎:盏/只tsE/tsAʔ　盛:盏tsE　嘉:只tsAʔ　双:只tsAʔ　杭:只/盏tsɐʔ/tsE　绍:盏tsæ̃　诸:盏tsɛ　崇:盏tsæ̃　太:盏tsæ̃　余:盏tsɛ̃　宁:盏tsE　黄:盏tsE　温:盏tsɑ　衢:盏tsæ̃　华:盏tsæ̃　永:盏tsA

口(水)

宜:口kɤɯ　溧:口k'ei　金:口k'ʌɤ　丹:口k'E^e　童:口k'e^i　靖:口k'^øY　江:口k'EI　常:口k'iɯ　锡:口k'iʌɤ　苏:口k'əɪ　熟:口k'E　昆:口k'E　霜:口kʌɪ　罗:口kɤ　周:口kɤ　上:口kɤ　松:口kɯ　黎:口k'ieɯ　盛:口k'ɪəʉ　嘉:口k'e　双:口k'^øY　杭:口k'eɪ　绍:口k'ɤ　诸:口k'iY　崇:口k'iY　太:口k'Y　余:口k'ɤ　宁:口k'œY　黄:口tɕ'iY　温:口k'ʌu　衢:口k'ɤɯ　华:口k'iɯu　永:口k'əʊ

套(衣服)

宜:套t'ɑɤ　溧:套t'ɑ^ɤ　金:套t'ɑ^ɔ　丹:套t'ɒ　童:套t'ɐ^ɤ　靖:套t'ɒ　江:套t'ɒ　常:套t'ɑɤ　锡:套t'ʌ　苏:套t'æ　熟:套t'ɔ　昆:套t'ɔ　霜:套t'ɔ　罗:套t'ɔ　周:套t'ɔ　上:套t'ɔ　松:套/身t'ɔ　黎:套t'A^ɔ　盛:套t'ɔ　嘉:套t'ɔ　双:套t'ɔ　杭:套t'ɔ　绍:套t'ɔ　诸:套t'ɔ　崇:套t'ɔ　太:套t'^ɑɒ　余:套t'ɒ　宁:套t'ɔ　黄:套t'ɒ　温:套t'ɜ　衢:套t'ɔ　华:套t'ɑʊ　永:套/身t'Aʊ/səɲ

双(鞋子)

宜:双sAŋ　溧:双sAŋ　金:双suAŋ　丹:双saŋ　童:双ʃyɥaŋ　靖:双suaŋ　江:双sA^ŋ　常:双sAɲ　锡:双sɒ̃　苏:双sÃ　熟:双ʂA˜　昆:双sã　霜:双sɒ˜　罗:双sɒ˜　周:双sɒ˜　上:双sÃ^ɲ　松:双sɒ˜　黎:双sɑ˜　盛:双sɑ˜　嘉:双sA˜　双:双sɔ̃　杭:双sAŋ　绍:双sɒŋ　诸:双sɒ̃　崇:双sɒ̃　太:双ɕɒŋ　余:双sɒ̃　宁:双sɔ̃　黄:双sɒ˜　温:双ɕy^ʊɔ　衢:双ʃɥɒ˜　华:双ʃɥang　永:双ɕYAŋ

条(被子)

宜:条diɑɤ　溧:条/床diɑ^ɤ/szAŋ　金:条t'iɑ^ɔ　丹:条t'iɒ　童:条diɐɤ　靖:条diɒ　江:条diɒ　常:条diɑɤ　锡:条diʌ　苏:条diæ　熟:条diɔ　昆:条diɔ　霜:条diɔ　罗:条diɔ　周:条diɔ　上:条diɔ　松:条diɔ　黎:条diA^o　盛:条diɔ　嘉:条diɔ　双:条diɔ　杭:条diɔ　绍:条diɔ　诸:条/床diɔ/dzɒ̃　崇:床dzɒ̃　太:床dzɒŋ　余:□kuɒ̃　宁:□kã　黄:条diɒ　温:床ɦy^ʊɔ　衢:条diɔ　华:条/床diɑʊ/ɕɥaŋ　永:床ɕʑYAŋ

顶(帐子)

宜:顶tiŋ　溧:顶/顿tin/tən　金:顶tiŋ　丹:顶/葛tiŋ/kəʔ　童:顶tiŋ　靖:顶tiŋ　江:顶tiɲ　常:顶tiɲ　锡:顶tin　苏:顶tiɪn　熟:顶tĩ^ɲ　昆:顶tin　霜:顶tĩ　罗:顶tĩ^n　周:顶tiɪŋ　上:顶tiɲ　松:顶tiɲ　黎:顶tɪɲ　盛:顶tɪɲ　嘉:顶tin　双:顶/条tɪn/diɔ　杭:顶tɪn　绍:顶tɪŋ　诸:顶tĩ　崇:顶tiŋ　太:顶tiŋ　余:顶teɲ　宁:顶tɪŋ　黄:顶tiɪŋ　温:领ləŋ　衢:顶lən　华:领liɪn　永:床ɕʑYAŋ

把(刀)

宜:把po　溧:把po　金:把pɑ　丹:把po　童:把pʊ　靖:把po　江:把po　常:把po

锡:把pu 苏:把po 熟:把pu 昆:把po 霜:把po 罗:把pʌɣ 周:把po 上:把po 松:把po 黎:把po 盛:把po 嘉:把po 双:把po 杭:把pɑ 绍:把po 诸:把po 崇:把pɣ 太:把po 余:把po 宁:把po 黄:把po 温:把po 衢:把pɑ 华:把pɑ 永:把poə

根(针)

宜:根kəŋ 溧:根kən 金:根kəŋ 丹:根kɛn 童:根kəŋ 靖:根kəŋ 江:根kᴇɲ 常:根kəɲ 锡:根kən 苏:根kən 熟:根kẽⁿ 昆:根kən 霜:根kẽ 罗:根/只kẽ/tsᴀʔ(延线) 周:根kəŋ 上:根kəɲ 松:根kəɲ 黎:根/只kəɲ/tsᴀʔ 盛:只/根tsɑʔ/kəɲ 嘉:根kəɲ 双:只tsᴀʔ 杭:根kən 绍:根kəŋ 诸:倍bei 崇:根kɪŋ 太:根keŋ 余:枚me 宁:□kã 黄:□kuaˇ 温:枚mæi 衢:根kən 华:枚mɛ 永:根/枚kəɲ/məɪ

条(绳子)

宜:条diɑɣ 溧:根/条kən/diɑʏ 金:条/根tʻiɑᵓ/kəŋ 丹:根kɛn 童:条diɐɣ 靖:条diɒ 江:条diɒ 常:条diɑɣ 锡:条/根diʌ/kən 苏:条diæ 熟:条/根diɔ/kẽⁿ 昆:条diɔ 霜:条/根diɔ/kẽ 罗:条/根diɔ/kẽⁿ 周:条/根diɔ/kəŋ 上:根/条kəɲ/diɔ 松:根kəɲ 黎:根kəɲ 盛:根bəɲ 嘉:条/根diɔ/kən 双:条diɔ 杭:条/光diɔ/kuʌŋ 绍:光kuaŋ 诸:根kẽĩ 崇:□kuɒ̃ 太:□kuɒŋ 余:□kuɒ̃ 宁:□kã 黄:□kuaˇ 温:条diɛ 衢:根kən 华:根/条kən/diɑʊ 永:根kəɲ

座(桥)

宜:座/顶zu/tiŋ 溧:座/顶/顿szʌɯ/tin/tən 金:座/顶tso/tiŋ 丹:座tsᵊu 童:座/个zʌɣ/kʌɣ 靖:座zʌɣ 江:座/顶zɜɣ/tiɲ 常:顶tiɲ 锡:顶tin 苏:座zɜu 熟:顶/条tĩᶮ/diɔ 昆:座/顶zəu/tin 霜:顶/部tĩ/bu 罗:部bu 周:座/顶/部bu/tiɪŋ/bu 上:座/顶zu/tiɲ 松:顶tiɲ 黎:土tʻɜu 盛:土tʻɜu 嘉:爿bᴇᵋ 双:爿bᴇ 杭:座/顶zu/tɪn 绍:座/顶(少)dzu/tɪŋ 诸:层dzẼĩ 崇:顶tiŋ 太:层zeŋ 余:□kuɒ̃ 宁:□kʻœʏ 黄:座zu 温:座szo 衢:座szu 华:座/兴ɕiɪn/dzuo 永:座szoə

座(房子)

宜:座zu 溧:座/幢szʌɯ/szʌŋ 金:幢tsuɑŋ 丹:幢tsɑŋ 童:幢/间dzɑŋ/kɑ 靖:幢dʑyɑŋ 江:间/幢kæ/dzᴀᵑ/zᴀᵑ 常:幢dzᴀɲ 锡:幢zɒ̃ 苏:座/幢zɜu/zÃ 熟:间/幢kæ/dzᴀˇ 昆:幢zã 霜:坟dɑ 罗:间ke 周:幢zɒˇ 上:幢zÃᶮ 松:幢zɑˇ 黎:座/幢/坟/土zɜu/zɑˇ/dɒ/tʻɜu 盛:幢/土zɑˇ/tʻɜu 嘉:间/幢kᴇᵋ/zᴀˇ 双:幢zɔ̃ 杭:座/幢zou/zʮᴀŋ 绍:幢/偷dzɒŋ/tʻɣ 诸:偷tʻei 崇:幢zɒ̃ 太:口kʻʏ 余:幢dzɒ̃ 宁:幢/进dzɔ̃/tɕɪŋ 黄:座zu 温:座szo 衢:塘dɒˇ 华:座/栋dzuo/toŋ 永:座/间szoə/kᴀ

扇(门)

宜:栓扇se 溧:扇ɕi 金:扇sæ̃ 丹:扇sɑŋ 童:扇sʊ 靖:扇ɕyũ 江:扇sɵ 常:扇sɔ 锡:扇so 苏:扇sɵ 熟:扇sʏ 昆:扇sɵ 霜:扇sɪ 罗:扇sʌʏ 周:扇se 上:扇sø 松:扇se 黎:扇sɵ 盛:扇sɵ 嘉:扇sʏə 双:扇sᴇ 杭:扇so 绍:头/扇dɣ/sẽ 诸:头dei 崇:头dʏ 太:□dʑiŋ 余:扇sẽ 宁:扇/道ɕi/dɔ 黄:扇ɕi 温:排bɑ 衢:扇ʃʮə 华:扇ɕʮe 永:头dəʊ

辆(车)

宜:部/辆bu/liᴀŋ 溧:部bu 金:部pu 丹:辆/部lie/pᵊu 童:部bu 靖:部bu 江:部bu 常:部bu 锡:部bʌɣ 苏:部bu 熟:辆/部liᴀˇ/bu 昆:部bu 霜:部bu 罗:部bu 周:

部bu　上:部bu　松:部bu　黎:部bɜu　盛:部bu　嘉:辆liA˜　双:部bu　杭:辆/部liAŋ/bu　绍:辆/部liaŋ/bu　诸:部bu　崇:部bu　太:部bʏ　余:部bu　宁:部bu　黄:部bu　温:部bʋ　衢:把bɑ　华:部bu　永:部bʋ

只(船)

宜:只tsAʔ　溧:只tsəʔ　金:只tsəʔ　丹:只tsəʔ　童:只tsəʔ　靖:只tɕiəʔ　江:只tsɑʔ　常:只tsɑʔ　锡:只tsAʔ　苏:只tsAʔ　熟:只tsAʔ　昆:只tsAʔ　霜:只tsAʔ　罗:只tsɐʔ　周:只tsɑʔ　上:只tsɐʔ　松:只tsAʔ　黎:只tsAʔ　盛:只tsɑʔ　嘉:条diɔ　双:只tsAʔ　杭:只/条/部tsɐʔ/diɔ/bu　绍:只tsAʔ　诸:只tsɐʔ　崇:只tsɑʔ　太:只tsɑʔ　余:只tsɐʔ　宁:只tsɐʔ　黄:只tsɐʔ　温:只tsʲi　衢:只/把/条tʃAʔ/bɑ/diɔ　华:只tɕiəʔ　永:只tsəɪ

件(事情)

宜:桩tsAŋ　溧:桩tsAŋ　金:件tɕĩ　丹:件/桩dʑi/tsɑŋ　童:桩tsɑŋ　靖:桩tɕyɑŋ　江:样ɦiAŋ　常:桩tsAɲ　锡:件/桩dʑɪ/tsɔ̃　苏:桩tsÃ　熟:桩tʂA˜　昆:桩tsã　霜:桩tsɒ˜　罗:桩tsɒ˜　周:桩tsA˜　上:桩/件tsÃn/dʑi　松:桩tsɑ˜　黎:桩tsɑ˜　盛:桩tsɑ˜　嘉:件dʑie　双:桩/件/样tsɔ̃/dʑɪ/ɦiã　杭:件/桩/样dʑie/tsɥAŋ/ɦiAŋ　绍:桩tsɒŋ　诸:件/样dʑiɪ/ʔiÃ　崇:件dʑiẽ　太:件dʑiẽ　余:笔pɐʔ　宁:样/桩ɦiã/tsɔ̃　黄:件dʑie　温:件tsʻɿ　衢:样ɦiã　华:件dʑie　永:件dʑie

笔(生意)

宜:笔pɪʔ　溧:笔pɪʔ　金:笔pieʔ　丹:笔pɪʔ　童:笔piɪʔ　靖:桩/笔tɕyɑŋ/pɪʔ　江:笔pɪʔ　常:笔pɪʔ　锡:笔pɪʔ　苏:笔pɪʔ　熟:笔pɪʔ　昆:笔pɪʔ　霜:笔/拔pɪʔ/pəʔ　罗:笔pɪʔ　周:笔pɪʔ　上:笔piɪʔ　松:笔pɪʔ　黎:桩tsɑ˜　盛:桩tsɑ˜　嘉:笔piəʔ　双:桩/笔tsɔ̃/piəʔ　杭:笔piɪʔ　绍:笔pɪʔ　诸:笔piəʔ　崇:笔piEʔ　太:笔pieʔ　余:笔pɐʔ　宁:笔/桩piɪʔ/tsɔ̃　黄:笔pieʔ　温:笔pi　衢:笔piəʔ　华:笔piəʔ/pəʔ　永:笔pə

种(布)

宜:种/只tsoŋ/kəʔ　溧:种tsoŋ　金:种tsoŋ　丹:种tsoŋ　童:种tsoŋ　靖:种tsoŋ　江:种/只/样tsoŋ/tsɑʔ/ɦiAŋ　常:种tsoŋ　锡:种/只tsoŋ/tsAʔ　苏:种tsoŋ　熟:只/样tsAʔ/ɦiA　昆:种tsoŋ　霜:种/样/只tsoŋ/ɦia˜/tsAʔ　罗:种/只tsoŋ/tsɐʔ　周:种/只tsoŋ/tsAʔ　上:种/只tsoŋ/tsɐʔ　松:种/只tsʊŋ/tsAʔ　黎:种/只tsoŋ/tsAʔ　盛:种/只tsoŋ/tsɑʔ　嘉:种/只tsoŋ/tsAʔ　双:种/样/只tsoŋ/ɦiã/tsAʔ　杭:种tsoŋ　绍:种tsʊŋ　诸:样ʔiÃ　崇:种tsoŋ　太:种tsʊŋ　余:种tsʊŋ　宁:种tsoŋ　黄:种tsoŋ　温:种tɕyᵘɔ　衢:种tsʌŋ　华:种/样tsoŋ/ɦiɑŋ　永:种tsoŋ

架(机器)

宜:台dɐɪ　溧:部bu　金:台tʻɛᵉ　丹:部bu　童:部bu　靖:台dæ　江:部bu　常:部/架bu/tɕiɑ　锡:部bʌɤ　苏:部/台bu/dE　熟:架/部/台kɑ/bu/dæ　昆:部bu　霜:部/台bu/dE　罗:部bu　周:部bu　上:部bu　松:部bu　黎:部bɜu　盛:部/台bu/dE　嘉:台/部/架dEᵋ/bu/tɕiɑ　双:部bu　杭:架/部tɕiɑ/bu　绍:架/台/部tɕia/de/bu　诸:部bu　崇:部bu　太:部bʏ　余:部bu　宁:部bu　黄:部de　温:部bʋ　衢:台/架dɛ/kɑ　华:部/台bu/dɛ　永:台/部dəɪ/bu

副(筷子)

宜:双sAŋ　溧:双sAŋ　金:双sɑŋ　丹:双/副sɑŋ/fu　童:双ʃyɥɑŋ　靖:双ɕyɑŋ　江:双sAŋ　常:双/副sAɲ/fu　锡:双sɔ̃　苏:双sÃ　熟:双ʂA˜　昆:双sã　霜:双sɒ˜　罗:双sɒ˜　周:双sɒ˜　上:双sÃɲ　松:双/副sɑ˜/fu　黎:双sɑ˜　盛:双sɑ˜　嘉:副/双fu/sA˜　双:双sɔ̃

杭:副/双fu/sʏɥAŋ 绍:副/双fu/sɒŋ 诸:双sɒ̃ 崇:双sɑ̃ 太:双ɕɥɒŋ 余:双sɒ̃ 宁:双sɔ̃ 黄:双sɒ˜ 温:副fʊ 衢:双ʃɥɒ˜ 华:双ɕɥɑng 永:双ɕʏAŋ

家(商店)

宜:家/爿ko/bA 溧:家ko 金:家kɑ 丹:个kəʔ 童:个kʌʏ/kəʔ 靖:家tɕiɑ 江:爿bæ 常:爿bæ 锡:爿bɛ 苏:爿bE 熟:爿dæ 昆:爿bɛ 霜:爿bE 罗:爿bE 周:爿bɛ 上:家/爿kA/bE 松:爿bE 黎:爿bE 盛:爿bE 嘉:家/爿kɑl/bEᵋ 双:爿bE 杭:家/爿bE/tɕiɑ 绍:爿bæ̃ 诸:爿bɛ 崇:爿bæ̃ 太:爿bæ̃ 余:爿bɛ̃ 宁:爿bE 黄:间kɛ 温:间kɑ 衢:爿bɛ 华:爿bæ̃ 永:间kA

所(屋子)

宜:间kA 溧:间kæE 金:间kæ̃ 丹:间kæ 童:间kɑ 靖:间kæ̃ 江:间kæ 常:间kæe 锡:间kɛ 苏:间kE 熟:间kæ 昆:间kɛ 霜:间kE 罗:间ke 周:间kɛ 上:间kE 松:间kE 黎:间kE 盛:间kE 嘉:间kEᵋ 双:间kE 杭:间kE/tɕiE 绍:间kæ̃ 诸:偷t'iʏ 崇:间kæ̃ 太:间kæ̃ 余:间kɛ̃ 宁:间kE 黄:间kɛ 温:座szo 衢:栋tʌŋ 华:□t'ɛ 永:幢dʑʏAŋ

些(纸)

宜:些ɕiɪʔ 溧:点ti 金:些ɕieʔ 丹:点点tɪtɪ 童:点点tɪtɪ 靖:点点tɪtɪ 江:点点/滴滴tɪtɪ/tɪʔtɪʔ 常:些ɕɪʔ 锡:点tɪ 苏:点tiɪ 熟:雪雪/滴滴sɪʔsɪʔ/tɪʔtɪʔ 昆:点tɪ 霜:眼ŋE 罗:眼ŋe 周:眼ŋɛ 上:眼/点ŋE/ti 松:眼ŋE 黎:点点tiɪtiɪ 盛:点点tiɪtiɪ 嘉:点tie 双:点tɪ 杭:点/眼tie/ŋE 绍:束soʔ 诸:束soʔ 崇:些ɕiz 太:些sɛʔ 余:眼ŋɛ̃ 宁:眼ŋE 黄:些/顶ɕieʔ/tiɪŋ 温:里lɪi 衢:些儿ɕiɲ 华:刀/张/点tɑʊ/tɕiɑŋ/tie 永:些/点ɕie/tie

行(字)

宜:坎dA 溧:排bA 金:排pɛ̃ᵉ 丹:行/坎hʱɑŋ/dɑ 童:行/排bɒ/ɦɑŋ 靖:排bæ 江:坎/排/行dæ/bæ/hAŋ 常:坎dɑ 锡:坎dɑ 苏:坎dɒ 熟:坎dɑ 昆:坎dɑ 霜:坎dɑ 罗:坎dɑ 周:坎dɑ 上:坎dA 松:坎dɑ 黎:坎dɒ 盛:坎dɑ 嘉:坎dɑ 双:坎/排dɑ/bɑ 杭:行/排ɦAŋ/bE 绍:坎/排da/ba 诸:坎dA 崇:坎dɑ 太:坎dɑ 余:坎/排dA/bA 宁:坎da 黄:行/坎ɦɒ˜/dA 温:行ɦᵘɔ 衢:行ɦɒ˜ 华:行ɦɑŋ 永:排biA

排(砖)

宜:排/坒bA/bij 溧:排bA 金:排p'ɛᵉ 丹:排pɑ 童:坒bij 靖:排/佗bæ/dʌʏ 江:坒bij 常:排bɑ 锡:排/坒bɑ/bi 苏:坒bij 熟:坒bi 昆:坒bi 霜:坒bi 罗:坒bi 周:坒bi 上:坒bi 松:排/坎/坒bɑ/dɑ/bij 黎:坒bij 盛:排/坒/落bɑ/bij/loʔ 嘉:坒bi 双:坒biz 杭:坒bi 绍:坒bi 诸:坒biz 崇:坒biz 太:坒bi 余:坒bi 宁:坒bi 黄:排bA 温:排bɑ 衢:坒bi 华:坒bij 永:坒bi

瓣(橘子)

宜:囊nAŋ 溧:囊nAŋ 金:瓣p'æ̃ 丹:片p'ɪ 童:片p'ɪ 靖:丫ʔo 江:丫/囊ʔo/nAŋ 常:囊nAɲ 锡:囊nɒ̃ 苏:囊nÃ 熟:囊nA˜ 昆:囊nã 霜:囊nɒ˜ 罗:囊nɒ˜ 周:囊nɒ˜ 上:囊/瓣nÃɲ/bE 松:板/囊/朗pE/nɑ˜/lɑ˜ 黎:瓣/囊bE/lɑ˜ 盛:囊lɑ˜ 嘉:囊nA˜ 双:囊nɔ̃ 杭:间/花kE/huɑ 绍:间kæ̃ 诸:挂ko 崇:□kæʔ 太:瓣/间bæ̃/kæ̃ 余:间/瓣kɛ̃/bɛ̃ 宁:瓣/间bE/kE 黄:间kɛ 温:晒sɑ 衢:间kɛ 华:挂kuɑ 永:□gɑ

道(题目)

宜:道dɑɤ 溧:道dɑ^ɤ 金:道tɑ^ɔ 丹:道/个tɒ/kəʔ 童:道dɐɤ 靖:条diɒ 江:道dɒ 常:道dɑ 锡:道dʌ 苏:道/门dæ/mən 熟:道dɔ 昆:道/门dɔ/mən 霜:门/道mɛ̃/dɔ 罗:道/门dɔ/mɛ̃^n 周:门məɲ 上:门/道nəɲ/dɔ 松:门məɲ 黎:门məɲ 盛:门/道məɲ/dɔ 嘉:道dɔ 双:道/门dɔ/mon 杭:道/个bɔ/kɐʔ 绍:道dɔ 诸:问/mən/vən 崇:道dɑɒ 太:道d^ɑɒ 余:道/门dɒ/meɲ 宁:道/门dɔ/mɐŋ 黄:问vəŋ 温:道dɜ 衢:道dɔ 华:道dɑʊ 永:道dᴀʊ

颗(糖)

宜:粒lɪʔ 溧:颗/粒k'ʌɯ/lɪʔ 金:个kəʔ 丹:颗k'ʌɤ 童:颗k'ʌɤ 靖:粒lɪʔ 江:粒lɪʔ 常:粒lɪʔ 锡:粒lɪʔ 苏:只tsᴀʔ 熟:粒lɪʔ 昆:粒lɪʔ 霜:粒lɪʔ 罗:粒lɪʔ 周:粒lɪʔ 上:粒liɪʔ 松:粒lɪʔ 黎:粒lɪʔ 盛:粒lɪʔ 嘉:粒liəʔ 双:粒liəʔ 杭:颗/块k'ou/k'uᴇ 绍:颗k'u 诸:颗k'ɤ 崇:颗k'ɤ 太:颗k'ɯ 余:粒lɪʔ 宁:颗/其k'^əuʔ/dʑi 黄:粒lɔʔ 温:粒lɪi 衢:粒ləʔ 华:颗/粒k'uo/liɪʔ 永:粒/块lə/k'ai

束(花)

宜:束sɔʔ 溧:束/把sɔʔ/po 金:把pɑ 丹:束soʔ 童:束soʔ 靖:束sɔʔ 江:束/把soʔ/po 常:束sɔʔ 锡:束sɔʔ 苏:束sɔʔ 熟:把pu 昆:束soʔ 霜:把po 罗:束/把soʔ/p^ʌɤ 周:把/束poʔ/soʔ 上:束soʔ 松:束/蓬sɔʔ/bʊŋ 黎:束soʔ 盛:束soʔ 嘉:束soʔ 双:蓬boŋ 杭:束/把sɔʔ/pɑ 绍:束soʔ 诸:颗k'ɤ 崇:把pɤ 太:把po 余:束soʔ 宁:束soʔ 黄:把po 温:把po 衢:捧p'ʌŋ 华:束/撮soʔ/ts'oʔ 永:蓬/把boŋ/boə

看一遍

宜:(看一)遍pɪ 溧:遍pi 金:遍pĩ 丹:遍pɪ 童:遍pɪ 靖:遍pɪ 江:遍pɪ 常:遍pɪ 锡:遍pɪ 苏:遍piɪ 熟:遍pie 昆:遍pɪ 霜:遍pɪ 罗:遍pi 周:遍pi 上:遍pi 松:遍pi 黎:遍piɪ 盛:遍piɪ 嘉:遍pie 双:遍pɪ 杭:遍pie 绍:遍/冒/巧pĩ/mɔ/tɕ'iɔ 诸:冒mɔ 崇:遍piẽ 太:遍piẽ 余:遍piẽ 宁:遍pi 黄:遍pie 温:遍pi 衢:遍pie 华:遍pie 永:遍/次pie/ts'ɿ

走一次

宜:(走一)趟t'ᴀŋ 溧:趟t'ᴀŋ 金:趟t'ɑŋ 丹:走一坟tɑ 童:走一趟tɑŋ 靖:趟t'ɑŋ 江:趟/坟t'ᴀ^ŋ/dæ 常:趟/坟t'ᴀɲ/dɑ 锡:趟t'ɒ̃ 苏:趟t'ᴀ̃ 熟:趟t'ᴀ~ 昆:趟t'ã 霜:趟t'ɒ~ 罗:趟t'ɒ~ 周:趟t'ɒ~ 上:趟t'ɑ̃^n 松:一趟/坟t'ɑ~/dɑ 黎:坟dɑ 盛:坟dɑ 嘉:趟t'ᴀ~ 双:坟/趟dɑ/t'ɔ̃ 杭:趟t'ᴀŋ 绍:冒/趟/坟mɔ/t'ɒŋ/da 诸:坟dɑ 崇:遍piẽ 太:遍piẽ 余:回ɦue 宁:回/趟/坟ɦue/tɔ̃/da 黄:次ts'ɿ 温:趟tɑ 衢:次ts'ɿ 华:趟t'ɑŋ 永:回/趟/坟ɦəɪ/t'ᴀŋ/diᴀ

打一顿

宜:(打一)顿təŋ 溧:顿tən 金:顿təŋ 丹:顿tuɛn 童:顿təŋ 靖:顿təŋ 江:顿tᴇɲ 常:顿təɲ 锡:顿tən 苏:顿tən 熟:顿tẽ^n 昆:顿tən 霜:顿tɛ̃ 罗:顿tɛ̃^n 周:顿təŋ 上:顿təɲ 松:顿təɲ 黎:顿təɲ 盛:顿təɲ 嘉:顿tən 双:顿tən 杭:顿tən 绍:顿təŋ 诸:顿tẼɪ 崇:顿tɪŋ 太:顿teŋ 余:顿teɲ 宁:顿tɐŋ 黄:顿təŋ 温:顿tʌŋ 衢:顿tən 华:顿(/燥)tən 永:操ts'ᴀʊ

吃一下

宜:(吃一)吃tɕʻiɪʔ 溧:记tɕiz 金:下xɑ 丹:(吃一)吃tɕʻɪʔ 童:哈子hɒtsɿ 靖:下子hɔʔtsɿ 江:吃/嘗tɕʻiəʔ/zAŋ 常:嘗zAɲ 锡:吃tɕiəʔ 苏:嘗zÃ 熟:吃(/嘗)/次tɕɪʔ/tsʻɿ 昆:吃tɕʻiɪʔ 霜:吃tɕʻɪʔ 罗:吃tɕʻiɐʔ 周:吃tɕʻiʌʔ 上:吃tɕʻiɪʔ 松:吃tɕʻiʌʔ 黎:吃tɕʻiəʔ 盛:吃tɕʻiɐʔ 嘉:吃tɕiəʔ 双:介点kɑtɪ 杭:吃tɕʻyɪʔ 绍:嘗zɒŋ 诸:吃tɕʻiɐʔ 崇:下/记看ɕiɑ/tɕizkʻo 太:记/记看tɕi/kœ̃ 余:记tɕi 宁:吃吃看tɕʻyɪʔtɕʻyɪki 黄:吃tɕʻyɔʔ 温:下ɦo 衢:(吃一)志 记tsɿ 华:记 记tɕie 永:食件板szə₂tɕie₅₅mA₃₁

去一趟

宜:(去一)趟tʻAŋ 溧:趟tʻAŋ 金:趟tʻɑŋ 丹:趟tʻɑŋ 童:趟tʻɑŋ 靖:去下子/去间一趟hɒtsɿ/tʻɑŋ 江:趟(/坎)tʻAŋ/dæ 常:趟tAɲ 锡:趟tɒ̃ 苏:趟tʻÃ 熟:趟tʻA˜ 昆:趟tʻa˜ 霜:趟tʻɒ˜ 罗:趟tʻɒ˜ 周:趟tʻɒ˜ 上:趟tʻÃɲ 松:趟/次tʻɑ˜/tsʻɿ 黎:坎dɒ 盛:冒mɔ 嘉:趟tʻA˜ 双:趟tʻɔ̃ 杭:趟tʻAŋ 绍:冒mɔ 诸:坎dɑ 崇:去坎来dɑle 太:坎来dɑle 余:回ɦue 宁:坎da 黄:次tsʻɿ 温:坎dɑ 衢:趟tʻɒ˜ 华:趟tʻɑŋ 永:坎diA

坐一会儿

宜:(坐一)间kA 溧:间kA 金:伴pʻæ 丹:眨tsʻɛʔ 童:只tsAʔkoŋfu 靖:歇歇ɕiəʔɕiəʔ 江:歇ɕiəʔ 常:歇ɕɪʔ 苏:歇ɕiəʔ 熟:歇歇ɕɪʔɕɪʔ 昆:歇ɕɪʔ 霜:歇ɕɪʔ 罗:歇ɕɪʔ 周:歇ɕɪʔ/ɕi 上:歇ɕiɪʔ 松:歇ɕiɪʔ 黎:歇/歇歇ɕiəʔ/ɕiəʔɕiəʔ 盛:歇ɕiɐʔ 嘉:歇ɕiəʔ 双:歇ɕiəʔ 杭:歇ɕiɪʔ 绍:歇/坐歇ɕɪʔ 诸:几/(坐)孟气tɕiz/mÃtɕʻi 崇:(坐)慢辰mæ̃ɕiŋ 太:慢歇mæ̃ɕieʔ 余:抢tɕʻiÃ 宁:上zɔ̃ 黄:记tɕi 温:翁儿oŋŋ̍ 衢:志tsɿ 华:记tɕie 永:件dʑie

闹一场

宜:(闹一)场zAŋ 溧:场szAŋ 金:场tsʻɑŋ 丹:泡pʻɒ 童:泡pʻɐɤ 靖:闹下子hɒtsɿ 江:场zAŋ 常:场zAɲ 锡:场zã 苏:场/吵一泡zÃ/pʻæ 熟:场dʐA˜ 昆:场zã 霜:场/泡za˜/pʻɔ 罗:场/泡za˜/pʻɔ 周:场/乱吵一泡zA˜/pʻɔ 上:场/泡zÃɲ/pʻɔ 松:场zɛ̃ 黎:泡/顿pʻAɔ/təɲ 盛:顿təɲ 嘉:场/泡zA˜/pʻɔ 双:场zã 杭:场/泡/泡子zAŋ/pʻɔ/pʻɔtsɿ 绍:场zaŋ 诸:冒mɔ 崇: 太: 余:场dzÃ 宁:场/回zã/ɦue 黄:套tʻɒ 温:场dʑi 衢:场dʒiã 华:场dʑiɑŋ 永:场dʑiAŋ

叫一声

宜:(叫一)声sAŋ 溧:声sən 金:声səŋ 丹:声sɛn 童:声səŋ 靖:叫下子hɒtsɿ 江:声sAŋ 常:声səɲ 锡:声sã 苏:声sÃ 熟:声ʂɛ̃ɲ 昆:声sã 霜:声sa˜ 罗:声sa˜ 周:声sA˜ 上:声sÃɲ 松:声sɛ̃ 黎:声sã 嘉:声sA˜ 双:声sã 杭:声sən 绍:声səŋ 诸:声sEĩ 崇:声siŋ 太:声seŋ/seŋzɿ 余:声seɲ 宁:声ɕɪŋ 黄:声ɕiɪŋ 温:声səŋ 衢:声/志sən/zɿ 华:声sən 永:声ɕiɪŋ

一辈子(一生一世)

宜:一生一世ʔiɪʔ₃səŋ₄₄ʔiɪʔ₄sɿ₃₂₄ 溧:一世人生ʔiɪʔ₄sɿ₄₄ȵin₅₅sən₃₁ 金:一辈子/一生一世ieʔ₃pei₅tsɿ₃₁/ieʔ₃səŋ₄ieʔ₅sɿ₅₅ 丹:一辈子/一生一世ʔɪʔ₃pEᵉ₅₃tsɿ₃₁/ʔɪʔ₃sən₃₃ʔɪʔ₅sɿ₃₁ 童:一生一世ʔiɪʔ₃səŋ₄iɪʔ₅sɿ₅₂ 靖:一生一世ʔɪʔ₃səŋ₄ʔɪʔ₃sɿ₄₄ 江:一世人生ʔɪʔ₃sɿ₅₅ȵiɲ₂₄sEɲ₃₁ 常:一生一世ʔɪʔ₃sAɲ₄₄ɪʔ₅sɿ₃₁ 锡:一生一世ʔiəʔ₃sã₄₄iəʔ₅sɿ₃₁ 苏:一生一世ʔiəʔ₅sÃ₂₃iəʔ₅sɿ₃₁ 熟:一生一世ʔɪʔ₃sA˜₅ɪʔ₄ʂʮ₃₁ 昆:一生一世ʔiɪʔ₃sã₄iɪʔ₄₅sɿ₃₁ 霜:一辈子/一生一世ʔɪʔ₅₃pAɪ₃₄tsɿ₅₂/ʔɪʔ₃₃sa˜₃₄ɪʔ₅₅sɿ₃₁ 罗:一生一世ʔɪʔ₃sa˜₅₅ɪʔ₃₃sɿ₃₁ 周:一生一世ʔɪʔ₃sA˜₅₅ɪʔ₃₁sɿ₃₁ 上:一生一世ʔiɪʔ₃sÃɲ₅₅iɪʔ₃₃sɿ₃₁

松：一生一世ʔiɪʔ$_{3}$sɛ̃$_{52}$iɪʔ$_{3}$sɿ$_{34}$　黎：一生一世ʔiəʔ$_{3}$sã$_{55}$iəʔ$_{3}$sɿ$_{31}$　盛：一生一世ʔiɪʔ$_{3}$sA˜$_{55}$iɪʔ$_{3}$sɿ$_{31}$　嘉：一生一世ʔieʔ$_{3}$sA˜$_{44}$ieʔ$_{5}$sɿ$_{31}$　双：一生一世ʔiəʔ$_{3}$sã$_{55}$iəʔ$_{4}$sɿ$_{31}$　杭：一辈子/一生一世ʔiɪʔ$_{3}$peɪ$_{35}$tsɿ$_{51}$/ʔiɪʔ$_{3}$sAŋ$_{5}$iɪʔ$_{3}$sɿ$_{31}$　绍：一生一世ʔɪʔ$_{3}$saŋ$_{5}$ɪʔ$_{3}$sɿ$_{31}$　诸：一生一世ʔiəʔ$_{3}$sÃ$_{55}$iəʔ$_{3}$sɿ$_{44}$　崇：一生一世ʔiEʔ$_{3}$sA˜$_{44}$iEʔ$_{3}$sɿ$_{34}$　太：一生一世ʔieʔ$_{3}$sA˜$_{55}$ieʔ$_{3}$sɿ$_{34}$　余：一生一世ʔɪʔ$_{3}$sÃ$_{5}$ɪʔ$_{3}$sɿ$_{31}$　宁：一生一世ʔiɪʔ$_{3}$sã$_{5}$iɪʔ$_{3}$sɿ$_{31}$　黄：一世ʔieʔ$_{3}$ɕi$_{44}$　温：一生一世ʔiæi$_{3}$sʲɛ$_{5}$ʔiæi$_{3}$sʲi$_{52}$　衢：一生一世/一辈子ʔieʔ$_{3}$sã$_{4}$iəʔ$_{3}$ʃɥ$_{44}$/ʔiəʔ$_{3}$p$_{5}$tsɿ$_{31}$　华：一辈子/一生传ʔiəʔ$_{3}$peɪ$_{55}$tsɿ$_{31}$/ʔiəʔ$_{3}$saŋ$_{55}$ɕʑɥe$_{31}$　永：一个生世iə$_{33}$goə$_{44}$ sai$_{33}$ɕi$_{55}$

一点儿（一眼眼）

宜：一点点ʔiɪʔ$_{3}$tɪ$_{55}$tɪ$_{31}$　溧：一点点ʔiɪʔ$_{3}$ti$_{5}$ti$_{34}$　金：一底个ieʔ$_{53}$ti$_{z33}$kʌɤ$_{55}$　丹：一点点ʔɪʔ$_{3}$tɪ$_{55}$tɪ$_{31}$　童：一眼眼（/点点）ʔiɪʔ$_{5}$ŋɑ$_{33}$ŋɑ$_{31}$/ʔiɪʔ$_{5}$tɪ$_{33}$tɪ$_{31}$　靖：一点点/一眼眼ʔɪʔ$_{3}$tɪ$_{44}$tɪ$_{44}$/ʔɪʔ$_{3}$ŋæ̃$_{44}$ŋæ̃$_{44}$　江：一点点/一滴滴ʔɪʔ$_{4}$tɪ$_{42}$tɪ$_{31}$/ʔɪʔ$_{5}$tɪʔ$_{5}$tɪʔ$_{5}$　常：一眼眼（/一点点/一密密（少））ʔɪʔ$_{3}$ŋæ$_{55}$ŋæ$_{31}$/ʔɪʔ$_{3}$tɪ$_{5}$tɪ$_{31}$/ʔɪʔ$_{4}$mɪʔ$_{4}$mɪʔ$_{5}$　锡：一滴滴ʔiəʔ$_{3}$tɪʔ$_{4}$tɪʔ$_{5}$　苏：一眼眼ʔiəʔ$_{5}$ŋE$_{23}$ŋE$_{31}$　熟：一滴滴ʔɪʔ$_{3}$tɪʔ$_{4}$tɪʔ$_{4}$　昆：一眼眼ʔiɪʔ$_{3}$ŋɛ$_{35}$ŋɛ$_{52}$　霜：一眼眼ʔɪʔ$_{33}$ŋɛ$_{55}$ŋɛ$_{31}$　罗：一眼眼ʔɪʔ$_{33}$ŋe$_{55}$ŋe$_{31}$　周：一眼眼ʔɪʔ$_{4}$ŋɛ$_{44}$ŋɛ$_{52}$　上：一眼眼/滴滴/沰沰/点点ʔiɪʔ$_{3}$ŋE$_{55}$ŋE$_{31}$/ʔiɪʔ$_{3}$tiɪʔ$_{5}$tiɪʔ$_{3}$/ʔiɪʔ$_{3}$toʔ$_{5}$toʔ/ʔiɪʔ$_{3}$ti$_{5}$ti　松：一眼眼ʔiɪʔ$_{33}$ŋE$_{44}$ŋE$_{52}$　黎：一点点ʔiəʔ$_{3}$tiɪ$_{55}$tiɪ$_{31}$　盛：一点点ʔiɪʔ$_{3}$tiɪ$_{44}$tiɪ$_{44}$　嘉：一点点ʔie$_{3}$tie$_{44}$tie$_{34}$　双：一点点ʔiəʔ$_{3}$tɪ$_{55}$tɪ$_{31}$　杭：一眼眼/ʔiɪʔ$_{3}$ie$_{23}$ie$_{51}$　绍：一東東ʔɪʔ$_{4}$soʔ$_{4}$soʔ$_{4}$　诸：姆孟丢m̩$_{33}$mÃ$_{44}$diɤ$_{44}$　崇：一点点/一眼眼（少）tiẽtiẽ/ŋæ̃ŋæ̃　太：一点点tietie　余：一眼眼ʔɪʔ$_{3}$ŋẽ$_{44}$ŋẽ$_{44}$　宁：一眼眼ʔiɪʔ$_{3}$ŋe$_{44}$ŋe$_{55}$　黄：一眼眼ʔieʔ$_{3}$ŋɛ$_{33}$ŋɛ$_{44}$　温：一眼儿ʔiæiŋ̍iŋ̍　衢：一点儿ʔiəʔ$_{3}$tie$_{34}$tie$_{55}$　华：一渧渧ʔiəʔ$_{3}$ti$_{j44}$ti$_{j35}$　永：一点点iə$_{32}$ȵie$_{33}$ȵie$_{31}$

几个（三五个）

宜：几葛/□五葛ɕi$_{j33}$kəʔ$_{4}$/sA$_{55}$ŋ̍$_{33}$kəʔ$_{31}$　溧：几个tɕi$_{44}$kæE$_{223}$　金：几个/三五个tɕi$_{z33}$kʌɤ$_{44}$/sæ̃$_{3}$ᵊu$_{24}$kʌɤ$_{55}$　丹：几个tɕi$_{52}$kəʔ$_{2}$　童：几个tɕi$_{j33}$kʌɤ$_{55}$　靖：两三个lĩ$_{22}$sæ̃$_{44}$kʌɤ$_{52}$　江：几个/两三个tɕi$_{j52}$kɜʔ$_{3}$/liAᵑ$_{52}$sæ$_{33}$kɜʔ$_{4}$　常：几个/三四个/三五个tɕikəʔ/sæ$_{55}$sɿ$_{33}$kəʔ$_{3}$/sæ$_{55}$ŋ̍$_{33}$kəʔ$_{3}$　锡：两三个liã$_{22}$sɛ$_{55}$kəʔ$_{31}$　苏：几个tɕi$_{j52}$gəʔ$_{2}$　熟：几个tɕi$_{55}$kEʔ$_{3}$　昆：几个tɕi$_{52}$gəʔ$_{3}$　霜：几个/三两个tɕi$_{33}$gəʔ$_{4}$/sE$_{55}$lia˜$_{33}$gəʔ$_{31}$　罗：几个/洒五个tɕi$_{33}$gɐʔ$_{4}$/sɑ$_{55}$ŋ̍$_{33}$gɐʔ$_{31}$　周：三五个sɑ$_{55}$ŋ̍$_{33}$kɤ$_{31}$　上：三五个sA$_{55}$ŋ̍$_{33}$gɐʔ$_{31}$　松：三两个sE$_{55}$liɛ̃$_{33}$kɯ$_{31}$　黎：几个tɕi$_{j3}$kəʔ$_{4}$　盛：几个tɕi$_{j52}$kəʔ$_{3}$　嘉：几个tɕi$_{44}$kəʔ$_{5}$　双：洒四个sɑ$_{4}$sɿ$_{4}$kəʔ$_{5}$　杭：几个/两个tɕi$_{55}$kɐʔ$_{31}$/liaŋ$_{55}$kɐʔ$_{31}$　绍：几个/好两个tɕi$_{34}$gəʔ$_{31}$/hɔ$_{43}$liaŋ$_{33}$gəʔ$_{31}$　诸：几个tɕi$_{z52}$kei$_{44}$　崇：好两介hɑɒ$_{33}$liÃ$_{55}$kɑ$_{31}$　太：好两介bᵅɒ$_{33}$liA˜$_{44}$kɑ$_{52}$　余：洒五个sA$_{33}$ŋ̍$_{44}$ku$_{52}$　宁：几个tɕi$_{3}$ɦoʔ$_{5}$　黄：几个tɕi$_{33}$kɛ$_{44}$　温：几个kʲi$_{34}$kæi$_{52}$　衢：几个tɕi$_{34}$kɤɯ$_{55}$　华：几个tɕi$_{j54}$kəʔ$_{35}$　永：几个/好两个tɕi$_{32}$goə$_{44}$/xAʊ$_{43}$liAŋ$_{33}$goə$_{31}$

几儿（几时）

宜：几时/几辰光tɕi$_{j53}$zɿ$_{31}$/tɕi$_{j51}$zəŋ$_{21}$kuAŋ$_{23}$　溧：点个辰光ti$_{44}$kəʔ$_{4}$szən$_{5}$kuAŋ$_{31}$　金：几时tɕi$_{32}$sɿ$_{23}$　丹：几点钟tɕi$_{33}$tɪ$_{55}$tsoŋ$_{31}$　童：几时tɕi$_{j55}$zɿ$_{31}$　靖：辰光/吊辰光tɪʔ$_{2}$gəʔ$_{23}$ ʑiəŋ$_{22}$kuɑŋ$_{44}$/tiɒ$_{35}$ʑiəŋ$_{22}$kuɑŋ$_{44}$　江：多好辰光tɜɤ$_{55}$hɒ$_{31}$ zEɲ$_{24}$kuAᵑ$_{31}$　常：哪歇nAɲ$_{23}$ɕiʔ$_{5}$　锡：几辰光/几点钟tɕi$_{21}$zən$_{11}$kuɒ̃$_{23}$/tɕi$_{21}$tɪ$_{11}$tsoŋ$_{23}$　苏：几时/几辰光tɕi$_{j52}$zɿ$_{23}$/tɕi$_{j52}$zən$_{23}$kuÃ$_{31}$　熟：啥辰光ʂɑ$_{33}$dʐẽⁿ$_{55}$kuA˜$_{31}$　昆：几时tɕi$_{52}$zɿ$_{41}$　霜：几时tɕi$_{33}$zɿ$_{34}$　罗：几时/啥辰光tɕi$_{33}$zɿ$_{4}$/sɑ$_{33}$zẽⁿ$_{55}$kuɒ˜$_{31}$　周：几时/啥辰光tɕi$_{33}$zɿ$_{44}$/sɑ$_{33}$zəŋ$_{55}$kuɒ˜$_{31}$　上：几时tɕi$_{33}$zɿ$_{44}$　松：啥辰光sɑ$_{335}$zən$_{22}$kuɑ˜$_{52}$　黎：几时/啥辰光tɕi$_{j55}$zɿ$_{31}$/sɒzəɲ$_{22}$kuɑ˜$_{34}$　盛：几时tɕi$_{j55}$zɿ$_{31}$　嘉：几辰光tɕi$_{33}$zən$_{55}$kuA˜$_{31}$　双：几时tɕi$_{34}$zɿ$_{52}$　杭：几时/啥时光tɕi$_{55}$szɿ$_{31}$/sɑ$_{55}$szɿ$_{33}$kuAŋ$_{31}$　绍：啥辰光/啥时光so$_{34}$əŋ$_{55}$kuaŋ$_{31}$/so$_{34}$zɿ$_{55}$kuAŋ$_{31}$

诸：几时tɕi$_{z55}$zʅ$_{31}$ 崇：几时tɕi$_{z55}$zʅ$_{31}$ 太：几时tɕi$_{55}$zʅ 余：几时/啥辰光tɕi$_{44}$zʅ$_{44}$/so$_{44}$zeɲ$_{44}$kuɑ̃$_{44}$ 宁：几时tɕi$_{33}$zʅ$_{44}$ 黄：几时tɕi$_{55}$zʅ$_{31}$ 温：几暖间kʰi$_{33}$nʌŋ$_{44}$kɑ$_{55}$ 衢：几时/啥时候tɕi$_{35}$szʅ$_{31}$/sɑ$_{35}$szʅ$_{22}$ɦɤɯ$_{44}$ 华：几时/拉见tɕi$_{j35}$s^{z}ʅ$_{31}$/lɑ$_{54}$tɕie$_{35}$ 永：几时tɕi$_{32}$szʅ$_{44}$

十五

宜：十五zəʔ$_{42}$ŋ̍$_{31}$ 溧：十五szəʔ$_{5}$ŋ̍$_{242}$ 金：十五səʔ$^{ə}_{5}$u$_{23}$ 丹：十五s^{z}əʔ$_{2}$n̩$_{55}$ 童：十五s^{z}əʔ$_{42}$u$_{31}$ 靖：十五szəʔ$_{\underline{34}}$ wu$_{334}$ 江：十五zɜʔ$_{2}$ɲ̍$_{45}$ 常：十五zəʔ$_{2}$ɲ̍$_{13}$ 锡：十五zəʔ$_{2}$ŋ̍$_{52}$ 苏：舍五so$_{55}$ɲ$_{31}$ 熟：十五/叔五ʐᴇʔ$_{2}$ɲ̍$_{54}$/ʂʊʔ$_{4}$ɲ̍$_{5}$ 昆：十五/舍五zəʔ$_{2}$ŋ̍$_{55}$/so$_{53}$ŋ̍$_{52}$ 霜：十五/舍五zəʔ$_{2}$n̩$_{23}$/s^{ʌ}ɤ$_{55}$n̩$_{31}$ 罗：十五zɐʔ$_{22}$n̩$_{44}$/s^{ʌ}ɤ$_{33}$n̩$_{52}$ 周：十五zəʔ$_{2}$ŋ̍$_{23}$ 上：十五/舍五zɐʔ$_{2}$ɲ̍$_{23}$/so$_{55}$ɲ̍$_{31}$ 松：舍五so$_{55}$ɲ̍$_{31}$ 黎：舍五so$_{55}$ŋ̍$_{31}$ 盛：十五/靴五zəʔ$_{3}$ŋ̍$_{33}$/ɕio$_{55}$ŋ̍$_{31}$ 嘉：十五zəʔ$_{2}$ŋ̍$_{44}$ 双：十五/舍五zəʔ$_{2}$ŋ̍$_{52}$/so$_{34}$ŋ̍$_{52}$ 杭：十五dzɐʔ$_{2}$u$_{51}$/dzɐʔ$_{2}$n̩$_{5}$ 绍：上五zaŋ$_{23}$ŋ̍$_{5}$ 诸：十五zɐʔ$_{2}$ɲ̍$_{52}$ 崇：十五zᴇʔ$_{2}$ŋ̍$_{52}$ 太：十五zɛʔ$_{2}$ŋ̍$_{52}$ 余：十五zəʔ$_{2}$ŋ̍$_{52}$ 宁：十五zɐʔ$_{2}$ŋ̍$_{55}$ 黄：十五ʑieʔ$_{2}$ŋ̍$_{31}$ 温：十五szæi$_{2}$ŋ̍$_{55}$ 衢：十五dʒɥəʔ$_{2}$ŋ̍$_{51}$ 华：十五ʑiəʔ$_{3}$n̩$_{51}$ 永：十五szə$_{32}$ɲ̍$_{32}$

从前

宜：从前头/老早/葛辰光zoŋ$_{22}$ʑɪ$_{22}$dɤɯ$_{53}$/lɑɤ$_{23}$tsɑɤ$_{31}$/kəʔ$_{5}$zəŋ$_{55}$kuʌŋ$_{55}$ 溧：过辰光/老早kʌɯ$_{44}$zən$_{32}$kuʌŋ$_{23}$/lɑ^{ɤ}$_{24}$tsɑ^{ɤ}$_{52}$ 金：从前/老早/古时候ts'oŋ$_{24}$tɕ'ɪ$_{23}$/lɑ^{ɔ}$_{24}$tsɑ^{ɔ}$_{23}$/k^{ə}u$_{22}$sʅ^{z}$_{33}$xʌɤ$_{44}$ 丹：老早lɒ$_{32}$tsɒ$_{24}$ 童：从前/老早/个辰光/个葛辰光szoŋ$_{24}$ʑɪ$_{31}$/lɐɤ$_{24}$tsɐɤ$_{31}$/gʌɤ$_{23}$zəŋ$_{55}$kuɑŋ$_{31}$/gʌɤ$_{24}$gəʔ$_{33}$zəŋ$_{33}$kuɑŋ$_{31}$ 靖：从前/老早/以前zoŋ$_{24}$zĩ$_{23}$/ʔlɒ$_{44}$tsɒ$_{44}$/ʔi$_{44}$zĩ$_{23}$ 江：从前头/老早/老早头/过歇头dzoŋ$_{24}$zɪ$_{33}$dᴇɪ$_{31}$/ʔlɒ$_{52}$tsɒ$_{33}$/ʔlɒ$_{52}$tsɒ$_{33}$dᴇɪ$_{43}$/kɜɤ$_{52}$ɕiɑ$_{33}$dᴇ$_{43}$ 常：从前头/老早/老早头dzoŋ$_{21}$ʑɪ$_{24}$dei$_{31}$/lɑɤ$_{21}$tsɑɤ$_{13}$/lɑɤ$_{21}$tsɑɤ$_{11}$dei$_{13}$ 锡：以前/老早ʔi$_{55}$zɪ$_{31}$/lʌ$_{24}$tsʌ$_{31}$ 苏：从前/老老早早/老底子zoŋ$_{24}$ʑiɪ$_{31}$/læ$_{24}$læ$_{44}$tsæ$_{33}$tsæ$_{31}$/læ$_{24}$ti$_{j44}$tsʅ$_{31}$ 熟：从前/门前/从前头/老底则dzʊŋ$_{23}$dzie$_{33}$/mẽ^{ŋ}$_{24}$zie$_{31}$/dzʊŋ$_{23}$zie$_{33}$dᴇ$_{33}$/lɔ$_{22}$ti$_{55}$tsᴇʔ$_{\underline{31}}$ 昆：老底子/老早lɔ$_{22}$ti$_{55}$tsʅ$_{41}$/lɔ$_{22}$tsɔ$_{44}$ 霜：老早/老底子/老早子lɔ$_{22}$tsɔ$_{44}$/lɔ$_{22}$ti$_{55}$tsʅ$_{31}$/lɔ$_{22}$tsɔ$_{55}$tsʅ$_{31}$ 罗：老早/老早子/老底子lɔ$_{22}$tsɔ$_{52}$/lɔ$_{22}$tsɔ$_{55}$tsʅ$_{31}$/lɔ$_{22}$ti$_{55}$tsʅ$_{31}$ 周：从前/前头/前头起/老早/老底子zoŋ$_{23}$ɦi$_{44}$/ʑi$_{23}$dɤ$_{44}$/ʑi$_{23}$dɤ$_{44}$tɕ'i$_{52}$/lɔ$_{22}$tsɔ$_{24}$/lɔ$_{22}$ɗi$_{55}$tsʅ$_{31}$ 上：从前/老早/老底子/老早子zʊŋ$_{22}$ʑi$_{44}$/lɔ$_{22}$tsɔ$_{44}$/lɔ$_{22}$ti$_{55}$tsʅ$_{31}$/lɔ$_{22}$tsɔ$_{44}$tsʅ$_{31}$ 松：从前/老早zʊŋ$_{22}$ʑi$_{52}$/lɔ$_{22}$tsɔ$_{23}$ 黎：老老早早/老早老早/老早/葛辰光/老底子lʌɔ$_{22}$lʌɔ$_{22}$tsʌ^{ɔ}$_{55}$tsʌ^{ɔ}$_{31}$/lʌ^{ɔ}$_{22}$tsʌ^{ɔ}$_{44}$lʌ^{ɔ}$_{22}$tsʌ^{ɔ}$_{34}$/lʌ^{ɔ}$_{22}$tsʌ^{ɔ}$_{34}$/kəʔ$_{3}$zəɲ$_{55}$kuɑ̃$_{31}$/lʌ^{ɔ}$_{23}$ti$_{j33}$tsʅ$_{33}$ 盛：老老早早/老早老早/老早/老底子/从前lʌɑ$_{23}$lʌɑ$_{33}$tsʌɑ$_{33}$tsʌɑ$_{33}$/lʌɑ$_{23}$tsʌ^{ɑ}$_{33}$lʌɑ$_{23}$tsʌɑ$_{33}$/lʌɑ$_{23}$tsʌɑ$_{33}$/lʌɑ$_{23}$ti$_{j33}$tsʅ$_{33}$/dzoŋ$_{22}$ziɪ$_{44}$ 嘉：从前/老早zoŋ$_{22}$dʑie$_{44}$/lɔ$_{22}$tsɔ$_{44}$ 双：从前/老底子/本来/本哉zoŋ$_{22}$dʑɪ$_{44}$/lɔ$_{24}$ti$_{z55}$tsʅ$_{21}$/pən$_{34}$lᴇ$_{52}$/pən$_{33}$tsᴇ$_{52}$ 杭：从前/老早/老底子dzoŋ$_{21}$dʑie$_{23}$/ʔlɔ$_{34}$tsɔ$_{51}$/ʔlɔ$_{55}$ti$_{33}$tsʅ$_{31}$ 绍：喊冒/咸冒/老式hæ̃$_{43}$mɑɒ$_{33}$/ɦæ̃$_{21}$mɑɒ$_{33}$/lɑɒ$_{23}$səʔ$_{5}$ 诸：先头ɕiɪ$_{44}$dei$_{33}$ 崇：头滑夷dʏ$_{21}$væʔ$_{22}$ɦiz$_{23}$ 太：前介光/光滑时ʑi$_{22}$kɑ$_{55}$kuɑŋ$_{31}$/dʏ$_{31}$vɛʔ$_{33}$zʅ$_{33}$ 余：本来早/老早辰光peɲ$_{44}$le$_{44}$tsɒ$_{52}$/lɒ$_{23}$tsɒ$_{44}$zeɲ$_{44}$kuɒ̃$_{44}$ 宁：闲早/闲早子ɦᴇ$_{22}$tsɔ$_{44}$/ɦᴇ$_{22}$tsɔ$_{55}$tsʅ$_{31}$ 黄：早先/上先tsɒ$_{33}$ɕie$_{44}$/zɒ̃$_{22}$ɕie$_{44}$ 温：老早lɜ$_{22}$tsɜ$_{34}$ 衢：从前/老早/老底子zʌŋ$_{24}$ʑiẽ$_{31}$/ʔlɔ$_{45}$tsɔ$_{35}$/ʔlɔ$_{45}$ti$_{35}$tsʅ$_{31}$ 华：从前/前头/以前/老早以前/一直以前szoŋ$_{32}$ɕiɑ$_{35}$/ɕiɑ$_{33}$tiɯu$_{51}$/ʔi$_{j55}$ɕiɑ$_{31}$/lɑʊ$_{22}$tsɑʊ$_{44}$ i$_{j55}$ɕiɑ$_{31}$/ʔiəʔ$_{4}$dʑiəʔ$_{3}$ i$_{j55}$ɕiɑ$_{31}$ 永：以前/早先ʔɦi$_{32}$ɕʑiᴀ$_{22}$/tsᴀʊ$_{43}$ɕie$_{44}$

刚才

宜：刚刚kᴀŋ$_{55}$kᴀŋ$_{55}$ 溧：才先/才外头szæᴇ$_{32}$ɕi$_{23}$/szæᴇ$_{32}$ŋᴀ$_{22}$dei$_{52}$ 金：刚才/将家/才/刚刚kɑŋ$_{52}$ts'ɛ^{e}$_{23}$/tɕiɑŋ$_{22}$kɑ$_{44}$/ts'ɛ^{e}$_{24}$/kɑŋ$_{44}$kɑŋ$_{44}$ 丹：刚刚kɑŋ$_{35}$kɑŋ$_{21}$ 童：才将ts'aɪ$_{35}$tɕiɑŋ$_{31}$ 靖：才将/早先zæ$_{22}$tɕĩ$_{34}$/tsɒ$_{43}$sĩ$_{33}$ 江：头起头/呆腔头/刚刚dᴇɪ$_{22}$tɕ'ij$_{55}$dᴇɪ$_{31}$/ŋæ$_{24}$tɕ'iᴀ^{ŋ}$_{33}$dᴇɪ$_{31}$/kᴀ^{ŋ}$_{53}$

kᴀ^{ŋ}$_{31}$　常：刚刚/才刚kᴀɲ$_{55}$kᴀɲ$_{31}$/zæe$_{21}$tɕiᴀɲ$_{34}$　锡：额巧/刚刚kɑʔ$_{4}$tɕʻiʌ$_{55}$/kɒ̃$_{55}$kɒ̃$_{31}$　苏：刚刚kÃ$_{55}$kÃ$_{31}$/tɕiÃ$_{55}$tɕiÃ$_{31}$　熟：将开头/刚刚头/门前一歇歇tɕiᴀ̃$_{55}$kæ$_{55}$dᴇ$_{51}$/kᴀ̃$_{55}$kᴀ̃$_{55}$dᴇ$_{51}$/mẽ^{n}$_{24}$zie$_{31}$ʔɪʔ$_{4}$ɕɪʔ$_{5}$ɕɪʔ$_{5}$　昆：刚刚kã$_{44}$kã$_{41}$　霜：刚刚/特歇洞/开望kɒ̃$_{55}$kɒ̃$_{31}$/dəʔ$_{2}$ɕ^{i}ɪʔ$_{2}$do^{ŋ}$_{23}$/kʻᴇ$_{55}$ɦuɒ̃$_{31}$　罗：刚刚/开望kɒ̃$_{55}$kɒ̃$_{31}$/kʻe$_{55}$ɦuɒ̃$_{31}$　周：刚刚/客客(少)kᴀ̃$_{44}$kᴀ̃$_{52}$/kʻɑʔ$_{4}$kʻɑʔ$_{52}$　上：刚刚kÃ^{n}$_{55}$kÃ^{n}$_{31}$　松：刚刚kɑ̃$_{33}$kɑ̃$_{52}$　黎：刚刚头/刚刚kɑ̃$_{44}$kɑ̃$_{44}$dieɯ$_{44}$/kɑ̃$_{44}$kɑ̃$_{44}$　盛：刚刚kɑ̃$_{44}$kɑ̃$_{44}$　嘉：刚刚kᴀ̃$_{44}$kᴀ̃$_{51}$　双：刚刚kɔ̃$_{44}$kɔ̃$_{44}$　杭：刚刚/头冒kᴀŋ$_{32}$kᴀŋ$_{23}$/deɪ$_{21}$mɔ$_{23}$　绍：头冒/头歇冒/刚刚dɤ$_{23}$mɑɒ$_{52}$/dɤ$_{22}$ɕɪʔ$_{4}$mɑɒ$_{52}$/kɒŋ$_{33}$kɒŋ$_{52}$　诸：刚刚kɒ̃$_{52}$kɒ̃$_{44}$　崇：头慢兴dʏ$_{22}$mæ̃$_{55}$ɕiŋ$_{31}$　太：头慢先dʏ$_{22}$mæ̃$_{55}$ɕiẽ$_{31}$　余：头儿dʏ$_{22}$tɕi$_{52}$　宁：头翘/头毛子/头回/刚刚dœʏ$_{22}$tɕʻiɘ$_{44}$/dœʏ$_{22}$mɔ$_{55}$tsɿ$_{33}$/dœʏ$_{22}$ɦuᴇɪ$_{51}$/kɔ$_{33}$kɔ$_{44}$　黄：头起diʏ$_{22}$tɕʻie$_{51}$　温：刚儿k^{ʊ}ɔ$_{44}$ŋ̍$_{2}$　衢：前头ʑiẽ$_{32}$dəɪ$_{23}$　华：没件/精葛见məʔ$_{2}$dʑie$_{24}$/tɕiɪn$_{55}$gəʔ$_{3}$tɕie$_{31}$　永：样节iᴀŋ$_{55}$dʑiᴀ$_{22}$

先前、起初

宜：开始辰光/先起头kʻɐɪ$_{55}$sɿ$_{55}$zəŋ$_{55}$kuᴀŋ$_{55}$/ɕɪ$_{55}$tɕʻi$_{j33}$dʏɯ$_{31}$　溧：一开始ʔiɪʔ$_{5}$kʻæᴇ$_{34}$sɿ$_{52}$　金：起初/一开始tɕʻi$_{z24}$ts^{ʻə}u$_{52}$/ieʔ$_{4}$kʻɛ^{e}$_{52}$sɿ$_{z23}$　丹：才要/才前头dzæ$_{32}$iɒ$_{24}$/dzæ$_{22}$ʑɪ$_{55}$dᴇ^{e}$_{31}$　童：刚开始kaŋ$_{55}$kʻaɪ$_{33}$sɿ$_{31}$　靖：起初(少)/一上来/才开始辰光tɕʻi$_{j35}$tsʻʌʏ$_{31}$/ʔiɪʔ$_{5}$ʔæ̃$_{33}$læ$_{34}$/zæ$_{23}$kæ$_{44}$sɿ$_{44}$dʑiəŋ$_{22}$kuɑŋ$_{34}$　江：开头/先起头kʻæ$_{44}$dᴇɪ$_{223}$/sɪ$_{55}$tɕʻi$_{j33}$dᴇɪ$_{31}$　常：头上来dei$_{22}$zᴀɲ$_{55}$læe$_{42}$　锡：开始/开头kʻᴇ$_{21}$sɿ$_{23}$/kʻᴇi$_{21}$dᴇi$_{23}$　苏：开头/先起头kʻᴇ$_{44}$dəɪ$_{223}$/ɕiɪ$_{55}$tɕʻi$_{j55}$dəɪ$_{31}$　熟：开头/门前kʻæ$_{55}$dᴇ$_{51}$/mẽ^{n}$_{24}$zie$_{31}$　昆：开始/开头kʻɛ$_{44}$sɿ$_{41}$/kʻɛ$_{44}$dᴇ$_{41}$　霜：头先/开头dʌɪ$_{22}$sɪ$_{52}$/kʻᴇ$_{55}$dʌɪ$_{31}$　罗：开头辰光/一个辰光kʻe$_{55}$dʌɪ$_{33}$zẽ^{n}$_{22}$kuɒ̃$_{52}$/ʔɪʔ$_{5}$gəʔ$_{3}$zẽ^{n}$_{22}$kuɒ̃$_{52}$　周：开头kʻe$_{44}$dʏ$_{52}$　上：开头/先头kʻᴇ$_{55}$dʏɯ$_{31}$/ɕi$_{55}$dʏɯ$_{31}$　松：先头/前头ɕi$_{33}$dɯ$_{52}$/ʑi$_{22}$dɯ$_{52}$　黎：开头kʻᴇ$_{44}$dieɯ$_{44}$　盛：开头kʻᴇ$_{44}$diɘʉ$_{24}$　嘉：开始辰光kʻᴇ^{ɛ}$_{55}$sɿ$_{33}$zən$_{22}$kuᴀ̃$_{44}$　双：头先来/先起头d^{ø}ʏ$_{22}$ɕɪ$_{44}$lᴇ$_{44}$/ɕɪ$_{44}$tɕʻi$_{z44}$d^{ø}ʏ$_{44}$　杭：头冒deɪ$_{21}$mɔ$_{23}$　绍：开头kʻe$_{44}$dɤ$_{31}$　诸：起先/先头/头冒tɕʻi$_{z52}$ɕiɪ$_{44}$/ɕiɪ$_{44}$dei$_{33}$/dei$_{31}$mɔ$_{44}$　崇：先见光ɕiẽ$_{33}$tɕiẽ$_{55}$kuɒ̃$_{31}$　太：早早介介光tsɑɒ$_{33}$tsɑɒ$_{55}$kɑ$_{33}$kɑ$_{33}$kuɒŋ$_{31}$　余：前头/开头ɦĩ$_{22}$dʏ$_{44}$/kʻe$_{33}$dʏ$_{44}$　宁：开头kʻe$_{44}$dœʏ$_{113}$　黄：开头/开始kʻe$_{33}$diʏ$_{51}$/kʻe$_{55}$sɿ$_{31}$　温：头儿dʌu$_{22}$ŋ̍$_{2}$　衢：一开始ʔiəʔ$_{5}$kʻɛ$_{43}$sɿ$_{53}$　华：头前/头前/前头/以前d̥iɯu$_{32}$dʑiɑ$_{24}$/d̥iɯu$_{32}$ɕʑiɑ$_{24}$/ɕʑiɑ$_{33}$tiɯu$_{55}$/ʔi$_{j55}$ɕiɑ$_{31}$　永：开始时节kʻəɪ$_{43}$ɕi$_{32}$sɿ$_{43}$tɕiᴀ$_{434}$

后来

宜：后来/后首来ɦʏɯ$_{21}$lɐɪ$_{23}$/ɦʏɯ$_{21}$sʏɯ$_{11}$lɐɪ$_{23}$　溧：后来xɦei$_{32}$læᴇ$_{23}$　金：后来/后走xʌʏ$_{52}$lɛ^{e}$_{23}$/xʌʏ$_{44}$tsʌʏ$_{44}$　丹：后来/后头/以后hᴇ^{e}$_{52}$læ$_{23}$/hᴇ^{e}$_{41}$dᴇ^{e}$_{21}$/i$_{z44}$hᴇ^{e}$_{23}$　童：后来/以后ɦei$_{21}$laɪ$_{23}$/i$_{j35}$ɦei$_{31}$　靖：后来/回头ɦøʏ$_{24}$læ$_{31}$/ɦue$_{22}$døʏ$_{34}$　江：后来/后首来ɦᴇɪ$_{24}$læ$_{31}$/ɦᴇɪ$_{24}$sɜʏ$_{33}$læ$_{31}$　常：后来/后头来ɦei$_{21}$læe$_{13}$/ɦei$_{21}$dei$_{11}$læe$_{13}$　锡：后来/后息来ɦᴇi$_{22}$lᴇ$_{55}$/ɦᴇi$_{22}$sɪʔ$_{5}$lᴇ$_{31}$/ɦᴇi$_{22}$sᴇi$_{55}$lᴇ$_{31}$　苏：后来/后首来ɦəɪ$_{22}$lᴇ$_{44}$/ɦəɪ$_{22}$səɪ$_{22}$səɪ$_{55}$lᴇ$_{31}$　熟：后首来/后底/以后ɦᴇ$_{22}$ʂɯ$_{55}$læ$_{51}$/ɦᴇ$_{22}$ti$_{44}$/ʔi$_{55}$ɦᴇ$_{31}$　昆：后来/后首来ɦᴇ$_{22}$lᴇ$_{41}$/ɦᴇ$_{22}$sᴇ$_{55}$lᴇ$_{41}$　霜：后来/后首来ɦʌɪ$_{22}$lᴇ$_{52}$/ɦʌɪ$_{22}$sʌɪ$_{55}$lᴇ$_{31}$　罗：后首来ɦʌɪ$_{22}$sʌɪ$_{55}$le$_{31}$　周：后来/后首来ɦʏ$_{22}$le$_{52}$/ɦʏ$_{22}$sʏ$_{23}$le$_{52}$　上：后来/后首来ɦʏɯ$_{22}$lᴇ$_{44}$/ɦʏɯ$_{22}$sʏɯ$_{55}$lᴇ$_{31}$　松：后头/后首来/后来ɦɯ$_{24}$dɯ$_{31}$/ɦɯ$_{22}$sɯ$_{55}$lᴇ$_{31}$/ɦɯ$_{23}$lᴇ$_{44}$　黎：晚底来/晚歇来/后末来/后首来/后来mᴇ$_{22}$ti$_{55}$lᴇ$_{31}$/mᴇ$_{22}$ɕiɘʔ$_{5}$lᴇ$_{31}$/ɦieɯ$_{23}$məʔ$_{3}$lᴇ$_{33}$/ɦieɯ$_{22}$sieɯ$_{55}$lᴇ$_{31}$/ɦieɯ$_{23}$lᴇ$_{33}$　盛：后末来/晚歇来ɦiɘʉ$_{23}$məʔ$_{3}$lᴇ$_{33}$/mᴇ$_{32}$ɕiɐʔ$_{5}$lᴇ$_{31}$　嘉：后首来ɦe$_{22}$se$_{22}$lᴇ^{ɛ}$_{51}$　双：后没来/后首来ɦ^{ø}ʏ$_{24}$məʔ$_{5}$lᴇ$_{21}$/ɦ^{ø}ʏ$_{22}$s^{ø}ʏ$_{55}$lᴇ$_{21}$　杭：后来ɦeɪ$_{23}$lᴇ$_{51}$　绍：后头/后首ɦʏ$_{23}$dʏ$_{52}$/ɦʏ$_{23}$sʏ$_{52}$　诸：后来/后头来ɦei$_{23}$le$_{33}$/ɦei$_{22}$dei$_{55}$le$_{31}$　崇：后首头ɦʏ$_{23}$ɕiʏ$_{55}$dʏ$_{31}$　太：后来ɦʏ$_{22}$le$_{52}$　余：后头来/后首来ɦʏ$_{23}$dʏ$_{44}$le$_{44}$/ɦʏ$_{23}$sʏ$_{44}$le$_{44}$　宁：后头/后来/后首来ɦœʏ$_{24}$dœʏ$_{33}$/ɦœʏ$_{24}$le$_{33}$/ɦœʏ$_{24}$ɕʏ$_{33}$le$_{33}$　黄：后慢ɦiʏ$_{22}$mɛ$_{51}$

温：后半来ʔɦʌu$_{52}$pɵ$_{33}$le$_{21}$　衢：后头ʔɦɣɯ$_{45}$dəɪ$_{31}$　华：后来/以后ʔiɯu$_{54}$lɛ$_{24}$/ʔi$_{j33}$iɯu$_{51}$　永：后来/后昆/后头ʔɦəʊ$_{32}$ləɪ$_{22}$/ʔɦəʊ$_{32}$k'uən$_{44}$/ʔɦəu$_{32}$dəʊ$_{22}$

本来

宜：本来/原来pəŋ$_{33}$lɐɪ$_{44}$/ȵyĩ$_{21}$lɐɪ$_{23}$　溧：本来/原来/本生pən$_{54}$læᴇ$_{34}$/ȵyʊ$_{32}$læᴇ$_{23}$/pən$_{54}$sən$_{34}$　金：本来/本生pəŋ$_{32}$lɛ^{e}$_{23}$/pəŋ$_{35}$səŋ$_{31}$　丹：本来/本生/原来pɛn$_{23}$læ$_{44}$/pɛn$_{35}$sɛn$_{21}$/ɦʏ$_{32}$læ$_{24}$　童：老早/本生/本来lɐʏ$_{24}$tsɐʏ$_{31}$/pəŋ$_{33}$səŋ$_{55}$/pəŋ$_{33}$laɪ$_{55}$　靖：本来/原来pəŋ$_{33}$læ$_{44}$/ɦyũ$_{22}$læ$_{34}$　江：本来/本生pᴇɲ$_{52}$læ$_{33}$/pᴇɲ$_{52}$sᴀ^{ŋ}$_{33}$　常：本来/本生/本腔pəɲ$_{34}$læe$_{44}$/pəɲ$_{34}$səɲ$_{44}$/pəɲ$_{34}$tɕ'iᴀɲ$_{44}$　锡：本来/本生/原来pən$_{33}$lᴇ$_{55}$/pən$_{33}$sã$_{55}$/ȵo$_{24}$lᴇi$_{31}$　苏：本来/本生pən$_{52}$lᴇ$_{23}$/pən$_{55}$sÃ$_{31}$/pən$_{52}$sən$_{23}$　熟：本来/本生pẽ^{n}$_{33}$læ$_{51}$/pẽ^{n}$_{33}$sᴀ̃$_{51}$　昆：本生/原来pən$_{52}$sən$_{33}$/ȵyɵ$_{23}$lᴇ$_{41}$　霜：本来/本生pɛ̃$_{33}$lᴇ$_{52}$/pɛ̃$_{33}$sa̰$_{31}$　罗：本来/本生pɛ̃$_{35}$le$_{31}$/pɛ̃$_{35}$sɛ̃^{n}$_{31}$　周：本来/本生/本则来ɓəŋ$_{33}$le$_{52}$/ɓəŋ$_{33}$səŋ$_{52}$/ɓəŋ$_{33}$tsəʔ$_{4}$le$_{52}$　上：本来/本生pəɲ$_{33}$lᴇ$_{44}$/pəɲ$_{33}$sÃ^{n}$_{44}$　松：本生/本生子/原来/本来pəɲ$_{24}$səɲ$_{31}$/pəɲ$_{22}$sɛ̃$_{55}$tsɿ$_{31}$/ȵyø$_{22}$lᴇ$_{52}$/pəɲ$_{35}$lᴇ$_{31}$　黎：本来/生踢pəɲ$_{33}$lᴇ$_{52}$/sɛ̃$_{44}$t'ɪʔ$_{2}$　盛：生踢/本来sæ̃$_{55}$t'ɪʔ$_{2}$/pəɲ$_{55}$lᴇ$_{31}$　嘉：本来/本生pən$_{44}$lᴇ^{ɛ}$_{51}$/pən$_{44}$sᴀ̃$_{51}$　双：本来/本生/原来pən$_{34}$lᴇ$_{52}$/pən$_{34}$sã$_{52}$/ȵɪ$_{22}$lᴇ$_{44}$　杭：本来pən$_{55}$lᴇ$_{31}$　绍：本来pĩ$_{34}$le$_{52}$　诸：本来pẼĩ$_{33}$le$_{52}$　崇：本来pɪŋ$_{34}$le$_{52}$　太：本来peŋ$_{33}$le$_{44}$　余：本来peŋ$_{33}$le$_{52}$　宁：本来pɐŋ$_{55}$le$_{33}$　黄：本来pəŋ$_{32}$le$_{13}$　温：本来pʌŋ$_{44}$le$_{55}$　衢：本来/本生pən$_{35}$lɛ$_{53}$/pən$_{35}$sã$_{31}$　华：本来pən$_{54}$lɛ$_{31}$　永：原来/本子ʔɦyɔ$_{43}$ləɪ$_{22}$/mən$_{32}$tsɿ$_{45}$

一向

宜：一向/一贯/一直ʔiɪʔ$_{5}$ɕiᴀŋ$_{324}$/ʔiɪʔ$_{5}$kue$_{324}$/ʔiɪʔ$_{5}$dzəʔ$_{5}$　溧：一向/总归/呆老ʔiɪʔ$_{5}$ɕie$_{34}$/tsoŋ$_{54}$kue$_{34}$/ŋæᴇ$_{32}$lɑ^{ʏ}$_{52}$　金：一向/一直ieʔ$_{4}$ɕiɑŋ$_{44}$/ieʔ$_{4}$tsəʔ$_{4}$　丹：一直/从来ɪʔ$_{5}$tsɛʔ$_{2}$/dzoŋ$_{35}$læ$_{21}$　童：一直/一贯iɪʔ$_{5}$dzəʔ$_{5}$/iɪʔ$_{5}$kuɑ$_{55}$　靖：一直ʔiɪʔ$_{5}$dʑiəʔ$_{5}$　江：一脚/所来ʔɪʔ$_{5}$tɕiɑʔ$_{5}$/sɜʏ$_{45}$læ$_{31}$　常：一向/一贯ʔiɪʔ$_{4}$ɕiᴀɲ$_{52}$/ʔiɪʔ$_{4}$kuæ$_{52}$　锡：一向/一径/一脚ʔiɪʔ$_{4}$ɕiã$_{55}$/ʔiɪʔ$_{4}$tɕin$_{55}$/ʔiɪʔ$_{4}$tɕiɑʔ$_{5}$　苏：一向ʔiəʔ$_{5}$ɕiÃ$_{23}$/ʔiəʔ$_{5}$ɕiÃ$_{52}$　熟：一直/专门ʔɪʔ$_{4}$dʐᴇʔ$_{5}$/tʂuʏ$_{55}$mẽ^{n}$_{51}$　昆：一向/一直ʔiɪʔ$_{5}$ɕiã$_{52}$/ʔiɪʔ$_{5}$zəʔ$_{5}$　霜：一向/一直/则管ʔiɪʔ$_{4}$ɕia̰$_{23}$/ʔ^{i}ɪʔ$_{5}$zəʔ$_{3}$/zəʔ$_{5}$kuɪ$_{31}$　罗：一向/则骨/一直ʔ^{i}ɪʔ$_{4}$ɕia̰$_{23}$/tsɐʔ$_{5}$kuɐʔ$_{3}$/ʔ^{i}ɪʔ$_{5}$zɐʔ$_{3}$　周：一向ʔɪʔ$_{3}$ɕiᴀ̃$_{52}$　上：一向/一直/一径ʔiɪʔ$_{3}$ɕiÃ^{ɲ}$_{44}$/ʔiɪʔ$_{3}$zɐʔ$_{4}$/ʔiɪʔ$_{3}$tsiɲ$_{44}$　松：一直/一向ʔɪʔ$_{4}$zəʔ$_{4}$/ʔiɪʔ$_{4}$ɕiɛ̃$_{34}$　黎：一直/一径/专门/皮要介ʔiəʔ$_{5}$zəʔ$_{2}$/ʔiəʔ$_{5}$tɕiəɲ$_{31}$/tsɵ$_{44}$məɲ$_{44}$/bi$_{j22}$iᴀ^{ɔ}$_{44}$kɒ$_{52}$　盛：一直/一径ʔiɪʔ$_{5}$zəʔ$_{3}$/ʔiɪʔ$_{3}$tɕɪɲ$_{44}$　嘉：一向/一直ʔiəʔ$_{5}$ɕiᴀ̃$_{31}$/ʔiəʔ$_{3}$zəʔ$_{4}$　双：专门介/单门介tsᴇ$_{44}$mən$_{44}$kɑ$_{44}$/tᴇ$_{44}$mən$_{44}$kɑ$_{44}$　杭：一向来/一直ʔiɪʔ$_{3}$ɕiᴀŋ$_{23}$lᴇ$_{51}$/ʔiɪʔ$_{4}$dzɐʔ$_{5}$　绍：一向来/向来ʔɪʔ$_{4}$ɕiaŋ$_{4}$le$_{31}$/ɕiaŋ$_{34}$lᴇ$_{52}$　诸：一直ʔiəʔ$_{3}$dzɐʔ$_{4}$　崇：一向ʔiᴇʔ$_{3}$ɕiᴀ̃$_{23}$　太：总是介tsʊŋ$_{33}$zɿ$_{55}$kɑ$_{31}$　余：菊管/脚管/井管/军管tɕyɔʔ$_{5}$kuõ$_{31}$/tɕiɐʔ$_{5}$knõ$_{31}$/tɕiɲ$_{33}$kuõ$_{52}$/tɕiʊŋ$_{33}$kuõ$_{52}$　宁：一直来ʔiɪʔ$_{3}$ʑiɪʔ$_{4}$le$_{55}$　黄：一向ʔieʔ$_{3}$ɕia̰$_{44}$　温：一直ʔi$_{3}$dz^{ɪ}i$_{22}$　衢：一向/一贯ʔiəʔ$_{4}$ɕiã$_{53}$/ʔiəʔ$_{4}$kuæ̃$_{53}$　华：一直/一贯/一向ʔiəʔ$_{5}$dʑiɐ$_{24}$/ʔiəʔ$_{4}$kuæ̃$_{35}$/ʔiəʔ$_{4}$ɕiᴀŋ$_{45}$　永：一直iə$_{43}$dzəɪ$_{323}$

预先

宜：预先/事先ɦy$_{21}$ɕɪ$_{23}$/zɿ$_{21}$ɕɪ$_{23}$　溧：一开始/预先/事先ʔiɪʔ$_{5}$k'æᴇ$_{34}$sɿ$_{52}$/ʔɦy$_{z32}$ɕi$_{23}$/szɿ$_{32}$ɕi$_{23}$　金：事先sɿ$_{z35}$ɕĩ$_{31}$　丹：事先sɿ$_{44}$ɕɪ$_{31}$　童：事先/老早szɿ$_{24}$ɕɪ$_{31}$/lɐʏ$_{24}$tsɐʏ$_{31}$　靖：预先ʔøʏ$_{53}$sĩ$_{31}$　江：预先/事先ɦy$_{24}$sɪ$_{31}$/zɿ$_{24}$sɪ$_{31}$　常：预先/事先ɦy$_{ɥ21}$ɕɪ$_{13}$/zɿ$_{21}$ɕɪ$_{13}$　锡：预先/事先/老早ɦy$_{22}$sɪ$_{55}$/zɿ$_{22}$sɪ$_{55}$/lʌ$_{24}$tsʌ$_{31}$　苏：预先ɦy$_{ɥ22}$ɕiɪ$_{44}$　熟：预先ɦy$_{24}$sie$_{31}$　昆：预先ɦy$_{22}$sɪ$_{41}$　霜：事先zɿ$_{22}$sɪ$_{52}$　罗：事先zɿ$_{22}$si$_{52}$　周：预先ɦy$_{22}$ɕi$_{24}$　上：预先/事先ɦy$_{22}$ɕi$_{44}$/zɿ$_{22}$ɕi$_{44}$　松：事先zɿ$_{22}$ɕi$_{52}$　黎：事先zɿ$_{22}$siɪ$_{44}$　盛：事先zɿ$_{22}$ɕiɪ$_{52}$　嘉：事先zɿ$_{22}$ɕie$_{51}$　双：第一来/事先di$_{z22}$ieʔ$_{5}$lᴇ$_{21}$/zɿ$_{22}$ɕɪ$_{44}$　杭：预先/事先ɦy$_{23}$ɕie$_{51}$/szɿ$_{23}$ɕie$_{51}$　绍：事先zɿ$_{22}$ɕĩ$_{52}$　诸：老早lɔ$_{23}$tsɔ$_{33}$　崇：上前/事先zᴀ̃$_{33}$ʑiẽ$_{23}$/zɿ$_{22}$ɕiẽ$_{23}$

太：先介光/事先ɕiẽ$_{52}$kɑ$_{55}$kuɒŋ$_{31}$/zɿ$_{23}$ɕiẽ$_{52}$　余：事先zɿ$_{22}$ɕĩ$_{52}$　宁：事先zɿ$_{24}$ɕi$_{33}$　黄：事先zɿ$_{23}$ɕie$_{31}$　温：预先vɒ$_{52}$ɕi$_{44}$　衢：事先szɿ$_{45}$ɕiẽ$_{31}$　华：预先/事先/预近ɦy$_{24}$ɕiæ$_{35}$/szɿ$_{24}$ɕiæ$_{35}$/ʔɦy$_{55}$dʑiɪn$_{31}$　永：事先szɿ$_{32}$ɕie$_{44}$

已经

宜：已经ʔi$_{j33}$tɕiŋ$_{44}$　溧：已经ʔi$_{z52}$tɕin$_{52}$　金：已经i$_{z22}$tɕiŋ$_{44}$　丹：已经ɦi$_{z32}$tɕiŋ$_{24}$　童：已经i$_{j22}$tɕiŋ$_{55}$　靖：已经ʔi$_{j33}$tɕiŋ$_{44}$　江：已经ʔi$_{j52}$tɕiɲ$_{33}$　常：已经ʔi$_{j33}$tɕiɲ$_{44}$　锡：已经ʔi$_{33}$tɕin$_{55}$　苏：已经ʔi$_{j55}$tɕin$_{31}$　熟：已经ʔi$_{55}$tɕɪⁿ$_{31}$　昆：已经ʔi$_{52}$tɕin$_{33}$　霜：已经ʔi$_{55}$tɕĩ$_{31}$　罗：已经ʔi$_{55}$tɕɪⁿ$_{31}$　周：已经ʔi$_{33}$tɕiɪŋ$_{52}$　上：已经ʔi$_{33}$tɕiɲ$_{44}$　松：已经ʔi$_{55}$tɕiɲ$_{31}$　黎：已经/一经ʔi$_{j33}$tɕiəɲ$_{52}$/ʔiəʔ$_{5}$tɕiəɲ$_{34}$　盛：已经ʔi$_{j33}$tɕɪɲ$_{52}$　嘉：已经ʔi$_{33}$tɕin$_{51}$　双：已经ʔi$_{z33}$tɕɪn$_{52}$　杭：已经ʔi$_{55}$tɕɪn$_{31}$　绍：已经ɦi$_{21}$tɕɪŋ$_{52}$　诸：　崇：已经ɦi$_{z23}$tɕiŋ$_{52}$　太：已经ɦi$_{22}$tɕiŋ$_{52}$　余：已经ɦi$_{23}$tɕiɲ$_{52}$　宁：已经ɦi$_{24}$tɕɪŋ$_{33}$　黄：已经ʔi$_{j55}$tɕiɪŋ$_{31}$　温：已经ʔi$_{22}$tɕiʌŋ$_{44}$　衢：已经ʔi$_{55}$tɕiⁿ$_{31}$　华：已经ʔi$_{j54}$tɕiɪn$_{35}$　永：已经ʔɦi$_{32}$tɕiɪɲ$_{44}$

常常

宜：经常tɕiŋ$_{55}$zᴀŋ$_{55}$　溧：经常/呆老tɕin$_{44}$zᴀ̃$_{34}$/ŋæᴇ$_{32}$lɑʏ$_{52}$　金：常常/老是/经常ts'ɑŋ$_{33}$ts'ɑŋ$_{44}$/lɑᵓ$_{22}$sɿ$_{z44}$/tɕiŋ$_{52}$ts'ɑŋ$_{23}$　丹：经常tɕiŋ$_{44}$dzæ$_{23}$　童：经常tɕiŋ$_{55}$dzɑŋ$_{31}$　靖：常常/歇歇/经常dʑiæ$_{22}$ɦiæ$_{34}$/ɕiɪʔ$_{5}$ɕiɪʔ$_{3}$/tɕiŋ$_{44}$ɦiæ$_{23}$　江：常常/一常dzᴀᵑ$_{24}$dzᴀᵑ$_{31}$/ʔɪʔ$_{53}$dzᴀᵑ$_{31}$　常：常常/经常dzᴀɲ$_{21}$zᴀɲ$_{34}$/tɕiɲ$_{55}$dzᴀɲ$_{31}$　锡：常常/经常zã$_{24}$zã$_{31}$/tɕin$_{21}$zã$_{23}$　苏：常常/经常/一直zᴀ̃$_{22}$zᴀ̃$_{44}$/tɕiɪn$_{55}$zᴀ̃$_{31}$/ʔiəʔ$_{5}$zəʔ$_{5}$　熟：常常/一直dʐᴀ̃$_{24}$dʐᴀ̃$_{31}$/ʔɪʔ$_{4}$dʐᴇʔ$_{5}$　昆：常常/经常zã$_{22}$zã$_{41}$/tɕin$_{44}$zã$_{41}$　霜：经常tɕĩ$_{55}$zã$_{31}$　罗：则骨/则管tsɐʔ$_{5}$kuɐʔ$_{3}$/tsɐʔ$_{5}$kuʌʏ$_{31}$　周：常常/常早zᴀ̃$_{23}$zᴀ̃$_{44}$/zᴀ̃$_{23}$tsɔ$_{44}$　上：常常/常庄zᴀ̃ⁿ$_{22}$zᴀ̃ⁿ$_{44}$/zᴀ̃ⁿ$_{22}$tsᴀ̃ⁿ$_{44}$　松：常常/一直zɛ̃$_{22}$zɛ̃$_{52}$/ʔiɪʔ$_{4}$zəʔ$_{4}$　黎：专门介/皮要介tsɵ$_{44}$məɲ$_{44}$kɒ$_{52}$/bi$_{j22}$iᴀᵓ$_{44}$kɒ$_{52}$　盛：皮也介bi$_{j22}$ɦɑ$_{44}$kɑ$_{44}$　嘉：经常/专门tɕin$_{44}$zᴀ̃$_{51}$/tsʏə$_{44}$mən$_{51}$　双：单门介/专门介tᴇ$_{44}$mən$_{44}$kɑ$_{44}$/tsᴇ$_{44}$mən$_{44}$kɑ$_{44}$　杭：常常/经常/专门dzᴀŋ$_{21}$dzᴀŋ$_{23}$/tɕɪn$_{32}$dzᴀŋ$_{23}$/tsuo$_{32}$mən$_{23}$　绍：专门/竹管/冒泡/冒派tsẽ$_{33}$mĩ$_{52}$/tsoʔ$_{5}$kuĩ$_{33}$/mɑɒ$_{23}$p'ɑɒ$_{33}$/mɑɒ$_{23}$p'a$_{33}$　诸：通常/常常t'oŋ$_{52}$dzᴀ̃$_{233}$/dzᴀ̃$_{31}$dzᴀ̃$_{44}$　崇：专门介tsœ̃$_{33}$mɪŋ$_{53}$kɑ$_{31}$　太：专门介ciœ$_{52}$meŋ$_{33}$kɑ$_{33}$　余：常常/菊管dzõ$_{22}$zõ$_{44}$/tɕyoʔ$_{5}$kuõ$_{31}$　宁：老老lɔ$_{24}$lɔ$_{33}$　黄：常常/经常/长日zɒ̃$_{22}$zɒ̃$_{51}$/tɕiɪŋ$_{33}$zɒ̃$_{51}$/dʑiã$_{23}$n̠ieʔ$_{4}$　温：称称ts'əŋ$_{3}$ts'əŋ$_{44}$　衢：常常/经常/统dʒʮã$_{24}$dʒʮã$_{31}$/tɕiⁿ$_{35}$dʒʮã$_{31}$/tʌŋ$_{434}$　华：经常/时常/专门tɕiɪn$_{35}$dʑiᴀŋ$_{31}$/sɿ$_{32}$dʑiᴀŋ$_{24}$/tɕye$_{33}$mən$_{55}$　永：专门tɕye$_{43}$miɪɲ$_{55}$

赶快

宜：快点/赶快k'uᴀ$_{32}$tɪ$_{23}$/ke$_{51}$k'uᴀ$_{34}$　溧：快点k'uᴀ$_{54}$tɪ$_{34}$　金：赶快/快底kæ̃$_{22}$k'uɛᵉ$_{44}$/k'uɛᵉ$_{52}$ti$_{z31}$　丹：赶紧kəŋ$_{44}$tɕiŋ$_{23}$　童：快点/赶紧k'uaɪ$_{34}$tɪ$_{55}$/kʊ$_{35}$tɕiŋ$_{31}$　靖：快点k'uæ$_{35}$tĩ$_{31}$　江：快点/豪悛(少)k'uæ$_{45}$tɪ$_{31}$/ɦɒ$_{21}$sɒ$_{43}$　常：赶快/赶紧/快点k'ɔ$_{34}$k'uɑ$_{44}$/k'ɔ$_{34}$tɕiɲ$_{44}$/k'uɑ$_{55}$tɪ$_{31}$　锡：快点/豪悛k'uɑ$_{33}$tɪ$_{55}$/ɦʌ$_{24}$sʌ$_{31}$　苏：豪悛/要紧/快点ɦæ$_{22}$tsæ$_{44}$/ʔiɛ$_{55}$tɕiɪn$_{31}$/k'uɒ$_{52}$tiɪ$_{23}$　熟：快点/豪悛k'uɑ$_{35}$tie$_{31}$/ɦɔ$_{23}$sɔ$_{33}$　昆：快点/豪悛k'uɑ$_{52}$tɪ$_{33}$/ɦɔ$_{22}$sɔ$_{44}$　霜：豪悛/快点ɦɔ$_{24}$sɔ$_{31}$/k'uɑ$_{33}$tɪ$_{52}$　罗：快点k'uɑ$_{33}$ti$_{52}$　周：豪悛/快眼ɦɔ$_{22}$sɔ$_{24}$/k'uɑ$_{35}$ŋɛ$_{31}$　上：豪悛ɦɔ$_{22}$sɔ$_{44}$　松：赶快/快点kø$_{44}$k'uɑ$_{44}$/k'uɑ$_{35}$ti$_{31}$　黎：快点k'ɒ$_{22}$tiɪ$_{51}$　盛：快点k'uɑ$_{32}$tiɪ$_{52}$　嘉：快滴k'uɑ$_{33}$tiəʔ$_{5}$　双：快点/豪悛k'uɑ$_{32}$tɪ$_{34}$/ɦɔ$_{22}$sɔ$_{44}$　杭：快/赶紧k'uᴇ$_{334}$/kᴇ$_{55}$tɕɪn$_{31}$　绍：豪悛/快速ɦɑɒ$_{22}$sɑɒ$_{52}$/k'ua$_{43}$soʔ$_{5}$　诸：马上mo$_{23}$zᴀ̃$_{33}$　崇：快点/快些k'uɑ$_{34}$tiẽ$_{52}$/k'uɑ$_{33}$siᴇʔ$_{4}$　太：快点/快些k'uɑ$_{33}$tiẽ$_{52}$/k'uɑ$_{33}$sɛʔ$_{4}$　余：快眼k'uᴀ$_{55}$n̠iɛ̃$_{31}$　宁：快眼/赶快/豪悛k'ua$_{55}$ŋᴇ$_{33}$/k'i$_{55}$kua$_{33}$/ɦɔ$_{22}$sɔ$_{51}$　黄：快点k'uᴀ$_{55}$tie$_{31}$　温：贪命t'ʌŋ$_{52}$məŋ$_{22}$　衢：快点/豪悛k'uɛ$_{55}$tiẽ$_{35}$/ɦɔ$_{22}$sɔ$_{53}$　华：赶快/快点/豪悛kɯə$_{54}$k'uɑ$_{35}$/k'uɑ$_{35}$tie$_{31}$/ʔɑʊ$_{32}$sɑʊ$_{35}$　永：赶快/沙加念koə$_{43}$k'uai$_{55}$/sʊᴀ$_{43}$kʊᴀ$_{32}$n̠iᴀ$_{45}$

马上

宜：马让ʔmo$_{55}$ȵiAŋ$_{55}$ 溧：马上ʔmo$_{44}$zA˜$_{52}$ 金：马上mɑ$_{22}$sɑŋ$_{44}$ 丹：马上mo$_{44}$sæ$_{23}$ 童：马上ʔmɒ$_{53}$zɑŋ$_{23}$ 靖：马上/一歇mo$_{22}$ɦiæ̃$_{44}$/ʔiɪʔ$_{5}$ɕiəʔ$_{3}$ 江：马上ʔmo$_{52}$zA^{ŋ}$_{33}$ 常：马让ʔmo$_{34}$ȵiAɲ$_{44}$ 锡：马上ʔmɑ$_{55}$zɒ˜$_{31}$ 苏：马上ʔmɒ$_{55}$zÃ$_{31}$/mo$_{22}$zÃ$_{44}$ 熟：马上ʔmu$_{52}$zA˜$_{31}$ 昆：马上mo$_{23}$zã$_{41}$ 霜：马上ʔm^{ʌ}ɤ$_{55}$zɒ˜$_{31}$ 罗：马上ʔm^{ʌ}ɤ$_{55}$zɒ˜$_{31}$ 周：马上mo$_{22}$zɒ˜$_{24}$ 上：马上ʔmo$_{55}$zÃ^{ɲ}$_{31}$/mo$_{22}$zÃ^{ɲ}$_{44}$ 松：马上ʔmo$_{44}$zɑ˜$_{44}$ 黎：就介ziewɯ$_{22}$kɒ$_{52}$ 盛：就介ziəʉ$_{22}$kɑ$_{44}$ 嘉：马上mo$_{22}$zA˜$_{34}$ 双：马上mʊ$_{22}$zã$_{44}$ 杭：马上ʔmɑ$_{55}$zAŋ$_{32}$ 绍：当久tɒŋ$_{32}$tɕiɤ$_{33}$ 诸：马上mo$_{23}$zÃ$_{33}$ 崇：马上/当究mɤ$_{23}$zA˜$_{52}$/tɒ̃$_{33}$tɕiY$_{23}$ 太：马上/当究mo$_{22}$zAŋ$_{52}$/tɒŋ$_{55}$tɕY$_{33}$ 余：马上/当即(少)mo$_{23}$zɒ̃$_{31}$/tɒ̃$_{55}$tɕiʔ$_{3}$ 宁：马上/当即(少)ʔmo$_{44}$zɔ̃$_{44}$/tɔ̃$_{33}$tɕiɪʔ$_{5}$ 黄： 温：马上mo$_{22}$ɦi$_{34}$ 衢：马上ʔmɑ$_{55}$ʒʮã$_{31}$ 华：马上ʔmɑ$_{54}$ɕiAŋ$_{24}$ 永：马上/尽快mA$_{32}$ɕziAŋ$_{325}$/szəɲ$_{32}$kuəɪ$_{45}$

很

宜：蛮/恶ʔmA$_{55}$/ʔɔʔ$_{45}$ 溧：蛮ʔmA$_{412}$ 金：很/蛮xəŋ$_{323}$/mæ̃$_{24}$ 丹：墙葛/蛮dʑie$_{22}$kɛʔ$_{4}$/mæ$_{213}$ 童：蛮ʔmɑ$_{42}$ 靖：很/蛮/×杀得həŋ$_{334}$/mæ̃$_{223}$/sɑʔ$_{5}$təʔ$_{3}$ 江：蛮/蛮蛮ʔmæ$_{51}$/ʔmæ$_{53}$mæ$_{31}$ 常：蛮/穷/×透佬mæ$_{213}$/dʑioŋ$_{213}$/t'ʌɯ$_{5}$lɑY$_{31}$ 锡：很/蛮xən$_{323}$/mɛ$_{323}$ 苏：穷/蛮dʑioŋ$_{223}$/ʔmE$_{44}$ 熟：交关/蛮tɕiɔ$_{55}$kuæ$_{51}$/ʔmæ$_{52}$ 昆：蛮/交关ʔmɛ$_{44}$/tɕiɔ$_{44}$kuɛ$_{41}$ 霜：蛮ʔmE$_{52}$ 罗：蛮ʔme$_{52}$ 周：蛮/邪气/瞎mɛ$_{113}$/ʑiɑ$_{22}$tɕ'i$_{44}$/hɑʔ$_{5}$ 上：老/邪气/交关lɔ$_{113}$/ʑiA$_{22}$tɕ'i$_{44}$/tɕiɔ$_{55}$kuE$_{31}$ 松：蛮/邪气ʔmE$_{52}$/ʑiɑ$_{23}$tɕ'i$_{44}$ 黎：蛮ʔmE$_{44}$ 盛：蛮mE$_{22}$ 嘉：蛮ʔmE^{ɛ}$_{51}$ 双：蛮ʔmE$_{44}$ 杭：蛮/交关ʔmE$_{51}$/tɕiɔ$_{32}$kuE$_{23}$ 绍：蛮/交关ʔmæ̃$_{52}$/tɕiɑɒ$_{33}$kuæ̃$_{52}$ 诸：蛮ʔmɛ$_{52}$ 崇：蛮ʔmæ̃$_{324}$ 太：□mY$_{312}$ 余：老lɒ$_{113}$ 宁：交关/饭关/蛮tɕiɘ$_{33}$kuE$_{51}$/vE$_{24}$kE$_{33}$/ʔmE$_{52}$ 黄：蛮/候ʔmɛ$_{44}$/ɦiɤ$_{113}$ 温：蛮ʔmɑ$_{44}$ 衢：危险/交关ɦuəɪ$_{32}$ɕiẽ$_{55}$/tɕiɔ$_{43}$kuæ̃$_{53}$ 华：危险/浩帝ʔuɪ$_{33}$ɕie$_{51}$/xɑʊ$_{35}$tie$_{31}$ 永：稿kAʊ$_{325}$

非常

宜：恶/蛮ʔɔʔ$_{45}$/ʔmA$_{55}$ 溧：蛮ʔmA$_{412}$ 金：相个ɕiɑŋ$_{22}$kəʔ$_{4}$ 丹：墙葛dʑie$_{22}$kɛʔ$_{4}$ 童：特别dəʔ$_{5}$biɪʔ$_{5}$ 靖：竟/非常tɕiŋ$_{51}$/fi$_{44}$ɦiæ̃$_{23}$ 江：竟/勿得了/×到得来tɕiɲ$_{435}$/fɜʔ$_{5}$tɜʔ$_{5}$liɒ$_{45}$/tɒtɜʔlæ 常：穷/竟/恶dʑioŋ$_{213}$/tɕiɲ$_{51}$/ʔoʔ$_{5}$ 锡：穷dʑioŋ$_{213}$ 苏：穷dʑioŋ$_{223}$ 熟：交关/蛮tɕiɔ$_{55}$kuæ$_{51}$/ʔmæ$_{52}$ 昆：蛮/交关ʔmɛ$_{44}$/tɕiɔ$_{44}$kuɛ$_{41}$ 霜：蛮ʔmE$_{52}$ 罗：蛮ʔme$_{52}$ 周：蛮/邪气/瞎mɛ$_{113}$/ʑiɑ$_{22}$tɕ'i$_{44}$/hɑʔ$_{5}$ 上：老/邪气/瞎lɔ$_{113}$/ʑiA$_{22}$tɕ'i$_{44}$/hɐʔ$_{5}$ 松：交关/邪气tɕiɔ$_{33}$kuE$_{52}$/ʑiɑ$_{23}$tɕ'i$_{44}$ 黎：蛮ʔmE$_{44}$ 盛：蛮mE$_{22}$ 嘉：蛮ʔmE^{ɛ}$_{51}$ 双：蛮ʔmE$_{44}$ 杭：冒/莫老老ʔmɔ$_{323}$/moʔ$_{2}$lɔ$_{44}$lɔ$_{55}$ 绍：莫老老moʔ$_{33}$lɑɒ$_{33}$lɑɒ$_{33}$ 诸：年ȵi$_{z233}$ 崇：蛮ʔmæ̃$_{324}$ 太：□mY$_{312}$ 余：恨减ɦeɲ$_{24}$ke$_{31}$ 宁：交关/饭关/蛮tɕiɘ$_{33}$kuE$_{51}$/vE$_{24}$kuE$_{33}$/ʔmE$_{52}$ 黄：蛮/候ʔmɛ$_{44}$/ɦiɤ$_{113}$ 温：蛮ʔmɑ$_{44}$ 衢：危险/交关ɦuəɪ$_{32}$ɕiẽ$_{35}$/tɕiɔ$_{43}$kuæ̃$_{53}$ 华：危险/浩帝ʔuɪ$_{33}$ɕie$_{51}$/xɑʊ$_{35}$tie$_{31}$ 永：稿/改见kAʊ$_{325}$/kəɪ$_{43}$tɕie$_{44}$

十分

宜：恶/蛮ʔɔʔ$_{45}$/ʔmA$_{55}$ 溧：蛮ʔmA$_{44}$ 金：很xəŋ$_{323}$ 丹：墙葛dʑie$_{22}$kɛʔ$_{4}$ 童：实在/相当szəʔ$_{42}$zaɪ$_{31}$/ɕiɑŋ$_{53}$tɑŋ$_{31}$ 靖：竟tɕiŋ$_{51}$ 江：竟tɕiɲ$_{435}$ 常：蛮mæ$_{213}$ 锡：穷dʑioŋ$_{213}$ 苏：穷/蛮dʑioŋ$_{223}$/ʔmE$_{44}$ 熟：交关/蛮tɕiɔ$_{55}$kuæ$_{51}$/ʔmæ$_{52}$ 昆：蛮/交关ʔmɛ$_{44}$/tɕiɔ$_{44}$kuɛ$_{41}$ 霜：蛮ʔmE$_{52}$ 罗：蛮ʔme$_{52}$ 周：蛮/邪气/瞎mɛ$_{113}$/ʑiɑ$_{22}$tɕ'i$_{44}$/hɑʔ$_{5}$ 上：蛮/邪气ʔmE$_{52}$/ʑiA$_{22}$tɕ'i$_{44}$ 松：交关/邪气tɕiɔ$_{33}$kuE$_{52}$/ʑiɑ$_{23}$tɕ'i$_{44}$ 黎：蛮ʔmE$_{44}$ 盛：蛮mE$_{22}$ 嘉：蛮ʔmE^{ɛ}$_{51}$ 双：蛮ʔmE$_{44}$ 杭：冒ʔmɔ$_{323}$ 绍：莫老老moʔ$_{33}$lɑɒ$_{33}$lɑɒ$_{33}$ 诸：念ȵiɪ$_{233}$ 崇：蛮ʔmæ̃$_{324}$ 太：□mY$_{312}$ 余：恨减ɦeɲ$_{24}$

ke$_{31}$ 宁：交关/饭关/蛮tɕiə$_{33}$kuE$_{51}$/vE$_{24}$kuE$_{33}$/ʔmE$_{52}$ 黄：蛮/候ʔmɛ$_{44}$/ɦiʏ$_{113}$ 温：蛮ʔmɑ$_{44}$ 衢：交关tɕiɔ$_{43}$kuæ̃$_{53}$ 华：危险/浩帝ʔuɪ$_{33}$ɕie$_{51}$/xɑʊ$_{35}$tie$_{31}$ 永：稿kAʊ$_{325}$

更

宜：更/更加kəŋ$_{324}$/kəŋ$_{33}$ko$_{44}$ 溧：更加kən$_{54}$ko$_{34}$ 金：更加kəŋ$_{35}$kɑ$_{31}$/kəŋ$_{35}$tɕiɑ$_{31}$ 丹：更加kɛn$_{23}$ko$_{22}$ 童：更/还要kəŋ$_{45}$/xɦaɪ$_{24}$iɐʏ$_{31}$ 靖：更/更加kəŋ$_{51}$/kəŋ$_{53}$tɕiɑ$_{31}$ 江：还要/更其/更加ɦuæ$_{21}$iɒ$_{43}$/kEɲ$_{45}$dʑij$_{31}$/kEɲ$_{45}$tɕiɑ$_{31}$ 常：更/更加kəɲ$_{334}$/kəɲ$_{55}$tɕiɑ$_{31}$ 锡：更加kən$_{55}$kɑ$_{31}$ 苏：更加/越加/加二kən$_{52}$kɒ$_{23}$/ɦyəʔ$_{3}$kɒ$_{52}$/kɒ$_{55}$ȵij$_{31}$ 熟：加二/更加kɑ$_{33}$ȵi$_{33}$/kɛ̃^{n}$_{33}$tɕiɑ$_{51}$ 昆：更加kən$_{52}$kɑ$_{33}$ 霜：更kɛ̃$_{434}$ 罗：更/还要kɛ̃^{n}$_{434}$/ʔe$_{33}$iɔ$_{52}$ 周：更加/益加（少）kəŋ$_{33}$kɑ$_{52}$/ʔi$_{55}$kɑ$_{31}$ 上：更/更加kəɲ$_{334}$/kəɲ$_{33}$kA$_{44}$ 松：更加/应加kəɲ$_{33}$kɑ$_{52}$/ʔiɲ$_{33}$kɑ$_{52}$ 黎：更加/益加kəɲ$_{51}$kɒ$_{41}$/ɦiəʔ$_{3}$kɒ$_{34}$ 盛：更加/益加kəɲ$_{43}$kɑ$_{52}$/ɦiɐʔ$_{2}$kɑ$_{34}$ 嘉：更kən$_{51}$ 双：更加/益加kən$_{32}$kɑ$_{34}$/ʔieʔ$_{5}$kɑ$_{52}$ 杭：益加ɦiɪʔ$_{2}$tɕiɑ$_{23}$ 绍：越加ɦyoʔ$_{2}$ko$_{52}$ 诸：越加ɦioʔ$_{2}$ko$_{33}$ 崇：尤加ɦʏ$_{21}$kʏ$_{23}$ 太：尤加ɦʏ$_{31}$ko$_{33}$ 余：衣加ʔi$_{55}$ko$_{31}$ 宁：更加/以加kɐŋ$_{55}$ko$_{33}$/ɦi$_{23}$ko$_{44}$ 黄：更/还要ka˜$_{44}$/ɦuA$_{23}$iɒ$_{44}$ 温：更kʻɛ$_{52}$ 衢：更kən$_{53}$ 华：越/还要ɦye$_{24}$/ʔuɛ$_{32}$iɑʊ$_{35}$ 永：更结kai$_{55}$tɕie$_{32}$

最

宜：最/顶tsɐɪ$_{324}$/tiŋ$_{51}$ 溧：顶tin$_{412}$ 金：顶tiŋ$_{323}$ 丹：最tɕye$_{324}$ 童：最tʃy$_{ʮ}$ei$_{45}$ 靖：最/顶tse$_{51}$/tiŋ$_{334}$ 江：最/顶/最最tsEɪ$_{435}$/tiɲ$_{45}$/tsEɪ$_{45}$tsEi$_{31}$ 常：最/顶tsʮæe$_{51}$/tiɲ$_{334}$ 锡：最/最最tsE$_{34}$/tsE$_{33}$tsE$_{44}$ 苏：最tsE$_{51}$ 熟：最tsE$_{324}$ 昆：最tsE$_{52}$ 霜：最/顶tsʌɪ$_{434}$/tĩ$_{434}$ 罗：顶顶tɪ^{n}$_{33}$tɪ^{n}$_{52}$ 周：最/顶tsø$_{335}$/ɗɪɪŋ$_{335}$ 上：顶tiɲ$_{334}$ 松：最tsø$_{335}$ 黎：最/顶tsE$_{413}$/tiəɲ$_{51}$ 盛：最/顶tsE$_{413}$/tɪɲ$_{51}$ 嘉：顶tin$_{334}$ 双：顶tɪn$_{53}$ 杭：最/顶tsʮe$_{51}$/tɪn$_{51}$ 绍：顶tɪŋ$_{334}$ 诸：顶tĩ$_{52}$ 崇：顶tɪŋ$_{42}$ 太：顶tiŋ$_{42}$ 余：顶teɲ$_{435}$ 宁：顶tɪŋ$_{52}$ 黄：顶tiɪŋ$_{53}$ 温：最tsæi$_{52}$ 衢：最/顶tsəɪ$_{53}$/ti^{n}$_{35}$ 华：顶tiɪŋ$_{544}$ 永：尽szəɲ$_{322}$

太

宜：太tʻA$_{324}$ 溧：太tʻæE$_{412}$ 金：太tʻɛ^{e}$_{44}$ 丹：太tʻɑ$_{324}$ 童：太tʻaɪ$_{42}$ 靖：太/竟tʻæ$_{51}$/tɕiŋ$_{51}$ 江：忒嫌/忒tʻɜʔ$_{5}$ɦi$_{j43}$/tʻɜʔ$_{5}$ 常：太tʻɑ$_{51}$ 锡：忒tʻəʔ$_{5}$ 苏：忒/忒嫌tʻəʔ$_{5}$/tʻəʔ$_{5}$ɦi$_{j23}$ 熟：忒tʻoʔ$_{5}$ 昆：忒tʻAʔ$_{5}$ 霜：忒tʻəʔ$_{5}$ 罗：忒tʻəʔ$_{5}$ 周：忒tʻəʔ$_{5}$ 上：忒tʻɐʔ$_{5}$ 松：忒tʻəʔ$_{5}$ 黎：忒/忒娘tʻəʔ$_{34}$/tʻəʔ$_{3}$ȵiɛ̃$_{34}$ 盛：忒tʻəʔ$_{5}$ 嘉：忒tʻəʔ$_{54}$ 双：忒介tʻəʔ$_{5}$kɑ$_{52}$ 杭：太tʻE$_{334}$ 绍：忒tʻəʔ$_{5}$ 诸：忒tʻoʔ$_{5}$ 崇：铁葛tʻiEʔ$_{3}$ke$_{52}$ 太：忒tʻɛʔ$_{45}$ 余：忒/实葛tʻɐʔ$_{5}$/zəʔ$_{2}$kəʔ$_{5}$ 宁：拖/忒tʻəʊ$_{52}$/tʻɐʔ$_{5}$ 黄：太tʻA$_{44}$ 温：忒tʻəu$_{423}$ 衢：太tʻɛ$_{53}$ 华：太tʻɛ$_{45}$ 永：太tʻiA$_{54}$

稍微

宜：稍为sɑʏ$_{55}$ʔuɐɪ$_{55}$ 溧：稍微sɑ^{ʏ}$_{44}$ʔuæE$_{52}$ 金：稍微sɑ^{ɔ}$_{44}$uei$_{23}$ 丹：稍微sɒ$_{44}$ue$_{44}$ 童：稍微sɐʏ$_{53}$uei$_{31}$ 靖：稍微sɒ$_{33}$ʔue$_{44}$ 江：稍为sɒ$_{55}$uEɪ$_{31}$ 常：稍为sɑʏ$_{55}$ɦuæe$_{31}$ 锡：稍为sA$_{55}$ɦuE$_{31}$ 苏：稍为sæ$_{55}$ɦuE$_{31}$ 熟：稍为sɔ$_{55}$ɦuE$_{31}$ 昆：稍为sɔ$_{44}$ɦuE$_{41}$ 霜：稍为sɔ$_{55}$vʌɪ$_{31}$ 罗：稍为sɔ$_{55}$ɦuʌɪ$_{31}$ 周：稍为sɔ$_{44}$ve$_{52}$ 上：稍为sɔ$_{55}$ɦuE$_{31}$ 松：稍为/稍许sɔ$_{33}$ʋe$_{52}$/sɔ$_{55}$ɕy$_{31}$ 黎：稍为/要马上sA^{ɔ}$_{44}$ɦuE$_{44}$/ʔiA^{ɔ}$_{33}$mo$_{55}$zɑ˜$_{31}$ 盛：稍微/要马上sAɑ$_{44}$vi$_{j44}$/ʔiAɑ$_{33}$mo$_{55}$zɑ˜$_{31}$ 嘉：稍许sɔ$_{44}$ɕy$_{51}$ 双：稍为sɔ$_{44}$ɦuəɪ$_{44}$ 杭：稍微/微微sɔ$_{32}$ɦueɪ$_{23}$/ʔueɪ$_{32}$ueɪ$_{23}$ 绍：稍为/稍许sɑɒ$_{32}$ɦue$_{33}$/sɑɒ$_{32}$ɕy$_{ʮ33}$ 诸：稍为sɔ$_{52}$ve$_{44}$ 崇：稍许/稍物介sɑɒ$_{33}$ɕy$_{ʮ52}$/sɑɒ$_{33}$vEʔ$_{33}$kɑ$_{52}$ 太：稍许/稍物介sɑɒ$_{55}$ɕy$_{31}$/sɑɒ$_{55}$vɛʔ$_{33}$kɑ$_{31}$ 余：一眼/随状ʔɪʔ$_{3}$ȵiɛ̃$_{23}$/ze$_{22}$zɒ̃$_{44}$ 宁：稍便/所为ɕiə$_{33}$bi$_{51}$/səʊ$_{33}$ɦuEɪ$_{51}$ 黄：稍微/小可sɒ$_{33}$ue$_{51}$/ɕiɒ$_{33}$ko$_{51}$ 温：稍微s^{ʊ}ɔ$_{44}$ʋ^{ɪ}i$_{44}$ 衢：稍微ɕiɔ$_{43}$uəɪ$_{53}$ 华：稍微/稍稍ɕiɑʊ$_{33}$uɪ$_{55}$/sɑʊ$_{33}$sɑʊ$_{55}$ 永：稍微sAʊ$_{55}$vi$_{31}$

恰巧

宜:客好/正好/正巧/齐巧好k'ʌʔ53xaɤ31/tsəŋ35xaɤ31/tsəŋ35tɕ'iaɤ31/ʑij21tɕ'iaɤ4xaɤ23　溧:齐将好/正好ʑiz32tɕie22xaʏ52/tsən52xaʏ52　金:恰好/刚刚好/正巧tɕ'iaʔ5xaᵓ23/kaŋ44kaŋ44xaᵓ23/tsəŋ44tɕ'iaᵓ23　丹:刚好kaŋ33hɒ44　童:恰好/碰巧tɕ'iʌʔ53tɕ'iɐɤ31/p'oŋ55tɕ'iɐɤ31　靖:齐巧/正好szij22tɕ'ɒ34/tɕiŋ52hɒ34　江:齐巧zij21tɕ'iɒ43　常:齐巧/正巧ʑij21tɕ'iaɤ34/tsəɲ55tɕ'iaɤ31　锡:正好/正巧/刚好/瞎巧tsən55xʌ31/tsən55tɕ'iʌ31/kɒ̃55xʌ31/xaʔ4tɕ'iʌ55　苏:正好/齐巧/恰恰叫tsən55hæ31/ʑij22tɕ'iæ44/kʌʔ5kʌʔ5tɕiɛ31　熟:正好/碰巧/恰好tsẽⁿ55xɔ31/bʌ̃22tɕ'iɔ44/xʌʔ3xɔ33　昆:碰巧/正好/正巧bã22tɕ'iɔ41/tsən44hɔ41/tsən44tɕ'iɔ41　霜:正好/瞎巧tsẽ55xɔ31/xʌʔ4tɕ'iɔ44　罗:正好/瞎巧tsẽⁿ55hɔ31/hʌʔ5tɕ'iɔ31　周:正好/瞎好/瞎巧tsəŋ55hɔ31/haʔ4hɔ44/haʔ4tɕ'iɔ44　上:恰巧/正好/正巧tɕ'iɪʔ3tɕ'iɔ44/tsəɲ55hɔ31/tsəɲ33tɕ'iɔ44　松:瞎巧/正好hʌʔ4tɕ'iɔ44/tsəɲ55hɔ31　黎:齐巧/正好zij22tɕ'iʌᵓ44/tsəɲ33hʌᵓ52　盛:齐巧/卡巧/正好zij22tɕ'iʌɑ44/k'ɑ33tɕ'iʌɑ52/tsəɲ33hʌɑ52　嘉:正好tsən35hɔ31　双:齐巧/正好dʑi22tɕ'iɔ44/tsən33xɔ52　杭:碰巧p'ən34tɕ'iɔ51　绍:刚刚好/候巧kɒŋ32kɒŋ34hɑɒ52/ɦɤ23tɕ'iɔ33　诸:刚刚好kɒ̃52kɒ̃42hɔ44　崇:刚刚kɒ̃53kɒ̃23　太:刚刚kɒŋ55kɒŋ31　余:正好/刚好tseɲ55hɒ31/kɒ̃55hɒ31　宁:候巧/刚刚好/正好ɦœʏ22tɕ'iɔ44/kɔ̃33kɔ̃55hɔ33/tɕɪŋ55hɔ33　黄:凑好tɕ'iɤ33hɒ51　温:凑巧ts'ʌu52k'ᵘɔ34　衢:铅铅好/铅好k'æ̃43k'æ̃33xɔ35/k'æ̃43xɔ35　华:刚好/顶对/搭对/正好kʌŋ33xɑʊ55/tiɪŋ54tɛ35/tiɐ54tɛ35/tɕiɪn35xɑʊ51　永:将的确tɕiʌŋ54tie32k'ʌʊ31

都

宜:全ʑyĩ223　溧:鸭早ʔɑʔ5tsɑʏ52　金:都tᵊu323　丹:都tʌɤ22　童:都tʌɤ324　靖:□tsʌɤ334　江:全/全道zɪ31/zɪ21tɒ43　常:全ʑiɔ213　锡:侪zE213　苏:侪zE223　熟:侪zæ233　昆:侪zɛ132　霜:侪zE31　罗:侪ze31　周:侪/全部ze113/ʑi22bu33　上:侪zE113　松:侪zE113　黎:侪zE24　盛:侪dzE24　嘉:侪zEᵋ31　双:侪zE113　杭:都tou323　绍:都tu33　诸:统光t'oŋ44kuɒ̃33　崇:全部/河沙/河介dʑiẽ21bu23/ɦʏ21sʏ23/ɦʏ21kɑ23　太:河介ɦɯ31kɑ33　余:和总/和舍/和扇ɦou24tsʊŋ52/ɦou24sẽ31/ɦou24sĩ31　宁:全部/和总dzø22bu51/ɦəʊ23tsoŋ44　黄:督toʔ5　温:□ʔo423　衢:统t'ʌŋ35　华:都tu324　永:都tʊ44

统统

宜:统统/全部/亨孛冷当t'oŋ55t'oŋ55/ʑyĩ22bu53/xʌŋ55bəʔ5lʌŋ55tʌŋ55　溧:鸭早ʔɑʔ5tsɑʏ52　金:统统/一个个t'oŋ24t'oŋ23/ieʔ4kʌɤ44kʌɤ44　丹:统统t'oŋ44t'oŋ31　童:统统/亨墨冷打t'oŋ53t'oŋ31/haŋ55məʔ3laŋ3taŋ31　靖:统统/一塌刮子/□t'oŋ33t'oŋ44/ʔɪʔ4t'ɑʔ4kuɑʔ4tsɿ31/tsʌɤ334　江:统统/亨八冷打/全部t'oŋ52t'oŋ33/hʌᵑ55poʔ3lʌᵑ33tɑ31/dzɪ21bu43　常:统统/全部/一塌刮子/亨八冷打t'oŋ55t'oŋ31/ʑiɔ21bu34/ʔiɪʔ5t'ɑʔ5kuɑʔ5tsɿ55/xʌɲ55pɑʔ5lʌɲ55tʌɲ31　锡:统统/一道/全部/一塌刮子/亨八冷打t'oŋ55t'oŋ31/ʔiɪʔ5dʌ34/zɪ24bʌɤ31/ʔiɪʔ4t'ɑʔ5kuɑʔ5tsɿ31/xã55pɑʔ55lã55tã55　苏:统统/一塌刮子t'oŋ55t'oŋ31/ʔiəʔ5t'ʌʔ5kuʌʔ5tsɿ55　熟:全部/统统(少)dʑie23bu33/t'ʊŋ55t'ʊŋ51　昆:侪/全部zɛ132/zɪ23bu41　霜:统统/侪t'oᵑ55t'oᵑ31/zE31　罗:统统/侪t'oᵑ55t'oᵑ31/ze31　周:统统t'oŋ55t'oŋ31　上:统统/亨八冷打t'ʊŋ55t'ʊŋ31/hʌ̃ɲ55pʌʔ3lʌ̃ɲ33tʌ̃ɲ31　松:统统/侪t'ʊŋ33t'ʊŋ55/zE113　黎:统统/侪t'oŋ44t'oŋ44/zE24　盛:统统t'oŋ44t'oŋ44　嘉:统统t'oŋ33t'oŋ51　双:统统/全部t'oŋ34t'oŋ52/dʑiz22bʉ44　杭:统统/一塌刮子/亨不冷打t'oŋ55t'oŋ31/ʔiɪʔ3t'ɐʔ5kuɐʔ3tsɿ31/hʌŋ34pɐʔ5lʌŋ33tʌŋ31　绍:亨勃冷□haŋ43bəʔ3laŋ33taŋ51　诸:统光/统齐koŋ44kuɒ̃33/koŋ44dʑiz33　崇:全部/河沙/河介dʑiẽ21bu23/ɦʏ21sʏ23/ɦʏ21kɑ23　太:河介ɦɯ31kɑ33　余:和总/和舍/统统ɦou24tsʊŋ52/ɦou24sẽ52/t'ʊŋ33t'ʊŋ52　宁:统统/和总/全部t'oŋ33t'oŋ51/ɦəʊ23tsoŋ44/dzø22bu51　黄:统统/全部t'oŋ55t'oŋ31/zø23 bu$_{31}$ 温：统统tʻoŋ$_{3}$tʻoŋ$_{44}$ 衢：统统tʻʌŋ$_{35}$tʻʌŋ$_{35}$ 华：统统/全部tʻoŋ$_{54}$tʻoŋ$_{54}$/dʑyæ$_{21}$bu$_{24}$ 永：统统/都/全部tʻoŋ$_{43}$tʻoŋ$_{44}$/tʊ$_{44}$/ɕʑyə$_{32}$b̥ʊ$_{54}$

总共

宜：一共ʔiɪʔ$_{5}$goŋ$_{324}$ 溧：鸭早ʔAʔ$_{5}$tsɑ^{ʏ}$_{52}$ 金：总共/一起/一孤邋遢tsoŋ$_{33}$koŋ$_{44}$/ieʔ$_{5}$tɕʻi$_{z23}$/ieʔ$_{4}$k^{ə}u$_{44}$lɑʔ$_{4}$tʻɑʔ$_{4}$ 丹：总共/一共tsoŋ$_{21}$goŋ$_{22}$/ɪʔ$_{5}$g̥oŋ$_{23}$ 童：一起/一共/总共iɪʔ$_{\underline{53}}$tɕʻi$_{j31}$/iɪʔ$_{\underline{53}}$goŋ$_{31}$/tsoŋ$_{53}$goŋ$_{23}$ 靖：一共/一咕隆冬ʔiɪʔ$_{\underline{53}}$goŋ$_{31}$/ʔɪʔ$_{5}$kɔʔ$_{3}$loŋ$_{3}$toŋ$_{31}$ 江：一共/亨八冷打/一塌刮则ʔɪʔ$_{\underline{53}}$goŋ$_{31}$/hA^{ŋ}$_{55}$poʔ$_{3}$lA^{ŋ}$_{33}$tɑ$_{31}$/ʔɪʔ$_{5}$tʻɑʔ$_{5}$kuɑʔ$_{5}$tsɜʔ$_{5}$ 常：总共/一共/拢共tsoŋ$_{33}$goŋ$_{44}$/ʔiɪʔ$_{4}$goŋ$_{52}$/ʔloŋ$_{34}$goŋ$_{44}$ 锡：总共/一共/一道tsoŋ$_{33}$goŋ$_{55}$/ʔiɪʔ$_{4}$goŋ$_{34}$/ʔiɪʔ$_{4}$dʌ$_{34}$ 苏：共总goŋ$_{22}$tsoŋ$_{44}$ 熟：总共/一道/亨勃冷当tsʊŋ$_{35}$gʊŋ$_{31}$/ʔɪʔ$_{4}$dɔ$_{51}$/xA˜$_{55}$bAʔ$_{55}$lA˜$_{55}$tA˜$_{51}$ 昆：一塌括子/亨勃冷当ʔiɪʔ$_{4}$tʻAʔ$_{5}$kuAʔ$_{5}$tsɿ$_{41}$/hã$_{44}$bəʔ$_{44}$lã$_{33}$tã$_{31}$ 霜：一共ʔiɪʔ$_{4}$go^{ŋ}$_{44}$ 罗：一共ʔiɪʔ$_{4}$go^{ŋ}$_{23}$ 周：一塌括子/拢总ʔɪʔ$_{3}$tʻɑʔ$_{5}$kuɑʔ$_{3}$tsɿ$_{31}$/loŋ$_{22}$tsoŋ$_{24}$ 上：总共/一共/一共拢总/一塌刮子/亨八冷打tsʊŋ$_{33}$gʊŋ$_{44}$/ʔiɪʔ$_{3}$gʊŋ$_{44}$/ʔiɪʔ$_{3}$gʊŋ$_{55}$lʊŋ$_{33}$tsʊŋ$_{31}$/ʔiɪʔ$_{3}$tɐʔ$_{5}$kuɐʔ$_{3}$tsɿ$_{31}$/hÃ^{ɲ}$_{55}$pɐʔ$_{3}$lÃ^{ɲ}$_{33}$tÃ^{ɲ}$_{31}$ 松：一共拢总/一塌括子ʔɪʔ$_{4}$gʊŋ$_{44}$lʊŋ$_{55}$tsʊŋ$_{31}$/ʔɪʔ$_{4}$tʻæʔ$_{4}$kuæʔ$_{4}$tsɿ$_{44}$ 黎：总共/一共拢总tsoŋ$_{55}$goŋ$_{31}$/ʔiəʔ$_{5}$goŋ$_{44}$loŋ$_{22}$tsoŋ$_{24}$ 盛：总共/一共拢统tsoŋ$_{55}$goŋ$_{31}$/ʔiɪʔ$_{5}$goŋ$_{33}$loŋ$_{33}$tʻoŋ$_{31}$ 嘉：一共ʔiəʔ$_{5}$goŋ$_{31}$ 双：总共/才溜乌/一共tsoŋ$_{34}$goŋ$_{52}$/ze$_{22}$li^{ɵ}ʏ$_{44}$ʉ$_{44}$/ʔieʔ$_{5}$goŋ$_{52}$ 杭：一共/一塌括子/亨不冷打ʔiɪʔ$_{3}$goŋ$_{34}$/ʔiɪʔ$_{3}$tʻɐʔ$_{5}$kuɐʔ$_{3}$tsɿ$_{31}$/hAŋ$_{34}$pɐʔ$_{5}$lAŋ$_{33}$tAŋ$_{31}$ 绍：总共tsʊŋ$_{34}$gʊŋ$_{52}$ 诸：统光toŋ$_{44}$kuõ$_{33}$ 崇：全部/河沙/河介dʑiẽ$_{21}$bu$_{23}$/ɦʏ$_{21}$sʏ$_{23}$/ɦʏ$_{21}$kɑ$_{23}$ 太：河介ɦɯ$_{31}$kɑ$_{33}$ 余：和总/和舍/总共ɦou$_{24}$tsʊŋ$_{52}$/ɦou$_{24}$sẽ$_{52}$/tsʊŋ$_{33}$gʊŋ$_{52}$ 宁：总共/和总/全部tsoŋ$_{55}$goŋ$_{33}$/ɦəʊ$_{24}$tsoŋ$_{33}$/dzø$_{22}$bu$_{51}$ 黄：一共/总共ʔieʔ$_{3}$dʑyoŋ$_{13}$/tsoŋ$_{32}$dʑyoŋ$_{13}$ 温：总共tsoŋ$_{55}$dʑy^{ʊ}ɔ$_{22}$ 衢：全部dʑyə$_{22}$bu$_{53}$ 华：总共/一共/净灵共拢tsoŋ$_{33}$koŋ$_{55}$/ʔiəʔ$_{\underline{53}}$goŋ$_{24}$/dʑiɪŋ$_{22}$liɪŋ$_{55}$goŋ$_{22}$loŋ$_{51}$ 永：总共/一共/全部tsoŋ$_{43}$goŋ$_{24}$/iə$_{\underline{43}}$goŋ$_{24}$/ɕʑyə$_{32}$bu$_{54}$

一起

宜：一道/一同/一堆ʔiɪʔ$_{5}$dɑʏ$_{324}$/ʔiɪʔ$_{5}$doŋ$_{55}$/ʔiɪʔ$_{5}$tɐɪ$_{55}$ 溧：一同ʔiɪʔ$_{5}$doŋ$_{34}$ 金：一起/一块/一道ieʔ$_{5}$tɕʻi$_{z23}$/ieʔ$_{4}$kʻuɛ^{e}$_{44}$/ieʔ$_{4}$tɑ^{ɔ}$_{44}$ 丹：一起/一道ɪʔ$_{5}$tɕʻi$_{z23}$/ɪʔ$_{5}$tɒ$_{41}$ 童：一起/一道iɪʔ$_{\underline{53}}$tɕʻi$_{j31}$/iɪʔ$_{\underline{53}}$dɐʏ$_{31}$ 靖：一道/走堆ʔiɪʔ$_{5}$dɒ$_{51}$/tsʌʏ$_{35}$te$_{34}$ 江：一家火/一陶/一搭堆ʔɪʔ$_{5}$kɑ$_{42}$hɜʏ$_{31}$/ʔɪʔ$_{5}$dɒ$_{42}$/ʔɪʔ$_{5}$tɑʔ$_{5}$tEɪ$_{43}$ 常：一道ʔiɪʔ$_{4}$dɑʏ$_{52}$ 锡：一道ʔəʔ$_{4}$dʌ$_{34}$ 苏：一道ʔiəʔ$_{5}$dæ$_{23}$ 熟：一道ʔɪʔ$_{4}$dɔ$_{51}$ 昆：一道ʔiɪʔ$_{3}$dɔ$_{44}$ 霜：一道ʔiɪʔ$_{4}$dɔ$_{52}$ 罗：一道ʔiɪʔ$_{4}$dɔ$_{23}$ 周：一道ʔɪʔ$_{3}$dɔ$_{52}$ 上：一道ʔiɪʔ$_{3}$dɔ$_{44}$ 松：一道ʔiɪʔ$_{4}$dɔ$_{52}$ 黎：一道ʔiəʔ$_{5}$dA^{ɔ}$_{34}$ 盛：一道ʔIɪʔ$_{3}$dAɑ$_{44}$ 嘉：一道ʔiəʔ$_{3}$dɔ$_{44}$ 双：一道ʔieʔ$_{3}$dɔ$_{34}$ 杭：一道ʔiɪʔ$_{3}$dɔ$_{23}$ 绍：一对生ʔɪʔ$_{3}$te$_{44}$saŋ$_{52}$ 诸：抽待tsʻei$_{52}$dɛ$_{233}$ 崇：班省pæ̃$_{53}$sA˜$_{23}$ 太：班省pæ̃$_{55}$sAŋ$_{31}$ 余：做台/一道tsou$_{55}$de$_{31}$/ʔɪʔ$_{5}$dɒ$_{31}$ 宁：一道/似头ʔiɪʔ$_{3}$dɔ$_{34}$/zɿ$_{24}$dœʏ$_{33}$ 黄：左代ts^{ə}u$_{32}$de$_{13}$ 温：一起/做握ʔiæi$_{3}$tsʻɿ$_{34}$/tsəu$_{33}$o$_{52}$ 衢：一起ʔiəʔ$_{4}$tsʻɿ$_{35}$ 华：一起/一道(少)ʔiəʔ$_{3}$tɕʻi$_{j55}$/ʔiəʔ$_{5}$dɑʊ$_{24}$ 永：一起iə$_{\underline{43}}$tɕʻi$_{54}$

又

宜：又ɦiʏɯ$_{31}$ 溧：又ʔɦiʏɯ$_{412}$ 金：又iʌʏ$_{44}$ 丹：又ʏ$_{41}$ 童：又iʊ$_{45}$ 靖：又ʔøʏ$_{51}$ 江：又ɦiɜʏ$_{223}$ 常：又ɦiʌɯ$_{31}$ 锡：夷ɦi$_{213}$ 苏：亦ɦiəʔ$_{\underline{23}}$ 熟：以ʔi$_{52}$ 昆：益ɦiɪʔ$_{\underline{12}}$ 霜：以/又ɦɪ$_{213}$/ɦy$_{31}$ 罗：以ɦi$_{213}$ 周：以ɦi$_{113}$ 上：又/夷ɦiʏɯ$_{113}$/ɦi$_{113}$ 松：又/夷ɦiɯ$_{113}$/ɦi$_{113}$ 黎：益ɦiəʔ$_{\underline{23}}$ 盛：以ʔi$_{j44}$ 嘉：以/又ɦi$_{223}$/ʔiəu$_{51}$ 双：以ʔi$_{53}$ 杭：以ʔi$_{51}$ 绍：以ɦi$_{22}$ 诸：依ʔi$_{z544}$ 崇：以ɦi$_{z22}$ 太：以ʔi$_{35}$ 余：依ʔi$_{34}$ 宁：以ɦi$_{113}$ 黄：亦ʔieʔ$_{5}$ 温：以ɦi$_{24}$ 衢：叶ʔiəʔ$_{\underline{12}}$ 华：又/以ɦiɯu$_{213}$/ʔi$_{j544}$ 永：以ʔɦi$_{214}$

再

宜:再tsɐɪ$_{324}$　溧:再tsæE$_{412}$　金:再tsɛ^{e}$_{44}$　丹:再tsæ$_{41}$　童:再tsaɪ$_{45}$　靖:再tsæ$_{51}$　江:再tsæ$_{435}$　常:再tsæ$_{51}$　锡:再/挨tsE$_{34}$/ʔE$_{544}$　苏:再tsE$_{44}$　熟:再/以tsæ$_{52}$/ʔi$_{52}$　昆:再tsɛ$_{52}$　霜:还ʔᴜE$_{52}$　罗:还ɦe$_{31}$　周:再tse$_{52}$　上:再tsE$_{52}$　松:再/挨tsE$_{335}$/ʔE$_{52}$　黎:再tsE$_{413}$　盛:再tsE$_{413}$　嘉:再tsE$^{\varepsilon}$$_{51}$　双:再tsE$_{334}$　杭:再tsE$_{54}$　绍:还要/以ɦæ̃$_{23}$iɑɒ$_{52}$/ɦi$_{22}$　诸:以ʔi$_{z544}$　崇:以ɦi$_{z22}$　太:以ʔi$_{35}$　余:再tse$_{52}$　宁:再tse$_{52}$　黄:再tse$_{44}$　温:再tse$_{52}$　衢:再tsɛ$_{53}$　华:再tsɛ$_{45}$　永:以ʔɦi$_{214}$

还

宜:还ɦA$_{223}$　溧:还ɦA$_{323}$/ʔɦuA$_{323}$　金:还xuæ̃$_{24}$/xɑ$_{24}$　丹:还ɦuæ$_{213}$　童:还ɦuɑ$_{31}$　靖:还ɦæ$_{223}$　江:还ɦuæ$_{223}$/ɦæ$_{223}$　常:还ɦuæ$_{213}$　锡:还/挨ɦE$_{213}$/ʔE$_{544}$　苏:还ɦE$_{223}$　熟:还/挨ɦE$_{233}$/ʔE$_{52}$　昆:还ɦɛ$_{133}$　霜:还ʔE$_{52}$　罗:还ɦe$_{31}$　周:还ɦɛ$_{113}$/vɛ$_{113}$　上:还ɦuE$_{113}$/ɦE$_{113}$　松:还vE$_{31}$　黎:还ɦuE$_{24}$　盛:还ɦuE$_{24}$　嘉:还ɦE$^{\varepsilon}$$_{31}$　双:还ɦuE$_{113}$/ɦE$_{113}$　杭:还/活ɦE$_{212}$/ɦɑ$_{213}$/ɦuɐʔ$_{\underline{12}}$　绍:还ɦæ̃$_{31}$/ɦuæ̃$_{31}$　诸:还ɦɛ$_{233}$　崇:还væ̃$_{312}$　太:还væ̃$_{312}$　余:还ɦuɛ̃$_{113}$　宁:还ɦuE$_{113}$/ɦua$_{113}$/ɦa$_{113}$　黄:还ɦuA$_{113}$　温:还vɑ$_{31}$　衢:还ɦuæ̃$_{323}$/ʔɦæ̃$_{434}$　华:还ɦuɛ$_{324}$　永:还ʔɦuA$_{322}$

仍旧

宜:仍旧/鞋让老zəŋ$_{22}$dʑiɤɯ$_{53}$/ɦA$_{22}$ȵiAŋ$_{55}$lɑɤ$_{31}$　溧:还是ʔɦuA$_{32}$zʅ$_{23}$　金:还是hæ̃$_{22}$sʅ$_{z44}$　丹:还是ɦæ$_{22}$sʅ$_{44}$　童:还是xɦaɪ$_{24}$zʅ$_{31}$　靖:还是/仍然ɦæ$_{22}$zʅ$_{34}$/dʑiəŋ$_{24}$ɦøY$_{23}$　江:原旧ɦyɵ$_{21}$dʑiɜɤ$_{43}$　常:仍旧/原是/还是zəɲ$_{21}$dʑiɯ$_{34}$/ȵyɔ$_{21}$zʅ$_{13}$/ɦuæ$_{21}$zʅ$_{34}$　锡:原旧ȵyo$_{24}$dʑiʌɤ$_{31}$　苏:仍旧/还是/弯旧zən$_{24}$dʑiɵ$_{31}$/ɦuE$_{22}$zʅ$_{44}$/ʔuE$_{55}$dʑiɵ$_{31}$　熟:仍旧/原归/仍归ʐ̥ɛ̃^{n}$_{23}$dʑiɯ$_{33}$/ȵiɤ$_{23}$kuE$_{33}$/ʐ̥ɛ̃^{n}$_{23}$kuE$_{33}$　昆:仍旧/原归zən$_{23}$dʑy$_{41}$/ȵyɵ$_{22}$kuE$_{41}$　霜:原旧ȵy$_{24}$dʑy$_{31}$　罗:仍旧zɛ̃^{n}$_{22}$dʑy$_{23}$　周:仍旧/原旧(少)ȵiɪŋ$_{22}$dʑiɤ$_{24}$/ȵyø$_{22}$dʑiɤ$_{24}$　上:宁旧/原拳ȵiɲ$_{22}$dʑiɤɯ$_{44}$/ȵyø$_{22}$dʑyø$_{44}$　松:牛旧/宁旧ȵiɯ$_{22}$dʑiɯ$_{52}$/ȵiɲ$_{22}$dʑiɯ$_{52}$　黎:仍原/仍归/年归ȵiəɲ$_{22}$ȵiɵ$_{44}$/ȵiəɲ$_{22}$kuE$_{44}$/ȵiɪ$_{22}$kuE$_{44}$　盛:年靠/年归ȵiɪ$_{22}$k'Aɑ$_{44}$/ȵiɪ$_{22}$kuE$_{44}$　嘉:仍旧ȵin$_{24}$dʑiəu$_{51}$　双:仍旧介/粘得ȵɪn$_{22}$dʑi^{ø}Y$_{44}$kɑ$_{44}$/ȵɪ$_{22}$təʔ$_{4}$　杭:仍可ɹən$_{22}$k'ou$_{51}$　绍:仍旧/勤考dzəŋ$_{21}$dʑiɤ$_{33}$/dʑɪŋ$_{21}$k'ɑɒ$_{33}$　诸:仍旧/原来dzẼĨ$_{31}$dʑiY$_{44}$/ȵiɤ$_{31}$lE$_{42}$　崇:原介ȵY$_{21}$kɑ$_{23}$　太:原介ȵiœ̃$_{51}$kɑ$_{23}$　余:仍旧/应放zeɲ$_{24}$dʑiɤ$_{31}$/ʔiɲ$_{55}$fɒ̃$_{31}$　宁:仍旧/原来dʑɪŋ$_{24}$dʑY$_{31}$/ȵy$_{ɥ22}$le$_{51}$　黄:仍旧/照样ʔȵiɪŋ$_{33}$dʑiu$_{44}$/tɕiɒ$_{33}$ɦia$^{\sim}$$_{44}$　温:仍旧szʌŋ$_{22}$dʑiʌu$_{34}$　衢:还旧/全□ɦuæ̃$_{22}$dʑiɯ$_{53}$/dʑyə$_{32}$mæ̃$_{35}$　华:仍旧/穷挂ɕiɪŋ$_{32}$dʑiɯu$_{24}$/dʑyoŋ$_{21}$kuɑ$_{35}$　永:仍旧ɕʑiɪɲ$_{32}$d̥ʑiəʊ$_{54}$

反正

宜:反正/总归fA$_{53}$tsəŋ$_{31}$/tsoŋ$_{33}$kuɐɪ$_{44}$　溧:反正fA$_{44}$tsən$_{55}$　金:反正fæ̃$_{22}$tsəŋ$_{44}$　丹:反正fæ$_{22}$tsɛn$_{44}$　童:反正fɑ$_{53}$tsəŋ$_{31}$　靖:反正fæ̃$_{33}$tɕiəŋ$_{52}$　江:反正fæ$_{52}$tsEɲ$_{33}$　常:反正fæ$_{34}$tsəɲ$_{44}$　锡:反正/总归fɛ$_{45}$tsən$_{55}$/tsoŋ$_{55}$kuE$_{31}$　苏:反正fE$_{53}$tsən$_{31}$　熟:反正/总归fæ$_{33}$tʂ̥ɛ̃^{n}$_{33}$/tsʊŋ$_{33}$kuE$_{33}$　昆:反正fɛ$_{52}$tsən$_{33}$　霜:反正fE$_{33}$tsɛ̃$_{52}$　罗:反正/横输fe$_{33}$tsɛ̃^{n}$_{52}$/ɦua$^{\sim}$$_{24}$sʅ$_{31}$　周:反正/横输得/咸输得fɛ$_{33}$tsəŋ$_{44}$/ʔA$^{\sim}$$_{33}$sʅ$_{23}$ɗəʔ$_{\underline{52}}$/ɦɛ$_{22}$ɕy$_{23}$ɗəʔ$_{\underline{52}}$　上:反正fE$_{33}$tsəɲ$_{44}$　松:反正fE$_{44}$tsəɲ$_{44}$　黎:反正/横fE$_{55}$tsəɲ$_{31}$/ɦuɛ̃$_{24}$　盛:反正fE$_{55}$tsəɲ$_{31}$　嘉:反正fE$^{\varepsilon}$$_{44}$tsən$_{33}$　双:反正fE$_{33}$tsen$_{52}$　杭:反正fE$_{55}$tsən$_{31}$　绍:还顾ɦuæ̃$_{21}$ku$_{33}$　诸:反正fɛ$_{44}$tsẼĨ$_{33}$　崇:反正fæ̃$_{34}$tsɪŋ$_{52}$　太:反正fæ̃$_{33}$tsəŋ$_{44}$　余:反正fɛ̃$_{33}$tseɲ$_{52}$　宁:反正fE$_{55}$tɕɪŋ$_{33}$　黄:反正/横直fɛ$_{33}$tɕiɪŋ$_{44}$/ɦua$^{\sim}$$_{23}$dzɐʔ$_{4}$　温:反正fɑ$_{55}$tsəŋ$_{21}$　衢:反正fæ̃$_{35}$tʃɥən$_{53}$　华:反正fæ̃$_{54}$tɕiɪn$_{35}$　永:反正fA$_{43}$tɕiɪɲ$_{54}$

大约

宜:大概/大约摸do$_{32}$kɐɪ$_{53}$/do$_{21}$ʔiɔ$_{1}$mɔʔ$_{\underline{23}}$　溧:大概/大约摸do$_{32}$kæᴇ$_{52}$/do$_{32}$ʔiɑʔ$_{2}$mɔʔ$_{\underline{52}}$　金:大概/作兴tɑ$_{22}$kɛ^{e}$_{44}$/tsɔʔ$_{4}$ɕiŋ$_{44}$　丹:大概tɑ$_{41}$kæ$_{21}$　童:大约摸/大概dɑ$_{22}$iᴀʔ$_{3}$moʔ$_{4}$/dɒ$_{21}$kaɪ$_{23}$　靖:大概/大约摸/差不多dɑ$_{24}$kæ$_{31}$/dɑ$_{24}$ɦɑ$_{33}$mɔʔ$_{\underline{31}}$/ts'o$_{44}$pəʔ$_{4}$tᴀʏ$_{34}$　江:大约/大约摸则dɑ$_{24}$ʔiɑʔ$_{31}$/dɑ$_{24}$ʔiɑʔ$_{33}$moʔ$_{3}$tsɜʔ$_{2}$　常:大约/大约摸/大概dɑ$_{21}$iɑ$_{13}$/dɑ$_{21}$iɑʔ$_{1}$mo$_{13}$/dɑ$_{24}$kæ$_{41}$　锡:大约/大约摸作dɑ$_{22}$iɑʔ$_{55}$/dɑ$_{22}$iɑʔ$_{5}$mɑʔ$_{5}$tsɑʔ$_{\underline{31}}$　苏:大约/大概/大约莫庄dɒ$_{22}$iᴀʔ$_{4}$/dɒ$_{22}$kᴇ$_{44}$/dɒ$_{22}$iᴀʔ$_{5}$mɔʔ$_{4}$tsÃ$_{31}$　熟:大约码张dɑ$_{22}$iᴀʔ$_{3}$mu$_{33}$tʂᴀ̃$_{51}$　昆:大约/大概dɑ$_{23}$iᴀʔ$_{4}$/dɑ$_{22}$kɛ$_{44}$　霜:大概/大约莫则dɑ$_{24}$kᴇ$_{31}$/dɑ$_{22}$iᴀʔ$_{22}$iᴀʔ$_{\underline{23}}$moʔ$_{5}$tsəʔ$_{3}$　罗:大概/大约莫则dɑ$_{24}$ke$_{31}$/dɑ$_{22}$iᴀʔ$_{5}$məʔ$_{3}$tsᴀʔ$_{\underline{31}}$　周:大概/大约摸总/大约摸张dɑ$_{22}$kɛ$_{24}$/dɑ$_{22}$iɑʔ$_{3}$mo$_{55}$tsoŋ$_{31}$/dɑ$_{22}$iɑʔ$_{3}$mo$_{55}$tsᴀ̃$_{31}$　上:大约摸/大概dᴀ$_{22}$iɪʔ$_{5}$moʔ$_{\underline{31}}$/dᴀʔ$_{22}$iɪʔ$_{4}$　松:大概/大模样/毛估估dɑ$_{22}$kᴇ$_{23}$/dɑ$_{22}$mo$_{55}$ɦiɛ̃$_{31}$/mɔ$_{22}$ku$_{55}$ku$_{31}$　黎:大约码子/大概dɒ$_{22}$iᴀʔ$_{5}$mo$_{33}$tsɿ$_{31}$/dɒ$_{23}$kᴇ$_{33}$　盛:大约/大约末子dɑ$_{22}$iɑʔ$_{5}$/dɑ$_{22}$iɑʔ$_{5}$məʔ$_{3}$tsɿ$_{31}$　嘉:大概dɑ$_{24}$kᴇ^{ɛ}$_{31}$　双:大约码子/大概dɑ$_{22}$iᴀʔ$_{5}$mʊ$_{33}$tsɿ$_{21}$/dɑ$_{22}$kᴇ$_{52}$　杭:大概dɑ$_{22}$kᴇ$_{51}$　绍:大概/差勿多/懊冒dɑ$_{22}$ke$_{52}$/ts'o$_{43}$veʔ$_{3}$to$_{33}$/ʔɑɒ$_{33}$mɑɒ$_{52}$　诸:大致dɑ$_{21}$tsɿ$_{23}$　崇:介样子kɑ$_{53}$ɦiᴀ̃$_{33}$tsɿ$_{23}$　太:介样子kɑ$_{55}$ɦiᴀŋ$_{33}$tsɿ$_{31}$　余:大约摸dɑ$_{22}$iɐʔ$_{4}$mɔʔ$_{5}$　宁:大约摸/可能/大概dɑ$_{22}$iɪʔ$_{4}$mɔʔ$_{5}$/k'əʊ$_{33}$mɐŋ$_{35}$/dɑ$_{22}$ke$_{44}$　黄:大概dᴀ$_{23}$ke$_{44}$　温:大概d̥ɑ$_{55}$ke$_{21}$　衢:大概dᴀ$_{45}$kɛ$_{53}$　华:大概/总亨/总dɑ$_{22}$kɛ$_{44}$/tsoŋ$_{54}$xᴀŋ$_{35}$/tsoŋ$_{544}$　永:大概diᴀ$_{32}$kəɪ$_{54}$

一定

宜:一定ʔiɪʔ$_{5}$diŋ$_{324}$　溧:一定/肯定ʔiɪʔ$_{5}$din$_{52}$/k'ən$_{44}$din$_{31}$　金:一定ieŋ$_{4}$tiŋ$_{44}$　丹:一定ɪʔ$_{3}$tiŋ$_{41}$　童:一定iɪʔ$_{\underline{53}}$diŋ$_{31}$　靖:一定/肯定ʔiɪʔ$_{5}$diŋ$_{51}$/k'əŋ$_{33}$diŋ$_{52}$　江:一定ʔɪʔ$_{5}$diɲ$_{23}$　常:一定ʔiɪʔ$_{4}$diɲ$_{52}$　锡:一定ʔiɪʔ$_{4}$din$_{34}$　苏:板定/板pᴇ$_{53}$diɪn$_{31}$/pᴇ$_{51}$　熟:一定ʔɪʔ$_{3}$dĩ^{ɲ}$_{34}$　昆:一定/肯定/板定ʔiɪʔ$_{5}$din$_{31}$/k'ən$_{55}$din$_{31}$/pɛ$_{55}$din$_{31}$　霜:一定ʔiɪʔ$_{4}$dĩ$_{23}$　罗:一定ʔiɪʔ$_{4}$dɪ^{n}$_{23}$　周:一定ʔɪʔ$_{3}$diɪŋ$_{44}$　上:一定ʔiɪʔ$_{3}$diɲ$_{44}$　松:一定/肯定ʔiɪʔ$_{4}$diɲ$_{34}$/k'əɲ$_{44}$diɲ$_{44}$　黎:一定/呆板ʔiəʔ$_{5}$diəɲ$_{31}$/ŋᴇ$_{22}$pᴇ$_{44}$　盛:一定ʔiɪʔ$_{5}$dɪɲ$_{31}$　嘉:一定/呆板ʔiəʔ$_{5}$din$_{31}$/ɦᴇ^{ɛ}$_{24}$pᴇ^{ɛ}$_{51}$　双:一定/呆板/难板ʔieʔ$_{3}$dɪn$_{52}$/ɦᴇ$_{22}$pᴇ$_{44}$/nᴇ$_{22}$pᴇ$_{44}$　杭:一定ʔiɪʔ$_{3}$dɪn$_{23}$　绍:咸板/砍板ɦæ̃$_{22}$pæ̃$_{52}$/k'æ̃$_{33}$pæ̃$_{52}$　诸:肯定/一定kĩ$_{44}$dĩ$_{33}$/ʔiəʔ$_{4}$dĩ$_{33}$　崇:一定ʔiᴇʔ$_{3}$dɪŋ$_{23}$　太:一定ʔieʔ$_{3}$diŋ$_{33}$　余:咸板/还板(少)ɦɛ̃$_{22}$bɛ̃$_{52}$/ɦuɛ̃$_{22}$bɛ̃$_{52}$　宁:一定/肯定ʔiɪʔ$_{33}$dɪŋ$_{34}$/k'ɐŋ$_{55}$dɪŋ$_{33}$　黄:肯定/开板k'əŋ$_{32}$diɪŋ$_{13}$/k'e$_{55}$pɛ$_{31}$　温:一定ʔi$_{3}$dᴧŋ$_{22}$　衢:一定/肯定ʔiəʔ$_{4}$ti^{n}$_{53}$/k'ən$_{35}$di^{n}$_{53}$　华:一定/肯定/定住/笃定ʔiəʔ$_{5}$diɪn$_{24}$/k'ən$_{54}$diɪn$_{24}$/diɪn$_{13}$tɕy$_{51}$/toʔ$_{\underline{53}}$diɪn$_{24}$　永:一定/肯定ɪə$_{42}$diɪŋ$_{24}$/k'əɲ$_{42}$diɪŋ$_{24}$

必定

宜:一定ʔiɪʔ$_{5}$diŋ$_{324}$　溧:一定ʔiɪʔ$_{5}$din$_{52}$　金:必定/板定pieʔ$_{4}$tiŋ$_{44}$/pæ̃$_{22}$tiŋ$_{44}$　丹:一定ɪʔ$_{3}$tiŋ$_{41}$　童:一定iɪʔ$_{\underline{53}}$diŋ$_{31}$　靖:必定/板定pɪʔ$_{5}$diŋ$_{51}$/pæ̃$_{33}$diŋ$_{44}$　江:板定/板pæ$_{52}$diɲ$_{33}$/pæ$_{45}$　常:板定/板pæ$_{34}$diɲ$_{44}$/pæ$_{334}$　锡:板定pɛ$_{33}$din$_{55}$　苏:板定/板pᴇ$_{53}$diɪn$_{31}$/pᴇ$_{51}$　熟:板定pæ$_{33}$dĩ^{ɲ}$_{33}$　昆:必定/板定pɪʔ$_{5}$din$_{31}$/pɛ$_{55}$din$_{31}$　霜:板定pᴇ$_{33}$dĩ$_{52}$　罗:板定pe$_{33}$dɪ^{n}$_{52}$　周:板定/板正ɓɛ$_{44}$d̥iɪŋ$_{44}$/ɓɛ$_{44}$tsəŋ$_{44}$　上:板定pᴇ$_{33}$diɲ$_{44}$　松:板定/板/板候pᴇ$_{44}$diɲ$_{44}$/pᴇ$_{44}$/pᴇ$_{44}$ɦɯ$_{44}$　黎:板要/呆板pᴇ$_{55}$iᴀ^{ɔ}$_{31}$/ŋᴇ$_{22}$pᴇ$_{44}$　盛:一定/呆板ʔiɪʔ$_{5}$dɪɲ$_{31}$/ɦᴇ$_{22}$pᴇ$_{44}$　嘉:必定/呆板piɪʔ$_{5}$din$_{31}$/ɦᴇ^{ɛ}$_{24}$pᴇ^{ɛ}$_{51}$　双:一定/呆板ʔieʔ$_{3}$dɪn$_{34}$/ɦᴇ$_{22}$pᴇ$_{44}$　杭:一定ʔiɪʔ$_{3}$dɪn$_{23}$　绍:咸板/砍板ɦæ̃$_{22}$pæ̃$_{52}$/k'æ̃$_{33}$pæ̃$_{52}$　诸:必定piəʔ$_{4}$dĩ$_{33}$　崇:一定ʔiᴇʔ$_{3}$diŋ$_{23}$　太:一定ʔieʔ$_{3}$diŋ$_{33}$　余:咸板/还板ɦɛ̃$_{22}$bɛ̃$_{52}$/ɦuɛ̃$_{22}$bɛ̃$_{52}$　宁:必定piɪʔ$_{4}$dɪŋ$_{44}$　黄:板/肯定pɛ$_{53}$/k'əŋ$_{32}$diɪŋ$_{13}$　温:肯定k'ᴧŋ$_{55}$dᴧŋ$_{21}$　衢:保证pɔ$_{35}$tsən$_{53}$　华:一定/肯定/定住ʔiəʔ$_{5}$diɪn$_{24}$/k'ən$_{54}$diɪn$_{24}$/diɪn$_{13}$tɕy$_{51}$　永:一定/肯定iə$_{42}$diɪŋ$_{24}$/k'əɲ$_{42}$diɪŋ$_{24}$

别

宜：覅fiɑɤ$_{324}$ 溧：覅fiɑ^{ɤ}$_{412}$ 金：不要pəʔ$_{4}$iɑ^{ɔ}$_{44}$ 丹： 童：不要pəʔ$_{5}$iɐɤ$_{55}$ 靖：嫑piɒ$_{51}$ 江：覅/勿要fiɒ$_{435}$/fɜʔ$_{5}$ʔiɒ$_{435}$ 常：覅/勿要fiɑɤ$_{51}$/fəʔ$_{4}$iɑɤ$_{52}$ 锡：覅fiʌ$_{323}$ 苏：勿要/覅fəʔ$_{5}$iɛ$_{23}$/fiɛ$_{412}$ 熟：覅fiɔ$_{324}$ 昆：覅fiɔ$_{52}$ 霜：覅/勿要ʔʋiɔ$_{434}$/vəʔ$_{2}$iɔ$_{23}$ 罗：覅/勿要ʔʋiɔ$_{434}$/viɔ$_{213}$ 周：勿要ʔʋəʔ$_{4}$iɔ$_{24}$ 上：勿要vɐʔ$_{2}$iɔ$_{23}$ 松：勿要ʔʋəʔ$_{4}$iɔ$_{34}$ 黎：覅viɔ$_{24}$ 盛：覅viɔ$_{24}$ 嘉：覅ʔʋie$_{44}$ 双：啸ɕiɔ$_{53}$ 杭：嫑piɔ$_{334}$ 绍：覅/勿可fiɔ$_{52}$/fe^{ʔ}$_{4}$k‘o$_{52}$ 诸：勿要fɐʔ$_{4}$iɔ$_{33}$ 崇：覅fæ$_{52}$ 太：覅fiɑɒ$_{44}$/fiɑɒ$_{35}$ 余：娃ʔʋA$_{52}$ 宁：呒毛/□ɦm̩$_{22}$mɔ$_{35}$/vɐŋ$_{113}$ 黄：消ɕiɒ$_{44}$ 温：□fæi$_{44}$ 衢：覅fɛ$_{53}$ 华：□/□foŋ$_{45}$/fi$_{j45}$ 永：勃要/勿要b̥ə$_{43}$ŋAʊ$_{54}$/fə$_{\underline{43}}$ŋAʊ$_{54}$

不

宜：勿fəʔ$_{\underline{45}}$ 溧：勿fəʔ$_{5}$ 金：不pəʔ$_{4}$ 丹：勿ʋɛʔ$_{3}$/fɛʔ$_{3}$ 童：不pəʔ$_{5}$ 靖：不pəʔ$_{5}$ 江：勿fɜʔ$_{5}$ 常：勿fəʔ$_{5}$ 锡：勿fəʔ$_{5}$ 苏：勿fəʔ$_{5}$ 熟：勿fəʔ$_{5}$ 昆：勿fəʔ$_{5}$ 霜：勿fəʔ$_{5}$/vəʔ$_{\underline{23}}$ 罗：勿vəʔ$_{\underline{23}}$ 周：勿ʔʋəʔ$_{5}$ 上：勿vɐʔ$_{\underline{23}}$ 松：勿ʔʋəʔ$_{5}$ 黎：勿fəʔ$_{5}$ 盛：勿fəʔ$_{5}$ 嘉：勿ʔʋəʔ$_{5}$ 双：勿fəʔ$_{\underline{54}}$ 杭：不pɐʔ$_{5}$/pɔʔ$_{5}$ 绍：勿vəʔ$_{\underline{23}}$ 诸：勿fɐʔ$_{5}$ 崇：勿fEʔ$_{\underline{45}}$ 太：勿fɛʔ$_{\underline{45}}$ 余：勿ʔʋəʔ$_{5}$ 宁：勿vɐʔ$_{\underline{23}}$ 黄：勿fɐʔ$_{5}$ 温：勿fʋ$_{35}$ 衢：勿fəʔ$_{5}$ 华：勿fəʔ$_{4}$ 永：勿fə$_{434}$

才(到这时才走)

宜：再tɐɪ$_{324}$ 溧：才szæE$_{323}$ 金：才ts‘ɛ^{e}$_{24}$ 丹：才要dzæ$_{22}$iɒ$_{44}$ 童：才szaɪ$_{31}$ 靖：才ts‘æ$_{334}$ 江：再tsæ$_{435}$ 常：才/再zæ$_{213}$/tsæ$_{51}$ 锡：再/才tsE$_{34}$/zE$_{213}$ 苏：再tsE$_{44}$ 熟：才dzæ$_{233}$ 昆：刚刚kã$_{44}$kã$_{41}$ 霜：再/刚刚tsE$_{52}$/kɒ̃$_{55}$kɒ̃$_{31}$ 罗：再/刚刚tse$_{434}$/kɒ̃$_{55}$kɒ̃$_{31}$ 周：坎坎k‘ɛ$_{33}$k‘ɛ$_{24}$ 上：再tsE$_{52}$ 松：再tsE$_{52}$ 黎：那妖nɒ$_{22}$iɔ$_{44}$ 盛：那妖nɑ$_{22}$iʌɑ$_{44}$ 嘉：再tsE^{ɛ}$_{51}$ 双：涝lɔ$_{113}$ 杭：才子dzE$_{21}$tsʅ$_{23}$ 绍：才dze$_{113}$ 诸：再tse$_{544}$ 崇：身各sɪŋ$_{53}$kɔʔ$_{\underline{31}}$ 太：身交ɕiŋ$_{55}$kɑɒ$_{33}$ 余：再tse$_{52}$ 宁：还即/鞋即ɦua$_{22}$tɕiɪʔ$_{5}$/ɦa$_{22}$tɕiɪʔ$_{5}$ 黄：再tse$_{44}$ 温：□sʌŋ$_{44}$ 衢：才dzɛ$_{323}$ 华：还正ʔuɛ$_{32}$tɕiɪn$_{35}$ 永：正tɕiɪŋ$_{\underline{54}}$

才(怎么才来就要走)

宜：刚刚kAŋ$_{55}$kAŋ$_{55}$ 溧：才szæE$_{323}$ 金：才ts‘ɛ^{e}$_{24}$ 丹：刚刚kaŋ$_{35}$kaŋ$_{21}$ 童：才szaɪ$_{31}$ 靖：才将/刚刚szæ$_{22}$tɕĩ$_{34}$/kaŋ$_{44}$kaŋ$_{44}$ 江：刚好/刚刚kA^{ŋ}$_{55}$hɒ$_{31}$/kA^{ŋ}$_{55}$kA^{ŋ}$_{31}$ 常：才刚zæ$_{21}$tɕiAɲ$_{34}$ 锡：刚刚/额巧kɒ̃$_{55}$kɒ̃$_{31}$/ŋɑʔ$_{2}$tɕ‘iʌ$_{34}$ 苏：刚刚kÃ$_{55}$kÃ$_{31}$ 熟：刚刚kA͂$_{55}$kA͂$_{51}$ 昆：刚刚kã$_{44}$kã$_{41}$ 霜：刚刚kɒ̃$_{55}$kɒ̃$_{31}$ 罗：刚刚kɒ̃$_{55}$kɒ̃$_{31}$ 周：坎坎/刚刚k‘ɛ$_{33}$k‘ɛ$_{24}$/k‘A͂$_{55}$k‘A͂$_{31}$ 上：刚刚kÃ^{ɲ}$_{55}$kÃ^{ɲ}$_{31}$ 松：正好tsəɲ$_{55}$hɔ$_{31}$ 黎：刚刚kɑ̃$_{44}$kɑ̃$_{44}$ 盛：刚刚kɑ̃$_{44}$kɑ̃$_{44}$ 嘉： 双：刚刚/茄些kɔ̃$_{44}$kɔ̃$_{44}$/gɑ$_{22}$ɕɪ$_{44}$ 杭：刚刚kAŋ$_{32}$kAŋ$_{23}$ 绍：头冒dɤ$_{23}$mɑɒ$_{52}$ 诸：刚刚kɔ̃$_{52}$kɔ̃$_{44}$ 崇：身各sɪŋ$_{53}$kɔʔ$_{\underline{31}}$ 太：身交ɕiŋ$_{55}$kɑɒ$_{33}$ 余：刚刚kɔ̃$_{33}$kɔ̃$_{44}$ 宁：刚刚kɔ̃$_{33}$kɔ̃$_{51}$ 黄：凑tɕ‘iu$_{44}$ 温：□sʌŋ$_{44}$ 衢：才szɛ$_{323}$ 华：还正/定对ʔuɛ$_{32}$tɕiɪn$_{35}$/d̥iɪn$_{53}$tɛ$_{35}$ 永：正……过tɕiɪŋ$_{\underline{54}}$……koə$_{\underline{54}}$

才(这样才可以)

宜：才zɐɪ$_{223}$ 溧：才szæE$_{323}$ 金：才ts‘ɛ^{e}$_{24}$ 丹：才dzæ$_{213}$ 童：才szaɪ$_{31}$ 靖：才ts‘æ$_{334}$ 江：才dzæ$_{223}$ 常：才/再zæ$_{213}$/tsæ$_{51}$ 锡：才zE$_{213}$ 苏：再tsE$_{44}$ 熟：才dzæ$_{233}$ 昆：才/刚刚zɛ$_{223}$/kã$_{44}$kã$_{41}$ 霜： 罗： 周： 上：才/再zE$_{113}$/tsE$_{52}$ 松：才/就zE$_{31}$/dʑiɯ$_{113}$ 黎：还ɦE$_{24}$ 盛：还ɦE$_{24}$ 嘉：再tsE^{ɛ}$_{51}$ 双： 杭：才/才子dzE$_{212}$/dzE$_{21}$tsʅ$_{23}$ 绍：才ze$_{113}$ 诸：才dze$_{233}$ 崇：身各sɪŋ$_{53}$kɔʔ$_{\underline{31}}$ 太：身交ɕiŋ$_{55}$kɑɒ$_{33}$ 余：才dze$_{113}$ 宁：鞋即ɦa$_{23}$tɕiɪʔ$_{5}$ 黄：喝hɐʔ$_{5}$ 温：□sʌŋ$_{44}$ 衢：才szɛ$_{323}$ 华：还正ɦuɛ$_{32}$tɕiɪ^{n}$_{35}$ 永：再tsəɪ$_{\underline{54}}$

正在

宜:正勒笃tsəŋ$_{33}$ləʔ$_{5}$toʔ$_{\underline{31}}$　溧:齐枪勒ʑi$_{z32}$tɕie$_{22}$ləʔ$_{\underline{52}}$　金:正在/将□tsəŋ$_{33}$tsɛ^{e}$_{44}$/tɕiaŋ$_{32}$kɑ$_{23}$　丹:正呆在tɕiŋ$_{44}$ŋæ$_{33}$dzæ$_{31}$　童:正在tsəŋ$_{55}$zaɪ$_{31}$　靖:正来刚(远)/正在荡(近)tsəŋ$_{44}$læ$_{22}$kɑŋ$_{44}$/tɕiəŋ$_{44}$ɦiæ$_{22}$dɑŋ$_{44}$　江:齐巧勒鉴/正好勒鉴zi$_{j24}$tɕʻiɒ$_{33}$lɜʔ$_{4}$kæ$_{44}$/tsɛɲ$_{45}$hɒ$_{33}$lɜʔ$_{4}$kæ$_{44}$　常:正当/正勒头tsəɲ$_{55}$tʌɲ$_{31}$/tsəɲ$_{55}$ləʔ$_{3}$dei$_{31}$　锡:正勒娘tsən$_{55}$ləʔ$_{55}$ȵiã$_{31}$　苏:正好勒海tsə$_{55}$hæ$_{33}$ləʔ$_{3}$hE$_{31}$　熟:正好辣郎tʂẽ^{n}$_{55}$xɔ$_{31}$lAʔ$_{2}$lA$^{\sim}$$_{51}$　昆:勒海/勒郎/勒俚ləʔ$_{3}$hɛ$_{31}$/ləʔ$_{3}$lã$_{31}$/ləʔ$_{3}$li$_{31}$　霜:正勒辣/正勒郎tsɛ̃$_{55}$ləʔ$_{3}$lAʔ$_{\underline{31}}$/tsɛ̃$_{55}$ləʔ$_{3}$lɒ$^{\sim}$$_{31}$　罗:正郎/勒郎/正勒郎tsɛ̃^{n}$_{55}$lɒ$^{\sim}$$_{31}$/lɐʔ$_{2}$lɒ$^{\sim}$$_{23}$/tsɛ̃^{n}$_{55}$lɐʔ$_{2}$lɒ$^{\sim}$$_{23}$　周:贴正/正辣tʻɪʔ$_{3}$tsəŋ$_{24}$/tsəŋ$_{23}$lɑʔ$_{5}$　上:正辣辣tsəɲ$_{44}$lɐʔ$_{2}$lɐʔ$_{3}$　松:正好辣tsəɲ$_{55}$hɔ$_{33}$lAʔ$_{3}$lAʔ$_{4}$　黎:正勒辣/齐巧勒辣tsəɲ$_{33}$ləʔ$_{5}$lAʔ$_{2}$/zi$_{j22}$tɕʻiA^{ɔ}$_{55}$lə$_{3}$lAʔ$_{2}$　盛:正勒辣/齐巧勒辣tsəɲ$_{33}$ləʔ$_{5}$lɑ^{ʔ}$_{2}$/zi$_{j22}$tɕʻiAɑ$_{55}$ləʔ$_{3}$lɑʔ$_{2}$　嘉:正勒化tsən$_{55}$ləʔ$_{3}$ho$_{31}$　双:正拉乌/正辣化tsən$_{33}$lɑ$_{5}$ʉ$_{21}$/tsən$_{33}$lA^{ʔ}$_{5}$xʊ$_{21}$　杭:勒哈/来东lɐʔ$_{2}$hɐʔ$_{5}$/lE$_{23}$toŋ$_{51}$　绍:刚刚/来同kɒŋ$_{33}$kɑŋ$_{52}$/le$_{22}$dʊŋ$_{52}$　诸:刚好来kõ$_{52}$hɔ$_{42}$le$_{233}$　崇:刚刚来蒙kõ$_{33}$kõ$_{44}$le$_{21}$mʊ^{ŋ}$_{23}$　太:刚刚来蒙kɒŋ$_{55}$kɒŋ$_{33}$le$_{21}$mʊŋ$_{23}$　余:正好来/正好来郎tseɲ$_{44}$hɒ$_{44}$le$_{33}$/tseɲ$_{44}$hɒ$_{44}$le$_{44}$lõ$_{44}$　宁:刚刚来盖(远)/刚来的(近)kõ$_{33}$kõ$_{44}$le$_{22}$ke$_{44}$/kõ$_{33}$le$_{22}$tiɪʔ$_{5}$　黄:凑在特tɕʻiu$_{55}$ze$_{33}$dɐʔ$_{\underline{31}}$　温:正是带/正是缩带tsəŋ$_{52}$zɿ$_{22}$tɑ$_{44}$/tsəŋ$_{52}$zɿ$_{22}$ɕiu$_{44}$tɑ$_{21}$　衢:正在tʃɥən$_{55}$dzɛ$_{31}$　华:定对/刚好tiɪn$_{53}$tɛ$_{35}$/kAŋ$_{33}$xɑʊ$_{55}$　永:正□□tɕiɪɲ$_{54}$gəɪ$_{32}$lA$_{31}$

亏得

宜:亏则kʻue$_{55}$tsəʔ$_{5}$　溧:亏则kʻuæE$_{44}$tsəʔ$_{5}$　金:亏叨/亏早kʻuei$_{44}$tɑ^{ɔ}$_{31}$/kʻuei$_{44}$tsɑ^{ɔ}$_{31}$　丹:亏得kʻue$_{21}$tɛʔ$_{2}$　童:亏得/好则/多亏kʻuei$_{53}$təʔ$_{\underline{31}}$/hɐɤ$_{34}$tsəʔ$_{5}$/tʌɤ$_{55}$kuei$_{31}$　靖:亏kʻue$_{433}$　江:幸亏ɦiɲ$_{24}$kʻuEI$_{31}$　常:幸亏ɦiɲ$_{21}$kʻuæe$_{13}$　锡:幸亏ɦin$_{22}$kʻuE$_{55}$　苏:亏得tɕʻy$_{ɥ55}$təʔ$_{2}$　熟:宁亏ȵĩ^{n}$_{22}$kʻuE$_{51}$/ȵĩ^{n}$_{22}$tɕʻy$_{51}$　昆:亏得/鬼脚tɕʻy$_{44}$təʔ$_{4}$/tɕy$_{52}$tɕiAʔ$_{3}$　霜:好得xɔ$_{33}$təʔ$_{4}$　罗:亏得tɕʻy$_{55}$təʔ$_{3}$　周:亏得tɕʻy$_{44}$təʔ$_{5}$　上:亏得tɕʻy$_{55}$tɐʔ$_{\underline{31}}$/kʻuE$_{55}$tɐʔ$_{\underline{31}}$　松:亏得tɕʻy$_{55}$təʔ$_{\underline{31}}$　黎:亏得/靠得tɕʻy$_{ɥ44}$təʔ$_{2}$/kʻAɑ$_{22}$təʔ$_{5}$　盛:亏得/靠得tɕʻy$_{ɥ55}$təʔ$_{2}$/kʻAɑ$_{22}$təʔ$_{5}$　嘉:亏得tɕʻy$_{44}$təʔ$_{5}$/kʻuc$_{44}$təʔ$_{5}$　双:亏得tɕʻi$_{z44}$təʔ$_{4}$/kʻuəɪ$_{44}$təʔ$_{4}$　杭:亏得kʻueɪ$_{32}$tɐʔ$_{5}$　绍:幸亏ɦiŋ$_{23}$kʻue$_{52}$　诸:好得hɔ$_{53}$tɐʔ$_{\underline{31}}$　崇:缺得tɕʻiɔʔ$_{3}$tEʔ$_{4}$　太:亏得tɕʻy$_{52}$tɛʔ$_{3}$　余:亏得/起管得tɕʻy$_{33}$tɐʔ$_{5}$/kʻue$_{33}$tɐʔ$_{5}$/tɕʻi$_{33}$kuõ$_{44}$tɐʔ$_{5}$　宁:神靠zoŋ$_{22}$kɔ$_{51}$　黄:全靠zø$_{22}$kɒ$_{44}$　温:亏/全靠tɕʻy$_{44}$/kʻæi$_{44}$/ɦy$_{22}$kʻɜ$_{52}$　衢:阿好ʔAʔ$_{4}$xɔ$_{35}$　华:幸亏/还好ɕiɪn$_{54}$kʻueɪ$_{35}$/ɦuɛ$_{22}$xɑʊ$_{51}$　永:全靠ɕʑyə$_{43}$kʻAʊ$_{54}$

老是

宜:老是/总是/总归让老lɑɤ$_{24}$zɿ$_{31}$/tsoŋ$_{35}$zɿ$_{31}$/tsoŋ$_{33}$kueɪ$_{55}$ȵiAŋ$_{33}$lɑɤ$_{31}$　溧:呆老ŋæE$_{32}$lɑ^{ɤ}$_{52}$　金:老是lɑ^{ɔ}$_{22}$sɿ$_{z44}$　丹:老是lɒ$_{44}$sɿ$_{31}$　童:老是lɐɤ$_{21}$zɿ$_{23}$　靖:老是/总归/专门/一脚ʔlɒ$_{33}$zɿ$_{44}$/tsoŋ$_{33}$kue$_{44}$/tɕyũ$_{43}$məŋ$_{33}$/ʔiɪʔ$_{3}$tɕiɑʔ$_{5}$　江:一脚/总归ʔɪʔ$_{5}$tɕiɑʔ$_{5}$/tsoŋ$_{52}$kuEI$_{33}$　常:老是/总归/专门ʔlɑɤ$_{34}$zɿ$_{44}$/tsoŋ$_{34}$kuæe$_{44}$/tsɔ$_{55}$məɲ$_{31}$　锡:总归tsoŋ$_{33}$kuE$_{55}$　苏:一直/总归ʔiəʔ$_{5}$zəʔ$_{5}$/tsoŋ$_{55}$kuE$_{31}$　熟:一直/专门ʔɪʔ$_{4}$dʐEʔ$_{5}$/tʂɤ$_{55}$mẽ^{n}$_{51}$　昆:一直ʔiɪʔ$_{5}$zəʔ$_{5}$　霜:则管/一直tsəʔ$_{4}$kuɪ$_{44}$/ʔiɪʔ$_{5}$zəʔ$_{3}$　罗:老是/则骨/则管lɔ$_{22}$zɿ$_{52}$/tsəʔ$_{5}$kuɐʔ$_{3}$/tsəʔ$_{5}$ku^{ʌ}ɤ$_{31}$　周:老是/长庄lɔ$_{22}$zɿ$_{24}$/zA$^{\sim}$$_{22}$tsɒ$^{\sim}$$_{24}$　上:老是/总归lɔ$_{22}$zɿ$_{44}$/tsʊŋ$_{33}$kuE$_{44}$　松:老是/专门lɔ$_{22}$zɿ$_{23}$/tsø$_{33}$məɲ$_{52}$　黎:专门介/皮要介tsɵ$_{44}$məɲ$_{44}$kɒ$_{31}$/bi$_{j22}$iA^{ɔ}$_{55}$kɒ$_{31}$　盛:日日介/皮也介ȵɪʔ$_{2}$ȵɪʔ$_{2}$kɑ$_{52}$/bi$_{j22}$ɦɑ$_{44}$kɑ$_{44}$　嘉:专门介tsɤə$_{44}$mən$_{44}$kɑ$_{31}$　双:专门介tsE$_{44}$mən$_{44}$kɑ$_{44}$　杭:专门tso$_{32}$mən$_{23}$　绍:足管tsoʔ$_{5}$kuĩ$_{33}$　诸:通常tʻoŋ$_{52}$dzÃ$_{233}$　崇:合经头介ɦEʔ$_{2}$tɕiŋ$_{55}$dʏ$_{33}$kɑ$_{31}$　太:合经头介ɦɛʔ$_{2}$tɕiŋ$_{55}$dʏ$_{33}$kɑ$_{31}$　余:菊管tɕyɔʔ$_{5}$kuõ$_{31}$　宁:是格zɿ$_{24}$kɐʔ$_{3}$　黄:老细lɒ$_{22}$ɕi$_{j44}$　温:老是/总是lɜ$_{24}$zɿ$_{52}$/tsoŋ$_{35}$zɿ$_{52}$　衢:统是tʻʌŋ$_{35}$sɿ$_{31}$　华:专门亨/精光/急光tɕye$_{33}$mən$_{55}$xAŋ$_{35}$/tɕiɪn$_{32}$kuAŋ$_{35}$/tɕiəʔ$_{4}$kuAŋ$_{55}$　永:专门tɕye$_{55}$məɲ$_{51}$

偏

宜:偏/就p‘ɪ$_{55}$/ʑiɤɯ$_{31}$ 溧:偏p‘i$_{44}$ 金:偏/就是p‘ĩ$_{31}$/tɕiʌɤ$_{44}$sʅ$_{z44}$ 丹:偏是p‘ɪ$_{44}$sʅ$_{31}$ 童:就是ʑiʊ$_{22}$zʅ$_{55}$ 靖:偏/偏偏p‘iæ̃$_{433}$/p‘iæ̃$_{43}$p‘iæ̃$_{33}$ 江:偏/偏偏p‘ɪ$_{51}$/p‘ɪ$_{55}$p‘ɪ$_{31}$ 常:偏/偏偏p‘i$_{44}$/p‘ɪ$_{55}$p‘ɪ$_{31}$ 锡:就是/偏偏zEi$_{22}$zʅ$_{55}$/p‘ɪ$_{21}$p‘ɪ$_{23}$ 苏:偏偏/偏生p‘iɪ$_{55}$/p‘iɪ$_{55}$sÃ$_{31}$ 熟:坐是zɯ$_{23}$zʅ$_{33}$ 昆:扳/偏pɛ$_{52}$/p‘ɪ$_{44}$ 霜:偏/偏偏p‘ɪ$_{52}$/p‘ɪ$_{55}$p‘ɪ$_{31}$ 罗:偏/偏偏p‘i$_{52}$/p‘i$_{55}$p‘i$_{31}$ 周:偏生p‘i$_{44}$sA˜$_{52}$ 上:偏生/偏偏/偏p‘i$_{55}$sÃ$^{n}_{31}$/p‘i$_{55}$p‘i$_{31}$/p‘i$_{52}$ 松:偏/硬劲p‘i$_{52}$/ŋɛ̃$_{22}$tɕiɲ$_{23}$ 黎:偏生/偏偏/就是p‘iɪ$_{44}$sɛ̃$_{44}$/p‘iɪ$_{44}$p‘iɪ$_{44}$/zieɯ$_{22}$zʅ$_{44}$ 盛:偏生p‘iɪ$_{44}$sæ̃$_{44}$ 嘉:偏偏p‘ie$_{44}$p‘ie$_{51}$ 双:偏生p‘i$_{z44}$sã$_{44}$ 杭:偏偏p‘ie$_{32}$p‘ie$_{23}$ 绍:偏偏/偏生p‘ĩ$_{33}$p‘ĩ$_{52}$/p‘ĩ$_{33}$saŋ$_{52}$ 诸:偏生p‘iɪ$_{52}$sÃ$_{44}$ 崇:偏生p‘iẽ$_{33}$sA˜$_{23}$ 太:偏生p‘iẽ$_{55}$sAŋ$_{31}$ 余:偏偏p‘ĩ$_{33}$p‘ĩ$_{44}$ 宁:偏偏/偏生p‘i$_{33}$p‘i$_{51}$/p‘i$_{33}$sã$_{44}$ 黄:偏/偏偏p‘ie$_{53}$/p‘ie$_{33}$p‘ie$_{35}$ 温:偏/偏偏p‘i$_{44}$/p‘i$_{3}$p‘i$_{44}$ 衢:偏p‘iẽ$_{434}$ 华:偏p‘ie$_{324}$ 永:便bie$_{214}$

也许

宜:可能/大概k‘u$_{55}$nəŋ$_{55}$/do$_{22}$kɐɪ$_{23}$ 溧:旁怕bAŋ$_{32}$p‘o$_{52}$ 金:恐怕k‘oŋ$_{22}$p‘ɑ$_{44}$ 丹:也许ɦie$_{22}$ɕy$_{z44}$ 童:大概/也许dɒ$_{21}$kaɪ$_{23}$/ɦie$_{34}$ɕy$_{ɥ31}$ 靖:也许/考包ɦiæ$_{24}$ɕy$_{ɥ34}$/k‘ɒ$_{33}$pɒ$_{44}$ 江:作兴tsoʔ$_{5}$ɕiɲ$_{43}$ 常:也许/可能/作兴/说勿定ʔiɑ$_{34}$ɕy$_{ɥ44}$/k‘ʌɯ$_{34}$nəɲ$_{44}$/tsoʔ$_{4}$ɕiɲ$_{52}$/səʔ$_{5}$vəʔ$_{3}$diɲ$_{213}$ 锡:也许/作兴ɦiɑ$_{24}$ɕy$_{31}$/tsɔʔ$_{4}$ɕin$_{55}$ 苏:作兴tsoʔ$_{5}$ɕiɪn$_{23}$ 熟:作兴/大概tsoʔ$_{4}$ɕĩ$^{n}_{51}$/dɑ$_{22}$kæ$_{44}$ 昆:大概/作兴dɑ$_{22}$kɛ$_{44}$/tsoʔ$_{4}$ɕiɲ$_{412}$ 霜:作兴tsoʔ$_{4}$ɕĩ$_{52}$ 罗:大概dɑ$_{24}$ke$_{31}$ 周:作兴tsɒʔ$_{3}$ɕiɪŋ$_{52}$ 上:作兴tsoʔ$_{3}$ɕiɲ$_{44}$ 松:讲勿定/说勿定kɑ˜$_{33}$vəʔ$_{3}$diɲ$_{52}$/səʔ$_{4}$ʋəʔ$_{4}$diɲ$_{44}$ 黎:话勿出/作兴/作兴到ʔo$_{44}$vəʔ$_{4}$ts‘əʔ$_{2}$/tsoʔ$_{5}$ɕiəɲ$_{44}$/tsoʔ$_{5}$ɕiəɲ$_{44}$tA$^{ɔ}_{44}$ 盛:话勿出ʔo$_{33}$vəʔ$_{5}$ts‘əʔ$_{2}$ 嘉:大概dɑ$_{24}$kE$^{ɛ}_{31}$ 双:话勿出/作兴ɦʊ$_{21}$vəʔ$_{11}$ts‘əʔ$_{34}$/tsoʔ$_{3}$ɕɪn$_{44}$ 杭:或许/大概ɦuɔʔ$_{2}$ɕy$_{51}$/dɑ$_{23}$kE$_{51}$ 绍:懊冒/呒有数ʔɑɒ$_{43}$mɑɒ$_{33}$/ʔn̩$_{44}$n̠iɤ$_{44}$su$_{52}$ 诸:覅勿可fiɔ$_{44}$fɐʔ$_{3}$kɯ$_{52}$ 崇:呒谋数ɦm̩$_{22}$miɤ$_{22}$su$_{23}$ 太:谋数miɤ$_{23}$su$_{22}$ 余:可能/大约摸k‘ou$_{32}$neɲ$_{23}$/dA$_{22}$iɐʔ$_{4}$mɔʔ$_{5}$ 宁:也许ɦia$_{22}$ɕy$_{ɥ44}$ 黄:阿无数ʔɐʔ$_{5}$ɦm̩$_{22}$s^{ə}u$_{44}$ 温:钟无好tɕyoŋ$_{44}$ʋ$_{44}$xɜ$_{21}$ 衢:可能k‘u$_{55}$nən$_{31}$ 华:大概/要末/或许/也总/可能dɑ$_{21}$kɛ$_{35}$/ʔiɑʊ$_{45}$məʔ$_{3}$/ɦuɐʔ$_{3}$ɕy$_{51}$/ʔiɑ$_{54}$tsoŋ$_{44}$/k‘uo$_{35}$nən$_{31}$ 永:□数ʔnəɪ$_{43}$sʊ$_{54}$

索性

宜:索性/杀可sɔʔ$_{5}$ɕiŋ$_{324}$/sAʔ$_{5}$k‘u$_{324}$ 溧:索性/杀跨/爽性sɔʔ$_{5}$ɕin$_{34}$/sɑʔ$_{5}$ko$_{34}$/sAŋ$_{44}$ɕin$_{31}$ 金:索性sɔʔ$_{4}$ɕiŋ$_{44}$ 丹:索性soʔ$_{53}$ɕiŋ$_{31}$ 童:索性/索格soʔ$_{53}$ɕiŋ$_{31}$/soʔ$_{5}$kAʔ$_{5}$ 靖:索性sɔʔ$_{53}$siŋ$_{31}$ 江:索性soʔ$_{5}$ɕiɲ$_{23}$ 常:索性sɔʔ$_{53}$ɕiɲ$_{31}$ 锡:索性sɔʔ$_{4}$sin$_{55}$ 苏:索介/索性/索脚sɔʔ$_{5}$tɕiɒ$_{55}$/sɔʔ$_{5}$siɪn$_{23}$/sɔʔ$_{5}$tɕiAʔ$_{5}$ 熟:有心ʔiɤ$_{55}$sĩ$^{n}_{31}$ 昆:索性soʔ$_{5}$sin$_{31}$ 霜:索性/索介soʔ$_{4}$sĩ$_{52}$/soʔ$_{4}$kɑ$_{23}$ 罗:索性/索介soʔ$_{4}$ɕɪ$^{n}_{23}$/soʔ$_{4}$kɑ$_{23}$ 周:索介soʔ$_{3}$kɑ$_{52}$ 上:索性/索介soʔ$_{3}$ɕiɲ$_{44}$/soʔ$_{3}$kA$_{44}$ 松:索性/索介sɔʔ$_{4}$ɕiɲ$_{52}$/sɔʔ$_{4}$kɑ$_{44}$ 黎:索介/索性介soʔ$_{5}$kɒ$_{34}$/soʔ$_{5}$siəɲ$_{44}$kɒ$_{52}$ 盛:索介/索性sɔʔ$_{3}$kɑ$_{44}$/sɔʔ$_{3}$ɕɪŋ$_{44}$ 嘉:索介soʔ$_{4}$kɑ$_{44}$ 双:索格/索甲soʔ$_{5}$kAʔ$_{5}$/soʔ$_{5}$tɕiAʔ$_{5}$ 杭:索性sɔʔ$_{5}$ɕɪn$_{31}$ 绍:索性soʔ$_{4}$ɕɪŋ$_{52}$ 诸:索性soʔ$_{4}$ɕĩ$_{33}$ 崇:索各道sɔʔ$_{3}$kɔʔ$_{5}$dɑɒ$_{31}$ 太:索性/索各sɔʔ$_{3}$ɕiŋ$_{52}$/sɔʔ$_{3}$kɔʔ$_{5}$ 余:爽发sɒ̃$_{33}$fɐʔ$_{5}$ 宁:索性/烧性/索介(少)ɕiɔʔ$_{5}$ɕɪŋ$_{33}$/sɔ$_{55}$ɕɪŋ$_{33}$/sɔʔ$_{3}$ka$_{44}$ 黄:索性/宁可/头可sɔʔ$_{3}$ɕiɪŋ$_{33}$/n̠iɪŋ$_{22}$k‘o$_{44}$/diɤ$_{22}$k‘o$_{44}$ 温:索性so$_{3}$sAŋ$_{52}$ 衢:索性/作性sə$^{ʔ}_{4}$ɕi$^{n}_{53}$/tsəʔ$_{4}$ɕi$^{n}_{53}$ 华:索性/干脆soʔ$_{3}$ɕiɪn$_{45}$/kæ̃$_{32}$ts‘uɪ$_{35}$ 永:索性sAʊ$_{43}$ɕiɪɲ$_{54}$

挺

宜:蛮ʔmA$_{55}$ 溧:蛮/才mæE$_{323}$/szæE$_{323}$ 金:蛮mæ̃$_{24}$ 丹:挺t‘iŋ$_{324}$ 童:蛮mɑ$_{31}$ 靖:蛮mæ̃$_{223}$ 江:蛮ʔmæ$_{51}$ 常:蛮mæ$_{213}$ 锡:蛮mɛ$_{213}$ 苏:蛮ʔmE$_{44}$ 熟:蛮ʔmæ$_{52}$ 昆:蛮ʔmɛ$_{44}$ 霜:蛮ʔmE$_{52}$ 罗:蛮ʔmE$_{52}$ 周:蛮mɛ$_{113}$ 上:蛮ʔmE$_{52}$ 松:蛮ʔmE$_{52}$ 黎:蛮ʔmE$_{413}$ 盛:蛮

mᴇ$_{22}$　嘉：蛮ʔmᴇ$_{51}$　双：蛮ʔmᴇ$_{44}$　杭：蛮ʔmᴇ$_{33}$　绍：蛮mæ$_{113}$　诸：介/正kᴀ$_{52}$/tsẽĩ$_{544}$　崇：蛮ʔmæ̃$_{324}$　太：□mʏ$_{312}$　余：老lɒ$_{113}$　宁：蛮/交关ʔmᴇ$_{44}$/tɕiə$_{33}$kuᴇ$_{44}$　黄：蛮/候ʔmɛ$_{44}$/ɦiʏ$_{113}$　温：蛮ʔma$_{44}$　衢：蛮mæ̃$_{323}$　华：挺/精当t'iɪn$_{544}$/tɕiɪn$_{32}$tᴀŋ$_{35}$　永：好□xᴀʊ$_{54}$ȵiᴀ$_{31}$

也

宜：也ɦᴀ$_{223}$　溧：也xɦᴀ$_{323}$　金：也a$_{323}$　丹：也ɦie$_{213}$/ɦa$_{213}$/ɦia$_{213}$　童：也ɦia$_{113}$/ɦa$_{113}$　靖：也ʔæ$_{334}$　江：也ʔia$_{45}$　常：也ʔia$_{334}$　锡：也ɦia$_{32}$　苏：也ɦa$_{223}$　熟：也ɦia$_{31}$/ɦa$_{233}$　昆：也ɦa$_{132}$　霜：也ɦa$_{31}$　罗：也ɦa$_{213}$　周：也ɦa$_{113}$　上：也ɦᴀ$_{113}$　松：也ɦa$_{113}$　黎：也ɦa$_{32}$　盛：也ɦa$_{22}$　嘉：也ɦa$_{223}$　双：也ʔia$_{53}$　杭：也ʔie$_{51}$　绍：也ɦa$_{22}$　诸：也ɦa$_{31}$　崇：也ɦia$_{14}$/ɦa$_{14}$　太：也ɦia$_{13}$　余：也ɦᴀ$_{113}$　宁：也ɦa$_{113}$/ɦia$_{113}$　黄：也ʔɐʔ$_{5}$　温：也ʔa$_{44}$　衢：也ʔæʔ$_{5}$　华：也ʔia$_{544}$　永：也ʔɦiᴀ$_{323}$

一并

宜：一同/一道ʔiɪʔ$_{5}$doŋ$_{55}$/ʔiɪʔ$_{5}$daʏ$_{324}$　溧：亨不郎当xᴀŋ$_{44}$pəʔ$_{4}$lᴀŋ$_{44}$tᴀŋ$_{31}$　金：一起ieʔ$_{5}$tɕ'i$_{z23}$　丹：一起ɪʔ$_{53}$tɕ'i$_{z31}$　童：一起/一道iɪʔ$_{53}$tɕ'i$_{j31}$/iɪʔ$_{53}$dɐʏ$_{31}$　靖：趸当/一下子头təŋ$_{33}$taŋ$_{44}$/ʔɪʔ$_{4}$hɔʔ$_{4}$tsɿ$_{44}$døʏ$_{23}$　江：一同ʔɪʔ$_{5}$doŋ$_{43}$　常：一趸当ʔiɪʔ$_{5}$təɲ$_{53}$tᴀɲ$_{31}$　锡：一趸当ʔiɪʔ$_{4}$tən$_{34}$tɒ̃$_{55}$　苏：趸当tən$_{52}$tÃ$_{23}$　熟：一道ʔɪʔ$_{4}$dɔ$_{51}$　昆：一道ʔiɪʔ$_{5}$dɔ$_{31}$　霜：一道ʔiɪʔ$_{4}$dɔ$_{52}$　罗：一道ʔiɪʔ$_{4}$dɔ$_{23}$　周：拢总/一道loŋ$_{22}$tsoŋ$_{24}$/ʔɪʔ$_{3}$dɔ$_{52}$　上：一道/趸当ʔiɪʔ$_{3}$dɔ$_{44}$/təɲ$_{33}$tÃ$^{ɲ}{}_{44}$　松：一塌括子ʔɪʔ$_{4}$t'æʔ$_{4}$kuæʔ$_{4}$tsɿ$_{44}$　黎：一道/一趸/一趸道/一趸当ʔiəʔ$_{5}$dᴀ$^{ɔ}{}_{34}$/ʔiəʔ$_{5}$təɲ$_{31}$/ʔiəʔ$_{5}$təɲ$_{33}$dᴀ$^{ɔ}{}_{31}$/ʔiəʔ$_{5}$təɲ$_{33}$dã$_{31}$　盛：一道ʔiɪʔ$_{3}$dᴀa$_{44}$　嘉：一道ʔiəʔ$_{3}$dɔ$_{44}$　双：一道ʔieʔ$_{3}$dɔ$_{34}$　杭：一道ʔiɪʔ$_{3}$dɔ$_{23}$　绍：一堆生ʔɪʔ$_{3}$te$_{44}$saŋ$_{52}$　诸：凑队/通光ts'ei$_{52}$dɛ$_{233}$/t'oŋ$_{52}$kuɒ̃$_{44}$　崇：班省pæ̃$_{53}$sᴀ̃$_{23}$　太：班省/抽待pæ̃$_{55}$sᴀŋ$_{33}$/tɕ'ʏ$_{52}$de$_{33}$　余：一道ʔɪʔ$_{5}$dɒ$_{31}$　宁：和总ɦəʊ$_{24}$tsoŋ$_{33}$　黄：左代ts^{ɔ}u$_{22}$de$_{13}$　温：作握tso$_{3}$o$_{52}$　衢：一起ʔiəʔ$_{4}$ts'ɿ$_{35}$　华：统统t'oŋ$_{54}$t'oŋ$_{54}$　永：一起iə$_{43}$tɕ'i$_{54}$

总归

宜：总归/反正tsoŋ$_{33}$kuɐɪ$_{44}$/fᴀ$_{53}$tsəŋ$_{31}$　溧：总归/呆老tsoŋ$_{54}$kuæᴇ$_{34}$/ŋæᴇ$_{32}$la$^{ʏ}{}_{52}$　金：总归tsoŋ$_{22}$kuei$_{44}$　丹：总归tsoŋ$_{35}$kue$_{21}$　童：总归tsoŋ$_{53}$kuei$_{23}$　靖：总归tsoŋ$_{33}$kue$_{44}$　江：总归tsoŋ$_{52}$kuᴇɪ$_{33}$　常：总归tsoŋ$_{34}$kuæe$_{44}$　锡：总归tsoŋ$_{55}$kuᴇ$_{31}$　苏：总归tsoŋ$_{55}$kuᴇ$_{31}$　熟：总归tsʊŋ$_{55}$kuᴇ$_{31}$　昆：总归tsoŋ$_{52}$kuᴇ$_{33}$　霜：则管tsəʔ$_{4}$kuɪ$_{23}$　罗：则骨/则管tsəʔ$_{5}$kuɐʔ$_{3}$/tsəʔ$_{4}$ku^{ʌ}ʏ$_{23}$　周：总归tsoŋ$_{33}$kue$_{52}$　上：总归/足归tsʊŋ$_{33}$kuᴇ$_{44}$/tsoʔ$_{3}$kuᴇ$_{44}$　松：总归tsʊŋ$_{44}$kue$_{44}$　黎：总归tsoŋ$_{33}$kuᴇ$_{52}$　盛：总归tsoŋ$_{55}$kuᴇ$_{31}$　嘉：总归tsoŋ$_{44}$kue$_{51}$　双：总归tsoŋ$_{34}$kuəɪ$_{52}$　杭：总归/反正tsoŋ$_{55}$kueɪ$_{31}$/fᴇ$_{55}$tsən$_{31}$　绍：总归子tsʊŋ$_{33}$kue$_{44}$tsɿ$_{52}$　诸：总归tsoŋ$_{44}$kue$_{33}$　崇：总管tsʊ$^{ŋ}{}_{34}$kuæ̃$_{52}$　太：总归tsʊŋ$_{33}$kue$_{44}$　余：总归tsʊŋ$_{33}$kue$_{52}$　宁：反正/好坏fᴇ$_{55}$tɕɪŋ$_{33}$/hɔ$_{55}$ɦua$_{33}$　黄：总归tsoŋ$_{53}$kue$_{31}$　温：　衢：统/反正t'ʌŋ$_{434}$/fæ̃$_{35}$tʃʮən$_{53}$　华：总归/总是tsoŋ$_{54}$kuɪ$_{324}$/tsoŋ$_{54}$sɿ$_{324}$　永：总归tsoŋ$_{434}$kuəɪ$_{44}$

正巧

宜：正巧/齐巧好/正好/齐巧/tsəŋ$_{35}$tɕ'iaʏ$_{31}$/ʑi$_{j21}$tɕ'iaʏ$_{11}$xaʏ$_{23}$/tsəŋ$_{35}$xaʏ$_{31}$/ʑi$_{j21}$tɕ'iaʏ$_{23}$　溧：正好/齐将好tsən$_{52}$xa$^{ʏ}{}_{52}$/ʑi$_{j32}$tɕie$_{22}$xa$^{ʏ}{}_{52}$　金：正巧/正好tsəŋ$_{52}$tɕ'ia$^{ɔ}{}_{23}$/tsəŋ$_{52}$xa$^{ɔ}{}_{23}$　丹：刚刚好kaŋ$_{44}$kaŋ$_{22}$hɒ$_{44}$　童：正巧/正好tsəŋ$_{35}$tɕ'iɐʏ$_{31}$/tsəŋ$_{35}$hɐʏ$_{31}$　靖：齐巧/正好/齐头ʑi$_{22}$tɕ'iɒ$_{34}$/tɕiəŋ$_{52}$hɒ$_{34}$/ʑi$_{22}$døʏ$_{34}$　江：齐巧/齐头zi$_{j21}$tɕ'iɒ$_{43}$/zi$_{j24}$dᴇɪ$_{31}$　常：正巧/齐巧tsəɲ$_{55}$tɕ'iaʏ$_{31}$/ʑi$_{j21}$tɕ'iaʏ$_{34}$　锡：正巧/正好tsən$_{55}$tɕ'iʌ$_{31}$/tsən$_{55}$xʌ$_{31}$　苏：贴正/齐巧/齐头t'ɪʔ$_{5}$tsən$_{52}$/ʑi$_{j22}$tɕ'iɛ$_{44}$/ʑiɪ$_{22}$dəɪ$_{44}$　熟：贴正/正好t'ɪʔ$_{3}$tʂẽ$^{n}{}_{34}$/tʂẽ$^{n}{}_{55}$xɔ$_{31}$　昆：正好/刚巧tsən$_{44}$hɔ$_{41}$/kã$_{44}$tɕ'iɔ$_{41}$　霜：贴正/齐巧t'ɪʔ$_{4}$tsẽ$_{23}$/dʑi$_{22}$tɕ'iɔ$_{52}$　罗：齐巧/正好dʑi$_{24}$tɕ'iɔ$_{31}$/tsẽ$^{n}{}_{55}$hɔ$_{31}$　周：贴正/瞎好/眼眼调t'ɪʔ$_{4}$tsəŋ$_{44}$/

hɑʔ4hɔ44/ŋɛ22ŋɛ34diɔ52 上:正巧/齐巧tsəŋ33tɕʻiɔ44/dʑi22tɕʻiɔ44 松:正巧/齐头/齐巧/正好tsəŋ55tɕʻiɔ31/ʑi22dɯ52/ʑi22tɕʻiɔ52/tsəŋ55hɔ31 黎:齐头/齐巧/正好zij22dieɯ34/zij22tɕʻiAᵓ34/tsəŋ52hAᵓ41 盛:齐头/齐巧zij22diəʉ44/zij22tɕʻiAɑ44 嘉:正好/齐巧tsən35hɔ31/dʑi24tɕʻiɔ51 双:齐巧dʑɪ22tɕʻiɔ44 杭:正好/齐巧tsən33hɔ51/dʑi22tɕʻiɔ51 绍:候巧ɦɤ22tɕʻiɑɒ52 诸:刚好kɒ̃52hɔ42 崇:刚刚好kɒ̃53kɒ̃34hɑɒ52 太:刚刚好kɒŋ55kɒ̃33hɑɒ52 余:正好tseŋ55hɒ31 宁:候巧/刚好ɦœʏ22tɕʻiɘ35/kɔ55hɔ33 黄:凑好tɕʻiu33hɒ51 温:恰恰儿/扣门儿/正好kʻɑ3kʻɑ52ŋ̍21/kʻʌu3mʌŋ52ŋ̍21/tsəŋ55xɜ21 衢:正好/铅好tʃɥən55xɔ35/kʻæ̃43xɔ35 华:刚好/顶对kAŋ33xɑʊ55/tiɪn54tɛ35 永:将的确tɕiAŋ43tie32kʻAʊ31

忽然

宜:突然/着末剃头dəʔ2ze23/zAʔ3məʔ5tʻij33dʏɯ31 溧:着末天头dzɑʔ3məʔ2tʻi22dei52 金:冒里冒失mɑᵓ44ȵiz23mɑᵓ44səʔ4 丹:忽然头里hoʔ4ɦi33dEᵉ33liz21 童:好好叫hɐʏ55hɐʏ33tɕiɐʏ31 靖:突然huəʔ5ɦyʉ̃23 江:藤麦空空dEŋ21mɑʔ33kʻoŋ44kʻoŋ43 常:忽然/突然之间ɦuəʔ2zɔ13/dəʔ2zɔ13tsɿ34tɕɪ44 锡:突然之间dəʔ2zo34tsɿ55tɕɪ31 苏:着生头里/突然zAʔ3sÃ5dəɪ44lij31/dəʔ3zɵ52 熟:着生头里dzAʔ2sA˜55dE55li51 昆:着生头里zAʔ2sã34dE55li41 霜:陌生头里/突然干mAʔ2sã2dAɪ22li23/dəʔ2zɪ22kʌʏ23 罗:陌生头里/突然干mɐʔ2sa˜2dAɪ22li23/dɐʔ2zʌʏ22kʌʏ23 周:陌生头里/辣陌生头/好没搭搭mɑʔ2sA˜22dʏ22li23/lɑʔ2mɑʔ2sA˜22dʏ23/hɔ33məʔ5ɗɑʔ5ɗɑʔ31 上:着生头里/辣陌生头zɐʔ2sÃⁿ22dʏɯ22li23/lɐʔ2mɐʔ2sÃⁿ2dʏɯ23 松:着生头里/突然之间zæʔ2sɛ̃22dɯ55li31/dəʔ2zø22tsɿ55tɕi31 黎:着生头里zAʔ3sɛ̃44dieɯ44lij44 盛:着生头里dzAʔ2sæ̃44diəʉ44lij44 嘉:突然dəʔ2zʏə23 双:着生头里/突然之间zAʔ2sã55dᵊʏ33liz21/dəʔ2zE55tsɿ33tɕɪ21 杭:突然/"拔"一记dɐʔ2ɹo23/bɐʔ23ʔiɪʔ5tɕi31 绍:突然/突□doʔ2zẽ52/doʔ2gəʔ5 诸:着末指头zɐʔ2mɐʔ2tsɿ44dei33 崇:三佛头志介sæ̃53vEʔ2dʏ3dʑiz55kɑ31 太:三没头志介sæ̃52mɛʔ2dʏ22tsɿ33kɑ44 余:打没指头tA44məʔ4tsɿ44dʏ52 宁:突然/笨革/吓青格头dɐʔ4ʑʏ33/bɐŋ23kɐʔ3/ʔm̩33tɕʻɪŋ44kɐʔ4dœʏ55 黄:陌灵头mɐʔ2liɪŋ33diʏ51 温:忽然/单下ɕy3ɦi44/dɑ22ɦo24 衢:突然tʻəʔ4ʒɥə35 华:突然dɐʔ3ɕʑɥe44 永:突然/一件功夫də21ɕʑyə51/iə43dʑie44koŋ43fu44

这下

宜:让则/葛末ʔȵiAŋ51tsə34/kəʔ5məʔ5 溧:介老tɕie54lɑʏ34 金:这下tsəʔ4ɕiɑ44 丹:葛下子kɛʔ4hɑ33tsɿ31 童:葛下子kəʔ5hɒ33tsɿ31 靖:这趟/这下子tsəʔ5tʻɑŋ51/tsəʔ5hɒ53tsɿ31 江:难末næ21mɜʔ3 常:减则kæ35təʔ3 锡:乃末nɑ22məʔ5 苏:□末/晏郎一来兴nɒ22məʔ4/ʔE55lÃ55ʔiəʔ5lE23ɕiɪn31 熟:乃末/乃一来næ23mEʔ3/næ24ɪʔ3læ31 昆:乃末nɛ22məʔ4 霜:乃末nE22məʔ4 罗:乃末ne24məʔ3 周:乃/乃末ne113/ne21məʔ3 上:乃末/乃nE22mɐʔ4/nE113 松:搿记/乃gəʔ2tɕi23/nE113 黎:实介zəʔ3kɒ44 盛:实介一来zəʔ2kɑ44ʔiɪʔ44lE44 嘉:葛儿末kəʔ5tɕi33məʔ31 双:乃末/那末nE22məʔ4/nɑ22məʔ4 杭:葛末kɐʔ4mɐʔ5 绍:实搿套/葛冒/实搿巧zəʔ2gəʔ4tʻɑɒ55/kəʔ5mɑɒ33/zəʔ2gəʔ4tɕʻiɑɒ55 诸:葛冒kɐʔ4mɔ33 崇:照墨/作墨tsɑɒ55məʔ31/tsəʔ3məʔ4 太:照墨tsɛʔ5mɛʔ3 余:乃末nẽ23məʔ5 宁:乃末/葛末nE24mɐʔ3/kɐʔ5mɐʔ3 黄:葛记kɐʔ3tɕij51 温:该下ke44ɦo52 衢:葛一记kəʔ5iəʔ3tsɿ44 华:葛件kəʔ5dʑie24 永:亨样子xai43iAŋ32tsɿ55

故意

宜:敌为/有意dɪʔ3ɦuɐɪ53/ɦiʏɯ24ʔij31 溧:敌为仁dɪʔ3ɦuæE22zən23 金:特为tʻəʔ4uei44 丹:特为tʻɛʔ53ʋe31 童:特为/故意dəʔ42uei31/ku33ij55 靖:豆为døʏ24ɦue31 江:敌为/敌仁dɪʔ2ɦuEɪ23/dɪʔ2zEŋ23 常:故意/有意/敌为ku55ij31/ʔiɯ34ij44/diɪʔ3ɦuæe52 锡:敌为dɪʔ2ɦuE34 苏:特为/迪为dəʔ3ɦuE52/dɪʔ3ɦuE52 熟:特为/有心/有意/存心/敌为dEʔ2ɦuE34/ʔiɯ55sĩⁿ31/ɦiɯ22i34

/dʑẽ^{n}$_{24}$sĩ^{n}$_{31}$/dɪʔ$_{2}$ɦuᴇ$_{34}$　昆：存心/敌为zən$_{23}$sin$_{41}$/dɪʔ$_{4}$ɦuᴇ$_{44}$　霜：特为/特地dəʔ$_{2}$vʌɪ$_{23}$/dəʔ$_{2}$di$_{23}$　罗：特为/有意/特地/存心dəʔ$_{2}$ɦuʌɪ$_{23}$/ɦy$_{22}$i$_{23}$/dəʔ$_{3}$di$_{23}$/zẽ^{n}$_{22}$sɪ^{n}$_{52}$　周：特为/特地/特程/特程特为/有意dəʔ$_{2}$ve$_{23}$/dəʔ$_{2}$di$_{23}$/dəʔ$_{2}$zəŋ$_{23}$/dəʔ$_{2}$zəŋ$_{22}$dəʔ$_{2}$ve$_{23}$/ɦiɤ$_{22}$i$_{24}$　上：特为/特意/迪为dɐʔ$_{2}$ɦuᴇ$_{23}$/dɐʔ$_{2}$i$_{23}$/dɪʔ$_{2}$ɦuᴇ$_{23}$　松：有意/特地/特为ʔiɯ$_{44}$i$_{44}$/dəʔ$_{2}$di$_{23}$/dəʔ$_{2}$ʋe$_{23}$　黎：特为/特意/有心加/迪诚/迪为dəʔ$_{3}$ɦuᴇ$_{33}$/dəʔ$_{3}$i$_{j33}$/ɦieɯ$_{22}$siəɲ$_{55}$kɒ$_{31}$/dɪʔ$_{3}$zəɲ$_{33}$/dɪʔ$_{3}$ɦuᴇ$_{33}$　盛：特为/迪为/迪诚dəʔ$_{2}$ɦuᴇ$_{34}$/dɪʔ$_{2}$ɦuᴇ$_{34}$/dɪʔ$_{2}$zəɲ$_{34}$　嘉：特为dəʔ$_{2}$ɦue$_{23}$　双：特为dəʔ$_{2}$ɦuəɪ$_{52}$　杭：特为dɐʔ$_{2}$ɦueɪ$_{23}$　绍：特为dəʔ$_{2}$ɦue$_{33}$　诸：特为dɐʔ$_{2}$ve$_{33}$　崇：特为介dᴇʔ$_{2}$ve$_{34}$kɑ$_{52}$　太：特为介dɛʔ$_{2}$ve$_{44}$kɑ$_{52}$　余：特为dəʔ$_{2}$ɦue$_{52}$　宁：特为/特特意dɐʔ$_{2}$ɦuᴇɪ$_{51}$/dɐʔ$_{2}$dɐʔ$_{4}$i$_{51}$　黄：特地/地地是dɐʔ$_{2}$di$_{j13}$/di$_{j22}$di$_{j33}$zɿ$_{51}$　温：特特能/兹特能di$_{3}$di$_{52}$nʌŋ$_{21}$/tsɿ$_{33}$di$_{52}$nʌŋ$_{21}$　衢：特为dəʔ$_{2}$uəɪ$_{33}$　华：故意/着意/特意ku$_{53}$i$_{j44}$/dzɐʔ$_{3}$i$_{j45}$/d̥ɐʔ$_{3}$i$_{j45}$　永：特特意dəɪ$_{32}$dəɪ$_{31}$i$_{54}$

更加

宜：更加kəŋ$_{33}$ko$_{44}$　溧：更加kən$_{54}$ko$_{34}$　金：更加kəŋ$_{35}$kɑ$_{31}$/kəŋ$_{35}$tɕiɑ$_{31}$　丹：更加kɛn$_{21}$ko$_{22}$　童：更加kəŋ$_{34}$tɕiɒ$_{55}$　靖：更加kəŋ$_{53}$tɕiɑ$_{31}$　江：更其kᴇɲ$_{45}$dʑi$_{j31}$　常：更加kəɲ$_{55}$tɕiɑ$_{31}$　锡：更加kən$_{55}$kɑ$_{31}$　苏：更加/加二kən$_{52}$kɒ$_{23}$/kɒ$_{55}$ȵi$_{j31}$　熟：加二kɑ$_{33}$ȵi$_{33}$　昆：更加kən$_{52}$kɑ$_{33}$　霜：越加ɦioʔ$_{2}$kɑ$_{23}$　罗：加二kɑ$_{55}$ȵi$_{31}$　周：益加ʔi$_{33}$kɑ$_{52}$　上：更加/加二kəɲ$_{33}$kᴀ$_{44}$/kᴀ$_{55}$ȵi$_{31}$　松：伊加ʔi$_{33}$kɑ$_{52}$　黎：更加/益加kəɲ$_{33}$kɒ$_{52}$/ɦiɪʔ$_{3}$kɒ$_{34}$　盛：更加/益加kəɲ$_{33}$kɒ$_{52}$/ɦiɐʔ$_{2}$kɑ$_{34}$　嘉：更加kən$_{33}$kɑ$_{51}$　双：更加kən$_{32}$kɑ$_{34}$　杭：更加/越加/益加kən$_{55}$tɕiɑ$_{31}$/ɦyɪʔ$_{2}$tɕiɑ$_{23}$/ʔiɪʔ$_{3}$tɕiɑ$_{23}$　绍：越加ɦyoʔ$_{2}$ko$_{52}$　诸：越加ɦioʔ$_{2}$ko$_{33}$　崇：尤加ɦiʏ$_{21}$kʏ$_{23}$　太：以加ɦi$_{21}$ko$_{23}$　余：更加/以加keɲ$_{55}$ko$_{31}$/ʔi$_{32}$ko$_{23}$　宁：更加kɐŋ$_{55}$ko$_{33}$　黄：还要/更加ɦuᴀ$_{24}$iɒ$_{44}$/ka$_{55}$tɕiA$_{31}$　温：文间vəŋ$_{22}$kɑ$_{44}$　衢：更加kən$_{55}$kɑ$_{35}$　华：更加/越记/越加/还要kən$_{53}$tɕiɑ$_{35}$/ɦye$_{24}$tɕi$_{j51}$/ɦye$_{24}$tɕiɑ$_{35}$/ɦuɛ$_{22}$iaʊ$_{44}$　永：更结kai$_{55}$tɕie$_{32}$

简直

宜：赛可/好像/当葛sɐɪ$_{51}$k'u$_{34}$/xɑɤ$_{53}$ʑiᴀŋ$_{31}$/tᴀŋ$_{55}$kəʔ$_{5}$　溧：简直tɕie$_{54}$dzə$_{34}$　金：简直tɕĩ$_{22}$tsəʔ$_{4}$　丹：简直tɕi$_{22}$tsɛʔ$_{4}$　童：简直tɕɪ$_{53}$tsəʔ$_{23}$　靖：简直tɕĩ$_{33}$ʑiəʔ$_{5}$　江：简直/就tɕɪ$_{52}$dzɜʔ$_{3}$/dʑiɜʏ$_{223}$/ziɜʏ$_{223}$　常：简直tɕɪ$_{34}$dzəʔ$_{4}$　锡：赛过ṡᴇ$_{33}$kʌʏ$_{55}$　苏：赛过sᴇ$_{52}$kɜu$_{23}$　熟：简直/赛葛tɕie$_{33}$dzᴇ̠ʔ$_{5}$/sæ$_{35}$kᴇʔ$_{31}$　昆：像过ziã$_{22}$kəu$_{44}$　霜：赛过sᴇ$_{33}$k^{ə}u$_{52}$　罗：赛过se$_{33}$k^{ə}u$_{52}$　周：赛过/算过se$_{33}$ku$_{52}$/sø$_{33}$ku$_{52}$　上：赛过sᴇ$_{33}$ku$_{44}$　松：简直tɕi$_{55}$zəʔ$_{31}$　黎：正江经tsəɲ$_{33}$kɑ̃$_{55}$tɕiəɲ$_{31}$　盛：赛过sᴇ$_{33}$kɜu$_{52}$　嘉：正式是tsən$_{33}$səʔ$_{5}$zɿ$_{31}$　双：赛过sᴇ$_{32}$kəu$_{34}$　杭：赛过sᴇ$_{33}$ku$_{44}$　绍：毡当tsĩ$_{43}$tɒŋ$_{33}$　诸：直大dzɐʔ$_{2}$dɯ$_{33}$　崇：　太：　余：简直/赛过/样葛tɕĩ$_{33}$dzəʔ$_{5}$/se$_{55}$kou$_{31}$/ɦiÃ$_{23}$kəʔ$_{5}$　宁：碎可/好像sᴇɪ$_{55}$k'əʊ$_{33}$/hɔ$_{55}$ɦiã$_{33}$　黄：简直kɛ$_{53}$dʑiɐʔ$_{4}$　温：真真是tsəŋ$_{3}$tsəŋ$_{44}$zɿ$_{21}$　衢：简直tɕiẽ$_{33}$dʒɥəʔ$_{5}$　华：别□/别跟得bie$_{24}$kəʔ$_{3}$/bie$_{24}$kən$_{55}$dəʔ$_{2}$　永：

几乎

宜：几乎tɕi$_{j33}$xu$_{44}$　溧：差勿多ts'o$_{44}$vəʔ$_{4}$tʌɯ$_{34}$　金：差不多/恨不得ts'ɑ$_{44}$pəʔ$_{4}$to$_{44}$/xəŋ$_{22}$pəʔ$_{3}$təʔ$_{4}$　丹：几乎tɕi$_{z44}$hu$_{31}$　童：几乎/差勿多tɕi$_{j31}$fu$_{33}$/ts'ɑ$_{44}$vəʔ$_{4}$tʌʏ$_{31}$　靖：等等险/推板一点点təŋ$_{33}$təŋ$_{44}$ɕĩ$_{34}$/t'e$_{44}$pæ̃$_{44}$ʔiɪʔ$_{3}$tĩ$_{33}$tĩ$_{44}$　江：推扳一滴滴t'ᴇɪ$_{55}$pæ$_{33}$ʔɪʔ$_{5}$tɪʔ$_{5}$tɪʔ$_{5}$　常：几乎/几几乎tɕi$_{j34}$fu$_{44}$/tɕi$_{j55}$tɕi$_{j33}$xu$_{31}$　锡：几乎tɕi$_{21}$xu$_{23}$　苏：几乎/险介乎tɕi$_{j55}$hɜu$_{31}$/ɕiɪ$_{52}$tɕiɒ$_{23}$ɦu$_{31}$　熟：差勿多/毛毛能(老)ts'ɑ$_{55}$vᴇʔ$_{33}$tɯ$_{52}$/mɔ$_{24}$mɔ$_{33}$nẽ^{n}$_{31}$　昆：差啥勿多ts'o$_{44}$sɑ$_{44}$vəʔ$_{3}$təu$_{31}$　霜：推扳一眼眼t'ᴇ$_{55}$pᴇ$_{33}$^{ʔ}iɪʔ$_{4}$ŋᴇ$_{55}$ŋᴇ$_{31}$　罗：差点/差眼眼ts'o$_{55}$ti$_{31}$/ts'o$_{55}$ŋe$_{33}$ŋe$_{31}$　周：几乎/推扳一眼tɕi$_{33}$vu$_{52}$/t'e$_{33}$ɓɛ$_{55}$ɪʔ$_{3}$ŋɛ$_{44}$　上：几几乎tɕi$_{33}$tɕi$_{55}$hu$_{31}$　松：差勿多/几几乎ts'o$_{55}$ʋəʔ$_{3}$tu$_{31}$/tɕi$_{33}$tɕi$_{55}$fu$_{31}$　黎：差

勿多/差煞有限ts'o44və?4tɜu31/ts'o44sA?4ɦiɯ44iɪ31 盛:差勿多ts'o44və?4tɜu44 嘉:差勿多ts'o44 ʋə?4to31 双:几几乎/差勿多tɕi233tɕĩz55xʊ21/ts'ɑ44və?4təu44 杭:几乎/差勿多tɕi55hu31/ts'ɑ33 pɐ?2tou34 绍:一险险?ɪ?4ɕĩ44ɕĩ44 诸:差勿多ts'o44fɐ?33tɯ33 崇:差勿多ts'ʏ53fE?3tʏ23 太:差勿多ts'ɯ55vɛ?3tɯ31 余:差勿多ts'o44 ʋɪ?4tou53 宁:差勿多ts'o33vɐ?4təʊ55 黄:差勿多ts'o33vɐ?3 tᵊu44 温:差勿多ts'ɑ52vʊ22tᵊu44 衢:几乎/几几乎tsʅ55xu35/tsʅ55tsʅ55xu35 华:差勿多/差帝/几乎ts'ɑ33fə?5tuo35/ts'ɑ33ti55/ki33ɦu55 永:几乎tɕi55ɦʊ22

横竖

宜:横竖/反正ɦuAŋ22ʑyɥ53/fA53tsəŋ31 溧:颠倒横竖/颠倒角落/里外里ti44tɑʸ44ɦuAŋ32 ʑy223/ti44tɑʸ44kɔ?4kɔ?31/liz32ɦuA23liz23 金:横竖xəŋ35sᵊu31 丹:横竖ɦuɛn213sᵊu41 童:横竖ɦəŋ24 ʒyɥ31 靖:横竖/横过来竖过来/反正是葛反正hɦəŋ22ʑyɥ52/hʱəŋ22kʌʏ22læ22ʑyɥ22kʌʏ44læ31/fæ33 tɕiəŋ55zʅ33kə?3fæ33tɕiəŋ52 江:横势横ɦuAᵑ22sʅ55ɦuAᵑ23 常:横竖/反正ɦuAɲ21zʅ13/fæ34tsəɲ44 锡:横竖横/随便哪亨ɦuã22zʅ55ɦuã31/zEi24bɪ55nɑ?3xã31 苏:反正/横竖fE52tsən23/ɦuÃ22sʅ44 熟:横竖ɦuA˜24dʐʮ31 昆:横竖ɦã23zɥ41 霜:横势ɦuã22sʅ52 罗:横势ɦuã24sʅ31 周:横势vA˜22sʅ24 上:横势ɦuÃⁿ22sʅ44 松:横势横vɛ̃22sʅ22vɛ̃52 黎:横势横/随便那哈ɦuɛ̃22sʅ55ɦuɛ̃31/zE22biɪ55nA?3 hɒ31 盛:横竖横ɦuæ̃22zʅ44ɦuæ̃44 嘉:横竖ɦuA˜24zʅ51 双:反正/横竖横fE34tsən52/ɦuɔ̃22zʅ44 ɦuɔ̃44 杭:横柱/反正ɦuAŋ21zʅ23/ɦuAŋ21tsɥ33/fE55tsən31 绍:横顾ɦuæ̃22ku52 诸:横竖ɦuA31 ʑyɥ42 崇:横直/横竖vA˜22dzE?4/vA˜21zʅ23 太:横竖vɒŋ21zʅ44 余:横直横/横直(少)ɦuÃ22zə?4 ɦuÃ52/ɦuÃ22zə?5 宁:横竖横/反正ɦuã22zɥ33ɦuã51/fE55tɕɪŋ33 黄:横直ɦuã23dʑiɐ?4 温:横直vˈɛ25zˈi24 衢:横竖/横正/反正ɦən32ʃɥ35/ɦən22tʃɥən53/fæ̃43tʃɥən44 华:横直/反正?uAŋ35dʑiɐ31/fæ54tɕiɪn35 永:横直?ɦuai32dzəɪ31

不用

宜:覅/覅用fioŋ524/fiɑʏ524ɦioŋ55 溧:覅fiɑʸ412 金:不用pə?4ioŋ44 丹:勿用ʋɛ?4ioŋ31 童:勿用fə?53ɦioŋ31 靖:嫑piɒ51 江:勿用fɜ?5ɦioŋ23 常:勿要/覅fə?4iɑʏ52/fiɑʏ51 锡:覅/勿要fiʌ34/fə?4iʌ34 苏:勿用/用勿着fə?5ɦioŋ52/ɦioŋ22fə?5zA?2/ɦioŋ22və?5zA?2 熟:用勿着/覅 ɦiʊŋ24vE?3dʐA?31/fiɔ324 昆:勿用fə?5ɦioŋ31 霜:勿要fə?4iɔ23 罗:勿要?ʋə?4iɔ23 周:勿要 ?ʋə?4iɔ44 上:用勿着ɦiʊŋ22vɐ?5zɐ?31 松:勿要?ʋə?4iɔ34 黎:用勿着/勿用?ioŋ33və?5zA?2/fə?5 ioŋ31 盛:勿用/勿要得/用勿着fə?5ioŋ31/fə?3iA ɑ55tə?2/?ioŋ33və?5zɑ?2 嘉:覅伊?ʋie33?i51 双:勿用fə?3ɦioŋ34 杭:不用pɐ?3ioŋ44 绍:封fuŋ52 诸:勿用fɐ?4ioŋ33 崇:覅用fæ53ŋ̍31 太:覅用fiɑɒ52iʊŋ33 余:用勿着ɦiʊŋ22ʋɪ?4zɐ?5 宁:份/豪份vɐŋ113/ɦɔ22vɐŋ44 黄:勿用fɐ?5ɦyoŋ13 温:勿用fʊ33ɦyoŋ22 衢:勿用fə?4yʌŋ35 华:勿用/用勿着fə?4yoŋ55/ɦyoŋ22ʋə?55dʑiɐ?2 永:勿用fə4ioŋ24

不会

宜:覅fɐɪ324 溧:覅fæE412 金:不会pə?4xuei44 丹:覅fæ41 童:覅fə?53ɦuei31 靖:不会 pə?53ɦue31 江:勿会fɜ?5ɦuEɪ23 常:覅/勿会fæ51/fə?4uæe52 锡:勿会fə?4ɦuE34 苏:勿会fə?5 uE23 熟:勿会fE?2ɦuE34 昆:勿会/勿会得fə?5ɦuE31/fə?5ɦuE33tə?3 霜:勿会?ʋə?4uʌɪ23 罗:勿会?ʋə?4?ʋʌɪ23 周:勿会?ʋə?4?ʋe44 上:勿会vɐ?2ɦuE23 松:勿会?ʋə?4ue34 黎:勿会得fə?5 uE33tə?2 盛:勿会得fə?3uE55tə?2 嘉:勿会?ʋə?5ue31 双:勿会/覅得fə?5uəɪ52/fəɪ53tə?21 杭:孬特pei35dɐ?31 绍:覅/勿会fe52/və?2ɦue52 诸:勿会fɐ?4ve33 崇:覅fæ52 太:勿会fɛ?5ve31 余:覅?ʋe44 宁:覅/勿会vEɪ113/vɐ?2ɦuEɪ51 黄:勿会/章勿来/勿识fɐ?3ɦue13/tsɒ˜33vɐ?5le31/

fɐʔ$_{3}$çiɐʔ$_{4}$　温：勿会fʊ$_{33}$væi$_{22}$　衢：覅fɛ$_{53}$　华：勿会/覅葛/覅fəʔ$_{4}$uɛ$_{55}$/fɛ$_{45}$kəʔ$_{2}$/fɛ$_{45}$　永：覅/勿会fei$_{51}$/fə$_{3}$ɦuəi$_{24}$

把

宜：拿ʔno$_{55}$　溧：拿no$_{323}$　金：把pɑ$_{323}$　丹：把pɑ$_{324}$　童：把pɒ$_{324}$　靖：拿no$_{223}$　江：拿no$_{223}$　常：拿no$_{213}$　锡：拿no$_{213}$　苏：拿no$_{223}$　熟：拿nu$_{233}$　昆：拿ʔno$_{44}$　霜：拿ʔn^{ʌ}ɤ$_{52}$　罗：拿ʔne$_{52}$　周：拿ʔne$_{52}$/ʔno$_{52}$　上：拿ʔnᴇ$_{52}$/ʔnɔ$_{52}$　松：拿ʔnᴇ$_{52}$　黎：拿ʔno$_{44}$　盛：拿ʔno$_{44}$　嘉：拿ʔno$_{51}$　双：拿ʔnʊ$_{44}$　杭：拨/把pɐʔ$_{5}$/pɑ$_{33}$　绍：拨/则pəʔ$_{5}$/tseʔ$_{5}$　诸：得tɐʔ$_{5}$　崇：把pɤ$_{324}$　太：把po$_{44}$　余：　宁：搭tɐʔ$_{5}$　黄：拨pɐʔ$_{5}$　温：颠ti$_{44}$　衢：拿nɑ$_{323}$　华：分得/分/天fən$_{32}$təʔ$_{4}$/fən$_{324}$/tʻiæ̃$_{324}$　永：

被

宜：拨pəʔ$_{5}$　溧：拨pəʔ$_{5}$　金：被/挨pei$_{44}$/ɛ^{e}$_{44}$　丹：被/把pᴇ^{e}$_{22}$/pɑ$_{324}$　童：被/把bei$_{113}$/pɒ$_{324}$　靖：让ȵĩ$_{31}$　江：岩/把ŋæ$_{223}$/pɑ$_{45}$　常：拨pəʔ$_{5}$　锡：拨/拨勒pəʔ$_{5}$/pəʔ$_{4}$ləʔ$_{5}$　苏：拨pəʔ$_{5}$　熟：拨pᴇʔ$_{5}$　昆：拨pəʔ$_{5}$　霜：拨pəʔ$_{5}$　罗：拨pəʔ$_{5}$　周：拨ʔbəʔ$_{5}$　上：拨pɐʔ$_{5}$　松：拨pəʔ$_{5}$　黎：拨pəʔ$_{5}$　盛：拨pəʔ$_{5}$　嘉：拨pəʔ$_{5}$　双：拨pəʔ$_{\underline{54}}$　杭：拨pɐʔ$_{5}$　绍：拨pəʔ$_{5}$　诸：得tɐʔ$_{5}$　崇：□pɑ$_{324}$　太：□pɑ$_{523}$　余：则tsəʔ$_{5}$　宁：□/拨piɪʔ$_{5}$/pɐʔ$_{5}$　黄：被bi$_{j113}$　温：□xɑ$_{52}$　衢：让/等ȵiã$_{31}$/tən$_{35}$　华：让/央ȵiᴀŋ$_{213}$/iᴀŋ$_{324}$　永：□nᴀ$_{4}$

替

宜：替/代/顶tʻij$_{324}$/dɐɪ$_{31}$/tiŋ$_{51}$　溧：帮pᴀŋ$_{44}$　金：替/帮tʻi$_{z44}$/pɑŋ$_{31}$　丹：替tʻi$_{z324}$　童：替tʻi$_{j45}$　靖：替/帮tʻi$_{j51}$/pɑŋ$_{433}$　江：替/代/挺tʻi$_{j45}$/dæ$_{223}$/tʻiɲ$_{45}$　常：帮/代pᴀɲ$_{44}$/dæ$_{31}$　锡：代/得dᴇ$_{213}$/təʔ$_{5}$　苏：代/搭/脱/得dᴇ$_{31}$/tᴀʔ$_{5}$/tʻəʔ$_{5}$/təʔ$_{5}$　熟：帮/代(少)pᴀ̃$_{52}$/dæ$_{31}$　昆：帮/帮夷pã$_{44}$/pã$_{44}$ɦi$_{41}$　霜：塔tʻᴀʔ$_{5}$　罗：忒tʻəʔ$_{5}$　周：忒tʻəʔ$_{5}$　上：忒/代/得tʻɐʔ$_{5}$/dᴇ$_{113}$/tɐʔ$_{5}$　松：代/脱dᴇ$_{113}$/tʻəʔ$_{5}$　黎：脱/代tʻəʔ$_{\underline{34}}$/dᴇ$_{213}$　盛：代/同/脱/帮dᴇ$_{212}$/doŋ$_{24}$/tʻəʔ$_{5}$/pɑ̃$_{44}$　嘉：代dᴇ^{ɛ}$_{223}$　双：代/相帮dᴇ$_{113}$/çiã$_{44}$pɔ̃$_{44}$　杭：替/代tʻi$_{334}$/dᴇ$_{113}$　绍：代de$_{22}$　诸：得/替tɐʔ$_{5}$/tʻi$_{z52}$　崇：代de$_{14}$　太：代te$_{35}$　余：代de$_{113}$　宁：跌/代tiɪʔ$_{5}$/de$_{113}$　黄：代de$_{113}$　温：代ti$_{44}$　衢：代/帮dɛ$_{31}$/pɒ̃$_{434}$　华：替/代/天tʻi$_{j544}$/dɛ$_{24}$/tʻiɑ$_{45}$　永：退tʻəɪ$_{\underline{54}}$

在(介词)

宜：勒/立ləʔ$_{\underline{23}}$/lɪʔ$_{\underline{23}}$　溧：勒ləʔ$_{2}$　金：在tsɛ^{e}$_{44}$　丹：在tsæ$_{41}$　童：在dzaɪ$_{113}$　靖：来刚(远)/来荡(近)/来葬(近,强调)læ$_{22}$kɑŋ$_{34}$/læ$_{22}$dɑŋ$_{34}$/læ$_{22}$tsɑŋ$_{51}$　江：勒讲lɜʔ$_{2}$kᴀ^{ŋ}$_{23}$　常：勒ləʔ$_{\underline{23}}$　锡：勒/勒辣ləʔ$_{\underline{23}}$/ləʔ$_{2}$lɑʔ$_{5}$　苏：勒海/勒浪/勒ləʔ$_{3}$hᴇ$_{52}$/ləʔ$_{3}$lÃ$_{52}$/ləʔ$_{\underline{23}}$　熟：勒郎/勒嗨/辣郎/辣海/勒里/辣里lᴇʔ$_{2}$lᴀ̃$_{51}$/lᴇʔ$_{2}$xᴇ$_{51}$/lᴀʔ$_{2}$lᴀ̃$_{51}$/lᴀʔ$_{2}$xᴇ$_{51}$/lᴇʔ$_{2}$li$_{51}$/lᴀʔ$_{2}$li$_{51}$　昆：勒海/勒亨/勒俚(少)ləʔ$_{2}$hɛ$_{41}$/ləʔ$_{3}$hã$_{31}$/ləʔ$_{3}$li$_{31}$　霜：勒郎ləʔ$_{2}$lɒ̃$_{23}$　罗：勒郎lɐʔ$_{2}$lɒ̃$_{23}$　周：勒拉/勒喊/勒拣/勒里/勒浪/拉ləʔ$_{2}$lɑ$_{23}$/ləʔ$_{2}$hɛ$_{23}$/ləʔ$_{2}$kɛ$_{23}$/ləʔ$_{2}$li$_{23}$/ləʔ$_{2}$lɒ̃$_{23}$/lɑ$_{113}$　上：辣辣/辣海/辣盖(少)lɐʔ$_{2}$lɐʔ$_{3}$/lɐʔ$_{2}$hᴇ$_{23}$/lɐʔ$_{2}$kᴇ$_{23}$　松：辣拉/拉læʔ$_{2}$lɑ$_{34}$/lᴀʔ$_{\underline{23}}$　黎：勒辣/勒化ləʔ$_{3}$lᴀʔ$_{3}$/ləʔ$_{3}$ho$_{33}$　盛：勒化/勒辣ləʔ$_{2}$ho$_{34}$/ləʔ$_{2}$lɑʔ$_{4}$　嘉：勒化ləʔ$_{2}$ho$_{23}$　双：辣/有辣ʔlᴀʔ$_{\underline{54}}$/ɦiøʏ$_{24}$lᴀʔ$_{\underline{53}}$　杭：勒哈/勒东/来东lɐʔ$_{2}$hɑ$_{51}$/lɐʔ$_{2}$toŋ$_{51}$/lᴇ$_{22}$toŋ$_{51}$　绍：来亨/拉/来埭le$_{21}$lɑŋ$_{33}$/lɑ$_{31}$/le$_{21}$dɑ$_{33}$　诸：来客/来客勒/来气客le$_{23}$kɐʔ$_{4}$/le$_{22}$kɐʔ$_{4}$lɐʔ$_{4}$/le$_{22}$tɕʻi$_{55}$kɐʔ$_{3}$　崇：来蒙le$_{21}$mʊ^{ŋ}$_{23}$　太：来蒙le$_{31}$mʊŋ$_{23}$　余：来/来勒lə$_{113}$/le$_{22}$ləʔ$_{5}$　宁：来东/来的/来盖le$_{22}$toŋ$_{44}$/le$_{22}$tiɪʔ$_{5}$/le$_{22}$ke$_{44}$　黄：在ze$_{31}$　温：是/缩sz̩$_{24}$/çiu$_{423}$　衢：在dzɛ$_{31}$　华：该/来/碎kɛ$_{324}$/lɛ$_{324}$/sɛ$_{544}$　永：□gəɪ$_{322}$

比

宜:比pi_{j51} 溧:比pi_{z52} 金:比pi_{z323} 丹:比pi_{z44} 童:比pi_{j324} 靖:比pi_{j334} 江:比pi_{j45} 常:比pi_{j334} 锡:比pi_{323} 苏:比pi_{j51} 熟:比pi_{44} 昆:比pi_{52} 霜:比pi_{434} 罗:比pi_{434} 周:比ɓi_{434} 周:比ʔbi_{44} 上:比pi_{334} 松:比pi_{44} 黎:比/傍pi_{j51}/bɑ̃$_{213}$ 盛:比pi_{j51} 嘉:比pi_{44} 双:比pi_{z53} 杭:比pi_{51} 绍:拨pəʔ$_5$ 诸:比pi_{z52} 崇:比pi_{z42} 太:比pi_{42} 余:比pi_{435} 宁:比pi_{325} 黄:比pi_{j53} 温:比p'i_{35} 衢:比pi_{35} 华:比pi_{j544} 永:比pie_{434}

从

宜:从/跟zoŋ$_{223}$/kəŋ$_{55}$ 溧:从szoŋ$_{323}$ 金:从ts'oŋ$_{24}$ 丹:从ts'oŋ$_{324}$ 童:从dzoŋ$_{31}$ 靖:从/□ts'oŋ$_{334}$/tsʌɤ$_{334}$ 江:从zoŋ$_{223}$ 常:从dzoŋ$_{213}$ 锡:从zoŋ$_{213}$ 苏:从zoŋ$_{223}$ 熟:从dzʊŋ$_{233}$ 昆:从zoŋ$_{132}$ 霜:从zo^ŋ$_{31}$ 罗:从zo^ŋ$_{31}$ 周:从zoŋ$_{113}$ 上:从zʊŋ$_{113}$ 松:从zʊŋ$_{31}$ 黎:从/自从zoŋ$_{24}$/zʅ$_{22}$zoŋ$_{52}$ 盛:从/自从dzoŋ$_{24}$/dzʅ$_{22}$dzoŋ$_{52}$ 嘉:从zoŋ$_{31}$ 双:从zoŋ$_{113}$ 杭:从dzoŋ$_{212}$ 绍:从dzʊŋ$_{31}$ 诸:从dzoŋ$_{233}$ 崇:望mõ$_{14}$ 太:望mʊŋ$_{13}$ 余:从dzʊŋ$_{113}$ 宁:从dzoŋ$_{113}$ 黄:从zoŋ$_{31}$ 温:从ʔy^{ʊ}ɔ$_{44}$ 衢:从dzʌŋ$_{323}$ 华:从/轻szoŋ$_{213}$/tɕ'ɪŋ$_{45}$ 永:从szoŋ$_{322}$

到

宜:到tɑɤ$_{324}$ 溧:到tɑ^ɤ$_{412}$ 金:到tɑ^ɔ$_{44}$ 丹:到tɒ$_{41}$ 童:到tɐɤ$_{45}$ 靖:到/上tɒ$_{51}$/hæ̃$_{51}$ 江:到tɒ$_{435}$ 常:到tɑɤ$_{51}$ 锡:到tʌ$_{34}$ 苏:到tæ$_{412}$ 熟:到tɔ$_{324}$ 昆:到tɔ$_{52}$ 霜:到tɔ$_{434}$ 罗:到tɔ$_{434}$ 周:到tɔ$_{335}$ 上:到tɔ$_{334}$ 松:到tɔ$_{335}$ 黎:到tʌ^ɔ$_{413}$ 盛:到tʌɑ$_{413}$ 嘉:到tɔ$_{44}$ 双:到tɔ$_{334}$ 杭:到tɔ$_{334}$ 绍:到ta$_{33}$ 诸:到tɔ$_{544}$ 崇:到tɑ$_{324}$ 太:到tɑɒ$_{35}$ 余:到tɒ$_{52}$ 宁:到/去tɔ$_{44}$/tɕ'i$_{z44}$ 黄:到tɒ$_{44}$ 温:到tɜ$_{52}$ 衢:到tɔ$_{53}$ 华:到/去tɑʊ$_{45}$/k'ɯ$_{45}$ 永:到tʌʊ$_{\underline{54}}$

向

宜:向/朝ɕiʌŋ$_{51}$/dzɑɤ$_{223}$ 溧:朝/到szɑ^ɤ$_{323}$/tɑ^ɤ$_{412}$ 金:向/朝ɕiɑŋ$_{44}$/ts'ɑ^ɔ$_{24}$ 丹:朝/望dzɒ$_{213}$/uɑŋ$_{41}$ 童:朝/向dzɐɤ$_{113}$/ɕiɑŋ$_{324}$ 靖:向/对ɕĩ$_{51}$/te$_{51}$ 江:朝dzɒ$_{223}$ 常:朝/往dzɑɤ$_{213}$/ʔuʌɲ$_{334}$ 锡:朝/往zʌ$_{213}$/mɒ̃$_{323}$ 苏:朝/望zæ$_{223}$/mÃ$_{31}$ 熟:朝dzɔ̢$_{233}$ 昆:朝/望zɔ$_{132}$/mã$_{223}$ 霜:朝zɔ$_{31}$ 罗:朝zɔ$_{31}$ 周:朝zɔ$_{113}$ 上:朝/望zɔ$_{113}$/mÃ$_{113}$ 松:朝zɔ$_{31}$ 黎:朝zʌ^ɔ$_{24}$ 盛:朝dzʌɑ$_{24}$ 嘉:朝zɔ$_{31}$ 双:朝zɔ$_{113}$ 杭:朝/向dzɔ$_{212}$/ɕiʌŋ$_{334}$ 绍:朝dzɑɒ$_{31}$ 诸:朝dzɔ$_{233}$ 崇:望mõ$_{14}$ 太:望mʊŋ$_{13}$ 余:望/朝mõ$_{113}$/dzɔ$_{113}$ 宁:朝dʑiɔ$_{113}$ 黄:朝dʑiɒ$_{31}$ 温:望m^{ʊ}ɔ$_{22}$ 衢:向/朝ɕiã$_{53}$/dzɔ$_{323}$ 华:朝/往dʑiɑʊ$_{213}$/ʔuʌŋ$_{544}$ 永:向/朝ɕiʌŋ$_{\underline{54}}$/tɕiʌʊ$_{324}$/szʌʊ$_{324}$

和

宜:同/搭doŋ$_{223}$/tʌʔ$_5$ 溧:跟/同kən$_{44}$/doŋ$_{323}$ 金:跟/告kəŋ$_{31}$/kɑ^ɔ$_{44}$ 丹:跟/同kɛn$_{44}$/doŋ$_{213}$ 童:同doŋ$_{31}$ 靖:和/跟hɦʌɤ$_{223}$/kəŋ$_{433}$ 江:喊/喊得hæ$_{435}$/hæ$_{45}$tɜʔ$_2$ 常:高/搭仔/搭kɑɤ$_{44}$/tɑʔ$_{\underline{53}}$tsʅ$_{31}$/tɑʔ$_5$ 锡:得təʔ$_5$ 苏:帮/跟/搭/搭仔/塔/脱/得pÃ$_{44}$/kən$_{44}$/tʌʔ$_5$/tʌʔ$_5$tsʅ$_{23}$/t'ʌʔ$_5$/t'əʔ$_5$/təʔ$_5$ 熟:搭/搭则tʌʔ$_5$/tʌʔ$_4$tsEʔ$_5$ 昆:脱təʔ$_5$ 霜:塔t'ʌʔ$_5$ 罗:塔t'ʌʔ$_5$ 周:忒/得t'əʔ$_5$/ɗəʔ$_5$ 上:得/忒/绞/帮tɐʔ$_5$/t'ɐʔ$_5$/kɔ$_{334}$/pÃ^ɲ$_{52}$ 松:脱/得t'əʔ$_5$/təʔ$_5$ 黎:脱/同t'əʔ$_{\underline{34}}$/doŋ$_{24}$ 盛:脱/同t'əʔ$_5$/doŋ$_{24}$ 嘉:告kɔ$_{334}$ 双:搭tʌʔ$_{\underline{54}}$ 杭:跟/同kən$_{33}$/doŋ$_{212}$ 绍:同台/则dʊŋ$_{22}$de$_{52}$/tseʔ$_5$ 诸:得tɐʔ$_5$ 崇:得tEʔ$_{\underline{45}}$ 太:好hɑɒ$_{35}$ 余:则tsəʔ$_5$ 宁:搭/跌taʔ$_5$/tɪʔ$_5$ 黄:得tɐʔ$_5$ 温:抗k'^{ʊ}ɔ$_{52}$ 衢:跟kən$_{434}$ 华:哼xən$_{45}$ 永:哈xʌ$_{54}$

如果

宜:如果/假使ʑy$_{ɥ24}$ku$_{31}$/tɕio$_{24}$sʅ$_{31}$ 溧:如果/要是ʑy$_{z32}$kʌɯ$_{52}$/ʔiɑ^ɤ$_{44}$zʅ$_{31}$ 金:如果/假如/要是/假使l^{ɔ}u$_{24}$ko$_{23}$/tɕiɑ$_{32}$l^{ɔ}u$_{23}$/iɑ^ɔ$_{44}$sʅ$_{z44}$tɕiɑ$_{22}$sʅ$_{z44}$ 丹:如果l^{ɔ}u$_{32}$kʌɤ$_{24}$ 童:如果/假如lu$_{24}$kʌɤ$_{23}$/

tɕiɒ$_{33}$ʒy$_{ɥ55}$　靖：如果/假使/假如ɕʑy$_{ɥ22}$kʌɤ$_{34}$/tɕiɑ$_{33}$sɿ$_{44}$/tɕiɑ$_{33}$lu$_{44}$　江：如果/假使/假如ʑy$_{21}$kɜɤ$_{43}$/tɕiɑ$_{52}$sɿ$_{33}$/tɕiɑ$_{52}$ʑy$_{33}$　常：如果/要是/假如/假使（少）ʑɥ$_{21}$kʌɯ$_{34}$/ʔiɑɤ$_{55}$zɿ$_{31}$/tɕiɑ$_{34}$zɥ$_{44}$/tɕiɑ$_{34}$sɿ$_{44}$　锡：如果/假使zɥ$_{24}$kʌɤ$_{31}$/tɕiɑ$_{33}$sɿ$_{55}$　苏：假使/要是tɕiɒ$_{52}$sɿ$_{23}$/ʔiɛ$_{52}$zɿ$_{23}$　熟：如果/假使ʐʮ$_{23}$kɯ$_{33}$/tɕiɑ$_{33}$sɿ$_{33}$　昆：假使/若然tɕiɑ$_{52}$sɿ$_{33}$/zᴀʔ$_{2}$zɵ$_{44}$　霜：假使/长是/若讲tɕiɑ$_{33}$sɿ$_{52}$/zã$_{24}$zɿ$_{31}$/zᴀʔ$_{2}$kɒ̃$_{23}$　罗：假使/长是tɕiɑ$_{33}$sɿ$_{52}$/zã$_{22}$zɿ$_{42}$　周：作兴/要是/假使tsɒʔ$_{3}$ɕiɪŋ$_{52}$/ʔiɔ$_{35}$zɿ$_{31}$/kɑ$_{33}$sɿ$_{52}$　上：假使/假使讲/要是/倘使tɕiᴀ$_{33}$sɿ$_{44}$/tɕiᴀ$_{33}$sɿ$_{55}$kÃⁿ$_{31}$/ʔiɔ$_{33}$zɿ$_{33}$/tʻᴀⁿ$_{33}$sɿ$_{44}$　松：假使/要是tɕiɑ$_{35}$sɿ$_{31}$/ʔiɔ$_{44}$zɿ$_{44}$　黎：假使/好比/要是/倘便kɒ$_{33}$sɿ$_{52}$/hᴀᵓ$_{33}$pi$_{j52}$/ʔiᴀᵓ$_{33}$zɿ$_{52}$/tʻɑ̃$_{22}$biɪ$_{52}$　盛：好比/倘便/如果/倘便是hᴀɑ$_{55}$pi$_{j31}$/tʻɑ̃$_{32}$biɪ$_{44}$/zɿ$_{22}$kɜu$_{44}$/tʻɑ̃$_{34}$biɪ$_{33}$zɿ$_{33}$　嘉：假使/假使讲tɕiɑ$_{33}$sɿ$_{51}$/tɕiɑ$_{33}$sɿ$_{55}$kÃ$_{31}$　双：倘使/倘三介tʻɔ̃$_{34}$sɿ$_{52}$/tʻɔ̃$_{34}$sᴇ$_{55}$kɑ$_{21}$　杭：如果/假使/要是ɹu$_{21}$kou$_{23}$/tɕiɑ$_{55}$sɿ$_{31}$/ʔiɔ$_{34}$zɿ$_{51}$　绍：如果/裁话道/毡固lu$_{22}$ku$_{52}$/ze$_{21}$ɦuo$_{33}$dɑɒ$_{33}$/tsĩ$_{43}$ku$_{33}$　诸：实/介葛话zɐʔ$_{2}$/kʌ$_{55}$kɐʔ$_{3}$ɦo$_{31}$　崇：如话/如话道zɿ$_{22}$vɤ$_{52}$/zɿ$_{22}$vɤ$_{53}$dɑɒ$_{31}$　太：如话zɿ$_{22}$ɦuo$_{52}$　余：如话zɥ$_{24}$ɦuo$_{31}$　宁：如话/怕其/话起zɥ$_{24}$ɦo$_{33}$/pʻo$_{55}$dʑi$_{z33}$/ɦo$_{22}$tɕʻi$_{44}$　黄：如果/会租zɥ$_{23}$kᵊu$_{31}$/ɦue$_{23}$tsᵊu$_{31}$　温：如果/假使/着/着是szɿ$_{22}$kᵊu$_{44}$/ko$_{25}$sɿ$_{21}$/dʑiɑ$_{323}$/dʑiɑ$_{33}$zɿ$_{22}$　衢：假使/如果/要是tɕiɑ$_{35}$sɿ$_{53}$/lu$_{22}$ku$_{44}$/ʔiɔ$_{55}$sɿ$_{31}$　华：如果/要是/假使ɕʑy$_{32}$kuo$_{35}$/ʔiɑʊ$_{35}$sɿ$_{31}$/tɕiɑ$_{54}$sɿ$_{31}$　永：如果/节讲ɕʑʏ$_{32}$koə$_{32}$/tɕiᴀ$_{43}$kᴀŋ$_{31}$

所以

宜：所以su$_{55}$ɦi$_{j55}$　溧：所以sʌɯ$_{44}$ɦi$_{z55}$　金：所以sᵊu$_{35}$i$_{z31}$　丹：所以sʌɤ$_{32}$ɦi$_{z24}$　童：所以sʌɤ$_{24}$ɦi$_{j31}$　靖：所以/因此sʌɤ$_{33}$ʔi$_{j44}$/ʔiŋ$_{44}$tsʻɿ$_{34}$　江：所以/所以道/原说道sɜɤ$_{52}$i$_{j33}$/sɜɤ$_{52}$i$_{j33}$dɒ$_{43}$/ɦyɵ$_{21}$sɜʔ$_{3}$dɒ$_{43}$　常：所以/所以叫sʌɯ$_{34}$i$_{j44}$/sʌɯ$_{33}$i$_{j55}$tɕiɑɤ$_{31}$　锡：为则/因此/所以ɦuᴇ$_{22}$tsəʔ$_{5}$/ʔin$_{21}$tsʻɿ$_{23}$/sʌɤ$_{55}$i$_{31}$　苏：所以/搿勒sɜu$_{52}$i$_{j23}$/gəʔ$_{2}$ləʔ$_{4}$　熟：所以sɯ$_{33}$i$_{51}$　昆：所以/搿咾səu$_{52}$i$_{33}$/gəʔ$_{2}$lɔ$_{23}$　霜：葛勒kəʔ$_{5}$ləʔ$_{3}$　罗：葛咾kəʔ$_{5}$lɔ$_{31}$　周：高咾kɔ$_{55}$lɔ$_{31}$　上：所以/葛咾su$_{55}$i$_{31}$/kɐʔ$_{3}$lɔ$_{44}$　松：介咾kɑ$_{55}$lɔ$_{31}$　黎：葛咾kəʔ$_{3}$lᴀᵓ$_{52}$　盛：所以/葛咾sɜu$_{55}$i$_{j31}$/kəʔ$_{3}$lᴀɑ$_{44}$　嘉：所以sᵊu$_{44}$i$_{33}$　双：角牢格/角牢koʔ$_{5}$lɔ$_{55}$kᴀʔ$_{\underline{21}}$/koʔ$_{5}$lɔ$_{52}$　杭：所以su$_{55}$i$_{31}$　绍：葛夷kəʔ$_{4}$ɦi$_{52}$　诸：　崇：介末kɑ$_{34}$mᴇʔ$_{5}$　太：介末kɑ$_{33}$mɛʔ$_{5}$　余：葛末kəʔ$_{5}$mɪʔ$_{3}$　宁：葛末/所以kɐʔ$_{5}$mɔʔ$_{3}$/səʊ$_{55}$i$_{31}$　黄：所以/挂大至so$_{55}$i$_{j31}$/kuᴀ$_{33}$dᴀ$_{33}$tsɿ$_{44}$　温：好使xɜ$_{52}$sɿ$_{21}$　衢：所以su$_{35}$i$_{53}$　华：所以/可是讲suo$_{33}$i$_{j51}$/kʻuo$_{54}$sɿ$_{33}$kᴀŋ$_{51}$　永：所以soə$_{55}$ie$_{32}$

为了

宜：为则ɦuɐɪ$_{32}$tsəʔ$_{\underline{31}}$　溧：为则ɦuæᴇ$_{24}$tsəʔ$_{\underline{31}}$　金：为了uei$_{44}$ȵiaᵓ$_{44}$　丹：为了ue$_{44}$lɛʔ$_{\underline{31}}$　童：为了ɦueɪ$_{21}$liɐɤ$_{23}$　靖：为了ɦue$_{24}$ləʔ$_{\underline{31}}$　江：为则ɦuᴇɪ$_{24}$tsɜʔ$_{2}$　常：为则ɦuæe$_{24}$tsəʔ$_{4}$　锡：为勒ɦuᴇ$_{21}$lə$_{23}$　苏：为仔ɦuᴇ$_{24}$tsɿ$_{31}$　熟：为则ɦuᴇ$_{33}$tsᴇʔ$_{5}$　昆：为咾/为是ɦuᴇ$_{22}$lɔ$_{44}$/ɦuᴇ$_{22}$zɿ$_{44}$　霜：为了/为仔/为搭ɦuʌɪ$_{22}$ləʔ$_{4}$/ɦuʌɪ$_{22}$tsɿ$_{51}$/ɦuʌɪ$_{22}$tᴀʔ$_{4}$　罗：为得/为了/为仔ɦuʌɪ$_{22}$tɐʔ$_{4}$/ɦuʌɪ$_{22}$lɐʔ$_{4}$/ɦuʌɪ$_{22}$tsɿ$_{52}$　周：为仔ve$_{24}$zɿ$_{52}$　上：为了/为仔ɦuᴇ$_{22}$lɐʔ$_{4}$/ɦuᴇ$_{22}$tsɿ$_{44}$　松：为仔ve$_{22}$zɿ$_{23}$　黎：为仔ɦuᴇ$_{22}$zɿ$_{52}$　盛：为仔ɦuᴇ$_{22}$zɿ$_{52}$　嘉：为了ʔue$_{33}$ləʔ$_{5}$　双：为特ɦuəɪ$_{33}$dəʔ$_{\underline{53}}$　杭：为勒/为ɦueɪ$_{23}$lɐʔ$_{\underline{51}}$/ɦueɪ$_{212}$　绍：为了ɦue$_{55}$ləʔ$_{\underline{31}}$　诸：便为bi$_{33}$ve$_{33}$　崇：为得ve$_{22}$tᴇʔ$_{4}$　太：为得ve$_{22}$tɛʔ$_{4}$　余：为了ɦue$_{23}$ləʔ$_{5}$　宁：为力ɦuᴇɪ$_{22}$liɪʔ$_{5}$　黄：于/于了ʔy$_{ɥ53}$/ɦy$_{ɥ23}$liɒ$_{51}$　温：为了vʊ$_{22}$liɜ$_{21}$　衢：为了ʔuəɪ$_{55}$ləʔ$_{2}$　华：为了ɦuɪ$_{13}$ləʔ$_{5}$　永：为了ɦuəɪ$_{32}$liᴀʊ$_{31}$

不过

宜：勿过fəʔ$_{5}$ku$_{324}$　溧：勿过fəʔ$_{5}$kʌɯ$_{34}$　金：不过pəʔ$_{4}$ko$_{44}$　丹：勿过fɛʔ$_{5}$kʌɤ$_{23}$　童：不过pəʔ$_{5}$kʌɤ$_{55}$　靖：不过/喇晓得pəʔ$_{\underline{53}}$kʌɤ$_{31}$/lɑ$_{23}$ɕiɒ$_{33}$təʔ$_{5}$　江：勿过/只勿过fɜʔ$_{5}$kɜɤ$_{23}$/tsɜʔ$_{5}$fəʔ$_{5}$kɜɤ$_{23}$　常：勿过/只勿过fəʔ$_{\underline{53}}$kʌɯ$_{31}$/tsəʔ$_{5}$fəʔ$_{5}$kʌɯ$_{31}$　锡：只不过/只必过/勿过tsəʔ$_{4}$pəʔ$_{4}$kʌɤ$_{55}$/tsəʔ$_{4}$pɪʔ$_{4}$

kʌɤ$_{55}$/fəʔ$_{4}$kʌɤ$_{34}$ 苏：不过/必过/勿过pəʔ$_{5}$kзu$_{23}$/pɪʔ$_{5}$kзu$_{23}$/fəʔ$_{5}$kзu$_{23}$ 熟：只必过tsEʔ$_{3}$pɪʔ$_{5}$kɯ$_{31}$ 昆：必过/勿过pɪʔ$_{5}$kəu$_{31}$/fəʔ$_{5}$kəu$_{31}$ 霜：勿过ʔʋəʔ$_{5}$kᵊu$_{31}$ 罗：不过pəʔ$_{4}$kᵊu$_{23}$ 周：不过ɓəʔ$_{3}$ku$_{52}$ 上：不过/只不过/必过pɐʔ$_{3}$ku$_{44}$/tsɐʔ$_{3}$pɐʔ$_{5}$ku$_{31}$/pɪʔ$_{3}$ku$_{44}$ 松：勿过ʔʋəʔ$_{4}$ku$_{44}$ 黎：勿过fəʔ$_{5}$kзu$_{44}$ 盛：勿过fəʔ$_{3}$kзu$_{44}$ 嘉：不过pəʔ$_{3}$kᵊu$_{51}$ 双：勿过fəʔ$_{5}$kəu$_{52}$ 杭：不过pɐʔ$_{4}$ku$_{51}$ 绍：不过poʔ$_{4}$ku$_{52}$ 诸：勿过fɐʔ$_{4}$kɯ$_{33}$ 崇：辩靠道biẽ$_{22}$k'ɑɒ$_{53}$dɑɒ$_{31}$ 太：辩靠如biẽ$_{22}$k'ɑɒ$_{55}$zʅ$_{31}$ 余：不过/可惜pɔʔ$_{5}$kou$_{31}$/kou$_{33}$ɕɪʔ$_{5}$ 宁：勿过vɐʔ$_{2}$kəʊ$_{44}$ 黄：不过pɔʔ$_{3}$kᵊu$_{44}$ 温：勿过fʋ$_{3}$kᵊu$_{52}$ 衢：勿过fəʔ$_{4}$ku$_{53}$ 华：勿过fəʔ$_{4}$kuo$_{51}$ 永：

或

宜：或者ɦuəʔ$_{2}$tsəʔ$_{4}$ 溧：或者ɦuəʔ$_{3}$tsA$_{34}$ 金：或是/还是huəʔ$_{4}$sʅ$_{z44}$/hæ̃$_{22}$sʅ$_{z44}$ 丹：或者hoʔ$_{5}$tɕie$_{23}$ 童：要末iɐɤ$_{33}$məʔ$_{5}$ 靖：或/或者hɦɔʔ$_{\underline{34}}$/hɦɔʔ$_{2}$tɕiæ$_{23}$ 江：或者ɦoʔ$_{2}$tsɑ$_{23}$ 常：或者ɦuəʔ$_{2}$tsɑ$_{13}$ 锡：或者ɦuəʔ$_{2}$tsɑ$_{34}$ 苏：或则ɦuəʔ$_{3}$tsəʔ$_{5}$ 熟：或者ɦuoʔ$_{2}$tʂEʔ$_{5}$ 昆：或者ɦuoʔ$_{2}$tsE$_{23}$ 霜：或者vəʔ$_{2}$tsE$_{23}$ 罗：或者ɦuoʔ$_{2}$tse$_{23}$ 周：或者vəʔ$_{2}$tse$_{23}$ 上：或/或者ɦoʔ$_{\underline{23}}$/ɦoʔ$_{2}$tsE$_{23}$ 松：或者ʔʋəʔ$_{4}$tsəʔ$_{4}$ 黎：或者ɦuəʔ$_{3}$tsɵ$_{33}$ 盛：或者ɦuəʔ$_{2}$tsE$_{34}$ 嘉：或则ɦuoʔ$_{2}$tsəʔ$_{4}$ 双：或者ɦoʔ$_{2}$tsE$_{34}$ 杭：或则ɦɔʔ$_{2}$tsɐʔ$_{5}$ 绍：或者vəʔ$_{2}$tse$_{52}$ 诸：要末ʔiɔ$_{53}$mɐʔ$_{\underline{31}}$ 崇：要末ʔiɑɒ$_{34}$mEʔ$_{5}$ 太：要末ʔiɑɒ$_{33}$mɛʔ$_{4}$ 余：或者/要末ɦuoʔ$_{2}$tse$_{52}$/ʔiɒ$_{55}$mɪʔ$_{3}$ 宁：或者/要末ɦuɐʔ$_{2}$tse$_{44}$/ʔiɔ$_{55}$mɐʔ$_{3}$ 黄：或/或者ɦuɔʔ$_{\underline{12}}$/ɦuɔʔ$_{2}$tɕiA$_{31}$ 温：或vɑ$_{323}$ 衢：或ɦuəʔ$_{\underline{12}}$ 华：或/或者ʔɦuoʔ$_{2}$/ʔɦuo$_{2}$tɕie$_{35}$ 永：或者ʔɦuə$_{32}$tɕiA$_{55}$

那末

宜：葛末kəʔ$_{5}$məʔ$_{5}$ 溧：要末ʔiaᵞ$_{54}$mə$_{34}$ 金：那末/要末nɑ$_{44}$məʔ$_{4}$/iaᵓ$_{44}$məʔ$_{\underline{31}}$ 丹：葛末kɛʔ$_{5}$mɛʔ$_{\underline{23}}$ 童：葛末kəʔ$_{5}$məʔ$_{5}$ 靖：那末/个蛮ʔnɑ$_{55}$məʔ$_{\underline{31}}$/kʌɤ$_{55}$mæ̃$_{31}$ 江：葛末kзʔ$_{5}$mзʔ$_{5}$ 常：减则末/葛/葛末kæ$_{55}$tsəʔ$_{3}$məʔ$_{\underline{31}}$/kəʔ$_{5}$/kəʔ$_{4}$məʔ$_{5}$ 锡：葛末kəʔ$_{4}$məʔ$_{5}$ 苏：纳末/□末nAʔ$_{3}$məʔ$_{5}$/nA$_{24}$məʔ$_{2}$ 熟：格末/乃末kEʔ$_{4}$mEʔ$_{5}$/næ$_{23}$mEʔ$_{3}$ 昆：葛末/乃末kəʔ$_{5}$məʔ$_{5}$/nɛ$_{22}$məʔ$_{4}$ 霜：葛末kəʔ$_{5}$məʔ$_{3}$ 罗：葛末kəʔ$_{5}$məʔ$_{3}$ 周：葛末kəʔ$_{5}$məʔ$_{3}$ 上：葛末kɐʔ$_{5}$mɐʔ$_{3}$ 松：葛末kəʔ$_{4}$məʔ$_{4}$ 黎：葛末kəʔ$_{5}$məʔ$_{2}$ 盛：那末nɑ$_{22}$məʔ$_{5}$ 嘉：葛末kəʔ$_{5}$məʔ$_{2}$ 双：葛末kəʔ$_{5}$məʔ$_{\underline{21}}$ 杭：葛末kɐʔ$_{5}$mɐʔ$_{3}$ 绍：葛末kəʔ$_{5}$məʔ$_{3}$ 诸：介末kA$_{53}$mɐʔ$_{\underline{31}}$ 崇：介末kɑ$_{34}$mEʔ$_{5}$ 太：介末kɑ$_{33}$mɛʔ$_{4}$ 余：葛末kəʔ$_{5}$mɪʔ$_{3}$ 宁：葛末kɐʔ$_{5}$mɐʔ$_{3}$ 黄：葛末kɐʔ$_{5}$mɐʔ$_{3}$ 温： 衢：葛末kəʔ$_{5}$məʔ$_{2}$ 华：没亨ʔməʔ$_{5}$xAŋ$_{31}$ 永：该末/该勃kəɪ$_{55}$mə$_{51}$/kəɪ$_{55}$bə$_{51}$

的(领格,前置)

宜：葛kəʔ 溧：葛kəʔ 金：的tieʔ 丹：葛kɛʔ 童：葛kəʔ 靖：个/葛gəʔ/kəʔ 江：葛kзʔ 常：葛kəʔ 锡：葛kəʔ 苏：葛kəʔ 熟：葛kEʔ 昆：个gəʔ 霜：个gəʔ 罗：厄ŋɐʔ 周：合ɦəʔ 上：合ɦɐʔ 松：呃ɦə 黎：个gəʔ 盛：葛kəʔ 嘉：合/厄ɦəʔ/ŋəʔ 双：刮/个kuAʔ/gəʔ 杭：的/个tiɪʔ/gɐʔ 绍：个goʔ 诸：葛/件kɐʔ/dʑĩ 崇：个gEʔ 太：个gEʔ 余：葛/各/合kɐʔ/kɔʔ/ɦɐʔ 宁：谷浊/或gɔʔ/ɦoʔ 黄：个gɐʔ 温：个ge 衢：葛kəʔ 华：葛kəʔ 永：滑ɦuə

的(后置)

宜：咾lɑɤʔ 溧：咾lɑᵞ 金：的tieʔ 丹：个gɛʔ 童：葛kəʔ 靖：个/葛gəʔ/kəʔ 江：葛kзʔ 常：咾lɑɤ 锡：葛kəʔ 苏：葛kəʔ 熟：葛kEʔ 昆：个gəʔ 霜：个gəʔ 罗：厄/个ŋɐʔ/gɐʔ 周：合ɦəʔ 上：合ɦɐʔ/ŋɐʔ 松：呃ɦə 黎：个gəʔ 盛：咳/岩ɦE/ŋE 嘉：厄/合ŋəʔ/ɦəʔ 双：岩/个ŋE/gəʔ 杭：的tiɪʔ 绍：个goʔ 诸：葛kɐʔ 崇：<u>介个</u>gɑɦEʔ 太：个gɛʔ 余：葛kɐʔ 宁：谷浊gɔʔ 黄：个gɐʔ 温：个ge 衢：个gəʔ 华：葛kəʔ 永：滑ɦuə

的(过去)

宜:葛kəʔ　溧:该kE　金:勒ləʔ　丹:葛kɛʔ　童:葛kəʔ　靖:怪kuæ　江:葛kɜʔ　常:葛kəʔ　锡:葛kəʔ　苏:葛kəʔ　熟:葛/则kEʔ/tsEʔ　昆:个gəʔ　霜:个gəʔ　罗:合ɦɐʔ　周:合ɦəʔ　上:合ɦɐʔ　松:呃ɦə　黎:台dE　盛:台dE　嘉:合ɦəʔ　双:台/突dE/dəʔ　杭:特dɐʔ　绍:个goʔ　诸:葛kɐʔ　崇:过gu　太:　余:葛kɐʔ　宁:谷浊gɔʔ　黄:个gɐʔ　温:个ge　衢:咾lɔ　华:勒/葛ləʔ/kəʔ　永:滑ɦuə

的(事类)

宜:葛kəʔ　溧:葛/得kəʔ/təʔ　金:的tieʔ　丹:葛/喽kɛʔ/lʌɤ　童:葛kəʔ　靖:个/葛gəʔ/kəʔ　江:勒/葛lɜʔ/kɜʔ　常:葛kəʔ　锡:葛kəʔ　苏:葛kəʔ　熟:葛/个kEʔ/gEʔ　昆:个gəʔ　霜:个gəʔ　罗:个gɐʔ　周:合ɦəʔ　上:合ɦɐʔ　松:呃ɦə　黎:个gəʔ　盛:咳ɦE　嘉:合ɦəʔ　双:咳ɦE　杭:的tiɪʔ　绍:个goʔ　诸:葛kɐʔ　崇:个gEʔ　太:个gɛʔ　余:葛kɐʔ　宁:谷浊gɔʔ　黄:个gɐʔ　温:个ge　衢:葛kɤɯ　华:个gəʔ　永:滑ɦuə

的(副)

宜:点/个tɪ/gəʔ　溧:叫tɕia^{ɤ}　金:点tĩ　丹:个gɛʔ　童:点tɪ　靖:点tĩ　江:点/叫tɪ/tɕiɒ　常:葛/叫/则kəʔ/tɕiɑɤ/tsəʔ　锡:叫/哩tɕiʌ/li　苏:叫tɕiæ　熟:叫/则tɕiɔ/tsEʔ　昆:能nən　霜:个/伦gəʔ/lən　罗:个gɐʔ　周:叫/能/合tɕiɔ/nəŋ/ɦəʔ　上:叫/叫介/介/合tɕiɔ/tɕiɔ/kɑ/kɑ/ɦɐʔ　松:叫tɕiɔ　黎:叫tɕiɔ　盛:叫tɕiʌɑ　嘉:叫tɕiɔ　双:介kA　杭:的/叫tiɪʔ/tɕiɔ　绍:个goʔ　诸:葛/叫kɐʔ/tɕiɔ　崇:介kɑ　太:介kɑ　余:葛kɐʔ　宁:个gɔʔ　黄:该ke　温:能nʌŋ　衢:的tiəʔ　华:宁/葛n̥in/kəʔ　永:箸/滑dʑi/ɦuə

的(连)

宜:葛kəʔ　溧:葛kəʔ　金:　丹:地/则ti$_{z}$/tsɛʔ　童:葛kəʔ　靖:该/哀kĩ/e　江:葛kɜʔ　常:葛kəʔ　锡:葛kəʔ　苏:葛kəʔ　熟:搭/搭则tAʔ/tAʔtsEʔ　昆:个gəʔ　霜:个gəʔ　罗:个gɐʔ　周:合ɦəʔ　上:合ɦɐʔ　松:塔t'æʔ　黎:勒ləʔ　盛:脱t'əʔ　嘉:　双:　杭:　绍:　诸:葛kɐʔ　崇:得tEʔ　太:好h^{ɑ}ɒ　余:　宁:　黄:　温:　衢:　华:　永:又……又ɦi……ɦi

得(动结果)

宜:则tsəʔ　溧:则tsəʔ　金:得təʔ　丹:葛kɛʔ　童:得təʔ　靖:勒ləʔ　江:得tɜʔ　常:则tsəʔ　锡:得təʔ　苏:得təʔ　熟:来/得kæ/tEʔ　昆:得təʔ　霜:特dəʔ　罗:得/勒tɐʔ/lɐʔ　周:勒/得ləʔ/təʔ　上:得/勒tɐʔ/lɐʔ　松:来lE　黎:来lE　盛:得təʔ　嘉:来lE　双:得təʔ　杭:特/得dɐʔ/tɐʔ　绍:勒/特ləʔ/dəʔ　诸:得tɐʔ　崇:得tEʔ　太:得tɛʔ　余:得tɐʔ　宁:来入/勒leʔ/lɐʔ　黄:得tɐʔ　温:个/得ge/te　衢:得təʔ　华:得təʔ　永:来/哀ləɪ/əɪʔ

得(可能)

宜:则tsəʔ　溧:则tsəʔ　金:得təʔ　丹:则tsɛʔ　童:得təʔ　靖:得təʔ　江:得tɜʔ　常:则tsəʔ　锡:得təʔ　苏:得təʔ　熟:得tEʔ　昆:得təʔ　霜:特dəʔ　罗:得tɐʔ　周:得təʔ　上:得tɐʔ　松:得təʔ　黎:得təʔ　盛:得təʔ　嘉:得təʔ　双:得təʔ　杭:特dɐʔ　绍:勒/特ləʔ/dəʔ　诸:得tɐʔ　崇:得tEʔ　太:得tɛʔ　余:得tɐʔ　宁:来入/勒leʔ/lɐʔ　黄:得tɐʔ　温:　衢:得təʔ　华:得təʔ　永:哀əɪ

得(动结果,量)

宜:则tsəʔ　溧:则tsəʔ　金:得təʔ　丹:拉喽lɑlʌɤ　童:得təʔ　靖:勒/够ləʔ/kø　江:得

tɜʔ 常:则/到则tsəʔ/taɤtsəʔ 锡:得təʔ 苏:得/得来təʔ/təʔlᴇ 熟:得/得来tᴇʔ/læ 昆:得təʔ 霜:特/特来dəʔ/dəʔlᴇ 罗:得/特来tɐʔ/tɐle 周:得来/来təʔle/le 上:得tɐʔ 松:拉哩/拉哉/哉lɑli/lɑtsᴇ/tsᴇ 黎:得拉təʔlɒ 盛:得来təʔlᴇ 嘉:得来təʔlᴇ 双:得勒təʔləʔ 杭:特来/特dɐʔlᴇ/dɐʔ 绍:勒lɪʔ 诸:得/得来tɐʔ/tɐʔle 崇:得tᴇʔ 太:得tɛʔ 余:得来tɐʔle 宁:咧/来入liɪʔ/leʔ 黄:得tɐʔ 温:得te 衢:得təʔ 华:得təʔ 永:咧liᴀ

好……(赞叹)

宜:则tsəʔ 溧:则tsəʔ 金:得蛮təʔmæ̃ 丹:得喽tɛʔlʌɤ 童:啊ɑ 靖:癌ŋæ̃ 江:得来tɜʔlæ 常:到则/恶……得taɤtsəʔ/ɔʔ……təʔ 锡:竟……得tɕin……təʔ 苏:得拉/得来təʔlɒ/təʔlᴇ 熟:得来tᴇʔ/tᴇʔlæ 昆:得勒təʔləʔ 霜:得来təʔlᴇ 罗:得来tɐʔle 周:得来təʔle 上:唻lᴇ 松:得来təʔlᴇ 黎:得拉təʔlɒ 盛:得来təʔlᴇ 嘉:得来təʔlᴇ 双:得勒təʔləʔ 杭:得来təʔlᴇ 绍:拉la 诸:得来tɐʔle 崇:古噔kuge 太:来le 余:得/得来tɐʔ/tɐʔle 宁:谷浊gɔʔ 黄:猛啊ma˜ᴀ 温:险ɕi 衢:得təʔ 华:莽mᴀŋ 永:

了(起事)

宜:咾咧/咧ɑɤlɪʔ/lɪʔ 溧:咧/溜lɪʔ/liʌɯ 金:啰lo 丹:喽lʌɤ 童:勒ləʔ 靖:溜/勒够lᵊʏ/ləʔkᵊʏ 江:联lɪ 常:咧/葛咧liɪʔ/kəʔliɪʔ 锡:联lɪ 苏:哉tsᴇ 熟:哉tsæ 昆:贼/勒zəʔ/ləʔ 霜:则tsəʔ 罗:则tseʔ 周:才/什ze/zəʔ 上:勒/唻lɐʔ/lᴇ 松:啊哩/哉ɑli/tsᴇ 黎:台dᴇ 盛:台dᴇ 嘉:哩li 双:台dᴇ 杭:特/特雷dɐʔ/dɐleɪ 绍:哉zẽ 诸:嚡ɦᴀ 崇:怪kuɑ 太:怪kuɑ 余:哉tse 宁:来le 黄:号ɦɒ 温:罢bɑ 衢:啦lɑ 华:勒ləʔ 永:咧liᴀ

了(设想结果)

宜:咧lɪʔ 溧:咧/溜lɪʔ/liʌɯ 金:啰lo 丹:喽lʌɤ 童:勒ləʔ 靖:溜lᵊʏ 江:联lɪ 常:咧liɪʔ 锡:联lɪ 苏:哉tsᴇ 熟:哉tsæ 昆:贼/勒zəʔ/ləʔ 霜:则tsəʔ 罗:则tsɐʔ 周:什/才zəʔ/ze 上:唻/勒lᴇ/lɐʔ 松:哉tsᴇ 黎:台dᴇ 盛:台dᴇ 嘉:哩li 双:台dᴇ 杭:特雷dɐʔleɪ 绍:哉zẽ 诸:嚡ɦᴀ 崇:嚡ɦɑ 太:嚡ɦɑ 余:哉tse 宁:来le 黄:号ɦɒ 温:罢bɑ 衢:勒ləʔ 华:勒ləʔ 永:哇ʊᴀ

了(叙事过去)

宜:咧lɪʔ 溧:咧/溜lɪʔ/liʌɯ 金:唻lɛᵉ 丹:喽lʌɤ 童:勒ləʔ 靖:勒够ləʔkᵊʏ 江:葛kɜʔ 常:葛咧kəʔliɪʔ 锡:联lɪ 苏:哉tsᴇ 熟:哉tsæ 昆:贼/勒zəʔ/ləʔ 霜:则tsəʔ 罗:则tsɐʔ 周:什zəʔ 上:唻/勒lᴇ/lɐʔ 松:哉/阿哩tsᴇ/ɑli 黎:台dᴇ 盛:台dᴇ 嘉:哩li 双:台dᴇ 杭:特/特雷dɐʔ/dɐʔleɪ 绍:哉zẽ 诸:嚡ɦᴀ 崇:嚡ɦɑ 太:嚡ɦɑ 余:哉tse 宁:来/来入le/leʔ 黄:号ɦɒ 温:罢bɑ 衢:啦lɑ 华:勒ləʔ 永:咧liᴀ

了(完事)

宜:咾咧kɑɤlɪʔ 溧:则/则溜tsəʔ/tsəʔliʌɯ 金:啦lɑ 丹:喽lʌɤ 童:勒/勒惑ləʔ/ləʔuəʔ 靖:勒够ləʔkᵊʏ 江:葛联/糟kɜʔlɪ/tsɒ 常:咾咧/葛咧lɑɤliɪʔ/kəʔliɪʔ 锡:联lɪ 苏:哉/葛哉tsᴇ/kəʔtsᴇ 熟:哉/个哉tsæ/gᴇʔtsæ 昆:是/才zɿ/zᴇ 霜:则tsəʔ 罗:则tsɐʔ 周:啊什ɦazəʔ 上:唻/勒lᴇ/lɐʔ 松:阿哩ɑli 黎:台dᴇ 盛:台dᴇ 嘉:哩li 双:台dᴇ 杭:特/得雷dɐʔ/tɐʔleɪ 绍:哉zẽ 诸:呵ɦɯ 崇:怪kuɑ 太:怪kuɑ 余:哉tse 宁:来/得来le/tɐʔle 黄:号ɦɒ 温:罢bɑ 衢:啦lɑ 华:勒ləʔ 永:咧liᴀ

了(时间附逗)

宜:则tsəʔ 溧:则tsəʔ 金:家kɑ 丹:则tsɛʔ 童:扎tsᴀʔ 靖:勒ləʔ 江:得tɜʔ 常:则

tsəʔ 锡:则/勒tsəʔ/ləʔ 苏:仔tsɿ 熟:则tsEʔ 昆:是zɿ 霜:勒/特ləʔ/dəʔ 罗:仔/特tsɿ/dɐʔ 周:是/仔zɿ/tsɿ 上:勒/仔lɐʔ/tsɿ 松:是zɿ 黎:是zɿ 盛:是zɿ 嘉:好hɔ 双:突dəʔ 杭:勒lɐʔ 绍:勒/特lɪʔ/dəʔ 诸:勒lɐʔ 崇:了/过lɑ/ku 太:了liᵅɒ 余:仔tsɿ 宁:勒lɐʔ 黄:号ɦɒ 温:黄ɦᵘɔ 衢:勒/得ləʔ/təʔ 华:勒ləʔ 永:落lAʊ

了(假设附逗)

宜:则/勒tsəʔ/ləʔ 溧:则tsəʔ 金:家kɑ 丹:则tsɛʔ 章:扎/勒tsAʔ/ləʔ 靖:勒ləʔ 江:得tɜʔ 常:则tsəʔ 锡:联lɪ 苏:仔tsɿ 熟:则tsEʔ 昆:是zɿ 霜:特dəʔ 罗:仔/勒tsɿ/lɐʔ 周:是/仔zɿ/tsɿ 上:勒lɐʔ 松:是zɿ 黎:是zɿ 盛:是zɿ 嘉:脱哩tʻəʔli 双:台dE 杭:特雷/勒dɐʔleɪ/lɐʔ 绍:哉/勒zẽ/lɪʔ 诸:嚡ɦA 崇:了lɑɒ 太:了liᵅɒ 余:仔tsɿ 宁:来入leʔ 黄:号ɦɒ 温:黄ɦᵘɔ 衢:勒ləʔ 华:勒ləʔ 永:落lAʊ

了(设想正句)

宜:则后tsəʔɦɤɯ 溧:则哩tsəʔli$_z$ 金:啊ɑ 丹:呢ȵi 章:扎/哩tsAʔ/li$_j$ 靖:骨噢kuɒ˩ 江:得慢tɜʔmæ 常:则tsəʔ 锡:联lɪ 苏:仔tsɿ 熟:则tsEʔ 昆:贼zəʔ 霜:则tsəʔ 罗:仔tsɿ 周:是/仔zɿ/tsɿ 上:勒/仔lɐʔ/tsɿ 松:是zɿ 黎:是zɿ 盛:是zɿ 嘉:脱哩tʻəʔli 双:台dE 杭:勒lɐʔ 绍:哉zẽ 诸:嚡ɦA 崇:个gEʔ 太:嚡ɦɑ 余:哉/仔tse/tsɿ 宁:来入leʔ 黄:号ɦɒ 温:黄罢ɦᵘɔbɑ 衢:啦lɑ 华:勒ləʔ 永:惑ʔɒə

了(命令)

宜:则tsəʔ 溧:则tsəʔ 金:啊ɑ 丹:则tsɛʔ 章:扎/哩tsAʔ/li$_j$ 靖:勒告ləʔkɒ 江:得/则少tɜʔ/tsɜʔ 常:则tsəʔ 锡:联lɪ 苏:仔tsɿ 熟:则tsEʔ 昆:是zɿ 霜:噢ɔ 罗:点啊tiɑ 周:是呀介zɿiɑkɑ 上:仔/勒tsɿ/lɐʔ 松:是zɿ 黎:台dE 盛:是zɿ 嘉:啊ɑ 双:嚎ɦɔ 杭:勒啊lɐʔɑ 绍:勒呵/咾lɪʔɦo/lɔ 诸:将tsiÃ 崇:噢ɑɒ 太:嚡ɦɑ 余:仔tsɿ 宁:来入leʔ 黄:个gɐʔ 温:来le 衢:啊ɦɑ 华:勒ləʔ 永:

着(分词)

宜:则tsəʔ 溧:则tsəʔ 金:阿ɑ 丹:则tsɛʔ 章:哩/扎li$_j$/tsAʔ 靖:勒刚ləʔkɑŋ 江:得tsɜʔ 常:则tsəʔ 锡:则/勒娘tsəʔ/ləʔȵiã 苏:仔/勒海tsɿ/ləʔhE 熟:则/勒浪tsEʔ/lEʔlA˜ 昆:勒海ləʔhɛ 霜:特dəʔ 罗:合/勒浪ɦɐʔ/lɐʔlɒ˜ 周:拉/是lɑ/zɿ 上:辣海lɐʔhE 松:海/辣该hE/lAʔkE 黎:勒辣ləʔlAʔ 盛:勒化/勒海ləʔho/ləʔhE 嘉:勒霍ləʔhoʔ 双:辣lAʔ 杭:喝/勒喝hɐʔ/lɐʔhɐʔ 绍:勒/特lɪʔ/dəʔ 诸:客kʻɐʔ 崇:留lʏ 太:勒/勒辣lɛʔ/lɛʔlɑʔ 余:仔tsɿ 宁:的teʔ 黄:达dɐʔ 温:达dɑ 衢:得təʔ 华:铅kæ̃ 永:拉lA

着(方法分词)

宜:则tsəʔ 溧:则tsəʔ 金:阿ɑ 丹:则tsɛʔ 章:哩/扎li$_j$/tsAʔ 靖:勒个ləʔkəʔ 江:得tɜʔ 常:则tsəʔ 锡:则tsəʔ 苏:仔tsɿ 熟:则tsEʔ 昆:是zɿ 霜:勒/特ləʔ/dəʔ 罗:则/勒tsɐʔ/lɐʔ 周:是zɿ 上:仔/辣…浪tsɿ/lɐʔ…lÃⁿ 松:是zɿ 黎:是zɿ 盛:是zɿ 嘉:勒ləʔ 双:突dəʔ 杭:勒lɐʔ 绍:勒lɪʔ 诸:得tɐʔ 崇:留lʏ 太:着dzɑʔ 余:仔tsɿ 宁:来入/勒leʔ/lɐʔ 黄:达dɐʔ 温:咾lɜ 衢:拉lɑ 华:勒ləʔ 永:哀əɪ

呢(假设附逗)

宜:呐nəʔ 溧:呐nəʔ 金:呐nɛᵉ 丹:呐nɛʔ 章:呐/勒惑nəʔ/ləʔɦuəʔ 靖:呢ŋi$_j$ 江:呐/慢nɜʔ/mæ 常:末məʔ 锡:末/则tsəʔ/məʔ 苏:呢nəʔ 熟:末mEʔ 昆:末məʔ 霜:呐nəʔ 罗:呐nɐʔ 周:呢ȵi 上:呐nɐʔ 松:末məʔ 黎:末məʔ 盛:末məʔ 嘉:末məʔ

双:呐nəʔ 杭:特雷dɐʔleɪ 绍:呢ȵi 诸:呐nɐʔ 崇:呢ȵiŋ 太:呢ȵiŋ 余:呢ȵĩ 宁:呢ȵi 黄:呐/勒nɐʔ/lɐʔ 温:耐næi 衢:呐nəʔ 华:呢nə/ȵie 永:呢ȵie

呢(特指问)

宜:呐nəʔ 溧:呐nəʔ 金:哩nĩ 丹:呐nɛʔ 童:呐nəʔ 靖:蛮mæ̃ 江:慢mæ 常:呐nəʔ 锡:呐nəʔ 苏:呢nəʔ 熟:呐nᴇʔ 昆:呐nəʔ 霜:呐nəʔ 罗:呐nɐʔ 周:呢ȵi 上:呐nɐʔ 松:呐nəʔ 黎:呐nəʔ 盛:呐nəʔ 嘉:呢ȵi 双:呐nəʔ 杭:呢ȵi 绍:呐nᴇʔ 诸:呐nɐʔ 崇:呢ȵiŋ 太:呢ȵiŋ 余:呢ȵĩ 宁:呢ȵɪʔ 黄:呐nɐʔ 温:耐næi 衢:呢(ȵi) 华:呢ȵie 永:呢ȵie

呢(起头问)

宜:呐nəʔ 溧:呐nəʔ 金:哩lĩ 丹:呢ȵi$_z$ 童:呐nəʔ 靖:累le 江:慢mæ 常:呐nəʔ 锡:呐nəʔ 苏:呢nəʔ 熟:呐nᴇʔ 昆:呐nəʔ 霜:呐nəʔ 罗:呐nɐʔ 周:啊/呢ɑ/ȵi 上:呐nɐʔ 松:呐nəʔ 黎:呐nəʔ 盛:呐nəʔ 嘉:呐nəʔ 双:呐nəʔ 杭:呢ȵiĩ 绍:呐nᴇ 诸:呐nɐʔ 崇:呢ȵiŋ 太:呢ȵiŋ 余:呢nĩ 宁:呢ȵɪʔ 黄:呐le 温:耐næi 衢:呐nəʔ 华:呢nə 永:呢ȵie

呢(特指问)

宜:呐nəʔ 溧:呐nəʔ 金:咪lɛ^e 丹:喽lʌɤ 童:呐nəʔ 靖:呢ŋi$_j$ 江:慢mæ 常:呐nəʔ 锡:呐nəʔ 苏:呢nəʔ 熟:啊ɑ 昆:呐nəʔ 霜:呐nəʔ 罗:乃ne 周:捏/介niẽ/kɑ 上:呐nɐʔ 松:呐nəʔ 黎:合ɦəʔ 盛:嗨ɦɑ 嘉:啊ɑ 双:呐nəʔ 杭:呢ȵiĩ 绍:呐nᴇʔ 诸:呐nɐʔ 崇:呢ȵiŋ 太:呢ȵiŋ 余:戒tɕiᴀ 宁:呢ȵɪʔ 黄:呐le 温:耐næi 衢:呐nəʔ 华:呢nə/ȵie 永:呢ȵie

呢(起头问,重)

宜:晒/拉sᴀ/lᴀ 溧:辣lɑʔ 金:洒sɑ 丹:呢ȵi$_z$ 童:闸zᴀʔ 靖:累le 江:慢mæ 常:三sæ 锡:呐nəʔ 苏:呢/家文ȵi/tɕiɒ 熟:呐nᴇʔ 昆:呐nəʔ 霜:呐nəʔ 罗:呐/啊nɐʔ/ɑ 周:啊/拉ɑ/lɑ 上:呐nɐʔ 松:呀iɑ 黎:呢ȵi$_j$ 盛:嗨ɦɑ 嘉:啊ɑ 双:呀iɑ 杭:呢ȵiĩ 绍:呐nᴇ 诸:咪le 崇:呢ȵiŋ 太:呢ȵiŋ 余:戒tɕiᴀ 宁:拉la 黄:呐le 温:耐næi 衢:呐nəʔ 华:啦lɑ 永:葛啦kəlᴀ

啊(问事问,重)

宜:晒/拉sᴀ/lᴀ 溧:葛kəʔ 金:洒sɑ 丹:三/高葛sæ/kɒkɛʔ 童:闸zᴀʔ 靖:啊/搞噢ɑ/kɒɒ 江:拉lɑ 常:三/啊sæ/ɑ 锡:呐nəʔ 苏:家tɕiɒ 熟:阿…脚/家ᴀʔ…tɕiᴀʔ/tɕiɑ 昆:啊/呀/咾ɑ/iɑ/lɔ 霜:啊ɑ 罗:啊ɑ 周:啦lɑ 上:啊ᴀ 松:呀/啊iɑ/ɑ 黎:啊ɒ 盛:嗨ɦɑ 嘉:啊ɑ 双:呀/啊iɑ/ɑ 杭:啦lɑ 绍:觉kɔ 诸:咪ne 崇:嗨/啦ɦɑ/lɑ 太:嗨/来ɦɑ/le 余:啦lɑ 宁:拉la 黄:咸ɦɛ 温:啊ɑ 衢:怪kuɑ 华:啦/呢lɑ/ȵie 永:葛啦kəlᴀ

吗(是非问)

宜:法(舒)fᴀ 溧:啦/哇lᴀ/uɑ 金:啊ɑ 丹:罢/勿三bɑ/vɛʔsæ 童:闸/啊zᴀʔ/ɑ 靖:葛kəʔ 江:拉lɑ 常:哦vɑ 锡:阿…呐/阿…啥ᴀʔ…nəʔ/ɑʔ…sɑ 苏:阿…呢/阿…家ᴀʔ…ȵi/ᴀʔ…tɕiɒ 熟:阿…脚/家ᴀʔ…tɕiᴀʔ/tɕiɑ 昆:阿…呀ᴀʔ…iɑ 霜:阿…ᴀʔ… 罗:阿…啦ᴀʔ…lɑ 周:哦/勿啦vɑ/vəʔlɑ 上:哦vᴀ 松:哦vɑ 黎:阿…台ᴀʔ…dᴇ 盛:阿…嗨ɑʔ…ɦɑ 嘉:哦vɑ 双:哦/啦/勿vɑ/lɑ/vəʔ 杭:啦lɑ 绍:…勿…嗨/啦ɦa/la 诸:…勿…咸ɦɛ 崇:啦lɑ 太:…勿…啊ɑ 余:街kɑ 宁:勿/哦vœʏ/vɑ 黄:哦vᴀ 温:哦vɑ 衢:啦lɑ 华:啦lɑ 永:

勿啦/勿vəlA/və

吧(是非问)

宜:法(舒)/勿哂fA/fəʔsA　溧:哇uɑ　金:吧pɑ　丹:三/勿三/罢sæ/vɛʔsæ/bɑ　童:闸/啊zAʔ/ɑ　靖:葛kəʔ　江:拉lɑ　常:哦vɑ　锡:阿…呐/阿…啥Aʔ…nəʔ/Aʔ…sɑ　苏:阿…家Aʔ…tɕiɒ　熟:阿…脚/家Aʔ…tɕiAʔ/tɕiɑ　昆:哦vɑ　霜:阿…Aʔ…　罗:阿…Aʔ…lɑ　周:哦vɑ　上:哦vA　松:哦vɑ　黎:阿…台Aʔ…dE　盛:阿…噃ɑʔ…ɦɑ　嘉:哦vɑ　双:啦lɑ　杭:特啊diA　绍:…勿…噃/啦ɦa/la　诸:咸ɦɛ　崇:呵ɦɤ　太:汁各tɕɪʔkɔʔ　余:街lɑ　宁:哦va　黄:哦vA　温:哦vɑ　衢:啊ɑ　华:哇uɑ　永:哆tiA

呢(申明有)

宜:得河/则咧dəʔɦɤɯ/tsəʔlɪʔ　溧:欧ʌɯ　金:乃nɛᵉ　丹:多tᵊu　童:多tu　靖:该ke　江:拉/得来lɑ/tɜʔlæ　常:咾lɑɤ　锡:得/到təʔ/tʌ　苏:笃tɔʔ　熟:笃toʔ　昆:啊ɑ　霜:个gəʔ　罗:　周:啦lɑ　上:啦lA　松:惹zɑ　黎:啊/台ɒ/dE　盛:脱/勒化təʔ/ləʔho　嘉:哩li　双:咳ɦE　杭:雷leɪ　绍:套/大tʻɑɒ/do　诸:客kʻɐʔ　崇:留lY　太:介咪kale　余:洞/待来dʊŋ/tɐʔle　宁:雷lEI　黄:猛啊ma˜A　温:险ɕi　衢:咪ləɪ　华:葛啦/莽kəʔla/mAŋ　永:滑勒ɦuələ

呢(延长动)

宜:来lɐɪ　溧:呐nəʔ　金:哩nĩ　丹:多tᵊu　童:勒ləʔ　靖:累le　江:雷lEI　常:勒ləʔ　锡:勒ləʔ　苏:勒ləʔ　熟:勒lEʔ　昆:勒ləʔ　霜:勒ləʔ　罗:勒lɐʔ　周:哩li　上:勒/咪lɐʔ/lE　松:哩li　黎:哩li̯　盛:哩li̯　嘉:哩li　双:哩li　杭:雷leɪ　绍:咪le　诸:吉tɕiəʔ　崇:咪le　太:勒lɛʔ　余:咾咪lɒle　宁:雷lEI　黄:啊A　温:耐næi　衢:咪ləɪ　华:呢nə　永:哎əɪ

吗(反诘是非)

宜:得罢təʔbo　溧:丹tɑ　金:啊ɑ　丹:达/晏dɑ/æ　童:啊ɑ　靖:啊ɑ　江:豪ɦɒ　常:得啊təʔɑ　锡:啊ɑ　苏:啊ɒ　熟:啊ɑ　昆:啊ɑ　霜:啊ɑ　罗:啊ɑ　周:啊ɑ　上:啊A　松:啊ɑ　黎:啊ɒ　盛:啊ɑ　嘉:啊ɑ　双:啊ɑ　杭:啊ɑ　绍:啊a　诸:噃ɦA　崇:噃ɦɑ　太:么mɔʔ　余:啊A　宁:啊a　黄:啊A　温:啊ɑ　衢:啊ɑ　华:啊ʔɑ　永:啊A

啊(设问)

宜:啊A　溧:啊A　金:啊ɑ　丹:晏æ　童:啊ɑ　靖:啊ŋɑ　江:豪ɦɒ　常:啊ɑ　锡:啊ɑ　苏:啊ɒ　熟:啊/家ɑ/tɕiɑ　昆:啊ɑ　霜:啊ɑ　罗:啊ɑ　周:啊ɑ　上:啊A　松:啊ɑ　黎:啊ɒ　盛:啊ɑ　嘉:啊ɑ　双:啊ɑ　杭:啊ɑ　绍:啊a　诸:噃ɦA　崇:噃ɦɑ　太:啊ɑ　余:戒tɕiA　宁:啊a　黄:啊A　温:啊ɑ　衢:啊ɑ　华:啊ɑ　永:啊A

啊(称呼)

宜:啊A　溧:啊A　金:唉ɛᵉ　丹:晏/唉æ/Eᵉ　童:啊ɑ　靖:唉e　江:啊ɑ　常:啊ɑ　锡:啊ɑ　苏:啊ɒ　熟:啊ɑ　昆:啊ɑ　霜:啊ɑ　罗:啊ɑ　周:啊ɑ　上:啊A　松:啊ɑ　黎:啊ɒ　盛:啊ɑ　嘉:啊ɑ　双:啊ɑ　杭:唉eɪ　绍:喂ue　诸:咳ɦɛ　崇:噃ɦɑ　太:啊ɑ　余:唉e　宁:咳ɦE　黄:啊A　温:啊ɑ　衢:啊ɑ　华:啊ɑ　永:啊A

啊(感叹)

宜:啊A　溧:啊A　金:噢ɑʏ　丹:可ʌʏ　童:啊ɑ　靖:啊ɑ　江:啊ɑ　常:啊ɑ　锡:啊ɑ　苏:啊ɒ　熟:啊ɑ　昆:啊ɑ　霜:啊ɑ　罗:啊ɑ　周:啊ɑ　上:啊A　松:啊ɑ　黎:啊ɒ　盛:惑ɦuəʔ　嘉:啊ɑ　双:啊ɑ　杭:啊ɑ　绍:啊a　诸:噃/杏ɦA/ɦã　崇:噃ɦɑ　太:噃ɦɑ　余:啊A　宁:啊a　黄:啊A　温:啊ɑ　衢:啊ɑ　华:啰luo　永:啊A

啊(暂顿)

宜:啊A 溧:啊A 金:噢ɑʸ 丹:唉Eᵉ 童:啊ɑ 靖:唉e 江:啊ɑ 常:啊ɑ 锡:啊ɑ 苏:啊ɒ 熟:啊ɑ 昆:哀E 霜:啊ɑ 罗:啊ɑ 周:啊ɑ 上:啊A 松:啊ɑ 黎:啊ɒ 盛:嚡ɦɑ 嘉:啊ɑ 双:啊ɑ 杭:啊ɑ 绍:喂ue 诸:嚡ɦA 崇:咸ɦæ̃ 太:嚡ɦɑ 余:唉e 宁:嚡ɦa 黄:啊A 温:唉e 衢:啊ɑ 华:啊ɑ 永:啊A

啊(重假设顿)

宜:啊/溜A/liɤɯ 溧:末məʔ 金:啊ɑ 丹:呵ʌʏ 童:啊/唻ɑ/laɪ 靖:蛮mæ̃ 江:啊ɑ 常:啊ɑ 锡:啊ɑ 苏:啊ɒ 熟:啊ɑ 昆:啊ɑ 霜:啊ɑ 罗:啊ɑ 周:啊ɑ 上:啊A 松:末məʔ 黎:是zɿ 盛:是呐/呐zɿnəʔ/nəʔ 嘉:末məʔ 双:啊ɑ 杭:啊ɑ 绍:啊ɑ 诸:嚡ɦA 崇:末mEʔ 太:末mɛʔ 余:啊A 宁:嚡ɦa 黄:啊A 温:啊ɑ 衢:啊ɑ 华:啊ɑ 永:末mə

啊(警告)

宜:啊A 溧:喽lʌɯ 金:啊ɑ 丹:啊ɑ 童:啊ɑ 靖:癌ʔŋæ̃ 江:啊ɑ 常:啊ɑ 锡:啊/惑ɑ/ɦuə 苏:啊/号ɒ/ɦɒ 熟:啊ɑ 昆:啊ɑ 霜:啊ɑ 罗:啊ɑ 周:啊ɑ 上:啊A 松:造zɔ 黎:啊ɒ 盛:啊ɑ 嘉:啊ɑ 双:呀iɑ 杭:嚎/孩ɦɔ/ɦE 绍:啦la 诸:嚡ɦA 崇:嚡ɦɑ 太:汁各ɟiɛʔkɔʔ 余:啊A 宁:啊a 黄:个咸ge 温:啊ɑ 衢:啊ɑ 华:啊ɑ 永:啊A

啊(提醒)

宜:□nɤɯ 溧:末məʔ 金:啊ɑ 丹:啊ɑ 童:啊ɑ 靖:怪kuæ 江:啊ɑ 常:啊ɑ 锡:啊/惑ɑ/ɦuə 苏:啊ɒ 熟:呀iɑ 昆:个啊gəʔɑ 霜:啊ɑ 罗:啊ɑ 周:啊/啦ɑ/lɑ 上:啊A 松:呃ə 黎:啊ɒ 盛:哎ɦE 嘉:呃ɦəʔ 双:呀iɑ 杭:末mɐʔ 绍:啦la 诸:嚡ɦA 崇:个啦gEʔlɑ 太:汁ɟiɛʔ 余:啦lA 宁:何ɦo 黄:个咸ge 温:啊/唉ɑ/e 衢:啊ɑ 华:啊ɑ 永:啊A

啊(劝听)

宜:什səʔ 溧:噢ɑʸ 金:洒sɑ 丹:啊ɑ 童:啊ɑ 靖:噢ɒ 江:啊ɑ 常:啊ɑ 锡:啊ɑ 苏:啊/哉ɒ/tsE 熟:啊ɑ 昆:啊ɑ 霜:啊ɑ 罗:啊ɑ 周:啦介lakɑ 上:啊A 松:啊ɑ 黎:啊ɒ 盛:噢Aɑ 嘉:哩li 双:呀iɑ 杭:豪/孩ɦɔ/ɦE 绍:啦la 诸:嚡ɦA 崇:嚡ɦɑ 太:煞sɑʔ 余:哉/下tse/ɦo 宁:号ɦɔ 黄:啊A 温:唉e 衢:啊ɑ 华:啊ɑ 永:啊A

啊(试定、问意见)

宜:嚡ɦA 溧:嚡ɦA 金:啊ɑ 丹:啊ɑ 童:啊ɑ 靖:癌ʔŋæ̃ 江:嚡ɦɑ 常:哈hɑ 锡:嚡ɦɑ 苏:嚡ɦɒ 熟:嚡ɦɑ 昆:嚡ɦɑ 霜:嚡ɦɑ 罗:嚡ɦɑ 周:喔ʔʋɔ 上:嚡ɦA 松:是哦zɿvɑ 黎:行ɦã 盛:嚡ɦɑ 嘉:嚡ɦɑ 双:行ɦɔ̃ 杭:嚡ɦɑ 绍:噢ɦɔ 诸:吉tɕiəʔ 崇:号ɦaɒ 太:号ɦᵃɒ 余:下ɦo 宁:号ɦɔ 黄:嚡hɒ̃ 温:嚡ɦɑ 衢:嚡ɦɑ 华:啊/嚡ɑ/ɦɑ 永:饭vA

啊(提醒)

宜:惑ɦuəʔ 溧:末məʔ 金:喂uɛᵉ 丹:危(惑)vEᵉ 童:噢ɐʏ 靖:怪kuæ 江:啊ɑ 常:惑/嘛uəʔ/məʔ 锡:惑/呀ɦuə/iɑ 苏:呀iɒ 熟:呀iɑ 昆:呀iɑ 霜:呀iɑ 罗:啊ɑ 周:啦lɑ 上:啊A 松:呀iɑ 黎:呀iɒ 盛:呀iɒ 嘉:呀iɑ 双:呀iɑ 杭:的孩tiE 绍:啦la 诸:吉tɕiəʔ 崇:呀iɑ 太:呀iɑ 余:啦lA 宁:何ɦo 黄:个咸ge 温:呀iɑ 衢:啊ɑ 华:啊ɑ 永:啊A

唉(反对)

宜:惑ɦuəʔ 溧:哪nA 金:啊ɑ 丹:危vEᵉ 童:惑veɪ 靖:该kæ 江:喂uEɪ 常:惑/啊

uəʔ/ɑ 锡:惑/呀ɦuə/iɑ 苏:呀/啊iɒ/ɒ 熟:呀iɑ 昆:呀iɑ 霜:呀iɑ 罗:啊ɑ 周:拉介lɑkɑ 上:啊ᴀ 松:呃ə 黎:呀iɒ 盛:咳ɦᴇ 嘉:呀iɑ 双:呀iɑ 杭:的孩tiᴇ 绍:个啦goʔla 诸:吉tɕiəʔ 崇:害ɦe 太:隑ge 余:葛啦kɐʔlᴀ 宁:何ɦo 黄:个啊gɐʔᴀ 温:个唉gee 衢:咸ɦæ̃ 华:葛啊kəʔɑ 永:滑勒ɦuələ

么(你应知、特指)

宜:惑ɦuəʔ 溧:得təʔ 金:喂uɛ^{e} 丹:唉/危ᴇ^{e}/vᴇ^{e} 童:惑veɪ 靖:怪kuæ 江:啊ɑ 常:惑/啊uəʔ/ɑ 锡:惑uə 苏:呀/啊iɒ/ɒ 熟:呀iɑ 昆:个呀gəʔiɑ 霜:啊/呀ɑ/iɑ 罗:啊ɑ 周:拉介lɑkɑ 上:合呀ɦɐʔiᴀ 松:呃ə 黎:□ŋgᴇ 盛:咳ɦᴇ 嘉:呀iɑ 双:呀iɑ 杭:的孩tiᴇ 绍:啦la 诸:吉tɕiəʔ 崇:呀iɑ 太:个汁gɛʔɟiɛʔ 余:葛啦kɐʔlᴀ 宁:何ɦo 黄:个咸ge 温:个嗒/个末geno/gemo 衢:骨噢kuəʔ 华:葛啊kəʔɑ 永:滑勒ɦuələ

么(你应知、泛指)

宜:惑ɦuəʔ 溧:哇uᴀ 金:喂uɛ^{e} 丹:危vᴇ^{e} 童:惑veɪ 靖:怪kuæ 江:啊ɑ 常:惑uəʔ 锡:惑/骨uəʔ/kuəʔ 苏:啘uɒ 熟:啘uʏ 昆:贼啘zəʔuɵ 霜:末məʔ 罗:啊ɑ 周:吗介mɑkɑ 上:合呀ɦɐʔiᴀ 松:啊哉ɑtsᴇ 黎:惑ɦuəʔ 盛:惑ɦuəʔ 嘉:呀iɑ 双:呀iɑ 杭:的末/诺tiɪʔmɐʔ/no 绍:个goʔ 诸:滑/盒/呵ɦuɐʔ/ɦɐʔ/ɦɯ 崇:个害ge 太:怪kuɑ 余:葛啦kɐʔlᴀ 宁:何ɦo 黄:个咸ge 温:喏no 衢:个惑guə 华:个惑kuə 永:惑ɦuə

咯(公认)

宜:咧惑lɪʔɦuəʔ 溧:哩哇liuᴀ 金:唻lɛ^{e} 丹:喽lʌʏ 童:勒leʔ 靖:勒怪ləʔkuæ 江:联lɪ 常:惑/哩惑uəʔ/liuəʔ 锡:联lɪ 苏:哉啘tsᴇuɒ 熟:啘uʏ 昆:贼啘zəʔuɵ 霜:勒/则ləʔ/tsɿ 罗:则tseɪ 周:嚡什ɦɑzəʔ 上:勒lɐʔ 松:啊哩ɑli 黎:台dᴇ 盛:台dᴇ 嘉:呃ɦəʔ 双:咳ɦᴇ 杭:特雷dɐʔleɪ 绍:个goʔ 诸:盒/呵ɦɐʔ/ɦɐʔ/ɦɯ 崇:个害ge 太:古隑gugᴇ 余:哉tse 宁:来入leʔ 黄:号ɦɒ 温:合ɦɵ 衢:骨惑kuə 华:葛惑kuə 永:惑ɦuə

么(你应知,泛指)

宜:惑ɦuəʔ 溧:哇uᴀ 金:末məʔ 丹:喽/吧lʌʏ/bɑ 童:勒leʔ 靖:蛮mæ̃ 江:末mɜʔ 常:咧惑/惑liɪʔuəʔ/uəʔ 锡:末məʔ 苏:末məʔ 熟:啘uʏ 昆:末məʔ 霜:末məʔ 罗:呃ɦeɪ 周:末介məʔkɑ 上:末mɐʔ 松:啊哉ɑtsᴇ 黎:台/惑dᴇ/ɦuəʔ 盛:咳ɦᴇ 嘉:呃ɦəʔ 双:末məʔ 杭:末mɐʔ 绍:哉个zẽgoʔ 诸:吉tɕiəʔ 崇:个害ge 太:个末gəʔmɛʔ 余:嘛mᴀ 宁:何/末ɦoʔ/mɐʔ 黄:个咸ge 温:喏/末no/mo 衢:惑ɦuə 华:葛惑/惑kuə/uə 永:咧末liᴀmə

么(暂顿)

宜:末məʔ 溧:末məʔ 金:末məʔ 丹:伯bə 童:壁piɪʔ 靖:末məʔ 江:末mɜʔ 常:末məʔ 锡:末məʔ 苏:末məʔ 熟:末mᴇʔ 昆:末məʔ 霜:末məʔ 罗:末meɪ 周:末məʔ 上:末mɐʔ 松:曼mᴇ 黎:末məʔ 盛:末məʔ 嘉:末məʔ 双:末məʔ 杭:末mɐʔ 绍:末me 诸:末mɐʔ 崇:末mᴇʔ 太:末mɛʔ 余:末mɐʔ 宁:末mɐʔ 黄:勿vɐʔ 温:耐nai 衢:末məʔ 华:末/不məʔ/pəʔ 永:末mə

么(假设,暂顿)

宜:末məʔ 溧:末məʔ 金:乃nɛ^{e} 丹:伯bə 童:末məʔ 靖:末məʔ 江:末mɜʔ 常:末məʔ 锡:末məʔ 苏:末məʔ 熟:末mᴇʔ 昆:末məʔ 霜:末məʔ 罗:末meɪ 周:末məʔ 上:末mɐʔ 松:曼mᴇ 黎:末məʔ 盛:末məʔ 嘉:末məʔ 双:末məʔ 杭:末mɐʔ 绍:哉

末zẽməʔ 诸:末mɐʔ 崇:末mEʔ 太:末mɛʔ 余:末mɐʔ 宁:末mɐʔ 黄:勿vɐʔ 温:末mo 衢:末məʔ 华:末məʔ 永:末mə

罢(劝令)

宜:罢bA 溧:洒sA 金:洒sɑ 丹:罢bo 童:嗽/罢ei/bo 靖:勒喂ləʔue 江:落喂/里喂loʔuEI/li$_j$uEI 常:吧bɑ 锡:罢bɑ 苏:罢bɒ 熟:罢bɑ 昆:罢bɑ 霜:末则məʔtsəʔ 罗:啊ɑ 周:末勒məʔləʔ 上:呀iA 松:哦vɑ 黎:奈nE 盛:惑ɦuəʔ 嘉:哦vɑ 双:呀iɑ 杭:末mɐʔ 绍:脚dʑiaʔ 诸:将dʑiã 崇:呀iɑ 太:汁各ɟiɛʔkɔʔ 余:嘛/哦mA/vA 宁:哦va 黄:咸ɦɛ 温:唉e 衢:啊ɑ 华:惑ɦuəʔ 永:啊/哇A/uA

罢(试定)

宜:罢bo 溧:罢bA 金:吧pɑ 丹:罢bo 童:罢bo 靖:够kᵒY 江:罢bɑ 常:吧bɑ 锡:罢bɑ 苏:罢bɒ 熟:罢bɑ 昆:哦vɑ 霜:哦vɑ 罗:则tsɐʔ 周:哦vɑ 上:哦vA 松:哦vɑ 黎:奈nE 盛:惑ɦuəʔ 嘉:哦vɑ 双:呀iɑ 杭:地di 绍:个goʔ 诸:及dʑiəʔ 崇:个害ge 太:个噢gɛʔɑɒ 余:哦vA 宁:哦va 黄:荷ɦo 温:唉e 衢:号ɦɔ 华:惑ɦuəʔ 永:喔/哇o/uA

罢(假设逗,指行为)

宜:罢bA 溧:末məʔ 金:吧pɑ 丹:罢bo 童:罢bo 靖:蛮mæ̃ 江:罢bɑ 常:吧bɑ 锡:罢bɑ 苏:罢bɒ 熟:末mEʔ 昆:末məʔ 霜:哦vɑ 罗:末mɐɪ 周:哦vɑ 上:哦vA 松:曼mE 黎:罢bɒ 盛:末məʔ 嘉:末məʔ 双:嚎ɦɔ 杭:末mɐʔ 绍:末me 诸:末mɐʔ 崇:末mEʔ 太:末mɛʔ 余:末mɐʔ 宁:末mɐʔ 黄:勿vɐʔ 温:末me 衢:罢bə 华:罢bə 永:末mə

啊(命令,微重)

宜:色səʔ 溧:洒sA 金:洒sɑ 丹:呵ʌɤ 童:呵ɒ 靖:候ɦᵒY 江:勒惑ləʔɦuɜʔ 常:三sæ 锡:啥sɑ 苏:娘ȵiã 熟:呐nEʔ 昆:娘/呐ȵiã/məʔ 霜:啊/呀ɑ/iɑ 罗:啊ɑ 周:呀介iɑkɑ 上:呀iA 松:介/呀介kɑ/iɑkɑ 黎:呐nəʔ 盛:呐nəʔ 嘉:介/啊介kɑ/ɑkɑ 双:呀iɑ 杭:孩ɦE 绍:脚dʑiaʔ 诸:将tɕiã 崇:个害ge 太:汁各ɟiɛʔkɔʔ 余:嘛/煞mA/sɐʔ 宁:呐nɐʔ 黄:咸ɦɛ 温:唉e 衢:哇uɑ 华:惑ɦuə 永:嘎kA

呢(感叹,带赞叹)

宜:咾呐lɑɤnəʔ 溧:得təʔ 金:喂uɛᵉ 丹:娘ȵie 童:哞mʌɤ 靖:葛噢kuɒ 江:啊ɑ 常:三sæ 锡:喏nɔʔ 苏:娘ȵiã 熟:呐nEʔ 昆:呀iɑ 霜:啊ɑ 罗:个末gɐʔmɐʔ 周:合拉介ɦɔʔlɑkɑ 上:合呀ɦɐʔiA 松:呃ɦə 黎:呐nəʔ 盛:哎ɦE 嘉:末məʔ 双:呀iɑ 杭:的呢niɪ 绍:呐nE 诸:台dE 崇:个害ge 太:猛个mAŋgɛʔ 余:噻ɦA 宁:何ɦo 黄:个啊gɐʔA 温:个ge 衢:唻ləɪ 华:葛呢kəʔnə 永:滑ɦuə

呢(还没有)

宜:才zeɪ 溧:唻/呐læE/nəʔ 金:呢nĩ 丹:多tᵊu 童:勒/唻ləʔ/lei 靖:累le 江:勒lɜʔ 常:得惑təʔɦuəʔ 锡:唻lE 苏:勒ləʔ 熟:勒lEʔ 昆:勒ləʔ 霜:勒/呐ləʔ/nəʔ 罗:勒lɐʔ 周:哩呀介liiɑkɑ 上:唻/勒lE/lɐʔ 松:哉tsE 黎:勒ləʔ 盛:哩li$_j$ 嘉:哩li 双:哩li 杭:雷leɪ 绍:唻le 诸:吉tɕiəʔ 崇:古唻gule 太:古唻gule 余:唻le 宁:来le 黄:啊A 温:捺/唉nɑ/e 衢:唻ləɪ 华:呢ȵie 永:哎əɪ

罢了，就是了（限制）

宜：咧惑/就是咧lɪʔɦuəʔ/ʑiʏɯzʅlɪʔ　溧：威uæᴇ　金：勿uəʔ　丹：罢喽/就是喽bolʌʏ/ɕʑsʅlʌʏ　童：罢勒/就是勒　靖：够kᵊʏ　江：罢联/就是联bɑlɪ/ziɜʏzʅlɪ　常：哩惑/就是哩lij ɦuəʔ/ʑiɯzʅlij　锡：联惑lɪɦuəʔ　苏：罢哉bɒtsᴇ　熟：罢哉bɑtsæ　昆：罢勒/贼bɑləʔ/zəʔ　霜：罢勒bɑləʔ　罗：罢勒bɑlɐʔ　周：末勒məʔləʔ　上：罢勒bᴀlɐʔ　松：罢哉bɑtsᴇ　黎：罢台bɒdᴇ　盛：台dᴇ　嘉：呀iɑ　双：罢台bɑdᴇ　杭：就是勒dʑʏzʅlɐʔ　绍：个啦goʔla　诸：算嘞sʏɦa　崇：个也gᴇʔie　太：就是啊ʑʏzʅɑ　余：个啦gɐʔlᴀ　宁：算来søle　黄：是号zʅɦɒ　温：捺nɑ　衢：哇uɑ　华：惑ɦuəʔ　永：勒lə

得了（任听）

宜：好咧haʏlɪʔ　溧：咧威lɪʔuæᴇ　金：勒喂ləʔuɛᵉ　丹：罢bo　童：罢bo　靖：勒为ləʔue　江：末糟mɜʔtsɒ　常：咧惑liɪʔɦuəʔ　锡：联惑lɪɦuə　苏：末哉məʔtsᴇ　熟：末哉/好哉mᴇʔtsæ/hɔtsæ　昆：好勒hɔləʔ　霜：末则məʔtsəʔ　罗：末则mɐʔtsɐɪ　周：末勒məʔləʔ　上：好味hɔlᴇ　松：末哩məʔli　黎：末哉məʔtsᴇ　盛：好台hᴀɑdᴇ　嘉：好哩hɔli　双：好台hɔdᴇ　杭：好得雷hɔtɐʔleɪ　绍：害哉/沟哉ɦezẽ/kʏzẽ　诸：好吉hɔtɕiəʔ　崇：好啊hɑɒɑ　太：好啊hᵅɒɑ　余：嘞哉ɦᴀtsᴇ　宁：算雷/好来sølᴇɪ/hɔle　黄：是号vɐʔzʅɦɒ　温：呢/是呢zʅ/zʅn̩i　衢：是勒哇zʅləʔuatəʔ　华：得勒ləʔ　永：嗲/得哇tiᴀ/təɪuᴀ

罢了（催劝）

宜：咧惑lɪʔɦuəʔ　溧：咧lɪʔ　金：勒喂ləʔuɛᵉ　丹：罢/喽危bo/lʌʏvᴇᵉ　童：勒惑ləʔuəʔ　靖：勒会ləʔɦue　江：糟惑tsɒɦuɜʔ　常：咧惑liɪʔɦuəʔ　锡：联惑lɪɦuə　苏：哉惋tsᴇuæ　熟：哉惋tsᴇuʏ　昆：好哉hɔtsæ　霜：好勒/哇hɔləʔ/vɑ　罗：哦vᴀ　周：末好什məʔhɔzəʔ　上：好味lɔlᴇ　松：啊哩ɑli　黎：勒惑ləʔɦuəʔ　盛：台惑dᴇɦuəʔ　嘉：好哩hɔli　双：好台hɔdᴇ　杭：好得雷hɔtɐʔleɪ　绍：害哉/沟哉ɦezẽ/kʏzẽ　诸：好呵hɔɦɰ　崇：好啊hɑɒɑ　太：好啊hᵅɒɑ　余：好哉hɒtsᴇ　宁：算来/好来sølᴇ/hɔle　黄：勿是号vɐʔzʅɦo　温：呢/是呢n̩i/zʅni　衢：是勒哇zʅləʔuɑ　华：得勒təʔləʔ　永：嗲/得哇tiᴀ/təɪuᴀ

关于语助词

吴语33个地点常用词中的“语助词”部分，是按照赵元任先生《现代吴语的研究》（赵，1928）里“第六章语助词”第118—121页所列的语助词表所排列的“语助词”来调查的，记载相隔60年后各地的语助词情况。

语助词，大致相应于英语的particle，包括现今称呼的语气助词、时体助词及部分副词、介词、连词等，应该说用“语助词”这个概念来概括解释吴语这类词十分合适。

这里公布的吴语33处的语助词排列次序，按赵元任书中（赵，1928）的顺序，以北京话的语助词为纲，调查相隔60年后的情况。这些语助词与60年前相比较有一定的变化，调查的难度较高，调查时反复说明概念，比较语义，先记录清楚，再录音，大都应以记录为准。

表格中排列的吴语语助词，共57个，是按照北京话的语助词读法依次排列的，每一横行第一个字是语助词的北京话形式，接着括号中的字，是分类纲要，用赵元任先生的原文。这些词的用字，都对准各地读音标音，尽量区别得精准些。如语义为“个”的读音因各地音质不同即按读音中声母清浊等不同分别记作“个gəʔ/葛kəʔ/合ɦəʔ/呃ɦə”等。下面再以当代语法学界通用的语法术语,对各调查项作一简要说明。有的地方参考了赵元任(赵,1926)《北京、苏州、常州语助词的研究》一文。

赵元任(赵,1928)书上在记录以下57个语助词时,对各词都举了苏州方言的句子为例,我们可以参见本书1409页—1410页上“十、苏州”一栏所记57个例句,这些例句与赵书对各句所举的苏州话例句基本相同。

1. 的(领格,前置) 前带领属性的定语的介词(又称结构助词)。

2. 的(后置) 用在描写、修饰性的定语后,形成在句尾的“的”字结构。

3. 的(过去) 在句尾表示过去的时助词。

4. 的(事类) 表示“确实、肯定”语义的语气助词。

5. 的(副) 前带状语的介词。

6. 的(连) 用在两个数量词组中表示连词“和”、“加上”语义,常有一边想一边说的口气。

7. 得(动结果) 后带性质补语的介词。

8. 得(可能) 后带可能补语的介词。

9. 得(动结果,量) 后带情态补语的介词。

10. 好……(赞叹) 直接表示补语程度。

11. 了(起事) 表示现在时的时助词,“到上海了”,即“We are now at Shanghai.”。

12. 了(设想结果) “设想”即“只要……就……”“要是……就……”的假设句,这里是指假设后句在句尾表示结果的助词。

13. 了(叙事过去) 在叙述一件过去发生的事件时表示该时。

14. 了(完事) 表示现在完成。上海话早些时候是这样说:“饭开好拉哉”,“天晴拉勒”,后与普通话一样,“了$_1$”和“了$_2$”合为一个“了”。而原北京话“了$_1$”读音为“lou”“了$_2$”为“le”,同在句末出现读“V 喽了”,相当上海话“V 拉哉”。

15. 了(时间附逗) 在时间从句中的动词后用,后面常有“……以后”义。

16. 了(假设附逗) 在假设从句的动词后用表示完成。

17. 了(设想正句) 用于祈使句,表示提醒或劝告。

18. 了(命令) 用于祈使句,表示命令或警告。

19. 着(分词) 吴语中没有和北京话“着”语法功能都对应的词。北京话“我吃着饭呢”,用苏州话、上海话说则要用“我勒海吃饭哉”这样的“现在进行时体”句子相对应。北京话“坐着比站着舒服”这个比较句,两个动词“坐”和“站”都是在动作完成后其状态可延续的动词,吴语中通常可用动作后的状态存续“V 在那儿(坐辣海)”来说,如“坐辣海比立辣海适意,也可用“仔”来说:坐仔比立仔适意,“仔tsɿ”的声母可浊化写作“是zɿ”。

20. 着(方法分词) 前动宾词组表达后动词的方式,可看作动词词组的伴随状态,可以看作前动词完成了而用“V 仔”,“仔”如“了”表示完成了;如强调伴随着后动作,可用“V 在那儿”即用“来”字结构如“骑辣马浪寻马”。

21. 呢(假设附逗) 假设复句中,前分句后带“呢”,有点设问味。如后用“末”,就无问的意味了。

22. 呢(特指问) 一件事中有一项目不知,用疑问代词代表发问,即称“特指问句”。这里是一句省略了后半句的动词和疑问代词的特指问句。

23. 呢(起头问)　这是用特指问的反问句,“何”即“为什么”。

24. 呢(特指问)　这是一种正反问选择问句,省了“来了呢还是没有来”。

25. 呢(起头问,重)　这是语气较重的特指问句。

26. 啊(问事问,重)　问“谁、什么、哪儿”都是特指问句,这儿问得口气重些。

27. 吗(是非问)　“V 吗”、“V 不 V”、“阿 V”都是 yes-no question 是非问句,看上去“V 吗”、“阿 V”口气偏重在肯定而问,“V 不 V”发问中性,其实在使用中是一样的中性化,而且一地往往只用其中一种形式提问,大城市可能兼用两式三式。

28. 吧(是非问)　“吧”是“不+啊”的合音,上海话“勿+啊”合为“哦vA”,“侬去吧”,“吧”的口音较高,语气带商量味,吴语常把“吧”对应于“啊”或“勿+啊”,比“V 吗”语意轻。

29. 呢(申明有)　这里的语气是:“你不要以为没那么多;其实有那么多呢!”“你不要以为没这事,其实这事来得你意外呢!”

30. 呢(延长动)　“还”,强调动作的时间延长,否定时用,“还”表示到现在时间现象继续存在或动作还在继续。

31. 吗(反诘是非)　用于表示反诘的是非问句。北京话都有“吗”;吴语往往不用“哦”,而用“啊”。

32. 啊(设问)　口气是假定对方已经是那么说了,如“勿肯”,我再复他一遍:“你勿肯啊?”或是问:“我听对了你的话没有?”

33. 啊(称呼)　叫唤某人时称呼后的语气助词。

34. 啊(感叹)　句子后表示感叹的语气助词。

35. 啊(暂顿)　说话者说话时自己要换气,或要想一想,暂停会引起对方注意慢慢地听。

36. 啊(重假设顿)　假说复句,如说得重一点,停顿时带的语助词。

37. 啊(警告)　表示警告的语气。

38. 啊(提醒)　表示提醒的语气。

39. 啊(劝听)　表示劝听的语气。

40. 啊(试定、问意见)　下降声调到最低表示isn't it的反意疑问句中的反意疑问。又因是向上升的语调,故成了浊音开头的“嚡ɦɑ”。

41. 啊(提醒)　这是在叙事中解释情节时常用的,“啊(个呀)”比警告的语气要轻得多。

42. 唉(反对)　语气比警告还重,表示直接反对、否定。

43. 么(你应知、特指)　特指该件事你本来应该知道怎么做。

44. 么(你应知、泛指)　本应如此,口气较重,有点提问味,泛指整句事情你应知道、记得、懂得,但我怕你实际不。

45. 咯(公认)　口气是当然,不用说,公认的。

46. 么(你应知、泛指)　注重句中的一部分,用“么(末)”的口气,一般表示更肯定。

47. 么(暂顿)　“么”在此是提顿助词,提起对方注意、说话语气略缓,先听提醒说的话题,后面再慢慢想再慢慢说出来。

48. 么(假设暂顿)　“么(末)”是假设复句的前假设分句的停顿语气。有时没有表示假设的关联词语开头,“么(末)”就起假设作用,如“浓末搨勿开,淡末要化开来”。“哪天我不来末,就是我生病了。”省了“要是”、“如果”等关联词。

49. 罢(劝令)　祈使句中用,是劝听和命令的口气,如“走罢(吧)!”“吃罢(吧)!”。如

“罢”字呈拖长“低—微升—再低”的声调:“你这样去做吧”,带规劝的口气就重些。

50. 罢(试定) 如英语的反意疑问句,便有这种语气。如:“大概是初三来的罢。It was on the thind, wasn't is?”“那不能罢? That can't be, can't?”

51. 罢(假设逗,指行为)带假设的提顿,指的是行为本身的试定假设义,但不是作正式的假设,所以比“试定”的口气虚一点。逗:前分句。

52. 啊(命令、微重) 命令较重,用于祈使句,口气认真、直接些。“走罢”是“可以走了”,“走啊”是“你为什么不走”。

53. 呢(感叹、带赞叹) 直接指出感叹或赞叹,“呢+啊”苏州话用“啮”表示,往往带有鼻音为“娘”。

54. 呢(还没有) 完成体的否定形式,说事件还未完成,提醒现时下还要继续。

55. 罢了,就是了(限制) 表达仅此而已的语气。

56. 得了(任听) 表示任凭、听凭,即让它去这样吧的意思,表达句末的肯定。

57. 罢了(催劝) 表示催促、劝听的语气,用于祈使句。

下面依次排列各地语助词的例句。句中的有些值得关注的字在字后括号里注了音。有的词因区别清浊(如葛、个)、韵母读音差异(如呢、呐)而用了不同的字表示。

一、宜兴

1. 我葛书。 2. 要一朵红咾。 3. 我昨天去看戏葛。 4. 是葛,我也要去葛。 5. 好好点走。 6. 三尺葛六尺末,九尺。 7. 他走则慢。 8. 吃则下。 9. 吃力到则眼睛都张勿开咧。 10. 葛葛水清到则! 11. 勿好咾咧,要死咧。 12. 再勿去就要晏咧! 13. 后来我就去睏觉咧。 14. 饭开好咾咧。 15. 吃则饭再去。 16. 我死则/勒你那娘! 17. 晏点弄坏则后! 18. 走好则! 19. 坐则比隑(gai)则适意。 20. 骑则马寻马。 21. 万一勿成功呐,葛末只好算咧。 22. 他会唱,你呐? 23. 葛末何必再去呢? 24. 陈先生呐? 陈先生来咧/溜。 25. 葛末你为点去晒/拉? 26. 哪家拉? 做点拉? /哪家晒? 做点晒? 27. 你去法(舒声)? 28. 你去法? /你去勿晒? 29. 阔得河! /阔到则! /阔得样咾! 30. 还文完来。 31. 你想骗我得罢? 32. 你勿肯啊? 33. 阿三啊。 34. 你葛娘葛人啊! 35. 阿三啊,我告诉你啊。 36. 其gei嫁拨则你啊,葛葛是“好咾”溜! 37. 我并文答应啊! 38. 本生应该是他葛nʌɯ! 39. 勿要哭什(səʔ),乖点,什! 40. 葛葛倒吼点,嚯? 你想哪娘? 41. 本来就是他葛惑。 42. 勿是,勿是,勿是葛惑! 43. 葛葛要拿滚水冲得惑。 44. 我晓则勿对惑。 45. 总算勿差咧惑。 46. 我晓得勿对末/惑。 47. 先末吃饭,吃完则末揩面。 48. ke其落雨末,我就勿去咧。 49. 来罢,吃点罢。 50. 勿见得罢。 51. 勿对他讲罢,也勿大好。 52. 来色! 勿要怕色! 53. 葛倒危险咾呐! 54. 还文完咪/才。 55. 勿过讲讲咧惑/勿过讲讲就是力。 56. 他去末好力。 57. 答应则他咧惑。

二、溧阳

1. 我葛书。 2. 要一朵红咾。 3. 我昨日(szɔʔn̩iɑʸ)去(k'æᴇ)看戏葛。 4. 是葛,我也要去得。 5. 好好叫走。 6. 三尺葛六尺末,九尺哇。 7. 他走则慢。 8. 吃则下。 9. 累到则眼睛也弹勿开则。 10. 葛葛水清到则。 11. 勿好咧/溜,要死咧/溜。 12. 再勿去就晏则溜/咧。 13. 后来我就去睏觉溜/咧。 14. 饭开好则。饭烧好则溜/列。

15. 吃则饭再去。 16. 我死则你拉点咾！ 17. 晏点要弄坏则哩。 18. 走好则哩。 19. 坐则比立则好过。 20. 骑则马寻马。 21. 万一勿成功呐，葛末只好算则。 22. 他会唱，你呐？ 23. 介咾何必再去呐？ 24. 陈先生呐？陈先生来哩。 25. 葛末你为点葛要去辣？ 26. 点葛人？做点葛？ 27. 你去勿去啦？你阿去哇？ 28. 你去勿去啦？你阿去哇？ 29. 介老，要赔多少铜钱欧！ 30. 阿没妥呐！ 31. 你阿想骑我丹(tɑ)？ 32. 你勿肯啊？ 33. 阿三啊！ 34. 你葛葛个啊！ 35. 阿三啊，我告诉你so/ɕio！ 36. 要是他嫁则拨你末，葛葛也蛮好葛。 37. 我又呒没答应过喽。 38. 本生应该是介咾末。 39. 覅要哭噢，乖点噢！ 40. 葛葛到没点葛，嚯？你想拉点咾？ 41. 本生是介咾末。 42. 勿是，勿是，勿是葛哪！ 43. 葛葛要拿滚水冲得呀。 44. 我晓则勿对哇。 45. 总算勿差里/里哇。 46. 我晓得勿对哇。 47. 先末吃饭，吃过则末洗面。 48. 要是落雨末，我就勿去哩。 49. 来洒(sɑ)，吃点洒！ 50. 勿见则罢。 51. 勿对他讲末，也勿点葛好。 52. 来洒！勿要怕洒！ 53. 介咾倒危险哩！ 54. 阿末妥来/呐。 55. 不过讲讲威。 56. 伯他去列威。 57. 答应则他咧。

三、金坛西岗

1. 我(ŋ̍)的书。 2. 要一朵红的。 3. 我长阿子去看过戏勒。 4. 是的，我也要去的。 5. 好好点走。 6. 7. 他走得慢。 8. 吃得下。 9. 瘆得眼睛都睁不开勒。 10. 这个水清得蛮！ 11. 不好啰！要死啰！ 12. 再不去就晏啰！ 13. 后来我就去睏觉来！ 14. 开饭啦！ 15. 吃介(kɑ)饭再去。 16. 我(ŋ̍)死介你怎介弄！ 17. 火(ho)的(ti)弄坏啊！ 18. 走葛啊好啊！ 19. 坐啊比站啊写意。 20. 骑啊马找马。 21. 万一不成功乃($nɛ^e$)，那只好算勒。 22. 他会唱，你会什哩(nĩ)？ 23. 那还要去做什哩？ 24. 陈先生乃？陈先生来啊唻。 25. 那末你做什哩要去洒(sɑ)？ 26. 那个洒？做什哩洒？ 27. 你葛去啊？ 28. 你去吧？ 29. 这个样再，阔得很乃！ 30. 还没有了哩($nɑ^{ɣ}$nĩ)。 31. 你想骗哦啊？ 32. 你不肯啊？ 33. 阿三唉！ 34. 你这个人噢(ɑɣ)！ 35. 阿三唉，我告诉你噢！ 36. 要是他嫁叭你啊，那是"好得凶"哩！ 37. 我不曾答应啊！ 38. 原来应该是他的啊！ 39. 勿要哭洒，乖点洒(sɑ)！ 40. 这个倒不得什哩，啊！你想做什哩？ 41. 本来是他的喂($uɛ^e$)。 42. 不是，不是，不是的啊！ 43. 这个要拿滚水冲的喂！ 44. 我晓得不对的喂。 45. 总算不差的唻！ 46. 我晓得不对末。 47. 先末吃饭，吃过饭末洗脸。 48. 要是下雨乃，我就不去勒。 49. 来洒，吃点个。 50. 不见得吧。 51. 不对他说吧，又不大好。 52. 来洒！不要怕洒/喂！ 53. 这个倒蛮危险的喂！ 54. 还没有了($nɑ^{ɣ}$)呢(nĩ)！ 55. 不过说说的勿(uəʔ)。 56. 让他去勒喂。 57. 答应他勒喂。

四、丹阳

1. 我葛书。 2. 要一朵红个(gɛʔ)。 3. 我昨n̩去看戏葛(kɛʔ)/喽($lᴇ^e$)。 4. 是葛，我也要去葛。 5. 好好地(ti_z)走。好好则走。 6. 7. 他走则慢。 8. 吃则下(ho)。 9. 要困则眼睛都瞪勿开拉喽。 10. 葛葛，水清得喽。 11. 勿好喽，要死喽。 12. 再勿去就慢喽！ 13. 后来我就睏去喽。 14. 饭好喽。 15. 吃则饭再去。 16. 我死则n̩能葛办？ 17. 等则弄坏则呢！ 18. 走好则啊！ 19. 坐则比站则写意。 20. 骑则马找马。 21. 万一勿成功呐(nɛʔ)，要末就只好算喽。 22. 他会喝多，n̩呢(nɛʔ)？ 23. 何必再去呢？ 24. 陈先生呢？陈先生来喽。 25. 要末你为底高去呢？ 26. 落葛三？/底高人三？做底高葛? 27. 你(ṇ)去罢? ṇ去勿三? 28. ṇ是勿是去三? /ṇ去勿三? /ṇ去吧? 29. 钞票姜葛多。 30. 还勿劲完多。 31. ṇ想骗我达(dɑ)? /ṇ想骗我晏? 32. 你勿肯晏? 33. 阿三晏! /阿三唉(ᴇᵉ)! 34. 你葛葛人呵(ʌɤ)! 35. 啊三唉,我告诉ṇ唉。 36. 要是把他嫁给ṇ呵(ʌɤ),个是"太好"喽! 37. 我并勿劲答应啊! 38. 本来应该是他葛啊! 39. 勿要哭啊,乖点啊! 40. 葛葛倒没得低高,啊? ṇ想能葛答? 41. 本来是他葛危(vᴇᵉ)。 42. 勿是,勿是,勿是葛危! 43. 葛葛是要拿滚水冲葛唉/危。 44. 我晓得勿对危。 45. 总算勿差喽。 46. 我晓得勿对喽。/我晓得勿对罢(bɑ)。 47. 先伯(bɔ)吃饭,吃光则末洗面。 48. 要是落雨末/伯,我就勿去喽。 49. 来罢(bo),吃点罢。 50. 勿见得罢。 51. 勿对他说罢,也勿大好。 52. 来呵(ʌɤ),勿要怕呵! 53. 葛倒危险葛娘。 54. 还勿劲完多。 55. 勿过说说罢喽/就是喽。 56. 让他去罢。 57. 答应他罢。/答应他喽危(vᴇᵉ)。

五、丹阳童家桥

1. 我葛书。 2. 要一朵红葛。 3. 我昨日(szoŋŋoʔ)去看戏葛。 4. 是葛,我也(ŋɑ)要去葛。 5. 好好叫走。/好好点走。 6. 三尺葛六尺末,九尺惑。 7. 他走得慢。 8. 吃得下。 9. 困得眼睛都张不开来勒。 10. 葛葛水真清啊! 11. 不好勒,要死勒! 12. 再不去就晏勒! 13. 后来我就去睏勒。 14. 饭开好勒。饭开好勒惑。(答话) 15. 吃扎饭再去。 16. 我死扎内落种办勒! /我死勒内落种办勒! 17. 等等弄坏扎! /等歇弄坏哩! 18. 走好扎啊! /走好哩啊! 19. 坐里比站里写意。/坐扎比站扎写意。 20. 骑里马寻马。/骑扎马寻马。 21. 万一不成功呐。葛末只好算勒惑。 22. 他会唱,内呐(nəʔ)? 23. 葛末何必再去呐? 24. 陈先生呐! 陈先生来勒惑。 25. 葛末你为哆家去闸? 26. 落一葛闸? 做哆闸? 27. 内克去闸? /内个去啊? 28. 内克去不去闸? /内个去啊? /内去不去啊? 29. 钞票详个多。 30. 还勿曾完勒。 31. 内想骗我啊(ɑ)? 32. 内勿肯啊? 33. 阿三啊! 34. 内葛葛人啊! 35. 阿三,我告诉内啊。 36. 要是他嫁拨内啊,葛是"也好"唻。 37. 我并勿曾答应啊。 38. 本来应该是他葛啊。 39. 勿要哭啊,乖点啊! 40. 葛葛倒没得哆葛,啊? 内想怎啊? 41. 本来是他葛啊。 42. 不是,不是,不是葛惑(ve)! 43. 葛葛要拿热水冲葛惑(ve)! 44. 我晓得不对惑(we)! 45. 总算不差勒。 46. 我晓得不对勒(leʔ)。 47. 先壁吃饭,吃完勒末揩面。 48. 要是下雨末,我就不去(k'iⱼ)勒。 49. 来啵,吃点罢(bo)。 50. 不见得罢。 51. 不对他说罢,也不大(diɑ)好。 52. 来呵(ʌɤ),不要怕呵。 53. 葛葛倒危险葛哞(mʌɤ)。 54. 勿曾完勒(唻)。 55. 不过说说罢勒。/不过说说就是勒。 56. 让他去罢。 57. 答应他勒惑。

六、靖江

1. 我个(gəʔ)书。/我葛(kəʔ)书。 2. 要一朵红葛/个。 3. 我昨日去看戏葛委/怪。 4. 只得,我也要去葛/个。 5. 好好点走。 6. 三尺葛六尺末,九尺该/kĩ/哀。 7. 他走勒慢。 8. 吃得下。 9. 吃力勒眼睛也张不开勒够。 10. 志葛水竟清癌(gæ)。 11. 不好勒够,要死溜! 12. 再不去就要晏溜! 13. 回头我就去睏勒够。 14. 饭烧开勒够。 15. 吃勒饭再去。 16. 我死勒你剪吊弄癌! 17. 弄不好要坏骨噢(kuɒ)! 18. 好好点走! 走好勒告! 19. 坐勒刚比站勒刚适意。 20. 坐勒个马找马。 21. 万一不成功呢(ɳi),个只好拉倒勒! 22. 他会唱,你(ɦṇ)蛮? 23. 葛蛮何必再去累? 24. 陈先生呢(ŋiⱼ)?陈先生来勒怪。 25. 葛蛮你为的搞去累? 26. 喇个啊? 做底搞噢? 27. 你葛去啊？　28. 你葛去啰？　29. 阔得野豁豁给(ke)？　30. 还奔完累。　31. 你想骗我啊？　32. 你不肯ŋɑ？　33. 阿三哎！　34. 你志葛人啊！　35. 阿三哎，我告诉你哦(ʌɤ)。　36. 假使她嫁把你蛮，够就"好"溜！　37. 我奔答应ʔŋæ！　38. 本来就是他怪！　39. 不要哭噢，乖点噢！　40. 志倒不要大紧，ŋæ？　41. 本来是他个怪。　42. 不是，不是，不是得该！　43. 志个佩拿透水冲怪。　44. 我晓得不对怪。　45. 总算不差勒怪。　46. 我晓得不对蛮。　47. 吃好勒末揩脸。　48. 假使落雨末，我就去勒够(kᵒʏ)。　49. 来勒喂，吃点勒喂。　50. 不见得够。　51. 不对他说蛮，也不大好。　52. 来候！不要怕候！　53. 志倒危险葛噢(kuɒ)。　54. 奔完累。　55. 不过说说够。　56. 让他去勒为。　57. 答应他勒为。

七、江阴

1. 我葛书。　2. 要一朵红葛。　3. 我昨头去(k'ᴇɪ)看戏葛。　4. 是惑，我也要去勒/葛。　5. 好好点走，好好叫走。　6. 三尺葛六尺末，九尺惑。　7. 他跑得慢。　8. 吃得落。　9. 湿到眼睛也张勿开则号。　10. 记葛水清到来。　11. 勿好葛联，要死联(lɪ)！　12. 再勿去就晏联！　13. 后来我就去睏葛。　14. 饭开好葛联。饭开好糟。　15. 吃得饭再去！多　吃则饭再去！少　16. 我死得你那亨！　17. 晏歇弄坏落得慢！　18. 走好得啊！多走好则啊！少　19. 坐得比立得适意。　20. 骑得马寻马。　21. 万一勿成功呐/慢，葛末只好算联。　22. 他会唱，你慢？　23. 葛末何必再去慢？　24. 陈先生慢？陈先生来葛联。　25. 葛末你为啥去慢？　26. 啥人拉？做啥拉？　27. 你一去拉？　28. 你一去拉？　29. 实梗点拉，阔到得来。　30. 还分完雷。　31. 你想骗我啊/豪？　32. 你勿肯啊/豪？　33. 阿三啊！　34. 你记葛人啊！/你讲葛人啊！　35. 阿三啊，我告诉你啊。　36. 假使他嫁叭你啊，实梗是"也好"溜/联。　37. 我并分答应啊！　38. 本来应该是他葛啊！　39. 勿要哭啊，乖点啊！　40. 记个倒吒不到样，嚯？你想哪亨！　41. 本来是他葛啊。　42. 勿是，勿是，勿是得喂！　43. 记葛要拿滚水冲葛啊。　44. 我晓得勿对惑。　45. 总算勿差联。　46. 我晓得勿对末。　47. 先末吃饭，吃完得末揩脸。　48. 假使落雨末，我就勿去联。　49. 来落喂，吃点里喂。　50. 勿见得罢。　51. 勿喊他说罢，又勿大好。　52. 来勒惑，勿要怕勒惑。　53. 葛倒危险葛啊！　54. 分完勒。　55. 不过说说罢联。/不过说说就是联。　56. 让他去末糟。　57. 答应仔他糟。

八、常州

1. 我葛书。　2. 要一朵红咾。　3. 我昨头去看戏葛。　4. 是葛，我也要去葛。　5. 好好点走，一点勿漏葛吃，好好则走。　6. 三尺葛六尺末，九尺惑。　7. 他走则慢。　8. 吃则落。　9. 困到则眼睛也张勿开咧。　10. 该葛水清到则/该葛水竞清得/该葛水恶清得。　11. 勿好葛咧，要死咧！　12. 再勿去就晏咧！　13. 后来我就去睏觉葛咧。　14. 饭开好牢咧。饭开好葛咧。　15. 吃则饭再去。　16. 我要死则你那亨咾！　17. 晏歇弄坏落则！　18. 走好则啊！　19. 坐则比立则写意。　20. 骑则马寻马。　21. 万一勿成功末，葛末只好算咧。　22. 他会唱，你呐(nəʔ)？　23. 葛末何必再去呐？　24. 陈先生呐？陈先生来葛咧。　25. 葛末你就(tɕʸøɯ)嗲去三？　26. 嗲人啊？做嗲啊！/做嗲三！(不耐烦时)　27. 你去哦？　28. 你去哦？　29. 阔起透咾。　30. 还分完勒。　31. 你想骗我得啊？　32. 你勿肯啊？　33. 阿三啊！　34. 你该葛人啊！　35. 阿三啊，我告诉你啊。　36. 要是他(dɑ)嫁则你啊，葛末"也好"咧！　37. 我并勿曾答应啊！　38. 本生应该是他葛啊。　39. 勿要哭啊，乖点啊！　40. 该葛倒没嗲，哈？你想哪亨？　41. 本来是他葛惑/嘛。　42. 勿是，勿是，勿是葛惑。 43. 该葛要拿滚水冲葛惑。 44. 我晓得勿对惑。 45. 总算勿差惑。 46. 我晓得勿对咧惑。我晓得勿对惑。 47. 先末吃饭,吃完则末揩面。 48. 要是落雨末,我就勿去咧。 49. 来罢,吃点罢。 50. 勿见得罢。 51. 勿对里说罢,也勿大好。 52. 来三! 勿要怕三! 53. 葛倒危险得惑! 54. 分完勒。 55. 不过说说就是哩。 56. 让他去咧惑。57. 答应仔他咧惑。

九、无锡

1. 我葛书。 2. 要一朵红葛。 3. 我昨日去看戏葛。 4. 是葛,我也(ɦa)要去葛。5. 好好叫走。好好哩走。 6. 三尺葛六尺末,九尺。 7. 他(da)走得慢。 8. 吃得落 9. 困得眼睛也张勿开来咧。 10. 五葛水竞清得。 11. 勿好联! 要死联! 12. 再勿去就晏联。 13. 后来我就去睏联。 14. 饭开好联。 15. 吃则饭再去。吃勒饭再去。16. 我死联你那亨! 17. 晏歇弄坏落联! 18. 走好联啊! 19. 坐勒娘比立勒娘适意。20. 骑则马寻马。 21. 万一勿成功末,葛末只好算联。 22. 他会唱,侬呐? 23. 葛末何必再去呐? 24. 陈先生呐? 陈先生来葛联。 25. 葛末你为啥去呐? 26. 做人呐? 做啥呐? 27. 你阿去呐? 你阿去啥? 28. 你阿去啊? 你阿去啥? 29. 实笃得,阔到! 30. 还呒不完勒,还赠完勒。 31. 你想骗我啊? 32. 你勿肯啊? 33. 阿三啊! 34. 你伊葛人啊? 35. 阿三啊,我告诉你啊。 36. 假使他嫁拨你啊,葛末“也好”联! 37. 我勿曾答应啊/惑。 38. 本生应该是他葛啊/惑。 39. 覅哭啊,乖点啊! 40. 一葛倒无啥,嚡? 你想哪亨? 41. 本来是他葛惑/呀。 42. 勿是,勿是,勿是葛惑/呀。 43. 伊葛要拿滚水冲葛惑。 44. 我晓得勿对骨。 45. 总算勿差联。 46. 我晓得勿对末。 47. 先末吃饭,吃完得末揩面。 48. 假使落雨末,我就勿去联。 49. 来罢,吃点罢。 50. 勿见得罢。 51. 勿对他说罢,也勿大好。 52. 来妈! 勿要怕妈! /来啥! 勿要怕呀! 53. 伊葛倒危险葛啱! 54. 呒不完来。赠完来。 55. 只必过说说联惑。 56. 让他去联惑。57. 答应他联惑。

十、苏州

1. 我葛书。 2. 要一朵红葛。 3. 我昨日去看戏葛。 4. 是葛,我也(ɦa)要去葛。5. 好好叫走。 6. 三尺葛六尺末,九尺哋。 7. 俚走得慢。 8. 吃得落。 9. 倦得来眼睛也张勿开葛哉。 10. 该葛水清得拉/得来。 11. 勿好哉,要死哉! 12. 再勿去就晏哉!13. 后首来我就去睏哉。 14. 饭开好哉。 15. 吃仔饭再去。 16. 我死仔倷哪亨!17. 晏歇开坏脱仔! 18. 走好仔啊! 19. 坐勒海比立勒海适意。坐仔比立仔适意。20. 骑仔马寻马。 21. 万一勿成功呐,葛末只好算哉。 22. 俚会唱,倷呐? 23. 葛是何必再去呢? 24. 陈先生呐? 陈先生来葛哉。 25. 㑚末倷为啥去呐/家? 26. 啥人家?做啥家。 27. 倷阿去呢? 倷阿去家? 28. 倷去啊? 29. 实葛笃,阔得野笃。 30. 还嫐完勒。 31. 倷想骗我啊? 32. 倷勿肯啊? 33. 阿三啊! 34. 倷㑚葛人啊! 35. 阿三啊,我告诉倷啊。 36. 倘使俚嫁拨仔倷啊,㑚是“也好”哉! 37. 我分答应啊! 38. 本生应该是俚葛号(ɦɔ)。 39. 勿要哭哉,乖点啊! 40. 该葛倒呒啥,嚡? 倷想哪亨? 41. 本生是俚葛呀。 42. 勿是,勿是,勿是葛啊! 43. 该葛要拿滚水冲葛呀/啊。 44. 我晓得勿对哋。 45. 总算勿差哉哋。 46. 我晓得勿对末。 47. 先末吃饭,吃完仔末揩面。48. 倘使落雨末,我就勿去哉。 49. 来罢,吃点罢。 50. 勿见得罢。 51. 勿对俚说罢,也勿大好。 52. 来娘! 勿要怕娘! 53. 葛倒危险㑚娘。 54. 分(嫐)完勒。 55. 必过说说罢哉。 56. 让俚去歇末哉。 57. 答应仔俚哉啘。

十一、常熟

1. 我葛书。 2. 要一朵红葛。 3. 我昨日去看戏则。 4. 是葛/个。我也(ɦɑ)要去葛/个。 5. 好好叫跑。 6. 三尺搭六尺,九尺啘。 7. 佢(gɛ)跑来/得少慢。 8. 吃得下。 9. 吃力得来眼睛也张勿开葛哉。 10. 俚葛水清得来。 11. 勿好哉,要死哉! 12. 再勿去就晏哉! 13. 后来我就去睏哉。 14. 饭开好哉。 15. 吃则饭再去。 16. 我死则你哪能。 17. 晏哉弄坏脱则。 18. 跑好仔! 19. 坐着则比立勒郎/海则适意。 20. 骑则马寻马。 21. 万一勿成功末,葛末只好算则。 22. 佢会唱,能呐? 23. 葛是何必再去呐? 24. 陈先生啊? 陈先生来葛则。 25. 葛末能为啥去呐? 26. 啥人家? 做啥家? 27. 能阿去脚/家? 28. 能阿去家? 29. 着葛能,赅得来! 30. 还𠲎完勒。 31. 能想骗我啊? 32. 能勿肯家/啊? 33. 阿三啊! 34. 能葛葛人啊! 35. 阿三啊,我告诉能啊。 36. 假使佢嫁拨则能末,葛是"也好"哉! 37. 我并勿曾答应啊! 38. 本生应该是佢葛呀。 39. 勿要哭啊,乖点啊! 40. 俚葛倒呒啥,嚡? 能想哪亨/能? 41. 本生是佢葛呀。 42. 勿是,勿是,勿是葛呀! 43. 俚葛要拿滚水冲葛呀。 44. 我晓得勿对啘。 45. 总算勿差哉啘。 46. 我晓得勿对啘。 47. 先末吃饭,吃好则末揩面。 48. 假使落雨末,我就勿去哉。 49. 来罢,吃点罢。 50. 勿见得罢。 51. 勿对佢说末,也勿大好。 52. 来呐! 勿要怕呐! 53. 葛倒危险葛呐。 54. 勿曾完勒。 55. 必过说说罢哉。 56. 让佢去好哉。 57. 答应则佢哉啘。

十二、昆山

1. 我个书。 2. 要一朵红个。 3. 我昨日去(k'ᴇ)看戏个。 4. 是个,我也(ɦɑ)要去个。 5. 好好能走。 6. 三尺个六尺末,九尺。 7. 伊走得慢。 8. 吃得落。 9. 倦得来眼睛也张勿(fəʔ)开贼(zəʔ)。 10. 搿点水清得勒! 11. 勿好贼,要死贼。/勿好勒,要死勒。 12. 再勿去就晏/勒。 13. 后来我就去睏贼/勒。 14. 饭开好贼/勒。 15. 吃是(zɿ)饭再去。 16. 我死是nən哪能! 17. 晏歇弄坏脱贼。 18. 走好是啊! 19. 坐勒海比立勒海适意。 20. 骑是马寻马。 21. 万一勿成功末,葛末只好算贼。 22. 伊会唱,能(nən)呐? 23. 葛末何必再去呐? 24. 陈先生呐? 陈先生来贼。 25. 葛末能为啥去呐? 26. 啥人啊? 做啥呀/做啥咾(lɔ)? 27. 能阿去呀? 28. 能去哦? 29. 搿能多啊,阔得勿得了啊! 30. 还分完勒。 31. 能想骗我啊? 32. 能勿(fəʔ)肯啊? 33. 阿三啊! 34. 能搿个人啊! 35. 阿三哎,我告诉能啊。 36. 假使伊嫁拨能啊,搿是也好个。 37. 我分(fən)答应伊啊! 38. 本来应该是伊个啊。 39. 勿要哭啊,乖点,啊! 40. 搿个倒呒啥,嚡? 能想作啥? 41. 本来是伊个呀。 42. 勿是,勿是,勿是个呀! 43. 该个要拿开水冲个呀。 44. 我晓得勿对贼啘。 45. 总算勿差贼啘。 46. 我晓得勿对末。 47. 先末吃饭,吃完是末揩面。 48. 假使落雨末,我就勿去贼。 49. 来罢,吃点罢。 50. 勿见得哦。 51. 勿脱伊讲末,也勿大好。 52. 来呐! 勿要怕呐! 53. 葛倒危险个呀! 54. 分完勒。 55. 必过讲讲罢勒/贼。 56. 让伊去歇好勒。 57. 答应是伊,就好勒。

十三、霜草墩

1. 五(ŋ̍)个书。 2. 要一朵红个。 3. 五昨(zɔ)日去看戏个。 4. 是个,五鞋要去个。 5. 好好伦走。一眼眼个吃。 6. 三尺个六尺末,九尺。 7. 伊(ʔi)走特(dəʔ)慢。 8. 吃特落。 9. 吃力特/特来眼睛也张勿(ʔʋəʔ)开则。 10. 迪个水清爽得来! 11. 勿好则,要死则！ 12. 再勿去就要暗/晏则！ 13. 后来五就去睏则。 14. 饭烧吃则。 15. 吃勒/特饭再去。 16. 五死特任(zẽ)哪能？ 17. 等一歇弄坏脱则！ 18. 走好噢！ 19. 坐特比立特称心/适意。 20. 骑勒/特马寻马。 21. 若讲勿成功呐，葛末只好算则。 22. 伊会唱，任呢？ 23. 葛末何必再去呐？ 24. 陈先生呐？陈先生来则。 25. 葛末任哪能还要去呐？ 26. 啥人啊！夯啥啊？ 27. 任阿去？ 28. 任阿去/任去勿去？ 29. 铜钿多透多透个！ 30. 还覅(ʔʋĩn)完(vɪ)勒。 31. 任想骗五啊？ 32. 任勿肯啊？ 33. 阿三啊？ 34. 任迪个人啊！ 35. 阿三啊，五告诉任啊。 36. 如果伊嫁拨任啊，葛就"好"则。 37. 五覅答应啊！ 38. 本来应该是伊个啊。 39. 勿要哭啊，乖点啊！ 40. 特个倒呒(ʔm̩/ʔn̩)啥，嗺？任看哪能？ 41. 本来是伊个呀！ 42. 勿是，勿是，勿是个呀！ 43. 迪个要用滚水冲个啊/呀！ 44. 五晓得勿对末。 45. 总算勿差则/勒。 46. 五晓得勿对末。 47. 先末吃饭，吃好饭末揩面。 48. 若讲落雨末，五就勿去则。 49. 来末则，吃点末则。 50. 勿见得哦。 51. 勿对伊讲哦，嗺勿大好。 52. 来啊，勿要怕啊。 53. 迪个倒危险个啊！ 54. 还覅完勒/还覅完呢。 55. 只不过讲讲罢勒。 56. 让伊去歇末则。 57. 答应伊好勒/答应伊哦。

十四、罗店

1. 五(ŋ̍)厄(ŋɐʔ)书。 2. 要一朵红厄，要一朵绿个。 3. 五昨日去看戏个。 4. 是个，五也要去个。 5. 一眼眼个吃。 6. 三尺个六尺末，九尺。 7. 伊(ʔi)走得慢。/伊走勒慢少。 8. 吃得落。 9. 倦得来眼睛也张勿开哉。 10. 特个水清得来。 11. 勿(ʔʋɐʔ)好哉(tsɐʔ)，要死则。 12. 再勿去就晏(ʌɤ/e)则。 13. 后来五就去睏则。 14. 饭开好则。 15. 吃仔(tsɿ)饭再去。/吃勒饭再去。 16. 五死仔侬哪能！/五死勒侬哪能！ 17. 等歇弄坏脱仔！/等歇弄坏脱勒。 18. 走好点啊！ 19. 坐合比立合适意。/坐勒比立勒浪适意。 20. 骑则马寻马。/骑勒马寻马。 21. 万一勿成功呐，葛末只好算勒/则。 22. 伊会唱，侬呐？ 23. 葛末何必再去呐？ 24. 陈先生乃？陈先生来则。 25. 葛末侬为啥去呐？/啊？ 26. 啥人啊？做啥啊？ 27. 侬阿去啦/侬去哦？ 28. 侬阿去啦？ 29. 30. 还覅(ˀʋẽn)完勒。 31. 侬想骗五啊？ 32. 侬勿肯啊？ 33. 阿三啊！ 34. 侬特/迪个人啊！ 35. 阿三啊，五告诉侬啊！ 36. 假使伊嫁拨侬啊，葛是"也好"则！ 37. 五并覅答应啊！ 38. 本来应该是伊个啊。 39. 覅(ʋio)哭啊，乖点啊！ 40. 迪个倒呒没啥，嗺？侬看哪能？ 41. 本来就是伊个啊。 42. 勿是，勿是，勿是葛啊！ 43. 特个要拿(n^ɤ)开水冲个啊！ 44. 五晓得勿对(t^ɤ)啊！ 45. 总算勿差则。 46. 五晓得勿对呃。 47. 先末吃饭，吃好饭末揩面。 48. 假使落雨末，五就勿去则。 49. 来啊，吃点啊。 50. 勿见得则。 51. 勿脱伊讲末，也勿大好。 52. 来啊！勿要怕啊！ 53. 特个倒危险个末。 54. 还(ʔe)覅完勒。 55. 不(pɐʔ)/勿(ʔʋɐʔ)过讲讲罢勒。 56. 让伊去末则。/让伊去哦(vɑ)。 57. 答应伊哦。(乡下，风hoᵑ；雨ɦi)

十五、周浦

1. 何(ɦu)合(ɦəʔ)书。 2. 要一朵红合。 3. 何昨日去看戏合。 4. 是拉合，何也(ɦɑ)要去合。 5. 好好叫走。/好好能走，认真合做。 6. 三尺合六尺末，九尺。 7. 伊(ɦi)走勒慢。/伊走得慢少。 8. 吃得落。 9. 倦得来眼睛也张勿开鞋什(ɦazəʔ)/倦来眼睛也张勿开鞋什。 10. 特个水清得来！ 11. 勿(ʔʋəʔ)好才(ze)，要死才！/勿好什，要死脱什！ 12. 再勿去就晏脱什多/才少。 13. 后来何就去睏什。 14. 饭开好鞋什！ 15. 吃是(zɿ)饭再去。/吃仔(tsɿ)饭再去。　16. 何死仔/是侬哪能介办！　17. 等歇弄(ʔnoŋ)坏脱仔/是！ 18. 走好是啊！　19. 坐拉比立拉适意。/坐是比立是适意。　20. 骑是马寻马。　21. 万一勿成功呢(ȵi)，葛末只好算什。　22. 伊会唱，侬呢？　23. 个(kɤ)是咱(tsɑ，做啥合音)去啊/个是何必再去呢。　24. 陈先生捏(ȵiẽ)/吣(kɑ)？陈先生来鞋什。　25. 葛末侬咱去啊/啦？　26. 啥(hɑ)人啦？做啥去啦？/啥(hɑ)人啦介(kɑ)？做啥啦介？　27. 侬去勿啦？/侬去哦？强调用法：询问：去勿啦介(kɑ)？祈使：去呀介！肯定：是呀介！　28. 侬去哦？ 29. 就是搿能介啦，阔勒邪拉！　30. 还呒(m̩)没(məʔ)好哩。　31. 侬想骗何啊？　32. 侬勿肯啊？　33. 阿三啊！　34. 侬特葛人啊！　35. 阿三啊，何脱侬讲啊！　36. 假使伊嫁拨侬啊，葛是再好也呒没则(tsəʔ)。　37. 何并呒没答应啊！　38. 本生应该是伊合啊/啦！ 39. 勿要哭拉介(kɑ)，乖点拉介！　40. 选眼倒呒啥，□(ʔʋɔ)？依看哪能？　41. 本生就是伊合啦。　42. 勿是，勿是，勿是拉葛/拉介！　43. 特个要拿开水冲个拉介！　44. 何晓得勿对妈(ʔmɑ)介。　45. 总算勿差鞋(ɦɑ)什。　46. 何晓得勿对末介。　47. 先末吃饭，吃好仔末揩面。　48. 假使讲落雨末，何就勿去什。　49. 来末勒，吃眼末勒。　50. 勿见得哦。 51. 勿脱伊讲哦，也勿大好。　52. 来呀介！勿要吓呀介！　53. 个(kɤ)倒蛮危险合拉介！ 54. 还呒没好哩呀介！　55. 不过讲讲末勒。　56. 让得伊歇末勒。　57. 答应是伊末好什。

十六、上海

1. 我合(ɦɐʔ)书。　2. 要一朵红合/额(ŋɐʔ)。　3. 我昨日去看戏合。　4. 是合，我也(ɦᴀ)要去合。　5. 好好叫走。/好好叫介(kᴀ)走。/一点点介吃。/认真合读书。　6. 三尺合六尺末九尺。　7. 伊走得慢，/伊走勒慢。　8. 吃得落。　9. 倦得来眼睛也张勿开味！ 10. 搿个水清得来。　11. 勿(vɐʔ)好勒，要死勒！/勿好味，要死味？　12. 再勿去就晏味/勒！　13. 后首来我去睏勒/味。　14. 饭开好勒/味。　15. 吃好饭再去。/吃勒饭再去。/吃仔(tsɿ)饭再去。　16. 我死勒侬哪能办？　17. 等一歇弄坏脱勒/仔。　18. 走好仔啊！/走好勒啊！　19. 坐辣海比立辣海适意。　20. 骑马寻马。/骑仔马寻马。　21. 万一勿成功呐，葛末只好算勒。　22. 伊会(ʔuᴇ)唱，侬呐？　23. 葛是何必再去呐。　24. 陈先生呐？陈先生来勒。　25. 葛末侬为啥去呢？　26. 啥人啊？做啥啊(sᴀ)？　27. 侬去哦(vᴀ)？ 28. 侬去哦？　29. 钞票多得勿得了拉(lᴀ)。　30. 还呒没完结味/勒。　31. 侬想骗我啊？ 32. 侬勿肯啊？　33. 阿三啊！　34. 侬搿合人啊！　35. 阿三啊，我告诉侬啊。　36. 假使伊嫁拨侬啊，葛是"也好"味！　37. 我并呒没答应啊！　38. 本生应该是伊合啊！　39. 勿要哭啊，乖点啊！　40. 搿合倒呒没啥，嚡？依想哪能？　41. 本生是伊合啊。　42. 勿是，勿是，勿是合啊。　43. 搿合要拿开水冲合呀。　44. 我晓得勿对合呀！　45. 总算勿差勒。 46. 我晓得勿对末。　47. 先末吃饭，吃好仔末揩面。　48. 假使落雨末，我就勿去味。 49. 来呀，吃点呀。　50. 勿见得哦。　51. 勿对伊讲哦，也勿大好。　52. 来呀！勿要怕呀！ 53. 搿倒危险合呀！　54. 还呒没完味/勒。　55. 只必过讲讲罢勒。　56. 让伊去好味。 57. 答应仔伊好味。

十七、松江

1. 奴(nu)/是奴呃(ɦə)/候书。　2. 要一笃红呃。　3. 奴昨日去看戏拉呃。　4. 是呃，奴也(ɦɑ)要去呃。　5. 好好叫走。　6. 三尺塔(t'æʔ)六尺末，九尺。　7. 伊走来慢。 8. 吃得落。　9. 倦得来眼睛也张勿开拉哩/拉哉/哉。　10. 搿葛水清得来。　11. 勿好啊哩,要死快哉。　12. 再勿去就晏脱哉!　13. 后首来奴就去睏觉哉/啊哩。　14. 饭开啊哩。　15. 吃好饭再去/吃是饭再去。　16. 奴死脱是造哪能办!　17. 等脱歇弄坏脱是/候!　18. 走好啊!　19. 坐海比立海适意。　20. 骑是马寻马。　21. 万一勿成功末,葛末只好算哉/啊哩。　22. 伊会得唱,造会得啥呢?　23. 葛末何必再去呐?　24. 陈先生呐?陈先生来阿哩。　25. 葛末造为啥去呀?　26. 啥人呀?做哈啊?　27. 造去哇(vɑ)?　28. 造去哇?　29. 实能介,阔得来惹。　30. 还呒没完哩/哉。　31. 造想骗奴啊?　32. 造勿肯啊?　33. 阿三啊!　34. 造掰人啊!　35. 阿三,奴讲拨造听。　36. 假使伊嫁拨造末,葛末也好呃!　37. 奴并呒没答应造!　38. 本生应该是掰能介呃。　39. 勿要哭,乖该眼!/勿要哭,乖一眼!　40. 个倒呒没啥,是哇?造想那能?　41. 本生是伊个呀。　42. 勿是呃(ʔə)!　43. 掰个要拿开水冲葛呃。　44. 奴晓得勿对啊哉。　45. 总算勿差阿哩。　46. 奴晓得勿对啊哉。　47. 先曼(mᴇ)吃饭,吃好是饭曼揩面。　48. 要是落雨曼,奴就勿去哉。　49. 来哇,吃一眼哇。　50. 勿见得哇。　51. 勿对造讲曼,也勿大好。　52. 来吤(kɑ),勿要吓呀!　53. 葛倒是危险呃。　54. 勿曾好哉。　55. 勿过是讲讲罢哉。　56. 让伊去末哩。　57. 答应是伊啊哩。

十八、黎里

1. 我个(ɡəʔ)书。　2. 要一朵红个。　3. 我昨日去看戏台(dᴇ)。　4. 是个,我也要去个。　5. 好好叫走。　6. 三尺勒六尺末,九尺惑。　7. 伊走来慢。　8. 吃得落。　9. 倷得拉眼睛也张勿开个台。　10. 葛(kəʔ)葛水清得拉/葛点水清得拉。　11. 勿好台,要死台!　12. 再勿去就晏台!　13. 后来五奴就去睏台。　14. 饭开好台。　15. 吃是饭再去。　16. 我死是倻(ʔnɒ)哪亨!　17. 晏歇弄坏脱是!　18. 走好台啊!/走好啊!　19. 坐勒辣比立勒辣适意。　20. 骑是马寻马。　21. 万一勿成功末,葛末只好算特/台。　22. 伊(ʔi$_j$)会唱,倻呢?　23. 葛是何必再去呐?　24. 陈先生台?陈先生来台。　25. 葛末倻为啥去呢?　26. 啥人啊?做啥啊?　27. 倻倻阿去台?　28. 倻倻阿去台?　29. 实葛啊,勿得了台。　30. 还勿宁完哩。　31. 倻想骗我啊?　32. 你勿肯啊?　33. 阿三啊!　34. 倻葛葛人啊!　35. 阿三啊,我告诉倻啊。　36. 假使伊嫁拨是倻倻啊,葛是也好台!　37. 我并勿宁答应啊!　38. 本来应该伊葛啊。　39. 勿要哭啊,乖点,啊!　40. 该葛倒呒啥,行(ɦɑ̃),倻想哪哈?　41. 本来是伊葛。　42. 勿是,勿是,勿是葛呀!　43. 葛葛要拿滚水冲葛ᵑɡᴇ。　44. 我晓得勿对惑(ɦuəʔ)。　45. 总算勿差台。　46. 我晓得勿对台/惑。　47. 先末吃饭,吃完仔末揩面。　48. 倘使落雨末,我就勿去台/奈(nᴇ)。　49. 来奈,吃点奈。　50. 勿见得奈。　51. 勿对伊说罢(bɒ),也勿大好。　52. 来呐,勿要怕呐。　53. 葛倒危险个呐!　54. 勿宁完勒。　55. 必过说说罢台。　56. 让伊去希末哉。　57. 答应是伊勒惑。

十九、盛泽

1. 吾(ɦu)葛(kəʔ)书。　2. 要一朵红咳(ɦᴇ/ŋᴇ)。　3. 吾昨日去看戏台(dᴇ)。　4. 是咳,吾也要去咳(ɦᴇ)。　5. 好好叫走。　6. 三尺脱(t'əʔ)六尺末,九尺。　7. 伊走得慢。　8. 吃得落。　9. 熟/吃力得来眼睛也张勿开台。　10. 葛(kəʔ)跌(tɪʔ)水清爽到/得来。　11. 勿好台,要死台!　12. 再勿(fəʔ)去就要晏台!　13. 后来吾就去睏觉台。　14. 开饭台少。/吃饭台!　15. 吃是饭再去。/吃好是饭再去。/吃好饭再去。　16. 吾死是内(nᴇ)那亨!　17. 葛歇弄坏脱是!　18. 走好是!/走好嚯(ɦɑ)!　19. 坐勒海/勒化比立勒海/勒化适意。　20. 骑是马寻马。　21. 万一勿成功末，葛末只好算台。　22. 伊奴($ʔi_jnu$)会得唱，呐(nə)呢/呐哪亨？　23. 葛末何必再去呐？　24. 陈先生啊？陈先生来台。　25. 葛末呐为啥去嚡？　26. 啥人嚡？做啥嚡？　27. 呐阿去嚡？　28. 呐阿去嚡？　29. 实茄末，阔得野脱。　30. 还勿宁完结。/还勿宁完哩。　31. 呐想骗吾嚡？　32. 呐勿肯嚡？　33. 阿三！("三"延长)　34. 呐葛葛人惑。　35. 阿三嚡，吾奴告诉呐/是呐。　36. 倘便嗯呐(ɦn̩nəʔ)嫁拨伊末，葛是也好咳。　37. 吾奴(ɦunʒu)并勿宁答应伊！　38. 本来/本生应该是伊咳。　39. 勿要哭，乖点噢！　40. 葛葛倒吪(m̩)啥，嚡？呐想哪亨？　41. 本来/本生是伊葛！　42. 勿是，勿是，勿是咳！　43. 葛葛要拿滚开水冲咳。　44. 吾晓得勿对。　45. 总算勿差台。　46. 我晓得勿对咳。　47. 先末吃饭，吃好是末皂面。　48. 倘便落雨末，吾奴就勿去台。　49. 来，吃点惑。　50. 勿见得惑。　51. 勿对伊讲末，也勿大好。　52. 来呐！勿要怕呐！　53. 葛葛倒蛮危险咳。　54. 勿宁完哩。　55. 不过讲讲罢台。　56. 让伊去希末好台。　57. 答应伊台惑。

二十、嘉兴

1. 我/厄(ŋəʔ/ŋə)书。　2. 要一朵红厄。　3. 我(ɦŋ̍)昨日去看戏合(ɦəʔ/ɦə)。　4. 是合，我也要去呃。　5. 好好叫走。　6.　　7. 伊走来慢。　8. 吃得落。　9. 倦得来/得眼睛也张勿开哩。　10. 葛水介(kɑ)清呃。　11. 勿(ʔʋəʔ)好哩，要死哩！　12. 再勿去就晏哩！　13. 后来我就去睏哩。　14. 饭开好哩。　15. 吃好饭再去。　16. 我死脱哩倷(ne)哪哈！　17. 等一歇要弄坏脱哩！　18. 走好啊！　19. 坐勒化比立勒化适意。　20. 骑勒马寻马。　21. 万一勿成功末，葛末只好算哩。　22. 伊奴($ʔin^əu$)会得唱，倷(ne)会点啥呢？　23. 葛是何必再去呢？　24. 陈先生啊？陈先生来哩。　25. 葛末倷为啥去啊？　26. 啥啊？做啥啊？　27. 倷去哇(ʔʋɑ)？　28. 倷去哇？　29. 实茄么，阔得厉害哩。　30. 还吪没好哩。　31. 倷想骗我啊？　32. 倷勿肯啊？　33. 阿三！　34. 倷葛人啊！　35. 阿三，我(ɦŋ̍)告内讲呀！　36. 假使讲伊(ʔi)嫁拨仔倷末，葛也蛮好呃。　37. 我并勿曾答应啊。　38. 本生应该是伊葛呃。　39. 勿要哭哩，乖点啊！　40. 葛葛倒吪啥，嚡？倷想哪哈？　41. 本生是伊葛呀。　42. 勿是，勿是，勿是葛！　43. 葛葛要拿滚水冲葛呀。　44. 我晓得勿对呀。　45. 总算勿差呃。　46. 我晓得勿对呃/我晓得勿对末！　47. 先末吃饭，吃完末揩面。　48. 倘使落雨末，我就勿去哩。　49. 来啊，吃　眼哦！　50. 勿见得哦。　51. 勿对伊讲末，也勿大好。　52. 来介！勿要吓啊介。　53. 葛倒危险葛末！　54. 勿曾完哩。　55. 必过讲讲个(gəʔ)呀。　56. 让伊去好哩！　57. 答应伊好哩！

二十一、双林

1. 我(ʔŋ̍)刮(kuʌʔ)书。/我个(gəʔ)书。　2. 要一朵红岩(ŋᴇ)。/要一朵红个。　3. 我昨日去看戏台。/我昨日去看戏突(dəʔ)。　4. 是合(ɦəʔ)，我也(ɦiɑ)要去咳(ɦᴇ)。　5. 好好叫走。一点点介(kɑ)吃。　6.　　7. 其走得慢。　8. 吃得落。　9. 困得勒眼睛也张勿开台。　10. 刮水横清得勒。　11. 勿(fəʔ)好台，要死台！　12. 再勿去就晏台！　13. 搭末来我就去睏台。　14. 饭开好台。　15. 吃突饭再去。　16. 我死台倷哪亨呢？　17. 买点弄坏台。　18. 走好，嚎！　19. 坐辣(lʌʔ)比立辣舒依。　20. 骑突马寻马。　21. 倘算(sᴇ)介(kɑ)勿成功呐(ʔnᴇ/nəʔ)，葛末就算台。　22. 其($dʑi_z$)会得唱，倷呐？　23. 葛是何必再去呐。(nəʔ)　24. 陈先生呐？陈先生来台。　25. 葛倷为点啥去呀？　26. 碗人啊/呀？

做啥呀？ 27. 侬去哇？/侬去啦？/侬去弗(fəʔ)？ 28. 侬去啦？ 29. 钞票多得勿得了咳。 30. 还呒不完哩。 31. 侬想骗我啊？ 32. 侬勿肯啊？ 33. 阿三啊！ 34. 侬葛人啊！ 35. 啊三啊，我得侬讲。 36. 倘算介嫁拨侬啊，葛是“好煞”台！ 37. 我呒(m̩)不答应过呀！ 38. 本来应该是其合(ɦəʔ)呀！ 39. 消(勿要ɕiɔ)哭呀！乖点呀！ 40. 葛该倒呒啥，行(ɦã)？侬看哪亨？ 41. 本来是其个呀！ 42. 勿是，勿是，勿是呀！ 43. 葛刮要用滚水冲个呀！ 44. 我晓得勿对呀。 45. 总算勿差咳。 46. 我晓得勿对末。 47. 先末吃饭，吃好饭末皂面。 48. 倘算介落雨末，我就勿去台。 49. 来呀，吃点呀。 50. 勿见得号。 51. 勿对其讲末，也勿大好。 52. 来呀，消怕呀！ 53. 葛点倒危险个呀！ 54. 还呒不完哩。 55. 也勿过讲讲罢台。 56. 让其去好台。 57. 答应其末好台。

二十二、杭州

1. 我(ʔŋou)的(tiɪʔ)书。/我个(gɐʔ)书。 2. 要一朵红的。 3. 我昨天去看戏特(dəʔ)。4. 是的，我也(ɦɑ)要去的。 5. 好好的走。 6. 7. 他走得/特慢。 8. 吃特落。9. 吃力特/特来是眼睛也开勿(vɐʔ)开勒。 10. 葛(kɐʔ)个(gɐʔ)水清得来。 11. 不(pɐʔ)好特！要死特雷！ 12. 再不去就要晏特雷。 13. 后来我就去睏特/特雷。 14. 饭开好特。/饭开好得雷。 15. 吃勒饭再去。 16. 我死特雷/勒你(ʔȵi)结个套！ 17. 等歇弄坏脱勒！ 18. 走好勒啊！ 19. 坐勒喝(hɐʔ)/勒东比站勒喝/勒东写(ɕiɑ)意。/坐勒比站勒写意。少 20. 骑勒马寻马。 21. 万一不成功呢(ȵiĩ)，葛末只好算特雷。 22. 他(tʻɑ)会唱，你(ʔȵi)呢(ȵi)？ 23. 实个何必再去呢(ȵiĩ)？ 24. 陈先生呢(ȵi)？陈先生来特雷。25. 葛末侬为啥去呢(ȵiĩ)？ 26. 哪谷(kɔʔ)啦？做啥啦？ 27. 你去不去啦？ 28. 你去特啊(diɑ)？ 29. 毛阔气雷(leɪ)。 30. 还没光雷。 31. 你想骗我啊？ 32. 你不肯啊。33. 阿三唉(一般不用“唉”)。 34. 你结葛(tɕiɪʔkɐʔ)人啊。 35. 阿三啊，我告诉你唉。36. 如果他嫁拨你啊，葛是好特雷。 37. 我夷没答应过豪/咳(ɦᴇ)！ 38. 本来应该是他的末。 39. 不要(piɔ)哭豪/咳，乖点豪/咳。 40. 实个他倒没啥，啊(ɦɑ)？你想结个套？41. 本来是他的咳(diᴇ)。 42. 不是，不是，不是的咳(diᴇ)。 43. 结谷(tɕiɪʔkɔʔ)是要用滚水冲的咳。 44. 我晓得勿对的末/诺(no)。 45. 总算不差特雷。 46. 我晓得不对末。47. 先末吃饭，吃好末洗脸。 48. 如果落雨末，我就不去特/得雷。 49. 来末，吃点末。50. 不见得地。 51. 不跟他说末，啊(ɦɑ)不大好。 52. 来咳！不要怕咳！ 53. 葛倒危险的呢(ȵiĩ)！ 54. 还没光雷。 55. 不过说说就是勒。 56. 让他去末好得雷。 57. 答应他末好特/好特雷。

二十三、绍兴

1. 我个(goʔ)书。 2. 要一朵红个。 3. 我(ŋoʔ；ŋã：有时单数)昨牙去看戏个个。4. 才个。我也(ɦa)要去个。 5. 一束束个吃(一点一点地吃) 6. 7. 伊(ɦi)走勒慢/伊走特慢。 8. 吃勒(ləʔ/lɪʔ)落/吃特落。 9. 葛(kɪʔ)充勒眼睛都开勿开哉(zẽ)。 10. 葛(kɪʔ)个水清拉。 11. 勿好哉，要死哉！ 12. 再勿去就晏哉。 13. 后来我就去睏哉！14. 饭操(ɕiɑɒ)开哉。 15. 吃勒饭再去/吃特饭再去。 16. 我死哉诺(noʔ)哪个套！我死勒诺个套！ 17. 呆歇，弄坏(væ)哉！ 18. 走好呵(ɦo)/走好勒呵。 19. 坐勒比立勒写意。/坐特比立特写意。 20. 骑勒马寻马。 21. 才话勿成功呢(ȵi)，葛末只好算哉。22. 伊会唱，诺呐(neʔ)？ 23. 葛是何必再去呐？ 24. 陈先生呐？陈先生来哉！ 25. 葛末诺哪个要去呐。 26. 嚡事觉？做所觉？ 27. 诺（noʔ/nɪʔ）去勿去嚡？/诺去勿去拉？ 28. 诺去勿去嚡？/喏去勿去拉？ 29. 实个套，才大方大（da）。 30. 还嗯牛（ʔn̩n̩iɤ）搞（gaɒ）咪。 31. 诺想骗我啊？ 32. 诺勿肯啊？ 33. 啊三喂！ 34. 诺葛（kɪʔ）个（goʔ）人啊！ 35. 阿三喂，我捉诺话拉！ 36. 才话伊嫁拨诺拉，葛末"也好"哉！ 37. 我嗯牛答应拉！ 38. 本来就实伊个拉！ 39. 勿要（fiaɒ）哭哉，甩（huæ）束拉！ 40. 葛个倒呒（ʔn̩）所个，噢（ɦaɒ）？诺想哪个套？ 41. 本来就是伊个拉！ 42. 勿才，勿才，勿才个拉！ 43. 葛个要拿滚水冲葛拉！ 44. 我（ŋoloʔ）有数勿对个。 45. 总算勿差哉个。 46. 我晓得勿对哉个。 47. 先末（mɪʔ）吃饭，吃完末孵（fu）脍。 48. 才话落雨哉末，我就勿去哉。 49. 来脚（dʑiᴀʔ），吃束脚！ 50. 勿见得个！ 51. 勿捉伊话末，也勿大好。 52. 来脚，讽怕个拉！ 53. 葛倒有所危险个呐。 54. 嗯牛完咪！ 55. 不过话话个拉。 56. 让伊去害哉。/让伊去沟哉。 57. 答应伊害哉。/答应伊沟哉。

二十四、诸暨王家井

1. 我（ŋɯ）葛（kɐʔ）书。/我件（dʑiɪ）书。 2. 要一朵红（ɦn̩）葛。 3. 我昨日子去看戏葛。 4. 是葛，我也要去葛。 5. 好好叫走。好好葛走。 6. 三尺葛六尺末，九尺结。 7. 其（dʑiz）走得慢。 8. 吃得落。 9. 扩子得来眼睛东撑勿开来盒（ɦɐʔ）。 10. 葛件水真个清。/葛葛水清得来。 11. 勿（fɐʔ）好嚡！要死嚡！ 12. 再勿去要坏迟人嚡！ 13. 才头我就去睏嚡。 14. 饭开好呵（ɦɯ）！ 15. 吃勒饭再去。 16. 我死嚡嗯（ɦn̩）则嘎办办！ 17. 等盂歇弄掉嚡！ 18. 走好将！ 19. 坐客比隑（ge）客舒服。 20. 骑得葛马寻马。 21. 万一勿成功呐（nɐʔ），嘎末吉得好算哉鞋。 22. 其会唱葛，嗯呐？ 23. 嘎末何必再去呐？ 24. 陈先生呐？陈先生来嚡！ 25. 嘎末嗯阿（ɦᴀ）则缘故头去咪？ 26. 阿该咳（ɦɛ）？做阿则咪（ne）？ 27. 嗯去勿去咳？ 28. 嗯去勿去咳？ 29. 嘎葛鞋，钞票念有客（kɐʔ）。 30. 还呒没完吉。 31. 嗯想骗我嚡？ 32. 嗯勿肯嚡？ 33. 阿三咸！ 34. 嗯葛件人嚡/杏！ 35. 阿三嚡，我告诉嗯嚡。 36. 假使其嫁得嗯嚡，嘎末"也好"呵！ 37. 我并没答应嚡！ 38. 本来应该实共葛嚡。 39. 勿要（fɛ）丢将。/勿要哭吉，听话点。 40. 葛件倒呒没嚡则，嚡？ 41. 本来是其吉。 42. 勿是，勿是，勿是葛吉！ 43. 葛件要用滚水冲葛吉！ 44. 我晓得勿对呵（ɦɯ）/盒/滑（ɦuɐʔ）！ 45. 总算勿差盒（ɦɐʔ）/呵！ 46. 我晓得勿对吉。 47. 先末吃饭，饭吃过之后末洗面。 48. 假使落雨末，我就勿去盒！ 49. 来将，吃点将。 50. 勿见得及。 51. 勿得其讲末，也勿大好。 52. 来将，勿要怕将！ 53. 件倒危险葛台！ 54. 还呒没完吉。 55. 不过讲讲算嚡？ 56. 让其去好吉。 57. 答应其末好啊（ɦɯ）。

二十五、嵊县崇仁镇

1. 我个（gɛʔ）书。 2. 要一朵红（ɦn̩）介介。 3. 昨日间（kæ̃）我去看戏过。 4. 是个，我也要去个。 5. 好好介（kɑ）走，一点点介食。 6. 三尺得六尺末，九尺。 7. 伊（ɦiz）走得慢。 8. 食（ʑiɪʔ）得落去。 9. 着力得眼睛也（ɦɑ）撑勿开来怪（kuɑ）。 10. 种介水清爽古隑（ge）！ 11. 勿（fɛʔ）好怪，要死（sɿ）怪！ 12. 再勿去就晏嚡！（县城说"哉"。） 13. 后来我去睏嚡！ 14. 饭开好怪。 15. 饭食过再去。/饭食了再去。 16. 我死了（laɒ）侬哪个装装！ 17. 当心种破（p'ɑ）个！ 18. 走好噢！ 19. 坐留比隑（ge）留爽快。 20. 骑留（lʏ）马寻马。 21. 万一勿成功呢（n̠iŋ），介末只好算嚡！ 22. 伊（ɦiz）末会唱，侬呢（n̠iŋ）？

23. 介末还要招去呢(ȵiŋ)? 24. 陈先生呢? 陈先生来嚡! 25. 介末侬招件头(dʏ)去呢? 26. 哪侬(nʊᵑ)嚡? 招件头啦? 27. 侬(nʊᵑ)去勿去啦? 28. 侬去呵(ɦʏ)? 29. 阔得要命留。 30. 还勿好古㖫(le)。 31. 侬想骗我嚡? 32. 侬勿肯嚡? 33. 阿三嚡! 34. 侬格人(nɒ̃)嚡! 35. 阿三咸(ɦæ̃),我得侬话! 36. 倘使侬嫁(kʏ)伊介话末,介真介好嚡! 37. 我咊谋答应过嚡。 38. 本来应该是伊个拉! 39. 勿要(fiɑ)叫嚡! 番(fæ̃)些! 40. 介倒咊谋关系个,号(ɦɑɒ)? 41. 本来是伊个呀! 42. 勿是,勿是,勿要个害(ge) 43. 介要用见水冲个呀! 44. 我晓得勿对个害! 45. 总算勿差个害! 46. 我晓得勿对个害! 47. 先末食饭,饭食好末肤(fu)脸孔。 48. 恐怕落雨末,我就勿去嚡。 49. 来呀,食滴麦留。 50. 勿见得个害。 51. 勿得伊话末,也勿大好。 52. 来好啊! 勿要(fiɑ)怕个害! 53. 介倒危险个害。 54. 还勿好古来! 55. 话话个也(ie)! 56. 答他去好啊! 57. 答应伊好啊!

二十六、嵊县太平乡

1. 我葛(kɛʔ)书。 2. 要一朵红葛。 3. 我昨日去蒙看戏。 4. 是葛,我也要去葛。 5. 好好介走(tɕʏ),一点点介食。 6. 三尺好六尺末,是九尺。 7. 伊(ɦi)走得慢。 8. 吃得落。 9. 极(ɟiɛʔ)里得眼睛也撑勿开来。 10. 葛套水哪会介清爽来。 11. 勿(fɛʔ)好怪! 要死怪! 12. 再勿去介话就迟嚡! 13. 后来我就去睏雀。 14. 饭镬撬开来怪! 15. 饭食过再去。/饭食了再去。 16. 我死勒嗯(ɦn̩)哪个装装呢! 17. 再装慢兴清爽就要带嗯装破啊! 18. 走伊好嚡! 19. 坐勒比隑勒爽快。 20. 骑着马ɦŋ̍马。 21. 是话做勿成功呢(ȵiŋ),介末究得算啊! 22. 伊会唱,嗯(ɦn̩)呢? 23. 格末还要再去招呢? 24. 陈先生呢? 陈先生来怪。 25. 格末五(ɦn̩)为豪节缘果要去呢? 26. 哪侬嚡,招葛件头㖫? 27. 五去勿去啊? 28. 五去各? 29. 伊是钞票没几个勒。 30. 还咊谋好过勒。 31. 五想骗我么(mo)? 32. 五勿肯啊? 33. 老三啊! 34. 五格介人嚡(ɦɑ)! 35. 老三嚡,我告诉五啊。 36. 是话伊嫁五介话末,介是好煞啊! 37. 我咊谋得答应过汁各! 38. 本来应该是伊葛汁(ɟiɛʔ)! 39. 勿要(fiᵅɒ)哭啊! 听话煞! 40. 介葛是咊谋(mʏ)关系个,号? 41. 本来是伊葛呀! 42. 勿是,勿是,勿是个隑! 43. 葛介是要用见水冲葛汁! 44. 我晓得勿对怪! 45. 总算勿错古隑(ge)。 46. 我晓得勿对个末。 47. 先末食饭,吃好末再洗面。 48. 是话落雨介话末,我就勿去啊。 49. 来汁各,食点来汁各! 50. 勿见得个噢。 51. 勿好伊话葛话末,也勿大好。 52. 来汁各! 勿要怕汁各! 53. 介葛是危险猛个! 54. 还咊谋得好古㖫! 55. 便是介讲讲就是啊。 56. 让伊去好力啊! 57. 五就答应伊好啊!

二十七、余姚

1. 我(ŋo)葛(kɐʔ)书。/我谷书。/我合(ɦɐʔ)书。 2. 要一朵红葛。 3. 我昨日去看戏葛。 4. 是葛。我也(ɦᴀ)要去葛。 5. 好好葛走。一眼眼葛吃。 6. 7. 佢(ge)走得慢。 8. 吃得落。 9. 困得来眼睛也张勿(ʔʋəʔ)开哉。 10. 壹葛水清爽得/得来。 11. 勿好哉,要死哉! 12. 再勿去就晏哉! 13. 后来我就去睏哉。 14. 饭开开浪哉。 15. 饭吃仔再去。 16. 我死仔侬(nʊŋ)查(dzᴀ)弄? 17. 藤抢弄破哉! 18. 走得好啊! / 走好仔啊! 19. 坐仔比呆(ŋẽ)仔乐惠/写意。 20. 骑仔马寻马。 21. 万一勿成功呢(ȵĩ),葛末只好算哉。 22. 佢会唱,侬呢? 23. 壹葛是何必再去呢? 24. 陈先生戒? 陈先生来哉。 25. 葛侬弄丰线戒？ 26. 啥人拉？弄啥线拉？ 27. 侬嘞去街？ 28. 侬嘞去街？ 29. 实葛洞，有铟得来。 30. 还呒没（ʔm̩mɐʔ）完咾咪。 31. 侬想骗我啊？ 32. 侬勿肯啊？/侬勿肯戒？ 33. 阿三唉！ 34. 侬葛人啊！ 35. 阿三唉，我捉侬话。 36. 要是佢嫁仔侬啊，葛是"也好"哉！ 37. 我重来也呒没答应啊！ 38. 本生应该是佢葛啦。 39. 勿要（ʔʋiᴀ）哭哉，甩（n̠ĩ）下（ɦo）！ 40. 壹葛倒呒告葛，下？ 41. 本来是佢葛拉。 42. 勿是，勿是，勿是葛拉！ 43. 葛要滚水冲葛拉！ 44. 我晓得勿对葛拉！ 45. 总算勿差哉。 46. 我晓得勿对葛嘛（mᴀ）。 47. 先末吃饭，吃完仔末伏（bu）面。 48. 要是落雨末，我就勿去哉。 49. 来嘛（mᴀ），吃眼（n̠ĩ）嘛。 50. 勿见得哦（vᴀ）。 51. 勿哉佢讲末，也勿大好。 52. 来嘛！ 覅（ʔʋiᴀ）吓杀！ 53. 葛倒老危险葛嘞！ 54. 还呒没好咪。 55. 只有（tɕyɔʔ）讲讲葛拉！ 56. 随（ze）佢去嘞哉！ 57. 答应仔佢好戒。

二十八、宁波

1. 我（ŋɔʔ）gɔʔ书。/我或（ɦɔʔ）书。 2. 要一朵红或。/要一朵红gɔʔ。 3. 我昨蜜去看戏来（leʔ）。 4. 是或/是gɔʔ，我也要去或/去gɔʔ。 5. 好好叫走。拼命个做。 6. 7. 其（dʑiz）走来（leʔ）慢。/其走勒慢。 8. 吃来落。/吃勒落。 9. 极力来/勒眼睛也（ɦa）张勿（vɐʔ）开勒。 10. kɪgɔʔ水清来！ 11. 勿好咪！要死咪！ 12. 再勿去就（dʑʏ）晏来。 13. 后来我就去睏咪/来（leʔ）。 14. 饭开好咪！/饭开好的（tɪʔ）咪！ 15. 吃勒饭再去。 16. 我死来（leʔ）侬查（dza）弄！ 17. 腾上弄坏来（leʔ）。 18. 走好来（leʔ）号！ 19. 坐的比立的写意。/坐teʔ比立勒写意。 20. 骑来（leʔ）/勒马寻马。 21. 万一勿成功呢（n̠i），葛末只好算来（leʔ）。 22. 其会唱，侬呢（nɪʔ）？ 23. 葛何必再去呢？ 24. 陈先生呢？陈先生来（le）来（leʔ）。 25. 葛（kɐʔ）尔（ɦn̩）为啥（so）去拉？ 26. 啥人拉？作啥（ʔsou）拉？ 27. 尔去否（vœʏ）？尔去哦（va）？ 28. 尔去哦？ 29. 钞票交关多雷（lᴇɪ）。 30. 还呒没（ʔm̩mɐʔ）完雷。 31. 尔想骗我啊？ 32. 尔勿肯啊？ 33. 阿三咸！ 34. 尔kɪʔgɔʔ人啊！ 35. 阿三嘞，我讲拨侬听。 36. 话起其嫁拨奴（nu）嘞，葛是"蛮好"咪！ 37. 我呒蜜答应啊！ 38. 本来应该是其何。 39. 冒（ʔmɔ）哭号，甩（hue）眼号！ 40. kɪʔ倒蜜歇歇，号？ 41. 本来是其何。 42. 勿是，勿是，勿是何！ 43. kɪʔgɔʔ要拕（do）滚水冲何。 44. 我晓得勿对何。 45. 总算勿差咪（leʔ）！ 46. 我晓得勿对何！/我晓得勿对末。 47. 先末吃饭，饭吃好末强面。 48. 如（zɿ）话落雨末，我就勿去勒/咪。 49. 来哦，吃眼哦。 50. 勿见得哦。 51. 勿对其说末，也勿太好。 52. 来呐！冒怕呐（nɐʔ）！ 53. kɪʔ得危险何！ 54. 还密完（ɦu）雷（lᴇɪ）。 55. 不过讲讲算雷。 56. 壁其去算雷/好雷。 57. 答应其算雷/好雷。

二十九、黄岩

1. 我（ʔŋo）个（gɐʔ）书。 2. 要一朵红个。 3. 我昨日（n̠iɪŋ）走克（去k'ɐʔ）望戏个。 4. 是个，我阿要去个。 5. 好好该走。 6. 7. 渠（ge）走得慢。 8. 吃得落。 9. 吃力得眼也张勿开号。 10. 葛（kɐʔ）水清得猛啊。 11. 呒（ɦm̩）用号，要死号！ 12. 还（ɦuᴀ）勿（vɐʔ）去白要迟号！ 13. 后迈我白掉克睏号！ 14. 饭开好号。 15. 饭吃号再去。 16. 我死号尔（ʔn̩）责尔（tsəʔn̩）装！ 17. 慢底ŋ̍（轻）装呒用号。 18. 走好个啊！ 19. 坐达比隑（dʑi）达舒服。 20. 骑马达寻马。 21. 万一呒成功勒/呐，替佛只好算号。 22. 佢有唱，尔呐（nəʔ）？ 23. 替佛何必再走克呐？ 24. 陈先生呐（ləʔ），陈先生来号。 25. 葛佛尔为(ɦy$_ɥ$)耕呒(ɦm̩)去呐(le)? 26. 敢尔ne咳? 做耕m̩咳? 27. 尔(ʔn̩)去哦? 28. 尔去哦? 29. 好撑得猛啊。 30. 还呒完啊。 31. 尔想船我啊? 32. 尔勿肯啊? 33. 阿三啊! 34. 尔葛个人啊! 35. 阿三啊,我得尔讲。 36. 如果佢嫁拨尔啊,葛也是好唻! 37. 我呒答应佢咦。 38. 本来是gege咦。 39. 覅(ɕiɒ)哭啊! 乖点啊! 40. 葛倒无高/介来,嚡ɦã,尔想怎哪? 41. 本来是佢ge咦。 42. 勿是,勿是,勿是个啊。 43. 葛要用开水冲个咳(ge)。 44. 我晓得勿对个咳(ge)。 45. 总算呒差号。 46. 我晓得勿对个咳(ge)。 47. 先物吃饭,饭吃好号物(vɐʔ)洗面。 48. 如果落雨勿,我白勿去号。 49. 来咳,吃点咳。 50. 勿见得荷。 51. 勿对佢讲勿(vɐ),也勿(fe)好。 52. 掉勒啊,消(ɕiɒ)怕咸。 53. 该倒蛮危险个啊! 54. 呒完啊。 55. 只不过讲讲是号。 56. 让佢先克勿是号。 57. 答应佢勿要号。

三十、温州

1. 我(ɦŋ̍)个(ge)书。 2. 要一朵红个。 3. 我是昨夜走前看戏个那。 4. 是个,我也要(ʔi)去个。 5. 好好能走。 6. 7. 渠(gi)走个慢险慢。/渠走得(te)慢险慢。 8. 吃落。 9. 软险软眼珠也鞭勿(fu)开。 10. 国(ke)水清险。 11. 呒解罢,会死罢。 12. 再勿去就迅黄罢。 13. 后半来我就去睏罢。 14. 饭煮好罢。 15. 饭吃黄再去。 16. 我死黄你(n̥i)知难钟! 17. 等翁天钟破黄罢! 18. 走好唻! 19. 坐达比隑达好过来。 20. 骑牢马去寻马。 21. 万一勿成功耐,那末只好算罢。 22. 佢(gi)会唱,你耐(næi)? 23. 那尼还走去尼耐? 24. 陈先生耐,陈先生走来罢。 25. 那么你(n̥i)还走去耐? 26. 伲人啊? 钟伲啊? 27. 你走啊勿? 28. 你走啊勿? 29. 钞票多险。 30. 还未(mɵ)做好耐。 31. 你想骗我啊。 32. 你勿肯啊? 33. 阿三啊! 34. 你国个(keke)人啊。 35. 阿三啊/唉,我旷你讲耐。 36. 假使佢喝你啊,那么好险唉(e)。 37. 我勿答应啊。 38. 本来应是佢唉。 39. 勿哭唉,钟好唉。 40. 国个(kekæi)还勿唉,嚡(ɦɑ)? 41. 本来是佢个呀。 42. 勿是,勿是,勿是个唉。 43. 国个(kekæi)要喝开水冲个喏/末。 44. 我晓得勿对喏(no)。 45. 总算还好ɦɵ。 46. 我晓得勿对喏(no)/末(mo)。 47. 先耐吃饭,吃完饭耐洗面。 48. 假ɦɑ落雨末,我就勿去罢。 49. 走来唉,吃点唉。 50. 勿见得嗄。 51. 勿对佢说末勿大好。 52. 走来唉,勿用怕唉。 53. 国(ke)也危险个。 54. 还勿好唉。 55. 不过蒙讲讲捺(nɑ)。 56. 让佢去是呢(n̥i)。 57. 答应你呢(n̥i)。

三十一、衢州

1. 我(ʔŋo)葛(kəʔ)书(ɕy)。 2. 要一朵红个(gɤɯ)。 3. 我昨日去(k'i)看戏(sɿ)咾(lɔ)。 4. 是(szɿ)葛(kɤɯ),我也要去唻。 5. 好好的走。 6. 7. 佢(gi)走得慢。 8. 吃得落。 9. 倦咾得眼睛末开勿(vəʔ)开啦。 10. 葛个(kəɦəʔ)水(ɕy)清勒紧。 11. 勿(fəʔ)好啦,要死(sɿ)啦。 12. 再勿去就晏勒。 13. 我后来就睏啦(lɑ)。 14. 饭开好啦。 15. 吃得/勒饭再去。 16. 我死勒你(n̥i)亨啦? 17. 等晏再麻烦个啦。 18. 走好啊! 19. 坐得比立葛哩舒服。 20. 骑拉马去寻马。 21. 万一勿成功呐(nəʔ),葛末只好算啦(lʌʔ)。 22. 佢会唱(tɕ'iɒ̃),你(ni)呢(n̥i)? 23. 葛末何必再去呐。 24. 陈先生呐,陈先生来啦(lɑ)。 25. 葛末你啥体去呐? 26. 拉个ku啊? 做啥事体怪(kuɑ)? 27. 你去勿(fʊ)啦? 28. 你去勿(fʊ)去啊? 29. 葛(kəʔ)样子末莽扎得紧唻。 30. 还(ʔɦæ)覅(fən)完唻。 31. 你骗我啊? 32. 你勿(fəʔ)肯啊? 33. 阿三啊! 34. 侬葛个(kəʔgəʔ)人啊。

35. 阿三啊，我告你哎。　36. 假使佢嫁勒(li)你(ȵi)啊，葛(kəʔ)是(szɿ)越发好咪。　37. 我并勿(fən)答应你啊。　38. 本来应该是佢个(gigəʔ)啊。　39. 覅(fiɔ)哭啊，k'ɑvɑ点啊！　40. 葛个倒呒(ɦm̩)啥，嘳？　41. 本来就是佢个啊。　42. 勿(fəʔ)是，勿是，勿是咸。　43. 葛个(kəʔgə)要用滚烫个水来冲(tʃ'ʌŋ)骨嗅。　44. 我晓觉勿对个惑(guə)。　45. 总算ɦəʔk'uəɪi个惑(guə)。　46. 我晓觉勿(ɦəʔ)对骨惑(kuə)。　47. 先末吃饭，饭吃好末再洗(sɿ)脸。　48. 假使落雨末，我就勿去啦。　49. 来啊，吃点啊。　50. 勿tɕiɪʔgəʔlən号(ɦɔ)。　51. 勿(fəʔ)对佢讲罢(bə)，也(ɦiɛ)勿好。　52. 来哇(uɑ)，勿要怕哇。　53. 葛mɑ怕危(ŋəɪ)险个咪。　54. 还勿(fən)完咪(le)　55. 只不过讲(kɒ̃)一件哇。　56. 让渠去是(szɿ)勒哇(uɑ/vɑ)。　57. 答应渠是勒哇。

三十二、金华

1. 我(ʔɑ)葛(kəʔ)书。　2. 要一朵红葛。　3. 我昨日(sɑnȵiə)去望(moŋ)戏勒(ləʔ)。/我昨日是去望戏葛。　4. 是葛，是葛，我也要去葛。　5. 好好宁(ȵin)走，一点点葛吃，认真葛学。　6.　　7. 渠(gə)走得慢。　8. 吃得落。　9. 倦得眼(ɑ)睛也张勿(fəʔ)开勒。　10. 葛葛水清莽。　11. 勿好勒，要死勒。　12. 再勿去便迟勒。　13. 后(iɯu)来我便去睏睡(ɕɥɑ)勒。　14. 饭开好勒。　15. 吃勒饭再去。　16. 我死勒依(ʔnoŋ)哪亨办！　17. 等件弄破(p'ɑ)勒！　18. 走好勒咸！　19. 坐铅比隑(ke)铅舒服。　20. 骑勒马寻(szən)马。　21. 万一勿成功呢(nə/ȵie)，忙不只好算勒。　22. 葛会唱(tɕ'iᴀŋ)，侬呢(ȵie)？　23. 忙不何必再去呢(nə)。　24. 陈先生呢(nə/nie)？陈先生来勒。　25. 忙不侬为大(tɑ)葛去啦？　26. 拉个啦？大葛(kəʔ)啦？　27. 侬去勿(fəʔ)啦？　28. 侬去哇(uɑ)？　29. 阔莽葛啦。　30. 还未(mi$_j$)完呢。　31. 侬想骗我(ɑnoŋ)啊(ʔɑ)？　32. 侬勿肯啊？　33. 阿三啊？　34. 侬葛个(kəʔkəʔ)人啊！　35. 阿三啊，我跟侬讲啊。　36. 如果佢(kə)刮得侬啊，忙得便好啰！　37. 我并还未答应侬啊。　38. 本生便应该是侬葛啊！　39. 勿要哭啊，还地(ti)啊！　40. 葛葛倒没拉亨，啊/嘳，侬想哪亨呢？　41. 本生便是葛葛(kɪʔkəʔ)啊。　42. 勿是，勿是，勿是我葛啊！　43. 葛葛要带开水来冲葛啊！　44. 我晓得勿对葛惑kuə。　45. 总算勿差葛惑kuə。　46. 我晓得勿对个惑(kuə)/哇惑(uəʔ)。　47. 先末/不吃饭，吃完勒末揩面。　48. 如果落雨末，我便勿去勒。　49. 来或(ɦuəʔ)，吃点或。　50. 勿见得或。　51. 勿对佢(kə)讲罢(bə)，也(ɦiɑ)勿大好。　52. 来或！勿要光或！　53. 葛葛倒危险葛呐。　54. 还未完呢。　55. 只勿过讲讲或。　56. 让渠(kə)去得勒。　57. 答应渠(kə)得勒。

三十三、永康

1. 我(ŋoːə)滑(ɦuə)书。　2. 要(ŋᴀʊ)一朵红滑。　3. 我昨日望戏滑。　4. 正是滑，我也(ɦiᴀ)要去滑。　5. 好好列，慢慢箸(dʑi)望，一点(niᴀ)点(滑)食。　6. 又(ɦi$_j$)三尺，又六尺，九尺咧。　7. 佢(gə)列(lie)来/哀慢。　8. 食(zəɪ)哀落。/食来落。　9. 脚(tɕiaʊ)来眼睛也撑(ts'ai)勿(fə)开咧(liᴀ)。　10. 葛勒水清(无补语)。　11. 勿好咧，要死咧。　12. 再勿去便太慢哇(uᴀ)。　13. 之后我便去睏属咧。　14. 开饭咧。　15. 饭食落再去。　16. 我死落laʊ嗯(n̩)省(sai)样子！　17. 等(niɪŋ)下(tɕie)要(ŋᴀʊ)妖坏惑(ʔʊə)。　18. 列列好啊！　19. 坐拉比隑拉清爽勒。　20. 马骑哀寻马。　21. 恰讲勿(fə)成功呢(nie)，葛末只好算咧。　22. 渠(gə)会唱，嗯(n̩)呢(nie)？　23. 葛末dʑiᴀ葛又要去呢？　24. 陈先生呢？陈先生来咧。　25. 葛末嗯(n̩)去dʑiᴀ葛啦？　26. dʑiᴀ人(noŋ)啦？dʑiᴀ葛啦！

27. 嗯(n̩)去勿啦?/嗯(n̩)去勿? 28. 嗯(n̩)去哆(tiᴀ)? 29. 歇火爽勒。/高爽滑勒! 30. 还未(mi)歇工哎(əi)。 31. 嗯想骗我(noːə)啊(ᴀ)? 32. 嗯(n̩)勿(fə)肯啊? 33. 阿三啊! 34. 嗯(n̩)葛个人啊! 35. 36. 恰讲渠嫁嗯(n̩)末,葛末真滑好哇。 37. 我又未答应过啊! 38. 本来是佢滑啊。 39. 覅(ʔn̩ŋᴀʊ)妖啊,手段点啊! 40. 葛个倒内省省滑,饭(vᴀ)? 嗯(n̩)讲/建得省样子。 41. 本生是佢滑啊。 42. 勿是,勿是,勿是滑勒! 43. hai滑主要滚汤泡滑勒。 44. 我哓得勿对惑。 45. 总骨还勿对惑。 46. 我哓得勿对咧末。 47. 先未食饭,饭食咾末洗面。 48. 恰讲落雨末,我便勿去哇。 49. 来哇,食点去啊。 50. 勿见得喔/哇。 51. 勿哈佢讲末也勿大(tiᴀ/tɕiᴀ)好。 52. 来嘎! 勿要吓嘎。 53. hai哎ie真滑危险滑。 54. 还未歇工哎。 55. 便是hai讲讲勒。 56. 那渠示去哆/得(dəɪ)哇。 57. 答应渠哆/得哇。

第七章　吴语的语法特征

第一节　吴语的语法特点

一、SOV 语序

从句子的语序类型来看，吴语大多数都有 SOV（主语＋动词＋宾语）的句子语序，如普通话“我看过了电影。”“我做完了功课。”吴语多数地方常用 SOV 的句式。如：

宜兴：我电影看过列。	我功课做完咾列。
靖江：我电影看过勒勾。	我作业做好勒勾。
江阴：我电影看过糟。	我作业做好则。
无锡：我电影看过列。	我功课做完列。
苏州：我电影看过哉。	我功课做完哉。
杭州：我电影看过哩。	我功课做好特雷。
余姚：我电影看过浪哉。	我作业做好浪哉。
宁波：我电影看过来。	我作业做好来。
温州：我电影眙黄爻。	我功课做好爻。
永康：我电影望过列。	我作业做好列。

有些地方也能说成 SVO 语序，如上海方言也能说“我看过了电影。”“我做完了功课。”但这种语序多用于年轻人，老年、中年人习惯上都认为用 SOV 语序表达感到习惯自然，说明能说 SVO 的句式是后起的。

越是僻乡，语言变化较慢的地方，越是倾向说 SOV 句，或只说 SOV 形式。如较大的城市绍兴方言，可以说“我吃勒饭哉”，“喏（你）吃勒饭再去。”但同是旧绍兴府的嵊县崇仁、太平，只能用 SOV 表达，如崇仁镇：“我饭食过鞋拉。”“我饭食过再去。”越是走向浙江南部，SOV 表达形式越是稳定。

“SOV”的语序可用于吴语各类句式中，一直使用到如今。尽管上海方言是变化比较快的方言，在年轻人说话中已经常听到 SVO 语序的表达，但是上海方言口语的各式句子中，仍然保留着 SOV 的语序。如：

1. 有字句：“要种花，我空地老早就有。”“我搿种稀奇个物事有个。”

2. 疑问句（1）是非问句：“要端正种花，侬空地有哦？”“侬铜钿带来哦？”“侬介宜个物事买勿买？”（2）特指问句：“侬啥地方来个？”（3）选择问句：“侬城里还是乡下去？”

3. 否定句：“我上海勿去。”“侬好物事勿要掼脱。”

4. 能愿句：“我搿眼饭吃得落。”“我针线生活会得做。”

5. 祈使句：“侬报纸快点理好！”“侬上头去！”

6. 地点宾语句：“我楼浪来了。”“侬明朝杭州去！”

7. 结果句:“我一只床搬脱了。”

8. 带状语句:“我裙子过两日做。”

9. 带补语句:“我衣裳汏干净了。”

10. 状语从句:“从前我娘四个五个小囡一养,穷得溚溚渧。”

11. 定语从句:“老早我家当赅个辰光,伊拉侪眼热我。”

12. 分裂式话题句:“我眼镜只配一副。”

13. 含数量宾语句:“到现在伊三篇文章写了。”

14. 双宾语句:“侬生梨槼一只我。”

15. 心理动词句:“伊小囡老欢喜个。”

16. 给予句:“我拨伊耳光吃。”

17. 连动句:“我夜饭吃好做功课。”

18. 各种时体句(1)存续体:“伊一只包裹拿辣海。”(2)现在完成时态:“阿姐研究生考拉了。”(3)过去完成时态:“我一张条子贴辣海个,侬呒没看见啊?”(4)现在进行时态:“伊生活辣辣做了。”(5)过去进行时态:“我搿张条子看见侬辣辣写个,侬勿要赖脱。”(6)现在即行时态:“阿拉生活做快了。”(7)经历体:“我好小菜侪尝过歇。”(8)短时反复体:“侬一只台子揩揩。(对象定指)”(9)长时反复体:“大家老酒吃吃,笑话讲讲。(对象不定指)”(10)尝试体:“侬拍子打打看。”(11)重行体:“味道勿好,我搿只菜再烧过。”(12)开始体:阿拉小菜已经吃起来了。(13)现在时:“客人侪到了,我两只菜上了。”(14)过去时:“今朝我城里去个。”

以上各式句子,在现今的上海人口语里,还是以说 SOV 语序为主,感觉很顺口,有时用 SVO 语序表达,则多见于年轻人,有些句子根本不能转用 SVO 语序说。

这里要说明的是:句子这一级语言单位与词、词组(短语)是不相同的。词组是语法的静态单位、备用单位,句子则是语法的动态单位、使用单位。由于北方话积累了大量的词组,如三字组动宾词组“吃点心”“做体操”等都是 1+2 的结构,但那是句子语法中的备用单位。一到句子层面,上海话就是 OV 结构,如:“我功课做好吃点心。”这个句子的句法结构是 SOV,是连动结构的句子,其中“吃点心”是一个词组单位。

上海方言里只有两种句子,比较通用 SVO 式,似乎不能用“SOV”式,一种是“判断句”,如:“伊是我个老师。”“伊是有铜钿人家。”但上海方言中还存在着一种过去常用的名词谓语句的表达方式:“伊末,有铜钿人家呀。”“我吃个,青蕉苹果。”如同古汉语“……者,……也。”句式。

还有一种是“比较句”,如“伊比我年纪大”“新式里弄房子,比石库门房子大得多”,采用的是“比较标记——基准——形容词”形式,这是“VO”句式的特征。但是,上海方言中还存在着一种“还是”差比句,是用 OV 句的“基准——比较标记——形容词”的形式表达,如:“石库门房子,还是新式里弄房子大得多。”“皮凳子,还是沙发坐坐适意。”是一种较老式的表达法。

下面且看浙江宁波方言中的各类句式语序:

1. 有字句:“要种花,我地垟老早就有个。”

2. 疑问句,是非问句:“侬铜钿有哦?”特指问:“侬啥地方来个?”
　　选择问句:“侬东边介去还是西边介去?”

3. 否定句:“我上海勿去哦。”

4. 能愿句:“我个眼东西吃得落个哦。”

5. 祈使句:"侬报纸快眼整好!"

6. 地点宾语句:"其杭州明朝去。"

7. 结果句:"我一张眠床搬掉盖唻。"

8. 带状语句:"我个件衣裳过两日来买。"

9. 带补语句:"我衣裳浆清爽了。"

10. 状语从句:"闲早仔其大饼一餐七八只好吃,非好结根唻。"

11. 定语从句:"闲早仔其屋里向钞票有个当势,其拉侪眼痒煞其。"

12. 分裂式话题句:"我钥匙只配一把。"

13. 含数量宾语句:"到现在为止其三篇文章写好盖了。"

14. 双宾语句:"侬梨头拨我一只。"

15. 心理动词句:"其小人交关欢喜。"

16. 给字句:"我拨侬生活吃。"

17. 连动句:"我天亮饭吃好做作业。"

18. 各种时体句:(1)存继体:"阿娘眠床高头睏盖。"(2)现在完成时态:"我其情况掌握的了。"(3)过去完成时态:"个点题目我晓得盖了。"(4)现在进行时态:"侬外头坐上,其电话来的接。"(5)过去进行时态:"吾奴讴小王个辰光,其球来盖踢。"(6)现在即行时态:"我作业做好快了。"(7)经历体:"其欧洲国家侪去过个。"(8)短时反复体:"侬个小刀借拨我用用,修修我个指掐。"(9)长时反复体:"介好天家,其拉老酒喝喝,大道讲讲。"(10)尝试体:"侬个首歌唱唱看。"(11)重行体:"味道一般,我个只菜再烧过。"(12)开始体:"其拉老酒吃起来了。"(13)现在时:"我字条写好了。"(14)过去时:"我今密王先生看见个。"

有些北部吴语在完成体连动句中已经用SVO式句型,但大部分的浙南吴语都还依然用着SOV形式。如把普通话"我吃完了饭做活",换成方言来说:

常州:我吃则饭做事体。

苏州:我吃脱仔饭再做生活。

常熟:我吃好则饭做生活。

罗店:我吃好勒饭做生活。

溧阳:我吃妥则饭再做生活。

嘉兴:我奴饭吃仔再做生活。

诸暨:我饭吃好末做生活喇。

宁波:我饭吃好再做生活。

衢州:我饭吃好嘞再做事体。

永康:我饭食歇做生活。

二、现在完成时态表达的语序

普通话"我吃了饭了",表达了"到现在为止我完成了吃饭"这一件事,它与英语的"现在完成时态"表达的语义相同。"吃"后的"了",表示完成体,句末的"了"表示现在时。换作吴语来表达,大部分地区都用SOV的句式,如松江话说,就是"奴饭吃嚡哉。"句中的"嚡"是"拉"的变体,是"体助词",表示"完成体"语义,"哉"在此是"时助词",表示"现在时"的语义。"体"即"aspect","时"即"tense"。两者在一个句中都有,通常称是个"时态句"。

在"奴饭吃嚡哉"这个句子中,如果少了一个"嚡",这只是一句"现在时"的句子,表达的意思是"现在我吃饭"。如果少了一个"哉",这只是一句"完成体"的句子,表达的意思是"我已经吃饭",时间是不限定的,可以是任何时间吃了饭。

吴语大多数地方,表达现在完成时态的"时态句"或一般表达完成体的"陈述句",都是用"SOV"形式表示的。如:

黎里:我饭吃好台/勒。

嘉兴:我奴饭吃好鞋哩/鞋哉。

罗店:我饭吃过则。

双林:我饭吃好台/勒。

崇仁:我饭食过鞋拉。

余姚:我饭吃好浪哉。

宁波:我饭吃过来。

黄岩:我饭吃好号。

永康:我饭食过列。

但是主要是在旧苏州府(平江府)地区,尤其是苏州市,现在完成时态另有一种表达形式,普通话"我吃了饭了"这句话,苏州话的语序也是"SVO"形式:"我吃仔饭哉。"又如:

普:我吃了饭了。	普:你吃了饭再去。
苏州:我吃仔饭哉。	倷吃仔饭再去。
昆山:我吃是饭勒。	能吃是饭再去。
江阴:我吃则饭糟。	你吃得饭再去罢。
无锡:我吃勒饭列。	你吃好饭再去。
丹阳:我吃则饭嘍。	你吃则饭再去。
常州:我吃饭葛列。	你吃则饭再去。

SVO 形式的完成体句与主要在长江北部江淮官话的表达形式是一致的。如:

普:我吃了饭了。	普:吃了晚饭再走。
镇江:他吃过饭了。	吃了晚饭再走。
南通:他吃到饭到啦。	吃到夜饭再走。
如皋:他吃嘎饭啊。	吃嘎夜饭再走。
泰州:他吃格饭奈。	吃果夜饭再走。
扬州:他吃过饭了。	吃过/了晚饭再走。

(江淮官话语料来自鲍明炜主编,1998)

与此相似的现象,是吴语大部分地区,可以用摇头或点头代替回答的"是非问句",即"yes-no question",都是用"SOV 勿"、"SOV 哦"(勿+啊合音),只有一小部分地方(杭州、绍兴、嵊县等地)用 SV 勿/不 VO 形式,那可能是南宋时开封话对此的覆盖层次。

但是在太湖片北部的一片吴语地区。主要是旧苏州府(平江府)地域,几乎是相当于使用 SVO 完成体句的那些地方,是非问句采用"S 可 VO"形式,而这个形式也与主要分布在长江以北的江淮官话相同。比如,普通话"他是学生吗?"的吴语表达是:

嘉兴:伊是学生子哦?	苏州:俚阿是学生?
宜兴:他是学生则勿?	盛泽:伊阿是学生子?
溧阳:他是学生则勿啦?	罗店:伊阿是学生?
丹阳:他是学生则吧?	无锡:他阿是学生子?
双林:其是学生子哦?	常熟:渠何是学生个吩?
余姚:渠是学生佛?	金坛:他葛是学生子啊?
金华:渠是学生勿?	靖江:他果是学生啊?
温州:渠是学生呀烦?	江阴:他一是学生则啦?

在江淮官话中，是非问句也是用“S可VO”形式。如普通话“你愿意不愿意干？”

南通：你果弄散？

如皋：你果高兴弄啊？

泰州：你个愿意做？

扬州：你可愿意干？你愿不愿意干？你可愿不愿意干？

镇江：你可愿意干？你愿不愿意干？

（江淮官话语料引自鲍明炜，1998）

“可V”的“可”，在各地发音有点差异，这是虚词（封闭性词）语法化同时带来的语音模糊化、中性化的特征，到了长江以南，多数地方失落了声母，就成为了“阿V”。

这种虚词语音中性化的变音，因常用、轻声等原因，声韵母和声调会发生促声化、声母浊化、更换等变音，使各地的那些虚词读音相异，如：“仔”读促音为“则”，声母变浊为“是”，句末语助词“哉tsᴇ”、变浊为“才zᴇ”，有的变为“特dəʔ”或“雷le”、“列lɪʔ”。本书写的是当地同音字。越是郊远的地区，虚词的语法形态越复杂，后附词越是古老。

像是非问句的“阿V”（“S可VO”）形式那样，吴语中的SVO完成时态（“我吃仔饭哉。”）形式是长江北部官话对吴语的覆盖层次，其使用特点是，越在吴语北部SVO句使用越普遍，越是中心城市使用越多。在吴语南部地区，或在广阔农村山区中，还是吴语原来的SOV完成句稳定的天下。

三、动词后成分的语序

简单句的动词后成分有宾语和补语两种。吴语有比普通话更多的表达方式，语序更灵活。

1. 动宾补

“动词＋宾语＋补语”的语序有以下4种情况：

（1）动词＋代词＋可能补语

吴语中表示可能的补语可以出现在宾语后面，像“我打不过他”一句，都可把宾语“他”置前。如：

黎里话：我打伊勿过。

杭州话：我敲他不过。

浙江吴语有的地区还有一种表述方式。如：

宁波话：我打勿其过。

崇仁话：我打勿伊过。

（2）动词＋名词＋趋向补语

吴语中还常有把趋向补语置于宾语之后的表述方式，如上海话“拆尿出”“刷墙粉上去”。普通话常用“把”将宾语提在动词之前，如“把管子塞下去”，吴语则常不提前，如：

罗店话：塞管子下去。

杭州话：塞管子落去。

昆山话：塞管子下去。

这种用法比较常用，如：“缩身转来。”“滴水下来。”“划稿子起来。”“倒一杯茶出来。”“并家生拢来。”“触霉头起来。”

(3) 动词+名词+结果补语

吴语还有把动作的结果直接放在名词后面的说法,如:

苏州话:嫁老公勿着。

上海话:费手脚交关。

松江话:水里加矾垃盖。

上海话中还有“吃药少”“省力惯”“拆账错”等说法。

(4) 动词+代词+结果补语

苏州话:先生罚俚重点。

松江话:后来只管要浇水,勿要放伊干脱。

常见的还有:看伊懂,打侬死,敲伊碎,吓我跑,碰我勿着。

(5) 动词+代词+趋向补语

普通话“动趋代”形式,如:“至于许多西洋花的名字,都叫不出它。”用上海话可说:“至于交关西洋花个名字,侪叫伊勿出。”其他如:

就是菩萨,也点化伊勿转。

伊勿肯相帮伊个姊妹,我十分看伊勿起。

我硬劲去拔,拔伊勿出。

下面两盘棋,要重新赢伊转来。

(6) 动词+宾语+动词+补语

吴语常用拷贝式说话。如:

上海话:用刀叉用惯了。

苏州话:装货色装满哉。

2. 动补宾

(1) 动词+结果补语+名词

吴语经常使用结果补语放在动宾结构之中的表达方式。如:

上海话:迭把刀快来死,恐怕小囡要割痛手。

外国人吃物事用惯刀叉。

侬夜里向要当心好小囡。

又如:“吃足苦头”、“装满货色”、“跟紧前头”、“吃饱饭”、“享惯福”。尤其是补语语义指向主语的,如“吃饱饭(伊吃饱饭就走)”。

(2) 动词+处所补语+名词短语

处所补语往往是介词结构。如:

上海话:我要登拉屋里交关辰光。

苏州话:俚写勒笃纸头浪几个字。

松江话:我要登拉屋里一个主日多。

3. 动代宾

这是一种比较特殊的形式,动词后有两个是对象成分,名词与代词有领属关系。

220 多年前的上海话小说《何典》中有“吃他饭,着他衣,住他房子”这种“动词+代词+名词”的表达方式。还有像“撳我头”“放伊人”“趁伊便”都是。

四、谓语动词的修饰语常后置

1. 状语后置

普通话“快到上海了”，在吴语中“快”字往往置动词或动宾之后。如：

靖江话：到上海快勒够。

宜兴话：上海到快列。

杭州话：上海到快特。

修饰语后置的情况又如南汇周浦话“船快来邪(船很快)”，“天好透(天气非常好)”；松江话“皮韧去韧来(皮非常韧)”，“我吓来邪气(我怕得很)”，“饭吃畅吃畅(饭吃了很久)”，“功夫勿多几化(功夫不太多)”。

修饰语后置现象在南部吴语更多。如：

黄岩话：船晒得快得猛。(船行得非常快。)

王家井话：后来其再吃上三碗添。(后来他再吃了三碗。)

温州话：你走先，我就来。(你先去，我就来。)

衣裳着起快。(快把衣服穿上。)

饭吃碗添。(再吃一碗饭。)

吴语的口语多用短句，状语从句后置现象也常见。如：

上海话：所以押当店家是一个大咾要紧个线索为捉着强盗。(所以，为抓到强盗，典当是一个大又重要的线索。)

院子里，小朋友辣白相，追来追去个。(院子里，孩子们你追我赶地玩着。)

我对吴江县先调查一趟，辣六月下旬，侬认为适当个辰光，对县个中心地区。(我六月下旬，在你认为合适的时候对县里的中心地区先作一次调查。)

说话的时候，对于像普通话那样较长的状语，吴语往往宁可放在后面说，用分句、小句说。

2. 定语后置

吴语原来也没有长定语在名词中心的前面，如有名词前的较长的修饰成分，往往后置于中心语的，补充说明前句。如：

上海话：要买一只竹椅子孙囡坐个。(要买一个孙女坐的竹椅子。)

搿个小姑娘，刻刻走过个，勿晓得是啥人家个，生得极其标致。(刚才走过的那个不知道是哪家的小姑娘，长得非常漂亮。)

我领㑚去寻着搿个人，庄浪管账个，拨伊一百铜钿。(我带你们去找到那个在庄上管账的人，给他一百个钱。)

普通话“有一个在厂里的儿子”，吴语一般是这样说的：

宜兴话：我有一个伢儿勒厂里头。

童家桥话：我有一个儿子在厂里。

靖江话：我有个儿子来厂里。

杭州话：我有一个儿子辣哈厂里。

绍兴话：我有一个儿则来亨厂里。

金华话：我侬有个儿盖厂里。

衢州话：我有一个儿仔葛杆厂里。

说话的时候,吴语宁可把那些稍长的修饰语,用分句形式放在后面说,所以句子都较短。

五、动词带双宾语句和含兼语句的语序

普通话中“我给你一本书”“我给他点药吃”这两句话,在吴语中,除了现在许多地方也能用北京话的语序外,常用以下说法:

宜兴话:我拨本书你。　　　　　　我拨点药他吃。

昆山话:我拨本书侬。　　　　　　我拨点药伊吃。

常州话:我拨本书你。　　　　　　我拨点药他吃。

另一种说法,在浙江吴语中常见,把直接宾语提前。如:

黄岩话:我书拨本你。　　　　　　我药拨佢吃。

余姚话:我书则侬一本。　　　　　我药则佢吃眼。

上海话:我书拨本你。　　　　　　我药拨眼伊吃。

双宾语句在吴语中可表达的形式多样,如在上海话中,前期先物后人是这样表达的:“拨 O_2 拉 O_1”“VO_2 拉 O_1”:

多拨点铜钿拉伊。

伊拨船钿拉侬,打发侬转来。

拉夜快,主任发工钿拉一个用人。

借只犁拉我。

后来,用“拨 O_2O_1”、“VO_2O_1”常见:

后日,我拨回信侬。

伊总勿是白白里一眼勿谢侬个,总送几两银子侬个。

拨两三张吸墨水纸我好否?

物作话题常用:

辛俸付过拉侬拉哉。

第块地皮原主卖拉侬啥行情?

还有用“拿 O_2V(拨)拉 O_1”的形式:

近来几年,担树包拉别人。

伊要想拿伊个儿子过房拨拉伊个最好个朋友王先生。

拿茶拨客人。

去拿个凭据来拨我。

“拉 O_1”转向“拨 O_1”,用“VO_2 拨 O_1”

老弟我讲一件可笑个事体拨侬听。

“拨”的介词化:

果真几日前头箇个人,卖拨箇只马拉姓赵个。

伊前头穷苦个时候,我担铜钿咾米相帮伊,后来又借拨银子伊做生意。

我呒得铜钿借拨拉伊。

后期多先人后物,“拨 O_1O_2”“V 拨 O_1O_2”:

老爷话,每月拨侬十块洋钿。

我特地来介绍拨侬第位 Monsicur Wilson。

以上语料都采自西方传教士20世纪上半叶在上海编写的上海方言著作。

由于后来北方话的影响，吴语双宾语语序向普通话的形式变换，在有的方言里留下了过渡态，如：

上海话：我拨本书拨侬。我拨眼药拨伊吃。

崇仁话：我拨/吉本书拨你。

苏州话：我拨点药拨俚吃。

还有一种带兼语的双宾语句，语序更其自由。“送点我药我吃”，上海方言中有五种语序都能说。它们是 1.$V_1O_2O_1V_2$；2.$V_1O_1O_2V_2$；3.V_1O_2 拨 O_1V_2；4.$O_2V_1O_1V_2$；5.$V_1O_1V_2V_2$。如：“送点药我吃。”“送我点药吃。”“送点药拨我吃。”“点药送我吃。”“送我吃点药。”

六、话题句常占优势

北京话中有些主动宾句，吴语常把受事宾语提前作话题。如“我看过了电影”一句：

黄岩话：我电影望过号。　　　　电影我望过号。

溧阳话：我电影看过列。　　　　电影我看过列。

北京话中的许多“把字句”、“被字句”，吴语中常用带话题句表达。如“他把衣服洗好了”，“玻璃被我打碎了”：

常州话：他衣裳洗好佬列。　　　　玻璃我打碎佬列。

松江话：伊衣裳净好啊哩。　　　　玻璃奴敲碎脱啊哩。

以下几种话题，在吴语说话时常用，用上海话举例。

1. 题元式共指话题。如：

搿只瓶，我嫌伊太大。

刻字店里每个字刻伊要几钿？

2. 语域式话题。可分：

(1) 领属语域式

搿个裁缝手脚好勿好？

前日送拨我个茶叶，滋味勿大好。

(2) 时地语域式

清明节阎王放鬼还乡。

书房里，一只钟停脱勒。

(3) 上位语域式

油啥价钿一斤？

人讲言话总要老实。

(4) 背景语域式

迭趟个瘟疫，有行情行市个人死脱。

我到仔下半日末，空勒。

3. 总冒式话题

对于价钿贵咾啥，一眼也用勿着管个。

比方人咾，我寻拉个，我应该要保。

4. 受事前置式话题

搿间房子,容易有人租个。

成功勿成功,我勿关。

5. 平列罗列式话题

房子啊,轮船啊,搨来有点因头个。

自来水咾电灯咾煤气咾,大地方一样也少勿来个。

6. 系事式话题

搿间末,卫生间。

布染啥个颜色末,啥个价钿。

7. 关涉式话题

搿趟高考,还好语文复习勒好。

中国人开张拣选好日脚。

除了以上几类话题,还有吴语特有的话题。如:

8. 拷贝式话题

打篮球打得勿错。

读书读过几年?

好是好个,到底本事平常。

几样物事,现在做末做辣海,还呒没烧。

9. 分句式话题

有个是,因为小辰光穷老,勿好出来个。(例举)

太阳出来仔末,雾露要散勒。(条件)

勿贵末,买仔去,嫌贵末勿要买。(假推)

饭烧好仔末,就要吃。(直推)

讨仔来末,就要种个。(连贯)

伊面块零落地方咾,收益有限个。(因果)

七、处置句和被动句

处置句,普通话用"把字句",即用"把"作处置介词将句子的受事成分置于动词之前。吴语中也用处置句,处置词多数地方用"拿"。如"他把衣服洗好了。""把衣服脱掉。"各地是这样讲的:

溧阳:他拿衣裳洗好则列。	拿衣裳脱拉则。
常熟:渠拿衣裳汏好哉。	衣裳脱脱。
霜草墩:伊拿衣裳汏好则。	衣裳脱脱伊。
盛泽:伊拿衣裳汏好台。	脱脱衣裳。衣裳脱脱伊。
太平:伊把伊个衣裳洗好猛。	衣裳脱落来。
温州:渠逮衣洗好爻。	衣脱黄。
金华:渠分衣裳洗好勒。	脱掉衣裳。
余姚:渠衣裳汏好浪哉。	衣裳脱凡。
丹阳:他把衣裳洗好喽。	脱道衣裳。把衣裳脱道则。

"把字句"在吴语中往往不用"拿"字带的"拿字句"表达,常用"话题句"或"主谓句"表示,

如上海:“伊衣裳汏好了。”“衣裳脱脱”也可说“脱脱衣裳”。其他地方大致都可这样表达。尤其是本身没有人称主语的句子,更倾向于不用处置句形式。如“把管子塞下去”,罗店话:“塞管子下去。”苏州话:“拿管子塞下去。”或“塞管子下去。”杭州话:“不管子塞落去。”或“塞管子落去。”宁波话:“管子塞落去。”

吴语中的被动句,如果不出现施事者,则没有表示被动的标志,句子形式与主动句相同。如普通话“玻璃被打碎了。”这句话,吴语的表达如下:

宜兴:玻璃打碎佬列。

苏州:玻璃打碎脱哉。

无锡:玻璃打碎落列。

黎里:玻璃敲碎脱台。

王家井:玻璃打破滑。

黄岩:玻璃敲碎号。

出现施事成分的被动句,吴语在句子谓语动词前,用“被字句”的标志把施事者提出,多数地方用“拨”字。普通话“他被我打了两下。”吴语的表达是:

溧阳:他拨我打则两记。

童家桥:他被我打勒两下子。

常州:他拨我打则两记。

周浦:伊拨我打是两记。

崇仁:伊得我敲得两级。

黄岩:渠拨我两记打号。

永康:渠捺我两记打去。

吴语有标志的被动句,施事一定要出现。“我被打了”,在苏州话只能说“我拨伊打哉。”(我被他打了。),不能说“我打哉”或“我拨打哉”。只是近年来在大城市上海年轻人中因普通话影响,出现了“我拨打勒”这样的句子。

吴语中的“拨”或“拨拉”,有四种用途:(1)表示主动,给。如:“拨两只杯子我。”(2)表示被动,被。如:“拨父母责备。”(3)表示“引起……的”语义,用于使役式。如:“拨伊死。”(4)表示许可。如:“啥人肯拨别人欺负呢。”

八、吴语中的反复体

这里说的是吴语中经常见到的动词重叠(VV)和重叠带受事成分(VVO、OVV)表示的意义。用上海方言举例。

1. 当动词的对象是不定指或无指的事物时,动词重叠表示句子事件的动作行为长时持续进行或经常性反复进行,可能在某时即终止完成,可能一直反复进行下去。

下面是要说一件事的动作一直反复进行的例子,这里都选用上海方言举例。

今朝一上半日,我辣门口头拣拣小菜。(今天一个上午,我在门口一直拣着菜。)

伊末,就辣编辑部里改改稿子呀!(他长期以来就在编辑部里干改稿子的差使。)

勿对呀,哪能吃吃呒没啦。(不对呀,怎么东西吃着吃着没啦。)

读书需要正襟危坐,看报只不过是随便翻翻。

搿两年,老张靠教教书过日脚。(搿:这。日脚:日子。)

做做临时工,赚勿着几钿。(赚勿着几钿:赚不到多少钱。)

小李跟仔先生一道调查调查方言。(小李跟着老师一起在调查方言。)

动词的不定指对象分两种，一种是有指的，一种是无指的。前四例宾语是不定指的，后三例宾语是无指的。由于动作持续时间较长，必然是做做停停再做做，有起有落，呈现反复性的特征，因此句子的语义常带有轻松自在感。

在动作对象是不定指的情况下，可以在语句中把“VV(O)”重复一次。如：

看看书，看看书，连辰光也忘记了。(书看着看着，连时间也忘了。)

敲敲，敲敲，敲下去了。(敲啊，敲啊，敲下去了。)

对象是无指的情况下，不能重复。

不及物动词重叠，只要不带定指的处所词语，通常也表示长时反复持续。如：

平常辰光末来来。(平时多来。)

我末每日早晨头公园里坐坐。

侬就休息休息好了，勿要管闲事了！(好了：吧。)

＊做做临时工，做做临时工，赚勿着几钿。

不及物动词重叠，只要不带定指的处所词语，通常也表示长时反复持续。如：

平常辰光末来来。(平时多来。)

我末每日早晨头公园里坐坐。

侬就休息休息好了，勿要管闲事了！(好了：吧。)

由此可见，长时反复是反复体的基本特征。

2. “VVO”后面连贯接着动词的句子，表示反复持续到后面动词所表示的动作开始，动作已经完成，如：

我看看报，想起一桩事体吃没做好。(我看着报，想起一件事没做和好。)

伊白相白相游戏机睏着了。(白相：玩。睏：睡。)

伊拉两个人借借书认得了。(他们俩一起经常借书就相识了。)

天落落雨，出太阳了。(落雨：下雨。)

伊藤椅浪躺躺勿想立起来了。

在这种情况下，“VV(O)”在形式上也可以反复一次，大致相当于普通话“V着V着”的意思。如：

看看，看看，倒头睏着了。(看着，看着，倒头睡着了。)

吃吃吃吃，肚皮痛起来了。(肚皮：肚子。)

天落落雨，落落雨，出太阳了。

伊走走路，走走路，跌倒了。

吹吹牛，吹吹牛，立辣海勿走了。(立辣海：站在那儿。)

3. 当两个或几个“VVO”作并列结构出现而动词的对象都是不定指或无指的时，如果两个或几个动作不能同时发出，动词重叠表示动作交替持续进行。类似普通话“有段时间V……有段时间V……”的意思。如：

练练歌，跳跳舞，辰光过得倒也蛮快。(蛮：很，相当。)

伊脚伸伸，手拉拉，辣辣锻炼身体。(辣辣：正在。)

黄梅天，雨落落，太阳出出，变化多端。

天气晴晴阴阴，也吃勿准会勿会落雨。

年纪大了，重生活做勿了，只能汏汏衣裳，铡铡草，喂喂牲口。（生活：活儿。）

退休以后，打打牌，练练气功。

我看侬现在最好还是走走伊，坐坐伊，困困觉，散散心。

如果两、三个动作可同时发出，动词重叠则表示动作的伴随进行。类似普通话“一边V着……一边V着……”的意思。如：

跷起仔脚，吃吃香烟，看看电视。（仔：有“了”和“着”的意思。吃：抽。）

一头钻进小屋，螺蛳嗍嗍，蹄髈笃笃。（笃：用文火较长时间煮。）

我音乐听听，功课做做，混了一日天。（我一边听着音乐，一边做着作业，混了一天。）

大家坐坐，看看，吃吃，听听。

如果两个动词重叠是连贯发生的，则表示两个动作反复连续地进行。如：

伊无所事事，开开车，闯闯祸。

节日两天，商店去去，物事买买。（物事：东西。）

由于动作的反复交替，重叠表示动作的轻松悠闲特别明显。

4. 当动词的对象是定指的事物时，表示动作在短暂时间中进行，或在短暂时间内完成。前者是一个短时过程，可以看作是“V一V”的省略，相当于普通话的“V一下”；后者短暂动作已完成，可以看作是“V了V”的省略，相当于普通话的“V了一下”。如：

看看辩只封面就晓得书好勿好了。（看一看这张封面就知道这书好不好了。）

辩碗汤让我吃吃。（吃吃：喝一下。）

阿拉商量商量，再决定去不去。（阿拉：我们。商量商量：商量一下。）

介许多衣裳，侬只要拣拣好了。（这么多衣服，你只要选一下自己要的衣服就行了。注意：当例句中定指对象省略时，在注释句中补出。下文同。）

伊摇摇头讲：“呒没办法，只好拿开水冲冲了。”（他摇了摇头说：“没有办法，只好用开水冲一冲这块冰了。）

辩个小囝碰碰就哭。（这个小孩碰一下就要哭。）

客人敲敲门就走了。（客人敲了下他家的门就走了。）

伊走过来辩张画看看，又走开了。（看看：看了一下。）

应该指出，“V一V”和“V了一V”，只要“一V”不重读表示强义，都不是真的只有“一下”的动作，即大都不是只有“一个”动作。这里的读作也有一起一落的反复性，只是反复延续的过程很短。比如说“拣拣衣裳”并非只有一个“拣（挑）”的读作，当然是有挑这件、挑那件的两个以上的动作。这里的“拣一拣”或“拣一下”，所表达的语法意义是指“拣”的事件短。

与英语不同，汉语的句子里定指的宾语除了必须明确指示时用指示代词“这”、“那”之外，一般没有像“the”这样的定冠词等作为形式标记，如“客人敲敲门就走了。”的“门”在句中是定指的，但没有形式标志，不必说“哀个（那）门”，“伊摇摇头讲”不必说“伊摇摇伊个头讲”。同样，不定指也不一定有像“a”那样的不定冠词，“我吃脱一碗汤。”这句话中“汤”前的“一碗”是实数，但动词重叠式的不定指对象前没有形式标志。说汉语的人都可以从语境中区别出对象的有定和无定。

在上海话中，凡表示动作短时进行的单音动词重叠，在语音上连读调可以读成双音节连读调形式，也都可以读成第二音节为零形式的三音节连读调形式，不过，这时第一音节读成三音节连读调的第一、第二音节的合音。如：“想想”可读成“[ɕiã$_{33}$ ɕiã$_{44}$]”，也可读成“[ɕiã$_{35}$ ɕiã$_{31}$]”

(“想一想”“想了想”的连读调应为“33＋55＋31”)。但是,表示动作长时进行的单音动词重叠没有读成第二音节为零形式的三音节连读调形式。这是语音上区分短时反复体和长时反复体的一个有效方法。

由于对象定指时重叠动词只能表示短时反复(“看一下”或“看了一下”),所以下面第二个例句要表示持续反复进行的动作(“看啊看的”)后才产生的结果或变化就不能成立,而第三个例句因为动作对象是不定指的,可以表示动作持续进行到新情况的发生,所以也能成立。

伊搿本书看看就觉着吪没劲了。(他看一下这本书就感到没劲了。)

*伊搿本书看看睏着了。(睏着:睡着。)

伊看看书睏着了。

如果句子是表示未然动作的祈使句,动词重叠有委婉表达愿望和或缓和语气的语用作用,那是因为说话人暗含祈使的动作只需短时完成不难做到的缘故。如:

搿眼钞票侬点点。(这点钱请你点一点。)

封信侬脱我去寄寄好?(这封信替我寄一下好吗?)

5. 当动词的对象是定指的事物时,动词重叠又能表示动作在短时间内反复进行,有时相近于普通话“V了又V”的意思。这里用的动词大多是瞬间动作动词。如:

伊用力气揿揿衣裳角,翘起来真难看。(揿揿:摁了又摁。)

我辣跳板浪踏踏,看看会勿会坍下去。(我在跳板上踩了再踩,看看会不会塌下去。)

伊摸摸自己袋袋,摸出一只钥匙,摸出一角洋钿。(袋袋:口袋;洋钿:钱。)

想想昨日个事体,气得勿得了。(事体:事情。)

这里的“VV”,上海话还能说成“V个V”,如“揿个揿衣裳角”“跳板浪踏个踏”。不过“V个V”的用法现多见于郊县,上海市内年轻人已很少用。

6. 当动词的对象是定指事物时,动词重叠如果也要表达较长时间的一次动作行为的持续,它只能采取外加补充的语言形式弥补,方法是:或者在句内特用文字说明所需持续时间;或者要把动词再反复重叠一次,以表示动作断断续续地完成。如:

搿篇心得我写写,写了一上半日。(一上半天:一个上午。)

我教教搿段书,要十二个教时。

我辣此地等等侬勿来,等脱两个钟头。(辣:在;侬:你;脱:了,去。)

搿眼门,关关交关辰光。(这些门,一扇一扇关要很多时间。)

我喂喂搿只鸟,喂了一上半日。

用语音来检验,这里的代词重叠可用短时反复的变调来读,以强调动作行为的一次性,所以持续长度必须另有文字随后说明。这类句子往往表达的是“原来以为在短时可能完成的事竟然或实际变成长时完成”的语感。

“我喂喂搿只鸟,喂了一上半日。”这句话,如果改成“我喂搿只鸟,喂了一上半日。”是不能成立的,因为“喂”的动作延续一上午,对一只鸟来说是不可能的。如果改成“我喂喂鸟,喂了一上半日。”是成立的,因为鸟在这儿不是定指的,动作可以持续。“我喂喂搿只鸟,喂了一上半日。”之所以成立,是因为一方面“喂喂”这个动作必然是时断时续的一项动作,另一方面已用了时段文字强调所需时间之长。

当用较长的时间自始至终地完成定指的事情一次或一个过程时,一般来说,其动作必然是做做停停、断断续续的，上海话的动词重叠在这里就表示这种反复进行状态。如："我写这篇文章，用了一个星期。"这是一般的叙述句，重在说明写文章所需的时间。而"我写写这篇文章，用了一个星期。"这句话还表达了"写"这个动作的"写一下，又写一下"这种进行状态。

这里用的动词大多是表示持续动作的动词，这种用法往往可以造成强调一次过程所需时间很长的语感，就是因为它表面上借了长时持续的方法用于定指事物的缘故。之所以能与表示短时进行相区别，是因为后面说明了所需的持续时间。

把"VVO"重复一次，是另一种表达方法，用以表示一次历程中动作的反复。这里动词重叠本身负担了长时的信息，所以只能用长时变调而不能用短时变调来读。如：

我喂喂搿只鸟，喂喂搿只鸟，喂出经验来了。

我辣此地等等侬勿来，等等侬勿来。

伊搿本书看看看看，睏着了。（这本书，他看着看着睡着了。）

短时反复和长时反复的语义以对象的定指与否为区别依据，可以比较下面两句相近的话。如：

书末去看看，勿要搿样子浪费辰光。（对象"书"不定指，"看看"为长时进行，语音上不能用三字省中字的连调形式。）

搿本书去看看，考得着个。（对象"书"定指，"看看"为短时进行，是"看一下"的意思，语音上可以用三字省中字的连调形式。）

7. 常用一种"VV 伊"形式。

当"伊(他)"定指某人时，与前面的重叠动词往往分读(即分为两个语音词读)，有时也可连读(即合为一个语音词读)，表示短时反复。如：

侬脱我谢谢伊，勿要忘记脱仔噢！（你代我谢他一下，别忘了啊！）

大家侪去望望伊，让伊精神浪开心一眼。（侪：都；望望伊：看他一下；浪：上；一眼：一点。）

当动词前有复指对象时，"伊"的本义已经虚化，"伊"与前面的重叠动词一定连读成一个语音词。这种用法很常见。这时，整个"VV 伊"结构可以表示短暂进行时间(常用作祈使句)，如：

只台子搬搬伊！（把这个桌子搬一下！）

湿衣裳要吹吹伊。（吹吹伊：吹一下。）

揩揩伊呀！揩揩伊呀！（把我身上的脏东西擦一下呀！）

"VV 伊"又可以表示动作在短时内反复进行，如：

被头拍拍伊，拍脱点灰尘。（被头：被子。）

药水辣厨里，摇摇伊再吃。（辣：在；吃：喝。）

搿种橘子水只要嗍嗍伊，老便当个。（嗍：吸；老便当个：很方便的。）

这里的"嗍嗍伊"可以改说"嗍个嗍"，表示短时反复进行的动作，普通话没有相对应的说法。

"VV 伊"还可以表示动作反复进行一次，所需时间较长。如：

搿套书看看伊要交辰光。（看完这套书要许多时间。）

搿瓶橘子水嗍嗍伊一歇歇，快点吃！（一歇歇：一点儿时间。）

搿双鞋子只要穿穿伊，脚就可以勿痛了。（这双鞋只要多穿，穿一段时间脚就可以不痛了。）

这里的“嘣嘣伊”表示自始至终嘣一遍直到完的过程中，“穿穿伊”表示这双鞋从紧穿到宽这一过程中，继续进行的动作。“一歇歇”、“只要”只是语境为了要强调过程快。

8. 当动词的对象是定指的事物时，很多“VV”和“VV 伊”后面附上助词“看”，表示短时尝试体，附加“试一下”的语义。使用时，助词“看”常常省去。如：

今朝我要走走近路(看)了。

颜色退勿退，只要让我汏汏(看)好了。(汏：洗；好了：吧。)

机器一定要试试伊(看)灵勿灵。

让我吃吃搿块(看)，看看(看)侪好吃哦。(哦：吗。)

搿本书辣学堂里个新华书店是有个，勿相信侬去买买伊看。(个：的。)

这些例句的“VV”在没有“看”时，可以表示上面各节的意义。有没有尝试的意义，要看上下文而定，但加上了助词“看”的句子，动词一定表示尝试的意义。上海话的尝试体比普通话用得广泛得多，而且“看”可以放在宾语后面。

动词“看看”加助词“看”可以说“看看看”，现在多说成“看看叫”。

9. 当动作的对象是虚指时，动作重叠可以表示短时反复，也可以表示长时反复。如：

阿拉现在随便啥吃吃。(阿拉：咱们。这时可以是表示短时，“吃吃”是“吃一下”、“吃一会儿”的意思。)

阿拉几年来一直随便啥吃吃的。(这时表示长时反复。)

侬有得吃吃蛮好来！(有得：能得到；蛮好来：已经很好的了。)(这时可长可短。)

10. 当对举虚指时，动词重叠可以表示时间或长或短的交替进行。如：

伊辣马路浪走，东张张，西望望。

伊东家走走，西家走走。

小王搿搭立立，伊面坐坐。(搿搭：这儿；伊面：那儿。)

侬看看我，我看看侬。

闻闻搿个，碰碰伊个。

“伊东家走走，西家走走”可以是“东家走一下，西家走一下”，也可以是指长时间“走东家，串西家”，应由语境而定。

九、吴语中的“来”和“来”字结构

吴语中表示人或事物位置的“来”与普通话中的“在”是同一语素。“在”的声母从“[dz]”变到“[z]”，进一步流音化变作“[l]”。“在”是中古海韵上声字，俗写作平声的“来”字。“来”常可变读为“拉”或促声的“勒”“垃”等，这些音变都是“在”虚化轻读的结果。

“来”在吴语中的使用有一个逐步语法化的过程。其最初源于动词，表示位置，如：“(末白)大老爷在那里？(花旦白)来楼浪。”(《珍珠塔》第二十一回第 187 页)。“来”又可表示达于某点的“到”，如：“爹爹也弗要来娘房里去，哥哥也弗许听个嫂同床。”(《山歌》卷四第 337 页)进而虚化作介词“来”，表示时间、处所、范围的“在”，如：“倍且坐子说说，看住来啥场化？”(《描金凤》第二回第 20 页)表示所起的“从”或所止的“往”，如：“盘缠也不过三块洋钱，勒我搭拿仔去。”(《海天鸿雪记》第十三回第 271 页)“齐家囡儿嫁来齐家去，半夜里番身齐对齐。”(《山歌》卷四第 327 页)

“来”的介词用法往往很自然地与名词性词组后的方位词形成“来……里”“来……浪”“来……搭”之类的介词结构，“里”“浪”实际上是由方位名词虚化而来的后置介词，与由方位动词虚化的前置介词“来”一起构成“来”字结构，这种“来”字结构用在动词前面作状语，用在动词后作补语。如：“姐儿来个红罗帐里做风流。”（《山歌》卷二第 309 页）“勿瞒朝奉说，刚刚浴个浴，忘记来浴堂里哉！”（《描金凤》第三回第 26 页）“倪大家瞎说瞎说，事体也忘记脱格哉，俚倒一径摆勒心浪，特为写信来问勒。”（《海天鸿雪记》第十七回第 293 页）

“来……里”等经常使用以后，抽去了里面的名词性词语，在吴语中形成了 4 个固定的“来”字结构：(1)“来搭”；(2)“来里”；(3)“来浪”；(4)“来化”。

“来搭”多用作远指，原是“在那儿”的意思，又作“来笃”“来朵”“来ⴹ”“来带”“来东”和“来拉”等。“搭”的本字可能是表示“地之区处”的“垤”，但更可能是表示群集的“[tɑ]”或“[lɑ]”，俗写作“搭”或“拉”，来自人称代词的复数形态。三称代词从单数到复数是：“我侬[ŋ̍noŋ]”→“我伲[ŋ̍nɑ]/我搭[ŋ̍tɑ]”，“尔侬[n̩noŋ]”→“尔伲[n̩nɑ]/尔搭[n̩tɑ]”，“其侬[ginoŋ]”→“其拉[ginɑ/gilɑ]/其搭[gitɑ]”。又如“阿姨拉”＝“阿姨搭”，都是“阿姨她们”的意思。[n]、[t]在原有三个带浓重鼻音的先喉塞音声母的吴语中是很容易互相转化的（如永康“打”读“[nã]”）。“来搭”在旧苏州一带变读为“[lɛtoʔ]”，俗写作“来朵”或“来笃”，“东[toŋ]”是“朵[toʔ]”的儿化。

“来裏”多用于近指，原是“在这儿”的意思，又作“来俚”“来哩”。“裏”源自方位名词“裏”。

“来浪”原来表示“在上”的意思。“浪”即“上”，声母“[z]”流音化作“[l]”。后虚作“在表面”的意思。

“来化”表示“在内”的意思，又读作“来哈”“来海”“来罕”“来亨”等。

嘉兴方言用“勒化”，吴江的盛泽方言用“勒化”，黎里方言用“辣化”（可见于本书 1310 页）上海方言（<松江方言<嘉兴方言）用“垃化”（较早）和“辣海”。如“家生咾啥，侪垃拉化否？”（《土话指南》第 39 页）“拉伊头也有小菜场咾几爿湖丝厂，每爿里有几百个工人拉化[lɑhɔ]做生活。”（Davis *Shanghai Dialect Exerises* 第 163 页，1910）“水缸里加点矾垃壗[heʔhe]。Put a little alum into the water kong.”（Macgowan *A Collection of Phrases in the Shanghai Dialect* 第 10 页，1862）“拉化”向“拉海”的变化，在一些吴语小说戏曲中都有反映，如“拿块木头垫来化，脚后跟上有点硬巴巴。”（《双珠球》第三回第 21 页）“客人，斟来哈哉。”（《缀白裘》初集卷四第 217 页）“口渴得势，勿得知猪头罐里阿有茶来罕？”（《绣像合欢图》第七十回第 1 页）“拿去，添足来亨哉。”（《缀白裘》五集卷二第 100 页）“大凡客人同先生笃落个相好，定规注定来浪格，前世里就有缘分来海格。”（《商界现形记》第二回第 11 页）。

“化”可能是表示处所的“许”（陶潜，五柳先生传：“先生，不知何许人也。”），吴语上海苏州等地“几许（多少）”读作“几化”。“罕”“亨”可看作是“许”的儿化，“海”是儿化后失落鼻音。上海的“里向（里面）”可看成是“里许”（《传灯录》：投子指庵前片石谓雪峰曰：“三世诸佛，总在里许。”）的儿化，在无锡读“里亨[hã/hən]”，可作旁证。早期英法传教士著作都写作“壗”，麦高温 1862 年《上海方言习惯用语集》中记音为“[hɛn]”或“[hei]”，与咸山摄字同韵（这时咸山摄字在上海话中轻鼻音正在失落中），1883 年的徐家汇土山湾的《松江话练习教程》中记音为“[hɛː]”，和“海”同韵，而与“锯子”的“锯[ke]”（“许、锯”同韵）不同韵。不过，也不排斥因发生儿化附加后鼻音而使元音变低的可能性。“海”的语源也可能是表示房舍的“介”，如上海的“辣海”在上海南郊读“辣该”，“该”即“介”；在靖江读“来刚”，“刚”系儿化后的发音。

这 4 类“来”字结构和“来”一样也经常作表示方位的动词和介词用。“来搭”类作动词用，如：“勿得知二朝奉阿来朵屋里？”（《描金凤》第三回第 25 页）作介词用，如：“只见鼻子里向有条小金蛇垃朵鼻孔里钻进钻出，真真奇怪哩!”(《文武香球》第三十六回第214页)“睏来笃床浪勿起来哉，算啥个一出!”(《海天鸿雪记》第六回第225页)“叫天使捏之宝剑咾挡住拉笃路上。”(《圣经史记·苏州土白》第四十四章第1页)“来里”类作动词用，如：“奶奶，采苹来里。”(《珍珠塔》第二十二回第194页)作介词用，如：“倪住家来里夷场浪，索性让俚哚白相相。”(《海上花列传》第三十二回第266页)“来浪”类作动词用，如：“样式事体，有倪勒浪，决勿会亏待耐的。”(《官场现形记》第八回第116页)作介词“从”用，如：“倪叫老二，刚刚来浪上海，今朝七点钟到格搭格。”(《九尾龟》第一百四十八回第944页)作介词“在”用，如：“有仔点勿快活，闷来浪肚皮里，也无处去说啘。”(《海上花列传》第五十二回第439页)“来化”类作动词用，如：“勿多几个人，倪两家头也来海。”(《海上花列传》第十八回第145页)“来化”类在那时未虚化为介词“在”，故未见作介词例。

“来”和“来”字结构在保持得较古老的地方都有近指和远指之分。如宁波近：盖[ke]，远：的[tɪʔ](门开盖。门开的)，诸暨王家井是来客[lek‘ɐʔ]和去客[tɕ‘ikɐʔ](“和”前为近指，后为远指，以下同)，崇仁的来古[lekɤ]、勒古[lᴇʔkɤ]、古[kɤ]和来蒙、勒蒙、蒙[mʊŋ]；温州的[zʅl'i]和[zʅdɑ/tɑ]；宜兴的勒荡[ləʔtʌŋ]和勒笃[ləʔdɔʔ]；常州的勒浪[ləʔlʌɲ]和勒头[ləʔdei]；靖江的来刚[lɑkʌŋ]和来荡[lɑdʌŋ]。苏州话原来似也有近(勒俚)、远(勒浪)之分，如“四老爷请得来个先生，就叫窦小山，来里楼浪。”(《海上花列传》第五十八回第494页)这里的“来里”就是近指说话者自己这边。现在差别已消失，“勒俚”趋于不用。

这些助词由存在动词和方位指称代词虚化而来。如无锡话“勒葛葛娘(在那个上)”＞“勒娘(在上)”，宜兴话“勒荡家(在这儿)”＞“勒荡”，“勒笃家(在那儿)”＞“勒笃”；上海话“辣床海(在床那儿)”＞“辣海(在那儿)”(“海”又写作“许”或“壚”)。这是从来源来说的，有的地方表现较古老，结合较松，有的地方由于语言的发展变化，虚化程度更高些；或是由该地更古老一些的方位指称虚化而来。

“来”字结构表

地　点	进行体	存　续　体		
	中性	近	远	中性
苏　州	勒海、勒浪	勒里		勒浪、勒海、勒笃
旧上海	拉、垃拉	垃里	拉、垃拉	垃海、海(在内)
上　海	辣、辣辣、辣海、辣盖			辣辣、辣海、辣盖
宁　波	垃盖	的、来的、来东	盖、来盖	
宜　兴	勒笃	勒荡	勒笃	佬
靖　江	来刚、在荡	来刚、勒刚	来荡	勒刚
崇　仁	勒古	来古、勒古、古	来蒙、勒蒙、蒙	
王家井	来	来客	去客	来去客
常　州	勒头	勒浪	勒头	
无　锡	勒娘、勒勒			勒娘
江　阴	勒鉴			勒鉴、勒鉴头
常　熟	辣浪、辣海			辣浪、辣海
昆　山	勒海、勒浪、勒里			勒海

续表

地点	进行体	存续体		
罗店	勒浪、浪			勒浪、浪,勒里(乡下)
嘉兴	化、勒化			勒化、勒海
盛泽	勒化、勒辣			勒辣、勒化
周浦	辣、拉、勒拉			拉、勒拉、勒盖、勒浪
松江	辣辣[læʔlʌʔ]、辣			拉、辣辣、辣海、辣盖
杭州	辣哈、来东			辣哈、辣喝、辣东、来东
绍兴	来辣亨、来洞			亨、来亨、来埭、来洞、辣亨
余姚	来葛、来、来浪			浪、来浪、浪葛
永康	隑拉			拉、个拉、隑个拉、埭
黄岩	在达			在埭、埭、在介
温州	是大/带	是里[zɿl^{l}i]	是带[zɿt/dɑ]、带	

因为记录用字尽量是用当地的同音字,语音在各地有所变异,用字即有些不同。其中“勒、辣、垃”即“来、拉”,“带、埭、大、达、的”即上述的“搭”,“洞、荡、东”是“搭”的儿化;“娘”即上节的“浪”;“化、哈、喝、亨(‘化’的儿化)”即“海”,“葛、个、古、隑、盖、鉴、刚(‘介’的儿化)”即“介”变音而来。

下面以苏州方言为例,系统陈述其“来”字结构“勒浪”的语法化过程。

目前我们能见到的最早的苏州话较丰富的书面资料是明末冯梦龙的《山歌》,随后还有清乾隆时代盛行的南戏集子《缀白裘》,刻于清嘉庆辛酉(1801 年)年的弹词《三笑》等。从这儿部书中可以看到苏州方言“勒浪”的较早用法。

1. “在”作动词用

口虽说丢心还在,荷包收口未收心。(《山歌》卷十第 442 页)

2. “在”作介词用

姐儿立在北纱窗,分付梅香去请郎。(《山歌》卷一第 279 页)

新生月儿似银钩,钩住嫦娥在里头。(《山歌》卷十第 441 页)

“在”虚化作前置介词,经常与表示方位的方位词(即后置介词)“里”“上”“前”等构成框式介词结构“在……里”“在……上”“在……前”等。如:

郎在门前走子七八遭,姐在门前只捉手来摇。(《山歌》卷一第 283 页)

姐担子竹榜打樱桃,打子四九三十六个樱桃安来红篮里。(《山歌》卷七第 377 页)

二十姐儿睏弗着在踏床上登,一身白肉冷如冰。(《山歌》卷一第 278 页)

骨稜层,瘦乖乖,霍在肉上简样东西在上缴了缴。(《山歌》卷九第 408 页)

丝网捉鱼尽在眼上起,千丈绫罗梭里来。(《山歌》卷一第 271 页)

在“二十姐儿”和“骨稜层”两句里,“在……上”的“上”意义较实,是“上面”或“表面”的意思;在“丝网捉鱼”一句里的“在……上”意义就较虚了,“在眼上起”仅是“在网眼中拉起”,双关比喻“从眼睛看开始”的意思。

在同一本书里,既见“在……上”,又见“来……上”,有两种可能:一是有的时候或有的地方读“在”,有的时候或有的地方读“来”;二是当时“在”可以读成“来”,或者已经读作“来”音,

在文字记录时则按其义或按早期音写作“在”字。如:

一双白腿扛来郎肩上,就像横塘人掮藕上苏州。(《山歌》卷二第309页)

当初只道顶来头上能恩爱,如今撇我在脑后边。(《山歌》卷六第362页)

小阿奴奴便打杀来香房也罢休。(《山歌》卷一第287页)

姐见郎来推转子门,再来门缝里张来门缝里听。(《山歌》卷二第303页)

从后来的《缀白裘》《珍珠塔》和《三笑》中,我们可以看到:“来”即“在”字;“浪”即“上”字,并见与“下”相对的例句;“来”后来又轻声化元音模糊读成“拉”“立”或“勒”。

(末白)大老爷在那里?(花旦白)来楼浪。(《珍珠塔》第二十一回第187页)

嚷弗拿个扫帚来地浪打扫打扫。(《缀白裘》十集卷二第62页)

我闻得匹拉天门街浪唱得好听,吔唱几句拉我里听听看。(《缀白裘》十集卷二第86页)

阿就是小时节坐拉门槛浪,看见子一堆鸡糖屎认子蛤蜊酱了,只管捞来吃个个大姐?(《缀白裘》七集卷二第97页)

大老官想想介,快活勿立朵酒浪,勒朵酒下吓!(《三笑》第二回第7页)

老秋介正勒朵动气头浪,听见太太到来。(《三笑》第三十四回第379页)

后两句的“勒朵”即“勒”,它是“勒……朵”虚化抽去中间的内容,形成了与“勒”同义的“勒朵”,“勒朵”再作介词用,形成“勒朵……浪”。

3. “勒浪”作动词用

“勒……朵”原是“在……那儿”的意思,在经常使用后,抽去了里面的名词性词语,形成了固定的“来”字结构“勒朵”,“勒朵”即而今苏州方言中的“勒笃”,也读作“来搭”,先是表示远指“在那儿”的意思,后来虚化表示中性的“在那儿”。同理,“勒……浪”原是“在……上面”或“在……表面”的意思,抽去里面的名词性词语,形成了“勒浪”,即“在上”,先是表示“在上面”或“在表面”的意思,后来也虚化表示中性的“在”或“在那儿”。

下面几句,“勒浪”作动词用,都是表示“在”或中性的“在那儿”的意思。

须臾,阿招还报:“马车来浪哉。”(《海上花列传》第三十五回第294页)

阿金道:“勒浪第几号房间里介?”(《九尾狐》第九回第64页)

俚叫王佩兰,就勒浪兆贵里,本底仔倪也勿认得俚。(《九尾龟》第四十二回第300页)

样式事体,有倪勒浪,决不会亏待耐的。(《官场现形记》第八回第116页)

有辰光耐勿来浪,就是俚末陪陪我。(《海上花列传》第三十五回第295页)

4. “勒浪”作固定介词结构用

作为一个固定的“来”字结构,“勒浪”可用在动词的前面或后面,先是有“在上面”的意思,如:

买尺白绫来铺底,只要我郎来上帮,心肝莫说短和长。(《山歌》卷十第441页)

等我里情哥郎来上做介一个推车势,强如凉床口上硬彭彭。(《山歌》卷二第309页)

咦,个是榻床哉,必定睏来上。(《缀白裘》四集卷二第86页)

“来上做介一个推车势”是“在上面做个推车姿势”的意思,“必定睏来上”是“必定睡在上面”的意思。

后来,“来上”变成中性的“在那儿”的意思,如:

倪自办菜烧好来浪,送过来阿好?(《海上花列传》第四十二回第358页)

等我拆开来看写个哆哈傣拉浪。(《缀白裘》四集卷四第223页)

"伲自办菜烧好来浪"是"我们自己办菜烧好在那儿"的意思。

5. "勒浪"作介词用

"勒浪"固定结合后,"浪"义虚化黏着在"勒"后,"勒浪"可以相当于"勒"用,表示介词"在"的意思。

昨日仔格个客人,吃醉仔酒,坐勒浪格间房间里,一动才勿肯动。(《九尾龟》第一百三十三回第892页)

耐搭仔俚笃三位来浪伲搭坐歇,大家讲章讲章。(《九尾龟》第一百三十二回第886页)

伲叫老二,刚刚来浪上海来,今朝七点钟到格搭格。(《九尾龟》第一百四十八回第983页)

伲像煞有几几化化格闲话来浪心浪要搭耐说。(《九尾龟》第四十八回第353页)

从最后一例可见,"来浪"已经没有"在上面"或"在那儿"的意思,已虚化为与"来"同义,可以再与"心浪"(即"心上")形成介词结构"来浪心浪",是"在心上"的意思。

十、吴语动词的进行体和存续体

"来"字结构在介词结构的基础上进一步语法化,成为体助词。它们经常在句中用在动词前表示"进行体",即表示动作在动态地进行中;用在动词后表示"存续体",表示动作在静态地延续着。

四种"来"字结构在表示进行体和存续体时,在不少场合带有一些实义。"来搭"类带"在那儿"远指义,如:"对门隔壁个姐儿侪来搭结私情,郎得教奴弗动心。"(《山歌》卷一第276页)"来里"类带"在这儿"近指义,如:"昨夜头算算看,还少五六百两银子,来里打算。"(《描金凤》第一回第9页)"来浪"类带"在上"义,如:"咦,个是榻床哉,必定睏来上。"(《缀白裘》四集卷二第86页)"来化"类表示"在内"义。如:"(丑)客人,斟来哈哉。"(《缀白裘》初集卷四第217页)"第双鞋子脚着垃壗勿自在。"(Macgowan *A Collection of Phrases in the Shanghai Dialect* 1868,第86页)"有仔格洞,一径缩勒海仔勿出来格哉。"(《海天鸿雪记》第十五回第279页)它们后来都发生中性化,表示"在"或中性无远近的"在那儿"(不是与"在这儿"相对的"在那儿")的意思。在近代小说曲艺中,"来化"类还是都用作"在内"义,但在现今的上海话、苏州话里也已中性化作"在那儿"解了,如上海话:"我坐辣海。""来里"类现正趋于退化。

1. 进行体

吴语的进行体和普通话的进行体并不完全对应(宫田一郎认为倒与英语的进行体大致对应,1988)。

下面仍然用苏州方言为例陈述吴语的进行体具体表现。

"勒浪"进一步语法化,用在动词前面可以表示进行体。苏州话的进行体使用范围比普通话广。

(1) 表示事件正在进行

壮罗多,油碌碌,新出笼馒头能箇样物事,在上游了游。(《山歌》卷九第408页)

伲勒浪讲正经闲话,耐咿要来瞎三话四哉。(《九尾龟》第十九回第148页)

张大少,今朝阿到伲搭去佬?伲先生勒浪牵记傣呀。(《九尾狐》第二十一回第166页)

格几个铜钿,豪燥点拨仔俚笃,省得俚笃一径来浪板面孔。(《九尾龟》第一百三十一回第880页)

否定式和疑问式如下:

格个嫁人是一生一世格正经事体,勿是勒浪弄白相。(《九尾龟》第二十三回第175页)

倪应酬格面格客人,归面格客人咦来浪勿高兴,应酬仔归面格客人,格面格客人咦来浪说闲话。(《九尾龟》第一百三十三回第894页)

阿是原来浪勿适意?(《海上花列传》第三十五回第292页)

耐阿是来浪骗小干件?(《九尾龟》第一百八十六回第1150页)

阿是来浪打瞌晓?(《海上花列传》第四十四回第375页)

"勒浪"也有与"正"连用的:

格位财主心里正勒浪得意,亦走仔半里把路。(《九尾狐》第十三回第93页)

上面这些例句中,"勒浪"表示"正在"的进行体语法意义,用法与普通话同。

(2) 表示一段时间里持续进行

勿壳张耐当时末来浪答应,骗得倪欢喜煞,到仔故歇原是放仔倪个生。(《九尾龟》第四十五回第330页)

一径邱邱好好,赛过常来浪生病。(《海上花列传》第三十六回第304页)

戏台浪个电灯慢慢叫勒浪亮哉。(《方珍珠》第一集)

看见娘本来闭拢个眼睛现在勒浪张开来哉。(《方珍珠》第一集)

这类语义是从"在那儿"发展来的,因为"在那儿"的语义里可引申出"有一段持续"这样的语义。"当时末来浪答应"是"那个时候一直在答应"的意思,"赛过常来浪生病"是"好像一直在生病"的意思。"慢慢叫勒浪亮哉"是说慢慢地从不亮到全亮的一段持续实现的过程。英语的进行体也有此种用法,如:"It was growing colder day by day.(一天天冷起来了。)"(宫田一郎,1988)用苏州话说,就是:"天一日日勒浪冷。"或者"天一日日勒浪冷哉。"

(3) 否定某种进行状态

勿要来浪假痴假呆哉,搭我去坐来浪。(《九尾龟》第四十四回第320页)

耐勿要来浪搭个浆,晚歇弄出点事体来,大家无趣相。(《海上花列传》第五十六回第473页)

好哉好哉,勿要勒浪像煞有介事哉。(《九尾龟》第九十二回第631页)

倪上海是定规要去格,耐勿要勒浪扭结固结。(《九尾龟》第二十四回第178页)

在普通话里,表示否定的"别"后面是不能用进行式的。

(4) 与"哉"联用,表示现在进行时态

动词前表示动作正在进行的体助词"来浪",与句末表示现在时的时助词"哉"一起表示时体结合的"现在进行时态",表达"现在正在进行"的语法意义。

我个身体犹如蛀空松板能介,拉里击力夹腊才酥子下来哉。(《缀白裘》五集卷四第228页)

"秋云呢?"那些做手道:"来浪来哉,来浪来哉。"(《商界现形记》第二回第15页)

小菜勒浪烧哉,酒末我带仔上来,请大少笃阿要先用罢?(《九尾狐》第二十六回第211页)

子富问:"耐无娒哩?"小阿宝说:"来浪来哉。"(《海上花列传》第五十九回第503页)

"小姐不好哉!老爷奶奶来朵相打哉,快点去劝劝噓。"(《珍珠塔》第四回第38页)

"相公请上,小人拉里叩头哉。"(《翡翠园》第六出第21页)

"等我去报拉大官人得知,刘穷来里偷家婆哉。"(《缀白裘》三集卷三第169页)

"来浪来哉",就是"现在正在来",可译成普通话"正来呢"。"小菜勒浪烧哉",就是"现在菜正在煮"的意思。

(5) 事件正在准备着不久发生

马上来浪来哉,倪出俚格堂唱坎坎转来,……(《商界现形记》第七回第56页)

玉甫是自家来浪要生病!嗽芳生仔病末,玉甫竟衣不解带个服侍嗽芳。(《海上花列传》

第四十二回第351页)

格个断命客人来浪要睏快哉,倪勿去管俚。(《九尾龟》第三十七回第268页)

这类句子在普通话里只能用“将”“要”“快……了”等表示将来发生,但英语的进行体有此种用法,如:“I'm going to read this book.(我要读这本书了。)”(宫田一郎,1988)用苏州话来说,是:“我勒浪要读该本书哉。”或者“我勒浪读该本书快哉。”

句中的“马上”“要”是“将来”标志,加上“来浪”,就是“将来进行”。句末如有“哉”,加上了“从现在时点上看出去”的语法意义。

2. 存续体

下面仍用苏州方言来分析动词存续体的各种表现。

“勒浪”用在动词或形容词后面,表示动作发生后其状态在静态地延续着或存在着,我们称之为存续体,或称维持体。

这里的“勒浪”,与普通话表示持续义的“着”的一部分语义相对应,但在表示动作结束后的状态延续方面,比普通话使用范围广。

(1) 表示动作完成后形成的状态在延续

倪从前格熟客叫倪去替碰和,坐勒浪厌烦煞。(《九尾龟》第三十六回第260页)

爱珍道:“耐自家无拨工夫去做末,只要教人做好仔,自家拿来上,就好哉。”(《海上花列传》第十一回第89页)

连搭自家撇出来格屎,也要留勒浪做肥料格来。(《九尾狐》第十三回第93页)

二小姐再要上仔俚个当,一径等来浪,等到年底下,真真坍仔台歇作。(《海上花列传》第六十二回第527页)

耐勿吃,无啥人来搭耐客气,晚歇饿来浪。(《海上花列传》第三十九回第325页)

这些话翻成普通话,都能用“着”替代“勒浪”。

(2) 表示动作的结果保持着

耐去相信俚,今朝俚又新做仔两个,故歇才叫来浪。(《海天鸿雪记》第二回第199页)

我故歇刚去看俚,落里晓得俚还勿曾来,我写仔张票头来浪就走。(《海天鸿雪记》第二回第197页)

今年新花有点意思,我想去买点来浪。(《海上花列传》第五十八回第495页)

屠明珠道:“黎大人睏着来浪,覅说哉。”(《海上花列传》第十九回第154页)

俚笃做惯勒浪格,教得老虎熟里熟,赛过白相一只猫,弄一只猢狲。(《九尾狐》第三十七回第317页)

倪自办菜烧好来浪,送过来阿好?(《海上花列传》第四十二回第358页)

这一节的句子不能用“着”替换。“才叫来浪”是说“都叫来了,留在那儿”;“写仔一张票头来浪”的意思是“写了一张票子,放在那儿”,“买点来浪”就是“买一点搁在那儿”,都是说明一个行为以后的结果长时保留着。又如:“英文学勒浪,以后总归有用场个。”这句话不是“英语学着”的意思,译成普通话是“英语学好了记在脑里,以后总有用”。

另一种情况是动词后有结果补语再附着“勒浪”,如“睏着来浪”就是“睡着”的状态维持着,“做惯勒浪”就是“做惯”这样的状态维持着。

(3) 表示事情已经完成

“V存续”与句末的时助词“哉”联用,表示时体结合的“现在完成时态”。表达到现在事件已经完成。

先生,通商厨房叫格菜送来来浪哉,添格四个荤盆野摆好来浪哉。(《商界现形记》第八回第62页)

倪便夜饭也端整好勒浪哉。(《九尾狐》第三十一回第259页)

马上俟格花雕野炖热来浪哉。(《商界现形记》第八回第62页)

这种情况,"勒浪"和句尾助词"哉"一起用,表示一种"现在完成"的时态。"四个荤盆野摆好来浪哉",就是到说话之前,"四个荤菜盆也已经放好在那儿了"。用了"哉"后,这类"勒浪"强调的是到现在事件已完成,而不是完成后的结果的延续。这类句子与英语的现在完成时态相当。如"The child has gone to sleep."苏州说:"小囡睏着勒浪哉。"

"勒浪"用在定语里,后跟"个"(也写作"格"等)连接名词,"个"在这儿是表示过去的时助词,"勒浪个"表达的是"过去完成","修勒浪格眼福"是过去修在那儿的眼福。

倪今朝来看戏,也算修勒浪格眼福。(《九尾狐》第十七回第124页)

下面一句,句末的"个"在这儿是表示过去时的时助词,"来里个"表示的是"过去完成时态"。

那么新年新岁发利发市,钱先生自在行朋友,谅来勿要说得个。——晓得来里个。(《描金凤》第十回第92页)

上海方言也有这个时态。

长辈命拉个,所以勿得勿听命。(《松江方言练习课本》1883,第23页,上海土山湾出版,当年属松江府管辖)

(4) 表示存在、具有状态的延续

昨日转来末晚哉,屋里有亲眷来浪。(《海上花列传》第十八回第141页)

俚屋里大小老婆倒有好几个来浪。(《海上花列传》第十八回第148页)

怪勿得实梗,头浪有寒热勒浪啘。(《九尾狐》第三十回第246页)

你说私房小货箱中有,拿点出来,周济贫穷落难人。娘有来浪,我是女儿家那里有呢?(《描金凤》第五回第46页)

在"有"字句里,"勒浪"已经完全表示一种静态的存在,但语义还较实,"有亲眷来浪"就是"有亲戚在那儿"。"你说私房"一句的意思是:钱娘那儿有,放在那儿,而我是女儿家,哪里会有呢?

(5) 表示动作将来延续

耐明早搭倪吃酒,阿要今夜头就住来里?(《商界现形记》第二回第12页)

玉甫道:"耐睏来浪,我去一埭就来。"(《海上花列传》第二十回第164页)

学香道:"啥人说嗄?搭我坐来浪!"(《海上花列传》第六回第43页)

耐替我想想看,再要活来浪做啥?(《海上花列传》第三十四回第285页)

前三句,动作均未发生,应该说无所谓动作发生或完成后其形成的状态延续。所以这里是对将来要发生的行为会延续的强调,常用在祈使句中,隐含着"不要动"、"不离开"、保持某种状态的意思。后一句,是过去的行为在今后还要继续延续下去。

从"来字结构"做的进行体和存续体的有些句子中,我们还可以看到"来上"有"在上面、表面"、"来海"有"在里面","来里"有"在这儿","来拉"有"在那儿"的语义,尚未完全虚化。如上面"学香道"句,"来浪"有"在上"义,"耐明早"句"来里"有"在这儿"义。

所以说，吴语的存续体过去、现在、将来都能表达，它还可以用于形容词后。

(6) 表示某种性质或状态延续着

呜冈倒实头起劲勒浪啘，该桩事体费得势。（《海天鸿雪记》第四回第211页）

辰光还早勒海呀，再请坐歇勒去哩。（《九尾狐》第一回第6页）

妹妹关子门进去罢，啊唷，到墨漆黑拉里哉。（《才人福》第53页）

就年底一节末要短三四百洋钱哚。真真急煞来里。（《海上花列传》第五十八回第498页）

倪是蛮干净来里，要末耐面孔龌龊仔，连只嘴也龌龊哉。（《海上花列传》第二十六回第217页）

秀姐道："耐阿想吃啥？教俚哚去做，灶下空来浪。"（《海上花列传》第十九回第156页）

阿是黎大人一干仔来浪。（《海上花列传》第十九回第153页）

"勒浪"经常用在形容词后，主要表示某种状态持续。如"实头起劲勒浪"，即"实在正起劲着呢"。"一干子"用在此已形容词化，"一干仔来浪"即"正一个人呢"。

"勒浪"在动词后，也有从作介词结构"在那儿"甚至"在上面"解，到成为存续体助词的从实到虚的过渡。如：

小红又道："我身体末是爷娘养来浪。"（《海上花列传》第三十四回第285页）

上句的"来浪"理解为"在那儿"更好。

咦，个是榻床哉，必定睏来上。（《缀白裘》四集卷二第86页）

此句里的"勒浪(来上)"还有"在上面"的意义在。而且，直到"勒浪"再退到动词的宾语后变为语气助词，还可能有些许"在上面"的意思，如：

老亲娘，别人要说点虚头拉浪勾。（《报恩缘》第三十三出第53页）

唔笃格几化诗，奴想裱一个小手卷，再请黄老做一篇传勒浪，勿知阿通格啘？（《九尾狐》第二十五回第204页）

苏州方言中用"勒浪"表示进行体，也是从"勒浪"的介词结构表示"在那儿"语法化而来的，从下面一些句子中可以看到其过渡状态。

霍在肉上箇样东西在上缴了缴。（《山歌》卷九第408页）

有一个陌生客人，转奴格局，也是广东口音，赛过勒浪敲铜鼓，奴有半把听勿出笃。（《九尾狐》第十四回第97页）

别人家真真勒浪牵记倷，倒惹倷说格套闲话，阿要气数！（《九尾狐》第三十回第249页）

黄老碰和罢，三位大少勒浪心急哉。（《九尾狐》第五十九回第508页）

外头人为仔耐搭我要好末，才来浪眼热。（《海上花列传》第三十四回第284页）

俚嘴里说勿要，心里来浪要。（《海上花列传》第四十四回第376—377页）

这些话中，"勒浪"的"在那儿"味即实义更重一点。如"赛过勒浪敲铜鼓"可以理解为"好像在那儿敲铜鼓"，当然也可以是"好像正在敲铜鼓"。

存续体的句式不见于今北京口语，但在明清的一些白话小说中却多见。这些小说的语言往往受到吴语的影响。下面例句中的"在里头""在那里"都相当于存续体。

这酒里有蒙汗药在里头。（《水浒传》第十六回第207页）

因见方丈后面五间大禅堂，有许多云游和尚在那里。（《金瓶梅词话》第四十九回第1296页）

前村李作头家，有一口轻敲些的在那里，何不去赊了来？（《初刻拍案惊奇》卷一三第220页）

兀那松树背后一个人立在那里。（《水浒传》第四十二回第561页）

阿姐坐来浪,故末让姐夫无处去。(《海上花列传》第三十五回第293页)

我就坐来里,耐睏罢。(《海上花列传》第三十五回第293页)

3. 语气助词的用法

当"勒浪"退到动词的宾语后,或在谓补、状谓结构以后,它就进一步向着句末语气助词转化了。

我们把句末助词分两类,一类意义相对较实,带有体貌含义,除去它,句子的意义就不完整;另一类意义很虚,仅表示语气;有的即使省去,句子也成立。这两类用法在"勒浪"一词上是逐渐过渡的。

"勒浪"表示存在语气:

周双玉慌张出房,悄地告诉周双珠道:"弄堂里跌杀个人来浪!"(《海上花列传》第二十八回第231页)

索性搭耐说仔罢,嗣母早就看中一头亲事来浪,倒是我搭个浆,勿曾去说。(《海上花列传》第五十五回第465页)

耐心里除仔我,也无拨第二个称心个人来浪。(《海上花列传》第三十四回第285页)

比如最后一句,是说"你心里除了我,也没有第二个称心的人在",句尾的"来浪"有表示"存在"的细微含义。

"勒浪"表示现状语气:

勿瞒耐说,要讨倪转去格人多得势来浪。(《九尾龟》第九回第70页)

奴刚刚出来格辰光,倪阿姆还蛮好勒浪。(《九尾狐》第八回第51页)

上海滩浪像耐实梗格客人,蛮多来浪,吪啥希奇。(《九尾龟》第一百三十三回第860页)

有格人家,歇仔一年二年,案才勿曾破,亦秃多勒浪。倪总算额角头高格哉!(《九尾狐》第三十四回第292页)

十大人耐自家心浪也蛮明白来浪,定规要倪说出来,是吪啥趣势捏。(《九尾龟》第一百七十五回第1092页)

俚倷格脾气,倷也蛮晓得勒浪,勿但手头吝啬,而且夹七夹八,……(《九尾狐》第十三回第92页)

比如"有格人家"一句,译成普通话是:"有的人家,过了一年二年,案都没有破,也很多。我们总算侥幸的呢。"这里的"多勒浪",有说明"现在这种情况多着"的意思。

"勒浪"表示近延长的语气:

相当于普通话"来着"的一个义项,表示较近的延续("来着"的另一个义项表示"近过去",苏州话用"格"又写作"个"表示)。如:

该两日定归吃酒碰和,闹忙煞来浪哉!(《海天鸿雪记》第三回第207页)

俚嘴里末勿说,心里是急杀来浪。(《海上花列传》第二十回第181页)

"闹忙煞来浪",就是这两日里"非常热闹"的场面延续着;"俚嘴里末勿说,心里是急杀来浪",如果译成"他嘴里不说,心里却是非常急",则其"来浪"的一段时间里延续着"急杀"的含义就没译出。

语气助词"勒浪"继续虚化就从存在、现状、近延长语气,弱化到只是表示申明、表白的语气。如:

像耐金大少一样格客人也多煞来浪……(《九尾龟》第三十六回第262页)

像李漱芳个人，俚晓得仔，蛮高兴看来浪。(《海上花列传》第三十六回第 299 页)

"像耐金大少一样格客人也多煞来浪"，就是申明"像你金大少一样的客人也特多呢"的意思；最后一句里，"蛮高兴看来浪"，就是"挺高兴看的"的意思，是一种表白的语气，"来浪"成了仅表示语气的一类语气助词。

语法化是一个动态的发展过程。从上面分析，我们可以看到"勒浪"一词自明末至清末，由"动词—介词结构—介词—体助词—语气助词"的不断语法化的全过程。

十一、吴语动词的结果体

发条断脱哉。

灯火隐脱哉。

吴语动作有一种结果体，在北部吴语多用"脱"、"落"表示；在南部吴语多用"掉"等。像普通话"一只桌子坏了"这句话，用吴语来说就有表示结果体的助词，它表示"实现"的意义，它与普通话"脱掉衣服"的"掉"作 V 的结果补语不同，没有"去除"、"离开"的意义。下面用"脱掉衣服"一句与"V 脱"结果体对照来看。比如：

昆山话：只台子坏脱哉。	衣裳脱脱伊。
苏州话：只台子坏脱哉。	衣裳脱脱伊。
无锡话：只台子坏落列。	衣裳脱落它。
江阴话：只台子坏落联。	衣裳脱落它。
宁波话：一张台子坏掉来。	衣裳脱掉。
王家井话：张桌床倒掉啊。	衣裳脱其掉。

除此外，衢州、丹阳用"道"，靖江用"辣"，温州用"ɦᵘɔ"，黄岩用"ɦɒ"等表示动作结果态。

上述例句中，第二句"V 脱"中可插入"得"或"勿"，如"衣裳脱勿脱"，与普通话的"V 掉"对应，"脱"是表示结果的补语，吴语许多地方在句后还可用第三人称单数共指论元，而第一句里的"V 脱"则是第二句的虚化，比普通话完成态"了"的语义更强调动作的结果，是普通话所没有的结果体助词。不过普通话中的"V 掉"用法后来也在向上面各地例句的第一句用法扩展。

十二、时体结合的时态句

人类的语言总是要表达句子"时(tense)"和"体(aspect)"范畴的意义。汉语在表达"时"和"体"的语义时有两个特点：一是汉语的句子存在一般的"陈述句""描写句"和"时态句"的分别。在通常篇章叙述中，汉语一般没有现在时和过去时句子在"时"形态上的区别，反映了汉语作为孤立语的节省方便，只需在语段的开始或必要处用时间词或其他形式表示该语段篇章发生在过去或现在的什么时间，只有表示将来事件的句子是有标记的。但是，在必须表达与时间有密切相关的事件时，最常见的是在对话中，需要使用"时态句"。二是由于汉语是一种以单音节为基本单位的语言，音节和音节之间音渡是开的，所以，经语法化的"时""体"形态标记往往以轻声的单音节"语助词"形式，附着在实词后表现。

南方方言可能存在比普通话更多的时体结合的时态。赵元任先生(1926)在论述语助词"de 的"(赵写作"得"，苏州话为"格")一词下这样写：

这种得、格的用法在南方方言中往往当一种像英文的过去似的。例如，南京"我看见他得"，苏州"我看见俚格"是"I *saw* him (on that occasion)"。假如说"我看见勒他勒"，"我看见俚哉"，就是 perfect tense：I *have seen* him (now)，但在北京这种区别不太注重，大概都用勒就仿佛德文平常说 Ich *habe* ihn *gesehen*，不说 ich *sah* ihn，只有的确有"事类"的口气才用得$_{的}$呢。

李纳等《已然体的话语理据:汉语助词“了”》(Li, Charles N. 1982)提出:“‘了’的基本交际功能是表示一种‘当前相关状态’,……是将某种时态跟‘当前’的时间相联系。也就是说,在一般的情况下,是跟说者和听者作为谈话参与的对话场景相联系。”“而通常的情形下,人们在单一事件句中,参照时间与说话时间都是重合的。”

赵元任先生说的“哉”和“个”,都是多义词,它们在一般的叙述描写句中常充当语气助词使用,表示多种语气,但是在“时态句”里,它们在句尾作“时助词”用。

上海方言在半个世纪之前,句尾通常被称作“语气词”的“哉[tsᴇ]”,现今变为“了[lɐʔ]”,是上海方言“现在时”的形态标记。如:

东家出门去办货哉。(“哉”在上海郊区许多地方虚化读为“特[dəʔ]”)

十二点钟敲过哉。

南京路到了。

落雨了。

我饭吃勿落了。

上面这些句子,都是对某人说事时说的话,因此都有时间性,比如,公交车上报站说“南京路到了”,在没有上下文语境和其他语用条件下,这句话的句法含义只是说“现在到南京路”,没有“已经到”、“正在到”,也无“开始到”、“将要到”这些“体”的意思。“了”表示的是“时”,不是“体”的意义。“南京路到”之所以不能成句,就是因为“到南京路”是一种“常规性”的行为,过去、现在、将来都可以发生,要把它作为一个“新闻性”的事件发生来告诉你,是现在发生了,后面就必须加上表示“时”的范畴,加上“了”,成为“南京路到了”,这样就是告诉你:“现在到南京路”,就成了句。在上海的公交车上,译成英语报站,就是“We are now at Nanjing road.”

有人说“了”是语气助词,“表示事情发生了变化”或“即将变化”,也有人说“了”表示“已然”,应该说语法上“了”只表示“现在”这个时点,至于“发生了变化”和“已然过去”都只是在语用层次上的本身以外的意义。

再举四个苏州方言的例子:

齐韵叟用手隔水指道:“菊花山倒先搭好,就不过搭个凉棚哉。”(《海上花列传》第五十八回第491页)

轿班末来里哉,匡二爷勿曾来啘。(《海上花列传》第六十回第512页)

有一管家飞奔上楼报说:“黎大人来哉。”(《海上花列传》第十九回第150页)

大阿金去仔,我一干仔就榻床浪坐歇,落得个雨来加二大哉,一阵一阵风吹来哚玻璃窗浪,乒乒乓乓,像有人来哚碰。(《海上花列传》第十八回第142页)

上海方言句尾的语助词“个[gɐʔ]”,它有一个语义,是与过去时间相关,在上海方言的时态句中成为“过去时”标志。如:

我今朝看见王先生个。

老弟啥辰光来个?——我来过一歇了。

侬几家头来个?——两家头来个。

迭个几钱买个?

下半年折本个。

“我今朝看见王先生个。”这句话,赵元任(1926)认为:“这种口气在英文就用简单的过去:‘I saw Mr. Wang to-day.’”

同样，"老弟啥辰光来个？""俤几家头来个？"如果句尾末加上"个"，事件就不在过去发生，而是将来发生。所以"个"在此表示过去时间，这两句是过去时句子。

上海方言的"体"标记是用"辣辣[lɐʔlɐʔ]"和"辣海[lɐʔhᴇ]"表示的。在老上海话或今上海郊区话里，这两个词由"垃拉[leʔlɑ]"、"拉[lɑ]""垃海[leʔhᴇ]"表示。

当"辣辣"放在动词前面时，这个句子便可表示动作动态进行的进行体。如：

我拉庙里看见交关和尚垃拉拜菩萨。

几个徒弟拉学生活。

小朋友辣辣唱歌。

"小朋友辣辣唱歌。"这句话表示了唱歌正在进行，至于是在过去还是现在唱歌，在时间上是不明白的。可以说"小朋友昨日辣辣唱歌个辰光老张到场"，也可以是将来的，如"小朋友明朝辣辣唱歌个辰光我会来"。所以进行的时间是不明白的。"几个徒弟拉学生活"也是不知在什么时候，所以如果要把这个事件作为"新闻性"的事件告诉你，句子是不完整的。

当"辣辣"或"辣海"放在动词后面时，句子则表示动词的动作发生后其状态在延续着，称为"存续体"。如：

张先生花园里坐辣海。

响也勿响，动也勿动，呆瞪瞪立辣辣。

先生出去拉。

伊拉末，欢喜登拉一个地方咾静拉。

"张先生花园里坐辣海。"这句话说明，张先生"坐"的行为完成后，其坐着的状态延续着，就是"坐在那儿"的意思。上面这些句子只是一般的叙述句或描写句，没有时间性，不是"时态句"。

上面的文字说明了四个概念："了""个""辣辣""辣海"，分别表示"现在""过去""进行""存续"。

1. 上海市区方言的时态

下面说上海话的"时体结合的复合时态"，按人们对英语通常的称呼习惯，简称"某某时态"。

(1) 现在完成时态

表示到现在为止，事件已经完成。它在动词后用"辣海"或"辣辣"加表示现在时"了"组成"辣海了"或"辣辣了"表示。如：

我家生买辣海了。(家具我已经买好在那儿了。)

我决心末定拉了。(我到现在已经下定了决心。)

小囡睏起拉哉。(引自麦高温，1862，The child has gone to sleep.)

"伊上海去了三年。"这句话说话的"焦点"在"三年"上，它可以成句，是一个一般的陈述句。但是在句中是不能知道他什么时候去了上海三年的，可以是任何时候。"伊上海去了三年了。"是一句"现在完成时态的句子"，意思是到说话现在他在上海已住了三年，住上海延续到现在。或者还要住下去，或者要回老家，那都是从"现在"开始的语用层面的言下之意了。

(2) 现在进行时态

表示事件现在正在进行。它用"辣辣"或"辣"置于动词前，"了"位于句末表示。如：

伊生活辣辣做了。(他现在正在干活。)

侬看,小妹伊辣辣走过来了。(你看,小妹现在正在走来。)

外国先生垃拉学中国话哉。(外国先生现在正在学中国话。)

大概人侪拉落秧哉,我稻还勿曾浸哩。(大概人家现在都在插秧,我还没浸稻呢。)

笔者统计过在英国传教士麦高温著的《上海方言习惯用语》一书(J. Macgowan 1862)中共有29个"现在完成时态"句子,书中对照英语有58.6%自然地译成英语的"have ... ed"现在完成时态句子,没有译成英语现在完成时态的句子,笔者从语感上体会全部都有现在完成的语义,只是英国人的语言使用习惯与我们不同而已,如"一个礼拜堂造好拉哉"(麦,50页)是"一个礼拜堂到现在已经造好"的意思,麦高温译成"The chapel is built"。

(3) 现在即行时态

表示从现在的观察点出发去看即将发生的事件。它在动词后用表达即行的"快",加上表达"现在"的"了"表示。如:

火车开快了。(现在火车快开。)

我个作业做好快了。(我的作业快要做完了。)

三刻到快哉,小菜侪好拉末?——好快哉。(现在三刻快到,小菜都准备好了吗?——快好了。)

(4) 过去完成时态

表示到过去某个时间,事件已经完成。它在动词后用"辣辣"或"辣海",加表示过去义的"个"表示。如:

条子我写辣海个,侬寻出来看看好了。(条子我过去已经写好了,你找出来看一下吧。)

医生讲拉个,一分洋钿也勿收。(医生以前就已说好了,不收一分钱。)

伊个人脚那哪能跷拉个,毛病呢还是生成功拉个?(引自御幡雅文1908:43—44。那人的脚怎么拐的?是以前病成的还是早已生成的?)

所偷拉个衣裳完全查着,并且也查出啥人所偷拉个。(过去已经偷了的衣服完全查到,并且也查出谁当时偷的。)

(5) 过去进行时态

表示事件过去正在进行。它用"拉海"或"垃拉"置于动词前,"个"位于句末表示。如:

我看见侬辣辣写个,侬勿要赖脱。(我看见你刚才正在写,你别抵赖。)

伊辣辣卖啥个,我到现在也勿晓得伊个底细。(他以前在卖什么,我至今不知道他的底细。)

伊拉日日拉坐个,坐惯拉个,今朝侬去寻,板数垃拉个。(他们以前天天在坐,已经坐惯了,今天你去找,总归在那里的。)

从"现在"时点出发观察,事件的状态通常可以分为三段:一种是已经完成,一种是正在进行,一种是将要发生。上海话对这样三种事件状态都有专用的时态表示法。

上海作家金宇澄的长篇小说《繁花》(2014)中,用了大量按上海话通常说话习惯的语法句群,如第一章第一段里:"阿宝对蓓蒂说,乖囡,下去吧,绍兴阿婆讲了,不许爬屋顶。蓓蒂拉紧阿宝说,让我看看呀,绍兴阿婆最坏!"其中"绍兴阿婆讲了"这句,作者正如赵元任(1926)曾说到过的北京话语助词"了"和"个"有相混情形的倾向,用了北京话的"了",似乎绍兴阿婆就在屋顶上,在身边。如果是上海话,这里应用"个"而不是"了"的,因为"绍兴阿婆讲个"是一句过去时的句子,对话时绍兴阿婆不在场,阿婆的话是在过去讲的。

整个旧上海方言区，包括浦东广阔地域内，都用上海城区一样的时态表达形式。如浦东川沙话："生活是话好拉个，要照原样子做，勿好走样。"（"话好拉个"，过去完成）"饭伲垃拉烧特，菜摆上来阿特。"（"垃拉烧特"：现在进行；"摆上来阿特"：现在完成。（川沙话中，"特"是"哉"的弱化音，"阿"是"拉"的弱化音。））

2. 上海奉贤区庄行方言的时态

上海方言的时体结合复合时态，在过去还存在另一种形式。

上海圣约翰大学校长卜舫济（1920）在他的《上海方言教程》第 13 页中说明上海方言中的"垃里"和"垃拉"的时空转换时，有过一段具体的说明，如下：

A few words of explanation are necessary. The use of ***leh-°li*** and ***leh-la°*** are a little difficult to understand at first. As stated ***°ngoo leh-°li chuh***（我拉里吃）means, "I am eating." If, however, a third person asked your servant ***Sien-sang van° chuh meh***?（先生饭吃末），"Has the Teacher eaten his rice?", the servant would answer, if you were still eating, ***yi leh-la° chuh***（伊拉拉吃）meaning "he is eating." If you yourself said ***°ngoo leh-la° chuh***, it would mean, "I was eating." In the Perfect Tense the word ***koo°***（过）means literally "to pass over." In the Past Perfect the words ***°i-kyung***（已经）mean "already."

The real force of ***leh-°li***（拉里）is "here," and the real force of ***leh-la°***（拉拉）is "there."

这种形式如今在上海城区方言区地域内已消失，但在上海方言区之西的松江方言区内还存在着，成为区分这两大方言区句法上的差异的一大标志，松江方言区包括今上海市松江区、金山区、奉贤区的大部分地区和青浦区的大部分地区。

在奉贤区庄行方言中，上文的"垃里"称"立拉"或"拉"，"垃拉"称"立盖"或"盖"。在指明方位时，"立拉/拉"表近指义，"立盖/盖"表远指义。如用作动词时：

A：实俪姆妈立拉哦？ B：来拉。（——你妈妈在吗？ ——在。）

A：实俪姆妈屋里立盖哦？ B：立盖。（——你妈妈在家吗？ ——在。）

这两句虽然表面上看起来像意思完全一样，但是使用场合却完全不同。前句用在 A 去 B 家拜访询问其母亲是否在家。而后句则用在 A 和 B 在别地聊天，A 正好问起 B 的母亲现在是否在家。前句中，"妈妈"所在的位置离说话者近，故用"立拉"，而后句"妈妈"所在的位置则离说话者远处，故用"立盖"说"在"。

"立盖"除了表示离说话人听话人都比较远的地方外，还可以表示离说话人比较远，但离听话人比较近的地方。如在打电话时，说话人 A 问听话人 B 在哪里，"实侬立盖啥户荡？（你在什么地方？）"，这时候用动词"立盖"。又如：

我奴勿拉屋里，实侬勿要来。（我不在家，你不用来。）

这句话，说话者在家里是近，听话者在远处。再如下句里在门口的人敲门问，在屋里的人回答：

A. 立拉勿立拉？ B. 勿立盖。（A. 在不在？ At home or not？ B. 不在。Not at home.）

"立拉"与"立盖"的用法后来如同普通话的"在"一样语法化作介词用，它们的"近远指"用法依然存在。作介词用的时候，"立拉"和"立盖"的"立"都可省去。如：

两个小鬼盖操场路打篮球。（两个小孩子在操场上打篮球。）——在远处

阿龙弟拉前头走末，只贼骨头就跟盖后底头。（阿龙弟在前面走，那个小偷就跟在后面。）——阿龙弟在近，相比小偷跟在较远处。

下面简述奉贤庄行方言的时态句。

(1) 现在完成时态

现在完成时态句,表示到现在这个时间为止,事件已经完成。形式是“动词+拉哩[lɑli]”来表示。年轻人则用“动词+啊唻[ɑlᴇ]”,“啊”是“拉”的弱化形式,“唻”是“哩”的弱化形式。“哩”原来也是表示近指的词,历史上的苏州话“勒里”和上海话“垃里”(卜舫济 1920)都曾表示过近指。

A. 作业做好拉蛮? B. 做好拉哩。(新派:做好啊唻。作业做好了没有? 已经做好了。)

小朱出院拉哩。(新派:小朱出院啊唻。小朱出了院了。)

从例句中,我们可以看到,说话者表达的意思是现在刚刚完成的一件事情,并不是以前完成或将来即将完成,如前句问答者用近指“拉”表达“现在”时间,全句表达的是到现在为止已完成作业,和英语的现在完成时相当。

(2) 现在进行时态

现在进行时态表示事件现在正在进行。形式是“‘立拉’+动词(+唻)”(“立拉”可省“立”为“拉”)。如:

实伊夜饭立拉吃。(他现在正在吃晚饭。)

实奴外头坐脱歇,伊拉汏浴。(你外面坐一会,他现在正在洗澡。)

这两句话说话者都在说话的当时发生的事情,与英文的现在进行时相当。“立拉”由处所体助词进一步语法化成为时间体助词,用在动词前面与普通话的“在”一样表示进行体,然由于它又表示时间的近,即现在,所以该句是“现在进行时态”的句子。

有时可加在动词后面加“唻”,“唻”也表示“现在”的叠加。如:“实伊夜饭立拉吃唻。”

(3) 现在即行时态

现在即行时态表示从现在这个时间点出发去看即将发生的事件。用“动词+快哩”来表示。如:

车子来快哩,快眼走咾。(车快来了,快点走。)

天黑快唻,实奴还是过夜算啊唻。(天就黑了,你还是住我家算啦。)

这个时态所表现的意义,从前句来看,是车子现在快要来了。在这里,“哩”表示“现在”。如果失去“哩”,就没有从现在这个时点看出去的时态语义了,如可以说“车子昨日来快个辰光,实侬立盖做啥?”“等到车子明朝开快个辰光,我会赶到个。”这两句话,只有即行体的意义,而没有时的定点。

(4) 过去完成时态

过去完成时态,表示直到过去的某个时间为止,事件已经完成。用“动词+盖哩[kᴇli]”来表示。年轻人则用“动词+盖唻[kᴇlᴇ]”,“唻”是“哩”的弱化形式。如:

我伢大佬老早结婚盖哩。(我哥哥很早结了婚了。)

衣裳我净好盖哩,实侬担出来着末哩。(我已经把衣服洗好的,你拿出来穿吧。)

从前句(22)中能看到,我的哥哥不是近日刚刚结婚的,而是在很久以前就已经完成了“结婚”这个动作了。同理,后句中,这衣服也不是“我”刚刚洗好的,而是以前就洗好放在那里的,所以都是过去完成时,和英语的过去完成时相当。

不过,在使用中,有时可以干脆说“动词+啊唻”,也就是说,新派有时已用现在完成时态形式表达,这就说明在完成时态上,奉贤庄行话过去完成时态趋于消退中,渐渐与现在完成时态相混。这与宁波话相似。

(5) 过去进行时态

表示事件在过去的某个时间正在进行。形式是"'立盖'＋动词"("立盖"可省"立"为"盖")。如:

实奴咋勿接电话?我来盖上厕所咾。(你怎么不接电话?因为我刚才在上厕所。)

七点钟辰光两只小菜还盖烧。(七点钟时,两个菜还在煮。)

后句话由于用了"盖",和"七点钟",一定是在过去,此句不能用"拉"。

在这两句句子里面,说话者描述的都是过去的某一个时间点正在从事的事情,与英文的过去进行时相当。(庄行方言部分引自朱贞淼、曹伟锋、钱乃荣 2017)

3. 宁波方言的时态

宁波方言的时态表达形式与庄行方言相同。

(1) 现在完成时态

表示到现在为止,事件已经完成。它在动词后用表示现在时"来的"的简约说法"的"加上表示现在时的"了"组成"的了"表示。如:

我其情况掌握的了。(我到现在已经掌握了他的情况。)

小张生病的了。(小张现在生了病了。)

个点作业我做好的了。(这点作业我到现在为止已经做好了。)

(2) 现在进行时态

表示事件现在正在进行。它用"的/来的"置于动词前表示。"的/来的"原来表示近指"在这儿",在此它进一步语法化,放在动词前面表示时间上的"现在进行"。如:

侬外头坐上,其来的接电话。(你在外边坐下,他现在在接电话。)

小明来的拣菜。(小明现在正在拣菜。)

也可以用"的/来的＋V＋了"表示。"了"在此也表示现在时点。如:

手机的叫了,快接哪。(手机现在正在叫,快接呀。)

弟弟的做作业了,冒去烦其。(弟弟现在在做作业,别去烦他。)

(3) 现在即行时态

表示从现在时点出发去看即将发生的事件。它在动词后用表达即行的"快"加上表达"现在"的"了"组成"快了"表示。

如:火车开快了。(火车现在快要开了。)

阿辣去新房间快了。(我们现在快去新房间了。)

等其半日,其要来快了。(等他半天,他快要来了。)

在上面三个例句中的"了",既不表示事件已经发生,也不表示事态出现变化。这里的"了",也是表示"现在时点","火车开快了。"是从现在的视点来观察(离现在),火车即将要开。如果没有"了","开快"可以用于各种时段,如在"昨么夜到火车开快个辰光,侬来盖阿里?"这句话中,"开快"是在过去的时间,时间是用时间名词"昨么夜到"表示的,"开快"后就不能加"了"。用上了"了",只能是"现在即行"。

(4) 过去完成时态

表示到过去某个时间,事件已经完成。它在动词后用"来盖"的简约说法"盖"加表示现在时"了"组成"盖了"表示。

如:个点题目我晓得盖了。(这些题目我以前已经知道了。)

个老房子老早拆掉盖了。(这个老房子很早以前已经拆了。)

唔奴结婚个辰光,其结婚盖了。(在我结婚的时候,他已经结了婚了。)

(5) 过去进行时态

表示事件过去正在进行。它用"盖/来盖"置于动词前表示。"盖/来盖"原来表示远指"在那儿",在此它进一步语法化,放在动词前面表示时间上的"过去进行"。如:

(甲) 侬阿啥勿接电话?(你刚才为什么不接电话?)(乙) 我来盖滪人。(我刚才在洗澡。)

唔奴讴小王个辰光,其来盖踢球。(我在叫小王的时候,他正在踢球。)

其拉盖打网球,灭顾着唔。(他那时在打网球,没有顾到我。)

宁波方言中的复合时态,在新宁波话里处于消退之中。消退最快的是"过去完成时态","盖了"如今几乎可以同样表示最常用的"现在完成时态",而这样一来,表示过去完成就要加上语境或时间词来说了。(宁波方言部分引自钱乃荣 2008)

4. 时体形态的历时演变

下面再简述时态的历时流变,仍以上海方言举例。

由于汉语不断地在向"孤立语"推进,上海方言的时态在北方官话的带动下,在渐渐消退之中。这在近 170 年来的上海话历史文献(如西方传教士的上海方言著作)和现今城区历时的老派和新派人的上海话变化中,或者在共时的郊区和城区的上海话差异中,可以看到它的流变过渡事实和痕迹。

(1) "体"形态渐为时间副词所替代

汉语不断地向"孤立语"推进,最显著的特点,就是用词汇形式取代形态,在北方话的影响下,第一个改变,是用时间副词代替"体"形态。如"我参加了运动队"变为"我已经参加了运动队",再变为"我已经参加运动队"。中间的那句是演变中的中间状态。这是普通话中已有的现象。上海方言也同时存在上述三个意义相同的句子。又如:

侬个令堂也已经交关难过拉哉。(令堂也已经很难过了。Bourgeois, 1939:72)

伊已经乡下去者。他已经去乡下了。(影山巍,1936:45)

在前句中,"拉"和"已经"同义叠用,"拉"的形态意义与叠用上去的副词"已经"重复,"拉"所承担的语义也就会相应淡化,再后来就会变成"侬个令堂也已经交关难过了"。而后句就只剩一个"哉","拉"已被"已经"所替代。

上述那种形态和时间副词叠用的中间状态情形英语中也有。如:They have already turned on the electricity.(他们已经接上电源。)有的场合下句子也省了完成时态,如:The house is already put in order.这是麦高温对上海话"房子收作好拉哉。"的翻译。(麦高温,1862:50)

(2) "时"形态渐为时间名词所取代

演变的另一种情形,是用"时间名词"取代"时"的形式。如:"伊辣辣做功课了,侬出去。(他现在正在做功课,你出去。)">"伊现在辣辣做功课了,侬出去。">"伊现在辣辣做功课,侬出去。"用时间名词"现在"替代了"了"。"我看见侬昨日辣辣写,侬勿要赖脱。"句子中用了时间名词"昨天",句尾就不必用"个"了。

一旦"时""体"形式都为词汇形式替代,句子形态便都消失了。如 1.节那句"侬个令堂也已经交关难过拉哉。"现在上海话中就可说成:"侬个母亲现在也已经交关难过。"后句现在可以说成:"伊现在已经去乡下。""条子我写好辣海个,侬寻出来看看好了。"可以说成:"条子我过去已经写好，侬找出来看一下好了。”

(3) 时间名词强势支配着“时”形态，使其表示“该时时间”

时间名词等词汇形式替代了“时”的形态形式，成为强势，可以支配句尾的“时”形式。当句子用了“时间名词”取代“时”的形式时，也产生了一种中间状态，有的句子末尾保留了“了”。本来，句子“体”的参照时间在有的场合可以与说话时间不一致，也促使了句尾的“时”标志就与“体”的参照时间的“当前相关状态”相联，当句子前面已经有特定的时间后，时间名词的重成分结构更有效地促使参照时间与说话时间不同的表达形式产生，从而使这种句子句尾的时间形态受时间名词制约支配而表示了前面指明的时间范围里的那个时段的“相关状态”，即“该时时间”了。如：

昨日早晨我去买蛋糕了。

两天以后我辣辣日本了。(两天以后我在日本了。)

今朝伊拉一道到公园里去了。(今天他们一起去公园了。)

伊来个辰光，我辣吃早饭了。(他来的时候，我在吃早饭了。)

第一句的“了”表示的当前相关时间是“昨日”，第二句是“两天以后”，第三句是“今朝”，第四句是“伊来个辰光”，都相关了“当时时间”。

不过，有“了”和无“了”的句子，在语义上是有差异的。如：

×明天早晨我到了日本了，我打电话告诉侬。

明天早晨我到了日本，我打电话告诉侬。

前句完整表达了“明天早晨那个时候我已经到日本了”这一个事件，已是一个完整的句子，后面不能接上“我打电话告诉你”连成一个复杂句，而下句前面部分仅说明完成的时间在明晨，所以可充当时间状语从句。

必须看到和承认上述那些变化转移现象都是时体形态在消退中的中间过渡状态的存在，这种胶着状态现象在其他语法变化现象中也有发生和存在。

十三、“仔”的用法

吴语中有许多地方有语助词“仔”，“仔”兼表动作的完成体和持续体。“持续体”是普通话常用的体，体标记是“着”。当然，吴语表示持续体的用法并不完全与普通话的“着”对应。(×人们跳仔、唱仔。×门开仔。×想仔想仔笑了起来。)普通话“你吃了饭再去”、“骑着马找马”两句，前一句用“V了”，后一句用“V着”，分别是完成体和持续体，在吴语中都用“仔”表示。如：

溧阳话：你吃仔[tsəʔ]饭再去。骑仔马寻马。

苏州话：倷吃仔[tsɿ]饭再去。骑仔马寻马。

常州话：你吃仔[tsəʔ]饭再去。骑仔马寻马。

“仔”在北部吴语区常见，读音在各地有些不同，有舒声(写作“仔”)、促声(常写作“则”)两类读法。在有些地区，“仔”与语气助词“哉”和词缀“子”读音相同，有些地区则不相同。如：

	仔	哉	(桃)子
常熟	tsəʔ	tsəʔ	tsəʔ
常州	tsəʔ	liɪʔ	tsəʔ
苏州	tsɿ	tsᴇ/tsəʔ/ləʔ	tsɿ
周浦	tsɿ/zɿ	zəʔ	tsɿ

双林	dəʔ	dəʔ/du	tsɿ
盛泽	zɿ	dᴇ/leʔ	tsɿ
昆山	zɿ	zəʔ/ləʔ	tsɿ

在上海、无锡、苏州、昆山等地,表示完成体的“仔”开始渐被勒[ləʔ]取代,如苏州话:倷吃勒饭再去。

只有在与完成体语义十分接近的持续体中能用“仔”。如苏州话“坐仔比立仔适意(坐着比站着舒服)”与普通话的“坐了比站了舒服”语义十分接近。因为“坐”,既可理解成臀部附着在凳子上的全部过程,也可以理解成从双脚直立到臀部接触凳子的瞬时动作,如果是前者,就该用持续体,如果是后者,就可用完成体(汪平,1984)。只有在这种情况下,“仔”可表示持续体,如普通话“门口围着一群人”、“硬着头皮回答”、“冒着大雪上山”、“领着孩子向前走”、“他比我高着两厘米呢”都可以用“仔”。不过,现在包括苏州、上海等一些地方,这些“仔字句”都渐为表示完成态的“勒(了)”和表示存续体的“勒海”等取代。如上海话:“领了小囡朝前走”、“硬勒头皮回答”、“硬辣头皮回答”,“坐辣海比立辣海适意”、“骑辣马浪寻马(更换句式)”。但宜兴话等则不变。

十四、量词的定指作用

吴语许多地方处在主语位置的量词有定指作用,前面可以不加数词“一”或指示词。如:

上海话:条毛巾挂起来。眼字好写上去了。

苏州话:本书是我个。叠书是我个。

金华话:只台桌破勒。

永康话:张台桌脱去拉。

双林话:只台子坏脱台。

常熟话:只台则坏脱哉。

从语音上看,这个量词声调读作高调,伴有口部肌肉紧张,像是用省了一个“一”或“这”的双音节词后字的连调值。意义上这个量词近似于英语“the”的用法。

“毛巾”“书”“台子”,都是定指的事物,所谓“定指”,是指说话者和听话者都知道该语词指的是哪一个或哪几个对象,即对话双方彼此共指的、见到的、前面或以前提到的、说者指着的、接着形容词形容的事物,所指不论远近(与“这个”、“那个”直指不同),皆为“定指”。

这里省了的词究竟是“这”还是“一”? 从语音高调来看,舒声调一致为44,促声调一致为$\underline{44}$,上海话和苏州话都是“一个”省了“一”。因为上海话的“这个”是“㧟个”或“迭个”,这两个词的连读变调是一样的,都是$\underline{22}+\underline{23}$(“gəʔ$_{\underline{22}}$gəʔ$_{\underline{23}}$”或“dɪʔ$_{\underline{22}}$gəʔ$_{\underline{23}}$”),后字是“条”、“本”也好,“叠”、“只”也好应为23或$\underline{23}$,而“一个”的连读变调是“ʔiɪʔ$_{\underline{33}}$gəʔ$_{\underline{44}}$”,“一条”的连读变调为“ʔiɪʔ$_{\underline{33}}$diɔ$_{44}$”,所以应是省“一”,苏州的“这个”“这条”的连读变调是“该葛kᴇ$_{55}$kəʔ$_{\underline{22}}$”、“该条kᴇ$_{55}$diæ$_{31}$”,后字为低调$_{31}$或$_{\underline{22}}$,而苏州话中另一个定指指示词是“㧟个”,连调是“gəʔ$_{\underline{22}}$kəʔ$_{\underline{44}}$”。从这两个地点来看,这里的定指量词前,省掉的都是“一”。

吴语中,主语里的“一×”数量结构,如“一只台子坏脱哉”这句话中的“一只”,也是可以表达定指语法意义的。

十五、吴语中的“个”

“个”是吴语句子中使用得最频繁的一个虚词，各地的读音也有不同，因此也有据读音的不同写成不同的字，如“个”“箇”“個”“葛”“格”“故”“搿”“过”“够”“该”“介”等，但是其本字只是一个“个”字，“个”的声母在相当多的地区是清声母[k]，本书中多写作“葛”，有些地方浊化变成浊声母[g]，多写作“个”，如上海在19世纪中期到20世纪30年代都读[k]，后来转向读[g]。韵母有的地方也有读舒声母[ə]或[ʌ]的，更多地方促化读[əʔ]。

“个”的用法涉及“量词、指示词、介词、语气助词”等几类，在吴语中表示数量、定指、词头、指别、连接、引介、语气等的语义。

这里用苏州方言和上海方言来分别说明“个”在演变中的多种语法意义及其成因。苏州方言用文献资料的句子举例在前，上海方言用口语句子，不注出处。

1.“个”是使用面较宽的，人、物都能用的个体量词。

个个臭贼当时使一个计较，立地就用一个机关。(《山歌》卷八第398页)

随即到了杭州寻个朋友。(《描金凤》第二十一回第190页)

搿个礼拜呒没啥消息，第二个礼拜又要过去快咪。

伊拉就从贴隔壁个一爿烟纸店里过去，歇一歇又有几个人进去，大约进去了廿几个人。

这是“个”在吴语中最常见的用法。

2. 后来“个”在句首表示定指。

原来吴下朋友的老妈官，个人是一个哥喇。(《笑林广记》第二卷第40页)

个刘穷拜堂有啥法术个，两个老娘家才不拉渠拜杀哉。(《缀白裘》三集卷三第165页)

个朋友拎勿清了，伊勿应该去管伊拉的事体个。

个炮仗放勿出声音，是坏个。

这种用法是与其他个体量词用法相通的，如：“只机关摸着了。”“件衣裳勿要忘记带。”“个男人哪能介坏！”个体代词在吴语里用在句首都有定指作用，使用面较宽的“个”也如此。

3.“个”到句子里面的名词前也表示定指去了，如同英语的the。

楼下吊了个牛，楼上放了个油。(《绣榻野史》第88页)

我为子你个冤家吃子多少苦。(《山歌》卷六第364页)

我今朝要个公司老板亲自出来，讲讲清爽。

侬看落脱票子个人，心里几化急啊！

名词前都用“个”，说明“个”字胜出，代替了其他个体量词，并保持了定指用法。

但是这里的定指词定指已很虚，如下面例句中，最后一分句可失去“个”。

大街上行人弗怕个牛，大场里赌客弗怕个头；大县里差人弗怕个打，大人家阿姐弗怕羞。(《山歌》卷五第347页)

“个”在这里表示定指，在语音上是与前面的名词、动词或动词词组、形容词等分成两个语音词读的，即连读变调是分开的，与后面的名词也分读，“个”在语法上是与后边名词结合一起的。其读音形式与2节句首表示定指相似。

因为这里的“个”有指示作用，所以有人认为最好写成指示词的“搿”，“侬看落脱票子个人”写成“侬看落脱票子搿人”，读音也重读。

4. 指示词“个”进一步虚化转变为定语标志“个”，相当于普通话的“的”。

“落脱票子个人”在经常使用中，“个”字会发生“重新结合”，原来是“落脱票子+(个+

人)”这样读,后来变读成“(落脱票子+个)+人”,这样,定指词“个”就变成了名词“人”前面的修饰成分或限制成分的后置介词(又一说:结构助词),即定语的标志“个”,相当于普通话的“的”,这种现象,语法上称为“重新分析”,在其他语法结构中也多见。

带白毡帽个老娘家,是我俚个太公张别古。(《缀白裘》七集卷三第162页)

我里个楼浪日日轮千轮万个人出进:后生个,老娘家,中年人,少男儿,和尚,道士。(《缀白裘》八集卷二第83页)

胆大个人走夜路勿怕个。

王小姐个学问是交关好。

“我里个楼上”,可以理解为“我们那个楼上”,也可以理解为“我们的楼上”;“轮千轮万个人”可以理解为“成千成万个人”,也可以理解为“成千成万的人”,当“胆大个人”不定指哪个人时,“胆大个”就成为限制成分,就是“胆大的人”。其实普通话的“的”,也是从古代的指示词“底”变来的。

同时,普通话做状语标志的“地”(如“慢慢地走”),吴语也用起了“个”。如:

今年个天气交关热。──→今年个天气交关个热。

搿个生活我一点一点学会了。──→搿个生活我一点一点个学会了。

5.“个”构成“个”字结构替代名词。

嫂道池里荷花开个香。(《山歌》卷四第334页)

郞了你弗欢喜子个汤家里个,再说道渠个年纪忒多。(《山歌》卷八第393页)

侬手里拿一包红个,啥物事?

姓陈个情愿吃官司也勿付钞票,因为伊吃没铜钿咾。

这相当于普通话的“的”字结构。不过吴语中常用“个”字结构常代称职业人品,如“看门个”“打铁个”“斫柴个”“挑担个”“换糖个”“卖拳头个”“吃白食个”等,称呼打杂活者和三教九流者极易。

6.“个”跟在动词后,只作衬字用。

表示定指的“个”,进一步虚化,就跟在动词后,不表示什么意义,多一个音节作衬字,只起说话节奏作用。

张开子个牢嘴是介一口,竟拿个刘穷吃子下去哉。(《缀白裘》三集卷三第167页)

心中十分忿恨,打算要替那老头儿抱个不平。(《九尾龟》第四十三回第305页)

迭两日,爿天辣做黄梅,一日到夜落勿停个雨。

侬到法华镇去买个两把铁搭。

慢慢叫伊发达起来了,吃个油咾着个绸。

这一类中的有的“个”,恰似普通话的“它”,如:“吃个两碗”“唱个一只”“汏个把浴”,即普通话的“吃它两碗”“唱它一只”“洗它把浴”。

7.“个”结合到量词前,形成定指指示词“个个”“个量”。

“个”也可实化,变成指别词,下接量词,形成“个+量”,这时的“个”,不再是含义较近的“the”而是指示意义明确的定指指示词。

所以个日与你相会见,说来了半年,直到如今,方才理我,——焉得不疑?(《肉蒲团》第三卷第十二回第22页)

个日脚勒朵山塘浪,撞着子一个秃好老,脸似桃花色最妍,年纪不多只十七八,风姿生就

赛天仙。(《三笑》第六回第 65 页)

搿桩生活,包拨我,比别人便宜点。

收是收个,请问搿个学生子,有几岁了?

"个"从加在名词前发展到这个名词变成了代量词,后面再加名词,如:从"个日脚"到"个日",再加用到"早晨"上去,可说"个日早晨"。这个时候,"个日"就成为定指词"个"加上代用量词"日",形成"指量结构",这样普遍地用开来,用到了表示"个体"的宽义量词"个"前,就构成"个个","个日早晨"就可成"个个早晨",表示定指的"个"便延伸到头上指示词的位置,定指指示词"个个"便这样形成了。同时"个条(鱼)""个叠(书)""个年(收成)""个双(袜)"也形成了。

为了区分常用的量词"个"和前面定指词"个",不致在句子使用中引起语义混淆(如"个个是英雄"是"这个是英雄"还是"每个都是英雄"),通常就用方言同音词把前面的定指成分写成别的字,如上海方言、苏州方言把"个个"写成"搿个"。

这个过程再整理如下:

搿日到我屋里来,对我讲过。＞搿日早晨到我屋里来,对我讲过。＞搿个早晨到我屋里来,对我讲过。

搿家人祖孙三代住辣一道。＞搿家人家祖孙三代住辣一道,＞搿个人家人多,祖孙三代住辣一道。

再看下一句:

只见个老姆拉虱窗外头拿个手来是介招哩招,瞎得小姐拉虱弗好叫得,哩拿个只手得来招我去。(《缀白裘》五集卷一第 4 页)

上例"个老姆"的"个"是量词的定指用法,"个手"的"个"是定冠词用法,"个只手"的"个"则是指别词用法。

吴语中指示远、近方位的词,没有替代功能,只有指示作用,因此不称之为"指示代词",而称为"指示词"或"指别词"。吴语中许多地方的"指示词"都有直指指示和定指指示的分别。直指的指示词有远指、近指等区分,定指指示词"个个"是不论远近,而是有定指功能的指示词。如上海方言、苏州方言中的"搿个",崇明方言中的"[ki]葛"。有的地方定指指示词兼作近指指示词或远指指示词,如上海方言的定指指示词"搿个"和近指指示词同形。

普通话只有直指指示词"这个"和"那个",如同英语的"this"和"that",上海方言和法语相似,有定指指示词。

这里我们看上海方言指示词的用法与普通话的差别,用著于 19 世纪末全面忠实译自《官话指南》(上海美华书馆,1900,初版于 1882)的《土话指南》(上海土山湾慈母堂,1908,初版于 1898)两书中的对等语句来加以比较。

官话:你给珠市口儿那个万顺皮货铺里带了去,告诉他们,这是一张假票子,叫他们立刻给换上。

上海话:侬担去拨拉珠市口头,箇爿万顺皮货店里,对伊拉话,箇张假票子,教伊立刻换一张。(注意:"箇张"对应"这"翻译,上海话指示词没有替代功用,没有"这是"的用法)

官话:您听着这房钱仿佛是太多,您不知道那房子可是顶好,院子又大,地势又好。

上海话:听见之箇个房钱,像煞嫌伊太多,阿晓得,箇座房子,是顶好个,园地味大,地势味好。

第一句,官话"那个"是远指,而上海话"箇爿""箇张"都是定指。

第二句,"箇座"是用定指。

现今上海方言的用法仍然这样,如:

上次我们谈到的那个买卖现在怎么样啦?(普:远指用法)

上趟阿拉谈到个搿桩生意现在哪能啦?(沪:定指用法)

行李就放在窗口那儿。(普:远指用法。)

行李就摆辣窗口搿搭。(沪:定指用法。沪语"搿搭"又用作近指)

你"文革"那个时候还没出生。(普:时间久远,故用远指)

侬"文革"搿个辰光还呒没养出来。(沪:时间定指"文革")

把那几个椅子搬了,把买来的那两个沙发搬到那儿去。(普:都在远处)

拿搿个几只椅子搬脱,买来个搿两只沙发搬到搿搭去。(沪:"搿搭":手指着远处时说,是定指)

以上用上海方言的句子,与普通话的句子比较,可以概括吴语中相当多地点类似的用法。

8."个"又能作连词,表示上下分句或分段的连接

(1)"个"表示"那"承接上文,引进表后果的句子或句段。

个野笑杀哉。(《三笑》第一回第3页)

翠凤道:"勿然末,耐去拿个凭据来拨我,我拿仔耐凭据,也勿怕耐到蒋月琴搭去哉。子富道:"故阿好写啥凭据嗄?"(《海上花列传》第八回第59页)

侬勿肯去,葛只好我去。

侬亲自去做,葛是再好也呒没味。

上海话中,只有连词上的"个",还保留过去的清声母,故写作"葛[kəʔ]"。

(2)连词"个末",相当于普通话"那末"。申说出应有的结果或做出判断。

啥实梗快嗄,个末真正想勿到!(《海天鸿雪记》第三回第207页)

耐第歇倒要瞒我哉,故末为啥呢?(《海上花列传》第四回第31页)

侬生病了,葛末搿个几日里向,只好我代侬去应付了。

侬既然已经上手了,葛末我就勿来插一脚了。

9."个"在句末表示过去时点

客人个洋钱末,耐管俚陆里来个嗄。(《海上花列传》第二十二回第176页)

朴斋勿曾转去,我坎坎四马路还看见俚个哩。(《海上花列传》第二十五回第204页)

俚哚拿得去个末,让俚哚自家拿得来。(《海上花列传》第五十九回第501页)

我今朝乡下去个。

倻众位看见伊吃酒个哦?——阿拉倒呒没留心。

在这些句子里,"个"都成了一个过去时助词。第一句,说明客人个洋钱来的时候是在过去,如果没"个"这个词,"你管他哪里来啊"就成了一般无时点的叙述句,可能钱还没有来呢。第三句,如果没有"个","拿得去"的东西就不一定是过去拿去的,可能是将来发生:他拿去的东西,让他自己拿回来。第四句,句末有"个",就是告诉你事件已经过去;如不加"个",这句话即成将来时。

10."个"进一步虚化,用在句末作语气助词

(1)表示申明、表白的语气

故是无价事个,有得赚末再好无拨个哉,再要嫌道少,阿有该号人嗄!(《海上花列传》第

五十八回第 507 页）

倪倘然嫁仔人，家主公外头去无淘成，倪也一样要说个啘。（《海上花列传》第五十七回第 483 页）

掰种卑鄙个事体，我总勿至于去做个。

侬勿会做，我好教侬个。

（2）表示确实、肯定的语气。

倍朵异乡人死子娘是苦个。（《描金凤》第十四回第 126 页）

晓得来里个。（《描金凤》第十回第 92 页）

老是请伊教，伊肯个。

前头去，我自家也做过生意个。

（3）表示提醒、警告的语气。

洪老爷要告诉俚哚屋里个呀。（《海上花列传》第三十二回第 268 页）

二少爷，耐一径勿来，倒好意思格。（《九尾龟》第四十六回第 326 页）

伊胆小咾吓勿起个。

当心乱穿马路要轧杀脱个。

第二节　吴语中的是非问句及其分布

可以用点头或摇头来代替答问的问句，是“是非问句”，即世界语言普遍存在的“yes-no question”。

中国的语法书中通常把普通话中的问句，分为“特指问句”、“选择问句”、“是非问句”和“反复问句”四种。“反复问句”应归属于“是非问句”。吴语的特指问句表达句式与普通话相同，只是用的疑问代词与普通话有些不同，如普通话“你有多少书?”，苏州话说：“倷有几化书?”句子形式相同，只是“多少”用“几化”表达。吴语的选择问句表达句式也与普通话相同，如“你是苏州人还是温州人?”上海话也说：“侬是苏州人还是温州人?”有时这样说：“侬是苏州人呢温州人?”“侬个力气大呢小?”“侬是苏州人呢，还是温州人?”表达上略有差异。是非问句普通话分成“是非问”和“反复问”两类，一类用“V 吗”问，一类用“V 不 V”问。“反复问句”又称“正反问句”，“正反”就是“是非”，只是在表达方式上有较大不同，因此这里在必要处仍分开说。

吴语的“是非问句”表达形式有四种：1.V 勿，2.V 哦，3.V 勿 V，4.阿 V。

“V 哦”是“V 勿＋啊”的合音，“V 哦”和“V 勿”位置都在句尾，也可合作一种。

下面分析吴语各地区是非问句的内部差异。用八个句式到各地调查，这八个句式是：

（1）一般的是非问句：身体好吗？你有书吗？你是学生吗？

（2）一般的反复问句：他知道不知道？不知道。

（3）否定词后置的反意问句：你是学生不是？他愿意说不愿意？

（4）否定形式的反意反复问句：他不来上课，是不是？

（5）反复问作陈述句的宾语：我不知道他有没有。你去看他在不在。

（6）完成体、经历体中的是非问、反复问：他来了吗？他还没来。你吃过饭了吗？你有没有做过工人？

（7）反复问作情态补语：他走得快不快？

(8) 与(7)句作对比的表示可能与否的选择问句:他走得快走不快?

上面这八种句式,下面各用其中一个例句来进行比较,先列普通话句子,再列吴语中疑问部分表示的方式和各种方式使用的地点,地名用简称,地名上有(　)者,表示少用。

1. 你有书吗?

有勿有:杭、绍、崇、太、诸

有勿:余、宁、溧、宜、华、康、衢、温、双、周、(上)

有O哦:嘉、松、常、丹、华、黄、双、上、周、(余)、(宁)

阿有:盛、黎、苏、熟、锡、江、靖、童、金、罗、霜、昆、(上)

(“有勿”的变体有:有啊勿、有咾勿;“有O哦”的变体有“有O啊”,下文用“Aux”代语助词,“O”是宾语代称。)

2. 他知道不知道?

晓(得)勿晓得:杭、绍、崇、太、诸、丹、童、华、康、温、黄、双、(上)、(宁)

晓得勿:余、溧、宜、华、衢、周

晓得哦:嘉、松、常、上、(余)

阿晓得:盛、黎、苏、熟、昆、锡、江、靖、金、罗、霜、双、(上)

3. 他是学生不是?

是勿是:杭、绍、崇、太、余、宁、嘉、常、丹、童、金、宜、华、王、衢、康、黄、双、上

是O勿:溧、宜、康、温、双、周

是O哦:松、黄、双、上

阿是:盛、黎、昆、苏、熟、锡、江、靖、金、罗、霜、(上)

4. 他不来上课,是不是?

是勿是:杭、绍、崇、太、诸、丹、童、华、(上)

是勿:姚、宁、溧、宜、华、衢、温、双

是哦:嘉、松、常、康、黄、双、上、周、(余)、(宁)

阿是:盛、黎、昆、苏、熟、锡、江、靖、金、罗、霜、上

(“是哦”的变体“真是哦”,“是勿”的变体“是Aux勿”。)

5. 我不知道他有没有

有勿有:杭、绍、崇、太、王、嘉、西、华、双、(上)

有勿:余、宁、宜、华、衢、温

有哦:松、常、上、周

阿有:盛、黎、昆、熟、锡、苏、江、靖、金、罗、霜

有啊呒没:溧、丹、童、金、华、黄、周

(“有勿”的变体有“有Aux勿”,“有啊呒没”的变体有“有也呒”,“有啊末,有还是没得,有还是n̩则”。)

6. 他来了吗? 他还没来

有勿有来:杭、绍、崇、太、诸　(答:没有)

来了勿:宁　(答:没有)

来了哦:嘉、黄、双、上、(宁)　(答:没有,双、上可答未曾)

来了末:余、松、溧、华、康、温、周　(答没有,松可答未曾)

来勿曾：常、丹、宜、衢　（答：未曾）

阿曾来：黎、盛、苏、昆、熟、锡、江、靖、金、罗、霜、(上)　（答：未曾）

(“来了勿”、“来了哦”、“来了末”包括“来Aux勿”、“来Aux哦”、“来Aux末”。“勿曾”的变体“文”。)

7. 他走得快不快？

走得快勿快：杭、绍、崇、太、波、昆、童、丹、西、华、康、王、黄、溧、宜、(上)

走得快勿：姚、宜、衢、温、双

走得快哦：嘉、松、常、黄、双、上、周、(余)、(宁)

走得阿快：盛、黎、昆、苏、熟、锡、江、靖、金、罗、霜

(“快勿”的变体有“快Aux勿”，“走得……”的变体有“走Aux……”。“走得快勿”“走得快哦”在语流中前两个音节和后两个音节中间有停顿。)

8. 他走得快走勿快？

走勿走得快：杭、绍、华、康、诸、上

走得快勿：余、衢、温、黄、宜

走得快哦：松、上、周、(余)

阿走得快：盛、黎、昆、熟、锡、苏、江、靖、金、罗、霜、(上)

走得快走勿快：溧、宜、太、崇、宁、常、丹、童、华、康、黄、双

(“走得快勿”的变体有“走快Aux勿”，“走得快走勿快”的变体有“走得快Aux走勿快”。“走得快勿”、“走得快哦”在语流中四个音节是连在一起的，中间无停顿。)

(以上八句中的“阿V”的“V”前疑问副词在各地的读音不同，宝山、吴江、昆山、常熟、苏州、无锡、上海读“阿”，江阴读“壹”，靖江、丹阳读“个”，童家桥读“克”，西岗读“葛”。杭州的“勿”是“没”或“不”。)

通过各地例句的比较，我们可以归纳出吴语区的一般的是非问句大致有四类形式：

(1) V勿V　如：杭州、绍兴、崇仁、太平、王家井用此式。

(2) V勿　如：宜兴、溧阳、余姚、宁波、温州、永康、衢州用此式。

(3) V哦　如：嘉兴、松江、上海、双林、常州、丹阳用此式。

(4) 阿V　如：苏州、盛泽、黎里、常熟、江阴、靖江、昆山、无锡、罗店、霜草墩用此式。

勿，《广韵》文弗切。它在现代吴语中是一个齿唇音声母，多数地方读入声。

举例：他知道吗？不知道。他知道不知道？不知道。

绍兴话：伊晓得勿晓得？勿晓得。

余姚话：佢晓得勿？勿晓得。

嘉兴话：伊晓得哦？勿晓得。

无锡话：他阿晓得？勿晓得。

说“V勿V”或“阿V”的地区比较稳定，一般都没有其他三种说法同时存在。说“V勿”和“V哦”的地区往往有“Vaux勿”“Vaux哦”的说法，或者以“V勿”或“V哦”说法为主，有时也说“V勿V”。可见(1)(2)(3)类地区可以划归一派，(4)类地区为另一派。“阿V”这一派的用法只是在旧苏州府为中心一带地区使用，吴语区大部分地区不用“阿V”形式。

(1)(2)(3)类地区句型的分布可能是一种形式的逐步过渡：V勿V——Vaux勿——

V 勿——V 哦。"哦"是"勿"和"啊"的合音,与普通话"吗"相当。横观吴语地区是非问句的地域分布,我们可以看到"V 不 V"与"V 吗"之间的联系,以及与选择问句之间的关系(V 啊勿——V 咾勿——V 还是勿 V。"咾"在吴语中可表示类似北京话"和"的意思或表示相反意义词或短语的连接,如"来咾勿来")。(3)类地区的是非问句与普通话是非问句形式最为接近,说这种形式的地方是历史上(旧嘉兴府城、旧常州府城、旧丹阳府城)或当今较发达的地区,语音发展也可旁证。

吴语(1)(2)(3)类地区的是非问句在地域上的共时差异与古今汉语是非问句的历史发展形式是相通的,如下图示:

古汉语→现代汉语

V 不/否 → V 无 → V 么 → V 吗(么＋啊)

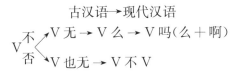

V 不/否 → V 也无 → V 不 V

现代吴语地域分布

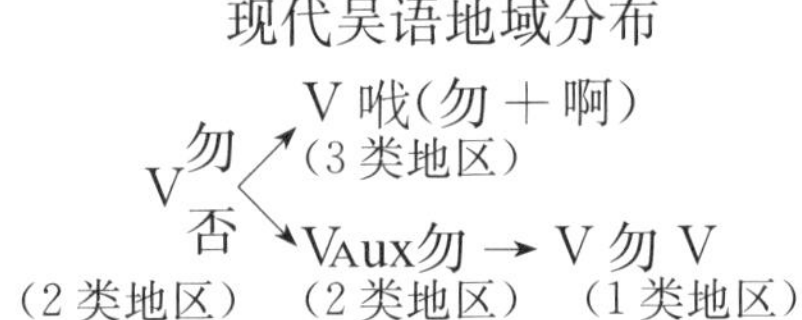

对照举例:

	古今汉语		吴语
Ⅰ	丙子卜,今日雨不?(商·卜辞) 二儿可得全不?(《世说新语·言语》) 既已告矣,未知中否?(《庄子·天地》) 尝其旨否?《诗经·甫田》	Ⅰ	伊晓得弗?(余姚:"他知道不知道?") 他是学生则勿?(宜兴:"他是学生吗?")
Ⅱ	晚来天欲雪,能饮一杯无?(白居易诗) 南斋宿雨后,仍许重来么?(贾岛诗) 让他尽力撕不好吗?(《红楼梦》第三十一回)	Ⅱ	实伊是学生子哇?(松江:"他是学生吗?") 伊晓得哦?(嘉兴:"他知道不知道?")
Ⅲ	行者还到五台山也无?(《祖堂集》卷第五第 197 页) 皇帝问:"诸佛还有师也无?"(《祖堂集》卷第十三第 452 页)	Ⅲ	渠是学生啊否?(温州:"他是学生吗?") 伊来啊没?(周浦:"他来了吗?") 我勿要得佢有也呒?("也[ɦɑ]","呒[m̩]",黄岩:"我不知道他有没有?") 我勿晓则他有咾勿?(宜兴:"我不知道他有没有。")
Ⅳ	春草年年绿,王孙归不归?(王维诗)	Ⅳ	身体好勿好?(绍兴:"身体好吗?")
Ⅴ	你管他不管他?(《金瓶梅词话》第五十一回) 你管他还是管我?(北京话)	Ⅴ	他走快咾勿?(宜兴:"他走得快走不快?") 你管其还是管我?(双林:"你管他还是管我。")

"V 不 V"从"V 也无"变来。"阿 V"句型的来源未明。

再对吴语完成体、经验体是非问句分析,我们可以看到进一步的情况。此种问句的否定答句的否定副词在吴语区有两大派:A 派为"没有(读'呒没、密、呒不'等)"派,B 派为"未曾(读'勿曾、分、文'等。字下注有"~~~~"的字是'勿曾'合音的同音字)"派。"未曾"形式见于古汉语，“没有”是较新起的否定副词。

上述四类地区，(1)类属A派，(4)类属B派，但(2)、(3)类地区，有的属A派(如：余姚、宁波、嘉兴、松江、溧阳、永康、温州、黄岩)，有的属B派(如：宜兴、常州、丹阳、衢州)。比如：

	你有书吗？	他来了吗？他还没来。
2类A派：溧阳	你有书勿啦？	他来末啊？他还末来。
3类A派：黄岩	你有书哦？	佢来号哦？佢还呒来。
2类B派：宜兴	你有书勿？	他来文？他还文来。
3类B派：常州	你有书哦？	他来文？他还分来。

可见(2)、(3)类地区是“未曾”、“没有”的过渡带。

A派地区问句用以下的形式：

V末(V过末) ＜ V了哦(V过哦)
　　　　　　　　勿　　　勿
　　　　　　VAux末(V过Aux末)——有勿有V(有勿有V过)

B派地区的问句用以下的形式：

V勿曾(V过勿曾)；阿曾V/阿曾V了少(阿曾V过)

“阿曾”、“勿曾”多用合音。

比如完成体是非问句：他来了吗？他还没来。

太平：伊有勿有来力啊？	伊还呒谋得来。
永康：佢来末啦？	佢还末来。
松江：伊来啊末？	伊还呒没来哩。
宁波：其来勒勿/哦？	其还密来。
衢州：其来文葛？	其文来。
常熟：佢恩来哉家？	佢勿曾来葛勒。
江阴：他英/恩来勒？	他还分来。

经验体是非问句的形式一般是在完成体形式上加“过”，极少数地方是改“了”或“曾、了”为“过”。四类地区完成体是非问句疑问形式使用情况如下表：

完成态用法 类地区 / 派地区	1类 V勿V ←	2类 V勿(VAux勿)	3类 → V哦	4类 阿V
A派 没有	有勿有V	V末(VAux末) V了勿	V末(VAux末) V了哦	
B派 勿曾		V勿曾	V勿曾 (V末、V了哦)	阿曾V 阿曾V了少

2、3类地区和4类地区的联系，我们可以参照上表从以下事实得到证实。

(1) 2、3类地区中都有几处(如：宜兴、衢州、常州、丹阳)是用“V勿曾”的地方，属B派，它们的否定答句(如“他还没有来”)和 4 类地区一样用“勿曾 V”,可见“阿曾 V”和“V 勿曾”可能有某种联系。

(2) 3 类地区中有些“V 末”、“V 了哦”的地点(如:双林、松江、周浦、上海)既可用“没有”又可用“未曾”回答,属 AB 混合派。

在 3、4 类地区有些地方(如:苏州、昆山、上海)有一种过渡说法,苏州有“阿曾 V 勿曾 V(‘佴阿曾来勿曾来?’)”,上海有“阿曾 V 勿曾 V”和“V 勿曾 V”(“伊阿曾来勿曾来?”“伊来勿曾来?”)

据此,我们拟推论说“阿曾 V”是从“V 勿曾”来的。

2、3 类地区向 4 类地区过渡是:

V 勿曾 ⟶ V 勿曾 V ⟶ 阿曾 V 勿曾 V ⟶ 阿曾 V

(有的 2、3 类地区)　(有的 3 类地区)　(有的 3、4 类地区)　(4 类地区)

从 2 类地区向 1 类地区的过渡是:

V 勿曾 ⟶ V 了勿 ⟶ Vaux末/V 末 ⟶ 有勿有 V

(有的 2 类地区)　(有的 2 类地区)　(有的 2 类地区)　(1 类地区)

B 派否定副词“勿曾”形式是老的,见于古汉语“未曾”,横观吴语区完成体的表达形式,我们可以了解“没有(‘呒没’)”一词的由来。见下表。

项目 \ 用法 \ 地点	4 崇仁	3 金华	2 溧阳	1 黄岩	2 余姚	3 宁波	4 周浦
有没有?	有勿 [vᴇʔ]有	有没 [mɐʔ]	有阿呒没 [ᴀm̩məʔ]	有也呒 [ɦam̩]	有弗 [vɪʔ]	有弗 [ve]	有哦 [vɑ]
没有来。	呒谋 [mːiʏ] 来	味[miẽ] 来/没 [mɐʔ]来	末[məʔ] 来	呒[m̩]来	呒没 [ʔm̩mɐʔ] 来	密[mɪʔ] 来/呒没 [mːɐʔ]来	没[məʔ] 来/勿能 [ʋəʔnəŋ] 来
有没有来 (来了吗)?	有勿 [vᴇʔ] 有来?	来味 [miẽ]?	来末啦 [məʔlᴀ]?	来号哦 [ɦɒvᴀ]?	来浪味 [lɒ̃mi]?	来了弗/哦 [lɐʔveʔ/va]?	来啊吗 [ɦɑʔmɑ]?

上表内动词“有没有”横行中“有”字没注音,“没有来”和“有没有来”两横行中“来”字没注音。从上表我们可以看到如下的变化线索:

(1) 有也呒⟶有也呒没⟶有没⟶有勿有

(2) 呒⟶呒没⟶呒有⟶没有;呒⟶末/没⟶味/密

(3) V 末⟶Vaux末/V 末⟶⟶Vaux吗;V 末⟶Vaux勿/V 哦

在一些商业很发达的大城市,在那些普通话影响较大的地方,是非问句的使用会呈现比较复杂的情况。

比如上海是近代快速发展起来的大城市,五方杂居,吴语区的四类是非问句句式都对该地区发生影响。19 世纪中叶的上海话与松江话一样稳定，一般的是非问用“V 哦”，完成态是非问用“V 阿末/V 末”，答句用“勿曾”。如：“晓得否[va]?”“饭用蛮[mæ]?”“勿曾看歇。”(Edkins. 1868)，“税单侬收着末?”(McIntosh. 1916)20 世纪初以后，上海话受苏州话的影响，再加上扩展出去的城区包括原太仓州(也从苏州府分出)所属的宝山县地域内的话的影响，“阿 V”形式开始进入上海话。1916 年 McIntosh 在他的书中就辟专栏记载了一些新形式：“拉火车里阿有得吃否?”“夜班车阿有困车个?”前一句是“阿 V”和“V 否”的混合式。当时“阿曾”用法也进入上海话，所以现今上海城内的老年人还常用“阿 V”、“阿曾 V”形式。“没有(呒没)”也开始进入上海，赵元任记 20 年代的上海话已记到“物曾”和“呒没”两词并用(赵元任 1928)。现今上海大部分人特别是中青年“V 哦”又重新占优势，完成态是非问句用“V 了哦”，答“呒没”(绍兴等城市原用过“勿曾”，现也用“没有〔n̩n̩iɤ〕”)。尽管由于主要受普通话影响后的上海话也说“V 勿 V”，另外也说“V 勿啦”，即吴语是非问四种形式及其混合式在上海都有人说(如老师上课有问“懂哦”、“懂勿懂”、“阿懂”“懂勿啦”、“阿懂哦”等)，但总有一个占优势的句式：“V 哦”，它是本土原式。

这样我们就可以解释，在调查是非问句时有的地方方言合作者(尤其是青少年)对同一例句有时会说出两类不同的是非问句式的情况，多数是反映了该地近代以来社会联系加强后语言新层次的叠加。

第三节　语法例句对照表

我吃了饭了。

宜：我 吃则 饭列。 溧：我 吃则 饭列/溜。 金：我 吃格 饭勒。
ŋu tɕʻiɪʔtsəʔ vᴀlɪʔ. ŋʌɯ tɕʻiɪʔtsəʔ vᴀliɪʔ(liʌɯ). ŋ tɕʻieʔkɑʔ fæləʔ.
丹：我 吃则 饭喽。 童：我 吃勒 饭勒。 靖：我 饭 吃好勒勾。 江：我
ŋᴀʏ tɕʻɪʔtsɛʔ fælᴇᵉ. ŋᴀʏ tɕʻiɪʔləʔ vɑle. ŋᴬʏ væ̃ tɕʻiɪʔhɒləʔkᵒʏ. ŋɜʏ
吃则 饭糟。 常：我 吃饭葛列。 锡：我 吃勒 饭列。 苏：我 饭
tɕʻiəʔtsɜʔ vætsɒ. ŋʌɯ tɕʻiɪʔvækəʔliɪʔ. ŋᴀʏ tɕʻiəʔləʔ vɛliəʔ. ŋɜu ᴠᴇ
吃过哉。 我 吃仔 饭哉。 熟：我 吃则 饭哉。 昆：我 吃是 饭勒。(是＝仔)
tɕʻiəʔkɜutsᴇ. ŋɜu tɕʻiəʔtsɿ ᴠᴇtsᴇ. ŋɯ tɕʻɪʔtsᴇʔ vætsæ. ŋəu tɕʻiɪʔzɿ vɛləʔ.
霜：我 饭 吃过勒/则。(则＝哉) 罗：我 饭 吃过则。(则＝哉) 周：我 饭
n̩ ᴠᴇ tɕʻiəʔkuləʔ/tsəʔ. n̩ ve tɕʻiɐʔkutsɐʔ. ɦu vɛ
吃过鞋什。(什＝哉) 上：我 吃 饭 吃好勒 松：奴 吃是饭鞋哩。(是＝仔) 奴 饭
tɕʻiᴀʔkuɦazəʔ. ŋu tɕʻiɪʔ ᴠᴇ tɕʻiɪʔhɔlɐʔ. nu tɕʻiɪʔzɿᴠᴇɦali. nu ᴠᴇ
吃好鞋哉。(奴nu/ɲ̍) 黎：我 饭 吃好台/勒。(台＝哉) 盛：我奴 吃好饭台。(台＝哉)
tɕʻiɪʔhɔɦatsᴇ. ŋ̍ ᴠᴇ tɕʻiəʔhᴀᵓdᴇ/ləʔ. ɦunᵊu tɕʻiɐʔhᴀɑ ᴠᴇdᴇ.
嘉：我奴 饭 吃好 鞋哩/鞋哉。(吾奴ŋ̍no/ŋ̍/no) 双：我 饭 吃好台/勒。(台＝哉)
ŋ̍no ᴠᴇᵋ tɕʻiəʔho ɦale/ɦatsᴇ. ʔŋ̍ ᴠᴇ tɕieʔhɔdᴇ/ləʔ.(台/突dəʔ)
杭：我 吃勒 饭得雷。 绍：我 吃勒 饭哉。 诸：我 饭 吃过鞋。
ʔŋou tɕʻiəʔləʔ ᴠᴇtəʔleɪ. ŋ̍o tɕɪʔlɪʔ væ̃ze. (勒：lɪʔ/ləʔ) ŋɯ vɛ tɕʻiəʔkɯɦᴀ.

崇：我 饭 食过鞋拉。 太：我 饭 食过怪鞋。 余：我 饭 吃好 浪哉。 宁：我 饭
ŋʏ væ̃ ʑiɛʔkʏɦala. ŋɯ væ̃ ʑiɛʔkɯkua. ŋo vɛ̃ tɕʻɪʔhɒ lɔ̃tse. ŋo vᴇ
吃过来入声。 黄：我 饭 吃好号。(吃tɕʻyɔʔ/tɕʻiɪʔ) 温：我 饭 吃 黄爻。 衢：我 饭
tɕʻyɔʔkəʊleʔ. ŋo vɛ tɕʻyɔʔhɒɦɒ. ŋ̍ va tsʻɿ ɦᵘɔba. ŋu væ̃
吃过勒。 华：我 吃过饭勒。 永：我 饭 食过列。 我 食饭过列。
tɕʻiəʔkᵘuləʔ. ʔa tɕʻiəʔkuovalɐʔ nŋoə fvᴀ szəɪkoəlie. nŋoə szəɪfvᴀkoəlie.

我做完了功课。

宜：我 功课 做完咾列。 溧：我 做妥则 作业列/溜。 金：我 作业
ŋu koŋkʻu tsuɦuelaʏlɪʔ. ŋʌɯ tsʌɯtʻʌɯtsəʔ tsɔʔȵiɪʔliɪʔ(liʌɯ). ŋ̍ tsɔʔnieʔ
做好唻。 丹：我 做光 功课喽。 我 功课 做光喽。 童：我 做完勒
tsᵊuxɒᵊlɛᵉ. ŋʌʏ tsʌʏkuaŋ koŋkʻʌʏlᴇᵉ. ŋʌʏ koŋkʻʌʏ tsʌʏkuaŋlᴇᵉ. ŋʌʏ tsʌʏɦuələʔ
功课勒。 靖：我 作业 做好勒勾。 江：我 作业 做好则。 常：我
koŋkʻʌʏləʔ. ŋᴬʏ tsɔʔȵiɪʔ tsᴬʏhɒləʔkᴓʏ. ŋɜʏ tsoʔȵiəʔ tsɜʏhɒtsɜʔ. ŋʌɯ
功课 做 完佬/葛列。 锡：我 功课 做完列。 苏：我 做完仔
koŋkʻʌɯ tsʌɯ ɦuɔlaʏ(kəʔ)liɪʔ. ŋʌʏ koŋkʻʌʏ tsʌʏɦoliəʔ. ŋɜu tsɜuɦөtsɿ
功课。 我 功课 做完哉。 熟：我 做好则 功课。 我 功课 做好哉。 昆：
koŋkɜu. ŋɜu koŋkʻɜu tsɜuɦөtsᴇ. ŋɯ tsɯxɔtsᴇʔ kʊŋkʻɯ. ŋɯ kʊŋkʻɯ tsɯxɔtsæ.
作业 我 做好勒。 霜：我 功课 做好勒。 罗：我 功课 做好则。 周：我
tsoȵiɪʔ ŋəu tsəuhɔləʔ(/zəʔ). n̩ koᵑkʻu tsuxɔləʔ. n̩ koᵑkʻu tsuhɔtsɐʔ. ɦu
功课 做好鞋什。 上：我 功课 做好勒。 松：奴 功课 做好鞋哩。奴 功课
koŋkʻu tsuhɔɦazəʔ. ŋu koŋkʻu tsuhɔlɐʔ. nu kʊŋkʻu tsuhɔhali. nu kʊŋkʻu
做好鞋哉。 黎：我 功课 做好台。 盛：我奴 作业 做好台。 嘉：我 奴
tsuhɔɦatsᴇ. ŋ̍ koŋkʻɜu tsɜuhʌɔdᴇ. ɦunᵊu tsʻɔʔȵiɐʔ tsɜuhʌadᴇ. ŋ̍ no
功课 做好鞋哩/鞋哉。 双：我 功课 做完台。 杭：我 功课 做好特雷。
koŋkʻᵊɯ tsᵊuhɔɦale/ɦatsᴇ. ʔŋ koŋkʻəu tsəuɦuᴇdᴇ. ʔŋᵒu koŋkʻou tsᵒuhɔdəʔleɪ.
绍：我 功课 做好哉。 诸：我 作业 做好鞋。 崇：我 作业 做好怪拉。 太：
ŋo koŋkʻo tsuhaɒze. ŋɯ tsoʔȵiəʔ tsɯhɔɦᴀ. ŋʏ tsɔʔȵiᴇʔ tsʏhaɒkuala.
我 作业 做好怪。 余：我 作业 做好浪哉。 宁：我 作业 做好来。 黄：我
ŋɯ tsɔʔȵieʔ tsɯhaɒkua. ŋo tsɔʔȵɪʔ tsᵒuhɒlɒ̃tse. ŋo tsɔʔȵiɪʔ tsəʊhɔleʔ. ŋo
作业 做完好号。 温：我 功课 做好爻。 衢：我 功课 做好勒。 华：我
tsɔʔȵieʔ tsᵊuɦø/hɒɦɒ. ŋ̍ koŋkʻu tsᵊuhᵘɔba. ŋu kʌŋkᵘu tsᵘuhɔləʔ. ʔa
做完勒 功课。 我 功课 做完勒。 永：我 作业 做好列。
tsuoɦuæ̃lɐʔ koŋkʻoᵊ. ʔa koŋkʻɘ tsuoɦuæ̃lɐʔ. nŋoə tsᴀʊȵie tsoəhᴀʊlie.

我吃完了饭做活。

宜：我 吃完则 饭 做生活。 溧：我 吃妥则 饭 再做 事体。 金：
ŋu tɕʻiɪʔɦuetsəʔ vᴀ tsu sᴀŋɦuəʔ. ŋʌɯ tɕiʔtʻʌɯtsəʔ vᴀ tsæᴇtsʌɯ szɿtʻiz.
我 吃格勒 饭 做事。 丹：我 吃光勒 饭 做事。 童：我 吃完勒 饭
ŋ̍ tɕʻieʔkaʔləʔ fæ̃ tsᵊusɿz. ŋʌʏ tɕʻɪʔkuaŋlɛʔ fæ tsʌʏsɿ. ŋʌʏ tɕʻiɪʔɦuələʔ va
做事。 靖：我 吃好勒 饭 才 做 事体。 江：我 吃 好得 饭 做生活。 常：
tsʌʏsᶻɿ. ŋᴬʏ tɕʻiɪʔhɒləʔ fæ̃ szæ tsᴬʏ szɿtʻij. ŋɜʏ tɕʻiəʔ hɒtəʔ væ tsɜʏsᴀᵑɦuɜʔ.

我　吃完则　　饭 做　事体。锡：我　吃　　好 饭 做生活。　　苏：我　吃脱仔　　饭
ŋʌɯ tɕʻiɪʔɦuɔtsəʔ væ tsʌɯ zʅtʻiⱼ.　　ŋʌʏ tɕʻiəʔ xʌ vɛ tsʌʏsãɦuəʔ.　　ŋɜu tɕʻiəʔtʻəʔtsʅ ᴠᴇ
再 做　生活。　熟：我　吃好则　　饭　做生活。　我 饭　吃好则　　做　生活。　昆：
tsᴇ tsɜu sãɦuəʔ.　　ŋɯ tɕʻɪʔxɔtsᴇʔ væ tsɯsᴀ˜ɦuəʔ. ŋɯ væ tɕʻɪʔxɔtsᴇʔ tsɯ sᴀ˜ɦuoʔ.
我　吃好　　饭 再　做生活。　　霜：我　吃好勒　　饭　做生活。　我　饭　吃好勒
ŋɜu tɕʻiɪʔhɔ vɛ tsɛ tsəusãɦuəʔ.　　n̩ tɕʻiəʔxɔləʔ ᴠᴇ tsusa˜vəʔ. n̩ ᴠᴇ tɕʻiəʔxɔləʔ
做生活。　罗：我 吃好勒　　饭　做生活。　　周：我　吃好仔　　饭 做生活。　上：我
tsusa˜vəʔ.　　n̩ tɕʻiɐʔhɔlɐʔ ve tsusa˜ɦuəʔ.　　ɦu tɕʻiʌʔhɔtsʅ vɛ tsusᴀ˜vəʔ　　ŋu
吃好勒　　饭　做事体。　松：奴　吃好是　　饭　做生活。　　黎：我　饭　吃好是
tɕʻiɪʔhɔlɐʔ ᴠᴇ tsuzʅtʻi.　　nu tɕʻiɪʔhɔzʅ ᴠᴇ tsusɛ̃vəʔ.　　ŋ̍ ᴠᴇ tɕʻiəʔhᴀᵓzʅ
做生活。（是＝仔）　盛：我奴　吃好是/是　　饭　做生活。　　嘉：我奴 饭　吃好
tsɜusãɦuəʔ.　　ɦunᵌu tɕʻieʔhᴀɑzʅ/ʅ ᴠᴇ tsɜusæ̃ɦuəʔ.　　ŋ̍no ᴠᴇᵋ tɕʻiəʔhɔ
再做　　生活。　双：我 吃　　好突　饭 做生活。　杭：我　　吃好　　饭 做　事体。绍：
tsᴇᵋtsᵊu sᴀ˜ɦuoʔ.　　ʔŋ tɕʻieʔ hɔdəʔ ᴠᴇ tsəusãʔue.　　ʔŋou tɕʻiəʔhɔ ᴠᴇ tsᵒu zʅʻti.
我 吃完勒　　饭　再　做　生活。　　诸：我　饭　吃好末　　　做　　生活勒/喇。　　崇：我 饭
ŋo tɕʻɪʔɦuə̃lə ʔ væ̃ tse tsu saŋɦuoʔ.　　ŋɯ vɛ tɕʻiəʔhɔmɐʔ tsʻɯ sãɦuoʔlɐʔ/lᴀ.　　ŋʏ væ̃
食过末　　做　生活。　太：我　饭　食好　　再 做　　生活。　余：我 饭 吃好仔　再 做
ʑiᴇʔkʏmᴇʔ tsʏ sᴀ˜vᴇʔ.　　ŋɯ væ̃ ʑieʔhᵅɒ tse tsɯ sᴀŋvɛʔ.　　ŋo vɛ̃ tɕʻɪʔhɒtsʅ tse kou
生活。　宁：我 饭　吃好　　再 做　生活。　黄：我 饭　吃好号　　做生活。　　温：我
sãɦuoʔ.　　ŋo ᴠᴇ tɕʻyɔʔhɔ tse tsəʊ sãɦuɐʔ.　　ŋo vɛ tɕʻyɔʔhɒɦɒ tsəusa˜ɦuəʔ.　　ŋ̍
饭 吃黄　　干事干。　衢：我　饭　吃好勒　　再　做事体。　华：我 吃　　好勒　饭　做
vɑ tsʻʅɦᵘɔ kəʑʅkə.　　ŋu væ̃ tɕʻiəʔhɔləʔ tse tsᵘuszʅtʻi.　　ʔɑ tɕʻiəʔ haʊlɐʔ vɑ tsuo
事葛。永：我　饭　食歇　做　生活。
sᶻʅkɐʔ.　　nŋoə fvᴀ szəɪɕie tsoə saiɦuᴀ.

你吃了饭再去。

宜：你　吃则　　饭　再　去。　溧：你　吃则　　饭　再去。　　金：你　吃格　　饭
　　ȵiⱼ tɕʻiɪʔtsəʔ vᴀ tsɐʔ kɐɪ.　　ȵiᶻ tɕʻiɪʔtsəʔ vᴀ tsæᴇkʻæᴇ.　　niᶻ tɕʻieʔkəʔ fæ̃
再去。　丹：尔 吃则　　饭 再　去。　童：内 吃勒　　饭　再　去。　靖：尔 吃好勒　　饭
tsæᵉkʻiᶻ.　　n̩ tɕʻɪʔtsɐʔ fæ tsæ kʻæ.　　nei tɕʻiɪʔləʔ vɑ tsaɪ kʻɪ.　　n̩ tɕʻiɪʔhɒləʔ fæ̃
再　去。　江：你　吃得　　饭　再　去罢。　常：你　吃则　　饭　再　去。　锡：你 吃好
tsæ tɕʻiⱼ.　　ȵiⱼ tɕʻiəʔtɜʔ væ tsæ kʻᴇɪbɑ.　　ȵiⱼ tɕʻiɪʔtsəʔ væ tsæe tɕʻiⱼ.　　ȵi tɕʻiəʔxʌ
饭　再　去。　苏：倷 吃仔　　饭　再　去。　熟：能　吃则　　饭　再去。能　饭　吃则
vɛ tsᴇ tɕʻi.　　nᴇ tɕʻiəʔtsʅ ᴠᴇ tsᴇ tɕʻiⱼ.　　nẽⁿ tɕʻɪʔtsᴇʔ væ tsækʻᴇ. nẽⁿ væ tɕʻɪʔtsᴇʔ
再去。　昆：能　吃是　饭 再　去。能　吃勒　　饭 再　去。　霜：实尔 吃勒　　饭 再　去。
tsækʻᴇ.　　nən tɕʻiɪʔzʅ vɛ tsɛ kʻᴇ. nən tɕʻiɪʔləʔ vɛ tsɛ kʻᴇ.　　zən tɕʻiəʔləʔ ᴠᴇ tsᴇ tɕʻi.
罗：侬　吃好勒　　饭 再　去。　周：侬　吃仔　　饭　再去。　上：侬　吃勒/　　好饭 再
　　noᵑ tɕʻiɐʔhɔlɐʔ ve tse tɕʻi.　　noŋ tɕʻiʌʔtsʅ vɛ tsetɕʻi.　　noŋ tɕʻiɪʔlɐʔ/ hɔᴠᴇ tsᴇ
去。侬　吃仔　　饭　再　去。　松：造 吃是　　饭　再　去。　黎：那 吃是　　饭　再　去。
tɕʻi. noŋ tɕʻiɪʔtsʅ ᴠᴇ tsᴇ tɕʻi.　　zɔ tɕiᴀʔzʅ ᴠᴇ tsᴇ tɕʻi.　　nɒ tɕʻiəʔzʅ ᴠᴇ tsᴇ tɕʻiⱼ

盛:尔呐 吃是 饭 再 去。 嘉:内 吃好 饭 再 去。 双:你 吃突 饭 再 去。
ṇnəʔ tɕʻiɐʔzɿ ve tse tɕʻiⱼ ne tɕʻiəʔhɔ veᵋ tseᵋ tɕʻi. ʔnᵊʏ tɕʻieʔde ve tse tɕʻiz.

杭:你 吃勒 饭 再 去。 绍:你 吃勒 饭 再 去。 诸:尔 饭 吃好 再 去(𠲎啊)。
ʔni tɕʻiɔʔləʔ ve tse tɕʻi. noʔ tɕʻɪʔlɪʔ væ̃ tse tɕʻi. ṇ vɛ tɕʻiəhɔ tse kʻe(gA).

崇:侬 饭 食过 再 去。 太:尔 饭 食好 再去。 余:侬 饭 吃好仔 再去。
nʊᵑ væ̃ ʑiEʔkʏ tse tɕʻiz. ṇ væ̃ ʑiɛʔhɔ tsetɕʻi. nʊŋ vɛ̃ tɕʻɪʔhɒtsɿ tsekʻe.

宁:尔 饭 吃 勒 再 去。 黄:尔 饭 吃号 再去。 温:你 饭 吃黄 先 再 走。
ṇ ve tɕʻyɔʔ lɐʔ tse tɕʻi. ṇ vɛ tɕʻyɔʔɦɒ tsekʻe. ṇȵi va tsʻɿɦᵘɔ ɕi tse tsʌu.

衢:你 饭 吃到 再去。 华:侬 吃勒 饭 再 去。 永:尔 饭食过 再 去。
ȵi væ̃ tɕʻiəʔtɔ tsɛkʻi. ʔnoŋ tɕʻiəʔlɐʔ va tsɛ kʻə. ṇ fvAszəɪkoə tsəɪ kʻʏ.

他吃着饭。

宜:他 勒笃 吃 饭得。 溧:他 勒打 吃饭。 他 勒过娄 吃饭。 金:他
tʻo ləʔto tɕʻiɪʔ vAtəʔ. tʻo ləʔto tɕʻiɪʔvA. tʻo ləʔkAɯlAɯ tɕʻiɪʔvA. tʻɑ

吃饭 鸟。 丹:他 吃着 饭。(着=则tsɛʔ) 童:他 吃啊饭。 他 吃 勒 饭勒。
tɕʻieʔfæ̃ niɑᵓ. tʻɑ tɕʻɪʔtsɛʔ fæ. tʻɑ tɕʻiɪʔava. tʻɑ tɕiɪʔ ləʔ valeʔ.

靖:他 来刚 吃饭。 他 来荡 吃饭。 (来刚:远指;来荡:近指) 江:他 勒盖 吃
tʻɑ lækaŋ tɕʻiɪʔvæ̃. tʻɑ lædaŋ tɕʻiɪʔvæ̃. tʻɑ lɜʔkæ tɕʻiəʔ

饭。 常:他 勒头 吃 饭。他 勒浪 吃 饭。(勒浪:近指) 锡:他 勒勒娘 吃
væ. dɑ ləʔdei tɕʻiɪʔ væ dɑ ləʔlAɲ tɕʻiɪʔ væ. dʌʏ ləʔləʔȵiɒ tɕʻiəʔ

饭。 苏:俚 勒海 吃饭。 熟:渠 勒海 吃饭。 昆:伊 勒海 吃饭。 伊 勒亨
vɛ. ʔlij ləʔhE tɕʻiəʔvE. gE lAʔhæ tɕʻɪʔvæ. ɦi ləʔhɛ tɕʻiɪʔvɜ. ɦi ləʔhã

吃饭。 霜:伊 勒辣/勒郎 吃 饭。伊 郎 吃 饭。 罗:伊 勒郎 吃 饭。伊 郎
tɕʻiɪʔvɜ. ʔi ləʔlAʔ/ləʔlɒ̃ tɕʻiəʔ ve. ʔi lɒ̃ tɕʻiəʔ ve. ʔi ləʔlɒ̃ tɕʻiɐʔ ve. ʔi lɒ̃

吃 饭。 周:伊 勒赖 吃饭。 伊 辣碱 吃饭。 上:伊 勒海 吃 饭。伊 辣 吃
tɕʻiɐʔ ve. ɦi ləʔla tɕʻiʌʔvɛ. ɦi laʔkɛ tɕʻiʌʔvɛ. ɦi lɐʔhE tɕʻiɪʔ ve. ɦi lɐʔ tɕʻiɪʔ

饭。 松:伊 勒辣 吃 饭。伊 开 吃 饭。 黎:伊 啰 吃饭。 伊 勒冷 吃饭。
ve. ɦi ləʔlAʔ tɕʻiɪʔ ve. ɦi kʻE tɕʻiɪʔ ve. ʔiⱼ lu tɕʻiəʔve. ʔiⱼ ləʔlã tɕʻiəʔve.

盛:伊 勒化 吃 饭。 嘉:伊奴 勒化 吃 饭。 双:其辣 吃 饭。 杭:他 辣哈
ʔiⱼ ləʔho tɕʻiɐʔ ve. ʔino ləʔho tɕʻiəʔ veᵋ. dʑiz ʔlAʔ tɕʻieʔ ve. tʻɑ lAʔhɑ

吃 饭。 绍:伊 亨 吃 饭。伊 喇 吃 饭 伊 来亨/来洞 吃 饭。 诸:其 来客
tɕʻiɔʔ ve. ɦi haŋ tɕʻɪʔ væ̃. ɦi la tɕʻɪʔ væ̃. ɦi lehaŋ/ledoŋ tɕʻiʔ væ̃. dʑiz lekʻɐʔ

吃 饭。 (近:来客;远:去客。) 崇: 伊 勒蒙 食 饭。
tɕʻiəʔ ve。 ɦiz lEʔmʊŋ ʑiEʔ væ̃.

(近:来古、勒古、古lekʏ; lEʔkʏ; kʏ;远:来蒙、勒蒙、蒙。) 太: 伊 勒蒙 食 饭。
ɦiz lɛʔmʊŋ ʑiɛ væ̃.

(勒蒙/来蒙lemʊŋ) 余: 渠 来 吃 饭。 宁: 其 来ₐ盖 吃 饭。
ge le tɕʻiʔ vɛ̃. dʑi leʔke tɕʻyɔʔ ve.

(远:来ₐ盖;近:来ₐ的leʔtɪʔ) 黄: 渠 在达 吃 饭。 温: 其 是大 吃 饭。
ge zedɐʔ tɕʻyɔʔ vɛ. dʑi zɿdɑ tsʻɿ va.

（远：是大zʅda/tɑ；近：zʅlˈi）　衢：其 在 葛里 吃　饭。　华：渠　来末里 吃　饭。渠
gi zɛ kɪli tɕʻiəʔ væ.　　kɦə lɛmɐʔli tɕʻiəʔ vɑ. kɦə
来/改末达　吃　饭。　永：渠 隑拉 食饭。
lɛ/kɛmɐʔdɐʔ tɕʻiəʔ vɑ.　　gə gəɪlᴀ szəɪfvᴀ.

坐着比站着舒服。

宜：坐则　比 隑则　写意。　溧：坐则　　比 隑则　　好过。　　金：坐　啊比　站啊
zutsəʔ pij gɐɪtseʔ ɕiᴀʔij.　　szʌɯtsəʔ piz dʑiztsəʔ xaᵞkʌɯ.　　tsᵊu ɑ　piz tsæ̃ɑ
写意。　丹：坐葛里　比　站葛里　写意。坐则　比　站则　写意。　童：坐个里　比
ɕiaiz.　　zʌɤkɛʔliz piz tsækɛʔliz ɕiaiz. zʌɤtsɛʔ piz tsætsɛʔ ɕiaiz.　　tsʌɤkəʔlij pij
站个里　写意。坐扎　比　站扎　写意。　靖：坐勒刚　比　站勒刚　适意。
tsaɪkəʔlij ɕiaij. tsʌɤtsᴀʔ pij tsaɪtsᴀʔ ɕiaij.　　szᴬɤləʔkaŋ pij dzʌɤləʔkaŋ səʔij.
江：坐得　比　立得　写意。　常：坐好则　　比　立好则　　写意。坐则　　比　立则
zɜɤtəʔ pij lɪʔtɜʔ siɑʔij.　　zʌɯxɑɤtsəʔ pij liɪʔxɑɤtsəʔ ɕiɑʔij. zʌɯtsəʔ pij liɪʔtsəʔ
写意/舒畅。　锡：坐勒娘　比 立勒娘　写意。　苏：坐仔　比 立仔 适意。坐勒海　比
ɕiɑʔij(sʅtsʻᴀɲ).　　zʌɤləʔȵiã pi lɪʔləʔȵiã siɑʔi.　　zɜutsʅ pij lɪʔtsʅ səʔʔij. zɜuləʔhᴇ pij
立勒海　适意。　熟：坐则　比　立则　舒服。　昆：坐勒亨/海 比 立勒亨/海 好过。
lɪʔləʔhᴇ səʔʔij.　　zɯtsᴇʔ pi lɪʔtsᴇʔ tʂʮvoʔ.　　zəuləʔhã　pi lɪʔləʔhã　hɔkəu.
霜：坐特　比 立特　适意。坐勒郎　比 立勒郎　写意。　罗：坐勒郎　比 立勒郎　适意。
zᵊudəʔ pi lɪʔdəʔ səʔʔi. zᵊuləʔlɒ̃ pi lɪʔləʔlɒ̃ siɑʔi.　　zᵊulɐʔlɒ̃ pi lɪʔlɐʔlɒ̃ sɐʔʔi.
周：坐赖 比　立赖 适意。　上：坐勒海/该　比 立勒海/该　适意。　松：坐辣该　比 立辣该
zulɑ ʔbi lɪʔlɑ səʔʔi　　zulɐʔhᴇ/kᴇ pi liɪʔlɐʔhᴇ/kᴇ səʔʔi.　　zulᴀʔkᴇ pi lɪʔlᴀʔkᴇ
适意。坐辣海　比　立辣海　适意。　黎：坐勒冷　比　立冷勒 适意。　盛：坐勒辣　比
səʔʔi. zulᴀʔhᴇ　pi　lɪʔlᴀʔhᴇ　səʔʔi.　　zɜuləʔlã pij lɪʔləʔlã səʔʔij.　　zɜuləʔlɑʔ pij
立勒辣　适意。（适意/写意ɕiɑʔij）　嘉：坐勒化　比　立勒化　写意。　双：坐辣　比
lɪʔləʔlɑʔ səʔʔij.　　zᵊuləʔho pi ʔlɪʔləʔho ɕiɑʔi　　zəulᴀʔ piz
立辣　舒衣。　杭：坐辣哈　比　站辣哈　写意。坐辣东　比　站辣东　写意。
ʔlieʔʔlᴀʔ sʅʔiz.　　dzoulᴀʔhɑ pi dzᴇlᴀʔhɑ ɕiɑʔi. dzoulᴀʔtoŋ pi dzᴇlᴀʔtoŋ ɕiɑʔi.
绍：坐洞　比 立洞　皮道　好。坐洞勒　比 立洞勒　皮道　好。　诸：坐得客　比　隑
zodoŋ pi lɪʔdoŋ bidɑɒ hɑɒ. zodoŋləʔ pi lɪʔdoŋləʔ bidɑɒ hɑɒ.　　zɯtɐʔkʻɐʔ piz ge
得客　舒服。　崇：坐留 比　隑留 爽快。　太：坐留　比　隑留 爽快。　余：坐仔　比
tɐʔkʻɐ ɕyʮvoʔ.　　zʏlʏ piz gelʏ sɒ̃kʻuɑ.　　zɯlʏ piz gelʏ çiᴀŋkʻuɑ.　　zoutsʅ pi
呆仔 写意。　宁：坐勒　比　立勒　写意。坐的　比　立的 写意。　黄：坐达　比　隑达
ŋetsʅ ɕiᴀʔi.　　zəʊlɐʔ pi liɪʔlɐʔ ɕiɑʔi. zəʊtɪʔ pi lɪʔtɪʔ ɕiɑʔi.　　zəudɐʔ pi dʑidɐʔ
舒服/味道。　温：坐大　比　隑大 好过。　衢：坐勒葛里　比 立勒葛里　舒服。　华：
ɕyvəʔ/midɒ.　　zᵊudɑ pi gedɑ hᵘɔkəu.　　zʊuləʔkəʔli pi lieʔləʔkəʔli ɕʮvəʔ.
坐铅　比 隑铅　舒服。　永：坐拉　比 隑拉 清爽勒。
sutɕʻie pi kɛtɕʻiɛ ɕʮyfoʔ.　　zoəɪlᴀ pi gəɪlᴀ tɕʻiɪŋɕʏᴀŋlə.

骑着马找马。

宜：坐则　马　寻　马。　溧：骑则　马　寻　马。　金：坐啊 马　找　马。　丹：
zutsəʔ mo ʑyiŋ mo.　　dʑiztsəʔ mo ʑyn mo.　　tsᵊuɑ mɑ tsɑᵓ mɑ.

骑则　马 找 马。 童：骑啊 马 找 马。 靖：骑勒个　马 找 马。 江：骑得　马
dʑi$_{z}$tsɛʔ mo tsɒ mo.　dʑi$_{j}$ɑ mo tsɐɤ mo.　dʑi$_{j}$ləʔkəʔ mo tsɒ mo.　dʑi$_{j}$tɜʔ mo
寻 马。 常：骑则　马 寻马。 锡：骑勒 马娘 寻 马。 苏：骑仔马　寻 马。 熟：
ziɲ mo.　dʑi$_{j}$tsəʔ mo ʑiɲmo.　dʑiləʔ moȵiã zin mo.　dʑi$_{j}$tsɿmo ziɪn mo.
骑则 马 寻 马。 昆：骑是 马 寻马。 霜：骑特 马 寻 马。 罗：骑勒 马 寻
dʑitsᴇʔ mo zĩɲ mo.　dʑizɿ mo ʑinmo.　dʑidəʔ m^{ʌ}ɤ zĩ m^{ʌ}ɤ.　dʑilɐʔ m^{ʌ}ɤ zɪ^{n}
马。 骑则 马 寻 马。(则＝仔) 周：骑是 马 寻 马。(是＝仔) 上：骑仔 马
m^{ʌ}ɤ. dʑitsɐʔ m^{ʌ}ɤ zɪ^{n} m^{ʌ}ɤ.　dʑizɿ mo ʑiɪŋ mo.　dʑitsɿ mo
寻 马。骑 马 寻 马。 松：骑是 马 寻 马。 黎：骑是 马 寻 马。骑勒 马 寻
ʑiɲ mo. dʑi mo ʑiɲ mo.　dʑizɿ mo ʑiɲ mo.　dʑi$_{j}$zɿ mo ziəɲ mo. dʑi$_{j}$ləʔ mo ziəɲ
马。 盛：骑是 马 寻 马。 嘉：骑勒 马 寻 马。 双：骑突　马 寻 马。 杭：
mo.　dʑi$_{j}$zɿ mo zɪɲ mo.　dʑiləʔ mo dʑin mo.　dʑi$_{z}$dəʔ ʔmʊ dʑɪn ʔmʊ.
骑辣 马 擒　马。 绍：骑勒 马 寻 马。 诸：骑得葛　马 寻 马。 崇：骑留 马
dʑilᴀʔ ʔmɑ dʑɪnʔ mɑ.　dʑiləʔ mo ʑɪŋ mo.　dʑi$_{z}$tɐʔkɐʔ mo ʑĩ mo.　dʑi$_{z}$lʏ mo
寻 马。 太：骑着/勒　马 寻 马。 余：骑仔 马 寻 马。 宁：骑勒 马 寻 马。
ʔiŋ mo.　dʑi$_{z}$dʑiaʔ/lɛʔ mo ʔeŋ mo.　dʑitsɿ mo ɦiɲ mo.　dʑilɐʔ mo ʑɪŋ mo.
黄：骑马达　寻 马。 温：马 骑牢 寻 马。 衢：骑佬 马 寻 马。 华：骑马
　dʑi$_{j}$ʔmodɐʔ ʑiɪŋ ʔmo.　mo dzɿl^{ʊ}ɔ zəŋ mo.　tsɿlɔ mɑ ʑi^{n} mɑ.　dʑiʔmo
寻　马。 永：马 骑哀 寻 马。
ɕʑɥ$_{y}$ɪn ʔmo.　mᴀ dʑiʔəɪ zəɲ mᴀ.

桌子上放着几本书。

宜：台子浪　摆/放则　几本　书。 溧：台则拉　放则　几本　书。 金：
　dɐɪtsɿlᴀŋ pᴀ/fᴀŋtsəʔ tɕi$_{j}$pəŋ ɕy$_{ɥ}$.　dæᴇtsəʔlᴀ fᴀŋtsəʔ tɕi$_{z}$pən ɕy$_{z}$.
台子上　放啊 几本　书。 丹：台则上头　放则　几本书。 童：台子杭　放啊
ts^{e}tsɿ$_{z}$zaŋ faŋɑ tɕi$_{z}$pəŋ su.　dætsɛʔsaŋdᴇ^{e} faŋtseʔ tɕi$_{z}$pɛns^{ɔ}u.　daɪtsɿɦaŋ faŋɑ
几本书。 靖：台子高头　放勒　几本书。 江：台子浪　放辣　几本　书。 常：
tɕi$_{j}$pəŋsu.　dætsɿkɒd^{ø}ʏ faŋləʔ tɕi$_{j}$pəŋɕy$_{ɥ}$.　dætsɿlᴀ^{ŋ} fᴀ^{ŋ}lɑʔ tɕi$_{j}$pᴇɲ ɕy.
台则娘　安则　几本　书。(安/摆pɑ/放fᴀɲ) 锡：台子娘　摆勒　几本　书。 苏：
dæetsəʔȵiᴀɲ ʔɔtsəʔ tɕi$_{j}$pəɲ sɥ.　dᴇtsɿȵiã pɑləʔ tɕipən sɥ.
台子浪 放仔 几本　书。台子浪 放仔 几本　书勒海。 熟：台则浪　放则　几本 书。
dᴇtsɿlã fãtsɿ tɕi$_{j}$pən sɥ. dᴇtsɿlã fãtsɿ tɕi$_{j}$pən sɥləʔhᴇ.　dætseʔlᴀ˜ fᴀ˜tsᴇʔ tɕipẽ^{n} ʂɥ.
昆：台子浪向 放是/勒 几本　书。 霜：台子浪　摆特　几本 书。 罗：台子浪　摆勒　几本
　dɛtsɿlãɕiã fãzɿ/ləʔ tɕipən sɥ.　dᴇtsɿlɒ˜ pɑdəʔ tɕipẽ sɿ.　detsɿlɒ˜ pɑlɐʔ tɕipẽ^{n}
书。 周：台子浪 放赖 几本　书。 上：台子浪　摆辣　几本　书。台子高头　摆辣　几本
sɿ.　detsɿlɒ˜ fɒ˜lɑ tɕiʔbəŋ ɕy.　dᴇtsɿlã^{n} pᴀlɐʔ tɕipəɲ sɿ. dᴇtsɿkɔdɤɯ pᴀlɐʔ tɕipəɲ
书。 松：台子浪/上　放是 几本　书。台子浪　放辣该/海　几本　书。 黎：台子冷 放是
sɿ.　dᴇtsɿlɑ˜/zɑ˜ fɑ˜zɿ tɕipəɲ ɕy. dᴇtsɿlɑ˜ fɑ˜lᴀʔkᴇ/hᴇ tɕipəɲ ɕy.　dᴇtsɿlã fɑ˜zɿ
几本　书。 盛：台子浪　摆/放是 几本　书。 嘉：台子浪　放辣　几本　书。 双：
tɕi$_{j}$pəɲ sɥ.　dᴇtsɿlɑ˜ pɑ/fɑ˜zɿ tɕi$_{j}$pəɲ sɥ.　dᴇ^{ɛ}tsɿlᴀ˜ fᴀ˜lᴀʔ tɕipən sɥ.

台子浪 摆突 几书 本。杭：桌子高头 放辣 几本 书辣哈。绍：桌床高头 摆勒
dᴇtsʅlɔ̃ pɑdəʔ tɕiₐpən sʅ. tsɔʔtsʅkɔdeɪ fᴀŋlᴀʔ tɕipən sʮlᴀʔhɑ. tsoʔzɒŋkɑndʏ paləʔ
几本 书。诸：桌床 刚顶 安着 几本 书。崇：桌凳伊 安蒙 几本 书。太：桌凳
tɕipĩ ɕy. tsoʔzɒ̃ kɔtĩ ʔʏzɐʔ tɕiₐpᴇĩ ɕy. tsɔʔteŋɦiₐ ʔœ̃mʊ[ŋ] tɕiₐpeŋ sʅ. tsɔʔ
头等 几本 书 安蒙。余：桌高头 有两本 书 安/摆朗。宁：桌凳 高头
teŋdʏteŋ tɕiₐpeɲ sʅ ʔœ̃mʊŋ. tsɔʔkɒdʏ ɦiʏliɑ̃peɲ sʮ ʔɵ̃/pᴀlɔ̃. tsɔʔtɐŋ kɔdœʏ
安勒 几本 书。黄：桌上 几本 书 园达。温：桌上 园 几本 书。桌上 有
ʔœʏlɐʔ tɕipɐŋ sʮ. tɕyɔʔzɒ̃ tɕiⱼpəŋ ɕy kʻɒ̃dɐʔ. tɕyoɦi kʻᵘɔ kʻipəŋ sʅ. tɕyoɦi ɦiʌu
几本 书。衢：桌子上 放勒 几本 书。华：台桌上 放勒 几本 书。永：
kʻipəŋ sʅ. tsəʔtsʅszɒ̃ fɒ̃ləʔ tsʅpən sʮ. tetɕyoʔɕiᴀŋ fᴀŋləʔ tɕipən ɕʮᵧ.
几本 书 园拉 台桌拉。
tɕiʔməɲ ɕʏ kᴀŋlᴀ dəɪtsoəlᴀ.

我的书放在桌子上。

宜：我葛 书 摆勒 台浪。溧：我葛 书 放勒 台子拉。金：我的书 放啊
ŋukəʔ ɕyᵤ pᴀləʔ dɐɪlᴀŋ. ŋʌɯkəʔ ɕyz fᴀŋləʔ dæᴇtsəʔlᴀ. ŋ̍nĩsu fɑŋɑ
台子上头。丹：我葛书 放则 台则上头。童：我葛 书 摆里台子杭。
teᵉtsʅsɑŋtʌʏ. ŋʌʏkɛʔsᵊu fɑŋtsɛʔ dætsɛʔsɑŋdᴇᵉ. ŋʌʏkəʔ su paliⱼdaɪtsʅɦɑŋ.
靖：我个书 放勒 台子高头。江：我葛 书 放勒 台子浪。常：我葛 书
ŋʌʏgəʔɕyᵤ fɑŋləʔ dætsʅkɒdᵊʏ. ŋɜʏkɜʔ ɕy fᴀŋlɜʔ dætsʅlᴀ[ŋ]. ŋʌɯkəʔ(gəʔ) sʮ
摆勒 台则娘。锡：我葛书 摆勒 台子娘。苏：我葛 书 放勒 台子浪
pɑləʔ dæetsəʔȵiᴀɲ. ŋʌʏkəʔsʮ pɑləʔ dᴇtsʅȵiɑ̃. ŋɜugəʔ sʮ fɑ̃ləʔ dᴇtsʅlɑ̃.
(葛：kəʔ/gəʔ)(放/摆pɒ) 熟：我葛 书 放辣 台则浪。昆：我搿 书 放勒亨
ŋɯkᴇʔ ʂʮ fᴀ̃lᴀʔ dætsᴇʔlᴀ̃. ŋəugəʔ sʮ fɑ̃ləʔhɑ̃
台子浪。霜：我搿 书 放勒辣 台子浪。罗：我搿书 放勒 台子浪。周：我合 书
dᴇtsʅlɑ̃. ŋ̍gəʔ sʅ fɒ̃ləʔlɒ̃ dᴇtsʅlɒ̃. ŋ̍gəʔsʅ fɒ̃lɐʔ detsʅlɒ̃. ɦuɦəʔ ɕy
放赖/勒赖 台子浪。上：我合 书 摆辣 台子高头。松：奴呃 书 放拉 台子杭头。
fɒ̃lɑ/ləʔlɑ detsʅlɒ̃. ŋuɦəʔ sʅ pᴀlɐʔ dᴇtsʅkɔdʏɯ. nuʔəʔ ɕy fɑ̃lɑ dᴇtsʅɦɑ̃dɯ.
黎：我呐搿 书 放勒辣 台子冷。盛：我奴葛 书 摆勒 台子浪。(我奴：ɦunɜu/ŋ̍nɜu)
ŋ̍nəʔgəʔ sʮ fɑ̃ləʔlᴀʔ dᴇtsʅlɑ̃. ɦunɜukəʔ sʮ paləʔ dᴇtsʅlɑ̃.
嘉：吾搿 书 放辣 台子高头/浪。双：我刮 书 摆起辣 台子浪。杭：我的 书
ŋ̍gəʔ sʮ fᴀ̃lᴀʔ dᴇᵋtsʅkɔde/lᴀ̃. ʔŋ̍kuᴀʔ sʅ patɕʻiₐlᴀʔ dᴇtsʅlɔ̃. ʔŋoudiɪʔ sʮ
放辣 桌子高头。绍：我搿 书 摆辣 桌则高头。诸：我件 书 放得
fᴀŋlᴀʔ tsɔʔtsʅkɔdeɪ. ŋogɪʔ ɕy palᴀʔ tsoʔtsəʔkɑndʏ. ŋɯdʑiₐ ɕy fɒ̃tɐʔ
桌床刚/高顶客。崇：我搿 书 安蒙 桌凳伊。太：我搿 书 安蒙 桌凳头等。
tsoʔzɒ̃kɒ̃/kɔtĩkʻɐʔ. ŋʏgᴇʔ sʅ ʔœ̃mʊ[ŋ] tsɔʔteŋɦiₐ. ŋɯgᴇʔ sʅ ʔœ̃mʊŋ tsɔʔteŋdʏteŋ.
余：我葛 书 桌高头 安浪。宁：我或 书 安来入 桌凳 高头。黄：我葛 书
ŋokɐʔ sʮ tsɔʔkɒdʏ ʔəlɔ̃. ŋoɦoʔ sʮ ʔœʏleʔ tsɔʔtɐŋ kɔdœʏ. ŋokɐʔ ɕy
园桌上。温：我搿 书 园是 桌上。衢：我葛 书 放勒 桌子上。华：我侬葛
kʻɒ̃tsɔʔzɒ̃. ŋ̍ge sʅ kʻᵘɔzʅ tɕyoɦi. ŋ̍kəʔ ʃʮ fɑ̃ləʔ tʃʮəʔtsʅszɒ̃. ʔanoŋkɐʔ

书 放得 台桌上。 永：我滑 书 园 台桌拉。
ɕᶣy fAŋtɐʔ tɛtɕyoʔɕiAŋ. ŋoəˀɦuə ɕʏ kAŋ dəɪtsoəlA.

许多人站在那儿。

宜：好点 人 隑笃得。好点 人 隑勒 家头。 溧：多少 人 隑勒 过娄得。
haʏtɪ ȵiŋ gɐɪtoʔtəʔ. haʏtɪ ȵiŋ gɐɪləʔ kodʏɯ. tʌɯsaʏ ȵɪn dʑi_z ləʔ kʌɯlʌɯtəʔ.
金：不少人 站啊勒块。 丹：勿少人 站则个里。 童：个许多人 站李个里。
poʔsaᵓleŋ tsæ̃aləʔkɛᵉ. fɛʔsɒȵiŋ tsætsɛʔkᴬʏli_z. gʌʏɕy_ɥ tʌʏnəŋ tsaɪli_j gʌʏlɪ.
靖：蛮多人 站勒 刚块头。 蛮多人 站勒荡 个头。 江：一妈妈 人
mæ̃tʌʏləŋ dzæləʔ kaŋkʻuedᵒʏ. mæ̃tᴬʏləŋ dzæləʔdaŋ gᴬʏdᵒʏ. ʔiəʔmama ȵiŋ
立勒盖。一妈妈 人 立勒够头。 常：勿得了葛 人 立勒 够头。勿得了葛 人
lɪʔlɜʔkæ. ʔiəʔmama ȵiŋ lɪʔlɜʔkeɪdeɪ. fəʔtəʔlaʏkəʔ ȵiŋ liɪʔləʔ keidei. fəʔtəʔlaʏkəʔ ȵiŋ
立勒头。 锡：好多人 立勒娘。 苏：几化人 立勒海。 熟：行情人 立辣 葛郎。
liɪʔləʔdei. xʌtʌʏȵin lɪʔləʔȵiã. tɕi_j hoȵiɪn lɪʔləʔhᴇ. ɦA˜zĩⁿ ȵĩⁿ lɪʔlAʔ kᴇʔlA˜.
昆：美好点 人 站脱勒 搿搭点。 霜：行情 人 立勒辣。行情 人 立辣壹郎。 罗：
ʔmᴇhətɪ ȵin zɛtʻəʔləʔ gəʔtAʔtɪ. ɦɒ˜zĩ ȵĩ lɪʔləʔlAʔ. ɦɒ˜zĩ ȵĩ lɪʔlAʔʔiɪʔ/ʔilɒ˜.
交关 人 立勒壹搭板。交关 人 立勒浪。 周：交关 人 立赖。交关 人 立赖
tɕiɔkue ȵɪⁿ lɪʔlɐiɪʔtAʔpe. tɕiɔkue ȵɪⁿ lɪʔlɐʔlɒ˜. tɕiɔkuɛ ȵiɪŋ lɪʔla. tɕiɔkuɛ ȵiɪŋ lɪʔla
哀面。 上：交关 人 立勒海。交关 人 立辣 葛面/伊面。 松：勿得了呃 人
ʔɛmi. tɕiɔkuᴇ ȵiŋ liɪʔlɐʔhᴇ. tɕiɔkuᴇ ȵiŋ liɪʔlɐʔ kɐʔmi/ʔimi. ʔʋəʔtəʔlioʔəʔ ȵiŋ
立拉 哀面。 黎：几化/交关 人 立勒 加面。交关 人 立勒冷。 盛：几化
lɪʔla/lAʔ ʔᴇmi. tɕi_j ho/tɕiAᵓkuᴇ ȵiəɲ lɪʔləʔ kɒmɪ. tɕiAᵓkuᴇ ȵiəɲ lɪʔləʔlã. tɕi_j ho
人 立勒葛团/葛面。 几化 人 立勒化/勒辣。 嘉：蛮多 人 立勒 哀面。 双：
ȵɪŋ lɪʔləʔkəʔdɵ/kəʔmi. tɕʻi_j ho ȵɪŋ lɪʔləʔho/ləʔlaʔ. ʔmᴇᵋtᵊu ȵin ʔlɪʔləʔ ʔᴇᵋmie.
交关 人 立辣 葛头。 交关 人 立起辣/起户。 杭：木佬佬 人
tɕiɔkuᴇ ȵɪn ʔlieʔʔlAʔ kəʔdᵊʏ. tɕiɔkuᴇ ȵɪn ʔlieʔtɕʻi_z ʔlAʔ/tɕʻiɦu. moʔləlɔ zən
站辣东/哈。 绍：木佬佬搿 人 立辣 亨头。(立辣亨头/立亨lɪʔhaŋ) 诸：念孩 人
dzᴇlAʔtoŋ/ha. moʔlaɒlaɒgəʔ ȵɪŋ lɪʔlAʔ haŋdʏ. ȵiɪɦe ȵĩ
隑得梅do。念孩 人 隑去客。 崇：末几介 人 隑蒙 万块。 末几介 人 隑蒙。
getɐʔmedo. ȵiɪɦe ȵĩ getɕʻi_z kʻɐʔ. mᴇʔtɕi_z ka nõ gemʊᵑ væ̆kʻue. mᴇʔtɕi_z ka nõ gemʊᵑ.
太：末几介 人 隑蒙 介块。 末几介 人 隑蒙。 余：有 泽/葛 人 一头
mᴇʔtɕi_z ka nʊŋ gemʊŋ kakʻue. mᴇʔtɕi_z ka nʊŋ gemʊŋ. ɦiʏ zɐʔ/kɐʔ ȵiŋ ʔɪʔdʏ
呆浪。 宁：交关多 人 kɪʔ面 立盖/的。交关多 人 立盖/的。 黄：无数 人
ŋelɔ̃. tɕiɔkuᴇtəʊ ȵɪŋ kɪʔmi lɪʔke/tɪʔ. tɕiɔkuᴇtəʊ ȵɪŋ lɪʔke/tɪʔ. ɦusᵊu ȵiɪŋ
隑ga帝。无数 人 隑达。 温：多显多 人 隑是 旁磨。 衢：蛮多葛 人
dʑi_j gati. ɦusəu ȵiɪŋ dʑidɐʔ. tᵊuɕitəu zəŋ gezʅ bᵘɔmɵ. ʔmæ̃tukəʔ ȵiⁿ
立勒不里。 华：好许多 人 隑得末达。 永：好勒 人 隑个拉。
liəʔləʔpəʔli. hauɕᶣytuo ʔȵiɪn kɐtɐʔmɐʔdɐʔ. hʌʊlə noŋ gəɪgəlA.

门开着。

宜：门 开佬。 门 开勒to家。 溧：门 开则。 门 开好则。 门
məŋ kʻɐɪlaʏ. məŋ kʻɐɪləʔtoko. mən kʻæᴇtsəʔ. mən kʻæᴇxaʏtsəʔ. mən

开则得。 金：门 开啊。 丹：门 开则多。 童：门 开啊。 靖：门
kæᴇtsəʔtəʔ. məŋ kʻɛᵉɑ. mɛn kʻædzɛʔtʌʏ. məŋ kʻaɪɑ. məɲ
开勒刚。 江：门 开勒盖。 常：门 开则。 门 开好则。(状态) 门
kʻæləʔkɑŋ. mᴇɲ kʻælɜʔkæ. məɲ kʻætsəʔ. məɲ kʻæexɑʏtsəʔ. məɲ
开勒头(远)。 锡：门 开勒娘。 苏：门 开勒海。 熟：门 开辣海。 昆：门
kʻæləʔdei. mən kʻᴇləʔȵiã. mən kʻᴇləʔhᴇ. mẽⁿ kʻælᴀʔxæ. mən
开勒海。 霜：门 开勒郎。 门 开郎。 罗：门 开勒郎。 门 开郎。 周：门
kʻɛləʔhɛ. mẽ kʻᴇləʔlɒ̃. mẽ kʻᴇlɒ̃. mẽⁿ kʻelɐʔlɒ̃. mẽⁿ kʻelɒ̃. məɲ
开赖。门 开勒碱。 上：门 开辣海。门 开辣盖。 松：门 开辣海。门 开拉。
kʻelɑ. məɲ kʻeləʔkɛ. məɲ kʻᴇlɐʔhᴇ. meɲ kʻᴇlɐʔkᴇ. məɲ kʻᴇlᴀʔhᴇ. məɲ kʻᴇlɑ.
黎：门 开勒冷。门 开勒化。 盛：门 开勒辣。 门 开勒化。 嘉：门
məɲ kʻᴇləʔlã. məɲ kʻᴇləʔho. məɲ kʻᴇləʔlɑʔ. məɲ kʻᴇləʔho. mən
开勒化。 门 开化。 双：门 开起户。 杭：门 开辣哈/东。 绍：门 开亨。 诸：
kʻᴇᵋləʔho. mən kʻᴇᵋho. mən kʻᴇtɕʻiᵶɦu. mən kʻᴇlᴀʔhɑ/toŋ. mĩ kʻehaŋ.
门 开去客。 崇：门 开蒙。 门 开古。 太：门 开蒙。 余：门 开浪。门
mẽĩ kʻetɕʻikɐʔ. meŋ kemʊᵑ. məŋ kʻekʊ. meŋ kʻemʊŋ. meɲ kʻelɔ̃. meɲ
开开浪。门 开开浪葛。 宁：门 开盖。门 开的。(远:盖ke;近:的tɪʔ) 黄：门
kʻekʻelɔ̃ meɲ kʻekʻelɔ̃kɐʔ. mɐŋ kʻeke. mɐŋ kʻetɪʔ. məŋ
开gɑ帝。门 开达。 温：门 开大。 衢：门 开杆。 门 开勒葛里。 华：门
kʻegɑti. məŋ kʻedɐʔ. mʌŋ kʻedɑ. mən kʻɛkʏɯ. mən kʻɛləʔkəʔli. mən
开得末达/末里。 (有时分近远,远:末里,末达;近:葛里,葛达) 永：门 开拉。
kʻɛtɐʔmɐʔdɐʔ/mɐʔli. məɲ kʻəɪʟᴀ.
门 开个拉。
məɲ kʻəigəlᴀ.

王先生在吗？他在这儿。

宜：王先生 勒荡勿？ 他 勒 街头。 (勒笃:远;勒荡:近) 溧：王先生
ɦuᴀŋɕɪsᴀŋ ləʔdᴀŋvəʔ tʻo ləʔ kᴀdʏɯ. ɦuᴀŋɕisən
勒ɡᴀ娄哦？ 他 勒ɡᴀ娄得。 金：王先生 葛在啊？ 他 在 这块得。 丹：王先生
ləʔɡᴀlʌɯvᴀ? tʻo ləʔɡᴀlʌɯtəʔ. uɑŋɕĩsəŋ kəʔtsɛᵉɑ? tʻɑ tsɛᵉ tsəʔkʻuɛᵉtəʔ. ɦuɑŋɕisen
在罢？ 他 在。他 在 葛里多。 童：王先生 阿在啊？ 他 在 葛里。 靖：王先生
tsæbɑ? tʻɑ tsæ. tʻɑ tsæ kɛʔliᵶtʌʏ. ɦuɑŋɕisəŋ ʔᴀʔdzaɪɑ? tʻɑ dzaɪ kəʔliⱼ. ɦuɑŋɕĩsəŋ
果来荡ŋɑ？ 他 来荡ŋe。 江：王先生 一勒盖啦？ 他 勒 记头。 他 勒盖。 常：
kᴬɤlædɑŋŋɑ? tʻɑ lædɑŋŋe. ɦuᴀᵑsɪsᴀᵑ ʔiəʔlɜʔkælɑ? tʻɑ lɜʔ tɕiⱼdᴇɪ. tʻɑ lɜʔkæ.
王先生 勒荡哦？ 他 勒 该头得。 门 开勒浪/荡。(近) 锡：王先生 阿勒娘？
ɦuᴀɲɕɪsᴀɲ ləʔdᴀɲvɑ? dɑ ləʔ kæedeitəʔ. məɲ kʻæeləʔdᴀɲ. ɦuɒ̃sɪsən ʔᴀʔləʔȵiã?
他 勒勒 伊搭。 苏：王先生 阿勒浪？ 伊 勒海。伊 勒海 该搭。伊 勒搭。 熟：
dʌʏ ləʔləʔ ʔitᴀʔ. ɦuÃsiisÃ ʔɑʔləʔlÃ? ʔiⱼ ləʔhᴇ. ʔiⱼ ləʔhᴇ kᴇtᴀʔ. ʔiⱼ ləʔtᴀʔ.
王先生 阿辣郎哜？ 渠 辣浪。 昆：王先生 阿勒海？ 伊 勒海 搿搭(点)。 霜：
ɦuᴀ̃siesᴀ̃ ᴀʔlᴀʔlᴀ̃tɕiɑ? ɡᴇ lᴀʔlᴀ̃. ɦuãsɪsã ʔɑʔləʔhɛ? ɦiⱼ ləʔhɛ ɡəʔtᴀʔtɪ.

王先生 阿勒浪? 伊 勒浪迭浪。 罗:王先生 阿勒浪? 伊 勒浪。伊 勒特浪。 伊
ɦuɒ̃sɪsã̴ ʔAʔləʔlɒ̃? ʔi ləʔlɒ̃dɪʔlɒ̃. ɦuɒ̃ɕisã̴ ʔAʔlɐʔlɒ̃? ʔi lɐʔlɒ̃. ʔi lɐʔdəʔlɒ̃. ʔi
浪特浪。 周:王先生 勒拉哦? 伊 勒赖 搿搭。 上:王先生 辣辣/辣辣盖 哦? 伊
lɒ̃dɐʔlɒ̃. ɦuɒ̃ɕisÃ̴ ləʔlava? ɦi ləʔla gəʔdaʔ. ɦuÃⁿsɿÃⁿ lɐʔlɐʔ/lɐʔlɐʔkE vaʔ? ɦi
辣辣搿搭。 松:王先生 勒辣海哦? 伊 辣 搿堆。 黎:王先生 阿勒冷? 伊
lɐʔlɐʔgɐʔtɐʔ. ɦuã̴ɕisɛ̃ ləʔlAʔhEva? ɦi lAʔ gəʔte. ɦuã̴sɪsã ʔAʔləʔlã? ʔi$_j$
勒葛冷。 盛:王先生 阿勒辣? 伊 勒辣/勒葛郎。 嘉:王先生 勒化/有化哦?
ləʔkəʔlã. ɦuã̴sɪsæ̃ ʔAʔləʔlaʔ? ʔi$_j$ ləʔlaʔ/ləʔkəʔlã̴. ɦuÃ̴ɕiesÃ̴ ləʔho/ɦiᵊuhova?
伊奴 勒化。伊奴 来 葛里。 双:王先生 有辣哇/弗? 其 有辣 搿搭。 其
ʔino ləʔho. ʔino lEᵋ kəʔli. ɦuɔ̃ɕisã ɦiᵊYʔlAʔʔua/vəʔ dʑi$_z$ ɦiᵊYʔlAʔ gəʔtAʔ. dʑi$_z$
有起户。 杭:王先生 辣不辣东/哈? 他 辣东/哈。 他 辣哈葛得。 绍:
ɦiᵊYtɕʻi$_z$ɦu. ɦuAŋɕiesən lAʔpəʔlAʔtoŋ/ha? tʻa lAʔtoŋ/ha. tʻa lAʔhakəʔtəʔ.
王先生 来来亨/来来洞? 伊 辣 葛里。 诸: 王先生 来勿来客? 其
ɦuɒŋɕɪsaŋ lelehaŋ/leledoŋ? ɦi lAʔ kəʔli. ɦuɒ̃ɕiɪsÃ leveʔlekʻɐʔ? dʑi$_z$
来起客。(确定)其 勒葛do。 崇:王先生 有勿有 来蒙鞋? 伊 来古该/块。 伊
letɕʻikʻɐʔ. dʑi$_z$ lɐʔkɐʔdo. vã̴ɕiẽsÃ̴ ɦYvəʔɦY lemʊŋɦa? ɦi$_z$ lekuke/kʻue. ɦi$_z$
来古。 太: 王先生 有勿有得 来啦? 伊 来古搿。 余: 王先生 来浪佛? 渠
leku. vʊŋɕiẽseŋ ɦYvɛʔɦYtEʔ lela? ɦi$_z$ lekugɛʔ. ɦuɒ̃ɕĩseɲ lelɒ̃vɪʔ? ge
一呆里浪。 宁:王先生 来⼊的ve/哦? 其 来⼊的。 黄:王先生 在达哦? 渠 在达。
ʔɪʔŋelilɒ̃. ɦuɔ̃ɕisã leʔtɪʔve/va? dʑi le/leʔtɪʔ. ɦuɒ̃ɕiesã̴ zedɐʔvA? ge zedA.
温:王先生 是里啊烦? 渠 是里。 衢:王先生 在葛里勿? 其 勿在 葛里。 华:
ɦᵘɔisᴵɛ zɿlᴵiʔava? ge zɿlᴵi. ɦuɒ̃ɕiẽsən dzɛkɪʔlivəʔ? gi vəʔzɛ kɪʔli.
王先生 改末达勿? 渠 改葛里。 永:王先生 隑拉勿? 渠 隑拉。
ɦuAŋɕiesən kɛmɐʔdɐʔfɐʔ? gə kɛkɐʔli. ɦuAŋɕiesai gəɪlAvəʔ? gə gəɪlA.

几行字留在这儿,明天再写。

宜:几坎 字 剩浪家, 明朝 再 写。 溧:几排 字 留勒 gA娄, 明朝
tɕi$_j$dA zɿ zAŋlAŋko, miŋtsaʏ tseɪ ɕiA. tɕi$_z$bA szɿ liʌɯləʔ gAlʌɯ, mintɕiaʏ
再写。 金:几排 字 空啊这块, 门啊仔 再 写。 丹:几行字 留则葛里,
tsæEɕio. tɕi$_z$peᵉ tsɿ$_z$ kʻoŋatsəʔkʻuɛᵉ, məŋatsɿ$_z$ tseᵉ ɕia. tɕi$_z$ɦaŋtsɿ lEᵉtsɛʔkɛʔli$_z$,
明朝 再 写。 童:几行字 留啊葛里,明朝 再 写。 靖:几行字 留勒荡块,
miŋtsɒ tsæ ɕia. tɕi$_j$ɦaŋszɿ leiakəʔli$_j$, miŋtseʏ tsaɪ ɕie. tɕi$_j$ʰɦaŋzɿ lᵊʏləʔdaŋkʻue,
明朝 再来 写。 江:几行字 挺勒盖, 门朝 再 写。 常:几坎 字 留勒 该头,
miŋtɕiɒ tsælæ sia. tɕi$_j$ɦAᵑzɿ tʻiɲlɜʔkæ, mEɲtsɒ tsæ sia. tɕi$_j$da zɿ liɯləʔ kæedei,
门朝 再 写。几坎 字 留勒头, 门朝 再 写。 锡:几坎 字 留勒娘, 门朝
məɲtsaʏ tsæe ɕia. tɕi$_j$da zɿ liɯləʔdei, məɲtsaʏ tsæe ɕia. tɕida zɿ lEiləʔn̩iã, məntsA
再 写。 苏:几坎 字 挺勒海, 明朝 再 写。 熟:几坎 字 留辣郎 俚搭,明朝
tsE sia. tɕi$_j$dɒ zɿ tʻiɪnləʔhE, miɪntsæ tsE siɒ. tɕidɒ zɿ lElAʔlÃ̴ litAʔ, mĩɲtʂɔ
再写。 昆:几坎 字 挺勒浪,明朝 再来 写。(挺/留lɪ) 霜:几坎 字 挺勒浪,门朝 再
tsæsia. tɕida zɿ tʻinləʔlã, mintsɔ tsɛlɛ sia. tɕida zɿ tʻĩləʔlɒ̃, mẽtsɔ tsE

写。 罗：几埭 字 挺勒浪， 门朝 再 写。 周：几埭 写 挺勒浪末勒， 明朝 再
sia. tɕidɑ zɿ tʻɪ^{n}lɐʔlɒ̃，mɛ̃^{n}tsɔ tse sia. tɕidɑ zɿ tʻiɪŋləʔlɒ̃məʔləʔ，miɪŋtsɔ tse
写末勒。 上：几埭 字 留辣海， 明朝 再 写。 松：几埭/行 字 留辣海， 明朝
ɕiɑməʔləʔ. tɕidA zɿ liɤɯlɐʔhE，miɲtsɔ tsE ɕiA. tɕidɑ/ɦɒ̃ zɿ liɯlAʔhE，miɲtsɔ
再写。 黎： 几埭 字 剩勒 葛冷， 门朝 再写。 盛： 几埭 字
tsEɕia. tsi$_{j}$dɒ zɿ zãləʔ kəʔlã，məɲtsA^{ɔ} tsEsiɒ. tɕi$_{j}$dɑ zɿ
留剩勒辣/勒化/勒葛搭， 门朝 再写。 嘉：几行 字 留勒海/勒葛里， 明朝
liɵu/zæləʔlAʔ/ləʔho/ləʔkəʔtɑʔ，məɲtsAɑ tsEɕia. tɕiɦA˜ zɿ li^{ə}uləʔhE^{ɛ}/ləʔkəʔli，mintsɔ
再写。 双：几埭 字 剩起户， 门朝 再写。 杭：几行 字 留辣葛搭， 门朝 再
tsE^{ɛ}ɕia. tɕi$_{z}$dɑ zɿ zãtɕʻi$_{z}$ɦu，məntsɔ tsEɕia. tɕiɦAŋ dzɿ lʏlAʔkəʔtəʔ，məntsɔ tsE
写。 绍：几排 字 留亨， 明朝 再 写。 诸：几行 字 留得客， 门朝 再 写。 崇：
ɕi. tɕiba zɿ liʏhaŋ，mɪŋtsɑɒ tse ɕia. tɕi$_{z}$ɦɒ̃ zɿ leitɐʔkʻɐʔ，mẽĩtsɔ tse ɕiA.
几埭 字 剩古， 明朝 间好来 写舜。 太：几埭 字 剩勒， 明朝介 再 写。 余：
tɕi$_{z}$dɑ zɿ dzeŋku，meŋtsɔ kehɔle ɕiɑgEʔ. tɕi$_{z}$dɑ zɿ dzeŋlɛʔ，miŋciɔkɑ tse ɕia.
几排 字 囥朗， 明朝仔 再 写。 宁：几埭 字 留的，明朝 再 写。 黄：几行 字
tɕibA zɿ kʻɒ̃lɒ̃，meŋtsɔtsɿ tse ɕiA. tɕida zɿ lʏtɪʔ，mɪŋtɕiɔ tse ɕia. tɕi$_{j}$ɦɒ̃ zɿ
囥达起， 天娘 再 写。 温：几埭 字 眼矿是里， 门朝 再 写。 衢：几行 字
kʻɒ̃dɐʔtɕʻi$_{j}$，tʻiɲiã tse ɕiA. kidɑ zɿ ŋak^{ʻʊ}ɔzɿl^{ɪ}i，mAŋtɕiɛ tse s^{ɪ}i. tsɿɦɒ̃ zɿ
留勒葛里， 末日 再 写歪。 华：几行 字 留得葛里/末达， 明朝 再 写。
liɯləʔkɪʔli，moʔɲiəʔ tsɛ ɕiɑʔuɛ. tɕi^{x}ɦAŋ szɿ liɯutɐʔkɐʔli/mɐʔdɐʔ，miɪntɕiɑʊ tsɛ ɕia.
永：几行 字 留答/个拉， 明朝 再 写。
tɕiʔAŋ szɿ liəʊ̃dA/kəlA，məɲtɕiAʊ tsəɪ ɕiA.

他正在吃饭。

宜：他 正勒笃 吃 饭。 溧：他 齐勒过头 吃 饭。 金：他 正在
tʻo tsəŋləʔtoʔ tɕʻiɪʔ VA. tʻo ʑi$_{z}$ləʔkʌɯdʌɯ tɕʻiɪʔ VA. tʻɑ tsəŋtse^{e}
吃饭。 丹：他 姜眼在 葛里 吃饭。 童：他 正唉 吃 饭。 靖：他 来刚
tɕʻieʔfæ. tʻɑ tɕieŋæzæ kɛʔli$_{z}$ tɕʻɪʔfæ. tʻɑ tsəŋei tɕʻiɪʔ vɑ. tʻɑ lækaŋ
吃饭。 江：他 是巧 勒盖 吃 饭。 常：他 正当 勒头 吃 饭。（远）他 正当
tɕʻiɪʔvæ. tʻɑ zɿtɕʻiɒ lɜʔkæ tɕʻiəʔ væ. dɑ tsəɲtAɲ ləʔdei tɕʻiɪʔ væ. dɑ tsəɲtAɲ
勒浪/荡 吃 饭。（近） 锡：他 勒娘/勒勒 吃 饭。 苏：俚 勒海 吃饭。
ləʔlAɲ(dAɲ) tɕʻiɪʔ væ. dAʏ ləʔɲiã(ləʔləʔ) tɕʻiəʔ vɛ. ʔli$_{j}$ ləʔhE tɕʻiəʔvE.
熟：渠 正好 辣浪 吃 饭。 昆：伊 正勒海 吃饭。 霜：伊 正勒辣 吃 饭。 罗：
gE tʂẽ^{n}xɔ lAʔlA˜ tɕʻɪʔ væ. ɦi tsənləʔhɛ tɕʻiɪʔvɛ. ʔi tsẽləʔlAʔ tɕʻiəʔ VE.
伊 正勒浪 吃 饭。 周：伊 辣 吃 饭。（辣/赖lɑ） 上：伊 正辣海 吃 饭。 松：
ʔi tsẽ^{n}lɐʔlɒ̃ tɕʻiɐʔ ve. ɦi lɑʔ tɕʻiAʔ vɛ. ɦi tsəɲlɐʔhE tɕʻiɪʔ VE.
伊 正勒辣 吃 饭。 黎：伊 勒冷 吃 饭。 盛：伊 勒化 吃 饭。 嘉：伊 正好化
ɦi tsəɲləʔlAʔ tɕʻiɪʔ VE. ʔi$_{j}$ ləʔlã tɕʻiəʔ VE. ʔi$_{j}$ lɑʔho tɕʻiɐʔ VE. ʔi tsənhɔho
吃 饭。 双：其 辣 吃 饭。 杭：他 刚刚 辣哈 吃 饭。 绍：伊 刚刚
tɕʻiəʔ VE^{ɛ}. dʑi$_{z}$ ʔlAʔ tɕʻiəʔ VE. tʻɑ kAŋkAŋ lAʔhɑ tɕʻi VE. ɦi kɒŋkɒŋ

来辣亨 吃 饭。诸：其 刚刚 来 吃 饭。其 刚刚来客 吃 饭。崇：伊 勒古
lelAʔɦəŋ tɕʻɪʔ vE. dʑi$_{z}$ kɒ˜kɒ˜ le tɕʻiəʔ vE. dʑi$_{z}$ kɒ˜kɒ˜lekʻɐʔ tɕʻiəʔ vE. ɦi$_{z}$ lEʔku
食 饭。太：伊 刚刚勒蒙 食 饭。余：渠 来葛 吃 饭。渠 口口 来 吃 饭。
ʑiEʔ væ̃. ɦi$_{z}$ kɒŋkɒŋlɛʔmʊŋ ʑiɛ væ̃. ge lekɐʔ tɕʻɪʔ vẽ. ge kʻiɤkʻiɤ le tɕʻɪʔ vẽ.
宁：其 来λ盖 吃 饭。黄：渠 凑在达 吃饭。温：渠 正好 是大 吃饭。衢：其
dʑi leʔke tɕʻyɔʔ vE. ge tɕʻiɤzedɐʔ tɕʻiɪʔvɛ. ge tsəŋh^{u}ɔ zɿdɑ tsʻɿvɑ. gi
堪堪 在 葛里 吃 饭。华：渠 改葛达 吃 饭。(改葛达/改末达) 永：渠
kʻæ̃kʻæ̃ zɛ kɪli tɕʻiəʔ væ̃. gə kɛkɐʔdɐʔ tɕʻiəʔ vɑ. gə
正 隑拉 食 饭。
tɕiAŋ/tɕiɪɲ gəɪlA szəɪ fvA.

想了十分钟再说。

宜：想则 十分钟 再说。 溧：想则 十分钟 再 讲。 金：想啊
ɕiAŋtsəʔ zəʔfəŋtsoŋ tsɐɪɕyeʔ. ɕietsəʔ zəʔfəntsoŋ tsæE kAŋ. ɕiɑŋŋɑ
十分钟 再说。 丹：想则 十分钟 再说。 童：想勒 十分钟 再说。 靖：
səʔfəŋtsoŋ tsɛ^{e}səʔ. ɕi^{e}tsɛʔ zɛʔfɛntsoŋ tsæɕyɪʔ. ɕiɑŋləʔ ^{s}zəʔfəŋtsoŋ tsaɪsəʔ.
想叵 十分钟 再 说。 江：想得 十分钟 再 说。 常：想落 十分钟 再
sĩkæ̃ ɕʑiəʔfəntɕioŋ tsæ ɕyɔʔ. siA^{ŋ}tɜʔ zəʔfEɲtsoŋ tsæ sɜʔ. ɕiAɲləʔ zəʔfəɲtsoŋ tsæe
说。 锡：想落 十分钟 再讲。 苏：想脱 十分钟 再 讲。 熟：想则 十分钟
sɥɔʔ. siãlɔʔ zəʔfəntsoŋ tsEkɒ̃. siÃtʻəʔ zəʔfəntsoŋ tsE kÃ. siA˜tsEʔ ʐEʔfẽ^{n}tʂʊŋ
再 讲。 昆：想脱是 十分钟 再 讲。想勒 十分钟 再 讲。 霜：想勒 十分钟 再
tsæ kÃ. siãtəʔzɿ zəʔfəntsoŋ tsɛ kã. siãləʔ zəʔfəntsoŋ tsɛ ka˜. sia˜ləʔ zəʔfẽtsoŋ tsE
讲。 罗：想勒 十分钟 再 讲。 周：想是 十分钟 再 讲。 上：想勒
kɒ˜. ɕia˜lɐʔ zɐʔfẽntso^{ŋ} tse ka˜. ɕiA˜zɿ zəʔfəŋtsoŋ tse kɒ˜. ɕiÃ^{ŋ}lɐʔ
十分钟 再 讲。想仔 十分钟 再 讲。 松：想是 十分钟 再 讲。 黎：想是
zɐʔfəɲtsoŋ tsE kÃ^{ŋ}. ɕiÃ^{ŋ}tsɿ zɐʔfəɲtsoŋ tsE kÃ^{ŋ}. ɕiẽzɿ zəʔfəɲtsoŋ tsE kɑ˜. siãzɿ
十分钟 再 讲。 盛：想是 十分钟 再 讲。想脱 十分钟 再 讲。 嘉：想
zəʔfəɲtsoŋ tsE kɑ˜. ɕiæ̃zɿ zəʔfəɲtsoŋ tsE kɑ˜. ɕiæ̃tʻəʔ zəʔfəɲtsoŋ tsE kɑ˜. ɕiA˜
十分钟 再 讲。 双：想突 十分钟 再讲。 杭：想𠲎 十分钟 再 说。 绍：
zəʔfəntsoŋ tsE^{ɛ} kÃ. ɕiãdəʔ zəʔfəntsoŋ tsEkɔ̃. ɕiAŋgəʔ zəʔfəntsoŋ tsE suəʔ.
想 勒/𠲎 十分钟 再 话。 诸：想格 十分钟 再 讲。 崇：想𠲎 十分钟
ɕiaŋ lɪʔ/gɪʔ zɪʔfɪtsoŋ tse ɦo. ɕiÃgɐʔ zɐʔfẼĩtsoŋ tse kɒ̃. ɕiÃgEʔ ʑiEʔfeɲtso^{ŋ}
再好话𠲎。 太：想葛 十分钟 再 话。 余：想葛 十分钟 再 讲。想仔
tsehɔvɤgEʔ. ɕiAŋkɐʔ ʑiɛʔfeŋtɕioŋ tse ɦuo. ɕiÃkɐʔ zɐʔfeɲtsoŋ tse kɒ̃. ɕiÃtsɿ
十分钟 再 讲。 宁：忖𠲎 十分钟 再 讲。 黄：忖 十分起 再 讲。 温：想
zɐʔfeɲtsoŋ tse kɒ˜. tsʻɐŋgɐʔ zɐʔfɐɲtsoŋ tse kɔ̃. tsʻəŋ ʑieʔfəɲtɕʻi$_{j}$ tse kɒ˜. ɕi
十分钟头 再 讲。 衢：想个 十分钟 再 讲。 华：想个 十分钟 再
z^{i}ifʌŋtɕy^{u}ɔdʌu tse k^{u}ɔ. ɕiãkəʔ ʃɥəʔfəntsoŋ tsɛ kɒ˜. ɕiAŋkɐʔ ɕ^{z}iəʔfəɲtsoŋ tsɛ
讲。 永：想渠 十分钟老起 再 讲。
kAŋ. ɕiAŋgə szəɪfəɲtsoŋlAʊtɕʻi tsəɪ kAŋ.

钟坏了。

宜：钟　坏佬列。　钟　坏落列。　溧：钟　坏则列。　金：钟　坏啊味。　丹：
tsoŋ ɦuɐɪlaʏlɪʔ. tsoŋ ɦuɐɪlɔʔlɪʔ.　tsoŋ ɦuᴀtsəʔliɪʔ.　tsoŋ huɛᵉɑlɛᵉ.
钟　坏篓。　童：钟　坏掉勒。　靖：钟　坏勒勾。　江：钟　坏落糟。　常：钟
tsoŋ uɑlᴇᵉ.　tsoŋ xɦuaɪdiɐʏle.　tɕioŋ ʔuæləʔkᵊʏ.　tsoŋ ɦuælɔʔtsɒ.　tsoŋ
坏落佬列。　钟　坏佬列。　锡：钟　坏落列。　苏：钟　坏脱哉。　熟：钟
ɦuɑlɔʔlaʏliɪʔ. tsoŋ ɦuɑlaʏliɪʔ.　tsoŋ ɦuɑlɔʔliɪʔ.　tsoŋ ɦuɒt‘əʔtsᴇ.　tʂʊŋ
坏脱哉。　昆：钟　坏脱贼。（贼＝哉）　霜：钟　坏脱则。　罗：钟　坏脱勒/则。
ɦuat‘ᴇʔtsæ.　tsoŋ ɦuat‘əʔzəʔ.　tsoᵑ ɦuat‘əʔtsəʔ.　tsoᵑ ɦuat‘ɐʔlɐʔ/tsɐʔ.
周：钟　坏脱鞋什。　上：钟　坏脱勒。　松：钟　坏脱哉。钟　坏脱鞋哩。　黎：钟
tsoŋ ɦuat‘əʔɦazəʔ.　tsoŋ ɦuᴀt‘ɐʔlɐʔ.　tsoŋ vat‘əʔtsᴇ. tsoŋ vat‘əʔɦali.　tsoŋ
坏脱台。　盛：钟　坏脱台。　嘉：钟　坏脱哩/鞋哩。　双：钟　坏脱台/突。　杭：
ʔuɒt‘əʔdᴇ.　tsoŋ ɦuat‘əʔdᴇ.　tsoŋ ɦuat‘əʔle/ɦale.　tsoŋ ʔuat‘əʔdᴇ/dəʔ.
钟　坏掉特。　绍：钟　破万哉。　诸：钟　倒掉鞋。　崇：钟　破掉/了怪。　太：钟
tsoŋ ɦuadiɔdəʔ.　tsoŋ p‘avæ̃ze.　tsoŋ tɔdiɔɦᴀ.　tsʊᵑ p‘adiɔ/liɔkua.　ciʊŋ
破了怪。　余：钟　破完浪哉。　宁：钟　坏掉来入。　黄：钟　坏号。钟　倒号。　温：
p‘ɑliɔkua.　tsʊŋ p‘ɑɦuø̃lõtse.　tsoŋ ɦuadiɔleʔ.　tsoŋ ɦuᴀɦɒ. tsoŋ tɒɦɒ.
钟　捣黄爻。　衢：钟　坏勒。　华：钟　坏勒。　永：钟　坏k‘ə拉/列。
tɕyᵘɔ tᵘɔɦᵘɔba.　tsoŋ ʔɦuɛləʔ.　tɕɥoŋ ɦuɑlɐʔ.　tsoŋ ʔᶣuaik‘əlᴀ/liᴀ.

玻璃打碎了。

宜：玻璃 打碎佬列。　溧：玻璃　打　破则列。　金：玻璃　打破　啊　味。　丹：
puli$_j$ tᴀŋsɐɪlaʏlɪʔ.　pᴀɯli$_z$ tᴀ p‘iᴀɯtsəʔliɪʔ.　poni$_z$ tap‘o ɑ lɛᵉ.
玻璃　打碎篓。　童：玻璃　打破勒。　靖：玻璃　打碎勒勾。　江：玻璃　打破落葛联。
pᴀʏli$_z$ tasᴇᵉlᴇᵉ.　pᴀʏli$_z$ tap‘ʌʏle.　pᴀʏli$_j$ taseləʔkᵊʏ.　pɜʏli$_j$ tap‘ɜʏlɔʔkɜʔlɪ.
常：玻璃　打碎佬列。　锡：玻璃　打碎落列。　苏：玻璃　敲碎脱哉。　熟：玻璃
pᴀɯli$_j$ tᴀɲsæelaʏliɪʔ.　pᴀʏli tãsᴇlɔʔliɪʔ.　pu̥li$_j$ k‘æsᴇt‘əʔtsᴇ.　puli
打碎脱哉。　昆：玻璃 打碎脱贼。　霜：玻璃 打碎脱则。　罗：玻璃 打碎脱则。　周：
tᴀ̃sᴇt‘ᴇʔtsæ.　puli tãsᴇt‘əʔzəʔ.　puli tã sᴇt‘əʔtsəʔ.　puli tãset‘ɐʔtsɐʔ.
玻璃 打碎脱鞋什/勒。　上：玻璃 打碎脱勒。　松：玻璃 敲碎脱鞋哩。　黎：玻璃
ʔbuli tᴀ̃set‘əʔɦazəʔ/ləʔ.　puli̥ tᴀ̃ⁿsᴇt‘ɐʔlɐʔ.　puli k‘ɔset‘əʔɦali.　puli$_j$
敲碎脱台。　盛：玻璃 敲碎脱台。　嘉：玻璃 打碎脱哩/鞋哩。　双：玻璃 打碎脱台。
k‘ᴀˀsᴇt‘əʔdᴇ.　puli$_j$ k‘ᴀɑsᴇt‘əʔdᴇ.　puli tᴀ̃set‘əʔle/ɦale.　puli$_z$ tãsəɪt‘əʔdᴇ.
杭：玻璃 敲破特雷。　绍：玻璃 打破亨哉。　诸：玻璃 打破滑。　崇：玻璃
puli k‘ɔ/tɕ‘iɔp‘oudəʔleɪ.　poli taŋp‘ahəŋze.　pɯli$_z$ dᴀ̃p‘ᴀɦuɐʔ.　pʏli$_z$
打破怪啦。　太：玻璃 敲破怪。　余：玻璃 敲破浪哉。　宁：玻璃 敲碎来入。
tᴀ̃p‘ʏkuala.　pɯli$_z$ k‘ɔp‘ɑkua.　pouli k‘ɒp‘ɑlɒ̃tse.　pəʊli k‘ɔseleʔ.
黄：玻璃 打碎号。　温：玻璃 捣碎黄爻。　衢：玻璃 敲碎勒歪。　华：玻璃 打破勒。
pəuli tãseɦɒ.　puli tᵘɔsæiɦᵘɔba.　puli k‘ɔsəɪləʔʔuɛ.　poli tᴀŋp‘ɑlɐʔ.
永：玻璃 打碎列。
poəli naisuəiliᴀ.

这顿饭吃得很久。

宜：葛顿 饭 吃得 恶长得。 溧：葛顿 饭 吃则 才 长得。 金：
kəʔtəŋ vᴀ tɕʻiɪʔtəʔ ʔɔʔzᴀŋtəʔ. kəʔtən vᴀ tɕʻiɪʔtsəʔ szæᴇ szᴀŋtəʔ.
这顿饭 吃家 好ta点 辰光。 丹：葛顿饭 吃则 姜葛 长多。 童：葛顿 饭
tsəʔtəŋfæ tɕʻieka xɑᵓtatĩ tsʻəŋkuaŋ. kɛʔtɛnfæ tɕʻɪʔtsɛʔ tɕiegɛʔ dzædᴧʏ. kəʔtəŋ va
吃得 太长勒。 靖：这顿饭 吃勒 蛮多辰光。 江：记顿饭 吃得
tɕʻɪʔtəʔ tʻaɪdzaŋle. tsəʔtəŋvæ̃ tɕʻiɪʔləʔ mæ̃tᴧʏszəŋkuaŋ. tɕiⱼtᴇɲvæ tɕʻiəʔtɜʔ
竟长远勒。 常：该顿 饭 吃则 长透佬。 锡：伊顿 饭 吃勒 长远。 苏：
tɕiɲzᴀᵑɦyəlɜʔ. kæetəɲ væ tɕʻiɪʔtsəʔ zᴀɲtʻeilaʏ. ʔitəɲ vɛ tɕʻiəʔləʔ zãɦio.
搿顿 饭 吃仔 长远。 熟：俚顿 饭 吃则 长远。 昆：搿顿 饭 吃畅吃畅。
gəʔtən vᴇ tɕʻiəʔtsʅ zÃɦiɵ. litẽⁿ væ tɕʻɪʔtsᴇʔ dzᴀ̰~ɦiʏ. gəʔtən vɛ tɕʻiɪʔtsʻãtɕiɪʔtsʻã.
霜：迭顿 饭 吃畅吃畅。 罗：特顿 饭 吃畅吃畅。 周：搿顿 饭
dɪʔ/dəʔtɛ̃ vᴇ tɕʻiəʔtsʻa~tɕʻiəʔtsʻa~. dəʔtɛ̃ⁿ ve tɕʻiɐʔtsʻa~tɕʻiɐʔtsʻa~. gəʔɗəŋ vɛ
吃畅吃畅。 上：搿顿 饭 吃勒 交关 辰光。 搿顿 饭
tɕʻiᴧʔtsʻᴀ~tɕʻiᴧʔtsʻᴀ~. gɐʔtəɲ vᴇ tɕʻiɪʔlɐʔ tɕiɔkuᴇ zəɲkʻuÃⁿ. gɐʔtəɲ vᴇ
吃畅吃畅。 松：搿顿 饭 吃来 辰光 长去长来。 黎：葛顿 饭 吃勒
tɕʻiɪʔtsʻÃⁿtɕʻiɪʔtsʻÃⁿ. gəʔtəɲ vᴇ tɕʻiɪʔlᴇ zəɲkuɑ~ zɛ̃tɕʻizɛ̃lᴇ. kəʔtəɲ vᴇ tɕʻiəʔləʔ
长远搭拉。 盛：葛顿 饭 吃 是 几化辰光。 嘉：葛顿 饭 吃勒
dzãɦiɵtᴀʔlɒ. kəʔtəɲ vᴇ tɕʻiɐʔ zʅ tɕiⱼhozəɲkuɑ~. kəʔtən vᴇᵋ tɕʻiəʔləʔ
极长远。 双：葛顿 饭 吃突 长远。（突dəʔ/zəʔ） 杭：葛顿 饭 吃勒
dʑiəʔzᴀ~ɦyɤə. kəʔtən vᴇ tɕʻieʔdəʔ zãɦiᶱʏ. kəʔtən vᴇ tɕʻiəʔləʔ
木佬佬辰光。 葛顿 饭 吃勒 毛 长 辰光。 绍：葛餐 饭
məʔlɔlɔzənkuᴀŋ. kəʔtən vᴇ tɕʻiəʔləʔ mɔ dzᴀŋ zənkuᴀŋ. kɪtsæ̃ væ̃
吃勒末末长。 诸：葛餐 饭 吃勒 念葛时候。 崇：介餐 饭 食得
tɕʻɪləʔʔməʔməʔdzᴀŋ. kɐtsɛ vɛ tɕʻiəʔlɐʔ n̩iɪkɐʔzʅɦei. katsæ̃ væ̃ zᴇʔtᴇʔ
真介长。 太：葛餐 饭 食得 没几介时候。 余：一顿 饭 吃勒 有什
tseŋkadzᴀ~. kɛʔtsæ̃ væ̃ ʑiɛʔtɛʔ mɛʔtɕiᶻkazʅɦiʏ. ʔɪʔteɲ vɛ̃ tɕʻɪʔlɐʔ ɦiʏzɪʔ
辰光。 宁：葛顿 饭 吃勒 交关多 辰光。 黄：搿仼 饭 吃 无数时长。
zeɲkʻuɔ̃. kɪʔtɐŋ vᴇ tɕʻyɔʔlɐʔ tɕiɔkuᴇtəu zuɐŋkuɔ̃. gɐʔdʑy vɛ tɕʻyɔʔ ɦusəuzʅdʑiã.
温：该厨 饭 吃 长久显。 衢：葛顿 饭 吃勒 蛮长时间。 华：葛一餐 饭
kedzʅ va tsʻʅ tɕitɕiᴧuɕi. kəʔtən væ̃ tɕʻiəʔləʔ ʔmæ̃dʒʮãzʅtɕiẽ. kɐʔʔiəʔtsʻæ̃ va
吃得/勒 长莽。 永：葛餐 饭 食哀 高将久。
tɕʻiəʔtɐʔ/lɐʔ dʑiᴀŋmᴀŋ. kətsʻᴀ fvᴀ szəɪəɪ kᴀʊtɕiᴀŋtɕiəu.

菜煮得非常好。

宜：菜 烧则 恶好得。 溧：菜 烧则 蛮好葛。 金：菜 烧得
tsʻɐɪ saʏtsəʔ ʔɔʔxaʏtəʔ. tsʻæᴇ saʏtsəʔ ʔmæᴇxaʏkəʔ(kᴇʔ). tsʻɛᵉ saᵓtəʔ
蛮好的。 丹：菜 烧得 姜葛好多。 菜 烧则 姜葛好多。 童：菜 烧得
mæ̃xaᵓtieʔ. tsʻæ sɒtɛʔ tɕiᵊgɛʔhɒdᴧʏ. tsʻæ sɒtsɛʔ tɕiᵉgɛʔhɒdᴧʏ. tsʻaɪ sɐʏtəʔ
像葛好勒。 靖：菜 烧得 竟好累。 江：菜 烧得 蛮好葛。 常：菜 烧则
ʒiaŋgəʔxɐʏle. tsʻæ ɕiɒtəʔ tɕiŋhɒle. tsʻæ sɒtsɜʔ mæhɒkɜʔ. tsʻæe saʏtsəʔ

穷　好。锡：菜　烧得 穷　好。苏：菜　烧得 穷　好。熟：菜　烧来 交关
dʑioŋ xɑʏ.　　ts'ᴇ sʌtəʔ dʑioŋ xʌ.　　ts'ᴇ sætəʔ dʑioŋ hæ.　　ts'æ ʂolæ tɕiɔkuæ
好。昆：小菜　烧得 交关　好。霜：菜　烧特　蛮好。罗：菜　烧得 蛮好。菜　烧得
xɔ.　　siɔts'ɛ sɔtəʔ tɕiɔkuɛ hɔ.　　ts'ᴇ sɔdəʔ ʔmᴇxɔ.　　ts'e sɔtɐʔ ʔmehɔ. ts'e sɔtɐʔ
赫好。周：小 菜　烧勒 邪好。上：菜　烧得 老 好合。松：菜　烧来 蛮　好。黎：
hᴀʔhɔ.　　ɕiɔ ts'e sɔləʔ ʑiahɔ.　　ts'ᴇ sɔtɐʔ lɔ hɔɦɐʔ.　　ts'e sɔlᴇ ʔmᴇ hɔ.
菜　烧来 好得拉。盛：菜　烧得　邪气　好。嘉：小菜　烧得 蛮　好。双：菜
ts'ᴇ sᴀˀlᴇ hᴀˀtəʔlɒ.　　ts'ᴇ sᴀɑtəʔ ʑiatɕ'iⱼ hɔ.　　ɕiɔts'ᴇᵋ sɔtəʔ ʔmᴇᵋ hɔ.　　ts'ᴇ
烧得 蛮　好。杭：菜　烧勒/得 毛 好雷。绍：菜　烧得　末末　好。诸：菜　烧得
sɔtəʔ ʔmᴇ hɔ.　　ts'ᴇ sɔləʔ/təʔ mɔ hɔleɪ.　　ts'e sɒtəʔ ʔməʔməʔ hɒ.　　ts'e sɔtɐʔ
念好格。崇：菜　烧得 蛮好。　太：菜　烧得　没　好好介怪。余：菜　烧得　嬴奸
ȵiɪhɔkɐʔ.　　ts'e sɔtᴇʔ ʔmehɔkʊᵑ.　　ts'e ɕiɔtɛʔ mɛʔ hɔhɔkakua.　　ts'e siɒtɐʔ ʔiɲkẽ
好。宁：下饭 煮勒　交关　嬻。黄：菜　烧得　油好犸。温：菜　烧得 好显好。衢：
hɒ.　　ɦovᴇ tsʅlɐʔ tɕiɔkuᴇ tsᴇ.　　ts'e ɕiɒtɐʔ ɦiuhɒgɐʔ.　　ts'e ɕiɛte hɜɕihɜ.
菜　烧得　蛮好。　华：菜　烧得　微险　好。永：菜　烧哀　高好。
ts'ɛ ʃʮɔtəʔ ʔmæ̃hɔ.　　ts'ɛ ɕiɑʊtɐʔ ʔuɪɕie hɑʊ.　　ts'əɪ ɕiᴀʊəɪ kᴀʊhᴀʊ.

菜煮得好极了。

宜：菜　烧则　好透佬。　菜　烧则　竟好佬。　溧：菜　烧则　好到则
　　ts'ɐɪ sɑʏtsəʔ xɑʏt'ʏɯlɑʏ. ts'ɐɪ sɑ̃ʏtsəʔ tɕiŋxɑʏlɑʏ.　　ts'æᴇ saᵞtsəʔ xaᵞtaᵞtsəʔ
没救。　全：菜　烧得　好透啊哩。丹：菜　烧则　姜葛姜葛　好多。童：菜
məʔtɕiʌɯ.　　ts'ɛᵉ saˀtəʔ xaˀt'ʌʏalі_z.　　ts'æ sɒtsɛʔ tɕiᵉgɛʔtɕiᵉgɛʔ hɒdʌʏ.　　ts'aɪ
烧得　像葛好勒。　靖：菜　烧勒　好勒　一埸糊涂。　江：菜　烧得　竟好勒。
sɐʏtəʔ ʒiaŋgəʔxɐʏle.　　ts'æ ɕiɒle hɒle ʔiɪʔt'ɑʔvudu.　　ts'æ sɒtɜʔ tɕiɲhɒlɜʔ.
常：菜　烧则　好透佬。　锡：菜　烧得 好得　勿得了。苏：菜　烧得　好得拉。熟：
　　ts'æe sɑʏtsəʔ xɑʏt'eilɑʏ.　　ts'ᴇ sʌtəʔ xʌtəʔ vəʔtəʔlʌ.　　ts'ᴇ sætəʔ hætəʔlɒ.
菜　烧来　嬻来。菜　烧得　嬻来。　昆：小菜　烧得　好透好透。　霜：菜　烧特
ts'æ ʂolæ tsælæ. ts'æ ʂotᴇʔ tsælæ.　　siɔts'ɛ sɔtəʔ hɔt'ᴇhɔt'ᴇ.　　ts'ᴇ sɔdəʔ
好透好透。罗：菜　烧得 好透好透。　周：小菜　烧勒　顶脱鞋什。　上：菜　烧得
xɔt'ʌɪxɔt'ʌɪ.　　ts'e sɔtɐʔ hɔt'ʌɪhɔt'ʌɪ.　　ɕiɔts'e sɔləʔ ʔdiɪŋt'əʔhazəʔ.　　ts'ᴇ sɔtɐʔ
赫好。松：菜　烧来/得来 好去好来。黎：菜　烧得来　好净好绝。　盛：菜　烧得
hɐʔhɔ.　　ts'e sɔlᴇ/təʔlᴇ hɔtɕ'ihɔlᴇ.　　ts'ᴇ sᴀˀtəʔlᴇ hᴀˀziəɲhᴀˀzɪʔ.　　ts'ᴇ sᴀɒtəʔ
好得　野脱。嘉：菜　烧勒 极好呃。　菜　烧勒 好去好来。双：菜　烧得 好煞。
hᴀɑtəʔ ɦiat'əʔ.　　ts'ᴇᵋ sɔləʔ dʑiɔʔhɔɦəʔ. ts'ᴇᵋ sɔləʔ hɔtɕ'ihɔlᴇᵋ.　　ts'ᴇ sɔtəʔ hɔsᴀʔ.
杭：菜　烧得 木佬佬 木佬佬 好雷。绍：菜　烧得　裁好哉。诸：菜　烧得 真好来。
　　ts'ᴇ sɔtəʔ mɔʔlɔlɔ mɔʔlɔlɔ hɔleɪ.　　ts'e sɒtəʔ zehɒze.　　ts'e sɔtɐʔ tsẽĩhɔle.
崇：菜　烧得 蛮好　蛮好。太：菜　烧得　没好好古啊。余：菜　烧得　木佬佬　好。
　　ts'e sɔtᴇʔ ʔmehɔ ʔmehɔ.　　ts'e ɕiɔtɛʔ mɛʔhɔhɔkuʔɑ.　　ts'e siɒtɐʔ moʔlɒlɒ hɒ.
宁：下饭 煮勒　好作来ᴀ。黄：菜　烧得　好得猛。菜　烧得　油嬻犸。　温：菜　烧得
　　ɦovᴇ tsʅlɐʔ hɔtsɔʔleʔ.　　ts'e ɕiɒtɐʔ hɒtɐʔʔmã. ts'e ɕiɒtɐʔ ɦiutsɛgɐʔ.　　ts'e ɕiɛte
好显好。衢：菜　烧得　真好来。　华：菜　烧得　好莽　好莽。　永：菜
hɜɕihɜ.　　ts'ɛ ʃʮɔtəʔ tʃʮənhɔlɛ.　　ts'ɛ ɕiɑʊtɐʔ hɑʊmᴀŋ hɑʊmᴀŋ.　　ts'əɪ

烧哀 险火好。
çiAʊəɪ çiehoəhAʊ.

热死了。

宜：热杀列。 热杀落列。 溧：热煞咧。 金：热死啊哩。 丹：热杀篓。
ȵiɪʔsAʔlɪʔ. ȵiɪʔsAʔləʔlɪʔ. ȵiɪʔsɑʔliɪʔ. ləʔsɿz ɑliz. ȵɪʔsɑʔlEe.
童：热死勒。 靖：热杀得。 江：热杀落联/溜。 常：热煞列。 锡：
ȵiɪʔsɿle. ȵiɪʔsɑʔtəʔ. ȵiəʔsɑʔloʔlɪ/lɜʏ. ȵiɪʔsɑʔliɪʔ.
热煞列。 苏：热杀哉。 熟：热杀脱哉。 昆：热煞脱勒。 霜：
ȵiəʔsAʔliɪʔ(lE). ȵiəʔsAʔtsE. ȵɪʔsAʔt'Eʔtsæ. ȵiɪʔsAʔt'əʔləʔ.
热煞贼/则。 热煞脱勒。 罗：热煞脱则。 周：热煞脱则。(则＝哉) 上：
ȵɪʔsAʔzəʔ/tsəʔ. ȵɪʔsAʔt'əʔləʔ. ȵɪʔsAʔt'ɐʔtsɐʔ. ȵiɪʔsɑʔt'əʔtsəʔ.
热煞脱勒。 热煞勒。 松：热煞脱哉。 黎：热煞脱台。 盛：热煞台。
ȵiɪʔsɐʔt'ɐʔlɐʔ. ȵiɪʔsɐʔlɐʔ. ȵiɪʔsæʔt'əʔtsE. ȵiɪʔsAʔt'əʔdE. ȵɪʔsɑʔdE.
热煞脱台。 嘉：热煞哩/脱哩。 双：热煞台。 杭：热煞 特雷。 绍：
ȵɪʔsɑʔt'əʔdE. ȵiəʔsAʔle/t'əʔle. ʔȵieʔsAʔdE. ȵiɪʔsAʔ dəʔleɪ.
热煞哉。 诸：热杀滑。 崇：暖煞怪。 太：暖煞啊。 余：热煞哉。 宁：
ȵɪʔsæʔze. ȵiəʔsɐʔvɐʔ. neŋsæʔkuɑ. meŋsɑʔʔɑ. ȵɐʔsɐʔtse.
热煞雷。 黄：暖死号。 温：热死爻。 衢：暖死啦。 华：热死勒。 永：热死哇。
ȵiɪʔsɐʔle. ʔləŋsɿɦɒ. ȵisɿbɑ. nəsɿʔlɑ. ȵiesɿlɐʔ. ȵiesɿʔuA.

他走得快不快?

宜：他 走则 快勿快? 他 走则 快佬勿? 溧：他 走则 快勿快?
t'o tsʏɯtsəʔ k'uAfəʔk'uA? t'o tsʏɯtsəʔ k'uAlɑʏvəʔ? t'o tseitsəʔ k'uAfəʔk'uA?
金：他 走得 快不快? 他 走得 葛快啊? 丹：他 走则 快勿快? 童：他
t'ɑ tsAʏtəʔ k'uɛepəʔk'uɛe? t'ɑ tsAʏtəʔ kəʔk'uɛeɑ? t'ɑ tsEetsɛʔ k'uɑfɛʔk'uɑ? t'ɑ
走得 快不快? 靖：他 走勒 果快啊? 江：他 跑得 一快葛啦? 常：他
tseitəʔ k'uaɪpoʔk'uaɪ? t'ɑ tsøʏləʔ kAʏk'uæɑ? t'ɑ bɒtɜʔ ʔiəʔk'uækɜʔlɑ? dɑ
走则 快哦? 锡：他 走得 阿 快? 苏：俚 走则 阿快? 熟：渠 跑来
tseitsəʔ k'uɑvɑ? dAʏ tsEitəʔ ʔAʔ k'uɑ? ʔlij tsəɪtsəʔ ʔAʔk'uɒ? gE bɔlæ
阿快? 昆：伊 走得 阿快? 霜：伊 走特 阿 快? 罗：伊 走得 阿 快?
ʔAʔk'uɑ? ɦi tsEtəʔ ʔAʔk'uɑ? ʔi tsAɪdəʔ ʔAʔ k'uɑ? ʔi tsAɪdɐʔ ʔAʔ k'uɑʔ?
周：伊 走勒 快哦? 上：伊 走勒/得 快勿啦? 伊 走得 快哦? 伊 走得
ɦi tsʏləʔ k'uavɑ? ɦi tsʏɯlɐʔ/tɐʔ k'uAvəʔlA? ɦi tsʏɯtɐʔ k'uAvA? ɦi tsʏɯtɐʔ
快勿快? 少 松：伊 走来 快哦? 黎：伊 走来 阿快? 盛：伊 走得 阿 快?
kuAvɐʔk'uA? ɦi tsɯlE k'uavɑ? ʔij tsieɯlE ʔAʔk'uɒ? ʔij tsiɵtəʔ ʔɑʔ k'ɑu?
嘉：伊 走得 快哦? 伊 走勒 快哦? 双：其 走得 快啦? 其 走得 快弗?
ʔi tsetəʔ k'uavɑ? ʔi tseləʔ k'uavɑ? dʑiz tɕiøʏtəʔ k'uɑʔlɑ? dʑiz tɕiøʏtəʔ k'uavəʔ?
杭：他 走勒 快不快? 绍：伊 走勒/特 快勿快? 诸：其 走得
t'ɑ tseɪləʔ k'uEpəʔk'uE? ɦi tsʏləʔ/dəʔ k'uavəʔk'uɑ? dʑiz tseitɐʔ
快勿快? 崇：伊 走得 快勿快? 太：伊 走得 快勿快? 余：渠 走得
k'uAvəʔk'uA? ɦiz tɕʏtEʔ k'uavEʔk'uɑ? ɦiz tɕʏtɛʔ k'uavɛʔk'uɑ? ge tsʏtɐʔ

快勿/哦？　宁：其　走勒　快勿快？　黄：渠　走得　快勿快？　渠　走得
k'uavɪʔ/vᴀ?　dʑi　tsœʏlɐʔ　k'uavɐʔk'ua?　ge　tɕiutɐʔ　k'uᴀfɐʔk'uᴀ?　ge　tɕiutɐʔ
快𫠡哦？　渠　走得　快哦？　温：渠　走快　啊烦？　衢：其　走得　快勿葛？　华：
k'uᴀgɐʔvᴀ?　ge　tɕiutɐʔ　k'uᴀvᴀ?　ge　tsʌu　k'ɑɦavɑ?　gi　tsəɪtəʔ　k'uɛvəʔgəʔ?
渠　别得　快勿快？　永：渠　列哀　快勿快？
gə　piəʔtɐʔ　k'uafɐʔk'ua?　gə　lieəɪ　k'uai/tɕ'yᴀvək'uai/tɕ'yᴀ?

他走得快走不快？

宜：他　走快佬勿？　他　走则　快　走勿　快？　溧：他　走则　快　走勿
t'o　tsʏɯkuᴀlaʏvəʔ?　t'o　tsʏɯtsəʔ　k'uᴀ　tsʏɯfəʔ　kuᴀ?　t'o　tseitsəʔ　k'uᴀ　tseifəʔ
快？　金：他　葛　走得快？　丹：他　走则　快　还是　勿快？　童：他　走得　快
k'uᴀ?　t'ɑ　kəʔ　tsʌʏtəʔk'uɛ^e?　t'ɑ　tsᴇ^etsɛʔ　k'uɑ　ɦæsʅ　fɛʔk'uɑ?　t'ɑ　tseitəʔ　k'uaɪ
还是　不快？　靖：他　果　走勒快啊？　江：他　一　跑得快？　常：他　会
x^ɦaɪs^zʅ　poʔk'uaɪ?　t'ɑ　k^ʌʏ　ts^øʏləʔk'uæɑ?　t'ɑ　ʔiəʔ　bɒtɜʔk'uæ?　dɑ　ʔuæe
走快哦？　他　走则　快　还是　走勿　快？　锡：他　阿走得快？　苏：俚
tseik'uavɑ?　dɑ　tseitsəʔ　k'uɑ　ɦuæzʅ　tseivəʔ　k'uɑ?　dʌʏ　ʔᴀʔtsᴇitəʔk'uɑ?　ʔli_j
阿走得快？　熟：渠　阿　跑来　快？　昆：伊　阿走得快？　霜：伊　阿　走特　快？
ʔᴀʔtsəɪtəʔk'uɒ?　gᴇ　ʔᴀʔ　bɔlæ　k'uɑ?　ɦi　ʔᴀʔtsᴇtəʔk'uɑ?　ʔi　ʔᴀʔ　tsᴀɪdəʔ　k'uɑ?
罗：伊　阿走得　快？　周：伊　走得快哦拉？　上：伊　能　走得　快哦？　伊
ʔi　ʔᴀʔtsᴀɪdɐʔ　k'uɑ?　ɦi　tsʏtəʔk'uavɑla?　ɦi　nəɲ　tsʏɯtɐʔ　k'uᴀvᴀ?　ɦi
走得快哦？　伊　走勿走　得　快？　松：伊　走来　快　走来　慢？　黎：伊　阿
tsʏɯtɐʔk'uᴀvᴀ?　ɦi　tsʏɯvɐʔtsʏɯtɐʔ　k'uᴀ?　ɦi　tsɯlᴇ　k'uɑ　tsɯlᴇ　mᴇ?　ʔi_j　ʔᴀʔ
走得快？　（阿：ʔᴀʔ/ʔã）　盛：伊　阿　走得快？　嘉：伊　走得快勿啦？　伊　走得
tsiɯtəʔk'uɒ?　ʔi_j　ʔɑ̃　tsiəʉtəʔk'uɑ?　ʔi　tsetəʔk'uavəʔlɑ?　ʔi　tsetəʔ
快勿快？　双：其　走得　快咾　勿快？　杭：他　走不走得　快？　绍：他
k'uavəʔk'uɑ?　dʑi_z　tɕi^øʏtəʔ　k'ualɔ　fəʔk'uɑ?　t'ɑ　tseɪpəʔtseɪtəʔ　k'uᴇ?　ɦi
走勿快勒/特　快？　诸：其　走勿走得快来？　崇：伊　走得　快　还是
tsʏvəʔtsʏləʔ/dəʔ　k'ua?　dʑi_z　tseivəʔtseitɐʔk'uᴀle?　ɦi_z　tɕʏtᴇ　k'uɑ　væ̃zʅ
走勿快？　太：伊　走得快　还是　走得　慢？　余：渠　走得快勿/哦？　宁：其
tɕʏvᴇʔk'uɑ?　ɦi_z　tɕʏtɛʔk'uɑ　ɦæ̃zʅ　tɕʏtɛʔ　mæ̃?　ge　tsʏtɐʔk'uavɪʔ/vᴀ?　dʑi
走勒　快　还是　走勿快？　黄：渠　走得　快　还是　勿快？　渠　走得　快勿？
tsœʏlɐʔ　k'ua　ɦazʅ　tsœʏvɐʔk'ua?　ge　tɕiutɐʔ　k'uᴀ　ɦɛzʅ　fɐʔk'uᴀ?　ge　tɕiutɐʔ　k'uᴀve?
温：渠　走快啊烦？　衢：其　走得　会快勿个？　华：渠　走勿走得　快？　永：
ge　tsʌuk'ɑɦavɑ?　gi　tsəɪtəʔ　ʔuɛk'uɛvəʔgəʔ?　gə　tɕiɯufɐʔtɕiɯutɐʔ　k'uɑ?
渠　列勿列　快？　渠　列哀快　还已　列勿快？
gə　liefvəlie　k'uai?　gə　lieəɪk'uai　ʔɦuᴀʔi　liefvək'uai?

身体好吗？

宜：身体　好佬勿？　溧：身体　好勿啦？　金：身体　葛好啊？身体　好啊？　丹：
səŋt'i_j　xɑʏlaʏvəʔ.　sənt'i_z　xa^ʏvəʔlᴀ?　səŋt'i_z　kəʔxa^ɔɑ?　səŋt'i_z　xa^ɔɑ?
身体　好吧？　童：身体　克好啊？　靖：身体　果好啊？　江：身体　一好啊？　常：
sɛnt'i_z　hɒpɑ?　səŋt'i_j　kəʔxɐʏɑ?　səŋt'i_j　k^ʌʏhɒɑ?　sᴇɲt'i_j　ʔiəʔhɒʔɑ?

身体 好哦? 锡:身体 阿 好? 苏:身体 阿好(吩)? 熟:身体 阿好吩? 昆:
sənt'i$_j$ xaɣva? sənt'i ʔAʔ xA? sənt'i$_j$ ʔAʔhæ(tɕiɒ)? ʂẽⁿt'i ʔAʔxɔtɕia?
身体 阿好? 霜:身体 阿 好? 罗:身体 阿好? 周:身体 好拉哦? 上:身体
sənt'i ʔAʔhɔ? sẽt'i ʔAʔ xɔ? sẽⁿt'i ʔAʔhɔ? səɲt'i hɔʔlava? səɲt'i
好哦? 身体 好勿啦? 身体 阿好? 松:身体 好哦? 黎:身体 阿好? 盛:身体
hɔvA? səɲt'i hɔvɐʔla? səɲt'i ʔɐʔhɔ? səɲt'i hɔva? səɲt'i$_j$ ʔãhA? səɲt'i$_j$
阿好? 嘉:身体 好哦? 双:身体 好哇/啦? 身体 好佛? 杭:身体 好不好啦?
ʔaʔhAa? sənt'i hɔva? sənt'i$_z$ hɔʔua/ʔla? sənt'i$_z$ hɔʔvəʔ. sənt'i hɔbəʔhɔla?
绍:身体 好勿好? 诸:身体 好勿好鞋? 身体 好吉? 崇:身体 好勿好? 太:
sĩt'i haɒvəʔhaɒ? sẼĩt'i$_z$ hɔvəʔhɔɦA? sẼĩt'i$_z$ hɔtɕiəʔ? seŋt'i$_z$ hɔvEʔhɔ?
身体 好勿好啊? 余:身体 好佛/哦? 宁:身体 好ve/哦? 黄:身体 好哦? 温:
seŋt'i$_z$ hɔvɛʔhɔʔa? seɲt'i hɒvɪʔ/va? ɕɪŋt'i hɔve/va? ɕiɪŋt'i hɒvA?
身体 好啊烦? 衢:身体 好勿葛? 身体 盒好葛哇? 华:身体 好勿/勿啦?(委婉些)
sAŋt'i hɜɦava? ʃʮənt'i hɔvəʔgəʔ? ʃʮənt'i ɦAʔhɔkua? sənt'i haʊfvɐʔ/fvɐʔʔla?
身体 好哦? 永:身体 好勿/反?
sənt'i haʊva? səɲt'i hAʊfvə/fvA?

你有书吗?

宜:你 有 书勿? 溧:你 有 书勿啦? 金:你 葛有 书啊? 丹:你 有
ȵi$_j$ ɦiɤɯ ɕy$_ʮ$vəʔ? ȵi$_z$ ɦiʌɯ ɕy$_z$vəʔlA? ni$_z$ kəʔiʌɤ sᵊua? ŋ̍ ɦiY
书吧? 童:内 克有 书啊? 靖:你 果有 书啊? 江:你 一有 书啦? 常:你
sᵊupa? nei kəɦiʊ ɕy$_ʮ$a? ŋ̍ kᴬɤɦᶿY ɕy$_ʮ$a? ȵi$_j$ ʔiəʔɦiɜY ɕyla? ȵi$_j$
有 书哦? 锡:你 阿 有 书? 苏:倷 阿有 书(吩)? 熟:能 阿有 书吩?
ɦiɯ sʮva? ȵi ʔAʔ ɦiʌY sʮ? nE ʔAʔɦiɵ sʮ(tɕiɒ)? nẽⁿ ʔAʔɦiɯ ʂʮ$_ʅ$tɕia?
昆:能 阿有 书? 霜:臣 阿有 书? 罗:侬 阿有 书? 周:侬 书 有哦? 侬 书
nən ʔAʔɦy sʮ? zẽ ʔAʔɦy sɿ? noᵑ ʔAʔɦy sɿ? noŋ ɕy ɦiɤva? noŋ ɕy
有勿啦? 上:侬 有 书哦? 松:造 有 书哦? 黎:那 阿有 书鞋? 盛:你 呐
ɦiɤvəʔla? noŋ ɦiɤɯ sɿvA? zɔ ɦiɯ ɕyva? nɒ ʔAʔɦieɯ sʮɦɒ? ŋ̍ nəʔ
阿 有 书? 嘉:内 有 书哦? 双:倷 有 书啦? 倷 有 书佛? 杭:你
ʔAʔ ɦiɵu sʮ? ne ɦiəu sʮva? ʔne ɦiøY sɿla? ʔne ɦiᶿY sɿvəʔ ʔni
有没有 书啦? 你 有白 书? 绍:你 有勿有 书? 诸:你 书 有 有鞋? 你 书
ʔYʔməʔʔY sʮla? ʔni ʔYbɐʔ sʮ? nɪʔ ɦiɤɦəɦiɤ ɕy$_ʮ$? ŋ̍ ɕy$_ʮ$ ɦiY ɦiYɦA? ŋ̍ ɕy$_ʮ$
有勿有鞋? 崇:侬 有勿有 书? 太:你 有勿有 书啊? 余:侬 书 有 佛/哦?
ɦiYvəʔɦiYɦA? nuᵑ ɦYVEʔɦY sɿ? ŋ̍ ɦYvEʔɦY sɿʔa? nuŋ sʮ ɦiɤvɪʔ/vA?
(佛/勿) 宁:你 书 有 ve/哦?(你nəʊ/ŋ̍)(ve佛/勿) 黄:你 有 书哦? 温:你 书
nəʊ sʮ ɦY ve/va? ŋ̍ ɦiu ɕyvA? ȵi sɿ
有啊烦? 衢:你 有 书勿葛?多 你 有 书哦? 华:侬 有 书勿/哦? 永:你
ɦiʌuɦava? ȵi ɦiɯ ʃʮvəʔgəʔ. ȵi ɦiɯ fʮva? ʔnoŋ ɦiɯu ɕʮ$_y$fvɐʔ/fva? ŋ̍
有 书勿/反?
ɦiəʊ ɕYfvə/fvA?

他是学生吗?

宜:他 是 学生则勿? 溧:他 是 学生则勿啦? 金:他 葛是 学生子啊?
t'o zɿ ɦɔʔsAŋtsəʔvəʔ? t'o szɿ xɦɔʔsAŋtsəʔvəʔlA? t'ɑ kəʔsɿz ɕiɑʔsəŋtsɿzɑ?
丹:他 是 学生则吧? 童:他 是 学生子么? 靖:他 果是 学生ŋɑ? 江:他
t'ɑ sɿ hoʔsɛntsɛʔpɑ? t'ɑ szɿ xɦoʔsəŋtsɿmʌɤ? t'ɑ kʌɤszɿ ɦɔʔsəŋŋɑ? t'ɑ
一是 学生则啦? 常:他 正是 学生则哦? 锡:他 阿是 学生子?(学ɦɔʔ/ɦiɔʔ)
ʔiəʔzɿ ɦoʔsAɲtsɜʔlɑ? dɑ tsəɲzɿ ɦɔʔsAɲtsəʔvɑ? dʌɤ ʔAʔzɿ ɦiɔʔsãtsɿ?
苏:俚 阿是 学生? 俚 阿是 学生子哜? 熟:渠 阿是 学生个哜? 昆:伊 阿是
ʔlij ʔAʔzɿ ɦɔʔsÃ? ʔlij ʔAʔzɿ ɦɔʔsÃtsɿtɕiɒ? gE ʔAʔzɿ ɦɔʔsA˜kEʔtɕiɑ? ɦi ʔAʔzɿ
学生子? 霜:伊 阿是 学生? 伊 是 学生勿拉?新,少 罗:伊 阿是 学生? 周:伊 是
ɦoʔsãtsɿ? ʔi ʔAʔzɿ ɦoʔsa˜? ʔi zɿ ɦoʔsa˜vəʔlɑ? ʔi ʔAʔzɿ ɦoʔsa˜? ɦi zɿ
学生子勿拉? 伊 是 学生子哦/咾? 上:伊 是 学生哦? 伊 阿是 学生? 松:伊 是
ɦɒʔsA˜tsɿvəʔlɑ? ɦi zɿ ɦɒʔsA˜tsɿvɑ/lɔ? ɦi zɿ ɦoʔsÃɲvA? ɦi ʔɐʔzɿ ɦoʔsÃɲ? ɦi zɿ
学生子哦? 黎:伊 阿是 学生子鞋? 盛:伊 阿是 学生子?(伊ʔij/ʔijnɜu) 嘉:伊 是
ɦoʔsɛ̃tsɿvɑ? ʔij ʔɑ˜zɿ ɦoʔsãtsɿɦɒ? ʔij ʔɑzɿ ɦɔʔsæ̃tsɿ? ʔi zɿ
学生子哦? 双:其 是 学生子哇/哦/啦? 其 是 学生子佛? 杭:他 是不是
ʔoʔsA˜tsɿvɑ? dʑiz zɿ ʔoʔsãtsɿʔuɑ/vɑ/ʔlɑ? dʑiz zɿ ʔoʔsãtsɿvəʔ t'ɑ zɿpəʔzɿ
学生? 绍:伊 裁勿裁 学生则? 诸:其 是勿是 学生咸? 崇:伊 是勿是
ɦiɪʔ/ɦyɪʔsən? ɦi zevəʔze ɦoʔsaŋtsɪʔ? dʑiz zɿvəʔzɿ ɦiɐʔsɛ̃ĩɦɛ? ɦiz zɿvEʔzɿ
学生? 太:伊 是勿是 学生? 余:渠 是 学生佛/哦? 宁:其 是 学生哦/ve? 黄:
ɦoʔsÃ? ɦiz zɿvɛʔzɿ ɦɔʔsAŋ? ge zɿ ɦɔʔsÃvɪʔ/vA? dʑi zɿ ɦɔʔsãva/ve?
渠 是 学生哦? 温:渠 是 学生呀烦?(烦=否、勿) 衢:其 是 学生啊?
ge zɿ ɦɔʔsa˜vA? ge zɿ ɦosˈɛʔiɑvɑ? gi szɿ ɦuoʃɥa˜ɦɑ?
(=其是勿是学生啊) 华:渠 是 学生勿? 永:渠 是 学生
gə sɿ ɦuoʔsAŋfvɐʔ? gə dʑi ʔAusai
勿多/反?(否fɤə、勿fə(ʔ)/fvə)
fə/fA?

他知道不知道?不知道。

宜:他 晓则佬勿? 勿晓则。 溧:他 晓则勿啦? 勿晓则。 金:他 葛
t'o ɕiɑɤtsəʔlɑɤvəʔ? fəʔɕiɑɤtsəʔ. t'o ɕiɑˠtsəʔvəʔlA? fəʔɕiɑˠtsə. t'ɑ kəʔ
晓得家啊?不 晓得。 丹:他 晓则 勿 晓则?勿晓则。 童:他 晓得 不晓得啊?
ɕiɑᵓtəʔkɑːʔ? pɔʔ ɕiɑᵓtəʔ. t'ɑ ɕiɒtsɛʔ fɛʔ ɕiɒtsɛʔ fɛʔɕiɒtsɛʔ. t'ɑ ɕiɐɤtəʔ pəʔɕiɐɤtəʔɑ?
不 晓得。 靖:他 果晓得啊? 不 晓得。 江:他 一 晓得? 勿晓得。 常:他
pəʔ ɕiɐɤtəʔ. t'ɑ kʌɤɕiɒtəʔɑ? pəʔ ɕiɒtəʔ. t'ɑ ʔiəʔ ɕiɒtɜʔ? fɜʔɕiɒtɜʔ. dɑ
晓得哦? 勿晓得。 他 晓得 勿晓得? 勿晓得。 锡:他 阿晓得? 勿晓得。
ɕiɑɤtəʔvɑ? fəʔɕiɑɤtəʔ. dɑ ɕiɑɤtəʔ vəʔɕiɑɤtəʔ? fəʔɕiɑɤtəʔ. dʌɤ ʔAʔɕiʌtəʔ? fəʔɕiʌtəʔ.
苏:俚 阿晓得哜? 勿晓得。 俚 阿晓得 勿晓得? 熟:渠 阿晓得? 勿晓得。
ʔlij ʔAʔɕiætəʔtɕiɒ? fəʔɕiætəʔ. ʔlij ʔAʔɕiætəʔ fəʔɕiætəʔ? gE ʔAʔɕiɔtEʔ? fEʔɕiɔtEʔ.
昆:伊 阿晓得? 勿晓得。 伊 阿晓得 勿晓得? 勿晓得。 霜:伊 阿 晓得?
ɦi ʔAʔɕiɔtəʔ? fəʔɕiɔtəʔ. ɦi ʔAʔɕiɔtəʔ fəʔɕiɔtəʔ? fəʔɕiɔtəʔ. ʔi ʔAʔ ɕiɔtəʔ

勿晓得。 伊 晓得 勿晓得？ 罗：伊阿 晓得？ 勿晓得。 周：伊 晓得哦？
ʔvəʔɕiɔtəʔ. ʔi ɕiɔtəʔ ʔvəʔɕiɔtəʔ? ʔiʔA? ɕiɔtɐʔ? ʔvɐʔɕiɔtɐʔ. ɦi ɕiɔʔdəʔvɑ?
勿晓得。 伊 晓得勿啦 加？勿晓得呀 加。 上：伊 晓得哦？ 勿晓得。 伊 晓得
ʔvəʔɕiɔtəʔ. ɦi ɕiɔʔdəʔvəʔlɑ kɑ? ʔvəʔɕiɔtəʔʔiɑ kɑ. ɦi ɕiɔtɐʔvA? ʔvəʔɕiɔtɐʔ. ɦi ɕiɔtɐʔ
勿晓得？少 松：伊 晓得 还是 勿晓得？ 勿晓得。 黎：伊 阿晓得？ 勿晓得。
ʔvəʔɕiɔtɐʔ? ɦi hɔtəʔ ʔEzɿ ʔvəʔɦɔtəʔ? ʔvəʔhɔtəʔ. ʔiⱼ ʔɑ˜ɕiAᵓtəʔ? fəʔɕiAᵓtəʔ.
盛：伊 阿晓得？ 勿晓得。 嘉：伊 晓得哦？ 勿晓得。 双：其 晓得 勿晓得？
ʔiⱼ ʔAʔɕiAɑtəʔ? fəʔɕiAɑtəʔ. ʔi ɕiɔtəʔvɑ? ʔvəʔɕiɔtəʔ. dʑiz ɕiɔtəʔ fəʔɕiɔtəʔ
勿晓得。 其 晓得哇？ 杭：他 晓勿晓得？ 不晓得。 绍：伊 晓勿晓得？
fəʔɕiɔtəʔ. dʑiz ɕiɔtəʔuɑ? t'ɑ ɕiɔvəʔɕiɔtəʔ pəʔɕiɔtəʔ. ɦi ɕiɑɒvɪʔɕiɑɒtəʔ?
勿晓得。 诸：其 晓勿晓得？ 勿晓得。 崇：伊 晓勿晓得？ 勿晓得。 太：伊
vɪʔɕiɑɒtəʔ. dʑiz ɕiɔvəʔɕiɔtɐʔ? fɐʔɕiɔtɐʔ. ɦiz ɕiɔvEʔɕiɔtEʔ? fEʔɕiɔtEʔ. ɦiz
晓勿晓得蹄啊？ 勿 晓得蹄。 余：渠 晓得佛/哦？ 勿晓得。 宁：其 晓得勿
ɕiɔvɛʔɕiɔtɛʔgɛʔʔɑ? fɛʔ ɕiɔtɛʔgɛʔ. ge ɕiɒtɐʔvɪʔ/vA? vɐʔɕiɒtɐʔ. dʑi ɕiɔtɐʔ
晓得？ 勿晓得何。 黄：渠 晓得啊 勿晓得？ 渠 晓得哦？ 勿晓得。 温：渠
vɐʔɕiɔtɐʔ? vɐʔɕiɔtɐʔɦəʊ. ge ɕiɒtɐʔɦA fɐʔɕiɒtɐʔ? ge ɕiɒtɐʔvA? fiɒtɐʔ. ge
晓得啊 晓勿得？ 晓勿得。 衢：其 晓得勿葛？ 晓勿得葛。 华：渠 晓得勿？
ɕietefiɑ ɕiɛvete? ɕiɛvete. gi ɕiɔtəʔfəʔkəʔ? ɕiɔfəʔtəʔkəʔ. gə ɕiɑʊtɐʔfvɐʔ?
勿晓得。 渠 晓得 勿晓得？ 永：渠 晓得 勿晓得？ 勿晓得。
fɐʔɕiɑʊtɐʔ. gə ɕiɑʊtɐʔ fɐʔɕiɑʊtɐʔ? gə ɕiAʊtəɪ fəɕiAʊtəɪ? fiAʊtəɪ.

他是学生不是?

宜：他 是 学生则勿啦？ 他 是勿是 学生则？ 溧：他 是 学生则勿啦？
t'o zɿ ɦɔʔsAŋtsəʔvəʔlA? t'o zɿfəʔzɿ ɦɔʔsAŋtsəʔ? t'o szɿ xɦɔʔsAŋtsəʔvəʔlA?
金：他 是不是 学生啊？ 他 葛是 学生啊？ 丹：他 是勿是 学生则？ 童：他
t'ɑ sɿzpəʔsɿz ɕiɔʔsəŋɑ? t'ɑ kəʔsɿ ɕiɔʔsəŋɑ? t'ɑ sɿfɛʔsɿ ɦoʔsəŋtsɛʔ? t'ɑ
是不是 学生啊？ 靖：他 果是 学生ŋɑ? 江：他 一是 学生则啦？ 常：他
sᶻɿpəʔsᶻɿ xᶣoʔsəŋtsɿɑ? t'ɑ kᴧʏˢzɿ ɦɔʔsəŋŋɑ? t'ɑ ʔiəʔzɿ ɦoʔsAᵑtsəʔlɑ? dɑ
是勿是 学生则啊？ 锡：他 阿是 学生子？ 苏：俚 阿是 学生？ 俚 阿是
zɿvəʔzɿ ɦoʔsAɲtsəʔʔɑ? dʌʏ ʔAʔzɿ ɦiɔʔsãtsɿ? ʔliⱼ ʔAʔzɿ ɦɔʔsÃ? ʔliⱼ ʔAʔzɿ
学生子听？ 熟：渠 阿是 学生则听？ 昆：伊 阿是 学生子？ 霜：伊 阿是
ɦɔʔsÃtsɿtɕiɒ? gE ʔAʔzɿ ɦoʔsA˜tsEʔtɕiɑ? ɦi ʔAʔzɿ ɦoʔsãtsɿ? ʔi ʔAʔzɿ
学生？ 伊 是勿是 学生？少，新 罗：伊 阿是 学生？ 伊 是勿是 学生？少，新 周：伊 是
ɦoʔsa˜? ʔi zɿvəʔzɿ ɦoʔsa˜? ʔi ʔAʔzɿ ɦoʔsa˜? ʔi zɿvəʔzɿ ɦoʔsa˜? ɦi zɿ
学生子勿拉， 加？(加"加kɑ"语气略重) 上：伊 是 学生哦？ 伊 阿是 学生？
ɦɔʔsA˜tsɿvəʔlɑ, kɑ? ɦi zɿ ɦoʔsÃᶮvA? ɦi ʔɐʔzɿ ɦoʔsÃᶮ?
松：伊 是 学生子哦？ 黎：伊 阿是 学生子嚡？ 盛：伊 阿是 学生子？ 伊 是 学生子
ɦi zɿ ɦɔʔsẽtsɿvɑ? ʔiⱼ ʔãzɿ ɦoʔsãtsɿɦɒ? ʔiⱼ ʔɑzɿ ɦəʔsætsɿ? ʔiⱼ zɿ ɦɔʔsætsɿ
还是 勿是 学生子？ 嘉：伊 是 学生子哦？ 伊 是勿是 学生子？ 双：其 是 学生子
ɦEzɿ fəʔzɿ ɦɔʔsætsɿ? ʔi zɿ ʔoʔsA˜tsɿvɑ? ʔi zɿveʔzɿ ʔoʔsA˜tsɿ? dʑiz zɿ ʔoʔsãtsɿ
佛/哦？ 其 是勿是 学生子？ 杭：他 是不是 学生？ 绍：伊 裁勿裁 学生则？
vəʔ/vɑ? dʑiz zɿvəʔzɿ ʔoʔsãtsɿ? t'ɑ zɿpəʔzɿ ɦiɪʔsən? ɦi zevəʔze ɦoʔsaŋtsɪʔ?

诸：其　是勿是　学生咸？　崇：伊　是勿是　学生？　太：伊　是勿是　学生？　余：渠
dʑiz zʅvəʔzʅ ɦiɐʔsẽĩɦɛ?　ɦiz zʅvEʔzʅ ɦɔʔsA˜?　ɦiz zʅvɛʔzʅ ɦɔʔsAŋ?　ge
是勿是　学生？　宁：其　是勿是　学生啦？　黄：渠　是勿是　学生？　渠　是　学生哦？
zʅvɐʔzʅ ɦɔʔsã?　dʑi zʅvɐʔzʅ ɦɔʔsãʔla?　ge zʅvɐʔzʅ ɦɔʔsa˜? ge zʅ ɦɔʔsa˜vA?
温：渠　是　学生呀烦？　衢：其　是勿是　学生啊？　其　是　学生啊？　华：渠　是勿是
ge zʅ ɦosꞌɛʔiɑvɑ?　gi szʅfəʔszʅ ɦuoʔʃɥãɦɑ? gi szʅ ɦᵘoʔsɥãɦɑ?　gə sʅfɐʔsʅ
学生？　永：渠　是　学生勿？　渠　是勿是　学生？
ɦuoʔsAŋ?　gə dʑi ʔAʊsaifə? gə dʑifvədʑi ʔAʊsai?

他愿意说不愿意？

宜：他　高兴　讲勿啦？　溧：他　肯　讲勿啦？　金：他　愿意　不愿意　说？　他
tʻo kɑɤxiŋ kAŋvəʔlA?　tʻo kʻən kAŋvəʔlA?　tʻɑ yũiz pɔʔyũiz səʔ? tʻɑ
葛愿意　说啊？　丹：他　愿意　勿愿意　说？　童：他　高兴　还是　不高兴　说啊？
kəʔyũiz səʔɑ?　tʻɑ ȵYiz fɛʔȵYiz ɕyɪʔ?　tʻɑ kɐɤɕiŋ xʱaɪsᶻʅ poʔkɐɤɕiŋ ʃioʔɑ?
靖：他　果愿意　说啰？　江：他　一肯说　啦？　常：他　愿意　说哦？　他　愿意　勿愿意
tʻɑ kᴧɤȵyũʔij ɕyɔʔlo?　tʻɑ ʔiəʔkʻEɲ sɔʔlɑ?　dɑ ɦiɔʔi sɔʔvɑ? dɑ ɦiɔʔij vəʔɦiɔʔij
说？　锡：他　阿愿意说？　苏：俚　阿高兴　说吩？　俚　阿高兴　勿高兴　说吩？
sɔʔ?　dᴧɤ ʔAʔȵioʔisəʔ　ʔlij ʔAʔkæɕiɪn səʔ tɕiɒ? ʔlij ʔAʔkæɕiɪn fəʔkæɕiɪn səʔtɕiɒ?
熟：渠　阿情愿　讲吩？　昆：伊　阿高兴　讲？　霜：伊　愿勿愿意　讲？　伊　阿愿意
gE ʔAʔziⁿȵiʏ kA˜tɕiɑ?　ɦi ʔAʔkɔɕin kã?　ʔi ȵiᴧɤvəʔȵiᴧɤʔi kɒ˜? ʔi ʔAʔȵiᴧɤʔi
讲？　罗：伊　阿愿意　讲？　周：伊　高兴　讲哦　加？　上：伊　愿意　讲哦？　松：伊
kɒ˜?　ʔi ʔAʔȵiᴧɤʔi kɒ˜?　ɦi kɔɕiɪŋ kɒ˜vɑ kɑ?　ɦi ȵyøʔi kÃⁿvA?　ɦi
愿意　讲　还是　勿愿意　讲？　黎：伊　阿肯　讲？　盛：伊　阿愿意/阿肯　讲？　嘉：
ȵyøʔi kɑ˜ ʔEzʅ ʔvəʔȵyøʔi kɑ˜?　ʔij ʔãkʻəɲ kɑ˜?　ʔij ʔɑʔȵiəʔij/ʔɑʔkəɲ kɑ˜?
伊　愿勿愿意　讲？　双：其　高兴　勿高兴　讲呀？　杭：他　愿不愿意　话？　绍：
ʔi ȵyɤəvəʔȵyɤəʔi kA˜?　dʑiz kɔɕɪn fəʔkɔɕɪn kɔ̃ʔiɑ?　tʻɑ ɦYopəʔɦYoʔi ɦuo?
伊　肯勿肯　讲/话？　诸：其　愿勿愿意　讲咸？　其　愿意勿愿意　讲咸？　崇：伊
ɦi kʻəŋəkʻəŋ kɒŋ/ɦo?　dʑiz ȵiYvəʔȵiYʔi tɕiÃɦɛ? dʑiz ȵiYʔizvəʔȵiYʔiz tɕiÃɦɛ?　ɦiz
愿意　勿愿意　讲？　太：伊　愿勿愿意　讲来？　余：渠　愿意　讲佛/哦？　宁：其
ȵyœ̃ʔiz vEʔȵyœ̃ʔiz kɒ̃?　ɦiz ȵiœ̃vɛʔȵiœ̃ʔiz kɒŋle?　ge ȵyɵ̃ʔi kɒ̃vɪʔ/vA?　dʑi
愿意　勿愿意　讲？　黄：渠　愿意讲　勿愿意　讲？　渠　愿意　讲哦？　渠　愿意　勿愿意
ȵyɥʔi vɐʔȵyɥʔi kɔ̃?　ge ȵyəʔikɒ˜ fɐʔȵyøʔi kɒ˜? ge ȵyøʔi kɒ̃vA? ge ȵyøʔi fɐʔȵyøʔi
讲？　温：渠　肯　讲啊烦？　衢：其情愿　讲勿葛？　华：渠　愿勿愿意　讲？　渠
kɒ̃?　ge kʻᴧŋ kᵘɔɦɑvɑ?　gi ʑiⁿȵyə kɒ˜fəʔkəʔ?　gə ȵɥefɐʔȵɥeʔi kAŋ? gə
愿意　讲勿？　永：渠　愿勿愿意　讲？
ȵɥeʔi kAŋfvɐʔ?　gə ȵyəfəȵyəʔi kAŋ?

他不来上课，是不是？

宜：他　勿来　上课列，　是勿啦？　溧：他　勿来　上课，　是勿啦？　金：他　不来
tʻo fəʔlɐɪ zAŋkʻulɪʔ，zʅvəʔlA?　tʻo fəʔlæE szAŋkʻᴧɯ，szʅvəʔlA?　tʻɑ pɔʔlɛᵉ
上课，　葛是啊？　丹：他　勿来　上课，　是勿是？　童：他　不(曾)来　上课，
sɑŋkᵊu，kəʔsʅzɑ?　tʻɑ fɛʔlæ sɑŋkAɤ，sʅfɛʔsʅ?　tʻɑ pəʔtsʻəŋlaɪ sᶻɑŋkʻAɤ，

是不是啊? 靖:他 奔来 上课, 果是搭? (奔="不曾"合音) 江:他 勿来 上
sᶻʅpəʔsᶻʅɑ? tʻɑ pəŋlæ szɑŋkʻᴧʏ, kᴧʏszʅtɑ? tʻɑ fɜʔlæ zᴀŋ
课, 一是? 常:他 勿来 上课, 真是哦/对哦? 锡:他 呒不/勿曾 来 上课,
kʻɜʏ, ʔiəʔzʅ? dɑ fəʔlææ zᴀɲkʻᴧɯ, tsəɲzʅvɑ/tæevɑ? dᴧʏ m̩pəʔ/fəʔzən lᴇ zɒ̃kᴧʏ,
阿是啊? 他 勿来 上课, 阿是啊? 苏:俚 勿来 上课, 阿是? 俚 勿来 上课哉,
ʔᴀʔzʅʔɑ? dᴧʏ fəʔlᴇ zɒ˜kᴧʏ, ʔᴀʔzʅʔɑ? ʔlij fəʔlᴇ zÃk3u, ʔᴀʔzʅ? ʔlij fəʔlᴇ zÃk3utsᴇ,
阿是啊? 熟:渠 勿来 上课, 阿是吩? 昆:伊 分来 上课, 阿是个阿? 霜:伊
ʔᴀʔzʅʔɒ? ɡᴇ fᴇʔlæ zᴀ˜kɯ, ʔᴀʔzʅtɕiɑ? ɦi fənlɛ zãkʻəu, ʔᴀʔzʅɡɑ? ʔi
勿来 上课, 阿是? 罗:伊 勿来 上课, 阿是? 周:伊 勿来 上课, 是哦? 上:伊
ʔʋəʔlᴇ zɑ˜kʻu, ʔᴀʔzʅ? ʔi ʔʋɐʔle zɒ̃kʻu, ʔᴀʔzʅ? ɦi ʔʋəʔle zɒ˜kʻu, zʅvɑ? ɦi
勿来 上课, 是哦?伊勿来 上课, 阿是? 松:伊 勿来 上课, 是哦? 黎:伊 勿来
vɐʔlᴇ zÃⁿkʻu, zʅvᴀ? ɦivɐʔlᴇ zÃⁿkʻu, ʔɐʔzʅ? ɦi ʔʋəʔle zɑ˜kʻu, zʅvɑ? ʔij vəʔlᴇ
上课, 阿是鞋? 盛:伊 勿来 上课, 阿是? 嘉:伊 勿来上课, 是哦? 双:其
zɑ˜kʻ3u, ʔᴀʔzʅɦɒ? ʔij fəʔlᴇ zãkʻ3u, ʔɑʔzʅ? ʔi ʔʋəʔlᴇᵋzᴀ˜kʻəu, zʅvɑ? dʑiz
勿来 上课, 是哇/佛/啦? 杭:他 不来 上 课, 是不是啦? 绍:伊 勿来 上课,
fəʔlᴇ zɔ̃kʻəu, zʅuɑ/vəʔ/lɑ? tʻɑ pəʔlᴇ zᴀŋ kʻou, zʅpəʔzʅlɑ? ɦi vɪʔle zɒŋkʻo,
裁勿裁? 诸:其 勿来 上课, 是勿是咸? 崇:伊 呒谋 来 上课, 是勿是啊? 太:伊
zevɪʔze? dʑiz fəʔle zɒ̃kɯ, zʅvəʔzʅɦɛ? ɦiz miʏ le zᴀ˜kʏ, zʅvᴇʔzʅɦɑ? ɦiz
勿来 上 课, 是勿是啊? 余:渠 上课勿来, 是佛/哦? 宁:其 勿来 上课来,
fəʔle zᴀŋ kɯ, zʅvɛʔzʅʔɑ? ɡe zɒ̃kʻouʔʋɐʔle, zʅvɪʔ/vᴀ? dʑi vɐʔle zɔ̃kəʊle,
是ve/哦? 黄:渠 呒掉勒 上课, 真是哦? 温:渠 有走来 上课, 是啊烦? 衢:其
zʅve/vɑ? ɡe m̩diɒlɐʔ zɒ˜kᵊu, tɕiɪŋzʅvᴀ? ɡe mᵘɔtsᴧule ɦikᵊu, zʅɦɑvɑ? ɡi
勿来 上课佬, 是勿葛? 华:渠 勿来 上课, 是勿啦? 是勿是? 永:渠 勿来
fəʔlɛ ʒʮɒ˜kʻᵘulɔ, zʅfəʔkəʔ? ɡə fɐʔlɛ zᴀŋkʻə, sʅfvɐʔʔlɑ? sʅfɐʔsʅ? ɡə fələɪ
上课, 真是反?
ɕziᴀŋkoᵊ, tɕiɪŋʑifᴀ?

我不知道他有没有。

宜:我 勿晓则 他 有佬勿。 溧:我 勿晓则 他 有阿 呒没。 金:我
ŋu fəʔɕiɑʏtsəʔ tʻo ɦiʏɯlɑʏvəʔ. ŋᴧɯ fəʔɕiɑʏtsəʔ tʻo ɦiᴧɯᴀ m̩məʔ. ŋ̍
不晓得 他 葛 有。我 不晓得 他 有没有。 丹:我 勿晓则 他 有 还是
pəʔɕiɑᵓtəʔ tʻɑ kəʔ iᴧʏ. ŋ̍ pəʔɕiɑᵓtəʔ tʻɑ iᴧʏməʔiᴧʏ. ŋᴧʏ fɛʔɕiɒtsɛʔ tʻɑ ʔʏ ɦɑsʅ
没得/n̩则。 童:我 不晓得 他 有 还是 没得。 靖:我 不晓得 他 到底
mɛʔtɛʔ/n̩tsɛʔ. ŋᴧʏ pəʔɕiɐʏtəʔ tʻɑ ɦiʊ ɦɑisᶻʅ məʔtəʔ. ŋᴧʏ pəʔɕiɒtəʔ tʻɑ tɒtij
果有。 江:我 勿晓得 他 一有。 常:我 勿晓得 他 有哦。 我 勿晓得 他
kᴧʏɦᶱʏ. ŋ3ʏ f3ʔɕiɒt3ʔ tʻɑ ʔiəʔɦi3ʏ. ŋᴧɯ fəʔɕiɑʏtəʔ dɑ ɦiɯvɑ? ŋᴧɯ ɦiɒʏtəʔ dɑ
有哦。 锡:我 勿晓得 他 阿 有。 苏:我 勿晓得 俚 阿有。 熟:我
ɦiɯvɑ. ŋᴧʏ fəʔɕiᴧtəʔ dᴧʏ ʔᴀʔ ɦiᴧʏ. ŋ3u fəʔɕiætəʔ ʔlij ʔᴀʔɦiɵ. ŋɯ
勿晓得 渠 阿有。 昆:我 勿晓得 伊阿有。 霜:我 勿晓得 伊 阿有。 罗:我
fᴇʔɕiɔtᴇʔ ɡᴇ ʔᴀʔɦiɯ. ŋəu fəʔɕiɔtəʔ ɦiʔᴀʔɦʏ. n̩ ʔʋəʔɕiɔtəʔ ʔi ʔᴀʔɦʏ. ŋ̍

勿晓得　伊 阿有。 周：我 勿晓得　伊 有哦。我 勿晓得　伊 有啊没/吗。 上：
ʔʋɐʔɕiɔtɐʔ ɦi ʔᴀʔɦy.　ɦu ʔʋəʔɕiɔʔdəʔ ɦi ɦiɤvɑ. ɦu ʔʋəʔɕiɔʔdəʔ ɦi ɦiɤɦaməʔ/mɑ.
我 勿晓得　伊 有哦/　有勿有/有勿啦。　松：奴 勿好得　伊 有哦。 黎：我
ŋu ʔvɐʔɕiɔtɐʔ ɦi ɦiɤɯvᴀ/ ɦiɤɯvɐʔɦiɤɯ/ɦiɤɯvɐʔlᴀ.　nu ʔʋəʔhɔtəʔ ɦi ɦiɯvɑ.　ŋ̍
勿晓得　伊　阿有。　盛：吾奴　勿晓得　伊　阿有。　嘉：我 勿晓得　伊
fəʔɕiᴀᵓtəʔ ʔi$_j$ ʔᴀʔɦieɯ.　ɦunɜu fəʔɕiᴀɑtəʔ ʔi$_j$ ʔɑʔɦiəʉ.　ŋ̍ ʔʋəʔɕiɔtəʔ ʔi
有勿有。　双：我 勿晓得　其　有佛有。　杭：我　不晓得　他 有没有。 绍：
ɦiᵊuvəʔɦiəu.　ʔŋ̍ fəʔɕiɔtəʔ dʑi$_z$ ɦiᵒʏvəʔɦiᵒʏ.　ʔŋou pəʔɕiɔtəʔ t'ɑ ʔʏʔməʔʔʏ.
我 勿晓得　伊 有勿有。 诸：我　勿晓得　其　其勿有。 崇：我 勿晓得　伊
ŋo vɪʔɕiɑɒtɪʔ ɦi ɦiɤvəʔɦiɤ.　ŋɯ fəʔɕiɔtɐʔ dʑi$_z$ ɦiʏvəʔɦiʏ.　ŋʏ fᴇʔɕiɔtᴇʔ ɦi$_z$
有勿有。 太：我 勿晓得　伊 有勿有。 余：我 勿晓得　渠 有佛。 宁：我 勿晓得
ɦiʏvᴇʔɦiʏ.　ŋɯ fɐʔɕiɔtɐʔ ɦi$_z$ ɦiʏvɐʔɦiʏ.　ŋo vɐʔɕiɒtɪʔ ge ɦiʏvɪʔ.　ŋo vɐʔɕiɔtɐʔ
其　有ve。 黄：我 嫑 得 渠 有也呒。 温：我 晓勿得 渠 有啊不。 衢：我 晓勿得　其
dʑi ɦiʏve.　ŋo ɦiɒ tɐʔ ge ɦiuɦam̩.　ŋ̍ ɕiɛvete ge ɦiʌuɦafʊ.　ŋu ɕiɔvəʔtəʔ gi
有勿葛。 华：我 勿晓得　渠 有没。　我 勿晓得　渠 有勿/有勿有。
ɦiɯvəʔgəʔ.　ʔɑ fɐʔɕiɑʊtɐʔ gə ʔɦiɯumɐʔ. ʔɑ fɐʔɕiɑʊtɐʔ gə ʔᶣiɯufvɐʔ/ʔᶣiɯufɐʔʔᶣiɯu.
永：我 勿晓得 渠 有内。
ŋoᵊ fiᴀʊtəɪ gə ɦiəʊnəɪ.

你去看他在不在。

宜：你 去　看他　勒笃勿。　溧：你 去　看 他 他 勒　葛　娄勿啦。 你 去
ȵi$_j$ k'ɐɪ k'et'o ləʔtoʔvəʔ.　ȵi tɕ'y$_z$ k'ʊ t'o t'o ʔləʔ kəʔ lʌɯvəʔlᴀ. ȵi tɕ'y$_z$
看看他　勒葛娄勿啦。　金：你 去 看看他　葛在。　丹：尔 去　看他　在勿在。
k'ʊk'ʊt'o ʔləʔkəʔlʌɯvəʔlᴀ.　ni$_z$ tɕ'i k'æ̃k'æ̃t'ɑ kəʔtsᴇᵉ.　n̩ k'æ k'əŋt'ɑ tsæfɛʔtsæ.
童：内 去 看看他　在不在。　靖：尔 去　看他　果来刚。　江：你 去　看看他
nei k'ɪ k'ʊk'ʊt'ɑ dzaɪpəʔdzaɪ.　n̩ tɕ'i k'ũt'ɑ kᴬʏlækaŋ.　ȵi$_j$ k'ᴇɪ k'ɵk'ɵt'ɑ
一勒盖。 常：你 去　看看　他 勒头哦。你 去　看看　他 勒勿勒浪。 锡：你 去 看
ʔiəʔlɜʔkæ.　ȵi$_j$ tɕ'i$_j$ k'ɔk'ɔ dɑ ləʔdeivɑ. ȵi$_j$ tɕ'i$_j$ k'ɔk'ɔ dɑ ləʔvəʔləʔlᴀɲ.　ȵi tɕ'i k'o
他　阿勒娘。　苏：倷 去　看看　俚　阿勒海。倷 去　看看　俚　阿勒海　勿勒海。 熟：
dʌʏ ʔᴀʔləʔȵiã.　nᴇ tɕ'i$_j$ k'ɵk'ɵ ʔli$_j$ ʔᴀʔləɪhᴇ. nᴇ tɕ'i$_j$ k'ɵk'ɵ ʔli$_j$ ʔᴀʔləʔhᴇ fəʔləʔhᴇ.
能　去　看看渠　阿勒辣。　昆：能　去　看伊　阿勒海。　霜：臣　去　看伊
nẽⁿ k'ᴇ k'ʏk'ʏgᴇ ʔᴀʔlᴇʔlᴀʔ.　nən tɕ'i k'ɵɦi ʔᴀʔləʔhɛ.　zɛ˜ tɕ'i k'ʌʏɦi
阿勒郎。（阿勒郎/阿郎ʔᴀʔlɒ˜）　罗：依　去　看伊　阿勒郎。　周：依　去　看看　伊
ʔᴀʔləʔlɒ˜.　noᵑ tɕ'i k'ᴬʏɦi ʔᴀʔlɐʔlɒ˜.　noŋ tɕ'i k'øk'ø ɦi
勒赖哦。依　去　看看　伊　勒赖鞋没。　上：依　去　看　伊　辣辣哦。　松：造 去　看
ləʔlavɑ. noŋ tɕ'i k'øk'ø ɦi ləʔlaɦaməʔ.　noŋ tɕ'i k'ø ɦi lɐʔlɐʔvᴀ.　zɔ tɕ'i k'ø
伊 勒辣海哦。 黎：那 去　看　伊 阿勒冷。 盛：尔呐 去　看　伊 阿勒化。尔呐 去　看
ɦi ləʔlɐʔhᴇvɑ.　nɒ tɕ'i$_j$ k'ɵ ʔi$_j$ ʔɑ˜ləʔlɑ˜.　n̩nəʔ tɕ'i$_j$ k'ɵ ʔi$_j$ ʔᴀʔləʔho. n̩nəʔ tɕ'i$_j$ k'ɵ
伊 勒化勿勒化。 嘉：内 去　看伊　有化哦。　双：你 去　看看　其　有哇。　杭：你
ʔi$_j$ ləʔhofəʔləʔho.　ne tɕ'i k'ʏəʔi ɦiəuhovɑ.　ʔn̩ tɕ'i$_z$ k'ᴇk'ᴇ dʑi$_z$ ɦiᵒʏʔuɑ.　ʔn̩

去 看看 他 辣不辣哈。 绍：你 去 看 伊 有勿有 来亨。 诸：你 去 看起看
tç'i k'ᴇk'ᴇ t'ɑ lᴀʔbəʔlᴀʔhɑ. noʔ tç'i k'ə̃ ɦi ɦiʏvəʔɦiʏ lehaŋ. n̩ k'e k'ʏtç'i$_z$k'ʏ
其 来勿来客。 崇：侬 去 眼眼看 伊 有勿有 来蒙。（眼眼看/看看看） 太：你
dʑi$_z$ levəʔlek'ɐʔ. nʊ^ŋ tç'i$_z$ tsÃtsÃk'ʏ ɦi$_z$ ɦiʏvᴇʔɦiʏ lemʊŋ. n̩
去 眼眼看 伊 有 勿有得 来蒙。 余：侬 去 看看嵌，渠 来浪佛。 宁：你 去
tç'i$_z$ ciᴀŋciᴀŋk'ɯ ɦi$_z$ ɦʏ vɛʔɦʏtɛʔ lemʊŋ. nuŋ k'e k'ẽk'ẽkẽ, ge lelõvɪʔ. nəʊ tç'i
看看 其 来入盖ve。 黄：你 掉/走 克望 渠 在达哦。（在达哦/ 在达 呒在达少）
k'ik'i dʑi leʔkɐve. n̩ diɒ/tçiʏ k'ɐʔɦuɒ̃ ge zedɐʔvᴀ. zedɐʔ m̩zedɐʔ
温：你 走 去 睇渠 是大 烦。 衢：你 去 看 吉 其 在勿葛。 华：侬 去 望 渠
n̩i tsʌu k'^{ɯ}i ts'ʅge zʅdɑ vɑ. n̩i k'i k'ə tçiəʔ ge zɛvəʔkəʔ. ʔŋoŋ k'ə moŋ gə
改勿改末达。 永：你 去 望望吗 渠 隑拉勿/反。
kɛfɐʔkɛmɐʔdɐʔ. n̩ k'ʏ mᴀŋmᴀŋmᴀ gə gəɪᴀfvə/fvᴀ.

他来了吗？他还没来。

宜：他 来文？ 他 还 文来味。 溧：他 来末啦？ 他 还末 来。 金：他
t'o lɐɪvəŋ? t'o ɦuᴀ vəŋlɐɪlɐɪ. t'o læᴇməʔlᴀ? t'o ^{x}ɦæᴇməʔ læᴇ. t'ɑ
葛曾 来的啊？ 他 还 没有 来呢。 他 不曾 来呢。 丹：他 来劲？ 他 还
kəʔts'əŋ lɛ^{e}tieʔɑ? t'ɑ hɛ^e miᴧʏ lɛ^{e}nəʔ. t'ɑ pəʔts'əŋ lɛ^{e}nəʔ. t'ɑ lædʑiŋ? t'ɑ ɦæ
勿劲来。 童：他 克曾 来啦？他 还 不曾 来。 靖：他 梗 来略？他 奔累。 江：
fɛʔtçiŋlæ. t'ɑ k'əʔdzəŋ lɑɪlɑ? t'ɑ ɦɑɪ pəʔdzəŋ lɑɪ. t'ɑ kəŋ lælia? t'ɑ pəŋle.
他 英/恩 来勒？他 还 分来。（分＝勿曾） 常：他 来文？ （文＝ 勿曾）他 还 分
t'ɑ ʔiɲ/ʔᴇɲ lælɜʔ? t'ɑ ɦuæ fᴇɲlæ. dɑ læevəɲ? vəʔ dɑ ɦæ fəɲ
来。（分＝ 勿曾） 锡：他恩 来勒？他 还 呒不/勦 来。 苏：俚 阿曾 来勒哜？ 俚
læe. fəʔ dvʏʔən lᴇləʔ? dᴧʏ ʔᴇ m̩pəʔ/fən lᴇ. ʔli$_j$ ʔÃ lᴇləʔtçiɒ? ʔli$_j$
还 分 来。（分＝勿曾） 熟：渠 恩来哉哜？ 渠 勦来葛勒。 昆：伊 阿曾 来勒？伊 还
ɦᴇ fən lᴇ. gᴇ ʔɛ̃^{n}lætsætçiɑ? gᴇ fɛ̃^{n}lækᴇʔlᴇʔ. ɦi ʔã lɛləʔ? ɦi ɦɛ
分/文 来。（分＝勿曾） 霜：伊 阿曾 来勒？伊 还 勦来。 罗：伊 阿曾 来？伊 还 勦
fən/vən lɛ. ʔi ʔa˜ lᴇləʔ? ʔi ʔᴇ ʔuɪ˜lᴇ. ʔi ʔa˜ le? ʔi ʔe ʔʊɛ̃^{n}
来。 周：伊 来鞋吗？ 伊 还没 来哩。伊 还 勿能 来。 上：伊 来勒哦？伊 还 呒没
le. ɦi leɦɑʔmɑ? ɦi ɦeməʔ leli. ɦi ɦe ʊəʔnən le. ɦi lᴇlɐʔvᴀ? ɦi ʔᴇ m̩mɐʔ
来。 松：伊 来 阿袜？ 伊 还 呒没 来哉/哩。 黎：伊 阿宁 来？伊 还 勿宁
lᴇ. ɦi le ɦɑmæʔ? ɦi ɦᴇ ʔm̩məʔ letse/li. ʔi$_j$ ʔᴀʔn̩iəɲ lᴇ? ʔi$_j$ ɦᴇ fəʔn̩iəɲ
来。 盛：伊 阿宁 来？伊 还 勿宁 来。 嘉：伊 来哩 哦？伊 还 呒没 来。 双：其
lᴇ. ʔi$_j$ ʔɑn̩ɪɲ lᴇ? ʔi$_j$ ɦᴇ fəʔn̩ɪɲ lᴇ. ʔi lᴇ^{ɛ}li vɑ? ʔi ʔᴇ^ɛ ʔm̩məʔ lᴇ^ɛ. dʑi$_z$
来喔里哇？其 还 呒不 来哩。 杭：他 有没有 来？他 有白 来？他 还 没有 来。
lᴇʔoʔliʔuɑ? dʑi$_z$ ɦᴇ m̩pəʔ lᴇle. t'ɑ ʔʏməʔʔʏ lᴇ? t'ɑ ʔʏbəʔ lᴇ? t'ɑ ɦɑ ʔməʔʔʏ lᴇ.
绍：伊 有勿有 来？伊 还 唔牛 来。 诸：其 有勿有 来过鞋？其 有有 来过鞋？
ɦi ɦiʏɦəɦiʏ le? ɦi ɦe n̩n̩iʏ le. dʑi$_z$ ɦiʏvəʔɦiʏ lekɯɦᴀ? dʑi$_z$ ɦiʏɦiʏ lekɯɦᴀ?
其 还 呒没 来过。 崇：伊 有勿有 来了啊？伊 呒谋得 来过。 太：伊 有勿有得
dʑi$_z$ ɦɛ məʔ lekɯ. ɦi$_z$ ɦʏvᴇʔɦʏ lelᴇʔɦɑ? ɦi$_z$ miʏtᴇʔ lekʏ. ɦi$_z$ ɦʏvɛʔɦʏtɛʔ

来过啊？伊 还 呒谋得 来过。 余：渠 来浪味？渠 还 呒没 来浪来。 宁：其
lekɯʔɑ? ɦiz vǣ miʏtɛʔ lekɯ. ge lelɒ̃mi? ge ɦɛ̃ ʔmmɐʔ lelɒ̃le. dʑi
来勒ve/va？其 鞋密来。（密/呒没） 黄：渠 来号哦？渠 鞋 呒来。 温：渠 来爻 未啊？
lelɐʔve/va? dʑi ɦamɪʔle. mːɐʔ ge leɦɒvᴀ? ge ɦᴀ m̩le. ge lebɑ mᶦiʔɑ?
渠 还没来。 衢：其 来文葛？ 其 文来。 华：渠 来味？渠 还味来。 渠 还 没来。
ge ɦɑmele. gi lɛvəŋgəʔ? gi vənlɛ. gə lɛmiẽ? gə ɦuǣmiẽlɛ. gə ɦuǣ mːɐʔlɛ.
永：渠 来未啦？渠 还未来。
gə ləɪmilᴀʔ gə ɦᴀmiləɪ.

你吃过饭了吗？

宜：你 吃过 饭文？（文＝"勿曾"合音） 溧：你 吃过 饭末啦？ 金：你
ȵij tɕʻiɪʔku vᴀvəŋ? ȵiz tɕʻiɪʔkʌɯ vᴀməʔlᴀ? ȵiz
吃过 饭的啊？你 葛曾 吃过饭的啊？ 丹：尔 吃过饭劲？ 童：内 吃过
tɕʻieʔkᵊu fǣtieʔɑ? niz kəʔtsʻəŋ tɕʻieʔkəufǣtəʔɑ? n̩ tɕʻɪʔkʌʏfætɕiŋ? nei tɕʻiɪʔkʌʏ
饭勒吗？ 靖：尔 粳 吃过 饭略？（粳＝"果曾"合音） 江：你 英 吃过 饭勒？
vɑləʔmɑ? n̩ kəŋ tɕʻiɪʔkᴧʏ vælia? ȵij ʔiŋ tɕʻiəʔkɜʏ vælɜʔ?
（英ʔiŋ/恩ʔəŋ＝"一曾"合音） 常：你 吃过 饭文？ 锡：你 阿 吃过 饭列？ 苏：
ȵij tɕʻiɪʔkʌɯ vævəŋ? ȵi ʔᴀʔ tɕʻiɪʔkʌʏ vɛliɪ?
倷 阿曾 吃过 饭勒？（饭勒？/饭勒吤？vᴇləʔtɕiɒ?） 熟：能 恩 吃过 饭哉？ 昆：
nᴇ ʔÃ tɕʻiəʔkɜu vᴇləʔ? nẽⁿ ʔɛ̃ⁿ tɕʻɪʔkɯ vætsæ?
能 阿曾 吃过 饭？ 霜：臣 阿曾 吃过 饭？臣 饭 阿曾 吃？ 罗：依 阿曾
nən ʔã tɕʻiɪʔkəu vɛ? zɛ̃ ʔã tɕʻiəʔku vᴇ? zɛ̃ vᴇ ʔã tɕʻiəʔ? noᵑ ʔã
吃过 饭？依 饭 阿曾 吃过？ 周：依 饭 吃过鞋吗？ 上：依 饭 吃过哦？
tɕʻiɐʔku ve? noᵑ ve ʔã tɕʻiɐʔku? noŋ vɛ tɕʻiʌʔkuɦaʔmɑ? noŋ vᴇ tɕʻiɪʔkuvᴀ?
松：造 吃过 饭阿里哦？造 饭 吃过阿袜？ 黎：那 阿宁 吃过 饭？ 盛：你呐
zɔ tɕʻiɪʔku vᴇɦaliva? zɔ vᴇ tɕʻiɪʔkuɦamæʔ? nɒ ʔᴀʔȵiəɲ tɕʻiəʔkɜu vᴇ? n̩nəʔ
阿宁 吃过 饭？ 嘉：内 吃过 饭哩哦？ 双：倷 饭 吃过突/勒 哦？ 杭：
ʔanɪɲ tɕʻiɐʔkɜu vᴇ? ne tɕʻiəʔkᵊu vᴇᵋliva? ʔne/ʔni vᴇ tɕʻieʔkəudəʔ/ləʔ va?
你 饭 有没有 吃过？ 你 饭 有白 吃过？ 绍：你 有勿有 吃过 饭？（noʔ/nɪʔ你）
ʔni vᴇ ʔʏməʔʔʏ tɕʻiəʔku? ʔni vᴇ ʔʏbəʔ tɕʻiəʔku? noʔ ɦiɤɦəɦiɤ tɕʻɪku vǣ?
诸：你 饭 有勿有 吃过咸？ 崇：依 饭 有勿有 食过啊？ 太：你 饭 有勿有得
n̩ vɛ ɦiʏvəʔɦiʏ tɕʻiəʔkɯɦɛ? nʊᵑ vǣ ɦʏvɛʔɦʏ ʑiɛʔkʏha? n̩ vǣ ɦʏvɛʔɦʏtɛʔ
食过啊？ 余：依 饭 吃过浪味？ 宁：尔 饭 吃过ve/哦？ 黄：尔 饭
ʑiɛʔkɯʔɑ? nʊŋ vɛ̃ tɕʻɪʔkᵒulɒ̃mi? n̩ vᴇ tɕʻyɔʔkəʊve/va? n̩ vɛ
吃过号哦？ 温：你 饭 吃黄爻末啊？ 衢：你 吃过 饭文葛？ 你 饭
tɕʻiɪʔkᵊuɦɒvᴀ? ȵi va tsʻʅɦᵘɔbavᶦiʔia? ȵi tɕʻiəʔkᵘu vǣvənkəʔ? ȵi vǣ
吃过文葛？ （文＝勿曾） 华：依 饭 吃过 味？依 吃过 饭味？ 永：你
tɕʻiəʔkᵘuvəngəʔ? ʔnoŋ va tɕʻiəʔkuo miẽ? ʔnoŋ tɕʻiəʔkuo vamiẽ? n̩
食过 饭末？
szəʔkoᵊ ᶠvᴀmi?

你有没有做过工人?

宜:你 做过 工人文? 溧:你 做过 工人末啦? 金:你 葛曾 当过
ȵi$_j$ tsuku koŋȵiŋvəŋ? ȵi$_z$ tsʌɯkʌɯ koŋȵinməʔlᴀ? ni$_z$ kəʔts'əŋ taŋk^{ə}u
工人? 丹:你 做过 工人 勿劲? 你 做勿劲 做过 工人? 童:内 克曾
koŋləŋ? n̩ tsʌɤkʌɤ koŋȵiŋ fɛʔtɕiŋ? n̩ tsʌɤfɛʔtɕiŋ tsʌɤkʌɤ koŋȵiŋ? nei k'əʔdzəŋ
当过 工人啊? 靖:尔 粳 做过 工人 ŋɑ? 江:你 恩/英 做过 工人?
taŋkʌɤ koŋȵiŋɑ? n̩ kəŋ ts^{ʌ}ɤk^{ʌ}ɤ koŋȵiəŋ ŋɑ? ȵi$_j$ ʔəɲ/ʔiɲ ts'ɜɤkɜɤ koŋȵiɲ?
常:你 做过 工人文? (文=覅,"勿曾"合音) 锡:你 恩 做过 工人?
ȵi$_j$ tsʌɯkʌɯ koŋȵiɲvəɲ? n̩ ʔən tsʌɤkʌɤ koŋȵin?
(恩/阿ʔᴀʔ) 苏:倷 阿曾 做过 工人? 熟:能 恩 做过歇 工人吤? 昆:能
nᴇ ʔÃ tsɜukɜu koŋȵiɪn? nẽ^{n} ʔẽ^{n} tsɯkɯɕiʔ kʊŋȵĩ^{n}tɕiɑ? nən
阿曾 做过 工人? 霜:臣 阿曾 做过 工人? 罗:侬 阿曾 做过 工人? 周:
ʔã tsəukəu koŋȵin? zɛ̃ ʔã tsəuku ko^{ŋ}ȵĩ? no^{ŋ} ʔa˜ ts^{ə}uku ko^{ŋ}ȵɪ^{n}?
侬 做过 工人哦? 上:侬 做过 工人哦? 松:造 当过 工人哦? 黎:那
noŋ tsuku koŋȵiɪŋvɑ noŋ tsuku kʊŋȵiɲvᴀ? zɔ tɑ˜ku kʊŋȵiɲvɑ? nɒ
阿宁 做过 工人鞋? 盛:你 呐 阿宁 做过 工人? 嘉:内 做过
ʔᴀʔȵiəɲ tsɜukɜu koŋȵiəɲɦɒ? n̩ nəʔ ʔᴀʔȵɪɲ tsɜukɜu koŋȵɪɲ? ne ts^{ə}uk^{ə}u
工人哦? 双:倷 做过 工人哦/啦? 杭:你 有没有 做过 工人? 绍:你
koŋȵinvɑ? ʔne tsəukəu koŋȵɪnvɑʔ/lɑ? ʔni ʔʏməʔʔʏ ts^{o}uku kouzən? noʔ
有勿有 做过 工人? (你noʔ/nɪʔ,勿ɦəʔ/vəʔ) 诸:尔 有勿有 做过 工人?
ɦiɤɦəɦiɤ tsoku koŋȵɪŋ? n̩ ɦiʏvəʔɦiʏ tsɯkɯ koŋzɛ̃ĩ?
崇:侬 做勿做过 工人啊? 太:尔 有勿有 做过 工人? 余:侬 工人
nʊ^{ŋ} tsʏvᴇʔtsʏkʏ kʊ^{ŋ}zeŋɦɑ? n̩ ɦiʏvᴇʔɦiʏ tsɯkɯ kʊŋzeŋ? noŋ kʊŋȵiɲ
做过 佛/哦? 宁:尔 做过 工人 ve/哦? 黄:尔 做过 工人 哦? 温:你
tsoukou vɪʔ/vᴀ? n̩ tsəʊkəʊ koŋȵɪŋ ve/vɑ? n̩ tsəukəu koŋȵiɪŋ vɑ? ȵi
当过 工人交啊末啊? 衢:你 做过 工人勿? 华:侬 有呒没 做过
t^{ʊ}ɔk^{ə}u koŋzəŋbaɦam$^{'}$iɑ? ȵi ts^{ʊ}uk^{ʊ}u kᴀŋȵĩ^{n}vəʔ? ʔnoŋ ɦiɯuṃmɐʔ tsuokuo
工人? 侬 做过 工人味? 永:尔 做过 工人 勿/末?
koŋȵiɪn? ʔnoŋ tsuokuo koŋȵiɪnmiẽ? n̩ tso^{ə}ko^{ə} koŋnoŋ fə/mi?

他是苏州人还是温州人?

宜:他 是 苏州人 还是 温州人? 溧:他 是 苏州人 还是 温州人啦?
t'o zɿ sutsʏɯȵiŋ ɦɐɪzɿ ʔuəŋtsʏɯȵiŋ? t'o szɿ sutseiȵin xɦæᴇzɿ ʔuəntseiȵinlᴀ?
金:他 是 苏州人 还是 温州人啊? 丹:他 是 苏州人 还是 温州人? 童:他
t'ɑ sɿ$_z$ s^{ə}utsʌɤləŋ hɛ^{e}sɿ$_z$ uəŋtsʌɤləŋɑ? t'ɑ sɿ s^{ə}utsᴇ^{e}ȵiŋ ɦæsɿ uentsᴇ^{e}ȵiŋ? t'ɑ
是 苏州人 还是 温州人呢? 靖:他 是 苏州人呢 还是 温州人呢? 江:他
s^{z}ɿ sʌɤtseiȵiŋ ɦas^{z}ɿ ʔuəŋtseiȵiŋnɑ? t'ɑ szɿ sutɕ^{ø}ʏȵiŋŋɪ ɦæ^{s}zɿ ʔuəŋtɕ^{ø}ʏȵiŋʔŋɪ? t'ɑ
是 苏州人 还是 温州人? 常:他 是 苏州人 还是 温州人啊? 锡:他是
zɿ ɕɜʏtsᴇɪȵiɲ ɦuæzɿ ʔuᴇɲtsᴇɪȵiɲ? dɑ zɿ sɥtseiȵiɲ ɦuæzɿ ʔuəɲtseiȵiɲʔɑ? dʌʏzɿ
苏州人 还是 温州人? 苏:俚 是 苏州人呐 还是 温州人? 熟:渠 是
sʌʏtseiȵin ʔᴇzɿ ʔuəntseiȵin? ʔli$_j$ zɿ sɜutsəɪȵiɪnnᴇ ɦᴇzɿ ʔuəntsəʔȵiɪn? gᴇ zɿ

苏州人 还是 温州人? 昆:伊 是 苏州人 还是 温州人? 霜:伊 是 苏州人
suɯtʂEnɿ̃ⁿ ʔæzɿ ʔuẽⁿtʂEnɿ̃ⁿ? ɦi zɿ səutsEnin ɦuEzɿ ʔuəntsEnin? ʔi zɿ sᵊutsʌɪnĩ
还是 温州人? 罗:伊 是 苏州人 还是 温州人? 周:伊 是 苏州人 还是
ʔEzɿ ʔuẽtsʌɪnĩ? ʔi zɿ sᵊutsʌɪnɪ̃ ʔezɿ ʔuẽⁿtsʌɪnɪⁿ? ɦi zɿ sutsʏnɪiŋ vezɿ
温州人鞋? 上:伊 是 苏州人 还是 温州人? 松:伊 是 苏州人 还是
ʔʋəɲtsʏnɪiŋɦɑ? ɦi zɿ sutsʏɯnɪɲ ɦEzɿ ʔuəɲtsʏɯnɪⁿ? ɦi zɿ sutsɯnɪɲ ʔEzɿ
温州人? 黎:伊 是 苏州人 还是 温州人? 盛:伊奴 是 苏州人
ʔʋəɲtsɯnɪɲ? ʔiⱼ zɿ sɜutsieɯnɪəɲ ɦEzɿ ʔuəɲtsieɯnəɲ? ʔiⱼnɜu zɿ sɜutsiɵɯnɪɲ
还是 温州人? 嘉:伊 是 苏州人 还是 温州人? 双:其 是 苏州人咾
ɦEzɿ ʔuəɲtsiɵɯnɪɲ? ʔi zɿ sᵊutsenin ʔEᵋzɿ ʔuəntsenin? dʑiᶻ zɿ sᵊutɕiᵒʏnɪnlɔ
还是 温州人呀? 杭:他 是 苏州人 还是 温州人? 绍:伊 裁 苏州人 还是
ɦEzɿ ʔuəntɕiᵒʏnɪnʔiɑ? tʻɑ zɿ sʮtseɪzen ɦEzɿ ʔuəntseɪzən? ɦi ze sutsʏnɪŋ ɦuɐzɿ
温州人? 诸:其 是 苏州人 还是 温州人咸? 崇:伊 是 苏州人 还是 温州人?
ʔutsʏnɪŋ? dʑiᶻ zɿ sutseinɪ̃ vEzɿ ʔʋEĩtseinɪ̃ɦε? ɦiᶻ zɿ sʏtɕʏzeŋ ɦæzɿ ʔʋeŋtsʏzeŋ?
太:伊 是 苏州人 还是 温州人? 余:渠 是 苏州人 还/或是 温州人? 宁:
ɦiᶻ zɿ suɯcʻʏnʊŋ vẽzɿ ʔʋeŋcʻʏnʊŋ? ge zɿ sʮtsʏnɪɲ ɦε̃/ɦɔʔzɿ ʔueɲtsʏnɪɲ?
其 是 苏州人 还是 温州人? 黄:渠 是 苏州人 还是 温州人? 温:渠 是
dʑi zɿ sutɕʏnɪŋ ɦazɿ ʔuɐɲtɕʏnɪŋ? ge zɿ sᵋutɕiʏnɪɱ ɦuεzɿ ʔuəɲtɕiʏnɪiŋ? ge zɿ
苏州人 还是 温州人? 衢:其 是 苏州人 盒是 温州人咪? 华:渠 是
sɵtɕiʌunʌŋ vɑzɿ ʔɵtɕiʌunʌŋ? ge zɿ sᵘɑtʃʮʸɯnɪⁿ ɦʌʔzɿ ʔuəntʃʮʸɯnɪⁿlε? gə sɿ
苏州人 还是 温州人? 永:渠 是 苏州人 还是 温州人?
sutɕiɯunɪin ɦuæ̃sɿ ʔuəntɕiɯunɪin? gə dʑi sʊtɕiəʊnoŋ ɦuʌdʑi ʔuəɲtɕiəʊnoŋ?

我给他点药吃。

宜:我 拨点 药他 吃吃。 我 拨他点 药 吃吃。 溧:我 拨点 药他
ŋu pəʔtɪ ɦiʌʔtʻo tɕʻiɪʔtɕiɪʔ. ŋu pəʔtotɪ ɦiʌʔ tɕiɪʔtɕʻiɪʔ. ŋʌɯ pəʔti ɦiɑʔtʻo
吃吃。 金:我 叭点 药他 吃吃。 丹:我 给他 点 药 吃吃。 我 给他
tɕiʻɪʔtɕʻiɪʔ. ŋ̍ patĩ iɑʔtʻɑ tɕieʔtɕʻieʔ. ŋʌʏ kEᵉtʻɑ tɪ ɦiɑʔ tɕʻɪʔtɕʻɪʔ. ŋʌʏ kʻEᵉtʻɑ
吃点 药。 童:我 拨点 药他 吃吃。 靖:我 把勒点 药他 吃吃。 江:我
tɕʻɪʔtɪ ɦiɑʔ. ŋʌʏ pəʔtɪ ɦiʌʔtʻɑ tɕʻiɪʔtɕʻiɪʔ. ŋᴬʏ paləʔtĩ ʔiɑʔtʻɑ tɕʻiɪʔtɕʻiɪʔ. ŋɜʏ
八点 药他 吃吃。 常:我 拨点 药他 吃吃。 锡:我 拨点 药他
paʔtɪ ɦiʌʔtʻɑ tɕʻiəʔtɕʻiəʔ. ŋʌɯ pəʔtɪ ɦiɑʔdɑ tɕʻiɪʔtɕʻiɪʔ. ŋʌʏ pəʔtɪ ɦiʌʔdʌʏ
吃。 苏:我 拨哩 吃点 药。 我 拨点 药 哩 吃。 我 拨哩 点 药 吃。
tɕʻiəʔ. ŋɜu pəʔliⱼ tɕʻiəʔtiɪ ɦiʌʔ. ŋɜu pəʔti ɦiʌʔ ʔliⱼ tɕʻiəʔ. ŋɜu pəʔliⱼ tiɪ ɦiʌʔ tɕʻiəʔ.
熟:我 拨点 药渠 吃。 昆:我 拨伊 点 药吃。 我 拨点 药伊 吃。 霜:我
ŋɯ pEᵉtie ɦiʌʔgE tɕʻɪʔ. ŋəu pəʔɦi tɪ ɦiʌʔtɕʻiɪʔ. ŋəu pəʔtɪ ɦiʌʔɦi tɕʻiɪʔ. n̩
拨伊 吃眼 药。 吾 拨眼 药伊 吃。 罗:我 拨眼 药伊 吃。 我 拨伊 吃眼
pəʔɦi tɕʻiəʔŋE ɦiʌʔ. n̩ pəʔŋE ɦiʌʔɦi tɕʻiəʔ. ŋ̍ pəʔŋe ɦiʌʔɦi tɕʻieʔ. ŋ̍ peʔɦi tɕʻieʔŋe
药。 周:我 拨伊 眼 药 吃。 我 拨眼 药伊 吃。 我 拨伊 吃眼 药。 上:
ɦiʌʔ. ɦu ʔbəʔɦi ŋe ɦiɑʔ tɕʻiʌʔ. ɦu ʔbəʔŋe ɦiɑʔɦi tɕʻiʌʔ. ɦu ʔbəʔɦi tɕʻiʌʔŋe ɦiɑʔ.

我 拨伊 吃点 药。我 拨伊 点 药吃。少 松：奴 拨伊 吃眼 药。 奴 拨伊 一眼 药
ŋu pɐʔɦi tɕ'iɪʔti ɦiɪʔ. ŋu pɐʔɦi ti ɦiɪʔtɕ'iɪʔ nu pəʔɦi tɕ'iɪʔŋe ɦiᴀʔ. nu pəʔɦi ʔiɪʔŋe ɦiᴀʔ
吃。 黎：吾 拨点 药伊 吃。 盛：我 拨点 药伊 吃。 嘉：我 拨点 药伊
tɕ'iɪʔ. ŋ̍ pəʔtiɪ ɦiᴀʔɦi$_j$ tɕ'iəʔ. ŋ̍ pəʔtiɪ ɦiaʔɦi$_j$ tɕ'iɐʔ. ŋ̍ pəʔtie ʔiᴀʔʔi
吃吃。 双：吾 拨其点 药 吃吃。 我 拨其 吃点 药。 杭：我 不他点儿
tɕ'iəʔtɕ'əʔ. ʔŋ̍ pəʔdʑi$_z$tɪ ʔiᴀʔ tɕ'ieʔtɕ'ieʔ. ʔŋ̍ pəʔdʑi$_z$ tɕ'ieʔtɪ ʔiᴀʔ. ʔŋou pəʔt'atieər
药 吃吃。 绍：我 不伊 一束 药吃。 我 不伊 吃 一束 药。 诸：我 拨其点
ɦyɪʔ tɕiɔʔtɕiɔʔ. ŋo pɪʔɦi ʔɪʔsoʔ ɦiᴀʔtɕ'ɪʔ. ŋo pɪʔɦi tɕ'ɪʔ ʔɪʔsoʔ ɦiᴀʔ. ŋɯ poʔdʑi$_z$tiɪ
药吃吃。 我 吉其点 药吃吃。 崇：我 tɑ伊 食点药。 我 tɑ点 药伊
ɦiɐʔtɕ'iəʔtɕ'iəʔ. ŋɯ tɕiəʔdʑi$_z$tiɪ ɦiɐʔtɕ'iəʔtɕ'iəʔ. ŋɤ tɑɦi$_z$ zᴇʔtiẽɦiɑʔ. ŋɤ tɑtiẽ ɦiɑɦi$_z$
食。 太：我 带点 药伊 食食。 余：我 药 则渠 吃眼。 宁：我 拨其 吃眼
ziᴇʔ. ŋɯ tatiẽ ɦiɑʔɦi$_z$ ʑiɛʔʑiɛʔ. ŋo ɦiɐʔ tsɪʔge tɕ'ɪʔŋɛ̃. ŋo pɐʔdʑi tɕ'yɔʔŋᴇ
药。 我 弄眼 药 拨其 吃吃。 黄：我 药 不渠 吃。 温：我 hɑ里 药
ɦiɪʔ/ɦiɐʔ. ŋo noŋŋᴇ ɦiɪʔ pɐʔdʑi tɕ'yɔʔtɕ'yɔʔ. ŋo ɦieʔ pɐʔge tɕ'yɔʔ. ŋ̍ hɑl'i ɦia
渠 吃。 衢：我 拿点 药 其 吃吃。 华：我 分 渠 点 药 吃。 我 分点
ge ts'ɿ. ŋu natiẽ ɦiᴀʔ gi tɕ'iəʔtɕ'iəʔ. ʔɑ fən gə tiæ̃ ɦiɐʔ tɕ'iəʔ. ʔɑ fəntiæ̃
药渠吃吃。 永：我 邀点 药 渠 食食。
ɦiɐʔgətɕ'əʔtɕ'iəʔ. ŋoə ʔiᴀʊniᴀ ʔɦiᴀʊ gə szəʔszəɪ.

我给你一本书。

宜：我 拨本 书你。我 拨你 一本 书。少 溧：我 拨你 一本 书。 金：我
ŋu pəʔpəŋ ɕy$_ɥ$ȵi$_j$. ŋu peʔȵi$_j$ ʔiɪʔpəŋ ɕyɥ. ŋʌɯ pəʔȵi$_z$ ʔiɪʔpən ɕy$_z$. o
叭 一本 书你。多 我 叭你 一本 书。少 丹：我 给你 一本 书。我 给 一本 书
pɑ ieʔpəŋ s^{ə}uni$_z$. o pɑni$_z$ ieʔpəŋ s^{ə}u. ŋᴀɤ kᴇ^{e}n̩ ɪʔpɛn s^{ə}u. ŋᴀɤ kᴇ^e ɪʔpɛn s^{ə}u
给你。 童：我 拨 本 书内。 我 拨你 一本 书。 靖：我 把你 一本书。 我
kᴇ^{e}n̩. ŋᴀɤ pəʔ pəŋ ɕyɥnei. ŋᴀɤ pəʔȵi$_j$ ʔiɪʔpəŋ ɕy$_ɥ$. ŋᴀɤ pɑȵi$_j$ ʔiɪʔpəŋɕy$_ɥ$. ŋᴀɤ
把本 书你。 江：我 八你 一本 书。我 八本 书你。 常：我 拨你 一本
pɑpəŋ ɕy$_ɥ$ȵi$_j$. ŋɜɤ paʔȵi$_j$ ʔiəʔpᴇɲ ɕy. ŋɜɤ paʔpᴇɲ ɕyȵi$_j$. ŋʌɯ pəʔȵi$_j$ ʔiɪʔpəɲ
书。我 拨本 书你。 锡：我 拨你 一本 书。我 拨本 书你。 苏：我 拨本
ɕyɥ. ŋʌɯ pəʔpəɲ sɥȵi$_j$. ŋᴀɤ pəʔȵi ʔiəʔpən sɥ. ŋᴀɤ pəʔpən sɥȵi. ŋɜu pəʔpən
书倷。我 拨倷本 书。 熟：我 拨能 一本 书。我 拨本 书能。 昆：我 拨能
sɥnᴇ. ŋɜu pəʔnᴇpən sɥ. ŋɯ pᴇʔnẽ^n ʔɪʔpẽ^n ʂɥ. ŋɯ pᴇʔpẽ^n ʂɥnẽ^n. ŋəu pəʔnən
一本 书。我 拨本 书能。 霜：吾 拨侬 一本 书。吾 拨本 书侬。 罗：吾 拨侬
ʔiɪʔpən sɥ. ŋəu pəʔpən sɥnən. n̩ pəʔno^ŋ ʔiɪʔpɛ̃ sɿ. n̩ pəʔpɛ̃ sɿno^ŋ. ŋ̍ pəʔno^ŋ
一本 书。吾 拨本 书侬。 周：吾 拨侬 本 书。多 吾 拨本 书侬。 上：我
ʔiɪʔpẽ^n sɿ. ŋ̍ peʔpẽ^n sɿno^ŋ. ɦu ʔbəʔnoŋ ʔbəŋ ɕy. ɦu ʔbəʔbəŋ ɕynoŋ. ŋu
拨侬 一本 书。我 拨本 书侬。我 拨本 书拨侬。 松：奴 拨造 一本 书。奴
peʔnoŋ ʔiɪʔpəɲ sɿ. ŋu peʔpəɲ sɿnoŋ. ŋu peʔpəɲ sɿpeʔnoŋ. nu pəʔzɔ ʔiɪʔpəɲ ɕy. nu
拨本 书 造。 黎：我 拨那 一本 书。我 拨本 书那。 盛：我 拨呐 一本
pəʔpəɲ ɕy zɔ. ŋ̍ pəʔnɒ ʔiəʔpəɲ sɥ. ŋ̍ pəʔpəɲ sɥnɒ. ɦu pəʔnəʔ ʔiɐʔpəɲ
书。我 拨本 书拨呐 我 拨本 书呐。 嘉：我 拨内 一本 书。 双：我 拨倷本
sɥ. ɦu pəʔpəɲ sɥpəʔnəʔ. ɦu pəʔpəɲ sɥnəʔ. ŋ̍ pəʔne ʔiəʔpən sɿ. ʔŋ̍ pəʔnepən

书。　杭：我　　不你　一本　　书。　绍：我　不你　　一本　书。我　不　一本　书你。　诸：我
sɿ.　　　　ʔŋou pəʔni ʔiɪʔpən sʮ.　　　　ŋo pɪʔnoʔ ʔɪʔpĩ ɕy.　ŋo pɪʔ ʔɪʔpĩ ɕynoʔ.　　　ŋɯ
吉你　一本　　书。我　拨你　一本　　书。我　拨/吉本书　　拨　　你。我　吉本
tɕiəʔn̩ ʔiəʔpẽĩ ɕy.　ŋɯ poʔn̩ ʔiəʔpẽĩ ɕy.　ŋɯ poʔ/tɕiəʔpẽĩɕy poʔn̩.　　　ŋɯ tɕiəʔpẽĩ
书得尔。　崇：我　ta侬　一本　　书。我　ta本　书侬。　太：我　带你　一本　　书。我　带本
ɕyteʔn̩.　　　　ŋɤ tanoᵑ ʔiEʔpeŋ sɿ.　ŋɤ tapeŋ sɿnʊᵑ.　　　ŋɯ tan̩ ʔiɛʔpeŋ sɿ.　ŋɯ tapeŋ
书尔。　余：我　书　则侬　　一本。　宁：我　拨奴　　本　书。我　弄本　　书　拨奴。　黄：我
sɿn̩.　　　ŋo sʮ tsɪʔnʊŋ ʔɪʔpeɲ.　　　ŋo peʔnəʊ peŋ sʮ.　ŋo noŋpeŋ sʮ peʔnəʊ.　　　ŋo
不尔　一本　　书。我　书　不本尔。　温：我　ha你　一本　　书。　衢：我　拿你　一本　　书。
peʔn̩ ʔieʔpəŋ ɕy$_{ʮ}$. ŋo ɕy$_{ʮ}$ peʔpəŋn̩.　　　ŋ̍ haȵi ʔiæipʌŋ sɿ.　　　ŋu naȵi ʔiəʔpən ʃʮ.
华：我　分侬　　一本　　书。我　分一本　　书侬。　　永：我　倷尔　一本　书。我　邀
　ʔɑ fənʔnoŋ ʔiəʔpən ɕʮy. ʔɑ fənʔiəʔpən ɕʮynoŋ.　　　ŋoᵊ ʔnʌn̩ iənəɲ ɕʏ. ŋoᵊ ʔiʌʊ
一本　书尔。
iənəɲ ɕʏn̩.

我给你看一本书。

宜：我　拨本　　书你　　看看。　溧：我　　拨本　　书你　　看看。我　　拨　　你本　　书
　　ŋu pəʔpəŋ ɕy$_{ʮ}$ȵi$_{j}$ kʻekʻe.　　　ŋʌɯ pəʔpən ɕy$_{z}$ȵi$_{z}$ kʻʊkʻʊ. ŋʌɯ pəʔ ȵi$_{z}$pən ɕy$_{z}$
看看。　金：我　叭　一本　　书　你　看看。　丹：我　　给尔　一本　书　看看。　我　给　一本
kʻʊkʻʊ.　　　ŋ̍ pɑ ieʔpəŋ sᵊu ni$_{z}$ kʻækʻæ.　　　ŋʌʏ kEᵉn̩ ɪʔpɛn sᵊu kʻəŋkʻəŋ. ŋʌʏ kEᵉ ɪʔpɛn
书　给尔　看看。　　童：我　　拨　　一本　　书你　　看看。　靖：我　把本　　书你　　看看。
sᵊu kEᵉn̩ kʻəŋkʻəŋ.　　　ŋʌʏ pəʔ ʔiɪʔpəŋ ɕy$_{ʮ}$ȵi$_{j}$ kʻʊkʻʊ.　　　ŋᴧʏ papən ɕy$_{ʮ}$ȵi$_{j}$ kʻækʻæ.
江：我　八一本　　书　你　看看。　常：我　　拨本　　书你　看看。　锡：我　　拨本　　书　你
　ŋзʏ pɑʔʔiəʔpEɲ ɕy ȵi$_{j}$ kʻɵkʻɵ.　　　ŋʌɯ pəʔpəɲ sʮȵi$_{j}$ kʻɔkʻɔ.　　　ŋʌʏ pəʔpən sʮ ȵi
看看。　苏：我　　拨倷本　　书　看/看看。　我　　拨本　　书　倷看。　熟：我　　拨　　书能
kʻokʻo.　　　ŋзu pəʔnEpən sʮ kʻɵ(kʻɵkʻɵ). ŋзu pəʔpən sʮ nEkʻɵ.　　　ŋɯ pEʔ sʮnẽⁿ
看看。我　拨能　　一本　　书　看看。　昆：我　　拨能　　本　书　看。我　　拨本　　书能　看。
kʻʏkʻʏ. ŋɯ pEʔnẽⁿ ʔɪʔpẽⁿ sʮ kʻʏkʻʏ.　　　ŋəu pəʔnən pən sʮ kʻɵ. ŋəu pəʔpən sʮnən kʻɵ.
霜：我　拨依　　本　书　看。我　拨依　　看　　一本　　书。我　拨本　　书侬　看。　罗：我　拨侬
　n̩ pəʔnoᵑ pẽ sɿ kʻʌɪ. n̩ pəʔnoᵑ kʻʌɪ ʔiɪʔpẽ sɿ.　n̩ pəʔpẽ sɿnoᵑ kʻʌɪ.　　　ŋ pəʔnoᵑ
本　书　看。吾　拨本　　书　侬　看。　周：我　拨侬　　本　书　看。我　拨本　　书侬看。　上：
pẽⁿ sɿ kʻᴧʏ. ŋ̍ pəʔpẽⁿ sɿ noᵑ kʻʌʏ.　　　ɦu ɓəʔnoŋ ɓəŋ ɕy kʻø. ɦu ɓəʔɓəŋ ɕynoŋkʻø.
我　拨侬　　看本　　书。我　拨侬本　　书看。　松：奴　拨　造　一本　　书　看。　黎：我　拨那
ŋu peʔnoŋ kʻøpəɲ sɿ.　ŋu peʔnoŋpəɲ sɿkʻø.　　　nu pəʔ zɔ ʔiɪʔpəɲ ɕy kʻø.　　　ŋ̍ pəʔnɒ
看本　　书。吾　拨本　　书那看。　盛：吾　拨呐　　一本　　书　看看。吾　拨本　　书　拨呐
kʻɵpəɲ sʮ.　ŋ̍ pəʔpəɲ sʮnɒkʻɵ.　　　ɦu pəʔnəʔ ʔieʔpəɲ sʮ kʻɵkʻɵ. ɦu pəʔpəɲ sʮ pəʔnəʔ
看看。　嘉：我　拨内　　一本　　书　看看。　　双：我　拨倷　　看　　一本　　书。我　拨倷
kʻɵkʻɵ.　　　ŋ̍ pəʔne ʔiəʔpən sʮ kʻɤəkʻɤə.　　　ʔŋ̍ pəʔne kʻE ʔieʔpən sɿ.　ʔŋ̍ pəʔne
一本　　书　看看。　杭：我　　拨你　　一本　　书　看看。我　　弄本　　书　不你　　看看。　绍：
ʔieʔpən sɿ kʻEkʻE.　　　ʔŋou pəʔʔni ʔiɪʔpən sʮ kʻEkʻE. ʔŋou noŋpən sʮ pəʔʔni kʻEkʻE.

我 拨你 看 一本 书。我 不你本 书 看看。我 拨本 书你 看看。 诸:我 吉 一本
ŋo pɪʔnoʔ kĩ ʔɪʔpĩ ɕy. ŋo pɪʔnoʔpĩ ɕy k'ĩk'ĩ. ŋo poʔpĩ ɕynoʔ k'ĩk'ĩ. ŋɯ tɕiəʔ ʔiəʔpẼĩ
书得你 看看。 崇:我 ta 本 书侬 看看。 太:我 带本 书你 看看。 余:我 则侬
ɕytɐʔn̩ k'ɤk'ʏ. ŋʏ ta peŋ sɿnʊ^{n} k'œ̃k'œ̃. ŋɯ tapeŋ sɿn̩ k'œ̃k'œ̃. ŋo tsɪʔnʊŋ
本书 看。我 书 则侬 本 看。 宁:我 弄 本 书 拨你 看看。我 拨奴 看 一本
peŋsɥ k'ẽ. ŋo sɥ tsɪʔnʊŋ peŋ k'ẽ. ŋo noŋ peŋ sɥ pɐʔn̩ k'ik'i. ŋo pɐʔnəʊ k'i ʔiɪʔpeŋ
书。 黄:我 书 不本你 望。 温:我 ha你 一本 书眙。 衢:我 拿你 一本 书
sɥ. ŋo ɕy$_{ɥ}$ pɐʔpəŋn̩ mɒ̃. ŋ̍ hani ipʌŋ sɿts'ɿ. ŋu nani ʔiəʔpən ʃɥ
看吉。 华:我 分本 书侬 望望。 永:我 邀 一本 书你 望望。
k'ətɕiəʔ. ʔa fənpən ɕ^{ɥ}yʔnoŋ moŋmoŋ. ŋo^{ə} ʔiᴀᴜ iənəŋ ɕʏn̩ mᴀŋmᴀŋ.

我给他写信。

宜:我 写 信 拨 他。 溧:我 写信 拨 他。 金:我 写信 叭 他。 丹:我
ŋu ɕiᴀ ɕiŋ pəʔ t'o. ŋʌɯ ɕioɕin pəʔ t'o. ŋ̍ ɕiaɕiŋ pa t'a. ŋʌʏ
给他 写 信。 童:我 给他 写 信。 靖:我 写信 把他。 江:我 写封 信他。 常:
kᴇ^{e}t'a ɕia ɕiŋ. ŋʌʏ keit'a ɕiɒ ɕiŋ. ŋ^{ʌ}ʏ ɕiaɕiŋ pat'a. ŋзʏ siafoŋ siŋt'a.
我 写 信 拨他。 锡:我 得他 写 信。 苏:我 得俚 写 信。我 写 信
ŋʌɯ ɕia ɕiŋ pəʔda. ŋʌʏ təʔdʌʏ sia sin. ŋзu təʔʔli$_{j}$ siɒ siɪn. ŋзu siɒ siɪn
拨俚。 熟:我 搭渠 写 信。我 写 信 拨 渠。 昆:我 脱伊 写 信。 霜:我 脱伊
pəʔʔli$_{j}$. ŋɯ tᴀʔgᴇ sia sĩ^{ŋ}. ŋɯ sia sĩ^{ŋ} pᴇʔ gᴇ. ŋəu t'əʔɦi sia sin. n̩ t'əʔɦi
写 信。吾 写 信 拨 伊。 罗:我 脱伊 写 信。我 写信 拨伊。 周:我 脱伊 写 信。我
sia sĩ. n̩ sia sĩ pəʔ ɦi. ŋ̍ t'ɐʔɦi sia sɪ^{n}. ŋ̍ siasɪ^{n} pɐʔɦi. hu t'əʔɦi ɕia ɕiɪŋ. ɦu
写 信拨伊。 上:我 得/脱伊 写 信。我 写 信 拨伊。 松:奴 克伊 写 信。
ɕia ɕiɪŋɓəʔɦi. ŋu tɐʔ/t'ɐʔɦi ɕiᴀ ɕiŋ. ŋu ɕiᴀ ɕi^{n} pɐʔɦi. nu kəʔɦi ɕia ɕiŋ.
(克/脱t'əʔ) 黎:吾 写拨伊 一封 信。 吾 脱伊 写信。 盛:吾 写信 拨伊。 嘉:
ŋ̍ siɒpəʔɦi$_{j}$ ʔiəʔfoŋ siəŋ. ŋ̍ t'əʔɦi$_{j}$ siɒsiəŋ. ɦu ɕiaɕiŋ pəʔʔi$_{j}$.
吾 拨伊 写封 信去。 双:吾 写信拨其。 杭:我 不他 写 信。我 写 信
ŋ̍ pəʔʔi ɕiafoŋ ɕintɕ'i. ʔŋ̍ ɕiaɕiŋpəʔdʑi$_{z}$. ʔŋou pəʔt'a ɕi ɕɪn. ʔŋou ɕi ɕɪn
不他。 绍:我 不伊 写 信。我 写 信 不伊。 诸:我 写信拨/得 其。 崇:我 得伊
pəʔt'a. ŋo pɪʔɦi ɕia ɕɪŋ. ŋo ɕia ɕɪŋ pɪʔɦi. ŋɯ ɕiᴀɕĩpoʔ/tɐʔ dʑi$_{z}$. ŋʏ tᴇʔɦi$_{z}$
写 信。我 写 信 得伊。 太:我 给伊 写 信。 余:我 则渠 写 信。我 写 信
ɕia ɕiŋ. ŋʏ ɕia ɕiŋ tᴇʔɦi$_{z}$. ŋɯ kɛʔɦi$_{z}$ ɕia ɕiŋ. ŋo tsɪʔge ɕiᴀ ɕiŋ. ŋo ɕiᴀ ɕiŋ
则渠。少 宁:我 写 信 拔 其。 黄:我 写信不渠。 温:我 ha 渠 写 信。 衢:我
tsɪʔge. ŋo ɕia ɕɪŋ pɐʔ dʑi. ŋo ɕiᴀɕiɪŋpɐʔge. ŋ̍ ha ge ɕ^{i}i sᴀŋ. ŋu
拿其 写 信。 华:我 分渠 写 信。 永:我 写封 信 渠。
nagi ɕia ɕi^{n}. ʔa fəngə ɕia ɕiɪn. ŋoə ɕiᴀfoŋ ɕiɪŋ gə.

他被我打了两下。

宜:他 拨我 打到两记。 溧:他 拨我 打则 两记。 金:他 被我 打啊
t'o pəʔŋu tᴀŋtaʏliᴀŋtɕi$_{j}$. t'o pəʔŋʌɯ totsəʔ lietɕi$_{z}$. t'a peio taɦa
两下子。 丹:他 被我 打则 两下子。 童:他 被我 打勒 两下子。 靖:他
liaŋxatsɿ$_{z}$. t'a pᴇ^{e}ŋʌʏ tatsɛʔ ʔliaŋhatsɿ. t'a peiŋʌʏ taləʔ liaŋɕiɒtsɿ. t'a

背我　打勒　两下子。　江：他　八我　　打着　　两记。　他　瘪我　　打着　两记。　　常：他
peŋ^ʌ ɤ talə? lĩhɒtsɿ.　　　　tʻɑ pa?ŋɜɤ tadza? ?liA^ŋ tɕij.　tʻɑ ŋæŋɜɤ tadza? ?liA^ŋ tɕij.　　　dɑ
拨我　　　打则两记。　　　　锡：　他　　　拨我　　　打勒两记。　　　苏：　俚　　拨我
pə?ŋʌɯ　　tAɲtsə?liAɲtɕij.　　　　　dʌɤ　　pə?ŋʌɤ　　tãlə?liãtɕi.　　　　　?lij　　pə?ŋɜu
敲/打仔两记。　　　　　熟：渠　拨我　　打则两记。　　　昆：伊　拨我　　敲是两记。
kʻætsɿliÃtɕij/tÃtsɿliÃtɕij.　　　　ɡE　pE?ŋɯ　tA~tsE?liA~tɕi.　　　　ɦi　pə?ŋəu　kʻɔzɿliãtɕi.
霜：伊拨　吾　　打特　　两记。　罗：伊　拨我　打得两记。　　周：伊　拨我　　打是两记。
?i　　pə?n̩　ta~də?　lia~tɕi.　　　?i　pə?ŋ̍　ta~tɐ?lia~tɕi.　　　　ɦi　?bə?ɦu　?bA~zɿliA~tɕi.
上：伊　拨我　　打勒　　两记。　　松：　伊　拨我　　敲是　两记。　　黎：　伊　拨勒/是　吾
ɦi　pɐ?ŋu　tÃ^ŋ lɐ?　liÃ^ŋ tɕi.　　　ɦi　pə?nu　kʻɔzɿ　liẽtɕi.　　　　?ij　pə?lə?/zɿ　ŋ̍
敲是两记。　盛：伊　拨吾　敲脱两记。　　　嘉：伊奴　拨吾　敲勒两记。　　双：其　　拨吾
kʻA^ɔzɿliãtɕij.　　　?ij　pə?ɦu　kʻAɑtʻə?liætɕʻij.　　　　?inɑ　pə?ŋ̍　kʻɔlə?liA~tɕi.　　　dʑiz　pə??ŋ̍
打突两级。　　杭：他　拨我　　　敲勒　两记。　　绍：伊　拨我　　敲勒两记。　　　诸：其
tãdə?liãtɕie?.　　　tʻɑ　pə??ŋou　kʻɔlə?　?liAŋtɕi.　　　　ɦi　pə?ŋo　kʻɑɒlə?liaŋtɕi.　　　　dʑiz
得我　打得两记。　崇：伊　得我　敲得两级。　　　太：伊　带我　敲了　两记。　　余：渠
tɐ?ŋɯ　tÃtɐ?liÃtɕiz.　　　　ɦiz　tE?ŋɤ　kʻɔtE?liA~tɕiE?.　　　　ɦiz　taŋɯ　kʻɔliɔ　liAŋtɕiz.　　　　ɡe
则我　敲勒两记。　宁：其　拨我　打勒　两记。　黄：渠　拨我　两记打号。　温：渠　hɑ我
tsɪ?ŋo　kʻɒlɐ?liÃtɕi.　　　　dʑi　pɐ?ŋo　tãlɐ?　liãtɕi.　　　　ɡe　pɐ?ŋo　?liãtɕij tãɦɒ.　　　　ɡe　hɑŋ̍
打两下。　衢：其　等我　敲勒两记。　华：渠　让　　我侬　　敲勒两记。　　　　永：渠　捺
tiɛliɛɦo.　　　　ɡi　tənŋu　kʻɔlə?liãtsɿ.　　　ɡə　ȵiAŋ　?A?noŋ　kʻɑʊlɐ??liAŋtɕie.　　　　ɡə　?nA
我　两记　　打去。
ŋo^ə　liAŋtɕie　naikʻə.

他把衣服洗好了。

宜：他　　拿　　衣裳　　　洗好佬力。　　　溧：他　　拿衣裳　　　洗好则列。　　他　洗好
　　　tʻo　no　?ijzAŋ　ɕijxaɤlaɤlɪ?.　　　　　tʻo　?no?izszAŋ　ɕizxa^ɤtsə?lii?.　tʻo　ɕizxa^ɤ
衣裳列。　　金：他　把衣裳　　洗啊好唻。　丹：他　把　衣裳　　洗好喽。　童：他　把　衣裳
?izszAŋlii?.　　　tʻɑ　paiz saŋ　　ɕizɑxaɔlɛ^e.　　　　tʻɑ　pɑ　iz saŋ　　ɕizhɒlE^e.　　　　tʻɑ　pɑ　ij s^z ɑŋ
洗好勒。　靖：他　把　衣裳　　洗好勒勾。　　江：他　拿　衣服　　洗好　葛联。　常：他　拿
ɕijxɐɤlə?.　　　　tʻɑ　pɑ　?ijɦiaŋ　ɕijhɒlə?køɤ.　　　　tʻɑ　no　?ijvo?　sijhɒ　kɜ?lɪ.　　　　dɑ　no
衣裳　洗好佬列。（洗/汏dɑ，汏，老年多说。）　苏：俚　　拿　　衣裳　汏好哉。　　熟：渠　拿
?ijzAɲ　ɕijxaɤlaɤlii.　　　　　　　　　　　　　?lij　?no　?ijzÃ　dɒhætsE.　　　　　ɡE　?no
衣裳　汏好哉。　昆：伊　拿　衣裳　汏脱勒/贼。　　　霜：伊　拿　　衣裳　汏好则。　　罗：伊
?izA~　dɑxɔtsæ.　　　　ɦi　no　?izã　dɑtʻə?lə?(zə?).　　　　?i　?n^ʌ ɤ　?iza~　dɑxɔtsə?.　　　　?i
拿　　衣裳　汏好则。　　周：伊　拿　　衣裳　汏好啊则。　　上：伊　拿　　　　衣裳　汏好勒。伊
?n^ʌ ɤ　?iza~　dɑhɔtsə?.　　　　ɦi　?ne　?izɒ~　dɑhɔ?atsə?.　　　　ɦi　?no/?nɔ　?izÃ^ŋ　dAhɔlɐ?. ɦi
衣裳　汏好勒。　松：伊　拿　　衣裳　汏好鞋哩。　　黎：伊　拿　　衣裳　　汏好台。　　盛：伊　拿
?izÃ^ŋ　dAhɔlɐ?.　　　　ɦi　?ne　?iza~　dahɔɦali.　　　　　?ij　?no　?ijza~　dɒhA^ɔdE.　　　　　?ij　?no
衣裳　汏好台。　嘉：伊奴　拿　　衣裳　　汏好哩。　双：其　　拿　　衣裳　汏好台。　杭：他　不
?ijzã　dɑhAɑdE.　　　　?ino　?no　?izA~　dɑhɔli.　　　　　dʑiz　?nE　?izzɔ̃　dɑhɔdE.　　　　　tʻɑ　pə?

衣服 洗好特。 绍:伊 不 衣服 付好哉。 诸:其得件 衣裳 洗好鞋。 崇:伊 把
ʔivɔʔ çihɔdəʔ. ɦi pɪʔ ʔivoʔ fuhaɒze. dʑiz tɐʔge ʔizɒ̃ çiz hɔɦa. ɦiz po/pɑ
衣裳 付好猛。 太:伊 把 伊搿 衣裳 洗好猛。 余:渠 衣裳 汏好浪哉。(浪≈赖lA)
ʔiz zɔ̃ fuhɔmA˜. ɦiz po ɦiz gɛʔ ʔiz zɒŋ çiz hɔmAŋ. ge ʔizɔ̃ dAhɒlɔ̃tse.
宁:其 衣裳 强好雷。 黄:渠 不 衣裳 洗号。 温:渠 逮 衣 洗好爻。 衢:其 拿 衣裳
dʑi ʔizɔ̃ dʑiãhɔle. ge pɐʔ ʔizɒ˜ çij ɦɒ. ge de ʔi szihɜba. gi nɑ ʔiʃɥã
洗好啦。 华:渠 分 衣裳 洗好勒。 永:渠 衣裳 洗好列。
sɿhɔʔla. gə fən ʔiçiAŋ siehaʊlɐʔ. gə ʔiçz iAŋ çihAʊliA.

把衣服脱掉。

宜:拿 衣裳 脱落则。 衣裳 脱落他。 溧:拿 衣裳 脱拉则。 金:脱掉
no ʔij zAŋ tʻəʔlɔʔtsəʔ. ʔij zAŋ tʻəʔlɔʔtʻo. ʔno ʔiz zAŋ tʻəʔlAtsEʔ. tʻuəʔtiaɔ
衣裳。把 衣裳 脱脱。 丹:脱道 衣裳。把 衣裳 脱道则。 童:把 衣裳 脱掉连。
iz sɑŋ. pɑ iz sɑŋ tʻuəʔtʻuəʔ. tʻɛʔtɒ iz zæ. pɑ iz sæ tɛʔtɒtsɛʔ. pɑ ij sz ɑŋ tədiɐɤlɪ.
靖:拿 衣裳 脱辣得。 江:脱落 衣裳。拿 衣裳 脱落。衣裳 脱落他。 常:拿
nɑ ʔij s zɑŋ tʻəʔlɑʔtəʔ. tʻɜʔloʔ ʔij zAŋ. no ʔij zAŋ tʻɜʔloʔ. ʔij zAŋ tʻɜʔloʔtʻɑ. no
衣裳 脱落则。 衣裳 脱脱落。 锡:脱落 衣裳。衣裳 脱落它。 苏:脱 衣裳。
ʔij zAɲ tʻəʔlɔʔtsəʔ. ʔij zAɲ tʻəʔtʻəʔlɔʔ tʻəʔlɔʔ ʔizɒ˜. ʔizɒ˜ tʻəʔlədAɤ. tʻəʔ ʔij zÃ.
衣裳 脱脱哉/脱脱哩。 熟:衣裳 脱脱。 昆:脱脱 衣裳。衣裳 脱脱贼/伊。
ʔij zÃ tʻəʔtʻəʔtsəʔ/tʻəʔtʻəʔʔlij. ʔizA˜ tʻoʔtʻoʔ. tʻəʔtəʔ ʔizã. ʔizã tʻəʔtʻəʔzəʔ/ɦi.
霜:衣裳 脱脱伊。 罗:衣裳 脱脱则/伊。 周:拿 衣裳 脱脱仔/伊。 上:脱脱
ʔizɒ˜ tʻoʔtʻəʔɦi. ʔizɒ˜ tʻoʔtʻɐʔtsɐʔ/ɦi. ʔne ʔizɒ˜ tʻəʔtʻəʔtsɿ/ɦi. tʻɐʔtʻɐʔ
衣裳。衣裳 脱脱伊。 松:脱脱是 衣裳。衣裳 脱脱是。 黎:脱脱 衣裳。衣裳
ʔizÃn. ʔizÃn tʻɐʔtʻɐʔɦi. tʻaʔtʻəʔzɿ ʔizɑ˜. ʔizɒ˜ tʻəʔtʻəʔzɿ. tʻəʔtʻəʔ ʔij zɑ˜. ʔij zɑ˜
脱脱伊/特。 盛:脱脱 衣裳。衣裳 脱脱伊。 嘉:衣裳 脱脱伊。 双:脱脱
tʻəʔtʻəʔɦij/dəʔ. tʻəʔtʻəʔ ʔij zɑ˜. ʔij zɑ˜ tʻəʔtʻəʔɦij. ʔizA˜ tʻəʔtʻəʔʔi. tʻəʔtʻəʔ
衣裳。脱掉 衣裳。衣裳 脱掉。 杭:脱掉 衣服。衣服 脱掉他。 衣服 脱外。 绍:
ʔiz zɔ̃. tʻəʔdiɔ ʔiz zɔ̃. ʔiz zɔ̃ tʻəʔdiɔ. tʻɔʔdiɔ ʔivɔʔ ʔivɔʔ tʻɔʔdiɔtʻɑ. ʔivɔʔ tʻɔʔɦuE.
衣裳 脱万。 脱万 衣裳。 诸:衣裳 脱其掉。 (脱tʻoʔ/tʻɐʔ) 崇:衣裳 脱落来。
ʔizɒŋ tʻoʔvæ̃. tʻoʔvæ̃ ʔizɒŋ. ʔiz zɔ̃ tʻoʔdʑiz diɔ. ʔiz zɒ˜ tʻEʔlɔʔle.
太:衣裳 脱落来。 余:衣裳 脱凡。 宁:衣裳 脱掉。 黄:衣裳 脱号。 温:衣
ʔiz zɒŋ tʻEʔlɔʔle. ʔizɔ̃ tʻɔʔvA/vɛ̃. ʔizɔ̃ tʻɐʔdiɔ. ʔizɒ˜ tʻɐʔɦɒ. ʔi
脱黄。 衢:tʻən到 衣裳。衣裳 tʻən到去。 华:脱掉 衣裳。 永:衣裳 脱落。
tæiɦuɔ. tʻəntɔ ʔiʃɥã. ʔiʃɥã tʻəntɔkʻi. tʻoʔdiaʊ ʔiçiAŋ. ʔiçiAŋ tʻəlAʊ.

把管子塞下去。

宜:拿 管子 塞下去。 溧:拿 管则 塞下去。 金:把 管子 塞家/下去。 丹:
no kuetsɿ səʔɦokʻɐɪ. ʔno kʊtsəʔ səʔɦokʻæE. pɑ kõtsɿz səʔka/xɑkʻi.
把 管子 塞下去。 童:把 管子 塞下去。 靖:拿/把 管子 塞下去。 江:拿
pɑ kəŋtsɿ sɛʔhokʻæ. pɑ kʊtsɿ səʔx ɦɒtɕʻij. nɑ/pɑ kuũtsɿ səʔɦɒtɕʻij. no
管管头 塞下去。 常:拿 管则 塞下去。 塞根 管则 下去。 锡:拿 管子
kəkədEɪ sɜʔɦokʻEɪ. no kuɔtsəʔ səʔɦotɕʻij. səʔkən kuɔtsə ʔɦotɕʻij. ʔnAɤ kotsɿ

塞下去。　苏：拿　管子　塞下去。　塞　管子下去。　熟：拿　管子　塞下去。　昆：拿
səʔɦutɕʻi.　no kətsɿ səʔɦotɕʻiⱼ. səʔ kətsɿɦotɕʻiⱼ.　no kuɤtsɿ sᴇʔɦokʻᴇ.　ʔno
管子　塞下去。塞　管子下去。　霜：塞　管子下去。　拿　管子　塞下去。　罗：塞
kətsɿ səʔɦokʻɛ. səʔ kətsɿɦokʻɛ.　səʔ kʻuɪtsɿɦ^ʌɤtɕʻi. ʔn^ʌʏ kʻuɪtsɿ səʔɦ^ʌɤtɕi.　sɐʔ
管子下去。　周：拿　管子　塞下去。　上：拿　管子　塞下去。塞　管子下去。　松：拿
kʻu^ʌɤtsɿɦ^ʌɤtɕʻi.　ʔne kətsɿ səʔɦɔtɕʻi.　ʔnᴇ kətsɿ sɐʔɦotɕʻi. sɐʔ kətsɿɦotɕʻi.　ʔne
管子　塞下去。　黎：拿　管子　塞落去。　盛：拿　管子　塞落去。　嘉：拿　管子
kətsɿ saʔɦɔtɕʻi.　ʔno kətsɿ səʔloʔtɕʻiⱼ.　ʔno kətsɿ səʔlɔʔtɕʻiⱼ.　ʔno kuɤətsɿ
塞落去。　双：拿　管子　塞落去。　杭：不　管子　塞落去。塞　管子落去。　绍：把
səʔloʔtɕʻi.　ʔno kuᴇtsɿ səʔloʔtɕʻi_z.　pəʔ kuotsɿ səʔlɔʔtɕʻi. səʔ kuotsɿlɔʔtɕʻi.　pa
管子　塞落去。　诸：得件　管子　塞落去。　崇：把　管子　塞落去。　太：把　管子
kuə̃tsɿ səʔloʔtɕʻi.　tɐʔdʑiɪ kuɤtsɿ sɐʔloʔkʻe.　po kuœ̃tsɿ sᴇʔlɔʔtɕʻi_z.　po kuœ̃tsɿ
塞落去。　余：管子　塞渠落去。　宁：管子　塞落去。　黄：不　管子　塞落去。　温：
sᴇʔlɔʔtɕʻi_z.　kuə̃tsɿ sɐʔgelɔʔkʻe.　kutsɿ sɐʔlɔʔtɕʻi.　pɐʔ kətsɿ sɐʔlɔʔkʻe.
逮　管　塞落去。　衢：拿　管子　塞落去。　华：分　管子　塞落去。　永：替
de kə selokʻⁱi.　nɑ kuətsɿ səʔləʔkʻi.　fən kuɑtsɿ sɐʔloʔkʻə.　tʻi
管子　塞落去。
kuʌtsɿ səɪlʌʊkʻə.

好好儿走。

宜：好好点　走。　走好　则。　溧：好好叫　走。走　好则。　金：好好点
xɑɤxɑɤtɪ tsɤɯ. tsɤɯxɑɤ tsəʔ.　xɑ^ɤxɑ^ɤtɕiɑ^ɤ tsei. tsei xɑ^ɤtsəʔ.　xɑ^ɔxɑ^ɔtĩ
走。　走　好。走啊　好。　丹：走好则啊。好好地走。　童：好好地　走啊。走　好。
tsʌɤ. tsʌɤ xɑ^ɔ. tsʌɤɑ xɑ^ɔ.　tsᴇ^ehɒtsɛʔɑ. hɒhɒti_z tsᴇ^e.　xɐɤxɐɤtiⱼ tseiɑ. tsei xɐɤ.
靖：走好勒个。　好好点　走。　江：好好叫　跑。走　好啊。跑　好啊。　常：好好叫
ts^øʏhɒlɔʔk^ʌʏ. hɒhɒtĩ ts^øʏ.　hɒhɒtɕiɒ bɒ. tsᴇɪ hɒʔɑ. bɒ hɒʔɑ.　xɑɤxɑɤtɕiɑɤ
走。走　好则。　锡：好好叫　走。走　好。　苏：好好叫　走。走　好。　熟：好好叫
tsei. tsei xɑɤtsəʔ.　xʌxʌtɕiʌ tsᴇi. tsᴇi xʌ.　hæhætɕiæ tsəɪ. tsəɪ hæ.　xɔxɔtɕiɔ
跑。跑好。　昆：好好叫　走。走　好。　霜：走　好。　罗：走　好。　周：好好叫　走。走
bɔ. bɔxɔ.　hɔhɔtɕiɔ tɜᴇ. tsᴇ hɔ.　tsʌɪ xɔ.　tsʌɪ hɔ.　hɔhɔtɕiɔ tsʏ. tsʏ
好。好好能　走。　上：走　好。好好叫　走。　松：好好叫　走。走　好。好好能　走。
hɔ. hɔhɔnəŋ tsʏ.　tsɤɯ hɔ. hɔhɔtɕiɔ tsɤɯ.　hɔhɔtɕiɔ tsɯ. tsɯ hɔ. hɔhɔnəŋ tsɯ.
黎：好好叫　走。　走　好。　盛：好好叫　走。　走　好。　嘉：好好叫　走。
hʌ^ɔhʌ^ɔtɕiʌ^ɔ tsieɯ. tsieɯ hʌ^ɔ.　hʌɑhʌɑtɕiʌɑ tsiɔʉ. tsiɔʉ hʌɑ.　hɔhɔtɕiɔ tse.
双：走好。　杭：好好叫　走。走好。　绍：走好。　诸：好好叫　走。走得　好丢。　崇：
tɕi^øʏhɔ.　hɔhɔtɕiɔ tsᴇ. tsᴇhɔ.　tsɤhɑɒ.　hɔhɔtɕiɔ tsei. tseitɐʔ hɔtiʏ.
走好噢。　太：走好噢。　余：走得好。　宁：走好何。　黄：走好号。　温：走好。
tɕʏhɔɦɔ.　tɕʏhɔɦɔ.　tsʏtɐʔhɒ.　tsœʏhɔɦəu.　tɕiuhɒɦɒ.　tsʌuhɜ.
衢：好好儿　走。　走好咪。　华：好好宁　走。　走好。　永：好好
hɔhɔʔn̩i tsəɪ. tsəɪhɔlɛ.　hɑʊhɑʊȵiɪn tɕiɯu. tɕiɯuhɑʊ.　hʌʊhʌʊ
列。　列好。
lie/nie. liehʌʊ.

我有一个在厂里的儿子。

宜:我 有一个 伢儿 勒 厂里头。 溧:我 有个 儿则 勒厂里。 金:
ŋu ɦiɤɯʔiɪʔkəʔ ŋoȵij ləʔ ts'ᴀŋlij dɤɯ. ŋʌɯ ɦiʌɯkʌɯ ȵiztsəʔ ləʔts'ᴀŋliz.
我 有 一个 儿子 在 厂里。 丹:我 有 一个 儿子 在 厂里。 童:我 有一个
ŋ̍ iʌɤ ieʔkʌɤ ɽtsɿz tsɛe ts'ɑŋliz. ŋʌɤ ɦʏ ɪʔkɛʔ ʔEits ɿ tsæ ts'ᴀliz. ŋʌɤ ɦiʊʔiɪʔkəʔ
儿子 在 厂里。 靖:我 有个 儿子 来 厂里。 江:我 有一个 儿则 勒
Ertsɿ dzaɪ ts'ɑŋlij. ŋʌɤ ɦiəʏkʌɤ əʳtsɿ læ tɕ'iɑŋlij. ŋɜɤ ɦiɜɤʔiəʔkɜɤ əʳtsɜʔ lɜʔ
厂里。 常:我 有个 儿则 勒 厂列。 锡:我 有 一个 儿子 勒 厂里。 苏:
ts'ᴀŋlij. ŋʌɯ ɦiɯkʌɯ ȵijtsəʔ ləʔ tsᴀɲliɪʔ. ŋʌɤ ɦiʌɤ ʔiəʔkəʔ ȵitsɿ ləʔ ts'ãli.
我 有 一个 儿子 勒 厂里向。 熟:我 有 一个 儿子 辣郎 厂里。 昆:我 有
ŋɜu ɦiɵ ʔiəʔkəʔ ȵijtsɿ ləʔ ts'ãlijɕiã. ŋɯ ɦiɯ ʔɪʔkEʔ ȵitsɿ lᴀʔlᴀ̃ tʂᴀ̃li. ŋəu ɦʏ
一个 儿子 勒海 厂里向。 霜:我 有 一个 儿子 勒浪 厂里。 罗:吾 有 一个 儿子
ʔiɪʔgəʔ ȵitsɿ ləʔhɛ ts'ãliɕiã. n̩ ɦy ʔiɪʔgəʔ ɦʌɪtsɿ ləʔlɒ̃ ts'ã̃li. ŋ̍ ɦy ʔiɪʔgɐʔ ȵitsɿ
勒浪 厂里向。 周:吾 有 一个 儿子 赖 厂里向。 上:我 有 一个 儿子 辣辣
lɐʔlɒ̃ ts'ã̃liɕiã̃. ɦu ɦiɤ ʔiɪʔkɤ ȵitsɿ lɑ ts'ᴀ̃liɕiᴀ̃. ŋu ɦiɤɯ ʔiɪʔgəʔ ȵitsɿ lɐʔlɐʔ
厂里。 松:奴 有个 儿子 开 厂里向。 黎:我 有 一个 儿子 勒辣 厂里向。
ts'ãli. nu ɦiɯkɯ ɦŋ̍tsɿ k'E ts'ɛ̃liɕiɛ̃. ŋ̍ ɦieɯ ʔiəʔkəʔ ȵitsɿ ləʔlᴀʔ ts'ãlijɕiã.
盛:吾 有一个 儿子 勒 厂里。 嘉:我 有 一个 儿子 勒 厂里。 双:我
ɦu ɦiɵʉʔiɐʔkəʔ ȵitsɿ ləʔ ts'ælij. ŋ̍ ɦiəu ʔiəʔkəʔ ŋ̍tsɿ ʔləʔ ts'ᴀ̃li. ʔŋ̍
有一个 儿子 辣 厂里向。 杭:我 有一个 儿子 辣哈 厂里。 绍:我 有 一个
ɦiəʏʔiəʔkəʔ ŋ̍tsɿ lᴀʔ ts'ɔ̃lizɕiã. ʔŋou ʔʏʔiɪʔgəʔ ɦərtsɿ lᴀʔha ts'ᴀŋli. ŋo ɦiɤ ʔɪʔgɪʔ
儿则 来亨 厂里。 诸:我 有个 儿子 来 厂里头。 崇:我 有 一介 儿子
ȵitsɪʔ lehaŋ tsaŋli. ŋɯ ɦiʏkəʔ ŋ̍tsɿ le tsãlizdei. ŋʏ ɦʏ ʔiEʔkɑ ȵiztsɿ
勒蒙厂里。 太:我 有 一介 儿子 勒蒙 厂里。 余:阿拉 儿子 来 厂里头。
lEʔmʊŋts'ᴀ̃liz. ŋɯ ɦʏ ʔieʔkɑ ȵiztsɿ lEʔmʊŋ ts'ᴀɲlEʔ. ʔɐʔlɐʔ ŋ̍tsɿ le tsãlidʏ.
宁:我 有 一个 儿子 来⋏厂里。 黄:我 有个 儿 在 厂达。 温:我 有个 儿 是
ŋo ɦʏ ʔiɪʔkəʊ ŋ̍tsɿ leʔtɕ'iãli. ŋo ɦiugɐʔ ŋ̍ ze tɕiã̃dɐʔ. ŋ̍ ɦiʌugɐʔ ŋ̍ zɿ
厂里。 衢:我 有 一个 儿仔 葛杆 厂里。 华:我侬 有个 儿 改/来 厂里。
ts'iɛlʲi. ŋu ɦiɯ ʔiəʔkəʔ ȵitsɛ kəʔkʸɯ tʃɥãli. ʔɑʔnoŋ ɦiɯukɐʔ n̩ kɛ/lɛ tɕiᴀŋli.
永:我 有个 儿 隑 厂拉。
ŋoə ɦiəʊkoə ɲ̍ gəɪ tɕ'iᴀŋlᴀ.

一只桌子坏了。

宜:一只 台子 坏佬列。 溧:一张 台子 坏则列。 金:张 台子
ʔiɪʔtsᴀʔ dɐɪtsɿ ɦuᴀlɑʏlɪʔ. ʔiɪʔtsᴀŋ dæEtsə ɦuᴀtsəʔliɪʔ. tsɑŋ t'ɛetsɿ
坏掉咪。 丹:一只 台子 坏篓。 童:一张/只 台子 坏掉连。 靖:一个 台子
huɛetiɑɔlɛe. ɪʔtsɛʔ dætsɿ uɑlEe. ʔiɪʔtsɑŋ/tsᴀʔ daɪtsɿ ɦuaɪdiɐʏlɪ. ʔiɪʔkʌɤ dætsɿ
坏勒勾。 江:只 台子 坏落联。 常:一只 台则 坏佬列。 锡:只 台子
ʔuæləʔkəʏ. tsɑʔ dætsɿ ɦuæloʔlɪ. ʔiɪʔtsᴀʔ dæetsəʔ ɦuɑlɑʏliɪʔ. tsᴀʔ dEtsɿ
坏落列。 一只 台子 坏落列。 (一:ʔiəʔ/ʔəʔ) 苏:只 台子 坏脱哉。 熟:只
ɦuɑloʔliɪʔ. ʔiəʔtsᴀʔ dEtsɿ ɦuɑloʔliɪʔ. tsəʔ dEtsɿ ɦuɒt'əʔtsE. tsEʔ

台则 坏脱哉。 昆：一只 台子 坏脱贼/勒。 霜：一只 台子 坏脱则。 罗：
dætsᴇʔ ɦuɑtʻᴇʔtsæ. ʔiɪʔtsᴀʔ dᴇtsɿ ɦuɑtʻəʔzəʔ. ʔiɪʔtsᴀʔ dᴇtsɿ ɦuɑtʻəʔzəʔ.
一只 台子 坏脱则/勒。 周：只 台子 坏脱鞋什。 上：只 台子 坏脱勒。
ʔiɪʔtsᴀʔ detsɿ ɦuɑtʻɐʔtsɐʔ/lɐʔ. tsɑʔ detsɿ ɦuɑtʻəʔɦazəʔ. tsɐʔ dᴇtsɿ ɦuᴀtʻɐʔlɐʔ.
松：一只 台子 坏脱阿里。一只 台子 坏脱拉哉。 黎：一只 台子 坏脱特。 盛：
ʔiɪʔtsᴀʔ dᴇtsɿ vatʻəʔɦali. ʔiɪʔtsᴀʔ dᴇtsɿ vatʻəʔlatsᴇ. ʔiəʔtsᴀʔ dᴇtsɿ ʔuɒtʻəʔdəʔ.
一只 台子 坏脱台。 只 台子 坏脱台。（坏/破pʻɑ） 嘉：一只 台子 坏脱哩。
ʔiɐʔtsᴀʔ dᴇtsɿ ʔuɑtʻəʔdᴇ. tsᴀʔ dᴇtsɿ ʔuɑtʻəʔdᴇ. ʔiəʔtsᴀʔ dᴇᵋtsɿ ʔuɑtəʔle.
一只 台子 破脱哩。 双：只 台子 坏脱台。 只 台子 坏台。 杭：一只 桌子
ʔiəʔtsᴀʔ dᴇᵋtsɿ pʻɑtəʔle. tsᴀʔ dᴇtsɿ ɦuɑtʻəʔdᴇ. tsəʔ dᴇtsɿ ɦuadᴇ. ʔiɪʔtsɐʔ tsɔʔtsɿ
坏掉特雷/勒。 只 桌子 坏掉勒/特雷。 诸：张 桌床 倒掉鞋。 崇：张 桌凳
ɦuadiɔdəʔleɪ/ləʔ. tsɐʔ tsɔʔtsɿ ɦuadiɔləʔ/dəʔleɪ. tsᴀ̃ tsoʔzɒ̃ tɔdiɔɦᴀ. tsᴀ˜ tsɔʔteŋ
破掉怪。 太：张 桌凳 破了怪。 余：一张 桌凳 破完浪哉。 宁：一张
pʻɑdiɔ/liɔkuɑ. tsᴀŋ tsɔʔteŋ pʻɑliɔkuɑ. ʔɪʔtsᴀ̃ tsɔʔteɲ pʻɑɦuɵ̃lɔ̃tse. ʔiɪʔtɕiã
桌凳 坏掉来。 黄：张 桌 呒用号。 温：一张 桌 捣黄爻。 衢：一张
tsɔʔteŋ ɦuadiɔie. tɕia˜ tɕyɔʔ m̩ɦioŋɦɒ. ʔitɕi tɕyo tᵘɔɦᵘɔba. ʔiəʔtʃɥã
桌子 坏道佬。 华：只 台桌 坏/破勒。 永：张 台桌 坏去拉/列。 张
tʃɥəʔtsɿ ʔuɛdɔlɔ. tsɐʔ dɛtɕɥᵧoʔ ʔuɑ/pʻɑlɐʔ. tɕiᴀŋ dəɪtsʊ ʔʱuaikʻəliᴀ/lie. tɕiᴀŋ
台桌 脱去拉/列。
dɪətsʊ tʻəkʻəliᴀ/lie.

我打不过他。

宜：我 打勿过 他。 溧：我 打勿过 他。 金：我 打不过 他。 丹：我
ŋu tᴀŋfəʔku tʻo. ŋʌɯ tofəʔkʌɯ tʻᴀ. ŋ̍ tapəʔkᵊu tʻɑ. ŋʌʏ
打勿过 他。我 打他勿过。 童：我 打不过 他。 靖：我 打不过 他。 江：我
tafɛʔkʌʏ tʻɑ. ŋʌʏ tatʻɑfɛʔkʌʏ. ŋʌʏ tapəʔkʌʏ tʻɑ. ŋʌʏ tapəʔkᴧʏ tʻɑ. ŋɜʏ
打勿过 他。 常：我 打勿过他。 我 打他勿过。 锡：我 打勿过 他。
tᴀᵑfɜʔkɜʏ tʻɑ. ŋʌɯ tᴀɲvəʔkʌɯdɑ. ŋʌɯ tᴀɲdavəʔkʌɯ. ŋʌʏ tãvəʔkʌʏ dʌʏ.
苏：我 打勿过 俚。我 打俚勿过。 熟：我 打勿过渠。 昆：我 敲勿过 伊。我
ŋɜu tãfəʔkɜu ʔliⱼ. ŋɜu tãʔliⱼfəʔkɜu. ŋɯ tᴀ˜vᴇʔkɯɢᴇ. ŋəu kʻɔvəʔkəu ɦi. ŋəu
敲伊勿过。 霜：我 打勿过 伊。我 打伊勿过。 罗：我 打勿过 伊。我 打伊勿过。
kʻɔɦivəʔkəu. n̩ ta˜vəʔku ɦi. n̩ ta˜ɦivəʔku. ŋ̍ ta˜vɐʔku ɦi. ŋ̍ ta˜ɦivɐʔku.
周：我 打勿过伊。 上：我 打勿过 伊。我 打伊勿过。 松：奴 打勿过伊。奴(nu/ɲ̍)
ɦu tãvəʔkuɦi. ŋu tãⁿvɐʔku ɦi. ŋu tãⁿɦivɐʔku. ɲ̍ tɛ̃vəʔkuɦi.
黎：我 打勿过伊。 我 打伊勿过。 盛：我 打伊勿过。 我 打勿过伊。 嘉：我
ŋ̍ ta˜vəʔkɜuɦiⱼ. ŋ̍ tãɦivəʔkɜu. ɦu tæ̃ɦiⱼfəʔkɜu. ɦu tæ̃vəʔkɜuɦiⱼ. ŋ̍
敲勿过 伊奴。我奴 敲伊勿过。 双：我 打勿过 其。 我 打其勿过。 杭：我
kʻɔvəʔkᵊu ʔino. ŋ̍no kʻɔʔivəʔkᵊu. ʔŋ̍ tãvəʔkəu dʑiᶻ. ʔŋ̍ tãdʑiᶻvəʔkᵊu. ʔŋou
敲不过 他。我 敲他不过。 绍：我 打伊勿过。 诸：我 打其勿过。 我
kʻɔpəʔku kʻɑ. ʔŋou kʻɔtʻɑpəʔku. ŋo taŋɦivɪʔku. ŋɯ tᴀ̃dʑiᶻvəʔkɯ. ŋɯ

打勿过其。 崇：我 打勿伊过。 太：我 打勿伊过。 我 打勿过伊。 余：我
tÃvəʔkɯdʑiz. ŋɤ tA˜vEʔɦiz kɤ. ŋɯ tAŋvɛʔɦiz kɯ. ŋɯ tAŋvɛʔkɯɦiz. ŋo
打伊勿过。 宁：我 打其勿过。 我 打勿其过。 黄：我 打勿过渠。 我 打渠勿过。
tÃɦivɪʔkou. ŋo tãdʑivɐʔkəʊ. ŋo tãvɐʔdʑikəʊ. ŋo ta˜vɐʔkəuge. ŋo ta˜gevɐʔkəu.
温：我 打渠勿过。 衢：我 打勿过 其。我 打其勿过。 华：我侬 打勿过渠。 我
ŋ̍ tiɛgefəkəu. ŋu tãfəʔkʊu gi. ŋu tãgifəʔkʊu. ʔɑʔnoŋ tAŋfɐʔkuogə. ʔɑ
打渠勿过。 永：我 打勿过 渠。
tAŋgəfɐʔkuo. ŋoə naifəkoə/kuA gə.

快到上海了。

宜：上海 到快列。 溧：快要 到 上海列。 上海 到快咧。
zAŋxɐɪ taɤk'uAlɪʔ. kuAʔiaʏ taʏ szAŋxæEliɪʔ. szAŋxæE taʏk'uAliɪʔ.
金：上海 快到勒。 快到 上海勒。 丹：快到 上海喽。 上海 快到喽。
saŋxɛe k'uɛeta͡ɔləʔ. k'uɛeta͡ɔ saŋxɛeləʔ. k'uatɒ sɒŋhælEe. saŋhæ k'uatɒlEe.
童：快到 上海连。 靖：要到 上海溜。 到 上海 快勒勾。 江：快到
k'uaɪtɐɤ szaŋxaɪlɪ. ʔiɒtɒ szaŋhæløʏ. tɒ szaŋhæ k'uæləkøʏ. k'uætɒ
上海联。 常：上海 快 到列。 锡：快 到 上海列。上海 到快列。 苏：上海
zAŋhælij. zAɲxæe k'uɑ taɤliɪ. k'uɑ tA zɒ˜xEliɪ. zɒ˜xE tAk'uɑliɪ. zÃhE
到快哉。 熟：上海 到快哉。 昆：快到 上海勒。上海 到快勒。 霜：上海
tæk'uɒtsE. zA˜xæ tɔk'uatsæ. k'uatɔ zãhɛləʔ. zãhɛ tɔk'uɑləʔ. zɒ˜xE
到快则。 罗：上海 快 到则。上海 到快则。 周：上海 到快什。 上：上海
tɔk'uatsəʔ. zɒ˜he k'uɑ tɔtsɐʔ. zɒ˜he tɔk'uatsɐʔ. zɒ˜he ʔdɔk'uazəʔ. zÃŋhE
到快勒。 就要 到 上海勒。 松：上海 到快哉。 黎：快 到 上海台/什。 上海
tɔk'uAlɐʔ. dʑiɤɯʔiɔ tɔ zÃŋhElɐʔ. za˜hE tɔk'uatsE. k'uɒ tA͡ɔ za˜hEdE/zəʔ. za˜hE
到快台/什。 盛：就要 到 上海台。上海 到快台。 嘉：快到 上海哩。上海
tA͡ɔk'uɒdE/zəʔ. ziəʉʔiAɑ tAɑ za˜hEdE. za˜hE tAɑk'uadE. k'uatɔ zA˜hEɛle. zA˜hEɛ
到快哩。 双：上海 到快台/突。 杭：快 到 上海特雷。 上海 快到特。 上海
tɔk'uale. zɔ̃hE tɔk'uadE/dəʔ. k'uE tɔ zAŋhEdəʔleɪ. zAŋhE k'uEtɔdəʔ. zAŋhE
到快特。 绍：上海 到快哉。 诸：上海 马上 到鞋/吉。 上海 到快吉。 崇：快
tɔkuEdəʔ. zɒŋhe tɑɒk'uaze. zɒ̃he mozÃ tɔɦA/tɕiəʔ. zɒ̃he tɔk'uAtɕiəʔ. k'uɑ
到 上海来。 太：马上 就要 到 上海怪。 余：上海 到快哉。 宁：上海 到快来。
tɔ zɒ̃hele. mozɒŋ ʑʏʔiɔ tɔ zɒŋhekua. zɒ̃he tɒk'uAtse. zɔ̃he tɔk'uale.
黄：上海 一到号。 温：上海 快到爻。 衢：快到 上海勒/啦。 华：快到
zɒ˜he ʔieʔtɒɦɒ. ɦihe k'ɑtɜba. k'uɜtɔ zɒ˜hɛləʔ/ʔla. k'uataʊ
上海勒。上海 快到勒。 永：上海 便要 到列。快 要 到 上海列。
zAŋhɛlɐʔ. zAŋhɛ k'uataʊlɐʔ. ɕʑiAŋhəɪ bieŋAʊ tAʊliA. tɕyA ŋAʊ tAʊ ɕʑiAŋhəɪliA.

我看过了电影。

宜：我 电影 看过列。电影 我 看过列。 溧：我 看过 电影列。我 电影
ŋu diʔiŋ k'ekulɪʔ. diʔiŋ ŋu k'ekulɪʔ. ŋAɯ k'ʊkAɯ diʔinliɪʔ. ŋAɯ diʔin
看过列。 电影 我 看过列。 金：我 看过 电影味。电影 我 看过味。 丹：我
k'ʊkAɯliɪʔ. diʔin ŋAɯ k'ʊkAɯliɪʔ. ŋ̍ k'æ̃ko tĩiŋlɛe. tĩiŋ ŋ̍ kæ̃kolɛe. ŋAɤ

看过　电影篓。电影 我　看过篓。　童：我　看过勒　电影勒。　靖：我　电影
kʻəŋkʌɤ tɪiŋlᴇ^{e}.　tɪiŋ　ŋʌɤ　kʻeŋkʌɤlᴇ^{e}.　ŋʌɤ　kʻʊkʌɤləʔ　dɪʔiŋle.　ŋ^{ʌ}ɤ　tĩʔiŋ
看过勒勾。　江：我　电影 看过糟。多 我　看过　电影糟。　常：我　看过则
kʻũk^{ʌ}ɤləʔk^{ʌ}ø.　ŋɜɤ　dɪʔiŋ　kʻɵkɜɤtsɒ.　ŋɜɤ　kʻɵkɜɤ　dɪʔiŋtsɒ.　ŋʌɯ　kʻɔkʌɯtsəʔ
电影列。我　电影 看过佬列。　锡：我　电影 看过列。　苏：我　电影
dɪʔiŋliɪʔ.　ŋʌɯ　dɪʔiŋ　kʻɔkʌɯlɑɤliɪʔ.　ŋʌɯ　dɪʔin　kʻokʌɤliɪʔ.　ŋɜu　diɪʔiɪn
看过哉。我　看过仔　电影勒。　熟：电影 我　看过哉。　昆：我　电影 看过勒。
kʻɵkɜutsᴇ. ŋɜu kʻɵkɜutsɿ diɪʔiɪnləʔ.　dieʔĩ^{n} ŋɯ kʻɤkɯtsæ.　ŋəu dɪʔin kʻɵkəuləʔ.
霜：我 电影 看过贼/勒。　罗：我 电影 看过则。　周：我 电影 看过鞋什。　上：我
ṇ　dɪʔĩ　kʻʌɤkuzəʔ/ləʔ.　ŋ̍　diʔɪ^{n}　kʻ^{ʌ}ɤkutsɐʔ.　ɦu diʔiɪŋ kʻøkuɦɑzəʔ.　ŋu
电影 看过勒。　松：奴 电影 看过鞋里。　黎：电影　我　看过什。　电影　我
diʔiɲ　kʻøkulɐʔ.　nu　diʔiɲ　kʻøkuɦɑli.　diɪʔiəɲ　ŋ̍　kʻɵkʻɜuzəʔ.　diɪʔiəɲ　ŋ̍
看歇特。　盛：电影 我奴 看过台。　嘉：我 看过　电影。我 电影 看过哩。　双：
kʻɵɕiəʔdəʔ.　diɪʔiɲ ɦunɜu kʻɵkɜudᴇ.　ŋ̍　kʻɤək^{ə}u dieʔin. ŋ̍　dieʔin kʻɤək^{ə}ule.
吾 电影 看过台。　杭：我　看过　电影特。我　电影　看过特。　绍：我 电影
ʔŋ̍ dɪʔɪn kʻᴇk^{ə}udᴇ.　ʔŋou kʻᴇku dieʔɪndəʔ ʔŋou dieʔɪn kʻᴇkudəʔ.　ŋo dɪʔɪŋ
看过哉。　诸：我　电影 看过鞋。　崇：我 电影　看过鞋。　太：我　电影　看过怪。
kʻĩkuze.　ŋɯ diɪʔĩ　kʻɤkɯɦᴀ.　ŋɤ　diẽʔiŋ kʻœkɤɦɑ.　ŋɯ diẽʔiŋ kœ̃kɯkuɑ.
余：我 电影 看过浪哉。　宁：我 电影 看过来入。　黄：我 电影　望过号。　温：我
ŋo dĩʔiɲ kʻẽkoulɒ̃tse.　ŋo diʔɪŋ kʻikəʊleʔ.　ŋo dieʔiɪŋ ɦuɒ̃k^{ə}uɦɒ.　ŋ̍
电影　眙黄爻。　衢：我　看过　电影勒。　电影　我　看过勒。　华：我　望过
diʔiʌŋ　tsʻɿɦ^{ʊ}ɔbɑ.　ŋu　kʻək^{ʊ}u　die̴ʔiɲləʔ.　die̴ʔiɲ　ŋu　kʻək^{ʊ}uləʔ.　ʔɑ　moŋkuo
电影勒。　永：我　电影　望过列。
diæ̃ʔiɪnlɐʔ.　ŋoə dieʔiɪɲ mᴀŋkoəliᴀ.

第四节　各地《北风和太阳的故事》对照

这里公布的是从宜兴至永康共33个地点上的《北风和太阳的故事》，记录的完全是讲故事时的实际语音。

宜　兴

poʔ$_{5}$foŋ$_{55}$　doŋ$_{223}$　tʻᴀ$_{33}$ɦiᴀŋ$_{55}$gəʔ$_{\underline{33}}$ku$_{33}$zɿ$_{31}$
北风　同　太阳个故事

ɦiɤɯ$_{33}$iɪʔ$_{\underline{55}}$ɦueɪ$_{44}$tsɐɪ$_{31}$　poʔ$_{5}$foŋ$_{55}$　doŋ$_{223}$　tʻᴀ$_{33}$ɦiᴀŋ$_{44}$　ʑi$_{j22}$dɤɯ$_{11}$xɑɤ$_{23}$　ləʔ$_{\underline{22}}$toʔ$_{\underline{44}}$
有一回仔，　北风　同　太阳　齐头好　勒笃

tsoŋ$_{55}$ləŋ$_{31}$　lo$_{23}$ko$_{55}$gəʔ$_{\underline{33}}$　pəŋ$_{55}$zɿ$_{33}$du$_{31}$　tsəŋ$_{33}$tᴀŋ$_{44}$　kᴀŋ$_{53}$kəʔ$_{\underline{33}}$　zəŋ$_{21}$kuᴀŋ$_{23}$
争论，　哪家个　本事大。　正当　讲葛　辰光，

tsɤɯ$_{53}$ku$_{33}$lɐɪ$_{31}$　ʔɪʔ$_{\underline{55}}$ləʔ$_{\underline{55}}$　ku$_{33}$lu$_{55}$ȵiŋ$_{55}$　səŋ$_{55}$ȵiᴀŋ$_{33}$dɤɯ$_{31}$　tɕʻy$_{ɥ55}$xɑɤ$_{55}$tsɿ$_{55}$　ʔiɪʔ$_{\underline{33}}$dʑɪ$_{44}$
走过来　一葛　过路人，　身娘头　穿好则　一件

gɤɯ21mɪ23ɦɔ53 t'o55ko55 liᴀŋ24gəʔ21 dʑyɥ213 sᴀŋ55liᴀŋ55xaɤ55tsəʔ55 kᴀŋ51 lo24ko55
厚棉袄， 他家 两个 就 商量好则 讲： “哪家

ɦuɐɪ24 ɕɪ55 tɕiaɤ324 kəʔ33liᴀŋ55kəʔ33 tsɤɯ33lu55ȵiŋ55 t'əʔ33lᴀ55to33 mɪ22ɦɔ53 ʑiɤɯ223
会 先 叫 葛娘葛 走路人 脱落他 棉袄， 就

se324 lo24ko44 pəŋ53zɿ33du31 kəʔ33məʔ55 poʔ5foŋ55 ʑiɤɯ223 ɦioŋ22tsoʔ44 lɪʔ22tɕ'ij53
算 哪家 本事大。” 葛末， 北风 就 用足 力气

tsəʔ3kue52 tɕ'yɥ55 lo24 ɕiaɤ33təʔ44 t'o55 tɕ'yɥ55təʔ33 ɦyeʔ23 tɕ'ij53tɕiŋ31 kəʔ33kəʔ55
只管 吹， 哪 晓得 他 吹得 越 起劲， 葛葛

tsɤɯ55lu55ȵiŋ55 ʑiɤɯ223 no51 mɪ22ɦɔ53 ku53təʔ33 ɦyɐʔ23 tɕiŋ51 taɤ324
走路人 就 拿 棉袄 裹得 越 紧。 到

ɦɤɯ21sɤɯ11lɐɪ23 poʔ5foŋ55 ʔm̩55pəʔ33 bᴀ33fᴀʔ55lɪʔ33 ʑiɤɯ223 tsəʔ53xaɤ31 se35tsəʔ31
后首来， 北风 呒不 办法咧， 就 只好 算则。

ku55tsəʔ31 ʔiɪʔ21gᴀ11gᴀ23 t'ᴀ33ɦiᴀŋ44 ʑiɤɯ223 tɕ'yeʔ55lɐɪ55 ȵiɪʔ22hoŋ33hoŋ35ȵiᴀŋ55gəʔ53
过则 一监监， 太阳 就 出来 热烘烘娘个

ʔiɪʔ45 sᴀ324 kəʔ33kəʔ55 tsɤɯ55lu55ȵiŋ55 ʑiɤɯ223 zɐɪ31 sɤɯ51 no55gəʔ55 mɪ22ɦɔ53
一 晒， 葛葛 走路人 就 随 手 拿个 棉袄

təʔ53ho33lɐɪ33kəʔ33lɪʔ31 su33ij52 poʔ5foŋ55 fəʔ55təʔ55fəʔ31 dzəŋ22zəŋ53 taɤ35tij31 t'ᴀ33ɦiᴀŋ44
脱下来葛咧。 所以， 北风 勿得勿 承认 到底 太阳

pij51 t'o55 pəŋ53zɿ33du31
比 他 本事大。

ku53tsəʔ31 tɕij32tɪ23 foŋ55 doŋ22tsəʔ55 t'ᴀ33ɦiᴀŋ44 ɦiɤɯ24 p'ᴀŋ taɤ324
过则 几天， 风 同则 太阳 又 碰 到

ʔiɪʔ33taɤ55lɐɪ33lɪʔ31 t'ᴀ33ɦiᴀŋ44 tɐɪ324 foŋ55 kᴀŋ51 tɕiŋ55tsaɤ31 ȵij55 ɦɐɪ22ke52 doŋ31
一道来列。 太阳 对 风 讲： “今朝 你 还敢 同

ŋu24 pij51 pəŋ55zɿ33fəʔ33lᴀ31 foŋ55 kᴀŋ53lɪʔ31 xaɤ33laɤ55ɦuᴀ31 ŋu22ko44 tsɐɪ33laɪ44
我 比 本事勿啦？” 风 讲列： “好咾惑， 我家 再来

pij53pij33sᴀ31 ȵij51 ke324 ɦɤɯ22lij55dɤɯ31 ɦiɤɯ22iɪʔ55tsᴀʔ33 ʑyɪʔ22ləʔ55toʔ53kəʔ31 lo24
比比晒。 你 看， 河里头 有一只 船勒笃葛？ 哪

ko55 ʔuɐɪ324 tɕiaɤ324 kəʔ55tsᴀʔ55 ʑyĩ223 k'ɐɪ55tsəʔ31 ɦyeʔ23 k'uᴀ324 ʑiɤɯ31 se324
家 会 叫 葛只 船 开则 越 快， 就 算

lo24 ko55 pəŋ53zɿ33du31 t'ᴀ33ɦiᴀŋ44 ziɤɯ31 p'iŋ55tsəʔ33miŋ33 sᴀ324 ɕiᴀŋ51 tɕiaɤ324
哪 家 本事大。” 太阳 就 拼则命 晒， 想 叫

ɦiaɤ21ʑyĩ11gəʔ33 ȵiŋ223 ɦioŋ22tɪ44 lɪʔ22tɕ'ij44 huᴀʔ22ʑyĩ23 dɐɪ22zɿ44 t'ᴀ33ɦiᴀŋ55kuᴀŋ31
摇船个 人 用点 力气 划船。 但是， 太阳光

ɦyɪʔ23 du31 ɦiaɤ21ʑyĩ13laɤ52 ʑiɤɯ31 ɦyɪʔ23 ɦm̩24pəʔ31 lɪʔ22tɕ'ij5 ʑyĩ223 ɦiᴀ223
越 大， 摇船佬 就 越 呒不 力气， 船 也

ɦiaɤ22tsəʔ44 ɦyɪʔ23 mᴀ223 ləŋ22taɤ44 foŋ55lɐɪ sɿ53sɿ33lɪʔ31 to55
摇则 越 慢。 轮到 风来 试试列， 他

βu23ɦᴀ55βu33tsəʔ33ȵiᴀŋ31 ʔiɪʔ55 ts'ɥ tsəʔ33t'iŋ44tɕɪ52 ɦiaɤ21ʑyĩ13laɤ52 tɕiaɤ53lɪʔ31
胡啊胡则娘 一 吹， 只听见 摇船佬 叫列：

ʑyiŋ21foŋ23lɪʔ52 xɑʏ51 ts'ᴀ33boŋ55lɪʔ31 ʑyĩ22ȵiᴀŋ55dʏɯ31 ʑiʏɯ31 ts'ᴀ55tɕ'ij33ləɪʔ31 boŋ223

“顺风列， 好 扯篷列。” 船娘头 就 扯起勒 篷。

foŋ55 tɐɪ53xɑʏ33tsɿ33gəʔ31 boŋ223 boŋ223 tᴀ55xɑʏ33tsəʔ31 ʑyĩ223 ʑyĩ223 k'ɐɪ55tsəʔ31

风 推好仔个 篷， 篷 带好则 船， 船 开则

k'uᴀ53tɑʏ33tsəʔ33 ʔiɔ55sij31 kᴀ35tɕiᴀʔ31 t'ᴀ33ɦiᴀŋ44 tsəʔ33xɑʏ53 kᴀŋ51 foŋ55ɕɪ55sᴀŋ31

快到则 要死。 戒脚 太阳 只好 讲： “风先生，

ȵij24kəʔ31 pəŋ53zɿ31 pij33ŋu44 du31

你葛 本事 比我 大。”

tɑʏ324 ʔᴀʔ33məʔ44lɐɪ52 foŋ55 kᴀŋ51 ŋu24ko31 ʔiɪʔ5tsɑʏ55 ʔiʏ55pəŋ55zɿ31

到 压末来， 风 讲： “我家 一朝 有本事，

ɦiɑʏ53tsəŋ32lɪʔ23

勿要争列。”

溧 阳

pɔʔ55foŋ34 kən445 t'ᴀ54ɦie34kəʔ55 ku44sɿ31

北风 跟 太阳葛 故事

ɦiʌɯ32ʔiɪʔ44ɦuæᴇ31 pɔʔ5foŋ34 kən44 t'ᴀ54ɦie34 tsən52xɑʏ52 ləʔ33kəʔ22dʌɯ23

有一回， 北风 跟 太阳 正好 勒个头

tsən44lən52 k'ʊ412 lo54ko34kəʔ55 pən44zɿ31 dʌɯ224 tsən54tᴀŋ34 ləʔ33kəʔ52 kᴀŋ54

争论， 看 哪家葛 本事 大。 正当 勒个 讲

kəʔ33zən33kuᴀŋ34 læᴇ32tsəʔ33 ʔiɪʔ55kəʔ55 tsei54lu44ȵin31 sən44lᴀŋ44 ts'ʊ44tsəʔ55

葛辰光， 来则 一个 走路人， 身浪 穿则

ʔiɪʔ55dʑi52 gi32pᴀŋ22sən23 t'o44ko44 lie32kəʔ44ȵin31 ʑiʌɯ31 sᴀŋ44lie44xɑʏ44tsə31 kᴀŋ44

一件 厚绑身， 他家 两个人 就 商量好则 讲：

lo44ko44 lən323 ɕiz445 tɕiɑʏ412 kəʔ55kəʔ55 tsei54lu44kəʔ44ȵin31 t'əʔ33ɦo23 t'o44kəʔ55

“哪家 能 先 叫 葛葛 走路葛人 脱下 他葛

pᴀŋ44sən445 ʑiʌɯ54sʊ34 lo24ko55 pən44zɿ31 dʌɯ224 ɦei32sei44læᴇ31 pɔʔ55foŋ34 ʑiʌɯ22

绑身， 就算 哪家 本事 大。” 后首来， 北风 就

ɦioŋ24lɪʔ33 tɕ'yz445 lo32ko44ɕiɑʏ44təʔ22 t'o44 ʔyeʔ55tɕ'yz34 tsəʔ44 dʌɯ224 kəʔ55kəʔ33ȵin34

用力 吹。 哪家晓得 他 越吹 则 大， 葛葛人

ʑiʌɯ22 lo323 pᴀŋ44sən31 kʌɯ44tsə31 ɦyeʔ33 tɕin52 tɑʏ41 ɦei32læᴇ23 pɔʔ55foŋ34

就 拿 绑身 裹则 越 紧， 到 后来， 北风

ʔmː44əʔ55 bᴀ54faʔ34lɪʔ55 tsəʔ55xɑʏ52 ʑiʌɯ224 sʊ54tsᴇ34 kʌɯ54tsɿ34 ʔiɪʔ55kᴀ33kᴀ34

呒没 办法列， 只好 就 算哉。 过则 一监监，

t'ᴀ54ɦie34 ʑiʌɯ22 ts'əʔ55læᴇ34 ʔȵiɪʔ55xoŋ33xoŋ44kəʔ55 ʔiɪʔ55sᴀ412 kəʔ55kəʔ55

太阳 就 出来 热烘烘葛 一晒， 葛葛

tsei54lu44ȵin31 ʔmo44zᴀŋ445 ʑiʌɯ22 ʔlo44 pᴀŋ44sən5 44 t'əʔ33laʔ33tsəʔ44 sʌɯ44ʔiz31

走路人 马上 就 拿 绑身 脱腊则， 所以，

pəʔ$_{55}$foŋ$_{34}$ tsəʔ$_{55}$xɑ^{Y}$_{52}$ dzən$_{32}$zən$_{23}$ tɑ^{Y}$_{44}$ti$_{z31}$ xɦæE$_{32}$zʅ$_{23}$ t'ᴀ$_{54}$ɦie$_{34}$ pi$_{z52}$ t'o$_{44}$
北风 只好 承认 到底 还是 太阳 比 他

pən$_{44}$zʅ$_{31}$ dʌɯ$_{224}$
本事 大。

kʌɯ$_{54}$tsəʔ$_{33}$tɕi$_{z33}$t'i$_{34}$ foŋ$_{44}$ kən$_{44}$ t'ᴀ$_{54}$ɦie$_{34}$ ʔiʌɯ$_{52}$ p'ən$_{54}$tɑ^{Y}$_{33}$lɪ$_{34}$ t'ᴀ$_{54}$ɦie$_{34}$ tæE$_{44}$
过则几天, 风 跟 太阳 又 碰到列。 太阳 对

foŋ$_{44}$ kᴀŋ$_{52}$ tɕin$_{445}$tsɑ^{Y}$_{445}$ ȵi$_{z323}$ ɦæE$_{32}$kʊ$_{52}$ kən$_{44}$ ŋʌɯ$_{224}$ pi$_{z54}$pi$_{z34}$
风 讲: “今朝 你 还敢 跟 我 比比

pən$_{44}$zʅ$_{33}$vəʔ$_{33}$lᴀ$_{31}$ foŋ$_{44}$kᴀŋ$_{44}$ xɑ^{Y}$_{52}$lɑ^{Y}$_{33}$ $^{?}$ŋo$_{44}$ tsæE$_{54}$læE$_{34}$ pi$_{z24}$pi$_{z31}$ ȵi$_{z323}$ k'ʊ$_{412}$
本事勿啦?” 风讲: “好咾, 牙 再来 比比。 你 看,

ɦʌɯ$_{32}$li$_{z23}$ fəʔ$_{55}$zʅ$_{34}$ ʔiʌɯ$_{54}$tsəʔ$_{44}$ ɕʑyʊ$_{32}$mə$_{23}$ lo$_{32}$ko$_{44}$ ʔlən$_{44}$ xæE$_{44}$ zəm$_{31}$
河里 勿是 有只 船没? 哪家 能 喊 成

kəʔ$_{55}$tsəʔ$_{55}$ ʑyu$_{323}$ tsei$_{54}$zə$_{34}$ kuᴀ$_{412}$ ʑiʌɯ$_{231}$ɕyʊ$_{44}$ lo$_{32}$ko$_{44}$ pən$_{44}$zʅ$_{31}$ dʌɯ$_{231}$
葛只 船 走则 快, 就算 哪家 本事 大。”

t'ᴀ$_{54}$ɦie$_{34}$ ʑiʌɯ$_{231}$ ts'əʔ$_{33}$lɪʔ$_{55}$ sᴀ$_{412}$ ts'æE$_{445}$ ʔiɑ^{Y}$_{44}$ ʑyʊ$_{32}$kəʔ$_{33}$ ȵin$_{323}$ ts'əʔ$_{33}$lɪʔ$_{55}$
太阳 就 出力 晒, 催 摇 船葛 人 出力

$^{?}$ɦiɑ^{Y}$_{323}$ fəʔ$_{55}$kʌɯ$_{34}$ t'ᴀ$_{54}$ɦie$_{33}$kuᴀŋ$_{34}$ ɦyeʔ$_{33}$dʌɯ$_{23}$ ʑyʊ$_{32}$fu$_{23}$ ʑiʌɯ$_{231}$ ɦyeʔ$_{22}$ ʔməʔ$_{55}$
摇。 勿过 太阳光 越大, 船夫 就 越 没

lɪʔ$_{33}$sən$_{23}$ ʑyʊ$_{32}$ɦie$_{23}$ ɦiɑ^{Y}$_{32}$tsə$_{23}$ ɦyeʔ$_{33}$mᴀ$_{52}$ lin$_{44}$tɑ^{Y}$_{44}$ foŋ$_{44}$læE$_{445}$ sʅ$_{54}$sʅ$_{33}$lɪ$_{34}$ to$_{44}$
力身, 船也 摇则 越慢。 轮到 风来 试试列, 他

xu$_{32}$lᴀ$_{44}$xu$_{32}$lᴀ$_{44}$ ʔiɪʔ$_{55}$tɕ'y$_{z34}$ ʑiʌɯ$_{231}$ ʑyʊ$_{31}$fu$_{23}$ ləʔ$_{33}$kəʔ$_{22}$li$_{23}$ tɕiɑ^{Y}$_{412}$ ʑin$_{32}$foŋ$_{22}$lɪʔ$_{55}$
呼啦呼啦 一吹, 就 船夫 勒葛里 叫: “顺风列,

xɑ^{Y}$_{54}$ts'ʌɯ$_{34}$boŋ$_{52}$lɪʔ$_{33}$ ʑyʊ$_{231}$ ts'ʌɯ$_{44}$tɕ'i$_{z44}$ boŋ$_{323}$ foŋ$_{44}$ t'æE$_{44}$tsəʔ$_{55}$ boŋ$_{323}$ boŋ$_{323}$
好扯篷列,” 船 扯起 篷, 风 推则 篷, 篷

tᴀ$_{54}$xɑ^{Y}$_{34}$tsəʔ$_{55}$ ʑyʊ$_{323}$ ʑyʊ$_{323}$ tsei$_{54}$tsəʔ$_{44}$ k'uᴀ$_{52}$tɑ^{Y}$_{34}$ tsəʔ$_{54}$ʔiɑ^{Y}$_{33}$sʅ$_{52}$ kəʔ$_{55}$ɕiɪʔ$_{55}$
带好则 船, 船 走则 快到 则要死, 葛歇

t'ᴀ$_{54}$ɦie$_{14}$ tsəʔ$_{55}$xɑ^{Y}$_{34}$ kᴀŋ$_{44}$ foŋ$_{44}$ɕi$_{44}$sən$_{31}$ ȵi$_{z32}$kəʔ$_{33}$ pən$_{44}$zʅ$_{31}$ pi$_{z52}$ŋʌɯ$_{31}$ dʌɯ$_{33}$
太阳 只好 讲: “风先生, 你葛 本事 比我 大。”

tɑY$_{41}$ ʔɑʔ$_{55}$məʔ$_{33}$læE$_{33}$ foŋ$_{44}$ kᴀŋ$_{54}$lɪ$_{31}$ ʔno$_{52}$ ʔəʔ$_{55}$tsɑ^{Y}$_{52}$ ɦiʌɯ$_{224}$ pən$_{54}$zʅ$_{34}$təʔ$_{55}$
到 压末来, 风 讲列: “牙 一早 有 本事得,

ɦɑ^{Y}$_{52}$tsən$_{34}$lɪʔ$_{55}$
弗要争列。”

金 坛 西 岗

poʔ$_{53}$foŋ$_{31}$ kəŋ$_{31}$ t'E^{e}$_{55}$iɑŋ$_{33}$ti$_{31}$ ku$_{44}$sʅ$_{52}$
北风 跟 太阳的 故事

iʌY$_{24}$ ieʔ$_{5}$huei$_{23}$ poʔ$_{53}$foŋ$_{31}$ kəŋ$_{31}$ t'ɛ^{e}$_{55}$iɑŋ$_{23}$ tsəŋ$_{52}$xɑ^{ɔ}$_{23}$ tsɛ^{e}$_{323}$ tsəŋ$_{44}$ləŋ$_{52}$,
有 一回, 北风 跟 太阳 正好 在 争论,

nɑ22ieʔ55kəʔ33ti31 pəŋ33sɿ52 dɑ44 tsəŋ44zεᵉ31 ts'ɑᵓ33ti44 sɿ44hʌɤ31 tsʌɤ33lεᵉ24ləʔ31
哪一个的 本事 大。 正在 吵的 时候， 走来了

ieʔ44kəʔ44 ku44lu44ti52 zəŋ24 səŋ44lɑŋ31 ts'ʊ̃44lɑᵓ44 ieʔ44dʑĩ44 xʌɤ44xʌɤ44ti55 mĩ24ɦɑᵓ44
一个 过路的 人， 身上 穿牢 一件 厚厚的 棉袄。

tɑ44məŋ23 liɑŋ22kəʔ55ləŋ31 sɑŋ55liɑŋ55hɑᵓ33ləʔ33 soʔ44 mɑ22ieʔ44kəʔ55 ləŋ24 ɕĩ44tɕiɑᵓ52
他们 两个人 商量好了 说：“哪一个 能 先叫

tsəʔ53kəʔ35ləŋ31 t'əʔ5o23 mĩ24ɑᵓ52 tɕiʌɤ44sʊ̃ nɑ22ieʔ44kəʔ55ti55 pəŋ33sɿz44 dɑ44
这个人 脱下 棉袄， 就算 哪一个的 本事 大。”

tɕieʔ55zəʔ33 poʔ53foŋ31 tɕiɤ44 ku33zaʔ44 tɕiŋ44 ieʔ44kəʔ44 tɕ'iz52ɑr23i33 fu44fu44iz31
接着， 北风 就 鼓着 劲 一个 气儿地 呼呼地

məŋ24 ts'uei31 nɑ22kəʔ44 ɕiɑᵓ33təʔ44 ts'uei44təʔ44 yiŋ33ioŋ44 lɑʔ33kəʔ44ləŋ55 tɕiɤ52nɑ23
猛 吹， 哪个 晓得 吹得 □□， 那个人 就拿

mĩ24ɑᵓ31 ku33təʔ44 yeʔ44 tɕiŋ323 tɑᵓ ʌɤ52lεᵉ23 poʔ53foŋ31 səʔ44tsεᵉ44 məʔ22təʔ44
棉袄 裹得 越 紧。 到 后来， 北风 实在 没得

pæ̃22fɑʔ44 tsəʔ44xɑᵓ tɕiɑᵓ24 sæ̃52ləʔ31 ku44ləʔ44 ieʔ52ɕiz23 t'ɑ55iɑŋ23 dʑiʌɤ24
办法， 只好 就 算了。 过了 一歇， 太阳 就

tɕ'yeʔ55lεᵉ23 ləʔ44ləʔ44 tɕiz33ieʔ55tɕ'iz31 ieʔ44 sεᵉ44 tsəʔ4gəʔ44 ku44lu44ȵiŋ52 mɑ33zɑŋ52
出来， 热热 记一记 一 晒， 这个 过路人 马上

tɕiɤ52pɑ23 mĩ24ɑᵓ23 t'əʔ52ləʔ23 ɕiɑ52lεᵉ23 sʌɤ33ɕi44 po53foŋ31 tsəʔ52xɑᵓ23 əŋ24nəŋ52
就把 棉袄 脱了 下来。 所以， 北风 只好 承认

tɑᵓ52diz23 xεᵋ24zɿz44 t'ɑ53iɑŋ23 piz323 tɑ44ti44 pəŋsɿz52 dɑ44
到底 还是 太阳 比 他的 本事 大。

ɕieʔ44ləʔ22 tɕiz33t'ĩ44 poʔ53foŋ31 kəŋ31 t'ɑ55iɑŋ23 iʌɤ31 p'oŋ55tɑᵓ33ləʔ31 t'ɑ55iɑŋ23
歇了 几天， 北风 跟 太阳 又 碰到了。 太阳

tuei44 foŋ31 soʔ44 tɕiŋ55ɑ33tsɿ31 niz24 xæ̃24 kæ̃24 kəŋ31 ŋ̍24 piz323 pəŋ33sɿz44vɑ55
对 风 说：“今阿子， 你 还 敢 跟 我 比 本事哦？”

foŋ44soʔ44 kæ̃33ti44 ŋ̍22məŋ44 sεᵉ52lεᵉ piz33ieʔ55piz31 niz22kæ̃52 u24liz32dɤ23 pəʔ44zɿz52
风说： “敢的。 我们 再来 比一比。 你看， 河里头 不是

iʌɤ23ieʔ55tsɑʔ31 ts'uæ̃22mɑ44 nɑ22əʔ44kəʔ55 nəŋ24iɑᵓ52 ts'ʊ̃24 tsʌɤ33təʔ44kuεᵉ52 tɕiʌɤ44sʊ̃52
有一只 船吗？ 哪一个 能要 船 走得快 就算

nɑ23ieʔ44kəʔ44ti55 pəŋ33sɿz53 dɑ44 t'ɑ52iɑŋ23 tɕiʌɤ44 p'iŋ44miŋ44 sεᵉ51 ɕiɑŋ323 tɕiɑᵓ323
哪一个的 本事 大。” 太阳 就 拼命 晒， 想 叫

iɑᵓ323 ts'ʊ̃22ti44 nəŋ24 ioŋ44lieʔ44 iɑᵓ24 zʊ̃24 nəŋ24 ɕiɑᵓ33təʔ44 t'ɑ55iɑŋ52 sεᵉ44təʔ31
摇 船的 人， 用力 摇 船， 哪 晓得 太阳 晒得

ioŋ44 liz44εᵉ52 iɑᵓ24 zʊ̃24ti44 nəŋ24 yeʔ44sɿz44 məʔ44təʔ44 lieʔ44tɕ'iz44 iɑᵓ24 sʊ̃24
□ 厉害， 摇 船的 人 越是 没得 力气， 摇 船，

ts'uæ̃24 ie323 iɑᵓ24təʔ44 yeʔ5lεᵉ23 yeʔ44 mæ̃44 ləŋ24tɑᵓ23 foŋ31 lεᵉ24 piz33sɿz55ləʔ31
船 也 摇得 越来 越 慢。 轮到 风 来 比试了。

tɑ31 fu44fu44ti31 ieʔ44 ts'uei31 tsəʔ33tiŋ55tɕĩ31 iɑᵓ24 sʊ̃24gəʔ44 nəŋ24 zεᵉ44 tɕiɔ52xæ̃23
他 呼呼的 一 吹， 只听见 摇 船个 人 在 叫喊：

suəŋ$_{24}$foŋ$_{33}$ləʔ$_{\underline{31}}$ kᵓu$_{35}$i$_{23}$ tsʻɑ$_{31}$ pʻoŋ$_{24}$ləʔ$_{\underline{31}}$ tsʊ̃$_{22}$zɑŋ$_{52}$ tsʻɑ$_{55}$tɕʻi$_{z33}$ləʔ$_{31}$ pʻoŋ$_{24}$ tɑ$_{44}$foŋ$_{31}$
“顺风了， 可以 扯 篷了。” 船上 扯起了 篷， 大风

tʻuex$_{44}$tsəʔ$_{\underline{44}}$ pʻoŋ$_{24}$ tsʻʊ̃ kʻueᵉ$_{44}$təʔ$_{\underline{44}}$ m̩$_{44}$təʔ$_{\underline{44}}$liɑᵓ$_{23}$ tʻɑ$_{55}$iɑŋ$_{23}$ tsəʔ$_{5}$xɑᵓ$_{23}$ suɔʔ$_{\underline{44}}$
推着 篷， 船 快得 呒得了。 太阳 只好 说：

foŋ$_{55}$ɕĩ$_{33}$sʌŋ$_{31}$ ȵi$_{z44}$ti$_{44}$ pəŋ$_{33}$sɿ$_{z52}$ pi$_{z323}$ ŋ̍$_{22}$ti$_{44}$ tɑ$_{31}$
“风先生， 你的 本事 比 我的 大。”

tɑᵓ$_{44}$ tsʊ̃$_{44}$xʌɤ$_{44}$ foŋ$_{31}$ suɔʔ$_{44}$liɑᵓ$_{22}$ ŋo$_{21}$məŋ$_{23}$ tu$_{35}$ɤ$_{23}$ pəŋ$_{33}$sɿ$_{z53}$ ioŋ$_{53}$pəʔ$_{\underline{33}}$tsɑʔ$_{\underline{55}}$
到 最后， 风 说了： “我们 都有 本事， 用不着

sɛᵉ$_{44}$ tsəŋ$_{55}$tsʻɑᵓ$_{33}$ləʔ$_{\underline{31}}$
再 争吵了！”

丹阳

poʔ$_{\underline{33}}$foŋ$_{\underline{33}}$ kɛn$_{22}$ tʻɑ$_{44}$iɑŋ$_{33}$kɛʔ$_{\underline{33}}$ ku$_{52}$sɿ$_{23}$
北风 跟 太阳葛 故事

ɦʏ$_{33}$ɪʔ$_{\underline{55}}$tsʻɿ$_{324}$ poʔ$_{\underline{33}}$foŋ$_{33}$ kɛn$_{22}$ tʻɑ$_{44}$iɑŋ$_{31}$ tɕiŋ$_{33}$ŋæ$_{44}$hɒ$_{55}$ dzɛᵉ$_{22}$kəʔ$_{\underline{55}}$li$_{31}$ tɕiŋ$_{44}$lɛn$_{31}$
有一次， 北风 跟 太阳 正眼好 在葛里 争论，

loʔ$_{\underline{53}}$kʌʏ$_{33}$kəʔ$_{\underline{31}}$ pɛn$_{52}$sɿ$_{23}$ dʌʏ$_{41}$ tɕiŋ$_{44}$ŋæ$_{31}$ kɑŋ$_{33}$kɛʔ$_{\underline{44}}$ sɿ$_{44}$hʌʏ$_{31}$ lᴇᵉ$_{22}$zɛʔ$_{44}$ ɪʔ$_{\underline{33}}$kʌʏ$_{35}$
咯葛葛 本事 大。 正眼 讲葛 时候， 来则 一个

tsᴇᵉ$_{35}$ləu$_{33}$gɛʔ$_{\underline{33}}$ȵiŋ$_{31}$ sɛn$_{22}$li$_{z44}$ tɕʻuæ$_{44}$zɛʔ$_{\underline{55}}$ ɪʔ$_{3}$dʑɪ$_{33}$ hᴇᵉ$_{41}$gɛʔ$_{\underline{21}}$ mɪ$_{22}$ɒ$_{44}$ tɑ$_{44}$dʑi$_{z23}$
走路个人， 身里 穿则 一件 厚个 棉袄。 他俫

lie$_{32}$kɛʔ$_{\underline{24}}$ sɑŋ$_{33}$lie$_{44}$hɒ$_{55}$tsɛʔ$_{\underline{31}}$ ɕyɪʔ$_{\underline{33}}$ loʔ$_{\underline{53}}$kɛʔ$_{\underline{21}}$ ɕɪ$_{44}$tɕiɒ$_{44}$ gɛʔ$_{\underline{33}}$gɛʔ$_{\underline{44}}$ tsᴇᵉ$_{52}$ləu$_{23}$gɛʔ$_{\underline{33}}$
两葛 商量好则 说： “咯葛 先叫 个个 走路个

ȵiŋ$_{213}$ tʻɛʔ$_{\underline{55}}$ho$_{23}$ tʻɑ$_{44}$gɛʔ$_{\underline{55}}$ mɪ$_{22}$ɒ$_{44}$ dʑʏ$_{33}$sʌʏ$_{44}$ loʔ$_{52}$kɛʔ$_{\underline{33}}$kɛʔ$_{\underline{31}}$ pɛn$_{52}$sɿ$_{33}$ dʌʏ$_{41}$
人 脱下 他个 棉袄， 就算 咯葛葛 本事 大。”

sʌʏ$_{33}$i$_{44}$nɛʔ$_{\underline{55}}$ poʔ$_{\underline{33}}$foŋ$_{33}$ dʑʏ$_{324}$ ioŋ$_{52}$dʑiŋ$_{23}$ sɿ$_{33}$pʻiŋ$_{44}$miŋ$_{44}$gɛ$_{\underline{31}}$ tsʻəu$_{22}$ ɦo$_{35}$ɕiɒ$_{33}$tsɛʔ$_{\underline{31}}$
所以呢， 北风 就 用劲 死拼命个 吹， 呵晓则，

tɑ$_{22}$ tsʻou$_{22}$tsɛʔ$_{\underline{44}}$ ɦyɪʔ$_{\underline{24}}$ li$_{z41}$hɑ$_{31}$ gɛʔ$_{\underline{33}}$kɛʔ$_{\underline{44}}$ ȵiŋ$_{213}$ tɕʏ$_{33}$pɑ$_{44}$ mɪ$_{32}$ɔ$_{24}$ kʌʏ$_{35}$tsɛʔ$_{\underline{31}}$
他 吹则 越 厉害， 个葛 人 就把 棉袄 裹则

ɦiɪʔ$_{\underline{24}}$ tɕiŋ$_{44}$ sɜʔ$_{\underline{33}}$tsɛᵉ$_{44}$ m̩$_{22}$tɛʔ$_{\underline{44}}$ bæ$_{52}$fɑʔ$_{33}$lɪʔ$_{\underline{31}}$ tsɛʔ$_{\underline{33}}$hɒ$_{33}$ dʑʏ$_{213}$ səŋ$_{52}$leʔ$_{\underline{23}}$
越 紧。 实在 呒得 办法列。 只好 就 算列。

kʌʏ$_{52}$tsɿ$_{\underline{33}}$ ɪʔ$_{\underline{33}}$tsɛʔ$_{\underline{44}}$ koŋ$_{44}$fu$_{31}$ tʻɑ$_{44}$iɑŋ$_{31}$ dʑʏ$_{324}$ tɕyɪʔ$_{\underline{33}}$lɛᵉ$_{35}$lɪʔ$_{\underline{55}}$ ȵɪʔ$_{\underline{33}}$hoŋ$_{55}$hoŋ$_{55}$gɛʔ$_{\underline{31}}$
过则 一眨 工夫， 太阳 就 出来列， 热烘烘个

ɪʔ$_{\underline{33}}$ so$_{324}$ ɦɛʔ$_{\underline{33}}$gɛʔ$_{\underline{33}}$ tsɛᵉ$_{35}$lᵓu$_{33}$gɛʔ$_{\underline{33}}$ȵiŋ$_{23}$ mo$_{52}$zɑŋ$_{23}$ dʑʏ$_{22}$pɑ$_{44}$ mɪ$_{32}$ɔ$_{24}$
一 晒， 个个 走路个人 马上 就把 棉袄

tʻɛʔ$_{\underline{55}}$tɒ$_{33}$o$_{33}$lᴇᵉ$_{33}$lɛ$_{31}$ sʌʏ$_{32}$i$_{z23}$ poʔ$_{\underline{33}}$foŋ$_{33}$ ʔʋɛʔ$_{55}$tɛʔ$_{55}$ʋɛʔ dzɛn$_{32}$lɛn$_{23}$ tɒ$_{35}$dʑi$_{z33}$æ$_{33}$sɿ$_{31}$
脱则下来喽。 所以， 北风 勿得勿 承认， 到底还是

tʻɑ$_{44}$iɑŋ$_{31}$ pi$_{z44}$ tʻɑ$_{44}$kɛʔ$_{\underline{31}}$ pɛn$_{44}$sɿ$_{31}$ tɑ$_{41}$
太阳 比 他葛 本事 大。

kʌɤ52tsɛʔ33　tɕiz33tʻɪ44　foŋ22kɛn44　tʻɑ44iɑŋ31　ʏ41　pʻoŋ44tɒ44　ɪʔ33kuæ55Eⁱ55lɛᵉ33lɛᵉ31

过则　几天，　风跟　太阳　又　碰到　一块儿来咪。

tʻɑ44iɑŋ31　kɛn22foŋ44　ɕyɪʔ33　kɛn44tɕiɒ44　n̩44　ɦæ22kəŋ44　kɛn44　ŋ̍44　piz44

太阳　跟风　说：　“今朝，　尔　还敢　跟　我　比

pɛn44sɿ44bɑ23　foŋ22ɕyɪʔ33　hɒ33dɛʔ44　ŋʌɤ22dʑiz44　zɛᵉ22lɛᵉ44　piz33ɪʔ55piz31　n̩22　kʻəŋ324

本事吧？　风说：　“好得　我济　再来　比一比，　尔　看，

hʌɤ22liz44　ʔʋɛʔ33sɿ44　ɦʏ44　ɪʔ33tsɛʔ33　səŋ22mɑ44　loʔ53kɛʔ31　kʻʌɤ33iz44　tɕiɒ44　kɛʔ33kɛʔ33

河里　勿是　有　一只　船么？　咯葛　可以　叫　葛葛

səŋ213　tsEᵉ33zɿ44　kʻuæ324　dʑʏ22səŋ44　n̩22loʔ55kɛʔ33kɛʔ31　pɛn44sɿ44　dʌɤ41　tʻɑ44iɑŋ31

船　走则　快，　就算　尔咯葛葛　本事　大。　太阳

dʑʏ31　sɿ33pʻiŋ55miŋ55gɛʔ31　so324　tɕʻye22　ɦiɒ213　zəŋ22kɛʔ44n̠in31　ɦioŋ52lɪʔ31　ɦiɒ213

就　死拼命个　晒，　催　摇　船葛人　用力　摇

zəŋ213　kʻʌɤ33sɿ44　tʻɑ44iɑŋ55kuɑŋ323　yɪʔ33　sʌɤ33tɛʔ44　lizhæ31　ɦiɒ213　zəŋ22kɛʔ44　dʑʏ31

船。　可是，　太阳光　越　晒得　厉害，　摇　船葛　就

yɪʔ33　mɛʔ44tɛʔ44　lɪʔ52tɕʻiz23　zəŋ213　ɦɑ22dʑʏ44　ɦiɒ22zɛʔ44　yɪʔ33　mæ41　lɛn22tɒ44　foŋ22

越　没得　力气，　船　也就　摇则　越　慢。　轮到　风

lɛᵉ213　sɿ55sɿ33lɛʔ　tɑ22dʑʏ44　fu44fu44kɛʔ31　ɪʔ33　tsʻəu22　dʑʏ213　tʻiŋ35tɕɪ21　ɦiɒ323

来　试试喽，　他就　呼呼葛　一　吹，　就　听见　摇

zəŋ22kɛʔ22　tɕiɒ324　tɕʻiz35foŋ22lɛʔ44　kʻʌɤ21i22　sɑ33fæ44lɛʔ55　zəŋ213　sɛn22tɕʻiz44lɛʔ55　fæ44

船葛　叫：　“起风喽，　可以　上帆喽。”　船　升起了　帆，

foŋ22　tEᵉ22tsəʔ44　fæ44　fæ44　tɑ44zɛʔ31　zəŋ213　tɕʏ41　yɪʔ52tsɛᵉ23　yɪʔ24　kʻuɑ55lɛᵉ31

风　推则　帆，　帆　带则　船，　就　越走　越　快咪。

ɦɪ35zɛᵉ22　tʻɑ44iɑŋ31　tsɜʔ33hɒ33　ɕyɪʔ33　foŋ22ɕɪ22sɛn31　n̩22kɛʔ44　pɛn52sɿ23　piz24　ŋʌɤ24　dʌɤ

现在　太阳　只好　说：　“风先生，　你葛　本事　比　我　大。”

tɒ324　ɦɛᵉ22kʻuɛᵉ33lɑ31　foŋ22　ɕyɪʔ33　ŋʌɤ22dʑiz44　tʌɤ55ɦʏ33　pɛn52ʂɿ33kɛʔ44　fɜʔ55iɒ31

到　后块来，　风　说：　“我侪　都有　本事葛，　勿要

tsɛn22lɛʔ44

争喽。”

丹阳童家桥

poʔ53foŋ31　xɦʌɤ42　tʻɒ55iɑŋ33gəʔ31　ku55zɿ31

北风　和　太阳个　故事

ɦiʊ22iɪʔ44tsʻɿ52　poʔ44foŋ55xɦu31　tʻɒ55iɑŋ31　tsʻəŋ55hɐɤ31　szaĩ113　tsəŋ55ləŋ31　lɒ35gəʔ33

有一次，　北风和　太阳　正好　在　争论，　拉个

pəŋ33zɿ44　dʌɤ113　tsəŋ35laɪ　tɕiaŋ35gəʔ31　szəŋ23kuaŋ55　laɪ22ləʔ55　ʔiɪʔ53gʌɤ31　kʌɤ45

本事　大。　正在　讲个　辰光，　来了　一个　过

lu22gəʔ55n̠iəŋ31　səŋ55szɑŋ31　tʃʻyʮei33tsʌʔ55　ʔiɪʔ55kʌɤ55　mɪ35ŋɐɤ31　kəʔ44liaŋ44kəʔ31　ɦiŋ31

路个人，　身上　穿着　一个　棉袄。　葛两个　人

ʑiʊ ʃyɥɑŋ44liɑŋ23 ʃyoʔ55 lɒ23kʌɤ55 nəŋ24kei31 ɕɪ44tɕiɐɤ44 ŋʌɤ22ɦʌɤ tseɪ
就 商量 说: “拉个 能够 先叫 个个 走

lu22kəʔ55ɦiŋ31 tʻəʔ55ɦo23 tʻɒ55gəʔ31 mɪ35ŋɐɤ31 ʒyʊ22syɥ55 tʻɒ42 pəŋ55zɿ33 tsəŋ45
路葛人 脱下 他个 棉袄, 就算 他 本事大。” 正

ziʊ23kəʔ53iɑŋ31 poʔ53foŋ31 ʒyʊ113 ɦioŋ22tsoʔ55 tɕiəŋ45 tʃʻyoʔ53 lo35 ɕiɐɤ33təʔ55 tɒ42
就介样, 北风 就 用足 劲 吹, 咯 晓得 他

tʃʻɥei33təʔ55 ɦioʔ55 li21ɦai23 gʌɤ22gəʔ55 ȵiŋ31 ʒyʊ113 no42 mɪ35ŋɐɤ31 kʌɤ33təʔ55
吹得 越 厉害, 个个 人 就 拿 棉袄 裹得

ɦioʔ24 tɕiəŋ324 tɐɤ45 ɦʌɤ22laɪ55 poʔ53foŋ31 məʔ53təʔ31 bɑ22fɑʔ55 tsəʔ53hɐɤ31 ʒyʊ113
越 紧。 到 后来 北风 没得 办法, 只好 就

ʃyɥ55laɪ55 kʌɤ44ləʔ44 ʔiɪʔ33tsɑʔ55tsɑ31 tʻɒ55iɑŋ31 tʃʻyoʔ53laɪ31 ȵiɪʔ44ȵiɪʔ44ti55 ʔiɪʔ55saɪ55
算啦。 过了 一眨眨, 太阳 出来 热热的 一晒。

gəʔ33gəʔ23 tseɪ324 lʌɤ22gəʔ44 ȵiŋ31 mo55zɑŋ31 ʒyʊ113 po324 mɪ35ŋᵓ31
个个 走 路个 人 马上 就 把 棉袄

tʻəʔ53ɦo55laɪ33ləʔ31 kəʔ5iɑŋ33tsɿ31 poʔ44foŋ44 tsəʔ53hɐɤ31 dzəŋ24ȵiŋ21 tɐɤ55tij31 ɦaɪ24zɿ31
脱下来了。 葛样子, 北风 只好 承认 到底 还是

tʻɒ35iɑŋ31 pij33to55 pəŋ55zɿ33dʌɤ31
太阳 比他 本事大。

kʌɤ33ləʔ55 tɕij33tʻɪ55 foŋ44xɦʌɤ44 tʻaɪ35iɑŋ31 ɦiʊ45 ɦyɥ22tɐɤ55liɪʔ31 tʻaɪ35iɑŋ31 ɦiʊ45
过了 几天, 风和 太阳 又 遇到列。 太阳 又

teɪ35foŋ55ʃyoʔ31 tɕiəŋ44tsɐɤ44 ȵeɪ45 ɦaɪ45 kʊ324 xɦʌɤ24ŋʌɤ31 pij324 pəŋ35zɿ33vɑ31
对风说: “今朝 倷 还 敢 和我 比 本事哦?”

foŋ52 ʃyoʔ55 hɐɤ324 ŋʌɤ22məŋ55 tsaɪ55laɪ33 pij33iɪʔ55pij31, nʌɤ34kʊ55 ɦʌɤ23li55
风 说: “好, 我们 再来 比一比, 倷看, 河里

pəʔ55zɿ55 ɦiʊ324 ʔiɪʔ55tsʌʔ55 ʒyʊ23mɒ55 lɒ24gəʔ31 nəŋ23kei55 tɕiɐɤ45 gəʔ33gəʔ55 ʒyʊ
不是 有 一只 船吗? 拉个 能够 叫 个个 船

kʻaɪ33təʔ55 kuaɪ42 ʑiʊ113 lɒ23gəʔ55 pəŋ53zɿ33dʌɤ31 tʻɒ55iɑŋ31 ʒyʊ113 pʻiŋ55miŋ55gəʔ31
开得 快, 就 拉个 本事大。 太阳 就 拼命个

saɪ42 tʃʻyɥ42 ɦiɐɤ35ʒyʊ33gəʔ31 ȵiŋ31 tʃʻyoʔ55liɪʔ55 ɦiɐɤ31 dɑ22sɿ23 tʻɒ44iɑŋ44kuɑŋ52
晒, 催 摇船个 人 出力 摇。 但是 太阳光

ɦyoʔ24 dʌɤ31 ʒyʊ24fu31 ɦyoʔ24 məʔ55təʔ55 liɪʔ42tɕʻij31 ʒyʊ24fu31 ɦiɐɤ33təʔ55 ɦioʔ24
越 大, 船夫 越 没得 力气, 船夫 摇得 越

mɑ113 ləŋ23tɐɤ55 foŋ44laɪ23 sɿ33sɿ55 tɒ42 fu33ɑ55ɦu33gəʔ31 ʔiɪʔ55 tʃʻyɥei42
慢。 轮到 风来 试试, 他 呼啊呼个 一 吹,

tsəʔ55tiəŋ33təʔ55 ʒyʊ23fu55 dzai24hai31 ʒyɥəŋ24foŋ44lɒ52 kʻʌɤ33ij44 tsɑŋ55vɑ33lɪ21
只听得 船夫 在喊: “顺风啦, 可以 张帆列。”

ʒyʊ24zɑŋ31 səŋ55tɕʻij33ləʔ33 vɑ31 foŋ52 tʻei42 vɑ31 vɑ31 taɪ45 ʒyʊ31 ʒyʊ31
船上 升起了 帆, 风 推 帆, 帆 带 船, 船

kʻaɪ33təʔ55 kʻaɪ33təʔ55 fəʔ33təʔ55liɐɤ31 kəʔ53ˢzəŋ33kuɑŋ31 tʻɒ55iɑŋ31 tsəʔ55hɐɤ55 ʃyoʔ55
开得 快得 勿得了。 葛辰光, 太阳 只好 说:

foŋ44ɕɪ44səŋ52　nei31gəʔ23　pəŋ55zɿ31　pij324　ŋʌɤ113　dʌɤ31
“风先生，　倷个　本事　比　我　大。”

tɐɤ45　tʃyɥeiɦei31　foŋ42　ʃyoʔ55　ŋʌɤ33məŋ55　tʌɤ55ɦiʊ31　pəŋ33ˢzɿ44　ɦioŋ22ʋəʔ55zoʔ33
到　最后，　风　说：　“我们　都有　本事，　用勿着

tsəŋ55nəʔ31
争了。”

靖　江

pɔʔ53foŋ31　kəŋ433　t'æ44ɦĩ44kəʔ55　ku35szɿ31
北风　跟　太阳葛　故事

ɦᶱɤ33ʔiɪʔ44tɑŋ52　pɔʔ53foŋ31　kəŋ433　t'æ35ɦĩ31　tɕəŋ33hɒ44　ləʔ22lɑŋ23　tsəŋ44ləŋ52
有一趟，　北风　跟　太阳　正好　勒浪　争论，

lɑ22ɦəʔ55　pəŋ33szɿ52dᶺɤ31　tsəŋ44　læ22kɑŋ34　kɑŋ33gəʔ55　dʑiŋ22kuɑŋ34　læ22ləʔ55
拉个　本事大。　正　来刚　讲葛　辰光，　来勒

ʔiɪʔ55gəʔ55　tsᶱɤ33lu44gəʔ55　ȵiŋ223　ɕiŋ44lɑŋ44　tɕ'ũ44ləʔ55　ʔiɪʔ55dʑĩ55　hʱᶱɤ51　mĩ22ʔɔ34
一个　走路个　人，　身浪　穿勒　一件　厚　棉袄。

t'ɑ44məŋ44　lĩ35liŋ34　ɕiæ̃44lĩ44hɒ34　ɕyɔʔ55　lɑ22ɦəʔ55　ləŋ23　sĩ433　ȵĩ51　tsɿ33kəʔ55
他们　两人　商量好　说：　“拉个　能　先　让　志葛

tsᶱɤ33lu44gəʔ55　ȵiŋ223　t'əʔ55ɦo31　t'ɑ44gəʔ55　mĩ22ʔɔ34　zᶱɤ31sũ31　lɑ22ɦəʔ55　pəŋ33zɿ44dᶺɤ52
走路个　人　脱下　他个　棉袄，　就算　拉个　本事大。”

hɒ33kue52　pɔʔ53foŋ31　zᶱɤ33　tɕ'yɔˀ53tɕiŋ31　tɕ'ye433　lɑ44ɕiɒ44təʔ55　t'ɑ433　tɕ'ye44ləʔ33
好贵！　北风　就　戳劲　吹，　拉晓得　他　吹勒

ɦyøʔ34　lij24ɦæ31　kᶺɤ44gəʔ33　ȵiŋ223　zᶱɤ33　pɑ334　mĩ22ʔɔ34　kᶺɤ33ləʔ55　ɦyø34　tɕiŋ334
越　厉害，　个个　人　就　把　棉袄　裹勒　越　紧。

tse44ɦᶱɤ44　pɔʔ53foŋ31　məʔ22təʔ55　fɑʔ53tsɿ31　tsəʔ55hɒ31　lɑ44tɔ34　təŋ33ləʔ55　ɕiɪʔ55ɕiɪʔ55
最后　北风　没得　法子，　只好　拉倒。　等勒　歇歇

ʑiŋ22kuɑŋ34　t'æ35ɦi31　tɕ'yɔˀ33læ31　huɑʔ55tɕ'iəʔ33　ʔiɪʔ55sæ51　tsɿ44gəʔ55　tsᶱɤ33lu55ȵiŋ31
辰光，　太阳　出来　豁彻　一晒，　志个　走路人

mo33szɑŋ52　zᶱɤ33　pɑ334　mĩ22ˀɔ34　t'əʔ44lɔʔ44læ55liɒ31kuɑ34　sᶺɤ33ɦij44　pɔʔ53foŋ31
马上　就　把　棉袄　脱落来了呱。　所以　北风

pəʔ44təʔ44pəʔ55　dʑiəŋ22ȵiəŋ34　tɒ44tij31　ɦæ22zɿ33　t'æ35ɦĩ31　pij33t'ɑ44kəˀ55　pəŋ33zɿ44　t'æ334
不得不　承认　到底　还是　太阳　比他葛　本事　大。

kʌɤ35ləʔ44　tɕij33t'ɪ55ɦɑ31　foŋ433　ɦᶺɤ22　t'æ35ɦĩ31　ʔiᶱɤ44　p'oŋ44laˀ33　k'ue334
过勒　几天啊，　风　和　太阳　又　碰辣　块儿。

t'æ55ɦĩ31　te44　foŋ544　ɕyɔʔ55　tɕiŋ44tɕiɒ44　ʔȵij334　kᶺɤ52kũ41　kəŋ44ŋᶺɤ44　pij334
太阳　对　风　说：　“今朝　你　个敢　跟我　比

pəŋ33zɿ55ləʔ33 ʔuɑ　foŋ43　ɕyɔʔ55　hɒ33gəʔ44ni52　ŋʌɤ22məŋ34　tsæ44læ44　pij35pij44k'ũ52
本事勒哇？”　风　说：　“好个呢，　我们　再来　比比看，

ʔȵij334 maŋ35ɦʌɤ31 ɦʌɤ22lij44 pəʔ55zʅ31 ʔøɤ33diɒ44 ʑyũ223 læ22kaŋ44ʔma44 la33gəʔ55
你 望哦， 河里 不是 有条 船 来刚吗？ 拉个

nəŋ22 sʅ334 kʌɤ22gəʔ44 ʑyũ223 hɦiŋ22ləʔ55 k‘uæ51 zøɤ31sũ34 la22gəʔ55 pəŋ33zʅ44
能 使 个个 船 行勒 快， 就算 拉个 本事

t‘æ334 t‘æ35ɦĩ31 zøɤ22 p‘iŋ44ləʔ44gəʔ33 ʔmiŋ51 sa51 se433 ɦiɒ223 ʑyũ22gəʔ55 ȵiŋ223
大。” 太阳 就 拼勒个 命 晒， 催 摇 船个 人

ʔioŋ33tɕiŋ44 ɦiɒ223 la24ɕiɒ33təʔ31 t‘æ35ɦĩ31 ɦyøʔ34 sa51 ts‘əŋ ʑyũ22gəʔ55ȵiŋ31 ɦyøʔ34
用劲 摇。 拉晓得 太阳 越 晒， 撑 船个人 越

məʔ22tɕiŋ51 ʑyũ22zøɤ52 ɦiɒ22ləʔ55 ɦyøʔ22mæ̃51 təŋ33tɒ44 foŋ433 læ34 sʅ44ləʔ44ʔua44
没劲， 船就 摇勒 越慢。 等到 风 来 试勒哇，

t‘a433 huaʔ55tɕ‘iəʔ33 ʔiɪʔ53tɕ‘ye31 tsəʔ44tiŋ44tɒ52 ts‘əŋ433 ʑyũ22gəʔ55 ȵiŋ223 la44 tɕiɒ51
他 豁彻 一吹， 只听到 撑 船个 人 拉 叫：

ɕuəŋ52foŋ44liʌɤ55 hɒ334 tɕiæ̃433 fæ̃223lʌɤ55 ʑyũ22ɦʌŋ34 ɕiŋ44tɕ‘i44 fvæ334 foŋ433 t‘e433
“顺风溜， 好 张 帆溜。” 船上 升起 帆。 风 推

fvæ334 fvæ334 tæ51 ʑyũ223 ʑyũ22zøɤ44 ɕʑiŋ22ləʔ55 k‘uæ44saʔ44təʔ33 tsʅ44
帆， 帆 带 船， 船就 行勒 快杀得。 这

ʑiŋ22kuaŋ44 t‘æ33ɦĩ44 tsəʔ55hɒ31 ɕyɔʔ55 foŋ44sĩ44saŋ31 ȵij22kəʔ55 pəŋ33zʅ44
辰光 太阳 只好 说： “风先生， 你葛 本事

pij33ŋʌɤ44 t‘æ334
比我 大。”

tɒ44 tse44ɦøɤ44 foŋ433 ɕyɔʔ55 ŋʌɤ22məŋ34 ʔlĩ33gəʔ44ȵiŋ52 tsøɤ33ɦøɤ44 pəŋ33zʅ44
到 最后 风 说： “我们 两个人 走有 本事，

piɒ51 tsəŋ44liʌɤ44
不要 争溜。”

江　阴

poʔ55foŋ42 hæ33tɜʔ44 t‘æ44ɦiAŋ44kɜʔ22 ku22zʅ44
北风 海得 太阳葛 故事

ɦiɜɤ21ʔɪʔ33ts‘ʅ43ɦa31 poʔ55foŋ42 hæ44tɜʔ22 t‘æ44ɦiAŋ31 lɜʔ22kEI44dEI31 tsEɲ53lEɲ31
有一次啊， 北风 海得 太阳 勒够头 争论，

sa33ȵiɲ44kɜʔ44 pEɲ52zʅ33 dɜɤ223 zɜɤ435 lɜʔ12 kAŋ52kɜʔ33zEɲ44kuÃ44mɜʔ43 læ24laʔ22
啥人葛 本事 大。 就 勒 讲葛辰光末， 来辣

ʔɪʔ55kɜʔ55 tsEI52lɜɤ33ȵiɲ43 sEɲ53lAŋ33mɜʔ22 ts‘ɵ53la31 ʔɜʔ55dʑɪ21 gEI223 mɪʔ21ɔ43
一个 走路人。 身浪末 穿拉 一件 厚 棉袄，

ta53ka31 liAŋ52kɜʔ33ȵiɲ43 ziɜɤ223 sAŋ53liAŋ33hɒ33tɜʔ22 soʔ55 sa33ȵiɲ44 nEɲ223 sɪ51
他家 两个人 就 商量好得 说： “啥人 能 先

tɕiɒ435 kɜɤ52kɜʔ33 tsEI52lɜɤ33ȵiɲ43 t‘ɜʔ55loʔ55 t‘a55tɜʔ22 mɪ21ʔɔ43 zɜɤ223 sɵ435
叫 葛葛 走路人 脱落 他的 棉袄， 就 算

sɑ52ȵiɲ33kɜʔ44 pɛɲ52zɿ33 dɜɤ223 zɜʔ22kᴀŋ44mɜʔ22 poʔ55foŋ42 ziɜɤ223 ɦioŋ21tɜʔ44
啥人葛 本事 大。” 什梗末， 北风 就 用得

ʔmæ55ʔmæ55dɜɤ33gɜʔ22 lɪʔ22tɕʻij23 tɕʻy51 lɑ55kɑ55ɕiɒ33tɜʔ33ɦɑ31 tʻɑ51 tɕʻy53tɜʔ22
蛮蛮大葛 力气 吹。 拉家晓得啊， 他 吹得

ɦioʔ22tɕiəʔ44kuɛɲ44mɜʔ22 kɜɤ33kɜʔ55ȵiɲ43 ziɜɤ223 no223 mɪ21ʔɔ43 kɜɤ52tɜʔ33 ɦioʔ22tɕiɲ23
越结棍末， 够葛人 就 拿 棉袄 裹得 越紧。

tɒ44 ɦᴇɪ22sᴇɪ44læ33ɦɑ31 poʔ55foŋ42 ɦm̩22pɜʔ44 bæ22fɑʔ44tsɒ31 tsɜʔ55hɒ23 ɕiəʔ55koʔ55
到 后首来啊， 北风 呒不 办法照， 只好 歇搁。

kɜɤ44tɜʔ22 ʔɪʔ55ɕiəʔ42ɕiəʔ33ɦɑ31 tʻæ44ɦiᴀŋ31 bɒ22tsʻɜʔ55læ33ɦɑ31 ȵiəʔ22hoŋ44hoŋ44kɜʔ22
过得 一歇歇啊， 太阳 跑出来啊， 热烘烘葛

ʔɪʔ55so21 tɕi33kɜʔ44 tsᴇɪ52lɜɤ33ȵiɲ43 zᴇɪ21sᴇɪ43 zɜɤ33 ʔno33 mɪ44ʔɔ31 tʻɜʔ44ɦu44læ31
一晒， 记葛 走路人 随手 就 拿 棉袄 脱下来，

zɜʔ22kᴀŋ44mɜʔ22 poʔ55foŋ42 tsɜʔ55hɒ33 dzɛɲ21ȵiɲ43 tɒ45tij31 ɦuæ21zɿ43 tʻæ44ɦiᴀŋ44kɜʔ52
什梗末， 北风 只好 承认 到底 还是 太阳葛

pɛɲ44zɿ31 pij45 tʻɑ51 dɜɤ223
本事 比 他 大。

kɜɤ44lɑ22 tɕij33tʻɪ55ɦɑ31 foŋ51 hæʔ44tɜʔ22 tʻæ44ɦiᴀŋ31 ɦiɜɤ223 bᴀŋ24zɑʔ33tsɒ31
过拉 几天啊， 风 海得 太阳 又 碰着照，

tʻæ44ɦiᴀŋ31 tæ435 foŋ51 soʔ55 tɕiɲ55tsɒ55 ʔȵij44 ʔɪʔ55kɵ23 tsæ51 hæ51ʔŋɜɤ31 pij45
太阳 对 风 说：“今朝 你 亦敢 再 海我 比

pɛɲ52zɿ33lɪ43 foŋ51 ziɜɤ223 soʔ55 hɒ52kɜʔ33 hæ53ȵij31 tsæ44 læ223 pij52pij33kɵ43
本事联？” 风 就 说：“好葛， 海你 再 来 比比看，

ʔȵij44 kʻɵ45nɒ31 ɦɜɤ21lij33ɕiᴀŋ43 fɜʔ55zɿ21 ɦiɜɤ223 ʔɪʔ55tsɜʔ55 zɵ21lɜʔ33kæ44lɜʔ44mæ43
你 看闹， 河里向 勿是 有 一只 船勒街勒呒？

sɑ33ȵiɲ44 nɛɲ223 tɕiɒ435 kɜʔ53tsɑʔ55 zɵ223 ɦᴀŋ21tɜʔ44 kuæ44mɜʔ22 ziɜɤ22 sɵ435
啥人 能 叫 葛只 船 行得 快末， 就 算

sɑ55ȵiɲ33gɜʔ44 pɛɲ52zɿ33 dɜɤ223 zɜʔ22kᴀŋ44mɜʔ22 tʻæ44ɦiᴀŋ31 ziɜɤ223 pʻiɲ55miɲ55kɜʔ55
啥人葛 本事 大。” 什梗末 太阳 就 拼命葛

so435 tsᴇɪ51 kɜɤ33kɜʔ55 ɦiɒ223 zɵ21kɜʔ33ȵiɲ43 ɦioŋ24lɪʔ22 ɦiɒ223 zɵ223 zᴀŋ24kʻuᴀŋ31
晒， 催 够葛 摇 船葛人 用力 摇 船。 尚况，

tʻæ53ɦiᴀŋ33kʻuᴀŋ31 ɦioʔ12 dʑiᴀŋ21mɜʔ44 zɵ21fu43 ziɜɤ223 kɛɲ44tɕiɑ31 ɦm̩22pɜʔ44
太阳光 越 强末， 船夫 就 更加 呒不

lɪʔ22tɕʻi23 zɵ21ɦiɑ43 ɦiɒ21tɜʔ44 kɛɲ44tɕiɑ31 mæ24tsɒ31 ʔæ53tɒ31 foŋ51 læ223
力气， 船也 摇得 更加 慢照， 挨到 风 来

sɿ33kɜʔ55zɛɲ55kuᴀŋ33lɪ31 tʻɑ51 hu51hu51kɜʔ33 ʔɪʔ55tɕʻy42 ziɜɤ223 tʻiɲ53tɕi31 zɵ21fu43
试葛辰光联， 他 呼呼葛 一吹， 就 听见 船夫

lɜʔ22kæ23 hæ24tsɒ31 zɛɲ22foŋ55tsɒ31 kʻɜɤ33ʔij44 no44 boŋ223 tsʻᴀŋ55tɕʻij33læ33liɜɤ31
勒盖 喊照：“顺风照， 可以 拿 篷 撑起来溜！”

zɵ21lᴀŋ33ɕiᴀŋ43 tsʻᴀŋ55tɕʻij33liɒ31 boŋ223 foŋ51 gᴀŋ223 boŋ223 boŋ223 tæ44 zɵ223
船浪向 撑起了 篷， 风 扛 篷， 篷 带 船，

zɵ21ɦiɜɤ43 ɦᴀŋ21tɜʔ44 ʔmæ44ʔmæ55 k'uæ435 zɜʔ22kᴀ44mɜʔ22 t'æ44ɦiᴀŋ31 tsɜʔ55hɒ21 soʔ55
船就 行得 蛮蛮 快。 什梗末 太阳 只好 说：

"foŋ53sɪ33sᴀŋ31 ʔȵij33kɜʔ44 pᴇɲ52zɿ33 piʔj52ŋɜɤ33 dɜɤ223"
"风先生， 你葛 本事 比我 大。"

tɒ33tɜʔ44 ʔɑʔ44mɜʔ44loʔ44loʔ44ɦɑ31 foŋ51 ziɜɤ223 soʔ55liɜɤ23 hæ33ʔȵij44 dzɪ21ɦiɜɤ43
到得 压末落落啊， 风 就 说溜： "喊你 全有

pᴇɲ52zɿ33kɜʔ44 fɜʔ55ɦɒ21 tsᴇɲ53liɜɤ31
本事葛， 勿要 争溜。"

常　州

pɔʔ44foŋ44 t'əʔ44tsɿ44 t'ɑ55ɦiᴀɲ33gəʔ31 ku34zɿ44
北风 脱之 太阳个 故事

ʔiɯ34ʔiɪʔ55t'ᴀɲ42 pɔʔ44foŋ44 kɑɤ44 t'ɑ55ɦiᴀɲ31 ʑij22tɕ'iɑɤ55ləʔ42dei31 tsəɲ55ləɲ31
有一趟， 北风 高 太阳 齐巧勒头 争论

tiɑ34ȵiɲ44gəʔ55 pəɲ34zɿ44 dʌɯ24 tsəɲ55tᴀɲ55ləʔ33dei31 kᴀɲ34gəʔ44 dzəɲ21kuᴀɲ34
嗲人个 本事 大。 正当勒头 讲个 辰光，

læe22tsəʔ44ʔiɪʔ44gəʔ55 tsei34lu55gəʔ44ȵiɲ42 səɲ55ȵiᴀɲ31 ts'ɔ55tsəʔ33ʔiɪʔ33dʑɪ31 gʌɯ21mɪ11ɦɑɤ13
来则一个 走路个人， 身娘 穿则一件 厚棉袄。

dɑ22ko44 liᴀɲ33gəʔ55ȵiɲ31 ʑiɯ24 sᴀɲ55liᴀɲ33xɑɤ33tsəʔ31 sɔʔ55 tiɑ34ȵiɲ44 nəɲ21kei34
他家 两个人 就 商量好则 说： "嗲人 能够

ɕɪ55tɕiɑɤ33 kʌɯ34gəʔ44 tsei34lu55ȵiɲ42 t'əʔ44ləʔ55dɑ55gəʔ33 mɪ21ɦɑɤ34 ʑiɯ24sɔ51
先叫 过个 走路人 脱落他个 棉袄， 就算

tiɑ34ȵin44gəʔ55 pəɲ54zɿ44 dʌɯ24 kæ34tsəʔ44 pɔʔ44foŋ44nəʔ31 ʑiɯ24 ɦioŋ24tɕiɲ33tsəʔ31
嗲人个 本事 大。" 减则， 北风呐 就 用紧则

liɪʔ23 ts'ɥ44 nᴀɲ34dei44 ɕiɑɤ33tsəʔ55dɑ31 ts'ɥ55tsəʔ55 ɦyeʔ23 lij21ɦæe11nəʔ13
力 吹。 哪儿头 晓则他 吹则 越 厉害呐，

kʌɯ33kəʔ55ȵiɲ31 ʑiɯ24 ʔno55gəʔ55 mɪ21ɦɑɤ34 kʌɯ34ts'əʔ44 ɦyeʔ23 tɕiɲ334 tɑɤ34tsəʔ44
过个人 就 拿个 棉袄 裹则 越 紧。 到则

ɦei21læe13 pɔʔ44foŋ44 ɦm̩21məʔ44 bæ21fɑʔ11læ13 tsəʔ44xɑɤ44 ʑiɯ24 sɔ55liɪʔ33
后来， 北风 呒没 办法唻， 只好 就 算力。

kʌɯ34tsəʔ44 ʔiɪʔ44ɕiɪʔ55 koŋ21fu34 t'ɑ55ɦiᴀɲ31 ts'ɥɔʔ44læe44 lɑʔ22lɑʔ55ɕiᴀɲ55gəʔ31 ʔiɪʔ55
过则 一歇 功夫， 太阳 出来 辣辣响个 一

sɑ51 kʌɯ55gəʔ33 tsei33lu55gəʔ55 ȵiɲ213 ʔmo55ȵiᴀɲ55 ʑiɯ33 ʔno44 mɪ21ɦɑɤ34
晒， 过个 走路个 人 马娘 就 拿 棉袄

t'əʔ44tsəʔ55ɦo33læe33ləʔ31 sʌɯ34ɦij44nəʔ42 pɔʔ44foŋ44 fəʔ44nəɲ55kei31 fəʔ55 dzəɲ21ȵiɲ34
脱则下来勒。 所以呐 北风 勿能够 勿 承认

tɑɤ55tij31 ɦuæe21zɿ34 t'ɑ55ɦiᴀɲ31 pi34dɑ21gəʔ44 pəɲ34zɿ44dʌɯ42
到底 还是 太阳 比他个 本事大。

kʌɯ55tsəʔ33 tɕij34tʻɪ44 foŋ44 kɔ44 tʻɑ55ɦiʌɲ31 ɦij24 pʻoŋ55tɑɤ33lɑɤ33læ31 tʻɑ55ɦiʌɲ31
过则 几天， 风 高 太阳 又 碰到咾唻， 太阳

kɔ44 foŋ44 kʌɲ334 tɕiɲ55tsɑɤ55 ʔȵij55 ɦuæ21kɔ34 kɔʔ55ŋʌɯ55 pij334 pəɲ34zɿ55vɑ42
高 风 讲： “今朝 你 还敢 高我 比 本事哦？”

foŋ44 kʌɲ334 hɑɤ34kəʔ55 hæ̃33ȵi55ko33 liʌɲ34gəʔ55ȵiɲ42 tsæe55læe31 pij33ʔiɪʔ55pij31
风 讲： “好葛， 喊你家 两个人 再来 比一比。

ʔȵi34kɔ44 ɦʌɯ22lij44pɪ55 fəʔ44zɿ44 ʔiɯ34ʔiɪʔ55diɑɤ42 zɔ21 təʔ44mæe55 tiɑ34ȵiɲ44
你看， 河里边 勿是 有一条 船 得末？ 嗲人

nəɲ21kei34 tɕiɑɤ51 kʌɯ55tsɑʔ33 zɔ22 tsei34tsəʔ44 kʻuɑ51 ʑiɯ24sɔ31 tiɑ34ȵiɲ44gəʔ55
能够 叫 过只 船 走则 快， 就算 嗲人个

pəɲ34zɿ44 dʌɯ24 tʻɑ55ɦiʌɲ31 ʑiɯ22 pʻiɲ55tsəʔ33 miɲ24gəʔ44 sɑ51 tsʻei44 kʌɯ55gəʔ33
本事 大。” 太阳 就 拼则 命个 晒， 摧 过个

ɦiɑɤ22zɔ55lɑɤ31 ɦioŋ24tɪ44 liɪʔ22tɕʻij52 ɦiɑɤ21zɔ34 fəʔ44ɕiɑɤ44tsəʔ55 kʌɯ44
摇船佬 用点 力气 摇船。 勿晓则 过

tʻɑ55ɦiʌɲ33kuʌɲ31 ɦyeʔ22zɿ52 dʌɯ24 ɦiɑɤ22zɔ55lɑɤ31 ʑiɯ22 ɦyeʔ23 ɦm̩22məʔ34
太阳光 越是 大， 摇船佬 就 越 呒没

liɪʔ22tɕʻij52 zɔ21nəʔ44 ɦiɑ213 ɦiɑɤ21tsəʔ44 ɦyeʔ23 mæ24 ləɲ22tɑɤ44 foŋ55læe31
力气， 船呐 也 摇则 越 慢， 轮到 风来

sɿ55ʔiɪʔ33sɿ33le31 dɑ22 huɑʔ55lɑʔ55lɑʔ55kɑ33lɑɤ31 ʔiɪʔ44tsʻɥ44 tsəʔ44tʻiɲ55tɑɤ31 kʌɯ55kəʔ33
试一试唻， 他 豁啦啦介咾 一吹， 只听到 过个

zɔ21fu34 ləʔ22dei22 tɕiɑɤ51 zɥəŋ21foŋ11lɑ13dæ33 kʌɯ34ʔij44 tsʌɲ44 fæ44læ44 zɔ21ȵiʌɲ34
船夫 勒头 叫： “顺风啦唻， 可以 张 帆唻！” 船娘

səɲ55tsʻɥɔ55tsəʔ31 fæ44 foŋ44 tʻæe55doŋ33tsəʔ31 fæ44 fæ44 tɑ55doŋ33tsəʔ31 zɔ213
升出则 帆， 风 推动则 帆， 帆 带动则 船，

zɔ21nəʔ44 tsei34tsəʔ44 kʻuɑ24tʻei33lɑ31 ɦɪ22zæe44nəʔ31 tʻɑ55ɦiʌɲ31 tsəʔ44xɑɤ44 sɔʔ55
船呐 走则 快透啦。 现在呐， 太阳 只好 说：

foŋ55ɕɪ33sʌɲ31 ʔȵij34gəʔ44 pəɲ34liɲ44 pij34ŋʌɯ44 dʌɯ24
“风先生， 你个 本领 比我 大。”

tɑɤ55tsəʔ33 tsei55ɦei31 foŋ44 kʌɲ334 hæ̃44no44ko44 ʔliʌɲ34gəʔ55ȵiɲ42 ʑiɔ21ʔiʌɯ34
到则 最后， 风 讲： “喊你家 两个人 全有

pəɲ34zɿ44 fəʔ44ʔiɑɤ52 tsæe44 tsəɲ55liɪʔ33
本事， 勿要 再 争列。”

无 锡

pɔʔ44foŋ55 tʌʔ55 tʻɑ24ɦiɑ̃33kəʔ31 ku22zɿ55
北风 搭 太阳葛 故事

ɦiʌɤ213 ʔiəʔ21kɑ11tsɿ23 pɔʔ44foŋ55 tʌʔ55 tʻɑ55ɦiɑ̃31 tsən55ləʔ33
有 一家子， 北风 搭 太阳 正勒

kəʔ22təʔ22k'uəʔ22li34ɦɑ44 tsã54 sɑ45ȵin55kəʔ55 pən45zɿ55 dʌʏ213 tsən55ləʔ55ȵiã31
葛搭块里啊 争， 啥人葛 本事 大。 正勒娘

kɒ̃33gəʔ33zən34kuɒ̃55nəʔ31 lE22zAʔ55 ʔiəʔ44kəʔ55 tsEi45lʌʏ55ȵin55 sən21ȵiã23 tsAʔ44ləʔ55
讲个辰光呐， 来着 一个 走路人， 身娘 着勒

ʔiəʔ44dʑɪ34 gʌʏ22mɪ55ʔʌ31 dʌʏ24li31 liã21kəʔ23ȵin55 zEi213 sã21liã11hʌ11tsəʔ23 səʔ55
一件 厚棉袄。 大俚 俩葛人 就 商量好哉 说：

sɑ45ȵin55 nən24kEi31 sɪ44 tɕiʌ44 ʔi55kəʔ33 tsEi45lʌʏ55kəʔ55 ȵin22ʔɑ55 kəʔ44dʑɪ34
"啥人 能够 先 叫 伊葛 走路葛 人啊， 葛件

mɪ24ʔʌ55 t'əʔ21ɦu11lE23 zEi22so55 sɑ45ȵin55kəʔ55 pən45zɿ55 dʌʏ213 nɑ22məʔ55 ʔi55gəʔ33
棉袄 脱下来， 就算 啥人葛 本事 大。" 乃末 伊葛

pɔʔ44foŋ55ɦɑ31 zEi33 ɦioŋ21tsoʔ11tsəʔ23 tɕin22dEi55 zin21liã23kəʔ55 ts'ɿ55lɪʔ3o31 nʌʏ22tAʔ55
北风啊， 就 用足仔 劲头 尽量葛 吹力呵， 哪搭

ɕiʌ45təʔ55ɦɑ55 dʌʏ213 ɦyeʔ22zɿ34 ts'ʮ55təʔ55kəʔ33 tɕiəʔ21kuən11ɦɑ23 gəʔ22kəʔ55 ȵin323ɦɑ55
晓得啊 大 越是 吹得葛 结棍啊， 犸葛 人啊

zEi33 ɦyeʔ22zɿ34 ʔno544 mɪ24ʔʌ31 kʌʏ22təʔ55 tɕin323 tʌ34 ɦEi22sEi55lE31 pɔʔ44foŋ55
就 越是 拿 棉袄 裹得 紧， 到 后首来， 北风

ɦm̩22pəʔ55 bɛ22fAʔ55 tsəʔ44hʌ55 ziʌʏ213 so33lɪʔ55 kʌʏ33tsɿ55 ʔiəʔ44ɕiəʔ55ɕiəʔ55 t'ɑ55ɦiã31
呒不 办法， 只好 就 算力。 过仔 一歇歇， 太阳

ts'əʔ44lE55 ȵiəʔ22hoŋ55hoŋ55kəʔ31 ʔiəʔ44sɑ33lɪə55 ʔi55kəʔ31 tsEi45lʌʏ55ȵin55 ʔmɑ45zã55
出来 热烘烘葛 一晒力厄， 伊葛 走路人 马上

ʔno55dʑɪ31 mɪʔ24ʌ31 t'əʔ44ɦu33lE34lɪʔ55 nɑ22meʔ55 pɔʔ44foŋ55 fəʔ44təʔ55fəʔ55 zən24ȵin31
拿件 棉袄 脱下来力， 那末 北风 勿得勿 承认

tʌ55ti31 ɦɛ24zɿ31 t'ɑ55ɦiã31 pi33dʌʏ24gəʔ21 pən22zɿ55 dʌʏ213
到底 还是 太阳 比大葛 本事 大。

kʌʏ33ləʔ55 tɕi45ȵiəʔ55 foŋ544 tAʔ55 t'A55ɦiã33nəʔ31 ʔiʌʏ544 bã55zAʔ55lɪʔ31 t'ɑ55ɦiã31
过勒 几日， 风 搭 太阳呐 又 碰着力， 太阳

tE44 foŋ544 kɑ323 tɕin21ŋɑ11nE23 ȵi213 ɦɛ33 ʔAʔ55 ko323 tAʔ44ŋʌʏ34 pi45pi55
对 风 讲： "今外呐， 你 还 阿 敢 搭我 比比

pən45zɿ55 dʌʏ213 foŋ544 kɒ̃323 hʌ53kuəʔ31ɦɑ55 ŋʌʏ22ȵi55 liã22kəʔ55 tsE55lE31
本事 大？" 风 讲： "好骨厄， 我你 两个 再来

pi21pi11k'o23 ʔȵi544 k'o34 ɦʌʏ24li55ɕiã31 vəʔ22zɿ34 ɦiʌʏ33 iəʔ44tsAʔ55 zo22mAʔ55
比比看。 你 看， 河里向 勿是 有 一只 船麦？

sɑ45ȵin55 ȵin24kEi31 hɛ33 kəʔ44tsAʔ55 zo33 ɦɒ̃33təʔ55 k'uɑ34 zEi22so55 sɑ45ȵin55kəʔ55
啥人 能够 喊 葛只 船 行得 快， 就算 啥人葛

pən33zɿ55 dʌʏ213 t'ɑ55ɦiã31 zEi33 p'in21min11kəʔ23 sɑ34 hɛ33 ɦiʌ24zo55ȵin31 ɦioŋ213
本事 大。" 太阳 就 拼命葛 晒， 喊 摇船人 用

tɕ'i33lɪʔ55 ɦiʌ22zo55 vəʔ22kʌʏ34 t'ɑ55ɦiã55kuɒ̃31 ɦyeʔ23 sɑ55təʔ31 tɕiəʔ44kuən34
气力 摇船。 勿过 太阳光 越 晒得 结棍，

ɦiʌ33zo22gəʔ55 ȵin22nəʔ55 kən55tɕiɑ31 ɦm̩22pəʔ55 lɪʔ22tɕ'i34 zo22nəʔ55 ɦiE33 ɦiʌ22təʔ55
摇船葛 人呐 更加 呒不 力气， 船呐 也 摇得

kən$_{45}$tɕiɑ$_{55}$　mɛ$_{34}$　lən$_{22}$tʌ$_{55}$　foŋ$_{544}$　lE$_{33}$　sʮ$_{33}$sʮ$_{55}$k'o$_{55}$lE$_{55}$　dʌʏ$_{213}$　huɑ$_{55}$lɑ$_{55}$lɑ$_{55}$kəʔ$_{55}$
更加　慢。　轮到　风　来　试试看唻，　大　哗喇喇葛

ʔiəʔ$_{44}$ts'ʮ$_{55}$　tsəʔ$_{44}$t'in$_{34}$tɕI$_{55}$　ɦiʌ$_{33}$　zo$_{22}$gəʔ$_{55}$　ȵin$_{22}$nE$_{55}$　hɛ$_{45}$tʌ$_{55}$　zən$_{22}$foŋ$_{55}$lIʔ$_{31}$
一吹，　只听见　摇　船葛　人呐　喊到：　“顺风力，

k'ʌʏ$_{45}$ʔi$_{55}$　sən$_{544}$　vɛ$_{22}$liʔ$_{55}$　zo$_{24}$ȵiã$_{31}$　sən$_{55}$tɕ'i$_{55}$ləʔ$_{55}$　vɛ$_{213}$　foŋ$_{544}$　t'E$_{55}$zAʔ$_{55}$　vɛ$_{213}$
可以　升　帆力！”　船娘　升起勒　帆，　风　推着　帆，

vɛ$_{213}$　tɑ$_{33}$zAʔ$_{55}$　zo$_{33}$　zo$_{33}$　ɦɒ̃$_{22}$təʔ$_{55}$　k'uɑ$_{33}$to$_{55}$　ɦI$_{22}$ɕiəʔ$_{55}$kuəʔ$_{31}$　t'ɑ$_{55}$ɦiã$_{31}$　tsəʔ$_{44}$hʌ$_{55}$
帆　带着　船，　船　行得　快笃。　现歇骨，　太阳　只好

kɒ̃$_{323}$　foŋ$_{21}$sI$_{11}$sã$_{23}$　ȵi$_{22}$kəʔ$_{55}$　pən$_{45}$zɿ$_{55}$　pi$_{33}$ŋʌʏ$_{55}$　dʌʏ$_{213}$
讲：　“风先生，　你葛　本事　比我　大。”

　　tʌ$_{33}$ləʔ$_{55}$　ʔAʔ$_{44}$məʔ$_{34}$zã$_{55}$lE$_{55}$　foŋ$_{544}$　kɒ̃$_{323}$　ŋʌʏ$_{24}$li$_{55}$　dɑ$_{22}$kɑ$_{55}$　zE$_{24}$ɦiʌʏ$_{55}$　pən$_{45}$zɿ$_{55}$
　　到勒　压末场来，　风　讲：　“我俚　大家　侪有　本事，

fəʔ$_{44}$ʔiʌ$_{34}$　tsE$_{544}$　tsã$_{55}$li$_{31}$
勿要　再　争里！”

苏　州

　　poʔ$_{55}$foŋ$_{23}$　təʔ$_{55}$　t'ɒ$_{55}$ɦiÃ$_{33}$kəʔ$_{22}$　kɜu$_{52}$zɿ$_{23}$
　　北风　得　太阳葛　故事

　　ɦiɵ$_{33}$ʔiəʔ$_{55}$tsɵ$_{52}$　poʔ$_{55}$foŋ$_{23}$　təʔ$_{55}$　t'ɒ$_{44}$ɦiÃ$_{44}$　tsən$_{55}$hæ$_{31}$　ləʔ$_{22}$lÃ$_{42}$　tsÃ$_{44}$
　　有一转，　北风　得　太阳　正好　勒浪　争，

sɒ$_{52}$ȵiɪn$_{23}$kəʔ$_{22}$　pən$_{52}$zɿ$_{31}$　dɜu$_{231}$　tsən$_{55}$hæ$_{55}$ləʔ$_{33}$hE$_{31}$　kÃ$_{52}$ɦəʔ$_{33}$　zən$_{22}$kuÃ$_{44}$　lE$_{22}$tsɿ$_{44}$
啥人葛　本事　大。　正好勒海　讲个　辰光，　来仔

ʔiəʔ$_{55}$kəʔ$_{55}$　tsəɪ$_{52}$lɜu$_{23}$ɦəʔ$_{44}$ȵiɪn$_{31}$　sən$_{55}$lÃ$_{33}$　tsAʔ$_{55}$tsɿ$_{23}$　ʔiəʔ$_{55}$dʑiɪ$_{55}$　ɦəɪ$_{24}$gəʔ$_{22}$　miɪ$_{22}$ɦæ$_{44}$
一个　走路葛人，　身浪　着仔　一件　厚个　棉袄，

ʔlij$_{55}$təʔ$_{22}$　liÃ$_{22}$kɒ$_{55}$dəɪ$_{31}$　zəɪ$_{22}$　sÃ$_{55}$liÃ$_{33}$hæ$_{31}$　səʔ$_{55}$　sɒ$_{52}$ȵiɪn$_{23}$　nən$_{223}$　hE$_{51}$　gəʔ$_{22}$gəʔ$_{44}$
俚笃　两家头　就　商量好　说：　啥人　能　喊　掰个

tsəɪ$_{52}$lɜu$_{22}$ɦəʔ$_{22}$ȵiɪn$_{223}$　təʔ$_{55}$təʔ$_{55}$　ʔlij$_{55}$gəʔ$_{22}$　ɦəɪ$_{22}$miɪ$_{55}$ɦæ$_{31}$　zəɪ$_{33}$　sɵ$_{41}$　sɒ$_{52}$ȵiɪn$_{23}$ɦəʔ$_{33}$
走路葛人　脱脱　俚个　厚棉袄，　就　算　啥人个

pən$_{52}$zɿ$_{31}$　dɜu$_{231}$　nəʔ$_{22}$məʔ$_{44}$　poʔ$_{55}$foŋ$_{23}$　zəɪ$_{223}$　ɦioŋ$_{24}$tsəʔ$_{44}$tsɿ$_{31}$　tɕiɪn$_{412}$
本事　大。　纳末，　北风　就　用足仔　劲

p'iɪn$_{55}$miɪn$_{55}$gəʔ$_{22}$　ts'ʮ$_{44}$　sɒ$_{52}$ȵiɪn$_{23}$ɕiæ$_{44}$təʔ$_{22}$　ts'ʮ$_{55}$təʔ$_{22}$　ɦiəʔ$_{23}$　tɕiəʔ$_{55}$kuən$_{23}$　gəʔ$_{22}$gəʔ$_{44}$
拼命葛　吹，　啥人晓得　吹得　越　结棍，　掰个

ȵiɪn$_{223}$　zəɪ$_{33}$　miɪ$_{22}$ɦæ$_{44}$　kɜu$_{52}$təʔ$_{33}$　ɦiəʔ$_{23}$　tɕiɪn$_{51}$　tæ$_{41}$　ɦəɪ$_{22}$lE$_{44}$　poʔ$_{55}$foŋ$_{23}$
人　就　棉袄　裹得　越　紧。　到　后来，　北风

ɦm̩$_{22}$pəʔ$_{44}$　bE$_{22}$fAʔ$_{44}$　tsəʔ$_{55}$hæ$_{52}$　zəɪ$_{33}$　sɵ$_{52}$tsəʔ$_{33}$　kɜu$_{52}$tsɿ$_{23}$　ʔiəʔ$_{55}$ɕiəʔ$_{55}$ɕiəʔ$_{22}$　t'ɒ$_{44}$ɦiÃ$_{44}$
呒不　办法，　只好　就　算哉。　过仔　一歇歇，　太阳

zəɪ$_{223}$　ts'əʔ$_{55}$lE$_{23}$　kuAʔ$_{55}$lAʔ$_{55}$lAʔ$_{55}$gəʔ$_{22}$　so$_{412}$　gəʔ$_{22}$kəʔ$_{44}$　tsəɪ$_{52}$lɜu$_{22}$ɦəʔ$_{22}$　ȵiɪn$_{223}$
就　出来　刮辣辣个　晒，　掰葛　走路个　人

ʔmɒ55zÃ31 zəɪ33 ʔno44 miɪ22ɦæ44 t'əʔ55tsɿ33ɦo33lE31 gəʔ22lÃ44 poʔ55foŋ23 zəɪ33
马上 就 拿 棉袄 脱仔下来。 搿浪 北风 就

ʔʋəʔ55təʔ55fəʔ55 zən24ȵiɪn31 tæ55tij55lE31 t'ɒ44ɦiÃ44 pij51 lij223 pən52zɿ31 dɜu231
勿得勿 承认 到底来 太阳 比 俚 本事 大。

kɜu52tsɿ23tɕij44ȵiəʔ22 foŋ44 təʔ44 t'ɒ44ɦiÃ44 ɦiəʔ23 bÃ32dəɪ23tsəʔ22 t'ɒ44ɦiÃ44 tE41
过仔几日， 风 得 太阳 叶 碰头哉， 太阳 对

foŋ44 kÃ51 nE223 tɕiɪn44tsæ44 ʔAʔ55kɵ52 pÃ44ŋɜu44 pij51 pən52zɿ22ləʔ22 foŋ44kÃ44
风 讲：“倷 今朝 阿敢 帮我 比 本事勒？” 风讲：

hæ52gəʔ33 ȵij22 tsE44lE44 pij52ʔiəʔ23pij31 nE223 k'ɵ412 ɦɜu32lij44 fəʔ55zɿ23 ɦiɵ22tsəʔ44
“好个， 伲 再来 比一比。 倷 看， 河里 勿是 有只

zɵ22ləʔ44hE44ʔɑ44 sɒ52ȵiɪn23 nən223 tɕiæ44 gəʔ22tsAʔ44 zɵ223 tsəɪ52təʔ33 k'uɒ412 zəɪ33
船拉海啊？ 啥人 能 叫 搿只 船 走得 快， 就

sɵ44 sɒ52ȵiɪn23 pən52zɿ21 dɜu231 t'ɒ44ɦiÃ44 zəɪ33 p'iɪn55miɪn33gəʔ22 so4 ts'E44
算 啥人 本事 大。” 太阳 就 拼命个 晒， 催

ɦiæ223 zɵ22gəʔ44 ȵiɪn223 ɦioŋ24tsɿ31 lɪʔ22tɕ'ij42 ɦiæ223 zɵ223 fəʔ55kɜu23 t'ɒ44ɦiÃ44
摇 船个 人 用仔 力气 摇 船， 勿过 太阳

ɦiəʔ23 ɦiÃ231 ɦiE223 zɵ22gəʔ55ȵiɪn31 ɦiəʔ23 ɦm̩22məʔ44 tɕiɪn412 zɵ223 ɦɑ33
越 旺， 摇 船个人 越 呒没 劲， 船 也

ɦiE22təʔ44 ɦiəʔ23mE42 lən22tæ44 foŋ44 lE223 sɿ52sɿ23k'ɵ21 ʔlij44 ʔu55ʔu55kəʔ22 ts'ɥ44
摇得 越慢。 轮到 风 来 试试看， 俚 呜呜葛 吹，

tsəʔ55t'iɪn41tɕiɪ34 ɦiæ223 zɵ22ɦəʔ44 ȵiɪn223 ləʔ22hE42 tɕiE412 zən32foŋ23tsE31 kɜu55ʔij31
只听见 摇 船个 人 勒海 叫：“顺风哉， 可以

ts'Ã44 zɵ22tsE44 zɵ22lÃ55ɕiÃ31 ts'Ã55tɕ'ij55tsɿ31 boŋ223 foŋ44 t'E55tsɿ31 boŋ223 boŋ223
撑 船哉。” 船浪向 撑起仔 篷， 风 推仔 篷， 篷

tɒ52tsɿ31 zɵ231 zɵ223 tsəɪ52təʔ33 dʑioŋ223 k'uɒ412 dʑioŋ223 k'uɒ412 ɦij22zE44
带仔 船， 船 走得 穷 快 穷 快。 现在

t'ɒ44ɦiÃ44 tsəʔ55hæ52 kÃ51 foŋ55siɪ55sÃ31 nE223 pən52zɿ31 pij52ŋɜu23 dɜu231
太阳 只好 讲：“风先生， 倷 本事 比我 大。”

ʔAʔ55məʔ55tij21 foŋ44 kÃ51 ȵij223 zE22ɦiY44 pən52zɿ31 ɦioŋ32vəʔ23zAʔ33 tsÃ55tsəʔ22
压末底， 风 讲：“伲 侪有 本事， 用勿着 争哉！”

常　熟

poʔ44fʊŋ51 tAʔ44tsEʔ55 t'ɑ55ɦiA˜33kEʔ33 ku33zɿ33
北风 搭则 太阳葛 故事

ɦiY22ʔɪʔ55t'A˜31 poʔ44fʊŋ51 tAʔ44tsEʔ55 t'ɑ55ɦiA˜31 tɕiA˜55xɔ31 lAʔ22xæ51 tsẽⁿ52
有一趟， 北风 搭则 太阳 刚好 辣海 争，

ʂɑ33ȵĩⁿ55kəʔ33 pẽⁿ55zɿ31 dɯ213 tʂẽⁿ55lAʔ55xæ31 kA˜55kEʔ33 dʐẽⁿ24kuA˜31 bɔ24 læ31
啥人葛 本事 大， 正辣海 讲葛 辰光， 跑 来

ʔɪʔ44kEʔ55 bɔ24lɯ33kEʔ31 ȵɪ̃ⁿ233 ʂẽⁿ55lA˜55ɕiA˜51 tʂAʔ44tsEʔ55 ʔɪʔ33dʑie34 ɦE22mie55ʔɔ31

一个 跑路葛 人， 身浪向 着则 一件 厚棉袄。

gE24toʔ33 liA˜22kɑ55dE31 ziɯ213 kA˜55xɔ55tsEʔ33 ʂɑ33ȵɪ̃ⁿ51 k'ɯ33ʔi33 siᵉ52 xæ44

佢笃 两家头 就 讲好则： “啥人 可以 先 喊

ʔli55kEʔ55 bɔ24lɯ33kEʔ31 ȵɪ̃ⁿ233 t'oʔ44t'Eʔ55gE55kEʔ53 mie24ʔɔ31 ziɯ23sY33 ʂɑ33ȵɪ̃ŋ55kEʔ33

里葛 跑路葛 人 脱脱佢葛 棉袄， 就算 啥人葛

pẽⁿ33zɿ33 dɯ213 næ22mEʔ44 poʔ44fʊŋ51 ziɯ33 ɦiʊŋ24tsoʔ33tsEʔ31 tɕ'i55lɪʔ33

本事 大。” 乃末， 北风 就 用足则 气力

sɿ33tʂʮ55dE31 ʂɑ33ȵɪ̃ⁿ51 ɕiɔ33tEʔ55 gE233 tʂʮ55tEʔ55 ɦioʔ22tɕ'i33tɕɪ̃ⁿ34 kEʔ44kEʔ55 ȵɪ̃ⁿ233

死吹头， 啥人 晓得 佢 吹得 越起劲， 葛葛 人，

ziɯ213 ʔnu52 mie24ʔɔ31 kɯ33tEʔ33 ɦioʔ23 tɕɪ̃ⁿ324 tɔ324 ɦE22ʂɯ55læ31 poʔ44fʊŋ51

就 拿 棉袄 裹得 越 紧。 到 后首来， 北风

ʔm̩55mEʔ33 dæ24fAʔ33 tsEʔ44xɔ51 sE233 gE24tsæ31 ɕɪʔ44tsEʔ55 ʔɪʔ44ɕɪʔ55 t'ɑ55ɦiA˜31

呒没 办法， 只好 随 渠哉。 歇则 一歇， 太阳

ziɯ213 ts'Eʔ44læ51 ȵɪʔ22xʊŋ55xʊŋ55kEʔ55 ʔɪʔ33su34 li33kEʔ55 bɔ24lɯ33kEʔ33 ȵɪ̃ⁿ233

就 出来 热哄哄葛 一晒， 里葛 跑路葛 人

ʔɪʔ44ɕɪʔ55ɕɪʔ55 ziɯ213 nu44 mie24ʔɔ31 t'oʔ33ɦu55læ55tsæ51 næ22mEʔ44 poʔ44fʊŋ51

一歇歇 就 拿 棉袄 脱下来哉。 乃末 北风

tsEʔ44xɔ51 dʑẽⁿ23ȵɪ̃ⁿ33 tɔ55ti31 ɦuæ23zɿ33 t'ɑ55ɦiA˜31 pi44 gE233 pẽⁿ33lɪ̃ⁿ33 dɯ213

只好 承认 到底 还是 太阳 比 渠 本领 大。

kɯ55tsEʔ33 tɕi33ȵɪʔ55t'iᵉ51 fʊŋ52 tAʔ55 t'ɑ55ɦiA˜31 ɦi233 bA˜22dʐAʔ55tsæ51

过则 几日天， 风 搭 太阳 夷 碰着哉，

t'ɑ55ɦiA˜31 tE324 fʊŋ52 kA˜44 tɕɪ̃ⁿ55tʂɔ55dE31 nẽⁿ233 ʔɪʔ33kY33 tAʔ33ŋɯ44 pi44

太阳 对 风 讲： “今朝头 能 一敢 搭我 比

pẽⁿ33lɪ̃ⁿ55tsæ51 fʊŋ52 kA˜44 mæ55xɔ31 ŋEʔ22li34 tsæ55læ31 pi33ʔɪʔ55pi31 nẽⁿ233 k'Y324

本领哉？” 风 讲： “蛮好， 厄里 再来 比一比， 能 看，

ɦɯ23li55ɕiA˜51 fEʔ33zɿ33 ɦiɯ31 ʔɪʔ44tsAʔ55 zʏ24lAʔ33xæ31 ʂɑ33ȵɪ̃ⁿ51 k'ɯ33ʔi51 xæ44

河里向 勿是 有 一只 船辣海？ 啥人 可以 喊

kEʔ44tsAʔ55 dʐY233 ɦA˜24tEʔ33læ31 k'uɑ324 ziɯ24sY31 ʂɑ33ȵɪ̃ⁿ51 pẽⁿ33lɪ̃ⁿ33 dɯ213

葛只 船 行得来 快， 就算 啥人 本领 大。”

t'ɑ55ɦiÃ31 zY213 p'ɪ̃ⁿ55mɪ̃ⁿ55kEʔ55 su324 sE52 ɦiɔ24zʏ33ȵɪ̃ⁿ31 ɦiʊŋ24lɪ33 ɦiɔ233 zʏ213

太阳 就 拚命葛 晒， 催 摇船人 用力 摇 船。

fEʔ33ɕiɔ55tEʔ55 t'ɑ55ɦiA˜33kuA˜31 ɦioʔ22dɯ34 ɦiɔ24zʏ33kEʔ33 ȵɪⁿ233 ɦioʔ22zɿ34 ʔm̩55mEʔ33

勿晓得 太阳光 越大， 摇船葛 人 越是 呒没

tɕ'i55lɪʔ33 zʏ24ɦiɑ31 ɦioʔ23 mæ213 lẽⁿ23tɔ33 fʊŋ52 læ233 ʂʮ55ʂʮ233tsæ31 gE233 xu52

气力， 船也 越 慢。 轮到 风 来 试试哉， 渠 呼

xu52 ʔɪʔ44tʂʮz51 zY213 t'ɪ̃ⁿ55tɕiᵉ31 ɦiɔ24zʏ33kEʔ33 ȵɪ̃ⁿ233 lAʔ22xæ51 xæ324

呼 一吹， 就 听见 摇船葛 人 辣海 喊：

zẽⁿ24fʊŋ33tsæ31 k'ɯ33ˀi33 tʂ'ɑ55bʊŋ55tsæ51 næ22mə44 zʏ24lA˜31 ts'A˜55tsɿ22 tsAʔ55

“顺风哉， 可以 扯篷哉。” 乃末 船浪 撑起 只

bʊŋ233　fʊŋ52　tʻE55tsEʔ　bʊŋ233　bʊŋ233　tɑ55lɔ33tsEʔ33　ʐɣ233　ʐɣ233　ɦÃ24tEʔ33
篷，　风　推则　篷，　篷　带牢则　船，　船　行得

si33kʻuɑ55dæ31　li22ɕɪʔ55ʐẽn55kuÃ51　tʻɑ55ɦiÃ31　tsEʔ44xɔ51　kÃ44　fʊŋ55sie55sÃ51
死快台。　里歇辰光　太阳　只好　讲：　“风先生

nẽn23kEʔ33　pẽn33lĩn33　pi33ŋɯ33　dɯ213
能葛　本领　比我　大！”

ɦE22ɕiɯ55læ31　fʊŋ52　kÃ44　ŋɯ22li44　zie23ɦiɣ33　pẽn55zɿ31　ɦiɔ324　tsẽn55tsæ31
后首来，　风　讲：　“我俚　侪有　本事，　覅　争哉。”

昆　山

poʔ44foŋ55　tʻəʔ44zɿ44ɦəʔ31　ȵiɪʔ33dE55ɦəʔ31　kəu55zɿ31
北风　脱仔个　日头个　故事

ɦy22iɪʔ55tã31　poʔ44foŋ44　tʻəʔ44zɿ44ɦəʔ31　ȵiɪʔ44dE55　kã55tɕʻiɔ31　lAʔ22hã55　tsən44tsʻɔ41
有一趟，　北风　脱仔个　日头　刚巧　辣亨　争吵，

sɑ52ȵin44ɦəʔ31　pən55zɿ31　dəu21　tsən44tɕʻiɔ41　lan223　kã52ɦəʔ33　zən23kuã41　tsE33kəu55lE31
啥人个　本事　大。　正巧　辣亨　讲个　辰光，　走过来

ʔiɪʔ55gəʔ33　kəu52ləu44gəʔ31　ȵin132　ɦi132　sən52lã35ɕiã31　tsəʔ44tsAʔ55　ʔiɪʔ44dʑɪ52
一个　过路个　人。　伊　身浪向　只着　一件

ɦE22mɪ55ɦɔ31　ɦi23dəʔ44　liã22kɑ55dE31　zE223　kã33hɔ55ləʔ33　səʔ55　sɑ52ȵin33　nən23kE41
厚棉袄。　伊特　两家头　就　讲好勒　说：　“啥人　能够

dE22iɪʔ55gəʔ33　hE52　gəʔ22gəʔ55　tɪ52　ləu24gəʔ31　ȵin132　tʻəʔ33tʻəʔ55　ɦi23gəʔ44　mɪ24ɦɔ31
头一个　喊　搿个　走　路个　人　脱脱　伊个　棉袄，

sE223　sɵ52　sɑ52ȵin44ɦəʔ31　pən52zɿ33　dəu21　nA22məʔ55　poʔ44foŋ44　sE223　ɦioŋ22tsoʔ44
就　算　啥人个　本事　大。”　乃末　北风　就　用足

tɕin52dɔ33　lɛ223　tsʻɥ44　sɑ52ȵin33　ɕiɔ33təʔ44　ɦi132　tsʻɿ55təʔ33　ɦyəʔ22zɿ23　tɕiɪʔ55kuən31
劲道　烂　吹，　啥人　晓得　伊　吹得　越是　结棍，

gəʔ22gəʔ55　ȵin132　zy223　no44　mɪ24ɦɔ31　kəu52təʔ33　ɦyəʔ22zɿ23　lɔ223　tɔ52　ɦie22lɛ24
搿个　人　就　拿　棉袄　裹得　越是　牢。　到　后来，

poʔ33foŋ55　ɦm̩22bəʔ44　bɛ22fAʔ44　tsəʔ55hɔ35　sɵ42ləʔ33　təŋ52təʔ33　ʔiɪʔ33ɕiɪʔ55ɕiɪʔ31
北风　呒不　办法，　只好　算勒。　等脱　一歇歇，

ȵiɪʔ33dE31　zy21　tsəʔ44lɛ44　tsAʔ44tsAʔ44lAʔ33lAʔ33ɦəʔ31　ʔiɪʔ55　so412　gəʔ22gəʔ44
日头　就　出来，　扎扎喇喇个　一　晒，　搿个

tsE55ləu33gəʔ31　ȵin132　mɑ55zã23　zy223　no52　mɪ24ɦɔ31　təʔ44təʔ55　gəʔ22lɔ34　po44foŋ55
走路个　人　马上　就　拿　棉袄　脱脱，　搿咾　北风

fəʔ44təʔ55fəʔ31　zən22ȵin44　tɔ55ti31　ɦɛ22zɿ44　ȵiɪʔ33dE31　pi52　ɦi23gəʔ55　pən52zɿ33　dəu21
勿得勿　承认　到底　还是　日头　比　伊个　本事　大。

tən52tʻəʔ33　tɕ53ȵiɪʔ33tʻɪ55　foŋ44　tʻəʔ55　ȵiɪʔ33dE31　iɔ52　bã22zAʔ55ləʔ31　ȵiɪʔ33dE52
等脱　几日天，　风　脱　日头　又　碰着勒，　日头

tʻəʔ55 foŋ44 kaŋ52 ȵ22tsɔ41 nən223 ʔAʔ55kɵ31 zy223 tʻəʔ55ŋəu31 pi412 pən55zɿ31
脱 风 讲："尔朝 侬 阿敢 就 脱我 比 本事？"

foŋ44 ZE223 kaŋ52 kəu33i55gəʔ31 ŋəu22li44 tsɛ44lɛ41 pi33iɪʔ55pi33 nən223 kʻɵ52
风 就 讲："可以个， 我俚 再来 比一比。" 侬 看，

ɦəu22pã55li31 fəʔ55zɿ31 ɦy21 ʔiɪʔ44tsAʔ55 zɵ132 sa33ȵin44 nən23kɵ41 hɛ52 gəʔ22tsAʔ44
河浜里 勿是 有 一只 船？ 啥人 能够 喊 搿只

zɵ132 ɦã23təʔ44 kʻua52 ZE223 sɵ52 sa52ȵin44gəʔ31 pən52zɿ44dəu21 ȵiɪʔ33dE31 ZE223
船 行得 快， 就 算 啥人个 本事大。 日头 就

pʻin44min44gəʔ44 so412 tsʻE44 ɦiɔ22zɵ55ɦəʔ33ȵiɪ31 ɦioŋ223 tɕʻi33lɪʔ44 ɦiɔ132 zɵ132
拼命个 晒， 催 摇船个人 用 气力 摇 船，

sa33ȵin41 ɕiɔ33təʔ44 ȵiɪʔ22dE23 ɦyəʔ22zɿ23 dəu21 ɦiɔ23zɵ55gəʔ33 ȵin132 ZE223
啥人 晓得 日头 越是 大， 摇船个 人， 就

ɦyəʔ22zɿ23 m22məʔ55 lɪʔ33tɕʻi31 zɵ132 ie132 ɦiɔ23təʔ44 ɦyəʔ22zɿ44 mɛ233 tən33tɔ44
越是 呒没 力气， 船 也 摇得 越是 慢。 等到

foŋ44 lɛ132 sɿ53sɿ44kʻɵ31 ʔi44 həu44həu44gəʔ31 tsʻɥ44 tsəʔ33tʻin55tɕɪ31 ɦiɔ22zɵ55gəʔ31
风 来 试试看， 伊 呼呼个 吹， 只听见 摇船个

ȵin132 ləʔ22hã55 hɛ52 zən22foŋ55ləʔ31 kəu55i31 tsʻa52 boŋ24ləʔ31 zɵ22laŋ55ɕiaŋ31
人 勒亨 喊："顺风勒， 可以 扯 篷勒。" 船浪向

tsʻa55tɕʻi33ləʔ31 boŋ132 foŋ44 tʻE44zɿ41 vɛ132 vɛ132 tʻəu55tsɿ33ɦəʔ31 zɵ132 zɵ132
扯起勒 篷。 风 推仔 帆， 帆 拖仔个 船， 船

tsE52təʔ33 kʻua33tʻE55kʻua33tʻE41 kE52ɕiɪʔ33 ȵiɪʔ22dE23 tsəʔ55hɔ31 kaŋ412 foŋ44ɕɪ44sã31
走得 快透快透。 该歇 日头 只好 讲："风先生，

nən22ŋəʔ44 pən55zɿ31 pi52 ŋəu22gəʔ44 dəu21
能个 本事 比 我个 大。"

tɔ52 ʔAʔ44məʔ44tɪ31 foŋ44 kaŋ52 ŋəu22li44 da22ka44 ZE22ɦy44 pən55zɿ31
到 压末点， 风 讲："我俚 大家 侪有 本事，

ɦioŋ22vəʔ55ZAʔ33 zən55ləʔ31
用勿着 争勒。"

霜 草 墩

poʔ44foŋ52 ɦu213 tʻa55ɦiã33gəʔ31 ku23zɿ52
北风 和 太阳个 故事

ɦy22ʔɪʔ44 tʻɒ̃434 poʔ44foŋ52 təʔ33tsɿ44 ȵɪʔ22dʌɪ23 bã22ləʔ55lAʔ33 ʔɪʔ33dɔ52 tsẽ55lẽ31
有一 趟， 北风 脱仔 日头 碰勒辣 一道 争论，

ha33nĩ55gəʔ31 pẽ22zɿ44 dᵊu213 tsẽ52 ləʔ22lAʔ44 kɒ̃22gəʔ44 zẽ22kuɒ̃55， lE24ləʔ31
哈人个 本事 大。 正 勒辣 讲个 辰光， 来勒

ʔɪʔ33gəʔ44 tsʌɪ33lu55gəʔ33 ȵĩ31 sẽ55lɒ̃33ɕiã31 tsAʔ55ZAʔ33 ʔɪʔ3dʑĩ23 ɦʌɪ22mɪ24ɦɔ52
一个 走路个 人， 身浪向 着着 一件 厚棉袄。

ɦi24tAʔ31 liã22kɑ55dAɪ31 zy213 kɒ̃33hɔ52 kɒ̃434 sɑ33n̠ĩ52 lE31 ɦy213 pɛ̃22zɿ44 sɪ52
伊搭 两家头 就 讲好， 讲：“啥人 来 有 本事 先

tɕiɔ434 dɪʔ22gəʔ44 tsAɪ33lu55gəʔ33 n̠ĩ31 tʻəʔ55tʻəʔ33 ɦi24gəʔ33 pu55ɦɔ31 zy213 sAɤ434
叫 迭个 走路个 人 脱脱 伊个 布袄， 就 算

hɑ33n̠ĩ52 pɛ̃55zɿ31 dᵊu213 zy213 zəʔ22nɛ̃23 poʔ44foᵑ52 zy213 ɦioᵑ22tsoʔ44 tɕʻi22lɪʔ44
哈人 本事 大。” 就 实能， 北风 就 用足 气力

mɛ̃52 tsʻɿ52 ɦɑ22li44 ɕiɔ33təʔ44 ɦioʔ22gəʔ44 tsoʔ55lɪʔ33 kəʔ55gəʔ33 n̠ĩ31 zy213 nE52
猛 吹， 嗮里 晓得 越个 足力， 葛个 人 就 拿

pu55ɦɔ31 kəu33təʔ44 ɦioʔ22gəʔ44 lɔ31 tɔ34 ʔAʔ53məʔ33tɕiəʔ33 poʔ44foᵑ52 ɦm̩22pəʔ44
布袄 裹得 越个 牢。 到 压末脚， 北风 呒不

pɛ̃33zɿ55ləʔ31 tsəʔ33hɔ44 sᴧɤ52 səu434
本事勒， 只好 算 数。

ku33ləʔ52 ʔɪʔ33ɕɪʔ55ɕɪʔ31 n̠ɪ22dAɪ23 zy213 bɔ22tsʻəʔ55lE31 lAʔ22lAʔ22tɕiɔ23 ʔɪʔ55
过勒 一歇歇， 日头 就 跑出来 辣辣叫 一

sᴧɤ434 di22gəʔ44 tsAɪ34lu44n̠ĩ52 mᴧɤ22zɒ̃23 zy213 nE52 po55ɦɔ31 təʔ33ɦAɤ44lE55tsəʔ31
晒， 第个 走路人 马上 就 拿 布袄 脱下来则。

zəʔ22gəʔ22lɛ̃23 poʔ44foᵑ52 ʔʋəʔ44təʔ44ʔʋəʔ52 zɛ̃22n̠ĩ44 tɔ55ti31 ɦuE24zɿ31 n̠ɪʔ22dAɪ23 pi33i44
实个能 北风 勿得勿 承认 到底 还是 日头 比伊

pɛ̃55zɿ31 dəu213
本事 大。

ɕɪʔ33ləʔ44 tɕi33n̠ɪʔ44 foᵑ52 tʻəʔ33tsɿ44 n̠ɪʔ22dAɪ23 ɦi213 bã22zAʔ55tsəʔ31 n̠ɪʔ22dAɪ23
歇勒 几日， 风 脱仔 日头 又 碰着则。 日头

tʻəʔ55 foᵑ52 kɒ̃434 tɕĩ55tsɔ31 zəʔ22n̩23 ʔAʔ55 kAɤ434 tsE52 təʔ33n̩55lɔ31 pi434
脱 风 讲：“今朝 实尔 阿 敢 再 脱五佬 比

pɛ̃33zɿ52 foᵑ52 kɒ434 hɔ33gəʔ44 ɦn̩22n̠i44 tsE52 lE31 pi33pi55kʻᴧɤ31 zəʔ22n̩44 kʻᴧɤ434
本事?” 风 讲：“好个。” 五伲 再 来 比比看， 实尔 看，

ɦu24li33ɕiã31 ʔʋəʔ33zɿ44 ɦy213 ʔɪʔ55tsAʔ33 zɪ31 ʔAʔ33zɿ23 sɑ33n̠ĩ52 ɦy213 pɛ̃22zɿ52
河里向 勿是 有 一只 船 阿是? 啥人 有 本事

tɕiɔ55i31 bɔ24təʔ31 kʻuɑ434 zy55zɿ31 hɑ55n̠ĩ31 pɛ̃55zɿ31 dᵊu213 n̠ɪʔ22dAɪ23 zy213
叫伊 跑得 快， 就是 哈人 本事 大。 日头 就

pʻĩ55mĩ33gəʔ31 sᴧɤ434 pɪʔ55 ɦiɔ22zɪ55gəʔ31 n̠ĩ31 ɦioŋ213 lɪʔ22tɕi23 ɦiɔ213 zɪ31 dE22zɿ23
拼命个 晒， 逼 摇船个 人， 用 力气 摇 船。 但是，

n̠ɪʔ22dAɪ22kuɒ̃23 ɦioʔ22zɿ23 tsoʔ55zE31 ɦiɔ22zɪ55gəʔ31 n̠ĩ31 ɦioʔ23 ɦm̩22pəʔ44
日头光 越是 足才， 摇船个 人 越 呒不

tɕʻi33lɪʔ55tsəʔ31 zɪ31 zy213 ɦiɔ24təʔ22 ɦioʔ23 nE213 ɦi31 huɑ55lɑ31 huɑ55lɑ31 ʔɪʔ55
气力则， 船 就 摇得 越 慢。 伊 哗啦 哗啦 一

tsʻɿ52 tsəʔ33tʻĩ55tɔ31 zɪ24lɒ̃55gəʔ31 n̠ĩ31 ləʔ22lAʔ44 hE434 zɛ̃22foᵑ55ləʔ31 kʻu33ɦi52 tsʻã52
吹， 只听到 船浪个 人 勒辣 喊：“顺风勒， 可以 撑

boᵑ24ləʔ31 zɪ24lɒ31 tsʻã53tɕʻi33ləʔ31 boᵑ31 foᵑ52 tsʻɿ55zAʔ31 ləʔ22lAʔ44 boᵑ24lɒ̃31 boᵑ31
篷勒。” 船浪 撑起勒 篷。 风 吹着 勒辣 篷浪， 篷

tɑ33zAʔ44 zɪ31 zɪ31 bɔ35təʔ31 k'uɑ33t'ʌɪ55k'uɑ33t'ʌɪ31 dɪʔ22ɕi55doŋ31 n̥ɪʔ22dʌɪ23 tsəʔ33hɔ44
带着 船，船 跑得 快透快透。 迭歇同， 日头 只好

kɒ̃434 foŋ55si33sã31 zɛ̃n22gəʔ44 pɛ̃33zʅ44 pi33n̥44 dəu434
讲：“风先生，实尔个 本事 比我 大。”

tɔ434 ʔAʔ55məʔ33tɕiAʔ31 foŋ52 kɒ̃ ɦn̥22nʌɣ52 zE24ɦy31 pɛ̃33zʅ52 viɔ213 tsE52
到 压末脚， 风 讲：“我喃 侪有 本事，勿要 再

tsã55ləʔ31
争勒。”

罗　店

poʔ44foŋ52 tɐʔ55 t'ɑ35ɦiã33ɦɐʔ31 ku33zʅ44
北风 得 太阳个 故事

ɦy33ʔɪʔ55tɒ̃31 poʔ44foŋ52 tɐʔ33lɐʔ44 tɑ35ɦiã31 tsɛ̃n434 lɐʔ22lɑ̃23 tsã52
有一趟， 北风 脱勒 太阳 正 勒浪 争，

sɑ33n̠ɪn55ɦəʔ31 pɛ̃n22zʅ44 du213 tsɛ̃n33lɒ̃44 kɒ̃33ɦɐʔ44 zɛ̃n22kuɒ̃44 le22lɐʔ52 ʔɪʔ55ɦɐʔ33
啥人个 本事 大。 正浪 讲个 辰光， 来勒 一个

tsʌɪ33lu55n̠ɪn31 sɛ̃n55lɒ̃31 tsAʔ33ʔiɪʔ55dʑi31 ɦʌɪ22mi55ɦɔ31 ʔi55tAʔ31 liã22kɑ55dʌɪ31 dʑy213
走路人， 身浪 着一件 厚棉袄。 伊搭 两家头 就

sɒ̃55liã33hɔ33lɐʔ31 kɒ̃434 sɑ33n̠ɪn52 nɛ̃n24kʌɪ31 tɕiɔ434 dɐʔ22gɐʔ44 tsʌɪ33lu55n̠ɪn31
商量好勒 讲：“啥人 能够 叫 迭个 走路人

toʔ55tɐʔ33 mi24ɦɔ31 dʑy213 sʌɣ434 sɑ33n̠ɪn52 pɛ̃n22zʅ52 du213 poʔ44foŋ52 dʑy213
脱脱 棉袄， 就 算 啥人 本事 大。” 北风 就

ɦioŋ213 lɪʔ23 ts'ʅ52 sɑ33n̠ɪn52 ɕiɔ33tɐʔ44 ɦi213 ts'ʅ55tɐʔ33 ɦioʔ23 tɕiɐʔ33kuɛ̃n34
用 力 吹。 啥人 晓得 伊 吹得 越 结棍，

ʔiɪʔ33ɦəʔ44 tsʌɪ33lu55ɦəʔ31 n̠ɪn213 dʑy213 ne52 mi24ɦɔ31 ku55tɐʔ33 ɦioʔ22gɐʔ44 tɪn434
一个 走路个 人 就 拿 棉袄 裹得 越个 紧。

ɦʌɣ24le31 poʔ33foŋ52 zɐʔ22ze23 m̩24mɐʔ31 be24fAʔ31 tsɐʔ3hɔ52 sʌɣ35tsɐʔ31 ku22lɐʔ44
后来， 北风 实在 呒末 办法， 只好 算则。 过了

ʔiɪʔ33ɕiɪʔ55ɕiɪʔ31 t'ɑ35ɦiã31 dʑy213 ts'ɐʔ33le52 lAʔ22lAʔ22tɕiɔ23ɦɐʔ22 ʔiɪʔ44sʌɣ23 dɐʔ22gɐʔ44
一歇歇， 太阳 就 出来 辣辣叫个 一晒， 迭个

tsʌɪ33lu55n̠ɪn31 mo22zɒ̃23 t'ɐʔ55loʔ33 ʔi55ɦɐʔ33 mi24ɦɔ31 dɐʔ22nɛ̃n55kɑ31 poʔ44foŋ52 dʑy213
走路人 马上 脱落 伊个 棉袄。 迭能介 北风 就

ʔʋɐʔ33tɐʔ55ʔʋɐʔ33 zɛ̃n24n̠ɪn31 tɔ55ti31 ɦe24zʅ31 t'ɑ35ɦiã31 pi33ʔi55ɦəʔ31 pɛ̃n55zʅ31 du213
勿得勿 承认 到底 还是 太阳 比伊个 本事 大。

ku33lɐʔ55 tɕi33n̠iɪʔ55t'i31 foŋ52 tɐʔ55 t'ɑ35ɦiã31 ɦi213 bã22zAʔ44 t'ɑ35ɦia31 t'ɐʔ55
过了 几日天， 风 脱 太阳 又 碰着。 太阳 脱

foŋ52 kɒ̃434 tɕɪn55tsɔ31 noŋ213 ʔAʔ55kʌɣ31 tse52 t'ɐʔ33n̥55dɔ31 pi434 pɛ̃n33zʅ52 foŋ52
风 讲：“今朝 侬 阿敢 再 脱我道 比 本事？” 风

kɒ̃434 hɔ434 ɦn̩22n̠i44 liã22kɑ55dʌɪ31 tse55le31 pi33ʔiɪʔ55pi31 noŋ213 kʌɤ34
讲： "好， 我伲 两家头 再来 比一比。 侬 看，

ɦu24li33ɕiã31 ʔAʔ4zɿ23 ɦy24tsAʔ31 zʌɪ31 sɑ33n̠ɪn52 nε̃n24kʌɪ31 tɕiɔ dɐʔ22tsAʔ44 zʌɤ31
河里向 阿是 有只 船？ 啥人 能够 叫 迭只 船

ts'ã55tɐʔ31 k'uɑ434 dʑy213 sʌɤ sɑ33n̠ɪn52 pε̃n33zɿ44 du213 t'ɑ35ɦiã31 p'ɪn55mɪn33ɦəʔ31
撑得 快， 就 算 啥人 本事 大。" 太阳 拼命个

sɑ434 ɦiɔ22zʌɪ55n̠ɪn31 ɦioŋ323 lɪʔ23 ɦiɔ31 zʌɪ31 pɐʔ44ku52 t'ɑ33ɦiã55kuɒ̃31 ɦioʔ23
晒， 摇船人 用 力 摇 船。 不过， 太阳光 越

dɑ213 ɦiɔ22zʌɪ55n̠ɪn31 dʑy213 ɦioʔ23 ɦm̩22mɐʔ44 lɪʔ22tɕ'i23 zʌɤ31 ɦɑ213 dʑy213
大， 摇船人 就 越 呒没 力气， 船 也 就

ɦiɔ24tɐʔ31 ɦioʔ23 me213 lε̃n24tɔ21 foŋ52 ts'ɐʔ31le52 sɿ33sɿ55kʌɤ33tsɐʔ31 ɦi213
摇得 越 慢。 轮到 风 出来 试试看则， 伊

fu55fu55ɦəʔ31 ʔiɪʔ55 ts'ɿ52 tsɐʔ33t'ɪn55tɐʔ33 ɦiɔ22zʌɪ55n̠ɪn31 lɐʔ22lɒ̃23 he434 zε̃n22foŋ55tsɐʔ31
呼呼个 一 吹， 只听得 摇船人 勒浪 喊： "顺风则，

hɔ434 ts'ã52 boŋ24tsɐʔ33 zʌɪ24lɒ̃31 dʑy213 ts'ã55tɕ'i33lɐʔ31 boŋ31 foŋ52 ts'ɿ52 boŋ31
好 撑 篷则。" 船浪 就 撑起了 篷。 风 吹 篷，

boŋ31 tɑ434 zʌɪ31 zʌɪ31 dʑy213 ɦɒ̃24tɐʔ31 k'uɑ33t'ʌɪ55k'uɑ33tʌɪ31 dɐʔ22ɕiɪʔ22doŋ23
篷 带 船， 船 就 行得 快透快透。 迭歇同，

t'ɑ35ɦiã31 tsɐʔ33hɔ44 kɒ̃434 foŋ55ɕi33sã31 noŋ22gɐʔ44 pε̃n33zɿ23 pi33n̩44 du213
太阳 只好 讲： "风先生， 侬个 本事 比我 大。"

tɔ434 lAʔ22lɐʔ22liɐʔ44 foŋ52 kɒ̃434 n̠i213 liã22kɑ55dʌɪ31 ze213 ɦy213 pε̃n35zɿ31
到 辣末脚， 风 讲： "伲 两家头， 侪 有 本事，

ɦioŋ22ʔʋɐʔ55zɐʔ31 tse52 tsε̃n55tsɐʔ31
用勿着 再 争则！"

周 浦

poʔ33foŋ52 t'əʔ55 t'ɑ33ɦiA55ɦəʔ33 ku22zɿ52
北风 脱 太阳个 故事

ɦiɤ22ʔɪʔ44tɒ̃52 ɓoʔ33foŋ52 t'əʔ55 t'ɑ33ɦiA52 lɑʔ22ke23 tsəŋ55ləŋ31 hɑ33n̠iɪŋ55ɦəʔ31
有一趟， 北风 脱 太阳 辣盖 争论， 哈人个

ɓəŋ44zɿ44 du113 tsəŋ52 lɑʔ22le23 kɒ̃44ɦəʔ44 zəŋ23kuɒ̃44 le23zɿ44ɪʔ44kɤ44 tsɤ33lu44n̠iɪŋ52
本事 大。 正 辣盖 讲个 辰光， 来是(仔)一个 走路人，

səŋ55lɒ̃31 ts'ø55zɿ31 ʔɪʔ33dʑi44 ɦiɤ22mi55ɦɔ31 gəʔ22lɑ23 liɪŋ23kɑ44dɤ52 ʑiɤ113 sɒ̃55liã55hɔ31
身浪 穿是 一件 厚棉袄。 掰拉 两家头 就 商量好

kɒ̃335 sɑ22n̠iɪŋ44 nəŋ23kɤ44 tɕiɔ335 ɗəʔ22ɦəʔ33 tsɤ33lu44n̠iɪŋ52 t'əʔ33t'əʔ55 ɦi22ɦəʔ44
讲： "啥人 能够 叫 迭个 走路人 脱脱 伊个

mi23ɦɔ44 ʑiɤ113 sø335 sɑ33n̠iɪŋ55ɦəʔ31 ɓəŋ44zɿ44 du113 hɔ335 poʔ33foŋ52 ʑiɤ113
棉袄， 就 算 啥人个 本事 大。" 好， 北风 就

ɦioŋ22tsoʔ55 dʑiɪŋ24dɔ31 le113 ts'ɿ52 sɑ33ȵiɪŋ52 ɕiɔ34dəʔ55 ɦi113 ts'ɿ55dəʔ31
用足 劲道 来 吹。 啥人 晓得 伊 吹得

ɦyɪʔ22tɕɪʔ22kuəŋ44 ʔi55ɦəʔ31 ȵiɪŋ113 ʑiɤ113 ne52 mi23ɦɔ44 ku22ləʔ55 ɦyɪʔ22tɕiɪŋ23 ɗɔ335
越结棍， 伊个 人 就 拿 棉袄 裹勒 越紧。 到

ɦɤ22sɤ44le52 ɓoʔ33foŋ52 məʔ33təʔ55 be22fɑʔ55 tsəʔ33hɔ44 ʑiɤ113 sø55su31
后首来， 北风 没得 办法， 只好 就 算数。

ku33t'əʔ55ɪʔ44ɕɪʔ31 t'ɑ33ɦiÃ ts'əʔ33le52 ȵɪʔ22hoŋ55hoŋ33gəʔ31 ʔɪʔ55 so335 dəʔ22gəʔ23
过脱一歇， 太阳 出来， 热烘烘个 一 晒。 迭个

ku44lu44ȵiɪŋ52 mɑ22zɒ̃44 ne52 mi23ɦɔ44 t'əʔ44ɦɔ44le52 su55i31 ɓoʔ33foŋ52
过路人 马上 拿 棉袄 脱下来。 所以， 北风

ʔʋəʔ33təʔ55ʔʋəʔ31 zəŋ23ȵiɪŋ44 ɗɔ55ti31 ɦe22zɿ44 t'ɑ33ɦiÃ pi335 ɦi113 ɓəŋ44zɿ44 du
勿得勿 承认 到底 还是 太阳 比 伊 本事 大。

ku33t'əʔ55 tɕi33ȵɪʔ44 foŋ52 t'əʔ55 t'ɑ33ɦiÃ52 ɦiɤ52 bÃ22zAʔ55 t'ɑ33ɦiÃ44 ɗe335
过脱 几日， 风 脱 太阳 又 碰着。 太阳 对

foŋ52 kɒ̃334 tɕiɪŋ44tsɔ52 noŋ113 ɦe113 kø334 t'əʔ55 ŋu113 ɓi335 ɓəŋ44zɿ44vɑ52 foŋ52
风 讲： “今朝 侬 还 敢 脱 我 比 本事哦?” 风

kɒ̃334 ȵi113 liɪŋ23kɑ44dɤ52 tse52 le113 ɓi33ɪʔ44t'ɒ̃52 noŋ113 k'ø335 ɦu23ɓÃ44li44ɕiÃ44
讲： “伲 两家头 再 来 比一趟。 侬 看， 河浜里向

ɦiɤ113 ʔɪ33tsɑʔ55 ɕiɔ33zø55vɑ33 sɑ33ȵiɪŋ44 neŋ23kɤ44 tɕiɔ335 ʔe55tsAʔ31 zø113 k'e55təʔ33
有 一只 小船哦? 啥人 能够 叫 哀只 船 开得

k'uɑ335 ʑiɤ113 sø335 sɑ33ȵiɪŋ52 ɓəŋ44zɿ44 du113 t'ɑ33ɦiÃ52 ɦiɤ113 p'iɪŋ55miɪŋ33ɦəʔ31
快， 就 算 啥人 本事 大。” 太阳 就 拼命个

so335 ts'ø52 ɦiɔ23zø44ɦəʔ44 ȵiɪŋ113 ɦioŋ22tsoʔ55 dʑiɪŋ24dɔ21 ɦiɔ113 zø113 ɓəʔ33ku52
晒， 催 摇船个 人 用足 劲道 摇 船。 不过，

t'ɑ33ɦiÃ44kuɒ̃52 ɦyɪʔ22du23 zø23fu44 ɦyɪʔ23 məʔ23 lɪʔ22tɕ'i23 zø113 ɦɑ113 ɦiɔ22təʔ55
太阳光 越大， 船夫 越 没 力气， 船 也 摇得

ɦyɪʔ23 me113
越 慢。

ləŋ22tɔ44 foŋ52 tɕ'i334 sɿ33ɪʔ55sɿ31 ɦi113 hu55lu33hu55lu31 ʔɪʔ55 ts'ɿ52 ʑiɤ113
轮到 风 去 试一试， 伊 呼噜呼噜 一 吹， 就

t'iɪŋ55tɕi31 zø23fu44 lAʔ22ke44 tɕiɔ335 zəŋ22foŋ55ɦɑ33zəʔ31 hɔ33i44 səŋ44fe44ɦɑ33zəʔ31
听见 船夫 辣盖 叫： “顺风啊什(哉)， 好以 升船啊什。”

zø22lɒ̃55ɕiÃ səŋ55tɕ'i31 fe52 foŋ52 t'e52 fe52 fe52 ɗɑ334 zø113 zø113 k'e55ləʔ31
船浪向 升起 帆， 风 推 帆， 帆 带 船， 船 开勒

ʑiɑ23k'uɑ44 ɦi22ze52 t'ɑ33ɦiÃ52 tsəʔ33hɔ44 kɒ̃335 hoŋ44ɕi44sÃ52 noŋ22gəʔ44 ɓəŋ33zɿ44
邪快。 现在 太阳 只好 讲： “风先生， 侬个 本事

ɓi335 ŋu113 du113
比 我 大。”

ɗɔ335 ʔɑʔ33məʔ55 hoŋ52 kɑ̃335 ȵi113 liÃ22kɑ44dɤ52， ze113 ɦiɤ113 ɓəŋ33zɿ44
到 阿末， 风 讲： “伲 两家头 侪 有 本事，

ʔvəʔ55iɔ31 tse52 tsA˜55ləʔ31
勿要 再 争勒。”

上 海

poʔ33foŋ44 t'ɐʔ55 t'A33ɦiÃⁿ55ɦɐʔ31 ku33zɿ44
北风 脱 太阳个 故事

ɦiɤɯ113 ʔiɪʔ33t'Ãⁿ44 poʔ33foŋ44 t'ɐʔ55 t'A33ɦiÃⁿ44 tsəɲ33hɔ44 lɐʔ33lɐʔ44 tsÃⁿ52
有 一趟， 北风 脱 太阳 正好 辣辣 争，

sA33ȵiɲ55ɦɐʔ31 pəɲ33zɿ44 du113 tsəɲ334 lɐʔ21hE23 kÃⁿ33gɐʔ44 zəɲ22kuÃⁿ44
啥人个 本事 大。 正 勒海 讲个 辰光，

lE22lɐʔ55ʔiɪʔ33gɐʔ31 tsɤɯ334 lu22gɐʔ44 ȵiɲ113 səɲ55lÃⁿ31 ts'ø55lɐʔ31 ʔiɪʔ33dʑi44
来勒一个 走 路个 人， 身浪 穿勒 一件

ɦɤɯ22mi55ɦɔ31 ɦi22lA44 liÃⁿ22gɐʔ44 ȵiɲ113 dʑiɤɯ113 sÃⁿ55liÃⁿ31 hɔ33lɐʔ44 kÃⁿ334
厚棉袄。 伊拉 两个 人 就 商量 好勒 讲：

sA33ȵiɲ44 ɕi52 tɕiɔ44 gɐʔ22ɦɐʔ33 tsɤɯ334 lu22gɐʔ44 ȵiɲ113 t'ɐʔ33t'ɐʔ44 ɦi22gɐʔ44
“啥人 先 叫 搿个 走 路个 人 脱脱 伊个

mi22ɦɔ44 dʑiɤɯ113 sø334 sA33ȵiɲ55ɦɐʔ31 pəɲ33zɿ44 du113 ɦy22zɿ44 poʔ33foŋ44
棉袄， 就 算 啥人个 本事 大。 于是， 北风

dʑiɤɯ113 ɦioŋ22tsoʔ44 liɪʔ22tɕ'i23 dʑioŋ22ts'ɿ44 ɦA22li44 ɕiɔ33tɐʔ44 ɦi113 ts'ɿ55tɐʔ31
就 用足 力气 穷吹， 哪里 晓得 伊 吹得

ɦyɪʔ23 li22ɦE44 ʔi55gɐʔ31 ȵiɲ113 dʑiɤɯ113 ʔnE52 mi22ɦɔ44 ku33tɐʔ44 ɦyɪʔ23 tɕiɲ334
越 厉害 伊个 人 就 拿 棉袄 裹得 越 紧。

tɔ334 ɦɤɯ22sɤɯ55lE21 poʔ33foŋ44 ɦm̩22 ɱ ɐʔ44 bE22fɐʔ44 tsɐʔ33hɔ44 dʑiɤɯ113 sø33lɐʔ44
到 后首来 北风 呒没 办法， 只好 就 算勒。

ku33lɐʔ44 ʔiɪʔ33ɕiɪʔ55ɕiɪʔ31 t'A33ɦiÃⁿ44 ts'ɐʔ33lE44 lɐʔ22lɐʔ22tɕiɔ23 ʔiɪʔ33so44 gɐʔ22ɦɐʔ23
过勒 一歇歇， 太阳 出来 辣辣叫 一晒， 搿个

ȵiɲ113 mA22zÃⁿ44 ʔnE52 mi22ɦɔ44 t'ɐʔ33tɐʔ55lɐʔ31 su33ʔi44 poʔ33foŋ44 tsɐʔ33hɔ44
人 马上 拿 棉袄 脱脱勒。 所以， 北风 只好

zəɲ22ȵiɲ44 tɔ55ti31 zɿ113 t'A33ɦiÃⁿ44 pi334 ɦi22ɦɐʔ44 pəɲ33zɿ44 du113
承认 到底 是 太阳 比 伊个 本事 大。

ku33lɐʔ44 tɕi33ȵiɪʔ44 t'i52 foŋ52 t'ɐʔ55 t'A33ɦiÃⁿ44 ɦi113 bÃⁿ22zɐʔ55lɐʔ31
过勒 几日 天， 风 脱 太阳 又 碰着勒。

t'Aʔ33ɦiÃⁿ44 tE334 foŋ52 kÃⁿ334 tɕiɲ55tsɔ31 noŋ113 ɦE113 kø334 t'ɐʔ33ŋu44 pi334
太阳 对 风 讲： “今朝 侬 还 敢 脱我 比

pəɲ33zɿ55vA31 foŋ52 kÃⁿ334 hɔ334 ʔɐʔ33lɐʔ44 tsE52 lE113 pi33ʔiɪʔ55t'Ãⁿ31 noŋ113
本事哦？” 风 讲： “好， 阿拉 再 来 比一趟， 侬

k'ø334 ɦu22li55ɕiÃⁿ21 vɐʔ11zɿ23 ɦiɤɯ113 ʔiɪʔ33tsɐʔ44 zø22mɐʔ44 sA33ȵiɲ44 nəɲ22kɤɯ44
看， 河里向 不是 有 一只 船唛？ 啥人 能够

tɕiɔ$_{334}$ ʔi$_{55}$tsɐʔ$_{21}$ zø$_{113}$ tsɤɯ$_{33}$tɐʔ$_{44}$ kuᴀ$_{334}$ dʑiɤɯ$_{334}$ sø$_{334}$ sᴀ$_{33}$ȵiɲ$_{55}$ɦɐʔ$_{31}$ pəɲ$_{33}$zɿ$_{44}$
叫 伊只 船 走得 快， 就 算 啥人个 本事

du$_{113}$ tʻᴀ$_{33}$ɦiÃ^{ɲ}$_{44}$ dʑiɤɯ$_{113}$ pʻiɲ$_{55}$miɲ$_{31}$ sᴀ$_{334}$ tsʻø$_{52}$ ɦiɔ$_{113}$ zø$_{22}$ɦɐʔ$_{44}$ ȵiɲ$_{113}$ ɦiʊŋ$_{113}$
大。” 太阳 就 拼命 晒， 催 摇 船个 人 用

liɪʔ$_{22}$tɕʻi$_{23}$ ɦiɔ$_{113}$ dᴇ$_{22}$zɿ$_{44}$ tʻᴀ$_{33}$ɦiÃ^{ɲ}$_{55}$kuÃ^{ɲ}$_{31}$ ɦyɪʔ$_{22}$zɿ$_{23}$ du$_{113}$ ɦiɔ$_{113}$ zø$_{22}$ɦɐʔ$_{44}$ ȵiɲ$_{113}$
力气 摇， 但是， 太阳光 越是 大， 摇 船个 人

dʑiɤɯ$_{113}$ ɦyɪʔ$_{23}$ ɦm̩$_{22}$mɐʔ$_{44}$ liɪʔ$_{22}$tɕʻi$_{23}$ zø$_{113}$ ɦᴀ$_{113}$ dʑiɤɯ$_{113}$ ɦiɔ$_{22}$lɐʔ$_{44}$ ɦyɪʔ$_{23}$
就 越 呒没 力气， 船 也 就 摇勒 越

mᴇ$_{113}$ ləɲ$_{22}$tɔ$_{44}$ fʊŋ$_{52}$ lᴇ$_{113}$ sɿ$_{33}$ʔiɪʔ$_{55}$sɿ$_{33}$lɐʔ$_{31}$ ɦi$_{113}$ ɦu$_{113}$ ɦu$_{113}$ ʔiɪʔ$_{55}$ tsʻɿ$_{52}$
慢。 轮到 风 来 试一试勒， 伊 胡 胡 一 吹，

dʑiɤɯ$_{113}$ tʻiɲ$_{55}$tɕi$_{31}$ zø$_{22}$fu$_{53}$ lɐʔ$_{22}$hᴇ$_{23}$ tɕiɔ$_{334}$ zəɲ$_{22}$fʊŋ$_{55}$lɐʔ$_{31}$ kʻu$_{33}$ʔi$_{44}$ tsʻÃ^{ɲ}$_{52}$
就 听见 船夫 辣海 叫： “顺风勒， 可以 撑

vᴇ$_{22}$lɐʔ$_{44}$ zø$_{22}$lÃ^{ɲ}$_{55}$ɕiÃ^{ɲ}$_{31}$ tsʻÃ^{ɲ}$_{55}$tɕʻi$_{33}$lɐʔ$_{31}$ vᴇ$_{113}$ fʊŋ$_{52}$ tʻᴇ$_{52}$ vᴇ$_{113}$ vᴇ$_{113}$ tᴀ$_{33}$lɐʔ$_{44}$
帆勒。” 船浪向 撑起勒 帆。 风 推 帆， 帆 带勒

zø$_{113}$ zø$_{113}$ tsɤɯ$_{33}$tɐʔ$_{44}$ hɐʔ$_{33}$kʻuᴀ$_{44}$ ɦi$_{22}$zᴇ$_{44}$ tʻᴀ$_{33}$ɦiÃ^{ɲ}$_{44}$ tsɐʔ$_{33}$hɔ$_{44}$ kÃ^{ɲ}$_{334}$
船， 船 走得 赫快。 现在 太阳 只好 讲：

fʊŋ$_{55}$ɕi$_{33}$sÃ^{ɲ}$_{31}$ nʊŋ$_{22}$ɦɐʔ$_{44}$ pəɲ$_{33}$zɿ$_{44}$ pi$_{334}$ ŋu$_{33}$ du$_{113}$
“风先生， 侬个 本事 比 我 大。”

tɔ$_{334}$ lɐʔ$_{22}$mɐʔ$_{23}$ fʊŋ$_{52}$ kÃ^{ɲ}$_{334}$ ʔɐʔ$_{33}$lɐʔ$_{44}$ zᴇ$_{22}$ɦiɤɯ$_{44}$ pəɲ$_{33}$zɿ$_{44}$ ɦiʊŋ$_{22}$vɐʔ$_{55}$zɐʔ$_{31}$
到 辣末， 风 讲： “阿拉 侪有 本事， 用勿着

tsᴇ$_{52}$ tsÃ^{ɲ}$_{55}$lɐʔ$_{31}$
再 争勒。”

松 江

pɔʔ$_{44}$fʊŋ$_{52}$ təʔ$_{55}$ tʻɑ$_{55}$ɦiɛ̃$_{33}$ɦəʔ$_{22}$ ku$_{33}$zɿ$_{33}$
北风 得 太阳个 故事

ɦiɯ$_{22}$ ʔiɪʔ$_{44}$tɑ̃$_{33}$ pɔʔ$_{44}$fʊŋ$_{52}$ təʔ$_{44}$zɿ$_{33}$ tʻɑ$_{55}$ɦiɛ̃$_{31}$ tsəɲ$_{55}$hɔ$_{31}$ læʔ$_{33}$læʔ$_{44}$ tsɛ̃$_{52}$
有 一趟， 北风 得仔 太阳 正好 辣辣 争，

hɑ$_{55}$ȵiɲ$_{33}$gəʔ$_{22}$ pəɲ$_{55}$zɿ$_{31}$ du$_{113}$ tsəɲ$_{44}$ læ$_{33}$ʔlɑ$_{44}$ kɑ̃$_{44}$gəʔ$_{44}$ zəɲ$_{22}$kuɑ̃$_{52}$ lu$_{22}$lu$_{22}$ɕiɛ̃$_{52}$
啥人个 本事 大。 正 辣拉 讲个 辰光， 路露向

tsɯ$_{33}$ku$_{55}$le$_{31}$ ʔiɪʔ$_{44}$kɯ$_{52}$ ȵiɲ$_{231}$ səɲ$_{55}$lɑ̃$_{33}$dɯ$_{33}$ tsæʔ$_{44}$lᴀʔ$_{44}$ ʔiɪʔ$_{44}$dʑi$_{34}$ ɦɯ$_{24}$pu$_{33}$ʔɔ$_{31}$
走过来 一个 人， 身浪头 着拉 一件 厚布袄，

ɦi$_{23}$lɑ$_{44}$ liɛ̃$_{22}$kɑ$_{55}$dɯ$_{31}$ ʑiɯ$_{113}$ sɛ̃$_{55}$liɛ̃$_{55}$hɔ$_{55}$zɿ$_{31}$ kɑ̃$_{44}$ hɑ$_{55}$ȵiɲ$_{31}$ nəɲ$_{24}$kɯ$_{31}$ ɕi$_{55}$tɕiɔ$_{31}$
伊拉 两家头 就 商量好仔 讲： “啥人 能够 先叫

gəʔ$_{22}$kɯ$_{33}$ tsɯ$_{44}$lu$_{44}$ɦəʔ$_{44}$ ȵiɲ$_{231}$ təʔ$_{44}$təʔ$_{22}$ gəʔ$_{22}$dʑi$_{34}$ pu$_{55}$ʔɔ$_{31}$ ʑiɯ$_{22}$sø$_{23}$
搿个 走路个 人 脱脱 搿件 布袄， 就算

hɑ$_{55}$ȵiɲ$_{33}$ɦəʔ$_{22}$ pəɲ$_{55}$zɿ$_{31}$ du$_{113}$ ɕiɔ$_{33}$təʔ$_{33}$lɑ$_{55}$tsᴇ$_{33}$ pɔʔ$_{44}$fʊŋ$_{52}$ dʑiɯ$_{113}$ ʑiɲ$_{113}$
啥人搿 本事 大。” 晓得拉哉， 北风 就 尽

liɪʔ22tɕʻi55gəʔ22 dʑiʊŋ22 tsʻʅ52 ɦɑ22li52 hɔ33təʔ44 ɦi113 tsʻʅ55le31 ɦyɪʔ23 tɕiɪʔ44kuəɲ44
力气个 穷 吹。 嚾里 晓得 伊 吹来 越 结棍，
ʔE55gəʔ33ȵiɲ31 ʑiɯ113 ʔnE52 pu44ʔɔ44 ku45təʔ22 ɦyɪʔ23 tɕiɲ44 tɔ44 ɦɯ22sɯ55le31
哀个人 就 拿 布袄 裹得 越 紧， 到 后首来
pɔʔ44fʊŋ52 ʔm̩55məʔ22 bE24fæʔ22 tsɔ44hɔ44 ʑiɯ22kɛ̃22tsE52 təɲ33tʻəʔ55ʔiɪʔ33ɕiɪʔ22 tʻɑ55ɦiɛ̃31
北风 呒没 办法， 只好 就梗哉。 等脱一歇， 太阳
ʑiɯ113 tsʻəʔ44le52 ȵiɪʔ22læʔ33læʔ33ɦəʔ33 so33ʔiɪʔ55so31 ʔE55gəʔ22 tsɯ33lu55gəʔ22 ȵiɲ231
就 出来 热辣辣个 晒一晒， 哀个 走路个 人
le23ʔʋəʔ33dʑi33 ʑiɯ113 ʔnE52 pu55ʔɔ31 tʻəʔ44ɦɔ55le31 kɑ44lɔ44 pɔʔ44fʊŋ52 ʔʋəʔ44təʔ55ʔʋəʔ22
来勿及 就 拿 布袄 脱下来， 介咾 北风 勿得勿
zəɲ24ȵiɲ31 tsʊŋ55kue31 ɦE24zʅ31 tʻɑ55ɦiɛ̃31 pi33ɦi55ɦəʔ22 pəɲ55zʅ31 du113
承认 总归 还是 太阳 比伊个 本事 大。

ku33tʻəʔ44 tɕi33ȵiɪʔ44tʻi52 fʊŋ55 kəʔ22 tʻɑ55ɦiɛ̃31 ɦiɯ113 bɛ̃22zAʔ55tsE31 tʻɑ55ɦiɛ̃31
过脱 几日天， 风 葛 太阳 又 碰着哉。 太阳
kəʔ55 fʊŋ52 kɑ̃335 tɕiɲ44tsɔ52 zɔ113 ʔE55kø31 kəʔ55 nu113 pi44 pəɲ44zʅ44vɑ44 fʊŋ52
葛 风 讲：“今朝 造 还敢 葛 奴 比 本事哦？” 风
kɑ̃335 hɔ344ɦɯ344 ɦn̩22nɑ44 tse55le31 pi44ʔiɪʔ44pi44 hɔ33vɑ44 zɔ113 kʻø335 ɦu22li22ɕiɛ̃52
讲：“好侯 我俚 再来 比一比， 好哦？ 造 看， 河里向
ʔʋəʔ44zʅ33 ɦiɯ231 ʔiɪʔ44tsAʔ22 zø231vɑ44 hɑ35ȵiɲ31 nəɲ24kɯ31 hE44 ʔE55tsAʔ22 zø231
勿是 有 一只 船哦？ 啥人 能够 啊 哀只 船
tsɯ44le44 kuɑ335 ʑiɯ113 sø335 hɑ55ȵiɲ33ɦəʔ22 pəɲ44zʅ44 du113 tʻɑ55ɦiɛ̃31
走来 快， 就 算 啥人个 本事 大。” 太阳
pʻiɲ55min33gəʔ22 so335 tsʻø55tsɔʔ22 ɦiɔ231 zø231ɦəʔ22 ȵiɲ231 ɦiʊŋ24liɪʔ22 ɦiɔ231 zø231
拼命个 晒， 催足 摇 船个 人 用力 摇 船，
hɑ55ȵiɲ33hɔ33təʔ22 tʻɑ55ɦiɛ̃31 so33təʔ44 ɦiɪʔ23 tɕiɪʔ44kuəɲ34 tsʻɛ̃44 zø231ɦəʔ22 ȵiɲ231
啥人晓得 太阳 晒得 越 结棍， 撑 船个 人
kəɲ33kɑ44 ʔm̩55məʔ22 liɪʔ22tɕʻi34 zø231 ɦɑ113 ɦiɔ22le52 kəɲ33kɑ44 mE113 ʔɑ55tɔ31
更加 呒没 力气， 船 也 摇来 更加 慢， 挨到
fʊŋ52 sʅ33sʅ33kʻE55li31 ɦi113 fu55lu55fu33lu31 ʔiɪʔ55 tsʻʅ52 ʑiɯ113 tʻiɲ33tɔ33 tsʻɛ̃44
风 试试看哩， 伊 呼噜呼噜 一 吹， 就 听到 撑
zø231ɦəʔ22 ȵiɲ231 lAʔ33lAʔ44 hE44 zəɲ23fʊŋ22lɑ55li31 hɔ44 tsʻɛ̃44 bʊŋ24tsE31
船个 人 垃拉 喊：“顺风拉里， 好 撑 篷哉。”
zø22zɑ̃22dɯ34 tsʻɛ̃55tɕʻi33ləʔ22 bʊŋ231 fʊu52 tʻe55zʅ31 bʊŋ231 bʊŋ231 tɑ55zʅ31 zø231
船上头 撑起勒 篷， 风 推仔 篷， 篷 带仔 船，
zø231 tsɯ44le44 kʻuɑ55tɕʻi33kʻuɑ33lɛ31 ʔE44gəʔ44zəɲ44kʻuɑ̃52 tʻɑ55ɦiɛ̃31 tsəʔ44hɔ44 kɑ̃44
船 走来 快去快来。 哀个辰光 太阳 只好 讲：
fʊŋ55ɕi33sɛ̃31 zɔ23ɦəʔ44 pəɲ55zʅ31 pi33 nu44 du113
“风先生， 造个 本事 比 奴 大。”

tɔ55zʅ31 ʔAʔ44məʔ33tɕiAʔ33 fʊŋ52 kɑ̃44 ɦŋ̍22nɑ23 ze24ɦiɯ31 pəɲ44zʅ44
到仔 压末脚， 风 讲：“我俚 侪有 本事，

ɦiʊŋ22vəʔ22zAʔ52　tsẽ55tsE31

用勿着　争哉!”

黎　里

poʔ55foŋ44　t‘əʔ33ləʔ33　t‘ɑ21ɦiã41　kəʔ55　kɜu55zɿ31

北风　脱勒　太阳　葛　故事

ɦiɛɯ22ʔiəʔ55tsɵ31　poʔ55foŋ44　t‘əʔ33ləʔ33　t‘ɑ21ɦiã41　zij21tɕ‘iAᵓ44　ləʔ33hE33　tsã44ts‘Aᵓ44

有一转　北风　脱勒　太阳　齐巧　勒海　争吵，

hɒ33ȵiəɲ55gəʔ22　pəɲ55zɿ31　dɜu213　tsəɲ33ləʔ44hE44　kã52gəʔ22　zəɲ21kuã24　bAᵓ22lE55ləʔ22

啥人个　本事　大。　正勒海　讲个　辰光，　跑来勒

ʔiəʔ55kəʔ22　tsiɛɯ54lu33gəʔ22　ȵiəɲ24　səɲ44lã44ɕiã31　tsAʔ55ləʔ22　ʔiəʔ55dʑiəʔ22　ɦiəɯ24gəʔ55

一个　走路个　人，　身浪向　着勒　一极　厚个

miɪ21ɦAᵓ24　ɦij21lɒ44　liã22kəʔ55　ȵiəɲ24　ziɛɯ213　sɑ̃44liɑ̃44hAᵓ31　kã51　hɒ44ȵiəɲ44　siɪ44

棉袄，　伊拉　两个　人　就　商量好　讲：“啥人　先

tɕiAᵓ44　gəʔ33gəʔ33　tsiɛɯ54lu33gəʔ22　ȵiəɲ24　t‘əʔ33t‘əʔ33　ʔij44kəʔ22　miɪ22ɦAᵓ44lE51　ʑiɛɯ213

叫　辩个　走路个　人　脱脱　伊葛　棉袄来，　就

sɵ413　hɒ44ȵiəɲ44gəʔ22　pəɲ55zɿ31　dɜu213　nAʔ33məʔ33　poʔ55foŋ44　ziɛɯ213　ʔioŋ52tsoʔ55

算　啥人个　本事　来。”　纳末，　北风　就　用足

liəʔ33tɕ‘ij33　lE22sij55kɒ31　ts‘ɿ44　hɒ44ȵiəɲ44　ɕiAᵓ33təʔ55　ɦij22nu44　ɦyəʔ23　ts‘ɿ44təʔ22

力气　来死介　吹，　啥人　晓得　伊奴　越　吹

tɕiəʔ55kuəɲ31　kəʔ33kəʔ55　ȵiəɲ24　ziɛɯ213　ʔno44　miɪ21ɦAᵓ24　kɜu52ləʔ55　ɦyəʔ23　tɕiəɲ51

结棍，　葛葛　人　就　拿　棉袄　裹勒　越　紧

tAᵓ41　məʔ33ɦiəʔ33lE34　poʔ55foŋ44　ʔm̩44pəʔ22　bE22fAʔ55dəʔ22　tsəʔ55hAᵓ44　sɵ55sɜu33dəʔ22

到　末叶来　北风　呒不　办法特，　只好　算数特。

kAʔ55t‘əʔ22　ʔiəʔ33ɕiəʔ55ɕiəʔ22　t‘ɒ21ɦiã41　ziɛɯ22　ts‘əʔ33lE44　kuA55ʔlAʔ33lAʔ22　ʔiəʔ55so31

隔脱　一歇歇，　太阳　就　出来　刮辣辣　一晒，

kəʔ33kəʔ55　tsiɛɯ54lu33gəʔ22　ȵiəɲ24　ʔmɒ44zã44　ʔno44　miɪ21ɦAᵓ24　t‘əʔ33t‘əʔ44lE52

葛葛　走路个　人　马上　拿　棉袄　脱脱来。

sɜu51ʔij34　poʔ55foŋ44　fəʔ55təʔ33fəʔ22　zəɲ21ȵiəɲ24　tAᵓ33tij44　ɦE21zɿ24　t‘ɒ21ɦiã41　pij51

所以，　北风　勿得勿　承认　到底　还是　太阳　比

ɦij22noʔ55　pəɲ55zɿ31　dɜu213

伊奴　本事　大。

kAʔ55ləʔ22　tɕij52ȵiəʔ55　t‘iɪ44　foŋ44　təʔ55ləʔ22　t‘ɒ21ɦiã41　ɦiəʔ23　bã22zAʔ55dəʔ22

隔勒　几日　天，　风　脱勒　太阳　叶　碰着特，

t‘ɒ21ɦiã41　t‘əʔ34　foŋ44　kɑ̃51　tsəɲ44tsAᵓ51　noʔ33nɔ34　ʔAʔ55　kɵ52təʔ55　t‘əʔ33ɦŋ̍44nɜu44

太阳　脱　风　讲：　“今朝　诺脑　阿　敢得　脱我奴

pij334　pəɲ55zɿ33dəʔ22　foŋ44　kɑ̃51　hAᵓ52gəʔ22　ɦŋ̍22k‘Aᵓ44　tsE44lE44　pij55pij31　ʔnɔ44

比　本事特?”　风　讲：　“好个，　我拷　再来　比比。　脑

kʻɵ324 ɦu22lij55ɕiã31 fəʔ55zɿ31 ɦiəɯ32 ʔiəʔ55tsAʔ22 zɵ24ɦɑ44 hɒ34ȵiəɲ51 ʔuE52təʔ55
看， 河里向 勿是 有 一只 船啊？ 啥人 会得

tɕiAɔ413 kəʔ33tsAʔ44 zɵ24 kʻE44təʔ22 kʻuɒ324 ziɐɯ213 sɵ413 hɒ34ȵiəɲ55gəʔ22 pəɲ55zɿ31
叫 葛只 船 开得 快， 就 算 啥人个 本事

dʒu213 tʻɒ21ɦiã44 ziɐɯ213 pʻiəɲ44miəɲ44gəʔ22 so413 tɕiAɔ413 ɦiAɔ22zɵ55gəʔ22 ȵiəɲ24
大。” 太阳 就 拼命个 晒， 叫 摇船个 人

ʔioŋ413 lɪʔ33dAɔ33 ɦiAɔ24 dE22zɿ44 tʻɒ22ɦiã44kuã44 ɦiəʔ33zɿ33 dʒu213 zɵ22lAɔ55dɒ31
用 力道 摇。 但是， 太阳光 叶是 大， 船老大

ɦiəʔ33zɿ33 ʔm̩44pəʔ22 lɪʔ33tɕʻij34 zɵ24 ɦɑ32 ɦiAɔ24təʔ22 ɦiəʔ23 mE213 ləɲ24zAʔ22
叶是 呒不 力气， 船 也 摇得 叶 慢。 轮着

foŋ44 lE24 sɥ52sɥ413 ɦij22lʒu44 lE22sij44 ʔiəʔ55tsɿ44 tsəʔ55tʻiə44tɕij52 zɵ22lAɔ55dɒ31
风 来 试试， 伊奴 来西 一吹， 只听见 船老大

ləʔ33hE34 tɕiAɔ413 zəɲ22foŋ55dəʔ22 kʻu33ʔi44 tsã44 bã24dəʔ22 zɵ22lã55ɕiã31
勒海 叫： “顺风特， 可以 张 棚(篷儿)特。” 船冷向

tsã55tɕʻij33ləʔ22 bã24 fʊŋ44 tʻE334 bã bã24 tɒ413 zɵ24 zɵ24 kʻE44təʔ22
张起勒 棚， 风 推 棚， 棚 带 船， 船 开得

kʻuɒ22ziəɲ55kʻuɒ33ziəʔ22 kəʔ33kəʔ44 zəɲ21kuã24 tʻɒ21ɦiã44 tsəʔ55hAɔ31 kã51 foŋ44sɪɪ44sã31
快尽快绝。 葛葛 辰光 太阳 只好 讲： “风先生，

noʔ22nɔ55əʔ22 pəɲ55zɿ31 pij51 ɦŋ̍32 dʒu213
诺脑葛 本事 比 我 大。”

tAɔ413 diəɯ21lE24 foŋ44 kã51 ɦŋ̍22kʻɒ44 zE22kɒ24 ɦiə32 pəɲ55zɿ31 ɦiAɔ413
到 头来， 风 讲： “我卡 侪介 有 本事， 覅

tsã53dE31
争台。”

盛　泽

pɔʔ44foŋ44 tʻəʔ55 tʻɑ32ɦiæ̃55kəʔ33 kʒu33zɿ52
北风 脱 太阳葛 故事

ɦiɘʉ34ɪʔ33tsɵ33 pɔʔ44foŋ44 tʻəʔ55 tʻɑ32ɦiæ̃52 ləʔ22ho34 tsæ̃44 sɑ34ȵɪɲ33kəʔ31
有一转， 北风 脱 太阳 勒化 争， 啥人葛

pəɲ55zɿ31 dʒu212 kəʔ33kəʔ55 zəɲ22kɑ̃44 zij22tɕʻiAɑ44 lE24ɪʔ33kəʔ31 tsiɘʉ55lʒu33kəʔ31
本事 大。 葛葛 辰光， 齐巧 来一葛 走路葛

ȵɪɲ24 tsɑʔ55lɑʔ33 ʔɪʔ55dʑiɪ31 ɦiɘʉɦəʔ33 miɪ22Aɑ44 ʔij44lɑ44 liæ̃22kɑ55diɘʉ31 zi22tɕʻiAɑ44
人， 着辣 一件 厚个 棉袄。 伊拉 两家头 齐巧

lɑ22 kɑ̃51 sɑ34ȵɪɲ52 nəɲ22kiɘʉ44 tɕiAɑ413 kəʔ33kəʔ55 ȵɪɲ24 tʻəʔ55tʻəʔ31 ɦij24nu33kəʔ31
辣 讲： “啥人 能够 叫 葛葛 人 脱脱 伊奴葛

miɪ22Aɑ44 ziɘʉ212 sɵ334 pəɲ55zɿ31 dʒu24 nɑʔ22məʔ44 pɔʔ44foŋ44 ziɘʉ212 ʔioŋ55lɪʔ31
棉袄， 就 算 本事 大。” 捺末， 北风 就 用力

lᴇ22tsʻɿ52 feʔ33ɕiᴀɑ55təʔ33 ʔij44nu44 ɦiɔʔ44zɿ33 tsʻɿ55təʔ31 tɕiɪʔ55kuəɲ31 gəʔ22kəʔ44 ȵɪŋ24
烂吹， 勿晓得 伊奴 越是 吹得 结棍 搿葛 人

ziɘʉ212 no51 miɪ22 ᴀɑ44 kɜu52təʔ33 ɦiɔʔ22kɑ34 tɕɪɲ51 mᴇ22siɘʉ55lᴇ31 pɔʔ44foŋ44
就 拿 棉袄 裹得 越加 紧。 晚首来 北风

ʔm̩55pəʔ33 bᴇ22fɑʔ55lɑ33dᴇ31 ziɘʉ212 tsəʔ33hᴀɑ44 sɵ35dᴇ31 kɜu33təʔ44 ʔɪʔ55ɕij33nəʔ31
呒不 办法拉台， 就 只好 算台。 过脱 一歇呢，

tʻɑ33ɦiæ̃52 ziɘʉ212 bᴀɑ24tsʻəʔ33lᴇ31 ʔioŋ44lɪʔ44 ʔiɪʔ33so44 gəʔ33kəʔ44 tsiɘʉ55lɜu33kəʔ31
太阳 就 跑出来 用力 一晒， 葛葛 走路葛

ziɘʉ212 no51 miɪ22 ᴀɑ44 təʔ55ləʔ33lᴇ kɔʔ33lᴀɑ44 pɔʔ44foŋ44 ɦm̩24mə31 bæ̃22fɑʔ44
就 拿 棉袄 脱脱来。 角咾 北风 呒没 办法，

mæ̃23siɘʉ55lᴇ31 ɦᴇ22zɿ44 dzəɲ22ȵɪɲ44 tʻɑ32ɦiæ̃44 pij33ɦu44 pəɲ55zɿ31 dɜu212
晚首来 还是 承认 太阳 比我 本事 大。

kɜu55təʔ33 tɕij55ȵiɐʔ33tʻiɪ33 foŋ44 ɦiɘʉ212 bæ̃22zɑʔ44 tʻɑ32ɦiæ̃52 tʻɑ32ɦiæ̃52 tᴇ413
过脱 几日天， 风 又 碰着 太阳。 太阳 对

foŋ44 kɑ̃51 tɕɪɲ44tsᴀɑ44 ɦn̩23nəʔ33 ʔɑʔ55kɵ31 tᴇ413 ɦu23nɜu bij51 pəɲ55zɿ31 foŋ44
风 讲： “今朝 尔呐 阿敢 对 我奴 比 本事？” 风

kɑ̃51 hᴀɑ55ɦᴇ31 ɦu23lij33 tsᴇ33lᴇ44 pij52ɪʔ33tsʻɿ31 ɦn̩23nɑʔ33 kʻɵ55tɕiɪ31 vu22lij55ɕiæ̃31
讲： “好咳， 我哩 再来 比一次。 尔呐 看见 河里向

fəʔ55zɿ31 dɪŋ24ɪʔ33tsɑʔ31 zɵ24 ʔɑʔ55tᴇ33ɑ33 sɑ33ȵɪŋ44 nəɲ22kiɘʉ44 ȵiæ̃212 kəʔ32tsɑʔ44
勿是 停一只 船 阿对啊？ 啥人 能够 让 葛只

zɵ24 ɦiᴀɑ24təʔ33 kʻuɑ313 ziɘʉ212 sɵ51 sɑ34ȵɪŋ33 pəɲ55zɿ31 dɜu212 tʻɑ33ɦiæ̃44 zɵ212
船 摇得 快， 就 算 啥人 本事 大。” 太阳 就

lᴇ22ɕij44 so413 tsʻᴇ44 ɦiᴀɑ24 zɵ24kəʔ33 ȵɪŋ212 kʻuɑ32tiɪ52 ɦiᴀɑ24 zɵ24 fəʔ33dᴀɑ44zɿ44
来希 晒， 催 摇 船葛 人 快点 摇 船。 勿道是

tʻɑ32ɦiæ̃55kuɑ̃31 ɦiɔʔ22 dɜu212 ɦiᴀɑ24 zɵ24kəʔ33 ȵɪŋ212 ɦiɔʔ44zɿ33 ʔm̩55pəʔ31
太阳光 越 大， 摇 船葛 人 越是 呒不

tɕʻij32lɪʔ52 zɵ24 ɦɑ212 zɵ212 ɦᴀɑ24təʔ33 ɦiɔʔ22kɑ34 mᴇ212 nən22tᴀɑ44 foŋ44lᴇ44
气力， 船 也 就 摇得 越加 慢。 轮到 风来

sɿ33sɿ55kʻɵ31 ʔi44nu33 fu44fu44kəʔ52 ʔiɪʔ33tsʻɿ44 tʻᴇ34tʻᴇ33 tʻɪɲ55tɕiɪ31 ɦiᴀɑ24
试试看， 伊奴 呼呼葛 一吹， 听见 摇

zɵ22kəʔ55ȵɪŋ22 ləʔ22ho34 hᴇ334 zəɲ22foŋ52 lᴇ22dᴇ44 kʻuɑ32tiɪ52 tsʻæ̃44 boŋ24
船葛人 勒化 喊： “顺风 来台， 快点 撑 篷。”

zɵ22lᴀɑ55ɕiæ̃31 tsʻæ̃44tɕij44zɿ44 bʻoŋ24 foŋ44 tʻᴇ55lᴀɑ33zɿ31 gəʔ22tsɑʔ44 boŋ24 boŋ24
船牢向 撑起是(仔) 篷 风 推牢是 搿只 篷。 篷

tɑ33zɿ44 zɵ24 zɵ24 ɦiᴀɑ22təʔ44 kʻuɑ34təʔ33 ɦiɑ24tʻəʔ55 nɑ22məʔ44 tʻɑ33ɦiæ̃52
带是 船， 船 摇得 快得 野脱。 捺末 太阳

tsəʔ33hᴀɑ44 kɑ̃51 foŋ44ɕiɪ44sæ̃44 ɦn̩22nəʔ22kəʔ55 pəɲ55zɿ31 pij51 ɦu23kə33 dɜu212
只好 讲： “风先生 尔呐葛 本事 比 我葛 大”

tᴀɑ413 dzɑʔ44məʔ33le33 foŋ44 kɑ̃51 vu24lij21 liæ̃24kɑ33diɘʉ33 dɑ22kɑ44 ɦiɘu22
到 着末来， 风 讲： “我里 两家头 大家 有

pəɲ55zɿ31 ʔʋiᴀɑ334 tsE413 tsəɲ55lE31

本事， 覅 再 争咪!”

嘉 兴

poʔ33foŋ44 kɔ334 t'ɑ33ɦiᴀ̃44gəʔ55 kᵊu35zɿ31

北风 告 太阳个 故事

ɦiəu22ʔiəʔ55t'ᴀ̃31 poʔ33foŋ44 kɔ334 t'ɑ33ɦiᴀ̃51 dʑi22tɕ'iɔ44 ɦiᵊu22ho34 tsᴀ̃51

有一趟， 北风 告 太阳 齐巧 有化 争，

hɑ33ȵin55gəʔ33 pən44zɿ33 dᵊu223 tsən44 ɦiᵊu22ho34 kᴀ̃44gəʔ55 zən22kuᴀ̃34 lEᵋ22ləʔ55

啥人个 本事 大， 正 有化 讲个 辰光， 来勒

ʔiəʔ33kəʔ44 tse44lᵊu33gəʔ55 ȵin223 sən55lᴀ̃33ɕiᴀ̃21 ts'ɤə44ləʔ55 ʔiəʔ53dʑie31 ɦe22gəʔ55

一个 走路个 人， 身浪向 穿勒 一件 厚个

mie24ʔɔ51 ʔi44lᴀʔ55 liᴀ̃22kɑ22de55 dʑiᵊu22 sᴀ̃44liᴀ̃44hɔ44ləʔ33 kᴀ̃44 hɑ22ȵin44

棉袄。 伊拉 两家头 就 商量好勒 讲： 啥人

nən22ke34 ɕie51 tɕiɔ334 ʔEᵋ44gəʔ55 tse44lᵊu22gəʔ55 ȵin223 t'əʔ33t'əʔ44 ʔi55nù33gəʔ21

能够 先 叫 哀个 走路个 人 脱脱 伊奴个

mie24ʔɔ51 dʑiᵊu223 sɤə334 sɑ33ȵin55gəʔ33 pən44zɿ33 dᵊu223 ʔləʔ44məʔ22 poʔ33foŋ44

棉袄， 就 算 啥人个 本事 大。 纳末， 北风

dʑiᵊu223 ʔioŋ33tsoʔ44 tɕin35dɔ31 lEᵋ223 dʑioŋ22ts'e34 hɑ44li55 ɕiɔ34təʔ55 ʔi55nu22

就 用足 劲道 来 穷吹， 蟹里 晓得 伊奴

ts'ɿ44ləʔ55 ʔyɵʔ55 li24hEᵋ51 ʔEᵋ55gəʔ33ȵin21 dʑiᵊu223 ʔnEᵋ51 mie24ʔɔ51 gᵊu44ləʔ55

吹勒 越 厉海， 哀个人 就 拿 棉袄 裹勒

ʔyɵʔ55 tɕin44 tɔ44 ɦe22se22lEᵋ55 poʔ33foŋ44 ʔm̩55mEᵋ22 bEᵋ33fᴀʔ44 tsəʔ53hɔ31 dʑiᵊu223

越 紧， 到 后首来， 北风 呒没 办法， 只好 就

sɤə33li44 gᵊu33t'əʔ44 ʔiəʔ33ɕiəʔ55ɕiəʔ33ʔɑ31 t'ɑ33ɦiᴀ̃51 ts'əʔ33lEᵋ44 ʔȵiəʔ33ʔȵiəʔ44tɕiɔ51

算里。 过脱 一歇歇啊， 太阳 出来 热热叫

so33ʔiəʔ55so31 kəʔ33kəʔ44 tse44lᵊu22gəʔ55 ȵin231 mɑ22zᴀ̃34 ʔnEᵋ51 mieʔ24ɔ51 dʑiᵊu223

晒一晒， 葛个 走路个 人 马上 拿 棉袄 就

t'əʔ33loʔ44lEᵋ33lEᵋ31 koʔ33loʔ44kɑ51 poʔ33foŋ44 ʔʋəʔ33təʔ44ʔʋəʔ55 zən24ȵin51 tɔ55ti21

脱落来咪。 葛落介 北风 勿得勿 承认 到底

ʔEᵋ55zɿ22 tɑ33ɦiᴀ̃51 pi44 ʔi55nu33kəʔ33 pən44zɿ33 dᵊu223

还是 太阳 比 伊奴个 本事 大。

kɑʔ33təʔ55tɕi33tie31 foŋ51 kɔ33 tɑ33ɦiᴀ̃51 ɦi35 bᴀ̃25zᴀʔ55li21 t'ɑ33ɦiᴀ̃51 kɔ33

隔脱几天， 风 告 太阳 夷 碰着哩， 太阳 告

foŋ51 kᴀ̃44 tsən44tsɔ51 nEᵋ22nu55 ʔEᵋ55kɤə22 kɔ33 ɦŋ̍22nu34 pi44 pən44zɿ33vɑ55

风 讲： “正朝 难奴 还敢 告 我奴 比 本事哦?”

foŋ51 kᴀ̃334 hɔ55gəʔ22 ŋɑ223 tsEᵋ55lEᵋ22 pi33ʔiəʔ55pi31 nEᵋ223 k'ɤə334

风 讲： “好个， 外 再来 比一比， 倷 看，

vu22li44ɕiÃ51 ʔʋəʔ53zɿ31 ɦiᵊu22ʔiəʔ44tsAʔ55 zɤə24ɦɑ51 hɑ44ȵin51 nən44ke33 tɕiɔ334

河里向 勿是 有一只 船啊？ 啥人 能够 叫

ʔEᵋ44tsAʔ55 zɤə2 31 k'Eᵋ44təʔ55 k'uɑ334 dʑiᵊu233 sɤə334 sɑ33ȵin55kəʔ31 pən44zɿ33 dᵊu223

哀只 船 开得 快， 就 算 啥人个 本事 大。”

ʔnAʔ44məʔ22 t'ɑ33ɦiÃ51 dʑiəu223 p'in55min33kəʔ21 so334 ts'e51 ɦiɔ223 zɤə223

纳末， 太阳 就 拼命个 晒， 催 摇 船

ʔEᵋ55gəʔ33ȵin21 ʔioŋ33ʔliəʔ55tɕ'i31 ɦiɔ223 zɤə223 piəʔ33kᵊu44nəʔ21 t'ɑ33ɦiÃ44kuÃ51

哀个人 用力气 摇 船， 必过呐， 太阳光

ʔyeʔ53zɿ31 dᵊu223 ts'Ã zɤə233 ʔEᵋ55kəʔ33ȵin33nəʔ21 ʔyeʔ55zɿ31 ʔm̩55mEᵋ22 ʔliəʔ53tɕ'i31

越是 大， 撑 船 哀个人呐 越是 呒没 力气，

zɤə223 ɦɑ22 ɦiɔ22ləʔ55 ʔyeʔ33lEᵋ44ʔyeʔ55 mEᵋ223 lən22zAʔ55 foŋ51 lEᵋ231

船 也 摇勒 越来越 慢。 轮着 风 来

sɿ33sɿ44k'ɤə55li51 ʔi55nu22 vu22lᵊu44vu22lᵊu44kəʔ44 ts'e51 tsəʔ33t'in44tɕie51 ɦiɔ223 zɤə223

试试看哩， 伊奴 胡鲁胡鲁个 吹， 只听见 摇 船

kəʔ33gəʔ44 ȵin223 ɦiᵊu22ho44 hEᵋ334 zən22foŋ55li31 nən44ke33 ts'o334 vEᵋ24li51

葛个 人 有化 喊：“顺风哩， 能够 扨 帆哩！”

ʔnəʔ44məʔ22 zɤə22kɔ55de31 dʑiᵊu33 sən53tɕ'i33ləʔ21 vEᵋ231 foŋ51 t'e53zəʔ22 vEᵋ223

纳末， 船高头 就 升起来 帆， 风 推着 帆，

vEᵋ223 tɑ22ləʔ55 zɤə2 31 zɤə231 k'Eᵋ44ləʔ55 dʑiʔ11k'uɑ22kəʔ44 kəʔ33zən44kuÃ51

帆 带勒 船， 船 开勒 极快个， 葛辰光，

t'ɑ22ɦiÃ44 tsəʔ53hɔ31 kÃ44 foŋ55ɕie33sÃ21 nEᵋ22kəʔ55 pən44zɿ33 pi44 nu223 dᵊu223

太阳 只好 讲：“风先生， 倷个 本事 比 奴 大。”

tɔ334 ʔAʔ33məʔ44lEᵋ51 foŋ51 kÃ334 ŋɑ223 dɑ22kɑ51 zEᵋ223 ɦiᵊu223 pən44zɿ33

到 压末来， 风 讲：“外 大家 侪 有 本事，

ʔʋiɔ51 tsÃ53li22

嫑 争哩。”

双林

poʔ55foŋ52 tAʔ54 t'ɑ33ɦiã33gəʔ53 kəu32zɿ34

北风 搭 太阳个 故事

ɦiᵒʏ34ʔiɪʔ55t'oŋ21 poʔ55foŋ52 tAʔ54 t'ɑ32ɦiã34 kõ44hɔ44lAʔ44 tsən44 ʔuɘɪ34ȵɪn52

有一通， 北风 搭 太阳 刚好辣 争， 碗人

pən34zɿ52 dəu113 lAʔ23 kõ34gəʔ55 dzən22kõ44 lE22dəʔ44 ʔieʔ55gəʔ55

本事 大， 辣 讲个 辰光， 来突 一个

tsᵒʏ34ləu55kəu55gəʔ21 ȵɪn113 sən44lõ44ɕiã44 tsAʔ55dəʔ55 ʔieʔ33diɔ34 ɦᵒʏ231 mɪ22ɦɔ44

走路过个 人， 身浪向 着突 一条 厚 棉袄，

ʑiɑ113 liã113 ziᵒʏ113 sõ44liã44hɔ44 kõ53 ʔuɘɪ34ȵɪn52 ɕɪ44 lE22sɑ44 tɕiɔ334 kəʔ55kəʔ55

斜 俩 就 商量好 讲：“宛人 先 来杀 叫 葛个

tsøʏ34ləu55kəu55gəʔ21 ȵɪn113 tʻəʔ55diɔ52 dʑiz22kəʔ44 mɪ22ɦɔ44 dʑiøʏ22sᴇ44
走路过个 人 脱掉 其葛 棉袄， 就算

ʔuəɪ34ȵɪn55kəʔ22 pən34zɿ52 dəu113 ʔnᴀʔ55məʔ55 poʔ55foŋ52 ʑiøʏ113 ɦioŋ22tsoʔ44
碗人葛 本事 大。” 纳末， 北风 就 用足

lieʔ22tɕʻiz34 ʔiɔ33ɕiz44 ʔiɔ22ʔuəʔ55kɑ21 tsʻɿ44 ʔuəɪ34ȵɪn52 ɕiɔ34təʔ55 dʑiz113 tsʻɿ44təʔ44
力气， 要死 要活介 吹， 碗人 晓得 其 吹得

ʔieʔ54 liz21ɦᴇ34 ɦᴇ22kəʔ44 ȵɪn113 ziøʏ113 nɑ53 mɪ22ɦɔ44 kəu34təʔ55 ʔieʔ55fᴀʔ55
越 厉害， 还个 人 就 拿 棉袄 裹得 越发

tɕɪn53 tɔ334 tᴀʔ55məʔ55lᴇ21 poʔ55foŋ52 ʔm̩44pəʔ44 bᴇ22fᴀʔ55ɦɑ55dᴇ21 tɕieʔ55hɔ52
紧， 到 搭末来， 北风 呒不 办法啊台， 只好

sᴇ32dᴇ34 kᴀʔ55dəʔ55 ʔieʔ55ɕieʔ55 tʻɑ32ɦiã34 ʑiøʏ113 tsʻəʔ55lᴇ52 kuᴀʔ55lᴀʔ55lᴀʔ21
算台。 隔突 一歇， 太阳 就 出来， 刮辣辣

ʔieʔ33so34 kəʔ55kəʔ55 tsøʏ34ləu55kəu55kəʔ21 ȵɪn113 ʑieʔ22kᴀʔ55 ʔnᴇ mɪ22ɦɔ44
一晒， 葛个 走路过个 人 席夹 拿 棉袄

təʔ55təʔ55lᴇ55dəʔ21 kəʔ55ɦɔ55kᴀʔ21 poʔ55foŋ52 tɕieʔ55hɔ52 dzən22ȵɪn44 tɔʔ33tiz52 ɦᴇ22zɿ44
脱脱来突， 葛咾夹 北风 只好 承认 到底 还是

tʻɑ32ɦiã34 piz53 dʑiz22kəʔ44 pən34zɿ52 dəu113
太阳 比 其个 本事 大。

kᴀʔ55dəʔ55 tɕiz34ȵieʔ55 foŋ44 tᴀʔ54 tʻɑ32ɦiã34 ʔiz44 bã113 døʏ22dəʔ44 tʻɑ32ɦiã34
隔突 儿日， 风 搭 太阳 又 碰 头突。 太阳

tᴀʔ54 foŋ44 kɔ̃53 kən44tsɔ44 ʔnøʏ53 ɦᴇ22kᴇ44 tᴀʔ55ŋ̍52 piz53 pən34zɿ55vəʔ21 foŋ44
搭 风 讲：“更朝 倷 还敢 搭吾 比 本事弗？” 风

kɔ̃53 xɔ34gᴇ55 ʔŋɑ53 tsᴇ lᴇ piz34piz55kᴇ21 ʔnøʏ53 kᴇ334 kɔ̃44liz44 fəʔ55zɿ52
讲：“好该， 伢 再 来 比比看。 倷 看 江里 勿是

ɦiøʏ24tsəʔ52 dzᴇ22ʔuᴀ44 ʔuəɪ34ȵɪn52 lᴇ22sɑ44 tɕiɔ334 kəʔ55døʏ52 tsəʔ54 zᴇ113
有只 船哇？ 碗人 来杀 叫 葛头 只 船

kʻᴇ44təʔ44 kʻuɑ334 dʑiøʏ22sᴇ44 ʔuəɪ34ȵɪn55kəʔ22 pən34zɿ52 dəu113 tʻɑ32ɦiã34 ʑøʏ113
开得 快， 就算 碗人个 本事 大。” 太阳 就

pʻɪn44mɪn44kɑ44 tsɔ334 tɕiɔ334 ɦiɔ22dzᴇ44kəʔ44 ȵɪn113 ɦioŋ113 ʔlieʔ55tɕʻiz52 ɦiɔ22dzᴇ44
拼命介 照， 叫 摇船个 人 用 力气 摇船。

fəʔ55ɕiɔ55təʔ21 tʻɑ32ɦiã22kuɔ̃34 ʔieʔ54 dɑ113 ɦiɔ22dzᴇ44 ȵɪn113 ʔieʔ55fᴀʔ55 ʔm̩44pəʔ44
勿晓得 太阳光 越 大， 摇船 人 越发 呒不

tɕʻiz22lieʔ55 dzᴇ113 ɦiɔ22təʔ44 ʔieʔ55fᴀʔ55 mᴇ32dᴇ34 lən22tɔ44 foŋ44 lᴇ113 sɿ32sɿ22kʻᴇ34
气力， 船 摇得 越发 慢突。 轮到 风 来 试试看，

dʑiz113 bɑ22bɑ44kəʔ44 tsʻɿ44 tɕieʔ44 tʻɪn55təʔ55 ɦiɔ22dzᴇ44ȵɪn44 lᴀʔ54 hᴇ334
其 排排个 吹， 只 听得 摇船人 辣 喊：

zən32foŋ22dᴇ34 xɔ32tsʻɑ34 boŋ22dᴇ44 dzᴇ22lɔ44 tsʻɑ44tɕʻiz44dəʔ44 boŋ113 foŋ44 tʻəɪ44
“顺风台， 好扯 篷台。” 船浪 扯起突 篷， 风 推

boŋ113 boŋ113 tɑ334 dzᴇ113 zᴇ113 kʻᴇ44təʔ44 kʻuɑ32sᴀʔ22dᴇ34 kɑ32ɕɪ34 tʻɑ32ɦiã34
篷， 篷 带 船， 船 开得 快煞台。 介险， 太阳

tɕieʔ$_{55}$xɔ$_{52}$　kɔ̃$_{53}$　foŋ$_{44}$ɕɪ$_{44}$sã$_{44}$　ʔȵᵒʏ$_{44}$gəʔ$_{44}$　pən$_{34}$zɿ$_{52}$　pi$_{53}$　ʔŋ̍$_{53}$　dəu$_{113}$
只好　讲："风先生，　倷个　本事　比　我　大。"

tɔ$_{334}$　tɪn$_{34}$tᴀʔ$_{55}$məʔ$_{55}$lᴇ$_{21}$　foŋ$_{44}$kɔ̃$_{44}$　ʔŋɑ$_{53}$　zᴇ$_{22}$ɦiᵒʏ$_{44}$　pən$_{34}$zɿ$_{52}$　ɕiɔ$_{53}$　tsᴇ$_{44}$　tsən$_{44}$dᴇ$_{44}$
到　顶搭末来，　风讲："伢　侪有　本事，　消　再　争台。"

杭　州

pɔʔ$_{55}$foŋ$_{31}$　kən$_{33}$　tʻᴇ$_{34}$ɦiᴀŋ$_{55}$tiɪʔ$_{31}$　ku$_{55}$zɿ$_{31}$
北风　跟　太阳的　故事

ʔʏ$_{55}$ʔiɪʔ$_{33}$tsʻɿ$_{33}$məʔ$_{31}$　pɔʔ$_{55}$foŋ$_{31}$　kəŋ$_{323}$　tʻᴇ$_{34}$ɦiᴀŋ$_{51}$　tsən$_{55}$hɔ$_{31}$　lɐʔ$_{11}$hɑ$_{23}$　tsən$_{32}$lən$_{23}$
有一次末，　北风　跟　太阳　正好　辣哈　争论。

ʔnɑ$_{55}$gɐʔ$_{33}$tiɪʔ$_{31}$　pən$_{55}$zɿ$_{31}$　dou$_{113}$　ɦɔ$_{113}$　kᴀŋ$_{33}$kᴀŋ$_{55}$lɐʔ$_{33}$hɑ$_{31}$　tɕiᴀŋ$_{55}$gɐʔ$_{33}$zən$_{33}$kuᴀŋ$_{33}$mɐʔ$_{31}$
哪个的　本事　大　号。　刚刚辣哈　讲个辰光末，

lᴇ$_{21}$lɐʔ$_{23}$ʔiɪʔ$_{55}$kɐʔ$_{55}$　tseɪ$_{51}$　lu$_{23}$kɐʔ$_{51}$　zən$_{212}$　sən$_{32}$kɔ$_{23}$deɪ$_{51}$　tso$_{33}$lɐʔ$_{55}$　ʔiɪʔ$_{33}$dʑie$_{23}$
来勒一个　走　路葛　人，　身高头　穿勒　一件

ɦeɪ$_{22}$mie$_{55}$ɦɔ$_{31}$　tʻɑ$_{32}$mən$_{23}$　ʔliᴀŋ$_{55}$gou$_{31}$　dʑʏ$_{113}$　sᴀŋ$_{32}$liᴀŋ$_{23}$hɔ$_{51}$　ɦo$_{23}$dɐʔ$_{51}$　ʔnɑ$_{55}$kɐʔ$_{31}$
厚棉袄。　他们　两个　就　商量好　话突："哪个

ɕie$_{323}$　tɕiɔ$_{334}$　tɕyɪʔ$_{44}$kɐʔ$_{55}$　tseɪ$_{51}$　lu$_{23}$kɐʔ$_{51}$　zən$_{113}$　tɐʔ$_{44}$lɔʔ$_{55}$　tʻɑ$_{33}$kɐʔ$_{55}$　mie$_{21}$ɦɔ$_{23}$məʔ$_{51}$
先　叫　这个　走　路葛　人　脱落　他葛　棉袄末，

ʑʏ$_{113}$　so$_{334}$　ʔnɑ$_{55}$kɐʔ$_{33}$tiɪʔ$_{31}$　pən$_{55}$zɿ$_{31}$　dou$_{113}$lɑ$_{51}$　kɐʔ$_{44}$mɐʔ$_{55}$　pɔʔ$_{55}$foŋ$_{31}$　dʑʏ
就　算　哪个的　本事　大啦。"　葛末，　北风　就

ɦioŋ$_{23}$tsɔʔ$_{51}$　dʑɪn$_{22}$dɔ$_{55}$ ər$_{31}$　dʑɪn$_{23}$liᴀŋ$_{51}$　tsueɪ$_{32}$dɐʔ$_{55}$　ʔnɑ$_{55}$li$_{31}$　ɕiɔ$_{55}$tɐʔ$_{31}$　tʻɑ$_{33}$
用足　劲道儿　尽量　吹特，　哪里　晓得　他

tsʻɥeɪ$_{31}$tɐʔ$_{55}$　ɦyɪʔ$_{12}$　li$_{22}$ɦᴇ$_{55}$mɐʔ$_{31}$　ʔnɑ$_{55}$gɐʔ$_{31}$　ʔlɔ$_{55}$ko$_{31}$　dʑʏ$_{113}$　pɐʔ$_{44}$tʻɑ$_{52}$tiɪʔ$_{55}$　mie$_{21}$ɦɔ$_{23}$
吹得　越　厉害末，　那个　老官　就　不他的　棉袄

ku$_{55}$tɐʔ$_{31}$　ɦyɪʔ$_{11}$tɕiɑ$_{23}$　tɕɪn$_{51}$　dɐʔ$_{11}$lɑ$_{23}$　tɔ$_{34}$lɐʔ$_{51}$　ɦeɪ$_{22}$deɪ$_{55}$mɐʔ$_{31}$　pɔʔ$_{33}$foŋ$_{23}$　meɪ$_{113}$
裹得　越加　紧　突啦。　到勒　后头末　北风　没有

sɐʔ$_{44}$kɐʔ$_{55}$　bᴇ$_{22}$fɐʔ$_{55}$tɐʔ$_{55}$lᴇ$_{31}$　tsɐʔ$_{55}$hɔ$_{31}$　dʑʏ$_{113}$　so$_{34}$dɐʔ$_{51}$　ku$_{34}$lɐʔ$_{51}$　ʔiɪʔ$_{44}$ɕiɪʔ$_{44}$ɕiɪʔ$_{55}$
色葛　办法得来，　只好　就　算特。　过勒　一歇歇，

tʻᴇ$_{34}$ɦiᴀŋ$_{51}$　dʑʏ$_{113}$　tsʻɐʔ$_{33}$lᴇ$_{23}$　ȵiɪʔ$_{22}$hoŋ$_{55}$hoŋ$_{55}$gɐʔ$_{31}$　sᴇ$_{33}$lɐʔ$_{55}$ʔiɪʔ$_{33}$sᴇ$_{31}$　tɕyɪʔ$_{44}$gɐʔ$_{55}$　tseɪ$_{51}$
太阳　就　出来　热哄哄个　晒了一晒，　这个　走

lu$_{22}$gɐʔ$_{55}$zən$_{31}$　ʔmɑ$_{55}$zᴀŋ$_{31}$　dʑʏ$_{113}$　pɐʔ$_{55}$　mie$_{21}$ɦɔ$_{23}$　tʻɐʔ$_{44}$lɔʔ$_{44}$lᴇ$_{55}$dɐʔ$_{31}$　sou$_{55}$ʔi$_{32}$mɐʔ$_{51}$
路个人　马上　就　不　棉袄　脱落来特。　所以末，

pɔʔ$_{33}$foŋ$_{23}$　pɐʔ$_{44}$tɐʔ$_{44}$pɐʔ$_{55}$　zən$_{21}$zən$_{23}$　tɔ$_{55}$ti$_{31}$　ɦᴇ$_{21}$zɿ$_{23}$　tʻᴇ$_{23}$ɦiᴀŋ$_{51}$　pi$_{32}$tʻɑ$_{23}$tiɪʔ$_{51}$
北风　不得不　承认　到底　还是　太阳　比他的

pən$_{55}$zɿ$_{31}$　dou$_{113}$
本事　大。

ku$_{33}$lɐʔ$_{55}$tɕi$_{55}$tʻie$_{31}$　foŋ$_{33}$　doŋ$_{33}$　tʻᴇ$_{34}$ɦiᴀŋ$_{51}$　ʔʏ$_{33}$　bᴀŋ$_{23}$lɐʔ$_{55}$　ʔiɪʔ$_{33}$dɔ$_{23}$dɐʔ$_{51}$
过勒几天，　风　同　太阳　又　碰辣　一道特，

tʻE34ɦiAŋ51 dʑY113 tE334 foŋ323 ɦuo kəŋ32tsɔ23 hɑ22 kE55pɐʔ33kE31 doŋ21ŋo23 pi51
太阳 就 对 风 话："跟朝 还 敢不敢 同我 比

pəŋ55zɿ33dɔ31 foŋ33 soʔ55 hɔ55gɐʔ33lɔ31 ʔŋu55mən31 tsE55lE31 pi55pi33kE34 ȵi33 kE334
本事道？" 风 说："好个咾 我们 再来 比比看。 你 看

ɦɔ113 ɦou21li21deɪ51 pɐʔ33zɿ23 ʔY55ʔiɪʔ33tsɐʔ31 dzuo21lɐʔ23hɑ55moʔ31 ʔnɑ55kɐʔ31
号， 河里头 不是 有一只 船辣哈末？ 哪个

nən55keɪ31 tɕiɔ334 kɐʔ44tsɐʔ55 dzo113 kʻE31tɐʔ55 kʻuE334 dʑY113 so334 ʔnɑ55kɐʔ33tiɪʔ31
能够 叫 葛只 船 开得 快， 就 算 哪个的

pən23zɿ51 dou113lɐʔ51 tʻE34ɦiAŋ51 dʑY113 pɪn32mɪn23kɐʔ51 SE334 tsʻɥeɪ323 ɦiɔ212
本事 大啦。" 太阳 就 拼命葛 晒， 催 摇

dzo21kɐʔ55zən212 ɦioŋ21liɪʔ23kɐʔ51 ɦiɔ212 dzo212 dE113 tʻE33ɦiAŋ55kuAŋ31 ɦyɪʔ12
船葛人 用力葛 摇 船， 但 太阳光 越

dou113mɐʔ51 zo21fu23 dʑY113 ɦyɪʔ11tɕiɑ23 meɪ113 liɪʔ11tɕʻi23 dzo113 ʔie33 ɦiɔ21tɐʔ55
大末， 船夫 就 越加 没有 力气， 船 也 摇得

ɦyɪʔ11tɕiɑ23 mE23dɐʔ51 tən55tɔ31 foŋ323 lE212 sɿ32sɿ23kʻẼ334 tʻɑ323 vu21vu23tiɪʔ55
越加 慢特。 等到 风 来 试试看， 他 胡胡的

ʔiɪʔ33tsueɪ23 dʑY113 tʻɪn32tɔ23 dzo21fu23 lɐʔ11hɑ23 tɕiɔ334dɐʔ zɥən22foŋ55də31 hɔ51
一吹， 就 听到 船夫 辣哈 叫特： "顺风特， 好

tsAŋ33 vE21dɐʔ23lE51 dzo21kɔ23deɪ dʑY113 sən23tɕʻi23lɐʔ55 vE212 foŋ33 tʻE32zɐʔ55 vE212
张 帆特来。" 船高头 就 升起勒 帆。 风 推着 帆，

vE212 tE23lɐʔ51 dzo212 dzo212 kʻE32tɐʔ55 kʻuE34lɐʔ51 moʔ11lɔ23lɔ113 kɐʔ33mɔ23
帆 带勒 船， 船 开得 快勒 木佬佬， 葛毛

tʻE34ɦiAŋ51 tsɐʔ33hɔ23 ɦuo23dɐʔ51 foŋ32ɕie23sən51 ʔȵi55tiɪʔ31 pən55zɿ31 pi34ŋou51 dou113
太阳 只好 话特： "风先生， 你的 本事 比我 大。"

tɔ334 ʔlɑ55kuɑ33gɐʔ33zən33kuAŋ33mɐʔ31 foŋ323 ɦuo113 ʔŋu55mən31 tu55ʔY31 pən55zɿ31
到 拉瓜个辰光末， 风 话： "我们 都有 本事，

ɦioŋ22pɐʔ55dzɐʔ31 tsən31dɐʔ55
用不着 争特。"

绍　兴

poʔ44fuŋ52 duŋ21de33 tʻa43ɦiaŋ33gəʔ33 ku43zɿ31
北风 同待 太阳个 故事

ɦiY113 ʔiɪʔ55mɑɒ33 poʔ44fuŋ52 duŋ21de33 tʻa43ɦiaŋ31 kaŋ32kaŋ33 haŋ334 tsaŋ52
有 一冒， 北风 同待 太阳 刚刚 亨 争，

ɦa21zɿ34ko55gəʔ31 pəŋ23zɿ44 do22 kaŋ32kaŋ33 la334 ɦuo22gəʔ55 zəŋ22kuɒŋ44 le22ləʔ55
啥是哥个 本事 大， 刚刚 拉 话个 辰光， 来勒

ʔiɪʔ44gəʔ55 tsY334 lu22gəʔ55 ȵɪŋ231 sɪŋ32kɑɒ34dY44 tsʻĩ33ləʔ55 ʔiɪʔ55dʑĩ33 ɦY113 mĩ21ʔɔ33
一个 走 路个 人， 身高头 穿勒 一件 厚 棉袄。

ɦia$_{113}$ liaŋ$_{22}$gəʔ$_{44}$ȵɪŋ$_{52}$ dʑiɤ$_{22}$ sɒŋ$_{32}$liaŋ$_{34}$hɒ$_{55}$ze$_{31}$ ɦuo$_{22}$ ɦa$_{21}$zɿ$_{34}$ko$_{44}$ nəŋ$_{334}$ ʔɤ$_{33}$
雅 两个人 就 商量好哉 话："嚡是哥 能 欧

kɪ$_{44}$gəʔ$_{55}$ tsɤ$_{334}$ lu$_{22}$gəʔ$_{55}$ ȵɪŋ$_{31}$ təʔ$_{44}$loʔ$_{55}$ ɦi$_{22}$gəʔ$_{55}$ mĩ$_{21}$ʔɔ$_{33}$ dʑiɤ$_{22}$ sɵ̃$_{33}$
割个 走 路个 人 脱落 伊个 棉袄， 就 算

ɦa$_{21}$zɿ$_{34}$ko$_{44}$gəʔ$_{52}$ pɪŋ$_{23}$zɿ$_{44}$ do$_{22}$ ka$_{33}$gəʔ$_{52}$ zəŋ$_{22}$kuɒŋ$_{52}$ poʔ$_{44}$foŋ$_{44}$ dʑiɤ$_{22}$ tɕɪŋ$_{22}$dɤ$_{33}$
嚡是哥个 本事 大。" 街个 辰光， 北风 就 劲头

zɿ$_{21}$tso$_{34}$ʔgəʔ$_{44}$ tsʻɿ$_{52}$ ɦa$_{21}$li$_{34}$ɕiɒ$_{44}$təʔ$_{52}$ ɦi$_{113}$ tsʻɿ$_{33}$ləʔ$_{55}$ ɦyoʔ$_{23}$ dzᴀʔ$_{22}$lɪʔ$_{55}$ haŋ$_{33}$gəʔ$_{55}$
十足个 吹， 嚡里晓得 伊 吹勒 越 着力， 亨个

ȵɪŋ$_{231}$ po$_{334}$ mĩ$_{21}$ʔɔ$_{33}$ ku$_{34}$ləʔ$_{55}$ ɦyoʔ$_{23}$ lɔ$_{31}$ ɦɤ$_{22}$dɤ$_{44}$le$_{52}$ poʔ$_{44}$fʊŋ$_{52}$ ʔn̩$_{22}$ȵiɤ$_{33}$
人 把 棉袄 裹勒 越 牢。 后头来 北风 呒牛

bæ̃$_{22}$fᴀʔ$_{55}$ tɕiɤ$_{34}$ləʔ$_{55}$ la$_{43}$tɒ$_{31}$ ku$_{43}$ləʔ$_{55}$ ʔiɪʔ$_{44}$ɕiɪʔ$_{55}$ tʻa$_{43}$ɦiaŋ$_{33}$ dʑiɤ$_{22}$ tsʻeʔ$_{44}$le$_{52}$
办法， 九勒 拉倒。 过勒 一歇， 太阳 就 出来

ʔmæ̃$_{32}$ʔmæ̃$_{34}$ ȵiɪʔ$_{22}$gəʔ$_{44}$ sa$_{33}$ kəʔ$_{44}$gəʔ$_{55}$ tsɤ$_{33}$lu$_{44}$ȵɪŋ$_{44}$ lĩ$_{22}$mɒŋ$_{44}$ pa$_{334}$ mĩ$_{21}$ʔɔ$_{33}$
蛮蛮 热个 晒， 割个 走路人 连忙 把 棉袄

təʔ$_{45}$loi$_{44}$le$_{53}$zẽ$_{31}$ so$_{34}$ɦi$_{53}$ poʔ$_{44}$fʊŋ$_{52}$ tɕiɤ$_{34}$ləʔ$_{55}$ dzəŋ$_{21}$zɪŋ$_{33}$ tɒ$_{33}$ti$_{34}$ ɦæ̃$_{22}$zɿ$_{33}$
脱落来哉。 所以 北风 九勒 承认 到底 还是

tʻa$_{33}$ɦiaŋ$_{44}$gəʔ$_{52}$ pɪŋ$_{34}$zɿ$_{44}$ pi$_{33}$ɦi$_{44}$gəʔ$_{52}$ do$_{22}$
太阳个 本事 比伊个 大。

ku$_{45}$leʔ$_{55}$ tɕi$_{34}$ȵiɪʔ$_{55}$ fʊŋ$_{44}$ dʊŋ$_{21}$de$_{33}$ tʻa$_{43}$ɦiaŋ$_{33}$ ɦia$_{22}$ʔi$_{44}$ baŋ$_{32}$dʊŋ$_{33}$dze$_{33}$
过勒 几日， 风 同待 太阳 也衣 碰同哉。

tʻa$_{43}$ɦiaŋ$_{31}$ te$_{33}$ fʊŋ$_{44}$ ɦuo$_{113}$ tɕɪŋ$_{33}$tsɒ$_{52}$ noʔ$_{23}$ væ̃$^{2}_{31}$ kĩ$_{33}$vɪʔ$_{44}$kĩ$_{52}$ dʊŋ$_{22}$de$_{44}$ ŋo$_{113}$
太阳 对 风 话："今朝 偌 还 敢勿敢 同袋 我

pi$_{334}$ pɪŋ$_{34}$zɿ$_{52}$ fʊŋ$_{44}$ ɦuo$_{22}$ hɒ$_{33}$gəʔ$_{44}$nəʔ$_{55}$ ɦia$_{113}$ tse$_{32}$le$_{33}$ pi$_{34}$ʔiɪʔ$_{55}$pi$_{334}$ noʔ$_{33}$
比 本事？" 风 话："好个呢， 雅 再来 比一比， 偌

kĩ$_{33}$ ɦo$_{21}$kɒŋ$_{34}$li$_{52}$ vəʔ$_{22}$zeʔ$_{55}$ ɦiɤ$_{22}$tsəʔ$_{55}$ zĩ$_{21}$le$_{22}$haŋ$_{21}$ ɦa$_{21}$zɿ$_{34}$ko$_{44}$ nəŋ$_{21}$ʔɤ$_{33}$
看， 河江里 勿拾 有只 船来亨？ 嚡是哥 能欧

haŋ$_{33}$tsəʔ$_{55}$ zĩ$_{231}$ ke$_{33}$ləʔ$_{55}$ kʻua$_{33}$ dʑiɤ$_{21}$sĩ$_{33}$ ɦa$_{21}$zɿ$_{34}$ko$_{44}$ pɪŋ$_{34}$zɿ$_{44}$ do$_{22}$ tʻa$_{43}$ɦiaŋ$_{33}$
亨只 船 开勒 快， 就算 嚡是哥 本事 大。" 太阳

dʑiɤ$_{22}$ ʔiɒ$_{33}$ɕi$_{44}$mɪŋ$_{55}$gəʔ$_{52}$ sa$_{33}$ tsʻe$_{52}$ ɦiɒ$_{21}$zĩ$_{34}$gəʔ$_{44}$ ȵɪŋ$^{2}_{31}$ ɦiʊŋ$_{22}$lɪʔ$_{55}$ ɦiɒ$^{2}_{31}$
就 要死命个 晒， 催 摇船个 人 用力 摇

zĩ$_{231}$ næ̃$_{21}$fæ̃$_{33}$ tʻa$_{43}$ɦiaŋ$_{33}$kuɒŋ$_{33}$ ɦyoʔ$_{23}$ maŋ$_{113}$ zĩ$_{22}$fu$_{44}$ ɦyoʔ$_{22}$ko$_{52}$ ʔn̩$_{32}$niɤ$_{33}$
船。 难反 太阳光 越 猛， 船夫 越加 呒牛

lɪʔ$_{22}$tɕʻi$_{33}$ zĩ$_{113}$ ɦa$_{231}$ ɦiɒ$_{22}$təʔ$_{55}$ ɦyoʔ$_{22}$ko$_{44}$ mæ̃$_{22}$ luə̃$_{21}$tɒ$_{33}$ fʊŋ$_{32}$lᴇ$_{33}$ sɿ$_{43}$ze$_{33}$
力气， 船 也 摇得 越加 慢。 轮到 风来 试哉，

ɦi$_{113}$ ɦu$_{21}$ɦu$_{34}$ʔiɪʔ$_{55}$tsʻɿ$_{31}$ tɕiɤ$_{334}$ tʻɪŋ$_{32}$tɕĩ$_{33}$ zĩ$_{22}$fu$_{44}$ le$_{21}$haŋ$_{33}$ ʔɤ$_{52}$ zĩ$_{32}$fʊŋ$_{33}$ze$_{33}$ hɒ$_{334}$
伊 胡胡一吹， 就 听见 船夫 来亨 欧："顺风哉， 好

tsʻaŋ$_{52}$ bʊŋ$_{21}$ze$_{33}$ zĩ$_{21}$kɒ$_{34}$dɤ$_{52}$ tsʻaŋ$_{32}$tɕʻi$_{34}$ləʔ$_{52}$ bʊŋ$_{231}$ fʊŋ$_{52}$ tʻe$_{52}$ bʊŋ$_{231}$ bʊŋ$_{231}$
撑 篷哉。" 船高头 撑起勒 篷。 风 推 篷， 篷

ta$_{33}$ zĩ$_{231}$ zĩ$_{231}$ ɦiŋ$_{22}$təʔ$_{55}$ moʔ$_{22}$lɒ$_{44}$lɒ$_{44}$gəʔ$_{44}$ kʻua$_{33}$ kəʔ$_{44}$mɒ$_{44}$ tʻa$_{43}$ɦiaŋ$_{33}$
带 船， 船 行得 木佬佬个 快。 革毛 太阳

tɕiɪʔ55hɑɒ33 ɦuo22 fʊŋ32ɕĩ34saŋ52 nʊŋ23gəʔ55 pɪŋ34zɿ44 pi334 ŋo113 do113
只好 话："风先生， 依个 本事 比 我 大。"

tɑɒ33 ʔmiɑɒ334 fʊŋ44 ɦuo22 ŋa22 liaŋ21gəʔ34ȵɪŋ52 tu32ɦiɤ33 pɪŋ34zɿ52 fəŋ52
到 篾奥 风 话："牙 两个人 都有 本事， 覅
tsaŋ32ze33
争哉!"

诸 暨 王 家 井

poʔ55foŋ52 tɐʔ55 ȵiəʔ22dei44gɐʔ52 kʊ54zɿ33
北风 得 日头个 故事

ɦiʏ23ʔiəʔ33mɔ33tsɿ31 poʔ55foŋ52 tɐʔ55 ȵiəʔ22dei52 ze33 le22lɐʔ55k'ɐʔ31 tsÃ544
有一毛子， 北风 得 日头 才 来纳客 争
ɦA23ke44kɐʔ52 pẼĨ44zɿ33 dɯ233 kɒ̃43kɒ̃55lɐʔ55kɐʔ31 kɒ̃52kɐʔ44 zɿ33ɦei44mɐʔ52 le31niɔ44
嚡该葛 本事 大。 刚刚纳格 讲葛 时候末， 来了
ʔiəʔ44ke33 tsei33lʊ44kɐʔ55 ȵĩ233 sẼĨ43kɔ44tĩ55nɐʔ31 ts'ʏ52zɐʔ44 ʔiəʔ44dʑiɪ33 dʑiʏ23miɪ33ʔɔ31
一该 走路葛 人， 身高顶呐 穿着 一件 厚棉袄。
dʑiA233 dʑiʏ233 sɒ̃44liÃ44hɔ52 kɒ̃544 ɦA23ke55 ɕiɪ544 tɕiɔ544 kɐʔ33ke44 tsei33lu44kɐʔ55
枷 就 商量好 讲："嚡该 先 叫 格该 走路葛
ȵĩ233 t'o44piɔ33 dʑiz23doŋ33 miɪ31ʔɔ42 dʑiʏ33se33 ɦA23ke44kɐʔ55 pẼĨ44zɿ33 dɯ233
人 脱掉 其同 棉袄， 就算 嚡该葛 本事 大。"
ɦyɥ23zɿ44mɐʔ55 poʔ55foŋ52 dʑiʏ233 ɦioŋ23tsoʔ44 ȵiəʔ22tɕ'iz52 ʑiA23ɕĩ44mĩ44kɐʔ55 ts'ɿ544
于是末， 北风 就 用足 力气 斜性命葛 吹，
ɦA22ke55ɕiɔ33tɐʔ31 dʑiz233 ts'ɿ52tɐʔ44 ɦioʔ12 niz33ɦe33 me23kɐʔ44 ȵĩ233 dʑiʏ233 ɦioŋ544
嚡该晓得 其 吹得 越 厉害， 梅葛 人 就 用
miɪ31ʔɔ42 ku33tɐʔ44 ɦioʔ22ko55 tɕĩ52 tɔ544dze22dei55mɐʔ31 poʔ55foŋ52 mɐʔ12
棉袄 裹得 越加 紧， 到才头末， 北风 呒没
bɛ33fɐʔ33lA52 tɕiəʔ44tɐʔ33 sʏ33ɦA52 kʊ33niɔ55mÃ33ɕiəʔ31 ȵiəʔ22dei52 ts'ɐʔ44ne33
办法啦， 只得 算鞋。 过了猛歇 日头 出来
ȵiəʔ33nɐʔ44nɐʔ44kɐʔ55 ʔiəʔ55so52 kɐʔ33kei44 kɯ53lu33dei33lɔ31 mo31zɒ̃42 dʑiʏ233
热辣辣葛 一晒， 葛该 过路头佬 马上 就
tɐʔ55dʑiɪ52 miɪ31ʔɔ42 t'oʔ33loʔ44le44ɦA31 tsɔ52mɐʔ44 poʔ55foŋ52 fɐʔ44tɐʔ44ʔʊɐʔ55
得件 棉袄 脱落来鞋 照末， 北风 勿得勿
dzẼĨ31zẼĨ44 ɦiʏ33zɐʔ44pẼĨ52 ɦɛ31zɐʔ44 ȵiəʔ22dei52 piz52 dʑiz233 pẼĨ44zɿ33 dɯ233
承认 原实本 还实 日头 比 其 本事 大。

kɯ33niɔ55niÃ33ȵiəʔ31 foŋ544 tɐʔ55 ȵiəʔ22dei55 ɦiʏ233 p'oŋ42zɐʔ33lA52 ȵiəʔ22dei55
过了两日， 风 得 日头 又 碰着啦， 日头
te544 foŋ544 kɒ̃52 tsẼĨ33tsɔ52 ɦn̩ tse53ʔʊɐʔ33tse31 kʏ52 tɐʔ44ŋɯ33 piz52 pẼĨ33zɿ44ɦA55
对 风 讲："准朝 你 再勿再 敢 得我 比 本事嚡?

foŋ544 kɒ̃53kɐʔ31 hɔ33tɕiəʔ55 ŋA233 tse54le33 piz33piz55kɤ33hɔ33tɕiəʔ31 ɦn̩233 k'ɤ53nA31
风 讲葛："好结， 牙 再来 比比看好结。 你 看纳，

me33do44ɦo52 niz33ɕiÃ52 fɐʔ44zɐʔ33 ɦiɤ33ʔiəʔ44tsɐʔ55 zɤ31k'ɐʔ44 ɦA23ke52 nẼĨ233 tɕiɔ52
梅肚河 里向 勿实 有一只 船客？ 嚡该 能 叫

me31tsɐʔ44 zɤ233 tsẼĨ52tɐʔ44 k'uA52 dʑiɤ233 sɤ544 ɦA23ke44kɐʔ55 pẼĨ44zɿ33 dɯ233
梅只 船 余得 快， 就 算 嚡葛该 本事 大。"

n̠iəʔ33dei44mɐʔ52 dʑiɤ233 dʑiÃ33ɕĨ33mĨ55kɐʔ55 so544 ɕiÃ52 tɕiɔ544 ɦiɔ33zɤ44kɐʔ55 n̠Ĩ233
日头末 就 像性命葛 晒， 想 叫 摇船葛 人

dʑiÃ33ɕĨ33mĨ55kɐʔ55 ɦiɔ233 zɤ233 dɛ53kɐʔ33dʑiɪ31 n̠iəʔ33dei44kuɒ̃52 ɦioʔ12 dɯ233
像性命葛 摇 船。 但葛件 日头光 越 大，

tsÃ33zɤ44lɔ52 dʑiɤ233 ɦioʔ12 ʔm53mɐʔ31 liəʔ22tɕ'iz52 zɤ233 ʔiɪ52 ɦiɔ31tɐʔ44 ɦioʔ22ko55
撑船佬 就 越 呒没 力气， 船 也 摇得 越加

mɛ233 lẼĨ31tɔ42 kɐʔ44dʑiɪ33 foŋ52le42 sɿ33zÃ44kuɒ̃44mɐʔ31 dʑiz233 fʊ44fʊ44kɐʔ55
慢。 轮到 葛件 风来 试常光末， 其 呼呼葛

ʔiəʔ55ts'ɿ52 tsɿ33t'Ĩ55tɐʔ31 ts'Ã33zɤ44lɔ52 lɐʔ22ke44 hɛ52 zẼĨ23foŋ33ɦɯ52 vɛ233 k'ɯ44ʔiz33
一吹， 只听得 撑船佬 勒该 喊："顺风呵， 帆 可以

ts'Ã33tɕ'iz44le55ɦɯ52 zɤ23kɒ̃44tĨ52 ts'Ã33tɕ'iz44liə52 vɛ233， foŋ52mɐʔ44 dʑiɤ233 t'e52zɐʔ44
撑起来呵！" 船刚顶 撑起了 帆， 风末 就 推着

vɛ233 vɛ23mɐʔ44 tA33zɐʔ44 zɤ233 zɤ233 ts'Ã52tɐʔ44 n̠iz25 kuA33kɐʔ31 tsɔ33mɐʔ55
帆， 帆末 带着 船， 船 撑得 年 快葛。 照末

n̠iəʔ22dei52 tɕiəʔ33tɐʔ44 kɒ̃52 foŋ33ɕiɪ44sÃ52 ɦn̩23kɐʔ44 pẼĨ44zɿ33 piz44ŋɯ33 dɯ233dʑiɪ223
日头 只得 讲："风先生， 你葛 本事 比我 大件。"

tsɔ544 tĨ53mɐʔ33toʔ33mɐʔ31 foŋ52ɦA44 kɒ̃52 ŋA233 t'oŋ53mɐʔ31 ɦiɤ233 pẼĨ44zɿ33kɐʔ31
照 顶末笃末， 风鞋 讲："牙 统末 有 本事葛，

fɐʔ53ɦiɔ33 tsẼĨ52ɦɐʔ44
勿要 争嚡。"

嵊县崇仁

pEːʔ33fʊŋ23 tEʔ55 t'ɑ33ɦiA~44gəʔ52 ku33zɿ23
北风 得 太阳个 故事

ɦiɤ22 iEʔ33piẽ23 fEʔ33fʊŋ23 doŋ312 t'ɑ33ɦiA~44 le21mʊŋ23 tsɪŋ53lɪŋ23 nɑ33noŋ55gəʔ31
有 一遍， 北风 同 太阳 来蒙 争论， 哪人个

pɪŋ34zɿ52 dɤ14 kɒ~33kɒ~44 le21mʊŋ23 tsɪŋ44lɪŋ33gə52 dʑiŋ232kuɒ~31 tsɤ33kuɤ55le31
本事 大。 刚刚 来蒙 争论个 辰光， 走过来

ʔiEʔ33kɑ23 kɤ55lu22kəʔ44 nʊŋ312 sɪŋ55zɒ~31 ts'e533 iEʔ33dʑiẽ52 giɤ22giɤ44kɑ55gəʔ31
一介 过路个 侬（人）， 身上 穿 一件 厚厚介个

miẽ22ɑɒ52 ɦiɑ14 lia~22kɑ55nʊŋ31 sɒ~44lia~33hɑɒ52tsɿ31 ʔiz55ɦiɤ31 kɒ~442 nɑ22nʊŋ44
棉袄。 伢 两介人 商量好仔 以后 讲："哪人

ɕiẽ33tɕiaɒ52　kɑ44kEʔ44nʊᵑ52　ɕie533　tʻEʔ33lɔʔ44　miẽ22ɑɒ52　ʑiY22sæ̃52　nɑ22nʊᵑ
先叫　介个人　先　脱落　棉袄，　就算　哪人

pɪŋ33zʅ55dY31　kɑ33gəʔ55me31　pEʔ33fʊŋ44　ʑiY14　ɦiʊᵑ24tsɔʔ31　tɕizlEʔ31　ʔiɑɒ55miŋ33kɑ31
本事大。”　介个蛮，　北风　就　用足　气力　要命介

dY22le44　tsʻʅ324　nɑ22gəʔ44　ɕiɑɒ33tEʔ44　ɦi312　tsʻe55tEʔ33　ɦiɔʔ45　sɑʔ22　nɑ22gə55
驮来　吹　哪个　晓得　伊　吹得　越　煞，　那个

nʊᵑ22mEʔ31　ʑiY14　pɑ442　miẽ22ɑɒ52　dʊᵑ22tEʔ44　ɦiɔʔ45　tɕiŋ324　tɑɒ324　ɦiY22ɕiY55le31
末　就　把　棉袄　挏得　越　紧。　到　后首来，

pEʔ33fʊᵑ23　ɦiɑ14　ʔm55pEʔ33　fɑʔ55tsʅ33lɑ31　tsʅ33tEʔ44　kɑ33gəʔ44　sæ̃su44liɑɒ52　kʌ33tEʔ44
北风　也　呒不　法子啦，　只得　介个　算数。　过得

ʔiEʔ33mæ55ɕʑiŋ31　tʻɑ33ɦiA˜44　tsʻEʔ33le55lEʔ31　me32sæʔ55gəʔ31　sɑ33tEʔ55　ʔiEʔ55tɕiEʔ33
一迈辰，　太阳　出来勒，　蛮煞个　晒得　一级，

kY55lu33gəʔ33nʊᵑ31　ʑiY24　tɒ˜33dʑyœ̃44　pɑ442　miẽ22ɑɒ52　tEʔ33liɑɒ55lɔʔ33le31　kɑ33gəʔ44
过路个侬　就　当权　把　棉袄　脱了落来。　介个，

pEʔ33foŋ23　tEʔ55　dzɪŋ22zɪŋ52　tʻɑ55ɦiɑŋ31　piz442　tʻɑ533　sɑ442
北风　得　承认　太阳　比　他　煞。

　　kY33tEʔ55　tɕiz55nEʔ33　fʊᵑ53tEʔ55　tʻɑ44iA˜44　ɦiY14　dY22le44　pʻʊᵑ55tɑɒ31　tʻɑ44iA˜44
　　过得　儿日，　风得　太阳　又　驮来　碰到。　太阳

ʑiY22te44　fʊᵑ533　kɒ˜442　tɕiŋ55nEʔ31　ȵiz21tsA˜533　ɦŋ̍22liz44　fEʔ33zʅ44　ɦiY33tsɑʔ44
就对　风　讲：　“今纳　你张　河里　勿是　有只

zœ̃21mʊᵑ23　nɑ22nʊᵑ44　zA˜22　kɑ55tsɑ33　zœ̃312　tsʻA˜55tEʔ33　kʻuɑ53sEʔ33　ɦiY22sœ̃55zʅ31
船蒙？”　哪侬　让　介只　船　撑得　快些，　就算是

nɑ22nʊᵑ44　sɑʔ55　tʻɑ33iA˜44　ʑiY14　ze53sæʔ33kɑ31　sɑ55zɑʔ31　tsʻe533　ɦiɑɒ22zœ̃35gəʔ33nʊᵑ
哪侬　煞。　太阳　就　蛮杀介　晒着，　催　摇船个侬

ɦiʊᵑ14　lEʔ22tɕʻiz55gəʔ31　tsʻA˜55zœ̃31　dæ̃35zʅ33，　tʻɑ33iA˜44kuɒ˜55　ɦioʔ33sɑ55　dY31
用　力气个　撑船。　但是，　太阳光　越晒　大，

tsʻA˜44zœ̃33lɑɒ52　ɦioʔ22le23　ɦioʔ24　mEʔ45　liEʔ22tɕʻiz23　zœ̃22mEʔ44　ɦiɑ312　ɦioʔ45
撑船佬　越来　越　没　力气，　船末　也　越

tsʻA˜533　ɦioʔ45　ʔiæ̃324　ʔɑ33tɑɒ44　fʊᵑ55le33　sʅ33sʅ55gəʔ33　iŋ55kuɒ˜33le31　tɑ533
撑　越　厌。　挨到　风来　试试个　辰光咪，　他

fu55fu33kɑ31　iɪʔ33tsʻʅ52　tʻiŋ55tɕie31　tsʻA˜44zœ̃33lɑɒ55　le21mʊᵑ23　hæ̃442　zɪŋ23fʊᵑ44
呼呼介　一吹，　听见　撑船佬　来蒙　喊：　“顺风

tsʻe33le22lɑ44　hɑɒ442　tsʻA˜533　bʊᵑ22lɑ55　zœ̃312　zɒ˜22miẽ52　tsʻɑ33tɕʻiz55lɑɒ31　bʊᵑ312
吹来啦，　好　撑　篷啦！”　船　上面　扯起咾　篷。

fʊᵑ32mEʔ44　tsʻe533　bʊᵑ312　bʊᵑ31mEʔ44　tɑ324　zœ̃312　zœ̃312　tsʻA˜55tEʔ31　me533　kʻuɑ324
风末　吹　篷，　篷末　带　船，　船　撑得　蛮　快！

tʻɑ33iA˜44　kɒ˜442　fʊᵑ55ɕiẽ33sA˜31　noŋ312　piz33ŋY33　sɑ442
太阳　讲：　“风先生，　侬　比我　煞！”

mᴇʔ22tᴇʔ55 fʊŋ533 kɒ̃442 ŋɑ22tu52 me44ɦiʏ44 pɪŋ22zɿ44 viɑɒ24 tsɪŋ55lɪŋ33liɑɒ31

末得， 风 讲： “伢都 蛮有 本事， 覅 争论了。”

嵊县太平乡

pɔʔ55fʊŋ33 ho523 t'ɑ55ɦiŋ33gəʔ31 ku21zɿ23

北风 和 太阳个 故事

ɦʏ22ieʔ55piẽ33hu33lɑ31， pɔʔ55fʊŋ33 hᵅɒ33ʑi44 t'ɑ55ɦiᴀŋ31 kɒŋ55kɒŋ31 le21mɒŋ23dɑɒ52

有一遍货拉， 北风 好齐 太阳 刚刚 来忙道

tsᴀŋ523 nɑ22nʊŋ55kɛʔ31 peŋ55zɿ31 dɯ22gəʔ55zɿ33ɦʏ31 ɦʏ22ieʔ55kɑ33 tsʏ33lu55lᵅɒ31

争， 哪人葛 本事 大个时候， 有一介 走路佬

tsʏ33ku55le31 ɦi21ȵi44 ts'œ̃52dʑiɑʔ31 ʔieʔ55dʑiẽ31 mɛʔ22gɯ55gɯ55kɑ33ɦə31 miẽ21ᵅɒ44

走过来， 伊呢， 穿着 一件 没厚厚介个 棉袄。

pɔʔ55fʊŋ33 hᵅɒ42 t'ɑ55ɦiᴀŋ31 liᴀŋ22ɦəʔ55nʊŋ31 kɒŋ33hᵅɒ52 nɑ21nʊŋ44 ɕiẽ55hæ̃31

北风 和 太阳 俩个人 讲好： “哪人 先喊

kəʔ55kɑ33 kuo52lu22lᵅɒ55 po42 ɦi21gəʔ44 miẽ21ᵅɒ44 tɛʔ3lɔʔ55le33gəʔ31 ɦuo22ȵĩ44， ʑi24sœ̃31

葛介 过路佬 把 伊个 棉袄 脱落来个 话呢 就算

nɑ22nʊŋ55gɛʔ33 peŋ22zɿ44 le21gəʔ44 dɯ13 liᴀŋ22gəʔ55nʊŋ31 kɑŋ32hᵅɒ55i33ɦʏ31 pɔʔ55fʊŋ33

哪人个 本事 来个 大。 两个人 讲好以后， 北风

dʑʏ13 piŋ55miŋ33kɑ31 ts'ɿ55ɑ31 nɑ22ɦue44 ɕiᵅɒ33tɛʔ44 ɦi312 ɦioʔ22zɿ23 ts'ɿ52tɛʔ33

就 拼命介 吹啊， 哪会 晓得 伊 越是 吹得

sɑʔ55mɛʔ33 gəʔ22ɦəʔ55 gɯ55lu33lᵅɒ33mɛʔ31 ʑʏ23po22 ɦi21gəʔ44 miẽ21ᵅɒ44 ku33tɛʔ44

煞末， 搿个 过路佬末 就把 伊个 棉袄 裹得

ɦioʔ22ko23 tɕiəŋ42 pɔʔ55fʊŋ33 miʏ35 bæ̃55fɑʔ33 tɕʏ33tɛʔ44 kɑ33gɛ44 sœ̃52su22ɑ52

越加 紧。 北风 谬 办法， 只有得 介个 算数啊。

kɯ33kɛʔ44 ʔiɪʔ55mæ̃33ɕiəŋ31 kɯ55ɦʏ33lɑ31 kɑ33tɛʔ44 ȵieʔ22dʏ23 tɕʏ33ts'ɛʔle33ɑ31 ɦi24ȵi44

过得 一慢歇儿 过后啦， 介得 日头 走出来啊， 伊呢，

sɑʔ52sɑʔ22kɑ52 ʔieʔ55zɿ31 sɯ35gəʔ33lɑ31 kɛʔ33kɑ44 tɕʏ33lu55lᵅɒ33ni31 ʑʏ13 mo22zɑŋ44

煞煞介 一记 晒个啦， 葛介 走路佬呢， 就 马上

po42 ɦi22gᴇʔ44 miẽ21ᵅɒ44 t'ɛʔ52lɔʔ33le33ɑ31 pɔʔ55fʊŋ33 ŋ̩ȵʏ35 bæ̃24fɑʔ22 tɕi33tɛʔ44

把 伊个 棉袄 脱落来啊。 北风 □□ 办法， 只得

dzeŋ31zeŋ33 t'ɑ55ɦiᴀŋ31 pi42 ɦi21gɛʔ44 peŋ33zɿ44 le21tɛʔ44 dɯ13

承认 太阳 比 伊个 本事 来得 大。

kɯ33tɛʔ44 tɕi55ȵieʔ33 kɯ55ɦʏ33ɑ31 fʊŋ55hᵅɒ31 t'ɑ55ɦiᴀŋ31 ʔi42 bᴀŋ55dʑiɑʔ33

过得 几日 过后啊， 风和 太阳 又 碰着。

t'ɑ55ɦiᴀŋ31 hᵅʏ42 fʊŋ523 ɦuo23ɑ22 tɕiŋnɛʔ31 ɦiɯ22ŋ̩44 ɦæ̃22kœ̃44 hᵅɒ55ŋɯ31 pi42

太阳 和 风 话啊： “今日 有尔 还敢 和我 比

nɑ22nʊŋ52kᴇʔ31 peŋ55zɿ31 du22vɑ44 fʊŋ523 kɑŋ42 ɦɯ22 hᵅɒ33tɕiɛʔ55k'ɯ41 vɑ312

哪人个 本事 大哦？” 风 讲： “呵， 好浙介， □

tse55le31 pi33ieʔ55pi33kœ̃31 tɕiɪʔ44go44 fiŋ̍24tɕiAŋ44 ʔɯ55lɛʔ31 ʔʋEʔ33zɿ44 fiY22ieʔ55tsɛʔ33
再来 比一比看。” 浙介， 尔张， 河勒 勿是 有一只

zœ̃312 le21mɒŋ55io33 nɑ22nʊŋ44 neŋ312 hæ̃42 kɛʔ55tsɛʔ33 zæ̃312 k'e33tɛʔ44
船 来忙唷？ 哪人 能 喊 葛只 船 开得

k'uɑ33sEʔ55gɛʔ31 fiuo22mɛʔ44 ʑY22sœ̃44 nɑ22nʊŋ55gə31 peŋ55zɿ31 dɯ13 t'ɑ55fiiAŋ31
快些个， 话末， 就算 哪人个 本事 大。” 太阳

piŋ55miŋ33kɑ31 so42 fii22ȵi44 ɕiAŋ42 ts'e523 gəʔ22kɑ44 fiiᵃɒ52zœ̃22lᵃɒ22lᵃɒ po33fii44
拼命介 晒， 伊呢 想 催 搿介 摇船佬佬 把伊一

gəʔ22tsɑʔ44 zœ̃312 fiiᵃɒ22tɛʔ44 k'uɑ33sɛʔ44 k'ɯ33zɿ55 kɛʔ33tsɑʔ44 ȵiɛʔ22dʑY22lɑɒ23
搿只 船 摇得 快些。 可是， 葛只 日头咾

so33tɛʔ44 fiioʔ22sɛʔ44mɛʔ55 kɛʔ22kɑ44 fiiɑɒ52zœ̃22lᵃɒ52 ʑY13 fiiəʔ22ko44 məʔ22ȵY44
晒得 越煞末， 葛介 摇船佬 就 越加 谬

lieʔ22tɕ'i55lɛʔ31 kɛʔ33tsɑʔ44 zœ̃312 ʑY13 fiiəʔ22fiiᵃɒ23 fiyeʔ45 mæ̃22ɑ44 ʔɑ33tᵃɒ44 fʊŋ523
力气勒， 葛只 船 就 越摇 越 慢啊。 挨到 风

le22lɑ44 dʑi22ȵi44 fu55fu33gəʔ31 ʔieʔ33ts'ɿ52 t'iŋ55tɕiẽ31 gɛʔ45 fiiᵃɒ52zœ̃22gəʔ52
来啦， 其呢 呼呼个 一吹， 听见 搿 摇船个

le22mʊŋ11dᵃɒ23 hæ̃33fiio44 fiɑ24fiio31 zeŋ24fʊŋ33le31 guɑ24fiio hᵃɒ33tsAŋ55væ̃31 guɑ13
来蒙道 喊唷： “啊唷， 顺风咪 怪唷， 好张帆 怪！”

zœ̃22lɒŋ55gəʔ31 nʊŋ312 seŋ55tɕ'i31 vɑ312 fʊŋ55ȵi31 t'e55zɑʔ33 vɑ312 vɑ312 tɑ33zɑʔ44
船浪个 人 升起 帆， 风呢 推着 帆， 帆 带着

zœ̃312 zœ̃312 k'e55tɛʔ31 mEʔ22k'uɑ55k'uɑ31 kɛʔ33kɑʔ44 zɿ24fiY33lɑ31 t'ɑ55fiiAŋ31
船， 船 开得 没快快！ 葛介 时候啦， 太阳

dʑY33tɛʔ44 kɒŋ42 fʊŋ55ɕi33seŋ31 fiŋ̍24gəʔ31 peŋ55zɿ31 pi55ŋɛʔ44li44gəʔ31 dɯ13
就得 讲： “风先生， 尔个 本事 比我俚个 大。”

mɛʔ33tɛʔ44 fʊŋ55 fiuo13 vɑ13 liAŋ55geʔ33nʊŋ31 fiɯ22kɑ44 fiY22 peŋ33zɿ55gəʔ31
末得 风 话： “坏 两个人 和介 有 本事个。

fiɑɒ42 tseŋ55ɑ31
覅 争啊！”

余 姚

pɔʔ55fʊŋ32 tsɐʔ55 t'A44fiiÃ44gɐʔ55 ku33zɿ31
北风 着 太阳个 故事

fiiʏ23ʔiɪʔ44tɕ'iɒ32 pɔʔ55fiʊŋ32 tsɐʔ55 tA44fiiÃ44 k'ʏ33k'ʏ44 le22ke44 tsÃ324
有一巧 北风 着 太阳 口口 来盖 争，

sA44ȵiɲ44kɐʔ44 peɲ22zɿ44 du113 kõ33kõ44 le113 kõ33kɐʔ44zeɲ44kuõ44 le21lɐʔ22ʔɪʔ55kɐʔ55
啥人葛 本事 大。 刚刚 来 讲葛辰光， 来勒一个

ku44lu44ȵiɲ52 ȵiɲ22li44 ts'e32lɐʔ22ʔɪʔ22dʑĩ23 fiʏ25mĩ33ʔɒ31 gɐʔ22lɐʔ55 liẽ23fiɐ44ȵiɲ52
过路人， 人里 穿勒一件 厚棉袄。 轧勒 两个人

sõ32liẽ22hɒ44tsɐʔ55　kõ435　sᴀ44ȵiɲ113　ɕĩ44　ʔʏ435　ʔɪʔ33kɐʔ55　ku44lu44ȵiɲ52　mĩ21ˀɒ23
商量好则　讲：“啥人　先　殴　一个　过路人　棉袄

tɐʔ44lɔʔ44le52　dʑiʏ435　sø̃44　sᴀ44ȵiɲ44kɐʔ44　pəɲ22zɿ44　du113　kɐʔ55mɐʔ33　pɔʔ55fʊŋ32
脱落来　就　算　啥人葛　本事　大。”　葛末　北风

sɐʔ44sɐʔ44kɐʔ55　ts‘ɿ324　ʔʋɐʔ44ɕiɒ44tɐʔ55　ge435　ts‘ɿ33tɐʔ55　ɦyɔʔ22tɕɪʔ55kueɲ31
煞煞葛　吹。　勿晓得　渠　吹得　越结棍，

ʔɪʔ44dʏ44kɐʔ44ȵiɲ55　dʑiʏ435　du113　mĩ21ʔɒ23　bɒ22tɐʔ55　ɦyɔʔ22lɒ44　tɒ44　ɦʏ25dʏ31
一头葛人　就　驮　棉袄　抱得　越牢。　到　后头

pɔʔ55fʊŋ32　ʔm̩44mɐʔ44　bɛ̃22fɐʔ55tse31　ɦᴀ113　tɕɪʔ55hɒ32　sø̃55tse31　deɲ22lɐʔ55ʔɪʔ33tɕ‘iÃ31
北风　呒没　办法哉，　也　只好　算哉。　停勒一抢，

t‘ᴀ44ɦiÃ44　ts‘ɐʔ55le33tse32　kuɐʔ41lɐʔ41lɐʔ44kɐʔ55　sᴀ55lɐʔ33ʔɪʔ33tɕi31　ʔɪʔ44dʏ44kɐʔ55
太阳　出来哉，　刮喇喇葛　晒勒一记，　一头葛

ku44lu44ȵiɲ52　mo22zõ44　pᴀ435　mĩ22ʔɔ44　t‘ɐʔ44lɔʔ44le55tse31　kɐʔ44mɐʔ44　pɔʔ55fʊŋ32
过路人　马上　把　棉袄　脱落来哉。　葛末　北风

tɕɪʔ55hɒ32　dzeɲ21zeɲ23　tɒ44　ʔmɔʔ55tɐʔ33　ɦuɐʔ22zɿ44　t‘ᴀ44ɦiÃ44　pi44　ge113
只好　承认　到　末答　还是　太阳　比　渠

peɲ22zɿ44　du113
本事　大。

ku33lɐʔ44　tɕi33ȵɪʔ55　fʊŋ44　tsɐʔ55　t‘ᴀ44ɦiÃ44　ʔi44　bɛ̃33zɐʔ33le31　t‘ᴀ44ɦiÃ44　tsɐʔ55
过勒　儿日，　风　着　太阳　又　碰着哉。　太阳　着

fʊŋ44　kõ435　tɕɪʔ33mɐʔ55tsɿ31　nʊŋ113　ɦuɐʔ22ke44　tsɐʔ55　ŋu22　pi435　pəɲ32zɿ55tsɐʔ33vɪʔ31
风　讲：“即末子　侬　还敢　着　我　比　本事着勿？”

fʊŋ324　kõ435　hɒ33kɐʔ55　ʔɐʔ33lɐʔ55　tse44　le113　pi44pi44kẽ44　nʊŋ113　kẽ435　ɦu22li44
风　讲：“好葛，　阿勒　再　来　比比看。　侬　看，　河里

ʔʋɐʔ55zɿ32　ɦiʏ33　ʔɪʔ55tsɐʔ33　zẽ32lõ55ɦᴀ31　sᴀ44ȵiɲ113　neɲ113　ʔʏ324　zẽ113　ɦẽ21tɐʔ22k‘uᴀ52
勿是　有　一只　船浪嚡？”　啥人　能　殴　船　行得快，

sᴀ33ȵiɲ44　peɲ33zɿ44　dʑiʏ113　du113　t‘ᴀ33ɦiÃ44　dʑiʏ113　p‘eɲ33meɲ22kɐʔ55　sᴀ435　ʔʏ324
啥人　本事　就　大。　太阳　就　拼命葛　晒，　殴

ts‘Ã33zẽ22kɐʔ55　ȵiɲ113　lɐʔ22tɕ‘i44　ɦiʊŋ22tɐʔ55　du22ŋɛ̃52　k‘u33ɕɪʔ55　t‘ᴀ44ɦiÃ44kuõ44　ɦyɔʔ23
撑船葛　人　力气　用得　大眼。　可惜，　太阳光　越

du113　dzẽ22fu44　ɦyɔʔ23　ʔm̩44mɐʔ44　lɪʔ22tɕ‘i44　zẽ113　ɦᴀ113　ɦiɒ22tɐʔ55　ɦyɔʔ22mẽ52
大，　船夫　越　呒没　力气，　船　也　摇得　越慢。

teɲ33tɒ44　fʊŋ324　le33　sɿ25le33tse31　ge113　vu21vu2kɐʔ55　ʔɪʔ55ts‘ɿ44　tɕɪʔ55t‘eɲ33tɕĩ31
等到　风　来　试来哉，　渠　胡胡葛　一吹，　只听见

dzẽ22fu44　lɐʔ22kɐʔ44　ʔʏ324　zeɲ22fʊŋ55tse31　hɒ32ts‘Ã22zẽ44tse52　zẽ21kɒ22dʏ52　ts‘Ã32tɕ‘i22lɐʔ55
船夫　辣葛　讴：“顺风哉，　好撑船哉。”　船高头　撑起勒

vɛ̃113　fʊŋ324　te44　vɛ̃113　vɛ̃113　tᴀ44　zẽ113　zẽ113　ɦÃ22tɐʔ55　lɒ22lɒ55k‘uᴀ31　ʔȵɪʔ55mõ32
帆，　风　推　帆，　帆　带　船，　船　行得　老老快。　乃忙

t‘ᴀ44ɦiÃ44　tɕɪʔ55hɒ32　kõ435　fʊŋ32ɕĩ22sÃ52　nʊŋ22kɐʔ55　peɲ33zɿ44　pɪʔ55　ŋu113　du113
太阳　只好　讲：“风先生，　侬葛　本事　比　我　大。”

tɔ435 ʔmɐʔ55tɐʔ33 fʊŋ324 kɔ̃435 ʔɐʔ33lɐʔ44 ɦu22se55ɦiʏ31 peɲ44zʅ44kɐʔ44 hɒ435
到 末答， 风 讲： “阿辣 和碎有 本事葛， 好
ʔʋeɲ13ts'Ã33tse44
绷争哉。”

宁 波

pɔʔ55foŋ33 tɐʔ55 t'a44ɦiã44gɐʔ44 ku55zʅ33
北风 得 太阳个 故事

ɦʏ113 ʔiɪʔ33ɦuEI44 pɔʔ55foŋ33 tɐʔ55 t'a44ɦiã44 ɦœʏ22k'œʏ44 le22ke44 zɔ113
有 一回， 北风 得 太阳 候口 来盖 嘲，
so55ȵɪŋ31 pɐŋ55zʅ33 dəʊ113 ɦœʏ22kœʏ44 le22ke44 kɔ̃33ɦɔʔ44 zɐŋ22kuɔ̃44 le22lɐʔ55
啥人 本事 大。 候口 来盖 讲或 辰光， 来勒
ʔiɪʔ33gɐʔ55 le22ke44 tsœʏ33 lu44gɔʔ55 ȵɪŋ231 ɕɪŋ52 kɔ33dœʏ44 ts'ø33liɪʔ44 ʔiɪʔ44dʑiz44
一个 来盖 走 路谷 人。 身 高头 穿力 一件
ɦœʏ24mi33ɦɔ31 dʑiɪʔ22lɐʔ44liã44gɐʔ44ȵɪŋ33 dʑʏ113 sɔ̃33liaŋ55hɔ31 kɔ̃55le3 so55ȵɪŋ33ɦo33tɕ'iz31
厚棉袄。 杰勒两个人 就 商量好 讲来： “啥人话起
ʔœʏ325 kɪʔ55gɐʔ33 le22ke44 tsœʏ33lu44gɐʔ55 ȵɪŋ113 t'ɐʔ55lɔʔ33dʑiz33gɐʔ31 mi22ɦɔ51 kɐʔ55
讴 葛个 来盖 走路个 人 脱落其个 棉袄， 葛
dʑʏ113 sø44 so55ȵɪŋ31 pɐŋ55zʅ33 dəʊ113 kɐʔ55mɐʔ33 pɔʔ55foŋ33 dʑʏ113
就 算 啥人 本事 大。” 葛末， 北风 就
ɦɐŋ22sʅ44lɔ44mɪŋ55gɔʔ55 ts'ɥ52 vɐʔ22ɕiɔ44tɐʔ55 dʑiz113 ɦyɪʔ22zʅ34 ts'ɥ55liʔ31 tɕiɪʔ55kuɐŋ33
恨死老命个 吹， 勿晓得 其 越是 吹力 结棍，
kɪʔ5gɐʔ3 ȵɪŋ22gɐʔ44 mi22ɦɔ44 ɦyɪʔ22zʅ44 kəʊ44lɐʔ33 lɔ231 ɦœʏ24dœʏ33 pɔʔ55foŋ33
葛个 人个 棉袄 越是 裹力 牢。 后头 北风
ʔmæʔ55 bE22fɐʔ44leʔ55 tɕiɔ52 sø44le44 kəʊ55lɐʔ33ʔiɪʔ33zɔ̃31 t'a55ɦiã33ts'ɐʔ33le31
呒没 办法力， 只好 算雷。 过勒一床， 太阳出来
huɐʔ55lɐʔ33lɐʔ31 sa55ʔiɪʔ33tɕiz31 kɪʔ55gɐʔ33 le22ge44 tsœʏ33lu44gɔʔ31 ȵɪŋ231 ʔmo55zɔ̃31
豁辣辣 晒一记， 葛个 来盖 走路谷 人 马上
tɐʔ55 mi22ɦɔ44 t'ɐ55lɔʔ33le31 kɐʔ33mɐʔ44 pɔʔ55foŋ33 tɕiɔ52 dʑɪŋ24zoŋ33 t'a44ɦiã44
答 棉袄 脱落来， 葛末 北风 只好 承认 太阳
pɐŋ55zʅ33 tɔ55tiz33 piz33dʑiz44 dəʊ113
本事 到底 比其 大。

kəʊ55lɐʔ33tɕi33ȵiɪʔ31 foŋ44 tɐʔ55 t'a44ɦiã44 ɦʏ113 bã22zɔʔ44le4 t'a44ɦiã44 tɐʔ55
过勒几日， 风 得 太阳 又 碰着雷。 太阳 得
foŋ52 kɔ̃325 tɕiɪʔ55miɪʔ55tsʅ31 ȵəʊ113 ki325 tɔʔ44ŋo44 piz55piz33 pɐŋ55zʅ33va31 foŋ52
风 讲： “浙密子 糯 敢 笃我 比比 本事哦？” 风
kɔ̃325 kɐʔ55 hɔ55ɦE33 ˀɐʔ22lɐʔ44 tse44 piz55kəʊ33 ɦŋ̍22tɐʔ55 ki44nɐʔ44 ɦəʊ24liz33
讲： “葛 好咸。 阿拉 再 比过。 吾得 看呐， 河里

vɐʔ33zɿ33 ɦʏ22tsɐʔ44 zø113 le22ke44ɦa21 so55ȵɪŋ31 ʔøʏ44 kɪʔ55tsɐʔ33 zø113 ke53lɐʔ33
勿是 有只 船 来盖啊？ 啥人 讴 葛只 船 开力

k'ua44 dʑʏ33zɿ33 so55ȵɪŋ31 pɐŋ55zɿ33 dəʊ112 t'a44ɦiã44 ɦɐŋ22sɿ55lɔ33mɪŋ33gɐʔ33
快， 就是 啥人 本事 大。” 太阳 狠死老命 个

sa44 ʔœʏ44 le22ke44 ts'ã33zø55gEʔ31 ȵɪŋ²31 dʑɪŋ22dɔ44 təʊ33ɦioŋ55ŋE21 ts'ã52
晒， 欧 来盖 撑船个 人 劲道 多用眼 撑，

kəʊ33ɕiɪʔ55 t'a44ɦiã44kuɔ̃44 ɦyɪʔ23 tɕiɪʔ55kuɐŋ33 ts'ã44 zø24gɐʔ33 ȵɪŋ113 dʑɪŋ22dɔ44
可惜 太阳光 越 结棍， 撑 船个 人 劲道

ɦyɪʔ22mɪʔ55 zø113 ɦɑ113 ts'ã55lɐʔ31 ɦyɪʔ22mE34 kɐʔ55lɐŋ22zɔʔ55 foŋ52 sɿ33sɿ44ki55ze31
越密（呒没）， 船 也 撑勒 越慢。 葛轮着 风 试试看哉。

dʑiz22 gu113gu22 ʔiɪʔ55 ts'ɿ52 tɕiɪʔ55t'ɪŋ33mɪŋ33 ts'ã33zø55gɐʔ33ȵiŋ31 le22ge44 ʔœʏ52
其 咕咕 一 吹， 只听明 撑船个人 来盖 讴：

zoŋ22foŋ44lœʏ44 hɔ44 ɕɪŋ52 VE113le31 zø113 zɔ̃22dœʏ51 VE113 ɕɪŋ33tɕiz55le55le31 foŋ52
“顺风喽， 好 开 帆雷。” 船 上头 帆 升起来雷。 风

ts'ɥ44 VE113 VE113 ta33doŋ44 zø113 zø113 ke33liɪʔ55 tɕiɔ33kue55tɕiɔ53kue33k'ua31
吹 帆， 帆 带动 船， 船 开力 交关交关快。

kɪʔ55tsɐʔ33 t'a44ɦiã44 tɕiɪʔ55hɔ33kɔ̃33le31 foŋ33ɕiz55sã31 nəʊ113 pɐŋ44zɿ44 piz55ŋəʊ33 dəʊ113
葛只 太阳 只好讲雷： “风先生， 糯 本事 比我 大。”

tɪŋ55ɐʔ33mɐʔ31 foŋ52 kɔ̃325le4 ʔɐʔ22lɐʔ44 ɦəʊ24tsoŋ33 ɦʏ22pɐŋ55zɿ33ɦɔʔ3
顶压末， 风 讲雷： “阿拉 和总 有本事或，

vɐŋ24zɔ33le4
愤造雷。”

黄　　岩

pɔʔ33foŋ31 tɐʔ55 tA33ɦia˜33gɐʔ33 ku33zɿ44
北风 搭 太阳葛 故事

ɦiʏ53ʔieʔ33ts'ɿ44 pɔʔ33foŋ31 tɐʔ55 tA33ɦia˜33 tɕ'iʏ33hɔ31 ze23dɐʔ33 tsa˜33ləŋ44
有一次， 北风 搭 太阳 凑好 在达 争论，

kɛ33ŋ̍33gɐʔ33 pəŋ33zɿ44 dᵊu113 tɕ'iʏ33ze31 kɒ˜33ɦA33gɐʔ44 zɿ23ɦiʏ44 le33lɐ33ʔieʔ33gɐʔ33
敢儿个 本事 大， 凑在 讲啊葛 时候， 来勒一个

tɕiʏ33lᵊu33gɐʔ44 ȵiɪŋ311 ɕiɪŋ33zɒ˜44 tɕiɐʔ33dʑiɐʔ33 ʔieʔ33dʑie13 ɦiʏ22dʑiʏ33gɐʔ33 sɿ31ʔɒ51
走路个 人。 身上 着着 一件 候厚个 丝袄。

ge22de33ʔlia˜44ke44 ʑiʏ113 ɕia˜33lia˜55hɒ33ɦɒ31 tɕia˜533 kɛ33ŋ̍31 ɕie33tɕiɒ31 ke33gɐʔ33
□台两个 就 商量好号 讲： “敢儿 先叫 该个

tɕiʏ33lᵊu33gɐ44 ȵiɪŋ22 t'ɐʔ33lɔʔ33 ke33gɐʔ33 sɿ33ʔɒ51 bɐʔ22sø44 kɛ33ŋ̍33gɐʔ33 pəŋ33zɿ44
走路个 人 脱落 该个 丝袄， 白算 敢儿个 本事

dᵊu113 gɐʔ22tɕi33vɐʔ33 pɔʔ33foŋ31 ɦioŋ23tsɔʔ44 tɕ'i33lieʔ33 ʔɔʔ33tɕ'ieʔ44 tɕ'ɥ533 kA33vu31
大。” 葛儿佛 北风 用足 气力 屋切 吹， 街无

çiɒ31tɐʔ44 ge113 tɕʻʮ33tɐʔ44 ɦyɛʔ12 sa~33tɕiɪŋ44 kᴀ33gɐʔ55ȵiɪŋ31 bɐʔ22bɐʔ33 sʅ33ʔɒ51
晓得 渠 吹得 越 生劲, 街个人 白不 丝袄
kᵊu31tɐʔ44 ɦyɛʔ12 tɕiɪŋ533 tɒ44 ɦiɤ23mɛ51 pɔʔ33foŋ31 ɦm̩22bɛ33fɐʔ44 tɕiɐʔ33hɒ31
裹得 越 紧。 到 后晚, 北风 呒办法, 只好
sø33ɦɒ31 kᵊu33lɐʔ33 ʔieʔ33tɕi51 tʻᴀ33ɦia~31 bɐʔ22tsʻɐʔ55lɛ31 tɕiɒ33lɐʔ33lɐʔ33 ʔieʔ33so44
算号。 过勒 一机, 太阳 白出来 焦辣辣 一晒,
kɐʔ33tɕiɤ33lᵊu33gɐʔ44 ȵiɪŋ22 bɐʔ22pɐʔ44 sʅ33ʔɒ51 tʻɐʔ33lɔʔ33ɦɒ31 sᵊu33ɦi31 pɔʔ33foŋ31
葛走路个 人 白不 丝袄 脱落号, 所以 北风
fɐʔ33tɐʔ55fɐʔ31 ʑiɪŋ22ȵiɪŋ44 tɒ33ti31 ɦuᴀ22zʅ44 tʻᴀ33ɦia~31 pi533 ge113 pəŋ33zʅ44 dᵊu113
勿得勿 承认 到底 还是 太阳 比 渠 本事 大。

kᵊu33lɐʔ33 tɕi33ȵiɪŋ51 foŋ533 tɐʔ55 tʻᴀ33ɦia~33 ɦieʔ12 pʻəŋ23dʑiɒ31 tʻᴀ33ɦia~44
过勒 几日ル, 风 搭 太阳 又 碰潮, 太阳
tɐʔ55 foŋ533 kɒ~44 tɕiɪŋ33ȵiɪŋ51 ɦn̩113 ɦuᴀ33ke31 tɐʔ55 ʔŋo53 pi533 pəŋ33zʅ44ve44
搭 风 讲: "今日ル 尔 还敢 搭 我 比 本事勿?"
foŋ533 kɒ~44 ɦm̩21kɒ23 ʔŋo33tʻe31 tse55le31 pi33ʔie33pi31 ɦn̩22mɒ~113 ɦᵊu23tɐʔ44
风 讲: "呒高, 我等 再来 比一比, 尔望, 河搭
vɐʔ22zʅ13 ɦiɤ533 ʔieʔ33tsɐʔ44 zø311ɦᴀ44 ke33ŋ̍31 ʔɒ44 kɐʔ33gɐʔ33 zø113 sᴀ33tɐʔ44
勿是 有 一只 船啊? 敢儿 奥 葛个 船 晒得
kʻuᴀ44 bɐʔ22sø31 ke33ŋ̍33gɐʔ31 pəŋ33zʅ44 dᵊu113 tʻᴀ33ɦia~31 bɐʔ12 pʻiɪŋ33miɪŋ51 so44
快, 白算 敢儿个 本事 大。" 太阳 白 拼命 晒,
tsʻø33gɐʔ33 zø22lɒ33dᴀ44 ɦioŋ23lieʔ33 ɦiɒ22zø51 dɛ23zʅ44 tʻᴀ33ɦia~55kuɒ~31 ɦyɛʔ12 dᵊu113
摧葛 船老大 用力 摇船, 但是 太阳光 越 大,
zø22lɒ33dᴀ44 ɦyɛʔ12 ɦm̩22 lieʔ22tɕʻi13 zø311 ɦᴀ113 ɦiɒ23tɐʔ44 ɦyɛʔ22mɛ13 ʔᴀ33dʑiɐʔ33
船老大 越 呒 力气, 船 也 摇得 越慢。 挨着
foŋ533 le311 sʅ33ɦɒ31 ge22 vu22vu33çiɪŋ44 ʔieʔ33tɕʻʮ31 tɕieʔ55 tʻiɪŋ33tɐʔ44 zø22lɒ33dᴀ44
风 来 试号, 渠 胡胡兴 一吹, 只 听得 船老大
ze23dɐʔ33 tɕiɒ44 ʑiɪŋ23foŋ33ɦɒ31 kʻᵊu33ɦi31 tɕia~513vɛ23ɦɒ31 zø22zɒ~44 bɐʔ12 vɛ113
在达 叫: "顺风号, 可以 张帆号。" 船上 白 帆
çiɪŋ33tɕʻi33tɕʻiɒ31 foŋ533 tʻe35fɛ51 fɛ533 tᴀ44 zø311 zø311 sᴀ33tɐʔ44 kʻuᴀ33tɐʔ55mã31
升起巧, 风 推帆, 帆 带 船, 船 晒得 快得猛。
kɐʔ55zʅ22ɦiɤ44 tʻᴀ33ɦia~31 tɕʻieʔ33hɒ31 kɒ~44 foŋ33çie35sa~31 ʔn̩31kɐʔ44 pəŋ33liɪŋ31
葛时候, 太阳 只好 讲: "风先生, 尔葛 本领
pi33ŋo31 dᵊu113
比我 大。"

tɒ33mɐʔ33tɕia~51 foŋ533kɒ~44 ʔŋo33tɐʔ33n̩31 tɔʔ33ɦiɤ31 pəŋ33zʅ44 fəŋ35ta~33ɦɒ31
到末将, 风讲: "我搭尔 督有 本事, 勿用争号!"

温 州

poʔ22hoŋ44 kʻᵘɔ44 tʻɑ52ɦi33gi21 kʊ52szʅ22
北风 抗 太阳佢 故事

ɦiʌu33ˀiæi55væi21　poʔ22hoŋ44　kʻᵘɔ44　tʻɑ52ɦi21　tsəŋ52hɜ21　ɕyoʔ33tɑʔ52tsiɛ22
有一回，　北风　抗　太阳　正好　宿搭争。

ʔɑʔ33ȵi52nʌŋ22　pʌŋ52szɿ22　dᵊu22　kʌu35məŋ33ŋ̍33ȵi21　szɿ33tɑ44　kᵘɔ52gi24　zɿ25tɕi24
阿伲人　本事　大。　扣门儿　是带　讲渠　时节，

tsʌu33le44ʔiæi55kɛ42　kʊ33lɵ55gi42　nʌŋ31　sʌŋ22lʲi24　tɕia52dʑia21　ʔi33dʑi24　mi23gʌu35mi33ʔi21
走来一个　过路渠　人。　身里　穿着　一件　棉厚棉衣，

gi52le21　liɛ33gəʔ52nʌŋ22　ɦiʌu22　ɕi33li24hɜ55　kᵘɔ35　ʔɑʔ33ȵi55nʌŋ21　nʌŋ22gʌu44　ɕi44
佢来　两个人　就　商量好，　讲：　“阿伲人　能够　先

tɕiɛ52　kɛʔ44kɛ44　kʊ33lɵ55nʌŋ21　tæi33lo24　kᴇʔ33dʑi24　mi33ʔi44　ɦiʌŋ22　sɵ54
叫　个个　过路人　脱落　个件　棉衣，　就　算

ʔɑʔ33ȵi55nʌŋ21　pʌŋ52zɿ22　dᵊu22　ɦyᵘɔ25ʑia24　poʔ22hoŋ44　ɦiʌu22　pʻʌŋ33mʌŋ55gi42　tsʻɿ44
阿伲人　本事　大。”　用着，　北风　就　拼命渠　吹，

niɑ52ɕiɑ34tʲi44nʲi42　gi44　tsʻɿ44tʲi44　ɦy44　dɵʔ52bɵ34tɕi44　he33kɛʔ52nʌŋ21　ɦiʌu22　po44
□晓得呢　佢　吹得　越　图婆桨，　海个人　就　把

mi22ʔi44　po33tʲi52ʔnʲi22　ɦy22tɕi44　tɜ52　ɦʌu52pɵ33le21　poʔ22hoŋ44　noᵘ33bɑ55ho42　tsɿ22hɛ34
棉衣　包得呢　越坚。　到　后半来　北风　呒办法，　只好

ɦiʌu22　sɵ52bɑ22　kʊ52ɦᵘɔ22　ʔiɛʔ52oŋ34kʊ44　tʻɑ52ɦi21　ɦiʌu22　tsʌu33tɕʻy52le21　sɑ52tʲi21
就　算排，　过号　一翁过，　太阳　就　走出来，　晒得

ȵi33ɕi55ȵi21　keʔ33gəʔ44　kʊ33lɵ52nʌŋ33ni21　mo35ɦi55　ɦiʌu33　de22　mi22ʔi44　tʻæi52lo33ɦᵘɔ21
热想热，　概个　过路人呢　马上　就　代　棉衣　脱落黄，

sᵊu33ʔi52ni22　pɜʔ22hoŋ44　tsɿ22hɜ34　ˢzəŋ22ȵiʌŋ52　tɜ52ti34　vɑ22zɿ52　tʻɑ52ɦi21　pʲi52gi21
所以呢，　北风　只好　承认　到底　还是　太阳　比渠

pʌŋ52ˢzɿ22　dᵊu22
本事　大。

kʊ52ɦᵘɔ33kʲi33ni33ni21　hoŋ44　kʻᵘɔ44　tʻɑ52ɦi21　ɦi323　pʻoŋ52dʑia21　tʻɑ52ɦi21　kʻᵘɔ44
过黄儿日呢，　风　抗　太阳　叶　碰着。　太阳　抗

hoŋ44　kᵘɔ35　ke52ȵi21　ni24　ʋɑ52ɦiʌu34　tɑ35　kʻᵘɔ22ŋ̍24　pʲi44　pʌŋ52zɿ33ɦɑ33vɑ31
风　讲：　“概日　你　还有　胆　抗我　比　本事也兀？”

hoŋ52kᵘɔ34　ɦyᵘɔ25dʑia24　ɦo22ȵi44　dʑyᵘɔ22sʌŋ44　pʲi33ʔiæi55pʲi33tsʻɿ21　ni22tsʻɿ52　ʋu52li34
风讲：　“黄着，　我伲　重新　比一比看，　你看，　河里

ɦiʌu25tsɿ24　ɦy231　zɿ33ɦɑ55vɑ21　ɑʔ33ȵi52nʌŋ22　tɕiɛ52　he33tseʔ44　ɦy231　sɑ33tʲiˀ24　kʻuɑ52
有只　船　是也哦？　阿伲人　叫　海只　船　萨得　快，

ɦiʌu52sɵ21　ɑʔ33ȵi52nʌŋ22　pʌŋ52zɿ22　dᵊu22　tʻɑ22ɦi24　ɦiʌu22　pʻʌŋ52mʌŋ34gi44　sɑ52
就算　阿伲人　本事　大。”　太阳　就　拼命渠　晒，

tsʻæi44　ɦiɛ33ɦy52gi21　nʌŋ231　ɦyᵘɔ25lʲi24　ɦiɛ231　ɦy231　kʻo52sʲi21　tʻɑ35ɦi33kᵘɔ21　ɦy323
催　摇船渠　人　用力　摇　船。　可惜，　太阳光　越

mɪɛ35　ɦy33lɜ52dɑ22　ɦy33　nᵊu52　lʲi22tsʻɿ52　ɦy22ɦɑ52　ɦiɛ25tʲi24　ɦy33mɑ24　lʌŋ25dʑiaʔ24
猛，　船老大　越　呒　力气。　船也　摇得　越慢。　轮着

hoŋ22le24　sɿ52iæi33sɿ33gi33zᵘɔ25le21　gi33　fʊ33fʊ55səŋ33gi31　æiˀ22tsʻɿ44　tsɿ33tʻiʌŋ55dʑia42
风来　试一试□□□，　渠　呼呼声渠　一吹　只听着

ɦy22lɜ52dɑ22 ɕyo33tɑ24 tɕiɛ52 ɦyoŋ52hoŋ33bɑ21 tɕi22vɑ52 ɦyᵘɔ33dʑiɑ52bɑ22 ɦy52lⁱi34
船老大 缩带 叫："顺风罢， 张帆 用着罢！" 船里

səŋ52tsʻʅ34 vɑ231 hoŋ44 tʻe44 vɑ231 vɑ231 tɑ44 ɦy231 ɦy231 sɑ33gi52ni22
升起 帆， 风 推 帆， 帆 带 船， 船 萨得呢

kʻɑ33ɕi52kʻɑ22 nɑŋ̍52kɑ44 tʻɑ52ɦi33ni21 kɑ33sʌŋ52kᵘɔ21 hoŋ35ɕi33sⁱɛ31 ȵi25gɜʔ24 pʌŋ52zʅ22
快想快。 □间 太阳呢 间新讲： "风先生， 你个 本事

pⁱi33ŋ̍44 dᵊu22
比我 大。"

tɜ52 tʻɑ52lɑ44 hoŋ52kᵘɔ34 ɦo22ȵi44 tɵ52ɦiʌu34 pʌŋ52zʅ22 pⁱiʔ22ɦyᵘɔ22
到 太拉 风讲： "我伲 都有 本事， 不用

tsⁱɛ35sɵ33bɑ21
争算罢。"

衢　州

pəʔ55fʌŋ31 kən434 tʻɑ55ɦiã33gəʔ31 kᵘu33sʅ53
北风 跟 太阳个 故事

ɦiɯ53 iəʔ4mɔ53 pəʔ55fʌŋ31 kən434 tʻɑ55ɦiã31 tɕʮən55hɔ31 zɛ323 ɕiɑ45tɕiã31
有 一冒， 北风 跟 太阳 正好 在 □争，

nɑ55gəʔ31 pən43sʅ53 dᵘu31 tʃʮən55zɛ31 kã35ɦəʔ22 sʅ22kuɒ̃44 lɛ22ləʔ44 ʔiəʔ44kəʔ55
哪个 本事 大。 正在 讲个 时光， 来了 一葛

tsɤɯ33lᵘu33gəʔ31 ȵiⁿ323 ʃʮən43ʃɒ̃31 tʃʻʮəɪ43ləʔ55 ʔiəʔ44dʑiẽ53 ɦiɯ45miẽ32ɦɔ23 gi22lɑ44
走路个 人， 身上 穿勒 一件 厚棉袄。 渠拉

dʑiɯ31 ʃʮɒ̃33liã44hɔ33ləʔ31 kɒ̃45 nɑ55gəʔ33lən31 ɕie434 tɕiɔ53 kəʔ22gəʔ55
就 商量好勒 讲： "哪个人 先 叫 葛个

tsɤɯ33lᵘu55gəʔ31 ȵiⁿ323 tʻən55dɔ31 gi22gə35 miẽ32ɦɔ23 ɕiɯ45sə53 nɑ55gə31 pən43sʅ53
走路个 人 蜕掉 渠个 棉袄， 就算 哪个 本事

dᵘu31 tsəʔ44məʔ55 pəʔ55fʌŋ31 ɦioŋ55tsəʔ31 tɕiⁿ52 ɕʑiⁿ55liã33gəʔ31 tʃʻʮ434 nɑ52
大。" 则末 北风 用足 劲 尽量个 吹， 哪

ɕiɔ45təʔ55 gi323 tʃʻʮ55təʔ31 li55hɛ35 bɒ̃22gəʔ55 ȵiⁿ323 ɕʑiɯ31 nɑ434 miẽ32ɦɔ23
晓得 渠 吹得 厉害， 旁个 人 就 拿 棉袄

dʑyəʔ22təʔ55 ɦyəʔ12 tɕiⁿ45 tɔ33ɦiɤɯ55dɤɯ pəʔ5fʌŋ ɦm̩22bæ̃55fɑʔ31 tsəʔ43hɔ44
局得 越 紧， 到后头， 北风 呒办法， 只好

sə53 su53
算 数。

kᵘu55ləʔ31 ʔiəʔ44tsəʔ55 kʌŋ43fu52 tʻɑ55ɦiã31 ɕiɯ31 tʃʻyəʔ44lɛ53 ȵiəʔ22lʌʔ22lʌʔ33gəʔ55
过勒 一则 工夫， 太阳 就 出来 热辣辣个

sɛ55ləʔ22 ʔiəʔ44tsʻʅ53 kəʔ55 tsiɯ33lᵘu55gəʔ33 ȵiⁿ323 liẽ32mɑ̃32 ɕiɯ31 pɑ45 miẽ32ɦɔ23
晒了 一气， 葛 走路个 人 连忙 就 把 棉袄

tʻən55dɔ33ləʔ　kəʔ55məʔ22　pəʔ55fʌŋ31　fəʔ33təʔ55fəʔ31　dʒɥən22nən53　tɔ55ti31　ɦæ̃22sʅ52
蜕掉勒，　葛末　北风　勿得勿　承认　到底　还是

pi43gi53　pən33liⁿ52　dᵘu31
比渠　本领　大。

kᵘu55ləʔ33　tsʅ35ȵiəʔ22　fʌŋ434　kən434　tʻɑ55ɦiã31　ʔɑʔ55　pʻʌŋ55dʒɥəʔ33ləʔ31　tʻɑ55ɦiã31
过勒　几日，　风　跟　太阳　□　碰着了，　太阳

tɛ53　fʌŋ434　kɒ̃45　tɕiⁿ35ȵiəʔ55kə31　ni53　ɦæ̃22kɤɯ44　kən434　ŋu53　pi45　pən35szʅ4433vɑ35
对　风　讲：　“今日介　你　还敢　跟　我　比　本事哦?”

fʌŋ43kɒ̃53　hɔ35gəʔ55　ŋu55lɑʔ31　tsE53　pi35iɪʔ44mɔ55　ȵi35kʻə53　ɦu22li53　fəʔ44sʅ55
风讲：　“好个，　我拉　再　比一冒。　你看，　河里　勿是

ɦiɯiɪʔtʃɥəʔ　ɕɥə22vɑ35　nɑ55gəʔ31　tɕiɔ53　kʻɪʔ55tʃɥəʔ22　ʃɥə323　kʻɛ35ləʔ22　kʻuɛ53　ɕɥɯ31
有一只　船哦?　哪个　叫　葛只　船　开勒　快，　就

sə53　nɑ55gəʔ22　pən35liⁿ53　dᵘu31　tʻɑ55ɦiã31　ɕʑiɯ31　pʻiⁿ33miⁿ55gəʔ55　sɛ53　tsʻɛ53　ɦiɔ323
算　哪个　本领　大。”　太阳　就　拼命个　晒，　催　摇

ʃɥə22gəʔ44ȵiⁿ31　ʔiʌŋ55liəʔ22　ɦiɔ22ʃɥə53　tæ̃55szʅ31　tʻɛ55ɦiã33kuɒ̃31　ɦyəʔ22dᵘu53　tʃʻɥã434
船个人　用力　摇船。　但是，　太阳光　越大，　撑

ʒɥə22gə44ȵiⁿ31　ɦyəʔ12　ʔm323　ləʔ22tsʻʅ53　ʒɥə323　ɦiɔ22təʔ55　ɦyəʔ22mæ̃53　lən55dʒɥAʔ
船个人　越　呒　力气，　船　摇得　越慢。　轮着

fʌŋ434　lɛ323　sʅ55ləʔ22　gi323　kuAʔ33tAʔ22lɑ55　ʔiəʔ44tʃʻɥ　tsəʔ55　tiⁿ43təʔ55　tʃʻɥæ̃434
风　来　试勒，　渠　刮搭拉　一吹，　只　听得　撑

ʒɥə22gəʔ44　ȵiⁿ323　zɛ31　tɕiɔ53　ʒɥən53fʌŋ22ɔ33　kʻᵘu55i53　tʃɥã35væ̃33ləʔ31　ʒɥə22ʒɥɒ̃44
船个　人　在　叫：　“顺风噢，　可以　张帆勒。”　船上

sən55tsʻʅ35ləʔ31　fæ̃323　fʌŋ434　tʻɛ323　fæ̃323　fæ̃323　tɛ53　ʒɥə323　ʒɥəʔ323　kʻɛ43təʔ55
升起了　帆，　风　推　帆，　帆　带　船，　船　开得

ɦuəɪ22ʑiẽ35　kuɛ53　kəʔ44tɕiAʔ55　tʻɑ55ɦiã31　tsəʔ33hɔ44　kɒ̃434　fʌŋ35ɕiẽ33ʃɥən31　ȵi53
会全　快！　葛脚，　太阳　只好　讲：　“风先生，　你

pən45liⁿ53　pi33ŋu53　dᵘu31
本领　比我　大。”

tɔ53　məʔ2tʻAʔ55　fʌŋ43kɒ̃35　ŋu55lɑ22　tʻʌŋ35iɯ53　pən45liⁿ53　ɦiɔ53tɕiã33ləʔ31
到　末塔，　风讲：　“我拉　统有　本领，　勿要争勒。”

金　华

poʔ33foŋ35　kən324　ȵiəʔ44diɯu24ɦəʔ31　ku45szʅ24
北风　跟　日头个　故事

ɦiɯu53iəʔ33tʻAŋ34　poʔ33foŋ55　kən44　ȵiəʔ22diɯu24　kAŋ33hɑʊ55　kɛ33məʔ55dɑ31　tsən324
有一趟，　北风　跟　日头　刚好　该没达　争，

lɑ54kəʔ33　pən54szʅ24　duo24　kAŋ32hɑʊ35　lɛ43mo23dɑ24　kAŋ55gəʔ22　szʅ21kuAŋ35，　lɛ21ləʔ24
拉葛　本事　大，　刚好　来么达　讲个　时光　来勒

ʔiɪʔ33gəʔ44 tsimu53lu22kəʔ24 ȵiɪn213 ɕiɪn33szᴀŋ55 tɕʻʯe33ləʔ55 ʔiəʔ55dʑie24 kiɯu55gəʔ22
一个 走路个 人。 身上 穿勒 一件 厚个

mie22ɑʊ51 kɪʔ22lᴀŋ24 liᴀŋ53gəʔ22ȵiɪn24 bie24 sᴀŋ44liᴀŋ44hɑʊ55ləʔ31 kᴀŋ544 lɑ55gəʔ22
棉袄。 葛浪 俩个人 便 商量好勒 讲： “拉个

nən21kəu35 ɕie324 ʔiɯu544 gəʔ22gəʔ44 tsiɯu544 lu21gəʔ33ȵiɪn24 təʔ44diɑʊ45 kəʔ33gəʔ44
能够 先 瞅 搿个 走 路个人 脱掉 葛个

mie22ɑʊ51 bie24 sə24 lɑ54ɦəʔ33 ȵiɪn21gəʔ24 pən55sɿ33 duo24 ʔʯy54szɿ24 poʔ33foŋ44
棉袄， 便 算 拉个 人个 本事 大。” 于是， 北风

bie24 sɿ53dʑiɪn33kəʔ31 pʻiɪn33miɪn44gəʔ31 tsʻeɪ324 lɑ44ɕiɑʊ44təʔ31 gə̥24 tɕʻʯy33təʔ55
便 死劲葛 拼命个 吹， 拉晓得 渠 吹得

ʔʯy oʔ55 lij45ɦɛ24 gəʔ22ɦəʔ44ȵiɪn51 bie24 tɐʔ44 mie22ɑʊ51 kuo55ləʔ22 ɦʯy oʔ22 tɕiɪn544
越 厉害， 搿个人 便 搭 棉袄 裹勒 越 紧。

kuo33ləʔ55 iɪʔ33tɕie55 ȵiəʔ22diɯu24 bie24 tɕyoʔ33lɛ44 ȵiəʔ22ȵiəʔ22gəʔ24 ʔiəʔ44 sɑ45
过勒 一间， 日头 便 出来， 热热个 一 晒，

gəʔ22ɦəʔ44 tsiɯu544 lu23ɦəʔ31 ȵiɪn213 mɑ54szᴀŋ24 bie24 fəŋ324 mie33ɑʊ52
搿个 走 路个 人 马上 便 分 棉袄

tʻəʔ33ɦo55lɛ31 suo55ij31 po33foŋ44 fəʔ55təʔ33fəʔ31 tsən54ȵiɪn24 tɑʊ55ij31 sɿ24 ȵiəʔ33diɯu24
脱下来。 所以， 北风 勿得勿 承认 到底 是 日头

pij544 gə24 pən55sɿ31 duo24
比 渠 本事 大。

kuo45ləʔ33 tɕij55ȵiɐʔ23 foŋ32kən35 ȵiəʔ33diɯu24 ʔi45 pʻən35tɕiɐʔ33ləʔ31 ȵiəʔ33diɯu24
过勒 几日， 风跟 日头 又 碰着勒。 日头

teɪ45 foŋ324 kᴀŋ544 tɕiɪn33ȵiəʔ55 noŋ544 ɦæ̃21kəu51 kən324 ʔɑ544 pij544
对 风 讲： “今日 侬 还敢 跟 我 比

pən53szɿ22vɑ34 foŋ324 kᴀŋ544 hɑʊ544 ɕiᴀŋ22tsɛ55lɛ31 pij54tɕie35diə31 noŋ544 moŋ24
本事哦?” 风 讲： “好， 想再来 比皆掉， 侬 望，

ɦuo22li51 fəʔ33szɿ24 ɦiɯu544 ʔiəʔ55tsɐʔ33 ɕʑʯe32ɑ35 lɑ53gəʔ33nən31 ʔəu544 gəʔ22tsɐʔ44
河里 勿是 有 一只 船啊? 拉个能 瞅 搿只

ɕʑʯe213 kʻɛ55ləʔ33 kʻuɑ45 bie13sæ̃51 lɑ53gəʔ33 pən55sɿ31 duo24 ȵiəʔ33diɯu24 bie24
船 开勒 快， 便算 拉个 本事 大。” 日头 便

pʻiɪn33miɪn55gəʔ31 sɑ45 tsʻeɪ324 tsʻən55ɕʯe33ɦə23ȵiɪn31 ɦioŋ24 liəʔ22 tsʻən55ɕʯe31
拼命个 晒， 催 撑船个人 用 力 撑船。

tæ̃35szɿ24 ȵiəʔ44diɯu33kuᴀŋ35 ɦʯy oʔ32 duo24 tsʻᴀŋ544 ɕʯy33gəʔ22 ȵiɪn213 ɦʯy oʔ22
但是， 日头光 越 大， 撑 船个 人 越

ɦm̩22məʔ44 liəʔ22tɕʻij45 ɕʯe213 bie24 tsʻᴀŋ33təʔ55 ɦʯy oʔ22 mæ̃24 lən21tɑʊ35 foŋ33lɛ55
呒没 力气， 船 便 撑得 越 慢。 轮到 风来

sɿ55gəʔ33 zɿ21kuᴀŋ23 gə̥24 hu55lu31 ʔiəʔ33 tɕʻʯy324 bie24 tiɪn324 tsʻᴀŋ55ɕʯy e33gə44
试个 时光， 渠 呼噜 一 吹， 便 听 撑船个

ȵiɪn52 tɕiɑʊ35tɕʻij33le31 ɕiɪn22foŋ33ləu52 hɑʊ544 tsᴀŋ324 væ̃53ləu51 ɕʯe32szɑŋ24
人 叫起来： “顺风喽， 好 张 帆喽。 船上

sən33tɕij55ləʔ31 fæ̃52 foŋ324 t'uɪ324 fæ̃52 fæ̃324 tɐʔ55 ɕɥe24 ɕɥe213 kɛ33təʔ44
升起勒 帆， 风 推 帆， 帆 搭 船， 船 开得

k'uɑ33mAŋ53k'uɑ33mAŋ31 ɦiAŋ23tɕiɑ44 ȵiəʔ22diɯɯ24 tsəʔ44hɑʊ51 kAŋ544 foŋ44ɕie32sAŋ35
快莽快莽。” 央家 日头 只好 讲： “风先生，

noŋ22gəʔ33 pən55szʅ31 pij544 ʔɑ33noŋ44 duo24
依个 本事 比 阿依 大。”

tɑʊ45 tiɪn54muo213 foŋ33kAŋ51 ɕzij22lɑŋ55 dəu55ɦiɯɯ31 pən54liɪn44 fəʔ44iɑʊ55
到 顶末 风讲： “自朗 都有 本领， 勿要

tsAŋ33lɑ55
争啦！”

永　　康

poʔ43foŋ44 XA44 ȵiəʔ22dəʊ33uə22 kʊ42szʅ24
北风 哈 日头滑 故事

ɦiəʊ32iə33ts'ʅ44 pəʔ43foŋ44 XA44 ȵiəʔ22dəʊ22 tɕiɪn43XAʊ31 gəɪ32lA44 ɕiAŋ43tsai44
有一次， 北风 哈 日头 正好 隑拉 相争，

tɕiA32noŋ44uə31 məɲ42sʅ24 doə214 tɕiɪɲ44 gəɪ32lA44 kAŋ43uə32 szʅ32tɕie32
家依滑 本事 大。 正 隑拉 讲滑 时节，

ləɪ32lə33iə33kuə32 lie32lʊ33uə31 noŋ22 səɲ43ɕiAŋ44 ɕyə43lA44 iə42dʑie24 gəʊ32mie33 Aʊ31
来了一个 列路滑 人。 身上 穿拉 一件 厚棉袄。

gə32ʔlA33noŋ31 bie214 ɕiAŋ43liAŋ33XAʊ32 kAŋ434 dʑiA32noŋ44 ɕie43 Aʊ44 Aʔ31koə24
㑚拉人 便 商量好 讲： “家人 先凹 阿果

lie32lʊ33uə31 noŋ22 t'ə43lAʊ31 kəʊ43uə31 mie32 Aʊ32 bie32soᵊ44 dʑiA2noŋ44uə31
列路滑 人 脱落 苟滑 棉袄， 便算 家依滑

məɲ42szʅ24 doᵊ214 xai42iAŋ22tsʅ54 pəʔ43foŋ44 bie24 ioŋ43tsʊ32 tɕiɪɲ434 p'iɪɲ43miɪɲ33uə31
本事 大。” 喊样子， 北风 便 用足 劲 拼命滑

tɕ'ʏ44 sAʔ43ɕlAʊ3təɪ31 kəʔ43 ə31 tɕ'ʏ43 əɪ44 ɦyeʔ32li31ɦəɪ24 kəʔ42lu44noŋ22 bie43ɦioŋ44
吹， 塞晓得 葛□ 吹哀 越厉害， 葛个人 便用

mie32 Aʊ32 koə43ləɪ22 ɦyA323 tɕiɪɲ434 tAʊ43tsʅ33ɦəʊ31 pəʔ43foŋ44 nəɪ54 bA42fA54
棉袄 裹来 越 紧。 到之后， 北风 内 办法，

tsəʔ43XAʊ32 bie214 sʏə43lə44 kuA43lə33iəʔ43tɕie44 ȵiəʔ21dəʊ22 nA43tɕ'yə33ɦə31
只好 便 算了。 贯了一见， 日头 挖出来，

ȵiə32xoŋ33xoŋ33uə31 sA43tɕie33dəʊ31 kəʔ43koᵊ44 lie21lʊ44noŋ31 mA31ɕziAŋ24 bie214 pʊA44
热烘烘滑 晒见头。 葛个 列路人 马上 便 把

mie32 Aʊ32 t'əʔ43lAʊ33ləɪ31 kəʔ43mə31 pəʔ43foŋ44 fəʔ43təɪ33fə31 ɕziɪɲ21szəɲ24 tAʊ43ti32
棉袄 脱落来。 葛么， 北风 勿得勿 承认 到底

ɦuA32ti32 t'əɪ43ɦiAŋ31 pi43gə31 məɲ42sʅ524 doə214
还底 太阳 比渠 本事 大。

kʊA43lə31 tɕi42ȵiə24 foŋ44 xA44 t'əɪ43ɦiAŋ22 ɦi33 p'oŋ43dʑiA33liA31 ȵiəʔ22dəʊ22
贯了 儿日， 风 哈 太阳 夷 碰着列。 日头
xA44 foŋ44 kAŋ434 kəʔ43ȵiə31 ŋ̍22 ʔɦʊA32kɤə33nA31 xA43ŋuə31 pi434
哈 风 讲：“葛日 尔 还敢胆 哈我 比
məɲ43sɿ44doə44vA44？” foŋ44 kAŋ44 xAʊ43ɦA31 ŋuə21ʑiAŋ44ŋ̍31 tsəɪ43ləɪ31 pi32tɕie44mA31
本事大哦？” 风 讲：“好啊！ 我像尔 再来 比见嘛。”
ŋ̍31mAŋ24 ɦoə32lA44 fəʔ43dʑi31 ɦiəʊ32iə33tsəɪ44 ɕʑye32ɦA31 dʑiA32noŋ44 niɪɲ21kəʊ44
尔望， 河拉 勿己 有一只 船啊？ 家人 能够
Aʊ44 kəʔ43tsəɪ44 ɕʑie22 ləɪ43ləɪ31 k'ʊA43iə13ȵiAŋ31 bie33sɤə54 dʑiA32noŋ44 məɲ43sɿ44
凹 葛只 船 来勒 快一眼儿， 便算 家人 本事
doə214 ȵiəʔ21dəʊ22 bie214 p'iɪɲ43miɪɲ22uə54 sA44 ts'əɪ44 ts'ai44ɕʑye32uə44 noŋ22
大。 日头 便 拼命滑 晒， 催 撑船滑 人
ɦioŋ32ləɪ31 ts'ai44 fəʔ43liAʊ44 t'əɪ43ɦiAŋ31kuAŋ44 ɦyeʔ32doə24 ɕʑye32lAʊ21diA24
用力 撑， 勿料 太阳光 越大， 船老大
ɦyeʔ32nəɪ44 ləɪ32tɕ'i54 ɕʑye22 ɦiA434 ts'ai43təɪ32 ɦyeʔ32 Am24 liɪɲ32ɦiA31 foŋ44ləɪ22
越内 力气， 船 也 撑得 越慢。 轮着 风来
sɿ42sɿ33liA31 gə22 xu44xu44 iəʔ43tɕ'ʏ44 bie24 t'iɪɲ43dʑiAʊ31 ɕʑye32lAʊ21diA24
试试列。 渠 呼呼 一吹， 便 听着 船老大
gəɪ21lA44uəɪ31 ɕʑiɪɲ21foŋ44liA31 xAʊ434 tɕiAŋ43vA43liA31 ɕʑye32lA44 ɕiɪɲ43tɕ'i33lA31 fA44
隑拉喂： “顺风咧， 好 张帆咧！” 船拉 升起了 帆，
foŋ44 t'əɪ43dʑiAʊ31 fA44 fA44 təɪ43dʑiAʊ31 ɕʑye322 ɕʑye322 lie32ləɪ31 kəɪ43tɕie44
风 推着 帆， 帆 带着 船， 船 列来 改见
k'uəɪ54 ɦiAŋ32tɕie31 t'əɪ32ɦiAŋ32 tsoʔ43xAʊ32 kAŋ44 foŋ43ɕie33səɲ44 ŋ̍32uə44 məɲ43szɿ24
快， 样节 太阳 只好 讲：“风先生， 尔滑 本事
pi43ŋuə32 doə32lA44
比我 大啦。”

zəʔ22ɦəʊ33dəʊ22 foŋ44 kAŋ434 ŋuə32ɕʑiAŋ33ŋ̍32 təʊ43ɦiəʊ32 məɲ43szɿ24 ŋiAʊ54
直后头 风 讲：“我像尔 都有 本事， 傲
tsai43tiA32
争嗲！”

第八章　方言特征分布示意地图

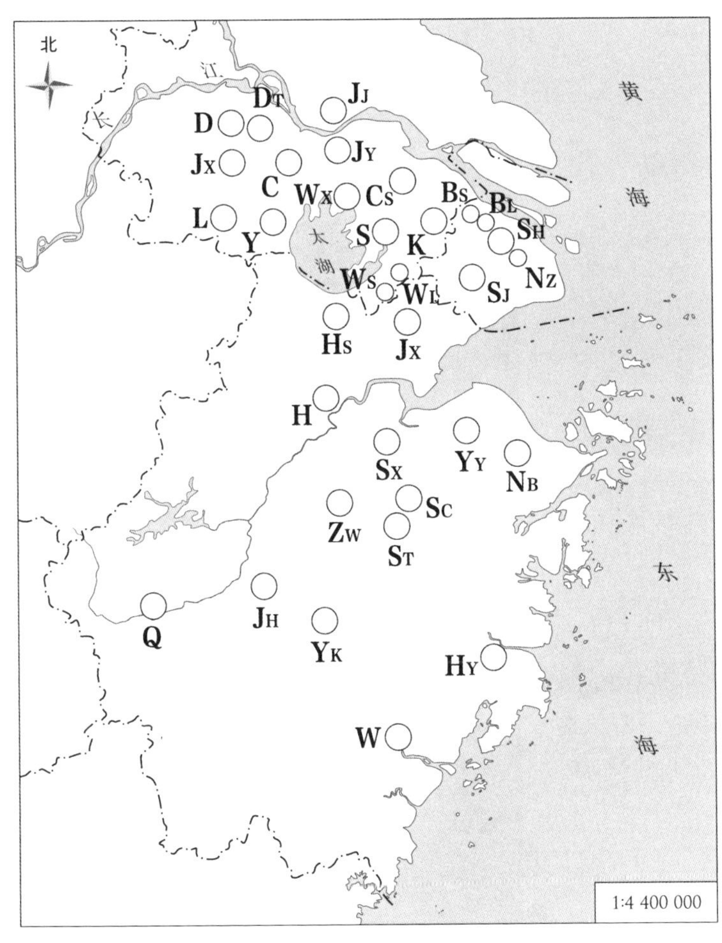

方言地图地点代号说明：

Y 宜兴城内	L 溧阳城内	J_X 金坛西岗镇	D 丹阳城内
D_T 丹阳童家桥	J_J 靖江城内	J_Y 江阴城内	C 常州城内
W_X 无锡城内	S 苏州城内	C_S 常熟城内	K 昆山城内
B_S 宝山霜草墩	B_L 宝山罗店镇	N_Z 南汇周浦镇	S_H 上海城内
S_J 松江城内	W_L 吴江黎里镇	W_S 吴江盛泽镇	J_X 嘉兴城内
H_S 湖州双林镇	H 杭州	S_X 绍兴城内	Z_W 诸暨王家井
S_C 嵊县崇仁镇	S_T 嵊县太平乡	Y_Y 余姚城内	N_B 宁波城内
H_Y 黄岩城内	W 温州城内	Q 衢州城内	J_H 金华城内
Y_K 永康城内			

（以下各图比例尺为 1：545454）

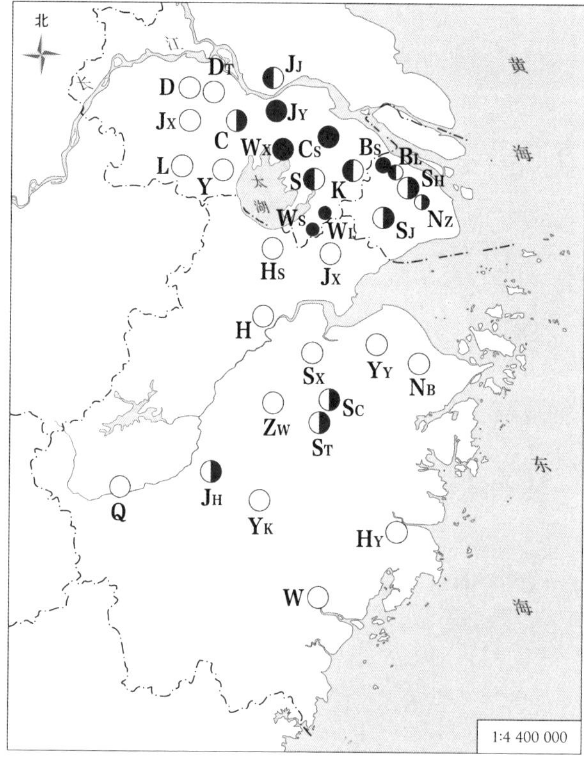

尖团音
小 效开三小心
图例:●读s声母 ○读ɕ声母
◑s>ɕ(已完成) ◐s>ɕ(正开始)

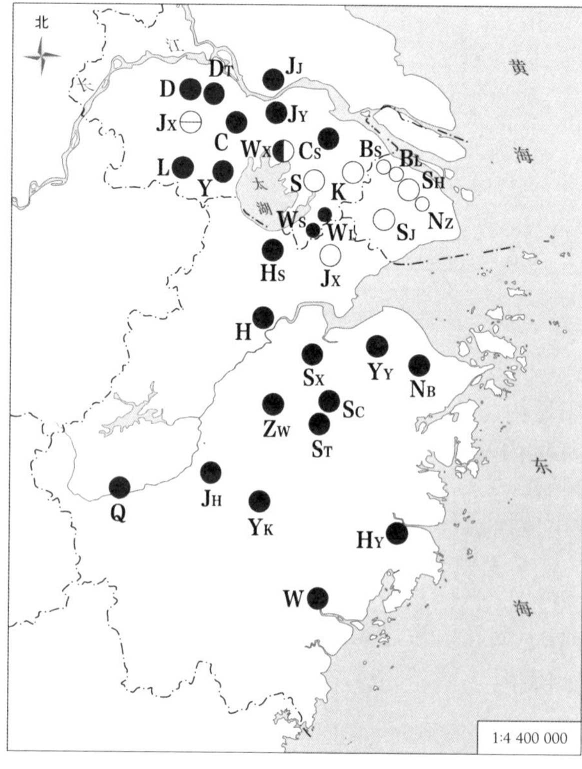

dz母
图例:●有dz声母 ○没有dz声母
查读dz声母 查读z声母
◐有dz>没有dz ⊖例外

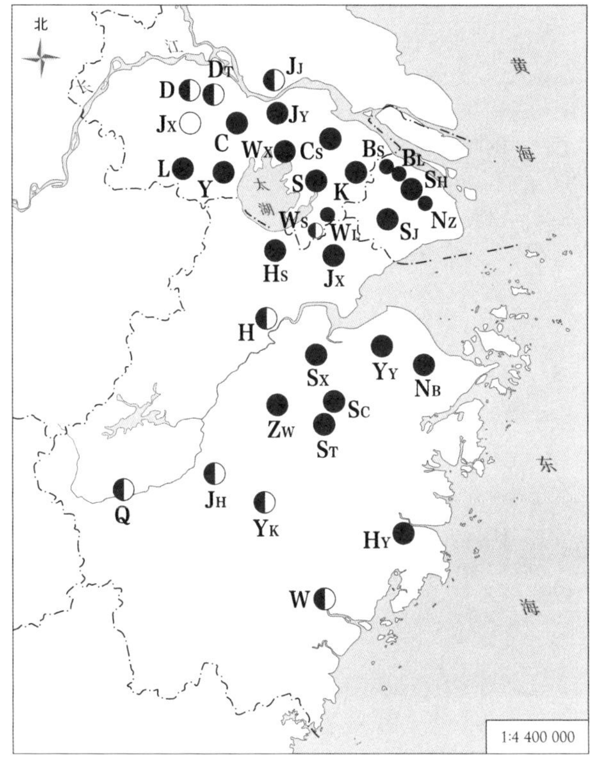

z母　是　止开三纸禅

图例:●读z声母　◐读sz声母　○读s声母

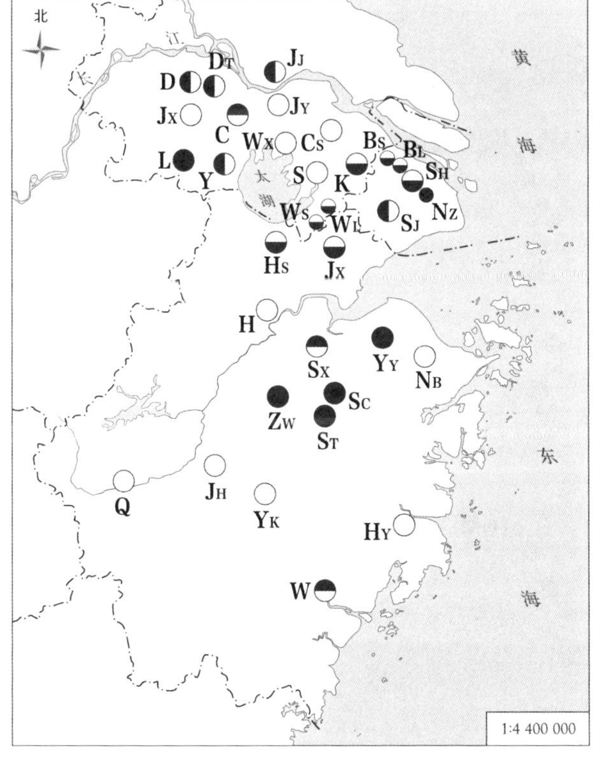

乌　遇合一模影

图例:●读ʔʋ声母(配阴声调)

○读ʔ声母/Ø声母

◐读ʔʋ/ʔ声母

◓ʔ声母>ʔʋ声母

◒ʔ声母>ʔʋ声母/ʔ声母

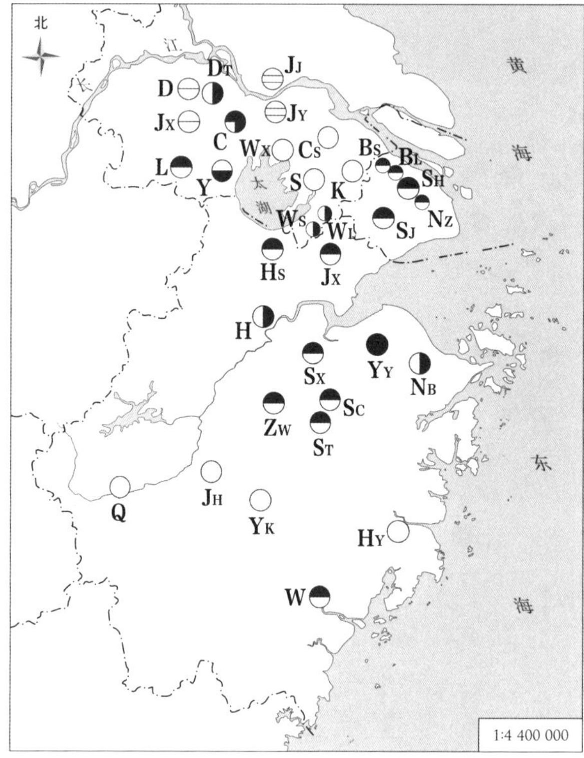

胡 遇合一模匣

图例:●读v声母 ○读ɦ(u)声母
⊖读β声母 ◐读v/ɦ(u)声母
◑读β/ɦ(u)/v声母
◒β>v声母 ◒β>ɦ(u)声母
◕ɦ(u)>v声母 ⊖例外

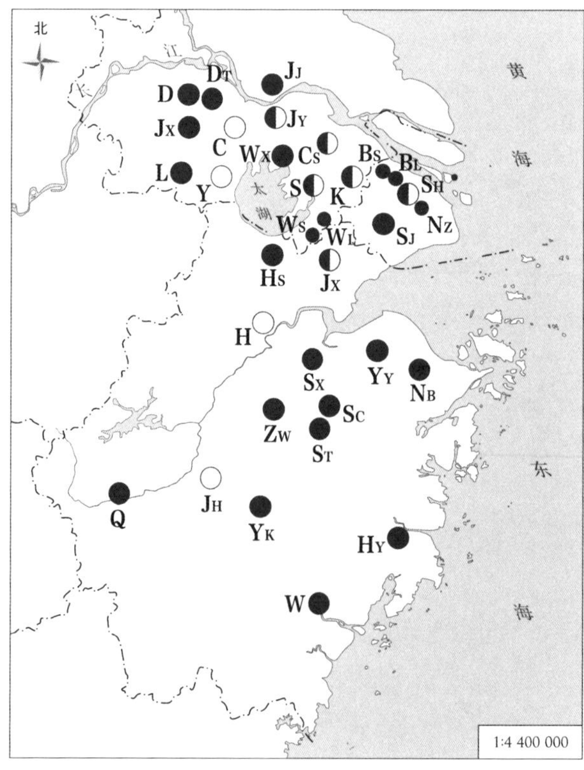

梗 梗开二梗见 港 江开二讲见

图例:●读音不同 ○读音相同
◐读音不同>读音相同

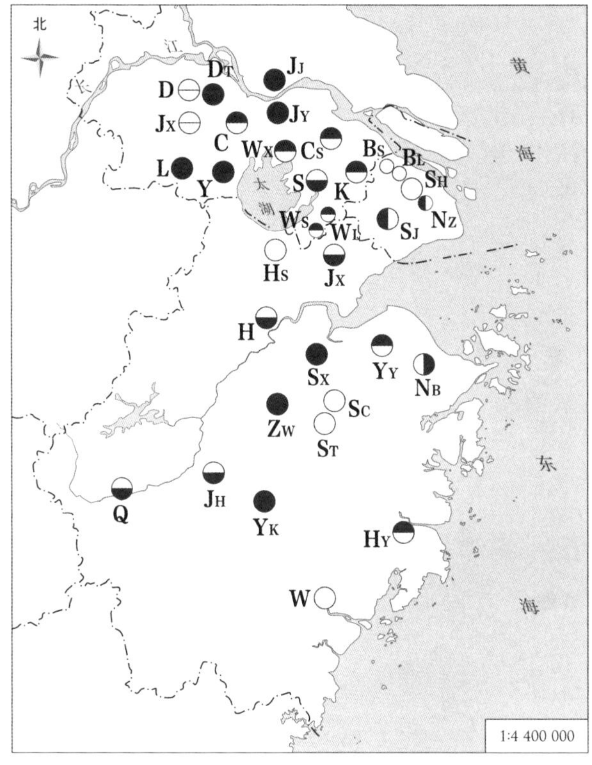

朱　遇合三虞章

图例：●读y韵　○读ɿ韵　◓读ʮ韵/ʯ韵
◒读u韵　◐y韵＞ɿ韵（刚开始）
◑ʮ韵＞ɿ韵（刚开始）

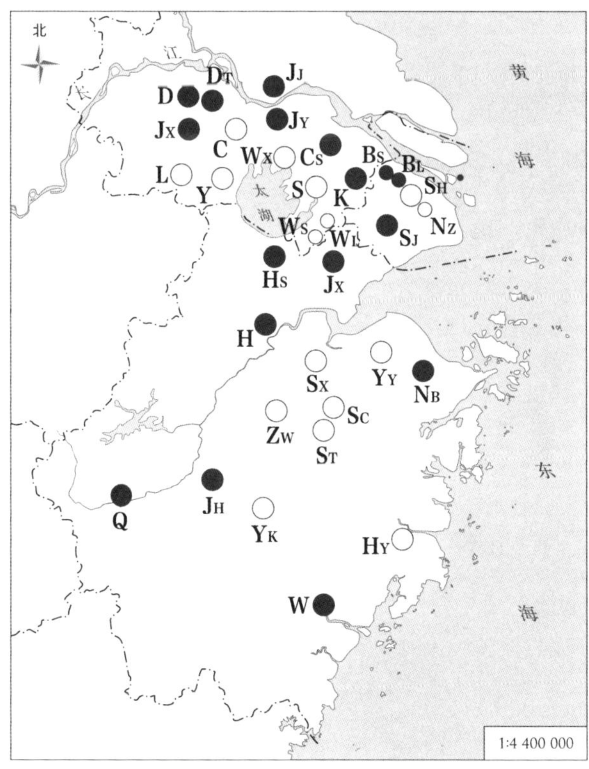

雷　蟹合一灰来　来　蟹开一哈来

图例：●读音不同　○读音相同

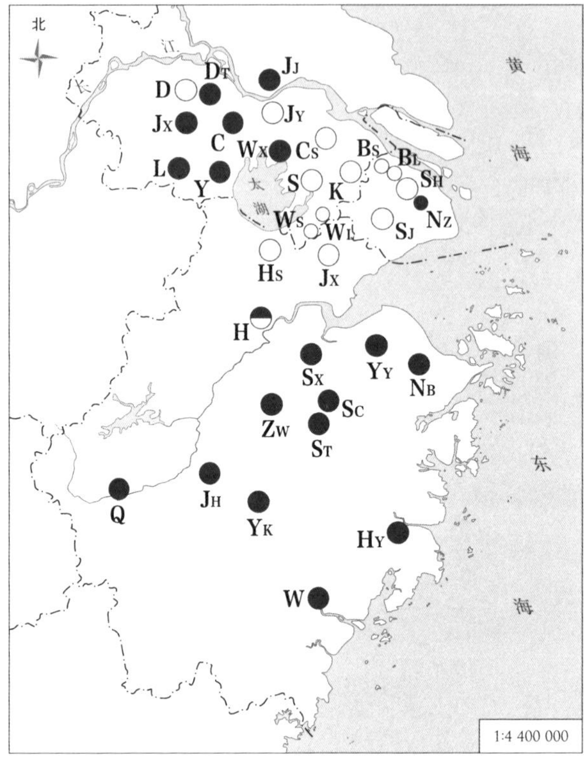

来 蟹开一咍来 兰 山开一寒来
图例:●读音不同 ○读音相同
◓不同＞相同

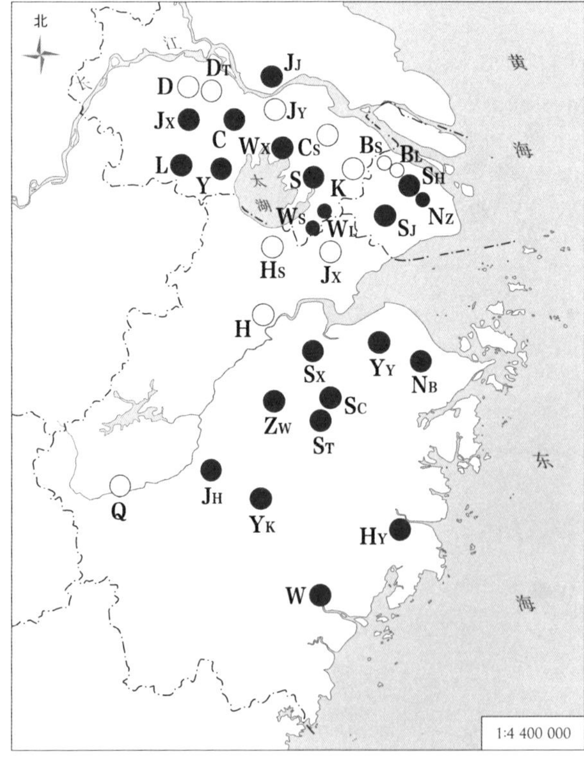

雷 蟹合一灰来 楼 流开一侯来
图例:●读音不同 ○读音相同

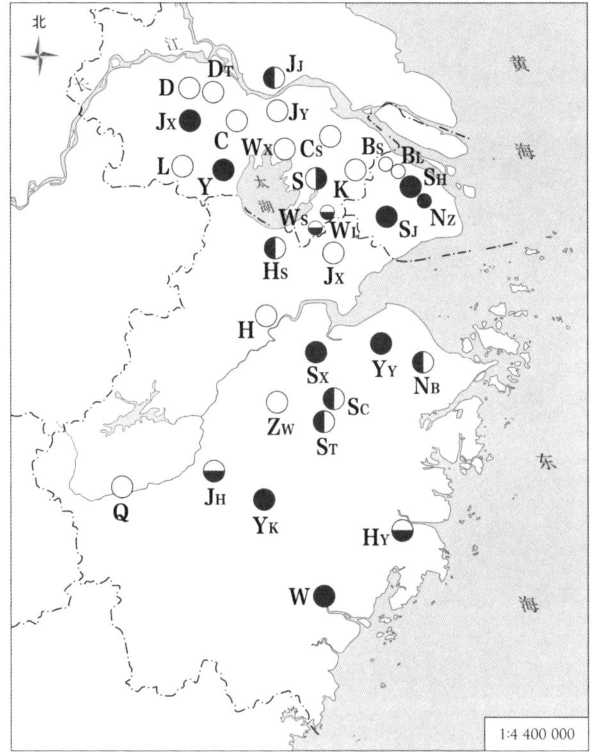

楼　流开一侯来

图例:●读近ʏ的韵母　○读近ei的韵母　◐读近ʏ的韵母　◒读带介音i的韵母　◑近ʏ>近ei

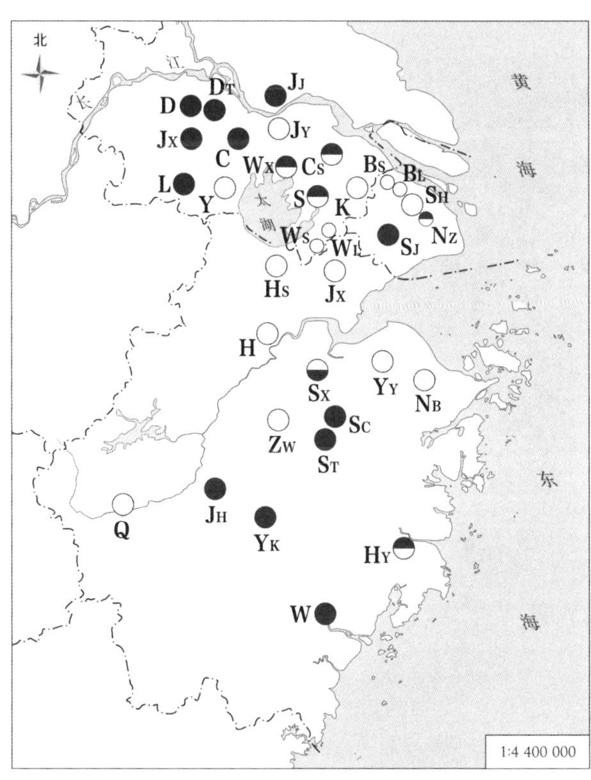

麦　梗开二麦明　袜　山合三月微

图例:●读音不同　○读音相同　◓读音不同>相同(已完成)　◒读音不同>相同(正开始)

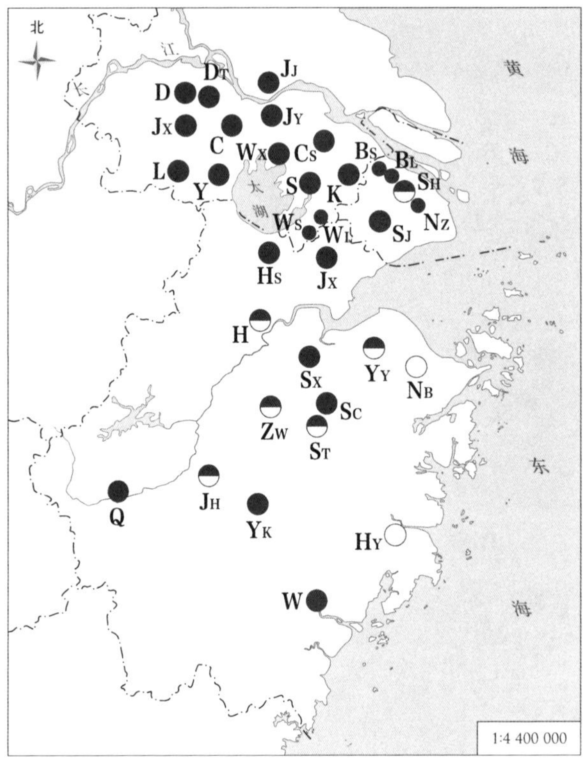

达 山开一曷定 特 曾开一德定

图例:●读音不同 ○读音相同

◓读音不同>相同

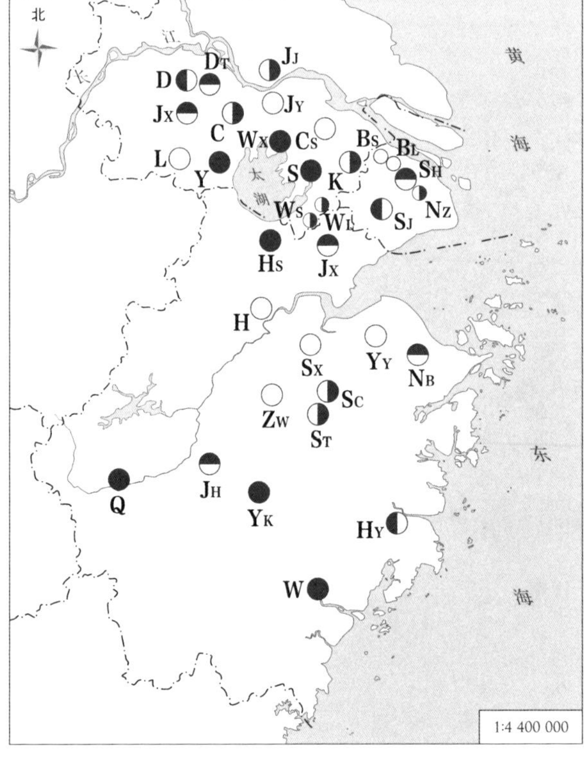

蓄 通合三屋晓 血 山合四屑晓

图例:●读音不同 "蓄"读齐齿呼,"血"读撮口呼

○读音相同

◓读音不同>相混,两读皆可

◐"蓄">"血",齐齿呼变读撮口呼,并入或两读

◑"血">"蓄",撮口呼变读齐齿呼,并入或两读

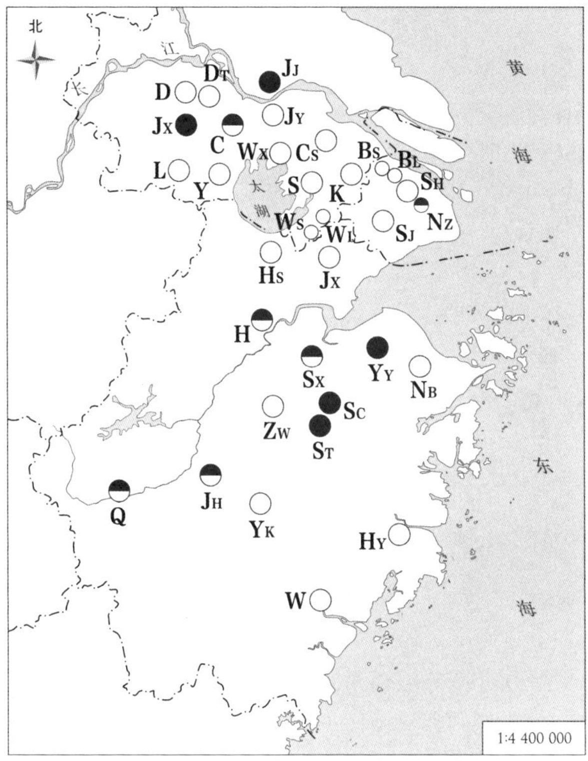

看　山开一翰溪

图例:●读鼻化音　○读无鼻化音的元音

◓鼻化>不带鼻化

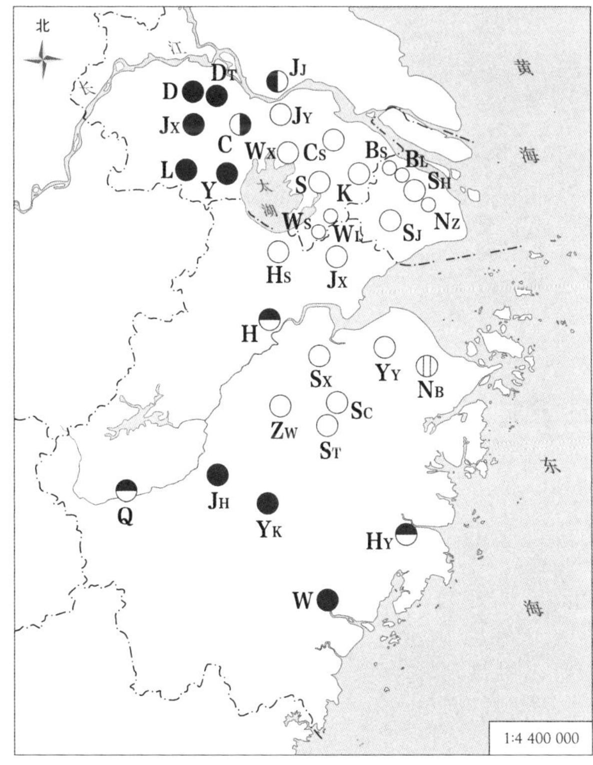

春　臻合三谆昌

图例:●带介音y/ʏ　◓带介音ɥ/u

○读开口呼　◐带介音i>读开口呼

◑带介音ɥ>读开口呼

⦶带介音ʏ>读开口呼

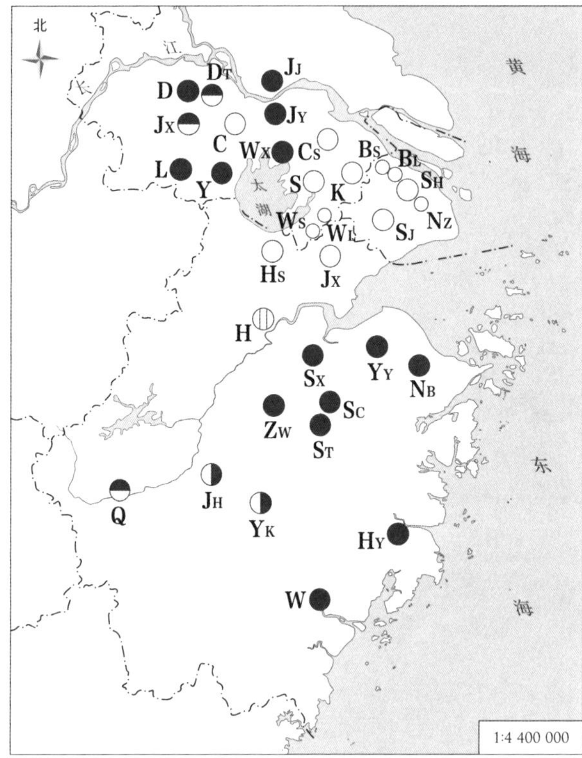

家　假开二麻见　街　蟹开二佳见

图例：●家ko≠街kA　○家＝街kA

◓家kA≠街kɛ　◑家kuA≠街kA/tɕiA

⦶家tɕia≠街tɕie(元音为各地近似的大类)

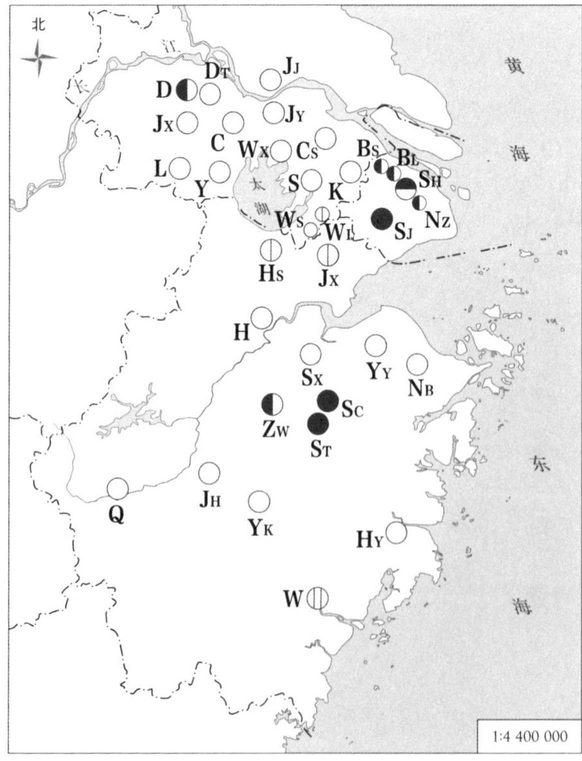

荒　宕合一唐晓

图例：●读f声母，开口呼

○读h(u)声母，合口呼

◐读开口呼/合口呼

◓读开口呼/合口呼＞合口呼

⦶读h声母，开口呼＞合口呼

⦶读h^{u}ɔ

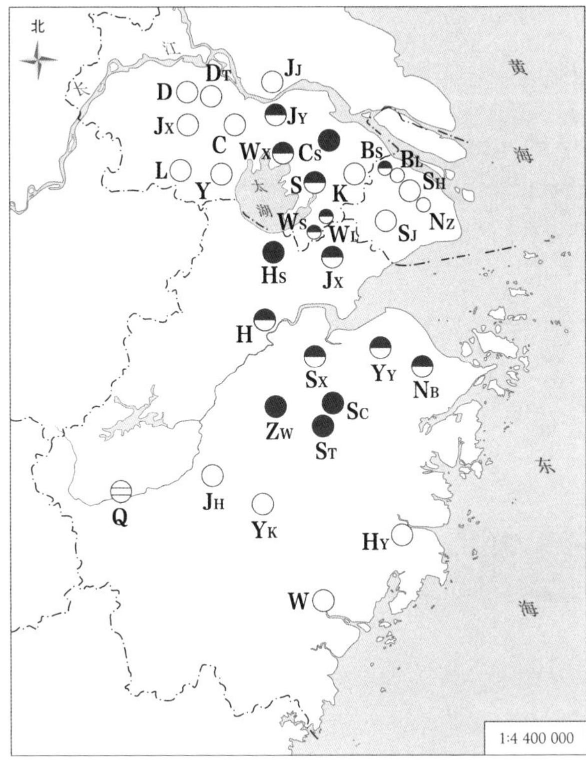

滤　遇合三御来

图例:●读i韵母　○读y韵母

◒i>y或i/y　⊖读ʮ韵母

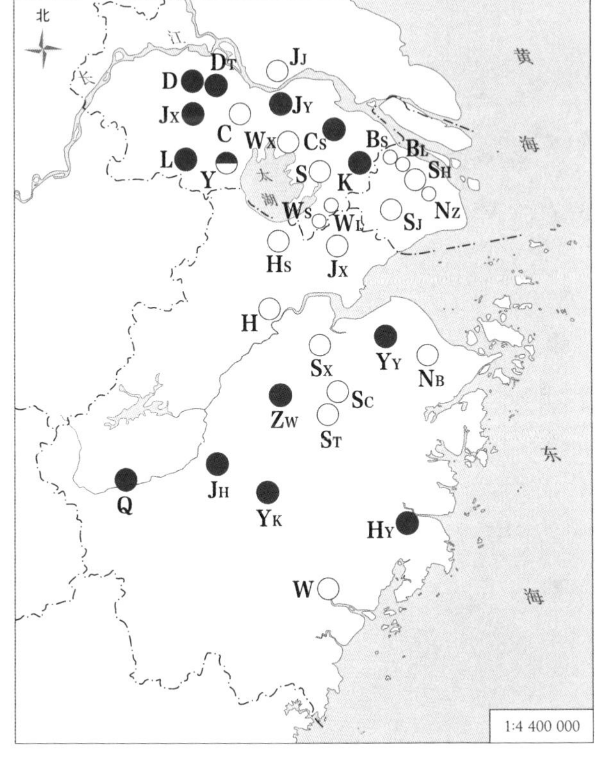

去　遇合三御溪

图例:●读kʻ声母　○读tɕʻ声母

◒白读音kʻ、tɕʻ两读

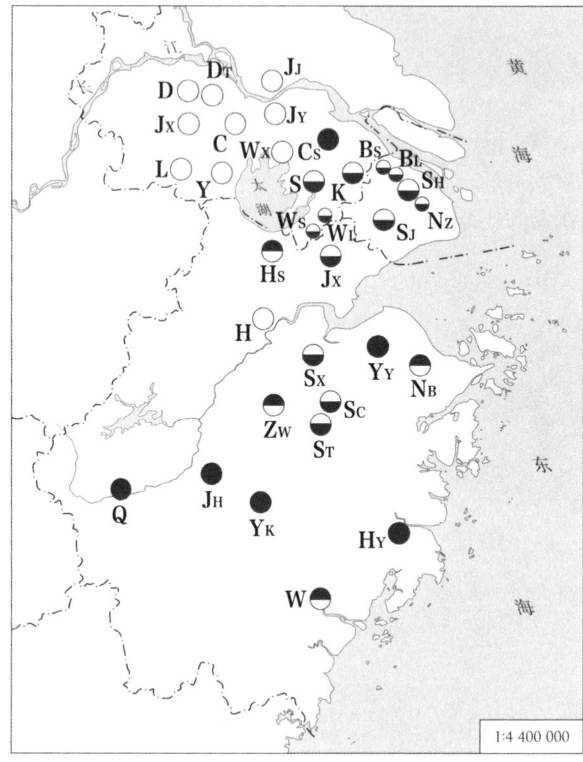

第三人称单数“他”的读音
图例:●佢　声母是g(韵母是ᴇ、ə等，
　　　其中衢州是i)
　　◓其　声母是dʑ，读dʑi
　　◒伊　读hi或ʔi(但苏州声母是l)
　　○他　声母是tʻ或d(韵是o、ɑ等)

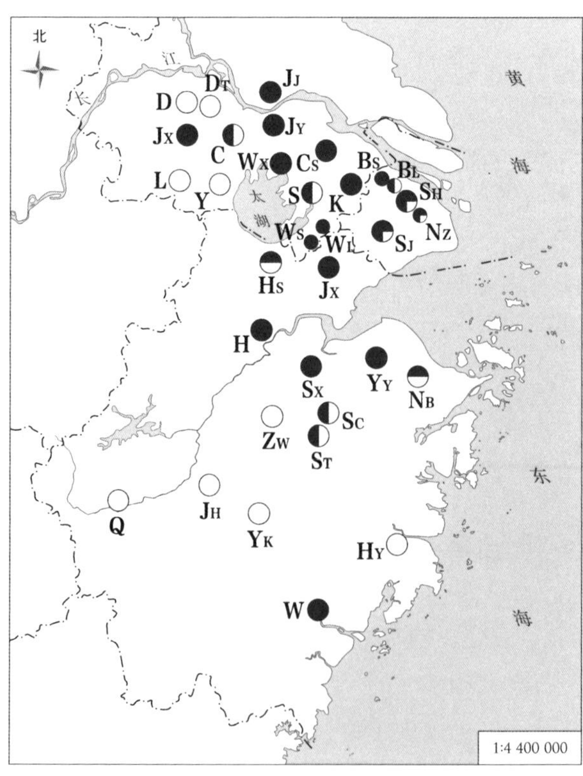

ʑ声母
图例:●没有ʑ声母　○有ʑ声母
　　◓读ʑ声母字在不断减少，并入dʑ或ɦ
　　◐从没有ʑ声母到新生ʑ声母
　　◕没有ʑ>有ʑ>ʑ减少，并入dʑ或ɦ

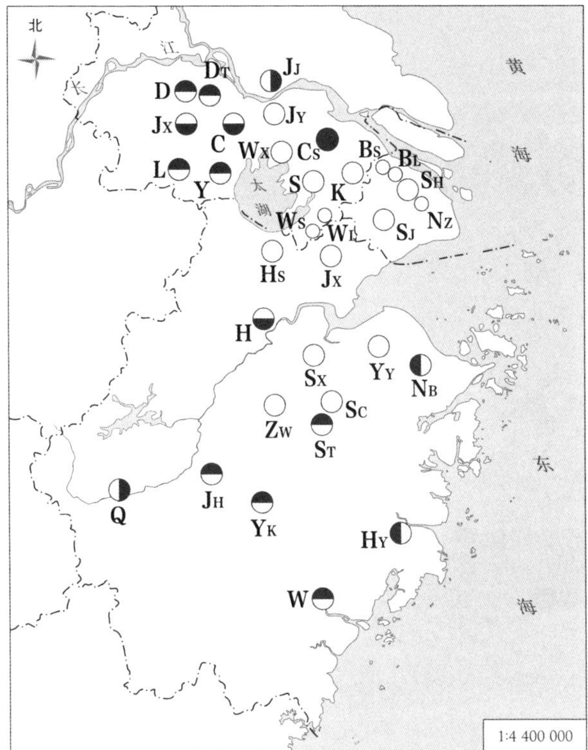

色 曾开三职生 识 曾开三职书 说 山合三薛书(标音只标声、介母)

图例:●色s=识s≠说ʂ
○色=识=说s,开口呼
◓色s=识s≠说ɕy/ɕi
◒色s=识s≠说su/sʮ
◐色s≠识ɕi≠说s
◑色s≠识ʃʮ=说ʃʮ
色s≠识ɕi≠说ɕy

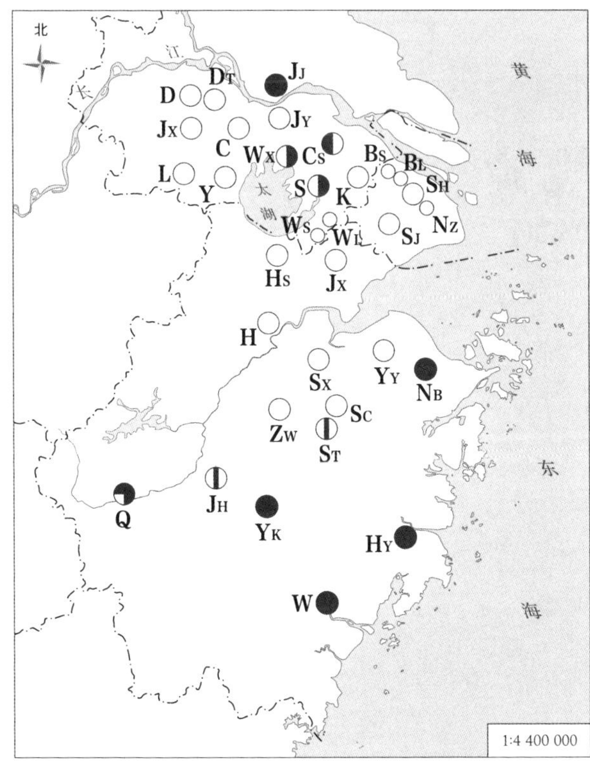

张 宕开三阳知

图例:●读tɕ声母 ○读ts声母 ◐读tʂ声母
◑tʂ>ts ◫c(i)/tɕ(i)>ts
◕读tʃ声母

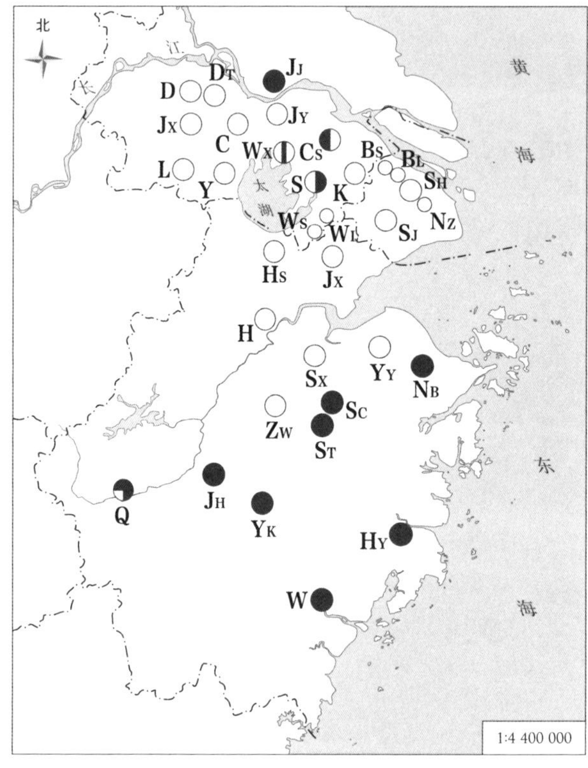

周　流开三尤章
图例：●读tɕ声母　○读ts声母　◐读tʂ声母
◔读tʃ声母　◑tɕ>ts　◑tʂ>ts

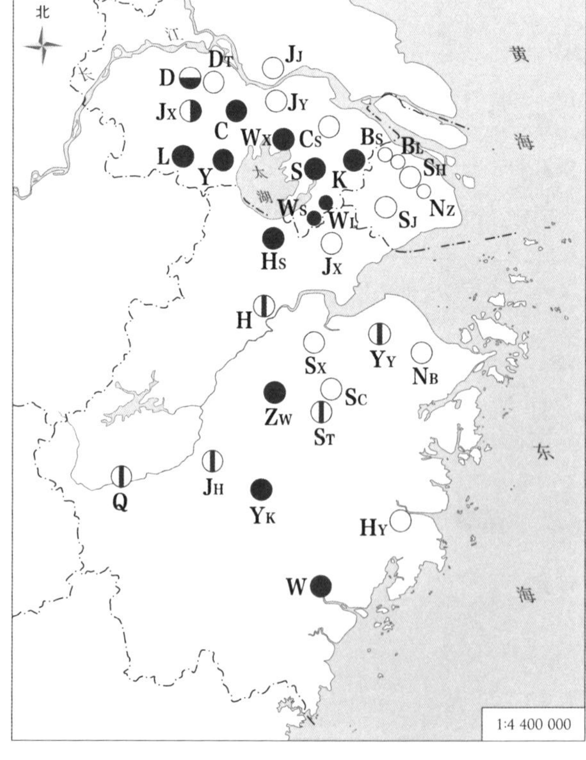

阴平声调
图例：●读高平调(˥)　○读高降调(˥˩)
◒读低平调(˩)　◑读低降调(˨˩)
◑读降升曲折调(˥˩˥)

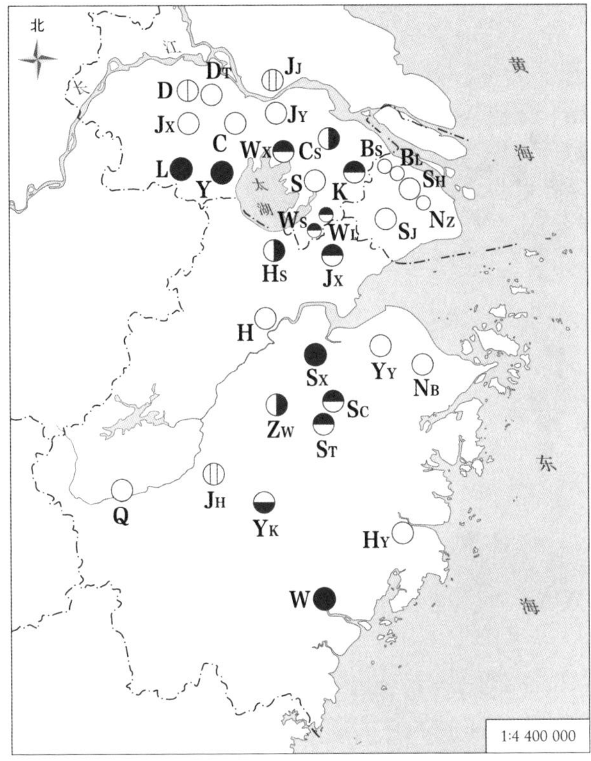

全浊阳上声调字

图例：●读低平升调(如：˩˩˧113)

◓读低平调(如：˨˨22，或略有升、降)

◒读降升曲折调(如：˧˨˧323)

◑读降调(如˧˩31)

○古全浊阳上声调字已归入阳去声调(大部分读˩˩˧113)

⦶古全浊阳上声调字部分归阳去声调，部分归阳平声调

⦷古全浊阳上声、调字部分归阳去声调，部分归阴上/去声调

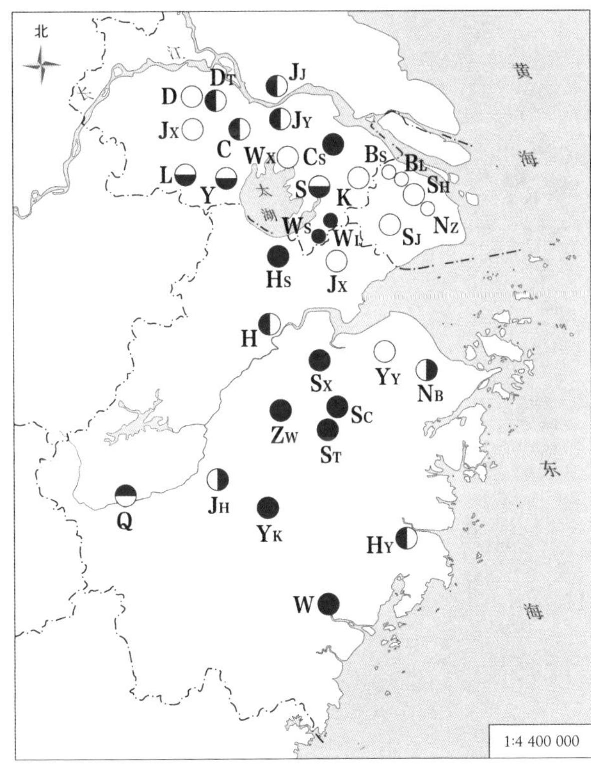

次浊阳上声调字

图例：●读阳上声调

○归入阳去声调

◐归入阴上声调

◑部分字归入阴上声调

◓部分字归入阴去声调

◒部分字归入阴平声调

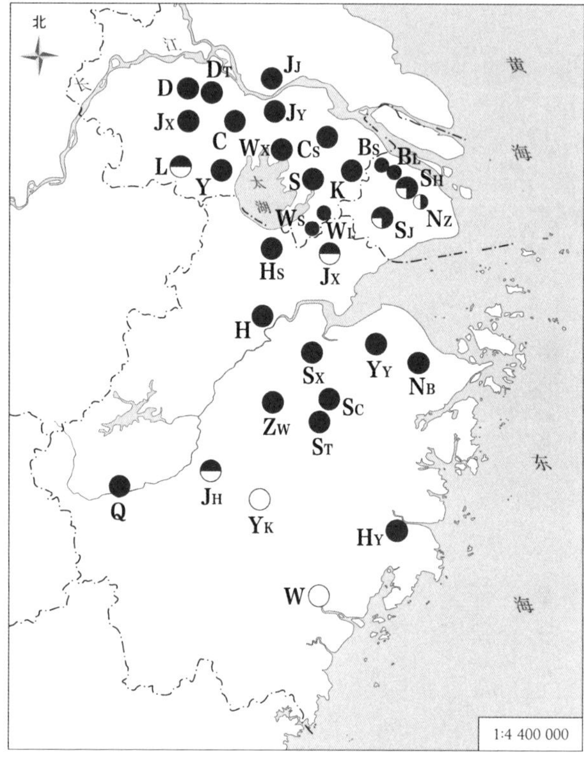

入声声调

图例:●读ʔ尾 ○读舒声

◓有些字已从读ʔ尾到读舒声

◑有k、ʔ尾 ◕有k.ʔ尾>全部ʔ尾

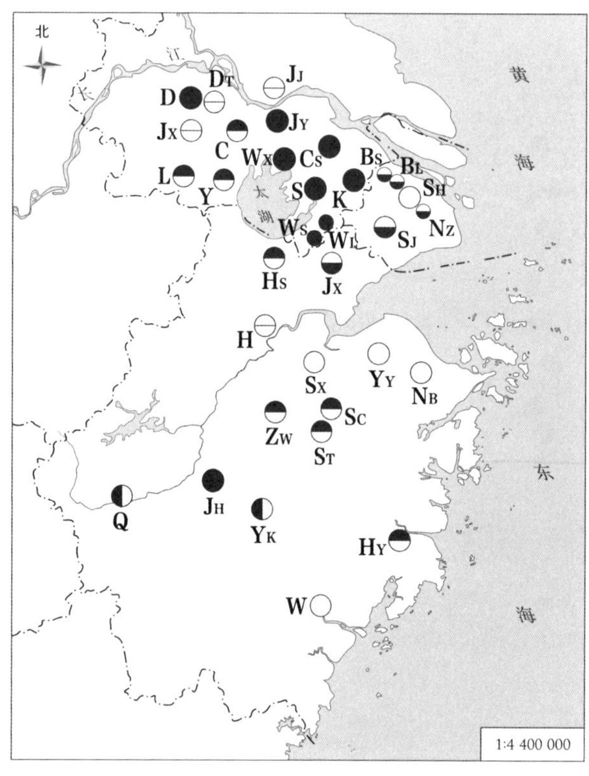

勿

图例:●读f声母 ○读v声母

◓动词前读f,动词后读v

⊖不用勿,读“不”

◒读ʔʋ声母(配阴声调) ◐读f/fv

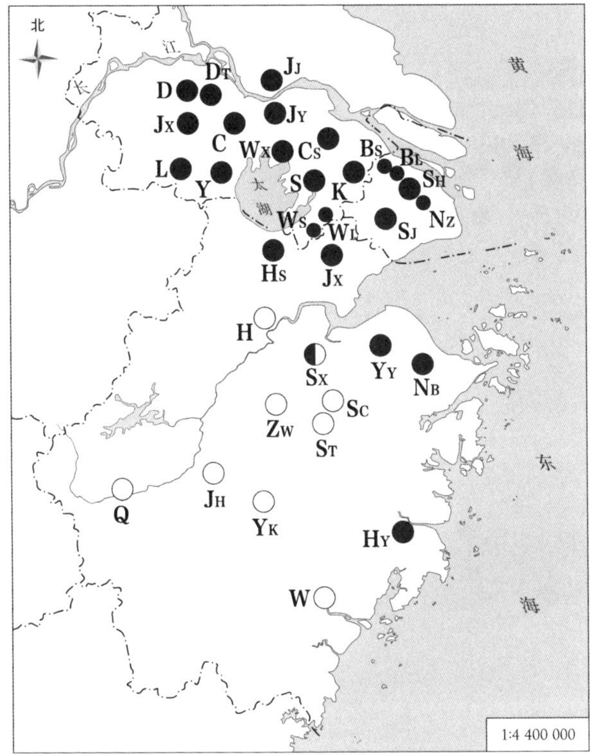

日子
图例：●日脚　○日子　◐日则

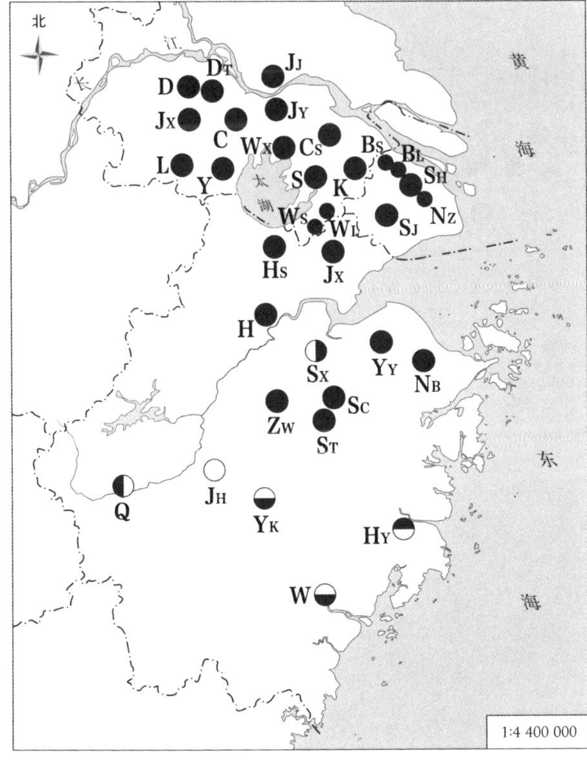

时间
图例：●辰光　◑辰光/时光　◐时间/时光
○时间　◓时候　◒时节

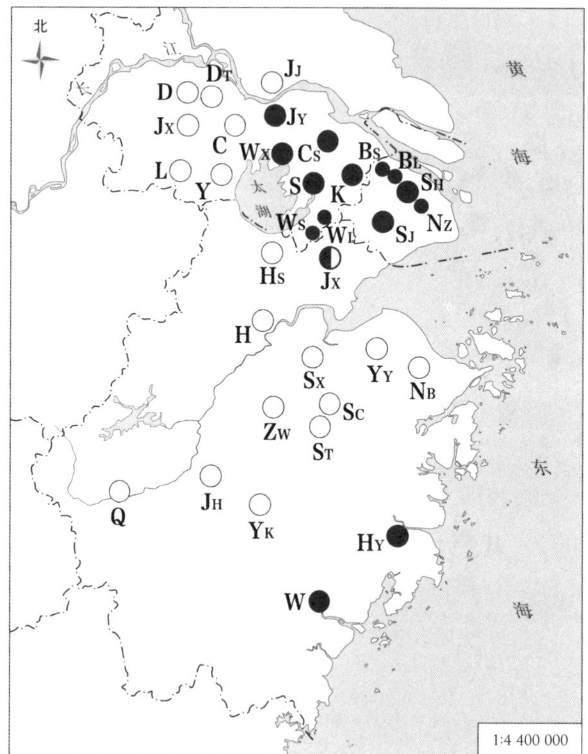

东西

图例:●物事 ○东西 ◐物事/东西

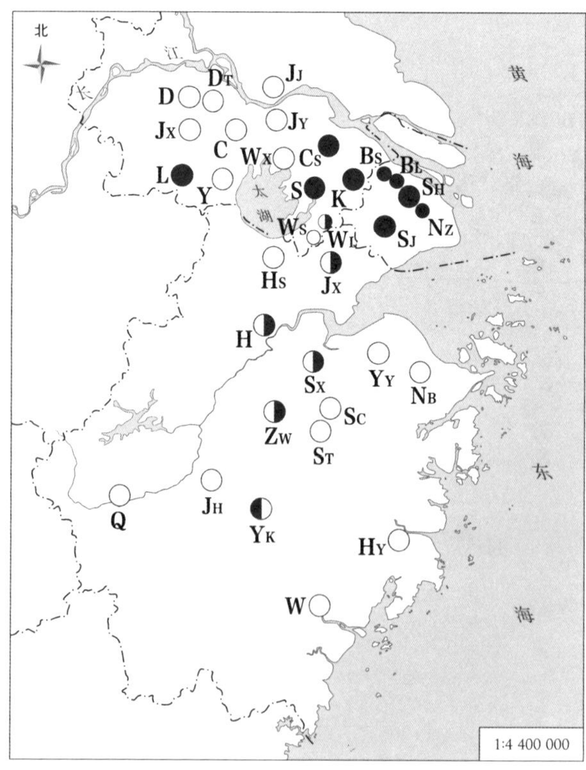

河

图例:●河浜/河 ○河 ◑河/河江 ◐溪

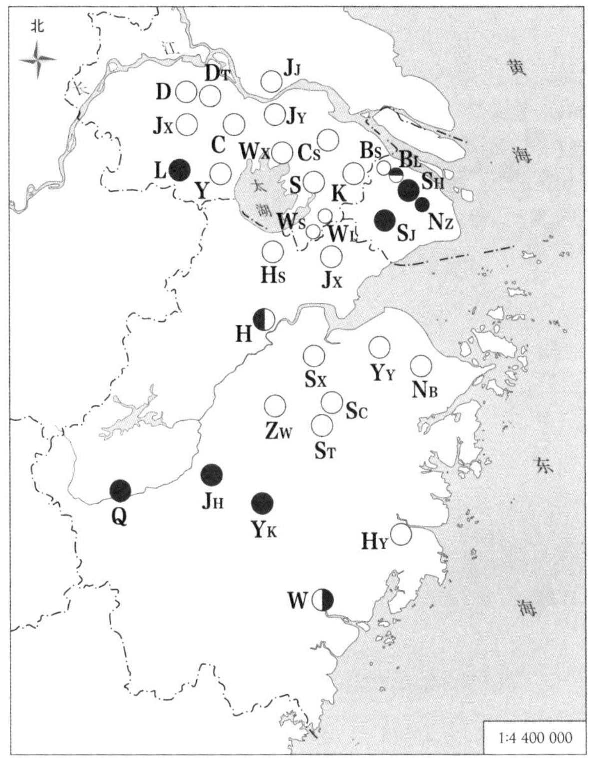

茄子

图例:●落苏 ○茄子 ◓茄子/落苏

◑茄儿 ◐茄子/其儿

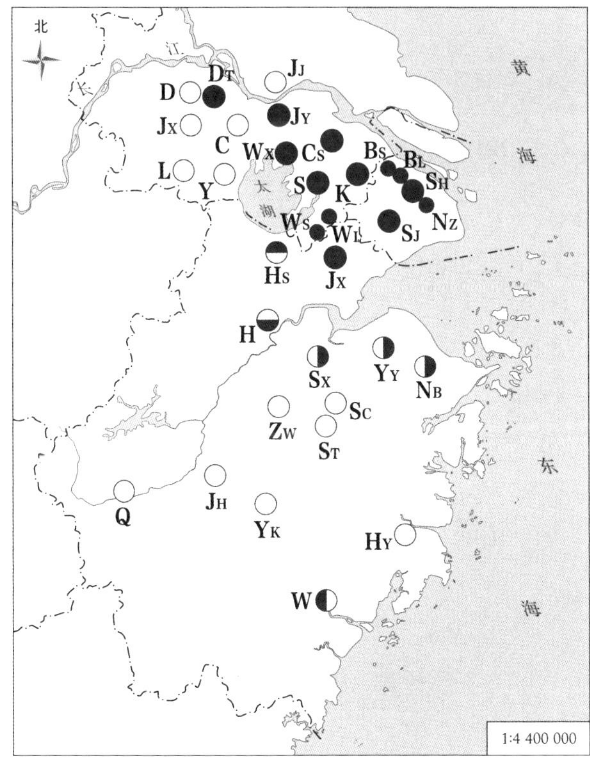

菜肴

图例:●小菜 ○菜 ◓菜水 ◒菜蔬

◑下饭 ◐配

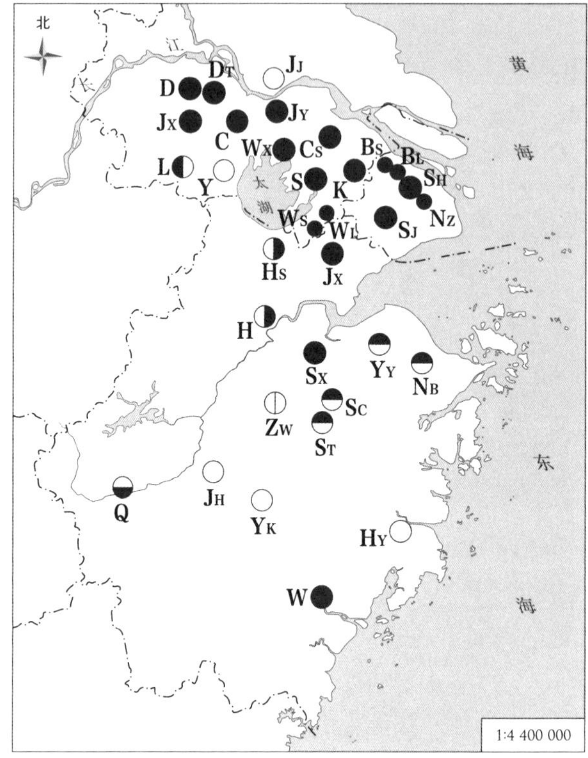

话

图例:●言话 ○话 ◐话/言话 ◑话语
◒说话/言话 ◓说话 ⦶谈头

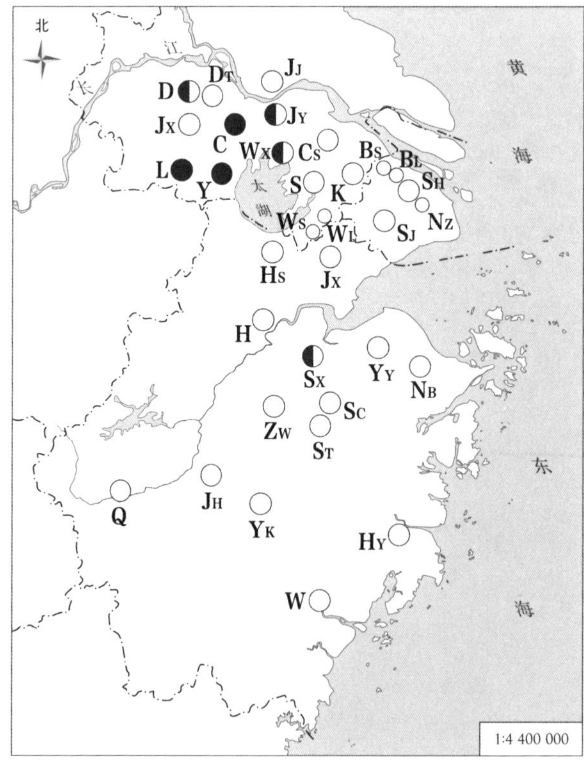

词缀“子”

图例:●则 ○子 ◐子/则

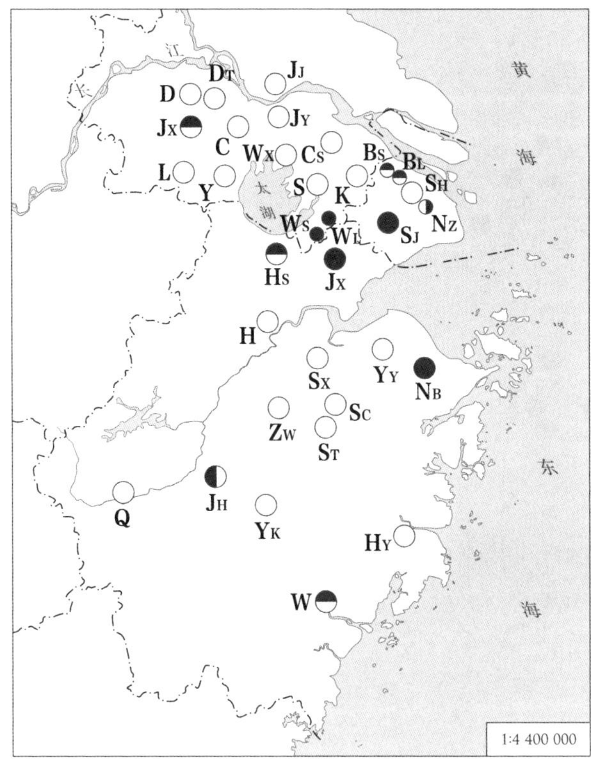

人称代词
第一人称单数
图例：我系 ○[ŋ～] ◑[ɦu]
◐[ɑ]
我奴系●[ŋ̍n～] ◒[ŋ̍]

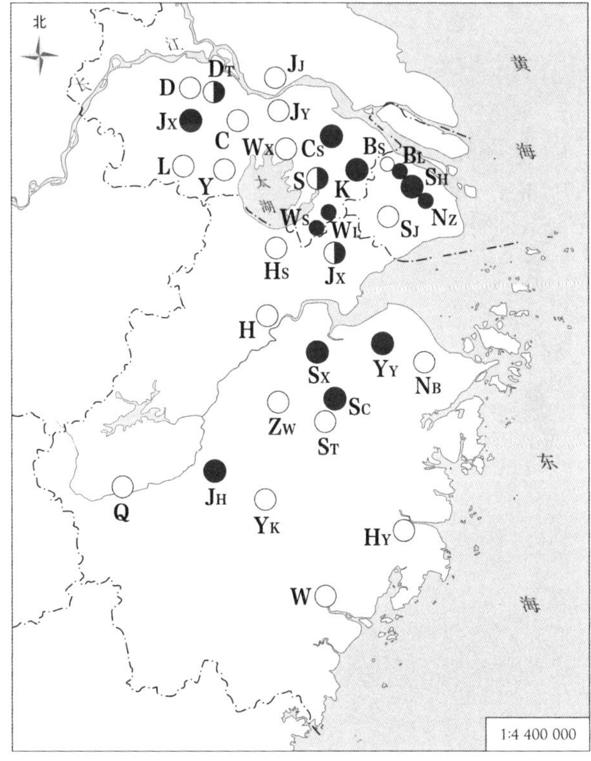

人称代词
第二人称单数
图例：●“侬”系 ○“你”系 ◑“倷”系

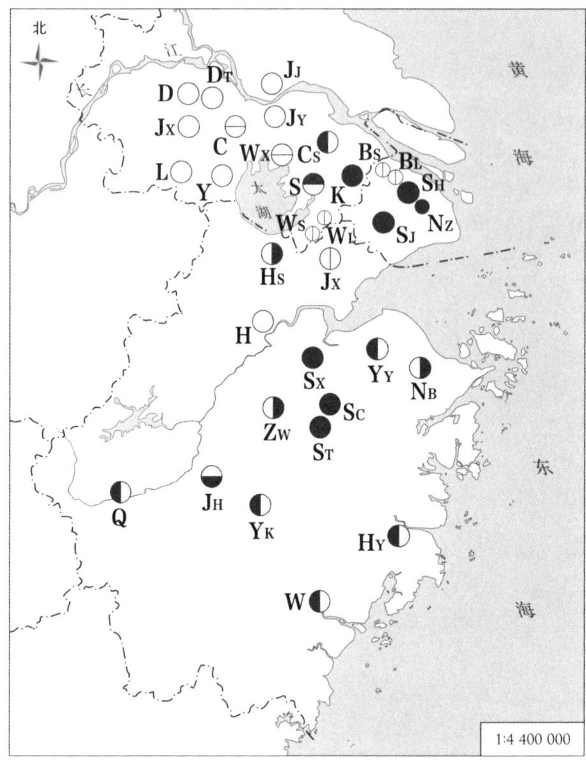

人称代词
第三人称单数
图例:"他"系:○[tʻ～] ⊖[d～]
"伊"系:●[ɦ(i)] ⦶[ʔi]
"其"系:◐[g～] ◑[dʑ～] ◒[k～]
俚:◓

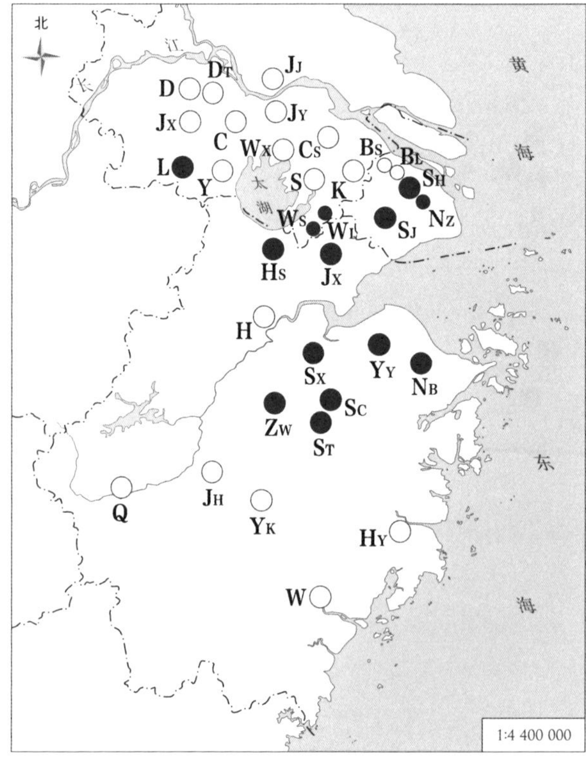

人称代词复数式
图例:●有韵母形态屈折
○都用词尾形式

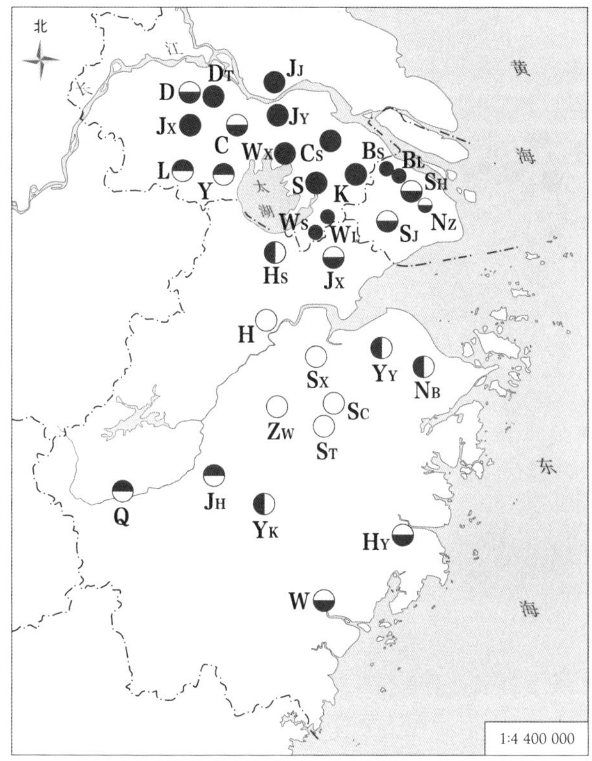

是非问句表示疑问的方式

你有书吗?

图例:●阿有　◓有勿　◒有哦　○有勿有

◐有勿/有哦

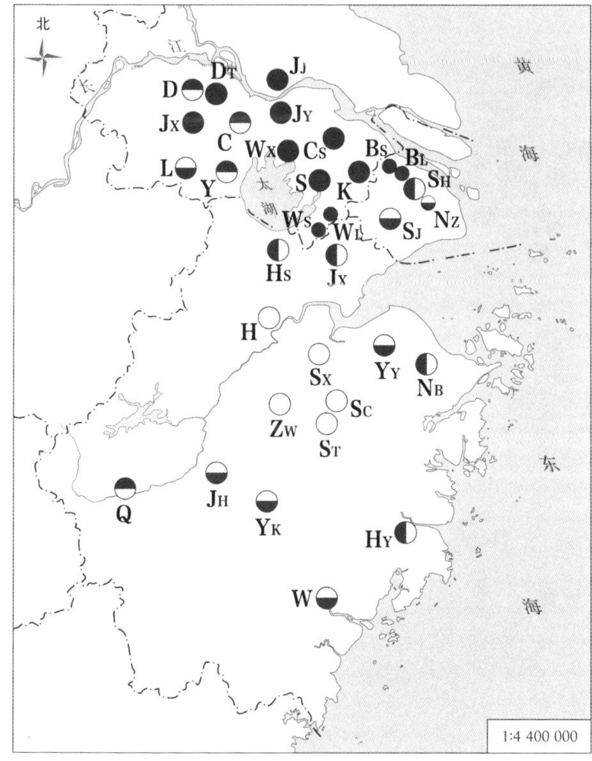

完成态是非问句表示疑问的方式

他来了吗?

图例:●阿曾来　◓来勿曾　◒来末　◐勒哦

○有勿有

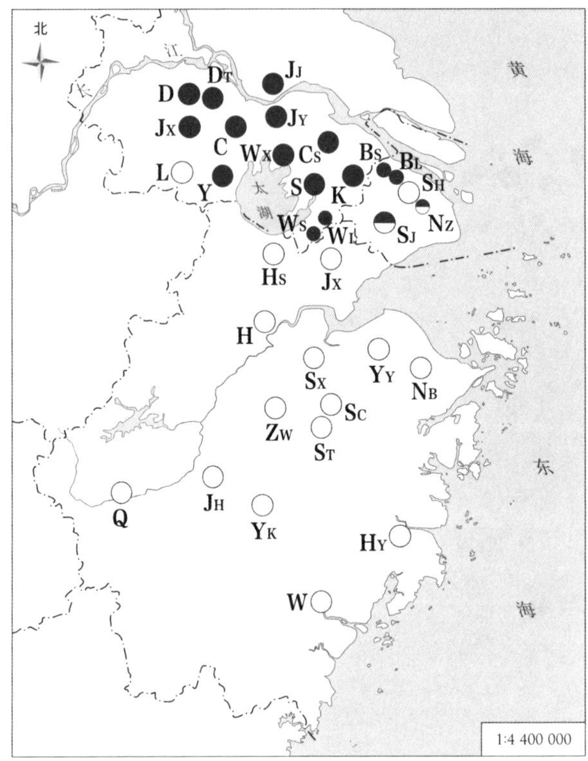

完成体否定句否定方式
他还没来
图例:●勿曾来 ○没有来/呒没来
◓勿曾来>没有来

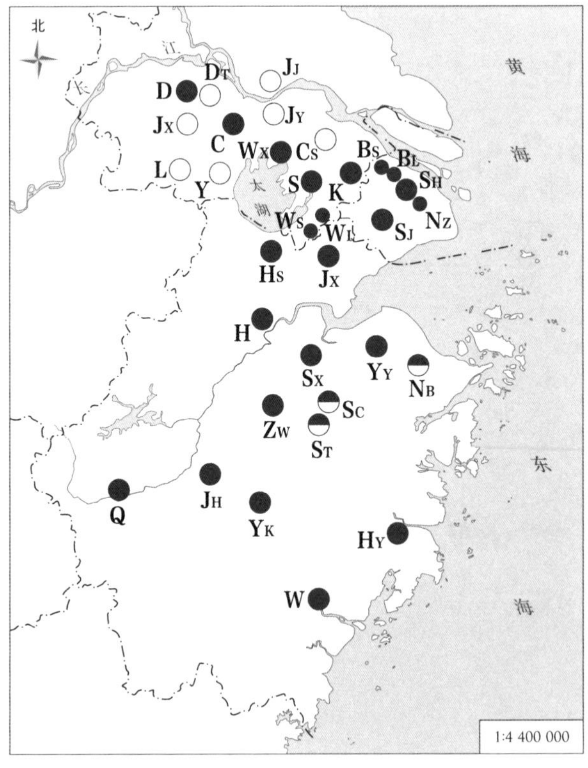

可能补语的位置
我打不过他
图例:●打他不过 ◓打不其过
○打不过他

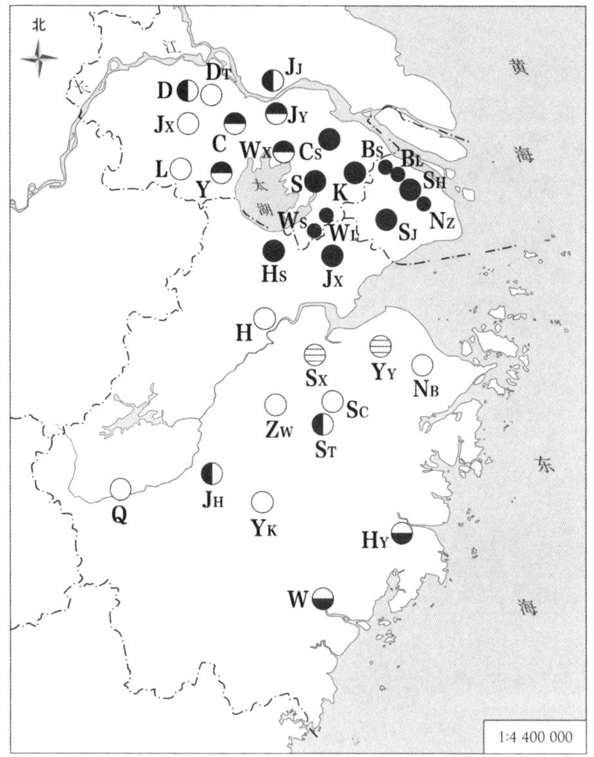

表示动作的结果体

桌子坏了

图例：●坏脱　◓坏落/坏佬　○坏掉/坏道　⊜坏凡　◒坏号　◐坏了

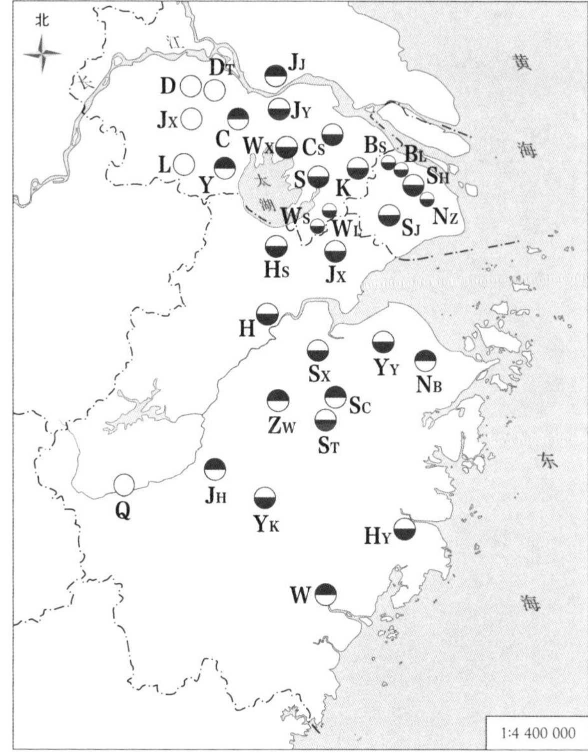

动作的存续体

许多人站在那儿　例如宁波话：交关多人kɪʔ面立盖/立的(盖ke：远；的tɪʔ：近)

图例：◓有近、远指　◒不分近、远指　○没有存续体

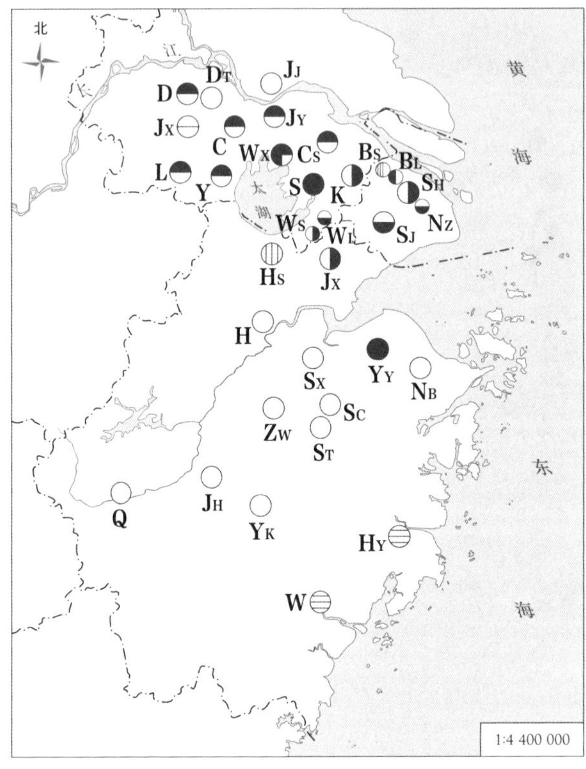

动作的完成体

仔

图例：●读tsɿ　◒读zɿ　◓读tsəʔ

○不用“仔”，读“勒”ləʔ　⊜读ɦɔ

◐tsɿ>勒　◑zɿ>勒　◕tsəʔ>勒

dəʔ>勒　⦶读dəʔ　⊖读kɑʔ

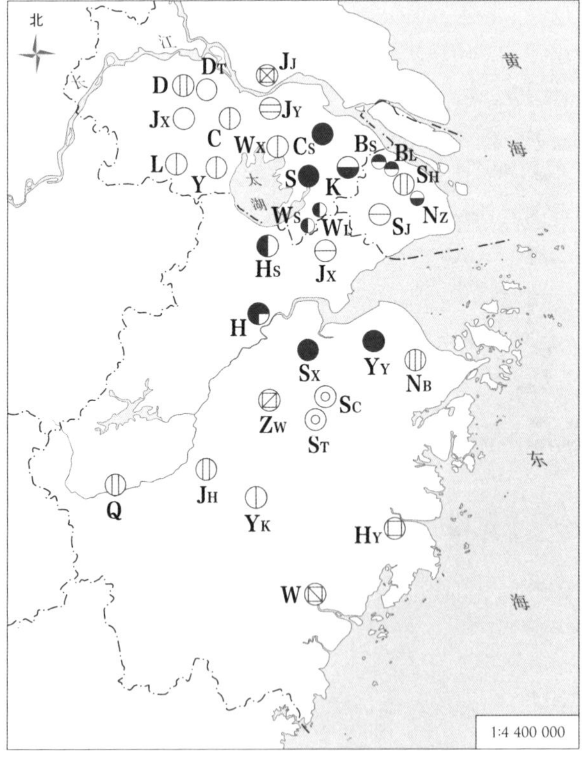

时助词“了”

图例：哉系：●哉[tsᴇ]　◓则[tsəʔ]

◒什[zəʔ]　◐台[dᴇ]

了系：⦶列[lɪʔ]　勒[ləʔ]/㖩[lᴇ]

[lᴇʔ]　⊖鞋哩[ɦali]/哩[li]/

鞋哉[ɦatsᴇ]/哉[tsɛ]

⊜则[tsəʔ]/联[lɪ]

◕特[dɐʔ]/特雷[tɐʔ/lɛ]

◎怪[kua]　号[ɦɔ]

⧄爻[ba]　⊠勾[kᶱʏ]

鞋[ɦa]

本书参考文献

鲍明炜主编　1998　《江苏省志·方言志》，江苏省地方志编纂委员会，南京大学出版社。

曹春江　1844　《绣像合欢图》，四叒轩梓，日本京都大学文学部藏本。

曹雪芹　清　《红楼梦》，三十二回，人民文学出版社 2008 版。

道原　宋　《景德传灯录》，中华书局 2014 版。

冯梦龙　明　《山歌》，《明清民歌时调集》（上），上海古籍出版社 1987 版。

傅国通、方松熹、蔡勇飞、鲍士杰、傅佐之　1985　浙江吴语分区，浙江省语言学会《语言学年刊》（方言专刊）第 3 期。

傅国通、蔡勇飞、鲍士杰、方松熹、傅佐之、郑张尚芳　1986　吴语的分区（稿），《方言》第 1 期。

宫田一郎　1988　普通话和吴语的一些语法差异，香港，"吴语研究国际学术会议"论文。

韩邦庆　1892　《海上花列传》，人民文学出版社 1982 版。

红心词客　清　《报恩缘》，古香林藏版。

黄子贞　清　《双珠球》，黑龙江人民出版社 1988 版。

金宇澄　2014　《繁花》，上海文艺出版社。

静、筠禅僧　南唐　《祖堂集》，中州古籍出版社 2001 版。

兰陵笑笑生　明　《全本金瓶梅词话》，香港太平书局 1982 第 1 版。

李宝嘉　1903—1906　《官场现形记》，人民文学出版社 1957 版。

李伯元　1899—1903　《海天鸿雪记》，世界繁华报馆出版，1904；江西人民出版社 1989 重版。

凌濛初　1628　《初刻拍案惊奇》，上海古籍出版社 1986 影印版。

刘义庆　南朝　《世说新语·言语》，上海古籍出版社 2013 版。

吕叔湘　1941　释《景德传灯录》中"在"、"著"助词，《汉语语法论文集》（增订本），商务印书馆，1984。

1985　《近代汉语指代词》，江蓝生补，学林出版社。

柳亚子主编　1935　《上海市通志》，风土甲方言编（稿）。

梦话馆主江阴香　1908—1910　《九尾狐》，《近代小说大系》，百花洲文艺出版社 1991 版。

末延保雄　1983　放送番組にみる上海方言，《神户外大论丛》第 34 卷第 3 号。

潘悟云　2000　《汉语历史音韵学》，上海教育出版社。

钱乃荣　1985　上海市郊音变的词扩散，U. S. A.：*Journal of Chinese Linguistics*，Volume 13，Number.2，189—214.

2003　《上海语言发展史》，上海人民出版社。

2008 宁波方言的时态,《吴语研究—第四届国际吴方言学术研讨会论文集》,上海教育出版社。
2014 《西方传教士上海方言著作研究》,上海大学出版社。
情颠主人 明 《绣榻野史》,揖可磨恸集辑,日本名古屋鬼磨子书房影印本。
沈起凤 清 《才人福》,古香林藏版,日本京都大学文学部藏本。
沈锺伟、王士元 1995 吴语浊塞音的研究——统计上的分析和理论上的考虑,徐云扬主编《吴语研究》,香港中文大学新亚书院。
施耐庵 明 《水浒传》,人民文学出版社 1997 版。
石汝杰、宫田一郎 2005 《明清吴语词典》,上海辞书出版社。
漱六山房 1906—1911 《九尾龟》,荆楚书社 1989 版。
天赘生 1911 《商界现形记》,上海古籍出版社 1991 版。
玩花主人 清 《缀白裘》,钱德苍编选,中华书局 1955 版。
汪平 1984 苏州方言的"仔、哉、勒",《语言研究》第 2 期。
王洪钟 2011 《海门方言研究》,中华书局。
王士元 1982 语言变化的词汇透视,《语言研究》第 2 期。
翁寿元 1984 无锡方言本字考,《方言》第 3 期。
1989 无锡方言本字续考,《方言》第 1 期。
吴启太、郑永邦 1900 《官话指南》,上海美华书馆重印,初版 1881。
吴信天 1801 《三笑》,岳麓书社 1987 版。
徐烈炯、刘丹青 1998 《话题的结构与功能》,上海教育出版社。
杨振雄 1983 《西厢记》演出本,上海文艺出版社。
姚荫梅 1955 《方珍珠》演出本,上海油印改编本。
佚名 明 《肉蒲团》,揖可磨恸集辑,日本名古屋鬼磨子书房影印本。
佚名 1847 《珍珠塔》,中州古籍出版社,1987 版。
佚名 1863 《文武香球》,二酉室藏版,日本京都大学文学部藏本。
佚名 1899 《圣经史记・苏州土白》,上海美华书馆重印。
佚名 1908 《土话指南》,上海土山湾慈母堂,初版 1889。
影山巍 1935 《详注现代上海语》,东京,文求堂印行。
游汝杰 1995 吴语里的人称代词,《吴语和闽语的比较研究》,上海教育出版社。
游戏主人 清 《笑林广记》,光明日报出版社 1993 版。
御幡雅文 1924 《沪语便商,一曰上海语》,增补订正本,日本堂书店,初版 1908。
张惠英 2009 《崇明方言研究》,中国社会科学出版社。
张琨 1985 论吴语方言,台北"中央研究院"史语所集刊五十六本二分。
张南庄 清 《何典》,上海北新书局 1926 版,工商出版社 1981 重版。
赵世开、沈家煊 1984 汉语"了"字跟英语相适应的说法,《语言研究》第 1 期。
赵元任 1926 北京、苏州、常州语助词的研究,《清华学报》第 3 卷第 2 期。
1928 《现代吴语的研究》,清华学校研究院丛书第四种,科学出版社 1956 重版。
郑张尚芳 2003 《上古音系》,上海教育出版社。
朱加荣 1985 金华话儿尾音变考(稿)。

朱贞森、曹伟锋、钱乃荣 2017 上海奉贤区庄行镇方言的时态及其语法化过程,《语言研究》第1期。

竹亭居士 1876 《描金凤》,中州古籍出版社1989版。

Albert Bourgeois(蒲君南) 1939 *Leçons Sur le Dialecte de Chang-hai*, Cour Moyen. Imprimerie de T'ou-sè-wè.

1941 *Grammaire du Dialecte de Changhai*. Imprimerie de T'ou-sè-wè.

Anonymity 1883 *Leçons ou Exercices de Langue Chinoise*, *Dialecte de Song-Kiang*. Zi-Ka-Wei, Imprimerie de La Mission Catholique, a L'orphelinat de Tou-Sè-Vè.

D.H. Davis 1910 *Shanghai Dialect Exercises*, in Romanized and Character with key to Pronunciation and English Index. Shanghai: The Shanghai Municipal Council, T'usewei Press.

F.L. Hawks Pott(卜舫济) 1913 *Lessons in the Shanghai Dialect*. Shanghai: Printed at the American Presbyterian Mission Press.

Gilbert McIntosh 1916 *Useful phrases in the Shanghai Dialect*. Shanghai: American Presbyterian Mission Press. Imprimerie de T'ou-sè-we.

John Macgowan(麦高温) 1862 *A Collection of Phrases in the Shanghai Dialect*. Shanghai: Presbyterian Mission Press.

Joseph Edkins(艾约瑟) 1868 *A Grammar of Colloquial Chinese*, *as Exhibited in the Shanghai Dialect*. Shanghai: Presbyterian Mission Press.

Li, Charles N., Sandra A. Thompson & R.M. Thompson 1982 The discourse motivation for the perfect Aspect: The Mandarin Chinese Particle LE. *Tense and Aspect*: *Between Semantics and Pragmatics*, edited by Paul J. Hopper, 19—44. Amsterdam: John Benjamins Publishing Company.

Pan Wuyun 1991 An Introduction to the Wu Dialects. U.S.A.: Languages and Dialect of China, *Journal of Chinese Linguistics*. Monograph Series Number 3, 235—291.

Qian Nairong 1991 The Changes in the Shanghai Dialect. U.S.A.: Languages and Dialect of China, *Journal of Chinese Linguistics*. Monograph Series Number 3, 375—425.

Wang William S- Y 1969 Competing Changes as a Cause of Residue. *Language* 45, 9—25.

附　录

一、调查录音顺序表

《当代吴语研究》(第二版)中各地方言语音、词汇、语法录音的说明

本书附存1984—1985年在各地方言中的录音资料;制成DVD片两张。所录的语音、词汇、语法等均为当年被调查者的随场录音(即当年新派为十六七岁者,现今已是五十六七岁。当年中派为四十多岁,现今已是八十多岁;当年老派为六十岁以上。各地的语音都录了老、中、新三派人的音)。当时是用日本TDK 60分钟一盘的磁带录音的。当年袖珍录音机刚在中国出现不久,品质不稳定,不少地方录音条件较差,直接面对录音机读音,因此录音质量不十分令人满意。

当年一共录了120多小时的录音资料,这次出版第二版时,将原录音翻录为MP3格式,并作了切断、拼接和去除各种杂音的工作,几乎是进行了精心的重新制作。

下面的附件,是当年调查发音时所依据的表格,共七个部分。

当年调查时,坚持对各名调查对象在宽松的条件下,先对调查内容详作询问,然后将读音记录下来,再由发音人之一进行录音。录音过程中尽量把他的自然发音录入,保持语音声韵调和连读变调原貌,原则上尽量不作提示,因此发音人有将个别字音读错或漏读的情况,尤其存在分不清文、白读的现象。在此谨作说明。

听常用词录音中须注意的问题:

由于在田野调查前带去的"吴语常用词调查表"在装订时页面排列存在错误,录音时却顺着表读(当年未考虑到这次再版时会公布录音资料),故在各个地点常用词录音的排列程序上,有些地点存在以下的问题:

1. 将从"凉鞋"到"尿布"这10个词排录在"开水、凉水、温水、冰棍儿"的后面读了,后面接上"纸烟、零食"词条读下去。

2. 将形容词中从"丢脸、恨、硬气"到"偷偷儿的、造孽"这段48个词,放到动词"拉倒、灭灯"后面读了。应接在"困难、妥帖"后面,再接"代词"部分读下去。

此外,由于本书第一版出版时在篇幅上有些限制,在公布的吴语词汇调查结果中删除了少数词条。这些被删去的词条读音仍保持在各地的录音中,特加说明。

声母、韵母、声调调查表

1. 声母调查表(字下加"—"者,调查白读音,字下加"="者,调查文读音)

p 巴 兵 怕 旁 旁 伴 门 问 夫 副 方 费 附
坟 无 武 问 尾

t 多 丁 梯 同 同 动 奶 落

k 公 居 铅 劝 狂 狂 共 求 求 件 熬 五 牛
遇 年 女 让 儿 耳

h 好 虎 灰 希 虚 孩 吴 危 胡 回 王 嫌 穴
沿 云 乌 汪 爱 烟 怨

ts 张 周 猪 专 扎 责 再 酒 最 超 昌 宠 吹
撑 初 寸 千 取 少 书 山 三 相 宣 陈 直
乘 绳 食 成 上 仍 忍 传 传 船 顺 垂 树
如 乳 茶 宅 查 助 事 残 字 遂 墙 匠 详
(或 滑 吴 黄 魂 文)

2. 韵母调查表(字下加"—"者,调查白读音,字下加"="者,调查文读音)

m ng y o 呒 亩 五 鱼 试 兹 舍 舍 瓦 巴 沙 哑

a 家 拉 街 鞋 败 豺 泰 败 豺 泰

ai 该 海 胎 菜

ei 悲 梅 类 推 岁 最

au 操 包 铙 抄 交

ou 否 邹 头 走 欧 口

an 反 难 三 斩 晏 间

on 半 暖 酸 看 安 南 蚕 敢 庵

en 本 能 根 肯 恨 恒 吞 嫩 寸 伦 森 更 争
孟 朋

ang 刚 方 邦 江 双 爽 尝

àng 哽 杏 争 孟 朋

ong 轰 公 宋 冯 龙 从 弓 共 耳

u 夫 无 布 暮 乌 虎 姑 都 苏

ù 婆 摩 祸 阿 火 过 呵 个 多 左 初 数 大

uo 瓦 瓜 挂 花 画 话

ua 怪 怀 怪 坏

uei 块 会 鬼 为 鬼 喂

uan 惯 还

uon 官 欢

uen 困 昏 横

uang 光 荒 狂 王

uáng 横
i 鄙 未 低 例 记 希 耳 二 西 去
io 靴
ia 下 家 也 谢
iai 也 谢 戒 谐
iau 交 孝 表 桥 绕 绕 超
iou 九 就 谬 刘 柔 周
ien 变 点 千 兼 现 间 陷 验 念 染 染 扇
in 命 品 丁 寻 金 兴 倾 营 行 认 忍 陈 仍
程
iàng 讲 旺
iang 两 香 相 让 让 长 尝
iong 迥 兄 穷 熊 绒 戎 中 重
iu 滤 虑 徐 虑 徐 须 居 雨 朱 如 蕊 吹
iuei 水 蕊 吹 水
iuon 捐 玄 软 软 川 全
iuin 君 巡 闰 润 春
oq 沃 绿 俗 陆 缩 伏 谷 酷 目 仆 木 博 剥
落 各 作 觉 学 朔
aq 尺 石 麦 白 格 策 八 法 袜 瞎 匣 掐 甲
札 萨 达 搭 答 杂
eq 纳 泼 脱 撮 渴 曷 蛤 磕 合 不 佛 得 则
刻 黑 突 猝 卒 厄 额 策 白 色 涩 瑟 麦
墨 北
uoq 郭 扩 霍
uaq 划 刮 滑 括 豁
ueq 阔 活 骨 忽 惑 或 国 获
ioq 菊 局 蓄 欲 肉 肉 竹 属 桌 镯 轴 觉 学
iaq 略 脚 削 若 弱 着 芍 烁 夹 甲 狭 压
iq 捏 协 撇 别 跌 贴 节 接 捷 结 杰 叶 业
噎 歇 劫 热 热 舌 摺 劣 剧 必 逼 立 笛
力 习 七 昔 即 吸 一 极 吃 益 日 日 十
失 直 尺 石 曰 越 血 决 缺 屈 郁 拙 说
出 述 入 刷 绝 雪
(唔(你) 嗯 雁 楼 梅 昌 窗 魂 荒 浴 掏 呱
级 极 节 笔 壁 镬 获 割 夺 迭 蝶 贴 匹
觅 滴 籍 泣 鸽)

3. 声调调查表

阴平

江 天 飞 高 心 书 风 刀 身 多 山 开 偷 青
空 孤

阳平

来 同 前 忙 人 头 桥 鱼 楼 名 洋 红 全 云
门 皮

阴上

懂 纸 好 九 写 海 土 古 酒 打 水 宝 伞 小
紫 手

阳上

买 有 痒 懒 我 马 老 远 是 道 笨 跪 静 竖
稻 厚

阴去

对 去 到 叫 快 块 货 看 做 半 要 处 笑 破
四 欠

阳去

右 样 事 卖 梦 大 外 洞 庙 用 骂 地 画 夜
树 路

阴入

不 各 黑 脱 说 竹 铁 出 色 菊 一 作 雪 得
哭 百

阳入

欲 白 六 读 石 极 物 绿 日 笛 肉 学 月 独
直 滑

阳平上去

仇 受 寿| 朝 赵 召| 球 舅 旧| 符 父 附|
羊 养 样| 摇 舀 耀| 苗 秒 庙| 犁 礼 丽|

阴平上去

刀 岛 到| 端 短 锻| 夫 府 付| 朱 主 注|
淹 掩 厌| 英 影 映|

上声

懂 好|土 草|也 永|有 老|是 稻

去声

对 叫|去 太|样 换|事 大|梦 外

入声

不 各|脱 出|六 学|白 石

平声

刚 知 边 安 丁| 开 超 初 天 厅|

陈 穷 唐 云 人 亭

上声

古 走 短 比 胆| 口 楚 体 草 毯|

近 是 淡 老 染 淡

去声

盖 醉 对 爱 冻| 臭 菜 怕 退 痛|

共 大 树 饭 帽 洞

入声

各 竹 百 说 百| 尺 切 铁 曲 拍|

局 读 白 岳 六 白

4. 喻母等阴阳上问题

椅 倚 窈 掩 隐 饮 影 委 碗;

雅 眼 五 午 瓦;

晚 挽; 缓;

矣 有 友 伟 往 雨 羽 禹 宇 远 永;

以 已 也 野 舀 酉 演 引 养 痒 与 允 勇

5. 次浊字的声母声调

明: 妈 每 美 母 闽 悯 敏 抿 闷 焖 鸣 皿

微: 晚 挽

泥: 哪 那 努 你 扭 黏 拈 碾 撚

来: 鲁 捞 唠 溜 拉 吝 拎

疑: 偶 研

云: 宇 羽 友 援 往 永 泳 咏

以: 耶 夜 以 悠 犹 演 允 勇 甬 涌

(匣: 缓 皖 幻)

又: 马 老 原 免 埋

我 儿 耳 弄 拿 蛮 妙 柳

6. 浊音声母词

A. 皮 盘 头 动 共 轧 字 造 潮 成 墙 群

B. 鞋 移 坏 余 美 梅 鸟 绕 拎 领 啊 衣 娃 迂

C. 皮鞋 盘子 头脑 动作 共同 轧刀 造反 潮水 成功 墙壁
群众 移动 坏蛋 余波 美丽 梅花 鸟兽 绕圈 拎水 领袖
阿姨 衣裳 娃娃 迂腐

D. 花瓶 兄弟 天地 单独 长城 行动 黄豆 邮局 酒瓶 改造
草地 饮食 肚皮 静坐 部队 李白

E. 铁盘 石头 公共 乱轧 寒潮 构成 城墙 人群

F. 转移 转椅 布鞋 走啊 打坏 布鞋 多余 性迂 完美 蜡梅
小鸟 围绕 瞎灵 带领

7. 连读变调调查表

本调查表包括两字组连读变调和三字组连读变调两部分。阴平、阳平、阴上、阳上、阴去、阳去、阴入、阳入八个调类分别以“1、2、3、4、5、6、7、8”作代号。

(1) 两字组连读变调调查表

前字阴平

1+1

医生 飞机 新书 松香 风车 阴天 开通 天窗 声音 香烟
乌龟 温州 高低 高山 秋收 东风 花生 新鲜 西瓜 心思
灰沙 今朝 家生 交关 |开窗 浇花 通风 听书 搬家 开车
穿绷 伤心

1+2

高楼 今年 中农 阿姨 天堂 灯台 天桥 汤团 昆明 操劳
清茶 初唐 烟筒 安排 椒盐 猪毛 丝绵 光荣 新闻 砂糖
花瓶 猪皮 新娘 灰尘 高粱 风琴 |帮忙 开门 低头 花钱
关门

1+3

资本 担保 加减 腰鼓 开水 工厂 辛苦 甘草 高考 铅板
科长 粗碗 凄惨 青草 安稳 三九 猪肚 相打 松鼠 东海
歪嘴 糕饼 风水 跟斗 |浇水 抓紧 光火 心疼

1+4

沙眼 经理 粳米 风雨 兄弟 师范 都市 香蕈 清冷 亲眼
空桶 亲近 轻重 天象 阴影 安静 干旱 身后 三两 端午
干冷 修养 夫妇 猪圈 虾米 花呢

1+5

书记 精细 相信 花布 干脆 菠菜 单裤 功课 天性 牵记
青菜 车票 仓库 空气 锅盖 山货 荤菜 公债 方凳 单杆
|通气 开店 霜降

1+6

关外 刀刃 花样 希望 公事 方便 山洞 豇豆 开映 拼命
车站 天地| 官话 身份 尖锐 鸡蛋 耕地 空地 衣柜 军队
新旧 真话 公路 招待 师范 医院 兄弟 销路 |烧饭 生病
开会

1+7

资格 灰色 猪血 钢铁 歌曲 生铁 青竹 空屋 亲切 清漆
三角 中国 筋骨 方法 三百 清洁 稀粥 钢笔 心得 书桌
公式 春雪 鸡血 巴结 |添粥 批搨 推却

1+8

金额 猪肉 蜂蜜 京剧 单独 乌贼 亲热 三六 清浊 秋熟
中学 兵役 杉木 三月 商业 沙漠 阴历 三十 惊蛰 针穴

冬学 中学 生活 科学 |消毒 烘热

前字阳平

2+1

梅花 莲心 雄鸡 吴刚 年轻 农村 长衫 晴天 田鸡 床单

城区 曹操 棉衣 调羹 同乡 良心 泉州 平安 茶杯 明朝

红花 辰光 南风 龙虾 存心 |磨刀 聊天

2+2

农忙 羊毛 门帘 人民 羊皮 零钱 银行 人头 黄莲 前门

房梁 河流 茶壶 皮球 厨房 长城| 平台 祠堂 华侨 团圆

和平 鱼池 硫磺 |留神 还潮

2+3

门板 锣鼓 门口 油氽 黄狗 长城 存款 全体 红枣 人影

鞋底 茶碗 团长 棉袄 牛肚 桃子 团体 牙齿 洪水 头颈

长短 麻饼 铜板 |寻死 [石长]紧

2+4

牛奶 牛马 来往 杨柳 棉被 年限 零件 凉拌 红马 传染

田野 长远 行动 模范 期限 文件 原理 遥远 形象 皇后

虫卵 圆眼 朋友 羊奶 |骑马 淘米 防旱

2+5

蓝布 元帅 粮店 能干 棉裤 名片 肥瘦 咸菜 瓷器 芹菜

群众 同志 文化 脾气 棉布 禽兽 长凳 奇怪 鱼翅 流放

迟到 蒲扇 迷信 |还账 缠错

2+6

容貌 云雾 荣誉 门面 年画 窑洞 农具 原地 长命 河岸

坟墓 承认 蚕豆 长寿 绸缎 强盗 神话 同事 程度 场面

黄豆 胡闹 田地 文字 |流汗 无效 迷路

2+7

颜色 牛骨 毛笔 南屋 麻雀 油漆 人客 洋漆 潮湿 胡说

绳索 红色 皮夹 圆桌 茅竹 湖北 时刻 头发 完结 成绩

头虱 条约 糖粥 皮色 |流血 留客

2+8

麻木 忙月 阳历 连络 邮局 零食 牛犊 留学 咸肉 荷叶

同业 黄腊 重迭 同学 仇敌 成熟 名额 前日 人物 明白

牛肉 红木 盆浴 成药 铜勺 寒热 红叶 桃榾 |寻着

前字阴上：

3+1

酒缸 广州 点心 小兵 火车 表亲 草鸡 起身 普通 跳开

水烟 草庵 酒糟 好心 祖宗 酒盅 手巾 总归 表哥 好[忄休]

蟢蛛 手心 港汊 讲师 长官 |起风

3+2

好人 果园 火炉 党员 口粮 可怜 水壶 酒瓶 嘴唇 顶棚
厂房 草头 府绸 广场 保持 海员 本能 火柴 粉红 感情
牯牛 死人 本来 九年 |倒霉 打拳 打雷 打柴

3+3

稿纸 底板 本省 小姐 检讨 小巧 厂长 处暑 草纸 口齿
楷体 起草 好歹 火腿 小碗 胆小 省长 嫂嫂 检举 保险
水彩 滚水 水果 洒水 |打垮 洗澡 打水

3+4

小米 讲演 表演 海马 处理 可以 小辫 好像 小道 改造
腿部 款项 水旱 想象 板眼 等待 走道 小雨 野蕈 |洗脸
洗米

3+5

讲究 板凳 打算 广告 小气 好看 酒菜 影片 考试 讨厌
钞票 口臭| 好货 拐棍 小燕 小菜 枕套 扁担 宝贝 典当
打扮 海派 爽气 |洗菜 炒菜 写信 喘气

3+6

小路 酒酿 姊妹 阻碍 巧妙 草帽 吵闹 体面 子弹 本地
小巷 扁豆 草地 请示 本事 考虑 丑陋 苦命 指示 孔庙
滚蛋 妒忌 |煮饭 打烊 掌柜

3+7

本色 水竹 粉笔 改革 准确 宝塔 口角 小吃 板刷 孔雀
口渴 指甲 粉刷 本国 酒曲 蝙蝠 广阔 首饰 水笔 表叔
小雪 纺织 晓得 |请客 打铁

3+8

小麦 火热 枕木 狗肉 体育 草绿 水闸 饮食 主席 小学
普及 坦白 海贼 美术 动物 酒席 小碟 手续 主食 板栗
火着 |解毒 打猎

字阳上：

4+1

雨衣 武装 尾巴 奶糕 马车 眼科 杏花 被窝 旱灾 士兵
坐车 上天 米缸 老师 美洲 老花 |养鸡 有心 在家

4+2

野蛮 语言 老人 鲤鱼 旅行 领头 眼神 瓦盆 后门 社员
象牙 杏仁 市场 肚皮 后期 象棋 户头 奶娘 老婆 晚年
演员 瓦房 以前 雨鞋 |上楼 坐船 养牛 有钱

4+3

雨伞 米粉 老酒 冷水 野草 雨溪 淡水 市长 厚纸 社长
淡彩 稻草 满碗 户口 藕粉 老虎 允许 老板 耳朵 雨水

五反 |动手 受苦 养狗

4+4

马尾 老远 网眼 远近 五倍 旅社 妇女 父母 道理 静坐
罪犯 舅父 偶像 两项 午后 被里 马桶 |买米 养马 动武
受罪 犯罪

4+5

眼镜 雨布 五岁 野菜 冷气 老态 善意 老货 晚辈 武器
动态 像片 纽扣 冷笑 |断气 拌菜 受气 买菜

4+6

眼泪 染料 马路 野外 野地 冷汗 满座 晚饭 被面 后路
弟妹 后院 篆字 部队 后代 社会 买办 近视 老命 里外
远路 忍耐 旱路 |有利 有效 像话 坐轿

4+7

眼色 满足 冷粥 五谷 女客 米贴 善恶 负责 幸福 道德
俭朴 市尺 美国 满屋 五百 两脚 马夹 五角 奶疖 卤鸭
好鸭 罪恶 |犯法 养鸭

4+8

冷热 满月 米粒 马肉 老实 五毒 礼物 李白 堕落 近日
被褥 静脉 厚薄 杏核 拒绝 断绝 老贼 美术 动物 懒学
五月 眼药 厚实 |有毒 上学 尽力

前字阴去

5+1

教师 将官 战争 细心 货车 粪坑 称钩 裤当 汽车 快车
四方 税收 信封 背心 酱瓜 素鸡 跳高 信心 振兴 放心
中风 订亲 看书 费心 印花

5+2

桂鱼 壮年 教员 菜园 透明 店堂 证明 戏台 借条 报酬
太平 套鞋 太阳 菜油 绢头 桂圆 算盘 汉朝 赛跑 化肥
应酬 |拜年 剃头 借钱 看齐 放平

5+3

信纸 快板 禁止 对比 正楷 正体 跳板 汽水 凑巧 痛苦
气体 报纸 半碗 处长 烫斗 要紧 懊悔 要好 醉蟹 对打
对好 中暑 到底 |放手 献宝 倒水 漱口

5+4

细雨 继母 四两 痛痒 套语 胜负 报社 创造 靠近 器件
对象 最近 四倍 |跳远 送礼 泻肚

5+5

细布 靠背 对过 志气 唱片 兴趣 快信 瞓觉 叹气 炭片
奋斗 世界 告诉 故意 爱戴 照相 |寄信 放假 看戏 过世

5+6

贩卖　性命　志愿　岔路　退路　炸弹　贵贱　替代　态度　看病
告示　见面　挂漏　半路　四位　四害　笑话　政治　故事　记念
|做饭　种树　泡饭　燉蛋

5+7

货色　印刷　战国　宪法　顾客　戏曲　庆祝　计策　透彻　退出
信壳　建筑　契约　四只　配角　菜粥　课桌　快速　做作　著作
建设　|爱国　送客　变法

5+8

秘密　四日　数额　酱肉　快乐　破裂　惯贼　汉族　性别　派别
快活　菜碟　算术　教育　货物　四十　泡沫　势力　炸药　半日
救药　化学　蚬肉　|放学　费力　退学

前字阳去：

6+1

外甥　用心　认真　面汤　让开　预先　电灯　树根　树枝　大葱
健康　饭厅　地方　上司　大修　内心　汗衫　夏天　自家　|卖瓜
忌烟

6+2

嫩芽　二年　骂人　面条　院墙　外行　坏人　树苗　效劳　栈房
共同　暂时　队旗　外婆　地球　病人　自然　旧年　饭前　问题
卖鱼　酿茶　害人

6+3

妄想　外省　院长　认可　代考　大小　字典　豆饼　胃口　洞口|
地板　字纸　队长　上等　大饼　校长　顺手　代表　县委　自己
大胆　袖口　县长　饭碗　|用水　卖酒　问好

6+4

疗养　庙宇　二两　孕妇　内弟　乱动　大雨　代理　号码　现在
附近　郑重　字眼　代理　大旱　现象　饭后　运动　大米　病重
卖米　用尽

6+5

浪费　内战　万岁　外套　外快　运气　饭店　豆酱　病假　地契
代替　上课|　夏布　弹片　旧凳　任性　大蒜　旧货　赠送　定价
夏至　饭票　电报　下放　|备课　剩菜　卖票　认账

6+6

命令　内外　外貌　锐利　外地　梦话　用具　外号　大路　寺院
贱卖　大雁　地洞　办事　另外　豆腐　昨夜　寿命　庙会　忘记
剩饭　败类　|办事　迈步　弄乱　让路　冒汗　办事　大树　大话

6+7

外屋　问答　面色　二尺　外出　大雪　字帖　豆角　路客　画册

吝啬 外国 二百 大约 料作 下作 露宿 办法 自杀 |炼铁
会客 就职

6+8

闰月 嫩叶 闹热 内侄 练习 艺术 树叶 暴力 大麦 饭盒
大学 事实 二十 旺月 大陆 面目 |办学 闹学

前字阴入

7+1

北方 作家 浙江 骨科 插销 铁丝 出操 血衣| 百花 接收
一千 雪花 八仙 作兴 黑心 北风 菊花 藿香 骨簪 豁边
夹生 |接生 结冰 说书 拆尿

7+2

黑云 鲫鱼 发明 竹篮 发扬 客人 竹床 竹头 足球 国旗
铁桥 发条| 锡台 职员 足球 八成 笔毛 黑桃 色盲 脚炉
屋檐 黑鱼 |出门 刷牙 剥皮

7+3

脚底 桌椅 级长 屋顶 作品 色彩 铁锁 铁板 豁嘴 曲本
出口 七尺| 黑枣 铁饼 阿姐 百果 粥碗 脚本 竹笋 喝水
|发紫 发榜 失火

7+4

瞎眼 谷米 国语 竹篓 七里 尺码 节俭 接近 接受 黑市
曲蟮| 给养 一件 一丈 |发冷 刮脸

7+5

百货 黑布 竹布 恶棍 粥菜 国庆 脚气 吉庆 客气 铁片
折扣 恶化 发胖 脚痛 黑线 宿货 结棍 博爱 索性 一贯
吓怕 得意 出嫁 |切菜 出气 吸气

7+6

革命 一样 国外 切面 铁路 铁面 失败 脚步 一定 出现
绰号 尺度 执事 失败 出路 鸽蛋 阿大 国画 |发病 说话
识字 出汗

7+7

法则 积蓄 北屋 逼迫 一切 龌龊 吃瘪 出色 赤脚 铁塔
曲尺 踢脱 发作 法国 八百 法则 脚色 隔壁 叔叔 瞎说
得法 |拆屋 出血 发黑 接客

7+8

笔墨 骨肉 恶劣 吃力 出纳 七日 恶毒 复杂 积极 缺乏
确实 克服| 接洽 节日 锡箔 法术 博物 七十 畜牧 发掘
竹席 七律 雪白 碧绿 |作孽 溻浴 出力 割麦

前字阳入

8+1

月光 肉丝 目标 热天 麦秋 六尺 实心 辣椒 石碑 滑车
伏天 踏青| 白虾 滑溜 蜜蜂 六斤 十三 别针 岳飞 学生
浴衣 铡刀 药渣 活虾 |读书 灭灯 默书

8+2

麦苗 木鱼 业余 灭亡 绿茶 木材 热情 目前 杂粮 熟人
别人 石榴 食堂 石头 白糖 毒蛇 月台 药丸 入门 六名
麦芒 玉兰 鼻梁 葡萄 伏苓 肋条 木棉 蜡梅 |牧羊 列名

8+3

热水 木板 袜底 肉碗 落草 肉体 石板 局长 渤海 白果
入口 拔草 日本 墨水 历史 烈火 辣水 药水 月饼 十九
烙饼 |铡草 折本 罚款 入股

8+4

木马 玉米 物理 落后 日后 木棒 白马 白米 侄女 杂技
活动 直道 白眼 白象 末尾 十两 俗语 十五 木偶 |入伍
落雨 落伍 入社 赎罪

8+5

物价 乐意 月半 肉店 木器 热菜 袜底 热气 籍贯 勃相
学费 实际 白菜 鼻涕 白布 药片 直径 贼货 辣酱 十四
绿化 蜡线 烙印 木炭 |落价 拾粪 择菜

8+6

木料 欲望 力量 绿豆 热饭 立柜 石磨 服务 局面 实话
杂件 学校| 独自 实现 白豆 薄命 麦饭 十位 俗话 白话
疾病 |植树 立定 立夏

8+7

蜡烛 腊八 墨汁 密切 六尺 邋遢 及格 合作 直接 白铁
立刻 十七 合格 物质 白鸽 六畜 列国 肋骨 绿色 鹿角
十八 蹩脚 白虱 实足 |立约

8+8

绿叶 热烈 腊肉 日蚀 墨盒 掠夺 毒药 独立 绝密 集合
直达 学习| 白药 烈属 学术 植物 六十 月蚀 疟疾 熟食
活络 寂寞 剧烈 特别 |入学 入伏

(2) 三字组连读变调调查表

第一字 阴平

111 飞机师 金盏花 收音机 冲锋枪 周先生
112 灯心线 梳妆台 钢丝床 天安门 香椿头
113 天花板 真空管 金交椅 千跟斗 香酥饼

114	秧歌舞	师兄弟	天仙女	花生米	偷针眼	
115	西装裤	包心菜	交通线	金刚钻		
116	温州话	江心寺	先锋队	香椿树	翻花样	
117	中秋节	工资册	婚姻法	西山脚	包收作	
118	香烟盒	轻工业	花岗石	新生活	芭蕉叶	
121	金银花	三轮车	工程师	敲门砖	虚荣心	
122	三层楼	天文台	宣传员	天鹅绒	金洋钱	
123	新闻纸	光荣榜	仙人掌	参谋长	西洋景	
124	星期五	宣传部	丝绵被	西红柿	新朋友	
125	西洋镜	金钱豹	包头布	空城计	西游记	
126	干粮袋	交流会	消防队	窗盘浪	双龙洞	
127	方程式	鸡毛刷	中堂桌	清明节	青颜色	
128	安眠药	猪头肉	青田石	天文学	花蝴蝶	
131	资本家	抽水机	申请书	思想家	三点钟	
132	舢板船	喷水池	天主堂	秋海棠	狮子头	
133	公使馆	狮子狗	休养所	新产品	三小姐	
134	标准米	分水岭	新小米			
135	标准布	钟表店	思想性	天主教	荤小菜	
136	山水画	居委会	生产队	资本论	贪小利	
137	瓜子壳	交响曲	标准式	君主国	金首饰	单打一
138	生产力	钟表业	交响乐	青宝石	金手镯	
141	司马迁	千里钩	尖眼睛	敲耳光	中学生	
142	乡下人	招待员	歌舞团	经纬仪	三老爷	天象仪
143	砖瓦厂	招待所	标语纸	休养所	风雨表	
144	千里马	张老老	千里眼	新瓦房	亲弟娘	
145	车马炮	优待券	公倍数	私有制	三礼拜	
146	哥老会	花柳病	修道院	三马路	新米饭	
147	三部曲	乡下客	端午节	单马裌	籼米粥	
148	心理学	歌舞剧	休养日	鲜杏肉	高限额	
151	升降机	针线包	新四军	空信封	生意经	
152	生意人	机器油	通信员	公证人	三少爷	
153	金戒指	功课表	修配工	消费品	香脆饼	
154	登记簿	单干户	双季稻	通讯社		
155	公债券	交际处	中继线	推进器	张太太	
156	收购站	双挂号	根据地	相对论	三四趟	
157	登记册	三四百	铺盖索	交战国	三四只	
158	经济学	新纪录	青酱肉	真快活		

161	三字经	工具书	开夜车	司令官	
162	千字文	炊事员	开路神	司令员	天老爷
163	花露水	生字表	工艺品	衣袖管	
164	司令部	单韵母	军事犯	新字母	
165	工会证	高射炮	依赖性	温度计	新饭票
166	心脏病	工具袋	追悼会	烟幕弹	
167	丁字尺	医务室	公事桌	金字塔	修坏脱
168	音韵学	生命力	山大麦	鸡蛋白	
171	西北风	公积金	装甲车	西客厅	中国书
172	生发油	观察员	肩胛头	松节油	金鲫鱼
173	沙发椅	三角板	钢铁厂	丝织品	猪脚爪
174	山脚下	编辑部	三角眼	新袜里	
175	三脚跳	工作证	猪八戒	三国志	中国货
176	铅笔画	批发站	工作量	编辑部	中国话
177	清一色	三角铁	收发室	三角尺	金押发
178	工作日	铅笔盒	风格学	吹一日	休息日
181	三伏天	音乐家	休学书	生力军	猪肉丝
182	康乐球	京剧团	西药房	军乐团	金镯头
183	胶合板	优越感	三合土	深墨水	西药厂
184	商业网	医学士	工业社		
185	孤独相	中药店	优越性	抛物线	拖鼻涕
186	科学院	音乐会	千佛洞	蹲勒浪	音乐会
187	工业国	编目室	开幕式	中立国	
188	军烈属	商业局	生物学	三月六	医药局

第一字 阳平

211	螺丝钉	留声机	何仙姑	蒲公英	连心汤
212	文工团	鱼肝油	行军床	鱼肝油	梨膏糖
213	图书馆	传家宝	韩湘子	无花果	长生果
214	摩天岭	杭州市	盟兄弟	平光眼	
215	棉纱线	平安信	围身布	航空信	慈姑片
216	神经病	防空洞	联欢会	唯心论	明朝会
217	红铅笔	藏书室	雷峰塔	填充法	元宵节
218	红烧肉	磨刀石	梅花鹿	微生物	黄松木
221	蚊虫香	棉毛衫	时辰钟	猫头鹰	银调羹
222	难为情	皮鞋油	葡萄糖	形容词	难为情
223	雄黄酒	肥田粉	秦皇岛	无名指	葡萄酒
224	洋油桶	琉璃瓦	人行道	黄梅雨	男朋友

225	蚊虫帐	裁缝店	篮球架	黄芽菜	裁缝铺
226	篮球队	人民币	城隍殿	梧桐树	城隍庙
227	儿童节	和平鸽	除虫菊	红颜色	葡萄汁
228	牙床肉	枇杷核	遗传学	胡萝卜	黄杨木
231	盐水针	娘子军	扬子江	毛手巾	头顶心
232	龙井茶	童子痨	原子能	油火虫	头几条
233	茶子饼	农产品	龙胆草	寒暑表	头几口
234	头颈下	门诊部	劳改犯	蒙古马	咸炒米
235	男子汉	房产税	流水账	咸小菜	牙齿痛
236	鞋底样	黄肿病	排水量	原子弹	泥水匠
237	蓝水笔	恒等式	男主角	头几个	银首饰
238	糖炒栗	农产物	航海术	长颈鹿	红宝石
241	红领巾	人造丝	行李单	蓝眼睛	
242	牛奶瓶	行李房	凡士林	虞美人	牛奶房
243	油老鼠	晴雨表	劳动者	头两口	
244	门市部	人造雨	牛奶桶	刘老老	
245	劳动裤	严重性	形象化	前礼拜	
246	船老大	杨柳树	传染病	疗养院	杨柳树
247	营造尺	劳动节	皮马裌	陈稻谷	
248	洋皂盒	劳动力	红五月	鹅卵石	头两日
251	煤气灯	油印机	文化宫	行政区	云片糕
252	裁判员	贫雇农	行政权	王少爷	
253	文化馆	毛细管	弹性体	银戒指	
254	皇太后	文化部	红线女	寻对象	
255	南货店	明信片	文化处	王太太	
256	牙痛病	无线电	文化站	除四害	
257	研究室	头盖骨	罗汉柏	棉背搭	
258	麻醉药	民政局	文献学	邮政局	无数目
261	财务科	和尚衣	麻袋针	常备军	长恨歌
262	勤务员	同义词	时路人	无用场	黄豆芽
263	蚕豆粉	螺旋桨	红面孔	图画纸	
264	和事佬	邮电部	雷阵雨	刑事犯	洋字母
265	劳卫制	鞋面布	文具店	门外汉	皮外套
266	茶话会	疑问号	常用字	年夜饭	
267	人事室	蚕豆荚	防治法	瞭望塔	裁坏脱
268	邮电局	肥料学	神话剧	文艺学	盐务局
271	遗失箱	游击区	成绩单	微积分	文法书

272	连接词	红血球	林则徐	亡国奴	拿出来	
273	颜色纸	储蓄所	皮革厂	棉织品	皮夹子	
274	门角后	曹国舅	违法户	红袜里		
275	牙刷柄	油漆店	游击战	原则性	无锡货	
276	无锡话	游击队	文法论	难说话	咸鸭蛋	
277	头发夹	颜色笔	银押发	墙壁角		
278	颜色盒	摩擦力	头一日	门落角		
281	留学生	防疫针	连络兵	长白山	蝴蝶精	
282	荷叶茶	营业员	洪泽湖	龙舌兰	银镯头	
283	红墨水	文学史	萝卜子	蓝墨水	前日子	
284	农业社	营业部	联络网	常落雨		
285	营业税	灵活性	离合器	垂直线	骑索相	
286	红十字	联合会	农学院	唯物论	头六夜	茶叶蛋
287	洋蜡烛	传达室	联合国	农业国	牛肉汁	
288	同学录	营业额	齐白石	民俗学	红木笛	

第一字 阴上

311	水晶宫	酒精灯	想心思	顶针箍	
312	水烟筒	手风琴	火车头	补衣裳	小天鹅
313	打花鼓	洗衣组	酒精厂	感光纸	打相打
314	表兄弟	小花脸	指挥棒	总经理	小虾米
315	火车票	水蒸气	总书记	卷心菜	打铺盖
316	写生画	手工艺	总工会	普通话	好机会
317	总编辑	广东式	洗衣作	好铅笔	
318	饼干盒	手工业	粉蒸肉		
321	指南针	主人翁	打油诗	好人家	紫薇花
322	海龙王	打鱼船	守财奴	紫罗兰	古辰光
323	委员长	火柴厂	海南岛	短棉袄	
324	鼓楼下	小朋友	采茶舞	好朋友	
325	选民证	扁桃腺	可能性	显微镜	打麻将
326	手榴弹	委员会	水平面	讲闲话	
327	点名册	小人国	好颜色		
328	死亡率	炒牛肉	管弦乐	小蝴蝶	
331	手掌心	总指挥	手火机	保险箱	小手巾
332	水果行	选举权	保管员	小品文	小火轮
333	九九表	小组长	手写体	总统府	水饺子
334	水产部	总管理	炒炒米	好处理	
335	水膨胀	古董货	许可证	保管费	好小菜

336	表姐妹	简体字	水彩画	敢死队	小摆渡
337	小摆设	扁嘴鸭	手指甲	党组织	蟹爪菊
338	解剖学	海水浴	考古学	左眼睛	火腿肉
341	起重机	管理区	养老金	走马灯	打耳光
342	总动员	橄榄油	指导员	纸老虎	沈老爷
343	展览品	纸老虎	炒米粉	展览馆	
344	少奶奶	早晚稻	贾似道	普鲁士	沈老老
345	反动派	表演唱	管理费	所有制	讨惹厌
346	养老院	展览会	总领事	炒米面	
347	补脑汁	早稻谷	俯仰角	小米粥	
348	橄榄核	管理局	想象力	写两日	
351	扁担钉	保证书	解放军	小意思	
352	考试场	保证人	死对头	感叹词	打算盘
353	小气鬼	统计表	止痛粉	小凳子	统计表
354	统战部	氧化镁	宰相肚	古汉语	
355	保价信	火箭炮	普遍性	打喷嚏	会计处
356	广播站	口罩袋	简化字	反映论	喊救命
357	板凳脚	广播室	氧化铁	反证法	小背搭
358	止痛药	广播剧	统计学	解剖学	假快活
361	保健箱	奖励金	打字机	小地方	
362	手电筒	保护人	打字员	写字台	转念头
363	打字纸	古代史	检字表	打字纸	小事体
364	小便桶	水利网	好现象	保护马	小字母
365	补助费	总路线	海岸线	小代数	
366	讨论会	水电站	假面具	委任状	
367	讲义夹	子弹壳	检字法	保护色	打烂脱
368	讨论集	古代剧	水利局	古韵学	
371	洗脚汤	纺织机	小客厅	小瘪三	小国光
372	九曲桥	补血丸	表决权	纺织娘	
373	纺织厂	总督府	粉笔粉	派出所	少一碗
374	组织部	补足语	紫裣里		
375	本国货	所得税	景德镇	打磕宠	滚出去
376	检察院	剪贴画	反革命	简笔字	说好话
377	打扑克	组织法	胆汁质	扁押发	手节
378	粉笔盒	补血药	抢劫贼	巧克力	少一日
381	小学生	补习班	主力军	炒肉丝	好学生
382	水蜜桃	伙食团	保育员	比目鱼	小学堂

383 九月九 漂白粉 主力舰 土特产 紫墨水
384 小白脸 火药桶 表侄女 比翼鸟 九月里
385 小白菜 炒肉片 伙食费 火药库 好白相
386 水墨画 小学校 省略号
387 小麦壳 手术室 假蜡烛 典属国 九月七
388 小白玉 水力学 火药局 九月六

第一字 阳上

411 冷清清 牡丹花 马鞍山 李先生 五更天
412 米丘林 眼睛前 雨花台 两家头
413 女乡长 有光纸 象山港 美洲虎 有心想
414 武装部 弟新妇 老花眼
415 五金店 已知数 两三处 女光棍
416 老经验 武工队 五更调 五香豆 老松树
417 脑充血 李公朴 两三只
418 重工业 语音学 有机物 两三月
421 老人家 橡皮膏 五言诗 有辰光 女人家
422 羽毛球 网球场 满堂红 五弦琴 老洋钱 老黄牛
423 市人委 道林纸 造船厂 旅行者 老头子
424 女朋友 旅行社 丈人老 老朋友
425 老前辈 社员证 冷藏库 有场化
426 旅行袋 妇联会 老毛病 有神论 老槐树
427 网球拍 女人国 软头发
428 女同学 语言学 造船业 老蝴蝶
431 盪口杯 伍子胥 理想家 五点钟 米粉干 两点钟
432 老虎钳 五斗橱 语体文 老酒
433 女厂长 老古板 雨伞顶 有产者
434 下水道 五保户 户口簿 买炒米
435 老主顾 下等货 雨伞柄 导火线 冷小菜
436 老鼠洞 雨伞袋 市委会 老虎洞 老摆渡
437 户口册 女主角 老首饰
438 老鼠药 冷水浴 理解力 米粉肉
441 马尾松 下马威 养老金 老眼睛
442 丈母娘 李老爷 老社员 旱稻田
443 女社长 领导者 满耳朵 旱稻种
444 老部下 武士道 李老老 老妇女 老罪犯
445 重武器 马后炮 两礼拜 有两转
446 妇女病 柳下惠 养老院 五马路

447	晚稻谷	妇女节	晚米粥	有两个	老米粥
448	养马业	有两日	妇女学	道士佛	
451	后半身	女教师	眼镜圈	老太公	礼拜三
452	下半年	礼拜堂	马戏团	老太婆	
453	五线谱	暖气管	马凳子	厚被褥	
454	礼拜五	马致远	老账簿	礼拜五	
455	老太太	眼镜店	重要性	五太太	
456	下半夜	礼拜二	苎布袋	有线电	两昼夜
457	礼拜一	下意识	辩证法		
458	眼镜盒	礼拜日	李太白		
461	老大哥	老寿星	士大夫	吕洞宾	近卫军
462	李自成	肾脏炎	领导人	语助词	有用场
463	近代史	两面倒	领事馆	有事体	
464	近视眼	友谊舞	两万五	老字母	
465	友谊赛	两面派	宇宙线	老外套	
466	辩论会	后备队	理事会	五万号	
467	老办法	瞭望塔	眼泪出		
468	社会剧	有技术	社会学	老树叶	
471	理发师	五角星	演说家	也作兴	
472	抱不平	负责人	软骨头	美国人	女客堂
473	女厕所	理发椅	染色体	买勿起	
474	美国佬	老袂里			
475	老百姓	理发店	负责制	染色剂	美国货
476	软骨病	闽北话	负责任	女客座	
477	理发室	五一节	女客室		
478	语法学	理发业	肾结核	买一日	
481	女学生	美术家	五六升		
482	老实人	动物园	脑膜炎	老实人	老滑头
483	履历表	眼药水	被服厂	五六斗	
484	五月五	女学士	老落后	五六倍	
485	眼药店	软木塞	免疫症	老药店	
486	老实话	美术字	冷热病	静物画	有勒浪
487	米达尺	五六百	美术室	演绎法	五六只
488	五六月	免疫力	动物学		

第一字　阴去

511	绣花针	订书机	报销单	教科书	半当中
512	记工员	炮兵团	寄生虫	镜花缘	布衣裳

513	太师椅	化妆品	秘书长	看风水	桂花酒
514	副经理	碳酸镁	汽车站	呛虾米	
515	汽车票	印花税	四方块	印花布	做生意
516	半新旧	汽车站	戴高帽	宋之问	四千号
517	四方桌	教师节	细胞质	唱昆曲	废钢铁
518	做生活	试金石	细胞核	做生活	酱猪肉
521	太阳光	证明书	剃头刀	太行山	做人家
522	酱油瓶	太平洋	幼儿园	借铜钱	
523	算盘子	送行酒	放焰火	透明体	
524	汽油桶	困难户	薏仁米		
525	剃头店	过年货	放年假	啥场化	
526	种牛痘	照明弹	太和殿	破槐树	
527	酱油鸭	教研室	进行曲	暗颜色	
528	酱油肉	太阳穴	太湖石	细蝴蝶	
531	扫帚星	救火车	播种机	探险家	四点钟
532	救火员	汽水瓶	破碗爿	驾驶员	素海棠
533	副产品	刽子手	漱口水		
534	扇子舞	进口米	破水桶		
535	变把戏	扫帚柄	进口货	酱小菜	
536	废品站	副主任	镇委会	探险队	算小利
537	对顶角	跳伞塔	驾驶室	啥解释	
538	副主席	驾驶术	送酒席	四喜肉	
541	赞美诗	建议书	叫两声	四五升	
542	创造人	气象台	四老爷		
543	制造厂	汉语史	细菌体	半导体	四眼狗
544	创造社	傅老老	啥道理		
545	抗菌素	镇静剂	四礼拜		
546	细菌弹	气象站	教养院	四马路	
547	四五百	障眼法	构造式	破马夹	
548	四五月	购买力	细菌学	气象学	试两日
551	照相机	意见箱	探照灯	破信封	
552	布告牌	见证人	半透明	战斗员	四少爷
553	布帐顶	照相馆	计算表	细戒指	
554	意见簿	世界语	救济米		
555	报到处	战斗性	会计处		
556	进化论	向秀丽	放爆仗	四进士	
557	会计室	计算尺	圣诞节	变戏法	

558	注意力	破布末	照相业	战斗力	会计学
561	信号灯	救护车	志愿军	四夜天	
562	介绍人	应用文	试验田	印度洋	见面钱
563	半导体	纪念品	税务所	战利品	啥事体
564	信用社	见面礼	印度语		
565	挂号信	放大镜	教导处	啥路数	政治课
566	纪念会	救护队	政务院	意大利	四万号
567	试电笔	纪念册	试验室		
568	纪念日	税务局	障碍物	矿物局	
571	印刷机	建筑师	著作家	战略家	叫一声
572	印色油	四脚蛇	建筑图	著作权	唱出来
573	印刷体	派出所	制革厂	印刷品	裤脚管
574	四不像	布谷鸟	副博士	素袜里	
575	变压器	刺激性	并发症	睏一觉	
576	副作用	庆祝会	宴歇会		
577	四只脚	救急法	战国策	睏一宿	
578	印刷术	肺结核	建筑物	记忆力	
581	化学家	教育厅	退学书	教育家	四月初
582	太极拳	记录员	闭幕词	向日葵	
583	降落伞	副食品	破木板	正局长	
584	教育部	破落户	算术簿	注目礼	记录簿
585	教育界	纪律性	订阅证	计划性	唱孛相
586	数目字	对立面	化学系	教育部	
587	教学法	矿物质	快活煞	半合作	
588	教育局	矿物学	化合物	汉白玉	
第一字	阳去				
611	旧书摊	自尊心	凤仙花	大西瓜	外交官
612	万金油	大西洋	旧衣裳	自家人	
613	败家子	绍兴酒	卫生所	地中海	电灯厂
614	外甥女	大花脸	电灯柱	大虾米	
615	电灯泡	旧书店	大多数	地方戏	大生意
616	运输队	卫生院	大刀会	外交部	
617	办公室	卫生室	运输法	坏泔脚	大书桌
618	二三月	卫生学	地方剧	奠基石	大冰雹
621	害人精	夜明珠	大头针	万年青	坏良心
622	卖油郎	大团圆	洞庭湖	代名词	大洋钱
623	自来火	混凝土	自来水	大门口	

624	外来语	自由市	现行犯	旧朋友	
625	大元帅	会员证	贺年片	地平线	大场化
626	座谈会	地雷阵	大雄寺	二元论	大年夜
627	大圆桌	共和国	候船室	弄完结	
628	大人物	万年历	电磁石	大蝴蝶	
631	耐火砖	漏口风	幻想家	大手巾	
632	候选人	大本营	代表团	外省人	
633	上等品	电子管	大使馆	大小姐	弹子锁
634	地板下	字纸篓	助产士	卖炒米	
635	电影票	上等货	导火线	校长处	
636	地板洞	电影院	代表会	第九号	
637	地板刷	校长室	代表作	幻想曲	
638	电子学	耐火力	代表物	大宝石	
641	大丈夫	运动家	地理书	电动机	右眼睛
642	大脑炎	运动场	运动员	大老爷	
643	字母表	地下水	护士长	大耳朵	
644	大道理	地动仪	郑老老	旧马桶	
645	望远镜	地道战	自动化	上礼拜	
646	运动会	大辩论	糯米饭	大马路	
647	糯米粥	地下室	大马褂		
648	地理学	大动脉	大理石	大后日	
651	上半身	电报机	二进宫	电唱机	大信封
652	上半年	大扫除	售票员	地震仪	大块头
653	电烫斗	县政府	备课纸	大菜馆	
654	旧账簿	大众语	画报社	病态美	大炮仗
655	售票处	电气化	大世界	旧货店	
656	硬碰硬	上半夜	慢性病	大笑话	
657	上半节	旧课桌	电介质	弄破脱	
658	上半月	电报局	代数学	电信局	
661	豆腐干	电话机	万寿山	自治区	大地方
662	夏令营	大会堂	调度员	大自然	大用场
663	代用品	现代史	互助组	大事体	
664	大便桶	豆腐乳	电话簿	自治领	大字母
665	电话线	大字报	代售处	办事处	大代数
666	自卫队	外路话	大任务	大寿字	廿二号
667	电话局	调度室	命令式	电话室	弄坏脱
668	备忘录	利用率	现代剧	电话局	

671	会客厅	外国书	大法师	大客厅	第七天
672	硬壳虫	贱骨头	外国文	外国人	让出来
673	混血种	外国史	第一口	大竹笋	
674	暴发户	外国语	地质部	二百五	旧　里
675	大跃进	外国戏	坏血症	外国货	第一句
676	大拍卖	外国话	认识论	坏血病	廿一号
677	大伯伯	外国式	会客室	大脚式	
678	卖国贼	地质学		第一日	
681	大学生	事业心	艺术家	二月三	
682	话剧团	润滑油	召集人	大学堂	
683	大麦粉	艺术品		大月饼	
684	内侄女	电力网	大力士	大侄女	
685	艺术界	大合唱	叛逆性	弹药库	弄孛相
686	混合队	大学院	大肉面	大学校	廿六号
687	混合式	蛋白质	附属国	蛋白质	弄折脱
688	附着力	混合液	旧目录	二月六	

第一字　阴入

711	雪花膏	七星灯	扩音机	结蛛窠	杀千刀
712	脱脂棉	祝英台	北冰洋	出风头	竹蜻蜓
713	菊花饼	铁工厂	必需品	百分比	
714	结婚礼	铁丝网	福州市	结蛛网	
715	百家姓	结婚证	勿高兴	北京货	
716	职工会	北京话	百花露	夹生饭	
717	夹生吃	八仙桌	北京式	薛监督	
718	发音学	杀伤力	菊花叶	勿舒服	
721	斫柴刀	说明书	黑良心	阔人家	客堂间
722	竹篱门	足球场	发言人	七弦琴	勿完全
723	托儿所	发行所	北门口	黑门板	
724	作文簿	发行部	柏油桶	百灵鸟	搭朋友
725	足球赛	吸尘器	压台戏	必然性	出游记
726	柏油路	足球队	出毛病	说闲话	
727	黑皮夹	速成式	作文法	霍元甲	黑头发
728	杀虫药	出勤率	鸭头绿	黑蝴蝶	
731	百草糕	出版家	脚底心	摄影机	一口钟
732	八股文	蓄水池	黑水洋	吃苦头	
733	脚底板	吸水纸	畜产品	复写纸	七巧板
734	拍纸簿	出版社	铁拐李	吃炒米	

735	黑板报	出口货	勿爽快	铁扁担	铁板凳
736	八宝饭	急口令	八九号	织锦缎	
737	黑板擦	鸭嘴笔	脚指甲	不等式	黑顶屋
738	八九月	出版业	摄影术	出版物	吃酒席
741	发动机	铁道兵	织女星	黑眼睛	
742	百里奚	八美图	七老爷	黑领头	黑市场
743	一览表	益母草	不动产	黑老虎	
744	铁道部	歇后语	薛老老	一两桶	
745	雪里蕻	国有化	铁道线	一礼拜	夹里布
746	接待站	博览会	博士帽	一两号	
747	接待室	铁马甲	夹马夹	勿满足	吃冷粥
748	吸引力	出米率	塔里木	吃两日	
751	设计师	不锈钢	八卦丹	织布机	切菜刀
752	出气筒	铁算盘	速记员	八股文	压岁钱
753	笔记本	不冻港	复制品	执政者	勿放手
754	笔记簿	一贯道	曲线美	一转眼	
755	百货店	国际化	必要性	一世界	
756	脚气病	设计院	八卦阵	隔夜饭	说笑话
757	国庆节	急救法	福建客	国际法	
758	黑制服	恶势力	国庆日	说数目	
761	识字班	责任心	革命家	发电机	一夜天
762	蓄电池	血泪仇	八字桥	赤练蛇	
763	发电厂	革命史	薛校长		
764	祖利部	铁路网	发电站	识字母	
765	铁路线	革命性	不定数	勿愿意	拆烂污
766	霍乱病	发电站	国务院	宿命论	七万号
767	吃饭桌	八字脚	识字法	跌坏脱	赤豆粥
768	铁路局	革命剧	七万日	铁饭盒	
771	的笃班	作曲家	接骨丹	勿作兴	吃勿清
772	扑克牌	吸血虫	夹竹桃	甲骨文	恰恰来
773	七色板	脚迹印	压迫者	吃勿起	
774	叔伯姆	不得已	黑袜里	瞎接近	
775	迫击炮	德国货	压缩性	刮刮叫	勿适意
776	七八万	压发帽	德国话	歇歇会	
777	七八百	接骨法	黑踏踏	八一节	一歇歇
778	压迫力	吸铁石	恶作剧	吃得落	忽必烈
781	脚踏车	毕业生	北极星	哲学家	

782	脚力钱	出纳员	角落头	黑鼻梁	
783	接力跑	毕业考	博物馆	黑墨水	作业组
784	结核菌	啄木鸟	扑蝶舞	七月五	
785	出入证	复杂化	积极性	接力赛	笃字相
786	结核病	博物院	国学会	吃白饭	勿入调
787	七月七	壁落角	百日咳	复活节	勿及格
788	说服力	畜牧业	郭沫若	吃白药	吃白食

第一字　阳入

811	落花生	日光灯	莫斯科	录音机	白先生
812	读书人	列车员	十三陵	六家头	
813	月光影	白开水	辣椒粉	列车长	学生子
814	石膏像	服装社	白虾米	白粳米	
815	服装店	学生意	辣椒酱	录音带	
816	肉丝面	学生会	乐清县	协商会	六千号
817	值班室	石灰质	读书桌	轴心国	陆监督
818	石灰石	日光浴	滑稽剧	石英石	
821	列宁装	白头翁	六盘山	白皮松	别人家
822	鼻头梁	麦芽糖	骆驼绒	肉馒头	六神丸
823	鼻头孔	习题纸	绝缘体	热螃蟹	
824	白毛女	及时雨	习题簿	熟朋友	
825	入场券	喇嘛教	别场化	药材店	叠罗汉
826	石头路	白杨路	殖民地	白蛇传	枇杷树
827	白头发	六和塔	绿颜色		
828	核桃肉	石头佛	白蝴蝶	白云石	绿蝴蝶
831	日本兵	灭火机	白手巾	读死书	渤海湾
832	热水瓶	蜡纸筒	日本人	凸起来	活死人
833	蜡纸厂	热水管	落水狗	日本海	落水鬼
834	药水皂	木子李	日本语	落小雨	
835	日本货	集体化	热水灶	盒子炮	热小菜
836	热水袋	白扁豆	日本话	十几号	白果树
837	白手作	墨水笔	日本式	乐口福	
838	白果肉	食品业	历史学	绿宝石	
841	白蚁窠	活动家	绿牡丹	白牡丹	绿眼睛
842	达尔文	十里亭	六老爷	白领头	
843	白老鼠	烈士馆	轧米厂	独养子	
844	物理簿	落后户	独养女	叶老老	
845	侄女婿	阅览证	十五贯	核武器	六礼拜

846	白米饭	绝后代	绿被面		
847	活动式	白米粥	阅览桌	阅览室	
848	物理学	木偶剧	岳武穆	读两日	
851	药剂师	石炭酸	白菜汤	月季花	
852	特派员	白帝城	热带鱼	六少爷	白酱油
853	鼻涕水	读报组	核算表	白报纸	白菜碗
854	日记簿	杂货部	十四两	木器部	
855	杂货店	日记账	氯化钡	孛相相	
856	木炭画	陆战队	核试验	十进位	十昼夜
857	十进法	合众国	墨炭黑	阅报室	
858	白片肉	活报剧	白菜叶	绿化日	
861	绿豆汤	十字坡	茉莉花	落帽风	绿豆糕
862	服务员	月份牌	白话文	热被头	
863	日用品	活字板	十样锦	白面孔	
864	习字簿	日内瓦	落大雨	读字母	
865	十字布	实用性	绿外套	木料店	
866	服务站	杂烩面	十字路	十二号	
867	踏步级	实验室	绿豆粥	白料作	
868	十二月	特效药	服务业	学务局	
871	白菊花	蜡烛香	木刻刀	落雪珠	
872	蜡烛台	白血球	敌百虫	肉骨头	凸出来
873	突击手	立脚点	蜡烛厂	赎勿起	六谷粉
874	合作社	被袂里	绿袂里	六谷米	
875	十八变	列国志	合作化	凿一记	蹩脚货
876	墨笔字	目的地	突击队	逐客令	十一号
877	蜡烛插	六七百	六角桌	腊八粥	墨赤黑
878	六七月	目的物	白笃肉	活作孽	
881	学习班	石达开	落叶松	芍药花	
882	越剧团	独木桥	植物园	月月红	玉镯头
883	滑石粉	白额虎	日历表	玉蜀黍	敌敌畏
884	白木耳	牧业社	直辖市	十月五	
885	实力派	叶绿素	杂杂费	读孛相	
886	学习会	读白字	六日夜	越剧调	热麦饭
887	六月雪	学习法	十六只	白蜡烛	
888	六月六	独幕剧	拾玉镯	植物学	目录学

8. 吴语常用词调查表

名词

(1) 天象、地理

太阳	月亮	星	流星	云	雾
露水	霜	风	狂风	雨	阵雨
细雨	雪	冰雹	虹	雷	冰
冰锥儿(凌泽)	天气	晴天	阴天	雨天	天旱
涝(大水)	堤	滩	池塘	湖	海
河	小河(浜)	桥	土地	尘土(灰尘、塳尘)	
泥土	田地	平地	丘陵	荒地	土堆
河边田	路	石板路	潮水	泉水	泡沫
巷	胡同(弄堂)	石头	沙	粉	末子
风景	城里	乡下	地方		

(2) 时令、方位

时候	今年	明年	去年	前年	大前年
后年	日子	今天	明天	后天	大后天
昨天	前天	大前天	白天	夜间	清晨
早晨	上午	中午	下午	傍晚	夜里
半夜三更	月初	月半	月底	大月	小月
伏天	年初一	端午节	中秋节	重阳节	除夕
星期	一天	天天(日逐)	早晚	时间	小时(钟头)
古时候	末了(着末)	前面	中间	半当中	后面
对面	里面	上面	旁边	隔壁	左边
右边	边儿上	别处(别场化)		底下	面前
××上					

(3) 植物

种子	稻子	麦子	稻谷	稻草	麦秆
稻穗	棉花	棉花秆	大米	糯米	小米
面粉	糠	玉米	油菜	花生	向日葵
甘薯	马铃薯	蔬菜	卷心菜	大白菜(黄芽菜)	
金花菜(苜蓿)		蘑菇	香菇	蚕豆	豌豆
萝卜	茄子	番茄	韭菜	葱	蒜
生姜	辣椒	木耳	芋艿	甘蔗	芦黍
黄瓜	冬瓜	甜瓜(香瓜)	瓜瓤	瓜蒂	桃儿
梨	梅子	橘子	柚子	葡萄	枇杷
樱桃	沙果儿(花红)		橄榄(青果)	荸荠	李子(嘉庆子)
核桃(胡桃)	香蕉	栗子	枣儿	桂圆	白果
荔枝	核儿	果皮	桑葚儿	柳树	树枝
竹子	毛竹				

（4）动物

畜牲(众生)　老虎　狮子　豹子　狼　鹿
猴子　兔子　老鼠　黄鼠狼(鼬)　老鹰　猫头鹰
雁　燕子　乌鸦　喜鹊　麻雀　鸽子
八哥　牲口　公牛　母马　公猪　母猪
公狗　母狗　羊　猫　公鸡　母鸡
小鸡儿　鸭子　鹅　鲤鱼　鲫鱼　黄花鱼
墨鱼　鳝　虾　蟹　蚌　青蛙
癞蛤蟆　乌龟　鳖　蜗牛　蚯蚓　蝙蝠
蜈蚣(百脚)　蜘蛛　蜜蜂　蝴蝶　蜻蜓　蝉
萤火虫　蟋蟀　蚂蚁　苍蝇　蚊子　蛇
壁虎　蚕　蚕茧　螺蛳　跳蚤　水蜒
蛐蛐儿　翅膀　蹄子　爪子　尾巴　窝

（5）饮食

早饭　午饭　晚饭　米饭　粥　汤
菜(菜肴)　荤菜　素菜　馅　馒头　包子
面包　糕　蛋糕　粢饭　汤圆　爆米花儿
馄饨　饺子　面条儿　锅巴　蛋黄　猪肉
猪肝　猪舌头　猪肾　鸡蛋　松花蛋(皮蛋)
卧鸡子儿　腐乳　豆腐干　粉条儿　油条　烧饼(大饼)
咸菜　干菜　作料　猪油　酱油　盐
白糖　饴糖　红糖　醋　味精　发酵粉
茶　开水　凉水　温水　冰棍儿　冰淇淋
纸烟　零食　渣儿　味儿　酒席

（6）服饰

衣服　上衣　衬衫　汗衫　背心　夹袄
毛衣　大衣　外套　马褂儿(马袂)　棉衣
雨衣　裤子　裙子　短裤衩　三角裤　帽子
鞋　拖鞋　草鞋　(胶鞋　凉鞋　围巾
手套　袜子　手巾　手帕　围嘴儿　袖子
坎肩儿(背褡)　扣子　尿布)

（7）房屋

房子　屋子(单间)　屋里(房间里)　正房(中间、堂屋)
厢房　厨房　厕所　茅厕(茅坑)　柱子　房梁
墙　窗子　窗台　门槛　门框　门栓
栏杆　台阶　楼梯　院子　天井　井
房基　篱笆　顶棚(天花板)　地板　角落
窟窿　灶　鸡窝　猪圈

(8) 器具、日常用具

家具	东西	桌子	椅子	凳子	长凳子
书桌	沙发	茶几	柜子	抽屉	箱子
盒子	床	被子	褥子	毯子	枕头
席子	帐子	被窝(被头筒)		铺盖	草垫子
窗帘	锅	锅铲	钢精锅	菜刀	筷子
筷筒	缸	水瓢	坛子	罐子	瓶子
调羹	盘子	碟子	碗	酒杯	漱口杯
脸盆	澡盆	暖壶	砧板	饭篮	饭
淘米箩	茶缸	拖把	抹布	痰盂	扫帚
簸箕	掸子	扇子	木柴	木炭	火炉
手电筒	煤油灯	浆糊	针	顶针儿	线
绳子	扣儿	袋兜儿	伞	拐杖	蜡烛
肥皂	牙刷	盖儿			

(9) 工具、材料

算盘	秤	秤杆	秤锤	戥子	尺
剪子	锤子	斧头	钳子	镊子	凿子
锯子	锉刀	钻子	锥子	刨子	小刀儿
钩子	钉子	梯子	锄头	镰刀	扁担
筛子	轮子	木头	竹片	水泥	橡胶
漆	玻璃	砖头	煤油	汽油	铡刀
磨	扳头	篓子	把儿(柄)	纸煤儿(煤头)	
脱粒机					

(10) 商业　邮电、交通

钱	工资	商店	铺子	小摊子	买卖(生意)
饭馆	邮局	邮票	车子	车站	码头
汽车	自行车	人力车	轮船	汽船	小船
帆船	卡车	轿车	人行道	集市贸易	酱园
肉店	外地(外码头)		硬币	行情	

(11) 文化娱乐

学校	教室	书	本子	纸	砚台
毛笔	钢笔	信	信封儿	信纸	橡皮圈儿
图章	徽章	相片	电影	故事	玩具
哨儿	画儿	球	篮球	乒乓球	秋千
风筝	炮仗	茶馆	事情	木偶戏	魔术
杂技	京剧	评弹	沪剧	越剧	民歌
琵琶	二胡				

(12) 人体

头	头发	前额	脑袋	眉毛	睫毛

眼睛 眼珠 眼眵 鼻子 鼻孔 耳朵
嘴 嘴唇 酒窝儿(酒塘) 牙齿 舌头 喉咙
口水 嗓子 胡子 脖子(颈根) 肩膀 胳膊
背心 脊柱 胸脯 胸口(心口) 汗毛 左手
右手 手指头 指甲 手掌 大拇指 小拇指
大腿 小腿 膝盖 脚 脚趾 奶
肚子 肚脐眼儿 肠子 脚背 脚跟 屁股
肛门 男生殖器 女生殖器 精液 月经
裸体(精光儿的) 个儿身材 长相(相貌) 年龄

(13) 人口

男人 女人 老头儿 老太婆 小伙子 姑娘
小孩儿 男孩儿 女孩儿 发育中的孩子 娃娃
婴儿 双胞胎 独生子 单身汉 寡妇 新郎
新娘 聋子 瞎子 哑巴 结巴 麻子
秃子 驼子 跛子 疯子 呆子 傻子
书呆子 街坊(邻居) 强盗 小偷 男流氓 女流氓
师傅 徒弟 女佣 接生婆 老师 学生
营业员 售票员 家伙(脚色、码子)

(14) 亲属、称呼

爷爷 奶奶 爸爸 妈妈 后母 伯父
伯母 叔父 婶母 姑父 姑母 外公
外婆 舅父 舅母 姨夫 姨母 丈人
丈母 公公 婆婆 丈夫 妻子 哥哥
弟弟 弟媳 姐姐 姐夫 妹妹 妹夫
大伯子 小叔子 大姑子 小姑子 儿子 媳妇
女儿 女婿 侄儿 侄女 外甥 孙子
孙女 外孙

(15) 其他

把戏(花头劲) 岔儿(岔头) 调儿(调头) 话(言话) 活儿(生活)
劲儿(劲头) 力气(气力) 瘾(念头) 模样(吃相、卖相)
冷膈儿(冷呃) 饱膈 沫子(沫沫头) 用处(用场) 外快
门路(路道) 记号(记认) 坟 棺材

动词

(1) 自然变化

刮风 下雨(落雨、雨落) 打闪(忽险) 打雷(雷响)
结冰 化雪(烊雪) 涨潮(潮来) 淋雨(涿雨) 地震(地动)
退色 掉下来(落)

(2) 五官动作

看 瞪眼(弹眼睛) 听 闻 吃

喝(吃)　吸　咬　啃(砑)　嚼　吞(咽)
含　喷　吹　尝

(3) 肢体动作

拿　捏　掐　摸　捞(撩)　找(寻)
摘(扚)　擦(揩)　搓　提(拎)　举　托
扛(掮)　端(掇)　捧　搬(□bəʔ)　按(揿)　推
挡(挐)　撑　拖　拉　拔　搂(搿)
抱　背(驮)　削　削皮(鞅)　抠　甩
扳　绊(搠)　放(安,摆,揞)　换(调)　摔东西(掼)　摔跤
开　关　封　塞(碾)　盖　罩
套　卷　包　系　解　剥
折(折叠)　叠(堆叠)　铺　打　捅　碰
撕　移　弹　扔　填　埋
走　跑　跳　踩　跨　站
蹲　靠　躺　爬　挤　躲(迓)
挑　揹　跟　逃

(4) 日常操作

脱　戴　洗　刷　涮　漱口
洗澡　洗手　晒　晾(眼)　烫　染
剪　裁　切　割　剁　杀
宰　泼　浇　扫　点　收拾
搅和　拌　选择　藏(收存)　给

(5) 交际人事事务

说　闲话　问　理　叫　喊
躲　笑　哭　骂　开玩笑　发脾气(光火)
吵架　打架　劝　批评　训　吹牛
拍马　发誓　陪　做事儿　干活儿　种地
耕田　插秧　割稻　采棉花　开车　买布
买油　买药(中药)　活　死　结婚(男方)　结婚(女方)
坐月子　生孩子　抽烟　喝茶　夹菜　斟酒
煮饭　遇见　嘱咐　理发　穿衣　洗脸
漱口　乘凉　谈天

(6) 文化娱乐

上课　下课　教　学　玩儿　游泳、泅水
照相　打扑克　翻斤斗　赢　输　打赌(横东道)

(7) 生理病理

休息　睡觉　打呵欠　打瞌睡　打呼噜　睡熟
打冷噤　哆嗦　喷嚏　抓痒　撒(尿)　拉(屎)
生病　着凉　咳嗽　头晕　发烧　泻肚

生疟疾	中暑				

(8) 感受思维

喜欢	生气	讨厌	怪	恨	后悔
怕	留神	知道	想	打算	相信
怀疑	小心	想念	记挂(牵记)	忘记	要
不要					

(9) 愿望、判断

应该	值得	是	不是	没有(无)	没有(未)

(10) 其他

接吻	上坟	遗失	浪费
顶撞(撞腔)	到手(着港)	帮忙(相帮)	羡慕(眼热)
划火柴(鏨自来火)	找岔儿(捉扳头)	洄溢(瀊)	渗(洇)
滴(渧)	拦(闸水)	拦(对人)	舀(海)
缝衣(缵)	啜奶(嘣)	拧(扭肉)	拧(绞毛巾)
拧(旋盖子)	合缝(脗缝)	占便宜(揩油)	有关连(搭界)
求饶(讨饶)	凑热闹儿(轧闹猛)	当学徒(学生意)	挨打(吃生活)
骂街(骂山门)	解闷儿(解厌气)	拉话(搭讪头)	拍桌子
擦粉(搨)	沉淀(滆脚)	逗孩子(引小囡)	操神(操心思)
游逛(荡孛相)	睡过头(睏失忽)	懊悔(懊憦)	碍事(碍)
搬家(搬场)	比长短(匽长短)	并排坐(排排坐)	转圈圈儿(团团转)
搀和(镶)	娶(讨)	欺负(欺、欺瞒)	起身(出来、碌起来)
吃不住(吃不消)	逮(捉)	颠倒(丁倒)	丢失(勿见脱)
剁脚	讹人(敲竹杠)	干嘛(做啥)	搁放(揞)
光膀子(赤膊)	淹死(沉杀、颂杀)	扎针(戳、凿)	拒绝(回头)
回去(转去)	回头见(宴歇会)	胡说八道(瞎七搭八)	粘住(得牢)
着火(火着)	拣起(拾)	挣钱(赚)	濯雨(涿雨)
掷(厾)	觉得(觉着)	烤(烘烤)	煨(燫)
快点儿(豪悛点)	劳驾(请问、对勿住)	拉到	灭灯(菞)
抹(搨)	念(读)	盼望(巴望)	刨根(坌)
赔本儿(折木)	嚷(喊)	嚷嚷	傻了(发呆)
上……去(到)	潲雨	生怕(剩怕)	下车(落)
吓虎(吓)	醒(觉)	掀开被子	掀开锅子
说话	行(OK)	使用(用)	挑、选(拣)
理睬(搭理)	搭话	糟了(拆空)	打耳光
完结	完事了(去货哉)	捂着	掗
吸吐(嗀)	胳肢(花痒妻妻)	不成(勿兴、勿局)	不止(勿败)
再见(再会)	在(勒辣)	在那儿(辣辣)	

形容词

(1) 形状、情况

大　　小　　高　　低　　高(人、长)　　矮
长　　短　　粗　　细　　宽　　窄
厚　　薄　　深　　浅　　空　　满
方　　圆　　平　　正　　反　　歪
横　　竖　　直　　斜　　陡　　弯
亮　　暗　　黑　　轻　　重　　干
湿(潮)　　稠　　酽　　稀　　糊　　硬
软　　老(不嫩)　　嫩　　脆　　结实(牢、扎致)
生　　熟　　整齐　　乱　　破　　干净(清爽)
肮脏(齷齪)　　热闹　　清楚　　浑　　快(锋利)　　快(迅速)
早　　晚　　迟(晏)

(2) 性质

好　　坏(惏)　　差　　容易　　难　　贵
便宜

(3) 生理感觉

热　　冷　　烫　　暖和　　温　　凉
香　　臭　　馊　　咸　　淡　　饿
渴　　累　　痒　　舒服　　忙　　闲

(4) 形貌体态

胖　　肥(奘)　　瘦　　老(不年轻)　　年轻　　好看、漂亮
难看、丑(怕)　　强壮　　勤快　　精神(神气)

(5) 品性行为

傻　　老实　　狡猾　　直爽　　大方　　小气
骄傲　　谦虚　　乖　　顽皮　　勤快　　伶俐
精明　　懒　　能干　　内行　　外行

(6) 心理感受

高兴　　合意　　烦恼　　可怜　　倒霉　　奇怪
害怕　　害羞

(7) 其他

密(猛)　　挤(兴、轧)　　利落,能干,强健(皵,健)
肿(齾)　　俏(裓)　　浪费(伤)
困难(烦难)　　妥帖(舒齐)　　丢脸(坍宠)
恨(毒)　　硬气(弹硬)　　烦闷不舒(殟塞)
宽余舒服(宽舒)　　结实、厉害(结棍)　　差劲、低劣(蹩脚)
行、能干(来三)　　杂乱闷湿难受(乌苏)　　融洽往来(热络)
驯服顺从(服帖)　　心中高兴(焐心)　　资格老经验足(老鬼)
蛮不讲理(猛门)　　很了不起、行(吃价)　　不慌不忙(笃定)

不入眼、讨厌(惹气)　漂亮大方(出客)　舒适愉快(写意)
爽快(爽气)　刁钻、会作弄人(促掐)　方便(便当)
愉快(快活、开心)　漆黑(墨出黑)　许多(交关)
好玩儿、有趣儿(好字相)　糊弄局儿(搭浆、撒烂污)　滑稽(发松)
一塌糊涂　讲究(考究)　机灵
老练(老枪)　结巴(格嘴)　凉快(风凉)
乱(络乱)　尴尬　麻利(茄)
难受(难过)　难闻(气味)　认真(顶真)
许久(长远)　好儿(多)　煞有介事
顺利(得法)　时兴(时路)　腻(厌)
偷偷儿的(偷伴仔)　造孽(作孽)

代词

(1) 人称代词

我　你　他　我们　咱们　你们
他们　我的　你的　他的　大家　自己
人家　别人　一个人(一干子)　俩(两家头)　别的

(2) 指示代词

这个　那个　这些　那些　这儿　那儿
这边　那边　这么(程度)　这么着(方法、实个能)　那么
这会儿　那会儿

(3) 疑问代词

谁　什么　哪个　哪儿　哪边　怎么
怎么样　多么(几化)　多少　多久　几

量词

(1) 物量词

一个人　一头牛　一匹马　一只鸡　一条狗
一条鱼　一棵树　一丛草　一朵花儿　一串葡萄
一顿饭　一支烟　一瓶酒　一盏灯　一口水
一套衣服　一双鞋　一条被子　一顶帐子　一把刀
一根针　一条绳子　一座桥　一座房子　一扇门
一辆车　一只船　一件事情　一笔生意　一种布
一架机器　一副筷子　一家商店(爿)　一所屋子(宅)　一些纸(眼)
一行字(埭)　一排砖(坒)　一瓣橘子(囊)　一道题目(门)　一颗糖(粒)
一束花(毬)

(2) 动量词

看一遍　走一次　打一顿　吃一下　去一趟　坐一会儿
闹一场(泡)　叫一声

(3) 其他

一辈子(一生一世)　一点儿(一眼眼)　几个(三五个)　几儿(几时)

十五

副词

从前	刚才	先前、起初	后来
本来(原本、本生)	一向	预先	已经
常常	赶快	马上	很
非常	十分	更	最
太	稍微	恰巧	都
统统	总共	一起	又
再	还	仍旧(原经)	反正
大约	一定	必定(板定)	别
不	才(到这时才走)	才(怎么才来就要走)	才(这样才可以)
正在	亏得	老是	偏
也许	索性(索介)	挺	也
一并(趸当)	总归	正巧(齐头、贴正)	忽然(着生头里)
这下(乃)	故意(特为)	更加(加二)	简直(赛过)
几乎(几几乎)	横竖	不用	不会

介词、连词

把	被	替	在	比	从
到	向	管(叫)	和	如果	所以
为了	不过	或者	那末	要是	

语助词

(见第六章)

二、各地发音人名单

姓名	性别	年龄	住址	工作或学习单位	文化程度	备注
徐庆华	男	67	松江镇仓桥南滩29号	退休工人	中学	父母皆本地人，以下都不注
姚文秀	男	76		松江二中职工	初识	
龚雪芳	女	41	松江镇向阳二村2号407室	永丰街道居民委员会	中学	
陈曦	男	16	松江镇友谊新一村18号202室	松江二中学生	高中二	
张萍	女	16	松江镇景介埝27号公房303室	松江二中学生	高中二	
刘华	男	16	松江镇中山中路67号301室	松江二中学生	高中二	
俞群	女	16	松江镇莫家弄底荷叶埭18号	松江二中学生	高中二	
屠素文	女	16	松江镇中山中路45弄6号103室	松江二中学生	高中二	
徐秀英	女	68	嘉兴市丁家桥河下杨柳弄8号	嘉兴建设弄居委主任	中学	
吕强	男	16	嘉兴市紫阳街自来水厂宿舍	嘉兴三中学生	高中二	
钱曦	女	16	嘉兴市光明街63号	嘉兴三中学生	高中二	
徐森	女	16	嘉兴市荷花堤88号	嘉兴三中学生	高中二	
张芳军	女	16	嘉兴市闸前街49弄	嘉兴三中学生	高中二	父生于宁波，10岁至此
沈群	女	16	嘉兴市火车站车站饭店后楼下4号	嘉兴三中学生	高中二	父母绍兴人，迁此十多年
韩引宝	女	38	嘉兴市坛弄糕作弄航运宿舍	建设街道办事处	中学	
王丽华	女	16	吴江县盛泽镇中和桥西岸17号	盛泽中学学生	高中二	
夏玮	男	16	吴江县盛泽镇新民新村10幢404	盛泽中学学生	高中二	
陈宁雄	男	15	吴江县盛泽镇怀远路6号209室	盛泽中学学生	高中二	
潘红	女	16	吴江县盛泽镇荡口街日晖弄	盛泽中学学生	高中二	
高迎红	女	17	吴江县盛泽镇带福带东港东岸23—3号	盛泽中学学生	高中二	
倪晓红	女	16	吴江县盛泽镇新联新村12幢102室	盛泽中学学生	高中二	
沈志正	男	50	吴江县盛泽镇柳家弄7号	新联丝织厂	初中	15—17岁在上海1年
邵佩英	女	58	吴江县盛泽镇柳家弄18号	新联丝织厂退休	高小	父绍兴人，4岁到盛泽
潘爽秋	女	70	吴江县盛泽镇柳家弄14号	北新街居委会主任	小学	
计传良	男	68	吴江县盛泽镇卜家弄9号	盛泽老工人活动室	小学	生于盛虹大队镇北一里，在此四十多年
许泳	男	67	吴江县盛泽镇义和弄7号	盛泽中学传达室	小学	曾去梅埝公社做会计10年，生于镇上
王企曾	男	74	吴江县盛泽镇红坊弄13号	前盛泽中学语文教师	大学	
季勇	男	16	吴江县黎里镇南新街庙桥弄5号	黎里中学学生	高中二	父住镇上，在平望工作

姓　名	性别	年龄	住　　址	工作或学习单位	文化程度	备　注
杨　臻	男	16	吴江县黎里镇南新街3组	黎里中学学生	高中二	
肖永林	男	17	吴江县黎里镇施家浜路6号	黎里中学学生	高中二	父十余岁迁自嘉兴留乐
汝亚虹	女	16	吴江县黎里镇浒泾街老蒯家弄2号	黎里中学学生	高中二	
朱　幸	女	16	吴江县黎里镇九南街花车大兴弄13号	黎里中学学生	高中二	
朱浩生	男	65	吴江县黎里镇平楼街楼下浜10号	黎里中心街道委员会	中学	系朱幸祖父
史可福	男	68	吴江县黎里镇建新街托儿所弄	黎里中心街道委员会	初中	
石芬芬	女	34	吴江县黎里镇九南街10号	黎里中心街道医疗站	初中	
程介未	男	30	吴江县松陵镇吴江县中学	复旦大学外文系教师	研究生	父、母苏州人
林寄梅	男	69	苏州市中新里15号	九胜巷7号小公园居委会	高中	
胡　琛	女	17	苏州市叶家弄4-1/2号	苏州十中学生	高中二	5岁外出至10岁归
汪志群	女	16	苏州市皮市街126号	苏州十中学生	高中二	
胡　欢	女	17	苏州市豆粉园10号	苏州十中学生	高中二	
丁逸婷	女	17	苏州市定慧寺前18号	苏州十中学生	高中二	
范文琦	女	18	苏州市元和路8号	苏州十中学生	高中三	父辽宁人不住此
金国良	男	71	苏州市潘儒巷东弄堂10号	退休	初中	
蔡耀娟	女	41	苏州市北园新村31幢西302	观前街道办事处	高中	
石汝杰	男	36	苏州市仓街兴隆巷5号西302室	苏州大学教师	研究生	曾插队昆山2年
张家茂	男	45	苏州市带城桥弄17号	苏州新苏师范学校教师	大学	
赵奔英	男	16	常熟市虞山镇中巷71号	常熟市中学生	高中二	
叶　军	男	15	常熟市虞山镇午桥弄1号	常熟市中学生	高中二	
钱小虞	男	16	常熟市虞山镇翁府前56号	常熟市中学生	高中二	
孙　敏	女	16	常熟市虞山镇荷香馆22号	常熟市中学生	高中二	
李　滨	女	16	常熟市虞山镇西门大街199号	常熟市中学生	高中二	
徐　蔚	男	62	常熟市社会福利院	在院	书塾九年,	26岁时曾去东北4年
马惠文	男	70	常熟市虞山镇和平街60号	退休	大学	12—23岁曾去苏州上海杭州
鲁玉珍	女	34	常熟市虞山镇南门头街78号	城西办事处	初中	5岁到常州3年
俞　玮	男	16	昆山县玉山镇酒店弄13号	昆山中学学生	高中二	
李世明	男	16	昆山县玉山镇柏芦路77号	昆山中学学生	高中二	
陆于涛	男	17	昆山县玉山镇伊家弄2号楼201室	昆山中学学生	高中二	母盐城人,来昆山三十多年
蔡忠宏	女	17	昆山县玉山镇县西新村18号	昆山中学学生	高中二	父曾在南京、苏州工作
吴云霞	女	16	昆山县玉山镇县后街11—2号	昆山中学学生	高中二	

姓　名	性别	年龄	住　　址	工作或学习单位	文化程度	备　注
朱迟贞	女	75	昆山县玉山镇新阳里12号	退休教师	昆山女子师范毕业	抗战时在上海8年
顾庭珍	女	68	昆山县玉山镇甲子弄4号	退休	初中	
王汉民	男	61	昆山县玉山镇通用新村8号	退休	高小	
韩惠琴	女	61	昆山县玉山镇人民南路69号西楼	退休	初小	2—20岁到双凤
郁菊珍	女	53	昆山县玉山镇鸭子弄24号	街道厂工作	高小	
程毓秀	女	46	昆山县玉山镇东方新村208—2	新阳街道工作	高小	
王玉宇	男	15	无锡市第三人民医院宿舍	无锡市第一中学学生	高中一	父曾去内蒙古8年
吴立卫	男	15	无锡市升平巷21号	无锡市第一中学	高中一	本人3—6岁在上海
王卫钢	男	15	无锡市江宁机械厂宿舍24—503室	无锡市第一中学	高中一	
杨　琰	女	16	无锡市前宋巷183号304室	无锡市第一中学	高中一	
何　琦	女	16	无锡市大王基742厂22号门401室	无锡市第一中学	高中一	
荀全成	男	71	无锡市李巷二弄8号	在家	小学	
蒋世钧	男	58	无锡市北塘区西新街道丁降里温巷21号	锡惠弄居委会内勤	初中	
周阿锡	男	77	无锡市锡惠弄居委大唱弄22号	在家	文盲	14岁曾到过张墓舍
陈翼之	男	69	无锡市大唱弄7号	退休	初中	
裘林勳	男	69	无锡市棉花巷39号	无锡市五爱小学教师	高中	
石　轼	男	45	无锡市大唱弄14号	无锡市工艺品厂	初中	
朱钧亮	男	17	江阴县澄江镇民运巷北干宿舍26号	南菁中学学生	高中三	
龚红兵	男	17	江阴县澄江镇公园新村7幢404室	南菁中学学生	高中三	
包卫东	女	17	江阴县澄江镇寿山路49号	南菁中学学生	高中三	父江阴县人
张　晴	女	18	江阴县澄江镇鸿渐街2—3	南菁中学学生	高中三	
吴琳强	男	18	江阴县澄江镇南街37弄14—207室	南菁中学学生	高中三	10岁前在太仓县上学
徐建华	男	60	江阴县澄江镇中山路8号	城中皮塑厂	高中	12—20岁在上海
梅静珍	女	70	江阴县澄江镇人民路172号	司马街居委主任	小学	父江阴县人
徐　晔	女	37	江阴县澄江镇三元坊20号	城中街道办事处	高中	
沈凤藻	男	60	江阴县澄江镇大康路13号	城中街道退休	初中	20岁左右在上海5年
羊　军	女	15	靖江县实验小学	靖江县中学学生	高中三	
蔡　玲	女	18	靖江县康宁路开关厂宿舍	靖江县中学学生	高中三	
孙　晓	男	16	靖江县胜利街335号	靖江县中学学生	高中三	
高　靖	男	17	靖江县缘纶纺织厂宿舍3—09	靖江县中学学生	高中三	
刘　扬	男	16	靖江县轻工业公司宿舍	靖江县中学学生	高中三	
盛菊田	女	47	靖江县东兴街85弄16号	县前街居委会支书	初中	

姓　名	性别	年龄	住　　址	工作或学习单位	文化程度	备　注
蔡克谦	男	79	靖江县迎宾西路46号	县政协委会员	中学	40岁以后有7—8年在上海
朱学源	男	65	靖江县布市里85弄3号	在家	中学	母出生奉贤
朱焕父	男	78	靖江县团结路183弄7号	退休	中学	
徐　烈	男	16	常州市勤业新村30幢乙单元203	江苏省常州中学学生	高中三	
陆　倩	女	18	常州市成全巷63号	江苏省常州中学学生	高中三	
姚文华	女	18	常州市三板桥84号	江苏省常州中学学生	高中三	
邓　宇	男	17	常州市和平北路47号	江苏省常州中学学生	高中三	
杨　鸣	男	17	常州市琢初桥旁轻工宿舍401	江苏省常州中学学生	高中三	
华咏蘩	女	61	常州市周线巷29号	常州新坊桥小学退休教师	中学	
戴元枢	男	63	常州市周线巷29号	常州市第二十四中学教师		
徐泮庠	男	68	常州市古村39号	常州市国棉二厂技术员　退休	高中一	父母武进县马杭乡
许华颖	女	7	常州市周线巷29号	常州市实验小学学生	二年级	
戴毓萍	女	38	常州市新市路13号	现在成都	大学	18岁在北京化工学院读书
王慰祖	男	76	常州市双桂坊12号	常州市第五中学教师	大学	原籍江阴，赵元任时也作发音人
赵　争	男	60	常州市新丰街南山大楼2单元201号	常州市第六中学教师	大学	赵元任族叔
眭　翔	男	17	丹阳县北河路25号	江苏省丹阳中学学生	高中二	
郑庆章	女	15	江苏省丹阳中学内宿舍	江苏省丹阳中学学生	高中二	父初中毕业后去青海6年，归读高中
张威武	男	17	江苏省丹阳县丁波门	江苏省丹阳中学学生	高中三	
周海涛	男	17	江苏丹阳东河路30号	江苏省丹阳中学学生	高中三	曾到无锡2年
戴　燕	女	18	丹阳县东门外大街48号	江苏省丹阳中学学生	高中三	
魏永康	男	67	丹阳县双井巷11号	丹阳中百公司	私塾十年	16岁去过无锡等地
眭珍仙	女	49	丹阳县周家弄新房19号	城镇制刷厂	小学	
刘锦珍	女	36	丹阳县谷口家大南门17号	城镇制刷厂	初中	
朱志南	男	69	丹阳城内夥巷蔡邱弄6—1号	退休	初中	在上海24年
柴卫平	男	18	丹阳县后巷乡新弄东柴村	江苏省丹阳中学学生	高中三	
陈建东	男	18	丹阳县后巷乡三星大队	江苏省丹阳中学学生	高中三	
瞿国顺	男	17	丹阳县后巷乡新升陈家弄	江苏省丹阳中学学生	高中三	母不是本村人
蒋立忠	男	16	丹阳县后巷乡童新大队童家村	江苏省丹阳中学学生	高中一	母不是本村人
陆　政	男	16	丹阳县新桥乡林家桥大队	江苏省丹阳中学学生	高中二	
顾最红	男	16	丹阳县新桥乡腰沟大队	江苏省丹阳中学学生	高中二	母云林乡人
康达礼	男	37	丹阳县后巷乡童家桥童家村	后巷乡农水站	高小	
陈锁龙	男	59	丹阳县后巷乡童家桥	后巷乡农水站	初识	

姓 名	性别	年龄	住 址	工作或学习单位	文化程度	备 注
陈礼明	男	90	丹阳县后巷乡童家桥	在家	文盲	年轻时曾在上海几年
王建华	男	22	丹阳市水上派出所后院	复旦大学哲学系学生	大学四年级	母上海人
郭正荣	男	53	金坛县金城镇	金坛县中教师		
王志岚	女	19	金坛县虹桥路新房	金坛县中学生	高中三	
陈汉荣	男	18	金坛县弘化新村25号	金坛县中学生	高中三	父母原住淮阴
姜 谷	男	22	金坛县学基57—1号	苏州大学财经系学生	大学二年级	
任建德	男	21	金坛县红旗巷50号	苏州大学体育系专修科	大学一年级	
李祥荣	男	16	金坛县西岗乡西岗大队东二生产队(住镇上)	金坛县中学生	高中二	
田卫平	男	17	金坛县西岗乡沙湖村八队	金坛县中学生	高中二	
段雪平	男	16	金坛县西岗乡前岗村二队	金坛县中学生	高中二	母光塘乡人
袁建平	男	18	金坛县西岗乡东城一队	金坛县中学生	高中三	
王红美	女	20	金坛县西岗乡朱家大队五队	金坛县中学生	高中三	
李永富	男	50	金坛县西岗中学(镇上)	西岗中学教导主任	大专	18—21岁去镇江
朱春桃	男	70	金坛县西岗村八一生产队(镇上)	退休教师	大专	17—23岁在上海读书
陈 筠	女	69	金坛县西岗村八一生产队(镇上)	西岗小学退休教师		出生城西沈渎，20岁到金坛西岗村
戴 珊	女	18	溧阳县东门新村45号	溧阳县中学生	高中三	
杨文艳	女	18	溧阳县城东风街人民巷67号	溧阳县中学生	高中三	
程 茹	女	17	溧阳县城荷花新村书院巷	溧阳县中学生	高中三	
瞿群骁	男	18	溧阳县城东门北大街2—7号	溧阳县中学生	高中三	
史 渊	男	18	溧阳县城卫生巷12号1幢104室	溧阳县中学生	高中三	
丁 伟	男	17	溧阳县和平街杨家院54—7号	溧阳县中学生	高中三	
王志浩	男	60	溧阳县东门街公园路35—1号	县税务局离休	初中	12岁起在上海3—4年
胡社庆	男	38	溧阳县城荷花新村75号	县中教师	大学	父母安徽人。31—34岁在外
闵学勤	女	17	宜兴县宜城镇健康路31—4号	宜兴县中学生	高中三	父母溧阳人
邓晓涛	女	16	宜兴县宜城镇茶西新村16号	宜兴县中学生	高中三	
全阿琴	女	17	宜兴县宜城镇民主街30号	宜兴县中学生	高中三	
王 毅	男	17	宜兴县宜城镇轴水厂宿舍	宜兴县中学生	高中三	
朱晓东	男	17	宜兴县宜城镇西珠巷56号	宜兴县中学生	高中三	父母溧阳人
潘慕珍	女	71	宜兴县宜城镇民主巷4号	退休	中专	25岁后在上海5年
储文英	女	71	宜兴县宜城镇太平巷1号	退休	小学	
蒋晓红	女	54	宜兴县宜城镇大人巷11号	街道主任	初中	
江秀珍	女	62	宜兴县宜城镇迎宾1幢306号	街道会计	高中	

姓　名	性别	年龄	住　　址	工作或学习单位	文化程度	备　注
徐友芬	女	40	宜兴县宜城镇人民南路192号	街道主任	高中	
徐朝晖	男	15	杭州市上城区中山中路东羊血弄7号4—202	杭二中学生	高中一	
何一兵	男	18	杭州市上城区建国中路杭二中宿舍	杭二中学生	高中三	
杨　波	男	18	杭州市杭二中宿舍	杭二中学生	高中三	
周　兵	男	18	杭州江干区靖泰门外文照新村12幢37—602	杭二中学生	高中三	父诸暨母江苏从小至杭
王　萍	女	18	杭州市上城区环东新村8幢601室	杭二中学生	高中三	
韩月英	女	18	杭州市下城区莫牙营21—2—9号	杭二中学生	高中三	父绍兴人,从小至杭
陈兆绶	男	63	杭州市江干区中山南路347—2号	退休	高小	父母兰溪人。1952—1969年在上海
黄祖训	男	67	杭州市江干区中山南路347—2号	退休	高小	曾在余姚、上海各2年
梁连根	男	66	杭州市江干区太庙巷居民区23号102室	退休	高小	抗战八年在外
姜华贞	女	62	杭州市江干区大马弄54号204室	通江街道工作	高小	1937年去安吉绍兴各二年父绍兴人20多岁至杭
杨爱凤	女	41	杭州市江干区陈家园33号202室	通江街道	高中	父萧山人,至杭40多年
冯美英	女	54	杭州市上城区宿舟河下9号	退休	初小	1958—1961年在东北,父诸暨人,8岁至杭
阮水凤	女	53	杭州市上城区民权路15号	退休厂干部	初中	
王惠琴	女	38	杭州市上城区靖泰街上珠宝巷26号	退休	初小	1951年起去过临平2年
冯振林	男	74	杭州市上城区靖泰街丰和巷外灰弄31号	退休	初小	父宁波人
夏小林	女	62	杭州市上城区靖泰街丰和巷严衙弄21号	退休	初小	二十多岁时在上海5—6年
李学松	男	56	仙居县城关管山村	浙江仙居工艺草编厂	中学	
俞建平	男	17	绍兴市劳动路街井头5号	绍一中学生	高中二	
俞继抗	男	17	绍兴市人民医院家属宿舍	绍一中学生	高中二	父富阳人
谢海祥	男	17	绍兴市金斗桥燕甸弄23号	绍一中学生	高中二	
寿慧清	女	17	绍兴市杨家桥25号	绍一中学生	高中二	父诸暨人
季　力	女	17	绍兴市新庙弄2号	绍一中学生	高中二	父江苏人
朱月琴	女	17	绍兴市车站路公房72—2号	绍一中学生	高中二	母余姚人
钱寿潜	男	72	绍兴市越城区府山街道红旗路112号	退休	初中	1939年去香港上海1945年归

姓　名	性别	年龄	住　　址	工作或学习单位	文化程度	备　注
钱福延	男	57	绍兴市越城区府山街道红旗路109号	市邮局退休	初中	
陈德芳	男	58	绍兴市越城区府山街道水沟营丁向弄2号	绍兴化肥厂退休	高中	到过无锡读书一年
李汪竟	女	22	绍兴市妇幼保健室	复旦大学法律系学生	大学三年级	
袁管林	男	79	绍兴市越城区府山街道水沟营52#—2	绍兴建筑公司退休	小学	
冯婉华	女	66	绍兴市红旗路113号	退休	初中	曾在绍兴乡下做教师，父母非城内人
钱廷鷹	男	65	绍兴市红旗路113号	邮电局退休	高中	22岁后在安徽屯溪4年
骆义松	男	38	绍兴市人民路186号	绍一中教师	大专	
叶伟民	男	16	绍兴市红旗路306号	绍一中学生	高中二	
马圆圆	女	16	嵊县崇仁区马仁村	嵊县中学学生	高中一	
张甬东	男	17	嵊县崇仁区范村	嵊县中学学生	高中一	
张永忠	男	14	嵊县崇仁区开高乡廿八部	嵊县中学学生	高中一	
张喜林	男	17	嵊县崇仁区升高乡黄家村	嵊县中学学生	高中二	
裘燕萍	女	18	嵊县崇仁镇九十村	嵊县中学学生	高中三	
金以康	男	37	嵊县崇仁镇二村	嵊县中学校长	大学	母嵊县三界人
王一藩	男	59	嵊县崇仁镇四、五村	嵊县中学前任校长	大专	31—35岁在杭州读书，曾在绍兴读书4年
刘　忠	女	17	嵊县太平乡沃矶村	嵊县中学学生	高中三	
邢良永	男	15	嵊县太平乡坎一村	嵊县中学学生	高中一	
邢顺进	男	36	嵊县太平乡太平村	太平化纤纺织厂	初中	
邢荣瑞	男	61	嵊县太平乡太平村	退休乡干部	初小	
钱凤霞	女	32	嵊县长乐镇	太平乡政府	高中	1979年来太平乡工作
袁利祥	男	18	嵊县城关镇东直街78号	嵊县中学学生	高中三	
许文宏	女	19	嵊县城关镇	嵊县中学学生	高中三	
朱向东	男	18	余姚镇酱园街银庄弄19—1号	余姚中学学生	高中三	
闻人姝娴	女	16	余姚镇凤山新村五幢201室	余姚中学学生	高中三	
胡　军	女	17	余姚镇胡家弄52—4号	余姚中学学生	高中三	
杨春英	女	17	余姚镇环城路28号	余姚中学学生	高中三	
谢黎鸣	女	17	余姚镇酱园街116号	余姚中学学生	高中三	
陶然然	女	17	余姚镇人民西路359号	余姚中学学生	高中三	
叶余庆	男	60	余姚镇劳动路65—5号	余姚水电局退休	高小	
吕月娟	女	70	余姚镇联群路505号	家务	文盲	母长河人
王秋月	女	44	余姚镇酱园街28号	金锁桥居委	小学	父母绍兴人

姓　名	性别	年龄	住　　址	工作或学习单位	文化程度	备　注
俞秀英	女	55	余姚镇人民东路2号	布厂工人,退休	小学	母太仓人。14岁前在上海
童明浩	男	82	余姚镇县东街74号	余姚邮电局退休	高小	父母慈溪人
胡月梅	女	74	余姚镇县东街74号	家务	高小	
胡久康	男	69	余姚镇劳动路28号	中学教师,退休	初中	曾在余姚马洲小学2年半
黄梅香	女	59	余姚镇人民东路110号	家劳	文盲	
黄宗正	男	86	余姚镇大街学弄16号	退休教师	大学	赵元任时也作发音人
胡家杰	男	17	宁波市筱墙弄34号	效实中学学生	高中三	
夏晓波	男	16	宁波市双桥街31号	效实中学学生	高中三	
陶建新	男	18	宁波市北太平巷11号	效实中学学生	高中三	
李　晓	男	18	宁波市中营巷45号	效实中学学生	高中三	
严　斌	男	17	宁波市槐树路宝纪巷23号	效实中学学生	高中三	
周　晖	男	17	宁波市万安路24号	效实中学学生	高中三	
施荷香	女	63	宁波市公园路108号	苍水街道公园居委主任	高小	
陈志清	男	72	宁波市公园路83号	苍水街道公园居委福利主任	高小	
潘之秋	女	63	宁波市公园路145号	苍水街道公园居委会计工作	初中	
吴寿仁	男	69	宁波市府桥街56号	宁波市交通局退休	高中	抗战时住上海7—8年
沈永廷	男	42	宁波市江东新河路283号	宁波效实中学教师	大学	曾住杭州3年、上海7年
楼兆夫	男	40	诸暨县王家井乡霞中村	农民	初中	
楼伟光	男	27	诸暨县王家井乡霞中村	诸暨第二建筑公司	高中	
楼万根	男	64	诸暨县王家井乡文周村	诸暨粮食局退休	高小	
郦　吕	女	15	诸暨县王家井乡王家井村	诸暨中学学生	高中一	母17岁自上海来
楼新宇	女	15	诸暨县王家井乡楼许村	诸暨中学学生	高中一	
楼彩华	女	36	诸暨城关中学教师宿舍	诸暨城关中学教师	大专	23岁—26岁在杭州
胡善初	男	54	诸暨城关中学教师宿舍	诸暨城关中学教师	师范	长期在王家井教学
陈仲飞	男	17	诸暨城关丫路头村	诸暨城关中学学生	高中二	
姚祖堂	男	17	诸暨城关江东一里	诸暨城关中学学生	高中二	
陈冬梅	女	15	诸暨城内解放路149号	诸暨城关中学学生	初中三	
陈　瑾	女	15	诸暨城内人民路22弄1号503室	诸暨城关中学学生	初中三	
姜方强	男	17	衢州狮桥街69号	衢州一中学生	高中二	
金海鸿	男	17	衢州长竿街8号	衢州一中学生	高中一	
林志敏	男	16	衢州长竿街13号	衢州一中学生	高中一	

姓　名	性别	年龄	住　　址	工作或学习单位	文化程度	备　注
汪　敏	女	17	衢州市裱背巷1号西6—3号	衢州一中学生	高中二	9岁去北京一年
姜红斌	女	17	衢州市县学塘边1—3市委宿舍	衢州一中学生	高中二	
余　雄	女	15	衢州市拱宸巷16号	衢州一中学生	高中一	
方赛珍	女	62	衢州市棋坊巷9号	下街街道中河沿居委主任	初小	
叶松莲	女	62	衢州市棋坊巷9号	下街街道中河沿居民会	初中	
姜桂香	女	47	衢州市食品大楼4—2号	下街街道中河沿居民会	高中	
周学军	男	18	永康红霓巷53号	永康一中学生	高中三	
徐伯越	男	17	永康县城关华溪沿97号	永康一中学生	高中三	
吕晓刚	男	17	永康县农机公司宿舍	永康一中学生	高中二	
徐芳菲	女	17	永康县解放小学	永康一中学生	高中三	
姚如滔	女	17	永康县胜利街151号	永康一中学生	高中三	
吕爱军	女	16	永康县人民小学	永康一中学生	高中三	
郎春槐	男	73	永康县华汗大队	在家,过去经商	初中	47—48岁在上海
郑济芦	男	85	永康县武义巷10号	在家,过去教师	大学	
王保民	男	80	永康县胜利街3号	在家,过去经商	小学	60岁时在龙泉6年
应占阳	男	40	永康县当店巷3号	城关工办	中专肄业	
胡绍智	男	49	永康城关镇政府宿舍	城关镇政府	大学	16岁至杭州金华10年
吕金芳	男	63	永康城关镇河头居委会	退休	初中	
郭　武	男	17	金华种猪场	金华四中学生	高中二	
王向东	男	17	金华地区外贸局宿舍	金华四中学生	高中二	
金伟欣	男	17	金华第四中学宿舍	金华四中学生	高中二	
张卫东	男	17	金华市解放路殿楼下17号	金华四中学生	高中二	
张　群	女	17	金华市环城小学教师宿舍	金华四中学生	高中二	
戴丽珍	女	17	金华化肥厂宿舍503号	金华四中学生	高中二	
诸葛松	男	67	金华市中街街道铁岭头居委会日晖巷6号	医药公司	高中	22—30岁外出
蒋衡山	男	72	金华市铁岭头居委会郑家弄1号	罗店医院退休	高中	27—39岁外出
邹寿松	男	72	金华市铁岭头居委会郑家弄3号	退休		16—21岁外出
毛继贤	男	68	金华市铁岭头居委会日晖巷3号	退休	高小	义乌人,17岁到此
罗惠康	男	34	金华市第四中学宿舍	金华四中教师	中专	父宁波市母衢州市人,1945年至此
叶凤芳	女	48	金华市铁岭头居委会观孝光2号	铁岭头旅社小学		父出生安徽,本人4岁至此
李　颖	男	20	温州市飞鹏巷	温州师专	大专二年级	
程　瑜	女	18	温州市蒲鞋市23幢206室	温州师专	大专一年级	母平阳人,9岁至此

姓　名	性别	年龄	住　址	工作或学习单位	文化程度	备　注
潘秀明	男	20	温州市望江路水门头26弄9号	温州师专	大专一年级	母平阳人
叶秀珍	女	19	温州市施水寮20号	温州师专	大专一年级	
吴　霞	女	18	温州市斋堂巷11弄16号402室	温州师专	大专一年级	
任士镛	男	74	温州市三官殿巷6号	退休教师	大专	
潘悟云	男	42	温州市普觉寺巷25号	温州师专教师	研究生	父母瑞安人，在本人小学五年级时至此
狄　辉	男	17	黄岩城关青年西路111号对面07	黄岩中学学生	高中二	
陈　鹏	男	17	黄岩城关桥上街16号	黄岩中学学生	高中二	
项媛媛	女	17	黄岩城关直下街26号	黄岩中学学生	高中二	
李书泠	女	17	黄岩城关草巷2号	黄岩中学学生	高中二	
柯米克	男	18	黄岩中学宿舍	黄岩中学学生	高中二	
陆阿莲	女	39	黄岩城关镇人民政府宿舍	黄岩中学教师	初中	
林梦祥	男	83	黄岩城关司厅巷14号	退休	初中	抗战前上海南京长沙各1年
王　影	女	70	黄岩城关司厅巷50号	小学教师退休	普师	苏州上海1年多
郑晓燕	女	16	湖州市双林镇沈坷坊16—1号	双林中学学生	高中二	
杨竹梅	女	16	湖州双林镇西栅小桥弄3号	双林中学学生	高中二	
李少华	女	16	湖州双林镇道士弄3号	双林中学学生	高中二	
周晓红	女	18	湖州双林镇闵家巷19号	双林中学学生	高中三	
丰蔚佳	女	17	湖州双林镇菩提弄22号	双林中学学生	高中三	
潘学良	男	64	湖州双林镇木匠埭新村	湖州丝绸公司退休	高小	
陈善根	男	35	湖州双林镇菩提弄14号	湖州美达彩色印刷厂	初中	
韩铁夫	男	69	湖州双林镇虹桥路66号	新疆乌苏县财政局退休	大学	1932年离双林，退休归
郑吾三	男	66	湖州双林镇爱国路93号	双林酒厂退休	私塾	
林爱清	女	30	双林中学宿舍	双林中学教师	中专	1980年出湖州市
王　喆	男	18	上海市宝山县罗店镇邱街弄69号	罗店中学学生	高中三	
郑时进	男	18	宝山罗店镇亭前街10号	罗店中学学生	高中三	父宁波市人
韩振华	男	18	宝山罗店镇布长街38号	罗店中学学生	高中三	母江苏人
许宝红	女	18	宝山罗店镇西西巷街13号	罗店中学学生	高中三	父安徽人
陈　黎	女	17	宝山罗店镇南弄街116号	罗店中学学生	高中三	母上海市人
陶特茜	女	17	上海市吴淞区泰和路	罗店中学学生	高中三	
汪启仲	男	70	宝山罗店镇西西巷街40号	罗店镇志办公室	高中	母崇明人，16—23岁在上海市
陈石鼎	男	67	宝山罗店镇南弄街114号	罗店镇志办公室	中学	15—19岁嘉定求学
叶庆淦	女	44	宝山罗店镇西西巷街44号	罗店镇小学教师	高中	

姓 名	性别	年龄	住 址	工作或学习单位	文化程度	备 注
陆善兴	男	16	宝山县罗泾乡新苗大队薄家生产队	罗泾中学学生	高中一	以下8人都住霜草墩地区
唐根宝	男	18	宝山罗泾乡新苗大队唐家生产队	罗泾中学学生	高中二	
汤雅芳	女	16	宝山罗泾乡新苗大队东汤生产队	罗泾中学学生	初中三	
王红霞	女	16	宝山罗泾乡新苗大队西汤生产队	罗泾中学学生	高中一	
张敏芳	女	17	宝山罗泾乡新苗大队张家生产队	罗泾中学学生	高中二	
顾仁心	男	63	宝山罗泾乡塘湾大队韩家生产队	在家	初小	
顾庆良	男	39	宝山罗泾乡塘湾大队顾家生产队	塘湾五金厂厂长	初中	
薄鹤鸣	男	69	宝山罗泾乡新苗大队薄家生产队	新苗大队企业	初小	
虞 镭	女	17	上海市卢湾区南昌路278弄12号	向明中学学生	高中二	
徐 青	女	18	上海市卢湾区永嘉路20弄1号	向明中学学生	高中二	
曹永熙	男	17	上海市崇德路40弄17号	向明中学学生	高中二	
丁 凯	男	17	上海市泰康路55号	向明中学学生	高中二	
盛伯声	男	77	上海市南市区黄家路56号	广州五金站退职	书塾	世居上海县城1952—1965年在广州
黄焕钧	男	79	上海市南市区中华路705弄1支弄2号	退休工人	中学	世居
许 烨	女	40	上海市卢湾区重庆南路202弄8号	向明中学教师	大学	生于上海，父母无锡人
朱 军	男	17	上海市南汇县周浦镇公元新村6—102室	周浦中学学生	高中二	
高 军	男	17	南汇县周浦镇公元新村30—501室	周浦中学学生	高中二	
陈玲玲	女	16	南汇县周浦镇周东新村23号楼101室	周浦中学学生	高中二	
王健红	女	17	南汇周浦镇东南新村23号102室	周浦中学学生	高中二	
赵 红	女	17	南汇周浦镇椿樟街83号	周浦中学学生	高中二	
姚养怡	男	77	南汇周浦镇刷布街28号	退休	初小	13岁曾出沪习商
唐炼百	男	73	南汇周浦镇关岳路32号	退休	初小	17岁曾到沪习商
王静妍	女	62	南汇周浦镇赵沟浜26号	周浦镇政府	高中	在川沙工作过20年
储锦莹	女	61	南汇周浦园艺场	周浦镇政府	初中	
赵兴华	男	52	南汇周浦镇东南新村16号楼301	周浦镇政府	大专	
姚宝良	男	70	南汇周浦镇吴桥三队	周浦镇志办	初中	外出13年
钱 洁	女	38	南汇周浦中学宿舍	周浦中学教师	师大培训	

此名单不包括仅问一二个问题或几项调查内容的四百余人。

三、原赵元任教授调查对象江阴、余姚三位老人回忆录

赵元任博士莅澄调查“吴音”的回忆

薛鸿远 王慰祖

在57年前,我们正当十八九岁(我们今年七十五六岁了),在江阴南菁学院高中三年级读书。有一个春光明媚的早晨,班主任薛晓升老师,预先通知我们到一个僻静的办公室,鹄候一位语言学博士赵元任教授,当面调查江阴的语言和音调,我们内心非常高兴。我们从小就听得盛传江阴宝塔顶端被黄山炮台打成一个钢笔尖,说是象征江阴出了一个洋状元刘半农博士,因此当时我们听到赵博士光临我校,崇敬之心,油然而生。今天能和博士面受教益,真是三生有幸!我们在小学时代,就经常听到留声机唱片里赵博士所播放的标准国音字母ㄅㄆㄇㄈ……,现在竟然能亲眼目睹赵博士的音容笑貌,多么兴奋啊!不一会薛老师陪同一位西装革履,年龄约卅岁,身材较高并不肥胖的教授模样,走进这个斗室并介绍说:“这就是赵元任教授,你们要听他指导,悉心读音。”赵博士说话很低,举止文雅,一望而知是个学识渊博的专门学者,他的态度和蔼可亲,平易近人,不愧为全世界著名的语言学博士。

接着赵博士拿出一个小本子,上面写着百余个祖国的单词,叫我俩轮流用江阴土音朗读,薛老师挑选我俩为被调查方言的对象,是有原因的。我俩的特点,都是个独子,都是土生土长从未离开过江阴,在城内辅延小学同年毕业后同考进南菁书院,道道地地一口江阴方言,班主任最熟悉我俩的经历,也了解我俩对中文这一科的兴趣与爱好。

当我们朗读时,赵博士耐心地指导我们读得快些或慢些,发音长些或短些,同时他又从口袋里掏出一只配音的仪器,好像一只口琴的铜片,他一手持着配音仪器,一手忙着记录,耳朵专心听着我们发音,嘴巴不停吹着仪器配音,而且左右移动反复地吹,直到配音准确,方才用中、英两种文字注音,可说是忙得不亦乐乎,两手两耳一口,没有片刻休息,我俩也竭力与之配合,看他的表情还是满意的。上午半天中间很少休息,比中学里上课还紧张些。下午他在整理资料,并未带有助手,孑然一身,又工作,又缮写,非常刻苦耐劳。第二天上午又把许多词汇,叫我们译出江阴的方言,即口语上的土话。例如:“什么”,江阴方言说做“到则”dào zé,“这样”江阴口语译成“实梗”shí gěng;“我喊你”就是“我们”,“一塌括则”就是“全部总计”的意思。……调查记录用英文字母拼注起来,或用中文谐音的字注明。有时就在记录板上划曲线。非常认真细致,一丝不苟。这天下午就离开江阴他去了。临别时赵博士还留交教务处转给我们每人银元两枚,说明是在研究费内开支的。实际上赵教授花的劳动力很多很大,我们受到他的教益和鼓舞,也很多很大,这银元我们受之有愧!同时,这也说明赵博士当时调查很注重从实践中找出语言规律,而由于缺乏录音机,工作确实相当艰苦。

赵教授的嫡堂兄弟赵元昌先生,现住常州赵家花园,曾告诉我们:赵教授生前家里备有大小木鱼好几个,经常轮流敲个不停,起初人家误以为他在“修行”,殊不知他并不是“修行”,而是在“听音”和“辨音”,真是失之毫厘,谬以千里。他是在训练听觉,练好“听”的基本功,以辨析声调,提高听觉辨音的能力,以利于语言学的研究。他对学术研究的态度和方法,在我们的记忆里一直是很深刻的。

有时在报纸上读到有关赵博士的消息,就引起我们无限怀念和尊敬仰慕之情。1982年

2 月 28 日文汇报载:“世界著名语言学家,北京大学名誉教授因心脏病于 1982 年 2 月 25 日在美国马萨诸塞州顿布里奇逝世,终年 89 岁。赵元任在语言学上有很高的造诣,他对于音位学理论,中国音韵学,汉语方言,以及汉语语法,都有精邃的研究,发表过很多有影响的论文与专著。”赵博士之所以能以惊人的毅力和献身的精神,备尝艰苦,对语言学研究有这样的造诣,完全出于爱国主义的精神,他的伟大的爱国主义精神与刻苦钻研语言学的光辉业绩,永垂不朽!

今年(1984 年)十一月下旬,上海大学语言教研室钱乃荣、阮恒辉两位讲师,先后莅临澄常两地,辱承枉顾,并出示赵著“现代吴语研究”,赫然登载着我俩姓名、年龄及读字注音(用江阴口语注音),五十多年前青年时期的语言乡音,跃然纸上,真是逸趣横生! 钱同志又把原著所载我十九岁时读过的江阴方言的字词汇,重新叫我再读过一遍并予以录音,基本上还是年轻时的江阴土音,以证明年龄已大不易改变乡音。自从前年惊悉赵博士逝世后,回忆过去和赵博士曾有一面之雅,并共同进行语言调查工作,本拟写篇回忆录,但苦无门路,满腔怀念,却未由抒发。今两同志嘱写赵博士莅澄调查的经过实况,回忆前情,恰是倾吐怀念的绝好机会,得偿宿愿。预祝赵博士的遗著“现代吴语研究”,经过许多专家充实内容,益臻完善,行将再版问世,将见世界语言学进一步大放异彩。

附简历:

薛鸿远,75 岁,南通医科大学毕业。原任武进县戚墅堰机车厂厂医。

王慰祖,76 岁,南京中央大学毕业。原任常州市第五中学语文教研组长、班主任等工作,现在仍留校工作。

写稿者:王慰祖。

我叫黄宗正,86 岁,浙江余姚人。记得 1927 年我在本县府前路小学教书的时候,赵元任先生来到这个学校调查方言。晚上,我因一度在杭州读过书,推荐同事黄云眉老师替我代为接触。赵先生住校两三天即去,记得我讲过一个故事以后,要求赵先生照余姚方言还讲,听起来活像个余姚人。今赵先生已归道山,云眉先生也于 1979 年逝世于山东大学,往事历历,令人感慨系之。

黄宗正　1985.1.16

还记得赵先生与一个女同志同来,她手里拿着一本陈衡哲编高中商务版《西洋史》。赵先生还有一个小小管子,我一面读,赵先生即吹出调子,并注上一个号码字。宗正又及。

四、本书所用的符号

国 际 音 标 表

音别	音标 / 发音部位 / 发音方法			双唇	齿唇	齿间	舌尖前	舌尖后	舌叶	舌面前	舌面中	舌根	小舌	喉壁	喉
辅音	塞	清	不送气	p			t	ʈ		ȶ	c	k	q		ʔ
			送气	pʻ			tʻ	ʈʻ		ȶʻ	cʻ	kʻ	qʻ		ʔʻ
		浊	不送气	b			d	ɖ		ȡ	ɟ	g	ɢ		
			送气	bʻ			dʻ	ɖʻ		ȡʻ	ɟʻ	gʻ	ɢʻ		
	塞擦	清	不送气		pf	tθ	ts	tʂ	tʃ	tɕ					
			送气		pfʻ	tθʻ	tsʻ	tʂʻ	tʃʻ	tɕʻ					
		浊	不送气		bv	dð	dz	dʐ	dʒ	dʑ					
			送气		bvʻ	dðʻ	dzʻ	dʐʻ	dʒʻ	dʑʻ					
	鼻	浊		m	ɱ		n	ɳ		ȵ	ɲ	ŋ	ɴ		
	闪	浊					ɾ	ɽ					ʀ		
	颤	浊					r						ʀ		
	滚	浊					ɼ								
	边	浊					l	ɭ			ʎ				
	边擦	清					ɬ								
		浊					ɮ								
	擦	清		ɸ	f	θ	s	ʂ	ʃ	ɕ	ç	x	χ	ħ	h
		浊		β	v	ð	z	ʐ	ʒ	ʑ	j	ɣ	ʁ	ʕ	ɦ
	无擦通音和半元音	浊		w ɥ	ʋ		ɹ	ɻ			j(ɥ)	ɰ(w)	ʁ		

续表

音别	发音部位 / 发音方法	双唇	齿唇	齿间	舌尖前	舌尖后	舌叶	舌面前	舌面中	舌根	小舌	喉壁	喉

音别	发音方法	圆唇元音	舌尖元音 前	舌尖元音 后	舌面元音 前	舌面元音 央	舌面元音 后
元音	高(闭)	(ʮʯyʉu)	ɿ(不圆) ʮ(圆)	ʅ(不圆) ʮʅ(略圆) ʯ(圆)	i y	ɨʉ	ɯ u
		(ʏʊ)			ɪ ʏ		ʊ
	半高(半闭)	(øɵo)			e ø	ɘɵ	ɤ o
					E	ə(ɚ)	
	半低(半开)	(œɞɔ)	ɚ		ɛ œ	ɜɞ	ʌ ɔ
					æ	ɐ	
	低(开)	(ɶɒ)			a ɶ	A	ɑ ɒ

表内加括号的音标与不加括号的相同的音标表示有两个发音的部位，加括号的是次要的发音部位。

声调符号用五度制符号，把字调的平均相对音高分为"低、半低、中、半高、高"五度，分别用"1、2、3、4、5"表示。

其他符号表示的内容：

符号	名称	例	符号	说明
˳	清音化	如b̥ d̥ g̊	ː	长音 如iː
˜	鼻化	如ã	˓	唇不圆作缝状如u̜
˔	舌较高	如ɔ˔	上角字	微加一点某音，如ʰɦ，表示发ɦ音前微加h音；又如aⁿ，表示发a音后带一些n音
˕	舌较低	如ɔ˕	下角字	加形容性的音，如iⱼ，表示发i音时带一点摩擦如j
˖	舌较前	如ɔ˖	a˜	表示发a音后带鼻化，如同aã合音
˗	舌较后	如ɔ˗	；	表示有些字这种读法，有些字那种读法，如ã；Ã
˒	唇较圆	如i˒	，	表示有人这么读，有人那么读，或同一人有时这么读，有时那么读，如β，v
ˌ	成音节	如m̩ ŋ̍	少	表示读这类音占少数

国际音标表(修订至1989)

辅音

	双唇音	唇齿音	齿音	齿龈音	齿龈后音	卷舌音	腭音	软腭音	小舌音	咽音	声门音
破裂音	p b			t d		ʈ ɖ	c ɟ	k ɡ	q ɢ		ʔ
鼻音	m	ɱ		n		ɳ	ɲ	ŋ	ɴ		
颤音	ʙ			r					ʀ		
触音或闪音				ɾ		ɽ					
擦音	ɸ β	f v	θ ð	s z	ʃ ʒ	ʂ ʐ	ç ʝ	x ɣ	χ ʁ	ħ ʕ	h ɦ
边擦音				ɬ ɮ							
通音		ʋ		ɹ		ɻ	j	ɰ			
边通音				l		ɭ	ʎ	ʟ			
挤喉塞音	pʼ			tʼ		ʈʼ	cʼ	kʼ	qʼ		
内破音	ƥ ɓ			ƭ ɗ			ƈ ʄ	ƙ ɠ	ʠ ʛ		

成对的音标中,右边一个为带声辅音。阴影部分表示不可能的发音。

元音

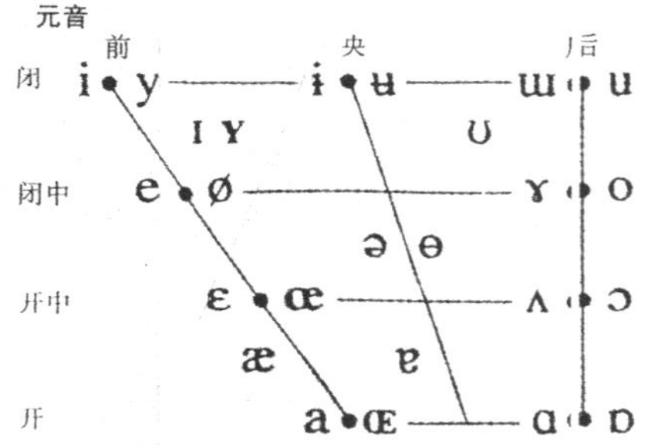

前 央 后

闭 i • y —— ɨ • ʉ —— ɯ • u

ɪ ʏ ʊ

闭中 e • ø —— ɤ • o

ə ɵ

开中 ɛ • œ —— ʌ • ɔ

æ ɐ

开 a • ɶ —— ɑ • ɒ

成对的音标中,右面一个为圆唇元音。

其他符号

ʍ	不带声唇软腭擦音	ʘ	双唇吸气音
w	带声唇软腭通音	ǀ	齿吸气音
ɥ	带声唇腭通音	!	齿龈(后)吸气音
ʜ	不带声会厌擦音	ǂ	腭齿龈吸气音
ʢ	带声会厌擦音	ǁ	齿龈边吸气音
ʡ	会厌破裂音	ɺ	齿龈边闪音
ɕ ʑ	齿龈腭擦音	ɧ	同时发 ʃ 和 x
ɜ	附加中央元音		

塞擦音和双重发音可用两个音标上加连弧表示 k͡p t͡s

变音符

̥	不带声	n̥ d̥	̹	大圆唇	ɔ̹	ʷ	唇化	tʷ dʷ	̃	鼻化	ẽ
̬	带声	s̬ t̬	̜	小圆唇	ɔ̜	ʲ	腭化	tʲ dʲ	ⁿ	鼻除阻	dⁿ
ʰ	送气	tʰ dʰ	̟	前伸	u̟	ˠ	软腭化	tˠ dˠ	ˡ	边除阻	dˡ
̤	呼气带声	b̤ a̤	̠	后缩	i̠	ˤ	咽化	tˤ dˤ	̚	无可闻除阻	d̚
̰	嘎吱带声	b̰ a̰	̈	央化	ë	~	软腭化或咽化	ɫ			
̼	舌唇	t̼ d̼	̽	中央化	e̽	̝	升高	e̝ (ɹ̝ = 带声齿龈擦音)			
̪	齿	t̪ d̪	̩	成音节	ɹ̩	̞	降低	e̞ (β̞ = 带声双唇通音)			
̺	舌尖	t̺ d̺	̯	不成音节	e̯	̘	舌根前伸	e̘			
̻	舌叶	t̻ d̻	˞	带r音	ə˞	̙	舌根后缩	e̙			

超音段

ˈ 主重音 ˌfoʊnəˈtɪʃən

ˌ 次重音

ː 长 eː

ˑ 半长 eˑ

̆ 特短 ĕ

. 音节间断 ɹi.ækt

| 次(音步)群

‖ 主(语调)群

‿ 连系(无间断)

↗ 全应升

↘ 全应降

声调和词重音

平调			曲拱调		
e̋ 或 ˥		特高	ě 或 ˩˥		升
é	˦	高	ê	˥˩	降
ē	˧	中	e᷄	˦˥	高升
è	˨	低	e᷅	˩˨	低升
ȅ	˩	特低	e᷈	˧˦˧	升降等
↓		降阶			
↑		升阶			

图书在版编目（CIP）数据
当代吴语研究 / 钱乃荣著. — 2版. — 上海：上海教育出版社，2024.11. — ISBN 978-7-5720-0996-9
Ⅰ. H173
中国国家版本馆CIP数据核字第20249062P1号

责任编辑　徐川山
封面设计　陆　弦

当代吴语研究（第二版）
钱乃荣著

出版发行　上海教育出版社有限公司
官　　网　www.seph.com.cn
地　　址　上海市闵行区号景路159弄C座
邮　　编　201101
印　　刷　上海展强印刷有限公司
开　　本　787×1092　1/16　印张 102.75　插页 12
字　　数　2500 千字
版　　次　2024年11月第1版
印　　次　2024年11月第1次印刷
书　　号　ISBN 978-7-5720-0996-9/H·0031
定　　价　598.00 元（全两册，附光盘两张）
审 图 号　GS（2021）5361 号

如发现质量问题，读者可向本社调换　电话：021-64373213